长输管道项目建设法律汇编（全六册）

（一）

——项目投资及核准类相关法律法规

（2020年第一版）

孔博昌 编

北京理工大学出版社
BEIJING INSTITUTE OF TECHNOLOGY PRESS

版权专有　侵权必究

图书在版编目（CIP）数据

长输管道项目建设法律汇编：全六册 / 孔博昌编. —— 北京：北京理工大学出版社，2021.3

ISBN 978-7-5682-9581-9

Ⅰ. ①长… Ⅱ. ①孔… Ⅲ. ①长输管道-建筑法-汇编-中国 Ⅳ. ①D922.297.9

中国版本图书馆 CIP 数据核字（2021）第 040286 号

出版发行 /	北京理工大学出版社有限责任公司
社　　址 /	北京市海淀区中关村南大街 5 号
邮　　编 /	100081
电　　话 /	（010）68914775（总编室）
	（010）82562903（教材售后服务热线）
	（010）68948351（其他图书服务热线）
网　　址 /	http://www.bitpress.com.cn
经　　销 /	全国各地新华书店
印　　刷 /	北京虎彩文化传播有限公司
开　　本 /	787 毫米×1092 毫米　1/16
印　　张 /	147.75
字　　数 /	3419 千字
版　　次 /	2021 年 3 月第 1 版　2021 年 3 月第 1 次印刷
定　　价 /	668.00 元（全六册）

责任编辑 / 陆世立
文案编辑 / 陆世立
责任校对 / 周瑞红
责任印制 / 边心超

图书出现印装质量问题,请拨打售后服务热线,本社负责调换

《长输管道项目建设法律汇编》
公共关系协调分卷编委会

主　　任：魏东吼

副 主 任：王凤田　么子云

委　　员：高　成　高雪原　霍军明　孔博昌　刘　刚
　　　　　李海军　李　鹏　梁书飞　瞿　华　汪　岩
　　　　　王达宗　张海军　张　彦

执行主编：孔博昌

编　　辑：高雪原　郝晓琳　李　宁　梁书飞

前　　言

为加快建设社会主义法治国家，必须全面推进科学立法、严格执法、公正司法、全民守法，坚持依法治国、依法执政、依法行政共同推进，坚持法治国家、法治政府、法治社会一体建设，不断开创依法治国新局面。随着中国特色社会主义法律体系的基本构建，法律已经全面渗透到社会生活的各个领域。目前我国各行各业都进入了蓬勃发展阶段，在国企改革的大潮下，国家各行业的相关法律法规不断修订和更新，与之相配套的省、自治区、直辖市等地方政府也陆续修订颁布实施了一系列法规政策和规范性文件。

为合法合规推进项目核准、土地、专项评价、行业通过权等方面管道建设前期工作，通过各种渠道搜集、梳理和汇编了项目投资及核准、土地、专项评价、各行业通过权、服务费用5方面相关法律法规，将其中最常用的公共关系外协部分相关法律法规收录其中，满足长输管道项目建设人员对项目建设前期各方面日常学习、查找资料及工作实际的需要，现予以出版发行《长输管道项目建设法律汇编》丛书。

本法律汇编涵盖了国家管网集团北京管道有限公司建设的5387公里输气管道途经的3个省、2个直辖市和1个自治区（6个省级行政单位）公共关系外协通过权各类法律法规内容，这些文件对项目在当地的实际情况具有指导性和可操作性。囿于编者水平，本汇编可能存在种种不足，还望读者在使用过程中不吝赐教，提出您的宝贵意见。同时，随着有关法律法规的更新和调整，本汇编将继续修订完善。

编委会

目 录

一、国家投资类相关管理规定 ·· 001
1. 国务院关于投资体制改革的决定 ·· 001
2. 清理规范投资项目报建审批事项实施方案 ·· 006
3. 关于印发全国投资项目在线审批监管平台投资审批管理事项统一名称和申请材料清单的通知 ·· 009
4. 关于建立油气项目核准工作绿色通道有关事宜的通知 ···································· 036
5. 中共中央 国务院关于深化投融资体制改革的意见 ··· 038

二、政府核准的投资项目目录 ·· 043
1. 项目核准流程 ··· 043
2. 政府核准的投资项目目录 ·· 044
3. 北京市政府核准的投资项目目录（2018年本）··· 049
4. 天津市政府核准的投资项目目录（2017年本）··· 057
5. 河北省政府核准的投资项目目录（2017年本）··· 063
6. 山西省政府核准的投资项目目录（2017年本）··· 069
7. 内蒙古自治区政府核准的投资项目目录（2017年本）···································· 074
8. 陕西省政府核准的投资项目目录（2017年本）··· 080

三、企业投资项目核准和备案管理办法 ·· 085
1. 企业投资项目核准和备案管理办法 ·· 085
2. 北京市进一步深化工程建设项目审批制度改革实施方案 ·································· 094
3. 天津市企业投资项目核准和备案管理实施办法 ··· 104
4. 河北省企业投资项目核准和备案实施办法 ·· 112
5. 山西省企业投资项目核准和备案管理办法 ·· 121
6. 内蒙古自治区企业投资项目核准和备案管理办法 ·· 128
7. 陕西省企业投资项目核准和备案管理办法 ·· 136

四、外商投资管理法 ································ 145

1. 中华人民共和国外商投资法 ······················ 145
2. 中华人民共和国外商投资法实施条例 ············ 150
3. 国务院关于进一步做好利用外资工作的意见 ······ 156
4. 国家发展改革委关于做好外商投资项目下放核准权限工作的通知 ······ 160
5. 外商投资项目核准和备案管理办法 ··············· 161
6. 鼓励外商投资产业目录（2019年版） ············· 165
7. 外商投资准入特别管理措施（负面清单）（2019年版） ······ 203
8. 自由贸易试验区外商投资准入特别管理措施（负面清单）（2019年版） ······ 206
9. 外商投资产业指导目录（2017年修订） ·········· 210
10. 天津市外商投资项目核准和备案管理办法 ······· 227
11. 河北省外商投资项目核准和备案管理办法 ······· 234
12. 内蒙古自治区外商投资项目核准和备案管理办法 ······ 239
13. 陕西省外商投资项目核准和备案管理办法 ······· 244

五、其他 ·· 249

1. 关于发布项目申请报告通用文本的通知 ·········· 249

一、国家投资类相关管理规定

1. 国务院关于投资体制改革的决定

国务院关于投资体制改革的决定

国发〔2004〕20号

各省、自治区、直辖市人民政府,国务院各部委、各直属机构:

改革开放以来,国家对原有的投资体制进行了一系列改革,打破了传统计划经济体制下高度集中的投资管理模式,初步形成了投资主体多元化、资金来源多渠道、投资方式多样化、项目建设市场化的新格局。但是,现行的投资体制还存在不少问题,特别是企业的投资决策权没有完全落实,市场配置资源的基础性作用尚未得到充分发挥,政府投资决策的科学化、民主化水平需要进一步提高,投资宏观调控和监管的有效性需要增强。为此,国务院决定进一步深化投资体制改革。

一、深化投资体制改革的指导思想和目标

(一)深化投资体制改革的指导思想是:按照完善社会主义市场经济体制的要求,在国家宏观调控下充分发挥市场配置资源的基础性作用,确立企业在投资活动中的主体地位,规范政府投资行为,保护投资者的合法权益,营造有利于各类投资主体公平、有序竞争的市场环境,促进生产要素的合理流动和有效配置,优化投资结构,提高投资效益,推动经济协调发展和社会全面进步。

(二)深化投资体制改革的目标是:改革政府对企业投资的管理制度,按照"谁投资、谁决策、谁收益、谁承担风险"的原则,落实企业投资自主权;合理界定政府投资职能,提高投资决策的科学化、民主化水平,建立投资决策责任追究制度;进一步拓宽项目融资渠道,发展多种融资方式;培育规范的投资中介服务组织,加强行业自律,促进公平竞争;健全投资宏观调控体系,改进调控方式,完善调控手段;加快投资领域的立法进程;加强投资监管,维护规范的投资和建设市场秩序。通过深化改革和扩大开放,最终建立起市场引导投资、企业自主决策、银行独立审贷、融资方式多样、中介服务规范、宏观调控有效的新型投资体制。

二、转变政府管理职能，确立企业的投资主体地位

（一）改革项目审批制度，落实企业投资自主权。彻底改革现行不分投资主体、不分资金来源、不分项目性质，一律按投资规模大小分别由各级政府及有关部门审批的企业投资管理办法。对于企业不使用政府投资建设的项目，一律不再实行审批制，区别不同情况实行核准制和备案制。其中，政府仅对重大项目和限制类项目从维护社会公共利益角度进行核准，其他项目无论规模大小，均改为备案制，项目的市场前景、经济效益、资金来源和产品技术方案等均由企业自主决策、自担风险，并依法办理环境保护、土地使用、资源利用、安全生产、城市规划等许可手续和减免税确认手续。对于企业使用政府补助、转贷、贴息投资建设的项目，政府只审批资金申请报告。各地区、各部门要相应改进管理办法，规范管理行为，不得以任何名义截留下放给企业的投资决策权利。

（二）规范政府核准制。要严格限定实行政府核准制的范围，并根据变化的情况适时调整。《政府核准的投资项目目录》（以下简称《目录》）由国务院投资主管部门会同有关部门研究提出，报国务院批准后实施。未经国务院批准，各地区、各部门不得擅自增减《目录》规定的范围。

企业投资建设实行核准制的项目，仅需向政府提交项目申请报告，不再经过批准项目建议书、可行性研究报告和开工报告的程序。政府对企业提交的项目申请报告，主要从维护经济安全、合理开发利用资源、保护生态环境、优化重大布局、保障公共利益、防止出现垄断等方面进行核准。对于外商投资项目，政府还要从市场准入、资本项目管理等方面进行核准。政府有关部门要制定严格规范的核准制度，明确核准的范围、内容、申报程序和办理时限，并向社会公布，提高办事效率，增强透明度。

（三）健全备案制。对于《目录》以外的企业投资项目，实行备案制，除国家另有规定外，由企业按照属地原则向地方政府投资主管部门备案。备案制的具体实施办法由省级人民政府自行制定。国务院投资主管部门要对备案工作加强指导和监督，防止以备案的名义变相审批。

（四）扩大大型企业集团的投资决策权。基本建立现代企业制度的特大型企业集团，投资建设《目录》内的项目，可以按项目单独申报核准，也可编制中长期发展建设规划，规划经国务院或国务院投资主管部门批准后，规划中属于《目录》内的项目不再另行申报核准，只须办理备案手续。企业集团要及时向国务院有关部门报告规划执行和项目建设情况。

（五）鼓励社会投资。放宽社会资本的投资领域，允许社会资本进入法律法规未禁入的基础设施、公用事业及其他行业和领域。逐步理顺公共产品价格，通过注入资本金、贷款贴息、税收优惠等措施，鼓励和引导社会资本以独资、合资、合作、联营、项目融资等方式，参与经营性的公益事业、基础设施项目建设。对于涉及国家垄断资源开发利用、需要统一规划布局的项目，政府在确定建设规划后，可向社会公开招标选定项目业主。鼓励和支持有条件的各种所有制企业进行境外投资。

（六）进一步拓宽企业投资项目的融资渠道。允许各类企业以股权融资方式筹集投资资金，逐步建立起多种募集方式相互补充的多层次资本市场。经国务院投资主管部门和证券监管机构批准，选择一些收益稳定的基础设施项目进行试点，通过公开发行股票、可转换债券等方式筹集建设资金。在严格防范风险的前提下，改革企业债券发行管理制度，扩大企业债券发行规模，增加企业债券品种。按照市场化原则改进和完善银行的固定资产贷款审批和相应的风险管理制度，运用银团贷款、融资租赁、项目融资、财务顾问等多种业务方式，支持

项目建设。允许各种所有制企业按照有关规定申请使用国外贷款。制定相关法规，组织建立中小企业融资和信用担保体系，鼓励银行和各类合格担保机构对项目融资的担保方式进行研究创新，采取多种形式增强担保机构资本实力，推动设立中小企业投资公司，建立和完善创业投资机制。规范发展各类投资基金。鼓励和促进保险资金间接投资基础设施和重点建设工程项目。

（七）规范企业投资行为。各类企业都应严格遵守国土资源、环境保护、安全生产、城市规划等法律法规，严格执行产业政策和行业准入标准，不得投资建设国家禁止发展的项目；应诚信守法，维护公共利益，确保工程质量，提高投资效益。国有和国有控股企业应按照国有资产管理体制改革和现代企业制度的要求，建立和完善国有资产出资人制度、投资风险约束机制、科学民主的投资决策制度和重大投资责任追究制度。严格执行投资项目的法人责任制、资本金制、招标投标制、工程监理制和合同管理制。

三、完善政府投资体制，规范政府投资行为

（一）合理界定政府投资范围。政府投资主要用于关系国家安全和市场不能有效配置资源的经济和社会领域，包括加强公益性和公共基础设施建设，保护和改善生态环境，促进欠发达地区的经济和社会发展，推进科技进步和高新技术产业化。能够由社会投资建设的项目，尽可能利用社会资金建设。合理划分中央政府与地方政府的投资事权。中央政府投资除本级政权等建设外，主要安排跨地区、跨流域以及对经济和社会发展全局有重大影响的项目。

（二）健全政府投资项目决策机制。进一步完善和坚持科学的决策规则和程序，提高政府投资项目决策的科学化、民主化水平；政府投资项目一般都要经过符合资质要求的咨询中介机构的评估论证，咨询评估要引入竞争机制，并制定合理的竞争规则；特别重大的项目还应实行专家评议制度；逐步实行政府投资项目公示制度，广泛听取各方面的意见和建议。

（三）规范政府投资资金管理。编制政府投资的中长期规划和年度计划，统筹安排、合理使用各类政府投资资金，包括预算内投资、各类专项建设基金、统借国外贷款等。政府投资资金按项目安排，根据资金来源、项目性质和调控需要，可分别采取直接投资、资本金注入、投资补助、转贷和贷款贴息等方式。以资本金注入方式投入的，要确定出资人代表。要针对不同的资金类型和资金运用方式，确定相应的管理办法，逐步实现政府投资的决策程序和资金管理的科学化、制度化和规范化。

（四）简化和规范政府投资项目审批程序，合理划分审批权限。按照项目性质、资金来源和事权划分，合理确定中央政府与地方政府之间、国务院投资主管部门与有关部门之间的项目审批权限。对于政府投资项目，采用直接投资和资本金注入方式的，从投资决策角度只审批项目建议书和可行性研究报告，除特殊情况外不再审批开工报告，同时应严格政府投资项目的初步设计、概算审批工作；采用投资补助、转贷和贷款贴息方式的，只审批资金申请报告。具体的权限划分和审批程序由国务院投资主管部门会同有关方面研究制定，报国务院批准后颁布实施。

（五）加强政府投资项目管理，改进建设实施方式。规范政府投资项目的建设标准，并根据情况变化及时修订完善。按项目建设进度下达投资资金计划。加强政府投资项目的中介服务管理，对咨询评估、招标代理等中介机构实行资质管理，提高中介服务质量。对非经营性政府投资项目加快推行"代建制"，即通过招标等方式，选择专业化的项目管理单位负责建设实施，严格控制项目投资、质量和工期，竣工验收后移交给使用单位。增强投资风险意

识，建立和完善政府投资项目的风险管理机制。

（六）引入市场机制，充分发挥政府投资的效益。各级政府要创造条件，利用特许经营、投资补助等多种方式，吸引社会资本参与有合理回报和一定投资回收能力的公益事业和公共基础设施项目建设。对于具有垄断性的项目，试行特许经营，通过业主招标制度，开展公平竞争，保护公众利益。已经建成的政府投资项目，具备条件的经过批准可以依法转让产权或经营权，以回收的资金滚动投资于社会公益等各类基础设施建设。

四、加强和改善投资的宏观调控

（一）完善投资宏观调控体系。国家发展和改革委员会要在国务院领导下会同有关部门，按照职责分工，密切配合、相互协作、有效运转、依法监督，调控全社会的投资活动，保持合理投资规模，优化投资结构，提高投资效益，促进国民经济持续快速协调健康发展和社会全面进步。

（二）改进投资宏观调控方式。综合运用经济的、法律的和必要的行政手段，对全社会投资进行以间接调控方式为主的有效调控。国务院有关部门要依据国民经济和社会发展中长期规划，编制教育、科技、卫生、交通、能源、农业、林业、水利、生态建设、环境保护、战略资源开发等重要领域的发展建设规划，包括必要的专项发展建设规划，明确发展的指导思想、战略目标、总体布局和主要建设项目等。按照规定程序批准的发展建设规划是投资决策的重要依据。各级政府及其有关部门要努力提高政府投资效益，引导社会投资。制定并适时调整国家固定资产投资指导目录、外商投资产业指导目录，明确国家鼓励、限制和禁止投资的项目。建立投资信息发布制度，及时发布政府对投资的调控目标、主要调控政策、重点行业投资状况和发展趋势等信息，引导全社会投资活动。建立科学的行业准入制度，规范重点行业的环保标准、安全标准、能耗水耗标准和产品技术、质量标准，防止低水平重复建设。

（三）协调投资宏观调控手段。根据国民经济和社会发展要求以及宏观调控需要，合理确定政府投资规模，保持国家对全社会投资的积极引导和有效调控。灵活运用投资补助、贴息、价格、利率、税收等多种手段，引导社会投资，优化投资的产业结构和地区结构。适时制定和调整信贷政策，引导中长期贷款的总量和投向。严格和规范土地使用制度，充分发挥土地供应对社会投资的调控和引导作用。

（四）加强和改进投资信息、统计工作。加强投资统计工作，改革和完善投资统计制度，进一步及时、准确、全面地反映全社会固定资产存量和投资的运行态势，并建立各类信息共享机制，为投资宏观调控提供科学依据。建立投资风险预警和防范体系，加强对宏观经济和投资运行的监测分析。

五、加强和改进投资的监督管理

（一）建立和完善政府投资监管体系。建立政府投资责任追究制度，工程咨询、投资项目决策、设计、施工、监理等部门和单位，都应有相应的责任约束，对不遵守法律法规给国家造成重大损失的，要依法追究有关责任人的行政和法律责任。完善政府投资制衡机制，投资主管部门、财政主管部门以及有关部门，要依据职能分工，对政府投资的管理进行相互监督。审计机关要依法全面履行职责，进一步加强对政府投资项目的审计监督，提高政府投资管理水平和投资效益。完善重大项目稽察制度，建立政府投资项目后评价制度，对政府投资项目进行全过程监管。建立政府投资项目的社会监督机制，鼓励公众和新闻媒体对政府投资项目进行监督。

（二）建立健全协同配合的企业投资监管体系。国土资源、环境保护、城市规划、质量监督、银行监管、证券监管、外汇管理、工商管理、安全生产监管等部门，要依法加强对企业投资活动的监管，凡不符合法律法规和国家政策规定的，不得办理相关许可手续。在建设过程中不遵守有关法律法规的，有关部门要责令其及时改正，并依法严肃处理。各级政府投资主管部门要加强对企业投资项目的事中和事后监督检查，对于不符合产业政策和行业准入标准的项目，以及不按规定履行相应核准或许可手续而擅自开工建设的项目，要责令其停止建设，并依法追究有关企业和人员的责任。审计机关依法对国有企业的投资进行审计监督，促进国有资产保值增值。建立企业投资诚信制度，对于在项目申报和建设过程中提供虚假信息、违反法律法规的，要予以惩处，并公开披露，在一定时间内限制其投资建设活动。

（三）加强对投资中介服务机构的监管。各类投资中介服务机构均须与政府部门脱钩，坚持诚信原则，加强自我约束，为投资者提供高质量、多样化的中介服务。鼓励各种投资中介服务机构采取合伙制、股份制等多种形式改组改造。健全和完善投资中介服务机构的行业协会，确立法律规范、政府监督、行业自律的行业管理体制。打破地区封锁和行业垄断，建立公开、公平、公正的投资中介服务市场，强化投资中介服务机构的法律责任。

（四）完善法律法规，依法监督管理。建立健全与投资有关的法律法规，依法保护投资者的合法权益，维护投资主体公平、有序竞争，投资要素合理流动、市场发挥配置资源的基础性作用的市场环境，规范各类投资主体的投资行为和政府的投资管理活动。认真贯彻实施有关法律法规，严格财经纪律，堵塞管理漏洞，降低建设成本，提高投资效益。加强执法检查，培育和维护规范的建设市场秩序。

国务院
二〇〇四年七月十六日

2. 清理规范投资项目报建审批事项实施方案

国务院关于印发清理规范
投资项目报建审批事项
实施方案的通知

国发〔2016〕29号

各省、自治区、直辖市人民政府，国务院各部委、各直属机构：

现将《清理规范投资项目报建审批事项实施方案》印发给你们，请认真贯彻执行。

国务院
2016年5月19日

（此件公开发布）

清理规范投资项目报建审批事项实施方案

清理规范投资项目报建审批事项，既是推进简政放权、放管结合、优化服务改革的重要内容，也是打通投资项目开工前"最后一公里"、降低制度性交易成本、激发社会投资活力的重要举措。按照国务院关于进一步简化、整合投资项目报建手续的工作部署，制定本方案。

一、清理规范的范围和原则

（一）范围

投资项目报建审批事项，是投资项目申请报告核准或者可行性研究报告批复之后、开工建设之前，由相关部门和单位依据法律法规向项目单位作出的行政审批事项。此次纳入清理规范的投资项目报建审批事项共计65项。

（二）原则

一是凡没有法律法规依据、未列入国务院决定保留的行政审批事项目录的，一律取消审批。

二是虽有法律法规依据，但已没有必要保留的，要通过修法取消审批。

三是审批机关能够通过征求相关部门意见或者能够通过后续监管解决的事项，一律取消审批。

四是对确需保留的审批事项，加大优化整合力度。由同一部门实施的管理内容相近或者属于同一办理阶段的多个审批事项，应整合为一个审批事项。属于同一层级地方政府办理的事项，应通过统一平台优化流程、提高效率。

二、清理规范的内容

65项报建审批事项中，保留34项，整合24项为8项；改为部门间征求意见的2项，涉及安全的强制性评估5项，不列入行政审批事项。清理规范后报建审批事项减少为42项。

（一）保留34项

住房城乡建设部门5项：建设用地（含临时用地）规划许可证核发、乡村建设规划许可证核发、建筑工程施工许可证核发、超限高层建筑工程抗震设防审批、风景名胜区内建设活动审批。

交通运输部门5项：水运工程设计文件审查、公路建设项目设计审批、公路建设项目施工许可、航道通航条件影响评价审核、港口岸线使用审批。

国土资源部门4项：农用地转用审批、土地征收审批、供地方案审批、建设项目压覆重要矿床审批。

水利部门3项：农业灌排影响意见书、生产建设项目水土保持方案审批、水利基建项目初步设计文件审批。

海洋部门3项：海域使用权证书核发、无居民海岛开发利用审核、海洋工程建设项目环境影响报告书核准（非重特大项目）。

环境保护部门2项：非重特大项目环评审批、核设施建造许可证核发。

气象部门2项：新建、扩建、改建建设工程避免危害气象探测环境审批，防雷装置设计审核。

能源部门2项：煤矿项目核准后开工前地方煤炭行业管理部门实施的初步设计审批、核电厂工程消防初步设计审批。

发展改革部门1项：节能审查意见。

公安部门1项：建设工程消防设计审核。

安全部门1项：涉及国家安全事项的建设项目审批。

国防科技工业部门1项：军用核设施（含铀尾矿〔渣〕库选址、建造）安全许可。

民航部门1项：民航专业工程及含有中央投资的民航建设项目初步设计审批。

宗教部门1项：宗教活动场所内改建或者新建建筑物审批。

移民管理机构1项：移民安置规划及审核意见。

人民防空部门1项：应建防空地下室的民用建筑项目报建审批。

（二）整合24项为8项

住房城乡建设部门11项整合为4项：一是将"建设工程（含临时建设）规划许可证核发"、"历史文化街区、名镇、名村核心保护范围内拆除历史建筑以外的建筑物、构筑物或者其他设施审批"、"历史建筑实施原址保护审批"、"历史建筑外部修缮装饰、添加设施以及改变历史建筑的结构或者使用性质审批"4项，合并为"建设工程规划类许可证核发"1项；二是将"临时占用城市绿地审批"、"砍伐城市树木、迁移古树名木审批"2项，合并为"工程建设涉及城市绿地、树木审批"1项；三是将"占用、挖掘城市道路审批"、"依附于城市道路建设各种管线、杆线等设施审批"、"城市桥梁上架设各类市政管线审批"3项，合并为"市政设施建设类审批"1项；四是将"因工程建设确需改装、拆除或者迁移城市公共供水设施审批"、"拆除、移动城镇排水与污水处理设施方案审核"2项，合并为"因工程建设需要拆除、改动、迁移供水、排水与污水处理设施审核"1项。

水利部门6项整合为2项：一是将"非防洪建设项目洪水影响评价报告审批"、"水工程建设规划同意书审核"、"河道管理范围内建设项目工程建设方案审批"、"国家基本水文测站上下游建设影响水文监测工程的审批"4项，合并为"洪水影响评价审批"1项；二是将"建设项目水资源论证报告书审批"、"取水许可"2项，合并为"取水许可"1项。

文物部门4项整合为1项：将"文物保护单位的保护范围内进行其他建设工程或者爆破、钻探、挖掘等作业的许可"、"文物保护单位的建设控制地带内进行建设工程的许可"、"进行大型基本建设工程前在工程范围内有可能埋藏文物的地方进行考古调查、勘探的许可"、"配合建设工程进行考古发掘的许可"4项，合并为"建设工程文物保护和考古许可"1项。

林业部门3项整合为1项：将"勘察、开采矿藏和各项建设工程占用或者征收、征用林地审核"、"在林业部门管理的自然保护区建立机构和修筑设施审批"、"在沙化土地封禁保护区范围内进行修建铁路、公路等建设活动审批"3项，合并为"建设项目使用林地及在林业部门管理的自然保护区、沙化土地封禁保护区建设审批（核）"1项。

（三）改为部门间征求意见的2项

军队有关部门2项：贯彻国防要求、军事设施保护意见。

（四）涉及安全的强制性评估5项

安全监管部门2项：职业病危害预评价、建设项目安全预评价。

国土资源部门1项：地质灾害危险性评估。

气象部门1项：重大规划、重点工程项目气候可行性论证。

地震部门1项：地震安全性评价。

三、工作要求

（一）各有关部门和单位要抓紧按程序做好修改法律法规、部门规章和规范性文件，以及调整公布本部门、本单位报建审批事项清单工作。在简政放权的同时，要坚持放管结合、优化服务，建立透明、规范、高效的协同监管机制，规范投资建设行为和市场秩序。要加强对本系统清理规范工作的指导和监督，对保留的报建审批事项，要按照"一个窗口对外"的要求，合理确定管理层级，除安全生产、环境保护等涉及人民群众生命健康安全的事项外，均要精简申报材料，缩短办理时限，便利企业办事。要继续加强调查研究，充分听取市场主体意见，加大改革力度，进一步减少报建审批事项。此外，对涉及安全的强制性评估，应通过细化标准、严格监管等，确保安全措施落实到位。

（二）各地区要将由同一层级地方政府实施的报建审批事项，纳入政务服务大厅或在线平台，实行"一口受理、并行办理、限时办结、统一答复"。严格遵循政务公开原则，强化宣传和舆论引导，做好政策解读工作。同时，要结合本地实际，进一步加大报建审批事项整合力度，优化办理流程，提高办事效率。

3. 关于印发全国投资项目在线审批监管平台投资审批管理事项统一名称和申请材料清单的通知

关于印发全国投资项目在线审批监管平台投资审批管理事项统一名称和申请材料清单的通知

发改投资〔2019〕268号

各省、自治区、直辖市及计划单列市、新疆生产建设兵团发展改革委、国家安全局、工业和信息化主管部门、自然资源主管部门、环境保护厅（局）、住房城乡建设厅（建委）、交通运输厅（局、委）、水利（水务）厅（局）、卫生健康委、安全生产监督管理局、地震局、气象局、烟草局、林业草原局、文物局，民航各地区管理局：

为严格执行并联审批制度、规范投资审批行为，提高投资审批"一网通办"水平，现将全国投资项目在线审批监管平台（以下简称在线平台）投资审批管理事项统一名称和申请材料清单印发你们，并就有关事项通知如下。

一、各级有关部门应按照《全国投资项目在线审批监管平台投资审批管理事项统一名称清单（2018年版）》（附件1），统一修改相关办事指南中涉及的投资项目审批管理事项名称。审批管理事项有子项的，应在统一名称的基础上作进一步明确细化。

二、各级有关部门应按照《全国投资项目在线审批监管平台投资审批管理事项申请材料清单（2018年版）》（附件2），进一步明确细化相关审批事项办事指南。为防止审批工作中的自由裁量权，各级审批部门不得要求项目单位提供本通知之外的申请材料。地方法规有明确规定、确需项目单位另行提供的，由各省级投资主管部门商有关部门通过在线平台公布，并报国务院有关主管部门备案。

三、为确保互联互通和数据共享，通过在线平台办理审批和归集信息要统一使用本通知规定的事项名称和申请材料名称。各地方平台要按照清单调整系统功能，从2019年3月15日起按照统一名称开展审批事项办理和信息归集共享工作。

四、为切实减轻项目单位负担，项目单位在线提交的申请材料和部门的批准文件，作为后续审批事项申请材料的，应通过在线平台共享获得，不得要求项目单位重复提交。

五、清单内的审批管理事项和申请材料由中央平台按照统一规则进行编码，编码规则另行发布。

六、本通知中的审批管理事项和申请材料清单实行动态管理，投资审批制度改革中，事项有调整的将及时修订和公布。

附件：
1. 全国投资项目在线审批监管平台投资审批管理事项统一名称清单（2018年版）
2. 全国投资项目在线审批监管平台投资审批管理事项申请材料清单（2018年版）

国家发展改革委　　工业和信息化部　　国家安全部

自然资源部	生态环境部	住房城乡建设部
交通运输部	水利部	国家卫生健康委
中国地震局	中国气象局	国家烟草局
国家林草局	中国民航局	国家文物局

2019年2月12日

附件1

全国投资项目在线审批监管平台投资审批管理事项统一名称清单（2018年版）

序号	审批事项名称	适用情形
1	政府投资项目建议书审批	政府直接投资或资本金注入项目。
2	政府投资项目可行性研究报告审批	政府直接投资或资本金注入项目。
3	政府投资项目初步设计审批	政府直接投资或资本金注入项目。
4	企业投资项目核准	企业投资《政府核准的投资项目目录》内的固定资产投资项目（含非企业组织利用自有资金、不申请政府投资建设的固定资产投资项目）。
5	企业投资项目备案	企业投资《政府核准的投资项目目录》外的固定资产投资项目（含非企业组织利用自有资金、不申请政府投资建设的固定资产投资项目）。
6	建设项目用地预审	不涉及新增建设用地，在土地利用总体规划确定的城镇建设用地范围内使用已批准建设用地的建设项目，可不进行建设项目用地预审。
7	选址意见书	按照国家规定需要有关部门批准或者核准的建设项目，以划拨方式提供国有土地使用权的。
8	港口岸线使用审批	在港口总体规划区内建设码头等港口设施使用港口岸线的。
9	无居民海岛开发利用申请审核	无居民海岛的开发利用。其中，涉及利用特殊用途海岛，或者确需填海连岛以及其他严重改变海岛自然地形、地貌的，由国务院审批。
10	建设项目压覆重要矿产资源审批	建设铁路、工厂、水库、输油管道、输电线路和各种大型建筑物或者建筑群压覆重要矿床的。
11	海域使用权审核	建设项目需要使用海域的。
12	建设项目环境影响评价审批	按照《建设项目环境影响评价分类管理目录》执行。
13	节能审查	除年综合能源消费量不满1000吨标准煤，且年电力消费量不满500万千瓦时的固定资产投资项目，涉及国家秘密的固定资产投资项目，以及《不单独进行节能审查的行业目录》外的固定资产投资项目。

续表

序号	审批事项名称	适用情形
14	江河、湖泊新建、改建或者扩大排污口审核	建设单位在江河、湖泊新建、改建或者扩大排污口。
15	洪水影响评价审批	（一）在江河湖泊上新建、扩建以及改建并调整原有功能的水工程（原水工程规划同意书审核）； （二）建设跨河、穿河、穿堤、临河的桥梁、码头、道路、渡口、管道、缆线、取水、排水等工程设施（原河道管理范围内建设项目工程建设方案审批）； （三）在洪泛区、蓄滞洪区内建设非防洪建设项目（原非防洪建设项目洪水影响评价报告审批）； （四）在国家基本水文测站上下游建设影响水文监测的工程（原国家基本水文测站上下游建设影响水文监测工程的审批）。
16	航道通航条件影响评价审核	建设与航道有关的工程，包括： （一）跨越、穿越航道的桥梁、隧道、管道、渡槽、缆线等建筑物、构筑物； （二）通航河流上的永久性拦河闸坝； （三）航道保护范围内的临河、临湖、临海建筑物、构筑物，包括码头、取（排）水口、栈桥、护岸、船台、滑道、船坞、圈围工程等。
17	生产建设项目水土保持方案审批	在山区、丘陵区、风沙区以及水土保持规划确定的容易发生水土流失的其他区域开办可能造成水土流失的生产建设项目。
18	取水许可审批	利用取水工程或者设施直接从江河、湖泊或者地下取用水资源的建设项目。
19	农业灌排影响意见书（占用农业灌溉水源灌排工程设施补偿项目审批）	工程建设项目占用农业灌溉水源、灌排工程设施，或者对原有灌溉用水、供水水源有不利影响的。其中，工程建设项目占用农业灌溉水源或灌排工程设施需要建设替代工程满足原有功能的，需要进行占用农业灌溉水源灌排工程设施补偿项目审批；不能建设替代工程的需要进行评估，补偿相关费用上交财政用于灌排设施改造建设。
20	移民安置规划审核	涉及移民安置的大中型水利水电工程。
21	新建、扩建、改建建设工程避免危害气象探测环境审批	在气象台站保护范围内的新建、扩建、改建建设工程。
22	雷电防护装置设计审核	油库、气库、弹药库、化学品仓库、烟花爆竹、石化等易燃易爆建设工程和场所，雷电易发区内的矿区、旅游景点或者投入使用的建（构）筑物、设施等需要单独安装雷电防护装置的场所，以及雷电风险高且没有防雷标准规范、需要进行特殊论证的大型项目，由气象部门负责防雷装置设计审核。（房屋建筑工程和市政基础设施工程防雷装置设计审核，整合纳入建筑工程施工图审查；公路、水路铁路、民航、水利、电力、核电、通信等专业建设工程防雷管理，由各专业部门负责）。

续表

序号	审批事项名称	适用情形
23	建设项目使用林地及在森林和野生动物类型国家级自然保护区建设审批（核）	（一）使用防护林林地或者特殊用途林林地面积10公顷以上，用材林、经济林、薪炭林林地及其采伐迹地面积35公顷以上的，其他林地面积70公顷以上的；使用重点国有林区林地的（原建设项目使用林地审核）； （二）在森林和野生动物类型国家级自然保护区修筑设施。
24	矿藏开采、工程建设征收、征用或者使用草原审核	矿藏开发、工程建设征收、征用或者使用70公顷以上草原审核。
25	风景名胜区内建设活动审批	在风景名胜区内除下列禁止活动以外的建设项目： （一）开山、采石、开矿、开荒、修坟立碑等破坏景观、植被和地形地貌的活动； （二）修建存储爆炸性、易燃性、放射性、毒害性、腐蚀性物品的设施； （三）违反风景名胜区规划，在风景名胜区内设立各类开发区； （四）在核心景区内建设宾馆、招待所、培训中心、疗养院以及与风景名胜资源保护无关的其他建筑物。
26	建设工程文物保护和考古许可	（一）在文物保护单位保护范围内建设其他工程，或者涉及爆破、钻探、挖掘等作业的建设项目（原文物保护单位保护范围内其他建设工程或者爆破、钻探、挖掘等作业审批）； （二）文物保护单位建设控制地带内的建设项目（原文物保护单位建设控制地带内建设工程设计方案审批）； （三）大型基本建设工程（原进行大型基本建设工程前在工程范围内有可能埋藏文物的地方进行考古调查、勘探的许可）； （四）经考古调查、勘探，在工程建设范围内有地下文物遗存的（原配合建设工程进行考古发掘的许可）。
27	建设用地（含临时用地）规划许可证核发	在城市、镇规划区内以划拨方式提供国有土地使用权的建设项目，经有关部门批准、核准、备案后，应提出建设用地规划许可申请，依据控制性详细规划核定建设用地的位置、面积、允许建设的范围。
28	乡村建设规划许可证核发	在乡、村庄规划区内进行农村村民住宅、乡镇企业、乡村公共设施和公益事业建设的。

序号	审批事项名称	适用情形
29	建设工程规划类许可证核发	（一）在城市、镇规划区内进行建筑物、构筑物、道路、管线和其他工程建设的，建设单位或者个人应当申请办理建设工程规划许可证，提交使用土地的有关证明文件、建设工程设计方案等材料。需要建设单位编制修建性详细规划的建设项目，还应当提交修建性详细规划； （二）涉及历史文化街区、名镇、名村核心保护范围内拆除历史建筑以外的建筑物、构筑物和其他设施的； （三）涉及历史建筑实施原址保护的措施，以及因公共利益必须迁移异地保护或拆除的； （四）涉及历史建筑外部修缮装饰、添加设施以及改变历史建筑的结构或者使用性质的。
30	超限高层建筑工程抗震设防审批	超限高层建筑工程。
31	建设工程消防设计审核	（一）具有下列情形的人员密集场所： 1. 建筑总面积大于二万平方米的体育场馆、会堂，公共展览馆、博物馆的展示厅； 2. 建筑总面积大于一万五千平方米的民用机场航站楼、客运车站候车室、客运码头候船厅； 3. 建筑总面积大于一万平方米的宾馆、饭店、商场、市场； 4. 建筑总面积大于二千五百平方米的影剧院，公共图书馆的阅览室，营业性室内健身、休闲场馆，医院的门诊楼，大学的教学楼、图书馆、食堂，劳动密集型企业的生产加工车间，寺庙、教堂； 5. 建筑总面积大于一千平方米的托儿所、幼儿园的儿童用房，儿童游乐厅等室内儿童活动场所，养老院、福利院，医院、疗养院的病房楼，中小学的教学楼、图书馆、食堂，学校的集体宿舍，劳动密集型企业的员工集体宿舍； 6. 建筑总面积大于五百平方米的歌舞厅、录像厅、放映厅、卡拉OK厅、夜总会、游艺厅、桑拿浴室、网吧、酒吧，具有娱乐功能的餐馆、茶馆、咖啡厅。 （二）具有下列情形之一的特殊建设工程： 1. 设有上条所述的人员密集场所的建设工程； 2. 国家机关办公楼、电力调度楼、电信楼、邮政楼、防灾指挥调度楼、广播电视楼、档案楼； 3. 单体建筑面积大于四万平方米或者建筑高度超过五十米的公共建筑； 4. 国家标准规定的一类高层住宅建筑； 5. 城市轨道交通、隧道工程，大型发电、变配电工程； 6. 生产、储存、装卸易燃易爆危险品的工厂、仓库和专用车站、码头，易燃易爆气体和液体的充装站、供应站、调压站。

续表

序号	审批事项名称	适用情形
32	工程建设涉及城市绿地、树木审批	工程建设涉及占用城市绿地、砍伐或迁移树木的。
33	市政设施建设类审批	工程建设涉及占用、挖掘城市道路,依附于城市道路建设各种管线、杆线等设施,城市桥梁上架设各类市政管线的。
34	因工程建设需要拆除、改动、迁移供水、排水与污水处理设施审核	因工程建设需要改装、拆除或者迁移城市公共供水设施,拆除、移动城镇排水与污水处理设施的。
35	建筑工程施工许可证核发	各类房屋建筑及其附属设施的建造、装修装饰和与其配套的线路、管道、设备的安装,以及城镇市政基础设施工程的施工。
36	水运工程设计文件审查	水运工程初步设计、施工图设计审查。
37	公路建设项目设计审批	公路(包括各行政等级和技术等级公路)建设项目。
38	公路建设项目施工许可	公路(包括各行政等级和技术等级公路)建设项目。
39	水利基建项目初步设计文件审批	水利基建项目。
40	民航专业工程及含有中央投资的民航建设项目初步设计审批	民航专业工程及含有中央投资的民航建设项目。
41	涉及国家安全事项的建设项目审批	(一)重要国家机关、军事设施、国防军工单位和其他重要涉密单位周边安全控制区域内的建设项目的新改扩建行为; (二)部分地方法规规章中明确的国际机场、出入境口岸、火车站重要邮(快)件处理场所、电信枢纽场所,以及境外机构、组织人员投资、居住、使用的宾馆、旅馆、酒店和写字楼等建设项目新改扩建行为。
42	民用核设施建造活动审批	民用核设施项目。

附件2

全国投资项目在线审批监管平台投资审批管理事项申请材料清单（2018年版）

序号	审批事项名称	材料序号	申请材料清单	提供单位	适用情形
1	政府投资项目建议书审批	01	项目建议书审批申请文件	项目单位或主管部门	
		02	项目建议书文本	项目单位或主管部门	
2	政府投资项目可行性研究报告审批	01	项目建议书批复文件	项目审批部门	已列入相关规划的项目无需提供。
		02	可行性研究报告审批申请文件	项目单位或主管部门	
		03	可行性研究报告	项目单位或主管部门	
		04	选址意见书	主管部门	以划拨方式提供国有土地使用权的项目。
		05	用地（海）预审意见	自然资源主管部门	自然资源部门明确可以不进行用地（海）预审的情形除外。
		06	节能审查意见	节能审查机关	除年综合能源消费量不满1000吨标准煤，且年电力消费量不满500万千瓦时的固定资产投资项目，涉及国家秘密的固定资产投资项目，以及《不单独进行节能审查的行业目录》外的固定资产投资项目。
		07	项目社会稳定风险评估报告及审核意见	项目报送单位，项目所在地人民政府或其有关部门	重大项目。
		08	移民安置规划审核	省级人民政府水利水电工程移民管理机构	涉及移民安置的大中型水利水电工程。
		09	航道通航条件影响评价审核意见	交通运输主管部门	涉及影响航道通航的项目。
	注：需要由国务院审批的重大项目，由国务院投资主管部门依法另行制订公布办事指南。					
3	政府投资项目初步设计审批	01	可行性研究报告批复文件	项目审批部门	
		02	项目初步设计报告审批申请文件	项目单位或主管部门	
		03	项目初步设计文本	项目单位或主管部门	

续表

序号	审批事项名称	材料序号	申请材料清单	提供单位	适用情形
4	企业投资项目核准	01	项目申请报告	项目单位	
		02	选址意见书	主管部门	以划拨方式提供国有土地使用权的项目。
		03	用地（海）预审意见	自然资源主管部门	自然资源部门明确可以不进行用地（海）预审的情形除外。
		04	项目社会稳定风险评估报告及审核意见	项目报送单位，项目所在地人民政府或其有关部门	重大项目。
		05	移民安置规划审核	水利水电工程移民管理机构	涉及移民安置的大中型水利水电项目。
		06	中外投资各方的企业注册证明材料及经审计的最新企业财务报表（包括资产负债表、利润表和现金流量表）。投资意向书，增资、并购项目的公司董事会决议。以国有资产出资的，需提供有关部门出具的确认文件。并购项目申请报告还应包括并购方情况、并购安排、融资方案和被并购方情况、被并购后经营方式、范围和股权结构、所得收入的使用安排等。	项目单位、国有资产主管部门	外商投资项目。
		注：需要由国务院核准的特殊行业项目，由国务院投资主管部门依法另行制订公布办事指南。			
5	企业投资项目备案	01	项目备案信息登记表	项目单位	

续表

序号	审批事项名称	材料序号	申请材料清单	提供单位	适用情形
6	建设项目用地预审	01	建设项目用地预审申请表	项目单位	
		02	建设项目用地预审申请报告	项目单位	
		03	地方自然资源主管部门初审意见	地方自然资源主管部门	
		04	项目建设依据（项目建议书批复文件、项目列入相关规划文件或相关产业政策文件）	项目单位或主管部门	其中，占用永久基本农田的需提供项目列入相关规划文件和符合相关政策要求的文件。
		05	标注项目用地范围的土地利用总体规划图、土地利用现状图、占用永久基本农田示意图（包含城市周边范围线）及其他相关图件	地方自然资源主管部门	
		06	土地利用总体规划修改方案（暨永久基本农田补划方案）	地方自然资源主管部门	
		07	项目用地边界拐点坐标表、占用永久基本农田拐点坐标表、补划永久基本农田拐点坐标表（2000年国家大地坐标系）	项目单位	

续表

序号	审批事项名称	材料序号	申请材料清单	提供单位	适用情形
7	选址意见书	01	建设项目选址意见书申请书（表）	项目单位	
		02	项目建设依据（项目建议书批复文件、项目列入相关规划文件或相关产业政策文件）	项目单位或主管部门	
		03	选址意向方案（包括项目选址方案图件和文字说明。方案文本应分析说明项目拟选用地范围和四至，与有关城市、镇（乡）、村和风景名胜规划区、文物保护单位建设控制地带范围的关系，项目建设控制要求）	项目单位	
		04	项目所在地市、县有关主管部门出具的规划选址初审意见。其中，跨市、县的建设项目，应有沿线各市县有关主管部门分别出具的初审意见	主管部门	由省级有关主管部门审批的选址意见书。
		05	《建设项目规划选址论证报告》及专家审查意见	项目单位	（一）未纳入依法批准的城镇体系规划、城市总体规划（或城乡总体规划）、相关专项规划的交通、水利、电力、通信等区域性重大基础设施建设项目；（二）因建设安全、环境保护、卫生、资源分布以及涉密等原因需要独立选址建设的国家或省重点建设项目、棚户区改造项目。

续表

序号	审批事项名称	材料序号	申请材料清单	提供单位	适用情形
8	港口岸线使用审批	01	港口岸线使用申请表	项目单位	
		02	海事、航道部门关于建设项目的意见	海事、航道主管部门	
		03	项目单位身份材料（包括项目单位统一信用代码证、营业执照或组织机构代码证，申请人身份证复印件）	项目单位	
		04	建设项目工程可行性研究报告或项目申请报告	项目单位	
9	无居民海岛开发利用申请审核	01	无居民海岛开发利用申请书	项目单位	
		02	无居民海岛开发利用具体方案	项目单位	
		03	无居民海岛开发利用项目论证报告	项目单位	
10	建设项目压覆重要矿产资源审批	01	建设项目压覆重要矿产资源审批申请函	项目单位	
		02	地方自然资源主管部门初审意见	地方自然资源主管部门	
		03	建设项目压覆重要矿产资源评估报告（含建设项目选址位置图、建设项目压覆矿产资源范围与拟压覆矿区关系叠合图、建设项目压覆矿产资源储量估算结果表、建设项目压覆矿产资源不可避免性论证材料等内容）	项目单位	
		04	建设项目压覆重要矿产资源评估报告的评审备案证明	项目单位	
		05	建设单位与矿业权人签订的协议原件、矿业权许可证复印件（加盖矿业权人公章）	项目单位	建设项目压覆已设置矿业权矿产资源的。

续表

序号	审批事项名称	材料序号	申请材料清单	提供单位	适用情形
11	海域使用权审核	01	项目用海申请报告（包括海域使用申请书内容）	项目单位	
		02	申请海域的坐标图	项目单位	
		03	海域使用论证报告	项目单位	
		04	资信证明材料	项目单位	
		05	项目可研审批、核准或备案文件	项目审批部门	
		06	与利益相关者的协议或解决方案	项目单位	
		07	抵押权人同意变更的证明	项目单位	涉及已设立抵押权的建设项目。
12	建设项目环境影响评价审批	01	建设项目环境影响评价文件报批申请书	项目单位	
		02	建设项目环境影响报告书（表）	项目单位	
		03	关于建设项目环境影响评价文件中删除不宜公开信息的说明	项目单位	
		04	公众参与说明（环境影响报告书项目）	项目单位	
13	节能审查	01	项目节能审查申请书	项目单位	
		02	固定资产投资项目节能报告	项目单位	
14	江河、湖泊新建、改建或者扩大排污口审核	01	排污口设置申请书	项目单位	
		02	项目可研审批、核准或备案文件	项目审批部门	
		03	排污口设置论证报告（包括排污口选址方案、建设方案、排污口设置环境影响预测分析、水环境保护及风险防范措施）	项目单位	
		04	与排污口设置有利害关系第三方的承诺书或达成的协议	项目单位	

续表

序号	审批事项名称	材料序号	申请材料清单	提供单位	适用情形
15	洪水影响评价审批	01	水工程建设规划同意书申请表	项目单位	在江河湖泊上新建、扩建以及改建并调整原有功能的水工程（原水工程规划同意书审核）。
		02	拟报批水工程的（预）可行性研究报告（项目申请报告、备案材料）	项目单位	
		03	与第三者利害关系的相关说明	项目单位	
		04	水工程建设规划同意书论证报告	项目单位	
		05	河道管理范围内建设项目工程建设方案审批申请书	项目单位	建设跨河、穿河、穿堤、临河的桥梁、码头、道路、渡口、管道、缆线、取水、排水等工程设施（原河道管理范围内建设项目工建设方案审批）。其中，重要的建设项目还需提交第10项防洪评价报告。
		06	项目建设依据（项目建议书等批复文件、项目列入相关规划文件或相关产业政策文件）	项目单位或主管部门	
		07	建设项目所涉及河道与防洪部分的初步方案	项目单位	
		08	占用河道管理范围内土地情况及该建设项目防御洪涝的设防标准与措施	项目单位	
		09	说明建设项目对河势变化、堤防安全、河道行洪、河水水质的影响以及拟采取的补救措施	项目单位	
		10	防洪评价报告	项目单位	
		11	非防洪建设项目洪水影响评价报告审批申请表	项目单位	在洪泛区、蓄滞洪区内建设非防洪建设项目（原非防洪建设项目洪水影响评价报告审批）。
		12	洪水影响评价报告	项目单位	
		13	建设项目可行性研究报告或初步设计报告（项目申请报告、备案材料）	项目单位	
		14	与第三者达成的协议或有关文件	项目单位	

续表

序号	审批事项名称	材料序号	申请材料清单	提供单位	适用情形
15	洪水影响评价审批	15	国家基本水文测站上下游建设影响水文监测工程的审批申请书	项目单位	在国家基本水文测站上下游建设影响水文监测的工程（原国家基本水文测站上下游建设影响水文监测工程的审批）。
		16	建设工程对水文监测影响程度的分析评价报告	项目单位	
		17	项目实施进度计划	项目单位	
16	航道通航条件影响评价审核	01	航道通航条件影响评价审核申请书	项目单位	
		02	项目单位身份材料（包括项目单位统一信用代码证、营业执照或组织机构代码证，申请人身份证复印件）	项目单位	
		03	航道通航条件影响评价报告	项目单位	
		04	项目建设依据（项目建议书批复文件、项目列入相关规划文件或相关产业政策文件）	项目单位或主管部门	
		05	规划调整或拆迁已取得同意或已达成一致的承诺函、协议等材料	项目单位	
17	生产建设项目水土保持方案审批	01	生产建设项目水土保持方案审批申请	项目单位	
		02	生产建设项目水土保持方案	项目单位	
18	取水许可审批	01	取水许可申请书	项目单位	
		02	与第三者利害关系的相关说明	项目单位	
		03	项目备案证明	备案机关	属备案类项目的。
		04	项目单位身份材料（包括项目单位统一信用代码证、营业执照或组织机构代码证，申请人身份证复印件）	项目单位	
		05	有利害关系第三者的承诺书或其他文件	项目单位	
		06	建设项目水资源论证报告书（表）	项目单位	
		07	初审文件	具有管辖权的县级以上地方人民政府水行政主管部门或流域管理机构	

续表

序号	审批事项名称	材料序号	申请材料清单	提供单位	适用情形
19	农业灌排影响意见书（占用农业灌溉水源灌排工程设施补偿项目审批）	01	项目可研审批、核准或备案文件	项目审批部门	
		02	占用灌排设施补偿项目申报文件	项目单位	占用灌溉水源或灌排设施的。
		03	占用灌排设施补偿项目设计文件	项目单位	
		04	占用灌排设施申请表	项目单位	
		05	与被占用灌排设施的工程管理单位以及利益相关方达成的具有法律效力的协议	项目单位	
20	移民安置规划审核	01	移民安置规划审核申请函	项目单位	涉及移民安置的大中型水利水电工程。
		02	移民安置规划报告及附件	项目单位	
		03	移民安置规划大纲批复文件	水利水电工程移民管理机构	
21	新建、扩建、改建建设工程避免危害气象探测环境审批	01	新建、扩建、改建建设工程避免危害气象探测环境行政许可申请表	项目单位	
		02	项目单位身份材料（包括项目单位统一信用代码证、营业执照或组织机构代码证，申请人身份证复印件）	项目单位	
		03	新建、扩建、改建建设工程概况和规划总平面图	项目单位	
		04	新建、扩建、改建建设工程与气象探测设施或观测场的相对位置示意图	项目单位	
		05	委托协议书	项目单位	委托代理的项目。
22	雷电防护装置设计审核	01	雷电防护装置设计审核申请表	项目单位	
		02	设计单位和人员的资质证明和资格证书的复印件	项目单位	
		03	雷电防护装置设计说明书、设计图纸及相关资料	项目单位	
		04	设计中所采用的防雷产品相关资料	项目单位	

续表

序号	审批事项名称	材料序号	申请材料清单	提供单位	适用情形
23	建设项目使用林地及在森林和野生动物类型国家级自然保护区建设审批（核）	01	使用林地申请表	项目单位	使用防护林林地或者特殊用途林林地面积10公顷以上，用材林、经济林、薪炭林林地及其采伐迹地面积35公顷以上的，其他林地面积70公顷以上的；使用重点国有林区林地的（原建设项目使用林地审核）。
		02	项目单位身份材料（包括项目单位统一信用代码证、营业执照或组织机构代码证，申请人身份证复印件）	项目单位	
		03	建设项目有关批准文件（包括：可行性研究报告批复、核准批复、备案确认文件、勘查许可证、采矿许可证、项目初步设计等批准文件；属于批次用地项目，提供经有关人民政府同意的批次用地说明书并附规划图。符合城乡规划的项目，还需提供规划许可证或选址意见书）	项目审批部门或有关人民政府	
		04	建设项目使用林地可行性报告或林地现状调查表	项目单位	
		05	初步审查意见	地方林草行政主管部门	
		06	现场查验表	县级林草行政主管部门	
		07	拟修筑设施的规划或工程设计文件（机场、铁路、公路、水利水电、围堰、围填海等建设项目，还应当提供修筑设施在选址选线上无法避让国家级自然保护区的比选方案）	项目单位	在森林和野生动物类型国家级自然保护区修筑设施。
		08	保护、管理、补偿等协议	项目单位	
		09	县级以上人民政府及有关部门批准修筑设施的文件	相关审批部门或有关人民政府	
		10	拟修筑设施对国家级自然保护区主要保护对象和自然生态系统影响的评价报告或者评价登记表，以及减轻影响和恢复生态的补救性措施（湿地恢复或者重建方案，修建野生动物通道、过鱼设施等消除或者减少对野生动物不利影响的方案）	项目单位	
		11	公示材料	项目单位	
		12	省级林草行政主管部门意见	省级林草行政主管部门	
		13	建设项目在林草行政主管部门管理的自然保护区建设申请表	项目单位	

续表

序号	审批事项名称	材料序号	申请材料清单	提供单位	适用情形
24	矿藏开采、工程建设征收、征用或者使用草原审核	01	草原征占用申请表	项目单位	
		02	申请单位法人证明材料	项目单位	
		03	项目批准文件	项目单位	
		04	草原权属证明材料	项目单位	
		05	与草原所有权者、使用者或者承包经营者签订的约定草原补偿费等内容的补偿协议	项目单位	
		06	拟征收使用草原的区域坐标图	项目单位	
		07	拟征收使用各类自然保护地内草原的,需要提供相关行政主管部门同意征收使用草原的批复文件	相关保护地行政主管部门	
		08	省级林草行政主管部门出具在对拟占用草原现场核实的基础上形成的包括拟征占用草原范围、面积以及环境影响等内容的审查意见	省级林草行政主管部门	
25	风景名胜区内建设活动审批	01	拟建项目选址方案（主要包括：1.项目的必要性、合理性、可行性分析；2.项目的选址比选方案；3.项目对风景名胜区的资源生态和景观环境影响评价分析；4.项目的初步设计及其它基础资料；5.项目用地红线图）	项目单位	
		02	在风景名胜区内实施重大建设工程项目的申请文件	项目单位	
		03	拟建项目所在风景名胜区管理机构出具的审查报告（报告中附专家审查意见）	风景名胜区管理机构	
		04	拟建项目所在风景名胜区的规划文件及批复（经批准的风景名胜区《总体规划》《详细规划》文本及批复文件）	相关审批部门	

续表

序号	审批事项名称	材料序号	申请材料清单	提供单位	适用情形
26	建设工程文物保护和考古许可	01	征求意见文件（内容包括：建设单位名称、建设项目、建设地点、建设规模、必须进行该工程的理由说明）	县级以上地方人民政府	在文物保护单位保护范围内建设其他工程，或涉及爆破、钻探、挖掘等作业的建设项目（原文物保护单位保护范围内其他建设工程或爆破、钻探、挖掘等作业审批）。
		02	建设单位申请函	项目单位	
		03	建设工程的规划、设计方案（内容包括：1/500 或 1/2000 现状地形图（标出涉及的文物保护单位），建设工程设计方案还需上报相关建筑的总平面图、平面、立面、剖面图）	项目单位	
		04	工程对文物可能产生破坏或影响的评估报告及为保护文物安全及历史自然环境所采用的相关措施设计	项目单位	
		05	文物保护单位的具体保护措施	文物保护单位	（一）在文物保护单位保护范围内建设其他工程，或涉及爆破、钻探、挖掘等作业的建设项目（原文物保护单位保护范围内其他建设工程或爆破、钻探、挖掘等作业审批）； （二）经评估影响文物保护单位本体及环境安全的建设工程。
		06	考古勘探发掘资料	项目单位	（一）在文物保护单位保护范围内建设其他工程，或涉及爆破、钻探、挖掘等作业的建设项目（原文物保护单位保护范围内其他建设工程或爆破、钻探、挖掘等作业审批）； （二）涉及地下埋藏文物的建设工程。

续表

序号	审批事项名称	材料序号	申请材料清单	提供单位	适用情形
26	建设工程文物保护和考古许可	07	申请书（包括：建设单位名称及法人登记证明；文物名称；工程名称地点、规模）	项目单位	文物保护单位建设控制地带内的建设项目（原文物保护单位建设控制地带内建设工程设计方案审批）。
		08	建设工程的规划、设计方案（内容包括：1/500 或 1/2000 现状地形图，并标出涉及的文物保护单位，建设工程设计方案还需上报相关建筑的总平面图、平面、立面、剖面图）	项目单位	
		09	工程对文物可能产生破坏或影响的评估报告及为保护文物安全及历史自然环境所采用的相关措施设计	项目单位	
		10	文物保护单位的具体保护措施	文物保护单位	（一）文物保护单位建设控制地带内的建设项目（原文物保护单位建设控制地带内建设工程设计方案审批）；（二）经评估影响文物保护单位本体及环境安全的建设工程。
		11	考古勘探发掘资料	项目单位	（一）文物保护单位建设控制地带内的建设项目（原文物保护单位建设控制地带内建设工程设计方案审批）；（二）涉及地下埋藏文物的建设工程。
		12	文物行政主管部门意见	相应级别的文物行政主管部门	（一）文物保护单位建设控制地带内的建设项目（原文物保护单位建设控制地带内建设工程设计方案审批）；（二）涉及全国重点文物保护单位或省级文物保护单位建设控制地带的建设工程。

续表

序号	审批事项名称	材料序号	申请材料清单	提供单位	适用情形
26	建设工程文物保护和考古许可	13	项目建设单位申请函	项目单位	大型基本建设工程（原进行大型基本建设工程前在工程范围内有可能埋藏文物的地方进行考古调查、勘探的许可）。
		14	建设工程工程范围相关材料	项目单位	
		15	考古发掘申请书	项目单位	经考古调查、勘探，在工程建设范围内有地下文物遗存的应提供（原配合建设工程进行考古发掘的许可）。
		16	文物行政主管部门意见	文物行政主管部门	
27	建设用地（含临时用地）规划许可证核发	01	项目可研审批、核准或备案文件	项目审批部门	
		02	建设用地规划许可申请表	项目单位	
		03	国有土地使用权出让合同	项目单位	涉及出让用地的建设项目。
		04	国有土地使用批准文件或书面意见	地方自然资源主管部门	涉及划拨用地的建设项目。
28	乡村建设规划许可证核发	01	乡村建设规划许可证申请表	项目单位或个人	
		02	建设工程设计方案或简要设计说明	项目单位或个人	乡镇企业、乡村公共设施和公益事业建设、农民住宅，其中简要设计说明仅适用于农民自建低层住宅。
		03	村民委员会讨论同意、村民委员会签署的意见	村民委员会	
		04	乡镇（街办）的初审意见	乡镇（街办）	
		05	拟建项目用地的土地权属证明材料	项目单位或个人	
		06	房屋用地四至图（含四邻关系）	项目单位或个人	
		07	农用地转用批复文件	自然资源主管部门	涉及占用农用地的建设项目。

续表

序号	审批事项名称	材料序号	申请材料清单	提供单位	适用情形
29	建设工程规划类许可证核发	01	建设工程规划许可申请报告和申请表	项目单位	
		02	土地权属证明文件（国有土地使用权证、用地批准书或不动产权证书）	自然资源主管部门	
		03	项目可研审批、核准或备案文件	项目审批部门	
		04	建设工程设计方案	项目单位	
		05	历史文化街区、名镇、名村核心保护范围内拆除历史建筑以外的建筑物、构筑物或其他设施的申请	项目单位	涉及历史文化街区、名镇、名村核心保护范围内拆除历史建筑以外的建筑物、构筑物或其他设施的。
		06	历史建筑实施原址保护申请	项目单位	涉及历史建筑实施原址保护的。
		07	历史建筑外部修缮装饰、添加设施以及改变历史建筑的结构或使用性质的申请	项目单位	涉及历史建筑外部修缮装饰、添加设施以及改变历史建筑的结构或使用性质的。
30	超限高层建筑工程抗震设防审批	01	超限高层建筑工程抗震设防专项审查申请表	项目单位	
		02	建筑结构工程超限设计的可行性论证报告	项目单位	
		03	建设项目的岩土工程勘察报告	项目单位	
		04	结构工程初步设计计算书	项目单位	
		05	初步设计文件（建筑和结构专业部分，含勘察设计企业资质证书副本出图专用章和执业专用章）	主管部门	
		06	相应的说明文件	项目单位	涉及参考使用国外有关抗震设计标准、工程实例和震害资料及计算机程序的项目。
		07	抗震试验研究报告	项目单位	涉及需进行模型抗震性能试验研究的结构工程。
		08	项目可研审批、核准或备案文件	项目审批部门	
		09	规划（建筑）方案批准意见书或建设工程规划许可证	主管部门	
		10	风洞试验报告	项目单位	涉及进行风洞试验研究的结构工程。
		11	地震安全性评价报告	项目单位	对国家标准《建筑工程抗震设防分类标准》（GB50223）规定的特殊防范类（甲类）建筑工程。

续表

序号	审批事项名称	材料序号	申请材料清单	提供单位	适用情形
31	建设工程消防设计审核	01	建设工程消防设计审报表	项目单位	
		02	项目单位身份证明文件（包括项目单位统一信用代码证、营业执照或组织机构代码证，申请人身份证复印件）	项目单位	
		03	设计单位资质证明文件	项目单位	
		04	消防设计文件	项目单位	
		05	建设工程规划许可证明文件	主管部门	依法需要办理建设工程规划许可的，应当提供。
		06	主管部门批准的证明文件	主管部门	依法需要主管部门批准的临时性建筑，属于人员密集场所的，应当提供。
		07	提供特殊消防设计文件，或者设计采用的国际标准、境外消防技术标准的中文文本，以及其他有关消防设计的应用实例、产品说明等技术资料	项目单位	（一）国家工程建设消防技术标准没有规定的；（二）消防设计文件拟采用的新技术、新工艺、新材料可能影响工程消防安全，不符合国家标准规定的；（三）拟采用国际标准或者境外消防技术标准的。
32	工程建设涉及城市绿地、树木审批	01	工程建设涉及城市绿地、树木审批申请文件	项目单位	
		02	拟建项目施工平面图、涉及影响改变城市绿化规划、绿化用地性质，临时占用城市绿地或修剪、移植、砍伐树木平面图，树木移植、大修剪方案（含现状树木位置图）	项目单位	
		03	建设工程规划许可证	主管部门	
		04	古树名木移植专家论证意见	项目单位	仅涉及古树名木移植时提供。
		05	城市绿化工程设计方案及工程建设项目附属绿化设计变更方案和图纸	项目单位	
		06	项目完工后恢复协议（包括恢复承诺书、恢复具体时间和方案）	项目单位	

续表

序号	审批事项名称	材料序号	申请材料清单	提供单位	适用情形
33	市政设施建设类审批	01	市政设施建设类审批申请文件	项目单位	
		02	拟建建筑工程施工许可证和建设工程规划类许可证	主管部门	
		03	市政设施建设的设计文书	项目单位	
		04	施工单位的资质证明（含施工组织设计方案、安全评估报告及事故预警和应急处置方案）	项目单位	
		05	占用城市道路的平面图	项目单位	涉及占用城市道路的建设项目。
		06	挖掘影响范围内的地下管线放样资料；挖掘破路设计图和挖掘道路的施工组织设计	项目单位	涉及挖掘城市道路的建设项目。
		07	城市排水指导意见	城市排水主管部门	对与城镇排水与污水处理设施相连接的建设项目。
		08	对桥梁、隧道的沉降和位移的监测方案，以及对桥梁、隧道影响的分析评估报告，或原设计单位的荷载验算书及安全技术意见	项目单位	涉及挖掘城市道路，并需在城市桥梁、隧道的安全保护区域内申请的挖掘项目。
		09	安全评估报告（桥梁、隧道的原设计单位的荷载验算书及技术安全意见、施工组织、事故预警和应急抢险方案、城市桥梁上架设各类市政管线的定期自行检修方案和配合桥梁管理部门做好日常检测、养护作业的承诺书）	项目单位	涉及城市桥梁上架设各类市政管线的建设项目。

续表

序号	审批事项名称	材料序号	申请材料清单	提供单位	适用情形
34	因工程建设需要拆除、改动、迁移供水、排水与污水处理设施审核	01	因工程建设需要拆除、改动、迁移供水、排水与污水处理设施的申请文件	项目单位	
		02	同意改装、拆除或迁移城市公共供水、排水、污水设施的书面意见	相关产权单位或企业	
		03	具有市政设计资质单位出具的供水排水、污水处理设施迁移、改建设计方案、设计图纸、位置平面图及详细数据资料	项目单位	
35	建筑工程施工许可证核发	01	建筑工程施工许可证申请表	项目单位	
		02	建筑工程用地批准手续（国有土地使用证、国有土地使用权出让批准书、建设用地批准书或建设用地规划许可证等）	自然资源主管部门	
		03	建设工程规划许可证	主管部门	
		04	中标通知书（按照规定可直接发包的工程应直接发包备案表）	项目单位	
		05	施工合同	项目单位	
		06	施工图设计文件审查合格书	施工图审查机构	
		07	建筑工程质量监督登记表	项目单位	
		08	建筑工程安全监督登记表	项目单位	
		09	建设资金已经落实承诺书	项目单位或相关部门	
36	水运工程设计文件审查	01	申请文件或行政许可申请书原件	项目单位	
		02	初步设计文件及其电子版本	项目单位	申请初步设计审查的项目。
		03	经批准的可行性研究报告，或核准的项目申请书，或备案证明	项目单位	
		04	施工图设计文件及其电子版本	项目单位	涉及申请施工图设计审查的建设项目。
		05	经批准的初步设计文件	项目单位	

续表

序号	审批事项名称	材料序号	申请材料清单	提供单位	适用情形
37	公路建设项目设计审批	01	勘察设计文件（包括附件）	项目单位	
		02	下一级地方交通运输主管部门报批的文件（如有）	地方交通运输主管部门	
		03	项目可研审批、核准或备案文件	项目审批部门	
		04	建设单位管理机构设置及主要管理人员情况	项目单位	1. 项目单位报批初步设计时应提供建设单位管理机构设置及主要管理人员情况； 2. PPP项目在初步设计批准后进行投资人招标、组建建设管理机构的，报批初步设计可不提供，但报批施工图设计应提供。
		05	保证工程质量、安全所需的专题论证材料	项目单位	对涉及特殊复杂工程的建设项目，包括但不限于跨海或特大水体的水下隧道、跨径1000米以上的特大桥梁、长度10公里以上的特长隧道应提供。
38	公路建设项目施工许可	01	施工图设计文件批复	交通运输主管部门	
		02	建设资金落实情况的审计意见	交通运输主管部门	
		03	征地的批复或控制性用地的批复	自然资源主管部门	
		04	建设项目各合同段的施工单位和监理单位名单、合同价情况	项目单位	
		05	应当报备的资格预审报告、招标文件和评标情况	项目单位	
		06	已办理的质量监督手续材料	项目单位	
		07	保证工程质量和安全措施的材料	项目单位	

续表

序号	审批事项名称	材料序号	申请材料清单	提供单位	适用情形
39	水利基建项目初步设计文件审批	01	初步设计审批申请函	项目单位	
		02	初步设计报告及附件	项目单位	
		03	环境影响评价报告及批复文件	生态环境主管部门	
		04	水土保持方案报告及批复文件	水利主管部门	
		05	移民安置规划报告及审核意见	水利水电工程移民管理机构	
		06	资金筹措文件	项目单位	
		07	项目建设及管理机构批复文件	项目单位	
		08	管理维护经费承诺文件	项目单位	
		09	用地（海）预审意见	自然资源主管部门	
		10	取水许可	水利主管部门	
		11	压矿审批文件	自然资源主管部门	
		12	地质灾害评估	项目单位	
		13	地震安全性评价报告	项目单位	
40	民航专业工程及含有中央投资的民航建设项目初步设计审批	01	请示公文及申请书	项目单位	
		02	初步设计文件	项目单位	
		03	经批准的预可行性研究报告、可行性研究报告（或项目申请报告）、机场总体规划，以及通信、导航、监视、气象等台（站）址的批准（或核准）的文件	相关审批部门	
		04	环境影响评价文件	生态环境主管部门	
		05	相应的工程勘察、地震评估以及工程试验等报告书	项目单位	

续表

序号	审批事项名称	材料序号	申请材料清单	提供单位	适用情形
41	涉及国家安全事项的建设项目审批	01	涉及国家安全事项的建设项目建设申请书	项目单位	
		02	项目单位身份材料（包括项目单位统一信用代码证、营业执照或组织机构代码证，申请人身份证复印件）	项目单位	
		03	建设项目投资性质、使用功能、地理位置及周边环境说明文件	项目单位	
		04	建设项目规划红线范围内的1：2000地形图或1：500总平面图	项目单位	
		05	建设项目整体规划设计方案或内部智能化集成系统、办公自动化系统、信息网络系统等设计方案	项目单位	
42	民用核设施建造活动审批	01	核设施建造申请书	项目单位	
		02	初步安全分析报告	项目单位	
		03	质量保证文件	项目单位	
		04	环境影响评价文件	生态环境主管部门	

4. 关于建立油气项目核准工作绿色通道有关事宜的通知

国家发展改革委办公厅、国家能源局综合司关于建立油气项目核准工作绿色通道有关事宜的通知

发改办能源〔2019〕273号

各省、自治区、直辖市、新疆生产建设兵团发展改革委、能源局，有关中央企业：

为切实抓好天然气产供储销体系建设，贯彻落实"放管服"改革有关精神，进一步优化油气项目核准流程，加快推进天然气产供储销体系重大项目建设，有力保障天然气供应，经研究决定，对具备条件的油气项目核准试行绿色通道。现就有关事宜通知如下。

一、国家发展改革委、国家能源局分别对"跨境、跨省（区、市）干线输油管网（不含油田集输管网）项目核准"、"跨境、跨省（区、市）干线输气管网（不含油气田集输管网）项目核准"、"新建（含异地扩建）进口液化天然气接收、储运设施项目核准"建立核准工作绿色通道。项目单位尚未取得规划选址意见书、用地预审意见、用海预审意见等核准前置要件（或其中之一）的，可提供限期补齐相关要件的书面承诺（样式见附件）；国家发展改革委、国家能源局在企业承诺基础上，先行接收核准申报材料，开展委托评估等相关工作。

二、项目单位补齐相关要件的承诺期限不超过50个工作日（自出具之日起计算）。项目单位在限定期限内递交需补齐的核准要件，国家发展改革委、国家能源局确认无误后正式受理该项目。项目单位逾期未履行承诺的，国家发展改革委、国家能源局将退回核准申报材料，并按照法律法规对企业进行约束和惩戒。

三、请各省（区、市）发展改革委（能源局）、有关中央企业认真梳理本地区（单位）油气建设项目，对拟通过绿色通道方式上报核准申请的，及时报送核准申请及有关材料。核准申请转报机关要做好试行绿色通道政策的宣传和解读，加强督促协调，指导项目单位严格履行承诺、在承诺期限内提交相关要件。

四、油气项目核准试行绿色通道期间，如国务院调整《政府核准的投资项目目录》或根据国家法律法规调整核准前置要件，油气项目核准权限及前置要件按照调整后的规定执行。国家发展改革委、国家能源局核准权限内的油气项目继续试行绿色通道，地方对下放核准权限后的油气项目应积极探索建立核准工作绿色通道。

五、油气项目核准试行绿色通道的期限为本通知下发之日起至2020年12月31日。国家发展改革委、国家能源局将及时总结试行经验，不断完善项目核准工作机制，持续推进天然气产供储销体系建设和"放管服"改革。

附件：承诺函（样式）

国家发展改革委办公厅　　　　　　　　　　　　国家能源局综合司

2019年2月28日

附件

承诺函（样式）

我公司拟申请核准×××项目，拟建设×××（基本建设内容）。目前，项目核准还缺少以下前置要件：

1. ×××出具的规划选址意见书；
2. ×××出具的用地预审意见；
3. ×××出具的用海预审意见。

我公司拟通过绿色通道方式先行递交核准申请材料，并承诺在50个工作日补齐所缺的核准前置要件。核准申报材料补齐后，正式向核准机关提出核准申请。如逾期未能补齐，该情形将作为本企业失信行为纳入企业不良信用记录，企业愿意接受国家有关部门的约束和惩戒。

特此承诺。

单位负责人（签字）：　　　　　　　　　　　　　　单位盖章：

　　　　　　　　　　　　　　　　　　　　　　　201×年×月×日

5. 中共中央 国务院关于深化投融资体制改革的意见

中共中央 国务院关于深化投融资体制改革的意见

(2016年7月5日)

党的十八大以来,党中央、国务院大力推进简政放权、放管结合、优化服务改革,投融资体制改革取得新的突破,投资项目审批范围大幅度缩减,投资管理工作重心逐步从事前审批转向过程服务和事中事后监管,企业投资自主权进一步落实,调动了社会资本积极性。同时也要看到,与政府职能转变和经济社会发展要求相比,投融资管理体制仍然存在一些问题,主要是:简政放权不协同、不到位,企业投资主体地位有待进一步确立;投资项目融资难融资贵问题较为突出,融资渠道需要进一步畅通;政府投资管理亟需创新,引导和带动作用有待进一步发挥;权力下放与配套制度建设不同步,事中事后监管和过程服务仍需加强;投资法制建设滞后,投资监管法治化水平亟待提高。为深化投融资体制改革,充分发挥投资对稳增长、调结构、惠民生的关键作用,现提出以下意见。

一、总体要求

全面贯彻落实党的十八大和十八届三中、四中、五中全会精神,以邓小平理论、"三个代表"重要思想、科学发展观为指导,深入学习贯彻习近平总书记系列重要讲话精神,按照"五位一体"总体布局和"四个全面"战略布局,牢固树立和贯彻落实创新、协调、绿色、开放、共享的新发展理念,着力推进结构性改革尤其是供给侧结构性改革,充分发挥市场在资源配置中的决定性作用和更好发挥政府作用。进一步转变政府职能,深入推进简政放权、放管结合、优化服务改革,建立完善企业自主决策、融资渠道畅通、职能转变到位、政府行为规范、宏观调控有效、法治保障健全的新型投融资体制。

——企业为主,政府引导。科学界定并严格控制政府投资范围,平等对待各类投资主体,确立企业投资主体地位,放宽放活社会投资,激发民间投资潜力和创新活力。充分发挥政府投资的引导作用和放大效应,完善政府和社会资本合作模式。

——放管结合,优化服务。将投资管理工作的立足点放到为企业投资活动做好服务上,在服务中实施管理,在管理中实现服务。更加注重事前政策引导、事中事后监管约束和过程服务,创新服务方式,简化服务流程,提高综合服务能力。

——创新机制,畅通渠道。打通投融资渠道,拓宽投资项目资金来源,充分挖掘社会资金潜力,让更多储蓄转化为有效投资,有效缓解投资项目融资难融资贵问题。

——统筹兼顾,协同推进。投融资体制改革要与供给侧结构性改革以及财税、金融、国有企业等领域改革有机衔接、整体推进,建立上下联动、横向协同工作机制,形成改革合力。

二、改善企业投资管理,充分激发社会投资动力和活力

(一)确立企业投资主体地位。坚持企业投资核准范围最小化,原则上由企业依法依规

自主决策投资行为。在一定领域、区域内先行试点企业投资项目承诺制，探索创新以政策性条件引导、企业信用承诺、监管有效约束为核心的管理模式。对极少数关系国家安全和生态安全、涉及全国重大生产力布局、战略性资源开发和重大公共利益等项目，政府从维护社会公共利益角度确需依法进行审查把关的，应将相关事项以清单方式列明，最大限度缩减核准事项。

（二）建立投资项目"三个清单"管理制度。及时修订并公布政府核准的投资项目目录，实行企业投资项目管理负面清单制度，除目录范围内的项目外，一律实行备案制，由企业按照有关规定向备案机关备案。建立企业投资项目管理权力清单制度，将各级政府部门行使的企业投资项目管理职权以清单形式明确下来，严格遵循职权法定原则，规范职权行使，优化管理流程。建立企业投资项目管理责任清单制度，厘清各级政府部门企业投资项目管理职权所对应的责任事项，明确责任主体，健全问责机制。建立健全"三个清单"动态管理机制，根据情况变化适时调整。清单应及时向社会公布，接受社会监督，做到依法、公开、透明。

（三）优化管理流程。实行备案制的投资项目，备案机关要通过投资项目在线审批监管平台或政务服务大厅，提供快捷备案服务，不得设置任何前置条件。实行核准制的投资项目，政府部门要依托投资项目在线审批监管平台或政务服务大厅实行并联核准。精简投资项目准入阶段的相关手续，只保留选址意见、用地（用海）预审以及重特大项目的环评审批作为前置条件；按照并联办理、联合评审的要求，相关部门要协同下放审批权限，探索建立多评合一、统一评审的新模式。加快推进中介服务市场化进程，打破行业、地区壁垒和部门垄断，切断中介服务机构与政府部门间的利益关联，建立公开透明的中介服务市场。进一步简化、整合投资项目报建手续，取消投资项目报建阶段技术审查类的相关审批手续，探索实行先建后验的管理模式。

（四）规范企业投资行为。各类企业要严格遵守城乡规划、土地管理、环境保护、安全生产等方面的法律法规，认真执行相关政策和标准规定，依法落实项目法人责任制、招标投标制、工程监理制和合同管理制，切实加强信用体系建设，自觉规范投资行为。对于以不正当手段取得核准或备案手续以及未按照核准内容进行建设的项目，核准、备案机关应当根据情节轻重依法给予警告、责令停止建设、责令停产等处罚；对于未依法办理其他相关手续擅自开工建设，以及建设过程中违反城乡规划、土地管理、环境保护、安全生产等方面的法律法规的项目，相关部门应依法予以处罚。相关责任人员涉嫌犯罪的，依法移送司法机关处理。各类投资中介服务机构要坚持诚信原则，加强自我约束，增强服务意识和社会责任意识，塑造诚信高效、社会信赖的行业形象。有关行业协会要加强行业自律，健全行业规范和标准，提高服务质量，不得变相审批。

三、完善政府投资体制，发挥好政府投资的引导和带动作用

（五）进一步明确政府投资范围。政府投资资金只投向市场不能有效配置资源的社会公益服务、公共基础设施、农业农村、生态环境保护和修复、重大科技进步、社会管理、国家安全等公共领域的项目，以非经营性项目为主，原则上不支持经营性项目。建立政府投资范围定期评估调整机制，不断优化投资方向和结构，提高投资效率。

（六）优化政府投资安排方式。政府投资资金按项目安排，以直接投资方式为主。对确需支持的经营性项目，主要采取资本金注入方式投入，也可适当采取投资补助、贷款贴息等方式进行引导。安排政府投资资金应当在明确各方权益的基础上平等对待各类投资主体，不

得设置歧视性条件。根据发展需要，依法发起设立基础设施建设基金、公共服务发展基金、住房保障发展基金、政府出资产业投资基金等各类基金，充分发挥政府资金的引导作用和放大效应。加快地方政府融资平台的市场化转型。

（七）规范政府投资管理。依据国民经济和社会发展规划及国家宏观调控总体要求，编制三年滚动政府投资计划，明确计划期内的重大项目，并与中期财政规划相衔接，统筹安排、规范使用各类政府投资资金。依据三年滚动政府投资计划及国家宏观调控政策，编制政府投资年度计划，合理安排政府投资。建立覆盖各地区各部门的政府投资项目库，未入库项目原则上不予安排政府投资。完善政府投资项目信息统一管理机制，建立贯通各地区各部门的项目信息平台，并尽快拓展至企业投资项目，实现项目信息共享。改进和规范政府投资项目审批制，采用直接投资和资本金注入方式的项目，对经济社会发展、社会公众利益有重大影响或者投资规模较大的，要在咨询机构评估、公众参与、专家评议、风险评估等科学论证基础上，严格审批项目建议书、可行性研究报告、初步设计。经国务院及有关部门批准的专项规划、区域规划中已经明确的项目，部分改扩建项目，以及建设内容单一、投资规模较小、技术方案简单的项目，可以简化相关文件内容和审批程序。

（八）加强政府投资事中事后监管。加强政府投资项目建设管理，严格投资概算、建设标准、建设工期等要求。严格按照项目建设进度下达投资计划，确保政府投资及时发挥效益。严格概算执行和造价控制，健全概算审批、调整等管理制度。进一步完善政府投资项目代理建设制度。在社会事业、基础设施等领域，推广应用建筑信息模型技术。鼓励有条件的政府投资项目通过市场化方式进行运营管理。完善政府投资监管机制，加强投资项目审计监督，强化重大项目稽察制度，完善竣工验收制度，建立后评价制度，健全政府投资责任追究制度。建立社会监督机制，推动政府投资信息公开，鼓励公众和媒体对政府投资进行监督。

（九）鼓励政府和社会资本合作。各地区各部门可以根据需要和财力状况，通过特许经营、政府购买服务等方式，在交通、环保、医疗、养老等领域采取单个项目、组合项目、连片开发等多种形式，扩大公共产品和服务供给。要合理把握价格、土地、金融等方面的政策支持力度，稳定项目预期收益。要发挥工程咨询、金融、财务、法律等方面专业机构作用，提高项目决策的科学性、项目管理的专业性和项目实施的有效性。

四、创新融资机制，畅通投资项目融资渠道

（十）大力发展直接融资。依托多层次资本市场体系，拓宽投资项目融资渠道，支持有真实经济活动支撑的资产证券化，盘活存量资产，优化金融资源配置，更好地服务投资兴业。结合国有企业改革和混合所有制机制创新，优化能源、交通等领域投资项目的直接融资。通过多种方式加大对种子期、初创期企业投资项目的金融支持力度，有针对性地为"双创"项目提供股权、债权以及信用贷款等融资综合服务。加大创新力度，丰富债券品种，进一步发展企业债券、公司债券、非金融企业债务融资工具、项目收益债等，支持重点领域投资项目通过债券市场筹措资金。开展金融机构以适当方式依法持有企业股权的试点。设立政府引导、市场化运作的产业（股权）投资基金，积极吸引社会资本参加，鼓励金融机构以及全国社会保障基金、保险资金等在依法合规、风险可控的前提下，经批准后通过认购基金份额等方式有效参与。加快建立规范的地方政府举债融资机制，支持省级政府依法依规发行政府债券，用于公共领域重点项目建设。

（十一）充分发挥政策性、开发性金融机构积极作用。在国家批准的业务范围内，政策性、开发性金融机构要加大对城镇棚户区改造、生态环保、城乡基础设施建设、科技创新等

重大项目和工程的资金支持力度。根据宏观调控需要，支持政策性、开发性金融机构发行金融债券专项用于支持重点项目建设。发挥专项建设基金作用，通过资本金注入、股权投资等方式，支持看得准、有回报、不新增过剩产能、不形成重复建设、不产生挤出效应的重点领域项目。建立健全政银企社合作对接机制，搭建信息共享、资金对接平台，协调金融机构加大对重大工程的支持力度。

（十二）完善保险资金等机构资金对项目建设的投资机制。在风险可控的前提下，逐步放宽保险资金投资范围，创新资金运用方式。鼓励通过债权、股权、资产支持等多种方式，支持重大基础设施、重大民生工程、新型城镇化等领域的项目建设。加快推进全国社会保障基金、基本养老保险基金、企业年金等投资管理体系建设，建立和完善市场化投资运营机制。

（十三）加快构建更加开放的投融资体制。创新有利于深化对外合作的投融资机制，加强金融机构协调配合，用好各类资金，为国内企业走出去和重点合作项目提供更多投融资支持。在宏观和微观审慎管理框架下，稳步放宽境内企业和金融机构赴境外融资，做好风险规避。完善境外发债备案制，募集低成本外汇资金，更好地支持企业对外投资项目。加强与国际金融机构和各国政府、企业、金融机构之间的多层次投融资合作。

五、切实转变政府职能，提升综合服务管理水平

（十四）创新服务管理方式。探索建立并逐步推行投资项目审批首问负责制，投资主管部门或审批协调机构作为首家受理单位"一站式"受理、"全流程"服务，一家负责到底。充分运用互联网和大数据等技术，加快建设投资项目在线审批监管平台，联通各级政府部门，覆盖全国各类投资项目，实现一口受理、网上办理、规范透明、限时办结。加快建立投资项目统一代码制度，统一汇集审批、建设、监管等项目信息，实现信息共享，推动信息公开，提高透明度。各有关部门要制定项目审批工作规则和办事指南，及时公开受理情况、办理过程、审批结果，发布政策信息、投资信息、中介服务信息等，为企业投资决策提供参考和帮助。鼓励新闻媒体、公民、法人和其他组织依法对政府的服务管理行为进行监督。下移服务管理重心，加强业务指导和基层投资管理队伍建设，给予地方更多自主权，充分调动地方积极性。

（十五）加强规划政策引导。充分发挥发展规划、产业政策、行业标准等对投资活动的引导作用，并为监管提供依据。把发展规划作为引导投资方向，稳定投资运行，规范项目准入，优化项目布局，合理配置资金、土地（海域）、能源资源、人力资源等要素的重要手段。完善产业结构调整指导目录、外商投资产业指导目录等，为各类投资活动提供依据和指导。构建更加科学、更加完善、更具操作性的行业准入标准体系，加快制定修订能耗、水耗、用地、碳排放、污染物排放、安全生产等技术标准，实施能效和排污强度"领跑者"制度，鼓励各地区结合实际依法制定更加严格的地方标准。

（十六）健全监管约束机制。按照谁审批谁监管、谁主管谁监管的原则，明确监管责任，注重发挥投资主管部门综合监管职能、地方政府就近就便监管作用和行业管理部门专业优势，整合监管力量，共享监管信息，实现协同监管。依托投资项目在线审批监管平台，加强项目建设全过程监管，确保项目合法开工、建设过程合规有序。各有关部门要完善规章制度，制定监管工作指南和操作规程，促进监管工作标准具体化、公开化。要严格执法，依法纠正和查处违法违规投资建设行为。实施投融资领域相关主体信用承诺制度，建立异常信用记录和严重违法失信"黑名单"，纳入全国信用信息共享平台，强化并提升政府和投资者的契约意识和诚信意识，形成守信激励、失信惩戒的约束机制，促使相关主体切实强化责任，履行法定义务，确保投资建设市场安全高效运行。

六、强化保障措施，确保改革任务落实到位

（十七）加强分工协作。各地区各部门要充分认识深化投融资体制改革的重要性和紧迫性，加强组织领导，搞好分工协作，制定具体方案，明确任务分工、时间节点，定期督查、强化问责，确保各项改革措施稳步推进。国务院投资主管部门要切实履行好投资调控管理的综合协调、统筹推进职责。

（十八）加快立法工作。完善与投融资相关的法律法规，制定实施政府投资条例、企业投资项目核准和备案管理条例，加快推进社会信用、股权投资等方面的立法工作，依法保护各方权益，维护竞争公平有序、要素合理流动的投融资市场环境。

（十九）推进配套改革。加快推进铁路、石油、天然气、电力、电信、医疗、教育、城市公用事业等领域改革，规范并完善政府和社会资本合作、特许经营管理，鼓励社会资本参与。加快推进基础设施和公用事业等领域价格改革，完善市场决定价格机制。研究推动土地制度配套改革。加快推进金融体制改革和创新，健全金融市场运行机制。投融资体制改革与其他领域改革要协同推进，形成叠加效应，充分释放改革红利。

二、政府核准的投资项目目录

1. 项目核准流程

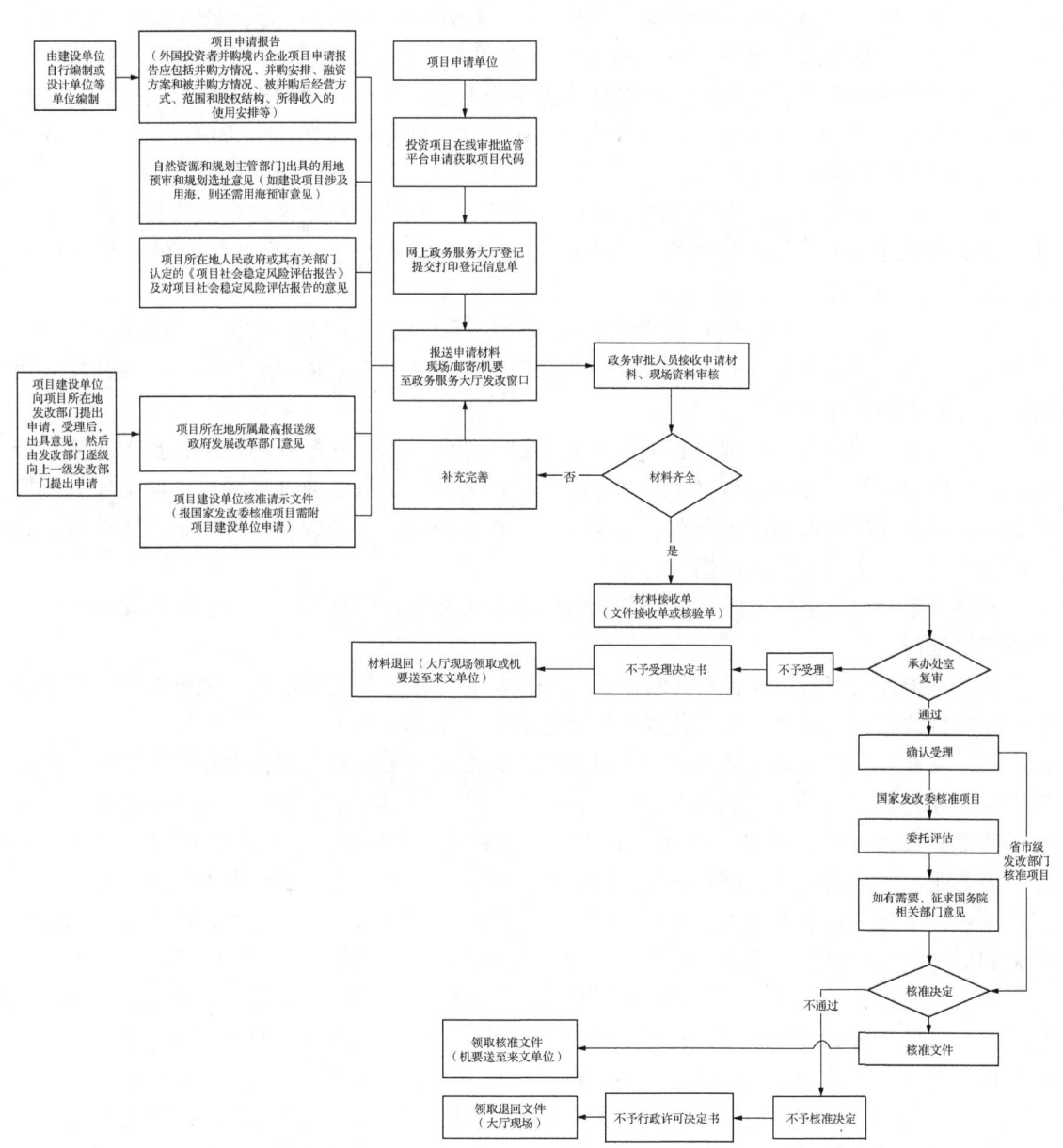

2. 政府核准的投资项目目录

国务院关于发布政府核准的投资项目目录（2016年本）的通知

国发〔2016〕72号

各省、自治区、直辖市人民政府，国务院各部委、各直属机构：

为贯彻落实《中共中央 国务院关于深化投融资体制改革的意见》，进一步加大简政放权、放管结合、优化服务改革力度，使市场在资源配置中起决定性作用，更好发挥政府作用，切实转变政府投资管理职能，加强和改进宏观调控，确立企业投资主体地位，激发市场主体扩大合理有效投资和创新创业的活力，现发布《政府核准的投资项目目录（2016年本）》，并就有关事项通知如下：

一、企业投资建设本目录内的固定资产投资项目，须按照规定报送有关项目核准机关核准。企业投资建设本目录外的项目，实行备案管理。事业单位、社会团体等投资建设的项目，按照本目录执行。

原油、天然气（含煤层气）开发项目由具有开采权的企业自行决定，并报国务院行业管理部门备案。具有开采权的相关企业应依据相关法律法规，坚持统筹规划，合理开发利用资源，避免资源无序开采。

二、法律、行政法规和国家制定的发展规划、产业政策、总量控制目标、技术政策、准入标准、用地政策、环保政策、用海用岛政策、信贷政策等是企业开展项目前期工作的重要依据，是项目核准机关和国土资源、环境保护、城乡规划、海洋管理、行业管理等部门以及金融机构对项目进行审查的依据。

发展改革部门要会同有关部门抓紧编制完善相关领域专项规划，为各地区做好项目核准工作提供依据。

环境保护部门应根据项目对环境的影响程度实行分级分类管理，对环境影响大、环境风险高的项目严格环评审批，并强化事中事后监管。

三、要充分发挥发展规划、产业政策和准入标准对投资活动的规范引导作用。把发展规划作为引导投资方向，稳定投资运行，规范项目准入，优化项目布局，合理配置资金、土地、能源、人力等资源的重要手段。完善产业结构调整指导目录、外商投资产业指导目录等，为企业投资活动提供依据和指导。构建更加科学、更加完善、更具可操作性的行业准入标准体系，强化节地节能节水、环境、技术、安全等市场准入标准。完善行业宏观调控政策措施和部门间协调机制，形成工作合力，促进相关行业有序发展。

四、对于钢铁、电解铝、水泥、平板玻璃、船舶等产能严重过剩行业的项目，要严格执行《国务院关于化解产能严重过剩矛盾的指导意见》（国发〔2013〕41号），各地方、各部门不得以其他任何名义、任何方式备案新增产能项目，各相关部门和机构不得办理土地（海域、无居民海岛）供应、能评、环评审批和新增授信支持等相关业务，并合力推进化解产能严重过剩矛盾各项工作。

对于煤矿项目，要严格执行《国务院关于煤炭行业化解过剩产能实现脱困发展的意见》（国发〔2016〕7号）要求，从2016年起3年内原则上停止审批新建煤矿项目、新增产能的技术改造项目和产能核增项目；确需新建煤矿的，一律实行减量置换。

注：政府核准的投资项目目录是为了进一步深化投资体制改革和行政审批制度改革，加大简政放权力度，切实转变政府投资管理职能，使市场在资源配置中起决定性作用，确立企业投资主体地位，更好发挥政府作用，加强和改进宏观调控。

目录规定"由国务院投资主管部门核准"的项目，由国务院投资主管部门会同行业主管部门核准，其中重要项目报国务院核准。

严格控制新增传统燃油汽车产能，原则上不再核准新建传统燃油汽车生产企业。积极引导新能源汽车健康有序发展，新建新能源汽车生产企业须具有动力系统等关键技术和整车研发能力，符合《新建纯电动乘用车企业管理规定》等相关要求。

五、项目核准机关要改进完善管理办法，切实提高行政效能，认真履行核准职责，严格按照规定权限、程序和时限等要求进行审查。有关部门要密切配合，按照职责分工，相应改进管理办法，依法加强对投资活动的管理。

六、按照谁审批谁监管、谁主管谁监管的原则，落实监管责任，注重发挥地方政府就近就便监管作用，行业管理部门和环境保护、质量监督、安全监管等部门专业优势，以及投资主管部门综合监管职能，实现协同监管。投资项目核准、备案权限下放后，监管责任要同步下移。地方各级政府及其有关部门要积极探索创新监管方式方法，强化事中事后监管，切实承担起监管职责。

七、按照规定由国务院核准的项目，由国家发展改革委审核后报国务院核准。核报国务院及国务院投资主管部门核准的项目，事前须征求国务院行业管理部门的意见。

八、由地方政府核准的项目，各省级政府可以根据本地实际情况，按照下放层级与承接能力相匹配的原则，具体划分地方各级政府管理权限，制定本行政区域内统一的政府核准投资项目目录。基层政府承接能力要作为政府管理权限划分的重要因素，不宜简单地"一放到底"。对于涉及本地区重大规划布局、重要资源开发配置的项目，应充分发挥省级部门在政策把握、技术力量等方面的优势，由省级政府核准，原则上不下放到地市级政府、一律不得下放到县级及以下政府。

九、对取消核准改为备案管理的项目，项目备案机关要加强发展规划、产业政策和准入标准把关，行业管理部门与城乡规划、土地管理、环境保护、安全监管等部门要按职责分工加强对项目的指导和约束。

十、法律、行政法规和国家有专门规定的，按照有关规定执行。商务主管部门按国家有关规定对外商投资企业的设立和变更、国内企业在境外投资开办企业（金融企业除外）进行审核或备案管理。

十一、本目录自发布之日起执行，《政府核准的投资项目目录（2014年本）》即行废止。

国务院

2016年12月12日

（此件公开发布）

政府核准的投资项目目录（2016年本）

一、农业水利

农业：涉及开荒的项目由省级政府核准。

水利工程：涉及跨界河流、跨省（区、市）水资源配置调整的重大水利项目由国务院投资主管部门核准，其中库容10亿立方米及以上或者涉及移民1万人及以上的水库项目由国务院核准。其余项目由地方政府核准。

二、能源

水电站：在跨界河流、跨省（区、市）河流上建设的单站总装机容量50万千瓦及以上项目由国务院投资主管部门核准，其中单站总装机容量300万千瓦及以上或者涉及移民1万人及以上的项目由国务院核准。其余项目由地方政府核准。

抽水蓄能电站：由省级政府按照国家制定的相关规划核准。

火电站（含自备电站）：由省级政府核准，其中燃煤燃气火电项目应在国家依据总量控制制定的建设规划内核准。

热电站（含自备电站）：由地方政府核准，其中抽凝式燃煤热电项目由省级政府在国家依据总量控制制定的建设规划内核准。

风电站：由地方政府在国家依据总量控制制定的建设规划及年度开发指导规模内核准。

核电站：由国务院核准。

电网工程：涉及跨境、跨省（区、市）输电的±500千伏及以上直流项目，涉及跨境、跨省（区、市）输电的500千伏、750千伏、1000千伏交流项目，由国务院投资主管部门核准，其中±800千伏及以上直流项目和1000千伏交流项目报国务院备案；不涉及跨境、跨省（区、市）输电的±500千伏及以上直流项目和500千伏、750千伏、1000千伏交流项目由省级政府按照国家制定的相关规划核准，其余项目由地方政府按照国家制定的相关规划核准。

煤矿：国家规划矿区内新增年生产能力120万吨及以上煤炭开发项目由国务院行业管理部门核准，其中新增年生产能力500万吨及以上的项目由国务院投资主管部门核准并报国务院备案；国家规划矿区内的其余煤炭开发项目和一般煤炭开发项目由省级政府核准。国家规定禁止建设或列入淘汰退出范围的项目，不得核准。

煤制燃料：年产超过20亿立方米的煤制天然气项目、年产超过100万吨的煤制油项目，由国务院投资主管部门核准。

液化石油气接收、存储设施（不含油气田、炼油厂的配套项目）：由地方政府核准。

进口液化天然气接收、储运设施：新建（含异地扩建）项目由国务院行业管理部门核准，其中新建接收储运能力300万吨及以上的项目由国务院投资主管部门核准并报国务院备案。其余项目由省级政府核准。

输油管网（不含油田集输管网）：跨境、跨省（区、市）干线管网项目由国务院投资主管部门核准，其中跨境项目报国务院备案。其余项目由地方政府核准。

输气管网（不含油气田集输管网）：跨境、跨省（区、市）干线管网项目由国务院投资主管部门核准，其中跨境项目报国务院备案。其余项目由地方政府核准。

炼油：新建炼油及扩建一次炼油项目由省级政府按照国家批准的相关规划核准。未列入国家批准的相关规划的新建炼油及扩建一次炼油项目，禁止建设。

变性燃料乙醇：由省级政府核准。

三、交通运输

新建（含增建）铁路：列入国家批准的相关规划中的项目，中国铁路总公司为主出资的由其自行决定并报国务院投资主管部门备案，其他企业投资的由省级政府核准；地方城际铁路项目由省级政府按照国家批准的相关规划核准，并报国务院投资主管部门备案；其余项目由省级政府核准。

公路：国家高速公路网和普通国道网项目由省级政府按照国家批准的相关规划核准，地方高速公路项目由省级政府核准，其余项目由地方政府核准。

独立公（铁）路桥梁、隧道：跨境项目由国务院投资主管部门核准并报国务院备案。国家批准的相关规划中的项目，中国铁路总公司为主出资的由其自行决定并报国务院投资主管部门备案，其他企业投资的由省级政府核准；其余独立铁路桥梁、隧道及跨10万吨级及以上航道海域、跨大江大河（现状或规划为一级及以上通航段）的独立公路桥梁、隧道项目，由省级政府核准，其中跨长江干线航道的项目应符合国家批准的相关规划。其余项目由地方政府核准。

煤炭、矿石、油气专用泊位：由省级政府按国家批准的相关规划核准。

集装箱专用码头：由省级政府按国家批准的相关规划核准。

内河航运：跨省（区、市）高等级航道的千吨级及以上航电枢纽项目由省级政府按国家批准的相关规划核准，其余项目由地方政府核准。

民航：新建运输机场项目由国务院、中央军委核准，新建通用机场项目、扩建军民合用机场（增建跑道除外）项目由省级政府核准。

四、信息产业

电信：国际通信基础设施项目由国务院投资主管部门核准；国内干线传输网（含广播电视网）以及其他涉及信息安全的电信基础设施项目，由国务院行业管理部门核准。

五、原材料

稀土、铁矿、有色矿山开发：由省级政府核准。

石化：新建乙烯、对二甲苯（PX）、二苯基甲烷二异氰酸酯（MDI）项目由省级政府按照国家批准的石化产业规划布局方案核准。未列入国家批准的相关规划的新建乙烯、对二甲苯（PX）、二苯基甲烷二异氰酸酯（MDI）项目，禁止建设。

煤化工：新建煤制烯烃、新建煤制对二甲苯（PX）项目，由省级政府按照国家批准的相关规划核准。新建年产超过100万吨的煤制甲醇项目，由省级政府核准。其余项目禁止建设。

稀土：稀土冶炼分离项目、稀土深加工项目由省级政府核准。

黄金：采选矿项目由省级政府核准。

六、机械制造

汽车：按照国务院批准的《汽车产业发展政策》执行。其中，新建中外合资轿车生产企业项目，由国务院核准；新建纯电动乘用车生产企业（含现有汽车企业跨类生产纯电动乘用车）项目，由国务院投资主管部门核准；其余项目由省级政府核准。

七、轻工

烟草：卷烟、烟用二醋酸纤维素及丝束项目由国务院行业管理部门核准。

八、高新技术

民用航空航天：干线支线飞机、6吨/9座及以上通用飞机和3吨及以上直升机制造、民用卫星制造、民用遥感卫星地面站建设项目，由国务院投资主管部门核准；6吨/9座以下通用飞机和3吨以下直升机制造项目由省级政府核准。

九、城建

城市快速轨道交通项目：由省级政府按照国家批准的相关规划核准。

城市道路桥梁、隧道：跨10万吨级及以上航道海域、跨大江大河（现状或规划为一级及以上通航段）的项目由省级政府核准。

其他城建项目：由地方政府自行确定实行核准或者备案。

十、社会事业

主题公园：特大型项目由国务院核准，其余项目由省级政府核准。

旅游：国家级风景名胜区、国家自然保护区、全国重点文物保护单位区域内总投资5000万元及以上旅游开发和资源保护项目，世界自然和文化遗产保护区内总投资3000万元及以上项目，由省级政府核准。

其他社会事业项目：按照隶属关系由国务院行业管理部门、地方政府自行确定实行核准或者备案。

十一、外商投资

《外商投资产业指导目录》中总投资（含增资）3亿美元及以上限制类项目，由国务院投资主管部门核准，其中总投资（含增资）20亿美元及以上项目报国务院备案。《外商投资产业指导目录》中总投资（含增资）3亿美元以下限制类项目，由省级政府核准。

前款规定之外的属于本目录第一至十条所列项目，按照本目录第一至十条的规定执行。

十二、境外投资

涉及敏感国家和地区、敏感行业的项目，由国务院投资主管部门核准。

前款规定之外的中央管理企业投资项目和地方企业投资3亿美元及以上项目报国务院投资主管部门备案。

3. 北京市政府核准的投资项目目录（2018年本）

北京市人民政府关于印发《北京市政府核准的投资项目目录（2018年本）》的通知

京政发〔2018〕13号

各区人民政府，市政府各委、办、局，各市属机构：

为贯彻落实《国务院关于发布政府核准的投资项目目录（2016年本）的通知》（国发〔2016〕72号）精神，进一步加大简政放权、放管结合、优化服务改革力度，创造优良营商环境，使市场在资源配置中起决定性作用，更好发挥政府作用，切实转变政府投资管理职能，确立企业投资主体地位，激发市场主体扩大合理有效投资和创新创业的活力，现将《北京市政府核准的投资项目目录（2018年本）》印发给你们，并就有关事项通知如下。

一、企业投资建设本目录内的固定资产投资项目，须按照规定报送有关项目核准机关核准。企业投资建设本目录外的项目，实行备案管理。事业单位、社会团体等利用自有资金且不申请政府投资建设的项目，按照本目录执行。

二、法律法规和国家及本市制定的发展规划、产业政策、总量控制目标、技术政策、准入标准、用地政策、环保政策等是企业开展项目前期工作的重要依据，是项目核准机关和规划国土、环境保护、行业管理等部门以及金融机构对项目进行审查的依据。

三、要充分发挥发展规划、产业政策和准入标准对投资活动的规范引导作用。把发展规划作为引导投资方向，稳定投资运行，规范项目准入，优化项目布局，合理配置资金、土地、能源资源、人力资源等要素的重要手段。严格执行国家产业结构调整指导目录、外商投资产业指导目录及本市新增产业的禁止和限制目录等，切实规范企业投资活动。

四、项目核准机关要改进完善管理办法，切实提高行政效能，认真履行核准职责，严格按照规定权限、程序和时限等要求进行审查。有关部门要密切配合，按照职责分工，相应改进管理办法，依法加强对投资活动的管理。

五、按照谁审批谁监管、谁主管谁监管的原则，落实监管责任，注重发挥属地政府就近就便监管作用，行业管理部门和环境保护、质量监督、安全监管等部门专业优势，以及投资主管部门综合监管职能，实现协同监管。投资项目核准、备案权限下放后，监管责任要同步下移。各区、各有关部门要积极探索创新监管方式方法，强化事中事后监管，切实承担起监管职责。

六、对取消核准改为备案管理的项目，项目备案机关要加强发展规划、产业政策和准入标准把关，行业管理部门与规划国土、环境保护、安全监管等部门要按职责分工加强对项目的指导和约束。

七、法律法规和国家有专门规定的，按照有关规定执行。经市委、市政府批准，需要采取专项政策支持其发展的重点地区，其规划范围内新增投资建设项目，可按有关政策执行。商务主管部门按国家有关规定对外商投资企业的设立和变更、国内企业在境外投资开办企业（金融企业除外）进行审核或备案管理。

八、本目录自发布之日起执行,《北京市人民政府关于印发〈北京市政府核准的投资项目目录(2015年本)〉的通知》(京政发〔2015〕21号)即行废止。

附件:北京市政府核准的投资项目目录(2018年本)

北京市人民政府
2018年3月21日

附件

北京市政府核准的投资项目目录(2018年本)

序号	行业、产业及项目类型名称	核准类		
		国家核准	市级核准	区级核准
	一、农业水利			
1	农业项目		涉及开荒的项目	
2	水利工程项目	涉及跨界河流、跨省(市、区)水资源配置调整的重水利项目由国务院投资主管部门核准,其中库容10亿立方米及以上或者涉及移民1万人及以上的水库项目由国务院核准	库容10亿立方米以下或者涉及1万人以下的水库项目;跨区的水资源配置调整项目、水资源开发利用(包括地下水开采)、水利工程项目	非跨区的水资源配置调整项目、水资源开发利用(包括地下水开采)、水利工程项目;水环境治理项目
	二、能源			
3	水电站项目	在跨界河流、跨省(区、市)河流上建设的单站总装机容量50万千瓦及以上项目由国务院投资主管部门核准,其中单站装机容量300万千瓦及以上或者涉及移民1万人及以上的项目由国务院核准	单站总装机容量在50万千瓦以下,5万千瓦及以上的项目;在潮白河及永定河等市管河道上建设的项目	在其余河流上建设的单站总装机容量5万千瓦以下的项目
4	抽水蓄能电站项目		按照国家制定的相关规划核准	
5	火电站(含自备电站)及热电站(含自备电站)项目		全部,其中燃气火电项目应在国家依据总量控制制定的建设规划内核准	
6	风电站项目		在国家依据总量控制制定的建设规划及年度开发指导规模内核准	

续表

序号	行业、产业及项目类型名称	核准类		
		国家核准	市级核准	区级核准
7	生物质发电项目		全部	
8	电网工程项目	涉及跨境、跨省（区、市）输电的±500千伏及以上直流项目，涉及跨境、跨省（区、市）输电的500千伏、750千伏、1000千伏交流项目，由国务院投资主管部门核准，其中±800千伏及以上直流项目和1000千伏交流项目报国务院备案	涉及跨境、跨省（区、市）输电的±500千伏及以上直流项目和500千伏、750千伏、1000千伏交流项目按照国家制定的相关规划核准；电压等级220千伏、110千伏输变电电网项目	电压等级35千伏及以下输变电电网项目
9	液化石油气接收、存储设施（不含油气田、炼油厂的配套设施）项目		全部	
10	输油管网（不含油田集输管网）项目	涉及跨境、跨省（区、市）干线管网项目由国务院投资主管部门核准，其中跨境项目报国务院备案	跨区项目	其余
11	输气管网（不含油气田集输管网）项目	涉及跨境、跨省（区、市）干线管网项目由国务院投资主管部门核准，其中跨境项目报国务院备案	跨区项目及2.5兆帕以上天然气管线设施项目	区内2.5兆帕及以下天然气管线设施项目
	三、交通运输			
12	新建（含增建）铁路项目	列入国家批准的相关规划中的项目，中国铁路总公司为主出资的由其自行决定并报国务院投资主管部门备案	其余（其中地方城际铁路项目按照国家批准的相关规划核准，并报国务院投资主管部门备案）	
13	公路项目		国家高速公路网和普通国道网项目按照国家批准的相关规划核准；地方高速公路项目，市道、县道公路项目	其余

续表

序号	行业、产业及项目类型名称	核准类		
		国家核准	市级核准	区级核准
14	独立公（铁）路桥梁、隧道项目	跨境项目由国务院投资主管部门核准并报国务院备案；国家批准的相关规划中的项目，中国铁路总公司为主出资由其自行决定并报国务院投资主管部门备案	国家批准的相关规划中的项目，非中国铁路总公司为主出资的，按照国家批准的相关规划核准；其余独立铁路桥梁、隧道及跨大江大河（现状或规划为一级及以上通航段）的独立公路桥梁、隧道项目；跨市管河道、湖泊、水库的项目	其余
15	内河航运项目		全部	
16	机场建设项目	新建运输机场项目由国务院、中央军委核准	新建通用机场项目；扩建军民合用机场（增建跑道除外）项目	
	四、信息产业			
17	电信项目	国际通信基础设施项目由国务院投资主管部门核准；国内骨干线传输网（含广播电视网）以及其他涉及信息安全的电信基础设施项目，由国务院行业管理部门核准		
	五、原材料			
18	稀土深加工项目★		全部	
	六、机械制造			
19	新建汽车、改装车、车用发动机生产企业项目，包括现有汽车生产企业异地建设新的独立法人生产企业项目★	新建中外合资轿车生产企业项目，由国务院核准；新建纯电动乘用车生产企业项目，由国务院投资主管部门核准；	除新建中外合资轿车生产企业项目和新建纯电动乘用车生产企业项目外的其他项目	

续表

序号	行业、产业及项目类型名称	核准类		
		国家核准	市级核准	区级核准
20	现有汽车生产企业跨产品类别生产其他类别汽车整车产品项目★	现有汽车生产企业跨产品类别生产纯电动乘用车项目,由国务院投资主管部门核准	除现有汽车生产企业跨产品类别生产纯电动乘用车项目外的其他项目	
	七、高新技术			
21	民用航空航天项目	干线支线飞机、6吨/9座及以上通用飞机和3吨及以上直升机制造、民用卫星制造、民用遥感卫星地面站建设项目,由国务院投资主管部门核准	6吨/9座以下通用飞机和3吨以下直升机制造项目	
	八、城建			
22	城市快递轨道交通项目		按照国家批准的相关规划核准	
23	城市供水项目		跨区项目	其余
24	独立城市道路桥梁、隧道项目		跨大江大河（现状或规划为一级及以上通航段）的项目；跨市管河道、湖泊、水库的项目	其余
25	城市道路项目		城市快速路项目；跨区的城市主干路项目	其余
26	城市地下综合管廊项目		干线综合管廊项目；长度1公里以上的支线综合管廊项目	其余
27	供热设施项目		跨区热力管网项目；区内管径DN800及以上的供热管网项目	其余
28	天然气加气站及储备设施项目		液化工厂、液化天然气气化站、加气站（上述LNG储罐总容积大于120立方米）项目；压缩天然气加气母站项目	液化天然气气化站、加气站（上述LNG储罐总容积小于或等于120立方米）项目；压缩天然气常规加气站及加气子站项目

续表

序号	行业、产业及项目类型名称	核准类		
		国家核准	市级核准	区级核准
29	再生水厂及配套管线建设项目、污水处理厂及配套管线建设项目、污泥处理设施建设项目、雨水泵站及管线建设项目			全部
30	公交场站项目			全部
31	综合交通枢纽项目、省际公路客运枢纽站项目		中心城区综合交通枢纽项目和北京城市副中心综合交通枢纽项目；全部省际公路客运枢纽站项目	其余
32	土地一级开发及收购储备项目		区级核准权限以外的土地一级开发项目	在国家及市级各类工业开发区（产业基地）、乡镇产业基地（工业用地）内由区政府实施的工业用地土地一级开发项目
33	保障性住房及共有产权商品房、棚户区改造和环境整治及绿化隔离地区产业项目		市政府组织实施的保障性住房及共有产权商品房项目；棚户区改造和环境整治项目；集体建设用地租赁住房项目	区政府组织实施的保障性住房及共有产权商品房项目（含中心城区涉及原址回迁安置房项目）；绿化隔离地区试点乡农民安置房项目、绿化隔离地区产业项目、绿色产业项目；重点村改造拆迁安置房项目和劳动力安置产业项目；中心城区危改（文保）区保护修缮项目、平房区院落修缮项目、城中村边角地项目，以及不涉及市级土地收益分配的危改项目、新增棚户区改造和环境整治项目

序号	行业、产业及项目类型名称	核准类		
		国家核准	市级核准	区级核准
34	商品住宅项目、村民自住楼项目		总建筑面积10万平方米及以上的项目	其余
35	酒店、写字楼等大型公建项目		全部	
36	固体废物处理项目、固体废物集中收集、转运设施项目		全部生活垃圾、危险废物处理设施项目；市属固体废物集中收集、转运设施项目	其余
37	加油站项目		列入专项规划的加油站项目	
38	成品油仓储设施项目		全部	
39	口岸设施项目		全部	
40	会展设施项目、大型仓储、商业设施（含大型购物中心、批发市场、集贸市场、超市、大卖场）项目、物流基地、物流中心项目		总建筑面积5万平方米及以上的项目	其余
	九、社会事业			
41	主题公园项目	特大型项目由国务院核准	其余	

续表

序号	行业、产业及项目类型名称	核准类		
		国家核准	市级核准	区级核准
42	旅游项目		国家级风景名胜区、国家自然保护区、全国重点文物保护单位区域内总投资5000万元及以上旅游开发和资源保护项目； 世界自然和文化遗产保护区内总投资3000万元及以上的项目； 市级风景名胜区、市级自然保护区、市级重点文物保护单位区域内总投资1亿元及以上旅游开发和资源保护项目	国家级风景名胜区、国家自然保护区、全国重点文物保护单位区域内总投资5000万元以下旅游开发和资源保护项目； 世界自然和文化遗产保护区内总投资3000万元以下的项目； 市级风景名胜区、市级自然保护区、市级重点文物保护单位区域内总投资1亿元以下旅游开发和资源保护项目； 区级风景名胜区、区级文物保护单位区域内的项目
43	教育设施项目、卫生设施项目、体育设施项目、民政设施项目、文化和广播影视项目、残疾人康复托养机构建设等社会事业设施项目		总投资2亿元及以上的项目； 总投资2亿元以下的市属项目	总投资2亿元以下除市属项目以外的其他项目

注：1. 核准事项不包括北京市新增产业的禁止和限制目录中禁止和限制类建设项目。

2. 《外商投资产业指导目录》（2017年修订）中总投资（含增资）3亿美元及以上限制类项目，由国务院投资主管部门核准，其中总投资（含增资）20亿美元及以上项目报国务院备案；总投资（含增资）3亿美元以下限制类项目，由市级核准。

3. 保障性住房及共有产权商品房项目包括：公共租赁住房项目、安置房（含棚改安置房）项目、共有产权商品房项目，以及历史遗留的经济适用房项目、限价房项目、危改项目等。

4. 属于经济信息化部门管理事项后级"★"符号。

4. 天津市政府核准的投资项目目录（2017年本）

天津市人民政府关于发布政府
核准的投资项目目录（天津市2017年本）的通知

津政发〔2017〕31号

各区人民政府，各委、局，各直属单位：

为贯彻落实《中共中央国务院关于深化投融资体制改革的意见》，深入推进简政放权、放管结合、优化服务改革，进一步确立企业投资主体地位，使市场在资源配置中起决定性作用，更好发挥政府作用，依据《国务院关于发布政府核准的投资项目目录（2016年本）的通知》（国发〔2016〕72号），结合我市固定资产投资项目管理工作实际，制定《政府核准的投资项目目录（天津市2017年本）》，现予发布，并就有关事项通知如下：

一、企业在本市行政区域内投资建设本目录内的固定资产投资项目，须按照规定报送有关项目核准机关核准。企业投资建设本目录外的项目，实行备案管理。事业单位、社会团体等在本市行政区域内投资建设的项目，按照本目录执行。

二、法律、行政法规和国家制定的发展规划、产业政策、总量控制目标、技术政策、准入标准、用地政策、环保政策、用海用岛政策、信贷政策等是企业开展项目前期工作的重要依据，是项目核准机关和国土资源、环境保护、城乡规划、海洋管理、行业管理等部门以及金融机构对项目进行审查的依据。

环境保护部门应根据项目对环境的影响程度实行分级分类管理，对环境影响大、环境风险高的项目严格环评审批，并强化事中事后监管。

三、要充分发挥发展规划、产业政策和准入标准对投资活动的规范引导作用。把发展规划作为引导投资方向，稳定投资运行，规范项目准入，优化项目布局，合理配置资金、土地、能源、人力等资源的重要手段。完善行业宏观调控政策措施和部门间协调机制，形成工作合力，促进相关行业有序发展。

四、对于钢铁、电解铝、水泥、平板玻璃、船舶等产能严重过剩行业的项目，要严格执行《国务院关于化解产能严重过剩矛盾的指导意见》（国发〔2013〕41号），各区、各部门不得以其他任何名义、任何方式备案新增产能项目，各相关部门和机构不得办理土地（海域）供应、能评、环评审批和新增授信支持等相关业务，并合力推进化解产能严重过剩矛盾各项工作。

严格控制新增传统燃油汽车产能，原则上不再核准新建传统燃油汽车生产企业。积极引导新能源汽车健康有序发展，新建新能源汽车生产企业必须具有动力系统等关键技术和整车研发能力，符合《新建纯电动乘用车企业管理规定》等相关要求。

对于煤矿项目，我市不存在存量项目、新建项目和新增产能任务，暂时禁止建设，本目录中未涉及。

五、项目核准机关要改进完善管理办法，切实提高行政效能，认真履行核准职责，严格按照规定权限、程序和时限等要求进行审查。项目涉及有关部门或者项目所在地行政机关职责的，项目核准机关应当书面征求其意见，被征求意见单位应当及时书面回复。各有关部门要密切配合，按照职责分工，相应改进管理办法，依法加强对投资活动的管理。对不符合法律法规规定以及未按规定权限和程序核准的项目，有关部门不得办理相关手续，金融机构不得提供信贷支持。

六、按照谁审批谁负责、谁主管谁监管的原则，落实监管责任，注重发挥各区人民政府就近就便监管作用，行业管理部门和环境保护、市场监管、安全监管等部门专业优势，以及投资主管部门综合监管职能，实现协同监管。投资项目核准、备案权限下放后，监管责任要同步下移。各区人民政府和相关部门要积极探索创新监管方式方法，强化事中事后监管，切实承担起监管职责。

七、对下放到区人民政府的核准事项，市级项目核准机关要加强对各区项目核准机关的业务指导和监督；各区人民政府要加强与市级相关部门的沟通衔接，切实履行好审批和监管责任，一律不得再将项目核准权限下放到街道和乡镇。

八、对取消核准改为备案管理的项目，项目备案机关要加强发展规划、产业政策和准入标准把关，行业管理部门与城乡规划、土地管理、环境保护、安全监管等部门要按职责分工加强对项目的指导和约束。

九、法律、行政法规和国家有专门规定的，按照有关规定执行。市商务主管部门按国家有关规定对外商投资企业的设立和变更、国内企业在境外投资开办企业（金融企业除外）进行审核或备案管理。

十、本目录自发布之日起执行，本市此前有关核准目录的规定，凡与本目录规定不一致的，均按本目录执行。

天津市人民政府

2017 年 10 月 29 日

政府核准的投资项目目录

（天津市 2017 年本）

一、国家核准项目

（一）农业水利

水利工程：涉及跨界河流、跨省（自治区、直辖市）水资源配置调整的重大水利项目由市投资主管部门转报国务院投资主管部门核准，其中库容 10 亿立方米及以上或者涉及移民 1 万人及以上的水库项目由市投资主管部门转报国务院投资主管部门审核后，报国务院核准。

（二）能源

水电站：在跨界河流、跨省（自治区、直辖市）河流上建设的单站总装机容量 50 万千瓦及以上项目由市投资主管部门转报国务院投资主管部门核准，其中单站总装机容量 300 万千瓦及以上或者涉及移民 1 万人及以上的项目由市投资主管部门转报国务院投资主管部门审核后，报国务院核准。

核电站：由市投资主管部门转报国务院投资主管部门审核后，报国务院核准。

电网工程：涉及跨境、跨省（自治区、直辖市）输电的±500千伏及以上直流项目，涉及跨境、跨省（自治区、直辖市）输电的500千伏、750千伏、1000千伏交流项目，由市投资主管部门转报国务院投资主管部门核准，其中±800千伏及以上直流项目和1000千伏交流项目还需由国务院投资主管部门报国务院备案。

煤制燃料：年产超过20亿立方米的煤制天然气项目、年产超过100万吨的煤制油项目，由市投资主管部门转报国务院投资主管部门核准。

进口液化天然气接收、储运设施：新建（含异地扩建）项目由市行业管理部门转报国务院行业管理部门核准，其中新建接收储运能力300万吨及以上的项目由市投资主管部门转报国务院投资主管部门核准并报国务院备案。

输油管网（不含油田集输管网）：跨境、跨省（自治区、直辖市）干线管网项目由市投资主管部门转报国务院投资主管部门核准，其中跨境项目报国务院备案。

输气管网（不含油气田集输管网）：跨境、跨省（自治区、直辖市）干线管网项目由市投资主管部门转报国务院投资主管部门核准，其中跨境项目报国务院备案。

（三）交通运输

新建（含增建）铁路：列入国家批准的相关规划中的项目，中国铁路总公司为主出资的由其自行决定并报国务院投资主管部门备案。

独立公（铁）路桥梁、隧道：跨境项目由市投资主管部门转报国务院投资主管部门核准，并报国务院备案。国家批准的相关规划中的项目，中国铁路总公司为主出资的由其自行决定并报国务院投资主管部门备案。

民航：新建运输机场项目由市投资主管部门转报国务院投资主管部门审核后，报国务院、中央军委核准。

（四）信息产业

电信：国际通信基础设施项目由市投资主管部门转报国务院投资主管部门核准；国内干线传输网（含广播电视网）以及其他涉及信息安全的电信基础设施项目，由市行业管理部门转报国务院行业管理部门核准。

（五）机械制造

汽车：按照国务院批准的《汽车产业发展政策》执行。其中，新建中外合资轿车生产企业项目，由市投资主管部门转报国务院投资主管部门审核后，报国务院核准；新建纯电动乘用车生产企业（含现有汽车企业跨类生产纯电动乘用车）项目，由市投资主管部门转报国务院投资主管部门核准。

（六）轻工

烟草：卷烟、烟用二醋酸纤维素及丝束项目由市行业管理部门转报国务院行业管理部门核准。

（七）高新技术

民用航空航天：干线支线飞机、6吨/9座及以上通用飞机和3吨及以上直升机制造、民用卫星制造、民用遥感卫星地面站建设项目，由市投资主管部门转报国务院投资主管部门核准。

（八）社会事业

主题公园：特大型项目由市投资主管部门转报国务院投资主管部门审核后，报国务院核准。

（九）外商投资

《外商投资产业指导目录》中总投资（含增资）3 亿美元及以上限制类项目，由市投资主管部门转报国务院投资主管部门核准，其中总投资（含增资）20 亿美元及以上项目还需由国务院投资主管部门报国务院备案。

前款规定之外的属于本目录国家核准项目第（一）至（八）项所列项目，按照国家核准项目第（一）至（八）项的规定执行。

（十）境外投资

涉及敏感国家和地区、敏感行业的项目，由市投资主管部门转报国务院投资主管部门核准。

前款规定之外的中央管理企业投资项目和地方企业投资 3 亿美元及以上项目由市投资主管部门转报国务院投资主管部门备案。

二、市级核准项目

（一）农业水利

农业：涉及开荒的项目由市投资主管部门核准。

水利工程：本市区域内跨区水利项目由市投资主管部门核准。

（二）能源

抽水蓄能电站：由市投资主管部门按照国家制定的相关规划核准。

火电站（含自备电站）：由市投资主管部门核准，其中燃煤燃气火电项目应在国家依据总量控制制定的建设规划内核准。

热电站（含自备电站）：抽凝式燃煤热电项目由市投资主管部门在国家依据总量控制制定的建设规划内核准；燃气热电站由市投资主管部门核准。

电网工程：不涉及跨境、跨省（自治区、直辖市）输电的±500 千伏及以上直流项目和 500 千伏、750 千伏、1000 千伏交流项目和跨区项目由市投资主管部门按照国家制定的相关规划核准。

液化石油气接收、存储设施（不含油气田、炼油厂的配套项目）：由市投资主管部门核准。

进口液化天然气接收、储运设施：除国家核准项目外的其余项目由市投资主管部门核准。

输油管网（不含油田集输管网）：除国家核准项目外的其余项目由市投资主管部门核准。

输气管网（不含油气田集输管网）：除国家核准项目外的门站及以上高压长输天然气管道（不含门站以下城市燃气管道）项目由市投资主管部门核准，其余项目跨区的由市相关主管部门核准。

炼油：新建炼油及扩建一次炼油项目由市投资主管部门按照国家批准的相关规划核准。未列入国家批准的相关规划的新建炼油及扩建一次炼油项目，禁止建设。

变性燃料乙醇：由市投资主管部门核准。

（三）交通运输

新建（含增建）铁路：列入国家批准的相关规划中的项目，除中国铁路总公司为主出资外，其他企业投资的由市投资主管部门核准；地方城际铁路项目由市投资主管部门按照国家批准的相关规划核准，并报国务院投资主管部门备案；其余项目由市投资主管部门核准。

公路：国家高速公路网和普通国道网项目由市投资主管部门按照国家批准的相关规划核准，地方高速公路和普通省级公路项目由市投资主管部门核准。

独立公（铁）路桥梁、隧道：国家核准项目以外，列入国家批准的相关规划中的项目，除中国铁路总公司为主出资外，其他企业投资的由市投资主管部门核准；其余独立铁路桥梁、隧道及跨10万吨级及以上航道海域、跨大江大河（现状或规划为一级及以上通航段）、跨区的独立公路桥梁、隧道项目，由市投资主管部门核准。

煤炭、矿石、油气专用泊位：由市投资主管部门按照国家批准的相关规划核准。

集装箱专用码头：由市投资主管部门按照国家批准的相关规划核准。

内河航运：跨省（自治区、直辖市）高等级航道的千吨级及以上航电枢纽项目由市投资主管部门按照国家批准的相关规划核准。

民航：新建通用机场项目、扩建军民合用机场（增建跑道除外）项目由市投资主管部门核准。

（四）原材料

稀土、铁矿、有色矿山开发：由市投资主管部门核准。

石化：新建乙烯、对二甲苯（PX）、二苯基甲烷二异氰酸酯（MDI）项目由市投资主管部门按照国家批准的石化产业规划布局方案核准。未列入国家批准的相关规划的新建乙烯、对二甲苯（PX）、二苯基甲烷二异氰酸酯（MDI）项目，禁止建设。

煤化工：新建煤制烯烃、新建煤制对二甲苯（PX）项目，由市投资主管部门按照国家批准的相关规划核准。新建年产超过100万吨的煤制甲醇项目，由市投资主管部门核准。其余项目禁止建设。

稀土：稀土冶炼分离项目、稀土深加工项目由市投资主管部门核准。

黄金：采选矿项目由市投资主管部门核准。

（五）机械制造

汽车：按照国务院批准的《汽车产业发展政策》执行。除国家核准项目外的其余项目由市投资主管部门核准。

（六）高新技术

民用航空航天：6吨/9座以下通用飞机和3吨以下直升机制造项目由市投资主管部门核准。

（七）城建

城市快速轨道交通项目：由市投资主管部门按照国家批准的相关规划核准。

城市道路桥梁、隧道：跨10万吨级及以上航道海域、跨大江大河（现状或规划为一级及以上通航段）的项目由市投资主管部门核准。

（八）社会事业

主题公园：除特大型项目外的其余项目由市投资主管部门核准。

旅游：国家级风景名胜区、国家自然保护区、全国重点文物保护单位区域内总投资5000万元及以上旅游开发和资源保护项目由市投资主管部门核准；世界自然和文化遗产保护区内总投资3000万元及以上项目由市投资主管部门核准。

（九）外商投资

《外商投资产业指导目录》中总投资（含增资）3亿美元以下限制类项目，由市投资主管部门核准。

前款规定之外的属于本目录市级核准项目第（一）至（八）项所列项目，按照市级核准项目第（一）至（八）项的规定执行。

三、区级核准项目

（一）农业水利

水利工程：除国家和市级核准项目外，其余不涉及全市统一规划和平衡的水利项目由各区人民政府相关部门核准。

（二）能源

水电站：除国家核准项目外的其余项目由各区人民政府相关部门核准。

热电站（含自备电站）：除抽凝式燃煤热电项目和燃气热电站外，其余热电项目由各区人民政府相关部门依据有关建设规划核准。

风电站：由各区人民政府相关部门依据国家总量指导规模和全市年度开发方案核准。

电网工程：除国家和市级核准项目外的其余项目由各区人民政府相关部门按照国家制定的相关规划核准。

输气管网（不含油气田集输管网）：除国家和市级核准项目外的其余项目由各区人民政府相关部门核准。

（三）交通运输

公路：除国家和市级核准项目外的其余项目由各区人民政府相关部门核准。

独立公（铁）路桥梁、隧道：除国家和市级核准项目外的其余项目由各区人民政府相关部门核准。

内河航运：除市级核准项目外的其余项目由各区人民政府相关部门核准。

（四）社会事业

旅游：国家级风景名胜区、国家自然保护区、全国重点文物保护单位区域内总投资5000万元以下项目由各区人民政府相关部门核准；世界自然和文化遗产保护区内总投资3000万元以下项目由各区人民政府相关部门核准。

（五）外商投资

除《外商投资产业指导目录》中的限制类项目外，属于本目录区级核准项目第（一）至（四）项所列项目，按照区级核准项目第（一）至（四）项的规定执行。

5. 河北省政府核准的投资项目目录（2017年本）

河北省人民政府关于发布河北省政府
核准的投资项目目录（2017年本）的通知

各市（含定州、辛集市）人民政府，雄安新区筹委会，省政府各部门：

根据《国务院关于发布政府核准的投资项目目录（2016年本）的通知》（国发〔2016〕72号）要求，结合我省实际，现发布《河北省政府核准的投资项目目录（2017年本）》，并就有关事项通知如下：

一、企业投资建设本目录内的固定资产投资项目，须按照规定报送有关项目核准机关核准。企业投资建设本目录外的项目，实行备案管理。事业单位、社会团体等非企业组织投资建设的项目，按照本目录执行，但通过政府财政预算安排的项目除外。

原油、天然气（含煤层气）开发项目由具有开采权的企业自行决定，并报国务院行业管理部门备案。具有开采权的相关企业应依据相关法律、法规，坚持统筹规划，合理开发利用资源，避免资源无序开采。

二、法律、行政法规和国家制定的发展规划、产业政策、总量控制目标、技术政策、准入标准、用地政策、环保政策、信贷政策等是企业开展项目前期工作的重要依据，是项目核准机关和国土资源、环境保护、城乡规划、行业管理等部门以及金融机构对项目进行审查的依据。

发展改革部门要会同有关部门抓紧编制完善相关领域专项规划，为各地做好项目核准工作提供依据。

环境保护部门应根据项目对环境的影响程度实行分级分类管理，对环境影响大、环境风险高的项目严格环评审批，并强化事中事后监管。

三、要充分发挥发展规划、产业政策和准入标准对投资活动的规范引导作用。把发展规划作为引导投资方向，稳定投资运行，规范项目准入，优化项目布局，合理配置资金、土地、能源、人力等资源的重要手段。指导依据产业结构调整指导目录、外商投资产业指导目录等进行投资活动。构建更加科学、更加完善、更具可操作性的行业准入标准体系，强化节地节能节水、环境、技术、安全等市场准入标准。完善行业宏观调控政策措施和部门间协调机制，形成工作合力，促进相关行业有序发展。

四、对于钢铁、电解铝、水泥、平板玻璃、船舶等产能严重过剩行业的项目，要严格执行《国务院关于化解产能严重过剩矛盾的指导意见》（国发〔2013〕41号），省政府有关部门和市、县（市、区）政府不得以其他任何名义、任何方式备案新增产能项目，各相关部门和机构不得办理土地（海域、无居民海岛）供应、能评、环评审批和新增授信支持等相关业务，并合力推进化解产能严重过剩矛盾各项工作。

对于煤矿项目，要严格执行《国务院关于煤炭行业化解过剩产能实现脱困发展的意见》

（国发〔2016〕7号）要求，从2016年起3年内原则上停止审批新建煤矿项目、新增产能的技术改造项目和产能核增项目；确需新建煤矿的，一律实行减量置换。

严格控制新增传统燃油汽车产能，原则上不再核准新建传统燃油汽车生产企业。积极引导新能源汽车健康有序发展，新建新能源汽车生产企业须具有动力系统等关键技术和整车研发能力，符合《新建纯电动乘用车企业管理规定》等相关要求。

五、项目核准机关要改进完善管理办法，切实提高行政效能，认真履行核准职责，严格按照规定权限、程序和时限等要求进行审查。有关部门要密切配合，按照职责分工，相应改进管理办法，依法加强对投资活动的管理。

六、按照谁审批谁监管、谁主管谁监管的原则，落实监管责任，注重发挥市、县（市、区）政府就近就便监管作用，行业管理部门和环境保护、质量监督、安全监管等部门专业优势，以及投资主管部门综合监管职能，实现协同监管。投资项目核准、备案权限下放后，监管责任要同步下移。各级政府及其有关部门要积极探索创新监管方式方法，强化事中事后监管，切实承担起监管职责。

七、按照规定由国务院核准的项目，由国家发展改革委审核后报国务院核准。核报国务院及国务院投资主管部门核准的项目，事前须征求国务院行业管理部门的意见。

省、市、县（市、区）政府投资主管部门核准的项目，事前须征求同级行业管理部门或区域（流域）有关管理机构的意见。

八、市、县（市）审批局以及扩权的县、省级以上开发区（新区）和市所辖城区投资主管部门分别按省政府有关规定行使管理权限。

九、对取消核准改为备案管理的项目，项目备案机关要加强发展规划、产业政策和准入标准把关，行业管理部门与城乡规划、土地管理、环境保护、安全监管等部门要按职责分工加强对项目的指导和约束。

十、法律、行政法规和国家有专门规定的，按照有关规定执行。商务主管部门按国家有关规定对外商投资企业的设立和变更、国内企业在境外投资开办企业（金融企业除外）进行审核或备案管理。

十一、本目录自发布之日起执行，《河北省人民政府关于发布河北省政府核准的投资项目目录（2015年本）的通知》（冀政发〔2015〕8号）即行废止。

河北省人民政府
2017年6月26日

河北省政府核准的投资项目目录（2017年本）

一、农业水利

农业：涉及开荒的项目由省政府投资主管部门核准。

水利工程：涉及跨界河流、跨省（区、市）水资源配置调整的重大水利项目由国务院投资主管部门核准，其中库容10亿立方米及以上或者涉及移民1万人及以上的水库项目由国务院核准。涉及跨市（含定州、辛集市，下同）的重大水利项目及影响水资源配置和防洪安全的水利项目由省政府投资主管部门核准；其余项目由各市政府投资主管部门核准。

二、能源

水电站：在跨界河流、跨省（区、市）河流上建设的单站总装机容量50万千瓦及以上项目由国务院投资主管部门核准，其中单站总装机容量300万千瓦及以上或者涉及移民1万人及以上的项目由国务院核准；其余项目由各市政府投资主管部门核准。

抽水蓄能电站：由省政府投资主管部门按照国家制定的相关规划核准。

火电站（含自备电站）：由省政府投资主管部门核准，其中燃煤燃气火电项目应在国家依据总量控制制定的建设规划内核准。

热电站（含自备电站）：抽凝式燃煤热电项目由省政府投资主管部门在国家依据总量控制制定的建设规划内核准，燃煤背压热电项目、燃气热电（不含分布式）项目由省政府投资主管部门核准，余热余压发电项目、其余热电项目由各市政府投资主管部门核准。

风电站：由各市政府投资主管部门在国家、省依据总量控制制定的建设规划及年度开发指导规模内核准。

核电站：由国务院核准。

电网工程：跨境、跨省（区、市）±500千伏及以上直流项目，跨境、跨省（区、市）500千伏、750千伏、1000千伏交流项目，由国务院投资主管部门核准，其中±800千伏及以上直流项目和1000千伏交流项目报国务院备案；非跨境、跨省（区、市）±500千伏及以上直流项目，非跨境、跨省（区、市）500千伏、750千伏、1000千伏交流项目，跨市220千伏及以下交流项目，由省政府投资主管部门按照国家制定的规划核准；非跨市220千伏及以下交流项目，由各市政府投资主管部门核准。

煤矿：国家规划矿区内新增年生产能力120万吨及以上煤炭开发项目由国务院行业管理部门核准，其中新增年生产能力500万吨及以上的项目报国务院备案，国家规划矿区内的其余煤炭开发项目由省政府投资主管部门核准；其余一般煤炭开发项目由各市政府投资主管部门核准。国家规定禁止新建的煤与瓦斯突出、高瓦斯和中小型煤炭开发项目，不得核准。

煤制燃料：年产超过20亿立方米的煤制天然气项目，年产超过100万吨的煤制油项目，由国务院投资主管部门核准。

液化石油气接收、存储设施（不含油气田、炼油厂的配套项目）：由各市政府投资主管部门核准。

进口液化天然气接收、储运设施：新建（含异地扩建）项目由国务院行业管理部门核准，其中新建接收储运能力300万吨及以上的项目报国务院备案；其余项目由省政府投资主管部门核准。

输油管网（不含油田集输管网）：跨境、跨省（区、市）干线管网项目由国务院投资主管部门核准，其中跨境项目报国务院备案；其余项目由省政府投资主管部门核准。

输气管网（不含油气田集输管网）：跨境、跨省（区、市）干线管网项目由国务院投资主管部门核准，其中跨境项目报国务院备案；其余项目由省政府投资主管部门核准。

炼油：新建炼油及扩建一次炼油项目由省政府投资主管部门按照国家批准的相关规划核

准。未列入国家批准的相关规划的新建炼油及扩建一次炼油项目，禁止建设。

变性燃料乙醇：由省政府投资主管部门核准。

三、交通运输

新建（含增建）铁路：列入国家批准的相关规划中的项目，中国铁路总公司为主出资的由其自行决定并报国务院投资主管部门备案，其他企业投资的由省政府投资主管部门核准；地方城际铁路项目由省政府投资主管部门按照国家批准的相关规划核准，并报国务院投资主管部门备案；其余项目由省政府投资主管部门核准。

公路：国家高速公路网和普通国道网公路项目由省政府投资主管部门按照国家批准的相关规划核准，地方高速公路和普通省道网公路项目由省政府投资主管部门核准，其余项目由各市政府投资主管部门核准。

独立公（铁）路桥梁、隧道：跨境项目由国务院投资主管部门核准并报国务院备案。国家批准的相关规划中的项目，中国铁路总公司为主出资的由其自行决定并报国务院投资主管部门备案，其他企业投资的由省政府投资主管部门核准；其余独立铁路桥梁、隧道及跨航道海域、跨大江大河（现状或规划为一级及以上通航段）及跨市项目由省政府投资主管部门核准；其余项目由各市政府投资主管部门核准。

煤炭、矿石、油气专用泊位及其他泊位：由省政府投资主管部门按国家及省批准的相关规划核准。

集装箱专用码头：由省政府投资主管部门按国家批准的相关规划核准。

内河航运：跨省（区、市）高等级航道的千吨级及以上航电枢纽项目由省政府投资主管部门按国家批准的相关规划核准，其余项目由各市政府投资主管部门核准。

民航：新建运输机场项目由国务院、中央军委核准，新建通用机场项目、扩建军民合用机场项目由省政府投资主管部门核准。

四、信息产业

电信：国际通信基础设施项目由国务院投资主管部门核准；国内干线传输网（含广播电视网）以及其他涉及信息安全的电信基础设施项目，由国务院行业管理部门核准。

五、原材料

稀土、铁矿、有色矿山开发：稀土矿山开发项目，由省政府行业管理部门核准；其余项目由省政府投资主管部门核准。

石化：新建乙烯、对二甲苯（PX）项目由省政府投资主管部门按照国家批准的石化产业规划布局方案核准；新建二苯基甲烷二异氰酸酯（MDI）项目由省政府行业管理部门按照国务院批准的石化产业规划布局方案核准。未列入国家批准的相关规划的新建乙烯、对二甲苯（PX）、二苯基甲烷二异氰酸酯（MDI）项目，禁止建设。

煤化工：新建煤制烯烃、新建煤制对二甲苯（PX）项目，由省政府投资主管部门按照国家批准的相关规划核准。新建年产超过100万吨的煤制甲醇项目，由省政府投资主管部门核准。其余项目禁止建设。

稀土：稀土冶炼分离、稀土深加工项目由省政府行业管理部门核准。

黄金：采选矿项目由省政府投资主管部门核准。

六、机械制造

汽车：按照国务院批准的《汽车产业发展政策》执行。其中，新建中外合资轿车生产企业项目，由国务院核准；新建纯电动乘用车生产企业（含现有汽车企业跨类生产纯电动乘用车）项目，由国务院投资主管部门核准；其余项目由省政府投资主管部门核准。

七、轻工

烟草：卷烟、烟用二醋酸纤维素及丝束项目由国务院行业管理部门核准。

八、高新技术

民用航空航天：干线支线飞机、6吨/9座及以上通用飞机和3吨及以上直升机制造、民用卫星制造、民用遥感卫星地面站建设项目，由国务院投资主管部门核准；6吨/9座以下通用飞机和3吨以下直升机制造项目由省政府投资主管部门核准。

九、城建

城市快速轨道交通项目：由省政府投资主管部门按照国家批准的规划核准。

城市道路桥梁、隧道：跨航道海域、跨大江大河（现状或规划为一级及以上通航段）的项目由省政府投资主管部门核准；其余项目由项目所在设区的市、县（市、设区市城市规划区外的独立区）政府投资主管部门核准。

垃圾发电：由各市政府投资主管部门核准。

城镇供气、供热、污水处理、垃圾处理：由项目所在设区的市、县（市、设区市城市规划区外的独立区）政府投资主管部门核准。

房地产：房地产开发项目由项目所在设区的市、县（市、设区市城市规划区外的独立区）政府投资主管部门核准。

保障性安居工程和城市规划区内的其他市政公用设施、城市交通设施和防灾减灾设施，由项目所在设区的市、县（市、设区市城市规划区外的独立区）政府投资主管部门核准。

其他城建项目：按属地原则备案。

十、社会事业

主题公园：特大型项目由国务院核准，其余项目由省政府投资主管部门核准。

旅游：国家重点风景名胜区、国家自然保护区、国家重点文物保护单位区域内总投资5000万元及以上旅游开发和资源保护项目，世界自然和文化遗产保护区内总投资3000万元及以上项目，由省政府投资主管部门核准。

其他社会事业项目：国家项目由国务院行业主管部门核准或备案。地方项目中事业单位、社会团体等非企业组织投资建设的，按照隶属关系，由同级政府投资主管部门核准；企业投资建设的按属地原则备案。

十一、外商投资

《外商投资产业指导目录》中总投资（含增资）3亿美元及以上限制类项目，由国务院投资主管部门核准，其中总投资（含增资）20亿美元及以上项目报国务院备案。《外商投资产业指导目录》中总投资（含增资）3亿美元以下限制类项目，由省政府投资主管部门核准。其余外商投资项目由各市政府投资主管部门备案。

前款规定之外的属于本目录第一至十条所列项目，按照本目录第一至十条的规定核准。

十二、境外投资

涉及敏感国家和地区、敏感行业的项目，由国务院投资主管部门核准。

前款规定之外的中央管理企业投资项目和地方企业投资 3 亿美元及以上项目报国务院投资主管部门备案。地方企业投资 3 亿美元以下项目由省政府投资主管部门备案。

6. 山西省政府核准的投资项目目录（2017年本）

山西省人民政府关于发布
山西省政府核准的投资项目目录（2017年本）的通知
晋政发〔2017〕26号

各市、县人民政府，省人民政府各委、办、厅、局：

　　为贯彻落实《国务院关于发布政府核准的投资项目目录（2016年本）的通知》（国发〔2016〕72号）精神，按照省委、省政府打造"审批最少、流程最优、体制最顺、机制最活、效率最高、服务最好"营商环境的要求，进一步加大放管服效改革力度，使市场在资源配置中起决定性作用，切实转变政府投资管理职能，确立企业投资主体地位，激发市场主体扩大合理有效投资和创新创业的活力，现发布《山西省政府核准的投资项目目录（2017年本）》，并就有关事项通知如下：

　　一、企业投资建设本目录内的固定资产投资项目，须按照规定报送有关项目核准机关核准。企业投资建设本目录外的项目，实行备案管理。事业单位、社会团体等投资建设的项目，按照本目录执行。

　　原油、天然气（含煤层气）开发项目由具有开采权的企业自行决定，并报国务院行业管理部门备案。相关企业应依据相关法律法规，坚持统筹规划，合理开发利用资源，避免资源无序开采。

　　二、法律、行政法规和国家制定的发展规划、产业政策、总量控制目标、技术政策、准入标准、用地政策、环保政策、信贷政策等是企业开展项目前期工作的重要依据，是项目核准机关和国土资源、环境保护、城乡规划、行业管理等部门以及金融机构对项目进行审查的依据。环境保护部门应根据项目对环境的影响程度实行分级分类管理，对环境影响大、环境风险高的项目严格环评审批，并强化事中事后监管。

　　三、充分发挥发展规划、产业政策和准入标准对投资活动的规范引导作用。把发展规划作为引导投资方向，稳定投资运行，规范项目准入，优化项目布局，合理配置资金、土地、能源、人力等资源的重要手段。严格执行产业结构调整指导目录、外商投资产业指导目录以及各类行业准入标准体系，强化节地节能节水、环境、技术、安全等市场准入标准，促进相关行业有序发展。

　　四、对于钢铁、电解铝、水泥、平板玻璃等产能严重过剩行业的项目，要严格执行《国务院关于化解产能严重过剩矛盾的指导意见》（国发〔2013〕41号），各市、各部门不得以其他任何名义、任何方式备案新增产能项目，各相关部门和机构不得办理土地供应、能评、环评审批和新增授信支持等相关业务，并合力推进化解产能严重过剩矛盾各项工作。对于煤矿项目，要严格执行《国务院关于煤炭行业化解过剩产能实现脱困发展的意见》（国发〔2016〕7号）要求，从2017年起2年内原则上停止审批新建煤矿项目、新增产能的技术改造项目和产能核增项目；确需新建煤矿的，一律实行减量置换。严格控制新增传统燃油汽车产能，原则上不再核准新建传统燃油汽车生产企业。积极引导新能源汽车健康有序发展，新建新能源汽车生产企业须具有动力系统等关键技术和整车研发能力，符合《新建纯电动乘用车企业管理规定》等相关要求。

五、项目核准机关要改进完善管理办法，切实提高行政效能，认真履行核准职责，严格按照规定权限、程序和时限等要求进行审查，并依托投资项目在线审批监管平台完成项目核准。有关部门要密切配合，按照职责分工，相应改进管理办法，依法加强对投资活动的管理。

六、按照谁审批谁监管、谁主管谁监管的原则，落实监管责任，注重发挥地方政府就近就便监管作用，行业管理部门和环境保护、质量监督、安全监管等部门专业优势，以及投资主管部门综合监管职能，实现协同监管。投资项目核准权限下放后，要进一步强化事中事后监管，各级政府及其有关部门要积极探索创新监管方式方法，切实承担起监管职责。

七、按照规定由国务院及国务院投资主管部门核准的项目，由省政府投资主管部门审核后上报国家发展改革委，并根据需要征求省政府行业管理部门的意见，其中由国务院核准的项目经省政府同意后上报；按照规定由国务院行业管理部门核准的项目，由省政府行业管理部门审核上报，并根据需要征求省政府投资主管部门的意见。

八、对取消核准改为备案管理的项目，项目备案机关要加强发展规划、产业政策和准入标准把关，行业管理部门与城乡规划、土地管理、环境保护、安全监管等部门要按职责分工加强对项目的指导和约束。

九、法律、行政法规和国家有专门规定的，按照有关规定执行。商务主管部门按国家有关规定对外商投资企业的设立和变更、国内企业在境外投资开办企业（金融企业除外）进行审核或备案管理。

十、本目录自发布之日起执行，《山西省政府核准的投资项目目录（2015年本）》即行废止。

附件：山西省政府核准的投资项目目录（2017年本）

山西省人民政府

2017年6月28日

附件

山西省政府核准的投资项目目录（2017年本）

一、农业水利

农业：涉及开荒的项目由省政府投资主管部门核准。

水利工程：涉及跨界河流、跨省（区、市）水资源配置调整的重大水利项目由国务院投资主管部门核准，其中库容10亿立方米及以上或者涉及移民1万人及以上的水库项目由国务院核准。涉及跨设区市河流、跨设区市水资源配置调整的水利工程由省政府投资主管部门核准。其余项目由设区市政府投资主管部门核准。

二、能源

水电站：在跨界河流、跨省（区、市）河流上建设的单站总装机容量50万千瓦及以上项目由国务院投资主管部门核准，其中单站总装机容量300万千瓦及以上或者涉及移民1万人及以上的项目由国务院核准。在跨设区市河流上建设的项目由省政府投资主管部门核准，其余项目由设区市政府投资主管部门核准。

抽水蓄能电站：由省政府投资主管部门按照国家制定的相关规划核准。

火电站（含自备电站）：由省政府投资主管部门核准，其中燃煤燃气火电项目应在国家依据总量控制制定的建设规划内核准。

热电站（含自备电站）：抽凝式燃煤热电项目由省政府投资主管部门在国家依据总量控制制定的建设规划内核准，农林生物质发电非供热项目由省政府投资主管部门核准，其余项目由设区市政府投资主管部门核准，其中，背压式燃煤热电项目依据省级批复的城市或工业园区的热电联产规划核准。

风电站：在省政府投资主管部门依据国家建设规划和年度开发指导规模制定的年度开发建设方案指导下，由设区市政府投资主管部门核准。

核电站：由国务院核准。

电网工程：涉及跨境、跨省（区、市）输电的±500千伏及以上直流项目，涉及跨境、跨省（区、市）输电的500千伏、750千伏、1000千伏交流项目，由国务院投资主管部门核准，其中±800千伏及以上直流项目和1000千伏交流项目报国务院备案；不涉及跨境、跨省（区、市）输电的±500千伏及以上直流项目和500千伏、750千伏、1000千伏交流项目由省政府投资主管部门按照国家制定的相关规划核准。其余项目中跨设区市的由省政府投资主管部门核准，非跨设区市的由设区市政府投资主管部门按照省级制定的相关规划核准。

煤矿：国家规划矿区内新增年生产能力120万吨及以上煤炭开发项目由国务院行业管理部门核准，其中新增年生产能力500万吨及以上的项目由国务院投资主管部门核准并报国务院备案；国家规划矿区内的其余煤炭开发项目和一般煤炭开发项目由省政府投资主管部门核准。国家规定禁止建设或列入淘汰退出范围的项目，不得核准。

煤制燃料：年产超过20亿立方米的煤制天然气项目、年产超过100万吨的煤制油项目，由国务院投资主管部门核准。

液化石油气接收、存储设施（不含油气田、炼油厂的配套项目）：由设区市政府投资主管部门核准。

进口液化天然气接收、储运设施：新建（含异地扩建）项目由国务院行业管理部门核准，其中新建接收储运能力300万吨及以上的项目由国务院投资主管部门核准并报国务院备案。其余项目由省政府投资主管部门核准。

输油管网（不含油田集输管网）：跨境、跨省（区、市）干线管网项目由国务院投资主管部门核准，其中跨境项目报国务院备案。涉及跨设区市的输油管道及配套附属设施项目，由省政府投资主管部门核准，其余项目由设区市政府投资主管部门核准。

输气管网（不含油气田集输管网）：跨境、跨省（区、市）干线管网项目由国务院投资主管部门核准，其中跨境项目报国务院备案。涉及跨设区市的输气管道及配套附属设施项目，由省政府投资主管部门核准，其余项目由设区市政府投资主管部门核准。

炼油：新建炼油及扩建一次炼油项目由省政府投资主管部门按照国家批准的相关规划核准。未列入国家批准的相关规划的新建炼油及扩建一次炼油项目，禁止建设。

变性燃料乙醇：由省政府投资主管部门核准。

三、交通运输

新建（含增建）铁路：列入国家批准的相关规划中的项目，中国铁路总公司为主出资的由其自行决定并报国务院投资主管部门备案，其他企业投资的由省政府投资主管部门核准；地方城际铁路项目由省政府投资主管部门按照国家批准的相关规划核准，并报国务院投资主管部门备案；其余项目由省政府投资主管部门核准。

公路：国家高速公路网和普通国道网项目由省政府投资主管部门按照国家批准的相关规划核准，地方高速公路网项目及跨设区市项目由省政府投资主管部门核准，其余项目由设区市政府投资主管部门核准。

独立公（铁）路桥梁、隧道：跨境项目由国务院投资主管部门核准并报国务院备案。国家批准的相关规划中的项目，中国铁路总公司为主出资的由其自行决定并报国务院投资主管部门备案，其他企业投资的由省政府投资主管部门核准；其余独立铁路桥梁、隧道及跨大江大河（现状或规划为一级及以上通航段）的独立公路桥梁、隧道项目，由省政府投资主管部门核准，其余项目由设区市政府投资主管部门核准。

煤炭、矿石、油气专用泊位：由省政府投资主管部门按国家批准的相关规划核准。

集装箱专用码头：由省政府投资主管部门按国家批准的相关规划核准。

内河航运：跨省（区、市）高等级航道的千吨级及以上航电枢纽项目由省政府投资主管部门按国家批准的相关规划核准，省内跨设区市航道项目由省政府投资主管部门核准，其余项目由设区市政府投资主管部门核准。

民航：新建运输机场项目由国务院、中央军委核准，新建通用机场项目、扩建军民合用机场（增建跑道除外）项目由省政府投资主管部门核准。

四、信息产业

电信：国际通信基础设施项目由国务院投资主管部门核准；国内干线传输网（含广播电视网）以及其他涉及信息安全的电信基础设施项目，由国务院行业管理部门核准。

五、原材料

稀土、铁矿、有色矿山开发：由省政府投资主管部门核准。

石化：新建乙烯、对二甲苯（PX）、二苯基甲烷二异氰酸酯（MDI）项目由省政府投资主管部门按照国家批准的石化产业规划布局方案核准。未列入国家批准的相关规划的新建乙烯、对二甲苯（PX）、二苯基甲烷二异氰酸酯（MDI）项目，禁止建设。

煤化工：新建煤制烯烃、新建煤制对二甲苯（PX）项目，由省政府投资主管部门按照国家批准的相关规划核准。新建年产超过100万吨的煤制甲醇项目，由省政府投资主管部门核准。其余项目禁止建设。

稀土：稀土冶炼分离项目、稀土深加工项目由省政府投资主管部门核准。

黄金：采选矿项目由省政府投资主管部门核准。

六、机械制造

汽车：按照国务院批准的《汽车产业发展政策》执行。其中，新建中外合资轿车生产企业项目，由国务院核准；新建纯电动乘用车生产企业（含现有汽车企业跨类生产纯电动乘用车）项目，由国务院投资主管部门核准；其余项目由省政府投资主管部门核准。

七、轻工

烟草：卷烟、烟用二醋酸纤维素及丝束项目由国务院行业管理部门核准。

八、高新技术

民用航空航天：干线支线飞机、6 吨/9 座及以上通用飞机和 3 吨及以上直升机制造、民用卫星制造、民用遥感卫星地面站建设项目，由国务院投资主管部门核准；6 吨/9 座以下通用飞机和 3 吨以下直升机制造项目由省政府投资主管部门核准。

九、城建

城市快速轨道交通项目：由省政府投资主管部门按照国家批准的相关规划核准。

城市道路桥梁、隧道：跨大江大河（现状或规划为一级及以上通航段）的项目由省政府投资主管部门核准。

十、社会事业

主题公园：特大型项目由国务院核准，其余项目由省政府投资主管部门核准。

旅游：国家级风景名胜区、国家自然保护区、全国重点文物保护单位区域内总投资 5000 万元及以上旅游开发和资源保护项目，世界自然和文化遗产保护区内总投资 3000 万元及以上项目，由省政府投资主管部门核准。

其他社会事业项目：国务院行业管理部门有规定的，从其规定。

十一、外商投资

《外商投资产业指导目录》中总投资（含增资）3 亿美元及以上限制类项目，由国务院投资主管部门核准，其中总投资（含增资）20 亿美元及以上项目报国务院备案。《外商投资产业指导目录》中总投资（含增资）3 亿美元以下限制类项目，由省政府投资主管部门核准。前款规定之外的属于本目录第一至十条所列项目，按照本目录第一至十条的规定执行。

十二、境外投资

涉及敏感国家和地区、敏感行业的项目，由国务院投资主管部门核准。

前款规定之外的中央管理企业投资项目和地方企业投资 3 亿美元及以上项目报国务院投资主管部门备案。地方企业投资 3 亿美元以下项目由省政府投资主管部门备案。

7. 内蒙古自治区政府核准的投资项目目录（2017年本）

内蒙古自治区人民政府关于发布《内蒙古自治区政府核准的投资项目目录（2017年本）》的通知

各盟行政公署、市人民政府，各旗县人民政府，自治区各委、办、厅、局，各大企业、事业单位：

现将《内蒙古自治区政府核准的投资项目目录（2017年本）》发布，并就有关事项通知如下：

一、企业投资建设本目录内的固定资产投资项目，须按照规定报送有关项目核准机关核准。企业投资建设本目录外的项目，实行备案管理。事业单位、社会团体等投资建设的项目，按照本目录执行。

原油、天然气（含煤层气）开发项目由具有开采权的企业自行决定，并报国务院行业管理部门备案。具有开采权的相关企业应依据相关法律、行政法规，坚持统筹规划，合理开发利用资源，避免资源无序开采。

二、法律、行政法规和国家及自治区制定的发展规划、产业政策、总量控制目标、技术政策、准入标准、用地政策、环保政策、信贷政策等是企业开展项目前期工作的重要依据，是项目核准机关和国土资源、环境保护、城乡规划、行业管理等部门以及金融机构对项目进行审查的依据。

发展改革部门要会同有关部门抓紧编制完善相关领域专项规划，为做好项目核准工作提供依据。

环境保护部门应根据项目对环境的影响程度实行分级分类管理，对环境影响大、环境风险高的项目严格环评审批，并强化事中事后监管。

三、充分发挥发展规划、产业政策和准入标准对投资活动的规范引导作用。把发展规划作为引导投资方向，稳定投资运行，规范项目准入，优化项目布局，合理配置资金、土地、能源、人力等资源的重要手段。依据国家产业结构调整指导目录、外商投资产业指导目录等，为企业投资活动提供依据和指导。构建更加科学、更加完善、更具可操作性的行业准入标准体系，强化节地节能节水、环境、技术、安全等市场准入标准。完善行业宏观调控政策措施和部门间协调机制，形成工作合力，促进相关行业有序发展。

四、对于钢铁、电解铝、水泥、平板玻璃等产能严重过剩行业的项目，各地区、各有关部门要严格执行《国务院关于化解产能严重过剩矛盾的指导意见》（国发〔2013〕41号）要求，不得以其他任何名义、任何方式备案新增产能项目，各相关部门和机构不得办理土地供应、能评、环评审批和新增授信支持等相关业务，合力推进化解产能严重过剩矛盾各项工作。

对于煤矿项目，要严格执行《国务院关于煤炭行业化解过剩产能实现脱困发展的意见》（国发〔2016〕7号）要求，从2016年起3年内原则上停止审批新建煤矿项目、新增产能的技术改造项目和产能核增项目；确需新建煤矿的，一律实行减量置换。

严格控制新增传统燃油汽车产能，原则上不再核准新建传统燃油汽车生产企业。积极引导新能源汽车健康有序发展，新建新能源汽车生产企业须具有动力系统等关键技术和整车研发能力，符合《新建纯电动乘用车企业管理规定》等相关要求。

五、项目核准机关要改进完善管理办法，切实提高行政效能，认真履行核准职责，严格按照规定权限、程序和时限等要求进行审查。有关部门要密切配合，按照职责分工，相应改进管理办法，依法加强对投资活动的管理。

六、按照谁审批谁监管、谁主管谁监管的原则，落实监管责任，注重发挥地方政府就近就便监管作用，行业管理部门和环境保护、质量监督、安全监管等部门专业优势，以及投资主管部门综合监管职能，实现协同监管。投资项目核准、备案权限下放后，监管责任要同步下移。地方各级政府及其有关部门要积极探索创新监管方式方法，强化事中事后监管，切实承担起监管职责。

七、核报国务院和国务院投资主管部门核准的项目，由自治区发展改革委审核后上报国家发展改革委，事前须征求自治区人民政府行业管理部门的意见。其中，由国务院核准的项目，经自治区人民政府同意后上报；核报国务院行业管理部门核准的项目，由自治区人民政府行业管理部门审核上报，并征求自治区人民政府投资主管部门的意见；核报自治区人民政府投资主管部门核准的项目，事先须征求自治区人民政府行业管理部门的意见。

八、充分发挥自治区和盟市级部门在政策把握、技术力量等方面的优势，在核准范围最小化的基础上，按照下放层级与承接能力相匹配的原则，核准事项一律不下放到旗县一级，旗县一级按照属地管理原则主要开展投资项目备案服务。扩权强县试点旗县核准权限按照《内蒙古自治区关于开展扩权强县试点工作的意见》有关规定执行。

九、对取消核准改为备案管理的项目，项目备案机关要加强发展规划、产业政策和准入标准把关，行业管理部门与城乡规划、土地管理、环境保护、安全监管等部门要按职责分工加强对项目的指导和约束。

十、法律、行政法规和国家、自治区有专门规定的，按照有关规定执行。商务主管部门按国家有关规定对外商投资企业的设立和变更、国内企业在境外投资开办企业（金融企业除外）进行审核或备案管理。

十一、本目录是自治区行政区域内统一的政府核准投资项目目录，各地区遵照执行，不再另行制定。

十二、本目录自发布之日起执行，《内蒙古自治区政府核准的投资项目目录（2014年本）》同时废止。

附件：内蒙古自治区政府核准的投资项目目录（2017年本）

2017年5月9日

（此件公开发布）

附件

内蒙古自治区政府核准的投资项目目录（2017年本）

一、农牧业水利

农牧业：涉及开荒的项目由自治区人民政府投资主管部门核准。

水利工程：涉及跨界河流、跨省（区、市）水资源配置调整的重大水利项目由国务院投资主管部门核准，其中库容10亿立方米及以上或者涉及移民1万人及以上的水库项目由国务院核准；涉及跨流域、跨盟市的其他水资源配置调整项目，以及0.1亿立方米及以上的水库项目由自治区人民政府投资主管部门核准，其余项目由盟行政公署、市人民政府投资主管部门核准。

二、能源

水电站：在跨界河流、跨省（区、市）河流上建设的单站总装机容量50万千瓦及以上项目由国务院投资主管部门核准，其中单站总装机容量300万千瓦及以上或者涉及移民1万人及以上的项目由国务院核准。其他具有供水功能的项目由自治区人民政府投资主管部门核准，其余项目由盟行政公署、市人民政府投资主管部门核准。

抽水蓄能电站：由自治区人民政府投资主管部门按照国家制定的相关规划核准。

火电站（含自备电站）：由自治区人民政府投资主管部门核准，其中燃煤燃气火电项目应在国家依据总量控制制定的建设规划内核准。

热电站（含自备电站）：由盟行政公署、市人民政府投资主管部门核准，其中抽凝式燃煤热电项目由自治区人民政府投资主管部门在国家依据总量控制制定的建设规划内核准。

风电站：由盟行政公署、市人民政府投资主管部门在国家依据总量控制制定的建设规划及自治区分解下达的年度开发指导规模内核准。

核电站：由国务院核准。

电网工程：涉及跨境、跨省（区、市）输电的±500千伏及以上直流项目，涉及跨境、跨省（区、市）输电的500千伏、750千伏、1000千伏交流项目，由国务院投资主管部门核准，其中±800千伏及以上直流项目和1000千伏交流项目报国务院备案；不涉及跨境、跨省（区、市）输电的±500千伏及以上直流项目和500千伏、750千伏、1000千伏交流项目由自治区人民政府投资主管部门按照国家制定的相关规划核准，其他自治区境内跨盟市项目由自治区人民政府投资主管部门按照国家、自治区制定的相关规划核准，其余项目由盟行政公署、市人民政府投资主管部门按照国家、自治区制定的相关规划核准。

煤矿：国家规划矿区内新增年生产能力120万吨及以上煤炭开发项目由国务院行业管理部门核准，其中新增年生产能力500万吨及以上的项目由国务院投资主管部门核准并报国务院备案；国家规划矿区内的其余煤炭开发项目和一般煤炭开发项目由自治区人民政府投资主管部门核准。国家规定禁止建设或列入淘汰退出范围的项目，不得核准。

煤制燃料：年产超过20亿立方米的煤制天然气项目、年产超过100万吨的煤制油项目，由国务院投资主管部门核准。

液化石油气接收、存储设施（不含油气田、炼油厂的配套项目）：由盟行政公署、市人民政府投资主管部门核准。

进口液化天然气接收、储运设施：新建（含异地扩建）项目由国务院行业管理部门核准，其中新建接收储运能力300万吨及以上的项目由国务院投资主管部门核准并报国务院备案。其余项目由自治区人民政府投资主管部门核准。

输油管网（不含油田集输管网）：跨境、跨省（区、市）干线管网项目由国务院投资主管部门核准，其中跨境项目报国务院备案。其余项目由自治区人民政府投资主管部门核准。

输气管网（不含油气田集输管网）：跨境、跨省（区、市）干线管网项目由国务院投资主管部门核准，其中跨境项目报国务院备案。其余项目由自治区人民政府投资主管部门核准。

炼油：新建炼油及扩建一次炼油项目由自治区人民政府投资主管部门按照国家批准的相关规划核准。未列入国家批准的相关规划的新建炼油及扩建一次炼油项目，禁止建设。

变性燃料乙醇：由自治区人民政府投资主管部门核准。

三、交通运输

新建（含增建）铁路：列入国家批准的相关规划中的项目，中国铁路总公司为主出资的由其自行决定并报国务院投资主管部门备案，其他企业投资的由自治区人民政府投资主管部门核准；地方城际铁路项目由自治区人民政府投资主管部门按照国家批准的相关规划核准，并报国务院投资主管部门备案；其余项目由自治区人民政府投资主管部门按照自治区批准的相关规划核准。

公路：国家高速公路网和普通国道网项目由自治区人民政府投资主管部门按照国家批准的相关规划核准，地方高速公路网和跨盟市普通省道网项目由自治区人民政府投资主管部门按照自治区批复的相关规划核准。其余项目由盟行政公署、市人民政府投资主管部门核准，其中普通省道网项目按照自治区批准的相关规划核准。

独立公（铁）路桥梁、隧道：跨境项目由国务院投资主管部门核准并报国务院备案。国家批准的相关规划中的项目，中国铁路总公司为主出资的由其自行决定并报国务院投资主管部门备案，其他企业投资的由自治区人民政府投资主管部门核准；其余自治区批准的相关规划中的独立铁路桥梁、隧道及跨大江大河（现状或规划为一级及以上通航段）的独立公路桥梁、隧道项目，由自治区人民政府投资主管部门核准。其余项目由盟行政公署、市人民政府投资主管部门核准。

内河航运：跨省（区、市）高等级航道的千吨级及以上航电枢纽项目由自治区人民政府投资主管部门按照国家批准的相关规划核准，其余项目由自治区人民政府投资主管部门核准。

民航：新建运输机场项目由国务院、中央军委核准，新建通用机场项目、扩建军民合用机场（增建跑道除外）项目由自治区人民政府投资主管部门核准。

四、信息产业

电信：国际通信基础设施项目由国务院投资主管部门核准；国内干线传输网（含广播电视网）以及其他涉及信息安全的电信基础设施项目，由国务院行业管理部门核准。

五、原材料

稀土、铁矿、有色矿山开发：由自治区人民政府投资主管部门核准。

石化：新建乙烯、对二甲苯（PX）、二苯基甲烷二异氰酸酯（MDI）项目由自治区人民政府投资主管部门按照国家批准的石化产业规划布局方案核准。未列入国家批准的相关规划的新建乙烯、对二甲苯（PX）、二苯基甲烷二异氰酸酯（MDI）项目，禁止建设。

煤化工：新建煤制烯烃、新建煤制对二甲苯（PX）项目，由自治区人民政府投资主管部门按照国家批准的相关规划核准。新建年产超过 100 万吨的煤制甲醇项目，由自治区人民政府投资主管部门核准。其余项目禁止建设。

稀土：稀土冶炼分离项目、稀土深加工项目由自治区人民政府行业管理部门核准。

黄金：采选矿项目由自治区人民政府投资主管部门核准。

六、机械制造

汽车：按照国务院批准的《汽车产业发展政策》执行。其中，新建中外合资轿车生产企业项目，由国务院核准；新建纯电动乘用车生产企业（含现有汽车企业跨类生产纯电动乘用车）项目，由国务院投资主管部门核准；其余项目由自治区人民政府投资主管部门核准。

七、轻工

烟草：卷烟、烟用二醋酸纤维素及丝束项目由国务院行业管理部门核准。

八、高新技术

民用航空航天：干线支线飞机、6 吨/9 座及以上通用飞机和 3 吨及以上直升机制造、民用卫星制造、民用遥感卫星地面站建设项目，由国务院投资主管部门核准；6 吨/9 座以下通用飞机和 3 吨以下直升机制造项目由自治区人民政府投资主管部门核准。

九、城建

城市快速轨道交通项目：由自治区人民政府投资主管部门按照国家批准的相关规划核准。

城市道路桥梁、隧道：跨大江大河（现状或规划为一级及以上通航段）的项目由自治区人民政府投资主管部门核准，其余项目由盟行政公署、市人民政府投资主管部门核准。

危险废弃物：自治区内区域性危险废弃物处理项目、区域性医疗垃圾处理项目由自治区人民政府投资主管部门核准；非区域性危险废弃物处理项目、非区域性医疗垃圾处理项目由盟行政公署、市人民政府投资主管部门核准。

十、社会事业

主题公园：特大型项目由国务院核准，其余项目由自治区人民政府投资主管部门核准。

旅游：国家级风景名胜区、国家自然保护区、全国重点文物保护单位区域内总投资 5000 万元及以上旅游开发和资源保护项目，世界自然和文化遗产保护区内总投资 3000 万元及以上项目，由自治区人民政府投资主管部门核准。

十一、外商投资

《外商投资产业指导目录》中总投资（含增资）3 亿美元及以上限制类项目，由国务院投资主管部门核准，其中总投资（含增资）20 亿美元及以上项目报国务院备案。《外商投资产业指导目录》中总投资（含增资）3 亿美元以下限制类项目，由自治区人民政府投资主管部门核准。

前款规定之外的属于本目录第一至十条所列项目，按照本目录第一至十条的规定执行。

十二、境外投资

涉及敏感国家和地区、敏感行业的项目，由国务院投资主管部门核准。

前款规定之外的中央管理企业投资项目和地方企业投资 3 亿美元及以上项目报国务院投资主管部门备案。

8. 陕西省政府核准的投资项目目录（2017年本）

陕西省人民政府关于发布
政府核准的投资项目目录（2017年本）的通知

陕政发〔2017〕23号

各市、县、区人民政府，省人民政府各工作部门、各直属机构：

根据《国务院关于发布政府核准的投资项目目录（2016年本）的通知》（国发〔2016〕72号）精神，为进一步深化"放管服"改革，切实转变政府投资管理职能，结合我省实际，现发布《陕西省政府核准的投资项目目录（2017年本）》，并就有关事项通知如下：

一、企业投资建设本目录内的固定资产投资项目，须按照规定报送有关项目核准机关核准。企业投资建设本目录外的项目，除国家法律法规、国务院和省政府明确禁止建设的项目外，实行备案管理。事业单位、社会团体等投资建设的项目，按照本目录执行。

原油、天然气（含煤层气）开发项目由具有开采权的企业自行决定，并报国务院行业管理部门备案。具有开采权的相关企业应依据相关法律法规，坚持统筹规划，合理开发利用资源，避免资源无序开采。

二、法律、行政法规和国家、省上制定的发展规划、产业政策、总量控制目标、技术政策、准入标准、用地政策、环保政策、信贷政策等是企业开展项目前期工作的重要依据，是项目核准机关和国土资源、环境保护、城乡规划、行业管理等部门以及金融机构对项目进行审查的依据。

发展改革部门要会同有关部门抓紧编制完善相关领域专项规划，为各市（县、区）做好项目核准工作提供依据。环境保护部门应根据项目对环境的影响程度实行分级分类管理，对环境影响大、环境风险高的项目严格环评审批，并强化事中事后监管。

三、充分发挥发展规划、产业政策和准入标准对投资活动的规范引导作用。把发展规划作为引导投资方向，稳定投资运行，规范项目准入，优化项目布局，合理配置资金、土地、能源、人力等资源的重要手段。完善产业结构调整指导目录、外商投资产业指导目录等，为企业投资活动提供依据和指导。构建更加科学、更加完善、更具可操作性的行业准入标准体系，强化节地节能节水、环境、技术、安全等市场准入标准。完善行业宏观调控政策措施和部门间协调机制，形成工作合力，促进相关行业有序发展。

四、对于钢铁、电解铝、水泥、平板玻璃等产能严重过剩行业的项目，要严格执行《国务院关于化解产能严重过剩矛盾的指导意见》（国发〔2013〕41号）和《陕西省人民政府关于化解产能严重过剩矛盾的实施意见》（陕政发〔2014〕9号），各市（县、区）政府和省级有关部门不得以其他任何名义、任何方式备案新增产能项目，各相关部门和机构不得办理土地供应、能评、环评审批和新增授信支持等相关业务，并合力推进化解产能严重过剩矛盾各项工作。

对于煤矿项目，要严格执行《国务院关于煤炭行业化解过剩产能实现脱困发展的意见》

（国发〔2016〕7号），从2016年起3年内原则上停止审批新建煤矿项目、新增产能的技术改造项目和产能核增项目；确需新建煤矿的，一律实行减量置换。

国家严格控制新增传统燃油汽车产能，原则上不再核准新建传统燃油汽车生产企业。引导新能源汽车健康有序发展，新建新能源汽车生产企业须具有动力系统等关键技术和整车研发能力，符合《新建纯电动乘用车企业管理规定》等相关要求。

五、项目核准机关要改进完善管理办法，切实提高行政效能，认真履行核准职责，严格按照规定权限、程序和时限等要求进行审查。有关部门要密切配合，按照职责分工，相应改进管理办法，依法加强对投资活动的管理。

六、按照谁审批谁监管、谁主管谁监管的原则，落实监管责任，注重发挥市（县、区）政府就近就便监管作用，行业管理部门和环境保护、质量监督、安全监管等部门专业优势，以及投资主管部门综合监管职能，实现协同监管。投资项目核准、备案权限下放后，监管责任要同步下移。省级有关部门、各市（县、区）政府及其有关部门要积极探索创新监管方式方法，强化事中事后监管，切实承担起监管职责。

七、按照规定由国务院、国务院投资主管部门核准的项目，由省政府投资主管部门审核后上报国务院投资主管部门，其中由国务院核准的项目报省政府同意后上报；由国务院行业管理部门核准的项目，由省政府行业管理部门审核后上报。

八、由省政府投资主管部门核准的项目，事前须征求省政府行业管理部门意见，其中重大项目应报省政府同意后核准。由市级和县级政府投资主管部门核准的项目，核准权限不得下放。

韩城市、杨凌示范区、西咸新区、神木市、府谷县及其他扩权县（市）享有设区市的项目核准权限。

九、对取消核准改为备案管理的项目，项目备案机关要加强发展规划、产业政策和准入标准把关，行业管理部门与城乡规划、土地管理、环境保护、安全监管等部门要按职责分工加强对项目的指导和约束。

十、法律、行政法规和国家有专门规定的，按照有关规定执行。商务主管部门按国家有关规定对外商投资企业的设立和变更、国内企业在境外投资开办企业（金融企业除外）进行审核或备案管理。

十一、本目录自发布之日起执行，《陕西省政府核准的投资项目目录（2015年本）》即行废止。

附件：陕西省政府核准的投资项目目录（2017年本）

陕西省人民政府
2017年6月23日

陕西省政府核准的投资项目目录（2017年本）

一、农业水利

农业：涉及开荒的项目由省政府投资主管部门核准。

水利工程：涉及跨界河流、跨省（区、市）水资源配置调整的重大水利项目由国务院投资主管部门核准，其中库容 10 亿立方米及以上或者涉及移民 1 万人及以上的水库项目由国务院核准；涉及跨市（区）水资源配置调整的水利项目由省政府投资主管部门核准；涉及跨县（市、区）水资源配置调整的水利项目由市级政府投资主管部门核准；其余项目由县级政府投资主管部门核准。

二、能源

水电站：在跨界河流、跨省（区、市）河流上建设的单站总装机容量 50 万千瓦及以上项目由国务院投资主管部门核准，其中单站总装机容量 300 万千瓦及以上或者涉及移民 1 万人及以上的项目由国务院核准；在非跨市（区）河流上建设的单站总装机容量 2.5 万千瓦及以下项目由市级政府投资主管部门核准；其余项目由省政府投资主管部门核准。

抽水蓄能电站：由省政府投资主管部门按照国家制定的相关规划核准。

火电站（含自备电站和生物质发电）：由省政府投资主管部门核准，其中燃煤燃气火电项目应在国家依据总量控制制定的建设规划内核准。

热电站（含自备电站和生物质热电联产）：抽凝式燃煤热电项目由省政府投资主管部门在国家依据总量控制制定的建设规划内核准；其余热电项目由市级政府投资主管部门核准。

风电站：在国家依据总量控制制定的建设规划及年度开发指导规模内，分散式接入风电和总装机容量 2 万千瓦以下项目由市级政府投资主管部门核准；其余项目由省政府投资主管部门核准。

核电站：由国务院核准。

电网工程：涉及跨境、跨省（区、市）输电的±500 千伏及以上直流项目，涉及跨境、跨省（区、市）输电的 500 千伏、750 千伏、1000 千伏交流项目，由国务院投资主管部门核准，其中±800 千伏及以上直流项目和 1000 千伏交流项目报国务院备案；不涉及跨境、跨省（区、市）输电的±500 千伏及以上直流项目和 500 千伏、750 千伏、1000 千伏交流、跨市（区）330 千伏及以下交流项目由省政府投资主管部门按照国家相关规划核准；不涉及跨市（区）330 千伏及以下交流项目，由市级政府投资主管部门按照国家和省级制定的相关规划核准。

煤矿：国家规划矿区内新增年生产能力 120 万吨及以上煤炭开发项目由国务院行业管理部门核准，其中新增年生产能力 500 万吨及以上的项目由国务院投资主管部门核准并报国务院备案；国家规划矿区内的其余煤炭开发项目和一般煤炭开发项目由省政府投资主管部门核准。国家规定禁止建设或列入淘汰退出范围的项目，不得核准。

煤制燃料：年产超过 20 亿立方米的煤制天然气项目、年产超过 100 万吨的煤制油项目，由国务院投资主管部门核准。

液化石油气接收、存储设施（不含油气田、炼油厂的配套项目）：由市级政府投资主管部门核准并报省政府投资主管部门备案。

进口液化天然气接收、储运设施：新建（含异地扩建）项目由国务院行业管理部门核准，其中新建接收储运能力 300 万吨及以上的项目由国务院投资主管部门核准并报国务院备案；其余项目由省政府投资主管部门核准。

输油管网（不含油田集输管网）：跨境、跨省（区、市）干线管网项目由国务院投资主管部门核准，其中跨境项目报国务院备案；跨市（区）项目由省政府投资主管部门核准；其余项目由市级政府投资主管部门核准。

输气管网（不含油气田集输管网）：跨境、跨省（区、市）干线管网项目由国务院投资主管部门核准，其中跨境项目报国务院备案；跨市（区）项目由省政府投资主管部门核准；其余项目由市级政府投资主管部门核准。

炼油：新建炼油及扩建一次炼油项目由省政府投资主管部门按照国家批准的相关规划核准。未列入国家批准的相关规划的新建炼油及扩建一次炼油项目，禁止建设。

变性燃料乙醇：由省政府投资主管部门核准。

三、交通运输

新建（含增建）铁路：列入国家批准的相关规划中的项目，中国铁路总公司为主出资的由其自行决定并报国务院投资主管部门备案，其他企业投资的由省政府投资主管部门核准；地方城际铁路项目由省政府投资主管部门按照国家批准的相关规划核准，并报国务院投资主管部门备案；其余项目由省政府投资主管部门核准。

公路：国家高速公路网和普通国道网项目由省政府投资主管部门按照国家批准的相关规划核准，地方高速公路项目和普通省道项目由省政府投资主管部门核准，县道、专用公路项目由市级政府投资主管部门核准，其余项目由县级政府投资主管部门核准。

独立公（铁）路桥梁、隧道：跨境项目由国务院投资主管部门核准并报国务院备案；国家批准的相关规划中的项目，中国铁路总公司为主出资的由其自行决定并报国务院投资主管部门备案，其他企业投资的由省政府投资主管部门核准；其余独立铁路桥梁、隧道及跨10万吨级及以上航道海域、跨大江大河（现状或规划为一级及以上通航段）的独立公路桥梁、隧道项目，由省政府投资主管部门核准。其余项目由市级政府投资主管部门核准。

煤炭、矿石、油气专用泊位：由省政府投资主管部门按国家批准的相关规划核准。

集装箱专用码头：由省政府投资主管部门按国家批准的相关规划核准。

内河航运：跨省（区、市）高等级航道的千吨级及以上航电枢纽项目由省政府投资主管部门按国家批准的相关规划核准；其余项目由市级政府投资主管部门核准。

民航：新建运输机场项目由国务院、中央军委核准，新建通用机场项目、扩建军民合用机场（增建跑道除外）项目由省政府投资主管部门核准。

四、信息产业

电信：国际通信基础设施项目由国务院投资主管部门核准；国内干线传输网（含广播电视网）以及其他涉及信息安全的电信基础设施项目，由国务院行业管理部门核准。

五、原材料

稀土、铁矿、有色矿山开发：由省政府投资主管部门核准。

石化：新建乙烯、对二甲苯（PX）、二苯基甲烷二异氰酸酯（MDI）项目由省政府投资主管部门按照国家批准的石化产业规划布局方案核准。未列入国家批准的相关规划的新建乙烯、对二甲苯（PX）、二苯基甲烷二异氰酸酯（MDI）项目，禁止建设。

煤化工：新建煤制烯烃、新建煤制对二甲苯（PX）项目，由省政府投资主管部门按照国家批准的相关规划核准；新建年产超过100万吨的煤制甲醇项目，由省政府投资主管部门核准；其余项目禁止建设。

稀土：稀土冶炼分离项目、稀土深加工项目由省政府投资主管部门核准。

黄金：采选矿项目由省政府投资主管部门核准。

六、机械制造

汽车：按照国务院批准的《汽车产业发展政策》执行。其中，新建中外合资轿车生产企业项目，由国务院核准；新建纯电动乘用车生产企业（含现有汽车企业跨类生产纯电动乘用车）项目，由国务院投资主管部门核准；其余项目由省政府投资主管部门核准。

七、轻工

烟草：卷烟、烟用二醋酸纤维素及丝束项目由国务院行业管理部门核准。

八、高新技术

民用航空航天：干线支线飞机、6吨/9座及以上通用飞机和3吨及以上直升机制造、民用卫星制造、民用遥感卫星地面站建设项目，由国务院投资主管部门核准；6吨/9座以下通用飞机和3吨以下直升机制造项目由省政府投资主管部门核准。

九、城建

城市快速轨道交通项目：由省政府投资主管部门按照国家批准的相关规划核准。

城市道路桥梁、隧道：跨10万吨级及以上航道海域、跨大江大河（现状或规划为一级及以上通航段）的项目由省政府投资主管部门核准。

其他城建项目：按照我省备案制有关规定实行备案管理。

十、社会事业

主题公园：特大型项目由国务院核准；其余项目由省政府投资主管部门核准。

旅游：国家级风景名胜区、国家自然保护区、全国重点文物保护单位区域内总投资5000万元及以上旅游开发和资源保护项目，世界自然和文化遗产保护区内总投资3000万元及以上项目，由省政府投资主管部门核准。

其他社会事业项目：除国务院已明确改为备案管理和国务院行业管理部门规定外，隶属于省级及以下的项目，按照我省备案制有关规定实行备案管理。

十一、外商投资

《外商投资产业指导目录》中总投资（含增资）3亿美元及以上限制类项目，由国务院投资主管部门核准，其中总投资（含增资）20亿美元及以上项目报国务院备案；《外商投资产业指导目录》中总投资（含增资）3亿美元以下限制类项目，由省政府投资主管部门核准。

前款规定之外的属于本目录第一至十条所列项目，按照本目录第一至十条的规定执行。

十二、境外投资

涉及敏感国家和地区、敏感行业的项目，由国务院投资主管部门核准。

前款规定之外的中央管理企业投资项目和地方企业投资3亿美元及以上项目报国务院投资主管部门备案；地方企业投资3亿美元以下项目报省政府投资主管部门备案。

三、企业投资项目核准和备案管理办法

1. 企业投资项目核准和备案管理办法

企业投资项目核准和备案管理办法

第一章 总 则

第一条 为落实企业投资自主权,规范政府对企业投资项目的核准和备案行为,实现便利、高效服务和有效管理,依法保护企业合法权益,依据《行政许可法》、《企业投资项目核准和备案管理条例》等有关法律法规,制定本办法。

第二条 本办法所称企业投资项目(以下简称项目),是指企业在中国境内投资建设的固定资产投资项目,包括企业使用自己筹措资金的项目,以及使用自己筹措的资金并申请使用政府投资补助或贷款贴息等的项目。

项目申请使用政府投资补助、贷款贴息的,应在履行核准或备案手续后,提出资金申请报告。

第三条 县级以上人民政府投资主管部门对投资项目履行综合管理职责。

县级以上人民政府其他部门依照法律、法规规定,按照本级政府规定职责分工,对投资项目履行相应管理职责。

第四条 根据项目不同情况,分别实行核准管理或备案管理。

对关系国家安全、涉及全国重大生产力布局、战略性资源开发和重大公共利益等项目,实行核准管理。其他项目实行备案管理。

第五条 实行核准管理的具体项目范围以及核准机关、核准权限,由国务院颁布的《政府核准的投资项目目录》(以下简称《核准目录》)确定。法律、行政法规和国务院对项目核准的范围、权限有专门规定的,从其规定。

《核准目录》由国务院投资主管部门会同有关部门研究提出,报国务院批准后实施,并根据情况适时调整。

未经国务院批准,各部门、各地区不得擅自调整《核准目录》确定的核准范围和权限。

第六条 除国务院另有规定外,实行备案管理的项目按照属地原则备案。

各省级政府负责制定本行政区域内的项目备案管理办法,明确备案机关及其权限。

第七条 依据本办法第五条第一款规定具有项目核准权限的行政机关统称项目核准机关。《核准目录》所称国务院投资主管部门是指国家发展和改革委员会;《核准目录》规定由省级政府、地方政府核准的项目,其具体项目核准机关由省级政府确定。

项目核准机关对项目进行的核准是行政许可事项,实施行政许可所需经费应当由本级财政予以保障。

依据国务院专门规定和省级政府规定具有项目备案权限的行政机关统称项目备案机关。

第八条 项目的市场前景、经济效益、资金来源和产品技术方案等,应当依法由企业自主决策、自担风险,项目核准、备案机关及其他行政机关不得非法干预企业的投资自主权。

第九条 项目核准、备案机关及其工作人员应当依法对项目进行核准或者备案,不得擅自增减审查条件,不得超出办理时限。

第十条 项目核准、备案机关应当遵循便民、高效原则,提高办事效率,提供优质服务。

注:国家发展和改革委员会为落实企业投资自主权,规范政府对企业投资项目的核准和备案行为,实现便利、高效服务和有效管理,依法保护企业合法权益,依据《行政许可法》《企业投资项目核准和备案管理条例》等有关法律法规,制定本办法。本办法共八章六十六条,自 2017 年 4 月 8 日起施行。《政府核准投资项目管理办法》(国家发展改革委令第 11 号)同时废止。

项目核准、备案机关应当制定并公开服务指南,列明项目核准的申报材料及所需附件、受理方式、审查条件、办理流程、办理时限等;列明项目备案所需信息内容、办理流程等,提高工作透明度,为企业提供指导和服务。

第十一条 县级以上地方人民政府有关部门应当依照相关法律法规和本级政府有关规定,建立健全对项目核准、备案机关的监督制度,加强对项目核准、备案行为的监督检查。

各级政府及其有关部门应当依照相关法律法规及规定对企业从事固定资产投资活动实施监督管理。

任何单位和个人都有权对项目核准、备案、建设实施过程中的违法违规行为向有关部门检举。有关部门应当及时核实、处理。

第十二条 除涉及国家秘密的项目外,项目核准、备案通过全国投资项目在线审批监管平台(以下简称在线平台)实行网上受理、办理、监管和服务,实现核准、备案过程和结果的可查询、可监督。

第十三条 项目核准、备案机关以及其他有关部门统一使用在线平台生成的项目代码办理相关手续。

项目通过在线平台申报时,生成作为该项目整个建设周期身份标识的唯一项目代码。项目的审批信息、监管(处罚)信息,以及工程实施过程中的重要信息,统一汇集至项目代码,并与社会信用体系对接,作为后续监管的基础条件。

第十四条 项目核准、备案机关及有关部门应当通过在线平台公开与项目有关的发展规划、产业政策和准入标准,公开项目核准、备案等事项的办理条件、办理流程、办理时限等。

项目核准、备案机关应根据《政府信息公开条例》有关规定将核准、备案结果予以公开，不得违法违规公开重大工程的关键信息。

第十五条 企业投资建设固定资产投资项目，应当遵守国家法律法规，符合国民经济和社会发展总体规划、专项规划、区域规划、产业政策、市场准入标准、资源开发、能耗与环境管理等要求，依法履行项目核准或者备案及其他相关手续，并依法办理城乡规划、土地（海域）使用、环境保护、能源资源利用、安全生产等相关手续，如实提供相关材料，报告相关信息。

第十六条 对项目核准、备案机关实施的项目核准、备案行为，相关利害关系人有权依法申请行政复议或者提起行政诉讼。

第二章　项目核准的申请文件

第十七条 企业办理项目核准手续，应当按照国家有关要求编制项目申请报告，取得第二十二条规定依法应当附具的有关文件后，按照本办法第二十三条规定报送。

第十八条 组织编制和报送项目申请报告的项目单位，应当对项目申请报告以及依法应当附具文件的真实性、合法性和完整性负责。

第十九条 项目申请报告应当主要包括以下内容：

（一）项目单位情况；

（二）拟建项目情况，包括项目名称、建设地点、建设规模、建设内容等；

（三）项目资源利用情况分析以及对生态环境的影响分析；

（四）项目对经济和社会的影响分析。

第二十条 项目申请报告通用文本由国务院投资主管部门会同有关部门制定，主要行业的项目申请报告示范文本由相应的项目核准机关参照项目申请报告通用文本制定，明确编制内容、深度要求等。

第二十一条 项目申请报告可以由项目单位自行编写，也可以由项目单位自主委托具有相关经验和能力的工程咨询单位编写。任何单位和个人不得强制项目单位委托中介服务机构编制项目申请报告。

项目单位或者其委托的工程咨询单位应当按照项目申请报告通用文本和行业示范文本的要求编写项目申请报告。

工程咨询单位接受委托编制有关文件，应当做到依法、独立、客观、公正，对其编制的文件负责。

第二十二条 项目单位在报送项目申请报告时，应当根据国家法律法规的规定附具以下文件：

（一）城乡规划行政主管部门出具的选址意见书（仅指以划拨方式提供国有土地使用权的项目）；

（二）国土资源（海洋）行政主管部门出具的用地（用海）预审意见（国土资源主管部门明确可以不进行用地预审的情形除外）；

（三）法律、行政法规规定需要办理的其他相关手续。

第三章 项目核准的基本程序

第二十三条 地方企业投资建设应当分别由国务院投资主管部门、国务院行业管理部门核准的项目，可以分别通过项目所在地省级政府投资主管部门、行业管理部门向国务院投资主管部门、国务院行业管理部门转送项目申请报告。属于国务院投资主管部门核准权限的项目，项目所在地省级政府规定由省级政府行业管理部门转送的，可以由省级政府投资主管部门与其联合报送。

国务院有关部门所属单位、计划单列企业集团、中央管理企业投资建设应当由国务院有关部门核准的项目，直接向相应的项目核准机关报送项目申请报告，并附行业管理部门的意见。

企业投资建设应当由国务院核准的项目，按照本条第一、二款规定向国务院投资主管部门报送项目申请报告，由国务院投资主管部门审核后报国务院核准。新建运输机场项目由相关省级政府直接向国务院、中央军委报送项目申请报告。

第二十四条 企业投资建设应当由地方政府核准的项目，应当按照地方政府的有关规定，向相应的项目核准机关报送项目申请报告。

第二十五条 项目申报材料齐全、符合法定形式的，项目核准机关应当予以受理。

申报材料不齐全或者不符合法定形式的，项目核准机关应当在收到项目申报材料之日起5个工作日内一次告知项目单位补充相关文件，或对相关内容进行调整。逾期不告知的，自收到项目申报材料之日起即为受理。

项目核准机关受理或者不予受理申报材料，都应当出具加盖本机关专用印章并注明日期的书面凭证。对于受理的申报材料，书面凭证应注明项目代码，项目单位可以根据项目代码在线查询、监督核准过程和结果。

第二十六条 项目核准机关在正式受理项目申请报告后，需要评估的，应在4个工作日内按照有关规定委托具有相应资质的工程咨询机构进行评估。项目核准机关在委托评估时，应当根据项目具体情况，提出评估重点，明确评估时限。

工程咨询机构与编制项目申请报告的工程咨询机构为同一单位、存在控股、管理关系或者负责人为同一人的，该工程咨询机构不得承担该项目的评估工作。工程咨询机构与项目单位存在控股、管理关系或者负责人为同一人的，该工程咨询机构不得承担该项目单位的项目评估工作。

除项目情况复杂的，评估时限不得超过30个工作日。接受委托的工程咨询机构应当在项目核准机关规定的时间内提出评估报告，并对评估结论承担责任。项目情况复杂的，履行批准程序后，可以延长评估时限，但延长的期限不得超过60个工作日。

项目核准机关应当将项目评估报告与核准文件一并存档备查。

评估费用由委托评估的项目核准机关承担，评估机构及其工作人员不得收取项目单位的任何费用。

第二十七条 项目涉及有关行业管理部门或者项目所在地地方政府职责的，项目核准机关应当商请有关行业管理部门或地方人民政府在7个工作日内出具书面审查意见。有关行业管理部门或地方人民政府逾期没有反馈书面审查意见的，视为同意。

第二十八条 项目建设可能对公众利益构成重大影响的，项目核准机关在作出核准决定前，应当采取适当方式征求公众意见。

相关部门对直接涉及群众切身利益的用地（用海）、环境影响、移民安置、社会稳定风险等事项已经进行实质性审查并出具了相关审批文件的，项目核准机关可不再就相关内容重复征求公众意见。

对于特别重大的项目，可以实行专家评议制度。除项目情况特别复杂外，专家评议时限原则上不得超过 30 个工作日。

第二十九条 项目核准机关可以根据评估意见、部门意见和公众意见等，要求项目单位对相关内容进行调整，或者对有关情况和文件做进一步澄清、补充。

第三十条 项目违反相关法律法规，或者不符合发展规划、产业政策和市场准入标准要求的，项目核准机关可以不经过委托评估、征求意见等程序，直接作出不予核准的决定。

第三十一条 项目核准机关应当在正式受理申报材料后 20 个工作日内作出是否予以核准的决定，或向上级项目核准机关提出审核意见。项目情况复杂或者需要征求有关单位意见的，经本行政机关主要负责人批准，可以延长核准时限，但延长的时限不得超过 40 个工作日，并应当将延长期限的理由告知项目单位。

项目核准机关需要委托评估或进行专家评议的，所需时间不计算在前款规定的期限内。项目核准机关应当将咨询评估或专家评议所需时间书面告知项目单位。

第三十二条 项目符合核准条件的，项目核准机关应当对项目予以核准并向项目单位出具项目核准文件。项目不符合核准条件的，项目核准机关应当出具不予核准的书面通知，并说明不予核准的理由。

属于国务院核准权限的项目，由国务院投资主管部门根据国务院的决定向项目单位出具项目核准文件或者不予核准的书面通知。

项目核准机关出具项目核准文件或者不予核准的书面通知应当抄送同级行业管理、城乡规划、国土资源、水行政管理、环境保护、节能审查等相关部门和下级机关。

第三十三条 项目核准文件和不予核准书面通知的格式文本，由国务院投资主管部门制定。

第三十四条 项目核准机关应制定内部工作规则，不断优化工作流程，提高核准工作效率。

第四章 项目核准的审查及效力

第三十五条 项目核准机关应当从以下方面对项目进行审查：
（一）是否危害经济安全、社会安全、生态安全等国家安全；
（二）是否符合相关发展建设规划、产业政策和技术标准；
（三）是否合理开发并有效利用资源；
（四）是否对重大公共利益产生不利影响。

项目核准机关应当制定审查工作细则，明确审查具体内容、审查标准、审查要点、注意事项及不当行为需要承担的后果等。

第三十六条 除本办法第二十二条要求提供的项目申请报告附送文件之外，项目单位还应在开工前依法办理其他相关手续。

第三十七条 取得项目核准文件的项目，有下列情形之一的，项目单位应当及时以书面形式向原项目核准机关提出变更申请。原项目核准机关应当自受理申请之日起 20 个工作日内作出是否同意变更的书面决定：

（一）建设地点发生变更的；
（二）投资规模、建设规模、建设内容发生较大变化的；
（三）项目变更可能对经济、社会、环境等产生重大不利影响的；
（四）需要对项目核准文件所规定的内容进行调整的其他重大情形。

第三十八条 项目自核准机关出具项目核准文件或同意项目变更决定 2 年内未开工建设，需要延期开工建设的，项目单位应当在 2 年期限届满的 30 个工作日前，向项目核准机关申请延期开工建设。项目核准机关应当自受理申请之日起 20 个工作日内，作出是否同意延期开工建设的决定，并出具相应文件。开工建设只能延期一次，期限最长不得超过 1 年。国家对项目延期开工建设另有规定的，依照其规定。

在 2 年期限内未开工建设也未按照规定向项目核准机关申请延期的，项目核准文件或同意项目变更决定自动失效。

第五章　项目备案

第三十九条 实行备案管理的项目，项目单位应当在开工建设前通过在线平台将相关信息告知项目备案机关，依法履行投资项目信息告知义务，并遵循诚信和规范原则。

第四十条 项目备案机关应当制定项目备案基本信息格式文本，具体包括以下内容：
（一）项目单位基本情况；
（二）项目名称、建设地点、建设规模、建设内容；
（三）项目总投资额；
（四）项目符合产业政策声明。

项目单位应当对备案项目信息的真实性、合法性和完整性负责。

第四十一条 项目备案机关收到本办法第四十条规定的全部信息即为备案。项目备案信息不完整的，备案机关应当及时以适当方式提醒和指导项目单位补正。

项目备案机关发现项目属产业政策禁止投资建设或者依法应实行核准管理，以及不属于固定资产投资项目、依法应实施审批管理、不属于本备案机关权限等情形的，应当通过在线平台及时告知企业予以纠正或者依法申请办理相关手续。

第四十二条 项目备案相关信息通过在线平台在相关部门之间实现互通共享。

项目单位需要备案证明的，可以通过在线平台自行打印或者要求备案机关出具。

第四十三条 项目备案后，项目法人发生变化，项目建设地点、规模、内容发生重大变更，或者放弃项目建设的，项目单位应当通过在线平台及时告知项目备案机关，并修改相关信息。

第四十四条 实行备案管理的项目，项目单位在开工建设前还应当根据相关法律法规规定办理其他相关手续。

第六章　监督管理

第四十五条 上级项目核准、备案机关应当加强对下级项目核准、备案机关的指导和监督，及时纠正项目管理中存在的违法违规行为。

第四十六条 项目核准和备案机关、行业管理、城乡规划（建设）、国家安全、国土（海洋）资源、环境保护、节能审查、金融监管、安全生产监管、审计等部门，应当按照谁审批谁监管、谁主管谁监管的原则，采取在线监测、现场核查等方式，依法加强对项目的事中事后监管。

项目核准、备案机关应当根据法律法规和发展规划、产业政策、总量控制目标、技术政策、准入标准及相关环保要求等，对项目进行监管。

城乡规划、国土（海洋）资源、环境保护、节能审查、安全监管、建设、行业管理等部门，应当履行法律法规赋予的监管职责，在各自职责范围内对项目进行监管。

金融监管部门应当加强指导和监督，引导金融机构按照商业原则，依法独立审贷。

审计部门应当依法加强对国有企业投资项目、申请使用政府投资资金的项目以及其他公共工程项目的审计监督。

第四十七条 各级地方政府有关部门应按照相关法律法规及职责分工，加强对本行政区域内项目的监督检查，发现违法违规行为的，应当依法予以处理，并通过在线平台登记相关违法违规信息。

第四十八条 对不符合法定条件的项目予以核准，或者超越法定职权予以核准的，应依法予以撤销。

第四十九条 各级项目核准、备案机关的项目核准或备案信息，以及国土（海洋）资源、城乡规划、水行政管理、环境保护、节能审查、安全监管、建设、工商等部门的相关手续办理信息、审批结果信息、监管（处罚）信息，应当通过在线平台实现互通共享。

第五十条 项目单位应当通过在线平台如实报送项目开工建设、建设进度、竣工的基本信息。

项目开工前，项目单位应当登录在线平台报备项目开工基本信息。项目开工后，项目单位应当按年度在线报备项目建设动态进度基本信息。项目竣工验收后，项目单位应当在线报备项目竣工基本信息。

第五十一条 项目单位有下列行为之一的，相关信息列入项目异常信用记录，并纳入全国信用信息共享平台：

（一）应申请办理项目核准但未依法取得核准文件的；

（二）提供虚假项目核准或备案信息，或者未依法将项目信息告知备案机关，或者已备案项目信息变更未告知备案机关的；

（三）违反法律法规擅自开工建设的；

（四）不按照批准内容组织实施的；

（五）项目单位未按本办法第五十条规定报送项目开工建设、建设进度、竣工等基本信息，或者报送虚假信息的；

（六）其他违法违规行为。

第七章　法律责任

第五十二条 项目核准、备案机关有下列情形之一的，由其上级行政机关责令改正，对负有责任的领导人员和直接责任人员由有关单位和部门依纪依法给予处分：

（一）超越法定职权予以核准或备案的；

（二）对不符合法定条件的项目予以核准的；

（三）对符合法定条件的项目不予核准的；

（四）擅自增减核准审查条件的，或者以备案名义变相审批、核准的；

（五）不在法定期限内作出核准决定的；

（六）不依法履行监管职责或者监督不力，造成严重后果的。

第五十三条 项目核准、备案机关及其工作人员，以及其他相关部门及其工作人员，在项目核准、备案以及相关审批手续办理过程中玩忽职守、滥用职权、徇私舞弊、索贿受贿的，对负有责任的领导人员和直接责任人员依法给予处分；构成犯罪的，依法追究刑事责任。

第五十四条 项目核准、备案机关，以及国土（海洋）资源、城乡规划、水行政管理、环境保护、节能审查、安全监管、建设等部门违反相关法律法规规定，未依法履行监管职责的，对直接负责的主管人员和其他直接责任人员，依法给予处分；构成犯罪的，依法追究刑事责任。

项目所在地的地方政府有关部门不履行企业投资监管职责的，对直接负责的主管人员和其他直接责任人员，依法给予处分。

第五十五条 企业以分拆项目、隐瞒有关情况或者提供虚假申报材料等不正当手段申请核准、备案的，项目核准机关不予受理或者不予核准、备案，并给予警告。

第五十六条 实行核准管理的项目，企业未依法办理核准手续开工建设或者未按照核准的建设地点、建设规模、建设内容等进行建设的，由核准机关责令停止建设或者责令停产，对企业处项目总投资额1‰以上5‰以下的罚款；对直接负责的主管人员和其他直接责任人员处2万元以上5万元以下的罚款，属于国家工作人员的，依法给予处分。项目应视情况予以拆除或者补办相关手续。

以欺骗、贿赂等不正当手段取得项目核准文件，尚未开工建设的，由核准机关撤销核准文件，处项目总投资额1‰以上5‰以下的罚款；已经开工建设的，依照前款规定予以处罚；构成犯罪的，依法追究刑事责任。

第五十七条 实行备案管理的项目，企业未依法将项目信息或者已备案项目信息变更情况告知备案机关，或者向备案机关提供虚假信息的，由备案机关责令限期改正；逾期不改正的，处2万元以上5万元以下的罚款。

第五十八条 企业投资建设产业政策禁止投资建设项目的，由县级以上人民政府投资主管部门责令停止建设或者责令停产并恢复原状，对企业处项目总投资额5‰以上10‰以下的罚款；对直接负责的主管人员和其他直接责任人员处5万元以上10万元以下的罚款，属于国家工作人员的，依法给予处分。法律、行政法规另有规定的，依照其规定。

第五十九条 项目单位在项目建设过程中不遵守国土（海洋）资源、城乡规划、环境保护、节能、安全监管、建设等方面法律法规和有关审批文件要求的，相关部门应依法予以处理。

第六十条 承担项目申请报告编写、评估任务的工程咨询评估机构及其人员、参与专家评议的专家，在编制项目申请报告、受项目核准机关委托开展评估或者参与专家评议过程中，违反从业规定，造成重大损失和恶劣影响的，依法降低或撤销工程咨询单位资格，取消主要责任人员的相关职业资格。

第八章 附 则

第六十一条 本办法所称省级政府包括各省、自治区、直辖市及计划单列市人民政府和新疆生产建设兵团。

第六十二条 外商投资项目和境外投资项目的核准和备案管理办法另行制定。

第六十三条 省级政府和国务院行业管理部门，可以按照《企业投资项目核准和备案管理条例》和本办法的规定，制订具体实施办法。

第六十四条 事业单位、社会团体等非企业组织在中国境内利用自有资金、不申请政府投资建设的固定资产投资项目，按照企业投资项目进行管理。

个人投资建设项目参照本办法的相关规定执行。

第六十五条 本办法由国家发展和改革委员会负责解释。

第六十六条 本办法自2017年4月8日起施行。《政府核准投资项目管理办法》（国家发展改革委令第11号）同时废止。

2. 北京市进一步深化工程建设项目审批制度改革实施方案

北京市人民政府办公厅关于印发《北京市进一步深化工程建设项目审批制度改革实施方案》的通知

京政办发〔2019〕22号

各区人民政府，市政府各委、办、局，各市属机构：

《北京市进一步深化工程建设项目审批制度改革实施方案》已经市政府同意，现印发给你们，请认真组织实施。

北京市人民政府办公厅
2019年12月23日

北京市进一步深化工程建设项目审批制度改革实施方案

为贯彻落实党中央、国务院关于深化"放管服"改革和优化营商环境的部署要求，进一步深化本市工程建设项目审批制度改革，打造国际一流的营商环境高地，根据《国务院办公厅关于全面开展工程建设项目审批制度改革的实施意见》（国办发〔2019〕11号）精神，结合本市实际，制定本方案。

一、总体要求

（一）指导思想

以习近平新时代中国特色社会主义思想为指导，深入贯彻党的十九大和十九届二中、三中、四中全会精神，坚持以人民为中心，牢固树立新发展理念，以落实《北京城市总体规划（2016年—2035年）》为引领，以推进政府治理体系和治理能力现代化为目标，以更好更快方便企业和群众办事为导向，进一步加大转变政府职能和简政放权力度，深化工程建设项目审批制度改革，统一审批流程，统一信息数据平台，统一审批管理体系，统一监管方式，全力营造法治化、国际化、便利化营商环境。

（二）改革内容

改革覆盖房屋建筑和城市基础设施等工程，不包括特殊工程和交通、水利、能源等领域的重大工程；覆盖工程建设项目审批全过程（包括从立项到竣工验收和公共设施接入服务）；覆盖行政许可等审批事项和技术审查、中介服务、市政公用服务以及备案等其他类型事项，推动审批和管理体系科学化、标准化。

（三）改革目标

在加强社会投资简易低风险工程建设项目审批服务的基础上，通过"多规合一"协同平台强化事前研究和服务，优化其他社会投资工程建设项目审批流程。以"多规合一"协同平台和全过程监督为基础，提高政府投资工程建设项目审批效率。

到2019年底，社会投资简易低风险工程建设项目全流程审批时间（包括施工中检查）压缩至15个工作日以内；其他社会投资工程建设项目全流程审批时间压缩至45个工作日以内；政府投资工程建设项目全流程审批时间压缩至100个工作日以内。

到2020年底，在持续推动工程建设项目审批制度改革的基础上，总结经验，形成制度性成果。

二、统一审批流程

（四）精简审批环节

取消内部改造和部分新建扩建项目的施工图事前审查，但《建设工程消防监督管理规定》规定的人员密集场所和特殊建设工程除外。对300平方米至2000平方米的内部改造项目（涉及人防工程的除外），项目设计负责人应由注册建筑师担任，其中涉及主体结构变动的，结构专业负责人应由注册结构工程师担任；设计质量安全责任由签章的注册建筑师、注册工程师负责，监管部门按照一定比例进行抽查。对2000平方米以上的内部改造项目，由监管部门强化事后检查。对地上建筑面积小于5000平方米且地下建筑面积小于2000平方米的新建扩建独立单体房屋建筑工程项目，开工前不再进行施工图审查，调整为事后设计质量检查。

（五）优化审批流程

对社会投资简易低风险工程建设项目，不得要求建设单位办理《关于优化新建社会投资简易低风险工程建设项目审批服务的若干规定》（京政办发〔2019〕10号）以外的其他审批、评估评价事项；将立项用地规划许可、工程建设许可两个阶段合并，实行建设工程规划许可、建设项目备案、伐移树木许可、市政公用设施接入报装"一表式"申请和受理；将燃气与供水、排水、供电一并纳入附属小型市政公用设施接入"三零"（零上门、零审批、零投资）服务范围。逐步探索将社会投资简易低风险工程建设项目的改革措施应用到其他社会投资和政府投资的工程建设项目。

（六）推行区域评估

在编制中心城区和新城街区层面控制性详细规划时，同步对环境影响评价、交通影响评价、水影响评价等评估评价事项进行区域评估，并将评估评价结论纳入控制性详细规划编制成果；控制性详细规划批准后，工程建设项目审批时可不再重复开展相关评估评价工作（特殊项目、重大规划调整和法律法规另有规定的除外）。实行区域评估的，相应审批事项实行告知承诺制，由相关部门在土地出让或划拨前，告知建设单位相关建设要求。社会投资简易低风险工程建设项目符合城乡规划或本市建筑用途管理相关规定的，建设单位无需开展交通影响评价、水影响评价、节能评价、地震安全性评价等评估评价工作。

（七）完善多图联审、联合验收和多测合一

完善多图联审机制，研发数字化联合审图系统，推行施工图网上申报、审查和推送，实现多图联审全过程数字化。规划自然资源部门及其委托的第三方机构开展全过程监督，确保

工程建设项目按照施工图和工程规划许可的各项标准和要求进行建设。住房城乡建设部门根据建设单位申请，组织联合验收。推行多测合一，按照"统一标准、联合测绘、成果共享、依法监管"原则，将工程测绘、不动产测绘（房产测绘、地籍测绘）合并为一个综合性测绘项目，由建设单位委托一家测绘单位或联合体进行测绘，测绘成果各部门认可并共享。

三、统一信息数据平台

（八）完善工程建设项目审批管理系统

推进投资项目在线审批监管平台与"多规合一"协同平台、施工图联审平台、联合验收平台、各部门审批管理系统等对接，形成"横向到边、纵向到底、横纵联动、无缝衔接"的工程建设项目审批管理系统，实现统一受理、并联审批、实时流转、跟踪督办、信息共享。进一步提高信息技术运用和资源共享水平，统一建设标准、接口标准和数据共享规范，做到审批进度和结果实时推送、告知申请人。市政务服务部门组织有关部门不断完善投资项目在线审批监管平台的在线监管功能。

四、统一审批管理体系

（九）"一张蓝图"统筹项目实施

在统一的国土空间规划基础上，通过"多规合一"协同平台统筹协调各部门对工程建设项目提出建设条件以及需要开展的评估评价事项等要求，为建设单位落实建设条件、相关部门加强监督管理提供依据，加速项目前期策划生成。加快推进政府投资工程建设项目审批改革，建立储备项目库，构建策划生成机制，加强协调会商，研究解决项目前期策划中存在的问题。

（十）"一个窗口"提供综合服务

市、区政务服务中心建立工程建设项目审批服务专区，进一步完善"前台综合受理、后台分类审批、综合窗口出件"工作机制，实现"一个窗口"提供服务。社会投资简易低风险工程建设项目附属小型市政公用设施接入均在区政务服务中心综合服务窗口受理。建立容缺受理制度，对于符合条件的政务服务事项，申请人书面承诺在领取批准文件前补齐补正所缺材料的，可先行受理。深入推进审批服务便民化，为企业和群众提供帮办代办服务。进一步拓宽互联网、移动终端、自助终端等多种服务渠道，为企业和群众提供精准化、智能化政务服务。

（十一）"一张表单"整合申报材料

各审批阶段牵头部门根据流程优化和事项精简情况，更新完善"一张表单"，审批部门之间共享申报材料，不得要求申请人重复提交。

（十二）"一套机制"规范审批运行

健全工程建设项目审批配套制度，结合实施《北京市城乡规划条例》，研究出台系列配套政策，同时做好相关法规规章和规范性文件的清理工作。

五、统一监管方式

（十三）加强事中事后监管

对取消施工图事前审查的工程建设项目，加强质量抽查和行业监管。规划自然资源部门通过政府购买服务方式聘请综合审查机构，在工程建设项目开工后对施工图设计质量进行抽查，抽查结果纳入勘察设计单位信用管理。勘察设计单位应对勘察设计质量负责，严格按照法律法规和工程建设强制性标准开展勘察设计工作，同时健全内部质量控制制度。住房城乡建设部门建立基于风险防控的工程建设项目质量安全监管体系，综合考虑项目规模、类别、施工总承包单位资质及安全风险情况等因素，建立差别化监督检查机制。

（十四）加强信用体系建设

进一步完善工程建设领域信用信息公开机制，实行红黑名单制度，强化信用分级管控，加大失信联合惩戒力度。强化勘察设计单位信用管理，根据施工图审查机构审查结果分类处理。强化测绘单位和测绘人员信用管理，结合测绘资质巡查、成果质量检查、市场信用等级评价等工作，将相关信息按要求记录信用档案并依法公示。

（十五）规范中介服务

规范工程建设项目审批中介服务网上平台运行、服务和管理，形成统一开放、公平竞争、便捷高效、服务规范的中介服务市场。进一步规范中介机构入驻流程、交易流程、信用信息管理、投诉处理和责任追究等，对中介服务行为实施全过程监管。

（十六）加强信息公开

制定审批事项办理指南，全面公开审批事项、审批流程、审批标准和办理标准、办理过程、办理结果，并接受社会监督。

六、加强组织实施

（十七）强化组织领导

成立北京市深化工程建设项目审批制度改革领导小组，由市政府主要领导担任组长、分管领导担任副组长，市政府相关副秘书长及市有关部门和单位负责同志为领导小组成员，统筹推进各项工作；领导小组办公室设在市规划自然资源委，负责日常组织协调工作。

（十八）抓好业务培训

各区政府、市有关部门和单位要采取集中培训、专题培训等方式，加强对各级各类人员的业务培训，做好政策解读和辅导；要重点抓好基层人员培训工作，建立完善小教员制度，安排骨干人员作为小教员，以点带面、以少带多，提高改革能力和业务水平。

（十九）严格督促落实

领导小组办公室要加大督导力度，跟踪改革任务落实情况；要结合第三方评估，及时发现问题、解决问题，推动各项改革措施落到实处、取得实效。各区政府、市有关部门和单位要定期向领导小组办公室报送工作进展情况。

（二十）做好宣传引导

领导小组办公室要会同各成员单位，通过传统媒体与新媒体相结合、权威发布与第三方协同发声相结合、政策解读与案例剖析相结合的方式，全方位、多角度、多渠道开展宣传报道，及时回应社会关切，为顺利推进改革营造良好氛围。

此前相关文件与本方案不一致的，以本方案为准。

附件：
1. 北京市深化工程建设项目审批制度改革领导小组成员名单
2. 北京市深化工程建设项目审批制度改革实施方案工作任务分解表

附件 1

北京市深化工程建设项目审批制度改革领导小组成员名单

组　　长：陈吉宁　　市长
副组长：隋振江　　副市长
成　　员：王　军　　市政府副秘书长、市政务服务局局长
　　　　　魏成林　　市政府办公厅一级巡视员
　　　　　张　维　　市规划自然资源委主任
　　　　　谈绪祥　　市发展改革委主任
　　　　　王　刚　　市经济和信息化局局长
　　　　　李富莹　　市司法局局长
　　　　　亓延军　　市公安局常务副局长
　　　　　吴素芳　　市财政局局长
　　　　　陈　添　　市生态环境局局长
　　　　　王　飞　　市住房城乡建设委主任
　　　　　孙新军　　市城市管理委主任
　　　　　李先忠　　市交通委主任
　　　　　潘安君　　市水务局局长
　　　　　冀　岩　　市市场监管局局长
　　　　　舒小峰　　市文物局局长
　　　　　邓乃平　　市园林绿化局局长
　　　　　刘宝杰　　市人防办主任

附件 2

北京市深化工程建设项目审批制度改革
实施方案工作任务分解表

序号	任务	政策内容	完成时限	牵头单位	配合单位
1	精简审批环节	取消内部改造和部分新建扩建项目的施工图事前审查。	已完成	市规划自然资源委	市住房城乡建设委、市人防办

续表

序号	任务	政策内容	完成时限	牵头单位	配合单位
2	优化审批流程	对社会投资简易低风险工程建设项目，将立项用地规划许可、工程建设许可两个阶段合并，实行建设工程规划许可、建设项目备案、伐移树木许可、市政公用设施接入报装"一表式"申请和受理。	已完成	市发展改革委、市经济和信息化局、市规划自然资源委、市园林绿化局、市政公用服务企业、各区政府	
3		对社会投资简易低风险工程建设项目，将燃气与供水、排水、供电一并纳入附属小型市政公用设施接入"三零"服务范围。	已完成	市城市管理委	市规划自然资源委、市燃气集团
4		逐步探索将社会投资简易低风险工程建设项目的改革措施应用到其他社会投资和政府投资的工程建设项目。	持续	市规划自然资源委、市政务服务局、市发展改革委、市经济和信息化局、市住房城乡建设委、市交通委、市生态环境局、市水务局、市文物局、市地震局、市人防办、市园林绿化局、市公安局、市政公用服务企业	各区政府
5	推行区域评估	在编制中心城区和新城街区层面控制性详细规划时，同步对环境影响评价、交通影响评价、水影响评价等评估评价事项进行区域评估，并将评估评价结论纳入控制性详细规划编制成果。	2019年12月	市规划自然资源委	市生态环境局、市交通委、市水务局

续表

序号	任务	政策内容	完成时限	牵头单位	配合单位
6	完善多图联审、联合验收和多测合一	推行施工图网上申报、审查和推送，实现多图联审全过程数字化。	已完成	市规划自然资源委	市住房城乡建设委、市人防办
7		将工程建设项目需要进行的工程测绘、不动产测绘（房产测绘、地籍测绘）合并为一个综合性测绘项目，由建设单位委托一家测绘单位或联合体进行测绘，测绘成果各部门认可并共享。	2019年12月	市规划自然资源委、市住房城乡建设委	市人防办
8	统一信息数据平台	推进投资项目在线审批监管平台与"多规合一"协同平台、施工图联审平台、联合验收平台、各部门审批管理系统等对接，完善工程建设项目审批管理系统。	2019年12月	市政务服务局、市规划自然资源委、市住房城乡建设委	市发展改革委、市经济和信息化局、市交通委、市生态环境局、市水务局、市文物局、市地震局、市人防办、市园林绿化局、市公安局公安交通管理局、市政公用服务企业
9		提高信息技术运用和资源共享水平，统一建设标准、接口标准和数据共享规范，做到审批进程和结果实时推送、告知申请人。	2019年12月	市政务服务局	市发展改革委、市经济和信息化局、市规划自然资源委、市住房城乡建设委、市交通委、市生态环境局、市水务局、市文物局、市地震局、市人防办、市园林绿化局、市公安局公安交通管理局、市政公用服务企业

续表

序号	任务	政策内容	完成时限	牵头单位	配合单位
10		加快推进政府投资工程建设项目审批改革，建立储备项目库，构建策划生成机制，加强协调会商，研究解决项目前期策划中存在的问题。	2019年12月	市发展改革委、市规划自然资源委、市住房城乡建设委	市交通委、市生态环境局、市水务局、市文物局、市地震局、市人防办、市园林绿化局、市公安局公安交通管理局、市政公用服务企业统一审批管理局、市政公用服务企业
11		市、区政务服务中心建立工程建设项目审批服务专区，进一步完善"前台综合受理、后台分类审批、综合窗口出件"工作机制，实现"一个窗口"提供服务。	已完成	市政务服务局	市规划自然资源委、市发展改革委、市经济和信息化局、市住房城乡建设委、市交通委、市生态环境局、市水务局、市人防办、市园林绿化局、市公安局公安交通管理局、市政公用服务企业、各区政府
12	统一审批管理体系	社会投资简易低风险工程建设项目附属小型市政公用设施接入均在区政务服务中心综合服务窗口受理。	已完成	市政务服务局	市政公用服务企业、各区政府
13		建立容缺受理制度。	2019年12月	市政务服务局	市发展改革委、市经济和信息化局、市规划自然资源委、市住房城乡建设委、市交通委、市生态环境局、市水务局、市文物局、市地震局、市人防办、市园林绿化局、市公安局公安交通管理局、市政公用服务企业
14		深入推进审批服务便民化，为企业和群众提供帮办代办服务。	2019年12月	市政务服务局	市发展改革委、市经济和信息化局、市规划自然资源委、市住房城乡建设委、市交通委、市生态环境局、市水务局、市文物局、市地震局、市人防办、市园林绿化局、市公安局公安交通管理局、市政公用服务企业

续表

序号	任务	政策内容	完成时限	牵头单位	配合单位
15		进一步拓宽互联网、移动终端、自助终端等多种服务渠道，为企业和群众提供精准化、智能化政务服务。	2019年12月	市政务服务局	市发展改革委、市经济和信息化局、市规划自然资源委、市住房城乡建设委、市交通委、市生态环境局、市水务局、市文物局、市地震局、市人防办、市园林绿化局、市公安局公安交通管理局、市政公用服务企业
16	统一审批管理体系	各审批阶段牵头部门根据流程优化和事项精简情况，更新完善"一张表单"，审批部门之间共享申报材料，不得要求申请人重复提交。	已完成	市规划自然资源委	市政务服务局、市发展改革委、市经济和信息化局、市政公用服务企业
17		健全工程建设项目审批配套制度，结合实施《北京市城乡规划条例》，研究出台系列配套政策，同时做好相关法规规章和规范性文件的清理工作。	持续	各成员单位和市政公用服务企业	

续表

序号	任务	政策内容	完成时限	牵头单位	配合单位
18	统一监管方式	对取消施工图事前审查的工程建设项目,加强质量抽查和行业监管。	已完成	市规划自然资源委	
19		进一步完善工程建设领域信用信息公开机制,实行红黑名单制度,强化信用分级管控,加大失信联合惩戒力度。	2019年12月	市经济和信息化局	市政务服务局、市规划自然资源委、市发展改革委、市住房城乡建设委、市交通委、市生态环境局、市水务局、市人防办、市园林绿化局、市公安局公安交通管理局、市政公用服务企业
20		强化勘察设计单位信用管理,强化测绘单位和测绘人员信用管理。	2019年12月	市规划自然资源委、市住房城乡建设委	
21		制定审批事项办理指南,全面公开审批事项、审批流程、审批标准和办理标准、办理过程、办理结果,并接受社会监督。	2019年12月	市政务服务局	市规划自然资源委、市发展改革委、市经济和信息化局、市住房城乡建设委、市交通委、市生态环境局、市水务局、市人防办、市园林绿化局、市公安局公安交通管理局、市政公用服务企业
22	加强组织实施	成立北京市深化工程建设项目审批制度改革领导小组。	已完成	市规划自然资源委	各成员单位和各区政府
23		领导小组办公室要加大督导力度,跟踪改革任务落实情况;要结合第三方评估,及时发现问题、解决问题,推动各项改革措施落到实处、取得实效。	持续	市规划自然资源委	各成员单位和各区政府

3. 天津市企业投资项目核准和备案管理实施办法

天津市人民政府办公厅关于印发天津市企业投资项目核准和备案管理实施办法的通知

津政办发〔2017〕103号

各区人民政府,各委、局,各直属单位:

经市人民政府同意,现将《天津市企业投资项目核准和备案管理实施办法》印发给你们,请照此执行。

天津市人民政府办公厅
2017年9月30日

天津市企业投资项目核准和备案管理实施办法

第一章 总 则

第一条 为落实企业投资自主权,规范政府对企业投资项目的核准和备案行为,改善投资服务和营商环境,依据《中华人民共和国行政许可法》《企业投资项目核准和备案管理条例》(国务院令第673号)、《企业投资项目核准和备案管理办法》(2017年国家发展改革委令第2号)等有关法律法规章规定,结合本市实际,制定本办法。

第二条 本办法所称企业投资项目(以下简称项目),是指企业在本市行政区域内建设的固定资产投资项目,包括企业使用自己筹措资金的项目,以及使用自己筹措的资金并申请使用政府投资补助或贷款贴息等的项目。

项目申请使用政府投资补助、贷款贴息的,应在履行核准或备案手续后,提出资金申请报告。

第三条 市和区投资主管部门按照规定权限,对项目履行综合管理职责。

市和区相关部门按照规定权限,对项目履行相应管理职责。

第四条 根据项目不同情况,分别实行核准管理或备案管理。

对关系国家安全、涉及全国或我市重大生产力布局、战略性资源开发和重大公共利益等项目,实行核准管理。其他项目实行备案管理。

第五条 市人民政府根据国务院颁布的政府核准的投资项目目录,制定本市《政府核准的投资项目目录》（以下简称《核准目录》），明确实行核准管理的具体项目范围，划分项目核准机关的核准权限。法律、行政法规和国务院对项目核准的范围、权限有专门规定的，从其规定。

《核准目录》由市发展改革委根据国务院颁布的政府核准的投资项目目录研究提出，报市人民政府批准后实施，并根据情况适时调整。

第六条 除国务院或市人民政府另有规定外，实行备案管理的项目按照属地原则备案。

第七条 《核准目录》规定由市投资主管部门核准的项目，其具体项目核准机关是指市发展改革委；《核准目录》规定由各区人民政府相关部门核准的项目，其具体项目核准机关是指各区行政审批局及中国（天津）自由贸易试验区各片区行政审批局。滨海新区各功能区项目核准机关由滨海新区人民政府确定。

项目核准机关对项目进行的核准是行政许可事项，实施行政许可所需经费应当由本级财政予以保障。

市发展改革委是涉及全市统一规划和平衡的项目及跨区域实施项目的备案机关，各区行政审批局及中国（天津）自由贸易试验区各片区行政审批局是其他项目的备案机关。滨海新区各功能区项目备案机关由滨海新区人民政府确定。

第八条 项目市场前景、经济效益、资金来源和产品技术方案等，应当依法由企业自主决策、自担风险，项目核准、备案机关及其他行政机关不得非法干预企业的投资自主权。

第九条 项目核准、备案机关及其工作人员应当依法对项目进行核准或者备案，不得擅自增减核准、备案审查条件，不得超出办理时限。

第十条 项目核准、备案机关应当遵循便民、高效原则，提高办事效率，提供优质服务。

项目核准、备案机关应当按照《天津市行政许可事项操作规程总则》制定并公开经市审批办审核确认的服务指南，列明项目核准的申报材料及所需附件、受理方式、审查条件、办理流程、办理时限等；列明项目备案所需信息内容、办理流程等，提高工作透明度，为企业提供指导和服务。

第十一条 市和区人民政府相关部门应当依照相关法律法规及规定，建立健全对项目核准、备案机关的监督制度，加强对项目核准、备案行为的监督检查。

市和区人民政府及有关部门应当依照相关法律法规及规定对企业从事固定资产投资活动实施监督管理。

任何单位和个人都有权对项目核准、备案、建设实施过程中的违法违规行为向有关部门检举。有关部门应当及时核实、处理。

第十二条 除涉及国家秘密的项目外，项目核准、备案机关通过天津市投资项目在线联合审批监管平台（以下简称在线平台）实行网上受理、办理、监管和服务，实现核准、备案过程和结果的可查询、可监督。

第十三条 项目核准、备案机关以及其他有关部门统一使用在线平台生成的项目代码办理相关手续。

项目通过在线平台申报时，生成作为该项目整个建设周期身份标识的唯一项目代码。项目的审批信息、监管（处罚）信息，以及工程实施过程中的重要信息，统一汇集至项目代码，并与社会信用体系对接，作为后续监管的基础条件。

第十四条 项目核准、备案机关及有关部门应当通过在线平台公开与项目有关的发展规划、产业政策和准入标准，公开项目核准、备案等事项的办理条件、办理流程、办理时限等。

项目核准、备案机关应根据《中华人民共和国政府信息公开条例》（国务院令第492号）有关规定将核准、备案结果予以公开，不得违法违规公开重大项目的关键信息。

第十五条 企业投资建设固定资产投资项目，应当遵守国家法律法规，符合国民经济和社会发展总体规划、专项规划、区域规划、产业政策、市场准入标准、资源开发、能耗与环境管理等要求，依法履行项目核准或备案及其他相关手续，并依法办理城乡规划、土地（海域）使用、环境保护、能源资源利用、安全生产等相关手续，如实提供相关材料，报告相关信息。

第十六条 对项目核准、备案机关实施的项目核准、备案行为，相关利害关系人有权依法申请行政复议或者提起行政诉讼。

第二章 项目核准的申请文件

第十七条 企业办理项目核准手续，应当按照国家有关要求编制项目申请报告，并在取得本办法第二十一条规定依法应当附具的有关文件后，按照本办法第二十二条规定报送。

第十八条 组织编制和报送项目申请报告的项目单位，应当对项目申请报告以及依法应当附具文件的真实性、合法性和完整性负责。

第十九条 项目申请报告应当主要包括以下内容：

（一）项目单位及拟建项目情况；

（二）项目资源利用情况分析；

（三）生态环境影响分析；

（四）经济影响分析；

（五）社会影响分析。

第二十条 项目申请报告可以由项目单位自行编写，也可以由项目单位自主委托具有相关经验和能力的工程咨询单位编写。任何单位和个人不得强制项目单位委托中介服务机构编制项目申请报告。

项目单位或者其委托的工程咨询单位应当按照项目申请报告通用文本和行业示范文本的要求编写项目申请报告。

工程咨询单位接受委托编制有关文件，应当做到依法、独立、客观、公正，对其编制的文件负责。

第二十一条 项目单位在报送项目申请报告时，应当根据国家法律法规的规定附具以下文件：

（一）城乡规划行政主管部门出具的选址意见书（仅指以划拨方式提供国有土地使用权的项目）；

（二）国土资源（海洋）行政主管部门出具的用地（用海）预审意见（国土资源行政主管部门明确可以不进行用地预审的情形除外）；

（三）法律、行政法规规定需要办理的其他相关手续。

第三章 项目核准的基本程序

第二十二条 地方企业投资建设应当由国务院核准的项目，由市发展改革委将项目申请报告转报国务院投资主管部门，由国务院投资主管部门审核后报国务院核准。地方企业投资建设应当分别由国务院投资主管部门、国务院行业管理部门核准的项目，应分别由市发展改革委、市行业管理部门将项目申请报告转报国务院投资主管部门、国务院行业管理部门。

企业投资建设应当由市发展改革委核准的项目，应向市发展改革委报送项目申请报告。

企业投资建设应当由区人民政府或中国（天津）自由贸易试验区核准的项目，应向区（或片区）行政审批局报送项目申请报告。

第二十三条 项目申报材料齐全、符合法定形式的，项目核准机关应当予以受理。

申报材料不齐全或者不符合法定形式的，项目核准机关应当在收到申报材料后当场一次告知项目单位补充相关文件，或对相关内容进行调整。逾期不告知的，自收到项目申报材料之日起即为受理。

项目核准机关受理或者不予受理申报材料，都应当出具加盖本机关专用印章并注明日期的书面凭证。对于受理的申报材料，书面凭证应注明项目代码，项目单位可以根据项目代码在线查询、监督核准过程和结果。

第二十四条 项目核准机关在正式受理项目申请报告后，需要评估的，应在4个工作日内按照有关规定委托具有相应资质的工程咨询机构进行评估。项目核准机关在委托评估时，应当根据项目具体情况，提出评估重点，明确评估时限。

工程咨询机构与编制项目申请报告的工程咨询机构为同一单位，存在控股、管理关系或者负责人为同一人的，该工程咨询机构不得承担该项目的评估工作。工程咨询机构与项目单位存在控股、管理关系或者负责人为同一人的，该工程咨询机构不得承担该项目单位的项目评估工作。

接受委托的工程咨询机构应当在30个工作日内提出评估报告，并对评估结论承担责任。项目情况复杂的，履行批准程序后，可以延长评估时限，但延长的期限不得超过60个工作日。

项目核准机关应当将项目评估报告与核准文件一并存档备查。

评估费用由委托评估的项目核准机关承担，评估机构及其工作人员不得收取项目单位的任何费用。

第二十五条 项目涉及有关行业管理部门或者项目所在地的区人民政府或街道办事处、乡镇人民政府职责的，项目核准机关应当商请相关单位在7个工作日内出具书面审查意见。相关单位逾期没有反馈书面审查意见的，视为同意。

第二十六条 项目建设可能对公众利益构成重大影响的，项目核准机关在作出核准决定前，应当采取适当方式征求公众意见。

相关部门对直接涉及群众切身利益的用地（用海）、环境影响、移民安置、社会稳定风险等事项已经进行实质性审查并出具了相关审批文件的，项目核准机关可不再就相关内容重复征求公众意见。

对于特别重大的项目，可以实行专家评议制度。除项目情况特别复杂外，专家评议时限原则上不得超过30个工作日。

第二十七条 项目核准机关可以根据评估意见、部门意见和公众意见等，要求项目单位对相关内容进行调整，或者对有关情况和文件做进一步澄清、补充。

项目违反相关法律法规，或者不符合发展规划、产业政策和市场准入标准要求的，项目核准机关可以不经过委托评估、征求意见等程序，直接作出不予核准的决定。

第二十八条 项目核准机关应当在正式受理申报材料后20个工作日内作出是否予以核准的决定。项目情况复杂或者需要征求有关单位意见的，经本行政机关主要负责人批准，可以延长核准时限，但延长的时限不得超过40个工作日，并应当将延长期限的理由告知项目单位。

项目核准机关需要委托评估或进行专家评议的，所需时间不计算在前款规定的期限内。项目核准机关应当将咨询评估或专家评议所需时间书面告知项目单位。

第二十九条 项目符合核准条件的，项目核准机关应当对项目予以核准并向项目单位出具项目核准文件；项目不符合核准条件的，项目核准机关应当出具不予核准的书面通知，并说明不予核准的理由。

项目核准机关出具项目核准文件或者不予核准的书面通知应当抄送同级行业管理、城乡规划、国土资源、水行政管理、环境保护、节能审查等相关部门和下级机关。

第三十条 项目核准机关应当制定内部工作规则，不断优化工作流程，提高核准工作效率。

第四章 项目核准的审查及效力

第三十一条 项目核准机关应当从以下方面对项目进行审查：

（一）是否危害经济安全、社会安全、生态安全等国家安全；

（二）是否符合相关发展建设规划、产业政策和技术标准；

（三）是否合理开发并有效利用资源；

（四）是否对重大公众利益产生不利影响。

项目核准机关应当制定审查工作细则，明确审查具体内容、审查标准、审查要点、注意事项及不当行为需要承担的后果等。

第三十二条 除本办法第二十一条要求提供的项目申请报告附送文件之外，项目单位还应在开工前依法办理其他相关手续。

第三十三条 取得项目核准文件的项目，有下列情形之一的，项目单位应当及时以书面形式向原项目核准机关提出变更申请。原项目核准机关应当自受理申请之日起20个工作日内作出是否同意变更的书面决定：

（一）建设地点发生变更的；

（二）投资规模、建设规模、建设内容发生较大变化的；

（三）项目变更可能对经济、社会、环境等产生重大不利影响的；

（四）需要对项目核准文件所规定的内容进行调整的其他重大情形。

第三十四条 项目自核准机关出具项目核准文件或同意项目变更决定2年内未开工建设，需要延期开工建设的，项目单位应当在2年期限届满的30个工作日前，向项目核准机关申请延期开工建设。项目核准机关应当自受理申请之日起20个工作日内，作出是否同意延期开工建设的决定，并出具相应文件。项目开工建设只能延期一次，期限最长不得超过1年。国家对项目延期开工建设另有规定的，依照其规定。

在2年期限内未开工建设也未按照规定向项目核准机关申请延期的，项目核准文件或同意项目变更决定自动失效。

第五章 项目备案

第三十五条 实行备案管理的项目，项目单位应当在开工建设前通过在线平台填报天津市企业固定资产投资项目备案登记表和企业固定资产投资项目备案承诺书，依法履行投资项目信息告知义务，并遵循诚信和规范原则。

第三十六条 天津市企业固定资产投资项目备案登记表和企业固定资产投资项目备案承

诺书由市发展改革委统一制定。天津市企业固定资产投资项目备案登记表主要包括以下内容：

（一）项目单位情况；

（二）拟建项目情况，包括项目名称、建设地点、建设规模、建设内容；

（三）项目主要指标情况，包括项目总投资额，拟开工、竣工时间。

企业固定资产投资项目备案承诺书主要包括企业对于申报备案项目信息真实性、合法性、完整性及符合国家相关产业政策的相关承诺。

第三十七条 由国家或本市统一规划布局的、跨区的项目由市发展改革委备案；其他项目由项目所在地的区（或片区）行政审批局备案。法律、法规、规章和国家另有规定的，依照其规定。

第三十八条 项目备案机关收到本办法第三十六条规定的全部信息即为备案。项目备案信息不完整的，备案机关应当及时以适当方式提醒和指导项目单位补正。

项目备案机关发现项目属产业政策禁止投资建设或者依法应实行核准管理，以及不属于固定资产投资项目、依法应实施审批管理、不属于本备案机关权限等情形的，应当通过在线平台及时告知企业予以纠正或者依法申请办理相关手续。

第三十九条 项目备案相关信息通过在线平台在相关部门之间实现互通共享。

项目单位需要备案证明的，可以通过在线平台自行打印或者要求备案机关出具。

第四十条 项目备案后，项目法人发生变化，项目建设地点、规模、内容发生重大变更，或者放弃项目建设的，项目单位应当通过在线平台及时告知项目备案机关，并修改相关信息。

第四十一条 实行备案管理的项目，项目单位在开工建设前还应当根据相关法律法规规定办理其他相关手续。

第六章　监督管理

第四十二条 市级项目核准、备案机关应当加强对各区项目核准、备案机关的指导和监督，及时纠正项目管理中存在的违法违规行为。

第四十三条 项目核准和备案机关、行业管理、城乡规划、国家安全、国土（海洋）资源、环境保护、节能审查、金融监管、安全监管、建设、审计等有关部门，应当按照谁审批谁负责、谁主管谁监管的原则，采取在线监测、现场核查等方式，依法加强对项目的事中事后监管。发现违法违规行为，应当依法予以处理，并通过在线平台登记相关违法违规信息。

第四十四条 对不符合法定条件的项目予以核准，或者超越法定职权予以核准或者备案的，应依法予以撤销。

第四十五条 各级项目核准、备案机关的项目核准或备案信息，以及发展改革、建设、国土（海洋）资源、城乡规划、水行政管理、环境保护、节能审查、安全监管、市场监管等部门的相关手续办理信息、审批结果信息、监管（处罚）信息，应当通过在线平台实现互通共享。

第四十六条 项目单位应当通过在线平台如实报送项目开工建设、建设进度、竣工的基本信息。

项目开工前，项目单位应当登录在线平台报备项目开工基本信息。项目开工后，项目单位应当按年度在线报备项目建设动态进度基本信息。项目竣工验收后，项目单位应当在线报备项目竣工基本信息。

第四十七条 项目单位有下列行为之一的，相关信息列入项目异常信用记录，并纳入全国信用信息共享平台：

（一）应申请办理项目核准但未依法取得核准文件的；

（二）提供虚假项目核准或备案信息，或者未依法将项目信息告知备案机关，或者已备案项目信息变更未告知备案机关的；

（三）违反法律法规擅自开工建设的；

（四）不按照批准内容组织实施的；

（五）项目单位未按办法第四十六条规定报送项目开工建设、建设进度、竣工等基本信息，或者报送虚假信息的；

（六）其他违法违规行为。

第七章　法律责任

第四十八条 项目核准、备案机关有下列情形之一的，由其上级行政机关责令改正，对负有责任的领导人员和直接责任人员由有关单位和部门依纪依法给予处分：

（一）超越法定职权予以核准或备案的；

（二）对不符合法定条件的项目予以核准，或者对于产业政策禁止发展的项目予以备案的；

（三）对符合法定条件的项目不予核准的；

（四）擅自增减核准审查条件的，或者以备案名义变相审批、核准的；

（五）不在法定期限内作出核准决定的；

（六）不依法履行监管职责或者监督不力，造成严重后果的。

第四十九条 项目核准、备案机关及其工作人员，以及其他相关部门及其工作人员，在项目核准、备案以及相关审批手续办理过程中玩忽职守、滥用职权、徇私舞弊、索贿受贿的，对负有责任的领导人员和直接责任人员依法给予处分；构成犯罪的，依法追究刑事责任。

第五十条 项目核准、备案机关，以及发展改革、建设、国土（海洋）资源、城乡规划、水行政管理、环境保护、节能审查、安全监管等部门违反相关法律法规规定，未依法履行监管职责的，对直接负责的主管人员和其他直接责任人员，依法给予处分；构成犯罪的，依法追究刑事责任。

项目所在地的区有关部门不履行企业投资监管职责的，对直接负责的主管人员和其他直接责任人员，依法给予处分。

第五十一条 项目单位在项目核准、备案申报过程中以分拆项目、隐瞒有关情况或者提供虚假申报材料等不正当手段申请核准、备案的，项目核准、备案机关不予受理或者不予核准、备案，并给予警告。

第五十二条 实行核准管理的项目，企业未依法办理核准手续开工建设或者未按照核准的建设地点、建设规模、建设内容等进行建设的，相关部门应当将其列入异常信用记录，由核准机关责令停止建设或者责令停产，对企业处项目总投资额1‰以上5‰以下的罚款；对直接负责的主管人员和其他直接责任人员处2万元以上5万元以下的罚款，属于国家工作人员的，依法给予处分。项目应视情况予以拆除或者补办相关手续。

以欺骗、贿赂等不正当手段取得项目核准文件，尚未开工建设的，由核准机关撤销核准文件，处项目总投资额 1‰ 以上 5‰ 以下的罚款；已经开工建设的，依照前款规定予以处罚；构成犯罪的，依法追究刑事责任。

第五十三条 实行备案管理的项目，企业未依法将项目信息或已备案项目信息变更情况告知备案机关，或者向备案机关提供虚假信息的，由备案机关责令限期改正；逾期不改正的，处 2 万元以上 5 万元以下的罚款。

第五十四条 企业投资建设产业政策禁止投资建设项目的，由项目所在地区级或以上投资主管部门责令停止建设或者责令停产并恢复原状，对企业处项目总投资额 5‰ 以上 10‰ 以下的罚款；对直接负责的主管人员和其他直接责任人员处 5 万元以上 10 万元以下的罚款，属于国家工作人员的，依法给予处分。法律、行政法规另有规定的，依照其规定。

第五十五条 项目单位在项目建设过程中不遵守国土（海洋）资源、城乡规划、环境保护、节能、安全监管、建设等方面法律法规和有关审批文件要求的，相关部门应依法予以处理。

第五十六条 承担项目申请报告编写、评估任务的工程咨询评估机构及其人员、参与专家评议的专家，在编制项目申请报告、受项目核准机关委托开展评估或者参与专家评议过程中，违反从业规定，造成重大损失和恶劣影响的，由市发展改革委报请国家主管部门依法降低或撤销工程咨询单位资格，取消主要责任人员的相关职业资格，并将相关信息列入异常信用记录。

第八章 附 则

第五十七条 外商投资项目和境外投资项目的核准和备案管理按照国家和本市有关规定执行。

第五十八条 事业单位、社会团体等非企业组织在本市行政区域内利用自有资金、不申请政府投资建设的固定资产投资项目，按照企业投资项目进行管理。

个人投资建设项目参照本办法的相关规定执行。

第五十九条 本办法自印发之日起施行，有效期 5 年。本市此前有关企业投资项目核准和备案管理规定，凡与本办法不一致的，均按本办法执行。

4. 河北省企业投资项目核准和备案实施办法

河北省人民政府关于印发
河北省企业投资项目核准和备案实施办法的通知

各市（含定州、辛集市）人民政府，雄安新区管委会，省政府各部门：

现将《河北省企业投资项目核准和备案实施办法》印发给你们，请结合实际认真贯彻执行。省政府有关部门要按照职能分工，抓紧调整修订本部门涉及固定资产投资项目管理的行政许可条件、程序和期限，并及时向社会公布。

河北省人民政府
2018年2月2日

河北省企业投资项目核准和备案实施办法

第一章 总 则

第一条 为落实企业投资自主权，规范政府对企业投资项目的核准和备案行为，实现便利、高效服务和有效管理，规范企业投资行为，依法保护企业合法权益，依据《中华人民共和国行政许可法》《企业投资项目核准和备案管理条例》《企业投资项目核准和备案管理办法》等法律、法规和有关规定，结合我省实际，制定本办法。

第二条 本办法所称企业投资项目，是指企业在河北省境内投资建设的固定资产投资项目（以下简称项目），包括企业使用自己筹措资金的项目，以及使用自己筹措的资金并申请使用政府投资补助或贷款贴息等的项目。

项目申请使用政府投资补助、贷款贴息的，应在履行核准或备案手续后，提出资金申请报告。

第三条 县级以上政府投资主管部门对投资项目履行综合管理职责。

县级以上政府其他部门按照本级政府规定的权限，履行对投资项目的相应管理职责。

第四条 区别不同情况，对企业投资项目分别实行核准或备案管理。

关系国家安全、涉及重大生产力布局、战略性资源开发和重大公共利益等项目，实行核准管理。其他项目实行备案管理。

第五条 实行核准管理的项目严格按照《河北省政府核准的投资项目目录》（以下简称

《核准目录》）确定的项目范围以及核准机关、核准权限进行核准。法律、法规和国务院对项目核准的范围、权限有专门规定的，从其规定。

未经省政府批准，不得擅自调整《核准目录》确定的核准范围和权限。

第六条 《核准目录》外的企业投资项目实行备案管理，除国务院和省政府另有规定外，实行备案管理的项目按照属地原则，由县（市、区）备案。

第七条 依据本办法第五条第一款规定，省、市、县级政府规定具有项目核准权限的本级行政机关统称项目核准机关。《核准目录》所称省政府投资主管部门是指省发展改革委，所称市、县（市、区）政府投资主管部门由当地政府确定。

项目核准机关对项目进行的核准是行政许可事项，实施行政许可所需经费由本级财政予以保障。

省、市、县级政府规定具有项目备案权限的本级发展改革、工业和信息化等行政机关统称项目备案机关。其中工业和信息化主管部门负责工业企业技术改造项目备案工作。

市、县级政府专职负责行政审批的部门（审批局）按照同级政府规定的权限行使项目核准和备案管理职权。

第八条 项目的市场前景、经济效益、资金来源和产品技术方案等，应当依法由企业自主决策、自担风险，项目核准、备案机关及其他行政机关不得非法干预企业的投资自主权。

第九条 项目核准、备案机关及其工作人员应当依法对项目进行核准或者备案，不得擅自增减审查条件，不得超出办理时限。

第十条 项目核准、备案机关应当遵循便民、高效原则，提高办事效率，提供优质服务。

项目核准、备案机关应当制定并公开服务指南，列明项目核准的申报材料及所需附件、受理方式、审查条件、办理流程、办理时限等；列明项目备案所需的信息内容、办理流程等，提高工作透明度，为企业提供指导和服务。

第十一条 县级以上政府应当建立健全对项目核准、备案机关的监督制度，加强对项目核准、备案行为的监督检查。

各级政府及其有关部门应当依法对企业从事固定资产投资活动实施监督管理。

任何单位和个人都有权检举项目核准、备案、建设实施过程中的违法违规行为，有关部门应当及时核实、处理。

第十二条 除涉及国家秘密的项目外，项目核准、备案通过全国或河北省投资项目在线审批监管平台（以下简称在线平台）实行网上受理、办理、监管和服务，实现核准、备案过程和结果的可查询、可监督。

第十三条 项目核准、备案机关以及其他有关部门统一使用在线平台生成的项目代码办理相关手续。

项目通过在线平台受理时，生成作为该项目整个建设周期身份标识的唯一项目代码。项目的审批信息、监管（处罚）信息，以及工程实施过程中的重要信息，统一汇集至项目代码，并与社会信用体系对接，作为后续监管的基础条件。

第十四条 项目核准、备案机关及有关部门应当通过在线平台公开与项目有关的发展规划、产业政策、准入标准、办理条件、办理流程、办理时限等。

项目核准、备案机关应根据《中华人民共和国政府信息公开条例》及省政府有关规定将核准、备案结果予以公开，不得违法违规公开重大工程的关键信息。

第十五条 企业投资建设项目，应当遵守国家法律、法规，符合国民经济和社会发展总体规划、专项规划、区域规划、产业政策、市场准入标准、资源开发、能耗与环境管理等要求，依法履行项目核准或者备案及其他相关手续，并依法办理城乡规划、土地（海域）使用、环境保护、资源利用、安全生产、消防等相关手续，如实提供相关材料，报告相关信息。

第十六条　对项目核准、备案机关实施的项目核准、备案行为，相关利害关系人有权依法申请行政复议或者提起行政诉讼。

第二章　项目核准的申请文件

第十七条　企业办理项目核准手续，应当按照国家有关要求编制项目申请报告，取得第二十一条规定依法应当附具的文件后，按照本办法第二十二、二十三条规定报送项目核准机关。

第十八条　组织编制和报送项目申请报告的项目单位，应当对项目申请报告以及依法应当附具文件的真实性、合法性以及完整性负责。

第十九条　项目申请报告应当主要包括以下内容：

（一）项目单位拟建项目情况，包括项目名称、建设地点、建设规模、建设内容（生产工艺）等；

（二）资源开发及综合利用分析；

（三）生态环境影响分析；

（四）经济影响分析；

（五）社会影响分析。

第二十条　项目申请报告可以由项目单位自行编写，也可以由项目单位自主委托具有相关经验和能力的工程咨询单位编写，任何单位和个人不得强制项目单位委托中介服务机构编制项目申请报告。

项目单位或者其委托的工程咨询单位应当按照国务院投资主管部门等相关部门制定的项目申请报告通用文本和行业示范文本的要求编写项目申请报告。

工程咨询单位接受委托编制有关文件，应当做到依法、独立、客观、公正，对其编制的项目申请报告负责。

第二十一条　项目单位通过在线平台报送项目申请报告时，应当根据国家法律、法规的规定附具以下文件：

（一）城乡规划部门出具的选址意见书（仅指以划拨方式提供国有土地使用权的项目）；

（二）国土资源（海洋）部门出具的用地（用海）预审意见（国土资源（海洋）部门明确可以不进行用地预审的情形除外）；

（三）法律、行政法规规定需要办理的其他相关手续。

城乡规划、国土资源（海洋）部门核发选址意见、用地（用海）预审意见及法律、行政法规规定需要办理其他相关手续实行并联办理。

第三章　项目核准的基本程序

第二十二条　地方企业投资建设应由国务院核准的项目，通过省政府投资主管部门向国务院投资主管部门报送项目申请报告，由国务院投资主管部门审核后报国务院核准。新建运输机场项目按省政府要求经省政府投资主管部门审核后，由省政府直接向国务院、中央军委报送项目申请报告。

地方企业投资建设应由国务院投资主管部门、国务院行业管理部门核准的项目，可以分别通过省政府投资主管部门、省政府行业管理部门向国务院投资主管部门、国务院行业管理部门转送项目申请报告。属于国务院投资主管部门核准权限的项目，省政府规定由省政府行业管理部门转送的，可以由省政府投资主管部门与其联合报送。

第二十三条 国务院有关部门所属单位、计划单列企业集团、中央管理企业及省有关部门所属单位、省管理企业投资建设应由省政府投资主管部门或行业管理部门核准的项目，直接向项目核准机关报送项目申请报告；其他企业投资建设应由省政府投资主管部门或行业管理部门核准的项目，可以分别通过项目所在设区市、省政府批准有相应权限的县（市、区）政府投资主管部门或行业管理部门等向省政府投资主管部门或省政府行业管理部门转送项目申请报告。

国务院有关部门所属单位、计划单列企业集团、中央管理企业、省有关部门所属单位、省管理企业及设区市有关部门所属单位、设区市管理企业投资建设应由设区市政府投资主管部门或行业管理部门等核准机关核准的项目，直接向项目核准机关报送项目申请报告；其他企业投资建设应由设区市政府投资主管部门或行业管理部门等核准机关核准的项目，可以分别通过项目所在地县级政府投资主管部门或行业管理部门向设区市政府投资主管部门或行业管理部门等核准机关转送项目申请报告。

各类企业投资建设应由县（市、区）政府投资主管部门或行业管理部门等核准机关核准的项目，直接向项目所在县（市、区）政府投资主管部门或行业管理部门等核准机关报送项目申请报告。

第二十四条 项目申报材料齐全、符合法定形式的，项目核准机关应当予以受理。

申报材料不齐全或者不符合法定形式的，项目核准机关应当在收到项目申报材料之日起5个工作日内一次告知项目单位补充相关文件，或对相关内容进行调整。逾期不告知的，自收到项目申报材料之日起即为受理。

项目核准机关受理或者不予受理申报材料，都应当出具加盖本机关专用印章并注明日期的书面凭证。对于受理的申报材料，书面凭证应注明项目代码，项目单位可以根据项目代码在线查询、监督核准过程和结果。

第二十五条 项目核准机关在正式受理项目申请报告后，按照规定需要评估的，应在4个工作日内委托相应的工程咨询机构进行评估。项目核准机关在委托评估时，应当根据项目具体情况，提出评估重点，明确评估时限。

工程咨询机构与编制项目申请报告的工程咨询机构为同一单位或存在控股、管理关系或者负责人为同一人的，该工程咨询机构不得承担该项目单位的项目评估工作。工程咨询机构与项目单位存在控股、管理关系或者负责人为同一人的，该工程咨询机构不得承担该项目单位的项目评估工作。

除项目情况复杂的，评估时限一般不得超过30个工作日。接受委托的工程咨询机构应当在项目核准机关规定的时间内提出评估报告，并对评估结论承担责任。项目情况复杂的，履行批准程序后，可以延长评估时限，但延长的期限不得超过60个工作日。

项目核准机关应当将项目评估报告与核准文件一并存档备查。

评估费用由委托评估的项目核准机关承担并纳入部门预算，评估机构及其工作人员不得收取项目单位的任何费用。

第二十六条 项目涉及有关行业管理部门或者项目所在地政府职责的，项目核准机关应当商请有关行业管理部门或当地政府在7个工作日内出具书面审查意见。有关行业管理部门或当地政府逾期没有反馈书面审查意见的，视为同意。

第二十七条　项目建设可能对公众利益构成重大影响的，项目核准机关在作出核准决定前，应当采取听证或适当方式征求公众意见。

相关部门对直接涉及群众切身利益的用地（用海）、环境影响、移民安置、社会稳定风险等事项已经进行实质性审查并出具了相关审批文件的，项目核准机关可不再就相关内容重复征求公众意见。

对于特别重大的项目，可以实行专家评议制度。除项目情况特别复杂外，专家评议时限原则上不得超过30个工作日。

第二十八条　项目核准机关可以根据评估意见、部门意见和公众意见等，要求项目单位对相关内容进行调整，或者对有关情况和文件作进一步澄清、补充。

第二十九条　项目违反相关法律、法规，或者不符合发展规划、产业政策和市场准入标准要求的，项目核准机关可以不经过委托评估、征求意见等程序，直接作出不予核准的决定。

第三十条　项目核准机关应当在正式受理申报材料后20个工作日内作出是否予以核准的决定，或向上级项目核准机关提出审核意见。项目情况特别复杂或者需要征求有关单位意见的，经本行政机关负责人批准，可以延长核准时限，但延长的时限不得超过40个工作日，并应当将延长期限的理由告知项目单位。

项目核准机关需要委托评估和进行专家评议的，所需时间不计算在前款规定的期限内。项目核准机关应当将咨询评估和专家评议所需时间书面告知项目单位。

第三十一条　项目符合核准条件的，项目核准机关应当对项目予以核准并向项目单位出具项目核准文件。项目不符合核准条件的，项目核准机关应当出具不予核准的书面通知，并说明理由。

项目核准机关出具项目核准文件或者不予核准的书面通知应当抄送同级行业管理、城乡规划、国土资源（海洋）、水行政管理、环境保护、节能审查等相关部门和下级机关。

第三十二条　项目核准机关按照省政府投资主管部门制定的格式文本出具核准文件和不予核准书面通知。

第三十三条　项目核准机关应制定内部工作规则，不断优化工作流程，提高核准工作效率。

第四章　项目核准的审查及效力

第三十四条　项目核准机关应当重点从以下方面对项目进行审查：
（一）是否危害经济安全、社会安全、生态安全等国家安全；
（二）是否符合相关发展建设规划、产业政策和技术标准；
（三）是否合理开发并有效利用资源；
（四）是否对重大公共利益产生不利影响。

项目核准机关应当制定审查工作细则，明确审查具体内容、审查标准、审查要点、注意事项及不当行为需要承担的后果等。

第三十五条　除本办法第二十一条要求提供的项目申请报告附具文件外，项目单位还应在开工前依法办理其他相关手续。

其他审批部门的审批事项能够与项目核准同时办理的，应当使用统一的项目代码与项目核准实行并联审批，逐步实现网上办理。

第三十六条 取得项目核准文件的项目，有下列情形之一的，及时以书面形式向原项目核准机关提出变更申请，原项目核准机关应当自受理申请之日起 20 个工作日内作出是否同意变更的书面决定：

（一）建设地点发生变更的；
（二）投资规模、建设规模、建设内容发生变化的；
（三）项目变更可能对经济、社会、环境等产生重大不利影响的；
（四）需要对项目核准文件所规定的内容进行调整的其他情形。

第三十七条 项目自核准机关出具项目核准文件或同意项目变更决定 2 年内未开工建设，需要延期开工建设的，项目单位应当在 2 年期限届满的 30 个工作日前，向项目核准机关申请延期开工建设。项目核准机关应当自受理申请之日起 20 个工作日内，作出是否同意延期开工建设的决定，并出具相应文件。开工建设只能延期一次，期限最长不得超过 1 年。国家对项目延期开工建设另有规定的，依照其规定。

在 2 年期限内未开工建设也未按照规定向项目核准机关申请延期的，项目核准文件或同意项目变更决定自动失效。

第五章　项目备案

第三十八条 实行备案管理的项目，项目单位应当在开工建设前通过在线平台将相关信息告知项目备案机关，依法履行投资项目信息告知义务，并遵循诚信和规范原则。

第三十九条 项目备案机关应当制定项目备案信息格式文本，包括以下内容：
（一）项目单位基本情况；
（二）项目名称、建设地点、建设规模、建设内容；
（三）项目总投资额；
（四）项目符合产业政策声明。

项目单位应当对备案项目信息的真实性、合法性和完整性负责。

第四十条 项目备案机关收到本办法第三十九条规定的全部信息即为备案。项目备案信息不完整的，备案机关应当在 3 个工作日内通过在线平台以适当方式提醒和指导项目单位补正。

项目备案机关发现项目属产业政策禁止投资建设或者依法应实行核准管理，以及不属于固定资产投资项目、依法应实施审批管理、不属于本备案机关权限等情形的，应当通过在线平台在 5 个工作日内告知企业予以纠正或者依法申请办理相关手续。

第四十一条 项目单位需要备案证明的，可以通过在线平台自行打印或者要求备案机关出具。

第四十二条 项目备案后，备案信息发生变更，包括项目法人发生变化，项目建设地点、规模、内容等发生变更，或者放弃项目建设的，项目单位应当通过在线平台及时告知项目备案机关，并修改相关信息。

项目备案机关收到修改后的全部信息即为告知备案变更。项目备案变更信息不完整的，备案机关应当在 3 个工作日内通过在线平台或适当方式提醒和指导项目单位补正。

项目备案机关发现项目备案信息变更后属产业政策禁止投资建设或者依法应实行核准管理，以及不属于固定资产投资项目、依法应实施审批管理、不属于本备案机关权限等情形的，应当通过在线平台在 5 个工作日内告知企业予以纠正。

第四十三条 实行备案管理的项目，项目单位在开工建设前还应根据相关法律、法规规定办理其他相关手续。

第六章 监督管理

第四十四条 上级项目核准、备案机关应当加强对下级项目核准、备案机关的指导和监督，及时纠正项目管理中存在的违法违规行为。

第四十五条 各级政府应当明确项目核准和备案机关、行业管理、城乡规划、住房城乡建设、国家安全、国土资源（海洋）、环境保护、节能审查、金融监管、安全监管、审计等部门的职责分工，按照谁审批谁监管、谁主管谁监管的原则，采取在线监测、现场核查等方式，依法加强对项目的事中事后监管。

项目核准、备案机关应当根据法律、法规和发展规划、产业政策、总量控制目标、技术政策、准入标准及相关环保要求等，对项目进行监管。

行业管理、城乡规划、住房城乡建设、国土资源（海洋）、环境保护、节能审查、安全监管等部门，应当履行法律、法规赋予的监管职责，在各自职责范围内对项目进行监管。

金融监管部门应当加强指导和监督，引导金融机构按照商业原则，依法独立审贷。

审计部门应当依法加强对国有企业投资项目、申请使用政府投资资金的项目以及其他公共工程项目的审计监督。

第四十六条 各级政府有关部门应按照相关法律、法规及职责分工，按照属地管理的原则，加强对本行政区域内项目的监督检查，发现违法违规行为的，应依法予以处理，并通过在线平台登记相关违法违规信息。

第四十七条 对不符合法定条件的项目予以核准，或者超越法定职权予以核准的，应依法予以撤销。

第四十八条 各级项目核准、备案机关的项目核准或备案信息，以及城乡规划、住房城乡建设、国土资源（海洋）、水行政管理、环境保护、节能审查、安全监管、工商等部门的相关手续办理信息、审批结果信息、监管（处罚）信息，应当通过在线平台实现互通共享。省政府投资主管部门会同有关部门制定相关管理办法，加快推进在线平台应用。

第四十九条 项目单位应当通过在线平台如实报送项目开工、建设进度、资金拨付、竣工投产基本信息。

项目开工前，项目单位应当登录在线平台报备项目开工基本信息。项目开工后，项目单位应当按年度在线报备项目建设动态进度基本信息。项目竣工验收后，项目单位应当在线报备项目竣工基本信息。

第五十条 项目单位有下列行为之一的，相关信息列入项目异常信用记录，并纳入全国信用信息共享平台：

（一）应申请办理项目核准但未依法取得核准文件的；

（二）提供虚假项目核准或备案信息，或者未依法将项目信息告知备案机关，或者已备案项目信息变更未告知备案机关的；

（三）违反有关法律、法规擅自开工建设的；

（四）不按照批准内容组织实施的；

（五）项目单位未按本办法第四十九条规定报送项目开工、建设进度、资金拨付、竣工投产等基本信息，或者报送虚假信息的；

（六）其他违法违规行为。

第七章 责任追究

第五十一条 项目核准、备案机关有下列情形之一的,由其上级行政机关责令改正,对负有责任的领导人员和直接责任人员由有关单位和部门依法依纪给予处分:

(一)超越法定职权予以核准或备案的;

(二)对不符合法定条件的项目予以核准的;

(三)对符合法定条件的项目不予核准的;

(四)擅自增减核准审查条件的,或者以备案名义变相审批、核准的;

(五)不在法定期限内作出核准决定的;

(六)不依法履行监管职责或者监督不力,造成严重后果的。

第五十二条 项目核准、备案机关及其工作人员,以及其他相关部门及其工作人员,在项目核准、备案以及相关审批手续办理过程中玩忽职守、滥用职权、徇私舞弊、索贿受贿的,对负有责任的领导人员和直接责任人员依法给予处分;构成犯罪的,依法追究刑事责任。

第五十三条 项目核准、备案机关,以及城乡规划、住房城乡建设、国土资源(海洋)、水行政管理、环境保护、节能审查、安全监管等部门违反相关法律、法规规定,未依法履行监管职责的,对直接负责的主管人员和其他直接责任人员依法给予处分;构成犯罪的,依法追究刑事责任。

项目所在地政府有关部门不履行企业投资监管职责的,对直接负责的主管人员和其他直接责任人员,依法给予处分。

第五十四条 企业以分拆项目、隐瞒有关情况或者提供虚假申报材料等不正当手段申请核准、备案的,项目核准机关不予受理或者不予核准、备案,并依法给予警告。

第五十五条 实行核准管理的项目,企业未依法办理核准手续开工建设或者未按照核准的建设地点、建设规模、建设内容等进行建设的,由核准机关或相关部门依照《企业投资项目核准和备案管理条例》第十八条处罚,属于国家工作人员的,依法给予处分。对于通过第三十四条相关规定审查的项目,企业应依法进行整改,在涉及审批的相关部门依法处理并出具同意建设的意见后,可以按程序补办核准或同意变更手续。

以欺骗、贿赂等不正当手段取得项目核准文件,尚未开工建设的,由核准机关撤销核准文件,核准机关或相关部门依照《企业投资项目核准和备案管理条例》第十八条处罚;已经开工建设的,依照前款规定予以处罚;构成犯罪的,依法追究刑事责任。

第五十六条 实行备案管理的项目,企业未依法将项目信息或者已备案项目信息变更情况告知备案机关,或者向备案机关提供虚假信息的,由备案机关责令限期改正;逾期不改正的,依照《企业投资项目核准和备案管理条例》第十九条处罚。企业未依法向备案机关备案即开工建设或者未按照备案的建设地点、建设规模、建设内容等进行建设的,由备案机关责令纠正,对符合产业政策的项目,企业应依法进行整改,在涉及审批的相关部门依法处理并出具同意建设的意见后,可以按照第三十九条的规定补办备案信息。

第五十七条 企业投资建设产业政策禁止投资建设项目的,由县级以上政府投资主管部门依照《企业投资项目核准和备案管理条例》第二十条处罚,属于国家工作人员的,依法给予处分。法律、法规另有规定的,依照其规定。

第五十八条 项目单位在项目建设过程中不遵守城乡规划、住房城乡建设、国土资源(海洋)、环境保护、节能审查、安全监管等方面法律、法规和有关审批文件要求的,相关部门应依法予以处理。

第五十九条 承担项目申请报告编写、评估任务的工程咨询评估机构及其人员、参与专家评议的专家,在编制项目申请报告、受项目核准机关委托开展评估或者参与专家评议过程中,违反从业规定,造成重大损失和恶劣影响的,依法对工程咨询单位和主要责任人员进行处理。

第八章 附 则

第六十条 外商投资项目和境外投资项目的核准和备案办法另行制定。

第六十一条 事业单位、社会团体等非企业组织在中国境内利用自有资金、不申请政府投资建设的固定资产投资项目,按照企业投资项目进行管理。

企业分支机构经本企业授权、个人依法取得营业执照后,投资建设的项目参照本办法的相关规定执行。

国防科技工业企业在河北境内投资建设的固定资产投资项目核准和备案管理,执行国家有关规定。

第六十二条 本办法自印发之日起施行。《河北省政府核准投资项目管理办法》(冀政〔2014〕120号)和《河北省企业固定资产投资项目备案管理办法》(冀政〔2005〕32号)同时废止。

5. 山西省企业投资项目核准和备案管理办法

山西省企业投资项目核准和备案管理办法
山西省人民政府令第 258 号

《山西省企业投资项目核准和备案管理办法》业经 2018 年 11 月 21 日省人民政府第 17 次常务会议通过，现予公布，自 2019 年 1 月 1 日起施行。

省长　楼阳生
2018 年 12 月 4 日

山西省企业投资项目核准和备案管理办法

第一章　总　　则

第一条　为了规范政府对企业投资项目的核准和备案行为，落实企业投资自主权，优化营商环境，根据《行政许可法》《企业投资项目核准和备案管理条例》等法律、行政法规，结合本省实际，制定本办法。

第二条　本办法所称企业投资项目（以下简称项目），是指企业在本省行政区域内投资建设的固定资产投资项目，包括企业使用自筹资金的项目，以及使用自筹资金并申请使用政府投资补助或者贷款贴息等的项目。

项目申请使用政府投资补助或者贷款贴息的，应当在履行核准或者备案手续后提出资金申请报告。

第三条　县级以上人民政府投资主管部门为项目核准、备案机关，对项目履行核准、备案管理职责。

前款所称投资主管部门是指省、设区的市、县级发展和改革主管部门，具有企业技术改造投资管理职能的工业和信息化主管部门。

第四条　关系国家安全、涉及国家和本省重大生产力布局、战略性资源开发和重大公共利益等项目，实行核准管理。其他项目实行备案管理。核准、备案机关及其他行政机关不得非法干预企业的投资自主权。

第五条　实行核准管理的具体项目范围以及核准机关、权限，由省人民政府制定的

《山西省政府核准的投资项目目录》（以下简称《核准目录》）确定。《核准目录》由省发展和改革主管部门会同省有关部门研究提出，报省人民政府批准后公布实施，并可适时予以调整。

法律、行政法规和国务院对项目核准的范围、权限有专门规定的，从其规定。

第六条 《核准目录》以外的项目，按照下列权限实行备案管理：

（一）国家明确要求省级备案的项目以及跨设区的市行政区域的项目，由省级投资主管部门备案；

（二）省级投资主管部门明确要求设区的市备案的项目以及跨县级行政区域的项目，由设区的市级投资主管部门备案；

（三）设区的市所辖区的项目，备案权限由设区的市人民政府确定；

（四）其他项目按照属地原则由县（市）投资主管部门备案。

第七条 核准机关应当公开服务指南，列明项目核准的申报材料及所需附件、受理方式、审查条件、办理流程、办理时限等。

备案机关应当列明项目备案所需信息内容、办理流程等。

第八条 除涉及国家秘密的项目外，项目核准、备案通过投资项目在线审批监管平台（以下简称在线平台）实行网上受理、办理、监管和服务，实现核准、备案过程和结果的可查询、可监督。

第九条 通过在线平台申报项目时，生成整个建设周期身份标识的唯一项目代码。核准、备案机关以及其他各有关部门统一使用该项目代码办理相关手续。

第十条 企业投资建设项目，应当遵守国家法律、法规，符合国民经济和社会发展规划、专项规划、区域规划、产业政策、市场准入标准、资源开发、能耗与环境管理等要求，依法办理核准、备案以及其他相关手续，并如实提供相关材料，报告相关信息。

第十一条 核准机关对项目进行的核准是行政许可事项。备案机关对项目进行的备案不是行政许可事项，备案机关仅对企业是否依法履行投资项目信息告知义务进行管理。

实施核准所需的评估、评议等经费应当列入本级财政预算。

第二章 项目核准

第十二条 企业办理项目核准手续，应当向核准机关提交项目申请报告。项目申请报告应当载明下列内容：

（一）企业基本情况；

（二）拟建项目情况，包括项目名称、建设地点、建设规模、投资规模、建设内容、建设工期等；

（三）资源利用情况分析、生态环境影响分析；

（四）经济和社会影响分析。

第十三条 项目申请报告应当按照国务院投资主管部门发布的通用文本规定编写。任何单位和个人不得强制企业委托中介服务机构编制项目申请报告。

第十四条 企业报送项目申请报告时，应当附具自然资源行政主管部门核发的选址意见书（仅指以划拨方式提供国有土地使用权的项目）、用地预审意见以及法律、行政法规规定需要办理的其他相关手续。

在土地利用总体规划确定的城镇建设用地范围内，不涉及新增建设用地，使用已批准建设用地进行建设的项目，不再进行用地预审，由设区的市自然资源行政主管部门出具说明。

企业对项目申请报告以及依法应当附具文件的真实性、合法性和完整性负责。

第十五条 根据国家和本省《核准目录》规定，省、设区的市、县级投资主管部门核准的项目，企业可以直接向核准机关报送项目申请报告，也可以通过项目所在地投资主管部门转送项目申请报告。具体办法由省级核准机关制定。

国务院投资主管部门、国务院行业管理部门核准的项目，可以分别通过省政府投资主管部门、省政府行业管理部门转送项目申请报告。

国务院核准的项目，由省政府投资主管部门向国务院投资主管部门转送项目申请报告。

新建运输机场项目，由省人民政府向国务院、中央军委报送项目申请报告。

转送项目申请报告的投资主管部门、行业管理部门，应当在收到项目申请书之日起5个工作日内转送核准机关。

第十六条 项目申报材料齐全、符合法定形式的，核准机关应当予以受理。申报材料不齐全或者不符合法定形式的，核准机关应当在收到申报材料之日起3个工作日内一次性告知企业补充相关文件，或者对相关内容进行调整。逾期不告知的，自核准机关收到项目申报材料之日起即为受理。

核准机关予以受理或者不予受理申报材料，都应当出具加盖本机关专用印章并注明日期的书面凭证或者通过在线平台出具电子凭证。予以受理的，应当注明项目代码，企业可以根据项目代码在线查询、监督核准过程和结果。

核准机关应当按照《企业投资项目核准和备案管理条例》第九条对项目进行审查。

第十七条 核准机关在正式受理项目申请报告后，需要评估的，应当在4个工作日内委托专业工程咨询机构进行评估。工程咨询机构应当在核准机关规定时间内提出评估报告，并对评估结论承担责任。

核准机关委托工程咨询机构评估时，应当通过竞争性方式予以确定。受委托评估的工程咨询机构与编制项目申请报告的工程咨询机构为同一单位，或者存在控股、管理、负责人为同一人等重大关联关系的，不得承担该项目的评估工作。

评估时限一般不得超过20个工作日。项目情况复杂的，经核准机关同意后，评估时限可以再延长20个工作日。

第十八条 项目涉及有关行业管理部门或者项目所在地人民政府职责的，核准机关应当书面征求意见。

行业管理部门或者项目所在地人民政府应当在7个工作日内出具书面审查意见，逾期未反馈的，视为同意。对重大项目，经核准机关同意后，审查时限可以延长7个工作日。

第十九条 项目建设可能对公众利益构成重大影响的，核准机关应当通过同级人民政府门户网站或者核准机关门户网站等征求公众意见。

第二十条 对于特别重大的项目，核准机关可以组织专家进行评议。除项目情况特别复杂外，专家评议时限不得超过20个工作日。

第二十一条 核准机关可以根据评估意见、审查意见、公众意见、专家评议意见等，要求企业对相关内容进行调整，或者对有关情况和文件作进一步说明、补充。

第二十二条 核准机关应当在正式受理申报材料后15个工作日内作出是否予以核准的

决定。项目情况复杂的，经核准机关主要负责人批准，核准时限可以延长 20 个工作日。

对项目进行评估或者专家评议所需时间不计算在前款规定的期限内。核准机关应当将评估或者专家评议所需时间告知企业。

第二十三条 项目符合核准条件的，核准机关应当予以核准并向企业出具核准文件。项目不符合核准条件的，核准机关应当出具不予核准的书面通知，并说明理由。

核准机关出具核准文件或者不予核准的书面通知应当抄送同级行业管理、自然资源、水行政管理、生态环境、节能审查、文物等相关主管部门和下一级核准机关。

核准机关应当将核准文件或者不予核准的书面通知，与项目申请报告、评估报告等文件资料一并存档备查。

第二十四条 取得核准文件的项目，有下列情形之一的，企业应当向原核准机关提出变更申请。原核准机关自受理申请之日起 15 个工作日内作出是否同意变更的决定：

（一）建设地点拟发生变更的；

（二）项目法人拟发生变更的；

（三）建设规模、建设内容拟发生较大变化的；

（四）项目变更可能对经济、社会、环境等产生重大不利影响的；

（五）对核准文件所规定的其他内容拟进行较大调整的。

第二十五条 经核准的项目变更后，需要重新核准的，企业应当向有权核准机关重新申请核准，原核准文件予以撤销。

经核准的项目变更后，属于备案管理的，企业应当按照备案程序办理，原核准文件予以撤销。

第二十六条 项目自核准机关出具核准文件或者同意变更决定 2 年内未开工建设，需要延期开工建设的，企业应当在 2 年期限届满的 30 个工作日前，向核准机关申请延期开工建设。核准机关应当自受理申请之日起 15 个工作日内，作出是否同意延期开工建设的决定。开工建设只能延期一次，期限不得超过 1 年。国家对项目延期开工建设另有规定的，依照其规定。

在 2 年期限内未开工建设也未按照规定向核准机关申请延期的，或者经核准机关同意延期期限内未开工建设的，核准文件自动失效。

第三章 项目备案

第二十七条 实行备案管理的项目，企业应当在开工建设前通过在线平台将基本信息告知备案机关，依法履行投资项目信息告知义务，并遵循诚信和规范原则。

第二十八条 省级投资主管部门应当制定项目备案基本信息格式文本。具体包括下列内容：

（一）企业基本情况；

（二）项目名称、建设地点、建设规模、建设内容、建设工期；

（三）项目总投资额；

（四）项目符合产业政策声明。

企业应当对项目备案信息的真实性、合法性和完整性负责。

第二十九条 备案机关收到本办法第二十八条规定的全部信息后，应当在 5 个工作日内通过在线平台告知企业是否符合备案要求。符合备案要求，企业需要备案证明的，可以通过在线平台自行打印或者要求备案机关出具。备案证明格式文本由省级投资主管部门统一制定。

不符合备案要求的下列情形，备案机关应当告知、指导企业补正、纠正或者依法申请办理相关手续：

（一）项目备案信息不完整的；

（二）项目属于产业政策禁止投资建设的；

（三）项目依法应当实行核准管理的；

（四）不属于固定资产投资项目的；

（五）不属于本备案机关权限的。

第三十条　项目备案后，项目法人、建设地点发生变化或者建设规模、内容发生较大变更，企业应当重新办理备案手续。

备案项目变更后属于核准管理的，企业应当按照核准程序办理，原备案证明予以撤销。

第三十一条　备案类项目推行承诺制管理。县级以上人民政府相关部门按照省人民政府确定的承诺制改革方案，办理项目报建审批手续。

第四章　监督管理

第三十二条　投资主管部门应当对项目开工前是否依法取得核准文件或者办理备案手续，开工后是否按照核准文件或者备案内容建设，进行事中事后监督管理。

依法对项目负有监督管理责任的行业管理、自然资源、水行政管理、生态环境、节能审查、应急管理、审计、文物等部门，应当按照谁审批谁监管、谁主管谁监管的原则，采取在线监测、现场核查等方式，在各自职责范围内依法加强对项目实施的监督管理。

第三十三条　投资主管部门按照分级分类原则进行监管。对项目是否依法取得核准文件或者办理备案手续，由项目所在地县级核准、备案机关实施监督管理。对已经取得核准文件的项目，由核准机关实施监督管理；对已经备案的项目，由备案机关实施监督管理。

上级核准、备案机关应当加强对下级核准、备案机关的指导和监督，及时纠正项目管理中存在的问题。

核准、备案机关对企业违法违规行为进行行政处罚时，可以委托下级核准、备案机关实施。

第三十四条　投资主管部门以及依法对项目实施负有监督管理责任的其他部门，应当建立项目信息共享机制，将相关手续办理信息、审批结果信息、招标投标信息、监管（处罚）信息等，统一汇集至项目代码，通过在线平台实现互通共享。在线平台应当与省"互联网+政务服务"平台、省信用信息共享平台、省招标投标公共服务平台等平台实现对接。

第三十五条　投资主管部门及其工作人员不得擅自增减项目核准、备案的审查条件，不得超出办理时限。

对不符合法定条件核准、备案的，或者超越法定职权核准、备案的，应当依法撤销。

任何单位和个人都有权对项目核准或者备案、建设实施过程中的违法违规行为向有关部门举报。有关部门应当及时核实、处理。

第三十六条　企业应当履行项目管理主体责任。

企业应当通过在线平台如实报送项目开工建设、建设进度、资金使用、竣工的基本信息。项目开工前，企业应当报备项目开工基本信息。项目开工后，企业应当按季度报备项目建设动态进度基本信息。项目竣工验收后，企业应当报备项目竣工基本信息。

第三十七条 企业有下列行为之一的，相关信息列入项目异常信用记录，并纳入省信用信息共享平台：

（一）应申请办理项目核准但未依法取得核准文件的；

（二）提供虚假项目核准或者备案信息，或者未依法将项目信息告知备案机关，或者已备案项目信息变更未告知备案机关的；

（三）违反法律法规擅自开工建设的；

（四）不按照核准、备案内容建设的；

（五）企业未按本办法第三十六条规定报送基本信息，或者报送虚假信息的；

（六）其他违法违规行为。

第五章 法律责任

第三十八条 企业投资项目核准和备案工作中，违反本办法规定，法律、行政法规已有法律责任规定的，从其规定。

第三十九条 核准、备案机关及其工作人员，其他相关部门及其工作人员，在项目核准、备案以及相关审批手续办理中玩忽职守、滥用职权、徇私舞弊、索贿受贿的，对负有领导责任、直接责任的人员依法给予处分；构成犯罪的，依法追究刑事责任。

第四十条 核准、备案机关有下列情形之一的，由其上级行政机关责令改正，对负有领导责任、直接责任的人员由有关单位和部门依纪依法给予处分：

（一）超越法定职权予以核准或者备案的；

（二）对不符合法定条件的项目予以核准的；

（三）对符合法定条件的项目不予核准的；

（四）擅自增减核准审查条件的，或者以备案名义变相核准的；

（五）不在法定期限内作出核准决定的；

（六）不依法履行监管职责或者监管不力，造成严重后果的。

第四十一条 企业以隐瞒有关情况或者提供虚假申报材料等不正当手段申请核准、备案的，核准、备案机关不予受理或者不予核准、备案，并给予警告。

第四十二条 工程咨询机构在受核准机关委托开展评估过程中，违反从业规定，造成不良影响的，由县级以上发展和改革主管部门责令改正并给予警告；造成重大损失和恶劣影响的，从工程咨询机构备案名录中移除，已获得资信评价等级的，取消其评价等级；构成犯罪的，依法追究刑事责任。

第四十三条 工程咨询机构人员及专家在受核准机关委托开展评估、评议过程中，违反从业规定，造成不良影响的，对直接责任人员，由县级以上投资主管部门责令改正并给予警告；涉及技术人员的，由行业协会给予警告并通报批评，情节严重的，取消相关职业资格；构成犯罪的，依法追究刑事责任。

第六章 附　　则

第四十四条　开发区管理委员会经依法授权，履行项目核准、备案管理职责。

第四十五条　事业单位、社会团体等非企业组织在本省行政区域内利用自筹资金、不申请政府直接投资建设的固定资产投资项目，适用本办法。

个人投资建设项目参照本办法的相关规定执行。

第四十六条　本办法自 2019 年 1 月 1 日起施行。《山西省企业投资项目核准暂行办法》（山西省人民政府令第 185 号）、《山西省企业投资项目备案暂行办法》（山西省人民政府令第 186 号）同时废止。

6. 内蒙古自治区企业投资项目核准和备案管理办法

内蒙古自治区企业投资项目核准和备案管理办法

第一章 总 则

第一条 为落实企业投资自主权，规范政府对企业投资项目的核准和备案行为，实现便利、高效服务和有效管理，依法保护企业合法权益，依据《行政许可法》《企业投资项目核准和备案管理条例》（国务院令第673号）、《企业投资项目核准和备案管理办法》（国家发展改革委令2017年第2号）等有关法律法规，制定本办法。

第二条 本办法所称企业投资项目（以下简称项目），是指企业在内蒙古自治区行政区域内投资建设的固定资产投资项目，包括企业使用自筹资金的项目，以及使用自筹资金并申请使用政府投资补助或贷款贴息等的项目。

项目申请使用政府投资补助、贷款贴息的，应在履行核准或备案手续后，提出资金申请报告。

第三条 旗县级以上人民政府投资主管部门对投资项目履行综合管理职责。

旗县级以上人民政府其他部门依照法律、法规规定，按照本级政府规定职责分工，对投资项目履行相应管理职责。

第四条 根据项目不同情况，分别实行核准管理或备案管理。

对关系国家安全、涉及重大生产力布局、战略性资源开发和重大公共利益等项目，实行核准管理。其他项目实行备案管理。

第五条 实行核准管理的具体项目范围以及核准机关、核准权限，由自治区人民政府发布的《内蒙古自治区政府核准的投资项目目录》（以下简称《内蒙古核准目录》）确定。具有项目核准权限的行政机关统称项目核准机关。法律、行政法规以及国家和自治区对项目核准的范围、权限有专门规定的，从其规定。

《内蒙古核准目录》由自治区人民政府投资主管部门依据国务院发布的《政府核准的投资项目目录》结合自治区实际会同有关部门研究提出，报自治区人民政府批准后实施，并根据情况适时调整。

未经自治区人民政府批准，各部门、各地区不得擅自调整《内蒙古核准目录》确定的核准范围和权限。

第六条 实行备案管理的项目按照属地原则备案。跨盟市项目由自治区人民政府投资主管部门备案，跨旗县（市、区）项目由所在地的盟行政公署、市人民政府投资主管部门备案，其余项目由所在地的旗县（市、区）人民政府投资主管部门备案，具体备案机关及权限由同级人民政府明确。

国家和自治区对项目备案机关及权限另有规定的，从其规定。

第七条 项目核准机关对项目进行的核准是行政许可事项，实施行政许可所需经费应当由本级财政予以保障。

第八条 项目的市场前景、经济效益、资金来源和产品技术方案等，应当依法由企业自主决策、自担风险，项目核准、备案机关及其他行政机关不得非法干预企业的投资自主权。

第九条 项目核准、备案机关及其工作人员应当依法对项目进行核准或者备案，不得擅自增减审查条件，不得超出办理时限。

第十条 项目核准、备案机关应当遵循便民、高效原则，提高办事效率，提供优质服务。

项目核准、备案机关应当制定并公开服务指南，列明项目核准的申报材料及所需附件、受理方式、审查条件、办理流程、办理时限等；列明项目备案所需信息内容、办理流程等，提高工作透明度，为企业提供指导和服务。

第十一条 自治区各级人民政府及其有关部门应当依照相关法律法规及规定加强对项目核准、备案行为的监督检查，加强企业从事固定资产投资活动的监督管理。

任何单位和个人都有权对项目核准、备案、建设实施过程中的违法违规行为向有关部门检举。有关部门应当及时核实、处理。

第十二条 除涉及国家秘密的项目外，项目核准、备案通过投资项目在线审批监管平台（以下简称在线平台）实行网上受理、办理、监管和服务，实现核准、备案过程和结果的可查询、可监督。

第十三条 项目核准、备案机关以及其他有关部门统一使用在线平台生成的项目代码办理相关手续。

项目通过在线平台申报时，生成作为该项目整个建设周期身份标识的唯一项目代码。项目的审批信息、监管（处罚）信息、以及工程实施过程中的重要信息，统一汇集至项目代码，作为后续监管的基础条件。

第十四条 项目核准、备案机关及有关部门应当通过在线平台公开与项目有关的发展规划、产业政策和准入标准，公开项目核准、备案等事项的办理条件、办理流程、办理时限等。

项目核准、备案机关应根据《政府信息公开条例》有关规定将核准、备案结果予以公开，不得违法违规公开重大工程的关键信息。

第十五条 企业投资建设固定资产投资项目，应当遵守法律法规，符合国民经济和社会发展总体规划、专项规划、区域规划、产业政策、市场准入标准、资源开发、能耗与环境管理等要求，依法履行项目核准或者备案及其他相关手续，并依法办理城乡规划、土地使用、环境保护、能源资源利用、安全生产等相关手续，如实提供相关材料，报告相关信息。

第十六条 对项目核准、备案机关实施的项目核准、备案行为，相关利害关系人有权依法申请行政复议或者提起行政诉讼。

第二章　项目核准的申请文件

第十七条 企业办理项目核准手续，应当按照国家和自治区有关要求编制和报送项目申请报告。

第十八条 组织编制和报送项目申请报告的项目单位，应当对项目申请报告以及依法应当附具文件的真实性、合法性和完整性负责。

第十九条 项目申请报告按照国务院投资主管部门颁布的项目申请报告通用文本，以及国家相应项目核准机关制定的主要行业项目申请报告示范文本要求编制。

第二十条 项目申请报告应当主要包括以下内容：

（一）项目单位情况，包括项目法人及各股东方情况等；

（二）拟建项目情况，包括项目名称、建设地点、建设规模、建设内容、总投资及资金筹措方案等；

（三）项目资源利用情况分析以及对生态环境的影响分析；

（四）项目对经济和社会的影响分析。

第二十一条 项目申请报告可以由项目单位自行编写，也可以由项目单位自主委托具有相关经验和能力的工程咨询单位编写。任何单位和个人不得强制项目单位委托中介服务机构编制项目申请报告。

工程咨询单位接受委托编制有关文件，应当做到依法、独立、客观、公正，对其编制的文件负责。

第二十二条 项目单位应当按照本办法第二十三、二十四条规定的程序向项目核准机关报送项目申请报告，并根据国家法律法规的规定附具以下文件：

（一）城乡规划行政主管部门出具的选址意见书（仅指以划拨方式提供国有土地使用权的项目）；

（二）国土资源行政主管部门出具的用地预审意见（国土资源主管部门明确可以不进行用地预审的情形除外）；

（三）法律、行政法规规定需要办理的其他相关手续。

第三章　项目核准的基本程序

第二十三条 企业投资建设应当分别由国务院投资主管部门、国务院行业管理部门核准的项目，可以分别通过自治区人民政府投资主管部门、行业管理部门向国务院投资主管部门、国务院行业管理部门转送项目申请报告。

国务院有关部门所属单位、计划单列企业集团、中央管理企业投资建设应当由国务院有关部门核准的项目，直接向相应的项目核准机关报送项目申请报告。

企业投资建设应当由国务院核准的项目，按照本条第一、二款规定向国务院投资主管部门报送项目申请报告，由国务院投资主管部门审核后报国务院核准。新建运输机场项目由自治区人民政府直接向国务院、中央军委报送项目申请报告。

第二十四条 自治区以下的地方企业投资建设应当由自治区有关部门核准的项目，通过在线平台直接向相应的项目核准机关报送项目申请报告，并附盟市相应核准部门的意见。

中央和自治区部门所属单位、中央企业、自治区直属企业投资建设应当由自治区有关部门核准的项目，通过在线平台直接向相应的项目核准机关报送项目申请报告，并附自治区行业管理部门的意见，或由项目核准机关通过在线平台征求行业管理部门意见。

企业投资建设应当由自治区人民政府核准的项目，按照本条第一、二款规定向自治区人民政府投资主管部门报送项目申请报告，由自治区人民政府投资主管部门审核后报自治区人民政府核准。

第二十五条 企业投资建设应当由盟行政公署、市人民政府核准的项目，可参照自治区程序报送，也可规定报送项目申请报告的具体程序。

第二十六条 项目申报材料齐全、符合法定形式的，项目核准机关应当予以受理。

申报材料不齐全或者不符合法定形式的，项目核准机关应当在收到项目申报材料之日起5个工作日内一次告知项目单位补充相关文件，或对相关内容进行调整。逾期不告知的，自收到项目申报材料之日起即视为受理。

项目核准机关受理或者不予受理申报材料，都应当出具加盖本机关专用印章并注明日期的书面凭证，或通过在线平台出具受理或不予受理的电子凭证。对于受理的申报材料，书面或电子凭证应注明项目代码，项目单位可以根据项目代码在线查询、监督核准过程和结果。

第二十七条 项目涉及有关行业管理部门或者项目所在地地方人民政府职责的，项目核准机关应当商请有关行业管理部门或项目所在地人民政府在 7 个工作日内出具书面审查意见。有关行业管理部门或地方人民政府逾期没有反馈书面审查意见的，视为同意。

第二十八条 项目核准机关在正式受理项目申请报告后，需要评估的，应在 4 个工作日内按照有关规定委托工程咨询单位进行评估。项目核准机关在委托评估时，应当根据项目具体情况，提出评估重点，明确评估时限。

受委托进行评估的工程咨询单位与编制项目申请报告的工程咨询单位为同一单位、存在控股、管理关系或者负责人为同一人的，该工程咨询单位不得承担该项目的评估工作。工程咨询单位与项目单位存在控股、管理关系或者负责人为同一人的，该工程咨询单位不得承担该项目单位的项目评估工作。

除项目情况复杂的，评估时限不得超过 30 个工作日。接受委托的工程咨询单位应当在项目核准机关规定的时间内提出评估报告，并对评估结论承担责任。项目情况复杂的，经项目核准机关主要负责人批准，可以延长评估时限，但延长后的总期限不得超过 60 个工作日。

项目核准机关应当将项目评估报告与核准文件一并存档备查。

评估费用由委托评估的项目核准机关承担，评估单位及其工作人员不得收取项目单位的任何费用。

第二十九条 项目建设可能对公众利益构成重大影响的，项目核准机关在作出核准决定前，应当采取适当方式征求公众意见。

相关部门对直接涉及群众切身利益的用地、环境影响、移民安置、社会稳定风险等事项已经进行实质性审查并出具了相关审批文件的，项目核准机关可不再就相关内容重复征求公众意见。

对于特别重大的项目，可以实行专家评议制度。除项目情况特别复杂外，专家评议时限原则上不得超过 30 个工作日。

第三十条 本办法第二十七、二十八、二十九条规定的相关环节，原则上实行并联办理。项目核准机关可以根据评估意见、部门意见和公众意见等，要求项目单位对相关内容进行调整，或者对有关情况和文件做进一步澄清、补充。

第三十一条 项目违反相关法律法规，或者不符合发展规划、产业政策和市场准入标准要求的，项目核准机关可以不经过委托评估、征求意见等程序，直接作出不予核准的决定。

第三十二条 项目核准机关应当在正式受理申报材料后 20 个工作日内作出是否予以核准的决定，或向上级项目核准机关提出审核意见。项目情况复杂或者需要征求有关单位意见的，经本行政机关主要负责人批准，可以延长核准时限，但延长后的总时限不得超过 40 个工作日，并应当将延长期限的理由告知项目单位。

项目核准机关需要委托评估或进行专家评议的，所需时间不计算在前款规定的期限内。项目核准机关应当将咨询评估或专家评议所需时间通过在线平台或书面告知项目单位。

第三十三条 项目符合核准条件的，项目核准机关应当对项目予以核准并向项目单位出具项目核准文件。项目不符合核准条件的，项目核准机关应当出具不予核准的书面通知，并说明不予核准的理由。项目核准机关应当将予以或者不予核准的结果上传在线平台，项目单位可通过在线平台进行查询。

属于自治区人民政府核准权限的项目，自治区人民政府投资主管部门根据自治区人民政府的决定向项目单位出具项目核准文件或者不予核准的书面通知。

项目核准机关出具项目核准文件或者不予核准的书面通知应当通过在线平台抄送同级行业管理、城乡规划、国土资源、水行政管理、环境保护、节能审查等相关部门和下级机关。

第三十四条 项目核准文件和不予核准书面通知，按照国务院投资主管部门制定的格式文本要求出具。

第三十五条 项目核准机关应制定内部工作规则，不断优化工作流程，提高核准工作效率。

第四章 项目核准的审查及效力

第三十六条 项目核准机关应当从以下方面对项目进行审查：
（一）是否危害经济安全、社会安全、生态安全等国家安全；
（二）是否符合相关发展建设规划、主体功能区规划、产业政策和技术标准；
（三）是否合理开发并有效利用资源；
（四）是否对重大公共利益产生不利影响。

项目核准机关应当根据工作需要制定各相关行业项目审查工作细则，明确审查具体内容、审查标准、审查要点、注意事项及不当行为需要承担的后果等。

第三十七条 除本办法第二十二条要求提供的项目申请报告附送文件之外，项目单位还应在开工前依法办理其他相关手续。

第三十八条 取得项目核准文件的项目，有下列情形之一的，项目单位应当及时以书面形式向原项目核准机关提出变更申请。原项目核准机关应当自受理申请之日起 20 个工作日内作出是否同意变更的书面决定：
（一）建设地点发生变更的；
（二）总投资变化 20%以上或建设规模、建设内容发生较大变化的；
（三）项目法人发生变更或股东方、股权发生较大变化的；
（四）项目变更可能对经济、社会、环境等产生重大不利影响的；
（五）需要对项目核准文件所规定的内容进行调整的其他重大情形。

第三十九条 项目自核准机关出具项目核准文件或同意项目变更决定 2 年内未开工建设，需要延期开工建设的，项目单位应当在 2 年期限届满的 30 个工作日前，向项目核准机关申请延期开工建设。项目核准机关应当自受理申请之日起 20 个工作日内，作出是否同意延期开工建设的决定，并出具相应文件。开工建设只能延期一次，期限最长不得超过 1 年。国家对项目延期开工建设另有规定的，依照其规定。

在 2 年期限内未开工建设也未按照规定向项目核准机关申请延期的，项目核准文件或同意项目变更决定自动失效。

第五章 项目备案

第四十条 实行备案管理的项目，项目单位应当在开工建设前通过在线平台将相关信息告知项目备案机关，依法履行投资项目信息告知义务，并遵循诚信和规范原则。

第四十一条 项目备案机关应当通过在线平台提供项目备案基本信息格式文本，具体包括以下内容：
（一）项目单位基本情况；

(二) 项目名称、建设地点、建设规模、建设内容；
(三) 项目总投资额；
(四) 项目符合产业政策声明。

项目单位应当对备案项目信息的真实性、合法性和完整性负责。

第四十二条 项目备案机关收到本办法第四十一条规定的全部信息即为备案。

项目备案信息不完整的，备案机关应当及时通过在线平台提醒和指导项目单位补正。

项目备案机关发现项目属于产业政策禁止投资建设或者依法应实行核准管理，以及不属于固定资产投资项目、依法应实施审批管理、不属于本备案机关权限、项目填报信息不准确等情形的，应当在项目单位提交备案信息后5个工作日内通过在线平台及时告知项目单位予以纠正或对备案予以撤销。5个工作日未发现以上情形的，项目单位可通过在线平台自行打印项目备案告知书或要求备案机关出具加盖公章的项目备案告知书，作为企业已经依法履行投资项目信息告知义务的有效凭证。

第四十三条 项目备案后，项目法人发生变化，项目建设地点、规模、内容发生重大变更，总投资变化20%以上或者放弃项目建设的，项目单位应当通过在线平台及时告知项目备案机关，并修改相关信息或撤销备案。

项目备案机关对备案修改信息的审查时限、内容和方式，按照本办法第四十二条规定执行。

第四十四条 项目备案相关信息通过在线平台在相关部门之间实现互通共享。

第四十五条 实行备案管理的项目，项目单位在开工建设前还应当根据相关法律法规规定办理其他相关手续。

第六章 监督管理

第四十六条 上级项目核准、备案机关应当加强对下级项目核准、备案机关的指导和监督，及时纠正项目管理中存在的违法违规行为。

第四十七条 项目核准和备案机关、行业管理、城乡规划（建设）、国家安全、国土资源、环境保护、水利、节能审查、金融监管、安全生产监管、审计等部门，应当按照谁审批谁监管、谁主管谁监管的原则，采取在线监测、现场核查等方式，依法加强对项目的事中事后监管。

项目核准、备案机关应当根据法律法规和发展规划、产业政策、总量控制目标、技术政策、准入标准及相关环保要求等，对项目进行监管。

城乡规划、国土资源、环境保护、水利、节能审查、安全监管、建设、行业管理等部门，应当履行法律法规赋予的监管职责，在各自职责范围内对项目进行监管。

金融监管部门应当加强指导和监督，引导金融机构按照商业原则，依法独立审贷。

审计部门应当依法加强对国有企业投资项目、申请使用政府投资资金的项目以及其他公共工程项目的审计监督。

第四十八条 自治区各级人民政府有关部门应按照相关法律法规及职责分工，加强对本行政区域内项目的监督检查，发现违法违规行为的，应当依法予以处理，并通过在线平台登记相关违法违规信息。

第四十九条 对不符合法定条件的项目予以核准，或者超越法定职权予以核准的，应依法予以撤销。

第五十条 各级项目核准、备案机关的项目核准或备案信息，以及国土资源、城乡规划、水行政管理、环境保护、节能审查、安全监管、建设、工商等部门的相关手续办理信息、审批结果信息、监管（处罚）信息，应当通过在线平台实现互通共享。

第五十一条　项目单位应当通过在线平台如实报送项目开工建设、建设进度、竣工的基本信息。

项目开工前，项目单位应当登录在线平台报备项目开工基本信息。项目开工后，项目单位应当按年度在线报备项目建设动态进度基本信息。项目竣工验收后，项目单位应当在线报备项目竣工基本信息。

第五十二条　项目单位有下列行为之一的，相关信息列入项目异常信用记录，并纳入自治区信用信息共享平台：

（一）应申请办理项目核准但未依法取得核准文件的；

（二）提供虚假项目核准或备案信息，或者未依法将项目信息告知备案机关，或者已备案项目信息变更未告知备案机关的；

（三）违反法律法规擅自开工建设的；

（四）不按照批准内容组织实施的；

（五）项目单位未按本办法第五十一条规定报送项目开工建设、建设进度、竣工等基本信息，或者报送虚假信息的；

（六）其他违法违规行为。

第七章　责任追究

第五十三条　项目核准、备案机关有下列情形之一的，由其上级行政机关责令改正，对负有责任的领导人员和直接责任人员由有关单位和部门依纪依法给予处分：

（一）超越法定职权予以核准或备案的；

（二）对不符合法定条件的项目予以核准的；

（三）对符合法定条件的项目不予核准的；

（四）擅自增减核准审查条件的，或者以备案名义变相审批、核准的；

（五）不在法定期限内作出核准决定的；

（六）不依法履行监管职责或者监督不力，造成严重后果的。

第五十四条　项目核准、备案机关及其工作人员，以及其他相关部门及其工作人员，在项目核准、备案以及相关审批手续办理过程中玩忽职守、滥用职权、徇私舞弊、索贿受贿的，对负有责任的领导人员和直接责任人员依法给予处分；构成犯罪的，依法移交司法机关追究刑事责任。

第五十五条　项目核准、备案机关，以及国土资源、城乡规划、水行政管理、环境保护、节能审查、安全监管、建设等部门违反相关法律法规规定，未依法履行监管职责的，对直接负责的主管人员和其他直接责任人员，依法给予处分；构成犯罪的，依法移交司法机关追究刑事责任。

项目所在地的地方人民政府有关部门不履行企业投资监管职责的，对直接负责的主管人员和其他直接责任人员，依法给予处分。

第五十六条　企业以分拆项目、隐瞒有关情况或者提供虚假申报材料等不正当手段申请核准、备案的，项目核准机关不予受理或者不予核准、备案，并给予警告。

第五十七条　实行核准管理的项目，企业未依法办理核准手续开工建设或者未按照核准的建设地点、建设规模、建设内容等进行建设的，由核准机关责令停止建设或者责令停产，并依照国务院《企业投资项目核准和备案管理条例》予以处罚，属于国家工作人员的，依法给予处分。项目应视情况予以拆除或者补办相关手续。

以欺骗、贿赂等不正当手段取得项目核准文件，尚未开工建设的，由核准机关撤销核准文件，并依照国务院《企业投资项目核准和备案管理条例》予以处罚；已经开工建设的，依照前款规定予以处罚；构成犯罪的，依法移交司法机关追究刑事责任。

第五十八条 实行备案管理的项目，企业未依法将项目信息或者已备案项目信息变更情况告知备案机关，或者向备案机关提供虚假信息的，由备案机关责令限期改正；逾期不改正的，依照国务院《企业投资项目核准和备案管理条例》予以处罚。

第五十九条 企业投资建设产业政策禁止投资建设项目的，由项目所在地人民政府投资主管部门责令停止建设或者责令停产并恢复原状，并依照国务院《企业投资项目核准和备案管理条例》予以处罚，属于国家工作人员的，依法给予处分。法律、行政法规另有规定的，依照其规定。

第六十条 项目单位在项目建设过程中不遵守国土资源、城乡规划、环境保护、水资源保护、节能、安全监管、建设等方面法律法规和有关审批文件要求的，相关部门应依法予以处理。

第六十一条 承担项目申请报告编写、评估任务的工程咨询评估单位及其人员、参与专家评议的专家，在编制项目申请报告、受项目核准机关委托开展评估或者参与专家评议过程中，违反从业规定，造成重大损失和恶劣影响的，按照《工程咨询行业管理办法》（国家发展改革委令2017年第9号）等有关规定处罚。触犯法律的，依法追究法律责任。

第八章 附 则

第六十二条 外商投资项目和境外投资项目的核准和备案管理办法另行制定。

第六十三条 事业单位、社会团体等非企业组织在自治区境内利用自有资金、不申请政府投资建设的固定资产投资项目，按照企业投资项目进行管理。

个人投资建设项目参照本办法的相关规定执行。

第六十四条 本办法自2018年1月1日起施行。此前有关项目核准、备案的规定与本办法不一致的，按照本办法执行。

7. 陕西省企业投资项目核准和备案管理办法

陕西省企业投资项目核准和备案管理办法

第一章 总 则

第一条 为落实企业投资自主权，规范政府对企业投资项目的核准和备案行为，实现便利、高效服务和有效管理，依法保护企业合法权益，根据《行政许可法》《企业投资项目核准和备案管理条例》和《企业投资项目核准和备案管理办法》等有关法律法规和规章，结合本省实际，制定本办法。

第二条 本办法所称企业投资项目（以下简称项目），是指企业在本省行政区域内投资建设的固定资产投资项目，包括企业使用自己筹措资金建设的项目，以及使用自己筹措的资金并申请使用政府投资补助或贷款贴息等的项目。

项目申请使用政府投资补助、贷款贴息的，应在履行核准或备案手续后，提出资金申请报告。

第三条 县级以上人民政府投资主管部门对投资项目履行综合管理职责。

县级以上人民政府其他部门依照法律、法规规定，按照本级政府规定职责分工，对投资项目履行相应管理职责。

第四条 根据项目不同情况，分别实行核准管理或备案管理。

对关系国家安全、涉及重大生产力布局、战略性资源开发和重大公共利益等项目，实行核准管理。其他项目实行备案管理。国家另有规定的，按照规定执行。

第五条 实行核准管理的具体项目范围以及核准机关、核准权限，由省政府颁布的《陕西省政府核准的投资项目目录》（以下简称《核准目录》）确定。法律、行政法规和国务院及省政府对项目核准的范围、权限有专门规定的，按照规定执行。

《核准目录》由省政府投资主管部门依据国务院颁布的核准目录，会同有关部门研究提出，报省政府批准后实施，并根据情况适时调整。各级各部门不得擅自调整《目录》确定的核准范围和权限。

第六条 企业投资建设《核准目录》外的项目，除国家法律法规、国务院和省政府明确禁止建设的项目外，实行备案管理。备案项目中，除国家明确由省政府投资主管部门备案的企业投资项目及省政府另有规定外，其余项目由市、县级政府投资主管部门备案。备案管理的项目按照属地原则，实行分级备案，跨县、跨市项目由项目所在地上一级投资主管部门或指定的投资主管部门备案。企业通过陕西省投资项目在线审批监管平台（以下简称在线平台）办理备案手续。

房地产开发项目在建设所在地县级投资主管部门备案。其他项目投资额在10亿元以上的，在市级投资主管部门备案；投资额在10亿元及以下的，在县级投资主管部门备案。

设立的国家级、省级的开发区、工业园区享有市、县级投资项目备案权限，其他开发区、工业园区由各市政府自行确定。

韩城市、西咸新区、神木市、府谷县及其他扩权县（市）享有市、县级投资项目备案权限。

具有审批机构、市县授予审批权限的开发区、工业园区、小城市培育试点镇等，享有县级投资项目备案权限。

第七条 依据本办法第五条第一款规定具有项目核准权限的行政机关统称项目核准机关。《目录》和本办法中所称省政府投资主管部门是指省发展和改革委员会，市级和县级政府投资主管部门是指市级和县级发展改革部门。

项目核准机关对项目进行的核准是行政许可事项，实施行政许可所需经费应当由本级财政予以保障。

依据国务院专门规定、省政府规定、市级和县级政府规定具有项目备案权限的行政机关统称项目备案机关。

第八条 项目的市场前景、经济效益、资金来源和产品技术方案等，应当依法由企业自主决策、自担风险，项目核准、备案机关及其他行政机关不得非法干预企业的投资自主权。

第九条 项目核准、备案机关及其工作人员应当依法对项目进行核准或者备案，不得擅自增减审查条件，不得超出办理时限。

第十条 项目核准、备案机关应当遵循便民、高效原则，提高办事效率，提供优质服务。

项目核准、备案机关应当制定并公开服务指南，列明项目核准的申报材料及所需附件、受理方式、审查条件、办理流程、办理时限等；列明项目备案所需信息内容、办理流程等，提高工作透明度，为企业提供指导和服务。

第十一条 县级以上地方人民政府有关部门应当依照相关法律法规和本级政府有关规定，建立健全对项目核准、备案机关的监督制度，加强对项目核准、备案行为的监督检查。

各级政府及其有关部门应当依照相关法律法规及规定对企业从事固定资产投资活动实施监督管理。

任何单位和个人都有权对项目核准、备案、建设实施过程中的违法违规行为向有关部门检举。有关部门应当及时核实、处理。

第十二条 除涉及国家秘密的项目外，项目核准、备案通过在线平台实行网上受理、办理、监管和服务，实现核准、备案过程和结果的可查询、可监督。

第十三条 项目核准、备案机关以及其他有关部门统一使用在线平台生成的项目代码办理相关手续。

项目通过在线平台申报时，生成作为该项目整个建设周期身份标识的唯一项目代码。项目的审批信息、监管（处罚）信息，以及工程实施过程中的重要信息，统一汇集至项目代码，并与社会信用体系对接，作为后续监管的基础条件。

第十四条 项目核准、备案机关及有关部门应当通过在线平台公开与项目有关的发展规划、产业政策和准入标准，公开项目核准、备案等事项的办理条件、办理流程、办理时限等。

项目核准、备案机关应根据《政府信息公开条例》、《陕西省政府信息公开规定》有关规定将核准、备案结果予以公开，不得违法违规公开重大工程的关键信息。

第十五条 企业投资建设固定资产投资项目，应当遵守国家法律法规，符合我省国民经济和社会发展总体规划、专项规划、区域规划、产业政策、市场准入标准、资源开发、能耗与环境管理等要求，依法履行项目核准或者备案及其他相关手续，并依法办理城乡规划、土地使用、环境保护、能源资源利用、安全生产等相关手续，如实提供相关材料，报告相关信息。

第十六条 对项目核准、备案机关实施的项目核准、备案行为，相关利害关系人有权依法申请行政复议或者提起行政诉讼。

第二章 项目核准

第十七条 企业办理项目核准手续，应当按照国家有关要求编制项目申请报告，通过在线平台填报相关信息，并提交相关资料。在取得第二十二条规定依法应当附具的有关文件后，按照本办法第二十三条、第二十四条规定逐级报送项目申请报告（3份）。

第十八条 组织编制和报送项目申请报告的项目单位，应当对项目申请报告以及依法应当附具文件的真实性、合法性和完整性负责。

第十九条 项目申请报告应当主要包括以下内容：

（一）项目单位情况，包括项目单位名称、所属行业、性质、地址及法人代表等；

（二）拟建项目情况，包括项目名称、建设地点、建设规模、建设内容、总投资及资金来源等；

（三）项目资源利用情况分析以及对生态环境的影响分析；

（四）项目对经济和社会的影响分析。

第二十条 根据国务院投资主管部门制定的项目申请报告通用文本的规范要求，各级投资主管部门指导编制项目申请报告，主要行业的项目申请报告示范文本由相应的项目核准机关参照项目申请报告通用文本制定，明确编制内容、深度要求等。

第二十一条 项目申请报告可以由项目单位自行编写，也可以由项目单位自主委托具有相关经验和能力的工程咨询单位编写。任何单位和个人不得强制项目单位委托中介服务机构编制项目申请报告。

项目单位或者其委托的工程咨询单位应当按照项目申请报告通用文本的要求编写项目申请报告。

工程咨询单位接受委托编制有关文件，应当做到依法、独立、客观、公正，对其编制的文件负责。

第二十二条 项目单位在报送项目申请报告时，应当根据国家法律法规的规定附送以下文件：

（一）城乡规划行政主管部门出具的选址意见书（仅指以划拨方式提供国有土地使用权的项目）；

（二）国土资源行政主管部门出具的用地预审意见（国土资源主管部门明确可以不进行用地预审的情形除外）；

（三）法律、行政法规规定需要办理的其他相关手续。

第二十三条 企业投资建设应当分别由国务院投资主管部门、国务院行业管理部门核准的项目，须按国家有关规定，由省政府投资主管部门、行业管理部门分别向国务院投资主管部门、国务院行业管理部门转送项目申请报告。属于国务院投资主管部门核准权限的项目，需由行业管理部门转送的，可以由省政府投资主管部门与其联合报送。

国务院有关部门所属单位、计划单列企业集团、在陕中央管理企业投资建设应当由国务院有关部门核准的项目，直接向相应的项目核准机关报送项目申请报告，并附行业管理部门的意见。

企业投资建设应当由国务院核准的项目，按照本条第一、二款规定向国务院投资主管部门报送项目申请报告，由国务院投资主管部门审核后报国务院核准。新建运输机场项目，经省政府投资主管部门初审并提出意见后，由省政府向国务院、中央军委报送项目申请报告。

第二十四条 企业投资建设应报省政府同意后核准的重大项目，由省政府投资主管部门审核后报省政府。

企业投资建设应由省政府投资主管部门核准的项目，应当由项目所在地市级政府投资主管部门或享有市级核准权限的县级政府投资主管部门向省政府投资主管部门转送项目申请报告，享有市级核准权限的县级政府投资主管部门应将报送的项目申请报告同时抄送所在地市级政府投资主管部门。

国务院有关部门所属单位、计划单列企业集团、在陕中央管理企业、省政府有关部门所属单位、省属国有企业投资建设由省政府投资主管部门核准的项目，需由行业管理部门转送的，由行业管理部门直接向省政府投资主管部门转送项目申请报告，并附项目所在地市级政府投资主管部门或享有市级核准权限的县级政府投资主管部门的意见。

企业投资建设应当由市级政府投资主管部门核准的项目，应当由项目所在地县级政府投资主管部门向市级政府投资主管部门转送项目申请报告。企业投资建设应当由县级政府投资主管部门核准的项目，由项目单位直接向县级政府投资主管部门报送项目申请报告。

第二十五条 项目核准机关收到项目申请报告后，应认真审核。申报材料齐全、符合法定形式的，项目核准机关应当予以受理。

申报材料不齐全或者不符合法定形式的，项目核准机关应当在收到项目申报材料之日起5个工作日内一次告知项目单位补充相关文件，或对相关内容进行调整。逾期不告知的，自收到项目申报材料之日起即为受理。

项目核准机关受理或者不予受理申报材料，都应当出具加盖本机关专用印章并注明日期的书面凭证。对于受理的申报材料，书面凭证应注明项目代码，项目单位可以根据项目代码在线查询、监督核准过程和结果。

第二十六条 项目核准机关在正式受理项目申请报告后，需要评估的，应在4个工作日内按照有关规定委托具有相应资质的工程咨询机构进行评估。项目核准机关在委托评估时，应当根据项目具体情况，提出评估重点，明确评估时限。

工程咨询机构与编制项目申请报告的工程咨询机构为同一单位、存在控股、管理关系或者负责人为同一人的，该工程咨询机构不得承担该项目的评估工作。工程咨询机构与项目单位存在控股、管理关系或者负责人为同一人的，该工程咨询机构不得承担该项目单位的项目评估工作。

除项目情况复杂的，评估时限不得超过30个工作日。接受委托的工程咨询机构应当在项目核准机关规定的时间内提出评估报告，并对评估结论承担责任。项目情况复杂的，履行批准程序后，可以延长评估时限，但延长的期限不得超过60个工作日。

项目核准机关应当将项目评估报告与核准文件一并存档备查。

评估费用由委托评估的项目核准机关承担，并纳入部门预算，评估机构及其工作人员不得收取项目单位的任何费用。

第二十七条 项目涉及有关行业管理部门或者项目所在地政府职责的，项目核准机关应当商请有关行业管理部门或当地人民政府在7个工作日内出具书面审查意见。有关行业管理部门或当地人民政府逾期没有反馈书面审查意见的，视为同意。

第二十八条 项目建设可能对公众利益构成重大影响的，项目核准机关在作出核准决定前，应当采取适当方式征求公众意见。

相关部门对直接涉及群众切身利益的用地、环境影响、移民安置、社会稳定风险等事项已经进行实质性审查并出具了相关审批文件的，项目核准机关可不再就相关内容重复征求公众意见。

对于特别重大的项目，可以实行专家评议制度。除项目情况特别复杂外，专家评议时限原则上不得超过30个工作日。

第二十九条 项目核准机关可以根据评估意见、部门意见和公众意见等，要求项目单位对相关内容进行调整，或者对有关情况和文件做进一步澄清、补充。

第三十条 项目违反相关法律法规，或者不符合发展规划、产业政策和市场准入标准要求的，项目核准机关可以不经过委托评估、征求意见等程序，直接作出不予核准的决定。

第三十一条 项目核准机关应当在正式受理申报材料后20个工作日内作出是否予以核准的决定，或向上级项目核准机关提出审核意见。项目情况复杂或者需要征求有关单位意见的，经本行政机关主要负责人批准，可以延长核准时限，但延长的时限不得超过40个工作日，并应当将延长期限的理由告知项目单位。

项目核准机关需要委托评估或进行专家评议的，所需时间不计算在前款规定的期限内。项目核准机关应当将咨询评估或专家评议所需时间书面告知项目单位。

第三十二条 项目核准机关应当从以下方面对项目进行审查：

（一）是否危害经济安全、社会安全、生态安全等国家安全；

（二）是否符合相关发展建设规划、产业政策和技术标准；

（三）是否合理开发并有效利用资源；

（四）是否对重大公共利益产生不利影响。

项目核准机关应当制定审查工作细则，明确审查具体内容、审查标准、审查要点、注意事项及不当行为需要承担的后果等。

第三十三条 项目符合核准条件的，项目核准机关应当对项目予以核准并向项目单位出具项目核准文件。项目不符合核准条件的，项目核准机关应当出具不予核准的书面通知，并说明不予核准的理由。

项目核准机关出具项目核准文件或者不予核准的书面通知应当抄送同级行业管理、城乡规划、国土资源、水行政管理、环境保护、节能审查等相关部门和下级机关。

第三十四条 项目核准文件和不予核准书面通知的格式文本，按照国务院投资主管部门要求执行。

第三十五条 除本办法第二十二条要求提供的项目申请报告附送文件之外，项目单位还应在开工前依法办理其他相关手续。

第三十六条 取得项目核准文件的项目，有下列情形之一的，项目单位应当及时以书面形式向原项目核准机关提出变更申请。原项目核准机关应当自受理申请之日起20个工作日内作出是否同意变更的书面决定：

（一）建设地点发生变更的；

（二）投资规模、建设规模、建设内容发生较大变化的；

（三）项目变更可能对经济、社会、环境等产生重大不利影响的；

（四）需要对项目核准文件所规定的内容进行调整的其他重大情形。

第三十七条 项目自核准机关出具项目核准文件或同意项目变更决定2年内未开工建设，需要延期开工建设的，项目单位应当在2年期限届满的30个工作日前，向项目核准机关申请延期开工建设。项目核准机关应当自受理申请之日起 20 个工作日内，作出是否同意延期开工建设的决定，并出具相应文件。开工建设只能延期一次，期限最长不得超过 1 年。国家对项目延期开工建设另有规定的，依照其规定。

在 2 年期限内未开工建设也未按照规定向项目核准机关申请延期的，项目核准文件或同意项目变更决定自动失效。

第三十八条 项目核准机关应制定内部工作规则，不断优化工作流程，提高核准工作效率。

第三章 项目备案

第三十九条 实行备案管理的项目，项目单位应当在开工建设前通过在线平台将相关信息告知项目备案机关，依法履行投资项目信息告知义务，并遵循诚信和规范原则。

第四十条 企业向投资主管部门提交项目备案信息时，应包括：

（一）项目单位基本情况；

（二）项目名称、建设地点、建设规模、建设内容；

（三）项目总投资额；

（四）项目符合产业政策声明。

项目单位应当对备案项目信息的真实性、合法性和完整性负责。

第四十一条 项目备案机关收到本办法第四十条规定的全部信息即为备案。

项目备案信息不完整的，备案机关应当在收到后 5 个工作日内一次性以适当方式提醒和指导项目单位补正。

项目备案机关发现项目属产业政策禁止投资建设或者依法应实行核准管理，以及不属于固定资产投资项目、依法应实施审批管理、不属于本备案机关权限等情形的，应当通过在线平台在 5 个工作日内及时告知企业予以纠正或者依法申请办理相关手续。

第四十二条 符合相关规定的项目，备案机关应在 5 个工作日内（特殊情况经主管领导批准后可延长至 10 个工作日）将项目备案相关信息通过在线平台在相关部门之间实现互通共享。项目单位补充材料所需时间不在 5 个工作日内计算。

项目单位需要备案证明的，可以通过在线平台自行打印或者要求备案机关出具。

第四十三条 项目备案有效期按照国家相关规定执行。项目备案后，项目法人发生变化，项目建设地点、规模、内容发生重大变更，或者放弃项目建设的，项目单位应当通过在线平台及时告知项目备案机关，并修改相关信息。

项目在备案确认有效期内未开工建设也未取得任何其他手续的，仍需建设的项目，按照国家有关规定执行。

第四十四条 实行备案管理的项目，项目单位在开工建设前，按照省政府明确的投资项目报建审批事项通过在线平台办理其他相关手续。

第四章 监督管理

第四十五条 上级项目核准、备案机关应当加强对下级项目核准、备案机关的指导和监督，及时纠正项目管理中存在的违法违规行为。

第四十六条 项目核准和备案机关、行业管理、城乡规划（建设）、国家安全、国土资源、环境保护、节能审查、金融监管、安全生产监管、审计等部门，应当按照谁审批谁监管、谁主管谁监管的原则，采取在线监测、现场核查等方式，依法加强对项目的事中事后监管。

项目核准、备案机关应当根据法律法规和发展规划、产业政策、总量控制目标、技术政策、准入标准及相关环保要求等，对项目进行监管。

城乡规划、国土资源、环境保护、节能审查、安全监管、建设、行业管理等部门，应当履行法律法规赋予的监管职责，在各自职责范围内对项目进行监管。

金融监管部门应当加强指导和监督，引导金融机构按照商业原则，依法独立审贷。

审计、稽察部门应当依法加强对国有企业投资项目、申请使用政府投资资金的项目以及其他公共工程项目的审计、稽察监督。

第四十七条 各级各有关部门应按照相关法律法规及职责分工，加强对本行政区域内项目的监督检查，发现违法违规行为的，应当依法予以处理，并通过在线平台登记相关违法违规信息。

第四十八条 对不符合法定条件的项目予以核准，或者超越法定职权予以核准的，应依法予以撤销。

第四十九条 各级项目核准、备案机关的项目核准或备案信息，以及国土资源、城乡规划、水行政管理、环境保护、节能审查、安全监管、建设、工商等部门的相关手续办理信息、审批结果信息、监管（处罚）信息，应当通过在线平台实现互通共享。

第五十条 项目单位应当通过在线平台如实报送项目开工建设、建设进度、竣工的基本信息。

项目开工前，项目单位应当登录在线平台报备项目开工基本信息。项目开工后，项目单位应当按年度在线报备项目建设动态进度基本信息。项目竣工验收后，项目单位应当在线报备项目竣工基本信息。

第五十一条 项目单位有下列行为之一的，相关信息列入项目异常信用记录，并纳入信用信息共享平台：

（一）应申请办理项目核准但未依法取得核准文件的；

（二）提供虚假项目核准或备案信息，或者未依法将项目信息告知备案机关，或者已备案项目信息变更未告知备案机关的；

（三）违反法律法规擅自开工建设的；

（四）不按照批准内容组织实施的；

（五）项目单位未按本办法第五十条规定报送项目开工建设、建设进度、竣工等基本信息，或者报送虚假信息的；

（六）其他违法违规行为。

第五章 法律责任

第五十二条 项目核准、备案机关有下列情形之一的，由其上级行政机关责令改正，对负有责任的领导人员和直接责任人员由有关单位和部门依纪依法给予处分：

（一）超越法定职权予以核准或备案的；

（二）对不符合法定条件的项目予以核准的；

（三）对符合法定条件的项目不予核准的；

（四）擅自增减核准审查条件的，或者以备案名义变相审批、核准的；

（五）不在法定期限内作出核准决定的；

（六）不依法履行监管职责或者监督不力，造成严重后果的。

第五十三条　项目核准、备案机关及其工作人员，以及其他相关部门及其工作人员，在项目核准、备案以及相关审批手续办理过程中玩忽职守、滥用职权、徇私舞弊、索贿受贿的，对负有责任的领导人员和直接责任人员依法给予处分；构成犯罪的，依法追究刑事责任。

第五十四条　项目核准、备案机关，以及国土资源、城乡规划、水行政管理、环境保护、节能审查、安全监管、建设等部门违反相关法律法规规定，未依法履行监管职责的，对直接负责的主管人员和其他直接责任人员，依法给予处分；构成犯罪的，依法追究刑事责任。

项目所在地政府有关部门不履行企业投资监管职责的，对直接负责的主管人员和其他直接责任人员，依法给予处分。

第五十五条　企业以分拆项目、隐瞒有关情况或者提供虚假申报材料等不正当手段申请核准、备案的，项目核准机关不予受理或者不予核准、备案，并给予警告。

第五十六条　实行核准管理的项目，企业未依法办理核准手续开工建设或者未按照核准的建设地点、建设规模、建设内容等进行建设的，由核准机关依法责令停止建设或者责令停产，对企业处项目总投资额1‰以上5‰以下的罚款；对直接负责的主管人员和其他直接责任人员依法处2万元以上5万元以下的罚款，属于国家工作人员的，依法给予处分。项目应视情况依法予以拆除或者补办相关手续。

以欺骗、贿赂等不正当手段取得项目核准文件，尚未开工建设的，由核准机关依法撤销核准文件，处项目总投资额1‰以上5‰以下的罚款；已经开工建设的，依照前款规定依法予以处罚；构成犯罪的，依法追究刑事责任。

第五十七条　实行备案管理的项目，企业未依法将项目信息或者已备案项目信息变更情况告知备案机关，或者向备案机关提供虚假信息的，由备案机关责令限期改正；逾期不改正的，依法处2万元以上5万元以下的罚款。

第五十八条　企业投资建设产业政策禁止投资建设项目的，由县级以上人民政府投资主管部门依法责令停止建设或者责令停产并恢复原状，对企业处项目总投资额5‰以上10‰以下的罚款；依法对直接负责的主管人员和其他直接责任人员处5万元以上10万元以下的罚款，属于国家工作人员的，依法给予处分。法律、行政法规另有规定的，依照其规定。

第五十九条　项目单位在项目建设过程中不遵守国土资源、城乡规划、环境保护、节能、安全监管、建设等方面法律法规和有关审批文件要求的，相关部门应依法予以处理。

第六十条　承担项目申请报告编写、评估任务的工程咨询评估机构及其人员、参与专家评议的专家，在编制项目申请报告、受项目核准机关委托开展评估或者参与专家评议过程中，违反从业规定，造成重大损失和恶劣影响的，依法降低或撤销工程咨询单位资格，取消主要责任人员的相关职业资格。

第六章　附　　则

第六十一条　本办法所称市级政府包括各设区市人民政府、韩城市人民政府，杨凌示范区管委会和西咸新区管委会。

第六十二条　外商投资项目和境外投资项目的核准和备案管理办法另行制定。

第六十三条　事业单位、社会团体等非企业组织在我省利用自有资金、不申请政府投资建设的固定资产投资项目，按照企业投资项目进行管理。

个人投资建设项目参照本办法的相关规定执行。

第六十四条 本办法自印发之日起施行，有效期 5 年。《陕西省政府核准投资项目管理办法》（陕发改投资〔2014〕1022 号）、《陕西省企业投资项目备案暂行办法》（陕发改发〔2004〕746 号）和《陕西省〈关于调整企业投资项目备案暂行办法〉的通知》（陕发改发〔2008〕1631 号）同时废止。

四、外商投资管理法

1. 中华人民共和国外商投资法

中华人民共和国外商投资法

（2019年3月15日第十三届全国人民代表大会第二次会议通过）

第一章 总 则

第一条 为了进一步扩大对外开放，积极促进外商投资，保护外商投资合法权益，规范外商投资管理，推动形成全面开放新格局，促进社会主义市场经济健康发展，根据宪法，制定本法。

第二条 在中华人民共和国境内（以下简称中国境内）的外商投资，适用本法。

本法所称外商投资，是指外国的自然人、企业或者其他组织（以下称外国投资者）直接或者间接在中国境内进行的投资活动，包括下列情形：

（一）外国投资者单独或者与其他投资者共同在中国境内设立外商投资企业；

（二）外国投资者取得中国境内企业的股份、股权、财产份额或者其他类似权益；

（三）外国投资者单独或者与其他投资者共同在中国境内投资新建项目；

（四）法律、行政法规或者国务院规定的其他方式的投资。

本法所称外商投资企业，是指全部或者部分由外国投资者投资，依照中国法律在中国境内经登记注册设立的企业。

第三条 国家坚持对外开放的基本国策，鼓励外国投资者依法在中国境内投资。

国家实行高水平投资自由化便利化政策，建立和完善外商投资促进机制，营造稳定、透明、可预期和公平竞争的市场环境。

第四条 国家对外商投资实行准入前国民待遇加负面清单管理制度。

前款所称准入前国民待遇，是指在投资准入阶段给予外国投资者及其投资不低于本国投资者及其投资的待遇；所称负面清单，是指国家规定在特定领域对外商投资实施的准入特别管理措施。国家对负面清单之外的外商投资，给予国民待遇。

负面清单由国务院发布或者批准发布。

中华人民共和国缔结或者参加的国际条约、协定对外国投资者准入待遇有更优惠规定的，可以按照相关规定执行。

第五条 国家依法保护外国投资者在中国境内的投资、收益和其他合法权益。

第六条 在中国境内进行投资活动的外国投资者、外商投资企业，应当遵守中国法律法规，不得危害中国国家安全、损害社会公共利益。

第七条 国务院商务主管部门、投资主管部门按照职责分工，开展外商投资促进、保护和管理工作；国务院其他有关部门在各自职责范围内，负责外商投资促进、保护和管理的相关工作。

县级以上地方人民政府有关部门依照法律法规和本级人民政府确定的职责分工，开展外商投资促进、保护和管理工作。

第八条 外商投资企业职工依法建立工会组织，开展工会活动，维护职工的合法权益。外商投资企业应当为本企业工会提供必要的活动条件。

第二章 投资促进

第九条 外商投资企业依法平等适用国家支持企业发展的各项政策。

第十条 制定与外商投资有关的法律、法规、规章，应当采取适当方式征求外商投资企业的意见和建议。

与外商投资有关的规范性文件、裁判文书等，应当依法及时公布。

第十一条 国家建立健全外商投资服务体系，为外国投资者和外商投资企业提供法律法规、政策措施、投资项目信息等方面的咨询和服务。

第十二条 国家与其他国家和地区、国际组织建立多边、双边投资促进合作机制，加强投资领域的国际交流与合作。

第十三条 国家根据需要，设立特殊经济区域，或者在部分地区实行外商投资试验性政策措施，促进外商投资，扩大对外开放。

第十四条 国家根据国民经济和社会发展需要，鼓励和引导外国投资者在特定行业、领域、地区投资。外国投资者、外商投资企业可以依照法律、行政法规或者国务院的规定享受优惠待遇。

第十五条 国家保障外商投资企业依法平等参与标准制定工作，强化标准制定的信息公开和社会监督。

国家制定的强制性标准平等适用于外商投资企业。

第十六条 国家保障外商投资企业依法通过公平竞争参与政府采购活动。政府采购依法对外商投资企业在中国境内生产的产品、提供的服务平等对待。

第十七条 外商投资企业可以依法通过公开发行股票、公司债券等证券和其他方式进行融资。

第十八条 县级以上地方人民政府可以根据法律、行政法规、地方性法规的规定，在法定权限内制定外商投资促进和便利化政策措施。

第十九条 各级人民政府及其有关部门应当按照便利、高效、透明的原则，简化办事程序，提高办事效率，优化政务服务，进一步提高外商投资服务水平。

有关主管部门应当编制和公布外商投资指引，为外国投资者和外商投资企业提供服务和便利。

第三章 投资保护

第二十条 国家对外国投资者的投资不实行征收。

在特殊情况下，国家为了公共利益的需要，可以依照法律规定对外国投资者的投资实行征收或者征用。征收、征用应当依照法定程序进行，并及时给予公平、合理的补偿。

第二十一条 外国投资者在中国境内的出资、利润、资本收益、资产处置所得、知识产权许可使用费、依法获得的补偿或者赔偿、清算所得等，可以依法以人民币或者外汇自由汇入、汇出。

第二十二条 国家保护外国投资者和外商投资企业的知识产权，保护知识产权权利人和相关权利人的合法权益；对知识产权侵权行为，严格依法追究法律责任。

国家鼓励在外商投资过程中基于自愿原则和商业规则开展技术合作。技术合作的条件由投资各方遵循公平原则平等协商确定。行政机关及其工作人员不得利用行政手段强制转让技术。

第二十三条 行政机关及其工作人员对于履行职责过程中知悉的外国投资者、外商投资企业的商业秘密，应当依法予以保密，不得泄露或者非法向他人提供。

第二十四条 各级人民政府及其有关部门制定涉及外商投资的规范性文件，应当符合法律法规的规定；没有法律、行政法规依据的，不得减损外商投资企业的合法权益或者增加其义务，不得设置市场准入和退出条件，不得干预外商投资企业的正常生产经营活动。

第二十五条 地方各级人民政府及其有关部门应当履行向外国投资者、外商投资企业依法作出的政策承诺以及依法订立的各类合同。

因国家利益、社会公共利益需要改变政策承诺、合同约定的，应当依照法定权限和程序进行，并依法对外国投资者、外商投资企业因此受到的损失予以补偿。

第二十六条 国家建立外商投资企业投诉工作机制，及时处理外商投资企业或者其投资者反映的问题，协调完善相关政策措施。

外商投资企业或者其投资者认为行政机关及其工作人员的行政行为侵犯其合法权益的，可以通过外商投资企业投诉工作机制申请协调解决。

外商投资企业或者其投资者认为行政机关及其工作人员的行政行为侵犯其合法权益的，除依照前款规定通过外商投资企业投诉工作机制申请协调解决外，还可以依法申请行政复议、提起行政诉讼。

第二十七条 外商投资企业可以依法成立和自愿参加商会、协会。商会、协会依照法律法规和章程的规定开展相关活动，维护会员的合法权益。

第四章 投资管理

第二十八条 外商投资准入负面清单规定禁止投资的领域，外国投资者不得投资。

外商投资准入负面清单规定限制投资的领域，外国投资者进行投资应当符合负面清单规定的条件。

外商投资准入负面清单以外的领域，按照内外资一致的原则实施管理。

第二十九条 外商投资需要办理投资项目核准、备案的，按照国家有关规定执行。

第三十条 外国投资者在依法需要取得许可的行业、领域进行投资的，应当依法办理相关许可手续。

有关主管部门应当按照与内资一致的条件和程序，审核外国投资者的许可申请，法律、行政法规另有规定的除外。

第三十一条 外商投资企业的组织形式、组织机构及其活动准则,适用《中华人民共和国公司法》《中华人民共和国合伙企业法》等法律的规定。

第三十二条 外商投资企业开展生产经营活动,应当遵守法律、行政法规有关劳动保护、社会保险的规定,依照法律、行政法规和国家有关规定办理税收、会计、外汇等事宜,并接受相关主管部门依法实施的监督检查。

第三十三条 外国投资者并购中国境内企业或者以其他方式参与经营者集中的,应当依照《中华人民共和国反垄断法》的规定接受经营者集中审查。

第三十四条 国家建立外商投资信息报告制度。外国投资者或者外商投资企业应当通过企业登记系统以及企业信用信息公示系统向商务主管部门报送投资信息。

外商投资信息报告的内容和范围按照确有必要的原则确定;通过部门信息共享能够获得的投资信息,不得再行要求报送。

第三十五条 国家建立外商投资安全审查制度,对影响或者可能影响国家安全的外商投资进行安全审查。

依法作出的安全审查决定为最终决定。

第五章 法律责任

第三十六条 外国投资者投资外商投资准入负面清单规定禁止投资的领域的,由有关主管部门责令停止投资活动,限期处分股份、资产或者采取其他必要措施,恢复到实施投资前的状态;有违法所得的,没收违法所得。

外国投资者的投资活动违反外商投资准入负面清单规定的限制性准入特别管理措施的,由有关主管部门责令限期改正,采取必要措施满足准入特别管理措施的要求;逾期不改正的,依照前款规定处理。

外国投资者的投资活动违反外商投资准入负面清单规定的,除依照前两款规定处理外,还应当依法承担相应的法律责任。

第三十七条 外国投资者、外商投资企业违反本法规定,未按照外商投资信息报告制度的要求报送投资信息的,由商务主管部门责令限期改正;逾期不改正的,处十万元以上五十万元以下的罚款。

第三十八条 对外国投资者、外商投资企业违反法律、法规的行为,由有关部门依法查处,并按照国家有关规定纳入信用信息系统。

第三十九条 行政机关工作人员在外商投资促进、保护和管理工作中滥用职权、玩忽职守、徇私舞弊的,或者泄露、非法向他人提供履行职责过程中知悉的商业秘密的,依法给予处分;构成犯罪的,依法追究刑事责任。

第六章 附 则

第四十条 任何国家或者地区在投资方面对中华人民共和国采取歧视性的禁止、限制或者其他类似措施的,中华人民共和国可以根据实际情况对该国家或者该地区采取相应的措施。

第四十一条 对外国投资者在中国境内投资银行业、证券业、保险业等金融行业,或者在证券市场、外汇市场等金融市场进行投资的管理,国家另有规定的,依照其规定。

第四十二条 本法自 2020 年 1 月 1 日起施行。《中华人民共和国中外合资经营企业法》、

《中华人民共和国外资企业法》、《中华人民共和国中外合作经营企业法》同时废止。

　　本法施行前依照《中华人民共和国中外合资经营企业法》、《中华人民共和国外资企业法》、《中华人民共和国中外合作经营企业法》设立的外商投资企业，在本法施行后五年内可以继续保留原企业组织形式等。具体实施办法由国务院规定。

2. 中华人民共和国外商投资法实施条例

中华人民共和国国务院令

第 723 号

《中华人民共和国外商投资法实施条例》已经 2019 年 12 月 12 日国务院第 74 次常务会议通过，现予公布，自 2020 年 1 月 1 日起施行。

总理　李克强

2019 年 12 月 26 日

中华人民共和国外商投资法实施条例

第一章　总　　则

第一条　根据《中华人民共和国外商投资法》（以下简称外商投资法），制定本条例。

第二条　国家鼓励和促进外商投资，保护外商投资合法权益，规范外商投资管理，持续优化外商投资环境，推进更高水平对外开放。

第三条　外商投资法第二条第二款第一项、第三项所称其他投资者，包括中国的自然人在内。

第四条　外商投资准入负面清单（以下简称负面清单）由国务院投资主管部门会同国务院商务主管部门等有关部门提出，报国务院发布或者报国务院批准后由国务院投资主管部门、商务主管部门发布。

国家根据进一步扩大对外开放和经济社会发展需要，适时调整负面清单。调整负面清单的程序，适用前款规定。

第五条　国务院商务主管部门、投资主管部门以及其他有关部门按照职责分工，密切配合、相互协作，共同做好外商投资促进、保护和管理工作。

县级以上地方人民政府应当加强对外商投资促进、保护和管理工作的组织领导，支持、督促有关部门依照法律法规和职责分工开展外商投资促进、保护和管理工作，及时协调、解决外商投资促进、保护和管理工作中的重大问题。

第二章　投资促进

第六条　政府及其有关部门在政府资金安排、土地供应、税费减免、资质许可、标准制定、项目申报、人力资源政策等方面，应当依法平等对待外商投资企业和内资企业。

政府及其有关部门制定的支持企业发展的政策应当依法公开；对政策实施中需要由企业申请办理的事项，政府及其有关部门应当公开申请办理的条件、流程、时限等，并在审核中依法平等对待外商投资企业和内资企业。

第七条　制定与外商投资有关的行政法规、规章、规范性文件，或者政府及其有关部门起草与外商投资有关的法律、地方性法规，应当根据实际情况，采取书面征求意见以及召开座谈会、论证会、听证会等多种形式，听取外商投资企业和有关商会、协会等方面的意见和建议；对反映集中或者涉及外商投资企业重大权利义务问题的意见和建议，应当通过适当方式反馈采纳的情况。

与外商投资有关的规范性文件应当依法及时公布，未经公布的不得作为行政管理依据。与外商投资企业生产经营活动密切相关的规范性文件，应当结合实际，合理确定公布到施行之间的时间。

第八条　各级人民政府应当按照政府主导、多方参与的原则，建立健全外商投资服务体系，不断提升外商投资服务能力和水平。

第九条　政府及其有关部门应当通过政府网站、全国一体化在线政务服务平台集中列明有关外商投资的法律、法规、规章、规范性文件、政策措施和投资项目信息，并通过多种途径和方式加强宣传、解读，为外国投资者和外商投资企业提供咨询、指导等服务。

第十条　外商投资法第十三条所称特殊经济区域，是指经国家批准设立、实行更大力度的对外开放政策措施的特定区域。

国家在部分地区实行的外商投资试验性政策措施，经实践证明可行的，根据实际情况在其他地区或者全国范围内推广。

第十一条　国家根据国民经济和社会发展需要，制定鼓励外商投资产业目录，列明鼓励和引导外国投资者投资的特定行业、领域、地区。鼓励外商投资产业目录由国务院投资主管部门会同国务院商务主管部门等有关部门拟订，报国务院批准后由国务院投资主管部门、商务主管部门发布。

第十二条　外国投资者、外商投资企业可以依照法律、行政法规或者国务院的规定，享受财政、税收、金融、用地等方面的优惠待遇。

外国投资者以其在中国境内的投资收益在中国境内扩大投资的，依法享受相应的优惠待遇。

第十三条　外商投资企业依法和内资企业平等参与国家标准、行业标准、地方标准和团体标准的制定、修订工作。外商投资企业可以根据需要自行制定或者与其他企业联合制定企业标准。

外商投资企业可以向标准化行政主管部门和有关行政主管部门提出标准的立项建议，在标准立项、起草、技术审查以及标准实施信息反馈、评估等过程中提出意见和建议，并按照规定承担标准起草、技术审查的相关工作以及标准的外文翻译工作。

标准化行政主管部门和有关行政主管部门应当建立健全相关工作机制，提高标准制定、修订的透明度，推进标准制定、修订全过程信息公开。

第十四条　国家制定的强制性标准对外商投资企业和内资企业平等适用，不得专门针对外商投资企业适用高于强制性标准的技术要求。

第十五条 政府及其有关部门不得阻挠和限制外商投资企业自由进入本地区和本行业的政府采购市场。

政府采购的采购人、采购代理机构不得在政府采购信息发布、供应商条件确定和资格审查、评标标准等方面，对外商投资企业实行差别待遇或者歧视待遇，不得以所有制形式、组织形式、股权结构、投资者国别、产品或者服务品牌以及其他不合理的条件对供应商予以限定，不得对外商投资企业在中国境内生产的产品、提供的服务和内资企业区别对待。

第十六条 外商投资企业可以依照《中华人民共和国政府采购法》（以下简称政府采购法）及其实施条例的规定，就政府采购活动事项向采购人、采购代理机构提出询问、质疑，向政府采购监督管理部门投诉。采购人、采购代理机构、政府采购监督管理部门应当在规定的时限内作出答复或者处理决定。

第十七条 政府采购监督管理部门和其他有关部门应当加强对政府采购活动的监督检查，依法纠正和查处对外商投资企业实行差别待遇或者歧视待遇等违法违规行为。

第十八条 外商投资企业可以依法在中国境内或者境外通过公开发行股票、公司债券等证券，以及公开或者非公开发行其他融资工具、借用外债等方式进行融资。

第十九条 县级以上地方人民政府可以根据法律、行政法规、地方性法规的规定，在法定权限内制定费用减免、用地指标保障、公共服务提供等方面的外商投资促进和便利化政策措施。

县级以上地方人民政府制定外商投资促进和便利化政策措施，应当以推动高质量发展为导向，有利于提高经济效益、社会效益、生态效益，有利于持续优化外商投资环境。

第二十条 有关主管部门应当编制和公布外商投资指引，为外国投资者和外商投资企业提供服务和便利。外商投资指引应当包括投资环境介绍、外商投资办事指南、投资项目信息以及相关数据信息等内容，并及时更新。

第三章 投资保护

第二十一条 国家对外国投资者的投资不实行征收。

在特殊情况下，国家为了公共利益的需要依照法律规定对外国投资者的投资实行征收的，应当依照法定程序、以非歧视性的方式进行，并按照被征收投资的市场价值及时给予补偿。

外国投资者对征收决定不服的，可以依法申请行政复议或者提起行政诉讼。

第二十二条 外国投资者在中国境内的出资、利润、资本收益、资产处置所得、取得的知识产权许可使用费、依法获得的补偿或者赔偿、清算所得等，可以依法以人民币或者外汇自由汇入、汇出，任何单位和个人不得违法对币种、数额以及汇入、汇出的频次等进行限制。

外商投资企业的外籍职工和香港、澳门、台湾职工的工资收入和其他合法收入，可以依法自由汇出。

第二十三条 国家加大对知识产权侵权行为的惩处力度，持续强化知识产权执法，推动建立知识产权快速协同保护机制，健全知识产权纠纷多元化解决机制，平等保护外国投资者和外商投资企业的知识产权。

标准制定中涉及外国投资者和外商投资企业专利的，应当按照标准涉及专利的有关管理规定办理。

第二十四条　行政机关（包括法律、法规授权的具有管理公共事务职能的组织，下同）及其工作人员不得利用实施行政许可、行政检查、行政处罚、行政强制以及其他行政手段，强制或者变相强制外国投资者、外商投资企业转让技术。

第二十五条　行政机关依法履行职责，确需外国投资者、外商投资企业提供涉及商业秘密的材料、信息的，应当限定在履行职责所必需的范围内，并严格控制知悉范围，与履行职责无关的人员不得接触有关材料、信息。

行政机关应当建立健全内部管理制度，采取有效措施保护履行职责过程中知悉的外国投资者、外商投资企业的商业秘密；依法需要与其他行政机关共享信息的，应当对信息中含有的商业秘密进行保密处理，防止泄露。

第二十六条　政府及其有关部门制定涉及外商投资的规范性文件，应当按照国务院的规定进行合法性审核。

外国投资者、外商投资企业认为行政行为所依据的国务院部门和地方人民政府及其部门制定的规范性文件不合法，在依法对行政行为申请行政复议或者提起行政诉讼时，可以一并请求对该规范性文件进行审查。

第二十七条　外商投资法第二十五条所称政策承诺，是指地方各级人民政府及其有关部门在法定权限内，就外国投资者、外商投资企业在本地区投资所适用的支持政策、享受的优惠待遇和便利条件等作出的书面承诺。政策承诺的内容应当符合法律、法规规定。

第二十八条　地方各级人民政府及其有关部门应当履行向外国投资者、外商投资企业依法作出的政策承诺以及依法订立的各类合同，不得以行政区划调整、政府换届、机构或者职能调整以及相关责任人更替等为由违约毁约。因国家利益、社会公共利益需要改变政策承诺、合同约定的，应当依照法定权限和程序进行，并依法对外国投资者、外商投资企业因此受到的损失及时予以公平、合理的补偿。

第二十九条　县级以上人民政府及其有关部门应当按照公开透明、高效便利的原则，建立健全外商投资企业投诉工作机制，及时处理外商投资企业或者其投资者反映的问题，协调完善相关政策措施。

国务院商务主管部门会同国务院有关部门建立外商投资企业投诉工作部际联席会议制度，协调、推动中央层面的外商投资企业投诉工作，对地方的外商投资企业投诉工作进行指导和监督。县级以上地方人民政府应当指定部门或者机构负责受理本地区外商投资企业或者其投资者的投诉。

国务院商务主管部门、县级以上地方人民政府指定的部门或者机构应当完善投诉工作规则、健全投诉方式、明确投诉处理时限。投诉工作规则、投诉方式、投诉处理时限应当对外公布。

第三十条　外商投资企业或者其投资者认为行政机关及其工作人员的行政行为侵犯其合法权益，通过外商投资企业投诉工作机制申请协调解决的，有关方面进行协调时可以向被申请的行政机关及其工作人员了解情况，被申请的行政机关及其工作人员应当予以配合。协调结果应当以书面形式及时告知申请人。

外商投资企业或者其投资者依照前款规定申请协调解决有关问题的，不影响其依法申请行政复议、提起行政诉讼。

第三十一条　对外商投资企业或者其投资者通过外商投资企业投诉工作机制反映或者申请协调解决问题，任何单位和个人不得压制或者打击报复。

除外商投资企业投诉工作机制外，外商投资企业或者其投资者还可以通过其他合法途径向政府及其有关部门反映问题。

第三十二条　外商投资企业可以依法成立商会、协会。除法律、法规另有规定外，外商投资企业有权自主决定参加或者退出商会、协会，任何单位和个人不得干预。

商会、协会应当依照法律法规和章程的规定，加强行业自律，及时反映行业诉求，为会员提供信息咨询、宣传培训、市场拓展、经贸交流、权益保护、纠纷处理等方面的服务。

国家支持商会、协会依照法律法规和章程的规定开展相关活动。

第四章　投资管理

第三十三条　负面清单规定禁止投资的领域，外国投资者不得投资。负面清单规定限制投资的领域，外国投资者进行投资应当符合负面清单规定的股权要求、高级管理人员要求等限制性准入特别管理措施。

第三十四条　有关主管部门在依法履行职责过程中，对外国投资者拟投资负面清单内领域，但不符合负面清单规定的，不予办理许可、企业登记注册等相关事项；涉及固定资产投资项目核准的，不予办理相关核准事项。

有关主管部门应当对负面清单规定执行情况加强监督检查，发现外国投资者投资负面清单规定禁止投资的领域，或者外国投资者的投资活动违反负面清单规定的限制性准入特别管理措施的，依照外商投资法第三十六条的规定予以处理。

第三十五条　外国投资者在依法需要取得许可的行业、领域进行投资的，除法律、行政法规另有规定外，负责实施许可的有关主管部门应当按照与内资一致的条件和程序，审核外国投资者的许可申请，不得在许可条件、申请材料、审核环节、审核时限等方面对外国投资者设置歧视性要求。

负责实施许可的有关主管部门应当通过多种方式，优化审批服务，提高审批效率。对符合相关条件和要求的许可事项，可以按照有关规定采取告知承诺的方式办理。

第三十六条　外商投资需要办理投资项目核准、备案的，按照国家有关规定执行。

第三十七条　外商投资企业的登记注册，由国务院市场监督管理部门或者其授权的地方人民政府市场监督管理部门依法办理。国务院市场监督管理部门应当公布其授权的市场监督管理部门名单。

外商投资企业的注册资本可以用人民币表示，也可以用可自由兑换货币表示。

第三十八条　外国投资者或者外商投资企业应当通过企业登记系统以及企业信用信息公示系统向商务主管部门报送投资信息。国务院商务主管部门、市场监督管理部门应当做好相关业务系统的对接和工作衔接，并为外国投资者或者外商投资企业报送投资信息提供指导。

第三十九条　外商投资信息报告的内容、范围、频次和具体流程，由国务院商务主管部门会同国务院市场监督管理部门等有关部门按照确有必要、高效便利的原则确定并公布。商务主管部门、其他有关部门应当加强信息共享，通过部门信息共享能够获得的投资信息，不得再行要求外国投资者或者外商投资企业报送。

外国投资者或者外商投资企业报送的投资信息应当真实、准确、完整。

第四十条　国家建立外商投资安全审查制度，对影响或者可能影响国家安全的外商投资进行安全审查。

第五章　法律责任

第四十一条　政府和有关部门及其工作人员有下列情形之一的，依法依规追究责任：

（一）制定或者实施有关政策不依法平等对待外商投资企业和内资企业；

（二）违法限制外商投资企业平等参与标准制定、修订工作，或者专门针对外商投资企业适用高于强制性标准的技术要求；

（三）违法限制外国投资者汇入、汇出资金；

（四）不履行向外国投资者、外商投资企业依法作出的政策承诺以及依法订立的各类合同，超出法定权限作出政策承诺，或者政策承诺的内容不符合法律、法规规定。

第四十二条 政府采购的采购人、采购代理机构以不合理的条件对外商投资企业实行差别待遇或者歧视待遇的，依照政府采购法及其实施条例的规定追究其法律责任；影响或者可能影响中标、成交结果的，依照政府采购法及其实施条例的规定处理。

政府采购监督管理部门对外商投资企业的投诉逾期未作处理的，对直接负责的主管人员和其他直接责任人员依法给予处分。

第四十三条 行政机关及其工作人员利用行政手段强制或者变相强制外国投资者、外商投资企业转让技术的，对直接负责的主管人员和其他直接责任人员依法给予处分。

第六章 附 则

第四十四条 外商投资法施行前依照《中华人民共和国中外合资经营企业法》《中华人民共和国外资企业法》《中华人民共和国中外合作经营企业法》设立的外商投资企业（以下称现有外商投资企业），在外商投资法施行后5年内，可以依照《中华人民共和国公司法》《中华人民共和国合伙企业法》等法律的规定调整其组织形式、组织机构等，并依法办理变更登记，也可以继续保留原企业组织形式、组织机构等。

自2025年1月1日起，对未依法调整组织形式、组织机构等并办理变更登记的现有外商投资企业，市场监督管理部门不予办理其申请的其他登记事项，并将相关情形予以公示。

第四十五条 现有外商投资企业办理组织形式、组织机构等变更登记的具体事宜，由国务院市场监督管理部门规定并公布。国务院市场监督管理部门应当加强对变更登记工作的指导，负责办理变更登记的市场监督管理部门应当通过多种方式优化服务，为企业办理变更登记提供便利。

第四十六条 现有外商投资企业的组织形式、组织机构等依法调整后，原合营、合作各方在合同中约定的股权或者权益转让办法、收益分配办法、剩余财产分配办法等，可以继续按照约定办理。

第四十七条 外商投资企业在中国境内投资，适用外商投资法和本条例的有关规定。

第四十八条 香港特别行政区、澳门特别行政区投资者在内地投资，参照外商投资法和本条例执行；法律、行政法规或者国务院另有规定的，从其规定。

台湾地区投资者在大陆投资，适用《中华人民共和国台湾同胞投资保护法》（以下简称台湾同胞投资保护法）及其实施细则的规定；台湾同胞投资保护法及其实施细则未规定的事项，参照外商投资法和本条例执行。

定居在国外的中国公民在中国境内投资，参照外商投资法和本条例执行；法律、行政法规或者国务院另有规定的，从其规定。

第四十九条 本条例自2020年1月1日起施行。《中华人民共和国中外合资经营企业法实施条例》、《中外合资经营企业合营期限暂行规定》、《中华人民共和国外资企业法实施细则》、《中华人民共和国中外合作经营企业法实施细则》同时废止。

2020年1月1日前制定的有关外商投资的规定与外商投资法和本条例不一致的，以外商投资法和本条例的规定为准。

3. 国务院关于进一步做好利用外资工作的意见

国务院关于进一步做好利用外资工作的意见

国发〔2019〕23号

各省、自治区、直辖市人民政府，国务院各部委、各直属机构：

对外开放是我国基本国策。外资在我国经济发展中发挥了独特而重要的作用，推动高质量发展、推进现代化建设必须始终高度重视利用外资。当前，国际投资格局深刻调整，我国利用外资工作面临新形势、新特点、新挑战。为深入贯彻习近平新时代中国特色社会主义思想，全面贯彻党的十九大和十九届二中、三中、四中全会精神，统筹推进"五位一体"总体布局，协调推进"四个全面"战略布局，落实党中央、国务院关于稳外资工作的决策部署，以激发市场活力、提振投资信心为出发点，以保障外商投资企业国民待遇为重点，以打造公开、透明、可预期的外商投资环境为着力点，持续深化"放管服"改革，进一步做好利用外资工作，稳定外资规模，优化外资结构，现提出以下意见。

一、深化对外开放

（一）支持外商投资新开放领域。继续压减全国和自由贸易试验区外商投资准入负面清单，全面清理取消未纳入负面清单的限制措施，保障开放举措有效实施，持续提升开放水平。（发展改革委、商务部牵头，各有关部门、各省级人民政府按职责分工负责）

（二）加快金融业开放进程。全面取消在华外资银行、证券公司、基金管理公司等金融机构业务范围限制，丰富市场供给，增强市场活力。减少外国投资者投资设立银行业、保险业机构和开展相关业务的数量型准入条件，取消外国银行来华设立外资法人银行、分行的总资产要求，取消外国保险经纪公司在华经营保险经纪业务的经营年限、总资产要求。扩大投资入股外资银行和外资保险机构的股东范围，取消中外合资银行中方唯一或主要股东必须是金融机构的要求，允许外国保险集团公司投资设立保险类机构。继续支持按照内外资一致的原则办理外资保险公司及其分支机构设立及变更等行政许可事项。2020年取消证券公司、证券投资基金管理公司、期货公司、寿险公司外资持股比例不超过51%的限制。（人民银行、银保监会、证监会按职责分工负责）

（三）优化汽车领域外资政策。各地区要保障内外资汽车制造企业生产的新能源汽车享受同等市场准入待遇。修订乘用车企业平均燃料消耗量与新能源汽车积分并行管理办法，在外方与中方合资伙伴协商一致后，允许外方在华投资的整车企业之间转让积分。（工业和信息化部、各省级人民政府按职责分工负责）

（四）着力营造公平经营环境。各地区、各部门要着力提高市场的公平性，及时纠正违反公平竞争的做法，着力消除妨害公平竞争的制度性障碍。统一内外资建筑业企业承揽业务范围。完善外国投资者申请从事互联网上网服务营业场所、娱乐场所经营等业务相关规定。坚持按照内外资机构同等待遇原则，开展强制性产品认证机构的资质审批工作。增加化学品物理危险性鉴定机构数量，不得针对外商投资企业设置限制性条件。（发展改革委、住房城乡建设部、商务部、文化和旅游部、应急部、市场监管总局、各省级人民政府按职责分工负责）

二、加大投资促进力度

（五）优化外商投资企业科技创新服务。加强对外商投资企业申请高新技术企业认定的指导和服务，组织开展政策专题培训，加强政策宣传，鼓励和引导外资更多投向高新技术产业。（科技部、财政部、税务总局、各省级人民政府按职责分工负责）

（六）提升自由贸易试验区建设水平。支持地方和部门聚焦市场主体期盼，提出支持自由贸易试验区进一步扩大开放和创新发展的具体措施，推进相关深层次改革事项在自由贸易试验区先行先试，充分发挥自由贸易试验区改革开放试验田作用。对有条件的自由贸易试验区下放更多省级经济管理审批权限，尤其是投资审批、市场准入等权限。（商务部牵头，发展改革委等有关部门、各有关省级人民政府按职责分工负责）

（七）提升开放平台引资质量。鼓励地方人民政府对有条件建设具有较强竞争力产业集群的国家级经济技术开发区予以支持，打造品牌化招商引资平台。建立重点企业联系制度，提供专业化、全流程服务，着力培育带动力强、辐射面广的龙头企业和产业链核心企业。在确有发展需要且符合条件的中西部地区，优先增设一批综合保税区。切实推进国家级经济技术开发区"审批不出区""互联网+政务服务"和"最多跑一次"改革，创新完善企业服务体系，构建一流营商环境。（财政部、工业和信息化部、商务部、海关总署、税务总局、各省级人民政府按职责分工负责）

（八）支持地方加大对外资的招商引资力度。鼓励地方政府根据当地招商工作实际，制定考核激励政策，对招商部门、团队内非公务员岗位实行更加灵活的激励措施。鼓励地方政府在法定权限内合理设定招商引资工作经费额度与标准，对出境招商活动、团组申请等予以支持。（外交部、发展改革委、财政部、人力资源社会保障部、商务部、各省级人民政府按职责分工负责）

（九）抓好政策宣传解读。各地区、各部门要通过设立投资服务平台、政策咨询窗口等方式，积极开展政策宣传，深入企业宣讲政策，了解政策实施难点、堵点，全方位回应企业诉求，依法依规支持外商投资企业享受配套优惠政策，协助企业用足用好各项政策。（各有关部门、各省级人民政府按职责分工负责）

三、深化投资便利化改革

（十）降低资金跨境使用成本。尽快出台具体措施，支持外商投资企业扩大人民币跨境使用。扩大资本项目收入支付便利化改革试点范围。推进企业发行外债登记制度改革，完善全口径跨境融资宏观审慎管理政策，支持外商投资企业自主选择借用外债模式，降低融资成本。鼓励外商投资企业资本金依法用于境内股权投资。（发展改革委、商务部、人民银行、外汇局按职责分工负责）

（十一）提高来华工作便利度。支持各地区根据本地经济发展需要，对于急需紧缺的创新创业人才、专业技能人才来华工作，可适当放宽年龄、学历或工作经历等限制。对有创新创业意愿的外国留学生，可凭中国高校毕业证书申请 2 年私人事务类居留许可。已连续两次申请办理工作类居留许可的外国人，可在第三次申请时按规定签发 5 年有效期的工作类居留许可。优化外国人申请来华工作许可办理流程，完善部门信息共享机制，探索整合外国人工

作许可证和工作类居留许可。(外交部、科技部、人力资源社会保障部、移民局、各省级人民政府按职责分工负责)

(十二) 优化外资项目规划用地审批程序。持续深化规划用地"放管服"改革,加快外资项目落地进度。合并规划选址和用地预审,合并建设用地规划许可和用地批准,推进多测整合、多验合一,推进信息共享,简化报件审批材料。(自然资源部牵头,发展改革委、住房城乡建设部、商务部等部门和各省级人民政府按职责分工负责)

四、保护外商投资合法权益

(十三) 全面贯彻外商投资法。外商投资法及其配套法规实施后,各地区、各部门要严格贯彻落实,进一步清理相关法规规定,抓紧制定完善具体实施办法和有关司法解释,做好解读和培训工作,确保外商投资法各项制度切实有效执行。(商务部、发展改革委、最高人民法院、司法部牵头,各部门、各省级人民政府按职责分工负责)

(十四) 保护外商投资企业合法权益。各地区应建立健全外商投资企业投诉受理机构,完善处理规则,规范处理程序,提高处理效率。各地区、各部门应严格遵照外商投资法、行政许可法等法律法规对外商投资实施行政许可,不得擅自改变行政许可范围、程序及标准等,行政机关及其工作人员不得通过行政许可、监督检查、行政强制等,强制或者变相强制外国投资者、外商投资企业转让技术。(商务部牵头,各部门、各省级人民政府按职责分工负责)

(十五) 强化监管政策执行规范性。优化监管方式,科学合理设定环境保护、安全生产等监管执法检查频次,降低外商投资企业合规成本。地方政府应依照大气污染防治法等有关法律法规规定采取重污染天气应急措施。指导各地在市场监管领域细化、量化行政处罚自由裁量标准。(生态环境部、应急部、市场监管总局等部门和各省级人民政府按职责分工负责)

(十六) 提高行政规范性文件制定透明度。各地区、各部门制定出台涉及外商投资的行政规范性文件,应当加强合法性审核。与外商投资企业生产经营活动密切相关的行政规范性文件,应当结合实际,合理确定公布到施行之间的时间,提高政策可预见性和透明度。(各部门、各省级人民政府按职责分工负责)

(十七) 发挥知识产权司法保护重要作用。充分发挥财产保全、证据保全、行为保全的制度效能,提高知识产权司法救济的及时性和便利性。优化涉及外商投资企业知识产权案件中对证据形式要件的要求,适用事实推定,合理减轻外方当事人的诉讼负担。依法加强保护商业秘密、合理分配举证责任,加大民事保护和刑事保护力度。依法集中、统一审理专利无效与侵权上诉案件,进一步提升审判质效。充分尊重知识产权的市场价值,积极运用惩罚性赔偿,加大对恶意侵权行为、重复侵权行为的打击力度。进一步完善技术调查官制度,加强技术类案件的多元事实查明机制建设。加强涉及标准必要专利的案件审理,保障公平竞争市场秩序。充分发挥知识产权案件多元化调解的作用,实质性解决纠纷。进一步统一知识产权案件诉讼证据和司法裁判标准,适时出台有关司法解释,发布指导性案例,持续提升知识产权司法审判工作规范化、科学化、国际化水平。(最高人民法院负责)

(十八) 完善知识产权保护工作机制。建立健全知识产权快速协同保护和信用联合惩戒机制,持续推进知识产权纠纷仲裁调解工作,构建完善知识产权纠纷多元化解决机制。完善注册商标撤销程序。健全地理标志保护制度。完善电子商务知识产权保护机制,完善电子商务平台专利侵权判定通知、移除规则,完善电子商务领域专利执法维权协作调度机制。积极

运用标准化方法，加强知识产权保护。（商务部、市场监管总局、知识产权局、各省级人民政府按职责分工负责）

（十九）支持参与标准制定。指导各地区、各部门全面落实内外资企业公平参与我国标准化工作，鼓励外商投资企业参与我国医疗器械、食品药品、信息化产品等标准制定，提高行业标准和技术规范制修订的科学性和透明度。（市场监管总局牵头，各部门、各省级人民政府按职责分工负责）

（二十）保障依法平等参与政府采购。各地区、各部门在政府采购信息发布、供应商条件确定、评标标准等方面，不得对外商投资企业实行歧视待遇，不得限定供应商的所有制形式、组织形式、股权结构或者投资者国别，以及产品或服务品牌等。（财政部牵头，各部门、各省级人民政府按职责分工负责）

各地区、各部门要深入贯彻党中央、国务院关于稳外资工作的部署要求，充分认识当前进一步做好利用外资工作的重要意义，提高站位，主动作为，务求实效，狠抓各项政策措施落实。涉及修订或废止行政法规、国务院文件、经国务院批准的部门规章的，由原牵头起草部门或商务部会同有关部门报请国务院修订或废止。商务部要会同有关部门加强指导和协调，重大问题及时向国务院报告。

国务院

2019年10月30日

（此件公开发布）

4. 国家发展改革委关于做好外商投资项目下放核准权限工作的通知

国家发展改革委关于做好外商投资项目下放核准权限工作的通知

各省、自治区、直辖市及计划单列市、副省级省会城市、新疆生产建设兵团发展改革委：

根据《国务院关于进一步做好利用外资工作的若干意见》（国发〔2010〕9号）精神，现将外商投资项目核准权限下放有关事项通知如下：

一、下放核准权限。原由我委核准的《外商投资产业指导目录》中总投资（包括增资）3亿美元以下的鼓励类、允许类项目，除《政府核准的投资项目目录》规定需由国务院有关部门核准之外，由省级发展改革委核准。

二、严格项目管理。核准权限下放后，项目申请报告、核准内容、条件、程序等仍按照《外商投资项目核准暂行管理办法》（国家发展和改革委员会令第22号）规定执行。《外商投资产业指导目录》中限制类项目核准权限暂不下放；国家法律法规和国务院文件对项目核准有专门规定的，从其规定。

三、提高利用外资质量。鼓励外资投向高端制造业、高新技术产业、现代服务业、新能源和节能环保产业，促进外商投资使用新技术、新工艺、新材料、新设备，改造和提升传统产业。严格限制"两高一资"和低水平、过剩产能扩张及盲目重复类项目建设。

四、简化项目核准程序。各级发展改革委在规范外商投资项目核准制，落实各项项目核准条件的同时，要主动简化核准程序，缩短核准时间，增强核准透明度，已核准项目原则上应通过不同方式向社会公开。

五、营造良好投资环境。各级发展改革委要以此次核准权限下放为契机，引导规范开发区健康发展，按照布局集中、用地集约、产业集聚要求，促进外商投资项目向开发区集聚，提高投资便利化，加大外商投资促进产业结构升级等方面的正面宣传和舆论引导力度，不断改善投资环境。

六、加强项目监督检查。各级发展改革委要会同有关部门加强对外资形势和趋势分析，关注热点和重点问题，及时帮助外商协调解决困难，重大问题及时向我委反映。

各级发展改革委要结合本地区实际，宣传和贯彻落实《国务院关于进一步做好利用外资工作的若干意见》（国发〔2010〕9号），坚持积极有效利用外资的方针，加大改革创新力度，创造更加开放、更加优化的投资环境，全面提高利用外资工作水平。

国家发展改革委
二〇一〇年五月四日

5. 外商投资项目核准和备案管理办法

外商投资项目核准和备案管理办法

第一章 总 则

第一条 为进一步深化外商投资管理体制改革，根据《中华人民共和国行政许可法》、《指导外商投资方向规定》、《国务院关于投资体制改革的决定》及《政府核准的投资项目目录（2013年本）》（以下简称《核准目录》），特制定本办法。

第二条 本办法适用于中外合资、中外合作、外商独资、外商投资合伙、外商并购境内企业、外商投资企业增资及再投资项目等各类外商投资项目。

第二章 项目管理方式

第三条 外商投资项目管理分为核准和备案两种方式。

第四条 根据《核准目录》，实行核准制的外商投资项目的范围为：

（一）《外商投资产业指导目录》中有中方控股（含相对控股）要求的总投资（含增资）3亿美元及以上鼓励类项目，总投资（含增资）5000万美元及以上限制类（不含房地产）项目，由国家发展和改革委员会核准。

（二）《外商投资产业指导目录》限制类中的房地产项目和总投资（含增资）5000万美元以下的其他限制类项目，由省级政府核准。

《外商投资产业指导目录》中有中方控股（含相对控股）要求的总投资（含增资）3亿美元以下鼓励类项目，由地方政府核准。

（三）前两项规定之外的属于《核准目录》第一至十一项所列的外商投资项目，按照《核准目录》第一至十一项的规定核准。

（四）由地方政府核准的项目，省级政府可以根据本地实际情况具体划分地方各级政府的核准权限。由省级政府核准的项目，核准权限不得下放。

本办法所称项目核准机关，是指本条规定具有项目核准权限的行政机关。

第五条 本办法第四条范围以外的外商投资项目由地方政府投资主管部门备案。

第六条 外商投资企业增资项目总投资以新增投资额计算，并购项目总投资以交易额计算。

第七条 外商投资涉及国家安全的，应当按照国家有关规定进行安全审查。

第三章 项目核准

第八条 拟申请核准的外商投资项目应按国家有关要求编制项目申请报告。项目申请报告应包括以下内容：

（一）项目及投资方情况；

（二）资源利用和生态环境影响分析；

（三）经济和社会影响分析。

外国投资者并购境内企业项目申请报告应包括并购方情况、并购安排、融资方案和被并购方情况、被并购后经营方式、范围和股权结构、所得收入的使用安排等。

第九条 国家发展和改革委员会根据实际需要，编制并颁布项目申请报告通用文本、主要行业的项目申请报告示范文本、项目核准文件格式文本。

对于应当由国家发展和改革委员会核准或者审核后报国务院核准的项目，国家发展和改革委员会制定并颁布《服务指南》，列明项目核准的申报材料和所需附件、受理方式、办理流程、办理时限等内容，为项目申报单位提供指导和服务。

第十条 项目申请报告应附以下文件：

（一）中外投资各方的企业注册证明材料及经审计的最新企业财务报表（包括资产负债表、利润表和现金流量表）、开户银行出具的资金信用证明；

（二）投资意向书，增资、并购项目的公司董事会决议；

（三）城乡规划行政主管部门出具的选址意见书（仅指以划拨方式提供国有土地使用权的项目）；

（四）国土资源行政主管部门出具的用地预审意见（不涉及新增用地，在已批准的建设用地范围内进行改扩建的项目，可以不进行用地预审）；

（五）环境保护行政主管部门出具的环境影响评价审批文件；

（六）节能审查机关出具的节能审查意见；

（七）以国有资产出资的，需由有关主管部门出具的确认文件；

（八）根据有关法律法规的规定应当提交的其他文件。

第十一条 按核准权限属于国家发展和改革委员会核准的项目，由项目所在地省级发展改革部门提出初审意见后，向国家发展和改革委员会报送项目申请报告；计划单列企业集团和中央管理企业可直接向国家发展和改革委员会报送项目申请报告，并附项目所在地省级发展改革部门的意见。

第十二条 项目申报材料不齐全或者不符合有关要求的，项目核准机关应当在收到申报材料后5个工作日内一次告知项目申报单位补正。

第十三条 对于涉及有关行业主管部门职能的项目，项目核准机关应当商请有关行业主管部门在7个工作日内出具书面审查意见。有关行业主管部门逾期没有反馈书面审查意见的，视为同意。

第十四条 项目核准机关在受理项目申请报告之日起4个工作日内，对需要进行评估论证的重点问题委托有资质的咨询机构进行评估论证，接受委托的咨询机构应在规定的时间内提出评估报告。

对于可能会对公共利益造成重大影响的项目，项目核准机关在进行核准时应采取适当方式征求公众意见。对于特别重大的项目，可以实行专家评议制度。

第十五条 项目核准机关自受理项目核准申请之日起20个工作日内，完成对项目申请报告的核准。如20个工作日内不能做出核准决定的，由本部门负责人批准延长10个工作日，并将延长期限的理由告知项目申报单位。

前款规定的核准期限，委托咨询评估和进行专家评议所需的时间不计算在内。

第十六条 对外商投资项目的核准条件是：

（一）符合国家有关法律法规和《外商投资产业指导目录》《中西部地区外商投资优势产业目录》的规定；

（二）符合发展规划、产业政策及准入标准；
（三）合理开发并有效利用了资源；
（四）不影响国家安全和生态安全；
（五）对公众利益不产生重大不利影响；
（六）符合国家资本项目管理、外债管理的有关规定。

第十七条 对予以核准的项目，项目核准机关出具书面核准文件，并抄送同级行业管理、城乡规划、国土资源、环境保护、节能审查等相关部门；对不予核准的项目，应以书面说明理由，并告知项目申报单位享有依法申请行政复议或者提起行政诉讼的权利。

第四章　项目备案

第十八条 拟申请备案的外商投资项目需由项目申报单位提交项目和投资方基本情况等信息，并附中外投资各方的企业注册证明材料、投资意向书及增资、并购项目的公司董事会决议等其他相关材料；

第十九条 外商投资项目备案需符合国家有关法律法规、发展规划、产业政策及准入标准，符合《外商投资产业指导目录》《中西部地区外商投资优势产业目录》。

第二十条 对不予备案的外商投资项目，地方投资主管部门应在7个工作日内出具书面意见并说明理由。

第五章　项目变更

第二十一条 经核准或备案的项目如出现下列情形之一的，需向原批准机关申请变更：
（一）项目地点发生变化；
（二）投资方或股权发生变化；
（三）项目主要建设内容发生变化；
（四）有关法律法规和产业政策规定需要变更的其他情况。

第二十二条 变更核准和备案的程序比照本办法前述有关规定执行。

第二十三条 经核准的项目若变更后属于备案管理范围的，应按备案程序办理；予以备案的项目若变更后属于核准管理范围的，应按核准程序办理。

第六章　监督管理

第二十四条 核准或备案文件应规定文件的有效期。在有效期内未开工建设的，项目申报单位应当在有效期届满前30个工作日向原核准和备案机关提出延期申请。在有效期内未开工建设且未提出延期申请的，原核准文件期满后自动失效。

第二十五条 对于未按规定权限和程序核准或者备案的项目，有关部门不得办理相关手续，金融机构不得提供信贷支持。

第二十六条 各级项目核准和备案机关要切实履行核准和备案职责，改进监督、管理和服务，提高行政效率，并按照相关规定做好项目核准及备案的信息公开工作。

第二十七条 各级发展改革部门应当会同同级行业管理、城乡规划、国土资源、环境保护、金融监管、安全生产监管等部门，对项目申报单位执行项目情况和外商投资项目核准或备案情况进行稽察和监督检查，加快完善信息系统，建立发展规划、产业政策、准入标准、诚信记录等信息的横向互通制度，严肃查处违法违规行为并纳入不良信用记录，实现行政审批和市场监管的信息共享。

第二十八条　国家发展和改革委员会要联合地方发展改革部门建立完善外商投资项目管理电子信息系统，实现外商投资项目可查询、可监督，提升事中事后监管水平。

第二十九条　省级发展改革部门每月10日前汇总整理上月本省项目核准及备案相关情况，包括项目名称、核准及备案文号、项目所在地、中外投资方、建设内容、资金来源（包括总投资、资本金等）等，报送国家发展和改革委员会。

第七章　法律责任

第三十条　项目核准和备案机关及其工作人员违反本办法有关规定的，由其上级行政机关或者监察机关责令改正；情节严重的，对直接负责的主管人员和其他直接责任人员依法给予行政处分。

第三十一条　项目核准和备案机关工作人员，在项目核准和备案过程中滥用职权谋取私利，构成犯罪的，依法追究刑事责任；尚不构成犯罪的，依法给予行政处分。

第三十二条　咨询评估机构及其人员、参与专家评议的专家，在编制项目申请报告、受项目核准机关委托开展评估或者参与专家评议过程中，不遵守国家法律法规和本办法规定的，依法追究相应责任。

第三十三条　项目申报单位以拆分项目或提供虚假材料等不正当手段申请核准或备案的，项目核准和备案机关不予受理或者不予核准及备案。已经取得项目核准或备案文件的，项目核准和备案机关应依法撤销该项目的核准或备案文件。已经开工建设的，依法责令其停止建设。相应的项目核准和备案机关及有关部门应当将其纳入不良信用记录，并依法追究有关责任人的法律责任。

第八章　附　则

第三十四条　具有项目核准职能的国务院行业管理部门和省级政府有关部门可以按照国家有关法律法规和本办法的规定，制定外商投资项目核准具体实施办法和相应的《服务指南》。

第三十五条　香港特别行政区、澳门特别行政区和台湾地区的投资者在祖国大陆举办的投资项目，参照本办法执行。

外国投资者以人民币在境内投资的项目，按照本办法执行。

第三十六条　法律、行政法规和国家对外商投资项目管理有专门规定的，按照有关规定执行。

第三十七条　本办法由国家发展和改革委员会负责解释。

第三十八条　本办法自2014年6月17日起施行。国家发展和改革委员会2004年10月9日发布的《外商投资项目核准暂行管理办法》（国家发展和改革委员会令第22号）同时废止。

6. 鼓励外商投资产业目录（2019年版）

鼓励外商投资产业目录
（2019年版）

全国鼓励外商投资产业目录

一、农、林、牧、渔业

1. 木本食用油料、调料和工业原料的种植及开发、生产
2. 绿色、有机蔬菜（含食用菌、西甜瓜）、干鲜果品、茶叶栽培技术开发、种植及产品生产
3. 酿酒葡萄育种、种植、生产
4. 啤酒原料育种、种植、生产
5. 糖料、果树、牧草等农作物栽培新技术开发及产品生产
6. 高产高效青贮饲料专用植物新品种培育及开发
7. 花卉生产与苗圃基地的建设、经营
8. 橡胶、油棕、剑麻、咖啡种植
9. 中药材种植、养殖
10. 农作物秸秆资源综合利用、有机肥料资源的开发、生产
11. 森林资源培育（速生丰产用材林、竹林、油茶等经济林、珍贵树种用材林等）
12. 畜禽标准化规模养殖技术开发与应用
13. 水产苗种繁育（不含我国特有的珍贵优良品种）
14. 防治荒漠化、水土保持和国土绿化等生态环境保护工程建设、经营
15. 水产品养殖、深水网箱养殖、工厂化水产养殖、生态型海洋增养殖

二、采矿业

16. 石油、天然气的勘探、开发和矿井瓦斯利用
17. 提高原油采收率（以工程服务形式）及相关新技术的开发与应用
18. 物探、钻井、测井、录井、井下作业等石油勘探开发新技术的开发与应用
19. 提高矿山尾矿利用率的新技术开发与应用及矿山生态恢复技术的综合应用
20. 我国紧缺矿种（如钾盐、铬铁矿等）的勘探、开采和选矿

三、制造业

（一）农副食品加工业

21. 安全高效环保饲料及饲料添加剂（含蛋氨酸），动物促生长用抗菌药物替代产品开发、生产

22. 水产品加工、贝类净化及加工、海藻保健食品开发
23. 蔬菜、干鲜果品、禽畜产品加工
24. 生物乙醇（不含粮食转化乙醇）的开发、生产

（二）食品制造业

25. 婴幼儿配方食品、婴幼儿谷类辅助食品、特殊医学用途配方食品及保健食品的开发、生产
26. 针对老龄人口和改善老龄人口生活品质的营养保健食品、食品添加剂和配方食品的开发、生产
27. 烘焙食品（含使用天然可可豆的巧克力及其制品）、方便食品及其相关配料的开发、生产
28. 森林食品加工
29. 天然食品添加剂、调味品、发酵制品、天然香料新技术开发、生产
30. 无菌液态食品包装材料的开发、生产

（三）酒、饮料和精制茶制造业

31. 果蔬饮料、蛋白饮料、茶饮料、咖啡饮料、植物饮料的开发、生产

（四）纺织业

32. 采用编织、非织造布复合、多层在线复合、长效多功能整理等高新技术生产轻质、高强、耐高/低温、耐化学物质、耐光等多功能化的产业用纺织品
33. 采用先进节能减排技术和装备的高档织染及后整理加工
34. 符合生态、资源综合利用与环保要求的特种天然纤维（包括山羊绒等特种动物纤维、竹纤维、麻纤维、蚕丝、彩色棉花等）产品加工
35. 废旧纺织品回收利用

（五）纺织服装、服饰业

36. 采用计算机集成制造系统的服装生产
37. 功能性特种服装生产

（六）皮革、毛皮、羽毛及其制品和制鞋业

38. 皮革和毛皮清洁化技术加工
39. 皮革后整饰新技术加工
40. 皮革废弃物综合利用

（七）木材加工和木、竹、藤、棕、草制品业

41. 林业三剩物，"次、小、薪"材、废旧木材和竹材的综合利用新技术、新产品开发、生产，木竹材生产污染控制治理、细微颗粒物减排与粉尘防爆技术开发与应用

（八）文教、工美、体育和娱乐用品制造业

42. 高档地毯、刺绣、抽纱产品生产

（九）石油加工、炼焦和核燃料加工业

43. 酚油加工、洗油加工、煤沥青高端化利用（不含改质沥青）

（十）化学原料和化学制品制造业

44. 聚氯乙烯和有机硅新型下游产品开发、生产
45. 合成材料的配套原料：过氧化氢氧化丙烯法环氧丙烷、过氧化氢氧化氯丙烯法环氧氯丙烷、萘二甲酸二甲酯（NDC）、1，4-环己烷二甲醇（CHDM）、5万吨/年及以上丁二烯法己二腈、己二胺、高性能聚氨酯组合料生产

46. 高碳 α 烯烃共聚茂金属聚乙烯等高端聚烯烃的开发、生产

47. 合成纤维原料：尼龙 66 盐、1，3-丙二醇生产

48. 差别化、功能性聚酯（PET）的连续共聚改性［阳离子染料可染聚酯（CDP、ECDP）、碱溶性聚酯（COPET）、高收缩聚酯（HSPET）、阻燃聚酯、低熔点聚酯等］，熔体直纺在线添加等连续化工艺生产差别化、功能性纤维（抗静电、抗紫外、有色纤维等），智能化、超仿真等差别化、功能性聚酯（PET）及纤维生产，腈纶、锦纶、氨纶、粘胶纤维等其他化学纤维品种的差别化、功能性改性纤维生产

49. 合成橡胶：聚氨酯橡胶、丙烯酸酯橡胶、氯醇橡胶，以及氟橡胶、硅橡胶等特种橡胶生产

50. 工程塑料及塑料合金：6 万吨/年及以上非光气法聚碳酸酯（PC）、聚甲醛、聚苯硫醚、聚醚醚酮、聚酰亚胺、聚砜、聚醚砜、聚芳酯（PAR）、聚苯醚、聚对苯二甲酸丁二醇酯（PBT）、聚酰胺（PA）及其改性材料、液晶聚合物等产品生产

51. 精细化工：催化剂新产品、新技术，染（颜）料商品化加工技术，电子化学品和造纸化学品，皮革化学品（N-N 二甲基甲酰胺除外），油田助剂，表面活性剂，水处理剂，胶粘剂、密封胶，无机纤维、无机纳米材料生产，颜料包膜处理深加工

52. 水性油墨、电子束固化紫外光固化等低挥发性油墨、环保型有机溶剂生产

53. 天然香料、合成香料、单离香料生产

54. 高性能涂料，高固体份、无溶剂涂料及配套树脂，水性工业涂料及配套水性树脂生产

55. 高性能氟树脂、氟膜材料，医用含氟中间体，环境友好型含氟制冷剂、清洁剂、发泡剂生产

56. 氢燃料生产、储存、运输、液化

57. 大型、高压、高纯度工业气体（含电子气体）的生产和供应

58. 从磷化工、铝冶炼中回收氟资源生产

59. 林业化学产品新技术、新产品开发、生产

60. 环保用无机、有机和生物膜开发、生产

61. 新型肥料开发、生产：高浓度钾肥、复合型微生物接种剂、复合微生物肥料、秸秆及垃圾腐熟剂、特殊功能微生物制剂

62. 高效、安全、环境友好的农药新品种、新剂型、专用中间体、助剂的开发、生产，以及相关清洁生产工艺的开发与应用、定向合成法手性和立体结构农药生产、乙基氯化物合成技术

63. 生物农药及生物防治产品开发、生产：微生物杀虫剂、微生物杀菌剂、农用抗生素、生物刺激素、昆虫信息素、天敌昆虫、微生物除草剂

64. 废气、废液、废渣综合利用和处理、处置

65. 有机高分子材料生产：飞机蒙皮涂料、稀土硫化铈红色染料、无铅化电子封装材料、彩色等离子体显示屏专用系列光刻浆料、小直径大比表面积超细纤维、高精度燃油滤纸、锂离子电池隔膜、表面处理自我修复材料、超疏水纳米涂层材料

（十一）医药制造业

66. 新型化合物药物或活性成份药物的生产（包括原料药和制剂）

67. 氨基酸类：发酵法生产色氨酸、组氨酸、蛋氨酸等生产

68. 新型抗癌药物、新型心脑血管药及新型神经系统用药的开发、生产

69. 采用生物工程技术的新型药物生产
70. 艾滋病疫苗、丙肝疫苗、避孕疫苗及宫颈癌、疟疾、手足口病等新型疫苗生产
71. 海洋药物的开发、生产
72. 药品制剂：采用缓释、控释、靶向、透皮吸收等新技术的新剂型、新产品生产
73. 新型药用辅料的开发、生产
74. 动物专用抗菌原料药生产（包括抗生素、化学合成类）
75. 兽用抗菌药、驱虫药、杀虫药、抗球虫药新产品及新剂型生产
76. 新型诊断试剂的开发、生产
77. 疫苗、细胞治疗药物等生产用新型关键原材料、大规模细胞培养产品的开发、生产
78. 新型药用包装材料与技术的开发、生产（中性硼硅药用玻璃，化学稳定性好、可降解，具有避光、高阻隔性的功能性材料，气雾剂、粉雾剂、自我给药、预灌封、自动混药等新型包装给药系统及给药装置）

（十二）化学纤维制造业

79. 差别化化学纤维及芳纶、碳纤维、高强高模聚乙烯、聚苯硫醚（PPS）等高新技术化纤（粘胶纤维除外）生产
80. 纤维及非纤维用新型聚酯生产：聚对苯二甲酸丙二醇酯（PTT）、聚萘二甲酸乙二醇酯（PEN）、聚对苯二甲酸环己烷二甲醇酯（PCT）、二元醇改性聚对苯二甲酸乙二醇酯（PETG）
81. 利用新型可再生资源和绿色环保工艺生产生物质纤维，包括新溶剂法纤维素纤维（Lyocell）、以竹、麻等为原料的再生纤维素纤维、聚乳酸纤维（PLA）、甲壳素纤维、聚羟基脂肪酸酯纤维（PHA）、动植物蛋白纤维等
82. 尼龙 11、尼龙 12、尼龙 1414、尼龙 46、长碳链尼龙、耐高温尼龙等新型聚酰胺开发、生产
83. 子午胎用芳纶纤维及帘线生产

（十三）橡胶和塑料制品业

84. 生物可降解塑料及其制品的开发、生产与应用
85. 新型光生态多功能宽幅农用薄膜、无污染可降解农用薄膜开发、生产
86. 废旧塑料的回收和再利用
87. 塑料软包装新技术、新产品（高阻隔、多功能膜及原料）开发、生产

（十四）非金属矿物制品业

88. 节能、环保、利废、轻质高强、高性能、多功能建筑材料开发、生产
89. 以塑代钢、以塑代木、节能高效的化学建材品生产
90. 年产 1000 万平方米及以上弹性体、塑性体改性沥青防水卷材，宽幅（2 米以上）三元乙丙橡胶防水卷材及配套材料，宽幅（2 米以上）聚氯乙烯防水卷材，热塑性聚烯烃（TPO）防水卷材生产
91. 新技术功能玻璃开发、生产：屏蔽电磁波玻璃、微电子用玻璃基板、透红外线无铅硫系玻璃及制品、电子级大规格石英玻璃制品（管、板、坩埚、仪器器皿等）、光学性能优异多功能风挡玻璃（光透射率≥70%）、信息技术用极端材料及制品（包括波导级高精密光纤预制棒石英玻璃套管和陶瓷基板）、高纯（≥99.998%）超纯（≥99.999%）水晶原料提纯加工
92. 蓝宝石基板研发和生产

93. 薄膜电池导电玻璃、太阳能集光镜玻璃、建筑用导电玻璃生产

94. 玻璃纤维制品及特种玻璃纤维生产：低介电玻璃纤维、石英玻璃纤维、高硅氧玻璃纤维、高强高弹玻璃纤维、陶瓷纤维等及其制品

95. 光学纤维及制品生产：传像束及激光医疗光纤、超二代和三代微通道板、光学纤维面板、倒像器及玻璃光锥

96. 陶瓷原料的标准化精制、陶瓷用高档装饰材料生产

97. 水泥、电子玻璃、陶瓷、微孔炭砖等窑炉用环保（无铬化）耐火材料生产

98. 多孔陶瓷生产

99. 无机非金属新材料及制品生产：复合材料、特种陶瓷、特种密封材料（含高速油封材料）、特种摩擦材料（含高速摩擦制动制品）、特种胶凝材料、特种乳胶材料、水声橡胶制品、纳米材料

100. 有机-无机复合泡沫保温材料生产

101. 高技术复合材料生产：连续纤维增强热塑性复合材料和预浸料、耐温>300℃树脂基复合材料成型用工艺辅助材料、可生物降解树脂基复合材料、增材制造用树脂基复合材料、树脂基复合材料（包括体育用品、轻质高强交通工具部件）、特种功能复合材料及制品（包括深水及潜水复合材料制品、医用及康复用复合材料制品）、碳/碳复合材料、高性能陶瓷基复合材料及制品、金属基和玻璃基复合材料及制品、金属层状复合材料及制品、压力≥320MPa超高压复合胶管、大型客机航空轮胎

102. 精密高性能陶瓷原料生产：碳化硅（SiC）超细粉体（纯度>99%，平均粒径<1μm）、氮化硅（Si3N4）超细粉体（纯度>99%，平均粒径<1μm）、高纯超细氧化铝微粉（纯度>99.9%，平均粒径<0.5μm）、低温烧结氧化锆（ZrO_2）粉体（烧结温度<1350℃）、高纯氮化铝（AlN）粉体（纯度>99%，平均粒径<1μm）、金红石型 TiO_2 粉体（纯度>98.5%）、白炭黑（粒径<100nm）、钛酸钡（纯度>99%，粒径<1μm）

103. 高品质人工晶体及晶体薄膜制品开发、生产：高品质人工合成水晶（压电晶体及透紫外光晶体）、超硬晶体（立方氮化硼晶体）、耐高温高绝缘人工合成绝缘晶体（人工合成云母）、新型电光晶体、大功率激光晶体及大规格闪烁晶体、金刚石膜工具、厚度0.3mm及以下超薄人造金刚石锯片

104. 非金属矿精细加工（超细粉碎、高纯、精制、改性）

105. 超高功率石墨电极生产

106. 珠光云母生产（粒径3-150μm）

107. 多维多向整体编制织物及仿形织物生产

108. 利用新型干法水泥窑、烧结墙体材料生产无害化处置固体废弃物

109. 建筑垃圾再生利用

110. 工业副产石膏等产业废弃物综合利用

111. 非金属矿山尾矿综合利用的新技术开发与应用及矿山生态恢复

（十五）有色金属冶炼和压延加工业

112. 高新技术有色金属材料及其产品生产：化合物半导体材料（砷化镓、磷化镓、磷化铟、氮化镓），高温超导材料，记忆合金材料（钛镍、铜基及铁基记忆合金材料），超细（纳米）碳化钙及超细（纳米）晶硬质合金，超硬复合材料，贵金属复合材料，轻金属复合材料，散热器用铝箔，中高压阴极电容铝箔，锂电池电极用铝箔，电解铜箔，大断面、复杂截面铝合金型材，铝合金精密模锻件，电气化铁路架空导线，超薄铜带，耐蚀热交换器铜合

金材、高性能铜镍、铜铁合金带、铍铜带、线、管及棒加工材、耐高温抗衰钨丝、镁合金铸件、无铅焊料、镁合金及其应用产品、泡沫铝、钛合金冶炼及加工、原子能级海绵锆、钨及钼深加工产品

113. 符合稀土新材料要求的稀土高端应用产品加工

（十六）金属制品业

114. 航空、航天、船舶、汽车、摩托车轻量化及环保型新材料研发与制造（专用铝板、铝镁合金材料、摩托车铝合金车架等）

115. 轻金属半固态快速成形材料及其产品研发与制造

116. 用于包装各类粮油食品、果蔬、饮料、日化产品等内容物的金属包装制品（应为完整品，容器壁厚度小于0.3毫米）的制造及加工（包括制品的内外壁印涂加工）

（十七）通用设备制造业

117. 高档数控机床及关键零部件制造：五轴联动数控机床、数控坐标镗铣加工中心、数控坐标磨床

118. 1000吨及以上多工位镦锻成型机制造

119. 报废汽车拆解、破碎及后处理分选设备制造

120. FTL柔性生产线制造

121. 机器人及工业机器人成套系统，机器人专用高精密减速器、高性能伺服电机和驱动器、全自主编程等高性能控制器、传感器、末端执行器的开发与制造

122. 亚微米级超细粉碎机制造

123. 400吨及以上轮式、履带式起重机械制造

124. 工作压力≥35MPa高压柱塞泵及马达、工作压力≥35MPa低速大扭矩马达的设计与制造

125. 工作压力≥25MPa的整体式液压多路阀，电液比例伺服元件制造

126. 阀岛、功率0.35W以下气动电磁阀、200Hz以上高频电控气阀设计与制造

127. 静液压驱动装置设计与制造

128. 压力10MPa以上非接触式气膜密封、压力10MPa以上干气密封（包括实验装置）的开发与制造

129. 汽车用高分子材料（摩擦片、改型酚醛活塞、非金属液压总分泵等）设备开发与制造

130. 第三代及以上轿车轮毂轴承、高中档数控机床和加工中心轴承、高速线材和板材轧机轴承、高速铁路轴承、振动值Z4以下低噪音轴承、各类轴承的P4和P2级轴承、风力发电机组轴承、航空轴承制造

131. 高密度、高精度、形状复杂的粉末冶金零件及汽车、工程机械等用链条的制造

132. 风电、高速列车用齿轮变速器，船用可变桨齿轮传动系统，大型、重载齿轮箱的制造

133. 耐高温绝缘材料（绝缘等级为F、H级）及绝缘成型件制造

134. 蓄能器胶囊、液压气动用橡塑密封件开发与制造

135. 高精度、高强度（12.9级以上）、异形、组合类紧固件制造

136. 微型精密传动联结件（离合器）制造

137. 大型轧机连接轴制造

138. 机床、工程机械、铁路机车装备等机械设备再制造，汽车零部件再制造，医用成

像设备关键部件再制造,复印机等办公设备再制造

139. 1000 万像素以上或水平视场角 120 度以上数字照相机及其光学镜头、光电模块的开发与制造

140. 办公机械(含工业用途)制造:多功能一体化办公设备(复印、打印、传真、扫描),打印设备,精度 2400dpi 及以上高分辨率彩色打印机头,感光鼓

141. 电影机械制造:2K、4K 数字电影放映机,数字电影摄像机,数字影像制作、编辑设备

(十八)专用设备制造业

142. 矿山无轨采、装、运设备制造:200 吨及以上机械传动矿用自卸车,移动式破碎机,5000 立方米/小时及以上斗轮挖掘机,8 立方米及以上矿用装载机,2500 千瓦以上电牵引采煤机设备等

143. 物探(不含重力、磁力测量)、测井设备制造:MEME 地震检波器,数字遥测地震仪,数字成像、数控测井系统,水平井、定向井、钻机装置及器具,MWD 随钻测井仪

144. 石油勘探、钻井、集输设备制造:工作水深大于 1500 米的浮式钻井系统和浮式生产系统及配套海底采油、集输设备

145. 页岩气装备制造

146. 口径 2 米以上深度 30 米以上大口径旋挖钻机、直径 1.2 米以上顶管机、回拖力 300 吨以上大型非开挖铺设地下管线成套设备、地下连续墙施工钻机制造

147. 520 马力及以上大型推土机设计与制造

148. 100 立方米/小时及以上规格的清淤机、1000 吨及以上挖泥船的挖泥装置设计与制造

149. 防汛堤坝用混凝土防渗墙施工装备设计与制造

150. 土木工程结构防震减灾装置制造

151. 水下土石方施工机械制造:水深 9 米以下推土机、装载机、挖掘机等

152. 公路桥梁养护、自动检测设备制造

153. 公路隧道营运监控、通风、防灾和救助系统设备制造

154. 铁路大型施工、铁路线路、桥梁、隧道维修养护机械和检查、监测设备及其关键零部件的设计与制造

155. (沥青)油毡瓦设备、镀锌钢板等金属屋顶生产设备制造

156. 环保节能型现场喷涂聚氨酯防水保温系统设备、聚氨酯密封膏配制技术与设备、改性硅酮密封膏配制技术和生产设备制造

157. 高精度带材轧机(厚度精度 10 微米)设计与制造

158. 多元素、细颗粒、难选冶金属矿产的选矿装置制造

159. 100 万吨/年及以上乙烯成套设备中的关键设备制造:年处理能力 40 万吨以上混合造粒机,直径 1000 毫米及以上螺旋卸料离心机,小流量高扬程离心泵

160. 金属制品模具(铜、铝、钛、锆的管、棒、型材挤压模具)设计、制造

161. 汽车车身外覆盖件冲压模具,汽车仪表板、保险杠等大型注塑模具,汽车及摩托车夹具、检具设计与制造

162. 汽车动力电池专用生产设备的设计与制造

163. 精密模具(冲压模具精度高于 0.02 毫米、型腔模具精度高于 0.05 毫米)设计与制造

164. 非金属制品模具设计与制造

165. 6万瓶/小时及以上啤酒灌装设备、5万瓶/小时及以上饮料中温及热灌装设备、3.6万瓶/小时及以上无菌灌装设备制造

166. 氨基酸、酶制剂、食品添加剂等生产技术及关键设备制造

167. 10吨/小时及以上的饲料加工成套设备及关键部件制造

168. 楞高0.75毫米及以下的轻型瓦楞纸板及纸箱设备制造

169. 单张纸多色胶印机（幅宽≥750毫米，印刷速度：单面多色≥16000张/小时，双面多色≥13000张/小时）制造

170. 单幅单纸路卷筒纸平版印刷机印刷速度大于75000对开张/小时（787×880毫米）、双幅单纸路卷筒纸平版印刷机印刷速度大于170000对开张/小时（787×880毫米）、商业卷筒纸平版印刷机印刷速度大于50000对开张/小时（787×880毫米）制造

171. 多色宽幅柔性版印刷机（印刷宽度≥1300毫米，印刷速度≥350米/秒），喷墨数字印刷机（出版用：印刷速度≥150米/分，分辨率≥600dpi；包装用：印刷速度≥30米/分，分辨率≥1000dpi；可变数据用：印刷速度≥100米/分，分辨率≥300dpi）制造

172. 计算机墨色预调、墨色遥控、水墨速度跟踪、印品质量自动检测和跟踪系统、无轴传动技术、速度在75000张/小时的高速自动接纸机、给纸机和可以自动遥控调节的高速折页机、自动套印系统、冷却装置、加硅系统、调偏装置等制造

173. 电子枪自动镀膜机制造

174. 平板玻璃深加工技术及设备制造

175. 新型造纸机械（含纸浆）等成套设备制造

176. 皮革后整饰新技术设备制造

177. 土壤污染治理及修复设备制造

178. 农产品加工及储藏新设备开发与制造：粮食、油料、蔬菜、干鲜果品、肉食品、水产品等产品的加工储藏、保鲜、分级、包装、干燥等新设备，农产品品质检测仪器设备，农产品品质无损伤检测仪器设备，流变仪，粉质仪，超微粉碎设备，高效脱水设备，五效以上高效果汁浓缩设备，粉体食品物料杀菌设备，固态及半固态食品无菌包装设备，碟片式分离离心机

179. 农业机械制造：农业设施设备（温室自动灌溉设备、营养液自动配置与施肥设备、高效蔬菜育苗设备、土壤养分分析仪器），配套发动机功率200千瓦以上拖拉机及配套农具，低油耗低噪音低排放柴油机，大型拖拉机配套的带有残余雾粒回收装置的喷雾机，高性能水稻插秧机，棉花采摘机及棉花采摘台，适应多种行距的自走式玉米联合收割机（液压驱动或机械驱动），花生收获机，油菜籽收获机，甘蔗收割机，甜菜收割机

180. 林业设施设备制造：苗木花卉智能温室、精准灌溉、施肥、育苗等设备，苗木干径叶根系径流、种子活力、土壤养分等分析仪器，大功率（240KW）林地作业底盘及其配套机具，多功能整地、植树、抚育、采伐、集材等中小型机，困难立地造林机械，林地剩余物收集、打捆、木片、粉碎及其综合利用机，大中型植保与施药喷雾机，小型精准施药装备或仿生施药机器人，林木球果采集、油料果实收获机，大中型树木移植机、灌木平茬装备、高效剪枝设备，林木蓄积量快速测量设备

181. 木材加工设备制造：快速色差识别技术设备，快速实木板材量尺设备，快速结疤检测设备，实木表面缺陷检测设备，锯木制材成套装备技术，人造板材表面缺陷快速检测设备、在线质量分级设备，旋切单板质量在线检测设备，实木家具漆膜打磨粉尘处理设备、智

能打磨机器人，多色自动切换喷漆机器人，家具包装、裁切、堆垛机器人，板式家具板件快速分拣设备，家具制造智能仓库

182. 林业灾情监控设备制造：林区快速救援装备、高精度导航定位设备，无人机火情、灾情监测预警设备，灭火、除虫设备
183. 农作物秸秆收集、打捆及综合利用设备制造
184. 农用废物的资源化利用及规模化畜禽养殖废物的资源化利用设备制造
185. 节肥、节（农）药、节水型农业技术设备制造
186. 机电井清洗设备及清洗药物生产设备制造
187. 电子内窥镜制造
188. 眼底摄影机制造
189. 医用成像设备（高场强超导型磁共振成像设备、X线计算机断层成像设备、数字化彩色超声诊断设备等）关键部件的制造
190. 医用超声换能器（3D）制造
191. 硼中子俘获治疗设备制造
192. 图像引导适型调强放射治疗系统制造
193. 血液透析机、血液过滤机制造
194. 全自动生化监测设备、五分类血液细胞分析仪、全自动化学发光免疫分析仪、高通量基因测序系统制造
195. 药品质量控制新技术、新设备制造
196. 天然药物有效物质分析的新技术、提取的新工艺、新设备开发与制造
197. 生物医药配套耗材生产设备研发、制造
198. 非PVC医用输液袋多层共挤水冷式薄膜吹塑装备制造
199. 应急救援装备生产制造
200. 新型纺织机械、关键零部件及纺织检测、实验仪器开发与制造
201. 电脑提花人造毛皮机制造
202. 高新太阳能电池生产专用设备制造
203. 二氧化碳捕集、利用、封存与监测设备制造
204. 大气污染防治设备制造：耐高温及耐腐蚀滤料、低NOx燃烧装置、烟气脱氮催化剂及脱氮成套装置、烟气脱硫设备、烟气除尘设备、工业有机废气净化设备、柴油车排气净化装置、含重金属废气处理装置
205. 水污染防治设备制造：卧式螺旋离心脱水机、膜及膜材料、50kg/h以上的臭氧发生器、10kg/h以上的二氧化氯发生器、紫外消毒装置、农村小型生活污水处理设备、含重金属废水处理装置
206. 固体废物处理处置设备制造：污水处理厂污泥处置及资源利用设备、日处理量500吨以上垃圾焚烧成套设备、垃圾填埋渗滤液处理技术装备、垃圾填埋场防渗土工膜、建筑垃圾处理和资源化利用装备、危险废物处理装置、垃圾填埋场沼气发电装置、废钢铁处理设备
207. 铝工业赤泥综合利用设备开发与制造
208. 尾矿综合利用设备制造
209. 废旧塑料、电器、橡胶、电池回收处理再生利用设备制造
210. 废旧纺织品回收处理设备制造
211. 废旧机电产品再制造设备制造

212. 废旧轮胎综合利用装置制造
213. 余热余压余气利用设备制造
214. 水生生态系统的环境保护技术、设备制造
215. 移动式组合净水设备制造
216. 非常规水处理、重复利用设备与水质监测仪器
217. 工业水管网和设备（器具）的检漏设备和仪器
218. 日产 10 万立方米及以上海水淡化及循环冷却技术和成套设备开发与制造
219. 钢铁、造纸、纺织、石化、化工、冶金等高耗水行业节水工业设备制造
220. 特种气象观测及分析设备制造
221. 地震台站、台网和流动地震观测技术系统开发及仪器设备制造
222. 四鼓及以上子午线轮胎成型机制造
223. 滚动阻力试验机、轮胎噪音试验室制造
224. 供热计量、温控装置新技术设备制造
225. 氢能制备与储运设备及检查系统制造
226. 新型重渣油气化雾化喷嘴、漏汽率 0.5% 及以下高效蒸汽疏水阀、1000℃ 及以上高温陶瓷换热器制造
227. 海上溢油回收装置制造
228. 低浓度煤矿瓦斯和乏风利用设备制造
229. 洁净煤技术产品的开发与利用及设备制造（煤炭气化、液化、水煤浆、工业型煤）
230. 大型公共建筑、高层建筑、石油化工设施、森林、山岳、水域和地下设施消防灭火救援技术开发与设备制造
231. 智能化紧急医学救援设备制造
232. 水文监测传感器制造
233. 核反应堆主工艺设备设计、研发和制造

（十九）汽车制造业

234. 汽车发动机制造及发动机研发机构建设：升功率不低于 70 千瓦的汽油发动机、升功率不低于 50 千瓦的排量 3 升以下柴油发动机、升功率不低于 40 千瓦的排量 3 升以上柴油发动机、燃料电池和混合燃料等新能源发动机

235. 汽车关键零部件制造及关键技术研发：双离合器变速器（DCT）、无级自动变速器（CVT）、电控机械变速器（AMT）、汽油发动机涡轮增压器、粘性连轴器（四轮驱动用）、自动变速器执行器（电磁阀）、液力缓速器、电涡流缓速器、汽车安全气囊用气体发生器、燃油共轨喷射技术（最大喷射压力大于 2000 帕）、可变截面涡轮增压技术（VGT）、可变喷嘴涡轮增压技术（VNT）、达到中国第六阶段污染物排放标准的发动机排放控制装置、智能扭矩管理系统（ITM）及耦合器总成、线控转向系统、颗粒捕捉器、低地板大型客车专用车桥、吸能式转向系统、大中型客车变频空调系统、汽车用特种橡胶配件，以及上述零部件的关键零件、部件

236. 汽车电子装置制造与研发：发动机和底盘电子控制系统及关键零部件，车载电子技术（汽车信息系统和导航系统），汽车电子总线网络技术，电子控制系统的输入（传感器和采样系统）输出（执行器）部件，电动助力转向系统电子控制器，嵌入式电子集成系统、电控式空气弹簧，电子控制式悬挂系统，电子气门系统装置，电子组合仪表，ABS/TCS/ESP 系统，电路制动系统（BBW），变速器电控单元（TCU），轮胎气压监测系统（TPMS），

车载故障诊断仪（OBD）、发动机防盗系统、自动避撞系统、汽车、摩托车型试验及维修用检测系统、自动驾驶系统、车载电子操作系统、车载电子操作系统应用程序开发（APP）、抬头显示技术、智能网联汽车避让转向辅助系统、碰撞报警系统（FCW）、自动制动控制系统（ABC）、自动紧急制动系统（AEB）、车联网技术

237. 新能源汽车关键零部件制造及研发：能量型动力电池单体；电池正极材料（比容量≥180mAh/g，循环寿命2000次不低于初始放电容量的80%），电池负极材料（比容量≥500mAh/g，循环寿命2000次不低于初始放电容量的80%）、电池隔膜（厚度≤12μm，孔隙率35%~60%）；电池管理系统，电机控制器，电动汽车电控集成；电动汽车驱动电机系统（高效区：85%工作区效率≥80%），车用DC/DC（输入电压100V~400V），大功率电子器件（IGBT，电压等级≥750V，电流≥300A）；插电式混合动力机电耦合驱动系统；燃料电池发动机（质量比功率≥350W/kg）、燃料电池堆（体积比功率≥3kW/L）、膜电极（铂用量≤0.3g/kW）、质子交换膜（质子电导率≥0.08S/cm）、双极板（金属双极板厚度≤1.2mm，其他双极板厚度≤1.6mm）、低铂催化剂、碳纸（电阻率≤3mΩ·cm）、空气压缩机、氢气循环泵、氢气引射器、增湿器、燃料电池控制系统、升压DC/DC、70MPa氢瓶、车载氢气浓度传感器；电动汽车用热泵空调；电机驱动控制专用32位及以上芯片（不少于2个硬件内核，主频不低于180MHz，具备硬件加密等功能，芯片设计符合功能安全ASIL C以上要求）；一体化电驱动总成（功率密度≥2.5kW/kg）；高速减速器（最高输入转速≥12000rpm，噪声低于75dB）

238. 车载充电机（满载输出工况下效率≥95%）、双向车载充电机、非车载充电设备（输出电压250V~950V，电压范围内效率≥88%）和高功率密度、高转换效率、高适用性无线充电、移动充电技术开发及装备制造

239. 智能汽车关键零部件制造及研发：传感器、车载芯片、中央处理器、车载操作系统和信息控制系统、车网通信系统设备、视觉识别系统、高精度定位装置、线控底盘系统；新型智能终端模块、多核异构智能计算平台技术、全天候复杂交通场景高精度定位和地图技术、传感器融合感知技术、车用无线通信关键技术、基础云控平台技术；新型安全隔离架构技术、软硬件协同攻击识别技术、终端芯片安全加密和应用软件安全防护技术、无线通信安全加密技术、安全通讯及认证授权技术、数据加密技术；测试评价体系架构研发，虚拟仿真、实车道路测试等技术和验证工具，整车级和系统级测试评价方法，测试基础数据库建设

（二十）铁路、船舶、航空航天和其他运输设备制造业

240. 达到中国摩托车第四阶段污染物排放标准的大排量（排量>250ml）摩托车发动机排放控制装置制造

241. 民用飞机设计、制造与维修：干线、支线飞机，通用飞机

242. 民用飞机零部件与维修

243. 民用直升机设计与制造

244. 民用直升机零部件制造

245. 地面、水面效应航行器制造及无人机、浮空器设计与制造

246. 航空发动机及零部件、航空辅助动力系统设计、制造与维修

247. 航空航天用新型材料开发、生产

248. 民用航空机载设备设计与制造

249. 航空地面设备制造：民用机场设施、民用机场运行保障设备、飞行试验地面设备、飞行模拟与训练设备、航空测试与计量设备、航空地面试验设备、机载设备综合测试设备、

航空制造专用设备、航空材料试制专用设备、民用航空器地面接收及应用设备、运载火箭地面测试设备、运载火箭力学及环境实验设备

250. 民用卫星设计与制造，民用卫星有效载荷制造
251. 民用卫星零部件制造
252. 星上产品检测设备制造
253. 豪华邮轮及深水（3000 米以上）海洋工程装备的设计
254. 海底矿产资源开发装备的设计
255. 船舶低、中速柴油机及其零部件的设计
256. 船舶舱室机械的设计
257. 船舶通讯导航设备的设计
258. 游艇的设计
259. 智能船舶的设计及相关智能系统的研发

（二十一）电气机械和器材制造业

260. 100 万千瓦超超临界火电机组用关键辅机设备制造：安全阀、调节阀
261. 钢铁行业烧结机脱硝技术装备制造
262. 火电设备的密封件设计、制造
263. 燃煤电站、水电站设备用大型铸锻件制造
264. 水电机组用关键辅机设备制造
265. 输变电设备及关键组部件制造
266. 新能源发电成套设备或关键设备制造：光伏发电、光热发电、地热发电、潮汐发电、波浪发电、垃圾发电、沼气发电、2.5 兆瓦及以上风力发电设备
267. 斯特林发电机组制造
268. 直线和平面电机及其驱动系统开发与制造
269. 高技术绿色电池制造：动力镍氢电池、锌镍蓄电池、钠盐电池、锌银蓄电池、锂离子电池、太阳能电池、燃料电池等
270. 电动机采用直流调速技术的制冷空调用压缩机、采用 CO_2 自然工质制冷空调压缩机、应用可再生能源（空气源、水源、地源）制冷空调设备制造
271. 太阳能空调、采暖系统、太阳能干燥装置制造
272. 生物质干燥热解系统、生物质气化装置制造
273. 交流调频调压牵引装置制造

（二十二）计算机、通信和其他电子设备制造业

274. 高清数字摄录机、数字放声设备制造
275. TFT-LCD、OLED、AMOLED、激光显示、量子点、3D 显示等平板显示屏、显示屏材料制造（6 代及 6 代以下 TFT-LCD 玻璃基板除外）
276. 电子书材料（电子墨水屏等）的研发与制造
277. 直径 200mm 以上硅单晶及抛光片生产
278. 300mm 以上大硅片的制造
279. 大屏幕彩色投影显示器用光学引擎、光源、投影屏、高清晰度投影管和微显投影设备模块等关键件制造
280. 数字音、视频编解码设备，数字广播电视演播室设备，数字有线电视系统设备，数字音频广播发射设备，数字电视上下变换器，数字电视地面广播单频网（SFN）设备，卫

星数字电视上行站设备制造

281. 集成电路设计，线宽 28 纳米及以下大规模数字集成电路制造，0.11 微米及以下模拟、数模集成电路制造，MEMS 和化合物半导体集成电路制造及 BGA、PGA、FPGA、CSP、MCM 等先进封装与测试

282. 大中型电子计算机、万万亿次高性能计算机、便携式微型计算机、大型模拟仿真系统、工业控制机及控制器制造

283. 量子、类脑等新机理计算机系统的研究与制造

284. 超大规模集成电路制造用刻蚀机、PVD、CVD、氧化炉、清洗机、扩散炉、MFC 等

285. 芯片封装设备制造

286. 计算机数字信号处理系统及板卡制造

287. 图形图像识别和处理系统制造

288. 大容量光、磁盘驱动器及其部件开发与制造

289. 100TB 及以上存储系统制造、8TB 及以上 SSD 固态硬盘制造及智能化存储设备制造

290. 计算机辅助设计（三维 CAD）、电子设计自动化（EDA）、辅助测试（CAT）、辅助制造（CAM）、辅助工程（CAE）系统及其他计算机应用系统制造

291. 软件产品开发、生产

292. 电子专用材料开发与制造（光纤预制棒开发与制造除外）

293. 电子专用设备、测试仪器、工模具制造

294. 新型电子元器件制造：片式元器件、敏感元器件及传感器、频率控制与选择元件、混合集成电路、电力电子器件、光电子器件、新型机电元件、高分子固体电容器、超级电容器、无源集成元件、高密度互连积层板、单层、双层及多层挠性板、刚挠印刷电路板及封装载板、高密度高细线路（线宽/线距≤0.05mm）柔性电路板

295. 触控系统（触控屏幕、触控组件等）制造及组装

296. 虚拟现实（VR）、增强现实（AR）设备研发与制造

297. 发光效率 140lm/W 以上高亮度发光二极管、发光效率 140lm/W 以上发光二极管外延片（蓝光）、发光效率 140lm/W 以上且功率 200mW 以上白色发光管制造

298. 高密度数字光盘机用关键件开发、生产

299. 可录类光盘生产

300. 3D 打印设备及其关键零部件研发与制造

301. 卫星通信系统设备制造

302. 光通信测量仪表、速率 40Gbps 及以上光收发器制造

303. 超宽带（UWB）通信设备制造

304. 无线局域网（含支持 WAPI）、广域网设备制造

305. 100Gbps 及以上速率时分复用设备（TDM）、密集波分复用设备（DWDM）、宽带无源网络设备（包括 EPON、GPON、WDM-PON 等）、下一代 DSL 芯片及设备、光交叉连接设备（OXC）、自动光交换网络设备（ASON）、40Gbps 以上 SDH 光纤通信传输设备制造

306. 基于 IPv6 的下一代互联网系统设备、终端设备、检测设备、软件、芯片开发与制造

307. 第四代及后续移动通信系统手机、基站、核心网设备以及网络检测设备开发与制造

308. 应用于第五代移动终端（手机、汽车、无人机、虚拟现实与增强显示等）的视觉传感器（数字相机、数字摄像头、3D 传感器、激光雷达、毫米波雷达等）及其核心元组件（光学镜片与镜头、激光器、感光芯片、马达、光电模块等）的开发与制造

309. 云计算设备、软件和系统开发

310. 整机处理能力大于 6.4Tbps（双向）的高端路由器、交换容量大于 40Tbps 的交换机开发与制造

311. 空中交通管制系统设备制造

312. 基于声、光、电、触控等计算机信息技术的中医药电子辅助教学设备，虚拟病理、生理模型人设备的开发与制造

（二十三）仪器仪表制造业

313. 土壤墒情监测设备制造

314. 工业过程自动控制系统与装置制造：现场总线控制系统，大型可编程控制器（PLC），两相流量计，固体流量计，新型传感器及现场测量仪表

315. 大型精密仪器、高分辨率显微镜（分辨率小于 200nm）开发与制造

316. 高精度数字电压表、电流表制造（显示量程七位半以上）

317. 无功功率自动补偿装置制造

318. 安全生产新仪器设备制造

319. VXI 总线式自动测试系统（符合 IEEE1155 国际规范）制造

320. 煤矿井下监测及灾害预报系统、煤炭安全检测综合管理系统开发与制造

321. 工程测量和地球物理观测设备制造

322. 环境监测仪器制造

323. 无线远传智能水表制造

324. 水库大坝安全智能监控仪器制造

325. 水文数据采集、处理与传输和防洪预警仪器及设备制造

326. 海洋勘探监测仪器和设备制造

327. 市政管网和输水管道渗漏监测仪器制造

328. 核仪器、仪表研发和制造

（二十四）废弃资源综合利用业

329. 煤炭洗选及粉煤灰（包括脱硫石膏）、煤矸石等综合利用

330. 全生物降解材料的生产

331. 废旧电器电子产品、汽车、机电设备、橡胶、金属、电池回收处理

332. 赤泥及其他冶炼废渣综合利用

四、电力、热力、燃气及水生产和供应业

333. 单机 60 万千瓦及以上超超临界机组电站的建设、经营

334. 采用背压型热电联产、热电冷多联产、30 万千瓦及以上超（超）临界热电联产机组电站的建设、经营

335. 缺水地区单机 60 万千瓦及以上大型空冷机组电站的建设、经营

336. 整体煤气化联合循环发电等洁净煤发电项目的建设、经营

337. 单机 30 万千瓦及以上采用流化床锅炉并利用煤矸石、中煤、煤泥等发电项目的建设、经营

338. 发电为主的大型水电站及抽水蓄能电站建设、经营
339. 核电站的建设、经营
340. 新能源电站（包括太阳能、风能、地热能、潮汐能、潮流能、波浪能、生物质能等）建设、经营
341. 重要负荷中心且气源有保障地区天然气调峰电站、天然气分布式能源站的建设、经营
342. 燃气发电与可再生发电互补系统开发与应用
343. 电网的建设、经营
344. 使用天然气、电力和可再生能源驱动的区域供能（冷、热）项目的建设、经营
345. 海水利用（海水直接利用、海水淡化）、苦咸水利用
346. 供水厂建设、经营
347. 再生水厂建设、经营
348. 污水处理厂建设、经营
349. 机动车充电站、电池更换站建设、经营
350. 加氢站建设、经营

五、交通运输、仓储和邮政业

351. 铁路干线路网及铁路专用线的建设、经营
352. 城际铁路、市域（郊）铁路、资源型开发铁路和支线铁路及其桥梁、隧道、轮渡和站场设施的建设、经营
353. 高速铁路、城际铁路基础设施综合维修
354. 公路、独立桥梁和隧道的建设、经营
355. 公路货物运输公司
356. 港口公用码头设施的建设、经营
357. 民用机场的建设、经营
358. 公共航空运输公司
359. 农、林、渔业通用航空公司
360. 国际海上运输公司
361. 国际集装箱多式联运业务
362. 输油（气）管道、油（气）库的建设、经营
363. 煤炭管道运输设施的建设、经营
364. 自动化高架立体仓储设施，包装、加工、配送业务相关的仓储一体化设施建设、经营
365. 与快递服务相关科技装备及绿色包装研发应用

六、批发和零售业

366. 一般商品的共同配送、鲜活农产品冷链物流和特殊药品低温配送等物流及相关技术服务的提供和运用
367. 农村连锁配送
368. 托盘及集装单元共用系统建设、经营

七、信息传输、软件和技术服务业

369. 电子商务系统开发与应用服务

八、租赁和商务服务业

370. 国际经济、科技、环保、物流信息、商务、会计、税务咨询服务
371. 工程咨询服务
372. 以承接服务外包方式从事系统应用管理和维护、信息技术支持管理、银行后台服务、财务结算、软件开发、离岸呼叫中心、数据处理等信息技术和业务流程外包服务
373. 创业投资企业
374. 知识产权服务
375. 家庭服务业

九、科学研究和技术服务业

376. 生物工程与生物医学工程技术、生物质能源开发技术
377. 智能器件、机器人、神经网络芯片、神经元传感器等人工智能技术开发与应用
378. 同位素、辐射及激光技术
379. 海洋开发及海洋能开发技术、海洋化学资源综合利用技术、相关产品开发和精深加工技术、海洋医药与生化制品开发技术
380. 海洋监测技术（海洋浪潮、气象、环境监测）、海底探测与大洋资源勘查评价技术
381. 综合利用海水淡化后的浓海水制盐、提取钾、溴、镁、锂及其深加工等海水化学资源高附加值利用技术
382. 海上石油污染清理与生态修复技术及相关产品开发，海水富营养化防治技术，海洋生物爆发性生长灾害防治技术，海岸带生态环境修复技术
383. 节能环保和循环经济技术开发与应用
384. 资源再生及综合利用技术、企业生产排放物的再利用技术开发与应用
385. 环境污染治理及监测技术
386. 清洁生产技术开发与服务
387. 碳捕集、利用与封存（CCUS）技术开发与服务
388. 绿色建筑节地与室外环境、节能与能源利用、节水与水资源利用、节材与材料资源利用、室内环境与运行管理综合技术开发与利用
389. 放射性废物处理技术开发与应用
390. 化纤生产及印染加工的节能降耗、三废治理新技术
391. 磷石膏综合利用技术开发与应用
392. 防沙治沙与沙荒修复技术
393. 草畜平衡综合管理技术
394. 现代畜牧业废弃物资源化综合利用技术开发与应用
395. 农药新型施药技术开发与应用
396. 民用卫星应用技术
397. 检验检测认证服务
398. 研究开发中心
399. 高新技术、新产品开发与企业孵化中心

400. 物联网技术开发与应用
401. 工业设计、建筑设计、服装设计等创意产业
402. 城乡规划编制服务（城市、镇总体规划服务除外）

十、水利、环境和公共设施管理业

403. 河道、湖泊水环境治理、水生态修复和管理保护与经营
404. 城市封闭型道路的建设、经营
405. 城市地铁、轻轨等轨道交通的建设、经营
406. 垃圾处理厂，危险废物处理处置厂（焚烧厂、填埋场）及环境污染治理设施的建设、经营
407. 城市停车设施建设、经营
408. 出租车、有轨电车、公交等公共交通系统的建设及运营

十一、教育

409. 非学制类职业培训机构

十二、卫生和社会工作

410. 老年人、残疾人和儿童服务机构
411. 养老机构
412. 医疗机构

十三、文化、体育和娱乐业

413. 演出场所经营
414. 体育场馆经营、健身、竞赛表演及体育培训和中介服务
415. 旅游基础设施建设及旅游信息服务

中西部地区外商投资优势产业目录

山西省

1. 牧草饲料作物种植及深加工
2. 小杂粮、马铃薯种植及产品开发、生产
3. 退耕还林还草、天然林保护等国家重点生态工程后续产业开发
4. 节水灌溉和旱作节水技术、保护性耕作技术开发与应用
5. 矿区生态系统恢复与重建工程
6. 非金属矿（高岭土、石灰石、硅石、石英砂）综合利用（勘探、开采除外）
7. 煤层气和煤炭伴生资源综合开发利用
8. 煤制液体燃料生产
9. 焦炭副产品综合利用
10. 棉、毛、麻、丝、化纤的高档纺织、针织及服装加工生产和相关产品的研发、检测
11. 天然药、原料药、中成药的深加工
12. 包装装潢印刷品印刷
13. 高档玻璃制品、高技术陶瓷（含工业陶瓷）技术开发和产品生产
14. 特殊品种（超白、超薄、在线 Low-E、中空、超厚）优质浮法玻璃技术开发及深

加工

15. 不锈钢制品生产

16. 汽车零部件制造：六档以上自动变速箱、商用车用高功率密度驱动桥、随动前照灯系统、LED 前照灯、轻量化材料应用、离合器、液压减震器、中控盘总成、座椅、电机及控制系统、主动安全及自动驾驶控制系统、燃料电池系统

17. 高速列车用钢、非晶带材等钢铁新材料的开发、生产

18. 铝合金材料及制品生产

19. 钢丝绳芯橡胶输运带生产

20. 液压技术系统及模具生产

21. 旱地、山地中小农业机械及配套机具制造

22. 三轴以上联动的高速、精密数控机床及配套数控系统、伺服电机及驱动装置、功能部件、刀具、量具、量仪及高档磨具磨料生产

23. 大型煤矿综采设备和防爆机电产品生产

24. 核电物料转运设备及其配套件生产

25. 新型医疗器械设备及医用材料生产加工

26. 第三代及后续移动通信系统手机零部件生产

27. 洗中煤、焦炉煤气余热发电、供热等综合利用

28. 火电厂废弃物等的综合利用

29. 物流业务相关的仓储设施建设和商贸服务

30. 宽带业务和增值电信业务（限于中国入世承诺开放的电信业务）

31. 公路旅客运输公司

32. 城市燃气、热力和供排水管网建设、经营

33. 中等高等职业院校（含技工院校）

34. 汽车加气站建设和运营

35. 艺术表演培训和中介服务及文化用品、设备等产业化开发

36. 旅游景区（点）保护、开发和经营及其配套设施建设

内蒙古自治区

1. 标准化设施蔬菜基地、集约化蔬菜育苗场建设

2. 绿色农畜产品（乳、肉、绒、皮毛、粮油、马铃薯、果蔬）生产及加工

3. 退耕还林还草、退牧还草、天然林保护、退田还湖、退耕还湿、荒漠化防治等国家重点生态工程后续产业开发

4. 节水灌溉和旱作节水技术、保护性耕作、中低产田改造、盐碱地改良等技术开发与应用

5. 铜、铅、锌、镁、铝等有色金属精深加工

6. 非金属矿（高岭土、红柱石、膨润土、白云石、石墨、珍珠岩、沸石）综合利用、精加工及应用（勘探、开采除外）

7. 棉、毛、绒、麻、丝、化纤的高档纺织、针织及服装生产加工和相关产品的研发、检测

8. 煤层气和煤炭伴生资源综合开发利用

9. 天然气下游化工产品开发和利用（列入《天然气利用政策》限制类和禁止类的除外）

10. 利用乙烯与氯气通过氧氯化法生产 30 万吨/年以上 PVC，废盐酸制氯气等综合利用技术开发及利用

11. 高性能硅油、硅橡胶、树脂，高品质氟树脂，高性能氟橡胶，含氟精细化学品和高品质含氟无机盐等开发、生产

12. 硅材料生产及其应用

13. 动植物药材资源开发、保护和可持续利用：内蒙古道地药材和特色蒙药材种植基地建设、濒危药用植物保育基地建设、种子种苗基地建设、道地药材提取物工厂研发中心建设

14. 少数民族特需用品、工艺美术品、包装容器材料及日用玻璃制品及代表民族特色的旅游商品纪念品生产

15. 碳纤维产品生产及其应用

16. 天然气压缩机（含煤层气压缩机）制造

17. 蒙医药、蒙医医疗设备研究与开发

18. 汽车整车制造，专用汽车（不包括普通半挂车、自卸车、罐式车、厢式车和仓栅式汽车）制造（须执行《汽车产业投资管理规定》）

19. 汽车零部件制造：六档以上自动变速箱、商用车用高功率密度驱动桥、随动前照灯系统、LED 前照灯、轻量化材料应用（高强钢、铝镁合金、复合塑料、粉末冶金、高强度复合纤维等）、离合器、液压减震器、中控盘总成、座椅

20. 大型储能技术研发与生产应用（蓄能电池、抽水蓄能技术、空气储能技术、风电与后夜供热等）

21. 太阳能、风能发电设备及零部件制造

22. 洗中煤、焦炉煤气余热发电、供热等综合利用

23. 宽带业务和增值电信业务（限于中国入世承诺开放的电信业务）

24. 公路旅客运输公司

25. 汽车加气站建设和运营

26. 城市燃气、热力和供排水管网建设、经营

27. 学前、普通高中和高等教育机构

28. 动漫创作、制作及衍生品开发

29. 文化演出场所建设、艺术表演培训等服务

30. 体育场馆设施建设、体育赛事运营及体育健身休闲服务

31. 健康医疗旅游开发

32. 冰雪、森林、草原、沙漠生态旅游资源开发、建设和经营

33. 旅游景区（点）保护、开发和经营及其配套设施建设

辽宁省

1. 节水灌溉和旱作节水技术、保护性耕作技术开发与应用

2. 退耕还林还草等国家重点生态工程后续产业开发

3. 镁、锆石加工及综合利用

4. 棉、毛、麻、丝、化纤的高档纺织、针织及服装加工生产和相关产品的研发、检测

5. 天然药、原料药、中成药的深加工

6. 高性能子午线轮胎的生产：无内胎载重子午胎，低断面和扁平化（低于 55 系列）、大轮辋高性能轿车子午胎（15 吋以上），航空轮胎及农用子午胎

7. 金属包装、自动化立体仓库及仓储物流设备制造

8. 环保设备（大气、污水、固废处理设备）制造及其解决方案应用

9. 智能测控装置及关键零部件制造

10. 高档数控机床伺服装置制造

11. 汽车零部件制造：六档以上自动变速箱、商用车用高功率密度驱动桥、随动前照灯系统、LED 前照灯、轻量化材料应用（高强钢、铝镁合金、复合塑料、粉末冶金、高强度复合纤维等）、离合器、液压减震器、中控盘总成、座椅、汽车主被动安全保护装置、汽车启停电机、新能源汽车驱动装置及控制系统

12. 医疗设备及关键部件开发、生产

13. 高精度铜、铝及合金板带材深加工

14. 非易失性存储器设计、研发及制造

15. 数字医疗系统、社区护理、个人健康维护相关产品开发与应用

16. 大型储能技术研发与生产应用（蓄能电池、抽水蓄能技术、空气储能技术、风电与后夜供热等）

17. 生物质能开发、生产和利用

18. 宽带业务和增值电信业务（限于中国入世承诺开放的电信业务）

19. 城市燃气、热力和供排水管网建设、经营

20. 汽车加气站建设和运营

21. 节约用水技术改造、技术研发和推广应用

22. 数字视听与数字家庭产品（有线电视网络、网络视听节目服务除外）

23. 旅游景区（点）保护、开发和经营及其配套设施建设

24. 经国家投资主管部门批准的资源枯竭型城市资源精深加工和接续产业等项目

吉林省

1. 节水灌溉和旱作节水技术、保护性耕作技术开发与应用

2. 谷子、高粱、燕麦、藜麦、绿豆、红小豆等杂粮杂豆农产品开发、生产

3. 人参、鹿茸、山葡萄、果仁、山野菜、蓝莓、菌类、林蛙、柞蚕、蜂蜜等长白山特色生态食品、饮品的开发和加工

4. 饮用天然矿泉水生产

5. 硅藻土资源开发及综合利用（勘探、开采除外）

6. 棉、毛、麻、丝、化纤的高档纺织、针织及服装加工生产和相关产品的研发、检测

7. 褐煤蜡萃取

8. 动植物药材资源开发、保护和可持续利用

9. 草铵膦及草铵膦中间体的开发、生产

10. 特殊品种（超白、超薄、在线 Low-E、中空、超厚）优质浮法玻璃技术开发及深加工

11. 碳纤维原丝、碳纤维生产及其生产所需辅助材料、碳纤维复合材料及其制品生产

12. 玄武岩纤维新材料的生产、开发

13. 高性能子午线轮胎的生产：无内胎载重子午胎，低断面和扁平化（低于 55 系列）、大轮辋高性能轿车子午胎（15 吋以上），航空轮胎及农用子午胎

14. 铝合金材料及制品生产

15. LED、新型元器件等节能产品

16. 现代中药制品生产

17. 医疗设备及关键部件开发、生产
18. 冰雪体育和旅游用品生产
19. 索道缆车、游乐设施等旅游装备制造
20. 换热器设备的生产制造
21. 汽车零部件制造：六档以上自动变速箱、商用车用高功率密度驱动桥、随动前照灯系统、LED前照灯、轻量化材料应用（高强钢、铝镁合金、复合塑料、粉末冶金、高强度复合纤维等）、离合器、液压减震器、中控盘总成、座椅
22. 专用汽车（不包括普通半挂车、自卸车、罐式车、厢式车和仓栅式汽车）制造（须执行《汽车产业投资管理规定》）
23. 生物质能开发、生产和利用
24. 宽带业务和增值电信业务（限于中国入世承诺开放的电信业务）
25. 公路旅客运输公司
26. 汽车金融服务
27. 城市燃气、热力和供排水管网建设、经营
28. 学前、普通高中和高等教育机构
29. 动漫创作、制作及衍生品开发
30. 冰雪旅游资源开发及滑雪场、酒店等配套设施建设、经营
31. 旅游景区（点）保护、开发和经营及其配套设施建设
32. 温泉资源开发及温泉度假村建设、经营
33. 观光农业、休闲农业的开发和经营及其配套设施建设
34. 大型主题公园的建设、经营
35. 经国家投资主管部门批准的资源枯竭型城市资源精深加工和接续产业等项目

黑龙江省

1. 退耕还林还草、天然林保护等国家重点生态工程后续产业开发
2. 节水灌溉和旱作节水技术、保护性耕作技术开发与应用
3. 矿区生态系统恢复与重建工程
4. 利用境外资源的木材加工
5. 饮用天然矿泉水生产
6. 日处理甜菜3000吨及以上甜菜制糖及副产品综合利用
7. 马铃薯深加工
8. 绿色食品生产
9. 营养性豆奶粉、传统豆制品、功能性蛋白产品、大豆磷脂等非转基因大豆制品生产和加工
10. 天然药、原料药、中成药的深加工
11. 少数民族特需用品、工艺美术品及代表民族特色的旅游商品纪念品生产
12. 冰雪体育和旅游用品生产
13. 工艺陶瓷生产
14. 石墨的高端应用和精深加工
15. 非金属矿（高岭土、石灰石、硅石、石英砂）综合利用（勘探、开采除外）
16. 硅基及光伏新材料开发、生产
17. 钛矿冶炼及钛制品加工

18. 切削刀具、量具、刃具制造

19. 现代农业装备及配套农机具的生产：大马力拖拉机配套零部件、水稻插秧机及其它种植机械、玉米收获机、谷物联合收获机、其它收获机及配套零部件

20. 高性能子午线轮胎的生产：无内胎载重子午胎，低断面和扁平化（低于 55 系列）、大轮辋高性能轿车子午胎（15 吋以上）、航空轮胎及农用子午胎

21. 燃气轮机研发与制造

22. 汽车零部件制造：六档以上自动变速箱、商用车用高功率密度驱动桥、随动前照灯系统、LED 前照灯、轻量化材料应用（高强钢、铝镁合金、复合塑料、粉末冶金、高强度复合纤维等）、离合器、液压减震器、中控盘总成、座椅

23. 医疗设备及关键部件开发、生产

24. 生物质能开发、生产和利用

25. 核电装备的生产：核电电机、电缆、核岛堆内构件等关键配套部件研发生产

26. 电网智能管理控制系统设备制造

27. 宽带业务和增值电信业务（限于中国入世承诺开放的电信业务）

28. 公路旅客运输公司

29. 汽车加气站建设和运营

30. 物流业务相关的仓储设施建设和商贸服务

31. 跨境电子商务零售中心和大宗商品进出口分拨物流中心建设

32. 学前、普通高中和高等教育机构

33. 城市燃气、热力和供排水管网建设、经营

34. 动漫创作、制作及衍生品开发

35. 文化演出、艺术表演培训和中介服务等产业化开发

36. 体育场馆设施建设、体育赛事运营及体育健身休闲服务

37. 森林、冰雪旅游资源开发及滑雪场建设、经营

38. 旅游景区（点）保护、开发和经营及其配套设施建设

39. 观光农业、休闲农业的开发和经营及配套设施建设

40. 经国家投资主管部门批准的资源枯竭型城市资源精深加工和接续产业等项目

安徽省

1. 节水灌溉和旱作节水技术、保护性耕作技术开发与应用

2. 高岭土、煤层气（瓦斯）、矿井水及天然焦等煤炭伴生资源综合利用（勘探、开采除外）

3. 非金属矿（方解石、膨润土、高岭土、凹凸棒粘土、石灰石、石英砂）综合利用（勘查、开采除外）

4. 绿色食品生产

5. 棉、毛、麻、丝、化纤的高档纺织、针织及服装加工生产和相关产品的研发、检测

6. 皮鞋、运动鞋等整鞋制造

7. 天然药、原料药、中成药的深加工

8. 煤焦油深加工

9. 纳米材料等新材料研发与制造

10. 耐火材料生产

11. 铜、锌、铝等有色金属精深加工及综合利用

12. 高档无缝钢管、石油油井管制造
13. 包装装潢印刷品印刷
14. 特殊品种（超白、超薄、在线 Low-E、中空、超厚）优质浮法玻璃技术开发及深加工
15. 利用木薯、麻风树、橡胶籽等非粮植物为原料的生物液体燃料（燃料乙醇、生物柴油）生产
16. 高性能子午线轮胎的生产：卡车轮胎、无内胎载重子午胎，低断面和扁平化（低于55 系列）、大轮辋高性能轿车子午胎（15 吋以上），航空轮胎及农用子午胎
17. 汽车零部件制造：六档以上自动变速箱、商用车用高功率密度驱动桥、随动前照灯系统、LED 前照灯、轻量化材料应用（高强钢、铝镁合金、复合塑料、粉末冶金、高强度复合纤维、铝基复合材料等）、离合器、液压减震器、中控盘总成、座椅
18. 新型干法水泥成套设备制造
19. 电动叉车、30 吨以上液压挖掘机及零部件开发与制造
20. 燃气轮机研发与制造
21. 500 万吨/年及以上矿井、薄煤层综合采掘设备，1000 万吨级/年及以上大型露天矿关键装备；大型冶金成套设备等重大技术装备用分散型控制系统（DCS）
22. 难选金属矿产选矿设备和大型冶金成套设备制造
23. 医疗设备及关键部件开发、生产
24. 家用电器、家电用板材及零部件制造
25. 半导体照明材料上下游产品及相关设备的研发与制造
26. 集成电路材料、装备、芯片制造及化合物半导体材料、器件研发、制造
27. 平板显示屏及上下游材料、零部件、装备的研发与制造
28. 智能语音、量子通信等设备研发与制造
29. 工程勘察设计、平面设计和自动控制系统设计等创意产业
30. 生物质能开发、生产和利用
31. 公路旅客运输公司
32. 高等教育机构
33. 动漫创作、制作及衍生品开发
34. 城市燃气、热力和供排水管网建设、经营
35. 旅游景区（点）保护、开发和经营及其配套设施建设

江西省

1. 脐橙、蜜桔、甜柚、茶叶、光皮树、油茶、苎麻、竹、山药、荞头、莲、葛等特色、优势植物及道地药材和药食两用作物种植及深加工
2. 饮用天然矿泉水生产
3. 铜矿选矿、伴生元素提取及精深加工及循环利用
4. 高岭土、粉石英、硅灰石、海泡石、化工用白云石等非金属矿产品精深加工
5. 棉、毛、麻、丝、化纤的高档纺织、针织及服装加工生产和相关产品的研发、检测
6. 木质家具设计、利用境外木材资源的木质家具加工
7. 皮鞋、运动鞋等整鞋制造
8. 单条化学木浆 30 万吨/年及以上、化学机械木浆 10 万吨/年及以上、化学竹浆 10 万吨/年及以上的林纸一体化生产线及相应配套的纸及纸板生产线（新闻纸、铜版纸除外）建

设,采用清洁生产工艺、以非木纤维为原料、单条 10 万吨/年及以上的纸浆生产线建设

9. 年产 10 万吨以上利用木薯类植物的生物液体燃料生产

10. 利用钨、镍、钴、钽、铌等稀有金属资源深加工、应用产品生产及循环利用

11. 利用乙烯与氯气通过氧氯化法生产 30 万吨/年以上 PVC,废盐酸制氯气等综合利用技术开发及利用

12. 天然药、原料药、中成药的研发与生产,满足我国重大、多发性疾病防治需求的通用名药物首次开发和利用

13. 艺术陶瓷、日用陶瓷、工业陶瓷、特种陶瓷等高技术陶瓷的研发与生产

14. 高性能子午线轮胎的生产:无内胎载重子午胎,低断面和扁平化(低于 55 系列)、大轮辋高性能轿车子午胎(15 吋以上),航空轮胎及农用子午胎

15. 包装装潢印刷品印刷

16. 通讯终端产品及零部件的研发与生产

17. 新型电子元器件覆铜板制造

18. 汽车零部件制造:六档以上自动变速箱、商用车用高功率密度驱动桥、随动前照灯系统、LED 前照灯、轻量化材料应用(高强钢、铝镁合金、复合塑料、粉末冶金、高强度复合纤维等)、离合器、液压减震器、中控盘总成、座椅

19. 医疗设备及关键部件开发、生产

20. 空调、高效节能压缩机及零部件生产

21. 太阳能发电设备及零部件制造

22. 半导体芯片上下游产品研发与生产

23. 半导体照明材料上下游产品及相关设备的研发与制造

24. 锂电池等锂产品生产专用设备的研发与制造

25. 光学部件及镀膜技术的研发、应用及制造

26. 宽带业务和增值电信业务(限于中国入世承诺开放的电信业务)

27. 公路旅客运输公司

28. 汽车加气站建设和运营

29. 物流业务相关的仓储设施建设和商贸服务

30. 动漫创作、制作及衍生品开发

31. 养生休闲服务、休闲旅游等休闲产业

32. 旅游景区(点)保护、开发和经营及其配套设施建设

河南省

1. 优质粮油、茶、柳条等种植与加工

2. 退耕还林还草、天然林保护等国家重点生态工程后续产业开发

3. 节水灌溉和旱作节水技术、保护性耕作技术开发与应用

4. 镁、锌精深加工

5. 棉、毛、麻、丝、化纤的高档纺织、针织及服装加工生产和相关产品的研发、检测

6. 煤层气(煤矿瓦斯)抽采和利用技术产品开发、生产

7. 超硬材料产品生产

8. 铝合金材料及制品生产

9. 天然药、原料药、中成药的深加工

10. 数字化包装装潢印刷品印刷

11. 特殊品种（超白、超薄、在线 Low-E、中空、超厚）优质浮法玻璃技术开发及深加工

12. 高性能子午线轮胎的生产：无内胎载重子午胎，低断面和扁平化（低于 55 系列）、大轮辋高性能轿车子午胎（15 吋以上），航空轮胎及农用子午胎

13. 汽车零部件制造：六档以上自动变速箱、商用车用高功率密度驱动桥、随动前照灯系统、LED 前照灯、轻量化材料应用（高强钢、铝镁合金、复合塑料、粉末冶金、高强度复合纤维等）、离合器、液压减震器、中控盘总成、座椅

14. 三轴以上联动的高速、精密数控机床及配套数控系统、伺服电机及驱动装置、功能部件、刀具、量具、量仪及高档磨具磨料生产

15. 300 马力以上配备无级变速器轮式拖拉机，300 马力以上拖拉机关键零部件制造：无级变速拖拉机发动机、变速箱、液力联合控制系统、双输入双输出无级调速装置

16. 500 万吨/年及以上矿井、薄煤层综合采掘设备，1000 万吨级/年及以上大型露天矿关键装备；12000 米及以上深井钻机、极地钻机、高位移性深井沙漠钻机、沼泽难进入区域用钻机、海洋钻机、车装钻机、特种钻井工艺用钻机等钻机成套设备

17. 电能综合管理自动化设备制造

18. 智能手机、平板电脑等智能终端产品的技术开发、生产

19. 空调、电冰箱、高效节能压缩机及零部件制造

20. 生物医药技术开发、生产

21. 生物质能开发、生产和利用

22. 宽带业务和增值电信业务（限于中国入世承诺开放的电信业务）

23. 城市公共停车设施建设、经营

24. 公路货运场站设施的建设和运营

25. 汽车加气站建设和运营

26. 公路旅客运输公司

27. 跨境电子商务零售中心和大宗商品进出口分拨物流中心建设

28. 物流业务相关的仓储设施建设和商贸服务

29. 学前、普通高中和高等教育机构

30. 中等高等职业院校（含技工院校）

31. 动漫创作、制作及衍生品开发

32. 城市燃气、热力和供排水管网建设、经营

33. 观光农业、休闲农业的开发和经营及其配套设施建设

34. 健康医疗旅游开发

35. 旅游景区（点）保护、开发和经营及其配套设施建设

湖北省

1. 农作物新品种选育和种子生产

2. 茶叶种植、加工及收购服务

3. 保护性耕作技术开发与应用

4. 饮用天然矿泉水生产

5. 高档纺织品及服装工艺技术开发

6. 无纺布及医用纺织品生产

7. 动植物药材、保健品资源的开发、保护和可持续利用，植物花叶根茎产品研发、籽

粒榨油深加工

8. 棉、毛、麻、丝、化纤的高档纺织、针织及服装加工生产和相关产品的研发、检测
9. 包装装潢印刷品印刷
10. 铜矿及其他有色金属产品延伸加工及循环利用
11. 特殊品种（超白、超薄、在线 Low-E、中空、超厚）优质浮法玻璃技术开发及深加工
12. 空调、高效节能压缩机及零部件制造
13. 汽车零部件开发与制造：六档以上自动变速箱、商用车用高功率密度驱动桥、随动前照灯系统、LED 前照灯、轻量化材料应用（高强钢、铝镁合金、碳纤维、复合塑料、粉末冶金、高强度复合纤维等）、离合器、液压减震器、中控盘总成、座椅、燃油共轨喷射系统相关产品、涡轮增压发动机、电机及控制系统、主动安全及自动驾驶控制系统
14. 车用压缩氢气塑料内胆碳纤维全缠绕气瓶
15. 高性能子午线轮胎的生产：无内胎载重子午胎，低断面和扁平化（低于 55 系列）、大轮辋高性能轿车子午胎（15 吋以上），航空轮胎及农用子午胎
16. 三轴以上联动的高速、精密数控机床及配套数控系统、伺服电机及驱动装置、功能部件、刀具、量具、量仪及高档磨具磨料生产
17. 特种钢丝绳、钢缆（平均抗拉强度>2200MPa）制造
18. 激光医疗设备开发与制造
19. 光电子技术和产品（含光纤预制棒、半导体发光二极管 LED）开发与制造
20. 医药化工原料废气、废液、废渣的综合利用
21. 食品安全追溯体系开发和建设
22. 生物质能开发、生产和利用
23. 大型储能技术研发与生产应用（蓄能电池、抽水蓄能技术、空气储能技术、风电与后夜供热等）
24. 宽带业务和增值电信业务（限于中国入世承诺开放的电信业务）
25. 公路旅客运输公司
26. 汽车加气站建设和运营
27. 物流业务相关的仓储设施建设和商贸服务
28. 动漫创作、制作及衍生品开发
29. 城市燃气、热力和供排水管网建设、经营
30. 旅游景区（点）保护、开发和经营及其配套设施建设

湖南省

1. 蔬菜、水果、畜禽产品的生产及深加工
2. 节水灌溉和旱作节水技术、保护性耕作技术开发与应用
3. 食品安全追溯体系开发和建设
4. 棉、毛、麻、丝、化纤的高档纺织、针织及服装加工生产和相关产品的研发、检测
5. 皮鞋、运动鞋等整鞋制造
6. 竹木家具制造
7. 高性能混凝土掺和剂
8. 锰锌精深加工
9. 铋化合物生产

10. 艺术陶瓷、日用陶瓷、工业陶瓷、特种陶瓷等高技术陶瓷的研发与生产
11. 天然药、中成药的深加工
12. 激素类药物深度开发
13. 特种（超白、超薄、在线 Low-E、中空、超厚等）优质玻璃技术开发及深加工
14. 高端建筑用热轧无缝钢管、核电用管、超临界高压锅炉用无缝钢管及成品油套管等大口径钢管材加工
15. 新型装配式建筑构件智能制造
16. 高性能子午线轮胎的生产：无内胎载重子午胎，低断面和扁平化（低于55系列）、大轮辋高性能轿车子午胎（15吋以上），航空轮胎及农用子午胎
17. 硬质合金精深加工
18. 双金属高速锯切工具
19. 汽车零部件及汽车电子装置开发与制造：六档以上自动变速箱、商用车用高功率密度驱动桥、随动前照灯系统、LED前照灯、轻量化材料应用（高强钢、铝镁合金、复合塑料、粉末冶金、高强度复合纤维等）、离合器、液压减震器、中控盘总成、座椅、燃油共轨喷射系统相关产品、涡轮增压发动机、电机及控制系统、主动安全及自动驾驶控制系统
20. 三轴以上联动的高速、精密数控机床及配套数控系统、伺服电机及驱动装置、功能部件、刀具、量具、量仪及高档磨具磨料生产
21. 30吨以上液压挖掘机、6米及以上全断面掘进机、320马力及以上履带推土机、6吨及以上装载机、600吨及以上架桥设备（含架桥机、运梁车、提梁机）、400吨及以上履带起重机、100吨及以上全地面起重机、钻孔100毫米以上凿岩台车、400千瓦及以上砼冷热再生设备、1米宽及以上铣刨机；关键零部件：动力换挡变速箱、湿式驱动桥、回转支承、液力变矩器、为电动叉车配套的电机、电控、压力25兆帕以上液压马达、泵、控制阀
22. 60C及以上混凝土输送泵、50米及以上混凝土泵车、混凝土布料机、混凝土搅拌运输车、混凝土喷射机械手；起升机械：塔式起重机、50米及以上高空作业车、50吨级以上轮胎吊；路面机械：12米及以上沥青路面摊铺机、4吨以上沥青混凝土搅拌设备、26吨以上全液压压路机、垃圾收运和处理设备及系统等产品
23. 大型工程机械关键零部件：动力换挡变速箱、湿式驱动桥、回转支承、液力变矩器、为电动叉车配套的电机、电控、压力25兆帕以上液压马达、泵、控制阀
24. 新型橡胶机械成套设备制造
25. 电子产品整机、光电子、电子材料、电子元器件、零部件的开发和制造
26. 太阳能发电设备及零部件制造
27. 宽带业务和增值电信业务（限于中国入世承诺开放的电信业务）
28. 公路旅客运输公司
29. 汽车加气站建设和运营
30. 物流业务相关的仓储设施建设和商贸服务
31. 动漫创作、制作及衍生品开发
32. 城市燃气、热力和供排水管网建设、经营
33. 文化演出场所建设、艺术表演培训等服务
34. 体育场馆设施建设、体育赛事运营及体育健身休闲服务
35. 健康医疗旅游开发
36. 旅游景区（点）保护、开发和经营及其配套设施建设

广西自治区

1. 农作物新品种选育和种子生产
2. 退耕还林还草等国家重点生态工程后续产业开发
3. 动植物药材资源开发、生产
4. 营养性豆奶粉、传统豆制品、功能性蛋白产品、大豆磷脂等非转基因大豆制品生产和加工
5. 日处理甘蔗 5000 吨及以上的蔗糖精深加工及副产品综合利用
6. 松香深加工
7. 棉、毛、麻、丝、化纤的高档纺织、针织及服装加工生产和相关产品的研发、检测
8. 石墨烯技术研发及应用
9. 不锈钢制品生产
10. 铜、铝合金材料及制品生产
11. 锌、锡、锑、钨、锰、铟等金属精深加工
12. 艺术陶瓷、日用陶瓷、工业陶瓷、特种陶瓷等高技术陶瓷的研发与生产
13. 生物医药技术开发、生产
14. 医疗器械设备研究与开发，医用材料生产与加工
15. 特殊品种（超白、超薄、在线 Low-E、中空、超厚）优质浮法玻璃技术开发及深加工
16. 利用木薯、麻风树、橡胶籽等非粮植物为原料的生物液体燃料（燃料乙醇、生物柴油）生产
17. 高性能子午线轮胎的生产：无内胎载重子午胎，低断面和扁平化（低于 55 系列）、大轮辋高性能轿车子午胎（15 吋以上），航空轮胎及农用子午胎
18. 汽车整车制造，专用汽车（不包括普通半挂车、自卸车、罐式车、厢式车和仓栅式汽车）制造（须执行《汽车产业投资管理规定》）
19. 汽车零部件制造：六档以上自动变速箱、商用车用高功率密度驱动桥、随动前照灯系统、LED 前照灯、轻量化材料应用（高强钢、铝镁合金、复合塑料、粉末冶金、高强度复合纤维等）、离合器、液压减震器、中控盘总成、座椅
20. 甘蔗种植机、甘蔗收获机等农机具研发及制造
21. 大型工程机械关键零部件：动力换挡变速箱、湿式驱动桥、回转支承、液力变矩器、为电动叉车配套的电机、电控，压力 25 兆帕以上液压马达、泵、控制阀
22. 宽带业务和增值电信业务（限于中国入世承诺开放的电信业务）
23. 公路旅客运输公司
24. 汽车加气站建设和运营
25. 物流业务相关的仓储设施建设和商贸服务
26. 会展服务业
27. 中等高等职业院校（含技工院校）
28. 城市燃气、热力和供排水管网建设、经营
29. 动漫创作、制作及衍生品开发
30. 养生休闲服务、民族文化开发、休闲旅游等休闲产业
31. 健康医疗旅游开发
32. 旅游景区（点）保护、开发和经营及其配套设施建设

海南省

1. 农作物、畜禽优良品种选育和种苗生产
2. 水产品加工及副产品综合利用
3. 海防林恢复、天然林保护、节水灌溉和旱作节水等技术、开发与应用
4. 饮用天然矿泉水生产
5. 海南省中药、民族药的研发、生产
6. 海底矿物勘查、开采
7. 旅游工艺品创意设计及生产
8. 天然气下游化工产品开发和利用（列入《天然气利用政策》限制类和禁止类的除外）
9. 高性能子午线轮胎的生产：无内胎载重子午胎，低断面和扁平化（低于 55 系列）、大轮辋高性能轿车子午胎（15 吋以上），航空轮胎及农用子午胎
10. 邮轮制造
11. 游艇的设计、制造和维修
12. 深水海洋工程设备制造
13. 高尔夫用具制造
14. 光电子技术和产品（含光纤预制棒、半导体发光二极管 LED）开发与制造
15. 智能手机、平板电脑等智能终端产品及关键零部件的技术开发、生产
16. 航天相关设备制造
17. 宽带业务和增值电信业务（限于中国入世承诺开放的电信业务）
18. 公路旅客运输公司
19. 国际航线邮轮服务
20. 国际船舶代理、外轮理货
21. 国际会议展览业
22. 旅行社
23. 学前、普通高中和高等教育机构
24. 城市燃气、热力和供排水管网建设、经营
25. 第三方船舶管理
26. 汽车加气站建设和运营
27. 物流业务相关的仓储设施建设和商贸服务
28. 跨境电子商务零售中心和大宗商品进出口分拨物流中心建设
29. 电影院的建设、经营
30. 互联网上网服务营业场所
31. 动漫创作、制作及衍生品开发
32. 演出经纪机构
33. 文艺表演团体
34. 演出场所经营
35. 娱乐场所经营
36. 健康医疗旅游、体育旅游开发
37. 乡村民宿、旅居车旅游的开发和经营及配套设施建设
38. 观光农业、休闲农业的开发和经营及其配套设施建设

39. 旅游景区（点）保护、开发和经营及其配套设施建设

40. 海洋、热带雨林生态旅游资源（国家禁止外商投资的自然保护区等除外）开发、经营及其配套设施建设

重庆市

1. 农林牧渔特色产业发展、技术研发、产品加工及出口

2. 天然气下游化工产品生产和开发（列入《天然气利用政策》限制类和禁止类的除外）

3. 聚氨酯主要原料、组合料，高性能、高附加值聚氨酯、工程塑料及下游新材料创新应用产品开发和生产

4. 石墨烯、碳纤维（复合材料）等碳系材料的生产设备（气象沉淀、碳化烧结等）的研发制造，石墨烯、碳纤维（含复合材料）等碳系材料的研发生产及终端产品制造

5. 铝、镁精深加工

6. 页岩气装备制造和油气技术工程服务

7. 环保设备（大气、污水、固废处理设备）制造及其解决方案应用

8. 排气量 250ml 及以上高性能摩托车整车

9. 汽车整车制造，专用汽车（不包括普通半挂车、自卸车、罐式车、厢式车和仓栅式汽车）制造（须执行《汽车产业投资管理规定》）

10. 高性能子午线轮胎的生产：无内胎载重子午胎，低断面和扁平化（低于 55 系列）、大轮辋高性能轿车子午胎（15 吋以上）、航空轮胎及农用子午胎以及列入《当前优先发展的高技术产业化重点领域指南》的子午线轮胎关键原材料

11. 汽车零部件制造：满足国六排放标准及以上的增压直喷汽油机/清洁高效柴油机/驱动系统零部件（离合器、减振器、双质量飞轮）、六档以上自动变速箱（AT、DCT、AMT）、座椅、传动轴、电动转向系统零部件、新能源专用发动机/变速器；新能源车用动力锂电池、驱动电机、电控系统、电制动、电仪表、能量回收系统、电空调、远程监控系统等关键零部件；传动/安全/车身/行驶/信息控制系统、高级驾驶辅助系统（ADAS）、自动驾驶控制系统等智能汽车关键部件；DPF、GPF、SCR 等发动机后处理系统、替代燃料发动机 ECU 控制策略及软硬件、全新新能源汽车/轻量化底盘及车身；行业精密生产装备和相关基础设施生产制造；轻量化材料应用（高强钢、铝镁合金、复合塑料、粉末冶金、高强度复合纤维等）、行业共性技术平台（汽车风洞、智能网联汽车测试评价、安全测试评价、轻量化、行业数据库、全球研发中心等）建设等

12. 天然气分布式能源燃气轮机、内燃机研发及制造

13. 太阳能发电设备及零部件制造

14. 线宽 0.25 微米以下大规模数字集成电路制造

15. 智能手机、平板电脑等智能终端产品的技术开发、生产

16. 显示屏、芯片制造用电子特气、化合物半导体、电子化学品生产与应用

17. 新型医疗器械设备及医用材料生产加工

18. 500 千伏及以上高压直流换流变压器研发及制造

19. 三级能效以上节能环保型家电整机、压缩机、电机、变频器、液晶面板等关键零部件生产，无线输电、裸眼 3D、体感输入等新技术开发

20. 半导体照明材料上下游产品及相关设备的研发与制造

21. 二氧化碳回收、一氧化碳等特殊工业气体制备及应用

22. FINEX 技术及高速、无头连轧
23. 高精度、高可靠性过程测量仪表，智能传感器
24. 会展服务业
25. 物流业务相关的仓储设施建设和商贸服务
26. 跨境电子商务零售中心和大宗商品进出口分拨物流中心建设
27. 宽带业务和增值电信业务（限于中国入世承诺开放的电信业务）
28. 学前、普通高中和高等教育机构
29. 城市燃气、热力和供排水管网建设、经营
30. 动漫创作、制作及衍生品开发
31. 旅行社经营、旅游景区（点）保护、开发和经营及其配套设施建设

四川省

1. 农林牧渔特色产业发展、技术研发、产品加工及出口（包括中药、红薯、柠檬，水果酿酒等）
2. 节水灌溉和旱作节水技术、保护性耕作技术开发与应用
3. 饮用天然矿泉水生产
4. 棉、毛、麻、丝、化纤的高档纺织、针织及服装加工生产和相关产品的研发、检测
5. 以境外木、藤为原材料的高端家具生产
6. 钒钛资源综合利用新技术和新产品研发制造
7. 天然气下游化工产品生产和开发（列入《天然气利用政策》限制类和禁止类的除外）
8. 含氟精细化学品和高品质含氟无机盐生产
9. 特殊品种（超白、超薄、在线 Low－E、中空、超厚）优质浮法玻璃技术开发及深加工
10. 石墨的高端应用和精深加工
11. 汽车整车制造，专用汽车（不包括普通半挂车、自卸车、罐式车、厢式车和仓栅式汽车）制造（须执行《汽车产业投资管理规定》）
12. 高性能子午线轮胎的生产：无内胎载重子午胎，低断面和扁平化（低于 55 系列）、大轮辋高性能轿车子午胎（15 吋以上），航空轮胎及农用子午胎
13. 汽车零部件制造：六档以上自动变速箱、商用车用高功率密度驱动桥、随动前照灯系统、LED 前照灯、轻量化材料应用（高强钢、铝镁合金、复合塑料、粉末冶金、高强度复合纤维等）、离合器、液压减震器、中控盘总成、座椅
14. 30 吨以上液压挖掘机、6 米及以上全断面掘进机、320 马力及以上履带推土机、6 吨及以上装载机、600 吨及以上架桥设备（含架桥机、运梁车、提梁机）、400 吨及以上履带起重机、100 吨及以上全地面起重机、钻孔 100 毫米以上凿岩台车、400 千瓦及以上砼冷热再生设备、1 米宽及以上铣刨机；关键零部件：动力换挡变速箱、湿式驱动桥、回转支承、液力变矩器、为电动叉车配套的电机、电控、压力 25 兆帕以上液压马达、泵、控制阀
15. 太阳能发电设备及零部件制造
16. 大型储能技术研发与生产应用（蓄能电池、抽水蓄能技术、空气储能技术、风电与后夜供热等）
17. 3000KW 以上大型、重型燃气轮机高温部件及控制系统研发制造
18. 半导体照明材料上下游产品及相关设备的研发与制造

19. 精密电子注塑产品开发、生产
20. 液晶电视、数字电视、节能环保电冰箱、智能洗衣机等高档家用电器制造
21. TFT-LCD、OLED 等平板显示屏、显示屏材料制造
22. 智能手机、平板电脑等智能终端产品及关键零部件的技术开发、生产
23. 新型电子元器件制造：高速、敏感电子（气）连接器制造和开发
24. 医疗及康复用器械、设备及关键部件开发、生产
25. 天然气压缩机（含煤层气压缩机）制造
26. 环保设备制造及其解决方案应用
27. 工业尾矿及工业生产废弃物及低品位、复杂、难处理矿的资源化利用
28. 工业过程自动控制系统与装置制造：现场总线控制系统，可编程控制器（PLC），两相流量计，固体流量计，新型传感器及现场测量仪表
29. 物流业务相关的仓储设施建设和商贸服务
30. 跨境电子商务零售中心和大宗商品进出口分拨物流中心建设
31. 宽带业务和增值电信业务（限于中国入世承诺开放的电信业务）
32. 道路运输
33. 卫生咨询、健康管理、医疗知识等医疗信息服务
34. 城市燃气、热力和供排水管网建设、经营
35. 动漫创作、制作及衍生品开发
36. 艺术表演培训和中介服务及文化用品、设备等产业化开发
37. 旅游景区（点）保护、开发和经营及其配套设施建设

贵州省

1. 退耕还林还草、天然林保护等国家重点生态工程后续产业开发
2. 节水灌溉和旱作节水技术开发与应用
3. 马铃薯、魔芋等产品深加工
4. 畜禽、辣椒、苦荞、山药、核桃深加工
5. 棉、毛、麻、丝、化纤的高档纺织、针织及服装加工生产和相关产品的研发、检测
6. 钛冶炼
7. 用先进技术对固定层合成氨装置进行优化节能技改
8. 利用甲醇开发 M100 新型动力燃料及合成氨生产尾气发展新能源
9. 利用工业生产二氧化碳废气发展工业级、食品级二氧化碳
10. 己二酸生产
11. 采用先进技术建设 30 万吨/年及以上煤制合成氨及配套尿素项目
12. 动植物药材资源开发、保护和可持续利用
13. 特殊品种（超白、超薄、在线 Low-E、中空、超厚）优质浮法玻璃技术开发及深加工
14. 铝等有色金属精深加工
15. 高性能铝合金系列产品开发
16. 新型短流程钢铁冶炼技术开发及应用
17. 非高炉冶炼技术（直接还原法）
18. 磨料磨具产品生产
19. 新型凿岩钎具的开发及用钢材料生产

20. 汽车整车制造，专用汽车（不包括普通半挂车、自卸车、罐式车、厢式车和仓栅式汽车）制造（须执行《汽车产业投资管理规定》）
21. 汽车零部件制造：六档以上自动变速箱、商用车用高功率密度驱动桥、随动前照灯系统、LED 前照灯、轻量化材料应用（高强钢、铝镁合金、复合塑料、粉末冶金、高强度复合纤维等）、离合器、液压减震器、中控盘总成、座椅
22. 有特色优势的特种工程机械、架桥铺路机械、破碎机械、液压基础件、数控机床、节能环保装备、4MW 燃汽轮机及以下产品等开发及制造
23. 复式永磁电机抽油机系列化开发和产业化
24. 复杂地质条件的矿用开采、掘进、提升、井下运输等特种设备及产品的开发与制造
25. 适用于西部山区的轻便、耐用、低耗中小型耕种收和植保、节水灌溉、小型抗旱设备及粮油作物、茶叶、特色农产品等农业机械开发与制造
26. 太阳能发电设备及零部件制造
27. 宽带业务和增值电信业务（限于中国入世承诺开放的电信业务）
28. 公路旅客运输公司
29. 演出经纪机构
30. 城市燃气、热力和供排水管网建设、经营
31. 茅台生态带综合保护及赤水河流域遥感技术应用示范
32. 旅游景区（点）保护、开发和经营及其配套设施建设

云南省

1. 咖啡、茶叶、油茶的种植、开发、培育、销售、深加工及新品种的育种和推广
2. 新型天然橡胶开发与应用
3. 天然香料香精生产技术开发及制造
4. 退耕还林还草、天然林保护等国家重点生态工程后续产业开发
5. 高原湖泊保护、污染治理
6. 节水灌溉和旱作节水技术开发与应用
7. 有色金属精深加工
8. 水果、坚果、含油果、香料和饮料作物种植和深加工
9. 营养食品、保健食品开发和生产
10. 特色食用资源开发及应用
11. 符合生态与环保要求的亚麻加工、开发及副产品综合利用
12. 利用木薯、麻风树、橡胶籽等非粮植物为原料的生物液体燃料（燃料乙醇、生物柴油）生产
13. 棉、毛、麻、丝、化纤的高档纺织、针织及服装加工生产和相关产品的研发、检测
14. 动植物药材资源开发、保护和可持续利用
15. 以境外木、藤为原料的高端家具生产
16. 包装装潢及其他印刷
17. 民族特需品、特色工艺品及包装容器材生产
18. 工业大麻加工开发及副产品综合利用
19. 生物医药技术开发、生产
20. 特殊品种（超白、超薄、在线 Low-E、中空、超厚）优质浮法玻璃技术开发及深加工

21. 生物质能发电设备制造
22. 太阳能、风能发电设备及零部件制造
23. 汽车整车制造，专用汽车（不包括普通半挂车、自卸车、罐式车、厢式车和仓栅式汽车）制造（须执行《汽车产业投资管理规定》）
24. 宽带业务和增值电信业务（限于中国入世承诺开放的电信业务）
25. 汽车加气站建设和运营
26. 物流业务相关的仓储设施建设和商贸服务
27. 民族特色文化产业、艺术表演培训、中介服务，生态旅游资源开发（自然保护区和国际重要湿地的建设、经营除外）
28. 旅游景区（点）保护、开发和经营及其配套设施建设

西藏自治区

1. 退耕还林还草、天然林保护等国家重点生态工程后续产业开发
2. 节水灌溉和旱作节水技术开发与应用
3. 盐湖资源的开发利用
4. 饮用天然矿泉水生产
5. 牛羊绒、皮革产品深加工及藏毯生产
6. 花卉与苗圃基地的建设经营
7. 林下资源的培植技术研发和林下产品深加工
8. 青稞、牧草等农作物新技术的开发利用
9. 高原特色食品资源开发利用
10. 天然药、原料药、中成药的深加工
11. 藏药新品种、新剂型产品生产
12. 少数民族特需用品、工艺美术品、包装容器材料、日用玻璃制品及极具藏民族特色的旅游商品纪念品生产
13. 物流业务相关的仓储设施建设和商贸服务
14. 宽带业务和增值电信业务（限于中国入世承诺开放的电信业务）
15. 公路旅客运输公司
16. 城市燃气、热力和供排水管网建设、经营
17. 跨境电子商务零售中心和大宗商品进出口分拨物流中心建设
18. 观光农业、休闲农业的开发和经营及配套设施建设
19. 旅游景区（点）保护、开发和经营及其配套设施建设

陕西省

1. 农作物新品种选育和种子生产
2. 小杂粮、马铃薯、红薯、辣椒、苦荞、山药、核桃种植及产品开发、生产及深加工
3. 退耕还林还草、天然林保护、水源地保护等国家重点生态工程后续产业开发
4. 节水灌溉和旱作节水技术、保护性耕作技术和设施农业技术开发与应用
5. 棉、毛、麻、丝、化纤的高档纺织、针织及服装加工生产和相关产品的研发、检测
6. 动植物药材资源开发、保护和可持续利用
7. 煤炭分制利用：煤制甲醇—烯烃及下游煤制芳烃—乙二醇聚酯生产
8. 煤炭液化制油品及化学品生产
9. 天然气下游化工产品的生产与开发（列入《天然气利用政策》限制类和禁止类的除

外)

10. 特殊品种（超白、超薄、在线 Low-E、中空、超厚）优质浮法玻璃技术开发及深加工
11. 钒冶炼及钒合金制品生产加工
12. 铝、镁、钛金属精深加工
13. 动物专用抗菌原料药（包括抗生素、化学合成类）、动物疫苗生产
14. 新型医疗器械设备及医用材料生产加工
15. 高炉煤气能量回收透平装置设计制造
16. 汽车整车制造，专用汽车（不包括普通半挂车、自卸车、罐式车、厢式车和仓栅式汽车）制造（须执行《汽车产业投资管理规定》）
17. 汽车零部件制造：商用车用高功率密度驱动桥、随动前照灯系统、LED 前照灯、离合器、液压减震器、中控盘总成、座椅、轻量化材料应用
18. 集成电路及生产设备研发生产
19. 智能手机、平板电脑等智能终端产品及关键零部件的技术开发、生产
20. 柔性显示屏、显示屏材料生产
21. 接触显示和通讯终端产品及零部件的研发与生产
22. 汽车加气站建设和运营
23. 宽带业务和增值电信业务（限于中国入世承诺开放的电信业务）
24. 公路旅客运输公司
25. 跨境电子商务零售中心和大宗商品进出口分拨物流中心建设
26. 学前、普通高中和高等教育机构
27. 中等高等职业院校（含技工院校）
28. 动漫创作、制作及衍生品开发
29. 城市燃气、热力和供排水管网建设、经营
30. 体育赛事运营及体育健身休闲服务
31. 观光农业、休闲农业的开发和经营及其配套设施建设
32. 养生休闲服务、民族文化开发、休闲旅游等休闲产业
33. 旅行社
34. 旅游景区（点）保护、开发和经营及其配套设施建设
35. 经国家投资主管部门批准的资源枯竭型城市资源精深加工和接续产业等项目

甘肃省

1. 节水灌溉和旱作节水技术、保护性耕作技术开发与应用
2. 瓜果、蔬菜、花卉种子的开发、生产
3. 特色中药材的种植、养殖及加工，中药材 GAP 生产基地建设
4. 天然气下游化工产品生产和开发（列入《天然气利用政策》限制类和禁止类的除外）
5. 石油及化学产业的延伸加工
6. 化工原料废气、废液、废渣的综合利用
7. 医疗设备及关键部件开发、生产
8. 铝、铜、镍等有色金属精深加工
9. 石油钻采、炼化设备等高端装备制造

10. 汽车整车制造，专用汽车（不包括普通半挂车、自卸车、罐式车、厢式车和仓栅式汽车）制造（须执行《汽车产业投资管理规定》）

11. 不锈钢制品生产

12. 高性能铝合金系列产品开发

13. 新型短流程钢铁冶炼技术开发及应用

14. 汽车零部件制造：六档以上自动变速箱、商用车用高功率密度驱动桥、随动前照灯系统、LED 前照灯、轻量化材料应用（高强钢、铝镁合金、复合塑料、粉末冶金、高强度复合纤维等）、离合器、液压减震器、中控盘总成、座椅

15. 太阳能发电及设备制造业

16. 中等职业院校（含技工院校）

17. 动漫创作、制作及衍生品开发

18. 城市燃气、热力和供排水管网建设、经营

19. 物流业务相关的仓储设施建设和商贸服务

20. 旅游景区（点）保护、开发和经营及其配套设施建设

青海省

1. 高原动植物资源保护、种养与加工利用

2. 退耕还林还草、退牧还草、天然林保护、水土保持及水生态综合治理等国家重点生态工程后续产业开发（涉及自然保护区和重要湿地的建设、经营的除外）

3. 节水灌溉和旱作节水技术、保护性耕作技术、设施农业技术、光伏农业技术开发与应用

4. 有机天然农畜产品基地建设和产品精深加工

5. 耐火材料生产

6. 石英、石膏等优势非金属矿产品及深加工制品（勘探、开采除外）

7. 铜、铝、镁等有色金属精深加工

8. 钛金属精深加工

9. 铝基、镁基、钛基、锂基及镍基等新型金属合金材料的研发及生产

10. 中、藏药新品种、新剂型产品生产

11. 特殊品种（超白、超薄、在线 Low-E、中空、超厚）优质浮法玻璃技术开发及深加工

12. 聚甲醛、聚苯硫醚等工程塑料生产

13. 烯烃下游精深加工产品

14. 工业尾矿及工业生产废弃物及低品位、复杂、难处理矿的资源化利用

15. 汽车整车制造，专用汽车（不包括普通半挂车、自卸车、罐式车、厢式车和仓栅式汽车）制造（须执行《汽车产业投资管理规定》）

16. 半导体照明材料上下游产品及相关设备的研发与制造

17. 太阳能、风能发电设备及零部件制造

18. 光伏发电系统集成技术开发与应用

19. 锂电产品生产及专用设备研发与制造

20. 宽带业务和增值电信业务（限于中国入世承诺开放的电信业务）

21. 公路旅客运输公司

22. 水利工程的建设和运营

23. 城市及农村燃气、热力和供排水管网建设、经营
24. 体育场馆设施建设、体育赛事运营及体育健身休闲服务
25. 旅游景区（点）保护、开发和经营及其配套设施建设

宁夏自治区

1. 马铃薯种子生产
2. 瓜果、蔬菜、花卉种子的选育生产
3. 退耕还林还草、退牧还草、天然林保护等国家重点生态工程后续产业开发
4. 节水灌溉和旱作节水技术、保护性耕作技术开发与应用
5. 枸杞、葡萄、马铃薯等种植及深加工
6. 沙生中药材、沙区生态经济林、沙区瓜果、沙区设施农业、沙料建材、沙区新能源和沙漠旅游休闲等沙产业
7. 饲料加工
8. 牛乳蛋白、干酪素等高端乳制品深加工
9. 特种陶瓷生产加工（含碳化硅、氮化硅、碳化硼等）
10. 碳基材料、碳纤维开发、生产
11. 采用节能低成本工艺的多晶硅、单晶硅生产
12. 半导体材料（含半导体晶片、晶圆等）的生产及加工
13. 钽、铌等稀有金属材料的精深加工
14. 铝合金、镁合金、硅、锰合金等新材料的研发及生产
15. 高性能子午线轮胎的生产：全钢子午轮胎、无内胎载重子午胎，低断面和扁平化（低于55系列）、大轮辋高性能轿车子午胎（15吋以上），航空轮胎及农用子午胎
16. 汽车整车制造，专用汽车（不包括普通半挂车、自卸车、罐式车、厢式车和仓栅式汽车）制造（须执行《汽车产业投资管理规定》）
17. 三轴以上联动的高速、精密数控机床及配套数控系统、伺服电机及驱动装置、功能部件、刀具、量具、量仪及高档磨具磨料生产
18. 500万吨/年及以上矿井、薄煤层综合采掘设备，1000万吨级/年及以上大型露天矿关键装备
19. 太阳能发电系统、风力发电场建设及运营
20. 特殊环境自动控制、智能化仪器、仪表、阀门技术开发
21. 宽带业务和增值电信业务（限于中国入世承诺开放的电信业务）
22. 公路旅客运输公司
23. 旅行社
24. 城市燃气、热力和供排水管网建设、经营
25. 旅游景区（点）保护、开发和经营及其配套设施建设

新疆自治区（含新疆生产建设兵团）

1. 退耕还林还草、退牧还草、天然林保护等国家重点生态工程后续产业开发
2. 节水灌溉和旱作节水技术、保护性耕作技术、设施农业、有机农业的开发与应用
3. 营养健康型大米、小麦粉（食品专用米、发芽糙米、留胚米、食品专用粉、全麦粉及营养强化产品等）及制品的开发、生产，传统主食工业化生产
4. 优质番茄、甜菜、香梨、葡萄、西甜瓜、红枣、核桃、杏子、石榴和枸杞等优质特色农产品的种植及深加工

5. 优质酿酒葡萄基地建设及葡萄酒生产
6. 高档营养配方、优质工业乳粉、奶酪、酪蛋白、奶油、炼乳、酸奶等固态、半固态乳制品生产
7. 饲料加工
8. 亚麻、沙棘、薰衣草的种植及其制品生产
9. 棉、毛、麻、丝、化纤的高档纺织、针织及服装加工生产和相关产品的研发、检测
10. 蛭石、云母、石棉、菱镁矿、石灰石、红柱石、石材等非金属矿产的综合利用（勘探、开发除外）
11. 石墨的高端应用和精深加工
12. 煤炭加工应用技术开发
13. 油气伴生资源综合利用
14. 放空天然气回收利用
15. 民族特色药用植物种植、加工和制药新工艺开发
16. 民族特需用品、工艺美术品、包装容器材料、日用玻璃制品及手工地毯、玉雕、民族刺绣等民族特色手工艺品、旅游纪念品生产
17. 特殊品种（超白、超薄、在线Low-E、中空、超厚）优质浮法玻璃技术开发及深加工
18. 直径200mm以上硅单晶及抛光片、多晶硅生产
19. 铜、锌、铝等有色金属精深加工
20. 汽车整车制造，专用汽车（不包括普通半挂车、自卸车、罐式车、厢式车和仓栅式汽车）制造（须执行《汽车产业投资管理规定》）
21. 杂粮加工专用设备开发、生产
22. 太阳能、风能发电设备及零部件制造
23. 石油及采矿等特种设备制造
24. 智能电网设备、电气成套控制系统设备制造
25. 小型清雪设备制造
26. 钢铁冶金固体废弃物综合利用、脱硫石膏、煤粉灰、电石渣综合利用及制品、污水净化处理成套设备制造
27. 宽带业务和增值电信业务（限于中国入世承诺开放的电信业务）
28. 公路旅客运输公司
29. 商业连锁经营、跨区域代理经营等新型流通业
30. 物流业务相关的仓储设施建设和商贸服务
31. 跨境电子商务零售中心和大宗商品进出口分拨物流中心建设
32. 城市燃气、热力和供排水管网建设、经营
33. 旅游景区（点）保护、开发和经营及其配套设施建设

7. 外商投资准入特别管理措施（负面清单）（2019年版）

外商投资准入特别管理措施（负面清单）（2019年版）

说 明

一、《外商投资准入特别管理措施（负面清单）》（以下简称《外商投资准入负面清单》）统一列出股权要求、高管要求等外商投资准入方面的特别管理措施。《外商投资准入负面清单》之外的领域，按照内外资一致原则实施管理。

二、《外商投资准入负面清单》对部分领域列出了取消或放宽准入限制的过渡期，过渡期满后将按时取消或放宽其准入限制。

三、境外投资者不得作为个体工商户、个人独资企业投资人、农民专业合作社成员，从事投资经营活动。

四、境外投资者不得投资《外商投资准入负面清单》中禁止外商投资的领域；投资《外商投资准入负面清单》之内的非禁止投资领域，须进行外资准入许可；投资有股权要求的领域，不得设立外商投资合伙企业。

五、境内公司、企业或自然人以其在境外合法设立或控制的公司并购与其有关联关系的境内公司，涉及外商投资项目和企业设立及变更事项的，按照现行规定办理。

六、《外商投资准入负面清单》中未列出的文化、金融等领域与行政审批、资质条件、国家安全等相关措施，按照现行规定执行。

七、《内地与香港关于建立更紧密经贸关系的安排》及其后续协议、《内地与澳门关于建立更紧密经贸关系的安排》及其后续协议、《海峡两岸经济合作框架协议》及其后续协议、我国与有关国家签订的自由贸易区协议和投资协定、我国参加的国际条约对符合条件的投资者有更优惠开放措施的，按照相关协议或协定的规定执行。在自由贸易试验区等特殊经济区域对符合条件的投资者实施更优惠开放措施的，按照相关规定执行。

八、《外商投资准入负面清单》由发展改革委、商务部会同有关部门负责解释。

外商投资准入特别管理措施（负面清单）（2019年版）

序号	特别管理措施
一、农、林、牧、渔业	
1	小麦、玉米新品种选育和种子生产须由中方控股。
2	禁止投资中国稀有和特有的珍贵优良品种的研发、养殖、种植以及相关繁殖材料的生产（包括种植业、畜牧业、水产业的优良基因）。
3	禁止投资农作物、种畜禽、水产苗种转基因品种选育及其转基因种子（苗）生产。

续表

序号	特别管理措施
4	禁止投资中国管辖海域及内陆水域水产品捕捞。
二、采矿业	
5	禁止投资稀土、放射性矿产、钨勘查、开采及选矿。
三、制造业	
6	出版物印刷须由中方控股。
7	禁止投资放射性矿产冶炼、加工，核燃料生产。
8	禁止投资中药饮片的蒸、炒、炙、煅等炮制技术的应用及中成药保密处方产品的生产。
9	除专用车、新能源汽车外，汽车整车制造的中方股比不低于50%，同一家外商可在国内建立两家及两家以下生产同类整车产品的合资企业。（2020年取消商用车制造外资股比限制。2022年取消乘用车制造外资股比限制以及同一家外商可在国内建立两家及两家以下生产同类整车产品的合资企业的限制）
10	卫星电视广播地面接收设施及关键件生产。
四、电力、热力、燃气及水生产和供应业	
11	核电站的建设、经营须由中方控股。
12	城市人口50万以上的城市供排水管网的建设、经营须由中方控股。
五、批发和零售业	
13	禁止投资烟叶、卷烟、复烤烟叶及其他烟草制品的批发、零售。
六、交通运输、仓储和邮政业	
14	国内水上运输公司须由中方控股。
15	公共航空运输公司须由中方控股，且一家外商及其关联企业投资比例不得超过25%，法定代表人须由中国籍公民担任。
16	通用航空公司的法定代表人须由中国籍公民担任，其中农、林、渔业通用航空公司限于合资，其他通用航空公司限于中方控股。
17	民用机场的建设、经营须由中方相对控股。
18	禁止投资空中交通管制。
19	禁止投资邮政公司、信件的国内快递业务。
七、信息传输、软件和信息技术服务业	
20	电信公司：限于中国入世承诺开放的电信业务，增值电信业务的外资股比不超过50%（电子商务、国内多方通信、存储转发类、呼叫中心除外），基础电信业务须由中方控股。
21	禁止投资互联网新闻信息服务、网络出版服务、网络视听节目服务、互联网文化经营（音乐除外）、互联网公众发布信息服务（上述服务中，中国入世承诺中已开放的内容除外）。

续表

序号	特别管理措施
八、金融业	
22	证券公司的外资股比不超过51%，证券投资基金管理公司的外资股比不超过51%。（2021年取消外资股比限制）
23	期货公司的外资股比不超过51%。（2021年取消外资股比限制）
24	寿险公司的外资股比不超过51%。（2021年取消外资股比限制）
九、租赁和商务服务业	
25	禁止投资中国法律事务（提供有关中国法律环境影响的信息除外），不得成为国内律师事务所合伙人。
26	市场调查限于合资、合作，其中广播电视收听、收视调查须由中方控股。
27	禁止投资社会调查。
十、科学研究和技术服务业	
28	禁止投资人体干细胞、基因诊断与治疗技术开发和应用。
29	禁止投资人文社会科学研究机构。
30	禁止投资大地测量、海洋测绘、测绘航空摄影、地面移动测量、行政区域界线测绘，地形图、世界政区地图、全国政区地图、省级及以下政区地图、全国性教学地图、地方性教学地图、真三维地图和导航电子地图编制，区域性的地质填图、矿产地质、地球物理、地球化学、水文地质、环境地质、地质灾害、遥感地质等调查。
十一、教育	
31	学前、普通高中和高等教育机构限于中外合作办学，须由中方主导（校长或者主要行政负责人应当具有中国国籍，理事会、董事会或者联合管理委员会的中方组成人员不得少于1/2）。
32	禁止投资义务教育机构、宗教教育机构。
十二、卫生和社会工作	
33	医疗机构限于合资、合作。
十三、文化、体育和娱乐业	
34	禁止投资新闻机构（包括但不限于通讯社）。
35	禁止投资图书、报纸、期刊、音像制品和电子出版物的编辑、出版、制作业务。
36	禁止投资各级广播电台（站）、电视台（站）、广播电视频道（率）、广播电视传输覆盖网（发射台、转播台、广播电视卫星、卫星上行站、卫星收转站、微波站、监测台及有线广播电视传输覆盖网等），禁止从事广播电视视频点播业务和卫星电视广播地面接收设施安装服务。
37	禁止投资广播电视节目制作经营（含引进业务）公司。
38	禁止投资电影制作公司、发行公司、院线公司以及电影引进业务。
39	禁止投资文物拍卖的拍卖公司、文物商店和国有文物博物馆。
40	禁止投资文艺表演团体。

8. 自由贸易试验区外商投资准入特别管理措施（负面清单）（2019年版）

自由贸易试验区外商投资准入特别管理措施（负面清单）（2019年版）

说 明

一、《自由贸易试验区外商投资准入特别管理措施（负面清单）》（以下简称《自贸试验区负面清单》）统一列出股权要求、高管要求等外商投资准入方面的特别管理措施，适用于自由贸易试验区。《自贸试验区负面清单》之外的领域，按照内外资一致原则实施管理。

二、《自贸试验区负面清单》对部分领域列出了取消或放宽准入限制的过渡期，过渡期满后将按时取消或放宽其准入限制。

三、境外投资者不得作为个体工商户、个人独资企业投资人、农民专业合作社成员，从事投资经营活动。

四、境外投资者不得投资《自贸试验区负面清单》中禁止外商投资的领域；投资《自贸试验区负面清单》之内的非禁止投资领域，须进行外资准入许可；投资有股比要求的领域，不得设立外商投资合伙企业。

五、境内公司、企业或自然人以其在境外合法设立或控制的公司并购与其有关联关系的境内公司，涉及外商投资项目和企业设立及变更事项的，按照现行规定办理。

六、《自贸试验区负面清单》中未列出的文化、金融等领域与行政审批、资质条件、国家安全等相关措施，按照现行规定执行。

七、《内地与香港关于建立更紧密经贸关系的安排》及其后续协议、《内地与澳门关于建立更紧密经贸关系的安排》及其后续协议、《海峡两岸经济合作框架协议》及其后续协议、我国与有关国家签订的自由贸易区协议和投资协定、我国参加的国际条约对符合条件的投资者有更优惠开放措施的，按照相关协议或协定的规定执行。

八、《自贸试验区负面清单》由发展改革委、商务部会同有关部门负责解释。

自由贸易试验区外商投资准入特别管理措施
（负面清单）（2019年版）

序号	特别管理措施
一、农、林、牧、渔业	
1	小麦、玉米新品种选育和种子生产的中方股比不低于34%。
2	禁止投资中国稀有和特有的珍贵优良品种的研发、养殖、种植以及相关繁殖材料的生产（包括种植业、畜牧业、水产业的优良基因）。
3	禁止投资农作物、种畜禽、水产苗种转基因品种选育及其转基因种子（苗）生产。
二、采矿业	
4	禁止投资稀土、放射性矿产、钨勘查、开采及选矿。（未经允许，禁止进入稀土矿区或取得矿山地质资料、矿石样品及生产工艺技术。）
三、制造业	
5	禁止投资中药饮片的蒸、炒、炙、煅等炮制技术的应用及中成药保密处方产品的生产。
6	除专用车、新能源汽车外，汽车整车制造的中方股比不低于50%，同一家外商可在国内建立两家及两家以下生产同类整车产品的合资企业。（2020年取消商用车制造外资股比限制。2022年取消乘用车制造外资股比限制以及同一家外商可在国内建立两家及两家以下生产同类整车产品的合资企业的限制）
7	卫星电视广播地面接收设施及关键件生产。
四、电力、热力、燃气及水生产和供应业	
8	核电站的建设、经营须由中方控股。
9	城市人口50万以上的城市供排水管网的建设、经营须由中方控股。
五、批发和零售业	
10	禁止投资烟叶、卷烟、复烤烟叶及其他烟草制品的批发、零售。
六、交通运输、仓储和邮政业	
11	国内水上运输公司须由中方控股。（且不得经营或租用中国籍船舶或者舱位等方式变相经营国内水路运输业务及其辅助业务；水路运输经营者不得使用外国籍船舶经营国内水路运输业务，但经中国政府批准，在国内没有能够满足所申请运输要求的中国籍船舶，并且船舶停靠的港口或者水域为对外开放的港口或者水域的情况下，水路运输经营者可以在中国政府规定的期限或者航次内，临时使用外国籍船舶经营中国港口之间的海上运输和拖航。）
12	公共航空运输公司须由中方控股，且一家外商及其关联企业投资比例不得超过25%，法定代表人须由中国籍公民担任。（只有中国公共航空运输企业才能经营国内航空服务，并作为中国指定承运人提供定期和不定期国际航空服务。）
13	通用航空公司的法定代表人须由中国籍公民担任，其中农、林、渔业通用航空公司限于合资，其他通用航空公司限于中方控股。
14	民用机场的建设、经营须由中方相对控股。

续表

序号	特别管理措施
15	禁止投资空中交通管制。
16	禁止投资邮政公司（和经营邮政服务）、信件的国内快递业务。
七、信息传输、软件和信息技术服务业	
17	电信公司：限于中国入世承诺开放的电信业务，增值电信业务的外资股比不超过50%（电子商务、国内多方通信、存储转发类、呼叫中心除外），基础电信业务须由中方控股（且经营者须为依法设立的专门从事基础电信业务的公司）。上海自贸试验区原有区域〔28.8平方公里〕试点政策推广至所有自贸试验区执行。
18	禁止投资互联网新闻信息服务、网络出版服务、网络视听节目服务、互联网文化经营（音乐除外）、互联网公众发布信息服务（上述服务中，中国入世承诺中已开放的内容除外）。
八、金融业	
19	证券公司的外资股比不超过51%，证券投资基金管理公司的外资股比不超过51%。（2021年取消外资股比限制）
20	期货公司的外资股比不超过51%。（2021年取消外资股比限制）
21	寿险公司的外资股比不超过51%。（2021年取消外资股比限制）
九、租赁和商务服务业	
22	禁止投资中国法律事务（提供有关中国法律环境影响的信息除外），不得成为国内律师事务所合伙人。（外国律师事务所只能以代表机构的方式进入中国，且不得聘用中国执业律师，聘用的辅助人员不得为当事人提供法律服务；如在华设立代表机构、派驻代表，须经中国司法行政部门许可。）
23	市场调查限于合资、合作，其中广播电视收听、收视调查须由中方控股。
24	禁止投资社会调查。
十、科学研究和技术服务业	
25	禁止投资人体干细胞、基因诊断与治疗技术开发和应用。
26	禁止投资人文社会科学研究机构。
27	禁止投资大地测量、海洋测绘、测绘航空摄影、地面移动测量、行政区域界线测绘，地形图、世界政区地图、全国政区地图、省级及以下政区地图、全国性教学地图、地方性教学地图、真三维地图和导航电子地图编制，区域性的地质填图、矿产地质、地球物理、地球化学、水文地质、环境地质、地质灾害、遥感地质等调查。
十一、教育	
28	学前、普通高中和高等教育机构限于中外合作办学，须由中方主导（校长或者主要行政负责人应当具有中国国籍（且在中国境内定居），理事会、董事会或者联合管理委员会的中方组成人员不得少于1/2）。（外国教育机构、其他组织或者个人不得单独设立以中国公民为主要招生对象的学校及其他教育机构（不包括非学制类职业技能培训），但是外国教育机构可以同中国教育机构合作举办以中国公民为主要招生对象的教育机构。）

续表

序号	特别管理措施
29	禁止投资义务教育机构、宗教教育机构。
十二、卫生和社会工作	
30	医疗机构限于合资、合作。
十三、文化、体育和娱乐业	
31	禁止投资新闻机构（包括但不限于通讯社）。（外国新闻机构在中国境内设立常驻新闻机构、向中国派遣常驻记者，须经中国政府批准。外国通讯社在中国境内提供新闻的服务业务须由中国政府审批。中外新闻机构业务合作，须中方主导，且须经中国政府批准。）
32	禁止投资图书、报纸、期刊、音像制品和电子出版物的编辑、出版、制作业务。（但经中国政府批准，在确保合作中方的经营主导权和内容终审权并遵守中国政府批复的其他条件下，中外出版单位可进行新闻出版中外合作出版项目。未经中国政府批准，禁止在中国境内提供金融信息服务。）
33	禁止投资各级广播电台（站）、电视台（站）、广播电视频道（率）、广播电视传输覆盖网（发射台、转播台、广播电视卫星、卫星上行站、卫星收转站、微波站、监测台及有线广播电视传输覆盖网等），禁止从事广播电视视频点播业务和卫星电视广播地面接收设施安装服务。（对境外卫星频道落地实行审批制度。）
34	禁止投资广播电视节目制作经营（含引进业务）公司。（引进境外影视剧和以卫星传送方式引进其他境外电视节目由广电总局指定的单位申报。对中外合作制作电视剧（含电视动画片）实行许可制度。）
35	禁止投资电影制作公司、发行公司、院线公司以及电影引进业务。（但经批准，允许中外企业合作摄制电影。）
36	禁止投资文物拍卖的拍卖公司、文物商店和国有文物博物馆。（禁止不可移动文物及国家禁止出境的文物转让、抵押、出租给外国人。禁止设立与经营非物质文化遗产调查机构；境外组织或个人在中国境内进行非物质文化遗产调查和考古调查、勘探、发掘，应采取与中国合作的形式并经专门审批许可。）
37	文艺表演团体须由中方控股。

9. 外商投资产业指导目录（2017年修订）

外商投资产业指导目录
（2017年修订）

鼓励外商投资产业目录

一、农、林、牧、渔业

1. 木本食用油料、调料和工业原料的种植及开发、生产
2. 绿色、有机蔬菜（含食用菌、西甜瓜）、干鲜果品、茶叶栽培技术开发及产品生产
3. 糖料、果树、牧草等农作物栽培新技术开发及产品生产
4. 花卉生产与苗圃基地的建设、经营
5. 橡胶、油棕、剑麻、咖啡种植
6. 中药材种植、养殖
7. 农作物秸秆资源综合利用、有机肥料资源的开发生产
8. 水产苗种繁育（不含我国特有的珍贵优良品种）
9. 防治荒漠化及水土流失的植树种草等生态环境保护工程建设、经营
10. 水产品养殖、深水网箱养殖、工厂化水产养殖、生态型海洋增养殖

二、采矿业

11. 石油、天然气的勘探、开发和矿井瓦斯利用
12. 提高原油采收率（以工程服务形式）及相关新技术的开发应用
13. 物探、钻井、测井、录井、井下作业等石油勘探开发新技术的开发与应用
14. 提高矿山尾矿利用率的新技术开发和应用及矿山生态恢复技术的综合应用
15. 我国紧缺矿种（如钾盐、铬铁矿等）的勘探、开采和选矿

三、制造业

（一）农副食品加工业

16. 安全高效环保饲料及饲料添加剂（含蛋氨酸）开发及生产
17. 水产品加工、贝类净化及加工、海藻保健食品开发
18. 蔬菜、干鲜果品、禽畜产品加工

（二）食品制造业

19. 婴幼儿配方食品、特殊医学用途配方食品及保健食品的开发、生产
20. 森林农产品加工
21. 天然食品添加剂、天然香料新技术开发与生产

（三）酒、饮料和精制茶制造业

22. 果蔬饮料、蛋白饮料、茶饮料、咖啡饮料、植物饮料的开发、生产

（四）纺织业

23. 采用非织造、机织、针织及其复合工艺技术的轻质、高强、耐高/低温、耐化学物质、耐光等多功能化的产业用纺织品生产

24. 采用先进节能减排技术和装备的高档织物印染及后整理加工

25. 符合生态、资源综合利用与环保要求的特种天然纤维（包括山羊绒等特种动物纤维、竹纤维、麻纤维、蚕丝、彩色棉花等）产品加工

（五）纺织服装、服饰业

26. 采用计算机集成制造系统的服装生产

27. 功能性特种服装生产

（六）皮革、毛皮、羽毛及其制品和制鞋业

28. 皮革和毛皮清洁化技术加工

29. 皮革后整饰新技术加工

30. 皮革废弃物综合利用

（七）木材加工和木、竹、藤、棕、草制品业

31. 林业三剩物，"次、小、薪"材和竹材的综合利用新技术、新产品开发与生产

（八）文教、工美、体育和娱乐用品制造业

32. 高档地毯、刺绣、抽纱产品生产

（九）石油加工、炼焦和核燃料加工业

33. 酚油加工、洗油加工、煤沥青高端化利用（不含改质沥青）

（十）化学原料和化学制品制造业

34. 聚氯乙烯和有机硅新型下游产品开发与生产

35. 合成材料的配套原料：过氧化氢氧化丙烯法环氧丙烷、过氧化氢氧化氯丙烯法环氧氯丙烷、萘二甲酸二甲酯（NDC）、1,4-环己烷二甲醇（CHDM）、5万吨/年及以上丁二烯法己二腈、己二胺生产

36. 合成纤维原料：尼龙66盐、1,3-丙二醇生产

37. 合成橡胶：聚氨酯橡胶、丙烯酸酯橡胶、氯醇橡胶，以及氟橡胶、硅橡胶等特种橡胶生产

38. 工程塑料及塑料合金：6万吨/年及以上非光气法聚碳酸酯（PC）、均聚法聚甲醛、聚苯硫醚、聚醚醚酮、聚酰亚胺、聚砜、聚醚砜、聚芳酯（PAR）、聚苯醚及其改性材料、液晶聚合物等产品生产

39. 精细化工：催化剂新产品、新技术，染（颜）料商品化加工技术，电子化学品和造纸化学品，皮革化学品（N-N二甲基甲酰胺除外），油田助剂，表面活性剂，水处理剂，胶粘剂，无机纤维、无机纳米材料生产，颜料包膜处理深加工

40. 水性油墨、电子束固化紫外光固化等低挥发性油墨、环保型有机溶剂生产

41. 天然香料、合成香料、单离香料生产

42. 高性能涂料，高固体份、无溶剂涂料，水性工业涂料及配套水性树脂生产

43. 高性能氟树脂、氟膜材料，医用含氟中间体，环境友好型含氟制冷剂、清洁剂、发泡剂生产

44. 从磷化工、铝冶炼中回收氟资源生产

45. 林业化学产品新技术、新产品开发与生产
46. 环保用无机、有机和生物膜开发与生产
47. 新型肥料开发与生产：高浓度钾肥、复合型微生物接种剂、复合微生物肥料、秸秆及垃圾腐熟剂、特殊功能微生物制剂
48. 高效、安全、环境友好的农药新品种、新剂型、专用中间体、助剂的开发与生产，以及相关清洁生产工艺的开发和应用（甲叉法乙草胺、水相法毒死蜱工艺、草甘膦回收氯甲烷工艺、定向合成法手性和立体结构农药生产、乙基氯化物合成技术）
49. 生物农药及生物防治产品开发与生产：微生物杀虫剂、微生物杀菌剂、农用抗生素、昆虫信息素、天敌昆虫、微生物除草剂
50. 废气、废液、废渣综合利用和处理、处置
51. 有机高分子材料生产：飞机蒙皮涂料、稀土硫化铈红色染料、无铅化电子封装材料、彩色等离子体显示屏专用系列光刻浆料、小直径大比表面积超细纤维、高精度燃油滤纸、锂离子电池隔膜、表面处理自我修复材料、超疏水纳米涂层材料

（十一）医药制造业

52. 新型化合物药物或活性成份药物的生产（包括原料药和制剂）
53. 氨基酸类：发酵法生产色氨酸、组氨酸、蛋氨酸等生产
54. 新型抗癌药物、新型心脑血管药及新型神经系统用药的开发及生产
55. 采用生物工程技术的新型药物生产
56. 艾滋病疫苗、丙肝疫苗、避孕疫苗及宫颈癌、疟疾、手足口病等新型疫苗生产
57. 海洋药物的开发及生产
58. 药品制剂：采用缓释、控释、靶向、透皮吸收等新技术的新剂型、新产品生产
59. 新型药用辅料的开发及生产
60. 动物专用抗菌原料药生产（包括抗生素、化学合成类）
61. 兽用抗菌药、驱虫药、杀虫药、抗球虫药新产品及新剂型生产
62. 新型诊断试剂的开发及生产

（十二）化学纤维制造业

63. 差别化化学纤维及芳纶、碳纤维、高强高模聚乙烯、聚苯硫醚（PPS）等高新技术化纤（粘胶纤维除外）生产
64. 纤维及非纤维用新型聚酯生产：聚对苯二甲酸丙二醇酯（PTT）、聚萘二甲酸乙二醇酯（PEN）、聚对苯二甲酸环己烷二甲醇酯（PCT）、二元醇改性聚对苯二甲酸乙二醇酯（PETG）
65. 利用新型可再生资源和绿色环保工艺生产生物质纤维，包括新溶剂法纤维素纤维（Lyocell）、以竹、麻等为原料的再生纤维素纤维、聚乳酸纤维（PLA）、甲壳素纤维、聚羟基脂肪酸酯纤维（PHA）、动植物蛋白纤维等
66. 尼龙 11、尼龙 12、尼龙 1414、尼龙 46、长碳链尼龙、耐高温尼龙等新型聚酰胺开发与生产
67. 子午胎用芳纶纤维及帘线生产

（十三）橡胶和塑料制品业

68. 新型光生态多功能宽幅农用薄膜开发与生产
69. 废旧塑料的回收和再利用
70. 塑料软包装新技术、新产品（高阻隔、多功能膜及原料）开发与生产

（十四）非金属矿物制品业

71. 节能、环保、利废、轻质高强、高性能、多功能建筑材料开发生产

72. 以塑代钢、以塑代木、节能高效的化学建材品生产

73. 年产 1000 万平方米及以上弹性体、塑性体改性沥青防水卷材，宽幅（2 米以上）三元乙丙橡胶防水卷材及配套材料，宽幅（2 米以上）聚氯乙烯防水卷材，热塑性聚烯烃（TPO）防水卷材生产

74. 新技术功能玻璃开发生产：屏蔽电磁波玻璃、微电子用玻璃基板、透红外线无铅硫系玻璃及制品、电子级大规格石英玻璃制品（管、板、坩埚、仪器器皿等）、光学性能优异多功能风挡玻璃、信息技术用极端材料及制品（包括波导级高精密光纤预制棒石英玻璃套管和陶瓷基板）、高纯（≥99.998%）超纯（≥99.999%）水晶原料提纯加工

75. 薄膜电池导电玻璃、太阳能集光镜玻璃、建筑用导电玻璃生产

76. 玻璃纤维制品及特种玻璃纤维生产：低介电玻璃纤维、石英玻璃纤维、高硅氧玻璃纤维、高强高弹玻璃纤维、陶瓷纤维等及其制品

77. 光学纤维及制品生产：传像束及激光医疗光纤、超二代和三代微通道板、光学纤维面板、倒像器及玻璃光锥

78. 陶瓷原料的标准化精制、陶瓷用高档装饰材料生产

79. 水泥、电子玻璃、陶瓷、微孔炭砖等窑炉用环保（无铬化）耐火材料生产

80. 多孔陶瓷生产

81. 无机非金属新材料及制品生产：复合材料、特种陶瓷、特种密封材料（含高速油封材料）、特种摩擦材料（含高速摩擦制动制品）、特种胶凝材料、特种乳胶材料、水声橡胶制品、纳米材料

82. 有机-无机复合泡沫保温材料生产

83. 高技术复合材料生产：连续纤维增强热塑性复合材料和预浸料、耐温>300℃树脂基复合材料成型用工艺辅助材料、树脂基复合材料（包括体育用品、轻质高强交通工具部件）、特种功能复合材料及制品（包括深水及潜水复合材料制品、医用及康复用复合材料制品）、碳/碳复合材料、高性能陶瓷基复合材料及制品、金属基和玻璃基复合材料及制品、金属层状复合材料及制品、压力≥320MPa 超高压复合胶管、大型客机航空轮胎

84. 精密高性能陶瓷原料生产：碳化硅（SiC）超细粉体（纯度>99%，平均粒径<1μm）、氮化硅（Si3N4）超细粉体（纯度>99%，平均粒径<1μm）、高纯超细氧化铝微粉（纯度>99.9%，平均粒径<0.5μm）、低温烧结氧化锆（ZrO_2）粉体（烧结温度<1350℃）、高纯氮化铝（AlN）粉体（纯度>99%，平均粒径<1μm）、金红石型 TiO_2 粉体（纯度>98.5%）、白炭黑（粒径<100nm）、钛酸钡（纯度>99%，粒径<1μm）

85. 高品质人工晶体及晶体薄膜制品开发生产：高品质人工合成水晶（压电晶体及透紫外光晶体）、超硬晶体（立方氮化硼晶体）、耐高温高绝缘人工合成绝缘晶体（人工合成云母）、新型电光晶体、大功率激光晶体及大规格闪烁晶体、金刚石膜工具、厚度 0.3mm 及以下超薄人造金刚石锯片

86. 非金属矿精细加工（超细粉碎、高纯、精制、改性）

87. 超高功率石墨电极生产

88. 珠光云母生产（粒径 3-150μm）

89. 多维多向整体编制织物及仿形织物生产

90. 利用新型干法水泥窑无害化处置固体废弃物

91. 建筑垃圾再生利用

92. 工业副产石膏等产业废弃物综合利用

93. 非金属矿山尾矿综合利用的新技术开发和应用及矿山生态恢复

（十五）有色金属冶炼和压延加工业

94. 直径 200mm 以上硅单晶及抛光片生产

95. 高新技术有色金属材料生产：化合物半导体材料（砷化镓、磷化镓、磷化铟、氮化镓）、高温超导材料，记忆合金材料（钛镍、铜基及铁基记忆合金材料），超细（纳米）碳化钙及超细（纳米）晶硬质合金，超硬复合材料，贵金属复合材料，轻金属复合材料及异种材结合，散热器用铝箔，中高压阴极电容铝箔，特种大型铝合金型材，铝合金精密模锻件，电气化铁路架空导线，超薄铜带，耐蚀热交换器铜合金材，高性能铜镍、铜铁合金带，铍铜带、线、管及棒加工材，耐高温抗衰钨丝，镁合金铸件，无铅焊料，镁合金及其应用产品，泡沫铝，钛合金冶炼及加工，原子能级海绵锆，钨及钼深加工产品

（十六）金属制品业

96. 航空、航天、汽车、摩托车轻量化及环保型新材料研发与制造（专用铝板、铝镁合金材料、摩托车铝合金车架等）

97. 轻金属半固态快速成形材料研发与制造

98. 用于包装各类粮油食品、果蔬、饮料、日化产品等内容物的金属包装制品（应为完整品，容器壁厚度小于 0.3 毫米）的制造及加工（包括制品的内外壁印涂加工）

99. 节镍不锈钢制品的制造

（十七）通用设备制造业

100. 高档数控机床及关键零部件制造：五轴联动数控机床、数控坐标镗铣加工中心、数控坐标磨床

101. 1000 吨及以上多工位镦锻成型机制造

102. 报废汽车拆解、破碎及后处理分选设备制造

103. FTL 柔性生产线制造

104. 垂直多关节工业机器人、焊接机器人及其焊接装置设备制造

105. 亚微米级超细粉碎机制造

106. 400 吨及以上轮式、履带式起重机械制造

107. 工作压力≥35MPa 高压柱塞泵及马达、工作压力≥35MPa 低速大扭矩马达的设计与制造

108. 工作压力≥25MPa 的整体式液压多路阀，电液比例伺服元件制造

109. 阀岛、功率 0.35W 以下气动电磁阀、200Hz 以上高频电控气阀设计与制造

110. 静液压驱动装置设计与制造

111. 压力 10MPa 以上非接触式气膜密封、压力 10MPa 以上干气密封（包括实验装置）的开发与制造

112. 汽车用高分子材料（摩擦片、改型酚醛活塞、非金属液压总分泵等）设备开发与制造

113. 第三代及以上轿车轮毂轴承、高中档数控机床和加工中心轴承、高速线材和板材轧机轴承、高速铁路轴承、振动值 Z4 以下低噪音轴承、各类轴承的 P4 和 P2 级轴承、风力发电机组轴承、航空轴承制造

114. 高密度、高精度、形状复杂的粉末冶金零件及汽车、工程机械等用链条的制造

115. 风电、高速列车用齿轮变速器，船用可变桨齿轮传动系统，大型、重载齿轮箱的制造

116. 耐高温绝缘材料（绝缘等级为 F、H 级）及绝缘成型件制造

117. 蓄能器胶囊、液压气动用橡塑密封件开发与制造

118. 高精度、高强度（12.9 级以上）、异形、组合类紧固件制造

119. 微型精密传动联结件（离合器）制造

120. 大型轧机连接轴制造

121. 机床、工程机械、铁路机车装备等机械设备再制造，汽车零部件再制造，医用成像设备关键部件再制造，复印机等办公设备再制造

122. 1000 万像素以上或水平视场角 120 度以上数字照相机及其光学镜头、光电模块的开发与制造

123. 办公机械（含工业用途）制造：多功能一体化办公设备（复印、打印、传真、扫描），打印设备，精度 2400dpi 及以上高分辨率彩色打印机头，感光鼓

124. 电影机械制造：2K、4K 数字电影放映机，数字电影摄像机，数字影像制作、编辑设备

（十八）专用设备制造业

125. 矿山无轨采、装、运设备制造：200 吨及以上机械传动矿用自卸车，移动式破碎机，5000 立方米/小时及以上斗轮挖掘机，8 立方米及以上矿用装载机，2500 千瓦以上电牵引采煤机设备等

126. 物探（不含重力、磁力测量）、测井设备制造：MEME 地震检波器，数字遥测地震仪，数字成像、数控测井系统，水平井、定向井、钻机装置及器具，MWD 随钻测井仪

127. 石油勘探、钻井、集输设备制造：工作水深大于 1500 米的浮式钻井系统和浮式生产系统及配套海底采油、集输设备

128. 口径 2 米以上深度 30 米以上大口径旋挖钻机、直径 1.2 米以上顶管机、回拖力 300 吨以上大型非开挖铺设地下管线成套设备、地下连续墙施工钻机制造

129. 520 马力及以上大型推土机设计与制造

130. 100 立方米/小时及以上规格的清淤机、1000 吨及以上挖泥船的挖泥装置设计与制造

131. 防汛堤坝用混凝土防渗墙施工装备设计与制造

132. 水下土石方施工机械制造：水深 9 米以下推土机、装载机、挖掘机等

133. 公路桥梁养护、自动检测设备制造

134. 公路隧道营运监控、通风、防灾和救助系统设备制造

135. 铁路大型施工、铁路线路、桥梁、隧道维修养护机械和检查、监测设备及其关键零部件的设计与制造

136. （沥青）油毡瓦设备、镀锌钢板等金属屋顶生产设备制造

137. 环保节能型现场喷涂聚氨酯防水保温系统设备、聚氨酯密封膏配制技术与设备、改性硅酮密封膏配制技术和生产设备制造

138. 高精度带材轧机（厚度精度 10 微米）设计与制造

139. 多元素、细颗粒、难选冶金属矿产的选矿装置制造

140. 100 万吨/年及以上乙烯成套设备中的关键设备制造：年处理能力 40 万吨以上混合造粒机，直径 1000 毫米及以上螺旋卸料离心机，小流量高扬程离心泵

141. 金属制品模具（铜、铝、钛、锆的管、棒、型材挤压模具）设计、制造
142. 汽车车身外覆盖件冲压模具，汽车仪表板、保险杠等大型注塑模具，汽车及摩托车夹具、检具设计与制造
143. 汽车动力电池专用生产设备的设计与制造
144. 精密模具（冲压模具精度高于0.02毫米、型腔模具精度高于0.05毫米）设计与制造
145. 非金属制品模具设计与制造
146. 6万瓶/小时及以上啤酒灌装设备、5万瓶/小时及以上饮料中温及热灌装设备、3.6万瓶/小时及以上无菌灌装设备制造
147. 氨基酸、酶制剂、食品添加剂等生产技术及关键设备制造
148. 10吨/小时及以上的饲料加工成套设备及关键部件制造
149. 楞高0.75毫米及以下的轻型瓦楞纸板及纸箱设备制造
150. 单张纸多色胶印机（幅宽≥750毫米，印刷速度：单面多色≥16000张/小时，双面多色≥13000张/小时）制造
151. 单幅单纸路卷筒纸平版印刷机印刷速度大于75000对开张/小时（787×880毫米）、双幅单纸路卷筒纸平版印刷机印刷速度大于170000对开张/小时（787×880毫米）、商业卷筒纸平版印刷机印刷速度大于50000对开张/小时（787×880毫米）制造
152. 多色宽幅柔性版印刷机（印刷宽度≥1300毫米，印刷速度≥350米/秒），喷墨数字印刷机（出版用：印刷速度≥150米/分，分辨率≥600dpi；包装用：印刷速度≥30米/分，分辨率≥1000dpi；可变数据用：印刷速度≥100米/分，分辨率≥300dpi）制造
153. 计算机墨色预调、墨色遥控、水墨速度跟踪、印品质量自动检测和跟踪系统、无轴传动技术、速度在75000张/小时的高速自动接纸机、给纸机和可以自动遥控调节的高速折页机、自动套印系统、冷却装置、加硅系统、调偏装置等制造
154. 电子枪自动镀膜机制造
155. 平板玻璃深加工技术及设备制造
156. 新型造纸机械（含纸浆）等成套设备制造
157. 皮革后整饰新技术设备制造
158. 农产品加工及储藏新设备开发与制造：粮食、油料、蔬菜、干鲜果品、肉食品、水产品等产品的加工储藏、保鲜、分级、包装、干燥等新设备，农产品品质检测仪器设备，农产品品质无损伤检测仪器设备，流变仪、粉质仪、超微粉碎设备、高效脱水设备，五效以上高效果汁浓缩设备，粉体食品物料杀菌设备，固态及半固态食品无菌包装设备，碟片式分离离心机
159. 农业机械制造：农业设施设备（温室自动灌溉设备、营养液自动配置与施肥设备、高效蔬菜育苗设备、土壤养分分析仪器），配套发动机功率200千瓦以上拖拉机及配套农具，低油耗低噪音低排放柴油机，大型拖拉机配套的带有残余雾粒回收装置的喷雾机，高性能水稻插秧机，棉花采摘机及棉花采摘台，适应多种行距的自走式玉米联合收割机（液压驱动或机械驱动），花生收获机，油菜籽收获机，甘蔗收割机，甜菜收割机
160. 林业机具新技术设备制造
161. 农作物秸秆收集、打捆及综合利用设备制造
162. 农用废物的资源化利用及规模化畜禽养殖废物的资源化利用设备制造
163. 节肥、节（农）药、节水型农业技术设备制造

164. 机电井清洗设备及清洗药物生产设备制造
165. 电子内窥镜制造
166. 眼底摄影机制造
167. 医用成像设备（高场强超导型磁共振成像设备、X 线计算机断层成像设备、数字化彩色超声诊断设备等）关键部件的制造
168. 医用超声换能器（3D）制造
169. 硼中子俘获治疗设备制造
170. 图像引导适型调强放射治疗系统制造
171. 血液透析机、血液过滤机制造
172. 全自动生化监测设备、五分类血液细胞分析仪、全自动化学发光免疫分析仪、高通量基因测序系统制造
173. 药品质量控制新技术、新设备制造
174. 天然药物有效物质分析的新技术、提取的新工艺、新设备开发与制造
175. 非 PVC 医用输液袋多层共挤水冷式薄膜吹塑装备制造
176. 新型纺织机械、关键零部件及纺织检测、实验仪器开发与制造
177. 电脑提花人造毛皮机制造
178. 太阳能电池生产专用设备制造
179. 大气污染防治设备制造：耐高温及耐腐蚀滤料、低 NOx 燃烧装置、烟气脱氮催化剂及脱氮成套装置、烟气脱硫设备、烟气除尘设备、工业有机废气净化设备、柴油车排气净化装置、含重金属废气处理装置
180. 水污染防治设备制造：卧式螺旋离心脱水机、膜及膜材料、50kg/h 以上的臭氧发生器、10kg/h 以上的二氧化氯发生器、紫外消毒装置、农村小型生活污水处理设备、含重金属废水处理装置
181. 固体废物处理处置设备制造：污水处理厂污泥处置及资源利用设备、日处理量 500 吨以上垃圾焚烧成套设备、垃圾填埋渗滤液处理技术装备、垃圾填埋场防渗土工膜、建筑垃圾处理和资源化利用装备、危险废物处理装置、垃圾填埋场沼气发电装置、废钢铁处理设备、污染土壤修复设备
182. 铝工业赤泥综合利用设备开发与制造
183. 尾矿综合利用设备制造
184. 废旧塑料、电器、橡胶、电池回收处理再生利用设备制造
185. 废旧纺织品回收处理设备制造
186. 废旧机电产品再制造设备制造
187. 废旧轮胎综合利用装置制造
188. 水生生态系统的环境保护技术、设备制造
189. 移动式组合净水设备制造
190. 非常规水处理、重复利用设备与水质监测仪器
191. 工业水管网和设备（器具）的检漏设备和仪器
192. 日产 10 万立方米及以上海水淡化及循环冷却技术和成套设备开发与制造
193. 特种气象观测及分析设备制造
194. 地震台站、台网和流动地震观测技术系统开发及仪器设备制造
195. 四鼓及以上子午线轮胎成型机制造

196. 滚动阻力试验机、轮胎噪音试验室制造

197. 供热计量、温控装置新技术设备制造

198. 氢能制备与储运设备及检查系统制造

199. 新型重渣油气化雾化喷嘴、漏汽率 0.5% 及以下高效蒸汽疏水阀、1000℃ 及以上高温陶瓷换热器制造

200. 海上溢油回收装置制造

201. 低浓度煤矿瓦斯和乏风利用设备制造

202. 洁净煤技术产品的开发利用及设备制造（煤炭气化、液化、水煤浆、工业型煤）

203. 大型公共建筑、高层建筑、石油化工设施、森林、山岳、水域和地下设施消防灭火救援技术开发与设备制造

204. 智能化紧急医学救援设备制造

205. 水文监测传感器制造

（十九）汽车制造业

206. 汽车发动机制造及发动机研发机构建设：升功率不低于 70 千瓦的汽油发动机、升功率不低于 50 千瓦的排量 3 升以下柴油发动机、升功率不低于 40 千瓦的排量 3 升以上柴油发动机、燃料电池和混合燃料等新能源发动机

207. 汽车关键零部件制造及关键技术研发：双离合器变速器（DCT）、无级自动变速器（CVT）、电控机械变速器（AMT）、汽油发动机涡轮增压器、粘性连轴器（四轮驱动用）、自动变速器执行器（电磁阀）、液力缓速器、电涡流缓速器、汽车安全气囊用气体发生器、燃油共轨喷射技术（最大喷射压力大于 2000 帕）、可变截面涡轮增压技术（VGT）、可变喷嘴涡轮增压技术（VNT）、达到中国第五阶段污染物排放标准的发动机排放控制装置、智能扭矩管理系统（ITM）及耦合器总成、线控转向系统、颗粒捕捉器、低地板大型客车专用车桥、吸能式转向系统、大中型客车变频空调系统、汽车用特种橡胶配件，以及上述零部件的关键零件、部件

208. 汽车电子装置制造与研发：发动机和底盘电子控制系统及关键零部件，车载电子技术（汽车信息系统和导航系统），汽车电子总线网络技术，电子控制系统的输入（传感器和采样系统）输出（执行器）部件，电动助力转向系统电子控制器，嵌入式电子集成系统、电控式空气弹簧，电子控制式悬挂系统，电子气门系统装置，电子组合仪表，ABS/TCS/ESP 系统，电路制动系统（BBW），变速器电控单元（TCU），轮胎气压监测系统（TPMS），车载故障诊断仪（OBD），发动机防盗系统，自动避撞系统，汽车、摩托车型试验及维修用检测系统

209. 新能源汽车关键零部件制造：电池隔膜（厚度 15-40μm，孔隙率 40%-60%）；电池管理系统，电机管理系统，电动汽车电控集成；电动汽车驱动电机（峰值功率密度≥2.5kW/kg，高效区：65%工作区效率≥80%），车用 DC/DC（输入电压 100V-400V），大功率电子器件（IGBT，电压等级≥600V，电流≥300A）；插电式混合动力机电耦合驱动系统；燃料电池低铂催化剂、复合膜、膜电极、增湿器控制阀、空压机、氢气循环泵、70MPa 氢瓶

（二十）铁路、船舶、航空航天和其他运输设备制造业

210. 达到中国摩托车第四阶段污染物排放标准的大排量（排量>250ml）摩托车发动机排放控制装置制造

211. 民用飞机设计、制造与维修：干线、支线飞机，通用飞机

212. 民用飞机零部件制造与维修

213. 民用直升机设计与制造
214. 民用直升机零部件制造
215. 地面、水面效应航行器制造及无人机、浮空器设计与制造
216. 航空发动机及零部件、航空辅助动力系统设计、制造与维修
217. 民用航空机载设备设计与制造
218. 航空地面设备制造：民用机场设施、民用机场运行保障设备、飞行试验地面设备、飞行模拟与训练设备、航空测试与计量设备、航空地面试验设备、机载设备综合测试设备、航空制造专用设备、航空材料试制专用设备、民用航空器地面接收及应用设备、运载火箭地面测试设备、运载火箭力学及环境实验设备
219. 民用卫星设计与制造，民用卫星有效载荷制造
220. 民用卫星零部件制造
221. 星上产品检测设备制造
222. 豪华邮轮及深水（3000米以上）海洋工程装备的设计
223. 船舶低、中速柴油机及其零部件的设计
224. 船舶舱室机械的设计
225. 船舶通讯导航设备的设计
226. 游艇的设计

（二十一）电气机械和器材制造业

227. 100万千瓦超超临界火电机组用关键辅机设备制造：安全阀、调节阀
228. 钢铁行业烧结机脱硝技术装备制造
229. 火电设备的密封件设计、制造
230. 燃煤电站、水电站设备用大型铸锻件制造
231. 水电机组用关键辅机设备制造
232. 输变电设备制造
233. 新能源发电成套设备或关键设备制造：光伏发电、地热发电、潮汐发电、波浪发电、垃圾发电、沼气发电、2.5兆瓦及以上风力发电设备
234. 斯特林发电机组制造
235. 直线和平面电机及其驱动系统开发与制造
236. 高技术绿色电池制造：动力镍氢电池、锌镍蓄电池、锌银蓄电池、锂离子电池、太阳能电池、燃料电池等（新能源汽车能量型动力电池除外）
237. 电动机采用直流调速技术的制冷空调用压缩机、采用 CO_2 自然工质制冷空调压缩机、应用可再生能源（空气源、水源、地源）制冷空调设备制造
238. 太阳能空调、采暖系统、太阳能干燥装置制造
239. 生物质干燥热解系统、生物质气化装置制造
240. 交流调频调压牵引装置制造

（二十二）计算机、通信和其他电子设备制造业

241. 高清数字摄录机、数字放声设备制造
242. TFT-LCD、PDP、OLED等平板显示屏、显示屏材料制造（6代及6代以下TFT-LCD玻璃基板除外）
243. 大屏幕彩色投影显示器用光学引擎、光源、投影屏、高清晰度投影管和微显投影设备模块等关键件制造

244. 数字音、视频编解码设备,数字广播电视演播室设备,数字有线电视系统设备,数字音频广播发射设备,数字电视上下变换器,数字电视地面广播单频网(SFN)设备,卫星数字电视上行站设备制造

245. 集成电路设计,线宽 28 纳米及以下大规模数字集成电路制造,0.11 微米及以下模拟、数模集成电路制造,MEMS 和化合物半导体集成电路制造及 BGA、PGA、FPGA、CSP、MCM 等先进封装与测试

246. 大中型电子计算机、万万亿次高性能计算机、便携式微型计算机、大型模拟仿真系统、大型工业控制机及控制器制造

247. 计算机数字信号处理系统及板卡制造

248. 图形图像识别和处理系统制造

249. 大容量光、磁盘驱动器及其部件开发与制造

250. 高速、容量 100TB 及以上存储系统及智能化存储设备制造

251. 计算机辅助设计(三维 CAD)、电子设计自动化(EDA)、辅助测试(CAT)、辅助制造(CAM)、辅助工程(CAE)系统及其他计算机应用系统制造

252. 软件产品开发、生产

253. 电子专用材料开发与制造(光纤预制棒开发与制造除外)

254. 电子专用设备、测试仪器、工模具制造

255. 新型电子元器件制造:片式元器件、敏感元器件及传感器、频率控制与选择元件、混合集成电路、电力电子器件、光电子器件、新型机电元件、高分子固体电容器、超级电容器、无源集成元件、高密度互连积层板、多层挠性板、刚挠印刷电路板及封装载板

256. 触控系统(触控屏幕、触控组件等)制造

257. 虚拟现实(VR)、增强现实(AR)设备研发与制造

258. 发光效率 140lm/W 以上高亮度发光二极管、发光效率 140lm/W 以上发光二极管外延片(蓝光)、发光效率 140lm/W 以上且功率 200mW 以上白色发光管制造

259. 高密度数字光盘机用关键件开发与生产

260. 可录类光盘生产

261. 3D 打印设备关键零部件研发与制造

262. 卫星通信系统设备制造

263. 光通信测量仪表、速率 40Gbps 及以上光收发器制造

264. 超宽带(UWB)通信设备制造

265. 无线局域网(含支持 WAPI)、广域网设备制造

266. 100Gbps 及以上速率时分复用设备(TDM)、密集波分复用设备(DWDM)、宽带无源网络设备(包括 EPON、GPON、WDM-PON 等)、下一代 DSL 芯片及设备、光交叉连接设备(OXC)、自动光交换网络设备(ASON)、40Gbps 以上 SDH 光纤通信传输设备制造

267. 基于 IPv6 的下一代互联网系统设备、终端设备、检测设备、软件、芯片开发与制造

268. 第四代及后续移动通信系统手机、基站、核心网设备以及网络检测设备开发与制造

269. 整机处理能力大于 6.4Tbps(双向)的高端路由器、交换容量大于 40Tbps 的交换机开发与制造

270. 空中交通管制系统设备制造

271. 基于声、光、电、触控等计算机信息技术的中医药电子辅助教学设备，虚拟病理、生理模型人设备的开发与制造

（二十三）仪器仪表制造业

272. 工业过程自动控制系统与装置制造：现场总线控制系统，大型可编程控制器（PLC），两相流量计，固体流量计，新型传感器及现场测量仪表
273. 大型精密仪器、高分辨率显微镜（分辨率小于 200nm）开发与制造
274. 高精度数字电压表、电流表制造（显示量程七位半以上）
275. 无功功率自动补偿装置制造
276. 安全生产新仪器设备制造
277. VXI 总线式自动测试系统（符合 IEEE1155 国际规范）制造
278. 煤矿井下监测及灾害预报系统、煤炭安全检测综合管理系统开发与制造
279. 工程测量和地球物理观测设备制造
280. 环境监测仪器制造
281. 水文数据采集、处理与传输和防洪预警仪器及设备制造
282. 海洋勘探监测仪器和设备制造

（二十四）废弃资源综合利用业

283. 煤炭洗选及粉煤灰（包括脱硫石膏）、煤矸石等综合利用
284. 全生物降解材料的生产
285. 废旧电器电子产品、汽车、机电设备、橡胶、金属、电池回收处理

四、电力、热力、燃气及水生产和供应业

286. 单机 60 万千瓦及以上超超临界机组电站的建设、经营
287. 采用背压型热电联产、热电冷多联产、30 万千瓦及以上热电联产机组电站的建设、经营
288. 缺水地区单机 60 万千瓦及以上大型空冷机组电站的建设、经营
289. 整体煤气化联合循环发电等洁净煤发电项目的建设、经营
290. 单机 30 万千瓦及以上采用流化床锅炉并利用煤矸石、中煤、煤泥等发电项目的建设、经营
291. 发电为主水电站的建设、经营
292. 核电站的建设、经营
293. 新能源电站（包括太阳能、风能、地热能、潮汐能、潮流能、波浪能、生物质能等）建设、经营
294. 电网的建设、经营
295. 海水利用（海水直接利用、海水淡化）
296. 供水厂建设、经营
297. 再生水厂建设、经营
298. 污水处理厂建设、经营
299. 机动车充电站、电池更换站建设、经营
300. 加氢站建设、经营

五、交通运输、仓储和邮政业

301. 铁路干线路网的建设、经营

302. 城际铁路、市域（郊）铁路、资源型开发铁路和支线铁路及其桥梁、隧道、轮渡和站场设施的建设、经营

303. 高速铁路、城际铁路基础设施综合维修

304. 公路、独立桥梁和隧道的建设、经营

305. 公路货物运输公司

306. 港口公用码头设施的建设、经营

307. 民用机场的建设、经营

308. 公共航空运输公司

309. 农、林、渔业通用航空公司

310. 国际海上运输公司

311. 国际集装箱多式联运业务

312. 输油（气）管道、油（气）库的建设、经营

313. 煤炭管道运输设施的建设、经营

314. 自动化高架立体仓储设施，包装、加工、配送业务相关的仓储一体化设施建设、经营

六、批发和零售业

315. 一般商品的共同配送、鲜活农产品和特殊药品低温配送等物流及相关技术服务

316. 农村连锁配送

317. 托盘及集装单元共用系统建设、经营

七、租赁和商务服务业

318. 国际经济、科技、环保、物流信息咨询服务

319. 以承接服务外包方式从事系统应用管理和维护、信息技术支持管理、银行后台服务、财务结算、软件开发、离岸呼叫中心、数据处理等信息技术和业务流程外包服务

320. 创业投资企业

321. 知识产权服务

322. 家庭服务业

八、科学研究和技术服务业

323. 生物工程与生物医学工程技术、生物质能源开发技术

324. 同位素、辐射及激光技术

325. 海洋开发及海洋能开发技术、海洋化学资源综合利用技术、相关产品开发和精深加工技术、海洋医药与生化制品开发技术

326. 海洋监测技术（海洋浪潮、气象、环境监测）、海底探测与大洋资源勘查评价技术

327. 综合利用海水淡化后的浓海水制盐、提取钾、溴、镁、锂及其深加工等海水化学资源高附加值利用技术

328. 海上石油污染清理与生态修复技术及相关产品开发，海水富营养化防治技术，海洋生物爆发性生长灾害防治技术，海岸带生态环境修复技术

329. 节能环保技术开发与服务

330. 资源再生及综合利用技术、企业生产排放物的再利用技术开发及其应用

331. 环境污染治理及监测技术

332. 化纤生产及印染加工的节能降耗、三废治理新技术
333. 防沙漠化及沙漠治理技术
334. 草畜平衡综合管理技术
335. 民用卫星应用技术
336. 研究开发中心
337. 高新技术、新产品开发与企业孵化中心
338. 物联网技术开发与应用
339. 工业设计、建筑设计、服装设计等创意产业

九、水利、环境和公共设施管理业

340. 城市封闭型道路的建设、经营
341. 城市地铁、轻轨等轨道交通的建设、经营
342. 垃圾处理厂，危险废物处理处置厂（焚烧厂、填埋场）及环境污染治理设施的建设、经营
343. 城市停车设施建设、经营

十、教育

344. 非学制类职业培训机构

十一、卫生和社会工作

345. 老年人、残疾人和儿童服务机构
346. 养老机构

十二、文化、体育和娱乐业

347. 演出场所经营
348. 体育场馆经营、健身、竞赛表演及体育培训和中介服务

外商投资准入特别管理措施
（外商投资准入负面清单）

说　明

一、外商投资准入特别管理措施（外商投资准入负面清单）统一列出股权要求、高管要求等外商投资准入方面的限制性措施。内外资一致的限制性措施以及不属于准入范畴的限制性措施，不列入外商投资准入特别管理措施（外商投资准入负面清单）。

二、境外投资者不得作为个体工商户、个人独资企业投资人、农民专业合作社成员，从事经营活动。

三、境外投资者不得从事外商投资准入特别管理措施（外商投资准入负面清单）中的禁止类项目；从事限制类有外资比例要求的项目，不得设立外商投资合伙企业。

四、境内公司、企业或自然人以其在境外合法设立或控制的公司并购与其有关联关系的

境内公司，涉及外商投资项目和企业设立及变更事项的，按现行规定办理。

五、鼓励外商投资产业目录与外商投资准入特别管理措施（外商投资准入负面清单）重合的条目，享受鼓励类政策，同时须遵循相关准入规定。

六、《内地与香港关于建立更紧密经贸关系的安排》及其补充协议和服务贸易协议、《内地与澳门关于建立更紧密经贸关系的安排》及其补充协议和服务贸易协议、《海峡两岸经济合作框架协议》及其后续协议、我国与有关国家签订的自由贸易区协议和投资协定、我国参加的国际条约、我国法律法规另有规定的，从其规定。

七、境外服务提供者在中国境内提供新闻、文化服务（包括与互联网相关的新闻、文化服务），须履行相关审批和安全评估、高管要求的，按照现行相关规定执行。

第一部分 限制外商投资产业目录

1. 农作物新品种选育和种子生产（中方控股）
2. 石油、天然气（含煤层气，油页岩、油砂、页岩气等除外）的勘探、开发（限于合资、合作）
3. 特殊和稀缺煤类勘查、开采（中方控股）
4. 石墨勘查、开采
5. 出版物印刷（中方控股）
6. 稀土冶炼、分离（限于合资、合作），钨冶炼
7. 汽车整车、专用汽车制造：中方股比不低于50%，同一家外商可在国内建立两家及两家以下生产同类（乘用车类、商用车类）整车产品的合资企业，如与中方合资伙伴联合兼并国内其他汽车生产企业以及建立生产纯电动汽车整车产品的合资企业可不受两家的限制
8. 船舶（含分段）的设计、制造与修理（中方控股）
9. 干线、支线飞机设计、制造与维修，3吨级及以上直升机设计与制造，地面、水面效应航行器制造及无人机、浮空器设计与制造（中方控股）
10. 通用飞机设计、制造与维修（限于合资、合作）
11. 卫星电视广播地面接收设施及关键件生产
12. 核电站的建设、经营（中方控股）
13. 电网的建设、经营（中方控股）
14. 城市人口50万以上的城市燃气、热力和供排水管网的建设、经营（中方控股）
15. 铁路干线路网的建设、经营（中方控股）
16. 铁路旅客运输公司（中方控股）
17. 国内水上运输公司（中方控股），国际海上运输公司（限于合资、合作）
18. 民用机场的建设、经营（中方相对控股）
19. 公共航空运输公司（中方控股，且一家外商及其关联企业投资比例不得超过25%，法定代表人须具有中国国籍）
20. 通用航空公司（法定代表人须具有中国国籍，其中农、林、渔业通用航空公司限于合资，其他通用航空公司限于中方控股）
21. 电信公司：限于WTO承诺开放的业务，增值电信业务（外资比例不超过50%，电子商务除外），基础电信业务（中方控股）
22. 稻谷、小麦、玉米收购、批发
23. 船舶代理（中方控股）

24. 加油站（同一外国投资者设立超过30家分店、销售来自多个供应商的不同种类和品牌成品油的连锁加油站，由中方控股）建设、经营

25. 银行（单个境外金融机构及被其控制或共同控制的关联方作为发起人或战略投资者向单个中资商业银行投资入股比例不得超过20%，多个境外金融机构及被其控制或共同控制的关联方作为发起人或战略投资者投资入股比例合计不得超过25%；投资农村中小金融机构的境外金融机构必须是银行类金融机构；设立外国银行分行、外商独资银行、中外合资银行的境外投资者、唯一或控股股东必须为境外商业银行，非控股股东可以为境外金融机构）

26. 保险公司（寿险公司外资比例不超过50%）

27. 证券公司（设立时限于从事人民币普通股、外资股和政府债券、公司债券的承销与保荐，外资股的经纪，政府债券、公司债券的经纪和自营；设立满2年后符合条件的公司可申请扩大业务范围；中方控股）、证券投资基金管理公司（中方控股）

28. 期货公司（中方控股）

29. 市场调查（限于合资、合作，其中广播电视收听、收视调查要求中方控股）

30. 测绘公司（中方控股）

31. 学前、普通高中和高等教育机构（限于中外合作办学、中方主导）

32. 医疗机构（限于合资、合作）

33. 广播电视节目、电影的制作业务（限于合作）

34. 电影院的建设、经营（中方控股）

35. 演出经纪机构（中方控股）

**中方主导是指校长或者主要行政负责人应当具有中国国籍，中外合作办学机构的理事会、董事会或者联合管理委员会的中方组成人员不得少于1/2。

第二部分　禁止外商投资产业目录

1. 我国稀有和特有的珍贵优良品种的研发、养殖、种植以及相关繁殖材料的生产（包括种植业、畜牧业、水产业的优良基因）

2. 农作物、种畜禽、水产苗种转基因品种选育及其转基因种子（苗）生产

3. 我国管辖海域及内陆水域水产品捕捞

4. 钨、钼、锡、锑、萤石勘查、开采

5. 稀土勘查、开采、选矿

6. 放射性矿产的勘查、开采、选矿

7. 中药饮片的蒸、炒、炙、煅等炮制技术的应用及中成药保密处方产品的生产

8. 放射性矿产冶炼、加工，核燃料生产

9. 武器弹药制造

10. 宣纸、墨锭生产

11. 空中交通管制

12. 邮政公司、信件的国内快递业务

13. 烟叶、卷烟、复烤烟叶及其他烟草制品的批发、零售

14. 社会调查

15. 中国法律事务咨询（提供有关中国法律环境影响的信息除外）
16. 人体干细胞、基因诊断与治疗技术开发和应用
17. 大地测量、海洋测绘、测绘航空摄影、地面移动测量、行政区域界线测绘、地形图、世界政区地图、全国政区地图、省级及以下政区地图、全国性教学地图、地方性教学地图和真三维地图编制、导航电子地图编制，区域性的地质填图、矿产地质、地球物理、地球化学、水文地质、环境地质、地质灾害、遥感地质等调查
18. 国家保护的原产于我国的野生动、植物资源开发
19. 义务教育机构
20. 新闻机构（包括但不限于通讯社）
21. 图书、报纸、期刊的编辑、出版业务
22. 音像制品和电子出版物的编辑、出版、制作业务
23. 各级广播电台（站）、电视台（站）、广播电视频道（率）、广播电视传输覆盖网（发射台、转播台、广播电视卫星、卫星上行站、卫星收转站、微波站、监测台、有线广播电视传输覆盖网），广播电视视频点播业务和卫星电视广播地面接收设施安装服务
24. 广播电视节目制作经营（含引进业务）公司
25. 电影制作公司、发行公司、院线公司
26. 互联网新闻信息服务、网络出版服务、网络视听节目服务、互联网上网服务营业场所、互联网文化经营（音乐除外）、互联网公众发布信息服务
27. 经营文物拍卖的拍卖企业、文物商店
28. 人文社会科学研究机构

备注：《外商投资产业指导目录（2017年修订）》所称的"以上"、"以下"，不包括本数；所称的"及以上"、"及以下"，包括本数。

10. 天津市外商投资项目核准和备案管理办法

天津市发展改革委关于进一步修改天津市外商投资项目核准和备案管理办法有关条款的通知

各区人民政府、各有关单位：

根据国务院印发的《企业投资项目核准和备案管理条例》（国务院令第673号）、天津市人民政府印发的《政府核准的投资项目目录（天津市2017年本）》（津政发〔2017〕31号）等法规和文件精神，在《市发展改革委关于修改天津市外商投资项目核准和备案管理办法有关条款的通知》（津发改外资〔2015〕281号）、《市发展改革委关于取消天津市外商投资和境外投资项目核准备案部分前置条件的通知》（津发改外资〔2015〕462号）对《市发展改革委关于印发天津市外商投资项目核准和备案管理办法的通知》（津发改外资〔2014〕766号，以下简称"766号文"）修改的基础上，为进一步深化我市投资体制改革，规范政府对外商企业投资项目的核准和备案行为，现对"766号文"作出如下修改：

一、在第一条中删除"《政府核准的投资项目目录》（以下简称《核准目录》）"的表述；增加"《中共中央 国务院关于深化投融资体制改革的意见》《企业投资项目核准和备案管理条例》"的表述；在"国家发展改革委《外商投资项目核准和备案管理办法》"之后增加"和国家相关法规文件精神"的表述。

二、在第四条中增加"除涉及国家秘密的项目外，项目核准、备案通过国家建立的项目在线监管平台办理。项目核准、备案部门以及其他有关部门统一使用在线平台生成的项目代码办理相关手续"。

三、在第五条中将"《核准目录》"修改为"《天津市人民政府关于发布政府核准的投资项目目录（天津市2017年本）的通知》（津政发〔2017〕31号，以下简称《天津市核准目录》）"。

四、在第五条中将第一项修改为"《外商投资产业指导目录》中总投资（含增资）3亿美元及以上限制类项目，由市发展改革委转送国家发展改革委核准，其中总投资（含增资）20亿美元及以上项目还需由国家发展改革委报国务院备案。前款规定之外的属于《天津市核准目录》中国家核准项目第（一）至（八）项所列项目，按照国家核准项目第（一）至（八）项的规定执行"。

五、在第五条中将第二项修改为"《外商投资产业指导目录》中总投资（含增资）3亿美元以下限制类项目，由市发展改革委核准。前款规定之外的属于《天津市核准目录》中市级核准项目第（一）至（八）项所列项目，按照市级核准项目第（一）至（八）项的规定执行。前两款规定之外的，跨区实施的属于《天津市核准目录》中区级核准项目第（一）至（四）项所列的项目，由市发展改革委核准"。

六、在第五条中删除第三项。

七、在第五条中将第四项修改为"除《外商投资产业指导目录》中的限制类项目外，不跨区实施的属于《天津市核准目录》中区级核准项目第（一）至（四）项所列的项目，按照区级核准项目第（一）至（四）项的规定执行。由项目所在地的项目核准部门按权限核准"。将原文第五条的第四项变为第三项。

八、将第六条修改为"实行备案制的项目范围为：本办法第五条核准范围之外且不属于《外商投资产业指导目录》中禁止类的外商投资项目。其中：跨区实施的项目由市发展改革委备案；不跨区实施的项目由项目所在地项目备案部门按权限备案；国务院另有规定的，按照有关规定执行"。

九、在第九条中增加"项目申请书由企业自主组织编制，任何单位和个人不得强制企业委托中介服务机构编制项目申请书"和"项目申请企业应当对项目申请书内容的真实性负责"的表述。

十、在第十条中删除第三项中"通过招标、拍卖或挂牌方式获得土地使用权的项目，需提供城乡规划行政主管部门出具的规划要求意见"的表述。删除第十条第五项、第六项。第十条第八项修改为"法律、行政法规规定办理相关手续作为项目核准前置条件的，应当提交已经办理相关手续的证明文件"。原文第十条的第七项、第八项，变为第五项、第六项。

十一、在第十一条中将第二项"符合发展规划、产业政策及准入标准"修改为"符合相关发展建设规划、技术标准和产业政策"。将第十一条的第四项"不影响国家安全和生态安全"修改为"不危害经济安全、社会安全、生态安全等国家安全"。

十二、在第十二条中将"需要由市发展改革委核准的项目，由各区县项目核准部门对项目申请报告提出初审意见后，转报市发展改革委核准；需要报国家发展改革委核准的项目，由区县项目核准部门对项目申请报告提出初审意见，转报市发展改革委提出审查意见后，报国家发展改革委核准"修改为"需要由市发展改革委核准的项目，由项目申请企业将项目申请书直接报市发展改革委。需要报国家发展改革委核准的项目，由市发展改革委自收到项目申请书之日起5个工作日内，转送国家发展改革委核准。需要报国务院核准的项目，由市发展改革委自收到项目申请书之日起5个工作日内，转送国家发展改革委，由国家发展改革委审核后报国务院核准"。

十三、在第十四条中将"对于涉及有关行业主管部门职能的项目，项目核准部门应当商请有关行业主管部门在7个工作日内出具书面审查意见。有关行业主管部门逾期没有反馈书面审查意见的，视为同意"修改为"项目涉及有关部门或者项目所在地地方人民政府职责的，项目核准部门应当书面征求其意见，被征求意见单位应当及时书面回复。项目核准部门应当商请有关行业主管部门或地方人民政府在7个工作日内出具书面审查意见。有关行业主管部门或地方人民政府逾期没有反馈书面审查意见的，视为同意"。

十四、在第十九条中删除"通过招标、拍卖或挂牌方式获得土地使用权的项目，需提供土地使用权出让合同或土地出让成交确认书"的表述。在第十九条中增加"项目申请企业应当对备案项目信息的真实性负责"。

十五、在第二十一条中将"需要由市发展改革委备案的项目，由区县项目备案部门对项目备案申请材料提出初审意见后，转报市发展改革委备案"修改为"需要由市发展改革委备案的项目，除国务院另有规定外，由项目申请企业将备案申请表及有关附件材料直接报市发展改革委"。

十六、将第二十六条修改为"项目自核准、备案部门作出予以核准、备案决定或者同意变更决定之日起2年内未开工建设，需要延期开工建设的，企业应当在2年期限届满的

30个工作日前，向核准、备案部门申请延期开工建设。核准、备案部门应当自受理申请之日起20个工作日内，作出是否同意延期开工建设的决定。开工建设只能延期一次，期限最长不得超过1年。国家对项目延期开工建设另有规定的，依照其规定。在有效期内未开工建设且未提出延期申请的，原核准、备案文件期满后自动失效"。

十七、在第二十九条中删除"市发展改革委每月10号前汇总整理全市外商投资项目核准和备案情况，报送国家发展改革委"。

十八、将"766号文"中"各区县"统一修改为"各区"；将"项目申请报告"统一修改为"项目申请书"；将"项目申请人""项目申报单位"统一修改为"项目申请企业"。

本通知自发布之日起执行。

附件：天津市外商投资项目核准和备案管理办法

2017年12月29日

（此件主动公开）

附件

天津市外商投资项目核准和备案管理办法

第一章 总 则

第一条 为进一步深化外商投资管理体制改革，根据《中华人民共和国行政许可法》《指导外商投资方向规定》《国务院关于投资体制改革的决定》《中共中央国务院关于深化投融资体制改革的意见》《企业投资项目核准和备案管理条例》、国家发展改革委《外商投资项目核准和备案管理办法》和国家相关法规文件精神，结合本市实际，制定本办法。

第二条 本办法适用于本市行政区域内的中外合资、中外合作、外商独资、外商投资合伙、外商并购境内企业、外商投资企业增资及再投资项目等各类外商投资项目（以下简称"项目"）。

第三条 市发展改革委负责指导和管理全市外商投资项目核准和备案工作，各区和滨海新区、国家级开发区负责外商投资项目核准和备案的行政主管部门（以下简称"项目核准部门"或"项目备案部门"），按照规定权限对本区域的项目进行核准和备案。

第二章 项目管理方式和权限

第四条 外商投资项目管理分为核准和备案两种方式。除涉及国家秘密的项目外，项目核准、备案通过国家建立的项目在线监管平台办理。项目核准、备案部门以及其他有关部门统一使用在线平台生成的项目代码办理相关手续。

第五条 根据《天津市人民政府关于发布政府核准的投资项目目录（天津市2017年本）的通知》（津政发〔2017〕31号，以下简称《天津市核准目录》），实行核准制的外商投资项目的范围为：

（一）《外商投资产业指导目录》中总投资（含增资）3亿美元及以上限制类项目，由市发展改革委转送国家发展改革委核准，其中总投资（含增资）20亿美元及以上项目还需由国家发展改革委报国务院备案。前款规定之外的，属于《天津市核准目录》中国家核准项目第（一）至（八）项所列项目，按照国家核准项目第（一）至（八）项的规定执行。

（二）《外商投资产业指导目录》中总投资（含增资）3亿美元以下限制类项目，由市发展改革委核准。前款规定之外的，属于《天津市核准目录》中市级核准项目第（一）至（八）项所列项目，按照市级核准项目第（一）至（八）项的规定执行。前两款规定之外的，跨区实施的属于《天津市核准目录》中区级核准项目第（一）至（四）项所列的项目，由市发展改革委核准。

（三）除《外商投资产业指导目录》中的限制类项目外，不跨区实施的属于《天津市核准目录》中区级核准项目第（一）至（四）项所列的项目，按照区级核准项目第（一）至（四）项的规定执行。由项目所在地的项目核准部门按权限核准。

第六条　实行备案制的项目范围为：本办法第五条核准范围之外且不属于《外商投资产业指导目录》中禁止类的外商投资项目。其中：跨区实施的项目由市发展改革委备案；不跨区实施的项目由项目所在地项目备案部门按权限备案；国务院另有规定的，按照有关规定执行。

第七条　外商投资企业增资项目总投资以新增投资额计算，并购项目总投资以交易额计算。

第八条　外商投资涉及国家安全的，应当按照国家有关规定进行安全审查。

第三章　项目核准

第九条　拟申请核准的外商投资项目应按国家有关要求编制项目申请书。项目申请书应包括以下内容：

（一）项目及投资方情况；

（二）资源利用和生态环境影响分析；

（三）经济和社会影响分析。

外国投资者并购境内企业项目申请书应包括并购方情况、并购安排、融资方案和被并购方情况、被并购后经营方式、范围和股权结构、所得收入的使用安排等。项目申请企业需提交项目申请书。项目申请书应参照国家颁布的项目申请书范本和对外商投资项目的有关要求进行编制。项目申请书由企业自主组织编制，任何单位和个人不得强制企业委托中介服务机构编制项目申请书。

项目申请企业应当对项目申请书内容的真实性负责。

第十条　项目申请企业在报送项目申请书时应附以下文件：

（一）中外投资各方的企业注册证明材料及经审计的最新企业财务报表（包括资产负债表、利润表和现金流量表）；

（二）投资意向书，增资、并购项目的公司董事会决议；

（三）以划拨方式提供国有土地使用权的项目，提供城乡规划行政主管部门出具的选址意见书；

（四）国土资源行政主管部门出具的用地预审意见（不涉及新增用地，在已批准的建设用地范围内进行改扩建的项目，可以不进行用地预审）；

（五）以国有资产出资的，需由有关主管部门出具确认文件；

（六）法律、行政法规规定办理相关手续作为项目核准前置条件的，应当提交已经办理相关手续的证明文件。

第十一条 项目核准部门按照规定的权限，对项目申请书及附件根据以下核准条件进行核准：

（一）符合国家有关法律法规和《外商投资产业指导目录》的规定；

（二）符合相关发展建设规划、技术标准和产业政策；

（三）合理开发并有效利用了资源；

（四）不危害经济安全、社会安全、生态安全等国家安全；

（五）对公众利益不产生重大不利影响；

（六）符合国家资本项目管理、外债管理的有关规定。

第十二条 项目申请企业须向其项目所在地的项目核准部门提交项目申请书。

按照规定权限由各区、滨海新区或国家级开发区项目核准部门负责核准的项目，由所在地项目核准部门核准。

需要由市发展改革委核准的项目，由项目申请企业将项目申请书直接报市发展改革委。

需要报国家发展改革委核准的项目，由市发展改革委自收到项目申请书之日起5个工作日内，转送国家发展改革委核准。需要报国务院核准的项目，由市发展改革委自收到项目申请书之日起5个工作日内，转送国家发展改革委，由国家发展改革委审核后报国务院核准。

第十三条 项目申报材料不齐全或者不符合有关要求的，项目核准部门应当在收到申报材料后5个工作日内一次告知项目申请企业补正。

第十四条 项目涉及有关部门或者项目所在地地方人民政府职责的，项目核准部门应当书面征求其意见，被征求意见单位应当及时书面回复。项目核准部门应当商请有关行业主管部门或地方人民政府在7个工作日内出具书面审查意见。有关行业主管部门或地方人民政府逾期没有反馈书面审查意见的，视为同意。

第十五条 项目核准部门在受理项目申请书之日起4个工作日内，对需要进行评估论证的重点问题委托有资质的咨询机构进行评估论证，接受委托的咨询机构应在规定的时间内提出评估报告。对于可能会对公共利益造成重大影响的项目，项目核准部门在进行核准时应采取适当方式征求公众意见。对于特别重大的项目，可以实行专家评议制度。

第十六条 项目核准部门自受理项目核准申请之日起20个工作日内，完成对项目申请书的核准。如20个工作日内不能做出核准决定的，由本部门负责人批准延长10个工作日，并将延长期限的理由告知项目申请企业。

前款规定的核准期限，委托咨询评估和进行专家评议所需的时间不计算在内。

第十七条 对准予核准的项目，项目核准部门应向项目申请企业核发项目核准文件。

第十八条 对不予核准的项目，项目核准部门应以书面决定通知项目申请企业，说明不予核准的理由并告知项目申请企业享有依法申请行政复议或者提起行政诉讼的权利。

第四章 项目备案

第十九条 拟申请备案的外商投资项目需由项目申请企业填写备案申请表（包括项目和投资方基本情况等信息），并附中外投资各方的企业注册证明材料、投资意向书及增资、并购项目的公司董事会决议等其他相关材料。备案申请表的格式由市发展改革委统一制定。

项目申请企业应当对备案项目信息的真实性负责。

第二十条　外商投资项目备案需符合国家有关法律法规、发展规划、产业政策及准入标准，符合《外商投资产业指导目录》。

第二十一条　项目申请企业须向其项目所在地的项目备案部门提交备案申请表及有关附件材料。

按照规定权限由各区、滨海新区和国家级开发区负责备案的项目，由所在地项目备案部门备案。

需要由市发展改革委备案的项目，除国务院另有规定外，由项目申请企业将备案申请表及有关附件材料直接报市发展改革委。

第二十二条　项目备案部门应在受理备案申请后 7 个工作日内完成备案，如 7 个工作日内不能做出备案通知书的，由本部门负责人批准延长 3 个工作日，并将延长期限的理由告知项目申请企业。

第二十三条　对不予备案的外商投资项目，项目备案部门应在 7 个工作日内出具书面意见并说明理由，同时告知项目申请企业享有依法申请行政复议或者提起行政诉讼的权利。

第五章　项目变更

第二十四条　经核准或备案的项目如出现下列情形之一的，需向原批准机关申请变更：

（一）项目地点发生变化；

（二）投资方或股权发生变化；

（三）项目主要建设内容发生变化；

（四）有关法律法规和产业政策规定需要变更的其他情况。

变更核准和备案的程序按照本办法有关规定执行。

第二十五条　经核准的项目若变更后属于备案管理范围的，应按备案程序办理；予以备案的项目若变更后属于核准管理范围的，应按核准程序办理。

第六章　监督管理

第二十六条　项目自核准、备案部门作出予以核准、备案决定或者同意变更决定之日起 2 年内未开工建设，需要延期开工建设的，企业应当在 2 年期限届满的 30 个工作日前，向核准、备案部门申请延期开工建设。核准、备案部门应当自受理申请之日起 20 个工作日内，作出是否同意延期开工建设的决定。开工建设只能延期一次，期限最长不得超过 1 年。国家对项目延期开工建设另有规定的，依照其规定。在有效期内未开工建设且未提出延期申请的，原核准、备案文件期满后自动失效。

第二十七条　对于未按规定权限和程序核准或者备案的项目，有关部门不得办理相关手续，金融机构不得提供信贷支持。

第二十八条　我市各级项目核准和备案部门要切实履行核准和备案职责，改进监督、管理和服务，提高行政效率，并按照相关规定做好项目核准及备案的信息公开工作。

第二十九条　滨海新区行政审批局和各功能区项目核准和备案部门每月 4 日前汇总整理上月本区域项目核准及备案相关情况报滨海新区发展改革委，滨海新区发展改革委每月 7 日前汇总滨海新区项目核准及备案相关情况报市发展改革委。其他区发展改革部门每月 5 日前汇总整理上月本区域（含国家级开发区）项目核准及备案相关情况，报送市发展改革委。项目核准及备案相关情况包括项目名称、核准及备案文号、项目所在地、中外投资方、建设内容、资金来源（包括总投资、资本金等）等。

第七章 其 他

第三十条 项目核准和备案部门及其工作人员违反本办法有关规定的,由其上级行政机关或者监察机关责令改正;情节严重的,对直接负责的主管人员和其他直接责任人员依法给予行政处分或追究刑事责任。

第三十一条 咨询评估机构及其人员、参与专家评议的专家,在编制项目申请书、受项目核准部门委托开展评估或者参与专家评议过程中,不遵守国家法律法规和本办法规定的,依法追究相应责任。

第三十二条 项目申请企业以拆分项目或提供虚假材料等不正当手段申请核准或备案的,项目核准和备案部门不予受理或者不予核准及备案。已经取得项目核准或备案文件的,项目核准和备案部门应依法撤销该项目的核准或备案文件。已经开工建设的,依法责令其停止建设。相应的项目核准和备案部门及有关部门应当将其纳入不良信用记录,并依法追究有关责任人的法律责任。

第三十三条 对未经过项目核准和备案部门按照规定权限核准或备案的项目,或虽经核准或备案但项目内容发生变化、应办理项目变更核准或备案手续而未办理的项目,以及项目核准或备案文件有效期已过且未到项目原核准和备案部门办理准予延期文件的项目,各有关部门不得办理各项相关手续。

第三十四条 各级项目核准和备案部门应当会同同级行业管理、城乡规划、国土资源、环境保护、金融监管、安全生产监管等部门,对项目申请企业执行项目情况和外商投资项目核准或备案情况进行稽察和监督检查,加快完善信息系统,建立发展规划、产业政策、准入标准、诚信记录等信息的横向互通制度,严肃查处违法违规行为并纳入不良信用记录,实现行政审批和市场监管的信息共享。

第三十五条 来自香港特别行政区、澳门特别行政区和台湾地区的投资者在本市举办的项目,参照本办法执行。

外国投资者以人民币在本市投资的项目,按照本办法执行。

第三十六条 本办法由市发展改革委负责解释。

第三十七条 本办法自 2014 年 8 月 25 日至 2019 年 8 月 25 日执行。本市在此之前发布的有关外商投资项目审批管理的规定,凡与本办法规定不一致的,均按本办法执行。国家法律、行政法规和对外商投资项目管理有专门规定的,按照有关规定执行。

11. 河北省外商投资项目核准和备案管理办法

河北省外商投资项目核准和备案管理办法

第一章 总 则

第一条 为进一步深化外商投资管理体制改革，根据《中华人民共和国行政许可法》《指导外商投资方向规定》《国务院关于投资体制改革的决定》、国家发展和改革委员会（以下简称国家发展改革委）《外商投资项目核准和备案管理办法》及《河北省政府核准的投资项目目录》（2014年本）（以下简称《核准目录》），特制定本办法。

第二条 本办法适用于中外合资、中外合作、外商独资、外商投资合伙、外商并购境内企业、外商投资企业增资及再投资项目等各类外商投资项目。

第二章 项目管理方式

第三条 外商投资项目管理分为核准和备案两种方式。

第四条 根据《核准目录》，实行核准制的外商投资项目的范围为：

（一）《外商投资产业指导目录》中有中方控股（含相对控股）要求的总投资（含增资）3亿美元及以上鼓励类项目，总投资（含增资）5000万美元及以上限制类（不含房地产）项目，由国家发展改革委核准。

（二）《外商投资产业指导目录》限制类中的房地产项目和总投资（含增资）5000万美元以下的其它限制类项目，由省发展和改革委员会（以下简称省发展改革委）核准。《外商投资产业指导目录》中有中方控股（含相对控股）要求的总投资（含增资）3亿美元以下鼓励类项目，由各设区市、省直管县（市）发展改革部门核准。

（三）前两项规定之外的属于《核准目录》第一至十一项所列的外商投资项目，按照《核准目录》第一至十一项的规定核准。

第五条 本办法第四条范围以外的外商投资项目，总投资在3亿美元及以上的由省发展改革委备案，小于3亿美元的由设区市、省直管县（市）发展改革部门备案。

第六条 扩权县（市）、省级以上开发区、省下放行政审批权限的特定区按省政府有关规定行使管理权限。

第七条 外商投资企业增资项目总投资以新增投资额计算，并购项目总投资以交易额计算。

第八条 外商投资涉及国家安全的，应当按照国家有关规定进行安全审查。

第三章 项目核准

第九条 拟申请核准的外商投资项目应按国家发展改革委颁布的项目申请报告通用文本、主要行业的项目申请报告示范文本要求，编制项目申请报告。项目申请报告应包括以下内容：

（一）项目及投资方情况；
（二）资源利用和生态环境影响分析；
（三）经济和社会影响分析。

外国投资者并购境内企业项目申请报告应包括并购方情况、并购安排、融资方案和被并购方情况、被并购后经营方式、范围和股权结构、所得收入的使用安排等。

第十条 项目申请报告应附以下文件：
（一）中外投资各方的企业注册证明材料及经审计的最新企业财务报表（包括资产负债表、利润表和现金流量表）、开户银行出具的资金信用证明；
（二）投资意向书，增资、并购项目的公司董事会决议；
（三）城乡规划行政主管部门出具的选址意见书（仅指以划拨方式提供国有土地使用权的项目）；
（四）国土资源行政主管部门出具的用地预审意见（不涉及新增用地，在已批准的建设用地范围内进行改扩建的项目，可以不进行用地预审）；
（五）环境保护行政主管部门出具的环境影响评价审批文件；
（六）节能审查机关出具的节能审查意见；
（七）以国有资产出资的，需由有关主管部门出具的确认文件；
（八）根据有关法律法规的规定应当提交的其他文件。

第十一条 按核准权限属于省发展改革委核准的项目或由省发展改革委审核上报国家发展改革委核准的项目，由项目所在设区市、省直管县（市）发展改革部门提出初审意见后，向省发展改革委报送项目核准请示及项目申请报告。省属企业由集团公司或总公司向省发展改革委报送项目核准请示及项目申请报告。扩权县（市）、省级以上开发区、省下放行政审批权限的特定区按管理权限核准或审核上报的项目，同时抄送所在设区市、省直管县（市）发展改革部门。

第十二条 项目申报材料不齐全或者不符合有关要求的，项目核准机关应当在收到申报材料后5个工作日内一次告知项目申报单位补正。

第十三条 对于涉及有关行业主管部门职能的项目，项目核准机关应当商请有关行业主管部门在7个工作日内出具书面审查意见。有关行业主管部门逾期没有反馈书面审查意见的，视为同意。

第十四条 项目核准机关在受理项目申请报告之日起4个工作日内，对需要进行评估论证的重点问题委托有资质的咨询机构进行评估论证，接受委托的咨询机构应在规定的时间内提出评估报告。

对于可能会对公共利益造成重大影响的项目，项目核准机关在进行核准时应采取适当方式征求公众意见。对于特别重大的项目，可以实行专家评议制度。

第十五条 项目核准机关自受理项目核准申请之日起20个工作日内，完成对项目申请报告的核准。如20个工作日内不能做出核准决定的，由本部门负责人批准延长10个工作日，并将延长期限的理由告知项目申报单位。

前款规定的核准期限，委托咨询评估和进行专家评议所需的时间不计算在内。

第十六条 对外商投资项目的核准条件是：
（一）符合国家有关法律法规和《外商投资产业指导目录》的规定；
（二）符合发展规划、产业政策及准入标准；
（三）合理开发并有效利用资源；

（四）不影响国家安全和生态安全；
（五）对公众利益不产生重大不利影响；
（六）符合国家资本项目管理、外债管理的有关规定。

第十七条 对予以核准的项目，项目核准机关依据国家发展改革委办公厅《关于印发核准文件格式文本的通知》（发改办投资〔2014〕1454号）要求，出具书面核准文件，并抄送同级行业管理、城乡规划、国土资源、环境保护、节能审查等相关部门；对不予核准的项目，应以书面说明理由，并告知项目申报单位享有依法申请行政复议或者提起行政诉讼的权利。

第四章 项目备案

第十八条 拟申请备案的外商投资项目需由项目申报单位提交项目和投资方基本情况等信息，并附下列材料：
（一）填写完整的《河北省外商投资项目备案申请表》；
（二）项目基本情况，包括建设地点、建设内容、产品（服务）规模；投资额、注册资本、出资比例、出资方式；拟征地规模等；
（三）中外投资各方基本情况、企业注册证明材料及经审计的最新企业财务报表（包括资产负债表、利润表和现金流量表）、开户银行出具的资金信用证明；
（四）投资意向书及增资、并购项目的公司董事会决议；
（五）必要的其他说明材料。

第十九条 属于省发展改革委备案的项目，由项目所在设区市直、省直管县（市）发展改革部门提出初审意见后，向省发展改革委报送项目备案请示及相关材料。省属企业由集团公司或总公司向省发展改革委报送项目备案请示及相关材料。扩权县（市）、省级以上开发区、省下放行政审批权限的特定区按管理权限备案或审核上报的项目，同时抄送所在设区市、省直管县（市）发展改革部门。

第二十条 外商投资项目备案需符合国家有关法律法规、发展规划、产业政策及准入标准，符合《外商投资产业指导目录》。

第二十一条 对符合备案条件的项目，由备案机关在受理项目备案申请之日起5个工作日内出具书面备案文件（备案文件格式文本另发）；对不予备案的外商投资项目，备案机关应在5个工作日内出具书面意见并说明理由。企业对备案部门做出的不予备案的决定和备案文件的实质性内容有异议的，可依法提出行政复议或行政诉讼。

第五章 项目变更

第二十二条 经核准或备案的项目如出现下列情形之一的，需向原批准机关申请变更：
（一）项目地点发生变化；
（二）投资方或股权发生变化；
（三）项目主要建设内容发生变化；
（四）有关法律法规和产业政策规定需要变更的其他情况。

第二十三条 变更核准和备案的程序比照本办法前述有关规定执行。

第二十四条 经核准的项目若变更后属于备案管理范围的，应按备案程序办理；予以备案的项目若变更后属于核准管理范围的，应按核准程序办理。

第六章　监督管理

第二十五条　核准或备案文件应规定文件的有效期。在有效期内未开工建设的，项目申报单位应当在有效期届满前30个工作日向原核准和备案机关提出延期申请。在有效期内未开工建设且未提出延期申请的，原核准文件期满后自动失效。

第二十六条　对于未按规定权限和程序核准或者备案的项目，有关部门不得办理相关手续，金融机构不得提供信贷支持。

第二十七条　各级发展改革部门要切实履行核准和备案职责，改进监督、管理和服务，提高行政效率，并按照相关规定做好项目核准及备案的信息公开工作。

第二十八条　各级发展改革部门应当会同同级行业管理、城乡规划、国土资源、环境保护、金融监管、安全生产监管等部门，对项目申报单位执行项目情况和外商投资项目核准或备案情况进行稽察和监督检查，加快完善信息系统，建立发展规划、产业政策、准入标准、诚信记录等信息的横向互通制度，严肃查处违法违规行为并纳入不良信用记录，实现行政审批和市场监管的信息共享。

第二十九条　省发展改革委会同各级发展改革部门按照国家发展改革委部署和要求，建立完善外商投资项目管理电子信息系统，实现外商投资项目可查询、可监督，提升事中事后监管水平。

第三十条　各级发展改革部门要及时汇总整理本区域内项目核准及备案相关情况，包括项目名称、核准及备案文号、项目所在地、中外投资方、建设内容、资金来源（包括总投资、资本金等）等。各扩权县、省级以上开发区、省下放行政审批权限的特定区每月4日前将上月项目核准及备案相关情况汇总后报送所在设区市、省直管县（市）发展改革委（局）。各设区市、省直管县（市）发展改革委（局）每月6日前将上月项目核准及备案相关情况汇总后报送省发展改革委。省发展改革委每月10日前将全省项目核准及备案相关情况汇总后报国家发展改革委。

第七章　法律责任

第三十一条　项目核准和备案机关及其工作人员违反本办法有关规定的，由其上级行政机关或者监察机关责令改正；情节严重的，对直接负责的主管人员和其他直接责任人员依法给予行政处分。

第三十二条　项目核准和备案机关工作人员，在项目核准和备案过程中滥用职权谋取私利，构成犯罪的，依法追究刑事责任；尚不构成犯罪的，依法给予行政处分。

第三十三条　咨询评估机构及其人员、参与专家评议的专家，在编制项目申请报告、受项目核准机关委托开展评估或者参与专家评议过程中，不遵守国家法律法规和本办法规定的，依法追究相应责任。

第三十四条　项目申报单位对材料的真实性和合法性负责，以拆分项目或提供虚假材料等不正当手段申请核准或备案的，项目核准和备案机关不予受理或者不予核准及备案。已经取得项目核准或备案文件的，项目核准和备案机关应依法撤销该项目的核准或备案文件。已经开工建设的，依法责令其停止建设。相应的项目核准和备案机关及有关部门应当将其纳入不良信用记录，并依法追究有关责任人的法律责任。

第八章 附　　则

第三十五条 各设区市发展改革部门可以按照国家有关法律法规和本办法的规定，制定外商投资项目核准及备案具体实施办法。

第三十六条 香港特别行政区、澳门特别行政区和台湾地区的投资者在我省举办的投资项目，参照本办法执行。

外国投资者以人民币在境内投资的项目，按照本办法执行。

第三十七条 法律、行政法规和国家对外商投资项目管理有专门规定的，按照有关规定执行。

第三十八条 本办法由省发展改革委负责解释。

第三十九条 本办法自 2014 年 9 月 1 日发布之日起施行，有效期 5 年。2004 年 11 月河北省发展改革委颁发的《河北省外商投资项目核准暂行管理办法》（冀发改外资〔2004〕1508 号）同时废止。

12. 内蒙古自治区外商投资项目核准和备案管理办法

内蒙古自治区外商投资项目核准和备案管理办法
内发改法规字〔2016〕622号

第一章 总 则

第一条 为进一步深化外商投资管理体制改革，根据《外商投资项目核准和备案管理办法》（中华人民共和国国家发展和改革委员会令2014年第12号）、《政府核准的投资项目目录（2014年本）》（以下简称《核准目录》），结合自治区实际，制定本办法。

第二条 本办法适用于在自治区行政区域内的中外合资、中外合作、外商独资、外商投资合伙、外国投资者并购境内企业、外商投资企业增资及再投资等各类外商投资项目。

第二章 项目管理方式

第三条 外商投资项目管理分为核准和备案两种方式。自治区、盟市、列入扩权强县的试点旗县（市、区）发展改革部门为内蒙古自治区外商投资项目核准和备案机关（以下称"项目核准和备案机关"），负责外商投资项目核准、备案和监督管理。

第四条 外商投资项目管理范围为：

（一）《外商投资产业指导目录》中有中方控股（含相对控股）要求的总投资（含增资）10亿美元及以上鼓励类项目，总投资（含增资）1亿美元及以上限制类（不含房地产）项目，报国务院发展改革部门核准，其中总投资（含增资）20亿美元及以上项目报国务院备案。

（二）《外商投资产业指导目录》限制类中的房地产项目和总投资（含增资）小于1亿美元的其他限制类项目，由自治区发展改革部门核准。《外商投资产业指导目录》中有中方控股（含相对控股）要求的总投资（含增资）小于10亿美元的鼓励类项目，由盟市和列入扩权强县的试点旗县（市、区）发展改革部门核准。

（三）前两项规定之外的属于《核准目录》第一至十项所列的外商投资项目，按照《核准目录》第一至十项的规定核准。

（四）前三项规定之外的外商投资项目由盟市和列入扩权强县的试点旗县（市、区）发展改革部门备案。

由盟市发展改革部门核准和备案的项目，盟市发展改革部门可以根据本地区实际情况具体划分盟市和旗县的核准和备案权限。列入扩权强县的试点旗县（市、区）发展改革部门核准和备案的项目，直接由扩权强县的试点旗县（市、区）发展改革部门核准和备案。

第五条 外商投资企业增资项目总投资以新增投资额计算，并购项目总投资以交易额计算。

第六条 属于国家安全审查范围的外商投资项目，需按照有关规定进行安全审查。

第三章　项目核准

第七条　拟申请核准的外商投资项目应按国务院发展改革部门颁布的项目申请报告通用文本、主要行业的项目申请报告示范文本编制项目申请报告。项目申请报告应包括以下内容：

（一）项目及投资方情况；

（二）资源利用和生态环境影响分析；

（三）经济和社会影响分析。

外国投资者并购境内企业项目申请报告应包括并购方情况、并购安排、融资方案和被并购方情况、被并购后经营方式、范围和股权结构、所得收入的使用安排等。

第八条　项目申请报告应附以下文件：

（一）中外投资各方的企业注册证明材料及经审计的最新企业财务报表（包括资产负债表、利润表和现金流量表）；

（二）投资意向书，增资、并购项目的公司董事会决议；

（三）城乡规划行政主管部门出具的选址意见书（仅指以划拨方式提供国有土地使用权的项目）；

（四）国土资源行政主管部门出具的用地预审意见（不涉及新增用地，在已批准的建设用地范围内进行改扩建的项目，可以不进行用地预审）；

（五）环境保护行政主管部门出具的环境影响评价审批文件；

（六）节能审查机关出具的节能审查意见；

（七）以国有资产出资的，需由有关主管部门出具的确认文件；

（八）根据有关法律法规的规定应当提交的其他文件。

第九条　按核准权限属于国务院发展改革部门核准的项目，由自治区发展改革部门提出初审意见后，向国务院发展改革部门报送项目申请报告；计划单列企业集团和中央管理企业可直接向国务院发展改革部门报送项目申请报告，并附自治区发展改革部门意见。

按核准权限属于自治区发展改革部门核准的项目，由项目所在盟市和列入扩权强县的试点旗县（市、区）发展改革部门提出初审意见后，向自治区发展改革部门报送项目申请报告；区直企业可直接向自治区发展改革部门报送项目申请报告，并附项目所在盟市和列入扩权强县的试点旗县（市、区）发展改革部门意见。

第十条　项目申报材料不齐全或者不符合有关要求的，项目核准机关应当在收到申报材料后5个工作日内一次性告知项目申报单位补正。

第十一条　对于涉及有关行业主管部门职能的项目，项目核准机关应当商请有关行业主管部门在7个工作日内出具书面审查意见。有关行业主管部门逾期没有反馈书面审查意见的，视为同意。

第十二条　项目核准机关在受理项目申请报告之日起4个工作日内，对需要进行评估论证的重点问题委托有资质的咨询机构进行评估论证，接受委托的咨询机构应在规定的时间内提出评估报告。

对于可能会对公共利益造成重大影响的项目，项目核准机关在进行核准时应采取适当方式征求公众意见。对于特别重大的项目，可以实行专家评议制度。

第十三条　项目核准机关自受理项目核准申请之日起20个工作日内，完成对项目申请报告的核准。如20个工作日内不能做出核准决定的，由本部门负责人批准延长10个工作日，并将延长期限的理由告知项目申报单位。

前款规定的核准期限，委托咨询评估和进行专家评议所需的时间不计算在内。

第十四条 对外商投资项目的核准条件是：

（一）符合国家有关法律法规和《外商投资产业指导目录》、《中西部地区外商投资优势产业目录》的规定；

（二）符合发展规划、产业政策及准入标准；

（三）合理开发并有效利用资源；

（四）不影响国家安全和生态安全；

（五）对公众利益不产生重大不利影响；

（六）符合国家资本项目管理、外债管理的有关规定。

第十五条 对予以核准的项目，项目核准机关出具书面核准文件，并抄送同级行业管理、城乡规划、国土资源、环境保护、节能审查等相关部门；对不予核准的项目，应以书面说明理由，并告知项目申报单位享有依法申请行政复议或者提起行政诉讼的权利。

第四章 项目备案

第十六条 拟申请备案的外商投资项目，需由项目申报单位向项目备案机关提交下列材料：

（一）项目和投资方基本情况；

（二）中外投资各方的企业注册证（营业执照）、商务登记证（个人投资者提供个人身份证明）；

（三）投资各方签署的投资意向书，增资、并购项目的公司董事会决议；

（四）根据有关法律法规，应提交的其他相关材料。

项目申报单位对所提交申请材料内容的真实性负责。

第十七条 外商投资项目备案需符合有关法律法规、发展规划、产业政策及准入标准，符合《外商投资产业指导目录》、《中西部地区外商投资优势产业目录》。

项目备案机关应在收到符合本办法第十七条规定的申请材料之日起7个工作日内，向备案申请人出具备案意见。不予备案的，项目备案机关应在7个工作日内出具书面意见并说明理由。

第五章 项目变更

第十八条 经核准或备案的外商投资项目出现下列情形之一的，应向项目核准和备案机关申请变更：

（一）项目地点发生变化；

（二）投资方或者股权发生变化；

（三）项目主要建设内容发生变化；

（四）有关法律法规和产业政策规定需要变更的其他情况。

变更核准和备案程序，按照本办法前述有关规定执行。

第十九条 已核准的外商投资项目变更后，属于备案管理范围的，应按备案程序办理；予以备案的项目变更后属于核准管理范围的，应按核准程序办理。

第二十条 已核准或备案项目如停止实施，项目申请人应及时书面告知项目核准和备案机关。

第六章 监督管理

第二十一条 项目核准或备案文件有效期为 2 年,自出具核准或备案文件之日起计算。在有效期内未开工建设的,项目申报单位应在有效期届满前 30 个工作日内向原项目核准或备案机关提出延期申请。在有效期内未开工建设且未提出延期申请的,原核准或备案文件期满后自动失效。

第二十二条 对于未按规定权限和程序核准或者备案的项目,有关部门不得办理相关手续,金融机构不得提供信贷支持。

第二十三条 各级项目核准和备案机关要切实履行核准和备案职责,改进监督、管理和服务,提高行政效率,并按照相关规定做好项目核准及备案的信息公开工作。

第二十四条 各级发展改革部门应当会同同级行业管理、城乡规划、国土资源、环境保护、金融监管、安全生产监管等部门,对项目申报单位执行项目情况和外商投资项目核准和备案情况进行稽查和监督检查,加快完善信息系统,建立发展规划、产业政策、准入标准、诚信记录等信息的横向互通制度,及时通报对违法违规行为的查处情况,实现行政审批和市场监管的信息共享。

第二十五条 自治区发展改革部门联合盟市和列入扩权强县的试点旗县(市、区)发展改革部门建立完善外商投资项目信息共享机制,实现外商投资项目可查询、可监督,提升事中事后监管水平。

第二十六条 盟市和列入扩权强县的试点旗县(市、区)发展改革部门每月 5 日前汇总整理上月本地区项目核准和备案相关情况,包括项目名称、核准或备案文号、项目所在地、中外投资方、建设内容、资金来源(包括总投资、资本金等),报送自治区发展改革部门。

第七章 责任追究

第二十七条 项目核准和备案机关及其工作人员违反本办法有关规定的,由其上级行政机关或者监察机关责令改正;情节严重的,对直接负责的主管人员和其他直接责任人员依法给予行政处分。

第二十八条 项目核准和备案机关工作人员在项目核准和备案过程中滥用职权、玩忽职守、徇私舞弊、索贿受贿的,依法给予行政处分;构成犯罪的,依法追究刑事责任。

第二十九条 咨询评估机构及其人员、参与专家评议的专家,在编制项目申请报告、受项目核准机关委托开展评估或者参与专家评议过程中,不遵守国家法律法规和本办法规定的,依法追究相应责任。

第三十条 项目申报单位以拆分项目或提供虚假材料等不正当手段申请核准或备案的,项目核准和备案机关不予受理或者不予核准及备案。已经取得项目核准或备案文件的,项目核准和备案机关应依法撤销该项目的核准或备案文件。已经开工建设的,依法责令其停止建设。相应的项目核准和备案机关及有关部门应当将其纳入不良信用记录,并依法追究有关责任人的法律责任。

第八章 附则

第三十一条 香港特别行政区、澳门特别行政区和台湾地区的投资者在自治区行政区域内投资的项目,参照本办法执行。

外国投资者以人民币在自治区行政区域内投资的项目，按照本办法执行。

第三十二条 法律、行政法规和国家对外商投资项目管理有专门规定的，按照有关规定执行。

第三十三条 本办法由内蒙古自治区发展和改革委员会负责解释。

第三十四条 本办法自发布之日起施行。

13. 陕西省外商投资项目核准和备案管理办法

陕西省外商投资项目核准和备案管理办法

第一章 总 则

第一条 为进一步深化外商投资项目管理制度改革，规范外资管理工作，提高外资服务水平，根据《中华人民共和国行政许可法》《指导外商投资方向规定》（国务院令2002年346号）、《外商投资项目核准和备案管理办法》（国家发展改革委第12号令）、《国家发展改革委关于修改〈外商投资项目核准和备案管理办法〉和〈境外投资项目核准和备案管理办法〉有关条款的决定》（国家发展改革委第20号令）、《政府核准的投资项目目录》（以下简称《核准目录》），制定本办法。

第二条 本办法适用于陕西省行政区域内的中外合资、中外合作、外商独资、外商投资合伙、外商并购境内企业、外商投资企业增资及再投资项目等各类外商投资项目。

第二章 项目管理方式

第三条 外商投资项目管理分为核准和备案两种方式。

第四条 外商投资项目核准权限、范围按照《核准目录》执行。

由市级政府投资主管部门核准的项目，核准权限不得下放。

第五条 本办法第四条范围以外的符合产业政策的外商投资项目实行备案制。

（一）总投资5亿美元及以上的备案制管理外商投资项目，由省发展改革委备案。

（二）总投资5亿美元以下的备案制管理外商投资项目，由市级政府投资主管部门备案。

由市级政府投资主管部门备案的项目，各设区市政府可以根据本地实际情况具体划分市级、县级的备案权限。

第六条 属于《产业结构调整指导目录》中的淘汰类项目不予核准和备案。

第七条 本办法所称项目核准和备案机关，是指第四、第五条规定的陕西省内具有项目核准和备案权限的行政机关。

韩城市、杨凌示范区、西咸新区、神木县、府谷县及其它扩权强县享有设区市的项目核准和备案权限。

第八条 外商投资企业增资项目总投资以新增投资额计算，并购项目总投资以交易额计算。

第九条 外商投资涉及国家安全的，应当按照国家有关规定进行安全审查。

第三章 项目核准

第十条 拟申请核准的外商投资项目应按照国家发展改革委颁布的项目申请报告通用文本、主要行业的项目申请报告示范文本编制项目申请报告。项目申请报告应包括以下内容：

（一）项目及投资方情况；
（二）资源利用和生态环境影响分析；
（三）经济和社会影响分析。

外国投资者并购境内企业项目申请报告应包括并购方情况、并购安排、融资方案和被并购方情况、被并购后经营方式、范围和股权结构、所得收入的使用安排等。

第十一条 项目申请报告应附以下文件：
（一）中外投资各方的企业注册证明材料及经审计的最新企业财务报表（包括资产负债表、利润表和现金流量表）、开户银行出具的资金信用证明；
（二）投资意向书，增资、并购项目的公司董事会决议；
（三）城乡规划行政主管部门出具的选址意见书（仅指以划拨方式提供国有土地使用权的项目）；
（四）国土资源行政主管部门出具的用地预审意见（不涉及新增用地，在已批准的建设用地范围内进行改扩建的项目，可以不进行用地预审，但需提供原有土地使用证）；
（五）环境保护行政主管部门出具的环境影响评价审批文件；
（六）节能审查机关出具的节能审查意见；
（七）以国有资产出资的，需由有关主管部门出具的确认文件；
（八）根据有关法律法规的规定应当提交的其他文件。

第十二条 按核准权限属于国家发展改革委核准的项目，由省发展改革委提出初审意见后，向国家发展改革委报送项目申请报告。计划单列企业集团和中央管理企业可直接向国家发展改革委报送项目申请报告，并附省发展改革委的意见。

按核准权限属于省发展改革委核准的项目，由项目所在地市级政府投资主管部门提出初审意见后，向省发展改革委报送项目申请报告；计划单列企业集团、中央管理企业、省属企业、省政府有关部门所属单位可直接向省发展改革委报送项目申请报告，并附项目所在地市级政府投资主管部门的意见。

第十三条 项目申报材料不齐全或者不符合有关要求的，项目核准机关应当在收到申报材料后 5 个工作日内一次告知项目申报单位补正。

项目核准机关自受理项目核准申请之日起 15 个工作日内，完成对项目申请报告的核准。如 15 个工作日内不能做出核准决定的，由本部门负责人批准延长 10 个工作日，并将延长期限的理由告知项目申报单位。

第十四条 对于涉及有关行业主管部门职能的项目，项目核准机关应当商请有关行业主管部门在 7 个工作日内出具书面审查意见。有关行业主管部门逾期没有反馈书面审查意见的，视为同意。

项目核准机关在受理项目申请报告之日起 4 个工作日内，对需要进行评估论证的重点问题委托有资质的咨询机构进行评估论证，接受委托的咨询机构应在规定的时间内提出评估报告。

对于可能会对公共利益造成重大影响的项目，项目核准机关在进行核准时应采取适当方式征求公众意见。对于特别重大的项目，可以实行专家评议制度。

第十三条 规定的核准期限，委托咨询评估、征求公众意见和进行专家评议所需的时间不计算在内。

第十五条 对外商投资项目的核准条件是：
（一）符合国家有关法律法规和《外商投资产业指导目录》《中西部地区外商投资优势

产业目录》的规定；

（二）符合发展规划、产业政策及准入标准；

（三）合理开发并有效利用资源；

（四）不影响国家安全和生态安全；

（五）对公众利益不产生重大不利影响；

（六）符合国家资本项目管理、外债管理的有关规定。

第十六条　对予以核准的项目，项目核准机关依照国家发展改革委颁布的项目核准文件格式文本出具书面核准文件，并抄送同级行业管理、城乡规划、国土资源、环境保护、节能审查等相关部门；对不予核准的项目，应书面说明理由，并告知项目申报单位享有依法申请行政复议或者提起行政诉讼的权利。

第四章　项目备案

第十七条　拟申请备案的外商投资项目需由项目申报单位提交项目和投资方基本情况等信息，并附中外投资各方的企业注册证明材料、投资意向书及增资、并购项目的公司董事会决议等其他相关材料。

第十八条　按备案权限属于省发展改革委备案的项目，由项目所在地市级政府投资主管部门提出初审意见后，向省发展改革委报送相关材料；计划单列企业集团、中央管理企业、省属企业、省政府有关部门所属单位可直接向省发展改革委报送相关材料，并附项目所在地市级政府投资主管部门的意见。

第十九条　项目申报材料不齐全或者不符合有关要求的，项目备案机关应当在收到申报材料后3个工作日内一次告知项目申报单位补正。

项目备案机关自受理项目备案申请之日起7个工作日内，完成项目备案工作。特殊情况7个工作日内不能做出备案决定的，由本部门负责人批准延长7个工作日，并将延长期限的理由告知项目申报单位。

对不予备案的外商投资项目，项目备案机关应在7个工作日内出具书面意见并说明理由。

第二十条　对外商投资项目的备案条件是：

（一）符合有关法律法规和《外商投资产业指导目录》《中西部地区外商投资优势产业目录》的规定；

（二）符合发展规划、产业政策及准入标准；

（三）符合国家资本项目管理、外债管理的有关规定。

第二十一条　对予以备案的项目，项目备案机关应按照省发展改革委制定的备案文件格式文本出具备案通知书，并抄送同级行业管理、城乡规划、国土资源、环境保护、节能审查等相关部门；对不予备案的项目，应书面说明理由，并告知项目申报单位享有依法申请行政复议或者提起行政诉讼的权利。

第五章　项目变更

第二十二条　经核准或备案的项目如出现下列情形之一的，需向原批准机关申请变更：

（一）项目地点发生变化；

（二）投资方或股权发生变化；

（三）项目主要建设内容和规模发生变化；

（四）有关法律法规和产业政策规定需要变更的其他情况。

第二十三条　变更核准和备案的程序比照本办法前述有关规定执行。

第二十四条　经核准的项目若变更后属于备案管理范围的，应按备案程序办理；予以备案的项目若变更后属于核准管理范围的，应按核准程序办理。经核准或备案的项目若变更后不属于原核准和备案机关权限范围的，项目单位应按规定到相关项目核准和备案机关重新办理项目核准和备案。

第六章　监督管理

第二十五条　核准或备案文件应规定文件的有效期。在有效期内未开工建设的，项目申报单位应当在有效期届满前 30 个工作日向原核准和备案机关提出延期申请。在有效期内未开工建设且未提出延期申请的，原核准或备案文件期满后自动失效。

第二十六条　对于未按规定权限和程序核准或者备案的项目，有关部门不得办理相关手续，金融机构不得提供信贷支持。

第二十七条　各级项目核准和备案机关要切实履行核准和备案职责，改进监督、管理和服务，提高行政效率，并按照相关规定做好项目核准及备案的信息公开工作。

第二十八条　各级发展改革部门应当会同同级行业管理、城乡规划、国土资源、环境保护、金融监管、安全生产监管等部门，对项目申报单位执行项目情况和外商投资项目核准或备案情况进行稽察和监督检查，加快完善信息系统，建立发展规划、产业政策、准入标准、诚信记录等信息的横向互通制度，严肃查处违法违规行为并纳入不良信用记录，实现行政审批和市场监管的信息共享。

第二十九条　省发展改革委要联合各市、县（区）投资主管部门完善外商投资项目管理电子信息系统，实现外商投资项目可查询、可监督，提升事中事后监管水平。

第七章　法律责任

第三十条　项目核准和备案机关及其工作人员违反本办法有关规定的，由其上级行政机关或者监察机关责令改正；情节严重的，对直接负责的主管人员和其他直接责任人员依法给予行政处分。

第三十一条　项目核准和备案机关工作人员，在项目核准和备案过程中滥用职权谋取私利，构成犯罪的，依法追究刑事责任；尚不构成犯罪的，依法给予行政处分。

第三十二条　咨询评估机构及其人员、参与专家评议的专家，在编制项目申请报告、受项目核准机关委托开展评估或者参与专家评议过程中，不遵守国家、省法律法规和本办法规定的，依法追究相应责任。

第三十三条　项目申报单位以拆分项目或提供虚假材料等不正当手段申请核准或备案的，项目核准和备案机关不予受理或者不予核准及备案。已经取得项目核准或备案文件的，项目核准和备案机关应依法撤销该项目的核准或备案文件。已经开工建设的，依法责令其停止建设。相应的项目核准和备案机关及有关部门应当将其纳入不良信用记录，并依法追究有关责任人的法律责任。

第八章　附　　则

第三十四条　对于应当由省发展改革委核准、备案或者审核后报国家发展改革委核准的项目，省发展改革委制定并颁布《服务指南》，列明项目核准和备案的申报材料及格式、所需附件、受理方式、办理流程、办理时限等内容,为项目申报单位提供指导和服务。

第三十五条 香港特别行政区、澳门特别行政区和台湾地区的投资者在陕西省行政区域内举办的投资项目,参照本办法执行。

外国投资者以人民币在陕西省行政区域内投资的项目,按照本办法执行。

第三十六条 法律、行政法规和国家、省对外商投资项目管理有专门规定的,按照有关规定执行。

第三十七条 本办法自 2015 年 6 月 27 日起施行,2020 年 6 月 26 日废止。

五、其他

1. 关于发布项目申请报告通用文本的通知

国家发展改革委关于发布项目申请报告通用文本的通知

发改投资〔2017〕684号

国务院各部门、直属机构,各省、自治区、直辖市及计划单列市、新疆生产建设兵团发展改革委,各计划单列企业集团、中央管理企业:

为指导企业做好项目申请报告的编写工作,规范项目核准机关核准行为,根据《企业投资项目核准和备案管理办法》(国家发展改革委第2号令)和《外商投资项目核准和备案管理办法》(国家发展改革委第12号令)有关规定,特编制项目申请报告通用文本及其说明,现予以发布,供有关方面借鉴和参考。现就有关事项通知如下。

一、项目申请报告通用文本是对项目申请报告编写内容及深度的一般要求。关于《项目申请报告通用文本》的说明,是对通用文本的解释和阐述。在编写、审核项目申请报告时,应同时借鉴和参考通用文本及说明的有关内容。

二、企业在组织编写具体项目的申请报告时,可根据拟建项目的实际情况,对通用文本中所要求的内容进行适当调整。如果拟建项目不涉及其中有关内容,可以在说明情况后,不进行相关分析。

三、项目核准机关在核准企业投资项目时,应严格按照《企业投资项目核准和备案管理办法》和《外商投资项目核准和备案管理办法》要求,在落实企业投资自主权的基础上,从维护社会公共利益的角度,对企业投资项目的"外部性"条件进行审查和把关,从是否危害经济安全、社会安全、生态安全等国家安全,是否符合相关发展建设规划、技术标准和产业政策,是否合理开发并有效利用资源,是否对重大公共利益产生不利影响这些方面进行审查。项目的市场前景、经济效益、资金来源、产品技术方案等内部性条件,均应当由企业自主决策,项目核准机关不得干预企业的投资自主权。

四、按照国家有关法律、行政法规的规定,企业向项目核准机关报送项目申请报告时,已经有关部门根据职能分工依法审查规划选址、土地利用等方面内容的,应以有关部门出具的前置审批文件为准,不再作为项目核准机关的实质性审查内容,项目申请报告也不再对相关内容进行实质性分析。列入《不单独进行节能审查的行业目录》范围内的项目,应在项目申请报告中对项目能源利用情况、节能措施情况和能效水平进行分析。

五、为适应各行业的具体情况，相应的项目核准机关应参照本通用文本制定主要行业的项目申请报告示范文本。主要行业的示范文本既要遵循通用本的一般要求，又要充分反映行业特殊情况，可根据实际需要对通用本的内容进行合理调整。

六、此次所发布的项目申请报告通用文本，适用于各类企业在我国境内建设的企业投资项目（包括外商投资项目）。境外投资项目申请报告的文本另行编制。

七、按照《招标投标法实施条例》《工程建设项目申报材料增加招标内容和核准招标事项暂行规定》（国家计委第9号令，根据2013年国家发展改革委第23号令修改）的要求，凡需报我委核准招标内容的企业投资项目，应在提交项目申请报告时附具有关招标内容。

八、本通知自发布之日起施行。《国家发展改革委关于发布项目申请报告通用文本的通知》（发改投资〔2007〕1169号）即行废止。

附件：
1. 项目申请报告通用文本
2. 关于《项目申请报告通用文本》的说明

国家发展改革委
2017年4月13日

附件1

项目申请报告通用文本

第一章　项目单位及拟建项目情况

一、项目单位情况。包括项目单位的主营业务、营业期限、资产负债、企业投资人（或者股东）构成、主要投资项目、现有生产能力、项目单位近几年信用情况等内容。

二、拟建项目情况。包括拟建项目的建设背景、建设地点、主要建设内容、建设（开发）规模与产品方案、工程技术方案、主要设备选型、配套公用辅助工程、投资规模和资金筹措方案等。拟建项目与国民经济和社会发展总体规划、主体功能区规划、专项规划、区域规划等相关规划衔接和协调情况，拟建项目的产业政策、技术标准和行业准入分析。拟建项目取得规划选址、土地利用等前置性要件的情况。

第二章　资源开发及综合利用分析

一、资源开发方案。资源开发类项目，包括对金属矿、煤矿、石油天然气矿、建材矿以及水（力）、森林等资源的开发，应分析拟开发资源的可开发量、自然品质、赋存条件、开发价值等，评价是否符合资源综合利用的要求。

二、资源利用方案。包括项目需要占用的重要资源品种、数量及来源情况；多金属、多用途化学元素共生矿、伴生矿、尾矿以及油气混合矿等的资源综合利用方案；通过对单位生产能力主要资源消耗量指标的对比分析，评价资源利用效率的先进程度；分析评价项目建设是否会对地表（下）水等其它资源造成不利影响。

三、资源节约措施。阐述项目方案中作为原材料的各类金属矿、非金属矿及能源和水资源节约以及项目废弃物综合利用等的主要措施方案。对拟建项目的资源能源消耗指标进行分析，阐述在提高资源能源利用效率、降低资源能源消耗、实现资源能源再利用与再循环等方面的主要措施，论证是否符合能耗准入标准及资源节约和有效利用的相关要求。

第三章 生态环境影响分析

一、生态和环境现状。包括项目场址的自然生态系统状况、资源承载力、环境条件、现有污染物情况和环境容量状况等，明确项目建设是否涉及生态保护红线以及与相关规划环评结论的相符性。

二、生态环境影响分析。包括生态破坏、特种威胁、排放污染物类型、排放量情况分析，水土流失预测，对生态环境的影响因素和影响程度，对流域和区域生态系统及环境的综合影响。

三、生态环境保护措施。按照有关生态环境保护修复、水土保持的政策法规要求，对可能造成的生态环境损害提出治理措施，对治理方案的可行性、治理效果进行分析论证。根据项目情况，提出污染防治措施方案并进行可行性分析论证。

四、特殊环境影响。分析拟建项目对历史文化遗产、自然遗产、自然保护区、森林公园、重要湿地、风景名胜和自然景观等可能造成的不利影响，并提出保护措施。

第四章 经济影响分析

一、社会经济费用效益或费用效果分析。从资源综合利用和生态环境影响等角度，评价拟建项目的经济合理性。

二、行业影响分析。阐述行业现状的基本情况以及企业在行业中所处地位，分析拟建项目对所在行业及关联产业发展的影响，尤其对产能过剩行业注重宏观总量分析影响，避免资源浪费和加剧生态环境恶化，并对是否可能导致垄断，是否符合重大生产力布局等进行论证。

三、区域经济影响分析。对于区域经济可能产生重大影响的项目，应从区域经济发展、产业空间布局、当地财政收支、社会收入分配、市场竞争结构、对当地产业支撑作用和贡献等角度进行分析论证。

四、宏观经济影响分析。投资规模巨大、对国民经济有重大影响的项目，应进行宏观经济影响分析。涉及国家经济安全的项目，应分析拟建项目对经济安全的影响，提出维护经济安全的措施。

第五章 社会影响分析

一、社会影响效果分析。阐述拟建项目的建设及运营活动对项目所在地可能产生的社会影响和社会效益。其中要对就业效果进行重点分析。

二、社会适应性分析。分析拟建项目能否为当地的社会环境、人文条件所接纳，评价该项目与当地社会环境的相互适应性，提出改进性方案。

三、社会稳定风险分析。重点针对拟建项目直接关系人民群众切实利益且涉及面广、容易引发的社会稳定问题，在风险调查、风险识别、风险估计、提出风险防范和化解措施、判断风险等级基础上，从合法性、合理性、可行性和可控性等方面进行分析。

四、其他社会风险及对策分析。针对项目建设所涉及的其他社会因素进行社会风险分析，提出协调项目与当地社会关系、规避社会风险、促进项目顺利实施的措施方案。

附件 2

关于《项目申请报告通用文本》的说明

一、编写项目申请报告通用文本的主要目的

为贯彻落实投资体制改革精神，帮助和指导企业开展项目申请报告的编写工作，规范项目核准机关的核准行为，根据《行政许可法》《企业投资项目核准和备案管理条例》《企业投资项目核准和备案管理办法》和《外商投资项目核准和备案管理办法》等，特编写项目申请报告通用文本，供有关方面借鉴和参考。

项目申请报告通用文本是对项目申请报告编写内容及深度的一般要求。企业在编写具体项目的申请报告时，可结合项目自身的实际情况，对通用文本中所要求的内容进行适当调整；如果拟建项目不涉及其中有关内容，可以在说明情况后不再进行详细论证。为更好地适应不同行业的具体情况和要求，相应的项目核准机关应参照本通用文本制定主要行业的项目申请报告示范文本。主要行业示范文本将充分反映行业的特殊情况，并根据需要对通用文本的内容进行合理调整。

二、项目申请报告的性质

项目申请报告是企业投资建设应报政府核准的项目时，为获得项目核准机关对拟建项目的行政许可，按核准要求报送的项目论证报告。项目申请报告应重点阐述项目的外部性、公共性等事项，包括维护经济安全、合理开发利用资源、保护生态环境、优化重大布局、保障公众利益、防止出现垄断等内容。

编写项目申请报告时，应根据政府公共管理的要求，对拟建项目从规划布局、资源利用、生态环境、经济和社会影响等方面进行综合论证，为有关部门对企业投资项目进行核准审查提供依据。项目的市场前景、经济效益、资金来源、产品技术方案等内容，只是供项目核准机关在核准审查过程中了解情况，不必在项目申请报告中进行详细分析和论证。同时，对规划选址、土地利用等方面，应以有关部门出具的审查意见为准，项目核准机关不再对相关内容做实质性审查。同时，列入《不单独进行节能审查的行业目录》范围内的项目，应在项目申请报告中对项目能源利用情况、节能措施情况和能效水平进行分析。

三、"项目单位及拟建项目情况"的编写说明

全面了解和掌握项目申报单位及拟建项目的基本情况，是项目核准机关对拟建项目进行分析评价以决定是否予以核准的前提和基础。因此，对项目申报单位及拟建项目基本情况的介绍，在项目申请报告的编写中占有非常重要的地位。

通过对项目申报单位的主营业务、营业期限、资产负债、企业投资人构成、主要投资项

目情况、现有生产能力、近几年信用情况等内容的阐述，为项目核准机关分析判断项目申报单位是否具备承担拟建项目的资格、是否符合有关的市场准入条件等提供依据。

通过对拟建项目的建设背景、建设地点、主要建设内容和规模、产品和工程技术方案、主要设备选型和配套工程、投资规模和资金筹措方案等内容的阐述，为项目核准机关对拟建项目的相关核准事项进行分析、评价奠定基础和前提。

在规划方面，应阐述国民经济和社会发展总体规划、主体功能区规划、区域规划、城镇体系规划、城市或镇总体规划、行业发展规划等各类规划与拟建项目密切相关的内容。

在产业政策方面，对照有关法律法规、产业政策规定和要求，阐述与拟建项目相关的产业结构调整、产业发展方向、产业空间布局、行业规范条件、产业技术政策等内容。

在技术标准和行业准入方面，阐述与拟建项目相关的技术标准、行业准入政策、准入标准等内容。

取得相关前置性要件情况方面，阐述拟建项目取得规划选址、土地利用等前置性要件的情况。

四、"资源开发及综合利用分析"的编写说明

合理开发并有效利用资源，是贯彻落实科学发展观的重要内容。对于开发和利用重要资源的企业投资项目，要从建设节约型社会、发展循环经济等角度，对资源开发、利用的合理性和有效性进行分析论证。

对于资源开发类项目，要阐述资源储量和品质勘探情况，论述拟开发资源的可开发量、自然品质、赋存条件、开发价值等，分析评价项目建设方案是否符合有关资源开发利用的可持续发展战略要求，是否符合保护资源环境的政策规定，是否符合资源开发总体规划及综合利用的相关要求。在资源开发方案的分析评价中，应重视对资源开发的规模效益和使用效率分析，限制盲目开发，避免资源开采中的浪费现象；分析拟采用的开采设备和技术方案是否符合提高资源开发利用效率的要求；评价资源开发方案是否符合改善资源环境及促进相关产业发展的政策要求。

对于需要占用重要资源或消耗大量资源的建设项目，应阐述项目需要占用的资源品种和数量，提出资源供应方案；涉及多金属、多用途化学元素共生矿、伴生矿以及油气混合矿等情况的，应根据资源特征提出合理的综合利用方案，做到物尽其用；通过单位生产能力主要资源消耗量、资源循环再生利用率等指标的国内外先进水平对比分析，评价拟建项目资源利用效率的先进性和合理性；分析评价资源综合利用方案是否符合发展循环经济、建设节约型社会的要求；分析资源利用是否会对地表（下）水等其它资源造成不利影响，以提高资源利用综合效率。

在资源利用分析中，应对资源节约措施进行分析评价。本章主要阐述项目方案中作为原材料的各类金属矿、非金属矿及水资源节约的主要措施方案，并对其进行分析评价。对于耗水量大或严重依赖水资源的建设项目，以及涉及主要金属矿、非金属矿开发利用的建设项目，应对节水措施及相应的金属矿、非金属矿等原材料节约方案进行专题论证，分析拟建项目的资源消耗指标，阐述工程建设方案是否符合资源节约综合利用政策及相关专项规划的要求，就如何提高资源利用效率、降低资源消耗、实现资源能源再利用与再循环提出对策措施。

五、"生态环境影响分析"的编写说明

为保护生态环境和自然文化遗产，维护公共利益，对于可能对环境产生重要影响的企业

投资项目，应从防治污染、保护生态环境等角度进行环境和生态影响的分析评价，确保生态环境和自然文化遗产在项目建设和运营过程中得到有效保护，并避免出现由于项目建设实施而引发的地质灾害等问题。

生态和环境现状。应通过阐述项目场址的自然生态系统状况、资源承载力、环境条件、现有污染物情况、特殊环境条件及环境容量状况等基本情况，为拟建项目的环境和生态影响分析提供依据。

拟建项目对生态环境的影响。应分析拟建项目在工程建设和投入运营过程中对环境可能产生的破坏因素以及对环境的影响程度，包括废气、废水、固体废弃物、噪声、粉尘和其他废弃物的排放数量，水土流失情况，对地形、地貌、植被及整个流域和区域环境及生态系统的综合影响等。

生态环境保护措施的分析。应从减少污染排放、防止水土流失、强化污染治理、促进清洁生产、保持生态环境可持续能力的角度，按照国家有关生态环境保护修复、水土保持的政策法规要求，对项目实施可能造成的生态环境损害提出保护措施，对环境影响治理和水土保持方案的工程可行性和治理效果进行分析评价。治理措施方案的制定，应反映不同污染源和污染排放物及其他环境影响因素的性质特点，所采用的技术和设备应满足先进性、适用性、可靠性等要求；环境治理方案应符合发展循环经济的要求，对项目产生的废气、废水、固体废弃物等，提出回收处理和再利用方案；污染治理效果应能满足达标排放的有关要求。涉及水土保持的建设项目，还应包括水土保持方案的内容。

对于历史文化遗产、自然遗产、自然保护区、森林公园、重要湿地、风景名胜和自然景观等特殊环境，应分析项目建设可能产生的影响，研究论证影响因素、影响程度，提出保护措施，并论证保护措施的可行性。

六、"经济影响分析"的编写说明

企业投资项目的财务评价，主要是进行财务盈利能力和债务清偿能力分析。而经济影响分析，则是对投资项目所耗费的社会资源及其产生的经济效果进行论证，分析项目对行业发展、区域和宏观经济的影响，从而判断拟建项目的经济合理性。

对于产出物不具备实物形态且明显涉及公众利益的无形产品项目，如水利水电、交通运输、市政建设、医疗卫生等公共基础设施项目，以及具有明显外部性影响的有形产品项目，如污染严重的工业产品项目，应进行经济费用效益或费用效果分析，对社会为项目的建设实施和运营所付出的各类费用以及项目所产生的各种效益，进行全面的识别和评价。如果项目的经济费用和效益能够进行货币量化，应编制经济费用效益流量表，计算经济净现值 ENPV、经济内部效益率 EIRR 等经济评价指标，评价项目投资的经济合理性。对于产出效果难以进行货币量化的项目，应尽可能地采用非货币的量纲进行量化，采用费用效果分析的方法分析评价项目建设的经济合理性。难以进行量化分析的，应进行定性分析描述。

对于在行业内具有重要地位、影响行业未来发展的重大投资项目，应进行行业影响分析，评价拟建项目对所在行业及关联产业发展的影响，包括产业结构调整、行业技术进步、行业竞争格局等主要内容，特别要对是否可能形成行业垄断进行分析评价。

对区域经济可能产生重大影响的项目，应进行区域经济影响分析，重点分析项目对区域经济发展、产业空间布局、当地财政收支、社会收入分配、市场竞争结构等方面的影响，为分析投资项目与区域经济发展的关联性及融合程度提供依据。

对于投资规模巨大、可能对国民经济产生重大影响的基础设施、科技创新、战略性资源开发等项目，应从国民经济整体发展角度，进行宏观经济影响分析，如对国家产业结构调整和升级、重大产业布局、重要产业的国际竞争力以及区域之间协调发展的影响分析等。

对于涉及国家经济安全的重大项目，应从维护国家利益、保证国家产业发展及经济运行免受侵害的角度，结合资源、技术、资金、市场等方面的分析，进行投资项目的经济安全分析。内容包括：（1）产业技术安全，分析项目采用的关键技术是否受制于人，是否拥有自主知识产权，在技术壁垒方面的风险等；（2）资源供应安全，阐述项目所需要的重要资源来源，分析该资源受国际市场供求格局和价格变化的影响情况，以及现有垄断格局、运输线路安全保障等问题；（3）资本控制安全，分析项目的股权控制结构，中方资本对关键产业的资本控制能力，是否存在外资的不适当进入可能造成的垄断、不正当竞争等风险；（4）产业成长安全，结合我国相关产业发展现状，分析拟建项目是否有利于推动国家相关产业成长、提升国际竞争力、规避产业成长风险；（5）市场环境安全，分析国外为了保护本地市场，采用反倾销等贸易救济措施和知识产权保护、技术性贸易壁垒等手段，对拟建项目相关产业发展设置障碍的情况；分析国际市场对相关产业生存环境的影响。

七、"社会影响分析"的编写说明

对于因征地拆迁等可能产生重要社会影响的项目，以及扶贫、区域综合开发、文化教育、公共卫生等具有明显社会发展目标的项目，应从维护公共利益、构建和谐社会、落实以人为本的科学发展观等角度，进行社会影响分析评价。

社会影响效果分析，应阐述与项目建设实施相关的社会经济调查内容及主要结论，分析项目所产生的社会影响效果的种类、范围、涉及的主要社会组织和群体等。重点阐述：（1）社会影响区域范围的界定。社会评价的区域范围应能涵盖所有潜在影响的社会因素，不应受行政区划等因素的限制；（2）区域内受项目影响的机构和人群的识别，包括各类直接或间接受益群体，也包括可能受到潜在负面影响的群体；（3）分析项目可能导致的各种社会影响效果，包括直接影响效果和间接影响效果，如增加就业、社会保障、劳动力培训、卫生保健、社区服务等，并分析哪些是主要影响效果，哪些是次要影响效果。就业效果分析要具体分析就业岗位、人数、来源、社保福利和素质提升等内容。

社会适应性分析，应确定项目的主要利益相关者，分析利益相关者的需求，研究目标人群对项目建设内容的认可和接受程度，评价各利益相关者的重要性和影响力，阐述各利益相关者参与项目方案确定、实施管理和监测评价的措施方案，以提高当地居民等利益相关者对项目的支持程度，确保拟建项目能够为当地社会环境、人文条件所接纳，提高拟建项目与当地社会环境的相互适应性。

社会风险及对策分析，应在确认项目有负面社会影响的情况下，提出协调项目与当地的社会关系，避免项目投资建设或运营管理过程中可能存在的冲突和各种潜在社会风险，解决相关社会问题，减轻负面社会影响的措施方案。社会稳定风险分析篇章的编写请参照《国家发展改革委办公厅关于引发重大固定资产投资项目社会稳定风险分析篇章和评估报告编制大纲（试行）的通知》（发改办投资〔2013〕428号）。

八、关于境外投资者并购境内企业项目申请报告

境外投资者并购境内企业项目申请报告应重点包括以下内容：

并购方情况，包括近年投资人或企业基本情况、在中国大陆投资情况及拥有实际控制权的同行业企业产品或服务的市场占有率、公司业绩等。

被并购方情况，包括近年企业基本情况、生产经营现状、业务和产品结构、债权债务关系和资产评估情况等。

并购方案，包括并购理由、并购方式、股权结构及实际控制权变化、债权债务关系变化、融资安排、职工安排、资产处置等。

并购后企业的治理结构、经营方式、业务范围、产品结构，被并购方及其股东所得收入的使用安排。

有关法律法规和规章要求的其他内容。

长输管道项目建设法律汇编(全六册)

(三)

——专项评价类相关法律法规(下册)

(2020年第一版)

孔博昌 编

北京理工大学出版社

版权专有 侵权必究

图书在版编目(CIP)数据

长输管道项目建设法律汇编:全六册 / 孔博昌编. — 北京：北京理工大学出版社，2021.3

ISBN 978-7-5682-9581-9

Ⅰ. ①长… Ⅱ. ①孔… Ⅲ. ①长输管道-建筑法-汇编-中国 Ⅳ. ①D922.297.9

中国版本图书馆 CIP 数据核字(2021)第 040286 号

出版发行 / 北京理工大学出版社有限责任公司
社　　址 / 北京市海淀区中关村南大街 5 号
邮　　编 / 100081
电　　话 / (010)68914775(总编室)
　　　　　 (010)82562903(教材售后服务热线)
　　　　　 (010)68948351(其他图书服务热线)
网　　址 / http://www.bitpress.com.cn
经　　销 / 全国各地新华书店
印　　刷 / 北京虎彩文化传播有限公司
开　　本 / 787 毫米×1092 毫米　1/16
印　　张 / 147.75　　　　　　　　　　　　　　　责任编辑 / 陆世立
字　　数 / 3419 千字　　　　　　　　　　　　　文案编辑 / 陆世立
版　　次 / 2021 年 3 月第 1 版　2021 年 3 月第 1 次印刷　责任校对 / 周瑞红
定　　价 / 668.00 元(全六册)　　　　　　　　　 责任印制 / 边心超

图书出现印装质量问题,请拨打售后服务热线,本社负责调换

《长输管道项目建设法律汇编》
公共关系协调分卷编委会

主　　任：魏东吼

副 主 任：王凤田　么子云

委　　员：高　成　高雪原　霍军明　孔博昌　刘　刚
　　　　　李海军　李　鹏　梁书飞　瞿　华　汪　岩
　　　　　王达宗　张海军　张　彦

执行主编：孔博昌

编　　辑：高雪原　郝晓琳　李　宁　梁书飞

前　言

为加快建设社会主义法治国家,必须全面推进科学立法、严格执法、公正司法、全民守法,坚持依法治国、依法执政、依法行政共同推进,坚持法治国家、法治政府、法治社会一体建设,不断开创依法治国新局面。随着中国特色社会主义法律体系的基本构建,法律已经全面渗透到社会生活的各个领域。目前我国各行各业都进入了蓬勃发展阶段,在国企改革的大潮下,国家各行业的相关法律法规不断修订和更新,与之相配套的省、自治区、直辖市等地方政府也陆续修订颁布实施了一系列法规政策和规范性文件。

为合法合规推进项目核准、土地、专项评价、行业通过权等方面管道建设前期工作,通过各种渠道搜集、梳理和汇编了项目投资及核准、土地、专项评价、各行业通过权、服务费用5方面相关法律法规,将其中最常用的公共关系外协部分相关法律法规收录其中,满足长输管道项目建设人员对项目建设前期各方面日常学习、查找资料及工作实际的需要,现予以出版发行《长输管道项目建设法律汇编》丛书。

本法律汇编涵盖了国家管网集团北京管道有限公司建设的5387公里输气管道途经的3个省、2个直辖市和1个自治区(6个省级行政单位)公共关系外协通过权各类法律法规内容,这些文件对项目在当地的实际情况具有指导性和可操作性。囿于编者水平,本汇编可能存在种种不足,还望读者在使用过程中不吝赐教,提出您的宝贵意见。同时,随着有关法律法规的更新和调整,本汇编将继续修订完善。

编委会

目　录

六、压覆矿产资源评估相关管理规定 ……………………………………………… 401
1. 北京市矿产资源管理条例 ……………………………………………………… 401
2. 河北省国土资源厅建设项目压覆矿产资源管理办法 ………………………… 406
3. 河北省矿产资源管理条例（2011 年修正）…………………………………… 410
4. 内蒙古自治区国土资源厅关于做好国家和自治区重点建设项目压覆矿业权管理工作的通知 …………………………………………………………………… 416
5. 陕西省建设项目压覆重要矿产资源审批 ……………………………………… 423
6. 陕西省矿产资源管理条例（2020 年 6 月 11 日修正版）…………………… 425
7. 天津市矿产资源管理条例 ……………………………………………………… 436
8. 关于规范建设项目压覆矿产资源审批工作的通知 …………………………… 441
9. 中华人民共和国矿产资源法（2009 年修正）………………………………… 442
10. 中华人民共和国矿产资源法实施细则 ……………………………………… 448
11. 国土资源部关于规范建设项目压覆矿产资源审批工作的通知 …………… 455
12. 建筑物、水体、铁路及主要井巷煤柱留设与压煤开采规范 ……………… 456
13. 国土资源部关于进一步做好建设项目压覆重要矿产资源审批管理工作的通知 …… 491

七、防洪评价相关管理规定 ………………………………………………………… 497
1. 北京市实施《中华人民共和国防洪法》办法 ………………………………… 497
2. 河北省实施《中华人民共和国防洪法》办法 ………………………………… 505
3. 内蒙古自治区实施《中华人民共和国防洪法》办法 ………………………… 512
4. 山西省河道管理条例 …………………………………………………………… 517
5. 陕西省实施《中华人民共和国防洪法》办法 ………………………………… 521
6. 天津市防洪抗旱条例 …………………………………………………………… 527
7. 中华人民共和国防洪法 ………………………………………………………… 532
8. 河道管理范围内建设项目防洪评价报告编制导则 …………………………… 541
9. 中华人民共和国河道管理条例 ………………………………………………… 551
10. 中华人民共和国水法（2016 年修正）……………………………………… 556
11. 北京市人民政府办公厅印发关于进一步优化投资项目审批流程办法（试行）的通知 ……………………………………………………………………… 565
12. 北京市水影响评价概况 ……………………………………………………… 577

八、地震安全性评价相关管理规定 ………………………………………………… 578
1. 北京市工程建设场地地震安全性评价管理办法 ……………………………… 578
2. 河北省地震安全性评价管理条例 ……………………………………………… 581
3. 内蒙古自治区地震安全性评价管理办法 ……………………………………… 586
4. 山西省工程场地地震安全性评价管理规定 …………………………………… 588

5. 陕西省工程建设场地地震安全性评价管理办法 …… 590
6. 天津市建设工程地震安全性评价管理办法 …… 592
7. 地震安全性评价管理条例（2017年修订） …… 594
8. 中华人民共和国防震减灾法（2008年修订） …… 597
9. 需开展地震安全性评价确定抗震设防要求的建设工程目录（暂行） …… 608
10. 中国地震局关于贯彻落实国务院清理规范第一批行政审批中介服务事项有关要求的通知 …… 609

九、节能评估相关管理规定

1. 固定资产投资项目节能审查办法 …… 611
2. 内蒙古自治区发展改革委经济和信息化委员会关于印发《内蒙古自治区固定资产投资项目节能审查实施办法（暂行）》的通知 …… 614
3. 节能监察办法 …… 619
4. 关于印发《关于优化营商环境调整完善北京市固定资产投资项目节能审查办法的意见》的通知 …… 623
5. 河北省人民政府办公厅关于印发河北省固定资产投资项目节能审查办法的通知 …… 627
6. 山西省固定资产投资项目节能评估和审查办法 …… 630
7. 陕西省固定资产投资项目节能审查实施办法 …… 639
8. 天津市固定资产投资项目合理用能评估和审查管理暂行办法 …… 641
9. 中华人民共和国节约能源法 …… 644

十、文物调查相关管理规定

1. 中华人民共和国文物保护法实施条例 …… 653
2. 北京市文物保护管理条例 …… 661
3. 河北省文物保护管理条例 …… 667
4. 内蒙古自治区文物保护条例（修正） …… 672
5. 山西省实施《中华人民共和国文物保护法》办法 …… 677
6. 陕西省文物保护管理条例（2004年修正） …… 682
7. 天津市文物保护管理条例 …… 687
8. 天津市文物保护条例 …… 693
9. 中华人民共和国文物保护法 …… 698

十一、社会稳定风险相关规定

1. 关于印发《国家发展改革委重大固定资产投资项目社会稳定风险评估暂行办法》的通知 …… 711
2. 天津市发展改革委关于印发天津市发展改革委重大建设项目社会稳定风险评估暂行办法的通知 …… 713
3. 关于印发《河北省重大固定资产投资项目社会稳定风险评估办法》的通知 …… 716
4. 陕西省发展和改革委员会 中共陕西省委维护稳定工作领导小组办公室关于印发《关于加强重大固定资产投资项目社会稳定风险评估工作的意见》的通知 …… 719
5. 内蒙古自治区重大项目建设社会稳定风险评估暂行办法（2013年本） …… 722
6. 山西省发展改革委关于对重大社会决策、重大工程项目开展社会稳定风险评估的实施意见 …… 725

六、压覆矿产资源评估相关管理规定

1. 北京市矿产资源管理条例

北京市矿产资源管理条例是为了加强我市矿产资源勘查、开发的管理，保护和合理利用矿产资源，保护矿山环境，促进我市矿业发展，根据《中华人民共和国矿产资源法》和有关法律、法规，制定本条例。县级以上人民政府负责地质矿产管理工作的部门对本辖区内的矿产资源勘查、开采和矿山地质环境保护实施监督管理，组织实施本条例。各级土地、林业、环保、水利、劳动等有关部门，按照各自行政职能，协同做好矿产资源管理工作。

北京市矿产资源管理条例：
（1998年4月16日北京市第十一届人民代表大会常务委员会第二次会议通过 根据2006年7月28日北京市第十二届人民代表大会常务委员会第二十九次会议《关于修改〈北京市矿产资源管理条例〉的决定》修正）

第一章 总 则

第一条 为加强矿产资源的勘查、开发利用和保护工作，规范矿产资源管理，促进矿业可持续发展，根据本市实际情况，制定本条例。

第二条 在本市行政区域内从事勘查、开采矿产资源活动的，应当遵守本条例。

法律、行政法规另有规定的，从其规定。

第三条 矿产资源属于国家所有。地表或者地下的矿产资源的国家所有权，不因其所依附的土地的所有权或者使用权的不同而改变。禁止任何组织或者个人用任何手段侵占或者破坏矿产资源。

第四条 根据首都城市性质和功能的要求，本市勘查、开发矿产资源实行统一规划、合理布局、综合勘查、合理开采和综合利用的方针，坚持严格管理和依法保护的原则。勘查、开发矿产资源必须遵守有关城市规划、水土保持、土地复垦、地质遗迹、文化古迹、文物保护和环境保护的法律、法规及规定。

第五条 市和区、县地质矿产行政主管部门依法负责本行政区域内矿产资源勘查、开采的监督管理工作。市和区、县有关行政主管部门协助同级地质矿产行政主管部门进行矿产资源勘查、开采的监督管理工作。

第六条 本市实行矿产资源规划管理制度。

矿产资源总体规划由市地质矿产行政主管部门会同市发展改革、规划等有关行政主管部门依据北京城市总体规划，按照合理利用矿产资源、保护生态环境的原则组织编制，并按照规定报经批准后实施。

矿产资源总体规划中应当划定禁止开采区、限制开采区和允许开采区，规定禁止开采的矿种和限制开采的矿种，并对限制开采矿种的开采总量作出具体规定。

矿产资源总体规划是依法审批和监督管理矿产资源勘查、开采活动的重要依据。

第七条 探矿权、采矿权实行有偿取得制度。勘查矿产资源应当依法缴纳探矿权使用费和探矿权价款；开采矿产资源应当依法缴纳采矿权使用费、采矿权价款、资源税和资源补偿费。

第八条 探矿权、采矿权的转让，必须经市地质矿产行政主管部门批准；转让由国家出资勘查所形成的探矿权、采矿权的，由市地质矿产行政主管部门会同国家依法认定的评估机构进行评估，评估结果由市地质矿产行政主管部门确认。

第九条 本市保护探矿权和采矿权不受侵犯，保障勘查作业区和矿区的生产秩序、工作秩序不受干扰和破坏。禁止任何单位和个人进入他人依法设立的勘查作业区和矿区范围内勘查、开采。

第二章 矿产资源勘查的管理

第十条 勘查矿产资源，除依法由国务院有关行政主管部门审批登记、颁发勘查许可证的以外，由市地质矿产行政主管部门审批登记、颁发勘查许可证。

市地质矿产行政主管部门应当自颁发勘查许可证之日起10日内，通知勘查项目所在区、县的地质矿产行政主管部门。

第十一条 从事矿产资源勘查的单位，必须取得地质勘查单位资格证书。本市的勘查单位必须向市地质矿产行政主管部门申请资格登记，勘查单位资格证书实行定期统检制度。

第十二条 探矿权人应当按照国家有关规定向市地质矿产行政主管部门汇交地质勘查报告和勘查资料。

第三章 矿产资源开采的管理

第十三条 开采矿产资源，除依法由国务院有关行政主管部门审批登记、颁发采矿许可证的以外，由市地质矿产行政主管部门审批登记、颁发采矿许可证。新设采矿权的，由市地质矿产行政主管部门通过招标、拍卖等公平竞争方式作出决定，颁发采矿许可证。

采矿许可证的有效期限，按照国家有关规定执行。

个人为生活自用，可以在乡、镇人民政府委托村民委员会指定的范围内，采挖少量的砂、石、粘土等矿产。

第十四条 在河道内开采砂、石，必须先经河道主管部门批准并办理河道砂石开采许可证，凭河道砂石开采许可证到地质矿产行政主管部门办理采矿登记手续，领取采矿许可证。

对未取得河道主管部门颁发的河道砂石开采许可证的，地质矿产行政主管部门不予办理在河内开采砂、石的采矿登记手续，不予颁发采矿许可证。

第十五条 本市对汉白玉、地热、矿泉水以及市人民政府确定的其他矿产资源实行保护性限量开采。

第十六条 申请办理采矿许可证，应当向地质矿产行政主管部门提交下列资料：

（一）申请登记书和矿区范围图；

（二）采矿权申请人资质条件的证明；

（三）依法设立矿山企业的批准文件；
（四）工商行政管理部门核准登记的企业名称；
（五）必要的地质资料、占用储量登记表、开采设计图纸和说明；
（六）矿产资源开发、综合利用和保护方案；
（七）开采矿产资源的环境影响评价报告；
（八）法律、法规、规章规定的其他资料。

第十七条 地质矿产行政主管部门应当自收到采矿许可证申请之日起40日内作出准予或者不准予登记的决定，并通知采矿权申请人。

准予登记的，采矿权申请人应当自收到通知之日起30日内到地质矿产行政主管部门，依法缴纳采矿权使用费和国家出资勘查所形成的采矿权价款，办理登记手续，领取采矿许可证。

第十八条 地质矿产行政主管部门应当自颁发采矿许可证之日起90日内，对矿区范围予以公告，并可以根据采矿权人的申请，组织埋设界桩或者设置地面标志。

第十九条 市和区、县有关行政主管部门对未取得采矿许可证的，不予办理矿山企业营业执照和采矿所需要的爆炸物品、剧毒物品使用许可证。

第二十条 开采矿产资源，必须采取合理的开采顺序、开采方法和选矿工艺。禁止采取破坏性开采方法开采矿产资源。

在开采主要矿产的同时，对具有工业价值的共生、伴生矿产，在技术可行、经济合理的条件下，应当综合回收；对暂不能综合回收的矿产，应当采取有效的保护措施。

矿山企业的开采回采、采矿贫化率和选矿回收率均应当达到设计要求或者有关考核指标。

第二十一条 从事煤炭开采的矿山企业，除必须遵守《中华人民共和国煤炭法》和《中华人民共和国矿产资源法》外，还必须遵守本条例。

第二十二条 矿山企业应当按照有关规定进行地质测量，地质测量应当由有资质条件的单位进行，测量结果报市或者所在区、县地质矿产行政主管部门备案。

本市对矿山矿产资源储量实行动态监测管理。矿山企业应当按照有关规定如实向地质矿产行政主管部门上报矿山矿产资源储量的变动情况。

第二十三条 开采矿产资源造成地质环境破坏或者引发地质灾害的，应当及时向当地地质矿产行政主管部门和有关主管部门报告，采取必要措施进行治理和恢复，防止灾害的扩大。

第二十四条 本市按照国家规定建立矿山生态环境恢复保证金等生态环境恢复补偿制度。市和区、县地质矿产行政主管部门会同有关部门对本地矿区生态环境进行监督管理，保障治理资金和治理措施落实。

矿产资源开采企业应当采取措施保护生态环境；对被破坏的生态环境，应当依照相关恢复标准进行生态恢复。

第二十五条 采矿许可证期限届满不予延续的，市地质矿产行政主管部门应当予以注销。

第二十六条 依法由市地质矿产行政主管部门审批登记、颁发采矿许可证的矿山企业需要停办或者闭坑的，应当提出申请，并提交下列资料：
（一）矿产储量注销报告及储量管理部门的批准文件；
（二）停办或者闭坑前采掘工程进行情况及不安全隐患的说明；
（三）土地复垦及环境保护的情况；

（四）法律、法规、规章规定的其他资料。

市地质矿产行政主管部门自收到申请之日起30日内作出批准或者不予批准的决定。

第四章 监督管理

第二十七条 市和区、县地质矿产行政主管部门对探矿权人和采矿权人的勘查、开采活动，实行抽查和年检制度。

探矿权人和采矿权人应当接受地质矿产行政主管部门的检查、监督和指导，如实报告并提供有关情况和资料，不得拒绝监督查。

第二十八条 市和区、县地质矿产行政主管部门应当对开办独立选（洗）矿厂进行监督管理；开办独立选（洗）矿厂，必须经区、县地质矿产行政主管部门审查，报市地质矿产行政主管部门批准。

第二十九条 乡、镇人民政府应当协助市和区、县地质矿产行政主管部门加强对本辖区内各类矿山企业开采矿产资源的监督管理。

第三十条 市和区、县地质矿产行政主管部门应当责令停止违法勘查、违法开采行为。区、县人民政府应当采取有效措施组织有关部门及时拆除当地违法工程的地面设施，查封设备，充填或者封堵井筒，取缔违法勘查、违法开采。

第三十一条 矿山企业之间发生的矿区范围的争议，由当事人协商解决，协商不成的，由矿区所在地的区、县人民政府根据依法核定的矿区范围处理；跨区、县的矿区范围的争议，由有关区、县人民政府协商解决，协商不成的，由市人民政府处理；重大的矿区范围的争议，由市地质矿产行政主管部门提出意见，报市人民政府处理。

第五章 法律责任

第三十二条 违反本条例规定，有下列行为之一的，由市或者区、县地质矿产行政主管部门予以处罚：

（一）未取得勘查许可证或者超越批准的勘查区块范围进行勘查活动的，责令停止违法行为，予以警告，可以并处10万元以下的罚款。

（二）未取得采矿许可证擅自采矿的，责令停止开采，没收违法开采的矿产品和违法所得，可以并处10万元以下的罚款。

（三）超越批准的矿区范围采矿的，责令退回本矿区范围内开采，没收越界开采的矿产品和违法所得，可以并处10万元以下的罚款；拒不退回本矿区范围内开采，造成矿产资源破坏的，由原发证机关吊销采矿许可证。

（四）未经地质矿产行政主管部门批准擅自开办独立选（洗）矿厂的，责令停止违法行为，没收违法所得，可以并处10万元以下的罚款。

（五）伪造、冒用勘查许可证、采矿许可证的，没收违法所得，可以并处10万元以下的罚款。

（六）不按期缴纳应当依法缴纳的费用的，责令限期缴纳，并从滞纳之日起每日加收2‰的滞纳金；逾期仍不缴纳的，由原发证机关吊销勘查许可证、采矿许可证，并以申请人民法院强制执行。

（七）破坏或者擅自移动矿区范围界桩或者地面标志的，责令限期恢复；情节严重的，处以3000元以上3万元以下的罚款。

（八）不按规定进行地质测量的，责令限期改正，逾期不改正的，责令停产整顿；情节严重的，由原发证机关吊销采矿许可证。

（九）拒绝接受监督检查，不如实报告并提供有关情况和资料的，责令限期改正；逾期不改正的，处以5000元以上5万元以下的罚款；情节严重的，由原发证机关吊销勘查许可证、采矿许可证。

违反本条例规定开采矿产资源，给他人生产、生活造成损失的，应当负责赔偿。

违反本条例规定，未取得采矿许可证擅自采矿或者超越批准的矿区范围采矿，拒不停止开采或者拒不退回本矿区范围内开采，造成矿产资源破坏的，依法对直接责任人员追究刑事责任。

第三十三条 违反本条例第八条规定，未经市地质矿产行政主管部门批准，擅自转让探矿权、采矿权的，由市地质矿产行政主管部门责令改正，没收违法所得，处以1万元以上10万元以下的罚款；情节严重的，由原发证机关吊销勘查许可证、采矿许可证。

第三十四条 违反本条例第二十条规定，采取破坏性开采方法开采矿产资源的，由市地质矿产行政主管部门处以1万元以上10万元以下的罚款，可以由原发证机关吊销采矿许可证；造成矿产资源严重破坏的，依法对直接责任人员追究刑事责任。

第三十五条 阻碍地质矿产行政主管部门的工作人员依法执行职务的，由公安机关依照《中华人民共和国治安管理处罚法》的规定处罚；构成犯罪的，依法追究刑事责任。

第三十六条 负责矿产资源勘查、开采监督管理工作的国家工作人员和其他有关国家工作人员徇私舞弊、滥用职权或者玩忽职守，违法批准勘查、开采矿产资源和颁发勘查许可证、采矿许可证，或者对违法采矿行为不依法予以制止、处罚，构成犯罪的，依法追究刑事责任；不构成犯罪的，给予行政处分。违法颁发的勘查许可证、采矿许可证，上级人民政府地质矿产行政主管部门有权予以撤销。

第六章 附 则

第三十七条 本条例具体应用中的问题，由市人民政府负责解释。

第三十八条 本条例自1998年6月1日起施行。

1986年9月10日市第八届人大常委会第三十次会议通过、1997年9月4日市第十届人大常委会第三十九次会议修正的《北京市开办集体矿山企业和个体采矿审批办法》，1987年3月28日市人民政府发布、1997年12月31日修正的《北京市开办集体矿山企业和个体采矿违法处罚办法》和1995年5月24日市人民政府发布的《北京市乡镇集体矿山企业和个体采矿开发利用矿产资源监督管理办法》同时废止。

修改的决定：

（2016年11月25日北京市第十四届人民代表大会常务委员会第三十一次会议通过）

北京市第十四届人民代表大会常务委员会第三十一次会议决定对下列地方性法规作出修改：

十八、北京市矿产资源管理条例

（一）将第十九条修改为："区有关行政主管部门对未取得采矿许可证的，不予办理矿山企业营业执照和采矿所需要的爆炸物品、剧毒物品使用许可证。"

（二）将第二十八条修改为："市、区地质矿产行政主管部门应当对开办独立选（洗）矿厂进行监督管理。"

（三）删去第三十二条第一款第四项。

（四）删去第三十七条。

2. 河北省国土资源厅建设项目压覆矿产资源管理办法

《河北省国土资源厅建设项目压覆矿产资源管理办法》已经厅领导审定批准，现印发给你们，请遵照执行。

文件发布：
关于印发《河北省国土资源厅建设项目压覆矿产资源管理办法》的通知
冀国土资发〔2011〕41号
各设区市国土资源局，厅机关各处室局：
《河北省国土资源厅建设项目压覆矿产资源管理办法》已经厅领导审定批准，现印发给你们，请遵照执行。
附：《河北省国土资源厅建设项目压覆矿产资源管理办法》

二〇一一年六月七日

公开方式：主动公开
附：
河北省国土资源厅建设项目压覆矿产资源管理办法

第一章 总 则

第一条 为了有效保护和合理利用矿产资源，规范工程建设项目压覆矿产资源的管理工作，确保建设项目用地审批工作顺利进行，根据《中华人民共和国矿产资源法》、国土资源部《关于进一步做好建设项目压覆重要矿产资源审批管理工作的通知》（国土资发〔2010〕137号）的有关规定，结合我省实际，制定本办法。

第二条 本办法适用于河北省境内单独选址项目和土地利用总体规划确定的城镇建设用地扩展边界内的区域以及独立工矿区（以下简称规划区）压覆矿产资源审批。

第三条 压覆矿产资源是指因建设项目实施后导致已查明矿产资源不能开发利用。

第四条 已查明矿产资源是指经地质勘查工作后，评审备案的资源储量（不含334类资源量）。

第五条 本办法所指重要矿产资源是指《矿产资源开采登记管理办法》附录所列除地热、矿泉水之外的32个矿种和碎云母矿。

第六条 建设单位应在建设项目选址前，向设区市以上国土资源主管部门（或其委托的查询机构）查询拟建项目所在地的矿产资源分布、规划和矿业权设置情况。经查询初步认定评估范围内有已查明重要矿产资源的，建设单位必须首先考虑调整选址方案，不能另行选址的，要统筹兼顾矿产资源的保护和项目的建设，避免压覆或尽量少压覆矿产资源。

第二章 压覆矿产资源审批管理

第七条 未经国土资源主管部门批准，不得压覆已查明矿产资源。确需压覆已查明矿产资源的，应履行审批程序，办理压覆矿产资源储量登记或预登记手续。

第八条 炼焦用煤、富铁矿、铬铁矿、富铜矿、钨、锡、锑、稀土、钼、铌钽、钾盐、金刚石、碎云母等矿产，资源储量规模在中型以上的矿区原则上不得压覆，但国务院批准的或国务院组成部门按照国家产业政策批准的国家重大建设项目除外。

第九条 已批准建设项目压覆的矿产资源，原则上不得新设矿业权。

第十条 建设项目压覆区或规划区与勘查区块、矿区范围重叠但不影响矿产资源正常勘查、开采的下列情形，不作压覆处理，只进行单独选址建设项目压覆矿产资源审批或预登记，不再办理压覆矿产资源储量登记手续：

（一）只压覆地下水、矿泉水、地热、卤水等流体矿产及建筑用砂、砖瓦粘土的；

（二）埋深在1200米以深的矿产资源；

（三）建设项目单位与矿业权人协商，签署互不影响协议的；

（四）拟建建筑物保护等级为Ⅲ、Ⅳ级，由乙级以上资质的矿山设计部门出具不影响矿产资源开发利用论证意见，同时建设方承诺不干涉矿业权设置的。

第十一条 矿山企业在本矿区范围内的建设项目压覆矿产资源不影响其它矿业权人权益的，不需办理压覆矿产资源审批、登记手续。

第十二条 在划定的无查明重要矿产资源区域的建设项目或规划区，不再办理压覆矿产资源审批或预登记手续。建设用地或规划区范围内有矿业权的，建设单位需持与矿业权人签署的协议，向设区市以上国土资源行政主管部门申请出具不压覆重要矿产资源的证明文件。

第十三条 建设项目压覆矿产资源的评估范围应不小于用地边界外推300米，行业规定保护范围大于300米的，按行业规定评估。

第三章 单独选址建设项目压覆矿产资源审批

第十四条 单独选址建设项目压覆矿产资源审批由设区市以上国土资源行政主管部门负责。

第十五条 下列项目由国土资源部审批，省级国土资源行政主管部门进行初审：

（一）压覆石油、天然气、放射性矿产的；

（二）压覆《矿产资源开采登记管理办法》附录所列矿种，累计压覆查明资源储量数量达到大型矿区规模以上，或矿区查明资源储量规模达到大型并且压覆资源储量占三分之一以上的。

第十六条 下列项目由省级国土资源行政主管部门审批，设区市国土资源行政主管部门进行初审：

（一）压覆重要矿产资源达不到报国土资源部审批规模的；

（二）压覆大型以上储量规模非重要矿产资源的；

（三）报国土资源部进行用地预审或审批的；

（四）用地范围跨设区市的。

第十七条 下列项目由设区市国土资源行政主管部门审批，县级国土资源行政主管部门进行初审：

（一）压覆大型以下储量规模非重要矿产资源的；

（二）依法由省级国土资源行政主管部门委托或授权审批的。

第十八条 在划定的无查明重要矿产资源区以外的单独选址建设项目，按以下规定办理：

（一）在建设项目评估范围内无查明矿产资源储量和矿业权设置及仅有地下水、矿泉水、地热、卤水等流体矿产或建筑用砂、砖瓦粘土矿产资源和相关矿业权的，依照本办法第十二条办理。

（二）建设项目评估范围内有已查明矿产资源储量的，建设单位应委托有乙级以上固体矿产勘查资质的单位编制《建设项目压覆矿产资源评估报告》（以下简称《评估报告》），并经国土资源行政主管部门组织专家或委托储量评审机构进行评审。

第十九条 建设项目评估范围经查询后，不涉及压覆矿产资源储量的，应提交以下资料：

（一）建设项目压覆矿产资源审批的申请文件；

（二）建设项目立项及批准文件（项目建议书或初步设计批准文件、备案证、核准证、投资计划等）；

（三）建设项目评估范围拐点坐标；

（四）建设项目压覆矿产资源查询结果；

（五）涉及矿业权的，需提供与矿业权人的补偿协议或同意项目建设的意向书。

第二十条 建设项目评估范围经查询后，涉及压覆矿产资源储量的，应提交以下资料：

（一）建设项目压覆矿产资源审批的申请文件；

（二）建设项目立项及批准文件（项目建议书或初步设计批准文件、备案证、核准证、投资计划等）；

（三）建设项目评估范围拐点坐标；

（四）建设项目压覆矿产资源评估报告及评审意见书；

（五）压覆矿产资源登记书；

（六）涉及矿业权的，需提供与矿业权人的补偿协议或同意项目建设的意向书；涉及勘查项目的，需提供勘查项目情况说明；

（七）下级国土资源行政主管部门的初审意见。

第四章 规划区压覆矿产资源审批

第二十一条 规划区压覆矿产资源的审查，由市、县政府委托有乙级以上固体矿产勘查资质的地勘单位统一开展调查，编制压覆矿产资源评估报告，经省级国土资源行政主管部门组织专家审查后，办理压覆矿产资源储量预登记。

第二十二条 压覆矿产资源预登记申请审批程序：

（一）申请。由市、县人民政府提出压覆矿产资源预登记申请。

（二）受理。省级国土资源行政主管部门对有关材料进行审查、受理。

（三）论证。省级国土资源行政主管部门委托矿产资源储量评审机构组织专家进行论证。

（四）审核。根据上报的有关材料和论证意见，经有关处室会审，报厅领导签批，出具压覆矿产资源预登记的批复文件。

第二十三条 办理压覆矿产资源预登记，应提交以下资料：

（一）当地政府出具的压覆矿产资源预登记申请；

（二）土地利用总体规划图；

（三）规划区评估范围拐点坐标；

（四）规划区压覆矿产资源的评估报告及评审意见书；

（五）设区市国土资源行政主管部门的初审意见。

第二十四条 在规划区范围内已办理压覆矿产资源储量预登记的,不再办理建设项目压覆矿产资源审批手续,但市县国土资源行政管理部门应在出让或划拨用地前,到省级国土资源行政主管部门办理压覆矿产资源登记手续。

未办理压覆矿产资源储量预登记的规划区内的建设项目,须按照单独选址建设项目压覆矿产资源管理规定办理审批、登记手续。

第二十五条 已办理压覆矿产资源预登记规划区内的建设项目,办理压覆矿产资源登记手续时,应提交以下资料:

(一)压覆矿产资源登记申请;

(二)压覆矿产资源预登记批复文件;

(三)压覆矿产资源登记范围拐点坐标;

(四)涉及矿业权的,需提供与矿业权人的补偿协议或同意项目建设的意向书。

第五章 其 它

第二十六条 建设项目评估范围内有矿业权的,建设单位应与矿业权人签订协议。涉及补偿和有偿的依照国土资源部《关于进一步做好建设项目压覆重要矿产资源审批管理工作的通知》(国土资发〔2010〕137号)和有关规定执行。

第二十七条 建设项目评估范围内没有设置探矿权的勘查项目(持有公益性、区域性等地质调查证的勘查项目及其他),勘查程度达到普查以上的,由建设项目所在地的设区市国土资源行政主管部门责成勘查项目承担单位出具情况说明。说明内容应包括勘查项目的进展、资源赋存情况及建设项目对勘查工作的影响等。

第二十八条 国土资源行政主管部门办理压覆矿产资源储量登记时,应通知相应矿业权人及时到原发证机关,办理相应的勘查区块或矿区范围变更手续。

第二十九条 单独选址建设项目压覆矿产资源批复文件的有效期为3年,超过有效期的,原则上需要重新履行压覆矿产资源申报审批手续。

第六章 附 则

第三十条 本办法自公布之日起施行,有效期为5年。原《河北省建设项目压覆矿产资源管理暂行办法》(冀国土资发〔2005〕11号)同时废止。

3. 河北省矿产资源管理条例（2011年修正）

发布：2011-11-26 实施：1993-09-06 现行有效

法律修订：
1993年9月6日河北省第八届人民代表大会常务委员会第三次会议通过
根据1997年12月22日河北省第八届人民代表大会第三十一次常务委员会《关于修改〈河北省矿产资源管理条例〉的决定》修正
根据2011年11月26日河北省第十一届人民代表大会常务委员会第二十七次会议《河北省人民代表大会常务委员会关于修改部分法规的决定》第二次修正

第一章 总 则

第一条 为加强矿产资源的统一管理，合理勘查、开发利用和保护矿产资源，根据《中华人民共和国矿产资源法》，结合本省实际，制定本条例。

第二条 在本省行政区域内勘查、开发利用矿产资源的单位和个人，必须遵守本条例。

第三条 矿产资源属于国家所有。本省行政区域内的地表或者地下的矿产资源的国家所有权，不因其所依附的土地的所有权或者使用权的不同而改变。

禁止任何单位或者个人以任何手段侵占或者破坏矿产资源。

勘查、开采矿产资源，必须依法申请取得探矿权、采矿权。探矿权人、采矿权人必须按照有关规定缴纳探矿权、采矿权有偿取得费用。

转让探矿权、采矿权必须符合法律、法规规定的条件，按照规定程序办理审批手续。对国家及本省经济发展有重要价值的勘查区块或者矿区，国家优先勘查、开采。

第四条 矿产资源的勘查、开发实行统一规划、合理布局、综合勘查、合理开采和综合利用的方针，坚持开发利用与保护并重的原则。

第五条 各级人民政府应当加强对矿产资源的保护，维护依法设立的矿山企业的合法权益。

第六条 开采矿产资源，必须按照国家和本省的有关规定缴纳资源税和资源补偿费。

第七条 省地质矿产主管部门，负责本省行政区域内矿产资源和矿业权管理、矿产资源勘查的行业管理、矿产资源开发利用和保护的监督管理以及地质环境的监测、评价和监督管理工作，代表政府维护矿产资源国家所有的权益。

设区的市地质矿产主管部门负责本行政区域内矿产资源的综合管理，对国有矿山企业和跨行政区域、异地开办的集体矿山企业开发利用矿产资源进行监督管理，对地质环境进行监测、评价和监督管理，协助省地质矿产主管部门对矿产资源勘查进行行业管理。

县（市、区）地质矿产主管部门，负责本行政区域内矿产资源的综合管理，对集体矿山企业和个体采矿户开发利用矿产资源进行监督管理，对地质环境进行监测、评价和监督管理，维护合法的探矿权、采矿权不受侵犯，保障矿区和勘查作业区的生产秩序。

各级人民政府有关主管部门协助同级地质矿产主管部门进行矿产资源的监督管理工作。

第二章　矿产资源的勘查

第八条　全省矿产资源勘查的年度计划，由省地质矿产主管部门与省计划部门共同组织编制，经省计划部门综合平衡后，纳入国民经济和社会发展计划并下达。

第九条　矿山企业和其他经济组织或者公民投资进行矿产资源勘查，应当按照国家矿产资源勘查区块登记管理的规定向省地质矿产主管部门提出申请，经批准并缴纳探矿权有偿取得费用后，领取勘查许可证，取得探矿权。

国家投资进行矿产资源勘查，由代表国家进行投资的单位申请办理有关手续，取得探矿权。其探矿权由国家享有。

第十条　矿产资源勘查单位必须具有国务院地质矿产主管部门或者省地质矿产主管部门认可的地质勘查资格。

第十一条　探矿权人在规定的期限内，必须完成国家和本省规定的最低勘查投入。未完成的，应当核减其勘查面积。

第十二条　探矿权人在进行勘查工作时，必须遵守以下规定：

（一）充分利用现有的勘查成果档案资料，避免重复勘查；

（二）按照批准的勘查区域、勘查项目、勘查阶段和期限进行施工，不得随意变更。确需变更的，应当报原主管部门批准后，向省地质矿产主管部门申请办理变更登记手续；

（三）不得擅自进行采矿活动。对符合边探边采规范要求的复杂类型矿床，探矿权人在依法申请取得采矿许可证后，方可边探边采；

（四）在勘查主要矿种时，对共生、伴生矿种进行综合勘查、综合评价；

（五）按照国家有关规定汇交矿产资源勘查成果档案资料；

（六）按照国家有关技术规范编写矿产资源勘查报告，由矿产资源储量审批机构审批。

（七）勘查作业结束后，按照有关规定及时封填探矿井、探矿孔或采取其他安全措施。

第十三条　探矿权人经两年以上勘查，对已完成勘查的含有开采价值矿体的区块，可以向勘查登记机关申请探矿权保留，保留期限自批准之日起不超过二年。

探矿权保留期间，可以停止勘查活动，但必须按规定缴纳探矿权有偿取得费用。

第十四条　对有争议的勘查项目，由省地质矿产主管部门组织有关主管部门协调解决；协调无效的，报省计划部门裁决，由省地质矿产主管部门根据裁决监督执行。

第三章　矿产资源的开采

第十五条　采矿权申请人应当持下列文件，向地质矿产主管部门申请办理矿区范围审批手续：

（一）开采矿产资源的申请报告；

（二）依法取得的经矿产储量审批机构批准的地质勘查报告或者资料；

（三）申请开采的矿区范围图，有关部门批准的开采规划和方案，矿山安全和矿区环境保护措施；

（四）其他有关资料。

在矿区范围批准后，采矿权申请人是矿山企业的，应当向地质矿产主管部门缴纳采矿权有偿取得费用，领取采矿许可证，并办理采矿权登记手续；采矿权申请人未设立企业或者其设立的企业不是矿山企业的，应当在地质矿产主管部门规定的期限内，依法向工商行政管理部门申请领取或者变更营业执照，持营业执照向地质矿产主管部门缴纳采矿权有偿取得费用，领取采矿许可证，并办理采矿权登记手续。逾期未取得或者变更营业执照的，已经批准的矿区范围可不予保留。

第十六条　开采小型储量规模矿产资源，由省地质矿产主管部门授权的市、县（市、区）地质矿产主管部门审批，颁发采矿许可证，并报省地质矿产主管部门备案。法律、行政法规另有规定的，从其规定。

矿产储量规模小型的划分标准，由省矿产储量审批机构规定。

第十七条　本条例修正前，已经领取采矿许可证取得采矿权的采矿权人应按照国家和本省的有关规定缴纳采矿权有偿取得费用，换领采矿许可证。

第十八条　自领取采矿许可证之日起，大型矿山企业三年，中型矿山企业二年，小型矿山企业一年，无正当理由未进行建设或者生产的，由地质矿产主管部门吊销其采矿许可证。

第十九条　大型、中型和小型矿山企业采矿许可证的有效期分别不超过三十年、二十年和五年。采矿许可证期满需要继续开采的，应当距采矿许可证期满之日三十日前，向地质矿产主管部门申请办理延期登记手续。

第二十条　矿山企业和个体采矿户必须在采矿许可证批准的范围和标高内开采矿产资源，禁止越界或者越层开采。

第二十一条　任何单位或个人不得阻挠、破坏他人依法采矿，不得进入他人已取得采矿权的矿区范围内采矿。

第二十二条　矿山企业和个体采矿户不得以任何形式擅自允许其他单位或个人开采其矿区范围内的矿产资源。

第二十三条　开采矿产资源应当注意保护各类测绘、勘查标志。

开采矿产资源过程中，发现具有科研和利用价值的地质现象和文化古迹时，必须采取保护措施，并及时报告有关主管部门。

第二十四条　采矿权人需要变更矿区范围、开采矿种和方式、企业名称、法定代表人以及经批准转让采矿权等事项的，必须向原颁发采矿许可证的机关办理变更登记手续。

第二十五条　开采矿产资源必须坚持安全生产的方针，严格遵守《中华人民共和国矿山安全法》的有关规定，确保安全生产。

第二十六条　开采矿产资源必须遵守森林、草原、土地、水土保持和环境保护法律、法规，防止污染、水土流失和地质灾害。

对因采矿而受到破坏的生态环境，应当因地制宜地复垦利用，保护自然景观。

第二十七条　矿山企业及个体采矿户因关闭矿山或者停办、解散等原因停止采矿的，应当提前编制矿山闭坑报告或者附有实测图的开采现状报告，经地质矿产主管部门对矿产资源利用和保护情况进行审核后，报省矿产储量审批机构和有关主管部门批准，注销采矿许可证。在采矿许可证注销前，采矿权人不得拆除和损毁主要采矿生产设备、设施，并按照有关法律、法规和规章的规定做好劳动安全、水土保持、土地复垦和环境保护等项工作。

第二十八条　禁止任何单位和个人进入他人依法设立的国有矿山企业和其他矿山企业矿区范围内采矿。

国有大型、中型矿山企业矿区范围内的零星、分散矿产资源，可以复采的和闭坑后的残留矿体，以及不适合国有大型、中型矿山企业开采的矿层矿段，征得相关大型、中型矿山企业书面同意，经地质矿产主管部门批准并相应减少国有矿山企业的矿区范围，纳入当地的矿产资源开发规划。

第二十九条　在采矿过程中发生采矿权属纠纷或矿界争议的，涉及国有矿山企业的由省地质矿产主管部门组织有关工业主管部门协调解决，集体矿山企业、个体采矿户的纠纷和争议，由设区的市、县（市、区）地质矿产主管部门组织有关工业主管部门协调解决。协调无效的，分别报省、设区的市、县（市、区）人民政府裁决，由地质矿产主管部门根据裁决监督执行。

第四章 矿产资源的开发利用和保护

第三十条 矿产资源开发规划，由计划部门根据国民经济和社会发展规划，组织地质矿产主管部门和有关工业主管部门编制，报同级人民政府批准后实施。

第三十一条 采矿权人应当严格按照国家有关规定，建立健全开发利用和保护矿产资源的各项规章制度，采取合理的开采顺序、采矿方法和选矿工艺，提高开采回采率、选矿回收率，降低采矿贫化率。禁止采富弃贫、采厚弃薄、采易弃难、乱采滥挖、破坏或者浪费矿产资源。

第三十二条 矿山企业和个体采矿户对能够利用的共生、伴生矿种，应当综合开采、利用。暂时不能开采、利用的矿产资源和含有有用组分的尾矿，应当采取保护措施。

第三十三条 矿山企业必须按照国家和本省有关规定，严格执行矿产储量注销制度。凡因自然和人为原因造成较大储量无法开采回收时，应当及时提出处理方案，报矿产储量审批机构和有关主管部门批准。

第三十四条 矿产品加工企业的加工工艺和技术指标应当符合国家规定。不符合规定的，应当限期整顿，期满后仍不符合规定的，责令停办。

第三十五条 矿山企业和个体采矿户应当接受地质矿产主管部门和有关主管部门的监督检查，按照规定如实填报矿产资源开发利用情况报表。

第三十六条 矿山企业设置的地质测量机构应当按照国家有关规定，对企业的矿产资源开发利用和保护工作进行监督，发现破坏和浪费矿产资源的行为，应向有关主管部门报告。

第三十七条 省地质矿产主管部门根据工作需要，可向重点矿山企业派遣矿产督察员或者向矿山企业集中的地区派遣巡回矿产督察员，也可聘任兼职矿产督察员，对矿山企业和个体采矿户开发利用矿产资源的情况依法进行监督检查。

第三十八条 严禁破坏矿产资源。矿产资源的损失价值总额在五万元以上五十万元以下的，属于破坏矿产资源；矿产资源的损失价值总额五十万元以上的，属于严重破坏矿产资源。

矿产资源损失的价值数额的计算经有资格的评估机构评估后，由省地质矿产主管部门确认。

第三十九条 国家规定由指定单位统一收购的矿产品，必须交售给指定单位，其他单位和个人一律不得收购，开采者不得自行销售或交换。

第五章 法律责任

第四十条 探矿权人违反本条例规定，有下列行为之一的，分别给予警告、一万元至三万元的罚款和吊销勘查许可证的处罚；构成犯罪的，由司法机关依法追究刑事责任：

（一）未办理勘查登记手续，擅自进行勘查活动的；

（二）转让勘查许可证的；

（三）未办理变更登记手续，擅自变更勘查区域、勘查项目的；

（四）未按规定汇交矿产资源勘查成果档案资料的；

（五）勘查施工结束后未及时封填探矿井、探矿孔，也未采取其他安全措施的。

第四十一条　凡未取得采矿许可证擅自采矿的，采矿许可证期满后不换证继续采矿和擅自进入他人已取得采矿权的矿区范围内采矿的，责令停止开采，赔偿损失，没收采出的矿产品和违法所得，并处以相当于违法所得百分之五十的罚款；构成犯罪的，由司法机关依法追究刑事责任。

第四十二条　未经批准擅自买卖、出租、抵押以及以其他形式转让探矿权、采矿权或者将探矿权、采矿权倒卖谋利的，吊销其勘查许可证、采矿许可证，没收违法所得，并处以违法所得百分之五十以下的罚款。

擅自允许其他单位或个人开采其矿区范围内矿产资源的，处以一万元至十万元的罚款；构成犯罪的，依法追究刑事责任。

第四十三条　未按规定办理采矿许可证的变更、延期或者注销手续的，责令期限期办理，并可处以五万元以下的罚款；情节严重的，吊销其采矿许可证。

第四十四条　未按规定缴纳探矿权、采矿权有偿取得费用的，责令其限期缴纳，从逾期之日起，每日加收千分之二的滞纳金，并可处以五万元以下的罚款；情节严重的，可以吊销其勘查许可证或采矿许可证。

第四十五条　违反本条例第二十七条、第三十三条规定，在注销采矿许可证前擅自拆除和毁弃主要采矿生产设备、设施的，不按照规定履行储量注销审批手续的，处以一万元至十万元的罚款；造成矿产资源损失的，并处以相当于矿石损失价值百分之五十以下的罚款。

第四十六条　越界或者越层开采的，责令退回本矿区范围内开采，赔偿损失，没收越界或者越层采出的矿产品和违法所得，并处以一万元至十万元的罚款；拒不退回本矿区范围内开采的，吊销采矿许可证；情节严重构成犯罪的，由司法机关对直接责任人员依法追究刑事责任。

第四十七条　因开采顺序、采矿方法和选矿工艺不合理，或者开采回采率、采矿贫化率和选矿回收率长期达不到设计要求及进行破坏性开采，造成矿产资源损失的，责令限期改正，并处以相当于矿石损失价值百分之五十以下的罚款，逾期不改正的，责令停产整顿或者吊销采矿许可证，并对主管人员和直接责任人员给予行政处分。

第四十八条　违反本条例第三十九条规定，收购、销售或交换统一收购的矿产品的，没收矿产品和违法所得，并处以一万元至十万元的罚款；情节严重构成犯罪的，由司法机关依法追究刑事责任。

第四十九条　矿山企业和个体采矿户不按照国家和本省规定缴纳资源补偿费的，责令限期缴纳，从应缴纳之日起，每日加收千分之五的滞纳金；连续两个季度不按照规定缴纳的，除责令限期缴纳和加收滞纳金外，并处以应缴纳数额一至五倍的罚款；仍拒不缴纳的，吊销采矿许可证，没收未缴纳资源补偿费的全部矿产品和销售收入。

第五十条　本条例第四十条、第四十一条、第四十二条、第四十三条、第四十四条、第四十五条、第四十六条、第四十七条和第四十九条规定的行政处罚，由县级以上人民政府地质矿产主管部门决定。第四十八条规定的行政处罚，由县级以上人民政府工商行政管理部门决定。

第五十一条　拒绝、阻碍地质矿产执法人员依法执行职务的，由公安机关按照《中华人民共和国治安管理处罚条例》的规定给予处罚；构成犯罪的，由司法机关依法追究刑事责任。

第五十二条　受处罚当事人对行政处罚决定不服的，可以在接到处罚决定通知之日起十五日内，向作出处罚决定部门的上一级主管部门申请复议；对复议决定不服的，可以在收到复议决定之日起十五日内，向人民法院起诉。当事人也可以在收到处罚决定通知之日起十五日内，直接向人民法院起诉。

当事人逾期不申请复议、也不向人民法院起诉又不履行行政处罚决定的，由作出处罚决定的部门申请人民法院强制执行。

第五十三条 地质矿产主管部门的工作人员必须依法行使职权。对玩忽职守、滥用职权、徇私舞弊的，由其所在单位或者上级主管机关给予行政处分；构成犯罪的，由司法机关依法追究刑事责任。

第六章 附 则

第五十四条 本条例自公布之日起施行。

4. 内蒙古自治区国土资源厅关于做好国家和自治区重点建设项目压覆矿业权管理工作的通知

各盟行政公署、市人民政府，自治区有关委办厅（局），各有关单位：

经自治区人民政府同意，为进一步做好国家、自治区重点建设项目压覆矿业权管理工作，保障重点建设项目的顺利进行，现就压覆矿业权有关事宜通知如下：

一、建设项目压覆矿业权的补偿，原则上应按无偿取得与有偿取得区别对待。

（一）有偿取得矿业权的，补偿参照以下原则确定：

1. 所压覆区域涉及矿产资源储量的，依据压覆矿业权区域内原核实保有资源储量（即扣除已消耗资源储量），按其在当时缴纳的价款和资金占用费计算，并分担压覆区域勘查投入。

2. 所压覆区域矿业权有偿取得时不涉及矿产资源储量的，依据当时有偿取得的价款额，按压覆矿业权面积比例计算，并分担压覆区域勘查投入。

（二）无偿取得的矿业权，只补偿压覆区域分担的勘查投入。

（三）压覆采矿权范围内已建的开采设施投入和须搬迁相应设施的，补偿其直接损失。

二、建设项目压覆矿产资源的，建设单位应当按照国家和自治区有关规定，编制建设项目压覆矿产资源评估报告，委托中介机构评估压覆矿业权的补偿费用，与被压覆的矿业权人协商确定补偿费用并签订压覆协议，按照规定办理压覆矿产资源储量审批登记手续。

三、被压覆的矿业权人应当积极支持国家、自治区重点项目建设，按照国家、自治区有关规定，及时与建设单位签订压覆协议，办理矿业权范围变更手续或出具不在压覆区域进行勘查、开采活动的承诺。矿业权人不办理矿业权范围变更手续或不出具不在压覆区域进行勘查、开采活动的承诺的，自行承担产生的后果。

四、建设单位或被压覆的矿业权人对补偿费用有异议的，可申请建设项目所在地人民政府组织仲裁，对拒不执行仲裁决定的，建设单位可申请人民法院强制执行。

五、凡拖延签订压覆协议，导致建设项目用地报批不能及时组件的，由盟行政公署、市人民政府负责协调解决，并出具限期协调解决签订压覆协议、积极采取措施防止因压矿纠纷引发群体事件和安全生产事故的承诺函，可作为办理压覆矿产资源审批的依据。

六、对于压覆煤炭采矿权的资源储量 3000 万吨以上的，煤炭采矿权人在按照自治区有关规定办理完采矿权范围变更手续或出具不在压覆区域进行开采活动的承诺后，可向盟行政公署、市人民政府提出配置与压覆等量的煤炭资源储量的申请，经盟行政公署、市人民政府同意，报请自治区人民政府研究配置。

七、建设项目所在地的各级人民政府要高度重视压覆矿产资源补偿工作，加强组织领导，明确责任分工，有关部门密切配合，采取切实有力措施，积极推动压覆协议的签署，既维护矿业权人的合法权益，又保障建设项目顺利进行。

内蒙古自治区国土资源厅

2014 年 7 月 24 日

山西省矿产资源管理条例

发布：1998-09-29 实施：1998-09-29 现行有效

法律修订：
1998年9月29日山西省第九届人民代表大会常务委员会第五次会议通过

第一章 总 则

第一条 为加强矿产资源管理，合理勘查、开发利用和保护矿产资源，保障探矿权人、采矿权人的合法权益，促进矿业发展，保护地质、生态环境，根据《中华人民共和国矿产资源法》等法律、法规，结合本省实际，制定本条例。

第二条 在本省行政区域内勘查、开采和保护矿产资源，应当遵守本条例。

第三条 矿产资源属于国家所有，地表或者地下的矿产资源的国家所有权，不因其所依附的土地的所有权或者使用权的不同而改变。

勘查、开采矿产资源必须依法取得探矿权、采矿权。探矿权、采矿权实行有偿取得制度。除按《中华人民共和国矿产资源法》的有关规定可以转让外，探矿权、采矿权不得转让；转让探矿权、采矿权必须具备《探矿权采矿权转让管理办法》规定的条件。禁止任何组织和个人用任何手段侵占或者破坏矿产资源。

第四条 勘查、开发矿产资源实行统一规划、合理布局、综合勘查、合理开采和综合利用的方针。对全省国民经济具有重要价值的矿区和矿种，应当纳入省国民经济和社会发展规划。矿山企业应当按规划要求实行规模化开采。

鼓励矿产资源勘查、开发的科学技术研究，推广先进技术，提高矿产资源勘查、开发的科学技术水平。

矿产资源勘查、开采必须与环境保护、土地复垦和防治地质灾害，防止水土流失工作统一设计，同步实施。

第五条 各级人民政府必须加强矿产资源的管理和保护工作，维护正常的矿业秩序，保障探矿权和采矿权不受侵犯。

在勘查、开发、保护矿产资源和进行科学技术研究等方面成绩显著的单位和个人，由人民政府给予奖励。

第六条 省、地（市）、县（市、区）地质矿产主管部门负责本行政区域内矿产资源勘查、开采的监督管理。

省、地（市）、县（市、区）有关主管部门协助同级地质矿产主管部门对矿产资源勘查、开采进行监督管理。

第二章 矿产资源勘查

第七条 矿产资源勘查实行统一的区块登记管理制度。省地质矿产主管部门按照《矿产资源勘查区块登记管理办法》规定的权限，负责矿产资源勘查的审批登记和勘查许可证的发放工作。

第八条 勘查出资人为探矿权申请人。国家和地方人民政府出资勘查的，被委托勘查的单位为探矿权申请人。合作勘查或部分使用地方留成的矿产资源补偿费勘查的，合同约定的单位为探矿权申请人。

第九条 探矿权申请人取得探矿权，应当具备下列条件：

（一）申请勘查的区块范围符合国家规定；

（二）勘查施工单位应当具有与申请的勘查项目相符的勘查资格；

（三）有勘查工作计划、勘查合同或者委托勘查的证明文件；

（四）有完成勘查项目所需的资金；

（五）有与完成勘查工作任务相符的勘查设计或者施工方案；

（六）国务院地质矿产主管部门和省人民政府规定的其他条件。

第十条 探矿权申请人申请探矿权，应当按国家规定向勘查登记管理机关提出申请。

勘查登记管理机关应当自收到探矿权申请之日起 40 日内，按照申请在先的原则作出准予登记或者不予登记的决定，并书面通知探矿权申请人。需要探矿权申请人修改或者补充资料的，申请时间从修改或者补充资料齐全之日起计算。

准予登记的，探矿权申请人应当自收到准予登记通知之日起 30 日内，按照《矿产资源勘查区块登记管理办法》的规定，办理勘查登记手续，领取勘查许可证，成为探矿权人；逾期不办登记手续的，视为自动放弃申请。

勘查登记管理机关应当保证省级地质勘查计划项目的登记，具体办法参照国家有关规定执行。

第十一条 探矿权人应当按照勘查许可证规定的期限、勘查区块范围及勘查项目进行勘查。在开始勘查时，应当持勘查许可证及勘查单位资格证到勘查项目所在地的县级地质矿产主管部门验证，并向勘查登记管理机关报告开工情况。

探矿权人在每个勘查年度必须按国家规定完成最低勘查投入，并在每一勘查年度期满的 30 日内向勘查登记管理机关提交上年度勘查工作年度报告。

探矿权人在勘查过程中不得越界勘查，不得擅自采矿；需要边探边采的，按照国家规定办理采矿登记手续，领取采矿许可证。

第十二条 探矿权人在勘查许可证有效期内，变更勘查区块范围和勘查对象、改变探矿权人名称或者地址、改变勘查施工单位以及经依法批准转让探矿权的，应当向原发证机关申请变更登记。

需延长勘查期限的，探矿权人应当在勘查许可证有效期届满的 30 日前，到原发证机关办理延续登记。逾期不办延续登记手续的，勘查许可证自行废止。

第十三条 需要终止、撤销勘查项目的，探矿权人应当到原发证机关办理勘查许可证注销登记手续。

探矿权注销后，原探矿权人应当向省地质矿产主管部门汇交地质资料并登记探明的矿产储量。要求保密的，省地质矿产主管部门应当予以保密。不汇交地质资料的，不得申请采矿权，不得转让勘查成果或探矿权。

探矿权人在勘查许可证有效期内探明可供开采的矿体后，可按《矿产资源勘查区块登记管理办法》的规定申请保留探矿权。

第十四条 探矿权人有权在划定的勘查区块范围内进行规定的勘查作业，有权优先取得勘查区块范围内矿产资源的采矿权和新发现矿种的探矿权，在完成规定的最低勘查投入后，经依法批准，有权将探矿权转让给他人。

第十五条 从事区域性、公益性地质调查工作的，不享有所发现矿种的优先探矿权和优先采矿权，不缴纳探矿权使用费，不限定面积和最低勘查投入。地质调查区不具有排他性。

第三章 矿产资源开采和保护

第十六条 开采下列矿产资源，由省地质矿产主管部门审批登记，颁发采矿许可证：

（一）《矿产资源开采登记管理办法》第三条第一款、第二款规定以外的矿产储量规模为中型以上的矿产资源及矿区范围跨地（市）的矿产资源；

（二）国务院地质矿产主管部门授权审批登记的矿产资源；

（三）本条例附录所列的矿产资源。

开采下列矿产资源，由地（市）地质矿产主管部门审批登记，颁发采矿许可证：

（一）前款规定以外的矿产储量规模为小型的矿产资源；

（二）省地质矿产主管部门授权审批登记的矿产资源。

开采矿产储量规模为小型的河砂及砖瓦粘土，由县级地质矿产主管部门审批登记，颁发采矿许可证。

第十七条 采矿权申请人在提出采矿权申请前，应当按照国家规定向采矿登记管理机关申请划定矿区范围。

申请在行洪、排涝河道和航道范围内开采砂石、砂金的，在矿区范围划定前需依法经有关主管部门批准。

第十八条 矿区范围划定后，采矿登记管理机关不再受理该区域内划定矿区范围的其他申请。

矿区范围划定后至采矿权申请人提出采矿权申请之日止为矿区范围保留期。大型矿山的矿区范围保留期不超过3年，中型矿山的矿区范围保留期不超过2年，小型矿山的矿区范围保留期不超过1年。

采矿权申请人应当在矿区范围保留期内，编制可行性研究报告或者矿产资源开发利用方案；需要设立矿山企业或者申请立项的，应当根据划定矿区范围批准文件，按照国家规定办理有关手续。

采矿权申请人在矿区范围保留期内未完成前款规定工作的，可以在期满前3个月内，向采矿登记管理机关申请延长保留期，保留期延长不得超过1年。逾期不申请延长又不申请采矿权的，视为自动放弃。

第十九条 采矿权申请人取得采矿权，应当符合下列规定：

（一）申请开办的矿山建设规模应符合本省矿产资源开发规划，可供开采的矿产储量与矿山建设规模、服务年限相适应。矿山建设须符合规模生产原则；

（二）有符合国家规定的矿山设计或者矿产开发利用方案，开采顺序、开采方法、选矿工艺及采、选矿设备必须科学、先进、合理、安全。开采回采率、采矿贫化率、选矿回收率指标能达到规定的要求，具体要求由省地质矿产主管部门制定；

（三）对具有工业价值的共生和伴生矿产有综合开采、综合利用方案，对暂时不能综合开采、综合利用的矿产以及含有用组分的尾矿应有有效的保护措施；

（四）有与所建矿山规模相适应的资金；

（五）环境保护、土地复垦及地质灾害防治措施应符合国家有关规定，并与矿山建设同时进行；

（六）国务院地质矿产主管部门和省人民政府规定的其他条件。

第二十条 采矿权申请人应当按照国家规定向采矿登记管理机关提出采矿权申请。

采矿登记管理机关应当在收到采矿权申请之日起 40 日内，作出准予登记或者不予登记的决定，并书面通知采矿权申请人。需要修改或者补充资料的，申请时间从修改或者补充资料齐全之日起计算。

准予登记的，采矿权申请人应当自收到准予登记通知之日起 30 日内，按照《矿产资源开采登记管理办法》的规定，登记占用的矿产储量，办理有关采矿登记手续，领取采矿许可证，成为采矿权人。逾期不办采矿登记手续的，视为自动放弃申请。

第二十一条 申请在已取得采矿权的国有矿山企业矿区范围内开采边缘零星资源，必须经原采矿权人同意并经其上级主管部门批准，依照国家有关规定办理采矿权转让、变更登记手续。

第二十二条 采矿权人在采矿许可证有效期内需要变更矿区范围、改变开采矿种、开采方式、企业名称或者经依法批准转让采矿权的，应当向原发证机关申请办理变更登记手续。

申请变更登记须经有关部门批准的，按照国家规定办理有关手续。

需要延长采矿期限的，采矿权人应当在采矿许可证有效期届满的 30 日前，到原发证机关办理延续登记手续；逾期不办延续登记手续的，采矿许可证自行废止。

第二十三条 除符合下列条件并经省地质矿产主管部门批准外，采矿权不得出租：

（一）采矿权属无争议；

（二）采矿权人与承租人须签订采矿权租赁合同；

（三）出租人已完成预算投入的 35% 以上；

（四）承租人有与所开采的矿种和采矿规模相适应的资金、技术条件，并符合本条例第十九条第二项至第六项的规定。

国有矿山企业出租采矿权时，还应当提交有关主管部门同意出租采矿权的批准文件。

采矿权租赁合同应当明确规定双方当事人的权利、义务和责任，其内容须符合法律、行政法规的规定。采矿权出租后，承租人不得转租。

第二十四条 采矿权人抵押采矿权，必须持抵押合同到原发证机关办理抵押备案手续。抵押国家和地方人民政府出资勘查所形成的采矿权的，应当向原发证机关提交采矿权价款的评估结果和确认文件。国有矿山企业在抵押前，应当征得矿山企业主管部门的同意。

抵押权实现发生采矿权转让时，必须符合《探矿权采矿权转让管理办法》规定的转让条件并办理采矿权转让手续，换领采矿许可证。

第二十五条 中型以上矿山企业领取采矿许可证满三年，小型矿山企业或个体采矿者领取采矿许可证满一年，无正当理由不进行生产或者建设的，原发证机关可以终止其采矿权，并予公告。

第二十六条 采矿权人必须按照采矿许可证规定的范围、时限和矿种开采。

严禁无采矿许可证和超越批准的矿区范围开采矿产资源。

第二十七条 矿产资源开发规划，由省地质矿产主管部门根据国民经济和社会发展规划组织编制报省人民政府批准后实施。

对国家和本省国民经济发展具有重要价值的矿产资源，省人民政府可以设立矿产资源重点保护区。

第二十八条 矿山建成后，有关部门应当按照批准的矿山设计或者矿产开发利用方案组织验收。矿山建设规模、资源综合利用、环境保护、土地复垦及地质灾害防治措施达不到规定要求的，有关部门不得验收，不准其投产。

采矿权人应当合理开发利用和保护矿产资源，严格按照设计的开采顺序、采矿方法和选矿工艺组织施工。开采回采率、选矿回收率和采矿贫化率在省地质矿产主管部门规定的期限内达不到设计要求的，或者环境保护、土地复垦和防治地质灾害、防止水土流失工作达不到设计要求的，应当停产整顿。

第二十九条　矿山企业必须测绘井上、井下工程对照图、采掘现状平面图等有关图件，对矿产资源开采量和损失量进行统计。凡因自然和人为原因造成较大储量无法开采回收时，应当及时提出处理方案，报矿产储量审批机构和有关主管部门批准。

第三十条　出售矿产品的矿山企业和个体采矿者应当在矿区显著位置设置合法采矿的标志。任何单位和个人不得收购非法采出的矿产品。

对国民经济具有重要价值的矿产品运输可以实行准运制度。

第三十一条　开采矿产资源应当采取措施节约用地，保护环境，防治地质灾害。因开采矿产资源造成地质环境破坏或者引发地质灾害的，应当及时向当地地质矿产主管部门报告，并采取必要的措施进行恢复和治理，防止灾害扩大。给他人造成损害的，应当赔偿损失，并采取必要的补救措施。

第三十二条　矿山企业在矿区范围内的水体、建筑物和交通要道下采矿，必须严格按照国家规定采取保护措施。

禁止在泉水出露带开采矿产资源。

在矿区范围内新建、扩建地面建筑物的，必须征得矿山企业同意；未经同意建设的，因采矿造成的损失由其自行承担。

第三十三条　建设铁路、高等级公路、工厂、水库、输油管道、输电线路和各种大型建筑物或者建筑群等工程需压覆矿床的，建设单位应当在项目批准后一个月内，向省地质矿产主管部门申报登记压覆的矿产储量。

第三十四条　开采矿产资源实行年度报告制度。采矿权人应当按时将矿产资源开发利用及矿产储量变动情况、地质灾害防治情况及采矿权使用费、采矿权价款和矿产资源补偿费的缴纳情况，向采矿登记管理机关和当地地质矿产主管部门书面报告。

第三十五条　采矿权人停办或者关闭或者关闭矿山的，应当自决定停办或者关闭矿山之日起 30 日内，按照国家规定向有关部门提交闭坑地质报告，并向原发证机关办理采矿许可证注销登记手续。

第四章　法律责任

第三十六条　违反本条例规定，未取得勘查许可证擅自勘查或者超越批准的勘查区块范围勘查的，由县级以上地质矿产主管部门责令停止违法行为，予以警告；没有违法所得的，可以并处 5 万元以下罚款，有违法所得的，没收违法所得，可以并处 10 万元以下罚款。

第三十七条　违反本条例规定，未取得采矿许可证擅自采矿的，擅自进入国家规划矿区、对国民经济具有重要价值的矿区范围采矿的，擅自开采国家规定实行保护性开采的特定矿种的，由县级以上地质矿产主管部门责令停止开采、赔偿损失，没收采出的矿产品和违法所得，可以并处违法所得 50% 以下的罚款；拒不停止开采的，由所在地县级以上人民政府自责令停止开采之日起 30 日内强行封闭井口，其费用由违法行为人承担。

第三十八条　违反本条例规定，超越批准的矿区范围开采的，由县级以上地质矿产主管部门责令退回本矿区范围内开采，没收越界开采的矿产品和违法所得，赔偿损失，可以并处违法所得 30% 以下的罚款；拒不退回本矿区范围内开采，造成矿产资源破坏的，吊销采矿许可证。

第三十九条 违反本条例规定，采用破坏性开采方法开采矿产资源的，由省地质矿产主管部门责令立即改正，处以相当于矿产资源损失价值50%以下的罚款，并可由原发证机关吊销采矿许可证。

第四十条 违反本条例规定，未取得采矿许可证擅自采矿的，擅自进入国家规划矿区、对国民经济具有重要价值的矿区和他人矿区范围采矿的，擅自开采国家规定实行保护性开采的特定矿种，经责令停止开采后拒不停止开采，造成矿产资源破坏，价值总额在10万元以上的，或者采取破坏性的开采方法开采，造成矿产资源严重破坏，价值总额在50万元以上的，当地地质矿产主管部门应当移送司法机关依法追究刑事责任。

第四十一条 违反本条例规定，未经批准擅自出租采矿权的，由县级以上地质矿产主管部门责令改正，可以并处10万元以下的罚款；拒不改正的，吊销采矿许可证。

第四十二条 违反本规定规定，在矿区收购明知是非法开采的矿产品进行经营的，由县级以上地质矿产主管部门没收收购的矿产品和违法所得，可以并处违法所得50%以下的罚款。

第四十三条 违反本条例规定，开采矿产资源造成矿山地质环境破坏或者地质灾害而又不采取措施恢复和治理的，由县级以上地质矿产主管部门责令限期恢复和治理，赔偿损失，可以并处10万元以下的罚款；情节严重的，由原发证机关吊销采矿许可证。

第四十四条 拒绝、阻碍地质矿产主管部门的工作人员依法执行职务，未使用暴力、威胁方法的，由公安机关依照治安管理处罚条例的规定处罚；以暴力、威胁方法阻碍地质矿产主管部门的工作人员依法执行职务的，依法追究刑事责任。

第四十五条 地质矿产主管部门的国家工作人员和其他有关工作人员玩忽职守、弄虚作假、滥用职权、徇私舞弊，违反本条例规定批准勘查、开采矿产资源和颁发勘查许可证、采矿许可证，对违法采矿行为不依法予以制止、处罚，或者泄露当事人商业秘密的，由其所在单位或上级主管部门给予行政处分；构成犯罪的，依法追究刑事责任。

第五章 附　则

第四十六条 本条例具体应用中的问题，由省人民政府负责解释。

第四十七条 本条例自公布之日起施行。1988年1月16日山西省第六届人民代表大会常务委员会第二十八会议通过的《山西省集体矿山企业和个体采矿管理条例》同时废止；《山西省煤炭开发管理条例（试行）》与本条例规定抵触的，按本条例规定执行。

5. 陕西省建设项目压覆重要矿产资源审批

一、办理依据

（一）《中华人民共和国矿产资源法》第三十三条：在建设铁路、工厂、水库、输油管道、输电线路和各种大型建筑物或者建筑群之前，建设单位必须向所在省、自治区、直辖市地质矿产主管部门了解拟建工程所在地区的矿产资源分布和开采情况。非经国务院授权的部门批准，不得压覆重要矿床。

（二）《中华人民共和国矿产资源法实施细则》第三十五条：建设单位在建设铁路、公路、工厂、水库、输油管道、输电线路和各种大型建筑物前，必须向所在地的省、自治区、直辖市人民政府地质矿产主管部门了解拟建工程所在地区的矿产资源分布情况，并在建设项目设计任务书报请审批时附具地质矿产主管部门的证明。

（三）《国土资源部关于进一步做好建设项目压覆重要矿产资源审批管理工作的通知》（国土资发〔2010〕137号）。

（四）《国土资源部关于进一步改进建设用地审查报批工作提高审批效率有关问题的通知》（国土资发〔2012〕77号）。

二、办理程序

（一）接收报件和受理

国土资源厅办文窗口接收申请人报送的建设项目压覆重要矿产资源申请材料。申请事项属于我厅受理范围、申请符合法定条件、报送材料要件齐全的或当场可进行补正的，应予以接收并出具接收单，并送厅矿产资源储量处。

矿产资源储量处负责报件的审查，应在3个工作日内告知是否受理，逾期不告知的，自收到申报材料之日起即为受理。

（二）审查、审批

矿产资源储量处承办人员初审，并送矿产开发管理处、地质勘查处等会审。在审查过程中，如需申请人补正的，书面通知厅办文窗口，由办文窗口告知申请人。申请人应在30个工作日内提交补正材料，逾期者或经补充材料仍不符合要求的，报件退回。

经初审合格，送处长复核后，报主管厅长审批。

（三）办理批复

厅领导审批后，承办人员在2个工作日内办理批复文件，并送至办文窗口，由窗口通知申请人领取文件。

三、办理要件

1. 政府有关部门关于同意建设项目开展前期工作的文件。
2. 建设项目压覆重要矿产资源的申请文件。
3. 建设项目压覆重要矿产资源的，提供建设项目压覆评估报告备案证明；不压覆重要矿产资源的，提供建设项目所在地市国土资源局证明材料。建设项目与矿业权人隶属同一法人但不能明确是否压覆重要矿产资源的，提供陕西省国土资源规划与评审中心出具的建设项目压覆重要矿产资源咨询意见。

4. 建设项目范围坐标（西安 80 坐标）。建设项目的完整范围坐标。包括压覆区域（使用压覆范围）和不压覆区域（使用建设项目受保护范围）。

5. 压覆省厅设置矿业权的，提供建设项目单位与矿业权人签订的压覆协议。

6. 国土部门要求提供的其他材料。

四、办理时限

受理或提交最后一次补正材料后 20 个工作日内办结。

6. 陕西省矿产资源管理条例（2020年6月11日修正版）

（1999年11月30日陕西省第九届人民代表大会常务委员会第十二次会议通过 2004年8月3日陕西省第十届人民代表大会常务委员会第十二次会议修正 2010年3月26日陕西省第十一届人民代表大会常务委员会第十三次会议第二次修正 根据2020年6月11日陕西省第十三届人民代表大会常务委员会第十七次会议关于修改《陕西省实施〈中华人民共和国环境保护法〉办法》等八部地方性法规的决定第三次修正）

第一章 总 则

第一条

为了加强矿产资源的勘查、开发利用和保护工作，促进矿业发展，保障经济建设和社会发展的当前和长远的需要，根据《中华人民共和国矿产资源法》和有关法律、行政法规，结合本省实际，制定本条例。

第二条

在本省行政区域内勘查、开采和管理矿产资源，必须遵守本条例。

第三条

矿产资源属于国家所有。地表或者地下的矿产资源的国家所有权，不因其所依附的土地的所有权或者使用权的不同而改变。

勘查、开采矿产资源，必须具备规定的资质条件，并依法分别申请，经批准后，办理登记，有偿取得探矿权、采矿权。

探矿权、采矿权可以依法有偿转让、抵押，采矿权可以出租；个人依法取得的探矿权、采矿权，可以依法继承。

开采矿产资源，必须依法缴纳资源税和资源补偿费。

第四条

各级人民政府应当维护矿产资源的国家所有权，加强矿产资源的保护工作，维护所辖行政区域内正常的矿业秩序，保护探矿权人、采矿权人的合法权益不受侵犯。

第五条

鼓励国内外投资者以独资、合资、合作等多种形式，依法勘查、开采矿产资源。

鼓励和引导非公有制矿业经济的发展。

国家规定实行保护性开采的特定矿种和国家规定禁止个人开采的其他矿产资源，个人不得开采。

第六条

矿产资源的勘查、开发实行统一规划、合理布局、综合勘查、合理开采和综合利用的方针，坚持保护优先的原则。

全省矿产资源勘查、开发规划，由省人民政府自然资源行政主管部门根据国家矿产资源规划，组织有关部门编制，经省人民政府批准后实施。

第七条

各级人民政府应当鼓励矿产资源勘查、开发的科学技术研究，推广先进技术，提高矿产资源勘查、开发的科学技术水平。

对在勘查、开发利用、保护矿产资源和进行科学技术研究方面成绩显著的单位和个人，各级人民政府或者有关部门应当给予奖励。

第八条

勘查、开采矿产资源应当遵守国家有关矿山安全、水土保持、防洪、森林、草原、土地管理、自然保护区、文物保护和环境保护的法律、法规的规定。

勘查、开采石油、天然气、煤等矿产资源，法律、行政法规另有规定的，从其规定。

第九条

省人民政府自然资源行政主管部门主管本省行政区域内矿产资源勘查、开采的监督管理工作。省人民政府有关部门按照各自职责协助省人民政府自然资源行政主管部门进行矿产资源勘查、开采的监督管理工作。

市（地区）、县（市、区）人民政府自然资源行政主管部门主管本行政区域内矿产资源勘查、开采的监督管理工作。市（地区）、县（市、区）人民政府有关部门按照各自职责协助同级自然资源行政主管部门进行矿产资源勘查、开采的监督管理工作。

第二章　矿产资源勘查

第十条

申请勘查下列矿产资源，由省人民政府自然资源行政主管部门审批登记，颁发勘查许可证：

（一）国务院自然资源行政主管部门审批登记范围以外的矿产资源；

（二）国务院自然资源行政主管部门审批登记的矿种中，除石油、天然气、二氧化碳气、煤成（层）气、放射性矿产之外的勘查投资小于五百万元人民币的矿产资源；

（三）国务院自然资源行政主管部门授权审批登记的其他矿产资源。

第十一条

勘查矿产资源的出资人为探矿权申请人。

合作、合资勘查矿产资源的，探矿权申请人由书面合同约定；国家出资勘查矿产资源的，受国家委托勘查的单位为探矿权申请人。

第十二条

承担矿产资源勘查工作的单位必须具备国家规定的资质条件，并取得地质勘查单位资格证书。

省人民政府自然资源行政主管部门依照规定的权限，负责本省行政区域内地质勘查单位的资质管理工作。

探矿权申请人不具备地质勘查资格的，必须委托有地质勘查资格的单位承担矿产资源勘查工作。

第十三条

探矿权申请人申请探矿权时，应当向登记管理机关提交下列资料：

（一）申请登记书；

（二）申请的区块范围图和地质工作研究程度图；

（三）勘查工作计划、勘查合同或者委托勘查的证明文件；

（四）勘查单位的资格证书复印件；

（五）勘查工作实施方案及附件；

（六）勘查项目资金来源证明；

（七）国务院自然资源行政主管部门规定提交的其他资料。

第十四条

省人民政府自然资源行政主管部门应当自收到探矿权申请人的申请之日起四十日内，依法做出准予登记或者不予登记的决定，并书面通知探矿权申请人。

准予登记的，探矿权申请人应当自收到通知之日起三十日内依法缴纳探矿权使用费、探矿权价款，办理登记手续，领取勘查许可证，成为探矿权人；逾期不办的，视为放弃申请。不予登记的，省人民政府自然资源行政主管部门应当向探矿权申请人说明理由。

省人民政府自然资源行政主管部门应当在颁发勘查许可证之日起十日内，将批准的有关事项通知勘查项目所在地的市（地区）、县（市、区）人民政府自然资源行政主管部门，并报国务院自然资源行政主管部门备案。

第十五条

探矿权可以通过招标投标的方式有偿取得。

省人民政府自然资源行政主管部门依照本条例第十条规定的权限，确定需招标的勘查区块范围，组织招标投标。

中标人应当依法缴纳探矿权使用费、探矿权价款，办理登记手续，领取勘查许可证，成为探矿权人，并履行标书中承诺的义务。

第十六条

探矿权人应当自领取勘查许可证之日起六个月内开始施工；每一勘查年度的最低勘查投入必须符合国家规定；在勘查主要矿产的同时，应当对共生矿产或者伴生矿产进行综合勘查、综合评价。

探矿权人应当在每一勘查年度届满前的三十日内缴纳下一勘查年度的探矿权使用费；经批准分期缴纳探矿权价款的，应当在规定的期限内缴纳。

探矿权人申请减缴、免缴探矿权使用费和探矿权价款的，按照国家有关规定办理。

第十七条

探矿权人有权优先取得勘查区块范围内所探明矿产资源的采矿权。

探矿权人在勘查区块范围内发现符合国家边探边采规定要求的复杂类型矿床时，可以申请开采。申请开采的，应当向省人民政府自然资源行政主管部门提交论证资料，经审查批准后，办理采矿登记手续，领取采矿许可证。

第十八条

探矿权人在勘查许可证有效期内扩大或者缩小勘查区块范围、改变勘查工作对象、变更探矿权人名称或者地址的，应当向原发证机关申请变更登记。

探矿权人需要延续登记或者保留探矿权的，应当在勘查许可证有效期届满的三十日前，向原发证机关提出申请，经批准后，办理有关登记手续。

探矿权人委托的勘查单位发生变更时，探矿权人应当在三十日内向省人民政府自然资源行政主管部门登记备案。

第十九条

探矿权人完成勘查工作申请采矿权、因故撤销勘查项目、勘查许可证有效期届满不申请延续或者不申请保留探矿权的，应当在勘查许可证有效期内到原发证机关办理勘查许可证注销登记手续。

第二十条

探矿权人完成勘查工作后，应当按照国家和省人民政府有关规定，向省人民政府自然资源行政主管部门汇交地质勘查成果资料。

省人民政府自然资源行政主管部门应当维护汇交资料的探矿权人的合法权益，对探矿权人要求保密的汇交资料，应当按照国家有关规定予以保密。

矿产资源勘查报告及其他地质勘查资料实行有偿使用。

第二十一条

矿产资源储量的评审、认定和登记、统计，实行统一管理制度。具体办法按照国家和省人民政府的规定执行。

矿产资源储量未经评审、认定和登记，不得作为矿山建设设计的依据。

第三章 矿产资源开采

第二十二条

申请开采下列矿产资源，由省人民政府自然资源行政主管部门审批登记，并颁发采矿许可证：

（一）国务院自然资源行政主管部门审批登记范围以外的矿产资源储量规模为中型以上的矿产资源。

（二）国务院自然资源行政主管部门授权审批登记的以下矿产资源：

1. 油页岩、地热、锰、铬、钴、铁、硫、石棉、矿泉水；

2. 矿山生产建设规模为中型以下的煤、金、银、铂、铜、铅、锌、铝、镍、钨、锡、锑、钼、稀土、磷、钾、锶、金刚石、铌、钽；

3. 授权审批登记的其他矿产资源。

（三）宝石、玉石、水晶矿产资源。

（四）申请登记的矿区范围跨市（地区）行政区域的。

第二十三条

申请开采下列矿产资源，由市（地区）人民政府自然资源行政主管部门审批登记，并颁发采矿许可证：

（一）本条例第二十二条规定以外的储量规模为小型的矿产资源，但储量规模为小型的只能用作普通建筑材料的砂、石、黏土除外；

（二）本条例第二十四条规定中，矿区范围跨本市（地区）行政区域所辖县（市、区）的；

（三）省人民政府自然资源行政主管部门授权审批登记的矿产资源。

第二十四条

申请开采下列矿产资源，由县（市、区）人民政府自然资源行政主管部门审批登记，并颁发采矿许可证：

（一）本条例第二十二条、第二十三条规定以外的零星分散矿产资源；

（二）储量规模为小型的只能用作普通建筑材料的砂、石、黏土；

（三）市（地区）人民政府自然资源行政主管部门授权审批登记的矿产资源，但第二十三条第（二）、（三）项除外。

第二十五条

采矿权申请人在提出采矿权申请前，应当向自然资源行政主管部门申请划定矿区范围。

申请划定矿区范围应当提交下列资料：
（一）申请划定矿区范围的报告；
（二）经评审、认定的矿产资源储量报告或者相应的地质资料。

探矿权人在其勘查区块范围内申请划定矿区范围的，还应当提交该区块的勘查许可证复印件。

需要设立矿山企业的，应当先在工商行政管理部门申请办理矿山企业名称预核准登记，然后申请划定矿区范围，再办理企业工商登记和其他手续。

第二十六条

自然资源行政主管部门对已划定的矿区范围，依照矿山建设规模确定预留期：大型的不超过三年，中型的不超过二年，小型的不超过一年。

在预留期内因特殊情况不能申办采矿许可证的，应当在预留期届满前申请延长。延长的期限不得超过一年。

逾期不申办采矿许可证的，视为放弃已划定的矿区范围。

第二十七条

采矿权申请人申请办理采矿许可证时，应当向自然资源行政主管部门提交下列资料：
（一）申请登记书和划定的矿区范围图；
（二）采矿权申请人资质条件的证明；
（三）矿产资源开发利用方案；
（四）依法设立矿山企业的批准文件和营业执照；
（五）开采矿产资源的环境影响评价报告；
（六）矿区范围位于地质灾害易发区的，应当提供地质灾害危险性评估报告；
（七）国务院地质矿产主管部门规定提交的其他资料。

申请国家出资勘查并已探明矿产地的采矿权，办理采矿许可证时，还应当提交法定机构对采矿权价款的评估报告和确认文件。

在河道管理范围内开采沙金、砂、石等矿产资源的，办理采矿许可证时，还应当提交河道主管部门的批准文件。

第二十八条

自然资源行政主管部门应当自收到采矿权申请之日起四十日内，做出准予登记或者不予登记的决定，并通知采矿权申请人。

采矿权申请人应当自收到准予登记通知之日起三十日内，按照国家规定缴纳采矿权使用费、采矿权价款，领取采矿许可证，成为采矿权人；逾期不办理的，视为放弃申请。不予登记的，自然资源行政主管部门应当向采矿权申请人说明理由。

采矿权申请人申请减缴、免缴采矿权使用费、采矿权价款的，按照国家有关规定办理。

第二十九条

采矿权可以通过招标投标的方式有偿取得。

县级以上人民政府自然资源行政主管部门依照规定的权限，确定需招标的矿区范围，组织招标投标。

中标人应当依法缴纳采矿权使用费、采矿权价款，办理登记手续，领取采矿许可证，成为采矿权人，并履行标书中承诺的义务。

第三十条

自然资源行政主管部门在划定矿区范围和颁发采矿许可证后，应当分别于十日内向上一级自然资源行政主管部门备案，同时通知矿区范围所在地的下级自然资源行政主管部门、有关主管部门，并通知或者报告矿区范围所在地的市（地区）、县（市、区）人民政府。

矿区范围所在地的县（市、区）人民政府应当自收到通知或者报告之日起九十日内，对矿区范围予以公告；并可以根据采矿权人的申请，组织埋设界桩或者设置地面标志。

第三十一条

小型以上矿山的采矿许可证有效期按照国家规定确定。开采零星分散的矿产资源，其采矿许可证有效期最长为三年。

采矿许可证有效期届满需要继续采矿的，采矿权人应当在有效期届满的三十日前，到原发证机关申请办理延续登记手续；逾期不办理延续登记手续的，采矿许可证自行废止。

第三十二条

采矿权人在采矿许可证有效期内需要变更矿区范围、主要开采矿种、开采方式、矿山企业名称的，应当向原发证机关申请变更登记。

第三十三条

采矿权人在采矿许可证有效期内或者有效期届满，停办、关闭矿山的，应当经矿山企业的主管部门批准，颁发采矿许可证的部门验收合格后，办理采矿许可证注销手续。

第四章　探矿权采矿权转让

第三十四条

探矿权人、采矿权人转让探矿权、采矿权应当符合国务院《探矿权采矿权转让管理办法》规定的情形和条件，并经依法批准。

第三十五条

省人民政府自然资源行政主管部门登记发证的探矿权和省、市（地区）、县（市、区）人民政府自然资源行政主管部门登记发证的采矿权的转让，由省人民政府自然资源行政主管部门统一审批。

第三十六条

探矿权人、采矿权人申请转让探矿权、采矿权，应当向省人民政府自然资源行政主管部门提交下列资料：

（一）转让申请书；

（二）转让人与受让人签订的转让合同；

（三）受让人资质条件的证明文件；

（四）转让人具备国家规定的转让条件的证明；

（五）矿产资源勘查或者开采情况的报告；

（六）省人民政府自然资源行政主管部门要求提交的其他资料。

国有矿山企业转让采矿权时，还应当提交其主管部门同意转让采矿权的批准文件。

转让国家出资勘查形成的探矿权、采矿权，应当按照国家的规定进行评估和确认。

第三十七条

省人民政府自然资源行政主管部门应当自收到转让探矿权、采矿权的申请之日起四十日内，做出准予转让或者不准转让的决定，并通知转让人、受让人和原发证机关。不准转让的，应当说明理由；准予转让的，转让合同自批准转让之日起生效。

准予转让的，转让人和受让人应当自收到批准转让文件之日起六十日内，到原发证机关办理变更登记手续；受让人按国家规定缴纳有关费用后，领取勘查许可证、采矿许可证，其有效期限为原勘查许可证、采矿许可证所剩余的期限。

第三十八条

采矿权出租应当具备下列条件：

（一）在采矿许可证的有效期限内；

（二）采矿权属无争议；

（三）出租人已完成矿山开采基础建设工程；

（四）承租人具有规定的资质条件；

（五）法律、法规规定的其他条件。

出租人和承租人应当依照法律规定和本条例规定的条件签订书面出租合同。出租合同签订之日起三十日内向批准采矿权许可证的机关登记备案。

采矿权出租期间，出租人和承租人依照法律、法规的规定和出租合同的约定，享有权利，承担义务。

承租人不得将采矿权转租。

第三十九条

依法继承个人取得的探矿权、采矿权，应当持继承证明和被继承人的勘查许可证、采矿许可证，到原发证机关办理变更登记手续。

第五章　监督管理

第四十条

县级以上人民政府自然资源行政主管部门应当依法加强对所辖行政区域内矿产资源勘查、开采的监督管理工作，查处违法勘查、开采矿产资源的行为，维护矿产资源勘查、开采的正常秩序。

县级以上人民政府自然资源行政主管部门应当为探矿权、采矿权申请人提供其申请范围内探矿权、采矿权设立情况的查询服务。下级地质矿产主管部门应当协助上级自然资源行政主管部门对辖区内探矿权、采矿权的设立情况进行调查，并出具报告。

省人民政府自然资源行政主管部门可以按照国家有关规定向重点矿山企业派出矿产督察员，对矿产资源的保护和开发利用依法进行监督检查。

第四十一条

探矿权人开工时应当持勘查许可证向勘查项目所在地的县（市、区）人民政府自然资源行政主管部门报告；在每一勘查年届满后的三十日内向发证机关报送勘查工作年报。

第四十二条

探矿权人、采矿权人应当按照自然资源行政主管部门的规定填报年度矿产资源储量表和矿产资源开发利用情况统计报表，不得虚报、瞒报或者拒报。

采矿许可证实行年检制度。年检工作由发证机关组织进行。采矿权人应当按照规定提交年检报告。

中型以上的矿山企业领取采矿许可证之后两年，小型矿山企业、个体采矿领取采矿许可证之后一年，无正当理由不进行矿山建设的或者投产后中断生产超过一年的，原发证机关可以注销其采矿许可证，并予以公告。

第四十三条

采矿权人必须按照自然资源行政主管部门批准的矿产资源开发利用方案进行施工，并随工程进度测绘井上、井下工程对照图；开采矿产资源的开采回采率、采矿贫化率和选矿回收率应当达到自然资源行政主管部门核准的指标。

无矿山的选矿企业，应当向所在地的自然资源行政主管部门登记备案，接受自然资源行政主管部门依法对选矿回收利用情况的监督检查。

第四十四条

采矿权人应当采用先进技术和科学方法开采矿产资源。采矿权人在开采主要矿产的同时，应当对具有工业价值的共生、伴生矿产综合回收；对暂时不能综合回收的矿产以及含有有用成分的尾矿，应当采取有效的保护措施，防止损失和破坏。

禁止用采富弃贫、采厚弃薄、采易弃难、滥采乱挖等破坏性开采方法开采矿产资源。

第四十五条

采矿权人停办矿山时，矿产资源尚未采完的，应当按规定核销所消耗的储量，编制矿山开采现状报告及施工工程实测图，并将资源保持在能够继续开采的状态。

采矿权人关闭矿山时，应当编写闭坑地质报告和关闭矿山报告，报请自然资源行政主管部门、矿山企业主管部门审批，并按规定汇交地质资料。

停办、关闭矿山的，应当完成矿山安全、水土保持、土地复垦和环境保护工作。

第四十六条

国务院和省人民政府规定由指定单位统一收购的矿产品，采矿权人不得向非指定单位销售，其他任何单位和个人也不得收购。

禁止任何单位和个人收购违法开采的矿产品。

第四十七条

探矿权人、采矿权人勘查、开采矿产资源，造成地质灾害隐患的，自然资源行政主管部门应当责令其采取措施进行治理。因探矿权人、采矿权人自身过错诱发地质灾害给他人造成损失的，应当依法予以赔偿。

探矿权人、采矿权人勘查、开采矿产资源过程中，发现具有重要价值的地质自然遗迹和文物古迹时，应当采取保护措施，并及时向自然资源行政主管部门和文物主管部门报告。

探矿权人、采矿权人勘查、开采矿产资源，应当按照有关法律、法规的规定，处理废水、废气、废渣、废石，防止造成环境污染和生态环境破坏；造成污染和破坏的，应当采取措施进行治理。

第四十八条

在建设铁路、工厂、水库、城市水源地、输油气管道、输电线路、高速公路和各种大型建筑物或者建筑群之前，建设单位应当向省人民政府自然资源行政主管部门了解拟建工程所在地的矿产资源分布和开采情况。未经省人民政府批准，不得压覆重要矿床。

第六章　法律责任

第四十九条

未取得地质勘查资格证书进行地质勘查或者超越资格证书业务范围进行地质勘查的，由县级以上人民政府自然资源行政主管部门责令停止勘查，没收违法所得，可并处五千元以上五万元以下罚款。

探矿权人变更委托的勘查单位，不按期登记备案的，由县级以上人民政府自然资源行政主管部门予以警告，限期改正；逾期不改正的，责令停止勘查工作。

第五十条

未取得勘查许可证擅自进行勘查工作或者超越批准的勘查区块范围进行勘查工作的，由县级以上人民政府自然资源行政主管部门责令停止违法行为，予以警告，可并处五千元以上十万元以下罚款。

未经批准，擅自进行边探边采的，由县级以上人民政府自然资源行政主管部门责令停止违法行为，予以警告，没收违法所得，可并处五千元以上十万元以下罚款。

第五十一条

未取得采矿许可证擅自采矿的，由县级以上人民政府自然资源行政主管部门责令停止开采，没收采出的矿产品和违法所得，处以违法所得百分之五以上百分之五十以下罚款；没有违法所得的，处以一万元以上十万元以下罚款；拒不停止开采，构成犯罪的，依法追究刑事责任。

超越批准的矿区范围采矿的，由县级以上自然资源行政主管部门责令退回本矿区范围内开采，没收越界开采的矿产品和违法所得，处以违法所得百分之三以上百分之三十以下罚款；拒不退回本矿区范围内开采的，吊销采矿许可证；造成矿产资源严重破坏，构成犯罪的，依法追究刑事责任。

采取破坏性的开采方法开采矿产资源的，造成矿产资源严重破坏的，由县级以上自然资源行政主管部门责令改正，处以相当于矿产资源损失价值百分之十以上百分之五十以下罚款；拒不改正的，吊销采矿许可证；造成矿产资源严重破坏，构成犯罪的，依法追究刑事责任。

第五十二条

擅自转让探矿权、采矿权的，由县级以上人民政府自然资源行政主管部门责令改正，没收违法所得，对卖方、出租方、出让方处以违法所得百分之十以上一倍以下罚款；情节严重的，吊销勘查许可证、采矿许可证。

擅自印制、伪造、冒用勘查许可证、采矿许可证的，由县级以上人民政府自然资源行政主管部门没收违法所得，可并处一万元以上十万元以下罚款；构成犯罪的，依法追究刑事责任。

擅自收购和销售国务院和省人民政府规定统一收购的矿产品的，收购违法开采的矿产品的，由县级以上人民政府市场监督管理部门没收矿产品和违法所得，处以违法所得一倍以下罚款；情节严重，构成犯罪的，依法追究刑事责任。

第五十三条

不按本条例规定提交年度报告、报表进行年检，拒绝接受自然资源行政主管部门监督检查，不按规定完成最低勘查投入，不按规定测绘井上、井下工程对照图的，由县级以上人民政府自然资源行政主管部门责令限期改正；逾期不改正的，处以二千元以上五万元以下罚款；情节严重的，吊销勘查许可证、采矿许可证。

开采回采率、采矿贫化率、选矿回收率达不到地质矿产主管部门核准的指标的，由县级以上人民政府自然资源行政主管部门责令限期达到；逾期达不到的，处以相当于矿产资源损失价值10%以上50%以下罚款；情节严重的，可以责令停产整顿，直至吊销采矿许可证。

第五十四条

不按本条例规定办理勘查许可证和采矿许可证变更或者注销登记手续的，由县级以上人民政府自然资源行政主管部门责令限期改正；逾期不改正的，吊销勘查许可证、采矿许可证。

第五十五条

违反本条例规定不按期缴纳应缴费用的，由县级以上人民政府税务部门责令限期缴纳，并从滞纳之日起每日加收千分之二的滞纳金；逾期仍不缴纳的，吊销勘查许可证、采矿许可证。

第五十六条

勘查、开采矿产资源造成地质灾害隐患拒不治理的，由县级以上人民政府自然资源行政主管部门予以警告，可并处五千元以上五万元以下罚款；情节严重的，吊销勘查许可证、采矿许可证。

违反本条例第四十五条第三款、第四十七条第三款规定的，由有关行政主管部门依法处理。

第五十七条

破坏、擅自移动矿区范围界桩或者地面标志的，由县级以上人民政府自然资源行政主管部门责令限期恢复；情节严重的，处以三千元以上三万元以下罚款。

第五十八条

按本条例规定，给予吊销勘查许可证、采矿许可证处罚的，除第五十一条第四款的规定外，由原发证机关决定。

探矿权人被吊销勘查许可证的，自勘查许可证被吊销之日起六个月内不得再申请探矿权。采矿权人被吊销采矿许可证的，自采矿许可证被吊销之日起二年内不得再申请采矿权。

第五十九条

依照本条例规定应当给予行政处罚而不给予行政处罚的，上级自然资源行政主管部门有权责令改正或者直接给予行政处罚。

依照本条例规定应当征收矿产资源补偿费而不征收的，上级税务部门有权责令改正或者直接征收。

第六十条

依照本条例规定，处以吊销勘查许可证、采矿许可证，罚款三万元以上的，当事人有权要求听证。

第六十一条

当事人对行政处罚决定不服的，可以依法申请行政复议，也可以依法直接向人民法院起诉。

当事人逾期不申请行政复议，也不向人民法院起诉，又不履行行政处罚决定的，由做出行政处罚决定的机关申请人民法院强制执行。

第六十二条

以暴力、威胁方法阻碍从事矿产资源勘查、开采监督管理工作的国家工作人员依法执行公务的，由公安机关依照《中华人民共和国治安管理处罚法》处罚；构成犯罪的，依法追究刑事责任。

第六十三条

自然资源行政主管部门及其工作人员滥用职权、徇私舞弊、玩忽职守、索贿受贿，违反本条例规定批准勘查、开采矿产资源和颁发勘查许可证、采矿许可证，泄露探矿权人要求保密的资料，对勘查、开采矿产资源中的违法行为不予制止、处罚的，由其上级主管部门或者所在单位对直接负责的主管人员和其他直接责任人员依法给予行政处分；构成犯罪的，依法追究刑事责任。

第七章　附　　则

第六十四条

地下水资源的勘查，适用本条例。地下水资源的开采、利用、保护和管理，适用《中华人民共和国水法》和有关行政法规。

第六十五条

在本省行政区域内从事区域性的地质、矿产、地球物理、地球化学、遥感地质、水文地质、工程地质、环境地质调查工作的，应当在开展调查工作前向省人民政府自然资源行政主管部门登记备案，领取地质调查证。

第六十六条

本条例自公布之日起施行。1988年9月29日陕西省第七届人民代表大会常务委员会第二次会议通过的《陕西省集体矿山企业和个体采矿管理条例》同时废止。

7. 天津市矿产资源管理条例

2001年10月31日天津市第十三届人民代表大会常务委员会第二十八次会议通过，根据2004年11月12日天津市第十四届人民代表大会常务委员会第十五次会议关于修改《天津市矿产资源管理条例》的决定第一次修正，根据2012年5月9日天津市第十五届人民代表大会常务委员会第三十二次会议《关于修改部分地方性法规的决定》第二次修正。

修订信息：

天津市矿产资源管理条例

（2001年10月31日天津市第十三届人民代表大会常务委员会第二十八次会议通过　根据2004年11月12日天津市第十四届人民代表大会常务委员会第十五次会议《关于修改〈天津市矿产资源管理条例〉的决定》第一次修正　根据2012年5月9日天津市第十五届人民代表大会常务委员会第三十二次会议《关于修改部分地方性法规的决定》第二次修正　根据2018年9月29日天津市第十七届人民代表大会常务委员会第五会议《关于修改部分地方性法规的决定》第三次修正）

修订的条例：

（2001年10月31日天津市第十三届人民代表大会常务委员会第二十八次会议通过

根据2004年11月12日天津市第十四届人民代表大会常务委员会第十五次会议《关于修改〈天津市矿产资源管理条例〉的决定》第一次修正

根据2012年5月9日天津市第十五届人民代表大会常务委员会第三十二次会议《关于修改部分地方性法规的决定》第二次修正

根据2018年9月29日天津市第十七届人民代表大会常务委员会第五会议《关于修改部分地方性法规的决定》第三次修正

根据2018年12月14日天津市第十七届人民代表大会常务委员会第七次会议《关于修改〈天津市植物保护条例〉等三十二部地方性法规的决定》第四次修正）

第一章　总　　则

第一条　为了加强矿产资源管理，维护矿产资源的国家所有权，保护探矿权人和采矿权人的合法权益，促进矿业的可持续发展，根据《中华人民共和国矿产资源法》和有关法律、法规，结合本市实际情况，制定本条例。

第二条　在本市行政区域内勘查、开采和管理矿产资源，必须遵守本条例。

第三条　矿产资源属于国家所有。地表或者地下的矿产资源的国家所有权，不因其依附的土地所有权或者使用权不同而改变。

单位和个人勘查、开采矿产资源，必须依照法律、法规的规定提出申请，经批准后有偿取得探矿权、采矿权。

禁止任何单位和个人侵占、破坏矿产资源。

第四条 勘查、开采矿产资源，实行统一规划、合理布局、综合利用和可持续发展的方针。

勘查、开采矿产资源，应当保护地质环境和自然景观，加强地质监测，防治地质灾害。

第五条 各级人民政府应当加强本行政区域内矿产资源的管理，保护矿产资源，维护矿产资源勘查、开采的正常秩序，加强安全生产的监督管理，推广先进技术，保护探矿权人和采矿权人的合法权益。

第六条 市地质矿产主管部门主管全市矿产资源勘查、开采的管理工作，负责本条例的组织实施。

区地质矿产主管部门负责本行政区域内矿产资源勘查、开采的监督管理工作。

第七条 市地质矿产主管部门根据全国矿产资源规划，组织编制本市矿产资源规划，经市人民政府审查同意后，报国家主管部门审批。

市地质矿产主管部门负责本市矿产资源规划的组织实施。

第八条 探矿权人、采矿权人应当接受地质矿产主管部门的管理。

地质矿产主管部门对探矿权人、采矿权人要求保密的申请登记资料、财务报表和勘查成果资料等，应当予以保密。

第二章 勘查管理

第九条 矿产资源勘查应当执行国家统一的区块登记管理制度。

市地质矿产主管部门按照国家规定的权限，负责地质勘查单位资质认定、矿产资源的勘查审批和勘查许可证发放工作。

第十条 探矿权申请人应当向市地质矿产主管部门办理矿产资源勘查区块登记，经批准取得勘查许可证，成为探矿权人。探矿权人应当在勘查许可证批准的勘查区块范围内进行勘查活动。

探矿权人在完成规定的最低勘查投入后，可以依法转让探矿权。

第十一条 探矿权人提出的下列矿产资源勘查报告，应当经评审机构评审，向市地质矿产主管部门备案：

（一）金属、非金属矿床的勘查报告；

（二）水源地建设使用的各类地下水勘查报告；

（三）地热田、矿泉水田以及勘探区内的地热单井、矿泉水单井勘查报告；

（四）矿种、矿产工业指标、探明储量发生重大变化，重新编制的勘查报告；

（五）开采过程中储量升级，重新编制的勘查报告。

第十二条 探矿权人应当按照国家和本市有关规定，向市地质矿产主管部门汇交矿产资源勘查报告和勘查资料。

第十三条 准备建设铁路、公路、水库、输油管道、输电线路、各种大型建筑物或者建筑群的建设单位，应当在可行性研究阶段向市地质矿产主管部门了解矿产资源分布和开采情况。

建设项目需要压覆矿产资源的，应当按照国家规定的审批权限履行报批手续。

第三章 开采管理

第十四条 矿产资源开采实行审批登记和采矿许可证制度。

市和区地质矿产主管部门按照国家和本条例规定的权限，负责矿产资源开采的审批和采矿许可证发放工作。

第十五条　开采下列矿产资源，由市地质矿产主管部门登记、审批、颁发许可证：

（一）国务院地质矿产主管部门审批范围以外，可供开采的矿产储量为中型、小型的矿产资源；

（二）国务院地质矿产主管部门授权市地质矿产主管部门审批登记的矿产资源；

（三）跨区行政区域的矿产资源。

第十六条　开采下列矿产资源，由区地质矿产主管部门登记、审批、颁发许可证：

（一）零星分散的矿产资源；

（二）只能用作普通建筑材料的砂、石、粘土等矿产资源；

（三）市地质矿产主管部门授权区地质矿产主管部门审批登记的矿产资源。

第十七条　矿产储量的小型规模和零星分散矿产资源的划分标准，由市地质矿产主管部门确定。

第十八条　村民为生活自用，在区地质矿产主管部门指定的范围内，可以采挖少量只能用作普通建筑材料的砂、石、粘土，但不得出售。

第十九条　在河道内开采砂石、砂金、粘土的，应当凭河道主管部门批准的有效证件，到地质矿产主管部门办理采矿登记手续。

第二十条　采矿权申请人在提出采矿权申请前，应当持已向市地质矿产主管部门备案的矿产资源勘查报告以及国家地质矿产主管部门规定的其他资料，向地质矿产主管部门申请划定矿区范围。

第二十一条　采矿范围划定后，保留期为一年。保留期从采矿范围划定之日起计算。地质矿产主管部门在保留期内对该区域不受理新的采矿权申请。

采矿权申请人非因本人原因在采矿范围保留期内不能完成采矿登记前期工作的，可以在期满前三十日内，向地质矿产主管部门申请延长保留期。延长时间不得超过一年。

采矿权申请人逾期未办理采矿许可登记的，采矿范围不再予以保留。

第二十二条　采矿权申请人办理采矿许可时，应当向地质矿产主管部门提交下列资料：

（一）申请登记书、矿产储量登记表和采矿范围图；

（二）采矿权申请人营业执照以及与矿山建设规模相适应的资金、技术和设备的证明材料；

（三）可行性研究报告和矿产资源开发利用方案；

（四）开采矿产资源环境影响评价报告；

（五）安全生产保证措施方案；

（六）其他相关资料。

申请开采矿泉水、地热水的，应当按照前款规定到地质矿产主管部门申请办理采矿许可手续。

第二十三条　地质矿产主管部门自受理采矿权申请之日起三十日内，应当做出准予登记或者不予登记的决定，并书面通知采矿权申请人。

采矿权申请人获准登记的，应当自收到通知之日起三十日内，到地质矿产主管部门缴纳矿业权占用费和矿业权出让收益，办理许可手续，领取采矿许可证，取得采矿权。采矿权人应当在采矿许可证批准的采矿范围内进行开采活动。

矿业权占用费的标准按照国家和本市有关规定执行。

第二十四条　采矿许可证有效期按采矿建设规模确定，大型的不超过三十年，中型的不超过二十年，小型的不超过十年，零星分散的和只能用作普通建筑材料的不超过三年。需要延长采矿许可证有效期的，应当在有效期届满前三十日内申请办理延期手续。

第二十五条 已经取得采矿权的企业，因合并、分立、合资、合作经营、资产出售等改变资产产权情形，需要变更采矿权主体的，按照规定的权限，报经地质矿产主管部门批准。

第二十六条 采矿权人开采矿产资源，应当按照采矿许可证颁发机关审查合格的开发利用方案实施，采取合理的开采顺序、开采方法和选矿工艺，综合利用矿产资源，开采回采率、采矿贫化率和选矿回收率应当达到设计要求。

采矿权人开采矿产资源，应当按照国家环境保护法律、法规的规定，采取相应措施，加强环境保护，防治因开采矿产资源对环境的污染。

禁止采取破坏性的开采方法开采矿产资源和任意丢弃矿产资源。

地质矿产主管部门应当加强对采矿权人采矿行为的监督管理。采矿权人应当接受地质矿产主管部门的监督管理，如实报告情况，提供有关资料。

第二十七条 采矿权人应当建立健全安全生产责任制度，加强安全生产管理，保证生产安全。

第二十八条 采矿权人凭采矿许可证，到有关主管部门申请办理采矿所需的爆炸物品、剧毒物品使用许可手续。

采矿权人应当加强对爆炸物品、剧毒物品的管理，按照使用许可规定的用途使用爆炸物品、剧毒物品，不得改变用途或者非法转让。

第二十九条 采矿权人在采矿许可证有效期内需要变更采矿范围、主要开采矿种、开采方式、采矿权人名称的，应当向地质矿产主管部门申请办理变更手续。

需要转让采矿权的，应当按照国家有关规定办理采矿权转让手续。

第三十条 采矿权人在采矿许可证有效期内停采的，或者有效期届满不延期采矿的，应当自停采或者有效期届满之日起三十日内，向原发证机关提供停采注销勘查报告、闭坑报告和其他相关资料，申请办理采矿许可证注销手续。

第三十一条 采矿权人出售矿产品时，应当出示采矿许可证。未出示采矿许可证的，收购单位和个人不得收购。

国务院和市人民政府规定由指定单位统一收购的矿产品，采矿权人必须交售给指定单位，其他任何单位和个人不得收购。

第三十二条 建立矿山环境治理恢复基金制度。由采矿权人按照销售收入的一定比例计提，统筹用于开展矿山环境保护和综合治理。有关部门根据各自职责，按照管理规范、责权统一、使用便利的原则，加强事中事后监管，建立动态监管机制，督促采矿权人落实矿山环境治理恢复责任。

第四章 法律责任

第三十三条 违反本条例第十条第一款规定，未取得勘查许可证或者超越许可证批准的勘查区块范围进行勘查活动的，由地质矿产主管部门责令停止违法行为，并可处以十万元以下罚款。

第三十四条 违反本条例第十二条规定，不汇交矿产资源勘查报告和勘查资料的，由地质矿产主管部门责令改正；拒不改正的，处以五万元以下罚款；情节严重的，由原发证机关吊销勘查许可证。

第三十五条 违反本条例第十八条规定，村民以生活自用为名采挖砂、石、粘土出售的，或者超越区地质矿产主管部门指定的范围采挖砂、石、粘土的，由区地质矿产主管部门责令停止违法行为，没收违法开采的矿产品和违法所得，并处二万元以下罚款。

第三十六条　违反本条例第二十三条第二款规定，未取得采矿许可证进行开采活动，或者超越批准的采矿范围进行开采活动的，由地质矿产行政主管部门责令停止违法行为，采取措施，恢复原状，没收违法开采的矿产品和违法所得，并依法予以罚款；拒不停止违法行为，其后果已经或者将破坏矿产资源的，可以由地质矿产行政主管部门代履行；拒不退回到许可证批准的采矿范围内开采的，由原发证机关吊销采矿许可证。

第三十七条　违反本条例第二十六条第三款规定，采取破坏性开采方法开采矿产资源的，或者任意丢弃矿产资源的，由地质矿产主管部门处以十万元以下一万元以上罚款，并可由原发证机关吊销采矿许可证；构成犯罪的，依法追究刑事责任。

违反本条例第二十六条第四款规定，不如实报告矿产资源开发利用情况，拒绝接受监督检查或者弄虚作假的，由地质矿产主管部门责令改正；拒不改正的，处以五万元以下罚款，情节严重的，由原发证机关吊销采矿许可证。

第三十八条　违反本条例第二十九条、第三十条规定，不办理采矿许可证变更或者注销手续的，由地质矿产主管部门责令改正；拒不改正的，原发证机关吊销采矿许可证。

第三十九条　违反本条例第二十三条规定，不缴纳矿业权占用费的，由地质矿产主管部门责令限期缴纳，逾期仍不缴纳的，可从滞纳之日起每日加收千分之二的滞纳金，并可以申请人民法院强制执行，原发证机关可以吊销采矿许可证。

第四十条　地质矿产主管部门工作人员有下列行为之一的，由其所在单位或者上级主管部门给予行政处分；构成犯罪的，依法追究刑事责任：

（一）违法批准勘查、开采矿产资源的；

（二）违法发放勘查许可证、采矿许可证的；

（三）对违法行为应当制止、处罚，而不予以制止、处罚的；

（四）玩忽职守造成矿产资源损失和破坏的；

（五）其他不依法履行职责的。

第五章　附　　则

第四十一条　本条例自 2002 年 1 月 1 日起施行。1988 年 1 月 11 日天津市第十届人民代表大会常务委员会第四十次会议通过，1997 年 9 月 10 日天津市第十二届人民代表大会常务委员会第三十五次会议修改的《天津市乡镇集体矿山企业和个体采矿管理条例》同时废止。

8. 关于规范建设项目压覆矿产资源审批工作的通知

国土资发〔2000〕386号

各省、自治区、直辖市国土资源厅（国土环境资源厅、国土资源和房屋管理局、房屋土地资源管理局、规划和国土资源局）：

为了保护和合理利用矿产资源，确保用地建设项目的正常进行，依据《中华人民共和国矿产资源法》、《中华人民共和国土地法》的规定，对建设项目压覆矿产资源的审查、审批等有关事项通知如下：

一、凡是准备建设铁路、公路、工厂、水库、输油管道、输电线路和各种大型建筑物或者建筑群的，建设单位必须向所在省、自治区、直辖市国土资源主管部门了解拟建工程所在地区的矿产资源分布和开采情况，各省国土资源主管部门应当向建设单位提供建设项目范围内资源分布情况和矿业权设立情况。

二、压覆矿产资源是指因建设项目实施后导致矿产资源不能开发利用。但是建设项目与矿区范围重叠而不影响矿产资源正常开采的，不作压覆处理。

三、重要矿产资源是指国家规划矿区、对国民经济具有重要价值的矿区和《矿产资源开采登记管理办法》附录中34个矿种的矿床规模在中型以上的矿产资源。

四、需要压覆重要矿产资源的建设项目，在建设项目可行性研究阶段，建设单位提出压覆重要矿产资源申请，由省级国土资源主管部门审查，出具是否压覆重要矿床证明材料或压覆重要矿床的评估报告，报国土资源部批准。

需要压覆非重要矿产资源的建设项目，在建设项目可行性研究阶段，建设单位应提出压覆非重要矿产资源申请，由矿产地所在行政区的县级以上地质矿产主管部门审查，出具是否压覆非重要矿床证明材料或压覆非重要矿床的评估报告，报省级国土资源主管部门批准。

五、经批准可压覆矿产资源的建设项目，在其范围内有采矿权的，应按国家有关规定，由建设单位与采矿权人签订补偿协议并报批准压覆的部门备案，采矿权人应及时到原发证机关办理相应的矿区范围变更手续。

国土资源部

二〇〇〇年十二月十八日

9. 中华人民共和国矿产资源法（2009年修正）

发布：2009-08-27 实施：2009-08-27 现行有效
法律修订
1986年3月19日第六届全国人民代表大会常务委员会第十五次会议通过
根据1996年8月29日第八届全国人民代表大会常务委员会第二十一次会议《关于修改〈中华人民共和国矿产资源法〉的决定》修正
根据2009年8月27日第十一届全国人民代表大会常务委员会第十次会议通过的《全国人民代表大会常务委员会关于修改部分法律的决定》修正

第一章 总 则

第一条 为了发展矿业，加强矿产资源的勘查、开发利用和保护工作，保障社会主义现代化建设的当前和长远的需要，根据中华人民共和国宪法，特制定本法。

第二条 在中华人民共和国领域及管辖海域勘查、开采矿产资源，必须遵守本法。

第三条 矿产资源属于国家所有，由国务院行使国家对矿产资源的所有权。地表或者地下的矿产资源的国家所有权，不因其所依附的土地的所有权或者使用权的不同而改变。

国家保障矿产资源的合理开发利用。禁止任何组织或者个人用任何手段侵占或者破坏矿产资源。各级人民政府必须加强矿产资源的保护工作。

勘查、开采矿产资源，必须依法分别申请、经批准取得探矿权、采矿权，并办理登记；但是，已经依法申请取得采矿权的矿山企业在划定的矿区范围内为本企业的生产而进行的勘查除外。国家保护探矿权和采矿权不受侵犯，保障矿区和勘查作业区的生产秩序、工作秩序不受影响和破坏。

从事矿产资源勘查和开采的，必须符合规定的资质条件。

第四条 国家保障依法设立的矿山企业开采矿产资源的合法权益。

国有矿山企业是开采矿产资源的主体。国家保障国有矿业经济的巩固和发展。

第五条 国家实行探矿权、采矿权有偿取得的制度；但是，国家对探矿权、采矿权有偿取得的费用，可以根据不同情况规定予以减缴、免缴。具体办法和实施步骤由国务院规定。

开采矿产资源，必须按照国家有关规定缴纳资源税和资源补偿费。

第六条 除按下列规定可以转让外，探矿权、采矿权不得转让：

（一）探矿权人有权在划定的勘查作业区内进行规定的勘查作业，有权优先取得勘查作业区内矿产资源的采矿权。探矿权人在完成规定的最低勘查投入后，经依法批准，可以将探矿权转让他人。

（二）已取得采矿权的矿山企业，因企业合并、分立，与他人合资、合作经营，或者因企业资产出售以及有其他变更企业资产产权的情形而需要变更采矿权主体的，经依法批准可以将采矿权转让他人采矿。

前款规定的具体办法和实施步骤由国务院规定。禁止将探矿权、采矿权倒卖牟利。

第七条 国家对矿产资源的勘查、开发实行统一规划、合理布局、综合勘查、合理开采和综合利用的方针。

第八条 国家鼓励矿产资源勘查、开发的科学技术研究，推广先进技术，提高矿产资源勘查、开发的科学技术水平。

第九条 在勘查、开发、保护矿产资源和进行科学技术研究等方面成绩显著的单位和个人，由各级人民政府给予奖励。

第十条 国家在民族自治地方开采矿产资源，应当照顾民族自治地方的利益，作出有利于民族自治地方经济建设的安排，照顾当地少数民族群众的生产和生活。

民族自治地方的自治机关根据法律规定和国家的统一规划，对可以由本地方开发的矿产资源，优先合理开发利用。

第十一条 国务院地质矿产主管部门主管全国矿产资源勘查、开采的监督管理工作。国务院有关主管部门协助国务院地质矿产主管部门进行矿产资源勘查、开采和监督管理工作。

省、自治区、直辖市人民政府地质矿产主管部门主管本行政区域内矿产资源勘查、开采的监督管理工作。省、自治区、直辖市人民政府有关主管部门协助同级地质矿产主管部门进行矿产资源勘查、开采的监督管理工作。

第二章 矿产资源勘查的登记和开采的审批

第十二条 国家对矿产资源勘查实行统一的区块登记管理制度。矿产资源勘查登记工作，由国务院地质矿产主管部门负责；特定矿种的矿产资源勘查登记工作，可以由国务院授权有关主管部门负责。矿产资源勘查区块登记管理办法由国务院制定。

第十三条 国务院矿产储量审批机构或者省、自治区、直辖市矿产储量审批机构负责审查批准供矿山建设设计使用的勘探报告，并在规定的期限内批复报送单位。勘探报告未经批准，不得作为矿山建设设计的依据。

第十四条 矿产资源勘查成果档案资料和各类矿产储量的统计资料，实行统一的管理制度，按照国务院规定汇交或者填报。

第十五条 设立矿山企业，必须符合国家规定的资质条件，并依照法律和国家有关规定，由审批机关对其矿区范围、矿山设计或者开采方案、生产技术条件、安全措施和环境保护措施等进行审查；审查合格的，方予批准。

第十六条 开采下列矿产资源的，由国务院地质矿产主管部门审批，并颁发采矿许可证：

（一）国家规划矿区和对国民经济具有重要价值的矿区内的矿产资源；

（二）前项规定区域以外可供开采的矿产储量规模在大型以上的矿产资源；

（三）国家规定实行保护性开采的特定矿种；

（四）领海及中国管辖的其他海域的矿产资源；

（五）国务院规定的其他矿产资源。

开采石油、天然气、放射性矿产等特定矿种的，可以由国务院授权的有关主管部门审批，并颁发采矿许可证。

开采第一款、第二款规定以外的矿产资源，其可供开采的矿产的储量规模为中型的，由省、自治区、直辖市人民政府地质矿产主管部门审批和颁发采矿许可证。开采第一款、第二款和第三款规定以外的矿产资源的管理办法，由省、自治区、直辖市人民代表大会常务委员会依法制定。

依照第三款、第四款的规定审批和颁发采矿许可证的，由省、自治区、直辖市人民政府地质矿产主管部门汇总向国务院地质矿产主管部门备案。

矿产储量规模的大型、中型的划分标准，由国务院矿产储量审批机构规定。

第十七条 国家对国家规划矿区、对国民经济具有重要价值的矿区和国家规定实行保护性开采的特定矿种，实行有计划的开采；未经国务院有关主管部门批准，任何单位和个人不得开采。

第十八条 国家规划矿区的范围、对国民经济具有重要价值的矿区的范围、矿山企业矿区的范围依法划定后，由划定矿区范围的主管机关通知有关县级人民政府予以公告。

矿山企业变更矿区范围，必须报请原审批机关批准，并报请原颁发采矿许可证的机关重新核发采矿许可证。

第十九条 地方各级人民政府应当采取措施，维护本行政区域内的国有矿山企业和其他矿山企业矿区范围内的正常秩序。

禁止任何单位和个人进入他人依法设立的国有矿山企业和其他矿山企业矿区范围内采矿。

第二十条 非经国务院授权的有关主管部门同意，不得在下列地区开采矿产资源：

（一）港口、机场、国防工程设施圈定地区以内；

（二）重要工业区、大型水利工程设施、城镇市政工程设施附近一定距离以内；

（三）铁路、重要公路两侧一定距离以内；

（四）重要河流、堤坝两侧一定距离以内；

（五）国家规定的自然保护区、重要风景区，国家重点保护的不能移动的历史文物和名胜古迹所在地；

（六）国家规定不得开采矿产资源的其他地区。

第二十一条 关闭矿山，必须提出矿山闭坑报告及有关采掘工程、不安全隐患、土地复垦利用、环境保护的资料，并按照国家规定报请审查批准。

第二十二条 勘查、开采矿产资源时，发现具有重大科学文化价值的罕见地质现象以及文化古迹，应当加以保护并及时报告有关部门。

第三章 矿产资源的勘查

第二十三条 区域地质调查按照国家统一规划进行。区域地质调查的报告和图件按照国家规定验收，提供有关部门使用。

第二十四条 矿产资源普查在完成主要矿种普查任务的同时，应当对工作区内包括共生或者伴生矿产的成矿地质条件和矿床工业远景作出初步综合评价。

第二十五条 矿床勘探必须对矿区内具有工业价值的共生和伴生矿产进行综合评价，并计算其储量。未作综合评价的勘探报告不予批准。但是，国务院计划部门另有规定的矿床勘探项目除外。

第二十六条 普查、勘探易损坏的特种非金属矿产、流体矿产、易燃易爆易溶矿产和含有放射性元素的矿产，必须采用省级以上人民政府有关主管部门规定的普查、勘探方法，并有必要的技术装备和安全措施。

第二十七条 矿产资源勘查的原始地质编录和图件、岩矿心、测试样品和其他实物标本资料，各种勘查标志，应当按照有关规定保护和保存。

第二十八条 矿床勘探报告及其他有价值的勘查资料，按照国务院规定实行有偿使用。

第四章　矿产资源的开采

第二十九条　开采矿产资源，必须采取合理的开采顺序、开采方法和选矿工艺。矿山企业的开采回采率、采矿贫化率和选矿回收率应当达到设计要求。

第三十条　在开采主要矿产的同时，对具有工业价值的共生和伴生矿产应当统一规划，综合开采，综合利用，防止浪费；对暂时不能综合开采或者必须同时采出而暂时还不能综合利用的矿产以及含有有用组分的尾矿，应当采取有效的保护措施，防止损失破坏。

第三十一条　开采矿产资源，必须遵守国家劳动安全卫生规定，具备保障安全生产的必要条件。

第三十二条　开采矿产资源，必须遵守有关环境保护的法律规定，防止污染环境。

开采矿产资源，应当节约用地。耕地、草原、林地因采矿受到破坏的，矿山企业应当因地制宜地采取复垦利用、植树种草或者其他利用措施。

开采矿产资源给他人生产、生活造成损失的，应当负责赔偿，并采取必要的补救措施。

第三十三条　在建设铁路、工厂、水库、输油管道、输电线路和各种大型建筑物或者建筑群之前，建设单位必须向所在省、自治区、直辖市地质矿产主管部门了解拟建工程所在地区的矿产资源分布和开采情况。非经国务院授权的部门批准，不得压覆重要矿床。

第三十四条　国务院规定由指定的单位统一收购的矿产品，任何其他单位或者个人不得收购；开采者不得向非指定单位销售。

第五章　集体矿山企业和个体采矿

第三十五条　国家对集体矿山企业和个体采矿实行积极扶持、合理规划、正确引导、加强管理的方针，鼓励集体矿山企业开采国家指定范围内的矿产资源，允许个人采挖零星分散资源和只能用作普通建筑材料的砂、石、粘土以及为生活自用采挖少量矿产。

矿产储量规模适宜由矿山企业开采的矿产资源、国家规定实行保护性开采的特定矿种和国家规定禁止个人开采的其他矿产资源，个人不得开采。

国家指导、帮助集体矿山企业和个体采矿不断提高技术水平、资源利用率和经济效益。

地质矿产主管部门、地质工作单位和国有矿山企业应当按照积极支持、有偿互惠的原则向集体矿山企业和个体采矿提供地质资料和技术服务。

第三十六条　国务院和国务院有关主管部门批准开办的矿山企业矿区范围内已有的集体矿山企业，应当关闭或者到指定的其他地点开采，由矿山建设单位给予合理的补偿，并妥善安置群众生活；也可以按照该矿山企业的统筹安排，实行联合经营。

第三十七条　集体矿山企业和个体采矿应当提高技术水平，提高矿产资源回收率。禁止乱挖滥采，破坏矿产资源。

集体矿山企业必须测绘井上、井下工程对照图。

第三十八条　县级以上人民政府应当指导、帮助集体矿山企业和个体采矿进行技术改造，改善经营管理，加强安全生产。

第六章　法律责任

第三十九条　违反本法规定，未取得采矿许可证擅自采矿的，擅自进入国家规划矿区、对国民经济具有重要价值的矿区范围采矿的，擅自开采国家规定实行保护性开采的特定矿种的，责令停止开采、赔偿损失，没收采出的矿产品和违法所得，可以并处罚款；拒不停止开采，造成矿产资源破坏的，依照刑法有关规定对直接责任人员追究刑事责任。

单位和个人进入他人依法设立的国有矿山企业和其他矿山企业矿区范围内采矿的，依照前款规定处罚。

第四十条 超越批准的矿区范围采矿的，责令退回本矿区范围内开采、赔偿损失，没收越界开采的矿产品和违法所得，可以并处罚款；拒不退回本矿区范围内开采，造成矿产资源破坏的，吊销采矿许可证，依照刑法有关规定对直接责任人员追究刑事责任。

第四十一条 盗窃、抢夺矿山企业和勘查单位的矿产品和其他财物的，破坏采矿、勘查设施的，扰乱矿区和勘查作业区的生产秩序、工作秩序的，分别依照刑法有关规定追究刑事责任；情节显著轻微的，依照治安管理处罚法有关规定予以处罚。

第四十二条 买卖、出租或者以其他形式转让矿产资源的，没收违法所得，处以罚款。

违反本法第六条的规定将探矿权、采矿权倒卖牟利的，吊销勘查许可证、采矿许可证，没收违法所得，处以罚款。

第四十三条 违反本法规定收购和销售国家统一收购的矿产品的，没收矿产品和违法所得，可以并处罚款；情节严重的，依照刑法有关规定，追究刑事责任。

第四十四条 违反本法规定，采取破坏性的开采方法开采矿产资源的，处以罚款，可以吊销采矿许可证；造成矿产资源严重破坏的，依照刑法有关规定对直接责任人员追究刑事责任。

第四十五条 本法第三十九条、第四十条、第四十二条规定的行政处罚，由县级以上人民政府负责地质矿产管理工作的部门按照国务院地质矿产主管部门规定的权限决定。第四十三条规定的行政处罚，由县级以上人民政府工商行政管理部门决定。第四十四条规定的行政处罚，由省、自治区、直辖市人民政府地质矿产主管部门决定。给予吊销勘查许可证或者采矿许可证处罚的，须由原发证机关决定。

依照第三十九条、第四十条、第四十二条、第四十四条规定应当给予行政处罚而不给予行政处罚的，上级人民政府地质矿产主管部门有权责令改正或者直接给予行政处罚。

第四十六条 当事人对行政处罚决定不服的，可以依法申请复议，也可以依法直接向人民法院起诉。

当事人逾期不申请复议也不向人民法院起诉，又不履行处罚决定的，由作出处罚决定的机关申请人民法院强制执行。

第四十七条 负责矿产资源勘查、开采监督管理工作的国家工作人员和其他有关国家工作人员徇私舞弊、滥用职权或者玩忽职守，违反本法规定批准勘查、开采矿产资源和颁发勘查许可证、采矿许可证，或者对违法采矿行为不依法予以制止、处罚，构成犯罪的，依法追究刑事责任；不构成犯罪的，给予行政处分。

违法颁发的勘查许可证、采矿许可证、采矿许可证，上级人民政府地质矿产主管部门有权予以撤销。

第四十八条 以暴力、威胁方法阻碍从事矿产资源勘查、开采监督管理工作的国家工作人员依法执行职务的，依照刑法有关规定追究刑事责任；拒绝、阻碍从事矿产资源勘查、开采监督管理工作的国家工作人员依法执行职务未使用暴力、威胁方法的，由公安机关依照治安管理处罚法的规定处罚。

第四十九条 矿山企业之间的矿区范围的争议，由当事人协商解决，协商不成的，由有关县级以上地方人民政府根据依法核定的矿区范围处理；跨省、自治区、直辖市的矿区范围的争议，由有关省、自治区、直辖市人民政府协商解决，协商不成的，由国务院处理。

第七章 附 则

第五十条 外商投资勘查、开采矿产资源,法律、行政法规另有规定的,从其规定。

第五十一条 本法施行以前,未办理批准手续、未划定矿区范围、未取得采矿许可证开采矿产资源的,应当依照本法有关规定申请补办手续。

第五十二条 本法实施细则由国务院制定。

第五十三条 本法自 1986 年 10 月 1 日起施行。

附:刑法有关条款

第一百一十七条 违反金融、外汇、金银、工商管理法规,投机倒把,情节严重的,处三年以下有期徒刑或者拘役,可以并处、单处罚金或者没收财产。

第一百一十八条 以走私、投机倒把为常业的,走私、投机倒把数额巨大的或者走私、投机倒把集团的首要分子,处三年以上十年以下有期徒刑,可以并处没收财产。

第一百五十六条 故意毁坏公私财物,情节严重的,处三年以下有期徒刑、拘役或者罚金。

第一百五十七条 以暴力、威胁方法阻碍国家工作人员依法执行职务的,或者拒不执行人民法院已经发生法律效力的判决、裁定的,处三年以下有期徒刑、拘役、罚金或者剥夺政治权利。

第一百五十八条 禁止任何人利用任何手段扰乱社会秩序。扰乱社会秩序情节严重,致使工作、生产、营业和教学、科研无法进行,国家和社会遭受严重损失的,对首要分子处五年以下有期徒刑、拘役、管制或者剥夺政治权利。

10. 中华人民共和国矿产资源法实施细则

发布：1994-03-26　实施：1994-03-26　现行有效

第一章　总　　则

第一条　根据《中华人民共和国矿产资源法》，制定本细则。

第二条　矿产资源是指由地质作用形成的，具有利用价值的，呈固态、液态、气态的自然资源。

矿产资源的矿种和分类见本细则所附《矿产资源分类细目》。新发现的矿种由国务院地质矿产主管部门报国务院批准后公布。

第三条　矿产资源属于国家所有，地表或者地下的矿产资源的国家所有权，不因其所依附的土地的所有权或者使用权的不同而改变。

国务院代表国家行使矿产资源的所有权。国务院授权国务院地质矿产主管部门对全国矿产资源分配实施统一管理。

第四条　在中华人民共和国领域及管辖的其他海域勘查、开采矿产资源，必须遵守《中华人民共和国矿产资源法》（以下简称《矿产资源法》）和本细则。

第五条　国家对矿产资源的勘查、开采实行许可证制度。勘查矿产资源，必须依法申请登记，领取勘查许可证，取得探矿权；开采矿产资源，必须依法申请登记，领取采矿许可证，取得采矿权。

矿产资源勘查工作区范围和开采矿区范围，以经纬度划分的区块为基本单位。具体办法由国务院地质矿产主管部门制定。

第六条　《矿产资源法》及本细则中下列用语的含义：

探矿权，是指在依法取得的勘查许可证规定的范围内，勘查矿产资源的权利。取得勘查许可证的单位或者个人称为探矿权人。

采矿权，是指在依法取得的采矿许可证规定的范围内，开采矿产资源和获得所开采的矿产品的权利。取得采矿许可证的单位或者个人称为采矿权人。

国家规定实行保护性开采的特定矿种，是指国务院根据国民经济建设和高科技发展的需要，以及资源稀缺、贵重程度确定的，由国务院有关主管部门按照国家计划批准开采的矿种。

国家规划矿区，是指国家根据建设规划和矿产资源规划，为建设大、中型矿山划定的矿产资源分布区域。

对国民经济具有重要价值的矿区，是指国家根据国民经济发展需要划定的，尚未列入国家建设规划的，储量大、质量好、具有开发前景的矿产资源保护区域。

第七条　国家允许外国的公司、企业和其他经济组织以及个人依照中华人民共和国有关法律、行政法规的规定，在中华人民共和国领域及管辖的其他海域投资勘查、开采矿产资源。

第八条　国务院地质矿产主管部门主管全国矿产资源勘查、开采的监督管理工作。国务院有关主管部门按照国务院规定的职责分工，协助国务院地质矿产主管部门进行矿产资源勘查、开采的监督管理工作。

省、自治区、直辖市人民政府地质矿产主管部门主管本行政区域内矿产资源勘查、开采的监督管理工作。省、自治区、直辖市人民政府有关主管部门，协助同级地质矿产主管部门进行矿产资源勘查、开采的监督管理工作。

设区的市人民政府、自治州人民政府和县级人民政府及其负责管理矿产资源的部门，依法对本级人民政府批准开办的国有矿山企业和本行政区域内的集体所有制矿山企业、私营矿山企业、个体采矿者以及在本行政区域内从事勘查施工的单位和个人进行监督管理，依法保护探矿权人、采矿权人的合法权益。

上级地质矿产主管部门有权对下级地质矿产主管部门违法的或者不适当的矿产资源勘查、开采管理行政行为予以改变或者撤销。

第二章　矿产资源勘查登记和开采审批

第九条　勘查矿产资源，应当按照国务院关于矿产资源勘查登记管理的规定，办理申请、审批和勘查登记。

勘查特定矿种，应当按照国务院有关规定办理申请、审批和勘查登记。

第十条　国有矿山企业开采矿产资源，应当按照国务院关于采矿登记管理的规定，办理申请、审批和采矿登记。开采国家规划矿区、对国民经济具有重要价值矿区的矿产和国家规定实行保护性开采的特定矿种，办理申请、审批和采矿登记时，应当持有国务院有关主管部门批准的文件。

开采特定矿种，应当按照国务院有关规定办理申请、审批和采矿登记。

第十一条　开办国有矿山企业，除应当具备有关法律、法规规定的条件外，并应当具备下列条件：

（一）有供矿山建设使用的矿产勘查报告；

（二）有矿山建设项目的可行性研究报告（含资源利用方案和矿山环境影响报告）；

（三）有确定的矿区范围和开采范围；

（四）有矿山设计；

（五）有相应的生产技术条件。

国务院、国务院有关主管部门和省、自治区、直辖市人民政府，按照国家有关固定资产投资管理的规定，对申请开办的国有矿山企业根据前款所列条件审查合格后，方予批准。

第十二条　申请开办集体所有制矿山企业、私营矿山企业及个体采矿的审查批准、采矿登记，按照省、自治区、直辖市的有关规定办理。

第十三条　申请开办集体所有制矿山企业或者私营矿山企业，除应当具备有关法律、法规规定的条件外，并应当具备下列条件：

（一）有供矿山建设使用的与开采规模相适应的矿产勘查资料；

（二）有经过批准的无争议的开采范围；

（三）有与所建矿山规模相适应的资金、设备和技术人员；

（四）有与所建矿山规模相适应的，符合国家产业政策和技术规范的可行性研究报告、矿山设计或者开采方案；

（五）矿长具有矿山生产、安全管理和环境保护的基本知识。

第十四条　申请个体采矿应当具备下列条件：

（一）有经过批准的、无争议的开采范围；
（二）有与采矿规模相适应的资金、设备和技术人员；
（三）有相应的矿产勘查资料和经批准的开采方案；
（四）有必要的安全生产条件和环境保护措施。

第三章 矿产资源的勘查

第十五条 国家对矿产资源勘查实行统一规划。全国矿产资源中、长期勘查规划，在国务院计划行政主管部门指导下，由国务院地质矿产主管部门根据国民经济和社会发展中、长期规划，在国务院有关主管部门勘查规划的基础上组织编制。

全国矿产资源年度勘查计划和省、自治区、直辖市矿产资源年度勘查计划，分别由国务院地质矿产主管部门和省、自治区、直辖市人民政府地质矿产主管部门组织有关主管部门，根据全国矿产资源中、长期勘查规划编制，经同级人民政府计划行政主管部门批准后施行。

法律对勘查规划的审批权另有规定的，依照有关法律的规定执行。

第十六条 探矿权人享有下列权利：
（一）按照勘查许可证规定的区域、期限、工作对象进行勘查；
（二）在勘查作业区及相邻区域架设供电、供水、通讯管线，但是不得影响或者损害原有的供电、供水设施和通讯管线；
（三）在勘查作业区及相邻区域通行；
（四）根据工程需要临时使用土地；
（五）优先取得勘查作业区内新发现矿种的探矿权；
（六）优先取得勘查作业区内矿产资源的采矿权；
（七）自行销售勘查中按照批准的工程设计施工回收的矿产品，但是国务院规定由指定单位统一收购的矿产品除外。

探矿权人行使前款所列权利时，有关法律、法规规定应当经过批准或者履行其他手续的，应当遵守有关法律、法规的规定。

第十七条 探矿权人应当履行下列义务：
（一）在规定的期限内开始施工，并在勘查许可证规定的期限内完成勘查工作；
（二）向勘查登记管理机关报告开工等情况；
（三）按照探矿工程设计施工，不得擅自进行采矿活动；
（四）在查明主要矿种的同时，对共生、伴生矿产资源进行综合勘查、综合评价；
（五）编写矿产资源勘查报告，提交有关部门审批；
（六）按照国务院有关规定汇交矿产资源勘查成果档案资料；
（七）遵守有关法律、法规关于劳动安全、土地复垦和环境保护的规定；
（八）勘查作业完毕，及时封、填探矿作业遗留的井、硐或者采取其他措施，消除安全隐患。

第十八条 探矿权人可以对符合国家边探边采规定要求的复杂类型矿床进行开采；但是，应当向原颁发勘查许可证的机关、矿产储量审批机构和勘查项目主管部门提交论证材料，经审核同意后，按照国务院关于采矿登记管理法规的规定，办理采矿登记。

第十九条 矿产资源勘查报告按照下列规定审批：
（一）供矿山建设使用的重要大型矿床勘查报告和供大型水源地建设使用的地下水勘查报告，由国务院矿产储量审批机构审批；

（二）供矿山建设使用的一般大型、中型、小型矿床勘查报告和供中型、小型水源地建设使用的地下水勘查报告，由省、自治区、直辖市矿产储量审批机构审批；矿产储量审批机构和勘查单位的主管部门应当自收到矿产资源勘查报告之日起六个月内作出批复。

第二十条 矿产资源勘查报告及其他有价值的勘查资料，按照国务院有关规定实行有偿使用。

第二十一条 探矿权人取得临时使用土地权后，在勘查过程中给他人造成财产损害的，按照下列规定给以补偿：

（一）对耕地造成损害的，根据受损害的耕地面积前三年平均年产量，以补偿时当地市场平均价格计算，逐年给以补偿，并负责恢复耕地的生产条件，及时归还；

（二）对牧区草场造成损害的，按照前项规定逐年给以补偿，并负责恢复草场植被，及时归还；

（三）对耕地上的农作物、经济作物造成损害的，根据受损害的耕地面积前三年平均年产量，以补偿时当地市场平均价格计算，给以补偿；

（四）对竹木造成损害的，根据实际损害株数，以补偿时当地市场平均价格逐株计算，给以补偿。

（五）对土地上的附着物造成损害的，根据实际损害的程度，以补偿时当地市场价格，给以适当补偿。

第二十二条 探矿权人在没有农作物和其他附着物的荒岭、荒坡、荒地、荒漠、沙滩、河滩、湖滩、海滩上进行勘查的，不予补偿；但是，勘查作业不得阻碍或者损害航运、灌溉、防洪等活动或者设施，勘查作业结束后应当采取措施，防止水土流失，保护生态环境。

第二十三条 探矿权人之间对勘查范围发生争议时，由当事人协商解决；协商不成的，由勘查作业区所在地的省、自治区、直辖市人民政府地质矿产主管部门裁决；跨省、自治区、直辖市的勘查范围争议，当事人协商不成的，由有关省、自治区、直辖市人民政府协商解决；协商不成的，由国务院地质矿产主管部门裁决。特定矿种的勘查范围争议，当事人协商不成的，由国务院授权的有关主管部门裁决。

第四章 矿产资源的开采

第二十四条 全国矿产资源的分配和开发利用，应当兼顾当前和长远、中央和地方的利益，实行统一规划、有效保护、合理开采、综合利用。

第二十五条 全国矿产资源规划，在国务院计划行政主管部门指导下，由国务院地质矿产主管部门根据国民经济和社会发展中、长期规划，组织国务院有关主管部门和省、自治区、直辖市人民政府编制，报国务院批准后施行。

全国矿产资源规划应当对全国矿产资源的分配作出统筹安排，合理划定中央与省、自治区、直辖市人民政府审批、开发矿产资源的范围。

第二十六条 矿产资源开发规划是对矿区的开发建设布局进行统筹安排的规划。矿产资源开发规划分为行业开发规划和地区开发规划。

矿产资源行业开发规划由国务院有关主管部门根据全国矿产资源规划中分配给本部门的矿产资源编制实施。

矿产资源地区开发规划由省、自治区、直辖市人民政府根据全国矿产资源规划中分配给本省、自治区、直辖市的矿产资源编制实施；并作出统筹安排，合理划定省、市、县级人民政府审批、开发矿产资源的范围。

矿产资源行业开发规划和地区开发规划应当报送国务院计划行政主管部门、地质矿产主管部门备案。

国务院计划行政主管部门、地质矿产主管部门，对不符合全国矿产资源规划的行业开发规划和地区开发规划，应当予以纠正。

第二十七条 设立、变更或者撤销国家规划矿区、对国民经济具有重要价值的矿区，由国务院有关主管部门提出，并附具矿产资源详查报告及论证材料，经国务院计划行政主管部门和地质矿产主管部门审定，并联合书面通知有关县级人民政府。县级人民政府应当自收到通知之日起一个月内予以公告，并报国务院计划行政主管部门、地质矿产主管部门备案。

第二十八条 确定或者撤销国家规定实行保护性开采的特定矿种，由国务院有关主管部门提出，并附具论证材料，经国务院计划行政主管部门和地质矿产主管部门审核同意后，报国务院批准。

第二十九条 单位或者个人开采矿产资源前，应当委托持有相应矿山设计证书的单位进行可行性研究和设计。开采零星分散矿产资源和用作建筑材料的砂、石、粘土的，可以不进行可行性研究和设计，但是应当有开采方案和环境保护措施。

矿山设计必须依据设计任务书，采用合理的开采顺序、开采方法和选矿工艺。

矿山设计必须按照国家有关规定审批；未经批准，不得施工。

第三十条 采矿权人享有下列权利：

（一）按照采矿许可证规定的开采范围和期限从事开采活动；

（二）自行销售矿产品，但是国务院规定由指定的单位统一收购的矿产品除外；

（三）在矿区范围内建设采矿所需的生产和生活设施；

（四）根据生产建设的需要依法取得土地使用权；

（五）法律、法规规定的其他权利。采矿权人行使前款所列权利时，法律、法规规定应当经过批准或者履行其他手续的，依照有关法律、法规的规定办理。

第三十一条 采矿权人应当履行下列义务：

（一）在批准的期限内进行矿山建设或者开采；

（二）有效保护、合理开采、综合利用矿产资源；

（三）依法缴纳资源税和矿产资源补偿费；

（四）遵守国家有关劳动安全、水土保持、土地复垦和环境保护的法律、法规；

（五）接受地质矿产主管部门和有关主管部门的监督管理，按照规定填报矿产储量表和矿产资源开发利用情况统计报告。

第三十二条 采矿权人在采矿许可证有效期满或者在有效期内，停办矿山而矿产资源尚未采完的，必须采取措施将资源保持在能够继续开采的状态，并事先完成下列工作：

（一）编制矿山开采现状报告及实测图件；

（二）按照有关规定报销所消耗的储量；

（三）按照原设计实际完成相应的有关劳动安全、水土保持、土地复垦和环境保护工作，或者缴清土地复垦和环境保护的有关费用。

采矿权人停办矿山的申请，须经原批准开办矿山的主管部门批准、原颁发采矿许可证的机关验收合格后，方可办理有关证、照注销手续。

第三十三条 矿山企业关闭矿山，应当按照下列程序办理审批手续：

（一）开采活动结束的前一年，向原批准开办矿山的主管部门提出关闭矿山申请，并提交闭坑地质报告；

（二）闭坑地质报告经原批准开办矿山的主管部门审核同意后，报地质矿产主管部门会同矿产储量审批机构批准；

（三）闭坑地质报告批准后，采矿权人应当编写关闭矿山报告，报请原批准开办矿山的主管部门会同同级地质矿产主管部门和有关主管部门按照有关行业规定批准。

第三十四条 关闭矿山报告批准后，矿山企业应当完成下列工作：

（一）按照国家有关规定将地质、测量、采矿资料整理归档，并汇交闭坑地质报告、关闭矿山报告及其他有关资料；

（二）按照批准的关闭矿山报告，完成有关劳动安全、水土保持、土地复垦和环境保护工作，或者缴清土地复垦和环境保护的有关费用。

矿山企业凭关闭矿山报告批准文件和有关部门对完成上述工作提供的证明，报请原颁发采矿许可证的机关办理采矿许可证注销手续。

第三十五条 建设单位在建设铁路、公路、工厂、水库、输油管道、输电线路和各种大型建筑物前，必须向所在地的省、自治区、直辖市人民政府地质矿产主管部门了解拟建工程所在地区的矿产资源分布情况，并在建设项目设计任务书报请审批时附具地质矿产主管部门的证明。在上述建设项目与重要矿床的开采发生矛盾时，由国务院有关主管部门或者省、自治区、直辖市人民政府提出方案，经国务院地质矿产主管部门提出意见后，报国务院计划行政主管部门决定。

第三十六条 采矿权人之间对矿区范围发生争议时，由当事人协商解决；协商不成的，由矿产资源所在地的县级以上地方人民政府根据依法核定的矿区范围处理；跨省、自治区、直辖市的矿区范围争议，当事人协商不成的，由有关省、自治区、直辖市人民政府协商解决；协商不成的，由国务院地质矿产主管部门提出处理意见，报国务院决定。

第五章　集体所有制矿山企业、私营矿山企业和个体采矿者

第三十七条 国家依法保护集体所有制矿山企业、私营矿山企业和个体采矿者的合法权益，依法对集体所有制矿山企业、私营矿山企业和个体采矿者进行监督管理。

第三十八条 集体所有制矿山企业可以开采下列矿产资源：

（一）不适于国家建设大、中型矿山的矿床及矿点；

（二）经国有矿山企业同意，并经其上级主管部门批准，在其矿区范围内划出的边缘零星矿产；

（三）矿山闭坑后，经原矿山企业主管部门确认可以安全开采并不会引起严重环境后果的残留矿体；

（四）国家规划可以由集体所有制矿山企业开采的其他矿产资源。

集体所有制矿山企业开采前款第（二）项所列矿产资源时，必须与国有矿山企业签定合理开发利用矿产资源和矿山安全协议，不得浪费和破坏矿产资源，并不得影响国有矿山企业的生产安全。

第三十九条 私营矿山企业开采矿产资源的范围参照本细则第三十八条的规定执行。

第四十条 个体采矿者可以采挖下列矿产资源：

（一）零星分散的小矿体或者矿点；

（二）只能用作普通建筑材料的砂、石、粘土。

第四十一条 国家设立国家规划矿区、对国民经济具有重要价值的矿区时，对应当撤出的原采矿权人，国家按照有关规定给予合理补偿。

第六章 法律责任

第四十二条 依照《矿产资源法》第三十九条、第四十条、第四十二条、第四十三条、第四十四条规定处以罚款的,分别按照下列规定执行:

(一) 未取得采矿许可证擅自采矿的,擅自进入国家规划矿区、对国民经济具有重要价值的矿区和他人矿区范围采矿的,擅自开采国家规定实行保护性开采的特定矿种的,处以违法所得百分之五十以下的罚款;

(二) 超越批准的矿区范围采矿的,处以违法所得百分之三十以下的罚款;

(三) 买卖、出租或者以其他形式转让矿产资源的,买卖、出租采矿权的,对卖方、出租方、出让方处以违法所得一倍以下的罚款;

(四) 非法用采矿权作抵押的,处以 5000 元以下的罚款;

(五) 违反规定收购和销售国家规定统一收购的矿产品的,处以违法所得一倍以下的罚款;

(六) 采取破坏性的开采方法开采矿产资源,造成矿产资源严重破坏的,处以相当于矿产资源损失价值百分之五十以下的罚款。

第四十三条 违反本细则规定,有下列行为之一的,对主管人员和直接责任人员给予行政处分;构成犯罪的,依法追究刑事责任:

(一) 批准不符合办矿条件的单位或者个人开办矿山的;

(二) 对未经依法批准的矿山企业或者个人颁发采矿许可证的。

第七章 附 则

第四十四条 地下水资源具有水资源和矿产资源的双重属性。地下水资源的勘查,适用《矿产资源法》和本细则;地下水资源的开发、利用、保护和管理,适用《水法》和有关的行政法规。

第四十五条 本细则由地质矿产部负责解释。

第四十六条 本细则自发布之日起施行。

11. 国土资源部关于规范建设项目压覆矿产资源审批工作的通知

(国土资发〔2000〕386号)

各省、自治区、直辖市国土资源厅（国土环境资源厅、国土资源和房屋管理局、房屋土地资源管理局、规划和国土资源局）：

为了保护和合理利用矿产资源，确保用地建设项目的正常运行，依据《中华人民共和国矿产资源法》、《中华人民共和国土地法》的规定，对建设项目压覆矿产资源的审查、审批等有关事项通知如下：

一、凡是准备建设铁路、公路、工厂、水库、输油管道、输电线路和各种大型建筑物或者建筑群的，建设单位必须向所在省、自治区、直辖市国土资源主管部门了解拟建工程所在地区的矿产资源分布和开采情况，各省国土资源主管部门应当向建设单位提供建设项目范围内资源分布情况和矿业权设立情况。

二、压覆矿产资源是指因建设项目实施后导致矿产资源不能开发利用。但是建设项目与矿区范围重叠而不影响矿产资源正常开采的，不作压覆处理。

三、重要矿产资源是指国家规划矿产区、对国民经济具有重要价值的矿区和《矿产资源开采登记管理办法》附录中34个矿种的矿床规模在中型以上的矿产资源。

四、需要压覆重要矿产资源的建设项目，在建设项目可行性研究阶段，建设单位提出压覆重要矿产资源申请，由省级国土资源主管部门审查，出具是否压覆重要矿床证明材料或压覆重要矿床的评估报告，报国土资源部批准。

需要压覆非重要矿产资源的建设项目，在建设项目可行性研究阶段，建设单位应提出压覆非重要矿产资源申请，由矿产地所在行政区的县级以上地质矿产主管部门审查，出具是否压覆非重要矿床证明材料或压覆非重要矿床的评估报告，报省级国土资源主管部门批准。

五、经批准可压覆矿产资源的建设项目，在其范围内有采矿权的，应按国家有关规定，由建设单位与采矿权人签订补偿协议并报批准压覆的部门备案，采矿权人应及时到原发证机关办理相应的矿区范围变更手续。

12. 建筑物、水体、铁路及主要井巷煤柱留设与压煤开采规范

建筑物、水体、铁路及主要
井巷煤柱留设与压煤开采规范

国家安全监管总局

国家煤矿安监局

国家能源局

国家铁路局

2017 年 5 月

目 录

第一章 总则
第二章 建筑物保护煤柱留设与压煤开采
　第一节 建筑物保护煤柱的留设
　第二节 建筑物压煤的开采
第三章 构筑物保护煤柱留设与压煤开采
　第一节 构筑物保护煤柱的留设
　第二节 构筑物压煤的开采
第四章 铁路保护煤柱留设与压煤开采
　第一节 铁路保护煤柱的留设
　第二节 铁路压煤的开采
第五章 水体安全煤（岩）柱留设与压煤开采
　第一节 水体安全煤（岩）柱的留设
　第二节 水体压煤的开采
第六章 井筒与工业场地及主要巷道保护煤柱留设与压煤开采
　第一节 立井与工业场地保护煤柱的留设
　第二节 斜井保护煤柱的留设
　第三节 平硐、石门、大巷及上、下山保护煤柱的留设
　第四节 立井井筒保护煤柱的回收
　第五节 斜井保护煤柱的回收
　第六节 平硐、石门、大巷及上、下山保护煤柱的回收
第七章 煤柱留设与压煤开采工作的管理
第八章 沉陷区环境影响评价与土地治理、利用
　第一节 开采沉陷的环境影响评价
　第二节 沉陷区的土地治理与利用
　第三节 煤矿开采沉陷区建设场地稳定性评价
第九章 压煤开采的经济评价
第十章 附则
附录1 本规范专用名词解释
附录2 本规范用词说明
附录3 地表移动影响计算
附录4 近水体采煤的安全煤（岩）柱设计方法
附录5 煤矿开采损坏建筑物补偿办法

第一章 总　　则

第一条　为了合理开采煤炭资源，保护建筑物（构筑物）、水体、铁路、主要井巷和地面生态环境，根据《煤炭法》《矿产资源法》《土地管理法》《铁路法》《水法》《物权法》《环境保护法》《公路法》《铁路安全管理条例》《煤矿安全规程》等制定本规范。

第二条　本规范适用于中华人民共和国领域内所有生产和在建的煤矿。

本规范主要内容包括煤矿区建筑物（构筑物）、水体、铁路和主要井巷保护煤柱或者安全煤（岩）柱的留设原则与设计方法，压煤开采原则与方法，开采沉陷对矿区生态环境影响评价原则与治理途径，沉陷区稳定性评价原则与治理途径，煤柱留设与压煤开采的管理办法等。

煤矿矿区总体设计、矿井设计和矿井建设与生产等工作中涉及上列问题时，应当按照本规范执行。矿区内工农业建设与生产涉及压煤与开采影响问题时，均应当参照本规范执行。

第三条　煤矿企业应当根据矿区生产、建设发展需要，由企业技术负责人组织制定有关建筑物（构筑物）、水体、铁路压煤及主要井巷煤柱的合理开采、受护对象保护及治理的规划，并组织实施。

第四条　建筑物（构筑物）、水体、铁路及主要井巷所压覆煤炭资源，应当遵循煤炭资源优化利用、受护对象安全、生态环境保护和企业经济与社会效益良好等原则，除特级保护煤柱严禁开采（不包括巷道开拓）外，凡技术上可行、经济上合理的，均应当进行开采；技术条件可能，但本矿区尚无成熟经验的，必须进行试采；在目前开采技术条件下难以实现保护要求，但采用搬迁、就地重建、就地维修、改道（河流）和疏干或者改造（地下含水层）等措施，在经济上合理时，也应当进行开采。鼓励开展新方法、新技术、新工艺的研究与实践。

第五条　矿区受采动影响的土地，应当本着谁损坏、谁修复，因地制宜、综合治理与利用的原则，按照《土地管理法》《环境保护法》的规定执行。

第六条　根据《煤炭法》《矿产资源法》的规定，在煤矿矿区范围内需要建设公用工程或者其他工程的，有关单位或者个人应当事先与煤矿企业协商，选择适宜位置，并按本规范要求，采取相应技术措施，达成协议后方可实施。否则，煤矿企业对开采损害不承担责任。

第七条　矿区内现有建筑物（构筑物）及水利和铁路等工程设施搬迁的新址，由矿区所在地人民政府责成有关部门主持与煤炭企业协商选定，防止重复压煤，应当尽量利用已经稳定的采煤沉陷地作为搬迁新址。

第八条　在勘探受水体威胁的矿区或井田时，地质勘探部门应当根据勘探区的具体条件和矿井设计实际需要，安排水文地质勘探工作，获得设计开采水体压煤所必需的水文地质资料，并编入报告。

第九条　在矿区总体规划和矿井设计中，应当根据矿区（井）的自然、经济、技术、管理条件和受护对象的特性，对建筑物（构筑物）、水体、铁路及主要井巷的压煤开采，以及保护地面生态环境可行性进行技术论证和经济评价。因采取专门措施所发生的附加费用，应当分别计入基建投资和生产成本。

第十条　各矿区应当开展围岩破坏和地表移动现场监测，综合分析，求取参数，总结规律，为本矿区的煤柱留设与压煤开采提供技术支撑。

第二章 建筑物保护煤柱留设与压煤开采

第一节 建筑物保护煤柱的留设

第十一条 按建筑物的重要性、用途以及受开采影响引起的不同后果,将矿区范围内的建筑物保护等级分为五级(见表1)。

表1 矿区建筑物保护等级划分

保护等级	主要建筑物
特	国家珍贵文物建筑物、高度超过100m的超高层建筑、核电站等特别重要工业建筑物等
Ⅰ	国家一般文物建筑物、在同一跨度内有两台重型桥式吊车的大型厂房及高层建筑等
Ⅱ	办公楼、医院、剧院、学校、长度大于20m的二层楼房和二层以上多层住宅楼,钢筋混凝土框架结构的工业厂房、设有桥式吊车的工业厂房、总机修厂等较重要的大型工业建筑物,城镇建筑群或者居民区等
Ⅲ	砖木、砖混结构平房或者变形缝区段小于20m的两层楼房,村庄民房等
Ⅳ	村庄木结构承重房屋等

注:凡未列入表1的建筑物,可以依据其重要性、用途等类比其等级归属。对于不易确定者,可以组织专门论证审定。

第十二条 在矿井、水平、采区设计时,对建筑物应当划定保护煤柱。保护等级为特级、Ⅰ级、Ⅱ级建筑物必须划定保护煤柱。

第十三条 建筑物受护范围应当包括受护对象及其围护带。围护带宽度必须根据受护对象的保护等级确定,可以按表2规定的数值选用。

表2 建筑物各保护等级的围护带宽度

保护等级	特	Ⅰ	Ⅱ	Ⅲ	Ⅳ
围护带宽度/m	50	20	15	10	5

第十四条 建筑物受护范围边界用下列方法确定:

(一)在平面图上通过受护对象角点作矩形,使矩形各边分别平行于煤层倾斜方向和走向方向;在矩形四周作围护带,该围护带外边界即为受护范围边界。

(二)在平面图上作各边平行于受护对象总轮廓的多边形;在多边形各边外侧作围护带,该围护带外边界即为受护范围边界。

第十五条 对于必须留设保护煤柱的建筑物,其保护煤柱边界可以采用垂直剖面法、垂线法或者数字标高投影法设计。

特级建筑物保护煤柱按边界角留设,其他建筑物保护煤柱按移动角留设。

第十六条 地表移动边界角按实测下沉值10mm的点确定。移动角按下列变形值的点确定:水平变形 $\varepsilon=+2mm/m$,倾斜 $i=\pm3mm/m$,曲率 $K=+0.2\times10^{-3}/m$。

第十七条 当煤层为向斜、背斜构造时,应当根据建筑物与向斜、背斜构造的空间位置关系，用垂直剖面法设计保护煤柱。

第十八条 在设计山区建筑物保护煤柱时，为防止采动引起山体滑坡和滑移的附加影响，应当采取下列措施：

（一）位于可能发生采动滑坡和古滑坡地基上的或者可能受采动引起陡崖峭壁崩塌危害的建筑物，应当首先考虑采取搬迁措施，否则应当将可能发生采动滑坡的坡体划入受护范围，或者采取防治采动滑坡的技术措施。坡体受采动影响后是否会产生滑坡，可以用采动坡体稳定性分析方法结合本矿区积累的实践经验判定。

（二）为防止山体采动滑移附加变形对受护建筑物的影响，当受护边界至煤柱边界范围内地表平均坡角大于15°时，应当采用本矿区求得的山区移动角留设保护煤柱。如无本矿区实测资料而采用移动角留设保护煤柱时，建筑物上坡方向移动角应当减小5°~10°；下坡方向移动角应当减小2°~3°。

第十九条 矿井在设计各类保护煤（岩）柱时，应当有相应的图纸和文字说明，其内容包括地质、开采技术条件、受护对象概况、留设煤柱的必要性、选取的参数及压煤量计算等。

第二节 建筑物压煤的开采

第二十条 建筑物保护煤柱开采应当进行专门开采方案设计。

建筑物受开采影响的损坏程度取决于地表变形值的大小和建筑物本身抵抗采动变形的能力。对于长度或者变形缝区段内长度不大于20m的砖混结构建筑物，其损坏等级按表3划分，允许地表变形值一般为水平变形 $\varepsilon=\pm2mm/m$，倾斜 $i=\pm3mm/m$，曲率 $K=\pm0.2\times10^{-3}/m$。其他结构类型的建筑物可以参照表3的规定执行。

第二十一条 符合下列条件之一者，建筑物压煤允许开采：

（一）预计的地表变形值小于建筑物允许地表变形值。

（二）预计的地表变形值超过建筑物允许地表变形值，但本矿区已取得试采经验，经维修能够满足安全使用要求。

（三）预计的地表变形值超过建筑物允许地表变形值，但经采取本矿区已有成功经验的开采措施和建筑物加固保护措施后，能满足安全使用要求。

第二十二条 符合下列条件之一者，建筑物压煤允许进行试采：

（一）预计地表变形值虽然超过建筑物允许地表变形值，但在技术上可行、经济上合理的条件下，经过对建筑物采取加固保护措施或者有效的开采措施后，能满足安全使用要求。

（二）预计的地表变形值虽然超过建筑物允许地表变形值，但国内外已有类似的建筑物和地质、开采技术条件下的成功开采经验。

（三）开采的技术难度虽然较大，但试验研究成功后对于煤矿企业或者当地的工农业生产建设有较大的现实意义和指导意义。

第二十三条 编制建筑物下压煤开采方案时，对于地表下沉造成的地表积水问题，应当采取有效控制地表沉降的井下开采措施或者地面疏排水措施。

表 3　砖混结构建筑物损坏等级

损坏等级	建筑物损坏程度	地表变形值			损坏分类	结构处理
		水平变形 ε/ (mm·m^{-1})	倾斜 i/ (mm·m^{-1})	曲率 K/ (10^{-3}·m^{-1})		
Ⅰ	自然间砖墙上出现宽度1~2mm的裂缝	≤2.0	≤3.0	≤0.2	极轻微损坏	不修或者简单维修
	自然间砖墙上出现宽度小于4mm的裂缝，多条裂缝总宽度小于10mm				轻微损坏	简单维修
Ⅱ	自然间砖墙上出现宽度小于15mm的裂缝，多条裂缝总宽度小于30mm；钢筋混凝土梁、柱上裂缝长度小于1/3截面高度；梁端抽出小于20mm；砖柱上出现水平裂缝，缝长大于1/2截面边长；门窗略有歪斜	≤4.0	≤6.0	≤0.4	轻度损坏	小修
Ⅲ	自然间砖墙上出现宽度小于30mm的裂缝，多条裂缝总宽度小于50mm；钢筋混凝土梁、柱上裂缝长度小于1/2截面高度；梁端抽出小于50mm；砖柱上出现小于5mm的水平错动；门窗严重变形	≤6.0	≤10.0	≤0.6	中度损坏	中修
Ⅳ	自然间砖墙上出现宽度大于30mm的裂缝，多条裂缝总宽度大于50mm；梁端抽出小于60mm；砖柱出现小于25mm的水平错动	>6.0	>10.0	>0.6	严重损坏	大修
	自然间砖墙上出现严重交叉裂缝、上下贯通裂缝，以及墙体严重外鼓、歪斜；钢筋混凝土梁、柱裂缝沿截面贯通；梁端抽出大于60mm；砖柱出现大于25mm的水平错动；有倒塌的危险				极度严重损坏	拆建

注：建筑物的损坏等级按自然间为评判对象，根据各自然间的损坏情况按表3分别进行。本表砖混结构建筑物主要指矿区农村自建砖石和砖混结构的低层房屋。

第二十四条　在已有的采煤沉陷区或者未来的采动影响区新建建筑物时，应当进行采动影响下的场地稳定性、拟建建筑物的适宜性评价，并对建筑物采取相应的抗采动影响技术措施。

第二十五条　新建抗采动变形建筑物的场地宜选择地表移动与变形值相对较小的地段，应当避开可能会产生塌陷坑、台阶、裂缝等非连续变形或者长期积水的地带。有滑坡等潜在危险的地段，不得用作建筑场地。

第二十六条　新建抗采动变形建筑物的地基土要求均匀一致。当地基为承载力高的坚硬岩石时，应当在基础底面下设置一定厚度的碎石、砂或者灰土垫层。当地基承载力差异较大时，建筑物应当设置变形缝使其成为各自独立的单体。回填地基必须进行密实处理。

第二十七条　新建抗采动变形建筑物设计应当遵守下列原则：

（一）在条件允许的情况下，建筑物长轴应当平行于地表下沉等值线。

（二）建筑物体型应当力求简单，单体长度不宜过长，平面形状以矩形为宜，避免立面高低起伏，必要时用变形缝分开。

（三）建筑物承重墙体纵、横方向宜分别对称布置，尽量减小横墙间距。

（四）砖混结构建筑物应当设置钢筋混凝土基础、层间、檐口圈梁和立柱。墙体转角、丁字和十字连接处应当沿高度增设拉结钢筋，门窗洞口上、下应当增设拉结钢筋。不允许采用砖拱过梁。

（五）楼板和屋顶不应当采用易产生横向推力的砖拱或者混凝土拱形结构。

（六）建筑物附属管网应当采取适当保护措施。

第二十八条　在地震设防地区，建筑物既要考虑抗采动变形设计，又要考虑抗震设计，可在抗采动变形设计基础上，进行抗震设计验算。

第二十九条　在建筑物受采动影响期间，除加强监测工作外，可以选用下列措施减少开采对建筑物及配套设施的破坏影响：

（一）在地表变形活跃期内，暂时改变建筑物的使用性质。

（二）对建筑物和设备及时进行检修和调整。

（三）切断管线，消除附加应力后重新安装。

第三十条　建筑物下采煤方案设计应当包括下列基本内容：

（一）建筑物特征及其压煤开采的必要性、可能性和安全可靠性。

（二）实现建筑物下采煤的各种技术方案，主要包括采煤方法和顶板管理方法的选择与论证，地表移动和变形预计，建筑物采动影响分析与评价，建筑物加固和保护措施。地表移动和变形值预计应当阐明选用的计算方法和参数选取依据，并提供建筑物所在处地表移动和变形值的计算结果及必要的图表。

（三）方案的技术、经济评价及费用概算。

（四）方案的综合分析对比和选定。

（五）地表移动及建筑物变形观测站设计。

（六）安全技术措施。

第三十一条　进行建筑物下采煤设计应当具备下列主要技术资料和工程图：

（一）技术资料

（1）地质、开采技术条件。煤层的层数、层间距、厚度、倾角、埋藏深度、压煤量、岩石物理力学性质、地质构造、地下潜水位，现有的开采方法、巷道布置、生产系统以及邻区开采情况。

（2）建筑物及其地基概况。建筑物的体型、面积、长度、宽度、高度、层数、结构类型、基础形式及其埋置深度，松散层的厚度和地基的工程地质及水文地质参数；建筑时间和现有状况，使用要求，周围地形情况；建筑物原设计的有关资料。

（3）配套的主要管线和重要设备的技术特征、技术要求及其支承或者基础埋置方式。

（4）有关的地表移动参数，老采区活化的可能性及其对地表和建筑物的影响。

（二）工程图

（1）井上下对照图。

（2）采掘工程平面图。

（3）地质剖面图和钻孔柱状图。

（4）建筑物的竣工图（或者施工图）。

第三十二条 在建筑物下开采时，必须进行地表及建筑物移动变形观测研究工作。在建筑物下试采时的观测研究工作应当符合下列要求：

（一）开采前设置地表和建筑物移动变形观测站。观测站设置及观测内容参照《煤矿测量规程》的有关规定执行。

（二）在开采前和采动期间对地表裂缝和建筑物的损坏情况应当进行素描、摄影和摄像记录。

（三）准确测定实际开采厚度、开采面积、采出煤量、采空区内残留煤柱的位置和尺寸、工作面推进速度及其他有关技术指标。

试采结束后，对各项观测资料进行系统分析和总结，提出成果，上报原审批单位。

符合本规范第二十一条规定进行建筑物下压煤开采或者在本矿区已进行过建筑物下采煤时，可根据需要简化观测研究内容，只进行局部或单项观测。

第三章 构筑物保护煤柱留设与压煤开采

第一节 构筑物保护煤柱的留设

第三十三条 按构筑物的重要性、用途以及受开采影响引起的不同后果，将矿区范围内的构筑物保护等级分为五级（见表4）。

表4 矿区构筑物保护等级划分

保护等级	主要构筑物
特	高速公路特大型桥梁、落差超过100m的水电站坝体、大型电厂主厂房、机场跑道、重要港口、国防工程重要设施、大型水库大坝等
Ⅰ	高速公路、特高压输电线塔、大型隧道、输油（气）管道干线、矿井主要通风机房等
Ⅱ	一级公路、220kV及以上高压线塔、架空索道塔架、输水管道干线、重要河（湖、海）堤、库（河）坝、船闸等
Ⅲ	二级公路、110kV高压输电杆（塔）、移动通信基站等
Ⅳ	三级及以下公路等

注：凡未列入表4的构筑物，可以依据其重要性、用途类比确定。对于不易确定者，可以进行专门论证审定。

第三十四条 在矿井、水平、采区设计时，对构筑物应当划定保护煤柱。保护等级为特级、Ⅰ级、Ⅱ级构筑物必须划定保护煤柱。

第三十五条 构筑物受护范围应当包括受护对象及其围护带。围护带宽度必须根据受护对象的保护等级确定，可以按表5规定的数值选用。

表5 构筑物各保护等级的围护带宽度

保护等级	特	Ⅰ	Ⅱ	Ⅲ	Ⅳ
围护带宽度/m	50	20	15	10	5

第三十六条 构筑物保护煤柱设计宜采用垂线法或者垂直剖面法。特级构筑物保护煤柱

应当采用边界角留设，其他保护煤柱按移动角留设。

第三十七条 留设高速公路保护煤柱时，受护对象边界按下列要求确定：

（一）路基路面：路堤以两侧排水沟外边缘（无排水沟时以路堤或者护坡道坡脚）为界，路堑以坡顶截水沟外边缘（无截水沟以坡顶）为界。

（二）桥梁及涵洞：桥台、桥墩和涵洞以各自基础最外边缘为界。

（三）隧道：以建筑界线为界。

第三十八条 留设高压输电线路保护煤柱时，受护对象边界以线塔基础外边缘为界。

第三十九条 留设水工构筑物保护煤柱时，受护对象边界按下列要求确定：

（一）河堤堤防：以堤基两侧的外边缘为界。

（二）各级坝、泵站和水闸等：以其基础的外边缘为界。

第四十条 留设长输管线保护煤柱时，受护对象边界按下列要求确定：

（一）地埋管线：以埋线开挖沟外边缘为界。

（二）架空管线：以架空管线基础的外边缘为界。

第二节 构筑物压煤的开采

第四十一条 构筑物保护煤柱开采应当进行专门开采方案设计，各类构筑物地表允许变形值依据构筑物抗变形能力确定。

第四十二条 构筑物压煤符合本规范第二十一条的相应要求时，允许开采。

第四十三条 构筑物压煤符合本规范第二十二条的相应要求时，允许进行试采。

第四十四条 编制构筑物压煤开采方案时，对于地表下沉造成的地表积水问题，应当采取有效控制地表沉降的井下开采措施或者地面疏排水措施，保证安全。

第四十五条 高速公路下采煤，除了满足其压煤开采或者试采相应要求外，还应当满足下列条件：

（一）路面采后不积水，不形成非连续变形，预计地表变形值符合《公路工程技术标准》（中华人民共和国交通运输部公告第51号）有关规定。

（二）高速公路隧道、桥梁与涵洞的预计地表变形值小于允许变形值，或者预计的地表变形值大于允许变形值，但经过维修加固能够实现高速公路安全使用要求的。

第四十六条 开采影响区新建高速公路抗采动变形设计应当采用下列措施：

（一）路基路面尽量采用柔性基层路面。

（二）桥梁尽量选用简支梁，其跨度不宜大于30m。

（三）涵洞应当采用箱涵或者圆管涵，不宜采用拱涵。

（四）隧道需对二次衬砌切割变形缝，并对二次衬砌进行配筋。

第四十七条 高压输电线路下采煤，除了满足其压煤开采或者试采相应要求外，还应当满足下列条件：

（一）塔基不出现非连续移动变形。

（二）高压输电线的采后弧垂高度、张力、对地距离达到高压线运行安全要求，或者采取措施能够实现安全使用要求。

（三）塔基、杆塔的预计地表变形值小于允许变形值，或者预计的地表变形值大于允许变形值，但经过维修加固能够实现安全使用要求。

第四十八条 高压输电线路下采煤设计宜采用塔、线调整和减少地表变形相结合的技术措施。

第四十九条　水工构筑物下采煤，除了满足其压煤开采或者试采相应要求外，还应当满足下列条件：

（一）水工构筑物满足防洪工程安全的有关规定和要求。

（二）水工构筑物的预计地表变形值小于允许变形值，或者预计的地表变形值大于允许变形值，但经过维修加固能够实现安全使用要求。

第五十条　长输管线下采煤，除了满足其压煤开采或者试采相应要求外，还应当满足下列条件：

（一）长输管线满足安全运行的有关规定和要求。

（二）长输管线的预计地表变形值小于允许变形值，或者预计的地表变形值大于允许变形值，但经采前开挖、采后维修加固能够实现安全使用要求。

第五十一条　高速公路、高压输电线路、水工构筑物、长输管线等构筑物下压煤开采方案设计内容应当满足本规范第三十条的相应要求。

水工构筑物下压煤开采方案设计还应当包括防洪评价、受开采影响的河道治理和应急预案。

第五十二条　高速公路、输电线路、水工构筑物及长输管线下压煤开采方案设计应当具备下列技术资料和工程图：

（一）地质采矿资料和图纸：煤层的层数、层间距、厚度、倾角、埋藏深度、压煤量、岩石物理力学性质、地质构造、地下潜水位，现有的开采方法、巷道布置、生产系统以及邻区开采情况，有关的地表移动参数，老采区活化的可能性及其对地表和建筑物的影响；井上下对照图、采掘工程平面图、地质剖面图和钻孔柱状图。

（二）高速公路技术资料和图纸：行车速度、路基宽度及组成、行车道宽度、坡度、防洪标高、线路标高、桥梁型式、基础、结构、隧道长度、隧道宽度、衬砌结构、围岩等级等；高速公路平面图、纵断面图、路基路面横断面图，隧道衬砌轮廓图，桥梁平、立面图，桥梁、墩、台的结构图等。

（三）输电线路技术资料和图纸：输电电压、线塔形式和高度、高压线离地高度、塔基宽度、基础结构等；输电线路平面图、线塔位置图、线塔基础剖面图、线塔结构图等。

（四）水工构筑物技术资料和图纸：区域水文、气象资料、最高洪水位、流量、水库容量、堤坝结构形式、基础结构等；流域地形图、水工构筑结构图、基础剖面图、河流断面图等。

（五）长输管线技术资料和图纸：管线直径、管壁厚度、管道材质、联接方式、敷设方式、埋设深度、填埋材料和方式、变形要求等；长输管线位置图、敷设结构剖面图等。

第五十三条　在构筑物下开采时必须进行地表及构筑物移动变形观测研究工作。在构筑物下试采时的观测研究工作应当符合本规范第三十二条相应的要求。

第四章　铁路保护煤柱留设与压煤开采

第一节　铁路保护煤柱的留设

第五十四条　铁路的保护等级分为五级（表6）。

表6 铁路保护等级划分

保护等级	铁路等级
特	国家高速铁路、设计速度200km/h的城际铁路和客货共线铁路等
Ⅰ	国家Ⅰ级铁路、设计速度160km/h及以下的城际铁路等
Ⅱ	国家Ⅱ级铁路等
Ⅲ	Ⅲ级铁路等
Ⅳ	Ⅳ级铁路等

注：为某一地区或者企业服务具有地方运输性质、近期年客货运量小于10Mt且大于或等于5Mt的铁路属于Ⅲ级铁路；为某一地区或者企业服务具有地方运输性质、近期年客货运量小于5Mt者的铁路属于Ⅳ级铁路。铁路车站按其相应铁路保护等级保护。其他铁路配套建筑物（构筑物），可以参照第二章和第三章，依据其重要性、用途等划分其保护等级；对于不易确定者，可以组织专门论证审定。

第五十五条 在矿井、水平、采区设计时，对铁路及其主要配套建筑物（构筑物）应当划定保护煤柱。对矿井排水易引发地表沉降区域的铁路线路，应当评估排水等因素对保护煤柱的影响。

第五十六条 铁路保护煤柱受护范围按下列要求确定：

（一）路堤应当以两侧路堤坡脚外1m为界加围护带。

（二）路堑应当以两侧堑顶边缘外1m为界加围护带。

（三）桥梁应当以基础外边缘外1m为界加围护带。

（四）隧道应当以建筑界线外1m为界加围护带。

围护带宽度根据受护对象的保护等级确定，按表7规定的数值选用。

表7 铁路各保护等级的围护带宽度

保护等级	特	Ⅰ	Ⅱ	Ⅲ	Ⅳ
围护带宽度/m	50	20	15	10	5

注：对于特级保护等级的有砟轨道铁路，特殊情况下围护带宽度可适当减少，但不得小于30m。

第五十七条 特级铁路保护煤柱按边界角留设，其他铁路保护煤柱按移动角留设。煤柱留设后预计地表移动变形值应当符合铁路技术标准的相关规定。保护煤柱宜采用垂线法或者垂直剖面法设计。

第五十八条 为了减少压煤量，在设计矿区专用铁路线时，应当充分考虑铁路线路与煤层的位置关系，必要时可使线路局部绕道。

第二节 铁路压煤的开采

第五十九条 取得试采成功经验的矿区，符合下列条件之一者，铁路压煤允许采用全部垮落法进行开采：

（一）Ⅲ级铁路：

薄及中厚单一煤层的采深与单层采厚比大于或者等于60；厚煤层及煤层群的采深与分层采厚比大于或者等于80。

（二）Ⅳ级铁路：

薄及中厚单一煤层的采深与单层采厚比大于或者等于40；厚煤层及煤层群的采深与分层采厚比大于或者等于60。

（三）不满足上述条件但本矿井在铁路下采煤有成功经验和可靠数据的铁路。

第六十条 符合下列条件之一者，铁路（指有缝线路）压煤允许采用全部垮落法进行试采。

（一）国家Ⅰ级铁路：

薄及中厚单一煤层的采深与单层采厚比大于或者等于 150；

厚煤层及煤层群的采深与分层采厚比大于或者等于 200。

（二）国家Ⅱ级铁路：

薄及中厚单一煤层的采深与单层采厚比大于或者等于 100；

厚煤层及煤层群的采深与分层采厚比大于或者等于 150。

（三）Ⅲ级铁路：

薄及中厚单一煤层的采深与单层采厚比大于或者等于 40，小于 60；

厚煤层及煤层群的采深与分层采厚比大于或者等于 60，小于 80。

（四）Ⅳ级铁路：

薄及中厚单一煤层的采深与单层采厚比大于或者等于 20，小于 40；

厚煤层及煤层群的采深与分层采厚比大于或者等于 40，小于 60。

（五）不满足上述条件但本矿井在铁路下采煤有一定经验和数据的铁路。

铁路压煤试采，除自营线路外，应当事先征得铁路运输企业和铁路行业监督管理部门同意。

第六十一条 铁路下采煤应当采取相应的减少开采影响的技术措施，对采深采厚比小于本规范第五十九条、第六十条要求的缓倾斜、倾斜煤层，在技术上可能和经济上合理的条件下，可以进行开采或者试采；对急倾斜煤层，必须根据煤层顶底板岩性、覆岩破坏规律，采取相应的采煤方法和顶板管理方法，保证地表不出现突然下沉。

第六十二条 铁路下采煤时，应当及时维修受采动影响的铁路。铁路线的维修标准和要求应当按照铁路管理部门有关规定执行，并满足铁路安全运营要求。

第六十三条 铁路压煤开采应当有开采方案设计，在征得铁路运输企业同意，方案得到批准后实施。方案设计应当包含下列基本内容：

（一）铁路特征及其压煤开采的必要性、可能性和安全可靠性。

（二）实现铁路下采煤的各种技术方案，其中包括采煤方法和顶板管理方法的选择与论证，开采技术措施、行车安全措施及铁路的维修方法。

（三）地表移动与变形值预计，包括选用的计算公式和参数，铁路所在处地表的下沉、下沉速度、纵向和横向移动及水平变形值计算结果及曲线图。

（四）铁路路基及其上部建筑的维修方法与维修周期。

（五）开采技术方案及维修方案的技术、经济评价和费用概算。

（六）方案的综合分析对比和选定。

（七）铁路及地表移动观测站设计。

第六十四条 铁路压煤开采方案设计应当具备下列技术资料和工程图：

（一）地质开采技术条件。煤层的层数、层间距、倾角、埋藏深度、开采范围、压煤量、上覆岩层性质、地质断裂构造位置及落差、流砂、溶洞、老采空区的空间位置、活化的可能性及其对地表和线路的影响等。工程图有井上下对照图、采掘工程平面图、地质地形图、地质剖面图及钻孔柱状图等。

（二）受采动影响铁路的技术特征。铁路等级、股道数量、运输量、每昼夜列车通过对数、最高行车速度、最小行车间隔时间、线路路基及上部建筑物（构筑物）的构成，线路标高、变坡点、坡度以及线路直线段、曲线段和缓和曲线段的位置。曲率半径、曲线长度、道岔、信号和通信设备及线路周围地形等。工程图有线路平面图和纵、横剖面图等。

（三）铁路其他建筑物（构筑物）的技术特征。对于铁路桥，应当标明桥梁及桥墩、台的结构、材质、建筑年月、过水断面、桥下最高洪水位及流量等。工程图有桥梁的平面位置图，桥梁、墩、台的结构图，支座构造图等。

第六十五条 在铁路下试采时，必须对线路进行相应的巡视及观测研究工作，观测数据及分析报告应当及时抄送铁路运输企业。试采结束后，对各项观测资料进行系统分析和总结，提出成果，上报原审批单位，并抄送铁路运输企业。

在符合本规范第五十九条规定进行铁路下采煤时，或者本矿井已进行过铁路下采煤时，可根据具体情况只作局部或单项观测。观测数据及分析报告应当及时抄送铁路运输企业。

铁路线路观测的主要内容有线路下沉量、下沉速度及纵、横向水平移动等。其他各项观测研究工作及铁路车站建筑物（构筑物）的观测研究工作按本规范第三十二条和第五十三条的有关规定执行。

第五章 水体安全煤（岩）柱留设与压煤开采

第一节 水体安全煤（岩）柱的留设

第六十六条 近水体采煤时，必须严格控制对水体的采动影响程度。按水体的类型、含水层富水性、规模、赋存条件及允许采动影响程度，将受开采影响的水体分为不同的采动等级（表8）。对不同采动等级的水体，必须留设相应的安全煤（岩）柱。

表8 矿区的水体采动等级及允许采动程度

煤层位置	水体采动等级	水体类型	允许采动程度	要求留设的安全煤（岩）柱类型
水体下	Ⅰ	1. 直接位于基岩上方或底界面下无稳定的黏性土隔水层的各类地表水体 2. 直接位于基岩上方或底界面下无稳定的黏性土隔水层的松散孔隙强、中含水层水体 3. 底界面下无稳定的泥质岩类隔水层的基岩强、中含水层水体 4. 急倾斜煤层上方的各类地表水体和松散中强、中含水层水体 5. 要求作为重要水源和旅游地保护的水体	不允许导水裂缝带波及到水体	顶板防水安全煤（岩）柱
	Ⅱ	1. 松散层底部为具有多层结构、厚度大、弱含水的松散层或松散层中、上部为强含水层，下部为弱含水层的地表中、小型水体 2. 松散层底部为稳定的厚黏性土隔水层或松散弱含水层的松散层中、上部孔隙强、中含水层水体 3. 有疏降条件的松散层和基岩弱含水层水体	允许导水裂缝带波及松散孔隙弱含水层水体，但不允许垮落带波及该水体	顶板防砂安全煤（岩）柱
	Ⅲ	1. 松散层底部为稳定的厚黏性土隔水层的松散层中、上部孔隙弱含水层水体 2. 已经或者接近疏干的松散层或基岩水体	允许导水裂缝带进入松散孔隙弱含水层，同时允许垮落带波及该弱含水层	顶板防塌安全煤（岩）柱

续表

煤层位置	水体采动等级	水体类型	允许采动程度	要求留设的安全煤（岩）柱类型
水体上	Ⅰ	1. 位于煤系地层之下的灰岩强含水体 2. 位于煤层之下的薄层灰岩具有强水源补给的含水体 3. 位于煤层之下的作为重要水源或旅游资源保护的水体	不允许底板采动导水破坏带波及水体，或与承压水导升带沟通，并有能起到强阻水作用的有效保护层	底板强防水安全煤（岩）柱
水体上	Ⅱ	1. 位于煤系地层之下的弱含水体，或已疏降的强含水体 2. 位于煤层之下的无强水源补给的薄层灰岩含水体 3. 位于煤系地层或煤系地层底部其他岩层中的中、弱含水体	允许采取安全措施后底板采动导水破坏带波及水体，或与承压水导升带沟通，但防水安全煤（岩）柱仍能起到安全阻水作用	底板弱防水安全煤（岩）柱

第六十七条 在矿井、水平、采区设计时必须划定安全煤（岩）柱的水体主要有：

（一）水体与设计开采界限之间的最小距离，既不符合本规范第六十六条表 8 中各采动等级水体要求的相应安全煤（岩）柱尺寸，又不能采用可靠的开采技术措施以保证安全生产的。

（二）在目前技术条件下，只能采用河流改道、水库放空、含水层疏干改造或者堵截水源等办法处理，但在经济上又属严重不合理的水体。

（三）位于预计顶板导水裂缝带内，且无疏放水条件的松散地层强含水层，采空区积水，砂岩裂隙、石灰岩岩溶强含水层，岩溶地下暗河，有突水危险的含水断层与陷落柱等水体。

（四）位于预计底板采动导水破坏带内，或者底板采动导水破坏带与承压水导升带联通，且无疏放、改造条件和可能产生突水灾害的水体。

（五）预计采后矿井涌水量会急剧增加，超过矿井正常排水能力，或者水量长期稳定不变，增加排水能力难以实现，排水费用不经济的。

（六）煤层开采后，地表和岩层有可能产生抽冒、切冒型塌陷，地质弱面活化和突然下沉而引起溃砂、突水灾害的。

（七）对国民经济、人民生活和环境有重大影响的河流、湖泊、水库及旅游景点的水体。

第六十八条 水体的边界应当区分平面边界和深度边界。如果地表水体底界面直接与隔水层接触，最高洪水位线应当为水体的平面边界，而水体底界面即为水体的深度边界。如果地表水体底界面直接与含水层接触或者二者有水力联系，则最高洪水位线或者上述含水层边界应当为水体的平面边界，含水层底界面为水体的深度边界。如果仅为地下含水层水体，则含水层边界应当为水体的平面边界，含水层的底界面为水体的深度边界。在确定水体边界时，必须考虑由于受开采引起的岩层破坏和地表下沉或者受水压力作用以及地质构造等影响而导致水体边界变化的因素。

第六十九条 水体下安全煤（岩）柱水平方向按裂缝角留设，垂直方向按水体采动等级（表 8）要求的安全煤（岩）柱类型留设。裂缝角应当根据本矿区取得的参数选取，如无本矿区裂缝角资料时，可以在本矿区移动角基础上加大 5° 代替。

第七十条 在水体下采煤时，当同一水体的底界面至煤层间距、基岩厚度、各煤层采厚、倾角及煤层之间岩性差别悬殊时，安全煤（岩）柱可以分别在倾斜剖面上按不同煤层分组，在走向剖面上按不同采区或者工作面分段予以留设。

第七十一条 在水体下开采近距离煤层群时，如果煤层间距大于下一层煤的垮落带高度，可以按上、下层煤的厚度分别设计安全煤（岩）柱，取其中标高最高者作为两层煤的安全煤（岩）柱。如果煤层间距等于或者小于下一层煤的垮落带高度，则以其累计厚度或者综合开采厚度设计安全煤（岩）柱。

第二节 水体压煤的开采

第七十二条 符合下列条件之一者，水体的压煤允许开采：

（一）水体与设计开采界限之间的最小距离符合本规范第六十六条表8中各水体采动等级要求留设的相应类型安全煤（岩）柱尺寸的。

（二）在技术可能、经济合理的条件下，能够实现河流改道，水库或者采空区积水放空，松散孔隙含水层或者基岩孔隙-裂隙、岩溶-裂隙含水层水体疏干、改造及堵截住水源补给通道的。

（三）地质、开采技术条件较好，并在有条件采用开采技术措施及其他措施后，水体与设计开采界限之间的最小距离能满足本规范第六十六条表8中各水体采动等级要求留设的相应类型安全煤（岩）柱尺寸的。

第七十三条 符合下列条件之一者，水体的压煤允许进行试采：

（一）大型地表水体与设计开采界限之间的最小距离符合本规范第六十六条表8中各水体采动等级要求留设的相应类型安全煤（岩）柱尺寸，首次开采的。

（二）水体与设计开采界限之间的最小距离小于本规范第六十六条表8中各水体采动等级要求留设的相应类型安全煤（岩）柱尺寸，但水体与煤层之间有良好隔水层，或者通过对岩性、地层组合结构及顶板垮落带、导水裂缝带高度或者底板采动导水破坏带深度、承压水导升带高度等分析，经技术论证确认无突水溃砂可能的。

（三）水体与设计开采界限之间的最小距离，虽略小于本规范第六十六条表8中各水体采动等级要求的相应类型安全煤（岩）柱尺寸，但技术经论证确认具有安全可能的。

（四）水体与设计开采界限之间无足够厚度的良好隔水层，但采取充填法或者条带法等开采技术措施后可使顶板导水裂缝带高度或者底板采动导水破坏带深度达不到水体的。

（五）水体与设计开采界限之间的最小距离虽符合本规范第六十六条表8中要求留设的相应类型安全煤（岩）柱尺寸，但水体压煤地区地质构造比较发育的。

（六）水体与设计开采界限之间的最小距离虽符合本规范第六十六条表8中要求留设的相应类型安全煤（岩）柱尺寸，但本矿区煤层为大采深和高水压且首次开采的。

（七）地质、采矿条件允许，可以在枯水季节进行开采的季节性水体压煤的。

第七十四条 近水体采煤时，必须采用相应的开采技术措施和安全措施。根据水体的类型、地质、水文地质和开采技术条件，可以选用下列开采技术措施和安全措施：

（一）保留防砂煤（岩）柱和防塌煤（岩）柱在水体下开采缓倾斜（0°~35°）及中倾斜（36°~54°）厚煤层时，宜采用倾斜分层长壁开采方法，并尽量减少第一、二分层的采厚，增加分层之间的间歇时间，上、下分层同一位置的回采间隔时间应当不小于6个月，如果岩性坚硬，间隔时间应当适当增加。采用放顶煤开采方法时，必须先试采。

（二）开采急倾斜煤层（55°~90°）时，应当采用河流改道，水库、采空区积水放空，含水层疏干、改造以及堵截住水源补给通道等措施。

（三）当松散含水层或者基岩含水层处于预计顶板导水裂缝带范围内，但煤层顶板与含水层之间有隔水层存在时，应当防止工作面顶板隔水层超前断裂、切顶和抽冒，做好工作面疏排水工作。

（四）如果松散层底部为强含水层，且与基岩含水层有密切的水力联系时，矿井初期应当按防水煤（岩）柱要求确定开采上限和只将总回风巷标高提高，待对底部含水层疏干后再按防砂煤（岩）柱或者防塌煤岩柱要求留设后进行开采。

（五）在试采条件困难和地质、水文地质资料不足的情况下，可以先开采远离水体、隔水层较厚且分布稳定、地质和水文地质条件较简单或者易于进行观测试验的煤层或者区域，积累经验后再逐步扩大试采规模与范围。

（六）开采石灰岩强岩溶水体压煤时，应当在开采水平、采区或者煤层之间留设隔离煤柱或者建立防水闸门（墙），计算隔离煤柱尺寸时，必须使煤柱至岩溶水体之间的岩体不受到破坏；或者在受突水威胁的采区建立单独的疏水系统，加大排水能力及水仓容量或者建立备用水仓。在水体上采煤时，可采用底板注浆加固等措施。导水断层两盘和陷落柱周围应当留设煤柱，也可采用注浆加固等措施。

（七）在积水采空区和基岩含水层附近采煤，或者存在充水断层破碎带、陷落柱等时，应当先探放、再疏降、后开采。

（八）可以采取充填开采、条带开采等措施减少垮落带、导水裂缝带高度或者底板采动导水破坏带深度。

（九）近水体采煤时，应当采用钻探或者以钻探为主结合物探的方法详细探明有关的含、隔水层界面和基岩面起伏变化，以保证安全煤（岩）柱的设计尺寸符合规定。

（十）近水体采煤时，应当对受水威胁的工作面和采空区的水情加强监测，对水量、水质、水位动态进行系统观测和及时分析；应当设置排水沟或者专门排（泄）水巷道，定期清理水沟、水仓，正确选择安全避灾路线，配备良好的照明、通信与信号装置；应当对采区周围井巷、采空区及地表积水区范围和可能发生的突水通道作出预计并采取相应措施。

其他安全措施按《煤矿安全规程》（国家安全生产监督管理总局令第 87 号）和《煤矿防治水规定》（国家安全生产监督管理总局令第 28 号）有关条款执行。

第七十五条 近水体采煤必须进行开采方案设计，经审批后实施。开采方案设计应当包括下列内容：

（一）压煤开采的必要性、可能性和安全可靠性。

（二）近水体采煤的各种技术方案，主要包括水体特征分析，采煤方法和顶板控制方法选择与论证，顶板垮落带、导水裂缝带高度或者底板采动导水破坏带深度、承压水导升带高度及发展特征预计，安全煤（岩）柱设计，开采技术措施和防治水安全措施。水体受采动影响程度分析与涌水量预计，必要时进行地表和岩层移动与变形预计，进行地质构造、大采深、大采高和高水压等特殊条件对安全煤（岩）柱影响的论证。

（三）方案的技术、经济评价及费用概算。

（四）方案的综合分析对比和选定。

（五）井上、下水文地质长期观测网设计。

（六）顶板垮落带、导水裂缝带高度或者底板采动导水破坏带深度观测设计。

（七）必要时进行地表移动观测站设计。

（八）必要时进行井下探放水工程、水文补勘工程设计。

第七十六条 近水体开采方案设计，根据水体的具体情况应当具备下列有关技术资料和工程图。

（一）技术资料

（1）地表水体的水域、水深、水位动态、流量、流速、大气降雨量、补给水源及渗漏途径，地表洪水及防洪、排洪渠道系统。

（2）采空区、旧巷积水区的范围、水量，老采区的开采层数及范围，采空区积水的水源及其动态特征，与大气降水、地表水、地下水及上、下煤层的水力联系；本煤层其他采空区和积水区之间的水力联系。

（3）松散层的成因类型；含水层、隔水层的组合结构及沉积特征；含水层的厚度、富水性（单位涌水量、渗透系数）、颗粒级配，在天然状态下的补给、径流、排泄条件及其在采动影响下可能产生的变化；隔水层的厚度、塑性指数及液性指数。

（4）基岩含水层和隔水层的组合结构和沉积特征，岩层裂隙、岩溶、断层和陷落柱的发育与分布规律，富水性、水质、水量、水位动态及其在天然状态下的补给、径流、排泄条件和在采动影响下可能产生的变化；隔水层的厚度、岩性；岩石物理力学性质，岩石结构特征和矿物成分；地质断裂构造特征，断层、陷落柱的隔水性和导水性；穿透含水层钻孔的封孔质量；基岩面标高，风化带深度及其含水性评价。

（5）成煤时代，煤层稳定性，可采煤层层数、厚度、层间距、倾角、埋深及矿井开拓、采掘、排水系统。

（6）本矿井（区）或者类似条件下的顶板垮落带、导水裂缝带高度，底板采动导水破坏带深度，承压水导升带高度，采掘工作面矿压参数，地表移动与变形参数，地表塌陷、溃砂或者突水等资料。

（7）本矿井（区）的充水性特征，涌水量及其构成。

如果现有资料不能满足上述要求，应当进行补充调查和勘探。

（二）工程图

（1）井上下对照图。

（2）采掘工程平面图。

（3）地质剖面图、钻孔柱状图。

（4）矿井综合水文地质柱状图、矿井水文地质剖面图。

（5）矿井排水系统图。

（6）矿井充水性图。

（7）矿井涌水量与各种相关因素动态曲线图。

第七十七条 进行水体压煤开采时，必须进行相应的观测研究工作。进行水体压煤试采时，观测研究工作应当包括下列内容：

（一）试采区巷道和工作面充水性，全矿井涌水量动态，分煤层、分水平、分采区、分工作面、分涌水点的涌水量定期观测及水质化验分析。

（二）地表水和地下水（包括松散层、基岩和风化带含水层水）动态长期观测。观测工作在采前至少进行一个水文年。地表水的观测内容主要为水位标高、水质化验、流量等；地下水的观测内容主要为各含水层的水位标高、水质化验、流速及水力联系、补给通道等；此外，还应当收集或观测气象资料（降雨量、蒸发量等）。

（三）顶板垮落带高度、导水裂缝带高度、底板采动导水破坏带深度与承压水导升带高度和分布形态及特征观测研究。

（四）采煤工作面矿压、地表移动与变形观测，地表裂缝的素描与摄影、录像记录。

（五）开采厚度、开采面积、工作面顶板垮落高度与特征、推进速度、基本顶初次与周期来压、顶板及煤柱稳定性和各项开采技术经济指标的计算与分析。

（六）岩溶地区可溶岩层上方地表塌陷范围、塌陷坑分布状况和可能的塌陷监测；岩溶陷落柱分布范围、含水情况等。

（七）地表下沉盆地积水区范围、水深及水量观测。

（八）采空区积水的水位、水量及补给、排泄情况观测。

（九）采煤工作面地质异常超前探测。

试采结束后，对各项观测资料进行系统分析和总结，提出成果，上报原审批单位。

对多次成功地进行过水体压煤开采且掌握了数据和规律的矿井，上述工作可根据具体情况进行。

第六章 井筒与工业场地及主要巷道保护煤柱留设与压煤开采

第一节 立井与工业场地保护煤柱的留设

第七十八条 立井按深度、用途、煤层赋存条件及地形特点划分为六类：

第一类 深度大于和等于400m或者穿过煤层群的主、副井。

第二类 深度小于400m的主、副井，各类风井、充填井。

第三类 穿过急倾斜煤层及其顶、底板的立井。

第四类 穿过有滑移危险的软弱岩层、软煤层及高角度断层（断层面延展至基岩面）的立井。

第五类 位于有滑移危险的山区斜坡处的立井。

第六类 各类暗立井。

第七十九条 必须在矿井、水平、采区设计时划定立井（含暗立井）和工业场地保护煤柱。

第八十条 立井和工业场地保护煤柱受护范围按下列要求确定：

（一）立井地面受护范围应当包括井架（井塔）、提升机房和围护带。立井围护带宽度为20m。

（二）暗立井井口水平的受护范围应当包括井口、提升机房、车场及硐室护巷煤柱和围护带。暗立井围护带宽度为20m。

（三）留设工业场地受护范围应当包括受护对象和围护带。工业场地受护对象是指工业场地内为煤炭生产直接服务的工业厂房和服务设施。工业场地围护带宽度为15m。

第八十一条 立井保护煤柱应当采用垂直剖面法设计。

第一类立井 保护煤柱按边界角设计。当立井包括在工业场地以内时，按本规范第八十条要求以工业场地受护范围设计其保护煤柱。如果前者大于后者，应当以前者为保护煤柱的最终边界。

第二类立井 保护煤柱按移动角设计。

第三类立井 保护煤柱按移动角设计，保护煤柱的下山方向边界以底板移动角设计。

第四类立井 除应当按本条前三类规定设计保护煤柱外，还应当留设立井防滑煤柱（见本规范第八十二条）。

第五类立井 除应当按本条前三类规定设计保护煤柱外，为了防止滑坡引起井筒破坏，一般应当在井筒所在斜坡的上、下坡两侧加大煤柱尺寸（见本规范第十八条）。

第六类立井　保护煤柱应当将暗立井井口水平的受护范围边界投影到天轮硐室顶板标高水平，然后按移动角设计（见图1）。

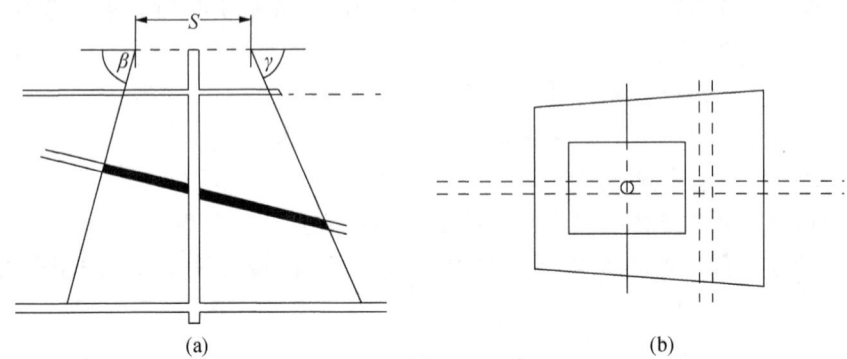

图1　暗立井保护煤柱设计方法
（a）剖面图；（b）水平投影图
γ—上山移动角；β—下山移动角；S—暗立井受护范围

第八十二条　设计立井防滑煤柱时，防滑煤柱的下边界应当根据煤层埋藏条件按式（1）计算确定（见图2）：

$$H_B = H_S \sqrt[3]{n} + H_上 \tag{1}$$

式中：H_B——开采多个煤层时应当留设防滑煤柱的深度，m；
　　　H_S——发生滑移的临界深度，m（H_S值参照本矿区经验选取）；
　　　n——开采煤层层数；
　　　$H_S\sqrt[3]{n}$——开采多个煤层时发生滑移的临界深度（从保护煤柱的上边界算起），m；
　　　$H_上$——按一般方法设计保护煤柱的上边界垂深，m。

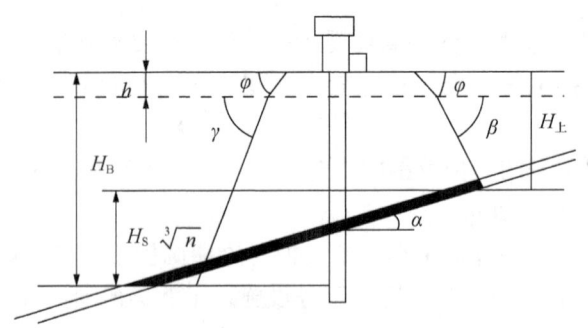

图2　立井防滑煤柱设计方法
γ—上山移动角；β—下山移动角；φ—松散层移动角；h—松散层厚度；α—煤层倾角

当立井穿过煤层群时，第一煤层防滑煤柱按上述原则确定留设深度。其余各煤层的防滑煤柱下边界设计方法是：过上层煤防滑煤柱下边界点（在煤层倾斜剖面上），以上山移动角作直线，该直线与各煤层底板的交线即为其防滑煤柱的下边界。

第八十三条　立井保护煤柱附近有落差大于20m的高角度断层穿过时，或者立井井筒受断层切割时，应当考虑采煤引起断层滑移的可能性。此时应当根据具体条件加大煤柱尺寸，使断层与煤层的交面包括在保护煤柱范围内（见图3）。

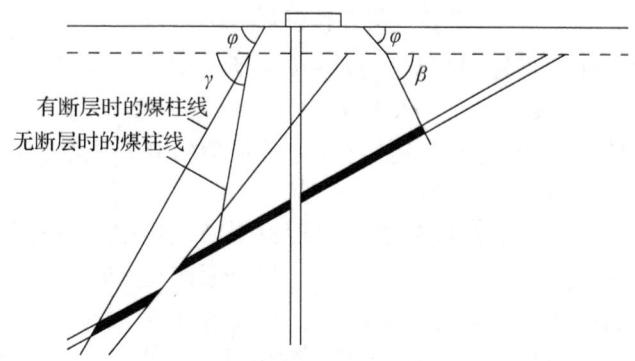

图 3 受断层影响的立井保护煤柱设计方法
γ—上山移动角；β—下山移动角；φ—松散层移动角

第八十四条 设计立井保护煤柱时，如果煤层倾角为 45°~65°，为保护井筒免受煤层底板的采动影响，井筒至煤柱下边界的距离 L（沿煤层倾向）不应当小于按式（2）计算的长度（见图 4）。

$$L = A_3 H_T \tag{2}$$

式中 A_3——与煤层倾角有关的系数，按表 9 选取；

H_T——井筒与煤层交点处的垂深，m。

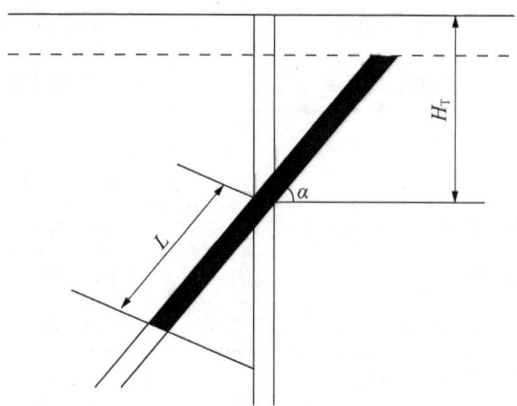

图 4 井筒免受煤层底板采动影响示意图
α—煤层倾角

表 9 系数 A_3 值

煤层倾角/(°)	45	55	60	65
A_3	0.25	0.40	0.55	0.70

第八十五条 工业场地保护煤柱按移动角设计。

第八十六条 在设计新矿井工业场地保护煤柱时，除依据移动角值外，还可以根据工业场地平面形状、场地内建筑物和构筑物布局，对部分建筑物和构筑物采取加固措施，减少压煤量。

第八十七条 如果工业场地内的建筑物、构筑物位于有松散含水层的地区，则应当根据松散层因排水疏干后发生压缩而引起的附加地表沉降值，对建筑物、构筑物采取加固措施。

第二节 斜井保护煤柱的留设

第八十八条 斜井保护煤柱根据受护范围按移动角留设。斜井受护范围应当包括井口（含井口绞车房或者暗斜井绞车硐室）及其围护带、斜井井筒和井底车场护巷煤柱。井口围护带在井筒的底板一侧留设 10m。车场护巷煤柱是指为斜井井底巷道所留的巷道两侧煤柱（斜井保护煤柱宽度 S 的计算见本规范第九十条）。

第八十九条 对位于单一煤层底板或者煤层群底板岩层中，并且与煤层倾角相同的斜井，应当根据斜井至煤层的法线距离（见图 5）、煤层厚度及其间的岩性（参照表 10）确定是否留设保护煤柱。当该法线距离大于或者等于表 10 中的数值时，斜井上方的煤层中可以不留设保护煤柱；当该法线距离小于表 10 中的数值时，斜井上方的煤层中应当留设保护煤柱。该保护煤柱的宽度可以参照本规范第九十条第一款的设计。

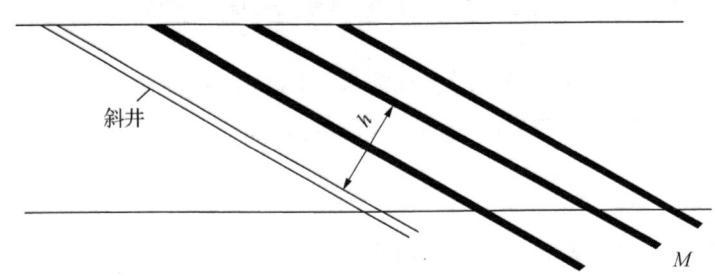

图 5 斜井上方保护煤柱的设计

h—斜井至各煤层的法线距离；M—斜井上方各煤层的厚度

表 10 斜井上方煤层中留设保护煤柱的临界法线距离

岩性	岩石名称	临界法线距离 h/m	
		薄、中厚煤层	厚煤层
坚硬	石英砂岩、砾岩、石灰岩、砂质页岩	$(6\sim10)M$	$(6\sim8)M$
中硬	砂岩、砂质页岩、泥质灰岩、页岩	$(10\sim15)M$	$(8\sim10)M$
软弱	泥岩、铝土页岩、铝土岩、泥质砂岩	$(15\sim25)M$	$(10\sim15)M$

注：M 表示斜井上方各煤层的厚度，m。

第九十条 对位于单一煤层或者煤层群的最上一层煤中，并且与煤层倾角相同的斜井，在斜井两侧的各个煤层中都应当留设保护煤柱。保护煤柱宽度可以按下述方法设计：

（一）煤层中的斜井保护煤柱宽度按实测资料取煤层中的铅垂应力增压区与减压区宽度之和设计或者按式（3）计算（见图 6）。

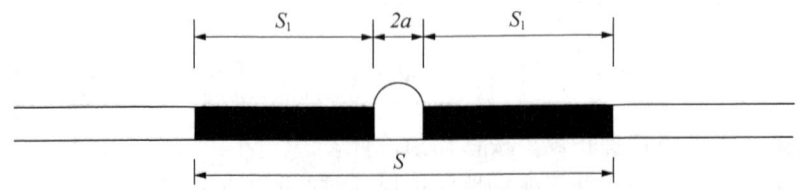

图 6 斜井或巷道保护煤柱设计方法

煤层（倾角小于 35°时）中的斜井保护煤柱宽度 S 为

$$S = 2S_1 + 2a \tag{3}$$

式中：a——受护斜井或巷道宽度的一半，m；

S_1——斜井或巷道护巷煤柱的水平宽度，m，可以按式（4）计算；

$$S_1 = \sqrt{\frac{H(2.5 + 0.6M)}{f}} \tag{4}$$

式中：H——斜井或巷道的最大垂深，m；

M——煤厚，m；

f——煤的强度系数，$f = 0.1\sqrt{10R_c}$；

R_c——煤的单向抗压强度，MPa。

（二）如果煤层底板岩层的强度小于上覆岩层抗压强度或者其内摩擦角小于25°时，应当加大按上述方法设计的斜井煤柱宽度的50%。

（三）当煤层倾角大于35°时，斜井或者巷道保护煤柱宽度可以参照本矿井（区）经验数据或者用类比法设计。

（四）斜井或者巷道下方煤层中的保护煤柱从护巷煤柱边界起，按移动角设计（见图7）。

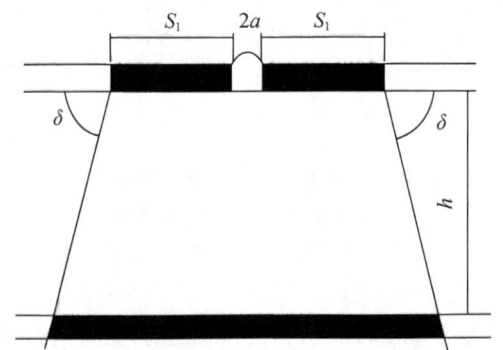

图7 斜井或者巷道下方煤层中保护煤柱的设计方法
δ—走向移动角

第九十一条 对位于煤层群最下一层煤中，且与煤层倾角相同的斜井，应当在斜井两侧留设护巷煤柱，其宽度计算方法同本规范第九十条第一款要求，其上部煤层中是否留设保护煤柱，按第八十九条要求执行。

第九十二条 对与煤层倾向一致的穿煤层斜井和与煤层倾向相反的反斜井，其保护煤柱可以根据斜井与煤层的上、下位置关系设计。当斜井位于煤层下方时，按本规范第八十九条要求执行；当斜井位于煤层上方时，按第九十条第四款要求执行。斜井穿煤层部分的护巷煤柱设计方法，则按第九十条第一款要求执行。

第三节 平硐、石门、大巷及上、下山保护煤柱的留设

第九十三条 当平硐、石门穿过煤层时，平硐、石门保护煤柱可以按下述方法留设（见图8）。

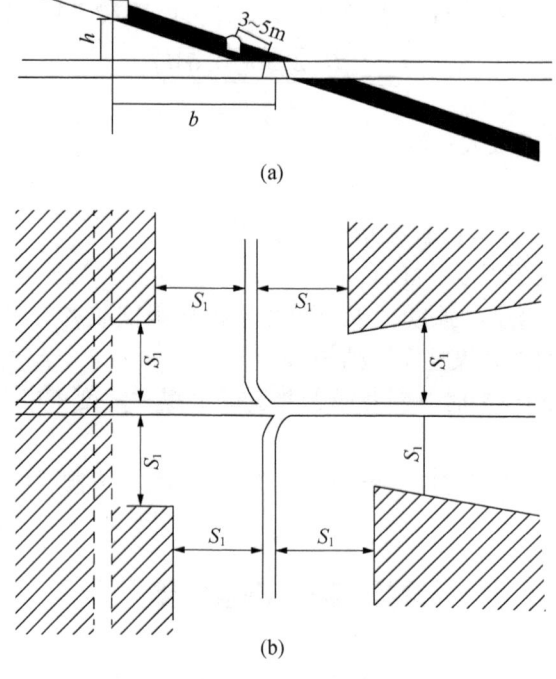

图 8　平硐及石门保护煤柱设计方法
(a) 剖面图；(b) 水平投影图
S_1—平硐及石门和巷道煤柱宽度

（一）对倾角小于或者等于 35°的煤层，穿煤点上方的平硐、石门保护煤柱的水平投影长度 b（见图 8a）按式（5）计算确定：

$$b = \frac{h}{\tan\alpha} \tag{5}$$

式中：h——穿煤点上方保护煤柱的相对垂高，m，$h = 30 - 25\frac{\alpha}{\rho}$；

　　　α——煤层倾角，(°)；

　　　ρ——常数，$\rho = 57.3°$。

（二）对倾角大于 35°的煤层，平硐、石门上方煤柱相对垂高一般取 10m。

（三）对于煤层底板为厚度大于 20m 的坚硬岩层（如石英砂岩等），平硐、石门上方可以只留设 3~5m 煤柱作为护巷煤柱，而不留设平硐、石门保护煤柱（见图 8a）。

（四）穿煤点下方的平硐及石门保护煤柱设计方法可以按本规范第九十条第四款要求执行（见图 8b）。

第九十四条　大巷及上、下山位于煤层中时，其护巷煤柱宽度可以按本规范第九十条第一款要求执行。

第九十五条　大巷及上、下山位于煤层顶板岩层中时，其保护煤柱设计方法及宽度可以按本规范第九十条第四款要求执行。

第九十六条　大巷及上、下山位于煤层底板岩层中时，其保护煤柱设计方法可以按本规范第八十九条要求执行。

第九十七条　上、下山穿过煤层时，其保护煤柱宽度可以按本规范第八十条和第九十三条要求执行。

第四节　立井井筒保护煤柱的回收

第九十八条　各生产矿井在安全情况允许条件下，应当回收即将报废立井的保护煤柱。

第九十九条　即将报废矿井的井筒保护煤柱和工业场地保护煤柱，可以利用本井筒回收；需要另建新井筒或者增加其他工程才能回收的，必须在专门设计中论证。

第一百条　回收井筒保护煤柱时，应当根据井筒与所采煤层的空间关系，地质、水文地质及开采技术条件，采用相应的开采方法和安全措施。

第一百零一条　井筒保护煤柱回收应当进行开采方案设计，经审批后实施。开采方案设计应当包括下列基本内容：

（一）回收井筒保护煤柱的必要性、可能性和安全可靠性。

（二）回收井筒保护煤柱的各种技术方案。其中包括采煤方法和顶板控制方法的选择与论证、开采技术措施、井筒变形影响预计与评估、井筒安全措施及维修方法。

（三）方案的技术、经济评价和费用概算。

（四）方案的综合分析对比和选定。

（五）地表与井筒移动观测方案设计。

第一百零二条　井筒保护煤柱回收设计应当具备下列主要技术资料和工程图。

（一）技术资料

（1）地质及开采技术条件。煤层的层数、层间距、厚度、倾角、埋藏深度，压煤量，所采煤层与井筒的空间关系，所采煤层中及其上、下的巷道、硐室分布情况，岩性、断裂构造、岩层含水性，井筒保护煤柱外已开采情况。

（2）井筒及其装备概况。井深、井径，井壁、罐道、罐道梁、提升设备、井筒内管路、电缆、梯子间、井架（井塔）及井口房的技术特征，安装布置方式、使用现状及必要的设计说明书、施工总结。

（3）井筒周边建筑物、构筑物概况。

（二）工程图

（1）井上、下对照图，采掘工程平面图，地质剖面图。

（2）含井壁结构的井筒剖面图。

（3）通过井筒及工业场地的地质剖面图。

（4）井筒横断面图及井筒装备布置图。

（5）井筒及周边建筑物、构筑物竣工图。

第一百零三条　回收井筒保护煤柱时，应当在地面、井筒内及巷道内进行观测，并在井筒保护煤柱开采结束后对资料进行系统分析与总结。

地面、井筒内及巷道内进行观测工作包括：

（一）地表及其建筑物、构筑物的移动与变形观测。

（二）井筒保护煤柱范围内的各种巷道移动与变形观测。

（三）井筒及其装备的移动与变形观测。应当包括井筒的水平位移和垂直变形、井壁应力和变形、罐道水平间距和垂直变形、罐道梁变形、管道垂直变形等。

（四）各种构筑物、重要设备及其基础的移动与变形观测。应当包括井架偏斜、天轮中心线水平移动、绞车与电动机大轴及基础的移动与变形观测。

第五节　斜井保护煤柱的回收

第一百零四条　各生产矿井在安全情况允许条件下，应当回收即将报废斜井的保护煤柱。

第一百零五条 斜井保护煤柱回收，应当进行专门开采方案设计，经审批后实施。开采方案设计应当根据斜井井筒与所采煤层的空间关系、地质及开采技术条件，采用相应的开采方法和安全措施，并应当在地面和井筒内进行相关观测工作。

第六节 平硐、石门、大巷及上、下山保护煤柱的回收

第一百零六条 各生产矿井在安全情况允许条件下，应当回收即将报废的平硐、石门、大巷及上、下山保护煤柱和护巷煤柱。

第一百零七条 回收平硐、石门、大巷及上、下山保护煤柱时，应当根据其所在位置，实行跨采（巷道在煤层下面）或者巷下采煤，一般采用由远而近、逐段回收、逐段报废的方法。

第七章 煤柱留设与压煤开采工作的管理

第一百零八条 煤柱留设与变更、压煤开采设计应当由煤矿企业组织专业技术人员或者委托专业机构完成，并由煤矿企业组织论证、审批。

压煤开采设计涉及煤矿企业以外其他方受护对象安全问题时，应当由煤矿企业组织专业技术人员或者委托专业机构完成，并与受护对象产权单位协商一致后，报省级及以上煤炭行业管理部门。

第一百零九条 压煤开采设计未经审批，不得进行回采，压煤开采（试采）结束后必须编制技术总结报告并报送原审批部门存档。

第一百一十条 受采动影响的建筑物（构筑物）、水体、铁路为非煤矿企业产权的，在本规范第一百零八条基础上应当在开采前告知其产权单位，并根据开采结束后的损害程度给予合理补偿。在已经合法批准的矿区范围内受采动影响的各类违章建筑物（构筑物）等，煤矿企业不承担任何维修、补偿责任。

第一百一十一条 鼓励煤矿企业采用新技术、新工艺、新装备提高压煤采出率，由于压煤开采而增加的生产、维修、防护、补偿及科研试验经费，由专项费用解决或者计入煤炭生产成本。

第八章 沉陷区环境影响评价与土地治理、利用

第一节 开采沉陷的环境影响评价

第一百一十二条 开采沉陷的环境影响评价主要内容应当包括分析和评价开采沉陷对土地、水资源、生态环境、地面建筑物（构筑物）等环境因子的影响程度，针对影响情况提出防护和治理措施。

第一百一十三条 在新建、改建及扩建矿井的环境影响评价中，必须包括开采沉陷对环境的影响评价。

开采沉陷对环境的影响评价内容包括：

（一）开采沉陷对耕地的影响评价。

（二）开采沉陷对地表水体的影响评价。

（三）开采沉陷对含水层的影响评价。

（四）开采沉陷对地面建筑物的影响评价。

（五）开采沉陷对构筑物的影响评价。

（六）开采沉陷对铁路的影响评价。

第二节 沉陷区的土地治理与利用

第一百一十四条 在地质勘探和矿区规划、矿井设计阶段，应当对矿区范围内的土地利用类型、土壤质地及植被覆盖情况进行调查与统计，并在设计文件中提出矿区土地复垦规划。

第一百一十五条 在矿井建设与生产过程中，应当对开采影响范围内的土地损毁情况作出预测与评价，进行土地复垦适宜性分析，根据相关法规和规范编制土地复垦方案。

第一百一十六条 土地复垦规划和方案的编制应当在土地资源调查和煤炭开采对环境等的影响评价的基础上进行，并与矿井建设、煤炭生产、生态保护、土地利用总体规划、城镇（村）建设规划和固体废弃物处置与利用规划相协调。

第一百一十七条 土地复垦应当遵循"因地制宜"的原则进行规划，优先复垦耕地或者其他农业用地，并积极发展生态农业。对原荒芜的土地等可以因地制宜确定复垦后土地的用途。

在井田范围内复垦规划中存在大规模积水区时，应当对井下开采进行安全影响评价。

第一百一十八条 土地复垦应当遵守相关标准，保护土壤质量与生态环境，避免污染土壤和地下水。应当首先对拟损毁的耕地、林地、牧草地进行表土剥离堆存，剥离的表土用于被损毁土地的复垦。

第一百一十九条 矸石回填采煤沉陷区的复垦方案应当根据排矸工艺、矸石回填后的土地用途等综合确定。复垦地用于建筑场地时，要根据建筑物的类型选择合理的地基处理方法和施工工艺；用于种植时，应当构造合理的土壤剖面，覆土厚度应当满足土地复垦技术标准的要求。

第一百二十条 沉陷区用矸石回填复垦时，充填物含碳量不宜大于12%，含硫量不宜大于1.5%。当两者之一大于上述值时，应当采取防自燃措施。

第一百二十一条 土地复垦工程完成后，应当经测量部门，会同有关部门对复垦工程等进行验收测量，提交验收图纸与验收报告并报审批单位与煤矿企业存档，申请土地管理等部门进行验收。

第一百二十二条 煤矿应当进行开采沉陷、土地损毁与复垦的监测统计工作，并定期计算土地破坏率及土地复垦率等指标。

第三节 煤矿开采沉陷区建设场地稳定性评价

第一百二十三条 在煤矿开采沉陷区进行各类工程建设时，必须进行建设场地稳定性评价。

第一百二十四条 煤矿开采沉陷区拟建设场地稳定性评价分为稳定、基本稳定、不稳定三种程度。对于稳定的建设场地，可以采取简易抗变形结构措施；对于基本稳定的建设场地，可以选用抗变形结构措施、采空区治理措施或者两者的结合；对于不稳定的建设场地，应当避免进行建设，或者采用采空区处理措施，保障建设场地稳定性。

第一百二十五条 进行开采沉陷区建设场地稳定性评价时，应当收集下列资料：

（一）煤层开采的范围、层数、时间、采煤方法和开采煤层的地质、水文地质、采矿条件等。

（二）矿区地表移动、覆岩破坏观测资料。

（三）建设场地自然地理资料。

（四）拟建建筑物（构筑物）的建筑结构特征、拟采取的基础类型、允许变形指标及建设规划总平面图。

第一百二十六条 对于开采范围内采煤方法不清楚的采空区，应当进行开采范围及采空区现状的勘查。

第一百二十七条 进行开采沉陷区建设场地稳定性评价时，应当进行下列工作：

（一）开采沉陷区采动影响和地表残余影响的移动变形计算。

（二）覆岩破坏高度与建设工程影响深度的安全性分析。

（三）地质构造稳定性及邻近开采、未来开采对其影响的分析。

（四）建设工程荷载及动荷载对采空区稳定性的影响分析。

（五）对于部分开采的采空区，还应当分析煤柱的长期稳定性、覆岩的突陷可能性及地面载荷对其稳定性的影响。

（六）对于山区地形，应当进行采动坡体的稳定性分析。

（七）其他（如地表裂缝、塌陷坑、煤柱风化等）对建设场地稳定性的影响分析。

第一百二十八条 对需要进行采空区处置的建设场地，需编制单独的采空区治理设计，设计应当包括地质采矿条件、工程概况、治理的目的和范围、治理方案、工艺流程、治理标准及控制、变形监测方案等内容，治理方案需经论证后实施。

第一百二十九条 对采空区治理必须进行质量检测，各项指标达到设计标准时，方可以进行工程建设。

第一百三十条 对开采沉陷区的建设场地，应当在建设中和建设后进行场地的变形监测。

第九章 压煤开采的经济评价

第一百三十一条 为了分析压煤开采的经济效果，应当在压煤开采方案技术论证的基础上进行经济和社会效益评价。

第一百三十二条 压煤开采企业经济评价使用"采"与"不采"对比分析法评价压煤资源开采的经济合理性。压煤开采的经济评价应当选择多个可行的技术方案进行比较，以确定最佳方案。

第一百三十三条 压煤开采的社会效益评价应当包括下列内容：

（一）因开采压煤而多采出的煤量和试采成功后可以解放的煤量对提高煤炭资源回收率和支撑社会经济发展的影响。

（二）因增加煤炭资源储量而延长矿井（采区）服务年限，增加就业岗位所带来的社会效益。

第十章 附 则

第一百三十四条 本规范由国家安全监管总局、国家煤矿安监局、国家能源局和国家铁路局负责解释。

第一百三十五条 本规范自 2017 年 7 月 1 日起执行。2000 年 5 月 26 日原国家煤炭工业局《关于颁发〈建筑物、水体、铁路及主要井巷煤柱留设与压煤开采规程〉的通知》（煤行管字〔2000〕第 81 号）同时废止。

附录1　本规范专用名词解释

受护对象：为避免煤矿开采影响破坏而需要保护的对象。围护带：设计保护煤柱划定地面受护对象范围时，为安全起见沿受护对象四周所增加的带形面积。

边界角：在充分或接近充分采动条件下，移动盆地主断面上的边界点（下沉10mm点）与采空区边界之间的连线和水平线在煤柱一侧的夹角。

移动角：在充分或接近充分采动条件下，移动盆地主断面上，地表最外的临界变形（水平变形 $\varepsilon = +2mm/m$，倾斜 $i = \pm 3mm/m$，曲率 $K = +0.2 \times 10^{-3}/m$）点和采空区边界点连线与水平线在煤壁一侧的夹角。

采动滑坡：地下开采引起的山坡整体性大面积滑动或者坍塌。采动滑移：地下开采引起的山区地表附加移动。

允许地表变形值：受护对象不需维修能保持正常使用所允许的地表最大变形值。

地表移动与变形：一般指在采煤影响下地表产生的下沉、水平移动、倾斜、水平变形和曲率。

松散层：指第四纪、新第三纪未成岩的沉积物，如冲积层、洪积层、残积层等。

地表移动参数：反映地表移动与变形特征、程度的参数和角值。主要是：下沉系数、水平移动系数、边界角、移动角、裂缝角、最大下沉角、开采影响传播角，充分采动角、超前影响角、最大下沉速度角和移动延续时间等。

近水体：对采掘工作面涌水量可能有直接影响的水体。

垮落带：由采煤引起的上覆岩层破裂并向采空区垮落的岩层范围。

导水裂缝带：垮落带上方一定范围内的岩层产生断裂，且裂缝具有导水性，能使其范围内覆岩层中的地下水流向采空区，这部分岩层范围称导水裂缝带。

防水安全煤（岩）柱：为确保近水体安全采煤而留设的煤层开采上（下）限至水体底（顶）界面之间的煤岩层区段，简称防水煤（岩）柱。

防砂安全煤（岩）柱：在松散弱含水层或固结程度差的基岩弱含水层底界面至煤层开采上限之间设计的用于防止水、砂溃入井巷的煤岩层区段，简称防砂煤（岩）柱。

防塌安全煤（岩）柱：在松散黏土层或者已疏干的松散含水层底界面至煤层开采上限之间设计的用于防止泥砂塌入采空区的煤（岩）层区段，简称防塌煤（岩）柱。

抽冒：在浅部厚煤层、急倾斜煤层及断层破碎带和基岩风化带附近采煤或者掘巷时，顶板岩层或者煤层本身在较小范围内垮落超过正常高度的现象。

切冒：当厚层极硬岩层下方采空区达到一定面积后，发生直达地表的岩层一次性突然垮落和地表塌陷的现象。

水体底界面：地表水体或者地下含水体（层）的底部界面。

裂缝角：在充分或接近充分采动条件下，移动盆地主断面上，地表最外侧的裂缝和采空区边界点连线与水平线在煤壁一侧的夹角。

开采上限：水体下采煤时用安全煤（岩）柱设计方法确定的煤层最高开采标高。

岩层移动：因采矿引起围岩的移动、变形和破坏的现象和过程。

地表下沉盆地：由采煤引起的采空区上方地表移动的范围，通常称地表移动盆地或地表塌陷盆地。一般按边界角或者下沉10mm点划定其范围。

防滑煤柱：在可能发生岩层沿弱面滑移的地区，为了防止或者减缓井筒、地面建筑物

（构筑物）滑移而在正常保护煤柱外侧增加留设的煤层区段。

附录 2　本规范用词说明

1. 执行本规范条文时，对要求严格程度的用词，作如下说明，以便在执行中区别对待。
（1）表示很严格，非这样不可的用词：
正面词一般用"必须"；
反面词一般用"严禁"。
（2）表示严格，在正常情况下均应当这样做的用词：
正面词一般用"应当"；
反面词一般采用"不应当"或者"不得"。
（3）表示允许有选择，在一定条件下可以这样做的，采用"可以"。
2. 条文中必须按指定的规程或者其他有关规定执行的写法为：
"按……执行"或者"符合……"。
非必须按所指的规程或者其他规定执行的写法为：
"参照……"。

附录 3　地表移动影响计算

1. 地表移动影响范围与量值
（1）地表移动影响范围可以通过移动角量参数或者移动变形计算值确定。
（2）地表移动变形量值包括下沉、水平移动、倾斜、水平变形、曲率。
2. 地表移动与变形的计算
地表移动计算方法可以采用典型曲线法、负指数函数法、概率积分法和数值计算分析法等，最为常用的方法为概率积分法。
3. 地表移动延续时间的确定
（1）地表点下沉 10mm 时为地表移动期开始的时间。
（2）地表点连续 6 个月下沉值不超过 30mm 时，可以认为地表移动期结束。
（3）地表移动延续时间可以根据最大下沉点的下沉与时间关系分为初始期、活跃期和衰退期。
①初始期：从移动开始（下沉 10mm）至移动活跃期时的持续时间；
②活跃期：地表下沉速度每天大于 1.7mm 的持续时间；
③衰退期：从活跃期结束到移动稳定（连续 6 个月下沉不超过 30mm）的持续时间。
（4）地表移动延续时间：从地表移动（下沉 10mm）开始到地表移动稳定（连续 6 个月下沉不超过 30mm）结束的持续时间。
4. 地表移动计算参数的确定
（1）地表移动计算参数需依据开采区域的地质采矿条件确定。对已有实测资料的矿区，应当首先参考本矿区的计算参数；无实测资料的矿区，可以参考类似地质采矿条件矿区或者依据岩性条件按附表 3-1 选定。
（2）当采动程度较小时，地表移动计算参数中下沉系数和主要影响角正切应当进行调整。

(3) 条带开采、充填开采和地表残余变形计算需要调整计算参数。

附表 3-1 岩性与预测参数相关关系表

覆岩类型	覆岩性质 主要岩性	覆岩性质 单向抗压强度/MPa	下沉系数	水平移动系数	主要影响角正切	拐点偏移距/m	开采影响传播角/(°)
坚硬	大部分以中生代地层硬砂岩、硬石灰岩为主，其他为砂质页岩、页岩、辉绿岩	>60	0.27~0.54	0.2~0.3	1.20~1.91	$(0.31\sim0.43)H$	$90°-(0.7\sim0.8)\alpha$
中硬	大部分以中生代地层中硬砂岩、石灰岩、砂质页岩为主，其他为软砾岩、致密泥灰岩、铁矿石	30~60	0.55~0.84	0.2~0.3	1.92~2.40	$(0.08\sim0.30)H$	$90°-(0.6\sim0.7)\alpha$
软弱	大部分为新生代地层砂质页岩、页岩、泥灰岩及黏土、砂质黏土等松散层	<10	0.85~1.00	0.2~0.3	2.41~3.54	$(0\sim0.07)H$	$90°-(0.5\sim0.6)\alpha$

附录 4 近水体采煤的安全煤（岩）柱设计方法

一、水体下采煤的安全煤（岩）柱设计方法

1. 水体下采煤的安全煤（岩）柱留设与设计

（1）防水安全煤（岩）柱。留设防水安全煤（岩）柱的目的是不允许导水裂缝带波及水体。防水安全煤（岩）柱的垂高（H_{sh}）应当大于或者等于导水裂缝带的最大高度（H_{li}）加上保护层厚度（H_b），如附图 4-1 所示，即

$$H_{sh} \geq H_{li} + H_b$$

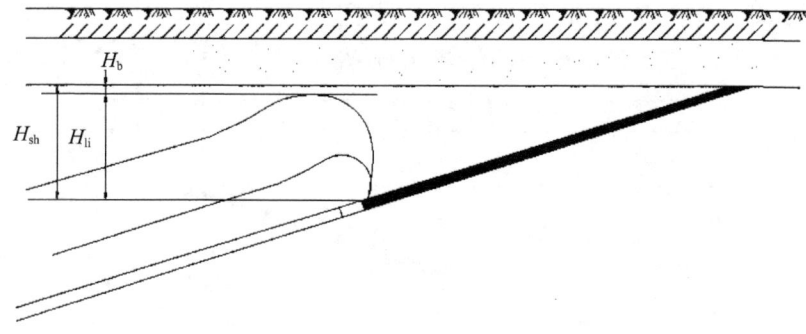

附图 4-1 防水安全煤（岩）柱设计

如果煤系地层无松散层覆盖和采深较小时，还应当考虑地表裂缝深度（H_{dili}），如附图 4-2 所示，此时

$$H_{sh} \geq H_{li} + H_b + H_{dili}$$

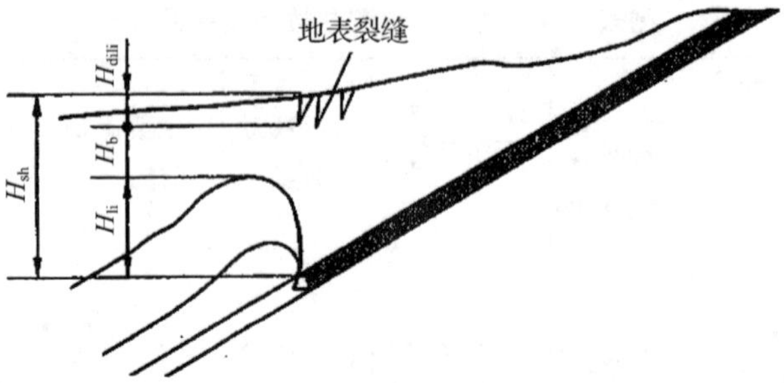

附图 4-2 煤系地层无松散层覆盖时防水安全煤（岩）柱设计

如果松散含水层富水性为强或者中等，且直接与基岩接触，而基岩风化带亦含水，则应当考虑基岩风化含水层带深度（H_{fe}），如附图 4-3 所示，此时

$$H_{sh} \geq H_{li} + H_b + H_{fe}$$

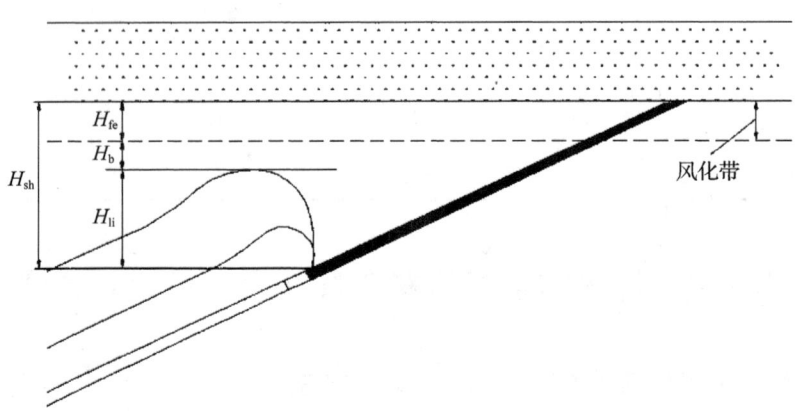

附图 4-3 基岩风化带含水时防水安全煤（岩）柱设计

（2）防砂安全煤（岩）柱。留设防砂安全煤（岩）柱的目的是允许导水裂缝带波及松散弱含水层或者已疏干的松散强含水层，但不允许垮落带接近松散层底部。防砂安全煤（岩）柱垂高（H_s）应当大于或者等于垮落带的最大高度（H_k）加上保护层厚度（H_b），如附图 4-4 所示，即

$$H_s \geq H_k + H_b$$

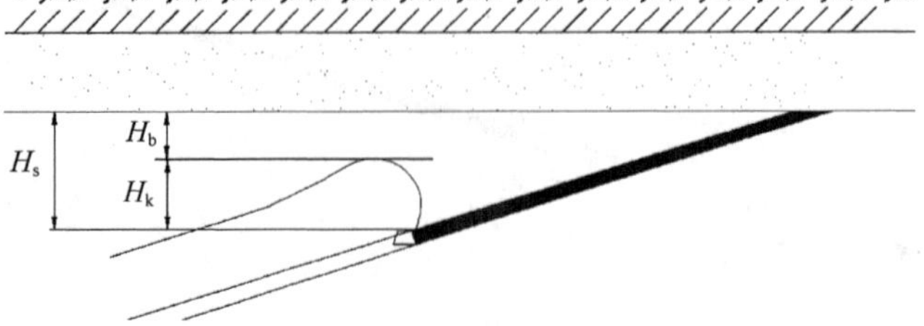

附图 4-4 防砂安全煤（岩）柱设计

（3）防塌安全煤（岩）柱。留设防塌安全煤（岩）柱的目的是不仅允许导水裂缝带

波及松散弱含水层或者已疏干的松散含水层，同时允许垮落带接近松散层底部。防塌安全煤（岩）柱垂高（H_t）应当等于或者接近于垮落带的最大高度（H_k），如附图 4-5 所示，即 $H_t \approx H_k$。

对于急倾斜煤层（55°~90°），由于安全煤（岩）柱不稳定，上述留设方法不适用。

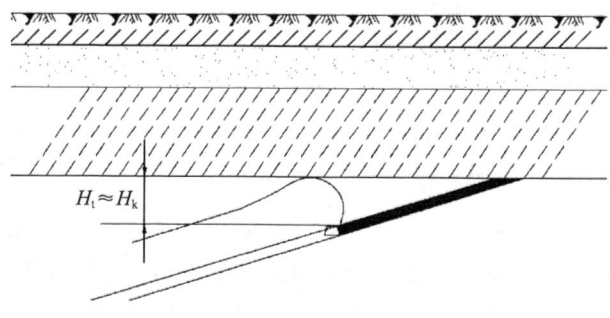

附图 4-5　防塌安全煤（岩）柱设计

2. 垮落带和导水裂缝带高度的计算

覆岩垮落带和导水裂缝带高度应当依据开采区域的地质采矿条件和实测数据分析确定；对无实测数据的矿区，可以参考类似地质采矿条件矿区的实测数据、水体下开采成功经验或者依据覆岩类型按附表 4-1、附表 4-2 中的公式计算。近距离煤层垮落带和导水裂缝带高度的计算，必须考虑上、下煤层开采的综合影响。

附表 4-1　厚煤层分层开采的垮落带高度计算公式

覆岩岩性（单向抗压强度及主要岩石名称）/MPa	计算公式/m
坚硬（40~80，石英砂岩、石灰岩、砾岩）	$H_k = \dfrac{100 \sum M}{2.1 \sum M + 16} \pm 2.5$
中硬（20~40，砂岩、泥质灰岩、砂质页岩、页岩）	$H_k = \dfrac{100 \sum M}{4.7 \sum M + 19} \pm 2.2$
软弱（10~20，泥岩、泥质砂岩）	$H_k = \dfrac{100 \sum M}{6.2 \sum M + 32} \pm 1.5$
极软弱（<10，铝土岩、风化泥岩、黏土、砂质黏土）	$H_k = \dfrac{100 \sum M}{7.0 \sum M + 63} \pm 1.2$

注：1. $\sum M$ 为累计采厚。
　　2. 公式应用范围：单层采厚 1~3m，累计采厚不超过 15m。
　　3. 计算公式中±号项为中误差。

附表 4-2　厚煤层分层开采的导水裂缝带高度计算公式

岩性	计算公式之一/m	计算公式之二/m
坚硬	$H_{li} = \dfrac{100 \sum M}{1.2 \sum M + 2.0} \pm 8.9$	$H_{li} = 30 \sqrt{\sum M} + 10$
中硬	$H_{li} = \dfrac{100 \sum M}{1.6 \sum M + 3.6} \pm 5.6$	$H_{li} = 20 \sqrt{\sum M} + 10$

续表

岩性	计算公式之一/m	计算公式之二/m
软弱	$H_{li} = \dfrac{100\sum M}{3.1\sum M+5.0} \pm 4.0$	$H_{li} = 10\sqrt{\sum M}+5$
极软弱	$H_{li} = \dfrac{100\sum M}{5.0\sum M+8.0} \pm 3.0$	

注：1. $\sum M$ 为累计采厚。
  2. 公式应用范围：单层采厚 1~3m，累计采厚不超过 15m。
  3. 计算公式中±号项为中误差。

3. 保护层厚度的选取

保护层厚度应当依据开采区域的地质采矿条件及保护层的隔水性综合确定。对已有水体下开采成功经验的矿区，应当首先参考本矿区的成功经验；无水体下开采成功经验的矿区，可以参考类似地质采矿条件矿区的成功经验或者按附表 4-3、附表 4-4 中的数值选取。

附表 4-3 防水安全煤（岩）柱保护层厚度（不适用于综放开采）

覆岩岩性	松散层底部黏性土层厚度大于累计采厚/m	松散层底部黏性土层厚度小于累计采厚/m	松散层全厚小于累计采厚/m	松散层底部无黏性土层/m
坚硬	4A	5A	6A	7A
中硬	3A	4A	5A	6A
软弱	2A	3A	4A	5A
极软弱	2A	2A	3A	4A

注：1. $A = \dfrac{\sum M}{n}$，$\sum M$ 为累计采厚，n 为分层层数。
  2. 适用于缓倾斜（0°~35°）、中倾斜（36°~54°）煤层。

附表 4-4 防砂安全煤（岩）柱保护层厚度

覆岩岩性	松散层底部黏性土层或弱含水层厚度大于累计采厚/m	松散层全厚大于累计采厚/m
坚硬	4A	2A
中硬	3A	2A
软弱	2A	2A
极软弱	2A	2A

注：1. $A = \dfrac{\sum M}{n}$，$\sum M$ 为累计采厚，n 为分层层数。
  2. 适用于缓倾斜（0°~35°）、中倾斜（36°~54°）煤层。

二、水体上采煤的防水安全煤（岩）柱设计方法

设计防水安全煤（岩）柱的原则是：不允许底板采动导水破坏带波及水体，或者与承压水导升带沟通。因此，设计的底板防水安全煤（岩）柱厚度（h_s）应当大于或者等于导

水破坏带（h_1）和阻水带厚度（h_2）之和，如附图4-6a所示，即

$$h_s \geq h_1 + h_2$$

如果底板含水层上部存在承压水导升带（h_3）时，则底板安全煤（岩）柱厚度（h_s）应当大于或者等于导水破坏带（h_1）、阻水带厚度（h_2）及承压水导升带（h_3）之和，如附图4-6b所示，即

$$h_s \geq h_1 + h_2 + h_3$$

如果底板含水层顶部存在被泥质物充填的厚度稳定的隔水带时，则充填隔水带厚度（h_4）可以作为底板防水安全煤（岩）柱厚度（h_s）的组成部分，如附图4-6c所示，则

$$h_s \geq h_1 + h_2 + h_4$$

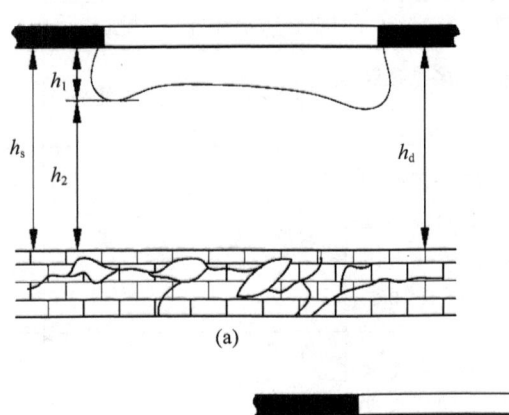
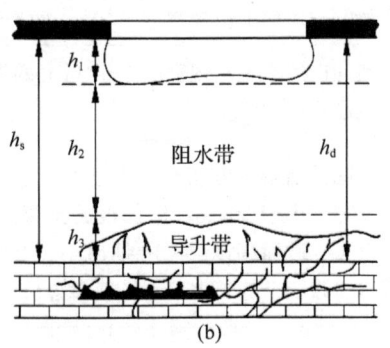
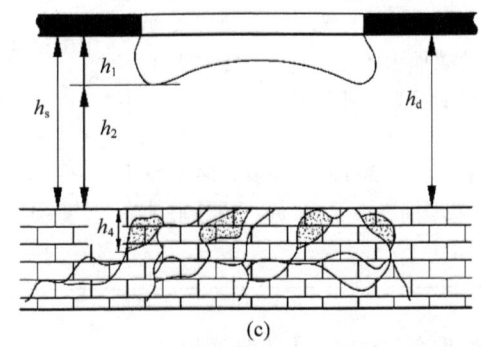

附图4-6 底板防水安全煤（岩）柱设计示意图

附录5 煤矿开采损坏建筑物补偿办法

建筑物补偿费计算公式：

$$A = \sum_{i=1}^{n} B(1-C)D_i E_i$$

式中：A——建筑物的补偿费，元；

B——计算基数，指与当地有关部门协商确定的建筑物补偿单价，元/m²；

C——建筑物折旧率，按附表5-1确定；

D_i——建筑物受损自然间的补偿比例，按附表5-2确定；

E_i——受损自然间的建筑面积，m²；

n——建筑物受损自然间数。

附表 5-1 建筑物折旧率

建筑物年限/年	<5	5~10	11~15	16~20	21~40	>40
折旧率/%	0	5~15	16~25	26~35	36~65	>65

注：当地有具体规定，按当地标准选用。

附表 5-2 砖混结构建筑物补偿比例

损坏等级	建筑物可能达到的破坏程度	损坏分类	结构处理	补偿比例/%
I	自然间砖墙壁上出现宽度 1~2mm 的裂缝	极轻微损坏	粉刷	1~5
I	自然间砖墙壁上出现宽度小于 4mm 的裂缝，多条裂缝总宽度小于 10mm	轻微损坏	简单维修	6~15
II	自然间砖墙壁上出现宽度小于 15mm 的裂缝，多条裂缝总宽度小于 30mm；钢筋混凝土梁、柱上裂缝长度小于 1/3 截面高度；梁端抽出小于 20mm；砖柱上出现水平裂缝，缝长大于 1/2 截面边长；门窗略有歪斜	轻度损坏	小修	16~30
III	自然间砖墙壁上出现宽度小于 30mm 的裂缝，多条裂缝总宽度小于 50mm；钢筋混凝土梁、柱上裂缝长度小于 1/2 截面高度；梁端抽出小于 50mm；砖柱上出现小于 5mm 的水平错动；门窗严重变形	中度损坏	中修	31~65
IV	自然间砖墙壁上出现宽度大于 30mm 的裂缝，多条裂缝总宽度大于 50mm；梁端抽出小于 60mm；砖柱上出现小于 25mm 的水平错动	严重损坏	大修	66~85
IV	自然间砖墙壁上出现严重交叉裂缝、上下贯通裂缝，以及墙体严重外鼓、歪斜；钢筋混凝土梁、柱裂缝沿截面贯通；梁端抽出大于 60mm；砖柱出现大于 25mm 的水平错动；有倒塌的危险	极严重损坏	拆除	86~100

注：当地有具体补偿比例规定，按当地标准选用。

13. 国土资源部关于进一步做好建设项目压覆重要矿产资源审批管理工作的通知

国土资源文件

国土资发〔2010〕137号

国土资源部关于进一步做好建设项目
压覆重要矿产资源审批管理工作的通知

各省、自治区、直辖市国土资源厅（国土环境资源厅、国土资源局、国土资源和房屋管理局、规划和国土资源管理局）：

自2000年我部印发《关于规范建设项目压覆矿产资源审批工作的通知》（国土资发〔2000〕386号）以来，各省（区、市）国土资源行政主管部门高度重视，积极探索，并结合本地实际制定管理办法，保证建设项目压覆矿产资源审批管理工作顺利进行。为总结经验，进一步规范压覆重要矿产资源审批管理工作，现将有关事项通知如下：

一、提高认识，加强领导

建设项目压覆矿产资源审批是《矿产资源法》确定的一项重要管理工作，对避免或减少压覆重要矿产资源、提高矿产资源保障能力，保障建设项目正常进行具有重要作用。各省级国土资源行政主管部门要充分认识压覆重要矿产资源审批管理工作的目的和意义，加强领导，进一步转变管理理念和管理方式，既要加强审批管理，又要做好服务；做到既保护矿产资源，又有利于建设项目顺利进行，维护矿业权人合法权益。

二、严格管理范围

凡建设项目实施后，导致其压覆区内已查明的重要矿产资源不能开发利用的，都应按本通知规定报批。未经批准，不得压覆重要矿产资源。

建设项目压覆区与勘查区块范围或矿区范围重叠但不影响矿产资源正常勘查开采的，不作压覆处理。矿山企业在本矿区范围内的建设项目压覆矿产资源不需审批。

重要矿产资源是指《矿产资源开采登记管理办法》附录所列34个矿种和省级国土资源行政主管部门确定的本行政区优势矿产、紧缺矿产。

炼焦用煤、富铁矿、铬铁矿、富铜矿、钨、锡、锑、稀土、钼、铌钽、钾盐、金刚石矿产资源储量规模在中型以上的矿区原则上不得压覆，但国务院批准的或国务院组成部门按照国家产业政策批准的国家重大建设项目除外。

三、明确管理分工

建设项目压覆重要矿产资源由省级以上国土资源行政主管部门审批。压覆石油、天然气、放射性矿产，或压覆《矿产资源开采登记管理办法》附录所列矿种（石油、天然气、放射性矿产除外）累计查明资源储量数量达大型矿区规模以上的，或矿区查明资源储量规模达到大型并且压覆占三分之一以上的，由国土资源部负责审批。

四、规范报批要求

按本通知规定由国土资源部负责审批的，建设单位应履行以下手续：

（一）建设项目选址前，建设单位应向省级国土资源行政主管部门查询拟建项目所在地区的矿产资源规划、矿产资源分布和矿业权设置情况，各级国土资源行政主管部门应为建设单位查询提供便利条件。不压覆重要矿产资源的，由省级国土资源行政主管部门出具未压覆重要矿产资源的证明；确需压覆重要矿产资源的，建设单位应根据有关工程建设规范确定建设项目压覆重要矿产资源的范围，委托具有相应地质勘查资质的单位编制建设项目压覆重要矿产资源评估报告。

（二）有关材料经建设项目所在省（区、市）国土资源行政主管部门初审同意后，将以下材料（纸质和电子版各1套）报国土资源部：

1. 关于××××压覆重要矿产资源的申请函（编写提纲见附件1）；
2. 关于××××压覆重要矿产资源的评估报告（编写提纲见附件2）及评审意见书；
3. 省级国土资源行政主管部门出具的《关于对××××压覆重要矿产资源初审意见》（编写提纲见附件3）；
4. 国土资源行政主管部门要求提交的其他有关资料。

（三）建设项目压覆已设置矿业权矿产资源的，新的土地使用权人还应同时与矿业权人签订协议，协议应包括矿业权人同意放弃被压覆矿区范围及相关补偿内容。补偿的范围原则上应包括：

1. 矿业权人被压覆资源储量在当前市场条件下所应缴的价款（无偿取得的除外）；
2. 所压覆的矿产资源分担的勘查投资、已建的开采设施投入和搬迁相应设施等直接损失。

（四）建设单位应在收到同意压覆重要矿产资源的批复文件后45个工作日内，到项目所在地省级国土资源行政主管部门办理压覆重要矿产资源储量登记手续。45个工作日内不申请办理压覆重要矿产资源储量登记手续的，审批文件自动失效。

五、加强审批管理

各级国土资源行政主管部门要提高工作效率，规范管理，做好服务。

（一）凡符合审批要求的压覆重要矿产资源申请，国土资源部自受理之日起20个工作日内，作出准予压覆或者不准压覆的决定，并通知申请人和省（区、市）国土资源厅（局），由省（区、市）国土资源厅（局）通知相关矿业权人。

（二）省（区、市）国土资源厅（局）办理压覆重要矿产资源储量登记时应通知相应矿业权人在45个工作日内到原发证机关办理相应的勘查区块或矿区范围变更手续。逾期不办理的，由原发证机关直接进行勘查区块或矿区范围调整，并告知矿业权人。

（三）已批准建设项目压覆的矿产资源，各级国土资源行政主管部门不得设立矿业权。

六、做好与土地管理衔接

国土资源行政主管部门应加强协调，做好建设项目压覆重要矿产资源审批管理与土地管理的衔接。凡申请办理土地预审或用地审批的，要按照有关规定，提交省级国土资源行政主管部门出具的未压覆重要矿产资源证明或压覆重要矿产资源储量登记有关材料。否则，不予受理其用地申请。

在市级土地利用总体规划编制阶段，本级国土资源行政主管部门应根据当地已探明重要矿产资源储量分布状况，以及矿产资源规划安排的矿产资源勘查、开发利用和保护情况，充分考虑城市建设发展涉及压覆重要矿产资源问题，合理确定城市发展方向和新增城市建设用地布局。有条件的地方，可以统一开展调查，编制压覆重要矿产资源调查报告，经省级国土资源行政主管部门组织专家审查后，办理压覆重要矿产资源储量预登记。

在土地利用总体规划确定的城市建设用地范围内，已办理压覆重要矿产资源储量预登记的，不再办理项目压覆重要矿产资源审批手续，但市县国土资源行政主管部门应在出让或划拨用地前，到省级国土资源行政主管部门办理压覆重要矿产资源登记手续。

未统一开展建设压覆重要矿产资源的调查和预登记工作的城市，在办理建设项目用地预审和审批时，建设单位应严格按照本通知要求履行压覆重要矿产资源审批手续。

各省级国土资源行政主管部门要认真贯彻本通知精神，落实审批管理职责，做好宣传培训工作。结合矿产资源特点，提出本行政区优势矿产、紧缺矿产名录，制定具体的实施意见报部。要及时总结实施过程中发现的问题，并向国土资源部报告。

附件：
1. 关于××××压覆重要矿产资源的申请函（编写提纲）
2. 关于××××压覆重要矿产资源的评估报告（编写提纲）
3. 关于对××××压覆重要矿产资源的初审意见（编写提纲）

中华人民共和国国土资源部
二〇一〇年九月八日

附件1

关于××××压覆重要矿产资源的申请函

（编写提纲）

国土资源部：

单独选址建设项目概述：简述立项背景、审批（备案）状况、项目基本情况（位置，拟用地范围、拐点坐标、面积，压覆区范围、拐点坐标、标高、面积）。

压覆重要矿产资源不可避免性简要说明。

压覆区矿产资源概况：矿种、资源储量类型、埋深、质量，并分矿区、矿业权人列出压覆的资源储量。

现按《国土资源部关于进一步规范建设项目压覆重要矿产资源管理的通知》的规定，将材料报上，请批准压覆建设用地压覆区范围内矿产资源。

附件：
1. 《关于××××压覆重要矿产资源的评估报告》及其附件、附图、附表
2. 建设用地压覆重要矿产资源不可避免性详细论证材料
3. 建设项目压覆矿业权的，应附与矿业权人签订的含矿业权人同意压覆并不动用已批

准压覆的矿产资源的协议原件及矿业权许可证复印件（加盖矿业权人公章）

（联系人及联系电话：　　　　　　）

××××年××月××日

附件 2

关于××××压覆重要矿产资源的评估报告
（编写提纲）

第一章　概　　况

一、建设项目概况

简要说明项目由来、主管机关、建设单位、设计单位，建设项目批准（备案）机关及文号，拟建地点，拟用地范围、面积、坐标，拟投资规模。

二、目的任务

三、建设项目所在地概况

位置、交通、自然地理、社会经济概况。

四、建设项目用地及周边地区以往地质工作

简述以往地质勘查工作单位名称、工作时限、提交的地质成果、评审备案（审批、认定）情况及储量类型与数量；建设用地压覆区内矿区（产地）情况。

五、建设项目用地及周边地区矿业权设置情况

勘查、开采单位名称、矿种、范围及拐点坐标、法人、生产规模、探矿权、采矿权证号、有效期等情况；建设用地压覆区内探矿权、采矿权设置情况。

六、本次调查情况简述

（一）调查工作起止时间、工作范围及投入的主要工作量。

（二）调查依据（法律法规、标准、规范、储量报告）。

（三）调查工作方法及质量评述（主要包括地质测量工作方法、精度；地质编录、取样方法、化验及其质量等）。

（四）调查工作取得的主要成果。

第二章　建设项目压覆重要矿产资源必然性论证

一、建设项目必要性论证

二、建设项目压覆重要矿产资源不可避免性论证

（一）项目选址方案对比分析及现选址方案最优化论证。

（二）项目设计方案对比分析及现设计方案最优化论证。

三、项目社会经济效益评价

第三章　建设项目压覆重要资源储量估算

一、资源储量估算工业指标及其依据
二、资源储量估算方法的选择及依据
三、资源储量估算范围
确定的依据、方法，计算公式，压覆区边界拐点坐标、标高及面积
四、矿体圈定及块段划分原则
五、资源储量估算参数的确定
六、资源储量估算结果
按矿体（层）、矿区、探矿权、采矿权人估算被压覆的资源储量（含表格）。
七、资源储量变化情况评述
（一）本次结果与所依据的储量报告估算结果对比分析（储量类型、数量变化及其原因）。
（二）本次估算结果与对应储量表中资源储量数据对比分析（储量类型、数量变化及其原因）。

第四章　经济社会效益对比分析

详细论述建设项目与被压覆资源的经济社会效益对比分析。

第五章　结论及建议

附件：
1. 项目批准（备案）等文件（复印件，加盖项目单位公章）
2. 编制压覆重要矿产资源评估报告单位资质证明文件（复印件，加盖本单位公章）
3. 编制压覆重要矿产资源评估报告委托函或者合同（原件）
4. 建设单位确定压覆区范围论证材料

附图：
1. 地形地质图（1/10000 或 1/5000，标明项目的拟用地范围、压覆区范围）
2. 原储量报告在压覆区的资源储量计算图（或组图）
3. 资源储量计算图（或组图）
4. 压覆区（地段）地质（代表性）剖面图
5. 资源储量计算所利用工程的钻孔柱状图
6. 本次资源储量估算范围与所依据储量报告资源储量估算范围叠合图
7. 项目拟用地范围、压覆区范围、压覆区内探矿权、采矿权范围和矿区（产地）资源储量估算范围叠合图
8. 建筑物平面分布图（含拐点坐标）

附表：
1. 储量估算表
2. 测量成果表
3. 本次估算的资源储量与对应储量表资源储量对比变化表（储量类型、数量变化）

附件3

关于对××××压覆重要矿产资源的初审意见

(编写提纲)

一、基本情况

(一)建设项目概况:简要说明建设项目由来、主管单位、建设单位、设计单位、批准(核准、备案)机关及文号,拟建地点,拟用地范围、面积、坐标、标高,拟投资规模。

(二)建设项目压覆区内矿产资源、探矿权与采矿权设置及协议签订情况,按矿区(产地)说明矿产资源分布情况。

二、建设项目选址及设计方案科学合理性审查意见

建设项目选址及设计方案是否符合实际情况、是否已经尽量避免或少压覆重要矿产资源。

三、压覆资源储量估算

(一)资源储量估算工业指标、估算方法、范围(建设项目压覆区边界拐点坐标、标高及面积)和参数确定的依据、方法的审查意见。

(二)资源储量估算结果:按矿体(层)、矿区、矿业权人分列。

(三)《压覆重要矿产资源评估报告》的评审备案情况。

四、结论及建议

压覆与否的建议,负责协调处理压覆重要矿产资源涉及矿业权人权益的有关事宜等。

公开方式:主动公开
主题词:国土资源　建设项目　矿产　通知

国土资源部办公厅　　　　　　　　　　　　　　　2010年9月10日印制

七、防洪评价相关管理规定

1. 北京市实施《中华人民共和国防洪法》办法

《北京市实施〈中华人民共和国防洪法〉办法》由北京市第十一届人民代表大会常务委员会第二十六次会议于 2001 年 5 月 18 日通过,分七章五十四条,自 2001 年 6 月 1 日起施行。根据 2018 年 3 月 30 日北京市第十五届人大常务委员会第三次会议通过的《修改决定》修正。

目 录

第一章 总则
第二章 防洪规划
第三章 防洪工程设施建设与管理
第四章 防汛抗洪
第五章 保障措施
第六章 法律责任
第七章 附则

第一章 总 则

第一条 为了实施《中华人民共和国防洪法》(以下简称《防洪法》),结合本市实际情况,制定本办法。

第二条 本市防洪工作实行全面规划、统筹兼顾、预防为主、综合治理、局部利益服从全局利益和防汛与抗旱相结合的原则,兴利除害,确保首都安全。

第三条 本市应当加强永定河、潮白河、北运河等主要排洪河道、大中型水库、泥石流易发区和规划市区等重点区域的防洪工作,防御、减轻洪涝灾害,维护人民的生命和财产安全,保障社会主义现代化建设顺利进行。

第四条 各级人民政府应当加强对防洪工作的统一领导,组织有关部门、单位,动员社会力量,开展全民防洪教育,普及防洪知识,提高水患意识,依靠科技进步,有计划地治理河流、湖泊,建设防洪工程,并加强防洪工程的维护和管理,建立并完善防洪体系和水文、气象、通信、预警以及洪涝灾害监测系统,巩固和提高防洪能力,确保安全。

根据防洪规划，防洪工程设施建设项目纳入年度国民经济和社会发展计划，所需费用纳入市和区财政预算。

第五条 市和区水行政主管部门在本级人民政府的领导下，负责本行政区域内防洪的组织、协调、监督、指导等日常工作。

住房城乡建设、规划国土、城市管理等行政主管部门和其他有关部门按照各自的职责分工，负责有关的防洪工作。

第六条 任何单位和个人都有保护防洪工程设施和依法参加防汛抗洪的义务，并有权劝阻和检举破坏防洪工程设施的行为。

在防洪工作中做出突出贡献的单位和个人，由各级人民政府或者有关部门给予表彰和奖励。

第二章 防洪规划

第七条 市和区人民政府应当依据国民经济和社会发展计划，按照城市防洪的要求编制防洪规划。防洪规划是防治洪涝灾害、河流和湖泊治理、防洪工程设施建设以及城市基础设施建设的基本依据。

全市防洪规划应当服从海河流域防洪规划。区防洪规划应当服从所在流域防洪规划和全市防洪规划。河流、湖泊防洪规划应当服从所在流域防洪规划。

防洪规划的规划期限由市人民政府确定。

防洪规划纳入城市总体规划。

第八条 防洪规划应当规定防洪标准，确定防护对象、治理目标和任务、防洪措施和实施方案；划定蓄滞洪区和防洪保护区的范围，规定蓄滞洪区的使用原则；制定易涝地区除涝措施，完善排涝系统；对山洪可能诱发山体滑坡、崩塌和泥石流地区以及其他山洪易发区，还应当划定重点防治区，制定防治措施。

第九条 全市防洪规划由市水行政主管部门会同有关部门编制，报市人民政府批准，并报国务院水行政主管部门备案。

东城区、西城区、朝阳区、海淀区、丰台区、石景山区、通州区的防洪规划由市水行政主管部门会同市规划国土主管部门和其他有关部门统一编制，报市人民政府批准。其他区防洪规划由本级水行政主管部门会同有关部门编制，报本级人民政府批准，并报市水行政主管部门备案。

第十条 永定河防洪规划按照国务院批准的方案执行，其他河道的防洪规划按照下列规定编制和批准：

（一）潮白河、北运河（含温榆河）、拒马河、泃浉河防洪规划由市水行政主管部门组织有关部门协同海河流域管理机构编制，经市人民政府审查提出意见后，报国务院水行政主管部门批准；

（二）凉水河、通惠河、清河以及其他跨区河道防洪规划由市水行政主管部门组织有关区水行政主管部门编制，征求有关区人民政府意见后，报市人民政府批准；

（三）除第（一）项、第（二）项规定以外的其他河道的防洪规划由河道所在地的区水行政主管部门会同有关部门编制，报本级人民政府批准，并报市水行政主管部门备案。

第十一条 依法划定的防洪规划保留区，由市或者区人民政府公告，明确界限，并设立标志。

前款规划保留区内，不得建设与防洪无关的建设项目；在特殊情况下，建设项目确需占用前款规划保留区内的土地的，应当按照国家规定的基本建设程序报请批准，并征求有关水行政主管部门的意见。

第十二条 铁路、公路干线、卫星城、经济开发区、科技园区、住宅区、小城镇、大型骨干企业等建设项目按照国家规定的程序报请批准前，应当进行水影响评价。

第三章 防洪工程设施建设与管理

第十三条 防洪应当蓄泄兼施，充分发挥水库、湖泊、洼淀和沟道截流工程的调蓄洪水功能；加强河道防护，定期疏浚河道，保持行洪畅通。

防洪应当保护、扩大林草植被，加强水土保持，充分利用砂石坑回补地下水。规划市区应当扩大河湖水面，建设低草坪、渗水地面，完善渗井系统，涵养水源，削减洪峰。

第十四条 各级人民政府及其水行政主管部门应当按照防洪规划，疏浚河流、湖泊，加固堤防，加强水库、闸坝等防洪工程设施建设和维护，巩固和提高防洪能力。

市和区人民政府应当加强对城市排涝管网、泵站的建设和管理，提高规划市区和其他城镇地区的排涝能力。

第十五条 防洪工程设施建设必须按照设防标准和技术规范、规程进行设计、施工、监理和验收，确保防洪工程设施的质量。其中规划市区防洪工程建设应当注重环境美化，维护古都风貌。

防洪工程设施的设计方案，必须经水行政主管部门核准；施工单位必须按照核准的设计方案施工；防洪工程设施竣工后，必须经水行政主管部门验收，确认符合防洪安全和运行管理标准的，方可投入使用。

防洪工程设施勘察、设计、施工、监理单位，必须具备相应的资质等级。

水行政主管部门应当对已投入使用的防洪工程设施，定期进行安全鉴定，对于不符合防洪安全要求的，应当改建、重建或者采取补救措施。

第十六条 永定河的规划治导线按照国务院水行政主管部门批准的方案执行。

跨区河道的规划治导线由市水行政主管部门组织河道所在地的区水行政主管部门拟定，征求有关区人民政府意见后，报市人民政府批准。

第十七条 永定河、潮白河、北运河等市管河道实行河道管理机构统一管理与河流所在地的区水行政主管部门分段管理相结合；其他市管河流、渠道、水库、湖泊由市水行政主管部门授权的河道管理单位负责监督管理。

前款规定以外的其他河流、湖泊由其所在地的区水行政主管部门负责监督管理。

第十八条 市或者区人民政府应当按照管理权限对河道、湖泊和水库、闸坝等防洪工程设施划定管理范围和保护范围。

第十九条 在河道、湖泊管理范围内，禁止下列行为：

（一）建设妨碍行洪的建筑物、构筑物；

（二）倾倒垃圾和渣土、堆放非防汛物资；

（三）在行洪河道内种植有碍行洪的林木和高杆作物；

（四）在堤防和护堤地，从事放牧、葬坟、晒粮、开渠、打井、挖窖、取土、存放物料、开办集市贸易、开采地下资源、进行考古发掘等活动；

（五）在河道、渠道、湖泊、水库和其他水工程管理范围内采砂；

（六）从事其他影响河势稳定、危害河岸堤防安全和妨碍河道行洪的活动。

在堤防和护堤地以外的河道、湖泊和其他水工程管理范围内，在不影响河势稳定或者防洪安全的情况下，经过批准可以取土、开采地下资源、进行考古发掘等活动。永定河、潮白河、北运河等市管河道、湖泊和其他水工程由市水行政主管部门或者其授权的河道管理单位审批，其他河道、湖泊和水工程由区水行政主管部门审批。

第二十条 在水库、闸坝管理和保护范围内以及河道、湖泊保护范围内，禁止进行爆破、打井、采石、取土等危害防洪工程设施安全的活动。

第二十一条 对壅水、阻水严重的桥梁、引道、码头和其他跨河工程设施，根据该河道的防洪标准，有关水行政主管部门可以报请人民政府责令建设单位限期改建或者拆除。

新建、改建、扩建跨河、穿河、临河、穿堤的桥梁、码头、道路、渡口、管道、缆线和取水、排水等工程设施，按照《防洪法》第二十七条的规定执行。

第二十二条 各级人民政府要加强水库大坝、河湖堤防的安全管理。

管理单位应当对大坝、堤防、闸桥和其他水工程设施进行安全监测和检查，保证工程安全运行。

堤路结合的大坝、堤防、闸桥限制超重车辆通行，非堤路结合的大坝、堤防、闸桥禁止机动车辆通行，主管部门应当设立标志，但法律、法规另有规定的除外。

第二十三条 未达到设计防洪标准、抗震设防要求或者有严重质量缺陷的病险水库，应当采取除险、加固措施，限期消除隐患或者重建。

病险水库应当限制蓄水或者停止蓄水。

第二十四条 本市应当加强城镇地区排水系统建设，保障排水畅通。

实行河道、湖泊排水总量控制制度。新建小区和其他新建、改建、扩建的建设项目，建设单位应当采取滞洪、蓄洪措施，严格控制入河排水量。

第二十五条 各级人民政府应当加强水土保持工作，采取综合治理措施，对泥石流易发区、矿山采空区和山洪可能诱发山体滑坡、崩塌区进行治理，加强监管。

禁止在上述地区进行除水土保持以外的一切开发建设活动。

第二十六条 蓄滞洪区应当按照防洪规划划定并报请市人民政府按照国务院规定的权限批准后予以公告。蓄滞洪区所在地的人民政府应当采取措施控制蓄滞洪区内人口的增长；制定防洪避险转移方案；组织有关部门对蓄滞洪区内的单位和居民进行防洪教育和避险演习；组织蓄滞洪区内的单位和居民积极参加防洪工作；因地制宜地采取防洪避险措施。

禁止在蓄滞洪区分洪口门300米范围内建设妨碍行洪的建筑物和构筑物。违反规定的，由水行政主管部门责令限期拆除，恢复原状。

在蓄滞洪区内建设大型建设项目，其审批程序按照《防洪法》第三十三条的规定执行。

第二十七条 各级人民政府应当组织水行政主管部门和有关部门对河道堤防、闸坝、水库、跨河设施、市政排水、危旧房屋、人防工程和其他地下建筑物以及山洪、泥石流易发区等重点部位，进行定期检查和监督；发现隐患，有关责任单位应当及时采取措施予以排除。

第二十八条 对居住在行洪河道内、水库淹没区内以及山洪、泥石流易发区内的居民，当地人民政府应当按照防洪规划有计划地组织外迁。市和区人民政府应当对外迁居民妥善安置。

第二十九条 任何单位和个人不得破坏、移动、侵占、擅自使用水文监测站的站房、测验设施、标志、场地、道路、缆线、自动测报系统等水文设施以及防汛通信设施和雨情、水情自动采集设施；确需移动或者占用上述设施的，建设单位应当征得市水行政主管部门同意，并负责恢复上述设施的原有功能，承担相应的费用。

任何单位和个人不得干扰防汛通信和雨情、水情采集专用频率。

第四章　防汛抗洪

第三十条 防汛抗洪工作实行各级人民政府行政首长负责制，统一指挥、分级分部门负责。

第三十一条 市和区人民政府设立防汛指挥机构，负责领导、组织和统一指挥本行政区域内的防汛抗洪工作。

第三十二条 市人民政府防汛指挥机构由市有关部门、北京卫戍区、武警北京总队等单位负责人组成，市长担任指挥，其办事机构设在市水行政主管部门。

永定河、潮白河、北运河和大中型水库应当设立防汛机构，负责所管辖范围内的防汛抗洪工作。

第三十三条 区人民政府防汛指挥机构由区有关部门、当地驻军、人民武装部等单位负责人组成，区长担任指挥，其办事机构设在区水行政主管部门；没有水行政主管部门的，设在区人民政府指定的部门。

乡、镇人民政府和街道办事处应当设立防汛机构，在上级防汛指挥机构的领导下，负责本行政区域内的防汛抗洪工作。

第三十四条 本市的防汛期为每年6月1日至9月15日。特殊情况下，市防汛指挥机构可以宣布提前或者延长防汛期。

当河道水情接近设计洪水位、历史最高洪水位，水库水位接近设计洪水位以及防洪工程设施发生重大险情时，市或者区防汛指挥机构可以宣布进入紧急防汛期。

第三十五条 永定河防御洪水方案按照国务院批准的方案执行，其他河道、水库、湖泊防御洪水方案按下列规定编制和批准：

（一）潮白河、北运河（含温榆河）以及其他跨省、市河道防御洪水方案由市水行政主管部门协同海河流域管理机构编制，经市人民政府审查提出意见后，报国务院水行政主管部门批准；

（二）密云水库、官厅水库防御洪水方案由市水行政主管部门编制，报市人民政府批准，并报国务院水行政主管部门备案；

（三）怀柔水库、十三陵水库、城市河湖以及其他市管水库、河道防御洪水方案由各管理单位编制，报市水行政主管部门批准；

（四）除第（二）项、第（三）项规定以外的其他大、中型水库防御洪水方案由所在地的区水行政主管部门和有关部门编制，报本级人民政府批准，并报市水行政主管部门备案；

（五）除第（一）项、第（二）项、第（三）项、第（四）项规定以外的其他河道、小型水库防御洪水方案由所在地的区水行政主管部门编制，报本级人民政府批准。

第三十六条 在汛期，水库、闸坝和其他水工程设施的运用，必须服从有关防汛指挥机构的调度、指挥和监督。永定河防汛调度按照国家防汛指挥机构的命令执行；市管河道、水库以及跨区河道防汛调度命令由市防汛指挥机构下达；其他河道、水库防汛调度命令由所在地的区防汛指挥机构下达。

在汛期，水库不得擅自在汛期限制水位以上蓄水，其汛期限制水位以上防洪库容的运用，必须服从防汛指挥机构的调度、指挥和监督。

第三十七条 对河道、湖泊范围内阻碍行洪的障碍物，按照谁设障、谁清除的原则，由市或者区防汛指挥机构责令限期清除；逾期不清除的，由有关防汛指挥机构组织强行清除，清除费用由设障者承担。

第三十八条 在汛期，公安、交通等有关部门应当保障防汛指挥和抢险救灾车辆优先通行，并按特种车辆对待。

防汛指挥和抢险救灾车辆标志由市公安交通管理部门印制，市防汛指挥机构统一核发。

第三十九条 各级人民政府应当组织有关部门和企业、事业单位做好防汛抗洪物资的储备。市和区防汛指挥机构储备的防汛抗洪物资，所需资金和储备费用由本级财政负担；企业、事业单位自备的防汛抗洪物资，所需资金和储备费用由企业、事业单位自行负担。

在紧急情况下，储备的防汛抗洪物资应当服从上级防汛指挥机构的统一调度，调用的物资在汛期结束后应当及时归还；造成损坏或者无法归还的，按照有关规定给予适当补偿或者作其他处理。

第四十条 住房城乡建设、规划国土、城市管理等行政主管部门应当加强房屋、人防工程和其他地下建筑物、市政设施等防洪安全的检查，及时处理各种隐患，并制定防洪预案，督促产权单位或者责任人采取应急措施，确保安全度汛。

第四十一条 市和区人民政府应当加强非工程防洪措施建设，按照国家规定建立以信息采集、通讯、计算机网络和决策支持为主要内容的防汛指挥系统。

第四十二条 在汛期，气象、水文、电信、运输、电力、物资、商业、公安等有关部门应当按照各自的职责，优先为防汛抗洪服务。

第五章 保障措施

第四十三条 各级人民政府应当保证实施防洪规划和防洪年度计划所需资金。

市和区人民政府应当在每年财政预算和水利建设基金中安排资金，主要用于下列支出：

（一）防洪工程设施建设、维护和改造；

（二）水文测报、通信设施、生物措施等非防洪工程设施的建设、维护、改造和修复；

（三）水毁工程修复；

（四）抗洪抢险经费；

（五）防汛工作经费；

（六）储备防汛物资。

防洪资金必须专款专用，严格审计监督。

第四十四条 市和区人民政府应当建立水利建设基金，具体筹集和使用管理办法按照市人民政府的规定执行。

防洪工程建设维护管理费的征缴按照市人民政府的规定执行。

第四十五条 受洪水威胁地区的企业、事业单位，应当自筹资金，建设必要的防洪自保工程。

各级人民政府应当支持单位和个人按照防洪规划，采取自办、联办等多种形式，建设、修建水利工程和营造护堤、护岸林。

第六章 法律责任

第四十六条 违反本办法，依照《防洪法》和本办法追究法律责任。

第四十七条 违反本办法第十二条、第二十六条第三款规定，未编制水影响评价文件或者水影响评价文件未经审查批准开工建设的，责令限期改正；逾期不改正的，处5万元以下罚款。

第四十八条 违反本办法第十五条规定，防洪工程设施的设计方案，未经水行政主管部门核准擅自施工或者不按照设计方案施工的，由水行政主管部门责令改正；影响防洪的，责令拆除；可以采取补救措施的，责令采取补救措施，并可以处1万元以上10万元以下罚款。

第四十九条 违反本办法第十九条第一款规定，在河道、湖泊管理范围内从事下列行为的，由水行政主管部门给予行政处罚：

（一）建设妨碍行洪的建筑物、构筑物的，责令停止违法行为，排除阻碍或者采取其他补救措施，可以处 5 万元以下罚款；

（二）倾倒垃圾和渣土、堆放非防汛物资的，责令停止违法行为，排除阻碍或者采取其他补救措施，可以处 5 万元以下罚款；

（三）在行洪河道内种植有碍行洪的林木和高杆作物的，责令停止违法行为，排除阻碍或者采取其他补救措施，可以处 5 万元以下罚款；

（四）在堤防和护堤地范围内，放牧、晒粮、开渠、打井、挖窖、葬坟、开办集市贸易、取土、存放物料、开采地下资源、进行考古发掘的，责令停止违法行为，排除阻碍或者采取其他补救措施，可以处 5 万元以下罚款；

（五）在河道、渠道、湖泊、水库和其他水工程管理范围内采砂的，责令停止违法行为，采取其他补救措施，处 1 万元以上 5 万元以下罚款；

（六）从事其他影响河势稳定、危害河岸堤防安全或妨碍河道行洪的活动的，责令停止违法行为，排除阻碍或者采取补救措施，可以处 5 万元以下罚款；有违法所得的，没收违法所得。

第五十条 违反本办法第十九条第二款规定，未经批准擅自在河道、湖泊管理范围内取土、开采地下资源、进行考古发掘的，由水行政主管部门责令停止违法行为，恢复原状或者采取其他补救措施，可以处 1 万元以上 5 万元以下罚款。

第五十一条 违反本办法第二十条规定，在水库、闸坝管理和保护范围内以及河道、湖泊保护范围内，进行爆破、打井、采石、取土等危害防洪工程设施安全的活动的，由水行政主管部门责令停止违法行为，恢复原状或者采取其他补救措施，可以处 1 万元以上 5 万元以下罚款。

第五十二条 违反本办法第二十二条规定，在堤路结合的大坝、堤防、闸桥行驶超重车辆，在非堤路结合的大坝、堤防、闸桥行驶机动车辆的，由水行政主管部门处以 200 元以下罚款。

第五十三条 国家工作人员违反《防洪法》和本办法，依照《防洪法》第六十四条规定，构成犯罪的，依法追究刑事责任；尚不构成犯罪的，给予行政处分。

第七章 附 则

第五十四条 本办法自 2001 年 6 月 1 日起施行。

(2018 年 3 月 30 日北京市第十五届人民代表大会常务委员会第三次会议通过)
北京市第十五届人民代表大会常务委员会第三次会议决定：
三、对《北京市实施〈中华人民共和国防洪法〉办法》作出修改

（一）将第九条第二款修改为："东城区、西城区、朝阳区、海淀区、丰台区、石景山区、通州区的防洪规划由市水行政主管部门会同市规划国土主管部门和其他有关部门统一编制，报市人民政府批准。其他区防洪规划由本级水行政主管部门会同有关部门编制，报本级人民政府批准，并报市水行政主管部门备案。"

（二）在第十一条增加一款，作为第二款："前款规划保留区内不得建设与防洪无关的建设项目；在特殊情况下，建设项目确需占用前款规划保留区内的土地的，应当按照国家规定的基本建设程序报请批准，并征求有关水行政主管部门的意见。"

（三）将第十二条修改为："铁路、公路干线、卫星城、经济开发区、科技园区、住宅区、小城镇、大型骨干企业等建设项目按照国家规定的程序报请批准前，应当进行水影响评价。"

（四）将第十七条修改为："永定河、潮白河、北运河等市管河道实行河道管理机构统

一管理与河流所在地的区水行政主管部门分段管理相结合；其他市管河流、渠道、水库、湖泊由市水行政主管部门授权的管理机构负责监督管理。

"前款规定以外的其他河流、湖泊由其所在地的区水行政主管部门负责监督管理。"

"（五）将第十九条修改为："在河道、湖泊管理范围内，禁止下列行为：

"（一）建设妨碍行洪的建筑物、构筑物；

"（二）倾倒垃圾和渣土、堆放非防汛物资；

"（三）在行洪河道内种植有碍行洪的林木和高杆作物；

"（四）在堤防和护堤地，从事放牧、葬坟、晒粮、开渠、打井、挖窖、取土、存放物料、开办集市贸易、开采地下资源、进行考古发掘等活动；

"（五）在河道、渠道、湖泊、水库和其他水工程管理范围内采砂；

"（六）从事其他影响河势稳定、危害河岸堤防安全和妨碍河道行洪的活动。

"在堤防和护堤地以外的河道、湖泊和其他水工程管理范围内，在不影响河势稳定或者防洪安全的情况下，经过批准可以取土、开采地下资源、进行考古发掘等活动。永定河、潮白河、北运河等市管河道、湖泊和其他水工程由市水行政主管部门或者其授权的河道管理单位审批，其他河道、湖泊和水工程由区水行政主管部门审批。"

（六）将第三十三条第二款修改为："乡、镇人民政府和街道办事处应当设立防汛机构，在上级防汛指挥机构的领导下，负责本行政区域内的防汛抗洪工作。"

（七）将第四十七条修改为："违反本办法第十二条、第二十六条第三款规定，未编制水影响评价文件或者水影响评价文件未经审查批准开工建设的，责令限期改正；逾期不改正的，处五万元以下罚款。"

（八）将第四十九条修改为："违反本办法第十九条第一款规定，在河道、湖泊管理范围内从事下列行为的，由水行政主管部门给予行政处罚：

"（一）建设妨碍行洪的建筑物、构筑物的，责令停止违法行为，排除阻碍或者采取其他补救措施，可以处5万元以下罚款；

"（二）倾倒垃圾和渣土、堆放非防汛物资的，责令停止违法行为，排除阻碍或者采取其他补救措施，可以处5万元以下罚款；

"（三）在行洪河道内种植有碍行洪的树木和高杆作物的，责令停止违法行为，排除阻碍或者采取其他补救措施，可以处5万元以下罚款；

"（四）在堤防和护堤地范围内，放牧、晒粮、开渠、打井、挖窖、葬坟、开办集市贸易、取土、存放物料、开采地下资源、进行考古发掘的，责令停止违法行为，排除阻碍或者采取其他补救措施，可以处5万元以下罚款；

"（五）在河道、渠道、湖泊、水库和其他水工程管理范围内采砂的，责令停止违法行为，采取其他补救措施，处1万元以上5万元以下罚款；

"（六）从事其他影响河势稳定、危害河岸堤防安全或妨碍河道行洪的活动的，责令停止违法行为，排除阻碍或者采取补救措施，可以处5万元以下罚款；有违法所得的，没收违法所得。"

（九）将第五十条修改为："违反本办法第十九条第二款规定，未经批准擅自在河道、湖泊管理范围内取土、开采地下资源、进行考古发掘的，由水行政主管部门责令停止违法行为，恢复原状或者采取其他补救措施，可以处1万元以上5万元以下罚款。"

（十）将第五十三条修改为："国家工作人员违反《防洪法》和本办法，依照《防洪法》第六十四条规定，构成犯罪的，依法追究刑事责任；尚不构成犯罪的，给予行政处分。"

2. 河北省实施《中华人民共和国防洪法》办法

(2000年9月27日河北省第九届人民代表大会常务委员会第十七次会议通过，根据2010年7月30日河北省第十一届人民代表大会常务委员会第十七次会议《关于修改部分法规的决定》修正；2017年9月28日河北省第十二届人民代表大会常务委员会第三十二次会议第二次修正）

目 录

第一章 总则
第二章 防洪规划
第三章 治理与防护
第四章 防洪区和防洪工程设施的管理
第五章 防汛抗洪
第六章 保障措施
第七章 法律责任
第八章 附则

第一章 总 则

第一条 根据《中华人民共和国防洪法》（以下简称防洪法）的规定，结合本省实际，制定本办法。

第二条 在本省行政区域内从事防洪以及与防洪有关的活动，必须遵守本办法。

第三条 县级以上人民政府水行政主管部门负责本行政区域内防洪的组织、协调、监督、指导等日常工作；其他有关部门按照各自的职责，负责有关的防洪工作。

经省人民政府或者其主管部门批准设置的河系管理机构、水文机构和水利工程管理单位，在所管辖的范围内，行使法律、法规规定的或者省人民政府水行政主管部门授权的防洪协调和监督管理职责。

第四条 防洪工作坚持全面规划、综合治理、预防为主、蓄泄结合、顾全大局、确保重点的原则。在保证安全的前提下，科学调蓄、充分利用雨水资源。

第五条 防洪排水工程设施建设，应当纳入国民经济和社会发展规划，并同蓄水防旱和改善生态环境统筹兼顾，与经济发展和城乡建设同步实施。

第六条 任何单位和个人都有保护防洪工程设施和依法参加防汛抗洪的义务，并有权检举破坏防洪工程设施的行为。

第二章 防洪规划

第七条 河流防洪规划和区域防洪规划必须符合国务院批准的海河流域综合规划，并与当地的区域综合规划和土地利用总体规划相一致。

第八条 编制防洪规划应当遵守下列规定：

（一）永定河、大清河、漳卫南运河、北运河、潮白河、蓟运河等跨省、直辖市河系的防洪规划，依照防洪法第十条的规定编制、批准；

（二）滦河、子牙河、黑龙港河等河系和防潮海堤的防洪规划，由省人民政府水行政主管部门会同有关部门、设区市人民政府编制，报省人民政府批准，向国务院水行政主管部门备案；

（三）跨设区市的河流和省管理的河道、淀泊的防洪规划，由河系管理机构组织有关设区市人民政府水行政主管部门编制，经有关设区市人民政府审查，报省人民政府水行政主管部门批准；

（四）跨县（市、区）河流的防洪规划，由设区市人民政府水行政主管部门会同有关部门和县（市、区）人民政府编制，经有关县（市、区）人民政府审查，报设区市人民政府批准，向省人民政府水行政主管部门备案；

（五）城市防洪规划，由城市人民政府组织水行政主管部门、建设行政主管部门和其他有关部门编制，经上一级人民政府水行政主管部门会同建设行政主管部门审核后，由城市人民政府批准，并纳入城市总体规划。

第九条 滦河、子牙新河入海口的整治规划，由省人民政府水行政主管部门会同效能、国土资源管理部门、河系管理机构和有关设区市人民政府制定；其他河流入海河口的整治规划，按照分级管理的权限，由设区市、县（市、区）人民政府水行政主管部门会同有关部门制定。

第十条 洪泛区、蓄滞洪区、防洪保护区的范围，由省人民政府水行政主管部门会同国土资源管理等有关部门在防洪规划或者防御洪水方案中划定，经省人民政府批准后予以公告。

第十一条 在防洪规划保留区内，不得建设与防洪无关的工程设施。国家工矿建设项目确需占用规划保留区内的土地，属本办法第八条第（一）、（二）、（三）项规定的河流的，必须先征得省人民政府水行政主管部门的同意；属本办法第八条第（四）项规定的河流的，必须先征得设区市人民政府水行政主管部门的同意，方能按基本建设程序报批。现已建在规划保留区内的厂房、仓库等与防洪无关的设施，由县级以上人民政府责令产权单位限期迁出。

第十二条 在河道、淀泊上建防洪工程和其他水工程、水电站等，应当符合防洪规划要求，水库应当按照防洪规划的要求留足防洪库容。

前款规定的防洪工程和其他水工程、水电站未取得有关水行政主管部门签署的符合防洪规划要求的规划同意书的，建设单位不得开工建设。

防洪规划同意书的内容和要求，由省人民政府水行政主管部门依照国家规定制定。

第十三条 根据防洪规划进行河道整治需要征收、征用土地的，由建设单位有关征收、征用手续。征收、征用土地的补偿费用，依照国家和本省有关规定的下限执行。

第三章 治理与防护

第十四条 各级人民政府应当组织有关部门，动员社会力量，依靠科技进步，加强防洪设施的建设和管护。按照批准的防洪规划制定各类防洪工程和防洪非工程措施的建设计划，并纳入国民经济和社会发展计划，资金投入列入年度财政预算。

对严重影响防洪、排水的河段和病险水库、闸坝等工程设施，应当优先安排资金进行整治、加固或者重建。

第十五条 防洪工作坚持工程措施与生物措施、管理措施相结合，山、水、林、田、路综合治理。山区应当利用林草、梯田、谷坊、塘坝等水土保持工程截蓄雨水；平原应当利用河渠、坑塘、洼淀引蓄洪水。做到蓄、泄、滞、引、补结合，对防洪、除涝、抗旱和补充地下水、增加地表水、改善生态环境统筹安排。

第十六条 各级人民政府应当鼓励单位和个人按照防洪规划，采取民办、联办或者民办公助等多种形式，修建防洪排水工程，营造水土保持林、工程防护林和水源涵养林。

第十七条 城市人民政府应当按照防洪规划，加强对流经市区的行洪、排水河渠的治理以及防洪堤和排涝管网、泵站等防洪排水工程设施的建设和管理，并根据市区范围扩大和地面硬化程度变化的实际，进行相应的改建、扩建，增加城区水面和绿地面积，提高城市防御洪水和内涝的能力。

第十八条 河流的规划治导线按照河流防洪规划的编制权限拟定。省管理的河道和跨设区市河流的治导线，由有关河系管理机构拟定，报省人民政府水行政主管部门批准；其他河流的规划治导线，由设区市或者县（市、区）人民政府水行政主管部门拟定，报上一级人民政府水行政主管部门批准。

第十九条 河道、淀泊和水库、闸坝等防洪工程的管理范围，由县级以上人民政府组织水利、民政、国土资源管理等有关部门依照国家和省人民政府的有关规定划定。

河道入海河口的管理范围，宽度按照历史最高洪水位或者设计洪水位出口宽度的二至三倍划定，长度延伸不得超过最低潮位线。

第二十条 实施防洪法第二十七条规定的跨河、穿河、穿堤、临河的工程设施建设方案，应当报经有管辖权的人民政府水行政主管部门审查同意。申报审查的工程建设方案必须附具下列文件：

（一）项目申请书；
（二）建设项目所依据的文件；
（三）涉及河道与防洪部分的初步建设方案；
（四）建设项目需要占用的河道、淀泊、水库管理范围内的土地，跨越河道、淀泊、水库空间或者穿越河床的位置和界限；
（五）建设项目对河势变化、堤防安全、河道行洪、河水水质的影响及拟采取的补救措施。

工程建设方案未经有管辖权的人民政府水行政主管部门根据防洪要求审查同意的，建设单位不得开工建设。

第二十一条 在河道、淀泊、水库管理范围内，禁止下列活动：
（一）修建围堤、挑水坝、卡水桥涵、阻水路、阻水渠等妨碍行洪的建筑物、构筑物；
（二）倾倒垃圾、渣土等废弃物；
（三）设置阻碍行洪的渔具；
（四）进行围淀造地、围垦河道以及爆破、打井等影响河势稳定、危害堤坝安全的活动。

第二十二条 对壅水、阻水严重，或者因河道整治需要改建、拆除本办法第二十一条规定的工程设施的，由有关人民政府水行政主管部门商河系管理机构提出处置方案，报有管辖权的县级以上人民政府责令建设单位限期改建或者拆除。

第四章 防洪区和防洪工程设施的管理

第二十三条 各级人民政府应当依照国家和省人民政府的有关规定，加强蓄滞洪区的安全建设和管理，实行行政首长负责制。

蓄滞洪区所在地各级人民政府和村民（居民）委员会应当加强防洪楼（房）、避水台、围村埝、安全撤退道路和通信预警、预报等防洪避险工程设施的建设。

在蓄滞洪区内新建、改建和扩建生产、生活、办公用房和学校、医院等公共设施，必须符合防洪标准，避开洪水流路。

第二十四条 各级人民政府应当对为确保大局，根据防御洪水方案启用的蓄滞洪区内的居民给予政策、技术、资金、物资等方面的扶持、补偿和救助。

省人民政府应当制定对蓄滞洪区的扶持、救助方法，并依据国务院《蓄滞洪区运用补偿暂行办法》的规定，合理补偿蓄滞洪区内居民因蓄滞洪水遭受的损失。

第二十五条 在洪泛区、蓄滞洪区内严格控制非防洪建设项目。必须建设的，建设单位应当附具洪水影响评价报告。洪水影响评价报告未经有管辖权的人民政府水行政主管部门审查批准的，建设单位不得开工建设。

洪水影响评价报告的内容和要求，由省人民政府水行政主管部门依照国家规定制定。

第二十六条 对居住在行洪河道内和水库淹没范围的居民，县、乡级人民政府应当按照防洪规划有计划地组织迁移；暂未迁出的，应当按照防御洪水方案，做好就地避险和安全转移的准备工作。

第二十七条 水文测站的水文设施，任何单位和个人不得破坏、侵占、毁损或者擅自使用。因进行工程建设确需移动或者占用水文设施的，建设单位应当征得省水文机构同意，并负责恢复水文设施的原有功能，承担相应费用。

第二十八条 各级人民政府应当组织水行政主管部门和有关部门加强防洪工程设施的定期检查和监督管理。对查出的病险水库、险闸、险堤等防洪隐患和片林、苇丛、引道等行洪障碍，有关人民政府应当确定处置措施，限期消除隐患和清除障碍。

第二十九条 采用承包、租赁、股份制及股份合作制等方式经营的与防洪有关的水利工程，其经营者必须保证工程设施的安全运行和防洪、排水等原设计功能，接受有管辖权的人民政府水行政主管部门的监督，服从防汛指挥机构的防洪调度。

第五章 防汛抗洪

第三十条 防汛抗洪工作实行行政首长负责制，统一指挥，分级分部门负责。行政首长的防洪职责是：

（一）组织实施本地区的防洪规划，加快防洪工程设施建设；

（二）组织制定本地区的防御洪水方案，部署汛前检查和清障除险，做好安全度汛的准备工作；

（三）协调解决防汛抗洪资金、物资和部门之间的有关问题；

（四）执行上级的防汛调度命令，组织实施对特大洪水的处置措施和抗洪抢险工作，及时转移安置受灾人员；

（五）组织开展灾后救助，恢复生产，重建家园，保持社会稳定。

第三十一条 县级以上人民政府设立防汛指挥机构，指挥本地区的防汛抗洪工作。防汛指挥机构的主要职责是：

（一）在上级防汛指挥机构和本级人民政府的领导下，指挥本地区的防汛抗洪工作；

（二）负责实施本地区的汛前检查、清障和应急度汛工程建设，督促有关部门及时处理影响防洪安全的问题；

（三）负责发布本地区的汛情通报，宣布进入紧急防汛期；

（四）执行经批准的防御洪水方案和上级的防汛调度命令；

（五）协调解决防洪、排水的有关问题；

（六）组织、建设、指导、调动防汛抢险队伍；

（七）负责防汛、抢险、水毁工程修复、防汛指挥调度系统建设资金的安排，以及防汛抗洪物资的计划、购置、管理和调度；

（八）负责洪涝灾情和防洪效益的统计、分析、核查及总结上报；

（九）本级人民政府和上级防汛指挥机构赋予的其他职责。

第三十二条 防御洪水方案应当依照下列规定制定：

（一）永定河、大清河、漳卫南运河、北运河、潮白河、蓟运河等跨省、直辖市河流的防御洪水方案，由有关设区市人民政府会同河系管理机构依照国务院和国家防汛指挥机构下达的洪水调度方案制定，经省防汛指挥机构批准，报国家防汛指挥机构备案；

（二）滦河、子牙河等跨设区市河流和省管理的大型水库的防御洪水方案，由河系管理机构会同有关设区市防汛指挥机构依照省防汛指挥机构下达的汛期调度运用计划制定，经本级人民政府批准，向省防汛指挥机构备案；

（三）跨县（市、区）河流和设区市、县（市、区）管理的大、中型水库的防御洪水方案，由有关设区市、县（市、区）防汛指挥机构依照省防汛指挥机构下达的调度运用计划制定，报本级人民政府批准，向上一级防汛指挥机构备案；

（四）城市的防御洪水方案，由城市防汛指挥机构制定，报本级人民政府批准，向上一级防汛指挥机构备案。

第三十三条 防御洪水方案经批准后，有关地区、部门和单位必须执行。上游地区不得擅自增大下泄流量；下游地区不得设障阻水或者缩小河道断面。

第三十四条 本省汛期为每年的6月1日至9月30日；正常年份主汛期为7月10日至8月10日。

当主要河道的水情接近防洪保证水位或者安全流量，大型和重要中型水库、淀泊的水位接近设计洪水位，或者主要防洪工程设施发生重大险情时，有关设区市、县（市、区）防汛指挥机构可以宣布进入紧急防汛期，并向省防汛指挥机构报告。

第三十五条 在紧急防汛期内，通信部门应当保障防汛通信的优先畅通。有机动通信能力的部门应当为抗洪抢险指挥提供通信应急保障。防汛通信频率不得侵犯；对侵犯防汛通信频率的，由有关部门依法处理，及时排除干扰。

第三十六条 在汛期内，水库、闸坝和其他水工程设施的运用，必须执行经批准的汛期调度运用计划。水库不得擅自在汛期限制水位以上蓄水。根据实际情况确需调整汛期限制水位的，由水库管理单位提出申请，经批准后方能实施。小型水库由设区市防汛指挥机构批准，大中型水库由省防汛指挥机构批准。

根据洪水预报，水库水位将超过汛期限制水位需要泄洪时，由主管防汛指挥机构下达洪水调度命令，并提前通知库区和下游地区人民政府，做好安全防护和避险转移准备。

第三十七条 河流、淀泊的水位或者流量达到规定的分洪标准，或者为保障防洪重点区域和设施的安全需要启用蓄滞洪区时，永定河泛区、小清河分洪区、文安洼、贾口洼、东淀、大名泛区等蓄滞洪区，按照国家防汛指挥机构批准的防御洪水方案执行；宁晋泊、大陆泽、献县泛区、白洋淀、永年洼、兰沟洼、盛庄子洼等蓄滞洪区，按照省防汛指挥机构批准的防御洪水方案执行。

第三十八条　在抗洪抢险中，由各级人民政府和防汛指挥机构统一调用的物资、设备、交通运输工具等，在汛期结束后应当及时归还；消耗、毁损无法归还的，由有管辖权的人民政府组织有关部门和受益地区依照国家和本省的有关规定给予适当补偿。因防汛紧急措施取土占地、砍伐林木的，在汛后由当地人民政府及时组织复垦和补种。

第三十九条　在汛期内，防汛指挥车辆和抢险救灾车辆优先通行，并免交道路、桥梁、隧道的机动车辆通行费。防汛指挥车辆和抢险救灾车辆的通行标志，由省防汛指挥机构制发。

第六章　保障措施

第四十条　防洪费用按照政府投入同受益者合理承担相结合、以政府投入为主的原则筹集。各级人民政府应当保证实施防洪规划和防洪工程、水毁工程修复年度计划所需的资金。

各级财政部门每年应当从预算内资金、水利建设基金等专项资金中安排资金，重点用于抗洪抢险、水毁工程设施修复和防洪、防潮、排水工程设施的建设、维护，防汛抢险物资的储备、管理，通信、水文测报以及生物防护等防洪非工程措施的建设和维护，并保证防洪建设资金、配套资金及时到位。

城市防洪工程设施的建设和维护所需资金，由城市人民政府负担。

第四十一条　县级以上人民政府和有关部门应当根据国务院和省人民政府的规定筹集水利建设基金。

在河道工程受益范围内的生产经营性企事业单位、个体工商户以及从事种植、养殖业生产的单位和个人应当依照国务院和省人民政府的规定缴纳河道工程修建维护管理费。

第四十二条　受洪水威胁地区的企业、事业单位应当自筹资金，在人民政府水行政主管部门指导下修建必要的防洪自保工程；汛期要服从当地防汛指挥机构的统一领导，并做好本单位的防洪自保工作。

第四十三条　防汛抢险物资实行招标采购、分级储备、分级管理、统一调度、有偿使用的原则。

各级防汛指挥机构必须储备一定数量的防汛抢险物资；有重点防洪任务的单位和个人应当储备必要的防汛抢险工具、物料。

防汛抢险所需主要物资的储备、管理、调运、使用和结算，依照省人民政府有关部门的规定执行。

第四十四条　防洪、救灾资金和物资，必须专款专用、专物专用，加强审计监督，防止截留、挤占或者挪用。

第七章　法律责任

第四十五条　违反本办法第二十条的规定，未经人民政府水行政主管部门对其工程建设方案审查同意或者未按照审查批准的位置、界限施工，在河道、湖泊管理范围内从事工程设施建设活动的，责令停止违法行为，补办审查同意或者审查批准手续；工程设施建设严重影响防洪的，责令限期拆除，逾期不拆除的，强行拆除，所需费用由建设单位承担；影响行洪但尚可采取补救措施的，责令限期采取补救措施，可以处一万元以上三万元以下的罚款；情节严重的，处三万元以上十万元以下的罚款。

第四十六条 违反本办法第二十一条规定的，责令停止违法行为，排除阻碍或者采取其他补救措施，可以处五万元以下的罚款。

违反本办法第二十五条第一款规定，在洪泛区、蓄滞洪区内建设非防洪建设项目，未编制洪水影响评价报告或者洪水影响评价报告未经审查批准开工建设的，责令限期改正；逾期不改正的，处五万元以下的罚款。

第四十七条 违反办法第二十七条规定，破坏、侵占、毁损或者擅自使用水文测站的水文设施的，责令停止违法行为，采取补救措施，可以处五万元以下的罚款；造成损坏的，依法承担民事责任；应当给予治安管理处罚的，依照治安管理处罚法的规定处罚；构成犯罪的，依法追究刑事责任。

第四十八条 本办法第四十五条、第四十六条、第四十七条规定的行政处罚和行政措施，由县级以上人民政府水行政主管部门决定，或者由省人民政府水行政主管部门直属的有公共事务管理职能的组织，依照其管理范围决定。

第四十九条 违反本办法规定，有下列行为之一，不构成犯罪的，依照《中华人民共和国治安管理处罚法》的规定给予处罚；构成犯罪的，依法追究刑事责任：

（一）阻碍、威胁防汛指挥机构、水行政主管部门或者河系管理机构的工作人员依法执行公务，造成不良后果的；

（二）故意谎报险情，制造混乱的；

（三）哄抢抗洪抢险物资的。

第五十条 防汛指挥机构、水行政主管部门及其他有关部门的国家工作人员违反本办法规定，有下列行为之一，不构成犯罪的，由其所在单位或者上级主管机关给予行政处分；构成犯罪的，依法追究刑事责任：

（一）违反防洪规划或者防御洪水方案，严格影响防洪的；

（二）拒不执行汛期调度运用计划、蓄滞洪区运用方案和抗洪抢险指令的；

（三）违法批准建设严重影响行洪的建筑物、构筑物的；

（四）对查出的防洪隐患和行洪障碍不采取处置措施，造成严重后果的；

（五）截留、挤占、挪用防洪资金和物资的；

（六）在抗洪抢险紧要关头临阵脱逃，造成恶劣影响的；

（七）滥用职权，玩忽职守，徇私舞弊，致使防汛抗洪工作遭受重大损失的；

（八）为局部利益损害大局利益，导致或者加重毗邻地区洪灾损失的。

第八章 附 则

第五十一条 本办法具体应用中的问题，由省人民政府水行政主管部门负责解释。

第五十二条 本办法自 2001 年 1 月 1 日起施行。

3. 内蒙古自治区实施《中华人民共和国防洪法》办法

内蒙古自治区实施《中华人民共和国防洪法》办法在 2012.03.31 由内蒙古自治区人大常委会颁布。

目　　录

第一章　总则
第二章　防洪规划
第三章　治理、防护与管理
第四章　防汛抗洪
第五章　保障措施
第六章　法律责任
第七章　附则

第一章　总　　则

第一条　根据《中华人民共和国防洪法》（以下简称防洪法）和有关法律、法规，结合我区实际，制定本办法。

第二条　本办法所称防洪是指防御和减轻洪涝、冰凌灾害的各项活动。

第三条　防洪工作按照流域或者区域实行统一规划、分级实施和流域管理与行政区域管理相结合的制度。

第四条　各级人民政府应当将防洪工作纳入国民经济与社会发展计划，按照全面规划、统筹兼顾、预防为主、综合治理的原则，对防洪工作实行统一领导。

各级人民政府应当加强防洪宣传，普及防洪知识，提高全社会的防洪意识。

第五条　旗县级以上人民政府水行政主管部门在本级人民政府的领导下，负责本行政区域内防洪的组织、协调、监督、指导等日常工作；其他有关部门在本级人民政府的领导下，按照各自职责，负责有关的防洪工作。

第六条　任何单位和个人都有保护防洪工程设施和依法参加防汛抗洪的义务，并有权制止和检举破坏防洪工程设施的行为。

对在防洪工程建设和防汛抗洪中做出显著成绩的单位和个人，各级人民政府应当给予表彰和奖励。

第二章　防洪规划

第七条　防洪规划按照以下程序编制和批准：

黄河、辽河、嫩江内蒙古段和跨省区江河、河段防洪规划的编制，按照防洪法第十条第一款规定执行。

黄河、辽河、嫩江内蒙古段重要一级支流及自治区重要湖泊、水库的防洪规划，由自治区水行政主管部门会同有关部门和地区编制，报自治区人民政府批准，并报国务院水行政主管部门备案。

跨行政区域河流的防洪规划，由其共同的上一级人民政府水行政主管部门会同江河、河段所在地的人民政府水行政主管部门和有关部门编制，分别经江河、河段所在地的人民政府审查提出意见后，报同级人民政府批准。

其他河流的防洪规划，由河流所在地的旗县级人民政府水行政主管部门会同有关部门编制，报本级人民政府批准，并报上一级水行政主管部门备案。

旗县级以上人民政府应当安排专项经费，按期完成防洪规划的编制。全区重点河流、湖泊、水库的防洪规划编制的期限由自治区水行政主管部门确定。

第八条 受凌汛威胁地区的旗县级以上人民政府，应当把防御凌汛纳入本地区的防洪规划，加强江河堤防护岸、穿堤建筑物和护堤林等防御凌汛工程体系建设，确保建筑物、构筑物符合防凌的需要。

第九条 山洪多发地区的旗县级以上人民政府，应当组织水行政主管部门和有关部门划定重点防治区，采取生态建设和工程防护措施，治理隐患，并加强水文、气象观测、预警、预报，制定和落实避险方案。

在山洪重点防治区内不得兴建城市、村镇、居民点以及工厂、矿山、铁路、公路干线和其他建设项目；必须兴建时，应当征得当地水行政主管部门的同意；已经建在受山洪威胁地区的，必须采取防御措施。

第十条 经批准的防洪规划，各级人民政府应当组织有关部门和地区分级、分步实施，确保完成。跨行政区域的防洪规划，由其共同的上一级人民政府组织实施。

第十一条 防洪规划确定的河道整治用地、规划建设的堤防用地及扩大或者开辟的人工排洪道用地，应当依照防洪法第十六条划定为规划保留区，并予以公告。

规划保留区内，不得建设与防洪无关的工矿工程设施和其他建设项目及扩展居民区；国家工矿建设项目确需占用规划保留区内土地的，应当按照国家规定的基本建设程序报请批准，并征求有关水行政主管部门的意见，经确认不妨碍防洪规划的实施后，方可依法办理土地征占用手续。

对妨碍防洪规划实施的规划保留区内现有工矿工程设施及村屯，由旗县级以上人民政府按照管理权限有计划地组织外迁。

第三章 治理、防护与管理

第十二条 防治洪水应当蓄泄兼施，标本兼治，工程与生物措施并用。

各级人民政府应当组织水行政主管部门和有关部门有计划地开展流域林草植被建设，在山区、沙区积极实行退耕还林还草，加强流域特别是水土流失严重的中上游地区水土保持综合治理。

第十三条 旗县级以上人民政府水行政主管部门应当会同其他有关部门根据防洪规划制定河道整治、涝区治理、病险水库和水利枢纽除险加固、河流控制性工程和城市防洪排涝设施建设及水土保持治理的年度计划，报本级人民政府批准后组织实施。对严重影响防洪排涝的河段及工程，应当制定应急措施，报本级人民政府批准后，及时安排资金进行整治。

第十四条 整治河道和修建堤防工程，应当按照规划治导线实施。江河、河段规划治导线的拟定与批准，按照本办法第七条规定的防洪规划编制与批准权限执行。

第十五条 河道管理按照水系统一管理和分级管理相结合的原则实施。

黄河、辽河、嫩江内蒙古段干流，在上级有关部门的统一领导下，由自治区水行政主管部门依法实施管理；黄河、辽河、嫩江的重要一级支流由河流所在地的盟市水行政主管部门负责管理；其他河流由河流所在地的旗县级水行政主管部门负责管理。

跨盟市河流的重要河段，由自治区水行政主管部门负责管理，跨旗县河流的重要河段，由所在盟市水行政主管部门负责管理。

自治区水行政主管部门管理的江河、河段，可以授权盟市水行政主管部门管理。

第十六条 河道、湖泊及水利工程的管理范围由旗县级以上人民政府按照国家和自治区的有关规定划定，并予以公告。

第十七条 在河道管理范围内采砂、淘金、取土必须服从河道整治规划，保障行洪安全，按照《中华人民共和国河道管理条例》有关规定办理许可证，并依法交纳管理费。

第十八条 禁止围垦河道、库区及蓄滞洪区。在防洪法实施前已围垦的，必须服从防洪需要，围垦的土地不得作为承包地，因防洪造成损失的，不予补偿。

第十九条 占用河道、湖泊管理范围内的土地，建设跨河、穿河、穿堤、临河的桥梁、码头、道路、渡口、管道、缆线、取水、排水等工程设施，应当按照水行政主管部门批准的位置和界线安排施工；工程设施竣工后，建设单位应当及时清理现场，恢复原状，保证行洪安全畅通。

第二十条 黄河、辽河、嫩江内蒙古段沿河地区为自治区重点防洪区。按照自治区防洪规划要求，由自治区人民政府水行政主管部门划定重点防洪对象，报自治区人民政府批准，并予以公告。

盟市、旗县应当结合本地区实际，确定重点防洪地区和对象。

第二十一条 防洪工程建设项目的勘察、设计、施工、监理及重要设备、材料的采购，应当依法实行公开招标、投标。

防洪工程实行项目建设单位负责，监理单位监控，施工单位保证，设计单位配合，人民政府统一监督的质量管理体制。

各级人民政府水行政主管部门要加强对防洪工程设施质量的监督管理，防洪工程建设项目的设计、建设、施工、监理单位应当建立健全内部质量管理制度，保证防洪工程的建设质量。

第二十二条 各级人民政府应当组织水行政主管部门和有关部门加强防洪设施的定期检查和监督管理。对病险水库、险闸、险堤，水行政主管部门和有关部门应当组织进行除险加固，有关人民政府应当优先安排所需资金。

第四章 防汛抗洪

第二十三条 防汛抗洪工作实行政府行政首长负责制，统一指挥、分级分部门负责。

各级人民政府应当将防汛抗洪任务逐级落实到有关部门、单位和个人。对重点险工险段、险库险闸及与防汛抗洪有关的水利工程，要具体明确各有关领导的责任，并报上一级防汛指挥机构备案。

第二十四条 旗县级以上人民政府设立防汛指挥机构，负责领导、组织、指挥本行政区域的防汛抗洪工作，在本级水行政主管部门设立常设防汛办事机构，具体负责防汛指挥的日常工作。

同一流域内的有关地区要建立防洪协调制度，根据洪涝规律和上下游、左右岸的关系，共同采取措施，互相配合，形成流域联合防洪体系。

第二十五条 各级防汛指挥机构的主要职责：

（一）在上级防汛指挥机构和本级人民政府的领导下，统一指挥本地区的防汛抗洪工作，协调处理有关问题；

（二）部署和组织本地区的防汛检查和各项准备工作，督促检查水毁工程修复，依法清除阻水障碍及处理影响安全度汛的有关问题；

（三）制定和组织实施防御洪水方案及防洪工程汛期调度运用计划，贯彻执行上级防汛调度指令；

（四）及时掌握汛情信息，组织指挥抗洪抢险，负责发布本地区的汛情、灾情通告；

（五）负责防汛经费和物资的计划、管理和调度，以及防汛抢险队伍的组织、调配；

（六）开展防汛宣传教育，组织抢险技术培训和演练。

第二十六条　在汛期，气象、水文、城建、交通运输、邮电通讯、电力、民政、卫生防疫、新闻宣传、公安、石油、物资等部门应当在本级防汛指挥机构的统一指挥下，做好各自职责范围内的防汛抗洪工作。

第二十七条　旗县级以上人民政府根据流域综合规划、防洪工程实际情况和国家规定的防洪标准，制定防御洪水方案和防洪工程的汛期调度运用计划，其制定和批准权限按下列规定执行：

（一）属国家规定由国家防汛指挥机构和流域管理机构制定的防御洪水方案，按照《防洪法》第四十条规定执行。

（二）跨行政区域江河的防御洪水方案，由其共同的上一级人民政府防汛指挥机构会同有关地方人民政府制定，报共同的上一级人民政府批准。

（三）其他江河的防御洪水方案，由江河所在地旗县级人民政府防汛指挥机构制定，报同级人民政府批准。

（四）红山水库和三盛公水利枢纽的防御洪水方案，由自治区人民政府防汛指挥机构制定，报自治区人民政府批准；其他水库及水利枢纽的防御洪水方案，按照分级管理权限由旗县级以上防汛指挥机构制定，报同级人民政府批准。

第二十八条　各级人民政府应当组织有关部门做好防汛物资的储备工作，在险情多发地段，应当按工程建设用料加倍储备抢险物资。受洪水威胁的单位要储备必要的防汛抢险物资。

第二十九条　自治区汛期分为洪汛期和凌汛期。洪汛期为每年的六月中旬至九月中旬，凌汛期为每年十一月中旬至翌年四月中旬。旗县级以上人民政府防汛指挥机构可以根据汛情宣布提前或者延长本行政区域的防汛期，并报上一级人民政府防汛指挥机构。

第三十条　各级人民政府防汛指挥机构、水行政主管部门或者授权的水文机构负责向社会发布水文预报和汛情公告，其他部门和单位不得发布。

气象部门和水文部门及水利工程管理单位，应当建立并完善洪涝、冰凌灾害监测、预报系统，及时准确地向防汛指挥机构提供雨情、水情、凌情预报和工作情况等信息。

第三十一条　在紧急防汛期，防汛指挥机构行使防洪法第四十五条规定的物资调用权和紧急处置权时，有关单位和个人必须服从。

第三十二条　在汛期，防汛指挥车辆和抢险救灾车辆免交过路（桥）费。防汛车辆标志按行政区域由防汛指挥机构制发，通行证由交通部门统一办理。

第三十三条　各级人民政府应当加强水行政执法队伍建设。各级水政监察组织受水行政主管部门的委托，负责所辖区域内的防洪执法监督管理。

第三十四条　河道、湖泊、库区管理范围内阻碍行洪的建筑物、构筑物和林木、高杆作物等，按照谁设障、谁清除的原则，由旗县级以上人民政府防汛指挥机构责令限期清除；逾期不清除的，由防汛指挥机构组织有关部门强行清除，所需费用由设障者承担；涉及两个以上行政区域的阻水障碍物，由上一级人民政府防汛指挥机构组织清除。

第三十五条　与防洪有关的水利工程采取承包、租赁、股份制或股份合作制等方式经营的，应当明确防汛责任。经营者必须服从水行政主管部门的监督管理和防汛调度，保证工程的安全运行和防洪排涝等功能的正常发挥。

第三十六条　中国人民解放军、警察部队和民兵在自治区执行防汛抗洪任务时，各级人民政府和防汛指挥机构应当为其提供便利条件，做好有关的后勤保障工作。

第五章　保障措施

第三十七条　防洪资金按照政府投入为主同受益者合理承担相结合的原则，多层次、多渠道筹集。

各级人民政府应当将河道、湖泊治理和防洪工程设施的建设、维护列为基本建设的重点，纳入财政预算，并随着经济发展，逐步提高财政投入水平。

城市防洪工程设施建设和维护所需资金，由城市人民政府筹集，并优先予以保证。

旗县级以上人民政府应当设立水利建设基金，用于防洪工程和水利工程的建设与维护。具体办法由自治区人民政府规定。

依照防洪法和国务院有关规定，在防洪保护区范围内，征收河道工程修建维护管理费。具体征收使用管理办法由自治区人民政府规定。

第三十八条　防洪资金的使用范围：

（一）防洪工程设施建设、维护和修复；

（二）防洪的水文测报及通信、电力、气象设施等的建设、维护和修复；

（三）遭受洪涝灾害地区的抗洪抢险和水毁工程的修复；

（四）防汛工作经费；

（五）储备防汛物资。

第三十九条　各级财政、计划和水利部门要加强防洪资金的管理，保证防洪工程设施建设维护资金及时到位和配套资金的足额落实。

防洪资金必须专款专用，不得截留、挪用。审计机关要严格审计监督。

第六章　法律责任

第四十条　违反本办法第十四条、第十八条、第十九条规定的，按照防洪法的有关规定追究法律责任。

第四十一条　因设计、建设、施工、监理单位的违法行为造成防洪工程质量事故的，按照《中华人民共和国建筑法》的有关规定给予行政处罚；构成犯罪的，依法追究其刑事责任。

第四十二条　截留、挪用防洪、救灾资金和物资，尚不构成犯罪的，给予行政处分；构成犯罪的，依法追究刑事责任。

第四十三条　本办法规定的行政处罚和行政措施，由旗县级以上人民政府或者水行政主管部门决定。应当给予治安处罚的，按照《中华人民共和国治安管理处罚法》的规定执行。

第四十四条　国家工作人员在防洪工作中，滥用职权、玩忽职守、徇私舞弊，严重影响防洪或者造成人身和财产重大损失的；拒不执行防御洪水方案、防汛抢险指令或者蓄滞洪方案、汛期调度运用计划等防汛调度方案的，不构成犯罪的，给予行政处分；构成犯罪的，依法追究刑事责任。

第七章　附　　则

第四十五条　本办法自公布之日起施行。

地方性法规（类别）

4. 山西省河道管理条例

发布：1994-07-21 实施：1994-10-01 现行有效

法律修订：
1994 年 7 月 21 日山西省第八届人民代表大会常务委员会第十次会议通过
1994 年 7 月 21 日公布
1994 年 10 月 1 日起施行

第一章 总 则

第一条 为加强河道管理，促进河道整治，保障防洪安全，发挥河道的综合效益，根据《中华人民共和国水法》和《中华人民共和国河道管理条例》，结合本省实际情况，制定本条例。

第二条 本条例适用于本省境内的河道（包括湖泊、人工水道、行洪区、蓄洪区、滞洪区）。一切单位和个人均应遵守本条例。对黄河的管理，依照国家有关规定执行。

第三条 省人民政府水行政主管部门是全省河道的主管机关，各地（市）、县（市、区）的水行政主管部门是该行政区域的河道主管机关（以下简称河道主管机关）。河道主管机关的职责是：

（一）宣传和组织实施有关河道管理的法律、法规；

（二）组织编制和实施河道整治、开发利用规划和建设计划；

（三）组织编制和实施河道清障和汛期调度运用计划；

（四）维护河道运行秩序，调处河道水事纠纷；

（五）维护管理河道工程；

（六）开展河道水质监测工作，协同环境保护部门对河道水污染防治实施监督管理。

在主要河流或重点河段，根据需要设置河道管理机构或配备管理人员。河道管理机构在当地人民政府的领导下，组建河道堤防群众管理组织。

第四条 河道管理实行统一管理与分级管理、专业管理与群众管理相结合的原则，并建立区段管理责任制。汾河、桑干河、滹沱河、漳河、沁河等省内大河或其主要河段，其他跨地（市）河流的重要河段，地（市）之间的边界河道，由省河道主管机关实施管理；跨县（市、区）河流的重要河段，县（市、区）之间的边界河道，由所在地（市）河道主管机关实施管理；其他河道由县（市、区）的河道主管机关实施管理。

第五条 一切单位和个人都有保护河道堤防安全和参加防汛抢险的义务。对在河道维护、整治和防汛抢险中做出显著成绩的单位和个人，由县级以上人民政府给予表彰奖励。

第二章 整治与建设

第六条 河道的整治与建设应当服从流域综合规划，坚持除害兴利的原则，兼顾上下游、左右岸和地区之间的利益，符合国家规定的防洪标准和其他有关技术要求，保证堤防安全、河势稳定和行洪通畅。

对无堤防的河道、河床高于两岸的悬河，应根据行洪实际，逐步筑堤、疏浚和整治。

城市规划区内河道的整治与建设，由河道主管部门会同城建部门确定，并与城市建设总体规划相协调。

第七条 在河道管理范围内新建、改建、扩建的所有建设项目，包括开发水利、防治水害、整治河道的各类工程和跨河、穿河、穿堤、临河的桥梁、道路、渡口、管道、缆线、取水口等建筑物及设施，建设单位必须将工程建设方案和有关文件，按照管理权限，报送县级以上河道主管机关审查同意后，方可按照基本建设程序履行审批手续。

建设项目批准后，建设单位应当将施工安排告知河道主管机关或河道管理机构，并接受其监督。

第八条 在河道管理范围内已建的渡口、管道、缆线、取水口等工程设施，河道主管机关应当定期检查，对不符合工程安全要求的，责成建设单位或使用单位在限期内改建。

在河道管理范围内已建的厂房、仓库、工业和民用建筑以及其他公共设施，由河道主管机关提出限期搬迁、拆除方案，报县级以上人民政府批准后实施。

第九条 城镇和村庄的建设与发展不得任意占用河道滩地。城镇和村庄规划的临河界限，由河道主管机关会同城镇规划等有关部门共同确定。

第三章 管理与保护

第十条 有堤防的河道，其管理范围为两岸堤防之间的水域、沙洲、滩地（包括可耕地）、行洪区、两岸堤防及护堤地；无堤防的河道，其管理范围根据历史最高洪水位或设计防洪水位确定。

河道的具体管理范围，由县级以上人民政府划定。

河道管理范围内的土地属国家所有，由河道主管机关统一管理。

第十一条 汾河、桑干河、滹沱河、漳河、沁河等省内大河的护堤地宽度为：背水坡脚向外水平延伸十米至二十米；其他河流的护堤地宽度为：背水坡脚向外水平延伸五米至十米。

第十二条 在河道管理范围内，禁止从事下列活动：

（一）修建厂房、仓库、工业和民用建筑以及其他公共设施；

（二）修建阻水的围堤、道路、渠道；

（三）种植高杆作物、芦苇和树木（堤防防护林除外）；

（四）弃置矿渣、石渣、煤灰、泥土、垃圾等阻碍行洪的物体。在堤防和护堤地，禁止打井、挖窑、葬坟和存放物料。

第十三条 在河道管理范围内进行下列活动，必须报经河道主管机关批准，涉及其他管理部门的，依据有关法律、法规规定办理：

（一）采砂、采石、取土、淘金等；

（二）爆破、钻探、挖筑鱼塘；

（三）修建挑坝或者其他工程设施；

（四）开采地下资源及进行考古发掘；

（五）截水、阻水、排水。

第十四条 禁止损毁堤防、护岸、闸坝等水工程建筑物和防汛设施、水文监测和测量设施、河岸地质监测设施以及通信照明等设施。

第十五条 河道主管机关应做好管理工作，任何单位和个人不得干扰河道主管机关的正常工作；非河道管理人员不得操作河道上的涵闸闸门。

第十六条 河道的故道、旧堤及原有工程设施，未经县级以上河道主管机关批准，不得填堵、占用、拆毁。

河道管理范围内滩地的开发利用，由县级以上河道主管机关会同土地管理部门共同制定规划，报同级地方人民政府批准后实施。

第十七条 河道管理范围内营造护堤护岸林木，由河道主管机关统一规划、组织实施和管理。

本条例施行前营造的护堤护岸林木，所有权不变。需要新间伐护堤护岸林木的，应征得河道主管机关的同意，并按《中华人民共和国森林法》的有关规定办理审批手续。

第十八条 禁止围湖造田；禁止围垦河流。湖泊、河流的开发利用规划必须经县级以上河道主管机关审查批准。

第十九条 禁止向河道排放污染水体的物质，禁止在河道内清洗装贮过油类或者有毒污染物的车辆、容器。污水经过处理达到国家规定标准的，方可向河道排放。排污口的设置和改建，排污单位向环境保护部门申报之前，必须征得河道主管机关的同意。

第四章 防汛与清障

第二十条 河道的防汛和清障工作，实行各级人民政府行政首长负责制。

第二十一条 河道管理范围内的阻水障碍物，按照"谁设障，请清除"的原则，由河道主管机关提出清障计划和实施方案报同级防汛指挥部，由同级防汛指挥部责令设障者在规定的期限内清除。逾期不清除的，由防汛指挥部组织强行清除，并由设障者承担全部费用。

第二十二条 壅水、阻水严重的桥梁和其他跨河工程设施，根据国家规定的防洪标准，由河道主管机关提出处理意见并报经同级人民政府批准，责成建设单位在规定的期限内改建或拆除。影响汛期防洪安全的，必须服从防汛指挥部的紧急处理决定。

第五章 管理使用

第二十三条 河道堤防的防汛岁修费，按照分级管理的原则，由省财政列入年度财政预算；各地（市）、县（市、区）根据实际情况列入当地年度财政预算。

第二十四条 受河道工程和防洪排涝工程设施保护的生产经营性单位和个人，应按规定缴纳河道工程维护管理费，具体办法由省人民政府另行规定。

第二十五条 在河道管理范围内采砂、采石、取土、淘金等，必须持有许可证，并按《山西省河道采砂收费管理实施细则》的规定向河道主管机关缴纳管理费。

第二十六条 河道主管机关收取的各项费用，用于河道堤防工程的维护、管理和设施的更新改造，结余资金可以连年结转使用，任何部门不得截取和挪用。

第二十七条 县级以上地方人民政府可以在汛期组织河道两岸的城镇和村庄、堤防保护区域内的单位和个人义务出工，对河道堤防工程进行维护和加固。

第六章 罚 则

第二十八条 违反本条例第十二条、第十七条第二款和第十八条规定的，由县级以上河道主管机关责令其纠正违法行为和采取补救措施，可以并处警告、没收非法所得或者二千元以下罚款；对有关责任人员，由其所在单位或者上级主管机关给予行政处分；构成犯罪的，依法追究刑事责任。

第二十九条 违反本条例第十三条规定的，由县级以上河道主管机关责令其纠正违法行为和采取补救措施，可以并处警告、没收非法所得或者三千元以下罚款；对有关责任人员，由其所在单位或上级主管机关给予行政处分；构成犯罪的，依法追究刑事责任。

第三十条 违反本条例第十四条、第十五条规定的，由县级以上河道主管机关责令其纠正违法行为、采取补救措施和赔偿损失，可以并处警告或者五千元以下罚款；违反治安管理规定的，按照《中华人民共和国治安管理处罚条例》的规定处罚；构成犯罪的，依法追究刑事责任。

第三十一条 当事人对行政处罚决定不服的，可以在接到处罚通知之日起十五日内，向作出处罚决定的机关的上一级机关申请复议，对复议决定不服的，可以在接到复议决定之日起十五日内，向人民法院起诉。当事人也可以在接到处罚通知之日起十五日内，直接向人民法院起诉。当事人逾期不申请复议或者不向人民法院起诉又不履行处罚决定的，由作出处罚决定的机关申请人民法院强制执行。

对治安管理处罚不服的，按照《中华人民共和国治安管理处罚条例》的规定办理。

第三十二条 河道主管机关和管理机构的工作人员玩忽职守、滥用职权、徇私舞弊的，由其所在单位或上级主管部门给予行政处分；情节严重构成犯罪的，依法追究刑事责任。

第七章 附 则

第三十三条 本条例具体应用中的问题由山西省人民政府水行政主管部门负责解释。

第三十四条 本条例自 1994 年 10 月 1 日起施行。

5. 陕西省实施《中华人民共和国防洪法》办法

陕西省实施《中华人民共和国防洪法》办法，是1999年9月8日陕西省第九届人民代表大会常务委员会第十一次会议通过，2010年3月26日陕西省第十一届人民代表大会常务委员会第十三次会议修正，根据2014年11月27日陕西省第十二届人民代表大会常务委员会第十四次会议《陕西省人民代表大会常务委员会关于修改等十七部地方性法规的决定》第二次修正。

目 录

第一章　总则
第二章　防洪规划
第三章　河流治理与工程设施管理
第四章　防汛抗洪
第五章　保障措施
第六章　法律责任
第七章　附则
修改的决定

第一章 总　　则

第一条　根据《中华人民共和国防洪法》（以下简称《防洪法》）和有关法律、法规，结合本省实际，制定本办法。

第二条　在本省行政区域内从事防洪以及与防洪有关的活动，必须遵守《防洪法》和本办法。

第三条　防洪工作实行安全第一、常备不懈、以防为主、全力抢险的方针；坚持全面规划、统筹兼顾、综合治理、局部利益服从全局利益的原则。

第四条　各级人民政府应当将江河治理和防洪工程设施建设纳入国民经济和社会发展计划。省人民政府应当资助贫困地区大型防洪工程建设。

防洪费用按照政府投入同受益者合理承担相结合的原则筹集。

第五条　各级人民政府应当加强对防洪工作的统一领导，组织有关部门、单位，动员社会力量，采取措施加强防洪工程设施建设，巩固、提高防洪能力；加强对单位和个人进行防洪教育，普及防洪知识，提高水患意识，增强依法防洪的自觉性。

县级以上人民政府水行政主管部门在本级人民政府领导下，负责本行政区域内防洪的组织、协调、监督、指导等日常工作。

县级以上人民政府有关部门在本级人民政府的领导下，按照分工履行防洪工作职责。

第六条　省三门峡库区管理机构在所管辖的范围内，行使法律、法规规定和省人民政府及其水行政主管部门授予的防洪协调和监督管理职责。

第七条　任何单位和个人都有保护防洪工程设施和依法参加防汛抗洪的义务，并有权依法制止和检举破坏防洪设施的行为。

第八条　对在防汛抗洪工作中做出显著成绩的单位和个人，应当给予表彰和奖励。

第二章　防洪规划

第九条　防洪规划按照下列规定制定：

（一）黄河、渭河、汉江、三门峡库区等国家确定的重要江河和跨省河流的防洪规划，按照《防洪法》第十条的规定制定；

（二）洛河、泾河、沣河、嘉陵江、丹江、无定河的防洪规划，由河流所在地的设区的市人民政府水行政主管部门分段编制，报省人民政府水行政主管部门批准；

（三）其他跨设区的市、县（市、区）河流的防洪规划，由设区的市人民政府水行政主管部门组织河流所在地的县级人民政府水行政主管部门编制，分别经有关县级人民政府审查提出意见后，报设区的市人民政府批准；

（四）县域内河流的防洪规划由县级人民政府水行政主管部门会同有关部门编制，报本级人民政府批准。

第十条　城市防洪规划由城市人民政府组织水行政主管部门、建设行政主管部门及其他有关部门依据流域防洪规划和上一级人民政府区域防洪规划编制，按照国务院规定的审批程序批准后纳入城市总体规划。

县城防洪规划由县级人民政府水行政主管部门会同有关部门依据流域防洪规划编制，由设区的市人民政府水行政主管部门审查，报设区的市人民政府批准。

第十一条　经批准的防洪规划须报上一级人民政府水行政主管部门备案。

修改防洪规划，应当报经原批准机关批准，不得擅自修改。

第十二条　县级以上人民政府应当把山洪可能诱发的山体滑坡、崩塌、泥石流的防治纳入区域性防洪规划，划定重点防治区，建设观测、预警、预报设施，落实监测人员，制定和落实避险和逃险方案。

城市、村镇和居民点及工厂、矿山、铁路、公路、电站、通信等布局应当避开山洪威胁；已经建在受山洪威胁地方的，应当由当地人民政府有计划地组织搬迁或采取防御措施。

第十三条　依法划定的防洪规划保留区，由县级人民政府公告，并明确界限，设立标志。

防洪规划保留区内不得建设与防洪无关的工程设施。对防洪规划保留区内现有的工程设施及村庄，当地人民政府应当制定外迁计划，并组织实施。在特殊情况下，国家工矿建设项目确需占用防洪规划保留区内土地的，按照《防洪法》第十六条第三款的规定执行。

第十四条　在江河上建设防洪工程和其他水工程、水电站等的可行性研究报告，应当附具符合防洪规划要求的规划同意书。规划同意书由本办法第十六条规定的有管辖权的水行政主管部门签署。

第三章　河流治理与工程设施管理

第十五条　省三门峡库区管理机构管辖范围内的河流规划治导线，由省水行政主管部门组织有关设区的市水行政主管部门和省三门峡库区管理机构制定，经省人民政府审查后，报国务院水行政主管部门批准。

跨设区的市江河的规划治导线由省人民政府水行政主管部门组织所在地的设区的市人民

政府水行政主管部门拟定，经有关设区的市人民政府审查提出意见后，报省人民政府批准。

跨县（市、区）河流的规划治导线，由设区的市人民政府水行政主管部门组织有关县级人民政府审查提出意见后，报设区的市人民政府批准。

其他江河的规划治导线由县级人民政府水行政主管部门拟定，报县级人民政府批准。

任何单位和个人不得擅自改变河流规划治导线和河水流向。

第十六条 跨设区的市河道的管理，由所在设区的市人民政府水行政主管部门、省三门峡库区管理机构按照省人民政府划定的管理权限依法实施管理。其他河道由县级人民政府水行政主管部门按照设区的市人民政府划定的管理权限依法实施管理。

第十七条 经批准采伐更新的护堤护岸林木免缴育林基金，并于次年完成更新补种任务。

第十八条 水文测站的主管机关应当根据水文测验技术标准，分别在测验河段的上下游划定保护区，报经县级以上人民政府批准，并在河段保护区上下界处设立地面标志。

任何单位和个人不得破坏、侵占、毁损和擅自动用、移动水文测报设施，不得在水文测报设施保护范围内进行危害和影响水文测报的活动。

因工程建设需要迁移或者改建水文测报设施的，应当征得水文主管部门的同意，迁移或者改建的费用由工程建设单位承担。

第十九条 建设跨河、穿河、穿堤、临河的桥梁、码头、道路、渡口、管道、缆线、取水、排水等工程设施，其可行性研究报告在向有关部门上报批准前，其中的工程建设方案必须向工程所在地的县级水行政主管部门或省三门峡库区管理机构提出申请，经有管辖权的水行政主管部门或者国家有关流域管理机构审查同意。

前款工程设施需要占用河道安全保护范围内土地，跨越河道空间或者穿越河床的，须经有管辖权的水行政主管部门对该工程设施建设的位置和界限审查批准后，方可依法办理开工手续；安排施工时，应当按照审查批准的位置和界限进行。

第二十条 在河道管理范围内开采砂、石或者淘金，须经有管辖权的水行政主管部门或者省三门峡库区管理机构批准，按照批准的范围和作业方式进行。

禁止在河道管理范围内倾倒垃圾、渣土，堆放非防汛物资。

第二十一条 各级人民政府应当加强对水库大坝的定期检查和监督管理。对可能出现垮坝的病险水库，应制定应急抢险和l临时撤离方案并安排或者筹集资金，组织力量，排除险情。

煤炭、地质矿产、电力、建材、有色金属等行政主管部门应当加强对尾矿坝、灰坝的监督管理，督促有关企业采取措施，确保尾矿坝、灰坝安全。

第二十二条 在洪泛区内建设非防洪建设项目，应当就洪水对建设项目可能产生的影响和建设项目对防洪可能产生的影响做出评价，并编制洪水影响评价报告。建设项目可行性研究报告上报批准时，应当附具有管辖权的水行政主管部门审查批准的洪水影响评价报告。

第四章 防汛抗洪

第二十三条 防汛抗洪工作实行各级人民政府行政首长负责制，实行统一指挥，分级分部门负责。各有关部门实行防汛岗位责任制。

第二十四条 省人民政府设立防汛指挥机构，负责指挥领导全省的防汛抗洪工作。设区的市、县（市、区）人民政府和有防汛抗洪任务的乡（镇）人民政府都应当设立防汛指挥机构，负责指挥领导辖区的防汛抗洪工作。

各级人民政府防汛指挥机构的办事机构设在同级水行政主管部门；有防汛抗洪任务的部门和单位应当设立防汛办事机构，在同级或有管辖权的人民政府防汛指挥机构统一领导下，负责搞好所辖范围和本部门、本单位的防汛抗洪日常工作。

第二十五条 黄河的防御洪水方案按《防洪法》第四十条规定执行。

汉江、渭河、三门峡库区的防御洪水方案，由省防汛指挥机构组织制定，报省人民政府批准。

其他跨设区的市、县（市、区）河流（段）的防御洪水方案，由设区的市防汛指挥机构负责制定，报设区的市人民政府批准；其他河流的防御洪水方案，由县（市、区）防汛指挥机构制定，报县（市、区）人民政府批准。

防御洪水方案一经批准，有关地方人民政府必须执行。

第二十六条 水库管理单位应当认真编报汛期水库安全调度运用计划和防御、抢险、撤离方案。

大型水库汛期安全调度运用计划由省防汛指挥机构批准；中型水库和重点小型水库汛期安全调度运用计划由设区的市防汛指挥机构批准；其余小型水库汛期安全调度运用计划由所在县（市、区）防汛指挥机构批准。经批准的水库调度运用计划须报上一级防汛指挥机构备案。

在建的水库、水电站、闸坝工程的汛期安全度汛计划，由工程建设单位负责制定，经上级主管部门审批后，报省防汛指挥机构备案。

第二十七条 与防洪有关的水利工程采取承包、租赁、股份制或者股份合作制等方式经营的，经营者必须服从水行政主管部门的统一管理和防汛调度，保证工程的安全运行和原设计的防汛、排水功能。

第二十八条 各级人民政府应当组织有关部门做好防汛物资储备工作。防汛指挥机构必须储备一定数量的防汛物资；受洪水威胁的单位和个人必须储备必要的防汛抢险物料。

第二十九条 各级防汛指挥机构、水行政主管部门或其授权的水文机构负责向社会发布水文情报预报和汛情公告，其他部门和单位不得发布。

第三十条 黄河、汉江、渭河、三门峡库区等沿岸设区的市、县（市、区）防汛指挥机构应当设立洪水监测断面，在汛期配备必要的监测报汛设备和观测人员，对洪水进行跟踪监测，及时向各级防汛指挥机构报告水情，实施上下游联防。

第三十一条 在汛期，有关人民政府应当动员组织机关、单位和个人参加巡堤查险工作，建立险情报告制度。发现险情，必须立即进行排除并及时上报。

第三十二条 在主汛期，防汛抢险救灾车辆和防汛指挥车辆免缴过路（桥）费。防汛车辆标志由省防汛指挥机构商同省交通行政主管部门制发。

第三十三条 在紧急防汛期，防汛指挥机构具有《防洪法》第四十五条规定的物资调用权和紧急处置权；对不服从调用和紧急处置的，防汛指挥机构可以强制实施。

第三十四条 在汛期，气象、水文等有关部门应当按照各自的职责，及时向有关防汛指挥机构提供天气、水文等实时信息预报；电信部门应当优先提供防汛抗洪通信服务；运输、电力、物资材料供应等有关部门应当优先为防汛抗洪服务。

第三十五条 中国人民解放军、中国人民武装警察部队和民兵在本省执行抗洪抢险任务时，各级人民政府和防汛指挥机构应当为其提供便利条件。

第五章　保障措施

第三十六条　江河治理和防洪工程设施的建设、维护所需投资，按照事权和财权相统一的原则，由各级人民政府财政分级承担。水库除险加固所需投资，按照谁主管谁负责的原则筹集。

受洪水威胁的工厂、矿山、铁路、公路、电力、电信等企业事业单位兴建防洪自保工程，应当自筹资金。

第三十七条　各级人民政府应当在财政预算中安排资金，用于遭受洪涝灾害地区的抗洪抢险和水毁防洪工程修复及防汛非工程设施的建设。

第三十八条　县级以上人民政府应当根据国务院的规定筹集水利建设基金。各级财政部门应当保证防洪工程设施建设资金的足额到位，确保配套资金的足额落实。

第三十九条　防洪工程建设必须严格按照基本建设程序进行，确保工程质量。工程建设、监理、设计和施工单位必须接受质量监督机构的监督。

第四十条　鼓励单位和个人按照防洪总体规划，采取自办或联办等多种形式，兴修防洪工程、水土保持工程和营造涵养林、护堤护岸林。

第四十一条　在河道管理范围内培修加固堤防，进行河道整治等防洪工程占用的土地、工程管理用地，依照国家规定免缴土地使用税。

第六章　法律责任

第四十二条　违反本办法第十三条第二款规定，未经批准，擅自在规划保留区内建设与防洪无关的工程设施的，由当地县级以上水行政主管部门或者省三门峡库区管理机构责令停止违法行为，补办批准手续；影响行洪但尚可采取补救措施的，责令限期采取补救措施；严重影响防洪的，责令限期拆除。

第四十三条　违反本办法第十八条第二款规定，破坏、侵占、损毁和擅自动用、移动水文测报设施，在水文测报设施保护范围内进行危害和影响水文测报活动的，由县级以上水行政主管部门或者省三门峡库区管理机构责令停止违法行为，采取补救措施；情节严重的，可以并处五千元以下罚款。

第四十四条　国家工作人员有下列行为之一的，由有管理权的机关、单位给予行政处分：

（一）擅自修改防洪规划的；

（二）擅自发布水文情报预报和汛情公告的；

（三）拒不执行防御洪水方案、防汛抢险指令、汛期水库调度运用计划的；

（四）对重大险情不及时组织排除或者迅速上报的。

第四十五条　违反本办法规定，阻碍防汛指挥机构、水行政主管部门、省三门峡库区管理机构工作人员依法执行公务的，由公安机关依照《中华人民共和国治安管理处罚法》的规定处罚。

第四十六条　依据《防洪法》和本办法对单位处以六万元以上、对个人处以五千元以上罚款的，被处罚的单位或者个人有权要求听证。

第四十七条　违反本办法规定的行为构成犯罪的，依法追究刑事责任。

第四十八条　违反本办法规定的行为，法律、法规有处罚规定的，从其规定；法律、法规未做出处罚规定的，依照本办法执行。

第七章 附 则

第四十九条 本办法自公布之日起施行。

地方性法规（类别）

修改的决定

陕西省第十三届人民代表大会常务委员会第三次会议决定：

七、对《陕西省实施〈中华人民共和国防洪法〉办法》作出修改

（一）将第十九条第一款修改为："建设跨河、穿河、穿堤、临河的桥梁、码头、道路、渡口、管道、缆线、取水、排水等工程设施，工程建设方案必须向工程所在地的县级水行政主管部门或省三门峡库区管理机构提出申请，经有管辖权的水行政主管部门或者国家有关流域管理机构审查同意。"

（二）将第四十三条修改为："违反本办法第十八条第二款规定，破坏、侵占、损毁和擅自动用、移动水文测报设施，在水文测报设施保护范围内进行危害和影响水文测报活动的，由县级以上水行政主管部门或者省三门峡库区管理机构责令停止违法行为，采取补救措施，可以处五万元以下罚款。"

6. 天津市防洪抗旱条例

《天津市防洪抗旱条例》旨在加强和规范防洪抗旱工作，于 2007 年 9 月 13 日天津市第十四届人民代表大会常务委员会第三十九次会议通过，2018 年 9 月 29 日天津市第十七届人大常务委员会第五次会议《修改决定》修正，共六章四十六条，自 2007 年 12 月 1 日起施行。

(2007 年 9 月 13 日天津市第十四届人民代表大会常务委员会第三十九次会议通过 根据 2018 年 9 月 29 日天津市第十七届人民代表大会常务委员会第五次会议《关于修改部分地方性法规的决定》修正)

目　　录

第一章　总则
第二章　环境影响评价
第三章　环境保护设施建设和管理
第四章　法律责任
第五章　附则

第一章　总　　则

第一条　为加强和规范防洪抗旱工作，根据《中华人民共和国水法》、《中华人民共和国防洪法》和《中华人民共和国防汛条例》等有关法律、法规，结合本市实际，制定本条例。

第二条　在本市行政区域内从事防治洪水、沥涝，防御风暴潮和抗旱的有关活动，适用本条例。

第三条　防洪抗旱工作坚持以人为本、科学防治、全面规划、统筹兼顾、团结协作和局部利益服从全局利益的原则。

第四条　各级人民政府应当加强对防洪抗旱工作的统一领导，组织有关部门、单位，动员社会力量，做好防洪抗旱以及洪、涝、潮、旱灾害后的恢复与救济工作。

市和区人民政府应当将防洪抗旱工程设施建设纳入本行政区域国民经济和社会发展规划，提高城乡防洪抗旱综合减灾能力。

第五条　市水行政主管部门在市人民政府领导下，负责全市防洪抗旱的组织、指导、协调、监督等日常工作。

区水行政主管部门在区人民政府领导下，负责本辖区防洪抗旱的组织、指导、协调、监督等日常工作，业务上受市水行政主管部门的指导。

其他有关部门按照各自职责，做好防洪抗旱的相关工作。

第六条　任何单位和个人都有依法参加防洪抗旱的义务。

市和区人民政府应当对在防洪抗旱工作中作出突出贡献的单位和个人给予表彰奖励。

第二章 灾害防治

第七条 全市防洪规划，由市水行政主管部门依据海河流域综合规划会同有关部门编制，报市人民政府批准，并报国务院水行政主管部门备案。批准后的全市防洪规划纳入城市总体规划。

和平区、河东区、河西区、河北区、南开区、红桥区的防洪规划由市水行政主管部门统一编制。其他区的防洪规划，由本区水行政主管部门依据全市防洪规划会同有关部门编制，报本级人民政府批准，并报市水行政主管部门备案。

第八条 全市除涝、防潮等专业规划，由市水行政主管部门依据全市防洪规划会同有关部门编制，报市人民政府批准。

区除涝专业规划，由区水行政主管部门依据全市除涝规划会同有关部门编制，报本级人民政府批准，并报市水行政主管部门备案。

城市排水规划应当符合全市除涝规划和水污染防治规划。

第九条 建设防洪抗旱工程设施，应当符合全市防洪规划和水资源综合规划。

受洪水、风暴潮威胁的单位兴建自保工程应当符合防洪、防潮、除涝规划要求和设计标准。

第十条 建设防洪抗旱工程设施，应当明确工程管理机构，安排运行管理经费，保证工程设施建成后的正常运行。

第十一条 已投入使用的防洪抗旱工程设施的管理责任人，应当按照有关规定对工程设施进行维护管理，并对工程设施的运行安全负责。

市和区水行政主管部门应当对防洪抗旱工程设施定期组织检查，对不符合防洪（含防潮）标准或者有严重质量缺陷的设施，应当责成管理责任人采取除险加固措施，限期消除危险或者重建。

水库大坝的检查监督按照国家有关法律、法规执行。

第十二条 市国土资源主管部门应当会同相关部门和有关区人民政府对山体滑坡、崩塌和泥石流隐患进行全面调查，划定重点防治区，并设立警示标志，采取预防和治理措施。

第十三条 区人民政府按照国家有关规定提出饮用水水源保护区划定方案，报市人民政府批准后向社会公告。

第十四条 各级人民政府应当加大投入，完善排水设施和污水处理设施，实现雨水、污水分流，达标排放。

第十五条 本市鼓励对雨洪水资源的开发利用。雨洪水收集利用的具体规定和鼓励政策由市人民政府另行制定。

新建、改建、扩建建设项目，应当因地制宜地建设雨水收集利用设施。

第十六条 市和区水行政主管部门应当采取措施，在保证防洪安全的前提下，充分拦蓄、收集雨洪水。

第三章 防汛与抗旱

第十七条 防汛抗旱工作实行各级人民政府行政首长负责制，统一指挥，分级分部门负责。

第十八条 市人民政府设立防汛抗旱指挥机构，负责组织领导全市的防汛抗旱工作。其办事机构设在市水行政主管部门。

区人民政府设立防汛抗旱指挥机构，在市人民政府防汛抗旱指挥机构和本级人民政府的领导下，执行上级防汛抗旱指令，统一指挥本地区的防汛抗旱工作。其办事机构设在区水行政主管部门。和平区、河东区、河西区、河北区、南开区、红桥区的防汛抗旱办事机构的设定，由各区人民政府指定。

市和区防汛抗旱指挥机构及其成员单位的职责分工由本级人民政府确定。

第十九条 本市的汛期起止日期为每年6月15日至9月15日。情况特殊时，市防汛抗旱指挥机构可以决定提前进入或者延长防汛期。

当河流的水情接近保证水位，水库水位接近设计洪水位、海潮超过警戒潮位或者防洪工程发生重大险情时，市或者区防汛抗旱指挥机构可以宣布进入紧急防汛期，并报上一级人民政府防汛抗旱指挥机构。

第二十条 市水行政主管部门应当会同有关区人民政府，根据国家批准的防御洪水方案，结合本市实际情况，编制本市洪水调度方案，报市人民政府批准，并报国家防汛抗旱指挥机构备案。

第二十一条 市和区水行政主管部门应当根据批准后的洪水调度方案、防洪抗旱工程设施和水资源状况，编制防洪预案，报本级人民政府批准，并报上一级水行政主管部门备案。

防洪预案应当根据实际情况变化，适时修改完善。修改后的防洪预案，按原程序报批。

第二十二条 水库和重要闸坝、泵站的管理部门应当根据批准后的洪水调度方案和防洪预案，以及工程设施实际情况，制定调度运用计划，报有管辖权的防汛抗旱指挥机构批准，并报上一级防汛抗旱指挥机构备案。

第二十三条 水库和重要闸坝、泵站等防洪工程设施的管理单位，在执行调度运用计划时，必须服从有管辖权的防汛抗旱指挥机构的统一调度指挥和监督。

第二十四条 市和区防汛抗旱指挥机构各成员单位应当依据防洪预案的要求，按照职责分工，做好相关工作，并及时向本级防汛抗旱指挥机构报告有关情况。

第二十五条 有防洪、防潮任务的单位，应当根据洪水调度方案和防洪预案，制定本单位的防洪、防潮措施，征得所在地的区水行政主管部门同意后，由有管辖权的防汛抗旱指挥机构监督实施。

第二十六条 河道、水库、闸坝、泵站、海堤等工程管理单位，应当按照规定对工程设施进行巡查，发现险情，应立即采取抢护措施，并及时向所在地的区防汛抗旱指挥机构和上级主管部门报告。发生重大险情时，所在地的区防汛抗旱指挥机构应当立即组织抢险。

第二十七条 发生汛情、潮情、旱情紧急情况，市和区防汛抗旱指挥机构应当向有关单位通报。有关单位应当采取相应措施，减少灾害损失。

电视、广播、报纸等新闻媒体应当根据市和区防汛抗旱指挥机构提供的汛情、潮情、旱情，及时向社会发布防汛抗旱信息。

第二十八条 在紧急防汛期或者其他发生汛情、潮情紧急情况时期，市或者区防汛抗旱指挥机构可依照职权采取下列措施：

（一）因抢险需要，调用物资、设备、交通运输工具和人力，取土、占地、砍伐林木；

（二）组织群众安全转移；

（三）紧急处置壅水、阻水严重的桥梁、引道、码头和清除阻碍行洪的障碍物；

（四）依法决定实施陆地和水面交通管制；

（五）其他应急措施。

市或者区防汛抗旱指挥机构采取以上措施，任何单位和个人应当服从统一指挥，不得阻拦。

调用的物资、设备、交通运输工具和人力，事后应当及时返还或者给予适当补偿。取土、占地、砍伐林木的，应当依法向有关部门补办手续。

第二十九条　在汛期或者其他发生紧急汛情、潮情、旱情时期，河道、水库、闸坝、海堤、泵站、码头、排水工程设施等的使用，必须服从市或者区防汛抗旱指挥机构的统一调度和指挥；利用水工程设施和与防汛抗旱有关的水体从事旅游、航运、体育、餐饮、娱乐等活动，必须服从市或者区防汛抗旱指挥机构的统一管理。

禁止任何单位和个人擅自启用防洪抗旱工程设施。

第三十条　市和区水行政主管部门应当会同有关部门根据水资源条件、水工程状况和经济社会发展用水需求，编制抗旱预案，报本级人民政府批准，并报上一级水行政主管部门备案。

第三十一条　在旱情发生时，市和区防汛抗旱指挥机构应当组织有关部门，确定干旱等级，按照抗旱预案，及时采取相应措施。

第三十二条　在旱情紧急情况下，市或者区防汛抗旱指挥机构应当按照优先保障城乡居民基本生活用水的原则，采取以下应急措施：

（一）核减用水计划和供水指标；

（二）暂停洗车、洗浴等服务业用水和高耗水工业用水；

（三）对机关、企事业单位、居民用水实行定时、定点、限量供应；

（四）启动城市应急后备水源；

（五）统一对地表水、地下水、再生水、淡化后海水等水源进行调配；

（六）组织车辆实行人工送水；

（七）临时设置抽水泵站，开挖输水渠道，应急打井，建蓄水池；

（八）必要时封堵有关排水、排污口门，保护水源水质；

（九）其他应急措施。

第三十三条　旱情紧急情况下的跨流域调水预案，由市水行政主管部门编制，经市人民政府同意，报国务院水行政主管部门批准。

本市跨区域的调水预案，由市水行政主管部门会同有关区人民政府制定，报市人民政府批准。

第四章　保障措施

第三十四条　发生灾害后，各级人民政府应当组织有关部门和单位，做好灾区的生活供给、卫生防疫、救灾物资供应、治安管理、学校复课、恢复生产和重建家园等救灾工作以及所管辖地区的水毁工程设施修复工作。

第三十五条　受灾地区的防汛抗旱指挥机构应当及时组织有关部门和单位，对洪、涝、潮、旱灾害造成的损失和影响情况进行核实，提出减灾措施，及时报本级人民政府和上一级防汛抗旱指挥机构。

第三十六条　防洪抗旱经费按照政府投入为主、受益者合理负担的原则筹集。

各级人民政府应当采取措施，提高防洪抗旱投入的总体水平，保证防洪抗旱工程设施建设资金及时到位和配套资金足额落实。

第三十七条　防洪抗旱经费主要用于下列事项：

（一）防洪抗旱工程设施建设、维护和修复；

（二）水文测报、旱情监测、通信预警、生物措施等防洪抗旱非工程设施的建设、维护和修复；

（三）抗洪抢险和水毁工程的修复；

（四）防汛抢险、抗旱物资储备；

（五）防汛机动抢险队伍、抗旱服务组织建设；

（六）防洪抗旱日常工作。

防洪抗旱资金必须专款专用，严格审计监督。

第三十八条 市和区防汛抗旱指挥机构应当按规定储备一定数量的防汛抢险、抗旱物资。

有防洪、防潮自保任务的单位应当储备必要的抢险物料，并接受市和区防汛抗旱指挥机构的监督检查。

第三十九条 市和区人民政府应当建立健全防汛抗洪抢险专业队伍，配备一定数量的专业技术人员、设备、车辆，提高防汛抢险能力。

本市鼓励组建农民用水者协会等抗旱服务组织。各级人民政府对抗旱服务组织应当予以扶持。

第四十条 在汛期或者其他发生紧急汛情、潮情、旱情时期，公安、交通、公路等有关部门应当保障防汛、抗旱指挥和抢险车辆优先通行，免收过桥（路）费。防汛、抗旱指挥和抢险车辆标志由市公安交通管理部门印制，市防汛抗旱指挥机构核发。

第四十一条 市和区防汛抗旱指挥机构应当建立健全防汛抗旱信息系统，提高防汛抗旱预报、预警和指挥决策支持能力。

第五章　法律责任

第四十二条 违反本条例规定，工程管理责任单位对不符合防洪（含防潮）标准或者有严重质量缺陷的防洪抗旱工程设施，未按照水行政主管部门要求采取除险加固措施，按期消除危险的，由水行政主管部门责令限期改正，并处一万元以上五万元以下罚款；逾期不改正的，处五万元以上十万元以下罚款。

第四十三条 违反本条例规定，在汛期或者其他发生紧急汛情、潮情、旱情时期，利用水工程设施和与防汛抗旱有关的水体从事旅游、航运、体育、餐饮、娱乐等活动，不服从统一管理的，由水行政主管部门责令限期改正；逾期不改正的，处一万元以上五万元以下罚款。

第四十四条 违反本条例规定，有下列行为之一的，视情节轻重和危害后果，由其所在单位或者上级主管部门给予行政处分；应当给予治安管理处罚的，依照《中华人民共和国治安管理处罚法》的规定处罚；构成犯罪的，依法追究刑事责任：

（一）拒不执行经批准的调度方案、预案的；

（二）拒不服从防汛抗旱指挥机构统一调度和指挥的；

（三）擅自启用防洪抗旱工程设施的；

（四）截留、挤占、私分和挪用防汛抗旱经费及物资的。

第四十五条 对违反本条例的行为，法律、法规已有处罚规定的，按其规定处罚。

第六章　附　　则

第四十六条 本条例自 2007 年 12 月 1 日起施行。

7. 中华人民共和国防洪法

中华人民共和国防洪法是为了防治洪水，防御、减轻洪涝灾害，维护人民的生命和财产安全，保障社会主义现代化建设顺利进行，制定的法律。

1997年11月1日第八届全国人民代表大会常务委员会第二十八次会议通过，2007年10月28日第十届全国人民代表大会常务委员会第三十次会议修订，根据2016年7月2日第十二届全国人民代表大会常务委员会第二十一次会议通过的《全国人民代表大会常务委员会关于修改〈中华人民共和国节约能源法〉等六部法律的决定》修改。

1997年11月1日第八届全国人民代表大会常务委员会第二十八次会议通过

2007年10月28日第十届全国人民代表大会常务委员会第三十次会议修订

根据2016年7月2日第十二届全国人民代表大会常务委员会第二十一次会议通过的《全国人民代表大会常务委员会关于修改〈中华人民共和国节约能源法〉等六部法律的决定》修改。

目　　录

第一章　总则
第二章　防洪规划
第三章　治理与防护
第四章　防洪区和防洪工程设施的管理
第五章　防汛抗洪
第六章　保障措施
第七章　法律责任
第八章　附则

第一章　总　　则

第一条　为了防治洪水，防御、减轻洪涝灾害，维护人民的生命和财产安全，保障社会主义现代化建设顺利进行，制定本法。

第二条　防洪工作实行全面规划、统筹兼顾、预防为主、综合治理、局部利益服从全局利益的原则。

第三条　防洪工程设施建设，应当纳入国民经济和社会发展计划。

防洪费用按照政府投入同受益者合理承担相结合的原则筹集。

第四条　开发利用和保护水资源，应当服从防洪总体安排，实行兴利与除害相结合的原则。

江河、湖泊治理以及防洪工程设施建设，应当符合流域综合规划，与流域水资源的综合开发相结合。

本法所称综合规划是指开发利用水资源和防治水害的综合规划。

第五条 防洪工作按照流域或者区域实行统一规划、分级实施和流域管理与行政区域管理相结合的制度。

第六条 任何单位和个人都有保护防洪工程设施和依法参加防汛抗洪的义务。

第七条 各级人民政府应当加强对防洪工作的统一领导，组织有关部门、单位，动员社会力量，依靠科技进步，有计划地进行江河、湖泊治理，采取措施加强防洪工程设施建设，巩固、提高防洪能力。

各级人民政府应当组织有关部门、单位，动员社会力量，做好防汛抗洪和洪涝灾害后的恢复与救济工作。

各级人民政府应当对蓄滞洪区予以扶持；蓄滞洪后，应当依照国家规定予以补偿或者救助。

第八条 国务院水行政主管部门在国务院的领导下，负责全国防洪的组织、协调、监督、指导等日常工作。国务院水行政主管部门在国家确定的重要江河、湖泊设立的流域管理机构，在所管辖的范围内行使法律、行政法规规定和国务院水行政主管部门授权的防洪协调和监督管理职责。

国务院建设行政主管部门和其他有关部门在国务院的领导下，按照各自的职责，负责有关的防洪工作。

县级以上地方人民政府水行政主管部门在本级人民政府的领导下，负责本行政区域内防洪的组织、协调、监督、指导等日常工作。县级以上地方人民政府建设行政主管部门和其他有关部门在本级人民政府的领导下，按照各自的职责，负责有关的防洪工作。

第二章 防洪规划

第九条 防洪规划是指为防治某一流域、河段或者区域的洪涝灾害而制定的总体部署，包括国家确定的重要江河、湖泊的流域防洪规划，其他江河、河段、湖泊的防洪规划以及区域防洪规划。

防洪规划应当服从所在流域、区域的综合规划；区域防洪规划应当服从所在流域的流域防洪规划。

防洪规划是江河、湖泊治理和防洪工程设施建设的基本依据。

第十条 国家确定的重要江河、湖泊的防洪规划，由国务院水行政主管部门依据该江河、湖泊的流域综合规划，会同有关部门和有关省、自治区、直辖市人民政府编制，报国务院批准。

其他江河、河段、湖泊的防洪规划或者区域防洪规划，由县级以上地方人民政府水行政主管部门分别依据流域综合规划、区域综合规划，会同有关部门和有关地区编制，报本级人民政府批准，并报上一级人民政府水行政主管部门备案；跨省、自治区、直辖市的江河、河段、湖泊的防洪规划由有关流域管理机构会同江河、河段、湖泊所在地的省、自治区、直辖市人民政府水行政主管部门、有关主管部门拟定，分别经有关省、自治区、直辖市人民政府审查提出意见后，报国务院水行政主管部门批准。

城市防洪规划，由城市人民政府组织水行政主管部门、建设行政主管部门和其他有关部门依据流域防洪规划、上一级人民政府区域防洪规划编制，按照国务院规定的审批程序批准后纳入城市总体规划。

修改防洪规划，应当报经原批准机关批准。

第十一条 编制防洪规划，应当遵循确保重点、兼顾一般，以及防汛和抗旱相结合、工程措施和非工程措施相结合的原则，充分考虑洪涝规律和上下游、左右岸的关系以及国民经济对防洪的要求，并与国土规划和土地利用总体规划相协调。

防洪规划应当确定防护对象、治理目标和任务、防洪措施和实施方案，划定洪泛区、蓄滞洪区和防洪保护区的范围，规定蓄滞洪区的使用原则。

第十二条 受风暴潮威胁的沿海地区的县级以上地方人民政府，应当把防御风暴潮纳入本地区的防洪规划，加强海堤（海塘）、挡潮闸和沿海防护林等防御风暴潮工程体系建设，监督建筑物、构筑物的设计和施工符合防御风暴潮的需要。

第十三条 山洪可能诱发山体滑坡、崩塌和泥石流的地区以及其他山洪多发地区的县级以上地方人民政府，应当组织负责地质矿产管理工作的部门、水行政主管部门和其他有关部门对山体滑坡、崩塌和泥石流隐患进行全面调查，划定重点防治区，采取防治措施。

城市、村镇和其他居民点以及工厂、矿山、铁路和公路干线的布局，应当避开山洪威胁；已经建在受山洪威胁的地方的，应当采取防御措施。

第十四条 平原、洼地、水网圩区、山谷、盆地等易涝地区的有关地方人民政府，应当制定除涝治涝规划，组织有关部门、单位采取相应的治理措施，完善排水系统，发展耐涝农作物种类和品种，开展洪涝、干旱、盐碱综合治理。

城市人民政府应当加强对城区排涝管网、泵站的建设和管理。

第十五条 国务院水行政主管部门应当会同有关部门和省、自治区、直辖市人民政府制定长江、黄河、珠江、辽河、淮河、海河入海河口的整治规划。

在前款入海河口围海造地，应当符合河口整治规划。

第十六条 防洪规划确定的河道整治计划用地和规划建设的堤防用地范围内的土地，经土地管理部门和水行政主管部门会同有关地区核定，报经县级以上人民政府按照国务院规定的权限批准后，可以划定为规划保留区；该规划保留区范围内的土地涉及其他项目用地的，有关土地管理部门和水行政主管部门核定时，应当征求有关部门的意见。

规划保留区依照前款规定划定后，应当公告。

前款规划保留区内不得建设与防洪无关的工矿工程设施；在特殊情况下，国家工矿建设项目需占用前款规划保留区内的土地的，应当按照国家规定的基本建设程序报请批准，并征求有关水行政主管部门的意见。

防洪规划确定的扩大或者开辟的人工排洪道用地范围内的土地，经省级以上人民政府土地管理部门和水行政主管部门会同有关部门、有关地区核定，报省级以上人民政府按照国务院规定的权限批准后，可以划定为规划保留区，适用前款规定。

第十七条 在江河、湖泊上建设防洪工程和其他水工程、水电站等，应当符合防洪规划的要求；水库应当按照防洪规划的要求留足防洪库容。

前款规定的防洪工程和其他水工程、水电站未取得有关水行政主管部门签署的符合防洪规划要求的规划同意书的，建设单位不得开工建设。

第三章 治理与防护

第十八条 防治江河洪水，应当蓄泄兼施，充分发挥河道行洪能力和水库、洼淀、湖泊调蓄洪水的功能，加强河道防护，因地制宜地采取定期清淤疏浚等措施，保持行洪畅通。

防治江河洪水，应当保护、扩大流域林草植被，涵养水源，加强流域水土保持综合治理。

第十九条 整治河道和修建控制引导河水流向、保护堤岸等工程，应当兼顾上下游、左右岸的关系，按照规划治导线实施，不得任意改变河水流向。

国家确定的重要江河的规划治导线由流域管理机构拟定，报国务院水行政主管部门批准。

其他江河、河段的规划治导线由县级以上地方人民政府水行政主管部门拟定，报本级人民政府批准；跨省、自治区、直辖市的江河、河段和省、自治区、直辖市之间的省界河道的规划治导线由有关流域管理机构组织江河、河段所在地的省、自治区、直辖市人民政府水行政主管部门拟定，经有关省、自治区、直辖市人民政府审查提出意见后，报国务院水行政主管部门批准。

第二十条 整治河道、湖泊，涉及航道的，应当兼顾航运需要，并事先征求交通主管部门的意见。整治航道，应当符合江河、湖泊防洪安全要求，并事先征求水行政主管部门的意见。

在竹木流放的河流和渔业水域整治河道的，应当兼顾竹木水运和渔业发展的需要，并事先征求林业、渔业行政主管部门的意见。在河道中流放竹木，不得影响行洪和防洪工程设施的安全。

第二十一条 河道、湖泊管理实行按水系统一管理和分级管理相结合的原则，加强防护，确保畅通。

国家确定的重要江河、湖泊的主要河段，跨省、自治区、直辖市的重要河段、湖泊，省、自治区、直辖市之间的省界河道、湖泊以及国（边）界河道、湖泊，由流域管理机构和江河、湖泊所在地的省、自治区、直辖市人民政府水行政主管部门按照国务院水行政主管部门的划定依法实施管理。其他河道、湖泊，由县级以上地方人民政府水行政主管部门按照国务院水行政主管部门或者国务院水行政主管部门授权的机构的划定依法实施管理。

有堤防的河道、湖泊，其管理范围为两岸堤防之间的水域、沙洲、滩地、行洪区和堤防及护堤地；无堤防的河道、湖泊，其管理范围为历史最高洪水位或者设计洪水位之间的水域、沙洲、滩地和行洪区。

流域管理机构直接管理的河道、湖泊管理范围，由流域管理机构会同有关县级以上地方人民政府依照前款规定界定；其他河道、湖泊管理范围，由有关县级以上地方人民政府依照前款规定界定。

第二十二条 河道、湖泊管理范围内的土地和岸线的利用，应当符合行洪、输水的要求。

禁止在河道、湖泊管理范围内建设妨碍行洪的建筑物、构筑物，倾倒垃圾、渣土，从事影响河势稳定、危害河岸堤防安全和其他妨碍河道行洪的活动。

禁止在行洪河道内种植阻碍行洪的林木和高秆作物。

在船舶航行可能危及堤岸安全的河段，应当限定航速。限定航速的标志，由交通主管部门与水行政主管部门商定后设置。

第二十三条 禁止围湖造地。已经围垦的，应当按照国家规定的防洪标准进行治理，有计划地退地还湖。

禁止围垦河道。确需围垦的，应当进行科学论证，经水行政主管部门确认不妨碍行洪、输水后，报省级以上人民政府批准。

第二十四条 对居住在行洪河道内的居民，当地人民政府应当有计划地组织外迁。

第二十五条 护堤护岸的林木，由河道、湖泊管理机构组织营造和管理。护堤护岸林木，不得任意砍伐。采伐护堤护岸林木的，应当依法办理采伐许可手续，并完成规定的更新补种任务。

第二十六条 对壅水、阻水严重的桥梁、引道、码头和其他跨河工程设施，根据防洪标准，有关水行政主管部门可以报请县级以上人民政府按照国务院规定的权限责令建设单位限期改建或者拆除。

第二十七条 建设跨河、穿河、穿堤、临河的桥梁、码头、道路、渡口、管道、缆线、取水、排水等工程设施，应当符合防洪标准、岸线规划、航运要求和其他技术要求，不得危害堤防安全、影响河势稳定、妨碍行洪畅通；其工程建设方案未经有关水行政主管部门根据前述防洪要求审查同意的，建设单位不得开工建设。

前款工程设施需要占用河道、湖泊管理范围内土地，跨越河道、湖泊空间或者穿越河床的，建设单位应当经有关水行政主管部门对该工程设施建设的位置和界限审查批准后，方可依法办理开工手续；安排施工时，应当按照水行政主管部门审查批准的位置和界限进行。

第二十八条 对于河道、湖泊管理范围内依照本法规定建设的工程设施，水行政主管部门有权依法检查；水行政主管部门检查时，被检查者应当如实提供有关的情况和资料。

前款规定的工程设施竣工验收时，应当有水行政主管部门参加。

第四章 防洪区和防洪工程设施的管理

第二十九条 防洪区是指洪水泛滥可能淹及的地区，分为洪泛区、蓄滞洪区和防洪保护区。

洪泛区是指尚无工程设施保护的洪水泛滥所及的地区。

蓄滞洪区是指包括分洪口在内的河堤背水面以外临时贮存洪水的低洼地区及湖泊等。

防洪保护区是指在防洪标准内受防洪工程设施保护的地区。

洪泛区、蓄滞洪区和防洪保护区的范围，在防洪规划或者防御洪水方案中划定，并报请省级以上人民政府按照国务院规定的权限批准后予以公告。

第三十条 各级人民政府应当按照防洪规划对防洪区内的土地利用实行分区管理。

第三十一条 地方各级人民政府应当加强对防洪区安全建设工作的领导，组织有关部门、单位对防洪区内的单位和居民进行防洪教育，普及防洪知识，提高水患意识；按照防洪规划和防御洪水方案建立并完善防洪体系和水文、气象、通信、预警以及洪涝灾害监测系统，提高防御洪水能力；组织防洪区内的单位和居民积极参加防洪工作，因地制宜地采取防洪避洪措施。

第三十二条 洪泛区、蓄滞洪区所在地的省、自治区、直辖市人民政府应当组织有关地区和部门，按照防洪规划的要求，制定洪泛区、蓄滞洪区安全建设计划，控制蓄滞洪区人口增长，对居住在经常使用的蓄滞洪区的居民，有计划地组织外迁，并采取其他必要的安全保护措施。

因蓄滞洪区而直接受益的地区和单位，应当对蓄滞洪区承担国家规定的补偿、救助义务。国务院和有关的省、自治区、直辖市人民政府应当建立对蓄滞洪区的扶持和补偿、救助制度。

国务院和有关的省、自治区、直辖市人民政府可以制定洪泛区、蓄滞洪区安全建设管理办法以及对蓄滞洪区的扶持和补偿、救助办法。

第三十三条 在洪泛区、蓄滞洪区内建设非防洪建设项目，应当就洪水对建设项目可能产生的影响和建设项目对防洪可能产生的影响作出评价，编制洪水影响评价报告，提出防御措施。洪水影响评价报告未经有关水行政主管部门审查批准的，建设单位不得开工建设。

在蓄滞洪区内建设的油田、铁路、公路、矿山、电厂、电信设施和管道，其洪水影响评价报告应当包括建设单位自行安排的防洪避洪方案。建设项目投入生产或者使用时，其防洪工程设施应当经水行政主管部门验收。

在蓄滞洪区内建造房屋应当采用平顶式结构。

第三十四条 大中城市，重要的铁路、公路干线，大型骨干企业，应当列为防洪重点，确保安全。

受洪水威胁的城市、经济开发区、工矿区和国家重要的农业生产基地等，应当重点保护，建设必要的防洪工程设施。

城市建设不得擅自填堵原有河道沟叉、贮水湖塘洼淀和废除原有防洪围堤。确需填堵或者废除的，应当经城市人民政府批准。

第三十五条 属于国家所有的防洪工程设施，应当按照经批准的设计，在竣工验收前由县级以上人民政府按照国家规定，划定管理和保护范围。

属于集体所有的防洪工程设施，应当按照省、自治区、直辖市人民政府的规定，划定保护范围。

在防洪工程设施保护范围内，禁止进行爆破、打井、采石、取土等危害防洪工程设施安全的活动。

第三十六条 各级人民政府应当组织有关部门加强对水库大坝的定期检查和监督管理。对未达到设计洪水标准、抗震设防要求或者有严重质量缺陷的险坝，大坝主管部门应当组织有关单位采取除险加固措施，限期消除危险或者重建，有关人民政府应当优先安排所需资金。对可能出现垮坝的水库，应当事先制定应急抢险和居民临时撤离方案。

各级人民政府和有关主管部门应当加强对尾矿坝的监督管理，采取措施，避免因洪水导致垮坝。

第三十七条 任何单位和个人不得破坏、侵占、毁损水库大坝、堤防、水闸、护岸、抽水站、排水渠系等防洪工程和水文、通信设施以及防汛备用的器材、物料等。

第五章　防汛抗洪

第三十八条 防汛抗洪工作实行各级人民政府行政首长负责制，统一指挥、分级分部门负责。

第三十九条 国务院设立国家防汛指挥机构，负责领导、组织全国的防汛抗洪工作，其办事机构设在国务院水行政主管部门。

在国家确定的重要江河、湖泊可以设立由有关省、自治区、直辖市人民政府和该江河、湖泊的流域管理机构负责人等组成的防汛指挥机构，指挥所管辖范围内的防汛抗洪工作，其办事机构设在流域管理机构。

有防汛抗洪任务的县级以上地方人民政府设立由有关部门、当地驻军、人民武装部负责人等组成的防汛指挥机构，在上级防汛指挥机构和本级人民政府的领导下，指挥本地区的防汛抗洪工作，其办事机构设在同级水行政主管部门；必要时，经城市人民政府决定，防汛指挥机构也可以在建设行政主管部门设城市市区办事机构，在防汛指挥机构的统一领导下，负责城市市区的防汛抗洪日常工作。

第四十条 有防汛抗洪任务的县级以上地方人民政府根据流域综合规划、防洪工程实际状况和国家规定的防洪标准，制定防御洪水方案（包括对特大洪水的处置措施）。

长江、黄河、淮河、海河的防御洪水方案，由国家防汛指挥机构制定，报国务院批准；

跨省、自治区、直辖市的其他江河的防御洪水方案，由有关流域管理机构会同有关省、自治区、直辖市人民政府制定，报国务院或者国务院授权的有关部门批准。防御洪水方案经批准后，有关地方人民政府必须执行。

各级防汛指挥机构和承担防汛抗洪任务的部门和单位，必须根据防御洪水方案做好防汛抗洪准备工作。

第四十一条 省、自治区、直辖市人民政府防汛指挥机构根据当地的洪水规律，规定汛期起止日期。

当江河、湖泊的水情接近保证水位或者安全流量，水库水位接近设计洪水位，或者防洪工程设施发生重大险情时，有关县级以上人民政府防汛指挥机构可以宣布进入紧急防汛期。

第四十二条 对河道、湖泊范围内阻碍行洪的障碍物，按照谁设障、谁清除的原则，由防汛指挥机构责令限期清除；逾期不清除的，由防汛指挥机构组织强行清除，所需费用由设障者承担。

在紧急防汛期，国家防汛指挥机构或者其授权的流域、省、自治区、直辖市防汛指挥机构有权对壅水、阻水严重的桥梁、引道、码头和其他跨河工程设施作出紧急处置。

第四十三条 在汛期，气象、水文、海洋等有关部门应当按照各自的职责，及时向有关防汛指挥机构提供天气、水文等实时信息和风暴潮预报；电信部门应当优先提供防汛抗洪通信的服务；运输、电力、物资材料供应等有关部门应当优先为防汛抗洪服务。

中国人民解放军、中国人民武装警察部队和民兵应当执行国家赋予的抗洪抢险任务。

第四十四条 在汛期，水库、闸坝和其他水工程设施的运用，必须服从有关的防汛指挥机构的调度指挥和监督。

在汛期，水库不得擅自在汛期限制水位以上蓄水，其汛期限制水位以上的防洪库容的运用，必须服从防汛指挥机构的调度指挥和监督。

在凌汛期，有防凌汛任务的江河的上游水库的下泄水量必须征得有关的防汛指挥机构的同意，并接受其监督。

第四十五条 在紧急防汛期，防汛指挥机构根据防汛抗洪的需要，有权在其管辖范围内调用物资、设备、交通运输工具和人力，决定采取取土占地、砍伐林木、清除阻水障碍物和其他必要的紧急措施；必要时，公安、交通等有关部门按照防汛指挥机构的决定，依法实施陆地和水面交通管制。

依照前款规定调用的物资、设备、交通运输工具等，在汛期结束后应当及时归还；造成损坏或者无法归还的，按照国务院有关规定给予适当补偿或者作其他处理。取土占地、砍伐林木的，在汛期结束后依法向有关部门补办手续；有关地方人民政府对取土后的土地组织复垦，对砍伐的林木组织补种。

第四十六条 江河、湖泊水位或者流量达到国家规定的分洪标准，需要启用蓄滞洪区时，国务院，国家防汛指挥机构，流域防汛指挥机构，省、自治区、直辖市人民政府，省、自治区、直辖市防汛指挥机构，按照依法经批准的防御洪水方案中规定的启用条件和批准程序，决定启用蓄滞洪区。依法启用蓄滞洪区，任何单位和个人不得阻拦、拖延；遇到阻拦、拖延时，由有关县级以上地方人民政府强制实施。

第四十七条 发生洪涝灾害后，有关人民政府应当组织有关部门、单位做好灾区的生活供给、卫生防疫、救灾物资供应、治安管理、学校复课、恢复生产和重建家园等救灾工作以及所管辖地区的各项水毁工程设施修复工作。水毁防洪工程设施的修复，应当优先列入有关部门的年度建设计划。

国家鼓励、扶持开展洪水保险。

第六章　保障措施

第四十八条　各级人民政府应当采取措施，提高防洪投入的总体水平。

第四十九条　江河、湖泊的治理和防洪工程设施的建设和维护所需投资，按照事权和财权相统一的原则，分级负责，由中央和地方财政承担。城市防洪工程设施的建设和维护所需投资，由城市人民政府承担。

受洪水威胁地区的油田、管道、铁路、公路、矿山、电力、电信等企业、事业单位应当自筹资金，兴建必要的防洪自保工程。

第五十条　中央财政应当安排资金，用于国家确定的重要江河、湖泊的堤坝遭受特大洪涝灾害时的抗洪抢险和水毁防洪工程修复。省、自治区、直辖市人民政府应当在本级财政预算中安排资金，用于本行政区域内遭受特大洪涝灾害地区的抗洪抢险和水毁防洪工程修复。

第五十一条　国家设立水利建设基金，用于防洪工程和水利工程的维护和建设。具体办法由国务院规定。

受洪水威胁的省、自治区、直辖市为加强本行政区域内防洪工程设施建设，提高防御洪水能力，按照国务院的有关规定，可以规定在防洪保护区范围内征收河道工程修建维护管理费。

第五十二条　任何单位和个人不得截留、挪用防洪、救灾资金和物资。

各级人民政府审计机关应当加强对防洪、救灾资金使用情况的审计监督。

第七章　法律责任

第五十三条　违反本法第十七条规定，未经水行政主管部门签署规划同意书，擅自在江河、湖泊上建设防洪工程和其他水工程、水电站的，责令停止违法行为，补办规划同意书手续；违反规划同意书的要求，严重影响防洪的，责令限期拆除；违反规划同意书的要求，影响防洪但尚可采取补救措施的，责令限期采取补救措施，可以处一万元以上十万元以下的罚款。

第五十四条　违反本法第十九条规定，未按照规划治导线整治河道和修建控制引导河水流向、保护堤岸等工程，影响防洪的，责令停止违法行为，恢复原状或者采取其他补救措施，可以处一万元以上十万元以下的罚款。

第五十五条　违反本法第二十二条第二款、第三款规定，有下列行为之一的，责令停止违法行为，排除阻碍或者采取其他补救措施，可以处五万元以下的罚款：

（一）在河道、湖泊管理范围内建设妨碍行洪的建筑物、构筑物的；

（二）在河道、湖泊管理范围内倾倒垃圾、渣土，从事影响河势稳定、危害河岸堤防安全和其他妨碍河道行洪的活动的；

（三）在行洪河道内种植阻碍行洪的林木和高秆作物的。

第五十六条　违反本法第十五条第二款、第二十三条规定，围海造地、围湖造地、围垦河道的，责令停止违法行为，恢复原状或者采取其他补救措施，可以处五万元以下的罚款；既不恢复原状也不采取其他补救措施的，代为恢复原状或者采取其他补救措施，所需费用由违法者承担。

第五十七条　违反本法第二十七条规定，未经水行政主管部门对其工程建设方案审查同意或者未按照有关水行政主管部门审查批准的位置、界限，在河道、湖泊管理范围内从事工程设施建设活动的，责令停止违法行为，补办审查同意或者审查批准手续；工程设施建设严重影响防洪的，责令限期拆除，逾期不拆除的，强行拆除，所需费用由建设单位承担；影响行洪但尚可采取补救措施的，责令限期采取补救措施，可以处一万元以上十万元以下的罚款。

第五十八条 违反本法第三十三条第一款规定，在洪泛区、蓄滞洪区内建设非防洪建设项目，未编制洪水影响评价报告或者洪水影响评价报告未经审查批准开工建设的，责令限期改正；逾期不改正的，处五万元以下的罚款。

违反本法第三十三条第二款规定，防洪工程设施未经验收，即将建设项目投入生产或者使用的，责令停止生产或者使用，限期验收防洪工程设施，可以处五万元以下的罚款。

第五十九条 违反本法第三十四条规定，因城市建设擅自填堵原有河道沟叉、贮水湖塘洼淀和废除原有防洪围堤的，城市人民政府应当责令停止违法行为，限期恢复原状或者采取其他补救措施。

第六十条 违反本法规定，破坏、侵占、毁损堤防、水闸、护岸、抽水站、排水渠系等防洪工程和水文、通信设施以及防汛备用的器材、物料的，责令停止违法行为，采取补救措施，可以处五万元以下的罚款；造成损坏的，依法承担民事责任；应当给予治安管理处罚的，依照治安管理处罚法的规定处罚；构成犯罪的，依法追究刑事责任。

第六十一条 阻碍、威胁防汛指挥机构、水行政主管部门或者流域管理机构的工作人员依法执行职务，构成犯罪的，依法追究刑事责任；尚不构成犯罪，应当给予治安管理处罚的，依照治安管理处罚法的规定处罚。

第六十二条 截留、挪用防洪、救灾资金和物资，构成犯罪的，依法追究刑事责任；尚不构成犯罪的，给予行政处分。

第六十三条 除本法第五十九条的规定外，本章规定的行政处罚和行政措施，由县级以上人民政府水行政主管部门决定，或者由流域管理机构按照国务院水行政主管部门规定的权限决定。但是，本法第六十条、第六十一条规定的治安管理处罚的决定机关，按照治安管理处罚法的规定执行。

第六十四条 国家工作人员，有下列行为之一，构成犯罪的，依法追究刑事责任；尚不构成犯罪的，给予行政处分：

（一）违反本法第十七条、第十九条、第二十二条第二款、第二十二条第三款、第二十七条或者第三十四条规定，严重影响防洪的；

（二）滥用职权，玩忽职守，徇私舞弊，致使防汛抗洪工作遭受重大损失的；

（三）拒不执行防御洪水方案、防汛抢险指令或者蓄滞洪方案、措施、汛期调度运用计划等防汛调度方案的；

（四）违反本法规定，导致或者加重毗邻地区或者其他单位洪灾损失的。

第八章 附 则

第六十五条 本法自1998年1月1日起施行。

8. 河道管理范围内建设项目防洪评价报告编制导则

《河道管理范围内建设项目防洪评价报告编制导则》（试行），依据国家计委、水利部《河道管理范围内建设项目管理的有关规定》（水政 19927 号），对于河道管理范围内建设项目，应进行防洪评价，编制防洪评价报告，为适应防洪评价报告编制工作的需要，规范编制方法，保证编制质量而制订，适用于全国河道管理范围内大、中型及对防洪有较大影响的小型建设项目防洪评价报告的编制工作。

法规类别：规范性文件
制定机关：水利部
颁布日期：2004.08.05
法规内文号：办建管〔2004〕109 号
依据文献：水政 19927 号

目　　录

1　总则
2　概述
3　基本情况
4　河道演变
5　计算方式
　5.1
　5.2
　5.3
　5.4
　5.5
6　综合评价
7　补救措施
8　结论建议
9　附录一
10　附录二

总　　则

1.1　依据国家计委、水利部《河道管理范围内建设项目管理的有关规定》（水政〔1992〕7 号），对于河道管理范围内建设项目（下简称建设项目），应进行防洪评价，编制防洪评价报告。为适应防洪评价报告编制工作的需要，规范编制方法，保证编制质量，特制订本导则。

1.2　本导则适用于全国河道管理范围内大、中型及对防洪有较大影响的小型建设项目防洪评价报告的编制工作。

1.3 防洪评价报告应在建设项目建议书或预可行性研究报告审查批准后、可行性研究报告审查批准前由建设单位委托具有相应资质的编制单位进行编制。

1.4 评价报告内容应能满足《河道管理范围内建设项目管理的有关规定》审查内容的要求，应包括以下主要内容：

1　概述
2　基本情况
3　河道演变
4　防洪评价计算
5　防洪综合评价
6　防治与补救措施

1.5 防洪评价报告中的各项基础资料应使用最新数据，并具有可靠性、合理性和一致性，水文资料要经相关水文部门认可。建设项目所在地区缺乏基础资料时，建设单位应根据防洪评价需要，委托具有相应资质的勘测、水文等部门进行基础资料的测量和收集。

1.6 在编制防洪评价报告时，应根据流域或所在地区的河道特点和具体情况，采用合适的评价手段和技术路线。对防洪可能有较大影响、所在河段有重要防洪任务或重要防洪工程的建设项目，应进行专题研究（数学模型计算、物理模型试验或其他试验等）。

1.7 在防洪评价工作中除执行本导则外涉及其他专业时，还应符合相应规范要求。

概　　述

概述一般应包括项目背景、评价依据、技术路线及工作内容。

2.1 项目背景

项目背景应阐明建设项目所在地理位置、总体建设规模、项目前期工作概况及防洪评价编制单位受委托后进行防洪评价编制工作的基本情况。

2.2 评价依据

评价依据应列出以下内容：

1　国家有关法律、法规及有关规定。
2　有关规划文件，包括建设项目所在河段的综合规划及防洪规划、治导线规划、岸线规划、河道（口）整治等水利规划。
3　有关技术规范和技术标准。
4　有关设计报告的审查意见、批复文件等。

2.3 技术路线及工作内容

阐明评价报告所采用的技术路线，包括所采用的基本资料、分析、计算及试验手段等，简述防洪评价的工作内容。

基本情况

基本情况包括建设项目概况、建设项目所在河段的河道基本情况、现有水利工程及其他设施情况、水利规划及实施安排等。

3.1 建设项目概况

建设项目概况应介绍与防洪评价有关的涉河建筑物的基本情况，包括下列内容：

1　涉河建筑物的名称、地点和建设目的。

2 涉河建筑物的建设规模、特性、防洪标准（校核、设计标准相应洪峰流量、水位，施工期防洪标准及相应洪峰流量、水位）。

3 涉河建筑物的设计方案，包括总体布置、结构型式、与河道堤防的连接方式、与其他水利工程交叉或连接方式、占用河道管理范围内土地及建筑设施情况等。

4 涉河建筑物的施工方案，主要包括施工布置、施工交通组织、主要施工方法、施工临时建筑物设计、施工工期安排、施工期度汛方案和防凌措施等，对于涉及在河道管理范围内取土和弃土的工程，还应包括施工取土和弃土方案。

3.2 河道基本情况

建设项目所在河段的河道基本情况包括以下内容：

1 建设项目所在区域的自然地理、河流水系、水文气象、社会经济和工程状况。
2 河道概况。
3 水文、泥沙、气象特征。
4 河道边界条件。
5 地形、地貌、河道地质情况。
6 现有防洪（排涝）标准及相应的洪峰流量、洪峰水位（潮位）。

3.3 现有水利工程及其它设施情况

3.3.1 现有水利工程情况包括河道、堤防、水库、涵闸、泵站等水利（防洪）工程的位置、规模、设计标准、设计水位、功能、特点及运用要求等基本情况。

3.3.2 其他设施情况包括桥梁、码头、港口、取水、排水、航道整治等设施的位置、规模、设计标准、设计水位、功能、特点及运用要求等基本情况。

3.4 水利规划及实施安排

应简述与防洪评价有关的水利规划内容及实施安排，包括以下方面：

1 综合利用规划、防洪规划、岸线规划、河道（口）整治规划等；
2 建设项目所在河段的具体规划要求；
3 建设项目所在河段的规划实施情况；
4 建设项目运用期内因规划实施引起的防洪形势、标准等变化情况。

河道演变

河道演变主要介绍建设项目所在河段的历史演变过程与特点，分析其近期河床的冲淤特性和河势变化情况，明确河床演变的主要特点、规律和原因，对河道的演变趋势进行预估。

4.1 河道历史演变概况

历史演变过程应利用已有分析成果，简述建设项目所在河段的历史演变过程和特点。

4.2 河道近期演变分析

河道近期演变分析应根据有关实测资料，分析河段内深泓、洲滩、汊道、岸线等平面变化、断面变化及河床冲淤特性等。

4.3 河道演变趋势分析

河道演变趋势分析应根据历史、近期河道演变情况，结合水利规划实施安排，对河道将来的演变趋势进行定性或定量分析，包括河道的平面变化、断面变化、河床冲淤变化等。

计算方式

5.1

5.1.1 建设项目防洪影响的计算条件一般应分别采用所在河段的现状防洪、排涝标准或规划标准，建设项目本身的设计（校核）标准以及历史上最大洪水。对没有防洪、排涝标准和防洪规划的河段，应进行有关水文分析计算。

5.1.2 对占用河道断面，影响洪水下泄的阻水建筑物，应进行壅水计算。一般情况下可采用规范推荐的经验公式进行计算；壅水高度高和壅水范围对河段的防洪影响较大的开展数学模型计算或物理模型试验。

5.1.3 对河道的冲淤变化可能产生影响的建设项目，应进行冲刷与淤积分析计算。一般情况下可采用规范推荐的经验公式结合实测资料，进行冲刷和淤积分析计算；所在河段有重要防洪任务或重要防洪工程的，还应开展动床数学模型计算或动床物理模型试验研究。

5.1.4 建设项目工程规模较大的或对河势稳定可能产生较大影响、所在河段有重要防洪任务或重要防洪工程的建设项目，除需结合河道演变分析成果，对项目实施后河势及防洪可能产生的影响进行定性分析外，还应进行数学模型计算或物理模型试验研究进行分析。

5.1.5 在选用数学模型时，可根据实际情况，在满足工程实际的需要条件下，选用一维、二维数学模型的各自优点，或者联合运用。在进行壅水分析计算时，考虑河道实际情况，可选用一维数学模型用于分析计算。关于冲刷与淤积分析计算，对于长系列条件下的预测分析计算，建议用一维数学模型，二维数学模型可用于局部、典型场次洪水条件。下文中只列出二维数学模型的选用方法。

5.1.6 对可能影响已有水利工程安全运行的建设项目，应进行工程施工期和运行期已有水利工程的稳定复核计算。

5.1.7 当建设项目建在排涝河道管理范围内或附近有重要排涝设施，且项目建设可能引起现有排涝设施附近内、外水位较大变化时，应进行排涝影响分析计算。

5.2

5.2.1 水文分析计算的主要内容应包括：

1 资料的审查与分析；
2 资料的插补和延长；
3 采用的计算方法、公式、有关参数的选取及其依据；
4 不同频率设计流量及设计水位的计算成果；
5 成果的合理性分析。

5.2.2 水文分析计算方法应根据建设项目所在河段的具体情况有针对性地选用。

5.3

5.3.1 经验公式计算分析

当采用经验公式进行壅水计算时，其主要内容应包括：

1 采用的经验公式及其适用性分析

应根据建设项目的工程结构型式、河道特性选用合适的经验公式，并对其适应性进行分析。

2 有关参数的选用及其依据

应根据阻水建筑物的结构型式、附近流速流态、河道边界条件等具体情况，合理选取或计算有关参数，并分析其依据。

3 选用的计算水文条件

4 计算方案及其条件

阐明各种计算方及其条件。对工程施工临时建筑物占用河道过水断面的建设项目，除需工程运行期的壅水计算外，还需进行工程施工期壅水计算。

5 壅水高度及长度的计算结果。

5.3.2 数学模型计算分析

当采用数学模型进行工程壅水影响计算分析时，其主要内容应包括：

1 模型的基本原理

阐述模型的基本方程、计算网格型式、数值计算方法、边界处理等基本原理。

2 计算范围及计算边界条件

阐述数学模型的计算范围、计算网格尺寸、开边界的控制条件等。数学模型计算范围的选取除应考虑附近河段水文测站的布设情况外，应能充分涵盖建设项目可能影响的范围及模型进出口边界稳定所需的河道范围。计算网格的大小应满足建设项目防洪评价对计算精度的要求。在资料满足条件时，上游采用流量控制，下游采用水位（或潮位）控制。当资料条件限制时，也可以采用适当的边界控制条件，但应对其合理性进行分析论证。

3 模型的率定与验证

阐明模型率定与验证所采用的基本资料，模型率定所选定的有关参数，模型率定与验证的误差统计结果，在此基础上分析模型的可靠性。模型率定与验证的主要内容包括：水（潮）位、垂线平均流速、流向、断面流速分布、汊道分流比等。模型的率定和验证应采用不同的水文测验资料分别进行，模型率定和验证的误差应满足有关规范的要求。无实测资料时可采用经验值。

4 计算水文条件

阐述工程影响计算所采用的水文条件及依据。所采用的计算水文条件应根据防洪评价的主要任务有针对性地选取，对径流河段应采用设计洪水流量和相应水位；对潮流河段应包括大、中、小等典型潮和与设计频率相应潮型等水文条件。

5 工程概化

阐述建设项目涉河建筑物在模型中的概化处理方法，工程概化的合理性分析等。

6 工程计算方案

阐明模型的各种计算方案及其条件。对工程施工临时建筑物占用河道过水断面的建设项目，除需工程运行期的壅水计算外，还需进行工程施工期壅水计算。

7 计算结果统计分析

对各方案的计算结果进行统计，分析最大壅水高度和壅水范围。

5.4

5.4.1 经验公式计算

当采用经验公式进行冲刷计算时，应包括下列内容：

（1）计算公式的选用及其适用性分析；

（2）水文条件；

（3）有关参数的选取值及其依据；

（4）冲刷计算结果。

5.4.2 数学模型计算

当采用数学模型进行冲刷与淤积分析计算时，其主要内容应满足5.3.1小节水流数学模型的有关要求外，还应包括：

1　河床冲淤变化的率定与验证

应根据实测资料情况，选择有代表性的水文系列，进行含沙量、输沙率和河道冲淤变化的率定和验证计算。模型泥沙率定和验证的精度应满足有关规范的要求。

2　计算水文系列的选取

应根据建设项目的情况、可能带来的影响、所在河段的水文泥沙特性、防洪评价的主要任务，选取有代表性的水文系列进行工程实施后的冲刷与淤积计算。计算水文系列的选取要能反映冲刷和淤积的不利水、沙条件组合。

3　冲淤变化计算成果

计算成果应包括冲淤总量、冲淤厚度、冲淤时空分布等内容。

5.4.3　物理模型试验

当采用物理模型进行河道冲刷与淤积试验时，应包括下列内容：

1　模型试验的范围；
2　模型的设计及各种比尺；
3　模型沙的选取；
4　模型率定与验证采用的水文条件；
5　模型率定有关参数的选取值；
6　模型率定和验证误差的统计结果及模型相似性分析；
7　试验水文条件的选取与概化；
8　试验方案；
9　模型试验结果统计。

上述内容的有关具体要求与数学模型计算基本相同，模型设计及比尺的选取、模型沙的选取、水文系列的概化，应满足试验精度的要求。

5.5

建设项目建成后对河势稳定的影响，一般情况下可采用数学模型计算、物理模型试验等技术手段进行。其内容除需满足上述数学模型计算和物理模型试验的有关要求外，还应包括：

1　对主要汊道分流比的影响值，若为动床数学模型或动床物理模型，还应统计各汊道分沙比的变化；
2　工程影响范围内代表性断面流速分布的变化情况；
3　主流线、深槽、洲滩、岸滩断面等的变化情况；
4　工程影响范围内防洪工程及其他设施附近流速、流向的变化；
5　代表性垂线流速、流向的变化；

5.6　排涝影响分析计算

排涝影响分析计算的主要内容有：

1　现有排涝设施的结构尺寸、设计内外水位、运行方式、设计排涝流量等基本情况；
2　采用的计算方法、公式、有关参数的选取及其依据；
3　根据建设项目的壅水情况，对现有排涝设施的排涝能力进行计算；

5.7　其它有关计算

对可能影响现有防洪工程安全稳定的建设项目，还应进行工程施工期及运行期的渗透稳定、结构安全、抗滑稳定安全复核等计算。涉及河口及感潮河段，因潮汐动力的改变对防洪、排涝及河道（口）稳定均有影响，应同时进行潮汐动力分析。

综合评价

根据建设项目的基本情况、所在河段的防洪任务与防洪要求、防洪工程与河道整治工程布局及其他国民经济设施的分布情况等，以及河道演变分析成果、防洪评价计算或试验研究结果，对建设项目的防洪影响进行综合评价。防洪综合评价的主要内容有：

1 项目建设与有关规划的关系及影响分析；
2 项目建设是否符合防洪防凌标准、有关技术和管理要求；
3 项目建设对河道泄洪的影响分析；
4 项目建设对河势稳定的影响分析；
5 项目建设对堤防、护岸及其它水利工程和设施的影响分析；
6 项目建设对防汛抢险的影响分析；
7 建设项目防御洪涝的设防标准与措施是否适当；
8 项目建设对第三人合法水事权益的影响分析。

6.1 项目建设与有关规划的关系及影响分析

项目建设与有关规划的关系及影响分析应包括建设项目与所在河段有关水利规划关系分析和项目建设对规划实施的影响分析。

6.1.1 建设项目与所在河段有关水利规划关系分析

简述建设项目与所在河段的综合规划及防洪规划、治导线规划、岸线规划、河道（口）整治规划等水利规划之间的相互关系，分析项目的建设是否符合有关水利规划的总体要求与整治目标。

6.1.2 项目建设对规划实施的影响分析

分析项目建设对有关水利规划的实施是否产生不利的影响，是否会增加规划实施的难度。

6.2 项目建设是否符合防洪防凌标准、有关技术和管理要求

根据建设项目设计所采用的洪水标准、结构型式及工程布置，分析项目的建设是否符合所在河段的防洪防凌标准及有关技术要求，分析项目建设是否符合水利部门的有关管理规定。

6.3 项目建设对河道泄洪影响分析

根据建设项目壅水计算或试验结果，分析工程对河道行洪安全的影响范围和程度。对施工方案占用河道过水断面的建设项目，还需根据施工设计方案及工期的安排，分析工程施工对河道泄洪能力的影响。

6.4 项目建设对河势稳定影响分析

6.4.1 根据数学模型计算和（或）物理模型试验结果，结合河道演变分析成果，综合分析工程对河势稳定的影响。主要内容应包括：

1 分析项目实施后总体流态和工程影响区域局部流态的变化趋势；
2 对分汊河段，应分析项目建设是否会引起各汊道分流比、分沙比的变化；
3 通过各代表断面和代表垂线流速、流向的变化情况的统计分析成果，分析项目建设对总体河势和局部河势稳定有无明显的不利影响；
4 结合河道冲淤变化的计算或试验成果，评价项目建设是否会影响河势的稳定；
5 对工程施工临时建筑物可能影响河势稳定的建设项目，应根据有关计算或试验成果，

分析工程施工期对河势稳定的影响；

6.4.2 对河势稳定影响较小的建设项目，可结合河道演变分析成果或采用类比分析的方法，做定性分析。

6.5 项目建设对堤防、护岸和其它水利工程及设施的影响分析

根据有关计算结果，分析项目建设对其影响范围内的各类水利工程与设施的安全和运行所带来的影响。其主要内容包括：

1 根据工程影响范围内堤防近岸流速、流向的变化情况，分析项目建设对堤脚或岸坡冲刷的影响；

2 根据护岸工程近岸流速、流向的变化情况，分析项目建设对已建护岸工程稳定的影响；

3 对可能影响现有防洪工程安全的建设项目，应根据渗透稳定复核、结构安全复核、抗滑稳定安全复核等计算结果，进行影响分析；

4 对临近水文观测断面和观测设施的建设项目，应分析对测报、水文资料的连续性和代表性的影响，以及对观测设施的安全运行影响；

5 对可能影响现有引水、排涝设施引排能力的建设项目，应根据有关计算结果，分析项目建设对引水、排涝的影响；

6 对其它水利设施的影响分析。

6.6 项目建设对防汛抢险的影响分析

对跨堤、临堤以及需临时占用防汛抢险道路或与防汛抢险道路交叉的建设项目，应进行防汛抢险影响分析。其主要内容应包括：

1 根据建设项目跨堤、临堤建（构）筑物的平面布置、断面结构及主要设计尺寸，分析是否会影响汛期的防汛抢险车辆、物资及人员的正常通行；

2 根据建设项目的施工平面布置、施工交通组织及工期安排情况，分析工程施工期对防汛抢险带来的影响；

3 分析项目建设是否会影响其他防汛设施（如通讯设施、汛期临时水尺等）的安全运行。

6.7 建设项目防御洪涝的设防标准与措施是否适当

分析建设项目运行期和施工期的设防标准是否满足现状及规划要求，并对其所采用的防洪、排涝措施是否适当进行分析评价。

6.8 项目建设对第三人合法水事权益的影响分析

根据建设项目的布置及施工组织设计，分析工程施工期和运行期是否影响附近取水口的正常取水、临近码头的正常靠泊等第三人的合法水事权益。

补救措施

7.1 建设项目影响的防治措施

建设项目影响的防治措施（含运行期与施工期）应包括：

1 对水利规划的实施有较大影响的建设项目，应对建设项目的总体布置、方案、建设规模、有关设计、施工组织设计等提出调整意见，并提出有关补救措施；

2 对河道防洪水位、行洪能力、行洪安全、引排能力有较大影响的建设项目，应对其布置、结构型式与尺寸、施工组织设计等提出调整意见，并提出有关的补救措施；

3 对现有堤防、护岸工程安全影响较大的建设项目，应对其布置、结构型式与尺寸、

施工组织设计等提出调整意见,并提出有关的补救措施;

4 对防汛抢险、工程管理有较大影响的建设项目,应对其工程布置、施工组织、工期安排等提出调整意见,并提出有关补救措施;

5 对河势稳定有较大影响的建设项目,应对其工程布置、结构型式、施工方案及施工临时建筑物设计等提出调整意见,并提出有关补救措施;

6 对其它水利工程及运用有较大影响的建设项目,应对其工程布置、结构型式及施工组织设计等提出调整意见,并提出有关补救措施;

7 其它影响补救措施,包括对第三人的合法水事权益影响的补救措施等。

7.2 防治补救措施的工程量

对防洪工程的影响须提出明确的影响内容和范围,采取防治与补救措施,并对工程量进行初步估算。

结论建议

总结归纳防洪评价的主要结论,对存在的主要问题提出有关建议。其主要内容应包括:

1 河道演变规律、发展趋势及河势稳定性的分析结论;
2 建设项目对各方面影响的评价结论;
3 须采取的防治补救措施;
4 对存在的主要问题的有关建议。

附录一

河道管理范围内建设项目防洪评价报告编制参考目录

1 概述
1.1 项目背景
1.2 评价依据
1.3 技术路线及工作内容
2 基本情况
2.1 建设项目概况
2.2 河道基本情况
2.3 现有水利工程及其他设施情况
2.4 水利规划及实施安排
3 河道演变
3.1 河道历史演变概况
3.2 河道近期演变分析
3.3 河道演变趋势分析
4 防洪评价计算
4.1 水文分析计算
4.2 壅水分析计算
4.3 冲刷与淤积分析计算
4.4 河势影响分析计算
4.5 排涝影响计算(如有)
4.6 其它有关计算(如有)

(专题研究如有可另附)

5 防洪综合评价

5.1 与现有水利规划的关系与影响分析

5.2 与现有防洪防凌标准、有关技术要求和管理要求的适应性分析

5.3 对行洪安全的影响分析

5.4 对河势稳定的影响分析

5.5 对现有防洪工程、河道整治工程及其它水利工程与设施影响分析

5.6 对防汛抢险的影响分析

5.7 建设项目防御洪涝的设防标准与措施是否适当

5.8 对第三人合法水事权益的影响分析

6 工程影响防治措施与工程量估算

7 结论与建议

附录二

河道管理范围内建设项目防洪评价报告所附图纸参考目录

1 建设项目所在河段的河势图

2 建设项目所处地理位置示意图

3 现有防洪工程、河道整治工程及其它水利设施位置图、规划图

4 涉河建筑物的平面布置图、主要结构图

5 涉河建筑物所占行洪断面图

6 河道演变分析所取断面位置图、各种平面变化和断面变化套绘图

7 数学模型计算或物理模型试验范围图、测站（含试验范围、测流断面和垂线）位置图、计算分析和试验取样点（含取样断面）位置图

8 数学模型和物理模型率定与验证取样点（含取样断面）位置图、率定与验证成果图

9 水位影响等值线图

10 流速影响等值线图

11 断面流速分布影响图

12 主流线影响图

13 工程前后流场图

14 冲淤变化图

15 补救措施工程设计图

16 其它必须的图纸

9. 中华人民共和国河道管理条例

发布：2018-03-19 实施：2018-03-19 现行有效
法律修订
1988年6月10日中华人民共和国国务院令第3号发布
根据2011年1月8日《国务院关于废止和修改部分行政法规的决定》第一次修订
根据2017年3月1日《国务院关于修改和废止部分行政法规的决定》第二次修订
根据2017年10月7日国务院令第687号《国务院关于修改部分行政法规的决定》第三次修订

第一章 总 则

第一条 为加强河道管理，保障防洪安全，发挥江河湖泊的综合效益，根据《中华人民共和国水法》，制定本条例。

第二条 本条例适用于中华人民共和国领域内的河道（包括湖泊、人工水道、行洪区、蓄洪区、滞洪区）。

河道内的航道，同时适用《中华人民共和国航道管理条例》。

第三条 开发利用江河湖泊水资源和防治水害，应当全面规划、统筹兼顾、综合利用、讲求效益，服从防洪的总体安排，促进各项事业的发展。

第四条 国务院水利行政主管部门是全国河道的主管机关。

各省、自治区、直辖市的水利行政主管部门是该行政区域的河道主管机关。

第五条 国家对河道实行按水系统一管理和分级管理相结合的原则。

长江、黄河、淮河、海河、珠江、松花江、辽河等大江大河的主要河段，跨省、自治区、直辖市的重要河段，省、自治区、直辖市之间的边界河道以及国境边界河道，由国家授权的江河流域管理机构实施管理，或者由上述江河所在省、自治区、直辖市的河道主管机关根据流域统一规划实施管理。其他河道由省、自治区、直辖市或者市、县的河道主管机关实施管理。

第六条 河道划分等级。河道等级标准由国务院水利行政主管部门制定。

第七条 河道防汛和清障工作实行地方人民政府行政首长负责制。

第八条 各级人民政府河道主管机关以及河道监理人员，必须按照国家法律、法规，加强河道管理，执行供水计划和防洪调度命令，维护水工程和人民生命财产安全。

第九条 一切单位和个人都有保护河道堤防安全和参加防汛抢险的义务。

第二章 河道整治与建设

第十条 河道的整治与建设，应当服从流域综合规划，符合国家规定的防洪标准、通航标准和其他有关技术要求，维护堤防安全，保持河势稳定和行洪、航运通畅。

第十一条 修建开发水利、防治水害、整治河道的各类工程和跨河、穿河、穿堤、临河的桥梁、码头、道路、渡口、管道、缆线等建筑物及设施，建设单位必须按照河道管理权限，将工程建设方案报送河道主管机关审查同意。未经河道主管机关审查同意的，建设单位不得开工建设。

建设项目经批准后，建设单位应当将施工安排告知河道主管机关。

第十二条 修建桥梁、码头和其他设施，必须按照国家规定的防洪标准所确定的河宽进行，不得缩窄行洪通道。

桥梁和栈桥的梁底必须高于设计洪水位，并按照防洪和航运的要求，留有一定的超高。设计洪水位由河道主管机关根据防洪规划确定。

跨越河道的管道、线路的净空高度必须符合防洪和航运的要求。

第十三条 交通部门进行航道整治，应当符合防洪安全要求，并事先征求河道主管机关对有关设计和计划的意见。

水利部门进行河道整治，涉及航道的，应当兼顾航运的需要，并事先征求交通部门对有关设计和计划的意见。

在国家规定可以流放竹木的河流和重要的渔业水域进行河道、航道整治，建设单位应当兼顾竹木水运和渔业发展的需要，并事先将有关设计和计划送同级林业、渔业主管部门征求意见。

第十四条 堤防上已修建的涵闸、泵站和埋设的穿堤管道、缆线等建筑物及设施，河道主管机关应当定期检查，对不符合工程安全要求的，限期改建。

在堤防上新建前款所指建筑物及设施，应当服从河道主管机关的安全管理。

第十五条 确需利用堤顶或者戗台兼做公路的，须经县级以上地方人民政府河道主管机关批准。堤身和堤顶公路的管理和维护办法，由河道主管机关商交通部门制定。

第十六条 城镇建设和发展不得占用河道滩地。城镇规划的临河界限，由河道主管机关会同城镇规划等有关部门确定。沿河城镇在编制和审查城镇规划时，应当事先征求河道主管机关的意见。

第十七条 河道岸线的利用和建设，应当服从河道整治规划和航道整治规划。计划部门在审批利用河道岸线的建设项目时，应当事先征求河道主管机关的意见。

河道岸线的界限，由河道主管机关会同交通等有关部门报县级以上地方人民政府划定。

第十八条 河道清淤和加固堤防取土以及按照防洪规划进行河道整治需要占用的土地，由当地人民政府调剂解决。

因修建水库、整治河道所增加的可利用土地，属于国家所有，可以由县级以上人民政府用于移民安置和河道整治工程。

第十九条 省、自治区、直辖市以河道为边界的，在河道两岸外侧各10公里之内，以及跨省、自治区、直辖市的河道，未经有关各方达成协议或者国务院水利行政主管部门批准，禁止单方面修建排水、阻水、引水、蓄水工程以及河道整治工程。

第三章 河道保护

第二十条 有堤防的河道，其管理范围为两岸堤防之间的水域、沙洲、滩地（包括可耕地）、行洪区，两岸堤防及护堤地。

无堤防的河道，其管理范围根据历史最高洪水位或者设计洪水位确定。

河道的具体管理范围，由县级以上地方人民政府负责划定。

第二十一条 在河道管理范围内，水域和土地的利用应当符合江河行洪、输水和航运的要求；滩地的利用，应当由河道主管机关会同土地管理等有关部门制定规划，报县级以上地方人民政府批准后实施。

第二十二条　禁止损毁堤防、护岸、闸坝等水工程建筑物和防汛设施、水文监测和测量设施、河岸地质监测设施以及通信照明等设施。

在防汛抢险期间，无关人员和车辆不得上堤。

因降雨雪等造成堤顶泥泞期间，禁止车辆通行，但防汛抢险车辆除外。

第二十三条　禁止非管理人员操作河道上的涵闸闸门，禁止任何组织和个人干扰河道管理单位的正常工作。

第二十四条　在河道管理范围内，禁止修建围堤、阻水渠道、阻水道路；种植高杆农作物、芦苇、杞柳、荻柴和树木（堤防防护林除外）；设置拦河渔具；弃置矿渣、石渣、煤灰、泥土、垃圾等。

在堤防和护堤地，禁止建房、放牧、开渠、打井、挖窖、葬坟、晒粮、存放物料、开采地下资源、进行考古发掘以及开展集市贸易活动。

第二十五条　在河道管理范围内进行下列活动，必须报经河道主管机关批准；涉及其他部门的，由河道主管机关会同有关部门批准：

（一）采砂、取土、淘金、弃置砂石或者淤泥；

（二）爆破、钻探、挖筑鱼塘；

（三）在河道滩地存放物料、修建厂房或者其他建筑设施；

（四）在河道滩地开采地下资源及进行考古发掘。

第二十六条　根据堤防的重要程度、堤基土质条件等，河道主管机关报经县级以上人民政府批准，可以在河道管理范围的相连地域划定堤防安全保护区。在堤防安全保护区内，禁止进行打井、钻探、爆破、挖筑鱼塘、采石、取土等危害堤防安全的活动。

第二十七条　禁止围湖造田。已经围垦的，应当按照国家规定的防洪标准进行治理，逐步退田还湖。湖泊的开发利用规划必须经河道主管机关审查同意。

禁止围垦河流，确需围垦的，必须经过科学论证，并经省级以上人民政府批准。

第二十八条　加强河道滩地、堤防和河岸的水土保持工作，防止水土流失、河道淤积。

第二十九条　江河的故道、旧堤、原有工程设施等，不得擅自填堵、占用或者拆毁。

第三十条　护堤护岸林木，由河道管理单位组织营造和管理，其他任何单位和个人不得侵占、砍伐或者破坏。

河道管理单位对护堤护岸林木进行抚育和更新性质的采伐及用于防汛抢险的采伐，根据国家有关规定免交育林基金。

第三十一条　在为保证堤岸安全需要限制航速的河段，河道主管机关应当会同交通部门设立限制航速的标志，通行的船舶不得超速行驶。

在汛期，船舶的行驶和停靠必须遵守防汛指挥部的规定。

第三十二条　山区河道有山体滑坡、崩岸、泥石流等自然灾害的河段，河道主管机关应当会同地质、交通等部门加强监测。在上述河段，禁止从事开山采石、采矿、开荒等危及山体稳定的活动。

第三十三条　在河道中流放竹木，不得影响行洪、航运和水工程安全，并服从当地河道主管机关的安全管理。

在汛期，河道主管机关有权对河道上的竹木和其他漂流物进行紧急处置。

第三十四条　向河道、湖泊排污的排污口的设置和扩大，排污单位在向环境保护部门申报之前，应当征得河道主管机关的同意。

第三十五条 在河道管理范围内，禁止堆放、倾倒、掩埋、排放污染水体的物体。禁止在河道内清洗装贮过油类或者有毒污染物的车辆、容器。

河道主管机关应当开展河道水质监测工作，协同环境保护部门对水污染防治实施监督管理。

第四章 河道清障

第三十六条 对河道管理范围内的阻水障碍物，按照"谁设障，谁清除"的原则，由河道主管机关提出清障计划和实施方案，由防汛指挥部责令设障者在规定的期限内清除。逾期不清除的，由防汛指挥部组织强行清除，并由设障者负担全部清障费用。

第三十七条 对壅水、阻水严重的桥梁、引道、码头和其他跨河工程设施，根据国家规定的防洪标准，由河道主管机关提出意见并报经人民政府批准，责成原建设单位在规定的期限内改建或者拆除。汛期影响防洪安全的，必须服从防汛指挥部的紧急处理决定。

第五章 经 费

第三十八条 河道堤防的防汛岁修费，按照分级管理的原则，分别由中央财政和地方财政负担，列入中央和地方年度财政预算。

第三十九条 受益范围明确的堤防、护岸、水闸、圩垸、海塘和排涝工程设施，河道主管机关可以向受益的工商企业等单位和农户收取河道工程修建维护管理费，其标准应当根据工程修建和维护管理费用确定。收费的具体标准和计收办法由省、自治区、直辖市人民政府制定。

第四十条 在河道管理范围内采砂、取土、淘金，必须按照经批准的范围和作业方式进行，并向河道主管机关缴纳管理费。收费的标准和计收办法由国务院水利行政主管部门会同国务院财政主管部门制定。

第四十一条 任何单位和个人，凡对堤防、护岸和其他水工程设施造成损坏或者造成河道淤积的，由责任者负责修复、清淤或者承担维修费用。

第四十二条 河道主管机关收取的各项费用，用于河道堤防工程的建设、管理、维修和设施的更新改造。结余资金可以连年结转使用，任何部门不得截取或者挪用。

第四十三条 河道两岸的城镇和农村，当地县级以上人民政府可以在汛期组织堤防保护区域内的单位和个人义务出工，对河道堤防工程进行维修和加固。

第六章 罚 则

第四十四条 违反本条例规定，有下列行为之一的，县级以上地方人民政府河道主管机关除责令其纠正违法行为、采取补救措施外，可以并处警告、罚款、没收非法所得；对有关责任人员，由其所在单位或者上级主管机关给予行政处分；构成犯罪的，依法追究刑事责任：

（一）在河道管理范围内弃置、堆放阻碍行洪物体的；种植阻碍行洪的林木或者高秆植物的；修建围堤、阻水渠道、阻水道路的。

（二）在堤防、护堤地建房、放牧、开渠、打井、挖窖、葬坟、晒粮、存放物料、开采地下资源、进行考古发掘以及开展集市贸易活动的。

（三）未经批准或者不按照国家规定的防洪标准、工程安全标准整治河道或者修建水工程建筑物和其他设施的。

（四）未经批准或者不按照河道主管机关的规定在河道管理范围内采砂、取土、淘金、弃置砂石或者淤泥、爆破、钻探、挖筑鱼塘的。

（五）未经批准在河道滩地存放物料、修建厂房或者其他建筑设施，以及开采地下资源或者进行考古发掘的。

（六）违反本条例第二十七条的规定，围垦湖泊、河流的。

（七）擅自砍伐护堤护岸林木的。

（八）汛期违反防汛指挥部的规定或者指令的。

第四十五条 违反本条例规定，有下列行为之一的，县级以上地方人民政府河道主管机关除责令其纠正违法行为、赔偿损失、采取补救措施外，可以并处警告、罚款；应当给予治安管理处罚的，按照《中华人民共和国治安管理处罚法》的规定处罚；构成犯罪的，依法追究刑事责任：

（一）损毁堤防、护岸、闸坝、水工程建筑物，损毁防汛设施、水文监测和测量设施、河岸地质监测设施以及通信照明等设施；

（二）在堤防安全保护区内进行打井、钻探、爆破、挖筑鱼塘、采石、取土等危害堤防安全的活动的；

（三）非管理人员操作河道上的涵闸闸门或者干扰河道管理单位正常工作的。

第四十六条 当事人对行政处罚决定不服的，可以在接到处罚通知之日起 15 日内，向作出处罚决定的机关的上一级机关申请复议，对复议决定不服的，可以在接到复议决定之日起 15 日内，向人民法院起诉。当事人也可以在接到处罚通知之日起 15 日内，直接向人民法院起诉。当事人逾期不申请复议或者不向人民法院起诉又不履行处罚决定的，由作出处罚决定的机关申请人民法院强制执行。对治安管理处罚不服的，按照《中华人民共和国治安管理处罚法》的规定办理。

第四十七条 对违反本条例规定，造成国家、集体、个人经济损失的，受害方可以请求县级以上河道主管机关处理。受害方也可以直接向人民法院起诉。

当事人对河道主管机关的处理决定不服的，可以在接到通知之日起，15 日内向人民法院起诉。

第四十八条 河道主管机关的工作人员以及河道监理人员玩忽职守、滥用职权、徇私舞弊的，由其所在单位或者上级主管机关给予行政处分；对公共财产、国家和人民利益造成重大损失的，依法追究刑事责任。

第七章　附　　则

第四十九条 各省、自治区、直辖市人民政府，可以根据本条例的规定，结合本地区的实际情况，制定实施办法。

第五十条 本条例由国务院水利行政主管部门负责解释。

第五十一条 本条例自发布之日起施行。

10. 中华人民共和国水法（2016年修正）

发布：2016-07-02 实施：2016-07-02 现行有效
法律修订
（1988年1月21日第六届全国人民代表大会常务委员会第二十四次会议通过
2002年8月29日第九届全国人民代表大会常务委员会第二十九次会议修订
根据2009年8月27日第十一届全国人民代表大会常务委员会第十次会议《关于修改部分法律的决定》第一次修正
根据2016年7月2日第十二届全国人民代表大会常务委员会第二十一次会议《关于修改〈中华人民共和国节约能源法〉等六部法律的决定》第二次修正）

第一章 总 则

第一条 为了合理开发、利用、节约和保护水资源，防治水害，实现水资源的可持续利用，适应国民经济和社会发展的需要，制定本法。

第二条 在中华人民共和国领域内开发、利用、节约、保护、管理水资源，防治水害，适用本法。本法所称水资源，包括地表水和地下水。

第三条 水资源属于国家所有。水资源的所有权由国务院代表国家行使。农村集体经济组织的水塘和由农村集体经济组织修建管理的水库中的水，归各该农村集体经济组织使用。

第四条 开发、利用、节约、保护水资源和防治水害，应当全面规划、统筹兼顾、标本兼治、综合利用、讲求效益，发挥水资源的多种功能，协调好生活、生产经营和生态环境用水。

第五条 县级以上人民政府应当加强水利基础设施建设，并将其纳入本级国民经济和社会发展计划。

第六条 国家鼓励单位和个人依法开发、利用水资源，并保护其合法权益。开发、利用水资源的单位和个人有依法保护水资源的义务。

第七条 国家对水资源依法实行取水许可制度和有偿使用制度。但是，农村集体经济组织及其成员使用本集体经济组织的水塘、水库中的水的除外。国务院水行政主管部门负责全国取水许可制度和水资源有偿使用制度的组织实施。

第八条 国家厉行节约用水，大力推行节约用水措施，推广节约用水新技术、新工艺，发展节水型工业、农业和服务业，建立节水型社会。

各级人民政府应当采取措施，加强对节约用水的管理，建立节约用水技术开发推广体系，培育和发展节约用水产业。

单位和个人有节约用水的义务。

第九条 国家保护水资源，采取有效措施，保护植被，植树种草，涵养水源，防治水土流失和水体污染，改善生态环境。

第十条 国家鼓励和支持开发、利用、节约、保护、管理水资源和防治水害的先进科学技术的研究、推广和应用。

第十一条 在开发、利用、节约、保护、管理水资源和防治水害等方面成绩显著的单位和个人，由人民政府给予奖励。

第十二条 国家对水资源实行流域管理与行政区域管理相结合的管理体制。国务院水行政主管部门负责全国水资源的统一管理和监督工作。

国务院水行政主管部门在国家确定的重要江河、湖泊设立的流域管理机构（以下简称流域管理机构），在所管辖的范围内行使法律、行政法规规定的和国务院水行政主管部门授予的水资源管理和监督职责。

县级以上地方人民政府水行政主管部门按照规定的权限，负责本行政区域内水资源的统一管理和监督工作。

第十三条 国务院有关部门按照职责分工，负责水资源开发、利用、节约和保护的有关工作。

县级以上地方人民政府有关部门按照职责分工，负责本行政区域内水资源开发、利用、节约和保护的有关工作。

第二章　水资源规划

第十四条 国家制定全国水资源战略规划。

开发、利用、节约、保护水资源和防治水害，应当按照流域、区域统一制定规划。规划分为流域规划和区域规划。流域规划包括流域综合规划和流域专业规划；区域规划包括区域综合规划和区域专业规划。

前款所称综合规划，是指根据经济社会发展需要和水资源开发利用现状编制的开发、利用、节约、保护水资源和防治水害的总体部署。前款所称专业规划，是指防洪、治涝、灌溉、航运、供水、水力发电、竹木流放、渔业、水资源保护、水土保持、防沙治沙、节约用水等规划。

第十五条 流域范围内的区域规划应当服从流域规划，专业规划应当服从综合规划。

流域综合规划和区域综合规划以及与土地利用关系密切的专业规划，应当与国民经济和社会发展规划以及土地利用总体规划、城市总体规划和环境保护规划相协调，兼顾各地区、各行业的需要。

第十六条 制定规划，必须进行水资源综合科学考察和调查评价。水资源综合科学考察和调查评价，由县级以上人民政府水行政主管部门会同同级有关部门组织进行。

县级以上人民政府应当加强水文、水资源信息系统建设。县级以上人民政府水行政主管部门和流域管理机构应当加强对水资源的动态监测。

基本水文资料应当按照国家有关规定予以公开。

第十七条 国家确定的重要江河、湖泊的流域综合规划，由国务院水行政主管部门会同国务院有关部门和有关省、自治区、直辖市人民政府编制，报国务院批准。跨省、自治区、直辖市的其他江河、湖泊的流域综合规划和区域综合规划，由有关流域管理机构会同江河、湖泊所在地的省、自治区、直辖市人民政府水行政主管部门和有关部门编制，分别经有关省、自治区、直辖市人民政府审查提出意见后，报国务院水行政主管部门审核；国务院水行政主管部门征求国务院有关部门意见后，报国务院或者其授权的部门批准。

前款规定以外的其他江河、湖泊的流域综合规划和区域综合规划，由县级以上地方人民政府水行政主管部门会同同级有关部门和有关地方人民政府编制，报本级人民政府或者其授权的部门批准，并报上一级水行政主管部门备案。

专业规划由县级以上人民政府有关部门编制，征求同级其他有关部门意见后，报本级人民政府批准。其中，防洪规划、水土保持规划的编制、批准，依照防洪法、水土保持法的有关规定执行。

第十八条 规划一经批准，必须严格执行。

经批准的规划需要修改时，必须按照规划编制程序经原批准机关批准。

第十九条 建设水工程，必须符合流域综合规划。在国家确定的重要江河、湖泊和跨省、自治区、直辖市的江河、湖泊上建设水工程，未取得有关流域管理机构签署的符合流域综合规划要求的规划同意书的，建设单位不得开工建设；在其他江河、湖泊上建设水工程，未取得县级以上地方人民政府水行政主管部门按照管理权限签署的符合流域综合规划要求的规划同意书的，建设单位不得开工建设。水工程建设涉及防洪的，依照防洪法的有关规定执行；涉及其他地区和行业的，建设单位应当事先征求有关地区和部门的意见。

第三章 水资源开发利用

第二十条 开发、利用水资源，应当坚持兴利与除害相结合，兼顾上下游、左右岸和有关地区之间的利益，充分发挥水资源的综合效益，并服从防洪的总体安排。

第二十一条 开发、利用水资源，应当首先满足城乡居民生活用水，并兼顾农业、工业、生态环境用水以及航运等需要。

在干旱和半干旱地区开发、利用水资源，应当充分考虑生态环境用水需要。

第二十二条 跨流域调水，应当进行全面规划和科学论证，统筹兼顾调出和调入流域的用水需要，防止对生态环境造成破坏。

第二十三条 地方各级人民政府应当结合本地区水资源的实际情况，按照地表水与地下水统一调度开发、开源与节流相结合、节流优先和污水处理再利用的原则，合理组织开发、综合利用水资源。

国民经济和社会发展规划以及城市总体规划的编制、重大建设项目的布局，应当与当地水资源条件和防洪要求相适应，并进行科学论证；在水资源不足的地区，应当对城市规模和建设耗水量大的工业、农业和服务业项目加以限制。

第二十四条 在水资源短缺的地区，国家鼓励对雨水和微咸水的收集、开发、利用和对海水的利用、淡化。

第二十五条 地方各级人民政府应当加强对灌溉、排涝、水土保持工作的领导，促进农业生产发展；在容易发生盐碱化和渍害的地区，应当采取措施，控制和降低地下水的水位。

农村集体经济组织或者其成员依法在本集体经济组织所有的集体土地或者承包土地上投资兴建水工程设施的，按照谁投资建设谁管理和谁受益的原则，对水工程设施及其蓄水进行管理和合理使用。

农村集体经济组织修建水库应当经县级以上地方人民政府水行政主管部门批准。

第二十六条 国家鼓励开发、利用水能资源。在水能丰富的河流，应当有计划地进行多目标梯级开发。

建设水力发电站，应当保护生态环境，兼顾防洪、供水、灌溉、航运、竹木流放和渔业等方面的需要。

第二十七条 国家鼓励开发、利用水运资源。在水生生物洄游通道、通航或者竹木流放的河流上修建永久性拦河闸坝，建设单位应当同时修建过鱼、过船、过木设施，或者经国务院授权的部门批准采取其他补救措施，并妥善安排施工和蓄水期间的水生生物保护、航运和竹木流放，所需费用由建设单位承担。

在不通航的河流或者人工水道上修建闸坝后可以通航的，闸坝建设单位应当同时修建过船设施或者预留过船设施位置。

第二十八条 任何单位和个人引水、截（蓄）水、排水，不得损害公共利益和他人的合法权益。

第二十九条 国家对水工程建设移民实行开发性移民的方针，按照前期补偿、补助与后期扶持相结合的原则，妥善安排移民的生产和生活，保护移民的合法权益。

移民安置应当与工程建设同步进行。建设单位应当根据安置地区的环境容量和可持续发展的原则，因地制宜，编制移民安置规划，经依法批准后，由有关地方人民政府组织实施。所需移民经费列入工程建设投资计划。

第四章 水资源、水域和水工程的保护

第三十条 县级以上人民政府水行政主管部门、流域管理机构以及其他有关部门在制定水资源开发、利用规划和调度水资源时，应当注意维持江河的合理流量和湖泊、水库以及地下水的合理水位，维护水体的自然净化能力。

第三十一条 从事水资源开发、利用、节约、保护和防治水害等水事活动，应当遵守经批准的规划；因违反规划造成江河和湖泊水域使用功能降低、地下水超采、地面沉降、水体污染的，应当承担治理责任。

开采矿藏或者建设地下工程，因疏干排水导致地下水水位下降、水源枯竭或者地面塌陷，采矿单位或者建设单位应当采取补救措施；对他人生活和生产造成损失的，依法给予补偿。

第三十二条 国务院水行政主管部门会同国务院环境保护行政主管部门、有关部门和有关省、自治区、直辖市人民政府，按照流域综合规划、水资源保护规划和经济社会发展要求，拟定国家确定的重要江河、湖泊的水功能区划，报国务院批准。跨省、自治区、直辖市的其他江河、湖泊的水功能区划，由有关流域管理机构会同江河、湖泊所在地的省、自治区、直辖市人民政府水行政主管部门、环境保护行政主管部门和其他有关部门拟定，分别经有关省、自治区、直辖市人民政府审查提出意见后，由国务院水行政主管部门会同国务院环境保护行政主管部门审核，报国务院或者其授权的部门批准。

前款规定以外的其他江河、湖泊的水功能区划，由县级以上地方人民政府水行政主管部门会同同级人民政府环境保护行政主管部门和有关部门拟定，报同级人民政府或者其授权的部门批准，并报上一级水行政主管部门和环境保护行政主管部门备案。

县级以上人民政府水行政主管部门或者流域管理机构应当按照水功能区对水质的要求和水体的自然净化能力，核定该水域的纳污能力，向环境保护行政主管部门提出该水域的限制排污总量意见。

县级以上地方人民政府水行政主管部门和流域管理机构应当对水功能区的水质状况进行监测，发现重点污染物排放总量超过控制指标的，或者水功能区的水质未达到水域使用功能对水质的要求的，应当及时报告有关人民政府采取治理措施，并向环境保护行政主管部门通报。

第三十三条 国家建立饮用水水源保护区制度。省、自治区、直辖市人民政府应当划定饮用水水源保护区，并采取措施，防止水源枯竭和水体污染，保证城乡居民饮用水安全。

第三十四条 禁止在饮用水水源保护区内设置排污口。

在江河、湖泊新建、改建或者扩大排污口，应当经过有管辖权的水行政主管部门或者流域管理机构同意，由环境保护行政主管部门负责对该建设项目的环境影响报告书进行审批。

第三十五条 从事工程建设，占用农业灌溉水源、灌排工程设施，或者对原有灌溉用水、供水水源有不利影响的，建设单位应当采取相应的补救措施；造成损失的，依法给予补偿。

第三十六条 在地下水超采地区，县级以上地方人民政府应当采取措施，严格控制开采地下水。在地下水严重超采地区，经省、自治区、直辖市人民政府批准，可以划定地下水禁止开采或者限制开采区。在沿海地区开采地下水，应当经过科学论证，并采取措施，防止地面沉降和海水入侵。

第三十七条 禁止在江河、湖泊、水库、运河、渠道内弃置、堆放阻碍行洪的物体和种植阻碍行洪的林木及高秆作物。

禁止在河道管理范围内建设妨碍行洪的建筑物、构筑物以及从事影响河势稳定、危害河岸堤防安全和其他妨碍河道行洪的活动。

第三十八条 在河道管理范围内建设桥梁、码头和其他拦河、跨河、临河建筑物、构筑物，铺设跨河管道、电缆，应当符合国家规定的防洪标准和其他有关的技术要求，工程建设方案应当依照防洪法的有关规定报经有关水行政主管部门审查同意。

因建设前款工程设施，需要扩建、改建、拆除或者损坏原有水工程设施的，建设单位应当负担扩建、改建的费用和损失补偿。但是，原有工程设施属于违法工程的除外。

第三十九条 国家实行河道采砂许可制度。河道采砂许可制度实施办法，由国务院规定。

在河道管理范围内采砂，影响河势稳定或者危及堤防安全的，有关县级以上人民政府水行政主管部门应当划定禁采区和规定禁采期，并予以公告。

第四十条 禁止围湖造地。已经围垦的，应当按照国家规定的防洪标准有计划地退地还湖。

禁止围垦河道。确需围垦的，应当经过科学论证，经省、自治区、直辖市人民政府水行政主管部门或者国务院水行政主管部门同意后，报本级人民政府批准。

第四十一条 单位和个人有保护水工程的义务，不得侵占、毁坏堤防、护岸、防汛、水文监测、水文地质监测等工程设施。

第四十二条 县级以上地方人民政府应当采取措施，保障本行政区域内水工程，特别是水坝和堤防的安全，限期消除险情。水行政主管部门应当加强对水工程安全的监督管理。

第四十三条 国家对水工程实施保护。国家所有的水工程应当按照国务院的规定划定工程管理和保护范围。

国务院水行政主管部门或者流域管理机构管理的水工程，由主管部门或者流域管理机构商有关省、自治区、直辖市人民政府划定工程管理和保护范围。

前款规定以外的其他水工程，应当按照省、自治区、直辖市人民政府的规定，划定工程保护范围和保护职责。

在水工程保护范围内，禁止从事影响水工程运行和危害水工程安全的爆破、打井、采石、取土等活动。

第四十四条 国务院发展计划主管部门和国务院水行政主管部门负责全国水资源的宏观调配。全国的和跨省、自治区、直辖市的水中长期供求规划，由国务院水行政主管部门会同有关部门制订，经国务院发展计划主管部门审查批准后执行。地方的水中长期供求规划，由县级以上地方人民政府水行政主管部门会同同级有关部门依据上一级水中长期供求规划和本地区的实际情况制订，经本级人民政府发展计划主管部门审查批准后执行。

水中长期供求规划应当依据水的供求现状、国民经济和社会发展规划、流域规划、区域规划，按照水资源供需协调、综合平衡、保护生态、厉行节约、合理开源的原则制定。

第四十五条 调蓄径流和分配水量，应当依据流域规划和水中长期供求规划，以流域为单元制定水量分配方案。

跨省、自治区、直辖市的水量分配方案和旱情紧急情况下的水量调度预案，由流域管理机构商有关省、自治区、直辖市人民政府制定，报国务院或者其授权的部门批准后执行。其他跨行政区域的水量分配方案和旱情紧急情况下的水量调度预案，由共同的上一级人民政府水行政主管部门商有关地方人民政府制定，报本级人民政府批准后执行。水量分配方案和旱情紧急情况下的水量调度预案经批准后，有关地方人民政府必须执行。

在不同行政区域之间的边界河流上建设水资源开发、利用项目，应当符合该流域经批准的水量分配方案，由有关县级以上地方人民政府报共同的上一级人民政府水行政主管部门或者有关流域管理机构批准。

第四十六条 县级以上地方人民政府水行政主管部门或者流域管理机构应当根据批准的水量分配方案和年度预测来水量，制定年度水量分配方案和调度计划，实施水量统一调度；有关地方人民政府必须服从。

国家确定的重要江河、湖泊的年度水量分配方案，应当纳入国家的国民经济和社会发展年度计划。

第四十七条 国家对用水实行总量控制和定额管理相结合的制度。

省、自治区、直辖市人民政府有关行业主管部门应当制订本行政区域内行业用水定额，报同级水行政主管部门和质量监督检验行政主管部门审核同意后，由省、自治区、直辖市人民政府公布，并报国务院水行政主管部门和国务院质量监督检验行政主管部门备案。

县级以上地方人民政府发展计划主管部门会同同级水行政主管部门，根据用水定额、经济技术条件以及水量分配方案确定的可供本行政区域使用的水量，制定年度用水计划，对本行政区域内的年度用水实行总量控制。

第四十八条 直接从江河、湖泊或者地下取用水资源的单位和个人，应当按照国家取水许可制度和水资源有偿使用制度的规定，向水行政主管部门或者流域管理机构申请领取取水许可证，并缴纳水资源费，取得取水权。但是，家庭生活和零星散养、圈养畜禽饮用等少量取水的除外。

实施取水许可制度和征收管理水资源费的具体办法，由国务院规定。

第四十九条 用水应当计量，并按照批准的用水计划用水。

用水实行计量收费和超定额累进加价制度。

第五十条 各级人民政府应当推行节水灌溉方式和节水技术，对农业蓄水、输水工程采取必要的防渗漏措施，提高农业用水效率。

第五十一条 工业用水应当采用先进技术、工艺和设备，增加循环用水次数，提高水的重复利用率。

国家逐步淘汰落后的、耗水量高的工艺、设备和产品，具体名录由国务院经济综合主管部门会同国务院水行政主管部门和有关部门制定并公布。生产者、销售者或者生产经营中的使用者应当在规定的时间内停止生产、销售或者使用列入名录的工艺、设备和产品。

第五十二条 城市人民政府应当因地制宜采取有效措施，推广节水型生活用水器具，降低城市供水管网漏失率，提高生活用水效率；加强城市污水集中处理，鼓励使用再生水，提高污水再生利用率。

第五十三条 新建、扩建、改建建设项目，应当制订节水措施方案，配套建设节水设施。节水设施应当与主体工程同时设计、同时施工、同时投产。

供水企业和自建供水设施的单位应当加强供水设施的维护管理，减少水的漏失。

第五十四条 各级人民政府应当积极采取措施，改善城乡居民的饮用水条件。

第五十五条 使用水工程供应的水，应当按照国家规定向供水单位缴纳水费。供水价格应当按照补偿成本、合理收益、优质优价、公平负担的原则确定。具体办法由省级以上人民政府价格主管部门会同同级水行政主管部门或者其他供水行政主管部门依据职权制定。

第六章 水事纠纷处理与执法监督检查

第五十六条 不同行政区域之间发生水事纠纷的，应当协商处理；协商不成的，由上一级人民政府裁决，有关各方必须遵照执行。在水事纠纷解决前，未经各方达成协议或者共同的上一级人民政府批准，在行政区域交界线两侧一定范围内，任何一方不得修建排水、阻水、取水和截（蓄）水工程，不得单方面改变水的现状。

第五十七条 单位之间、个人之间、单位与个人之间发生的水事纠纷，应当协商解决；当事人不愿协商或者协商不成的，可以申请县级以上地方人民政府或者其授权的部门调解，也可以直接向人民法院提起民事诉讼。县级以上地方人民政府或者其授权的部门调解不成的，当事人可以向人民法院提起民事诉讼。

在水事纠纷解决前，当事人不得单方面改变现状。

第五十八条 县级以上人民政府或者其授权的部门在处理水事纠纷时，有权采取临时处置措施，有关各方或者当事人必须服从。

第五十九条 县级以上人民政府水行政主管部门和流域管理机构应当对违反本法的行为加强监督检查并依法进行查处。

水政监督检查人员应当忠于职守，秉公执法。

第六十条 县级以上人民政府水行政主管部门、流域管理机构及其水政监督检查人员履行本法规定的监督检查职责时，有权采取下列措施：

（一）要求被检查单位提供有关文件、证照、资料；

（二）要求被检查单位就执行本法的有关问题作出说明；

（三）进入被检查单位的生产场所进行调查；

（四）责令被检查单位停止违反本法的行为，履行法定义务。

第六十一条 有关单位或者个人对水政监督检查人员的监督检查工作应当给予配合，不得拒绝或者阻碍水政监督检查人员依法执行职务。

第六十二条 水政监督检查人员在履行监督检查职责时，应当向被检查单位或者个人出示执法证件。

第六十三条 县级以上人民政府或者上级水行政主管部门发现本级或者下级水行政主管部门在监督检查工作中有违法或者失职行为的，应当责令其限期改正。

第七章 法律责任

第六十四条 水行政主管部门或者其他有关部门以及水工程管理单位及其工作人员，利用职务上的便利收取他人财物、其他好处或者玩忽职守，对不符合法定条件的单位或者个人核发许可证、签署审查同意意见，不按照水量分配方案分配水量，不按照国家有关规定收取水资源费，不履行监督职责，或者发现违法行为不予查处，造成严重后果，构成犯罪的，对负有责任的主管人员和其他直接责任人员依照刑法的有关规定追究刑事责任；尚不够刑事处罚的，依法给予行政处分。

第六十五条 在河道管理范围内建设妨碍行洪的建筑物、构筑物，或者从事影响河势稳定、危害河岸堤防安全和其他妨碍河道行洪的活动的，由县级以上人民政府水行政主管部门或者流域管理机构依据职权，责令停止违法行为，限期拆除违法建筑物、构筑物，恢复原状；逾期不拆除、不恢复原状的，强行拆除，所需费用由违法单位或者个人负担，并处一万元以上十万元以下的罚款。

未经水行政主管部门或者流域管理机构同意，擅自修建水工程，或者建设桥梁、码头和其他拦河、跨河、临河建筑物、构筑物，铺设跨河管道、电缆，且防洪法未作规定的，由县级以上人民政府水行政主管部门或者流域管理机构依据职权，责令停止违法行为，限期补办有关手续；逾期不补办或者补办未被批准的，责令限期拆除违法建筑物、构筑物；逾期不拆除的，强行拆除，所需费用由违法单位或者个人负担，并处一万元以上十万元以下的罚款。

虽经水行政主管部门或者流域管理机构同意，但未按照要求修建前款所列工程设施的，由县级以上人民政府水行政主管部门或者流域管理机构依据职权，责令限期改正，按照情节轻重，处一万元以上十万元以下的罚款。

第六十六条 有下列行为之一，且防洪法未作规定的，由县级以上人民政府水行政主管部门或者流域管理机构依据职权，责令停止违法行为，限期清除障碍或者采取其他补救措施，处一万元以上五万元以下的罚款：

（一）在江河、湖泊、水库、运河、渠道内弃置、堆放阻碍行洪的物体和种植阻碍行洪的林木及高秆作物的；

（二）围湖造地或者未经批准围垦河道的。

第六十七条 在饮用水水源保护区内设置排污口的，由县级以上地方人民政府责令限期拆除、恢复原状；逾期不拆除、不恢复原状的，强行拆除、恢复原状，并处五万元以上十万元以下的罚款。

未经水行政主管部门或者流域管理机构审查同意，擅自在江河、湖泊新建、改建或者扩大排污口的，由县级以上人民政府水行政主管部门或者流域管理机构依据职权，责令停止违法行为，限期恢复原状，处五万元以上十万元以下的罚款。

第六十八条 生产、销售或者在生产经营中使用国家明令淘汰的落后的、耗水量高的工艺、设备和产品的，由县级以上地方人民政府经济综合主管部门责令停止生产、销售或者使用，处二万元以上十万元以下的罚款。

第六十九条 有下列行为之一的，由县级以上人民政府水行政主管部门或者流域管理机构依据职权，责令停止违法行为，限期采取补救措施，处二万元以上十万元以下的罚款；情节严重的，吊销其取水许可证：

（一）未经批准擅自取水的；

（二）未依照批准的取水许可规定条件取水的。

第七十条 拒不缴纳、拖延缴纳或者拖欠水资源费的，由县级以上人民政府水行政主管部门或者流域管理机构依据职权，责令限期缴纳；逾期不缴纳的，从滞纳之日起按日加收滞纳部分千分之二的滞纳金，并处应缴或者补缴水资源费一倍以上五倍以下的罚款。

第七十一条 建设项目的节水设施没有建成或者没有达到国家规定的要求，擅自投入使用的，由县级以上人民政府有关部门或者流域管理机构依据职权，责令停止使用，限期改正，处五万元以上十万元以下的罚款。

第七十二条 有下列行为之一，构成犯罪的，依照刑法的有关规定追究刑事责任；尚不够刑事处罚，且防洪法未作规定的，由县级以上地方人民政府水行政主管部门或者流域管理机构依据职权，责令停止违法行为，采取补救措施，处一万元以上五万元以下的罚款；违反治安管理处罚法的，由公安机关依法给予治安管理处罚；给他人造成损失的，依法承担赔偿责任：

（一）侵占、毁坏水工程及堤防、护岸等有关设施，毁坏防汛、水文监测、水文地质监测设施的；

（二）在水工程保护范围内，从事影响水工程运行和危害水工程安全的爆破、打井、采石、取土等活动的。

第七十三条 侵占、盗窃或者抢夺防汛物资，防洪排涝、农田水利、水文监测和测量以及其他水工程设备和器材，贪污或者挪用国家救灾、抢险、防汛、移民安置和补偿及其他水利建设款物，构成犯罪的，依照刑法的有关规定追究刑事责任。

第七十四条 在水事纠纷发生及其处理过程中煽动闹事、结伙斗殴、抢夺或者损坏公私财物、非法限制他人人身自由，构成犯罪的，依照刑法的有关规定追究刑事责任；尚不够刑事处罚的，由公安机关依法给予治安管理处罚。

第七十五条 不同行政区域之间发生水事纠纷，有下列行为之一的，对负有责任的主管人员和其他直接责任人员依法给予行政处分：

（一）拒不执行水量分配方案和水量调度预案的；

（二）拒不服从水量统一调度的；

（三）拒不执行上一级人民政府的裁决的；

（四）在水事纠纷解决前，未经各方达成协议或者上一级人民政府批准，单方面违反本法规定改变水的现状的。

第七十六条 引水、截（蓄）水、排水，损害公共利益或者他人合法权益的，依法承担民事责任。

第七十七条 对违反本法第三十九条有关河道采砂许可制度规定的行政处罚，由国务院规定。

第八章 附 则

第七十八条 中华人民共和国缔结或者参加的与国际或者国境边界河流、湖泊有关的国际条约、协定与中华人民共和国法律有不同规定的，适用国际条约、协定的规定。但是，中华人民共和国声明保留的条款除外。

第七十九条 本法所称水工程，是指在江河、湖泊和地下水源上开发、利用、控制、调配和保护水资源的各类工程。

第八十条 海水的开发、利用、保护和管理，依照有关法律的规定执行。

第八十一条 从事防洪活动，依照防洪法的规定执行。

水污染防治，依照水污染防治法的规定执行。

第八十二条 本法自2002年10月1日起施行。

11. 北京市人民政府办公厅印发关于进一步优化投资项目审批流程办法（试行）的通知

北京市人民政府办公厅印发关于进一步优化投资项目审批流程办法（试行）的通知

京政办函〔2013〕86号

朝阳区、海淀区、丰台区、通州区、大兴区人民政府，市有关部门：

《关于进一步优化投资项目审批流程的办法（试行）》（以下简称《办法》）已经市政府同意，现印发给你们，并就开展试点有关事项通知如下：

一、抓好试点，总结经验。市政府决定，《办法》先在朝阳区、海淀区、丰台区、通州区、大兴区进行试点，试点期服为本通知发布之日至2014年6月底。通过试点，发现问题，总结经验，为在全市范围内推广实施此项工作奠定基础。

二、加强领导，明确责任。市有关部门和区政府要高度重视优化投资项目审批流程工作，加强组织领导，健全工作机制，做好动员部署，明确责任分工；对每一项任务，要制定具体实施办法，细化改革措施，确保落到实处。市编办要抓紧牵头编制投资项目审批目录，并制定相应管理办法。市政务中心筹备办要牵头推进投资项目审批信息平台和政务服务中心建设。

三、及时跟进，加强协调。市编办、市政务中心筹备办要加强对试点工作的统筹协调和督促指导；市有关部门和区政府要积极配合，及时向市编办、市政务中心筹备办反映试点过程中的问题，并提出改进意见和建议。试点工作完成后，市编办、市政务中心筹备办要认真总结经验，研究提出进一步完善《办法》的建议，上报市政府；市政府将组织有关部门和区县进行研究论证后，适时发布优化本市投资项目审批流程的政策措施，并在全市范围内推广实施。

北京市人民政府办公厅
2013年10月15日

关于进一步优化投资项目审批流程的办法（试行）

根据《北京市人民政府关于进一步推进本市投资项目审批制度改革的意见》（京政发〔2013〕25号）有关精神，特制定本办法。

一、精简审批事项

按照转变职能、高效服务、加强监管、依法行或的要求，进一步精简现行投资项目审批事项，取消9项、合并5项、下放4项，共计18项（详见附件1）。

二、压缩审批时限

对11项审批部项的办理时限进行压缩（详见附件2）。其中，对不使用政府投资工业和信息化固定资产投资项目的核准由现行的15个工作日压缩到12个，环境影响报告书审批由30个工作日压缩到25个，环境影响报告表审批由20个工作日压缩到15个，交通影响评价审批由20个工作日压缩到12个，节能专篇审查由15个工作日压缩到12个，节能登记备案由15个工作日压缩到5个，建设项目人防工程建设标准审查由13个工作日压缩到10个，改变绿化规划、绿化用地的使用性质审核由18个工作日压缩到12个，林木采伐许可证核发由12个工作日压缩到11个，建设工程消防设计审核由16个工作日压缩到15个，建设工程消防验收由17个工作日压缩到15个。

三、改革土地储备项目和土地公开交易项目的办理程序

（一）加强土地入市的前期准备工作。对节能、环境影响、交通影响。地震安全性方面的评价审查和水资源、文物保护、人防建设方面的审查内容，可前移至批复供地规划条件环节的，一律前移。规划部门在征求发展改革、环保、交通、地震、水务、文物、民防等部门的意见后，依据控制性详细规划和相关法规，综合出具供地条件。

（二）建设单位通过土地公开交易市场取得土地开发权后，除法律法规要求的许可事项外，不再办理其他相关审批本项；确需办理的，原则上只要将合控制性详细规划和供地条件，3个工作日内必须予以批复。具体办法由相关部门研究制定。

四、建立投资项目审批政府服务机制

（一）加强"六高、四新"等重点功能区内建设项目的政府服务工作。对具备条件的地块，有关区政府可统一组织协调节能、环境影响、交通影响、地震安全性等相关评价审查工作。对同一地块的评价审查结果，该地块内不同建设项目可共用。对已经进行整体评价审查的地块，建设单位取得开发使用权后，政府部门不再就同一内容重复审批；确需再次审流的，要简化相关审批内容。

（二）建立建筑方案设计的咨询辅导机制。根据建设项目投资规模和项目所在地的区政府要求，可在建筑方案设计阶段，由市政府主管副秘书长协调规划、环保、交通、水务、文物、民防、消防、地震等部门，就相关的法规、政策、标准、要求等，提供综合指导和咨询辅导，方便服务对象。

（三）进一步加强控制性详细规划的编制和执行工作。在修改原有控制性详细规划和编制新增建设用地控制性详细规划过程中，要加强部门间的沟通协调，将可纳入控制性详细规

划的相关审批内容予以纳入，后续不再就同一内容重复审批。控制性详细规划一经确定，各部门、各单位必须严格执行。

五、加强强制性标准的研究制定和依法监管

（一）总结推广市民防局改革人防工程施工图技术审查的做法，加快转变政府职能，减少直接审批，加强市场监管。

（二）加强节能评估、节水设施方案审查等强制性标准的研究制定工作，逐步将强制性标准执行情况审查交由具有资质的中介机构承担；相关部门要加强监管，不再进行具体审批。

（三）逐步建立建设工程消防设计技术审查与行政审批相分离的制度。消防部门要逐步将建设工程消防设计的技术审查工作交由具有资质的施工图审查机构承担，施工图审查机构依法进行审查并承担相应责任，消防部门根据有关机构的审查结果尽快作出许可决定。

六、合理调整部分审批事项的办理环节

（一）将水影响评价审查由现行的办理建设工程规划许可证前置环节，调整为与环境影响评价审查并联办理。

（二）将办理移线树木许可等由现行的办理建筑工程施工许可证前置环节，调整为非前置环节。

（三）对超高层建筑、大型综合体等建设项目，探索对"底板及其以下、正负零以下（不含底板）、正负军以上"分部核发建筑工程施工许可证的方式，加快建设项目开工进度。具体做法由住房城乡建设、规划、消防等部门研究制定。

七、进一步完善分阶段并联审批机制

（一）明确并联审批环节。发展改革和经济信息化部门在立项环节、规划部门在办理建设项目规划条件环节和设计方案审查环节，要分别组织协调韶关部门进行并联审批。住房城乡建设部门要组织研究完善竣工验收环管的管理机制。

（二）建立并联审批告知机制。并联审批牵头部门要在确定项目符合本部门办理条件后，向相关部门发出并联审批告知单；牵头部门初审和告知时间不超过3个工作日。

（三）建立市、区两级政府联合审查机制。对市、区两级政府审批的同一事项，要在认真梳理和分析论证的基础上，本着提高工作效率的目的，分类予以处理：可以下放区县政府办理的，要予以下放；能够合并办理的，要予以合并；必须由市、区两级政府分别办理的，要建立联合审查机制，减少内部运行环节。

附件：
1. 投资项目审批事项精简目录
2. 投资项目审批流程图

附件 1

投资项目审批事项精简目录

精简类型	序号	项目名称	实施机关	设定依据	备注
取消	1	防洪费减免缓	市发展改革委	《北京市征收防洪工程建设维护管理费暂行规定》（市政府令第21号）	属地管理。
	2	市政府投资项目年度投资计划办理	市发展改革委	《北京市人民政府关于优化完善本市固定资产投资项目办理流程及相关工作机制的通知》（京政发〔2011〕34号）	改用资金计划替代。
	3	企业投资扩建民用机场项目，赛车场项目，城市轨道交通车辆、信号系统和牵引传动控制系统制造项目，卫星电视接收机及关键件、国家特殊规定的移动通信及终端等生产项目，各类汽车交易市场、汽车配件市场项目	市发展改革委		取消核准，改为备案。
	4	办理地价款缴纳情况证明书	市国土局		改变管理方式。
	5	集体土地征收前期工作	市国土局		法律法规依据不充分。
	6	农用地转为建设用地前期工作	市国土局		法律法规依据不充分。
	7	开垦荒坡地批准	市水务局		国家另有规定。
	8	影响交通安全的占用掘动道路意见书	市公安局公安交通管理局	《北京市建筑工程施工许可办法》（市政府令第139号）	法律法规依据不充分。
	9	占用挖掘道路意见函	市交通委路政局	《北京市建筑工程施工许可办法》（市政府令第139号）	法律法规依据不充分。

续表

精简类型	序号	项目名称	实施机关	设定依据	备注
合并	10	工程建设项目招标方案审批（核准）	市发展改革委	《中华人民共和国招标投标法实施条例》（国务院令第613号）、《工程建设项目申报材料增加招标内容和核准招标事项暂行规定》（根据国家发展改革委等九部委令第23号修订）	与项目核准、审批合并受理，招标核准意见书》作为批复的附件。
	11	不使用政府投资工业和信息化固定资产投资项目招标方案的核准	市经济信息化委	《中华人民共和国招标投标法实施条例》（国务院令第613号）、《工程建设项目申报材料增加招标内容和核准招标事项暂行规定》（根据国家发展改革委等九部委令第23号修订）	与项目核准合并受理，《招标核准意见书》作为批复的附件。
	12	以划拨方式取得国有建设用地使用权转让房地产审批	市国土局	《中华人民共和国城市房地产管理法》2007年	按出让或划拨事项办理审批。
	13	外资企业用地审批	市国土局	《中华人民共和国土地管理法》2004年	国家另有规定，纳入其他审批项目流程办理。
	14	中外合资经营企业用地批准	市国土局	《中华人民共和国土地管理法》2004年	国家另有规定，纳入其他审批项目流程办理。

续表

精简类型	序号	项目名称	实施机关	设定依据	备注
下放	15	企业投资的2亿元以下的民政项目、文化体育项目、教育项目、医疗卫生项目、养老项目；区政府投资的2亿元以下的就业社保服务项目、民政项目、文化体育项目、教育项目、医疗卫生项目、养老项目，棚户区改造和环境整治征收	市发展改革委		由区发展改革委承担。
	16	电压等级35千伏及以下的输变电电网项目、电压等级10千伏及以下的输变电电网项目、低压（380伏/220伏）等低压配网工程、区内1.6MPa及以下天然气管线设施、LNG和CNG加气站项目、区内管径DN800以下供热管网项目、燃气供热设施项目、分布式光伏电站项目（含个人用户电站）、农村太阳能采暖项目	市发展改革委		由区发展改革委承担。
	17	总面积5万平方米以下的口岸设施、总面积5万平方米以下的商业设施、总面积5万平方米以下的物流仓储设施	市发展改革委		由区发展改革委承担。
	18	防洪工程、城镇河湖、河湖整治、学校、幼儿园、托儿所、专科防治所（站）、体育场、体育馆、零售市场类中应当编制环境影响报告书项目	市环保局	《中华人民共和国环境影响评价法》2002年、《建设项目环境保护管理条例》（国务院令第253号）	由区环保局承担。

附件2

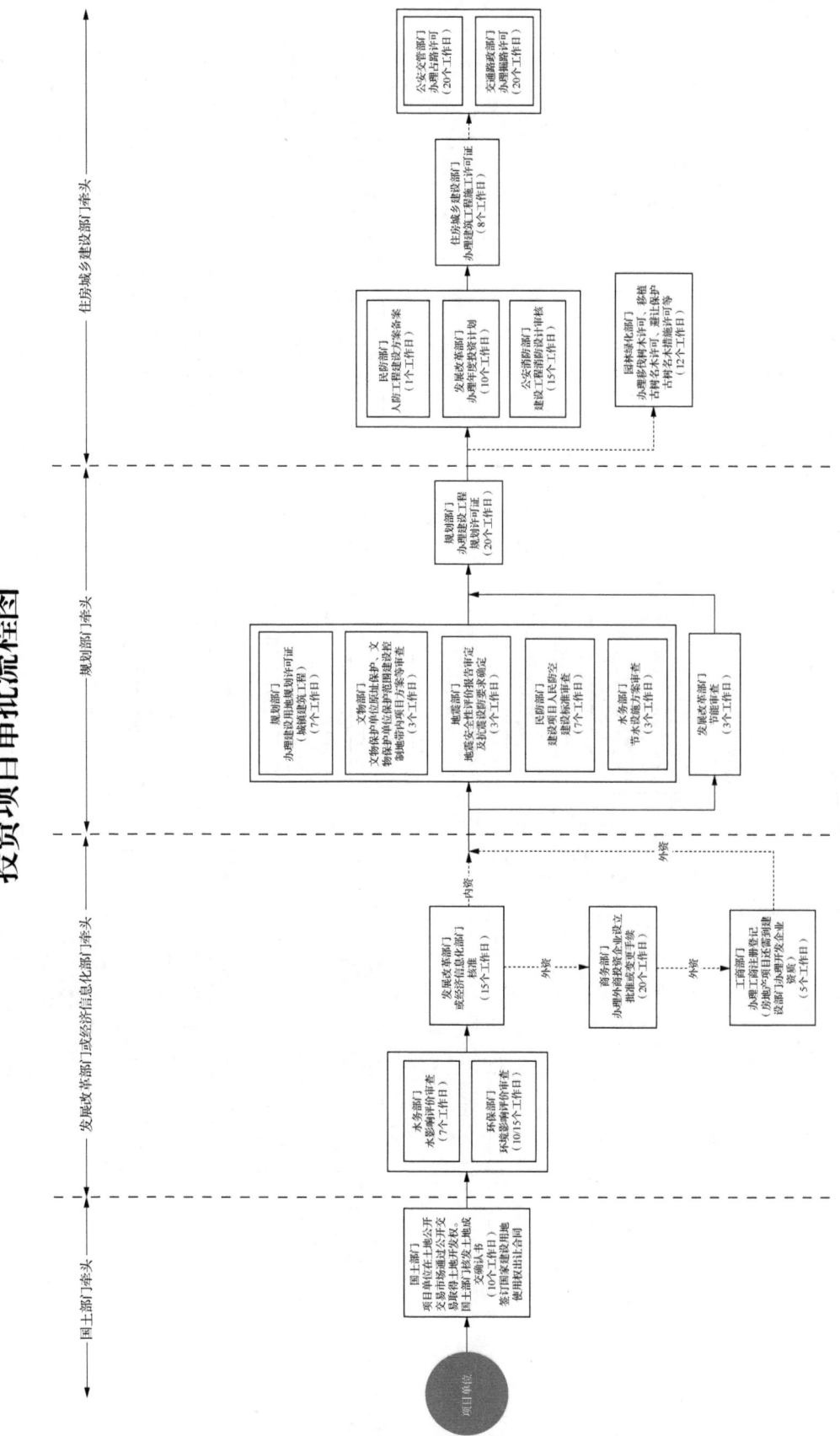

图1 通过土地公开交易市场取得土地开发权的企业投资项目办理流程图

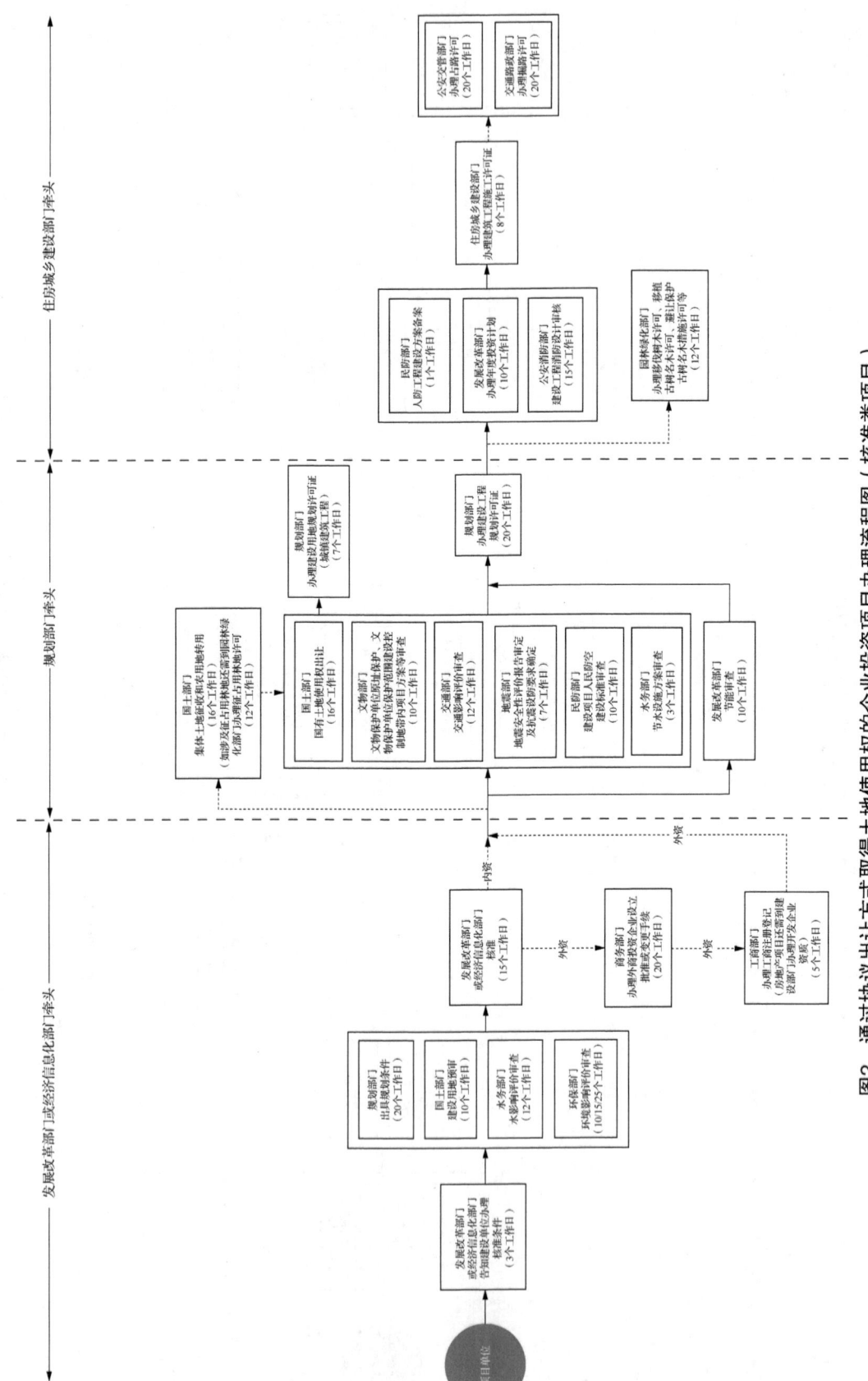

图2 通过协议出让方式取得土地使用权的企业投资项目办理流程图（核准类项目）

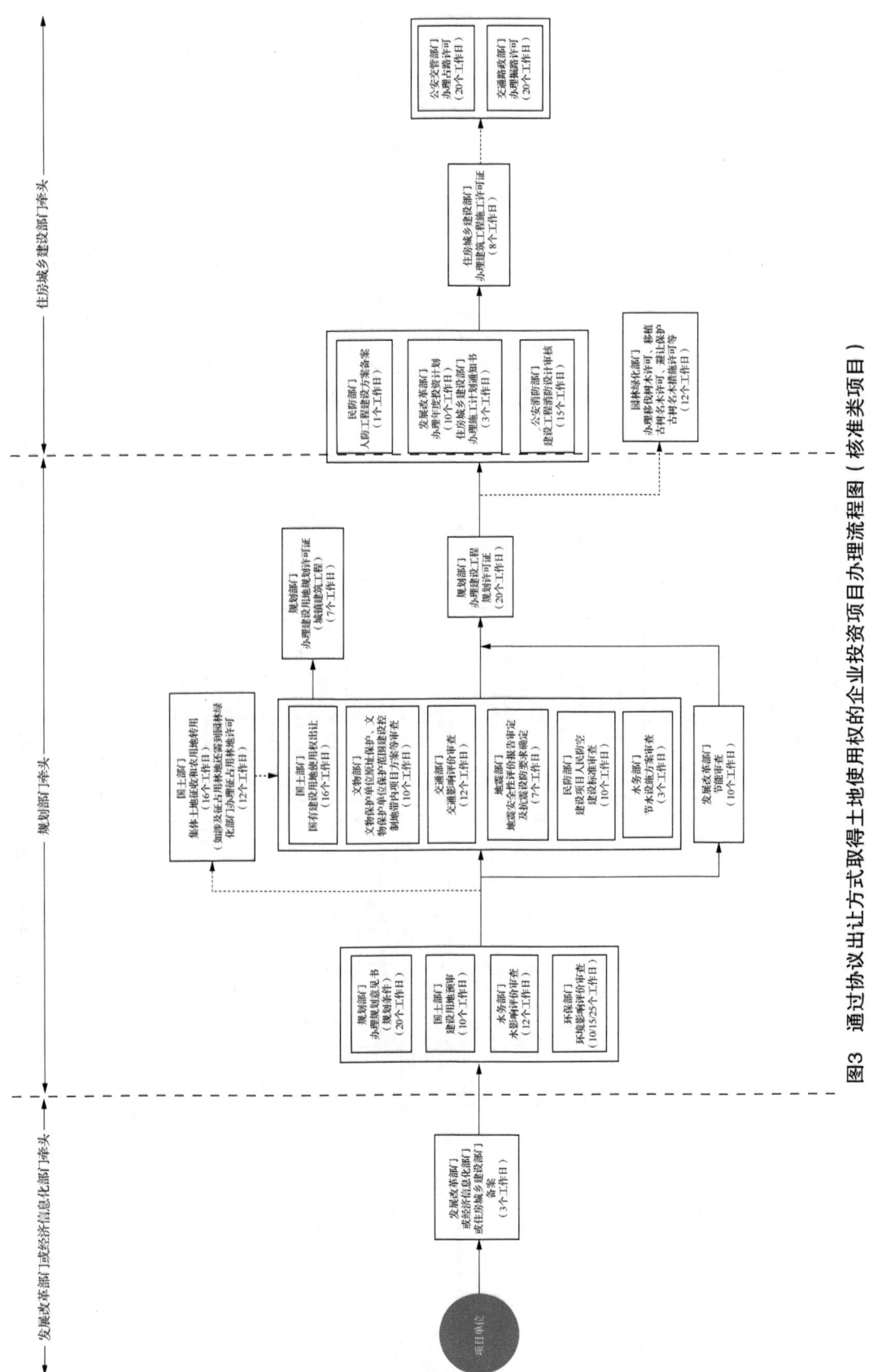

图3 通过协议出让方式取得土地使用权的企业投资项目办理流程图（核准类项目）

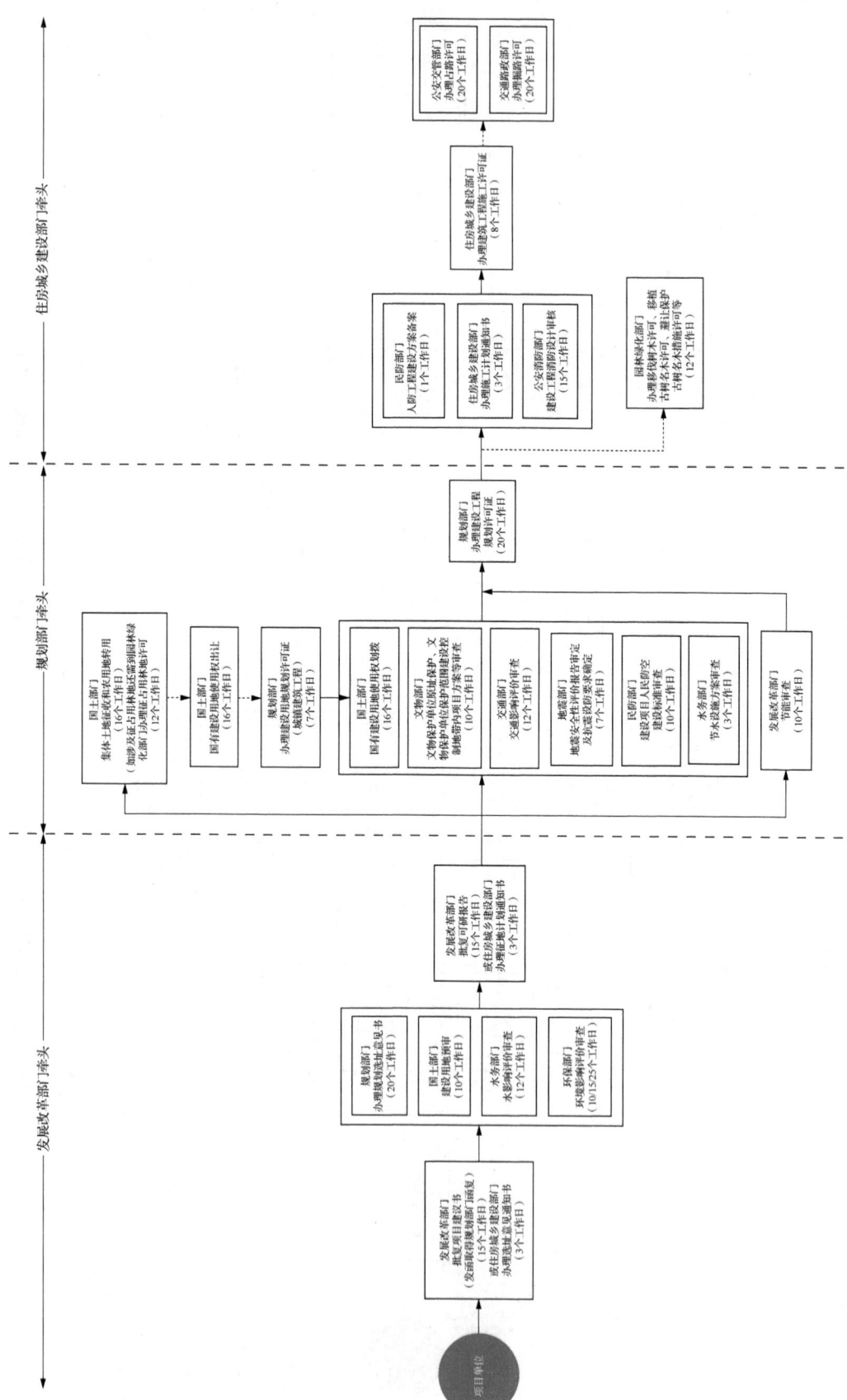

图4 政府直接投资或资本金注入项目办理流程图(新征占用地审批类项目)

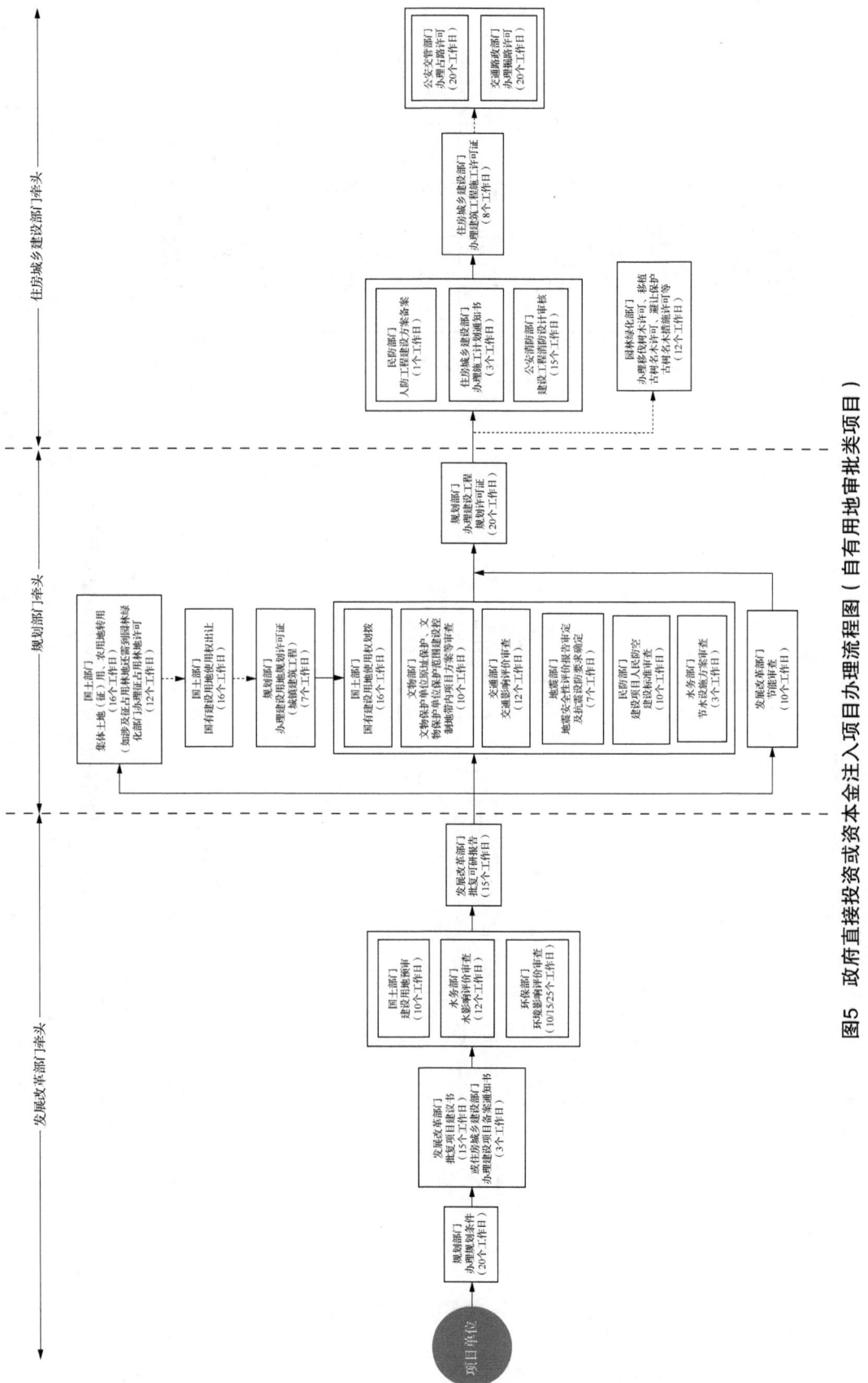

图5 政府直接投资或资本金注入项目办理流程图（自有用地审批类项目）

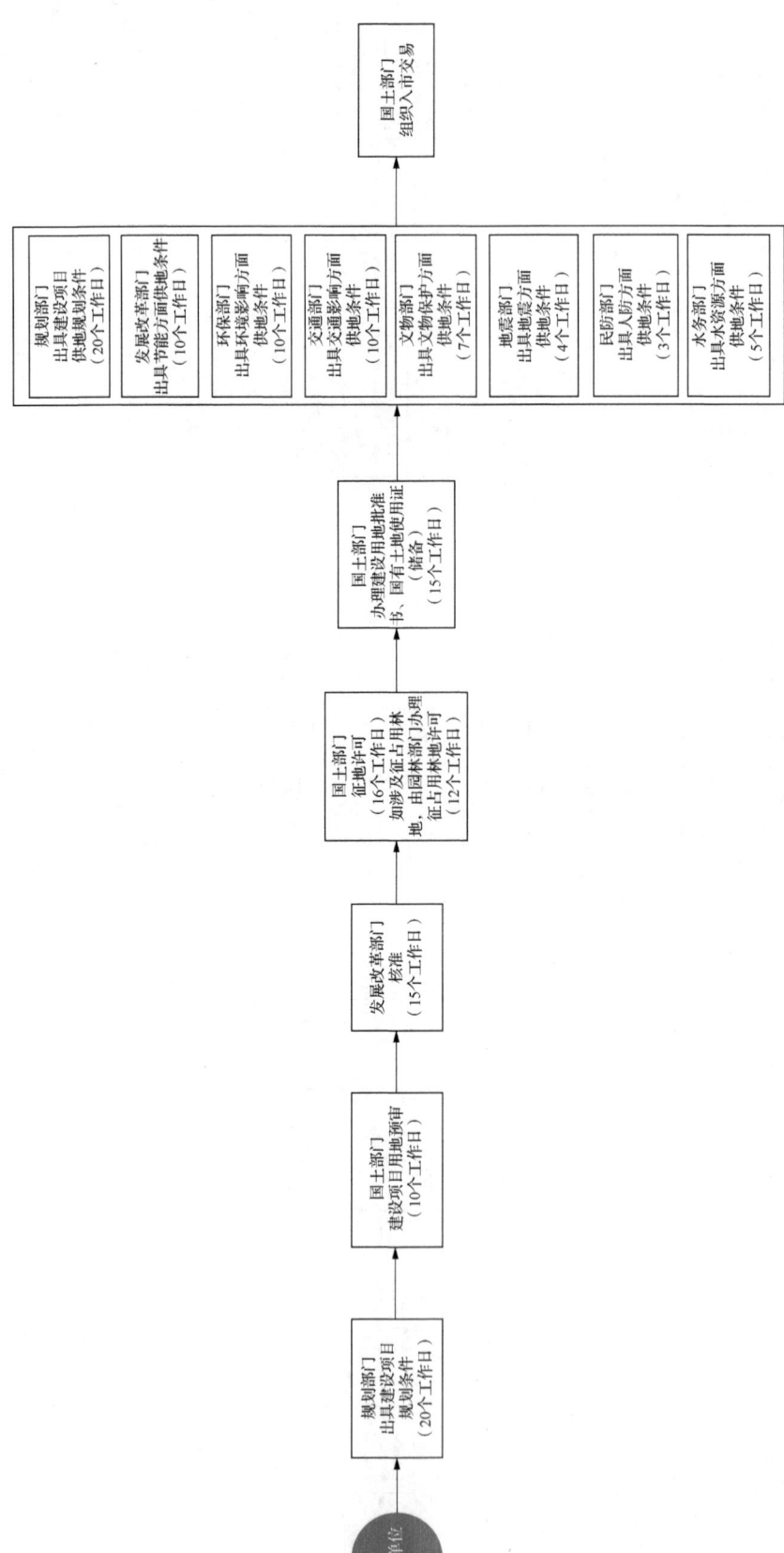

图6 土地储备和一级开发项目办理流程图

12. 北京市水影响评价概况

1. 诞生

开展水影响评价工作是贯彻落实党的十八届三中全会精神、推进水务行政审批改革管理、优化行政审批事项和工作流程的具体体现。2013年10月15日，市政府出台了《关于进一步优化投资项目审批流程的办法（试行）》（以下简称《办法》），将"水影响评价审查"作为建设项目立项的前置条件，与环境影响评价审查并联办理。"水影响评价审查"将"建设项目水资源论证（评价）报告审批"、"生产建设项目水土保持方案审查"、"非防洪建设项目洪水影响评价报告审批"3项行政许可事项在工作层面合并为1项，进行统一评价和许可审批，涉及水法、水土保持法、防洪法等法规依据10余部。这一评价的设置，改变了同一项目要编多次报告书、进行多次评审和多次许可审批的方式，提高了审批效率，方便了行政相对人。

市水务局结合北京市水资源严重短缺的基本市情水情，通过"水影响评价审查"把最严格的水资源管理制度、加强生态文明建设落在实处。以"量水发展"引导和推动首都经济结构的调整，优化经济社会发展布局，淘汰高耗水的低端产业，保障水资源的可持续利用。以有效的水管理保障首都的持续发展、安全发展。"水影响评价审查"对缓解首都水资源短缺状况、促进水资源的高效利用、降低水污染、改善生态环境、减少洪涝灾害、支撑国民经济和社会的可持续发展具有十分重要的战略意义。

2. 成果

从2013年10月起，"水影响评价审查"开始被纳入建设项目立项的前置条件，并在朝阳、海淀、丰台、通州、大兴五区试点，14年下半年开始在全市推广，华能北京热电厂三期工程是北京市第一个通过专家审查的水影响评价报告，项目位于朝阳区，属于水影响评价试点范围内。

3. 全市推广

从2015年3月31日起，北京市在朝阳、海淀、丰台、通州、大兴5个区县试点的基础上，在全市范围全面推行水影响评价制度，落实最严格水资源管理制度；新建、改建、扩建的涉水项目在立项前要进行水影响评价，不符合要求的项目一律不许上马。

实施水影响评价制度后，原来的建设项目水资源论证（评价）、水土保持方案和洪水影响评价三项行政许可合为一项，作为建设项目立项的前置条件，与环境影响评价审查实施并联审批。今后，项目建设单位只需委托具有资质的专业单位编制一份报告即可。

八、地震安全性评价相关管理规定

1. 北京市工程建设场地地震安全性评价管理办法

【颁布单位】市政府　　【发文字号】北京市人民政府令〔1997〕年第5号
【颁布时间】1997-07-14　【生效时间】1997-07-14【时效性】

第一条　为加强本市工程建设场地地震安全性评价工作的管理，防御和减轻地震灾害，保护国家和人民生命财产安全，制定本办法。

第二条　本办法所称工程建设场地地震安全性评价（以下称地震安全性评价），是指以地震观测资料和地震地质、地球物理等科研和技术工作为基础，对工程建设场地未来可能遭遇到的地震及其不同风险水平所取概率、强度的预测和地震事件对工程建设场地的影响程度及安全程度的评价。

第三条　本办法适用于本市行政区域内工程建设场地的地震安全性评价工作。

第四条　市地震局是本市地震安全性评价工作的主管部门，负责本办法的组织实施和监督检察。

区、县地震工作部门协助市地震局进行本行政区域内地震安全性评价的管理工作。

计划、规划、建设、房屋土地、财政等部门，应当按照各自的职责，依法对地震安全性评价进行管理。

第五条　下列工程建设场地，建设单位必须进行地震安全性评价：

（一）抗震设防要求高于《中国地震烈度区划图》标定设防标准的重点工程、特殊工程和可能产生严重次生灾害的工程；

（二）位于地震烈度分界线两侧各8公里区域内的新建、改建、扩建工程；

（三）局部地质条件较复杂或者地震研究程度和资料详尽程度较低的地区；

（四）占地面积较大或者跨越不同地质条件区域的新建城镇、大型厂矿企业以及经济技术开发区；

进行地震安全性评价的工程建设场地的具体范围由市地质局、市计划委员会、市市政管理委员会和城乡规划委员会按照国家有关规定并结合本市实际情况制定。

第六条　承担地震安全性评价任务的单位，必须持有国家或者市地震局核发的工程建设场地地震安全性评价许可证书，并按照许可证书规定的资质等级和评价范围进行地震安全性评价工作。

中央和外省市单位在本市行政区域内承担地震安全性评价任务，应当持国家地震局核发的工程建设场地地震安全性评价许可证书到市地震局办理资格验证和任务登记。

第七条　承担地震安全性评价任务的单位应当执行国家规定的地震安全性评价工作规范，编制地震安全性评价报告。

第八条　地震安全性评价报告应当报请市地震安全性评定委员会评审，经评审通过的地震安全性评价报告应当由市地震局审核批准，确定抗震设防标准。经审核批准的抗震设防标准，任何单位和个人不得擅自降低或者提高。

第九条　工程建设场地地震安全性评价工作，应当在工程建设项目的可行性研究阶段进行。

工程建设项目的可行性研究报告应当包括工程建设场地地震安全性评价内容和市地震局审核批准的抗震设防标准，工程建设项目的可行性研究报告中没有相应的地震安全性评价内容和市地震局审核批准的抗震设防标准的，计划部门不予批准可行性研究报告，其他主管部门不予办理有关手续。

工程建设场地地震安全性评价工作经费应当列入工程建设项目投资计划，在工程建设前期费用中支出。

第十条　承担地震安全性评价任务的单位，应当严格执行国家和本市制定的收费项目和收费标准，不得擅自增加收费项目或者提高收费标准。

第十一条　建设单位未按照抗震设防标准进行建设的，由市地震局责令限期改正，并可处以1万元以上3万元以下罚款。

第十二条　没有工程建设场地地震安全性评价许可证书，或者超越许可证书规定的资质等级和评价范围进行地震安全性评价的，其评价结果无效，由市地震局给予警告，并可处以1万元罚款。

第十三条　本办法执行中的具体问题，由市地震局负责解释。

第十四条　本办法自1997年7月28日起施行。

北京市工程建设场地地震安全性评价管理办法实施细则
1997-07-14

第一条　为切实贯彻执行《北京市工程建设场地地震安全性评价管理办法》（北京市人民政府令1997年第5号），特制定《北京市工程建设场地地震安全性评价管理办法实施细则》（以下简称"细则"）。

第二条　凡在本市行政区域内拟建的工程项目，均需进行抗震设防。一般工业与民用拟建工程项目，可不做专门的工程建设场地地震安全性评价工作（以下简称地震安全性评价），按照国家颁布的地震烈度区划图所标示的烈度值进行抗震设防。必须进行地震安全性评价的工程项目，按地震安全性评价报告的审批文件确定和抗震设防要求进行抗震设防。

第三条　地震安全性评价工作和工程建设项目抗震设防要求管理必须纳入基本建设管理程序。

第四条　下列工程和地区必须进行地震安全性评价：

一、重大建设工程和可能发展严重次生灾害的建设工程主要指：

《建筑抗震设防分类标准》（GB50223-95）中规定的甲类建筑。

高度80米以上（包括80米）的高层建筑。

国家有关部门已明文规定需要进行地震安全性评价的建设工程。腐蚀性物质大量泄漏和其他严重次生灾害的建设工程，包括水库大坝、堤防和贮油、贮气、贮存易燃易爆、放射性物质或者强腐蚀性物质的设施，以及其它可能发展严重次生灾害的建设工程。核设施、重要国防、军事工程、市级和国家级高科技建设工程。

二、位于地震烈度分界线两侧各8公里区域内的市级和国家级重点建设工程。

三、占地面积较大或者跨越不同地质条件区域的新建城镇，经济技术开发区（包括区县工业小区，高新技术开发区）。

四、在地震基本烈度Ⅶ、Ⅷ度区内，以上三条规定之外的部分乙类建筑（关于部分乙建筑的具体范围，由市规委、市政管委、市计委和市地震局另行规定），也应进行地震安全性评价工作。

五、业主或建设单位要求进行地震安全性评价的建设工程。

第五条 由市地震局、市计委、市规委等有关政府行政职能部门及有关专家联合成立北京市地震安全性评价资质审核委员会。凡具有承担地震安全性评价条件的企、事业单位均可向该委员会提出申请，经审核合格后由市地震局统一核发《北京市工程建设场地地震安全性评价许可证书》。

凡在本市行政区内承担地震安全性评价的部门或单位，必须持有北京市统一核发的许可证书。

凡持有中国地震局颁发的甲级安评许可证书的非本市部门或单位，必须持有北京市统一核发的北京市工程建设场地地震安全性评价资质证书和任务登记证明。

对应做而未做评价工作的建设工程，计划部门不予批准可行性研究报告，其他部门不予办理有关手续，并要求补做。

第六条 承担地震安全性评价任务的单位，必须严格按照市场价、财政部门制定的地震安全性评价收费项目及标准执行。

评价工作应当执行中国地震局《工程建设场地地震安全性评价工作规范》（DB001-94）。

评价报告应当由承担任务单位报北京市地震安全性评定委员会评定通过后，报市地震局审批（国家级项目报国家地震烈度评定委员会评定，由中国地震局审批，同时报市地震局备案）。

第七条 根据《中华人民共和国防震减灾法》、市政府法制办《关于明确本市防震减灾工作行政执法主体的复函》（市政法制复字〔1998〕26号）及本细则规定，由市地震局或区县人民政府地震工作管理部门或者机构，做好执法检查工作。

对未按国家和本市规定做安评工作以及无证承担安评工作、不符合本细则规定的部门或单位、业主，依法实施行政处罚。

执法人员在执行公务时必须持证上岗，向被检查单位出示执法证件，做到秉公执法。对违法执法人员，由上级行政主管部门，以及同级监察机关给以处分，情节严重者，追究法律责任。

第八条 本细则执行中的具体问题，由市地震局负责解释。

第九条 本细则自发布之日（1999.9.1）起施行。

2. 河北省地震安全性评价管理条例

1995年12月26日河北省第八届人民代表大会常务委员会第十八次会议通过，2007年9月21日河北省第十届人民代表大会常务委员会第三十次会议修订。

实施情况：

经河北省第十届人民代表大会常务委员会第三十次会议于2007年9月21日修订通过，现予公布，自2007年11月1日起施行。

2007年9月21日

规则正文：

第一条 为加强对地震安全性评价的管理，防御和减轻地震灾害，保护人民生命和财产安全，根据《中华人民共和国防震减灾法》、《地震安全性评价管理条例》等法律、法规，结合本省实际，制定本条例。

第二条 在本省行政区域内从事地震安全性评价活动，应当遵守本条例。

第三条 县级以上人民政府地震工作主管部门负责本行政区域内地震安全性评价和抗震设防要求的监督管理工作。

县级以上人民政府发展和改革、建设、规划、国土资源等有关部门依照职责分工，做好与地震安全性评价相关的监督管理工作。

第四条 地震安全性评价工作的管理，应当遵循公开、公平、公正、便民原则，提高办事效率，提供优质服务。

第五条 下列建设工程必须进行地震安全性评价：

（一）国家重大建设工程；

（二）受地震破坏后可能引发水灾、火灾、爆炸、剧毒或者强腐蚀性物质大量泄露或者其他严重次生灾害的建设工程，包括水库大坝、堤防和贮油、贮气、贮存易燃易爆、剧毒或者强腐蚀性物质的设施以及其他可能发生严重次生灾害的建设工程；

（三）受地震破坏后可能引发放射性污染的核电站和核设施建设工程；

（四）省人民政府认为有重大价值或者有重大影响的其他建设工程。

按照国家强制性标准应当进行地震安全性评价的建设工程或者区域，以及其他涉及人民生命财产安全的重要社会建筑工程，也必须进行地震安全性评价。

地震安全性评价工程范围的分类标准由省人民政府组织制定，并随着经济社会发展及时予以修订和公布。

第六条 依法应当进行地震安全性评价的建设工程由省或者设区的市人民政府地震工作主管部门按照国家标准确定地震安全性评价工作级别。

建设单位应当按地震安全性评价工作级别委托具有相应资质的单位承担建设工程的地震安全性评价业务。

第七条 从事地震安全性评价的单位应当取得地震安全性评价资质证书；从事地震安全性评价的专业技术人员应当取得地震安全性评价执业资格证书。

申请地震安全性评价资质证书或者地震安全性评价执业资格证书，依照国家有关规定执行。

第八条　从事地震安全性评价的单位应当在其资质许可的范围内承揽地震安全性评价业务。不得以其他地震安全性评价单位的名义或者允许其他单位以本单位名义承揽地震安全性评价业务。

任何单位或者个人不得为建设单位指定从事地震安全性评价的单位或者专业技术人员。

第九条　地震安全性评价单位应当遵守下列规定：

（一）依照国家有关技术规范的规定组织实施地震安全性评价工作，保证评价工作的质量；

（二）按照确定的工作级别进行地震安全性评价；

（三）地震安全性评价报告采用的资料和有关数据应当真实、准确、全面；

（四）按国家规定的标准收取评价费用，不得扩大收费范围或者提高收费标准；

（五）为建设单位保守商业秘密。

第十条　地震安全性评价单位对建设工程进行地震安全性评价后，应当编制该建设工程的地震安全性评价报告。建设单位应当将地震安全性评价报告报送省人民政府地震工作主管部门审定。

建设工程地震安全性评价报告依法应当报国务院地震工作主管部门审定的，按国家有关规定执行。

第十一条　对依法由省人民政府地震工作主管部门审定的建设工程地震安全性评价报告，应当自收到评价报告之日起15日内完成审定工作，确定建设工程的抗震设防要求。

第十二条　建设单位提交的建设工程地震安全性评价报告不符合国家有关标准规定的，省人民政府地震工作主管部门应当责成建设单位重新进行地震安全性评价，并另行提出评价报告审定申请。

第十三条　建设工程必须按照抗震设防要求进行抗震设防。

应当进行地震安全性评价的建设工程，其抗震设防要求必须按照地震安全性评价结果确定；纳入政府建设工程管理程序的其他一般工业与民用建设工程，其抗震设防要求由县级以上人民政府地震工作主管部门按照国家颁布的地震动参数区划图确定。

第十四条　县级以上人民政府发展和改革、建设、规划、国土资源等有关部门应当将建设工程的抗震设防要求纳入建设项目管理程序。对未确定抗震设防要求的项目，不予办理相关手续。

地震安全性评价所需费用纳入工程建设概算。

第十五条　建设工程的设计单位应当按抗震设防要求和抗震设计规范进行抗震设计。

依法应当进行抗震设防的建设工程必须按抗震设计进行施工。

第十六条　县级以上人民政府地震工作主管部门应当为建设单位和地震安全性评价单位提供咨询、服务。

第十七条　县级以上人民政府地震工作主管部门及其工作人员有下列情形之一的，由其上级主管部门或者监察机关责令改正；情节严重的，对直接负责的主管人员和其他直接责任人员依法给予行政处分：

（一）对符合法定条件的申请不予办理或者不在法定期限内作出准予许可决定的；

（二）对不符合法定条件的申请准予许可或者超越法定职权作出准予许可决定的；

（三）在办理行政许可或者实施监督检查时索取、收受他人财物或者谋取其他非法利益的；

（四）发现地震安全性评价报告严重失实或者地震安全性评价中有违法行为，不及时依法查处的。

国家工作人员在地震安全性评价管理工作中滥用职权、玩忽职守、徇私舞弊，构成犯罪的，依法追究刑事责任。

第十八条 违反本条例规定，未取得地震安全性评价资质证书的单位承揽地震安全性评价业务的，其行为无效，由县级以上人民政府地震工作主管部门责令改正，停止违法行为，处一万元以上五万元以下的罚款；有违法所得的，并处没收违法所得。

第十九条 违反本条例规定，地震安全性评价单位有下列行为之一的，由县级以上人民政府地震工作主管部门依据职权，责令改正，没收违法所得，并处一万元以上五万元以下的罚款；情节严重的，由颁发资质证书的部门吊销其资质证书：

（一）超越其资质许可的范围承揽地震安全性评价业务的；

（二）以其他地震安全性评价单位的名义承揽地震安全性评价业务的；

（三）允许其他单位以本单位名义承揽地震安全性评价业务的。

第二十条 违反本条例规定，有关建设单位不进行地震安全性评价，或者不按抗震设防要求进行抗震设防的，由县级以上人民政府地震工作主管部门责令改正，处以一万元以上十万元以下的罚款。

第二十一条 本条例自 2007 年 11 月 1 日起施行。1995 年 12 月 26 日河北省第八届人民代表大会常务委员会第十八次会议公布的《河北省地震安全性评价管理条例》同时废止。

修订的条例：

（1995 年 12 月 26 日河北省第八届人民代表大会常务委员会第十八次会议通过 2007 年 9 月 21 日河北省第十届人民代表大会常务委员会第三十次会议修订 2017 年 9 月 28 日河北省第十二届人民代表大会常务委员会第三十二次会议《关于修改部分法规的决定》修正）

第一条 为加强对地震安全性评价的管理，防御和减轻地震灾害，保护人民生命和财产安全，根据《中华人民共和国防震减灾法》、《地震安全性评价管理条例》等法律、法规，结合本省实际，制定本条例。

第二条 在本省行政区域内从事地震安全性评价活动，应当遵守本条例。

第三条 县级以上人民政府地震工作主管部门负责本行政区域内地震安全性评价和抗震设防要求的监督管理工作。

县级以上人民政府发展和改革、建设、规划、国土资源等有关部门依照职责分工，做好与地震安全性评价相关的监督管理工作。

第四条 地震安全性评价工作的管理，应当遵循公开、公平、公正、便民原则，提高办事效率，提供优质服务。

第五条 下列建设工程必须进行地震安全性评价：

（一）国家重大建设工程；

（二）受地震破坏后可能引发水灾、火灾、爆炸、剧毒或者强腐蚀性物质大量泄露或者其他严重次生灾害的建设工程，包括水库大坝、堤防和贮油、贮气、贮存易燃易爆、剧毒或者强腐蚀性物质的设施以及其他可能发生严重次生灾害的建设工程；

（三）受地震破坏后可能引发放射性污染的核电站和核设施建设工程；

（四）省人民政府认为有重大价值或者有重大影响的其他建设工程。

按照国家强制性标准应当进行地震安全性评价的建设工程或者区域，以及其他涉及人民生命财产安全的重要社会建筑工程，也必须进行地震安全性评价。

地震安全性评价工程范围的分类标准由省人民政府组织制定，并随着经济社会发展及时予以修订和公布。

第六条　依法应当进行地震安全性评价的建设工程按照国家标准确定地震安全性评价工作级别。

第七条　从事地震安全性评价的单位应当取得地震安全性评价资质证书；从事地震安全性评价的专业技术人员应当取得地震安全性评价执业资格证书。

申请地震安全性评价资质证书或者地震安全性评价执业资格证书，依照国家有关规定执行。

第八条　从事地震安全性评价的单位应当在其资质许可的范围内承揽地震安全性评价业务。不得以其他地震安全性评价单位的名义或者允许其他单位以本单位名义承揽地震安全性评价业务。

任何单位或者个人不得为建设单位指定从事地震安全性评价的单位或者专业技术人员。

第九条　地震安全性评价单位应当遵守下列规定：

（一）依照国家有关技术规范的规定组织实施地震安全性评价工作，保证评价工作的质量；

（二）按照确定的工作级别进行地震安全性评价；

（三）地震安全性评价报告采用的资料和有关数据应当真实、准确、全面；

（四）按国家规定的标准收取评价费用，不得扩大收费范围或者提高收费标准；

（五）为建设单位保守商业秘密。

第十条　地震安全性评价单位对建设工程进行地震安全性评价后，应当编制该建设工程的地震安全性评价报告。

第十一条　对依法由省人民政府地震工作主管部门审定的建设工程地震安全性评价报告，应当自收到评价报告之日起15日内完成审定工作，确定建设工程的抗震设防要求。

第十二条　建设单位提交的建设工程地震安全性评价报告不符合国家有关标准规定的，省人民政府地震工作主管部门应当责成建设单位重新进行地震安全性评价，并另行提出评价报告审定申请。

第十三条　建设工程必须按照抗震设防要求进行抗震设防。

应当进行地震安全性评价的建设工程，其抗震设防要求必须按照地震安全性评价结果确定；纳入政府建设工程管理程序的其他一般工业与民用建设工程，其抗震设防要求由县级以上人民政府地震工作主管部门按照国家颁布的地震动参数区划图确定。

第十四条　县级以上人民政府发展和改革、建设、规划、国土资源等有关部门应当将建设工程的抗震设防要求纳入建设项目管理程序。对未确定抗震设防要求的项目，不予办理相关手续。

地震安全性评价所需费用纳入工程建设概算。

第十五条　建设工程的设计单位应当按抗震设防要求和抗震设计规范进行抗震设计。

依法应当进行抗震设防的建设工程必须按抗震设计进行施工。

第十六条　县级以上人民政府地震工作主管部门应当为建设单位和地震安全性评价单位提供咨询、服务。

第十七条　县级以上人民政府地震工作主管部门及其工作人员有下列情形之一的，由其上级主管部门或者监察机关责令改正；情节严重的，对直接负责的主管人员和其他直接责任人员依法给予行政处分：

（一）对符合法定条件的申请不予办理或者不在法定期限内作出准予许可决定的；

（二）对不符合法定条件的申请准予许可或者超越法定职权作出准予许可决定的；

（三）在办理行政许可或者实施监督检查时索取、收受他人财物或者谋取其他非法利益的；

（四）发现地震安全性评价报告严重失实或者地震安全性评价中有违法行为，不及时依法查处的。

国家工作人员在地震安全性评价管理工作中滥用职权、玩忽职守、徇私舞弊，构成犯罪的，依法追究刑事责任。

第十八条 违反本条例规定，未取得地震安全性评价资质证书的单位承揽地震安全性评价业务的，其行为无效，由县级以上人民政府地震工作主管部门责令改正，停止违法行为，处一万元以上五万元以下的罚款；有违法所得的，并处没收违法所得。

第十九条 违反本条例规定，地震安全性评价单位有下列行为之一的，由县级以上人民政府地震工作主管部门依据职权，责令改正，没收违法所得，并处一万元以上五万元以下的罚款；情节严重的，由颁发资质证书的部门吊销其资质证书：

（一）超越其资质许可的范围承揽地震安全性评价业务的；

（二）以其他地震安全性评价单位的名义承揽地震安全性评价业务的；

（三）允许其他单位以本单位名义承揽地震安全性评价业务的。

第二十条 违反本条例规定，有关建设单位不进行地震安全性评价，或者不按抗震设防要求进行抗震设防的，由县级以上人民政府地震工作主管部门责令改正，处以一万元以上十万元以下的罚款。

第二十一条 本条例自2007年11月1日起施行。1995年12月26日河北省第八届人民代表大会常务委员会第十八次会议公布的《河北省地震安全性评价管理条例》同时废止。

3. 内蒙古自治区地震安全性评价管理办法

内蒙古自治区地震安全性评价管理办法是内蒙古自治区颁布的一部法律法规。

第一条 为了加强地震安全性评价，防御和减轻地震对工程建设和城市建设的破坏，保障经济发展和人民生命财产安全，根据国家有关规定，结合自治区实际情况，制定本办法。

第二条 本办法所称地震安全性评价，是指地震烈度复核、地震危险性分析、地震动参数确定、地震小区划、场地震害预测、场址及周围地震地质稳定性评价。

第三条 自治区地震行政主管部门统一管理自治区行政区域内的地震安全性评价工作。盟行政公署、市人民政府地震主管部门，对本行政区域内的地震安全性评价进行监督和检查。

第四条 一般工业与民用建筑可不进行专门的地震安全性评价，依照《中国地震烈度区划图（1990）》所规定的烈度值确定抗震设防标准。

第五条 下列工程和区域必须进行地震安全性评价：

（一）抗震设防要求高于国家地震烈度区划图设防标准的重大工程、特殊工程、可能产生严重次生灾害的工程；

（二）位于地震烈度分界线两侧各8公里区域内的新建工程；

（三）地震研究程度和资料详细程度较差的边远地区；

（四）占地范围较大、跨着不同工程地质条件区域的城市和大型厂矿企业以及新建设开发区。

第六条 凡应进行地震安全性评价的工程建设项目，可行性研究报告必须包括地震安全性评价内容，工程建设总体规划要符合地震安全性评价的要求。

第七条 按照本办法规定需要进行地震安全性评价的工程建设项目，没有地震行政主管部门批准的地震安全性评价报告，有关部门在审批项目时，不得不办理批准手续。

第八条 从事地震安全性评价工作的单位，必须持有国家或者自治区地震行政主管部门核发的《地震安全性评价许可证书》，并按照证书级别及规定的评价范围从事地震安全性评价。

第九条 自治区外的单位在自治区内承担地震安全性评价工作，必须经自治区或者盟市地震行政主管部门进行资格验证并办理任务登记手续后，方可承担地震安全性评价工作。

第十条 承担地震安全性评价工作的单位，必须执行国家的地震安全性评价技术规范。

第十一条 地震安全性评价报告需经自治区地震安全性评定专业委员会审定，并由自治区地震行政主管部门批准后方可提交建设、设计单位使用。未经自治区地震行政主管部门批准的地震安全性评价报告无效。国家特殊重大工程的地震安全性评价报告，经自治区地震安全性评定专业委员会初审合格后，由自治区地震行政主管部门报国家烈度评定委员会审定。

第十二条 地震安全性评价的收费要严格按照国家的有关规定执行，不得擅自增加收费项目或者提高收费标准。

第十三条 没有按规定进行地震安全性评价的建设工程，而擅自动工兴建的，由地震行政主管部门责令限期改正，并可建议主管部门和监察部门给予建设单位负责人和直接责任人员行政处分。

第十四条 无许可证或者超越许可证规定评价范围以及不按地震安全性评价技术规范从事地震安全性评价工作的，评价报告无效，返还收取的评价费用，由地震行政主管部门处以相当于地震安全性评价费用两倍以下的罚款。

第十五条 擅自增加地震安全性评价收费项目和提高收费标准的，由当地物价行政主管部门按照有关规定予以处罚。

第十六条 本办法应用中的具体问题，由自治区地震行政主管部门负责解释。

第十七条 本办法自发布之日起施行。

4. 山西省工程场地地震安全性评价管理规定

本规定所称工程场地地震安全性评价（以下简称地震安全性评价）是指对工程场地未来可能遭受的地震影响作出评价并确定以地震动参数和烈度表述的抗震设防标准。

第一条 为加强工程场地地震安全性评价管理，防御和减轻地震对工程设施的破坏，根据国家有关规定，结合本省实际，制定本规定。

第三条 省地震行政主管部门负责本省行政区域内的地震安全性评价工作，其职能是：

（一）管理城镇、经济开发区以及重大工程建设场地的地震安全性评价工作；

（二）负责地震安全性评价工作资格审查认证和任务登记；

（三）管理以地震动参数和烈度表述的抗震设防标准；

（四）审定省级以下重点项目建设场地的抗震设防标准；

（五）指导和监督重大工程及重要设施的抗震设防工作。

设区的市（地）、县地震行政主管部门可在省地震行政主管部门授权范围内，管理本行政区内的地震安全性评价工作。

第四条 各级人民政府有关部门应依照本规定，协同管理地震安全性评价。

第五条 地震安全性评价应列为工程项目的可行性研究内容，在工程项目设计前进行。未经地震行政主管部门审定以地震烈度和地震动参数表述的抗震设防标准的工程项目，计划部门不予审批立项。

第六条 应进行地震安全性评价的地区和工程：

（一）占地范围较大，跨越不同工程地质条件区域的大城市和大型厂矿企业，以及新建设开发区；

（二）位于地震烈度区分界线附近的新建工程；

（三）地震研究程度和资料详细程度较差的边远地区；

（四）地震设防要求高于《中国地震烈度区划图（1990）》设防标准的重大工程、特殊工程、可能产生火灾、水灾、爆炸、有毒等严重次生灾害的工程。

第七条 凡不属于第六条规定范围内的一般工业与民用建筑工程，在一般场地条件下，应当按国家颁布的地震烈度区划图所标示的烈度值进行抗震设防。

第八条 工程项目主管单位应依照自愿委托、协商服务的原则委托有评价资质的地震安全性评价机构（以下简称评价机构）进行评价。

第九条 从事地震安全性评价的机构必须持有国家或省地震行政主管部门核发的工程场地地震安全性评价许可证书，方可进行地震安全性评价。其资质每年审验一次。省外评价机构在本省从事地震安全性评价，须到省地震行政主管部门进行资格验证和登记。

第十条 省地震安全性评审委员会负责全省工程场地地震安全性评价结果的评审和地震安全性评价工作的技术咨询。

第十一条 评价机构做出的地震安全性评价报告，经省地震安全性评审委员会评审后，由省地震行政主管部门批复。

特别重大或特殊工程项目的地震安全性评价报告，须报经国家地震行政主管部门审批。

第十二条 评价和评审费用按照国家和省的有关规定执行。

第十三条 对在地震安全性评价工作中成绩显著、贡献突出的单位和个人，地震行政主管部门给予奖励。

第十四条 按照规定应进行地震安全性评价而未进行评价的，地震行政主管部门应责令工程项目主管单位采取补救措施；拒不采取补救措施者，处以10000元以上30000元以下罚款。

第十五条 无工程场地地震安全性评价许可证书进行评价的，评价机构超出许可范围进行评价的，擅自确定、改动建设场地抗震设防标准的，依照《山西省防震减灾暂行条例》的有关规定予以处罚。

第十六条 未经省地震行政主管部门授权，擅自审批建设场地抗震设防标准或出具抗震设防标准核查书的，审批决定和核查书无效。

第十七条 地震行政主管部门的工作人员玩忽职守、滥用职权、徇私舞弊的，由其所在单位或上级主管部门给予行政处分。

第十八条 本规定由省地震局负责解释。

第十九条 本规定自发布之日起施行。

5. 陕西省工程建设场地地震安全性评价管理办法

陕西省工程建设场地地震安全性评价管理办法是一份地方法规，发布于一九九六年一月二日，文号为陕西省人民政府令 第28号

基本信息：

陕西省工程建设场地地震安全性评价管理办法

陕西省人民政府令 第28号

《陕西省工程建设场地地震安全性评价管理办法》已经省人民政府第三十次常务会议通过，现予发布施行。

省长 程安东
一九九六年一月二日

具体条例：

第一条 为了加强工程建设场地地震安全性评价工作的管理，防御和减轻地震对工程设施的破坏，科学合理地利用建设投资，根据国家有关规定，结合我省实际，制定本办法。

第二条 本办法适用于本省境内应进行专门地震安全性评价工作的各类工程建设项目、技扩改项目和区域开发建设项目。

第三条 本办法所称工程建设场地地震安全性评价工作系指地震烈度复核、地震危险性分析、设计地震动参数确定、地震小区划、场址及周围地震地质稳定性评价和场地震害预测等工作。

第四条 地震部门是工程建设场地地震安全性评价工作的主管部门。

省地震部门负责全省工程建设项目地震安全性评价的管理、监督和检查工作。

地市地震部门负责本地市投资建设的重点工程建设项目地震安全性评价的管理、监督和检查工作。

第五条 计划、建设、地矿、土地、环保等部门在各自的职责范围内，配合做好地震安全性评价管理工作。

第六条 本办法规定需要做地震安全性评价的工程建设项目，其地震安全性评价结论，必须经省地震烈度评定委员会评审通过后，根据工程建设项目管理权限报省或地市地震部门审批。

第七条 一般工业与民用建筑的抗震设防标准，应直接使用《中国地震烈度区划图（1990）》所标示的烈度值，需要提高或降低抗震设防标准的，应经省地震部门批准产。

第八条 下列工程建设项目和地区必须进行专门的地震安全性评价工作：

（一）省内重点工程建设项目、特殊工程项目、生命线工程项目或投资在1亿元以上的其他工程建设项目。

（二）位于地震烈度分界线两侧各8公里范围内的工程建设项目。

（三）地震研究程度和资料详细程度较差的陕南秦巴山区和陕北地区的重点工程项目。

（四）占地面积在2平方公里以上、跨越不同工程地质条件区域的大中城市和大型厂矿企业以及各类经济技术开发区。

第九条 从事地震安全性评价工作的单位，必须持有国家地震部门或省地震部门颁发的《工程建设场地地震安全性评价许可证》，并按照证书级别及规定的评价范围进行工作。

第十条 省外单位在本省范围内从事地震安全性评价工作，必须持有国家地震部门核发的甲级资格证书，并经省地震部门或工程项目所在地市地震部门验证和任务登记，方可承担地震安全性评价工作。

第十一条 地震安全性评价工作必须执行国家地震部门制定的工程场地地震安全性评价工作规范，在已按规定进行过地震安全性评价工作的工程建设场地内技改或扩建的工程项目，如无特殊要求，不再重复进行地震安全性评价工作。

第十二条 本办法规定需要进行的工程建设项目的场地地震安全性评价工作，应在可行性研究阶段进行，其可行性研究报告中应包括场地地震安全性评价工作内容和省地震部门批准的抗震设防标准。对没有地震安全性评价内容和省地震部门批准的抗震设防标准的工程建设项目，其可行性研究报告，有关主管部门不得批准，设计部门不得进行设计。

第十三条 工程建设场地地震安全性评价收费标准，由省物价部门会同地震部门制定，报省人民政府批准后施行。

第十四条 违反本办法，按下列规定进行处罚：

（一）工程建设单位未按规定做专门的地震安全性评价工作，由地震部门责令其采取补救措施，并可建议有关部门对建设单位主要领导人和直接责任人给予行政处分；

（二）设计单位未按地震部门审定的抗震设防标准设计的，地震部门有权责令其改正，情节严重的，可处以相当于地震安全性评价费用两倍的罚款；

（三）没有许可证或超越许可证权限，以及不按照地震安全性评价工作规范从事地震安全性评价工作的单位或个人，其评价结果无效，并由地震部门对其处以 5000 元以上 10000 元以下的罚款。

第十五条 当事人对行政处罚不服的，可以依法申请复议或向人民法院起诉。逾期不申请复议，也不向人民法院起诉，又不履行行政处罚决定的，由作出行政处罚决定的地震部门申请人民法院强制执行。

第十六条 地震部门的工作人员玩忽职守、滥用职权、徇私舞弊的，由其行政主管部门给予行政处分，其行为构成犯罪的，由司法机关依法追究刑事责任。

第十七条 本办法下列用语的含义是：

1. 特殊工程项目是指核电站、核反应堆、核供热装置、重要军事工程及易燃、易爆、剧毒物质生产车间和仓库等。

2. 生命线工程项目是指城市供水、供气、供电、供热、交通、通讯的枢纽工程等建设项目。

第十八条 本办法具体运用中的问题，由省地震部门负责解释。

第十九条 本办法自发布之日起施行。

发：各地区行政公署，各市、县人民政府，省人民政府各工作部门、各直属机构。

抄报：国务院。

6. 天津市建设工程地震安全性评价管理办法

1998年11月4日，天津市人民政府批准《天津市建设工程地震安全性评价管理办法》，当日发布施行。

第一条 为加强本市建设工程地震安全性评价工作的管理，防御和减轻地震灾害，保护人民生命和财产安全，根据《中华人民共和国防震减灾法》，结合本市实际情况，制定本办法。

第二条 本办法所称的地震安全性评价工作，是指对建设工程场地的地震烈度复核、地震危险性分析、地震动参数（加速度、设计反应谱和地震动时程）的确定、地震小区划、场区及其周围地震地质稳定性评价、场区地震灾害预测等工作。

第三条 凡在本市行政区域内应当进行地震安全性评价的新建、扩建、改建建设工程项目，均适用本办法。

第四条 市地震工作主管部门是本市地震安全性评价工作的主管部门；区、县地震工作主管部门负责本行政区域内地震安全性评价管理工作。

市计划、规划、建设、财政、物价等有关主管部门，应当依照各自的职责，协同做好地震安全性评价工作。

第五条 下列新建、扩建、改建建设工程和地区，必须进行地震安全性评价：

（一）抗震设防要求高于地震烈度区划图或者地震动参数区划图设防要求的重大建设工程和可能发生严重次生灾害的建设工程；

（二）位于地震烈度区分界线附近的建设工程；

（三）某些地震研究程度和详细程度较差的边缘地区；

（四）占地范围较大、跨越不同工程地质条件区域的大型厂矿企业以及新建开发区。

前款规定以外的一般工业与民用建筑的建筑工程，按照国家颁布的地震烈度区划图或者地震动参数区划图规定的抗震设防要求进行抗震设防。

第六条 必须进行地震安全性评价的建设工程项目，其建设单位应委托具备地震安全性评价资格的单位进行评价工作，并将地震安全性评价结果和国务院地震工作主管部门或者市地震工作主管部门审核批准的抗震设防要求列入建设工程项目的可行性研究报告。

第七条 必须进行地震安全性评价的建设工程项目，其可行性研究报告中没有相应的地震安全性评价内容和国务院地震工作主管部门或者市地震工作主管部门审核批准的抗震设防要求的，计划部门不予批准，设计部门不予设计，其他主管部门不予办理有关手续。

第八条 从事地震安全性评价工作的本市单位，应当持有国务院地震工作主管部门或者市地震工作主管部门颁发的建设工程地震安全性评价资格证书，并按照证书级别及国家有关规定从事地震安全性评价工作。

从事地震安全性评价工作的项目技术负责人，应当由国务院地震工作主管部门或者市地震工作主管部门核发地震安全性评价上岗证书。

以上两款所发证书情况，由市地震工作主管部门报市计划、建设、人事主管部门备案。

第九条 在本市从事地震安全性评价工作的外省市单位，应当持有国务院地震工作主管部门核发的甲级资格证书，经市地震工作主管部门进行资格验证后，由市地震工作主管部门报市计划、建设、人事主管部门备案。

第十条 市地震安全性评定委员会负责全市地震安全性评价结果的评审和地震安全性评价工作的技术咨询。

市地震工作主管部门负责地震安全性评价结果的审定工作。

第十一条 建设工程项目地震安全性评价结果必须报市地震安全性评定委员会评审，由市地震工作主管部门审核批准，并确定抗震设防要求。

特别重大或者有特殊要求的建设工程项目的地震安全性评价结果，经市地震安全性评定委员会评审，并报国家地震烈度评定委员会评审后，由国务院地震工作主管部门审核批准，确定抗震设防要求。

经审核批准的抗震设防要求，任何单位和个人不得擅自降低或者提高。

第十二条 从事地震安全性评价的单位应当严格执行中华人民共和国地震行业标准《工程场地地震安全性评价工作规范》（DB001—94）。

第十三条 建设单位违反本办法不进行地震安全性评价，或者不按地震安全性评价结果确定的抗震设防要求进行抗震设防的，由市或者区、县地震工作主管部门责令建设单位限期改正，并可处以1万元以上10万元以下罚款。

第十四条 无地震安全性评价资格证书、超越证书级别及违反国家有关规定进行地震安全性评价的，或者违反地震安全性评价工作规范从事地震安全性评价活动的，其评价结果无效，并可视情节轻重及危害程度，由市地震工作主管部门分别给予警告，或者处以5000元以上3万元以下罚款。

第十五条 拒绝、阻碍地震工作管理人员依法执行地震安全性评价公务的，由公安机关按照《中华人民共和国治安管理处罚条例》予以处罚；构成犯罪的，依法追究刑事责任。

第十六条 地震工作管理人员在地震安全性评价活动中滥用职权，玩忽职守，徇私舞弊，构成犯罪的，依法追究刑事责任；尚不构成犯罪的，给予行政处分。

第十七条 当事人对地震安全性评价行政处罚决定不服的，可以依法申请行政复议或者提起诉讼。当事人逾期不申请行政复议又不起诉，也不履行行政处罚决定的，由作出行政处罚决定的机关，申请人民法院强制执行。

第十八条 天津经济技术开发区、天津港保税区、天津新技术产业园区的地震安全性评价管理工作，参照本办法执行。

第十九条 本办法自发布之日起施行。

7. 地震安全性评价管理条例（2017年修订）

发布：2017-03-01 实施：2017-03-01 现行有效
法律修订
2001年11月15日中华人民共和国国务院令第323号公布
根据2017年3月1日《国务院关于修改和废止部分行政法规的决定》修订

第一章 总 则

第一条 为了加强对地震安全性评价的管理，防御与减轻地震灾害，保护人民生命和财产安全，根据《中华人民共和国防震减灾法》的有关规定，制定本条例。

第二条 在中华人民共和国境内从事地震安全性评价活动，必须遵守本条例。

第三条 新建、扩建、改建建设工程，依照《中华人民共和国防震减灾法》和本条例的规定，需要进行地震安全性评价的，必须严格执行国家地震安全性评价的技术规范，确保地震安全性评价的质量。

第四条 国务院地震工作主管部门负责全国的地震安全性评价的监督管理工作。

县级以上地方人民政府负责管理地震工作的部门或者机构负责本行政区域内的地震安全性评价的监督管理工作。

第五条 国家鼓励、扶持有关地震安全性评价的科技研究，推广应用先进的科技成果，提高地震安全性评价的科技水平。

第二章 地震安全性评价单位的资质

第六条 国家对从事地震安全性评价的单位实行资质管理制度。

从事地震安全性评价的单位必须取得地震安全性评价资质证书，方可进行地震安全性评价。

第七条 从事地震安全性评价的单位具备下列条件，方可向国务院地震工作主管部门或者省、自治区、直辖市人民政府负责管理地震工作的部门或者机构申请领取地震安全性评价资质证书：

（一）有与从事地震安全性评价相适应的地震学、地震地质学、工程地震学方面的专业技术人员；

（二）有从事地震安全性评价的技术条件。

第八条 国务院地震工作主管部门或者省、自治区、直辖市人民政府负责管理地震工作的部门或者机构，应当自收到地震安全性评价资质申请书之日起30日内作出审查决定。对符合条件的，颁发地震安全性评价资质证书；对不符合条件的，应当及时书面通知申请单位并说明理由。

第九条 地震安全性评价单位应当在其资质许可的范围内承揽地震安全性评价业务。

禁止地震安全性评价单位超越其资质许可的范围或者以其他地震安全性评价单位的名义承揽地震安全性评价业务。禁止地震安全性评价单位允许其他单位以本单位的名义承揽地震安全性评价业务。

第十条 地震安全性评价资质证书的式样，由国务院地震工作主管部门统一规定。

第三章 地震安全性评价的范围和要求

第十一条 下列建设工程必须进行地震安全性评价：

（一）国家重大建设工程；

（二）受地震破坏后可能引发水灾、火灾、爆炸、剧毒或者强腐蚀性物质大量泄露或者其他严重次生灾害的建设工程，包括水库大坝、堤防和贮油、贮气、贮存易燃易爆、剧毒或者强腐蚀性物质的设施以及其他可能发生严重次生灾害的建设工程；

（三）受地震破坏后可能引发放射性污染的核电站和核设施建设工程；

（四）省、自治区、直辖市认为对本行政区域有重大价值或者有重大影响的其他建设工程。

第十二条 地震安全性评价单位对建设工程进行地震安全性评价后，应当编制该建设工程的地震安全性评价报告。地震安全性评价报告应当包括下列内容：

（一）工程概况和地震安全性评价的技术要求；

（二）地震活动环境评价；

（三）地震地质构造评价；

（四）设防烈度或者设计地震动参数；

（五）地震地质灾害评价；

（六）其他有关技术资料。

第四章 地震安全性评价报告的审定

第十三条 国务院地震工作主管部门负责下列地震安全性评价报告的审定：

（一）国家重大建设工程；

（二）跨省、自治区、直辖市行政区域的建设工程；

（三）核电站和核设施建设工程。

省、自治区、直辖市人民政府负责管理地震工作的部门或者机构负责除前款规定以外的建设工程地震安全性评价报告的审定。

第十四条 国务院地震工作主管部门和省、自治区、直辖市人民政府负责管理地震工作的部门或者机构，应当自收到地震安全性评价报告之日起15日内进行审定，确定建设工程的抗震设防要求。

第十五条 国务院地震工作主管部门或者省、自治区、直辖市人民政府负责管理地震工作的部门或者机构，在确定建设工程抗震设防要求后，应当以书面形式通知建设单位，并告知建设工程所在地的市、县人民政府负责管理地震工作的部门或者机构。

省、自治区、直辖市人民政府负责管理地震工作的部门或者机构应当将其确定的建设工程抗震设防要求报国务院地震工作主管部门备案。

第五章 监督管理

第十六条 县级以上人民政府负责项目审批的部门，应当将抗震设防要求纳入建设工程可行性研究报告的审查内容。对可行性研究报告中未包含抗震设防要求的项目，不予批准。

第十七条 国务院建设行政主管部门和国务院铁路、交通、民用航空、水利和其他有关专业主管部门制定的抗震设计规范，应当明确规定按照抗震设防要求进行抗震设计的方法和措施。

第十八条 建设工程设计单位应当按照抗震设防要求和抗震设计规范，进行抗震设计。

第十九条 国务院地震工作主管部门和县级以上地方人民政府负责管理地震工作的部门或者机构，应当会同有关专业主管部门，加强对地震安全性评价工作的监督检查。

第六章 罚 则

第二十条 违反本条例的规定，未取得地震安全性评价资质证书的单位承揽地震安全性评价业务的，由国务院地震工作主管部门或者县级以上地方人民政府负责管理地震工作的部门或者机构依据职权，责令改正，没收违法所得，并处1万元以上5万元以下的罚款。

第二十一条 违反本条例的规定，地震安全性评价单位有下列行为之一的，由国务院地震工作主管部门或者县级以上地方人民政府负责管理地震工作的部门或者机构依据职权，责令改正，没收违法所得，并处1万元以上5万元以下的罚款；情节严重的，由颁发资质证书的部门或者机构吊销资质证书：

（一）超越其资质许可的范围承揽地震安全性评价业务的；

（二）以其他地震安全性评价单位的名义承揽地震安全性评价业务的；

（三）允许其他单位以本单位名义承揽地震安全性评价业务的。

第二十二条 违反本条例的规定，国务院地震工作主管部门或者省、自治区、直辖市人民政府负责管理地震工作的部门或者机构向不符合条件的单位颁发地震安全性评价资质证书和审定地震安全性评价报告，国务院地震工作主管部门或者县级以上地方人民政府负责管理地震工作的部门或者机构不履行监督管理职责，或者发现违法行为不予查处，致使公共财产、国家和人民利益遭受重大损失的，依法追究有关责任人的刑事责任；没有造成严重后果，尚不构成犯罪的，对部门或者机构负有责任的主管人员和其他直接责任人员给予降级或者撤职的行政处分。

第七章 附 则

第二十三条 本条例自2002年1月1日起施行。

8. 中华人民共和国防震减灾法（2008年修订）

发布：2008-12-27 实施：2009-05-01 现行有效
法律修订
1997年12月29日第八届全国人民代表大会常务委员会第二十九次会议通过
2008年12月27日第十一届全国人民代表大会常务委员会第六次会议修订

第一章 总则

第一条 为了防御和减轻地震灾害，保护人民生命和财产安全，促进经济社会的可持续发展，制定本法。

第二条 在中华人民共和国领域和中华人民共和国管辖的其他海域从事地震监测预报、地震灾害预防、地震应急救援、地震灾后过渡性安置和恢复重建等防震减灾活动，适用本法。

第三条 防震减灾工作，实行预防为主、防御与救助相结合的方针。

第四条 县级以上人民政府应当加强对防震减灾工作的领导，将防震减灾工作纳入本级国民经济和社会发展规划，所需经费列入财政预算。

第五条 在国务院的领导下，国务院地震工作主管部门和国务院经济综合宏观调控、建设、民政、卫生、公安以及其他有关部门，按照职责分工，各负其责，密切配合，共同做好防震减灾工作。

县级以上地方人民政府负责管理地震工作的部门或者机构和其他有关部门在本级人民政府领导下，按照职责分工，各负其责，密切配合，共同做好本行政区域的防震减灾工作。

第六条 国务院抗震救灾指挥机构负责统一领导、指挥和协调全国抗震救灾工作。县级以上地方人民政府抗震救灾指挥机构负责统一领导、指挥和协调本行政区域的抗震救灾工作。

国务院地震工作主管部门和县级以上地方人民政府负责管理地震工作的部门或者机构，承担本级人民政府抗震救灾指挥机构的日常工作。

第七条 各级人民政府应当组织开展防震减灾知识的宣传教育，增强公民的防震减灾意识，提高全社会的防震减灾能力。

第八条 任何单位和个人都有依法参加防震减灾活动的义务。国家鼓励、引导社会组织和个人开展地震群测群防活动，对地震进行监测和预防。

国家鼓励、引导志愿者参加防震减灾活动。

第九条 中国人民解放军、中国人民武装警察部队和民兵组织，依照本法以及其他有关法律、行政法规、军事法规的规定和国务院、中央军事委员会的命令，执行抗震救灾任务，保护人民生命和财产安全。

第十条 从事防震减灾活动，应当遵守国家有关防震减灾标准。

第十一条 国家鼓励、支持防震减灾的科学技术研究，逐步提高防震减灾科学技术研究经费投入，推广先进的科学研究成果，加强国际合作与交流，提高防震减灾工作水平。

对在防震减灾工作中做出突出贡献的单位和个人，按照国家有关规定给予表彰和奖励。

第二章 防震减灾规划

第十二条 国务院地震工作主管部门会同国务院有关部门组织编制国家防震减灾规划，报国务院批准后组织实施。

县级以上地方人民政府负责管理地震工作的部门或者机构会同同级有关部门，根据上一级防震减灾规划和本行政区域的实际情况，组织编制本行政区域的防震减灾规划，报本级人民政府批准后组织实施，并报上一级人民政府负责管理地震工作的部门或者机构备案。

第十三条 编制防震减灾规划，应当遵循统筹安排、突出重点、合理布局、全面预防的原则，以震情和震害预测结果为依据，并充分考虑人民生命和财产安全及经济社会发展、资源环境保护等需要。

县级以上地方人民政府有关部门应当根据编制防震减灾规划的需要，及时提供有关资料。

第十四条 防震减灾规划的内容应当包括：震情形势和防震减灾总体目标，地震监测台网建设布局，地震灾害预防措施，地震应急救援措施，以及防震减灾技术、信息、资金、物资等保障措施。

编制防震减灾规划，应当对地震重点监视防御区的地震监测台网建设、震情跟踪、地震灾害预防措施、地震应急准备、防震减灾知识宣传教育等作出具体安排。

第十五条 防震减灾规划报送审批前，组织编制机关应当征求有关部门、单位、专家和公众的意见。

防震减灾规划报送审批文件中应当附具意见采纳情况及理由。

第十六条 防震减灾规划一经批准公布，应当严格执行；因震情形势变化和经济社会发展的需要确需修改的，应当按照原审批程序报送审批。

第三章 地震监测预报

第十七条 国家加强地震监测预报工作，建立多学科地震监测系统，逐步提高地震监测预报水平。

第十八条 国家对地震监测台网实行统一规划，分级、分类管理。

国务院地震工作主管部门和县级以上地方人民政府负责管理地震工作的部门或者机构，按照国务院有关规定，制定地震监测台网规划。

全国地震监测台网由国家级地震监测台网、省级地震监测台网和市、县级地震监测台网组成，其建设资金和运行经费列入财政预算。

第十九条 水库、油田、核电站等重大建设工程的建设单位，应当按照国务院有关规定，建设专用地震监测台网或者强震动监测设施，其建设资金和运行经费由建设单位承担。

第二十条 地震监测台网的建设，应当遵守法律、法规和国家有关标准，保证建设质量。

第二十一条 地震监测台网不得擅自中止或者终止运行。

检测、传递、分析、处理、存贮、报送地震监测信息的单位，应当保证地震监测信息的质量和安全。

县级以上地方人民政府应当组织相关单位为地震监测台网的运行提供通信、交通、电力等保障条件。

第二十二条　沿海县级以上地方人民政府负责管理地震工作的部门或者机构，应当加强海域地震活动监测预测工作。海域地震发生后，县级以上地方人民政府负责管理地震工作的部门或者机构，应当及时向海洋主管部门和当地海事管理机构等通报情况。

火山所在地的县级以上地方人民政府负责管理地震工作的部门或者机构，应当利用地震监测设施和技术手段，加强火山活动监测预测工作。

第二十三条　国家依法保护地震监测设施和地震观测环境。

任何单位和个人不得侵占、毁损、拆除或者擅自移动地震监测设施。地震监测设施遭到破坏的，县级以上地方人民政府负责管理地震工作的部门或者机构应当采取紧急措施组织修复，确保地震监测设施正常运行。

任何单位和个人不得危害地震观测环境。国务院地震工作主管部门和县级以上地方人民政府负责管理地震工作的部门或者机构会同同级有关部门，按照国务院有关规定划定地震观测环境保护范围，并纳入土地利用总体规划和城乡规划。

第二十四条　新建、扩建、改建建设工程，应当避免对地震监测设施和地震观测环境造成危害。建设国家重点工程，确实无法避免对地震监测设施和地震观测环境造成危害的，建设单位应当按照县级以上地方人民政府负责管理地震工作的部门或者机构的要求，增建抗干扰设施；不能增建抗干扰设施的，应当新建地震监测设施。

对地震观测环境保护范围内的建设工程项目，城乡规划主管部门在依法核发选址意见书时，应当征求负责管理地震工作的部门或者机构的意见；不需要核发选址意见书的，城乡规划主管部门在依法核发建设用地规划许可证或者乡村建设规划许可证时，应当征求负责管理地震工作的部门或者机构的意见。

第二十五条　国务院地震工作主管部门建立健全地震监测信息共享平台，为社会提供服务。

县级以上地方人民政府负责管理地震工作的部门或者机构，应当将地震监测信息及时报送上一级人民政府负责管理地震工作的部门或者机构。

专用地震监测台网和强震动监测设施的管理单位，应当将地震监测信息及时报送所在地省、自治区、直辖市人民政府负责管理地震工作的部门或者机构。

第二十六条　国务院地震工作主管部门和县级以上地方人民政府负责管理地震工作的部门或者机构，根据地震监测信息研究结果，对可能发生地震的地点、时间和震级作出预测。

其他单位和个人通过研究提出的地震预测意见，应当向所在地或者所预测地的县级以上地方人民政府负责管理地震工作的部门或者机构书面报告，或者直接向国务院地震工作主管部门书面报告。收到书面报告的部门或者机构应当进行登记并出具接收凭证。

第二十七条　观测到可能与地震有关的异常现象的单位和个人，可以向所在地县级以上地方人民政府负责管理地震工作的部门或者机构报告，也可以直接向国务院地震工作主管部门报告。

国务院地震工作主管部门和县级以上地方人民政府负责管理地震工作的部门或者机构接到报告后，应当进行登记并及时组织调查核实。

第二十八条　国务院地震工作主管部门和省、自治区、直辖市人民政府负责管理地震工作的部门或者机构，应当组织召开震情会商会，必要时邀请有关部门、专家和其他有关人员参加，对地震预测意见和可能与地震有关的异常现象进行综合分析研究，形成震情会商意见，报本级人民政府；经震情会商形成地震预报意见的，在报本级人民政府前，应当进行评审，作出评审结果，并提出对策建议。

第二十九条　国家对地震预报意见实行统一发布制度。

全国范围内的地震长期和中期预报意见，由国务院发布。省、自治区、直辖市行政区域内的地震预报意见，由省、自治区、直辖市人民政府按照国务院规定的程序发布。

除发表本人或者本单位对长期、中期地震活动趋势的研究成果及进行相关学术交流外，任何单位和个人不得向社会散布地震预测意见。任何单位和个人不得向社会散布地震预报意见及其评审结果。

第三十条　国务院地震工作主管部门根据地震活动趋势和震害预测结果，提出确定地震重点监视防御区的意见，报国务院批准。

国务院地震工作主管部门应当加强地震重点监视防御区的震情跟踪，对地震活动趋势进行分析评估，提出年度防震减灾工作意见，报国务院批准后实施。

地震重点监视防御区的县级以上地方人民政府应当根据年度防震减灾工作意见和当地的地震活动趋势，组织有关部门加强防震减灾工作。

地震重点监视防御区的县级以上地方人民政府负责管理地震工作的部门或者机构，应当增加地震监测台网密度，组织做好震情跟踪、流动观测和可能与地震有关的异常现象观测以及群测群防工作，并及时将有关情况报上一级人民政府负责管理地震工作的部门或者机构。

第三十一条　国家支持全国地震烈度速报系统的建设。

地震灾害发生后，国务院地震工作主管部门应当通过全国地震烈度速报系统快速判断致灾程度，为指挥抗震救灾工作提供依据。

第三十二条　国务院地震工作主管部门和县级以上地方人民政府负责管理地震工作的部门或者机构，应当对发生地震灾害的区域加强地震监测，在地震现场设立流动观测点，根据震情的发展变化，及时对地震活动趋势作出分析、判定，为余震防范工作提供依据。

国务院地震工作主管部门和县级以上地方人民政府负责管理地震工作的部门或者机构、地震监测台网的管理单位，应当及时收集、保存有关地震的资料和信息，并建立完整的档案。

第三十三条　外国的组织或者个人在中华人民共和国领域和中华人民共和国管辖的其他海域从事地震监测活动，必须经国务院地震工作主管部门会同有关部门批准，并采取与中华人民共和国有关部门或者单位合作的形式进行。

第四章　地震灾害预防

第三十四条　国务院地震工作主管部门负责制定全国地震烈度区划图或者地震动参数区划图。

国务院地震工作主管部门和省、自治区、直辖市人民政府负责管理地震工作的部门或者机构，负责审定建设工程的地震安全性评价报告，确定抗震设防要求。

第三十五条　新建、扩建、改建建设工程，应当达到抗震设防要求。

重大建设工程和可能发生严重次生灾害的建设工程，应当按照国务院有关规定进行地震安全性评价，并按照经审定的地震安全性评价报告所确定的抗震设防要求进行抗震设防。建设工程的地震安全性评价单位应当按照国家有关标准进行地震安全性评价，并对地震安全性评价报告的质量负责。

前款规定以外的建设工程，应当按照地震烈度区划图或者地震动参数区划图所确定的抗震设防要求进行抗震设防；对学校、医院等人员密集场所的建设工程，应当按照高于当地房屋建筑的抗震设防要求进行设计和施工，采取有效措施，增强抗震设防能力。

第三十六条 有关建设工程的强制性标准,应当与抗震设防要求相衔接。

第三十七条 国家鼓励城市人民政府组织制定地震小区划图。地震小区划图由国务院地震工作主管部门负责审定。

第三十八条 建设单位对建设工程的抗震设计、施工的全过程负责。

设计单位应当按照抗震设防要求和工程建设强制性标准进行抗震设计,并对抗震设计的质量以及出具的施工图设计文件的准确性负责。

施工单位应当按照施工图设计文件和工程建设强制性标准进行施工,并对施工质量负责。

建设单位、施工单位应当选用符合施工图设计文件和国家有关标准规定的材料、构配件和设备。

工程监理单位应当按照施工图设计文件和工程建设强制性标准实施监理,并对施工质量承担监理责任。

第三十九条 已经建成的下列建设工程,未采取抗震设防措施或者抗震设防措施未达到抗震设防要求的,应当按照国家有关规定进行抗震性能鉴定,并采取必要的抗震加固措施:

(一)重大建设工程;

(二)可能发生严重次生灾害的建设工程;

(三)具有重大历史、科学、艺术价值或者重要纪念意义的建设工程;

(四)学校、医院等人员密集场所的建设工程;

(五)地震重点监视防御区内的建设工程。

第四十条 县级以上地方人民政府应当加强对农村村民住宅和乡村公共设施抗震设防的管理,组织开展农村实用抗震技术的研究和开发,推广达到抗震设防要求、经济适用、具有当地特色的建筑设计和施工技术,培训相关技术人员,建设示范工程,逐步提高农村村民住宅和乡村公共设施的抗震设防水平。

国家对需要抗震设防的农村村民住宅和乡村公共设施给予必要支持。

第四十一条 城乡规划应当根据地震应急避难的需要,合理确定应急疏散通道和应急避难场所,统筹安排地震应急避难所必需的交通、供水、供电、排污等基础设施建设。

第四十二条 地震重点监视防御区的县级以上地方人民政府应当根据实际需要,在本级财政预算和物资储备中安排抗震救灾资金、物资。

第四十三条 国家鼓励、支持研究开发和推广使用符合抗震设防要求、经济实用的新技术、新工艺、新材料。

第四十四条 县级人民政府及其有关部门和乡、镇人民政府、城市街道办事处等基层组织,应当组织开展地震应急知识的宣传普及活动和必要的地震应急救援演练,提高公民在地震灾害中自救互救的能力。

机关、团体、企业、事业等单位,应当按照所在地人民政府的要求,结合各自实际情况,加强对本单位人员的地震应急知识宣传教育,开展地震应急救援演练。

学校应当进行地震应急知识教育,组织开展必要的地震应急救援演练,培养学生的安全意识和自救互救能力。

新闻媒体应当开展地震灾害预防和应急、自救互救知识的公益宣传。

国务院地震工作主管部门和县级以上地方人民政府负责管理地震工作的部门或者机构,应当指导、协助、督促有关单位做好防震减灾知识的宣传教育和地震应急救援演练等工作。

第四十五条 国家发展有财政支持的地震灾害保险事业,鼓励单位和个人参加地震灾害保险。

第五章 地震应急救援

第四十六条 国务院地震工作主管部门会同国务院有关部门制定国家地震应急预案，报国务院批准。国务院有关部门根据国家地震应急预案，制定本部门的地震应急预案，报国务院地震工作主管部门备案。

县级以上地方人民政府及其有关部门和乡、镇人民政府，应当根据有关法律、法规、规章、上级人民政府及其有关部门的地震应急预案和本行政区域的实际情况，制定本行政区域的地震应急预案和本部门的地震应急预案。省、自治区、直辖市和较大的市的地震应急预案，应当报国务院地震工作主管部门备案。

交通、铁路、水利、电力、通信等基础设施和学校、医院等人员密集场所的经营管理单位，以及可能发生次生灾害的核电、矿山、危险物品等生产经营单位，应当制定地震应急预案，并报所在地的县级人民政府负责管理地震工作的部门或者机构备案。

第四十七条 地震应急预案的内容应当包括：组织指挥体系及其职责，预防和预警机制，处置程序，应急响应和应急保障措施等。

地震应急预案应当根据实际情况适时修订。

第四十八条 地震预报意见发布后，有关省、自治区、直辖市人民政府根据预报的震情可以宣布有关区域进入临震应急期；有关地方人民政府应当按照地震应急预案，组织有关部门做好应急防范和抗震救灾准备工作。

第四十九条 按照社会危害程度、影响范围等因素，地震灾害分为一般、较大、重大和特别重大四级。具体分级标准按照国务院规定执行。

一般或者较大地震灾害发生后，地震发生地的市、县人民政府负责组织有关部门启动地震应急预案；重大地震灾害发生后，地震发生地的省、自治区、直辖市人民政府负责组织有关部门启动地震应急预案；特别重大地震灾害发生后，国务院负责组织有关部门启动地震应急预案。

第五十条 地震灾害发生后，抗震救灾指挥机构应当立即组织有关部门和单位迅速查清受灾情况，提出地震应急救援力量的配置方案，并采取以下紧急措施：

（一）迅速组织抢救被压埋人员，并组织有关单位和人员开展自救互救；

（二）迅速组织实施紧急医疗救护，协调伤员转移和接收与救治；

（三）迅速组织抢修毁损的交通、铁路、水利、电力、通信等基础设施；

（四）启用应急避难场所或者设置临时避难场所，设置救济物资供应点，提供救济物品、简易住所和临时住所，及时转移和安置受灾群众，确保饮用水消毒和水质安全，积极开展卫生防疫，妥善安排受灾群众生活；

（五）迅速控制危险源，封锁危险场所，做好次生灾害的排查与监测预警工作，防范地震可能引发的火灾、水灾、爆炸、山体滑坡和崩塌、泥石流、地面塌陷，或者剧毒、强腐蚀性、放射性物质大量泄漏等次生灾害以及传染病疫情的发生；

（六）依法采取维持社会秩序、维护社会治安的必要措施。

第五十一条 特别重大地震灾害发生后，国务院抗震救灾指挥机构在地震灾区成立现场指挥机构，并根据需要设立相应的工作组，统一组织领导、指挥和协调抗震救灾工作。

各级人民政府及有关部门和单位、中国人民解放军、中国人民武装警察部队和民兵组织，应当按照统一部署，分工负责，密切配合，共同做好地震应急救援工作。

第五十二条 地震灾区的县级以上地方人民政府应当及时将地震震情和灾情等信息向上一级人民政府报告，必要时可以越级上报，不得迟报、谎报、瞒报。

地震震情、灾情和抗震救灾等信息按照国务院有关规定实行归口管理，统一、准确、及时发布。

第五十三条 国家鼓励、扶持地震应急救援新技术和装备的研究开发，调运和储备必要的应急救援设施、装备，提高应急救援水平。

第五十四条 国务院建立国家地震灾害紧急救援队伍。

省、自治区、直辖市人民政府和地震重点监视防御区的市、县人民政府可以根据实际需要，充分利用消防等现有队伍，按照一队多用、专职与兼职相结合的原则，建立地震灾害紧急救援队伍。

地震灾害紧急救援队伍应当配备相应的装备、器材，开展培训和演练，提高地震灾害紧急救援能力。

地震灾害紧急救援队伍在实施救援时，应当首先对倒塌建筑物、构筑物压埋人员进行紧急救援。

第五十五条 县级以上人民政府有关部门应当按照职责分工，协调配合，采取有效措施，保障地震灾害紧急救援队伍和医疗救治队伍快速、高效地开展地震灾害紧急救援活动。

第五十六条 县级以上地方人民政府及其有关部门可以建立地震灾害救援志愿者队伍，并组织开展地震应急救援知识培训和演练，使志愿者掌握必要的地震应急救援技能，增强地震灾害应急救援能力。

第五十七条 国务院地震工作主管部门会同有关部门和单位，组织协调外国救援队和医疗队在中华人民共和国开展地震灾害紧急救援活动。

国务院抗震救灾指挥机构负责外国救援队和医疗队的统筹调度，并根据其专业特长，科学、合理地安排紧急救援任务。

地震灾区的地方各级人民政府，应当对外国救援队和医疗队开展紧急救援活动予以支持和配合。

第六章 地震灾后过渡性安置和恢复重建

第五十八条 国务院或者地震灾区的省、自治区、直辖市人民政府应当及时组织对地震灾害损失进行调查评估，为地震应急救援、灾后过渡性安置和恢复重建提供依据。

地震灾害损失调查评估的具体工作，由国务院地震工作主管部门或者地震灾区的省、自治区、直辖市人民政府负责管理地震工作的部门或者机构和财政、建设、民政等有关部门按照国务院的规定承担。

第五十九条 地震灾区受灾群众需要过渡性安置的，应当根据地震灾区的实际情况，在确保安全的前提下，采取灵活多样的方式进行安置。

第六十条 过渡性安置点应当设置在交通条件便利、方便受灾群众恢复生产和生活的区域，并避开地震活动断层和可能发生严重次生灾害的区域。

过渡性安置点的规模应当适度，并采取相应的防灾、防疫措施，配套建设必要的基础设施和公共服务设施，确保受灾群众的安全和基本生活需要。

第六十一条 实施过渡性安置应当尽量保护农用地，并避免对自然保护区、饮用水水源保护区以及生态脆弱区域造成破坏。

过渡性安置用地按照临时用地安排，可以先行使用，事后依法办理有关用地手续；到期未转为永久性用地的，应当复垦后交还原土地使用者。

第六十二条 过渡性安置点所在地的县级人民政府，应当组织有关部门加强对次生灾害、饮用水水质、食品卫生、疫情等的监测，开展流行病学调查，整治环境卫生，避免对土壤、水环境等造成污染。

过渡性安置点所在地的公安机关，应当加强治安管理，依法打击各种违法犯罪行为，维护正常的社会秩序。

第六十三条 地震灾区的县级以上地方人民政府及其有关部门和乡、镇人民政府，应当及时组织修复毁损的农业生产设施，提供农业生产技术指导，尽快恢复农业生产；优先恢复供电、供水、供气等企业的生产，并对大型骨干企业恢复生产提供支持，为全面恢复农业、工业、服务业生产经营提供条件。

第六十四条 各级人民政府应当加强对地震灾后恢复重建工作的领导、组织和协调。

县级以上人民政府有关部门应当在本级人民政府领导下，按照职责分工，密切配合，采取有效措施，共同做好地震灾后恢复重建工作。

第六十五条 国务院有关部门应当组织有关专家开展地震活动对相关建设工程破坏机理的调查评估，为修订完善有关建设工程的强制性标准、采取抗震设防措施提供科学依据。

第六十六条 特别重大地震灾害发生后，国务院经济综合宏观调控部门会同国务院有关部门与地震灾区的省、自治区、直辖市人民政府共同组织编制地震灾后恢复重建规划，报国务院批准后组织实施；重大、较大、一般地震灾害发生后，由地震灾区的省、自治区、直辖市人民政府根据实际需要组织编制地震灾后恢复重建规划。

地震灾害损失调查评估获得的地质、勘察、测绘、土地、气象、水文、环境等基础资料和经国务院地震工作主管部门复核的地震动参数区划图，应当作为编制地震灾后恢复重建规划的依据。

编制地震灾后恢复重建规划，应当征求有关部门、单位、专家和公众特别是地震灾区受灾群众的意见；重大事项应当组织有关专家进行专题论证。

第六十七条 地震灾后恢复重建规划应当根据地质条件和地震活动断层分布以及资源环境承载能力，重点对城镇和乡村的布局、基础设施和公共服务设施的建设、防灾减灾和生态环境以及自然资源和历史文化遗产保护等作出安排。

地震灾区内需要异地新建的城镇和乡村的选址以及地震灾后重建工程的选址，应当符合地震灾后恢复重建规划和抗震设防、防灾减灾要求，避开地震活动断层或者生态脆弱和可能发生洪水、山体滑坡和崩塌、泥石流、地面塌陷等灾害的区域以及传染病自然疫源地。

第六十八条 地震灾区的地方各级人民政府应当根据地震灾后恢复重建规划和当地经济社会发展水平，有计划、分步骤地组织实施地震灾后恢复重建。

第六十九条 地震灾区的县级以上地方人民政府应当组织有关部门和专家，根据地震灾害损失调查评估结果，制定清理保护方案，明确典型地震遗址、遗迹和文物保护单位以及具有历史价值与民族特色的建筑物、构筑物的保护范围和措施。

对地震灾害现场的清理，按照清理保护方案分区、分类进行，并依照法律、行政法规和国家有关规定，妥善清理、转运和处置有关放射性物质、危险废物和有毒化学品，开展防疫工作，防止传染病和重大动物疫情的发生。

第七十条 地震灾后恢复重建，应当统筹安排交通、铁路、水利、电力、通信、供水、供电等基础设施和市政公用设施，学校、医院、文化、商贸服务、防灾减灾、环境保护等公共服务设施，以及住房和无障碍设施的建设，合理确定建设规模和时序。

乡村的地震灾后恢复重建，应当尊重村民意愿，发挥村民自治组织的作用，以群众自建为主，政府补助、社会帮扶、对口支援，因地制宜，节约和集约利用土地，保护耕地。

少数民族聚居的地方的地震灾后恢复重建，应当尊重当地群众的意愿。

第七十一条 地震灾区的县级以上地方人民政府应当组织有关部门和单位，抢救、保护与收集整理有关档案、资料，对因地震灾害遗失、毁损的档案、资料，及时补充和恢复。

第七十二条 地震灾后恢复重建应当坚持政府主导、社会参与和市场运作相结合的原则。

地震灾区的地方各级人民政府应当组织受灾群众和企业开展生产自救，自力更生、艰苦奋斗、勤俭节约，尽快恢复生产。

国家对地震灾后恢复重建给予财政支持、税收优惠和金融扶持，并提供物资、技术和人力等支持。

第七十三条 地震灾区的地方各级人民政府应当组织做好救助、救治、康复、补偿、抚慰、抚恤、安置、心理援助、法律服务、公共文化服务等工作。

各级人民政府及有关部门应当做好受灾群众的就业工作，鼓励企业、事业单位优先吸纳符合条件的受灾群众就业。

第七十四条 对地震灾后恢复重建中需要办理行政审批手续的事项，有审批权的人民政府及有关部门应当按照方便群众、简化手续、提高效率的原则，依法及时予以办理。

第七章 监督管理

第七十五条 县级以上人民政府依法加强对防震减灾规划和地震应急预案的编制与实施、地震应急避难场所的设置与管理、地震灾害紧急救援队伍的培训、防震减灾知识宣传教育和地震应急救援演练等工作的监督检查。

县级以上人民政府有关部门应当加强对地震应急救援、地震灾后过渡性安置和恢复重建的物资的质量安全的监督检查。

第七十六条 县级以上人民政府建设、交通、铁路、水利、电力、地震等有关部门应当按照职责分工，加强对工程建设强制性标准、抗震设防要求执行情况和地震安全性评价工作的监督检查。

第七十七条 禁止侵占、截留、挪用地震应急救援、地震灾后过渡性安置和恢复重建的资金、物资。

县级以上人民政府有关部门对地震应急救援、地震灾后过渡性安置和恢复重建的资金、物资以及社会捐赠款物的使用情况，依法加强管理和监督，予以公布，并对资金、物资的筹集、分配、拨付、使用情况登记造册，建立健全档案。

第七十八条 地震灾区的地方人民政府应当定期公布地震应急救援、地震灾后过渡性安置和恢复重建的资金、物资以及社会捐赠款物的来源、数量、发放和使用情况，接受社会监督。

第七十九条 审计机关应当加强对地震应急救援、地震灾后过渡性安置和恢复重建的资金、物资的筹集、分配、拨付、使用的审计，并及时公布审计结果。

第八十条 监察机关应当加强对参与防震减灾工作的国家行政机关和法律、法规授权的具有管理公共事务职能的组织及其工作人员的监察。

第八十一条 任何单位和个人对防震减灾活动中的违法行为，有权进行举报。

接到举报的人民政府或者有关部门应当进行调查，依法处理，并为举报人保密。

第八章　法律责任

第八十二条 国务院地震工作主管部门、县级以上地方人民政府负责管理地震工作的部门或者机构，以及其他依照本法规定行使监督管理权的部门，不依法作出行政许可或者办理批准文件的，发现违法行为或者接到对违法行为的举报后不予查处的，或者有其他未依照本法规定履行职责的行为的，对直接负责的主管人员和其他直接责任人员，依法给予处分。

第八十三条 未按照法律、法规和国家有关标准进行地震监测台网建设的，由国务院地震工作主管部门或者县级以上地方人民政府负责管理地震工作的部门或者机构责令改正，采取相应的补救措施；对直接负责的主管人员和其他直接责任人员，依法给予处分。

第八十四条 违反本法规定，有下列行为之一的，由国务院地震工作主管部门或者县级以上地方人民政府负责管理地震工作的部门或者机构责令停止违法行为，恢复原状或者采取其他补救措施；造成损失的，依法承担赔偿责任：

（一）侵占、毁损、拆除或者擅自移动地震监测设施的；

（二）危害地震观测环境的；

（三）破坏典型地震遗址、遗迹的。

单位有前款所列违法行为，情节严重的，处二万元以上二十万元以下的罚款；个人有前款所列违法行为，情节严重的，处二千元以下的罚款。构成违反治安管理行为的，由公安机关依法给予处罚。

第八十五条 违反本法规定，未按照要求增建抗干扰设施或者新建地震监测设施的，由国务院地震工作主管部门或者县级以上地方人民政府负责管理地震工作的部门或者机构责令限期改正；逾期不改正的，处二万元以上二十万元以下的罚款；造成损失的，依法承担赔偿责任。

第八十六条 违反本法规定，外国的组织或者个人未经批准，在中华人民共和国领域和中华人民共和国管辖的其他海域从事地震监测活动的，由国务院地震工作主管部门责令停止违法行为，没收监测成果和监测设施，并处一万元以上十万元以下的罚款；情节严重的，并处十万元以上五十万元以下的罚款。

外国人有前款规定行为的，除依照前款规定处罚外，还应当依照外国人入境出境管理法律的规定缩短其在中华人民共和国停留的期限或者取消其在中华人民共和国居留的资格；情节严重的，限期出境或者驱逐出境。

第八十七条 未依法进行地震安全性评价，或者未按照地震安全性评价报告所确定的抗震设防要求进行抗震设防的，由国务院地震工作主管部门或者县级以上地方人民政府负责管理地震工作的部门或者机构责令限期改正；逾期不改正的，处三万元以上三十万元以下的罚款。

第八十八条 违反本法规定，向社会散布地震预测意见、地震预报意见及其评审结果，或者在地震灾后过渡性安置、地震灾后恢复重建中扰乱社会秩序，构成违反治安管理行为的，由公安机关依法给予处罚。

第八十九条 地震灾区的县级以上地方人民政府迟报、谎报、瞒报地震震情、灾情等信息的，由上级人民政府责令改正；对直接负责的主管人员和其他直接责任人员，依法给予处分。

第九十条 侵占、截留、挪用地震应急救援、地震灾后过渡性安置或者地震灾后恢复重建的资金、物资的，由财政部门、审计机关在各自职责范围内，责令改正，追回被侵占、截留、挪用的资金、物资；有违法所得的，没收违法所得；对单位给予警告或者通报批评；对直接负责的主管人员和其他直接责任人员，依法给予处分。

第九十一条 违反本法规定，构成犯罪的，依法追究刑事责任。

第九章 附 则

第九十二条 本法下列用语的含义：

（一）地震监测设施，是指用于地震信息检测、传输和处理的设备、仪器和装置以及配套的监测场地。

（二）地震观测环境，是指按照国家有关标准划定的保障地震监测设施不受干扰、能够正常发挥工作效能的空间范围。

（三）重大建设工程，是指对社会有重大价值或者有重大影响的工程。

（四）可能发生严重次生灾害的建设工程，是指受地震破坏后可能引发水灾、火灾、爆炸，或者剧毒、强腐蚀性、放射性物质大量泄漏，以及其他严重次生灾害的建设工程，包括水库大坝和贮油、贮气设施，贮存易燃易爆或者剧毒、强腐蚀性、放射性物质的设施，以及其他可能发生严重次生灾害的建设工程。

（五）地震烈度区划图，是指以地震烈度（以等级表示的地震影响强弱程度）为指标，将全国划分为不同抗震设防要求区域的图件。

（六）地震动参数区划图，是指以地震动参数（以加速度表示地震作用强弱程度）为指标，将全国划分为不同抗震设防要求区域的图件。

（七）地震小区划图，是指根据某一区域的具体场地条件，对该区域的抗震设防要求进行详细划分的图件。

第九十三条 本法自 2009 年 5 月 1 日起施行。

9. 需开展地震安全性评价确定抗震设防要求的建设工程目录（暂行）

一、核工程

核电厂；核燃料后处理厂；核供热站；核能海水淡化工程；高放废物处置场；其他受地震破坏后可能引发放射性污染的核设施建设工程。

二、水利水电工程

参照行业标准 NB35047-2015《水电工程水工建筑物抗震设计规范》，包括：坝高超过 200m 或库容大于 100 亿 m^3 的大（Ⅰ）型工程，以及位于基本地震动峰值加速度分区 0.10g 及以上地区内坝高超过 100m 的 1、2 级大坝。

三、房屋建筑工程

国家标准 GB50223-2008《建筑工程抗震设防分类标准》规定的特殊设防类（甲类）房屋建筑工程。

四、城市基础设施工程

国家标准 GB50223-2008《建筑工程抗震设防分类标准》和国家标准 GB50909-2014《城市轨道交通结构抗震设计规范》中规定的特殊设防类（甲类）城市基础设施工程。

五、油气储运工程

国家标准 GB50470-2008《油气输送管线线路工程抗震设计规范》规定的重要区段管道。

六、公路工程

参照行业标准 JTG B02-2013《公路工程抗震规范》，包括：位于基本地震动峰值加速度分区 0.30g 及以上地区内的单跨跨径超过 150m 的特大桥。

七、铁路工程

参照国家标准 GB50111-2006《铁路工程抗震设计规范》，包括：穿越大江大河（主航道）的隧道；海底隧道；水深大于 20m、墩高大于 80m、跨度大于 150m 的铁路桥梁。

八、化学工业建（构）筑物

参照国家标准 GB50914-2013《化学工业建（构）筑物抗震设防分类标准》，包括：涉及光气合成、精制、使用及存储的特殊设防类（甲类）建（构）筑物和厂房。

九、水运工程

参照行业标准 JTS 146-2012《水运工程抗震设计规范》，包括：液化天然气码头和储罐区护岸。

10. 中国地震局关于贯彻落实国务院清理规范第一批行政审批中介服务事项有关要求的通知

中震防发〔2015〕59号

各省、自治区、直辖市地震局，各直属单位：

国务院于2015年10月15日印发了《国务院关于第一批清理规范89项国务院部门行政审批中介服务事项的决定》（国发〔2015〕58号，以下简称国发58号文），对建设工程场地地震安全性评价中介服务事项进行了规范。为全面贯彻落实国务院决定，切实做好清理规范行政审批中介服务事项的衔接和落实工作，确保地震部门行政审批制度改革有序平稳推进，现就有关事项通知如下：

一、提高思想认识，认真贯彻落实国务院决定

清理规范行政审批中介服务是深化行政审批制度改革的重要内容，也是深化行政审批制度改革的必然要求。地震系统要按照中央简政放权、放管结合、优化服务的总体部署，扎实有效的推进地震系统行政审批制度改革。

认真贯彻落实国发58号文件要求，在开展抗震设防要求确定行政审批时，不再要求申请人提供地震安全性评价报告，《需开展地震安全性评价确定抗震设防要求的建设工程目录》（见附件）所列工程，由审批部门委托有关机构进行地震安全性评价。

二、修订法规制度，提高改革法治保障水平

按照国发58号文件要求，中国地震局将提请国务院法制办修订《地震安全性评价管理条例》，同时抓紧修订《建设工程抗震设防要求管理规定》（中国地震局令第7号）和《建设工程地震安全性评价结果审定及抗震设防要求确定行政许可实施细则》等规章和规范性文件，为改革提供法治保障。

各级地方地震部门要积极配合地方人大、政府及有关部门做好相关地方性法规、政府规章、地方标准和规范性文件的清理、修订和废止工作，并做好本部门相关规范性文件的清理、修订及废止工作。按照中国地震局统一部署，加快配套改革和相关制度建设，不断提高依法履职的水平。

三、创新管理方式，加强事中事后监管

按照国发58号文件要求，切实转变观念、大胆实践，创新管理方式，确保清理规范行政审批中介服务工作取得实效。地震安全性评价中介服务事项清理规范后，中国地震局将加快完善相关政策，强化事中事后监管；各级地震部门要结合本地实际，依法履行职责，加大对抗震设防要求执行情况和地震安全性评价工作的监督检查，为社会经济发展和工程建设提供地震安全保障。

四、完善审批程序，规范行政审批行为

各级地震部门要根据改革精神，进一步完善抗震设防要求行政审批程序和服务指南、审

查工作细则,积极推行网上审批和窗口办理,简化审批条件,优化审批流程,切实提高行政审批效率和服务水平。

五、加强组织领导,确保改革顺利进行

各级地震部门要高度重视,加强组织领导,明确责任,狠抓落实,确保国发 58 号文件的全面贯彻落实。要进一步研究制定加强事中事后监管措施,完善监督检查机制,确保抗震设防要求得到有效落实。要加强宣传引导,通过各种渠道及时做好政策解释,及时公开行政审批信息,接受社会监督,努力营造有利于深化改革的良好氛围,确保改革各项工作顺利进行。

中国地震局

2015 年 11 月 19 日

九、节能评估相关管理规定

1. 固定资产投资项目节能审查办法

固定资产投资项目节能审查办法

第一条 为促进固定资产投资项目科学合理利用能源，从源头上杜绝能源浪费，提高能源利用效率，加强能源消费总量管理，根据《中华人民共和国节约能源法》、《中华人民共和国行政许可法》、《公共机构节能条例》，制定本办法。

第二条 本办法适用于各级人民政府投资主管部门管理的在我国境内建设的固定资产投资项目。本办法所称节能审查，是指根据节能法律法规、政策标准等，对项目节能情况进行审查并形成审查意见的行为。

第三条 固定资产投资项目节能审查意见是项目开工建设、竣工验收和运营管理的重要依据。政府投资项目，建设单位在报送项目可行性研究报告前，需取得节能审查机关出具的节能审查意见。企业投资项目，建设单位需在开工建设前取得节能审查机关出具的节能审查意见。未按本办法规定进行节能审查，或节能审查未通过的项目，建设单位不得开工建设，已经建成的不得投入生产、使用。

第四条 国家发展改革委负责制定节能审查的相关管理办法，组织编制技术标准、规范和指南，开展业务培训，依据各地能源消耗总量和强度目标完成情况，对各地新上重大高耗能项目的节能审查工作进行督导。

第五条 固定资产投资项目节能审查由地方节能审查机关负责。

国家发展改革委核报国务院审批以及国家发展改革委审批的政府投资项目，建设单位在报送项目可行性研究报告前，需取得省级节能审查机关出具的节能审查意见。国家发展改革委核报国务院核准以及国家发展改革委核准的企业投资项目，建设单位需在开工建设前取得省级节能审查机关出具的节能审查意见。

年综合能源消费量 5000 吨标准煤以上（改扩建项目按照建成投产后年综合能源消费增量计算，电力折算系数按当量值，下同）的固定资产投资项目，其节能审查由省级节能审查机关负责。其他固定资产投资项目，其节能审查管理权限由省级节能审查机关依据实际情况自行决定。

第六条 年综合能源消费量不满 1000 吨标准煤，且年电力消费量不满 500 万千瓦时的固定资产投资项目，以及用能工艺简单、节能潜力小的行业（具体行业目录由国家发展改革委制定并公布）的固定资产投资项目应按照相关节能标准、规范建设，不再单独进行节能审查。

第七条　建设单位应编制固定资产投资项目节能报告。项目节能报告应包括下列内容：分析评价依据；项目建设方案的节能分析和比选，包括总平面布置、生产工艺、用能工艺、用能设备和能源计量器具等方面；选取节能效果好、技术经济可行的节能技术和管理措施；项目能源消费量、能源消费结构、能源效率等方面的分析；对所在地完成能源消耗总量和强度目标、煤炭消费减量替代目标的影响等方面的分析评价。

第八条　节能审查机关受理节能报告后，应委托有关机构进行评审，形成评审意见，作为节能审查的重要依据。节能审查应依据项目是否符合节能有关法律法规、标准规范、政策；项目用能分析是否客观准确，方法是否科学，结论是否准确；节能措施是否合理可行；项目的能源消费量和能效水平是否满足本地区能源消耗总量和强度"双控"管理要求等对项目节能报告进行审查。

第九条　节能审查机关应在法律规定的时限内出具节能审查意见。节能审查意见自印发之日起 2 年内有效。

通过节能审查的固定资产投资项目，建设内容、能效水平等发生重大变动的，建设单位应向节能审查机关提出变更申请。

第十条　固定资产投资项目投入生产、使用前，应对其节能审查意见落实情况进行验收。

第十一条　固定资产投资项目节能审查应纳入投资项目在线审批监管平台统一管理，实行网上受理、办理、监管和服务，实现审查过程和结果的可查询、可监督。

第十二条　节能审查机关应加强节能审查信息的统计分析，强化事中事后监管，对节能审查意见落实情况进行监督检查。省级节能审查机关应按季度向国家发展改革委报送本地区节能审查实施情况。

国家发展改革委实施全国节能审查信息动态监管，对各地节能审查实施情况进行定期巡查，对重大项目节能审查意见落实情况进行不定期抽查，对违法违规问题进行公开，并依法给予行政处罚。

第十三条　对未按本办法规定进行节能审查，或节能审查未获通过，擅自开工建设或擅自投入生产、使用的固定资产投资项目，由节能审查机关责令停止建设或停止生产、使用，限期改造；不能改造或逾期不改造的生产性项目，由节能审查机关报请本级人民政府按照国务院规定的权限责令关闭；并依法追究有关责任人的责任。

以拆分项目、提供虚假材料等不正当手段通过节能审查的固定资产投资项目，由节能审查机关撤销项目的节能审查意见。

未落实节能审查意见要求的固定资产投资项目，节能审查机关责令建设单位限期整改。不能改正或逾期不改正的，节能审查机关按照法律法规的有关规定进行处罚。

负责审批政府投资项目的工作人员，对未进行节能审查或节能审查未获通过的项目，违反本办法规定予以批准的，依法给予处分。

第十四条　节能审查机关对建设单位、中介机构等的违法违规信息进行记录，将违法违规信息纳入全国信用信息共享平台和投资项目审批监管平台，在"信用中国"网站向社会公开。

第十五条　固定资产投资项目节能评审、业务培训、监督检查，以及标准指南编制等工作经费，按照国家有关规定纳入部门预算，并按照规定程序向同级财政部门申请。

第十六条 省级节能审查机关可根据《中华人民共和国节约能源法》和本办法，制定具体实施办法。

第十七条 本办法由国家发展和改革委员会负责解释。

第十八条 本办法自 2017 年 1 月 1 日起施行。原《固定资产投资项目节能评估和审查暂行办法》（国家发展和改革委员会令第 6 号）同时废止。

2. 内蒙古自治区发展改革委经济和信息化委员会关于印发《内蒙古自治区固定资产投资项目节能审查实施办法（暂行）》的通知

内蒙古自治区发展改革委　经济和信息化委员会
关于印发《内蒙古自治区固定资产投资项目
节能审查实施办法（暂行）》的通知

内发改规范环资字〔2017〕1417号

各盟行政公署、市人民政府，自治区各委、办、厅、局，各有关单位：

现将《内蒙古自治区固定资产投资项目节能审查实施办法（暂行）》印发给你们，请认真贯彻执行。

内蒙古自治区经济和信息化委员会
2017年11月16日

内蒙古自治区发展和改革委员会办公厅　　　　　　2017年11月23日印发

内蒙古自治区固定资产投资项目节能审查实施办法（暂行）

第一条 为促进固定资产投资项目科学合理利用能源，从源头上杜绝能源浪费，提高能源利用效率。加强能源消费总量管理，根据《固定资产投资项目节能审查办法》（国家发展和改革委员会令第44号）。制定本实施办法。

第二条 本办法适用于自治区各级人民政府节能审查机关管理的在自治区行政区域内建设的固定资产投资项目本办法所称节能审查，是指根据节能法律法规。政策标准等，对项目节能情况进行审查并形成审查意见的行为。本办法所称节能审查机关，是指自治区各级发展改革。经济和信息化部门，两部门在职责范围内分别负责本部门审批、批准、备案的固定资产投资项目节能审查。

第三条 固定资产投资项目节能审查意见是项目开工建设、竣工验收和运营管理的重要依据。政府投资项目。建设单位在报送项目可行性研究报告前，需取得节能审查机关出具的节能审查意见。企业投资项目，建设单位需在开工建设前取得节能审查机关出具的节能审查意见。未按本办法规定进行节能审查，或节能审查未通过的项目，建设单位不得开工建设，已经建成的不得投入生产、使用。

第四条 自治区节能审查机关负责制定自治区节能审查相关实施细则和标准，开展业务培训，对各盟市新上高耗能项目的节能审查工作进行督导。

第五条 固定资产投资项目节能审查由自治区。盟市、旗县（市、区）节能审查机关分级负责。

核报国务院审批以及由国家发展改革委审批的政府投资项目，建设单位在报送项目可行性研究报告前，需取得自治区节能审查机关出具的节能审查意见。国家发展改革委核报国务院核准以及国家发展改革委核准的企业投资项目，建设单位需在开工建设前取得自治区节能审查机关出具的节能审查意见。

除本条第一款外，年综合能源消费量5000吨标准煤及以上（改扩建项目按照建成投产后年综合能源消费增量计算，电力折算系数按当量值，下同）以及跨盟市固定资产投资项目，其节能审查由自治区节能审查机关负责。

年综合能源消费量3000吨标准煤及以上5000吨标准煤以下的固定资产项目以及跨旗县（市、区）固定资产投资项目，其节能审查由盟市节能审查机关负责；年综合能源消费量1000吨标准煤及以上3000吨标准煤以下的固定资产投资项目，其节能审查由旗县（市、区）节能审查机关负责。

第六条 年综合能源消费量不满1000吨标准煤，且年电力消费量不满500万千瓦时的固定资产投资项目，以及用能工艺简单、节能潜力小的行业（具体按照国家发展改革委公布的行业目录执行），项目建设单位应向项目管理权限同级的节能审查机关报送固定资产投资项目节能声明表（格式见附件）并按照相关节能标准、规范建设，不再单独进行节能审查。

第七条 建设单位应编制固定资产投资项目节能报告。项目节能报告应包括下列内容：

分析评价依据；项目基本情况；项目建设方案的节能分析和比选，包括总平面布置、生产工艺、用能工艺用能设备和能源计量器具等方面；选取节能效果好、技术经济可行的节能技术和管理措施；项目能源消费量、能源消费结构、能源效率等方面的分析；对所在地区完成能源消耗总量和强度目标、煤炭消费减量替代目标的影响等方面的分析评价。

第八条　自治区节能审查机关负责节能审查的项目，项目建设单位通过自治区投资项目在线审批监管平台向省级节能审查机关报送节能报告，并附项目所在地盟市节能审查机关意见。

项目申报材料齐全、符合法定形式的，项目节能审查机关应当予以受理。申报材料不齐全或者不符合法定形式的，项目节能审查机关应当在收到项目申报材料之日起5个工作日内一次告知项目单位补充相关文件，或者对相关内容进行调整。

未完成年度能耗"双控"目标的盟市，申报年综合能源消费量5000吨标准煤及以上的固定资产投资项目节能审查，除国家、自治区规划的重大项目外，项目所在盟市应制定能耗等量或减量置换方案。

第九条　节能审查机关受理节能报告后，应在4个工作日内按照有关规定委托第三方机构进行评审。受委托第三方机构应在30个工作日内形成评审意见，项目情况复杂的，履行批准程序后，可以延长评估时限，但延长的期限不得超过60个工作日。

评审意见是节能审查的重要依据，第三方机构对评审意见承担责任。

第十条　节能审查机关应依据项目是否符合节能有关法律法规、标准规范、政策；项目用能分析是否客观准确，方法是否科学，结论是否准确；节能措施是否合理可行；项目的能源消费量和能效水平是否满足本地区能源消费总量和强度"双控"管理要求等对项目节能报告进行审查。

第十一条　节能审查机关应当在正式受理申报材料后20个工作日内出具审查意见（委托评审时间不计入审查期限）。项目情况复杂或需要征求有关单位意见的，经本节能审查机关批准，可延长审查时限，但延长的时限不得超过40个工作日，并应当将延长期限的理由告知项目单位。节能审查意见自印发之日起2年内有效，需要延期开工建设的，项目单位应当在2年期限届满的30个工作日前，向相应节能审查机关申请延期。项目节能审查机关应当自受理申请之日起20个工作日内，做出是否同意延期的决定，并出具相应文件。节能审查只能延期一次，期限最长不得超过1年。

通过节能审查的固定资产投资项目，其总平面布置、生产工艺、用能工艺、设备及能源品种等建设内容发生重大变更，或者年综合能源消费总量超过节能审查意见规定的能耗总量15%及以上的，建设单位应重新编制节能报告，并向节能审查机关提出变更申请。

第十二条　固定资产投资项目试生产之日起6个月内，应对其节能审查意见落实情况进行验收；对试生产6个月，不具备节能审查验收条件的项目，可适当延长验收期限，但最长期限不超过一年。验收由建设单位委托第三方机构进行，建设单位应在自治区投资项目在线审批监管平台向社会公开验收报告（涉及国家秘密的项目除外）。

第十三条　固定资产投资项目节能审查应纳入投资项目在线审批监管平台统一管理（涉及国家秘密的项目除外）。实行网上受理、办理、监管和服务，实现审查过程和结果的可查询、可监督。

第十四条 节能审查机关应加强节能审查信息的统计分析，强化事中事后监管，对节能审查意见落实情况进行监督检查，对违法违规问题进行公开，并依法进行处理。各级节能审查机关应在每季度第一个月的 15 日前，向上一级节能审查机关报送本地区上季度节能审查实施情况。

第十五条 对未按本办法规定进行节能审查，或节能审查未获通过，擅自开工建设或擅自投入生产、使用的固定资产投资项目，由相应的节能审查机关责令停止建设或停止生产、使用，限期改造；不能改造或逾期不改造的生产性项目，由节能审查机关报请本级人民政府按照国务院规定的权限责令关闭；并依法追究相关责任人的责任。

以拆分项目、提供虚假材料等不正当手段通过节能审查的固定资产投资项目，由节能审查机关撤销项目的节能审查意见。

未落实节能审查意见要求的固定资产投资项目，节能审查机关责令建设单位限期整改。不能改正或逾期不改正的，节能审查机关按照法律法规的有关规定进行处罚。

负责审批政府投资项目的工作人员，对未进行节能审查或节能审查未获通过的项目，违反本办法规定予以批准的，依法给予处分。

第十六条 节能审查机关对建设单位、中介机构及相关责任人等违法违规信息进行记录，将违法违规信息纳入自治区社会信用信息平台和投资项目在线审批监管平台，在"信用内蒙古"网站向社会公开。

第十七条 固定资产投资项目节能评审、业务培训、监督检查，以及标准指南编制等工作经费，按照有关规定纳入部门预算，并按照规定程序向同级财政部门申请。

第十八条 本办法由内蒙古自治区发展和改革委员会、经济和信息化委员会负责解释。

第十九条 本办法自印发之日起施行。

固定资产投资项目节能声明表

项目名称：　　　　　　　　　　　　　　填表日期：　　年　　月　　日

项目概况	项目建设单位		项目建设单位组织机构代码	
	项目建设地点		项目代码	
	联系人		联系电话	
	项目性质	□新建　□改建　□扩建 □技术改造　□其他	项目总投资	
	项目管理类别		□审批　□核准　□备案	
	建设规模、主要内容和主要用能设备情况			

续表

	能源种类	计量单位	年消耗实物量	折标系数	折标准煤当量值（吨标准煤）	折标准煤等价值（吨标准煤）
年耗能量						
	年能源消费总量（吨标准煤）					
	耗能工质种类	计量单位	年消耗实物量	折标系数	折标准煤当量值（吨标准煤）	折标准煤等价值（吨标准煤）
	年耗能工质总量（吨标准煤）					
	项目年综合能源消费量（吨标准煤）					

项目节能措施简述（采用的节能设计标准、规范以及节能新技术、新产品等，并说明项目能源利用效率）：

本单位郑重声明：
1. 本单位所提供的数据真实有效。
2. 本项目主要用能设备选择符合国家相关节能技术标准，无国家明令禁止使用的落后设备。
3. 按规定配备相应的能源计量器具，落实能源计量管理。
4. 本项目实施过程中，将严格遵守国家相关节能法律法规政策；建成投产后严格履行报告义务，自觉配合相关检查、监察。

项目单位负责人（签字）： 　　　　　　　　　　　　　　项目单位（盖章）

　　　　　　　　　　　　　　　　　　　　　　　　　　　　年　　月　　日

备注：各种能源及耗能工质折标准煤参考系数参照《综合能耗计算通则》（GB/T2589-2008）。

3. 节能监察办法

中华人民共和国国家发展和改革委员会令第 33 号

《节能监察办法》已经国家发展和改革委员会主任办公会审议通过，现予发布，自 2016 年 3 月 1 日起施行。

主任：徐绍史

2016 年 1 月 15 日

节能监察办法

第一章 总 则

第一条 为规范节能监察行为，提升节能监察效能，提高全社会能源利用效率，依据《中华人民共和国节约能源法》等有关法律、法规，结合节能监察工作实际，制定本办法。

第二条 本办法所称节能监察，是指依法开展节能监察的机构（以下简称节能监察机构）对能源生产、经营、使用单位和其他相关单位（以下简称被监察单位）执行节能法律、法规、规章和强制性节能标准的情况等进行监督检查，对违法违规用能行为予以处理，并提出依法用能、合理用能建议的行为。

第三条 国家发展和改革委员会负责全国节能监察工作的统筹协调和指导。

县级以上地方人民政府管理节能工作的部门负责本行政区域内节能监察工作的统筹协调和指导。

第四条 节能监察应当遵循合法、公开、公平、公正的原则。

第二章 节能监察机构职责

第五条 省、市、县三级节能监察机构的节能监察任务分工，由省级人民政府管理节能工作的部门结合本地实际确定。

上一级节能监察机构应当对下一级节能监察机构的业务进行指导。

第六条 节能监察机构应当开展下列工作：

（一）监督检查被监察单位执行节能法律、法规、规章和强制性节能标准的情况，督促被监察单位依法用能、合理用能，依法处理违法违规行为；

（二）受理对违法违规用能行为的举报和投诉，办理其他行政执法单位依法移送或者政府有关部门交办的违法违规用能案件；

（三）协助政府管理节能工作的部门和有关部门开展其他节能监督管理工作；

（四）节能法律、法规、规章和规范性文件规定的其他工作。

第七条 节能监察机构应当配备必要的取证仪器和装备，具有从事节能监察所需的现场检测取证和合理用能评估等能力。

第八条 节能监察人员应当取得行政执法证件，并具备开展节能监察工作需要的专业素质和业务能力。

节能监察机构应当定期对节能监察人员进行业务培训。

第九条 实施节能监察不得向被监察单位收取费用。

第十条 节能监察机构应当建立健全相关保密制度，保守被监察单位的技术和商业秘密。

第三章 节能监察实施

第十一条 节能监察机构依照授权或者委托，具体实施节能监察工作。节能监察应当包括下列内容：

（一）建立落实节能目标责任制、节能计划、节能管理和技术措施等情况；

（二）落实固定资产投资项目节能评估和审查制度的情况，包括节能评估和审查实施情况、节能审查意见落实情况等；

（三）执行用能设备和生产工艺淘汰制度的情况；

（四）执行强制性节能标准的情况；

（五）执行能源统计、能源利用状况分析和报告制度的情况；

（六）执行设立能源管理岗位、聘任能源管理负责人等有关制度的情况；

（七）执行用能产品能源效率标识制度的情况；

（八）公共机构采购和使用节能产品、设备以及开展能源审计的情况；

（九）从事节能咨询、设计、评估、检测、审计、认证等服务的机构贯彻节能要求、提供信息真实性等情况；

（十）节能法律、法规、规章规定的其他应当实施节能监察的事项。

第十二条 县级以上人民政府管理节能工作的部门应当会同有关部门结合本地实际，编制节能监察计划并组织节能监察机构实施。

节能监察计划的实施情况应当报本级人民政府管理节能工作的部门。

第十三条 节能监察分为书面监察和现场监察。

实施书面监察，应当将实施监察的依据、内容、时间和要求书面通知被监察单位。

实施现场监察，应当于实施监察的五日前将监察的依据、内容、时间和要求书面通知被监察单位。办理涉嫌违法违规案件、举报投诉和应当以抽查方式实施的节能监察除外。

第十四条 实施书面监察时，被监察单位应当按照书面通知要求如实报送材料。节能监察机构应当在二十个工作日内对被监察单位报送材料的完整性、真实性，以及是否符合节能法律、法规、规章和强制性节能标准等情况进行审查。

被监察单位所报材料信息不完整的，节能监察机构可以要求被监察单位在五个工作日内补充完善，补充完善所用时间不计入审查期限。

第十五条 有下列情形之一的，节能监察机构应当实施现场监察：

（一）节能监察计划规定应当进行现场监察的；

（二）书面监察发现涉嫌违法违规的；

（三）需要对被监察单位的能源利用状况进行现场监测的；

（四）需要现场确认被监察单位落实限期整改通知书要求的；

（五）被监察单位主要耗能设备、生产工艺或者能源利用状况发生重大变化影响节能的；

（六）对举报、投诉内容需要现场核实的；
（七）应当实施现场节能监察的其他情形。

第十六条 现场监察应当有两名以上节能监察人员在场，并出示有效的行政执法证件，告知被监察单位实施节能监察的依据、内容、要求和方法，并制作现场监察笔录，必要时还应当制作询问笔录。

监察笔录和询问笔录应当如实记录实施节能监察的时间、地点、内容、参加人员、现场监察和询问的实际情况，并由节能监察人员和被监察单位的法定代表人或者其委托人、被询问人确认并签名；拒绝签名的，应当由两名以上节能监察人员在监察笔录或者询问笔录中如实注明，不影响监察结果的认定。

第十七条 实施现场监察可以采取下列措施：
（一）进入有关场所进行勘察、采样、拍照、录音、录像、制作笔录等；
（二）查阅、复制或者摘录与节能监察事项有关的文件、账目等资料；
（三）约见、询问有关人员，要求说明有关事项、提供相关材料；
（四）对用能产品、设备和生产工艺的能源利用状况等进行监测和分析评价；
（五）责令被监察单位停止明显违法违规用能行为；
（六）节能法律、法规、规章规定可以采取的其他措施。

第十八条 被监察单位有违反节能法律、法规、规章和强制性节能标准行为的，节能监察机构应当下达限期整改通知书。

被监察单位有不合理用能行为，但尚未违反节能法律、法规、规章和强制性节能标准的，节能监察机构应当下达节能监察建议书，提出节能建议或者节能措施。

节能监察机构在作出限期整改通知书前，应当充分听取被监察单位的意见，对被监察单位提出的事实、理由和证据应当进行复核。被监察单位提出的事实、理由和证据成立的，节能监察机构应当采纳。

限期整改通知书或者节能监察建议书应当在对本单位的节能监察活动结束后十五日内送达被监察单位。

被监察单位对限期整改通知书有异议的，可依法申请行政复议或者提起行政诉讼。

第十九条 被监察单位应当按照限期整改通知书的要求进行整改。节能监察机构应当进行跟踪检查并督促落实。

被监察单位的整改期限一般不超过六个月。确需延长整改期限的，被监察单位应当在期限届满十五日前以书面形式向节能监察机构提出延期申请，节能监察机构应当在期限届满前作出是否准予延期的决定，延期最长不得超过三个月。节能监察机构未在期限届满前作出决定的，视为同意延期。

第二十条 节能监察机构在同一年度内对被监察单位的同一监察内容不得重复监察。但确认被监察单位整改落实情况、处理举报投诉和由上一级节能监察机构组织的抽查除外。

第二十一条 节能监察人员与被监察单位有利害关系或者其他关系，可能影响公正监察的，应当回避。

第二十二条 建立节能监察情况公布制度。节能监察机构应当向社会公布违反节能法律、法规和标准的企业名单、整改期限、措施要求等节能监察结果。

第四章 法律责任

第二十三条 被监察单位应当配合节能监察人员依法实施节能监察。

被监察单位拒绝依法实施的节能监察的，由有处罚权的节能监察机构或委托开展节能监察的单位给予警告，责令限期改正；拒不改正的，处1万元以上3万元以下罚款。阻碍依法实施节能监察的，移交公安机关按照《治安管理处罚法》相关规定处理，构成犯罪的，依法追究刑事责任。

第二十四条　被监察单位在整改期限届满后，整改未达到要求的，由节能监察机构将相关情况向社会公布，并纳入社会信用体系记录。被监察单位仍有违反节能法律、法规、规章和强制性节能标准的用能行为的，由节能监察机构将有关线索转交有处罚权的机关进行处理。

第二十五条　节能监察机构实施节能监察有违法违规行为的，被监察单位有权向本级人民政府管理节能监察机构的机构或者上一级节能监察机构投诉。

节能监察人员滥用职权、玩忽职守、徇私舞弊，有下列情形之一的，由有管理权限的机构依法给予处分；构成犯罪的，依法追究刑事责任：

（一）泄露被监察单位的技术秘密和商业秘密的；
（二）利用职务之便非法谋取利益的；
（三）实施节能监察时向被监察单位收费或者变相收费的；
（四）有其他违法违规行为并造成较为严重后果的。

第五章　附　　则

第二十六条　本办法由国家发展和改革委员会负责解释。

第二十七条　本办法自2016年3月1日起施行。

4. 关于印发《关于优化营商环境调整完善北京市固定资产投资项目节能审查办法的意见》的通知

京发改规〔2017〕4号

各区人民政府，市政府各委、办、局，各市属机构，各有关单位：

为落实《关于率先行动改革优化营商环境实施方案》（京发〔2017〕20号），优化本市营商环境，扎实推进放管服改革，促进固定资产投资项目科学合理利用能源，从源头上杜绝能源浪费、控制二氧化碳排放，提高能源利用效率，加强能源消费总量和二氧化碳排放管理，我们对本市固定资产投资项目节能审查办法进行了调整完善，现将《关于优化营商环境调整完善北京市固定资产投资项目节能审查的意见》印发给你们，请认真贯彻执行。

特此通知。

北京市发展和改革委员会
2017年9月18日

关于优化营商环境调整完善北京市固定资产投资项目节能审查的意见

为优化本市营商环境，扎实推进放管服改革，促进固定资产投资项目科学合理利用能源，从源头上杜绝能源浪费、控制二氧化碳排放，提高能源利用效率，加强能源消费总量和二氧化碳排放管理，根据《中华人民共和国节约能源法》《北京市实施〈中华人民共和国节约能源法〉办法》《固定资产投资项目节能审查办法》（国家发展改革委2016年令第44号），现就调整完善本市固定资产投资项目节能审查工作提出如下意见。

一、严格落实节能审查制度

本市辖区内建设的固定资产投资项目应当严格按流程办理节能审查，市区两级发展改革部门根据节能减碳有关法律法规、政策标准等，对项目节能情况、二氧化碳排放情况进行审查并形成审查意见。固定资产投资项目节能审查意见是项目开工建设、竣工验收和运营管理的重要依据。

政府投资项目，建设单位需在取得项目可行性研究报告批复前，取得发展改革部门出具的节能审查意见；企业投资项目，建设单位需在开工建设前取得发展改革部门出具的节能审查意见。本市相关政策有另行规定的项目除外。

未按规定进行节能审查或节能审查未通过的项目，建设单位不得开工建设，已经建成的不得投入生产、使用。

二、强化节能审查分级管理

本市对固定资产投资项目节能审查实行分级管理。市发展改革部门负责审查年综合能源消费量 5000 吨标准煤（含）以上（改扩建项目按照建成投产后年综合能源消费增量计算，电力折算系数按当量值，下同）的固定资产投资项目，年综合能源消费量 1000 吨标准煤（含）或年电力消费量 500 万千瓦时（含）以上的国家发展改革委核报国务院审批以及国家发展改革委审批的政府投资项目、国家发展改革委核报国务院核准以及国家发展改革委核准的企业投资项目。

各区发展改革委、北京经济技术开发区发展改革局（以下统称"区级发展改革部门"）负责审查年综合能源消费量 1000 吨标准煤（含）或年电力消费量 500 万千瓦时（含）以上，但年综合能源消费量低于 5000 吨标准煤的固定资产投资项目。

年综合能源消费量不满 1000 吨标准煤，且年电力消费量不满 500 万千瓦时的固定资产投资项目，以及用能工艺简单、节能潜力小的行业的固定资产投资项目应当按照相关节能标准、规范建设，不再单独进行节能审查，具体行业目录以国家发展改革委公布的目录为准。

市区发展改革部门应当在受理之日起 12 个工作日内出具节能审查意见，上述时间不包括征求相关部门意见和委托评审时间。节能审查意见两年内有效。

三、实行节能审查在线审批

为优化服务，提高办理效率，固定资产投资项目节能审查通过北京市固定资产投资项目在线节能审查管理系统办理，实行网上受理、办理、监管和服务，实现审查过程和结果的可查询、可监督，并将相关数据对接投资项目在线审批监管平台。涉及国家秘密等特殊情况的项目除外。

建设单位通过北京市固定资产投资项目在线节能审查管理系统，填报相关信息、提交电子版的申报材料，在线申请节能审查；按要求补充申报材料和修改完善节能报告；实时查询项目审查进度和审查结果；在市级或区级发展改革部门完成节能审查后，建设单位须提交与网上申报内容一致的加盖单位公章的申报材料，同步领取项目节能审查意见。

市区发展改革部门通过北京市固定资产投资项目在线节能审查管理系统，受理审查权限范围内的项目，并开展节能审查；对于已正式受理的项目，应当委托有关机构进行评审。评审机构按照相关法律法规及标准规范对项目进行评审，形成评审意见。评审机构不得承担本市固定资产投资项目节能报告的编制工作。市区发展改革部门依据相关法律法规、标准规范及产业政策，参考评审意见对项目出具节能审查意见。

四、规范节能审查工作内容

建设单位申请节能审查时，需提交的申报材料包括项目节能审查申请文件，固定资产投资项目节能报告，企业/事业法人营业执照、组织机构代码证书，法人身份证复印件，项目申报材料真实性承诺，涉及规划国土的项目应当提供规划国土部门的批准文件，政府投资类项目提供可行性研究报告或项目建议书（代可行性研究报告），企业投资类项目提供项目立项批复文件或项目申请书。为保证材料的真实性，上述材料均需加盖建设单位公章。

项目节能报告应按照相关规定认真编写，主要内容包括项目基本情况，分析评价依据，项目建设方案的节能分析和比选，项目应选取节能效果好、技术经济可行的节能技术和管理措施，项目能源消费量、能源消费结构、能源效率等方面的分析，项目二氧化碳排放相关内容，对所在地完成能源消耗总量和强度目标、二氧化碳排放总量和强度目标、煤炭消费减量替代目标的影响等方面的分析评价,建筑类项目应当明确达到的绿色建筑星级和装配式建筑要求。

市区发展改革部门应严格开展节能审查,节能审查的主要内容包括项目是否符合国家、地方和行业节能低碳有关法律法规、标准规范及政策,用能分析是否客观准确、方法是否科学、结论是否准确,节能减碳措施是否合理可行,项目的能源消费量、能源消费强度、二氧化碳排放量、二氧化碳排放强度是否满足本地区能源消费和二氧化碳排放的总量和强度"双控"管理要求。

五、强化节能审查意见的落实

建设单位在设计、施工、竣工验收以及运营管理过程中,应当严格落实节能审查意见。政府投资项目,建设单位应当按照节能审查意见进行初步设计、施工图设计、施工,以及建筑类项目竣工前的建筑节能专项验收。企业投资项目,在施工图审查完成前,取得节能审查意见的,建设单位应当按照节能审查意见进行施工图设计、施工;在施工图审查完成后,取得节能审查意见的,建设单位应当在施工中落实节能审查意见,包括用能方案、设备选型、节能措施等;建筑类项目按照节能审查意见进行竣工前的建筑节能专项验收。

项目投入生产、使用前,建设单位应当对本项目节能审查意见落实情况进行验收,验收报告应当客观真实,在验收完成后10个工作日内将验收报告上传至北京市固定资产投资项目在线节能审查管理系统。

通过节能审查的固定资产投资项目,建设内容、用能工艺、能源品种、重点用能设备、能效水平等发生重大变动的,或能源消费总量超过节能审查意见批准能源消费总量10%(含)时,建设单位应当按照法定程序提出变更申请,依法办理节能审查变更手续。

六、加强节能审查事中事后监管

市区发展改革部门依法组织对节能审查意见落实情况进行节能监察。项目投入生产、使用前,对项目建设规模、用能方案、设备选型等进行监察;项目投入生产、使用后,结合节能审查意见验收报告,对项目能源消费情况、重点用能设备运行、节能管理措施落实情况等进行监察。监察结果上传至北京市固定资产投资项目在线节能审查管理系统。

对未按照相关法律法规进行节能审查或节能审查未获通过,擅自开工建设或擅自投入生产、使用的固定资产投资项目,由市区发展改革部门责令停止建设或停止生产、使用,限期改造。不能改造或逾期不改造的生产性项目,由市区发展改革部门报请本级人民政府责令关闭,并依法追究有关责任人的责任。以拆分项目、提供虚假材料等不正当手段通过节能审查的固定资产投资项目,由市区发展改革部门撤销项目的节能审查意见。

对未落实节能审查意见要求的固定资产投资项目,市区发展改革部门责令建设单位限期整改。不能改正或者逾期不改正的,市区发展改革部门按照法律法规有关规定进行处罚。

市区发展改革部门对建设单位及相关单位在节能审查工作中违法违规行为依法进行处理,并将查处信息在本单位门户网站公开。区级发展改革部门需同步将相关违法违规信息抄送市发展改革部门,由市发展改革部门统一在"北京市企业信用信息网"向社会公开,并将行政处罚信息在"信用北京"网站向社会公开,同时纳入全国信用信息共享平台和投资项目审批监管平台。

七、加强节能审查工作组织保障

市发展改革部门定期组织开展政策业务培训,指导和支持各区级发展改革部门规范有序开展节能审查工作。市区发展改革部门应当加强节能审查信息的统计分析，对新增项目能耗和二氧化碳排放情况跟踪分析，将节能审查工作与能源消费和二氧化碳排放控制目标有机结合，做好形势预测和预警调控。固定资产投资项目节能评审、业务培训、监督检查，以及相关材料编制等工作经费，按照有关规定纳入部门预算，并由同级财政预算解决。

为规范本市节能审查管理制度，原《北京市固定资产投资项目节能评估和审查管理办法（试行）》（京发改〔2007〕286号）、《关于进一步简化规范固定资产投资项目节能评估和审查工作的通知》（京发改规〔2013〕9号）、《关于调整固定资产投资项目节能评估和审查管理权限的通知》（京发改规〔2016〕5号）、《关于贯彻落实〈固定资产投资项目节能审查办法〉的通知》（京发改规〔2016〕16号）在本意见印发之日起废止。

5. 河北省人民政府办公厅关于印发河北省固定资产投资项目节能审查办法的通知

各市（含定州、辛集市）人民政府，各县（市、区）人民政府，省政府有关部门：

《河北省固定资产投资项目节能审查办法》已经省政府同意，现印发给你们，请结合本地本部门实际，认真贯彻执行。

河北省人民政府办公厅
2017 年 4 月 12 日

河北省固定资产投资项目节能审查办法

目 录

第一章　总则
第二章　节能审查
第三章　监督管理
第四章　附则

第一章 总 则

第一条 为严把能源消费源头关，规范固定资产投资项目节能审查工作，促进科学合理利用能源，提高能源利用效率，加强能源消费总量管理，依据《固定资产投资项目节能审查办法》（国家发展改革委令第 44 号）和《河北省节约能源条例》《河北省行政许可条例》制定本办法。

第二条 本办法适用于本省行政区域内建设的固定资产投资项目。

第三条 本办法所称节能审查，是指根据节能法律法规、政策标准等，对项目节能情况进行审查并形成审查意见的行为。

第四条 固定资产投资项目节能审查由县级以上人民政府发展改革部门负责。

第五条 固定资产投资项目节能审查意见是项目开工建设、竣工验收和运营管理的重要依据。政府投资项目，建设单位在报送项目可行性研究报告或概算前，需取得县级以上人民政府发展改革部门出具的节能审查意见。企业投资项目，建设单位需在开工建设前取得县级以上人民政府发展改革部门出具的节能审查意见。未按本办法规定进行节能审查，或节能审查未通过的项目，建设单位不得开工建设，已经建成的不得投入生产、使用。

第六条 国家发展改革委核报国务院审批和国家发展改革委审批的固定资产投资项目，以及年综合能源消费量 5000 吨标准煤以上（改扩建项目按照建成投产后年综合能源消费增量计算，电力折算系数按当量值，下同）的固定资产投资项目由省发展改革部门出具节能审查意见。

国家行业管理部门核报国务院审批和国家行业管理部门审批的固定资产投资项目，由省行业管理部门提出初审意见，省发展改革部门根据初审意见，在与能源消费总量、节能目标完成情况等进行衔接后，出具节能审查意见。

年综合能源消费总量1000（含）吨标准煤-5000（含）吨标准煤的固定资产投资项目，由项目所在地设区的市（含省直管县）发展改革部门或由其委托的县级发展改革部门出具节能审查意见。

年综合能源消费量不满1000吨标准煤、且年电力消费量不满500万千瓦时的固定资产投资项目，以及用能工艺简单、节能潜力小的行业（具体按国家发展改革委公布目录执行）的固定资产投资项目，应按照相关节能标准、规范建设，不再单独进行节能审查。

第二章　节能审查

第七条　年综合能源消费量1000吨标准煤以上的固定资产投资项目，建设单位应编制节能报告，在达到深度要求的前提下，节能报告可委托相关机构编制，也可由建设单位自行编制。年综合能源消费量1000吨标准煤以下的固定资产投资项目，建设单位应制定节能技术和管理措施。

项目节能报告应包括下列内容：分析评价依据；项目建设方案的节能分析和比选，包括总平面布置、生产工艺、用能工艺、用能设备和能源计量器具配备、计量基础设施建设等方面；选取节能效果好、技术经济可行的节能技术和管理措施；项目能源消费量、能源消费结构、能源效率等方面的分析；对所在地完成能源消耗总量和强度目标的影响等方面的分析评价；需新增耗煤的项目应增加项目煤炭减量替代方案和对所在地完成煤炭消费减量替代目标的影响分析内容，并附煤炭减量替代方案审查意见。

第八条　县级以上人民政府发展改革部门受理节能报告后，应委托有关机构进行评审，形成评审意见，作为节能审查的重要依据。节能评审意见应包括：项目是否符合节能有关法律法规、标准规范、政策；项目用能分析是否客观准确，方法是否科学，结论是否准确；节能措施是否合理可行；项目的能源消费量和能效水平（包括单位工业增加值能耗、主要用能工艺和工序能耗水平、主要耗能设备能效水平等）是否满足本地能源消费总量和强度"双控"管理要求；是否编制煤炭减量替代方案及落实情况等。

第九条　编制节能报告的单位，不得承担同一项目的节能评审工作。

第十条　县级以上人民政府发展改革部门应在法律规定且部门公开承诺的时限内出具节能审查意见。节能审查意见自印发之日起2年内有效。通过节能审查的固定资产投资项目，建设内容、能效水平及能源品种等发生重大变动，或年能源消费总量超过节能审查意见10%及以上的，建设单位应向发展改革部门提出变更申请。

第三章　监督管理

第十一条　固定资产投资项目节能审查应纳入投资项目在线审批监管平台统一管理，实行网上受理、办理、监管和服务，实现审查过程和结果的可查询、可监督。

第十二条　固定资产投资项目投入生产、使用前，应对其节能审查意见落实情况进行验收。验收采取建设单位自主验收、发展改革部门备案的形式。

第十三条　县级以上人民政府发展改革部门应强化事中事后监管，对节能审查意见或节能报告落实情况进行监督检查。项目投入正常生产6个月后，节能监察机构应依据企业节能验收报告、节能报告和节能审查意见对能源消费、设备用能效率等实施能效监察，并出具能效监察报告及处理意见。监督检查应当采用"双随机一公开"监管方式。

第十四条 县级以上发展改革部门应加强节能审查信息的统计分析。各市（含定州、辛集市）发展改革委每季度向省发展改革委报送本地节能审查实施情况。

省发展改革委对全省节能审查信息实施动态监管，对各市节能审查实施情况实时进行巡查，按季度向国家发展改革委报送本区域节能审查实施情况。

第十五条 对未按本办法规定进行节能审查，或节能审查未获通过，擅自开工建设或擅自投入生产、使用的固定资产投资项目，由发展改革部门责令停止建设或停止生产、使用，限期改造；未落实节能审查意见要求的固定资产投资项目，由发展改革部门责令建设单位限期整改。不能改造或逾期不改造的生产性项目，由发展改革部门报请本级人民政府按照《中华人民共和国节约能源法》有关规定责令关闭；并依法追究有关责任人的责任。

第十六条 以拆分项目、提供虚假材料等不正当手段通过节能审查的固定资产投资项目，由发展改革部门撤销项目的节能审查意见。

第十七条 负责政府投资项目审批的工作人员，对未进行节能审查或节能审查未获通过的项目，违反本办法规定予以批准的，依法给予处分。

第十八条 发展改革部门对建设单位、中介机构等的违法违规信息进行记录，将违法违规信息纳入河北省公共信用信息共享平台和投资项目审批监管平台，在"信用河北"网站向社会公开。

第十九条 固定资产投资项目节能评审、业务培训、监督检查，以及标准指南编制等工作经费，应列入同级财政预算，不得向建设单位收取费用。

第四章 附 则

第二十条 本办法自 2017 年 5 月 1 日起施行。原《河北省固定资产投资项目节能评估和审查暂行办法》（冀政办函〔2008〕20 号）同时废止。

6. 山西省固定资产投资项目节能评估和审查办法

山西省人民政府办公厅
关于印发山西省固定资产投资项目节能评估
和审查办法的通知

晋政办发〔2011〕13号

各市、县人民政府,省人民政府各委、厅,各直属机构:

《山西省固定资产投资项目节能评估和审查办法》已经省人民政府同意,现印发给你们,请认真贯彻执行。

山西省人民政府办公厅
二〇一一年二月二十三日

目　　录

第一章　总则
第二章　评估审查内容和程序
第三章　监督管理
第四章　责任与罚则
第五章　附则

第一章　总　　则

第一条　为落实科学发展观,促进经济社会全面协调可持续发展,确保固定资产投资项目(以下简称项目)合理利用并节约能源,推进节能降耗,根据《中华人民共和国节约能源法》及《山西省节约能源条例》,按照《国务院关于加强节能工作的决定》(国发〔2006〕28号)及《山西省人民政府关于加强节能工作的决定》(晋政发〔2006〕38号)要求,结合本省实际,制定本办法。

第二条　本办法适用于本省行政区域内项目正式核准和备案前的节能评估专项审批。

本办法所称项目是指政府、法人和其他组织投资的固定资产投资项目(包括新建、改建、扩建和迁建的项目)。

第三条　项目的设计和建设,应当遵守合理用能标准和节能设计规范。

项目可行性研究报告应当包括合理用能的专题论证(节能篇)。

第四条　有关项目审批部门和建设单位应严格把关,对未按规定进行节能评估或未通过节能审批的项目不得核准、备案和建设。

第五条　省节能行政主管部门（省经济和信息化委员会，以下简称省经信委）负责全省项目节能评估和审查的监督管理工作。市、县人民政府主管节能工作的部门负责本行政区相关工作。

具体项目节能评估审查，工业项目由省经信委负责审查，第一产业、第三产业和建筑业的项目分别由省发展改革、省住房城乡建设行政部门负责审查，并抄送省节约能源工作领导组办公室（省经信委）备案。

第二章　评估审查内容和程序

第六条　固定资产投资项目节能评估按照项目建成投产后年能源消费量实行分类管理。年综合能源消费量3000吨标准煤以上（含3000吨标准煤），应单独编制节能评估报告书；年综合能源消费量1000吨至3000吨标准煤（不含3000吨标准煤），应单独编制节能评估报告表；年综合能源消费量1000吨标准煤以下（不含1000吨标准煤），应填写节能登记表。

项目中耗电、耗煤、耗油（汽、柴、燃料油）、耗焦炭、耗气（天然气、液化气、煤制气）等按有关标准折算成标准煤。

第七条　符合本办法第六条第一款规定的，项目法人单位应委托有资质的节能评估机构，对其项目进行节能评估，并出具节能评估报告。

第八条　节能评估费用执行国家有关评估的收费规定及标准，在工程项目的前期费用中列支。

第九条　项目节能评估报告应当对以下内容进行节能综合评价：

（一）项目是否符合国家产业政策及本省的有关规定；

（二）项目的设计是否符合中国节能技术政策大纲及行业节能设计标准；

（三）项目的用能总量及用能品种是否合理；

（四）项目的设计是否以国内能耗先进水平或参照国际先进水平为依据，项目的建筑、设备和工艺是否采用节能技术，其单位建筑面积、设备、工艺和产品能耗是否达到国家标准及地方标准的要求；

（五）是否严格执行国家明令推广和淘汰的设备和产品目录。

项目节能评估报告还必须包括以下内容：

——分析项目生产的用能产品的能效比或能耗指标；

——对项目提出有关节能方面的合理化建议；

——提出项目节约能源的综合评估意见。

第十条　报省或市节能行政主管部门的申报材料包括：

（一）项目节能审批申请书一式三份；

（二）企业法人营业执照副本复印件；

（三）项目基本情况表；

（四）项目节能措施综述；

（五）项目可行性研究报告；

（六）节能评估机构出具的项目节能评估报告及需补充的其他报告；

（七）行业主管部门的意见；

（八）法律、法规规定的其他材料。

第十一条　审查程序

（一）审查部门接到申请后，当即确定是否受理，并通知申请单位。如申请材料不齐全或者不符合规定形式的，当场一次性告知申请人需要补充的全部内容。

（二）对提交的材料进行审核，必要时应进行现场勘查。

（三）对审查合格的项目，审查部门应当在 10 个工作日内出具《固定资产投资项目节能审查决定书》（如需进行现场勘查的，可增加 15 个工作日）；审查不合格的，书面告知申请单位，申请单位可以申请审查部门复核。

第十二条 项目节能审查应当遵循公开、公平、公正的原则。除涉及国家、商业秘密的外，审查结果一律公开。

第十三条 项目节能审查应当遵循便民的原则，提高办事效率，简化手续，减少环节，提供优质服务。

第十四条 依照法律、法规、规章规定或因涉及公共利益需要听证的项目，要向社会公告，并进行听证。

第十五条 通过节能审查的项目，项目法人单位应当定期向省或市节能行政主管部门报告建设进度。项目自节能审查通过之日起，两年内未开工建设的，审查结果作废。

第三章 监督管理

第十六条 项目建设单位应当严格按照《固定资产投资项目节能审查决定书》、审查意见及批复文件提出的项目节能对策措施，进行项目设计施工。

第十七条 省节能评估行政主管部门可委托节能监测机构对通过审查的项目进行监督，对与审查内容不符的项目，应当责令其改正；情节严重的，依法追究有关单位的法律责任。拒不改正的，建议省核准或备案主管部门取消项目核准或备案，有关主管部门依法不予办理进口设备免征关税和进口环节增值税、国产设备投资抵免企业新增所得税的确认手续。

第十八条 已经节能评估行政主管部门审查合格的项目，如建设规模、内容和节能技术方案等发生变化，项目法人单位应当及时以书面形式向节能评估行政主管部门报告，由节能评估行政主管部门出具书面确认意见或重新办理审查手续。

第十九条 对应当报请节能审查而未申报的项目；虽申报但未经审查合格的项目；项目内容发生变化应当重新审查而未办理的，有关部门不得批准办理开工手续。

第二十条 项目建成运转一定周期后，由相关节能审查部门组织项目节能验收并出具验收意见，节能验收应有统计部门节能统计专业人员参加，有关验收部门应当将项目节能验收意见作为总体验收通过的重要依据，凡达不到节能标准的，不予通过工程竣工验收，不得投入使用。

第四章 责任与罚则

第二十一条 违反本办法规定，项目未按照《固定资产投资项目节能审查决定书》、审查意见及批复文件要求落实节能方案或者擅自改变节能方案的，由县级以上相关主管部门责令其对节能方案进行重新论证评估。对未经节能审查合格的项目，擅自进行核准、备案、建设的，要依法追究直接责任人和负责人的责任。

第二十二条 节能行政主管部门工作人员在项目节能审查过程中滥用职权、玩忽职守、徇私舞弊、索贿受贿的，根据情节轻重，由有关部门依法给予行政处分，构成犯罪的依法追究刑事责任。

第五章 附 则

第二十三条 节能审批不能代替项目的供能审批。

附件：
1. 合理用能专题论证的主要内容
2. 节能设计标准及技术规定目录
3. 固定资产投资项目节能评估报告表
4. 固定资产投资项目节能登记表

附件 1

合理用能专题论证的主要内容

一、设计依据和主要原则

（一）设计依据。
1. 国家现行的法律、条例、法规及有关节能文件；
2. 地方规定；
3. 行业标准、规范、技术规定；
4. 其他。

（二）主要原则。
1. 工艺、技术选择原则；
2. 厂区布局和车间工艺平面布置原则；
3. 设备选择原则。

二、能源品种选用和项目能耗

（一）能源品种选择的合理性和可行性分析，项目所在地能源供应情况分析。
（二）项目能耗指标及计算。
1. 主要能耗设备。
2. 设计纲领的年综合能耗；含分品种产物能耗总量、综合能耗总量；单位产品（产值）综合能耗、可比能耗，按单一能源品种考核的实物单耗（如每吨电解铝耗电）、主要工序（艺）单耗（如钢铁企业的焦化、炼铁工序能耗等）。
3. 主要能源和含能工质的品种及年需要量。
（三）能耗分析。单位产品能耗、主要工序（艺）能耗指标国际国内对比分析、设计指标应达同行业国内先进水平，有条件的重点产品应达国际先进水平，并附能耗指标比较表。

三、节能措施综述

（一）主要工艺流程采取的节能新工艺、新技术，节能效果；主要工艺设备的能效指标；
（二）主要耗能设备和换热设备的热效率和热力指标；
（三）余热、余压、放散可燃气体等余能回收利用情况；

（四）炉窑、热力管网系统保温措施；

（五）能源计量仪表配置情况；

（六）供、变电系统的能效指标和节电措施，泵类、风机、空压机和空调、制冷设备等通用机械设备的能效指标；

（七）项目用水的数量和有关用水量指标，节约用水采取的新技术和工业废水的回收利用情况；

（八）生产、管理部门和公共附属建筑结构保温隔热水平（外墙、屋顶、地板传热系数和门窗密封指标、级别）和单位面积能耗指数水平；节能建筑设备与产品的采用；

（九）资源综合利用及其他能耗和节能措施等。

四、单项节能工程

未纳入建设项目主导工艺流程（如热电联产）和拟分期建设（如高炉炉顶压差发电）的节能工程，详细论述工艺流程、设备选型、单列节能计算，单位节能量造价、投资预算以及投资回收期等。

五、建筑节能

（一）民用建筑能耗指标。含采暖、空调、照明、热水和民用燃气（人工煤气、液化石油气和天然气）能耗。分品种实物能耗总量、综合能耗总量；按单位建筑面积计的分品种实物能耗和综合能耗；建筑围护结构保温隔热水平（外墙、屋顶、地板传热系数值和门窗密封必能指标、级别）。单位面积能耗指数与现行国家或行业标准水平和国内先进水平的比较。

（二）建筑围护结构、供热管网保温隔热措施。

（三）采暖供热、热水及空调制冷系统负荷计算，调节控制装置及能量计量仪表的设置情况。

（四）节能性建筑设备与产品的选用情况，包括门窗、室内供热系统控制与计量设备及散热器、空调、燃气燃烧器具、太阳能热水器、照明电器及控制系统等。

六、能源管理

能源管理或人员的设置情况。

附件 2

节能设计标准及技术规定目录

一、工业类相关标准和规范

（一）管理及设计方面的标准和规范

1. 工业企业能源管理导则 GB/T15587-1995
2. 火力发电厂节约能源规定（试行）（能源节能〔1991〕98 号）
3. 火力发电厂和变电所照明设计技术规定 SDGJ56-1993
4. 风电场风能资源评估方法 GB/T18710-2002

5. 水力发电厂照明设计规范 DL/T5140-2001
6. 电力行业一流火力发电厂考核标准（修订版）（电综〔1997〕577号）
7. 火力发电厂燃料平衡导则 DL/T606.2-1996
8. 火力发电厂热平衡导则 DL/T606.3-1996
9. 火力发电厂电能平衡导则 DL/T606.4-1996
10. 热电联产项目可行性研究技术规定（计基础〔2001〕26号）
11. 钢铁企业设计节能技术规定 YB9051-98 *
12. 石油地面工程设计节能技术规范 SY/T6420-1999
13. 石油库节能设计导则 SH3002-2000
14. 石油化工厂合理利用能源设计导则 SH3003-2000
15. 药用玻璃窑炉经济运行管理规范 YY/T0248-1996
16. 聚氨酯泡沫塑料预制保温管 CJ/T3002-1992
17. 机械行业节能设计规范 JBJ14-2004
18. 工业设备及管道绝热工程设计规范 GB50264-1997
19. 医药工业企业合理用能设计导则 YY/T0247-1996
20. 制浆造纸厂设计规范 QB6001-1991
21. 工业设备及管道绝热工程质量检验评定标准 GB50185-1993
22. 气田地面工程设计节能技术规定 SY/T6331-1997
23. 石油工业加热炉型式与基本参数 SY/T0540-1994
24. 原油长输管道工程设计节能技术规定 SY/T6393-1999
25. 用能单位能源计量器具配备和管理通则 GB17167-2006
26. 橡胶工厂节能设计规范 GB50376-2006
27. 渔船冰鲜鱼舱绝热结构形式 SC/T90750-1994

（二）产品能耗定（限）额方面的标准

1. 九种高耗电产品电耗最高限额（国经贸资源〔2000〕1256号）*
2. 重有色金属矿山生产工艺能耗 YS/T108-1992
3. 铝加工企业产品能源消耗定额 YS/T109.2-1992 *
4. 铝冶炼企业产品能源消耗定额 YS/T103-2004
5. 镍冶炼企业产品能源消耗定额 YS/T104-1992 *
6. 锌冶炼企业产品能源消耗定额 YS/T102-2003
7. 锑冶炼企业能源消耗定额 YS/T105.2-2004
8. 铜加工企业能源消耗定额 YS/T109.1-1992 *
9. 铜冶炼企业能源消耗定额 YS/T101-2002
10. 锡冶炼企业能源消耗定额 YS/T105.1-2004
11. 油田生产主要能源定额分类编制方法 SY/T6472-2000
12. 水泥单位产品能源消耗定额 GB/T16780-1997 *
13. 建筑卫生陶瓷能源消耗定额 JC712-1990 *
14. 平板玻璃能源消耗定额 JC432-1991 *

（三）合理用能方面的标准

1. 评价企业合理用电技术导则 GB/T3485-1998
2. 评价企业合理用热技术导则 GB/T3486-1993

3. 热处理节能技术导则 GB/Z18718-2002
4. 合理润滑技术通则 GB/T13608-1992
5. 石油企业能源综合利用技术导则 ST/T6375-1998
6. 输油管道加热设备技术管理规定 ST/T6382-1997
7. 输油输气管道电器设备技术管理规定 SY/T6325-1997
8. 滩海石油工程保温技术规范 SY/T4092-1995
9. 滩海石油工程热工采暖技术规范 SY/T0306-1996
10. 工业炉窑保温技术通则 GB/T16618-1996
11. 蒸汽供热系统凝结水回收及蒸汽疏水阀技术管理要求 GB/T12712-1991
12. 设备及管道保温保冷技术通则 GB/T11790-1996
13. 设备及管道保温保冷设计导则 GB/T15586-1995
14. 设备及管道保冷效果的测试与评价 GB/T16617-1996
15. 设备及管道保温效果的测试与评价 GB/T8174-1987
16. 节电措施经济效益计算与评价 GB/T13471-1992
17. 工业锅炉及火焰加热炉烟气余热资源量计算方法与利用导则 GB/T17719-1999

（四）工业设备能效方面的标准

1. 清水离心泵能效限定值及节能评价值 GB19762-2005
2. 中小型三相异步电动机能效限定值及节能评价值 GB18613-2002
3. 容积式空气压缩机能效限定值及节能评价值 GB19153-2003
4. 三相配电变压器能效限定值及节能评价值 GB20052-2006
5. 通风机能效限定值及节能评价值 GB19761-2005
6. 工业燃料加热装置能耗限值 JC569-1994
7. 冷水机组能效限定值及能源效率等级 GB19577-2004

二、建筑类相关标准和规范

1. 公共建筑节能设计标准 GB50189-2005
2. 绿色建筑评价标准 GB/T50378-2006
3. 绿色建筑技术导则（建科〔2005〕199号）
4. 夏热冬冷地区居住建筑节能设计标准 JCJ134-2001
5. 夏热冬暖地区居住建筑节能设计标准 JCJ75-2003
6. 民用建筑节能设计标准（采暖居住建筑部分）JCJ26-95
7. 采暖通风与空气调节设计规范 GB50019-2003
8. 城市热力网设计规范 CJJ34-2002；J216-2002
9. 通风与空调工程施工质量验收规范 GB50243-2002
10. 外墙外保温工程技术规程 JGJ144-2004
11. 地源热泵系统工程技术规范 GB50366-2005
12. 民用建筑太阳能热水系统应用技术规范 GB50364-2005
13. 民用建筑热工设计规范 GB50176-93
14. 建筑照明设计标准 GB50034-2004
15. 建筑采光设计标准 GB/T50033-2001
16. 城市道路照明设计标准 GJJ45-91

17. 城市供热管网工程质量检验评定标准 CJJ38-90
18. 城镇燃气设计规范 GB50028-93
19. 采暖居住建筑节能检验标准 JGJ132-2001
20. 地板辐射供暖技术规程 JGJ142-2004
21. 民用建筑电气设计规范 JGJ/T16-92
22. 宾馆、饭店合理用电 GB/T12455-1990
23. 生活锅炉热效率及热工试验方法 GB/T10820-2002
24. 空调通风系统运行管理规范 GB50365-2005

三、交通类相关标准和规范

1. 水运工程设计节能技术规定 JTJ228-2000
2. 交通部关于交通行业基本建设和技术改造项目工程可行性研究报告增列"节能篇（章）"暂行规定（交体法发〔1995〕607号）
3. 交通部《关于交通行业基本建设和技术改造项目工程可行性研究报告增列"节能篇（章）"暂行规定》实施细则（交体法发〔1996〕354号）
4. 交通部关于贯彻落实国办通知认真做好交通行业能源节约工作的通知（交体法发〔2000〕306号）
5. 水运工程设计节能规范 JTJ228-2000
6. 沿海港口企业能量平衡导则 JT/T0025-92
7. 内河港口能量通则 JT/T202-1995
8. 港口基本建设（技术改造）工程项目设计能源综合单耗评价 JT/T491-2003
9. 铁路工程节能设计规范 TB10016-2002

四、农业类相关标准和规范

1. 被动式太阳房热工技术条件和测试方法 GB/T15405-2006
2. 微型水力发电设备基本技术要求 GB/T17522-2006
3. 微型水力发电设备试验方法 GB/T17523-1998
4. 微型水力发电设备质量检验规程 GB/T17524-1998
5. 微型水力发电设备安装技术规范 GB/T17525-1998
6. 微型水力发电机技术条件 NY/T845-2004
7. 风力发电机组验收规范 GB/T20319-2006
8. 风力发电机组电能质量测量和评估方法 GB/T20320-2006
9. 生物质燃料发热量测试方法 NY/T12-1985
10. 聚光型太阳灶 NY219-2003
11. 全玻璃真空太阳集热管 NY/T315-1997
12. 秸秆气化供气系统技术条件及验收规范 NY/T443-2001
13. 户用农村能源生态工程南方模式设计施工和使用规范 NY/T465-2001
14. 户用农村能源生态工程北方模式设计施工和使用规范 NY/T466-2001
15. 生物质气化集中供气站建设标准 NYJ/T09-2005
16. 秸秆气化装置和系统测试方法 NY/T1017-2006
17. 小型风力发电系统安装规范 NY/T1137-2006

五、相关终端用能产品能效标准

1. 管形荧光灯镇流器能效限定值及节能评价值 GB17896-1999
2. 普通照明用双端荧光灯能效限定值及能效等级 GB19043-2003
3. 普通照明用自镇流荧光灯能效限定值及能效等级 GB19044-2003
4. 单端荧光灯能效限定值及节能评价值 GB19415-2003
5. 高压钠灯能效限定值及能效等级 GB19573-2004
6. 高压钠灯用镇流器能效限定值及节能评价值 GB19574-2004
7. 金属卤化物灯用镇流器能效限定值及能效等级 GB200053-2006
8. 金属卤化物灯能效限定值及能效等级 GB200054-2006
9. 单元式空气调节机能效限定值及能源效率等级 GB19576-2004
10. 乘用车燃料消耗量限值 GB19578-2004

注："*"表示正在修订。

7. 陕西省固定资产投资项目节能审查实施办法

陕发改环资〔2017〕331号

第一条 为促进固定资产投资项目科学合理利用能源，从源头上杜绝能源浪费，提高能源利用效率，加强能源消费总量管理，根据《中华人民共和国节约能源法》、《陕西省节约能源条例》和《固定资产投资项目节能审查办法》（国家发展改革委2016年第44号令），制定本办法。

第二条 本办法适用于各级人民政府投资主管部门管理的在我省建设的固定资产投资项目。本办法所称节能审查，是指根据节能法律法规、政策标准等，对项目节能情况进行审查并形成审查意见的行为。

第三条 固定资产投资项目节能审查意见是项目开工建设、竣工验收和运营管理的重要依据。政府投资项目，建设单位在报送项目可行性研究报告前，需取得节能审查机关出具的节能审查意见。企业投资项目，建设单位需在开工建设前取得节能审查机关出具的节能审查意见。未按本办法规定进行节能审查，或节能审查未通过的项目，建设单位不得开工建设，已经建成的不得投入生产、使用。

第四条 固定资产投资项目节能审查由各级发展改革部门负责。

核报国务院审批以及国家发展改革委审批的政府投资项目，建设单位在报送项目可行性研究报告前，由省发展改革委出具节能审查意见。国家发展改革委核报国务院核准以及国家发展改革委核准的企业投资项目，建设单位需在开工建设前取得省发展改革委出具的节能审查意见。

年综合能源消费量5000吨标准煤以上（改扩建项目按照建成投产后年综合能源消费增量计算，电力折算系数按当量值，下同）的固定资产投资项目，其节能审查由省发展改革委负责。

年综合能源消费量在5000吨标准煤至1000吨标准煤之间的固定资产投资项目，其节能审查由各设区市、韩城市、杨凌示范区、西咸新区发展改革部门负责。

第五条 年综合能源消费量不满1000吨标准煤，且年电力消费量不满500万千瓦时的固定资产投资项目，以及用能工艺简单、节能潜力小的行业（具体行业目录由国家发展改革委公布）的固定资产投资项目应按照相关节能标准、规范建设，不再单独进行节能审查。

第六条 建设单位应编制固定资产投资项目节能报告。项目节能报告应包括下列内容：分析评价依据；项目建设方案的节能分析和比选，包括总平面布置、生产工艺、用能工艺、用能设备、能源计量器具和重点用能单位能耗监测端系统建设等方面；选取节能效果好、技术经济可行的节能技术和管理措施；项目能源消费量、能源消费结构、能源效率等方面的分析；对所在地完成能源消耗总量和强度目标、煤炭消费减量替代目标的影响等方面的分析评价。

第七条 省（市、区）发展改革部门受理项目节能报告后，应委托有关机构进行评审，形成评审意见，作为节能审查的重要依据。节能审查应依据项目是否符合节能有关法律法规、标准规范、政策；项目用能分析是否客观准确，方法是否科学，结论是否准确；节能措施是否合理可行；项目的能源消费量和能效水平是否满足本地区能源消耗总量和强度"双控"管理要求等对项目节能报告进行评审。

第八条 省（市、区）发展改革部门受理项目节能报告后，在法律法规规定的时限内出具节能审查意见。节能审查意见自印发之日起 2 年内有效。

通过节能审查的固定资产投资项目，建设内容、能效水平等发生重大变动的，建设单位应向节能审查机关提出变更申请。

第九条 固定资产投资项目投入生产、使用前，应对其节能审查意见落实情况进行验收。

第十条 固定资产投资项目节能审查应纳入投资项目在线审批监管平台统一管理，实行网上受理、办理、监管和服务，实现审查过程和结果的可查询、可监督。

第十一条 省（市、区）发展改革部门加强节能审查信息的统计分析，强化事中事后监管，对节能审查意见落实情况进行监督检查。各市（区）发展改革部门应按季度向省发展改革委报送本地区节能审查实施情况。

省发展改革委实施全省节能审查信息动态监管，对各市（区）节能审查实施情况进行定期巡查，对重大项目节能审查意见落实情况进行不定期抽查，对违法违规问题进行公开，并依法给予行政处罚。

第十二条 对未按本办法规定进行节能审查，或节能审查未获通过，擅自开工建设或擅自投入生产、使用的固定资产投资项目，由各市（区）发展改革部门依法责令停止建设或停止生产、使用，限期改造；不能改造或逾期不改造的生产性项目，由各市（区）发展改革部门报请本级人民政府或省发展改革委按照国务院规定的权限责令关闭，并依法追究有关责任人的责任。

以拆分项目、提供虚假材料等不正当手段通过节能审查的固定资产投资项目，由节能审查机关撤销项目的节能审查意见。

未落实节能审查意见要求的固定资产投资项目，各市（区）发展改革部门责令建设单位限期整改。不能改正或逾期不改正的，各市（区）发展改革部门按照法律法规的有关规定进行处罚。

负责审批政府投资项目的工作人员，对未进行节能审查或节能审查未获通过的项目，违反本办法规定予以批准的，依法给予处分。

第十三条 各级发展改革部门对建设单位、中介机构等的违法违规信息进行记录，将违法违规信息纳入省信用信息共享平台和投资项目审批监管平台，在省级信用平台向社会公开。

第十四条 固定资产投资项目节能评审、业务培训、监督检查，以及标准指南编制等工作经费，按照国家有关规定纳入部门预算，并按照规定程序向同级财政部门申请。

第十五条 本办法由省发展改革委负责解释。

第十六条 本办法自印发之日起施行。原《陕西省固定资产投资项目节能评估和审查实施暂行办法（修订稿）》（陕发改环资〔2015〕1338 号）同时废止。

8. 天津市固定资产投资项目合理用能评估和审查管理暂行办法

津政发〔2007〕015号

第一条 为加强本市节能工作,规范固定资产投资项目合理用能评估和审查工作,根据《国务院关于加强节能工作的决定》(国发〔2006〕28号)、《天津市节约能源条例》及有关规定,结合我市实际,制定本办法。

第二条 本办法适用于在本市行政区域内新建、改建和扩建的固定资产投资项目。固定资产投资项目的设计和建设,应当遵守合理用能标准和节能设计规范,其可行性研究报告或项目申请报告必须包含合理用能的专题论证内容(见附件)。

第三条 固定资产投资项目在审批、核准前,必须进行合理用能审查,在备案前应征求节能行政主管部门意见,以促进合理利用能源、提高能源利用效率,从源头上杜绝能源的浪费,促进本市产业结构调整和产业升级。

第四条 市经委是全市节能行政主管部门,负责本市固定资产投资项目合理用能评估和审查工作,并进行监督管理。

各级发展改革、财政、规划、国土、建设、交通、水利、安全监管、环保等有关部门在各自职责范围内依法做好相关工作。

区县工经(贸)委等区、县节能行政主管部门和市开发区、保税区、高新区节能行政主管部门依照本办法负责本区域内固定资产投资项目合理用能审查,接受市经委的工作指导与监督。

第五条 固定资产投资项目合理用能审查应当遵循公开、公平、公正的原则,提高办事效率,提供优质服务。

第六条 年能耗1000吨标准煤以上(含本数,下同)或年耗电在300万千瓦时以上的固定资产投资项目,应当委托合理用能评估机构对项目可行性研究报告或项目申请报告的合理用能专题论证内容(节能篇)进行评估,并出具合理用能评估报告。合理用能评估管理办法由市经委另行制定。

第七条 合理用能评估报告应当包括以下内容:

(一)项目是否符合国家产业政策和本市有关规定;
(二)项目是否符合中国节能技术政策大纲和行业节能设计规范;
(三)项目的用能总量及用能种类是否合理;
(四)项目的设计是否采用先进工艺技术,是否达到国内能耗先进水平或国际先进水平,其单位建筑面积、设备、工艺和产品能耗是否达到国家和本市规定的标准;
(五)是否严格执行国家明令推广或淘汰的设备、产品目录;
(六)项目的能耗指标、采用的节能技术措施和预期达到的节能效果分析;
(七)项目合理用能的综合评估意见;
(八)法律、法规或国家有关部门规定的其他内容。

第八条 市经委负责审查年综合能耗2000吨标准煤以上或年耗电500万千瓦时以上的

固定资产投资项目，对符合条件的发放《固定资产投资项目合理用能审查决定书》。

区县工经（贸）委等区县节能行政主管部门和市开发区、保税区、高新区节能行政主管部门负责审查年综合能耗 2000 吨标准煤以下或年耗电 500 万千瓦时以下的固定资产投资项目，对符合条件的发放《固定资产投资项目合理用能审查决定书》，其中，对年综合能耗 1000 吨标准煤以上或年耗电 300 万千瓦时以上的项目，在作出审查决定之日起 10 个工作日内将审查情况报市经委。

建筑节能的监督管理按国家和本市有关规定执行。

第九条 申请固定资产投资项目合理用能审查应当提交下列材料：

（一）《固定资产投资项目合理用能审查申请书》；
（二）企业法人营业执照副本复印件；
（三）项目基本情况表；
（四）项目节能措施综述；
（五）项目可行性研究报告或项目申请报告；
（六）固定资产投资项目合理用能评估报告；
（七）申请单位主管部门意见；
（八）根据合理用能评估报告意见需补充的材料；
（九）相关节能设计标准和规范；
（十）国家法律、法规和相关部门规定的其他材料。

第十条 固定资产投资项目合理用能审查程序为：

（一）合理用能审查部门在接到申请后的 5 个工作日内确定是否受理，并通知申请单位。如申请材料不齐全或者不符合要求的，应当场或者在接件 5 个工作日内一次性告知申请单位需要补正的全部内容；

（二）对提交的项目材料进行审查，必要时应进行现场勘查；

（三）对审查合格的项目，合理用能审查部门应在 15 个工作日内出具《固定资产投资项目合理用能审查决定书》，如需进行现场勘查的，可延长 20 个工作日；审查不合格的，向申请单位出具不予行政许可决定书。

第十一条 固定资产投资项目自合理用能审查通过之日起，两年内仍未开工建设或有其他原因需要取消审查的，合理用能审查部门可以取消审查决定。

第十二条 通过合理用能审查的项目，在实施过程中遇有建设规模、建设内容、节能技术方案等发生重大变化的，项目单位应及时以书面形式向原审查部门报告，由原审查部门出具书面确认意见或要求其重新办理审查手续。

第十三条 项目审批、核准或备案部门应严格把关，对未进行合理用能审查或未通过合理用能审查的项目，一律不得审批、核准或备案，不得享受国家有关优惠政策，更不得批准开工建设；对擅自进行审批、核准或备案的，要依法追究直接责任人的责任。

第十四条 合理用能审查部门可委托有资格的节能监测（察）机构对通过合理用能审查的项目实施监督。

第十五条 有关行政主管部门应认真履行职责，加强项目建设和运行过程中的监督检查，确保节能措施与能效指标的落实；对建设内容和生产行为违反已审查节能措施的，要责令停止施工并限期整改，同时依法追究相关单位的法律责任。

第十六条 项目正式竣工验收前，建设单位应报请合理用能审查部门进行合理用能的竣工检验。对未达到合理用能标准和节能设计规范要求的，不予验收。

第十七条 合理用能审查部门要严格执行国家法律法规和本规定，对在项目审查过程中滥用职权、玩忽职守、徇私舞弊、索贿受贿的，根据情节轻重，依法追究其责任。

第十八条 对在合理用能评估和审查工作中做出显著成绩的单位和个人给予表彰和奖励。

第十九条 本办法自发布之日起施行。

2007 年 3 月 12 日

9. 中华人民共和国节约能源法

《中华人民共和国节约能源法》是为了推动全社会节约能源，提高能源利用效率，保护和改善环境，促进经济社会全面协调可持续发展，制定本法。1997年11月1日第八届全国人民代表大会常务委员会第二十八次会议通过，自1998年1月1日起施行。

2007年10月28日第十届全国人民代表大会常务委员会第三十次会议修订通过，自2008年4月1日起施行。

2016年7月2日第十二届全国人民代表大会常务委员会第二十一次会议通过的《全国人民代表大会常务委员会关于修改〈中华人民共和国节约能源法〉等六部法律的决定》修改。[1]

2018年10月26日第十三届全国人民代表大会常务委员会第六次会议《关于修改〈中华人民共和国野生动物保护法〉等十五部法律的决定》第二次修正。

发布单位：全国人民代表大会常务委员会

施行时间：1998年1月1日

修订时间：2018年10月26日

修订

1997年11月1日第八届全国人民代表大会常务委员会第二十八次会议通过1997年11月1日中华人民共和国主席令第九十号公布自1998年1月1日起施行。

《中华人民共和国节约能源法》由中华人民共和国第十届全国人民代表大会常务委员会第三十次会议于2007年10月28日修订通过，现将修订后的《中华人民共和国节约能源法》公布，自2008年4月1日起施行。

2016年7月2日第十二届全国人民代表大会常务委员会第二十一次会议通过的《全国人民代表大会常务委员会关于修改〈中华人民共和国节约能源法〉等六部法律的决定》修改。

2018年10月26日第十三届全国人民代表大会常务委员会第六次会议《关于修改〈中华人民共和国野生动物保护法〉等十五部法律的决定》第二次修正。

内容

目 录

第一章　总则

第二章　节能管理

第三章　合理使用与节约能源

　第一节　一般规定

　第二节　工业节能

　第三节　建筑节能

　第四节　交通运输节能

　第五节　公共机构节能

第六节　重点用能单位节能
第四章　节能技术进步
第五章　激励措施
第六章　法律责任
第七章　附则

第一章　总　　则

第一条　为了推动全社会节约能源，提高能源利用效率，保护和改善环境，促进经济社会全面协调可持续发展，制定本法。

第二条　本法所称能源，是指煤炭、石油、天然气、生物质能和电力、热力以及其他直接或者通过加工、转换而取得有用能的各种资源。

第三条　本法所称节约能源（以下简称节能），是指加强用能管理，采取技术上可行、经济上合理以及环境和社会可以承受的措施，从能源生产到消费的各个环节，降低消耗、减少损失和污染物排放、制止浪费，有效、合理地利用能源。

第四条　节约资源是我国的基本国策。国家实施节约与开发并举、把节约放在首位的能源发展战略。

第五条　国务院和县级以上地方各级人民政府应当将节能工作纳入国民经济和社会发展规划、年度计划，并组织编制和实施节能中长期专项规划、年度节能计划。

国务院和县级以上地方各级人民政府每年向本级人民代表大会或者其常务委员会报告节能工作。

第六条　国家实行节能目标责任制和节能考核评价制度，将节能目标完成情况作为对地方人民政府及其负责人考核评价的内容。

省、自治区、直辖市人民政府每年向国务院报告节能目标责任的履行情况。

第七条　国家实行有利于节能和环境保护的产业政策，限制发展高耗能、高污染行业，发展节能环保型产业。

国务院和省、自治区、直辖市人民政府应当加强节能工作，合理调整产业结构、企业结构、产品结构和能源消费结构，推动企业降低单位产值能耗和单位产品能耗，淘汰落后的生产能力，改进能源的开发、加工、转换、输送、储存和供应，提高能源利用效率。

国家鼓励、支持开发和利用新能源、可再生能源。

第八条　国家鼓励、支持节能科学技术的研究、开发、示范和推广，促进节能技术创新与进步。

国家开展节能宣传和教育，将节能知识纳入国民教育和培训体系，普及节能科学知识，增强全民的节能意识，提倡节约型的消费方式。

第九条　任何单位和个人都应当依法履行节能义务，有权检举浪费能源的行为。

新闻媒体应当宣传节能法律、法规和政策，发挥舆论监督作用。

第十条　国务院管理节能工作的部门主管全国的节能监督管理工作。国务院有关部门在各自的职责范围内负责节能监督管理工作，并接受国务院管理节能工作的部门的指导。

县级以上地方各级人民政府管理节能工作的部门负责本行政区域内的节能监督管理工作。县级以上地方各级人民政府有关部门在各自的职责范围内负责节能监督管理工作，并接受同级管理节能工作的部门的指导。

第二章 节能管理

第十一条 国务院和县级以上地方各级人民政府应当加强对节能工作的领导,部署、协调、监督、检查、推动节能工作。

第十二条 县级以上人民政府管理节能工作的部门和有关部门应当在各自的职责范围内,加强对节能法律、法规和节能标准执行情况的监督检查,依法查处违法用能行为。

履行节能监督管理职责不得向监督管理对象收取费用。

第十三条 国务院标准化主管部门和国务院有关部门依法组织制定并适时修订有关节能的国家标准、行业标准,建立健全节能标准体系。

国务院标准化主管部门会同国务院管理节能工作的部门和国务院有关部门制定强制性的用能产品、设备能源效率标准和生产过程中耗能高的产品的单位产品能耗限额标准。

国家鼓励企业制定严于国家标准、行业标准的企业节能标准。

省、自治区、直辖市制定严于强制性国家标准、行业标准的地方节能标准,由省、自治区、直辖市人民政府报经国务院批准;本法另有规定的除外。

第十四条 建筑节能的国家标准、行业标准由国务院建设主管部门组织制定,并依照法定程序发布。

省、自治区、直辖市人民政府建设主管部门可以根据本地实际情况,制定严于国家标准或者行业标准的地方建筑节能标准,并报国务院标准化主管部门和国务院建设主管部门备案。

第十五条 国家实行固定资产投资项目节能评估和审查制度。不符合强制性节能标准的项目,建设单位不得开工建设;已经建成的,不得投入生产、使用。政府投资项目不符合强制性节能标准的,依法负责项目审批的机关不得批准建设。具体办法由国务院管理节能工作的部门会同国务院有关部门制定。

第十六条 国家对落后的耗能过高的用能产品、设备和生产工艺实行淘汰制度。淘汰的用能产品、设备、生产工艺的目录和实施办法,由国务院管理节能工作的部门会同国务院有关部门制定并公布。

生产过程中耗能高的产品的生产单位,应当执行单位产品能耗限额标准。对超过单位产品能耗限额标准用能的生产单位,由管理节能工作的部门按照国务院规定的权限责令限期治理。

对高耗能的特种设备,按照国务院的规定实行节能审查和监管。

第十七条 禁止生产、进口、销售国家明令淘汰或者不符合强制性能源效率标准的用能产品、设备;禁止使用国家明令淘汰的用能设备、生产工艺。

第十八条 国家对家用电器等使用面广、耗能量大的用能产品,实行能源效率标识管理。实行能源效率标识管理的产品目录和实施办法,由国务院管理节能工作的部门会同国务院市场监督管理部门制定并公布。

第十九条 生产者和进口商应当对列入国家能源效率标识管理产品目录的用能产品标注能源效率标识,在产品包装物上或者说明书中予以说明,并按照规定报国务院市场监督管理部门和国务院管理节能工作的部门共同授权的机构备案。

生产者和进口商应当对其标注的能源效率标识及相关信息的准确性负责。禁止销售应当标注而未标注能源效率标识的产品。

禁止伪造、冒用能源效率标识或者利用能源效率标识进行虚假宣传。

第二十条 用能产品的生产者、销售者，可以根据自愿原则，按照国家有关节能产品认证的规定，向经国务院认证认可监督管理部门认可的从事节能产品认证的机构提出节能产品认证申请；经认证合格后，取得节能产品认证证书，可以在用能产品或者其包装物上使用节能产品认证标志。

禁止使用伪造的节能产品认证标志或者冒用节能产品认证标志。

第二十一条 县级以上各级人民政府统计部门应当会同同级有关部门，建立健全能源统计制度，完善能源统计指标体系，改进和规范能源统计方法，确保能源统计数据真实、完整。

国务院统计部门会同国务院管理节能工作的部门，定期向社会公布各省、自治区、直辖市以及主要耗能行业的能源消费和节能情况等信息。

第二十二条 国家鼓励节能服务机构的发展，支持节能服务机构开展节能咨询、设计、评估、检测、审计、认证等服务。

国家支持节能服务机构开展节能知识宣传和节能技术培训，提供节能信息、节能示范和其他公益性节能服务。

第二十三条 国家鼓励行业协会在行业节能规划、节能标准的制定和实施、节能技术推广、能源消费统计、节能宣传培训和信息咨询等方面发挥作用。

第三章　合理使用与节约能源

第一节　一般规定

第二十四条 用能单位应当按照合理用能的原则，加强节能管理，制定并实施节能计划和节能技术措施，降低能源消耗。

第二十五条 用能单位应当建立节能目标责任制，对节能工作取得成绩的集体、个人给予奖励。

第二十六条 用能单位应当定期开展节能教育和岗位节能培训。

第二十七条 用能单位应当加强能源计量管理，按照规定配备和使用经依法检定合格的能源计量器具。

用能单位应当建立能源消费统计和能源利用状况分析制度，对各类能源的消费实行分类计量和统计，并确保能源消费统计数据真实、完整。

第二十八条 能源生产经营单位不得向本单位职工无偿提供能源。任何单位不得对能源消费实行包费制。

第二节　工业节能

第二十九条 国务院和省、自治区、直辖市人民政府推进能源资源优化开发利用和合理配置，推进有利于节能的行业结构调整，优化用能结构和企业布局。

第三十条 国务院管理节能工作的部门会同国务院有关部门制定电力、钢铁、有色金属、建材、石油加工、化工、煤炭等主要耗能行业的节能技术政策，推动企业节能技术改造。

第三十一条 国家鼓励工业企业采用高效、节能的电动机、锅炉、窑炉、风机、泵类等设备，采用热电联产、余热余压利用、洁净煤以及先进的用能监测和控制等技术。

第三十二条 电网企业应当按照国务院有关部门制定的节能发电调度管理的规定，安排清洁、高效和符合规定的热电联产、利用余热余压发电的机组以及其他符合资源综合利用规定的发电机组与电网并网运行，上网电价执行国家有关规定。

第三十三条 禁止新建不符合国家规定的燃煤发电机组、燃油发电机组和燃煤热电机组。

第三节 建筑节能

第三十四条 国务院建设主管部门负责全国建筑节能的监督管理工作。

县级以上地方各级人民政府建设主管部门负责本行政区域内建筑节能的监督管理工作。

县级以上地方各级人民政府建设主管部门会同同级管理节能工作的部门编制本行政区域内的建筑节能规划。建筑节能规划应当包括既有建筑节能改造计划。

第三十五条 建筑工程的建设、设计、施工和监理单位应当遵守建筑节能标准。

不符合建筑节能标准的建筑工程，建设主管部门不得批准开工建设；已经开工建设的，应当责令停止施工、限期改正；已经建成的，不得销售或者使用。

建设主管部门应当加强对在建建筑工程执行建筑节能标准情况的监督检查。

第三十六条 房地产开发企业在销售房屋时，应当向购买人明示所售房屋的节能措施、保温工程保修期等信息，在房屋买卖合同、质量保证书和使用说明书中载明，并对其真实性、准确性负责。

第三十七条 使用空调采暖、制冷的公共建筑应当实行室内温度控制制度。具体办法由国务院建设主管部门制定。

第三十八条 国家采取措施，对实行集中供热的建筑分步骤实行供热分户计量、按照用热量收费的制度。新建建筑或者对既有建筑进行节能改造，应当按照规定安装用热计量装置、室内温度调控装置和供热系统调控装置。具体办法由国务院建设主管部门会同国务院有关部门制定。

第三十九条 县级以上地方各级人民政府有关部门应当加强城市节约用电管理，严格控制公用设施和大型建筑物装饰性景观照明的能耗。

第四十条 国家鼓励在新建建筑和既有建筑节能改造中使用新型墙体材料等节能建筑材料和节能设备，安装和使用太阳能等可再生能源利用系统。

第四节 交通运输节能

第四十一条 国务院有关交通运输主管部门按照各自的职责负责全国交通运输相关领域的节能监督管理工作。

国务院有关交通运输主管部门会同国务院管理节能工作的部门分别制定相关领域的节能规划。

第四十二条 国务院及其有关部门指导、促进各种交通运输方式协调发展和有效衔接，优化交通运输结构，建设节能型综合交通运输体系。

第四十三条 县级以上地方各级人民政府应当优先发展公共交通，加大对公共交通的投入，完善公共交通服务体系，鼓励利用公共交通工具出行；鼓励使用非机动交通工具出行。

第四十四条 国务院有关交通运输主管部门应当加强交通运输组织管理，引导道路、水路、航空运输企业提高运输组织化程度和集约化水平，提高能源利用效率。

第四十五条 国家鼓励开发、生产、使用节能环保型汽车、摩托车、铁路机车车辆、船舶和其他交通运输工具，实行老旧交通运输工具的报废、更新制度。

国家鼓励开发和推广应用交通运输工具使用的清洁燃料、石油替代燃料。

第四十六条 国务院有关部门制定交通运输营运车船的燃料消耗量限值标准；不符合标

准的，不得用于营运。

国务院有关交通运输主管部门应当加强对交通运输营运车船燃料消耗检测的监督管理。

第五节 公共机构节能

第四十七条 公共机构应当厉行节约，杜绝浪费，带头使用节能产品、设备，提高能源利用效率。

本法所称公共机构，是指全部或者部分使用财政性资金的国家机关、事业单位和团体组织。

第四十八条 国务院和县级以上地方各级人民政府管理机关事务工作的机构会同同级有关部门制定和组织实施本级公共机构节能规划。公共机构节能规划应当包括公共机构既有建筑节能改造计划。

第四十九条 公共机构应当制定年度节能目标和实施方案，加强能源消费计量和监测管理，向本级人民政府管理机关事务工作的机构报送上年度的能源消费状况报告。

国务院和县级以上地方各级人民政府管理机关事务工作的机构会同同级有关部门按照管理权限，制定本级公共机构的能源消耗定额，财政部门根据该定额制定能源消耗支出标准。

第五十条 公共机构应当加强本单位用能系统管理，保证用能系统的运行符合国家相关标准。

公共机构应当按照规定进行能源审计，并根据能源审计结果采取提高能源利用效率的措施。

第五十一条 公共机构采购用能产品、设备，应当优先采购列入节能产品、设备政府采购名录中的产品、设备。禁止采购国家明令淘汰的用能产品、设备。

节能产品、设备政府采购名录由省级以上人民政府的政府采购监督管理部门会同同级有关部门制定并公布。

第六节 重点用能单位节能

第五十二条 国家加强对重点用能单位的节能管理。

下列用能单位为重点用能单位：

（一）年综合能源消费总量一万吨标准煤以上的用能单位；

（二）国务院有关部门或者省、自治区、直辖市人民政府管理节能工作的部门指定的年综合能源消费总量五千吨以上不满一万吨标准煤的用能单位。

重点用能单位节能管理办法，由国务院管理节能工作的部门会同国务院有关部门制定。

第五十三条 重点用能单位应当每年向管理节能工作的部门报送上年度的能源利用状况报告。能源利用状况包括能源消费情况、能源利用效率、节能目标完成情况和节能效益分析、节能措施等内容。

第五十四条 管理节能工作的部门应当对重点用能单位报送的能源利用状况报告进行审查。对节能管理制度不健全、节能措施不落实、能源利用效率低的重点用能单位，管理节能工作的部门应当开展现场调查，组织实施用能设备能源效率检测，责令实施能源审计，并提出书面整改要求，限期整改。

第五十五条 重点用能单位应当设立能源管理岗位，在具有节能专业知识、实际经验以及中级以上技术职称的人员中聘任能源管理负责人，并报管理节能工作的部门和有关部门备案。

能源管理负责人负责组织对本单位用能状况进行分析、评价，组织编写本单位能源利用状况报告，提出本单位节能工作的改进措施并组织实施。

能源管理负责人应当接受节能培训。

第四章　节能技术进步

第五十六条　国务院管理节能工作的部门会同国务院科技主管部门发布节能技术政策大纲，指导节能技术研究、开发和推广应用。

第五十七条　县级以上各级人民政府应当把节能技术研究开发作为政府科技投入的重点领域，支持科研单位和企业开展节能技术应用研究，制定节能标准，开发节能共性和关键技术，促进节能技术创新与成果转化。

第五十八条　国务院管理节能工作的部门会同国务院有关部门制定并公布节能技术、节能产品的推广目录，引导用能单位和个人使用先进的节能技术、节能产品。

国务院管理节能工作的部门会同国务院有关部门组织实施重大节能科研项目、节能示范项目、重点节能工程。

第五十九条　县级以上各级人民政府应当按照因地制宜、多能互补、综合利用、讲求效益的原则，加强农业和农村节能工作，增加对农业和农村节能技术、节能产品推广应用的资金投入。

农业、科技等有关主管部门应当支持、推广在农业生产、农产品加工储运等方面应用节能技术和节能产品，鼓励更新和淘汰高耗能的农业机械和渔业船舶。

国家鼓励、支持在农村大力发展沼气，推广生物质能、太阳能和风能等可再生能源利用技术，按照科学规划、有序开发的原则发展小型水力发电，推广节能型的农村住宅和炉灶等，鼓励利用非耕地种植能源植物，大力发展薪炭林等能源林。

第五章　激励措施

第六十条　中央财政和省级地方财政安排节能专项资金，支持节能技术研究开发、节能技术和产品的示范与推广、重点节能工程的实施、节能宣传培训、信息服务和表彰奖励等。

第六十一条　国家对生产、使用列入本法第五十八条规定的推广目录的需要支持的节能技术、节能产品，实行税收优惠等扶持政策。

国家通过财政补贴支持节能照明器具等节能产品的推广和使用。

第六十二条　国家实行有利于节约能源资源的税收政策，健全能源矿产资源有偿使用制度，促进能源资源的节约及其开采利用水平的提高。

第六十三条　国家运用税收等政策，鼓励先进节能技术、设备的进口，控制在生产过程中耗能高、污染重的产品的出口。

第六十四条　政府采购监督管理部门会同有关部门制定节能产品、设备政府采购名录，应当优先列入取得节能产品认证证书的产品、设备。

第六十五条　国家引导金融机构增加对节能项目的信贷支持，为符合条件的节能技术研究开发、节能产品生产以及节能技术改造等项目提供优惠贷款。

国家推动和引导社会有关方面加大对节能的资金投入，加快节能技术改造。

第六十六条　国家实行有利于节能的价格政策，引导用能单位和个人节能。

国家运用财税、价格等政策，支持推广电力需求侧管理、合同能源管理、节能自愿协议等节能办法。

国家实行峰谷分时电价、季节性电价、可中断负荷电价制度，鼓励电力用户合理调整用电负荷；对钢铁、有色金属、建材、化工和其他主要耗能行业的企业，分淘汰、限制、允许和鼓励类实行差别电价政策。

第六十七条 各级人民政府对在节能管理、节能科学技术研究和推广应用中有显著成绩以及检举严重浪费能源行为的单位和个人，给予表彰和奖励。

第六章　法律责任

第六十八条 负责审批政府投资项目的机关违反本法规定，对不符合强制性节能标准的项目予以批准建设的，对直接负责的主管人员和其他直接责任人员依法给予处分。

固定资产投资项目建设单位开工建设不符合强制性节能标准的项目或者将该项目投入生产、使用的，由管理节能工作的部门责令停止建设或者停止生产、使用，限期改造；不能改造或者逾期不改造的生产性项目，由管理节能工作的部门报请本级人民政府按照国务院规定的权限责令关闭。

第六十九条 生产、进口、销售国家明令淘汰的用能产品、设备的，使用伪造的节能产品认证标志或者冒用节能产品认证标志的，依照《中华人民共和国产品质量法》的规定处罚。

第七十条 生产、进口、销售不符合强制性能源效率标准的用能产品、设备的，由市场监督管理部门责令停止生产、进口、销售，没收违法生产、进口、销售的用能产品、设备和违法所得，并处违法所得一倍以上五倍以下罚款；情节严重的，吊销营业执照。

第七十一条 使用国家明令淘汰的用能设备或者生产工艺的，由管理节能工作的部门责令停止使用，没收国家明令淘汰的用能设备；情节严重的，可以由管理节能工作的部门提出意见，报请本级人民政府按照国务院规定的权限责令停业整顿或者关闭。

第七十二条 生产单位超过单位产品能耗限额标准用能，情节严重，经限期治理逾期不治理或者没有达到治理要求的，可以由管理节能工作的部门提出意见，报请本级人民政府按照国务院规定的权限责令停业整顿或者关闭。

第七十三条 违反本法规定，应当标注能源效率标识而未标注的，由市场监督管理部门责令改正，处三万元以上五万元以下罚款。

违反本法规定，未办理能源效率标识备案，或者使用的能源效率标识不符合规定的，由市场监督管理部门责令限期改正；逾期不改正的，处一万元以上三万元以下罚款。

伪造、冒用能源效率标识或者利用能源效率标识进行虚假宣传的，由市场监督管理部门责令改正，处五万元以上十万元以下罚款；情节严重的，吊销营业执照。

第七十四条 用能单位未按照规定配备、使用能源计量器具的，由市场监督管理部门责令限期改正；逾期不改正的，处一万元以上五万元以下罚款。

第七十五条 瞒报、伪造、篡改能源统计资料或者编造虚假能源统计数据的，依照《中华人民共和国统计法》的规定处罚。

第七十六条 从事节能咨询、设计、评估、检测、审计、认证等服务的机构提供虚假信息的，由管理节能工作的部门责令改正，没收违法所得，并处五万元以上十万元以下罚款。

第七十七条 违反本法规定，无偿向本单位职工提供能源或者对能源消费实行包费制的，由管理节能工作的部门责令限期改正；逾期不改正的，处五万元以上二十万元以下罚款。

第七十八条 电网企业未按照本法规定安排符合规定的热电联产和利用余热余压发电的机组与电网并网运行，或者未执行国家有关上网电价规定的，由国家电力监管机构责令改正；造成发电企业经济损失的，依法承担赔偿责任。

第七十九条 建设单位违反建筑节能标准的，由建设主管部门责令改正，处二十万元以上五十万元以下罚款。

设计单位、施工单位、监理单位违反建筑节能标准的，由建设主管部门责令改正，处十万元以上五十万元以下罚款；情节严重的，由颁发资质证书的部门降低资质等级或者吊销资质证书；造成损失的，依法承担赔偿责任。

第八十条 房地产开发企业违反本法规定，在销售房屋时未向购买人明示所售房屋的节能措施、保温工程保修期等信息的，由建设主管部门责令限期改正，逾期不改正的，处三万元以上五万元以下罚款；对以上信息作虚假宣传的，由建设主管部门责令改正，处五万元以上二十万元以下罚款。

第八十一条 公共机构采购用能产品、设备，未优先采购列入节能产品、设备政府采购名录中的产品、设备，或者采购国家明令淘汰的用能产品、设备的，由政府采购监督管理部门给予警告，可以并处罚款；对直接负责的主管人员和其他直接责任人员依法给予处分，并予通报。

第八十二条 重点用能单位未按照本法规定报送能源利用状况报告或者报告内容不实的，由管理节能工作的部门责令限期改正；逾期不改正的，处一万元以上五万元以下罚款。

第八十三条 重点用能单位无正当理由拒不落实本法第五十四条规定的整改要求或者整改没有达到要求的，由管理节能工作的部门处十万元以上三十万元以下罚款。

第八十四条 重点用能单位未按照本法规定设立能源管理岗位，聘任能源管理负责人，并报管理节能工作的部门和有关部门备案的，由管理节能工作的部门责令改正；拒不改正的，处一万元以上三万元以下罚款。

第八十五条 违反本法规定，构成犯罪的，依法追究刑事责任。

第八十六条 国家工作人员在节能管理工作中滥用职权、玩忽职守、徇私舞弊，构成犯罪的，依法追究刑事责任；尚不构成犯罪的，依法给予处分。

第七章 附　　则

第八十七条 本法自 2008 年 4 月 1 日起施行。

十、文物调查相关管理规定

1. 中华人民共和国文物保护法实施条例

《中华人民共和国文物保护法实施条例》根据《中华人民共和国文物保护法》制定。2003年5月13日国务院第8次常务会议通过,2003年5月18日发布,自2003年7月1日起施行。根据2013年12月7日《国务院关于修改部分行政法规的决定》修订。共计8章64条。[1] 根据2016年1月13日国务院第119次常务会议通过《国务院关于修改部分行政法规的决定》中华人民共和国国务院令 第666号 第二次修订。

发布令:

中华人民共和国国务院令

第377号

《中华人民共和国文物保护法实施条例》已经2003年5月13日国务院第8次常务会议通过,现予公布,自2003年7月1日起施行。

总理 温家宝
二〇〇三年五月十八日

中华人民共和国国务院令

第645号

《国务院关于修改部分行政法规的决定》已经2013年12月4日国务院第32次常务会议通过,现予公布,自公布之日起施行。

总理 李克强
2013年12月7日

修改情况:

1. 国务院关于修改部分行政法规的决定

为了依法推进行政审批制度改革和政府职能转变,发挥好地方政府贴近基层的优势,促进和保障政府管理由事前审批更多地转为事中事后监管,进一步激发市场、社会的创造活力,根据2013年7月13日国务院公布的《国务院关于取消和下放50项行政审批项目等事项的决定》和2013年11月8日国务院公布的《国务院关于取消和下放一批行政审批项目的决定》,国务院对取消和下放的125项行政审批项目涉及的行政法规进行了清理。经过清理,国务院决定:对16部行政法规的部分条款予以修改。

八、将《中华人民共和国文物保护法实施条例》第二十七条修改为:"从事考古发掘的单位提交考古发掘报告后，经省、自治区、直辖市人民政府文物行政主管部门批准，可以保留少量出土文物作为科研标本，并应当于提交发掘报告之日起 6 个月内将其他出土文物移交给由省、自治区、直辖市人民政府文物行政主管部门指定的国有的博物馆、图书馆或者其他国有文物收藏单位收藏。"

第三十五条修改为："为制作出版物、音像制品等拍摄馆藏三级文物的，应当报设区的市级人民政府文物行政主管部门批准；拍摄馆藏一级文物和馆藏二级文物的，应当报省、自治区、直辖市人民政府文物行政主管部门批准。"

第四十条修改为："设立文物商店，应当向省、自治区、直辖市人民政府文物行政主管部门提出申请。省、自治区、直辖市人民政府文物行政主管部门应当自收到申请之日起 30 个工作日内作出批准或者不批准的决定。决定批准的，发给批准文件；决定不批准的，应当书面通知当事人并说明理由。"

2. 国务院第 119 次常务会议通过《国务院关于修改部分行政法规的决定》中华人民共和国国务院令第 666 号第二次修订

三十四、将《中华人民共和国文物保护法实施条例》第四十一条、第四十二条中的"国务院文物行政主管部门"修改为"省、自治区、直辖市人民政府文物行政主管部门"。

条例内容：

（2003 年 5 月 18 日中华人民共和国国务院令第 377 号公布　根据 2013 年 12 月 7 日《国务院关于修改部分行政法规的决定》修订）

第一章　总　　则

第一条　根据《中华人民共和国文物保护法》（以下简称文物保护法），制定本实施条例。

第二条　国家重点文物保护专项补助经费和地方文物保护专项经费，由县级以上人民政府文物行政主管部门、投资主管部门、财政部门按照国家有关规定共同实施管理。任何单位或者个人不得侵占、挪用。

第三条　国有的博物馆、纪念馆、文物保护单位等的事业性收入，应当用于下列用途：

（一）文物的保管、陈列、修复、征集；

（二）国有的博物馆、纪念馆、文物保护单位的修缮和建设；

（三）文物的安全防范；

（四）考古调查、勘探、发掘；

（五）文物保护的科学研究、宣传教育。

第四条　文物行政主管部门和教育、科技、新闻出版、广播电视行政主管部门，应当做好文物保护的宣传教育工作。

第五条　国务院文物行政主管部门和省、自治区、直辖市人民政府文物行政主管部门，应当制定文物保护的科学技术研究规划，采取有效措施，促进文物保护科技成果的推广和应用，提高文物保护的科学技术水平。

第六条　有文物保护法第十二条所列事迹之一的单位或者个人，由人民政府及其文物行政主管部门、有关部门给予精神鼓励或者物质奖励。

第二章　不可移动文物

第七条　历史文化名城，由国务院建设行政主管部门会同国务院文物行政主管部门报国务院核定公布。

历史文化街区、村镇，由省、自治区、直辖市人民政府城乡规划行政主管部门会同文物行政主管部门报本级人民政府核定公布。

县级以上地方人民政府组织编制的历史文化名城和历史文化街区、村镇的保护规划，应当符合文物保护的要求。

第八条 全国重点文物保护单位和省级文物保护单位自核定公布之日起1年内，由省、自治区、直辖市人民政府划定必要的保护范围，作出标志说明，建立记录档案，设置专门机构或者指定专人负责管理。

设区的市、自治州级和县级文物保护单位自核定公布之日起1年内，由核定公布该文物保护单位的人民政府划定保护范围，作出标志说明，建立记录档案，设置专门机构或者指定专人负责管理。

第九条 文物保护单位的保护范围，是指对文物保护单位本体及周围一定范围实施重点保护的区域。

文物保护单位的保护范围，应当根据文物保护单位的类别、规模、内容以及周围环境的历史和现实情况合理划定，并在文物保护单位本体之外保持一定的安全距离，确保文物保护单位的真实性和完整性。

第十条 文物保护单位的标志说明，应当包括文物保护单位的级别、名称、公布机关、公布日期、立标机关、立标日期等内容。民族自治地区的文物保护单位的标志说明，应当同时用规范汉字和当地通用的少数民族文字书写。

第十一条 文物保护单位的记录档案，应当包括文物保护单位本体记录等科学技术资料和有关文献记载、行政管理等内容。

文物保护单位的记录档案，应当充分利用文字、音像制品、图画、拓片、摹本、电子文本等形式，有效表现其所载内容。

第十二条 古文化遗址、古墓葬、石窟寺和属于国家所有的纪念建筑物、古建筑，被核定公布为文物保护单位的，由县级以上地方人民政府设置专门机构或者指定机构负责管理。其他文物保护单位，由县级以上地方人民政府设置专门机构或者指定机构、专人负责管理；指定专人负责管理的，可以采取聘请文物保护员的形式。

文物保护单位有使用单位的，使用单位应当设立群众性文物保护组织；没有使用单位的，文物保护单位所在地的村民委员会或者居民委员会可以设立群众性文物保护组织。文物行政主管部门应当对群众性文物保护组织的活动给予指导和支持。

负责管理文物保护单位的机构，应当建立健全规章制度，采取安全防范措施；其安全保卫人员，可以依法配备防卫器械。

第十三条 文物保护单位的建设控制地带，是指在文物保护单位的保护范围外，为保护文物保护单位的安全、环境、历史风貌对建设项目加以限制的区域。

文物保护单位的建设控制地带，应当根据文物保护单位的类别、规模、内容以及周围环境的历史和现实情况合理划定。

第十四条 全国重点文物保护单位的建设控制地带，经省、自治区、直辖市人民政府批准，由省、自治区、直辖市人民政府的文物行政主管部门会同城乡规划行政主管部门划定并公布。

省级、设区的市、自治州级和县级文物保护单位的建设控制地带，经省、自治区、直辖市人民政府批准，由核定公布该文物保护单位的人民政府的文物行政主管部门会同城乡规划行政主管部门划定并公布。

第十五条 承担文物保护单位的修缮、迁移、重建工程的单位，应当同时取得文物行政主管部门发给的相应等级的文物保护工程资质证书和建设行政主管部门发给的相应等级的资质证书。其中，不涉及建筑活动的文物保护单位的修缮、迁移、重建，应当由取得文物行政主管部门发给的相应等级的文物保护工程资质证书的单位承担。

第十六条 申领文物保护工程资质证书，应当具备下列条件：

（一）有取得文物博物专业技术职务的人员；

（二）有从事文物保护工程所需的技术设备；

（三）法律、行政法规规定的其他条件。

第十七条 申领文物保护工程资质证书，应当向省、自治区、直辖市人民政府文物行政主管部门或者国务院文物行政主管部门提出申请。省、自治区、直辖市人民政府文物行政主管部门或者国务院文物行政主管部门应当自收到申请之日起30个工作日内作出批准或者不批准的决定。决定批准的，发给相应等级的文物保护工程资质证书；决定不批准的，应当书面通知当事人并说明理由。文物保护工程资质等级的分级标准和审批办法，由国务院文物行政主管部门制定。

第十八条 文物行政主管部门在审批文物保护单位的修缮计划和工程设计方案前，应当征求上一级人民政府文物行政主管部门的意见。

第十九条 危害全国重点文物保护单位安全或者破坏其历史风貌的建筑物、构筑物，由省、自治区、直辖市人民政府负责调查处理。

危害省级、设区的市、自治州级、县级文物保护单位安全或者破坏其历史风貌的建筑物、构筑物，由核定公布该文物保护单位的人民政府负责调查处理。

危害尚未核定公布为文物保护单位的不可移动文物安全的建筑物、构筑物，由县级人民政府负责调查处理。

第三章　考古发掘

第二十条 申请从事考古发掘的单位，取得考古发掘资质证书，应当具备下列条件：

（一）有4名以上取得考古发掘领队资格的人员；

（二）有取得文物博物专业技术职务的人员；

（三）有从事文物安全保卫的专业人员；

（四）有从事考古发掘所需的技术设备；

（五）有保障文物安全的设施和场所；

（六）法律、行政法规规定的其他条件。

第二十一条 申领考古发掘资质证书，应当向国务院文物行政主管部门提出申请。国务院文物行政主管部门应当自收到申请之日起30个工作日内作出批准或者不批准的决定。决定批准的，发给考古发掘资质证书；决定不批准的，应当书面通知当事人并说明理由。

第二十二条 考古发掘项目实行领队负责制度。担任领队的人员，应当取得国务院文物行政主管部门按照国家有关规定发给的考古发掘领队资格证书。

第二十三条 配合建设工程进行的考古调查、勘探、发掘，由省、自治区、直辖市人民政府文物行政主管部门组织实施。跨省、自治区、直辖市的建设工程范围内的考古调查、勘探、发掘，由建设工程所在地的有关省、自治区、直辖市人民政府文物行政主管部门联合组织实施；其中，特别重要的建设工程范围内的考古调查、勘探、发掘，由国务院文物行政主管部门组织实施。

建设单位对配合建设工程进行的考古调查、勘探、发掘，应当予以协助，不得妨碍考古调查、勘探、发掘。

第二十四条 国务院文物行政主管部门应当自收到文物保护法第三十条第一款规定的发掘计划之日起 30 个工作日内作出批准或者不批准决定。决定批准的，发给批准文件；决定不批准的，应当书面通知当事人并说明理由。

文物保护法第三十条第二款规定的抢救性发掘，省、自治区、直辖市人民政府文物行政主管部门应当自开工之日起 10 个工作日内向国务院文物行政主管部门补办审批手续。

第二十五条 考古调查、勘探、发掘所需经费的范围和标准，按照国家有关规定执行。

第二十六条 从事考古发掘的单位应当在考古发掘完成之日起 30 个工作日内向省、自治区、直辖市人民政府文物行政主管部门和国务院文物行政主管部门提交结项报告，并于提交结项报告之日起 3 年内向省、自治区、直辖市人民政府文物行政主管部门和国务院文物行政主管部门提交考古发掘报告。

第二十七条 从事考古发掘的单位提交考古发掘报告后，经省、自治区、直辖市人民政府文物行政主管部门批准，可以保留少量出土文物作为科研标本，并应当于提交发掘报告之日起 6 个月内将其他出土文物移交给由省、自治区、直辖市人民政府文物行政主管部门指定的国有的博物馆、图书馆或者其他国有文物收藏单位收藏。

第四章　馆藏文物

第二十八条 文物收藏单位应当建立馆藏文物的接收、鉴定、登记、编目和档案制度，库房管理制度，出入库、注销和统计制度，保养、修复和复制制度。

第二十九条 县级人民政府文物行政主管部门应当将本行政区域内的馆藏文物档案，按照行政隶属关系报设区的市、自治州级人民政府文物行政主管部门或者省、自治区、直辖市人民政府文物行政主管部门备案；设区的市、自治州级人民政府文物行政主管部门应当将本行政区域内的馆藏文物档案，报省、自治区、直辖市人民政府文物行政主管部门备案；省、自治区、直辖市人民政府文物行政主管部门应当将本行政区域内的一级文物藏品档案，报国务院文物行政主管部门备案。

第三十条 文物收藏单位之间借用馆藏文物，借用人应当对借用的馆藏文物采取必要的保护措施，确保文物的安全。

借用的馆藏文物的灭失、损坏风险，除当事人另有约定外，由借用该馆藏文物的文物收藏单位承担。

第三十一条 国有文物收藏单位未依照文物保护法第三十六条的规定建立馆藏文物档案并将馆藏文物档案报主管的文物行政主管部门备案的，不得交换、借用馆藏文物。

第三十二条 修复、复制、拓印馆藏二级文物和馆藏三级文物的，应当报省、自治区、直辖市人民政府文物行政主管部门批准；修复、复制、拓印馆藏一级文物的，应当经省、自治区、直辖市人民政府文物行政主管部门审核后报国务院文物行政主管部门批准。

第三十三条 从事馆藏文物修复、复制、拓印的单位，应当具备下列条件：
（一）有取得中级以上文物博物专业技术职务的人员；
（二）有从事馆藏文物修复、复制、拓印所需的场所和技术设备；
（三）法律、行政法规规定的其他条件。

第三十四条 从事馆藏文物修复、复制、拓印，应当向省、自治区、直辖市人民政府文物行政主管部门提出申请。省、自治区、直辖市人民政府文物行政主管部门应当自收到申请之日起 30 个工作日内作出批准或者不批准的决定。决定批准的，发给相应等级的资质证书；决定不批准的，应当书面通知当事人并说明理由。

第三十五条　为制作出版物、音像制品等拍摄馆藏三级文物的，应当报设区的市级人民政府文物行政主管部门批准；拍摄馆藏一级文物和馆藏二级文物的，应当报省、自治区、直辖市人民政府文物行政主管部门批准。

第三十六条　馆藏文物被盗、被抢或者丢失的，文物收藏单位应当立即向公安机关报案，并同时向主管的文物行政主管部门报告；主管的文物行政主管部门应当在接到文物收藏单位的报告后24小时内，将有关情况报告国务院文物行政主管部门。

第三十七条　国家机关和国有的企业、事业组织等收藏、保管国有文物的，应当履行下列义务：

（一）建立文物藏品档案制度，并将文物藏品档案报所在地省、自治区、直辖市人民政府文物行政主管部门备案；

（二）建立、健全文物藏品的保养、修复等管理制度，确保文物安全；

（三）文物藏品被盗、被抢或者丢失的，应当立即向公安机关报案，并同时向所在地省、自治区、直辖市人民政府文物行政主管部门报告。

第五章　民间收藏文物

第三十八条　文物收藏单位以外的公民、法人和其他组织，可以依法收藏文物，其依法收藏的文物的所有权受法律保护。

公民、法人和其他组织依法收藏文物的，可以要求文物行政主管部门对其收藏的文物提供鉴定、修复、保管等方面的咨询。

第三十九条　设立文物商店，应当具备下列条件：

（一）有200万元人民币以上的注册资本；

（二）有5名以上取得中级以上文物博物专业技术职务的人员；

（三）有保管文物的场所、设施和技术条件；

（四）法律、行政法规规定的其他条件。

第四十条　设立文物商店，应当向省、自治区、直辖市人民政府文物行政主管部门提出申请。省、自治区、直辖市人民政府文物行政主管部门应当自收到申请之日起30个工作日内作出批准或者不批准的决定。决定批准的，发给批准文件；决定不批准的，应当书面通知当事人并说明理由。

第四十一条　依法设立的拍卖企业，从事文物拍卖经营活动的，应当有5名以上取得高级文物博物专业技术职务的文物拍卖专业人员，并取得省、自治区、直辖市人民政府文物行政主管部门发给的文物拍卖许可证。

第四十二条　依法设立的拍卖企业申领文物拍卖许可证，应当向省、自治区、直辖市人民政府文物行政主管部门提出申请。省、自治区、直辖市人民政府文物行政主管部门应当自收到申请之日起30个工作日内作出批准或者不批准的决定。决定批准的，发给文物拍卖许可证；决定不批准的，应当书面通知当事人并说明理由。

第四十三条　文物商店购买、销售文物，经营文物拍卖的拍卖企业拍卖文物，应当记录文物的名称、图录、来源、文物的出卖人、委托人和买受人的姓名或者名称、住所、有效身份证件号码或者有效证照号码以及成交价格，并报核准其销售、拍卖文物的文物行政主管部门备案。接受备案的文物行政主管部门应当依法为其保密，并将该记录保存75年。

文物行政主管部门应当加强对文物商店和经营文物拍卖的拍卖企业的监督检查。

第六章　文物出境进境

第四十四条　国务院文物行政主管部门指定的文物进出境审核机构，应当有5名以上专职文物进出境责任鉴定员。专职文物进出境责任鉴定员应当取得中级以上文物博物专业技术职务并经国务院文物行政主管部门考核合格。

第四十五条 运送、邮寄、携带文物出境，应当在文物出境前依法报文物进出境审核机构审核。文物进出境审核机构应当自收到申请之日起15个工作日内作出是否允许出境的决定。

文物进出境审核机构审核文物，应当有3名以上文物博物专业技术人员参加；其中，应当有2名以上文物进出境责任鉴定员。

文物出境审核意见，由文物进出境责任鉴定员共同签署；对经审核，文物进出境责任鉴定员一致同意允许出境的文物，文物进出境审核机构方可作出允许出境的决定。

文物出境审核标准，由国务院文物行政主管部门制定。

第四十六条 文物进出境审核机构应当对所审核进出境文物的名称、质地、尺寸、级别，当事人的姓名或者名称、住所、有效身份证件号码或者有效证照号码，以及进出境口岸、文物去向和审核日期等内容进行登记。

第四十七条 经审核允许出境的文物，由国务院文物行政主管部门发给文物出境许可证，并由文物进出境审核机构标明文物出境标识。经审核允许出境的文物，应当从国务院文物行政主管部门指定的口岸出境。海关查验文物出境标识后，凭文物出境许可证放行。

经审核不允许出境的文物，由文物进出境审核机构发还当事人。

第四十八条 文物出境展览的承办单位，应当在举办展览前6个月向国务院文物行政主管部门提出申请。国务院文物行政主管部门应当自收到申请之日起30个工作日内作出批准或者不批准的决定。决定批准的，发给批准文件；决定不批准的，应当书面通知当事人并说明理由。

一级文物展品超过120件（套）的，或者一级文物展品超过展品总数的20%的，应当报国务院批准。

第四十九条 一级文物中的孤品和易损品，禁止出境展览。禁止出境展览文物的目录，由国务院文物行政主管部门定期公布。

未曾在国内正式展出的文物，不得出境展览。

第五十条 文物出境展览的期限不得超过1年。因特殊需要，经原审批机关批准可以延期；但是，延期最长不得超过1年。

第五十一条 文物出境展览期间，出现可能危及展览文物安全情形的，原审批机关可以决定中止或者撤销展览。

第五十二条 临时进境的文物，经海关将文物加封后，交由当事人报文物进出境审核机构审核、登记。文物进出境审核机构查验海关封志完好无损后，对每件临时进境文物标明文物临时进境标识，并登记拍照。

临时进境文物复出境时，应当由原审核、登记的文物进出境审核机构核对入境登记拍照记录，查验文物临时进境标识无误后标明文物出境标识，并由国务院文物行政主管部门发给文物出境许可证。

未履行本条第一款规定的手续临时进境的文物复出境的，依照本章关于文物出境的规定办理。

第五十三条 任何单位或者个人不得擅自剥除、更换、挪用或者损毁文物出境标识、文物临时进境标识。

第七章 法律责任

第五十四条 公安机关、工商行政管理、文物、海关、城乡规划、建设等有关部门及其工作人员，违反本条例规定，滥用审批权限、不履行职责或者发现违法行为不予查处的，对负有责任的主管人员和其他直接责任人员依法给予行政处分；构成犯罪的，依法追究刑事责任。

第五十五条　违反本条例规定，未取得相应等级的文物保护工程资质证书，擅自承担文物保护单位的修缮、迁移、重建工程的，由文物行政主管部门责令限期改正；逾期不改正，或者造成严重后果的，处 5 万元以上 50 万元以下的罚款；构成犯罪的，依法追究刑事责任。

违反本条例规定，未取得建设行政主管部门发给的相应等级的资质证书，擅自承担含有建筑活动的文物保护单位的修缮、迁移、重建工程的，由建设行政主管部门依照有关法律、行政法规的规定予以处罚。

第五十六条　违反本条例规定，未取得资质证书，擅自从事馆藏文物的修复、复制、拓印活动的，由文物行政主管部门责令停止违法活动；没收违法所得和从事违法活动的专用工具、设备；造成严重后果的，并处 1 万元以上 10 万元以下的罚款；构成犯罪的，依法追究刑事责任。

第五十七条　文物保护法第六十六条第二款规定的罚款，数额为 200 元以下。

第五十八条　违反本条例规定，未经批准擅自修复、复制、拓印、拍摄馆藏珍贵文物的，由文物行政主管部门给予警告；造成严重后果的，处 2000 元以上 2 万元以下的罚款；对负有责任的主管人员和其他直接责任人员依法给予行政处分。

第五十九条　考古发掘单位违反本条例规定，未在规定期限内提交结项报告或者考古发掘报告的，由省、自治区、直辖市人民政府文物行政主管部门或者国务院文物行政主管部门责令限期改正；逾期不改正的，对负有责任的主管人员和其他直接责任人员依法给予行政处分。

第六十条　考古发掘单位违反本条例规定，未在规定期限内移交文物的，由省、自治区、直辖市人民政府文物行政主管部门或者国务院文物行政主管部门责令限期改正；逾期不改正，或者造成严重后果的，对负有责任的主管人员和其他直接责任人员依法给予行政处分。

第六十一条　违反本条例规定，文物出境展览超过展览期限的，由国务院文物行政主管部门责令限期改正；对负有责任的主管人员和其他直接责任人员依法给予行政处分。

第六十二条　依照文物保护法第六十六条、第七十三条的规定，单位被处以吊销许可证行政处罚的，应当依法到工商行政管理部门办理变更登记或者注销登记；逾期未办理的，由工商行政管理部门吊销营业执照。

第六十三条　违反本条例规定，改变国有的博物馆、纪念馆、文物保护单位等的事业性收入的用途的，对负有责任的主管人员和其他直接责任人员依法给予行政处分；构成犯罪的，依法追究刑事责任。

第八章　附　则

第六十四条　本条例自 2003 年 7 月 1 日起施行。

2. 北京市文物保护管理条例

《北京市人民代表大会常务委员会关于修改〈北京市文物保护管理条例〉的决定》已由北京市第十届人民代表大会常务委员会第四十次会议于1997年10月16日通过，现予公布，自1998年1月1日起施行。

第一章　总　　则

第一条　为了实施《中华人民共和国文物保护法》（以下简称《文物保护法》），加强对文物的保护和管理，结合本市实际情况，制定本条例。

第二条　在本市行政区域内，下列具有历史、艺术、科学价值的文物，受国家保护：

（一）具有历史、艺术、科学价值的古文化遗址、古墓葬、古建筑、石窟寺和石刻；

（二）与重大历史事件、革命运动和著名人物有关的，具有重要纪念意义、教育意义和史料价值的建筑物、遗址、纪念物；

（三）历史上各时代珍贵的艺术品、工艺美术品；

（四）重要的革命文献资料以及具有历史、艺术、科学价值的手稿、古旧图书资料等；

（五）反映历史上各时代、各民族社会制度、社会生产、社会生活的代表性实物。具有科学价值的古脊椎动物化石、古人类化石和具有历史价值、纪念意义的古树名木同文物一样受国家保护。

第三条　本市行政区域内地下、水域中遗存的一切文物，属于国家所有。

古文化遗址、古墓葬、石窟寺属于国家所有。国家指定保护的纪念建筑物、古建筑、石刻等，除国家另有规定的以外，属于国家所有。

国家机关、部队、全民所有制企业、事业组织收藏的文物，属于国家所有。

第四条　属于集体所有和私人所有的纪念建筑物、古建筑和传世文物，其所有权受国家法律的保护。文物的所有者必须遵守国家有关保护管理文物的规定。

集体所有和私人所有的纪念建筑物、古建筑所有权变更时，须向文物行政管理机关登记。

第五条　本市各级人民政府保护本行政区域内的文物。

任何组织和个人都有保护国家文物的义务。

第二章　文物管理机构

第六条　北京市文物事业管理局（以下简称市文物局）是本市文物行政管理机关，主管全市文物保护管理工作。区、县文物行政管理机关，在市文物局的指导下，负责本区、县的文物保护管理工作。

第七条　园林、宗教、房管、教育以及其他行政管理机关，在文物行政管理机关的监督和指导下，对其所属的使用文物的单位加强管理，依法做好文物保护工作。

第八条　依照《文物保护法》核定的文物保护单位，应当区别情况设立专门机构或者配备专职、兼职人员，在文物行政管理机关的指导下，负责该文物保护单位的保护管理工作。

第九条　市人民政府遴选专家、学者和有关部门的负责人成立市文物古迹保护委员会，协助市人民政府研究和审议文物保护管理工作中的重大问题。

第三章　文物保护管理经费

第十条　文物保护管理经费分别列入市、区、县财政预算。

第十一条　各级人民政府和文物行政管理机关，应当多渠道筹措资金，用于文物保护和修缮。

第十二条　建立文物保护基金，具体办法由市人民政府制定。

第十三条　鼓励国内外团体和个人自愿捐资发展文物事业。

第十四条　文物保护管理经费不得挪作他用。

第四章　文物保护单位

第十五条　本市行政区域内的文物保护单位分为：全国重点文物保护单位，市级文物保护单位，区、县级文物保护单位。市级文物保护单位，由市文物局提出，市人民政府核定公布，报国务院备案。区、县级文物保护单位，由区、县文物行政管理机关提出，经市文物局同意，区、县人民政府核定公布，报市人民政府备案。

第十六条　区、县级文物保护单位的撤销，必须征得市文物局的同意，经原核定公布的人民政府批准。

第十七条　保护价值待定的文物古迹，区、县人民政府可以公布为文物暂保单位，视同区、县级文物保护单位予以保护。

文物暂保单位公布后两年内，必须完成对它的鉴定工作。根据鉴定结果，公布为区、县级文物保护单位或者公布撤销。逾期不公布，暂保单位自然撤销。

第十八条　未核定为文物保护单位或者文物暂保单位的文物古迹，市文物局在必要时可要求有关单位采取措施予以保护，并及时会同市有关部门作出处理决定。

第十九条　各级文物保护单位，应当依法划定必要的保护范围，并根据实际需要划出一定的建设控制地带。

全国重点文物保护单位、市级文物保护单位的保护范围和建设控制地带，由市文物局会同市城市规划管理局（以下简称市规划局）划定，市人民政府核定公布。

区、县级文物保护单位的保护范围和建设控制地带，由区、县文物行政管理机关会同区、县规划管理机关划定，经市文物局和市规划局同意，由区、县人民政府核定公布。

第二十条　各级文物保护单位分别由市、区、县文物行政管理机关作出保护标志说明，建立记录档案。

任何组织或者个人不得擅自移动、拆除、污损、破坏文物保护标志。

第二十一条　在文物保护单位的保护范围内，不得改变文物原状，不得损毁、改建、拆除文物建筑及其附属物，不得进行其他建设工程，不得在建筑物内及其附近存放易燃、易爆及其他危及文物安全的物品。

擅自拆除、改建、迁移文物建筑的，由文物行政管理机关责令恢复原状，对文物造成损坏的，责令赔偿损失。

保护范围内已有的非文物建筑，应当区别情况予以整治或者逐步拆除。

第二十二条　在文物保护单位的建设控制地带内兴建新建筑和构筑物，必须符合建设控制要求，建筑高度、体量、色调、风格都不得破坏文物保护单位的环境风貌。对不符合建设控制要求的建筑，由城市规划管理机关和文物行政管理机关责令整治、改建或者拆除。

第二十三条　在市、区、县级文物保护单位的保护范围内，因特殊需要进行建设工程以及在控制地带内的建设工程，必须经相应级别的文物行政管理机关同意后，报城市规划管理机关批准。重大建设工程还需由文物行政管理机关和城市规划管理机关报同级人民政府和上级文物行政管理机关同意。全国重点文物保护单位保护范围内的建设工程，必须经市人民政府和国家文化行政管理机关同意。

经批准的建设工程的建设单位，应当根据文物行政管理机关提出的文物保护要求制定保护措施，列入设计任务书。

第二十四条　因建设工程特别需要而必须对文物保护单位进行迁移或者拆除的，应当依照《文物保护法》履行报批手续。

经批准迁移或者拆除的文物保护单位，应当由文物行政管理机关进行照像、测绘，保留必要的图纸、资料之后，始得施工。拆除的构件和材料属于国家所有的，由文物行政管理机关统一调配使用。

迁移和拆除所需费用和劳动力，由建设单位列入投资计划和劳动计划。

第二十五条　核定为文物保护单位的属于国家所有的文物建筑，除可以建立博物馆、保管所或者辟为参观游览场所外，在不改变原状、不危害文物安全的原则下，分级分类，合理利用。

文物保护单位的使用性质及使用权的变更，必须经文物行政管理机关同意。

擅自变更文物建筑使用性质或者使用权的，由文物行政管理机关责令停止侵害行为，对因使用不当造成文物损坏的，责令赔偿损失。

第二十六条　使用文物建筑的单位，应当负责文物建筑的保养和维修。

对使用的文物建筑不进行保养或者维修的，由文物行政管理机关责令限期改正，逾期不维修造成文物建筑损坏的，责令赔偿损失，并可责令停止继续使用，限期搬迁。

第二十七条　使用文物建筑的单位，应当严格按照古建筑消防管理的规定，加强一切火源、电源的管理，配备必要的灭火设备。在重点要害部位，根据实际需要，安装自动报警和灭火装置。

第二十八条　使用文物建筑的单位，应当严格遵守文物保护管理的有关规定，接受文物行政管理机关的监督检查和指导。对有损文物建筑安全或者有碍开放的，由文物行政管理机关责令整治或者搬迁。整治、搬迁所需费用由使用单位及其上级主管部门承担。

第五章　考古发掘

第二十九条　在本市行政区域内进行考古发掘，必须依照《文物保护法》履行报批手续。

本市的考古调查和发掘，由市文物局指定的专业考古队进行。

未经批准进行考古勘探或者发掘的，由文物行政管理机关责令停止勘探、发掘，追究直接责任人员的行政责任。非法发掘的文物，由文物行政管理机关暂扣、封存，并应当在20日内作出处理决定。

第三十条　任何组织或者个人都不得私自挖掘地下埋藏的文物。

第三十一条　进行大型基本建设工程或者在文物较密集地区内进行建设工程，建设单位应当事先会同市文物局在工程范围有可能埋藏文物的地方进行文物的调查或者勘探工作。调查勘探中发现文物，应当共同商定处理办法。遇有重要发现，由市文物局报告国家文化行政管理机关。

在发现重要文物的地区，市文物局可会同市规划局划定禁止建设区。

第三十二条 需要配合建设工程进行的考古发掘，应当事先履行报批手续。确因建设工期紧迫或者有自然破坏的危险，急需对古文化遗址、古墓葬进行抢救的，可由市文物局组织专业考古队进行发掘，并同时补办批准手续。

第三十三条 凡因进行基本建设和生产建设需要文物勘探、考古发掘的，所需费用和劳动力由建设单位列入投资计划和劳动计划，或者报上级计划部门解决。

第三十四条 在基本建设工程和其他活动中，任何单位或者个人发现古墓葬、古遗址和其他文物，必须对现场加以保护，并立即报告所在区、县文物行政管理机关。遇有重要发现，区、县文物行政管理机关应当及时报市文物局。

第三十五条 考古发掘工作必须严格按照有关规程进行，并接受市文物局监督检查。发掘结束后，发掘单位应当及时向市文物局提出工作报告。

第三十六条 发现出土文物不得隐匿不报，不得据为己有。

出土文物不得买卖和私相授受。

在考古发掘和随工清理中出土的文物，除由市文物局批准交给科研单位进行研究的以外，由发掘出土地点所在区、县文物行政管理机关指定单位保管。对于出土的珍贵文物，当地不具备保管条件的，由市文物局指定单位妥善予以保管。

市文物局在必要时可经市人民政府批准，调用本市的出土文物。

第六章　馆藏文物

第三十七条 全民所有的博物馆、图书馆和其他单位对收藏的文物应当向文物行政管理机关登记注册，并应当区分文物等级，建立藏品档案，设立专门的保管机构或者配备专职保管人员。文物库房及保管设备要符合保护文物的要求。

市文物局负责建立全市馆藏文物的一、二级藏品档案。

第三十八条 市文物局应当成立由有关专家组成的文物鉴定委员会，负责馆藏文物的鉴定工作。

第三十九条 全民所有的博物馆、图书馆和其他单位的文物藏品禁止出卖。

本市所属单位保管的国家二、三级文物藏品的调拨、交换须经市文物局批准。国家一级文物藏品的调拨、交换，由市文物局报国家文化行政管理机关批准。

无馆藏价值文物的处理须报请市文物局批准。

第四十条 本市所属单位保管的国家二、三级文物藏品到外省、市、自治区展览，必须经市文物局批准；国家一级文物藏品，必须经市人民政府批准。

第七章　流散文物

第四十一条 私人收藏的文物出售时，由市文物局指定的单位收购，严禁倒卖牟利，严禁私自卖给外国人。

第四十二条 除经市文物局批准、工商行政管理机关核发营业执照的单位外，其他任何单位或者个人都不得经营文物。

第四十三条 将私人收藏的文物私自卖给外国人的，未经文物行政管理机关批准从事文物购销活动的，文物经营单位经营未经文物行政管理机关许可经营的文物的，由文物行政管理机关暂扣、封存有关文物，并应当在20日内作出处理决定。

第四十四条　司法、公安、海关、工商行政管理机关依法没收的文物，应当妥善保管，并在结案后6个月内全部移交给市文物局。

第四十五条　银行、冶炼厂、造纸厂以及废品回收部门应当与市文物局指定的文物部门共同负责拣选出掺杂在金属器皿和废旧物资中的文物。拣选出的文物除供银行研究所必需的历史货币可由银行留用外，其余移交市文物局处理。移交的文物应当合理作价。

任何单位或者个人不得将拣选出的文物据为己有或者私相赠送。

第八章　文物出境

第四十六条　只允许在国内销售的文物和珍贵文物不得出口。文物出口和个人携带文物出境，必须经市文物局的专门文物鉴定机构进行鉴定，向海关申报。

第四十七条　馆藏文物出国展览，必须经市文物局审核并报市人民政府和国家文化行政管理机关同意。

第九章　奖励与惩罚

第四十八条　对保护文物成绩显著的单位或者个人，由各级人民政府或者文物行政管理机关依照《文物保护法》第二十九条的规定给予表彰或者奖励。

第四十九条　有下列行为的，给予行政处罚：

（一）未经批准在文物保护单位的保护范围内进行建设工程的，或者在文物保护单位周围的建设控制地带修建建筑物、构筑物的，由文物行政管理机关责令停止侵害行为，由城市规划管理机关或者由城市规划管理机关根据文物行政管理机关的意见，按照《北京市城市建设规划条例》予以处罚；

（二）在文物保护单位附近进行爆破、挖掘等活动，危及文物安全的，由公安部门或者由公安部门根据文物行政管理机关的意见予以制止，可以处以罚款；

（三）刻画、涂污或者损坏国家保护的文物尚未造成严重后果的，或者擅自移动、拆除、污损、破坏文物保护标志的，由文物行政管理机关，责令改正，由公安机关或者文物所在单位处以罚款或者责令赔偿损失；

（四）发现出土文物隐匿不报、不上交国家的，由公安机关给予警告或者罚款，并追缴其非法获得的文物；

（五）未经文物行政管理机关批准，从事文物购销活动的，由工商行政管理机关或者由工商行政管理机关根据文物行政管理机关的意见，没收其非法所得和非法经营的文物，可以并处罚款；

（六）文物经营单位经营未经文物行政管理机关许可经营的文物的，经工商行政管理机关会同文物行政管理机关检查认定，由工商行政管理机关没收其非法所得，可以并处罚款或者没收其非法经营的文物；

（七）将私人收藏的文物私自卖给外国人的，由工商行政管理机关处以罚款，并可以没收其文物或者非法所得；

（八）全民所有制博物馆、图书馆等单位将文物藏品出售或者私自赠送给其他全民所有制博物馆、图书馆等单位的，由文物行政管理机关责令追回出售、赠送的文物，没收其非法所得或者处以罚款，对主管人员和直接责任人员由其所在单位或者上级机关给予行政处分。

本条规定罚款的数额依照《中华人民共和国文物保护法实施细则》执行，法律另有规定的从其规定。

第五十条 违反《文物保护法》和本条例情节严重构成犯罪的，依法追究刑事责任。

第五十一条 各级文物行政管理机关的工作人员，必须忠于职守，严格执法。徇私舞弊、玩忽职守、监守自盗的依法严肃处理。

第五十二条 当事人对行政处理决定不服的，可以在接到处理通知之日起 15 日内向作出处理决定的机关的上一级机关申请复议，也可以在 3 个月内向人民法院起诉，但对文物行政管理机关作出的保护文物的决定应当立即执行。期满不起诉又不履行处理决定的，由做出处理决定的机关向人民法院申请强制执行。

第五十三条 司法机关和行政管理机关对违反《文物保护法》和本条例的行为进行处罚，需要对文物进行鉴定时，可以委托专门的鉴定机构承担。

第十章 附 则

第五十四条 本条例执行中的具体问题，由市文物局负责解释。

第五十五条 本条例自公布之日起施行。1981 年 11 月 10 日公布施行的《北京市文物保护管理办法》即行废止。

3. 河北省文物保护管理条例

一九九三年十二月二十二日河北省第八届人民代表大会常务委员会第五次会议通过。第一条：为加强文物的保护和管理，继承优秀历史文化遗产，开展科学研究工作，对人民进行历史唯物主义和革命传统教育，建设社会主义物质文明和精神文明

综述：

一九九三年十二月二十二日河北省第八届人民代表大会常务委员会第五次会议通过

第一章 总 则

第一条 为加强文物的保护和管理，继承优秀历史文化遗产，开展科学研究工作，对人民进行历史唯物主义和革命传统教育，建设社会主义物质文明和精神文明，根据《中华人民共和国文物保护法》和《中华人民共和国文物保护法实施细则》，结合本省实际，制定本条例。

第二条 一切机关，部队，组织和个人都有保护国家文物的义务。

第三条 省文物保护管理机构，省文物行政管理部门，主管全省的文物保护管理工作。市（地区），县，自治区，不设区的市文物保护管理机构为同级文物行政管理部门，管理本行政区域内的文物工作；不设立文物保护管理机构的，文化行政管理部门为文物行政管理部门。

保护管理本行政区域内的文物是乡，民族乡，镇人民政府的职责之一。

第四条 省行政区域内的革命遗址，纪念建筑物，古文化遗址，古墓葬，古建筑，石窟寺，石刻等文物分为全国重点文物保护单位，省级文物保护单位，市级文物保护单位，县级文物保护单位和尚公布为文物保护单位的文物。

纪念物，艺术品，工艺美术品，革命文献资料，手稿，古旧图书资料以及代表性实物等文物，分为珍贵文物和一般文物。珍贵文物分为一、二、三级。文物等级鉴定由省文物行政管理部门管理部门认定。

已公布为文物保护单位的，当地人民政府应当设立相应的机构或配备专职，兼职人员，做好文物保护单位的保护管理工作。各级人民政府设立的博物馆等文物事业单位，由同级文物行政管理部门管理。各级人民政府可以组织有关部门负责人，并聘专家和社会专家及社会知名人士组成文物管理委员会，协调处理文物保护管理工作中的重大问题。文物管理委员会的办事机构为该级文物行政管理部门。

第五条 县级以上各级人民政府应当保护管理，清理发掘，科学研究，收购，奖励等项文物事业费和文物基建经费分别列入本级财预算，由同级文物行政管理部门统一掌握，专款专用，严格管理。

各级文物行政管理部门所属的文物单位的收入应全部用于文物保护管理经费的补充，不得挪作他用。

开放的文物单位，其门票收入可以按一定比例上缴省文物行政管理部门。具体办法由省文物行政管理部门会同省财政部门制定。

各级文物行政管理部门，文物事业单位应当多渠道筹集资金，用于文物保护。鼓励国外团体、组织和个人资助我省发展文物事业。

第二章　文物保护单位

第六条　省及省以下各级文物保护单位，由同级人民政府核定公布，并报上一级人民政府备案。

对尚未公布为文物保护单位的文物，由县级人民政府予以登记，妥善保护。

第七条　根据保护文物的实际需要，可以在文物保护单位的周围划定建设控制地带。在建设控制地带内，不得修建有污染的工厂和高层建筑物或者构筑物；修建建筑物或者构筑物时，其形式、高度、色调等应当与文物保护单位周围环境气氛相协调，不得破坏文物保护单位的环境风貌。其设计方案应当根据文物保护单位的级别，在征得同级文物行政管理部门同意后，报建设行政管理部门批准。

第八条　凡涉及文物保护单位的建设项目，在可行性研究时，应当按文物保护单位级别建设项目，在可行性研究时，应当按文物保护单位级别征得同级及其上一级文物行政管理部门同意。未经文物行政管理部门同意，建设行政管理部门不予批准建设项目，土地行政管理部门不予批准征地。

第九条　因建设工程特别需要必须进行迁移、拆除文物建筑或者需要在纪念建筑古建筑遗址上进行重建的，须根据文物保护单位的级别，报同级人民政府和上一级文物行政管理部门同意；尚未公布为文物保护单位的，应当经县级人民政府和上一级文物行政管理部门同意，并报省文物行政管理部门备案。

经批准迁移、拆除的文物保护单位，文物行政管理部门应当详细记录、测绘、登记、照相，存入资料档案。迁移的文物保护单位须按原状恢复修建。拆除的建筑材料由文物部门保存或者用于文物建筑维修。

第十条　省及省以下文物保护单位和尚未公布为文物保护单位的重要文物的修缮计划和设计施工方案，由省文物行政管理部门审查批准。

文物修缮保护工程应当接受审批机关的监督指导，工程竣工时，应当报审批机关验收。

第十一条　占用文物保护单位须根据文物保护单位的级别，报同级人民政府和上一级文物行政管理部门批准。经批准使用文物保护单位的部门或者单位，必须与当地文物行政管理部门签定使用协议，不得擅自对文物保护单位进行改建、添建，不得改变文物原状。对不按规定保护文物安全或者有碍开放的，原批准机关可责令限期迁出，所需经费由占用单位解决。

第十二条　属于国家所有的古遗址、古墓葬、石窟寺、纪念建筑物、古建筑、石刻等文物，任何单位和个人不得改变其所有权。对已核定公布为文物保护单位的，其管理、使用权的变更，应当根据文物保护单位的级别报同级人民政府和上一级文物行政管理部门批准。

第十三条　在本省区域内划定开发区或者成片出让土地时，应当事先征求文物行政管理部门的意见。涉及文物时，应当与文物行政管理部门妥善协商文物保护办法。

第十四条　保存文物特别丰富、具有重大历史价值和革命意义的城市可以公布为历史文化名城。省级历史文化名城由省文物行政管理部门和省建设行政管理部门报省人民政府核定公布。

第十五条　国家和省级历史文化名城应当全面规划，加强文物的保护和管理，在重点文物保护区和文物风景区划内不得新建影响名城特有风貌的建筑。名城内的文物建筑的拆迁必须征得省文物行政管理部门同意。

第十六条 对具有悠久历史文化或者光荣革命传统又有较多文物尚未公布为历史文化名城的城市，在制定城市总体规划时，应当征求文物行政管理部门的意见，并注意保持其特有的风貌及其历史特点。

第三章 考古调查、勘探、发掘

第十七条 各级文物行政管理部门应当经常对本行政区域内的古遗址和古墓葬进行调查研究，有重要发现时及时向省文物行政管理部门报告。

第十八条 在基本建设项目开工前，建设单位应当事先会同文物行政管理部门在工程范围内有可能埋藏文物的地方进行文物调查、勘探。大型基本建设项目及跨市建设项目的文物调查、勘探工作，由省文物行政管理部门组织实施；中小型基本建设项目的文物调查、探工作由省文物行政管理部门或者委托下一级文物行政管理部门组织实施。

第十九条 因配合基本建设工程进行的考古发掘和抢救性发掘，由省文物行政管理部门或者委托下一级文物行政管理部门组织力量进行，并按规定程序报批。

第二十条 凡因配合本建设和生产建设进行的文物调查、勘探、考古发掘，所需费用由建设单位负责。

第二十一条 省外文物考古单位、科研机构和高等院校需要在本省区域内进行考古调查和发掘的，应当事先征得省文物行政管理部门同意，经国家文物行政管理部门批准并向省文物行政管理部门交验批准计划和发掘证明后，始得进行调查、发掘。

第二十二条 进行考古发掘的单位，应当及时向当地和省文物行政管理部门提交发掘情况报告。发掘工作结束后，应当尽快写出考古发掘学术报告。

未经考古发掘单位同意，任何单位和个人不得发表尚未公开发表的文物资料。

考古发掘的所有出土文物，应当及时详列清单，除经省文物行政管理部门批准留给发掘单位的文物标本外，其余均由省文物行政管理部门指定的博物馆或者文物保管机构保管，任何单位和个人不得侵占。

第二十三条 考古勘探单位及考古勘探领队人员资格，由省文物行政管理部门审查认定，并颁发证书。未经省级以上文物行政管理部门批准，其他任何单位不得进行文物勘探也不得出具文物勘探结果证明。

第四章 博物馆与馆藏文物

第二十四条 县级以上人民政府根据需要可以建巧有民族风格和地方特色的博物馆。收藏和展示文物以及标本，进行宣传教育、科学研究是各级博物馆的职责。

第二十五条 全民所有的博物馆、纪念馆、研究所、保管所、文化馆、图书馆等单位收藏的文物统称为馆藏文物。收藏单位对馆藏文物必须登记建帐，建立藏品档案，制定严格的管理制度。一级文物藏品、价值贵重的文物藏品和保密性文物藏品，应当采取特别措施，重点管。

省文物行政管理部门建立全省珍贵文物藏品档案；市（地区）、县、自治县、不设区的市文物行政管理部门建立本行政区域内的文物藏品档案。

第二十六条 各级人民政府应当支持文物收藏单位建立适合文物收藏需要的库房并配备相应的科学技术保护设施。不具备收藏珍贵文物条件的单位，应当报请上级文物行政管理部门批准，将珍贵文物交指定的文物收藏单位代管。

文物收藏单位应当明确岗位职责，建立保卫组织，配备安全设备，做好文物保护工作。

第二十七条 馆藏文物严禁出卖和赠送。全民所有的文物收藏单位的不够藏品标准的文物和标本需要处理时，应当分类造具清单，报省文物行政管理部门批准。

第五章 私人收藏文物

第二十八条 私人所有的传世文物，其所有权受国家法律保护。文物的所有者必须遵守国家有关文物保护管理规定。

第二十九条 文物购销由文物部门经营。各级文物单位开设文物商店须经省文物行政管理部门批准。凡经营对外销售业务的文物商店，须经省文物行政管理部门同意，并报国家文物行政管理部门批准。

第三十条 私人收藏的文物，严禁倒卖牟利，严禁私自卖给外国人。

经营文物监管物品的旧货市场以及在旧货市场销售文物监管物品的经营者，须经当地文物行政管理部门审查同意后报省文物行政管理部门批准。当地文物行政管理部门组织文物保护管理人员，对文物监管物品的经营活动进行有效监控和管理。

第六章 拓印、复制、拍摄、展览

第三十一条 列入文物保护单位的石刻，当地文物保管机构可以作为研究资料拓印并妥善保存。其他单位和个人如有特殊情况需要拓印的，须按照文物保护单位的级别，报同级文物行政管理凡涉及我国疆域、外交、民族关系或者天文、水文、地震等科学资料以及未发表的墓志铭石刻，禁止随意拓印、拍摄或者翻刻副版出售。有关单位如有特殊需要，须经省文物行政管理部门批准。

第三十二条 文物的复制由文物行政管理部门统一管理。复制品应当标明生产单位、生产日期和生产数量。文物的复制、临摹必须确保文物安全。

一级文物的复制报国家文物行政管理部门批准。二、三级文物的复制和古代壁画的临摹，报省文物行政管理部门批准。未经批准，任何收藏文物的机构不得私自向复制单位提供文物资料。

第三十三条 利用文物拍摄电影、电视，应当按照国家有关规定报经省文物行政管理部门审核批准。在拍摄时，不得超越原批准范围，不得损坏所利用的文物。

第三十四条 国内单位要求拍摄考古发掘现场，报省文物行政管理部门审批。

外国人参加的摄制组到非开放地区拍摄文物的，应当先征得外事、公安、军事部门同意，始得向文物行政管理部门提出申请。

华侨以及香港、澳门和台湾同胞参加摄制组到非开放地区拍摄文物的，按国家有关规定执行。

第三十五条 文物出国（境）展览，须由省文物行政管理部门报经国家文物行政管理部门批准。到外省展览文物的，由省文物行政管理部门审批。

第七章 奖励与惩罚

第三十六条 凡执行《中华人民共和国文物保护法》、《中华人民共和国文物保护法实施细则》和本条例，做出显著成绩有下列事迹之一的单位或者个人，由各级人民政府或者文物行政管理部门给予表彰和奖励：

（一）为保护文物与违法犯罪行为作坚决斗争的；

（二）将本单位或者个人收藏的重要文物、标本捐献给国家的；
（三）发现文物或者重要文物线索及时上交或者上报，使文物得到妥善保护的；
（四）在文物保护科学研究方面有重要发明创造或者其他重要贡献的；
（五）在文物面临破坏危险的时候，抢救文物有功的；
（六）在打击走私、贩卖文物工作中表现突出的。

第三十七条 凡违反本条例，有下列行为之一，尚未对文物造成损坏的，由当地文物行政管理部门给予警告，限期改正，可以并处五百元以上一万元以下罚款。
（一）擅自占用文物建筑或变更使用权的；
（二）使用属于国家所有的文物保护单位，未按国家有关规定进行保养、修缮的；
（三）在文物建筑范围内堆放污物、危险品的；
（四）扰乱古文化遗址文化层的；
（五）未经批准，擅自拓印、复制、拍摄文物或者利用文物保护单位拍摄电影、电视的。

第三十八条 在文物保护范围内，排放污水、废气等，危害文物安全，破坏周围环境的，由当地文物行政管理部门责令限期改正，可以并处一万元以上五万元以下罚款。

第三十九条 凡违反本条例，有下列行为之一的，由当地文物行政管理部门责令赔偿损失，并可处五万元以下罚款：
（一）文物修缮施工单位未按设计施工方案进行文物修缮，改变文物原状的；
（二）未经文物行政管理部门批准，擅自迁移、拆除文物建筑的；
（三）未经文物行政管理部门批准，擅自进行文物勘探、考古发掘，造成文物损坏的；
（四）在建设工程和其他生产活动中发现文物继续施工、生产，造成文物破坏的；
（五）利用文物拍摄电影、电视或者拓印、复制、拍摄文物，造成文物损坏的；
（六）违反本条例其他规定，造成文物损坏的。

第四十条 违反本条例，情节严重造成重大损失的，经当地人民政府批准，可以处五万元以上（不含五万元）罚款。构成犯罪的，由司法机关依法追究刑事责任。

第四十一条 有贪污、盗窃、走私、盗掘文物等行为的，按国家有关法律、法规处理。

第四十二条 各级人民政府对文物保护中的问题不及时处理，致使文物损坏，根据文物被破坏的程度，追究其负责人刑事责任。文物行政管理部门、文物单位及其工作人员滥用职权，管理不善，失职造成文物损毁、流失的，由上级行政机关追究负责人和直接责任人的行政责任。构成犯罪的，由司法机关依法追究刑事责任。

文物工作人员徇私舞弊、监守自盗的，依法从重处理。

第四十三条 当事人对行政处罚决定不服的，可以在接到处罚决定通知书之日起十五日内向作出处罚决定的上一级文物行政管理部门申请复议。上一级文物行政管理部门应当在收到复议申请书之日起，两个月内作出复议决定。当事人对复议决定不服的，可以在收到复议决定通知书之日起十五日内向当地人民法院起诉。逾期不申请复议、不起诉、又不履行处罚决定的，由作出处罚决定的文物行政管理部门申请人民法院强制执行。

第八章 附 则

第四十四条 本条例中"以上"、"以下"除另有注明外均含本级、本数。

第四十五条 本条例在实施中的具体应用问题由河北省文物事业管理局负责解释。

第四十六条 本条例自公布之日起施行。一九八四年六月十二日公布的《河北省文物保护管理条例》即行废止。

4. 内蒙古自治区文物保护条例（修正）

1990年4月14日内蒙古自治区第七届人民代表大会常务委员会第十三次会议通过 根据1993年3月4日内蒙古自治区第七届人民代表大会常务委员会第三十一次会议《关于修改〈内蒙古自治区文物保护条例〉的决定》修正

第一章 总 则

第一条 为加强对文物的保护和管理，根据《中华人民共和国文物保护法》（以下简称《文物保护法》）和《中华人民共和国民族区域自治法》的有关规定，结合自治区的实际，制定本条例。

第二条 在自治区境内，下列具有历史、艺术、科学价值的文物，属于本条例的保护范围：

（一）具有历史、艺术、科学价值的古文化遗址、古墓葬、古建筑、石窟寺和石刻等；

（二）与重大历史事件、革命运动和著名人物有关，具有重要纪念意义、教育意义和史料价值的建筑物、遗址、纪念物；

（三）历史上各时代珍贵的艺术品、工艺美术品；

（四）重要的革命文献资料以及具有历史、艺术、科学价值的手稿、古旧图书资料等；

（五）反映少数民族历史、社会制度、社会生产、社会生活的代表性实物和场所；

（六）具有科学价值的古生物化石、古人类化石和名木古树。

第三条 自治区境内地上、地下和水域中的一切文物，属于国家所有。

国家机关、部队、全民所有制企业、事业单位收藏的文物，属于国家所有。

第四条 属于集体所有和私人所有的古建筑、纪念建筑物、石刻和传世文物，其所有权受国家法律保护。文物的所有者必须遵守国家有关保护管理文物的规定。

第五条 各级人民政府负责保护本行政区域内的文物，加强对文物保护工作的领导，加强文物保护和文物知识的宣传教育，制止一切破坏文物的行为。

一切机关、组织和个人都有保护文物的义务。

第二章 文物保护管理机构、经费

第六条 各级文化行政管理部门主管本行政区域内的文物工作。

第七条 自治区、设区的市、盟行政公署和文物较多的旗县（市）的文化行政管理部门，设立文物保护管理机构，负责日常的文物保护管理工作；根据需要，并可设立文物保护管理委员会，在同级人民政府的领导下，协调解决文物保护管理工作中的重大问题。

第八条 文物特别丰富或者有重要文物遗存的苏木、乡镇，应设置基层文物保护组织或者专、兼职文物保护管理人员。

第九条 文物保护管理经费，分别列入自治区地方各级财政预算。

文物保护管理经费必须专款专用。

第三章 文物保护单位

第十条 自治区境内的革命遗址、纪念建筑物、古文化遗址、古墓葬、古建筑、石窟寺、石刻、古长城、岩画等文物，应当根据它们的历史、艺术、科学价值，分别确定为国家级、自治区级、市级、旗县级重点文物保护单位。核定公布和备案的程序，按《文物保护法》第七条规定办理。

尚未核定公布为文物保护单位而确有价值的文物，当地人民政府要及时采取保护措施，办理审核手续。

第十一条 各级文物保护单位，由同级人民政府划定保护范围，做出标志说明，建立记录档案，并区别情况设置专门机构或者专人负责管理，报上一级文化行政管理部门备案。各级人民政府制定城乡建设规划时，事先要由城乡规划部门会同文化行政管理部门商定对本行政区域内各级文物保护单位的保护措施，纳入规划。

第十二条 在文物保护单位的保护范围内，严禁存放易燃、易爆和腐蚀性物品，严禁进行爆破、射击、砍伐名木古树、毁林开荒等危害文物安全的活动。对于因保护文物而影响农牧民生产、生活的问题，由当地人民政府负责解决。

第十三条 任何单位和个人不得损毁、改建、添建、拆除和侵占各级文物保护单位。

《文物保护法》颁布前被占用的文物保护单位，占用单位或者个人必须在当地文化行政管理部门的监督指导下保护文物；需要迁出的，由文化行政管理部门报请核定公布的人民政府决定，限期迁出。对已核定为文物保护单位的建筑物，应按照《中华人民共和国消防条例》规定，做好防火工作。

第十四条 根据保护文物的实际需要，经自治区人民政府批准，可以在文物保护单位的周围划出一定的建设控制地带。在建设控制地带兴建建筑物，其设计方案，按文物保护单位的级别，在征得同级文化行政管理部门同意后，报城乡建设规划部门批准。

第十五条 文物保护单位的修缮、保养、迁移，必须遵守不改变文物原状的原则，经同级文化行政管理部门批准方可进行。

核定为文物保护单位的纪念建筑物或者古建筑，可以建立文物保管所、纪念馆、博物馆或者辟为参观游览场所。必须作其他用途的，应按照《文物保护法》第十五条的规定办理申报审批手续。

第十六条 文物保护单位由宗教、园林等部门管理的，当地文化行政管理部门应对其文物保护进行监督指导。

第四章 考古调查发掘

第十七条 各级文化行政管理部门应对本行政区域内的文物进行考古调查，并将调查结果通知有关部门。

第十八条 自治区地下埋藏的文物，任何单位和个人不得非法挖掘和私自占有。

凡在自治区境内进行考古发掘工作，必须由文物考古和科研部门向自治区文化行政管理部门提出申请，经自治区文化行政管理部门审查同意，报国家文化行政管理部门批准并颁发《中华人民共和国考古发掘证照》后，方可发掘。非经批准，任何单位或者个人不得擅自进行考古发掘。

第十九条 考古发掘单位，应向自治区文化行政管理部门提出发掘情况的报告，并组织编写考古学术报告。所有出土文物应列出清单。文物除需要交给科学研究部门研究的以外，由自治区文化行政管理部门指定的单位保管，任何单位和个人不得侵占。非经发掘单位同意，任何单位和个人不得发表尚未公开的文物资料。

第二十条　进行大型基本建设项目的时候，在工程范围内有可能埋藏文物的地方，建设单位要事先会同自治区文化行政管理部门进行文物的调查或者勘探工作。调查勘探中发现文物，应当共同商定处理办法。遇有重要发现，由自治区文化行政管理部门及时报国家文化行政管理部门处理。

第二十一条　在进行其他基本建设和生产建设时，任何单位或者个人发现文物，应负责保护好现场，并立即报告当地文化行政管理部门。当地文化行政管理部门应及时将情况报告上级直至自治区文化行政管理部门。

第二十二条　需要配合建设工程进行的考古发掘工作，由自治区文化行政管理部门在调查、勘探工作的基础上提出发掘计划，报国家文化行政管理部门批准。

确因建设工程紧迫或有自然破坏的危险，对古文化遗址、古墓葬等急需进行抢救的，由自治区文化行政管理部门组织力量进行清理发掘，并同时补办批准手续。清理发掘的范围，以坍塌、暴露或短期内有破坏危险的部分为限。超过范围的，按本条例第十八条的规定办理。

第二十三条　凡因进行基本建设和生产建设需要文物勘探、考古发掘的，所需经费和劳动力由建设单位列入投资计划和劳动计划，或者报上级计划部门解决。

第二十四条　考古发掘工作所占用的土地，按《中华人民共和国土地管理法》和《内蒙古自治区实施〈中华人民共和国土地管理法〉办法》的有关规定办理。

第二十五条　外国团体或者个人来我区进行考古调查、发掘，按《文物保护法》第二十一条规定办理；参观考古发掘现场，应经自治区文化行政管理部门同意，并报国家文化行政管理部门批准。

第五章　民族文物

第二十六条　在自治区境内具有民族特点、历史特点和研究价值的反映北方少数民族的社会制度、生产方式、生活方式、文化艺术、宗教信仰、节日活动等有代表性的实物或场所，与少数民族的重大历史事件、革命运动和重要历史人物有关的建筑物和纪念物，有重要价值的少数民族文献资料等，均属民族文物，应予保护。

第二十七条　对目前处于狩猎经济、游牧经济的各少数民族有代表性的实物，要加强搜集、整理和保护。

第二十八条　对于历史悠久，具有建筑特点、民俗特色的典型民族村、浩特、苏木、乡镇，可根据其文物保护价值，由自治区文化行政管理部门会同城乡建设环境保护部门报自治区人民政府核定，公布为民族历史文化保护区。

第六章　馆藏文物

第二十九条　各级文物、博物单位，要做好征集文物、丰富藏品的工作。加强民族文物的征集和收藏工作。

第三十条　全民所有制的文物收藏单位，对所收藏的文物，按文物等级分级管理，建立文物藏品管理制度，并向自治区文化行政管理部门登记。

非文物收藏单位所收藏的文物，应登记造册报当地文化行政管理部门。

第三十一条　对不具备保管条件的全民所有制文物收藏单位和非文物收藏单位所收藏的

文物，文化行政管理部门指定具备条件的单位代为保管；原收藏单位具备保管条件后，经文化行政管理部门检查验收合格，再将文物交原收藏单位。

第三十二条 各级图书馆收藏的具有文物价值的图书资料，按本条例的规定保护管理。

第三十三条 馆藏文物禁止出售。藏品调拨、交换必须报自治区文化行政管理部门审批和备案。一级文物藏品调拨、交换须经国家文化行政管理部门批准。未经批准，任何单位或者个人不得调取文物。

第七章 流散文物

第三十四条 由私人收藏的传世文物，收藏者必须遵守国家文物保护管理法规和本条例的规定，严禁非法倒卖文物，禁止私自将文物馈赠或卖给外国人。

第三十五条 文物市场由当地文化行政管理部门会同工商行政管理部门统一管理。各设区的市、盟行政公署和文物较多的旗县（市），应设文物商店或文物收购站，文物收购单位收购文物，限在本行政区域内进行。其他任何单位或者个人均不得从事文物购销经营活动。

第三十六条 公安、海关、工商行政管理部门依法没收的文物，应移交给文化行政管理部门，由文物收藏单位保管。银行、冶炼厂、造纸厂以及废旧物资回收部门收进的文物，除供银行研究所必需的历史货币可以由银行留用外，其余移交给文化行政管理部门处理，移交的文物须合理作价。

第八章 奖励与处罚

第三十七条 凡有《文物保护法》第二十九条规定的事迹之一的单位或者个人，由各级人民政府给予精神鼓励或者适当的物质奖励。

第三十八条 有下列行为之一的，给予行政处罚：

（一）刻划、涂污或者损坏国家保护的文物尚不严重的，或者损坏自治区境内各级文物保护单位标志的，由公安部门或者文物所在单位处以罚款或者责令赔偿损失；

（二）在自治区境内地下、水域及其他场所中发现文物隐匿不报，不上交国家的，由公安部门给予警告或者处以罚款，并追缴其非法所得的全部文物；

（三）违反《文物保护法》第十一条的规定，在自治区境内各级文物保护单位的保护范围内进行建设工程的，或者违反《文物保护法》第十二条的规定，在自治区境内各级文物保护单位周围的建设控制地带修建建筑物、构筑物的，由城乡建设规划部门或者由城乡建设规划部门根据文化行政管理部门的意见责令停工，责令拆除违法修建的建筑物、构筑物或者处以罚款；

（四）在文物保护单位的保护范围内存放易燃易爆、腐蚀性物品，或者在文物保护单位附近进行爆破、挖掘等活动，危及文物安全的，由公安部门或者由公安部门根据文化行政管理部门的意见予以制止，并可处以罚款；

（五）未经文化行政管理部门批准，从事文物购销活动的，由工商行政管理部门或者由工商行政管理部门根据文化行政管理部门的意见，没收其非法所得和非法经营的文物，可以并处罚款；

（六）文物经营单位经营未经文化行政管理部门许可经营的文物的，经工商行政管理部门会同文化行政管理部门检查认定，由工商行政管理部门没收其非法所得及非法经营的文物，并可处以罚款；

（七）将私人收藏的一般文物私自卖给外国人的，由工商行政管理部门或者由工商行政管理部门根据文化行政管理部门的意见没收其文物和非法所得，并可处以罚款；

（八）全民所有制博物馆、图书馆等单位将其藏品出售或者私自赠送给其他全民所有制博物馆、图书馆等单位的，由文化行政管理部门责令追回出售、赠送的文物，没收其非法所得或者处以罚款，对主管人员和直接责任人员，由所在单位或者上级机关给予行政处分。

以上八项中的罚款数额，按照《中华人民共和国文物保护法实施细则》第四十五条中的规定执行。

第三十九条　当事人对行政处罚决定不服的，可以在法定期限内依法申请复议或者向人民法院起诉。逾期不申请复议或者不提起诉讼、又不履行处罚决定的，由作出处罚决定的机关申请人民法院强制执行，或者依法强制执行。

第四十条　有下列行为之一的，依法追究刑事责任：

（一）贪污或者盗窃国家文物的；

（二）走私国家禁止出口的文物或者进行文物投机倒把活动情节严重的；

（三）故意破坏国家保护的珍贵文物或者名胜古迹的；

（四）盗掘古文化遗址、古墓葬的；

（五）国家工作人员玩忽职守，造成珍贵文物损毁或者流失的。

全民所有制博物馆、图书馆等单位将文物藏品出售或者私自赠送给非全民所有制单位或者个人的，对主管人员和直接责任人员比照刑法第一百八十七条的规定追究刑事责任。国家工作人员滥用职权，非法占有国家保护的文物的，以贪污论处；造成珍贵文物损毁的，比照刑法第一百八十七条的规定追究刑事责任。任何组织或者个人将收藏的国家禁止出口的珍贵文物私自出售或者私自赠送给外国人的，以走私论处。文物工作人员对所管理的文物监守自盗的，依法从重处罚。

第九章　附　　则

第四十一条　文物的复制、拓印、拍摄按国家文化行政管理部门的有关规定执行，自治区文化行政管理部门可根据实际情况制定具体管理办法。

第四十二条　本条例执行中的具体问题，由自治区文化行政管理部门负责解释。

第四十三条　本条例自公布之日起施行。自治区其他有关文物保护管理方面的规定，凡与本条例相抵触的，以本条例为准。

附：内蒙古自治区人民代表大会常务委员会关于修改《内蒙古自治区文物保护条例》的决定

（1993年3月4日内蒙古自治区第七届人民代表大会常务委员会第三十一次会议通过 1993年3月4日公布施行）

5. 山西省实施《中华人民共和国文物保护法》办法

2005年9月29日山西省第十届人民代表大会常务委员会第二十次会议通过。

第一章 总 则

第一条 根据《中华人民共和国文物保护法》和《中华人民共和国文物保护法实施条例》，结合本省实际，制定本办法。

第二条 本办法适用于本省行政区域内的文物以及具有科学价值的古脊椎动物化石、古人类化石的保护、利用和管理。

第三条 各级人民政府负责本行政区域内的文物保护工作，应当及时组织协调有关部门解决文物保护、利用、管理方面的重大问题，确保文物安全。

县级以上人民政府应当将文物保护事业纳入本级国民经济和社会发展规划。文物保护事业所需经费应当列入本级财政预算。根据文物保护事业发展的需要，县级以上人民政府用于文物保护的财政拨款应当随财政收入的增长而增加。

第四条 县级以上人民政府应当采取措施，保障依法设置的文物保护单位的专门管理机构或者依法指定的专人开展文物保护工作。

第五条 县级以上人民政府承担文物保护工作的部门（以下简称文物行政部门），负责本行政区域内文物保护的监督管理和文物资源合理利用的指导、监督，并向社会提供文物信息服务。

公安、工商行政管理、海关等部门，应当在各自的职责范围内做好文物保护工作。

宗教、园林、教育、卫生、房产管理等部门，应当督促其主管的文物保护单位的使用人做好该文物保护单位的保护工作。

第六条 文物、教育、广播电视、新闻出版等部门，应当组织开展文物保护宣传教育活动，增强公民的文物保护意识。

大众传媒负有开展文物保护宣传的义务。

第七条 文物保护事业可以吸纳社会资金投入。具体办法由省人民政府规定。

社会组织或者个人向文物保护事业捐赠的，依照法律、行政法规的规定享受优惠。

第八条 向社会开放的国有的文物保护单位、博物馆、纪念馆等，应当对未成年人、老年人、残疾人和军人实行优惠，或者免费开放。

第二章 不可移动文物

第九条 发现具有特别重要价值的地下文物遗存和古文化遗址后，该遗存或者遗址所在地县级以上人民政府应当实行就地保护，制定和落实相应的保护措施。

第十条 历史文化名城、名镇、名村和街区，根据具体情况，由所在地县级以上人民政府确定有关机构或者指定（聘请）专人负责管理。

禁止在历史文化名城、名镇、名村和街区保护范围内擅自进行拆建。

第十一条 未核定为文物保护单位的不可移动文物，由所在地县级人民政府文物行政部门登记公布，建立档案，制定并落实保护措施。

第十二条　不可移动文物因不可抗力、地下采掘引起地面塌陷等特殊原因必须迁移异地保护或者拆除的，所在地县级或者设区的市人民政府应当报省人民政府批准。必须迁移或者拆除省级文物保护单位的，批准前应当征得国务院文物行政部门同意。必须迁移全国重点文物保护单位的，由省人民政府报国务院批准。

第十三条　文物保护单位保护范围核定公布前已有的非文物建筑物和构筑物，危害文物保护单位安全的，应当拆迁；破坏或者影响文物保护单位历史风貌的，应当结合城市改造和旅游开发逐步拆迁或者改造。拆迁、改造费用由文物保护单位所在地县级以上人民政府解决，但非文物建筑物和构筑物属于违法建筑的，拆除费用由违法行为人承担。

第十四条　因保护文物的需要，县级以上人民政府与非国有不可移动文物的所有人经过协商并达成一致的，可以置换或者购买该不可移动文物；置换或者购买不可移动文物，应当办理相关法律手续。

第十五条　使用国有不可移动文物的单位，不能依法履行修缮、保养义务的，应当搬迁。搬迁费用由该不可移动文物的使用人承担。

第十六条　禁止在文物保护单位内擅自设立宗教活动场所。确需设立的，按照《中华人民共和国文物保护法》第二十三条和国家《宗教事务条例》的有关规定办理。

第十七条　文物保护工程中的修缮工程、保护性设施建设工程和迁移工程，应当依法实行招标投标和工程监理。

文物保护工程施工，应当按照相应的人民政府文物行政部门批准的工程设计方案和施工方案进行，不得随意变更。确需变更的，应当报原审批机关批准。

文物保护工程竣工后，工程设计方案的审批机关应当组织验收。

第十八条　文物保护单位内的塑像等附属文物局部残损的，不得擅自修复；塑像全部毁坏的，不得擅自重塑。确需修复、重塑的，按照国家有关规定办理。

第十九条　禁止开采文物保护单位保护范围和建设控制地带内的地下矿藏。

第三章　考古发掘

第二十条　县级人民政府应当组织文物、规划等有关部门，根据史料、普查资料等，将本行政区域内可能埋藏文物的地区划定并公布为地下文物保护区。

第二十一条　在地下文物保护区内进行工程建设，建设单位在取得项目选址意见书后，应当报请省人民政府文物行政部门组织进行文物考古调查、勘探。在地下文物保护区外进行占地1万平方米以上的大型工程建设的，建设单位在取得项目选址意见书后，应当报请省人民政府文物行政部门组织进行文物考古调查、勘探。

文物考古调查、勘探单位应当及时组织调查、勘探，并在调查、勘探工作完成之日起1个月内，向建设单位提供文物环境评估报告；规划、建设行政部门应当根据文物环境评估报告依法办理建设工程的相关手续。

第二十二条　在对城镇房屋进行拆迁、改造时发现文物的，施工单位应当立即停止施工，保护现场，并报告当地县级以上人民政府文物行政部门；文物行政部门接到报告后，除遇有不可抗力的情况外，应当在24小时内赶赴现场，并在7个工作日内提出处理意见。

第二十三条　地下文物面临破坏危险，确需进行抢救性发掘的，文物所在地县级以上人民政府应当做好该地下文物的安全和抢救性发掘的必要的保障工作，并配合省人民政府文物行政部门落实抢救性发掘经费。

第二十四条 文物勘探单位不得擅自向外公布获取的地下文物埋藏信息。

第四章 博物馆和馆藏文物

第二十五条 县级以上人民政府应当优先发展体现区域、行业特点的专题性博物馆。

鼓励公民、法人和其他组织以独资、合资、合作等形式设立博物馆。公民、法人或者其他组织设立博物馆的，文物行政部门应当给予指导并进行监督。

第二十六条 申请设立国有博物馆或者民办博物馆的，按照国家有关规定办理。

第二十七条 设区的市以上人民政府文物行政部门，对不具备收藏珍贵文物条件的国有文物收藏单位收藏的珍贵文物，应当指定具备条件的国有文物收藏单位代为保管。保管人与寄存人之间应当订立保管合同。

第二十八条 民办博物馆应当将文物收藏清单报所在地县级人民政府文物行政部门备案，民办博物馆的珍贵文物发生变动的，应当自变动之日起 1 个月内将变动情况向原备案的文物行政部门报告，并向省人民政府文物行政部门备案。

第二十九条 博物馆应当建立、健全馆藏文物收藏、保护、研究、展示等方面的规章制度，并将规章制度报相应的人民政府文物行政部门备案。馆藏一级文物应当设有专柜，并由专人负责保管。

第五章 文物安全

第三十条 文物保护单位和文物收藏单位，应当制定和落实安全制度，制定处置突发事件的应急预案，实行安全岗位目标责任制，建立安全档案，强化内部安全管理。

第三十一条 博物馆及其他文物收藏单位的安全设施不符合国家有关规定的，不得展示文物。文物保护单位不具备国家规定的安全条件的，不得向社会开放。

第三十二条 禁止在文物保护单位的主要建筑物内用火、用电。文物保护单位的主要建筑物内确需用电，或者确需在文物保护单位的厢房、走廊、庭院等处设置生活用电的，应当采取安全措施，并报请与文物保护单位相应的人民政府文物行政部门和当地公安消防机构批准。

禁止在文物保护单位保护范围内举办灯会、焰火晚会和燃放烟花爆竹。

第三十三条 禁止在文物保护单位保护范围内设立高压输变电设施。

高压输变电线路不得擅自跨越文物保护单位；确需跨越的，建设单位应当征得与该文物保护单位相应的人民政府文物行政部门同意，并与该文物行政部门商定保护措施，保证文物保护单位的安全。

第三十四条 古建筑、石窟寺及其附属物具有文物标本价值或者存在严重安全隐患的，应当控制或者禁止游人参观。

第三十五条 尚未核定公布为文物保护单位的古文化遗址、古墓葬、石窟寺、石刻、古建筑及其附属物，近现代重要史迹、实物、代表性建筑，以及地下文物保护区的文物被盗、被损害、被破坏的，案件的处理机关应当委托专门的文物鉴定机构作出鉴定结论，依法追究行为人的法律责任。

第六章 文物流通与利用

第三十六条 县级以上人民政府文物行政部门应当加强文物市场的监督管理。工商行政管理部门应当会同文物、公安等部门，依法取缔经营文物的非法活动。

第三十七条 文物商店销售文物和拍卖企业拍卖文物前，应当向省人民政府文物行政部门提出申请，并提交有关资料。省人民政府文物行政部门应当自收到申请之日起 20 个工作日内审核完毕，并作出答复。

文物商店不得剥除、更换、挪用、损毁或者伪造省人民政府文物行政部门对允许销售的文物所作的标识。

第三十八条 文物商店购买、销售文物和拍卖企业拍卖文物，应当按照国家有关规定作出记录，并在 6 个月内将记录报省人民政府文物行政部门备案。

第三十九条 禁止在文物保护单位内擅自进行商业性影视拍摄或者举办展销、文体等活动。确需拍摄或者举办活动的，应当向相应的人民政府文物行政部门提出申请。文物行政部门应当自收到申请之日起 10 个工作日内作出批准或者不批准的决定。决定批准的，发给批准文件；决定不批准的，应当书面通知申请人并说明理由。属于全国重点文物保护单位的，省人民政府文物行政部门应当自收到申请之日起 10 个工作日内审核并报国务院文物行政部门审批。

在文物保护单位内进行商业性影视拍摄和举办展销、文体等活动的，拍摄单位和举办方应当制定文物保护预案，落实文物保护措施，并按规定向文物保护单位支付费用。

第四十条 大众传媒对考古发掘现场进行拍摄并作新闻报道的，应当征得省人民政府文物行政部门同意。

对考古发掘现场进行专题类拍摄或者电视直播的，应当向省人民政府文物行政部门提出申请。省人民政府文物行政部门应当自收到申请之日起 10 个工作日内审核并报国务院文物行政部门审批。

第七章 法律责任

第四十一条 违反本办法规定，设区的市、县（市、区）人民政府及其有关部门不履行文物保护和管理职责的，由上级或者本级人民政府责令改正，并对直接负责的主管人员和其他直接责任人员依法给予行政处分。

第四十二条 违反本办法规定，施工单位擅自变更经文物行政部门批准的文物保护工程设计方案或者施工方案进行施工的，由县级以上人民政府文物行政部门责令改正；情节严重的，处 5 万元以上 30 万元以下的罚款，并由原发证机关吊销资质证书。

第四十三条 违反本办法规定，擅自剥除、更换、挪用、损毁或者伪造省人民政府文物行政部门对允许销售的文物所作的标识的，由县级以上人民政府文物行政部门责令改正，并处 5000 元以上 5 万元以下的罚款。

第四十四条 违反本办法规定，有下列行为之一的，由县级以上人民政府文物行政部门或者有关部门责令改正；造成严重后果的，依法处罚，并对直接负责的主管人员和其他直接责任人员依法给予处分：

（一）在文物保护单位保护范围和建设控制地带内开采地下矿藏的；

（二）在文物保护单位保护范围内设立高压输变电设施的。

第四十五条 违反本办法第三十二条规定的，按照《山西省消防管理条例》的有关规定处罚。

第四十六条 违反本办法规定，有下列行为之一的，由县级以上人民政府文物行政部门责令改正；情节严重的，对直接负责的主管人员和其他直接责任人员依法给予处分：

（一）对文物修缮工程、保护性设施建设工程或者迁移工程未实行招标投标或者工程监理的；

（二）对文物保护单位内局部残损的附属文物擅自进行修复，或者对文物保护单位内全部毁坏的塑像擅自进行重塑的；

（三）民办博物馆未在馆内珍贵文物变动之日起1个月内向原备案的文物行政部门报告变动情况的；

（四）文物商店或者拍卖企业未在规定时间内将购买、销售文物的记录或者拍卖文物的记录报省人民政府文物行政部门备案的；

（五）未经与文物保护单位相应的人民政府文物行政部门批准，在该文物保护单位内进行商业性影视拍摄或者举办展销、文体等活动的。

第四十七条　违反本办法规定，县级以上人民政府文物行政部门的工作人员在文物保护工作中滥用职权、玩忽职守、徇私舞弊的，依法给予行政处分；构成犯罪的，依法追究刑事责任。

第八章　附　　则

第四十八条　本办法自2006年1月1日起施行。1987年1月11日山西省第六届人民代表大会常务委员会第二十二次会议通过、1993年11月23日山西省第八届人民代表大会常务委员会第六次会议修正的《山西省实施〈中华人民共和国文物保护法〉办法》同时废止。

6. 陕西省文物保护管理条例（2004年修正）

发布：2004-08-03 实施：1988-06-03 现行有效
法律修订
1988年6月3日陕西省第七届人民代表大会第一次会议通过
根据1995年4月21日陕西省第八届人民代表大会常务委员会第十二次会议《关于修改〈陕西省文物保护管理条例〉的决定》修正
2004年8月3日陕西省第十届人民代表大会常务委员会第十二次会议修正

第一章 总 则

第一条 为了加强文物保护管理，充分发挥祖国文物在社会主义精神文明和物质文明建设中的作用，根据《中华人民共和国文物保护法》和有关法律、法规的规定，结合本省实际情况，制定本条例。

第二条 本省行政区域内属于《中华人民共和国文物保护法》第二条规定的文物和具有科学价值的古脊椎动物化石、古人类化石，以及各级文物保护单位范围内的附属文物、古树名木等，均受国家保护。

第三条 本省行政区域内地下、水中遗存的一切文物，国家机关、社会团体、部队、企业事业单位收藏的文物，古文化遗址、古墓葬、石窟寺，均属国家所有。国家指定保护的纪念建筑物、古建筑、石刻等除国家另有规定的以外，属于国家所有。属于集体或私人所有的纪念建筑物、古建筑和传世文物，其所有权受国家法律保护。文物的所有者必须遵守国家保护文物的规定。

第四条 各级人民政府必须加强对所辖区域内文物的保护管理，把文物保护纳入社会经济发展计划、城乡建设规划和各级人民政府领导责任制。一切国家机关、社会团体、部队、企业事业单位和个人都有保护国家文物的义务。

第二章 文物管理机构和经费

第五条 省文物行政管理部门管理全省文物工作。各市（地）、县（市、区）文物行政管理部门管理本行政区域内的文物工作。园林、宗教、房产、教育、部队以及其他单位，对允许使用的文物保护单位和收藏的文物，在文物行政管理部门的指导和监督下，做好保护管理工作。

第六条 文物保护管理经费必须列入各级人民政府的财政预算，并随财政年收入增长比例同步增长。鼓励国内外社会团体和个人自愿捐资发展文物事业。文物部门的收入和筹集的资金，只能用于文物事业，不得挪作它用。

第七条 乡（镇）人民政府和村民委员会要做好文物保护工作。在文物集中或有重要文物的地方要建立群众性的文物保护组织或确定文物保护员。

第三章　文物保护单位

第八条　县级文物保护单位，由市、县人民政府核定公布，逐级报省人民政府备案；省级文物保护单位，由省人民政府核定公布，报国务院备案；全国重点文物保护单位，由省人民政府报国务院核定公布。各级人民政府文物行政管理部门，对所属文物保护单位，应当划定必要的重点保护区、一般保护区和建设控制地带，作出标志说明，建立记录档案，并根据需要设置专门机构或专人负责管理。

第九条　文物保护单位的重点保护区，不得修建与保护文物无关的其他工程。

在文物保护单位的一般保护区内，如需要进行其它建设工程，须经原公布的人民政府和上一级文物行政管理部门同意。在全国重点文物保护单位保护范围内进行其它建设工程，须经省人民政府和国家文物行政管理部门同意。在文物保护单位的建设控制地带内进行其它建设工程，须经原公布的人民政府文物行政管理部门同意。在全国重点文物保护单位的建设控制地带内进行其它建设工程，须经省文物行政管理部门同意，并报国家文物行政管理部门备案。其设计方案征得原公布的人民政府文物行政管理部门同意后，报同级建设规划行政管理部门批准。经同意建设的建筑物和构筑物，不得破坏文物保护单位的环境风貌，不得污染环境，不得妨碍文物安全。

第十条　历史文化名城要保持其传统风貌。各级文物行政管理部门要配合建设规划行政管理部门做好保护规划。

第十一条　全国重点文物保护单位的古文化遗址、古陵墓区的保护利用规划，由所在地的市（地）人民政府在省文物行政管理部门的指导下制定，经省人民政府同意，报国家文物行政管理部门批准后实施。

第十二条　古建筑、古墓群、石窟寺、石刻、雕塑、革命遗址、纪念建筑物等文物的保护和修缮，应遵守不改变文物原状和原结构的原则。对文物保护单位进行修缮，应当根据文物保护单位的级别报相应的文物行政部门批准；对未核定为文物保护单位的不可移动文物进行修缮，应当报登记的县级人民政府文物行政部门批准。尚未列入各级文物保护单位的不可移动的文物，由县（市、区）文物行政管理部门予以登记公布，并加以保护。

第十三条　文物保护单位迁建或者拆除，应根据其级别，经同级人民政府和上一级文物行政管理部门同意。全国重点文物保护单位的迁建或者拆除，由省人民政府报国务院决定。尚未列入保护单位的文物建筑，其迁建或者拆除，须经当地文物行政管理部门批准。经批准迁建或者拆除的文物建筑，应当进行测绘、记录、照像等资料收集工作。拆取的艺术品、建筑材料应交文物行政管理部门指定的单位保管。迁建的文物建筑必须按原状修复。

第十四条　各级文物保护单位，未经文物行政管理部门报原公布的人民政府批准，任何单位和个人不得占用，已经占用的必须限期迁出。经批准使用的文物保护单位，使用者应与当地文物行政管理部门签订合同，并负责文物的保护和修缮。

第十五条　文物建筑内禁止存放易燃易爆物品。禁止在碑石、壁画、塑像、古建筑等文物上刻画、涂抹、留名、题字。

第十六条　旅游活动要遵守国家保护文物的规定，维护文物的安全。经批准作为宗教活动场所的文物保护单位，其宗教组织应严格执行《中华人民共和国文物保护法》和本条例的规定，接受文物行政管理部门的检查指导，确保文物安全。

第十七条　文物行政管理部门应加强文物保护传统技术、现代科学技术研究和成果的推广应用。

第四章　考古发掘

第十八条　一切考古发掘项目，都必须按规定履行报批手续。需要配合建设工程进行的考古发掘工作，因建设工期紧迫或文物面临破坏危险急需发掘的，经省文物行政管理部门同意后可先行发掘，并按规定补报发掘计划。非经国务院文物行政部门报国务院特别许可，任何外国人或外国团体不得在本省进行考古调查、勘探、发掘。考古发掘项目必须由具有考古发掘团体资格的文物考古单位承担。

第十九条　考古发掘工地，必须由具有考古发掘个人领队资格者担任领队，并有两名以上专业考古人员。发掘工作应严格遵守田野考古发掘规程。发掘结束或告一段落时，限期写出发掘报告，并将出土文物移交省文物行政管理部门指定的单位保管收藏。发掘单位需要将出土文物留作标本，须经省文物行政管理部门批准。严禁发掘者个人保存文物。一切考古发掘资料均为国家档案，由发掘单位妥善保管。发掘者不得私自占有考古发掘资料。未经文物行政管理部门和原发掘单位同意，任何单位和个人不得自行发表尚未公开的文物和考古资料。

第二十条　进行大型基本建设工程，建设单位应当事先报请省人民政府文物行政部门组织从事考古发掘的单位在工程范围内有可能埋藏文物的地方进行考古调查、勘探。凡因配合建设工程进行的考古勘探和考古发掘工作，由省文物行政管理部门组织实施，其所需费用由建设单位承担。在进行基本建设或农业生产中，发现文物应当保护现场并立即报告当地文物行政管理部门处理，不得自行挖掘和破坏。所有出土文物必须交文物行政管理部门指定的单位保管，其他单位和个人不得据为己有。

第五章　馆藏文物

第二十一条　博物馆、纪念馆、图书馆、文化馆、文管所、考古研究机构、高等院校和其它单位收藏的文物，必须区别等级，设置藏品档案，建立管理制度，做到防火、防盗、防潮、防霉烂、防破坏，确保文物安全。不具备保存一级文物藏品条件的单位，应将一级文物藏品交省文物行政管理部门指定的单位保管。图书馆、高等院校和其他单位收藏的文物，应登记造册并报当地文物行政管理部门备案。

第二十二条　国家所有的文物藏品禁止出卖、赠送。文物藏品需要调拨、交换或者借调，必须履行报批手续。一级文物藏品，须经省人民政府同意后报国家文物行政管理部门批准；二、三级文物及一般文物藏品，由省文物行政管理部门批准。未经批准任何单位或者个人不得调拨、交换和借调。文物藏品的修复资料要归入藏品档案。一级文物的修复须报国家文物行政管理部门批准。

第二十三条　博物馆要面向社会，面向群众，经常向社会提供文物资料和科研成果，为教育和科学研究服务，为社会主义建设服务。

第六章　复制拓印拍摄文物

第二十四条　复制、拓印珍贵碑刻，须经省文物行政管理部门批准。内容涉及我国疆域、外交、民族关系或未发表的天文、水文、地理等科学资料的石刻和墓志石刻，严禁拓印出售或翻刻副版拓印出售。复制文物实行统一管理，定点生产。文物复制品生产单位，须经省文物行政管理部门审核，发给文物复制许可证，并经当地工商行政管理部门批准，发给营业执照后方可生产。复制一级文物，须经省文物行政管理部门审核并报国家文物行政管理部门批准；复制二级以下的文物，须经省文物行政管理部门批准。

第二十五条 禁止使用危害文物安全的设备和手段拍摄文物；禁止将文物作为拍摄电影、电视的道具。除指定的单位外，对考古发掘现场、博物馆的陈列品全面系统拍摄或从展柜中提出拍摄，须经省文物行政管理部门批准。

第七章 私人收藏文物和文物出境管理

第二十六条 公民收藏的文物可以向文物行政管理部门指定的单位进行登记，并申请提供咨询、鉴定、保管、修复等服务。文物工作人员应当对公民登记的文物保守秘密。私人收藏的文物自愿捐献给国家的，由文物行政管理部门指定的单位接受。银行、冶炼厂、造纸厂、古旧书店、废旧物资回收单位收购的古钱币、古金属制品、古字画、古书等，经鉴定属于文物的，按有关规定移交文物行政管理部门指定的单位。

第二十七条 设立文物经营单位，应当由省以上人民政府文物行政管理部门批准，并依法进行管理。

第二十八条 文物出境展览，须经省人民政府同意，并按规定报国家文物行政管理部门或国务院批准。个人携带或者邮寄出境的文物，应当向海关申报；海关凭国务院文物行政部门发放的文物出境许可证放行。

第二十九条 公安、司法、海关、工商行政管理部门依法没收的文物，结案后三个月内必须移交省文物行政管理部门指定的单位，不得擅自处理。

第八章 奖励与惩罚

第三十条 有下列事迹的单位或个人，由人民政府或文物行政管理部门给予表彰奖励：
（一）认真执行文物政策法令，保护文物成绩显著的；
（二）为保护文物与违法犯罪行为作坚决斗争的；
（三）将个人收藏的珍贵文物捐献给国家的；
（四）发现文物及时上报、上交，使文物得到保护的；
（五）在文物保护科学技术上有重要发明创造或者其他重要贡献的；
（六）在文物面临破坏危险的时候抢救文物有功的；
（七）长期从事文物工作有显著成绩的。

第三十一条 发现文物隐匿不报或者不上交国家的；故意污损文物、名胜古迹，尚不够刑事处罚的；在文物保护单位堆放易燃易爆物品以及其他有碍文物安全物品的，由公安机关根据《中华人民共和国治安管理处罚条例》等法律、法规给予处罚，并追缴非法占有的文物。

第三十二条 非法经营或私自收购、贩运、倒卖文物尚不够刑事处罚和非法生产文物复制品的，由工商行政管理部门没收文物、文物复制品和非法所得，并给予罚款或者吊销营业执照。

第三十三条 有下列行为的，由县级以上人民政府或者有关行政管理部门给予处罚：
（一）未经文物行政管理部门同意，在文物保护单位的保护范围、建设控制地带和资料证实有文物埋藏的地段施工的，由文物行政管理部门协同建设规划行政管理部门责令停工，恢复原状，并按有关规定处以罚款，对单位负责人和直接责任人，由其主管部门给予行政处分；
（二）未经文物行政管理部门批准，迁建、拆除文物保护单位的，擅自修缮改变文物原状的，除责令恢复原状外，属于全国重点文物保护单位或省级文物保护单位，由省文物行政管理部门分别处以十万元以上三十万元以下、五万元以上十万元以下罚款；属于县级文物保护单位和登记公布的不可移动的文物，由市（地）、县（市、区）文物行政管理部门分别处以一万元以上五万元以下、五千元以上一万元以下罚款；

（三）任何单位和个人，未经国家文物行政管理部门批准，或无考古发掘执照进行考古发掘的，从事考古发掘的人员违反考古发掘规程的，责令停止发掘，并由主管部门给予单位负责人和直接责任人行政处分；

（四）博物馆、图书馆等单位出售或私自赠送文物藏品的，责令追回文物，没收非法所得或者处以罚款，并由主管部门给予单位负责人和直接责任人行政处分；

（五）公安、海关、工商行政管理部门依法没收的文物，逾期不按规定移交的，由同级人民政府责令限期移交，并给予单位负责人行政处分；

（六）擅自移动、拆除、损坏文物保护标志的，责令恢复原状，并处以五百元以上一千元以下罚款；

（七）使用文物保护单位和收藏国家文物不履行保护职责的，责令限期改正，并处以五百元以上一千元以下罚款；

（八）违反本条例规定复制、拓印、拍摄文物的，没收复制品、拓片、摄制品及其非法所得，并处以二百元以上五百元以下罚款；

（九）文物工作人员私自占有国家文物和考古资料的，未经批准发表未公布的文物照片和考古资料的，玩忽职守造成文物损失的，由其主管部门给予行政处分。构成犯罪的，依法追究刑事责任。

第三十四条 当事人对行政处罚决定不服的，可以依法申请复议或向人民法院起诉。当事人逾期不申请复议、不起诉又不履行处罚决定的，作出处罚决定的部门可以申请人民法院强制执行。

第三十五条 破坏、盗窃、盗掘、走私文物构成犯罪的，由司法机关依照《中华人民共和国刑法》、《中华人民共和国文物保护法》和《全国人大常委会关于惩治盗掘古文化遗址、古墓葬犯罪的补充规定》的规定追究刑事责任。

第九章 附 则

第三十六条 本条例自公布之日起施行。

7. 天津市文物保护管理条例

天津市文物保护管理条例，1987年12月10日天津市第十届人民代表大会常务委员会第三十九次会议通过。

第一章 总 则

第一条 为加强对文物的保护和管理，根据《中华人民共和国文物保护法》（以下简称《文物保护法》），结合本市的实际情况，制定本条例。

第二条 本市行政区域内属于《文物保护法》第二条所列的文物，均按本条例的规定予以保护和管理。

第三条 本市行政区域内地下、水下遗存的一切文物，属于国家所有。古文化遗址、古墓葬、石窟寺属于国家所有。国家指定保护的纪念建筑物、古建筑、石刻等，除国家另有规定的以外，属于国家所有。国家机关、部队、全民所有制企业事业组织收藏的文物，属于国家所有。

第四条 属于集体所有和私人所有的纪念建筑物、古建筑和传世文物，其所有权受国家法律的保护。文物的所有者必须遵守国家有关保护和管理文物的规定。

第五条 各级人民政府统一负责保护本行政区域内的文物。各级人民政府的文化行政管理部门，主管本行政区域的文物工作。市和文物较多的区（县）可以设文物保护管理机构，具体负责文物的保护管理工作；未设文物保护管理机构的区（县），文物的保护管理工作由文化馆设专人负责。街、乡（镇）的文化站负有保护管理文物的职责。一切机关、组织和个人都有保护国家文物的义务。

第六条 市文化行政管理部门组织有关专家组成市文物鉴定委员会，负责对馆藏文物和流散文物进行鉴定分级、评定价值，为有关部门处理文物保护管理问题提供依据。

第七条 文物保护管理经费，分别列入同级人民政府的财政预算，并由各级文化行政管理部门管理，不得挪作他用。文物事业单位开展有偿服务和举办经营性活动的收入，应当用于发展文物事业。

第二章 文物保护单位

第八条 市、区（县）文化行政管理部门应当选择具有历史、艺术、科学价值的革命遗址、纪念建筑物、古文化遗址、古墓葬、古建筑、石窟寺、石刻等文物，报经同级人民政府核定公布为本级文物保护单位，并报上一级人民政府备案。市级文物保护单位中具有重大历史、艺术、科学价值，有可能被确定为全国重点文物保护单位的，由市人民政府向国家文化行政管理部门申报。区（县）以上文化行政管理部门已经申报或者准备申报但尚未经同级人民政府核定公布为文物保护单位的文物，应当妥善保护，任何单位和个人不得随意拆毁。

第九条 文物古迹比较丰富、具有重要历史价值和革命意义的城镇，由所在区（县）人民政府或者市文化行政管理部门会同市城乡建设环境保护部门，报经市人民政府核定公布为市级历史文化名城（镇）。文物古迹比较集中，或者能够比较完整地体现某一历史时期的传统风貌和民族地方特色的街区、建筑群、小镇、村寨等，市或者区（县）人民政府可以根据其历史、艺术、科学价值核定公布为本级历史文化保护区。

第十条 各级文物保护单位，分别由市、区（县）人民政府划定必要的保护范围，作出标志说明，建立记录档案，并区别情况由文物保护单位所在地的区（县）人民政府或者市文化行政管理部门设置专门机构或者专人负责管理。全国重点文物保护单位的保护范围和记录档案由市文化行政管理部门报国家文化行政管理部门备案。

第十一条 在文物保护单位的保护范围内，不得进行其他建设工程。如有特殊需要，必须经原公布的人民政府和上一级文化行政管理部门同意。在全国重点文物保护单位的保护范围内进行其他建设工程，必须报经市人民政府和国家文化行政管理部门同意。在文物保护单位的保护范围内，严禁存放易燃、易爆和其他一切有损文物安全的物品。

第十二条 根据保护文物的实际需要，各级文化行政管理部门会同城乡规划管理部门可以在文物保护单位的周围划出一定的建设控制地带，报经市人民政府批准。在文物保护单位的建设控制地带内，修建新的建筑物和构筑物，必须与文物保护单位周围的环境风貌相协调，其设计方案必须按文物保护单位的级别，征得同级文化行政管理部门同意。

第十三条 市或者区（县）人民政府应当在地下保存文物比较丰富的地方，划定保护范围。在划定的范围内，不得破坏原来的地貌，不得种植根系发达的植物和树木。在风景名胜古迹区内，严禁开山采石、乱挖乱掘、毁林开荒、砍伐古树以及其他危害文物安全和破坏景观的活动。

第十四条 建设单位在进行选址和工程设计的时候，因建设工程涉及文物保护单位的，应当根据文物保护单位的级别，事先会同市或者区（县）文化行政管理部门确定保护措施，列入设计任务书。未经文化行政管理部门同意，有关部门不得批准征地和建设，银行不得拨款。因建设工程特别需要而必须对文物保护单位进行迁移或者拆除的，应当根据文物保护单位的级别，报经该级人民政府和上一级文化行政管理部门同意。全国重点文物保护单位的迁移或者拆除，由市人民政府报经国务院决定。迁移、拆除所需费用和劳动力，由建设单位列入投资计划和劳动计划。公布为文物保护单位属于集体或者个人所有的纪念建筑物、古建筑，需要拆除的，必须事先征得原公布的人民政府同意；文物的所有者需要转移文物所有权的，应当向当地文化行政管理部门备案。

第十五条 经批准拆迁的文物保护单位，文化行政管理部门必须事先进行详细记录、测绘、登记、照像，并将资料归入档案。迁移的文物保护单位，要按原状恢复修建。拆除的建筑材料和艺术品应当由文物保护管理机构处理。

第十六条 核定为文物保护单位属于国家所有的纪念建筑物和古建筑，除可以建立博物馆、保管所或者辟为参观游览场所外，如必须作其他用途，应当根据文物保护单位的级别，由当地文化行政管理部门报经原公布的人民政府批准。属于全国重点文物保护单位的，必须经市人民政府同意，并报经国务院批准。

第十七条 经批准使用文物保护单位的部门或者单位，必须与主管的文化行政管理部门签订使用协议，保证在使用过程中建筑物及附属物的安全、完整，并负责建筑物的保养和维修，其经费和建筑材料由使用文物的部门或者单位解决。

第十八条 对文物保护单位进行保养、修缮，必须遵守不改变文物原状的原则。其保养、修缮方案，必须经市文化行政管理部门同意。属于全国重点文物保护单位的，应当报经国家文化行政管理部门批准。

第十九条　确因宗教活动需要，必须开放已核定为文物保护单位的寺观、教堂，属于全国重点文物保护单位的，必须经国务院宗教事务部门征得国家文化行政管理部门同意，并报经国务院批准；属于市级文物保护单位的，由市宗教事务部门征得市文化行政管理部门同意，并报经市人民政府批准，同时报国家文化行政管理部门备案。经批准开放的寺观、教堂，在文物保护方面应当接受文化行政管理部门的检查指导。其维修工作在市宗教事务部门领导和市文化行政管理部门指导下，由使用该寺观、教堂的宗教组织负责。

第二十条　在各级文物保护单位和各类文物保管、陈列单位内，必须设置防火、防盗设施，确保文物安全。凡占用全民所有的纪念建筑物、古建筑而有损文物安全或者有碍开放的单位和个人，必须在市或者区（县）人民政府规定的期限内迁出。

第三章　考古发掘

第二十一条　考古发掘工作必须履行报批手续。未经批准，任何单位和个人不得擅自发掘。市级文物机构、考古研究机构和高等学校等，为了科学研究需要进行考古发掘的，必须事先提出发掘计划，经市文化行政管理部门同意，并报经国家文化行政管理部门或者国务院批准。外国人或者外国团体来我市进行考古调查或者发掘，必须报经国务院特别许可。

第二十二条　因建设工期紧迫或者有自然破坏的危险，对古文化遗址、古墓葬急需进行抢救的，市文化行政管理部门应当及时组织发掘，并同时按规定补办批准手续。

第二十三条　在可能埋藏文物的地方进行大型基本建设，建设单位必须事先会同当地文化行政管理部门进行文物的调查或者勘探工作。调查、勘探中发现文物的时候，应当共同商定处理办法，协商不成的，报经市人民政府或者国家文化行政管理部门决定。在基本建设或者其他生产活动中，任何单位或者个人发现文物，都应当立即报告当地文化行政管理部门，由当地文化行政管理部门采取保护措施，并及时报请上级文化行政管理部门处理。

第二十四条　因生产建设或者基本建设工程需要进行文物勘探、考古发掘的，所需费用，由建设单位列入投资计划，或者报经上级计划部门解决。

第二十五条　考古发掘工作必须严格按照有关规程进行，确保文物安全。发掘结束后，发掘单位应当及时向市文化行政管理部门作出发掘情况报告。未经国家或者市文化行政管理部门同意，任何单位和个人不得发表尚未公开的考古发掘资料。

第二十六条　发掘出土的文物，除根据需要交给科研部门研究的以外，由市文化行政管理部门指定的单位收藏保管，任何单位或者个人不得侵占。

第四章　馆藏文物

第二十七条　全民所有的博物馆、纪念馆、图书馆和其他文物收藏单位，对收藏的文物要逐件登记，区分等级，设置藏品档案，向同级文化行政管理部门备案。区（县）级文物收藏单位的文物藏品档案，还必须向市文化行政管理部门备案。一级文物藏品档案和一级文物藏品简目，由市文化行政管理部门报国家文化行政管理部门备案。

第二十八条　文物收藏单位必须设立专门保管机构或者配备专职保管人员，建立严格的保管制度。文物藏品应当有固定库房，配备必要的安全防护设施。一级文物藏品、经济价值贵重和保密性文物藏品，应当设专库或者专柜。不具备收藏一级文物藏品条件的文物收藏单位，其一级文物藏品由市文化行政管理部门指定的单位代为保管。

第二十九条　全民所有的非文物单位，应当将其收藏的文物逐件登记造册，建立健全保管制度，并向市文化行政管理部门申报。其中一、二、三级文物藏品，应当将清册和编目卡片副本送市文化行政管理部门备案。不具备保管一、二级文物条件的，应当将其所收藏的一、二级文物藏品移交市文化行政管理部门指定的单位收藏或者代为保管。代为保管的文物需要展出或者作为他用，必须征得该文物原收藏单位的同意，并报经市文化行政管理部门批准。代为保管文物不得收费。展出代为保管的文物，不向该文物原收藏单位付费。

第三十条　全民所有的博物馆、纪念馆、陈列馆和其他文物收藏单位的文物藏品，严禁出卖或者作为礼品馈赠。上述单位的文物藏品的调拨、交换和出市展览，应当报经市文化行政管理部门批准。一级文物的调拨、交换，由市文化行政管理部门审核同意后，报经国家文化行政管理部门批准。

第三十一条　一切机关和全民所有制企业事业组织，在与国外友好往来中接受的具有历史、艺术、科学价值的文物礼品，由市文化行政管理部门会同市人民政府外事部门鉴定后，移交市文化行政管理部门指定的博物馆集中收藏。

第五章　文物的拓印、复制和拍摄

第三十二条　核定为文物的石刻和金属铸品，任何单位和个人不得私自拓印。需要拓印作为资料、翻刻副版或者使用原石刻和金属铸品拓印出售的，必须报经市文化行政管理部门批准。

第三十三条　凡内容涉及我国疆域、外交、民族关系或者天文、水文、地理等资料的石刻和未发表过的墓志铭石刻，严禁传拓出售或者向外国人提供拓片。确有特殊需要的，须报经市文化行政管理部门批准，或者由市文化行政管理部门报经国家文化行政管理部门批准。

第三十四条　复制文物必须遵守国家有关法律、法规的规定。文物复制品的生产，必须经市文化行政管理部门同意，并向工商行政管理部门申请核发营业执照。复制一级文物藏品的，必须经市文化行政管理部门报经国家文化行政管理部门批准复制、临摹文物，必须采取措施，确保文物安全。

第三十五条　文物保护单位和博物馆、纪念馆的文物陈列品中禁止拍摄的部分，应当树立标志，不得拍摄。

第三十六条　凡借用文物保护单位作场景拍摄电影、电视的，必须报经市或者国家文化行政管理部门批准，并与该文物的保护管理机构签订协议。

第三十七条　国外出版机构和个人或者中外合作出版单位，出版我市文物书刊，拍摄文物专题电影、电视，必须由市文化行政管理部门报经国家文化行政管理部门批准。

第六章　文物的经营与出境

第三十八条　文物购销业务由市文化行政管理部门指定的文物商店统一经营。经市文化行政管理部门批准，市文物商店可以通过商业、供销等部门设代购点代购。代购点不得自销文物。除经国家和市文化行政管理部门批准、市工商行政管理部门核发营业执照的单位外，其他任何单位或者个人不得经营文物。经营单位上柜销售的文物商品，必须事先经市文物出口鉴定机构鉴定。公民出售个人收藏的私有文物，必须持身份证件，到经过批准的文物收购单位出售。严禁倒卖文物，严禁私自将文物卖给外国人。

第三十九条　银行、冶炼厂、造纸厂以及废旧物资回收部门等，对于掺杂在金属器皿和废旧物资中的文物，应当与文化行政管理部门共同拣选。拣选出的文物，除供银行研究所需的历史货币可以由银行留用外，其余应当合理作价，移交文化行政管理部门。公安、司法、海关、工商行政管理部门依法没收的重要文物，应当妥善保管，并在结案后三个月内移交同级文化行政管理部门，并由市文化行政管理部门指定的单位收藏。

第四十条 本市以外的有关单位来我市征集、收购文物，必须经市文化行政管理部门同意并核验。

第四十一条 文物出口和个人携带、邮寄、托运文物出境，必须先向海关申报，并经市文物出口鉴定机构鉴定，发给出口许可证，海关查验证明后，方可放行。珍贵文物不得出口。经鉴定不能出口的文物，国家可以征购。

第四十二条 文物出国展览，必须经市文化行政管理部门审核，并报经国家文化行政管理部门批准。

第七章 奖励与惩罚

第四十三条 凡有《文物保护法》第二十九条规定的事迹之一的单位和个人，由人民政府或者文化行政管理部门给予精神鼓励或者物质奖励。

第四十四条 有下列行为之一的，由有关行政部门给予处罚：

（一）在地下、水下及其他场所中发现文物隐匿不报，不上交国家的，由公安部门依法给予警告或者罚款，并追缴其非法所得的文物。

（二）故意污损国家保护的文物、名胜古迹，或者故意损毁文物保护单位的公共设施尚不够刑事处罚的，由公安部门依法给予处罚。

（三）在文物保护单位的保护范围内违反消防安全规定，乱堆乱放易燃易爆物品以及其他有碍文物安全物品的，由公安部门依法给予处罚。

（四）未经文化行政管理部门批准，私自经营文物尚不够刑事处罚的，由工商行政管理部门依法给予警告或者罚款，并可没收其非法所得或者非法经营的文物。

（五）私人收藏的文物私自卖给外国人尚不够刑事处罚的，由工商行政管理部门罚款，并可没收其文物和非法所得。

（六）携带文物出口不向海关申报或者伪报物品名称和规格，尚未构成走私罪的，由海关依照国家有关规定给予处罚。

（七）未经批准，在文物保护单位的保护范围或者建设控制地带内，擅自施工建设或者破坏文物保护单位环境风貌的，由文化行政管理部门根据情节轻重，给予警告、责令停工、限期拆除非法建筑物或者赔偿损失等处理，并可处以罚款；有关主管部门也可对建设单位负责人和直接责任者给予行政处分。

（八）未经批准，擅自拆除、改建、迁移文物建筑的，由市文化行政管理部门责令其恢复文物原状，并处以罚款；有关主管部门也可对该单位负责人和直接责任者给予行政处分。

（九）对使用的文物建筑不履行保养、维修职责的，由市或者区（县）文化行政管理部门令其限期保养、维修；对逾期不保养、维修造成文物建筑损坏的，责令其赔偿损失，并可处以罚款。

（十）未履行报批手续，擅自进行考古发掘尚不够刑事处罚的，由市文化行政管理部门没收其非法所得文物和资料，并处以罚款，有关主管部门也可对发掘单位的负责人和直接责任者给予行政处分。

（十一）非法复制、拓印、拍摄文物的，由文化行政管理部门没收其复制品、拓片和拍摄底片，并处以罚款。

（十二）电影、电视摄制单位借用文物保护单位进行拍摄，违反有关文物保护的规定，损坏文物的，由市文化行政管理部门责令其赔偿损失，并可处以罚款。

（十三）国家工作人员，违反本条例第三十条的规定，或者因其他失职行为使文物受到损失尚不够刑事处罚的，由其主管部门给予行政处分。上列各项罚款数额，除（一）至（六）项按国家有关法律、法规执行外，其余各项罚款数额在五千元以上的，必须报经区（县）人民政府批准；罚款数额在一万元以上的，必须报经市人民政府批准。上述各项处罚，可以单独或者合并适用。各项罚没款，均应上缴国库。

第四十五条　当事人对行政处罚决定不服的，除法律、法规另有规定的以外，可在接到处罚决定通知之日起十五日内向人民法院起诉，逾期不起诉又不履行处罚决定的，由作出处罚决定的部门申请人民法院强制执行。

第四十六条　凡有《文物保护法》第三十一条所列行为之一的，由司法机关依法追究其刑事责任。

第八章　附　　则

第四十七条　本条例所说的文物保护管理经费，是指文物的保护、管理、维修、调查研究、清理发掘、征集收购、拣选、陈列宣传、奖励等项事业经费。

第四十八条　本条例自公布之日起施行。

8. 天津市文物保护条例

2007年11月15日天津市第十四届人民代表大会常务委员会第四十次会议通过。

天津市第十四届人民代表大会常务委员会第四十次会议于2007年11月15日通过，现予公布，自2008年3月1日起施行。

天津市人民代表大会常务委员会
2007年11月15日

第一条 为了加强对文物的保护，根据《中华人民共和国文物保护法》、《中华人民共和国文物保护法实施条例》等法律、法规规定，结合本市实际情况，制定本条例。

第二条 本市行政区域内文物的保护、利用和管理，适用本条例。

文物保护的范围按照《中华人民共和国文物保护法》第二条规定执行。

第三条 本市各级人民政府负责本行政区域内的文物保护工作。

市文物行政管理部门对全市行政区域内的文物保护实施监督管理。市文物行政管理部门可以根据工作需要，在其法定权限范围内，委托其直属的文物管理中心履行行政执法职责。

区、县文物行政管理部门对所辖行政区域内的文物保护实施监督管理。

市发展改革、建设、规划、国土房管、公安、工商、水利、园林、宗教、旅游等行政管理部门应当依法认真履行所承担的保护文物的职责，维护文物管理秩序。

第四条 市和区、县人民政府应当将文物保护事业纳入本级国民经济和社会发展规划，所需经费列入本级财政预算。本市用于文物保护的财政拨款随着财政收入增长而增加。

市和区、县人民政府根据实际工作需要，设立文物保护专项经费，用于文物保护。

第五条 市文物行政管理部门应当根据文物保护的实际需要，制定本市文物保护规划。

文物保护规划纳入城市总体规划。土地利用规划、城乡建设规划、生态建设规划应当与文物保护规划相衔接。

第六条 各级人民政府及其文物、教育等部门以及报刊、广播、电视、网络等媒体，应当加强文物保护法律、法规和优秀历史文化遗产保护的宣传教育工作，增强全社会的文物保护意识。

第七条 鼓励自然人、法人和其他组织通过捐赠等方式支持文物保护事业，设立文物保护社会基金，专门用于文物保护。

第八条 市和区、县人民政府应当建立文物普查制度，定期对不可移动文物开展普查工作。

区、县人民政府负责定期对所辖行政区域内的不可移动文物进行普查登记。普查登记结果向市文物行政管理部门备案。

第九条 市文物行政管理部门设立由专家组成的文物鉴定委员会，负责文物和文物级别的鉴定、评估。鉴定、评估结论作为对不可移动文物、馆藏文物和其他国有文物保护管理的依据。

文物鉴定委员会可以依法接受司法机关的委托，对涉案文物进行鉴定。

文物鉴定委员会的专家由市文物行政管理部门在具有相关专业知识的专家学者中聘请。

文物鉴定委员会鉴定文物应当客观、公正，尊重历史。

第十条 市文物行政管理部门应当在区、县级文物保护单位中，选择具有重大历史、艺术、科学价值的确定为市级文物保护单位，或者直接选择不可移动文物确定为市级文物保护单位，报市人民政府核定公布，并报国务院备案。

区、县文物行政管理部门应当选择所辖行政区域内具有历史、艺术、科学价值的不可移动文物，确定为区、县级文物保护单位，报本级人民政府核定公布，并报市人民政府备案。

第十一条 文物保护单位核定公布后，应当依法划定保护范围。

市文物行政管理部门会同市规划行政管理部门和文物所在区、县人民政府，根据文物保护的实际需要，提出文物保护单位的建设控制地带划定方案，经市人民政府批准后公布实施。

第十二条 在文物保护单位的保护范围内实施下列文物保护工程，应当制定文物保护工程方案，并履行报批手续：

（一）新建、改建、扩建文物保护设施；

（二）实施修缮、保养文物工程；

（三）铺设通信、供电、供水、供气、排水等管线；

（四）设置防火、防雷、防盗设施和修建防洪工程；

（五）其他文物保护的建设工程。

全国重点文物保护单位的保护工程方案，经市文物行政管理部门审核后，报国务院文物行政管理部门审批；市级文物保护单位的保护工程方案，由市级文物行政管理部门征求国务院文物行政管理部门的意见后予以审批；区、县级文物保护单位的保护工程方案，由区、县文物行政管理部门征求市文物行政管理部门的意见后予以审批。

保护工程方案变更的，不可移动文物的管理人、使用人应当报原批准的文物行政管理部门重新批准。

第十三条 在文物保护单位的建设控制地带内进行建设工程，不得破坏文物保护单位的历史风貌，并应当与文物保护单位的建筑风格相协调。工程设计方案应当根据文物保护单位的级别，经相应的文物行政管理部门同意后，报规划行政管理部门批准。

第十四条 文物保护单位非经法定程序不得撤销。因自然或者意外原因损毁的，应当实行遗址保护。确需原址重建或者撤销的，应当由市文物行政管理部门组织专家论证后，依法按原审批程序报批。

第十五条 建设工程选址，应当尽可能避开不可移动文物。因特殊情况不能避开的，对文物保护单位应当尽可能实施原址保护；无法实施原址保护，必须迁移异地保护或者拆除的，建设单位应当报市文物行政管理部门，由市文物行政管理部门提出意见后，报市人民政府批准；迁移或者拆除市级文物保护单位的，批准前须征得国务院文物行政管理部门同意。迁移全国重点文物保护单位的，由市人民政府报国务院批准。

未核定为文物保护单位的不可移动文物迁移、拆除的，建设单位应当报区、县文物行政管理部门，由区、县人民政府批准。区、县人民政府批准前应当征得市文物行政管理部门同意。

第十六条 国有不可移动文物管理权、使用权的变更，应当报市文物行政管理部门备案，其中全国重点文物保护单位管理权、使用权的变更，按照国家有关规定执行。

第十七条 市文物行政管理部门应当根据不同文物的保护需要，制定具体的保护措施，并公告施行。

市文物行政管理部门应当向本市的全国重点文物保护单位、市级文物保护单位的所有者或者使用者发出通知书，明确保护义务。区、县文物行政管理部门应当向区、县级文物保护单位的所有者或者使用者发出通知书，明确保护义务。

对尚未核定公布为文物保护单位的不可移动文物，由所在地的区、县文物行政管理部门将其名称、类别、年代、位置、范围等事项予以登记和公布，并设立保护标志，向所有者或者使用者发出保护通知书，明确保护义务。

第十八条　不可移动文物的管理人、使用人应当按照规定加强火源、电源的管理，配备必要的灭火设备。在重点要害部位根据实际需要，安装自动报警、灭火、避雷等设施。安装、使用设施不得对文物建筑造成破坏。

遇有危及文物安全的重大险情，不可移动文物的管理人、使用人应当及时采取措施，并向文物所在地的区、县文物行政管理部门报告。

第十九条　不可移动文物的使用人、管理人应当保持文物原有的整体性，对其附属物不得随意进行彩绘、添建、改建、迁建、拆毁，不得改变文物的结构和原状。

修缮、保养、迁移、重建不可移动文物，应当遵守不改变文物原状的原则。

第二十条　核定为文物保护单位的国有纪念建筑物、古建筑向社会开放的，其管理人、使用人应当保证建筑物的正常开放。市或者区、县文物行政管理部门发现管理人、使用人的行为造成建筑物有碍开放的，可以责令管理人、使用人进行整治。

核定为文物保护单位的国有纪念建筑物、古建筑作其他用途的，应当经核定公布该文物保护单位的人民政府批准。国有未核定为文物保护单位的不可移动文物作其他用途的，应当报所在地的区、县人民政府批准。

第二十一条　市文物行政管理部门应当会同市城市规划行政管理部门，根据历史资料、考古资料等对本市行政区域内有可能集中埋藏文物的地区，划定地下文物埋藏区，报市人民政府核定并公布。

在地下文物埋藏区进行建设工程的，建设单位应当在取得建设项目选址意见书三十日内，向市文物行政管理部门申请考古调查、勘探。如需发掘的，市文物行政管理部门应当组织考古发掘单位进行发掘。未经考古调查、勘探或者发掘，不得进行建设工程。

第二十二条　博物馆、图书馆和其他文物收藏单位的文物藏品的级别，由文物鉴定委员会按照国家规定进行评定。

第二十三条　博物馆、图书馆和其他文物收藏单位应当充分发挥馆藏文物的作用，通过举办展览、科学研究等活动，加强对中华民族优秀的历史文化和革命传统的宣传教育。

第二十四条　市和区、县文物行政管理部门可以对博物馆、图书馆和其他文物收藏单位收藏的文物进行核查。

博物馆、图书馆和其他文物收藏单位，应当对馆藏文物定期进行检查。

第二十五条　不具备收藏珍贵文物条件的国有文物收藏单位，其收藏的珍贵文物，市文物行政管理部门可以指定具备收藏条件的其他国有文物收藏单位代为保管。文物收藏单位和代为保管单位的权利和义务由双方协商确定。

国有文物收藏单位与非国有文物收藏单位之间不得交换文物。

第二十六条　非国有文物收藏单位终止时，以其名义接受捐赠或者购买的珍贵文物，不得转让给文物收藏单位以外的公民、法人或者其他组织。

第二十七条　复制、拍摄、拓印馆藏文物，必须确保文物安全。

文物的复制品应当有明确的标识。

第二十八条　本市严格控制利用文物保护单位拍摄电影、电视以及举办展销和其他大型活动。确需利用文物保护单位拍摄电影、电视或者举办大型活动的，拍摄单位或者举办者应当征得文物管理人、使用人同意，并提出拍摄方案、活动计划和保护措施。拍摄电影、电视，利用全国重点文物保护单位的，报国务院文物行政管理部门审批；利用市级或者区、县级文物保护单位的，报市文物行政管理部门审批。举办展销和其他大型活动，利用全国重点文物保护单位或者市级文物保护单位的，报市文物行政管理部门审批；利用区、县级文物保护单位的，报区、县文物行政管理部门审批。更改拍摄方案或者活动计划的，应当报原批准的文物行政管理部门重新批准。

利用文物保护单位拍摄电影、电视以及举办展销和其他大型活动，文物保护单位所得收益应当用于文物保护。

第二十九条　文物市场的举办者或者管理者应当加强对市场内文物经营行为的管理、监督，设立管理机构，制定管理制度，聘用文物鉴定人员。

文物市场举办者或者管理者应当在明显处设置公告牌，明确告知运送、邮寄、携带文物出境时，应当依法办理文物出境许可手续。

第三十条　外省市文物商店或者文物拍卖企业到本市行政区域内销售、拍卖文物的，应当在销售、拍卖前持所在地文物行政管理部门批准其经营、拍卖文物的许可文件，到市文物行政管理部门备案。

第三十一条　违反本条例第十二条规定，文物保护工程方案未经批准或者擅自变更文物保护工程方案，明显改变文物原状尚不构成犯罪的，由市或者区、县文物行政管理部门责令改正，造成严重后果的，处五万元以上五十万元以下的罚款。

第三十二条　违反本条例第十四条规定，非经法定程序擅自撤销文物保护单位的，由市或者区、县文物行政管理部门责令改正，并对直接责任人给予行政处分。

第三十三条　违反本条例规定，有下列行为之一，尚不构成犯罪的，由市或者区、县文物行政管理部门责令改正，可以并处二万元以下罚款：

（一）违反本条例第十八条第一款规定，安装、使用自动报警、灭火、避雷等设施对文物建筑造成破坏的；

（二）违反本条例第十八条第二款规定，遇有危及文物安全的重大险情未及时采取措施或者未向文物行政管理部门报告的。

第三十四条　违反本条例第二十一条第二款的规定，未经考古调查、勘探或者发掘，建设单位擅自开工建设的，由市文物行政管理部门责令改正，情节严重的，处五万元以上五十万元以下罚款。

第三十五条　违反本条例第二十五条第二款规定，国有文物收藏单位与非国有文物收藏单位之间交换文物的，由市或者区、县文物行政管理部门责令改正，没收非法交换的文物，并处一万元以上五万元以下罚款。

第三十六条　违反本条例第二十七条第二款规定，文物的复制品没有明确标识的，由市或者区、县文物行政管理部门责令改正，并处一万元以上五万元以下罚款。

第三十七条　违反本条例第二十八条第一款规定，拍摄单位擅自拍摄或者更改拍摄计划，由市文物行政管理部门责令改正，收缴非法录制品，并处一万元以上五万元以下罚款。

违反本条例第二十八条第一款规定，举办者擅自举办活动或者更改活动计划，由原批准的文物行政管理部门责令改正，没收违法所得，并处一万元以上五万元以下罚款。

第三十八条　违反本条例第二十九条规定，文物市场的举办者或者管理者未设立管理机构、未制定管理制度、未聘用文物鉴定人员或者未在明显处设置公告牌的，由市或者区、县文物行政管理部门责令改正；情节严重的，处二千元以上二万元以下罚款。

第三十九条　市和区、县文物行政管理部门或者其他有关部门不履行文物保护职责的，由市或区、县人民政府责令改正；对直接负责的主管人员和其他直接责任人员，依法给予行政处分。

文物行政管理部门或者其他有关部门的工作人员玩忽职守、滥用职权、徇私舞弊的，由其所在单位或者上级主管机关给予处分；构成犯罪的，依法追究刑事责任。

第四十条　核定为文物保护单位的历史风貌建筑，其保护和修缮工作，应当遵守国家文物保护法律、法规和本市有关法规规定。

第四十一条　本条例自 2008 年 3 月 1 日起施行。

9. 中华人民共和国文物保护法

《中华人民共和国文物保护法》是为了加强对文物的保护，继承中华民族优秀的历史文化遗产，促进科学研究工作，进行爱国主义和革命传统教育，建设社会主义精神文明和物质文明，而制定的法规。

该法规由第五届全国人民代表大会常务委员会第二十五次会议于 1982 年 11 月 19 日通过，自 1982 年 11 月 19 日起施行。当前版本为 2015 年 4 月 24 日第十二届全国人民代表大会常务委员会第十四次会议修改。

2017 年 11 月 4 日，第十二届全国人民代表大会常务委员会第三十次会议决定，通过对《中华人民共和国文物保护法》作出修改。

制订机构：全国人民代表大会常务委员会
发布时期：1982 年 11 月 19 日
实施时期：1982 年 11 月 19 日
当前版本：2017 年 11 月 4 日修订

法律修订

1982 年 11 月 19 日第五届全国人民代表大会常务委员会第二十五次会议通过

根据 1991 年 6 月 29 日第七届全国人民代表大会常务委员会第二十次会议《关于修改〈中华人民共和国文物保护法〉第三十条、第三十一条的决定》修正

2002 年 10 月 28 日第九届全国人民代表大会常务委员会第三十次会议修订

根据 2007 年 12 月 29 日第十届全国人民代表大会常务委员会第三十一次会议《关于修改〈中华人民共和国文物保护法〉的决定》第二次修正

根据 2013 年 6 月 29 日第十二届全国人民代表大会常务委员会第三次会议《关于修改〈中华人民共和国文物保护法〉等十二部法律的决定》第三次修改

根据 2015 年 4 月 24 日第十二届全国人民代表大会常务委员会第十四次会议《关于修改〈中华人民共和国文物保护法〉的决定》第四次修正

根据 2017 年 11 月 4 日第十二届全国人民代表大会常务委员会第三十次会议《关于修改〈中华人民共和国会计法〉等十一部法律的决定》第五次修正

法律全文

目 录

第一章　总则
第二章　不可移动文物
第三章　考古发掘
第四章　馆藏文物
第五章　民间收藏文物
第六章　文物出境进境

第七章　法律责任
第八章　附则

条文

第一章　总　　则

第一条　为了加强对文物的保护，继承中华民族优秀的历史文化遗产，促进科学研究工作，进行爱国主义和革命传统教育，建设社会主义精神文明和物质文明，根据宪法，制定本法。

第二条　在中华人民共和国境内，下列文物受国家保护：

（一）具有历史、艺术、科学价值的古文化遗址、古墓葬、古建筑、石窟寺和石刻、壁画；

（二）与重大历史事件、革命运动或者著名人物有关的以及具有重要纪念意义、教育意义或者史料价值的近代现代重要史迹、实物、代表性建筑；

（三）历史上各时代珍贵的艺术品、工艺美术品；

（四）历史上各时代重要的文献资料以及具有历史、艺术、科学价值的手稿和图书资料等；

（五）反映历史上各时代、各民族社会制度、社会生产、社会生活的代表性实物。

文物认定的标准和办法由国务院文物行政部门制定，并报国务院批准。

具有科学价值的古脊椎动物化石和古人类化石同文物一样受国家保护。

第三条　古文化遗址、古墓葬、古建筑、石窟寺、石刻、壁画、近代现代重要史迹和代表性建筑等不可移动文物，根据它们的历史、艺术、科学价值，可以分别确定为全国重点文物保护单位，省级文物保护单位，市、县级文物保护单位。

历史上各时代重要实物、艺术品、文献、手稿、图书资料、代表性实物等可移动文物，分为珍贵文物和一般文物；珍贵文物分为一级文物、二级文物、三级文物。

第四条　文物工作贯彻保护为主、抢救第一、合理利用、加强管理的方针。

第五条　中华人民共和国境内地下、内水和领海中遗存的一切文物，属于国家所有。

古文化遗址、古墓葬、石窟寺属于国家所有。国家指定保护的纪念建筑物、古建筑、石刻、壁画、近代现代代表性建筑等不可移动文物，除国家另有规定的以外，属于国家所有。

国有不可移动文物的所有权不因其所依附的土地所有权或者使用权的改变而改变。

下列可移动文物，属于国家所有：

（一）中国境内出土的文物，国家另有规定的除外；

（二）国有文物收藏单位以及其他国家机关、部队和国有企业、事业组织等收藏、保管的文物；

（三）国家征集、购买的文物；

（四）公民、法人和其他组织捐赠给国家的文物；

（五）法律规定属于国家所有的其他文物。

属于国家所有的可移动文物的所有权不因其保管、收藏单位的终止或者变更而改变。

国有文物所有权受法律保护，不容侵犯。

第六条　属于集体所有和私人所有的纪念建筑物、古建筑和祖传文物以及依法取得的其他文物，其所有权受法律保护。文物的所有者必须遵守国家有关文物保护的法律、法规的规定。

第七条 一切机关、组织和个人都有依法保护文物的义务。

第八条 国务院文物行政部门主管全国文物保护工作。

地方各级人民政府负责本行政区域内的文物保护工作。县级以上地方人民政府承担文物保护工作的部门对本行政区域内的文物保护实施监督管理。

县级以上人民政府有关行政部门在各自的职责范围内，负责有关的文物保护工作。

第九条 各级人民政府应当重视文物保护，正确处理经济建设、社会发展与文物保护的关系，确保文物安全。

基本建设、旅游发展必须遵守文物保护工作的方针，其活动不得对文物造成损害。

公安机关、工商行政管理部门、海关、城乡建设规划部门和其他有关国家机关，应当依法认真履行所承担的保护文物的职责，维护文物管理秩序。

第十条 国家发展文物保护事业。县级以上人民政府应当将文物保护事业纳入本级国民经济和社会发展规划，所需经费列入本级财政预算。

国家用于文物保护的财政拨款随着财政收入增长而增加。

国有博物馆、纪念馆、文物保护单位等的事业性收入，专门用于文物保护，任何单位或者个人不得侵占、挪用。

国家鼓励通过捐赠等方式设立文物保护社会基金，专门用于文物保护，任何单位或者个人不得侵占、挪用。

第十一条 文物是不可再生的文化资源。国家加强文物保护的宣传教育，增强全民文物保护的意识，鼓励文物保护的科学研究，提高文物保护的科学技术水平。

第十二条 有下列事迹的单位或者个人，由国家给予精神鼓励或者物质奖励：

（一）认真执行文物保护法律、法规，保护文物成绩显著的；

（二）为保护文物与违法犯罪行为作坚决斗争的；

（三）将个人收藏的重要文物捐献给国家或者为文物保护事业作出捐赠的；

（四）发现文物及时上报或者上交，使文物得到保护的；

（五）在考古发掘工作中作出重大贡献的；

（六）在文物保护科学技术方面有重要发明创造或者其他重要贡献的；

（七）在文物面临破坏危险时，抢救文物有功的；

（八）长期从事文物工作，作出显著成绩的。

第二章 不可移动文物

第十三条 国务院文物行政部门在省级、市、县级文物保护单位中，选择具有重大历史、艺术、科学价值的确定为全国重点文物保护单位，或者直接确定为全国重点文物保护单位，报国务院核定公布。

省级文物保护单位，由省、自治区、直辖市人民政府核定公布，并报国务院备案。

市级和县级文物保护单位，分别由设区的市、自治州和县级人民政府核定公布，并报省、自治区、直辖市人民政府备案。

尚未核定公布为文物保护单位的不可移动文物，由县级人民政府文物行政部门予以登记并公布。

第十四条 保存文物特别丰富并且具有重大历史价值或者革命纪念意义的城市，由国务院核定公布为历史文化名城。

保存文物特别丰富并且具有重大历史价值或者革命纪念意义的城镇、街道、村庄，由省、自治区、直辖市人民政府核定公布为历史文化街区、村镇，并报国务院备案。

历史文化名城和历史文化街区、村镇所在地的县级以上地方人民政府应当组织编制专门的历史文化名城和历史文化街区、村镇保护规划，并纳入城市总体规划。

历史文化名城和历史文化街区、村镇的保护办法，由国务院制定。

第十五条 各级文物保护单位，分别由省、自治区、直辖市人民政府和市、县级人民政府划定必要的保护范围，作出标志说明，建立记录档案，并区别情况分别设置专门机构或者专人负责管理。全国重点文物保护单位的保护范围和记录档案，由省、自治区、直辖市人民政府文物行政部门报国务院文物行政部门备案。

县级以上地方人民政府文物行政部门应当根据不同文物的保护需要，制定文物保护单位和未核定为文物保护单位的不可移动文物的具体保护措施，并公告施行。

第十六条 各级人民政府制定城乡建设规划，应当根据文物保护的需要，事先由城乡建设规划部门会同文物行政部门商定对本行政区域内各级文物保护单位的保护措施，并纳入规划。

第十七条 文物保护单位的保护范围内不得进行其他建设工程或者爆破、钻探、挖掘等作业。但是，因特殊情况需要在文物保护单位的保护范围内进行其他建设工程或者爆破、钻探、挖掘等作业的，必须保证文物保护单位的安全，并经核定公布该文物保护单位的人民政府批准，在批准前应当征得上一级人民政府文物行政部门同意；在全国重点文物保护单位的保护范围内进行其他建设工程或者爆破、钻探、挖掘等作业的，必须经省、自治区、直辖市人民政府批准，在批准前应当征得国务院文物行政部门同意。

第十八条 根据保护文物的实际需要，经省、自治区、直辖市人民政府批准，可以在文物保护单位的周围划出一定的建设控制地带，并予以公布。

在文物保护单位的建设控制地带内进行建设工程，不得破坏文物保护单位的历史风貌；工程设计方案应当根据文物保护单位的级别，经相应的文物行政部门同意后，报城乡建设规划部门批准。

第十九条 在文物保护单位的保护范围和建设控制地带内，不得建设污染文物保护单位及其环境的设施，不得进行可能影响文物保护单位安全及其环境的活动。对已有的污染文物保护单位及其环境的设施，应当限期治理。

第二十条 建设工程选址，应当尽可能避开不可移动文物；因特殊情况不能避开的，对文物保护单位应当尽可能实施原址保护。

实施原址保护的，建设单位应当事先确定保护措施，根据文物保护单位的级别报相应的文物行政部门批准；未经批准的，不得开工建设。

无法实施原址保护，必须迁移异地保护或者拆除的，应当报省、自治区、直辖市人民政府批准；迁移或者拆除省级文物保护单位的，批准前须征得国务院文物行政部门同意。全国重点文物保护单位不得拆除；需要迁移的，须由省、自治区、直辖市人民政府报国务院批准。

依照前款规定拆除的国有不可移动文物中具有收藏价值的壁画、雕塑、建筑构件等，由文物行政部门指定的文物收藏单位收藏。

本条规定的原址保护、迁移、拆除所需费用，由建设单位列入建设工程预算。

第二十一条 国有不可移动文物由使用人负责修缮、保养；非国有不可移动文物由所有人负责修缮、保养。非国有不可移动文物有损毁危险，所有人不具备修缮能力的，当地人民政府应当给予帮助；所有人具备修缮能力而拒不依法履行修缮义务的，县级以上人民政府可以给予抢救修缮，所需费用由所有人负担。

对文物保护单位进行修缮，应当根据文物保护单位的级别报相应的文物行政部门批准；对未核定为文物保护单位的不可移动文物进行修缮，应当报登记的县级人民政府文物行政部门批准。

文物保护单位的修缮、迁移、重建，由取得文物保护工程资质证书的单位承担。

对不可移动文物进行修缮、保养、迁移，必须遵守不改变文物原状的原则。

第二十二条 不可移动文物已经全部毁坏的，应当实施遗址保护，不得在原址重建。但是，因特殊情况需要在原址重建的，由省、自治区、直辖市人民政府文物行政部门报省、自治区、直辖市人民政府批准；全国重点文物保护单位需要在原址重建的，由省、自治区、直辖市人民政府报国务院批准。

第二十三条 核定为文物保护单位的属于国家所有的纪念建筑物或者古建筑，除可以建立博物馆、保管所或者辟为参观游览场所外，作其他用途的，市、县级文物保护单位应当经核定公布该文物保护单位的人民政府文物行政部门征得上一级文物行政部门同意后，报核定公布该文物保护单位的人民政府批准；省级文物保护单位应当经核定公布该文物保护单位的省级人民政府的文物行政部门审核同意后，报该省级人民政府批准；全国重点文物保护单位作其他用途的，应当由省、自治区、直辖市人民政府报国务院批准。国有未核定为文物保护单位的不可移动文物作其他用途的，应当报告县级人民政府文物行政部门。

第二十四条 国有不可移动文物不得转让、抵押。建立博物馆、保管所或者辟为参观游览场所的国有文物保护单位，不得作为企业资产经营。

第二十五条 非国有不可移动文物不得转让、抵押给外国人。

非国有不可移动文物转让、抵押或者改变用途的，应当根据其级别报相应的文物行政部门备案。

第二十六条 使用不可移动文物，必须遵守不改变文物原状的原则，负责保护建筑物及其附属文物的安全，不得损毁、改建、添建或者拆除不可移动文物。

对危害文物保护单位安全、破坏文物保护单位历史风貌的建筑物、构筑物，当地人民政府应当及时调查处理，必要时，对该建筑物、构筑物予以拆迁。

第三章 考古发掘

第二十七条 一切考古发掘工作，必须履行报批手续；从事考古发掘的单位，应当经国务院文物行政部门批准。

地下埋藏的文物，任何单位或者个人都不得私自发掘。

第二十八条 从事考古发掘的单位，为了科学研究进行考古发掘，应当提出发掘计划，报国务院文物行政部门批准；对全国重点文物保护单位的考古发掘计划，应当经国务院文物行政部门审核后报国务院批准。国务院文物行政部门在批准或者审核前，应当征求社会科学研究机构及其他科研机构和有关专家的意见。

第二十九条 进行大型基本建设工程，建设单位应当事先报请省、自治区、直辖市人民政府文物行政部门组织从事考古发掘的单位在工程范围内有可能埋藏文物的地方进行考古调查、勘探。

考古调查、勘探中发现文物的，由省、自治区、直辖市人民政府文物行政部门根据文物保护的要求会同建设单位共同商定保护措施；遇有重要发现的，由省、自治区、直辖市人民政府文物行政部门及时报国务院文物行政部门处理。

第三十条 需要配合建设工程进行的考古发掘工作,应当由省、自治区、直辖市文物行政部门在勘探工作的基础上提出发掘计划,报国务院文物行政部门批准。国务院文物行政部门在批准前,应当征求社会科学研究机构及其他科研机构和有关专家的意见。

确因建设工期紧迫或者有自然破坏危险,对古文化遗址、古墓葬急需进行抢救发掘的,由省、自治区、直辖市人民政府文物行政部门组织发掘,并同时补办审批手续。

第三十一条 凡因进行基本建设和生产建设需要的考古调查、勘探、发掘,所需费用由建设单位列入建设工程预算。

第三十二条 在进行建设工程或者在农业生产中,任何单位或者个人发现文物,应当保护现场,立即报告当地文物行政部门,文物行政部门接到报告后,如无特殊情况,应当在二十四小时内赶赴现场,并在七日内提出处理意见。文物行政部门可以报请当地人民政府通知公安机关协助保护现场;发现重要文物的,应当立即上报国务院文物行政部门,国务院文物行政部门应当在接到报告后十五日内提出处理意见。

依照前款规定发现的文物属于国家所有,任何单位或者个人不得哄抢、私分、藏匿。

第三十三条 非经国务院文物行政部门报国务院特别许可,任何外国人或者外国团体不得在中华人民共和国境内进行考古调查、勘探、发掘。

第三十四条 考古调查、勘探、发掘的结果,应当报告国务院文物行政部门和省、自治区、直辖市人民政府文物行政部门。

考古发掘的文物,应当登记造册,妥善保管,按照国家有关规定移交给由省、自治区、直辖市人民政府文物行政部门或者国务院文物行政部门指定的国有博物馆、图书馆或者其他国有收藏文物的单位收藏。经省、自治区、直辖市人民政府文物行政部门批准,从事考古发掘的单位可以保留少量出土文物作为科研标本。

考古发掘的文物,任何单位或者个人不得侵占。

第三十五条 根据保证文物安全、进行科学研究和充分发挥文物作用的需要,省、自治区、直辖市人民政府文物行政部门经本级人民政府批准,可以调用本行政区域内的出土文物;国务院文物行政部门经国务院批准,可以调用全国的重要出土文物。

第四章 馆藏文物

第三十六条 博物馆、图书馆和其他文物收藏单位对收藏的文物,必须区分文物等级,设置藏品档案,建立严格的管理制度,并报主管的文物行政部门备案。

县级以上地方人民政府文物行政部门应当分别建立本行政区域内的馆藏文物档案;国务院文物行政部门应当建立国家一级文物藏品档案和其主管的国有文物收藏单位馆藏文物档案。

第三十七条 文物收藏单位可以通过下列方式取得文物:

(一)购买;
(二)接受捐赠;
(三)依法交换;
(四)法律、行政法规规定的其他方式。

国有文物收藏单位还可以通过文物行政部门指定保管或者调拨方式取得文物。

第三十八条 文物收藏单位应当根据馆藏文物的保护需要,按照国家有关规定建立、健全管理制度,并报主管的文物行政部门备案。未经批准,任何单位或者个人不得调取馆藏文物。

文物收藏单位的法定代表人对馆藏文物的安全负责。国有文物收藏单位的法定代表人离任时,应当按照馆藏文物档案办理馆藏文物移交手续。

第三十九条 国务院文物行政部门可以调拨全国的国有馆藏文物。省、自治区、直辖市人民政府文物行政部门可以调拨本行政区域内其主管的国有文物收藏单位馆藏文物;调拨国有馆藏一级文物,应当报国务院文物行政部门备案。

国有文物收藏单位可以申请调拨国有馆藏文物。

第四十条 文物收藏单位应当充分发挥馆藏文物的作用,通过举办展览、科学研究等活动,加强对中华民族优秀的历史文化和革命传统的宣传教育。

国有文物收藏单位之间因举办展览、科学研究等需借用馆藏文物的,应当报主管的文物行政部门备案;借用馆藏一级文物的,应当同时报国务院文物行政部门备案。

非国有文物收藏单位和其他单位举办展览需借用国有馆藏文物的,应当报主管的文物行政部门批准;借用国有馆藏一级文物,应当经国务院文物行政部门批准。

文物收藏单位之间借用文物的最长期限不得超过三年。

第四十一条 已经建立馆藏文物档案的国有文物收藏单位,经省、自治区、直辖市人民政府文物行政部门批准,并报国务院文物行政部门备案,其馆藏文物可以在国有文物收藏单位之间交换。

第四十二条 未建立馆藏文物档案的国有文物收藏单位,不得依照本法第四十条、第四十一条的规定处置其馆藏文物。

第四十三条 依法调拨、交换、借用国有馆藏文物,取得文物的文物收藏单位可以对提供文物的文物收藏单位给予合理补偿,具体管理办法由国务院文物行政部门制定。

国有文物收藏单位调拨、交换、出借文物所得的补偿费用,必须用于改善文物的收藏条件和收集新的文物,不得挪作他用;任何单位或者个人不得侵占。

调拨、交换、借用的文物必须严格保管,不得丢失、损毁。

第四十四条 禁止国有文物收藏单位将馆藏文物赠与、出租或者出售给其他单位、个人。

第四十五条 国有文物收藏单位不再收藏的文物的处置办法,由国务院另行制定。

第四十六条 修复馆藏文物,不得改变馆藏文物的原状;复制、拍摄、拓印馆藏文物,不得对馆藏文物造成损害。具体管理办法由国务院制定。

不可移动文物的单体文物的修复、复制、拍摄、拓印,适用前款规定。

第四十七条 博物馆、图书馆和其他收藏文物的单位应当按照国家有关规定配备防火、防盗、防自然损坏的设施,确保馆藏文物的安全。

第四十八条 馆藏一级文物损毁的,应当报国务院文物行政部门核查处理。其他馆藏文物损毁的,应当报省、自治区、直辖市人民政府文物行政部门核查处理;省、自治区、直辖市人民政府文物行政部门应当将核查处理结果报国务院文物行政部门备案。

馆藏文物被盗、被抢或者丢失的,文物收藏单位应当立即向公安机关报案,并同时向主管的文物行政部门报告。

第四十九条 文物行政部门和国有文物收藏单位的工作人员不得借用国有文物,不得非法侵占国有文物。

第五章　民间收藏文物

第五十条　文物收藏单位以外的公民、法人和其他组织可以收藏通过下列方式取得的文物：

（一）依法继承或者接受赠与；

（二）从文物商店购买；

（三）从经营文物拍卖的拍卖企业购买；

（四）公民个人合法所有的文物相互交换或者依法转让；

（五）国家规定的其他合法方式。

文物收藏单位以外的公民、法人和其他组织收藏的前款文物可以依法流通。

第五十一条　公民、法人和其他组织不得买卖下列文物：

（一）国有文物，但是国家允许的除外；

（二）非国有馆藏珍贵文物；

（三）国有不可移动文物中的壁画、雕塑、建筑构件等，但是依法拆除的国有不可移动文物中的壁画、雕塑、建筑构件等不属于本法第二十条第四款规定的应由文物收藏单位收藏的除外；

（四）来源不符合本法第五十条规定的文物。

第五十二条　国家鼓励文物收藏单位以外的公民、法人和其他组织将其收藏的文物捐赠给国有文物收藏单位或者出借给文物收藏单位展览和研究。

国有文物收藏单位应当尊重并按照捐赠人的意愿，对捐赠的文物妥善收藏、保管和展示。

国家禁止出境的文物，不得转让、出租、质押给外国人。

第五十三条　文物商店应当由省、自治区、直辖市人民政府文物行政部门批准设立，依法进行管理。

文物商店不得从事文物拍卖经营活动，不得设立经营文物拍卖的拍卖企业。

第五十四条　依法设立的拍卖企业经营文物拍卖的，应当取得省、自治区、直辖市人民政府文物行政部门颁发的文物拍卖许可证。

经营文物拍卖的拍卖企业不得从事文物购销经营活动，不得设立文物商店。

第五十五条　文物行政部门的工作人员不得举办或者参与举办文物商店或者经营文物拍卖的拍卖企业。

文物收藏单位不得举办或者参与举办文物商店或者经营文物拍卖的拍卖企业。

禁止设立中外合资、中外合作和外商独资的文物商店或者经营文物拍卖的拍卖企业。

除经批准的文物商店、经营文物拍卖的拍卖企业外，其他单位或者个人不得从事文物的商业经营活动。

第五十六条　文物商店不得销售、拍卖企业不得拍卖本法第五十一条规定的文物。

拍卖企业拍卖的文物，在拍卖前应当经省、自治区、直辖市人民政府文物行政部门审核，并报国务院文物行政部门备案。

第五十七条　省、自治区、直辖市人民政府文物行政部门应当建立文物购销、拍卖信息与信用管理系统。文物商店购买、销售文物，拍卖企业拍卖文物，应当按照国家有关规定作出记录，并于销售、拍卖文物后三十日内报省、自治区、直辖市人民政府文物行政部门备案。

拍卖文物时，委托人、买受人要求对其身份保密的，文物行政部门应当为其保密；但是，法律、行政法规另有规定的除外。

第五十八条　文物行政部门在审核拟拍卖的文物时，可以指定国有文物收藏单位优先购买其中的珍贵文物。购买价格由文物收藏单位的代表与文物的委托人协商确定。

第五十九条　银行、冶炼厂、造纸厂以及废旧物资回收单位，应当与当地文物行政部门共同负责拣选掺杂在金银器和废旧物资中的文物。拣选文物除供银行研究所必需的历史货币可以由人民银行留用外，应当移交当地文物行政部门。移交拣选文物，应当给予合理补偿。

第六章　文物出境进境

第六十条　国有文物、非国有文物中的珍贵文物和国家规定禁止出境的其他文物，不得出境；但是依照本法规定出境展览或者因特殊需要经国务院批准出境的除外。

第六十一条　文物出境，应当经国务院文物行政部门指定的文物进出境审核机构审核。经审核允许出境的文物，由国务院文物行政部门发给文物出境许可证，从国务院文物行政部门指定的口岸出境。

任何单位或者个人运送、邮寄、携带文物出境，应当向海关申报；海关凭文物出境许可证放行。

第六十二条　文物出境展览，应当报国务院文物行政部门批准；一级文物超过国务院规定数量的，应当报国务院批准。

一级文物中的孤品和易损品，禁止出境展览。

出境展览的文物出境，由文物进出境审核机构审核、登记。海关凭国务院文物行政部门或者国务院的批准文件放行。出境展览的文物复进境，由原文物进出境审核机构审核查验。

第六十三条　文物临时进境，应当向海关申报，并报文物进出境审核机构审核、登记。

临时进境的文物复出境，必须经原审核、登记的文物进出境审核机构审核查验；经审核查验无误的，由国务院文物行政部门发给文物出境许可证，海关凭文物出境许可证放行。

第七章　法律责任

第六十四条　违反本法规定，有下列行为之一，构成犯罪的，依法追究刑事责任：

（一）盗掘古文化遗址、古墓葬的；

（二）故意或者过失损毁国家保护的珍贵文物的；

（三）擅自将国有馆藏文物出售或者私自送给非国有单位或者个人的；

（四）将国家禁止出境的珍贵文物私自出售或者送给外国人的；

（五）以牟利为目的倒卖国家禁止经营的文物的；

（六）走私文物的；

（七）盗窃、哄抢、私分或者非法侵占国有文物的；

（八）应当追究刑事责任的其他妨害文物管理行为。

第六十五条　违反本法规定，造成文物灭失、损毁的，依法承担民事责任。

违反本法规定，构成违反治安管理行为的，由公安机关依法给予治安管理处罚。

违反本法规定，构成走私行为，尚不构成犯罪的，由海关依照有关法律、行政法规的规定给予处罚。

第六十六条　有下列行为之一，尚不构成犯罪的，由县级以上人民政府文物主管部门责令改正，造成严重后果的，处五万元以上五十万元以下的罚款；情节严重的，由原发证机关吊销资质证书：

（一）擅自在文物保护单位的保护范围内进行建设工程或者爆破、钻探、挖掘等作业的；

（二）在文物保护单位的建设控制地带内进行建设工程，其工程设计方案未经文物行政部门同意、报城乡建设规划部门批准，对文物保护单位的历史风貌造成破坏的；

（三）擅自迁移、拆除不可移动文物的；

（四）擅自修缮不可移动文物，明显改变文物原状的；

（五）擅自在原址重建已全部毁坏的不可移动文物，造成文物破坏的；

（六）施工单位未取得文物保护工程资质证书，擅自从事文物修缮、迁移、重建的。

刻划、涂污或者损坏文物尚不严重的，或者损毁依照本法第十五条第一款规定设立的文物保护单位标志的，由公安机关或者文物所在单位给予警告，可以并处罚款。

第六十七条　在文物保护单位的保护范围内或者建设控制地带内建设污染文物保护单位及其环境的设施的，或者对已有的污染文物保护单位及其环境的设施未在规定的期限内完成治理的，由环境保护行政部门依照有关法律、法规的规定给予处罚。

第六十八条　有下列行为之一的，由县级以上人民政府文物主管部门责令改正，没收违法所得，违法所得一万元以上的，并处违法所得二倍以上五倍以下的罚款；违法所得不足一万元的，并处五千元以上二万元以下的罚款：

（一）转让或者抵押国有不可移动文物，或者将国有不可移动文物作为企业资产经营的；

（二）将非国有不可移动文物转让或者抵押给外国人的；

（三）擅自改变国有文物保护单位的用途的。

第六十九条　历史文化名城的布局、环境、历史风貌等遭到严重破坏的，由国务院撤销其历史文化名城称号；历史文化城镇、街道、村庄的布局、环境、历史风貌等遭到严重破坏的，由省、自治区、直辖市人民政府撤销其历史文化街区、村镇称号；对负有责任的主管人员和其他直接责任人员依法给予行政处分。

第七十条　有下列行为之一，尚不构成犯罪的，由县级以上人民政府文物主管部门责令改正，可以并处二万元以下的罚款，有违法所得的，没收违法所得：

（一）文物收藏单位未按照国家有关规定配备防火、防盗、防自然损坏的设施的；

（二）国有文物收藏单位法定代表人离任时未按照馆藏文物档案移交馆藏文物，或者所移交的馆藏文物与馆藏文物档案不符的；

（三）将国有馆藏文物赠与、出租或者出售给其他单位、个人的；

（四）违反本法第四十条、第四十一条、第四十五条规定处置国有馆藏文物的；

（五）违反本法第四十三条规定挪用或者侵占依法调拨、交换、出借文物所得补偿费用的。

第七十一条　买卖国家禁止买卖的文物或者将禁止出境的文物转让、出租、质押给外国人，尚不构成犯罪的，由县级以上人民政府文物主管部门责令改正，没收违法所得，违法经营额一万元以上的，并处违法经营额二倍以上五倍以下的罚款；违法经营额不足一万元的，并处五千元以上二万元以下的罚款。

文物商店、拍卖企业有前款规定的违法行为的，由县级以上人民政府文物主管部门没收违法所得、非法经营的文物，违法经营额五万元以上的，并处违法经营额一倍以上三倍以下的罚款；违法经营额不足五万元的，并处五千元以上五万元以下的罚款；情节严重的，由原发证机关吊销许可证书。

第七十二条　未经许可，擅自设立文物商店、经营文物拍卖的拍卖企业，或者擅自从事文物的商业经营活动，尚不构成犯罪的，由工商行政管理部门依法予以制止，没收违法所得、非法经营的文物，违法经营额五万元以上的，并处违法经营额二倍以上五倍以下的罚款；违法经营额不足五万元的，并处二万元以上十万元以下的罚款。

第七十三条　有下列情形之一的，由工商行政管理部门没收违法所得、非法经营的文物，违法经营额五万元以上的，并处违法经营额一倍以上三倍以下的罚款；违法经营额不足五万元的，并处五千元以上五万元以下的罚款；情节严重的，由原发证机关吊销许可证书：

（一）文物商店从事文物拍卖经营活动的；

（二）经营文物拍卖的拍卖企业从事文物购销经营活动的；

（三）拍卖企业拍卖的文物，未经审核的；

（四）文物收藏单位从事文物的商业经营活动的。

第七十四条　有下列行为之一，尚不构成犯罪的，由县级以上人民政府文物主管部门会同公安机关追缴文物；情节严重的，处五千元以上五万元以下的罚款：

（一）发现文物隐匿不报或者拒不上交的；

（二）未按照规定移交拣选文物的。

第七十五条　有下列行为之一的，由县级以上人民政府文物主管部门责令改正：

（一）改变国有未核定为文物保护单位的不可移动文物的用途，未依照本法规定报告的；

（二）转让、抵押非国有不可移动文物或者改变其用途，未依照本法规定备案的；

（三）国有不可移动文物的使用人拒不依法履行修缮义务的；

（四）考古发掘单位未经批准擅自进行考古发掘，或者不如实报告考古发掘结果的；

（五）文物收藏单位未按照国家有关规定建立馆藏文物档案、管理制度，或者未将馆藏文物档案、管理制度备案的；

（六）违反本法第三十八条规定，未经批准擅自调取馆藏文物的；

（七）馆藏文物损毁未报文物行政部门核查处理，或者馆藏文物被盗、被抢或者丢失，文物收藏单位未及时向公安机关或者文物行政部门报告的；

（八）文物商店销售文物或者拍卖企业拍卖文物，未按照国家有关规定作出记录或者未将所作记录报文物行政部门备案的。

第七十六条　文物行政部门、文物收藏单位、文物商店、经营文物拍卖的拍卖企业的工作人员，有下列行为之一的，依法给予行政处分，情节严重的，依法开除公职或者吊销其从业资格；构成犯罪的，依法追究刑事责任：

（一）文物行政部门的工作人员违反本法规定，滥用审批权限、不履行职责或者发现违法行为不予查处，造成严重后果的；

（二）文物行政部门和国有文物收藏单位的工作人员借用或者非法侵占国有文物的；

（三）文物行政部门的工作人员举办或者参与举办文物商店或者经营文物拍卖的拍卖企业的；

（四）因不负责任造成文物保护单位、珍贵文物损毁或者流失的；

（五）贪污、挪用文物保护经费的。

前款被开除公职或者被吊销从业资格的人员，自被开除公职或者被吊销从业资格之日起十年内不得担任文物管理人员或者从事文物经营活动。

第七十七条 有本法第六十六条、第六十八条、第七十条、第七十一条、第七十四条、第七十五条规定所列行为之一的，负有责任的主管人员和其他直接责任人员是国家工作人员的，依法给予行政处分。

第七十八条 公安机关、工商行政管理部门、海关、城乡建设规划部门和其他国家机关，违反本法规定滥用职权、玩忽职守、徇私舞弊，造成国家保护的珍贵文物损毁或者流失的，对负有责任的主管人员和其他直接责任人员依法给予行政处分；构成犯罪的，依法追究刑事责任。

第七十九条 人民法院、人民检察院、公安机关、海关和工商行政管理部门依法没收的文物应当登记造册，妥善保管，结案后无偿移交文物行政部门，由文物行政部门指定的国有文物收藏单位收藏。

第八章 附 则

第八十条 本法自公布之日起施行。

十一、社会稳定风险相关规定

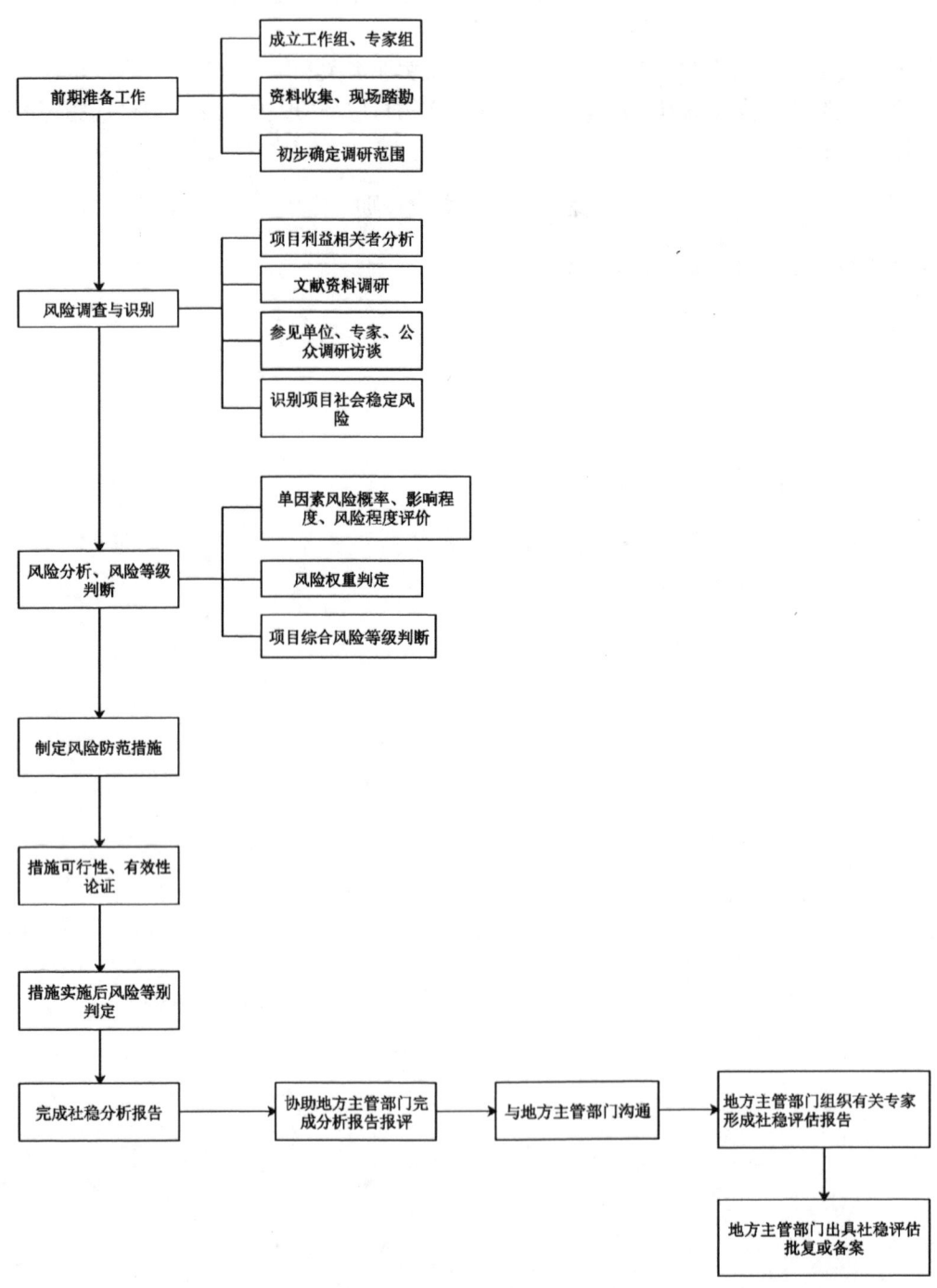

社会稳定风险评估流程

1. 关于印发《国家发展改革委重大固定资产投资项目社会稳定风险评估暂行办法》的通知

发改投资〔2012〕2492号

各省、自治区、直辖市及计划单列市、新疆生产建设兵团发展改革委，国务院各部门、直属机构、办事机构、直属事业单位，各中央管理企业：

为建立和规范重大固定资产投资项目社会稳定风险评估机制，我委制定了《国家发展改革委重大固定资产投资项目社会稳定风险评估暂行办法》，现印发给你们，请按照执行。

附件：国家发展改革委重大固定资产投资项目社会稳定风险评估暂行办法

国家发展改革委

2012年8月16日

附件

国家发展改革委重大固定资产投资项目社会稳定风险评估暂行办法

第一条 为促进科学决策、民主决策、依法决策，预防和化解社会矛盾，建立和规范重大固定资产投资项目社会稳定风险评估机制。制定本办法。

第二条 国家发展改革委审批、核准或者核报国务院审批、核准的在中华人民共和国境内建设实施的固定资产投资项目（简称"项目"，下同），适用本办法。

第三条 项目单位在组织开展重大项目前期工作时，应当对社会稳定风险进行调查分析，征询相关群众意见，查找并列出风险点、风险发生的可能性及影响程度，提出防范和化解风险的方案措施，提出采取相关措施后的社会稳定风险等级建议。

社会稳定风险分析应当作为项目可行性研究报告、项目申请报告的重要内容并设独立篇章。

第四条 重大项目社会稳定风险等级分为三级：

高风险：大部分群众对项目有意见、反应特别强烈，可能引发大规模群体性事件。

中风险：部分群众对项目有意见、反应强烈，可能引发矛盾冲突。

低风险：多数群众理解支持但少部分人对项目有意见，通过有效工作可防范和化解矛盾。

第五条 由项目所在地人民政府或其有关部门指定的评估主体组织对项目单位做出的社会稳定风险分析开展评估论证，根据实际情况可以采取公示、问卷调查、实地走访和召开座谈会、听证会等多种方式听取各方面意见，分析判断并确定风险等级，提出社会稳定风险评估报告。评估报告的主要内容为项目建设实施的合法性、合理性、可行性、可控性，可能引发的社会稳定风险，各方面意见及其采纳情况，风险评估结论和对策建议，风险防范和化解措施以及应急处置预案等内容。

第六条 国务院有关部门、省级发展改革部门、中央管理企业在向国家发展改革委报送项目可行性研究报告、项目申请报告的申报文件中，应当包含对该项目社会稳定风险评估报告的意见，并附社会稳定风险评估报告。

第七条 国家发展改革委在委托工程咨询机构评估项目可行性研究报告、项目申请报告时，可以根据情况在咨询评估委托书中要求对社会稳定风险分析和评估报告提出咨询意见。

第八条 评估主体作出的社会稳定风险评估报告是国家发展改革委审批、核准或者核报国务院审批、核准项目的重要依据。评估报告认为项目存在高风险或者中风险的，国家发展改革委不予审批、核准和核报；存在低风险但有可靠防控措施的，国家发展改革委可以审批、核准或者核报国务院审批、核准，并应在批复文件中对有关方面提出切实落实防范、化解风险措施的要求。

第九条 国家发展改革委未按照本办法规定，对项目可行性研究报告、项目申请报告作出批复，给党、国家和人民利益以及公共财产造成较大或者重大损失等后果的，应当依法依纪追究国家发展改革委有关单位和责任人的责任。

评估主体不按规定的程序和要求进行评估导致决策失误，或者隐瞒真实情况、弄虚作假，给党、国家和人民利益以及公共财产造成较大或者重大损失等后果的，应当依法依纪追究有关责任人的责任。

第十条 国家发展改革委、有关部门和机构及其工作人员应当遵守工作纪律和保密规定。

第十一条 各级地方发展改革部门可参照本办法，建立健全本地区重大项目社会稳定风险评估机制。

第十二条 本办法由国家发展改革委负责解释。

第十三条 自本办法印发之日起，国家发展改革委受理的申报项目执行本办法。

2. 天津市发展改革委关于印发天津市发展改革委重大建设项目社会稳定风险评估暂行办法的通知

津发改投资〔2013〕351号

市发展改革委关于印发天津市发展改革委重大建设项目社会稳定风险评估暂行办法的通知

各有关单位、区县发改委：

为有效控制社会稳定风险，从源头上预防和化解社会矛盾，建立我市重大建设项目社会稳定风险预测和评估机制，保障重大建设项目的顺利实施，我委依据国家和市有关文件规定，结合我市实际，制定了"天津市发展改革委重大建设项目社会稳定风险评估暂行办法"。

现将该办法印发你们，请认真贯彻执行。

特此通知。

附件：天津市发展改革委重大建设项目社会稳定风险评估暂行办法

天津市发展和改革委员会
2013年4月18日

（此件主动公开）

附件

天津市发展改革委重大建设项目社会稳定风险评估暂行办法

第一条 为有效控制社会稳定风险，从源头上预防和化解社会矛盾，建立对我市重大建设项目社会稳定风险的预测和评估机制，保障重大建设项目的顺利实施，依据中共中央办公厅、国务院办公厅《关于建立健全重大决策社会稳定风险评估机制的指导意见（试行）》（中办发〔2012〕2号）和市委办公厅《关于印发〈天津市重大决策社会稳定风险评估办法〉的通知》（津党办发〔2012〕14号）以及国家发展改革委《关于印发重大固定资产投资项目社会稳定风险评估暂行办法》（发改投资〔2012〕2492号），结合本市实际，制定本办法。

第二条 市发展和改革委审批、核准的，涉及大规模土地与房屋征收以及可能影响生态环境等直接关系人民群众切身利益、涉及面广、容易引发社会不稳定问题的重大建设项目（以下简称项目），适用本办法。

第三条 本办法所称的重大建设项目社会稳定风险评估，是结合投资项目审批、核准程序，对实施重大建设项目可能因影响相关利益方而引发的群体性社会矛盾风险及其防范、化解、处置对策和措施进行分析和评估的工作。

第四条 社会稳定风险评估必须客观、公开、公正，综合考虑项目实施过程中和实施后对各相关利益方可能造成的影响，以及相应采取的防范措施，为项目决策提供科学依据。

第五条 有关单位在项目社会稳定风险评估过程中，承担下列责任：

（一）市发展改革委是项目社会稳定风险评估主管部门，负责委托具备资格的咨询机构开展项目社会稳定风险评估；审查项目社会稳定风险评估报告；向信访、维稳部门及时通报项目社会稳定风险评估审查结果。

（二）项目单位负责组织开展项目社会稳定风险的预研工作，委托具备资质的工程咨询单位编制社会稳定风险分析篇章，在项目建设过程中做好社会稳定风险防范工作。

（三）社会稳定风险分析篇章编制单位负责按照项目单位委托及本办法要求开展项目社会稳定风险分析工作。

（四）社会稳定风险评估机构负责按照市发展改革委的委托对项目社会稳定风险分析篇章进行评估。

第六条 项目单位在编制项目建议书阶段，可征询有关区县和发展改革、建设交通、规划、土地、环保、信访、维稳等职能部门意见，做好项目社会稳定风险预研工作。

对于情况复杂、涉及面广的项目，项目单位可申请市发展和改革委牵头召开会议，与相关地区、部门沟通情况，听取各方对项目社会稳定风险的意见和建议。有关区县和规划、土地、环保、信访、维稳等职能部门应及时反馈项目规划、环保公示阶段所遇到的社会稳定风险因素。

第七条 社会稳定风险分析内容作为可行性研究报告或项目申请报告的一个独立篇章，由项目单位委托有资质的咨询机构在编制可行性研究报告或项目申请报告时一并编制。

第八条 咨询机构在编制社会稳定风险分析篇章时，应广泛征求项目所在区县和建设交通、规划、土地、环保、信访、维稳等部门的意见；根据实际情况，采取公示、问卷调查、实地走访及召开座谈会、听证会等形式听取社会各有关方面的意见；梳理各方意见情况，对项目决策实施的合法性、合理性、可行性、可控性深入研究。

社会稳定风险分析篇章应参照"国家发展改革委办公厅关于印发重大固定资产投资项目社会稳定风险分析篇章和评估报告编制大纲（试行）的通知"（发改办投资〔2013〕428号）要求编制。

第九条 项目社会稳定风险评估等级分为高风险、中风险、低风险三级：

高风险：项目的实施，大部分群众有意见，反应特别强烈，可能引发大规模群体性事件；

中风险：项目的实施，部分群众有意见，反应强烈，可能引发矛盾冲突的；

低风险：项目的实施，多数群众理解支持但少部分人有意见，可能引发个体矛盾冲突的。

第十条 项目主管部门、各区县发改委在向市发展改革委报送项目可行性研究报告或项目申请报告时，应当提出对该项目社会稳定风险篇章的初审意见。

第十一条 市发展改革委在委托具备资质的工程咨询机构评估项目可行性研究报告或项目申请报告时，可根据情况要求其对社会稳定风险分析篇章进行评估。

第十二条 项目可行性研究报告或项目申请报告的编制单位不得承担同一项目的社会稳定风险分析篇章评估工作。

第十三条 受市发展改革委委托，具备资质的工程咨询机构对社会稳定风险分析篇章进行评估。评估时应对有关数据的来源进行复核，要求项目单位提供编制分析篇章过程中所积累的原始材料。

社会稳定风险评估报告应参照"国家发展改革委办公厅关于印发重大固定资产投资项目社会稳定风险分析篇章和评估报告编制大纲（试行）的通知"（发改办投资〔2013〕428号）要求编制。

第十四条 评估单位作出的社会稳定风险评估报告是市发展和改革委审批、核准项目的重要依据。项目社会稳定风险评估结果为高风险的，市发展改革委应请项目单位根据评估意见对项目可行性研究报告或项目申请报告的建设方案和风险处置措施等进行优化调整，再重新上报。

在项目可行性研究报告批复或核准通知书中，市发展改革委应根据社会稳定风险评估结果，要求项目单位落实相关维稳措施。

第十五条 市发展改革委在项目可行性研究报告或项目申请报告获得批复的同时，应将社会稳定风险评估审查结果抄送同级信访、维稳部门备案；涉及相关部门的，应告知相关部门。如建设方案社会稳定风险评估等级为高风险但确需实施的，由市发改委与相关信访、维稳部门共同研究，并上报市政府决策。

第十六条 项目可行性研究报告或项目申请报告获得批复后，项目单位应按照社会稳定风险评估意见，落实相关处置措施，做好社会稳定风险防范化解工作。

第十七条 市发展改革委未按照本办法规定，对项目可行性研究报告或项目申请报告作出批复，给国家和社会造成重大损失的，应当依法依纪追究市发展改革委有关部门和责任人的责任。

社会稳定风险编制单位及评估单位不按规定程序和要求进行编制或评估，评估导致决策失误，或者隐瞒真实情况、弄虚作假，给国家和社会造成重大损失的，应当依法依纪追究有关责任人的责任。

第十八条 各区县发展改革委可参照本办法制定本区域内项目社会稳定风险评估和审查办法。

第十九条 本办法自 2013 年 5 月 1 日到 2018 年 4 月 30 日有效。

3. 关于印发《河北省重大固定资产投资项目社会稳定风险评估办法》的通知

冀发改投资〔2016〕1号

河北省发展和改革委员会
关于印发《河北省重大固定资产投资项目
社会稳定风险评估办法》的通知

各市（含定州、辛集市）、扩权县（市）发展改革委（局），省直各部门：

为进一步简政放权，减少企业负担，提高工作效率，更好地发挥地方政府在重大项目社会稳定风险判断、识别、防范方面的主体作用，我委对《河北省重大固定资产投资项目社会稳定风险评估暂行办法》进行了修订，修订后的《河北省重大固定资产投资项目社会稳定风险评估办法》，经省政府法制办审查，现印发给你们，请按照执行。

河北省发展和改革委员会
2016年1月5日

河北省重大固定资产投资项目社会稳定风险评估办法

第一条 为促进固定资产投资项目的科学决策、民主决策和依法决策，预防和化解社会矛盾，构建和谐河北，规范社会稳定风险评估工作，根据《国务院关于加强法治政府建设的意见》和《国家发展改革委重大固定资产投资项目社会稳定风险评估暂行办法》，结合本省实际，制定本办法。

第二条 在本省行政区域内建设实施，符合下列条件之一的固定资产投资项目（简称"项目"，下同）适用本办法。

（一）新增建设用地的；

（二）征收国有土地上房屋的；

（三）按照《建设项目环境影响评价分类管理名录》的规定应当编制环境影响报告书的；

（四）在开展项目前期工作中发生过集访上访或群体性事件的；

（五）在项目规划、环评阶段发生社会不稳定问题且尚未化解的；

（六）在居民密集区建设且对周边群众生产、生活具有一定影响的；

（七）涉及重大地质勘察和矿产资源开发的；
（八）国家要求提供社会稳定风险评估意见的；
（九）经项目单位预研判断可能引发社会不稳定问题的。

第三条 项目单位在组织开展项目前期工作时，应当对社会稳定风险进行调查分析，征询相关群众意见，查找并列出风险点、风险发生的可能性及影响程度，提出防范和化解风险的方案措施，提出采取相关措施后的社会稳定风险等级建议。

第四条 重大项目社会稳定风险等级分为三级：

高风险：大部分群众对项目有意见、反应特别强烈，可能引发大规模群体性事件。

中风险：部分群众对项目有意见、反应强烈，可能引发矛盾冲突。

低风险：多数群众理解支持但少部分人对项目有意见，通过有效工作可防范和化解矛盾。

第五条 审批政府投资项目可行性研究报告和核准企业投资项目项目申请报告阶段，进行社会稳定风险评估。

第六条 社会稳定风险评估工作由项目所在地政府或发展改革部门负责开展。

国家有关部委来函要求我省协助开展社会稳定风险评估的项目。由省发展改革委按照国家来函要求，组织开展项目社会稳定风险评估工作，并出具意见。

省直有关部门、设区市（直管县）发展改革部门、中央及省管理企业在向省发展改革委报送项目可行性研究报告、项目申请报告的申报文件中，应当包含对该项目社会稳定风险评估报告的意见，并附社会稳定风险评估报告。跨设区市（直管县）的项目由所涉及的设区市（直管县）分别负责开展（项目本辖区部分）社会稳定风险评估工作；跨县域的项目由设区市统一组织开展社会稳定风险评估工作。

设区市（直管县）有关部门、县发展改革部门、中央和省及设区市（直管县）管理企业在向设区市（直管县）发展改革部门报送项目可行性研究报告、项目申请报告的申报文件中，应当包含对该项目社会稳定风险评估报告的意见，并附社会稳定风险评估报告。跨县域的项目由项目所涉及的县分别负责开展（项目本辖区部分）社会稳定风险评估工作或由设区市统一组织开展社会稳定风险评估工作。

县有关部门、企业在向县发展改革部门报送项目可行性研究报告、项目申请报告的申报文件中，应当包含对该项目社会稳定风险评估报告的意见，并附社会稳定风险评估报告；其社会稳定风险评估工作由项目所在地县政府或发展改革部门负责开展。

第七条 社会稳定风险分析应当作为政府投资项目可行性研究报告、企业投资项目项目申请报告的重要内容，应设独立篇章。

社会稳定风险分析报告（篇章）应由项目单位或者其委托的具有相应工程咨询资质的机构按照《重大固定资产投资项目社会稳定风险分析篇章编制大纲及说明（试行）》进行编制，包括编制依据、风险调查、风险识别、风险估计、风险防范和化解措施、风险等级、风险分析结论等内容。

第八条 政府（或发展改革部门）负责指定乙级以上工程咨询资质的机构组织社会稳定风险评估工作并出具评估报告。

第九条 发展改革部门可以在委托工程咨询机构评估项目可行性研究报告、项目申请报告时，要求被委托机构对社会稳定风险分析和评估报告提出咨询意见。

第十条 社会稳定风险评估分析报告（篇章）编制费用执行国家对建设项目前期工作咨询收费的有关规定，由项目单位承担，列入项目前期工作经费。

第十一条 政府或发展改革部门需委托机构提供社会稳定风险评估服务的，有关评估费用等由委托评估的机关承担，评估机构不得向项目单位收取费用。

第十二条 风险评估应当通过收集相关文件资料、问卷调查、民意测验、座谈走访、听证会等方式就项目征求意见，对社会稳定风险进行预测和评估，也可以组织相关部门和有专业资质专家、学者评估论证。

涉及国家秘密的项目，应当遵守国家有关保密规定。

第十三条 社会稳定风险评估报告应按照《重大固定资产投资项目社会稳定风险评估报告编制大纲及说明（试行）》进行编制，主要对风险调查评估及各方意见采纳情况、风险识别和估计、风险防范和化解措施、落实措施后的风险等级确定等内容进行评估，并提出评估结论。评估结论主要包括项目存在的主要风险因素，项目合法性、合理性、可行性、可控性，项目的风险等级，项目主要风险防范、化解措施，根据需要提出应急预案和建议等内容。

第十四条 社会稳定风险评估报告应当在政府投资项目可行性研究报告和企业投资项目项目申请报告所需的各前置文件具备之后完成。项目规划、土地、环评等已完成社会稳定风险专项评估的，在社会稳定情况未发生较大变化的前提下，其结论可以直接引用。

第十五条 报送政府投资项目可行性研究报告、企业投资项目项目申请报告时，应当按照本办法第六条的有关要求，包含相应发展改革部门对该项目社会稳定风险评估报告的意见，并附社会稳定风险评估报告，同时抄送同级维护稳定工作部门。

第十六条 社会稳定风险评估报告是审批政府投资项目可行性研究报告和核准企业投资项目项目申请报告的重要依据。评估报告认为项目存在高风险或者中风险的，不予通过或核报；存在低风险但有可靠防控措施的，可以通过或核报，并应在批复文件中对有关方面提出切实落实防范、化解风险措施的要求。

第十七条 项目单位对已经实施或部分实施，但又存在一定风险的项目，应按防范、化解风险措施组织开展工作。

第十八条 发展改革部门未按照本办法规定，对项目进行管理或核报本级政府及上级发展改革部门，给国家和人民利益以及公共财产造成较大或者重大损失等后果的，应当依法依纪追究有关单位和责任人的责任。

项目单位和编制机构在进行社会稳定风险评估分析中，故意隐瞒真实情况或者弄虚作假，导致管理部门做出错误行政行为的，应当依法追究项目单位和编制单位直接负责人员的法律责任。

评估机构不按规定的程序和要求进行评估，定级错误，导致决策失误，或者隐瞒真实情况、弄虚作假，给国家和人民利益以及公共财产造成较大或者重大损失等后果的，应当依法依纪追究有关责任人的责任。

第十九条 本办法自发布之日起施行，有效期5年。

4. 陕西省发展和改革委员会 中共陕西省委维护稳定工作领导小组办公室关于印发《关于加强重大固定资产投资项目社会稳定风险评估工作的意见》的通知

陕发改项目〔2012〕1749号

各市发展改革委、杨凌示范区发展改革局、西咸新区经济建设局、韩城市经济发展局,各市委、杨凌示范区党工委、西咸新区党工委、韩城市委维护稳定工作领导小组办公室,省级有关部门:

为贯彻落实《中共中央办公厅、国务院办公厅关于建立健全重大决策社会稳定风险评估机制的指导意见(试行)的通知》(中办发〔2012〕2号)和《中共陕西省委办公厅 陕西省人民政府办公厅关于印发〈陕西省重大决策社会风险评估暂行办法〉的通知》(陕办发〔2012〕21号)精神,按照《国家发展改革委关于印发〈国家发展改革委重大固定资产投资项目社会稳定风险评估暂行办法〉的通知》(发改投资〔2012〕2492号)要求,省发展改革委会同省委维护稳定工作领导小组办公室联合制定了《关于加强重大固定资产投资项目社会稳定风险评估工作的意见》,现印发给你们,请结合实际,认真贯彻执行。

省发展改革委 省委维稳办
2012年11月15日

附件

关于加强重大固定资产投资项目社会稳定风险评估工作的意见

建立重大工程项目建设社会稳定风险评估机制,促进决策民主化、法制化、科学化,努力从源头上减少社会矛盾、化解不稳定隐患、规避稳定风险,对改革、发展、稳定的协调推进,促进全省经济社会持续健康发展具有重大意义。为了加强重大固定资产投资项目社会稳定风险评估工作,根据《国家发展改革委重大固定资产投资项目社会稳定风险评估暂行办法》(发改投资〔2012〕2492号)和《中共陕西省委办公厅陕西省人民政府办公厅关于印发〈陕西省重大决策社会风险评估暂行办法〉的通知》(陕办发〔2012〕21号)精神,提出如下意见。

第一条 省发展改革委审批(核准、备案)或者核报国家发展改革委审批(核准)的在省境内实施的固定资产投资项目(以下简称项目),适用本意见。

第二条 项目单位在组织开展项目前期工作时,应当对社会稳定风险进行调查分析,征询相关群众意见，查找并列出风险点、风险发生的可能性及影响程度，提出防范和化解风险的方案措施，提出采取相关措施后的社会稳定风险可能等级。

社会稳定风险分析主要包括拟建的项目在选址、规划、矿产资源配置、土地征收（征用）、房屋拆迁、环境影响及施工等阶段可能出现的社会稳定突出问题和应对处置预案。

具体包括以下方面：

（一）项目在规划选址、规划调整时可能引发的社会稳定突出问题。包括项目建设规划选址的科学性、合理性，规划方案调整的必要性及对群众可能带来的不利影响等。

（二）项目实施前涉及土地征收（征用）中可能引发的社会稳定突出问题。包括征地补偿价格、征地政策、征地程序和补偿款发放等。

（三）项目实施前涉及可能引发的社会稳定问题。包括资源转化涉及的资源配置、环境污染、地上建筑物拆除、拆迁安置情况等。

（四）项目开工及建设中可能引发的社会稳定突出问题。包括招投标环节、安全文明施工、工程质量和劳资纠纷等。

（五）项目建设后期可能引发的社会稳定突出问题。包括就业、社会保障、集体资产处置等。

（六）项目其他涉及群众利益可能引发的社会稳定突出问题。

社会稳定风险分析应当作为项目可行性研究报告、核准或备案项目申请报告的重要内容并设立独立篇章。

第三条 项目社会稳定风险等级分为三级：

高风险：反对意见超过33%或群众反应特别强烈，可能引发大规模群体性事件或个人极端事件。

中风险：反对意见占10-33%或群众反应强烈，可能引发矛盾冲突。

低风险：反对意见低于10%或少数群众有意见，通过有效工作可防范和化解矛盾。

第四条 城乡规划、国土资源、环境保护等项目建设前置行政许可审批部门及行业主管部门要按照职责分工要求，各司其职、各负其责，对申报项目进行相应的社会稳定风险评估，在向项目业主单位出具规划选址、用地预审意见和环境影响评价等项目建设前置行政许可审批文件中提出风险评估意见，发展改革部门将其评估意见作为项目审批（核准、备案）的重要依据。

第五条 为尽可能简化项目审批环节和减轻企业负担，备案项目在编制申请报告时，社会稳定风险分析可作为其中的独立篇章，城乡规划、国土资源、环境保护等项目建设前置行政许可审批部门应向项目业主单位出具社会稳定风险评估意见，发展改革部门在审核项目时将该意见作为重要依据，不再委托评估中介机构进行风险评估。

第六条 凡属不需要新征土地且不涉及周围群众利益调整的改建和扩建项目，不再单独编制社会稳定风险评估报告，只需将社会稳定风险分析作为可行性研究报告、项目申请报告的组成部分，发展改革部门不再单独审查该部分内容。

第七条 由项目所在市、县人民政府或其有关部门指定的评估主体组织对项目单位做出的社会稳定风险分析开展评估论证，跨市或有跨市影响的项目，其评估主体组织由省级有关部门指定。评估论证根据实际情况可以采取公示、问卷调查、实地走访和召开座谈会、听证会等多种方式进行，在听取各方面意见的基础上，分析判断并确定风险等级，提出社会稳定风险评估报告。评估报告的主要内容为项目建设的合法性、合理性、可行性、可控性，可能引发的社会稳定风险，各方面意见及其采纳情况，风险评估结论和对策建议，风险防范和化解措施以及应急处置预案等内容。

第八条 省级有关部门、市级发展改革部门、省属企业及中央驻陕单位在向省发展改革委报送审批项目的可行性研究报告、核准项目的申请报告的申报文件中，应当包含对该项目社会稳定风险评估报告的意见，并附社会稳定风险评估报告。

第九条 省发展改革委在委托工程咨询等中介机构评估项目可行性研究报告、项目申请报告时，可根据情况在咨询评估委托书中要求对社会稳定风险分析和评估报告提出咨询意见。

第十条 评估主体作出的社会稳定风险评估报告是省发展改革委审批（核准、备案）或者核报国家发展改革委审批（核准）项目的重要依据。评估报告认为项目建设存在高风险或者中风险的，省发展改革委不予审批（核准、备案）和核报；存在低风险但有可靠防控措施的，省发展改革委可以审批（核准、备案）或者核报国家发展改革委审批、核准，并应在批复文件中对有关方面提出切实落实防范、化解风险措施的要求。

第十一条 项目单位要认真研究分析社会稳定风险，担负起预防和化解社会矛盾的主体责任，对报送的项目资料内容的真实性负责；审查项目的行业主管部门要建立健全对拟建项目的社会稳定风险评估机制，对分管行业项目存在较高风险且缺少完善的防范和化解措施的，不得办理相关审批手续。

第十二条 各市、各部门要加强对审批（核准、备案）项目的社会稳定风险评估工作的管理，未按照本意见的规定，对审批项目的可行性研究报告、核准或备案项目的申请报告作出批复，造成重大公共财产损失或者重大社会影响等后果的，应当依法依纪追究有关责任人的责任。

评估主体不按规定的程序和要求进行评估导致决策失误，或者隐瞒真实情况、弄虚作假，造成重大公共财产损失或者重大社会影响等后果的，应当依法依纪追究有关责任人的责任。

第十三条 各市可参照本意见，建立健全本地区重大项目社会稳定风险评估机制。

第十四条 本意见自下发之日起执行。

5. 内蒙古自治区重大项目建设社会稳定风险评估暂行办法（2013年本）

第一条 为进一步推动科学发展，着力推进富民强区，正确处理改革、发展、稳定的关系，建立和规范重大工程建设社会稳定风险评估长效机制，切实做到科学决策、民主决策、依法决策，根据《关于印发国家发展改革委重大固定资产投资项目社会稳定风险评估暂行办法的通知》（发改投资〔2012〕2492号）、《内蒙古自治区关于建立重大事项社会稳定风险评估机制的指导意见（试行）的通知》（内党办发〔2010〕15号）和《关于切实做好"三个攻坚战"和"三项工程"有关维稳工作的通知》（内稳发〔2012〕4号）精神，结合自治区实际，制定本暂行办法。

第二条 重大项目建设社会稳定风险评估工作要紧密结合中央和自治区有关维护稳定工作总体部署，贯穿重大项目建设执行、实施全过程，科学识别、评价、应对和控制，着力从源头上预防和减少不稳定因素，全力维护社会和谐稳定，促进自治区经济社会又好又快发展。

第三条 重大项目建设社会稳定风险评估工作要坚持以下原则。

（一）坚持以人为本原则。要着眼于经济社会发展和人民群众的根本利益，处理好眼前利益和长远利益的关系，保障群众各项民主权利。

（二）坚持源头治理原则。注重重大投资项目的前瞻性和项目管理的协调性，建立重大项目决策的形成机制和科学公正公平的决策程序；进一步完善相关制度，做好重大项目建设社会稳定风险评估工作，把风险降到最低程度，从源头上预防和减少不稳定事件的发生。

（三）坚持统筹兼顾原则。把重大项目建设服务于经济社会发展、服务于人民群众生产生活统一起来；兼顾人民群众与所在地区、行业的稳定风险情况。

（四）坚持分工负责原则。按照"谁决策、谁评估，谁评估、谁负责"，"属地管理，分级负责，归口办理"的原则，统筹落实好本地区、本系统的重大工程建设社会稳定风险评估工作。

第四条 重大项目建设社会风险评估范围，是指由自治区发展改革委负责或者核报国家发展改革委、自治区人民政府审批、核准的，与人民群众利益密切相关，有可能在较大范围内，对当地生态环境、群众生产生活以及地区经济社会发展造成严重影响，列入自治区重点工程并由政府或社会投资建设的重大项目。

第五条 项目建设单位是社会稳定风险评估的责任主体，项目建设单位在提供项目可行性研究报告或项目申请报告时，需提供社会稳定风险评估分析报告，对重大项目建设可能产生的社会稳定风险进行全面分析、系统论证，作出客观预测、综合评判，并制定相应的防范、化解风险的应对预案。

第六条 社会稳定风险等级分为三级：

高风险：大部分群众对项目建设有意见、反应特别强烈，可能引发大规模群体性事件。

中风险：部分群众对项目建设有意见、反应强烈，可能引发矛盾冲突。

低风险：多数群众理解支持但少数人对项目有意见，通过有效措施可防范和化解矛盾。

第七条 社会风险评估遵循以下程序：

（一）制定评估方案，分析社会风险。确定要对重大项目建设进行社会稳定风险评估后，责任主体要把社会稳定风险评估作为实施重大项目建设审核事项的必要环节，在实施前对社会稳定风险进行调查研究，征询相关群众意见，查找并列出可能引发不稳定的风险点、风险发生的可能性及影响程度，提出防范和化解风险的预案，分析提出社会稳定风险等级建议，形成科学、规范、详细、真实、可操作的风险评估分析方案，按照程序将分析方案上报项目所在地盟市、旗县发展改革委。

（二）申报评估。各盟市、旗县发展改革委要将重大事项的项目名称、实施单位、工作人员、建设内容、资金筹措等相关情况，按照自治区重大事项社会稳定风险评估领导小组办公室的有关规定，履行申报手续，获得同意后开展社会稳定风险评估工作。

（三）开展评估。项目所在地盟市、旗县人民政府或其有关部门指定评估主体，负责组织进行对责任主体做出的社会稳定风险评估方案进行评估。评估主体要全面掌握评估项目的基本情况，按照社会风险评估内容要求，组织对项目建设单位做出的社会稳定风险分析开展评估论证，根据需要通过深入走访、宣传解释、问卷调查、召开座谈会、听证咨询、社会公示等形式征求群众的意见和建议，广泛征求人大、政协以及信访等有关部门的意见，准确识别和分析判断社会风险。

社会稳定风险评估主要包括以下内容：

1. 合法性评估。是否符合国家有关法律法规，是否符合社会主义市场经济改革方向，是否有利于解决深层次矛盾和体制机制问题，是否符合当地经济社会发展规划和产业结构规划布局。

2. 合理性。是否符合科学发展观要求，是否符合大多数群众的根本利益和未来发展需要，是否得到了大多数群众的理解和支持；是否兼顾不同群体的利益诉求；是否符合社会、人民群众的承受能力；是否可能引起不同利益群体的攀比。

3. 可行性。重大项目是否经过可行性论证；改革和发展的人力、物力和财力成本是否在可承受的范围内；人民群众是否接受和支持；实施方案是否周密、完善，具有可操作性和连续性。是否充分考虑到了项目建设、运营中各种相关制约，提出的配套措施是否完善，建设时机是否成熟，项目实施后是否会引发不稳定因素。

4. 可控性。重大项目的实施是否存在引发群体性事件的隐患、当地群众对项目建设有无强烈的反映和要求；对可能会出现的影响社会稳定和生态环境等问题，是否有相应的风险监控措施和应急处置预案。

5. 其他。除前4个方面以外，重大项目建设还可能会出现和影响社会稳定的其他重大问题。

（四）形成评估报告。评估主体对评估事项实施过程中可能引发的矛盾冲突的概率、负面影响程度和可能涉及的人员数量、范围和反应做出预测。通过对评估事项实施后可能引发的各种社会稳定风险进行分析，作出评估结论，确定重大事项风险等级，按照编制大纲内容要求形成评估报告。

（五）评估结论认定。评估完成后，评估主体对评估项目实施建议、公示情况、专家论证情况、群众意见、风险预测、风险化解措施等原始材料汇编成册，连同评估报告一并上报项目所在地盟市、旗县发展改革委后，按照自治区重大事项社会稳定风险评估领导小组办公室的有关规定，履行备案手续。

第八条 重大工程建设社会稳定风险评估结论意见是项目审批、核准的重要依据之一，重大工程建设社会稳定风险分析要作为项目可行性研究报告、项目申请报告的重要内容，设独立篇章。各地区、部门上报的申报文件中，应当包含评估报告的认定意见并附评估报告。自治区发展改革委在项目审批、核准或上报国家发展改革委时，以项目属地人民政府认定的评估结论为准，不再重复评估。评估结论为低风险的，实施条件较成熟的项目，可以按程序审批或核准；评估结论为中风险或高风险的项目，不予审批或核准。

第九条 自治区发展改革委对于需要进行评估的重大事项，应做到无评估不上会、不研究。对于未按照本办法规定，对项目可行性研究报告或项目申请报告给予批复，造成较大或重大损失等后果的，应依法依纪追究有关处室、单位和责任人的责任。

第十条 评估主体不按规定的程序和要求进行评估导致决策失误，或者故意隐瞒事实、弄虚作假，造成较大或重大损失等后果的，应依法依纪追究有关责任人的责任。

第十一条 项目建设单位未认真落实评估意见提出的应对措施，或项目审批后擅自改变建设地点、调整建设内容等引发社会不稳定问题的，要依法依纪追究项目建设单位主要负责人及相关责任人员的责任。

第十二条 各盟市发展改革委可参照本办法，制定本地区重大工程建设社会稳定风险评估管理办法，建立健全评估机制。

第十三条 本办法由自治区发展改革委负责解释。

第十四条 自本办法公布之日起，自治区发展改革委受理的重大项目申报执行本办法。

6. 山西省发展改革委关于对重大社会决策、重大工程项目开展社会稳定风险评估的实施意见

晋发改办室发〔2010〕47号

建立重大社会决策、重大工程项目社会稳定风险评估机制，是贯彻落实科学发展观，坚持以人为本，提高科学决策、民主决策、依法决策水平，维护全省转型跨越发展良好环境的重要保障。省委、省政府对扎实推进全省社会稳定风险评估工作高度重视，制定出台了《中共山西省委办公厅、山西省人民政府办公厅转发〈关于建立重大社会决策、重大工程项目社会稳定风险评估机制的意见〉的通知》（晋办发〔2010〕6号），要求全省各级各有关部门认真贯彻实施。根据省委、省政府《通知》精神，结合我委工作实际，现就建立重大社会决策、重大工程项目社会稳定风险评估机制提出如下实施意见。

一、基本原则

开展重大社会决策、重大工程项目社会稳定风险评估，是指省发展改革委在省委、省政府统一领导和安排下，在组织制定重大社会政策、审核实施重大工程项目时，提前对可能发生的危害社会稳定的诸多因素进行分析，评估可能发生的风险等级，有针对性地制定应对计划，采取切实可行措施，防范、降低和消除社会风险。

开展重大社会决策、重大工程项目社会稳定风险评估工作应当坚持以下原则：

（一）源头治本、预防为主原则。坚持标本兼治、关口前移，变被动化解为主动预防，通过科学系统地预测、分析和评估可能影响社会稳定的各类风险，在重大事项实施前把风险降到最低程度或调整到可控范围。

（二）科学、民主决策原则。在对省级政府投资的重大项目实行公众意见征询（晋发改办室发〔2010〕35号）的基础上，进一步增强重大事项分析、评估和决策的透明度，完善决策信息和智力支持系统，运用论证、听证和公示等公众参与程序，广泛征询社会各方意见，提高决策的科学性，防止片面性。

（三）合法、合理并重原则。在推进依法行政、依法决策的过程中，尊重相关利益群体的合理诉求，确保重大事项的决策部署既符合相关法律、法规和制度要求，又充分考虑群众的现实和长远利益。

（四）权责统一、分级负责原则。根据《山西省固定资产投资项目管理流程图》的程序规定和相关要求，按照"谁决策、谁负责"、"谁审批、谁负责"的原则，严格落实承担重大事项决策、审批重大工程项目相关业务部门的责任。全省各级发展改革部门都要结合本地本单位实际，抓紧制定具体办法，建立风险评估机制，对所管理范围内的重大决策和重大项目开展风险评估工作，对转呈上报的重大项目分析提出风险隐患及预案，切实把社会稳定风险消除在基层和萌芽状态。

（五）兼顾公平与效率原则。坚持改革发展与维护稳定相结合、提高效率与维护社会公平正义相统一。

二、组织领导

（一）山西省发展改革委成立重大社会决策、重大工程项目社会稳定风险评估领导小组

（以下简称"领导小组"），由委党组书记、主任李宝卿任组长，委党组副书记、常务副主任王赋任常务副组长，其他委党组成员任副组长，各相关业务处室负责人为领导小组成员。

投资处为全委重大决策、重大项目风险评估工作的协调处室。工作职责是：在领导小组的统一部署和指导下，负责制定和完善相关制度，协调组织开展风险评估工作。

（二）重大社会决策的牵头提出处室，重大工程项目的审批处室及项目申报实施单位是负责组织实施社会稳定风险评估的责任主体；涉及到多部门、职能交叉、跨领域而难以界定评估直接责任部门的重大社会决策、重大工程项目，由领导小组指定评估责任主体。

三、评估范围

（一）重大社会决策具体包括：

1. 全省国民经济和社会发展战略、生产力布局规划、城镇化发展战略、生态保护与环境治理规划，经济社会发展专项规划、区域规划等关系较大范围人民群众切身利益的社会管理重大战略及规划；

2. 重要价格调整和优化经济结构的重大政策，宏观经济调控重大政策，就业与人力资源、收入分配、社会保障与经济协调发展等涉及人民群众普遍关心的民生方面的重大政策；

3. 综合性经济体制改革方案，所属企业、事业单位改革改制方案等重大改革内容；

4. 其他应当进行社会稳定风险评估的重大社会决策。

（二）重大工程项目具体包括：

1. 列入国家、省重点工程，且对群众生产、生活造成较大影响的资源开发利用、环境保护工程、基础设施类重大项目；

2. 民生及社会事业领域涉及到诸多利益群体或较大群体利益的重大项目建设；

3. 其他应当进行社会稳定风险评估的重大工程项目。

四、评估内容

严格坚持"客观、公正、准确、实效"的原则，认真进行分析预测，对是否可能出现不稳定问题作出评估，并针对评估预测主动做好化解工作。评估内容主要包括：

（一）合法性评估。①重大社会决策、重大工程项目的实施是否符合党和国家的大政方针，是否与现行政策、法律、法规相抵触，是否有充足的政策、法律依据；②重大社会决策、重大工程项目所涉政策调整、利益调节的对象和范围是否界定准确，调整、调节的依据是否合法。

（二）合理性评估。①是否符合经济社会发展规律，是否坚持了以人为本的科学发展观，是否符合大多数群众的利益需求；②是否超越绝大多数群众的承受能力；③是否得到大多数群众的理解和支持，是否兼顾了人民群众的现实利益和长远利益，社会各界和广大人民群众的反映如何。

（三）可行性评估。①是否经过严格的审查审批和报批程序；②是否经过严谨科学的可行性研究论证，综合论证时间、空间、人力、物力、财力等相关因素是否可行；③方案是否具体、详实，配套措施是否完善；④重大社会决策、重大工程项目实施的时机是否合适，条件是否成熟；⑤是否造成其他地区、其他行业、其他群众的相互攀比。

（四）重大工程项目环境影响评估。对环保部门已做过环境影响评价且明确同意实施的项目，一般不再进行风险评估，但对环境影响特别重大或已引起广泛争议的项目可进行再评估。

主要评估：①是否坚持了可持续发展观，对生态环境有何重大影响；②当地群众是否有强烈的反映和要求；③可能产生环境污染、生态环境破坏的项目，是否有科学的治污、环保配套措施；④是否具备相关权威部门的环保鉴定或审批手续等。

（五）社会安全评估。①重大社会决策、重大工程项目的实施是否对国家和地区安全造成影响；②是否会引发较大的影响社会治安和社会稳定的事件，实施过程中可能出现哪些较大的社会治安问题；③是否给周边的社会治安带来重大的冲击；④重大社会决策、重大工程项目实施前，治安突出问题和治安混乱地区是否得到有效整治；⑤对可能出现的社会治安问题和社会稳定问题，是否有相应的应急处置预案。

五、评估程序

（一）确定评估事项，制定评估方案。在制定重大社会决策、实施重大工程项目之前，由责任主体建立重大社会决策、重大工程项目专项档案，制定评估方案，组织相关部门、专家学者或委托有资质的中介机构进行社会稳定风险评估。

（二）收集社情民意，进行科学论证。对确定要进行风险评估的重大事项，通过公示、专题会议、专题调查等方式，征求各方面特别是维稳机构、信访部门和政法机关的意见，为预测、评估工作提供全面客观第一手资料。具体要求是：

1. 公示。严格按照《政府信息公开条例》的规定，及时、准确地在省发改委门户网站对重大社会决策、重大工程项目进行公示。

公示期限不少于10个工作日。责任主体在公示结束之日起3个工作日内，对征集到的意见进行汇总、归纳，形成主要意见和建议，作为评估的重要依据。

2. 专题会议。责任主体可以视实际情况和需要，采取召开有维稳部门负责人、相关专家和公众代表参加的座谈会、论证会、听证会等形式征求意见。

座谈会和论证会应当综合考虑地域、职业、专业知识背景、表达能力、受影响程度等因素，合理选择被征求意见的公民、法人或者其他组织。被征求意见的公众必须包括受重大社会决策、重大项目影响的公民、法人或者其他组织的代表。听证会的参加人员应具有代表性。

座谈会议纪要、论证结论、听证笔录作为评估的重要依据。

3. 专题调查。采取问卷调查方式征求公众意见的，调查内容的设计应当简单、通俗、明确、易懂，避免设计可能对公众产生明显诱导的问题。

问卷的发放范围应当与重大社会决策、重大工程项目的影响范围相一致。

问卷的发放数量应当根据重大社会决策、重大工程项目的具体情况，综合考虑环境影响的范围和程度、社会关注程度、组织公众参与所需要的人力和物力资源以及其他相关因素确定。

在征求公众意见过程中，不得忽视重大社会决策、重大工程项目影响范围内社会弱势群体的意见。

（三）汇总分析论证，形成评估报告。综合收集掌握的情况，形成重大社会决策、重大工程项目实施的可行性评估报告。内容包括：①评估事项实施的前提、时机及后续社会影响、配套措施等；②对实施评估事项可能引发的社会稳定风险作出风险很大、有风险、风险较小或无风险的预警评价；③对于风险很大、有风险的，还应当对有可能涉及的人员数量、范围和激烈程度作出评估预测，提出对策建议，制定相应的防范、化解和应急预案。

（四）运用评估成果，落实维稳责任。自行评估结束后，将可行性评估报告、政策草案、决策建议、改革方案、化解和应急处置工作预案一并报送领导小组。

领导小组根据预警评价分别作出实施、部分实施、暂缓实施或不实施的决定。

（五）全程跟踪实施，分类调控风险。对批准实施的重大社会决策、重大工程项目，责任主体应全程跟踪并做好后续维稳工作，重点是要有针对性地做好群众工作，及时发现和化解遇到的矛盾和问题，确保政策、决策的正确执行和项目建设的顺利推进。

对暂缓实施或不实施的重大社会决策、重大工程项目，责任主体作出不予审核批准的决定。

六、工作经费

（一）对开展风险评估应安排专项工作经费，专项核算、专款专用。

（二）评估责任主体如实编制经费支出预算，经领导小组审核同意后，作为支出依据。经费支出预算应详细说明开支的主要内容、支付时间、项目责任人、主要参加人员等，涉及对外委托部分的，还应提供委托合同等。

（三）各项经费支出预算应经财务部门核对无误后按规定列支。

七、责任追究

重大社会决策、重大工程项目社会稳定风险评估工作将纳入干部绩效考评范畴，实行一票否决制。

由于下列原因，引发群体性上访与群体性事件，对社会稳定造成严重影响的，进行责任追究。情节恶劣、后果严重的，依纪依法追究党纪、政纪和法律责任。

（一）应当进行稳定风险评估的事项，责任主体不组织评估的；

（二）拟决策事项经过评估被否决，或要求对决策方案修改后实施，责任主体和实施单位擅自实施或方案未经修改即实施的；

（三）拟决策事项在实施过程中，责任主体拒不接受评估机构合理建议并造成损失的；

（四）责任主体不认真开展评估工作，流于形式，草率施行，没有客观地预测到拟决策事项实施后可能出现突出社会矛盾而最后引发群体性上访和群体性事件的；

（五）决策事项在实施过程中，责任主体没有有效跟踪监督，对问题处理不及时而引发群体性上访和群体性事件的；

（六）经有关部门认定应当追究责任的。

长输管道项目建设法律汇编（全六册）

（五）

——项目服务费用类相关法律法规

（2020年第一版）

孔博昌 编

北京理工大学出版社
BEIJING INSTITUTE OF TECHNOLOGY PRESS

版权专有　侵权必究

图书在版编目(CIP)数据

长输管道项目建设法律汇编：全六册／孔博昌编. — 北京：北京理工大学出版社，2021.3

ISBN 978-7-5682-9581-9

Ⅰ.①长… Ⅱ.①孔… Ⅲ.①长输管道-建筑法-汇编-中国 Ⅳ.①D922.297.9

中国版本图书馆 CIP 数据核字（2021）第 040286 号

出版发行／北京理工大学出版社有限责任公司
社　　址／北京市海淀区中关村南大街 5 号
邮　　编／100081
电　　话／（010）68914775（总编室）
　　　　　（010）82562903（教材售后服务热线）
　　　　　（010）68948351（其他图书服务热线）
网　　址／http://www.bitpress.com.cn
经　　销／全国各地新华书店
印　　刷／北京虎彩文化传播有限公司
开　　本／787 毫米×1092 毫米　1/16
印　　张／147.75　　　　　　　　　　　　　责任编辑／陆世立
字　　数／3419 千字　　　　　　　　　　　　文案编辑／陆世立
版　　次／2021 年 3 月第 1 版　2021 年 3 月第 1 次印刷　责任校对／周瑞红
定　　价／668.00 元（全六册）　　　　　　　　责任印制／边心超

图书出现印装质量问题，请拨打售后服务热线，本社负责调换

《长输管道项目建设法律汇编》
公共关系协调分卷编委会

主　　任：魏东吼

副 主 任：王凤田　么子云

委　　员：高　成　高雪原　霍军明　孔博昌　刘　刚
　　　　　李海军　李　鹏　梁书飞　瞿　华　汪　岩
　　　　　王达宗　张海军　张　彦

执行主编：孔博昌

编　　辑：高雪原　郝晓琳　李　宁　梁书飞

前　言

为加快建设社会主义法治国家,必须全面推进科学立法、严格执法、公正司法、全民守法,坚持依法治国、依法执政、依法行政共同推进,坚持法治国家、法治政府、法治社会一体建设,不断开创依法治国新局面。随着中国特色社会主义法律体系的基本构建,法律已经全面渗透到社会生活的各个领域。目前我国各行各业都进入了蓬勃发展阶段,在国企改革的大潮下,国家各行业的相关法律法规不断修订和更新,与之相配套的省、自治区、直辖市等地方政府也陆续修订颁布实施了一系列法规政策和规范性文件。

为合法合规推进项目核准、土地、专项评价、行业通过权等方面管道建设前期工作,通过各种渠道搜集、梳理和汇编了项目投资及核准、土地、专项评价、各行业通过权、服务费用5方面相关法律法规,将其中最常用的公共关系外协部分相关法律法规收录其中,满足长输管道项目建设人员对项目建设前期各方面日常学习、查找资料及工作实际的需要,现予以出版发行《长输管道项目建设法律汇编》丛书。

本法律汇编涵盖了国家管网集团北京管道有限公司建设的5387公里输气管道途经的3个省、2个直辖市和1个自治区(6个省级行政单位)公共关系外协通过权各类法律法规内容,这些文件对项目在当地的实际情况具有指导性和可操作性。囿于编者水平,本汇编可能存在种种不足,还望读者在使用过程中不吝赐教,提出您的宝贵意见。同时,随着有关法律法规的更新和调整,本汇编将继续修订完善。

编委会

目　录

一、集团公司其他费用和相关费用规定 ·· 001
　　1. 中油建设项目其他费用和相关费用规定（中油计〔2012〕534 号） ············ 001

二、工程测绘（勘测定界、地籍测绘、钉桩报告） ································· 044
　　1.《测绘工程产品困难类别细则》 ·· 044
　　2. 测绘收费标准（国测财字〔2002〕3 号） ·· 063

三、项目咨询类（规划选址论证报告、社稳分析、可研报告、项目建议书、节能报告）
　　·· 081
　　1. 国家计委关于印发建设项目前期工作咨询收费暂行规定的通知（计价格〔1999〕
　　　 1283 号） ··· 081

四、林业、草原手续类（使用林地可行性报告、采伐设计、森林植被恢复费） ······ 085
　　1. 关于印发《林业行业调查规划项目收费指导意见》的通知（林建协〔2018〕15 号）
　　　 ·· 085
　　2. 内蒙古自治区人民政府关于印发自治区草原植被恢复费征收使用管理办法的通知
　　　（内政发〔2012〕8 号） ··· 098
　　3. 财政部、国家林业局关于调整森林植被恢复费标准的通知　财税〔2015〕122 号
　　　 ·· 101
　　4. 河北省财政厅　河北省林业厅关于调整森林植被恢复费征收标准的通知 ······ 103
　　5. 北京市财政局　北京市园林绿化局关于调整本市森林植被恢复费征收标准引导
　　　 节约集约利用林地的通知（京财农〔2016〕2526 号） ························· 104
　　6. 内蒙古财政厅　林业厅关于调整森林植被恢复费征收标准的通知（内财非税
　　　〔2016〕375 号） ·· 108
　　7. 山西省财政厅　山西省林业厅关于印发《山西省森林植被恢复征收使用管理实施
　　　 办法》的通知（晋财综〔2002〕155 号） ·· 110
　　8. 陕西省财政厅　陕西省林业厅关于印发《森林植被恢复费征收使用管理实施
　　　 办法》的通知 ··· 113

五、水土保持补偿费 ·· 117
　　1. 国家发改委、财政部、水利部关于水土保持补偿费收费标准（试行）的通知
　　　（发改价格〔2014〕886 号） ·· 117
　　2. 北京市发展和改革委员会　北京市财政局　北京市水务局　关于水土保持补偿费

收费标准的通知（京发改〔2016〕928号） 119
　　3. 河北省《关于制定我省水土保持补偿费收费标准的通知》（冀价行费〔2014〕32号） 120
　　4. 内蒙古自治区水土保持补偿费征收使用实施办法 122
　　5. 山西省发改委　财政厅　水利厅关于水土保持补偿费收费标准的通知（晋发改收费发〔2018〕464号） 127
　　6. 陕西省财政厅等六部关于印发《陕西省水土保持补偿费征收使用管理实施办法》的通知（陕财办综〔2015〕38号） 129
　　7. 天津市水土保持设施补偿费水土流失治理费征收使用管理办法 133

六、文物考古调查、勘探、发掘类 135
　　1. 考古调查、勘探、发掘经费预算定额管理办法 135

七、耕地占用税 139
（一）耕地占用税税额 139
　　1. 北京市人民代表大会常务委员会关于北京市耕地占用税适用税额的决定 139
　　2. 关于天津耕地占用税具体适用税额的决定公告 140
　　3. 河北省人民代表大会常务委员会关于河北省耕地占用税适用税额的决定 141
　　4. 山西省人民代表大会常务委员会关于山西省耕地占用税适用税额的决定 145
　　5. 内蒙古自治区人民代表大会常务委员会关于内蒙古自治区县级行政区耕地占用税适用税额的决定 147
　　6. 陕西省人民政府关于印发《陕西省落实〈中华人民共和国耕地占用税法〉实施办法》的通知 152

（二）国家、省耕地占用税文件 156
　　1. 中华人民共和国耕地占用税法 156
　　2. 中华人民共和国耕地占用税法实施办法 159
　　3. 河北省耕地占用税实施办法 162
　　4. 陕西省落实《中华人民共和国耕地占用税法》实施办法 164

八、专项评价类（地灾、地震、压矿） 166
（一）地灾取费依据 166
　　1. 地质灾害危险性评估收费标准（2004版） 166
（二）地震取费依据 169
　　1. 国家物价局　财政部关于发布地震安全性评价收费项目及标准的通知（价费字〔1992〕399号） 169
　　2. 北京市物价局、北京市财政局关于地震安全性评价收费项目及标准的批复 171
　　3. 河北省物价局　地震局关于印发《河北省地震安全性评价收费管理办法》的通知 173
（三）压矿取费依据 179
　　1. 建设项目压覆矿产资源评估收费标准 179

（四）水资源论证、水土保持、防洪评价收费标准 …… 180
1. 水资源论证、水土保持、防洪评价收费标准 …… 180

九、赔补偿类（各省区片指导价、道路、道路开口、其他类补偿表）…… 187
（一）道路补偿、道路开口 …… 187
1. 北京市公路路产损失赔（补）偿标准 …… 187
2. 北京市公路路产损失赔（补）偿费管理办法（试行）…… 191
3. 关于发布《河北省公路路产赔补偿标准》的通知（〔1998〕48 号）…… 193
4. 内蒙古自治区交通厅、发展改革委、财政厅关于调整内蒙古自治区损坏、占用公路路产赔（补）偿标准的通知 …… 197
5. 内蒙古自治区交通厅、物价局、财政厅关于印发《内蒙古自治区损坏占用公路路产赔（补）偿规定》及《内蒙古自治区损坏占用公路路产赔（补）偿标准》的通知（内交发〔1998〕第 383 号）…… 199
6. 山西省公路路产损失赔（补）偿费管理办法（试行）…… 206
7. 陕西省物价局财政厅交通厅关于重新核定公路损坏赔偿费及公路占用补偿费收费标准的通知 …… 217

（二）永久征地区片指导价 …… 224
1. 天津市人民政府关于调整天津市征地区片综合地价标准的通知（津政发〔2014〕20 号）…… 224
2. 河北省人民政府关于完善征地区片综合地价标准的通知 …… 227
3. 内蒙古自治区人民政府办公厅关于公布自治区征地统一年产值标准和征地区片综合地价的通知（内政办发〔2018〕4 号）…… 235
4. 山西省人民政府办公厅关于调整全省征地统一年产值标准的通知（晋政办发〔2018〕60 号）…… 321
5. 陕西省人民政府办公厅关于印发全省征地统一年产值标准及片区综合地价的通知（陕政办发〔2018〕60 号）…… 348
6. 征地区片综合地价测算指导性意见（暂行）…… 358

十、放管服类文件 …… 361
1. 国家发展改革委关于进一步放开建设项目专业服务价格的通知（发改价格〔2015〕299 号）…… 361
2. 天津市人民政府关于取消和调整一批行政许可事项的通知（津政发〔2018〕20 号）…… 363

一、集团公司其他费用和相关费用规定

1. 中油建设项目其他费用和相关费用规定
（中油计〔2012〕534号）

关于印发《中国石油天然气集团公司建设项目其他费用和相关费用规定》的通知

各企事业单位：

  为规范集团公司建设项目投资管理，提高投资效益，根据国家有关法律法规和集团公司有关规定，结合石油建设项目的特点，编制了《中国石油天然气集团公司建设项目其他费用和相关费用规定》，现予印发，自印发之日起执行。《石油建设工程其他费用规定》（（95）中油基字第79号）、《石油建设工程其他费用补充规定》（石油计字〔2003〕71号）、《中国石油天然气集团公司建设项目其他费用和相关费用规定（试行）》（计划〔2010〕543号）同时废止。

  附件：《中国石油天然气集团公司建设项目其他费用和相关费用规定》（纸质另发）。

二〇一二年十一月二十七日

（此件内部公开发行）

主题词：项目　费用　规定　通知

抄送：财务资产部，财务部，安全环保与节能部，质量与标准管理部，审计部，勘探与生产分公司，炼油与化工分公司，销售分公司，天然气与管道分公司，工程技术分公司，工程建设分公司，装备制造分公司、存档（2份），共印42份。

中国石油天然气集团公司
建设项目其他费用和相关费用规定

2012 年 11 月

目录

中国石油天然气集团公司建设项目其他费用和相关费用规定

- 第一章　总　　则 ··· 004
- 第二章　其他费用和相关费用组成 ·· 004
- 第三章　其他费用 ··· 006
- 第四章　应列入工程费用中的几项费用 ··· 021
- 第五章　预　备　费 ·· 024
- 第六章　应列入总投资中的几项费用 ·· 025
- 第七章　附　　则 ··· 025

附　件

- 附件1：关于实施《建设项目前期工作咨询收费暂行规定》的意见 ·················· 026
- 附件2：关于实施《建设工程监理与相关服务收费管理规定》的意见 ·············· 027
- 附件3：关于实施《工程勘察设计收费管理规定》的意见 ······························ 028

附　录

- 附录一：中国石油天然气股份有限公司石油建设工程项目前期工作费用标准（试行　节选） ·· 029
- 附录二：建设工程监理与相关服务收费标准（节选） ··································· 030
- 附录三：中国石油天然气集团公司产品驻厂监造管理规定（节选） ················· 034
- 附录四：关于加强石油建设工程项目管理承包及工程总承包工作的通知（节选） ··· 035
- 附录五：关于规范环境影响咨询收费有关问题的通知（节选） ······················· 036
- 附录六：工程勘察设计收费标准（节选） ··· 037

第一章 总 则

第一条 为了合理确定和有效控制中国石油天然气集团公司（以下简称集团公司）建设项目投资，进一步提高投资效益，规范可行性研究投资估算和初步设计概算的编制与管理，根据国家法律、法规及有关规定，结合石油建设项目的特点，制定《中国石油天然气集团公司建设项目其他费用和相关费用规定》（以下简称本规定）及《关于实施〈建设项目前期工作咨询收费暂行规定〉的意见》、《关于实施〈建设工程监理与相关服务收费管理规定〉的意见》和《关于实施〈工程勘察设计收费管理规定〉的意见》。

第二条 本规定适用于集团公司投资的国内油气田、长距离输送管道（以下简称长输管道）、炼油化工、油库、加油（气）站等新建、改扩建项目。其他建设项目（包括液化天然气、地下储气库、城市燃气、装备制造等）执行油气田建设项目有关内容（特殊说明除外）。集团公司投资的海外建设项目可参考本规定。

第三条 本规定是编制可行性研究投资估算和初步设计概算其他费用和相关费用的依据，与《石油建设项目可行性研究投资估算编制规定》、《建设项目概算编制办法》、《石油建设安装工程概算指标》、《石油建设安装工程费用定额》等配套使用。

第四条 除国家和集团公司有新的规定外，原则上不得增加新的费用项目，不得修改或调整本规定的费率标准和计算方法。因建设项目实际情况确需增加费用项目、调整费率标准和计算方法的，应报集团公司投资主管部门批准。

第五条 发电供电、通信、铁路、码头、公路、房屋建筑等独立建设项目其他费用原则上执行相关行业有关规定，与油气田、长输管道、炼油化工等配套建设的上述工程，其他费用统一执行本规定（行业规定的特殊费用除外）。

第二章 其他费用和相关费用组成

第六条 其他费用包括建设用地费和赔偿费、前期工作费、建设管理费、专项评价及验收费、研究试验费、勘察设计费、场地准备费和临时设施费、引进技术和进口设备材料其他费、工程保险费、联合试运转费、特殊设备安全监督检验标定费、超限设备运输特殊措施费、施工队伍调遣费、专利及专有技术使用费、生产准备费。

第七条 相关费用包括应列入工程费用中几项费用、预备费和应列入总投资中的几项费用。

应列入工程费用中的几项费用包括施工单位健康安全环境管理增加费、国内设备运杂费、国内主材运杂费、进口设备材料国内运杂费、绿化费和进口设备材料从属费用。预备费包括基本预备费和价差预备费。应列入总投资中的几项费用包括建设期利息、固定资产投资方向调节税、铺底流动资金以及其他应列入费用。

具体组成见图1。

一、集团公司其他费用和相关费用规定

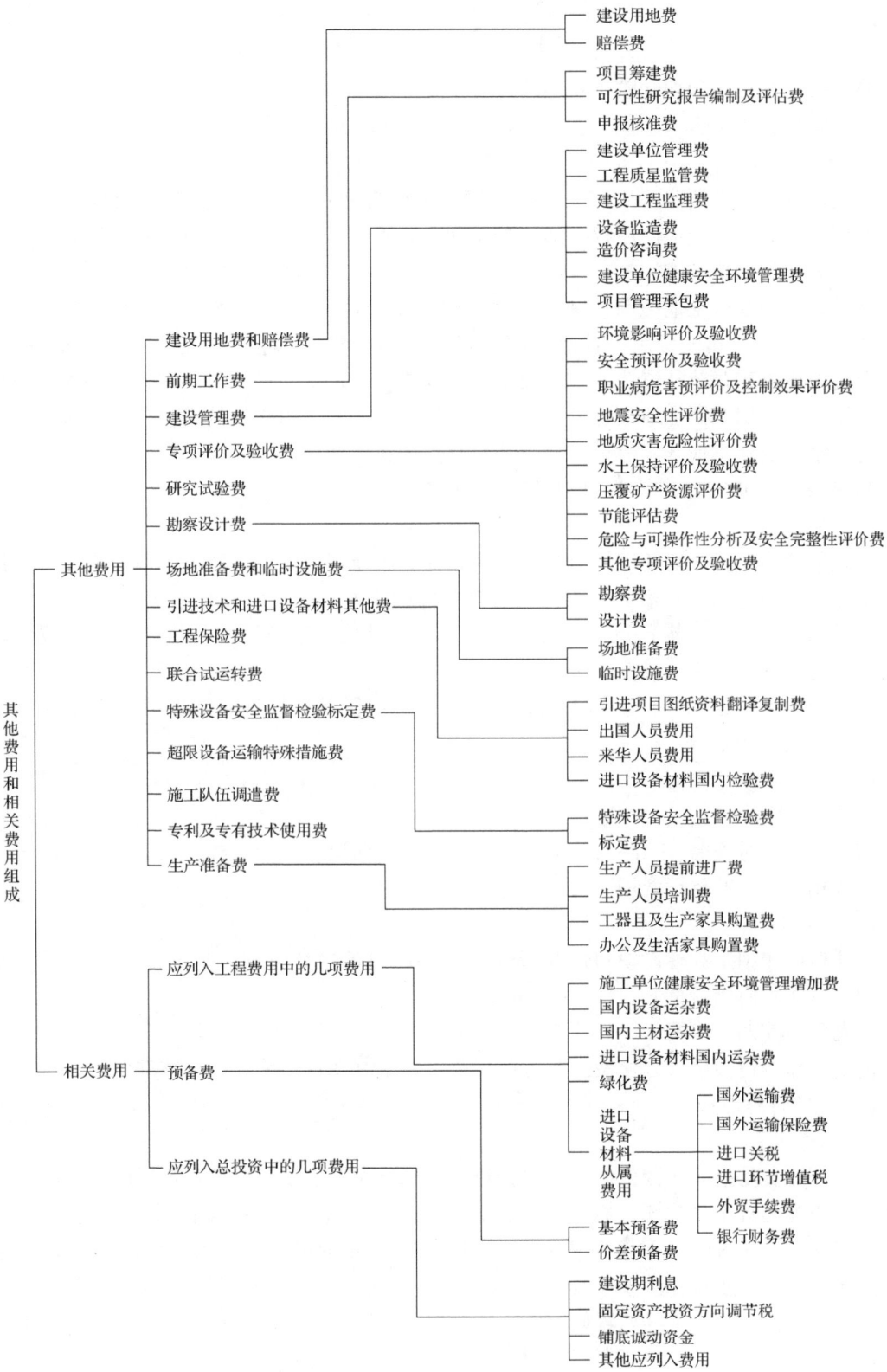

图1 其他费用和相关费用组成

第三章　其他费用

第八条　建设用地费和赔偿费

（一）建设用地费

1. 费用内容

建设用地费是指按照《中华人民共和国土地管理法》等规定，建设项目使用土地应支付的费用，分为取得土地使用权缴纳的费用和临时用地费两部分。国有土地使用权取得方式分为出让方式和划拨方式。

建设单位为取得土地使用权缴纳的费用包括土地使用权出让金等土地有偿使用费（划拨方式不缴纳）和其他费用。其他费用是指土地补偿费、安置补助费、征用耕地复垦费、土地上的附着物和青苗补偿费、土地预审登记及征地管理费、征用耕地按规定一次性缴纳的耕地占用税、征用城镇土地在建设期间按规定每年缴纳的城镇土地使用税、征用城市郊区菜地按规定缴纳的新菜地开发建设基金、契税及其他各项费用。

临时用地费包括施工临时占地补偿费、租赁等费用。

2. 计算方法

建设单位为取得土地使用权缴纳的费用和临时用地费用，根据建设用地面积，按照建设项目所在省（直辖市、自治区）人民政府有关规定计算。

建设用地上的建（构）筑物如需迁建，其迁建补偿费应按迁建补偿协议计列或按新建同类工程造价计算。

建设用地上的建（构）筑物如需建设单位自行拆除的，其拆除清理费在"场地准备费和临时设施费"中计算。

（二）赔偿费

1. 费用内容

赔偿费是指对铁路、公路、管道、通信、电力、河道、水利、林区、保护区、矿区等相关设施或相关部门的赔偿费用。

2. 计算方法

赔偿费按照国家和建设项目所在省（直辖市、自治区）人民政府有关规定计算。没有规定的可按相关协议计算。

第九条　前期工作费

前期工作费包括项目筹建费、可行性研究报告编制及评估费和申报核准费。

（一）项目筹建费

1. 费用内容

项目筹建费是指无地区公司依托的新建特大型或大型建设项目从筹备到可行性研究报告批复时为止筹建机构（集团公司批准成立的）所发生的费用。包括工作人员人工费（工资、奖金、津贴、补贴和职工福利费等）、社会保障费（养老保险费、医疗保险费、失业保险费、工伤保险费、生育保险费、住房公积金等）、工会经费、职工教育经费、差旅交通费、工具用具使用费、交通工具购置使用费、通信费、零星固定资产购置费、办公设备及用品购置费、技术图书资料费、固定资产使用费、会议及业务招待费、合同契约公证费、调研及公关费、法律顾问费、咨询费以及筹建期间办公及生活设施租赁费等。

2. 计算方法

项目筹建费按照《中国石油天然气股份有限公司石油建设工程项目前期工作费用标准

（试行）》（油计字〔2006〕345号）中的项目经理部管理费标准和相关规定计算。有地区公司依托的建设项目一般不计取项目筹建费。

（二）可行性研究报告编制及评估费

1. 费用内容

可行性研究报告编制及评估费是指在建设项目前期工作中，编制预可行性研究和可行性研究报告的费用以及评估的费用。

2. 计算方法

可行性研究报告编制及评估费按照《建设项目前期工作咨询收费暂行规定》（计投资〔1999〕1283号）以及《关于实施〈建设项目前期工作咨询收费暂行规定〉的意见》（见附件1）有关规定计算。

（三）申报核准费

1. 费用内容

申报核准费是指根据《国务院关于投资体制改革的决定》（国发〔2004〕20号）的有关规定，需报国务院和省级投资主管部门核准的建设项目，编制项目申请报告费用以及为取得各项核准文件所发生的核准资料附件获取费。

2. 计算方法

（1）项目申请报告编制费

项目申请报告编制费按照《关于实施〈建设项目前期工作咨询收费暂行规定〉的意见》（见附件1）有关规定计算。报国务院和省级投资主管部门备案的建设项目不计取此项费用。

（2）核准资料附件获取费

核准资料附件获取费是指为了项目核准，需要取得相关资料和核准报告附件所发生的费用。除长输管道建设项目计算此项费用外，其他建设项目原则上不计取此项费用。

第十条 建设管理费

建设管理费包括建设单位管理费、工程质量监管费、建设工程监理费、设备监造费、造价咨询费、建设单位健康安全环境管理费和项目管理承包费。

（一）建设单位管理费

1. 费用内容

建设单位管理费是指建设单位从可行性研究报告批复时至交付生产为止发生的管理性质的开支以及由于竣工验收而发生的管理费用。包括建设单位管理工作人员人工费（工资、奖金、津贴、补贴和职工福利费等）、社会保障费（养老保险费、医疗保险费、失业保险费、工伤保险费、生育保险费、住房公积金等）、工会经费、职工教育经费、差旅交通费、工具用具使用费、交通工具购置使用费、通信费、零星固定资产购置费、办公设备及用品购置费、技术图书资料费、固定资产使用费、会议及业务招待费、设计审查费、工程招标费、咨询费、合同契约公证费、法律顾问费、竣工验收费（不包括环境、安全、职业卫生、水土保持等专项的验收费用）、生产工人招聘费、印花税及其他管理性质的开支。

2. 计算方法

建设单位管理费＝工程费用×建设单位管理费费率

建设单位管理费按表1费率采用直线内插法计算，同时考虑下列因素调整：

（1）建设项目中有进口设备材料的，按其货价的50%调整工程费用。

（2）不设置独立项目管理机构或由常设的工程建设管理部门代管的建设项目，按费率的40%计算。

表1 建设单位管理费费率表

工程费用（万元）	费率（%）
500及以下（≥80万元）	2.6
2000	2.2
5000	2.0
10000	1.8
30000	1.5
50000	1.25
100000	1.0
200000	0.9
500000	0.85
1000000及以上	0.8

注：工程费用80万元以下的建设项目，建设单位管理费按不大于2万元计算。

（二）工程质量监管费

1. 费用内容

工程质量监管费是指集团公司内的工程质量监督机构接受委派，按照相关法律、法规异地承担所属地区公司外建设项目的质量监察、督导等管理工作所收取的费用。

2. 计算方法

工程质量监管费=工程费用×工程质量监管费费率工程质量监管费按表2费率采用直线内插法计算。

表2 工程质量监管费费率表

工程费用	费率（%）
10000万元及以下	0.2
200000万元	0.12
500000万元	0.1
1000000万元及以上	0.07

（三）建设工程监理费

1. 费用内容

建设工程监理费是指为提供建设项目施工阶段的质量、进度、费用控制管理和安全生产监督管理、合同、信息等方面协调管理服务，以及勘察、设计、保修等阶段的相关工程服务所需的费用。长输管道建设项目可根据环境保护和水土保持的要求，按照相应的工程量与投资，另计环境监理和水土保持监理费。

2. 计算方法

建设工程监理费按照国家发展改革委、原建设部《建设工程监理与相关服务收费管理规定》（发改价格〔2007〕670号）以及《关于实施〈建设工程监理与相关服务收费管理规定〉的意见》（见附件2）有关规定计算。

(四) 设备监造费

1. 费用内容

设备监造费是指按照法律、法规和标准对产品制造过程的质量实施监督服务所发生的费用。

2. 计算方法

设备监造费＝需监造的设备出厂价×设备监造费费率

油气输送管监造费＝需监造的管段重量×监造费指标

设备监造费费率和监造费指标见表3。

表3 监造费费率（指标）表

序 号	监造项目	监造费费率（指标）
一	炼化设备	
（一）	催化装置	
1	反应器	0.60%
2	再生器	0.7%
3	外取热器	0.65%
（二）	加氢装置	
1	加氢反应器	0.50%
2	高压换热器	0.60%
3	高压容器	0.80%
4	高压空冷器	0.90%
（三）	重整装置	
1	重整反应器	0.60%
2	再生器	0.60%
3	立式换热器	0.60%
4	制氢转化炉炉管	0.80%
（四）	焦化装置	
1	焦炭塔	0.55%
（五）	乙烯装置	
1	裂解炉炉管	0.70%
2	冷箱	0.65%
3	低温设备	0.65%
4	废热锅炉	0.95%
5	聚丙烯装置的反应器	0.70%
（六）	PTA、聚酯、丙烯腈装置	

续表

序号	监造项目	监造费费率（指标）
1	干燥机	0.90%
2	过滤机	0.70%
3	聚酯装置的反应器	0.60%
4	丙烯腈装置的反应器	0.70%
5	主要换热设备	0.65%
（七）	化肥装置	
1	大型高压设备	0.65%
2	气化炉	0.60%
3	变换炉	0.60%
（八）	空分装置	
1	冷箱	0.70%
（九）	氯碱装置	
1	聚合釜	0.75%
（十）	其他炼化设备	0.60%
（十一）	动设备	
1	大型压缩机组	0.50%
2	加氢进料泵	3万元/2台
3	高压水泵	3万元/2台
4	辐射进料泵	3万元/2台
二	钻机、修井机、大型压裂设备、井控设备、海洋平台	0.70%
三	油气输送管（含防腐）	22元/吨

需监造设备范围执行《中国石油天然气集团公司产品驻厂监造管理规定》（质字〔2007〕12号）。

（五）造价咨询费

1. 费用内容

造价咨询费是指无地区公司依托的新建特大型或大型建设项目，由于项目建设单位的造价管理力量不能满足项目建设需要时，经集团公司投资主管部门批准，委托第三方造价咨询单位在建设项目中从事清单和预算文件编制、费用控制、竣工决算等工程造价管理所发生的费用。未经集团公司投资主管部门批准不得计列该项费用。

2. 计算方法

造价咨询费=设计费×造价咨询费费率

造价咨询费费率：

油气田和长输管道建设项目按不大于6%计算；

炼油化工建设项目按不大于3.5%计算。

（六）建设单位健康安全环境管理费

1. 费用内容

建设单位健康安全环境（英文简称 HSE：Health，Safety，Environment）管理费是指建设单位按照健康安全环境管理规定要求进行管理所发生的费用。包括由建设单位组织的健康安全环境管理入场培训；建设单位人员劳动保护防护用品费用（劳保服装、特殊防护用品等）；建设单位配置的健康安全环境管理设备、设施（标识、专栏）费用，现场医疗站费用以及由建设单位负责的工地安保等费用。

2. 计算方法

建设单位健康安全环境管理费＝建设单位管理费×建设单位健康安全环境管理费费率

建设单位健康安全环境管理费费率为 5%~8%。

（七）项目管理承包费

1. 费用内容

项目管理承包（英文简称 PMC：Project Management Contract）费是指项目业主委托工程公司或咨询公司在业主的授权下对项目全过程进行管理，并承担对 EPC 总承包商的管理和监督等项目管理的费用。

2. 计算方法

项目管理承包（PMC）费根据管理方式和承包范围按照《关于加强石油建设工程项目管理承包及工程总承包工作的通知》（中油计〔2009〕384 号）规定计算。不发生时不计取。

第十一条 专项评价及验收费

专项评价及验收费包括环境影响评价及验收费、安全预评价及验收费、职业病危害预评价及控制效果评价费、地震安全性评价费、地质灾害危险性评价费、水土保持评价及验收费、压覆矿产资源评价费、节能评估费、危险与可操作性分析及安全完整性评价费以及其他专项评价及验收费。

（一）环境影响评价及验收费

1. 费用内容

环境影响评价及验收费是指为全面、详细评价建设项目对环境可能产生的污染或造成的重大影响，而编制环境影响报告书（含大纲）、环境影响报告表和评估等所需的费用，以及建设项目竣工验收阶段环境保护验收调查和环境监测、编制环境保护验收报告的费用。

2. 计算方法

环境影响评价费：按照原国家计委、国家环境保护总局《关于规范环境影响咨询收费有关问题的通知》（计价格〔2002〕125 号）规定计算，其中有评价专题的，可根据专题工作量另外计算专题收费。工程费用超过 100 亿的长输管道建设项目可按省（直辖市、自治区）分段分别计算环境影响评价费。

验收费：油气田及长输管道建设项目按环境影响评价费的 0.8~1.1 倍计算，炼油化工、油库、加油（气）站和其他建设项目按环境影响评价费的 0.6~1 倍计算。

（二）安全预评价及验收费

1. 费用内容

安全预评价及验收费是指为预测和分析建设项目存在的危害因素种类和危险危害程度，提出先进、科学、合理可行的安全技术和管理对策，而编制评价大纲、编写安全评价报告书和评估等所需的费用，以及在竣工阶段验收时所发生的费用。

2. 计算方法

安全预评价及验收费按照建设项目所在省（直辖市、自治区）人民政府有关规定计算。没有具体收费规定的，执行以下标准：长输管道建设项目按表4的计费标准采用直线内插法计算，油气田、炼油化工、油库、加油（气）站建设项目按表5的计费标准采用直线内插法计算。不需安全预评价的建设项目不计取此项费用。

表4　安全预评价及验收费计费标准表

序　号	管线长度（km）	计费标准	备　注
1	500以内	40～105万元	含500km
2	500～1000	2100～1600元/km	含1000km
3	1000～3000	1600～1200元/km	含3000km
4	3000以上	不大于1200元/km	

表5　安全预评价及验收费计费标准表

序　号	工程费用	计费标准（万元）	备　注
1	0.3亿以内	不大于10	含0.3亿
2	0.3～1亿	10～20	含1亿
3	1～2亿以内	20～55	含2亿
4	2～10亿	55～110	含10亿
5	10～50亿	110～230	含50亿
6	50亿～100亿	230～340	含100亿

注：工程费用大于100亿元的建设项目，按超出工程费用的0.12‰增加评价及验收费用。

（三）职业病危害预评价及控制效果评价费

1. 费用内容

职业病危害预评价及控制效果评价费是指建设项目因可能产生职业病危害，而编制职业病危害预评价书、职业病危害控制效果评价书和评估所需的费用。

2. 计算方法

职业病危害预评价及控制效果评价费按两种计费标准分别计算。长输管道建设项目按表6计费标准采用直线内插法计算，油气田、炼油化工、油库、加油（气）站建设项目按表7计费标准采用直线内插法计算。不需职业病危害预评价和控制效果评价的建设项目不计取此项费用。

表6　职业病危害预评价及控制效果评价费计费标准表

序　号	管线长度（km）	计费标准	备　注
1	500以内	40～90万元	含500km
2	500～1000	1800～1400元/km	含1000km
3	1000～3000	1400～900元/km	含3000km
4	3000以上	不大于900元/km	

表7 职业病危害预评价及控制效果评价费计费标准表

序 号	工程费用	计费标准（万元）	备 注
1	0.3以内	不大于8	含0.3亿元
2	0.3~1亿	8~15	含1亿元
3	1~2亿以内	15~25	含2亿元
4	2~10亿	25~50	含10亿元
5	10~50亿	50~100	含50亿元
6	50~100亿	100~200	含100亿元

注：工程费用大于100亿元的建设项目，按超出工程费用的0.007%增加评价费。

（四）地震安全性评价费

1. 费用内容

地震安全性评价费是指通过对建设场地和场地周围的地震活动与地震、地质环境的分析，而进行的地震活动环境评价、地震地质构造评价、地震地质灾害评价，编制地震安全评价报告书和评估所需的费用。

2. 计算方法

地震安全性评价费按两种计费标准分别计算。长输管道建设项目按表8计费标准采用直线内插法计算，油气田、炼油化工、油库建设项目按表9计费标准采用直线内插法计算。不需地震安全性评价的建设项目不计取此项费用。

表8 地震安全性评价费计费标准表

序 号	管线长度（km）	计费标准	备 注
1	500以内	20~60万元	含500km
2	500~1000	1200~1000元/km	含1000km
3	1000~3000	1000~800元/km	含3000km
4	3000以上	不大于800元/km	

表9 地震安全性评价费计费标准表

序 号	工程费用	计费标准（万元）	备 注
1	5亿以内	不大于10	含5亿元
2	5~10亿	10~20	含10亿元
3	10~50亿	20~40	含50亿元
4	50亿~100亿	40~80	含100亿元
5	100亿以上	不大于100	

（五）地质灾害危险性评价费

1. 费用内容

地质灾害危险性评价费是指在灾害易发区对建设项目可能诱发的地质灾害和建设项目本身可能遭受的地质灾害危险程度的预测评价，编制评价报告书和评估所需的费用。

2. 计算方法

地质灾害危险性评价费按两种计费标准分别计算。长输管道建设项目按表10计费标准采用直线内插法计算，油气田、炼油化工、油库建设项目按表11计费标准采用直线内插法计算。不在灾害易发区的建设项目不计取此项费用。

表10 地质灾害危险性评价费计费标准表

序 号	管线长度（km）	计费标准	备 注
1	500以内	10~80万元	含500km
2	500~3000	1550~1300元/km	含3000km
3	3000以上	不大于1300元/km	

注：管线长度是指通过灾害易发区的长度。

表11 地质灾害危险性评价费计费标准表

序 号	工程费用	计费标准（万元）	备 注
1	1亿以内	不大于10	含1亿元
2	1~2亿	10~15	含2亿元
3	2~10亿	15~20	含10亿元
4	10~50亿	20~25	含50亿元
5	50~100亿	25~30	含100亿元
6	100亿以上	不大于50	

（六）水土保持评价及验收费

1. 费用内容

水土保持评价及验收费是指对建设项目在生产建设过程中可能造成水土流失进行预测，编制水土保持方案和评估所需的费用，以及在施工期间的监测、竣工阶段验收时所发生的费用。

2. 计算方法

水土保持评价及验收费按两种计费标准分别计算。长输管道建设项目按表12计费标准采用直线内插法计算，油气田、炼油化工建设项目按表13计费标准采用直线内插法计算。不需水土保持评价的建设项目不计取此项费用。

表12 水土保持评价及验收费计费标准表

序 号	管线长度（km）	计费标准	备 注
1	500以内	40~160万元	含500km
2	500~1000	3200~2650元/km	含1000km
3	1000~3000	2650~2100元/km	含3000km
4	3000以上	不大于2100元/km	

表13 水土保持评价及验收费计费标准表

序 号	工程费用	计费标准（万元）	备 注
1	0.3以内	不大于5	含0.3亿元

续表

序号	工程费用	计费标准（万元）	备注
2	0.3~1亿	5~15	含1亿元
3	1~2亿	15~35	含2亿元
4	2~10亿	35~80	含10亿元
5	10~50亿	80~110	含50亿元
6	50~100亿	110~150	含100亿元
7	100亿以上	不大于180	

（七）压覆矿产资源评价费

1. 费用内容

压覆矿产资源评价费是指对需要压覆重要矿产资源的建设项目，编制压覆重要矿床评价和评估所需的费用。

2. 计算方法

压覆矿产资源评价费按两种计费标准分别计算。长输管道建设项目按表14计费标准采用直线内插法计算，油气田、炼油化工建设按照国家、集团公司以及建设项目所在省（直辖市、自治区）人民政府有关规定执行。不压覆重要矿产资源的建设项目不计取此项费用。

表14 压覆矿产资源评价费计费标准表

序号	管线长度（km）	计费标准	备注
1	500以内	20~50万元	含500km
2	500~1000	1000~900元/km	含1000km
3	1000~3000	900~550元/km	含3000km
4	3000以上	不大于550元/km	

（八）节能评估费

1. 费用内容

节能评估费是指对建设项目的能源利用是否科学合理进行分析评估，并编制节能评估报告以及评估所发生的费用。

2. 计算方法

节能评估费按表15计费标准采用直线内插法计算。不需节能评估的建设项目不计取此项费用。

表15 节能评估费计费标准表

序号	工程费用	计费标准（万元）	备注
1	2亿以内	≤10	含2亿元
2	2~10亿	10~20	含10亿元
3	10~50亿	20~50	含50亿元
4	50~100亿	50~70	

注：工程费用在100亿以上的，按不大于工程费用的0.07‰计算。

（九）危险与可操作性分析及安全完整性评价费

1. 费用内容

危险与可操作性分析（英文简称：HAZOP）及安全完整性评价（英文简称：SIL）费是指对应用于油气集输、油气处理、炼化生产、油气储运等具有流程性工艺特征的新、改、扩建项目进行工艺危害分析和对安全仪表系统的设置水平及可靠性进行定量评估所发生的费用。

2. 计算方法

危险与操作性分析及安全完整性评价费，根据建设项目的不同按表 16 计费标准采用直线内插法计算。不需危险与操作性分析及安全完整性评价的建设项目不计取此项费用。

表 16　危险与操作性分析及安全完整性评价费计费标准表

序号	建设投资	计费标准（万元）		备注
		长输管道建设项目	油气田、炼油化工、油库、加油（气）站建设项目	
1	2 亿以内	≤18	≤20	含 2 亿元
2	2~10 亿	18~60	20~75	含 10 亿元
3	10~20 亿	60~80	75~100	含 20 亿元

注：投资总额在 20 亿元以上的，长输管道建设项目按不大于建设投资额的 0.04%，油气田、炼油化工建设项目按不大于建设投资额的 0.05% 计算。

（十）其他专项评价及验收费

1. 费用内容

其他专项评价及验收费是指除以上九项评价及验收费外，根据国家法律法规、集团公司以及建设项目所在省（直辖市、自治区）人民政府有关规定，需进行的其他专项评价、评估、咨询和验收（如重大投资项目社会稳定风险评估、防洪评价等）所需的费用。

2. 计算方法

其他专项评价及验收费按照国家、集团公司以及建设项目所在省（直辖市、自治区）人民政府有关规定计算。

第十二条　研究试验费

1. 费用内容

研究试验费是指为建设项目提供和验证设计参数、数据、资料等进行必要的研究和试验以及设计规定在施工中必须进行试验、验证所需要费用。包括自行或委托其他部门的专题研究、试验所需人工费、材料费、试验设备及仪器使用费等。不包括应由科技三项费用（即新产品试制费、中间试验费和重要科学研究补助费）开支的费用和应在建筑安装费中列支的施工企业对建筑材料、构件和建筑物进行一般鉴定、检查所发生的费用，以及应由勘察设计费或工程费用中开支的费用。

2. 计算方法

研究试验费按照设计提出需要研究试验的内容和要求计算。

第十三条　勘察设计费

勘察设计费包括勘察费和设计费。

（一）勘察费

1. 费用内容

勘察费是指为建设项目完成勘察作业，编制工程勘察文件和岩土工程设计文件等所需的费用。

2. 计算方法

勘察费按照原国家计委、建设部《关于发布〈工程勘察设计收费管理规定〉的通知》（计价格〔2002〕10号）有关规定计算。

（二）设计费

1. 费用内容

设计费是指为建设项目提供初步设计文件、施工图设计文件、非标准设备设计文件、施工图预算文件、竣工图文件、设备采购技术服务等所需的费用。

2. 计算方法

设计费按照原国家计委、建设部《关于发布〈工程勘察设计收费管理规定〉的通知》（计价格〔2002〕10号）以及《关于实施〈工程勘察设计收费管理规定〉的意见》（见附件3）有关规定计算。

第十四条 场地准备费和临时设施费

（一）场地准备费

1. 费用内容

场地准备费是指建设项目为达到工程开工条件所发生的、未列入工程费用的场地平整以及对建设场地余留的有碍于施工建设的设施进行拆除清理的费用。

2. 计算方法

（1）场地平整费

场地平整费一般不计列。如有特殊情况需计列的，应按建设项目所在省（直辖市、自治区）颁发的定额及相关规定计算。

（2）拆除清理费

拆除清理费根据现场实际情况按表17费率计算。

表17 拆除清理费费率表

序号	项目名称	费率（%）	计算式
1	一般砖木结构，混合结构的建筑工程	10	工程费×费率
2	砼及钢筋混凝土结构	20	工程费×费率
3	金属结构	22	直接工程费×费率
4	工艺管道	20	直接工程费×费率
3	机电设备及装置	15	直接工程费×费率
4	电气设备及装置	22	直接工程费×费率
5	输电线路及通讯线路	32	直接工程费×费率
6	工业锅炉及炉墙	32	直接工程费×费率
9	容器（不包括储罐）	20	直接工程费×费率
备注	1. 工程费是指工程所在地新建同类工程的建筑工程费； 2. 直接工程费是指按概算指标计算的安装费（不包括主材费）； 3. 金属结构、工艺管道和容器的拆除清理费只能在搬迁利旧的情况下计算，即拆除的金属结构、工艺管道和容器仍用于同一建设项目。非搬迁利旧拆除原则上不考虑拆除清理费用。 4. 拆除清理费中不包括运距超过5公里的渣土外运费用。		

（二）临时设施费

1. 费用内容

临时设施费是指建设单位为满足施工建设需要而提供到场地界区的未列入工程费用的临时水、电、路、讯、气等工程和临时仓库、办公、生活等建（构）筑物的建设、维修、拆除、摊销费用或租赁费用，以及铁路、码头租赁等费用。

临时设施工程应尽量与永久性工程统一考虑。

2. 计算方法

临时设施费=工程费用×临时设施费费率

临时设施费费率：

油气田新区建设项目为 0.4%~0.6%，老区改扩建项目原则上不计取此项费用；

长输管道新建项目为 0.2%~0.4%，改扩建项目原则上不计取此项费用；

炼油化工、油库、加油（气）站和其他建设项目的新建项目为 0.2%~0.4%，改扩建项目原则上不计取此项费用。

第十五条 引进技术和进口设备材料其他费

引进技术和进口设备材料其他费包括引进项目图纸资料翻译复制费，出国人员费用，来华人员费用，进口设备材料国内检验费。

（一）引进项目图纸资料翻译复制费

1. 费用内容

引进项目图纸资料翻译复制费是指对标准、规范、图纸、操作规程、技术文件等资料的翻译、复制费用。

2. 计算方法

引进项目图纸资料翻译复制费根据引进项目的具体情况计算。

（二）出国人员费用

1. 费用内容

出国人员费用是指因出国设计联络、出国考察、联合设计、监造、培训等所发生的差旅费、生活费等。

2. 计算方法

出国人员费用根据合同或协议规定的出国人次、期限以及相应的费用标准计算。境外住宿费、伙食费、公杂费按照集团公司规定的现行标准计算，旅费按国内出发地至目的地的票价计算。

（三）来华人员费用

1. 费用内容

来华人员费用是指外国来华工程技术人员往返现场交通费、现场接待服务等费用。

2. 计算方法

来华人员费用根据合同或协议有关条款及来华技术人员派遣计划进行计算。

（四）进口设备材料国内检验费

1. 费用内容

进口设备材料国内检验费是指进口设备材料根据国家有关文件规定的检验项目进行检验所发生的费用。

2. 计算方法

进口设备材料国内检验费=进口设备材料到岸价（C.I.F）×人民币外汇牌价（中间

价)×进口设备材料国内检验费费率

进口设备材料国内检验费费率为0.4%。

第十六条 工程保险费

1. 费用内容

工程保险费是指建设项目在建设期间根据需要对建筑工程、安装工程及机器设备和人身安全进行投保而发生的保险费用。包括建筑安装工程一切险、进口设备财产保险和人身意外伤害险等。

2. 计算方法

工程保险费＝工程费用×工程保险费费率

根据集团公司工程保险有关规定选择投保险种，工程保险费费率不大于0.3%。不投保的建设项目不计取此项费用。

第十七条 联合试运转费

1. 费用内容

联合试运转费是指建设项目在交付生产前按照批准的设计文件所规定的工程质量标准和技术要求，进行整个生产线或装置的负荷联合试运转或局部联动试车所发生的净支出费用（试运转支出大于收入的差额部分费用）。包括试运转所需材料、燃料及动力消耗、低值易耗品、其他物料消耗、机械使用费、联合试运转人员工资、施工单位参加试运转人工费、专家指导费，以及必要的工业炉烘炉费。不包括由安装工程费项下开支的调试费及试车费用。

2. 计算方法

联合试运转费＝（建筑工程费+安装工程费）×联合试运转费费率

联合试运转费费率：

油气田、长输管道、液化天然气和地下储气库建设项目为0.5%。

炼油化工、油库、加油（气）站以及其他建设项目（液化天然气和地下储气库建设项目除外）原则上不计取此项费用，由投料试车和生产考核期间产品销售收入补偿。在收入不能弥补支出情况下，可适当延长试运期，直到收支相抵为止。个别新工艺、新产品项目联合试运转发生的费用大于收入的差额，不能通过适当延长试运期弥补的，由建设单位组织编制投料试车计划和预算，经投资主管部门审定后列入设计概算。

第十八条 特殊设备安全监督检验标定费

特殊设备安全监督检验标定费包括特殊设备安全监督检验费和标定费。

（一）特殊设备安全监督检验费

1. 费用内容

特殊设备安全监督检验是指在施工现场安装的列入国家特种设备检验检测和监督检查范围的锅炉及压力容器、消防设备、燃气设备、起重设备、电梯、安全阀等特殊设备和设施进行安全检验、检测所发生的费用。

2. 计算方法

锅炉及压力容器安全监督检验费原则上按受检设备安装费的3%计取。压力管道安装不计取该项费用。

其他设备安全监督检验费按受检设备的设备费1%计算。

（二）标定费

1. 费用内容

标定费是指列入国家和集团公司计量标定范围的计量器具，进行计量标定所发生的费用。

2. 计算方法

标定费根据国家或所在省（直辖市、自治区）人民政府有关规定计算。不发生时不计取此项费用。

第十九条 超限设备运输特殊措施费

1. 费用内容

超限设备运输特殊措施费是指当设备质量、尺寸超过铁路、公路等交通部门所规定的限度，在运输过程中须进行路面处理、桥涵加固、铁路设施改造或造成正常交通中断进行补偿所发生的费用。

2. 计算方法

超限设备运输特殊措施费根据超限设备运输方案计算。

第二十条 施工队伍调遣费

1. 费用内容

施工队伍调遣费是指施工企业因建设任务的需要，由已竣工的建设项目所在地或企业驻地调往新的建设项目所在地所发生的费用，包括调遣期间职工的差旅费、职工工资以及施工机械设备（不包括特大型吊装机械）、工具用具、生活设施、周转材料运输费和调遣期间施工机械的停滞台班费等。不包括应由施工企业自行负担的、在规定距离范围内调动施工力量以及内部平衡施工力量所发生的调遣费用。

2. 计算方法

施工队伍调遣费 =（建筑工程费+安装工程费）×施工队伍调遣费费率

根据建设项目所在地的地理位置，施工队伍调遣费费率为 0.4%~0.75%。

第二十一条 专利及专有技术使用费

1. 费用内容

专利及专有技术使用费包括国外工艺包费、设计及技术资料费、有效专利、专有技术使用费、技术保密费和技术服务费等；国内有效专利、专有技术使用费；商标权、商誉和特许经营权费等。

2. 计算方法

专利及专有技术使用费按专利使用许可协议或专有技术使用合同规定计算，凡合同规定在生产期支付的专利或专有技术使用费应在生产成本中核算。

国外工艺包费、设计及技术资料费、有效专利、专有技术使用费、技术保密费和技术服务费还需另行计算外贸手续费和银行财务费两项费用。

第二十二条 生产准备费

生产准备费包括生产人员提前进厂费、生产人员培训费、工器具及生产家具购置费和办公及生活家具购置费。

（一）生产人员提前进厂费

1. 费用内容

生产人员提前进厂费是指生产单位人员为熟悉工艺流程、设备性能、生产管理等，提前进厂参与工艺设备、电气、仪表安装调试等生产准备工作而发生的人工费和社会保障费用。

2. 计算方法

提前进厂费=新增设计定员（人）×提前进厂指标（元/人·年）×提前进厂期（年）

提前进厂指标为 38000 元/人·年

提前进厂期油气田、油库、加油（气）站建设项目一般为 6 个月，长输管道建设项目一般为 6 个月，炼油化工建设项目一般为 1 年。

(二) 生产人员培训费

1. 费用内容

生产人员培训费是指生产人员的培训费和学习资料费，以及异地培训发生的住宿费、伙食补助费、交通费等。

2. 计算方法

生产人员培训费=新增设计定员×培训费指标

无地区公司依托的建设项目培训费指标：油气田建设项目为 6000 元/人；长输管道建设项目为 7000 元/人；炼油化工和液化天然气建设项目为 14000 元/人。

有地区公司依托的建设项目培训费指标：油气田、油库、加油（气）站建设项目为 3100 元/人；长输管道建设项目为 4100 元/人；炼油化工和液化天然气建设项目为 6100 元/人。

(三) 工器具及生产家具购置费

1. 费用内容

工器具及生产家具购置费是指为保证建设项目初期正常生产所必须购置的第一套不够固定资产标准的设备、仪器、工卡模具、器具等费用。

2. 计算方法

工器具及生产家具购置费=新增设计定员×工器具及生产家具购置费指标

工器具及生产家具购置费指标为 2000 元/人。

(四) 办公及生活家具购置费

1. 费用内容

办公及生活家具购置费是指为保证建设项目初期正常生产（或营业、使用）所必需购置的生产、办公、生活家具用具等费用。

2. 计算方法

办公及生活家具购置费=新增设计定员×办公及生活家具购置费指标

办公及生活家具购置费指标为 4000 元/人。

第四章　应列入工程费用中的几项费用

第二十三条　施工单位健康安全环境管理增加费

1. 费用内容

施工单位健康安全环境管理增加费是指施工单位根据集团公司有关健康安全环境管理规定，在石油建设安装工程施工过程中，为达到规定的标准，而增加的有关管理费用、脚手架搭拆和使用等措施费用，以及超出《石油建设安装工程费用定额》标准规定的健康安全环境施工保护费和临时设施费。

2. 计算方法

施工单位健康安全环境管理增加费=安装工程费（不含主材费）×施工单位健康安全环境管理增加费费率

施工单位健康安全环境管理增加费费率：油气田、油库、加油（气）站建设项目为 1.8%；长输管道建设项目为 1.3%；炼油化工建设项目为 3.5%。

第二十四条　国内设备运杂费

1. 费用内容

国内设备运杂费是指从国内制造厂家运至施工现场所发生的运输费、装卸费、包装费、采购管理费（含采购代理费）、保管费、港口建设费、运输保险费等。不包括超限设备运输特殊措施费。

2. 计算方法

国内设备（长输管道管段除外）运杂费＝设备出厂价×国内设备运杂费费率

国内设备运杂费按表 18 费率计算

表 18　国内设备运杂费费率表

类别	工程所在地区	费率（%）
一	吉林、辽宁、河北、山东、江苏、浙江、安徽、北京、天津、上海、河南、黑龙江	4
二	山西、陕西、湖北、江西、湖南、福建、广东、四川、重庆	5
三	甘肃（玉门以东不含玉门）、宁夏、广西、贵州、内蒙古	6
四	青海、甘肃（玉门以西含玉门）、海南、云南、新疆	7.5
五	西藏	10

长输管道管段运杂费按从钢管制造厂至中转库的运输实际情况计算。

第二十五条　国内主材运杂费

1. 费用内容

国内主材运杂费是指安装工程中主材从国内制造厂家或供货地点运至施工现场或油气田企业的中心仓库所发生的运输费、装卸费、包装费、采购管理费（含采购代理费）、保管费、港口建设费、运输保险费等。

2. 计算方法

国内主材运杂费＝主材出厂价×国内主材运杂费费率

国内主材运杂费按表 19 费率计算。

表 19　国内主材运杂费费率表

类别	工程所在地区	费率（%）
一	吉林、辽宁、河北、山东、江苏、浙江、安徽、北京、天津、上海、河南、黑龙江、山西、陕西、湖北、江西、湖南、福建、广东、四川、重庆	5.5
二	甘肃（玉门以东不含玉门）、宁夏、广西、贵州、内蒙古	6.5
三	青海、甘肃（玉门以西含玉门）、海南、云南、新疆	8
四	西藏	10.5

注：油气田企业中心仓库至施工现场的短运费发生时另计。

第二十六条　进口设备材料国内运杂费

1. 费用内容

进口设备材料国内运杂费是指从合同确定的我国到岸港口或我国接壤的陆地交货地点至施工现场所发生的运输费、装卸费、包装费、采购管理费、保管费、运输保险费以及在港口所发生的费用等。不包括超限设备运输特殊措施费。

2. 计算方法

进口设备材料国内运杂费＝进口设备材料到岸价（C.I.F）×人民币外汇牌价（中间价）×进口设备材料国内运杂费费率

进口设备材料国内运杂费按表 20 费率计算。

表 20 进口设备材料国内运杂费费率表

类别	工程所在地区	运杂费费率（%）
一	上海、天津、青岛、烟台、大连、汕头、秦皇岛、连云港、南京、南通、温州、宁波、广州、湛江、北海、营口、海口、梧州等沿海港口城市以及陆地交货地点	1.5
二	北京、河北、山东、江苏、辽宁、吉林、广东、福建、广西、浙江、海南	2
三	湖南、湖北、河南、陕西、江西、山西、安徽、黑龙江、内蒙古	2.5
四	重庆、云南、四川、贵州、宁夏、甘肃	3
五	青海、新疆	3.5
六	西藏	4

第二十七条 绿化费

1. 费用内容

绿化费是指新建、改扩建项目按照设计在竣工验收前，进行种植树木、草皮等绿化所需的费用。

2. 计算方法

绿化费＝绿化面积×绿化费指标

绿化费指标为每平方米 50 元。

第二十八条 进口设备材料从属费用

1. 费用内容

进口设备材料从属费用包括国外运输费、国外运输保险费、进口关税、进口环节增值税、外贸手续费和银行财务费。

2. 计算方法

（1）国外运输费

国外运输费＝进口设备材料离岸价（F.O.B）×人民币外汇牌价（中间价）×国外运输费费率

国外运输费费率为 4.5%。

（2）国外运输保险费

国外运输保险费＝（进口设备材料离岸价（F.O.B）×人民币外汇牌价（中间价）＋国外运输费）×国外运输保险费费率

国外运输保险费费率为 0.15%。

（3）进口关税

进口关税＝进口设备材料到岸价（C.I.F）×人民币外汇牌价（中间价）×进口关税税率

进口设备材料到岸价（C.I.F）＝进口设备材料离岸价（F.O.B）＋国外运输费（外币金额）＋国外运输保险费（外币金额）

进口关税税率按照海关总署公布的税则执行。

（4）进口环节增值税

进口环节增值税＝（进口设备材料到岸价（C.I.F）×人民币外汇牌价（中间价）＋进口关税）×增值税税率

增值税税率为 17%。

(5) 外贸手续费

外贸手续费=进口设备材料到岸价（C.I.F）×人民币外汇牌价（中间价）×外贸手续费费率

外贸手续费费率为 1%。

(6) 银行财务费

银行财务费=进口设备材料离岸价（F.O.B）×人民币外汇牌价（中间价）×银行财务费费率

银行财务费费率为 0.15%。

第五章 预 备 费

第二十九条 基本预备费

1. 费用内容

基本预备费是指在预可行性研究阶段、可行性研究阶段或初步设计阶段难以预料的工程费用和其他费用。基本预备费内容包括：在项目实施中可能增加的工程和费用，一般自然灾害造成的损失和预防自然灾害所采取的措施费用，竣工验收时为鉴定质量而对隐蔽工程进行必要的挖掘和修复的费用。

2. 计算方法

基本预备费=（工程费用+其他费用）×基本预备费费率

基本预备费按表 21 费率计算。

表 21 基本预备费费率表

序号	建设项目	项目建议书或预可行性研究阶段	可行性研究阶段	初步设计阶段
一	项目人民币部分			
1	油气田和地下储气库	10%~12%	8%~10%	6%~7%
2	长输管道	10%~12%	8%~10%	4%~5%
3	炼油化工和液化天然气	10%~12%	8%~10%	5%~6%
4	其他建设项目（地下储气库和液化天然气建设项目除外）	10%~12%	8%~10%	4%~5%
二	项目外汇部分	4%~6%	2%~4%	0%~1%

注：项目外汇部分包括进口设备材料的货价和从属费用，不包括国外专利及专有技术使用费。

第三十条 价差预备费

1. 费用内容

价差预备费是指建设期内由于人工、设备、材料、机械等价格上涨以及政策调整、费率、利率、汇率变化等引起工程造价变化的预留费用。

2. 计算方法

$$P = \sum_{t=1}^{m} I_t \left[(1+f)^{t-1} - 1 \right]$$

式中 P—价差预备费；

m—建设期；

t—建设期第 t 年（$t=1, 2\cdots m$）；

I_t——第 t 年投入的工程费用（不包括进口设备材料购置费）；

f——投资价格指数。

投资价格指数由集团公司批准发布。目前投资价格指数为零。

第六章　应列入总投资中的几项费用

第三十一条　建设期利息

1. 费用内容

建设期利息是指在建设期内发生，并应计入固定资产的建设项目的贷款利息。

2. 计算方法

（1）国内贷款利息计算方法

根据资金来源、贷款利率和建设期各年投资比例逐年计算。

各年应计贷款利息＝（年初贷款本息累计＋本年贷款额/2）×贷款利率

贷款利率按中油财务公司发布的利率（或中国人民银行发布的编制期的金融机构贷款利率）执行。

（2）国外贷款利息计算方法

建设项目若有国外贷款，国外贷款的建设期利息按约定的计息方式和利率计算。对多种贷款可采用分别计算利息的方法，也可按综合贷款利率计算。

第三十二条　固定资产投资方向调节税

1. 费用内容

固定资产投资方向调节税是指国家为贯彻产业政策、引导投资方向、调整投资结构而征收的税金。

2. 计算方法

固定资产投资方向调节税＝建设投资×固定资产投资方向调节税税率

固定资产投资方向调节税根据财政部《关于暂停征收固定资产投资方向调节税的通知》（财税字〔1999〕299号），目前暂停征收固定资产投资方向调节税。

第三十三条　铺底流动资金

1. 费用内容

铺底流动资金是指按规定应列入建设项目总投资中的流动资金。流动资金是指运营期内长期占用并周转使用的资金。

2. 计算方法

铺底流动资金按全额流动资金的30%计算。

第七章　附　　则

第三十四条　本规定及附件由集团公司规划计划部负责管理，由中国石油工程造价管理中心负责解释。

第三十五条　本规定及附件自印发之日起施行。

附件

附件1：

关于实施《建设项目前期工作咨询收费暂行规定》的意见

根据原国家计委发布的《建设项目前期工作咨询收费暂行规定》（计投资〔1999〕1283号），结合集团公司建设项目的特点和前期工作咨询收费的具体情况，在执行此规定的基础上制定以下实施意见。

一、前期工作咨询收费可按建设项目估算投资额分档计算或按工程咨询工作所耗工日计算。

二、按建设项目估算投资额分档计算收费

1. 前期工作咨询收费按照下列公式计算：

前期工作咨询收费 = 前期工作咨询收费基准价 × 行业调整系数

前期工作咨询收费基准价按附表一采用直线内插法计算。油气田、油库、加油（气站）建设项目行业调整系数为1.2，长距离输送管道和炼油化工建设项目行业调整系数为1.3。

2. 编制预可行性研究报告参照编制项目建议书收费标准执行。

3. 长距离输送管道建设项目达到《输油管道工程项目预可行性研究报告编制规定》或《输气管道工程项目预可行性研究报告编制规定》内容和深度要求的，在编制项目建议书的基准价基础上乘以1.2~1.3的系数。

4. 项目建议书（或预可行性研究报告）和可行性研究报告为同一单位编制时，编制可行性研究报告的基准价乘以0.8调整系数。

5. 投资估算的内容和深度达到《石油建设项目可行性研究投资估算编制规定》要求的，可行性研究报告编制费可乘以1.5~1.8的调整系数。

三、按工程咨询工作所耗工日计算收费

工程咨询工作所耗工日计算前期工作咨询收费，费用标准参照附表二。但按工日计算的收费额不得大于按分档投资额计算的收费额。

四、根据建设单位委托，工程咨询单位编制上报政府有关部门核准报告的费用按可行性研究报告编制费的10%~15%计算。

五、在编制单位完成预可研和可研编制工作后，由于非编制单位原因造成预可研和可研发生重大方案变化，原预可研和可研需要重新进行编制的，委托单位应给予编制单位适当补偿。补偿费用根据完成的工作量，按不大于前期工作咨询收费40%予以补偿。

附表一 前期工作咨询收费基准价表

单位：万元

咨询评估项目 \ 建设投资（亿元）	0.3~1	1~5	5~10	10~50	50~100	100~500（含500）
编制项目建议书	6~14	14~37	37~55	55~100	100~125	125~400
编制可行性研究报告	12~28	28~75	75~110	110~200	200~250	250~800
评估项目建议书	4~8	8~12	12~15	15~17	17~20	20~35
评估可行性研究报告	5~10	10~15	15~20	20~25	25~35	35~70

注：建设投资大于500亿元的建设项目，按超出投资的0.06‰增加项目建议书的编制费用；按超出投资的0.12‰增加可行性研究报告的编制费用。

附表二 工程咨询人员工日费用标准表

单位：元

咨询人员职级	工日费用标准
高级专家	1000~1200
高级专业技术职称	800~1000
中级专业技术职称	800

附件2：

关于实施《建设工程监理与相关服务收费管理规定》的意见

根据国家发展改革委、原建设部联合发布的《建设工程监理与相关服务收费管理规定》（发改价格〔2007〕670号），结合集团公司建设项目的特点和建设项目监理收费的具体情况，在执行此规定的基础上制定以下实施意见。

一、监理服务应通过规范招投标程序，合理形成价格。执行《建设工程监理与相关服务收费管理规定》第五条时，浮动后的监理收费不得超过其基准价。

二、施工监理服务包括施工阶段的质量控制管理、进度控制管理、费用（投资）控制管理和安全生产监督管理、合同、信息等方面的协调管理服务。根据施工监理服务各部分的工作量不同，确定各部分服务收费在施工监理收费中所占比例，具体如下：

1. 质量控制管理和安全生产监督管理服务收费占施工监理服务收费的70%；
2. 进度控制管理占施工监理服务收费的10%；
3. 费用（投资）控制管理占施工监理收费服务的15%；
4. 合同、信息等其他协调监理服务收费占施工监理收费服务的5%。

发包人将施工监理服务中的某一部分工作单独发包给监理人，按照所承担的工作内容，以上述比例计算施工监理收费，单独承担质量控制管理和安全生产监督管理服务的，其服务收费不宜低于施工监理服务收费的70%。

三、总则中总体协调费按各监理人合计监理服务收费额的4%计算，不发生时不计算。

四、施工监理服务收费计费额中有进口设备材料的，按进口设备材料货价的50%调整施工监理服务收费的计费额。

五、由多家监理单位监理的建设项目，各监理单位分别按本单位监理范围内主体工程复杂程度等级和投资总额计算监理费，然后将各监理单位计算的监理费相加作为建设项目的监理费。

附件3：

关于实施《工程勘察设计收费管理规定》的意见

根据原国家计委、建设部联合发布的《工程勘察设计收费管理规定》（计价格〔2002〕10号），结合集团公司建设项目的特点和设计收费的具体情况，在执行此规定的基础上制定以下实施意见。

一、根据《工程勘察设计收费管理规定》第六条规定，如无特殊原因，建设项目设计收费的浮动幅度按下浮20%执行。计费额小于等于1000万元的建设项目，设计收费可不下浮。有特殊原因，下浮幅度小于上述规定的，应经集团公司投资主管部门批准。

二、在《工程设计收费标准》总则中，改扩建和技术改造建设项目的附加调整系数按1.1~1.2计算；管段图附加调整系数原则上不计取；其他设计收费中的总体设计费、主体设计协调费，不发生时不计取；计取造价咨询费的项目不得再计取预算编制费。

三、由多家设计单位设计的建设项目，各设计单位分别按本单位设计范围内主体工程复杂程度等级和投资总额计算设计费，然后将各设计单位计算的设计费相加作为建设项目的设计费。

四、工程设计收费计费额中有进口设备材料的，按照进口设备材料费货价的50%调整工程设计收费的计费额。

五、非标准设备设计费计算

1. 非标准设备设计费统一按费率标准的下限执行。

2. 电气、自动化仪表中的屏、柜、台、箱不计非标准设备设计费。

3. 由设计单位负责设计的换热器，可计算非标准设备设计费；选用行业标准的换热器，不计算非标准设备设计费。

4. 计算储罐非标准设备设计费时，非标准设备计费额中包括储罐罐体安装费和主材费，不包括各类附件、防腐保温和基础费用。

5. 计算有多座相同储罐的非标准设备设计费时，5座以内（含5座），自第二座起乘以0.3的调整系数；5~10座（含10座）的，自第6座起乘以0.2的调整系数；10座以上的自第11座起乘以0.1的调整系数。

六、根据石油建设项目工艺技术和工程设计的发展现状，建设项目工程复杂程度在执行《工程设计收费标准》时，工程复杂程度为Ⅰ级的，工程复杂程度调整系数按0.85计算，其他的做如下调整：

1. 工程复杂程度为Ⅱ级的，工程复杂调整系数为0.85~0.93；工程复杂程度为Ⅲ级的，工程复杂调整系数为1.0~1.08；

2. 独立油库建设项目工程复杂程度为调整系数为0.85~0.93。

七、设计单位接受委托，配合发包人在设备采购阶段参加超过设计范围要求的技术附件编写、采购技术谈判和招投标评标等技术服务工作，可在设计收费之外增加设备采购技术服务费。采购技术服务费按不超过设计费的3%计算。

附录

附录一：

中国石油天然气股份有限公司
石油建设工程项目前期工作费用标准（试行 节选）

（油计字〔2006〕345号）

一、项目经理部管理费

（一）办公费用

1. 工作人员工资：项目经理部在编人员工资按10万元/人·年控制。项目部借聘人员有两种情况：由原单位承担工资费用的不计工资费用，由项目部承担工资费用的参照项目部在编人员工资标准。

2. 差旅费：需事先做计划，按股份公司现行财务规定标准编制计算。控制标准：局级10万元/人·年，处级8万元/人·年，其他人员6万元/人·年（含各种现场补助）。

3. 办公文销费用：含各种办公用品、低值易耗品以及项目经理部的复印费、印刷费等，费用标准按200元/人·月控制。

4. 通讯费：包括固定电话、手机、上网、传真等通讯费用，费用标准按500~1000元/人·月控制。

（二）房屋租赁费

1. 办公场所租赁费：办公面积按局级35m^2/人、处级25m^2/人、处级以下15m^2/人标准控制，办公面积包括会议室、档案室等辅助功能的使用面积。北京、上海等大城市按4元/m^2·日标准控制，其他地区按2~3元/m^2·日标准控制。租赁费包括水电费、采暖费、电梯费、物业费等费用。

2. 员工住房租赁费：在宾馆或招待所居住的，按人事部门确定的有关标准控制费用，或按150~200元/人·日控制。租用公寓的人员，按2~4人/套标准，费用控制在2000~4500元/套·月。

（三）办公场所装修及办公设备、家具购置费

1. 办公场所装修费：如租赁的办公或住房场所需重新装修的，费用控制在800元/m^2以内。

2. 办公家具购置费：如租赁的办公或住房场所无家具的，费用控制在5000元/人以内。

3. 办公设备购置费：包括计算机、打印机、传真机、扫描仪、复印机、投影仪、照相机等办公设备。标准按每人1台计算机（考虑到项目部人员在前期阶段经常出差，可选择部分笔记本电脑），每个办公地点或每处室配备打印机、传真机各1台，每个办公地点配备扫描仪、复印机、便携式投影仪各1台。其他设备应严格控制，有必要时经批准后配置，费用

按市场价格核定。

(四) 交通费用

1. 购买车辆：需编制计划报规划计划部批准，局级按 2 人/辆，处级按 5 人/辆，日常费用包括油料费、司机工资、过路过桥费、修理费等按 4000 元/辆·月控制。

2. 租用车辆：包括租车费、油料费、司机工资、过路过桥费、修理费等，费用按 1.5-2 万元/辆·月控制。

(五) 会议费

应严格控制各种会议的规模和次数，费用标准按照《工程建设项目评估（审查）会议费用标准》（试行）执行。特大型会议控制在 30 万元/次，大型会议控制在 20 万元/次，中型会议控制在 10 万元/次，小型会议控制在 5 万元/次。

(六) 咨询费

含各种技术、市场、法律、工程等专家咨询以及相关的信息咨询等。

(七) 出国人员费用

出国人员费用按 2.5 万元/人·次计算，并严格控制出国人员人数及次数。

附录二：

建设工程监理与相关服务收费管理规定（节选）

（发改价格〔2007〕670 号）

1 总则

1.0.1 建设工程监理与相关服务是指监理人接受发包人的委托，提供建设工程施工阶段的质量、进度、费用控制管理和安全生产监督管理、合同、信息等方面协调管理服务，以及勘察、设计、保修等阶段的相关服务。

1.0.2 建设工程监理与相关服务收费包括建设工程施工阶段的工程监理（以下简称"施工监理"）服务收费和勘察、设计、保修等阶段的相关服务（以下简称"其他阶段的相关服务"）收费。

1.0.3 铁路、水运、公路、水电、水库工程的施工监理服务收费按建筑安装工程费分档定额计费方式计算收费。其他工程的施工监理服务收费按照建设项目工程概算投资额分档定额计费方式计算收费。

1.0.4 其他阶段的相关服务收费一般按相关服务工作所需工日和《建设工程监理与相关服务人员人工日费用标准》（附表四）收费。

1.0.5 施工监理服务收费按照下列公式计算：

（1）施工监理服务收费=施工监理服务收费基准价×（1±浮动幅度值）

（2）施工监理服务收费基准价=施工监理服务收费基价×专业调整系数×工程复杂程度调整系数×高程调整系数

1.0.6 施工监理服务收费基价

施工监理服务收费基价是完成国家法律法规、规范规定的施工阶段监理基本服务内容的价格。施工监理服务收费基价按《施工监理服务收费基价表》（附表二）确定，计费额处于两个数值区间的，采用直线内插法确定施工监理服务收费基价。

1.0.7 施工监理服务收费基准价

施工监理服务收费基准价是按照本收费标准规定的基价和1.0.5（2）计算出的施工监理服务基准收费额。发包人与监理人根据项目的实际情况，在规定的浮动幅度范围内协商确定施工监理服务收费合同额。

1.0.8 施工监理服务收费的计费额

施工监理服务收费以建设项目工程概算投资额分档定额计费方式收费的，其计费额为工程概算中的建筑安装工程费、设备购置费和联合试运转费之和，即工程概算投资额。对设备购置费和联合试运转费占工程概算投资额40%以上的工程项目，其建筑安装工程费全部计入计费额，设备购置费和联合试运转费按40%的比例计入计费额。但其计费额不应小于建筑安装工程费与其相同且设备购置费和联合试运转费等于工程概算投资额40%的工程项目的计费额。

工程中有利用原有设备并进行安装调试服务的，以签订工程监理合同时同类设备的当期价格作为施工监理服务收费的计费额；工程中有缓配设备的，应扣除签订工程监理合同时同类设备的当期价格作为施工监理服务收费的计费额；工程中有引进设备的，按照购进设备的离岸价格折换成人民币作为施工监理服务收费的计费额。

施工监理服务收费以建筑安装工程费分档定额计费方式收费的，其计费额为工程概算中的建筑安装工程费。

作为施工监理服务收费计费额的建设项目工程概算投资额或建筑安装工程费均指每个监理合同中约定的工程项目范围的计费额。

1.0.9 施工监理服务收费调整系数

施工监理服务收费调整系数包括：专业调整系数、工程复杂程度调整系数和高程调整系数。

（1）专业调整系数是对不同专业建设工程的施工监理工作复杂程度和工作量差异进行调整的系数。计算施工监理服务收费时，专业调整系数在《施工监理服务收费专业调整系数表》（附表三）中查找确定。

（2）工程复杂程度调整系数是对同一专业建设工程的施工监理复杂程度和工作量差异进行调整的系数。工程复杂程度分为一般、较复杂和复杂三个等级。计算施工监理服务收费时，工程复杂程度在相应章节的《工程复杂程度表》中查找确定。

（3）高程调整系数如下：

海拔高程2001m以下的为1；

海拔高程2001~3000m为1.1；

海拔高程3001~3500m为1.2；

海拔高程3501~4000m为1.3；

海拔高程4001m以上的，高程调整系数由发包人和监理人协商确定。

1.0.10 发包人将施工监理服务中的某一部分工作单独发包给监理人，按照其占施工监理服务工作量的比例计算施工监理服务收费，其中质量控制和安全生产监督管理服务收费不宜低于施工监理服务收费额的70%。

1.0.11 建设工程项目施工监理服务由两个或者两个以上监理人承担的，各监理人按照其占施工监理服务工作量的比例计算施工监理服务收费。发包人委托其中一个监理人对建设工程项目施工监理服务总负责的，该监理人按照各监理人合计监理服务收费额的4%-6%向发包人收取总体协调费。

1.0.12 本收费标准不包括本总则 1.0.1 以外的其他服务收费。其他服务收费，国家有规定的，从其规定；国家没有规定的，由发包人与监理人协商确定。

2 石油化工工程

2.1 石油化工工程范围

适用于石油、天然气、石油化工、化工、火化工、核化工、化纤、医药工程。

2.2 石油化工工程复杂程度

表 1 石油化工工程复杂程度表

等级	工程特征
Ⅰ级	1. 油气田井口装置和内部集输管线，油气计量站、接转站等场站、总容积<50000m³ 或品种<5 种的独立油库工程； 2. 平原微丘陵地区长距离油、气、水煤浆等各种介质的输送管道和中间场站工程； 3. 无机盐、橡胶制品、混配肥工程； 4. 石油化工工程的辅助生产设施和公用工程。
Ⅱ级	1. 油气田原油脱水转油站、油气水联合处理站，总容积≥50000m³ 或品种≥5 种的独立油库，天然气处理和轻烃回收厂站，三次采油回注水处理工程，硫磺回收及下游装置，稠油及三次采油联合处理站，油气田天然气液化及提氦、地下储气库； 2. 山区沼泽地带长距离油、气、水煤浆等各种介质的输送管道和首站、末站、压气站、调度中心工程； 3. 500 万吨/年以下的常减压蒸馏及二次加工装置，丁烯氧化脱氢、MTBE、丁二烯抽提、乙腈生产装置工程； 4. 磷肥、农药、精细化工、生物化工、化纤工程； 5. 医药工程； 6. 冷冻、脱盐、联合控制室、中高压热力站、环境监测、工业监视、三级污水处理工程。
Ⅲ级	1. 海上油气田工程； 2. 长输管道的穿跨越工程； 3. 500 万吨/年及以上的常减压蒸馏及二次加工装置，芳烃抽提、芳烃（PX）、乙烯、精对苯二甲酸等单体原料，合成材料，LPG、LNG 低温储存运输设施工程； 4. 合成氨、制酸、制碱、复合肥、火化工、煤化工工程； 5. 核化工、放射性药品工程。

附表一 施工监理服务收费基价表

单位：万元

序号	计费额	收费基价
1	500	16.5
2	1000	30.1
3	3000	78.1
4	5000	120.8
5	8000	181.0

续表

序号	计费额	收费基价
6	10000	218.6
7	20000	393.4
8	40000	708.2
9	60000	991.4
10	80000	1255.8
11	100000	1507.0
12	200000	2712.5
13	400000	4882.6
14	600000	6835.6
15	800000	8658.4
16	1000000	10390.1

注：计费额大于1000000万元的，以计费额乘以1.039%的收费率计算收费基价。其他未包含的其收费由双方协商议定。

附表二 施工监理服务收费专业调整系数表

工程类型	专业调整系数
1. 矿山采选工程	
黑色、有色、黄金、化学、非金属及其他矿采选工程	0.9
选煤及其他煤炭工程	1.0
矿井工程，铀矿采选工程	1.1
2. 加工冶炼工程	
冶炼工程	0.9
船舶水工工程	1.0
各类加工工程	1.0
核加工工程	1.2
3. 石油化工工程	
石油工程	0.9
化工、石化、化纤、医药工程	1.0
核化工工程	1.2
4. 水利电力工程	
风力发电、其他水利工程	0.9
火电工程、送变电工程	1.0
核能、水电、水库工程	1.2
5. 交通运输工程	
机场场道、助航灯光工程	0.9
铁路、公路、城市道路、轻轨及机场空管工程	1.0
水运、地铁、桥梁、隧道、索道工程	1.1

续表

工程类型	专业调整系数
6. 建筑市政工程	
园林绿化工程	0.8
建筑、人防、市政公用工程	1.0
邮政、电信、广播电视工程	1.0
7. 农业林业工程	
农业工程	0.9
林业工程	0.9

附录三：

中国石油天然气集团公司产品驻厂监造管理规定（节选）

（质字〔2007〕12号）

产品驻厂监造目录

1. 催化装置的三（四）机组、增压机组、富气压缩机组、反应器、再生器、外取热器；
2. 加氢装置的加氢反应器、高压换热器、高压容器、新氢/循环氢压缩机组、加氢进料泵、高压空冷器；
3. 重整装置的重整反应器、再生器、立式换热器、新氢/循环氢压缩机组；制氢转化炉炉管；
4. 焦化装置的富气压缩机组、焦碳塔、高压水泵、辐射进料泵；
5. 乙烯装置的三大压缩机组、裂解炉炉管、冷箱、废热锅炉及重要低温设备；聚丙烯装置的反应器；
6. PTA装置的干燥机、过滤机、主要换热设备、空气压缩机组；聚酯装置的反应器；丙烯腈装置反应器、主要换热设备；
7. 化肥装置的压缩机组、大型高压设备；气化炉、变换炉；
8. 空分装置的大型压缩机组、冷箱；
9. 氯碱装置的聚合釜、压缩机；
10. 电站锅炉、汽轮发电机组；
11. 钻机、修井机、大型压裂设备、井控设备、海洋平台；
12. 油气输送管、油气输送管防腐、油套管（高压气井用、特殊用途的非API管材）。

附录四：

关于加强石油建设工程项目管理承包及工程总承包工作的通知（节选）

(中油计〔2009〕384号)

一、建设项目管理模式定义及适用范围

（一）项目管理承包（英文简称PMC：Project Management Contract），指项目业主委托工程公司或咨询公司在业主的授权下对项目全过程进行管理，并承担对EPC总承包商的管理和监督。

（二）工程总承包（英文简称EPC：Engineering Procurement Construction），指项目业主委托工程总承包商按照合同约定承担项目的设计、采购、施工、试运行等全过程或分阶段、分内容的工作。

（三）建设项目管理模式，包括：业主代表+PMC+EPC模式，IPMT+EPC模式，PMT+EPC模式，E+PC，E+P+C模式等。

（四）项目管理承包不适用于业主有较强项目管理力量或工艺技术较为简单的建设项目。

（五）工程总承包适用于业主管理能力不足、工程项目投资大、一体化程度高、工艺技术复杂、实施环节多的建设项目。

（六）考虑到目前集团公司建设项目管理的实际情况，各单位在选择建设项目管理模式时应充分发挥业主的积极性和作用，根据建设项目的特点选择和本单位管理力量相适应的管理模式。可以采用"PMT+EPC+监理"或"IPMT+EPC+监理"的建设项目管理模式，条件成熟的单位可优先采用"业主代表+PMC+EPC"模式。

二、工程总承包及项目管理承包模式下的投资管理

（一）采用工程总承包模式的建设项目，必须按照批准的概算控制投资，不能因采用工程总承包模式而增加投资。

（二）在工程总承包招标投标过程中，投标人的报价如高于批准的概算投资，原则上应作为废标处理，特殊情况应根据集团公司投资管理权限的规定，报相应专业分公司批准。

（三）工程总承包合同应采用固定总价合同模式。

（四）在工程总承包招标投标过程中，投标人的报价中应包括健康安全环境施工保护费并单列此项费用。

（五）采用工程总承包模式的建设项目不得额外增加管理费用。总包管理费应包含在工程总承包报价中，并在工程总承包合同中根据工作范围和深度商定建设单位管理费的分摊原则和比例。

（六）经批准选用国内项目管理承包商的建设项目，项目管理承包商费用不单独计列，可根据管理方式和范围，增加不大于50%的建设单位管理费。

（七）采用工程总承包模式的建设项目，工程总承包报价中应包含风险费用。

（八）特殊情况下，项目初步设计与工程总承包为同一承包商的，应在工程总承包合同

中约定：由于工程总承包商原因，造成确定工程总承包合同价时的主要工程量大于实际工程量10%及以上的，项目业主在工程结算时应扣减超量部分的工程款。

附录五：

关于规范环境影响咨询收费有关问题的通知（节选）

（计价格〔2002〕125号）

环境影响咨询收费以估算投资额为计费基数，根据建设项目不同的性质和内容，采取按估算投资额分档定额方式计费。不便于采取按估算投资额分档定额计费方式的，也可以采取按咨询服务工日计费。具体计费办法见本通知附件。

附件：

一、建设项目环境影响咨询收费标准
二、建设项目环境影响咨询收费调整系数
三、按咨询服务人员工日计算建设项目环境影响咨询收费标准

附件一：

建设项目环境影响咨询收费标准

单位：万元

咨询服务项目＼估算投资额（亿元）	0.3以下	0.3~2	2~10	10~50	50~100	100以上
编制环境影响报告书（含大纲）	5~6	6~15	15~35	35~75	75~110	110
编制环境影响报告表	1~2	2~4	4~7			
评估环境影响报告书（含大纲）	0.8~1.5	1.5~3	3~7	7~9	9~13	13以上
评估环境影响报告表	0.5~0.8	0.8~1.5	1.5~2			

注：1. 表中数字下限为不含，上限为包含；
2. 估算投资额为项目建议书或可行性研究报告中的估算投资额；
3. 咨询服务项目收费标准根据估算投资额在对应区间内用插入法计算；
4. 以本表收费标准为基础，按建设项目行业特点和所在区域的环境敏感程度，乘以调整系数，确定咨询服务收费基准价，调整系数见附件2之表1和表2；
5. 评估环境影响报告书（含大纲）的费用不含专家参加审查会议的差旅费；环境影响评价大纲的技术评估费用占环境影响报告书评估费用的40%；
6. 本表中费用不包括遥感、遥测、风洞试验、污染气象观测、示踪试验、地探、物探、卫星图片解读、需要动用船、飞机等的特殊监测等费用。

附件二：

建设项目环境影响咨询收费标准调整系数

表1 环境影响评价大纲、报告书编制收费行业调整系数

行业	调整系数
化工、冶金、有色、黄金、煤炭、矿产、纺织、化纤、轻工、医药、区域	1.2
石化、石油天然气、水利、水电、旅游	1.1
林业、畜牧、渔业、农业、交通、铁道、民航、管线运输、建材、市政、烟草、兵器	1.0
邮电、广播电视、航空、机械、船舶、航天、电子、勘探、社会服务、火电	0.8
粮食、建筑、信息产业、仓储	0.6

表2 环境影响评价大纲、报告书编制收费环境敏感程度调整系数

环境敏感程度	调整系数
敏感	1.2
一般	0.8

附件三：

按咨询服务人员工日计算建设项目环境影响评价咨询服务收费标准

单位：元

咨询人员职级	人工日收费标准
高级咨询专家	1000-1200
高级专业技术人员	800-1000
一般专业技术人员	600-800

附录六：

工程勘察设计收费标准（节选）

（计价格〔2002〕10号）

1 总则

1.0.1 工程设计收费是指设计人根据发包人的委托，提供编制建设项目初步设计文件、施工图设计文件、非标准设备设计文件、施工图预算文件、竣工图文件等服务所收取的

费用。

1.0.2 工程设计收费采取按照建设项目单项工程概算投资额分档定额计费方法计算收费。

1.0.3 工程设计收费按照下列公式计算

1. 工程设计收费＝工程设计收费基准价×（1±浮动幅度值）
2. 工程设计收费基准价＝基本设计收费＋其他设计收费
3. 基本设计收费＝工程设计收费基价×专业调整系数×工程复杂程度调整系数×附加调整系数

1.0.4 工程设计收费基准价

工程设计收费基准价是按照本收费标准计算出的工程设计基准收费额，发包人和设计人根据实际情况，在规定的浮动幅度内协商确定工程设计收费合同额。

1.0.5 基本设计收费

基本设计收费是指在工程设计中提供编制初步设计文件、施工图设计文件收取的费用，并相应提供设计技术交底、解决施工中的设计技术问题、参加试车考核和竣工验收等服务。

1.0.6 其他设计收费

其他设计收费是指根据工程设计实际需要或者发包人要求提供相关服务收取的费用，包括总体设计费、主体设计协调费、采用标准设计和复用设计费、非标准设备设计文件编制费、施工图预算编制费、竣工图编制费等。

1.0.7 工程设计收费基价

工程设计收费基价是完成基本服务的价格。工程设计收费基价在《工程设计收费基价表》（附表一）中查找确定，计费额处于两个数值区间的，采用直线内插法确定工程设计收费基价。

1.0.8 工程设计收费计费额

工程设计收费计费额，为经过批准的建设项目初步设计概算中的建筑安装工程费、设备与工器具购置费和联合试运转费之和。

工程中有利用原有设备的，以签订工程设计合同时同类设备的当期价格作为工程设计收费的计费额；工程中有缓配设备，但按照合同要求以既配设备进行工程设计并达到设备安装和工艺条件的，以既配设备的当期价格作为工程设计收费的计费额；工程中有引进设备的，按照购进设备的离岸价折换成人民币作为工程设计收费的计费额。

1.0.9 工程设计收费调整系数

工程设计收费标准的调整系数包括：专业调整系数、工程复杂程度调整系数和附加调整系数。

1. 专业调整系数是对不同专业建设项目的工程设计复杂程度和工作量差异进行调整的系数。计算工程设计收费时，专业调整系数在《工程设计收费专业调整系数表》（附表二）中查找确定。

2. 工程复杂程度调整系数是对同一专业不同建设项目的工程设计复杂程度和工作量差异进行调整的系数。工程复杂程度分为一般、较复杂和复杂三个等级。计算工程设计收费时，工程复杂程度在相应章节的《工程复杂程度表》中查找确定。

3. 附加调整系数是对专业调整系数和工程复杂程度调整系数尚不能调整的因素进行补充调整的系数。附加调整系数分别列于总则和有关章节中。附加调整系数为两个或两个以上的，附加调整系数不能连乘。将各附加调整系数相加，减去附加调整系数的个数，加上定值1，作为附加调整系数值。

1.0.10 非标准设备设计收费按照下列公式计算

非标准设备设计费＝非标准设备计费额×非标准设备设计费率

非标准设备计费额为非标准设备的初步设计概算。非标准设备设计费率在《非标准设备设计费率表》（附表三）中查找确定。

1.0.11 单独委托工艺设计、土建以及公用工程设计、初步设计、施工图设计的，按照其占基本服务设计工作量的比例计算工程设计收费。

1.0.12 改扩建和技术改造建设项目，附加调整系数为1.1~1.4。根据工程设计复杂程度确定适当的附加调整系数，计算工程设计收费。

1.0.13 初步设计之前，根据技术标准的规定或者发包人的要求，需要编制总体设计的，按照该建设项目基本设计收费的5%加收总体设计费。

1.0.14 建设项目工程设计由两个或者两个以上设计人承担的，其中对建设项目工程设计合理性和整体性负责的设计人，按照该建设项目基本设计收费的5%加收主体设计协调费。

1.0.15 工程设计中采用标准设计或者复用设计的，按照同类新建项目基本设计收费的30%计算收费；需要重新进行基础设计的，按照同类新建项目基本设计收费的40%计算收费；需要对原设计做局部修改的，由发包人和设计人根据设计工作量协商确定工程设计收费。

1.0.16 编制工程施工图预算的，按照该建设项目基本设计收费的10%收取施工图预算编制费；编制工程竣工图的，按照该建设项目基本设计收费的8%收取竣工图编制费。

1.0.17 工程设计中采用设计人自有专利或者专有技术的，其专利和专有技术收费由发包人与设计人协商确定。

1.0.18 工程设计中的引进技术需要境内设计人配合设计的，或者需要按照境外设计程序和技术质量要求由境内设计人进行设计的，工程设计收费由发包人与设计人根据实际发生的设计工作量，参照本标准协商确定。

1.0.19 由境外设计人提供设计文件，需要境内设计人按照国家标准规范审核并签署确认意见的，按照国际对等原则或者实际发生的工作量，协商确定审核确认费。

1.0.20 设计人提供设计文件的标准份数，初步设计、总体设计分别为10份，施工图设计、非标准设备设计、施工图预算、竣工图分别为8份。发包人要求增加设计文件份数的，由发包人另行支付印制设计文件工本费。工程设计中需要购买标准设计图的，由发包人支付购图费。

1.2.21 本收费标准不包括本总则1.0.1以外的其他服务收费。其他服务收费，国家有收费规定的，按照规定执行；国家没有收费规定的，由发包人与设计人协商确定。

2 石油化工工程设计

2.1 石油化工工程范围

适用于石油、天然气、石油化工、化工、火化工、核化工、化学纤维和医药工程。

2.2 石油化工工程各阶段工作量比例

表1 石油化工工程各阶段工作量比例表

工程类别 \ 设计阶段	初步设计（%）	施工图设计（%）	基础设计（%）	详细设计（%）
一般石油、石化、化工工程	35	65	50	50
新技术石油、化工、化工工程	50	50	60	40
火化工、核化工、化纤、医药工程	40	60	50	50
核设施退役工程	60	40	65	35

注：1. 新技术工程指主要工艺、设备采用新工艺、新设备、新材料、新技术的工程；
　　2. 基础设计是指设计内容和深度达到国际惯例或者行业规定要求，并可替代初步设计的设计。

2.3　石油化工工程复杂程度

表2　石油化工工程复杂程度表

等级	条件
Ⅰ级	技术一般的工程，主要包括： 1. 油气田井口装置和内部集输管线，油气计量站、接转站等站场、总容积<50000m^3或品种<5种的独立油库工程； 2. 平原微丘陵地区长距离油、气、水煤浆等各种介质的输送管道和中间场站工程； 3. 工艺过程比较简单的石化、药品、无机盐生产装置工程； 4. 石油化工工程的辅助生产设施和公用工程
Ⅱ级	技术较复杂的工程，主要包括： 1. 油气田原油脱水转油站、油气水联合处理站、总容积≥50000m^3或品种≥5种的独立油库、天然气处理和轻烃回收厂站、三次采油回注水处理工程； 2. 山区沼泽地带长距离油、气、水煤浆等各种介质的输送管道和首站、末站、压气站、调度中心工程； 3. 常压蒸馏、减压蒸馏、叠合、脱硫、脱硫醇、凝析油回收、电精制、化学精制、氧化沥青、石蜡成型、丁烯氧化脱氢、MDPE、丁二烯抽提、乙腈、塑料薄膜、塑料地毯、塑料编织袋生产装置工程； 4. 磷肥、农药制剂、混配肥、工艺复杂的无机盐、普通橡胶制品工程； 5. 涤纶、丙纶常规切片纺丝等一般化纤工程； 6. 医药制剂、中药、药用材料、药品包装（外包装除外）、医疗器械生产装置，医药科研、药品检测设施工程； 7. 冷冻、脱盐、联合控制室、中高压热力站、环境监测、工业监视、三级污水处理工程

续表

等级	条 件
Ⅲ级	技术复杂的工程，主要包括： 1. 油气田天然气液化及提氦、硫磺回收及下游装置、稠油及三次采油联合处理站、地下储气库、滩海或浅海油气田工程、石油滚动开发工程； 2. 复杂的油、气、水煤浆等各种介质的长输管道穿跨越工程； 3. 催化裂化、催化重整、加氢、制氢、常减压联合蒸馏、芳烃、MTBE、气体分馏、分子筛、脱蜡、烷基化、脱磺制硫及尾气处理、乙烯、对苯二甲酸等单体原料、合成塑料、合成橡胶、合成纤维生产装置，LPG、LNG低温储存运输设施，重油（氧化沥青除外）、润滑油加工工程； 4. 合成氨、制酸、制碱、复合肥生产装置，火化工、子午线轮胎、胶片、精细化工、生物化学品、复杂化纤工程； 5. 放射性药品、化学合成药品、抗生素药品生产装置工程； 6. 铀转换化工、乏燃料后处理、核三废治理、核设施退役处理工程

附表一 工程设计收费基价表

单位：万元

序号	计费额	收费基价
1	200	9.0
2	500	20.9
3	1000	38.8
4	3000	103.8
5	5000	163.9
6	8000	249.6
7	10000	304.8
8	20000	566.8
9	40000	1054.0
10	60000	1515.2
11	80000	1960.1
12	100000	2393.4
13	200000	4450.8
14	400000	8276.7
15	600000	11897.5
16	800000	15391.4
17	1000000	18793.8
18	2000000	34948.9

注：计费额>2000000万元的，以计费额乘以1.6%的收费率计算收费基价。

附表二　工程设计收费专业调整系数表

工程类型	专业调整系数
1. 矿山采选工程	
黑色、黄金、化学、非金属及其他矿采选工程	1.1
采煤工程、有色、铀矿采选工程	1.2
选煤及其他煤炭工程	1.3
2. 加工冶炼工程	
各类冷加工工程	0.9
船舶水工工程	1.1
各类冶炼、热加工、压力加工工程	1.2
核加工工程	1.3
3. 石油化工工程	
石油、化工、石化、化纤、医药工程	1.2
核化工工程	1.6
4. 水利电力工程	
风力发电、其他水利工程	0.8
火电工程	1.0
核能常规岛、水电、水库、送变电工程	1.2
核能工程	1.6
5. 交通运输工程	
机场场道	0.8
公路、城市道路工程	0.9
机场空管和助航灯光、轻轨工程	1.0
水运、地铁、桥梁、隧道工程	1.1
索道工程	1.3
6. 建筑市政工程	
邮政工艺工程	0.8
建筑、市政、电信工程	1.0
人防、园林绿化工程、广电工艺工程	1.1
7. 农业林业工程	
农业工程	0.9
林业工程	0.8

附表三　非标准设备设计费率表

类别	非标准设备分类	费率（%）
一类	技术一般的非标准设备，主要包括： 1. 单体设备类：槽、罐、池、箱、斗、架、台，常压容器、换热器、铅烟除尘、恒温油浴及无传动的简单装置； 2. 室类：红外线干燥室、热风循环干燥室、浸漆干燥室、套管干燥室、极板干燥室、隧道式干燥室、蒸气硬化室、油漆干燥室、木材干燥室	10~13

续表

类别	非标准设备分类	费率（%）
二类	技术较复杂的非标准设备，主要包括： 1. 室类：喷砂室、静电喷漆室； 2. 窑类：隧道窑、倒焰窑、抽屉窑、蒸笼窑、辊道窑； 3. 炉类：冷、热风冲天炉、加热炉、反射炉、退火炉、淬火炉、锻烧炉、坩埚炉、氢气炉、石墨化炉、室式加热炉、砂芯烘干炉、干燥炉、亚胺化炉、还氧铅炉、真空热处理炉、气氛炉、空气循环炉、电炉； 4. 塔器类：Ⅰ类、Ⅱ类压力容器、换热器、通信铁塔； 5. 自动控制类：屏、柜、台、箱等电控、仪控设备，电力拖动、热工调节设备； 6. 通用类：余热利用、精铸、热工、除渣、喷煤、喷粉设备、压力加工、钣材、型材加工设备、喷丸强化机、清洗机； 7. 水工类：浮船坞、坞门、闸门、船舶下水设备、升船机设备； 8. 试验类：航空发动机试车台、中小型模拟试验设备	13~16
三类	技术复杂的非标准设备，主要包括： 1. 室类：屏蔽室、屏蔽暗室； 2. 窑类：熔窑、成型窑、退火窑、回转窑； 3. 炉类：闪速炉、专用电炉、单晶炉、多晶炉、沸腾炉、反应炉、裂解炉、大型复杂的热处理炉、炉外真空精炼设备； 4. 塔器类：Ⅲ类压力容器、反应釜、真空罐、发酵罐、喷雾干燥塔、低温冷冻、高温高压设备、核承压设备及容器、广播电视塔桅杆、天馈线设备； 5. 通用类：组合机床、数控机床、精密机床、专用机床、特种起重机、特种升降机、高货位立体仓贮设备、胶接固化装置、电镀设备，自动、半自动生产线； 6. 环保类：环境污染防治、消烟除尘、回收装置； 7. 试验类：大型模拟试验设备、风洞高空台、模拟环境试验设备	16~20

注：1. 新研制并首次投入工业化生产的非标准设备，乘以1.3的调整系数计算收费；
   2. 多台（套）相同的非标准设备，自第二台（套）起乘以0.3的调整系数计算收费。

二、工程测绘（勘测定界、地籍测绘、钉桩报告）

1.《测绘工程产品困难类别细则》

测绘工程产品价格

国家测绘局　颁布

二〇〇二年一月

目　录

(一) 说　　明 ·· 045
(二) 大地测量 ·· 047
(三) 摄影测量与遥感 ·· 050
(四) 野外地形数据采集及成图 ··· 053
(五) 地图编制 ·· 053
(六) 地图数字化 ·· 055
(七) 数字化数据入库 ·· 057
(八) 界线测绘 ·· 058
(九) 工程测量 ·· 059

说　明

一、为规范测绘工程产品价格，保护测绘工程产品用户和测绘单位的合法权益，促进测绘市场健康发展，根据《中华人民共和国价格法》，结合测绘工程产品的特点，制定《测绘工程产品价格》。

二、本价格适用于国内测绘市场上发生的测绘工程产品价格行为。

三、本价格由大地测量、摄影测量与遥感、地图编制、野外地形数据采集及成图、地图数字化、数字化数据入库、界线测绘和工程测量价格组成。分别按三种困难类别制定相应的价格。

四、因特殊要求增减工作内容，其价格按本"说明"栏的规定作相应调整。

五、有关测绘工程产品的图幅标准面积按下表执行

地形图比例尺	分幅方法	实地面积（平方公里）	图上面积（平方分米）	说　明
1：1000000	纬差4°、经差6°		22	
1：500000	纬差2°、经差3°		22	
1：250000	纬差1°、经差1.5°		23	
1：100000	纬差20′、经差30′	1600	16	
1：50000	纬差10′、经差15′	400	16	
1：25000	纬差5′、经差7′30″	100	16	
1：10000	纬差2′30″、经差3′45″	25	25	
1：5000	纬差1′15″、经差1′52.5″，50×50厘米矩形分幅	6.25	25	
1：2000	50×50厘米矩形分幅	1.0	25	
1：1000	50×40厘米矩形分幅	0.2	20	
1：500	50×40厘米矩形分幅	0.05	20	

六、测绘工程产品价格调整系数按下表执行

系数名称	系　　数	适用范围
1. 高寒、高温、高原系数	6%	凡在高寒（≤-10℃）、高温（≥35℃）、高原（海拔≥2000米）地区进行野外测绘作业时，按本系数增加价格。
2. 特区系数	12%	在经济特区进行野外测绘作业的，按本系数增加价格。
3. 带状系数	30（15）%	图上宽度≤1分米（1分米<图上宽度≤2.5分米）的1∶500—1∶10000比例尺带状地形测绘，按本系数增加价格。
4. 小面积系数	标准幅价格×1.3	测区面积不足1幅的1∶500—1∶5000比例尺地形图，按本公式计算价格。
5. 修测系数	（修测面积÷标准面积）×标准幅价格×1.3	1∶500—1∶2000比例尺地形图修测，按本公式计算价格。
6. 面积系数	（实际面积-标准面积）÷标准面积×0.8	实际图幅面积比标准图幅面积增加（减少）部分，按本系数相应增加（减少）价格。

七、为保护测绘单位和用户的合法权益，防止不正当竞争，确保测绘工程产品质量，测绘工程产品合同价格可在本价格基础上上下浮动10%。

八、本价格由国家测绘局负责解释和修订。

九、本价格自颁发之日起执行。

测绘工程产品价格

项目：大地测量

单位：元

产品名称	计量单位	价格 I	价格 II	价格 III	主要工作内容	说明
一、大地测量						
（一）三角、导线测量						
1. 标石选埋					1. 选点：选定点位，检查通视，竖旗或立高杆，确定标高和标石类型，绘点位略图，计算图形强度，填写选点手簿及点之记，测区内迁站。 2. 造埋：标石预制，把材料、沙石运到点上，清理现场，定坑位，挖坑架标，投影埋石，量砚标和标志的高差，外部修饰，检查通视，填写点之记和办理委托保管，测区内迁站。 3. 观测：仪器检验，砚标检查加固，投影，测天顶距和水平角，测定归心元素，归心计算，整理，手簿检查，拼图形，编制记簿，测区内迁站。	1. 本表所列为一、二等选埋价格，三、四等选埋价格减15%。 2. 中型标每增加2米，高型标每增加4米，价格依次递增10%。
低型标	点/座	12051.69	13957.93	15686.71		
中型标	4米/座	20491.08	22749.76	24429.46		
高型标	19米/座	42915.08	46193.68	48974.29		
2. 观测						
（1）三角一等	点	32863.44	42417.15	53599.36		
二等	点	7371.55	9204.19	11446.12		
三、四等	点	1940.78	2456.48	2961.27		
（2）导线一、二等	点	4672.01	6472.75	8692.82		
三、四等	点	1114.63	1362.33	1640.21		
（二）电磁波测距					仪器的野外检验，砚标检查，测距，测记气象元素，手簿检查和外业计算，成果概算，测区内迁站。	测边网按相应等级导线边价格减40%。
三角起始边一、二等	条	19067.25	25931.44	31341.17		
导线边一、二等	条	11567.72	17119.38	21452.53		
三、四等	条	4818.26	6692.16	8303.85		

续表

产品名称	计量单位	价格 I	价格 II	价格 III	主要工作内容	说明
（三）重力测量						
1. 标石选埋					选定点位，埋设标石，绘点之记，拍摄点位照片，办理委托保管。测前准备，起始点上观测，本点观测，根据测绘成果或利用实测方法确定坐标和高程，编制略图，手簿检查，外业计算，成果整理，测区内迁站。	1. 当测线边多于点数时，每条多余的测线边，一等增加30%的费用，基本点增加24%的费用。 2. 对无人烟区、沙漠腹地等特困作业地区，另行核定价格。 3. 基本点选埋价格增加50%
选点、埋标志	点	3462.31	4442.01	8963.93		
选点、埋标石	点	10219.41	13247.59	3692.38		
2. 重力点测定						
基本点	点	47504.92	54037.00			
一等	点	12910.06	15297.17			
二等、一等引点	点	6191.69	7806.56			
重力加密点	点	1735.36	2720.18			
水准点上重力测定	点		533.76			
长基线上格值测定	台次		14468.10			
短基线上格值测定	台次		2253.66			
重力点坐标高程测定	点		1156.04			
（四）水准测量						
1. 标石选埋					1. 选埋：选线选点，调查旧点标志，选定联测路线，预制标石，挖坑，埋设标志或标志，设指示桩或指示盘，外部修饰，填写点之记，绘制路图，办理委托保管，测区内迁站。 2. 观测：仪器和标志的野外检查，找点，挖点，观测，埋点，手簿检查计算，编制高差表，测区内迁站。	1. 单线闭合环线减30%。 2. 渡河水准按河宽划分困难类别：I类河宽<500米，II类河宽500~2000米，III类河宽>2000米。河宽超过3000米时，每增加1000米，价格在III类价格基础上增加20%。 3. 计量单位以实际测量单程公里数计算。 4. 跨峡谷、沟壑水准测量参照渡河水准执行。
基本标石	点	7098.00	8325.83	9270.67		
普通标石	点	4833.36	6071.18	6899.87		
墙角标志	点		1839.19			
基岩标石（深度≤5米）	点		30270.36			
2. 水准观测						
一等	公里	1363.76	1630.29	1891.63		
二等	公里	1149.31	1365.60	1577.43		
三等	公里	567.52	734.62	899.43		
四等	公里	502.36	645.80	787.28		
渡河水准	处	38188.80	54244.32	67736.65		

续表

产品名称	计量单位	价格 I	价格 II	价格 III	主要工作内容	说明
（五）全球定位系统（GPS）测量						
1. 标石选埋					选埋：图上选点、实地标定、绘点之记、环视图、标石制作、挖埋浇灌、标石外部整饰、委托保管。	辅助点、方位点选埋按普通标石价格50%计。
基岩标石	点	26619.36	29844.45	33069.55		
基本标石	点	11779.06	14163.47	16547.89		
普通标石	点	5919.08	7587.57	8943.17		
2. 外业观测					观测：计划、准备、观测、量天线高、填写手簿、外业成果整理、检查、搬运。	
A级	点	24432.55	27232.09	31270.03		
B级	点	12438.00	14467.05	17115.29		
C级	点	4338.43	5957.02	7885.21		
D级	点	2855.33	3829.51	5422.89		
E级	点	1903.56	2553.00	3512.06		
（六）数据处理						
1. 三角、导线点平差					检查分析外业资料、选择平差计算方案、数据准备、上机解算、精度估计、分析处理、成果调制、技术总结、整理上交。	
一、二等	点	390.99	468.55	526.71		
三、四等	点	217.01	255.78	313.95		
2. 水准网平差						
一、二等	公里	26.20	33.95	41.70		
三、四等	公里	17.40	21.28			
3. GPS测量计算						
A、B级	点	1300.16	1494.04			
C、D级	点	654.81	848.70			
4. 重力测量计算						
基本网	点		5034.27			
加密点	点		167.81			
5. 它他计算	工日		209.76			
（七）大地数据库					资料分析、整理、数据、点之记采集入库、库体建立、编写数据字典、检查修改。	
1. 三角测量数据库	百点		1665.75			
2. 水准测量数据库	百点		1021.66			
3. 重力测量数据库	百点		44.42			
4. GPS测量数据库	百点		12526.43			

测绘工程产品价格

项目：摄影测量与遥感

单位：元

产品名称	计量单位	价格 I	价格 II	价格 III	主要工作内容	说明
二、摄影测量与遥感						
（一）布设对空标志					选点、清理场地、标志制作、安置。	
1∶25000	点	3401.84	4182.83	4706.28		
1∶10000—1∶5000	点	2387.75	2906.75	3426.27		
1∶2000—1∶500	点	2073.38	2470.00	2731.99		
（二）测图控制					选点、埋石立杆、量标高、外业观测、成果计算、检查、测区内搬迁。	1. 1∶50000—1∶5000 为区域网布点价格，全野外布点时，增加50%。 2. 1∶2000—1∶500 为全野外布点价格，区域网点价，减30%。
1. 高级地形控制点测量						
解析点	点	3599.01	4966.54	5786.79		
电磁波测距导线	点	2584.23	3957.00	4781.37		
等外水准测量	公里	211.89	287.86	392.02		
2. 像片连测					技术设计、像片选点、野外判读刺点、打桩立旗、外业观测、成果计算、像片整饰、点位略图和点之记、手簿及成果检查整理、填写图历表、测区内搬迁。	
1∶50000	幅	7724.10	10335.22	12946.35		
1∶25000	幅	5324.68	7383.82	9032.59		
1∶10000	幅	3533.99	5040.62	6685.24		
1∶5000	幅	2528.57	3758.10	4850.21		
1∶2000	幅	2796.30	3758.10	4582.49		
1∶1000	幅	2131.70	2956.08	3646.60		
1∶500	幅	1467.30	2282.87	2830.71		
（三）像片调绘					绘制调绘范围线、新增地物、地貌的调绘、量注比高、调查地名和境界、编写地名表（少数民族地区）、接边、检查修改、着墨整饰、填写图历表、测区内搬迁。	1. 室内外综合判调减20%。 2. 全野外测定碎部点高程时，另加像片调绘价格的30%。
1∶50000	幅	27331.96	37657.66	49002.96		
1∶25000	幅	13535.91	17509.13	21343.83		
1∶10000	幅	8120.97	10999.81	13196.40		
1∶5000	幅	4043.27	6511.73	8289.65		
1∶2000	幅	2472.72	3430.95	4255.33		
1∶1000	幅	1402.28	1807.99	2083.97		
1∶500	幅	729.42	1148.09	1424.62		

续表

产品名称	计量单位	价格 I	价格 II	价格 III	主要工作内容	说明
(四) 像片图测图					扩展高程控制网，测绘地貌和新增地物，调查地物和境界，调查注记地名，抄接边，检查整饰，绘制高程透写图，绘制高程整改，资料整理，测区内搬正。	
1:10000	幅	32601.22	44680.95	56198.06		
1:5000	幅	21157.21	28576.04	35157.56		
1:2000	幅	8500.01	12101.06	15263.98		
1:1000	幅	6394.19	9260.66	11871.77		
1:500	幅	4384.30	6839.79	8903.07		
(五) 模拟摄影测量线划地图					晒印象片，空三加密，立体测图，绘图，检查修改。	
1:50000	幅	8025.79	11462.85	14183.87		
1:25000	幅	6161.50	8704.74	10852.90		
1:10000	幅	5474.99	8196.02	10344.18		
1:5000	幅	4445.57	6438.87	8443.83		
1:2000	幅	3843.28	5705.03	7709.99		
1:1000	幅	3023.55	4455.66	6317.41		
1:500	幅	2625.88	3914.78	5490.11		
1:2000	幅	6133.27	8404.27	11707.54	立体纠正 DEM，DOM；资料准备，扫描，空中三角测量，影像匹配，生成 DEM 单模型，数字微分纠正计算，生成 DOM 单模型，影像拼接增强，图面整饰，回放检查，元数据制作，刻盘记带。	3. 1:50000 和 1:10000 成图，像对数每增（减）10%，价格增（减）5%。4. DEM 的困难类别按其精度划分：I类为三级精度；II类为二级精度；III类为一级精度。5. DLG 若为 CAD 产品，价格减少 20%。
1:1000	幅	4182.46	6453.46	9343.82		
1:500	幅	3784.00	5478.06	7955.50		
2. 数字高程模型 (DEM)						
1:50000	幅	4499.83	6950.58	9401.32		
1:10000	幅	2027.09	3052.67	4078.24		
1:5000	幅	1818.00	2532.10	3252.15		
1:2000	幅	1329.05	1820.30	2544.00		
1:1000	幅	770.34	1279.15	2040.03		
1:500	幅	534.01	1043.62	1702.43		

续表

产品名称	计量单位	价格 I	价格 II	价格 III	主要工作内容	说 明
3. 数字正射影像图（DOM）						6. DLG 成图，若需房檐改正，价格增加 20%。 7. 1:500—1:2000DLG 为建筑工业区价格，若为一般地区价格减 30%。
1:50000						
彩色航片					单片纠正 DOM：资料准备，扫描，空中三角测量，内定向，后方交会，单片微分纠正，影像数字镶嵌，图面整饰，回放检查，元数据制作，刻盘。	
立体纠正	幅		10080.54			
单片纠正	幅		8307.38			
黑白航片						
立体纠正	幅		5040.27			
单片纠正	幅		4153.69			
卫星图像纠正					卫片 DOM：资料准备，图廓裁切，精校正，多光谱数据融合，影像数字镶嵌，图面整饰，回放检查，元数据制作，刻盘。	
多光谱数据	幅		1594.18			
全色或单波单段数据	幅		956.51			
1:10000						
彩色航片						
立体纠正	幅		6340.83			
单片纠正	幅		5442.57			
黑白航片						
立体纠正	幅		2113.61			
单片纠正	幅		1814.19			
1:5000						
彩色航片	幅		3184.65			
黑白航片	幅		1061.55			
1:2000—1:500						
彩色航片	幅		2729.67			
黑白航片	幅		909.89			

二、工程测绘（勘测定界、地籍测绘、钉桩报告） | 053

测绘工程产品价格

单位：元

项目：野外地形数据采集及成图

产品名称	计量单位	价　格			主要工作内容	说　明
		Ⅰ	Ⅱ	Ⅲ		
（一）数字线划地图（DLG）					图根控制，野外采集数据，属性调查，绘示意图，室内编辑，接边，回放检查，资料整理。	
1:2000	幅	27306.54	45459.97	72521.73		
1:1000	幅	15842.20	27639.66	39437.13		
1:500	幅	9353.67	13456.15	19340.32		
（二）数字高程模型（DEM）					图根控制，采集高程数据，编辑处理，接边，内插DEM，检查，资料整理。	
1:10000	幅	11448.31	15638.23	21906.77		
1:5000	幅	9092.84	11637.76	16261.28		
1:2000	幅	6649.09	9092.00	12722.67		

测绘工程产品价格

单位：元

项目：地图编制

产品名称	计量单位	价　格			主要工作内容	说　明
		Ⅰ	Ⅱ	Ⅲ		
四、地图编制					熟悉编辑指示，制定编图计划，编写图幅编绘说明，基本资料加工，增补现势资料，展绘图廓、坐标网、各要素指标点，编绘各要素，图例及各要素指标图，编绘各要素，填写图历簿，检查，抄接边，图廓外整饰，书写注记，修改。	
（一）编绘						
1．地形图						
1:1000000	幅	12680.88	20713.67	26847.81		
1:500000	幅	9764.55	15898.73	21010.50		
1:250000	幅	9326.48	15022.43	19403.96		
1:100000	幅	6118.08	9185.12	11667.97		
1:50000	幅	5533.86	7578.55	9696.28		
1:25000	幅	4803.56	6630.64	8308.84		
1:10000	幅	4073.38	5825.98	7213.46		
1:5000	幅	3050.97	4803.62	6264.12		
1:2000	幅	1845.28	4073.59	5546.99		
1:1000	幅	1559.66	2946.87	4160.87		

续表

产品名称	计量单位	价格 I	价格 II	价格 III	主要工作内容	说明
2. 清绘（刻绘）					熟悉编辑指示，准备工作，编注记表，分版或一版清（刻）绘各要素，剪贴注记，抄接边，做分色样图，填写图历簿，检查，修改。	
1:1000000	幅	7948.08	14374.31	18609.81		
1:500000	幅	6522.65	11634.39	15139.61		
1:250000	幅	6227.14	10246.91	13094.93		
1:100000	幅	3928.79	6194.45	7894.35		
1:50000	幅	3490.59	5316.25	6849.80		
1:25000	幅	2906.38	4732.04	6119.54		
1:10000	幅	2614.28	4220.89	5535.32		
1:5000	幅	2176.13	3271.54	4513.00		
1:2000	幅	1733.44	2860.18	3986.89		
1:1000	幅	1213.40	2080.13	2946.87		
1:500	幅	866.73	1300.06	1906.78		
3. 连编带绘（刻）					熟悉编辑指示，制订编图计划，编写图幅技术说明，增补现势资料加工，编绘图廓、坐标网、控制点、兰图拼贴，编制图例及各要素指标图，做各要素草图，连编带绘（刻）各要素，编注记表，剪贴注记，抄接边，做分色样图（或做撕膜版），填写图历簿，检查，修改。	
1:1000000	幅	14141.40	23488.63	30572.08		
1:500000	幅	10786.93	18016.47	23858.52		
1:250000	幅	10490.09	16921.11	22032.88		
1:100000	幅	7286.47	11521.93	14954.13		
1:50000	幅	6264.05	9185.11	12106.14		
1:25000	幅	5533.86	7872.28	10061.46		
1:10000	幅	5095.66	6848.33	8673.96		
（二）普通地理图					编绘：熟悉编图资料，基本资料制图，拼贴兰图，坐标网，增补制图资料，编绘地图各要素注记，绘制图例，整饰，书写图历簿，检查，修改。 清绘：与地形图清绘（刻绘）相同。	1. 计量单位为图上面积； 2. 图集图册编绘（刻）按编绘价格增加15%； 3. 连编带绘（刻）的120%计。
1. 全国图、世界图						
编绘	平方分米	433.54	866.72	1343.45		
清绘	平方分米	234.03	468.07	728.08		
2. 省、市、自治区图						
编绘	平方分米	303.29	585.00	906.43		
清绘	平方分米	173.35	337.97	546.03		

二、工程测绘（勘测定界、地籍测绘、钉桩报告）

续表

产品名称	计量单位	价格 I	价格 II	价格 III	主要工作内容	说明
3. 地、县、乡图 编绘 清绘	平方分米 平方分米	242.76 156.04	390.12 246.89	528.75 337.97	原稿准备（不含原稿编纂），扫描，图形处理，分层矢量化，符号化，编辑整理，回放校对，检查修改，输出印刷胶片。	
（三）数字制图 1. 普通地理图 2. 地形图 1:5000 1:2000 1:1000	平方分米 幅 幅 幅	363.31 2327.34 1660.14 1156.93	462.14 4452.92 3592.49 2123.11	659.77 6578.50 5524.84 3089.28		

项目：地图数字化

测绘工程产品价格

单位：元

产品名称	计量单位	价格 I	价格 II	价格 III	主要工作内容	说明
五、地图数字化 （一）数字线划地图（DLG） 1:1000000 1:250000 1:50000 彩图 1:50000 分要素二底图 1:10000 1:5000 1:2000 1:1000 1:500	幅 幅 幅 幅 幅 幅 幅 幅 幅	11686.98 11245.46 9603.45 8004.80 5806.60 4997.04 3423.57 2505.77 1617.01	25798.35 24975.46 18824.12 14728.20 8688.06 7504.32 5352.25 3855.85 2774.21	39909.74 38896.14 27660.60 21451.62 11569.51 10011.62 7280.93 5591.67 4124.29	资料准备，预处理，扫描，手扶数字化，图形编辑，绘审校草图，接边，属性数据录入，建筑扑关系，建符号库，压缩存储，刻盘，绘图。	1. 系全要素采集。 2. DLG 若为 CAD 产品，价格减少 20%。

续表

产品名称	计量单位	价格 I	价格 II	价格 III	主要工作内容	说明
（二）数字高程模型（DEM）					资料准备，地貌及相关水涯线扫描，细化，矢量化，赋高程值，采集离散高程点，坐标转换，TIN内插，DEM生成，检查修改，刻盘，绘图。	
1:1000000	幅	5611.96	10786.70	16153.09		
1:250000	幅	5185.45	10360.21	15726.60		
1:50000 彩图	幅	3216.55	6295.40	9181.81		
1:50000 分要素二底图	幅	2520.32	4829.45	7138.58		
1:10000	幅	1799.70	2954.26	3916.39		
1:5000	幅	1355.87	2318.01	3280.15		
（三）数字栅格地图（DRG）					资料准备，坐标系转换，扫描，影像预处理，色彩归化，几何纠正，裁切拼接，图例处理，图廓注记叠合，元数据生成，绘图，检查，数据压缩存贮，刻盘。	
1:1000000—1:250000 彩图	幅		1660.43			
1:100000—1:10000 彩图	幅		996.26			
1:100000—1:10000 分要素二底图	幅		1217.65			
1:2000—1:500	幅		664.17			
	幅		461.12			

二、工程测绘（勘测定界、地籍测绘、钉桩报告） | 057

测绘工程产品价格

单位：元

项目：数字化数据入库

产品名称	计量单位	价格 I	价格 II	价格 III	主要工作内容	说明
六、数字化数据入库						
（一）地形数据库					入库数据检查，数据整理，投影转换，数据库体建立，检查，编写数据字典。	
1∶1000000	幅		2988.92			
1∶250000	幅		2717.20			
1∶50000	幅		1902.05			
1∶10000	幅		1086.89			
1∶2000	幅		626.76			
1∶1000	幅		470.07			
1∶500	幅		313.38			
（二）高程模型数据库					入库数据检查，数据整理，投影转换，数据库体建立，检查，编写数据字典。	
1∶1000000	幅		1130.89			
1∶250000	幅		904.72			
1∶50000	幅		581.46			
1∶10000	幅		232.58			
（三）地名数据库					入库数据检查，部分数据项自动生成，数据整理，数据库体建立，编写数据字典。	
1∶1000000	幅		662.80			
1∶250000	幅		662.80			
1∶50000	幅		460.52			
1∶10000	幅		230.25			
（四）正射影像数据库					入库数据检查，影像拼接，数据整理，库体建立，编写数据字典。	
1∶250000	幅		710.40			
1∶50000	幅		473.60			
1∶10000	幅		204.76			
1∶2000	幅		77.72			

项目：界线测绘

测绘工程产品价格

单位：元

产品名称	计量单位	价格 I	价格 II	价格 III	主要工作内容	说明
七、界线测绘						
（一）地籍测绘					控制测量，界址点测量，地籍要素数据采集，编辑，面积量算，地籍图（含宗地）绘制，检查修改，成果整理。	不含地籍调查费用。
1∶2000	平方公里	182037.48	227142.79	292223.77		
1∶1000	平方公里	204733.62	255367.63	328166.44		
1∶500	平方公里	227527.11	284264.50	372196.76		
（二）房产测绘					控制测量，界址点测绘，地籍调绘，面积量算，分幅平面图测绘，分丘平面图绘制，检查修改，资料整理（1∶1000、1∶500房产测绘不含房产调查和分户图绘制费用）。	I类：住宅用房；II类：商业楼用房；III类：多功能综合楼用房。
1∶1000	平方公里	245516.16	306441.15	384605.44		
1∶500	平方公里	272773.37	339706.14	425793.69		
分户图	平方米	1.36	2.04	2.72	分层分户平面图测绘，房产面积测算，分户面积，共有面积，分摊面积测算，检查修改，资料整理。	
（三）境界测绘 省、市、县界	公里	3320.49	4032.12	4743.76	收集资料，界点测定，界点摄影，填写界桩登记表，边界地物地貌修测，边界标绘，绘边界协议书附图，编写边界走向和界桩位置说明，检查修改，资料整理。	

二、工程测绘（勘测定界、地籍测绘、钉桩报告）

测绘工程产品价格

项目：工程测量

单位：元

产品名称	计量单位	价格 I	价格 II	价格 III	主要工作内容	说明
八、工程测量						
（一）控制测量						
二等三角	点	7705.15	11719.69	17352.87	准备工作，选点，埋石，观测，测定气象元素，绘点之记，计算。	适用于市政工程控制测量。
三等三角	点	5290.13	7924.18	11135.76		
四等三角	点	2828.10	4160.91	5475.72		
一、二级小三角	点	1216.26	1872.99	2442.14		
一、二、三级导线	公里	2976.40	6378.30	9567.35		
三等电磁波测距导线	点	3941.63	6359.10	9081.75		
四等电磁波测距导线	点	2262.10	3661.72	5061.33		
二、三、四等水准选埋	点	1016.88	1509.51	2061.63		
二等水准测量	公里	837.61	1164.93	1728.54		水准测量以实际测量的单程公里数计算。
三、四等水准测量	公里	522.10	675.85	842.70		
等外水准测量	公里	250.74	378.98	486.05		
GPS测量						B级以上按大地测量中GPS测量价格计算。
C级	点	6221.23	8488.39	10755.53		
D级	点	5269.61	7212.01	9154.40		
E级	点	4683.79	6360.78	7983.47		
（二）平板仪测图					图根点控制测量，碎部测量，着铅，检查修改，成果整理。	
一般地区						
1：2000	平方公里	12326.65	19845.22	29154.30		
1：1000	平方公里	27964.89	46750.20	66181.92		
1：500	平方公里	77267.44	127901.81	179387.50		
建筑、工业区						
1：2000	平方公里	23489.01	40030.52	57801.46		
1：1000	平方公里	58817.80	92916.14	131792.30		
1：500	平方公里	159890.53	226992.29	301456.34		
1：200	幅	1456.48	1893.43	2621.67		

续表

产品名称	计量单位	价格 I	价格 II	价格 III	主要工作内容	说明
（三）管线测量 竣工测量	公里	4206.88	5757.97	7896.38	布设图根导线，引测水准，测管线起点、交点、终点、分支点、变坡点和变径点的坐标和高程，管线调查，管线探测，整理、计算、展点、清绘、绘略图、写说明，检查修改。	计量系按管线长度累计计算（不足0.5公里时以0.5公里计）。
管线探测	公里	8119.00	12683.23	17247.47		
（四）滩涂测量					准备，控制，测深，测障碍物，验潮，修测岸线，计算，检查修改，整理成果。	
1:10000	平方公里	19376.11	25534.12	31692.14		
1:5000	平方公里	32059.13	40823.32	50000.30		
1:2000	平方公里	413345.20	54286.74	67228.28		
1:1000	平方公里	63469.27	88175.71	112882.16		
1:500	平方公里	199045.18	239820.09	284167.35		
（五）水下地形测量					资料准备，定位，测深，验潮，导航，资料整理，数据录入，处理，潮汐改正，坐标改正，编辑，注记整饰，绘图，检查改正，整理成果。	
1.浅海（水深5—30米）测量						
1:10000	平方公里		23364.24			
1:5000	平方公里		41205.48			
1:2000	平方公里		58622.19			
1:1000	平方公里		389352.71			
1:500	平方公里		471458.64			
扫海						
2.河湖测量					检校仪器，展点，确定测站位置，测注高程点，测绘水边线及水下地形，接边，整饰，外业资料检查整理，测区内迁站。	
1:10000	平方公里	11303.10	16494.19	21685.28		
1:5000	平方公里	21195.51	35682.75	45959.85		
1:2000	平方公里	37214.26	58229.02	79243.78		
1:1000	平方公里	65553.07	103796.67	142040.27		
1:500	平方公里	170817.60	269298.08	367778.56		
3.河道断面测量						
（1）纵断面1:10000	公里	2404.49	2749.04	3287.26		

续表

产品名称	计量单位	价格 I	价格 II	价格 III	主要工作内容	说明
(2) 横断面					准备工作，检校仪器，测量断面点的位置和高程，整理计算，编制成果表，绘制断面图和平面图，检查修改，着墨整饰，编写资料说明，测区内迁站。	计量按断面宽度累计计算。
平均宽度 200 米以内						
1∶10000	公里	5688.61	7106.87	8776.22		
1∶2000	公里	6751.07	8974.66	11198.23		
平均宽度 200—500 米						
1∶10000	公里	5461.49	6218.51	8152.62		
1∶2000	公里	5954.49	8158.78	10027.84		
平均宽度 500—1000 米						
1∶10000	公里	4384.98	5774.34	7411.47		
1∶2000	公里	4864.16	6527.02	8022.27		
平均宽度 1000—2000 米						
1∶10000	公里	3913.13	5551.15	6278.98		
1∶2000	公里	4480.35	5969.21	7122.85		
平均宽度 2000 米以上						
1∶10000	公里	3196.63	4625.96	6086.03		
1∶2000	公里	3816.36	5116.47	6955.47		
(3) 淤积断面 1∶2000	公里	7534.12	9788.76	12043.42		
4. 渠、堤测量					纵断面中心导线测量，纵横断面测量，资料整理，编制成果表，绘制纵横断面图及检校，测区内迁移。	
(1) 纵断面 1∶10000	公里	1747.93	2272.29	3495.81		
(2) 横断面						
平均宽度 200 米以内						
1∶10000	公里	1346.52	1923.60	3318.21		
1∶2000	公里	1827.42	2596.86	4376.19		
平均宽度 200—500 米						
1∶10000	公里	1885.13	2693.04	4645.50		
1∶2000	公里	2558.39	3635.60	6126.66		
平均宽度 500—800 米						
1∶10000	公里	2289.08	3270.12	5640.96		
1∶2000	公里	3106.61	4414.66	7439.52		

续表

产品名称	计量单位	价格 I	价格 II	价格 III	主要工作内容	说明
（六）市政工程测量						
1. 工程线路测量	公里	4897.12	6804.20	12452.97	踏勘、选线、定线（不含纵横断面施测），检校仪器、测定起点、终点、折点、交点、方向点、测曲线、联测条件坐标、计算数据，绘中线示意图，编制成果表、资料整理，编写施测报告，检查修改。	不足0.5公里时以0.5公里计。
2. 规划道路定线	公里	3627.49	4586.28	5545.06	踏勘、准备资料、补充控制点、拨地钉桩、钉方向桩。联测条件坐标、计算垂距、解算交点坐标、检查验收、整理资料、抄录成果通知单。	
（七）变形测量	组工日		2454	4265	踏勘、技术设计、埋石，观测（含定期观测）、内业计算、绘制形变曲线图，编制说明、检查修改，资料整理	1. 班组定员5人。2. III类系指从基础层开始测量。
（八）其它						
1. 建筑用地拨地定桩	件（4点）	2030.75	2594.32		仪器检验、踏勘、选点、测角、测距、测高、测细部点坐标、内业计算、绘制平面位置图、提交图纸资料。	1. 人防工事宽度按10m考虑，宽度小于10m时，价格增加30%。2. 长度不足0.5公里时以0.5公里计。
2. 建筑物放线	件		2594.32			
3. 人防洞室（含天然洞穴）测量	公里		2964.66	3898.58		
4. 极坐标细部点测量	点		60.00			

2. 测绘收费标准（国测财字〔2002〕3号）

关于印发《测绘工程产品价格》和
《测绘工程产品困难类别细则》的通知

各省、自治区、直辖市测绘主管部门，计划单列市测绘主管部门，局所属各单位，国务院各有关部门：

  为规范测绘工程产品价格行为，保护测绘工程产品生产单位和用户的合法权益，根据《国家计委　财政部关于将部分行政事业性收费转为经营服务性收费的通知》（财政〔2001〕94号）的精神，我局制定了《测绘工程产品价格》《测绘工程产品困难类别细则》。现印发给你们，自颁布之日起执行。对于执行中发现的问题，请及时向我们反映。

  附件：一、测绘工程产品价格
     二、测绘工程产品困难类别细则

二〇〇二年一月二十八日

测绘工程产品价格

单位:元

项目:大地测量

产品名称	计量单位	价格 I	价格 II	价格 III	主要工作内容	说明
一、大地测量						
(一)三角、导线测量					1. 选点:选定点位,检查通视,竖旗或立标杆,确定标高和标石类型,绘点位略图,计算图形强度,填写选点手簿及点之记,测区内迁站。 2. 造埋:标石预制,把材料、沙石运到点上,清理现场,定坑位,挖坑埋石,量砚标志的高差,外部修饰,检查通视,填写点之记和办理委托保管,测区内迁站。 3. 观测:仪器检验,砚标检查加固,投影,测天顶距和水平角,测定归心元素,量标高,手簿检查、整理,归心计算,编制记簿,拼图形,测区内迁站。	1. 本表所列为一、二等选埋价格,三、四等选埋价格减15%。 2. 中型标每增加2米,高型标每增加4米,价格依次递增10%。
1. 标石选埋						
低型标						
中型标	4米/座	12051.69	13957.93	15686.71		
高型标	19米/座	20491.08 42915.08	22749.76 46193.68	24429.46 48974.29		
2. 观测						
(1)三角一等	点	32863.44	42417.15	53599.36		
二等	点	7371.55	9204.19	11446.12		
三、四等	点	1940.78	2456.48	2961.27		
(2)导线一、二等	点	4672.01	6472.75	8692.82		
三、四等	点	1114.63	1362.33	1640.21		
(二)电磁波测距					仪器的野外检验,砚标检查,测距,记录气象元素,手簿检查和外业计算,成果概算,测区内迁站。	测边网按相应等级导线边价格减40%。
三角起始边一、二等	条	19067.25	25931.44	31341.17		
导线边一、二等	条	11567.72	17119.38	21452.53		
三、四等	条	4818.26	6692.16	8303.85		

续表

产品名称	计量单位	价格 I	价格 II	价格 III	主要工作内容	说明
（三）重力测量						
1. 标石选埋						
选点,埋标志	点	3462.31	4442.01	8963.93	选定点位,埋设标石,绘点之记,拍摄点位照片,办理委托保管。测前准备,起始点上观测,本点观测,根据测绘成果或实测方法确定坐标和高程,编制略图,手簿检查、外业计算,成果整理,测区内迁站。	1. 当测线边多于点数时,每条多余的测线边,一等增加30%的费用,基本点增加24%的费用。 2. 对无人烟区、沙漠腹地等特困作业地区,另行核定价格。 3. 基本点选埋价格增加50%
选点,埋标石	点	10219.41	13247.59			
2. 重力点测定						
基本点	点	47504.92	54037.00			
一等	点	12910.06	15297.17			
二等、一等引点	点	6191.69	7806.56			
重力加密点	点	1735.36	2720.18	3692.38		
水准点上重力测定	点		533.76			
长基线上格值测定	台次		14468.10			
短基线上格值测定	台次		2253.66			
重力点坐标高程测定	点		4156.04			
（四）水准测量						
1. 标石选埋						
基本标石	点	7098.00	8325.83	9270.67	1. 选埋:选线选点,实地标定,坑探（基本点上）,调查旧点标志,收集水文气象资料,选定联测路线,准备材料,预制标石,挖坑,埋设标石或标志,量标志间高差,设指示桩或外部修饰,填写点之记,绘线路图,办理委托保管,测区内迁站。 2. 观测:仪器和标志的野外检查,找点,埋点,观测,手簿检查计算,编制高差表,测区内迁站。	1. 单线闭合环线减30%。 2. 渡河水准按河宽划分困难类别：I类河宽<500米, II类河宽500—2000米, III类河宽>2000米。河宽超过3000米时,每增加1000米,价格在III类价格基础上增加20%。 3. 计量单位以实测单程公里数计算。 4. 跨峡谷、沟壑水准测量参照渡河水准执行。
普通标石	点	4833.36	6071.18	6899.87		
墙角标志	点		1839.19			
基岩标石（深度≤5米）	点		30270.36			
2. 水准观测						
一等	公里	1363.76	1630.29	1891.63		
二等	公里	1149.31	1365.60	1577.43		
三等	公里	567.52	734.62	899.43		
四等	公里	502.36	645.80	787.28		
渡河水准	处	38188.80	54244.32	67736.65		

续表

产品名称	计量单位	价格 I	价格 II	价格 III	主要工作内容	说明
（五）全球定位系统（GPS）测量						
1. 标石选埋					选埋：图上选点，实地标定，绘点之记，环视图，标石制作，挖埋浇灌，标石外部整饰，委托保管。	辅助点、方位点选埋按普通标石价格50%计。
基岩标石	点	26619.36	29844.45	33069.55		
基本标石	点	11779.06	14163.47	16547.89		
普通标石	点	5919.08	7587.57	8943.17		
2. 外业观测					观测：计划、准备、观测、量天线高、填写手簿、外业成果整理、检查、搬迁。	
A 级	点	24432.55	27232.09	31270.03		
B 级	点	12438.00	14467.05	17115.29		
C 级	点	4338.43	5957.02	7885.21		
D 级	点	2855.33	3829.51	5422.89		
E 级	点	1903.56	2553.00	3512.06		
（六）数据处理					检查分析外业资料，选择平差计算方案，数据准备、上机解算、精度估算、分析处理、成果调制、技术总结、整理上交。	
1. 三角、导线点平差						
一、二等	点	390.99	468.55	526.71		
三、四等	点	217.01	255.78	313.95		
2. 水准网平差						
一、二等	公里	26.20	33.95	41.70		
三、四等	公里	17.40	21.28			
3. GPS 测量计算						
A,B 级	点	1300.16	1494.04			
C,D 级	点	654.81	848.70			
4. 重力测量计算						
基本网	点		5034.27			
加密点	点		167.81			
5. 其他计算	工日		209.76			

续表

产品名称	计量单位	价格 I	价格 II	价格 III	主要工作内容	说明
（七）大地数据库						
1. 三角测量数据库	百点		1665.75		资料分析、整理、数据、点之记采集入库、库体建立、编写数据字典、检查修改。	
2. 水准测量数据库	百点		1021.66			
3. 重力测量数据库	百点		44.42			
4. GPS测量数据库	百点		12526.43			

测绘工程产品价格

项目：摄影测量与遥感

单位：元

产品名称	计量单位	价格 I	价格 II	价格 III	主要工作内容	说明
一、摄影测量与遥感						
（一）布设对空标志					选点、清理场地、标志制作、安置。	
1:25000	点	3401.84	4182.83	4706.28		
1:10000—1:5000	点	2387.75	2906.75	3426.27		
1:2000—1:500	点	2073.38	2470.00	2731.99		
（二）测图控制					选点、埋石立杆、量标高、外业观测、成果计算、检查、测区内搬迁。	1. 1:50000—1:5000为区域网布点价格，全野外布点时，增加50%。 2. 1:2000—1:500为全野外布点价格，区域网布点时，减30%。
高级地形控制点测量 解析点	点	3599.01	4966.54	5786.79		
电磁波测距导线	点	2584.23	3957.00	4781.37		
等外水准测量	公里	211.89	287.86	392.02		
2. 相片连测					技术设计、相片选点、野外判读刺点、打桩立旗、外业观测、成果计算、相片整饰、绘点位略图和点位说明、手簿及成果检查整理、填写图历表、测区内搬迁。	
1:50000	幅	7724.10	10335.22	12946.35		
1:25000	幅	5324.68	7383.82	9032.59		
1:10000	幅	3533.99	5040.62	6685.24		
1:5000	幅	2528.57	3758.10	4850.21		
1:2000	幅	2796.30	3758.10	4582.49		
1:1000	幅	2131.70	2956.08	3646.60		
1:500	幅	1467.30	2282.87	2830.71		

续表

产品名称	计量单位	价格 I	价格 II	价格 III	主要工作内容	说明
（三）相片调绘					绘制调绘范围线，地物、地貌的调绘，补测新增地物，量注比高，调查地名和境界，编写地名表（少数民族地区），着墨整饰，抄接边，检查修改，填写图历表，测区内搬迁。	1. 室内外综合判调减20%。2. 全野外测定碎部点高程时，另加相片调绘价格的30%。
1:50000	幅	27331.96	37657.66	49002.96		
1:25000	幅	13535.91	17509.13	21343.83		
1:10000	幅	8120.97	10999.81	13196.40		
1:5000	幅	4043.27	6511.73	8289.65		
1:2000	幅	2472.72	3430.95	4255.33		
1:1000	幅	1402.28	1807.99	2083.97		
1:500	幅	729.42	1148.09	1424.62		
（四）相片图测图					扩展高程控制网，测绘地貌和新增地物，调绘地物和境界，调查注记地名，着墨整饰，绘制高程透写图，抄接边，检查修改，资料整理，测区内搬迁。	
1:10000	幅	32601.22	44680.95	56198.06		
1:5000	幅	21157.21	28576.04	35157.56		
1:2000	幅	8500.01	12101.06	15263.98		
1:1000	幅	6394.19	9260.66	11871.77		
1:500	幅	4384.30	6839.79	8903.07		
（五）模拟摄影测量线画地图					晒印相片，空三加密，立体测图，编（刻）绘图，检查修改。	
1:50000	幅	8025.79	11462.85	14183.87		
1:25000	幅	6161.50	8704.74	10852.90		
1:10000	幅	5474.99	8196.02	10344.18		
1:5000	幅	4445.57	6438.87	8443.83		
1:2000	幅	3843.28	5705.03	7709.99		
1:1000	幅	3023.55	4455.66	6317.41		
1:500	幅	2625.88	3914.78	5490.11		

续表

产品名称	计量单位	价格 I	价格 II	价格 III	主要工作内容	说明
(六)解析摄影测量					晒印相片，空中三角测量，数据采集，图形与属性编辑，建拓扑关系，接边，回放检查，修改，原数据制作，刻盘。	若为CAD产品，价格减23%。
1∶50000	幅	11252.42	18492.08	26737.25		
1∶25000	幅	10311.69	14735.92	19160.16		
1∶10000	幅	9741.31	13780.83	17820.35		
1∶5000	幅	8280.12	11713.71	15147.29		
1∶2000	幅	6175.73	8609.92	12058.37		
1∶1000	幅	4283.33	6717.53	9760.28		
1∶500	幅	3938.00	5771.33	8408.37		
(七)数字摄影测量						1∶50000成图航摄比例尺为1∶35000,32个像对;1∶10000成图航摄比例尺;1∶10000成图航摄比例尺为1∶35000时,2个像对;1∶10000成图航摄比例尺为1∶20000时,6个像对。3.1∶50000和1∶10000成图，像对数每增（减）10%，价格增（减）5%。
1.数字线画地图(DLG)					DLG：资料准备，扫描，空中三角测量，影像匹配，平控三维数据采集，图形与属性编辑，建拓扑关系，元数据制作，回放检查，刻盘。	
1∶50000	幅	11461.97	18626.70	26814.94		
1∶10000	幅	9842.94	13748.96	17654.99		
1∶5000	幅	8326.83	11616.12	14905.40		
1∶2000	幅	6133.27	8404.27	11707.54		
1∶1000	幅	4182.46	6453.46	9343.82		
1∶500	幅	3784.00	5478.06	7955.50		
2.数字高程模型(DEM)					立体纠正DEM,DOM：资料准备，扫描，空中三角测量，影像匹配，生成DEM单模型，数字微分纠正计算，生成DOM单模型，影像拼接增强，图面整饰，回放检查，元数据制作，刻盘记带。	
1∶50000	幅	4499.83	6950.58	9401.32		
1∶10000	幅	2027.09	3052.67	4078.24		
1∶5000	幅	1818.00	2532.10	3252.15		
1∶2000	幅	1329.05	1820.30	2544.00		
1∶1000	幅	770.34	1279.15	2040.03		
1∶500	幅	534.01	1043.62	1702.43		

续表

产品名称	计量单位	价格 I	价格 II	价格 III	主要工作内容	说明
3. 数字正射影像图（DOM）					单片纠正DOM：资料准备，扫描，空中三角测量，内定向，后方交会，单片微分纠正，影像数字镶嵌，图面整饰，回放检查，元数据制作，刻盘。 卫片DOM：资料准备，多光谱数据融合，精校正，图廓裁切，图面整饰，回放检查，元数据制作，刻盘。	4. DEM的困难类别按其精度划分：I类为三级精度；II类为二级精度；III类为一级精度。 5. DLG若为CAD产品，价格减少20%。 6. DLG成图，若需房檐改正，价格增加20%。 7. 1:500—1:2000DLG为建筑工业区价格，若为一般地区价格减30%。
1:50000						
彩色航片	幅		10080.54			
立体纠正	幅		8307.38			
单片纠正						
黑白航片	幅		5040.27			
立体纠正	幅		4153.69			
单片纠正						
卫星图像纠正	幅		1594.18			
多光谱数据	幅		956.51			
全色或单波段数据						
1:10000						
彩色航片	幅		6340.83			
立体纠正	幅		5442.57			
单片纠正						
黑白航片	幅		2113.61			
立体纠正	幅		1814.19			
单片纠正						
1:5000						
彩色航片	幅		3184.65			
黑白航片	幅		1061.55			
1:2000—1:500						
彩色航片	幅		2729.67			
黑白航片	幅		909.89			

二、工程测绘（勘测定界、地籍测绘、钉桩报告）

测绘工程产品价格

项目：野外地形数据采集及成图

单位：元

产品名称	计量单位	价格 I	价格 II	价格 III	主要工作内容	说明
三、野外地形数据采集及成图						
（一）数字线划画地图（DLG）					图根控制，野外采集数据，属性调查，绘示意图，室内编辑，接边，回放检查，整理资料。	
1:2000	幅	27306.54	45459.97	72521.73		
1:1000	幅	15842.20	27639.66	39437.13		
1:500	幅	9353.67	13456.15	19340.32		
（二）数字高程模型（DEM）					图根控制，采集高程数据，编辑处理，内插DEM，检查，资料整理。	
1:10000	幅	11448.31	15638.23	21906.77		
1:5000	幅	9092.84	11637.76	16261.28		
1:2000	幅	6649.09	9092.00	12722.67		

测绘工程产品价格

项目：地图编制

单位：元

产品名称	计量单位	价格 I	价格 II	价格 III	主要工作内容	说明
四、地图编制						
（一）地形图					熟悉编辑指示，制定编图计划，编写图幅编绘说明，基本资料加工，增补现势资料，展绘图廓、坐标网、控制点，三图拼贴，编绘各要素指标图，编绘各要素，图廓外整饰，图幅接边，抄写注记，填写图历簿，检查，修改。	
1. 编绘						
1:1000000	幅	12680.88	20713.67	26847.81		
1:500000	幅	9764.55	15898.73	21010.50		
1:250000	幅	9326.48	15022.43	19403.96		
1:100000	幅	6118.08	9185.12	11667.97		
1:50000	幅	5533.86	7578.55	9696.28		
1:25000	幅	4803.56	6630.64	8308.84		
1:10000	幅	4073.38	5825.98	7213.46		
1:5000	幅	3050.97	4803.62	6264.12		
1:2000	幅	1845.28	4073.59	5546.99		
1:1000	幅	1559.66	2946.87	4160.87		

续表

产品名称	计量单位	价格 I	价格 II	价格 III	主要工作内容	说明
2. 清绘（刻绘）					熟悉编辑指示，准备工作，编注记表，分版或一版清（刻）绘各要素，剪贴注记，抄接边，做分色样图，填写图历簿，检查，修改。	1. 计量单位为图上面积； 2. 图集图册编绘（刻）按编绘价格加15%； 3. 连编带绘（刻）按编绘价格的120%计。
1:1000000	幅	7948.08	14374.31	18609.81		
1:500000	幅	6522.65	11634.39	15139.61		
1:250000	幅	6227.14	10246.91	13094.93		
1:100000	幅	3928.79	6194.45	7894.35		
1:50000	幅	3490.59	5316.25	6849.80		
1:25000	幅	2906.38	4732.04	6119.54		
1:10000	幅	2614.28	4220.89	5535.32		
1:5000	幅	2176.13	3271.54	4513.00		
1:2000	幅	1733.44	2860.18	3986.89		
1:1000	幅	1213.40	2080.13	2946.87		
1:500	幅	866.73	1300.06	1906.78		
3. 连编带绘（刻）					熟悉编辑指示，制订编图计划，编写图廓技术说明，增补现势资料，基本资料加工，展绘图廓、坐标网、控制点，兰图拼贴，编制图例及各要素指标记，连编带绘（刻）各要素，编注记表，剪贴注记，抄接边，做分色样图，填写图历簿（或做撕膜版），检查，修改。	
1:1000000	幅	14141.40	23488.63	30572.08		
1:500000	幅	10786.93	18016.47	23858.52		
1:250000	幅	10490.09	16921.11	22032.88		
1:100000	幅	7286.47	11521.93	14954.13		
1:50000	幅	6264.05	9185.11	12106.14		
1:25000	幅	5533.86	7872.28	10061.46		
1:10000	幅	5095.66	6848.33	8673.96		
（二）普通地理图						
1. 全国图、世界图					编绘：熟悉编辑指示，收集、整理、分析、增补现势资料，基本资料加工，展绘图廓、坐标网，拼贴兰图，编绘地图各要素，书写注记，绘制图例，整饰，填写图历簿，检查、修改。 清绘：与地形图清绘（刻绘）相同。	
编绘	平方分米	433.54	866.72	1343.45		
清绘	平方分米	234.03	468.07	728.08		
2. 省、市、自治区图						
编绘	平方分米	303.29	585.00	906.43		
清绘	平方分米	173.35	337.97	546.03		
3. 地、县、乡图						
编绘	平方分米	242.76	390.12	528.75		
清绘	平方分米	156.04	246.89	337.97		

续表

产品名称	计量单位	价格 I	价格 II	价格 III	主要工作内容	说明
（三）数字制图						
1. 普通地理图	平方分米	363.31	462.14	659.77	原稿准备（不含原稿编纂），扫描，图形处理，分层矢量化，符号化，编辑整理，回放校对，检查修改，输出印刷胶片。	
2. 地形图						
1∶5000	幅	2327.34	4452.92	6578.50		
1∶2000	幅	1660.14	3592.49	5524.84		
1∶1000	幅	1156.93	2123.11	3089.28		

项目：地图数字化

测绘工程产品价格

单位：元

产品名称	计量单位	价格 I	价格 II	价格 III	主要工作内容	说明
五、地图数字化						
（一）数字线画地图（DLG）					资料准备，预处理，扫描，手扶数字化，图形编辑，绘审校草图，接边，属性数据录入，建拓扑关系，建符号库，压缩存储，刻盘，绘图。	1. 系全要素采集。 2. DLG 若为 CAD 产品，价格减少20%。
1∶1000000	幅	11686.98	25798.35	39909.74		
1∶250000	幅	11245.46	24975.46	38896.14		
1∶50000						
彩色	幅	9603.45	18824.12	27660.60		
分要素二底图	幅	8004.80	14728.20	21451.62		
1∶10000	幅	5806.60	8688.06	11569.51		
1∶5000	幅	4997.04	7504.32	10011.62		
1∶2000	幅	3423.57	5352.25	7280.93		
1∶1000	幅	2505.77	3855.85	5591.67		
1∶500	幅	1617.01	2774.21	4124.29		

续表

产品名称	计量单位	价格 I	价格 II	价格 III	主要工作内容	说明
（二）数字高程模型（DEM）					资料准备，地貌及相关水涯线扫描，细化，矢量化，赋高程值，采集离散高程点，坐标转换，TIN 内插，DEM 生成，检查修改，刻盘，绘图。	
1:1000000	幅	5611.96	10786.70	16153.09		
1:250000	幅	5185.45	10360.21	15726.60		
1:50000 彩图	幅	3216.55	6295.40	9181.81		
1:50000 分要素二底图	幅	2520.32	4829.45	7138.58		
1:10000	幅	1799.70	2954.26	3916.39		
1:5000	幅	1355.87	2318.01	3280.15		
（三）数字栅格地图（DRG）					资料准备，坐标系转换，扫描，影像预处理，色彩归化，几何纠正，裁切拼接，图例处理，图廓注记叠合，元数据生成，绘图，检查，数据压缩存贮，刻盘。	
1:1000000—1:250000 彩图	幅		1660.43			
1:1000000—1:250000 分要素二底图	幅		996.26			
1:100000—1:10000 彩图	幅		1217.65			
1:100000—1:10000 分要素二底图	幅		664.17			
1:2000—1:500 分要素二底图	幅		461.12			

二、工程测绘（勘测定界、地籍测绘、钉桩报告）   075

测绘工程产品价格

项目：数字化数据入库

单位：元

产品名称	计量单位	价 格			主要工作内容	说 明
		I	II	III		
六、数字化数据入库						
（一）地形数据库					入库数据检查，数据整理，投影转换，数据库体建立，检查，编写数据字典。	
1:1000000	幅		2988.92			
1:250000	幅		2717.20			
1:50000	幅		1902.05			
1:10000	幅		1086.89			
1:2000	幅		626.76			
1:1000	幅		470.07			
1:500	幅		313.38			
（二）高程模型数据库					入库数据检查，数据整理，投影转换，数据库体建立，检查，编写数据字典。	
1:1000000	幅		1130.89			
1:250000	幅		904.72			
1:50000	幅		581.46			
1:10000	幅		232.58			
（三）地名数据库					入库数据检查，部分数据项自动生成，数据整理，数据库体建立，编写数据字典。	
1:1000000	幅		662.80			
1:250000	幅		662.80			
1:50000	幅		460.52			
1:10000	幅		230.25			
（四）正射影像数据库					入库数据检查，影像拼接，数据整理，数据库体建立，编写数据字典。	
1:250000	幅		710.40			
1:50000	幅		473.60			
1:10000	幅		204.76			
1:2000	幅		77.72			

项目：界线测绘

测绘工程产品价格

单位：元

产品名称	计量单位	价格 I	价格 II	价格 III	主要工作内容	说明
七、界线测绘						
（一）地籍测绘					控制测量，界址点测量，地籍要素数据采集编辑，面积量算，地籍图（含宗地）绘制，检查修改，成果整理。	不含地籍调查费用。
1：2000	平方公里	182037.48	227142.79	292223.77		
1：1000	平方公里	204733.62	255367.63	328166.44		
1：500	平方公里	227527.11	284264.50	372196.76		
（二）房产测绘					控制测量，界址点测量，地籍调绘，面积量算，分幅平面图测绘，分丘平面图绘制，检查修改，资料整理（1：1000、1：500房产测绘不含房产调查和分户图绘制费用）。	I类：住宅用房；II类：商业楼用房；III类：多功能综合楼用房。
1：1000	平方公里	245516.16	306441.15	384605.44		
1：500	平方公里	272773.37	339706.14	425793.69		
分户图	平方米	1.36	2.04	2.72	分层分户平面图测绘，房产调查，分户面积，共有面积，分摊面积测算，检查修改，资料整理。	
（三）境界测绘 省、市、县界	公里	3320.49	4032.12	4743.76	收集资料，界点测定，界点摄影，填写界桩登记表，边界地物地貌修测，边界线修测，绘边界协议书附图，编写界桩位置说明，检查修改，资料整理。	

二、工程测绘（勘测定界、地籍测绘、钉桩报告）

项目：工程测量

测绘工程产品价格

单位：元

产品名称	计量单位	价格 I	价格 II	价格 III	主要工作内容	说明
八、工程测量						
（一）控制测量						适用于市政工程控制测量。
二等三角	点	7705.15	11719.69	17352.87		
三等三角	点	5290.13	7924.18	11135.76		
四等三角	点	2828.10	4160.91	5475.72		
一、二级小三角	点	1216.26	1872.99	2442.14		
一、二级导线	公里	2976.40	6378.30	9567.35		
一、二、三级导线	点	3941.63	6359.10	9081.75	准备工作，选点，埋石，观测，测定气象元素，绘点之记，计算。	水准测量以实际测量的单程公里数计算。
三等电磁波测距导线	点	2262.10	3661.72	5061.33		
四等电磁波测距导线	点	1016.88	1509.51	2061.63		
二、三、四等水准选埋	公里	837.61	1164.93	1728.54		
二等水准测量	公里	522.10	675.85	842.70		
三、四等水准测量	公里	250.74	378.98	486.05		
等外水准测量						
GPS测量						B级以上按大地测量中GPS测量价格计算。
C级	点	6221.23	8488.39	10755.53		
D级	点	5269.61	7212.01	9154.40		
E级	点	4683.79	6360.78	7983.47		
（二）平板仪测图					图根点控制测量，碎部测量，着铅，检查修改，成果整理。	
一般地区						
1∶2000	平方公里	12326.65	19845.22	29154.30		
1∶1000	平方公里	27964.89	46750.20	66181.92		
1∶500	平方公里	77267.44	127901.81	179387.50		
建筑、工业区						
1∶2000	平方公里	23489.01	40030.52	57801.46		
1∶1000	平方公里	58817.80	92916.14	131792.30		
1∶500	平方公里	159890.53	226992.29	301456.34		
1∶200	幅	1456.48	1893.43	2621.67		

续表

产品名称	计量单位	价格 I	价格 II	价格 III	主要工作内容	说明
(三)管线测量						
竣工测量	公里	4206.88	5757.97	7896.38	布设图根导线，引测水准，测管线起点、折点、交点、终点、分支点、变坡点和变径点的坐标和高程，管线调查，管线探测，资料整理，计算，展点，清绘，绘略图，写说明，检查修改。	计量系按管线长度累计计算（不足0.5公里时以0.5公里计）。
管线探测	公里	8119.00	12683.23	17247.47		
(四)滩涂测量					准备，控制，测深，测障得物，验潮，修测岸线，绘图，检查修改，整理成果。	
1∶10000	平方公里	19376.11	25534.12	31692.14		
1∶5000	平方公里	32059.13	40823.32	50000.30		
1∶2000	平方公里	41345.20	54286.74	67228.28		
1∶1000	平方公里	63469.27	88175.71	112882.16		
1∶500	平方公里	199045.18	239820.09	284167.35		
(五)水下地形测量						
1.浅海（水深5—30米）测量					资料准备，定位，测深，验潮，导航，资料整理，数据录入，处理，潮汐改正，坐标改正，编辑，注记整饰，绘图，检查修改，整理成果。	
1∶10000	平方公里		23364.24			
1∶5000	平方公里		41205.48			
1∶2000	平方公里		58622.19			
1∶1000	平方公里		389352.71			
1∶500	平方公里		471458.64			
扫海						
2.河湖测量					检校仪器，展点，确定测站位置，测注高程点，测绘水边线及水下地形，接边，整饰，外业资料检查整理，测区内迁站。	
1∶10000	平方公里	11303.10	16494.19	21685.28		
1∶5000	平方公里	21195.51	35682.75	45959.85		
1∶2000	平方公里	37214.26	58229.02	79243.78		
1∶1000	平方公里	65553.07	103796.67	142040.27		
1∶500	平方公里	170817.60	269298.08	3667778.56		
3.河道断面测量						
(1)纵断面1∶10000	公里	2404.49	2749.04	3287.26		

续表

产品名称	计量单位	价格 I	价格 II	价格 III	主要工作内容	说 明
(2) 横断面					准备工作，检校仪器，测量断面点的位置和高程，整理计算，编制成果表，绘制断面图和平面图，检查修改，着墨整饰，编写资料说明，测区内迁站。	计量按断面宽度累计计算。
平均宽度 200 米以内						
1:10000	公里	5688.61	7106.87	8776.22		
1:2000	公里	6751.07	8974.66	11198.23		
平均宽度 200—500 米						
1:10000	公里	5461.49	6218.51	8152.62		
1:2000	公里	5954.49	8158.78	10027.84		
平均宽度 500—1000 米						
1:10000	公里	4384.98	5774.34	7411.47		
1:2000	公里	4864.16	6527.02	8022.27		
平均宽度 1000—2000 米						
1:10000	公里	3913.13	5551.15	6278.98		
1:2000	公里	4480.35	5969.21	7122.85		
平均宽度 2000 米以上						
1:10000	公里	3196.63	4625.96	6086.03		
1:2000	公里	3816.36	5116.47	6955.47		
(3) 淤积断面 1:2000	公里	7534.12	9788.76	12043.42		
4. 渠、堤测量					纵断面中心导线测量，纵横断面测量，资料整理，编制成果表，绘制纵横断面图及检校，测区内迁移。	
(1) 纵断面 1:10000	公里	1747.93	2272.29	3495.81		
(2) 横断面						
平均宽度 200 米以内						
1:10000	公里	1346.52	1923.60	3318.21		
1:2000	公里	1827.42	2596.86	4376.19		
平均宽度 200—500 米						
1:10000	公里	1885.13	2693.04	4645.50		
1:2000	公里	2558.39	3635.60	6126.66		
平均宽度 500—800 米						
1:10000	公里	2289.08	3270.12	5640.96		
1:2000	公里	3106.61	4414.66	7439.52		

续表

产品名称	计量单位	价格 I	价格 II	价格 III	主要工作内容	说 明
（六）市政工程测量						
1. 工程线路测量	公里	4897.12	6804.20	12452.97	踏勘，选线，定线（不含纵横断面施测），检校仪器，测定起点、终点、折点、交点、方向点，测曲线，联测条件坐标，计算数据，绘中线示意图，测绘条件成果坐标，资料整理，编写施测报告，检查修改。	不足 0.5 公里时以 0.5 公里计。
2. 规划道路定线	公里	3627.49	4586.28	5545.06	踏勘，准备资料，补充控制点，拨地钉桩，方向桩。联测条件点坐标，计算导线线，计算垂距，解算交点坐标，检查验收，整理资料，抄录成果通知单。	
（七）变形测量	组工日		2454	4265	踏勘，技术设计，埋石（沉降观测点），观测（含定期观测），内业计算，绘制形变曲线图，编写说明，检查修改，资料整理	1. 班组定员5人。 2. Ⅲ类系指从基础层开始测量。
（八）其他						
1. 建筑用地拨地定桩	件（4点）	2030.75	2594.32	3898.58	仪器检验，踏勘，选点，测座标，细部点座标，内业计算，绘制平面位置图，提交图纸资料。	1. 人防工事宽度按10m考虑，宽度小于10m时，价格增加30%。 2. 长度不足0.5公里时以0.5公里计。
2. 建筑物放线	件		2594.32			
3. 人防洞室（含天然洞穴）测量	公里		2964.66			
4. 极坐标细部点测量	点		60.00			

三、项目咨询类（规划选址论证报告、社稳分析、可研报告、项目建议书、节能报告）

1. 国家计委关于印发建设项目前期工作咨询收费暂行规定的通知（计价格〔1999〕1283号）

国家计委关于印发建设项目前期工作咨询收费暂行规定的通知

计价格〔1999〕1283号

各省、自治区、直辖市物价局（委员会）、计委（计经委），中国工程咨询协会：

　　为规范建设项目前期工作咨询收费行为，维护委托人和工程咨询机构的合法权益，促进工程咨询业的健康发展，我委制定了《建设项目前期工作咨询收费暂行规定》，现印发给你们，请按照执行，并将执行中遇到的问题及时反馈我委。

　　附：建设项目前期工作咨询收费暂行规定

一九九九年九月十日

附：

建设项目前期工作咨询收费暂行规定

　　第一条　为提高建设项目前期工作质量，促进工程咨询社会化、市场化，规范工程咨询收费行为，根据《中华人民共和国价格法》及有关法律法规，制定本规定。

　　第二条　本规定适用于建设项目前期工作的咨询收费，包括建设项目专题研究、编制和评估项目建议书或者可行性研究报告，以及其它与建设项目前期工作有关的咨询服务收费。

第三条　建设项目前期工作咨询服务，应遵循自愿原则，委托方自主决定选择工程咨询机构，工程咨询机构自主决定是否接收委托。

第四条　从事工程咨询的机构，必须取得相应工程咨询资格证书，具有法人资格，并依法纳税。

第五条　工程咨询机构应遵守国家法律、法规和行业行为准则，开展公平竞争，不得采取不正当手段承揽业务。

第六条　工程咨询机构提供咨询服务，应遵循客观、科学、公平、公正原则，符合国家经济技术政策、规定，符合委托方的技术、质量要求。

第七条　工程咨询机构承担编制建设项目的项目建议书、可行性研究报告、初步设计文件的，不能再参与同一建设项目的项目建议书、可行性研究报告以及工程设计文件的咨询评估业务。

第八条　工程咨询收费实行政府指导价。具体收费标准由工程咨询机构与委托方根据本规定的指导性收费标准协商确定。

第九条　工程咨询收费根据不同工程咨询项目的性质、内容，采取以下方法计取费用：

（一）按建设项目估算投资额，分档计算工程咨询费用（见附件一、附件二）。

（二）按工程咨询工作所耗工日计算工程咨询费用（见附件三）。

按照前款两种方法不便于计费的，可以参照本规定的工日费用标准由工程咨询机构与委托方议定。但参照工日计算的收费额，不得超过按估算投资额分档计费方式计算的收费额。

第十条　采取按建设项目估算投资额分档计费的，以建设项目的项目建议书或者可行性研究报告的估算投资为计费依据。使用工程咨询机构推荐方案计算的投资与原估算投资发生增减变化时，咨询收费不再调整。

第十一条　工程咨询机构在编制项目建议书或者可行性研究报告时需要勘察、试验，评估项目建议书或者可行性研究报告时需要对勘察、试验数据进行复核，工作量明显增加需要加收费用的，可由双方另行协商加收的费用额和支付方式。

第十二条　工程咨询服务中，工程咨询机构提供自有专利、专有技术，需要另行支付费用的，国家有规定的，按规定执行；没有规定的，由双方协商费用额和支付方式。

第十三条　建设项目前期工作咨询应体现优质优价原则，优质优价的具体幅度由双方在规定的收费标准的基础上协商确定。

第十四条　工程咨询费用，由委托方与工程咨询机构依据本规定，在工程咨询合同中以专门条款确定费用数额及支付方式。

第十五条　工程咨询机构按合同收取咨询费用后，不得再要求委托方无偿提供食宿、交通等便利。

第十六条　工程咨询机构对外聘专家的付费按工日费用标准计算并支付，外聘专家，如有从业单位的，专家费用应支付给专家从业单位。

第十七条　委托方应按合同规定及时向工程咨询机构提供开展咨询业务所必须的工作条件和资料。由于委托方原因造成咨询工作量增加或延长工程咨询期限的，工程咨询机构可与委托方协商加收费用。

第十八条　工程咨询机构提交的咨询成果达不到合同规定标准的，应负责完善，委托方不另支付咨询费。

第十九条　工程咨询合同履行过程中，由于咨询机构失误造成委托方损失的，委托方可扣减或者追回部分以至全部咨询费用，对造成的直接经济损失，咨询机构应部分或全部

三、项目咨询类（规划选址论证报告、社稳分析、可研报告、项目建议书、节能报告）

赔偿。

第二十条 涉外工程咨询业务中有特殊要求的，工程咨询机构可与委托方参照国外有关收费办法协商确定咨询费用。

第二十一条 建设项目投资额在3000万元以下的和除编制、评估项目建议书或者可行性研究报告以外的其他建设项目前期工作咨询服务的收费标准，由各省、自治区、直辖市价格主管部门会同同级计划部门制定。

第二十二条 本规定由各级价格主管部门监督执行。

第二十三条 本规定由国家发展计划委员会负责解释。

第二十四条 本规定自发布之日起执行。

附件：

一、按建设项目估算投资额分档收费标准

二、按建设项目估算投资额分档收费的调整系数

三、工程咨询人员工日费用标准

附件一：

一、按建设项目估算投资额分档收费标准

单位：万元

估算投资额 咨询评估项目	3000万元— 1亿元	1亿元— 5亿元	5亿元— 10亿元	10亿元— 50亿元	50亿元以上
一、编制项目建议书	6-14	14-37	37-55	55-100	100-125
二、编制可行性研究报告	12-28	28-75	75-110	110-200	200-250
三、评估项目建议书	4-8	8-12	12-15	15-17	17-20
四、评估可行性研究报告	5-10	10-15	15-20	20-25	25-35

注：1. 建设项目估算投资额是指项目建议书或者可行性研究报告的估算投资额。

2. 建设项目的具体收费标准，根据估算投资额在相对应的区间内用插入法计算。

3. 根据行业特点和各行业内部不同类别工程的复杂程序，计算咨询费用时可分别乘以行业调整系数和工程复杂程度调整系数（见附表二）。

附件二：

二、按建设项目估算投资额分档收费的调整系数

行　业	调整系数（以表一所列收费标准为1）
一、行业调整系数	
1. 石化、化工、钢铁	1.3
2. 石油、天然气、水利、水电、交通（水运）、化纤	1.2
3. 有色、黄金、纺织、轻工、邮电、广播电视、医药、煤炭、火电（含核电）、机械（含船舶）、航空、航天、兵器	1.0

续表

行　业	调整系数（以表一所列收费标准为1）
4. 林业、商业、粮食、建筑	0.8
5. 建材、交通（公路）、铁道、市政公用工程	0.7
二、工程复杂程度调整系数	0.8-1.2

注：工程得杂程度具体调整系数由工程咨询机构与委托单位根据各类工程情况协商确定。

附件三：

三、工程咨询人员工日费用标准

单位：元

咨询人员职级	工日费用标准
一、高级专家	1000—1200 元
二、高级专业技术职称的咨询人员	800—1000 元
三、中级专业技术职称的咨询人员	600—800 元

四、林业、草原手续类（使用林地可行性报告、采伐设计、森林植被恢复费）

1. 关于印发《林业行业调查规划项目收费指导意见》的通知（林建协〔2018〕15号）

关于印发《林业行业调查规划项目收费指导意见》的通知

各林业调查规划单位：

中国林业工程建设协会于2014年印发的《林业行业调查规划项目收费指导意见》（试行）经过几年的试行，为指导林业调查规划工作发挥了很好的指导作用，但随着林业调查规划行业的不断深入发展，在一些方面还不能完全适应林业调查规划工作的需要，我们经过一年多的调研，并根据广大林业调查规划单位的意见，对原来的收费指导意见进行了修订和完善，形成了《林业行业调查规划项目收费指导意见》，现印发给你们。旨在更好地规范林业调查规划项目收费行为，更好地指导林业调查规划工作。

附件：《林业行业调查规划项目收费指导意见》

二〇一八年五月十日

林业行业调查规划项目收费指导意见

第一章 总 则

第一条 为规范林业调查规划项目的收费行为，维护发包人和林业咨询人的合法权益，更好地指导林业行业开展调查规划工作，特制定《林业行业调查规划项目收费指导意见》（以下简称《意见》）。

第二条　本《意见》可作为林业调查规划设计单位开展林业行业调查规划项目收取相关费用的参考依据。

第三条　调查规划单位提供技术服务，应遵循客观、科学、公平、公正原则，符合国家经济技术政策、规定，符合委托方的技术、质量要求。

第四条　本《意见》中的林业行业调查规划项目是指森林资源规划设计调查（简称二类调查）、作业设计调查（简称三类调查）、森林资源资产评估调查、使用林地可行性报告编制、自然保护区科考调查、林业行业专项规划项目、卫星遥感数据正射影像图制作及空间地理信息数据入库、营造林综合核查调查、营造林设计调查、珍稀古树调查、森林经营方案编制等项目。

第五条　本《意见》制定的主要依据包括：

1. 《中华人民共和国价格法》（1997年12月29日）；
2. 《中华人民共和国森林法》（1998年4月29日）；
3. 《中华人民共和国森林法实施条例》（2018年3月19日国务院令第698号修订）；
4. 《中华人民共和国资产评估法》（2016年7月2日）；
5. 《国家发展改革委关于进一步放开建设项目专业服务价格的通知》（发改价格〔2015〕229）；
6. 《中国工程咨询协会关于工程咨询服务（境内）人工成本要素信息调查情况的通报》（中咨协政〔2015〕46）；
7. 中国城市规划协会《关于发布城市规划设计计费指导意见的通知》（2004中规协秘字第022号）；
8. 国家标准《自然保护区总体规划技术规程》（GB/T20399—2006）；
9. 林业行业标准《国家级森林公园总体规划规范》（LY/T2005—2012）；
10. 国家林业局湿地保护管理中心《国家湿地公园总体规划导则》的通知（林湿综字〔2010〕7号）；
11. 林业行业标准《国家沙漠公园总体规划编制导则》（LY/T2574—2016）；
12. 林业行业标准《国家森林城市评价指标》（LY/T2004—2012）；
13. 财政部《中央和国家机关差旅费管理办法》（财行〔2013〕531号）；
14. 国家林业局《建设项目使用林地审核审批管理办法》（国家林业局令第35号）；
15. 《国家林业局关于印发〈建设项目使用林地审核审批管理规范〉和〈使用林地申请表〉、〈使用林地现场查验表〉的通知》（林资发〔2015〕122号）；
16. 林业行业标准《建设项目使用林地可行性报告编制规范》（LY/T2492—2015）；
17. 国家标准《森林资源规划设计调查技术规程》（GBT26424—2010）；
18. 林业行业标准《森林采伐作业规程》（LY/T1646—2005）；
19. 国家环保部《自然保护区综合科学考察规程》（试行）（环函〔2010〕139号）；
20. 林业行业标准《全国营造林综合核查技术规程》（LY/T2083—2013）；
21. 国务院《森林采伐更新管理办法》（2011年1月8日国务院第588号令）；
22. 林业行业标准《森林采伐作业规程》（LY/T1646—2005）等。

第六条　本《意见》中除特别规定外，面积以公顷、经费以人民币（元）为计量单位。收费是按照基础价格乘以调整系数来计算的，调整系数（X）分通用调整系数（T）和专业调整系数（Z），多个调整系数采用累计相乘计算（X=T*Z）。

第七条　参考《中国工程咨询协会关于工程咨询服务（境内）人工成本要素信息调查

情况的通报》中2014年我国工程咨询服务（境内）平均直接人工成本要素信息和中国城市规划协会《关于发布城市规划设计计费指导意见的通知》中专家咨询费标准，考虑到林业调查规划行业及林业调查规划项目的实际情况，本《意见》确定林业调查规划项目咨询服务（境内）平均直接人工成本要素信息为：

外部高级专家（元/人工日）	内部咨询人员（元/人工日）			人工日法综合计算系数
	高级职称及以上	中级职称	初级职称及以下	
4000-4500	2800-3300	2100-2500	1500-1800	2.0-3.0

注：1. 直接人工成本要素是指咨询服务过程中发生的人员工资、津贴、奖金、保险和福利等，包括其他各种资金或实物补贴的奖励、单位负担的五险一金等人员的支出；
   2. 人工日法综合计算系数是指不同类型项目直接人工成本占服务总收入的比例，反映了直接人工成本占服务总成本的比例、利润水平、税金等因数的综合影响；
   3. 项目收费计算参考公式为：项目收费=（高级职称及以上人数*每人平均工作天数*2800+中级职称人数*每人平均工作天数*2100+初级职称及以下人数*每人平均工作天数*1500）*人工日法综合计算系数。

第八条 本《意见》中未确定收费指导意见的项目，可参照项目工作内容相近的收费指导意见，由双方协商确定；也可以参照林业调查规划项目咨询服务（境内）平均直接人工成本要素信息中直接人工成本标准、人工日法综合计算系数和双方认可的人工投入总量确定项目的收费金额。

第九条 通用调整系数依据不同地区的经济发达程度和开展调查规划的工作环境确定，适用于所有的林业行业调查规划项目；专业调整系数依据开展调查规划的专业要求确定。通用调整系数如下表：

通用调整系数 T			
条件		系数	备注
经济发达程度 T1	沿海及经济发达地区	1.5	
	西部地区	1.0	
作业时平均气温 T2	≥38℃或者≤-20℃条件	1.2	以当地气象台、站的气象报告为准
作业区的海拔高程 T3	2000-3000m	1.10	
	3001-4000m	1.20	
	4001m 以上	发包人与勘察人协商确定，原则上不低于1.30。	
作业区的地形地貌 T4	丘陵、低山	1.1	
	中山	1.2	
	高山	1.3	

注：1. 未列入的区域或范围调整系数为1；
   2. 调整系数T=T1*T2*T3*T4。

第二章 森林资源规划设计调查（二类调查）

第十条 森林资源规划设计调查是指符合《森林资源规划设计调查技术规程》

（GBT26424—2010）要求的森林资源规划设计调查服务项目。

第十一条 规划设计调查收费的基础价格由前期准备、野外调查和内业整理三部分组成，野外调查计费依据30公顷/工日的定额和1500元/工日确定，内业整理按照野外调查的30%计费，前期准备按照野外调查的16%计费（不含遥感数据购置及处理费用）。

第十二条 规划设计调查按照调查范围的总面积（即国土总面积）计算收费，专业调整系数（Z）依据调查的等级和森林面积所占调查面积的比例确定。

专业调整系数 Z			
条件		系数	备注
调查等级 Z1	A 级	1.2	全部小班做角规实测
	B 级	1.0	
	C 级	0.7	含遥感估测
森林所占调查面积比例 Z2	60%以上	1.2	
	35%~60%	1.0	
	20%~35%	0.8	
	20%以下	0.6	

第十三条 规划设计调查收费基价表

项目名称	调查内容	收费基价（元/公顷）	备 注
森林资源规划设计调查	综合计价	70	调查范围的总面积小于12万公顷的调查收费按照前期准备、野外调查、内业整理等分别计算。
	前期准备	8	低于10万元按照10万元计算
	野外调查	50	
	内业整理	12	低于15万元按照15万元计算
森林经营方案编制	县（局）级	30万元/单位	需要进行补充调查的，补充调查的收费参考森林资源规划设计调查收费标准，依据补充调查的比例计算。
	乡（林场）级	20万元/单位	

注：收费计算公式：

1. 总面积小于12万公顷的项目总收费=（前期准备收费基价*调查范围的总面积+野外调查收费基价*调查范围的总面积+内业整理收费基价*调查范围的总面积）*通用调整系数（T）*专业调整系数（Z）；

其中前期准备收费基价*调查范围的总面积小于10万元按照10万元计算；内业整理收费基价*调查范围的总面积小于15万元按照15万元计算；

2. 总面积大于12万公顷的项目总收费=（综合计价收费基价*调查范围的总面积）*通用调整系数（T）*专业调整系数（Z）。

第三章 作业设计调查（三类调查）

第十四条 作业设计调查（三类调查）是指符合各地区《森林作业设计调查技术规程》要求，为森林作业提供基本依据的调查服务项目。本《意见》中作业设计调查仅包括常规经营采伐设计调查和建设项目使用林地林木采伐设计调查，其它类似的调查，可根据调查内容和困难程度的相似性参照执行。

第十五条 作业设计调查的基价为单位面积调查所需费用,按照调查单位范围的总面积计算;设定最低基价为 10 万元。

第十六条 作业设计调查收费,依据林木资产调查量大小确定专业调整系数(Z)。未成林造林地、幼龄林、经济林为 1.0,中龄林以上为 1.2,圃地苗木为 1.3-1.5。

第十七条 作业设计调查收费基价表

项目名称	调查类型	调查方法	收费基价(元/公顷)	备注
作业设计调查（三类调查）	常规经营性采伐设计调查	全林实测	600	1. 收费金额低于 10 万元的按照 10 万元计算; 2. 收费基价中含采伐作业设计
		标准地调查	360	
	建设项目使用林地林木采伐设计调查	全林实测	800	
		标准地调查	480	

注:1. 收费计算公式:收费(元)= 收费基价 * 调查总面积 * 通用调整系数(T)* 专业调整系数(Z);
2. 收费金额低于 10 万元的按照 10 万元计算;
3. 造林作业设计外业调查收费基价,按照常规经营性采伐设计调查标准地调查收费基价的 60% 计算。

第四章 森林资源资产评估调查

第十八条 本《意见》所指的森林资源资产,包括森林、林木、林地、森林景观资产以及与森林资源相关的其他资产。

第十九条 森林资源资产评估调查工作按复杂程度分为工程拆迁林木资产调查(含司法鉴定调查)、林地林木流转等评估核查、林地林木流转等项目资产调查和森林资源灾害损失评估调查等 4 种类型。

第二十条 森林资源资产评估调查的基础价格为单位面积调查所需费用,按照调查单位范围的总面积计算;设定最低基价,工程拆迁林木资产调查、司法鉴定调查和林地流转项目资产调查最低基价为 8 万元,其他森林资源资产调查、核查最低基价为 5 万元。

第二十一条 森林资源资产评估调查收费,依据林木资产查量大小确定专业调整系数(Z)。未成林造林地、幼龄林、经济林为 1.0,中龄林为 1.2,近成过熟林为 1.4,圃地苗木为 1.6-1.8。

第二十二条 由于林地林木流转项目分打包和拆零两类,相对标的物资产数量、质量精度要求不一,需根据实际情况,对不同精度要求采用不同调查方法,并相应增加工作难度和工作量。增加的经费支出由双方协商解决。

第二十三条 森林资源资产评估调查收费基价表

工程类别	收费基价(元/公顷)		
工程拆迁林木资产调查（含司法鉴定调查）	6 公顷以内	6-12 公顷	12 公顷以上
	18000(最低 8 万)	15000	12000
林地林木流转等评估核查	600 公顷以下	600-2000 公顷	2000 公顷以上
	270(最低 5 万)	225	150
林地林木流转等项目资产调查	480 公顷以下	600-1500 公顷	2000 公顷以上
	1000(最低 8 万)	800	600

续表

工程类别	收费基价（元/公顷）		
森林资源灾害损失评估调查	600 公顷以下	600-2000 公顷	2000 公顷以上
	375（最低 5 万）	310	260

注：收费计算公式：收费（元）= 收费基价 * 调查面积 * 通用调整系数（T）* 专业调整系数（Z）。

第五章 使用林地可行性报告编制

第二十四条 使用林地可行性报告（含林地现状调查报告）编制是指林业调查规划设计单位根据项目建设方的委托，对拟用地范围内的林地进行收集资料，制订调查方案细则，进行勘测、调查等野外作业，以及编制使用林地可行性报告等文件。

第二十五条 使用林地可行性报告编制工作按照块状用地和线状用地两种类型进行计算收费。林地可行性报告编制收费=基础费用+基价×实物工作量（块状用地范围内使用林地的总面积或线状用地的总长度）×调整系数。

第二十六条 基础费用主要针对使用林地面积很小的项目，该类项目如果只按照用地范围内使用林地总面积或用地总长度计算取费，无法真实反映编制使用林地可行性报告成本支出的问题。

第二十七条 块状用地主要针对：

1. 使用林地面积集中，呈块状的建设项目；
2. 使用林地以块状为主，有少量呈线状分布的辅助工程的建设项目；

第二十八条 本《意见》中，线状用地收费基价主要针对宽度应在 20 米（含 20 米）之内的公路、铁路、输电线路，石油天然气管道等以线状分布为主的建设项目，此类项目多跨地域，森林资源勘察和协调工作量较大。

第二十九条 报告编制单位在编制使用林地可行性报告时，委托方需要增加森林采伐作业设计调查、协助查验、植被恢复方案设计等工作时，可由参考相应的收费标准另行计算，没有收费标准的双方协商计算相关的费用。

第三十条 建设项目使用林地可行性报告编制应体现优质优价原则，优质优价的具体幅度由双方在规定的收费标准的基础上协商确定。

第三十一条 涉外工程使用林地中，如有特殊要求的，报告编制单位可与委托方参照国外有关收费办法协商确定报告编制费用。

第三十二条 使用林地可行性报告编制按使用林地不同的形状收费基价表

林地形状	基础费用	收费基价
块状用地	5.0 万元/项目	1.5 万元/公顷
线状用地	5.0 万元/项目	1.5-2.0 万元/公里

注：1. 根据林地的使用情况，计算费用时可分别乘以不同类别的调整系数；
2. 按照块状用地范围内使用林地总面积或线状用地总长度计算取费达到 30 万元以上的项目，可以减免基础费用；
3. 线状用地沿线的辅助工程的计价原则：
1）当项目沿线的辅助工程（含临时占地）面积低于主线使用土地面积的 30% 以下时，全线可以按照 2.0 万元/公里综合计价；
2）当项目沿线的辅助工程（含临时占地）面积高于主线使用土地面积的 30% 以上时，主线按照

四、林业、草原手续类（使用林地可行性报告、采伐设计、森林植被恢复费）

1.5万元/公里计价，辅助工程（含临时占地）按照块状用地1.5万元/公顷计价，两项之和即为收费总价；

4. 使用林地可行性报告成果报告可按永久占地和临时占地分别提交成果报告，每份报告提交数量超过10份以上的，印刷成本另行收费；

5. 永久占地或临时占地报告需要按照不同审批单位单独编制成果报告的，每增加1个报告，增加收费10万元。

第三十三条 使用林地可行性报告编制收费时，可根据项目特点、使用林地的自然条件和资源勘察的难易程度、成果编制的期限等因素，按照收费基价进行调整确定。

不同类型	调整系数（收费基价为1）
一、不同项目特点的调整系数：	
1. 直接为林业生产服务的工程设施建设项目；	0.7
2. 地方政府部门作为合同甲方（不含其下属公司），且项目前期征地由地方政府负责的基础设施建设项目；	0.9
3. 线状用地在平原农区的建设项目；	0.9
4. 线状用地在国有重点林区的建设项目；	1.2
5. 涉及一般公益林的建设项目；	1.2
6. 涉及重点公益林（省级、国家级自然保护区、国家级森林公园、沿海基干林带）的建设项目	1.5
二、线状用地宽度的调整系数：	
1. 线状用地宽度在20—40米（含40米）之间的建设项目；	1.2
2. 线状用地宽度在40—70米（含70米）之间的建设项目	1.5
三、不同地类的调整系数：	
1. 使用林地为无林地的建设项目；	0.8
2. 使用林地为疏林地、灌木林地的建设项目；	0.9
3. 使用林地为经济林、苗圃的建设项目	1.2
四、不同林地条件的调整系数：	
1. 使用林地区域平均坡度在5度至10度之间的建设项目；	1.1
2. 使用林地区域平均坡度大于10度的建设项目；	1.2
3. 使用林地位于湿地沟塘、距山下公路相对高差大于400米的山地上部的建设项目	1.2-1.5
五、不同交通条件的调整系数：	
1. 距离公路3-5公里的建设项目；	1.1
2. 距离公路大于5公里的建设项目	1.2-1.5
六、不同成果编制期限的调整系数：委托方提出赶工期，外业、内业时间低于合理编制期限的建设项目	1.1

注：1. 市场物价波动调整系数由报告编制单位与委托方根据各类林地使用情况协商确定；

2. 调整系数主要是考虑野外作业工作量及复杂程度。包括地形、林地类型、交通、气候、海拔等情况；

3. 第一、二项内各小项可重复计算，第三、四、五项内各小项不重复计算；

4. 调整系数在两个或两个以上的，将各调整系数相加，减去附加系数的个数，加上定值1，作为调整系数值；

5. 使用林地包含多种地类、多种交通条件、多种林地条件时应按照用地范围内各种类型面积比例加权计算调整系数。

第六章 科学考察调查项目收费

第三十四条 本《意见》所称科学考察调查是指为满足自然保护区管理部门对自然保护区晋级或调整的申报要求，所需要开展的综合科学考察调查。

第二十五条 自然保护区综合科学考察的收费基价以考察单位计费，分专项调查和影像制作两项。专项调查包括：生物多样性专项调查、自然地理环境专项调查、社会经济专项调查和保护区威胁因素专项调查等内容；影像制作包括多媒体视频资料和彩色影集等内容。

第三十六条 根据项目特点、自然保护区的类型和规模等因素确定专业调整系数（Z）。

自然保护区类型调整系数（Z_1）

自然保护区类型	调整系数
森林生态系统类型	1.2
湿地生态系统类型	1.0
荒漠生态系统类型	0.8
野生植物类型	1
野生动物类型	1.3
自然遗迹类型	0.8

自然保护区规模调整系数（Z_2）

自然保护区规模	调整系数
超大型	1.3
大型	1.0
中性	0.8
小型	0.5

注：自然保护区规模依据《自然保护区工程项目建设标准（试行）》（2002）确定，详见附件一。

第三十七条 科学考察调查项目收费基价表

项目名称	内容	收费基价（万元）
自然保护区科学考察	自然保护区综合科学考察报告	80
	1. 专项调查 其中： 生物多样性专项调查 自然地理环境专项调查 社会经济专项调查 保护区威胁因素专项调查	70 30 20 10 10
	2. 影像制作	10

注：1. 以物种数量为特征的生物多样性调查应根据需要调查的物种数量对基价进行调整，超过2个以上

的每个物种调查收费不低于15万元；

2. 收费计算公式：收费（元）＝收费基价＊通用调整系数（T）＊专业调整系数（Z）；专业调整系数 Z=Z1＊Z2；

3. 自然保护区首次开展综合科学考察的收费按照上述收费基价的3倍计算。

第七章 林业行业专项规划项目收费

第三十八条 本《意见》中各类规划项目指具有林业调查规划设计资质的单位所能承揽的各类林业相关项目的专项规划和详细规划。

第三十九条 根据项目性质，将其划分为自然保护类（包括国家公园、自然保护区、林地保护利用规划、森林防火规划、森林经营规划等）、景观规划类（森林公园、湿地公园、生态公园、沙漠公园等）、生态规划类（生态建设、生态恢复、森林城市等）、产业开发类（生态园区、产业园区、综合开发等）等几大类规划咨询服务。

第四十条 专项规划收费基价以规划单位计价，按照规模、级别及所在区域确定专业调整系数；详细规划采取收费基价与单位面积单价法相结合的方式计价，按照级别及所在区域确定专业调整系数。

第四十一条 规划所需的基础资料、地形图及卫星影像图（包括电子文件）应由委托方提供，收费基价中不含相关费用，如需要规划设计单位承担收集基础资料的工作，委托方应另行支付相应费用。

第四十二条 规划文本及电子文档版权归委托方所有，规划收费基价中包含向委托单位提供规划文本6套，彩色图纸1套，如委托方需增加份数，应另行支付费用。

第四十三条 规划项目中涉及到调查服务内容的，其调查取费可参照《林业行业调查项目收费》执行。

第四十四条 规划专业调整系数

规模调整系数（G）			级别调整系数（J）			区域调整系数（Q）		
类别	范围	中间值	类别	范围	中间值	类别	范围	中间值
大型及以上	1.5-2.1	1.8	国家级	1.0-1.2	1.1	东部	1.3-1.5	1.4
中型	1.0-1.4	1.2	省级及以下	0.8-1.0	0.9	中部	1.0-1.3	1.2
小型	0.8-1.0	0.9				西部	0.8-1.0	0.9

注：1. 自然保护区等有规模等级的按等级确定规模调整系数，其它无规模等级的按照中型确定规模调整系数；

2. 专业调整系数（Z）＝规模调整系数（G）＊级别调整系数（J）＊区域调整系数（Q）；

3. 自然保护区规模参照附件一。

第四十五条 专项规划收费基价

序号	业务类别		收费基价（万元/项）
1	自然保护类	国家公园等	100
		自然保护区、林地保护利用规划、森林防火规划、森林经营规划等	60
2	景观规划类	森林公园、湿地公园、沙漠公园、生态公园等	50
3	生态规划类	生态建设、生态恢复、森林城市等	80

续表

序号	业务类别		收费基价（万元/项）
4	产业开发类	生态园区、产业园区、综合开发等	60

注：1. 收费计算公式：收费额（元）= 收费基价 * 通用调整系数（T）* 专业调整系数（Z）。

第四十六条 详细规划收费基价

序号	业务类别		规划面积（公顷）	单价（元/公顷）
1	自然保护类	国家公园、自然保护区、林地保护利用、森林防火、森林经营等	小于50	7600
			50-200	5800
			200以上	3800
2	景观规划类	森林公园、湿地公园、沙漠公园、生态公园等	小于50	8800
			50-200	6400
			200以上	4800
3	生态修复类	生态建设、生态恢复、森林城市等	小于50	8800
			50-200	6400
			200以上	4800
4	产业开发类	生态园区、产业园区、综合开发等	小于20	7600
			20-100	5800
			100以上	3800

注：1. 收费最低价：自然保护类为60万元，景观规划类为40万元，生态修复类为60万元，产业开发类为50万元。
 2. 详细规划的面积，应按实际规划用地面积计算，水面应按实际规划利用范围计算。
 3. 本表中计费标准为控制性规划取费标准。修建性规划计费标准在此基础上乘以1.8的系数。
 4. 委托单位如果要求制作效果图、模型等，则费用另计。
 5. 收费计算公式：收费额=（收费基价+规划面积*单价）*通用调整系数（T）*专业调整系数（Z）

第四十七条 以上规划指导收费适用于林业专项规划，其他涉及林业的各类总体及区域规划收费可参照执行。

第八章 卫星遥感数据正射影像图制作及空间地理信息数据入库

第四十八条 卫星遥感数据正射影像图（DOM）是指利用参考地理基准和数字高程模型（DEM）对卫星遥感数据（全色或多光谱）进行逐像元辐射改正、微分纠正、影像配准、几何精校正，多光谱数据融合，影像拉伸处理和镶嵌等处理，并按规定图幅范围裁剪生成的带有公里格网、图廓（内、外）整饰和注记的卫星遥感影像平面图。

第四十九条 卫星遥感数据正射影像图制作收费基价表

四、林业、草原手续类（使用林地可行性报告、采伐设计、森林植被恢复费）

数据波段组合	基价（元/平方公里）			工作内容
	2米左右分辨率	1米左右分辨率	优于0.5米分辨率	
全色和多光谱数据融合	4.0	12.0	42.0	资料准备，影像配准、精校正，多光谱数据融合，影像拉伸处理、图廓裁切，图面整饰，元数据制作，检查，刻盘。
全色单波段数据	2.5	7.0	20.0	

注：1. 收费计算公式：收费（元）= 收费基价 * 制图面积；
2. 卫星遥感数据正射影像图制作最低基价为 1 万元；
3. 卫星遥感数据正射影像图制作收费不含数据购置费。

第五十条 空间地理信息数据入库指按照特定空间地理信息系统数据库的要求，将系统所必需的各类地理要素数据，经过数据检查，数据整理和投影转换等，将数据导入数据库等过程。分矢量数据入库和正射影像数据入库两类。

第五十一条 空间地理信息数据入库收费基价表

数据类型	基价（元/平方公里）			工作内容
	1：50000	1：25000	1：10000	
矢量数据入库	3.5	8.0	30.0	入库数据检查，数据整理，投影转换，数据库体建立，检查，编写数据字典。仅专题图斑的矢量数据按照40%计算。
正射影像数据库	0.5	1.7	5.5	入库数据检查，影像拼接，数据整理，数据库体建立，编写数据字典。

注：1. 收费计算公式：收费（元）= 收费基价 * 数据范围面积；
2. 空间地理信息数据入库最低基价为 1 万元。

第九章　营造林综合核查调查

第五十二条 营造林综合核查调查是指根据《全国营造林综合核查技术规程》，对营造林工程进行的核查、检查，包括营造林综合核查、人工造林更新实绩核查、人工造林更新保存状况调查、封山育林和飞播造林实绩核查、成效调查。

第五十三条 营造林综合核查调查收费标准按照核查（检查）的平均小班面积大小分为四类，标准如下：

地区类别	平均小班面积（公顷）	参考地区
一类区	>15	北京、内蒙古、青海、宁夏、陕西、甘肃
二类区	(10, 15]	河南、河北、山西、广东
三类区	(3, 10]	福建、浙江、江西、山东、云南、重庆、辽宁、天津、黑龙江、吉林、四川、新疆、贵州
四类区	≤3	江苏、安徽、上海、湖南、湖北、海南、广西

第五十四条 营造林综合核（调）查收费基价表

地区类别	营造林综合核查（元/公顷）	人工造林更新实绩核查（元/公顷）	人工造林更新保存状况调查（元/公顷）	封山育林和飞播造林实绩核查、成效调查（元/公顷）
一类区	85.00	150.00	70.00	30.00
二类区	165.00	300.00	150.00	60.00
三类区	350.00	600.00	300.00	120.00
四类区	650.00	1200.00	600.00	240.00

注：1. 核（调）查面积以需要核（调）查的总面积为准，非按照核（调）查比例抽取的实际现地核（调）查面积；

2. 收费计算公式：收费（元）=收费基价＊核（调）查面积；

3. 营造林综合核查检查最低基价为2万元。

第十章 附 则

第五十五条 林业行业调查单位应遵守国家法律、法规和行业行为准则，开展公平竞争，不得采取不正当手段承揽业务。

第五十六条 委托方应按项目进度分期支付费用。在合同签订3日内，支付项目费用总额的30%；项目工作方案确定后3日内，支付总额的40%的费用；提交全部成果时，结清全部费用。

第五十七条 本《意见》中确定的价格为指导价。具体收费由咨询单位与委托方根据本《意见》协商确定。

第五十八条 林业行业调查咨询服务中，咨询单位提供自有专利、专有技术，需要另行支付费用的，凡国家有规定的，按国家规定执行；没有规定的，由双方协商费用额度和支付方式。

第五十九条 咨询单位与委托方可根据国家公布的CPI指数协商确定市场物价波动调整系数。

第六十条 林业行业调查规划其它未列入项目的收费在本《意见》颁布后陆续补充。

第六十一条 本《意见》由中国林业工程建设协会负责解释。

附件：一、自然保护区规模
  　　二、产业开发类规模

附件一 自然保护区规模

类型	超大型	大型	中型	小型
森林类型	>15万 hm²，天然乔灌林地>70%或核心区面积>50%	（1）>15万 hm²，天然乔灌林地≤70%或核心区面积≤50%； （2）5万 hm²（不含）-15万 hm²	1万 hm²（不含）-5万 hm²	≤1万 hm²

四、林业、草原手续类（使用林地可行性报告、采伐设计、森林植被恢复费）

续表

类型	超大型	大型	中型	小型
湿地类型	>20万 hm^2，水域与常年或季节性湿地面积>30%	(1) >20万 hm^2，水域与常年或季节性湿地面积≤30%； (2) 8万 hm^2（不含）-20万 hm^2，水域与常年或季节性湿地面积>30%	(1) 8万 hm^2（不含）-20万 hm^2，水域与常年或季节性湿地面积≤30%； (2) 2万 hm^2（不含）-8万 hm^2，水域与常年或季节性湿地面积>30%	(1) 2万 hm^2（不含）-8万 hm^2，水域与常年或季节性湿地面积≤30%； (2) ≤2万 hm^2
荒漠类型	>50万 hm^2，灌草覆盖率>30%	(1) >50万 hm^2，灌草覆盖率≤30%； (2) 20万 hm^2（不含）-50万 hm^2，灌草覆盖率>30%	(1) 20万 hm^2（不含）-50万 hm^2，灌草覆盖率>30%； (2) 5万 hm^2（不含）-20万 hm^2，灌草覆盖率>30%	(1) 5万 hm^2（不含）-20万 hm^2，灌草覆盖率≤30%； (2) ≤5万 hm^2
野生植物类型		(1) >50万 hm^2； (2) 1万 hm^2（不含）-5万 hm^2，国家重点保护野生植物5种或重点保护植物分布区面积>30%	(1) 1万 hm^2（不含）-5万 hm^2，国家重点保护野生植物≤5种或重点保护植物分布区面积≤30%； (2) 0.5万 hm^2（不含）-1万 hm^2，国家重点保护野生植物>5种或重点保护植物分布区面积>30%	(1) 0.5万 hm^2（不含）-1万 hm^2，国家重点保护野生植物≤5种或重点保护植物分布区面积≤30%； (2) ≤0.5万 hm^2
野生动物类型	>20万 hm^2，国家重点保护野生动物种>10种或核心区面积>50%	(1) >20万 hm^2，国家重点保护野生动物种≤10种或核心区面积≤50%； (2) 10万 hm^2（不含）-20万 hm^2，国家重点保护野生动物种>10种或核心区面积>50%	(1) 10万 hm^2（不含）-20万 hm^2，国家重点保护野生动物种≤10种或核心区面积≤50%； (2) 2万 hm^2（不含）-10万 hm^2，国家重点保护野生动物种>10种或核心区面积>50%	(1) 2万 hm^2（不含）-10万 hm^2，国家重点保护野生动物种≤10种或核心区面积≤50%； (2) ≤2万 hm^2
自然遗迹类型	>10万 hm^2	3万 hm^2（不含）-10万 hm^2	0.5万 hm^2（不含）-3万 hm^2	≤0.5万 hm^2

注：上表中不止一个条件的，只要满足其一即可。

附件二 产业开发类规模

超大型	大型	中型	小型
>30hm^2	15hm^2（不含）-30hm^2	10hm^2（不含）-15hm^2	≤10hm^2

2. 内蒙古自治区人民政府关于印发自治区草原植被恢复费征收使用管理办法的通知（内政发〔2012〕8号）

内蒙古自治区人民政府关于印发自治区草原植被恢复费征收使用管理办法的通知

内政发〔2012〕8号

各盟行政公署、市人民政府，各旗县人民政府，自治区各委、办、厅、局，各大企业、事业单位：

现将《内蒙古自治区草原植被恢复费征收使用管理办法》印发给你们，请结合实际，认真贯彻执行。

内蒙古自治区草原植被恢复费征收使用管理办法

第一条 根据《中华人民共和国草原法》、《内蒙古自治区草原管理条例》以及《财政部国家发展改革委关于同意收取草原植被恢复费有关问题的通知》（财综〔2010〕29号）、《国家发展改革委财政部关于草原植被恢复费收费标准及有关问题的通知》（发改价格〔2010〕1235号）精神，结合我区实际，制定本办法。

第二条 凡在自治区行政区域内权属明确的草原上进行下列活动的单位和个人，按照本办法规定缴纳草原植被恢复费。

（一）工程建设和矿藏开采征用或者使用草原的；

（二）在草原上进行勘探、钻井、修筑地上地下工程、采土、采砂、采石、开采矿产资源、开展经营性旅游活动、车辆行驶、影视拍摄等临时占用草原占用期已满，且未按要求履行草原植被恢复义务的；

（三）采集（收购）草原野生植物的。

第三条 在草原上修建直接为草原保护和畜牧业生产服务的工程设施，以及农牧民按规定标准建设住宅使用草原的，不缴纳草原植被恢复费。

第四条 草原植被恢复费由具有审核审批权限的旗县级以上人民政府草原行政主管部门的同级草原监督管理机构负责收取。

第五条 征用、使用草原的，用地单位和个人应当按照规定权限向国务院或自治区人民政府草原行政主管部门提出申请，经审核或者审批同意的，应当向具有审核审批权限的草原行政主管部门的同级草原监督管理机构缴纳草原植被恢复费。

对征用或者使用草原未获得建设用地批准的，应当在30个工作日内将收取的草原植被恢复费全部退还用地单位和个人。

第六条 临时占用草原的，用地单位和个人应当按照规定权限向旗县级以上人民政府草原行政主管部门提出申请，经审核或者审批同意的，应当向具有审核审批权限的草原行政主管部门的同级草原监督管理机构预交草原植被恢复费。

临时占用草原活动结束后，对依法履行恢复植被义务的单位和个人，应当在30个工作日内将预收的草原植被恢复费全部退还用地单位和个人。

第七条 将预收的草原植被恢复费退还用地单位和个人时，草原监督管理机构应当按照实际发生的退还金额，并附有关证明材料，向同级财政部门申请办理草原植被恢复费退库手续。

第八条 草原植被恢复费收入列"政府收支分类科目"第103类"非税收入"02款"专项收入"13项"草原植被恢复费收入"。

第九条 收取草原植被恢复费的草原监督管理机构应当到旗县级以上人民政府价格主管部门办理《收费许可证》，凭证收费。收取草原植被恢复费时应当开具自治区财政厅统一印制的财政票据。

第十条 草原植被恢复费的使用按照"取之于草、用之于草、统筹使用"的原则，由自治区、盟市、旗县草原行政主管部门按比例用于草原保护和植被恢复。自治区统筹使用20%、盟市使用10%、旗县使用70%。

第十一条 草原植被恢复费由征收机构在征收时直接缴入同级财政非税收入专户，由同级财政按照自治区20%、盟市10%、旗县70%的比例缴入相应级次国库，纳入地方预算管理。

第十二条 草原植被恢复费专项用于草原行政主管部门组织的草原植被恢复、保护和管理。使用范围包括：草原植被恢复、退化沙化草原改良和治理、人工草地建设、草原调查规划、草原生态监测、草原病虫害防治、草原防火和管护等支出。

第十三条 各级草原行政主管部门按照规定编制草原植被恢复费收支预算，报同级财政部门审核批准。财政部门根据草原行政主管部门开展依法保护草原和恢复草原植被等工作需要，核定草原植被恢复费支出预算。草原植被恢复费支出列"政府收支分类科目"第213类"农林水事务"01款"农业"53项"草原植被恢复费支出"。草原植被恢复费的支付按照财政国库管理制度有关规定执行。

第十四条 各级草原行政主管部门按照规定编制草原植被恢复费年度收支决算，报同级财政部门审核。

第十五条 草原植被恢复费的征收、使用和管理，应当严格按照本办法规定执行，任何单位和个人不得以任何名义重收、多收、减收、缓收、停收或者侵占、截留、挪用，并自觉接受财政、价格、审计部门和上级草原行政主管部门的监督检查。

第十六条 本办法自公布之日起执行，《内蒙古自治区草原养护费征收管理办法》（内牧发〔1999〕15号）同时废止。

草原植被恢复费征收标准

类　　别	征收内容	单　位	金　　额	备　注
征用或者使用草原	基本草原	亩	2500元	
	其他草原	亩	1500元	

续表

类　　别	征收内容	单　　位	金　　额	备　　注
临时占用草原	勘测、钻井、修筑地上地下工程	平方米	4元	依规定在批准的时限内，一次性收取。
	采土、采砂、采石、开采矿产资源等	平方米	10元	
	经营性旅游活动区	平方米	0.1元	
	临时作业生活区、物资堆放场等	平方米	2元	
	车辆临时行驶道	平方米	0.6	
	路影视拍摄等	平方米	0.5	
采集（收购）草原野生植物	采集（收购）者	市场价	15%	依前一年市场平均收贮价格收取。

主题词：农牧业　草原　收费　办法　通知

3. 财政部、国家林业局关于调整森林植被恢复费标准的通知 财税〔2015〕122号

财政部 国家林业局关于调整森林植被恢复费征收标准引导节约集约利用林地的通知

财税〔2015〕122号

各省、自治区、直辖市财政厅（局）、林业厅（局），新疆生产建设兵团财务局、林业局，内蒙古、吉林、黑龙江、大兴安岭森工（林业）集团公司：

由占用征收林地的建设单位依法缴纳森林植被恢复费，是促进节约集约利用林地、培育和恢复森林植被、实现森林植被占补平衡的一项重要制度保障。2002年财政部、国家林业局印发《森林植被恢复费征收使用管理暂行办法》（财综〔2002〕73号）以来，各地不断加强和规范森林植被恢复费征收使用管理，对推动植树造林、增加森林植被面积发挥了重要作用。随着我国经济社会快速发展，各项建设工程对占用征收林地需求不断增加，但其支付的补偿标准明显偏低，无序占用、粗放利用林地问题突出，减少的森林植被无法得到有效恢复。根据中共中央、国务院印发的《生态文明体制改革总体方案》的要求，为加快健全资源有偿使用和生态补偿制度，建立引导节约集约利用林地的约束机制，确保森林植被面积不减少、质量不降低，保障国家生态安全，现就调整森林植被恢复费征收标准等有关问题通知如下：

一、制定森林植被恢复费征收标准应当遵循以下原则：

（一）合理引导节约集约利用林地，限制无序占用、粗放使用林地。

（二）反映不同类型林地生态和经济价值，合理补偿森林植被恢复成本。

（三）充分体现公益林、城市规划区林地的重要性和特殊性，突出加强公益林和城市规划区林地的保护。

（四）保障公共基础设施、公共事业和民生工程等建设项目使用林地，控制经营性建设项目使用林地。

（五）考虑不同地区经济社会发展水平、森林资源禀赋和恢复成本差异，适应各地植树造林、恢复森林植被工作需要。

（六）与经济社会发展相适应，考虑企业承受能力，并建立定期评估和调整机制。

（七）体现公平公正原则，对中央和地方企业不得实行歧视性征收标准。

二、森林植被恢复费征收标准应当按照恢复不少于被占用征收林地面积的森林植被所需要的调查规划设计、造林培育、保护管理等费用进行核定。具体征收标准如下：

（一）郁闭度0.2以上的乔木林地（含采伐迹地、火烧迹地）、竹林地、苗圃地，每平方米不低于10元；灌木林地、疏林地、未成林造林地，每平方米不低于6元；宜林地，每平方米不低于3元。

各省、自治区、直辖市财政、林业主管部门在上述下限标准基础上，结合本地实际情

况，制定本省、自治区、直辖市具体征收标准。

（二）国家和省级公益林林地，按照第（一）款规定征收标准2倍征收。

（三）城市规划区的林地，按照第（一）、（二）款规定征收标准2倍征收。

（四）城市规划区外的林地，按占用征收林地建设项目性质实行不同征收标准。属于公共基础设施、公共事业和国防建设项目的，按照第（一）、（二）款规定征收标准征收；属于经营性建设项目的，按照第（一）、（二）款规定征收标准2倍征收。

公共基础设施建设项目包括：公路、铁路、机场、港口码头、水利、电力、通讯、能源基地、电网、油气管网等建设项目。公共事业建设项目包括：教育、科技、文化、卫生、体育、环境和资源保护、防灾减灾、文物保护、社会福利、市政公用等建设项目。经营性建设项目包括：商业、服务业、工矿业、仓储、城镇住宅、旅游开发、养殖、经营性墓地等建设项目。

三、对农村居民按规定标准建设住宅，农村集体经济组织修建乡村道路、学校、幼儿园、敬老院、福利院、卫生院等社会公益项目以及保障性安居工程，免征森林植被恢复费。法律、法规规定减免森林植被恢复费的，从其规定。

四、加强森林植被恢复费征收管理。各级林业主管部门要严格按规定的范围、标准和时限要求征收森林植被恢复费，确保及时、足额征缴到位。任何单位和个人均不得违反规定，擅自减免或缓征森林植被恢复费，不得自行改变森林植被恢复费的征收对象、范围和标准。要向社会公开各类建设项目占用征收林地及森林植被恢复费征收使用情况，提高透明度，接受社会监督。上级财政、林业主管部门要加强监督检查，坚决查处不按规定征收森林植被恢复费的行为。

五、做好组织实施和宣传工作。各地要高度重视调整森林植被恢复费征收标准工作，加强组织领导，周密部署，协调配合，抓好落实。要通过政府网站和公共媒体等渠道，加强森林植被恢复费政策宣传解读，及时发布信息，做好舆论引导工作，统一思想、凝聚共识，营造良好的舆论氛围。

各省、自治区、直辖市财政、林业主管部门要在2016年3月底前，将调整森林植被恢复费征收标准等政策落实到位，并及时报财政部、国家林业局备案。

财政部
国家林业局
2015年11月18日

4. 河北省财政厅 河北省林业厅关于调整森林植被恢复费征收标准的通知

河北省财政厅 河北省林业厅关于调整森林植被恢复费征收标准的通知

各设区市、定州、辛集市财政局、林业局：

根据财政部、国家林业局《关于调整森林植被恢复费征收标准引导节约集约利用林地的通知》（财税〔2015〕122号）要求，现将我省森林植被恢复费征收标准及相关事项通知如下：

一、河北省森林植被恢复费征收标准调整为：

（一）郁闭度0.2以上的乔木林地（含采伐迹地、火烧迹地）、竹林地、苗圃地，每平方米10元；灌木林地、疏林地、未成林造林地，每平方米6元；宜林地，每平方米3元。

（二）国家和省级公益林林地，按照第（一）款规定征收标准2倍征收。

（三）城市规划区的林地，按照第（一）、（二）款规定征收标准2倍征收。

（四）城市规划区外的林地，按占用征收林地建设项目性质实行不同征收标准。属于公共基础设施、公共事业和国防建设项目的，按照第（一）、（二）款规定征收标准征收；属于经营性建设项目的，按照第（一）、（二）款规定征收标准2倍征收。

公共基础设施建设项目包括：公路、铁路、机场、港口码头、水利、电力、通讯、能源基地、电网、油气管网等建设项目。公共事业建设项目包括：教育、科技、文化、卫生、体育、环境和资源保护、防灾减灾、文物保护、社会福利、市政公用等建设项目。经营性建设项目包括：商业、服务业、工矿业、仓储、城镇住宅、旅游开发、养殖、经营性墓地等建设项目。

二、对农村居民按规定标准建设住宅，农村集体经济组织修建乡村道路、学校、幼儿园、敬老院、福利院、卫生院等社会公益项目以及保障性安居工程，免征森林植被恢复费。法律、法规规定减免森林植被恢复费的，从其规定。

三、加强森林植被恢复费征收管理。各级林业主管部门要严格按规定的范围、标准和时限要求征收森林植被恢复费，确保及时、足额征缴到位。任何单位和个人均不得违反规定，擅自减免或缓征森林植被恢复费，不得自行改变森林植被恢复费的征收对象、范围和标准。要向社会公开各类建设项目占用征收林地及森林植被恢复费征收使用情况，提高透明度，接受社会监督。上级财政、林业主管部门要加强监督检查，坚决查处不按规定征收森林植被恢复费的行为。

本通知自2016年4月1日起实行。

河北省财政厅
河北省林业厅
2016年3月15日

5. 北京市财政局 北京市园林绿化局关于调整本市森林植被恢复费征收标准引导节约集约利用林地的通知（京财农〔2016〕2526号）

北京市财政局北京市园林绿化局关于调整本市森林植被恢复费征收标准引导节约集约利用林地的通知

各区财政局、园林绿化局：

现将财政部、国家林业局《关于调整森林植被恢复费征收标准引导节约集约利用林地的通知》（财税〔2015〕122号）（以下简称《通知》）转发给你们，请认真贯彻落实。根据《通知》要求并结合我市实际，对本市森林植被恢复费征收标准进行了调整，请一并遵照执行。

一、征收范围及标准

（一）征收范围

进行勘查、开采矿藏和各项建设工程占用或者建设项目临时占用经市、区人民政府批准的林地保护利用规划确定的Ⅰ级、Ⅱ级、Ⅲ级、Ⅳ级保护林地，使用林地的建设单位需依法缴纳森林植被恢复费，由市、区园林绿化主管部门负责征收。免征项目，按照《通知》规定执行。

（二）征收标准

基准价标准：

郁闭度0.2以上的乔木林地（含采伐迹地、火烧迹地）和苗圃地为一类林地；灌木林地、疏林地和未成林造林地为二类林地；宜林地为三类林地。一类林地每平方米150元；二类林地每平方米90元；三类林地每平方米45元。

特别规定：

1. 城市规划区内的林地：一类林地每平方米300元，二类林地每平方米180元，三类林地每平方米90元。

2. 城市规划区内的国家和市级公益林林地、禁伐区林地：一类林地每平方米600元，二类林地每平方米360元，三类林地每平方米180元。

3. 城市规划区以外的林地属于公共基础设施、公共事业和国防建设项目的：一类林地每平方米150元，二类林地每平方米90元，三类林地每平方米45元。

4. 城市规划区以外的国家和市级公益林林地属于公共基础设施、公共事业和国防建设项目的：一类林地每平方米300元，二类林地每平方米180元，三类林地每平方米90元。

5. 城市规划区以外的林地属于经营性建设项目的：一类林地每平方米300元，二类林地每平方米180元，三类林地每平方米90元。

6. 城市规划区以外的国家和市级公益林林地属于经营性建设项目的：一类林地每平方米600元，二类林地每平方米360元，三类林地每平方米180元。

二、相关要求

1. 认真执行《通知》规定。

市、区园林绿化主管部门要加强征收、管理制度建设，严格按照规定的范围、标准和时限要求征收、减免森林植被恢复费。市、区财政、园林绿化主管部门要加强管理，防止不按规定征收森林植被恢复费情况的发生。

2. 加强学习宣传工作，积极引导社会节约集约利用林地。一是认真学习，领会《通知》精神，准确把握执行新的征收标准。二是加强宣传，及时通过政府网站和相关媒体做好信息公开工作。三是做好政策宣传解读等相关落实工作，严格使用林地审核审批管理，引导全社会保护林地、节约集约利用林地的意识，确保林地资源安全。

3. 本市调整的森林植被恢复费征收标准自2016年12月1日起执行。2016年11月30日前审核审批同意的建设工程使用林地项目仍按原征收标准执行。

4. 凡与本通知有抵触的按照本通知执行。

附件：财政部、国家林业局《关于调整森林植被恢复费征收标准引导节约集约利用林地的通知》（财税〔2015〕122号）

北京市财政局
北京市园林绿化局
2016年11月28日

财政部　国家林业局关于调整森林植被恢复费征收标准引导节约集约利用林地的通知

财税〔2015〕122号

各省、自治区、直辖市财政厅（局）、林业厅（局），新疆生产建设兵团财务局、林业局，内蒙古、吉林、黑龙江、大兴安岭森工（林业）集团公司：

由占用征收林地的建设单位依法缴纳森林植被恢复费，是促进节约集约利用林地、培育和恢复森林植被、实现森林植被占补平衡的一项重要制度保障。2002年财政部、国家林业局印发《森林植被恢复费征收使用管理暂行办法》（财综〔2002〕73号）以来，各地不断加强和规范森林植被恢复费征收使用管理，对推动植树造林、增加森林植被面积发挥了重要作用。随着我国经济社会快速发展，各项建设工程对占用征收林地需求不断增加，但其支付的补偿标准明显偏低，无序占用、粗放利用林地问题突出，减少的森林植被无法得到有效恢复。根据中共中央、国务院印发的《生态文明体制改革总体方案》的要求，为加快健全资源有偿使用和生态补偿制度，建立引导节约集约利用林地的约束机制，确保森林植被面积不减少、质量不降低，保障国家生态安全，现就调整森林植被恢复费征收标准等有关问题通知如下：

一、制定森林植被恢复费征收标准应当遵循以下原则：

（一）合理引导节约集约利用林地，限制无序占用、粗放使用林地。

（二）反映不同类型林地生态和经济价值，合理补偿森林植被恢复成本。

（三）充分体现公益林、城市规划区林地的重要性和特殊性，突出加强公益林和城市规划区林地的保护。

（四）保障公共基础设施、公共事业和民生工程等建设项目使用林地，控制经营性建设项目使用林地。

（五）考虑不同地区经济社会发展水平、森林资源禀赋和恢复成本差异，适应各地植树造林、恢复森林植被工作需要。

（六）与经济社会发展相适应，考虑企业承受能力，并建立定期评估和调整机制。

（七）体现公平公正原则，对中央和地方企业不得实行歧视性征收标准。

二、森林植被恢复费征收标准应当按照恢复不少于被占用征收林地面积的森林植被所需要的调查规划设计、造林培育、保护管理等费用进行核定。具体征收标准如下：

（一）郁闭度0.2以上的乔木林地（含采伐迹地、火烧迹地）、竹林地、苗圃地，每平方米不低于10元；灌木林地、疏林地、未成林造林地，每平方米不低于6元；宜林地，每平方米不低于3元。

各省、自治区、直辖市财政、林业主管部门在上述下限标准基础上，结合本地实际情况，制定本省、自治区、直辖市具体征收标准。

（二）国家和省级公益林林地，按照第（一）款规定征收标准2倍征收。

（三）城市规划区的林地，按照第（一）、（二）款规定征收标准2倍征收。

（四）城市规划区外的林地，按占用征收林地建设项目性质实行不同征收标准。属于公共基础设施、公共事业和国防建设项目的，按照第（一）、（二）款规定征收标准征收；属于经营性建设项目的，按照第（一）、（二）款规定征收标准2倍征收。

公共基础设施建设项目包括：公路、铁路、机场、港口码头、水利、电力、通讯、能源基地、电网、油气管网等建设项目。公共事业建设项目包括：教育、科技、文化、卫生、体育、环境和资源保护、防灾减灾、文物保护、社会福利、市政公用等建设项目。经营性建设项目包括：商业、服务业、工矿业、仓储、城镇住宅、旅游开发、养殖、经营性墓地等建设项目。

三、对农村居民按规定标准建设住宅，农村集体经济组织修建乡村道路、学校、幼儿园、敬老院、福利院、卫生院等社会公益项目以及保障性安居工程，免征森林植被恢复费。法律、法规规定减免森林植被恢复费的，从其规定。

四、加强森林植被恢复费征收管理。各级林业主管部门要严格按规定的范围、标准和时限要求征收森林植被恢复费，确保及时、足额征缴到位。任何单位和个人均不得违反规定，擅自减免或缓征森林植被恢复费，不得自行改变森林植被恢复费的征收对象、范围和标准。要向社会公开各类建设项目占用征收林地及森林植被恢复费征收使用情况，提高透明度，接受社会监督。上级财政、林业主管部门要加强监督检查，坚决查处不按规定征收森林植被恢复费的行为。

五、做好组织实施和宣传工作。各地要高度重视调整森林植被恢复费征收标准工作，加强组织领导，周密部署，协调配合，抓好落实。要通过政府网站和公共媒体等渠道，加强森林植被恢复费政策宣传解读，及时发布信息，做好舆论引导工作，统一思想、凝聚共识，营造良好的舆论氛围。

各省、自治区、直辖市财政、林业主管部门要在2016年3月底前，将调整森林植被恢复费征收标准等政策落实到位，并及时报财政部、国家林业局备案。

财政部
国家林业局
2015年11月18日

6. 内蒙古财政厅 林业厅关于调整森林植被恢复费征收标准的通知（内财非税〔2016〕375号）

内蒙古自治区财政厅林业厅关于调整森林植被恢复费征收标准引导节约利用林地的通知

内财非税〔2016〕375号

各盟市财政局、林业局，满洲里、二连浩特市财政局、林业局：

为更好地节约集约利用林地，培育和恢复森林植被，实现森林植被占补平衡，根据《财政部 国家林业局关于调整森林植被恢复费征收标准引导节约集约利用林地的通知》（财税〔2015〕122号）文件要求，结合我区实际，我们调整了我区森林植被恢复费征收标准。现就有关问题通知如下：

一、森林植被恢复费征收标准如下：

（一）郁闭度0.2以上的乔木林地、竹林地、苗圃地，每平方米10元；灌木林地、疏林地、未成林造林地，每平方米6元；宜林地，每平方米3元。其中：采伐迹地、火烧迹地按前地类标准征收；辅助生产林地、其他无立木林地按宜林地标准征收。

（二）国家级公益林林地和自治区地方公益林林地，按照第（一）款规定征收标准2倍征收。

（三）城市规划区的林地，按照第（一）、（二）款规定征收标准2倍征收。

（四）城市规划区外的林地，按占用征收林地建设项目性质实行不同征收标准。属于公共基础设施、公共事业和国防建设项目的，按照第（一）、（二）款规定征收标准征收；属于经营性建设项目的，按照第（一）、（二）款规定征收标准2倍征收。

公共基础设施建设项目包括：公路、铁路、机场、港口码头、水利、电力、通讯、能源基地、电网、油气管网等建设项目。公共事业建设项目包括：教育、科技、文化、卫生、体育、环境和资源保护、防灾减灾、文物保护、社会福利、市政公用等建设项目。经营性建设项目包括：商业、服务业、工矿业、仓储、城镇住宅、旅游开发、养殖、经营性墓地等建设项目。

二、对农村居民按规定标准建设住宅，农村集体经济组织修建乡村道路、学校、幼儿园、敬老院、福利院、卫生院等社会公益项目以及保障性安居工程，免征森林植被恢复费。法律、法规规定减免森林植被恢复费的，从其规定。

三、加强森林植被恢复费征收管理。各级林业主管部门要严格按照规定的范围、标准和时限征收森林植被恢复费，确保及时、足额征缴到位。要向社会公开各类建设项目占用征收林地及森林植被恢复费征收使用情况，提高透明度，接受社会监督。任何单位和个人均不得违反规定，擅自减免或缓征森林植被恢复费，不得自行改变森林植被恢复费的征收对象、范围和标准。上级财政、林业主管部门要加强监督检查，坚决查处不按规定征收森林植被恢复费的行为。

四、做好组织实施和宣传工作。各盟市要高度重视调整森林植被恢复费征收标准工作，加强组织领导，周密部署，协调配合，抓好落实。

五、本通知自 2016 年 5 月 1 日起执行。

内蒙古自治区财政厅
内蒙古自治区林业厅
2016 年 4 月 20 日

7. 山西省财政厅 山西省林业厅关于印发《山西省森林植被恢复征收使用管理实施办法》的通知（晋财综〔2002〕155号）

山西省财政厅 山西省林业厅
关于印发《山西省森林植被恢复征收使用管理实施办法》的通知

晋财综〔2002〕155号

各市（地）财政局、林业局，省直各森林经营（实验）局：

根据《中华人民共和国森林法》、《中华人民共和国森林法实施条例》（国务院令第278号）、财政部、国家林业局《森林植被恢复费征收使用管理暂行办法》（财综〔2002〕73号）及国家林业局《占用征用地审核审批管理办法》（国家林业局第2号）的有关规定，结合我省实际，制定了《山西省森林植被恢复费征收使用管理实施办法》，现印发给你们，请遵照执行。

附件：山西省森林植被恢复费征收使用管理实施办法

2002年12月27日

山西省森林植被恢复费征收使用管理实施办法

第一章 总 则

第一条 为保护森林资源，促进我省林业可持续发展，根据《中华人民共和国森林法》（以下简称《森林法》）、《中华人民共和国森林法实施条例》（国务院令第278号，以下简称《森林法实施条例》）、财政部、国家林业局《森林植被恢复费征收使用管理暂行办法》（财综〔2002〕73号）及国家林业局《占用征用地审核审批管理办法》（国家林业局第2号）的有关规定，结合我省实际，制定本办法。

第二条 森林植被恢复费属于政府性基金，纳入财政预算管理，实行专款专用，年终结余结转下年安排使用。

第三条 森林植被恢复费的征收、使用和管理应当接受财政、审计部门和上级林业主管部门的监督检查。

第二章 征　　收

第四条　凡勘查、开采矿藏和修建道路、铁路、水利、电力、通讯等各项建设工程需要占用、征用或者临时占用林地，经县级以上林业主管部门审核同意或批准的，用地单位应当按照本办法规定向县级以上林业主管部门预缴森林植被恢复费。

第五条　县级以上林业主管部门按照下列规定预收森林植被恢复费：

（一）占用或征用林地的，按照《森林法》和《森林法实施条例》规定的审批权限，属于上报国家林业局审批的和省林业主管部门审核同意或批准的，由林业主管部门负责预收。

（二）临时占用林地的，应按照国家林业局《占用征用林地审核审批管理办法》（国家林业局令〔2001〕第2号）规定的审批权限负责预收。属于国家林业局、省林业主管部门审核同意或批准的，由省林业主管部门负责预收；属于市（地）林业主管部门审核同意或批准的，由市（地）林业主管部门负责预收；属于县（市、区）林业主管部门审核同意或批准的，由县（市、区）林业主管部门负责预收。

第六条　森林植被恢复费征收标准按照恢复不少于被占用或征用林地面积的森林植被所需要的调查规划设计、造林培育等费用核定。具体征收标准如下：

（一）用材林林地、经济林林地、薪炭林林地、苗圃地，每平方米收取6元。

（二）未成林造林地，每平方米收取4元。

（三）防护林和特种用途林林地，每平方米收取8元；国家重点防护林和特种用途林地，每平方米收取10元。

（四）疏林地、灌木林地，每平方米收取3元。

（五）宜林地、采伐迹地、火烧迹地，每平方米收取2元。

城市及城市规划区的林地，可按照上述规定标准2倍收取。对农民按规定标准建设住宅占用林地，在"十五"期间暂不收取森林植被恢复费。

第七条　各级林业主管部门收取森林植被恢复费，必须使用省财政厅统一印制的政府性专用票据。

第三章 缴　　库

第八条　各级林业主管部门收取的森林植被恢复费，按照预算收入级次上缴国库。

（一）省林业主管部门收取的森林植被恢复费，全额缴入省级国库。

（二）市（地）、县（市、区）林业主管部门收取的森林植被恢复费，全额缴入同级地方国库。

第九条　森林植被恢复费实行就地缴库办法。县级以上林业主管部门收取森林植被恢复费后，自取得收入之日起3日内就地缴入同级国库。

第十条　各级林业主管部门在办理缴库手续时，应填制一般缴款书，并填列"基金预算收入"科目中第84类"农业部门基金收入"第8409款"森林植被恢复费收入"。省林业主管部门在缴款书的"收款单位"栏填写"财政厅"，"预算级次"栏填写"省级"；各市（地）以下林业主管部门按同级财政部门的有关规定填写。

第十一条　占用、征用或者临时占用林地未被批准，有关林业主管部门需要将预收的森林植被恢复费退还用地单位时，应当由有关林业主管部门汇总实际发生的退还金额，并附有关证明材料，按照财政部规定的退库项目，向同级财政部门申请办理森林植被恢复费退库手续。

第四章 使用管理

第十二条 森林植被恢复费实行专款专用，专项用于林业主管部门组织的植树造林、恢复森林植被，包括调查规划设计、整地、造林、抚育、护林防火、病虫害防治、资源管护等开支，不得平调、截留或挪作他用。

第十三条 省级林业主管部门收取的森林植被恢复费，纳入省财政预算管理。其中：占用或临时占用省直各森林经营（实验）局收取的森林植被恢复费，列入省级支出预算，用于有关省直各森林经营（实验）局的植树造林、恢复森林植被；占用、征用或者临时占用地方国有和集体所有的林地，由省林业主管部门收取的森林植被恢复费，列入省级财政补助地方专款预算，用于当地植树造林、恢复森林植被。

各市（地）、县级林业主管部门因临时占用林地收取的森林植被恢复费，纳入同级财政预算管理，全部用于本区域范围内的植树造林、恢复森林植被。

第十四条 省林业主管部门收取的森林植被恢复费，其中：80%返还被占用或征用林地所在市（地）、县财政，用于植树造林、恢复森林植被；20%集中用于全省范围内异地植树造林和恢复森林植被。

第十五条 县级以上林业主管部门应当按照规定编制森科植被恢复费收支预决算，报同级财政部门审核，并按照批准的预算以及财政部门核拨的资金安排使用。

第十六条 森林植被恢复费支出时，填列"基金预算支出"科目中的第84类"农业部门基金支出"第8409款"森林植被恢复费支出"。

第五章 违规处理

第十七条 占用或者临时占用林地的单位和个人不按照本办法规定缴纳森林植被恢复费；县级以上林业主管部门违反本办法规定，多收、减收、免收、缓收，或者隐瞒、截留、挪用、坐收坐支森林植被恢复费，由上级或同级财政部门会同有关部门责令改正，并按照《国务院关于违反财政法规处罚的暂行规定》（国发〔1987〕58号）等有关法律、行政法规的规定进行处罚。

第十八条 对违反第十七条规定行为中涉及有关部门或单位直接负责的主管人员和其他直接责任人员，按照《违反行政事业性收费和罚没收入收支两条线管理规定行政处分暂行规定》（国务院令第281号），给予行政处分；构成犯罪的，移交司法机关依法追究其刑事责任。

第十九条 县级以上林业主管部门应会同当地财政等有关部门对森林植被恢复情况进行监督检查，对完不成植树造林、恢复森林植被的，责令限期完成；对弄虚作假，谎报虚报造林面积的，按照有关规定给予严肃处理。

第六章 附 则

第二十条 本办法自2003年1月1日起执行。《山西省征、占用林地补偿费收取和使用暂行办法》（晋价涉字〔1994〕第32号）中有关森林植被恢复收取的相关规定同时废止。

第二十一条 本办法由省财政厅、省林业厅负责解释。

8. 陕西省财政厅 陕西省林业厅关于印发《森林植被恢复费征收使用管理实施办法》的通知

陕西省财政厅 陕西省林业厅关于印发
《森林植被恢复费征收使用管理实施办法》的通知

各设区市、杨凌示范区、西咸新区、韩城市、省管县财政局、林业（农林）局：

　　为进一步加强我省政府非税收入管理，保护森林资源，节约集约使用林地，促进我省林业可持续发展，根据《中华人民共和国森林法》《中华人民共和国森林法实施条例》（国务院令278号）、《陕西省森林管理条例》和财政部、国家林业局《关于印发〈森林植被恢复费征收使用管理暂行办法〉的通知》（财综〔2002〕73号）、《关于调整森林植被恢复费征收标准引导节约集约利用林地的通知》（财税〔2015〕122号），结合我省实际，我们制定了《森林植被恢复费征收使用管理实施办法》，现印发你们，请遵照执行。

　　附件：森林植被恢复费征收使用管理实施办法

陕西省财政厅
陕西省林业局
2016年4月15日

森林植被恢复费征收使用管理实施办法

第一章 总 则

　　第一条 为保护森林资源，节约集约使用林地，促进我省林业可持续发展，根据《中华人民共和国森林法》《中华人民共和国森林法实施条例》（国务院令第278号）、《陕西省森林管理条例》《建设项目使用林地审核审批管理办法》（国家林业局令第35号）、《陕西省征用占用林地及补偿费征收管理办法》（陕西省人民政府令第4号）和财政部、国家林业局《关于印发〈森林植被恢复费征收使用管理暂行办法〉的通知》（财综〔2002〕73号）及《关于调整森林植被恢复费征收标准引导节约集约利用林地的通知》（财税〔2015〕122号）等有关法律、法规的规定，结合我省实际，制定本办法。

　　第二条 森林植被恢复费属政府非税收入，纳入同级财政一般公共预算管理，支出主要用于或专项用于安排相关支出。

第三条 森林植被恢复费的征收、使用和管理应当接受财政、审计和上级林业主管部门的监督检查。

第二章 征收和缴库

第四条 凡建设项目使用林地，经县级及以上林业主管部门审核同意或批准的，用地单位应当按照本办法规定向县级及以上林业主管部门缴纳森林植被恢复费。

第五条 森林植被恢复费征收遵循以下原则：

（一）合理引导节约集约利用林地，限制无序占用、限制粗放使用林地。

（二）反映不同类型林地生态和经济价值，合理补偿森林植被恢复成本。

（三）充分体现公益林、城市规划区林地的重要性和特殊性，突出加强公益林和城市规划区林地的保护。

（四）保障公共基础设施、公共事业和民生工程等建设项目使用林地，控制经营性建设项目使用林地。

（五）考虑不同地区经济社会发展水平、森林资源禀赋和恢复成本差异，适应各地植树造林、恢复森林植被工作需要。

（六）与经济社会发展相适应，考虑使用林地企业承受能力，并建立定期评估和调整机制。

（七）体现公平公正原则，对使用林地的中央和地方企业不得实行歧视性征收标准。

第六条 森林植被恢复费的征收标准，按照恢复不少于被使用林地面积的森林植被所需要的调查规划设计、造林培育、保护管理等费用进行核定。具体征收标准如下：

（一）郁闭度0.2以上的乔木林地（含采伐迹地、火烧迹地）、竹林地、苗圃地，每平方米收取12元；灌木林地、疏林地、未成林造林地，每平方米收取8元；宜林地，每平方米收取4元。

（二）国家和地方公益林林地，按照第（一）款规定征收标准2倍征收。

（三）城市规划区的林地，按照第（一）、（二）款规定征收标准的2倍征收。

（四）城市规划区外的林地，按使用林地建设项目性质实行不同征收标准。属于公共基础设施、公共事业和国防建设项目的，按照第（一）、（二）项规定征收标准征收；属于经营性建设项目的，按照第（一）、（二）项规定征收标准的2倍征收。

公共基础设施建设项目包括：公路、铁路、机场、港口码头、水利、电力、通讯、能源基地、电网、油气管网等建设项目。公共事业建设项目包括：教育、科技、文化、卫生、体育、环境和资源保护、防灾减灾、文物保护、社会福利、市政公用等建设项目。

经营性建设项目包括：商业、服务业、工矿业、仓储、城镇住宅、旅游开发、养殖、经营性墓地等建设项目。

第七条 对农村居民按规定标准建设住宅，农村集体经济组织修建乡村道路、学校、幼儿园、敬老院、福利院、卫生院等社会公益项目和保障性安居工程，以及森林经营单位在所经营的林地范围内修筑直接为林业生产服务的工程设施，免征森林植被恢复费。法律、法规规定其他建设项目减免森林植被恢复费的，从其规定。

第八条 森林植被恢复费由林地所属林业主管部门全额征收，通过非税收入收缴管理系统按照比例直接缴入各级国库，分级管理：

（一）使用县级及县级以下单位林地，由县级林业主管部门直接审批的，森林植被恢复费全额缴入县级国库；由县级林业主管部门审查，市级林业主管部门审核审批的，按照80%、20%的比例分别缴入县级、市级国库；由县级、市级林业主管部门审查，省级或国家林业主管部门审核审批的，按照60%、20%、20%的比例分别缴入县级、市级和省级国库。

（二）使用市级（包括杨凌示范区、西咸新区、韩城市）单位林地，由市级林业主管部门直接审批的，森林植被恢复费全额缴入市级国库；由市级林业主管部门审查，省级或国家林业主管部门审核审批的，按照80%、20%的比例分别缴入市级、省级国库。

（三）具有与设区市同等经济社会管理权限的省管县，使用县级单位林地，由县级林业主管部门直接审批的，森林植被恢复费全额缴入县级国库；由省级或国家林业主管部门审核审批的，按照80%、20%的比例分别缴入县级、省级国库。

（四）使用省级单位林地，森林植被恢复费由省级林业主管部门全额征收，缴入省级国库。

第九条　各级林业主管部门审批通过后，由林地所属林业主管部门向林地使用单位开具"陕西省非税收入一般缴款书"，按照审批级次填写收费项目，督促林地使用单位缴纳森林植被恢复费。

第十条　缴库时列政府收支分类科目"1030222森林植被恢复费"项。

第十一条　缴库后，林地所属林业主管部门应及时将"陕西省非税收入一般缴款书"执收单位回执联复印件分送各级审查审批林业主管部门，审查审批林业主管部门凭此复印件与使用林地单位核对缴款信息，核对无误后，予以办理审批手续。

第三章　使用管理

第十二条　森林植被恢复费实行预算管理，主要用于以下五个方面：

（一）林业主管部门组织的造林绿化、森林植被恢复，以及困难立地造林、森林经营保护等技术研究与科技创新；

（二）森林资源调查、林地保护规划、林地变更调查、森林资源监测、林政案件查处；

（三）建设项目使用林地行政许可的事中、事后监督管理；

（四）森林资源保护管理等支出；

（五）省、市、县森林资源管理信息化系统建设。

第十三条　县级以上林业主管部门收取的森林植被恢复费，按照预算收入级次缴入同级国库，并纳入财政预算管理。

第十四条　各级林业部门应于每年年初编制森林植被恢复费收支预算，报同级财政部门审核，并根据预算批复执行。森林植被恢复费支出根据资金具体用途，填列一般公共预算支出第213类"农林水支出"02款"林业"支出相关项。

第四章　监督管理

第十五条　全省各级林业主管部门对森林植被恢复费的使用情况应主动接受同级财政主管部门和审计部门的监督和检查，全省各级财政、林业主管部门要加强对下级财政、林业主管部门森林植被恢复费征收、缴库、拨付和使用情况的监督和检查；做到互相监督、互相制约，确保森林植被恢复费征收使用公平公开和合理合规。每年应抽取一定比例的市、县，进行植被恢复费的使用情况审计。

第十六条　市、县级林业主管部门在每半年年末10日内将本地森林植被恢复费收支情况报省级林业主管部门。省级林业主管部门在每年年末统计全省各级森林植被恢复费收支情况，并抄报省级财政主管部门。

第十七条 县级以上林业主管部门要严格按规定的范围、标准和时限要求征收森林植被恢复费，确保及时、足额征缴到位。任何单位和个人均不得违反规定，擅自减免或缓征森林植被恢复费，不得自行改变森林植被恢复费的征收对象、范围和标准。要向社会公开各类建设项目占用征收林地及森林植被恢复费征收使用情况，提高透明度，接受社会监督。

第五章 处 罚

第十八条 使用林地的单位或个人不按照本办法规定足额缴纳森林植被恢复费的，各级林业主管部门不得发放使用林地审核同意书或临时使用林地批复文件。对未批先占林地的违法用地行为，按照《中华人民共和国森林法实施条例》第四十三条规定依法处理后，再补办占用林地手续。

第十九条 县级以上林业主管部门违反本办法规定，多收、减收、免收、缓收，或者隐瞒、截留、挪用、坐收坐支森林植被恢复费，由上级或同级财政部门会同有关部门责令改正，并按照《财政违法行为处罚处分条例》（国务院令第427号）等有关法律、行政法规的规定进行处罚。

第二十条 对违反第十八条、第十九条规定行为中涉及有关部门或单位直接负责的主管人员和其他直接责任人员，按照《违反行政事业性收费和罚没收入收支两条线管理规定行政处分暂行规定》（国务院令281号），给予行政处分；构成犯罪的，移交司法机关依法追究其刑事责任。

第六章 附 则

第二十一条 本办法自2016年5月1日起施行，有效期至2021年4月30日。《陕西省财政厅 陕西省林业厅关于印发〈陕西省森林植被恢复费征收使用管理实施办法〉的通知》（陕财办综〔2003〕19号）同时废止。本办法执行前未缴纳森林植被恢复费的，仍按原规定标准执行。

五、水土保持补偿费

1. 国家发改委、财政部、水利部关于水土保持补偿费收费标准(试行)的通知(发改价格〔2014〕886号)

关于水土保持补偿费收费标准(试行)的通知

发改价格〔2014〕886号

各省、自治区、直辖市发展改革委、物价局,财政厅(局),水利(水务)厅(局):

为规范水土保持补偿费收费管理,根据《中华人民共和国水土保持法》、《财政部、国家发展改革委、水利部、中国人民银行关于印发〈水土保持补偿费征收使用管理办法〉的通知》(财综〔2014〕8号)等规定,现就水土保持补偿费试行收费标准等有关问题通知如下:

一、制定水土保持补偿费收费标准的基本原则:

(一)预防和治理水土流失,促进水土资源的保护和合理利用;

(二)考虑不同区域水土流失状况和不同行业对生态环境的影响差异;

(三)与国家资源税改革及其他资源补偿类收费政策相衔接;

(四)与经济社会发展阶段相适应,充分考虑相关企业承受能力;

(五)考虑企业生产技术、管理水平、生态环境治理投入等方面的差异;

(六)在自然地理环境相似的地区,对中央和地方企业不得制定歧视性收费标准。

二、水土保持补偿费收费标准按下列规定执行:

(一)对一般性生产建设项目,按照征占用土地面积一次性计征,东部地区每平方米不超过2元(不足1平方米的按1平方米计,下同),中部地区每平方米不超过2.2元,西部地区每平方米不超过2.5元。

对水利水电工程建设项目,水库淹没区不在水土保持补偿费计征范围之内。

(二)开采矿产资源的,建设期间,按照征占用土地面积一次性计征,具体收费标准按照本条第一款执行。开采期间,石油、天然气以外的矿产资源按照开采量(采掘、采剥总量)计征。石油、天然气根据油、气生产井(不包括水井、勘探井)占地面积按年征收,每口油、气生产井占地面积按不超过2000平方米计算;对丛式井每增加一口井,增加计征面积按不超过400平方米计算,每平方米每年收费不超过2元。各地在核定具体收费标准时，应充分评估损害程度，对生产技术先进、管理水平较高、生态环境治理投入较大的资源开采企业，在核定收费标准时应按照从低原则制定。

（三）取土、挖砂（河道采砂除外）、采石以及烧制砖、瓦、瓷、石灰的，根据取土、挖砂、采石量，按照每立方米0.5—2元计征（不足1立方米的按1立方米计）。对缴纳义务人已按前两种方式计征水土保持补偿费的，不再重复计征。

（四）排放废弃土、石、渣的，根据土、石、渣量，按照每立方米0.5—2元计征（不足1立方米的按1立方米计）。对缴纳义务人已按前三种方式计征水土保持补偿费的，不再重复计征。

上述各类收费具体标准由各省、自治区、直辖市价格主管部门、财政部门会同水行政主管部门根据本地实际情况制定。

三、县级以上地方水行政主管部门征收水土保持补偿费，应到同级价格主管部门办理收费许可证，并使用省级财政部门统一印制的票据。

四、相关收费单位要在收费场所显著位置和门户网站对水土保持补偿费的收费依据、收费标准、收费主体、收费范围等内容进行公示。

五、收费单位应严格执行批准的收费项目和收费标准，不得自行增设收费项目和提高收费标准，并自觉接受价格、财政、审计和上级水行政主管部门的监督检查。各级价格主管部门应加强对收费单位收费许可证的年度审验。

六、上述规定自本通知印发之日起执行，试行两年。各省、自治区、直辖市根据本通知规定制定具体的水土保持补偿费收费标准，报国家发展改革委、财政部、水利部备案。

国家发展改革委
财   政   部
水   利   部
2014年5月7日

2. 北京市发展和改革委员会 北京市财政局 北京市水务局 关于水土保持补偿费收费标准的通知（京发改〔2016〕928号）

北京市发展和改革委员会 北京市财政局 北京市水务局 关于水土保持补偿费收费标准的通知

京发改〔2016〕928号

各区发展改革委、财政局、水务局，东城区城管委、西城区市政市容委：

根据《国家发展改革委、财政部、水利部关于水土保持补偿费收费标准（试行）的通知》（发改价格〔2014〕886号），以及市财政局、市发展改革委、市水务局《关于印发〈北京市水土保持补偿费征收管理办法〉的通知》（京财农〔2016〕506号），现将市、区水行政主管部门征收的水土保持补偿费收费标准等有关问题通知如下：

一、水土保持补偿费收费标准（编码164007001）

（一）对一般性生产建设项目，按照征占用土地面积每平方米2元一次性计征（不足1平方米的按1平方米计，下同）。对水利水电工程建设项目，水库淹没区不在水土保持补偿费计征范围之内。

（二）开采矿产资源的，建设期间，按照征占用土地面积每平方米2元一次性计征；开采期间，按照开采量（采掘、采剥总量）每立方米2元计征（不足1立方米的按1立方米计，下同）。

（三）排放废弃土、石、渣的，根据土、石、渣量，按照每立方米2元计征。对缴纳义务人已按前两种方式计征水土保持补偿费的，不再重复计征。

二、市、区水行政主管部门要在各自网站和收费场所显著位置公示水土保持补偿费的收费依据、收费标准、收费主体、收费范围等内容。

三、市、区水行政主管部门应严格执行批准的收费项目和收费标准，不得自行增设收费项目和提高收费标准，并自觉接受价格、财政、审计和上级水行政主管部门的监督检查。

四、本通知自印发之日起执行。

特此通知。

北京市发展和改革委员会
北京市财政局
北京市水务局
2016年6月1日

3. 河北省《关于制定我省水土保持补偿费收费标准的通知》（冀价行费〔2014〕32号）

河北省物价局 河北省财政厅 河北省水利厅
关于制定我省水土保持补偿费收费标准的通知

冀价行费〔2014〕32号

各设区市、定州市、辛集市、直管县物价局（发改局）、财政局、水利（水务）局：

为规范水土保持补偿费收费管理，根据《中华人民共和国水土保持法》、国家有关部委有关水土保持补偿费征收使用管理办法及收费标准和我省征收使用管理办法等有关规定，结合我省实际，现就河北省水土保持补偿费试行收费标准等有关问题通知如下：

一、制定水土保持补偿费收费标准的基本原则：

（一）预防和治理水土流失，促进水土资源的保护和合理利用；

（二）考虑不同区域水土流失状况和不同行业对生态环境的影响差异；

（三）与国家资源税改革及其他资源补偿类收费政策相衔接；

（四）与经济社会发展阶段相适应，充分考虑相关企业承受能力；

（五）考虑企业生产技术、管理水平、生态环境治理投入等方面的差异；

（六）在自然地理环境相似的地区，对中央和地方企业不得制定歧视性收费标准。

二、水土保持补偿费收费标准按下列规定执行：

（一）对一般性生产建设项目，按照不能恢复原有水土保持功能的征占用土地面积一次性计征，其中国家级重点预防区和治理区每平方米2.0元，省级重点预防区和治理区每平方米1.8元，市、县重点预防区和治理区每平方米1.5元，其他区域每平方米0.5元。

对水利水电工程建设项目，水库淹没区不在水土保持补偿费计征范围之内。

（二）开采矿产资源的，建设期间，按照不能恢复原有水土保持功能的征占用土地面积一次性计征，具体收费标准按照本条第一款执行。

开采期间，石油、天然气以外的矿产资源按照开采量（采掘、采剥总量）每吨1元计征。

石油、天然气根据油、气生产井（不包括水井、勘探井）占地面积按年征收，每口油、气生产井占地面积按2000平方米计算；对丛式井每增加一口井，增加计征面积按400平方米计算，每平方米每年收费2元。

（三）取土、挖砂（河道采砂除外）、采石以及烧制砖、瓦、瓷、石灰的，根据取土、挖砂、采石量，按照每立方米0.5—2元计征（不足1立方米的按1立方米计）。（依据冀发〔2012〕19号文件规定，实行行政事业性收费下限制，凡国家有上下限规定的一律按照下限执行）对缴纳义务人已按前两种方式计征水土保持补偿费的，不再重复计征。

（四）排放废弃土、石、渣的，根据土、石、渣量，按照每立方米0.5—2元计征（不足1立方米的按1立方米计）。（依据冀发〔2012〕19号文件规定，实行行政事业性收费下限制，凡国家有上下限规定的一律按照下限执行）对缴纳义务人已按前三种方式计征水土保持补偿费的，不再重复计征。

三、县级以上水行政主管部门征收水土保持补偿费，应到同级价格主管部门办理收费许可证，并使用河北省财政厅统一印制的票据。

四、相关收费单位要在收费场所显著位置和门户网站对水土保持补偿费的收费依据、收费标准、收费主体、收费范围等内容进行公示。

五、收费单位应严格执行批准的收费项目和收费标准，不得自行增设收费项目和提高收费标准，并自觉接受价格、财政、审计和上级水行政主管部门的监督检查。各级价格主管部门应加强对收费单位收费许可证的年度审验。

上述规定自本通知印发之日起执行，试行两年。

河北省物价局
河北省财政厅
河北省水利厅
2014 年 9 月 23 日

4. 内蒙古自治区水土保持补偿费征收使用实施办法

内蒙古自治区财政厅　发展和改革委员会　内蒙古自治区水利厅
中国人民银行呼和浩特中心支行关于印发
《内蒙古自水土保持补偿费征收使用实施办法》的通知

内财非税规〔2015〕18号

各盟（市）财政局、发展改革委、水利（务）局、各盟（市）人民银行中心支行：

　　为了规范自治区境内水土保持补偿费征收使用管理，促进水土流失防治工作，改善生态环境，根据《中华人民共和国水土保持法》和《关于印发水土保持补偿费征收使用实施办法的通知》（财综〔2014〕8号）以及《关于水土保持补偿费收费标准（试行）的通知》（发改价格〔2014〕886号），我们制定了《内蒙古自治区水土保持补偿费征收使用实施办法》，现印发给你们，请认真贯彻执行。

　　附件：内蒙古自治区水土保持补偿费征收使用实施办法

2016年2月29日印发

内蒙古自治区水土保持补偿费征收使用实施办法

第一章　总　则

第一条　为了规范自治区境内水土保持补偿费征收使用管理，促进水土流失防治工作，改善生态环境，根据《中华人民共和国水土保持法》、《国务院关于印发推进财政资金统筹使用方案的通知》（国发〔2015〕35号），财政部、国家发展改革委、水利部、中国人民银行《关于印发水土保持补偿费征收使用管理办法的通知》（财综〔2014〕8号）和国家发展改革委、财政部、水利部《关于水土保持补偿费收费标准（试行）的通知》（发改价格〔2014〕886号）的规定，结合我区实际，制定本办法。

第二条　水土保持补偿费是水行政主管部门对损坏水土保持设施和地貌植被、不能恢复原有水土保持功能的生产建设单位和个人征收并专项用于水土流失防治、监督和管理的资金。

第三条 水土保持补偿费全额上缴国库，纳入一般公共预算管理，年终结余由财政部门按有关规定统筹使用。

第四条 水土保持补偿费征收、缴库、使用和管理应当接受财政、价格、人民银行、审计部门和上级水行政主管部门的监督检查。

第二章 征 收

第五条 在山区、丘陵区、风沙区以及水土保持规划确定的容易发生水土流失的其他区域开办生产建设项目或者从事其他生产建设活动，损坏水土保持设施、地貌植被，不能恢复原有水土保持功能的单位和个人（以下简称缴纳义务人），应当缴纳水土保持补偿费。

前款所称其他生产建设活动包括：

（一）取土、挖砂、采石（不含河道采砂）；

（二）烧制砖、瓦、瓷、石灰；

（三）排放废弃土、石、渣。

第六条 旗县级以上地方水行政主管部门按照下列规定征收水土保持补偿费。

旗县级以上地方水行政主管部门按照生产建设项目水土保持方案审批权限负责征收。其中，水利部和自治区审批的项目，建设期间、生产运行（试运行）期间由项目所在地旗县级水行政管理部门征收。

从事其他生产建设活动的单位和个人应当缴纳的水土保持补偿费，由生产建设活动所在地县级水行政主管部门负责征收。

第七条 水土保持补偿费按下列方式计征：

（一）对一般性生产建设项目，按照征占用土地面积计征。

（二）开采矿产资源的，在建设期间按照征占用土地面积计征；在开采期间，对石油、天然气以外的矿产资源按照开采量计征，对石油、天然气按照油气生产井及附属实施、专用道路占地面积每年计征。

（三）取土、挖砂、采石以及烧制砖、瓦、瓷、石灰的，按照取土、挖砂、采石量计征。

（四）排放废弃土、石、渣的，按照排放量计征。对缴纳义务人已按照前三种方式计征水土保持补偿费的，其排放废弃土、石、渣，不再按照排放量重复计征。

第八条 水土保持补偿费的征收标准，按下列规定执行：

（一）对一般性生产建设项目，按照征占用土地面积计征，收费标准为每平方米2.0元（不足1平方米的按1平方米计）。对水利水电工程建设项目，水库淹没区不在水土补偿费计征范围之内。

（二）开采矿产资源的，建设期间按照征占用土地面积计征，收费标准按照本条第一款执行。

开采期间，石油、天然气以外的矿产资源按照开采量计征收费标准为每吨2元，其中：褐煤按照每吨1元（不足1吨的按1吨计）；石油、天然气按照生产量计征，原油每吨20元，天然气每立方米0.006元。

（三）对矿产资源以外的其他生产、建设活动，收费标准参照国家发展改革委、财政部、水利部《关于水土保持补偿费收费标准（试行）的通知》（发改价格〔2014〕886

号)第三条和第四条的规定,由盟市发展改革委、财政局会同水利部门另行制定。

第九条 开办一般性生产建设项目的,缴纳义务人应当在项目开工前一次性缴纳水土保持补偿费。

开采矿产资源处于建设期的,缴纳义务人应当在建设活动开始前一次性缴纳水土保持补偿费;处于开采期的,缴纳义务人应当按季度缴纳水土保持补偿费。

从事其他生产建设活动的,缴纳水土保持补偿费的时限由县级水行政主管部门确定。

第十条 缴纳义务人应当向负责征收水土保持补偿费的水行政主管部门如实报送征占用土地面积及矿产资源生产量、开采量、取土挖砂采石量、弃土弃渣量等资料。

负责征收水土保持补偿费的水行政主管部门审核确定水土保持补偿费征收额,并向缴纳义务人送达水土保持补偿费缴纳通知单。缴纳通知单应当载明征占用土地面积(矿产资源开采量、取土挖砂采石量、弃土弃渣量)、征收标准、缴纳金额、缴纳时间和地点等事项。

缴纳义务人应当按照缴纳通知单的规定缴纳水土保持补偿费。

第十一条 下列情形免征水土保持补偿费:

(一)建设学校、幼儿园、医院、养老服务设施、孤儿院、福利院等公益性工程项目的;

(二)农民依法利用农村集体土地新建、翻建自用住房的;

(三)按照相关规划开展小型农田水利建设、田间土地整治建设和农村集中供水工程建设的;

(四)建设保障性安居工程、市政生态环境保护基础设施项目的;

(五)建设军事设施的;

(六)按照水土保持规划开展水土流失治理活动的;

(七)法律、行政法规、国务院和自治区政府规定免征水土保持补偿费的其他情形。

第十二条 除本办法规定外,任何单位和个人均不得擅自减免水土保持补偿费,不得改变水土保持补偿费征收对象、范围和标准。水土保持费应全额纳入同级财政预算,按照预算编制时间和流程同步编制预算。在编制年度支出预算时采取申报、评审等方式,以加强项目资金安排的合理性和公平性。

第十三条 旗县级以上地方水行政主管部门负责征收水土保持补偿费,并使用自治区财政部门统一印制的票据。

第十四条 各级水行政主管部门应当对水土保持补偿费的征收依据、征收标准、征收主体、征收程序、法律责任等在媒体上进行公示。

第三章 缴 库

第十五条 各级水行政主管部门征收的水土保持补偿费,按照1:2:7比例分别缴入中央、自治区、盟(市)国库,其中,盟(市)与旗县的分配比例由盟(市)确定。

第十六条 水土保持补偿费实行就地缴库方式。

负责征收水土保持补偿费的水行政主管部门填写"内蒙古自治区非税收入一般缴款书",随水土保持补偿费缴纳通知单一并送达缴纳义务人,由缴纳义务人持"内蒙古自治区非税收入一般缴款书"在规定时限内到银行办理缴款。

第十七条 水土保持补偿费收入在政府收支分类科目中列103类04款46项09目"水土保持补偿费收入",作为中央和地方共用收入科目。

第十八条 自治区各级水行政主管部门要确保水土保持补偿费收入按规定及时足额上缴中央及地方各级国库,不得截留、占压、拖延上缴。财政部驻内蒙古自治区财政监察专员办事处监缴中央分成的水土保持补偿费。

第四章 使用管理

第十九条 水土保持补偿费由同级财政部门统筹,专项用于水土流失预防和治理,重点用于对水土保持设施和地貌植被恢复治理工程建设。该资金的使用单位应当设定可衡量的预算绩效目标,绩效目标不明确、不具体的支出项目不安排支出预算。财政部门负责预算绩效目标审核、批复工作并指导使用部门和单位开展绩效自评价工作,选取部分重点项目开展绩效再评价工作。绩效评价结果作为改进预算管理、编制以后年度部门预算、安排财政资金的重要依据。

第二十条 旗县级以上水行政主管部门应当根据各级政府批复的水土保持规划,编制年度水土保持补偿费支出预算,报同级财政部门审核。财政部门应当按照预算管理规定审核水土保持补偿费支出预算并批复下达。其中,水土保持补偿费用于固定资产投资项目的,由发展改革部门商同级水行政主管部门纳入固定资产投资计划。

第二十一条 水土保持补偿费的资金支付按照财政国库管理制度有关规定执行。

第二十二条 各级财政、水行政主管部门应当严格按规定使用水土保持补偿费,严禁截留、转移、挪用资金和随意调整预算。

第五章 法律责任

第二十三条 单位和个人违反本办法规定,有下列情形之一的,依照《财政违法行为处罚处分条例》和《违反行政事业性收费和罚没收入收支两条线管理规定行政处分暂行规定》等国家和自治区有关规定追究法律责任;涉嫌犯罪的,依法移送司法机关处理:

(一)擅自减免水土保持补偿费或者改变水土保持补偿费征收范围、对象和标准的;

(二)隐瞒、坐支应当上缴的水土保持补偿费的;

(三)滞留、截留、挪用应当上缴的水土保持补偿费的;

(四)不按照规定的预算级次、预算科目将水土保持补偿费缴入国库的;

(五)违反规定扩大水土保持补偿费开支范围、提高开支标准的;

(六)其他违反国家财政收入管理规定的行为。

第二十四条 缴纳义务人拒不缴纳、拖延缴纳或者拖欠水土保持补偿费的,依照《中华人民共和国水土保持法》第五十七条规定进行处罚。缴纳义务人对处罚决定不服的,可以依法申请行政复议或者提起行政诉讼。

第二十五条 缴纳义务人缴纳水土保持补偿费,不免除其水土流失防治责任。

第二十六条 水土保持补偿费征收、使用管理有关部门的工作人员违反本办法规定,在水土保持补偿费征收和使用管理工作中徇私舞弊、玩忽职守、滥用职权的,依法给予处分;涉嫌犯罪的,依法移送司法机关。

第六章 附　则

第二十七条　本办法实施后，1995年11月15日内蒙古自治区人民政府批准的《内蒙古自治区水土流失防治费征收使用管理办法》（内政发〔1995〕163号）同时废止。

第二十八条　本办法由自治区财政厅商自治区发展改革委、水利厅、中国人民银行呼和浩特中心支行负责解释。

第二十九条　本办法自2016年3月1日起施行。

5. 山西省发改委 财政厅 水利厅 关于水土保持补偿费收费标准的通知 （晋发改收费发〔2018〕464号）

山西省发展和改革委员会 山西省财政厅 山西省水利厅 关于水土保持补偿费收费标准的通知

晋发改收费发〔2018〕464号

各市发展改革委、财政局、水利局：

根据《国家发展改革委 财政部 水利部关于水土保持补偿费收费标准（试行）的通知》（发改价格〔2014〕886号）、《国家发展改革委 财政部关于降低电信网码号资源占用费等部分行政事业性收费标准的通知》（发改价格〔2017〕1186号）和《山西省财政厅山西省物价局山西省水利厅中国人民银行太原中心支行关于印发〈全省水土保持补偿费征收使用管理实施办法〉的通知》（晋财综〔2015〕87号）等规定，结合试行情况，经研究，同意继续执行现行水土保持补偿费收费标准，现将有关问题通知如下：

一、水土保持补偿费收费标准

（一）一般性生产建设项目，按照征占用土地面积一次性计征，每平方米0.4元（不足1平方米的按1平方米计征，下同）。水利水电工程建设项目，水库淹没区不在水土保持补偿费计征范围之内。

（二）开采矿产资源的，建设期间，按照征占用土地面积一次性计征，每平方米0.4元。

开采期间，对石油、天然气以外的矿产资源，按照开采量（采掘、采剥总量）计征，每吨0.2元。石油、天然气根据油、气生产井（不包括水井、勘探井）占地面积按年计征，每平方米每年0.4元。每口油、气生产井占地面积不超过2000平方米的按照实际占地面积计征，超过2000平方米的按照2000平方米计征；丛式井每增加一口井，增加计征面积不超过400平方米的按照实际占地面积计征，超过400平方米的按照400平方米计征。

（三）取土、挖沙（河道采砂除外）、采石以及烧制砖、瓦、瓷、石灰的，根据取土、挖沙、采石量计征，每立方米0.5元（不足1立方米的按1立方米计征，下同）。对缴纳义务人已按前两种方式计征水土保持补偿费的，不再重复计征。

（四）排放废弃土、石、渣的，根据土、石、渣量计征，每立方米0.5元。对缴纳义务人已按前三种方式计征水土保持补偿费的，不再重复计征。

二、下列情形免征水土保持补偿费

（一）建设学校、幼儿园、医院、养老服务设施、孤儿院、福利院等公益性工程项目的；

（二）农民依法利用农村集体土地新建、翻建自用住房的；

（三）按照相关规划开展小型农田水利建设、田间土地整治建设和农村集中供水工程建设的；

（四）建设保障性安居工程、市政生态环境保护基础设施项目的；

（五）建设军事设施的；

（六）按照水土保持规划开展水土流失治理活动的；

（七）法律、行政法规和国务院规定免征水土保持补偿费的其他情形。

三、水土保持补偿费属于行政事业性收费，收费使用省财政部门统一印制的财政票据，收费收入纳入财政预算管理，主要用于水土流失预防和治理。

四、执收单位要严格执行批准的收费项目和收费标准，不得自行增设收费项目、扩大收费范围和提高收费标准，不得多收、减收、缓收、停收或者侵占、截留、挪用水土保持补偿费，应在收费场所显著位置和门户网站公示水土保持补偿费的收费依据、收费标准、收费主体、收费范围、价格举报电话12358等内容，自觉接受发改、财政和上级水行政主管部门的监督检查。

山西省发展和改革委员会
山西省财政厅
山西省水利厅
2018 年 7 月 10 日

6. 陕西省财政厅等六部关于印发《陕西省水土保持补偿费征收使用管理实施办法》的通知（陕财办综〔2015〕38号）

陕西省财政厅 陕西省物价局 陕西省水利厅 陕西省地税局 中国人民银行西安分行关于印发《陕西省水土保持补偿费征收使用管理实施办法》的通知

陕财办综〔2015〕38号

各设区市、杨凌示范区、西咸新区、韩城市财政局、物价局（发展改革局、经济发展局）、水利（水务）局、地税局，人民银行西安分行营业管理部、陕西省内各中心支行、杨凌支行，省管县财政局：

为规范水土保持补偿费征收使用管理，促进水土流失防治工作，改善生态环境，根据《中华人民共和国水土保持法》、《陕西省水土保持条例》、《财政部、国家发展改革委、水利部、中国人民银行关于印发〈水土保持补偿费征收使用管理办法〉的通知》（财综〔2014〕8号）和《国家发展改革委、财政部、水利部关于水土保持补偿费收费标准（试行）的通知》（发改价格〔2014〕886号）规定，结合我省实际，我们研究制定了《陕西省水土保持补偿费征收使用管理实施办法》，现印发你们，请严格遵照执行。执行中有什么问题，请及时反馈我们。

2015年3月30日

陕西省水土保持补偿费征收使用管理实施办法

第一条 为了规范水土保持补偿费征收使用管理，促进水土流失防治工作，改善生态环境，根据《中华人民共和国水土保持法》、《陕西省水土保持条例》、《财政部国家发展改革委 水利部 中国人民银行关于印发〈水土保持补偿费征收使用管理办法〉的通知》（财综〔2014〕8号）、国家发展改革委 财政部 水利部《关于水土保持补偿费收费标准（试行）的通知》（发改价格〔2014〕886号）的有关规定，结合本省实际，制定本办法。

第二条 水土保持补偿费是水行政主管部门对占用、扰动、损坏原地貌、植被或者水土保持设施的生产建设单位和个人征收并专项用于水土流失预防治理的资金。

第三条 水土保持补偿费全额上缴国库，纳入政府性基金预算管理，实行专款专用，年终结余结转下年使用。

第四条 水土保持补偿费征收、缴库、使用和管理应当接受财政、价格、人民银行、审计部门和上级水行政主管部门的监督检查。

第五条 凡在本省行政区域内开办生产建设项目或者从事其他生产建设活动，占用、扰动、损坏原地貌、植被或者水土保持设施的单位和个人（以下简称缴纳义务人），应当缴纳水土保持补偿费。

前款所称其他生产建设活动包括：

（一）取土、挖砂、采石（不含河道采砂，下同）；

（二）烧制砖、瓦、瓷、石灰；

（三）排放废弃土、石、渣。

第六条 水土保持补偿费按下列规定征收：

（一）一般性生产建设项目和矿产资源开采项目建设期间，由审批该项目水土保持方案的水行政主管部门负责征收。其中，水利部审批的，由省级水行政主管部门征收。

（二）矿产资源开采项目生产期间，由项目所在地地税部门征收。

（三）从事其他生产建设活动的，由县级水行政主管部门负责征收。

第七条 水土保持补偿费应当按照下列方式和标准计征：

（一）一般性生产建设项目和矿产资源开采项目建设期间，按占用、扰动、损坏原地貌、植被或水土保持设施面积 2.5 元/平方米计征。

（二）矿产资源开采项目生产期间，煤炭按照原煤陕北每吨 5 元、关中每吨 3 元、陕南每吨 1 元的标准计征；石油、天然气按照油气生产井（不包括水井、勘探井）占地面积按年征收，每口油、气生产井占地面积按不超过 2000 平方米计算，对丛式井每增加一口井，增加计征面积按不超过 400 平方米计算，征收标准为 2 元/平方米·年。

其他矿产资源开采项目生产期间按开采量或者销售价格的一定比例计征，具体标准由省物价局会同省财政厅、省水利厅按照相关规定另行制定。

（三）取土、挖砂、采石以及烧制砖、瓦、瓷、石灰的，按照取土、挖砂、采石量 1 元/立方米计征。

（四）排放废弃土、石、渣的，按照排放量 1 元/立方米计征。

对缴纳义务人已按照前款（一）、（二）、（三）项方式计征水土保持补偿费的，其排放废弃土、石、渣，不再按照排放量计征。

第八条 一般性生产建设项目和矿产资源开采项目建设期间的水土保持补偿费，缴纳义务人应当在项目开工前一次性缴纳。

矿产资源开采项目生产期间的水土保持补偿费，缴纳义务人应当按季度缴纳。

从事其他生产建设活动的，缴纳时限由县级水行政主管部门确定。

第九条 下列情形免征水土保持补偿费：

（一）建设学校、幼儿园、医院、养老服务和残疾人福利设施、孤儿院、福利院等公益性工程项目的；

（二）农民依法利用农村集体土地新建、翻建自用住房的；

（三）按照相关规划开展小型农田水利建设、田间土地整治建设和农村集中供水工程建设的；

（四）建设保障性安居工程、市政生态环境保护基础设施项目以及生态移民项目的；

（五）建设军事设施的；

（六）按照水土保持规划开展水土流失治理活动的；

（七）法律、行政法规和国务院规定免征水土保持补偿费的其他情形。

第十条 县级以上地方水行政主管部门征收水土保持补偿费，使用省级财政部门统一印制的票据；由地税部门征收的，使用统一税收票据。

第十一条 除本办法规定外，任何单位和个人不得擅自减免水土保持补偿费，不得改变水土保持补偿费征收主体、对象、范围和标准。

第十二条 县级以上地方水行政主管部门应当对水土保持补偿费的征收依据、征收标准、征收主体、征收程序、法律责任等进行公示。

第十三条 一般性生产建设项目和矿产资源开采项目建设期间水土保持补偿费，按照1∶9的比例，分别上缴中央和本级国库。

矿产资源开采项目生产期间的水土保持补偿费，按照1∶3.5∶5.5的比例分别上缴中央、省级和市县级国库。西咸新区、韩城市、省财政直管县征收的水土保持补偿费市县留成50%部分缴入本级国库。其余市、县两级国库的分解比例由各设区市财政、物价和水行政主管部门根据本地实际情况确定。

第十四条 水土保持补偿费实行就地缴库方式。

负责征收水土保持补偿费的水行政主管部门通过陕西省政府非税收入收缴管理系统开具"陕西省政府非税收入一般缴款书"，送达缴纳义务人，由缴纳义务人持"陕西省政府非税收入一般缴款书"，在规定时限内到陕西省政府非税收入代理银行办理缴款。地税部门代征的，按照相应预算级次就地缴入当地国库，由人民银行国库部门按照本办法规定分解比例划缴各级国库。

缴库时使用政府收支分类科目中"水土保持补偿费收入"项，科目代码为1030176。

第十五条 各级财政、地税、水行政主管部门要确保各级水土保持补偿费收入及时足额上缴国库，不得截留、占压、拖延。

水土保持补偿费收入未按规定入库或未缴入相应科目的，财政部门在年终结算时予以扣缴。

第十六条 水土保持补偿费专项用于水土流失预防和治理。主要用于水土保持综合治理与生态修复；水土保持预防保护、监督管理与能力建设；水土保持项目的配套与补助资金，水土保持补偿费征管工作经费，水土保持监测网络，科研与示范推广等。

第十七条 县级以上水行政主管部门应当根据水土保持规划，编制年度水土保持补偿费支出预算，报同级财政部门审核。财政部门应当按照政府性基金预算管理规定审核水土保持补偿费支出预算并批复下达。

第十八条 水土保持补偿费的资金支付按照财政国库管理制度有关规定执行。

第十九条 水土保持补偿费支出在政府收支分类科目中列213类70款"水土保持补偿费安排的支出"01项"综合治理和生态修复"、02项"预防保护和监督管理"、03项"其他水土保持补偿费安排的支出"。

第二十条 水土保持补偿费征收业务经费由财政部门根据水土保持补偿费征收进度和征管业务成本等在年度结算时核定。

第二十一条 各级财政、水行政主管部门应当严格按规定使用水土保持补偿费，确保专款专用。

水土保持补偿费没有专项用于水土流失预防和治理的，由上级水行政主管部门会同财政部门责令限期改正，同时调减相关项目资金计划。

第二十二条 单位和个人违反本办法规定，有下列情形之一的，依照《财政违法行为处罚处分条例》和《违反行政事业性收费和罚没收入收支两条线管理规定行政处分暂行规定》等国家和地方有关规定追究法律责任；涉嫌犯罪的，依法移送司法机关处理：

（一）擅自减免水土保持补偿费或者改变水土保持补偿费征收范围、对象和标准的；

（二）隐瞒、坐支应当上缴的水土保持补偿费的；

（三）滞留、截留、挪用应当上缴的水土保持补偿费的；

（四）不按照规定的预算级次、预算科目将水土保持补偿费缴入国库的；

（五）违反规定扩大水土保持补偿费开支范围、提高开支标准的；

（六）其他违反国家和本省财政收支管理规定的行为。

第二十三条 缴纳义务人拒不缴纳、拖延缴纳或者拖欠水土保持补偿费的，或者少报、漏报、瞒报有关数据拒不改正的，依照《中华人民共和国水土保持法》的规定追究法律责任。

第二十四条 缴纳义务人缴纳水土保持补偿费，不免除其水土流失防治责任。

第二十五条 水土保持补偿费征收、使用管理有关部门的工作人员违反本办法规定，在水土保持补偿费征收和使用管理工作中徇私舞弊、玩忽职守、滥用职权的，依法给予处分；涉嫌犯罪的，依法移送司法机关。

第二十六条 省水土保持工作机构履行本办法确定的省水行政主管部门的职责。

设区市、县（市、区）人民政府确定的水土保持监督管理机构履行本办法确定的水行政主管部门的职责。

第二十七条 本办法自 2015 年 5 月 1 日起施行，有效期至 2020 年 4 月 30 日。

7. 天津市水土保持设施补偿费水土流失治理费征收使用管理办法

批转市水利局拟定的天津市水土保持设施补偿费水土流失治理费征收使用管理办法的通知

津政发〔1997〕74号

各区、县人民政府，各委、局，各直属单位：

市人民政府领导同意市水利局拟定的《天津市水土保持设施补偿费水土流失治理费征收使用管理办法》，现转发给你们，望遵照执行。

一九九七年十一月十三日

天津市水土保持设施补偿费水土流失治理费征收使用管理办法

第一条 为预防和治理人为活动造成的水土流失，保护水土保持设施，根据《中华人民共和国水土保持法》和《天津市实施〈中华人民共和国水土保持法〉办法》及有关法律法规的规定，制定本办法。

第二条 凡在市行政区域内，任何单位和个人，因从事生产和建设等活动损毁水土保持设施的，必须按规定缴纳水土保持设施补偿费；造成水土流失的，必须负责进行治理，不能或不便自行治理的，必须按规定缴纳水土流失治理费，由水行政主管部门统一治理。

第三条 水土保持设施补偿费是指因从事生产和建设等活动损毁水土保持设施所应当为此补偿的费用。其征收标准按水土保持设施的损毁情况确定：

（一）对草地、林地等水土保持生物设施，按占用和损毁的面积每平方米一次性征收2元；

（二）对损毁的固定观测设施、塘坝、谷坊坝、护坡、梯田等水土保持工程设施，按其恢复同等标准的工程造价征收。

第四条 水土流失治理费是指对因生产和建设等活动造成水土流失采取治理措施所需的费用。其征收标准及范围是：

（一）按照水行政主管部门批准的水土保持方案自行防治并经验收合格的生产和建设项目不予征收；

（二）凡生产和建设项目造成水土流失，不能或不便自行治理的，按水土保持方案的防治措施投资预算征收；

（三）未编制水土保持方案的生产和建设项目在生产和建设过程中排弃的废渣等排弃物，先按每立方米一次性征收 5 元，待水土保持方案编制完成并批准后再按前两款规定执行，多退少补。不便按排弃物数量计算的，可按产品销售金额的 1%—3%计收；

（四）在河道管理范围内采砂、取土的，按市水利局、财政局、物价局颁发的《天津市河道采砂取土收费管理实施细则》（津水源〔1993〕第 1 号、财综联〔1993〕第 6 号、津价费字〔1993〕第 31 号）执行。

第五条 水土保持设施补偿费、水土流失治理费由建设项目所在地的水行政主管部门征收。其中，属于市直属单位和驻津单位的生产和建设项目，由市水行政主管部门征收或委托区县水行政主管部门征收。

第六条 水行政主管部门所属的水土保持监督人员实施收费时，须出示水土保持监督检查（水政监察）证件，持有物价部门颁发的收费许可证，使用财政部门规定的收费票据。

第七条 水土保持设施补偿费主要用于水土保持工作的监督、监测、宣传、教育、培训及其他支出。

第八条 水土流失治理费主要用于原生产和建设项目的水土流失防治。可提取适当比例用于水土保持工作的管理等。

第九条 水土保持设施补偿费、水土流失治理费不得用于人头经费、福利、奖金、招待费和职工住房、办公用房建设等开支。

第十条 水行政主管部门收取的水土保持补偿费、水土流失治理费属预算外资金，应纳入同级财政专户管理，实行收支两条线。

水土保持设施补偿费、水土流失治理费由水行政主管部门按上述规定范围使用，接受同级物价、财政部门监督。

第十一条 各生产和建设单位及个人在接到水行政主管部门的缴款通知后，应按规定在 15 日内缴纳水土保持设施补偿费、水土流失治理费。逾期不缴的，视为对生产和建设过程中造成的水土流失不进行治理，按《中华人民共和国水土保持法》和《天津市实施〈中华人民共和国水土保持法〉办法》的有关规定给予处罚。

第十二条 本办法由市水利、物价、财政主管部门按各自分工负责解释。

第十三条 本办法自批转之日起施行。

天津市水利局
一九九七年九月二十一日

六、文物考古调查、勘探、发掘类

1. 考古调查、勘探、发掘经费预算定额管理办法

考古调查、勘探、发掘经费预算定额管理办法

《考古调查、勘探、发掘经费预算定额管理办法》，在数据库"中国法律法规大典（国家库）"中的文献号为44800。是一部由国家文物局、国家发展计划委员会、财政部1990年4月20日颁布的文物保护方面的法规。从1990年4月20日开始实施。

第一章 总 则

第一条 为加强考古经费管理，保证考古工作正常进行，根据《中华人民共和国文物保护法》和有关法规制定本办法。

第二条 本办法适用于文物考古单位为科学研究和配合建设工程及其他动土工程而进行的考古调查、勘探和考古发掘经费预算编制工作。

第二章 考古调查、勘探预算定额

第三条 考古调查是为了解地面、地下的古代文化遗存而进行的查阅文献、实地踏勘、采集标本并做出文字、绘图、摄影记录，提出勘探或考古发掘计划等工作。调查经费预算定额的内容有：调查人员的交通、住宿、补助费、民工费、技术工人费、文具及工具损耗费、设备更新折旧费、文物包装运输费、资料整理费及不可预见费。调查经费按每平方公里500—1000元编列。调查面积不足1平方公里按1平方公里计。调查面积超过10平方公里，由文物部门核收10%的管理费。

第四条 考古勘探是为了解地下古代文化遗存的性质、结构、范围、面积等基本情况而进行的钻探工作。勘探经费预算定额内容有：勘探人员的交通费、住宿费、补助费、民工费、技术工人费、文具及工具损耗费、设备更新折旧费、资料整理费、回填费、不可预见费等。

第五条 普探指采用每平方米布孔5个的梅花点布孔法而进行的勘探工作。普通土质、孔深在2.5米深之内的普探定额标准以每百平方米用工数量为6—8工/日计算。

第六条 重点勘探指为了解墓葬及其他遗迹现象并在地面作出形状标记而必须进行的钻

探工作。普通土质、孔深在2.5米深之内的重点勘探预算定额标准以每百平方米用工数量为80—120工/日计算。

第七条 较软土质以上述定额标准为基数最多核减25%。较硬、特硬土质或带水操作以此为标准增加50%—150%。孔深在2.5米以上，深度每增加0.5米，预算定额相应递增10%。

第八条 普探面积最低从100平方米起计算。重点勘探面积最低从10平方米起计算。

第三章 考古发掘经费预算定额

第九条 考古发掘经费预算内容包括：

一、人工费用：

1. 民工费；
2. 技术工人费。

二、其他发掘费用：

1. 消耗材料费；
2. 器材、设备更新折旧费；
3. 记录资料费；
4. 运输费；
5. 占地补偿费；
6. 临时建筑设施费；
7. 标本测试鉴定费。

三、发掘工作管理费。

四、安全保卫费。

五、不可预见费。

第十条 人工费用：是指雇用的民工和技术工人所需的费用。

1. 民工费用：日工资标准按当地有关规定执行，用工数量标准每平方米8—12工/日。
2. 技术工人费用：依其从事的工种和熟练程度确定日工资标准，一般为当时当地民工日工资额的150%至250%。技术工人用工数量标准为民工用工数量的15%至25%。

第十一条 消耗材料是指在田野发掘、文物修复和资料整理等工作中自然损耗的小型工具、文具、包装、覆盖材料等的费用开支。

第十二条 器材、设备更新、折旧费指对发掘单位拥有的固定资产，如照相机、录相机、测绘仪器、小型运输工具、柜架等用于田野发掘、文物修复、资料整理工作等而损耗的补偿费用。

第十三条 资料记录费是指田野发掘、文物修复、资料整理等工作所必需的文字、录相、摄影、照相、绘图、测量等工作的费用及印刷费用。

第十四条 交通运输费是指田野发掘、资料整理过程中民工和技术工人往来，器材设备、消耗材料、出土文物及生活资料的运输所需费用。

第十五条 占地补偿费是指田野发掘中临时占用耕地的补偿。补偿面积一般为实际发掘面积的100%—300%。补偿数额视实际情况按季计算，经济作物可按特殊情况处理，但最多不得超过发掘费总数的12%。

第十六条　临时建筑设施费是指田野发掘进驻期间所必需的临时性建筑设施。包括民工和技术工人住宿房、伙房、值班房、工作用房、文物库房及水电设施等。

第十七条　文物标本测试鉴定费指必须送往专门科研单位或由有关专家对文物标本进行测试鉴定的费用。

第十八条　上述费用预算定额见附表一，各项费用在考古发掘工作各个阶段中所占比例见附表二。

第十九条　管理费指持有《中华人民共和国考古发掘证照》进行考古发掘工作的单位所必须列支的人员及管理费用，包括工作人员的办公、交通、住宿、补助、补贴及民工和技术工人的医疗、劳动保险、有关部门收取的劳动管理费等项费用。其定额标准为人工费用及其他发掘所需费用总数的20%。

第二十条　发掘现场的安全保卫费用指为保证考古发掘现场及出土文物安全而雇用的专门保卫人员及购置必要的保卫器械、设施所需费用，其定额标准为人工费用及其他发掘所需费用总数的10%。

第二十一条　不可预见费定额标准为人工费用及其它发掘所需费用总数的3%—5%。

第二十二条　以上预算定额适用于耕土层及文化层平均厚度在1—2米以内的古代遗址。文化层平均厚度不足1米者，以此为基数递减30%，文化层平均厚度不足0.5米者以此为基数递减50%。文化层平均厚度在2米以上，每增加0.5米预算定额相应递增15%。

第二十三条　发掘对象为耕土层及覆土层平均厚度在0.5米以上遗址时，按每立方米用工数量为2工/日，另外编制清理耕土及覆土层预算定额。耕土层及覆土层在2米以上时，每增加0.5米，该预算定额相应递增15%。

第二十四条　一般考古发掘的面积最低从10平方米起计算。

第四章　考古发掘特殊项目预算定额

第二十五条　发掘对象为大中型墓葬或其他特殊遗迹时，可按发掘对象的形制、规模计算劳动力投入量，以此为基数另加200%—300%的其他发掘费用。其中符合下列条件之一者可视实际需要单独计算发掘定额：

1. 形制特殊；
2. 规模巨大；
3. 出土文物可能特别丰富或需进行特别保护；
4. 其他如洞穴、沙漠、贝丘、悬棺、地下水位较高等特殊遗址。

第二十六条　发掘工作中可能有塌陷、滑坡等一定危险时，可列支一定数额的安全加固费，定额标准不得超过发掘费总额的5%。

第二十七条　发掘对象符合下列条件之一者，应额外增加不超过发掘费总额20%的文物保护费和不超过发掘费总额10%的资料出版费：

1. 发掘总面积超过5000平方米的古代遗址；
2. 发掘总数在200座以上的古代墓葬；
3. 出土文物特别珍贵、丰富或遗迹特别重要的。

第二十八条　从考古发掘单位驻在地到考古发掘工地间的距离超过25公里时，增编远征费，标准为预算定额总数的2%—3%。增编远征费后，应适当核减临时建筑设施费预算定额。

第二十九条 考古发掘中发现特殊重要遗迹现象,因建设工种等原因不能就地保存,需要易地保护,视实际需要编制预算。

第五章 附 则

第三十条 各省、自治区、直辖市文物行政管理部门可视本地实际情况,根据本办法制定当地考古调查、勘探、发掘预算定额管理办法,报国家文物局备案。

第三十一条 本办法自颁布之日起实行。

七、耕地占用税

（一）耕地占用税税额

1. 北京市人民代表大会常务委员会关于北京市耕地占用税适用税额的决定

（2019年7月26日北京市第十五届人民代表大会常务委员会第十四次会议通过）

根据《中华人民共和国耕地占用税法》第四条第二款、第五条、第十二条第二款的授权，统筹考虑我市人均耕地面积和经济发展等情况，北京市第十五届人民代表大会常务委员会第十四次会议对北京市耕地占用税适用税额决定如下：

一、北京市各区耕地占用税的适用税额

朝阳区、海淀区、丰台区、石景山区、通州区为每平方米四十五元；门头沟区、房山区、顺义区、昌平区、大兴区、平谷区、怀柔区、密云区为每平方米四十二元；延庆区为每平方米三十五元。

二、北京市人均耕地低于零点五亩的区，不提高耕地占用税的适用税额。

三、北京市对占用园地、林地、草地、农田水利用地、养殖水面、渔业水域滩涂以及其他农用地建设建筑物、构筑物或者从事非农业建设的，依照占用地所在区耕地占用税适用税额缴纳耕地占用税。

本决定自2019年9月1日起施行。

北京市人民代表大会常务委员会
2019年7月26日

2. 关于天津耕地占用税具体适用税额的决定公告

市人大常委会关于天津市耕地占用税具体适用税额的决定

（2019年5月30日天津市第十七届人民代表大会常务委员会第十一次会议通过）

为了合理利用土地资源，加强土地管理，保护耕地，根据《中华人民共和国耕地占用税法》，结合本市实际，作如下决定：

一、在本市行政区域内占用耕地、园地、林地、草地、农田水利用地、养殖水面、渔业水域滩涂以及其他农用地，建设建筑物、构筑物或者从事非农业建设的单位和个人，应当依照《中华人民共和国耕地占用税法》和本决定缴纳耕地占用税。

占用耕地建设农田水利设施的，或者占用园地、林地、草地、农田水利用地、养殖水面、渔业水域滩涂以及其他农用地建设直接为农业生产服务的生产设施的，不缴纳耕地占用税。

二、在本市滨海新区、东丽区、西青区、津南区、北辰区行政区域内占用耕地的，每平方米适用税额为四十元。

在本市武清区、宝坻区、宁河区、静海区、蓟州区行政区域内占用耕地的，每平方米适用税额为三十元。

三、在本市滨海新区、东丽区、西青区、津南区、北辰区行政区域内，占用园地、林地、草地、农田水利用地、养殖水面、渔业水域滩涂以及其他农用地的，每平方米适用税额为二十八元。

在本市武清区、宝坻区、静海区、宁河区、蓟州区行政区域内，占用前款规定的农用地的，每平方米适用税额为二十一元。

四、本决定自2019年9月1日起施行。《天津市实施〈中华人民共和国耕地占用税暂行条例〉办法》（2008年天津市人民政府令第6号）同时废止。

3. 河北省人民代表大会常务委员会关于河北省耕地占用税适用税额的决定

（2019年7月25日河北省第十三届人民代表大会常务委员会第十一次会议通过）

根据《中华人民共和国耕地占用税法》第四条、第五条、第十二条规定和河北省人民政府提交的关于《河北省耕地占用税适用税额方案（草案）》的议案，河北省第十三届人民代表大会常务委员会第十一次会议决定：

一、我省各地区耕地占用税适用税额为：雄安新区托管的雄县、容城县、安新县和廊坊市所辖三河市、香河县、大厂回族自治县适用税额统一调整为40元/平方米；我省其余162个县（市、区）适用税额保持不变（详见河北省耕地占用税适用税额表）。

二、对于高新技术产业开发区、经济技术开发区、经济开发区、工业园区等非行政区，适用税额按照其所在县级行政区税额标准执行。

三、本决定自2019年9月1日起施行。

附件：
河北省耕地占用税适用税额表.jpg

河北省人大常委会
2019年7月25日

附件：

河北省耕地占用税适用税额表

单位：元/平方米

石家庄市					
长安区	桥西区	新华区	裕华区	井陉矿区	藁城区
35	35	35	35	30	35
栾城区	鹿泉区	新乐市	井陉县	正定县	无极县
35	35	25	25	30	25
高邑县	行唐县	灵寿县	平山县	晋州市	赵县
25	20	20	25	25	25

续表

赞皇县	深泽县	元氏县			
20	25	25			
承德市					
双桥区	双滦区	鹰手营子矿区	宽城满族自治县	兴隆县	滦平县
30	30	30	25	25	20
隆化县	平泉市	承德县	丰宁满族自治县	围场满族蒙古族自治县	
15	20	20	10	10	
张家口市					
桥东区	桥西区	下花园区	宣化区	崇礼区	万全区
30	30	30	30	30	30
涿鹿县	怀来县	蔚县	怀安县	张北县	沽源县
20	25	15	15	8	8
康保县	尚义县	阳原县	赤城县		
15	15				
秦皇岛市					
山海关区	海港区	北戴河区	抚宁区	青龙满族自治县	卢龙县
35	40	40	25	20	25
昌黎县	25				
唐山市					
路北区	路南区	开平区	古冶区	曹妃甸区	丰润区
35	35	35	35	25	30
丰南区	遵化市	滦州市	迁安市	滦南县	乐亭县
30	30	25	30	25	25
玉田县	迁西县				
25	30				
廊坊市					
安次区	广阳区	三河市	霸州市	大厂回族自治县	永清县
35	35	40	30	40	25
文安县	香河县	固安县	大城县		
25	40	25	25		

续表

保定市					
竞秀区	莲池区	满城区	清苑区	徐水区	涿州市
35	35	25	25	25	30
高碑店市	安国市	涞水县	阜平县	定兴县	高阳县
25	25	25	20	25	25
涞源县	望都县	易县	蠡县	顺平县	博野县
20	25	25	25	20	25
唐县	曲阳县				
20	20				

沧州市					
新华区	运河区	任丘市	河间市	泊头市	黄骅市
35	35	30	25	25	25
沧县	肃宁县	献县	盐山县	孟村回族自治县	南皮县
25	25	20	20	20	25
海兴县	青县	吴桥县	东光县		
20	20	20	20		

衡水市					
桃城区	冀州区	深州市	阜城县	故城县	安平县
30	20	20	20	20	25
枣强县	饶阳县	武邑县	景县	武强县	
20	20	20	20	20	

邢台市					
桥西区	桥东区	沙河市	南宫市	柏乡县	邢台县
35	35	30	25	20	30
巨鹿县	临城县	临西县	隆尧县	南和县	内丘县
20	20	20	25	20	25
宁晋县	清河县	任县	威一县	平乡县	广宗县
25	25	20	20	20	20
新河县					
20					

邯郸市					
丛台区	邯山区	复兴区	峰峰矿区	永年区	肥乡区
35	35	35	30	25	20

续表

武安市	涉县	磁县	大名县	鸡泽县	曲周县
30	25	25	20	20	20
馆陶县	邱县	广平县	临漳县	成安县	魏县
20	20	20	20	20	20
定州市					
25					
辛集市					
30					
雄安新区					
雄县		容城县		安新县	
40		40		40	

4. 山西省人民代表大会常务委员会关于山西省耕地占用税适用税额的决定

(2019年7月31日山西省第十三届人民代表大会常务委员会第十二次会议通过)

根据《中华人民共和国耕地占用税法》现就本省耕地占用税的适用税额决定如下：

一、耕地占用税适用税额以县（市、区）为单位确定，划分为七类：一类45元/平方米，二类30元/平方米，三类25元/平方米，四类20元/平方米，五类18元/平方米，六类15元/平方米，七类12元/平方米。

各县（市、区）耕地占用税的具体适用税额，按照本决定所附《山西省耕地占用税适用税额表》执行。

二、占用园地、林地、草地、农田水利用地、养殖水面、渔业水域滩涂以及其他农用地建设建筑物、构筑物或者从事非农业建设的，依照占用耕地的标准征收耕地占用税。

三、本决定自2019年9月1日起施行。

附件：山西省耕地占用税适用税额表

附：

山西省耕地占用税适用税额表

地区	适用税额 一类 45元/ 平方米	二类 30元/ 平方米	三类 25元/ 平方米	四类 20元/ 平方米	五类 18元/ 平方米	六类 15元/ 平方米	七类 12元/ 平方米
太原	小店区，迎泽区，杏花岭区，尖草坪区，万柏林区，晋源区		清徐县，古交市		娄烦县	阳曲县	
大同	平城区，云冈区			浑源县	灵丘县	广灵县	新荣区，阳高县，天镇县，左云县，云州区

续表

适用税额 地区	一类 45元/平方米	二类 30元/平方米	三类 25元/平方米	四类 20元/平方米	五类 18元/平方米	六类 15元/平方米	七类 12元/平方米
阳泉	城区，矿区	郊区	平定县	盂县			
长治	潞州区		上党区，平顺县，壶关县	黎城县，长子县，潞城区	襄垣县，沁源县	屯留区，武乡县	沁县
晋城	城区		高平市	阳城县，陵川县，泽州县	沁水县		
朔州					朔城区	怀仁市	平鲁区，山阴县，应县，右玉县
晋中		介休市	榆次区，太谷县，平遥县	左权县，昔阳县，祁县，灵石县	和顺县	榆社县	寿阳县
运城		盐湖区，河津市	临猗县，稷山县，绛县，平陆县	万荣县，新绛县，垣曲县，夏县	闻喜县，永济市	芮城县	
忻州				忻府区，五台县	定襄县，代县，保德县，原平市	繁峙县	宁武县，静乐县，神池县，五寨县，岢岚县，河曲县，偏关县
临汾		尧都区，侯马市	洪洞县，霍州市	曲沃县，翼城县，襄汾县	乡宁县	吉县，隰县，汾西县	古县，安泽县，浮山县，大宁县，永和县，蒲县
吕梁			离石区，文水县，交城县，中阳县，孝义市	柳林县，汾阳市	临县，方山县		兴县，石楼县，岚县，交口县

5. 内蒙古自治区人民代表大会常务委员会关于内蒙古自治区县级行政区耕地占用税适用税额的决定

内蒙古自治区人民代表大会常务委员会关于内蒙古自治区县级行政区耕地占用税适用税额的决定

（2019年8月1日内蒙古自治区第十三届人民代表大会常务委员会第十四次会议通过）

为了合理利用土地资源，加强土地管理，保护耕地，根据《中华人民共和国耕地占用税法》规定，结合自治区实际，对我区县级行政区耕地占用税适用税额作出如下决定：

一、我区县级行政区耕地占用税适用税额，按《内蒙古自治区县级行政区耕地占用税适用税额表》规定标准执行。

二、在人均耕地低于零点五亩的县级行政区暂不提高耕地占用税的适用税额。

三、占用园地、林地、草地、农田水利用地、养殖水面、渔业水域滩涂以及其他农用地建设建筑物、构筑物或者从事非农业建设的，其适用税额与当地占用耕地的适用税额标准一致。

四、本决定自2019年9月1日起施行。《内蒙古自治区人民政府关于修改〈内蒙古自治区耕地占用税实施办法〉的决定》（自治区人民政府令第204号）同时废止。

附件：内蒙古自治区县级行政区耕地占用税适用税额表

附件

内蒙古自治区县级行政区耕地占用税适用税额表

行政区	项目	适用税额（元/平方米）
呼和浩特市	新城区	47
	回民区	47
	玉泉区	47
	赛罕区	37
	土默特左旗	22
	托克托县	22
	和林格尔县	22
	清水河县	22
	武川县	22

续表

行政区	项目	适用税额（元/平方米）
包头市	东河区	47
	昆都仑区	47
	青山区	47
	石拐区	37
	白云矿区	47
	九原区	27
	土默特右旗	22
	固阳县	22
	达尔罕茂名安联合旗	22
呼伦贝尔市	海拉尔区	37
	阿荣旗	22
	莫力达瓦达斡尔族自治旗	22
	鄂伦春自治旗	22
	鄂温克族自治旗	37
	陈巴尔虎旗	22
	新巴尔虎左旗	22
	新巴尔虎右旗	47
	满洲里市	47
	扎赉诺尔区	47
	牙克石市	22
	扎兰屯市	22
	额尔古纳市	22
	根河市	47
兴安盟	乌兰浩特市	27
	阿尔山市	22
	科尔沁右翼前旗	22
	科尔沁右翼中旗	22
	扎赉特旗	22
	突泉县	22

续表

行政区	项目	适用税额（元/平方米）
通辽市	科尔沁区	22
	科尔沁左翼中旗	22
	科尔沁左翼后旗	22
	开鲁县	22
	库伦旗	22
	奈曼旗	22
	扎鲁特旗	22
	霍林郭勒市	37
赤峰市	红山区	47
	元宝山区	37
	松山区	22
	阿鲁科尔沁旗	22
	巴林左旗	22
	巴林右旗	22
	林西县	22
	克什克腾旗	22
	翁牛特旅	22
	喀喇沁旗	27
	宁城县	27
	敖汉旗	22
锡林郭勒盟	二连浩特市	47
	锡林浩特市	37
	阿巴嘎旗	47
	苏尼特左旗	47
	苏尼特右旗	47
	东乌珠穆沁旗	47、22（见☆号注释）
	西乌珠穆沁旗	47
	太仆寺旗	22
	镶黄旗	47
	正镶白旗	22
	正蓝旗	22
	多伦县	22

续表

行政区	项目	适用税额（元/平方米）
乌兰察布市	集宁区	47
	卓资县	22
	化德县	22
	商都县	22
	兴和县	22
	凉城县	22
	察哈尔右旗前旗	22
	察哈尔右翼中旗	22
	察哈尔右翼后旗	22
	四子王旗	22
	丰镇市	27
鄂尔多斯市	东胜区	37
	康巴什新区	47
	达拉特旗	22
	准格尔旗	22
	鄂托克前旗	22
	鄂托克旗	27
	杭锦旗	22
	乌审旗	22
	伊金霍洛旗	27
巴彦淖尔市	临河市	22
	五原县	22
	磴口县	22
	乌拉特前旗	22
	乌拉特中旗	22
	乌拉特后旗	27
	杭锦后旗	22
乌海市	海勃湾区	47
	海南区	47
	乌达区	47

续表

行政区	项目	适用税额（元/平方米）
阿拉善盟	阿拉善左旗	22
阿拉善盟	阿拉善右旗	37
阿拉善盟	额济纳旗	22

☆：东乌珠穆沁旗境内乌拉盖管理区耕地占用税适用税额标准为22元/平方米，乌拉盖管理区之外适用税额标准为47元/平方米。

6. 陕西省人民政府关于印发《陕西省落实〈中华人民共和国耕地占用税法〉实施办法》的通知

各设区市人民政府，省人民政府各工作部门、各直属机构：

《陕西省落实〈中华人民共和国耕地占用税法〉实施办法》已经2019年第18次省政府常务会议审议通过，现印发给你们，请认真遵照执行。

陕西省人民政府
2019年11月4日

陕西省落实《中华人民共和国耕地占用税法》实施办法

第一条 为了合理利用土地资源，加强土地管理，保护耕地，根据《中华人民共和国耕地占用税法》，结合本省实际，制定本办法。

第二条 在本省行政区域内占用耕地建设建筑物、构筑物或者从事非农业建设的单位和个人，为耕地占用税的纳税人，应当依照《中华人民共和国耕地占用税法》和本办法规定缴纳耕地占用税。

占用耕地建设农田水利设施的，不缴纳耕地占用税。

本法所称耕地，是指用于种植农作物的土地。

第三条 耕地占用税以纳税人实际占用的耕地面积为计税依据，按照规定的适用税额一次性征收，应纳税额为纳税人实际占用的耕地面积（平方米）乘以适用税额。

第四条 县级行政区域耕地占用税的适用税额，根据人均耕地面积和经济发展情况核定。具体税额见《陕西省耕地占用税税额表》。

第五条 在人均耕地低于0.5亩的地区，适用税额按本办法第四条确定的当地适用税额110%征收。

第六条 占用基本农田的，适用税额按本办法第四条或第五条确定的当地适用税额，加按150%征收。

第七条 军事设施、学校、幼儿园、社会福利机构、医疗机构占用耕地，免征耕地占用税。

铁路线路、公路线路、飞机场跑道、停机坪、港口、航道、水利工程占用耕地，减按每平方米2元的税额征收耕地占用税。

农村居民在规定用地标准以内占用耕地新建自用住宅，按照当地适用税额减半征收耕地占用税；其中农村居民经批准搬迁，新建自用住宅占用耕地不超过原宅基地面积的部分，免征耕地占用税。

农村烈士遗属、因公牺牲军人遗属、残疾军人以及符合农村最低生活保障条件的农村居民，在规定用地标准以内新建自用住宅，免征耕地占用税。

除国务院规定免征或者减征耕地占用税的其他情形外，任何单位和个人不得擅自决定免征或者减征耕地占用税。

第八条 依照本办法第七条第一款、第二款规定免征或者减征耕地占用税后，纳税人改变原占地用途，不再属于免征或者减征耕地占用税情形的，应当按照当地适用税额补缴耕地占用税。

第九条 耕地占用税由税务机关负责征收。

第十条 耕地占用税的纳税义务发生时间为纳税人收到自然资源主管部门办理占用耕地手续的书面通知的当日。纳税人应当自纳税义务发生之日起30日内申报缴纳耕地占用税。

自然资源主管部门凭耕地占用税完税凭证或者免税凭证和其他有关文件发放建设用地批准书。建立健全"先税后证"源头控管模式。

第十一条 纳税人因建设项目施工或者地质勘查临时占用耕地，应当依照本办法的规定缴纳耕地占用税。纳税人在批准临时占用耕地期满之日起1年内依法复垦，恢复种植条件的，全额退还已经缴纳的耕地占用税。

第十二条 占用的园地属于非耕地的，适用税额按本办法确定的当地适用税额50%征收；对于占用的园地属于耕地的，适用税额按本办法确定的当地适用税额征收；对占用的园地属于基本农田的，按本办法第六条执行。

占用的林地属于天然林的，适用税额按本办法确定的当地适用税额50%征收；对占用的林地属于人工林的，适用税额按本办法确定的当地适用税额征收。

占用草地、农田水利用地、养殖水面、渔业水域滩涂以及其他农用地建设建筑物、构筑物或者从事非农业建设的，按本办法确定的当地适用税额50%征收。

占用本条规定的园地、林地、草地、农田水利用地、养殖水面、渔业水域滩涂以及其他农用地建设直接为农业生产服务的生产设施的，不缴纳耕地占用税。

第十三条 税务机关应当与相关部门建立耕地占用税涉税信息共享机制和工作配合机制。县级以上地方人民政府自然资源、农业农村、水利等相关部门应当定期向税务机关提供农用地转用、临时占地等信息，协助税务机关加强耕地占用税征收管理。

税务机关发现纳税人的纳税申报数据资料异常或者纳税人未按照规定期限申报纳税的，可以提请相关部门进行复核，相关部门应当自收到税务机关复核申请之日起30日内向税务机关出具复核意见。

第十四条 耕地占用税的征收管理，依照《中华人民共和国耕地占用税法》《中华人民共和国税收征收管理法》和本办法的规定执行。

第十五条 纳税人、税务机关及其工作人员违反本办法规定的，依照《中华人民共和国税收征收管理法》和有关法律法规的规定追究法律责任。

附件：陕西省耕地占用税税额表.pdf

附件：

陕西省耕地占用税税额表

序号	各社区市	县（区、市）	税额（元/m²）	人均耕地低于0.5亩地区税额（元/m²）	县（区、市）	税额（元/m²）	人均耕地低于0.5亩地区税额（元/m²）
1	西安市	新城区	40	44	灞桥区	40	44
		碑林区	40	44	未央区	40	44
		莲湖区	40	44	鄠邑区	34	
		雁塔区	40	44	高陵区	34	
		阎良区	34		蓝田县	22	
		临潼区	34		周至县	22	
		长安区	40				
2	铜川市	耀州区	34		印台区	22	
		王益区	30		宜君县	22	
3	宝鸡市	渭滨区	34	37.4	凤县	22	
		金台区	34	37.4	岐山县	26	
		陈仓区	30		扶风县	26	
		千阳县	18		太白县	18	
		凤翔县	26		麟游县	18	
		眉县	22		陇县	18	
4	咸阳市	秦都区	40	44	乾县	30	
		渭城区	40	44	武功县	30	
		泾阳县	26		永寿县	18	
		旬邑县	18		长武县	22	
		彬州市	22		礼泉县	30	
		淳化县	22		兴平市	34	
4	咸阳市	三原县	26				
5	渭南市	临渭区	30		富平县	22	
		华州区	30		大荔县	22	
		华阴市	30		白水县	18	
		潼关县	22		澄城县	18	
		蒲城县	22		合阳县	18	

续表

序号	各社区市	县（区、市）	税额（元/m²）	人均耕地低于0.5亩地区税额（元/m²）	县（区、市）	税额（元/m²）	人均耕地低于0.5亩地区税额（元/m²）
6	延安市	宝塔区	30		延长县	18	
		洛川县	18		甘泉县	22	
		黄陵县	18		志丹县	22	
		子长县	22		吴起县	22	
		宜川县	18		黄龙县	14	
		富县	18		安塞区	22	
		延川县	18				
7	榆林市	榆阳区	22		佳县	14	
		神木市	22		吴堡县	14	
		府谷县	18		清涧县	14	
		横山区	22		子洲县	14	
		定边县	18		绥德县	18	
		靖边县	18		米脂县	18	
8	汉中市	汉台区	30		宁强县	22	
		南郑区	30		略阳县	22	
		城固县	26		镇巴县	22	
		洋县	26		留坝县	22	
		西乡县	26		佛坪县	22	
		勉县	26				
9	安康市	汉滨区	26		岚皋县	18	
		汉阴县	22		平利县	18	
9	安康市	石泉县	18		镇坪县	18	
		宁陕县	18		旬阳县	22	
		紫阳县	14		白河县	18	
10	商洛市	商州区	26		山阳县	18	
		洛南县	18		镇安县	18	
		丹凤县	18		柞水县	22	
		商南县	22				
11	杨凌区		30	33			
12	韩城市		30				

（二）国家、省耕地占用税文件

1. 中华人民共和国耕地占用税法

《中华人民共和国耕地占用税法》由中华人民共和国第十三届全国人民代表大会常务委员会第七次会议于 2018 年 12 月 29 日通过，自 2019 年 9 月 1 日起施行。2007 年 12 月 1 日国务院公布的《中华人民共和国耕地占用税暂行条例》同时废止。

中华人民共和国主席令
第十八号

《中华人民共和国耕地占用税法》已由中华人民共和国第十三届全国人民代表大会常务委员会第七次会议于 2018 年 12 月 29 日通过，现予公布，自 2019 年 9 月 1 日起施行。

中华人民共和国主席　习近平
2018 年 12 月 29 日

中华人民共和国耕地占用税法

第一条　为了合理利用土地资源，加强土地管理，保护耕地，制定本法。

第二条　在中华人民共和国境内占用耕地建设建筑物、构筑物或者从事非农业建设的单位和个人，为耕地占用税的纳税人，应当依照本法规定缴纳耕地占用税。

占用耕地建设农田水利设施的，不缴纳耕地占用税。

本法所称耕地，是指用于种植农作物的土地。

第三条　耕地占用税以纳税人实际占用的耕地面积为计税依据，按照规定的适用税额一次性征收，应纳税额为纳税人实际占用的耕地面积（平方米）乘以适用税额。

第四条　耕地占用税的税额如下：

（一）人均耕地不超过一亩的地区（以县、自治县、不设区的市、市辖区为单位，下同），每平方米为十元至五十元；

（二）人均耕地超过一亩但不超过二亩的地区，每平方米为八元至四十元；

（三）人均耕地超过二亩但不超过三亩的地区，每平方米为六元至三十元；

（四）人均耕地超过三亩的地区，每平方米为五元至二十五元。

各地区耕地占用税的适用税额，由省、自治区、直辖市人民政府根据人均耕地面积和经济发展等情况，在前款规定的税额幅度内提出，报同级人民代表大会常务委员会决定，并报全国人民代表大会常务委员会和国务院备案。各省、自治区、直辖市耕地占用税适用税额的平均水平，不得低于本法所附《各省、自治区、直辖市耕地占用税平均税额表》规定的平均税额。

第五条 在人均耕地低于零点五亩的地区，省、自治区、直辖市可以根据当地经济发展情况，适当提高耕地占用税的适用税额，但提高的部分不得超过本法第四条第二款确定的适用税额的百分之五十。具体适用税额按照本法第四条第二款规定的程序确定。

第六条 占用基本农田的，应当按照本法第四条第二款或者第五条确定的当地适用税额，加按百分之一百五十征收。

第七条 军事设施、学校、幼儿园、社会福利机构、医疗机构占用耕地，免征耕地占用税。

铁路线路、公路线路、飞机场跑道、停机坪、港口、航道、水利工程占用耕地，减按每平方米二元的税额征收耕地占用税。

农村居民在规定用地标准以内占用耕地新建自用住宅，按照当地适用税额减半征收耕地占用税；其中农村居民经批准搬迁，新建自用住宅占用耕地不超过原宅基地面积的部分，免征耕地占用税。

农村烈士遗属、因公牺牲军人遗属、残疾军人以及符合农村最低生活保障条件的农村居民，在规定用地标准以内新建自用住宅，免征耕地占用税。

根据国民经济和社会发展的需要，国务院可以规定免征或者减征耕地占用税的其他情形，报全国人民代表大会常务委员会备案。

第八条 依照本法第七条第一款、第二款规定免征或者减征耕地占用税后，纳税人改变原占地用途，不再属于免征或者减征耕地占用税情形的，应当按照当地适用税额补缴耕地占用税。

第九条 耕地占用税由税务机关负责征收。

第十条 耕地占用税的纳税义务发生时间为纳税人收到自然资源主管部门办理占用耕地手续的书面通知的当日。纳税人应当自纳税义务发生之日起三十日内申报缴纳耕地占用税。

自然资源主管部门凭耕地占用税完税凭证或者免税凭证和其他有关文件发放建设用地批准书。

第十一条 纳税人因建设项目施工或者地质勘查临时占用耕地，应当依照本法的规定缴纳耕地占用税。纳税人在批准临时占用耕地期满之日起一年内依法复垦，恢复种植条件的，全额退还已经缴纳的耕地占用税。

第十二条 占用园地、林地、草地、农田水利用地、养殖水面、渔业水域滩涂以及其他农用地建设建筑物、构筑物或者从事非农业建设的，依照本法的规定缴纳耕地占用税。

占用前款规定的农用地的，适用税额可以适当低于本地区按照本法第四条第二款确定的适用税额，但降低的部分不得超过百分之五十。具体适用税额由省、自治区、直辖市人民政府提出，报同级人民代表大会常务委员会决定，并报全国人民代表大会常务委员会和国务院备案。

占用本条第一款规定的农用地建设直接为农业生产服务的生产设施的，不缴纳耕地占用税。

第十三条 税务机关应当与相关部门建立耕地占用税涉税信息共享机制和工作配合机制。县级以上地方人民政府自然资源、农业农村、水利等相关部门应当定期向税务机关提供农用地转用、临时占地等信息，协助税务机关加强耕地占用税征收管理。

税务机关发现纳税人的纳税申报数据资料异常或者纳税人未按照规定期限申报纳税的，可以提请相关部门进行复核，相关部门应当自收到税务机关复核申请之日起三十日内向税务机关出具复核意见。

第十四条 耕地占用税的征收管理，依照本法和《中华人民共和国税收征收管理法》的规定执行。

第十五条 纳税人、税务机关及其工作人员违反本法规定的，依照《中华人民共和国税收征收管理法》和有关法律法规的规定追究法律责任。

第十六条 本法自2019年9月1日起施行。2007年12月1日国务院公布的《中华人民共和国耕地占用税暂行条例》同时废止。

2. 中华人民共和国耕地占用税法实施办法

关于发布《中华人民共和国耕地占用税法实施办法》的公告
财政部　税务总局　自然资源部　农业农村部　生态环境部公告 2019 年第 81 号

为贯彻落实《中华人民共和国耕地占用税法》，财政部、税务总局、自然资源部、农业农村部、生态环境部制定了《中华人民共和国耕地占用税法实施办法》，现予以发布，自 2019 年 9 月 1 日起施行。

特此公告。

附件：中华人民共和国耕地占用税法实施办法

财政部　税务总局　自然资源部
农业农村部　生态环境部
2019 年 8 月 29 日

中华人民共和国耕地占用税法实施办法

第一条　为了贯彻实施《中华人民共和国耕地占用税法》（以下简称税法），制定本办法。

第二条　经批准占用耕地的，纳税人为农用地转用审批文件中标明的建设用地人；农用地转用审批文件中未标明建设用地人的，纳税人为用地申请人，其中用地申请人为各级人民政府的，由同级土地储备中心、自然资源主管部门或政府委托的其他部门、单位履行耕地占用税申报纳税义务。

未经批准占用耕地的，纳税人为实际用地人。

第三条　实际占用的耕地面积，包括经批准占用的耕地面积和未经批准占用的耕地面积。

第四条　基本农田，是指依据《基本农田保护条例》划定的基本农田保护区范围内的耕地。

第五条　免税的军事设施，具体范围为《中华人民共和国军事设施保护法》规定的军事设施。

第六条　免税的学校，具体范围包括县级以上人民政府教育行政部门批准成立的大学、中学、小学，学历性职业教育学校和特殊教育学校，以及经省级人民政府或其人力资源社会保障行政部门批准成立的技工院校。

学校内经营性场所和教职工住房占用耕地的，按照当地适用税额缴纳耕地占用税。

第七条 免税的幼儿园，具体范围限于县级以上人民政府教育行政部门批准成立的幼儿园内专门用于幼儿保育、教育的场所。

第八条 免税的社会福利机构，具体范围限于依法登记的养老服务机构、残疾人服务机构、儿童福利机构、救助管理机构、未成年人救助保护机构内，专门为老年人、残疾人、未成年人、生活无着的流浪乞讨人员提供养护、康复、托管等服务的场所。

第九条 免税的医疗机构，具体范围限于县级以上人民政府卫生健康行政部门批准设立的医疗机构内专门从事疾病诊断、治疗活动的场所及其配套设施。

医疗机构内职工住房占用耕地的，按照当地适用税额缴纳耕地占用税。

第十条 减税的铁路线路，具体范围限于铁路路基、桥梁、涵洞、隧道及其按照规定两侧留地、防火隔离带。

专用铁路和铁路专用线占用耕地的，按照当地适用税额缴纳耕地占用税。

第十一条 减税的公路线路，具体范围限于经批准建设的国道、省道、县道、乡道和属于农村公路的村道的主体工程以及两侧边沟或者截水沟。

专用公路和城区内机动车道占用耕地的，按照当地适用税额缴纳耕地占用税。

第十二条 减税的飞机场跑道、停机坪，具体范围限于经批准建设的民用机场专门用于民用航空器起降、滑行、停放的场所。

第十三条 减税的港口，具体范围限于经批准建设的港口内供船舶进出、停靠以及旅客上下、货物装卸的场所。

第十四条 减税的航道，具体范围限于在江、河、湖泊、港湾等水域内供船舶安全航行的通道。

第十五条 减税的水利工程，具体范围限于经县级以上人民政府水行政主管部门批准建设的防洪、排涝、灌溉、引（供）水、滩涂治理、水土保持、水资源保护等各类工程及其配套和附属工程的建筑物、构筑物占压地和经批准的管理范围用地。

第十六条 纳税人符合税法第七条规定情形，享受免征或者减征耕地占用税的，应当留存相关证明资料备查。

第十七条 根据税法第八条的规定，纳税人改变原占地用途，不再属于免征或减征情形的，应自改变用途之日起 30 日内申报补缴税款，补缴税款按改变用途的实际占用耕地面积和改变用途时当地适用税额计算。

第十八条 临时占用耕地，是指经自然资源主管部门批准，在一般不超过 2 年内临时使用耕地并且没有修建永久性建筑物的行为。

依法复垦应由自然资源主管部门会同有关行业管理部门认定并出具验收合格确认书。

第十九条 因挖损、采矿塌陷、压占、污染等损毁耕地属于税法所称的非农业建设，应依照税法规定缴纳耕地占用税；自自然资源、农业农村等相关部门认定损毁耕地之日起 3 年内依法复垦或修复，恢复种植条件的，比照税法第十一条规定办理退税。

第二十条 园地，包括果园、茶园、橡胶园、其他园地。

前款的其他园地包括种植桑树、可可、咖啡、油棕、胡椒、药材等其他多年生作物的园地。

第二十一条 林地，包括乔木林地、竹林地、红树林地、森林沼泽、灌木林地、灌丛沼泽、其他林地，不包括城镇村庄范围内的绿化林木用地，铁路、公路征地范围内的林木用地，以及河流、沟渠的护堤林用地。

前款的其他林地包括疏林地、未成林地、迹地、苗圃等林地。

第二十二条 草地，包括天然牧草地、沼泽草地、人工牧草地，以及用于农业生产并已由相关行政主管部门发放使用权证的草地。

第二十三条 农田水利用地，包括农田排灌沟渠及相应附属设施用地。

第二十四条 养殖水面，包括人工开挖或者天然形成的用于水产养殖的河流水面、湖泊水面、水库水面、坑塘水面及相应附属设施用地。

第二十五条 渔业水域滩涂，包括专门用于种植或者养殖水生动植物的海水潮浸地带和滩地，以及用于种植芦苇并定期进行人工养护管理的苇田。

第二十六条 直接为农业生产服务的生产设施，是指直接为农业生产服务而建设的建筑物和构筑物。具体包括：储存农用机具和种子、苗木、木材等农业产品的仓储设施；培育、生产种子、种苗的设施；畜禽养殖设施；木材集材道、运材道；农业科研、试验、示范基地；野生动植物保护、护林、森林病虫害防治、森林防火、木材检疫的设施；专为农业生产服务的灌溉排水、供水、供电、供热、供气、通讯基础设施；农业生产者从事农业生产必需的食宿和管理设施；其他直接为农业生产服务的生产设施。

第二十七条 未经批准占用耕地的，耕地占用税纳税义务发生时间为自然资源主管部门认定的纳税人实际占用耕地的当日。

因挖损、采矿塌陷、压占、污染等损毁耕地的纳税义务发生时间为自然资源、农业农村等相关部门认定损毁耕地的当日。

第二十八条 纳税人占用耕地，应当在耕地所在地申报纳税。

第二十九条 在农用地转用环节，用地申请人能证明建设用地人符合税法第七条第一款规定的免税情形的，免征用地申请人的耕地占用税；在供地环节，建设用地人使用耕地用途符合税法第七条第一款规定的免税情形的，由用地申请人和建设用地人共同申请，按退税管理的规定退还用地申请人已经缴纳的耕地占用税。

第三十条 县级以上地方人民政府自然资源、农业农村、水利、生态环境等相关部门向税务机关提供的农用地转用、临时占地等信息，包括农用地转用信息、城市和村庄集镇按批次建设用地转而未供信息、经批准临时占地信息、改变原占地用途信息、未批先占农用地查处信息、土地损毁信息、土壤污染信息、土地复垦信息、草场使用和渔业养殖权证发放信息等。

各省、自治区、直辖市人民政府应当建立健全本地区跨部门耕地占用税部门协作和信息交换工作机制。

第三十一条 纳税人占地类型、占地面积和占地时间等纳税申报数据材料以自然资源等相关部门提供的相关材料为准；未提供相关材料或者材料信息不完整的，经主管税务机关提出申请，由自然资源等相关部门自收到申请之日起30日内出具认定意见。

第三十二条 纳税人的纳税申报数据资料异常或者纳税人未按照规定期限申报纳税的，包括下列情形：

（一）纳税人改变原占地用途，不再属于免征或者减征耕地占用税情形，未按照规定进行申报的；

（二）纳税人已申请用地但尚未获得批准先行占地开工，未按照规定进行申报的；

（三）纳税人实际占用耕地面积大于批准占用耕地面积，未按照规定进行申报的；

（四）纳税人未履行报批程序擅自占用耕地，未按照规定进行申报的；

（五）其他应提请相关部门复核的情形。

第三十三条 本办法自2019年9月1日起施行。

3. 河北省耕地占用税实施办法

河北省人民政府令
〔2011〕第 10 号

为推进依法行政，加强法治政府建设，使政府立法更好地适应全省经济社会发展的需要，在 2010 年全面清理省政府规章的基础上，经 2011 年 10 月 9 日省政府第 95 次常务会议通过，决定对《河北省城市维护建设税实施细则》等 18 件省政府规章进行修改，现予公布。

本决定自公布之日起施行。修改的 18 件省政府规章，根据本决定作相应修正，重新公布。

代省长　张庆伟
二〇一一年十月二十日

河北省耕地占用税实施办法

（1987 年 10 月 27 日河北省人民政府公布；根据 2011 年 10 月 20 日河北省人民政府令〔2011〕第 10 号修订）

第一条　根据《中华人民共和国耕地占用税暂行条例》（以下简称《暂行条例》），制定本办法。

第二条　在本省行政区域内占用耕地建房或者从事非农业建设的单位和个人，为耕地占用税的纳税人，应当依照《暂行条例》和本办法缴纳耕地占用税。

第三条　耕地占用税每平方米平均税额，依据各县（市、区）人均占有耕地水平及经济发展情况核定。具体适用税额由省财政部门拟定，报省人民政府批准。

第四条　下列情形免征耕地占用税：
（一）军事设施占用耕地；
（二）学校、幼儿园、养老院、医院占用耕地。

第五条　农村居民占用耕地新建住宅，按照当地适用税额减半征收耕地占用税。

农村烈士家属、残疾军人、鳏寡孤独以及革命老根据地、少数民族聚居区和边远贫困山区生活困难的农村居民，在规定用地标准以内新建住宅缴纳耕地占用税确有困难的，经所在地乡（镇）人民政府审核，报经县级人民政府批准后，可以免征或者减征耕地占用税。

第六条 耕地占用税由各级地方税务机关负责征收。土地管理部门在批准用地单位用地时，应将批准文件副本交付地方税务机关。获准占用耕地的单位或者个人应当在收到土地管理部门的通知之日起30日内缴纳耕地占用税。土地管理部门凭占用税完税凭证或者免税凭证和其他有关文件发放建设用地批准书。

第七条 本办法自1987年4月1日起施行。

4. 陕西省落实《中华人民共和国耕地占用税法》实施办法

陕西省人民政府关于印发《陕西省落实〈中华人民共和国耕地占用税法〉实施办法》的通知

各设区市人民政府，省人民政府各工作部门、各直属机构：

《陕西省落实〈中华人民共和国耕地占用税法〉实施办法》已经2019年第18次省政府常务会议审议通过，现印发给你们，请认真遵照执行。

陕西省人民政府
2019年11月4日

陕西省落实《中华人民共和国耕地占用税法》实施办法

第一条 为了合理利用土地资源，加强土地管理，保护耕地，根据《中华人民共和国耕地占用税法》，结合本省实际，制定本办法。

第二条 在本省行政区域内占用耕地建设建筑物、构筑物或者从事非农业建设的单位和个人，为耕地占用税的纳税人，应当依照《中华人民共和国耕地占用税法》和本办法规定缴纳耕地占用税。

占用耕地建设农田水利设施的，不缴纳耕地占用税。

本法所称耕地，是指用于种植农作物的土地。

第三条 耕地占用税以纳税人实际占用的耕地面积为计税依据，按照规定的适用税额一次性征收，应纳税额为纳税人实际占用的耕地面积（平方米）乘以适用税额。

第四条 县级行政区域耕地占用税的适用税额，根据人均耕地面积和经济发展情况核定。具体税额见《陕西省耕地占用税税额表》。

第五条 在人均耕地低于0.5亩的地区，适用税额按本办法第四条确定的当地适用税额110%征收。

第六条 占用基本农田的，适用税额按本办法第四条或第五条确定的当地适用税额，加按150%征收。

第七条 军事设施、学校、幼儿园、社会福利机构、医疗机构占用耕地，免征耕地占用税。

铁路线路、公路线路、飞机场跑道、停机坪、港口、航道、水利工程占用耕地，减按每平方米 2 元的税额征收耕地占用税。

农村居民在规定用地标准以内占用耕地新建自用住宅，按照当地适用税额减半征收耕地占用税；其中农村居民经批准搬迁，新建自用住宅占用耕地不超过原宅基地面积的部分，免征耕地占用税。

农村烈士遗属、因公牺牲军人遗属、残疾军人以及符合农村最低生活保障条件的农村居民，在规定用地标准以内新建自用住宅，免征耕地占用税。

除国务院规定免征或者减征耕地占用税的其他情形外，任何单位和个人不得擅自决定免征或者减征耕地占用税。

第八条 依照本办法第七条第一款、第二款规定免征或者减征耕地占用税后，纳税人改变原占地用途，不再属于免征或者减征耕地占用税情形的，应当按照当地适用税额补缴耕地占用税。

第九条 耕地占用税由税务机关负责征收。

第十条 耕地占用税的纳税义务发生时间为纳税人收到自然资源主管部门办理占用耕地手续的书面通知的当日。纳税人应当自纳税义务发生之日起 30 日内申报缴纳耕地占用税。

自然资源主管部门凭耕地占用税完税凭证或者免税凭证和其他有关文件发放建设用地批准书。建立健全"先税后证"源头控管模式。

第十一条 纳税人因建设项目施工或者地质勘查临时占用耕地，应当依照本办法的规定缴纳耕地占用税。纳税人在批准临时占用耕地期满之日起 1 年内依法复垦，恢复种植条件的，全额退还已经缴纳的耕地占用税。

第十二条 占用的园地属于非耕地的，适用税额按本办法确定的当地适用税额 50% 征收；对于占用的园地属于耕地的，适用税额按本办法确定的当地适用税额征收；对占用的园地属于基本农田的，按本办法第六条执行。

占用的林地属于天然林的，适用税额按本办法确定的当地适用税额 50% 征收；对占用的林地属于人工林的，适用税额按本办法确定的当地适用税额征收。

占用草地、农田水利用地、养殖水面、渔业水域滩涂以及其他农用地建设建筑物、构筑物或者从事非农业建设的，按本办法确定的当地适用税额 50% 征收。

占用本条规定的园地、林地、草地、农田水利用地、养殖水面、渔业水域滩涂以及其他农用地建设直接为农业生产服务的生产设施的，不缴纳耕地占用税。

第十三条 税务机关应当与相关部门建立耕地占用税涉税信息共享机制和工作配合机制。县级以上地方人民政府自然资源、农业农村、水利等相关部门应当定期向税务机关提供农用地转用、临时占地等信息，协助税务机关加强耕地占用税征收管理。

税务机关发现纳税人的纳税申报数据资料异常或者纳税人未按照规定期限申报纳税的，可以提请相关部门进行复核，相关部门应当自收到税务机关复核申请之日起 30 日内向税务机关出具复核意见。

第十四条 耕地占用税的征收管理，依照《中华人民共和国耕地占用税法》《中华人民共和国税收征收管理法》和本办法的规定执行。

第十五条 纳税人、税务机关及其工作人员违反本办法规定的，依照《中华人民共和国税收征收管理法》和有关法律法规的规定追究法律责任。

八、专项评价类（地灾、地震、压矿）

（一）地灾取费依据

1. 地质灾害危险性评估收费标准（2004版）

地质灾害危险性评估收费标准

（二○○四年十一月）

1. 使用说明

1. 为适应地质灾害危险性评估工作的需要，规范我国地质灾害危险性评估工作收费行为，维护建设单位和评估单位的合法权益，依据有关法律、法规，制定本《地质灾害危险性评估收费标准》（以下简称标准）。
2. 建设单位和评估单位应遵守国家有关价格法规和本标准的规定，维护正常的价格秩序，接受有关政府部门的监督、管理。
3. 本标准仅适应于我国地质灾害危险性评估工作收费。
4. 本标准包括野外地质灾害调查收费标准、勘察工作收费标准、评估报告编制收费标准、报告评审收费标准。
5. 地质灾害危险性评估费用=野外地质灾害调查费用+勘察工作费用+评估报告编制费用+报告评审费用。

野外地质灾害调查费用=地质灾害调查收费标准×调整系数。

勘察工作费用按国家计委、建设部编的《工程勘察设计收费标准》（2002年修订本）执行，即：勘察工作费用=实物工作收费基价×实物工作量×调整系数。

评估报告编制费用=评估报告编制收费标准×调整系数。

报告评审费用=报告评审收费标准。

6. 本标准以全国平均水平为依据，对不同地区客观因素形成的差价，通过调整系数进行修正。

7. 调整系数为两个或两个以上的,将调整系数相乘。

8. 凡本标准没有涉及到的收费内容,可按国家计委、建设部编的《工程勘察设计收费标准》(2002年修订本)执行,或由建设单位和评估单位协商确定。

2. 地质灾害危险性评估收费标准

2.1 地质灾害危险性评估分级

地质灾害危险性评估分级依据国土资源部文件《国土资源关于加强地质灾害危险性评估工作的通知》(国土资发〔2004〕69号)实行,见下表:

表1　地质灾害危险性评估分级表

评估分级　　复杂程度 项目重要性	复　杂	中　等	简　单
重要建设项目	一级	一级	一级
较重要建设项目	一级	二级	三级
一般建设项目	二级	三级	三级

表2　地质环境条件复杂程度分类表

复　杂	中　等	简　单
1. 地质灾害发育强烈	1. 地质灾害发育中等	1. 地质灾害一般不发育
2. 地形与地貌类型复杂	2. 地形较简单,地貌类型单一	2. 地形简单,地貌类型单一
3. 地质构造复杂,岩性岩相变化大,岩土体工程地质性质不良	3. 地质构造较复杂,岩性岩相不稳定,岩土体工程地质性质较差	3. 地质、构造简单,岩性单一,岩土体工程地质性质良好
4. 工程地质、水文地质条件不良	4. 工程地质、水文地质条件较差	4. 工程地质、水文地质条件良好
5. 破坏地质环境的人类工程活动强烈	5. 破坏地质环境的人类工程活动较强烈	5. 破坏地质环境的人类工程活动一般

注:每类5项条件中,有一条符合条件者即化为复杂类型。

表3　建设项目重要性分类表

项目类型	项目类别
重要建设项目	开发区建设、城镇新区建设、放射性设施、军事设施、核电、二级(含)以上公路、铁路、机场、大型水利工程、电力工程、港口码头、矿山、集中供水水源地、工业建筑、民用建筑、垃圾处理场、水处理厂等。
较重要建设项目	新建村庄、三级(含)以下公路,中型水利工程、电力工程、港口码头、矿山、集中供水水源地、工业建筑、民用建筑、垃圾处理场、水处理厂等。
一般建设项目	小型水利工程、电力工程、港口码头、矿山、集中供水水源地、工业建筑、民用建筑、垃圾处理场、水处理厂等。

本收费标准参照的已有相近收费标准:

(1) 中国地质调查局编制的《中国地质调查局地质调查项目设计预算暂行标准》(2000年);

(2)《重庆市建设用地地质灾害危险性评估工作收费标准》(试行〔2002〕)。

2.2 野外地质灾害调查收费标准

表 4　野外地质灾害调查收费标准

标准(元/km²)／评估级别	地质环境复杂程度	复杂	中等	简单	备注
一级评估	线性工程	980	820	655	1. 地区类别调整系数为：青藏高原2.0；山区1.4；丘陵1.2；平原1.0。 2. 工程类别调整系数为：线性工程1.0；矿山水电工程2.0，工民建3.0。 3. 线性工程不足50km按50km计算；矿山水电不足10km²按10km²计算；工民建不足1km²按1km²计算。
一级评估	矿山水电	2530	2110	1690	
一级评估	工民建	6650	5560	4450	
二级评估	线性工程	755	630	/	
二级评估	矿山水电	1950	1620	/	
二级评估	工民建	5120	4280	/	
三级评估	线性工程	/	410	400	
三级评估	矿山水电	/	1060	845	
三级评估	工民建	/	2785	2225	

注：地区系数为1.4的地区有：上海、广东、福建、浙江、江苏；地区系数为1.2的地区有：海南、山东、北京、天津、湖南、湖北（不含恩寺地区）、河南；西南地区（含湖北恩寺地区）、西北地区、东北三省和上述没列省市地区系数为1.0。

2.3　勘察工作收费标准

地质灾害危险性评估需要投入地面测量、勘探、工程物探、水文地质、室内试验等实物工作量时，按国家计委、建设部编的《工程勘察设计收费标准》（2002年修订本）执行，见引用标准。

2.4　评估报告编制收费标准

表 5　评估报告编制收费标准

标准（万元）／项目	评估级别 一级	二级	三级	备注
资料搜集整理	1.0	0.8	0.6	线性工程<50km，矿山水电<10km²，工民建<1km²，调整系数为1.0；线性工程50—100km，矿山水电10—30km²，工民建1—5km²，调整系数为1.5；线性工程>100km，矿山水电>30km²，工民建>5km²，调整系数为2.0；
报告、图件编制	6.0	3.0	1.5	
报告、图件印制	1.0	0.7	0.5	
总计	8.0	4.5	2.6	

2.5　报告评审收费标准

报告评审费为：一级评估2.0万；二级评估1.5万；三级评估1.0万。

国土资源部地质环境司
2004.11

（二）地震取费依据

1. 国家物价局 财政部关于发布地震安全性评价收费项目及标准的通知（价费字〔1992〕399号）

国家物价局 财政部关于发布地震安全性评价收费项目及标准的通知

价费字〔1992〕399号

国家地震局：

根据《中共中央国务院关于坚决制止乱收费、乱罚款和各种摊派的决定》（中发〔1990〕16号）的精神，对你局地震安全性评价收费（地震烈度鉴定费）项目及标准重新进行了审定，经全国治理"三乱"领导小组同意，现就有关规定通知如下：

一、地震安全性评价收费项目、标准及使用范围，按《地震安全性评价收费暂行办法》（见附件）执行。

二、地震安全性评价工作应遵守国家地震行政主管部门或国家地震行政主管部门与有关职能部门联合颁发的规定，按照自愿委托、协商服务的原则进行，所需经费由委托任务单位提供。

三、各级具有从事地震安全性评价工作资格的部门或单位，应严格执行本通知规定的收费项目和标准，未经国家物价局、财政部同意，不得擅自增加收费项目或提高收费标准。

四、收费单位应到物价部门办理收费许可证，使用财政部门统一印制的收费票据。

五、各级物价部门和财政部门要加强对收费单位的监督检查，对违反规定，乱收费、乱开支者，依照有关法规认真查处。

六、本通知自一九九二年九月一日起执行，以前下发的《关于地震烈度鉴定经费暂行办法》同时废止。

附件：
地震安全评价收费暂行办法

地震安全性评价收费，是承担地震安全性评价工作的单位受工程建设单位委托进行技术咨询服务而收取的费用。为了规定收费行为，体现"自愿互利、有偿服务、合理收费"的原则，现做如下规定：

一、地震安全性评价工作的范围，包括地震烈度复核、活断层评价、地震危险性分析、地震小区划等工程地震和震害预测工作。

二、地震安全性评价收费的计费内容：

1. 实际工作消耗（包括交通、旅差、探槽、物探、样品分析测试、计算、专家评审、仪器设备使用、折旧、材料消耗等）按实行发生费用和有关规定计算收取。

2. 搜集资料和研究费

第一类：需要做一周以外的野外工作和部分研究工作的项目，收取 1000~5000 元（外单位持有资料收取费用时，其费用与本单位资料、研究费用合计超过 5000 元的部分，可另计收）。

第二类：需要做一周以上专项野外工作、观测和研讨的项目，如核电站、高坝水库、部分铁路工程、石油工程、化工工程、大型工矿基地及重要城镇地震设防等的地震安全性评价工作，由委托与承担任务的双方，根据工作任务和要求具体商定。

3. 管理费，按 1、2 两项费用总额的 20% 核收。

三、具体收费标准，由委托方与承担任务单位根据评价项目工作量大小，按照上述原则协商议定。

四、每项地震安全性评价工作开始前，由委托方与承担任务单位双方拟定工作任务书，并签订协议书或合同。工作结束后，承担任务的单位向委托单位提交最终工作成果。按前述资料和研究费分类的规定，属第一类项目提交"地震安全性评价报告"；属第二类项目提交"地震安全性评价综合研究报告"。

五、各地震安全性评价工作收费单位应加强对收费收支的财务管理，做到专款专用，不得挪作他用。

六、本暂行办法自一九九二年九月一日起执行。

2. 北京市物价局、北京市财政局关于地震安全性评价收费项目及标准的批复

北京市物价局、北京市财政局关于地震安全性评价收费项目及标准的批复

发文单位：北京市物价局　财政局
文　　号：京价收字〔1994〕第278号
发布日期：1994-10-26
执行日期：1994-10-26
生效日期：1900-01-01

市地震局：

你局京震局函〔1994〕3号"关于申请核发收费许可证的函"收悉。经研究，同意你局科技开发中心接受委托单位进行"地震安全性评价"时收取服务费，具体收费标准按国家物价局、财政部〔1992〕价费字399号执行。

市地震局科技开发中心应持本批复到物价部门办理收费许可证，并使用财政部门印制的统一收费票据方可收费。

本批复自文到之日起执行。

附件：

国家物价局　财政部关于发布地震安全性评价收费项目及标准的通知

（〔1992〕价费字399号）

国家地震局：

根据《中共中央国务院关于坚决制止乱收费、乱罚款和各种摊派的决定》〔中发（1990）16号〕的精神，对你局地震安全性评价收费（地震烈度鉴定费）项目及标准重新进行了审定，经全国治理"三乱"领导小组同意，现就有关规定通知如下：

一、地震安全性评价收费项目、标准及使用范围，按《地震安全性评价收费暂行办法》（见附）执行。

二、地震安全性评价工作应遵守国家地震行政主管部门或国家地震行政主管部门与有关职能部门联合颁发的规定，按照自愿委托、协商服务的原则进行，所需经费由委托任务单位提供。

三、各级具有从事地震安全性评价工作资格的部门或单位，应严格执行本通知规定的收费项目和标准，未经国家物价局、财政部同意，不得擅自增加收费项目或提高收费标准。

四、收费单位应到物价部门办理收费许可证，使用财政部门统一印制的收费票据。

五、各级物价部门和财政部门要加强对收费单位的监督检查，对违反规定、乱收费、乱开支者，依照有关法规认真查处。

六、本通知自1992年9月1日起执行，以前下发的《关于地震烈度鉴定经费暂行办法》同时废止。

附件：

地震安全性评价收费暂行办法

地震安全性评价收费，是承担地震安全性评价工作的单位受工程建设单位委托进行技术咨询服务而收取的费用。为了规范收费行为体现"自愿互利、有偿服务、合理收费"的原则，现做如下规定：

一、地震安全性评价工作的范围，包括地震烈度复核、活断层评价，地震危险性分析、地震小区划等工程地震和震害预测工作：

二、地震安全性评价收费的计费内容：

1. 实际工作消耗（包括交通、旅差、探槽、物探、样品分析测试、计算、专家评审、仪器设备使用、折旧、材料消耗等）按实际发生费用和有关规定计算收取。

2. 搜集资料和研究费

第一类：需要做一周以内的野外工作和部分研究工作的项目，收取1000—5000元（外单位持有资料收取费用时，其费用与本单位资料，研究费用合计超过5000元的部分，可另计收）。

第二类：需要做一周以上专项野外工作、观测和研讨的项目，如核电站、高坝水库、部分铁路工程、石油工程、化工工程、大型工矿基地及重要城镇地震设防等的地震安全性评价工作，由委托与承担任务的双方，根据工作任务和要求具体商定。

3. 管理费，按1、2两项费用总额的20%核收。

三、具体收费标准，由委托方与承担任务单位根据评价项目工作量大小，按照上述原则协商议定。

四、每项地震安全性评价工作开始前，由委托方与承担任务单位双方拟定工作任务书，并签订协议书或合同。工作结束后，承担任务的单位向委托单位提交最终工作成果。按前述资料和研究费分类的规定，属第一类项目提交"地震安全性评价报告"；属第二类项目提交"地震安全性评价综合研究报告"。

五、各地震安全性评价工作收费单位应加强对收费收支的财务管理，做到专款专用，不得挪作他用。

六、本暂行办法自1992年9月1日执行。

3. 河北省物价局 地震局关于印发《河北省地震安全性评价收费管理办法》的通知

关于印发《河北省地震安全性评价收费管理办法》的通知

冀价行费字〔2000〕7号

各市物价局、地震局：

根据《中华人民共和国防震减灾法》、《河北省地震安全性评价管理条例》和国家物价局、财政部《关于发布地震安全性评价收费项目及标准的通知》（〔1992〕价费字399号）精神，为规范地震安全性评价收费行为，特制定《河北省地震安全性评价收费管理办法》，现印发给你们，请遵照执行。

河北省物价局
河北省地震局
二〇〇〇年四月二十九日

河北省地震安全性评价收费管理办法

一、为加强地震安全性评价工作的管理，规范地震安全性评价收费行为，根据《中华人民共和国防震减灾法》、《河北省地震安全性评价管理条例》和国家物价局、财政部《关于发布地震安全性评价收费项目及标准的通知》（〔1992〕价费字399号）精神，特制定河北省地震安全性评价收费管理办法。

二、本办法适应于河北省境内所有按《河北省地震安全性评价管理条例》规定的各类新建、扩建、改建工程项目。

三、地震安全性评价收费，是承担地震安全性评价工作的单位受工程建设单位委托进行技术咨询、鉴定服务而收取的费用，应体现"自愿互利，有偿服务，合理收费"的原则。

四、地震安全性评价收费范围：地震烈度复核或地震危险性分析、设计地震动参数确定、地震小区划、场区及周围地质稳定性评价、场地断层活动性评价、震害预测等。

五、地震安全性评价收费内容包括现场工作费、管理费以及安全性评价工作报告审查费用。具体收费项目及标准见附件。本办法依据国家质量技术监督局发布的《工程场地地震安全性评价技术规范》（GB17741—1999）的要求，对一、二、三级工作的收费予以规定。四级工作依据三级工作相应内容所规定的收费标准执行。

六、承担地震安全性评价的单位,必须持有国家或省级地震主管部门颁发的许可证书,在规定的评价范围内开展工作,收费按本办法规定执行,不得擅自扩大收费范围和提高收费标准,并接受物价、地震、审计部门的监督检查。

七、地震安全性评价工作中涉及到本办法未规定的事项应按国家相应的规定执行。

八、建设工程项目进行地震安全性评价工作需由建设单位与评价单位根据本办法规定的标准,协商确定收费额度,并签定评价工作合同。评价合同签定后应立即报省地震行政主管部门备案。

九、本办法自发布之日起执行。

附件:《河北省地震安全性评价收费标准》

附件:

河北省地震安全性评价收费标准

一、区域地震活动和地震构造分析

序号	名称	主要作业方法	收费标准(元)		
			一级工作	二级工作	三级工作
1-1	区域地震活动性分析	收集资料、编目、编图、计算、分析	10000-12000	4000-6000	2000-4000
1-2	区域地震构造调查与综合分析	收集资料、编图、野外调查、分析	30000-40000	10000-12000	8000-10000
1-3	地震区、带划分	综合分析、边界确定、分析编图	10000-12000	3000-5000	2000-3000

备注:含地震构造调查所需进行的勘察和样品分析费用。区域范围超过300×300(平方公里)时比照增加收费。

二、近场及场区地震活动性与地震构造分析

序号	名称	主要作业方法	收费标准(元)		
			一级工作	二级工作	三级工作
2-1	近场区地震活动性分析	编目、分析	5000-7000*	2000-4000	1000-2000
2-2	近场和场区地震构造综合分析	搜集资料、野外勘查、编图、综合分析	25000-35000	15000-20000	8000-12000
2-3	场区断层位置确定及活动性鉴定	物探、化探、钻孔样品测试	按有关工程勘察收费标准		

备注:1. *不含重要地震参数复核费用;

2. 近场区面积超过50×50(平方公里)、场区面积超过2平方公里时比照增加收费。

三、场地工程地震条件评价

序号	名称	主要作业方法	收费标准（元）		
			一级工作	二级工作	三级工作
3-1	场地勘察	现场作业	按有关工程勘察收费标准		
3-2	场地土动力性质测定	现场作业、室内试验	按有关工程勘察收费标准		
3-3	场地工程地震条件评价	分析计算、综合研究	10000-12000*	5000-6000*	3000-4000*

备注：*场地面积超过2平方公里时比照增加收费。

四、地震烈度与地震动衰减关系分析

序号	名称	主要作业方法	收费标准（元）		
			一级工作	二级工作	三级工作
4-1	地震烈度衰减关系确定	搜集资料、分析计算	15000-20000	4000-6000	2000-3000
4-2	基岩地震动衰减关系确定	搜集资料、分析计算	20000-25000	5000-7000	2000-4000

五、地震危险性确定性分析

序号	名称	主要作业方法	收费标准（元）
			一级工作
5-1	地震构造法	野外调查、分析计算	20000-30000
5-2	历史地震法	资料收集、分析计算	15000-20000
5-3	综合评价	分析计算、综合评价	8000-12000

备注：不含相关的勘察和样品分析费用。

六、地震危险性概率分析

序号	名称	主要作业方法	收费标准（元）		
			一级工作	二级工作	三级工作
6-1	潜在震源区划分	模型设计、综合分析	12000-25000	6000-8000	4000-6000
6-2	地震活动性参数确定	模拟计算、参数选取	10000-12000	6000-8000	4000-6000
6-3	地震危险性概率计算	模拟分析、概率计算	15000-20000	8000-10000	6000-8000
6-4	不确定性校正	经验估计、综合计算	6000-8000	3000-5000	2000-3000
6-5	综合评价	分析计算、综合评价	5000-7000	2000-3000	1000-2000

七、场地基岩地震动参数确定

序 号	名 称	主要作业方法	收费标准（元）		
			一级工作	二级工作	三级工作
7-1	基岩反应谱衰减关系确定	资料收集、衰减规律确定、计算分析	10000-20000	3500-5500	2000-3000
7-2	基岩目标反应谱和形状函数确定	形状函数设计、分析计算	8000-15000	3500-5500	2000-4000
7-3	基岩加速度时程	分析计算	4000-5000	2000-3000	1000-2000

备注：1. 基岩反应谱及形状函数确定以一个场点、水平向一个概率水准为计价单位；
   2. 基岩水平向加速度时程以一条为计价单位；
   3. 竖向地震动参数在此基础上增加 20%。

八、场地设计地震动参数确定

序 号	名 称	主要作业方法	收费标准（元）		
			一级工作	二级工作	三级工作
8-1	计算模型及模型参数确定	软件调试、资料收集、计算分析	10000-15000	4000-6000	3000-5000
8-2	场地地震动效应分析	资料收集、分析计算	12000-15000	4000-5000	2000-3000
8-3	地震动参数与场地相关反应谱确定	计算分析	10000-15000	4000-6000	3000-5000
8-4	场地设计地震动参数确定	计算分析、综合评定	12000-18000	4000-5000	3000-4000
8-5	设计加速度时程	计算分析	4000-5000	3000-4000	1000-2000

备注：1. 平坦场地的地震动效应研究、地震动参数与场地相关反应谱确定及场地设计地震动参数确定以一个场点、水平方向、一个概率水准为计费单位；存在局部地形影响的非平坦场地及介质横向不匀性较大场地，按 3 倍收费；
   2. 设计加速度时程以一条为计费单位；
   3. 大型桥梁、高层建筑等需在同一场点多个层位提供地震动的工程，收费根据工作量议定；
   4. 场地竖向地震动参数确定在此基础上增加 20%。

九、地震小区划综合分析

序 号	名 称	主要作业方法	收费标准（元）
9-1	地震动小区划	综合分析计算、小区划分与确定、编图	8000-10000
9-2	地震地质灾害小区划	综合分析计算、编图	10000-12000

备注：以 50 平方公里为计费单位，不含控制点的基础工作。

十、地震地质灾害评价

序号	名称	主要作业方法	收费标准（元）		
			一级工作	二级工作	三级工作
10-1	地震地质灾害评估	现场调查、综合分析	15000-20000*	10000-15000*	6000-8000*
10-2	地震海啸影响评估	搜集资料、计算、综合分析	40000-50000	20000-30000	
10-3	地震海啸、分析计算	计算、综合分析	80000-100000	40000-50000	

备注：1. 地震地质灾害指可能因地震影响引起的湖涌、地裂缝、滑坡崩塌、砂土液化、软土震陷等；
　　　2. *以一个场地、一种地震地质灾害为计费单位；
　　　3. 不含钻孔、物探、样品分析等基础工作。

十一、震害预测

序号	名称	主要作业方法	收费标准（元）
11-1	建筑物	搜集资料、现场调查、计算、综合分析	单体：1.5元/平方米 群体：0.5元/平方米
11-2	构筑物	搜集资料、现场调查、建模、计算、综合分析鉴定	根据工作范围，预测对象的难易程度及工作量议定。
11-3	生命线工程		

备注：不含地震危险性分析等基础工作。

十二、抗震性能分析

序号	名称	主要作业方法	收费标准（元）
12	建、构筑物	搜集资料、现场调查、测试、计算、综合分析	不进行现场测试的2.0元/平方米，5000元起价； 现场进行测试的2.5元/平方米，10000元起价。

十三、辅助工作与评审

序号	名称	主要作业方法	收费标准（元）		
			一级工作	二级工作	三级工作
13-1	辅助工作	编写报告、清绘图件、报告打印、复印、装订	10000-15000	6000-8000	4000-6000*
13-2	工作成果评审	省级评审	9000-12000	7000-8000	4000-5000
		国家级评审（含省级初审）	30000-40000	20000-25000	10000-15000

备注：评审费包括差旅费、会议费、专家评审费、资料费等。

十四、其他

名　称	主要作业方法	收费标准（元）	
活动断裂鉴定	野外调查、钻孔勘察、样品测龄、综合分析	视现场条件及采用的方法议定。	
场区1/5万地震构造填图	野外调查、综合分析、编图	10000元/平方公里	
精密磁测剖面	野外勘测、计算、综合分析	测线≤3公里时为9500元，超过部分按2600元/公里计	
精密磁测网	野外勘探、计算、综合分析	4000元/子网（20×50平方米）	
断层气探测剖面	野外勘测、计算、综合分析	测线长度≤3公里时9500元，超过部分按2500元/公里计	
^{14}C测龄	室内测试	700元/个	
热释光测龄	室内测试	1000元/个	
地质雷达探测	现场工作、计算、综合分析	据工作内容议定	
地震CT成像探测	现场工作、计算、综合分析	深度0-20米	17元/条
		深度20-33米	21元/条
		深度33-50米	27元/条
		深度50-80米	35元/条
		深度>80米	双方协商

(三) 压矿取费依据

1. 建设项目压覆矿产资源评估收费标准

关于建设项目前期工作收费标准的说明

一、压覆矿产资源评估计费标准

建设项目压覆矿产资源评估收费标准与项目压覆矿产资源的数量和储量相关，压覆矿产资源的数量和储量直接影响评估工作量。

根据《探矿权采矿权评估管理暂行办法》、《资产评估收费管理暂行办法（发改价格〔2009〕2914号）》及《中介服务收费管理办法（计价格〔1999〕2255号）》的有关规定，压覆煤炭资源收费标准约为15-20万，其他矿种约为10-15万，评审费根据省矿产资源储量评审中心的收费标准计算（约1.8-7万）。

压覆矿产资源评估最低收费标准计算

类别	报告编制费				评审费（万元/个）	税费等	计费标准	备注
	大型	中型	小型	微型				
有色金属	15—25	8—15	5—8	3—5	1.8-7.0	1.6-3.0	11.4-35.0	皖北平原地区大部分为中大型煤矿和其他矿种
黑色金属	16—22	8—16	4—8	2—4	1.8-7.0	1.6-3.2	11.4-32.2	
煤	15—20	8—15	3—8	2—3	1.8-7.0	1.6-3.0	11.4-30.0	
其它矿种	10—15	6—10	3—6	2—3	1.8	1.2-2.0	11.4-18.8	

2017年5月6日

（四）水资源论证、水土保持、防洪评价收费标准

1. 水资源论证、水土保持、防洪评价收费标准

建设项目水资源论证收费暂行办法

第一条 为规范建设项目水资源论证（以下简称"水资源论证"）的收费行为和秩序，维护建设项目业主单位和水资源论证资质单位的合法权益，保证水资源论证工作质量，根据《中华人民共和国价格法》、《中华人民共和国水法》、《建设项目水资源论证管理办法》及有关规定，制定本办法。

第二条 本办法适用于中华人民共和国境内水资源论证收费行为。

第三条 水资源论证收费属于中介服务收费，应当遵循公开、平等、自愿、有偿的原则，委托方根据国家有关规定可自主选择水资源论证资质单位开展论证工作。

第四条 水资源论证收费实行政府指导价，水资源论证的资质单位应根据本办法收取费用。

第五条 水资源论证收费根据项目取水水源、投资、论证等级，以及所属行业、所在区域等因素，采用以下方法计取：

（一）按建设项目取水水源类别与论证等级计算论证费用（见附件一）；

（二）按建设项目估算投资额计算论证费用（见附件二）。

以第一款计费方法为主，第二款计费方式作为参考，按照前款两种方法均不便计费的，可以参照本规定的工日费用标准由论证资质单位与委托方议定（附件三）。

第六条 本办法收费标准不含专家评审费用，论证资质单位在编制水资源论证报告书需要勘察、试验等专项工作需要加收费用的，可由双方另行协商。

第七条 委托方应按合同规定及时向论证资质单位提供开展论证所必须的工作条件和资料。由于委托方原因造成论证工作量增加或延长论证期限的，论证资质单位可与委托方协商加收费用。

第八条 论证资质单位提交的论证报告达不到规定标准的，应负责完善，委托方不另支付费用。

由于论证资质单位失误造成委托方损失的，委托方可扣减或者追回部分以至全部论证费用。

第九条 本办法由各级水行政主管部门及相关部门监督执行。

第十条 本办法由水利部负责解释。

第十一条 本办法自发布之日起执行。

附件一、按建设项目取水水源类别与论证等级收费标准及调整系数

表 1 按建设项目取水水源类别与论证等级收费标准

单位：万元

论证等级 水源类别	一级	二级	三级
地表水	36	26	10
地下水	40	30	18

注：①以本表收费标准为基础，乘以调整系数，确定论证收费基准价。
②以污水再生利用为取水水源的水资源论证收费标准参照以地表水为取水水源的收费标准执行。
③以混合取水为取水水源的水资源论证收费标准按论证等级最高的取水水源标准乘以 1.2 计算。
④论证等级按照《建设项目水资源论证导则》（试行）（SL/Z322—2005）确定。

表 2 按建设项目取水水源类别与论证等级收费标准调整系数

区域调整系数		行业调整系数		投资规模调整系数	
区域	调整系数	行业	调整系数	投资规模（亿元）	调整系数
东部地区	~	石化、采掘业、火电、造纸、冶金、皮革、医药		以下	
中部地区	~	水利、核技术应用		~	
		建筑业、商饮业、农业、林牧渔业、建材、木材、食品		~	
西部地区	~	纺织、机械、服务业		以上	

注：①东部地区包括：北京、天津、河北、辽宁、上海、江苏、浙江、福建、山东、广东、海南 11 个省市；中部地区包括：山西、吉林、黑龙江、安徽、江西、河南、湖北、湖南 8 省；西部地区包括：重庆、四川、贵州、云南、西藏、陕西、甘肃、青海、宁夏、新疆、内蒙古、广西 12 省区市。②投资规模是指项目建议书或可行性研究报告的估算投资额。③表格数字下限为不含，上限为包含。

附件二、按建设项目投资估算额收费标准及调整系数

表 3 按建设项目投资估算额分档收费标准

单位：万元

投资规模	收费标准
小于 3000 万	10
3000 万	14
1 亿	19
5 亿	27
10 亿	31

续表

投资规模	收费标准
50 亿元	45
50 亿元以上	52

注：①投资规模是指项目建议书或可行性研究报告的估算投资额。
②建设项目水资源论证收费根据估算投资额在对应区间内插计算。

表 4　按建设项目投资估算额收费调整系数

行业调整系数		论证等级调整系数		水源调整系数	
行业	调整系数	等级	调整系数	水源	调整系数
石化、采掘业、火电、造纸、冶金、皮革、医药	1.30	一级		地表水	
水利、核技术应用		二级		地下水	
建筑业、商饮业、农业、林牧渔业、建材、木材、食品					
纺织、机械、服务业	0.80	三级		混合取水	

注：①水源为污水再生利用水的水源调整系数参照地表水水源执行。

附件三、按人员工日费用收费标准

表 5　按人员工日费用收费标准

咨询人员职级	工日费用标准（元/工日）
高级咨询专家	1000~1200
高级专业技术职称的咨询人员	800~1000
中级专业技术职称的咨询人员	600~800

附件：

《建设项目水资源论证报告书编制费用核算方法》

一、建设项目水资源论证（以下简称水资源论证）报告书编制费用是水资源论证资质单位向委托方收取的建设项目水资源论证报告书编制技术服务费用，属于服务性收费，实行政府指导价，具体由大纲编制费、资料整理费（不包括资料购买费）、分析计算费、印刷费、交通费、差旅费等费用组成，不包括专题研究费。

二、建设项目水资源论证报告书（以下简称报告书）编制费用核算方法包括以建设项目取水水源类别和论证等级为主要因素的报告书编制费用核算方法和以建设项目投资规模为主要因素的报告书编制费用核算方法两种。报告书编制费用根据本核算方法确定。

三、报告书编制费用核算方法

1. 以建设项目取水水源类别和论证等级为主要因素的报告书编制费用核算方法（简称方法1）：以水源类别和论证等级核算基价基础，乘以行业调整系数和投资规模调整系数确定。核算基价和调整系数分别见表1和表2。其中，以污水再生利用和以矿坑排水为取水水源的报告书编制费用核算方法分别参照以地表水为取水水源的和以地下水为取水水源的报告书编制费用核算方法执行；以混合取水为取水水源的报告书编制费用按混合水源中论证等级最高的取水水源报告书编制费用乘以调整系数1.2计算。

该方法适用于论证工作量及论证难度等因素与建设项目投资规模关系不密切，报告书编制费用主要取决于水源类别和论证等级的建设项目。

2. 以建设项目投资规模为主要因素的报告书编制费用核算方法（简称方法2）：以投资核算基价为基础，乘以行业调整系数、论证等级调整系数和水源调整系数确定。核算基价和调整系数分别见表3和表4。其中，投资规模是指项目建议书或可行性研究报告的估算投资额。

该方法适用于论证工作量及论证难度等因素与建设项目取水水源类别和论证等级关系不密切，报告书编制费用主要取决于投资规模大小的建设项目。

四、报告书编制费用核算方法以方法1为主，如采用以上两种方法计算论证费用相差较大时（大于20%），要分析原因，适当考虑使用方法2。

五、报告书编制实际收费，可以在由本核算方法计算所得的数额上下浮动，但上下浮动范围不应超过15%。

六、表1、表2和表4中，论证等级按照《建设项目水资源论证导则》（试行）（SL/Z322—2005）确定；表中有区间数据的，数字下限为不含，上限为包含。

表1 按建设项目取水水源类别与论证等级核算基价表

单位：万元

水源类别 \ 论证等级	一级	二级	三级
地表水	36	26	10
地下水	40	30	15

表2 按建设项目取水水源类别与论证等级核算调整系数表

投资规模调整系数		行业调整系数	
投资规模（亿元）	调整系数	行业	调整系数
5以下	0.50~0.95	石化、采掘业、火电、造纸、冶金、皮革、医药	1.20~1.30
5~10	0.95~1.10	水利、核技术应用	1.10~1.20
10~50	1.10~1.20	建筑业、商饮业、农业、林牧渔业、建材、木材、食品、纺织	0.90~1.10
50以上	1.20~1.75	机械、服务业、其它	0.80~0.90

表 3　按建设项目投资估算额分档核算基价表

投资规模（元）	收费额（万元）
小于 3000 万	10
3000 万~1 亿	14~19
1 亿~2 亿	19~22
2 亿~5 亿	22~27
5 亿~10 亿	27~31
10 亿~50 亿	31~45
50 亿以上	45~52

注：收费额根据估算投资额在对应区间内插计算。

表 4　按建设项目投资估算额核算调整系数表

论证等级调整系数		水源调整系数		行业调整系数	
等级	调整系数	水源	调整系数	行业	调整系数
一级	1.20~1.40	地表水	1.00	纺织、石化、采掘业、火电、造纸、冶金、皮革、医药	1.20~1.30
二级	1.00~1.10	地下水	1.25	水利、核技术应用	1.10~1.20
三级	0.70~0.90	混合取水	1.30~1.70	建筑业、商饮业、农业、林牧渔业、建材、木材、食品、纺织	0.90~1.10
				机械、服务业、其它	0.80~0.90

注：1. 污水再生利用水水源调整系数参照地表水水源调整系数执行；
　　2. 矿坑排水水源调整系数参照地下水水源调整系数执行。

关于开发建设项目水土保持咨询服务费用计列的指导意见

各有关单位：为规范开发建设项目水土保持方案编制、监理、监测、评估、咨询等计费工作，促进开发建设项目水土保持工作健康发展，结合《水土保持工程概（估）算编制规定和定额》（水利部水总〔2003〕67 号）和《开发建设项目水土保持设施验收管理办法》（水利部第 16 号令）的有关规定，现就开发建设项目水土保持方案编制、水土保持监理、水土保持设施验收技术评估报告编制和水土保持技术文件技术咨询服务费计列提出以下指导意见。

一、水土保持方案编制费

根据国家计委、建设部关于发布《〈工程勘察设计收费管理规定〉的通知》（计价格〔2002〕10 号）的规定，初步设计和施工图阶段的水土保持勘测设计费按该文件执行。可行性研究阶段的开发建设项目水土保持方案编制费可参考表1标准计列。

表1 水土保持方案编制费计列标准

主体工程土建投资（亿元）	0.5	1.0	2.0	3.0	4.0	5.0	6.0	7.0	8.0	9.0	10.0
水土保持方案编制费（万元）	30	52	72	82	95	104	116	119	132	156	171
主体工程土建投资（亿元）		11.0	12.0	13.0	14.0	15.0	16.0	17.0	18.0	19.0	20.0
水土保持方案编制费（万元）		185	200	220	230	245	259	270	290	320	350

二、水土保持监理费

根据《国家发展和改革委员会办公厅、建设部办公厅关于印发修订建设监理与服务收费标准的工作方案的通知》（发改办价格〔2005〕632号），国家发改委与建设部将共同开展建设监理收费标准的制定工作，水土保持监理收费应按新标准计列。新标准未颁布前，可参考主体工程现有标准执行。

三、水土保持监测费

根据《水土保持生态环境监测网络管理办法》（水利部第12号令）和《水土保持监测技术规范》（SL277—2002）要求，水土保持监测费包括监测设施费和施工期监测费。其中，水土保持监测设施费在水土保持工程措施费中计列，施工期监测费可参考表2标准计列。

表2 水土保持施工期监测费计列标准

主体工程土建投资（亿元）	0.5	1.0	2.0	3.0	4.0	5.0	6.0	7.0	8.0	9.0	10.0
水土保持施工期监测费（万元）	30	52	72	82	95	104	116	119	132	156	171
主体工程土建投资（亿元）		11.0	12.0	13.0	14.0	15.0	16.0	17.0	18.0	19.0	20.0
水土保持施工期监测费（万元）		185	200	220	230	245	259	270	290	320	350

注：地貌类型调整系数山区为1.2，丘陵及风沙区为1.0，平原区为0.8。

四、水土保持设施竣工验收技术评估报告编制费

根据《开发建设项目水土保持设施验收管理办法》（水利部第16号令）规定，开发建设项目竣工验收阶段，建设单位应委托水行政主管部门认定的咨询评估单位编制《水土保持设施竣工验收技术评估报告》，其费用可参考表3标准计列。

表3 水土保护设施竣工验收技术评估报告编制费计列标准

主体工程土建投资（亿元）	0.5	1.0	2.0	3.0	4.0	5.0	6.0	7.0	8.0	9.0	10.0
技术评估报告编制费（万元）	10	18	30	36	42	48	54	60	66	72	78
主体工程土建投资（亿元）		11.0	12.0	13.0	14.0	15.0	16.0	17.0	18.0	19.0	20.0
技术评估报告编制费（万元）		84	107	111	116	119	126	130	144	150	160

五、水土保持技术文件技术咨询服务费

根据《国家发展和改革委员会办公厅、建设部办公厅关于印发修订建设监理与咨询服

务收费标准的工作方案的通知》（发改办价格〔2005〕632号）、《国家计委和国家环境保护总局关于规范环境影响咨询收费有关问题的通知》（计价格〔2002〕125号），水土保持技术文件技术咨询服务费可参考表4标准计列。

表4　水土保持技术文件技术咨询服务费计列标准

主体工程土建投资（亿元）	0.5	1.0	2.0	3.0	4.0	5.0	6.0	7.0	8.0	9.0	10.0
技术咨询服务费（万元）	1.0	1.5	2.0	2.5	2.9	3.2	3.5	3.8	4.0	4.8	5.2
主体工程土建投资（亿元）		11.0	12.0	13.0	14.0	15.0	16.0	17.0	18.0	19.0	20.0
技术咨询服务费（万元）		5.6	6.0	6.5	7.0	7.5	7.8	8.3	8.5	9.0	9.5

表5　建设项目防洪评价收费标准

单项涉河工程估算投资额（亿元）	0.02	0.02~0.05	0.05~0.1	0.1~0.5	0.5~1.0	1.0~2.0
编制防洪评价报告（万元）	10	10~15	15~20	20~25	25~30	30~35
单项涉河工程估算投资额（亿元）	2.0~5.0	5.0~10.0	10.0~20.0	20.0~50.0	50.0以上	
编制防洪评价报告（万元）	35~40	40~45	45~50	50~55	55以上	

关于湖南省河道管理范围内建设项目防洪影响咨询服务费计列的指导意见

一、缘由

目前，由于我国尚未出台统一的涉河项目防洪影响咨询服务费标准，只能通过相互协商确定咨询服务费用。一些咨询服务单位为了争取项目，相互压价，恶性竞争，直接影响了咨询服务的质量，也影响了水利部门的对外形象。为规范涉河建设项目防洪影响咨询收费行为，提高涉河建设项目防洪影响咨询工作质量，促进涉河建设项目防洪影响咨询业的健康和谐发展，特制订涉河建设项目防洪影响咨询服务费计列的指导意见。

二、防洪评价咨询服务费计列标准

防洪影响咨询是涉河建设项目前期工作中的重要环节。防洪影响咨询内容包括编制防洪影响报告和防洪影响处理工程设计。

（一）涉河建设项目防洪评价报告编制费标准

建设项目防洪评价报告编制费＝报告编制费计列标准×复杂程度系数×附加调整系数

复杂程度系数＝各项复杂系数之和+1　附加调整系数＝各项附加系数之和+1

涉河建设项目防洪评价报告编制费计列标准

九、赔补偿类（各省区片指导价、道路、道路开口、其他类补偿表）

（一）道路补偿、道路开口

1. 北京市公路路产损失赔（补）偿标准

北京市公路路产损失赔（补）偿标准

序号	项目名称	单位	赔补偿费（元）	备注
一、公路路产损失赔偿标准				
（一）公路修复赔偿费				
1	一、二级公路沥青混凝土路	平方米	198	1. 冬季不得掘动一级公路、汽车专用公路。 2. 损坏面层面积不足0.5平方米按0.5平方米计算
2	三级公路沥青混凝土路	平方米	128	
3	面层	平方米	120	
4	水泥混凝土路	平方米	250	
5	泥结碎石路	平方米	81	
6	路肩（一、二级公路）	平方米	70	
	（三级公路）	平方米	54	
	（碎石公路）	平方米	50	
7	边坡、边沟	平方米	30	含边沟外1
8	方砖人行步道	平方米	120	

续表

序号	项目名称		单位	赔补偿费（元）	备注
（二）超限运输赔偿费					
9	超限质量（通过公路）	1—10吨	吨·公里	0.5	1. 长、宽、高单项超限按标准计算，双超按1.5倍计算三超按2倍计算。 2. 办理月、年补偿，只限设有固定装置，运输不可分解货物的车辆。 3. 超长货物不得接触路面。接触路面的收取路产损失赔偿费并处罚款 4. 超过桥梁限载25%的车辆过桥涵应事先交纳桥梁加固费，待加固后通行。
10		11—20吨	吨·公里	1	
11		21—30吨	吨·公里	2	
12		30吨以上	吨·公里	4	
13	超限质量（通过桥梁）	1—10吨	吨·延米	105	
14		11—20吨	吨·延米	1	
15		21—30吨	吨·延米	2	
16		30吨以上	吨·延米	4	
17	超长（18）宽（2.5）高（4.2）		次/月/季	10/50/150	
	2米以下 50厘米以下 10厘米以下		半年·年	300.600	
18	2-3 50-60 11-15		次/月/季	20/100/300	
19	3-4 61-70 16-20		次·月	40.200	
20	4-5 71-75 21-25		次·月	80.400	
21	5米以上 75厘米以上 25厘米以上		路政护送每次单做预算		
（三）桥梁附着设施占用费					
22	有附着设计的电线		单根·延米	40	使用期限20年，一次性收取。
23	有附着设计的电缆		单根·延米	200	
24	有附着设计的其他管线		单根·延米	600	
25	无附着设计的电线		单根·延米	100	
26	无附着设计的电缆		单根·延米	400	
27	无附着设计的其他管线		单根·延米	1200	
（四）损坏公路设施赔偿费					
28	小型混凝土构件		立方米	1000	
29	浆砌块石构造物		立方米	250	
30	混凝土平道牙		延·米	50	
31	混凝土立道牙		延·米	100	
32	白米桩		根	40	
33	里程碑		块	120	
34	混凝土桥栏杆		延·米	600	
35	钢管桥栏杆		延·米	600	
36	单柱式标志		平方米	1532	

九、赔补偿类（各省区片指导价、道路、道路开口、其他类补偿表） | 189

续表

序号	项目名称	单位	赔补偿费（元）	备注
37	双柱式标志	平方米	1476	
38	悬臂式标志	平方米	2285	
39	反光道钉	个	50	
40	示警桩	根	120	
41	井盖	套	600	
42	雨水箅子	个	200	
43	大方砖	块	50	
44	波形路缘石	块	100	
（五）其他补偿、利用费				
45	开设路口补偿费	平方米	国道（含一、二级公路） 1000 市道 750 县道 500	
46	链轨车压路赔补偿费	平方米	198	备注
47	埋、设管线补偿费	延·米	200	
48	顶管施工补偿费	延米（直径小于1.00米）	300	
49				
50		延米（直径大于1.00米）	500	
51	广告公路利用费	平方米·月	30	
	公路遗撒物清理费	平方米	10	
	倾倒废弃物清理费	立方米	100	
	埋设线杆补偿费	根	200	
二、公路绿化资源损失赔偿标准				
（一）树木损坏赔补偿标准				
107	快长落叶乔木胸径<5cm	株·厘米	8	
	=15-30cm	株·厘米	12	
	>30cm	株·厘米	16	
108	慢长落叶乔木胸径<5cm	株·厘米	12	
	=15-30cm	株·厘米	24	
	>30cm	株·厘米	36	
109	常绿乔木地径<10cm	株·厘米	40	
	=10-25cm	株·厘米	60	
	>25cm	株·厘米	80	

续表

序号	项目名称		单位	赔补偿费（元）	备注
110	绿篱·色块草坪单行		延·米	40	
	双行		延·米	80	
	三行		延·米	160	
	色块		平方米	160	
	草坪		平方米	45—50	
111	攀缘植物		株	10	
112	木本花卉		株	5	
113	草本花卉		株	2	
114	绿地栏杆高度<80cm		延·米	30—50	
	=80—100cm		延·米	70—80	
	>100cm		延·米	100—120	
（二）树木移植补偿费及其他					
115	树球移植补偿费（直径＊高）	50＊40	株	15	1. 本项费用为人工费用，其他费用另计。 2. 本项管用为指导价格。
		70＊50	株	17	
		90＊70	株	37	
		100＊90以上	株	100	
116	落叶乔木胸径7cm以下		株	45	
	7cm以上		株	89	
117	树木伐除费胸径10cm以下		株	40	
	胸径10—20cm		株	120	
序号	项目名称		单位	赔补偿费（元）	备注
118	胸径0—30cm		株	245	
	胸径0—40cm		株	444	
	绿地污染		平方米	10	

2. 北京市公路路产损失赔（补）偿费管理办法（试行）

北京市公路路产损失赔（补）偿费管理办法（试行）

一、为了加强对公路路产损失赔（补）偿费的管理，确保受损公路及附属设施尽快恢复其正常使用功能，根据《中华人民共和国公路法》、《路政管理规定》及市财政局《关于公路路产损失赔（补）偿费收缴和使用意见的函》的有关规定，特制定本办法。

二、在北京市行政区域内县级以上公路（含县级公路）发生的公路路产损失赔（补）偿费，适用本办法；乡级及其以下公路参照执行。

三、任何单位或个人造成公路路产损失的，应按照《北京市公路路产损失赔（补）偿标准》向公路管理机构缴纳路产损失赔（补）偿费（以下简称"赔（补）偿费"）。

四、公路路产赔（补）偿费管理实行集中管理、统筹使用。

五、收取赔（补）偿费须使用市财政局监制的《北京市行政事业单位统一银钱收据》（以下简称"收费票据"）。

六、赔（补）偿费收缴范围：

（一）损坏公路、公路附属设施的；

（二）在公路用地范围内设置非公路标志的；

（三）因工程需要占用、挖掘公路的；

（四）超限运输车辆行驶公路的；

（五）在公路用地、建筑控制区内及跨越公路修、架、埋设管线的；

（六）因工程需要砍伐、移植公路行道树的。

七、对赔（补）偿费收费票据实行统一管理：

（一）市公路管理机构向市财政局领取赔（补）偿收费票据，并设专人管理；

（二）区县公路管理机构所用收费票据向市公路管理机构领取，并设专人管理；

（三）区县公路管理机构下设的路政管理部门、财务部门要严格相互间票据领取及交款手续，建立赔（补）偿费收支台帐；

（四）区县公路管理机构下设的路政管理部门应将收取的赔（补）偿费及时交到财务部门。不得截留、坐支、挪用，不得私设小金库；

（五）区县公路管理机构收取的赔（补）偿费应单独立账，按月汇交到市公路管理机构。

八、赔（补）偿费的收取：

（一）赔（补）偿费严格按照《北京市公路路产损失赔（补）偿标准》收取，不得擅自增加收费项目；

（二）根据损坏公路路产的案件中实际发生数量，收取赔（补）偿费，并应单独组卷，统一编写档案编号；

（三）处理公路赔（补）偿案件，应制作、送达《北京市公路路产损坏赔（补）偿通知书》，并将《北京市公路路产损坏赔（补）偿通知书》附案卷中。收取赔（补）偿费，应开具收费票据作为收费凭证。

九、赔（补）偿费的拨付和使用：

（一）赔（补）偿费用于受损公路的修复，专款专用，不得挪作他用；各项支出必须符合国家及北京市有关规定；

（二）赔（补）偿费的80%直接用于修复受损公路修复工程，不足部分由区县维护费列支；

（三）赔（补）偿费的15%用于修复工程质量的监理、协调或监督管理；

（四）赔（补）偿费的5%用于举报有功人员的奖励；

（五）每项损坏公路路产案件收取的赔（补）偿费，原则上应用于该项受损设施的修复；

（六）对受损公路、公路设施的修复实行在上缴金额内的预拨款制度。由区县公路管理机构上报用款计划，并填制《北京市公路路产修复费申请拨款单》（见附表一），经市公路管理机构审批后，市公路管理机构财务部门据以预拨款；

（七）对受损公路、公路设施应给予及时修复，并填制《北京市公路路产修复通知单》（见附表二）；

（八）修复公路、公路设施的施工单位应具备相应资质；

（九）修复工程经质量监督人员监督检查，确认合格后，填制《北京市公路路产修复质量监督单》（见附表三）；

（十）对于受损公路、公路设施因故未能收取赔（补）偿费，需要修复的，可以使用赔（补）偿费剩余部分进行修复；

（十一）区县公路管理机构按月上报赔（补）偿费使用和管理情况，并填报《北京市公路路产赔（补）偿使用情况表》（见附表四），市公路管理机构按季向上级主管部门和市财政局报送赔（补）偿费使用和管理情况；

（十二）区县公路管理机构年度末向市公路管理机构上报本年度赔（补）偿费使用和管理情况，填报《北京市公路路产赔（补）偿使用情况表》，对预拨款资金进行核实、清算。

十、监督检查：

（一）市公路管理机构接受市财政局及交通委对赔（补）偿费使用和管理情况的监督、检查；

（二）市公路管理机构下设的财务部门在路政管理部门的协助下，负责监督检查区县公路管理机构赔（补）偿费使用和管理情况；

（三）对于违反规定收取和使用赔（补）偿费的部门和人员，按照有关规定进行严肃处理。

十一、本办法由市路政局负责解释。

十二、本办法自发布之日起施行。

本办法发布之前的有关规定同时废止。

二○○四年四月三十日

3. 关于发布《河北省公路路产赔补偿标准》的通知（〔1998〕48号）

关于发布《河北省公路路产赔补偿标准》的通知

〔1998〕48号

各市交通局、物价局：

　　为加强公路路政管理，依法保护路产，维护公路完好畅通，根据《中华人民共和国公路法》、《中华人民共和国价格法》、《河北省公路条例》及《河北省公路路政管理规定》，特制定《河北省公路路产赔（补）偿标准》和《河北省公路损坏估价鉴定管理办法》，现予以发布，即日起执行。

　　本《标准》未包括的项目，各地可按实际造成的损失计算赔（补）偿费。按本《标准》计算的赔（补）偿费，超过1万元的，由交通局路政管理部门委托同级物价部门设立的价格事物所受理评估。

　　赔（补）偿费收据由河北省交通厅统一制发，省财政厅监制。

　　公路路产包括：1. 公路：路基，路面，桥梁，涵洞，隧道，渡口；2. 公路用地：县级以上人民政府确定的公路两侧边沟或者坡脚坡道、坡顶截水沟外缘向外延伸不少于1米的土地；3. 公路附属设施：排水设备、防护构造物、交叉道口、界碑、测桩、安全设施、通讯设施、检测及监控设施、养护设施、服务设施、渡口码头、花草树木、道班房屋、收费站所、专用房屋等。

　　以上通知，望认真贯彻执行。

　　本文件解释权属河北省交通厅、河北省物价局。

　　附：《河北省公路路产赔（补）偿标准》

一九九八年七月一日

河北省公路路产赔(补)偿标准

序号	项目名称	单位	单价			备注
			高速、一级公路	二级、三级公路	四级和等外公路	
一	路面					
1	水泥混凝土路面	平方米	310	300		
2	沥青混凝土路面	平方米	200	120		
3	沥青碎砾石路面	平方米		100		
4	砂石路面	平方米		40	40	
5	沥青砂带	米	100			
6	水泥混凝土路缘石块	块	190	50-150		
7	油、酸、碱污损等	平方米	200	120		
8	划伤路面深 0.5cm 以内	米	2	2		
9	划伤路面深大于 0.5cm	米	5	4		
10	粉、粒状物污损路面	平方米	1	0.5		自行消除免于收费
二	路基					
1	水泥混凝土路肩石块	块	55	50		
2	土路肩	平方米	18	15	15	
3	土边沟、土边坡	平方米	8	8	8	
4	干砌石护坡	平方米	100	100	60	
5	浆砌石护坡	平方米	150-250	150-250	150	
6	挡土墙	平方米	250-300	250-300	250	
7	隔离墙	平方米	600	400		
8	泄水槽	米	220	220		
三	桥涵					
1	钢筋混凝土护栏及扶手	米	400	100-400	100	
2	泄水孔	个	150	150		
3	涵洞通道八字墙	平方米	500	500	500	
4	涵洞通道钢护栏	米	300	300		
5	水泥混凝土构件	平方米		500	500	未详列构件通用
6	钢筋混凝土构件	立方米		800	800	未详列构件通用
四	标志、标线					
1	反光标志牌	平方米	2800	2000		

九、赔补偿类（各省区片指导价、道路、道路开口、其他类补偿表）

续表

序号	项目名称	单位	单价			备注
			高速、一级公路	二级、三级公路	四级和等外公路	
2	反光里程碑	块	275	200		不含立柱基础
3	反光里程碑	块	810			含立柱基础
4	反光轮廓标（柱）	根	250	250		
5	反光导向标	块	50	50		
6	冷涂反光标线	平方米	50	30		
7	热塑反光标线	平方米	100	80		
8	混凝土警示桩	根	50-80	50-80		
9	公路界碑	根	150	150	50	
10	反光道钉	块	120	120		
11	铁管支撑	千克	15	15		
12	水泥混凝土杆	根	300	300		
13	里程碑、控制碑	块	150	150-210	50	
14	百米桩	根	50	50-120		
15	道口标柱	根	80	80		
五	防护					
1	波形钢护栏	块	600			
2	钢护栏O形立柱	根	350			
3	隔离栅立柱	根	180			
4	隔离栅刺网	孔	50			
5	镀塑隔离栅网	平方米	350			
六	绿化					
1	常绿乔木（高150cm）	株	100	100	150	高度每增1cm增2元
2	落叶乔木（胸径10cm）株	株	70-100	70-100	70	胸径每增1cm增20元
3	常绿灌木	墩	100-250	100-250		
4	花灌木	株	50-100	50-100		
5	其他灌木	墩	40	40	40	
6	草皮及草皮花卉	平方米	15-30	15-30		
七	其他					
1	收费站升降杆	根	200	200		
2	收费亭	个	24000	24000		
3	收费岛船头	平方米	200	200		

续表

序号	项目名称	单位	单价			备注
			高速、一级公路	二级、三级公路	四级和等外公路	
4	收费岛船	平方米	180	180		
5	电话平台	处	1900	1900		
6	通讯检查井处	处	4000			
7	占路及公路用地	平方米/天	1	1		
8	设置路口	米宽/月	15	15		
9	超限运输通知证	份	30	30		
10	超限运输勘测路线费	千米	30	30		
11	超限运输监护费	小时	200	200		
12	超限运输补偿费	吨公里	1	1		

4. 内蒙古自治区交通厅、发展改革委、财政厅关于调整内蒙古自治区损坏、占用公路路产赔（补）偿标准的通知

自治区交通厅、发展改革委、财政厅关于调整内蒙古自治区损坏、占用公路路产赔（补）偿标准的通知

内交发〔2009〕第38号

各盟市交通局、发展改革委（工商局）、财政局、二连市、满洲里市工商局：

自治区交通厅、物价局、财政厅于1998年10月联合制定的《内蒙古自治区损坏、占用公路路产赔（补）偿规定》及《内蒙古自治区损坏、占用公路路产赔（补）偿标准》自实施以来对我区依法维护路权、保护路产起到了积极的推动作用，方便了公路路政执法部门对路产赔（补）案件的处理。随着我区经济建设的迅猛发展和公路运输车辆结构的进一步改善，为进一步减轻运输企业经济负担，扩大消费，拉动内需，现决定对相应赔（补）偿项目标准作出以下调整。

一、《内蒙古自治区损坏、占用公路路产赔（补）偿标准》中第七款其它类第1项，原标准为：

项目	规格	单位	金额（元）		备注
			一般公路	高等级公路	
超限（长、宽、高）车辆行驶公路		车·公里	1-3	5-8	不含护送费

现调整标准为：

项目	规格	单位	金额（元）		备注
			一般公路	高等级公路	
超限（长、宽、高）车辆行驶公路		车·公里	1-2	2-4	不含护送费和收费站拆装费用

二、《内蒙古自治区损坏、占用公路路产赔（补）偿标准》中第七款其它类第2项，原标准为：

项目	规格	单位	金额（元）		备注
			一般公路	高等级公路	
超限（轴载质量或车货总重）车辆行驶公路		（超出吨位)^2·公里	0.7	0.7	不含护送费和桥涵加固费

现调整标准为：

项 目	规 格	单 位	金额（元）		备 注
			一般公路	高等级公路	
超限（轴载质量或车货总重）车辆行驶公路		超出吨位·[1+（超出吨位·0.04）]·0.7·公里	0.7	0.7	不含护送费和桥涵加固费

原自治区交通厅、物价局、财政厅印发的《内蒙古自治区损坏、占用公路路产赔（补）偿标准》（内交发〔1998〕第383号）中的相应赔补偿项目收费标准同时废止。

5. 内蒙古自治区交通厅、物价局、财政厅关于印发《内蒙古自治区损坏占用公路路产赔（补）偿规定》及《内蒙古自治区损坏占用公路路产赔（补）偿标准》的通知（内交发〔1998〕第383号）

内蒙古自治区交通厅、物价局、财政厅关于印发
《内蒙古自治区损坏占用公路路产赔（补）偿规定》
及《内蒙古自治区损坏占用公路路产赔（补）偿标准》的通知

（内交发〔1998〕第383号）

各盟市交通局、物价局、财政局：

为了认真贯彻实施《中华人民共和国公路法》，依法维护路权，保护路产，便于损坏、占用公路路产赔（补）案件的处理。现将《内蒙古自治区损坏、占用公路路产赔（补）偿规定》和《内蒙古自治区损坏、占用公路路产赔（补）偿标准》印发给你们，请各地认真贯彻执行。执行中有什么问题请及时上报。

本通知从1999年1月1日起执行。

内蒙古自治区损坏、占用公路路产赔（补）偿规定

第一条 为了进一步加强公路路政管理，依法维护路权保护路产，保障公路安全畅通，依据《中华人民共和国公路法》、《中华人民共和国公路管理条例》及其实施细则，制定本规定。

第二条 本规定适用于内蒙古自治区境内的所有国、省、县、乡公路和国、边防公路。专用公路可参照执行。

第三条 各级交通主管部门所属的公路路政管理机构负责本规定的贯彻执行。

第四条 公路、公路设施、公路用地和公路养护材料均属国家财产，受法律保护，任何单位和个人不得侵占、损坏和破坏；未经公路部门批准不得擅自占用。

损坏、占用公路路产的，必须按本规定所列对应项目标准赔偿或补偿。（标准附后）损坏本规定未列的路产项目，赔（补）偿费按实际损坏的路产修复所需费用计算。

故意破坏、非法占用公路路产、侵犯公路路权的，除按本规定所列标准赔（补）偿外，并按《公路法》及有关法律、法规、规章进行处罚。

第五条 公路路政管理部门收缴路产赔（补）偿费，必须到当地物价、财政部门办理"收费许可证"，并公开赔（补）偿标准和监督举报电话。

第六条 收缴损坏、占用公路路产赔（补）偿费，必须使用自治区财政厅印制的"内

蒙古自治区损坏、占用公路路产赔（补）偿费专用收据"。同时加盖"路政收费专用盖"。

第七条 罚款使用自治区财政厅印制的票据，并按规定上缴同级财政。

第八条 路政管理机构收取的损坏、占用公路路产赔（补）偿费，按预算外资金管理，必须上缴同级财政专户，实行"收支两条线"管理，并接受财政、物价等部门的监督检查。

第九条 损坏、占用公路路产赔（补）偿费由各级公路路政管理部门收取，统一同盟市级公路管理部门管理使用。70%用于修复路产，30%用于办案协作、举报奖励和路政装备。

第十条 各级财政和交通主管部门要对损坏、占用公路路产赔（补）偿费的收取和支出进行监督检查，严禁坐支、挪用。

第十一条 当事人在接到路政管理机构作出的赔（补）偿通知书后，应按规定期限履行。

第十二条 当事人对公路路政管理机构作出赔（补）偿决定或处罚不服的，可在接到通知单之日起15日内向上一级交通主管部门申请复议，对上一级交通主管部门的复议决定不服的，可在接到复议决定书之日起15日内向人民法院起诉。期满不申请复议、不起诉又不履行赔（补）偿或处罚决定的，由公路管理部门申请人民法院强制执行。

第十三条 路政管理人员在执行本规定时，要公正廉洁，热情服务，秉公执法。对敲诈勒索、徇私舞弊、侵吞票款等违法、违纪行为，要按《公路法》第八十七条严肃处理。

第十四条 本规定自1999年1月1日起施行。内蒙古自治区交通厅、财政厅、物价局关于调整内蒙古自治区损坏、占用公路路产赔偿、（补偿）收费及罚款标准（内交路发〔1992〕字第50号）同时废止。

第十五条 本规定解释权属自治区交通厅、财政厅、物价局。

内蒙古自治区损坏占用公路路产赔（补）偿标准

序号	项目名称	规格	单位	金额（元）		备注
				一般公路	高等级公路	
一、	路面类					
1	水泥混凝土路面面层	20厘米以内	m²	150—200	300—350	每增加1厘米加10元
2	沥青混凝土路面面层	3厘米以内	m²	150—180	240—300	每增加1厘米加20元
3	其它沥青类路面面层	3厘米以内	m²	100—150		每增加1厘米加15元
4	砾、砂石、土类路面	10厘米以内	m²	30—50		
5	水泥稳定类基层	15厘米	m²	60—80		
6	石灰稳定类基层	15厘米	m²	30—50		
7	其它类基层	15厘米	m²	20—30		
8	砂砾垫层	15厘米	m²	10—20		
9	油路划痕		延米	10—20	30—50	
10	试刹车痕		延米	30—60	50—80	按单轮迹长度计算
11	雨天行驶晴通雨阻路面		m²	1		

九、赔补偿类（各省区片指导价、道路、道路开口、其他类补偿表）

续表

序号	项目名称	规格	单位	金额（元） 一般公路	金额（元） 高等级公路	备注
12	履带车及其它铁轮车辆过路		m²			视路面种类赔偿
13	路面过水		m²	80—120		
14	液体酸碱、油类污染路面		m²	100—150	200—280	
15	煤尘、垃圾、灰浆等抛洒污染路面		m²	30—50	50—80	
16	利用路面直接顶千斤		次	150	200	
17	在路面上直接点火		m²	300	400	
二、	路基类					
1	挖掘损坏硬路肩		m²	80—120	180—260	
2	挖掘路基		m³	60—80	100—150	
3	挖掘边沟（土质）		m³	50	80—100	
4	堵塞边沟		m	8	10	
5	损坏边坡		m²	20—40	40—60	有植被加倍
6	利用边沟排放污水		延米/天	1—3	5	
7	边沟、边坡及桥涵控制区内倾倒垃圾		m³/天	40—60	50—100	不足一天按一天计
三、	桥梁、涵洞类					
1	大、中、小桥及各类涵洞结构类破坏					按实际修复费用赔偿
2	栏杆立柱		根	180	800（节）	大桥加2倍，中桥加1倍，特大桥加3倍，金属材料类加1倍
3	扶手（一字型）		根	160	150/米	同上
4	扶手（花饰）		m²	380		同上
5	路、桥灯具		套	2800	2800	
6	灯柱（砼）	8m以上	根	1300	1300	
7	灯柱（金属）	8m以上	根	2300	2300	
8	损坏桥梁人行道板		m²	240		不足1m²按1m²计
9	桥栏杆端柱		根	800	800~1600	镶面（金属、大理石等）加1倍
10	信号灯		组	2800	2800	

续表

序号	项目名称	规格	单位	金额（元） 一般公路	金额（元） 高等级公路	备注
11	在桥涵上下游200m内挖砂取土		m³	60	60	
12	在桥涵上下游200m内筑坝拦水		m	25	25	要求限期清除
13	在桥涵上下游200m内压缩拓宽河床		m²	25	25	
14	护轮带及台帽		延米	80—120	150—300	不足1米按1米计
15	地质坝、堤		m³	30—50	80—100	
四	砌体类					
1	干砌片石砌体		m³	60—80	150—200	
2	干砌块石砌体		m³	100—120	180—230	
3	浆砌片石砌体		m³	180—230	250—300	
4	浆砌块石砌体		m³	220—270	240—310	
5	水泥砼路缘石		延米	40—60	80—100	
6	其它材质路缘石		延米	20—40		
7	水泥砼护肩带		延米	60—80	80—100	
8	其它材质护肩带		延米	30—50	50—80	
9	水泥砼、沥青砼拦水埂		延米	60—80	80—100	
10	石笼、丁坝		m³	100—120	100—120	
五、	附属设施类					
1	里程碑	国际	块	80—100		
2	百米桩	国际	根	10—20		
3	轮廓标	国际	根	100—150	150—200	
4	路界桩	国际	根	40—50		
5	各类铝合金标志牌	国际	m²	230—260	280	
6	各类铁质标志牌	国际	m²	150—180		
7	各类玻璃钢标志牌	国际	m²	180—230		
8	反光标志牌	工程级	m²	500—600	1500—1800	
9	各种标志牌的立杆		根	600—900	800—1000	
10	各类分界碑、宣传墙等砌体		m³	600—800		
11	锥形示警桩		个	50—80	80	圆形式300元

九、赔补偿类（各省区片指导价、道路、道路开口、其他类补偿表）

续表

序号	项目名称	规格	单位	金额（元） 一般公路	金额（元） 高等级公路	备注
12	门式标志架		套	6000—12000		视损坏程度赔偿
13	路面标线	热塑	延米	60—80	60—80	
14	钢管立柱及基础		根	800—1200	800—1200	
15	波形防撞护栏板	4m	节		800—1500	
16	波形防撞护栏板立柱		根		800	
17	波形护拦板螺丝		套		50	
18	悬臂件		套	250—300		
19	弯道叉口公路反光镜		套	800—1000		
20	刺铁丝隔离栅		延米	150—200	150—200	
21	编织网隔离栅		m²	180—230	180—230	按单块计算
22	水泥砼隔离栅立柱		根	30—50		
23	型钢隔离栅立柱		根	60—80	80	
24	水泥砼隔离墩		块	100—150	300—400	
25	水泥砼柱式护栏、示警桩		根	150—200		
26	水泥砼防撞墙		延米	600—1000	800—1200	
27	防撞墙上铸钢件和钢管		节	800—1000	900—1500	
28	泄水孔		个	60	150—200	
29	道班房、观测站、路政房等设施					按实际修复价赔偿
30	警灯、防雾灯		个		980	
31	车道 UPS 保险柜		台		5000	
32	自动栏杆	整机	套		9000	
33	收费亭及其它电器设备					按实际修复价赔偿
34	路钮		个		85	
六	临时或永久占用类					临时占用指一年以内
1	经批准临时占用路肩		m².天	1.0 天		不足一天按 1 天计算，限期清除，未经批准占用加 10 倍
2	经批准临时占用边沟		m².天	0.5	0.6	同上
3	经批准临时占用边坡		m².天	0.3	0.5	同上
4	经批准临时占用公路用地及公路控制区		m².天	0.2	0.3	同上

续表

序号	项目名称	规格	单位	金额（元）一般公路	金额（元）高等级公路	备注
5	经批准临地穿跨桥梁等构造物		m·天	5.0	6.0	同上
6	经批准电力、电讯各种管线穿跨公路及公路控制区		m	200	300	同上
7	经批准占用路肩边沟控制区开设交叉道口	按《公路工程技术标准》	m²	300		一次性收费（宽度为实际占用宽度，长度至控制区边缘）
8	经批准在公路控制区及公路设施上设置各类广告					双方协商议定收费
9	高等级公路的紧急停车带（含不设紧急停车带的硬路肩）					允许占用30分钟，30分钟后每超10分钟收50元
七	其它类					
1	超限（长、宽、高）车辆行驶公路		车·公里	1—3	5—8	不含护送费
2	超限（轴载质量或车货总重）车辆行驶公路		（超出吨位）²·公里	0.7	0.7	不含护送费和桥涵加固费
3	200米范围爆破作业		天·处	300—500		控制区内禁止爆破
4	机动车强行通过施工路面		车·次	200—500		
5	其它违反规定使用公路		次	30—100		
八	绿化类					
1	损坏人工草坪、花坪		m²	50—80	50—80	
2	绿篱		延米	200—300	200—300	
3	普通灌木		株	50—70	50—70	
4	观赏灌木		株	100—130	100—130	
5	普通乔木	小于5cm	株	60—100	60—100	
6	普通乔木	5—10cm	株	100—120	100—120	
7	普通乔木	10—15cm	株	120—150	120—150	
8	普通乔木	15—20cm	株	150—200	150—200	
9	普通乔木	20cm以上	株	200—800	200—800	视种类而定

九、赔补偿类（各省区片指导价、道路、道路开口、其他类补偿表）

续表

序号	项目名称	规格	单位	金额（元）		备注
				一般公路	高等级公路	
10	松柏及观赏树种		株	300—1000	300—1000	
11	牲畜啃树		株	80—100		
12	砍树枝		株	30—50		
13	树上架电线及其它绳、线、招牌等		株	80—100		

注：高等级公路指高速公路和一级公路。

6. 山西省公路路产损失赔（补）偿费管理办法（试行）

山西省公路路产赔（补）偿费收费标准

序号	项目		单位	收费标准			批准机关及文号	备注
				一级公路	二、三级公路	四级公路		
一	路面							按最大宽度×最大长度计算，总量不足 $1m^2$ 按 $1m^2$ 计算，带状污染最小宽度按 0.2m 计算。路面损坏开挖修复最小宽度为 20cm，不足 20cm 按 20cm 计算。
1	污染路面	油污染	m^2	100	90	80		柴油污染增加一倍收费
2		化学类腐蚀性污染	m^2	30	30	30		在同类路面损坏的基础上增加30%收费
3		遗漏抛洒污染	m^2		100	100		指化学类腐蚀性污染和油污染以外的其他形式的污染
4	损坏路面	沥青碎石、贯入式路面	m^2	157	157			厚4cm，厚度不同按比例折算
5		沥青混凝土上面层	m^2	160	160	160		厚4cm，厚度不同按比例折算
6		沥青混凝土中（下）面层	m^2	520	420	320		厚5cm，厚度不同按比例折算
7		水泥混凝土路面	m^2					厚28cm，厚度不同按比例折算，水泥混凝土路面损坏面积超过1/3板块按1个板块计算
8		砂石路面	m^2			30		
9		路面基层	m^2	100	100	70		
10		支干斤	次	300	240	150		指在路面值支、垫、摆石块而造成的路面损坏

九、赔补偿类（各省区片指导价、道路、道路开口、其他类补偿表）

续表

序号	项目			单位	收费标准			批准机关及文号	备注
					一级公路	二、三级公路	四级公路		
11	路基		路面划（压）痕	m	10	10	8		指缝宽≤1cm，深≤1cm 的路面划痕，含履带车、铁铁轮车在公路上的压痕。缝宽>1cm，深>1cm 的路面划痕，按损坏路面标准赔偿
二	土路基								
12			沥青路肩	m²	60	60	60		
13		路肩	土路肩	m²		100	100		
14			土质边坡	m²		30	30		
15			土质边坡	m²	60	60	60		
16			干砌护坡	m²	220	220	220		指最大平面面积×最大深度计算，总量不足 1m³ 按 1m³ 计算
17		边坡、边沟、挡土墙	混凝土预制块护坡	m²	100	100	100		按损坏预制块个数折算成 m² 计算，不足一个预制块按一个预制块计算
18			浆砌片石护坡	m²	460	460	460		
19			浆砌挡土墙	m²	460	460	460		抹面损坏按每平米 30 元计算
20			现浇混凝土挡土墙	m²	840	840	840		
21			土边沟	m²		35	35		
22		边坡、边沟、挡土墙	浆砌片石边沟、排水沟、急流槽	m²	460	460	460		
23			边沟盖板	m²	300	300	300		

续表

序号	项目			单位	收费标准			批准机关及文号	备注
					一级公路	二、三级公路	四级公路		
24			堵塞边沟、涵洞	m	50	50	50		按边沟、涵洞中心线计算
25			路缘石、路边石	m	50	50	50		
26			沥青砂拦水带	m	85	85			
27			水泥混凝土拦水带	m	25	25	25		按最大损坏长度计算
28			浆砌片石排水簸箕	个					按个计算，每个10m，不足10m按10m计算
29			预制混凝土灌水槽	m					
30			浆砌片石导流坝	m³	460	460	460		按最大横截面积×最大厚度计算
三	占用公路及公路用地								
31			占用硬路肩	次	80				按次计算，路政下达"责令改正通知书"后主动改正的，不再收取费用
32			占用一个车道	次	210	210			指占用1小时以上
33			占用二个车道	次	420		80		指占用1小时以上
34			占用边沟、边坡等公路用地	次	80	80	80		指占用1小时以上
35	占用公路及公路用地		占公路用地设置非公路标志	m²·月	5	5	5		经交通主管部门许可后按最大宽度×最大高度计算。公益性标志，不收取费用；高速公路按实际招标拍卖价格收取。
36			反光膜						
37	喷涂、污		镀锌产品	处	160	160	160		按标志牌反光膜收费标准收取。
38			砂浆、混凝土设施	m²	60	60	60		

续表

九、赔补偿类（各省区片指导价、道路、道路开口、其他类补偿表）

序号	项目		单位	收费标准			批准机关及文号	备注
				一级公路	二、三级公路	四级公路		
39	在公路及公路用地内倾倒杂物		m³	500	500	500		按最大平面积×最大高度计算。总量不足1m³时按1m³计算
40	线缆、管道穿越公路、桥梁	线缆	m					经公路管理机构许可后按中心长度计算；经专家论证后确实对公路造成损坏的，应当按照损坏程度依据实际情况给予补偿，不造成损坏的，不得收费
41		管道直径≤20cm	m					
42		20cm<管道直径≤50cm	m					
43		管道直径>50cm	m					
44	线缆、管道挂靠附着公路、桥梁设施		m					
四	桥涵							
45	波形护栏钢板护栏杆（带基础）		m	920	920	920		按最大损坏长度计算，总量不足1m按1m计算。
46	钢筋混凝土防撞护栏		m	360	360	360		
47	钢筋混凝土栏护管		m	710	710	710		按构件整块计算，总量不足1m按1m计算。
48	钢筋混凝土花式栏杆及扶手		m	750	750			
49	桥梁伸缩缝钢遮板		块	9600	9600	9600		
50	毛勒缝	D80一下（含D80）	m	19740	19740			
51		D80-D160（含D160）	m					
52		D160-D240（含D240）	m					
53		D240以上	m					
54	泄水管		个	65	65	65		按一个车道宽3.7m计算，不足一个车道按一个车道计算
55	八字墙、浆砌洞口		m³	460	460	460		按最大横截面积×最大厚度计算

续表

序号	项目		单位	收费标准			批准机关及文号	备注
				一级公路	二、三级公路	四级公路		
56	防落（抛）网		m²	510	510			按最大损坏长度计算
57	圆管涵	直径0.5米一下（含0.5米）	m		1210	1210		按节计算
58		直径0.5米-1.0米（含1.0米）	m		2450	2450		按节计算
59		直径1.0米-1.5米（含1.5米）	m		3620	3620		按节计算
60		直径1.5米以上	m		5310	5310		按节计算
五	隧道							
61	隧道内紧急电话		个					
62	爆闪灯		套					包括灯架基础费用
63	隧道瓷砖		m²	200	200	200		
64	隧道壁反光器		个	35	35	35		
65	隧道配电柜（400*500*200mm）		个	510	510			
66	隧道水箅		块	920	920	920		
67	隧道电缆沟盖板		块	216	216	216		
六	公路绿化							
68	落叶乔木	胸径0-4cm（含4cm）	株	160	160	160		
69		胸径4-8cm（含8cm）	株	345	345	345		
70		胸径8-12cm（含12cm）	株	900	900	900		指距地面1.0m处树干直径
71		胸径12cm以上	株	超过12cm后，每增加1cm加收138				

九、赔补偿类（各省区片指导价、道路、道路开口、其他类补偿表）

续表

序号	项目		单位	收费标准			批准机关及文号	备注
				一级公路	二、三级公路	四级公路		
72	常绿乔木	树高1.5~2.5m	株	2070	2070	2070		指树高从地面量取至树梢最高处。
73		树高2.5~3.5m	株	2760	2760	2760		
74	灌木	高度1m一下（含1m）	株	80	80	80		1m以上每增加10cm增加20元收取
75		高度1m以上	株	140	140	140		
76	绿篱		株	60	60	60		
77	花卉		株	35	35	35		
78	草皮		m²	50	50	50		
79	藤蔓		株	20	20	20		
80	特殊植被、名贵树木花卉							按实际购进价格计算
七	安全设施							
81	标志	铝板反光标志	m²	2300	2300	2300		包括反光膜、道路施工和养护作业标志牌。按块计算
82		玻璃钢反光标志	m²	1000	1000	1000		
83	钢管立柱	直径≤Φ152	m	300	300	300		按根计算
84		Φ152＜直径＜Φ273	m	620	620	620		按根计算
85		直径≥Φ273	m	710	710	710		按根计算
86	门架立柱		m	2350	2350	2350		按根计算
87	门架横梁		m	560	560	560		按根计算
88	标志基础		m²	1040	1040	1040		按根计算

续表

序号	项目		单位	收费标准			批准机关及文号	备注
				一级公路	二、三级公路	四级公路		
89	反光膜	四级	m²	210	210	210		按块计算
90		三级	m²	460	460	460		
91		二级	m²	1080	1080	1080		
92		一级	m²	1320	1320	1320		
93	标志立柱轻微碰擦（喷锌）		处	160	160	160		
94	水泥混凝土标志牌及柱	圆形及三角形	套		410	410		按套计算
95		矩形标志	套		1020	1020		
96	标线	热熔标线	m²	105	105	105		
97		普通标线	m²	32	32	32		
98		振荡标线	m²	400	400	400		
99	太阳能爆闪灯		个					包括铸钢支架费用
100	金属百米牌		块	140	140	140		
101	水泥百米桩		块	95	50	50		
102	公路界桩		根	95	95	95		
103	金属里程碑		块					
104	水泥里程碑		块	200	200	200		
105	诱导标		根	190	190	190		
106	道口标注		根					

九、赔补偿类（各省区片指导价、道路、道路开口、其他类补偿表）

续表

序号	项目			单位	收费标准			批准机关及文号	备注
					一级公路	二、三级公路	四级公路		
107	活动护栏	伸缩式		m					按节计算
108		插拔式		块	280	280	280		按2米计算
109	施工护栏			块					
110	三波形护栏板			块	1140	1140	1140		
111	二波形护栏板			块	460	460	460		按4m计算
112	波形梁立柱	立柱		根	20	20	20		
113		柱帽		个	50	50	50		
114		托架		个	8	8	8		
115		螺栓		条					
116		双端头		块	1100				
117		单端头		块	340	340	340		
118		轻微碰撞（喷锌）		处	160	160	160		
119		中央区		个	480				
120	波形梁护栏基础	路侧（石方区）		个	310	310	310		
121		路侧（砂砾区）		个	270	270	270		
122	柱式轮廓标			根	260	260	260		
123	锥形安全墩			个	150	150	150		
124	反光道钉			个	75	75	75		
125	防撞桶			个	800	800	800		

续表

序号	项目		单位	收费标准			批准机关及文号	备注
				一级公路	二、三级公路	四级公路		
126	路店隔离砖墙		m	180	180	180		
127	石砌路店隔离墙		m	180	180	180		
128	石砌护墩		个	120	120	120		
129	混凝土柱式护栏		个	135	135	135		
130	片石混凝土安保设施		m³	620	620	620		
131	素混凝土安保设施		m³	680	680	680		
132	钢筋混凝土安保设施		m³	2300	2300	2300		
133	防眩板		套					
134	防眩网		m					
135	隔离网	隔离网片（编织）	m					
136		刺丝隔离棚	m					
137		隔离网立柱	根					包括基础立柱费用
138		隔离网立柱基础	个					
139		隔离网斜撑含基础	根					
八	收费站、服务区、治理超限站设施							
140	收费亭（单）		套	68000	68000			
141	收费亭（双）		套	82500	82500			
142	钢化玻璃		块	720	720			
143	电气盒		套	1500	1500			

九、赔补偿类（各省区片指导价、道路、道路开口、其他类补偿表）

续表

序号	项目	单位	一级公路	二、三级公路	四级公路	批准机关及文号	备注
144	收费亭护栏	套	5000	5000			
145	收费亭护杆	根	600	600			
146	收费亭防撞柱	套	28000	28000			
147	手动栏杆	套	3500	3500			手动栏杆臂单价1500元，立柱单价1500元
148	费额显示器	个	8000	8000			
149	自动栏杆	套	30000	30000			自动栏杆臂单价3000元
150	收费终端显示器	个	2700	2700			
151	交通灯	套	3500	3500			包括灯架基础费用
152	MTT柜	套	4200	4200			
153	轴重仪	套	85000	85000			
154	车辆分离器	套	20000	20000			
155	光栅防撞门架	套	5000	5000			
156	轮胎识别器	个	5000	5000			
157	数据采集器/控制柜	套	40000	40000			
158	车道标志牌	套	2000	2000			
159	综合配电器	个	8000	8000			
160	车道配电柜	个	3000	3000			
161	车道摄像机	个	4000	4000			
162	摄像机立柱	根	300	300			

续表

序号	项目		单位	收费标准			批准机关及文号	备注
				一级公路	二、三级公路	四级公路		
163	空调		台	2500	2500			
九	照明设施							
164	低杆灯（12-15M，含12M）		个	49500	49500			包括基础立柱费用
165	低杆灯（12M以下）		个	22000	22000			包括基础立柱费用
十	通讯设施							
166	人孔		个					
167	紧急电话平台		个					
168	紧急电话		部					
169	紧急电话栏杆		套					
170	人孔盖		个					
十一	其它							
171	增设公路平面交叉道口	一次性接入费	m	5000	5000	1500		经公路管理机构许可后按道口宽度计算。公益性道口（如学校、居民区、村庄等使用道口）不属于收费范围
172		维护费	m·年	400	400	150		按道口宽度计算
173	运输不可解体物品车辆监护费		元/公里	5	5	5		经交通主管部门许可后按单程收取费用。对超限运输设施等发生的勘测、选定、方案的论证、加固、改善公路设施等发生的费用，由双方协议确定。
174	超限运输补偿费		元/吨公里	1	1	1		按GB1589—2004规定超过部分的吨位数计

单位负责人：
单位公章：

收费单位责任人：
监督电话：0354-8636171

联系电话：0354-8636171
日起：2017年4月24日

收费责任人：

7. 陕西省物价局财政厅交通厅关于重新核定公路损坏赔偿费及公路占用补偿费收费标准的通知

陕西省物价局、财政厅、交通厅关于重新核定公路损坏赔偿费及公路占用补偿费收费标准的通知

陕价经发〔2009〕30号

各设区市物价局、财政局、交通局、杨凌示范区发展改革局、财政局、交通局：

我省现行公路损坏赔偿费、公路占用补偿费是1997年制定的。十年来，由于公路建设原材料价格上涨等多种因素影响，已不能弥补公路损坏价值和公路占用成本支出。为了认真贯彻落实《陕西省公路路政管理条例》，完善公路损坏赔偿和占用补偿收费管理，保障公路运输畅通、设施完好，使公路交通更好地服务经济发展，经研究，决定对我省公路损坏赔偿、公路占用补偿收费项目和标准重新核定。现就有关事项通知如下：

一、重新核定后的公路损坏赔偿费、公路占用补偿费收费项目和标准详见附表1、附表2。表中未列项目及新增项目一律按实际恢复价赔偿。

二、公路损坏赔偿费、公路占用补偿费属事业性收费，收费项目和收费标准由省财政、物价、交通部门核定。收费实行收支两条线管理。所收费用应全额用于公路修复、维护的支出及路政、认证等费用，不得挪作他用。省级公路管理部门每年应向省物价、省财政、交通部门报告全省公路损坏赔偿、公路占用补偿收费的收缴及使用情况。

三、公路损坏赔偿应按照先修复后赔偿的原则进行。即对损坏行为人有条件修复或更换的，应先由损坏行为人在规定时间内按公路工程技术标准进行修复或更换；对不能在规定时间内及不能按公路工程技术标准进行修复或更换的再进行赔偿处理。

四、公路损坏赔偿实行价格鉴定制度。依据《陕西省公路及附属设施损坏价格鉴定管理办法（试行）》的规定，各级物价部门所属的价格认证中心是指定的公路及附属设施损坏的价格鉴定机构，具体负责公路及附属设施损坏的价格鉴定工作，其出具的公路及附属设施损坏价格鉴定结论书，是交通主管部门要求当事人赔偿公路及附属设施损坏价格的依据。

公路及附属设施损坏价格鉴定工作实行统一领导、分级管理的原则。全省高速公路及附属设施损坏赔偿费由省价格认证中心或其委托具有价格鉴定资格的机构（人员）负责认定；一级及以下公路及附属设施损坏赔偿费按公路隶属关系由市、县价格认证中心或委托具有价格鉴定资格的机构（人员）负责认可。

五、所有收费公路（含经营性收费公路）的公路损坏赔偿费和公路占用补偿费参照执行本通知规定的收费项目和收费标准，公路路产赔（补）偿费用的征收和使用管理按照省财政、物价、交通部门联合下发的有关文件执行。

六、本通知自2009年4月1日起执行。以前凡与本通知不一致的停止执行。

附表1：陕西省干线及农村公路损坏赔偿费、公路占用补偿收费标准
附表2：陕西省干线及农村公路损坏赔偿费、公路占用补偿收费标准

陕西省干线及农村公路损坏赔偿、占用补偿收费标准

序号	收费项目	规格	计费单位	收费标准（元）	备注
一	路面类				
1	水泥混凝土路面	厚18cm	平方米	120	
		厚20cm	平方米	150	
		厚24cm	平方米	200	
2	沥青混凝土路面	细粒式厚3cm	平方米	80	
		厚7cm	平方米	180	
3	沥青碎石路面	厚4cm	平方米	100	
4	沥青表处路面	厚2cm	平方米	50	
5	泥结碎石路面	厚10cm	平方米	35	
6	泥灰结碎石基层	厚10cm	平方米	40	
7	级配砾石路面	厚10cm	平方米	40	
8	级配砾石掺灰路面	厚10cm	平方米	50	
9	碎（砾）石灰土基层	厚15cm	平方米	45	
10	天然砾石路面	厚10cm	平方米	20	
11	土路面		平方米	10	
12	水泥混凝土路面擦划	宽度12cm以下	延米	150	不足$1m^2$按$1m^2$计
		宽度12cm以上	平方米	同本章1项	
13	沥青路面擦划	宽度12cm以下	延米	260	不足$1m^2$按$1m^2$计
		宽度12cm以上	平方米	同本章2、3、4项	
14	打千斤损坏路面		处	150	
15	改性沥青路面		平方米	按实际恢复价赔偿	不足$1m^2$按$1m^2$计
16	水稳类基层		平方米	90	
二	路基类				
1	路基		立方米	50	
2	边沟	土质	延米	40	
3	水泥混凝土边沟板		立方米	按实际恢复价赔偿	

九、赔补偿类（各省区片指导价、道路、道路开口、其他类补偿表）

续表

序号	收费项目	规格	计费单位	收费标准（元）	备注
三	砌体类				
1	干砌挡土墙		立方米	70	
2	浆砌挡土墙		立方米	200	
3	浆砌边沟		立方米	300	
4	镶边带（石）	混凝土	延米	45	
5	急流槽		立方米	300	
四	涵洞类				
1	石盖板涵	孔径1m	米	1000	严重损坏的按实际恢复价赔偿
2	石拱涵	孔径2-3m	米	2000	
3	钢筋混凝土圆管涵	孔径1-1.5m	米	1800	
4	钢筋混凝土盖板涵	孔径3-4m	米	2600	
5	浆砌洞口		立方米	按实际恢复价赔偿	
五	路肩类				
1	土路肩		延米	10	
2	水泥混凝土路肩		延米	50	
3	边坡		平方米	10	
4	浆砌护坡		立方米	300	
5	人工草皮护坡		平方米	30	
6	拦水带	沥青砂	米	40	
		水泥混凝土	米	80	
六	标志标线				
1	里程碑	国标	块	100	
2	百米桩	国标	个	30	
3	分界桩		根	80	
4	高强级铝合金标志牌	Φ100cmΔ110cm边长	块	900	
		Φ120cmΔ130cm边长	块	1200	
			平方米	1100	
5	工程级铝合金标志牌	Φ100cmΔ110cm边长	块	800	
		Φ120cmΔ130cm边长	块	1000	
			平方米	700	

续表

序号	收费项目	规格	计费单位	收费标准（元）	备注
6	高强级合成树脂类（塑料、玻璃钢等）标志牌	Φ100cmΔ110cm 边长	块	800	
		Φ120cmΔ130cm 边长	块	1200	
			平方米	1000	
7	工程强级合成树脂类（塑料、玻璃钢等）标志牌	Φ100cmΔ110cm 边长	块	500	
		Φ120cmΔ130cm 边长	块	700	
			平方米	600	
8	标志牌立柱（H型钢、槽钢、钢管及钢筋砼管）			按实际恢复价赔偿	
9	钢管悬臂件	现用	件（套）	300	
10	路面标线	常温型	平方米	35	
		热熔型	平方米	80	
七	附属设施类				
1	钢筋混凝土栏杆及扶手	20号混凝土	立方米	1000	
2	柱式钢筋混凝土护栏	封面12×12cm	根	90	
3	石砌墙式护栏	40×60×120cm	个	100	
4	钢筋混凝土护栏		立方米	1000	
5	波形钢板护栏	单波	米	260	
6	钢板护栏立柱		根	180	
7	护栏、立柱紧固连接件		套	200	
8	示警桩		根	400	
9	示警墩	200×40×80cm	块	1300	
10	线形诱导标		个	按实际恢复价赔偿	
11	轮廓标	柱式	根		
		路钮式、附着式	个		
12	分道体		个		
13	锥形筒		个		
14	钢索防护		延米		
15	砖砌绿化带、绿化池		延米	50	
16	挂网防护网		平方米	300	
八	绿化树木类		延米		

九、赔补偿类（各省区片指导价、道路、道路开口、其他类补偿表）

续表

序号	收费项目	规格	计费单位	收费标准（元）	备注
1	风景树		棵	按实际恢复价赔偿	
2	乔幼树		棵		
3	乔成材树		立方米		
4	绿篱		沿米		
5	草皮		平方米		
6	花卉		株		
7	乔（生成）树		棵		
8	小冠花		平方米		
9	水杉等珍贵树种	三年以上	棵		
九	其他				
1	路面倾倒垃圾		平方米	200	
2	垃圾清运费		平方米	100	不自行清理的收取
3	遗撒滴漏污染水泥路面	腐蚀性	平方米	同第一章1项	
		油污染	平方米		
		石灰、煤等污染	平方米	同本章2、3项	
4	遗撒滴漏污染沥青路面	腐蚀性	平方米	同一章2、3、4项	
		油污染	平方米		
		石灰、煤等污染	平方米	同本章2、3项	
十	收费站设施				
1	收费亭		个	按实际恢复价赔偿	
2	收费亭天棚立柱		根		
3	收费亭正面玻璃		块		
4	收费亭铝合金门窗		个	按实际恢复价赔偿	
5	车道信号灯		个		
6	收费电子显示板		块		
7	收费岛		立方米		
8	收费亭防撞钢管		根		
9	道口自动栏杆机		台		
10	道口自动栏杆		条		
11	天棚信号灯		盏		

续表

序号	收费项目	规格	计费单位	收费标准（元）	备注
12	摄像机		台	按实际恢复价赔偿	
13	封道栏杆		套		
14	费额显示器		套		
15	隔离墩		块		
十一	检测站设施				
1	检测大棚		平方米	按实际恢复价赔偿	
2	拦车架		个		
3	拦道机		台		
4	拦道机启动臂		个		
5	拦道机拦杆		根		
6	电子检测仪		台		
7	称台护罩	0.3×0.3×1.5米	个		
8	拦轩岗亭	1.6×2×2.2米	个		
9	探照灯		盏		
10	龙门架		架		
11	龙门架柱		根		
12	电子显示屏		平方米		
13	防撞柱	0.6#×3米	根		
14	隔离墩		块		
15	监控设备		套		
十二	占用类				
1	水泥路面		平方米/天	5	临时占用
2	油路面		平方米/天	5	
3	沙土路面		平方米/天	3	
4	水泥油路肩		米/天	3	
5	沙土路肩		米/天	2	
6	公路用地		平方米/天	2	
7	公路用地（路面、路肩、边沟）		平方米	7000	一年以上，一次性收取
8	沿公路两侧设置管线、电缆等		米	1000	
9	沿公路两侧设置电杆		根	5000	
10	沿公路两侧设置通讯电塔		个	10000	
11	占路修车		台/次	50	超过1小时
12	公路两侧倾倒垃圾		平方米	200	

九、赔补偿类（各省区片指导价、道路、道路开口、其他类补偿表）

续表

序号	收费项目	规格	计费单位	收费标准（元）	备注
13	垃圾清运费		平方米	100	不自行清理的收取
14	墙体广告	公路挡土墙	平方米/年	200	
15	公路两侧建筑控制区范围内的非公路标牌	广告牌	平方米/年	200	
		厂（店）名牌	平方米/年	140	
		指路牌（其他标牌）	平方米/年	100	
16	利用桥梁、隧道等附属设施外挂管线		米	10000	一年以上，一次性收取
十三	穿、跨越公路				
1	跨越公路修建桥梁、渡槽等		平方米	8000	
2	跨越公路架设管线、电缆、电线等	净高在8米-15米以内	米	8000	
		净高在15米以上	米	5000	
3	穿越公路埋设电缆、电线等	净深度在2米-10米以内	米	10000	
		净深度在10米以上	米	8000	
4	穿越公路埋设管线等	净深度在2米-10米以内	米	10000	
		净深度在10米以上	米	8000	
十四	利用公路超限运输				
1	公路超限运输车辆监护费	车货总重超过120吨（含120吨）载后几何尺寸总长超过25米，总宽超过4.2米，总高超过4.7米，满足上述任一标准	公里/次	20	监护里程不足100公里按100公里计。
		车货总重60吨（含60吨）以上120吨以下，载后几何尺寸总长在22米—25米，总宽在3.7米—4.2米，总高在4.5—4.7米，满足上述任一标准	公里/次	15	
2	涵洞及桥梁检测费			按实际恢复价赔偿	
3	涵洞及桥梁加固费				

注：1.《中华人民共和国公路法》第四十五条"跨越、穿越公路修建桥梁、渡槽或者架设、埋设管线等设施的，以及在公路用地范围内架设、埋设管线、电缆等设施的，应当事先经有关交通主管部门同意，影响交通安全的，还须征得有关公安机关的同意；新修建、架设或者埋设的设施应当符合公路工程技术标准的要求。对公路造成损坏的，应当按照损坏程度给予补偿。"、五十六条"除公路防护、养护需要外，禁止在公路两侧的建筑控制区内修建建筑物和地面构筑物；需要在建筑控制区内埋设管线、电缆等设施的，应当事先经县级以上地方人民政府交通主管部门批准"的规定；上跨净高大于8米，电力设施净高大于12米；

2. 非公路运输标志牌按其牌面计算面积。

（二）永久征地区片指导价

1. 天津市人民政府关于调整天津市征地区片综合地价标准的通知（津政发〔2014〕20号）

天津市人民政府关于调整天津市征地区片综合地价标准的通知

津政发〔2014〕20号

各区、县人民政府，各委、局，各直属单位：

为进一步规范全市征地补偿工作，促进经济社会持续健康发展，切实维护被征地农村集体经济组织和农民的合法权益，根据《国务院关于深化改革严格土地管理的决定》（国发〔2004〕28号）有关规定，结合我市实际，市人民政府决定调整《天津市征地区片综合地价标准》，现予公布，并就有关事项通知如下：

一、调整后的征地区片综合地价标准包括土地补偿费和安置补助费，各类用地的征收补偿工作必须严格执行征地区片综合地价标准，不得随意调整。

二、被征地农民的社会保障费用以及地上附着物、建筑物和青苗补偿费，按照有关规定和标准由申请用地单位另行支付。

三、各区县人民政府要通过多种方式公布新调整的征地区片综合地价标准，加强政策宣传解释，妥善解决实施过程中的有关问题，确保新标准顺利实施。对新标准施行前已依法获得征地批准的，征地补偿按已批准的征收土地方案组织实施；未经依法批准征地的，按新标准执行。

四、市人民政府根据经济社会发展情况，适时对征地区片综合地价标准进行修订。

五、调整后的《天津市征地区片综合地价标准》自2014年10月1日起施行。市人民政府《关于公布实施天津市征地区片综合地价标准的通知》（津政发〔2007〕23号）同时废止。

天津市人民政府
2014年9月10日

九、赔补偿类（各省区片指导价、道路、道路开口、其他类补偿表）

天津市征地区片综合地价标准

区县	区片个数	区片编号	区片价（万元/亩）
滨海新区	6	BH1	8.8
		BH2	7.5
		BH3	6.4
		BH4	4.9
		BH5	4.4
		BH6	4.0
东丽区	5	DL1	24.3
		DL2	14.9
		DL3	12.3
		DL4	7.9
		DL5	6.2
西青区	4	XQ1	25.6
		XQ2	18.2
		XQ3	12.8
		XQ4	8.3
津南区	7	JN1	27.0
		JN2	18.6
		JN3	13.6
		JN4	12.3
		JN5	11.5
		JN6	8.8
		JN7	8.3
北辰区	5	BC1	25.4
		BC2	15.3
		BC3	14.1
		BC4	9.2
		BC5	7.0
武清区	2	WQ1	3.7
		WQ2	2.9
宝坻区	2	BD1	3.7
		BD2	2.9
宁河县	2	NH1	3.6
		NH2	2.8

续表

区县	区片个数	区片编号	区片价（万元/亩）
静海县	3	JH1	4.3
		JH2	3.4
		JH3	2.8
蓟县	3	JX1	5.2
		JX2	4.0
		JX3	2.8

注：征地区片综合地价标准不包含被征地农民的社会保障费用以及地上附着物、建筑物和青苗补偿费。各区县存在飞地的，以飞地坐落区片实际价格为准。

2. 河北省人民政府关于完善征地区片综合地价标准的通知

名　　称：河北省人民政府关于完善征地区片综合地价标准的通知
发布机构：省政府办公厅
发文字号：冀政发〔2020〕5号
发布日期：2020年10月14日
主　题　词：
主题分类：国土资源、能源

河北省人民政府关于完善征地区片综合地价标准的通知

各市（含定州、辛集市）人民政府，各县（市、区）人民政府，雄安新区管委会，省政府各部门：

为完善我省征地区片综合地价标准，确保相关工作顺利实施，依据《中华人民共和国土地管理法》规定，现就有关事项通知如下：

一、根据《中华人民共和国土地管理法》有关规定，对现行征地区片综合地价予以重新公布，各地按此标准实施征地补偿。

二、各类土地征收补偿执行统一标准，征地区片综合地价涵盖农用地、建设用地和未利用地。

三、征地区片综合地价含土地补偿费和安置补助费。土地补偿费按照征地区片综合地价的20%、安置补助费按照征地区片综合地价的80%分配使用。

以上规定自2020年11月1日起执行。雄安新区可参照执行，另有规定的从其规定。

附件：河北省征地区片综合地价表.pdf

河北省人民政府
2020年10月14日

附件

河北省征地区片综合地价表

单位：元/亩

地区	区片1	区片2	区片3	区片4	区片5	区片6	区片7	区片8	备注
石家庄市									
主城区	450000	300000	210000	150000					
藁城区	149700	126000	120000						
鹿泉区	120000	104000	90000						
栾城区	142000	120000							
井陉矿区	86500	43800							
高新技术产业开发区	310000	195000							
晋州市	80000	76000							
新乐市	150000	116000	85000	80000					
井陉县	250000	175000	130000	110000	85000	67000			
正定县	300000	200000	160000	115000	105000	100000			
行唐县	115000	89000	68000	66000	58950				
灵寿县	127000	105500	87800	79800	70000				
高邑县	76000	69000	64000						
深泽县	100000	90000	80000	73000	67000				
赞皇县	82000	78000	60000	59000	58000	57000	55500		
无极县	128900	124900	81200	67900	53900	50900			
平山县	310000	167300	72000	70000	68000				
元氏县	165000	130000	70000						
赵县	84200	83500	82000	80000	79500				
承德市									
双桥区	170000	150000	122500	100000					
双滦区	154000	134000	119000	105000					
鹰手营子矿区	130000	110000	94000	67700					
平泉市	140000	115000	90000	72000	50000				
承德县	115000	100000	73000	70000	65000				
兴隆县	154200	97500	79000	62000	56000				

九、赔补偿类（各省区片指导价、道路、道路开口、其他类补偿表）

续表

地 区	区片1	区片2	区片3	区片4	区片5	区片6	区片7	区片8	备 注
滦平县	150000	120000	85000	75000	66000				
隆化县	155000	120000	75000	65000	58000				
丰宁满族自治县	365000	106000	77000	66500					
宽城满族自治县	150000	115000	75000	65000	58900				
围场满族蒙古族自治县	110000	80000	75000	63000	57000	48000			
张家口市									
桥东区	125000	110000	98000	67630					
桥西区	146980	87420	52770						
宣化区	216000	186000	156000	116000	81000	72000			原宣化区
宣化区	92900	78400	60100	46500					原宣化县
下花园区	75000	66000	58000						
经济开发区	128600	119900	109800						
万全区	105400	59800	58500	52400					
崇礼区	121000	51500	46000	42000					
察北管理区	52200	47400	37400						
塞北管理区	50600	38800							
张北县	72600	37610							
怀来县	79800	75440	69700	62200					
康保县	39600	37430							
沽源县	50000	41200	37400						
尚义县	44874	40792	37314						
蔚 县	132000	104000	93000	70700	65500	52200			
阳原县	97467	72300	63767	57520	53667				
怀安县	59333	56667	52000						
涿鹿县	92191	70800	62500	62000	61500	60965			
赤城县	149000	72700	66400	59900					
秦皇岛市									
海港区	300000	210000	175000	130000	86000				
山海关区	111000	90000	89100	70000					
北戴河区	220000	170000	140000						
北戴河新区	65000								

续表

地 区	区片1	区片2	区片3	区片4	区片5	区片6	区片7	区片8	备注
经济技术开发区	59000	45000							
抚宁区	106000	73100	65000	57600					
昌黎县	160000	140000	115500	100000	60000				
卢龙县	63000	61000	59000	57000					
青龙满族自治县	130000	90000	55000	52500					
唐山市									
主城区	189000	133000							
古冶区	71500								
开平区	124000								
丰南区	107800								
丰润区	115600	106000							
曹妃甸区	109600	95000	71000						
汉沽管理区	72400								
芦台开发区	72000								
海港经济开发区	70600								
迁安市	79300	71200							
遵化市	88800								
滦州市	66000								
滦南县	66000								
乐亭县	70600								
迁西县	80000	71600							
玉田县	63000								
廊坊市									
主城区	172800	144100	118400	86600					
安次区	99000	74000							
广阳区	115000								
开发区	115000								
霸州市	107000	90000	81000						
三河市	115000	70000							
固安县	120000	80000							
永清县	100000	79000							

九、赔补偿类（各省区片指导价、道路、道路开口、其他类补偿表）

续表

地区	区片1	区片2	区片3	区片4	区片5	区片6	区片7	区片8	备注
香河县	100000	97000	88000	80000					
大城县	225000	65300							
文安县	150000	69300							
大厂回族自治县	89000								
保定市									
主城区	306700	220000	143300	120000	106600				
满城区	180000	80000	65000	63000					
清苑区	116000	101000	86000	71000					
徐水区	110000	93000	76000	57000	54000				
安国市	103000	80300	72300	70000					
涿州市	126000	117000	106000						
高碑店市	115000	100000	90000	85000	75000				
涞水县	120000	100000	82500	61000	60900				
阜平县	112000	77000	73000	70000	67000				
定兴县	65000	64000	63000						
唐　县	115000	70000	61000	57000					
高阳县	96600	90000	83500	77600					
涞源县	125000	110000	70000	62000					
望都县	74000	63000	55000						
易　县	138000	89000	67500	65000	62800				
曲阳县	90000	67500	60000	52500					
蠡　县	96200	87200	78200	70000					
顺平县	76000	66000	56000						
博野县	96500	76100	61100	53600					
沧州市									
主城区	175000	145000	119000						
经济技术开发区	119000	93000	71000						
渤海新区	58600	52600							
任丘市	128000	110400	89100						
泊头市	71467	64317	59549	54847					
黄骅市	70000	60000	56000						
河间市	70000	60000	56300						

续表

地区	区片1	区片2	区片3	区片4	区片5	区片6	区片7	区片8	备注
沧县	145000	119000	93000	71000	64000	58000			
青县	81450	74450	67470	65800	55000				
东光县	61000	59000	55000						
海兴县	58100	55200	53600	52100	50460				
盐山县	90000	69000	52500						
肃宁县	74000	61000	57400						
南皮县	75200	63980							
吴桥县	68000	60000	52500						
献县	77700	66600	52300						
孟村回族自治县	110000	85000	72000	65450					
衡水市									
主城区	171000	137000	81000	68000					
冀州区	59900	59500	58500	57900					
深州市	56800	56000	54000						
枣强县	57900	54800	50200						
武邑县	54500	54000	53540						
武强县	55700	51000	45000						
饶阳县	55000	51400	48400						
安平县	160000	94000	64000						
故城县	58000	55000	51000						
景县	62000	60000	58000	56000					
阜城县	54150	52000	49000						
邢台市									
主城区	225000	210000	196667	170000	132667				原桥东区
主城区	225000	195000	169000	130000	89000				原桥西区
主城区	140000	120000	100000	75000	70000	51800			原邢台县
任泽区	56900	56000	54700	53800					
南和区	63000	57000	53000						
经济技术产业开发区	160000	131000	110000	85000	80900				
南宫市	61000	58000	56000	53500	50600				
沙河市	98000	93000	90000	86200					
临城县	63600	54100	47400						

九、赔补偿类（各省区片指导价、道路、道路开口、其他类补偿表）

续表

地 区	区片1	区片2	区片3	区片4	区片5	区片6	区片7	区片8	备 注
宁晋县	120000	93000	85000	61200	55000				
	53200	48100							原大曹庄管理区
内丘县	70000	51200	49100	48400					
柏乡县	70000	55000	49000						
隆尧县	89000	60000	54600	49000					
巨鹿县	81500	56000	54500	50000					
新河县	53300	49200							
广宗县	55000	53000	51000	49000					
平乡县	53500	50500	49100						
威 县	72000	56000	54700	50340					
清河县	68000	64000	62000	60000	59000				
临西县	53000	52500	52000	51100	50000				
邯郸市									
主城区	220000	200000	190000	180000	140000	120000	76000	70000	
	220000	200000	150000	140000	120000				原邯郸县
峰峰矿区	138000	110000	96000	89000					
永年区	91000	88000	85000	82000					
肥乡区	65000	55000	53000						
武安市	120000	89000	75000	70000	65000				
临漳县	58000	56000	55320						
成安县	62000	59600	57000						
魏 县	70000	62000	53400	47490					
大名县	57000	56000	55100						
涉 县	75000	73000	71000						
磁 县	75000	74000	62350	61000					
邱 县	56960	53440							
鸡泽县	56000	52500							
广平县	61000	55000							
馆陶县	76500	66500	58400	53700					
曲周县	61000	57000	52000						

续表

地 区	区片1	区片2	区片3	区片4	区片5	区片6	区片7	区片8	备 注
定州市	195000	170000	115000	74500	73400				
辛集市	102940	80880	78680						
雄安新区									
容城县	70000	67000	66000						
安新县	120000	90000	75000	72500					
雄 县	87000	74000	72000	69000	58000				

3. 内蒙古自治区人民政府办公厅关于公布自治区征地统一年产值标准和征地区片综合地价的通知
（内政办发〔2018〕4号）

内蒙古自治区人民政府办公厅关于公布自治区
征地统一年产值标准和征地区片综合地价的通知

内政办发〔2018〕4号

各盟行政公署、市人民政府，自治区各委、办、厅、局，各大企业、事业单位：

为认真贯彻落实《国务院关于深化改革严格土地管理的决定》（国发〔2004〕28号）精神，进一步加强征地补偿安置工作，切实保护被征地农牧民合法权益，维护社会和谐稳定，保障经济社会持续健康发展，自治区人民政府决定对2011年制定的《内蒙古自治区征地统一年产值标准和征地区片综合地价》（以下简称《征地补偿标准》）予以更新并重新公布，自2018年4月1日起施行。现将有关事宜通知如下：

一、切实做好新《征地补偿标准》的实施工作

《征地补偿标准》是综合补偿标准，是征收补偿集体土地的重要参考依据，是实际征地补偿费用的最低下限，由土地补偿费和安置补偿费组成（不含青苗补偿费、地上附着物补偿费）。各地区、各有关部门要切实提高对新《征地补偿标准》重要性的认识，认真组织做好新《征地补偿标准》实施工作。占用基本农田的，要按照当地最高标准予以补偿；使用国有土地的，应参照此次公布的标准执行；对于青苗和地上附着物的补偿标准，由各地区根据本地区实际情况确定公布实施。其他法律法规另有规定的，从其规定。

二、认真做好新旧《征地补偿标准》的衔接工作

各地区要周密组织、统筹安排好新《征地补偿标准》实施后的各项工作，进一步加大宣传力度，积极争取社会各界的理解支持，防止因实施新《征地补偿标准》引发社会矛盾；要严格履行征地告知、确认、听证等程序，充分尊重被征地群众的知情权、参与权、监督权和申诉权；要针对新《征地补偿标准》实施后可能发生的问题制订工作预案，建立纠纷处理与协调机制，确保新旧《征地补偿标准》的顺利衔接和平稳过渡。

三、及时做好征地补偿标准的更新工作

各地区要按照保证被征地农牧民生活水平不降低、长远生计有保障的原则，建立征地补偿标准更新制度，逐步提高补偿标准。要依据地类变化、土地质量、区位、经济社会发展水平等因素，适时调整征地统一年产值标准或征地区片综合地价，调整的征地补偿标准报自治区人民政府批准后公布实施。

四、加强对实施新《征地补偿标准》工作的监督管理

征地补偿工作政策性强，事关广大农牧民的切身利益。各地区要切实加强对实施新

《征地补偿标准》工作的监督管理。各级监察、财政、国土资源、农牧业、林业、民政、社会保障、统计、审计等部门要各司其职、各负其责、密切配合,强化对实施工作的监督检查,防止弄虚作假和侵害被征地农牧民合法权益问题的发生。自治区国土资源厅要加强对各地区实施新《征地补偿标准》工作的指导,做好有关政策和技术问题的宣传解释工作,严把建设用地审批关,遇有重大情况要及时向自治区人民政府报告。

《内蒙古自治区人民政府办公厅关于公布实施自治区征地统一年产值标准和征地区片综合地价的通知》(内政办发〔2011〕143号)同时废止。

2018年1月3日

(此件公开发布)

九、赔补偿类（各省区片指导价、道路、道路开口、其他类补偿表）

内蒙古自治区征地统一年产值标准和征地区片综合地价

单位：元/亩

盟市	旗县（市、区）	区域区片	区域/区片描述	统一年产值			区片综合地价	地类修正系数			
A	B	C	D	区域标准 E	倍数 F	补偿标准 G	H	耕地 I	园地 J	林地 K	草地 L
呼和浩特市	新城区	I	毫沁营镇（毫沁营村、南店村、一家村、沙梁村、塔利村、代洲营村、上石头新营村、下石头新营村）				298100	1	1	1	1
		II	毫沁营镇（红山口村、三卜树村、哈拉沁村、哈拉更村、兰不浪村、生盖营村、讨思浩村）；保合少镇（古路板村）				238000	1	1	1	1
		III	保合少镇（野马图村、甲兰板村、奎素村、脑包村、保合少村、水泉村、庄子村）				171300	1	1	1	1
		IV	保合少镇（大窑村、面铺窑村）				105000	1	1	1	1
		V	保合少镇（水磨村）				70300	1	1	1	1
	回民区	I	攸攸板镇（塔布板村、厂汉板村、攸攸板村）				701000	1	1	1	1
		II	攸攸板镇（刀刀板村、倘不浪村）				183000	1	1	1	1
		III	攸攸板镇（一间房村）				127000	1	1	1	1
		IV	攸攸板镇［东乌素图村（南）、坝口子村、东棚子村、元山子村、西乌素图村］				103000	1	1	1	1
		V	攸攸板镇［东乌素图村（北）、段家窑、毫赖沟村］				75000	1	1	1	1

续表

盟市 A	旗县(市、区) B	区域区片 C	区域/区片描述 D	统一年产值 区域标准 E	统一年产值 倍数 F	统一年产值 补偿标准 G	区片综合地价 H	地类修正系数 耕地 I	地类修正系数 园地 J	地类修正系数 林地 K	地类修正系数 草地 L
呼和浩特市	玉泉区	Ⅰ	西菜园办事处（西水磨村）				27000	1	1	1	1
		Ⅱ	昭君路办事处（南八里庄村、小黑河村、沟子板村）；鄂尔多斯路街道办事处（当浪土牧村、后八里庄村、西瓦窑村）；小黑河镇（南营子村）				190000	1	1	1	1
		Ⅲ	小黑河镇（西二道河村、章盖营村、大圐圙村、东二道河村）；昭君路街道办事处（前桃花村、后桃花村）				149000	1	1	1	1
		Ⅳ	小黑河镇（姜家营村、新河营村、一间房村、讨卜齐村、沙梁子村、田家营村、兴旺庄村、郭家营村、西地村、百什户村）；昭君路办事处（姚府村、贾家营村、西庄营村、杨家营村、寇家营村、新胜村）				87000	1	1	1	1
		Ⅴ	小黑河镇（讨尔号村、东甲兰营村、班定营村、茂林太村、达赖庄村、后本滩村、后毛道村、连家营板村、民案村、南台什村、前毛道村、乌兰巴图村）				54000	1	1	1	1
	赛罕区	Ⅰ	巧报镇（保全庄村、东黑河村、东喇嘛营村、前巧报村、帅家营村、正喇嘛营村）；西把栅乡（东古楼村、合林村、前不塔气村、什兰岱村、讨号板村、西古楼村、西把栅村、西喇嘛营村、辛家营村）				245000	1	1	1	1
		Ⅱ	金河镇（八拜村、格尔图村、白庙村、后三富村、前三富村、沙梁村、天平营村、舍必崖村、前白庙村、旭尼板村、西大黑河、新营子村、茂盛营村（大厂库仓村）、东把栅村、村、六辈牛村）；巴彦镇、后罗家营村、罗家营村、部独利村、藤家营村、圪老板村、圪必崖村）				171000	1	1	1	1

九、赔补偿类（各省区片指导价、道路、道路开口、其他类补偿表）

续表

盟市	旗县（市、区）	区域区片	区域/区片描述	统一年产值			区片综合地价	地类修正系数			
				区域标准	倍数	补偿标准		耕地	园地	林地	草地
A	B	C	D	E	F	G	H	I	J	K	L
呼和浩特市	赛罕区	Ⅲ	巴彦镇（白塔村、郭家营村、乔家营村）；榆林镇（土良村、金河镇、西达赖营村、东达赖营村）；黄合少镇（五路村、保素村、东讨速号村、太平庄村、集贤村、添密梁村、添密湾村、西讨速号村）				124000	1	1	1	1
		Ⅳ	榆林镇（潮岱村、古力半村、河南村、红吉讨号村、红旗村、后乃莫板村、口可板村、前尔什村、前乃莫板村、三应岔村、苏木沁村、陶卜齐村、新地沟村、阳曲窑村、榆林村、金河镇（朋松营村、羊盖板村、根堡村、河湾村、曙光村、沁营村、章盖营村、泉子什村、四间房村、小一间房村、南毫沁营少镇（二十蹇村、格此老村、黑沙图村、麻什村、美岱村、南地村、西黄合少村、辛庄村）				81600	1	1	1	1
		Ⅴ	榆林镇（东干丈村、二道河村、三道沟村、什俱窑村、石门沟村）；金河镇（板定营村、七圪台村、什不斜气村、色青板村、碾格图村、甲拉营村、西黑炭板村、东黑炭营气村、大一间房村）；黄合少镇（东黄合少村、东五十家村、后岔子村、老丈窑村、赛音不浪村、石人湾村、苏计村、五俱窑村、西梁村、西五十家村、新脑包村、窑子村、朱亥村）				53400	1	1	1	1

续表

盟市	旗县(市、区)	区域区片	区域/区片描述	统一年产值			区片综合地价	地类修正系数			
				区域标准	倍数	补偿标准		耕地	园地	林地	草地
A	B	C	D	E	F	G	H	I	J	K	L
呼和浩特市	土默特左旗	I	察素齐镇的山前台地平原区（把什村、参将村、察素齐镇此老村、大阳村、点什气村、多尔计村、东胜村、缸房营、古城村、红房子村、兰湘村、毛脑亥村、那什图村、南栅村、脑木汗村、平基村、山盖村、什兵地村、太平村、倘不浪村、讨合气村、秃力亥村、瓦窑村、万庆村、王毕克齐村、五里坡村、西沟门村、西栅村、西河沿村、西园子村、友好村、云社堡村、中山村、朱尔沟村、沙尔沁村、二十家子村、普友板村）；毕克齐镇的山前台地平原区（板太村、白庙村、北店村、北园村、毕克齐果园、毕克齐镇、兵州亥村、讨合气村、大古城村、大毕堡村、大旗村、董家营村、三道街村、沟子板村、宫保村、崞县村、和顺店村、忽尔格气村、解放村、腊铺村、流水村、马王庙村、南园村、脑包村、碾道村、乌素村、庆春园村、曲周村、上什里坡村、什报气村、水磨村、五道街村、五里坡村、下什里坡村、小古城村、小里堡村、阎桂房村、杨家堡村、银匠房村、一间房村）沙尔沁镇（沙尔沁村、一间房村、二道凹村、大阿哥村、大西平村、东河村、东水泉村、板定板村、老龙不浪村、六镇牛村、南此老村、牌楼板村、色奇板村、伍把什村、西此老村、西什拉乌素村、西水泉村、小阿哥村、小什拉乌素村、小西平村、小营子村、羊路村、中此老村、牛牛营村）	1300	25	32500		1	1	1	0.81

九、赔补偿类（各省区片指导价、道路、道路开口、其他类补偿表） | 241

续表

盟市	旗县（市、区）	区域区片	区域/区片描述	统一年产值		补偿标准	区片综合地价	地类修正系数			
				区域标准	倍数			耕地	园地	林地	草地
A	B	C	D	E	F	G	H	I	J	K	L
呼和浩特市	土默特左旗	II	台阁牧镇的山前台地平原区（台阁牧镇牛牛营村、达尔架大东营村、达尔架大西营村、达尔架小东营村、大瓦窑圪沁村、耿家营村、沟门村、瓜房子村、霍寨村、三间房村、沙家营村、台阁牧村、讨尔号大东营村、讨尔号庙营村、西甲兰村、小浑津村、小瓦窑圪沁村、阳高村、栽生村；白庙子镇北部（白皮营村、本滩村、朴圪图村、大一家村、得胜营村、东坝什村、浑津忻村、碱房村、练家营村、刘王庄村、毛抑村、潘庄村、三间房村、三贤庄村、什木更、四得堡村、瓦窑院村、西王庄村、什什、小一家村、张庄村、赵庄村、刘家营村、新营子村、白庙子村）北什轴乡（刘家营村、百只户村、北得力图村、北什轴村、波林岱村、出彦村、大圪贲村、点素村、东厂兑村、东红岱村、东南什轴村、东什轴村、圪什贲村、哈力拜村、卡合基村、海流村、候家营村、后合理村、后红岱村、后来堡村、三两村、麻合理村、南小营村、前合理村、前来堡村、西南什轴村、沙梁子村、沙吃贲村、苏家营村、西厂兑村、西红岱村、西南岱村、店上村、忻州营村、白只户村、主窑岱村、道试村、圪力更村、沟口村、古雁村、哈素村、黑舍图村、贾家营村、马拉钦村、庭家营村、前马拉图村、后马拉钦村、马拉赖村、什尼板申村、陶思浩村、妥安岱钦村、三卜树村、上达赖村、乌兰村、什拉沁村、站村、祝拉沁村）	1220	25	30500		1	1	1	0.81

续表

盟市	旗县(市、区)	区域区片	区域/区片描述	统一年产值			区片综合地价	地类修正系数			
				区域标准	倍数	补偿标准		耕地	园地	林地	草地
A	B	C	D	E	F	G	H	I	J	K	L
呼和浩特市	土默特左旗	Ⅲ	白庙子镇南部（西林场、潮忽闹村、大丹坝村、大图利村、东华营村、耳林岱村、丰厚庄村、古尔丹巴村、黑抄图村、后一间房、吉牙图村、甲东旦村、旧吃力吃太村、南双树村、前一间房村、沙尔营村、王气村、西华营村、小丹坝村、小泽津村、小图利村、新德利村、新吃力吃太村、章盖营村、阿林召村）；塔布赛乡（白庙子村、巴独户村、北园子村、城留村、抗盖村、黑河村、可沁村、口肯板村、乃莫板申村、塔布赛村、铁旦板村、七炭板村、旗下营村、苏卜盖村、城布赛村、铁帽村、铁帽村、小铁帽村、两施格气村、章盖台村、帐房村）、敕勒川镇（塔尔号村、新营子、八倶牛营村、白银厂汗村、北圪堆村、北官县村、太傅村、大庞家营村、太水桥村、丁字豪村、饭铺营村、高泉营村、哈素海扬水站、贾家营村、梁页地村、刘保圪旦村、鲁家营村、麻花村、南官地村、平泉村、七段地村、寿阳营村、炭丰营村、铁门更村、吴朋圪堆村、五节桥村、西只几梁村、小八倶牛村、小嗤县村、小庞家营村、忻州营村、野场村、迎红圪旦村、只几梁村、中只几梁村）；普岱镇（安民村、保同河村、北淖村、兵州亥村、朝号村、大三和城村、大沙金图村、大野场村、董家营村、独立坝村、公布村、巩家圪旦村、后普岱村、啾嗾营村、里素村、南淖村、沙梁村、陕西营村、善岱场村、十二倶牛村、什拉村、五里桥村、小三和城村、小沙金图村、依啃板村、召上村、周家明村)	1112	25	27800		1	1	1	0.81

九、赔补偿类（各省区片指导价、道路、道路开口、其他类补偿表）

续表

盟市	旗县(市、区)	区域区片	区域/区片描述	统一年产值			区片综合地价	地类修正系数			
				区域标准	倍数	补偿标准		耕地	园地	林地	草地
A	B	C	D	E	F	G	H	I	J	K	L
呼和浩特市	土默特左旗	IV	察素齐镇的大青山山地区（东沟材、宿尼板村、万家沟村、丈房沟村）；毕克齐镇的大青山山地区（店上村、老道沟村、彭顺营村、苏盖营村、乌兰板村、西梁村、营匠房村）；台阁牧镇的大青山山地区（白石头沟实验林场）；敕勒川镇的大青山山地区（一前晌村）	744	25	18600		1	1	1	0.81
	托克托县	I	双河镇（北街、城拐村、董家营村、织皮壕村、南街、前街、南火盘村、前壕村、养大圐圙村、霍家圪设事村、大羊厂村、徐家天村、张家当铺村）；黄河湿地管理委员会（河口村、皮条沟村、格图营村、东营子村、郝家天村、海生不拉村、章盖营村）；新营子镇（那木架村、柳二营村、燕山营村、西大圐圙村、塔布畔村、胡忽浪村）				31800	1	1	0.7	0.45
		II	新营子镇（常家营村、南壕村、乃莫营村、荒地天村、小口子村、缸房天村、豆腐天村、范成滩天村、新营子村、万同营村、老牡营村、坝上村、石匠营村、张全营村、黑水康村、马同营村、合同营村、马家圪堵村、马土天村、黑城村、伍什家镇（刘家天村、树林子村、官土天村、新河村、荒地天村）；黄河湿地管理委员会（把栅村、哈拉板申村、碾子湾村、中滩村、什四份子村、柳韩滩村、河上营村、下滩村）；双河镇（张四壕村、苗家当铺村、郝家当铺村、五申村、伞盖村、祝乐沁村、左家营村、团结村、二间房村、五申村、大井壕村、古城镇（永胜域村、什力圪图村、西黑沙图村）				28157	1	1	0.75	0.45

续表

盟市 A	旗县(市、区) B	区域区片 C	区域区片描述 D	统一年产值 区域标准 E	倍数 F	补偿标准 G	区片综合地价 H	耕地 I	园地 J	林地 K	草地 L
呼和浩特市	托克托县	Ⅲ	古城镇（东湾村、白家营村、什力邓村、古城村、塔布扳申村、一间房村、韭菜滩村、北壕村、北斗林盖村、南斗林村、盖村、张宗圆圐圙村、保号营村、什拉乌素壕村、大圐圙村、伍什家镇（西大吃堡村、狄土天村、兴旺庄村、大北天村、伍什家村）；五申镇（三间房村、黑兰土力亥村、新营子村、剌尾沟村、黑兰吃力更村、一间房村、帐房坪村、鸡咀村、朴还岱村、老官曹村、万全店营村、哪县营村、伍把什村、一间房村）				26510	1	1	0.75	0.45
		Ⅳ	古城镇（南园子村、北台基村、西云寿村、东云寿村、南的力图村、南台基村、乔富营村、满水井村、南哩县营村、缸房沟村）；伍什家镇（哈选兔壕村、毡匠营村、牡家壕村）				25590	1	1	1	0.81
	和林格尔县	Ⅰ	城关镇（城关村、二道河村、石咀子村）				39470	1	1	1	0.81
		Ⅱ	盛乐镇（下土城村、雅选牧村、柿木七大村、台儿营村、古力半忽洞村、大林坝村、小林坝村、姑子板村、公喇嘛村、古力营村、胜斗村、七杆旗村、郭家营村、古力半村、一家村、鄂宝营村、北倒垃板村、哈拉沁村、李家圐圙村、喇嘛湾村；盛乐经济园区（土上城、西窑子村、公布营村、丹岱村、一农场、二农场、三农场、克略村、四农场、五农场、保尔朝鲁村、台格斗村、白彦兔树）；城关镇（大南沟村、小南沟村、二道沟村、胜斗村、东沟子村）；巧什营镇（巴尔日营村、岱洲窑村、巧什营村、大新营村、一间房村、吃报村、忽通兔村、目城营村、猛独牧村、讨速号村（舍必崖乡（舍必崖村、打塌沟村、乌素什台村、土木禅村、挠尔板申村）；大红城乡（大红城村、小红城村、三支树村）				32500	1	1	1	0.81

九、赔补偿类（各省区片指导价、道路、道路开口、其他类补偿表）

续表

盟市	旗县(市、区)	区域区片	区域/区片描述	统一年产值 区域标准	统一年产值 倍数	统一年产值 补偿标准	区片综合地价	地类修正系数 耕地	地类修正系数 园地	地类修正系数 林地	地类修正系数 草地
A	B	C	D	E	F	G	H	I	J	K	L
呼和浩特市	和林格尔县	III	盛乐镇（前公喇嘛村、新营子村、鄂家滩村、西沟门村、段家园村）；城关镇（榆西天村、樊家窑村、马群盖村、前大湾村、大梁村、下喇嘛村）；舍必崖乡（西厂圪洞村、水口村、韭菜沟村、估尔什村、台几村、造力素村、大甲喇村、小甲喇村、董家营村、东营子村、兰家窑村、兰家房村、黑喇嘛村、西营子村、麻黄圪没事村、新店子村、榆林城村、新店村、红山口村、榆树沟村、郑家十五号村、王家二十号村、苗家二十九号村、榆树梁村、白其天村、庙沟村）				28020	1	1	1	0.81
		IV	盛乐镇（灯笼素村）；城关镇（武松村、九燕湾村、羊群沟村、新营子村、普友喇嘛村、哈达合少村、保汉湾村、陶家天村、郭家天村）；舍必崖乡（柴六营村、同昌营村、栽生沟村、支沟村）；大红城乡（水泉村、骆驼营村、三道营村、小缸房村、马家天村、张家四十一号村、新红村、新店子镇；胶泥湾村、草天子村、浮石山村、西沟村、上伯亥村）；羊群沟乡（大湾村、羊群沟村、三十号村、白其口村、黑老天乡（南天子村、高铺村、黑老天村、水磨村）				23550	1	1	1	0.81
		V	盛乐镇（南天子村、中甘家村、侯家梁村、巴旦沟村）；新店子镇（前石门村、山保岱村、一间房村、新丰村、新店营盘梁村）；羊群沟乡（圪没事坪村、石明子村、五间房村、泥合子村）；黑老天乡（昆都仑村、前坝村、小王坡村）				19620	1	1	1	0.81
	清水河县	I	城关镇	633.25	25	15831		1	0.24	0.24	0.19
		II	喇嘛湾镇	566.56	25	14164		1	0.24	0.24	0.19

续表

盟市	旗县(市、区)	区域区片	区域/区片描述	统一年产值			区片综合地价	地类修正系数			
				区域标准	倍数	补偿标准		耕地	园地	林地	草地
A	B	C	D	E	F	G	H	I	J	K	L
呼和浩特市	清水河县	III	窑河镇	561.13	25	14028		1	0.24	0.24	0.19
		IV	韭菜庄乡	524.94	25	13124		1	0.24	0.24	0.19
		V	北堡乡	501.77	25	12544		1	0.24	0.24	0.19
		VI	窑沟乡	453.04	25	11326		1	0.24	0.24	0.19
	武川县	I	可可以力镇	447.28	25	11182		1	1	0.6	0.3
		II	哈乐镇、上秃亥乡	442.64	25	11066		1	1	0.6	0.3
		III	西乌兰不浪镇、二份子乡	438.84	25	110971		1	1	0.6	0.3
		IV	大青山乡、得胜淘乡、哈拉合少乡	432.17	25	10804		1	1	0.6	0.3
包头市	东河区	I	河东镇：毛凤章营子村、王大汉营子村（北部）、东河村、工农村、二里半东村；沙尔沁镇：邓家营子村（北部）				200000	1	1	1	1
		II	河东镇：壕赖沟村、上古城湾村（京藏高速以南）、臭水井村（京藏高速以北）、毛其来村、河北村（铁路以北）；沙尔沁镇：南海子村（北部）				150000	1	1	1	1
		III	河东镇：井坪村、河北村（东部）、上古城湾村（京藏高速以南）、邓家营子村（中部）、南海子村（中部）、阿善沟门村（京藏高速以南）、毛其来村（大青山以南）；沙尔沁镇：永福村（大青山以南）、沙尔沁一村（大青山以南）、阿都赖村（大青山以南）、沙尔沁二村（大青山以南）、沙尔沁三村（大青山以南）、海岱村				100000	1	1	1	1

九、赔补偿类（各省区片指导价、道路、道路开口、其他类补偿表）

续表

盟市	旗县(市、区)	区域/区片		区域/区片描述	统一年产值			区片综合地价	地类修正系数			
		区域	区片		区域标准	倍数	补偿标准		耕地	园地	林地	草地
A	B	C		D	E	F	G	H	I	J	K	L
包头市	东河区		IV	河东镇：留保窑子村（大青山以南）、陈户窑子村（大青山以南，京藏高速以北）、臭水井村（大青山以北，京藏高速以北）、郑二窑子村（南部）、王大汉营子村（南部）、下古城湾村（南部）；沙尔沁镇：沙尔沁一村（大青山以南）、东园村（大青山以南）、鄂尔格盖迹村（北部）、沙木佳村（大青山以南）、小巴拉盖村（南部）、南海子村（南部）、东坝村黄河区（西部）、邓家营子村、章盖营子村				80000	1	1	1	1
			V	河东镇：先明窑子村、西北门村；官地村、土合气村				60000	1	1	1	1
			VI	河东镇：留保窑子村（北部）				50000	1	1	1	1
			VII	河东镇：壕赖沟村（山区）、臭水井村（山区）、毛其来村（山区）、留保窑子村（山区）、上古城湾村（山区）；沙尔沁镇：阿普沟门村（山区）、永福村（山区、山区）、阿都赖村（山区）、杨圪楞村、涉尔沁一村（山区）、沙尔沁二村（山区）、沙尔沁三村（山区）、车园村（山区）、沙木佳村（山区）、黑麻板村、小巴拉盖村（东部）、巴拉盖村委会、鄂尔格迹村				4000	1	1	1	1
	昆都仑区	I		莫尼路林带北、昆河槽以东、环城铁路以南、包钢疗养院北土路以北、东接青山区建成区国有土地、河槽东、包兰铁路以北、阿尔丁大街以西、校园南路以北、云路西1000米；北接昆区建成区国有土地。主要包括南排村、曹家营子村、赵窑营子村、和平村、甲东坝村、卜尔汉图村（部分）、新光一村（部分）、南豪子村（部分）、边墙豪（部分）、新城村（部分）				200000	1	1	1	1

续表

盟市	旗县（市、区）	区域/区片	区域/区片描述	统一年产值			区片综合地价	地类修正系数			
				区域标准	倍数	补偿标准	综合地价	耕地	园地	林地	草地
A	B	C	D	E	F	G	H	I	J	K	L
包头市	昆都仑区	II	昆河槽以东、京藏高速以南、环城铁路以北，主要包括：边墙壕村（部分）、新城村（部分）				150000	1			1
		III	昆河槽以东、京藏高速以北、包兰铁路以北，包钢集团以南。主要包括：边墙壕村（部分）、胜利村（部分）、卜东汉图村（部分）、新光一社（部分）	100000	1	1					
		IV	包兰铁路以西、南绕城公路以北，110国道以南。主要包括：新光一村（部分）、新光三村、新光四村（部分）、新光六树（部分）、新光五村（部分）、新光八村、暗业脑包村（部分）、打拉亥上村、打拉亥下村、土黑麻淖村（部分）、南卜汉图村、青钢窑子村（部分）				80000	1	1	1	1
		V	九原区以东、110国道以南、南绕城公路西、大青山以南、京藏高速以北、昆河槽以西。主要包括：乌兰计一村、乌兰计二村、乌兰计三村（部分）、新光四村（部分）、新光五村（部分）、新光七村、哈达门根村（部分）、哈业脑包村、柏树沟村				60000	1	1	1	1
		VI	巴彦淖尔市以南、九原区以北、京藏高速以北，以西。主要包括：哈达门村（部分）、卜东汉圈村（部分）、包钢厂区以北。主要包括：哈达门村（部分）、卜东汉圈村（部分）、边墙壕村（部分）				50000	1	1	1	1

九、赔补偿类（各省区片指导价、道路、道路开口、其他类补偿表）

续表

盟市	旗县(市、区)	区域区片	区域区片描述	统一年产值 区域标准	统一年产值 倍数	统一年产值 补偿标准	区片综合地价	地类修正系数 耕地	地类修正系数 园地	地类修正系数 林地	地类修正系数 草地
A	B	C	D	E	F	G	H	I	J	K	L
包头市	青山区	I	青福镇：赵家营子村、昌福营子村、武银榴营子村、棉坊表场、新城村（南部）、四道沙河村（北部）				200000	1	1	1	1
		II	110国道以北，防洪坝以南：青福镇：赵寒店村、新城村（南部）、四道沙河村（南部）、当铺营子村（北部）；兴胜镇：永和营子村（北部）、银匠营子村（南部）、当铺营子村（南部）、王老大营子村（南部）、二〇二工厂（南部）				150000	1	1	1	1
		III	青福镇：色气湾村、二海壕村（北部）、银匠营子村（中部）；兴胜镇：当铺营子村（中部）				100000	1	1	1	1
		IV	京藏高速以南：兴胜镇：顶独伦贵营子村、羊山营子村、王老大营子村（南部）、永和营子村（北部）				80000	1	1	1	1
		V	京藏高速以北：兴胜镇：当铺营子村（中部）、王老大营子村（北部）				60000	1	1	1	1
		VI	兴胜镇：兴胜营子村、宏庆德村、沙尔庆营子村、花圪台村				50000	1	1	1	1
		VII	兴胜镇：筐（笸）箩铺村（南部）、西边墙村、王应基村、马场村、二相公村				40000	1	1	1	1
		VIII	兴胜镇：东达沟村				15000	1	1	1	1
	石拐区	I	大磁恒办事处：马场村、后营子村				35000	1	0.7	0.43	0.3
		II	大德恒办事处：大庙村				25000	1	0.7	0.43	0.3
		III	五当召镇：青山村、缸房地村、白草沟村；大德恒办事处：毛营子村、开洲沟村、吉忽伦图苏木、三岔口嘎查、爬榆树嘎查				20000	1	0.7	0.43	0.3

续表

盟市	旗县(市、区)	区域区片	区域/区片描述	统一年产值			区片综合地价	地类修正系数			
				区域标准	倍数	补偿标准		耕地	园地	林地	草地
A	B	C	D	E	F	G	H	I	J	K	L
包头市	石拐区	IV	吉忽伦图苏木:绍卜亥嘎查、白菜沟嘎查、吉忽伦图嘎查;五当召镇;厂汉沟村、新曙光村;白狐沟街道办事处:脑包沟村、五当沟村				15000	1	0.7	0.43	0.3
	九原区	I	稀土路办事处:曹家营子村、南壕子村、共青农场、包铝农场、赵家营子村、武银福窑子村、上窑土壕子村(部分)、高油房村(部分)、罗城圪卜村(部分);沙河街道办事处:西脑包村、梁家营子村、韩庆坝村(部分);赛汗街道办事处:井卜石窑子村、包钢农场、尹六窑子村、青年农场、昌福窑子村;白音席勒街道办事处:棉纺农场、井坪村、二〇二厂(部分)、二道沙河南村(部分);万水泉镇:西脑包村、梁家营子村、农垦集团公司(部分)、韩庆坝村(部分)、罗城圪卜村、三道沙河镇:下窑土壕子村(部分)				100000	1	1	1	1
		II	稀土路办事处:北滩村、西壕口子村(部分)、高油房村(部分)、油房村(部分)、萨茹拉街道办事处:高油房村(部分);白音席勒街道办事处:三道沙河南村(部分)、三道沙河西村(部分)、二道沙河北村(部分)、二〇二厂(部分)、麻池镇:观音南村、下窑土壕子村(部分)、北滩村、麻池乡养殖场(部分)、麻池一村、麻池三村(部分)、麻池四村(部分)、麻池五村(部分)、新胜村(部分)、韩五圪堵村(部分)、麻池六村(部分)、麻池七村(部分)、武家圪堵村、城梁圪堵村(部分)、永茂泉村(部分)、西壕口子村(部分)、高油房树(部分)				150000	1	1	1	1

九、赔补偿类（各省区片指导价、道路、道路开口、其他类补偿表） | 251

续表

盟市	旗县(市、区)	区域区片	区域/区片描述	统一年产值			区片综合地价	地类修正系数			
				区域标准	倍数	补偿标准		耕地	园地	林地	草地
A	B	C	D	E	F	G	H	I	J	K	L
包头市	九原区	Ⅲ	稀土路办事处：上窝土壕子村（部分）、下窝土壕子村（部分）；麻池镇：下窝土壕子村（部分）、麻池乡养殖场（部分）、万水泉镇：韩庆坝村（部分）、同官（官）村、罗城圪卜村（部分）、大韩庆窑子村、小韩庆窑子村、嗷陶窑子村（部分）、红旗农场（部分）、武黑来窑子村、交界营子村（部分）、小召湾村（部分）、黄草洼村（部分）、果牛队村、万水泉村、袁家圪旦村、西甲浪湾村、东甲浪湾村、农垦集团公司（部分）、画匠营村（部分）				100000	1	1	1	1
		Ⅳ	白音席勒街道办事处：二道沙河南村（部分）、黄草洼村、三道沙河北村、二道沙河北村（部分）、西北门村（部分）、前营子村；万水泉镇：交界营子村（部分）、小召湾村、黄草洼村（部分）、画匠营村、农垦集团公司（部分）、嗷陶窑子村（部分）				80000	1	1	1	1
		Ⅴ	稀土路办事处：西壕口子村（部分）；万水泉镇：嗷陶窑子村（部分）、万水泉集团公司（部分）、画匠营村（部分）、红旗农场（部分）、萨茹拉街道办事处、黄河乳牛场；麻池镇：麻池四村（部分）、坡梁子村（部分）、麻池七村（部分）、新胜村（部分）、麻池六村（部分）、韩五圪堵村（部分）、永茂泉村（部分）、西壕口子村（部分）、哈林格尔镇：厂汉村（部分）、哈林格尔村（部分）、官将村（部分）、新河黄河区（部分）、高油房村（部分）、乔圪堵村（部分）				60000	1	1	1	1

续表

盟市	旗县(市、区)	区域区片	区域/区片描述	统一年产值			区片综合地价	地类修正系数			
				区域标准	倍数	补偿标准		耕地	园地	林地	草地
A	B	C	D	E	F	G	H	I	J	K	L
包头市	九原区	VI	阿嘎如泰苏木：柏树沟村，阿贵沟村，梅力更村，卜尔汉图村；哈嘎胡同镇：乌兰计一队村，乌兰计五队村，乌兰计六队村，乌兰计七队村，乌兰计八队村，乌兰计九队村，哈业胡同村，柴脑包村，永丰村，前进村，新胜村，民胜村黄河区，打不素太村；哈林格尔镇：哈林格尔村（部分），厂汉村（部分），国营林场黄河区，山羊圪堵村，五一林场，全巴图村，国营林场黄河区，西柜图村黄河区，新河村黄河区，乔圪堵村，全巴图村，三岔口村，王家圪旦村，土黑麻淖村，哈业色气村				50000	1	1	1	1
	土默特右旗	I	萨拉齐镇的22个行政村：萨拉齐镇，大东村，和平村，建新村，后炭村，小厂圆圈村，西老藏营村，吴坝村，朱尔圪岱村，范虎营子村，上七座茅庵，下七座茅庵，王光亮营子村，下榆树营子村，上榆树营子村，小板兑村，大板兑村，王庆营子村，公盖营子村，沟门镇的11个行政村：庙湾村，威俊村，西湾村，东湾村，北贝图村，小坡村，后湾村，马留存，此老气村，板申气村	1338.23	30	40147		1	0.8	0.7	0.5
		II	沟门镇的2个行政村：纳太村，沙兵崖村；苏波盖多的2个行政村：东老藏村；美岱召镇的1个行政村：美岱召村	1202.25	25	30056		1	0.8	0.7	0.5

九、赔补偿类（各省区片指导价、道路、道路开口、其他类补偿表） | 253

续表

盟市	旗县(市、区)	区域区片	区域/区片描述	统一年产值		补偿标准	区片综合地价	地类修正系数			
				区域标准	倍数			耕地	园地	林地	草地
A	B	C	D	E	F	G	H	I	J	K	L
包头市	土默特右旗	III	美岱召镇的32个行政村：沙图沟村、芦房沟村、协力气村、大腼包村、马场村、巧尔气村、何家圆圃村、瓦窑村、河子村、波罗普子村、王家圆村、塔尔拜村、打色令坎村、八具牛营村、北卜子村、北牛皮营村、大古营村、东黑沙图村、缸房营村、葛家营村、河森茂村、侯家营村、毛岱村、南牛皮营村、任三尧村、沙吃堆村、西黑沙图村、西曹子村、新曹子村、榆次营村、张二海子村、苏波盖乡的27个行政村：苏波盖村、北官地村、大三眼井村、丹进营村、捣拉板申村、德胜营村、二座茅庵村、火盘井村、庙营村、牛五营村、三间房村、上麻糖营村、上马营村、石老藏村、四座茅庵村、王大法营子村、王老四营村、西麻糖营村、下马召村、小三营村、新村村、新营子村、油房营村、张老五营村、朱麻营村	1001.75	25	25044		1	0.8	0.7	0.5
		IV	明沙淖乡30个行政村：明沙淖村、大葫芦头村、东葫芦头村、肖大股村、老樊村、什大股村、岳家吃旦村、杜四觉村、东五俱牛窑村、五俱牛窑村、贺成全村、虎高营村、王海营村、张丑营村、杨家吃堵村、把栅村、马王庙村、蒙家营村、西坝全村、大城西村、杜四营村、小板申气村、苗六营村、五盛公村、茅庵村、范家地村、田羹吃旦村、尹蛇营村、西杨家吃堵村、高才举村、黄河林杨、海于乡的39个行政村：自庙子村、中兴地村、上兴地村、牡守将营子村、山格架村、东兴地村、小沙街村、西类地村、东八分子村、登口村、黑训营子村、周家营村、秦家营村、万和永村、赵家吃梁村、发彦申村、德胜村、金家吃堵村、六大服村、太喇嘛吃村、竹拉沁村、南吃村、曹家地村、大沙街村、壕畔村、大城村、荃城吃村、左家地村、海心村、石泥桥村、二道壕村、什大股村、和义城村、苗阄废圈村、联合村、高商尧村	803.88	25	20097		1	0.8	0.7	0.5

续表

盟市	旗县(市、区)	区域区片	区域/区片描述	统一年产值			区片综合地价	地类修正系数			
				区域标准	倍数	补偿标准		耕地	园地	林地	草地
A	B	C	D	E	F	G	H	I	J	K	L
包头市	土默特右旗	V	将军尧镇的67个行政村：五卜树村、党三尧村、红泥圪卜村、当铺尧村、保日尧村、老虎尧村、上四卜素村、周和尧村、后荒地村、上白青尧村、二征尧村、下白青尧村、公布圐圙村、上尧村、腊卜村、东杨力官尧村、板定圐圙村、朝阳村、城墙壕村、程奎海子村、大喇嘛村、大社尧子村、造坝营村、东哈素村、杜家尧村、圪洞壕村、韩二尧村、何四营村、建设村、将军尧村、老张尧村、六座尧村、麻花尧村、南普丹尧村、庆龙店村、秋香尧村、任义昌村、臊五素村、三岔口村、普丹尧村、胜利村、水圪图尧村、堂圪旦村、堂将军尧村、田家圪旦村、团结村、王保公村、王家尧村、王三成圪梁村、王西尧村、温布壕村、武大城尧村、西合家素村、下四卜素村、向阳村、小召子村、新建村、兴旺村、盐海子村、杨家圪旦村、一把素村、张立文尧村、张栓圪旦束村、张拴圪旦村、西村、张召圪旦村、八里湾村；耿龙镇的51个行政村：大六合庄村、大五岔营村、丁桂香营村、定襄营村、繁峙营村、壕嘹村、刘寨营村、柳树湾村、路三圪堆村、米面登口村、苗四营村、牛具村、七卜村、祁县营村、沙海子村、上小韩营村、寿阳营村、双龙东村、双龙西村、西一间房村、下小韩营村、王家营村、王木匠圪堆村、五台营村、五盛村、一间房村、小六合庄村、小王岱营村、小阳向营村、兴盛村、新利村、永丰村、张子淖村、壮丁营村、张宽营村、西河堰村、新丰营村、大平庄村、安乐村、新丰村、三道河村、鞋贵营村、新滩村、木头湖村、二道河村、槽牛营村、郭营村、武乡县村、昌俊湾村、上小滩村	600.59	25	15015		1	0.8	0.7	0.5

九、赔补偿类（各省区片指导价、道路、道路开口、其他类补偿表）

续表

盟市	旗县(市、区)	区域区片	区域/区片描述	统一年产值 区域标准	统一年产值 倍数	统一年产值 补偿标准	区片综合地价	地类修正系数 耕地	地类修正系数 园地	地类修正系数 林地	地类修正系数 草地
A	B	C	D	E	F	G	H	I	J	K	L
包头市	土默特右旗	IV	九峰山生态管委会的16个行政村：巴总尧村、板申图村、曹德尧村、厂沁村、打井村、德胜沟门村、耳沁尧村、公鸡尧村、公山湾村、老窝铺村、吕家圪旦村、石人塔村、香挂铺村、小坤兑村、野马图村、朱尔圪沁村	282.67	25	7067	1	0.8	0.7	0.5	
	固阳县	I	金山镇中心区域：协和义村、小三分子村、巨和城村、昔连脑包村、召地村、冯湾村、广义魁村、四分子村、下二分子村、举隆村、旧城村、民胜村、万胜壕村、红崖湾村	600.8	25	15020		1	0.77	1.13	0.64
		II	金山镇外围区域：西毛忽洞村、西永兴村、东胜永村、神水沟村、彦天成村、二社村、哈业忽洞村、马路壕村、万和店村、五分子村、忽鸡沟村、河壕村、下湿壕镇：前海流村、梁前村、二脑包村、前白菜村、梅令沟村、白洞渠村、橙口村、油房壕村、后白菜村、电报局村、王家渠村、白银台套村、新建村、学田合村、下湿壕村、后脑包村、官地村、陈家渠村、三城仁壕村、前黑抄村	525.2	25	13130		1	0.77	1.13	0.64
		III	怀朔镇：大庙滩村、合同沟村、黄褡房村、白灵祥村、香房村、孤山村、银号镇：太营子村、银号村、碾房村、东元永村、马三分子村、大口口村、德成永村	402	25	10050		1	0.77	1.13	0.64

续表

盟市	旗县(市、区)	区域区片		区域区片描述	统一年产值			区片综合地价	地类修正系数			
		区域	区片		区域标准	倍数	补偿标准		耕地	园地	林地	草地
A	B		C	D	E	F	G	H	I	J	K	L
包头市	固阳县		IV	西斗铺镇：十四分子村、红泥井村、三分子村、忽鸡兔村、张发地村、大六分子村、新民村、南头分子村、刘伟壕村、赵碾房村、大二分子村、十八顷壕村；兴顺西镇：公合当村、羊场卜子村、红庆德村、河楞村、五分子村委会、李四壕村、兴顺西村、史家营村、圪团忽洞村、余太和村、蛮达壕村、哈达合少村、南公中村；怀朔镇：母号滩村、阳湾村、周营财村、朝力牙村、二约地村、小号子村、圪臭村、兴圣公村、四分子村、西营子村、瞪林村、团结村、小吾图村、长发城村、太庙村、水泉村、麻池村、高家村	288.8	25	7220		1	0.77	1.13	0.64
	达尔罕茂明安联合旗		I	石宝镇（石宝村、湾尔图村、古碾嗨村、大苏吉村、瞪乌素村、幸福村、坤兑滩村、温兑不令村、点素不浪村、红山村）、乌克镇（乌克忽洞村、东忽洞村、大早海村、碾草湾村、太西滩村、东山畔村、乌兰忽洞村、太毛忽洞村、太平村、二里半村、瞪瞪忽洞村、西河乡（西河村、德承洞村、石兰哈达村、什拉文格村、本不合村、前河村、德令沟村、厂汉村）、小公文乡（小文公村、瞪林村、波罗图村、大井村、厂汉村、黄合少村、西拐子村、西圪旦村、拉兑儿村）	518.16	25	12954		1	0.75	0.85	0.26
			II	希拉穆仁镇（白彦淖尔嘎查、哈拉乌素嘎查）、百灵庙镇（百灵庙村南部）、明安镇（呼格吉勒圈嘎查、那仁宝力格嘎查）、达尔罕苏木（阿拉腾敖都嘎查、阿拉腾图格嘎查、哈沙图嘎查、额尔登包嘎查、巴音敖包苏木（达布希拉图嘎查）	105.53	30	3166		3.9	3	3.5	1

九、赔补偿类（各省区片指导价、道路、道路开口、其他类补偿表）

续表

盟市 A	旗县(市、区) B	区域区片 C	区域/区片描述 D	统一年产值			区片综合地价 H	地类修正系数			
				区域标准 E	倍数 F	补偿标准 G		耕地 I	园地 J	林地 K	草地 L
包头市	达尔罕茂明安联合旗	Ⅲ	明安镇（希拉朝鲁嘎查、莎如塔拉嘎查、巴音都拉嘎查、巴音塔拉嘎查、乌兰宝力格嘎查）；白彦花镇（散龙盖洞嘎查、乌兰宝力格嘎查、白彦敖包嘎查、选尔罕苏木（查干敖包嘎查、希拉哈达、百灵庙镇（百灵庙村北部）；查干哈达苏木（哈达哈少嘎查、那仁宝力格嘎查、巴音包各嘎查、巴音赛汉嘎查、巴音乌兰嘎查、乌兰察布嘎查、格日乐敖都嘎查、毛都坤兑嘎查、巴宝坤嘎查）	101.57	30	3047		3.9	3	3.5	1
		Ⅳ	满都拉镇（白音喀拉嘎查、额尔容散包嘎查；白彦花镇（吉忽龙图嘎查、白音查干嘎查、开令河嘎查（腾格淖尔嘎查）	92.97	30	2789		3.9	3	3.5	1
乌海市	海勃湾区	Ⅰ	滨河街道办事处：白楼社区、滨河社区				43852	1	0.56	0.56	0.07
		Ⅱ	凤凰岭街道办事处：和平社区、公园社区、新城社区、长青社区、蓝天社区、墨香梨园社区；千里山镇：王元地村（南部）、新地村（东南部）、新元社区、团结新村、新丰村、镇北社区、滨河街道办事处：滨河社区、中河源社区、青山社区、长青东社区、东环路社区；海北大街街道办事处：东山北社区、狮城社区、和平东社区、黄河东社区、东山社区、东大街街道办事处：清泉社区、新南社区、新华大街街道办事处：新华西街道办事处、林荫街道办事处、新丰社区、海达社区、和谐社区、盛世社区、海馨社区、盘锦社区、太庆社区、温馨社区、滨水社区、依林社区、盘裕社区（西部）				40190	1	0.56	0.56	0.07
		Ⅲ	千里山镇：王元地村（北部）、新地村（西北部）、巴音乌素村、滨河街道办事处：滨河社区（甘德尔陵园南部、包兰铁路两侧）				32464	1	0.56	0.56	0.07

续表

盟市	旗县(市、区)	区域区片	区域/区片描述	统一年产值区域标准	倍数	补偿标准	区片综合地价	地类修正系数 耕地	园地	林地	草地
A	B	C	D	E	F	G	H	I	J	K	L
乌海市	海勃湾区	Ⅳ	千里山镇：千钢社区、巴音乌素村（北部）；新华大街街道办事处：幸福社区、林荫街道办事处；金裕社区（高速公路东部）				30952	1	0.56	0.56	0.07
		Ⅰ	拉僧仲办事处				43345	1	0.56	0.56	0.06
		Ⅱ	西卓子山办事处、公乌素镇、拉僧庙镇、巴音赛汗乌素村［黄阿村、二道坎村、仲庙村（北）、三道坎村］				37680	1	0.56	0.56	0.06
	海南区	Ⅲ	巴音陶亥镇：巴音陶亥镇赛汗乌素村（赛汗乌素村、头道坎村、河畔村、雀尔淖村）；巴音陶亥镇曙光村（桃园村、北东风村、曙光村、绿化树（西）；巴音陶亥镇渡口村［渡口村、四道泉村、迎河村、大桥村］				32761	1	0.56	0.56	0.07
		Ⅳ	巴音陶亥镇东兴村（东红村、东方红村、东风村）；巴音陶亥镇万亩滩村（万亩滩村、永乐村、沿河村、五新村）；巴音陶亥镇四新村［新渠村、新胜村、新坝、新丰村（西）］；巴音陶亥镇一棵树村（一棵树村、巴音陶亥变电村）；巴音陶亥镇井村［新建村（西）、都思恩图村］				28507	1	0.56	0.56	0.07
		Ⅴ	巴音陶亥镇农场；巴音陶亥镇草场；巴音陶亥镇赛汗乌素村与东方红村共用草牧场；巴音陶亥镇渡口村（绿化村、红墩村、机井村）；巴音陶亥镇羊路井村［新建村（东）、红墩村（东）、新丰村（东）］；巴音陶亥镇四新村［新坝、新丰村（东）、新胜村（东）］				24767	1	0.56	0.56	0.08

九、赔补偿类（各省区片指导价、道路、道路开口、其他类补偿表）

续表

盟市 A	旗县（市、区）B	区域区片 C	区域/区片描述 D	统一年产值			区片综合地价 H	地类修正系数			
				区域标准 E	倍数 F	补偿标准 G		耕地 I	园地 J	林地 K	草地 L
乌海市	乌达区	I	巴音赛街道办事处：幸福社区，团结社区，先锋社区				34173	1	0.33	0.33	0.07
		II	新达街道办事处：胜利社区，民达社区，新达佳苑社区，爱民佳苑社区，团北社区				32240	1	0.33	0.33	0.07
		III	乌兰淖尔镇：泽园社区，富民社区；滨海街道办事处：新民社区，光明社区；三道坎街道办事处：富强社区，乌达经济开发区		27829	1	0.33	0.33	0.07		
		IV	苏海图街道办事处：矿山社区，振华社区，梅园社区；五虎山街道办事处：复兴社区，兴华社区，黄白茨社区，梁家沟街道办事处：育红社区，铁西社区				24614	1	0.33	0.33	0.08
赤峰市	红山区	I	红山区城区、西城街道（工农村、贾营子村、城郊村、八里铺村、大三家村、西南地村、新地村）				115000	1	0.8	0.8	0.3
		II	红庙子镇（后道村、襄胡地村、西水地村）；桥北街道（六大份村、哈达和硕村）；文钟镇文钟村				90000	1	0.8	0.8	0.3
		III	红庙子镇（东南营子村、郎家营子村）；西城街道小房村；铁南街道（曲家沟村、城南村）；东城街道东郊村8队				74000	1	0.8	0.8	0.3
		IV	文钟镇（黑沟门村、东三眼井村、三道井村）				66000	1	0.8	0.7	0.3
		V	文钟镇[西水泉村、三眼井村、药王庙（文钟镇）]				58000	1	0.8	0.7	0.3
		VI	文钟镇（柳条沟村、南大营子村、二道井子村）				50000	1	0.8	0.7	0.3

续表

盟市	旗县(市、区)	区域区片	区域/区片描述	统一年产值区域标准	倍数	补偿标准	区片综合地价	地类修正系数 耕地	园地	林地	草地
A	B	C	D	E	F	G	H	I	J	K	L
赤峰市	元宝山区	I	平庄镇（五支箭村、北七家村、岭上村、太平地村、平庄村、向阴村、新景村、新房身村、什二腦村、马蹄营子村、前七家村）	2465	25	61625		1	—	0.71	0.07
		II	平庄镇（毛家窝铺村、水源村、西六家村、公格营子村）	2108	25	52700		1	—	0.71	0.07
		III	平庄镇（山嘴子村、大三家村、孤山子村、下荒村、敖汉窝铺村、东六家村、青山村、山前村、前进村）；美丽河镇（四家村、前美丽河村、后美丽河村、青山村）；元宝山镇（南荒村、南庙村、建昌营村、王胜村、长胜村）	1862	25	46550		1	—	0.71	0.07
		IV	美丽河镇（新安屯村）；元宝山镇（四合村、刘家店村、马架子村、木头沟村、玉皇村、八家村）；小五家乡（小五家村、五家村、金桥村、房身村、五台村、北台子村、望甘池村）；风水沟镇（大北海村、哈拉木头村、庄头营子村、兴隆坡村）；平庄镇（马架子村）	1601	25	40025		1	—	0.71	0.09
		V	元宝山镇（新地村、四道井子村、哈拉卜吐村、松木头沟村、塔卜匈苏村）；风水沟镇（风水沟村、下坎子村、谌家窝铺村）；小五家乡（新井子村、老西营子村、大金沟村、太营子村、谢家铺村、黄安铺村、兴隆庄村）；平庄镇	1520	25	38000		1	—	0.71	0.09
	松山区	I	穆家营子镇（衣家营子村、营仓沟村、穆家营村、北洼子村、五三村、大西牛村、古都河村、下洼子村、山西营村、下海苏沟村、八家村、鸭子河村）				109333	1	1	0.75	0.18

九、赔补偿类（各省区片指导价、道路、道路开口、其他类补偿表）

续表

盟市	旗县(市、区)	区域区片	区域/区片描述	统一年产值			区片综合地价	地类修正系数			
				区域标准	倍数	补偿标准		耕地	园地	林地	草地
A	B	C	D	E	F	G	H	I	J	K	L
赤峰市	松山区	II	初头朗镇（初头朗村、三把伙村、太酒缸村、陆家营子村；夏家店乡（干沟村、上水泉村、秦家营村、王家店村、水泉村、四家村、三家村）；当铺地满族乡（新井村、新店村、兴隆洼村、王家营子村、南平房村、大兴隆庄村、关家营村、小兴隆庄村、马架子村、北道村）；王府镇（下官地村）；穆家营子镇（西道村丁家地村）				87333	1	1	0.75	0.17
		III	初头朗镇（福山庄村、牤牛山村、彩凤普子村、三座店村）；城子乡（塔子村、新庄村、兴隆庄村、画匠掏门村）；夏家店乡（二道坡村、水地村、八家村、平房村、新井村、山水坡、东新井村）；当铺地满族乡（焦家营子村、西三家村、小木头沟村、合金沟村、哈什吐村、碾子沟村、柳家沟村、哈拉海沟村、大木头沟村、石匠沟村、王府镇（四分地村、榆树林子村、二分地村、王府村、敖包村、神树构门村、贝子府村、牛家营子村、十间房村、二分地村）				76667	1	1	0.75	0.18
		IV	哈拉道口镇（川宝地村、郎君哈村、哈拉道口村、王家地村、波罗合硕村）；城子乡（城子村、王子坟村、碾房村、太平地村、水泉村、喇嘛扎子村、太平庄村；太平地镇（两间房村、河南营子村、北波罗胡同村、东山湾村、南波罗胡同村、忙牛营子村、山前村、五十家子村、八肯中村、东当铺地村、酱坊地村、八台营子村、太平地村、六分地村、三分地村、杨树林村、四分地村、安庆乡（羊草洼村、小北道村、什大份村、板石图村、卢家营子村、元茂隆村、小建昌营村、皇姑屯村、马架子村）				66000	1	1	0.75	0.16

续表

盟市	旗县（市、区）	区域区片	区域/区片描述	统一年产值			区片综合地价	地类修正系数			
				区域标准	倍数	补偿标准		耕地	园地	林地	草地
A	B	C	D	E	F	G	H	I	J	K	L
赤峰市	松山区	V	上官地镇（大五十家子村，白音和硕村，后五家子村，官地村，山咀村，板地营村，前五家子村，喇嘛地村，驿马吐村，碱场村）；初头朗镇（薛家地村，南湾子村，柴胡之村，肖家地村，池家营村，孤山子村）；哈拉道口镇（大兰旗村，太平沟村，横牌子村）；大夫营子乡（阿艾勒村，大窝铺村，小窝子村，盆甲山村，柳村村，猴头沟村，永和营村，瓦房村，乌台图村，海苏沟村）；夏家店乡（霍家沟村，鸡冠山村，兴陆淘村）大庙镇（桥头村，太平村，公主陵村，大潘家沟村，二河起村，广庆隆村）；太平地乡（一百家子村，敖包吐村，白庙村，隆沟村）；安庆镇（一百家子村，唐家营子村，扎兰收村）；岗子乡（岗子村）；当铺地满族乡（四道沟梁村，小河沿子村）；龙王庙村，老府镇（老营子村，前店村，蒙古营子村），合子村，老府村，河东村，娄家营子村，杨家营子村）				58000	1	1	0.75	0.17
		VI	上官地镇（草帽山村）；初头朗镇（哈拉卜罗村，铁家营村，营东沟门村）；大夫营子乡（崔家营子村，大夫营子村，娘娘庙村，大碾子村，喇嘛营子村，庆昌德村，曹家沟村，七家村）；大庙镇（李家营子村，马架子村，刘家营子村，小庙村，孙家营子村，马架子村）；岗子乡（红庙子村，花和硕村，王府镇（任家营子村，长胜村，构门村）；老府镇（下井村，巨昌降村，姜家营村，西山根村，白音波罗村，老庙冶村，蒙古营子村，合子集苏村）				50000	1	1	0.75	0.19
		VII	哈拉道口镇（桃池营子村，否脖井子村）；大夫营子乡（游池子村，宁家店村，牟家营子村，顾家营子村，张家营子村，马连川村）；大庙镇（无益隆村，徐家窝铺村，和平营子村，团结营子村，圣佛庙村，吴家营子村，艾苏卜村）；岗子乡（北地村，大六份村，小六份村，牌鹿沟村，承泉沟村）；老府镇（胡彩沟村，东杖房村，老水泉村，那支营村，二道河子村，索虎沟村，北营子村，杨树沟村）；上官地镇（塔布乌苏村，头把火村）；初头朗镇（下大梁村，报马梁村，那木打树）				43333	1	1	0.75	0.21

九、赔补偿类（各省区片指导价、道路、道路开口、其他类补偿表）

续表

盟市	旗县（市、区）	区域区片	区域/区片描述	统一年产值 区域标准	统一年产值 倍数	统一年产值 补偿标准	区片综合地价	地类修正系数 耕地	地类修正系数 园地	地类修正系数 林地	地类修正系数 草地
A	B	C	D	E	F	G	H	I	J	K	L
赤峰市	松山区	Ⅷ	上官地镇（北新井村）；大夫营子多（北大营子村、上窝铺村、大杖房村、大阿西村、小杖房村、东山村、蔡家沟村、嘛台淘村）；岗子乡（高峰村、大嫡营村、四大家村、芥莱沟村、新窝铺村）				37666			0.75	0.24
赤峰市	阿鲁科尔沁旗	Ⅰ	天山镇（包括欧冰伦街道办事处和犁乌拉街道办事处）	1235	25	30875		1	1	0.45	0.16
赤峰市	阿鲁科尔沁旗	Ⅱ	天山口镇、双胜镇	1026.84	25	25671		1	1	0.46	0.22
赤峰市	阿鲁科尔沁旗	Ⅲ	巴彦花镇、新民乡、先锋乡、乌兰哈达乡	915.21	25	22880		1	1	0.48	0.24
赤峰市	阿鲁科尔沁旗	Ⅳ	巴拉奇如德苏木、绍根镇、赛罕塔拉苏木、扎嘎斯台镇	685.64	25	17141		1	1	0.51	0.33
赤峰市	阿鲁科尔沁旗	Ⅴ	罕苏木苏木、坤都镇、巴彦温都尔苏木	519.75	25	12994		1	1	0.86	0.52
赤峰市	巴林左旗	Ⅰ	林东镇（山湾村民委员会、水泉沟村民委员会、十三号村民委员会、嚼龙岗村民委员会、宝力罕吐村民委员会、太平村民委员会、孤山子村民委员会、龙凤沟村民委员会、朝阳营子村民委员会、北井村民委员会、罕吐柏村民委员会、新房身村民委员会、后兴隆地村民委员会、柴达木村民委员会、土龙岗村民委员会、紫贝山村民委员会、兴隆地村民委员会、东城区、东新井村民委员会、白音沟村民委员会、红卫庄村民委员会、巴林左旗人民政府、兴隆庄村民委员会、西城区、福山村民委员会、巴林左旗人民政府、井子沟村民委员会、白音高勒村民委员会、衙门庙村民委员会、八一村民委员会、先锋村民委员会、孤山子村民委员会、白音高勒村民委员会、大新庄村民委员会、福山地村民委员会、索布嘎村民委员会、道老毛道村民委员会、太平庄村民委员会、馒头敖包村民委员会）	1091.65	25	27291		1	0.56	0.45	0.3

续表

盟市	旗县(市、区)	区域区片	区域/区片描述	统一年产值 区域标准 E	统一年产值 倍数 F	统一年产值 补偿标准 G	区片综合地价 H	地类修正系数 耕地 I	地类修正系数 园地 J	地类修正系数 林地 K	地类修正系数 草地 L
A	B	C	D	E	F	G	H	I	J	K	L
赤峰市	巴林左旗	II	查干哈达苏木（阿鲁召嘎查、白音宝力格嘎查、查干套海嘎查、东哈达英格嘎查、前召嘎查、石房子嘎查、汪安池嘎查、乌兰格日勒嘎查）；查干哈达苏木（降昌镇）（半拉沟村、保安堂村、盖家店村、哈通河村、黄家营子村、野猪淌村、隆昌镇（敖包山村民委员会、八段村民委员会、半拉石槽村民委员会、常胜村民委员会、大二八地村民委员会、大庙村民委员会、大北口村民委员会、姜家湾村民委员会、东沟村民委员会、古北口村民委员会、老房身村民委员会、老烧锅村民委员会、进步村民委员会、陆昌村民委员会、隆发村民委员会、南福山村民委员会、联合村民委员会、毛宝力格村民委员会、双井村民委员会、隆兴村民委员会、三段村民委员会、乌套海村民委员会、南湾子村民委员会、乌兰哈达村民委员会、双胜村民委员会、友好村民委员会、十三敖包镇（花加拉嘎乡）（钱龙沟村民委员会、黑沙滩营子村民委员会、新双井村民委员会、石旅村民委员会、上三七地村民委员会、伙力村民委员会、小营子村民委员会、尹家沟村民委员会、于家湾村民委员会、伙房村民委员会、下三七地村民委员会、郝家段村民委员会、鲍团村民委员会、十三敖包镇（七家村民委员会、东风村民委员会、洞山村民委员会、丰水山村民委员会、乌登村民委员会、五星村民委员会、西沟村民委员会、太早地村民委员会、五号村民委员会、九泉村民委员会、宝泉村民委员会、央山子村民委员会、太平地村民委员会、敖包后村民委员会、小山子村民委员会、双龙村民委员会、房身村民委员会、开鲁段村民委员会、海兴树村民委员会、敖包前村民委员会、解放村民委员会、潘家段村民委员会）	930.47	25	23262		1	0.56	0.45	0.3

九、赔补偿类（各省区片指导价、道路、道路开口、其他类补偿表） | 265

续表

盟市	旗县(市、区)	区域区片	区域/区片描述	统一年产值补偿标准			区片综合地价	地类修正系数			
				区域标准	倍数	补偿标准		耕地	园地	林地	草地
A	B	C	D	E	F	G	H	I	J	K	L
赤峰市	巴林左旗	III	哈拉哈选镇（白音坝村民委员会、北房身村民委员会、太西沟村民委员会、哈拉哈达村民委员会、哈拉哈达镇林场、全胜村民委员会、三胜村民委员会、下山湾村民委员会、小城子村民委员会）；碧流台镇（北三湾村民委员会、碧流台村民委员会、二八地村民委员会、大营子村民委员会、东方红村民委员会、孤榆树村民委员会、海苏沟村民委员会、三道营子村民委员会、漫撒子沟村民委员会、南杨营子村民委员会、黑山头村民委员会、四方城村民委员会、团结村民委员会、五香营子村民委员会、土木富州村民委员会、新井村民委员会、那家营子村民委员会、西山湾村民委员会、杨家营子村民委员会、中段村民委员会、沙那村民委员会）；高河镇（碧流台镇）（三道井子村）：富河镇（横河子村民委员会、乌兰坝村民委员会、海力吐村民委员会、乌尔吉村民委员会、兴隆山村民委员会、牛场沟、富河沟村民委员会、和平村民委员会、加拉嘎村民委员会、沙那村民委员会）	839.88	25	2099		1	0.56	0.45	0.3
		IV	乌兰达坝苏木（三山乡）（三山村民委员会、烧锅窑村民委员会、新农村民委员会、新立格树村民委员会、温都好树村民委员会、南沟村民委员会、胡吐格村民委员会）；乌兰达坝苏木（哈布其拉嘎查、好布高嘎查、浩尔吐嘎查、上井子嘎查、乌珠花嘎查、新浩特嘎查）	752.58	25	18815		1	0.56	0.45	0.3
		V	白音诺尔镇（白音勿拉镇）（白音诺尔镇居民区、查干白其嘎查、乃力珠嘎查、乃林选坝嘎查、赛胡都格嘎查、乌兰白其嘎查、白音诺尔镇牧场）	714.38	25	17860		1	0.56	0.45	0.3

续表

盟市	旗县(市、区)	区域区片 C	区域/区片描述 D	统一年产值 区域标准 E	统一年产值 倍数 F	统一年产值 补偿标准 G	区片综合地价 H	地类修正系数 耕地 I	地类修正系数 园地 J	地类修正系数 林地 K	地类修正系数 草地 L
赤峰市	巴林右旗	I	大板镇	1467.24	25	36681		1	—	0.35	0.28
		II	巴彦塔拉苏木、查干诺尔镇	1223.44	25	30586		1	—	0.43	0.32
		III	宝日勿苏镇、西拉沐沦苏木	1103.85	25	27596		1	—	0.5	0.32
		IV	查干沐沦镇（巴彦琥硕镇、查干沐沦苏木）；幸福之路苏木	905.11	25	22628		1	—	0.77	0.35
		V	索博日嘎镇	690.65	25	17266		1—	1.17	0.31	
	林西县	I	林西镇（东风村、新兴村、河沿村、西门外村、南门外村）；城南街道办事处（南街村）；城北街道办事处（东街村、北街村）	1206	25	30150		1	0.4	0.3	0.15
		II	林西镇（冬不冷村、常胜村、黄河子村）；十二吐乡（西山根村、苏泗汰村）；南门外林场3、新兴苗圃	957	25	23925		1	0.4	0.3	0.15
		III	十二吐乡（巴吉沟村、乌兰沟村、十二吐村、枕头沟村、下伏房村）；大营子乡（大营子村、土庙子村、宝林村、二八地村、五一村、和平村、东荒村、联合村、东升村、前地村、繁荣村、幸福村、老君沟村）；太井镇（中兴村、温都村、大发村、大川村、黑山头村、东风村、红星村、东方红村、大榆树村、矿区社区）；官地镇（龙头山村、杨家营子村、上官地村、下官地村、两棵树村、二段村、王家沟村、马鞍山村、新民村、半拉山村）；统部镇（小井子村、曹家屯村、统部村、两棵树村、两间房村、碧流汰村、板石房子村、甘珠庙村、水泉村、五四村、水头村、统部村）；五十家子镇（水泉沟村、大乌金沟村、敖包河村、房身村、乌兰沟村、水头村、富林林场）					1	0.4	0.3	0.15
				868	25	21700					

九、赔补偿类（各省区片指导价、道路、道路开口、其他类补偿表）

续表

盟市	旗县（市、区）	区域区片	区域/区片描述	统一年产值区域标准	倍数	补偿标准	区片综合地价	地类修正系数 耕地	园地	林地	草地
A	B	C	D	E	F	G	H	I	J	K	L
赤峰市	林西县	IV	新林镇（太平村、五星村、上升村、新合村、鹿山村、七一村、大勿兰村、八一村、毡铺村、大坝村、湖泗汰村）	753	25	19075		1	0.4	0.3	0.15
		V	五十家子镇（朝阳沟村、水泉沟村、东边墙村、西耳子村、五十家子村、老房身村、东敖包村、西沟墙村、响水沟村、南沟门村、西南沟门村、孤榆树村、大马金村、太平庄村、轿顶山村、九连庄村）；新城子镇（七台罕村、老虎石沟村、小城子村、大金沟村、英桃沟村、双井村、双兴村、岗岗坤兑村、英桃莫河村、哈玛吐村、元宝山村、下场村）；南门外林场1、南门外林场2、太冷山林场	722	25	18050		1	0.4	0.3	0.15
	克什克腾旗	I	巴彦查干苏木、达来诺日镇、乌兰布统苏木（孤山嘎查、乌兰布统嘎查）、宝山嘎查、浩斯散包嘎查、葫芦诺日嘎查、黄岺塔拉嘎查	1402	25	35050		1	—	0.33	0.27
		II	宇宙地镇；新开地乡（广华村）；经棚镇（河东村、河南店村、呼必图村、联丰村、光明村、红星村、昌兴村、常普沟村、合意村、庆华村、庆国村、永胜村）；芝瑞镇（长胜村、兴华村、合胜村、永兴村、大兴源村、大河村、富盛永村、华兴村）；万合永镇（万德成村、广义村、太河村、中心村、新井村、永明村）；土城子镇（五台山村、哈巴其拉村、天保同村、十里铺村、太平村、铁营子村、五分地村、天义号村、土城子村、瓦房村）	1376	25	34400		1	—	0.34	0.23
		III	达日罕乌拉苏木（达根诺日嘎查、巴彦锡勒嘎查、达来嘎查、贡恩格日嘎查、塔班呼如嘎查、乌兰布拉苏木嘎查、巴彦浩舒嘎查）；红山子乡（天太永村）；乌兰布统苏木（小红山子嘎查）；芝瑞镇（大院村、上贵村、马架子村）、同兴镇	1350	25	33750		1	—	0.34	0.28

续表

盟市 A	旗县(市、区) B	区域区片 C	区域区片描述 D	统一年产值			区片综合地价 H	地类修正系数			
				区域标准 E	倍数 F	补偿标准 G		耕地 I	园地 J	林地 K	草地 L
赤峰市	克什克腾旗	IV	经棚镇(白土井子村)、浩来呼热苏木、达日罕乌拉苏木(巴彦都呼木嘎查、那日斯嘎查、多若诺日嘎查)、红山子乡(大浩来圈村、永合村、福盛号村、小浩来圈村、双河旺村)、新开地乡(新道梁村、芝瑞村、新开地村、高地村、红石砬村、苇塘河村);芝瑞镇(上头地村、下头地村、永丰地村、薛仁沟村、先锋村、联合村);万合永镇(柳林村、二地村、兴盛义村、浩来村、关东车村、河沿村);土城子镇(石门沟村、水泉村、前进村、五星村、乌兰哈达村)	1324	25	33100		1	—	0.35	0.24
	翁牛特旗	I	乌丹镇(北门外村、双窝铺村、东门外村、西门外村)	2238	25	55950		1	—	0.57	0.08
		II	乌丹镇(桥南村、长汉布村、北大庙村、桥头镇(马架子村、大西营村、永兴河村、河南营子村、北长胜村、李家营子村、桥头村、上桥头村、太平庄村、羊草沟村、崔家营子村、七大份村);大兴农场;白音套海苏木;花都什农场、花都什牧业队;新苏莫苏木(鲜兴村、白音树海嘎查、安其嘎查、上号村、三合村、白沙坨嘎查、兴隆村、花都什村);乌敦套海镇(那吉来村、孤山子村、玉田皋村、马架子村、乌敦套海镇区、中新村、三十家子村、三道沟子村、太湖村)	1879	25	46975		1	—	0.55	0.08

九、赔补偿类（各省区片指导价、道路、道路开口、其他类补偿表） 269

续表

盟市	旗县(市、区)	区域区片	区域区片描述	统一年产值 区域标准	统一年产值 倍数	统一年产值 补偿标准	区片综合地价	地类修正系数 耕地	地类修正系数 园地	地类修正系数 林地	地类修正系数 草地
A	B	C	D	E	F	G	H	I	J	K	L
赤峰市	翁牛特旗	Ⅲ	乌丹镇（兴隆地村、七分地村、九分地村、新地村、驿马吐村、山咀子村、东园子村、桥东村、杨家营子村、石家营子村、德日苏村、东甸子村、东道村、乌兰板村、白音汉嘎查白塔子村）；白音花羊场三分场（西南店村、柳树底村、房村、隋家窝铺村、灯笼村、天益泉村、荷页勿苏村（小营子村）、申村、西沟村、东洼村、张家店村、西梧桐花村、潘家窝铺村、双岭村、西大道村、国公府村、下井村、东梧桐花村、二东流村、山东营子村）；解放营子乡（下府村、新府村、新北村）；红山水库管理局	1694	25	39850		1	—	0.51	0.08
		Ⅳ	梧桐花镇（头牌子村、赵家窝铺村、毛家窝铺村、下洼子村、庄头营子村、月明沟村、风水沟村、元宝洼村、和平营子村、兴隆沟村）；乌敦套海镇（敖之木村、北井村、二排子村、二节地村、五牌子村）；白音花羊场二分场	1378	25	34450		1	—	0.47	0.08
		Ⅴ	广德公镇：五分地镇（新地村、五分地村、合成公村、大窝铺村、东他拉村、板石吐村、东山村、安家窝铺村、头分地村、四分地村、官仓村、八分村）；毛山东乡（来三站村）	1247	25	31175		1	—	0.43	0.08
		Ⅵ	灯笼河牧场；亿合公镇；五分地镇（边家营子村、巴达营子村）；毛山东乡（井架子村、烧锅村、沟门村、毛山东村）；布格吐村、苦力吐村、房申沟村、油房村、黑水村、乌丹镇（大新井村、三星塔拉嘎查、四道杖房村、排楼沟门村、五窝铺村、疙瘩窝铺村）	982	25	24550		1	—	0.39	0.1

续表

盟市	旗县(市、区)	区域区片	区域/区片描述	统一年产值			区片综合地价	地类修正系数			
				区域标准	倍数	补偿标准		耕地	园地	林地	草地
A	B	C	D	E	F	G	H	I	J	K	L
赤峰市	翁牛特旗	Ⅶ	海金山种牛场东分场；海金山种牛场西分场；海拉苏镇；示范牧场；阿什罕苏木；格日僧苏木；新苏莫苏木（白音温都嘎查、阿什罕嘎查、乌兰图亚嘎查、宝音代嘎查、古特嘎查、白音敖尔嘎查）；白音花羊场一分场；乌丹镇（布敦花嘎查、花果营嘎查、呼日哈嘎查、阿日善嘎查、下泡子村、布力彦嘎查、沙布日台嘎查、哈达图嘎查、哈日敖包嘎查、巴嘎塔拉嘎查、其甘嘎查、白音塔拉嘎查、布日敦嘎查、呼和苏勒嘎查）	803	25	20075		1	—	0.35	0.11
		Ⅰ	牛家营子镇（仓营村、陈家营子村、西山村）	2326.4	25	58160		1	0.55	0.2	
	喀喇沁旗	Ⅱ	锦山镇、西荒村、西沟村、驼店村、瓦房地村、田家营子村、龙山村、上湾子村、闫家地村、牛头沟门村、新丘村、锦东村、河南东村、后沟村、河北村、上水地村、嵩松沟村、西府村、桥头沟村、扁担沟村、河南西村（牛家营子镇、烧锅营子村、水泉村、牛家营子村、大碾子村）	2159.44	25	53986		1	0.55	0.55	0.2
		Ⅲ	锦山镇（马鞍山村、樱桃沟村）；牛家营子镇（团结村、永丰村）；乃林镇（北山根村、兴隆庄村、甘苏庙村、昌盛远村、小牛群镇、新房身村、甸子村、福胜村、平安地村、南七家村、黄金地村、草帽山村、乃林村、他卜营子村、三百垅村）、西桥镇[六家村、土城子村（东土城子村）、西桥村、恩州村]；磨菇场村[官山沟村（关山沟村）、平顶山村、大营子村]、王爷府镇（四十家子村、大牛群村、中三家村、兴隆村、喇嘛地村、杀虎营子村、下瓦房村、希庄地村、团结地村、大庙村、柳条沟村、大营子村、王爷府村）	1906.88	25	47672		1	0.55	0.55	0.2

九、赔补偿类（各省区片指导价、道路、道路开口、其他类补偿表）

续表

盟市	旗县（市、区）	区域区片	区域/区片描述	统一年产值补偿标准			区片综合地价	地类修正系数			
				区域标准	倍数	补偿标准		耕地	园地	林地	草地
A	B	C	D	E	F	G	H	I	J	K	L
赤峰市	喀喇沁旗	IV	锦山镇（阳坡村、贵宝沟村）；牛家营子镇（铁沟门村、张家窝铺村、大山前村、野猪沟村、南荒村、当铺地村）；十家满族乡（上烧锅村、四道营子村、三道营子村、楼子店村、头道营子村、石灰窑村、长皋村、马架子村、小牛群镇（解放地村、小木匠营子村、小牛群村、通合沟村、北窝铺村、白石台沟村、八里庄村、东卡拉村、赵窝铺村、烧锅地村）；西桥镇（两间房村、姜家店村、曹地村、新窝铺村、忙牛营子村、二道营子村；王爷府镇（大西沟门村、上瓦房村、黑山沟村、白大沟村、富裕地村、银匠营子村）；南台子乡（官村沟村、大沟村、北山根村、川心店村、朝阳沟村、五家村、卡拉街村、李家店村、南台子村、新地村、旺业甸村、雕虎沟村、两家村（金家店村、东居村、大营子村、岗子村）	1723.24	25	43081		1	0.55	0.55	0.2
		V	十家满族乡［十家村、林家营子村（林营子村）、玉皇庙村、上店村、郎家营子村（郎营子村）、大水清村、小牛群村（狮子沟村、黄家窝铺村、三姓庄村、陈家店村、小梁底村）；西桥镇（小三家村、宫家营子村、高家营子村、雷家营子村、吉旺营子村）；王爷府镇（庙沟村、大西沟村、汤土沟村、哈拉海沟村、于家湾村、罗家营子村、三家村、碰子沟村）；美林镇（头把伏村、美林村、太平庄村、湾子村、大店村、罗圈铺村、按丹沟村、古山村、福合元村、小美林村）	1553.76	25	38844		1	0.55	0.55	0.2

续表

盟市	旗县(市、区)	区域区片	区域/区片描述	统一年产值			区片综合地价	地类修正系数			
				区域标准	倍数	补偿标准		耕地	园地	林地	草地
A	B	C	D	E	F	G	H	I	J	K	L
赤峰市	宁城县	I	天义镇	1509	25	37755		1	0.6	0.6	0.25
		II	汐子镇、大明镇	1240	25	31000		1	0.6	0.6	0.25
		III	大双庙镇、忙农镇、一肯中乡（原大双庙镇河北村、一肯中村、万营子村、北马架子村、沙布日合村、平原村、孟家窝铺村、大窝铺村、五家村、梁家营子村、朝阳地村、桃ես村、中子坡村、茂福沟村、高枝村、大明镇的八肯中村、烧锅店村、八里铺村、老西沟村、毛家窝铺村、石柱子洼村、孙盆营子村、郝家店村、纪家店村、占巴营子村）	1178	25	29450		1	0.6	0.6	0.25
		IV	小城子镇、大城子镇、三座店镇、八里罕镇、存金沟乡（原三座店镇格日勒图村、南山根村、程家营子村、六支沟村、草沟门村、芦家店村、老局子村、陶家营子村、李麻子沟村、喇嘛沟门村、李家窝铺村、八家村、赵家店村、小梁子村）	1069	25	26725		1	0.65	0.65	0.25
		V	甸子镇、必斯营子镇	960	25	24000		1	0.7	0.7	0.25
		VI	黑里河镇、五化镇	879	25	21975		1	0.9	0.9	0.25
	敖汉旗	I	新惠镇（新州办事处）（惠州办事处）	1869.16	25	46729		1	1	1	1
		II	下洼镇、四道湾子镇、贝子府镇	1208.9	25	30223		1	1	1	1
		III	金厂沟梁镇、丰收乡、古鲁板蒿乡、长胜镇、四家子镇、黄羊洼镇	11.04	25	27601		1	1	1	1
		IV	玛尼罕乡、兴隆洼镇、牛古吐乡、萨力巴乡、木头营子乡	997.52	25	24938		1	1	1	1
		V	敖润苏莫苏木	671.62	25	16791		1	1	1	1

九、赔补偿类（各省区片指导价、道路、道路开口、其他类补偿表）

续表

盟市	旗县(市、区)	区域区片	区域区片描述	统一年产值 区域标准	统一年产值 倍数	统一年产值 补偿标准	区片综合地价	地类修正系数 耕地	地类修正系数 园地	地类修正系数 林地	地类修正系数 草地
A	B	C	D	E	F	G	H	I	J	K	L
通辽市	科尔沁区	I	红星街道办事处、建国街道办事处、科尔沁区城区、清河镇				28143	1	0.62	0.62	0.35
		II	河西镇、辽河镇、通辽发电总厂				26269	1	0.62	0.62	0.35
		III	木里图镇、育新镇、丰田镇、余粮堡镇、钱家店镇、通辽市二林场、通辽市农业科学研究院、小塔子水库、哲南农场				25812	1	0.62	0.62	0.35
		IV	大林镇、吐尔基山林场、吐尔基山水库				25270	1	0.62	0.62	0.35
		V	敖力布皋镇、半截店牧场、高林屯种畜场、胡力海原种场、莫力庙林场、莫力庙水库、莫力庙苏木、莫力庙羊场、庆和镇、三义堂农场、四合屯牧场				24266	1	0.62	0.62	0.35
	科尔沁左翼中旗	I	舍伯吐镇、希伯花镇、花吐古拉镇（花吐古拉镇、敖包苏木）	748.31	25	18708	1	1	—	0.5	0.2
		II	保康镇（保康镇、胜利乡）、架玛吐镇、努日木镇、门达镇、巴彦塔拉镇	727.05	25	18176		—	0.5	0.2	0.2
		III	宝龙山镇、腰林毛都镇、花胡硕苏木	695.6	25	17390		1	—	0.5	0.2
		IV	白兴吐苏木、协代苏木	668.14	25	16704		1	—	0.5	0.2
		V	代力吉镇、图布信苏木	650.65	25	16266		1	—	0.5	0.2
	科尔沁左翼后旗	I	金宝屯镇、双胜镇、查日苏镇	631.25	25	15781		1	0.67	0.67	0.33
		II	吉日嘎郎镇、海鲁吐镇、常胜镇、甘旗卡镇	608.54	25	15214		1	0.67	0.67	0.33
		III	阿都沁苏木、朝鲁吐镇、茂道吐苏木、阿古拉镇、努古斯台镇	584.38	25	14610		1	0.67	0.67	0.33
	开鲁县	I	开鲁镇	846.58	25	21165		1	—	0.78	0.26
		II	东风镇	820.19	25	20505		1	—	0.78	0.26
		III	大榆树镇、黑龙坝镇、麦新镇	783.36	25	19584		1	—	0.78	0.26

续表

盟市 A	旗县(市、区) B	区域区片 C	区域/区片描述 D	统一年产值区域标准 E	统一年产值倍数 F	统一年产值补偿标准 G	区片综合地价 H	地类修正系数 耕地 I	地类修正系数 园地 J	地类修正系数 林地 K	地类修正系数 草地 L
通辽市	开鲁县	Ⅳ	小街基镇	749.51	25	18738		1	—	0.78	0.26
		Ⅴ	吉日嘎郎吐镇、东来镇	741.6	25	18540		1	—	0.78	0.26
		Ⅵ	建华镇	732.06	25	18302		1	—	0.78	0.26
		Ⅶ	义和塔拉镇	722.21	25	18055		1	—	0.78	0.26
	库伦旗	Ⅰ	库伦镇	624.53	25	15613		1	0.65	0.65	0.34
		Ⅱ	六家子镇、扣河子镇（扣河子镇、水泉镇）、白音花镇（白音花镇、先进苏木）	608.48	25	15212		1	0.65	0.65	0.34
		Ⅲ	茫汗苏木、额勒顺镇	589.14	25	14729		1	0.65	0.65	0.34
	奈曼旗	Ⅰ	大沁他拉镇（苇莲苏乡）：西奈曼营子村、东奈曼营子村、光辉村、新庙村、兴安村、苇莲苏村	678	25	16950		1	—	0.4	0.22
		Ⅱ	东明镇、八仙筒镇、治安镇	672	25	16800		1	—	0.4	0.22
		Ⅲ	明仁苏木、国有六号农场	661	25	16525	1	—	0.4	0.22	
		Ⅳ	固日班花苏木、白音他拉苏木、五十家子嘎查、东二十家子嘎查、安屯村、西二十家子村；白音他拉嘎查、卧凤甸子村、大林子村、新苏木	616	25	15400		1	—	—	0.22
		Ⅴ	新镇、义隆永镇、黄花塔拉苏木	604	25	15100		1	—	0.4	0.22
		Ⅵ	青龙山镇、沙日浩来镇、青龙山镇（土城子乡）：杏树园子村、束龙沟村、西铁匠沟村、平顶山村、化吉营子村、奈曼塔村、乔家杖子村；沙日浩来镇（土城子乡）：土城子村、高子村、糖房村、后头沟村、哈日干图村、七家子村、戚山村	548	25	13700		1	—	0.4	0.22

九、赔补偿类（各省区片指导价、道路、道路开口、其他类补偿表）

续表

盟市	旗县（市、区）	区域区片	区域/区片描述	统一年产值 区域标准	统一年产值 倍数	统一年产值 补偿标准	区片综合地价	地类修正系数 耕地	地类修正系数 园地	地类修正系数 林地	地类修正系数 草地
A	B	C	D	E	F	G	H	I	J	K	L
通辽市	扎鲁特旗	Ⅰ	鲁北镇规划区	859	25	21475		1	—	0.45	0.33
		Ⅱ	嘎亥图镇、巨日合镇、香山镇、巴彦塔拉苏木、前德门苏木、乌额格其苏木、鲁北镇	775	25	19375		1	—	0.44	0.27
		Ⅲ	乌力吉木仁苏木、道老杜苏木、查布嘎图苏木	704	25	17600		1	—	0.45	0.28
		Ⅳ	阿日昆都楞镇、格日朝鲁苏木、乌兰哈达苏木、巴雅尔图胡硕镇	607	25	15175		1	—	0.45	0.42
	霍林郭勒市	Ⅰ	霍林郭勒市、巴润社区、浑迪音社区、达来胡硕社区、莫林河社区、霍林河社区				13411	1	0.7	0.7	0.3
		Ⅱ	沙尔敖包社区、准特花社区、机动区				12675	1	0.7	0.7	0.3
鄂尔多斯市	康巴什区	Ⅰ	哈巴格希街道办事处				45516	1	—	0.33	0.3
		Ⅱ	寨子塔村、达尔罕塔村				33773	1	—	0.42	0.36
		Ⅲ	乌拉希里村、格德热格村、查干呼舒村				33058	1	—	0.42	0.31
	东胜区	Ⅰ	东胜区：建设街道办事处、林荫街道办事处、交通街道办事处、富兴街道办事处、公园街道办事处、天骄街道办事处				161785	1	—	0.28	0.27
		Ⅱ	东胜区：幸福街道办事处、纺织街道办事处、民族街道办事处、兴胜街道办事处、巴音孟克街道办事处、诃额伦街道办事处				79100	1	—	0.43	0.41
		Ⅲ	罕台镇：布日都村、灶火壕村、永胜村、色连村、查干村、达尔罕壕村（庆丰村）；铜川镇：织机塔村、添漫梁村、铜川村、常青村、格合壕村				35180	1	—	0.46	0.4

续表

盟市	旗县(市、区)	区域区片	区域/区片描述	统一年产值			区片综合地价	地类修正系数			
				区域标准	倍数	补偿标准		耕地	园地	林地	草地
A	B	C	D	E	F	G	H	I	J	K	L
鄂尔多斯市	东胜区	IV	罕台镇：做家塔村、九城功村、罕台村；铜川镇：潮脑梁村、神山村	29401	1	—	33666	1	—	0.46	0.4
		V	泊尔江海子镇：海子湾村、漫赖村、宗兑村、泊江海子村、梁村、巴音敖包村、折家梁村、石畔村、海畔村、柴登村、什股壕村				0.46	0.4			0.25
	达拉特旗	I	树林召镇：三倾地村、树林召村、树林召城区	40251	1	—	51728	1	—	0.51	
		II	树林召镇：靴铺窑子村、五股地村、南伙房村、白柜村、平原村、林原村、大树湾村、田家营子村、新民村、东海心村、二锁坨梁村				0.48	0.26			
		III	树林召镇：什拉召村、沟心召村、沙坝子村、草原村、关碾房村、张铁营子村、白泥井村、公乌素村、大纳林村、柴登壕村、白泥井镇、海勤素村、侯家营子村、七份子村、道劳营子村、唐公营子村、恩格贝村、蒲挖卜村、新挖召村、柳子营子村、北海村、乌兰村；吉格斯太镇：三眼井村、沟心召村、柳沟村、梁家挖堵村、大红奎村、张义成窑子村、蛇圪点素村、王爱召镇：三份子村、黄牛营子、榆林子村、小淖村、东兴村、裕太奎村、大淖村、南红桥村、生成水村、杨家营子、王爱召村、德胜营、三座城、德胜太、新民堡村、西社村、新和村；展旦召苏木：道劳哈勒茅庵村、福茂城村、海子湾村、井泉村、展旦召嘎查、杨林村、建设村、黄木独村、天义昌村、长胜村、柳林村、沙湾子嘎查、昭君镇、沙壕村、和胜村、侯家挖堵村、羊场村、三狗湾村、沙坨堵村、柴膥嘎查、四村、沙坨村、刘大坨堵村、羊场村、三罗坨堵村、巴音古楞嘎查、门肯嘎查、中和西镇、红海村、至日呼舒村、南伙房村、翻身村、乌兰计村				29943	1	—	0.54	0.28

九、赔补偿类（各省区片指导价、道路、道路开口、其他类补偿表）

续表

盟市	旗县(市、区)	区域区片	区域/区片描述	统一年产值			区片综合地价	地类修正系数			
				区域标准	倍数	补偿标准		耕地	园地	林地	草地
A	B	C	D	E	F	G	H	I	J	K	L
鄂尔多斯市	达拉特旗	IV	树林召镇：耳字壕村、城塔村、河洛图村、哈什拉村；白泥井镇：敖包梁村、石匠窑村、母哈日沟村、可图梁村、刘长沟村、盐店村、新民渠村、恩格贝镇：朴灵梁村、哈拉亥图村；耳字沟村、呼斯图梁村、查干沟村、元宝湾村、茶窑沟村、牛场梁村、黄母哈日村、吉格斯太镇：王家壕村、马场壕村、乌兰壕村、展旦召苏木：赛乌素村、石活子村、查干沟村、哈达图村、青达门村、塔并召村、织机梁村；昭君镇：石巴吐图村、赛乌素村、高头窑村、南布日嘎斯太村、白家塔、吴四挖壕村、官井村、中和西镇：牧业村、万太兴村				21191	1	—	0.34	0.29
	准格尔旗	I	兴隆街道办事处：薛家湾村、友谊街道办事处：长胜店村；沙圪堵镇：不拉村				62160	1	—	0.25	0.24
		II	薛家鸿镇：长滩村、哈拉敖包村、业林沟村、红台子村、柳树湾村、大塔村、不连沟村、城坡村、黑岱沟村、阳窑子村、马家塔村、三宝窑子村、柳青梁村、大饭铺村、点岱沟村、海子塔村、永胜壕村、牛光挖旦村、亭子城村、良安窑村、百草塔村、阳塔村、勉格令村、宁格尔塔村、白家渠村、沟门村、巴润哈岱村、白大路村；友谊街道办事处：苏计沟村、唐公塔村、草场村、张天街道办事处：兴隆街道办事处：王隆村、邦郎色太村；蓝天街道办事处：阿岱沟村、迎泽街道办事处：巴汉图村；大路镇：东孔兑村、老山沟村、何家塔村、房子滩村、前房子村、城壕村、大沟村、二旦桥村、常树梁村、乌兰不浪村、尔扢气村、小滩子村、二旦陶亥苏木、公益盖村、达尔气村、孔兑沟村、高召赖嘎查、尔扢赖嘎查、植机壕村、李家塔村				47875	1	—	0.28	0.2

续表

盟市	旗县(市、区)	区域区片	区域/区片描述	统一年产值补偿标准			区片综合地价	地类修正系数			
				区域标准	倍数	补偿标准		耕地	园地	林地	草地
A	B	C	D	E	F	G	H	I	J	K	L
鄂尔多斯市	准格尔旗	Ⅱ	沙圪堵镇：速机沟村、乌拉素村、贾浪沟村、常胜店村、榆树塔村、刘家渠村、乌素沟村、特拉门沟村、伏路村、神山村、西营子村、哈拉沟村、庙壕村、打麻梁村、安定壕村、敖靠塔村、忽昌梁村、纳林村、五字湾村、四道包村、双山梁村、张家圪梁村、石窑沟村、布尔陶亥村；十二连城乡：巨合滩村、召梁村、天顺圪梁村、东不拉村、西不拉村、兴胜店村、杨子华村、褡裢梁村、二道拐村、脑包湾村、五家尧子村、董三尧子村、川顶地村、广太昌村、蛮汉壕村、黑挞劳湾村、西柴登村、柴登村；暖水乡：水泉沟村、坨秋沟村、昌汉不拉村、昌汉素村、德胜有梁村、双敖包村、井子沟村、榆树壕村；龙口镇：郑昂梁村、杜家峁村、马棚村、南窑村、大圆图梁村、龙口社区、大口村、沙壕村、公盖梁村、韩家塔村、麻地梁村、范家坪村、红树梁村、柏相公村、魏家岇村、四分子村、纳日松镇：台子梁村、乌拉素村、羊市塔村、奎洞塔村、纳林庙村、大西沟村、松树场村、老荒地村、二长渠村、川掌村、勿图门村、勿图沟村、阿贵庙村、柳塔村、红进塔村、乌兰哈达村、大路乡村、敖劳不拉村、碳窑渠村、四道柳村、锌尖村、准格尔召村、忽吉图村、乌兰哈达村、沙嵩塔村、乌兰达村				47875	1	—	0.28	0.2
		Ⅲ	布尔陶亥苏木：臆五素村、达坝席利嘎查；沙圪堵镇：青木肯村、韩家塔村、德胜西村				33320	1	—	0.36	0.21
	鄂托克前旗	Ⅰ	敖勒召其镇：大沙头村、敖勒召其嘎查、敖勒召其镇人民政府政府				14980	1	—	0.38	0.31

九、赔补偿类（各省区片指导价、道路、道路开口、其他类补偿表）

续表

盟市	旗县(市、区)	区域区片	区域/区片描述	统一年产值			区片综合地价	地类修正系数			
				区域标准	倍数	补偿标准		耕地	园地	林地	草地
A	B	C	D	E	F	G	H	I	J	K	L
鄂尔多斯市	鄂托克前旗	Ⅱ	敖勒召其镇：查干巴拉嘎苏嘎查、三道泉则村、乌兰道崩嘎查、三段地村、漫水塘村、洪山塘村、马场井村、伊克乌素嘎查、巴郎庙村、三段地社区				14529	1	—	0.34	0.29
		Ⅲ	敖勒召其镇：塔布陶勒盖嘎查、城川镇：城川镇人民政府、城川镇、城川中心洽沙、城川中心治沙、廉地梁嘎查、大池村、二道川中心治沙、二道川社区、二道川村、哈日色日嘎查、吉拉社区、克珠日嘎查、麻黄套村、马鞍桥村、胡芦素淖日村、巴彦希里嘎查、珠和社区、乌定希日嘎查、巴珠希日嘎查、高潮畔村、章昂希里村、黄海子村、克珠日村、巴珠泊日嘎查、珠拉图嘎查、呼和陶勒盖嘎查、希里嘎查、敖达图嘎查、羊场嘎查、大ագ滩、苏坝海子村、大沟泞村、阿日勒嘎查、克泊日嘎查、伊克柴达木嘎查、昂素嘎查、明盖嘎查、查干呼舒嘎查、毛盖图社区、巴图什里嘎查、苏力迪嘎查、乌兰勒盖林场、昂素嘎查委员会、巴彦乌素嘎查、巴彦柴达木嘎查、巴彦呼日呼嘎查、哈日格图嘎查、玛拉迪嘎查、巴彦图呼嘎查、哈仁格图嘎查、沙日胡舒嘎查、巴彦乌珠嘎查、毛盖图呼嘎查、兑仁格图嘎查、上海庙镇：上海庙镇人民政府、昂素镇人民政府、八一村、芒哈图社区、水泉子村、上海庙国营牧场、白图嘎查、哈勒沙图嘎查、芒哈图格日嘎查、特布德嘎查、陶利嘎查、阿勒台嘎查、乌提嘎查、布拉格社区				14037	1	—	0.34	0.27

续表

盟市	旗县(市、区)	区域区片	区域/区片描述	统一年产值			区片综合地价	地类修正系数			
				区域标准	倍数	补偿标准		耕地	园地	林地	草地
A	B	C	D	E	F	G	H	I	J	K	L
鄂尔多斯市	鄂托克旗	Ⅰ	乌兰镇：哈马日格大嘎查、乌兰新村；蒙西镇：伊克布拉格嘎查、新民村、羊场村、碱柜村、渠畔村；棋盘井镇：额尔和利图嘎查				18735	1	—	0.44	0.4
		Ⅱ	乌兰镇：察汗淖尔嘎查、乌兰柴达木嘎查、乌兰图克嘎查；阿尔巴斯苏木：赛音乌素嘎查、鄂托克旗赛因乌素草籽场；蒙西镇：巴音温都尔嘎查				14397	1	—	0.42	0.35
		Ⅲ	阿尔巴斯苏木：内蒙古白绒山羊种羊场、巴音乌素嘎查、陶利嘎查、布隆庙嘎查、呼和陶勒盖嘎查、马新布拉格嘎查、阿如布拉格嘎查、敖伦其日嘎查、脑高岱嘎查、乌兰乌素嘎查、希尼其日嘎查、哈图嘎查；蒙西镇：苏尔图嘎查、其劳图村；木凯淖尔镇：包勒壕内村、桃力民村、乌兰其日嘎村、乌素泊尔村、察汗敖包村、旧庙湾村、木凯淖尔村、大克泊尔村、包村、扎德盖村、素扣村、巴音淖尔村、召稍村、伊克乌素村、呼吉淖尔村、达楞图如村、水泉子村、小湖村；棋盘井镇：百眼井村、阿如其日嘎村、石勒凯村、深井村、苏米图村、苏木图嘎查、查汗扣放包嘎查、哈达鲁拜嘎查、伊克达赖嘎查、苏里格嘎查、额尔和图嘎查、斯布利嘎查、马什亥嘎查、伊连陶勒盖嘎查、苏米图嘎查、巴音布拉格嘎查、沙日布日都嘎查、马新嘎查、敖伦淖尔嘎查、德日苏嘎查；乌兰镇：赛罕塔拉嘎查、包日呼舒嘎查、苏吉嘎查、查汗陶勒盖嘎查、包日塔拉嘎查、海岱嘎查				12931	1	—	0.36	0.31

九、赔补偿类（各省区片指导价、道路、道路开口、其他类补偿表）

续表

盟市	旗县(市、区)	区域区片	区域/区片描述	统一年产值			区片综合地价	地类修正系数			
				区域标准	倍数	补偿标准		耕地	园地	林地	草地
A	B	C	D	E	F	G	H	I	J	K	L
鄂尔多斯市	杭锦旗	I	巴拉贡镇：山湾村、昌汉白村、新建村、朝凯村；独贵塔拉镇：沙陀梁淖尔村、道图嘎查、永新村、二拉旦湾村、隆茂永村、杭锦淖尔村、芒哈图村、乌兰独村、独贵塔拉村、解放村、永先村、乌兰淖尔村；呼和木独镇：巴拉亥村、巴音温都尔嘎查、大套子村、查干淖尔嘎查、东红柳村、吉日嘎郎图嘎查、黄芥蒙嘎查、麻迷图村、光茂村、格更召嘎查、乃玛岱村、巴音村、麻迷图村、光前村、三苗树村、五苗树村、苏布日格村、碱柜村				18083	1	—	0.45	0.28
		II	巴拉贡镇：巴音恩格尔嘎查、乌吉尔嘎查；独贵塔拉镇：查干补拉格嘎查、图古日都格嘎查、天斯图嘎查、扎日格图嘎查、道劳呼都格嘎查、巴音布拉格嘎查、阿拉腾图布希嘎查、浩绕柴达木嘎查、锡尼布拉格嘎查、陶赖高勒村、寨普台格嘎查、乌日敖包村、中图村、阿门其日格村、古城梁村、新井渠村、察哈尔乌素嘎查、广丰村、天德桓湾村、哈夏图嘎查、沙日摩仁嘎查、伊和乌素嘎查、脑高岱嘎查、锡尼其日格嘎查、胜利村、散拶布拉格嘎查、乌日更嘎查、陶日木嘎查、陶赖图嘎查、巴音孟和嘎查				17860	1	—	0.42	0.36
		III	独贵塔拉镇：乌定布拉格村、巴音庆格利嘎查、散拶乌素嘎查、塔然高勒村、白音布拉格嘎查；伊和乌素苏木：巴音温独尔嘎查、巴音乌素嘎查、阿日乌素嘎查、巴音嘎查				17175	1	—	0.4	0.34
	乌审旗	I	嘎鲁图镇：巴音温都尔嘎查、后寨子村（后寨则村）、达布察格村（达布察克村）；无定河镇：巴图湾村				15292	1	—	0.48	0.42

续表

| 盟市 | 旗县（市、区） | 区域区片 | 区域/区片描述 | 统一年产值 ||| 区片综合地价 | 地类修正系数 ||||
A	B	C	D	区域标准 E	倍数 F	补偿标准 G	H	耕地 I	园地 J	林地 K	草地 L
鄂尔多斯市	乌审旗	Ⅱ	嘎鲁图镇：巴音柴达木村，沙如勒努图格嘎查（沙如勒努图克嘎查），布寨嘎查，斯布呼勒嘎查（斯布扣嘎查），沙音柴达木村（沙沙滩村），深水台村（神水台村），毛敦柴达木村（木都柴达木村）；苏力德苏木：沙尔利格嘎查，塔拉音乌素嘎查（塔来乌素嘎查），陶利嘎查，昌黄嘎查（昌煌嘎查），通史嘎查，朝勒滩村，纳林河村，图兑格（图克镇）：葫芦素村，洋尔村（葫芦素村），沙日嘎毛利村（沙日嘎毛利村），陶报嘎查（陶报嘎查），达汉庙嘎查，黄陶勒盖嘎查，梅林苏莫嘎查（梅林庙嘎查），图古勒岱嘎查（图呼勒岱嘎查），乌兰陶勒盖镇：巴音希里嘎查，巴音淖尔嘎查，沙巴尔台村（乌兰什巴台村），呼吉尔特村，巴音淖尔嘎查，巴音高勒嘎查，巴音敖包嘎查，跃进村，胜利村，红旗村，前进村；乌审召镇：巴音陶勒盖嘎查，浩勒报吉村，查干苏贝嘎查（查汉庙嘎查），中乃村；无定河镇：宝日陶勒盖村（包日陶勒盖嘎查），陶勒湾村，塔嘎尔湾村，红进滩村，王窑河村，无定河村，萨拉乌苏村，水清湾村，大石砭村，小石砭村				14819	1	—	0.42	0.35
		Ⅲ	苏力德苏木：陶日木音苏莫嘎查（陶尔庙嘎查），包日呼德嘎查（宝日呼岱嘎查），呼和芒哈嘎查，乌审召镇：乌审召嘎查，布日都嘎查，巴嘎淖尔村，嘎鲁淖尔嘎查，呼和陶勒盖嘎查				14142	1	—	0.43	0.35
	伊金霍洛旗	Ⅰ	阿勒腾席热镇：曼赖村，红海子村，车家渠村，查干庙村，瓦窑圪台村，柔盖村				56694	1	—	0.45	0.27
		Ⅱ	阿勒腾席热镇：柳沟村，掌岗图村，伊金霍洛镇：龙活音扎巴儿，壕赖村，甘珠日庙村，根后庙村，沙日巴日太嘎查，哈沙圪台格村；乌兰木伦镇：哈沙图村，布尔台格村，曼鲁庙村，明安木都村				31160	1	—	0.36	0.34

九、赔补偿类（各省区片指导价、道路、道路开口、其他类补偿表）

续表

盟市	旗县(市、区)	区域区片	区域/区片描述	统一年产值 区域标准	统一年产值 倍数	统一年产值 补偿标准	区片综合地价	地类修正系数 耕地	地类修正系数 园地	地类修正系数 林地	地类修正系数 草地
A	B	C	D	E	F	G	H	I	J	K	L
鄂尔多斯市	伊金霍洛旗	Ⅲ	红庆河镇：林家圪堵村，呼家壕村，其劳图村，冯家渠村，台格敖包村，哈希拉嘎村，哈达图淖尔村，纳林希里村，木呼尔格希里村，乌兰敖包村，兰家圪卜村，红庆河村，额日克达木村，白格针村，珠兰敖包村，乌兰淖尔村，通格朗村，特宾苏莫村，其和淖尔村，其根沟村，昌井渠村，布连图村，宝林村，纳林高勒村，巴本岱村，阿日勒图村，阿道亥村；大柳塔镇：巴音布拉格村，新庙村，毕鲁图村，布都阿麻村，满赖沟村，道劳岱村，布尔敦塔村，海勒素壕村，木呼尔吉村，纳林塔村，全和常村，未日根沟村，苏布尔嘎村，敖包村，沙沙圪台村；乌兰木伦镇：光明村，散布尔嘎村，壕赖苏村，毛盖图村，败盖村，光胜村，镇乌尔掌村，敖嘎查村，光生村，哈胡德壕梁村，杨家壕村，乌兰提格村，扎萨克庙村，包拉格村，阿尔斯勒村，道劳岱村，阿日雅布鲁村，伊勒概沟村，全盛久村，毛乌素村，合同庙村，哈拉盖图村，查干日格尔村，阿斯日音查干村，阿格图村，伊金霍洛镇：诺干补都嘎音希里村，查干陶日木村，斋森召村，莱乌素盖村，查干呼都音苏莫嘎查，布拉格嘎查，啸嘛敖包村，松道沟村，乃玛岱村，石灰音苏莫嘎查；札萨克镇：扎萨克村，哈拉其日格村，玛勒庆壕赖村，黄盖希里村，道劳舍村，银盘河村，树壕村，黄陶勒盖村，巴音盖村，乌兰楞村，阿木退庙村，毛盖图塔尔河村，扎勒克召村，哈日木尔村，新街村，给勒登庙村，毛盖图村，壕尔庙村，高勒庙村，查干柴达木村，都嘎敖包村，门克庆村，壕赖嘎查，巴嘎柴达木村，贵勒斯嘎查，台格嘎查村，乌蓝梁村，柴达木村，塔日雅柴达木村，乌兰木伦村，木都希里村，折家梁村，石灰沟村，上湾村，布连海子村，查干苏村，布连塔村，格丑庙村，花亥图村，苏勒德霍洛村，苏勒德霍洛村，乌兰木伦村，巴日图塔村				30606	1	—	0.36	0.34

续表

盟市 A	旗县(市、区) B	区域区片 C	区域/区片描述 D	统一年产值 区域标准 E	倍数 F	补偿标准 G	区片综合地价 H	耕地 I	园地 J	林地 K	草地 L
呼伦贝尔市	海拉尔区	I	海拉尔区市辖区（城区、城区以西原市辖区范围）				33079	1	—	0.27	0.24
		II	奋斗镇：红星村、金星村、光明村、合作村、互助村、建设街道办事处；海拉尔区市辖区（奋斗镇以北原市辖区范围，呼伦贝尔市经济开发区以西城区范围）				32601	1	—	0.27	0.24
		III	奋斗镇：友联村、友好村、奋斗村、胜利村、和平村、富强村；海拉尔区市辖区（黑羊站）				32141	1	—	0.27	0.24
		IV	哈克镇				31719	1	—	0.27	0.24
	阿荣旗	I	那吉镇：那吉村、良种场、向阳峪镇：解放村、松塔沟村、新发朝鲜族乡：新发村、长发村、东光村、唐王沟村、章塔尔村；那吉屯农场一分场二队	710.11	25	17753		1	—	0.55	0.25
		II	复兴镇：靠山村、小黑信子村、大泉山村、东兴村、大黑信子村、老石场、天台岭村、六同庄村、大兴村、地房子村、复兴奇镇：霍尔奇村、后山根村、铁山库、红毛沟村、顺利村、千屯村、荣花村、富贵村、知木伦村、西鸡村、前进村、那克塔村、光明村、索尔奇村、平顶山村、横道村、种畜场、立新村、莫尔顶村、六合镇、兴旺村、德发村、东山屯村、振丰村、珍珠村、长安村、永胜村、永乐村、新胜村、红旗村、中心村、八卦山村、小泉子村、建国村、保国村、曙光村、向阳峪镇：三道沟村、乐昌村、太平山村、富山村、兴发村、羊草沟村、胜利村、松树林村、梧子山村、两方六村、太平沟村、桦树沟村、孤山屯村、关家村、红花梁子村、新发朝鲜族乡：圣水村、大有庄村、兴安镇、金边堡、太平桥村、河南村、榆树村、长胜村、联合村、兴发村、牧奎村、河发村、七道泉子村、沃勒莫丁村、青山堡村	695.93	25	17398		1	—	0.55	0.25

九、赔补偿类（各省区片指导价、道路、道路开口、其他类补偿表）

续表

盟市	旗县(市、区)	区域区片	区域/区片描述	统一年产值区域标准	倍数	补偿标准	区片综合地价	地类修正系数 耕地	园地	林地	草地
A	B	C	D	E	F	G	H	I	J	K	L
呼伦贝尔市	阿荣旗	II	音合村、太平岗村；亚东镇：六合村、新兴村、西亚镇村、东亚镇村、福合村、联盟村、六家子村、兴权村、山里屯村、大平庄村、万兴村、三合村、四合村、龙门口村、永合村、东兴村、新合村、音河达斡尔鄂温克民族乡：音河村、新立村、维古奇村、富吉村、和平村、五龙泉村、车辆沟村、新建村；大河湾农场；那吉屯农场：那吉屯农场直管理区、那吉屯农场六队、那吉屯农场一分场、那吉屯农场三分场前龙队、水库队、那吉屯农场西德昌队、那吉屯农场后龙队、那吉屯农场东龙队、那吉屯农场忠厚队、那吉屯农场中兴队、那吉屯农场二分场二队、那吉屯农场二分场四队、那吉屯农场二分场五队、那吉屯农场二分场三队、那吉屯农场二分场六队、那吉屯农场胜利队、格尼河农场；格尼河农场一分场二队、格尼河农场三队、格尼河农场四队、格尼河农场一队、格尼河农场二队、格尼河农场五队、格尼河农场六队、格尼河农场七队、格尼河农场八队、格尼河农场九队、格尼河农场十队、格尼河农场十一队、格尼河农场十二队、格尼河农场十三队、格尼河农场十四队、格尼河农场十五队	695.93	25	17398		1	—	0.55	0.25
		III	查巴奇鄂温克民族乡：民族村、猎民村、河东村、河西村、嘎达奈村、文布奇村、郭家窑村、团结村、大石础村、小石础村、榆树村；得力其尔鄂温克民族乡：忠诚堡村、新立村、东北沟村、兴南镇村、龙头山村、马河村、民族村、杜代沟村；得力其尔村、三岔河镇：余粮庄村、老山头村、柳毛沟村、堆粮山村、巨发村、三岔河村、沃东汇村、新胜村、石井村、白桦村、磨石村、辆鉴沟村、护林村、靠林村、韭菜沟村、音河林场、亚东镇：青松村、艳阳村、尖山子村；格尼河农场十六队、格尼河农场十七队、格尼河农场十八队	678.48	25	16962		1	—	0.55	0.25

续表

盟市 A	旗县（市、区）B	区域区片 C	区域/区片描述 D	统一年产值 区域标准 E	统一年产值 倍数 F	统一年产值 补偿标准 G	区片综合地价 H	地类修正系数 耕地 I	地类修正系数 园地 J	地类修正系数 林地 K	地类修正系数 草地 L
呼伦贝尔市	阿荣旗	Ⅳ	得力其尔林场；三号店林场；阿力格亚林场；库伦沟林场；大时尼奇林场；查巴奇林场	659.93	25	16498				0.55	0.25
	莫力达瓦达斡尔族自治旗	Ⅰ	尼尔基镇行政区域范围内的全部集体农用地	718.67	25	17967		1	—	0.53	0.23
		Ⅱ	红彦镇、巴彦乡、哈达阳镇3个乡（镇）行政区域范围内的全部集体农用地	684.12	25	17103		1	—	0.53	0.23
		Ⅲ	腾克镇、塔温敖宝镇、西瓦尔图镇、阿尔拉镇、杜拉尔乡、宝山镇共6个乡（镇）行政区域范围内的全部集体农用地	671.93	25	16798		1	—	0.53	0.23
	鄂伦春自治旗	Ⅰ	包括大杨树镇，具体涉及街西村、北郊村、大架子山村、桥南村、新华村、包源村、四平山村、富饶村、富民村、前进村、振兴村、红星村、东胜村、大杨树村（村）	461.87	28	12932		1	0.85	0.7	0.37
		Ⅱ	涉及宜里镇、诺敏镇、乌鲁布铁镇（除乌鲁布铁镇北片区外）和古里乡四个乡镇六十二个行政村，具体村名为诺敏镇的猎民村（诺敏镇）、团结村、护林村、马克拉村、额尔肯村、胜利村、吉克腾迪村、兰巴维村、卧罗腾迪村、烟肉石村、海尔堤村、江北村、小二沟一村、小二沟二村、小二沟三村、小二沟四村；乌鲁布铁镇的朝阳猎民村、乌鲁布铁猎民村、乌讷猎民村、二十里村、友谊村、铁东村、毛家铺村、朝阳沟村、向阳村、红旗村、春林村、马尾山村、春亭阁村、跃进村、五岔沟村、东升村、兴盛村、乌尔其村、新发村、新兴村、欧肯河村、新丰村、乌鲁布铁镇南片区、古里乡的古里村（村）、猎民村、兴牧村；宜里办事处的奎勒河村、小库莫村、大库莫村、库维镇村、二根河村、都柳河村、马鞍山村、卧北村、青松沟村、乃木河村、小二红村、渔场村、诺敏河村、团结村、十六栋房村、龙头村、扎兰村、东升村、卧罗河村	443.74	28	12425		1	0.85	0.7	0.37

九、赔补偿类（各省区片指导价、道路、道路开口、其他类补偿表）

续表

盟市 A	旗县(市、区) B	区域区片 C	区域/区片描述 D	统一年产值 区域标准 E	倍数 F	补偿标准 G	区片综合地价 H	地类修正系数 耕地 I	园地 J	林地 K	草地 L
呼伦贝尔市	鄂伦春自治旗	Ⅲ	包括托扎敏乡的奎猎民村、希日特奇猎民村（村）、陶力罕村、诺敏镇的诺敏镇（村）、官里办事处的卡日楚村、岭南村；乌鲁布铁镇村北片区	409.26	28	11459		1	0.85	0.7	0.37
	鄂伦春自治旗	Ⅳ	包括阿里河镇、甘河镇、克一河镇、吉文镇四个乡镇的全境	386.38	28	100819		1	0.85	0.7	0.37
	鄂温克族自治旗	Ⅰ	巴彦托海镇、巴彦嵯岗苏木、大雁镇和巴彦塔拉鄂尔民族自治乡	265	30	7950		1.51	—	1.45	1
	鄂温克族自治旗	Ⅱ	伊敏苏木、红花尔基镇、锡尼河西苏木、锡尼河东苏木和伊敏河镇	259	30	7770		1.51	—	1.45	1
	鄂温克族自治旗	Ⅲ	辉苏木	256	30	7680		1.51	—	1.45	1
	陈巴尔虎旗	Ⅰ	包括巴彦库仁镇的国营特泥河牧场、希勒镇的特泥河办事处、鄂温克民族苏木、谢尔塔拉种牛场	196.74	30	5902		2.34	—	1.41	1
	陈巴尔虎旗	Ⅱ	包括巴彦库仁镇机动草场、国营哈达图农牧场、宝日希勒镇的布敦胡硕嘎查村、库热格大嘎查村、鄂温克民族苏木的国营浩特陶海农牧场、毕鲁图嘎查村、孟根诺尔嘎查村、鄂温克苏木夏营地、国营哈达图农牧场（部分）、那吉林场、陈巴尔虎旗夏营地	183.38	30	5501		2.34	—	1.41	1

续表

盟市 A	旗县(市、区) B	区域区片 C	区域/区片描述 D	统一年产值 区域标准 E	统一年产值 倍数 F	统一年产值 补偿标准 G	区片综合地价 H	地类修正系数 耕地 I	地类修正系数 园地 J	地类修正系数 林地 K	地类修正系数 草地 L
呼伦贝尔市	陈巴尔虎旗	Ⅲ	包括巴库仁镇的乌兰础鲁嘎查村，巴彦库哈嘎查村，格根胡硕嘎查村，呼和温都尔嘎查村，呼和道布嘎查村，国营哈达图农牧场（部分），哈腾胡硕嘎查村，哈哈尔诺尔镇的巴布日德嘎查村，完工嘎查村，安格尔图动草场，宝日汗图嘎查村，哈日干图嘎查村，呼和诺尔镇机动草场，乌尔苏木的西格格容嘎查村，萨如拉塔拉嘎查村，巴彦乌拉嘎查村，海拉图嘎查村，额尔敦乌拉嘎查村，雅图克嘎查村，查干诺尔嘎查村，乌珠苏木机动草场，恩图克嘎查村，民族苏木的辉屯嘎查村，孟根诺尔嘎查村，鄂温克苏木秋营地，国营诺克达布哈场（部分），拉布大林六队	165.53	30	4966		2.34	—	1.41	1
	新巴尔虎左旗	Ⅰ	全旗	173.58	30	5207		2	—	1.5	1
	新巴尔虎右旗	Ⅰ	全旗	171.23	30	5137		1.5	1.5	1	1
	牙克石市	Ⅰ	东兴街道办事处，免渡河镇，乌奴耳镇，煤田办事处	520.59	25	13015		1	—	0.6	0.4
	牙克石市	Ⅱ	乌尔旗汉镇，库都尔镇，图里河镇，伊图里河镇	487.56	25	12189		1	—	0.6	0.4
	牙克石市	Ⅲ	博克图镇，巴林办事处，绰源镇，塔尔气镇	458.67	25	11467		1	—	0.6	0.4
	扎兰屯市	Ⅰ	大河湾镇：大河湾村，大水泉村，明星村，东升村，红光村，幸福之路村，暖泉村，尖山子村，沙里沟村，金星村，繁荣村，火车头村，永丰村，永兴村，前进村，成吉思汗镇；西德胜村，大甸子村，和平村，新站村，红光村，东德胜村，立新村，朝阳岗村，古里金村，灯塔村，红升村	710.33	25	17758		1	—	0.56	0.27

九、赔补偿类（各省区片指导价、道路、道路开口、其他类补偿表）

续表

盟市	旗县（市、区）	区域区片	区域区片描述	统一年产值 区域标准	倍数	补偿标准	区片综合地价	地类修正系数 耕地	园地	林地	草地
A	B	C	D	E	F	G	H	I	J	K	L
呼伦贝尔市	扎兰屯市	Ⅱ	成吉思汗镇：石桥村、奋斗村、建设村、长青村、大旗村、马家村、河口村、光明村；高台子街道办事处：近郊村、高台子村、五一村、中和镇：鲜光村、三道沟村、四道沟村、水甸沟村、集体村、五道沟村、黎明村、明星村、新建村；铁东街道办事处；向阳街道办事处；河西街道办事处	699.43	25	17486		1	—	0.56	0.27
		Ⅲ	卧牛河镇：靠山村、大坝村、红旗村、富裕村、五星村、红卫村、一心村、卧牛河村、长发村、三道桥村、四道桥村、达斡尔民族乡：白音村、中心村、新立村、满都村、巴图村、海力堤村、九村	693.84	25	17346		1	—	0.56	0.27
		Ⅳ	蘑菇气镇：蘑菇气村、凤凰窝村、太平沟村、先锋村、南平村、中宁村、爱国村、北安村、兴隆沟村、惠风川村、杨树沟村、三合村、东风村、坑沿山村、东明村、野马河村、湾龙沟村、苇莲河村、中和镇：幸福村、新林村、库堤河村、福泉村、架子山村、龙头村、红星村、兴龙村、光荣村、福兴村、头道沟村、前进村	689.8	25	17245		1	—	0.56	0.27
		Ⅴ	萨马街鄂温克民族乡：马隆沟村、护林村、团结村、猎民村、红炮台村、哈拉口子村、鄂伦春民族乡、道南村、东窑村、大兴村、双北村	684.18	25	17105		1	—	0.56	0.27
		Ⅵ	洼堤镇（现为洼堤乡）：色吉拉胡村、德格吉勒胡村、孤山子村、铁矿村、青山村、洼堤村（现为哈多河镇）：哈多河村、边national村、大阴坡村、军达村、合兴村、泥沙河村	676.5	25	16913		1	—	0.56	0.27
		Ⅷ	浩饶山镇：柴河办事处（现为柴河镇）、东平台村、西平台村、浩饶山村	668.37	25	16709		1	—	0.56	0.27

续表

盟市 A	旗县(市、区) B	区域 区片 C	区域/区片描述 D	统一年产值 区域标准 E	倍数 F	补偿标准 G	区片综合地价 H	地类修正系数 耕地 I	园地 J	林地 K	草地 L
呼伦贝尔市	额尔古纳市	I	拉布大林街道办事处、上库力街道办事处	503.35	26	13087		1	—	0.6	0.4
		II	黑山头镇、三河回族乡、恩和俄罗斯民族乡、蒙兀室韦苏木、莫尔道嘎镇、奇乾乡、恩和哈达镇	470.57	26	12235		1	—	0.6	0.4
	根河市	I	根河市区	508.12	25	12703		1	—	0.77	0.38
		II	敖鲁古雅鄂温克族乡、金河镇、得耳布尔镇	478.81	25	11970		1	—	0.77	0.38
		III	阿龙山镇、满归镇	442.51	25	11063		1	—	0.77	0.38
巴彦淖尔市	临河区	I	临河区建成区（曙光乡：宏胜村、增丰村、晨光村）				75318	1	1	0.9	0.85
		II	八一乡：红星村；城关镇（曙光）；曙光村（洽丰村、曙光村）；曙光乡：洽安村；临河农场				52206	1	1	0.92	0.89
		III	八一乡：丰收村、生丰村、章嘉庙村、长丰村、城关镇：城关村（继光村）、宏光村、友谊村、五四村（潜交村）、继光村、远景村、马场地村、先锋斗村、丰河村、进步村、李玉村、马场地村、先锋村、新红村、永丰村、跃进村、狼山镇：富强村、乌兰图克镇（曙光乡）；东兴村（永强村）、东兴村、星光村				44071	1	1	0.92	0.89
		IV	八一乡：联丰村、农丰村、新道村（新道村、八一村）；白脑包镇：福利村、联丰村、前进村（十大股村）、三八村（团结村）、胜利村、石大圪村（十大股村）、世城西村、水桐树村、太阳村、团结村、西海村、鞋工厂村、新星村、永华村（永和村）、永强村、永清村、永胜村、永兴村、跃进村（公产村）、召潭村（召滩村）、中心村、忠义村；城关镇：分区农场；				33200	1	1	0.92	0.91

九、赔补偿类（各省区片指导价、道路、道路开口、其他类补偿表）

续表

盟市	旗县（市、区）	区域区片	区域/区片描述	统一年产值补偿标准			区片综合地价	地类修正系数			
				区域标准	倍数	补偿标准		耕地	园地	林地	草地
A	B	C	D	E	F	G	H	I	J	K	L
巴彦淖尔市	临河区	IV	千召庙镇：东风村、千召庙村、宏丰村（红丰村）、黄济村、黄羊木头村（黄羊村）、建华村、民主村、脑高村、荣丰村、乌兰图克镇：向阴村（民主村）、新华村、新建村、新利村、旭光村、迎丰村、永丰村、永华村、狼山镇；先锋村、爱丰村、爱国村、巴音村、富义村、光明村、星光村（西乐村）、幸福村、双河镇：富河村、新丰村、新河村、新荣村；乌兰图克镇：光明村、红旗村、隆强村、隆胜村、团结村、新民村、新胜村、新义村、长胜村				33200	1	1	0.92	0.91
		V	白脑包镇：联星村、民富村、民星村（明星村）；千召庙镇：广联村、建丰村（建民村）、立新村、隆丰村（建民村）、农光村、棋盘村、胜丰村、西渠村、先锋村（广丰村）；狼山镇：福增村、永丰村、宏光村、红光村、民强村、新民村、新利村、迎胜村、永丰村、永增村、永长村；双河镇：黄河村、民族村、乌兰图克镇：民乐村、前进村、新乐村、新胜村（东济村）；新华镇：新华林场、春和村、东方红旗村、古城村、哈达淖尔村、和平村、红旗村、隆光村、隆胜村、民义红旗村、建国村、联合村、三合村、团结村（召岗台村）、前进村、建国村、桥梁村、胜丰村、新胜村（新汉村）、新元村、新营村、五星村、新荣村、新胜村、永红村、永乐村（七股地村）、永利村、红旗村、迎胜村、团结村				27547	1	1	0.92	0.91
	五原县	I	隆兴昌镇、城关镇、跃进村、城关旧城（旧城村）、宏伟村、联合村、先锋村、荣丰村、隆盛村、红旗村（东牛银村）、五原县林场	1395	25	34875		1	1	0.7	0.11
		II	隆兴昌镇：迎丰村、荣义村	1172	25	29300		1	1	0.7	0.11

续表

盟市	旗县（市、区）	区域区片	区域/区片描述	统一年产值			区片综合地价	地类修正系数			
				区域标准	倍数	补偿标准		耕地	园地	林地	草地
A	B	C	D	E	F	G	H	I	J	K	L
巴彦淖尔市	五原县	Ⅲ	隆兴昌镇：同联村，五星村，联乐村，乌兰村，浩丰村，联丰村，荣誉村，永誉村，义丰村，隆兴昌镇（和丰乡）新建村；胜丰镇：新红村，新丰村，夹道子村，西圪梁村，塔尔湖镇；春光村；巴彦套海镇：赛丰村，红旗村，红光村，红丰村，向阳村；天吉泰镇：团结村（天吉泰村），新永村（二合永村），永星村（毛家桥村）；五原县经济林场，农牧业局草籽场，劳改队衣场，东土城草籽场，五原县林场	1071	25	26775		1	1	0.7	0.11
		Ⅳ	巴套海镇：先进村，锦旗村，和平村，南毛庵村，红寨村，响导村，风雷村，永生村，巴彦套海镇（复兴镇）：民生村，复兴村，和胜村，顺利村，永丰村，庆生村，联丰村；隆兴昌镇：东新永村（新兴村），新福村，光明村，和丰村，永跃村；隆兴昌镇（和胜乡）：建丰村（建丰村），新丰村）；和胜村，和平村，西新永村（新永村），和义村，胜丰镇：新胜村，新华村，美联村，三黄宝村，红隆永村，明丰村，明星村，明联村，美星村，美锋村，海丰村），塔尔湖镇：联丰村，胜丰村，海锋村（海丰村），先锋村，蛇林村，继光村，丰胜村，丰裕村，丰产村，丰华村，五星村（五份桥村），常丰村，永丰村（刀老召村），金星村，金丰村，新增村，红光村，乃日村；天吉泰镇：永红村，兴丰村，新公中（熊万年村），景华村，景阳村（景阳林村），复合村，永胜村；联兴村，创业村，光胜村，光联村，丰联村，旭日村，丰胜村，合少村，永生村，永胜村，永联村，民利村，前进光胜村，团结村，银定图镇：丰乐村，宏胜村，建设村，五丰胜村（协成桥村），胜利村，五原县林场；五原县畜牧场，巴盟国营建丰农场（巴彦淖尔市建丰农场），五原县农场，东土城农场，份子地农场，防沙林场	978	25	24450		1	1	0.7	0.11

九、赔补偿类（各省区片指导价、道路、道路开口、其他类补偿表）

续表

盟市 A	旗县（市、区）B	区域区片 C	区域/区片描述 D	统一年产值 区域标准 E	统一年产值 倍数 F	统一年产值 补偿标准 G	区片综合地价 H	地类修正系数 耕地 I	地类修正系数 园地 J	地类修正系数 林地 K	地类修正系数 草地 L
巴彦淖尔市	磴口县	I	巴彦高勒镇：北粮台村、北滩村、城关村、旧地村；补隆淖镇：坝楞村、夹道村、黄土档子村、新地村；隆盛合镇：渡口镇、新地村	1187.2	25	29680		1	1	0.68	0.1
		II	补隆淖镇：团结村、新河村、友谊村；隆盛合镇：合同村、隆盛合镇；渡口镇：城东村、城西村、南滩村、乌兰布和农场	1066.8	25	26670		1	1	0.68	0.1
		III	隆盛合镇：南菅子村；沙金套海苏木：巴音毛道嘎查、纳林套海农场、巴彦套海农场、哈腾套海农场、包尔盖农场	970.4	25	24260		1	1	0.68	0.1
		IV	巴彦高勒镇：南粮台村、补隆淖镇：河豪村；隆盛合镇：协城村、红旗村、海岗村、桃来村、民新村、海于冶村、西闸村、黎明村、塔布村、公地村；渡口镇：东地村、大滩村、南尖子村、同兴村、永胜村；沙金套海苏木：召滩嘎查、温都尔毛道嘎查、巴音博日格嘎查、巴音乌拉嘎查、那仁布鲁格嘎查（巴音宝力格嘎查、那仁宝都尔嘎查、沙拉毛道嘎查、包勒浩特嘎查、太阳庙农场、沙漠林业实验中心（原磴口实验局）	933.6	25	23340		1	1	0.68	0.1
	乌拉特前旗	I	乌拉山镇：盐海村、水桐林村、塔布村、沙脑包村、蓿亥村、三湖村、联光村、西山咀农场	1313.71	25	32843		1	0.6	0.6	0.16

续表

盟市 A	旗县(市、区) B	区域区片 C	区域/区片描述 D	统一年产值区域标准 E	倍数 F	补偿标准 G	区片综合地价 H	地类修正系数 耕地 I	园地 J	林地 K	草地 L
巴彦淖尔市	乌拉特前旗	II	西小召镇：西小召村、土城子村、乃玛岱村、复胜村、邓村店村、金星村、万大公村、槐木村、北圪堵村、西局子村、公田村；先锋镇：三顶村、分水村、永福村、西柳子村、红旗村、苏木图村、油房村、先锋村、西明头村、公庙村、新华村、大田村；中滩农场；新安镇：先锋村、庆华村、东方红村、长胜村、星火村、乌梅村、前进村、新安村、红光村、羊房子村、先进村、树林子村、新胜村；新安农场；白彦花镇：阿贵高勒嘎查、乌宝力格嘎查、乌日图嘎查、塔汉其嘎查、查干哈达嘎查、点不斯格嘎查、达日盖嘎查、和顺庄村、呼和布拉格嘎查、太恩格嘎查；乌梁素海渔场	1161.85	25	29046		1	0.6	0.6	0.16
		III	大佘太镇（苏独仑镇）：苏独仑村、永利村、瓦窑滩村、溯固补隆村、召均台村；苏独仑农场；内蒙古军区农场、大佘太镇、余大村、忠厚堂村、南苑村、南昌村、苗二壕村、乌兰村、三份子村、什那子村、红明村、马卜子村；大佘太牧场；大佘太镇牧场	1063.18	25	26580		1	0.6	0.6	0.16
		IV	额尔登布拉格苏木：公忽洞嘎查、阿力奔嘎查、白彦花嘎查、西羊场嘎查、巴音温都尔嘎查、阿日齐嘎查、赛湖洞嘎查	950.63	25	23766		1	0.6	0.6	0.16
		V	明安镇：十一份村、毛家圪堵村、营盘湾村、又和店村、陶来口子村、色气口子村、七份子村、六份子村、台梁村、营家窑子村；小佘太镇：大十份村、十七份村、永红村、东五份村、额尔登布拉格苏木（沙德格格苏木）：沙德格嘎查、毕格梯嘎查、海流斯太嘎查、二机靶场	889.21	25	22230		1	0.6	0.6	0.16

九、赔补偿类（各省区片指导价、道路、道路开口、其他类补偿表） | 295

续表

盟市	旗县(市、区)	区域区片	区域区片描述	统一年产值			区片综合地价	地类修正系数			
				区域标准	倍数	补偿标准		耕地	园地	林地	草地
A	B	C	D	E	F	G	H	I	J	K	L
巴彦淖尔市	乌拉特中旗	Ⅰ	乌加河镇：双荣村、石兰计村、红丰村、红光胜利村、联丰备斗村、宏伟村、兴永胜村；德岭山镇：胜利村、兴丰村、联丰村、大圣村、红旗村、苏独仑嘎查；牧羊海牧场；牧羊海牧场；呼勒斯太苏木：团结嘎查、希萨图嘎查、哈拉图嘎查、义和大嘎查	1044.34	25	26109		1	0.6	0.6	0.11
		Ⅱ	石哈河镇：白音厂汗村、楚鲁图村、格日楚鲁村、西羊场村、二十四分子村、郜北村、柏木井村、双盛美村	478.13	25	11953		1	0.6	0.6	0.24
		Ⅲ	海流图镇：巴仁宝力格村、温更嘎查、巴音满都呼嘎查、哈日朝鲁嘎查、希日朝鲁嘎查、阿拉腾胡少嘎查、宝格图嘎查、巴音满都呼嘎查、甘其毛都镇、巴音查干嘎查、德日苏嘎查、图古日格嘎查、伊很吉塔拉嘎查、呼鲁斯吉乐嘎查、川井苏木：白同嘎查、沙如拉塔拉嘎查、宝日汉图嘎查、沙布格嘎查、巴音胡都格嘎查、巴拉河嘎查、阿木斯尔嘎查、哈拉图嘎查、新忽热苏木：希热嘎查、朱斯木乐嘎查、白兴图嘎查、查干敖包嘎查、乌兰朝鲁嘎查、哈达嘎查、毛其格嘎查、那日图嘎查、牧仁嘎查、巴音乌兰苏木：巴音放包嘎查、呼鲁斯嘎查、图克嘎查、新尼乌素嘎查、巴音乌兰嘎查、乌兰额日格嘎查、努和乌乐嘎查、乌兰都尔嘎查、巴音宝力嘎查、巴音查干嘎查、东达乌素嘎查、乌兰乌乐嘎查、吉日嘎拉图嘎查、阿日胡都格嘎查、力格图嘎查、巴音查干嘎查、桑根达来嘎查、吉日嘎查、伊和宝力格嘎查、乌力吉图嘎查、呼勒斯太苏木：哈拉葫芦嘎查、温更嘎查、前达门嘎查、太嘎查、乌珠尔嘎查、达格图嘎查、宝格达来嘎查、韩乌拉嘎查、呼勒嘎查	97.421	30	2922		8.93	3.13	3.13	1

续表

盟市	旗县(市、区)	区域区片	区域/区片描述	统一年产值			区片综合地价	地类修正系数			
				区域标准	倍数	补偿标准		耕地	园地	林地	草地
A	B	C	D	E	F	G	H	I	J	K	L
巴彦淖尔市	乌拉特后旗	Ⅰ	乌盖苏木富山村（巴音乌拉嘎查）、乌盖苏木富海村（巴彦淖尔嘎查）、乌盖苏木巴音塔拉嘎查、乌盖苏木呼和温都尔镇东升村、巴音宝力格镇牧汉村、巴音宝力格镇团结村、巴音宝力格镇五支渠村、巴音宝力格镇三支渠村、呼和温都尔镇大树湾村、呼和温都尔镇红旗村、呼和温都尔镇西朴隆嘎查、呼和温都尔镇乌兰哨嘎查、呼和温都尔镇广林村	991.28	25	24782		1	0.6	0.6	0.13
		Ⅱ	乌盖苏木金门嘎查、巴音宝力格镇朱斯尔木嘎查、巴音宝力格镇未斯尔木嘎查、巴音宝力格镇那仁乌拉嘎查、巴音宝力格镇宝力格嘎查、巴音前达门苏木查干勒嘎查、巴音前达门苏木巴音努如嘎查、潮格温都尔镇巴努如嘎查、潮格温都尔镇西尼乌素嘎查、潮格温都尔镇查干敖包嘎查、潮格温都尔镇哈日朝鲁嘎查、潮格温都尔镇韩乌兰敖包嘎查、潮格温都尔镇希日哈旦嘎查、潮格温都尔镇希日哈旦嘎查、潮格温都尔镇满都拉嘎查、潮格温都尔镇莫林嘎查、获各旗苏木毕力其嘎查、获各旗苏木沙拉嘎查、获各旗苏木查干勒嘎查、获各旗苏木齐嘎查、巴音前达门苏木阿布日勒图嘎查、巴音前达门苏木呼热嘎查、巴音前达门苏木满达呼嘎查、巴音前达门苏木乌力吉图嘎查、巴音前达门苏木乌力吉图嘎查、巴音前达门苏木哈少嘎查、巴音前达门苏木巴音高勒嘎查、巴音前达门苏木苏木布日格嘎查、呼和温都尔镇查干温都尔嘎查、呼和温都尔镇阿日其勒图嘎查、呼和温都尔镇那仁乌布尔嘎查	85.05	30	2552		9.6	5.8	5.8	1

九、赔补偿类（各省区片指导价、道路、道路开口、其他类补偿表）

续表

盟市	旗县(市、区)	区域区片	区域区片描述	统一年产值 区域标准	统一年产值 倍数	统一年产值 补偿标准	区片综合地价	地类修正系数 耕地	地类修正系数 园地	地类修正系数 林地	地类修正系数 草地
A	B	C	D	E	F	G	H	I	J	K	L
巴彦淖尔市	杭锦后旗	Ⅰ	陕坝镇：园子渠村，中胜村，永华村，红太阳村，城西村，晨丰村，春光村，红星村	1451.51	25	36288		1	1	0.6	0.6
		Ⅱ	陕坝镇：交通渠村，中南渠村，红柳地村，民乐村，账房村，高峰村，大顺城村	1311.95	25	32799		1	1	0.6	0.6
		Ⅲ	陕坝镇：赤峰村，满天红村，沙湾村，永利村，头道桥镇：三角城村，二道桥镇：东方红村，坚胜村，剂台村，太阳升村，先锋村，新胜村，永丰村，永增村，三道桥镇：长庆村，澄泥村，和平村，热水村，顺利村，蛮会镇：公益渠村，红旗村，新堂村，星火村，蛮会村，黄家滩村，尖子地村，增光村，沙海镇：南园村，新乐村，双庙村，一支村	1195.31	25	29883		1	1	0.6	0.6
		Ⅳ	头道桥镇：巴市果树场，巴市原种场，黄河村，联丰村，联增村，民丰村，民建村，挪二村，新丰村，二道桥镇：西渠村，东渠村，繁荣村，甲一村，胜利村，庆丰村，庆隆村，西渠村，永乐村，三道桥镇：黎一村，和胜村，和丰村，红丰村，红星村，蛮会镇：蛮会村，达利豪村，富强村，和胜村，民胜村，西瓦窑村，团结镇：德丰村，竞丰村，巨和桥村，立新村，民主村，联合村，民治桥村，民光村，十八顷村；双庙镇：富民村，继丰村，建正村，太华村，太荣村，五丰村，五一村，新建村，三道桥镇（蒙海镇）：柴脑包村，红建村，黎二村，蒙海村，新渠村，乌兰村，双庙镇（蒙海镇）：青年农场，西渠口村，沙海村，八一村，前进村，友爱村；三湖镇：永明村，向阳村，小沙沟村，新红农场生产队，一分场；太阳庙农场：三分场，四分场，六分场，国有单位：北林场村，黄河，太阳庙农场，食品滩	1089.4	25	27235		1	1	0.6	0.6

续表

盟市	旗县(市、区)	区域区片	区域/区片描述	统一年产值			区片综合地价	地类修正系数			
				区域标准	倍数	补偿标准		耕地	园地	林地	草地
A	B	C	D	E	F	G	H	I	J	K	L
乌兰察布市	集宁区	I	白海子镇白海子村、红海子村、乔家村村、泉岭村、土城子村、黄土场村、章盖营村、南界村、七苏木、哈伊尔村、黄家庆村；马莲渠乡小麦红村、榆树湾村、李长村、南淝村、霸王河村、霍家沟村、六号渠村、三成局村、大拾号村（南部）				27122	1	0.35	0.35	0.25
		II	白海子镇大河湾村、小东号村；马莲渠乡师家村、大拾号村（北部）				24734	1	0.35	0.35	0.25
	卓资县	I	卓资山镇河南社区、新民街社区、六苏木社区、广兴城村、张家卜村、头号村、东滩村、五星社区、苏计村、上高台村、挖塔村、马盖图村、印堂子村、奎元村、和平村、中营子村、温都花村、兰旗村、坝底村、山顶村、岱青村、麻迷图村	1077.71	25	26943		1	0.35	0.35	0.25
		II	旗下营镇新德义村、围子村、四道沟村、罗家营村、拐角铺村、蓿麻湾村、隆胜德村、青山村、上高台村、挖塔村、碳窑坪村、伏虎村、一同房村、油房村、旧德义村、大榆树乡孔督营村、大榆树村、大南沟村、马莲坝村、西豫堡村、狮子沟村、河子村、后房子村、阳坡子村、凤凰台村、艾豫洼村、后甘沟村、麻地卜村、小南沟村、福胜村、丰佰村、土城村、三道营村、中豪赖村、东豪赖村、福胜村、羊圈湾村、芦草沟村、梨花镇、榆树营村、刘广天村、大包沟村、狮子沟村、大什子村、韭菜沟村、小土城村	985	25	24625		1	0.35	0.35	0.25

九、赔补偿类（各省区片指导价、道路、道路开口、其他类补偿表）

续表

盟市 A	旗县(市、区) B	区域区片 C	区域/区片描述 D	统一年产值			区片综合地价 H	地类修正系数			
				区域标准 E	倍数 F	补偿标准 G		耕地 I	园地 J	林地 K	草地 L
乌兰察布市	卓资县	Ⅲ	十八台镇八苏木村、印山湾村、金城洼村、梅力盖图村、泉脑子村、九苏木村、脑包洼村、小水沟村、黄蕉滩村、榆树沟村、哈风景村、五棱玄村、巴音沟村、下营子村、双此老村、大湾子村、东营子村、忽力进图村、巴音锡勒镇召庙村、什字村、财神梁村、白脑包村、十八合村；巴音锡勒镇召庙村、什字村、板凳沟村、十股地村、大海村、共利村、勇士村、风雪湾村、西房子村、东房子村、快乐村、巴音村、永丰村	899.24	25	22481		1	0.35	0.35	0.25
		Ⅳ	红召乡东凤村、官庄子村、红召村、东卜子村、下股子村、阳营村、六号村、红格尔图村、厂汉脑包村	825.78	25	20644		1	0.35	0.35	0.25
	化德县	Ⅰ	朝阳镇特步乌拉村、篝不冷村、十大股村、补龙湾村、民乐村、土城子村、章木乌素村、欣荣村、七号镇毕力克村、小公勿素村、林场村、七号村、卫东村、九号村、德胜村、达盖滩村、安业村、达拉盖村、白音卜拉村	818.57	25	20464		1	0.35	0.35	0.25
		Ⅱ	德包图乡德包图村、朋巴图村、庆春村、长春村、南顺村、丰满村、黄花村、六支箭村、勿兰胡洞村、黑沙图村、八十顷村；七号镇色庆沟村、新民村、白头山村、大西沟村、十顷地村；长顺镇民生村、卜拉乌素村、永红村、白音塔拉村	744.91	25	18623		1	0.35	0.35	0.25
		Ⅲ	长顺镇向阳村、昔尼乌素村、和平村、三道沟村、朝阳镇南林村、二道沟村、大恒城村、尔力格图村、沙河湾村、八岔脑包村、建国村、太平村、新社村、白土卜子村、永乐村	678.26	25	16957		1	0.35	0.35	0.25
		Ⅳ	公腊胡洞乡农建村、和胜村、民主村、丰旺村、公腊胡洞村、二道河房子村、三道沟村、兴牧村、白音尔计村、挺进村	617.28	25	15432		1	0.35	0.35	0.25

续表

盟市	旗县(市、区)	区域区片	区域/区片描述	统一年产值 区域标准	统一年产值 倍数	统一年产值 补偿标准	区片综合地价	地类修正系数 耕地	地类修正系数 园地	地类修正系数 林地	地类修正系数 草地
A	B	C	D	E	F	G	H	I	J	K	L
乌兰察布市	商都县	I	七台镇骆驼盘村、永顺堡村、喇嘛板村、三大股村、西坊子村、二号村、三个井村、杨家桥村、马骏桥村、东坊子村、房家村、北大村、五喇嘛沟村、芷芨卜村、不冻河村、北大井村、三虎地村、陈家卜村、田家卜村、十大顷村、董家村村、谢家坊村、菜场社区、南关社区、南菜园社区、西苑社区、田家社区	844.92	25	21123		1	0.35	0.35	0.25
		II	小海子镇丰韩村、张家村村、田家村村、八号村、任家村村、郭家村村、刘家村村、麻尼卜村、宋家村村、梁宏村村、河柳村、李家村村、二道洼村、高匆素村、水泉梁村、杜管营村、董家村村、三大昌村、单顺营村、头号村、下井村、六号地村、八十五号村、三十四号村、西大井村、小海子村、向阳村、十八顷大洼村、二洼村、三洼村、汉淖堡村、侯家村村、渠家村村、十八顷村、谢家村村、三十顷村、八家村、后海子村、胡家村村、袁家村村、梁家村村、东营子村、小庙村、子村、七大村、小城子村、前海子村、泉脑子村、二忽堡村、三合村、二号村、新胜村、板申图村、脑营子村;大黑沙土镇大营子村、朝阳河村、新民村、大黑沙土村、小黑沙土村、察卜淖村、八音村、西十大股村、磨石山村、东风村、东升村、红卫村、二喇嘛村、八角淖村、南大勿邓村、杨柳湾村、谭家营村、芷技滩村、古庙滩村、东十大股村、四台坊子村、头号村、十一号村、十二号村、毛忽庆村、西水泉村、大青沟坊子村、哈报沟村、哈北噶村	780.34	25	19509		1	0.35	0.35	0.25

九、赔补偿类（各省区片指导价、道路、道路开口、其他类补偿表）

续表

盟市	旗县(市、区)	区域区片	区域/区片描述	统一年产值			区片综合地价	地类修正系数			
				区域标准	倍数	补偿标准		耕地	园地	林地	草地
A	B	C	D	E	F	G	H	I	J	K	L
乌兰察布市	商都县	Ⅲ	屯垦队镇屯垦队村、前海子村、大陆公司村、阮家村村、东伙房村、六台坊村、泉子沟村、梁家村村、刘家坊子村、六盆地村、二盆洼村、北井子村、人头山村、大朴龙村、乌彦沟村、黄家梁村、大五号村、顺城公司村、全家村村、立本公司村、壕欠村、池家村、泉卜子村、二号村、卯都图村、米家村；玻璃忽镜乡玻璃忽镜村、沃图村、黄红沟村、元山子村、趙格敖包村、阳高村村、喇嘛忽拉村、乌尼花其村、瓜坊子村、单坝沟村、押地坊村、二吉淖村、头一号村、三号村	714.34	25	17859		1	0.35	0.35	0.25
		Ⅳ	西井子镇新井子村、灰莱沟村、根市井村、青石脑包村、张家坊村、黑沙土村、七邓营村、四号地村、西井子村、土城子村、东井子村、朝阳村、大南坊村、七股地村、韩元沟村、兴寨村、大拉子村、北渠子村、苏集村、营图村、赛勿素村、土城子村、三股地村、苏木村、新海子村、四顷湾村、格化代村、元宝山村、七号地村、新建村、卢草沟村、牌楼村；大库伦乡大库仓村、十二顷村、三胜村、大井子村、平地泉村、勇进村、二股地村、滑家村村、古城村、八股地村、赛书记村、南沟仓村、太平堡村、一卜树村、三啷嗦村、十二顷村、库朋村；卯都乡卯都村、新胜村、三道渠村、清水泉村、泉子沟村、西水泉村、清水沟村、清水泉村、团结村、卯都坊村、三面井村、新井子村、新闻村	657.14	25	16429		1	0.35	0.35	0.25

续表

盟市	旗县(市、区)	区域区片	区域/区片描述	统一年产值补偿标准			区片综合地价	地类修正系数			
				区域标准	倍数			耕地	园地	林地	草地
A	B	C	D	E	F	G	H	I	J	K	L
乌兰察布市	兴和县	I	民族团结乡台基庙村、八报梁村、友谊村、大五号村、黄土村、二号村、城关镇大哈拉沟村、十号村、北官村、马桥村、东梁村、兴隆村、福瑞村、壕堑村	944	25	23600		1	0.35	0.35	0.25
		II	鄂尔栋镇皂火口村、小河子村、蔡汉村、大坡底村、木栋村、店子村、海苗子村、旧营子村、三十号村、北水泉村、鄂卜坪村、庆云村、脑包村、四铺村、三瑞里村、九十二号村、南圆陶村、十五号村、四十八号村、头号村、大五号村、四十号村;民族团结乡头号村、薛家洼村、蝙沟村、西营子村、红土湾村、石湾村、十四苏木村、大海旺村、西营村村、张家店村、二村、西壕堑村、乔龙沟村、兴胜村、十二号村、天子沟村、二十七号村、东七号村、打拉基庙村、西三号村、十六号村、八号村、官方村、四十号村;城关镇旋天洼村、东十号村、西六号村、二台村、杏花沟村、阳坡村、八十三号村、秦家天村、官村、高庙子村、南官村、二十三号村、四美营村、一间天七家营村、三道沟村、长胜坝村	861	25	21525		1	0.35	0.35	0.25
		III	赛乌素乡大花塔村、长胜村、韩家村村、杨发地村、大西坡村、七大顷村、五一村、田家营村、河渠子村、赛乌素村、魏家村、北胜村、双井子村、合兴公村、石家村、西坊子村、高家村村、李茂村、后沟村、钦宝营村、东河子村、三股水村、兴隆堡村、老圆子村、林古地村;大库联乡哈少营村、边家村、一堵墙村、康卜诺村、壕堑村、小井子村、海卜子村、大黑泉村、李东梁村、幸福村、三海洼村、铁匠沟村、大库联村、五股泉村、五号村、穆家湾村、羊场沟村、白脑包村、二道洼村、西号村、杨树村、曹四天村	786	25	19650		1	0.35	0.35	0.25

九、赔补偿类（各省区片指导价、道路、道路开口、其他类补偿表）

续表

盟市	旗县(市、区)	区域区片	区域/区片描述	统一年产值 区域标准	统一年产值 倍数	统一年产值 补偿标准	区片综合地价	地类修正系数 耕地	地类修正系数 园地	地类修正系数 林地	地类修正系数 草地
A	B	C	D	E	F	G	H	I	J	K	L
乌兰察布市	兴和县	IV	张皋镇四十八号村、南水泉村、十二号村、冯字号村、张皋村、小天子村、兴胜庄村、陶卜村、大同天村、小梁子村、三道沟村、银子河村、榆树天村、子村、头号村、花号村、官屯堡村、店子镇北沙滩村、芦苇沟村、七道沟村、西沟掌村、白家营村、二道营村、古城村、芦喇嘛营村、南湾村、牙岱营村、朱营子村、东营子村、王家营家营村、南口村、葛胡天村、石天沟村、二道梁村、旧马屯村、三道边村、店子村	719	25	17975		1	0.35	0.35	0.25
	凉城县	I	六苏木镇八苏木村、六苏木村、大圪拇村、南房子村、和盛庄村、麦胡图镇三合村、胜利村、东胜村、金星村、麦胜村、前益村；岱海镇元山子村、三苏村、苏义村、五苏木村、园子沟村、鞍子山村、旧堂村、三营村、西厢村、海城村、井沟村、马功滩村、胜利二居委会	981	25	24525		1	0.35	0.35	0.25
		II	蛮汉镇盂县天村、啤县天村、大兴天村、左卫天村、大元山村、程家营村、东沟门村、菜园子村、高兰家天村	886	25	22150		1	0.35	0.35	0.25
		III	岱海镇挖臭沟村、杏树贝村、九股泉村、小召村；永兴镇永兴村、北棚村、缸房天村、石嘴村、兰嘴天村、花家天村、六苏木镇将军梁村、贺洲湾村、红旗马场村、九俱牛沟村、堡垒天接天村、五道天村、刘家天村、四道嘴村、庙卜子村、水泉村、天成乡三道营村、庄头天村、土城村、甘草胡同村、曹碾满村、全胜店村、永兴店村、麦胡图镇目花村、目胜村、脑包平族乡省城村、铁铺村、头号村、四号村、厂汉营村、腑包平村、东厂汉营村	800	25	20000		1	0.35	0.35	0.25

续表

盟市	旗县(市、区)	区域区片	区域/区片描述	统一年产值			区片综合地价	地类修正系数			
				区域标准	倍数	补偿标准		耕地	园地	林地	草地
A	B	C	D	E	F	G	H	I	J	K	L
乌兰察布市	凉城县	Ⅳ	天成乡十四号村、七号村、八号村、庆乐庄村、马王庙村、樊家圆固村、二号村、元山村、后营村、双山村、井尔村、天成村、冀家医陶村	730	25	18250		1	0.35	0.35	0.25
		Ⅴ	麦胡图镇陈永村、陈胜村、陈合村、庆丰村；岱海镇松树沟村、西营子村、兵坝营村、白良村；蛮汉镇沙平子村、太平寨村、小坝滩村、前德胜村、中沟村、岱洲天村、豆腐房村、东十号村、坝底村；永兴镇多纳苏村、三庆村、板城村、水泉村、韩家棚村；六苏木镇小天沟村、双古城村、官牛犋村、拉贵沟村、厂挖洞村、三道沟村；曹碾满族乡大闹图村、保全庄村、王三顺天村、二蛮沟村、曹碾村、十一号村、中水泉村、九号村、周泉村、大泉村、大淮村、十七号村、狮子村、向阳村、二十三号村、十五号村、帽尔山村；天成乡丁七号村	660	25	16500		1	0.35	0.35	0.25
	察哈尔右翼前旗	Ⅰ	平地泉镇平一村、平二村、平三村、南村、来家地村、花村、南店村、红房村、黄旗海镇老羊圈村、移民村、四号卜村、沙泉村、赛汉村、大喇嘛营村、富贵村、圣家营村、赵家村、六苏木村；土贵乌拉镇大纳令村、南营村、东胜村、西胜利村、呼和乌素村、沟口子村、天丰村、新建村、种地槽口子村、吉庆村、巴音塔拉镇水泉村、碱滩村、红富村、大哈拉村、合力脑包村、老泉村、土城子村、八苏木村、李贵村；乌拉哈乌拉乡牧业村				26585	1	0.35	0.35	0.25

九、赔补偿类（各省区片指导价、道路、道路开口、其他类补偿表）

续表

盟市	旗县（市、区）	区域区片	区域/区片描述	统一年产值			区片综合地价	地类修正系数			
				区域标准	倍数	补偿标准		耕地	园地	林地	草地
A	B	C	D	E	F	G	H	I	J	K	L
乌兰察布市	察哈尔右翼前旗	II	平地泉镇土城村、沈家村村、郝家村村、泉脑村、八印滩村、苏集village；土贵乌拉镇乌尔图村、小纳令村；巴音塔拉镇礼拜寺村、脑包沟村、哈毕格村、黄海镇黄脑村、麻盖营村、章毛寺；乌拉哈乌拉乡青山村、保丰村、海丰村、联丰村、玫瑰营镇十二股村、古营盘村、红旗村、庞家村村；黄茂营乡南窑村、小淖尔村、西营村				24437	1	0.35	0.35	0.25
		III	平地泉镇吉丰村、富河村、民生村、三股泉村、沙渠村；土贵乌拉镇乌兰忽洞村、大卜子村、察汗贲贲村、毛虎沟村、庙沟村、七股半村、沟口子村；乌拉哈乌拉乡大九号村、新风村、庆丰村；三岔口乡五里坡村、南六洲村、小土城村、十四号村、十二洲村、大土城村、李家村村、煤窑村、喇嘛圆图村、沙帽营村、西南河村、东南河村、阿拉善村、三岔口村、白石头村、益元兴村、十八合村、察汗营村				22403	1	0.35	0.35	0.25
		IV	乌拉哈乌拉乡东小河村、十三号村、八合沟村、牧业村；玫瑰营镇哈拉沟村、弓沟村、马连渠村、王贵沟村、头道沟村、梨庙村、全胜居村、高宏店村、天和永村、六号村、九股泉村、老官路村、赵油房村、黄茂营乡甘草村、查干西河村、贾家村村、五号村、红胜村、壕堑村、南号村、岱青村、大淖尔村、井子沟村				20890	1	0.35	0.35	0.25
	察哈尔右翼中旗	I	科布尔镇科布尔村、得胜村、口肯脑包村、西壕堑村、义圣和村、厂汉营村、南水泉村、大营子村、大东沟村、华丰村、永和村、元山子村、六间房村、东壕堑村、阿令朝村、大马圆图村、东方红村、乳泉村	784	25	19600		1	0.35	0.35	0.25

续表

盟市	旗县(市、区)	区域区片	区域区片描述	统一年产值标准 区域标准	统一年产值 倍数	补偿标准	区片综合地价	地类修正系数 耕地	地类修正系数 园地	地类修正系数 林地	地类修正系数 草地
A	B	C	D	E	F	G	H	I	J	K	L
乌兰察布市	察哈尔右翼中旗	Ⅱ	巴音乡西水泉村、蒙独脑包村、中不浪村、小海子村、大北村、西不浪村、八摆牛村；乌素图镇乌素图村、大脑包村、大腑包村、羊房村、大房子村、红土湾村、二元海村、赛乌素村、北苑村	719.27	25	17982		1	0.35	0.35	0.25
		Ⅲ	黄羊城镇黄羊城村、大北村、于家口村、大井村、毛吾素村、本卜坤兑村、杨家village村、东油坊村、大营子村、半沟子村、老圈村、广昌隆村、德哈泉村、大三号地村、米粮局村、勿兰岱村、千草忽洞村、二号地村、新胜村、常胜村、大东卜子村、小东卜子村、永胜村、新地房村、胜利村、德太炉村、铁沙盖镇红土圪塔村、沙盖村、西湾子村、新义村、天兴隆村、苏计沟村、下沙盖村、上沙盖村、红旗庙村、点力宿太村、红一村、九股泉村、义发泉村、东滩村、西梁村、西挖绷村、学田地村、黄羊城村、向阳村、朴landscape村、塔布忽洞村、正南房子村、元山子村、土城子村、半梁村、西山湾村、黑山子村、三城店村、大滩乡大营子村、大西坡村、花圪台村、大滩村、东湾子村、二合义村、石槽子村、铁沟旦沟村、丰产房村、蒙古寺村、十号村、八号村、头号村、石烂哈达村、小坝子村、白道梁村、韩庆沟村、财务营村、兴隆泉村、土城子村、庙村、巴忙那村、口忙庆村；乌兰苏木黄花村、那日斯太村、乌兰村、察汉村、巴日嘎查、阳湾子村、苏勒图村、七苏木村、千二营村、白音察干镇、宿泥木浪村、二架村、大珠莫大村、金盆村、羊厂沟村、羊山沟村、点红岱村、转经召村	606.46	25	16661		1	0.35	0.35	0.25

九、赔补偿类（各省区片指导价、道路、道路开口、其他类补偿表）

续表

盟市	旗县(市、区)	区域区片	区域/区片描述	统一年产值			区片综合地价	地类修正系数			
				区域标准	倍数	补偿标准		耕地	园地	林地	草地
A	B	C	D	E	F	G	H	I	J	K	L
乌兰察布市	察哈尔右翼中旗	IV	宏盘乡宏盛村、八道沟村、二道盆村、阿麻忽洞村、织机渠村、胜利村、哈达忽洞村、旱海子村、民乐村、头道沟村、永茂泉村、四义和村、厂汉营村、合义村、三道沟村、二道沟村、四兴庄村、贵红村、大庙村；广益隆镇范家房村、华山子村、纳令村、卧狼卜子村、西梁村、西房子村、西河子村、红山子村、安图村、脑包图村、广益隆村、南营子村、下地村、土城子村、五号村、三道沟村、三号村、麻迷图村、井沟子村、后卜子村、乌尔图不浪村、中什拉村；库伦苏木	601.41	25	15035		1	0.35	0.35	0.25
	察哈尔右翼后旗	I	白音察干镇五社区、那仁格日勒嘎查、阿麻忽洞嘎查、白音淖查、白音淖嘎查、古六洲村、三义村、芦家村村、大九号村、霞江河村、红丰村、大井丰村、建设村、西泉子村、绿洲村、阿牧嘎查、哈牧嘎查	860	25	21500		1	0.35	0.35	0.25
		II	土牧尔台镇土牧尔台社区、大西村、巨井泉村、八号地村、西土城村、金坝地村、西山湾村、东西滩村、长胜湾村、段垒村、新建村、东方红村、大南房村、团结村	793	25	19825		1	0.35	0.35	0.25
		III	红格尔图镇啸喇园圃村、生产村、王官村、大小井村、红格尔图村、光荣村、光明村；贲红镇贲红村、黄羊城村、温家村村、大红水村、曹不罕村、陈仕村、石门口村、高玉梁村、希乐图村、丰裕村、南梁村、大六号村、庙湾村、恒义隆村、羊盘壕村、晨阳村、大西沟村	732	25	18300		1	0.35	0.35	0.25

续表

盟市	旗县(市、区)	区域区片	区域/区片描述	统一年产值		补偿标准	区片综合地价	地类修正系数			
				区域标准	倍数			耕地	园地	林地	草地
A	B	C	D	E	F	G	H	I	J	K	L
乌兰察布市	察哈尔右翼后旗	IV	乌哈达苏木后坊子村、巴音高勒嘎查、兀家村村、石灰图村、乌兰哈达苏木日朝嘎查、奎树村、前进村、阿达日嘎嘎查、顶木共沟嘎查；当郎忽洞苏木任家村村、三道弯村、察汗不浪嘎查、宿哈嗖村、察汗淖村、海卜子村、甲力汉村、黄羊城嘎查、补力图村、锡勒乡石窑沟村、西泉窑子村、五忽浪村、胜利村、古半村、苏记不浪村、忽米报村、白音不浪村、石层坝村、哈拉沟嘎查、红格尔图嘎查、红旗庙嘎查、巴音嘎查	676	25	16900		1	0.35	0.35	0.25
	四子王旗	I	乌兰花镇南梁路社区、乌兰花路社区、文南路社区、文北路社区、卫井路社区、体育路社区、富强路社区、团结路社区、王府路社区、广场路社区、和平路社区、解放路社区、生盖营村、郝家滩村、高家沟村、六撰牛村、土城子村、东湖村；东八号乡白音敖包村、梁底村、东八号村、石庄子村、罗罗图村、高家沟村、西河子村、北库伦村、海宽堂村、窑滩村、大设进村、土格木村、巨龙太村、大黑河村、杨油房村、四十顷地村、毛独亥村	890.5	25	22263		1	0.35	0.35	0.15
		II	乌兰花镇阿力善图村、大南坡村、巨巾号村；吉生太镇本坝村、于家豪村、哈疼忽洞村、白林地村、老圈滩村、吉生太村、闪丹村、公合成村、中号村、前古营村、糖坊卜子村、席边村、温都花村、海卜子村	819.6	25	20490		1	0.35	0.35	0.15
		III	东八号乡韭菜沟村、天顺永村、栽生沟村；忽鸡图镇庙后村、哈拉忙那村、堂村村、活福滩村、三合泉村、小东营村、东卜子村、腮忽洞村、英土村、大青河村、麻黄洼村、库伦图镇大新地村、后卜洞村、富贵村、苏木加力格村、红盘村、朝克温都村、韭菜滩村、东玻璃村、高台村、股村、三元井村、马安桥村	764.2	25	19105		1	0.35	0.35	0.15

九、赔补偿类（各省区片指导价、道路、道路开口、其他类补偿表） | 309

续表

盟市 A	旗县（市、区）B	区域区片 C	区域/区片描述 D	统一年产值 区域标准 E	统一年产值 倍数 F	统一年产值 补偿标准 G	区片综合地价 H	地类修正系数 耕地 I	地类修正系数 园地 J	地类修正系数 林地 K	地类修正系数 草地 L
乌兰察布市	四子王旗	IV	供济堂镇阿莫吾素村、供济堂村、三股村、六股村、陆合堂村、厂汉此老村、黄羊城村、柯梅村、乌兰淖村、苔薪村、双井村、大清河村	704.59	25	17615		1	0.35	0.35	0.15
	丰镇市	I	工业区南园社区、南城区二号沟社区、铺路社区、东园社区、毛滩沟社区、五合连社区、沟门社区、新城湾社区；北城区土塘街社区	987.61	25	24690		1	0.35	0.35	0.25
		II	巨宝庄镇北五泉村、十二沟村、丹州营村、东十八台村、洪宇村、九塄沟村、巨宝庄村、马家库联村、四十二号村、西十八台村、新营子村、张字村	897.23	25	22431		1	0.35	0.35	0.25
		III	三义泉镇大泉村、海流素太村、甲拉村、麻迷图村、庙卜村、三岔河村、三义泉村、十里库联村、四道嘴村、四德永村、天德永村、饮马泉村、卓素图村、红砂坝镇西边墙村、向阳村、九龙湾村；三义永村、丰乐窑村、砂卜村、十八台村、王家卜村、土城村；隆盛庄镇永泉村、西天村、和平村、三应坊村、柏宝庄村、富家乡村、大东营村、四十号村、永善庄村、十号村、二号村、东营村、永庄村	846.31	25	21158		1	0.35	0.35	0.25
		IV	黑土台镇寿阳营村、粒峨村、羊富沟村、太平庄村、常山天村、新五号村、典青庙村、帽山村、南瓦天村、段家营村、官屯堡乡小庄旺村、后营村、孟家营村、南井村、黑宏塔洼村、口子村、南沟村、王乐营村、獾子窝村、官屯堡村；浑源窑乡浑源窑村、薰杆梁村、天花板村、老官营村、石嘴村、西施沟村、元山子村、沙沟沿村、巴官图村、忻州窑村、大庄科村、满洲窑村、孟县营村、土堡村、大东沟屯	782.48	25	19562		1	0.35	0.35	0.25

续表

盟市 A	旗县(市、区) B	区域区片 C	区域区片描述 D	统一年产值 区域标准 E	统一年产值 倍数 F	统一年产值 补偿标准 G	区片综合地价 H	地类修正系数 耕地 I	地类修正系数 园地 J	地类修正系数 林地 K	地类修正系数 草地 L
兴安盟	乌兰浩特市	I	乌兰浩特市辖区；城郊办事处				27716	1	0.85	1	0.12
		II	义勒力特镇；乌兰哈达镇				25653	1	0.82	1	0.15
		III	葛根庙镇；太本站镇；卫东办事处				23284	1	0.79	1	0.18
		IV	卫东办事处；义勒力特镇；乌兰哈达镇；葛根庙镇				18283	1	0.53	1	0.21
	阿尔山市	I	天池镇、林海街道办事处、新城街道办事处、温泉街道办事处	750.56	25	18764		0.94	—	1	0.63
		II	白狼镇、五岔沟镇、明水河镇	700.58	25	17515		0.84	—	1	0.52
	科尔沁右翼前旗	I	科尔沁镇；居力很镇	813.37	25	20334		1	1	1	0.21
		II	俄体镇、归流河镇、马拉格歹乡	748.89	25	18722		1	1	1	0.24
		III	察尔森镇、大石寨镇；跃进马场、公主岭牧场、公主陵牧场、呼和马场	623.2	25	15580		1	1.1	1.1	0.3
		IV	索伦镇、德伯斯镇；阿力得尔牧场、阿力得尔苏木	593.07	25	14827		1	1.1	1.1	0.33
		V	满族屯满族乡；巴彦毛都苏木、桃合木苏木	552.29	25	13807		1	1.1	1.1	0.38
	科尔沁右翼中旗	I	巴仁哲里木镇、高力板镇、杜尔基镇、额木庭高勒苏木、代钦塔拉苏木	712.88	25	17822		1	1.48	1	0.3
		II	巴仁哲里木镇（不含扎木钦工作部），巴彦芒哈苏木、巴彦淖尔苏木、好腰苏木、新佳木	653.37	25	16334		1	1.48	1	0.3
		III	哈日诺尔苏木、巴仁哲里木镇（扎木钦工作部）	613.82	25	15346		1	1.48	1	0.3

九、赔补偿类（各省区片指导价、道路、道路开口、其他类补偿表）

续表

盟市	旗县(市、区)	区域	区片	区域/区片描述	统一年产值			区片综合地价	地类修正系数			
					区域标准	倍数	补偿标准		耕地	园地	林地	草地
A	B		C	D	E	F	G	H	I	J	K	L
兴安盟	扎赉特旗		I	好力保镇；音德尔镇	820.81	25	20520		1	1.2	1	0.42
			II	努文牧仁乡	789.55	25	79739		1	1.2	1	0.42
			III	音德尔镇；巴彦扎嘎乡	743.49	25	18587		1	1.2	1	0.42
			IV	巴达尔湖镇；巴彦高勒镇	709.26	25	17732		1	1.2	1	0.42
			V	新林镇；阿尔本格勒镇	692.37	25	17309		1	1.2	1	0.42
			VI	巴彦高勒镇；图牧吉镇；跃进马场	672.01	25	16800		1	1.2	1	0.42
			VII	宝利根花苏木；胡尔勒镇；巴达尔湖镇	633.55	25	15839		1	1.2	1	0.42
			VIII	国营种畜场；巴彦乌兰苏木；阿拉达尔吐苏木	603.14	25	15078		1	1.2	1	0.42
	突泉县		I	突泉镇（县政府所在区域）	797.68	25	19942		1	—	1	0.3
			II	学田乡；六户镇；杜尔基镇；九龙乡	713.56	25	17839		1	—	1	0.3
			III	太平乡；永安镇	703.52	25	17588		1	—	1	0.3
			IV	永安镇	688.16	25	17204		1	—	1	0.3
			V	突泉镇	6693.4	25	16735		1	—	1	0.3
			VI	宝石镇	653.4	25	16335		1	—	1	0.3
锡林郭勒盟	锡林浩特市		I	杭盖街道办事处、宝力根街道办事处、楚古兰街道办事处、白音查干街道办事处、额尔敦街道办事处、南郊街道办事处、日塔拉街道办事处				3950	4	—	2.2	1
			II	白音锡勒牧场、毛登牧场				3650	4	—	2.2	1
			III	白银库伦牧场（贝力克牧场）希				3400	4	—	2.2	1

续表

盟市 A	旗县(市、区) B	区域区片 C	区域/区片描述 D	统一年产值			区片综合地价 H	地类修正系数			
				区域标准 E	倍数 F	补偿标准 G		耕地 I	园地 J	林地 K	草地 L
锡林郭勒盟	锡林浩特市	IV	朝克乌拉苏木（洪格尔嘎查、乌优特嘎查、查干淖尔嘎查、阿日日高勒嘎查、图古日阿图嘎查、宝拉格嘎查）；巴彦宝拉格苏木（巴彦哈日阿图嘎查、那仁宝拉格嘎查、巴彦宝拉格苏木）；宝力根苏木（巴彦温都尔嘎查、巴彦淖尔嘎查、巴彦德力格尔嘎查、萨如拉塔拉嘎查、额尔敦塔拉嘎查、哈那乌拉嘎查、希日塔拉嘎查、希日塔拉嘎查、乌力吉德力格尔嘎查、伊利勒嘎查、阿尔善宝力格镇（巴彦宝拉格嘎查、斯日古拉嘎查、巴日古拾嘎查、巴彦高勒嘎查、萨如拉嘎查、新满都拉嘎查）				3200	4	—	2.2	1
	阿巴嘎旗	I	洪格尔高勒镇的伊和宝拉格嘎查、岗根希力嘎查、阿拉坦图古日嘎查、萨如拉锡力嘎查	116.71	30	3500		—	—	2.66	1
	阿巴嘎旗	II	别力古台中心镇的阿日哈夏图嘎查、额尔敦宝拉格嘎查、巴彦毕力格图嘎查、敖伦宝拉格嘎查、恩格尔图嘎查、巴彦尔高勒苏木的辉腾高勒嘎查、巴彦塔图嘎查、巴彦高勒嘎查、奔道嘎查、阿拉坦杭盖嘎查、别力古台嘎查；洪格尔高勒镇的新宝拉格嘎查、海尔罕嘎查、巴彦敖包嘎查、吉尔嘎郎图嘎查、巴彦塔拉嘎查、巴彦门都嘎查；玛尼图煤矿、古尔班图苏木所在地；巴彦图嘎苏木的德力格尔嘎查、宝拉格嘎查、阿日宝拉格嘎查、乌力吉毕拉图嘎查、青格力格嘎查、巴彦勒勒嘎查、巴彦图嘎苏木所在地、乌力吉图嘎查、脑木罕嘎查、巴彦呼舒嘎查、巴彦德勒格尔嘎查、巴彦德勒格尔嘎查、巴彦图嘎苏木所在地	110	30	3300		—	—	2.83	1

九、赔补偿类（各省区片指导价、道路、道路开口、其他类补偿表）

续表

盟市 A	旗县（市、区）B	区域区片 C	区域/区片描述 D	统一年产值		补偿标准 G	区片综合地价 H	地类修正系数			
				区域标准 E	倍数 F			耕地 I	园地 J	林地 K	草地 L
锡林郭勒盟	阿巴嘎旗	Ⅲ	别力古台镇的巴彦杭盖嘎查、赛罕图门嘎查、阿拉坦锡力门嘎查、阿拉坦锡力嘎查、萨如拉塔拉嘎查、阿木古楞嘎查；那仁宝拉格苏木的乌日根塔拉嘎查、额尔敦敖包嘎查、阿仁宝拉格嘎查、巴彦锡力嘎查、包尔朝鲁嘎查、都新高毕嘎查、那日图嘎查、那仁宝拉格苏木政府所在地；查干淖尔镇的巴彦尔镇嘎查、呼吉日图嘎查、乌兰宝拉格嘎查、雅干锡力嘎查、乌兰敖都嘎查、阿仁宝拉格嘎查、巴嘎旗林业水务局、乌兰图雅嘎查、脑干锡力嘎查、那兰图嘎查、查干森拉格嘎查、乌日根温都日勒嘎查、达布希拉图嘎查、查干淖尔镇政府所在地、阿尔善嘎查、巴彦宝拉格嘎查	106.67	30	3200		—	—	2.93	1
	苏尼特左旗	Ⅰ	巴彦淖尔镇	113.33	30	3400		4.29	—	1.74	1
		Ⅱ	满都拉图镇、巴彦乌拉苏木、达来苏木	110	30	3300		4.29	—	1.74	1
		Ⅲ	查干敖包镇、赛罕高毕苏木、洪格尔苏木	106.67	30	3200		—	—	1.74	1
	苏尼特右旗	Ⅰ	赛汉塔拉镇、朱日和镇、桑宝拉格苏木、赛罕乌力吉苏木、阿其图乌拉苏木、乌日根塔拉镇、额仁淖尔苏木	112.67	30	3380		4.25	—	1.67	1
	东乌珠穆沁旗	Ⅰ	满都胡宝拉格镇、嘎海乐苏木、乌拉盖管理区（巴音胡硕镇镇区）、乌拉盖牧场、贺斯格乌拉牧场、哈拉盖图农牧场	133	30	3990		4	—	3.76	1
		Ⅱ	呼热图淖尔苏木、道特淖尔镇、额吉淖尔镇、萨麦苏木	124.58	30	3737		4	—	3.75	1
	珠穆沁旗	Ⅲ	乌里雅斯太镇、嘎达布其镇、阿拉坦合力苏木	114.83	30	3445		4	—	3.78	1

续表

盟市 A	旗县(市、区) B	区域区片 C	区域/区片描述 D	统一年产值区域标准 E	倍数 F	补偿标准 G	区片综合地价 H	耕地 I	园地 J	林地 K	草地 L
									地类修正系数		
锡林郭勒盟	西乌珠穆沁旗	I	巴彦花镇、高日罕镇	125.24	30	3757		4.3	1	2	1
		II	巴拉嘎尔高勒镇、巴彦胡舒苏木	119.63	30	3589		4.3	1	2	1
		III	浩勒图高勒镇	114.25	30	3428		4.3	1	2	1
		IV	吉仁高勒镇	111.33	30	3340		4.3	1	2	1
		I	宝昌镇的宏胜村、曙光村、西坡村、城北村、东明地房子村、保胜村、东红村	647.68	30	16431					0.2
	太仆寺旗	II	宝昌镇的上皮坊村、下皮坊村、馒头沟村、光林山村、五间房村、黄土坑村、大山沟村、后房子村、前房子村、四合庄村、幸福村、田兴元村、山岔口村、三永村、河西村、繁茂村、友谊村、五福村、胜利村、复兴村、五井村、团结村、向阳村、水泉沟村、三道沟村、小河套村、头支箭村、车道沟、元山村、骆驼山镇的骆驼山村、帐房山村、二道木图村、红星村、榆树洼村、中河村、南梁村、黑渠山村、楚仑乌苏、边墙沟村、官马沟村、黑山庙村；红旗镇的红旗村、东沟村、爱国村、建中村、和平村、新中村、新建村、矿山村、平地泉村、庆丰村、三胜村、双胜村、宏胜村、东光村、红井村、佰荣村、跃进村、民主村、丰胜村、千斤沟镇的六面井村、四联村、牧场村、二联村、沟门村、头号村、乡马沟村、水井子村、兴隆沟村、建国村、马坊子村、平川村、邻胜村、旧营盘村、东滩村、毕家沟村、东坑梁村、常胜村、七号村、十号村、罐子沟村、上游村、西坡村、意合村、边墙村、六号村、胡芦峪、抬头沟村、西大井村、后店村、三结村、紫布淖村、马蹄沟村、大阿洞村	505.3	30	15159		1	1	1	0.22

九、赔补偿类（各省区片指导价、道路、道路开口、其他类补偿表）

续表

盟市	旗县(市、区)	区域区片	区域/区片描述	统一年产值 区域标准 E	统一年产值 倍数 F	统一年产值 补偿标准 G	区片综合地价 H	地类修正系数 耕地 I	地类修正系数 园地 J	地类修正系数 林地 K	地类修正系数 草地 L
A	B	C	D	E	F	G	H	I	J	K	L
锡林郭勒盟	太仆寺旗	Ⅲ	骆驼山镇的东河沿村、四角滩村、后水泉村、后山桥村、西河沿村、巴彦宝力格村、营盘沟村、千斤沟镇的德胜沟村、太平沟、民众村；红旗镇的永胜村、大山村、友谊村、前勇村、水泉村、互爱村、北尖庙村、红卫村、红义村、红草村、双联村、双合村、卫国村、双喜村、光荣村、新合村、庙地村、矿石村、五亮村、朝阳村、马连沟村、幸福乡南地房村、淖沿村、红革村、小营盘村、勇跃村、红明村、光明村、永合村、七一村、永庆村、永久村、永旺村、永胜村、永红村、共庆村、共福村、茂盛村、大胜村、重光村、进展村；贡宝拉格苏木的五肯格苏木、莫日古其格嘎查、格日勒图嘎查、新宝拉格嘎查、沙巴尔图嘎查、包恩木嘎查、海日勒图嘎查、乌兰淖尔嘎查、吉林乌苏嘎查、宝格顶敖包嘎查、宝日浩特嘎查、敖达乌苏嘎查、毛敦苏木嘎查、哈夏图嘎查、道海嘎查、灰图瓦窑嘎查、额木恩瓦窑嘎查、德日苏恩艾力嘎查、赛汉淖尔嘎查	463.27	30	13898		1	—	1	0.24
	镶黄旗	Ⅰ	新宝拉格镇、巴音塔拉镇、翁贡乌拉苏木	113.33	30	3400		4.83	—	2	1
		Ⅰ	明安图镇、宝力根陶海苏木	106.6	30	3198		4.76	—	2	1
	正镶白旗	Ⅱ	星耀镇	106.29	30	3189		4.76	—	2	1
		Ⅲ	伊和淖日苏木、乌兰察布苏木	103.52	30	3106		4.54	—	1.91	1
	正蓝旗	Ⅰ	上都镇、五一种畜场、黑城子示范区	106.98	30	3209		5	—	2.05	1
		Ⅱ	哈毕日嘎镇	105.14	30	3154		5	—	2.05	1
		Ⅲ	桑根达来镇、赛音胡都嘎苏木、宝绍岱苏木、那日图苏木、扎格斯台苏木	103.61	30	3108		5	—	2.05	1

续表

盟市	旗县(市、区)	区域/区片	区域/区片描述	统一年产值			区片综合地价	地类修正系数			
				区域标准	倍数	补偿标准		耕地	园地	林地	草地
A	B	C	D	E	F	G	H	I	J	K	L
锡林郭勒盟	多伦县	I	大北沟镇，西干沟乡	545	30	16350		1		0.4	0.21
		II	大河口乡，多伦诺尔镇	508.67	30	15260		1		0.4	0.21
		III	蔡木山乡	472.33	30	14170		1		0.4	0.22
阿拉善盟	阿拉善左旗	I	巴彦浩特镇：扎海乌苏嘎查、巴彦霍德嘎查、布古图嘎查、巴彦浩特镇；吉兰泰镇：瑚干勒日嘎查、查哈尔沙拉嘎查、呼和陶勒盖嘎查、乌达木塔拉嘎查、巴润别立镇：图日根嘎查、塔塔水嘎查、白石头嘎查、岗格拉嘎查、阿拉腾塔拉嘎查、孟根拉嘎查、巴音宝德嘎查、铁木日乌德嘎查				493	83.1	—	41.6	1
		II	温都尔勒图镇：德力乌兰嘎查、赛汉塔拉嘎查；巴彦浩特镇：巴彦笋布尔嘎查、苏木图嘎查、前进嘎查、跃进嘎查、伊克尔嘎查、巴润别立镇：塔尔岭嘎查、伊和呼都格嘎查、特莫图嘎查、贡湖都格嘎查、希尼嘎查、通古勒格淖尔嘎查、其格扎格嘎查、蒙和哈日根嘎查、奈海嘎查、敖伦布拉格镇：科泊那木格嘎查、巴润别立镇：宝特根乌素嘎查、巴彦毛德嘎查、上海嘎查、科创农场、巴彦朝格图嘎查；宗别立镇：阿日善嘎查、沙日霍德嘎查、嘉尔嘎勒赛汉嘎查、阿敦高勒嘎查、厢和图格嘎查、阿日阿勒图嘎查、塔日阿图嘎查、哈腾高勒嘎查、乌兰恩格嘎查、查汉高勒嘎查、格日嘎查、呼其嘎查、蒙依尔呼都格嘎查、科葆嘎查、呼其嘎查、（浩依尔呼都嘎查）				433	76.8	—	38.4	1

九、赔补偿类（各省区片指导价、道路、道路开口、其他类补偿表）

续表

盟市	旗县(市、区)	区域区片	区域/区片描述	统一年产值			区片综合地价	地类修正系数			
				区域标准	倍数	补偿标准		耕地	园地	林地	草地
A	B	C	D	E	F	G	H	I	J	K	L
阿拉善盟	阿拉善左旗	Ⅲ	温都尔勒图镇：塔本胡都格嘎查、温格其太嘎查、巴润霍德嘎查；宗别立镇：乌日音图雅格勒嘎查、放敖格日勒嘎查、芒乃素镇；嘎勒布斯太嘎查；巴润布拉格镇、英格图嘎查；吉兰泰镇：哈图呼都格嘎查、图格里嘎查、希尼布日都嘎查、扎哈布鲁格嘎查、巴音布鲁格嘎查、沙日布日都嘎查、哈沙图嘎查、上滩嘎查（哈图呼都格嘎查、瑙干陶日都嘎查）；巴彦木仁苏木：上滩嘎查、联合嘎查；乌斯太镇；乌兰毛道嘎查、巴音放包嘎查；伦布拉格镇：巴彦毛日嘎查、巴彦毛道嘎查				389	71.3	—	35.6	1
		Ⅳ	温都尔勒图镇：乌兰陶勒盖嘎查、扎哈道兰嘎查、吉兰泰镇；召素陶勒盖嘎查、巴彦乌拉嘎查、希勃图嘎查、苏里图嘎查、布日嘎斯太嘎查、巴特日格图嘎查、放日呼嘎查、乌西嘎勒勒赛汉镇、布日嘎斯木太嘎查、庆格勒赛汉嘎查、嘉尔吉图嘎查、敦德高勒嘎查、辉图高勒嘎查、鄂门高勒嘎查、扎格图嘎查、乌兰泉嘎查（超格图呼热苏木）、乌兰呼都嘎查、巴兴图嘎查、扎格图嘎查、阿格坦木苏木；嘉尔嘎勒赛汉嘎查、查汉艾米嘎查、乌兰达来嘎查（查汉鄂木嘎查）；腾格里额里斯镇：特莫乌拉嘎查、查拉达嘎查（查拉格尔嘎查）、塔本仁苏木：巴彦木仁苏木嘎查；乌兰布和嘎查、巴彦树贵嘎查（巴彦套海嘎查、巴彦树贵嘎查、乌兰素海嘎查、和平嘎查、查干嘎查；敖伦布拉格嘎查、查干诺尔公苏木、伊和布拉格嘎查、希尼乌素嘎查、图兀木嘎查、都尔勒吉嘎查、通格图嘎查、阿日呼都格嘎查、哈尔木格吉嘎查、查干放包嘎查、陶力嘎查、苏海图嘎查、浩坦淖日嘎查				350	66.7	—	33.3	1

续表

盟市	旗县(市、区)	区域区片	区域/区片描述	统一年产值			区片综合地价	地类修正系数			
				区域标准	倍数	补偿标准		耕地	园地	林地	草地
A	B	C	D	E	F	G	H	I	J	K	L
阿拉善盟	阿拉善左旗	V	嘉尔嘎勒赛汉镇（超格图热苏木）：敖努图嘎查、查干布拉格嘎查；吉兰泰镇：呼和温都尔嘎查、查汗温都尔格嘎查、德日图嘎查、额然陶勒盖嘎查、巴彦洪盖苏木：乌力吉苏木、温都尔毛道嘎查、沙力扎嘎查、乌力吉赛汉嘎查、乌力吉苏木（银根苏木）：查干扎德盖嘎查、科泊嘎查、达来图如嘎查				301	66.5	—	33.3	1
		VI	巴彦诺尔公苏木：沙日布拉格嘎查、额尔克哈什哈苏木：乌尼格图嘎查、巴彦浩特镇、乌力图哈勒嘎查、格丁嘎查、沙日呼噜斯嘎查、巴彦霍勒嘎查、图兰太嘎查、查干淖日嘎查				263	70.9	—	35.5	1
	阿拉善右旗	I	额肯呼都格镇：额肯呼都格嘎查、巴音博日格嘎查、阿日毛道嘎查、阿拉腾朝克苏木：查干通格嘎查				272	128	—	83.5	1
		II	额肯呼都格镇：乌兰塔拉嘎查、傲伦布拉格嘎查、莎布日台嘎查、苏布日嘎查、伊和呼都格嘎查、新呼都格嘎查、阿拉腾朝克苏木：查干德日苏木、呼和乌拉嘎查				259	124	—	80.3	1
		III	雅布赖镇：巴音芽日嘎查；阿拉腾朝克苏木：那仁布鲁嘎查、锡林布拉嘎查、曼德拉苏木：呼德呼都格嘎查、查干努如嘎查、夏拉木嘎查、巴音都来嘎查、沙林呼都格嘎查、阿拉腾敖包镇、巴音塔拉嘎查、布日都嘎查、恩格日乌素嘎查、则勒博日格嘎查				249	116	—	75.6	1
		IV	雅布赖镇：巴丹吉林嘎查、阿拉腾敖包镇：那仁布鲁嘎查、瑙滚布拉格嘎查、曼德拉苏木：呼德呼都格嘎查、锡林布拉格嘎查、固日班呼都格嘎查、曼德拉嘎查、查干努如嘎查、夏拉木嘎查、巴音塔格嘎查、沙林呼都格嘎查、阿拉腾朝克苏木：阿拉腾塔格嘎查				225	121	—	78.5	1

九、赔补偿类（各省区片指导价、道路、道路开口、其他类补偿表）

续表

盟市	旗县(市、区)	区域区片	区域/区片描述	统一年产值 区域标准	统一年产值 倍数	统一年产值 补偿标准	区片综合地价	地类修正系数 耕地	地类修正系数 园地	地类修正系数 林地	地类修正系数 草地
A	B	C	D	E	F	G	H	I	J	K	L
阿拉善盟	额济纳旗	I	达来呼布镇：乌苏荣贵嘎查（中部）、吉日嘎郎图嘎查（中部）；苏泊淖尔苏木：乌兰图格嘎查（东部）、赛汉陶来苏木嘎查、孟克图嘎查（东部）（沿河区域），伊布图嘎查（沿河区域）；东风镇：宝日乌拉嘎查（北部）				265	139	93	69.5	1
阿拉善盟	额济纳旗	II	达来呼布镇：乌苏荣贵嘎查、吉日嘎郎图嘎查、温图高勒嘎查（湿地）；苏泊淖尔苏木：乌兰图格嘎查、伊布图嘎查、策克嘎查、赛汉陶来苏木嘎查、孟克图嘎查、东风镇：宝日乌拉嘎查、额很查干嘎查（南部）				215	149	100	74.4	1
阿拉善盟	额济纳旗	III	达来呼布镇：温图高勒嘎查、古日乃嘎查、东风镇：苏海布拉格嘎查（北部）；马鬃山苏木（南部）				187	150	100	74.9	1
阿拉善盟	额济纳旗	IV	马鬃山苏木：苏海布拉格嘎查（北部）；黑鹰山镇：黑鹰山嘎查				169	150	100	74.8	1
满洲里市	满洲里市	I	扎赉诺尔区第一办事处、扎赉诺尔区第二办事处、扎赉诺尔区第三办事处、扎赉诺尔区第四办事处、扎赉诺尔区灵泉街道办事处、扎赉诺尔区第五办事处				4371	7.8		1.13	1
满洲里市	满洲里市	II	兴华街道办事处、到北街道办事处、道南街道办事处、东山街道办事处				4169	7.8		1.11	1
满洲里市	满洲里市	III	新开河街道办事处，301国道东段南部东湖区北部				3993	7.8		1.09	1
满洲里市	满洲里市	IV	东湖区北部				3954	7.8		1.07	1

续表

盟市	旗县(市、区)	区域/区片	区域/区片描述	统一年产值 补偿标准			区片综合地价	地类修正系数			
				区域标准	倍数	补偿标准		耕地	园地	林地	草地
A	B	C	D	E	F	G	H	I	J	K	L
二连浩特市	二连浩特市	I	二连浩特市区，格日勒敖都苏木的苏吉嘎查、额尔登高毕嘎查、陶力嘎查、呼格吉勒图敖包嘎查				3307	4.42	—	1.8	1

说明：

1. 统一年产值标准 G=E×F（四舍五入，保留整数）；
3. 耕地补偿标准=G（或 H）×I；
4. 园地补偿标准=G（或 H）×J；
5. 林地补偿标准=G（或 H）×K；
6. 草地补偿标准=G（或 H）×L；
7. 补偿标准包括土地补偿费和安置补助费，不包括青苗及地上附着物补偿费。

4. 山西省人民政府办公厅关于调整全省征地统一年产值标准的通知（晋政办发〔2018〕60号）

山西省人民政府办公厅
关于调整全省征地统一年产值标准的通知

晋政办发〔2018〕60号

各市、县人民政府，省人民政府各委、办、厅、局：

为进一步做好全省征地补偿安置工作，更好服务全省资源型济转型发展大局，保障全省经济持续健康发展，经省人民政府同意，现就调整全省征地统一年产值标准有关事项通知如下。

一、调整征地统一年产值标准的必要性

2013年，省政府公布执行的全省征地统一年产值标准，对推进全省各类建设用地征地顺利实施起到了重要作用。近年来，由于物价上涨等因素，原有征地补偿标准已不适应经济社会发展需要。调整征地补偿标准是落实党的十九大精神、实施乡村振兴战略的一项重要举措，符合国家征地补偿标准逐步提高的精神和我省实际，对依法做好征地补偿安置工作，维护被征地农民的切身利益，保障全省经济和社会持续健康发展，维护社会和谐稳定具有重要意义。

二、征地统一年产值标准的使用及说明

征地统一年产值标准由统一年产值和补偿倍数两部分构成，各县（市、区）内分区域年产值标准，是计算征地补偿的依据（各县、市、区征地统一年产值标准见附表）。

（一）本标准适用于山西省行政辖区内除基本农田以外的集体农用地。

符合《中华人民共和国土地管理法》《基本农田保护条例》（国务院令第257号）有关规定的国家能源、交通、水利、矿山和军事设施等重点建设项目选址确实无法避开基本农田的，征地补偿按法定最高标准执行，建设项目用地报国务院批准。

（二）非农业建设项目涉及征收集体农用地时，根据土地所在县（市、区）的区域位置确定征地统一年产值和补偿倍数。为使同一区域内不同质量的农用地得到更为合理的补偿，全省确定统一的调整幅度，即：在同一区域内，耕地中的水浇地、水田在公布的补偿总倍数基础上增加2倍执行，旱地和园地按公布的补偿总倍数执行，林地在公布的补偿总倍数基础上减少2倍执行，天然牧草地、人工牧草地和其他农用地在公布的补偿总倍数基础上减少4倍执行。

（三）本标准只包括土地补偿和安置补助费，不包括青苗补偿费、林木补偿费、植被恢复费和地上附着物补偿费等。所征收土地的青苗补偿费按照不超过一季作物的产值计算；地上附着物按照有关规定作价补偿。征收林地、园地的，由建设单位按上述规定支付土地补偿

和安置补助费、林木补偿费、森林植被恢复费和果树补偿费按国家有关规定的标准，结合当地实际支付。

（四）因国家经济建设或地方公益性建设需要收回国有农场、林场等农用地的，可参照本标准补偿（包括：土地补偿费、安置补助费、青苗和地上附着物补偿费）。

（五）征收建设用地、未利用地的土地补偿，按照项目所在区域公布的统一年产值标准和《山西省实施〈中华人民共和国土地管理法〉办法》规定的补偿倍数的上限支付土地补偿费。

征收农村宅基地，按照邻近耕地的补偿标准支付土地补偿费。

（六）耕地开垦费、被征地农民的社会保障费按照调整后的征地统一年产值标准和我省已规定的倍数测算。

按照公布的补偿标准支付土地补偿费和安置补助费后，尚不能使被征地农民保持原有生活水平的，不足以支付因征地而导致无地农民社会保障费用的，根据《国务院关于深化改革严格土地管理的决定》（国发〔2004〕28号）精神，经省人民政府批准增加安置补助费。土地补偿费和安置补助费的总和达到法定上限，尚不足以使被征地农民保持原有生活水平的，当地人民政府可以用国有土地有偿使用收入予以补贴。各地人民政府要提高农民在土地增值收益中的分配比例。

三、做好调整征地补偿标准的衔接工作

做好征地补偿工作，事关被征地农民切身利益，关系全省经济发展和社会稳定大局，各地、各部门要高度重视征地补偿安置工作，采取各种有效措施和安置途径，做好调整征地补偿标准的衔接及相关工作。征地补偿安置工作由市、县人民政府统一组织实施，征地补偿安置和被征地农民社会保障资金不落实的，不得强行使用被征土地。

本标准自印发之日起执行。

附件：全省征地统一年产值标准汇总表

山西省人民政府办公厅
2018年6月4日

（此件公开发布）

九、赔补偿类（各省区片指导价、道路、道路开口、其他类补偿表）

附件

全省征地统一年产值标准汇总表（太原市）

县（市、区）名称	区域编号	区域名称	区域面积（公顷）	统一年产值（元/亩）	补偿倍数 合计	补偿倍数 土地补偿倍数（倍）	补偿倍数 安置补助倍数（倍）	补偿费用（元/亩）
小店区	I	城市建成区	5772.11	9196	28	8	20	257488
	II	城市发展区	11427.89	8303	28	8	20	232484
	III	东南耕作区	11242.17	3414	28	8	20	95592
	IV	东部丘陵区	551.50	3168	28	8	20	88704
		全区平均标准	28993.67	6487	28	/	/	181636
迎泽区	I	中部平原丘陵结合区	4794.99	8140	28	8	20	227920
	II	东部山区	5704.55	2691	28	8	20	75348
		全区平均标准	10499.54	5179	28	/	/	145012
杏花岭区	I	近郊区域	8582.18	8030	28	8	20	224840
	II	丘陵区域	6060.63	2691	28	8	20	75348
		全区平均标准	14642.81	5820	28	/	/	162960
尖草坪区	I	城市区域	8165.18	9196	28	8	20	257488
	II	城郊区域	7554.91	7211	28	8	20	201908
	III	丘陵区域	8618.21	4097	28	8	20	114716
	IV	山区	5231.89	2459	28	8	20	68852
		全区平均标准	29570.19	6011	28	/	/	168308
万柏林区	I	城市建设区	9122.13	9390	28	8	20	262920
	II	城郊区域	10853.67	6091	28	8	20	170548
	III	丘陵区域	1864.35	2698	28	8	20	75544
	IV	山区	7062.84	2399	28	8	20	67172
		全区平均标准	28902.99	6011	28	/	/	168308
晋源区	I	城市建成区	4695.54	9390	28	8	20	262920
	II	城市发展区	7130.00	8366	28	8	20	234248
	III	南部发展区	2471.00	3480	28	8	20	97440
	IV	西部山区	14698.00	2510	28	8	20	70280
		全区平均标准	28994.54	5147	28	/	/	144116

续表

县（市、区）名称	区域编号	区域名称	区域面积（公顷）	统一年产值（元/亩）	补偿倍数 合计	补偿倍数 土地补偿倍数（倍）	补偿倍数 安置补助倍数（倍）	补偿费用（元/亩）
清徐县	I	县城规划区	3647.78	4965	25	8	17	124125
	II	中南部平川区	41198.92	1260	25	8	17	31500
	III	北部山区	15911.75	1172	25	8	17	29300
		全县平均标准	60758.45	1459	25	/	/	36475
阳曲县	I	县城规划区	1420.23	1725	25	8	17	43125
	II	平川区	41323.88	1425	25	8	17	35625
	III	丘陵区	35727.98	1410	25	8	17	35250
	IV	低山区	21310.66	1295	25	8	17	32375
	V	中山区	108623.68	1235	25	8	17	30875
		全县平均标准	208406.43	1312	25	/	/	32800
娄烦县	I	县城规划区	3997.42	1606	25	8	17	40150
	II	平川区	35987.86	1554	25	8	17	38850
	III	汾河水库区	26162.44	1542	25	8	17	38550
	IV	西北部山区	36273.06	1407	25	8	17	35175
	V	东部南部丘陵石山区	26512.95	1367	25	8	17	34175
		全县平均标准	128933.73	1473	25	/	/	36825
古交市	I	经济区	38640.95	2900	25	8	17	72500
	II	经济发展区	13969.58	1850	25	8	17	46250
	III	边远农业区	98588.08	1450	25	8	17	36250
		全市平均标准	151198.61	1858	25	/	/	46450
		太原市平均标准	690900.96	2405	26	/	/	62530

全省征地统一年产值标准汇总表（大同市）

县（市、区）名称	区域编号	区域名称	区域面积（公顷）	统一年产值（元/亩）	补偿倍数 合计	土地补偿倍数（倍）	安置补助倍数（倍）	补偿费用（元/亩）
南郊区	Ⅰ	西部山区	43866.92	662	21	8	13	13902
	Ⅱ	塔山工矿发展区	8181.47	879	24	9	15	21096
	Ⅲ	南部山区	8215.22	1208	25	9	16	30200
	Ⅳ	东南部开发整理区	5899.30	828	22	8	14	18216
	Ⅴ	城市规划发展区	15063.86	1539	28	9	19	43092
	Ⅵ	南出口经济区	3276.10	2536	28	9	19	71008
	Ⅶ	城市近郊区	5807.83	7978	28	8	20	223384
	Ⅷ	御东区	6227.70	3507	28	9	19	98196
	Ⅸ	东北部农林区	2932.14	1448	25	8	17	36200
	Ⅹ	北部丘陵区	7056.10	732	22	8	14	16104
		全区平均标准	106526.64	1503	24	/	/	36072
新荣区	Ⅰ	西北部粮食主产区	23469.66	691	25	7	18	17275
	Ⅱ	北部丘陵区	25128.43	726	25	7	18	18150
	Ⅲ	城镇规划区	4949.76	1190	28	7	21	33320
	Ⅳ	南部工矿发展区	25025.15	655	25	7	18	16375
	Ⅴ	东部丘陵区	22174.76	762	27	7	20	20574
		全区平均标准	100747.75	731	26	/	/	19006
阳高县	Ⅰ	环西北土石山区	39097.85	777	23	7	16	17871
	Ⅱ	白登河滩地区	57071.86	1368	23	7	16	31464
	Ⅲ	中部丘陵区	58141.95	902	23	7	16	20746
	Ⅳ	南部平川边山峪口区	13515.26	1072	23	7	16	24656
		全县平均标准	167826.92	1045	23	/	/	24035
天镇县	Ⅰ	北部丘陵区	40391.64	1084	21	6	15	22764
	Ⅱ	中部平川区	56264.99	1405	22	6	16	30910
	Ⅲ	南部山区	66272.46	979	21	6	15	20559
		全县平均标准	162929.10	1152	21	/	/	24192

续表

县（市、区）名称	区域编号	区域名称	区域面积（公顷）	统一年产值（元/亩）	补偿倍数 合计	土地补偿倍数（倍）	安置补助倍数（倍）	补偿费用（元/亩）
广灵县	Ⅰ	北部丘陵区	15129.64	821	24	7	17	19704
	Ⅱ	中部平川区	38365.69	1290	24	7	17	30960
	Ⅲ	南部土石山区	66910.40	798	24	7	17	19152
		全县平均标准	120405.73	958	24	/	/	22992
灵丘县	Ⅰ	北山区	81460.78	780	17	6	11	13260
	Ⅱ	平川区	70824.35	1005	20	6	14	20100
	Ⅲ	城郊区	5835.05	1405	23	6	17	32315
	Ⅳ	南山区	115046.32	786	19	6	13	14934
		全县平均标准	273166.49	854	19	/	/	16226
浑源县	Ⅰ	西北黄土丘陵区	34905.78	758	24	7	17	18192
	Ⅱ	平川区	44990.93	1462	24	7	17	35088
	Ⅲ	城市近郊区	5413.54	1700	24	7	17	40800
	Ⅳ	土石山区	99083.25	766	24	7	17	18384
	Ⅴ	东南盆地丘陵区	12455.33	798	24	7	17	19152
		全县平均标准	196848.83	951	24	/	/	22824
左云县	Ⅰ	北部川丘区	37594.22	699	24	7	17	16776
	Ⅱ	县城规划区	2680.82	1491	29	8	21	43239
	Ⅲ	中南川丘区	39090.37	712	24	7	17	17088
	Ⅳ	东南工矿发展区	49994.93	677	23	7	16	15571
		全县平均标准	129360.34	711	24	/	/	17064
大同县	Ⅰ	北部山区	53120.69	1030	24	7	17	24720
	Ⅱ	西部工矿发展区	22110.73	1680	24	7	17	40320
	Ⅲ	县城规划区	3028.99	1756	24	7	17	42144
	Ⅳ	中部丘陵区	6838.73	1232	24	7	17	29568
	Ⅴ	西南平川区	17616.91	1388	24	7	17	33312
	Ⅵ	南部山区	45111.82	1289	24	7	17	30936
		全县平均标准	147827.87	1273	24	/	/	30552
大同市平均标准			1405639.67	1005	23	/	/	23115

九、赔补偿类（各省区片指导价、道路、道路开口、其他类补偿表） | 327

全省征地统一年产值标准汇总表（朔州市）

县（市、区）名称	区域编号	区域名称	区域面积（公顷）	统一年产值（元/亩）	补偿倍数 合计	土地补偿倍数（倍）	安置补助倍数（倍）	补偿费用（元/亩）
朔城区	I	山坡区	73440.02	1127	24	9	15	27048
	II	西部平川区	11627.97	1764	25	9	16	44100
	III	城市规划区	11164.79	2372	28	10	18	66416
	IV	中部平川区	27590.10	1882	26	9	17	48932
	V	东南平川区	54145.64	1568	25	9	16	39200
		全区平均标准	177968.52	1498	25	/	/	37450
平鲁区	I	城市规划区	19165.62	1620	25	9	16	40500
	II	东南工矿发展区	66422.00	1450	27	9	18	39150
	III	西北丘陵区	145901.25	915	20	8	12	18300
		全区平均标准	231488.87	1127	22	/	/	24794
山阴县	I	北山区域	53529.48	930	24	9	15	22320
	II	北山坡区	14193.52	1200	25	9	16	30000
	III	城市规划区	7004.92	1730	26	9	17	44980
	IV	平川区域	78090.54	1350	25	9	16	33750
	V	南山坡区	11641.99	965	23	9	14	22195
		全县平均标准	164460.45	1189	25	/	/	29725
应县	I	北部平川区	52446.18	1025	20	8	12	20500
	II	城市规划区	11081.99	1730	24	8	16	41520
	III	南部平川区	51483.33	1165	20	8	12	23300
	IV	南部土石山区	52290.34	800	20	8	12	16000
		全县平均标准	167301.84	1044	20	/	/	20880
右玉县	I	城市规划区	15970.64	1205	24	9	15	28920
	II	东南工矿发展区	20313.01	840	21	8	13	17640
	III	丘陵区域	161634.91	780	20	8	12	15600
		全县平均标准	197918.56	820	20	/	/	16400

续表

县（市、区）名称	区域编号	区域名称	区域面积（公顷）	统一年产值（元/亩）	补偿倍数			补偿费用（元/亩）
					合计	土地补偿倍数（倍）	安置补助倍数（倍）	
怀仁县	Ⅰ	西部工矿发展区	24996.28	835	23	9	14	19205
	Ⅱ	城镇规划发展区	8176.67	1800	26	9	17	46800
	Ⅲ	中部平川区域	76329.60	1270	25	9	16	31750
	Ⅳ	东部平川区	13898.29	1125	22	8	14	24750
		全县平均标准	123400.84	1201	24	/	/	28824
		朔州市平均标准	1062539.08	1137	23	/	/	26151

全省征地统一年产值标准汇总表（忻州市）

县（市、区）名称	区域编号	区域名称	区域面积（公顷）	统一年产值（元/亩）	补偿倍数			补偿费用（元/亩）
					合计	土地补偿倍数（倍）	安置补助倍数（倍）	
忻府区	Ⅰ	西部山地区	86514.14	1057	21	8	13	22197
	Ⅱ	北部平川区	39806.47	2171	27	10	17	58617
	Ⅲ	丘陵区	35255.40	1209	24	10	14	29016
	Ⅳ	城市规划区	9599.05	2933	28	10	18	82124
	Ⅴ	东部平川区	20408.02	2421	27	10	17	65367
	Ⅵ	南部平川区	7069.89	1749	25	10	15	43725
		全区平均标准	198652.97	1563	24	/	/	37512
定襄县	Ⅰ	北部丘陵区	2741.95	1086	24	10	14	26064
	Ⅱ	平川区	47648.14	1467	25	10	15	36675
	Ⅲ	城郊区	1642.60	2040	25	10	15	51000
	Ⅳ	东部丘陵区	14607.34	1269	24	10	14	30456
	Ⅴ	经济园林区	10760.33	1440	25	10	15	36000
	Ⅵ	山区	7651.61	920	25	10	15	23000
		全县平均标准	85051.97	1379	25	/	/	34475

九、赔补偿类（各省区片指导价、道路、道路开口、其他类补偿表）

续表

县（市、区）名称	区域编号	区域名称	区域面积（公顷）	统一年产值（元/亩）	补偿倍数 合计	土地补偿倍数（倍）	安置补助倍数（倍）	补偿费用（元/亩）
五台县	Ⅰ	城镇规划区	24967.79	1907	24	9	15	45768
	Ⅱ	水利灌溉区	46888.28	1620	24	9	15	38880
	Ⅲ	平川盆地区	31734.23	1454	24	9	15	34896
	Ⅳ	丘陵区	58739.88	1218	24	9	15	29232
	Ⅴ	土石山区	124164.58	907	24	9	15	21768
		全县平均标准	286494.76	1235	24	/	/	29640
代县	Ⅰ	山区	97923.25	1250	24	8	16	30000
	Ⅱ	半坡丘陵地区	42662.39	1150	24	8	16	27600
	Ⅲ	平川区	28812.36	1440	24	8	16	34560
	Ⅳ	城郊区	3492.92	1700	26	10	16	44200
		全县平均标准	172890.92	1266	24	/	/	30384
繁峙县	Ⅰ	城镇规划区域	7487.63	1620	28	8	20	45360
	Ⅱ	北部土石山区域	51909.77	1040	22	7	15	22880
	Ⅲ	滹沱河下游平川区域	9460.87	1430	24	7	17	34320
	Ⅳ	中心集镇规划区域	5165.48	1560	26	8	18	40560
	Ⅴ	滹沱河上游平川区域	46053.74	1300	22	7	15	28600
	Ⅵ	南部工矿发展区域	117179.99	1180	27	7	20	31860
		全县平均标准	237257.47	1205	25	/	/	30125
宁武县	Ⅰ	工矿区	8963.01	1352	23	6	17	31096
	Ⅱ	煤、铝资源开发区	15268.56	1197	23	6	17	27531
	Ⅲ	城市规划区	18948.88	2124	23	6	17	48852
	Ⅳ	旅游开发区	54913.76	1135	23	6	17	26105
	Ⅴ	农牧区	45864.96	1156	23	6	17	26588
	Ⅵ	农业区	50461.94	1153	23	6	17	26519
		全县平均标准	194421.11	1256	23	/	/	28888
静乐县	Ⅰ	县城规划区	7414.36	1952	23	7	16	44896
	Ⅱ	河川区	31352.57	1569	23	7	16	36087
	Ⅲ	黄土丘陵区	49111.90	1278	23	7	16	29394
	Ⅳ	土石山区	115778.09	883	23	7	16	20309
		全县平均标准	203656.91	1123	23	/	/	25829

续表

县（市、区）名称	区域编号	区域名称	区域面积（公顷）	统一年产值（元/亩）	补偿倍数 合计	土地补偿倍数（倍）	安置补助倍数（倍）	补偿费用（元/亩）
神池县	Ⅰ	山区	69550.29	1032	23	8	15	23736
	Ⅱ	平川区	75085.00	1200	23	8	15	27600
	Ⅲ	城郊区	2440.00	1521	23	8	15	34983
		全县平均标准	147075.29	1126	23	/	/	25898
五寨县	Ⅰ	丘陵区	78549.27	1175	20	8	12	23500
	Ⅱ	平川区	24133.72	1218	22	8	14	26796
	Ⅲ	城郊区	6827.62	1545	27	9	18	41715
	Ⅳ	南山区	29250.63	1157	19	7	12	21983
		全县平均标准	138761.24	1197	20	/	/	23940
岢岚县	Ⅰ	西北部黄土丘陵沟壑区	49790.22	965	23	7	16	22195
	Ⅱ	北部平川区	57482.59	1215	23	7	16	27945
	Ⅲ	中部城区	3530.86	1987	23	8	15	45701
	Ⅳ	西南部石山区	47990.65	1042	23	7	16	23966
	Ⅴ	东部山区	39236.51	1068	23	7	16	24564
		全县平均标准	198030.83	1095	23	/	/	25185
河曲县	Ⅰ	建成区	3450.85	2167	27	9	18	58509
	Ⅱ	平川区	7909.91	1725	26	9	17	44850
	Ⅲ	半山区	57978.96	1197	24	8	16	28728
	Ⅳ	高山区	62382.11	1159	22	8	14	25498
		全县平均标准	131721.83	1236	23	/	/	28428
保德县	Ⅰ	北部工矿区	14290.22	1489	23	8	15	34247
	Ⅱ	县城规划区	1614.69	1580	24	8	16	37920
	Ⅲ	中部工矿区	13723.65	1330	24	8	16	31920
	Ⅳ	西部果园枣园区	19375.16	1279	24	8	16	30696
	Ⅴ	东部丘陵农业区	15948.61	1256	24	8	16	30144
	Ⅵ	南部丘陵农业区	34517.39	1193	24	8	16	28632
		全县平均标准	99469.72	1288	24	/	/	30912

九、赔补偿类（各省区片指导价、道路、道路开口、其他类补偿表） | 331

续表

县（市、区）名称	区域编号	区域名称	区域面积（公顷）	统一年产值（元/亩）	补偿倍数 合计	补偿倍数 土地补偿倍数（倍）	补偿倍数 安置补助倍数（倍）	补偿费用（元/亩）
偏关县	Ⅰ	城郊区	2335.24	1512	27	8	19	40824
	Ⅱ	关河平川区	24968.22	1253	25	8	17	31325
	Ⅲ	北部山区	62757.98	1032	20	8	12	20640
	Ⅳ	南部丘陵区	74119.15	955	24	8	16	22920
	Ⅴ	黄河沿岸区	2494.30	1352	23	8	15	31096
		全县平均标准	166674.89	1042	23	/	/	23966
原平市	Ⅰ	城郊区	7893.74	2423	28	8	20	67844
	Ⅱ	平川区	101317.09	1631	26	8	18	42406
	Ⅲ	丘陵区	50290.95	1420	23	7	16	32660
	Ⅳ	东山区	27469.81	1273	23	7	16	29279
	Ⅴ	西山区	68023.17	1242	24	8	16	29808
		全市平均标准	254994.76	1472	25	/	/	36800
忻州市平均标准			2515154.67	1252	24	/	/	30048

全省征地统一年产值标准汇总表（吕梁市）

县（市、区）名称	区域编号	区域名称	区域面积（公顷）	统一年产值（元/亩）	补偿倍数 合计	补偿倍数 土地补偿倍数（倍）	补偿倍数 安置补助倍数（倍）	补偿费用（元/亩）
离石区	Ⅰ	西山区	23608.16	1161	21	7	14	24381
	Ⅱ	城市规划区	6320.07	4645	27	9	18	125415
	Ⅲ	城市建成区	6117.70	5251	28	9	19	147028
	Ⅳ	东川区	25457.55	2384	26	8	18	61984
	Ⅴ	东山区	70862.22	1211	21	7	14	25431
		全区平均标准	132365.70	1778	23	/	/	40894

续表

县（市、区）名称	区域编号	区域名称	区域面积（公顷）	统一年产值（元/亩）	补偿倍数 合计	补偿倍数 土地补偿倍数（倍）	补偿倍数 安置补助倍数（倍）	补偿费用（元/亩）
文水县	I	中山区	34518.49	1220	22	9	13	26840
	II	边山丘陵区	14029.31	1065	23	9	14	24495
	III	城郊区	8237.59	2447	27	10	17	66069
	IV	文峪河北部区	9871.63	1997	26	10	16	51922
	V	汾河北部区	15760.72	1936	25	10	15	48400
	VI	文峪河南部区	12146.84	2113	23	9	14	48599
	VII	汾河南部区	12292.59	1980	24	9	15	47520
		全县平均标准	106857.17	1661	24	/	/	39864
交城县	I	中西葫芦区	106913.49	1455	24	6	18	34920
	II	西冶川区	34457.86	1560	25	8	17	39000
	III	城北山区	26103.51	1046	24	9	15	25104
	IV	城区	4679.52	2412	27	8	19	65124
	V	平川区	10492.35	2103	25	8	17	52575
		全县平均标准	182646.72	1478	24	/	/	35472
兴县	I	城镇规划区	10851.21	1605	28	10	18	44940
	II	工矿发展区	46195.89	1565	27	10	17	42255
	III	中部丘陵区	107755.65	1235	26	10	16	32110
	IV	东部土石山区	72893.53	1278	24	8	16	30672
	V	西南丘陵区	79232.09	1181	23	8	15	27163
		全县平均标准	316928.37	1292	25	/	/	32300
临县	I	北部农牧业区	36311.30	1155	28	8	20	32340
	II	西部经济林区	99580.04	1011	26	8	18	26286
	III	中南部城镇商贸工矿规划区	161753.69	1715	28	8	20	48020
		全县平均标准	297645.03	1411	27	/	/	38097
柳林县	I	工矿区	48556.32	1683	26	8	18	43758
	II	沿川区	16244.84	1925	27	7	20	51975
	III	枣林区	31577.30	1433	26	9	17	37258
	IV	丘陵区	32433.22	1332	25	9	16	33300
		全县平均标准	128811.68	1564	26	/	/	40664

九、赔补偿类（各省区片指导价、道路、道路开口、其他类补偿表）

续表

县（市、区）名称	区域编号	区域名称	区域面积（公顷）	统一年产值（元/亩）	补偿倍数			补偿费用（元/亩）
					合计	土地补偿倍数（倍）	安置补助倍数（倍）	
石楼县	Ⅰ	西部沿黄红枣区	97985.22	926	25	8	17	23150
	Ⅱ	东部工矿开发区	33117.01	1009	24	8	16	24216
	Ⅲ	中部发展区	19952.39	1091	27	8	19	29457
	Ⅳ	南部丘陵区	22436.84	893	26	8	18	23218
		全县平均标准	173491.46	957	25	/	/	23925
岚县	Ⅰ	北部土石山区	60824.47	1119	22	8	14	24618
	Ⅱ	中部河川丘陵区	50978.66	1393	25	8	17	34825
	Ⅲ	县城规划区	3791.29	1560	28	9	19	43680
	Ⅳ	南部黄土丘陵工矿区	35677.94	1246	25	8	17	31150
		全县平均标准	151272.36	1252	24	/	/	30048
方山县	Ⅰ	新城规划区	3938.25	2904	28	9	19	81312
	Ⅱ	城镇规划区	8150.78	1871	26	9	17	48646
	Ⅲ	中部沿川区	17288.95	1709	25	9	16	42725
	Ⅳ	东西两山区	113939.48	1100	24	9	15	26400
		全县平均标准	143317.46	1267	24	/	/	30408
中阳县	Ⅰ	经济发展区	9686.11	1654	28	9	19	46312
	Ⅱ	城市规划区	7885.33	1834	28	10	18	51352
	Ⅲ	黄土丘陵沟壑区	79235.86	1336	24	9	15	32064
	Ⅳ	土石山区	47054.00	1250	20	8	12	25000
		全县平均标准	143861.30	1357	23	/	/	31211
交口县	Ⅰ	西部土石山区	46125.43	1118	25	9	16	27950
	Ⅱ	东南部工矿发展区	41174.01	1199	27	9	18	32373
	Ⅲ	北部丘陵区	38692.76	1109	26	9	17	28834
		全县平均标准	125992.20	1142	26	/	/	29692
孝义市	Ⅰ	西部山区	19361.57	1211	23	8	15	27853
	Ⅱ	西北部工矿区	34701.52	1618	24	8	16	38832
	Ⅲ	城区及城郊区	10159.58	2760	28	10	18	77280
	Ⅳ	东南部丘陵区	13922.08	1420	23	8	15	32660
	Ⅴ	工农业园区	7831.99	2577	28	10	18	72156
	Ⅵ	东部平川区	7779.18	1980	26	9	17	51480
		全市平均标准	93755.92	1738	25	/	/	43450

续表

县（市、区）名称	区域编号	区域名称	区域面积（公顷）	统一年产值（元/亩）	补偿倍数 合计	土地补偿倍数（倍）	安置补助倍数（倍）	补偿费用（元/亩）
汾阳市	I	山区	35857.25	1134	24	9	15	27216
	II	丘陵区	39241.73	1363	25	9	16	34075
	III	城区	4282.41	2541	28	10	18	71148
	IV	平川区	37623.61	1690	25	9	16	42250
		全市平均标准	117005.00	1441	25	/	/	36025
		吕梁市平均标准	2113950.37	1382	25	/	/	34550

全省征地统一年产值标准汇总表（晋中市）

县（市、区）名称	区域编号	区域名称	区域面积（公顷）	统一年产值（元/亩）	补偿倍数 合计	土地补偿倍数（倍）	安置补助倍数（倍）	补偿费用（元/亩）
榆次区	I	城市规划区	16932.75	3609	28	9	19	101052
	II	西南部平川区	22904.56	2139	26	9	17	55614
	III	中部平川区	34299.92	2059	26	9	17	53534
	IV	丘陵区	26380.09	1312	23	9	14	30176
	V	山区	31297.11	1149	23	9	14	26427
		全区平均标准	131814.43	1906	25	/	/	47650
榆社县	I	县城规划区	21159.55	1788	28	9	19	50064
	II	中西部丘陵区	63612.68	1414	25	9	16	35350
	III	东部山区	26245.03	1266	22	9	13	27852
	IV	北部山区	58990.77	1203	22	9	13	26466
		全县平均标准	170008.03	1364	24	/	/	32736
左权县	I	城市规划区	7368.58	1673	28	9	19	46844
	II	中部土石山区	104395.68	1408	28	9	19	39424
	III	东西林牧区	90462.13	1400	24	9	15	33600
		全县平均标准	202226.39	1414	26	/	/	36764

九、赔补偿类（各省区片指导价、道路、道路开口、其他类补偿表）

续表

县（市、区）名称	区域编号	区域名称	区域面积（公顷）	统一年产值（元/亩）	补偿倍数			补偿费用（元/亩）
					合计	土地补偿倍数（倍）	安置补助倍数（倍）	
和顺县	Ⅰ	城郊区	7305.19	1673	28	9	19	46844
	Ⅱ	中部丘陵区	64002.02	1422	25	9	16	35550
	Ⅲ	东部山区	61605.95	1392	22	9	13	30624
	Ⅳ	西部山区	86526.10	1289	22	9	13	28358
		全县平均标准	219439.26	1369	23	/	/	31487
昔阳县	Ⅰ	西北土石山区	44584.18	1187	23	9	14	27301
	Ⅱ	中部丘陵区	45759.73	1294	27	8	19	34938
	Ⅲ	县城规划区	3177.34	1672	28	9	19	46816
	Ⅳ	东部丘陵区	101025.77	1349	23	9	14	31027
		全县平均标准	194547.02	1304	24	/	/	31296
寿阳县	Ⅰ	城区规划区	10855.91	1652	28	9	19	46256
	Ⅱ	北部丘陵区	78171.37	1387	25	9	16	34675
	Ⅲ	南部丘陵区	72993.95	1311	23	9	14	30153
	Ⅳ	南部山区	49544.95	1285	22	9	13	28270
		全县平均标准	211566.18	1350	24	/	/	32400
太谷县	Ⅰ	建成区	2592.99	2263	28	9	19	63364
	Ⅱ	城郊区	7428.93	2080	27	9	18	56160
	Ⅲ	平川区	28198.28	2005	27	9	18	54135
	Ⅳ	丘陵区	5397.68	1642	25	9	16	41050
	Ⅴ	山区	60975.55	1164	25	9	16	29100
		全县平均标准	104593.43	1508	26	/	/	39208
祁县	Ⅰ	城郊区	5099.40	2269	28	9	19	63532
	Ⅱ	丘陵区	12294.40	2102	23	9	14	48346
	Ⅲ	平川区	30160.71	1996	26	9	17	51896
	Ⅳ	山区	37763.40	1210	22	9	13	26620
		全县平均标准	85317.91	1680	24	/	/	40320
平遥县	Ⅰ	城郊区	5788.16	2272	28	9	19	63616
	Ⅱ	平川区	37802.96	1817	27	9	18	49059
	Ⅲ	丘陵区	26383.11	1588	27	9	18	42876
	Ⅳ	山区	55378.75	1229	25	9	16	30725
		全县平均标准	125352.98	1530	26	/	/	39780

续表

县（市、区）名称	区域编号	区域名称	区域面积（公顷）	统一年产值（元/亩）	补偿倍数			补偿费用（元/亩）
					合计	土地补偿倍数（倍）	安置补助倍数（倍）	
灵石县	Ⅰ	山区	81185.28	1495	26	9	17	38870
	Ⅱ	平川区	29916.79	1949	27	9	18	52623
	Ⅲ	县城规划区	9110.97	2294	28	9	19	64232
		全县平均标准	120213.04	1669	26	/	/	43394
介休市	Ⅰ	城郊区	7544.33	2933	28	8	20	82124
	Ⅱ	平川区	14599.44	2121	26	8	18	55146
	Ⅲ	丘陵区	28237.10	1837	24	7	17	44088
	Ⅳ	山区	23738.18	1126	23	7	16	25898
		全市平均标准	74119.05	1777	24	/	/	42648
晋中市平均标准			1639197.72	1485	25	/	/	37125

全省征地统一年产值标准汇总表（阳泉市）

县（市、区）名称	区域编号	区域名称	区域面积（公顷）	统一年产值（元/亩）	补偿倍数			补偿费用（元/亩）
					合计	土地补偿倍数（倍）	安置补助倍数（倍）	
郊区	Ⅰ	西北丘陵区	22281.08	1171	24	8	16	28104
	Ⅱ	城市规划区	12521.98	5706	28	8	20	159768
	Ⅲ	城镇规划区	2850.46	1544	28	8	20	43232
	Ⅳ	东部工业区	7095.95	1436	28	8	20	40208
	Ⅴ	北部丘陵区	20611.62	1386	25	8	17	34650
		全区平均标准	65361.09	2153	26	/	/	55978
平定县	Ⅰ	城郊区	8711.41	1556	28	8	20	43568
	Ⅱ	工业区	38827.91	1295	28	8	20	36260
	Ⅲ	农工业区	30927.85	1312	26	8	18	34112
	Ⅳ	东部农业区	35609.65	1270	25	8	17	31750
	Ⅴ	北部农业区	19118.55	1233	24	8	16	29592
	Ⅵ	南部农业区	5898.38	1268	25	8	17	31700
		全县平均标准	139093.75	1299	26	/	/	33774

九、赔补偿类（各省区片指导价、道路、道路开口、其他类补偿表） | 337

续表

县（市、区）名称	区域编号	区域名称	区域面积（公顷）	统一年产值（元/亩）	补偿倍数 合计	土地补偿倍数（倍）	安置补助倍数（倍）	补偿费用（元/亩）
盂县	Ⅰ	北部山区	86746.30	1537	23	8	15	35351
	Ⅱ	西部平川区	57654.83	1389	22	8	14	30558
	Ⅲ	中部平川区	31102.90	1435	26	8	18	37310
	Ⅳ	东部丘陵区	40330.73	1405	25	8	17	35125
	Ⅴ	南部工矿发展区	29066.28	1307	27	8	19	35289
	Ⅵ	城镇规划区	6537.40	1730	28	8	20	48440
		全县平均标准	251438.44	1448	24	/	/	34752
		阳泉市平均标准	455893.28	1503	25	/	/	37575

全省征地统一年产值标准汇总表（长治市）

县（市、区）名称	区域编号	区域名称	区域面积（公顷）	统一年产值（元/亩）	补偿倍数 合计	土地补偿倍数（倍）	安置补助倍数（倍）	补偿费用（元/亩）
城区	Ⅰ	规划Ⅰ区	3286.50	8244	28	10	18	230832
	Ⅱ	规划Ⅱ区	1620.40	4874	28	10	18	136472
	Ⅲ	丘陵区	436.11	2332	27	9	18	62964
		全区平均标准	5343.01	6739	28	/	/	188692
郊区	Ⅰ	丘陵区	3962.92	2915	27	8	19	78705
	Ⅱ	工矿区	7840.09	4057	28	8	20	113596
	Ⅲ	平川区	5909.57	4161	28	8	20	116508
	Ⅳ	东部旅游区	8157.97	2436	28	7	21	68208
	Ⅴ	环城区	3213.01	4362	28	7	21	122136
		全区平均标准	29083.56	3502	28	/	/	98056
长治县	Ⅰ	西北丘陵区	2361.34	1892	26	10	16	49192
	Ⅱ	中北部平川区	11798.14	2126	26	10	16	55276
	Ⅲ	西南、东部丘陵山区	31207.95	1767	26	10	16	45942
	Ⅳ	城市规划区	2861.26	2165	27	11	16	58455
		全县平均标准	48228.69	1885	26	/	/	49010

续表

县（市、区）名称	区域编号	区域名称	区域面积（公顷）	统一年产值（元/亩）	补偿倍数 合计	补偿倍数 土地补偿倍数（倍）	补偿倍数 安置补助倍数（倍）	补偿费用（元/亩）
襄垣县	Ⅰ	北中部山地丘陵区	71991.03	1437	24	7	17	34488
	Ⅱ	交通沿线工矿发展区	17550.94	1610	26	8	18	41860
	Ⅲ	西南丘陵区	21194.01	1474	24	7	17	35376
	Ⅳ	城市工矿发展区	7061.59	1941	27	8	19	52407
		全县平均标准	117797.57	1500	24	/	/	36000
屯留县	Ⅰ	西部山区	58830.68	1375	23	8	15	31625
	Ⅱ	中部丘陵区	29669.61	1395	24	8	16	33480
	Ⅲ	城市规划区	3139.08	1594	28	8	20	44632
	Ⅳ	东部平川区	27398.81	1599	27	8	19	43173
		全县平均标准	119038.18	1437	24	/	/	34488
平顺县	Ⅰ	北部河谷区	51670.07	1938	22	8	14	42636
	Ⅱ	西部台地区	17383.18	1415	24	9	15	33960
	Ⅲ	县城规划区	4563.90	1555	24	9	15	37320
	Ⅳ	东南山地区	77416.59	1423	24	9	15	34152
		全县平均标准	151033.74	1602	23	/	/	36846
黎城县	Ⅰ	西北部工矿区	21272.56	1266	27	9	18	34182
	Ⅱ	东部丘陵区	53279.05	1348	26	8	18	35048
	Ⅲ	农业主产区	24929.05	1460	26	9	17	37960
	Ⅳ	城镇规划区	11852.04	2025	23	8	15	46575
		全县平均标准	111332.70	1429	26	/	/	37154
壶关县	Ⅰ	北部工业区	3207.78	1294	26	9	17	33644
	Ⅱ	西北平川区	10250.98	1319	25	9	16	32975
	Ⅲ	中部丘陵区	37552.46	1274	25	9	16	31850
	Ⅳ	东南山区	47122.40	1017	22	8	14	22374
	Ⅴ	一年两熟区	2637.34	1244	23	8	15	28612
		全县平均标准	100770.96	1158	24	/	/	27792

九、赔补偿类（各省区片指导价、道路、道路开口、其他类补偿表）

续表

县（市、区）名称	区域编号	区域名称	区域面积（公顷）	统一年产值（元/亩）	补偿倍数 合计	土地补偿倍数（倍）	安置补助倍数（倍）	补偿费用（元/亩）
长子县	Ⅰ	西部土石山区	33644.32	1257	23	8	15	28911
	Ⅱ	中部黄土丘陵区	25210.20	1510	23	8	15	34730
	Ⅲ	东北部农业发展区	21660.88	1800	24	8	16	43200
	Ⅳ	城市规划发展区	2309.82	1947	26	9	17	50622
	Ⅴ	东南部工业发展区	20293.26	1610	24	8	16	38640
	全县平均标准		103118.47	1518	23	/	/	34914
武乡县	Ⅰ	西部土石山区	23246.37	1036	26	8	18	26936
	Ⅱ	西部农业区	33836.48	1270	26	8	18	33020
	Ⅲ	城镇规划发展区	13591.04	1614	27	8	19	43578
	Ⅳ	中部黄土丘陵区	41860.35	1163	26	8	18	30238
	Ⅴ	东部工业发展区	48915.60	1165	27	8	19	31455
	全县平均标准		161449.84	1206	26	/	/	31356
沁县	Ⅰ	东北部山区	37257.89	1233	16	7	9	19728
	Ⅱ	西部丘陵区	36631.96	1202	18	8	10	21636
	Ⅲ	城市规划工业区	11153.67	1379	27	10	17	37233
	Ⅳ	南部丘陵区	46952.58	1202	17	8	9	20434
	全县平均标准		131996.10	1226	18	/	/	22068
沁源县	Ⅰ	西北工业矿区	29875.72	1461	25	9	16	36525
	Ⅱ	西部高寒区	31905.54	1366	23	9	14	31418
	Ⅲ	东北部农林区	55256.72	1387	24	9	15	33288
	Ⅳ	中西工矿区	61653.62	1598	23	9	14	36754
	Ⅴ	东南部农业区	68350.76	1700	22	9	13	37400
	Ⅵ	县城发展规划区	7842.58	1912	23	9	14	43976
	全县平均标准		254884.94	1544	23	/	/	35512
潞城市	Ⅰ	北部丘陵区	8855.89	1410	28	8	20	39480
	Ⅱ	西北工矿发展区	8471.92	1467	28	8	20	41076
	Ⅲ	城市规划区	4662.21	2471	28	8	20	69188
	Ⅳ	西南平川区	9567.85	1649	28	8	20	46172
	Ⅴ	东南丘陵区	21117.28	1529	28	8	20	42812
	Ⅵ	东北部一年两熟区	8769.49	2231	20	6	14	44620
	全市平均标准		61444.64	1694	27	/	/	45738
长治市平均标准			1395522.40	1508	24	/	/	36192

全省征地统一年产值标准汇总表（晋城市）

县（市、区）名称	区域编号	区域名称	区域面积（公顷）	统一年产值（元/亩）	补偿倍数 合计	土地补偿倍数（倍）	安置补助倍数（倍）	补偿费用（元/亩）
城区	Ⅰ	外围丘陵区	3103.40	2668	23	9	14	61364
	Ⅱ	城镇近郊区	966.82	3318	28	9	19	92904
	Ⅲ	城市建设规划区	5618.14	3955	28	9	19	110740
	Ⅳ	工矿发展区	4571.06	3029	28	9	19	84812
		全区平均标准	14259.42	3335	27	/	/	90045
沁水县	Ⅰ	西北区	37214.90	1504	25	9	16	37600
	Ⅱ	西区	59218.45	1460	26	9	17	37960
	Ⅲ	县城规划区	12437.94	1788	27	9	18	48276
	Ⅳ	东北丘陵区	73430.60	1463	26	9	17	38038
	Ⅴ	中部工矿规划区	72354.77	1711	26	9	17	44486
	Ⅵ	南部工业发展区	11164.50	1756	26	9	17	45656
		全县平均标准	265821.16	1563	26	/	/	40638
阳城县	Ⅰ	中西部丘陵区	61404.43	1573	25	9	16	39325
	Ⅱ	东北部工业区	42686.36	1721	28	10	18	48188
	Ⅲ	城市规划区	11161.95	2200	28	10	18	61600
	Ⅳ	城市建成区	1503.25	2825	28	10	18	79100
	Ⅴ	南部山区	74995.60	1296	24	9	15	31104
		全县平均标准	191751.59	1544	25	/	/	38600
陵川县	Ⅰ	县城规划区	1474.56	1673	28	9	19	46844
	Ⅱ	建制镇规划区	8087.04	1521	27	9	18	41067
	Ⅲ	中西部平川区	18728.51	1385	26	9	17	36010
	Ⅳ	丘陵山区	141889.29	1344	24	9	15	32256
		全县平均标准	170179.40	1360	24	/	/	32640
泽州县	Ⅰ	城市规划范围区	1628.34	3642	28	10	18	101976
	Ⅱ	城市周边发展区	5044.37	3050	28	10	18	85400
	Ⅲ	城市近郊区	12887.92	2086	27	9	18	56322
	Ⅳ	北部平川工业区	48786.77	2010	28	9	19	56280
	Ⅴ	西部工矿发展区	38219.65	1996	26	9	17	51896
	Ⅵ	东南部土石山区	95873.62	1934	22	9	13	42548
		全县平均标准	202440.67	2015	25	/	/	50375

县（市、区）名称	区域编号	区域名称	区域面积（公顷）	统一年产值（元/亩）	补偿倍数 合计	土地补偿倍数（倍）	安置补助倍数（倍）	补偿费用（元/亩）
高平市	Ⅰ	山区	31735.76	1552	25	9	16	38800
	Ⅱ	平川区	38404.72	1935	27	9	18	52245
	Ⅲ	城市规划区	8607.90	1941	28	9	19	54348
	Ⅳ	城市建成区	2870.71	2701	28	9	19	75628
	Ⅴ	东南丘陵区	16415.81	1722	26	9	17	44772
		全市平均标准	98034.89	1798	26	/	/	46748
		晋城市平均标准	942487.13	1671	25	/	/	41775

全省征地统一年产值标准汇总表（临汾市）

县（市、区）名称	区域编号	区域名称	区域面积（公顷）	统一年产值（元/亩）	补偿倍数 合计	土地补偿倍数（倍）	安置补助倍数（倍）	补偿费用（元/亩）
尧都区	Ⅰ	西部山区	56037.94	1932	20	8	12	38640
	Ⅱ	中部平川区	27754.19	2817	24	8	16	67608
	Ⅲ	城市规划区	9188.33	3799	28	8	20	106372
	Ⅳ	城郊规划区	7562.98	3128	28	8	20	87584
	Ⅴ	东部山区	26386.70	2005	19	8	11	38095
	Ⅵ	东部丘陵区	3807.94	2241	22	8	14	49302
		全区平均标准	130738.08	2344	22	/	/	51568
曲沃县	Ⅰ	北部丘陵区	10003.91	1561	23	7	16	35903
	Ⅱ	中部平川区	15872.77	2056	25	6	19	51400
	Ⅲ	东部半丘陵区	7313.81	1623	24	7	17	38952
	Ⅳ	县城规划发展区	3350.48	2563	28	7	21	71764
	Ⅴ	南部紫金山综合区	7189.96	2956	25	6	19	73900
		全县平均标准	43730.93	2057	25	/	/	51425

续表

县（市、区）名称	区域编号	区域名称	区域面积（公顷）	统一年产值（元/亩）	补偿倍数 合计	补偿倍数 土地补偿倍数（倍）	补偿倍数 安置补助倍数（倍）	补偿费用（元/亩）
翼城县	I	平川区	34466.26	1803	26	8	18	46878
	II	城市规划区	2943.78	2534	28	8	20	70952
	III	丘陵区	26470.66	1674	24	8	16	40176
	IV	东北部山区	9249.69	1307	22	8	14	28754
	V	东南部山区	43645.89	1538	23	8	15	35374
		全县平均标准	116776.28	1654	24	/	/	39696
襄汾县	I	西北区	27661.46	2008	25	7	18	50200
	II	河东平川区	12172.33	2007	25	7	18	50175
	III	河东丘陵区	15566.09	1779	22	6	16	39138
	IV	城市近郊区	7183.94	2702	28	7	21	75656
	V	西南区	40540.48	1990	25	7	18	49750
		全县平均标准	103124.30	2015	25	/	/	50375
洪洞县	I	西部山地区	17799.39	1404	22	7	15	30888
	II	西部丘陵区	32454.50	1472	23	7	16	33856
	III	中部平川区	53464.68	2037	25	8	17	50925
	IV	东部山地区	22814.95	1490	22	7	15	32780
	V	县城城郊区	6720.07	2386	26	8	18	62036
	VI	东部丘陵区	16283.11	1637	23	7	16	37651
		全县平均标准	149536.70	1728	24	/	/	41472
古县	I	北部工矿区	51967.53	1180	24	8	16	28320
	II	城市规划区	6869.47	1673	28	8	20	46844
	III	南部黄土丘陵区	60803.09	1327	23	10	13	30521
		全县平均标准	119640.09	1283	24	/	/	30792
安泽县	I	北部工矿区	17649.91	1540	24	8	16	36960
	II	中北部丘陵区	73737.55	1513	23	8	15	34799
	III	县城辐射区	18658.29	1727	28	8	20	48356
	IV	中南部煤电发展区	28565.77	1598	22	8	14	35156
	V	东南部土石山区	57379.11	1590	22	8	14	34980
		全县平均标准	195990.62	1571	23	/	/	36133

九、赔补偿类（各省区片指导价、道路、道路开口、其他类补偿表）

续表

县（市、区）名称	区域编号	区域名称	区域面积（公顷）	统一年产值（元/亩）	补偿倍数 合计	土地补偿倍数（倍）	安置补助倍数（倍）	补偿费用（元/亩）
浮山县	Ⅰ	北部丘陵区	16674.35	1277	24	6	18	30648
	Ⅱ	城市规划区	3865.95	2317	27	8	19	62559
	Ⅲ	西部工矿区	21165.27	1488	22	6	16	32736
	Ⅳ	东部低山区	52257.14	1375	24	7	17	33000
		全县平均标准	93962.71	1422	24	/	/	34128
吉县	Ⅰ	西部破碎残垣区	67006.93	1393	23	8	15	32039
	Ⅱ	中南部残垣沟壑区	33429.78	1616	26	8	18	42016
	Ⅲ	城市建设规划区	5869.90	1867	28	8	20	52276
	Ⅳ	中北部梁峁沟壑区	30341.71	1622	24	8	16	38928
	Ⅴ	东南部土石山区	41320.16	1613	26	8	18	41938
		全县平均标准	177968.48	1541	25	/	/	38525
乡宁县	Ⅰ	东部工业发展区	24092.97	1660	24	8	16	39840
	Ⅱ	中部残垣区	37665.76	1534	24	8	16	36816
	Ⅲ	城市规划区	10286.05	2019	28	8	20	56532
	Ⅳ	东南部丘陵沟壑区	98714.34	1199	24	8	16	28776
	Ⅴ	西南部破碎残垣沟壑区	31726.05	1764	24	8	16	42336
		全县平均标准	202485.17	1446	24	/	/	34704
大宁县	Ⅰ	东南部残垣沟壑区	52861.14	1386	24	6	18	33264
	Ⅱ	西北部残垣沟壑区	29141.36	1316	23	6	17	30268
	Ⅲ	河川区	12029.24	1553	24	8	16	37272
	Ⅳ	城郊区	2187.07	1888	28	8	20	52864
		全县平均标准	96218.81	1397	24	/	/	33528
隰县	Ⅰ	西北部残垣沟壑区	43207.72	1243	24	8	16	29832
	Ⅱ	沿川区	34936.77	1530	24	8	16	36720
	Ⅲ	城镇规划区	5123.96	1919	28	8	20	53732
	Ⅳ	中东部残垣沟壑区	46291.27	1235	24	8	16	29640
	Ⅴ	南部残垣沟壑区	11762.75	1259	24	8	16	30216
		全县平均标准	141322.47	1337	24	/	/	32088

续表

县（市、区）名称	区域编号	区域名称	区域面积（公顷）	统一年产值（元/亩）	补偿倍数 合计	补偿倍数 土地补偿倍数（倍）	补偿倍数 安置补助倍数（倍）	补偿费用（元/亩）
永和县	Ⅰ	芝河西区	36257.07	1331	23	8	15	30613
永和县	Ⅱ	城郊区	11159.10	1793	28	8	20	50204
永和县	Ⅲ	芝河东区	37061.79	1405	23	8	15	32315
永和县	Ⅳ	公路沿线区	36960.38	1507	28	8	20	42196
永和县		全县平均标准	121438.34	1450	25	/	/	36250
蒲县	Ⅰ	西北部残垣沟壑区	29219.34	1254	22	8	14	27588
蒲县	Ⅱ	西部垣间沟谷区	8405.38	1830	22	8	14	40260
蒲县	Ⅲ	西南部残垣沟壑区	20370.45	1267	22	8	14	27874
蒲县	Ⅳ	县城规划区	5856.22	2115	28	8	20	59220
蒲县	Ⅴ	东部土石山区	44354.75	1504	24	8	16	36096
蒲县	Ⅵ	南部崩梁沟壑区	43078.10	1440	23	8	15	33120
蒲县		全县平均标准	151284.24	1447	23	/	/	33281
汾西县	Ⅰ	城市规划区	3850.12	1645	28	7	21	46060
汾西县	Ⅱ	东南部丘陵区	20199.09	1215	28	7	21	34020
汾西县	Ⅲ	西北部山地区	25880.63	1124	24	6	18	26976
汾西县	Ⅳ	西南部山地区	8764.30	1017	24	7	17	24408
汾西县	Ⅴ	南部丘陵区	8028.55	1189	26	7	19	30914
汾西县	Ⅵ	中部地区	20730.65	1107	24	7	17	26568
汾西县		全县平均标准	87453.34	1159	25	/	/	28975
侯马市	Ⅰ	汾河南区	7708.15	1975	22	6	16	43450
侯马市	Ⅱ	东部发展区	3295.01	2079	24	7	17	49896
侯马市	Ⅲ	城市规划区	3689.30	2705	28	7	21	75740
侯马市	Ⅳ	浍南区	7314.22	1869	23	6	17	42987
侯马市		全市平均标准	22006.68	2078	24	/	/	49872
霍州市	Ⅰ	北部丘陵区	21797.81	1175	25	8	17	29375
霍州市	Ⅱ	东部平川区	33488.57	1488	25	8	17	37200
霍州市	Ⅲ	城市规划区	7498.72	2646	28	8	20	74088
霍州市	Ⅳ	西南工矿发展区	13753.48	1850	25	8	17	46250
霍州市		全市平均标准	76538.58	1577	25	/	/	39425
		临汾市平均标准	2030215.81	1578	24	/	/	37872

全省征地统一年产值标准汇总表(运城市)

县(市、区)名称	区域编号	区域名称	区域面积(公顷)	统一年产值(元/亩)	补偿倍数			补偿费用(元/亩)
					合计	土地补偿倍数(倍)	安置补助倍数(倍)	
盐湖区	Ⅰ	丘陵区	16181.39	1529	22	8	14	33638
	Ⅱ	平川区	44484.39	1979	26	9	17	51454
	Ⅲ	城镇建制区	27795.40	3433	28	9	19	96124
	Ⅳ	土石山区	32060.40	1230	22	8	14	27060
		全区平均标准	120521.58	2055	25	/	/	51375
临猗县	Ⅰ	垣地区	73598.26	1962	21	8	13	41202
	Ⅱ	临晋镇发展区	1043.49	2169	22	9	13	47718
	Ⅲ	县城规划区	4284.77	2440	24	9	15	58560
	Ⅳ	平川区	57270.12	2149	21	8	13	45129
		全县平均标准	136196.64	2057	21	/	/	43197
万荣县	Ⅰ	一级黄土台垣区	41972.98	1658	23	8	15	38134
	Ⅱ	城市规划区	8702.51	1668	26	9	17	43368
	Ⅲ	二级黄土台垣区	22015.73	1562	23	8	15	35926
	Ⅳ	山前倾斜平原区	34924.26	1497	23	8	15	34431
		全县平均标准	107615.47	1587	23	/	/	36501
闻喜县	Ⅰ	西部黄土台垣区	40907.80	1374	25	7	18	34350
	Ⅱ	中部平原区	32604.38	2416	27	8	19	65232
	Ⅲ	东部地区	37974.07	1141	23	6	17	26243
	Ⅳ	城镇规划区	5302.87	2712	27	8	19	73224
		全县平均标准	116789.12	1650	25	/	/	41250
稷山县	Ⅰ	北部丘陵区	15569.10	1063	24	7	17	25512
	Ⅱ	汾北平川区	19542.90	2125	22	7	15	46750
	Ⅲ	城市规划区	2388.91	2342	26	8	18	60892
	Ⅳ	汾南平川区	24927.85	1972	23	7	16	45356
	Ⅴ	南部丘陵区	6218.73	968	25	7	18	24200
		全县平均标准	68647.49	1731	23	/	/	39813

续表

县（市、区）名称	区域编号	区域名称	区域面积（公顷）	统一年产值（元/亩）	补偿倍数			补偿费用（元/亩）
					合计	土地补偿倍数（倍）	安置补助倍数（倍）	
新绛县	I	山区	8994.94	979	21	6	15	20559
	II	平川区	31721.43	1914	23	8	15	44022
	III	县城规划区	4206.99	2000	27	9	18	54000
	IV	丘陵区	14794.50	1401	22	7	15	30822
		全县平均标准	59717.86	1652	23	/	/	37996
绛县	I	县城规划区	3245.58	2214	24	9	15	53136
	II	平川区	36919.55	2063	24	9	15	49512
	III	丘陵区	13271.33	1680	22	8	14	36960
	IV	山区	44384.26	1295	21	8	13	27195
		全县平均标准	97820.72	1668	22	/	/	36696
垣曲县	I	城郊区	10146.03	2032	26	8	18	52832
	II	东垣区	24746.69	1663	23	7	16	38249
	III	西垣区	6275.91	1690	23	7	16	38870
	IV	河槽区	16838.27	1701	25	8	17	42525
	V	丘陵区	62881.45	1305	22	6	16	28710
	VI	山区	40038.99	1091	23	6	17	25093
		全县平均标准	160927.34	1409	23	/	/	32407
夏县	I	县城规划区	2771.24	2332	25	9	16	58300
	II	水头镇规划区	1580.93	1768	25	9	16	44200
	III	平川区	43164.93	1743	25	9	16	43575
	IV	山区	87549.33	1217	23	8	15	27991
		全县平均标准	135066.43	1414	24	/	/	33936
平陆县	I	西部地区	29349.00	1659	22	7	15	36498
	II	中部地区	35871.00	1677	24	7	17	40248
	III	东部地区	49527.08	1288	22	7	15	28336
	IV	县城规划区	2624.00	2175	27	7	20	58725
		全县平均标准	117371.08	1519	23	/	/	34937

九、赔补偿类（各省区片指导价、道路、道路开口、其他类补偿表）

续表

县（市、区）名称	区域编号	区域名称	区域面积（公顷）	统一年产值（元/亩）	补偿倍数			补偿费用（元/亩）
					合计	土地补偿倍数（倍）	安置补助倍数（倍）	
芮城县	Ⅰ	山地丘陵区	35150.06	1337	20	7	13	26740
	Ⅱ	台坪台坡区	5806.19	1560	22	7	15	34320
	Ⅲ	风陵渡经济开发区	5295.48	1797	26	8	18	46722
	Ⅳ	河滩平川区	29692.01	1837	25	7	18	45925
	Ⅴ	林果园区	38519.18	1871	22	7	15	41162
	Ⅵ	城郊区	3091.90	1850	28	9	19	51800
		全县平均标准	117554.82	1683	22	/	/	37026
永济市	Ⅰ	城市建成区	4179.45	2617	28	9	19	73276
	Ⅱ	城市郊区	20471.92	2193	24	9	15	52632
	Ⅲ	东部平川区	45866.00	1929	23	8	15	44367
	Ⅳ	沿黄河滩区	40483.96	1992	23	8	15	45816
	Ⅴ	西南沿山区	9798.03	1313	20	8	12	26260
		全市平均标准	120799.36	1969	23	/	/	45287
河津市	Ⅰ	北部山区	8835.43	1348	22	8	14	29656
	Ⅱ	城市规划区	10142.91	2634	28	9	19	73752
	Ⅲ	乡镇企业发展区	7612.54	2153	26	8	18	55978
	Ⅳ	东南部农业区	20705.59	2049	24	8	16	49176
	Ⅴ	西南沙土区	11953.68	1682	23	8	15	38686
		全市平均标准	59250.15	1984	24	/	/	47616
		运城市平均标准	1418278.07	1707	23	/	/	39261

5. 陕西省人民政府办公厅关于印发全省征地统一年产值标准及片区综合地价的通知
（陕政办发〔2018〕60号）

陕西省人民政府办公厅关于印发全省征地统一年产值标准及区片综合地价的通知

陕政办发〔2018〕60号

各市、县、区人民政府，省人民政府各工作部门、各直属机构：

《陕西省征地统一年产值标准及区片综合地价》已经省政府同意，现印发给你们，请认真贯彻落实。2010年4月印发的《陕西省人民政府办公厅关于印发全省征地统一年产值及区片综合地价平均标准的通知》（陕政办发〔2010〕36号）同时废止。

陕西省人民政府办公厅

2018年10月29日

陕西省征地统一年产值标准及区片综合地价

为进一步加强和改进征地管理，切实保护被征地农民合法权益，维护社会和谐稳定，保障经济社会持续健康发展，省政府决定对2010年制订的《陕西省征地统一年产值平均标准及区片综合地价平均标准》（以下简称《征地补偿标准》）予以更新并重新公布，自2019年1月1日起施行。现将有关事宜通知如下：

一、切实做好新《征地补偿标准》的实施工作

《征地补偿标准》是综合补偿标准，是征收补偿集体土地的重要参考依据，由土地补偿费和安置补助费两部分构成，不含青苗补偿费、地上附着物补偿费和社会保障费用。各市（县、区）政府务必于2018年11月30日前公布本行政区域的具体征地补偿标准（公布到各个片区）。各地、各有关部门要切实提高对新征地补偿标准重要性的认识，认真组织做好新征地补偿标准实施工作。对于青苗和地上附着物的补偿标准，由各地根据本地区实际情况确定公布实施。省上统征的国家和省重点交通、能源、水利等建设项目，其征地补偿标准以新公布的标准为基础，结合各地实际，按照省政府另行的有关规定执行。

二、认真做好新旧《征地补偿标准》的衔接工作

各地要周密组织，统筹做好新征地补偿标准实施后的各项工作，针对新征地补偿标准实

施后可能发生的情况和问题，制订工作预案，防止因实施新征地补偿标准引发矛盾。要加强政策解释，积极争取社会各界的理解支持，妥善解决实施过程中出现的问题，确保新征地补偿标准顺利实施。实施征地过程中，要严格履行告知、确认、听证等程序，充分尊重被征地群众的知情权、参与权、监督权和申诉权，做好批前告知和批后公告。

三、加强对实施新《征地补偿标准》的监督

征地补偿工作政策性强，事关广大农民群众切身利益，各市（县、区）政府及有关部门要高度重视，加强领导，落实责任。各级监察、自然资源、财政、人力资源社会保障、农业农村、审计等部门要按照各自职责，加强对实施工作的监督检查，防止弄虚作假和侵害被征地农民合法权益的情况发生。省自然资源厅要加强对各地实施新征地补偿标准工作的指导，做好有关政策和技术问题的宣传解释工作，对报批的建设用地要严格把关，遇有重大情况和问题要及时向省政府报告。

各市（县、区）政府要按照被征地农民生活水平不降低，长远生计有保障的原则，根据经济社会发展情况，可以2—3年适时对新公布的征地补偿标准进行修订，报省政府批准。

《陕西省人民政府办公厅关于印发全省征地统一年产值及区片综合地价平均标准的通知》（陕政办发〔2010〕36号）同时废止。

附件：

1. 97个县（市、区）征地统一年产值标准平均值和最低标准表
2. 105个县（市、区）征地区片综合地价平均值和最低标准表

97个县（市、区）征地统一年产值标准平均值和最低标准表

市、区名称	县（市、区）名称	补偿标准平均值		最低补偿标准	
		（元/亩）	（万元/公顷）	（元/亩）	（万元/公顷）
西安市	阎良区	47034	70.551	42978	64.467
	临潼区	45276	67.914	36475	54.7125
	长安区	58290	87.435	45840	68.76
	蓝田县	39366	59.049	36342	54.513
	周至县	41236	61.854	36550	54.825
	鄠邑区	49677	74.5155	40122	60.183
	平均值	46813	70.2195		
铜川市	王益区	44436	66.654	42924	64.386
	印台区	41272	61.908	38920	58.38
	耀州区	47647	71.4705	42224	63.336
	宜君县	39536	59.304	37268	55.902
	平均值	43223	64.8345		

续表

市、区名称	县（市、区）名称	补偿标准平均值		最低补偿标准	
		（元/亩）	（万元/公顷）	（元/亩）	（万元/公顷）
宝鸡市	渭滨区	41731	62.5965	34440	51.66
	金台区	46200	69.3	40124	60.186
	陈仓区	44184	66.276	34716	52.074
	凤翔县	41904	62.856	38616	57.924
	岐山县	44725	67.0875	39402	59.103
	扶风县	43025	64.5375	36616	54.924
	眉县	43025	64.5375	36823	55.2345
	陇县	35975	53.9625	30272	45.408
	千阳县	36608	54.912	30153	45.2295
	麟游县	31656	47.484	31080	46.62
	凤县	32500	48.75	30368	45.552
	太白县	33864	50.796	30290	45.435
	平均值	39616	59.424		
咸阳市	三原县	40112	60.168	38502	57.753
	泾阳县	42113	63.1695	38962	58.443
	乾县	44876	67.314	33618	50.427
	礼泉县	42975	64.4625	33960	50.94
	永寿县	32592	48.888	31000	46.5
	彬州市	44874	67.311	38150	57.225
	长武县	45396	68.094	36166	54.249
	旬邑县	44325	66.4875	31512	47.268
	淳化县	36190	54.285	30228	45.342
	武功县	53100	79.65	48072	72.108
	兴平市	53892	80.838	50247	75.3705
	平均值	43677	65.5155		
渭南市	临渭区	38544	57.816	35048	52.572
	华州区	40264	60.396	37265	55.8975
	潼关县	37854	56.781	32032	48.048
	大荔县	40940	61.41	40080	60.12
	合阳县	39836	59.754	38880	58.32
	澄城县	35064	52.596	26280	39.42

九、赔补偿类（各省区片指导价、道路、道路开口、其他类补偿表） | 351

续表

市、区名称	县（市、区）名称	补偿标准平均值		最低补偿标准	
		（元/亩）	（万元/公顷）	（元/亩）	（万元/公顷）
渭南市	蒲城县	39075	58.6125	36270	54.405
	白水县	37128	55.692	35230	52.845
	富平县	40344	60.516	35000	52.5
	华阴市	40635	60.9525	37120	55.68
	平均值	38968	58.452		
延安市	宝塔区	49110	73.665	45000	67.5
	延长县	44072	66.108	36920	55.38
	延川县	43578	65.367	39015	58.5225
	子长县	40446	60.669	35074	52.611
	安塞区	43578	65.367	35664	53.496
	志丹县	46429	69.6435	37212	55.818
	吴起县	45472	68.208	34060	51.09
	甘泉县	43983	65.9745	38636	57.954
	富县	43904	65.856	39717	59.5755
	洛川县	44460	66.69	40775	61.1625
	宜川县	45108	67.662	41496	62.244
	黄龙县	45820	68.73	40068	60.102
	黄陵县	41283	61.9245	37557	56.3355
	平均值	44403	66.6045		
汉中市	汉台区	63028	94.542	50540	75.81
	南郑区	52325	78.4875	40503	60.7545
	城固县	53275	79.9125	45875	68.8125
	洋县	45708	68.562	38750	58.125
	西乡县	52026	78.039	43872	65.808
	勉县	52488	78.732	35230	52.845
	宁强县	32039	48.0585	30544	45.816
	略阳县	34704	52.056	30015	45.0225
	镇巴县	38664	57.996	37314	55.971
	留坝县	46200	69.3	37500	56.25
	佛坪县	36386	54.579	32476	48.714
	平均值	46077	69.1155		

续表

市、区名称	县（市、区）名称	补偿标准平均值		最低补偿标准	
		（元/亩）	（万元/公顷）	（元/亩）	（万元/公顷）
榆林市	榆阳区	34800	52.2	32088	48.132
	神木市	32736	49.104	31560	47.34
	府谷县	31872	47.808	30175	45.2625
	横山区	32650	48.975	30425	45.6375
	靖边县	33150	49.725	30025	45.0375
	定边县	31608	47.412	30096	45.144
	绥德县	31070	46.605	30004	45.006
	米脂县	30775	46.1625	30075	45.1125
	佳县	30498	45.747	30015	45.0225
	吴堡县	30050	45.075	30025	45.0375
	清涧县	30576	45.864	30030	45.045
	子洲县	30836	46.254	30082	45.123
	平均值	31718	47.577		
安康市	汉滨区	42146	63.219	39208	58.812
	汉阴县	41725	62.5875	33050	49.575
	石泉县	42432	63.648	37726	56.589
	宁陕县	34996	52.494	31382	47.073
	紫阳县	32725	49.0875	31275	46.9125
	岚皋县	32425	48.6375	30200	45.3
	平利县	36025	54.0375	32900	49.35
	镇坪县	36125	54.1875	31125	46.6875
	旬阳县	42275	63.4125	32800	49.2
	白河县	35064	52.596	32976	49.464
	平均值	37594	56.391		
商洛市	商州区	44820	67.23	33075	49.6125
	洛南县	45172	67.758	37840	56.76
	丹凤县	42575	63.8625	31900	47.85
	商南县	37388	56.082	30240	45.36
	山阳县	41931	62.8965	33984	50.976
	镇安县	33264	49.896	30360	45.54
	柞水县	38425	57.6375	34200	51.3
	平均值	40511	60.7665		

续表

市、区名称	县（市、区）名称	补偿标准平均值		最低补偿标准	
		（元/亩）	（万元/公顷）	（元/亩）	（万元/公顷）
	韩城市	46152	69.228	42000	63
	全省平均值	41705	62.5575		
	其中：西咸新区	50976	76.464		

附件2

105个县（市、区）征地区片综合地价平均值和最低标准表

市、区名称	县（市、区）名称		区片综合地价平均值		区片综合地价最低标准	
			（元/亩）	（万元/公顷）	（元/亩）	（万元/公顷）
西安市	莲湖区		256240	384.36	254405	381.6075
	灞桥区		78893	118.3395	68940	103.41
	未央区		96229	144.3435	84297	126.4455
	雁塔区		143798	215.697	105642	158.463
	阎良区		53565	80.3475	51943	77.9145
	临潼区		53976	80.964	53373	80.0595
	长安区		72488	108.732	66945	100.4175
	蓝田县		47168	70.752	43874	65.811
	周至县		65480	98.22	58403	87.6045
	鄠邑区		67143	100.7145	60554	90.831
	高陵区		56651	84.9765	53697	80.5455
	平均值		90148	135.222		
铜川市	王益区		50974	76.461	50082	75.123
	印台区		47202	70.803	43537	65.3055
	耀州区		54829	82.2435	49001	73.5015
	宜君县		45169	67.7535	44143	66.2145
	平均值		49544	74.316		
宝鸡市	渭滨区	全区	85334	128.001	66554	99.831
		原有区片	127490	191.235	126207	189.3105
		新增区片	70369	105.5535	66554	99.831

续表

市、区名称	县（市、区）名称		区片综合地价平均值		区片综合地价最低标准	
			（元/亩）	（万元/公顷）	（元/亩）	（万元/公顷）
宝鸡市	金台区	全区	93217	139.8255	48794	73.191
		原有区片	135783	203.6745	48794	73.191
		新增区片	68297	102.4455	65300	97.95
	陈仓区		68450	102.675	61840	92.76
	凤翔县	全县	62783	94.1745	39338	59.007
		原有区片	67081	100.6215	66990	100.485
		新增区片	41772	62.658	39338	59.007
	岐山县		106584	159.876	101688	152.532
	扶风县		49725	74.5875	48631	72.9465
	眉县		73860	110.79	53964	80.946
	陇县		49284	73.926	48877	73.3155
	千阳县		61632	92.448	60120	90.18
	麟游县		41070	61.605	33200	49.8
	凤县		47735	71.6025	32853	49.2795
	太白县		47424	71.136	42715	64.0725
	平均值		65592	98.388		
咸阳市	秦都区		74675	112.0125	55100	82.65
	渭城区		64292	96.438	56875	85.3125
	三原县		47495	71.2425	42788	64.182
	泾阳县		48022	72.033	45860	68.79
	乾县		58049	87.0735	41031	61.5465
	礼泉县		56779	85.1685	51191	76.7865
	永寿县		33756	50.634	32989	49.4835
	彬州市		84527	126.7905	68585	102.8775
	长武县		58230	87.345	50000	75
	旬邑县		58767	88.1505	53100	79.65
	淳化县		41332	61.998	39629	59.4435
	武功县		54657	81.9855	49083	73.6245
	兴平市		64365	96.5475	56011	84.0165
	平均值		57304	85.956		

九、赔补偿类（各省区片指导价、道路、道路开口、其他类补偿表）

续表

市、区名称	县（市、区）名称	区片综合地价平均值		区片综合地价最低标准	
		（元/亩）	（万元/公顷）	（元/亩）	（万元/公顷）
渭南市	临渭区	48774	73.161	45000	67.5
	华州区	47379	71.0685	41000	61.5
	潼关县	67779	101.6685	58520	87.78
	大荔县	52893	79.3395	41500	62.25
	合阳县	45978	68.967	41000	61.5
	澄城县	48674	73.011	35000	52.5
	蒲城县	53282	79.923	41000	61.5
	白水县	55739	83.6085	40000	60
	富平县	52302	78.453	43000	64.5
	华阴市	58959	88.4385	43000	64.5
	平均值	53176	79.764		
延安市	宝塔区	184337	276.5055	71331	106.9965
	延长县	53967	80.9505	52280	78.42
	延川县	69882	104.823	48628	72.942
	子长县	80908	121.362	56700	85.05
	安塞区	70137	105.2055	60860	91.29
	志丹县	89937	134.9055	58032	87.048
	吴起县	68528	102.792	55400	83.1
	甘泉县	55691	83.5365	44345	66.5175
	富县	59887	89.8305	51630	77.445
	洛川县	63218	94.827	59319	88.9785
	宜川县	55777	83.6655	47473	71.2095
	黄龙县	58810	88.215	48000	72
	黄陵县	57249	85.8735	41395	62.0925
	平均值	74487	111.7305		
汉中市	汉台区 全区	116303	174.4545	97000	145.5
	汉台区 原有区片	129216	193.824	127000	190.5
	汉台区 新增区片	97000	145.5	97000	145.5
	南郑区	79151	118.7265	73000	109.5
	城固县	67869	101.8035	58000	87
	洋县	72346	108.519	60000	90
	西乡县	79323	118.9845	76081	114.1215
	勉县	79157	118.7355	65000	97.5

续表

市、区名称	县（市、区）名称	区片综合地价平均值		区片综合地价最低标准	
		（元/亩）	（万元/公顷）	（元/亩）	（万元/公顷）
汉中市	宁强县	71999	107.9985	50000	75
	略阳县	56660	84.99	54637	81.9555
	镇巴县	76808	115.212	55000	82.5
	留坝县	63403	95.1045	50000	75
	佛坪县	99477	149.2155	89900	134.85
	平均值	78409	117.6135		
榆林市	榆阳区 全区	121383	182.0745	45000	67.5
	榆阳区 原有区片	156905	235.3575	150000	225
	榆阳区 新增区片	93574	140.361	45000	67.5
	神木市 全市	206901	310.3515	143900	215.85
	神木市 原有区片	261205	391.8075	252100	378.15
	神木市 新增区片	199549	299.3235	143900	215.85
	府谷县	149772	224.658	69350	104.025
	横山区	96817	145.2255	45000	67.5
	靖边县	127604	191.406	60000	90
	定边县	153571	230.3565	119500	179.25
	绥德县	76459	114.6885	52907	79.3605
	米脂县	54663	81.9945	31915	47.8725
	佳县	41863	62.7945	33251	49.8765
	吴堡县	55449	83.1735	48227	72.3405
	清涧县	55713	83.5695	41000	61.5
	子洲县	50203	75.3045	44293	66.4395
	平均值	99200	148.8		
安康市	汉滨区	62152	93.228	53500	80.25
	汉阴县	58499	87.7485	41300	61.95
	石泉县	62518	93.777	53561	80.3415
	宁陕县	53315	79.9725	45503	68.2545
	紫阳县	46271	69.4065	35535	53.3025
	岚皋县	59338	89.007	39000	58.5
	平利县	50037	75.0555	46864	70.296
	镇坪县	48534	72.801	37454	56.181
	旬阳县	58554	87.831	53000	79.5
	白河县	46501	69.7515	45378	68.067
	平均值	54572	81.858		

九、赔补偿类（各省区片指导价、道路、道路开口、其他类补偿表）

续表

市、区名称	县（市、区）名称	区片综合地价平均值		区片综合地价最低标准	
		（元/亩）	（万元/公顷）	（元/亩）	（万元/公顷）
商洛市	商州区	68204	102.306	58028	87.042
	洛南县	61588	92.382	56200	84.3
	丹凤县	55548	83.322	52983	79.4745
	商南县	51683	77.5245	41000	61.5
	山阳县	58455	87.6825	52909	79.3635
	镇安县	60793	91.1895	55200	82.8
	柞水县	52873	79.3095	49998	74.997
	平均值	58449	87.6735		
杨陵区		58690	88.035	56932	85.398
韩城市		61712	92.568	45000	67.5
全省平均		66774	100.661		
其中：西咸新区		67414	101.121	45860	68.79

6. 征地区片综合地价测算指导性意见（暂行）

征地区片综合地价测算指导性意见（暂行）

一、概念及内涵

征地区片综合地价（以下简称征地区片价）是指在城镇行政区土地利用总体规划确定的建设用地范围内，依据地类、产值、土地区位、农用地等级、人均耕地数量、土地供求关系、当地经济发展水平和城镇居民最低生活保障水平等因素，划分区片并测算的征地综合补偿标准（原则上不含地上附着物和青苗的补偿费）。

征地区片价测算范围重点在土地利用总体规划确定的城市、集镇建设用地规模范围内，但各地可以根据征地需要和实际情况扩展到城市郊区或更大范围。

二、基本原则

（一）维护被征地农民合法权益原则。征地区片价要确保被征地农民原有生活水平不因征地而降低，并体现长远生计和未来发展的需要。

（二）同地同价原则。在同一区片内，不同宗地的征地补偿标准相同，且不因征地目的及土地用途不同而有差异。

（三）协调平衡原则。征地区片价不得低于当地原征地补偿标准，省级行政区域内各市县的征地区片价应相互衔接。

（四）公开听证原则。根据《国土资源听证规定》，征地区片价要依法组织听证，广泛听取有关部门、农村集体经济组织、农民及社会各方面的意见和建议。

三、基本要求

（一）征地区片价作为征地补偿实施过程中的执行标准，一般情况下不设定宗地补偿费修正体系；确需设定修正体系的，要严格限定修正因素并控制修正系数，修正体系应一并公布。

（二）一个市（县）的征地区片价原则上控制在4—6个级别。

（三）征地区片价应设定对应的基准时点，一般3—5年更新一次。

四、工作步骤

1. 确定测算范围；
2. 划定区片；
3. 测算区片综合地价；
4. 对区片综合地价进行验证和调整；
5. 测算结果听证和修改；
6. 确定征地区片价；
7. 整理与编制成果。

五、区片的划定

(一) 有农用地定级成果市（县）的区片划定

已经根据《农用地定级规程》完成农用地定级工作的市（县），在农用地级别的基础上，按照《关于完善征地补偿安置制度的指导意见》（国土资发〔2004〕238号）的精神，考虑人均耕地数量、土地区位、土地供求关系、当地经济发展水平和城镇居民最低生活保障水平等因素，对农用地级别进行修正和调整，划分区片。

(二) 没有农用地定级成果市（县）的区片划定

没有开展农用地定级工作的市（县），可以行政村为基本单元，根据地类、人均耕地数量、土地区位等因素对基本单元进行综合评价和调整，划定区片。

注意事项：

1. 对基本单元综合评价应考虑地类、产值、土地区位、人均耕地数量、土地供需关系、当地经济发展水平和城镇居民最低生活保障水平等因素，并确定合理的权重。

2. 区片边界线一般以村行政界线为依据划定；需打破行政界线的，可依线状地物及地类分界线确定。

3. 基本农田保护区、生态保护区和其他资源保护区等不得划入征地区片价测算范围。

六、测算方法

征地区片价可采用农地价格因素修正、征地案例比较和年产值倍数等方法进行测算，也可以根据本地区实际情况采用其他合适的方法进行测算。征地区片价原则上应在两种或者三种方法测算结果的基础上综合平衡确定。

(一) 农地价格因素修正测算法

征地区片价以农地价格为基础，同时考虑人均耕地数量和城镇居民最低生活保障水平等因素进行修正。

具体步骤：

1. 计算区片的农地价格；
2. 确定修正因素和系数；
3. 计算征地区片价。

注意事项：

1. 已经根据《农用地估价规程》完成农用地基准地价测算的地区，参照农用地基准地价确定区片的农地价格；没有完成农用地基准地价测算的地区，在农地年产值的基础上采用收益还原法评估区片的农地价格。

2. 修正因素主要考虑土地区位、人均耕地数量、土地供求关系、当地经济发展水平和城镇居民最低生活保障水平等因素。

(二) 征地案例比较测算法

根据本区片和其他可比区片征地案例的实际补偿标准，进行比较确定征地区片价。

具体步骤：

1. 选择征地案例；
2. 统一可比内涵；
3. 进行比较修正；
4. 计算征地区片价。

注意事项：

1. 征地案例要选择近三年之内发生的征地项目。

2. 征地案例的可比内涵要与征地区片价的设定内涵一致。
3. 对征地案例的比较修正应考虑区域因素、个别因素和时间因素等。

（三）年产值倍数测算法

根据年产值倍数分别计算土地补偿费和安置补助费确定征地区片价。

具体步骤：
1. 确定区片土地年产值；
2. 确定土地补偿倍数和安置补助倍数；
3. 计算区片土地补偿费和安置补助费；
4. 计算征地区片价。

注意事项：
1. 区片土地年产值依据统一年产值标准或者通过调查前三年产值确定。
2. 土地补偿倍数和安置补助倍数，应根据《土地管理法》有关规定，并考虑当地经济发展水平和基本生活保障水平确定。

七、验证和调整

征地区片价初步结果必须与现行征地补偿水平和被征地农民现有生活水平进行比较和验证，测算的征地区片价低于现行征地补偿水平和农民现有生活水平的，不足以支付失地农民社会保障费用的，需要进行调整。

注意事项：
1. 现行征地补偿水平通过对近期征地样点调查统计得到。
2. 农民现有生活水平主要根据统计部门的农村居民收入水平数据，并结合实地样点调查资料确定；失地农民的社会保障费用根据当地社会经济发展水平确定。
3. 征地区片价须折算成年度收益后，才能与农民现有生活水平相比较。
4. 征地区片价要与周边地区征地补偿标准相衔接。

八、听证和验收

根据《国土资源听证规定》，征地区片价必须依法组织听证，并根据听证情况进行修改，报省级国土资源部门综合平衡，评审验收。

九、测算成果要求

提交结果报告和技术报告。

（一）结果报告的主要内容：
1. 征地区片价说明，包括区片价内涵、基准时点、测算时间、测算范围、区片分布、有关名词解释等；
2. 征地区片价表，表中内容包括各区片编号、区片价、位置、范围描述等；
3. 征地区片价分布图；
4. 征地区片价使用说明。

（二）技术报告的主要内容：
1. 测算范围及其基本情况；
2. 测算原则与依据；
3. 测算技术路线与方法；
4. 测算过程与测算结果；
5. 测算结果分析与应用建议等。

十、放管服类文件

1. 国家发展改革委关于进一步放开建设项目专业服务价格的通知（发改价格〔2015〕299 号）

国家发展改革委关于进一步放开建设项目专业服务价格的通知

发改价格〔2015〕299 号

国务院有关部门、直属机构，各省、自治区、直辖市发展改革委、物价局：

为贯彻落实党的十八届三中全会精神，按照国务院部署，充分发挥市场在资源配置中的决定性作用，决定进一步放开建设项目专业服务价格。现将有关事项通知如下：

一、在已放开非政府投资及非政府委托的建设项目专业服务价格的基础上，全面放开以下实行政府指导价管理的建设项目专业服务价格，实行市场调节价。

（一）建设项目前期工作咨询费，指工程咨询机构接受委托，提供建设项目专题研究、编制和评估项目建议书或者可行性研究报告，以及其它与建设项目前期工作有关的咨询等服务收取的费用。

（二）工程勘察设计费，包括工程勘察收费和工程设计收费。工程勘察收费，指工程勘察机构接受委托，提供收集已有资料、现场踏勘、制定勘察纲要，进行测绘、勘探、取样、试验、测试、检测、监测等勘察作业，以及编制工程勘察文件和岩土工程设计文件等服务收取的费用；工程设计收费，指工程设计机构接受委托，提供编制建设项目初步设计文件、施工图设计文件、非标准设备设计文件、施工图预算文件、竣工图文件等服务收取的费用。

（三）招标代理费，指招标代理机构接受委托，提供代理工程、货物、服务招标，编制招标文件、审查投标人资格，组织投标人踏勘现场并答疑，组织开标、评标、定标，以及提供招标前期咨询、协调合同的签订等服务收取的费用。

（四）工程监理费，指工程监理机构接受委托，提供建设工程施工阶段的质量、进度、费用控制管理和安全生产监督管理、合同、信息等方面协调管理等服务收取的费用。

（五）环境影响咨询费，指环境影响咨询机构接受委托，提供编制环境影响报告书、环境影响报告表和对环境影响报告书、环境影响报告表进行技术评估等服务收取的费用。

二、上述 5 项服务价格实行市场调节价后，经营者应严格遵守《价格法》、《关于商品和服务实行明码标价的规定》等法律法规规定，告知委托人有关服务项目、服务内容、服务质量，以及服务价格等，并在相关服务合同中约定。经营者提供的服务，应当符合国家和行业有关标准规范，满足合同约定的服务内容和质量等要求。不得违反标准规范规定或合同约定，通过降低服务质量、减少服务内容等手段进行恶性竞争，扰乱正常市场秩序。

三、各有关行业主管部门要加强对本行业相关经营主体服务行为监管。要建立健全服务标准规范，进一步完善行业准入和退出机制，为市场主体创造公开、公平的市场竞争环境，引导行业健康发展；要制定市场主体和从业人员信用评价标准，推进工程建设服务市场信用体系建设，加大对有重大失信行为的企业及负有责任的从业人员的惩戒力度。充分发挥行业协会服务企业和行业自律作用，加强对本行业经营者的培训和指导。

四、政府有关部门对建设项目实施审批、核准或备案管理，需委托专业服务机构等中介提供评估评审等服务的，有关评估评审费用等由委托评估评审的项目审批、核准或备案机关承担，评估评审机构不得向项目单位收取费用。

五、各级价格主管部门要加强对建设项目服务市场价格行为监管，依法查处各种截留定价权，利用行政权力指定服务、转嫁成本，以及串通涨价、价格欺诈等行为，维护正常的市场秩序，保障市场主体合法权益。

六、本通知自 2015 年 3 月 1 日起执行。此前与本通知不符的有关规定，同时废止。

2. 天津市人民政府关于取消和调整一批行政许可事项的通知（津政发〔2018〕20号）

天津市人民政府关于取消和调整一批行政许可事项的通知

津政发〔2018〕20号

各区人民政府，各委、局，各直属单位：

为深入贯彻习近平新时代中国特色社会主义思想和党的十九大精神，进一步推进简政放权、放管结合、优化服务改革，加快政府职能转变，规范行政审批行为，提高政府服务水平，维护公平公正的市场秩序，根据《国务院关于取消一批行政许可等事项的决定》（国发〔2018〕28号）和本市承诺制标准化智能化便利化审批制度改革部署要求，经研究论证，市人民政府决定，取消市级行政许可事项44项，取消区级行政许可事项36项，将46项市级行政许可事项合并为22项，将19项区级行政许可事项合并为10项，市级向区级下放行政许可事项及权限17项。另有依据有关地方性法规设定的21项市级行政许可事项和16项区级行政许可事项，市人民政府将依照法定程序提请市人民代表大会常务委员会修订相关地方性法规，相应行政许可事项按照修订后的地方性法规相关规定执行。

市和区有关部门对取消的行政许可事项要加强事中事后监管，制定监管措施，落实监管主体责任，做好工作衔接，避免出现监管真空，切实提高行政审批制度改革的系统性、协同性、针对性和有效性。市级审批部门要把该放的权力放到位，主动做好上下衔接工作，明确责任分工，加强宣传解读，搞好业务培训。各区要做好行政许可事项的高效审批服务工作，市垂直管理部门区级审批事项及权限，能划转的要全部向区行政审批局划转，并全部进入区行政许可服务中心集中审批、现场审批，切实方便企业、群众办事，不断优化营商环境。

附件：1. 取消的市级行政许可事项目录（44项）
　　　2. 取消的区级行政许可事项目录（36项）
　　　3. 合并的市级行政许可事项目录（46项合并为22项）
　　　4. 合并的区级行政许可事项目录（19项合并为10项）
　　　5. 市级下放至区级的行政许可事项及权限目录（17项）

2018年8月24日

（此件主动公开）

附件 1

取消的市级行政许可事项目录（44 项）

序号	部门	取消的事项名称			监管措施	备注
		事项	子项	类型项		
1	市工业和信息化委	铬化合物生产建设项目许可			市工业和信息化委加强事中事后监管。	暂不列入行政许可事项目录
2	市民委	从事互联网宗教信息服务审核			市民委加强事中事后监管。	暂不列入行政许可事项目录
3	市公安局	外国人来华签证的签发、延期、换发、补发			1. 严密口岸签证人境人员审查措施，严格系统筛查。 2. 与边检及航空部门建立健全提前通报审查机制。	
4				口岸 F 字（访问）签证申请		
5				口岸团体 L 字签证申请		
6				口岸 C 字（乘务）签证申请		
7				口岸 M 字（贸易）签证申请		
8				口岸 Q2 字（短期团聚）签证申请		
9				口岸 R 字（人才）签证申请		
				口岸 S2 字（短期私人事务）签证申请		

续表

序号	部门	取消的事项名称 事项	子项	类型项	监管措施	备注
10	市人力社保局	设立中外合作职业技能培训机构许可			市人力社保局加强事中事后监管。	
11	市人力社保局	职业资格证书颁发			市人力社保局加强事中事后监管。	改为公共服务事项
12	市人力社保局	设立技工学校许可			市人力社保局加强事中事后监管。	
13	市人力社保局	台、港、澳人员在内地就业许可			人力社保部门加强事中事后监管。	
14	市规划局	修建性详细规划许可		建筑工程修建性详细规划（含总平面设计方案）	1. 建设工程类型合并至建设工程规划许可证核发。 2. 市政工程规划方案合并至选址意见书（规划条件）许可。	
15	市规划局			市政工程规划方案		
16	市出版局	报纸期刊变更刊期许可		报纸变更刊期（类型项）		取消办理类型，保留事项"报纸期刊变更刊期许可"实施
17	市出版局			期刊变更刊期（类型项）		
18	市建委	建筑活动从业人员执业资格许可	注册建造师	延续	市建委加强事中事后监管。	
19	市建委	企业投资项目核准			由市发展改革委统一办理。	

续表

序号	部门	取消的事项名称 事项	取消的事项名称 子项	取消的事项名称 类型项	监管措施	备注
20	市市容园林委	工程建设涉及城市绿地、树木许可	迁移、砍伐城市树木（古树古木）许可		市市容园林委加强事中事后监管。	取消迁移一般树木审批，子项名称修改为"迁移古树名木、砍伐城市树木（古树名木）许可"，审批范围包括《天津市古树名木保护条例》第十四条、第四十三条和《天津市古树名木管理办法》第十二条的相关情形
21	市农委	农业机械驾驶证核发	拖拉机驾驶证核发			取消子项并更名为"拖拉机联合收割机驾驶证核发"
22	市农委		联合收割机驾驶证核发			
23	市农委	农业机械牌证核发	拖拉机牌证核发			取消子项并更名为"拖拉机联合收割机牌证核发"
24	市农委		联合收割机牌证核发			
25	市水务局	洪水影响评价许可	河道、水库管理范围内堤顶、坝顶、戗台用作铁路许可		按照河道管理要求，强化河道巡视检查。	
26	市水务局	用水计划指标许可		自来水用水计划指标核定	市水务局主动做好服务，加强事中事后监管。	改为公共服务事项
27	市水务局			用水计划指标变更批准		
28	市水务局			地下水、地表水和临时用水指标核定		

续表

序号	部门	取消的事项名称			监管措施	备注
		事项	子项	类型项		
29	市文化广播影视局	外国及港澳台文艺团体、个人来津营业性演出许可	外国及港澳台文艺表演团体、个人来津在歌舞娱乐场所营业性演出许可			取消子项，保留事项
30	市文化广播影视局		外国及港澳台文艺表演团体、个人来津在非歌舞娱乐场所营业性演出许可			
31	市文化广播影视局	市级不可移动文物迁移、拆除、原址重建，使用用途变更及在文物保护单位保护范围内建设施工作业许可	在全国及市级文物保护单位保护范围内进行其他建设工程或者爆破、钻探、挖掘等作业许可		市文化广播影视局加强事中事后监管。	取消子项，取消后该子项定为禁止制
32	市卫生计生委	放射诊疗建设项目（放射防护）卫生审查许可	建设项目职业病危害预评价审核		医疗机构建设项目的预评价由建设单位自行进行检测和论证，在竣工验收阶段再提交预评价报告书。	
33			经职业病危害预评价确定为可能产生严重职业病危害的建设项目，职业病防护设施设计审查			
34	市交通运输委	企业投资项目核准			由市发展改革委统一办理。	

续表

序号	部门	取消的事项名称			监管措施	备注
		事项	子项	类型项		
35	市交通运输委	海事船舶管理许可	《船舶污染物接收证明》签发		依据《海事政务服务指南(2018)》(海政法〔2018〕123号)第二十八条"海事船舶管理许可"子项"《船舶污染物接收证明》签发"，事项性质由行政许可改为其他类别，将通过日常执法检查和处理情况备案。我市为非水网地区，现有登记船舶无该法定依据规定的船舶，且依据《海事政务服务指南(2018)》(海政法〔2018〕123号)第二十五条"海事船舶管理许可"子项"《船上油污应急计划》许可"已取消，将通过日常执法检查加强监管。	
36			《船上油污应急计划》许可			
37	市交通运输委	船员适任证书核发	海船船员内河航行资格证明签发		该事项是指海船进入内河，船员需要考取海事相关航线资质。我市内河与沿海有闸相阻隔，无法通航，不存在海船进入内河航线的情形，该事项不发生。	

续表

序号	部门	取消的事项名称			监管措施	备注
		事项	子项	类型项		
38	市交通运输委	临时占用、挖掘城市道路及依附城市道路建设管线、杆线等设施许可	临时占用、挖掘城市道路			取消子项，保留事项
39	市交通运输委		依附城市道路建设管线、杆线等设施许可		交通运输部门加强事中事后监管。	
40	市交通运输委	机动车维修经营许可			交通运输部门加强事中事后监管。	
41	市交通运输委	外商投资道路运输业立项许可				
42	市市场监管委	制造、修理计量器具许可证签发	制造、修理计量器具许可		按照计量法及其实施细则有关要求进行监管。	
43	市农委	出口国家重点保护的或进出口中国参加的国际公约限制进出口的水生野生动物或其产品许可				
44	市商务委	赴境外（含赴港澳台）投资企业核准				

附件2

取消的区级行政许可事项目录（36项）

序号	部门	取消的事项名称			监管措施	备注
		事项	子项	类型项		
1	区公安局	外国人来华签证的签发、延期、换发、补发		口岸F字（访问）签证申请	1. 严密口岸签证人员审查措施，严格系统筛查。 2. 与边检以及航空部门建立健全提前通报审查机制。	
2				口岸团体L字签证申请		
3				口岸C字（乘务）签证申请		
4				口岸M字（贸易）签证申请		
5				口岸Q2字（短期团聚）签证申请		
6				口岸R字（人才）签证申请		
7				口岸S2字（短期私人事务）签证申请		
8	区规划行政主管部门	修建性详细规划许可		建筑工程修建性详细规划（含总平面设计方案）	1. 建设工程类型合并至建设工程规划许可证核发。 2. 市政工程规划方案合并至选址意见书（规划条件）许可。	
9				市政工程规划方案		

续表

序号	部门	取消的事项名称			监管措施	备注
		事项	子项	类型项		
10	区市场监管局	制造、修理计量器具许可证签发			按照计量法及其实施细则有关要求进行监管。	
11	区行政审批局	职业资格证书颁发			加强事中事后监管。	改为公共服务事项
12	区行政审批局	工程建设涉及城市绿地、树木许可	迁移、砍伐城市树木（古树古木）许可		加强事中事后监管。	取消迁移一般树木审批，子项名称修改为"迁移古树名木、砍伐城市树木（古树名木）许可"，审批范围包括《天津市绿化条例》第十四条、第四十三条和《天津市古树名木保护管理办法》第十二条的相关情形
13	区行政审批局	防治污染设施拆除或闲置（水、大气、噪声）许可	防治（水）污染设施拆除或闲置许可			取消子项，保留事项
14			防治（大气）污染设施拆除或闲置许可			
15			防治（噪声）污染设施拆除或闲置许可			
16	区行政审批局	洪水影响评价许可	河道、水库管理范围内堤顶、坝顶、戗台占用作铁路许可		按照河道管理要求，强化河道巡视检查。	

续表

序号	部门	取消的事项名称			监管措施	备注
		事项	子项	类型项		
17	区行政审批局	用水计划指标许可		自来水用水计划指标核定		改为公共服务事项
18				用水计划指标变更批准		
19				地下水、地表水和临时用水指标核定		
20	区行政审批局	开垦禁止开垦坡度 5 度以上 25 度以下的荒坡许可			加强事中事后监管。	
21	区行政审批局		建设项目职业病危害预评价审核		医疗机构建设项目的预评价由建设单位自行进行检测和论证，在竣工验收阶段再提交预评价报告书。	
22	区行政审批局	放射诊疗建设项目（放射防护）卫生审查许可	经职业病危害预评价确定为可能产生严重职业病危害的建设项目，职业病防护设施设计审查			

续表

序号	部门	取消的事项名称			监管措施	备注
		事项	子项	类型项		
23	区行政审批局	海事船舶管理许可	《船舶污染物接收证明》签发		依据《海事政务服务指南（2018）》（海政法〔2018〕123号）第二十八条，原"海事船舶管理许可"子项"《船舶污染物接收证明》签发"调整为"船舶污染物的接收和处理情况备案"，事项性质由行政许可改为其他类别，将通过日常执法检查加强监管。我市为非水网地区，现有登记船舶无该法定依据规定的船舶，且依据《海事政务服务指南（2018）》（海政法〔2018〕123号）第二十五条，原"海事船舶管理许可"子项"《船上油污应急计划》许可"已取消，将通过日常执法检查加强监管。	
24			《船上油污应急计划》许可			
25	区行政审批局	船员适任证书核发	海船船员内河航线行驶资格证明签发		该事项是指海船进入内河，船员需要考取相关航线资质。我市内河与沿海有闸相阻隔，无法通航，我市不存在海船进入内河航线的情况，该事项不发生。	

续表

序号	部门	取消的事项名称			监管措施	备注
		事项	子项	类型项		
26	区行政审批局	临时占用、挖掘城市道路	临时占用、挖掘城市道路			取消子项，保留事项
27	区行政审批局		依附城市道路建设管线、杆线等设施许可			
28	区行政审批局	在公路上行驶履带车和其他可能损害公路路面运输机具许可			该事项已列为禁止行为，各级交通主管部门进一步加大路政监管力度。	
29	区行政审批局	台、港、澳人员在内地就业许可			人力社保部门加强事中事后监管。	
30	区行政审批局	机动车维修经营许可			交通运输部门加强事中事后监管。	
31	区行政审批局	外商投资道路货物运输立项许可（不含危险品运输）			交通运输部门加强事中事后监管。	
32	区行政审批局	农业机械维修技术合格证书核发			农机主管部门加强事中事后监管。	
33	区农业行政主管部门	农业机械驾驶证核发	拖拉机驾驶证核发			取消子项，事项名称更名为"拖拉机联合收割机驾驶证核发"
34	区农业行政主管部门		联合收割机驾驶证核发			
35	区农业行政主管部门	农业机械牌证核发	拖拉机牌证核发			取消子项，事项名称更名为"拖拉机联合收割机牌证核发"
36	区农业行政主管部门		联合收割机牌证核发			

附件3

合并的市级行政许可事项目录（46项合并为22项）

序号	部门	合并的事项名称			合并后的事项名称		
		事项	子项	类型项	事项	子项	类型项
1	市公安消防局	消防技术服务机构资质许可		消防设施维护保养检测机构一级资质	消防技术服务机构资质许可		消防技术服务机构资质证书
				消防设施维护保养检测机构二级资质			
				消防设施维护保养检测机构三级资质			
				消防安全评估机构一级资质			
				消防安全评估机构二级资质			
				消防设施维护保养检测机构资质证书变更补发			
				消防安全评估机构资质证书变更补发			

续表

序号	部门	合并的事项名称 事项	子项	类型项	合并后的事项名称 事项	子项	类型项	备注
2	市公安消防局	消防技术服务机构资质许可		消防设施维护保养检测机构资质证书续期	消防技术服务机构资质许可		消防技术服务机构资质证书变更补发	
3				消防安全评估机构资质证书续期	消防技术服务机构资质许可		消防技术服务机构资质证书续期	
4	市规划局	建设工程设计方案许可		建筑工程	建设工程规划许可证核发		建筑工程	
5		建设工程规划许可证核发		构筑物（含雕塑）/建筑工程（永久性建筑物，含部位、临时建筑、维修建筑）/市政工程/建筑工程/市政工程	建设工程规划许可证核发		市政工程	
6	市规划局	选址意见书许可		建筑工程	选址意见书（规划条件许可）		建筑工程	
7		规划条件许可		市政工程			市政工程	
8	市建委	建筑活动从业企业资质许可	工程勘察设计资质	增补/变更	建筑活动从业企业资质许可	工程勘察设计资质	变更增补	

续表

序号	部门	合并的事项名称			合并后的事项名称			备注
		事项	子项	类型项	事项	子项	类型项	
9	市环保局	生产、销售、使用放射性同位素和加速器、中子发生器以及含放射源的射线装置环境影响报告书（表）许可		生产、销售、使用放射性同位素和加速器、中子发生器以及含放射源的射线装置环境影响报告表	生产、销售、使用放射性同位素和加速器、中子发生器以及含放射源的射线装置环境影响报告书（表）许可		生产、销售、使用放射性同位素和加速器、中子发生器以及含放射源的射线装置环境影响报告表	将"在野外进行放射性同位素示踪试验环境影响报告表许可""生产、销售、使用放射性同位素和加速器、中子发生器以及含放射源的射线装置环境影响报告书（表）许可""生产、销售、使用放射性同位素和加速器、中子发生器以及含放射源的射线装置环境影响报告表"类型项作为一种情形
		在野外进行放射性同位素示踪试验环境影响报告表许可						
10	市市容园林委	临时悬挂、设置标语或者宣传品许可			户外广告及临时悬挂、设置标语或者宣传品许可	临时悬挂、设置标语或者宣传品许可		
11		户外广告及夜景灯光设施设置与变动许可	户外广告设施许可			户外广告设施许可		

续表

序号	部门	合并的事项名称			合并后的事项名称			备注
		事项	子项	类型项	事项	子项	类型项	
12	市市容园林委	工程建设涉及城市绿地、树木许可	迁移古树名木、砍伐城市树木（古树名木）许可		工程建设涉及城市绿地、树木许可	工程建设涉及城市绿地、树木许可		"迁移古树名木、砍伐城市树木（古树名木）许可"的审批范围包括《天津市绿化条例》第十四条、第四十三条和《天津市古树名木保护管理办法》第十二条的相关情形
			改变绿化规划、绿化用地使用性质的许可					
13	市市场监管委	药品经营许可证核发（批发）	药品经营许可证核发、变更、换证（批发）（经营蛋白同化制剂、肽类激素批准、经营疫苗业务批准）	变更	药品经营许可证核发（批发）	药品经营许可证核发、变更、换证（批发）（经营蛋白同化制剂、肽类激素批准、经营疫苗业务批准）	变更	
		药品生产经营质量管理规范认证	药品批发经营质量管理规范（GSP）认证	变更				
14	市市场监管委	药品经营许可证核发（批发）	药品经营许可证核发、变更、换证（批发）（经营蛋白同化制剂、肽类激素批准、经营疫苗业务批准）	核发 换证	药品经营许可证核发（批发）	药品经营许可证核发、变更、换证（批发）（经营蛋白同化制剂、肽类激素批准、经营疫苗业务批准）	核发（延续）	

续表

序号	部门	合并的事项名称			合并后的事项名称			备注
		事项	子项	类型项	事项	子项	类型项	
15	市市场监管委	药品生产许可证核发和委托生产批准	药品生产许可证核发、变更、换证	变更	药品生产许可证核发和委托生产批准	药品生产许可证核发、变更、换证	变更	
		药品生产经营质量管理规范认证	药品生产质量管理规范(GMP)认证	变更				
16	市市场监管委	化妆品生产企业卫生许可证核发、变更、换证		核发	化妆品生产许可证（核发、延续）、变更		核发（延续）	
				换证			变更	
17	市市场监管委	食品生产许可证	食品生产许可证核发、变更、延续（按市级权限实施）	核发	食品生产许可证	食品（含保健食品）生产许可证核发、变更、延续（按市级权限实施）	核发	区级名称：食品（不含保健食品）生产许可证核发、变更、延续（按区级权限实施）
				变更			变更	
18	市市场监管委			延续			延续	
			保健食品生产许可证核发、变更、延续	核发				
				变更				
19	市市场监管委			延续				
20	市市场监管委	医疗器械生产许可证（二、三类）核发、变更、延续		核发	医疗器械生产许可证（二、三类）核发、变更、延续		核发（延续）	
				延续				

续表

序号	部门	合并的事项名称			合并后的事项名称			备注
		事项	子项	类型项	事项	子项	类型项	
21	市市场监管委	药品经营许可证核发(零售)	药品经营许可证核发、变更、换证(零售)	变更	药品经营许可证核发(零售)	药品经营许可证核发、变更、换证(零售)	变更	
		药品零售企业经营质量管理规范(GSP)认证	药品零售企业经营质量管理规范(GSP)认证证书变更					
22	市市场监管委	药品生产许可证核发和委托生产批准	第二类精神药品制剂定点生产批准		药品生产许可证核发和委托生产批准	麻醉药品和精神药品定点生产批准		
		麻醉药品、精神药品生产、经营、购用、携带许可	麻醉药品、第一类精神药品和第二类精神药品原料药定点生产许可					

附件4

合并的区级行政许可事项目录（19项合并为10项）

序号	部门	合并的事项名称			合并后的事项名称			备注
		事项	子项	类型项	事项	子项	类型项	
1	区规划行政主管部门	建设工程设计方案许可		建筑工程	建设工程规划许可证核发		建筑工程	
				市政工程				
				构筑物(含雕塑)				
2		建设工程规划许可证核发		建筑工程（永久性建筑物、合部位、临时建筑、维修建筑)			市政工程	
				市政工程				
3	区规划行政主管部门	选址意见书许可		建筑工程	选址意见书（规划条件许可）		建筑工程	
				市政工程				
4		规划条件许可		建筑工程			市政工程	
				市政工程				
5	区市场监管局	药品经营许可证核发（零售）	药品经营许可证核发、变更、换证（零售）	变更	药品经营许可证核发（零售）	药品经营许可证核发、变更、换证（零售）	变更	
		药品零售企业经营质量管理规范（GSP）认证	药品零售企业经营质量管理规范（GSP）认证证书变更					

续表

序号	部门	合并的事项名称			合并后的事项名称			备注
		事项	子项	类型项	事项	子项	类型项	
6	区市场监管局	药品经营许可证核发（零售）	药品经营许可证核发、变更、换证（零售）	核发	药品经营许可证核发、变更、换证（零售）	药品经营许可证核发、变更、换证（零售）	核发（延续）	
				换证				
7	区市场监管局	医疗器械经营许可证（二、三类）核发、变更、延续		核发	医疗器械经营许可证（二、三类）核发、变更、延续		核发（延续）	
				延续				
8	区行政审批局	临时悬挂、设置标语或者宣传品许可	户外广告设施许可		户外广告及临时悬挂、设置标语或者宣传品许可	临时悬挂、设置标语或者宣传品许可		
9	区行政审批局	户外广告及夜景灯光设施设置与变动许可				户外广告设施许可		
10	区行政审批局	工程建设涉及城市绿地、树木许可	迁移古树名木、砍伐城市树木（古树名木）许可		工程建设涉及城市绿地、树木许可	工程建设涉及城市绿地、树木许可		"迁移古树名木、砍伐城市树木（古树名木）"的审批范围包括《天津市绿化条例》第十四条和《天津市古树名木保护管理办法》第十二条的相关情形
			改变绿化规划、绿化用地使用性质的许可					

附件5

市级下放至区级的行政许可事项及权限目录（17项）

序号	部门	下放的事项名称			下放权限表述	下放区级部门名称
		事项	子项	类型项		
1	市建委	建设工程施工许可	建筑工程施工许可		（一）市建设行政主管部门负责轨道交通和跨区域市政基础设施等线性工程建设管理。承担上级部门确定由市建设行政主管部门负责的项目建设管理工作。（二）市建设行政主管部门实行属地化管理，全部项目建设管理工作，由各区负责项目建设管理工作。（三）滨海新区跨本辖区内工程项目建设管理。对涉及滨海新区跨区域项目，市建设行政主管部门可根据滨海新区实际情况，统筹确定管理权限。	各区行政审批局
2	市农委	农业机械驾驶证核发	拖拉机驾驶证核发		全部权限下放有农业的区，并更名为"拖拉机联合收割机驾驶证核发"。	各区农业行政主管部门
3	市农委	农业机械牌证核发	拖拉机牌证核发		全部权限下放有农业的区，并更名为"拖拉机联合收割机牌证核发"。	各区农业行政主管部门
4	市发展改革委	企业投资项目核准			除国家级及市级审批权限外，各区范围内的内资核准项目。	各区行政审批局
5	市发展改革委	外商投资项目核准			除国家级及市级审批权限外，各区范围内非限制类的外商投资核准项目。	各区行政审批局

续表

序号	部门	下放的事项名称 事项	子项	类型项	下放权限表述	下放区级部门名称
6	市国土房管局	建设项目用地预审			除市级审批权限外，各区范围内的建设项目。	各区国土分局
7	市国土房管局	建设用地批准书（国有土地划拨决定书）核发	划拨用地 / 出让用地		各区范围内的建设项目。	各区国土分局
8	市国土房管局	临时用地许可			各区范围内的建设项目。	各区国土分局
9	市规划局	选址意见书（规划条件）许可		建筑工程 / 市政工程	除市级审批权限外，各区范围内的建设项目。	各区规划审批部门
10	市规划局	建设用地规划许可证核发		建筑工程 / 市政工程（含临时用地）	除市级审批权限外，各区范围内的建设项目。	各区规划审批部门
11	市规划局	建设工程规划许可证核发		建筑工程 / 市政工程	除市级审批权限外，各区范围内的建设项目。	各区规划审批部门
12	市规划局	建设工程规划验收合格证核发		建筑工程 / 市政工程	除市级审批权限外，各区范围内的建设项目。	各区规划审批部门

续表

序号	部门	下放的事项名称 事项	下放的事项名称 子项	类型项	下放权限表述	下放区级部门名称
13	市水务局	洪水影响评价许可	河道管理范围内建设项目工程建设方案许可		市级审批权限为：除水利部海委权限范围外的行洪河道，城市供、排水河道，市管水库（详见天津市市管河道管理名录）的申请；区级审批权限为：区管河道范围内的申请。	各区行政审批局
13	市水务局	洪水影响评价许可	河道管理范围内建设项目位置和界限审查			各区行政审批局
13	市水务局	洪水影响评价许可	河道管理范围内整治航道许可			各区行政审批局
13	市水务局	洪水影响评价许可	水利工程建设项目（防洪）规划同意书审查许可			各区行政审批局
14	市水务局	生产建设项目水土保持方案的许可			水土保持方案应当按照基本建设程序报水行政主管部门审批。中心城区和跨区的行政区域，市级立项或者跨区由市水行政主管部门审批的项目，生产建设单位应当将水土保持方案报市水行政主管部门审批。其他区水行政主管部门按照规定的职责，负责本行政区域内的水土保持工作。	各区行政审批局
15	市交通运输委	公路、高速公路涉路施工许可	在公路、高速公路两侧建筑控制区内埋设管线、电缆等设施的许可		市级审批权限除外。	各区行政审批局
15	市交通运输委	公路、高速公路涉路施工许可	在公路、高速公路上增设平面交叉道口或者桥涵的许可			各区行政审批局

续表

序号	部门	下放的事项名称			下放权限表述	下放区级部门名称
		事项	子项	类型项		
15	市交通运输委	公路、高速公路涉路施工许可	在公路、高速公路用地范围内架设、埋设管道、电缆等设施许可		市级审批权限除外。	各区行政审批局
			利用公路、高速公路桥梁、隧道、涵洞铺设电缆等设施许可			
			在公路、高速公路用地范围内设置非公路设施的许可			
			跨越、穿越公路、高速公路及在公路、高速公路用地内修建桥梁、渡槽或者架设、埋设管线等设施许可			
			工程建设需要临时占用或挖掘公路、高速公路许可			
16	市环保局	建设项目环境影响报告书（表）许可	建设项目环境影响报告书（表）许可		除市级审批权限外，各区范围内的建设项目。	各区行政审批局
			建设项目发生重大变化后环境影响报告书（表）许可			
17	市工业和信息化委	固定资产投资项目合理用能许可			除市级审批权限外，各区范围内的建设项目。	各区行政审批局

长输管道项目建设法律汇编（全六册）

（四）

——行业通过权类相关法律法规

（2020年第一版）

孔博昌 编

北京理工大学出版社

版权专有 侵权必究

图书在版编目(CIP)数据

长输管道项目建设法律汇编:全六册 / 孔博昌编. — 北京:北京理工大学出版社,2021.3
ISBN 978-7-5682-9581-9

Ⅰ. ①长… Ⅱ. ①孔… Ⅲ. ①长输管道-建筑法-汇编-中国 Ⅳ. ①D922.297.9

中国版本图书馆 CIP 数据核字(2021)第 040286 号

出版发行 / 北京理工大学出版社有限责任公司
社　　址 / 北京市海淀区中关村南大街 5 号
邮　　编 / 100081
电　　话 / (010)68914775(总编室)
　　　　　 (010)82562903(教材售后服务热线)
　　　　　 (010)68948351(其他图书服务热线)
网　　址 / http://www.bitpress.com.cn
经　　销 / 全国各地新华书店
印　　刷 / 北京虎彩文化传播有限公司
开　　本 / 787 毫米 × 1092 毫米　1/16
印　　张 / 147.75　　　　　　　　　　　　　　责任编辑 / 陆世立
字　　数 / 3419 千字　　　　　　　　　　　　　文案编辑 / 陆世立
版　　次 / 2021 年 3 月第 1 版　2021 年 3 月第 1 次印刷　责任校对 / 周瑞红
定　　价 / 668.00 元(全六册)　　　　　　　　　责任印制 / 边心超

图书出现印装质量问题,请拨打售后服务热线,本社负责调换

《长输管道项目建设法律汇编》
公共关系协调分卷编委会

主　　任：魏东吼

副 主 任：王凤田　么子云

委　　员：高　成　高雪原　霍军明　孔博昌　刘　刚
　　　　　李海军　李　鹏　梁书飞　瞿　华　汪　岩
　　　　　王达宗　张海军　张　彦

执行主编：孔博昌

编　　辑：高雪原　郝晓琳　李　宁　梁书飞

前 言

为加快建设社会主义法治国家,必须全面推进科学立法、严格执法、公正司法、全民守法,坚持依法治国、依法执政、依法行政共同推进,坚持法治国家、法治政府、法治社会一体建设,不断开创依法治国新局面。随着中国特色社会主义法律体系的基本构建,法律已经全面渗透到社会生活的各个领域。目前我国各行各业都进入了蓬勃发展阶段,在国企改革的大潮下,国家各行业的相关法律法规不断修订和更新,与之相配套的省、自治区、直辖市等地方政府也陆续修订颁布实施了一系列法规政策和规范性文件。

为合法合规推进项目核准、土地、专项评价、行业通过权等方面管道建设前期工作,通过各种渠道搜集、梳理和汇编了项目投资及核准、土地、专项评价、各行业通过权、服务费用5方面相关法律法规,将其中最常用的公共关系外协部分相关法律法规收录其中,满足长输管道项目建设人员对项目建设前期各方面日常学习、查找资料及工作实际的需要,现予以出版发行《长输管道项目建设法律汇编》丛书。

本法律汇编涵盖了国家管网集团北京管道有限公司建设的5387公里输气管道途经的3个省、2个直辖市和1个自治区(6个省级行政单位)公共关系外协通过权各类法律法规内容,这些文件对项目在当地的实际情况具有指导性和可操作性。囿于编者水平,本汇编可能存在种种不足,还望读者在使用过程中不吝赐教,提出您的宝贵意见。同时,随着有关法律法规的更新和调整,本汇编将继续修订完善。

编委会

目 录

一、铁路管理相关规定 …… 001
1. 中华人民共和国铁路法 …… 001
2. 铁路安全管理条例 …… 008
3. 关于支持铁路建设实施土地综合开发的意见 …… 020
4. 铁路用地管理办法 …… 023
5. 北京铁路局临时借地管理办法 …… 027
6. 天津市铁路用地管理办法 …… 032
7. 河北省地方铁路条例 …… 036
8. 山西省铁路安全管理办法 …… 040
9. 内蒙古自治区铁路安全管理规定 …… 044
10. 陕西省铁路安全管理办法 …… 048

二、公路管理相关规定 …… 054
1. 中华人民共和国公路法 …… 054
2. 公路安全保护条例 …… 063
3. 北京市公路路政管理条例 …… 072
4. 北京市公路条例 …… 075
5. 天津市公路管理条例 …… 082
6. 河北省公路路政管理规定 …… 089
7. 河北省公路条例 …… 092
8. 山西省公路条例 …… 099
9. 内蒙古自治区公路条例 …… 106
10. 陕西省公路路政管理条例 …… 112
11. 陕西省公路条例 …… 118

三、河道管理相关规定 …… 126
1. 中华人民共和国河道管理条例 …… 126
2. 中华人民共和国内河交通安全管理条例 …… 131
3. 中华人民共和国内河海事行政处罚规定 …… 141
4. 河道管理范围内建设项目管理的有关规定 …… 151
5. 北京市市属河道管理和保护范围内建设项目管理规定 …… 153
6. 天津市河道管理条例 …… 158
7. 河北省河道管理范围内建设项目管理办法（暂行） …… 164

8. 山西省河道管理条例 ……………………………………………………………… 174
9. 内蒙古自治区河道管理范围内建设项目工程建设方案审批办理服务指南 …… 178
10. 陕西省河道管理条例 …………………………………………………………… 181
11. 陕西省渭河流域管理条例 ……………………………………………………… 186

四、林业管理有关规定 ………………………………………………………………… 195
1. 林地使用及林木采伐办理流程 ………………………………………………… 195
2. 中华人民共和国森林法 ………………………………………………………… 197
3. 中华人民共和国森林法实施条例 ……………………………………………… 207
4. 国家林业局关于石油天然气管道建设使用林地有关问题的通知 …………… 214
5. 建设项目使用林地审核审批管理办法 ………………………………………… 215
6. 关于取消、停征和整合部分政府性基金项目等有关问题的通知 …………… 219

五、草原管理有关规定 ………………………………………………………………… 220
1. 中华人民共和国草原法 ………………………………………………………… 220
2. 草原征占用审核审批管理办法 ………………………………………………… 228
3. 关于印发征占用草原审核审批程序的通知 …………………………………… 231
4. 内蒙古自治区草原管理条例实施细则 ………………………………………… 235
5. 内蒙古自治区人民政府关于进一步加强草原监督管理工作的通知 ………… 242
6. 内蒙古自治区草原植被恢复费征收使用管理办法 …………………………… 245
7. 内蒙古自治区征占用草原审核审批程序规定 ………………………………… 247

六、文物管理有关规定 ………………………………………………………………… 251
1. 中华人民共和国文物保护法 …………………………………………………… 251
2. 中华人民共和国文物保护法实施条例 ………………………………………… 262
3. 北京市地下文物保护管理办法 ………………………………………………… 270
4. 天津市文物保护条例 …………………………………………………………… 273
5. 河北省实施《中华人民共和国文物保护法》办法 …………………………… 278
6. 山西省实施《中华人民共和国文物保护法》办法 …………………………… 284
7. 内蒙古自治区文物保护条例 …………………………………………………… 289
8. 陕西省文物保护条例 …………………………………………………………… 294

七、军事设施管理相关规定 …………………………………………………………… 302
1. 中华人民共和国军事设施保护法 ……………………………………………… 302

八、航道管理有关规定 ………………………………………………………………… 308
1. 中华人民共和国航道法 ………………………………………………………… 308
2. 中华人民共和国航道管理条例实施细则 ……………………………………… 314
3. 航道通航条件影响评价审核管理办法 ………………………………………… 321
4. 北京市水利工程保护管理条例 ………………………………………………… 326

5. 天津市水路运输管理暂行办法 …………………………………… 330
　　6. 河北省航道管理实施办法 ……………………………………… 333
　　7. 山西省水路交通管理条例 ……………………………………… 338
　　8. 内蒙古自治区水工程管理保护办法 …………………………… 343
　　9. 陕西省水路交通管理条例 ……………………………………… 346

九、地下管线管理相关规定 …………………………………………… 352
　　1. 城市地下管线工程档案管理办法 ……………………………… 352
　　2. 关于加强城市地下管线规划管理的通知 ……………………… 355
　　3. 关于进一步加强城市地下管线保护工作的通知 ……………… 356
　　4. 国务院办公厅关于加强城市地下管线建设管理的指导意见 … 358
　　5. 国务院办公厅关于推进城市地下综合管廊建设的指导意见 … 363
　　6. 住房和城乡建设部、工业和信息化部、国家广播电视总局、国家能源局关于进一步加强城市地下管线建设管理有关工作的通知 …………………………………… 366
　　7. 北京市城市地下管线管理办法 ………………………………… 369
　　8. 北京市建设委员会关于加强基础设施管线施工防护和拆除工程施工安全监督管理的若干规定 ……………………………………… 371
　　9. 北京市住房和城乡建设委关于进一步加强施工现场地下管线保护的通知 …… 375
　　10. 天津市地下管线安全管理暂行办法 ………………………… 377
　　11. 河北省城市地下管网条例 …………………………………… 381
　　12. 山西省人民政府办公厅关于推进城市地下综合管廊建设的实施意见 ……… 390
　　13. 内蒙古自治区人民政府办公厅关于加快推进全区地下综合管廊建设的实施意见 …… 394
　　14. 内蒙古自治区人民政府办公厅关于加强城市地下管线规划建设管理的实施意见 …… 397
　　15. 陕西省城市地下管线管理条例 ……………………………… 401
　　16. 陕西省人民政府办公厅关于加快推进城市地下综合管廊建设的实施意见 …… 409

十、管道保护相关规定 ………………………………………………… 413
　　1. 中华人民共和国石油天然气管道保护法 ……………………… 413

十一、电力、电视设施管理有关规定 ………………………………… 421
　　1. 国家能源局综合司关于《电力设施保护条例（征求意见稿）》公开征求意见的公告 ……………………………………………… 421
　　2. 广播电视管理条例 ……………………………………………… 427
　　3. 中华人民共和国电力法 ………………………………………… 433
　　4. 国务院办公厅关于加强电力设施保护工作的通知 …………… 440
　　5. 北京市发展和改革委员会关于进一步加强电力设施保护工作的通知 ……… 442
　　6. 天津市电力设施保护条例 ……………………………………… 443
　　7. 河北省电力条例 ………………………………………………… 448
　　8. 山西省电力设施保护条例 ……………………………………… 455
　　9. 内蒙古自治区电力设施保护条例 ……………………………… 460

10. 陕西省电力设施和电能保护条例 …… 466

十二、电信管理有关规定 …… 472
1. 中华人民共和国电信条例 …… 472
2. 北京市保护通信线路设施安全若干规定 …… 484
3. 天津市公共电信基础设施建设和保护条例 …… 486
4. 河北省电信设施建设和保护条例 …… 490
5. 山西省通信设施建设与保护条例 …… 495
6. 内蒙古自治区电信设施建设和保护条例 …… 501
7. 陕西省电信设施建设和保护办法 …… 506

一、铁路管理相关规定

1. 中华人民共和国铁路法

中华人民共和国铁路法

(1990年9月7日第七届全国人民代表大会常务委员会第十五次会议通过,根据2009年8月27日第十一届全国人民代表大会常务委员会第十次会议《关于修改部分法律的决定》第一次修正,根据2015年4月24日第十二届全国人民代表大会常务委员会第十四次会议《关于修改〈中华人民共和国义务教育法〉等五部法律的决定》第二次修正)

第一章 总 则

第一条 为了保障铁路运输和铁路建设的顺利进行,适应社会主义现代化建设和人民生活的需要,制定本法。

第二条 本法所称铁路,包括国家铁路、地方铁路、专用铁路和铁路专用线。

国家铁路是指由国务院铁路主管部门管理的铁路。

地方铁路是指由地方人民政府管理的铁路。

专用铁路是指由企业或者其他单位管理,专为本企业或者本单位内部提供运输服务的铁。

铁路专用线是指由企业或者其他单位管理的与国家铁路或者其他铁路线路接轨的岔线。

第三条 国务院铁路主管部门主管全国铁路工作,对国家铁路实行高度集中、统一指挥的运输管理体制,对地方铁路、专用铁路和铁路专用线进行指导、协调、监督和帮助。

国家铁路运输企业行使法律、行政法规授予的行政管理职能。

第四条 国家重点发展国家铁路,大力扶持地方铁路的发展。

第五条 铁路运输企业必须坚持社会主义经营方向和为人民服务的宗旨,改善经营管理,切实改进路风,提高运输服务质量。

第六条 公民有爱护铁路设施的义务。禁止任何人破坏铁路设施,扰乱铁路运输的正常秩序。

第七条 铁路沿线各级地方人民政府应当协助铁路运输企业保证铁路运输安全畅通,车站、列车秩序良好,铁路设施完好和铁路建设顺利进行。

第八条 国家铁路的技术管理规程,由国务院铁路主管部门制定,地方铁路、专用铁路的技术管理办法,参照国家铁路的技术管理规程制定。

第九条 国家鼓励铁路科学技术研究,提高铁路科学技术水平。对在铁路科学技术研究中有显著成绩的单位和个人给予奖励。

第二章 铁路运输营业

第十条 铁路运输企业应当保证旅客和货物运输的安全,做到列车正点到达。

第十一条 铁路运输合同是明确铁路运输企业与旅客、托运人之间权利义务关系的协议。

旅客车票、行李票、包裹票和货物运单是合同或者合同的组成部分。

第十二条 铁路运输企业应当保证旅客按车票载明的日期、车次乘车,并到达目的站。因铁路运输企业的责任造成旅客不能按车票载明的日期、车次乘车的,铁路运输企业应当按照旅客的要求,退还全部票款或者安排改乘到达相同目的站的其他列车。

第十三条 铁路运输企业应当采取有效措施做到旅客运输服务工作,做到文明礼貌、热情周到,保持车站和车厢内的清洁卫生,提供饮用开水,做好列车上的饮食供应工作。

铁路运输企业应当采取措施,防止对铁路沿线环境的污染。

第十四条 旅客乘车应当持有效车票。对无票乘车或者持失效车票乘车的,应当补收票款,并按照规定加收票款;拒不交付的,铁路运输企业可以责令下车。

第十五条 国家铁路和地方铁路根据发展生产、搞活流通的原则,安排货物运输计划。对抢险救灾物资和国家规定需要优先运输的其他物资,应予优先运输。

地方铁路运输的物资需要经由国家铁路运输的,其运输计划应当纳入国家铁路的运输计划。

第十六条 铁路运输企业应当按照全国约定的期限或者国务院铁路主管部门规定的期限,将货物、包裹、行李运到目的站;逾期运到的,铁路运输企业应当支付违约金。

铁路运输企业逾期三十日仍未将货物、包裹、行李交付收货人或者旅客的,托运人、收货人或者旅客有权按货物、包裹、行李灭失向铁路运输企业要求赔偿。

第十七条 铁路运输企业应当对承运的货物、包裹、行李自接受承运时起到交付时止发生的灭失、短少、变质、污染或者损坏,承担赔偿责任:

(一)托运人或者旅客根据自愿申请办理保价运输的,按照实际损失赔偿,但最高不超过保价额。

(二)未按保价运输承运的,按照实际损失赔偿,但最高不超过国务院铁路主管部门规定的赔偿限额;如果损失是由于铁路运输企业的故意或者重大过失造成的,不适用赔偿限额的规定,按照实际损失赔偿。

托运人或者旅客根据自愿可以向保险公司办理货物运输保险,保险公司按照保险合同的约定承担赔偿责任。

托运人或者旅客根据自愿,可以办理保价运输,也可以办理货物运输保险;还可以既不办理保价运输,也不办理货物运输保险。不得以任何方式强迫办理保价运输或者货物运输保险。

第十八条 由于下列原因造成的货物、包裹、行李损失的,铁路运输企业不承担赔偿责任:

(一)不可抗力。

（二）货物或者包裹、行李中的物品本身的自然属性，或者合理损耗。

（三）托运人、收货人或者旅客的过错。

第十九条 托运人应当如实填报托运单，铁路运输企业有权对填报的货物和包裹的品名、重量、数量进行检查。经检查，申报与实际不符的，检查费用由托运人承担；申报与实际相符的，检查费用由铁路运输企业承担，因检查对货物和包裹中的物品造成的损坏由铁路运输企业赔偿。

托运人因申报不实而少交的运费和其他费用应当补交，铁路运输企业按照国务院铁路主管部门的规定加收运费和其他费用。

第二十条 托运货物需要包装的，托运人应当按照国家包装标准或者行业包装标准包装；没有国家包装标准或者行业包装标准的，应当妥善包装，使货物在运输途中不因包装原因而受损坏。

铁路运输企业对承运的容易腐烂变质的货物和活动物，应当按照国务院铁路主管部门的规定和合同的约定，采取有效的保护措施。

第二十一条 货物、包裹、行李到站后，收货人或者旅客应当按照国务院铁路主管部门规定的期限及时领取，并支付托运人未付或者少付的运费和其他费用；逾期领取的，收货人或者旅客应当按照规定交付保管费。

第二十二条 自铁路运输企业发出领取货物通知之日起满三十日仍无人领取的货物，或者收货人书面通知铁路运输企业拒绝领取的货物，铁路运输企业应当通知托运人，托运人自接到通知之日起满三十日未作答复的，由铁路运输企业变卖；所得价款在扣除保管等费用后尚有余款的，应当退还托运人，无法退还、自变卖之日起一百八十日内托运人又未领回的，上缴国库。

自铁路运输企业发出领取通知之日起满九十日仍无人领取的包裹或者到站后满九十日仍无人领取的行李，铁路运输企业应当公告，公告满九十日仍无人领取的，可以变卖；所得价款在扣除保管等费用后尚有余款的，托运人、收货人或者旅客可以自变卖之日起一百八十日内领回，逾期不领回的，上缴国库。

对危险物品和规定限制运输的物品，应当移交公安机关或者有关部门处理，不得自行变卖。

对不宜长期保存的物品，可以按照国务院铁路主管部门的规定缩短处理期限。

第二十三条 因旅客、托运人或者收货人的责任给铁路运输企业造成财产损失的，由旅客、托运人或者收货人承担赔偿责任。

第二十四条 国家鼓励专用铁路兼办公共旅客、货物运输营业；提倡铁路专用线与有关单位按照协议共用。

专用铁路兼办公共旅客、货物运输营业的，应当报经省、自治区、直辖市人民政府批准。

专用铁路兼办公共旅客、货物运输营业的，适用本法关于铁路运输企业的规定。

第二十五条 铁路的旅客票价率和货物、行李的运价率实行政府指导价或者政府定价，竞争性领域实行市场调节价。政府指导价、政府定价的定价权限和具体适用范围以中央政府和地方政府的定价目录为依据。铁路旅客、货物运输杂费的收费项目和收费标准，以及铁路包裹运价率由铁路运输企业自主制定。

第二十六条 铁路的旅客票价，货物、包裹、行李的运价，旅客和货物运输杂费的收费项目和收费标准，必须公告；未公告的不得实施。

第二十七条　国家铁路、地方铁路和专用铁路印制使用的旅客、货物运输票证，禁止伪造和变造。

禁止倒卖旅客车票和其他铁路运输票证。

第二十八条　托运、承运货物、包裹、行李，必须遵守国家关于禁止或者限制运输物品的规定。

第二十九条　铁路运输企业与公路、航空或者水上运输企业相互间实行国内旅客、货物联运，依照国家有关规定办理；国家没有规定的，依照有关各方的协议办理。

第三十条　国家铁路、地方铁路参加国际联运，必须经国务院批准。

第三十一条　铁路军事运输依照国家有关规定办理。

第三十二条　发生铁路运输合同争议的，铁路运输企业和托运人、收货人或者旅客可以通过调解解决；不愿意调解解决或者调解不成的，可以依据合同中的仲裁条款或者事后达成的书面仲裁协议，向国家规定的仲裁机构申请仲裁。

当事人一方在规定的期限内不履行仲裁机构的仲裁决定的，另一方可以申请人民法院强制执行。

当事人没有在合同中订立仲裁条款，事后又没有达成书面仲裁协议的，可以向人民法院起诉。

第三章　铁路建设

第三十三条　铁路发展规划应当依据国民经济和社会发展以及国防建设的需要制定，并与其他方式的交通运输发展规划相协调。

第三十四条　地方铁路、专用铁路、铁路专用线的建设计划必须符合全国铁路发展规划，并征得国务院铁路主管部门或者国务院铁路主管部门授权的机构的同意。

第三十五条　在城市规划区范围内，铁路的线路、车站、枢纽以及其他有关设施的规划，应当纳入所在城市的总体规划。

铁路建设用地规划，应当纳入土地利用总体规划。为远期扩建、新建铁路需要的土地，由县级以上人民政府在土地利用总体规划中安排。

第三十六条　铁路建设用地，依照有关法律、行政法规的规定办理。

有关地方人民政府应当支持铁路建设，协助铁路运输企业做好铁路建设征收土地工作和拆迁安置工作。

第三十七条　已经取得使用权的铁路建设用地，应当依照批准的用途使用，不得擅自改作他用；其他单位或者个人不得侵占。

侵占铁路建设用地的，由县级以上地方人民政府土地管理部门责令停止侵占、赔偿损失。

第三十八条　铁路的标准轨距为1435毫米。新建国家铁路必须采用标准轨距。

窄轨铁路的轨距为762毫米或者1000毫米。

新建和改建铁路的其他技术要求应当符合国家标准或者行业标准。

第三十九条　铁路建成后，必须依照国家基本建设程序的规定，经验收合格，方能交付正式运行。

第四十条　铁路与道路交叉处，应当优先考虑设置立体交叉；未设立体交叉的，可以根据国家有关规定设置平交道口或者人行过道。在城市规划区内设置平交道口或者人行过道，由铁路运输企业或者建有专用铁路、铁路专用线的企业或者其他单位和城市规划主管部门共同决定。

拆除已经设置的平交道口或者人行过道，由铁路运输企业或者建有专用铁路、铁路专用线的企业或者其他单位和当地人民政府商定。

第四十一条 修建跨越河流的铁路桥梁，应当符合国家规定的防洪、通航和水流的要求。

第四章 铁路安全与保护

第四十二条 铁路运输企业必须加强对铁路的管理和保护，定期检查、维修铁路运输设施，保证铁路运输设施完好，保障旅客和货物运输安全。

第四十三条 铁路公安机关和地方公安机关分工负责共同维护铁路治安秩序。车站和列车内的治安秩序，由铁路公安机关负责维护；铁路沿线的治安秩序，由地方公安机关和铁路公安机关共同负责维护，以地方公安机关为主。

第四十四条 电力主管部门应当保证铁路牵引用电以及铁路运营用电中重要负荷的电力供应。铁路运营用电中重要负荷的供应范围国务院铁路主管部门和国务院电力主管部门商定。

第四十五条 铁路线路两侧地界以外的山坡地由当地人民政府作为水土保持的重点进行整治。铁路隧道顶上的山坡地由铁路运输企业协助当地人民政府进行整治。铁路地界以内的山坡地由铁路运输企业进行整治。

第四十六条 在铁路线路和铁路桥梁、涵洞两侧一定距离内，修建山塘、水库、堤坝，开挖河道、干渠，采石挖砂，打井取水，影响铁路路基稳定或者危害铁路桥梁、涵洞安全的，由县级以上地方人民政府责令停止建设或者采挖、打井等活动，限期恢复原状或者责令采取必要的安全防护措施。

在铁路线路上架设电力、通讯线路，埋置电缆、管道设施，穿凿通过铁路路基的地下坑道，必须经铁路运输企业同意，并采取安全防护措施。

在铁路弯道内侧、平交道口和人行过道附近，不得修建妨碍行车瞭望的建筑物和种植妨碍行车瞭望的树木。修建妨碍行车瞭望的建筑物的，由县级以上地方人民政府责令限期拆除。种植妨碍行车瞭望的树木的，由县级以上地方人民政府责令有关单位或者个人限期迁移或者修剪、砍伐。

违反前三款的规定，给铁路运输企业造成损失的单位或者个人，应当赔偿损失。

第四十七条 禁止擅自在铁路线路上铺设平交道口和人行过道。

平交道口和人行过道必须按照规定设置必要的标志和防护设施。

行人和车辆通过铁路平交道口和人行过道时，必须遵守有关通行的规定。

第四十八条 运输危险品必须按照国务院铁路主管部门的规定办理，禁止以非危险品品名托运危险品。

禁止旅客携带危险品进站上车。铁路公安人员和国务院铁路主管部门规定的铁路职工，有权对旅客携带的物品进行运输安全检查。实施运输安全检查的铁路职工应当佩戴执勤标志。

危险品的品名由国务院铁路主管部门规定并公布。

第四十九条 对损毁、移动铁路信号装置及其他行车设施或者在铁路线路上放置障碍物的，铁路职工有权制止，可以扭送公安机关处理。

第五十条 禁止偷乘货车、攀附行进中的列车或者击打列车。对偷乘货车、攀附行进中的列车或者击打列车的，铁路职工有权制止。

第五十一条 禁止在铁路线路上行走、坐卧。对在铁路线路上行走、坐卧的，铁路职工有权制止。

第五十二条 禁止在铁路线路两侧二十米以内或者铁路防护林地内放牧。对在铁路线路两侧二十米以内或者铁路防护林地内放牧的，铁路职工有权制止。

第五十三条 对聚众拦截列车或者聚众冲击铁路行车调度机构的，铁路职工有权制止；不听制止的，公安人员现场负责人有权命令解散；拒不解散的，公安人员现场负责人有权依照国家有关规定决定采取必要手段强行驱散，并对拒不服从的人员强行带离现场或者予以拘留。

第五十四条 对哄抢铁路运输物资的，铁路职工有权制止，可以扭送公安机关处理；现场公安人员可以予以拘留。

第五十五条 在列车内，寻衅滋事，扰乱公共秩序，危害旅客人身、财产安全的，铁路职工有权制止，铁路公安人员可以予以拘留。

第五十六条 在车站和旅客列车内，发生法律规定需要检疫的传染病时，由铁路卫生检疫机构进行检疫；根据铁路卫生检疫机构的请求，地方卫生检疫机构应予协助。

货物运输的检疫，依照国家规定办理。

第五十七条 发生铁路交通事故，铁路运输企业应当依照国务院和国务院有关主管部门关于事故调查处理的规定办理，并及时恢复正常行车，任何单位和个人不得阻碍铁路线路开通和列车运行。

第五十八条 因铁路行车事故及其他铁路运营事故造成人身伤亡的，铁路运输企业应当承担赔偿责任；如果人身伤亡是因不可抗力或者由于受害人自身的原因造成的，铁路运输企业不承担赔偿责任。

违章通过平交道口或者人行过道，或者在铁路线路上行走、坐卧造成的人身伤亡，属于受害人自身的原因造成的人身伤亡。

第五十九条 国家铁路的重要桥梁和隧道，由中国人民武装警察部队负责守卫。

第五章 法律责任

第六十条 违反本法规定，携带危险品进站上车或者以非危险品品名托运危险品，导致发生重大事故的，依照刑法有关规定追究刑事责任。企业事业单位、国家机关、社会团体犯本款罪的，处以罚金，对其主管人员和直接责任人员依法追究刑事责任。

携带炸药、雷管或者非法携带枪支子弹、管制刀具进站上车的，比照刑法第一百六十三条的规定追究刑事责任。

第六十一条 故意损毁、移动铁路行车信号装置或者在铁路线路上放置足以使列车倾覆的障碍物的，依照刑法有关规定追究刑事责任。

第六十二条 盗窃铁路线路上行车设施的零件、部件或者铁路线路上的器材，危及行车安全，尚未造成严重后果的，依照刑法第一百零八条破坏交通设施罪的规定追究刑事责任；造成严重后果的，依照刑法第一百一十条破坏交通设施罪的规定追究刑事责任。

第六十三条 聚众拦截列车不听制止的，对首要分子和骨干分子依照刑法第一百五十九条的规定追究刑事责任。

聚众冲击铁路行车调度机构不听制止的，对首要分子和骨干分子依照刑法第一百五十八条的规定追究刑事责任。

第六十四条 聚众哄抢铁路运输物资的,对首要分子和骨干分子依照刑法有关规定追究刑事责任。

铁路职工与其他人员勾结犯前款罪的,从重处罚。

第六十五条 在列车内,抢劫旅客财物,伤害旅客的,依照刑法有关规定从重处罚。

在列车内,寻衅滋事,侮辱妇女,情节恶劣的,依照刑法有关规定追究刑事责任;敲诈勒索旅客财物的,依照刑法有关规定追究刑事责任。

第六十六条 倒卖旅客车票数额较大的,依照刑法第一百一十七条的规定追究刑事责任。以倒卖旅客车票为常业的,倒卖数额巨大的或者倒卖集团的首要分子,依照刑法第一百一十八条的规定追究刑事责任。铁路职工倒卖旅客车票或者与其他人员勾结倒卖旅客车票的,依照刑法第一百一十九条的规定追究刑事责任。

第六十七条 违反本法规定,尚不够刑事处罚,应当给予治安管理处罚的,依照治安管理处罚法的规定处罚。

第六十八条 擅自在铁路线路上铺设平交道口、人行过道的,由铁路公安机关或者地方公安机关责令限期拆除,可以并处罚款。

第六十九条 铁路运输企业违反本法规定,多收运费、票款或者旅客、货物运输杂费的,必须将多收的费用退还付款人,无法退还的上缴国库。将多收的费用据为己有或者侵吞私分的,依照刑法有关规定追究刑事责任。

第七十条 铁路职工利用职务之便走私的,或者与其他人员勾结走私的,依照刑法有关规定追究刑事责任。

第七十一条 铁路职工玩忽职守、违反规章制度造成铁路运营事故的,滥用职权、利用办理运输业务之便谋取私利的,给予行政处分;情节严重、构成犯罪的,依照刑法有关规定追究刑事责任。

第六章 附 则

第七十二条 本法所称国家铁路运输企业是指铁路局和铁路分局。

第七十三条 国务院根据本法制定实施条例。

第七十四条 本法自 1991 年 5 月 1 日起施行。

2. 铁路安全管理条例

铁路安全管理条例

中华人民共和国国务院令

第 639 号

《铁路安全管理条例》已经2013年7月24日国务院第18次常务会议通过,现予公布,自2014年1月1日起施行。

总理　李克强
2013年8月17日

铁路安全管理条例

第一章　总　　则

第一条　为了加强铁路安全管理,保障铁路运输安全和畅通,保护人身安全和财产安全,制定本条例。

第二条　铁路安全管理坚持安全第一、预防为主、综合治理的方针。

第三条　国务院铁路行业监督管理部门负责全国铁路安全监督管理工作,国务院铁路行业监督管理部门设立的铁路监督管理机构负责辖区内的铁路安全监督管理工作。国务院铁路行业监督管理部门和铁路监督管理机构统称铁路监管部门。

国务院有关部门依照法律和国务院规定的职责,负责铁路安全管理的有关工作。

第四条　铁路沿线地方各级人民政府和县级以上地方人民政府有关部门应当按照各自职责,加强保障铁路安全的教育,落实护路联防责任制,防范和制止危害铁路安全的行为,协调和处理保障铁路安全的有关事项,做好保障铁路安全的有关工作。

第五条　从事铁路建设、运输、设备制造维修的单位应当加强安全管理,建立健全安全生产管理制度,落实企业安全生产主体责任,设置安全管理机构或者配备安全管理人员,执行保障生产安全和产品质量安全的国家标准、行业标准,加强对从业人员的安全教育培训,保证安全生产所必需的资金投入。

铁路建设、运输、设备制造维修单位的工作人员应当严格执行规章制度,实行标准化作业,保证铁路安全。

第六条 铁路监管部门、铁路运输企业等单位应当按照国家有关规定制定突发事件应急预案，并组织应急演练。

第七条 禁止扰乱铁路建设、运输秩序。禁止损坏或者非法占用铁路设施设备、铁路标志和铁路用地。

任何单位或者个人发现损坏或者非法占用铁路设施设备、铁路标志、铁路用地以及其他影响铁路安全的行为，有权报告铁路运输企业，或者向铁路监管部门、公安机关或者其他有关部门举报。接到报告的铁路运输企业、接到举报的部门应当根据各自职责及时处理。

对维护铁路安全作出突出贡献的单位或者个人，按照国家有关规定给予表彰奖励。

第二章 铁路建设质量安全

第八条 铁路建设工程的勘察、设计、施工、监理以及建设物资、设备的采购，应当依法进行招标。

第九条 从事铁路建设工程勘察、设计、施工、监理活动的单位应当依法取得相应资质，并在其资质等级许可的范围内从事铁路工程建设活动。

第十条 铁路建设单位应当选择具备相应资质等级的勘察、设计、施工、监理单位进行工程建设，并对建设工程的质量安全进行监督检查，制作检查记录留存备查。

第十一条 铁路建设工程的勘察、设计、施工、监理应当遵守法律、行政法规关于建设工程质量和安全管理的规定，执行国家标准、行业标准和技术规范。

铁路建设工程的勘察、设计、施工单位依法对勘察、设计、施工的质量负责，监理单位依法对施工质量承担监理责任。

高速铁路和地质构造复杂的铁路建设工程实行工程地质勘察监理制度。

第十二条 铁路建设工程的安全设施应当与主体工程同时设计、同时施工、同时投入使用。安全设施投资应当纳入建设项目概算。

第十三条 铁路建设工程使用的材料、构件、设备等产品，应当符合有关产品质量的强制性国家标准、行业标准。

第十四条 铁路建设工程的建设工期，应当根据工程地质条件、技术复杂程度等因素，按照国家标准、行业标准和技术规范合理确定、调整。

任何单位和个人不得违反前款规定要求铁路建设、设计、施工单位压缩建设工期。

第十五条 铁路建设工程竣工，应当按照国家有关规定组织验收，并由铁路运输企业进行运营安全评估。经验收、评估合格，符合运营安全要求的，方可投入运营。

第十六条 在铁路线路及其邻近区域进行铁路建设工程施工，应当执行铁路营业线施工安全管理规定。铁路建设单位应当会同相关铁路运输企业和工程设计、施工单位制定安全施工方案，按照方案进行施工。施工完毕应当及时清理现场，不得影响铁路运营安全。

第十七条 新建、改建设计开行时速120公里以上列车的铁路或者设计运输量达到国务院铁路行业监督管理部门规定的较大运输量标准的铁路，需要与道路交叉的，应当设置立体交叉设施。

新建、改建高速公路、一级公路或者城市道路中的快速路，需要与铁路交叉的，应当设置立体交叉设施，并优先选择下穿铁路的方案。

已建成的属于前两款规定情形的铁路、道路为平面交叉的，应当逐步改造为立体交叉。

新建、改建高速铁路需要与普通铁路、道路、渡槽、管线等设施交叉的，应当优先选择高速铁路上跨方案。

第十八条 设置铁路与道路立体交叉设施及其附属安全设施所需费用的承担,按照下列原则确定:

(一)新建、改建铁路与既有道路交叉的,由铁路方承担建设费用;道路方要求超过既有道路建设标准建设所增加的费用,由道路方承担;

(二)新建、改建道路与既有铁路交叉的,由道路方承担建设费用;铁路方要求超过既有铁路线路建设标准建设所增加的费用,由铁路方承担;

(三)同步建设的铁路和道路需要设置立体交叉设施以及既有铁路道口改造为立体交叉的,由铁路方和道路方按照公平合理的原则分担建设费用。

第十九条 铁路与道路立体交叉设施及其附属安全设施竣工验收合格后,应当按照国家有关规定移交有关单位管理、维护。

第二十条 专用铁路、铁路专用线需要与公用铁路网接轨的,应当符合国家有关铁路建设、运输的安全管理规定。

第三章　铁路专用设备质量安全

第二十一条 设计、制造、维修或者进口新型铁路机车车辆,应当符合国家标准、行业标准,并分别向国务院铁路行业监督管理部门申请领取型号合格证、制造许可证、维修许可证或者进口许可证,具体办法由国务院铁路行业监督管理部门制定。

铁路机车车辆的制造、维修、使用单位应当遵守有关产品质量的法律、行政法规以及国家其他有关规定,确保投入使用的机车车辆符合安全运营要求。

第二十二条 生产铁路道岔及其转辙设备、铁路信号控制软件和控制设备、铁路通信设备、铁路牵引供电设备的企业,应当符合下列条件并经国务院铁路行业监督管理部门依法审查批准:

(一)有按照国家标准、行业标准检测、检验合格的专业生产设备;

(二)有相应的专业技术人员;

(三)有完善的产品质量保证体系和安全管理制度;

(四)法律、行政法规规定的其他条件。

第二十三条 铁路机车车辆以外的直接影响铁路运输安全的铁路专用设备,依法应当进行产品认证的,经认证合格方可出厂、销售、进口、使用。

第二十四条 用于危险化学品和放射性物品运输的铁路罐车、专用车辆以及其他容器的生产和检测、检验,依照有关法律、行政法规的规定执行。

第二十五条 用于铁路运输的安全检测、监控、防护设施设备,集装箱和集装化用具等运输器具,专用装卸机械、索具、篷布、装载加固材料或者装置,以及运输包装、货物装载加固等,应当符合国家标准、行业标准和技术规范。

第二十六条 铁路机车车辆以及其他铁路专用设备存在缺陷,即由于设计、制造、标识等原因导致同一批次、型号或者类别的铁路专用设备普遍存在不符合保障人身、财产安全的国家标准、行业标准的情形或者其他危及人身、财产安全的不合理危险的,应当立即停止生产、销售、进口、使用;设备制造者应当召回缺陷产品,采取措施消除缺陷。具体办法由国务院铁路行业监督管理部门制定。

第四章　铁路线路安全

第二十七条 铁路线路两侧应当设立铁路线路安全保护区。铁路线路安全保护区的范围，从铁路线路路堤坡脚、路堑坡顶或者铁路桥梁（含铁路、道路两用桥，下同）外侧起向外的距离分别为：

（一）城市市区高速铁路为10米，其他铁路为8米；

（二）城市郊区居民居住区高速铁路为12米，其他铁路为10米；

（三）村镇居民居住区高速铁路为15米，其他铁路为12米；

（四）其他地区高速铁路为20米，其他铁路为15米。

前款规定距离不能满足铁路运输安全保护需要的，由铁路建设单位或者铁路运输企业提出方案，铁路监督管理机构或者县级以上地方人民政府依照本条第三款规定程序划定。

在铁路用地范围内划定铁路线路安全保护区的，由铁路监督管理机构组织铁路建设单位或者铁路运输企业划定并公告。在铁路用地范围外划定铁路线路安全保护区的，由县级以上地方人民政府根据保障铁路运输安全和节约用地的原则，组织有关铁路监督管理机构、县级以上地方人民政府国土资源等部门划定并公告。

铁路线路安全保护区与公路建筑控制区、河道管理范围、水利工程管理和保护范围、航道保护范围或者石油、电力以及其他重要设施保护区重叠的，由县级以上地方人民政府组织有关部门依照法律、行政法规的规定协商划定并公告。

新建、改建铁路的铁路线路安全保护区范围，应当自铁路建设工程初步设计批准之日起30日内，由县级以上地方人民政府依照本条例的规定划定并公告。铁路建设单位或者铁路运输企业应当根据工程竣工资料进行勘界，绘制铁路线路安全保护区平面图，并根据平面图设立标桩。

第二十八条 设计开行时速120公里以上列车的铁路应当实行全封闭管理。铁路建设单位或者铁路运输企业应当按照国务院铁路行业监督管理部门的规定在铁路用地范围内设置封闭设施和警示标志。

第二十九条 禁止在铁路线路安全保护区内烧荒、放养牲畜、种植影响铁路线路安全和行车瞭望的树木等植物。

禁止向铁路线路安全保护区排污、倾倒垃圾以及其他危害铁路安全的物质。

第三十条 在铁路线路安全保护区内建造建筑物、构筑物等设施，取土、挖砂、挖沟、采空作业或者堆放、悬挂物品，应当征得铁路运输企业同意并签订安全协议，遵守保证铁路安全的国家标准、行业标准和施工安全规范，采取措施防止影响铁路运输安全。铁路运输企业应当派员对施工现场实行安全监督。

第三十一条 铁路线路安全保护区内既有的建筑物、构筑物危及铁路运输安全的，应当采取必要的安全防护措施；采取安全防护措施后仍不能保证安全的，依照有关法律的规定拆除。

拆除铁路线路安全保护区内的建筑物、构筑物，清理铁路线路安全保护区内的植物，或者对他人在铁路线路安全保护区内已依法取得的采矿权等合法权利予以限制，给他人造成损失的，应当依法给予补偿或者采取必要的补救措施。但是，拆除非法建设的建筑物、构筑物的除外。

第三十二条 在铁路线路安全保护区及其邻近区域建造或者设置的建筑物、构筑物、设备等，不得进入国家规定的铁路建筑限界。

第三十三条 在铁路线路两侧建造、设立生产、加工、储存或者销售易燃、易爆或者放射性物品等危险物品的场所、仓库，应当符合国家标准、行业标准规定的安全防护距离。

第三十四条 在铁路线路两侧从事采矿、采石或者爆破作业，应当遵守有关采矿和民用爆破的法律法规，符合国家标准、行业标准和铁路安全保护要求。

在铁路线路路堤坡脚、路堑坡顶、铁路桥梁外侧起向外各1000米范围内，以及在铁路隧道上方中心线两侧各1000米范围内，确需从事露天采矿、采石或者爆破作业的，应当与铁路运输企业协商一致，依照有关法律法规的规定报县级以上地方人民政府有关部门批准，采取安全防护措施后方可进行。

第三十五条　高速铁路线路路堤坡脚、路堑坡顶或者铁路桥梁外侧起向外各200米范围内禁止抽取地下水。

在前款规定范围外，高速铁路线路经过的区域属于地面沉降区域，抽取地下水危及高速铁路安全的，应当设置地下水禁止开采区或者限制开采区，具体范围由铁路监督管理机构会同县级以上地方人民政府水行政主管部门提出方案，报省、自治区、直辖市人民政府批准并公告。

第三十六条　在电气化铁路附近从事排放粉尘、烟尘及腐蚀性气体的生产活动，超过国家规定的排放标准，危及铁路运输安全的，由县级以上地方人民政府有关部门依法责令整改，消除安全隐患。

第三十七条　任何单位和个人不得擅自在铁路桥梁跨越处河道上下游各1000米范围内围垦造田、拦河筑坝、架设浮桥或者修建其他影响铁路桥梁安全的设施。

因特殊原因确需在前款规定的范围内进行围垦造田、拦河筑坝、架设浮桥等活动的，应当进行安全论证，负责审批的机关在批准前应当征求有关铁路运输企业的意见。

第三十八条　禁止在铁路桥梁跨越处河道上下游的下列范围内采砂、淘金：

（一）跨河桥长500米以上的铁路桥梁，河道上游500米，下游3000米；

（二）跨河桥长100米以上不足500米的铁路桥梁，河道上游500米，下游2000米；

（三）跨河桥长不足100米的铁路桥梁，河道上游500米，下游1000米。

有关部门依法在铁路桥梁跨越处河道上下游划定的禁采范围大于前款规定的禁采范围的，按照划定的禁采范围执行。

县级以上地方人民政府水行政主管部门、国土资源主管部门应当按照各自职责划定禁采区域、设置禁采标志，制止非法采砂、淘金行为。

第三十九条　在铁路桥梁跨越处河道上下游各500米范围内进行疏浚作业，应当进行安全技术评价，有关河道、航道管理部门应当征求铁路运输企业的意见，确认安全或者采取安全技术措施后，方可批准进行疏浚作业。但是，依法进行河道、航道日常养护、疏浚作业的除外。

第四十条　铁路、道路两用桥由所在地铁路运输企业和道路管理部门或者道路经营企业定期检查、共同维护，保证桥梁处于安全的技术状态。

铁路、道路两用桥的墩、梁等共用部分的检测、维修由铁路运输企业和道路管理部门或者道路经营企业共同负责，所需费用按照公平合理的原则分担。

第四十一条　铁路的重要桥梁和隧道按照国家有关规定由中国人民武装警察部队负责守卫。

第四十二条　船舶通过铁路桥梁应当符合桥梁的通航净空高度并遵守航行规则。

桥区航标中的桥梁航标、桥柱标、桥梁水尺标由铁路运输企业负责设置、维护，水面航标由铁路运输企业负责设置，航道管理部门负责维护。

第四十三条　下穿铁路桥梁、涵洞的道路应当按照国家标准设置车辆通过限高、限宽标志和限高防护架。城市道路的限高、限宽标志由当地人民政府指定的部门设置并维护，公路的限高、限宽标志由公路管理部门设置并维护。限高防护架在铁路桥梁、涵洞、道路建设时设置，由铁路运输企业负责维护。

机动车通过下穿铁路桥梁、涵洞的道路，应当遵守限高、限宽规定。

下穿铁路涵洞的管理单位负责涵洞的日常管理、维护，防止淤塞、积水。

第四十四条 铁路线路安全保护区内的道路和铁路线路路堑上的道路、跨越铁路线路的道路桥梁，应当按照国家有关规定设置防止车辆以及其他物体进入、坠入铁路线路的安全防护设施和警示标志，并由道路管理部门或者道路经营企业维护、管理。

第四十五条 架设、铺设铁路信号和通信线路、杆塔应当符合国家标准、行业标准和铁路安全防护要求。铁路运输企业、为铁路运输提供服务的电信企业应当加强对铁路信号和通信线路、杆塔的维护和管理。

第四十六条 设置或者拓宽铁路道口、铁路人行过道，应当征得铁路运输企业的同意。

第四十七条 铁路与道路交叉的无人看守道口应当按照国家标准设置警示标志；有人看守道口应当设置移动栏杆、列车接近报警装置、警示灯、警示标志、铁路道口路段标线等安全防护设施。

道口移动栏杆、列车接近报警装置、警示灯等安全防护设施由铁路运输企业设置、维护；警示标志、铁路道口路段标线由铁路道口所在地的道路管理部门设置、维护。

第四十八条 机动车或者非机动车在铁路道口内发生故障或者装载物掉落的，应当立即将故障车辆或者掉落的装载物移至铁路道口停止线以外或者铁路线路最外侧钢轨5米以外的安全地点。无法立即移至安全地点的，应当立即报告铁路道口看守人员；在无人看守道口，应当立即在道口两端采取措施拦停列车，并就近通知铁路车站或者公安机关。

第四十九条 履带车辆等可能损坏铁路设施设备的车辆、物体通过铁路道口，应当提前通知铁路道口管理单位，在其协助、指导下通过，并采取相应的安全防护措施。

第五十条 在下列地点，铁路运输企业应当按照国家标准、行业标准设置易于识别的警示、保护标志：

（一）铁路桥梁、隧道的两端；

（二）铁路信号、通信光（电）缆的埋设、铺设地点；

（三）电气化铁路接触网、自动闭塞供电线路和电力贯通线路等电力设施附近易发生危险的地点。

第五十一条 禁止毁坏铁路线路、站台等设施设备和铁路路基、护坡、排水沟、防护林木、护坡草坪、铁路线路封闭网及其他铁路防护设施。

第五十二条 禁止实施下列危及铁路通信、信号设施安全的行为：

（一）在埋有地下光（电）缆设施的地面上方进行钻探、堆放重物、垃圾，焚烧物品，倾倒腐蚀性物质；

（二）在地下光（电）缆两侧各1米的范围内建造、搭建建筑物、构筑物等设施；

（三）在地下光（电）缆两侧各1米的范围内挖砂、取土；

（四）在过河光（电）缆两侧各100米的范围内挖砂、抛锚或者进行其他危及光（电）缆安全的作业。

第五十三条 禁止实施下列危害电气化铁路设施的行为：

（一）向电气化铁路接触网抛掷物品；

（二）在铁路电力线路导线两侧各500米的范围内升放风筝、气球等低空飘浮物体；

（三）攀登铁路电力线路杆塔或者在杆塔上架设、安装其他设施设备；

（四）在铁路电力线路杆塔、拉线周围20米范围内取土、打桩、钻探或者倾倒有害化学物品；

（五）触碰电气化铁路接触网。

第五十四条 县级以上各级人民政府及其有关部门、铁路运输企业应当依照地质灾害防治法律法规的规定，加强铁路沿线地质灾害的预防、治理和应急处理等工作。

第五十五条 铁路运输企业应当对铁路线路、铁路防护设施和警示标志进行经常性巡查和维护；对巡查中发现的安全问题应当立即处理，不能立即处理的应当及时报告铁路监督管理机构。巡查和处理情况应当记录留存。

第五章　铁路运营安全

第五十六条 铁路运输企业应当依照法律、行政法规和国务院铁路行业监督管理部门的规定，制定铁路运输安全管理制度，完善相关作业程序，保障铁路旅客和货物运输安全。

第五十七条 铁路机车车辆的驾驶人员应当参加国务院铁路行业监督管理部门组织的考试，考试合格方可上岗。具体办法由国务院铁路行业监督管理部门制定。

第五十八条 铁路运输企业应当加强铁路专业技术岗位和主要行车工种岗位从业人员的业务培训和安全培训，提高从业人员的业务技能和安全意识。

第五十九条 铁路运输企业应当加强运输过程中的安全防护，使用的运输工具、装载加固设备以及其他专用设施设备应当符合国家标准、行业标准和安全要求。

第六十条 铁路运输企业应当建立健全铁路设施设备的检查防护制度，加强对铁路设施设备的日常维护检修，确保铁路设施设备性能完好和安全运行。

铁路运输企业的从业人员应当按照操作规程使用、管理铁路设施设备。

第六十一条 在法定假日和传统节日等铁路运输高峰期或者恶劣气象条件下，铁路运输企业应当采取必要的安全应急管理措施，加强铁路运输安全检查，确保运输安全。

第六十二条 铁路运输企业应当在列车、车站等场所公告旅客、列车工作人员以及其他进站人员遵守的安全管理规定。

第六十三条 公安机关应当按照职责分工，维护车站、列车等铁路场所和铁路沿线的治安秩序。

第六十四条 铁路运输企业应当按照国务院铁路行业监督管理部门的规定实施火车票实名购买、查验制度。

实施火车票实名购买、查验制度的，旅客应当凭有效身份证件购票乘车；对车票所记载身份信息与所持身份证件或者真实身份不符的持票人，铁路运输企业有权拒绝其进站乘车。

铁路运输企业应当采取有效措施为旅客实名购票、乘车提供便利，并加强对旅客身份信息的保护。铁路运输企业工作人员不得窃取、泄露旅客身份信息。

第六十五条 铁路运输企业应当依照法律、行政法规和国务院铁路行业监督管理部门的规定，对旅客及其随身携带、托运的行李物品进行安全检查。

从事安全检查的工作人员应当佩戴安全检查标志，依法履行安全检查职责，并有权拒绝不接受安全检查的旅客进站乘车和托运行李物品。

第六十六条 旅客应当接受并配合铁路运输企业在车站、列车实施的安全检查，不得违法携带、夹带管制器具，不得违法携带、托运烟花爆竹、枪支弹药等危险物品或者其他违禁物品。

禁止或者限制携带的物品种类及其数量由国务院铁路行业监督管理部门会同公安机关规

定，并在车站、列车等场所公布。

第六十七条　铁路运输托运人托运货物、行李、包裹，不得有下列行为：

（一）匿报、谎报货物品名、性质、重量；

（二）在普通货物中夹带危险货物，或者在危险货物中夹带禁止配装的货物；

（三）装车、装箱超过规定重量。

第六十八条　铁路运输企业应当对承运的货物进行安全检查，并不得有下列行为：

（一）在非危险货物办理站办理危险货物承运手续；

（二）承运未接受安全检查的货物；

（三）承运不符合安全规定、可能危害铁路运输安全的货物。

第六十九条　运输危险货物应当依照法律法规和国家其他有关规定使用专用的设施设备，托运人应当配备必要的押运人员和应急处理器材、设备以及防护用品，并使危险货物始终处于押运人员的监管之下；危险货物发生被盗、丢失、泄漏等情况，应当按照国家有关规定及时报告。

第七十条　办理危险货物运输业务的工作人员和装卸人员、押运人员，应当掌握危险货物的性质、危害特性、包装容器的使用特性和发生意外的应急措施。

第七十一条　铁路运输企业和托运人应当按照操作规程包装、装卸、运输危险货物，防止危险货物泄漏、爆炸。

第七十二条　铁路运输企业和托运人应当依照法律法规和国家其他有关规定包装、装载、押运特殊药品，防止特殊药品在运输过程中被盗、被劫或者发生丢失。

第七十三条　铁路管理信息系统及其设施的建设和使用，应当符合法律法规和国家其他有关规定的安全技术要求。

铁路运输企业应当建立网络与信息安全应急保障体系，并配备相应的专业技术人员负责网络和信息系统的安全管理工作。

第七十四条　禁止使用无线电台（站）以及其他仪器、装置干扰铁路运营指挥调度无线电频率的正常使用。

铁路运营指挥调度无线电频率受到干扰的，铁路运输企业应当立即采取排查措施并报告无线电管理机构、铁路监管部门；无线电管理机构、铁路监管部门应当依法排除干扰。

第七十五条　电力企业应当依法保障铁路运输所需电力的持续供应，并保证供电质量。

铁路运输企业应当加强用电安全管理，合理配置供电电源和应急自备电源。

遇有特殊情况影响铁路电力供应的，电力企业和铁路运输企业应当按照各自职责及时组织抢修，尽快恢复正常供电。

第七十六条　铁路运输企业应当加强铁路运营食品安全管理，遵守有关食品安全管理的法律法规和国家其他有关规定，保证食品安全。

第七十七条　禁止实施下列危害铁路安全的行为：

（一）非法拦截列车、阻断铁路运输；

（二）扰乱铁路运输指挥调度机构以及车站、列车的正常秩序；

（三）在铁路线路上放置、遗弃障碍物；

（四）击打列车；

（五）擅自移动铁路线路上的机车车辆，或者擅自开启列车车门、违规操纵列车紧急制动设备；

（六）拆盗、损毁或者擅自移动铁路设施设备、机车车辆配件、标桩、防护设施和安全标志；

（七）在铁路线路上行走、坐卧或者在未设道口、人行过道的铁路线路上通过；

（八）擅自进入铁路线路封闭区域或者在未设置行人通道的铁路桥梁、隧道通行；

（九）擅自开启、关闭列车的货车阀、盖或者破坏施封状态；

（十）擅自开启列车中的集装箱箱门，破坏箱体、阀、盖或者施封状态；

（十一）擅自松动、拆解、移动列车中的货物装载加固材料、装置和设备；

（十二）钻车、扒车、跳车；

（十三）从列车上抛扔杂物；

（十四）在动车组列车上吸烟或者在其他列车的禁烟区域吸烟；

（十五）强行登乘或者以拒绝下车等方式强占列车；

（十六）冲击、堵塞、占用进出站通道或者候车区、站台。

第六章　监督检查

第七十八条　铁路监管部门应当对从事铁路建设、运输、设备制造维修的企业执行本条例的情况实施监督检查，依法查处违反本条例规定的行为，依法组织或者参与铁路安全事故的调查处理。

铁路监管部门应当建立企业违法行为记录和公告制度，对违反本条例被依法追究法律责任的从事铁路建设、运输、设备制造维修的企业予以公布。

第七十九条　铁路监管部门应当加强对铁路运输高峰期和恶劣气象条件下运输安全的监督管理，加强对铁路运输的关键环节、重要设施设备的安全状况以及铁路运输突发事件应急预案的建立和落实情况的监督检查。

第八十条　铁路监管部门和县级以上人民政府安全生产监督管理部门应当建立信息通报制度和运输安全生产协调机制。发现重大安全隐患，铁路运输企业难以自行排除的，应当及时向铁路监管部门和有关地方人民政府报告。地方人民政府获悉铁路沿线有危及铁路运输安全的重要情况，应当及时通报有关的铁路运输企业和铁路监管部门。

第八十一条　铁路监管部门发现安全隐患，应当责令有关单位立即排除。重大安全隐患排除前或者排除过程中无法保证安全的，应当责令从危险区域内撤出人员、设备，停止作业；重大安全隐患排除后方可恢复作业。

第八十二条　实施铁路安全监督检查的人员执行监督检查任务时，应当佩戴标志或者出示证件。任何单位和个人不得阻碍、干扰安全监督检查人员依法履行安全检查职责。

第七章　法律责任

第八十三条　铁路建设单位和铁路建设的勘察、设计、施工、监理单位违反本条例关于铁路建设质量安全管理的规定的，由铁路监管部门依照有关工程建设、招标投标管理的法律、行政法规的规定处罚。

第八十四条　铁路建设单位未对高速铁路和地质构造复杂的铁路建设工程实行工程地质勘察监理，或者在铁路线路及其邻近区域进行铁路建设工程施工不执行铁路营业线施工安全管理规定，影响铁路运营安全的，由铁路监管部门责令改正，处10万元以上50万元以下的罚款。

第八十五条　依法应当进行产品认证的铁路专用设备未经认证合格，擅自出厂、销售、进口、使用的，依照《中华人民共和国认证认可条例》的规定处罚。

第八十六条 铁路机车车辆以及其他专用设备制造者未按规定召回缺陷产品，采取措施消除缺陷的，由国务院铁路行业监督管理部门责令改正；拒不改正的，处缺陷产品货值金额1%以上10%以下的罚款；情节严重的，由国务院铁路行业监督管理部门吊销相应的许可证件。

第八十七条 有下列情形之一的，由铁路监督管理机构责令改正，处2万元以上10万元以下的罚款：

（一）用于铁路运输的安全检测、监控、防护设施设备，集装箱和集装化用具等运输器具、专用装卸机械、索具、篷布、装载加固材料或者装置、运输包装、货物装载加固等，不符合国家标准、行业标准和技术规范；

（二）不按照国家有关规定和标准设置、维护铁路封闭设施、安全防护设施；

（三）架设、铺设铁路信号和通信线路、杆塔不符合国家标准、行业标准和铁路安全防护要求，或者未对铁路信号和通信线路、杆塔进行维护和管理；

（四）运输危险货物不依照法律法规和国家其他有关规定使用专用的设施设备。

第八十八条 在铁路线路安全保护区内烧荒、放养牲畜、种植影响铁路线路安全和行车瞭望的树木等植物，或者向铁路线路安全保护区排污、倾倒垃圾以及其他危害铁路安全的物质的，由铁路监督管理机构责令改正，对单位可以处5万元以下的罚款，对个人可以处2000元以下的罚款。

第八十九条 未经铁路运输企业同意或者未签订安全协议，在铁路线路安全保护区内建造建筑物、构筑物等设施，取土、挖砂、挖沟、采空作业或者堆放、悬挂物品，或者违反保证铁路安全的国家标准、行业标准和施工安全规范，影响铁路运输安全的，由铁路监督管理机构责令改正，可以处10万元以下的罚款。

铁路运输企业未派员对铁路线路安全保护区内施工现场进行安全监督的，由铁路监督管理机构责令改正，可以处3万元以下的罚款。

第九十条 在铁路线路安全保护区及其邻近区域建造或者设置的建筑物、构筑物、设备等进入国家规定的铁路建筑限界，或者在铁路线路两侧建造、设立生产、加工、储存或者销售易燃、易爆或者放射性物品等危险物品的场所、仓库不符合国家标准、行业标准规定的安全防护距离的，由铁路监督管理机构责令改正，对单位处5万元以上20万元以下的罚款，对个人处1万元以上5万元以下的罚款。

第九十一条 有下列行为之一的，分别由铁路沿线所在地县级以上地方人民政府水行政主管部门、国土资源主管部门或者无线电管理机构等依照有关水资源管理、矿产资源管理、无线电管理等法律、行政法规的规定处罚：

（一）未经批准在铁路线路两侧各1000米范围内从事露天采矿、采石或者爆破作业；

（二）在地下水禁止开采区或者限制开采区抽取地下水；

（三）在铁路桥梁跨越处河道上下游各1000米范围内围垦造田、拦河筑坝、架设浮桥或者修建其他影响铁路桥梁安全的设施；

（四）在铁路桥梁跨越处河道上下游禁止采砂、淘金的范围内采砂、淘金；

（五）干扰铁路运营指挥调度无线电频率正常使用。

第九十二条 铁路运输企业、道路管理部门或者道路经营企业未履行铁路、道路两用桥检查、维护职责的，由铁路监督管理机构或者上级道路管理部门责令改正；拒不改正的，由铁路监督管理机构或者上级道路管理部门指定其他单位进行养护和维修，养护和维修费用由拒不履行义务的铁路运输企业、道路管理部门或者道路经营企业承担。

第九十三条 机动车通过下穿铁路桥梁、涵洞的道路未遵守限高、限宽规定的，由公安机关依照道路交通安全管理法律、行政法规的规定处罚。

第九十四条 违反本条例第四十八条、第四十九条关于铁路道口安全管理的规定的，由铁路监督管理机构责令改正，处1000元以上5000元以下的罚款。

第九十五条 违反本条例第五十一条、第五十二条、第五十三条、第七十七条规定的，由公安机关责令改正，对单位处1万元以上5万元以下的罚款，对个人处500元以上2000元以下的罚款。

第九十六条 铁路运输托运人托运货物、行李、包裹时匿报、谎报货物品名、性质、重量，或者装车、装箱超过规定重量的，由铁路监督管理机构责令改正，可以处2000元以下的罚款；情节较重的，处2000元以上2万元以下的罚款；将危险化学品谎报或者匿报为普通货物托运的，处10万元以上20万元以下的罚款。

铁路运输托运人在普通货物中夹带危险货物，或者在危险货物中夹带禁止配装的货物的，由铁路监督管理机构责令改正，处3万元以上20万元以下的罚款。

第九十七条 铁路运输托运人运输危险货物未配备必要的应急处理器材、设备、防护用品，或者未按照操作规程包装、装卸、运输危险货物的，由铁路监督管理机构责令改正，处1万元以上5万元以下的罚款。

第九十八条 铁路运输托运人运输危险货物不按照规定配备必要的押运人员，或者发生危险货物被盗、丢失、泄漏等情况不按照规定及时报告的，由公安机关责令改正，处1万元以上5万元以下的罚款。

第九十九条 旅客违法携带、夹带管制器具或者违法携带、托运烟花爆竹、枪支弹药等危险物品或者其他违禁物品的，由公安机关依法给予治安管理处罚。

第一百条 铁路运输企业有下列情形之一的，由铁路监管部门责令改正，处2万元以上10万元以下的罚款：

（一）在非危险货物办理站办理危险货物承运手续；

（二）承运未接受安全检查的货物；

（三）承运不符合安全规定、可能危害铁路运输安全的货物；

（四）未按照操作规程包装、装卸、运输危险货物。

第一百零一条 铁路监管部门及其工作人员应当严格按照本条例规定的处罚种类和幅度，根据违法行为的性质和具体情节行使行政处罚权，具体办法由国务院铁路行业监督管理部门制定。

第一百零二条 铁路运输企业工作人员窃取、泄露旅客身份信息的，由公安机关依法处罚。

第一百零三条 从事铁路建设、运输、设备制造维修的单位违反本条例规定，对直接负责的主管人员和其他直接责任人员依法给予处分。

第一百零四条 铁路监管部门及其工作人员不依照本条例规定履行职责的，对负有责任的领导人员和直接责任人员依法给予处分。

第一百零五条 违反本条例规定，给铁路运输企业或者其他单位、个人财产造成损失的，依法承担民事责任。

违反本条例规定，构成违反治安管理行为的，由公安机关依法给予治安管理处罚；构成犯罪的，依法追究刑事责任。

第八章 附　则

第一百零六条　专用铁路、铁路专用线的安全管理参照本条例的规定执行。

第一百零七条　本条例所称高速铁路，是指设计开行时速250公里以上（含预留），并且初期运营时速200公里以上的客运列车专线铁路。

第一百零八条　本条例自2014年1月1日起施行。2004年12月27日国务院公布的《铁路运输安全保护条例》同时废止。

3. 关于支持铁路建设实施土地综合开发的意见

国务院办公厅关于支持铁路建设实施土地综合开发的意见
（国办发〔2014〕37号）

各省、自治区、直辖市人民政府，国务院各部委、各直属机构：

为落实《国务院关于改革铁路投融资体制加快推进铁路建设的意见》（国发〔2013〕33号），实施铁路用地及站场毗邻区域土地综合开发利用政策，支持铁路建设，经国务院同意，现提出以下意见：

一、土地综合开发的基本原则

（一）支持铁路建设与新型城镇化相结合。按照新型城镇化要求，在保障铁路运输功能和运营安全的前提下，坚持"多式衔接、立体开发、功能融合、节约集约"的原则，对铁路站场及毗邻地区特定范围内的土地实施综合开发利用。通过市场方式供应土地，一体设计、统一联建方式开发利用土地，促进铁路站场及相关设施用地布局协调、交通设施无缝衔接、地上地下空间充分利用、铁路运输功能和城市综合服务功能大幅提高，形成铁路建设和城镇及相关产业发展的良性互动机制，促进铁路和城镇化可持续发展。

（二）政府引导与市场自主开发相结合。相关部门和地方政府要遵循铁路建设发展规律，坚持依法行政，完善土地综合开发相关管理制度，建立公平公开、有序竞争的市场环境。地方政府要在符合土地利用总体规划和城乡规划的前提下，统筹铁路站场及毗邻地区相关规划，合理确定土地综合开发的边界和规模，通过综合开发用地供应与铁路建设联动等措施，引导市场主体实施铁路用地及站场毗邻区域土地综合开发，有力有序推进铁路建设。

（三）盘活存量铁路用地与综合开发新老站场用地相结合。支持铁路运输企业以自主开发、转让、租赁等多种方式盘活利用现有建设用地，鼓励铁路运输企业对既有铁路站场及毗邻地区实施土地综合开发，促进铁路建设投资等主体对新建铁路站场及毗邻地区实施土地综合开发，提高铁路建设项目的资金筹集能力和收益水平。

二、支持盘活现有铁路用地推动土地综合开发

（四）科学编制既有铁路站场及周边地区改建规划。地方政府应主动与铁路运输企业协商，统筹编制既有铁路站场及毗邻地区相关规划，加强功能调整和空间优化，完善交通组织、用地布局和设施条件，增强铁路站场和周边地区的承载能力和服务功能，指导站场改建及周边地区土地综合开发，促进地上地下统一规划、统筹开发建设，实现对外交通与城市道路、公共交通一体化。

（五）给予既有铁路站场综合开发用地政策支持。支持铁路运输企业利用自有土地、平等协商收购相邻土地、依法取得政府供应土地或与其他市场主体合作，对既有铁路站场地区进行综合开发。市、县国土资源部门要依法为铁路运输企业利用自有土地进行土地产权整合和宗地合并、分拆等提供服务。政府供应既有铁路站场综合开发范围内的用地，应将综合开

发的规划要求和铁路建设要求一并纳入土地供应的前提条件。

（六）促进铁路运输企业盘活各类现有土地资源。铁路运输企业依法取得的划拨用地，因转让或改变用途不再符合《划拨用地目录》的，可依法采取协议方式办理用地手续。经国家授权经营的土地，铁路运输企业在使用年限内可依法作价出资（入股）、租赁或在集团公司直属企业、控股公司、参股企业之间转让。

（七）鼓励提高铁路用地节约集约利用水平。利用铁路用地进行地上、地下空间开发的，在符合规划的前提下，可兼容一定比例其他功能，并可分层设立建设用地使用权。分层设立的建设用地使用权，符合《划拨用地目录》的，可按划拨方式办理用地手续；不符合《划拨用地目录》的，可按协议方式办理有偿用地手续。

三、鼓励新建铁路站场实施土地综合开发

（八）支持新建铁路站场与土地综合开发项目统一联建。新建铁路建设项目的投资主管部门、机构应与沿线地方政府按照一体规划、联动供应、立体开发、统筹建设的原则，协商确定铁路站场建设需配套安排的土地综合开发事项，明确土地综合开发项目与对应铁路站场、线路工程统一联建等相关事宜。

（九）合理确定土地综合开发的边界和规模。地方政府应按照新建铁路站场地区土地综合开发的基本要求，综合考虑建设用地供给能力、市场容纳能力、铁路建设投融资规模等因素，依据土地利用总体规划和城市、镇规划，合理划定综合开发用地边界。扣除站场用地后，同一铁路建设项目的综合开发用地总量按单个站场平均规模不超过50公顷控制，少数站场综合开发用地规模不超过100公顷。

（十）明确站场建设和土地综合开发的规划要求。地方政府在编制土地利用总体规划和城市总体规划时，要根据新建铁路线路和站场的选址，做好用地控制和预留。城乡规划部门要加强对站场建设与土地综合开发的规划管理，在编制铁路站场及周边地区的控制性详细规划时，应同步组织开展修建性详细规划编制或城市设计工作，深化建筑空间组织、道路交通规划、开发强度、建设时序等要求，大力推进铁路与城市轨道交通、公共交通、出租车等各类交通方式的无缝衔接，促进综合交通枢纽建设，方便乘客出行和换乘。在综合开发用地供应前，城乡规划部门应依据控制性详细规划提出规划设计条件。未确定规划条件的地块，不得供应。

（十一）采用市场化方式供应综合开发用地。新建铁路站场地区综合开发用地采用市场化方式供应，供地公告时间不得少于60个工作日。新建铁路项目未确定投资主体的，可在项目招标时，将土地综合开发权一并招标，新建铁路项目中标人同时取得土地综合开发权，相应用地可按开发分期约定一次或分期提供，供地价格按出让时的市场价确定。新建铁路项目已确定投资主体但未确定土地综合开发权的，综合开发用地采用招标拍卖挂牌方式供应，并将统一联建的铁路站场、线路工程及相关规划条件、铁路建设要求作为取得土地的前提条件。土地由铁路建设投资主体取得的，铁路建设和土地综合开发应统筹推进；土地由其他市场主体取得的，其他市场主体应与铁路建设投资主体协商安排铁路建设与土地综合开发相关事宜，确保铁路等各项建设按规划有序进行。

四、完善土地综合开发配套政策

（十二）统筹土地综合开发相关规划管理。地方政府应在编制土地利用总体规划和城市规划时，统筹考虑铁路用地及站场毗邻区域土地综合开发利用需求，并据此及时组织编制土

地综合开发相关规划。如确需调整既有法定规划的，应按程序报批。严格建设工程设计总平面图审查。相关部门要完善土地综合开发规划管理方式，促进土地综合开发规范有序进行。

（十三）完善综合开发用地供应模式。土地综合开发可分期供应，分期供应的土地可成片提供，成片供应的土地应根据城市规划和实际情况进行分宗，按宗地用途和有关规定，核发划拨决定书或签订有偿使用合同。

（十四）落实综合开发用地指标支持政策。铁路建设项目配套安排的土地综合开发所需新增建设用地指标，经省级人民政府严格审核后，暂由国土资源部予以计划单列。

（十五）完善相关工程建设标准规范。有关部门要根据铁路与其他交通运输方式接驳、综合交通枢纽建设、站场设施功能混合、地上地下立体开发等需要，梳理、完善有关标准规范，加强各类标准的衔接协调。

五、加强土地综合开发的监管和协调

（十六）实行备案管理制度。供应与新建铁路站场统一联建的综合开发用地前，市、县国土资源部门应将土地综合开发的位置、规模、用地需求、规划条件及拟安排的供应分期等向国土资源部备案，并抄送住房城乡建设部。

（十七）严格土地开发利用管理。相关市、县国土资源部门应与取得综合开发用地使用权的主体签订土地综合开发利用协议，明确约定铁路站场、线路工程应先于土地综合开发项目建设。取得综合开发用地的主体未按约定优先建设铁路站场、线路工程的，不得为其办理土地、房产手续。

（十八）切实加强建设管理。对铁路站场、线路工程建设及土地综合开发涉及的各类建设项目，相关政府部门应加强项目资本金、土地使用标准及建设标准、质量和施工安全等方面的监督管理工作。取得综合开发用地使用权的主体应严格遵守房地产开发项目建设管理等相关规定。

实施铁路用地及站场毗邻区域土地综合开发利用，是加快铁路投融资体制改革和铁路建设的重要举措，是促进新型城镇化发展和节约集约用地的有力抓手，各地区、各有关部门要高度重视，认真落实本意见精神，在严格管理的前提下，积极稳妥予以推进。

国务院办公厅

2014 年 7 月 29 日

4. 铁路用地管理办法

铁路用地管理办法
中国铁路总公司关于印发《铁路用地管理办法》的通知
（铁总开发〔2015〕202 号）

总公司所属各单位，各铁路公司：

现将《铁路用地管理办法》印发给你们执行，请认真贯彻执行。

中国铁路总公司
2015 年 7 月 16 日

铁路用地管理办法

第一章 总 则

第一条 为进一步明晰铁路用地管理权责，充分发挥铁路局市场主体作用，提高管理质量和效率，依据国家有关法律法规和规定，制定本办法。

第二条 本办法适用于中国铁路总公司（以下简称总公司）及所属各单位。

第三条 本办法所称铁路用地是指总公司及所属单位依法取得使用权的土地，包括运输生产用地、辅助生产用地、生活设施用地和其他用地。

第四条 总公司及铁路局分别承担以下职责：

总公司负责拟订铁路用地管理标准、制度、办法，对铁路局用地管理进行指导、监督、服务，对管理权限内用地资产处置事项进行审批，协调解决重大土地纠纷。

铁路局承担用地管理的主体责任，履行用地权属管理、监察管理、资产处置、开发利用、规划编制和实施等职责。

第五条 铁路局应按照专业化管理及精干高效的原则，建立健全土地管理机构，配齐配强土地专业管理力量，提升专业管理能力。

铁路局土地管理部门负责铁路用地的归口管理。

铁路局土地管理办公室作为附属机构，承担辖区内土地管理的具体工作。铁路局应根据土地日常管理及对外协调工作的需要，优化土地管理办公室设置。

铁路局应结合实际，实行土地管理部门直接管理模式或土地管理部门管理+站段辅助管理模式。对山区、偏远地区等，可采取站段代管的方式，赋予站段土地处置以外一定的土地管理职能。

第六条 铁路用地管理应以满足铁路发展规划、有利于运输安全为前提，以保证用地资产安全、实现保值增值、促进土地经营开发为目标，优化土地资源配置，挖掘土地资源潜力，实现铁路用地管理规范和高效利用。

第二章 权属管理

第七条 土地权属证书是土地权利人享有国有土地使用权的证明。对铁路依法取得使用权的土地，应及时向当地县级以上人民政府国土资源行政主管部门申请土地登记，确认产权关系，明确产权归属。对存在权属纠纷和历史遗留问题的土地，应积极创造条件逐步解决，推进确权领证，维护用地权益。土地权利人、用途等发生变化时，应及时申请变更登记。

第八条 按照专业化管理的要求，土地管理部门应加强用地档案的统一管理，及时对用地档案资料进行收集、分类、组卷、归档和保管。建立档案资料专用库房，配备必要设施及管理人员。加强档案资料的动态管理，保证用地权属资料的真实性和现势性。

第九条 建立土地权属证书使用管理制度，未经土地管理部门批准，任何单位和个人不得使用和借用土地权属证书。

第十条 加强铁路用地统计管理，及时对原始记录、基础台帐信息进行收集和更新，确保数据准确、真实、完整。

合资铁路公司应将用地统计报表分别报送委托管理的铁路局，由铁路局负责统一汇总。

第三章 开发利用管理

第十一条 铁路用地开发利用主要包括地方政府收回土地使用权，利用铁路用地进行置换、转让、抵押、出租出借、作价出资入股、经营开发、建设生产生活设施（含货场迁建）等方式。

第十二条 结合铁路建设、生产生活及多元化经营的需要，开展铁路用地现状调查，编制近期及中长期铁路用地规划。

铁路用地规划应与当地土地利用总体规划和城市总体规划相协调，并纳入当地土地利用总体规划和城市总体规划。

第十三条 开展用地保护性利用，结合宗地具体情况，以土地资产安全完整为前提，以保护铁路用地为目的，合理加以利用。

第十四条 深入开展土地利用项目前期研究、论证，统筹考虑运输生产、经营开发的需要，提出科学合理的土地利用方案。

利用铁路用地建设生产生活设施及其他建筑物、构筑物等，应着眼长远，统筹规划，合理布局，满足铁路发展需要。

涉及地方政府收储及土地置换等项目，应结合铁路实际，与地方政府充分沟通，在维护铁路土地权益的同时，争取地方政府政策支持。

对法律法规有明确规定、需对土地价值进行认定的，应委托符合资质要求的评估机构开展土地和房屋评估。

第十五条 对土地开发利用项目，要坚持依法合规运作，实行项目负责制。加强市场研判、效益分析、风险评估，强化过程控制，提高项目开发质量，确保开发效益。

第十六条 土地收益、经营收入等，应纳入预算管理，并按有关规定进行账务处理。地方政府批准的收费项目，按地方政府规定执行。

第十七条 铁路用地出租出借应符合国家有关规定。

铁路用地出租出借包括：土地及附着物出租；以穿越、跨越等形式设定的他项权利；地质勘察、工程施工临时用地；货场、专用线出租等。

出租出借应以保证用地安全完整、按期收回为前提，严格控制和管理。

铁路局应制定出租出借管理办法，明确租借期限和租金标准，规范合同签订和审批程序，确保租金应收尽收、足额入库。出租出借合同由土地管理部门统一管理。

出租人应对承租人用地行为进行监管，确保承租人按合同约定使用土地，严禁转租、私搭乱建，杜绝只租不管的现象。租借合同到期不再续租续用的，应无偿收回铁路用地。

第十八条 涉及土地开发利用的行为应按照总公司相关规定，履行投资项目审批和土地资产处置审批程序。

第四章 监察管理

第十九条 铁路用地监察是指按照国家有关法律法规，对用地进行监督检查，对违法违规用地行为进行处理或提出处理建议。

所属单位是用地监察的主体。铁路局土地管理部门负责用地监察的组织实施，企法、安监、运输、财务、综合治理等部门协同配合。

第二十条 铁路局应组建专业化的监察队伍，形成以土地管理部门专业监察为主体的用地监察网络，并建立相应的用地巡查制度、用地信息举报制度，实现对辖区内用地管理的全天候、全覆盖。

按照"谁使用、谁负责"的要求，用地单位应对所使用的土地加强巡查和看护，保证土地资产完整。

第二十一条 铁路局应建立用地重点监控制度，依据宗地现状、位置、周边环境等情况进行研判，按已经发生或可能发生违法用地行为的程度，分等级确定用地隐患监控点，并采取相应监控及清理整治措施。

第二十二条 铁路局应坚持"预防为主、源头治理、超前防范"的方针，因地制宜加强铁路用地保护。加大违法违规用地的清理整治力度，提出用地清理整治计划，开展用地专项整治，有计划、有重点地消除影响铁路用地安全和资产完整的问题和隐患。

建立铁路相关部门、地方政府相关职能部门的协调联动机制，依法组织违法用地行为的清理整治。

第二十三条 铁路用地监察人员行使监察职权时，需两人及以上，并应出示《铁路用地监察证》。

《铁路用地监察证》由总公司核发。

第二十四条 铁路局应配备必要的交通、测量、通讯、音像等设备，满足监察工作的需要。

铁路局应根据用地清理整治计划，将相关清理整治费用纳入预算，并建立用地监察信息举报专项奖励制度。

第五章 建设用地管理

第二十五条 建设用地是指铁路基本建设所涉及的用地。建设单位是建设用地管理的主体，应把建设用地管理作为建设管理的重要组成部分，纳入建设管理的全过程。

在项目前期工作阶段，建设单位应建立建设用地管理制度和办法，明确建设、设计、施工、监理等单位的用地管理职责，把好土地预审和审批、征地拆迁、土地登记等各个关口，确保用地权属来源合法、面积准确、手续完备、资料齐全。

建设单位应加强对建设过程中用地行为的监督检查，及时发现和处理用地问题，对权属来源不合法、面积不准确、手续不完备、资料不齐全的，督促整改落实。

第二十六条　铁路建设用地应与其他专业同步验收。静态验收前，建设单位应完善用地手续；正式验收前，应完成土地权属证书领取工作。

第二十七条　铁路局应提前介入建设用地管理工作。

在建设项目预可研或可研阶段（直接开展可研的，为可研阶段），应对建设项目需占用既有用地情况进行综合分析和论证，提出用地资产处置意见。

在项目征地拆迁和施工阶段，应指导建设单位建立和完善用地管理制度、组织用地业务培训、开展用地资料收集整理等工作。

在静态验收前，应组织土地专业检查组，对建设项目用地情况进行全面检查，督促建设单位整改存在问题，确保静态验收时达到验收标准。

第二十八条　合资铁路公司占用国铁用地、国铁占用合资铁路用地，按铁路用地资产处置相关规定办理。

第六章　综合管理

第二十九条　推进铁路用地图数字化。铁路局应按照《中国铁路总公司企业标准》（Q/CR53.1—2014、Q/CR53.1—2014），做好用地图绘制和更新工作，保证用地图现势性，并指导控股合资铁路公司做好相关工作。

第三十条　建立全路统一的用地信息平台，以用地图为基础，以权属、监察、处置、规划、建设用地管理等为重点，强化用地信息管理手段。总公司负责搭建统一平台，提供技术支持。

第三十一条　铁路局应建立用地管理考核评价制度，明确考核评价内容和标准，对用地管理工作质量和效果进行考核评价。

铁路局应加强用地使用行为监督检查，严格落实责任追究制。对发生违法占地清理不及时、违规处置铁路用地、出租出借用地无法按期收回等问题，造成用地资产损失的，追究有关单位和个人的责任。

第七章　附　　则

第三十二条　控股合资铁路公司可参照本办法执行，依法履行相关决策程序。

第三十三条　本办法由总公司资本运营和开发部负责解释。

第三十四条　本办法自2015年8月1日起施行。

5. 北京铁路局临时借地管理办法

北京铁路局临时借地管理办法

为进一步加强铁路用地资产管理，规范铁路临时借地行为，有效防止违法违规行为发生，维护铁路用地合法权益，营造良好的安全运输环境，确保铁路用地管理工作有序开展，根据国务院《铁路运输安全保护条例》、铁道部《铁路用地开发利用管理办法》和《北京铁路局铁路用地管理办法》，制定本办法。

第一章 总 则

第一条 本办法所称临时借地，是指临时借给路外单位使用和路内单位（含合资铁路公司）用于非铁路运输生产使用的铁路用地。

第二条 临时借地事项由路局实行归口管理、统一审批，其他任何单位、部门无权审批。

第三条 临时借地实行有偿使用。临时借用铁路用地的单位，必须与管地单位签订临时借地协议，所签协议必须依法合规。

第四条 临时借地必须严格执行国家《铁路运输安全保护条例》规定，铁路线路安全保护区范围内既有铁路用地一律不得外借。已发生的安全保护区范围内临时借地历史遗留问题，由原出借单位终止临时借地协议，收回铁路用地。

第二章 临时借地管理机构及职责

第五条 临时借地管理机构：

（一）路局土地房产管理处是全局铁路临时借地管理机构，在路局铁路用地管理委员会领导下，行使全局铁路临时借地的审批、管理职能。

（二）路局北京、天津、石家庄土地管理办公室是本区域铁路临时借地工作的管理部门，负责本辖区范围内铁路临时借地的管理工作。

（三）管内各直属站、车务段、工务段、房产维修段、北京工电大修段等管地单位，在区域土地管理办公室的指导下，负责所辖区域内临时借地的日常管理工作。

（四）路局所辖各单位作为铁路用地的使用单位，必须依法合规使用土地，对借用的铁路用地负责日常监管。

第六条 路局土地房产管理处临时借地管理职责：

（一）制定、修改、完善路局临时借地管理规章、制度。

（二）监督、检查全局临时借地管理规章制度的执行情况及日常管理工作。提出对违规出借土地责任单位及责任人的处理建议。

（三）负责全局临时借地的核准、审批工作。

（四）负责全局临时借地总体情况的统计分析、工作总结、基础台帐建立、资料组卷和费用收缴等管理工作。

（五）负责组织处理临时借地重大纠纷等问题，对违反规定的临时借地行为进行纠正和制止。

第七条 区域土地管理办公室临时借地管理职责：

（一）贯彻落实路局临时借地管理相关办法和规定，监督、检查本辖区内临时借地管理各项规章制度的执行落实情况。

（二）对本辖区内暂时闲置的铁路用地提出利用建议，并督促管地单位办理临时借地手续。

（三）对本辖区内铁路用地承借方的资格、用途、建设施工批准文件、相关安全协议措施等进行审查；负责临时借地协议审核及签订工作。

（四）对临时借地现场勘查、钉桩放线等工作进行核查。

（五）负责本辖区内临时借地总体情况的统计分析及工作总结上报、基础管理台帐建立、资料组卷和费用收缴等管理工作。

（六）定期检查本辖区内临时借地工作开展情况。

（七）组织处理本辖区内临时借地纠纷等问题，对违反规定的行为进行纠正和制止。

第八条 各管、用地单位职责：

（一）严格执行路局临时借地管理各项规章制度并制定相关管理办法，定期对执行落实情况进行自查。

（二）依法合规使用经路局审批同意的临时借地，对借用土地进行日常监管，及时制止和纠正违反借地规定的行为。

（三）各管地单位在区域土地管理办公室指导下，负责临时借地现场勘查、初审上报、协议签订、费用收缴、钉桩放线、日常巡视、纠纷处理和基础管理等工作。

（四）用地单位负责向管地单位提出临时借地申请并及时上报本单位临时借地有关事宜。

第三章 临时借地基本要求

第九条 临时借地期限

（一）临时借地期限为一年，特殊情况须经路局批准，最长不得超过三年。

（二）跨、穿越铁路线路和敷设管线等方式借用铁路用地的，须由路局土地管理部门与承借方共同协商费用和期限，依据相关规定以协议方式确定。

第十条 临时借地的要求：

（一）临时借地范围内不得修建永久性建筑物、构筑物；堆放货物或修建临时性建筑物时不得侵入铁路线路安全保护区；不准在临时借地范围内从事挖砂、取土、打井取水及损坏铁路设施、电磁干扰铁路设备正常使用等危害铁路运输安全和路基稳定的活动；不得在临时借地范围内存储易燃、易爆、易辐射或有碍卫生的物品。

（二）临时借地必须依据批准的借地位置、面积和用途使用，不得擅自扩大借用面积、更改出借期限和改变用途，不得将临时借地转借、转租，不得从事非法活动或牟取非法收入。

（三）临时借地借用期满不再继续借用时，由承借方负责清除地上附着物，恢复地貌，交还管地单位。区域土地管理办公室负责验收，对收回的临时借地及时报路局土地房产管理处备案，同时在相关统计报表中作出说明。

（四）在协议有效期内，如遇铁路或地方政府因规划发展需要用地时，需提前一个月书面通知承借方，承借方必须按期无偿腾退，并负责清除地上附着物、堆积物，保证铁路或地方政府按期使用。

（五）借地范围内遇有青苗、地上附着物等发生补偿时，由承借方承担，国家征收的各种土地使用税、费由承借方承担，并直接向政府有关部门按期缴纳。

（六）凡违反国家、铁路法律法规及本办法基本要求的临时借地，路局各级铁路用地管理机构有权立即终止借地协议，收回出借土地。

（七）根据签订的临时借地协议，承借方需一次性缴清临时借地费用，按协议进行现场钉桩放线后方可进场使用。

第四章　临时借地审批

第十一条　临时借地审批原则

临时借地审批坚持集体研究、集体决策、集体负责的原则。临时借地申请、审核、报批、审查、批准等环节必须建立严格的研究决策程序，符合"三重一大"事项的必须按照规定纳入"三重一大"决策程序。

第十二条　临时借地审批要求

（一）路内外单位临时借用铁路用地，须向管地单位提出书面申请并加盖单位公章。

（二）临时借地实行用途管制。临时借地必须提报用途情况和实施方案，对于违反国家法律法规、危及运输安全、影响铁路经营发展或用途不清的借地事项，一律不予审批。

（三）对于前期经路局批准的路内外个人临时借地、生活使用临时借地等遗留问题，逐步解决，不再办理新的审批。

（四）为保障铁路运输安全，对于铁路沿线地方塔杆类借地事项不再办理审批。

（五）铁路沿线绿化、苗圃、防护林等用地一律不得外借。

（六）路局土地房产管理处按照审批程序对临时借地事项进行审核，重大临时借地事项提交路局铁路用地管理委员会研究同意后，由相关部门进行审批。

（七）上跨、下穿铁路线路，敷设管线、铁路专用线建设等项目涉及借用铁路用地的，由路局土地房产管理处与总工程师室、建设处、工程管理所、工务处等相关处室进行专业审核、批复。

（八）货场出租（露天场地或货位）临时借地的审批，由土地房产管理处与货运处联合会签批复。

第十三条　临时借地审批程序：

（一）由承借人提出书面申请，报管地单位初审。书面申请中要写明临时借地的用途和具体使用方案，并附相关资料：

1. 临时借地平面位置图。附图要求：在复印的地亩图上按图纸比例标示借地范围及尺寸，标清铁路线路安全保护区界线（黄线标示）、铁路地界线（红线标示）。

2. 所借地块具体使用方案平面图和能反映现场全貌的照片资料。

3. 借地单位营业执照、法人身份证复印件并加盖公章。

4. 建设施工批准文件、相关安全协议措施等。

5. 其他有关资料。

（二）管地单位对承借方进行资格、用途审查，同时进行现场勘查，确定借用位置、面积、范围，初审同意后，填写《北京铁路局临时借地审批表》（附件1），将申请资料组卷上报区域土地管理办公室。对不符合要求的借地事项，及时将申请资料退回承借方并给予明确答复。

（三）区域土地管理办公室对管地单位上报资料进行复审并做好现场核查工作。在确定保证铁路运输生产安全及不影响铁路、地方发展规划的前提下，区域土地管理办公室在《北京铁路局临时借地审批表》上签署意见并加盖区域土地管理办公室公章，10日内报路局土地房产管理处。对经核查不符合要求的借地事项，及时承将借方申请资料退回管地单位，并明确答复。

（四）路局土地房产管理处负责对上报借地资料审核，组织相关部门对临时借地事项进行审批，根据审批意见，办理临时借地批复手续。

（五）区域土地管理办公室根据路局批复意见，在10个工作日内通知管地单位办理相关借地手续，并签订《北京铁路局临时借地协议》（附件2、附件3）。对于不同意外借的，明确答复管地单位，由管地单位在10个工作日内将申请资料退回承借方。

管地单位所签协议须报区域土地管理办公室审核并加盖区域土地管理办公室公章，由区域土地管理办公室汇总后于次月25日前报路局土地房产管理处备案。

第十四条 路局临时借地延续使用，实行续签备案制度。对于已经路局批准的临时借地需要继续借用的，承借方须提前一个月向管地单位提出申请，管地单位报区域土地管理办公室审核同意后办理相关手续，区域土地管理办公室将续签协议汇总后于次月25日前报路局土地房产管理处备案。

第十五条 临时借地审批表、新签、续签协议编号由北京、天津、石家庄区域土地管理办公室统一排序编号，区域土地管理办公室简称：京、津、石。（附件4）

第五章 临时借地收费管理

第十六条 临时借地收费标准按照《北京铁路局临时借用铁路用地费用收取标准》（附件5）执行。

第十七条 承借方必须按照签订的临时借地协议标准缴纳借地费用，不得拖欠。逾期缴纳超过30日的，终止临时借地协议，收回铁路用地。

第十八条 临时借地收缴费用管理

临时借地费用收缴、使用和管理严格按照《北京铁路局土地管理费收缴和使用办法（暂行）》（京铁财〔2006〕411号）执行。

第十九条 临时借地费用收缴单位需到当地税务部门进行登记并购买发票，依法照章纳税。

第二十条 各管地单位于每季度末22日前、每年度12月22日前向区域土地管理办公室上报季度、年度临时借地费用收缴明细。各区域土地管理办公室每季度末25日前、每年度12月25日前汇总上报路局土地房产管理处季度、年度临时借地费用收缴明细。

第六章 临时借地日常管理

第二十一条 路局土地房产管理处定期对全局临时借地管理工作及费用收缴、使用情况进行检查。

第二十二条 区域土地管理办公室每年对管理区域临时借地管理工作及费用收缴、使用情况进行巡视检查，做好巡查记录，对检查情况进行总结分析，并按照路局有关规定建立临时借地管理台帐（附件6），每年12月25日前将台帐报路局土地房产管理处。

第二十三条 各管地单位应对辖区内临时借地使用情况定期进行巡视检查，并做好巡查记录，对检查情况进行总结分析，同时按照路局要求建立临时借地管理台帐，每年12月22日前将台帐报区域土地管理办公室。

第二十四条 临时借地管理工作要建立相应的考核激励机制，同时纳入路局年度生产经营业绩考核和路局年度铁路用地管理工作考核，实行挂钩考核。

第七章 处 罚

第二十五条 责任追究的原则

权责一致，有责必追；重大问题从严处理。

第二十六条 发生以下问题，对责任单位和有关人员进行相应处理：

（一）对未认真审核临时借地申报事项、进行现场勘验、钉桩放线的，未按规定对出借土地进行日常监护、巡视的，具体工作人员向单位做出书面检查；再次发生此类问题的，单位对具体工作人员诫勉谈话，部门主管负责人向单位作出书面检查。

（二）对出借土地失于监管，导致发生违法违规使用行为的，具体工作人员停职，单位对部门主管负责人诫勉谈话，主管领导向路局作出书面检查，路局对责任单位进行通报批评。

（三）对在办理临时借地报批手续中弄虚作假、违反协议规定出借土地的单位和个人，经查实后收回批准文件，收回铁路用地，没收其违规所得，责任单位承担全部经济损失。路局责成责任单位对具体工作人员给予免职并行政记过处分，对部门主管负责人给予停职并行政警告处分，路局对主管领导诫勉谈话，单位正职向路局作出书面检查，路局对责任单位进行通报批评。

（四）对未经路局审批，擅自对外租借土地的，经查实后收回铁路用地，没收其违规所得，责任单位承担全部经济损失。路局责成责任单位对具体工作人员给予免职并行政降级处分，部门主管负责人给予停职并行政记大过处分，路局给予主管领导停职并行政记过处分，对单位正职诫勉谈话并给予行政警告处分，路局对责任单位进行通报批评。

（五）对临时借地事项未经集体研究、未执行路局"三重一大"决策程序要求的，按照相关规定进行追责。

（六）对临时借地费用收缴、使用管理混乱的，按照路局相关财经纪律规定进行追责。

（七）对重复发生问题、问题性质严重的，依照相关规定追究责任，并提级处理；同时，建议党组织对责任单位和个人给予党纪处理。

第八章 附 则

第二十七条 本办法自发布之日起施行，原《北京铁路局临时借地管理办法（暂行）》（京铁房地〔2008〕303号）同时废止。

第二十八条 本办法由路局土地房产管理处负责解释。

6. 天津市铁路用地管理办法

天津市铁路用地管理办法

第一条 为加强铁路用地管理，确保铁路运输安全和建设发展需要，根据《中华人民共和国土地管理法》、《中华人民共和国铁路法》、《天津市土地管理条例》和国家土地局、铁道部《关于颁布铁路用地管理办法的通知》（［1992］国土［建］字第144号），制定本办法。

第二条 本市行政区域内铁道部所属铁路用地的规划、计划、利用、保护和管理，均应遵守本办法。

第三条 本办法所称的铁路用地是指铁路部门通过接收和征用、划拨方式依法取得使用权的土地。包括：

（一）运输生产用地。指车站站场、货场、铁路用地内的站前广场、铁路线路及线路两侧排水、绿化、养护用地及铁路基层单位生产用地。

（二）辅助生产用地。指铁路分局机关及铁路系统科研、设计等单位用地和采石、采砂、林场、苗圃用地。

（三）生活设施用地。指铁路系统文教卫生、职工住宅及生活服务设施用地。

（四）其他铁路用地。

第四条 铁路分局土地管理办公室是铁路分局的用地管理机构，业务上受市土地管理局的领导，铁路分局所属的直属站、车务段、工务段、建筑段等基层单位，应设立专职土地管理人员，其他基层单位设兼职土地管理人员，负责分管范围内铁路用地的日常管理工作。

第五条 铁路分局用地管理机构的职责：

（一）宣传、贯彻国家和本市有关土地管理的法律、法规和政策；

（二）按照国家和本市的有关规定，负责铁路用地的调查、申请登记、统计和地籍档案工作；

（三）负责铁路用地的规划、计划、利用、保护和管理工作；

（四）负责铁路建设用地征用、划拨的申请工作；

（五）开展铁路用地的监察工作，制止乱占、滥用铁路用地的行为，协助区、县土地管理部门依法处理土地违法案件；

（六）配合各级土地管理部门处理铁路用地的权属纠纷；

（七）承办法律、法规、规章授权或者各级土地管理部门委托的有关事宜。

第六条 铁路建设需要征用集体所有土地或者划拨国有土地，应当按照《天津市土地管理条例》规定的审批程序和审批权限办理土地的征用、划拨手续。

第七条 铁路建设征用、划拨土地的申请工作，由铁路分局用地管理机构统一办理，也可由铁路分局用地管理机构委托工程承建单位或者铁路基层单位办理。铁道部驻津单位征用、划拨土地的申请工作由用地单位办理。

铁路基层单位在铁路用地内新建、扩建、改建建筑物或者其他设施，须先经铁路分局用地管理机构同意，再向有关部门办理审批手续。

第八条 铁路建设用地应按总体设计一次申请批准，也可以分段办理征用、划拨土地手续；分期建设的项目，可以根据其设计任务书确定的工期，分段申请批准和办理征用、划拨土地手续。

建设过程中发生用地数量变化和位置移动时，应先向原批准机关提出申请办理用地手续后，再使用土地。

第九条 铁路部门抢险救灾急需用地的，可以先行使用，但事后必须按照有关规定补办用地手续。

第十条 铁路建设征用集体所有土地的费用，依照《天津市土地管理条例》的有关规定执行。

第十一条 土地管理部门和铁路分局用地管理机构，应当参与铁路建设项目用地的前期工作和竣工验收。

铁路建设项目新增用地由工程承建单位或者铁路基层单位向所在区、县土地管理部门申请土地登记。

铁路建设项目新增用地需移交铁路分局的，以铁路分局的名义领取国有土地使用证。

第十二条 铁路建设项目竣工验收合格移交时，工程承建单位或铁路基层单位应将国有土地使用证等全部用地资料，一并移交铁路分局用地管理机构。

第十三条 铁路建设用地应当按照批准的用途使用，改变土地用途须经铁路分局用地管理机构同意和有关规划、土地管理部门批准，并办理土地变更登记手续。

第十四条 铁路建设项目在征用、划拨用地范围以外需要增加临时用地，应按照审批权限向城市规划部门提出定点申请，经审查同意后，向原受理申请用地的土地管理部门提出申请，报同级人民政府批准。

第十五条 需要复垦的土地应当按照国务院《土地复垦规定》，由土地使用单位制订土地复垦规划，如期进行土地复垦。

第十六条 铁路分局应当按照国家有关规定和本市土地利用总体规划、城市总体规划，依据铁路发展规划，组织编制铁路用地的利用规划和中长期计划，经市规划、土地管理局审查同意，报北京铁路局批准。

第十七条 铁路用地年度计划由铁路分局用地管理机构提出，送市计划委员会和市土地管理局，纳入年度土地利用计划后执行。

第十八条 铁路分局隶属单位原有用地，由铁路分局用地管理机构按宗地向所在区、县土地管理部门申请土地登记。

驻津铁路单位使用属铁路分局的铁路用地，经商铁路分局用地管理机构同意后，由用地单位向所在区、县土地管理部门申请土地登记。

第十九条 对铁路运输生产用地应当实行重点保护，任何单位和个人不得占用。

路外单位和个人确需使用铁路用地时，须征得铁路分局用地管理机构同意后，按照规定的审批权限由土地管理部门办理用地划拨手续。土地管理部门应将划拨文件抄送铁路分局。

路外单位和个人临时使用铁路用地的，需征得铁路分局用地管理机构同意，签订用地协议，报土地管理部门批准。

临时使用铁路用地，不得兴建永久性建筑物和构筑物，其使用期限一般不超过两年。

第二十条 对铁道部核准报废的铁路用地，经区、县人民政府批准，由区、县土地管理部门收回其土地使用权，办理土地注销登记，收回土地使用证。

第二十一条　严禁在铁路线路用地范围内从事挖渠修塘、采石采砂、取土弃碴、埋坟等活动，严禁修建与铁路运输生产无关的建筑物和其他设施。

第二十二条　铁路线路两侧用地范围内的土地，除按规定留出排水系统、造林绿化用地外，已由农民耕种的，在铁路部门未使用前可以继续耕种，但承种人所在的村民委员会必须与铁路分局用地管理机构签订承种协议，并由铁路分局用地管理机构向乡、镇人民政府备案。

农民承种的土地，其土地使用权仍属铁路部门。禁止在承种的土地上兴建临时性或者永久性建筑物、种植多年生作物。

第二十三条　承种人承种的铁路用地，铁路建设需要时，铁路部门有权收回，并按下列规定办理：

（一）收回承种的铁路用地，铁路分局用地管理机构应当提前三个月书面通知承种人所在的村民委员会，并抄送乡、镇人民政府。

（二）所收回的铁路用地如已播种，由铁路部门支付承种人当季青苗补偿费。

（三）承种人确有困难的，由铁路部门发给不超过实际种植作物一年产量总值的补助费。

第二十四条　铁路分局用地管理机构可建立土地监察队伍，其人员编制、经费、车辆、服装等均由铁路分局解决。

第二十五条　铁路分局土地监察人员的职责：

（一）监督检查铁路用地使用情况；

（二）制止违法占用铁路用地行为；

（三）对违法占地案件进行调查，协助区、县土地管理部门依法处理；

（四）配合区、县土地管理部门做好行政应诉工作。

第二十六条　铁路部门与路外单位或者个人发生土地权属争议，由铁路部门与路外单位或者个人协商解决，协商不成的，由所在区、县人民政府处理。

第二十七条　对保护和合理利用铁路用地作出显著成绩的单位或者个人，由土地管理部门和铁路部门给予表彰或者奖励。

第二十八条　对侵占铁路用地的，由当地区、县土地管理部门责令其停止侵占、赔偿损失。当事人对处理决定不服的，可以在接到处理决定通知之日起三十日内向人民法院起诉。被侵占的铁路用地单位也可以直接向人民法院起诉。

在铁路用地范围内进行违法建设，严重影响铁路运输安全的，由城市规划部门责令停止建设；拒不停止建设的，由城市规划部门强行制止，并可处以违法建设工程造价总额20%以下的罚款。已经建成的，由市或者区、县人民政府强行拆除，并可由城市规划部门处以违法建设工程造价总额20%至50%的罚款。

第二十九条　买卖或者以其他形式非法转让铁路用地的，由所在区、县土地管理部门没收非法所得，限期拆除或者没收在买卖或以其他形式非法转让的土地上新建的建筑物和其他设施，收回土地使用权，并可按非法所得的30%至50%处以罚款。其中属于路外单位或个人买卖或者以其他形式非法转让铁路用地的，土地使用权收回之后仍交铁路部门使用。

第三十条　铁路用地单位未经批准或者采取欺骗手段骗取批准以及超过批准的用地数量占用土地，由所在区、县土地管理部门责令退还非法占用的土地，限期拆除或者没收在非法占用土地上新建的建筑物和其他设施，并按照非法占用土地每平方米五元至十五元处以罚款。

第三十一条 路外单位或者个人擅自在铁路两侧依法确定的铁路用地范围内从事挖渠修塘、采石采砂、取土弃碴、埋坟等活动，或者在承种的土地上兴建临时性或者永久性建筑物、种植多年生植物，铁路分局用地管理机构有权制止，并可提请所在区、县土地管理部门责令恢复原状，并处以每平方米五元至十五元的罚款。

第三十二条 城市规划、土地管理部门执行本办法的罚款收入全部上缴财政。办案所需经费按照国家和本市有关规定办理。

第三十三条 对无理阻碍铁路部门使用铁路用地进行建设的单位或者个人，土地管理部门和铁路分局用地管理机构有权制止。制止无效的，提请区、县人民政府处理。

第三十四条 铁路用地的有偿使用办法另行规定。

第三十五条 地方铁路、专用铁路、铁路专用线用地可参照本办法执行。

第三十六条 本办法由天津市土地管理局商天津铁路分局解释。

第三十七条 本办法自发布之日起施行。

7. 河北省地方铁路条例

河北省地方铁路条例

（2007年5月24日河北省第十届人民代表大会常务委员会第二十八次会议通过 2014年9月26日河北省第十二届人民代表大会常务委员会第十次会议修正 2015年7月24日河北省第十二届人民代表大会常务委员会第十六次会议第二次修正）

第一章 总 则

第一条 为加快地方铁路建设，保障运输安全畅通，促进经济发展和社会进步，根据《中华人民共和国铁路法》等法律、行政法规的规定，结合本省实际，制定本条例。

第二条 本省行政区域内地方铁路的规划建设、运输营业和安全管理，适用本条例。

纳入本省监督管理的专用铁路和铁路专用线，依照本条例执行。

第三条 省人民政府交通主管部门主管本省行政区域内的地方铁路管理工作，其所属的铁路管理机构具体实施地方铁路管理工作。

县级以上人民政府发展改革、建设、财政、国土资源、水利、安全生产监督管理、公安等有关部门在各自的职责范围内，做好地方铁路管理的有关工作。

第四条 县级以上人民政府应当加强对地方铁路工作的领导，根据区域经济发展需求做好规划、扶持、促进地方铁路建设与发展，引入市场竞争机制，推进投资主体多元化，发挥地方铁路资源的作用。

第五条 地方铁路运输企业应当改善经营管理，保障安全生产，提高运输服务质量。

第六条 任何单位和个人都有爱护地方铁路的义务，不得破坏、损坏地方铁路设施、设备，不得扰乱地方铁路建设、运输营业的正常秩序。

第二章 规划建设

第七条 地方铁路建设应当符合地方铁路发展规划，执行国家和本省规定的基本建设程序。

第八条 地方铁路发展规划应当依据本省国民经济和社会发展的需要编制，符合国家铁路网规划，与省域城镇体系规划和港口、公路等其它方式的交通运输发展规划相衔接，与能源、钢铁等相关行业的发展规划相协调。

第九条 地方铁路发展规划由省人民政府交通主管部门组织编制，经省人民政府发展改革部门审核，报省人民政府批准后实施。

地方铁路发展规划经批准后不得擅自修改。确需修改的，应当依照地方铁路发展规划的编制程序，报原批准机关批准。

第十条 地方铁路发展规划建设用地应当纳入土地利用总体规划。在城市规划区域内，地方铁路的线路、车站、枢纽以及相关设施的规划，应当纳入所在城市发展的总体规划。

第十一条　地方铁路建设应当按照谁投资、谁受益、谁承担风险的原则，鼓励多元化投资进行地方铁路建设和从事地方铁路运营。

第十二条　地方铁路建设用地和征地拆迁、安置工作，依照有关法律、法规的规定办理。

已经取得使用权的地方铁路建设用地，应当依照批准的范围和用途使用，不得擅自改作他用，任何单位或者个人不得侵占。

第十三条　地方铁路建设依法实行项目法人负责制、招标投标制、工程监理制和合同管理制。

第十四条　从事地方铁路建设工程勘察、设计、施工和工程监理、咨询等活动的单位，应当依法取得相应专业资质，在批准的资质等级范围内从业，依法接受省铁路管理机构的监督、检查。

第十五条　省铁路管理机构依法对地方铁路建设工程质量实施监督。铁路建设单位应当在工程项目开工前，依照国家有关规定办理工程质量监督手续。

第十六条　地方铁路的建设、勘察、设计、施工和工程监理，应当遵守国家和本省建设工程质量管理的规定，确保工程质量。

第十七条　地方铁路建设需要使用国有荒山、荒地或者需要在国有荒山、荒地、河滩、滩涂上挖砂、采石、取土的，依照有关法律、行政法规的规定办理申请和批准手续后，任何单位和个人不得阻挠或者非法收取费用。

第十八条　地方铁路建设应当符合保护环境、保护文物古迹和防止水土流失的要求。

因地方铁路建设影响公路、管道、港航、水利、电力、通讯等设施正常使用的，建设单位应当依法征得相关部门同意。造成损失的，应当依法予以赔偿。

第十九条　地方铁路建设项目竣工后，由业主向项目审批机关提出验收申请，审批机关应当依照国家和本省有关规定组织验收。未经验收或者验收不合格的，不得交付使用。

第三章　运输营业

第二十条　从事地方铁路运输营业应当取得省铁路管理机构核发的地方铁路运输营业许可证。申请地方铁路运输营业许可证，应当具备下列条件：

（一）有与其经营业务相适应并经检测合格的运输设施、设备；

（二）有健全的安全生产管理制度和管理机构。

第二十一条　新建地方铁路和专用铁路经竣工验收合格后，应当向省铁路管理机构申请地方铁路临时运输营业许可。省铁路管理机构应当自受理申请之日起二十日内核发临时运输营业许可证。

临时运输营业许可证有效期为一年，地方铁路运输企业应当在有效期届满三十日前向省铁路管理机构申请地方铁路运输营业许可。

第二十二条　省铁路管理机构接到从事地方铁路运输营业的申请后，应当自受理申请之日起二十日内作出行政许可决定。二十日内不能作出决定的，经省铁路管理机构负责人批准，可以延长十日，并应当将延长期限的理由告知申请人。准予许可的，依照法定程序向申请人颁发地方铁路运输营业许可证。不予许可的，依照法定程序书面通知申请人并说明理由。

第二十三条　地方铁路运输营业许可证的有效期为三年。地方铁路运输企业需要延续有效期的，应当在有效期届满三十日前向省铁路管理机构提出申请。省铁路管理机构应当根据地方铁路运输企业的申请，在有效期届满前依法作出是否准予延续的书面决定。逾期未作决定的，视为准予延续。

地方铁路运输企业需要变更地方铁路运输营业许可事项的，应当向省铁路管理机构提出申请。省铁路管理机构自受理申请之日起二十日内，对于符合法定条件的，应当依法办理变更手续。对于不符合法定条件的，应当书面通知申请人并说明理由。

第二十四条 地方铁路运输企业应当向用户提供安全、方便、稳定的服务，并履行普遍服务的义务。

地方铁路运输企业未经省铁路管理机构批准，不得擅自停业、歇业；遇有不可抗力情况需要停业、歇业的，应当及时报告。

第二十五条 特殊货物的运输依照国家有关规定办理。抢险救灾和国家、本省规定需要优先运输的物资，地方铁路运输企业应当优先安排运输。

第二十六条 地方铁路运输的旅客票价率和货物、行李运价率实行政府指导价或者政府定价，竞争性领域实行市场调节价。地方铁路旅客、货物运输杂费的收费项目和收费标准，以及地方铁路包裹运价率由铁路运输企业自主制定。

第二十七条 地方铁路运输企业应当如实记录运输营业情况，向省铁路管理机构报送专项和综合统计报表。

第二十八条 鼓励专用铁路兼营公共旅客、公共货物运输业务，提倡铁路专用线与有关单位协议共用。

第四章 安全管理

第二十九条 地方铁路建设和运输营业应当执行《中华人民共和国安全生产法》、《铁路运输安全保护条例》和其他有关安全生产的法律、法规，执行保障安全生产的国家标准和省安全生产监督管理部门、省铁路管理机构制定的有关安全规定。

第三十条 铁路建设单位、勘察单位、施工单位和工程监理单位以及地方铁路运输企业应当建立健全劳动安全教育培训制度，加强对从业人员的安全生产教育培训。

地方铁路行业特有技术工种从业人员应当依照国家的有关规定，取得特种作业操作资格证书。

第三十一条 地方铁路建设和运输营业实行安全生产责任制度和事故责任追究制度。

第三十二条 铁路建设单位、施工单位和地方铁路运输企业应当依照国家和本省有关规定，制定生产安全事故处理应急预案。发生生产安全事故后，应当立即启动事故处理应急预案，并及时报告有关情况。

事故调查处理依照国家和本省有关事故调查处理的规定执行。省铁路管理机构负责大事故以上等级的地方铁路运输安全事故中设施、设备损坏状况的技术鉴定。

第三十三条 地方铁路建设项目的安全设施，应当与主体工程同时设计、同时施工、同时投入使用。

第三十四条 地方铁路运输企业应当执行国家和本省制定的地方铁路技术管理规程和旅客、货物运输规则以及地方铁路设施、设备使用、维修和管理的规定，保障地方铁路运输安全。

第三十五条 各地方铁路道口和人行过道应当按照国家和本省有关规定设置或者拓宽。

有人看守的地方铁路平交道口，应当设置警示灯、警示标志、地方铁路平交道口路段标线或者安全防护设施。无人看守的地方铁路道口，应当按照国家规定标准设置警示标志。

警示灯、安全防护设施由地方铁路运输企业设置、维护；警示标志、地方铁路道口路段标线由道口所在地的道路管理部门负责设置、维护。

地方铁路运输企业应当加强地方铁路道口安全管理，防止地方铁路道口交通事故的发生。

第三十六条 省铁路管理机构应当履行地方铁路安全监督管理职责，加强对从事地方铁路运输营业人员的安全教育和培训，加强对重要时期、关键环节、要害设施、设备的安全状况以及生产安全事故处理应急预案的建立和落实情况的监督检查，及时查处地方铁路安全生产违法行为。

第三十七条 公安机关应当维护地方铁路车站、列车等地方铁路场所和铁路沿线的治安秩序，并做好消防工作。

第五章 法律责任

第三十八条 铁路管理机构或者有关部门的工作人员有下列情形之一的，由其主管部门或者监察机关责令改正；对直接负责的主管人员和其他直接责任人员依法给予行政处分；构成犯罪的，依法追究刑事责任：

（一）无正当理由拖延或者拒绝核发临时运输营业许可证或者地方铁路运输营业许可证的；

（二）不依照法定条件、程序和期限核发地方铁路运输营业许可证的；

（三）对于符合法定条件的地方铁路运输营业许可事项变更申请，拖延或者拒绝办理的；

（四）利用职务便利索取或者收受他人财物，谋取其他利益的；

（五）其他不依法履行职责或者监督管理不力，造成严重后果的。

第三十九条 违反本条例第十二条第二款规定，将地方铁路建设用地擅自改作他用或者侵占地方铁路建设用地的，由县级以上人民政府土地行政主管部门依法予以处罚。因侵占地方铁路建设用地造成经济损失的，应当依法予以赔偿。

第四十条 违反本条例第十五条规定，未按照国家有关规定办理工程质量监督手续的，由省铁路管理机构责令改正，并处二十万元以上五十万元以下的罚款。

第四十一条 违反本条例第十九条规定，地方铁路建设项目未经验收或者验收不合格交付使用的，由省铁路管理机构责令停止使用，处工程合同价款百分之二以上百分之四以下的罚款；造成损失的，依法承担赔偿责任。

第四十二条 违反本条例第二十条规定，未取得地方铁路运输营业许可证擅自营业的，由省铁路管理机构责令停止运输营业，没收违法所得，并处五万元以上十万元以下的罚款。

第四十三条 违反本条例第二十三条第二款规定，未按照法定程序申请地方铁路运输营业许可事项变更的，由省铁路管理机构责令改正；拒不改正的，吊销其地方铁路运输营业许可证。

第四十四条 违反本条例第二十四条第二款规定，擅自停业、歇业的，由省铁路管理机构责令改正。

第六章 附　　则

第四十五条 本条例自2007年7月1日起施行。1993年12月28日省人民政府公布的《河北省地方铁路管理规定》同时废止。

8. 山西省铁路安全管理办法

山西省铁路安全管理办法
山西省人民政府令　第276号

《山西省铁路安全管理办法》业经2020年8月7日省人民政府第77次常务会议通过,现予公布,自2021年1月1日起施行。

省长　林武
2020年10月11日

第一条　为了加强铁路安全管理,保障铁路运输安全和畅通,保护人身安全和财产安全,根据《中华人民共和国铁路法》《铁路安全管理条例》等法律、法规,结合本省实际,制定本办法。

第二条　本省行政区域内国家铁路和地方铁路的建设安全、线路安全、运营安全等监督管理及相关活动,适用本办法。

专用铁路、铁路专用线的安全管理参照本办法规定执行。

第三条　铁路安全管理坚持安全第一、预防为主、协调联动、综合治理的原则。

第四条　县级以上人民政府应当加强本行政区域内铁路安全工作的领导,落实铁路安全管理责任,加强铁路护路联防工作,保障铁路安全管理经费,建立铁路安全联席会议制度,协调解决铁路安全管理重大问题。

乡(镇)人民政府、街道办事处应当落实护路联防责任,指导村(居)民委员会开展爱路护路宣传教育活动,维护铁路安全,做好铁路安全工作。

第五条　县级以上平安铁路建设专项组应当加强对本行政区域内铁路护路联防工作的统筹指导,组织、协调、督促各级人民政府、各有关部门落实护路联防责任,做好铁路沿线安全稳定工作。

第六条　县级以上人民政府交通运输部门负责落实铁路安全联席会议制度,依法履行铁路安全监督管理职责,组织、指导、协调有关部门做好保障铁路安全的有关工作。

公安机关、铁路公安机关应当建立铁路站车、铁路沿线治安防范快速联动处置机制,实行信息互通共享,共同做好治安防范和处置工作。

发展和改革、教育、工业和信息化、民政、自然资源、生态环境、住房和城乡建设、水利、农业农村、应急管理等部门按照各自职责,做好保障铁路安全的有关工作。

第七条　从事铁路建设、运输的单位应当加强安全管理,建立健全安全生产管理制度,依法落实安全生产主体责任。法律、法规规定从事建设、经营等活动应当征得铁路运输企业意见的,铁路运输企业应当自收到建设、经营单位申请之日起二十日内书面回复。

第八条　铁路建设单位或者铁路运输企业在实施新建、改建铁路重大项目前,应当落实重大决策社会稳定风险评估机制，有关部门应当加强督促落实，从源头上预防风险隐患发生。

第九条 规划、设计和建设铁路工程应当符合当地国土空间规划、生态保护红线管控要求，并统筹考虑产业布局等情况，集约利用通道资源，鼓励铁路与公路共用线位。

道路、河道、航道、水利、通信、电力、油气、矿山等建设工程与铁路建设工程相邻相交危及安全的，建设单位应当与在先权利人对安全防护措施和费用承担等内容进行协商处理。

第十条 铁路建设单位或者铁路运输企业新建、改建、迁建道路、桥梁、涵洞、人行天桥等构筑物及其附属安全设施，经依法验收合格后，根据国家有关规定或者签订的协议，将依法批准的设计图中的非铁路设施，移交有关单位管理维护。接收单位拒绝接收或者没有接收单位的，由铁路建设单位或者铁路运输企业向所在地县级人民政府提出申请，县级人民政府应当自收到书面申请之日起二十个工作日内指定接收单位。

对本办法实施前产权不清、管理主体不明的道路、桥梁、涵洞等穿越铁路的非铁路设施，由铁路运输企业向所在地县级人民政府提出申请，县级人民政府应当自收到书面申请之日起二十个工作日内指定管理单位。

第十一条 铁路建设工程施工完成后，对于确需保留的施工便道，使用单位应当按照相关规定在铁路并行地段设置防护设施。

第十二条 铁路建设项目勘测定界后以及铁路建设期间，任何单位和个人不得在铁路用地范围内栽种林木作物，建造建筑物、构筑物和从事挖沙、取土、采石等活动。

第十三条 铁路建设、施工、设备维护管理单位施工、维修或者应急处置时，需要经过农村道路的，应当按照标志、标线的要求和信号灯通行，任何单位和个人不得非法拦路、设卡、收取费用。

第十四条 铁路建设单位应当自铁路建设工程竣工验收合格之日起十五日内，将竣工验收报告、消防救援、生态环境等部门出具的认可文件或者准许使用文件向省交通运输部门备案。

第十五条 专用铁路管理单位应当自专用铁路建设完成后十五日内，将专用铁路的名称、建设主体、建设时间、建设位置、线路长度、运输设备、主要用途等情况向省人民政府交通运输部门备案。

第十六条 依法划定铁路线路安全保护区，不涉及土地和建筑物、构筑物权属变更。

第十七条 铁路建设单位或者铁路运输企业应当根据工程竣工资料、划定的铁路线路安全保护区范围等进行勘界，绘制铁路线路安全保护区平面图，并根据平面图设立标桩和保护标志。

铁路线路安全保护区平面图应当向县级人民政府交通运输部门备案。

铁路建设单位或者铁路运输企业设立标桩和保护标志等相关工作应当在铁路线路竣工验收前完成。

第十八条 铁路线路安全保护区内，在划定公告前已有的合法建筑物、构筑物、植物以及行使已依法取得的采矿权危及铁路运输安全的，铁路运输企业应当告知其所有权人或者管理人在三十日内采取必要的安全防护措施，消除安全隐患。

因铁路建设或者保障铁路运行安全等原因需要拆除合法建筑物、构筑物的，应当依法给予补偿。

第十九条 铁路线路安全保护区内，不得采用彩钢瓦、铁皮、塑料薄膜等轻质材料搭建板房、彩钢棚、围挡、塑料大棚，以及悬挂广告牌匾、灯箱等。

铁路线路路堤坡脚、路堑坡顶、铁路桥梁外侧起向外一百米范围内，不得露天堆放彩钢瓦、夹芯板等轻型材料；五百米范围内，不得擅自升放无人驾驶航空器、风筝、孔明灯等低空飞行物。

铁路线路安全保护区外一百米范围内有本条第一款规定情形的，以及铁路线路路堤坡脚、路堑坡顶、铁路桥梁外侧起向外五百米范围内的防尘网、塑料大棚等轻飘物，其所有权人或者管理人应当采取措施，消除铁路安全隐患。

第二十条 在铁路线路两侧建设杆塔、烟囱等设施或者种植树木，其所有权人或者管理人应当确保设施或者树木倒伏后不会侵入路堤坡脚、路堑坡顶、铁路桥梁外侧，并且不得影响铁路行车瞭望。存在侵入可能或影响瞭望的，应当依法整改或者修剪、砍伐。

第二十一条 铁路线路安全保护区外一百米范围内排放污水时应当采取防护措施，不得影响铁路线路安全。

第二十二条 铁路运输企业对于铁路沿线的安全隐患，应当向县级人民政府交通运输部门报告。

县级人民政府交通运输部门接到报告后，应当依法协调处理。具有法定职责的政府部门应当依法排除安全隐患。

第二十三条 法定假日、传统节日、春运、暑运等铁路运输高峰期或者恶劣气象时段，铁路运输企业应当加强铁路运输安全检查，采取必要的安全应急管理措施。

当地人民政府有关部门应当做好站前交通疏解、综合治理等工作。

第二十四条 铁路运输企业应当根据应对铁路突发事件的需要，制定应急预案，组织应急演练，配备报警装置和必要的应急救援设施设备。铁路运输企业制定突发事件应急预案，应当与当地政府相关应急预案相衔接。

铁路站车、铁路沿线发生自然灾害、事故灾难、公共卫生、社会安全等突发事件时，铁路运输企业应当及时启动应急预案，并报告事发地县级人民政府和所属铁路监管部门。县级以上人民政府及其有关部门应当按照规定启动相应级别的应急预案，组织开展应急救援。

第二十五条 铁路运输企业应当对被公安机关处罚或者铁路站车单位认定的扰乱铁路站车运输秩序且危及铁路安全的行为责任人，按照有关规定限制其乘坐列车。

第二十六条 任何单位和个人发现损坏、非法占用铁路设施设备、铁路标志、铁路用地以及其他影响铁路安全的行为，有权向有关单位举报。

县级以上人民政府有关部门、铁路运输企业应当公开举报电话，以及运用移动终端、互联网等现代信息技术手段，为公众举报提供便利。

第二十七条 对维护铁路安全作出突出贡献的单位和个人，由县级以上人民政府按规定给予表彰奖励。

第二十八条 违反本办法规定，法律、法规已有法律责任规定的，从其规定。

第二十九条 违反本办法第十三条规定的，由县级以上公安机关责令改正，并对单位处五千元以上两万元以下罚款，对个人处两百元以上五百元以下罚款。

第三十条 违反本办法第十九条第一款、第二款规定的，由县级以上人民政府有关部门责令改正，并对单位处一万元以上三万元以下罚款，对个人处两百元以上五百元以下罚款。

第三十一条 违反本办法第二十一条规定的，由县级以上人民政府有关部门责令改正，并处一万元以上三万元以下罚款。

第三十二条 从事铁路建设、运输的单位违反本办法规定，由具有管理权限的部门对直接负责的主管人员和其他直接责任人员依法给予处分。

第三十三条 县级以上人民政府有关部门工作人员玩忽职守、滥用职权、徇私舞弊的，由具有管理权限的机关对直接负责的主管人员和其他直接责任人员依法给予处分；构成犯罪的，依法追究刑事责任。

第三十四条 本办法自 2021 年 1 月 1 日起施行。

9. 内蒙古自治区铁路安全管理规定

内蒙古自治区铁路安全管理规定

第一条 为了保护人身和财产安全，保障铁路运输安全和畅通，根据《中华人民共和国安全生产法》《中华人民共和国铁路法》《铁路安全管理条例》等国家有关法律、法规，结合自治区实际，制定本规定。

第二条 本规定适用于自治区行政区域内的铁路安全管理活动。上位法已经作出规定的，从其规定。

第三条 铁路安全管理遵循生命至上、安全第一、预防为主、协调联动、综合治理的原则。

第四条 自治区人民政府应当加强对铁路安全管理工作的统一领导，协调解决涉及铁路安全的重大问题，依法保障护路联防工作经费。

铁路沿线旗县级以上人民政府及其有关部门应当按照各自职责，加强保障铁路安全的教育，落实护路联防责任制，建立应急协调机制，防范和制止危害铁路安全的行为，与铁路运输企业共同做好铁路交通事故、站车突发事件应急处置等工作。

铁路沿线苏木乡镇人民政府或者街道办事处应当落实安全监督管理和护路联防责任，配合有关单位做好本行政区域内铁路安全工作。

第五条 高速铁路沿线城区内每1000米、城区外每5000米，铁路运输企业和铁路沿线苏木乡镇人民政府或者街道办事处应当各确定一名负责人作为段长，建立双段长巡查、会商和处置铁路安全隐患的工作机制。

第六条 铁路运输企业发现危及铁路安全的隐患，应当及时告知相关单位或者个人。相关单位或者个人应当立即予以处理。

第七条 任何单位或者个人发现影响铁路安全的行为，有权予以制止并向公安机关、铁路运输企业或者其他有关部门举报，接到举报的部门应当依法及时处理。

对于防止铁路安全事故有突出贡献的单位或者个人，当地人民政府应当予以表彰奖励。

第八条 禁止任何单位、个人非法占用铁路用地。

铁路建设项目依法办理征地审批手续后以及铁路建设期间，任何单位或者个人未经铁路运输企业同意，不得在铁路用地范围内栽种农林作物、建造建筑物或者构筑物、实施挖沙取土和采石等作业。

第九条 依法划定的铁路线路安全保护区，不涉及土地和建筑物、构筑物权属变更。

铁路建设单位应当根据工程竣工资料勘界，绘制铁路线路安全保护区平面图，并根据平面图在工程静态验收之前设立标桩。

第十条 禁止在铁路线路安全保护区内实施下列行为：

（一）未经铁路运输企业同意，铺设、架设各类管线、缆线、渡槽等设施，进入或者通过铁路隧道，实施挖砂、取土、挖沟、采空等作业；

（二）在铁路桥下搭建建筑物、设置停车场、开设商铺；

（三）圈养或者放养牲畜；

（四）在铁路线路上放置石子、铁钉、螺栓等异物；

（五）生产、经营、存放烟花爆竹、煤气燃气、废旧轮胎等易燃、易爆、危险、放射性物品；

（六）攀爬、钻越、损毁铁路线路防护设施；

（七）排污、倾倒垃圾、堆放废弃物或者渣土；

（八）采用彩钢等轻型建材建造建筑物、构筑物。

第十一条 铁路线路安全保护区内既有的建筑物、构筑物危及铁路运输安全的，其产权人或者管理人应当采取必要的安全防护措施，及时排除安全隐患。产权人或者管理人拒绝排除隐患或者采取安全防护措施后仍不能保证安全的，依法予以拆除。

铁路线路安全保护区内既有的供排水、油气、通信、电力、渡槽等设施，其产权人或者管理人应当加强日常检查维护，发现安全隐患后立即排除。不能立即排除并且可能危及铁路安全的，应当及时通知铁路运输企业。

第十二条 除铁路生产设施或者与铁路交叉的城市道路、公路、管线等公共设施外，铁路线路路堤坡脚、路堑坡顶、铁路桥梁外侧起向外各30米范围内不得规划审批挖砂取土或者建造建筑物、构筑物等项目。

单位或者个人在铁路线路路堤坡脚、路堑坡顶、铁路桥梁外侧起向外各30米范围内开发建设工程项目的，应当与铁路运输企业签订安全责任协议。未采取安全保护措施的，不得进行施工。

第十三条 铁路线路路堤坡脚、路堑坡顶、铁路桥梁外侧起向外各50米范围内，禁止抛扔烟头、燃放烟花爆竹和焚烧秸秆、荒草、冥币、垃圾等可燃物品。

第十四条 铁路线路路堤坡脚、路堑坡顶、铁路桥梁外侧起向外各200米范围内不得露天堆放彩钢瓦、彩钢板等轻型材料。

铁路线路路堤坡脚、路堑坡顶、铁路桥梁外侧起向外各200米范围内的彩钢房屋、带有彩钢顶棚或者采用轻型材料搭建的建筑物、构筑物，以及防尘网、广告牌匾、灯箱、塑料大棚、农用薄膜等，其产权人或者管理人应当采取措施，消除铁路运输安全隐患。造成铁路安全事故的，其产权人或者管理人应当依法给予赔偿。

第十五条 铁路线路路堤坡脚、路堑坡顶、铁路桥梁外侧起向外各500米范围内，禁止擅自升放无人机、风筝、孔明灯等低空飞行物。

第十六条 铁路沿线上游水库的产权人或者管理人应当与铁路运输企业签订安全责任协议，遇到开闸放水、水库泄洪或者水库达到防洪限制水位等情况，应当提前通知铁路运输企业。

第十七条 铁路建设、施工、设备维护管理单位对铁路进行施工、维修作业或者应急处置，需要经过农村、牧区道路的，任何单位或者个人不得拦路、设卡、收取费用。

第十八条 任何单位或者个人不得在依法划定的电力线路保护区内实施建造建筑物、构筑物或者栽种农林作物、堆放物品等可能危及铁路安全的行为。

第十九条 高速铁路线路两侧100米范围内为高速铁路建筑安全控制区。控制区内建筑物、构筑物影响铁路安全的，旗县级以上人民政府及其主管部门应当依法拆除或者整治。

第二十条 高速铁路线路路堤坡脚、路堑坡顶、铁路桥梁外侧起向外各200米范围内禁止抽取地下水。

改造升级为运行时速200公里以上的客运专线路堤坡脚、路堑坡顶、铁路桥梁外侧起向外各200米范围内禁止新建水井。对既有水井，经有关部门检测影响铁路安全的，应当填埋。

第二十一条 因铁路建设需要，新建、改建、还建的公路道路、桥梁、涵洞及其附属设施，铁路建设单位或者铁路运输企业应当会同有关部门验收合格后按照有关规定和协议移交相关单位。

相关单位拒绝接收或者没有接收单位的，由所在地旗县级以上人民政府及其有关部门依法处理。

第二十二条 道路管理部门或者道路经营企业应当在道路和铁路并行路段、下穿铁路桥梁的道路、上跨铁路线路的道路桥梁上按标准设置安全隔离设施、防护设施、警示标志以及其他附属设备，并加强日常维护管理，及时消除危及铁路运输安全的隐患。

和铁路并行的道路、下穿铁路桥梁的道路、上跨铁路线路的道路桥梁，其产权人或者管理人应当与铁路运输企业签订安全责任协议，做好养护工作。

第二十三条 铁路线路两侧杆塔、烟囱、树木的产权人或者管理人应当采取安全措施，保证杆塔、烟囱、树木倒伏后不会侵入铁路线路封闭区域。没有封闭的铁路以路堤坡脚、路堑坡顶、铁路桥梁外侧为界。

杆塔、烟囱、树木等倒伏后造成铁路设施损坏或者铁路安全事故的，其产权人或者管理人应当依法给予赔偿。

第二十四条 任何单位或者个人使用的无线通信设施，不得干扰铁路无线通信设施的正常使用。影响铁路无线通信设施正常使用的，相关单位或者个人应当立即整改。

第二十五条 铁路旅客应当遵守铁路安全管理规定，自觉接受携带物品及人身安全检查、实名查验。对拒绝接受安全检查，拒不提供本人有效身份证件和车票，或者票、证、人不一致的，铁路运输企业有权拒绝其进站乘车。

第二十六条 旅客列车发生晚点、迂回、停运的，铁路运输企业应当采取应对措施，及时向旅客通报信息。旅客应当配合铁路运输企业做好处置工作。

第二十七条 铁路运输的快件、行李、包裹应当经实名登记和安全检查。

托运人在托运快件、行李、包裹时，不得匿报、谎报品名、性质、重量，不得夹带危险品、禁运品。对故意谎报品名、性质、重量或者夹带危险品、禁运品的，铁路运输企业有权拒绝承运并报有关部门依法处理。

第二十八条 动车组列车内各部位、普速旅客列车车厢内和客运车站候车室、售票厅、取票厅、行包房及铁路物流园区、货运站场等范围均为禁止吸烟场所。铁路运输企业应当在禁止吸烟场所开展宣传，设立禁止吸烟标志，制止吸烟行为。

第二十九条 禁止实施下列危害铁路安全的行为：

（一）强行进站乘车、强占他人座位或者越级乘车；

（二）拒绝下车出站、围堵车站列车；

（三）打骂铁路工作人员，阻碍、干扰铁路工作人员正常工作；

（四）在禁止吸烟场所吸烟；

（五）擅自上跨或者下穿铁路线路；

（六）擅自进入铁路封闭区域或者铁路工作区域；

（七）破坏或者损毁铁路设备设施或者标志；

（八）侵入、攻击、损坏、干扰铁路信息网络系统；

（九）向铁路抛掷或者从列车上向外抛扔物品；

（十）编造、传播、扩散不利于铁路安全的音视频、图文影像资料。

第三十条 违反本规定第八条、第十条、第十三条、第十五条、第十七条、第十八条、第二十条、第二十四条、第二十九条危害铁路安全的，由有关监督管理部门或者公安机关责令改正并依法给予行政处罚。构成犯罪的，依法追究刑事责任。

第三十一条 负责铁路安全管理的单位及其工作人员玩忽职守、滥用职权、徇私舞弊的，对直接负责的主管人员和其他直接责任人员依法给予处分；构成犯罪的，依法追究刑事责任。

第三十二条 本规定自2019年11月1日起施行。

10. 陕西省铁路安全管理办法

陕西省铁路安全管理办法

第一条 为了加强铁路安全管理，保障铁路运输安全和畅通，保护人民群众人身安全和财产安全，根据《中华人民共和国铁路法》《铁路安全管理条例》等法律、法规，结合本省实际，制定本办法。

第二条 本办法适用于本省行政区域内的铁路安全管理活动。法律、法规另有规定的，从其规定。

第三条 铁路安全管理应当坚持安全第一、预防为主、综合治理的方针，建立健全政府统筹、行业监管与属地监管相结合、企业负责、社会参与的工作机制。

第四条 铁路沿线各级人民政府和县级以上人民政府有关部门应当按照各自职责，加强保障铁路安全的教育，落实护路联防责任制，防范和制止危害铁路安全的行为，协调和处理保障铁路安全的有关事项，做好保障铁路安全的有关工作。

第五条 铁路沿线县级以上人民政府应当建立健全由本级人民政府有关部门和铁路监督管理机构、铁路运输企业参与的铁路安全管理综合协调机制，统筹协调铁路沿线和车站地区安全管理重大事项，依法处理铁路安全管理中遇到的重大问题。

第六条 交通运输行政主管部门应当加强产权归属交通运输行政主管部门的上跨铁路的公路桥梁、下穿铁路的公路及引道设施的运营维护。

第七条 应急管理行政主管部门应当依法履行职权范围内与铁路安全相关的安全生产监督管理职责，依法组织、指导、协调相关安全生产类、自然灾害类等突发事件应急救援工作。

第八条 生态环境行政主管部门应当加强铁路沿线环境污染监督防治工作，对破坏铁路沿线生态环境的情况进行监督。

第九条 水行政主管部门应当指导监督铁路沿线水利工程建设，依法查处河道采砂等危及铁路安全的行为，负责铁路沿线的专用水文监测，承担防御洪水应急抢险的技术支撑工作。

第十条 卫生健康行政主管部门负责协调、指导和参与铁路突发公共卫生事件的预防准备、监测预警和调查处置，指导、参与其他突发事件的紧急医学救援，组织实施因铁路运营造成地方突发性传染病的防控和应急措施。

第十一条 县级以上人民政府发展改革、教育、工业和信息化、公安、自然资源、住房城乡建设、市场监管、林业等有关行政主管部门应当按照各自职责，依法做好铁路安全管理相关工作。

乡镇人民政府、街道办事处应当协助有关部门和单位做好铁路安全管理工作。

第十二条 铁路沿线各级人民政府未履行铁路安全管理职责、未及时消除铁路安全隐患的，上级人民政府应当对其主要负责人进行责任约谈。

铁路沿线县级以上人民政府有关部门未履行铁路安全管理职责、未及时消除铁路安全隐患的，本级人民政府或者上一级人民政府主管部门应当对其主要负责人进行责任约谈。

第十三条 从事铁路建设、运输、设备制造维修的单位应当加强安全管理，建立健全安全生产管理制度，落实企业安全生产主体责任，设置安全管理机构或者配备安全管理人员，执行保障生产安全和产品质量安全的国家标准、行业标准，加强对从业人员的安全教育培训，保证安全生产所必需的资金投入。

铁路建设、运输、设备制造维修单位的工作人员应当严格执行规章制度，实行标准化作业，保证铁路安全。

第十四条 铁路沿线应当根据管理需要合理划分路段，推行双段长工作责任制。铁路沿线市、县、区、乡镇人民政府（街道办事处）和铁路运输企业相关负责人作为段长，负责组织巡查、会商、上报信息等工作，及时排查处置影响铁路安全的问题。

第十五条 铁路沿线县级以上人民政府有关部门应当与铁路运输企业依法建立灾害信息互通机制，根据自然灾害警报和预警信息，及时启动相关应急预案，做好应急停运、隐患处置等安全防范工作。

第十六条 在法定假日和传统节日等铁路运输高峰期或者恶劣气象条件下，铁路运输企业应当采取必要的安全应急管理措施，依法加强铁路运输安全检查、服务保障和卫生防疫等工作，协同当地人民政府有关部门做好站区综合治理、交通疏解等工作，确保铁路安全和畅通；铁路沿线各级人民政府应当根据需要启动应急协调机制，做好相关安全保障工作。

第十七条 县级以上人民政府及其有关部门应当采取多种形式，通过报纸、广播、电视和互联网等新闻媒体加强铁路安全宣传工作。

第十八条 任何单位或者个人都有义务维护铁路安全，有权对危害铁路安全、妨碍铁路运营的行为予以劝阻或者举报。

第十九条 对维护铁路安全作出突出贡献的单位或者个人，按照国家有关规定给予表彰奖励。

第二十条 铁路线路两侧应当设立铁路线路安全保护区。铁路线路安全保护区的划定和公告依照有关法律、法规的规定执行。

第二十一条 在铁路线路安全保护区及其邻近区域建造或者设置的建筑物、构筑物、设备等，不得进入国家规定的铁路建筑限界。

第二十二条 铁路线路安全保护区内既有的建筑物、构筑物危及铁路运输安全的，应当采取必要的安全防护措施；采取安全防护措施后仍不能保证安全的，依照有关法律的规定拆除。

拆除铁路线路安全保护区内的建筑物、构筑物，清理铁路线路安全保护区内的植物，或者对他人在铁路线路安全保护区内已依法取得的采矿权等合法权利予以限制，给他人造成损失的，应当依法给予补偿或者采取必要的补救措施。但是，拆除非法建设的建筑物、构筑物的除外。

第二十三条 高速铁路两侧100米范围内，违法搭建的建筑物、构筑物应当依法拆除，影响观瞻的临时建筑物、临时构筑物、残缺建筑、破旧建筑、残墙断壁等应当依法拆除或者整葺，违规加工作坊和占道经营应当依法取缔，废品收购站应当依法取缔或者规范。

在高速铁路电力线路导线两侧各 500 米范围内，不得升放风筝、气球、孔明灯等飘浮物体，不得使用弓弩、弹弓、汽枪等攻击性器械从事可能危害高速铁路安全的行为。在高速铁路电力线路导线两侧升放无人机的，应当遵守国家有关规定。

对高速铁路线路两侧的塑料大棚、彩钢棚、广告牌、防尘网等轻质建筑物、构筑物，其所有权人或者实际控制人应当采取加固防护措施，并对塑料薄膜、锡箔纸、彩钢瓦、铁皮等建造、构造材料及时清理，防止大风天气条件下危害高速铁路安全。

第二十四条 禁止在铁路线路安全保护区内烧荒、放养牲畜、种植影响铁路线路安全和行车瞭望的树木等植物。

禁止向铁路线路安全保护区排污、倾倒垃圾以及其他危害铁路安全的物质。

第二十五条 铁路运输企业应当依法加强对铁路线路安全保护区范围内既有林木的巡查，发现可能危及铁路安全的，应当告知其产权人或者管理人及时采取措施消除安全隐患。产权人或者管理人拒绝或者怠于处置的，铁路运输企业应当及时向铁路沿线县级以上人民政府林业行政主管部门报告，由林业行政主管部门协调产权人或者管理人采取措施消除安全隐患。情况紧急危及铁路安全的，铁路运输企业可以依法先行处置，并应当自紧急情况结束之日起 30 日内向林业行政主管部门报告。

第二十六条 铁路与道路交叉的无人看守道口应当按照国家标准设置警示标志；有人看守道口应当设置移动栏杆、列车接近报警装置、警示灯、警示标志、铁路道口路段标线等安全防护设施。

道口移动栏杆、列车接近报警装置、警示灯等安全防护设施由铁路运输企业设置、维护；警示标志、铁路道口路段标线由铁路道口所在地的道路管理部门设置、维护。

公安机关道路交通管理部门应当依法加强铁路道口道路交通安全管理工作。

第二十七条 设置或者拓宽铁路道口、铁路人行过道，应当征得铁路运输企业的同意。

第二十八条 在铁路线路两侧从事采矿、采石或者爆破作业，应当遵守有关采矿和民用爆破的法律、法规，符合国家标准、行业标准和铁路安全保护要求。

在铁路线路路堤坡脚、路堑坡顶、铁路桥梁外侧起向外各 1000 米范围内，以及在铁路隧道上方中心线两侧各 1000 米范围内，确需从事露天采矿、采石或者爆破作业的，应当与铁路运输企业协商一致，依照有关法律、法规的规定报县级以上人民政府有关部门批准，采取安全防护措施后方可进行。

第二十九条 在电气化铁路附近从事排放粉尘、烟尘及腐蚀性气体的生产活动，超过国家规定的排放标准，危及铁路运输安全的，由县级以上人民政府有关部门依法责令整改，消除安全隐患。

第三十条 高速铁路线路路堤坡脚、路堑坡顶或者铁路桥梁外侧起向外各 200 米范围内禁止抽取地下水。

在前款规定范围外，高速铁路线路经过的区域属于地面沉降区域，抽取地下水危及高速铁路安全的，应当依法设置地下水禁止开采区或者限制开采区。

第三十一条 从事铁路建设工程勘察、设计、施工、监理活动的单位应当依法取得相应资质，并在其资质等级许可的范围内从事铁路工程建设活动。

从事铁路建设工程勘察、设计、施工、监理活动的单位应当遵守法律、行政法规关于建设工程质量和安全管理的规定，执行国家标准、行业标准和技术规范。没有国家标准、行业标准和技术规范的，铁路建设单位或者铁路运输企业应当与从事铁路建设工程勘察、设计、施工、监理等业务的单位约定保障铁路建设工程质量和安全管理的具体措施及责任。

铁路建设工程设计应当兼顾道路、航道、河道、水利工程和供水、供气、供电、通信、索道等基础设施建设的需要，加强基础设施的共建共享。

第三十二条 铁路建设工程的安全设施应当与主体工程同时设计、同时施工、同时投入使用。安全设施投资应当纳入建设项目概算。

第三十三条 新建、改建设计开行时速120公里以上列车的铁路或者设计运输量达到国务院铁路行业监督管理部门规定的较大运输量标准的铁路，需要与道路交叉的，应当设置立体交叉设施。

新建、改建高速公路、一级公路或者城市道路中的快速路，需要与铁路交叉的，应当设置立体交叉设施，并优先选择下穿铁路的方案。

已建成的属于前两款规定情形的铁路、道路为平面交叉的，应当逐步改造为立体交叉。

新建、改建高速铁路需要与普通铁路、道路、渡槽、管线等设施交叉的，应当优先选择高速铁路上跨方案。

第三十四条 在铁路线路安全保护区内，建造建筑物、构筑物等设施，取土、挖砂、挖沟、采空作业或者堆放、悬挂物品，应当征得铁路运输企业同意并签订安全协议，遵守保证铁路安全的国家标准、行业标准和施工安全规范，采取措施防止影响铁路运输安全。铁路运输企业应当派员对施工现场实行安全监督。

第三十五条 县级以上人民政府和铁路运输企业应当对上跨铁路桥梁、渡槽、管线和下穿铁路涵洞等穿越铁路的设施进行调查，互通情况。

对于产权不清、管理主体不明的上跨铁路桥梁、渡槽、管线和下穿铁路涵洞等穿越铁路的设施，由所在地县级以上人民政府组织有关部门与铁路运输企业协商，依照相关规定确定维护、管理单位，签订安全协议，落实安全管理责任。

第三十六条 下穿铁路桥梁、涵洞的道路应当按照国家标准设置车辆通过限高、限宽标志和限高防护架。

城市道路的限高、限宽标志由当地人民政府指定的部门设置并维护，公路的限高、限宽标志由公路管理部门设置并维护。

限高防护架在铁路桥梁、涵洞、道路建设时设置，由铁路运输企业负责维护。

机动车通过下穿铁路桥梁、涵洞的道路，应当遵守限高、限宽规定。

下穿铁路涵洞的管理单位负责涵洞的日常管理、维护，防止淤塞、积水。

第三十七条 铁路线路安全保护区内的道路和铁路线路路堑上的道路、跨越铁路线路的道路桥梁，应当按照国家有关规定设置防止车辆以及其他物体进入、坠入铁路线路的安全防护设施和警示标志，并由道路管理部门或者道路经营企业维护、管理。

第三十八条 铁路建设项目勘测定界后和铁路建设期间，任何单位或者个人不得在铁路用地范围内抢栽、抢种农林作物，抢建建筑物、构筑物和进行取土、挖沙、采石、采矿等作业。

第三十九条 禁止实施下列危害铁路安全的行为：

（一）非法拦截列车、阻断铁路运输；

（二）扰乱铁路运输指挥调度机构以及车站、列车的正常秩序；

（三）在铁路线路上放置、遗弃障碍物；

（四）击打列车；

（五）擅自移动铁路线路上的机车车辆，或者擅自开启列车车门、违规操纵列车紧急制动设备；

（六）拆盗、损毁或者擅自移动铁路设施设备、机车车辆配件、标桩、防护设施和安全标志；

（七）在铁路线路上行走、坐卧或者在未设道口、人行过道的铁路线路上通过；

（八）擅自进入铁路线路封闭区域或者在未设置行人通道的铁路桥梁、隧道通行；

（九）在铁路沿线非法使用动力伞、无人机等小型航空器；

（十）擅自开启、关闭列车的货车阀、盖或者破坏施封状态；

（十一）擅自开启列车中的集装箱箱门，破坏箱体、阀、盖或者施封状态；

（十二）擅自松动、拆解、移动列车中的货物装载加固材料、装置和设备；

（十三）钻车、扒车、跳车；

（十四）从列车上抛扔杂物；

（十五）在禁止吸烟的列车上、列车的禁烟区域内吸烟或者使用能够诱发烟雾报警的物品；

（十六）强占他人席位；

（十七）殴打、谩骂、侮辱车站和列车工作人员；

（十八）干扰铁路计算机信息系统；

（十九）强行登乘或者以拒绝下车等方式强占列车；

（二十）冲击、堵塞、占用进出站通道或者候车区、站台；

（二十一）法律、法规、规章规定的其他禁止行为。

第四十条 铁路运输企业应当依照法律、行政法规和国务院铁路行业监督管理部门的规定，对旅客及其随身携带、托运的行李物品进行安全检查。

旅客应当接受并配合铁路运输企业在车站、列车实施的安全检查，不得违法携带、夹带管制器具，不得违法携带、托运烟花爆竹、枪支弹药等危险物品或者其他违禁物品。

第四十一条 铁路运输企业应当按照规定建立健全旅客信用信息管理制度，依法依规对扰乱铁路车站和列车运输秩序且危及铁路安全、造成严重社会不良影响，以及严重违反铁路运输企业安全管理规章制度的失信行为进行记录，并按照规定推送国家和地方信用信息共享平台。

县级以上人民政府有关部门和铁路运输企业应当依法对失信行为实施联合惩戒。

第四十二条 承担公共运输或者施工、维修、检测、试验等任务的铁路机车、动车组、大型养路机械、轨道车、接触网作业车驾驶人员，应当依法依规取得相应类别的铁路机车车辆驾驶证。

聘用前款所列驾驶人员的企业应当落实安全生产主体责任，建立健全驾驶人员管理制度，加强对驾驶人员的管理、教育和培训。

第四十三条 铁路沿线各级人民政府、有关部门及其工作人员未按照本办法规定履行铁路安全管理职责，或者在铁路安全管理工作中玩忽职守、滥用职权、徇私舞弊的，由其上级机关责令改正；对直接负责的主管人员和其他直接责任人员依法给予处分；构成犯罪的，依法追究刑事责任。

第四十四条 违反本办法规定的行为，法律、法规已有处罚规定的，从其规定。

第四十五条 专用铁路、铁路专用线的安全管理参照本办法的规定执行。

第四十六条 本办法自 2021 年 1 月 15 日起施行。

二、公路管理相关规定

1. 中华人民共和国公路法

中华人民共和国公路法
（2009年修正）

（1997年7月3日第八届全国人民代表大会常务委员会第二十六次会议通过，根据1999年10月31日第九届全国人民代表大会常务委员会第十二次会议《关于修改〈中华人民共和国公路法〉的决定》第一次修正，根据2004年8月28日第十届全国人民代表大会常务委员会第十一次会议《关于修改〈中华人民共和国公路法〉的决定》第二次修正，根据2009年8月27日第十一届全国人民代表大会常务委员会第十次会议《关于修改部分法律的决定》第三次修正）

第一章 总 则

第一条 为了加强公路的建设和管理，促进公路事业的发展，适应社会主义现代化建设和人民生活的需要，制定本法。

第二条 在中华人民共和国境内从事公路的规划、建设、养护、经营、使用和管理，适用本法。

本法所称公路，包括公路桥梁、公路隧道和公路渡口。

第三条 公路的发展应当遵循全面规划、合理布局、确保质量、保障畅通、保护环境、建设改造与养护并重的原则。

第四条 各级人民政府应当采取有力措施，扶持、促进公路建设。公路建设应当纳入国民经济和社会发展计划。

国家鼓励、引导国内外经济组织依法投资建设、经营公路。

第五条 国家帮助和扶持少数民族地区、边远地区和贫困地区发展公路建设。

第六条 公路按其在公路路网中的地位分为国道、省道、县道和乡道，并按技术等级分为高速公路、一级公路、二级公路、三级公路和四级公路。具体划分标准由国务院交通主管部门规定。

新建公路应当符合技术等级的要求。原有不符合最低技术等级要求的等外公路，应当采取措施，逐步改造为符合技术等级要求的公路。

第七条 公路受国家保护，任何单位和个人不得破坏、损坏或者非法占用公路、公路用地及公路附属设施。

任何单位和个人都有爱护公路、公路用地及公路附属设施的义务，有权检举和控告破坏、损坏公路、公路用地、公路附属设施和影响公路安全的行为。

第八条 国务院交通主管部门主管全国公路工作。

县级以上地方人民政府交通主管部门主管本行政区域内的公路工作；但是，县级以上地方人民政府交通主管部门对国道、省道的管理、监督职责，由省、自治区、直辖市人民政府确定。

乡、民族乡、镇人民政府负责本行政区域内的乡道的建设和养护工作。

县级以上地方人民政府交通主管部门可以决定由公路管理机构依照本法规定行使公路行政管理职责。

第九条 禁止任何单位和个人在公路上非法设卡、收费、罚款和拦截车辆。

第十条 国家鼓励公路工作方面的科学技术研究，对在公路科学技术研究和应用方面作出显著成绩的单位和个人给予奖励。

第十一条 本法对专用公路有规定的，适用于专用公路。

专用公路是指由企业或者其他单位建设、养护、管理，专为或者主要为本企业或者本单位提供运输服务的道路。

第二章 公路规划

第十二条 公路规划应当根据国民经济和社会发展以及国防建设的需要编制，与城市建设发展规划和其他方式的交通运输发展规划相协调。

第十三条 公路建设用地规划应当符合土地利用总体规划，当年建设用地应当纳入年度建设用地计划。

第十四条 国道规划由国务院交通主管部门会同国务院有关部门并商国道沿线省、自治区、直辖市人民政府编制，报国务院批准。

省道规划由省、自治区、直辖市人民政府交通主管部门会同同级有关部门并商省道沿线下一级人民政府编制，报省、自治区、直辖市人民政府批准，并报国务院交通主管部门备案。

县道规划由县级人民政府交通主管部门会同同级有关部门编制，经本级人民政府审定后，报上一级人民政府批准。

乡道规划由县级人民政府交通主管部门协助乡、民族乡、镇人民政府编制，报县级人民政府批准。

依照第三款、第四款规定批准的县道、乡道规划，应当报批准机关的上一级人民政府交通主管部门备案。

省道规划应当与国道规划相协调。县道规划应当与省道规划相协调。乡道规划应当与县道规划相协调。

第十五条 专用公路规划由专用公路的主管单位编制，经其上级主管部门审定后，报县级以上人民政府交通主管部门审核。

专用公路规划应当与公路规划相协调。县级以上人民政府交通主管部门发现专用公路规划与国道、省道、县道、乡道规划有不协调的地方，应当提出修改意见，专用公路主管部门和单位应当作出相应的修改。

第十六条 国道规划的局部调整由原编制机关决定。国道规划需要做重大修改的，由原编制机关提出修改方案，报国务院批准。

经批准的省道、县道、乡道公路规划需要修改的，由原编制机关提出修改方案，报原批准机关批准。

第十七条 国道的命名和编号，由国务院交通主管部门确定；省道、县道、乡道的命名和编号，由省、自治区、直辖市人民政府交通主管部门按照国务院交通主管部门的有关规定确定。

第十八条 规划和新建村镇、开发区，应当与公路保持规定的距离并避免在公路两侧对应进行，防止造成公路街道化，影响公路的运行安全与畅通。

第十九条 国家鼓励专用公路用于社会公共运输。专用公路主要用于社会公共运输时，由专用公路的主管单位申请，或者由有关方面申请，专用公路的主管单位同意，并经省、自治区、直辖市人民政府交通主管部门批准，可以改划为省道、县道或者乡道。

第三章 公路建设

第二十条 县级以上人民政府交通主管部门应当依据职责维护公路建设秩序，加强对公路建设的监督管理。

第二十一条 筹集公路建设资金，除各级人民政府的财政拨款，包括依法征税筹集的公路建设专项资金转为的财政拨款外，可以依法向国内外金融机构或者外国政府贷款。

国家鼓励国内外经济组织对公路建设进行投资。开发、经营公路的公司可以依照法律、行政法规的规定发行股票、公司债券筹集资金。

依照本法规定出让公路收费权的收入必须用于公路建设。

向企业和个人集资建设公路，必须根据需要与可能，坚持自愿原则，不得强行摊派，并符合国务院的有关规定。

公路建设资金还可以采取符合法律或者国务院规定的其他方式筹集。

第二十二条 公路建设应当按照国家规定的基本建设程序和有关规定进行。

第二十三条 公路建设项目应当按照国家有关规定实行法人负责制度、招标投标制度和工程监理制度。

第二十四条 公路建设单位应当根据公路建设工程的特点和技术要求，选择具有相应资格的勘查设计单位、施工单位和工程监理单位，并依照有关法律、法规、规章的规定和公路工程技术标准的要求，分别签订合同，明确双方的权利义务。

承担公路建设项目的可行性研究单位、勘查设计单位、施工单位和工程监理单位，必须持有国家规定的资质证书。

第二十五条 公路建设项目的施工，须按国务院交通主管部门的规定报请县级以上地方人民政府交通主管部门批准。

第二十六条 公路建设必须符合公路工程技术标准。

承担公路建设项目的设计单位、施工单位和工程监理单位，应当按照国家有关规定建立健全质量保证体系，落实岗位责任制，并依照有关法律、法规、规章以及公路工程技术标准的要求和合同约定进行设计、施工和监理，保证公路工程质量。

第二十七条 公路建设使用土地依照有关法律、行政法规的规定办理。

公路建设应当贯彻切实保护耕地、节约用地的原则。

第二十八条 公路建设需要使用国有荒山、荒地或者需要在国有荒山、荒地、河滩、滩涂上挖砂、采石、取土的，依照有关法律、行政法规的规定办理后，任何单位和个人不得阻挠或者非法收取费用。

第二十九条 地方各级人民政府对公路建设依法使用土地和搬迁居民，应当给予支持和协助。

第三十条 公路建设项目的设计和施工，应当符合依法保护环境、保护文物古迹和防止水土流失的要求。

公路规划中贯彻国防要求的公路建设项目，应当严格按照规划进行建设，以保证国防交通的需要。

第三十一条 因建设公路影响铁路、水利、电力、邮电设施和其他设施正常使用时，公路建设单位应当事先征得有关部门的同意；因公路建设对有关设施造成损坏的，公路建设单位应当按照不低于该设施原有的技术标准予以修复，或者给予相应的经济补偿。

第三十二条 改建公路时，施工单位应当在施工路段两端设置明显的施工标志、安全标志。需要车辆绕行的，应当在绕行路口设置标志；不能绕行的，必须修建临时道路，保证车辆和行人通行。

第三十三条 公路建设项目和公路修复项目竣工后，应当按照国家有关规定进行验收；未经验收或者验收不合格的，不得交付使用。

建成的公路，应当按照国务院交通主管部门的规定设置明显的标志、标线。

第三十四条 县级以上地方人民政府应当确定公路两侧边沟（截水沟、坡脚护坡道，下同）外缘起不少于一米的公路用地。

第四章　公路养护

第三十五条 公路管理机构应当按照国务院交通主管部门规定的技术规范和操作规程对公路进行养护，保证公路经常处于良好的技术状态。

第三十六条 国家采用依法征税的办法筹集公路养护资金，具体实施办法和步骤由国务院规定。

依法征税筹集的公路养护资金，必须专项用于公路的养护和改建。

第三十七条 县、乡级人民政府对公路养护需要的挖砂、采石、取土以及取水，应当给予支持和协助。

第三十八条 县、乡级人民政府应当在农村义务工的范围内，按照国家有关规定组织公路两侧的农村居民履行为公路建设和养护提供劳务的义务。

第三十九条 为保障公路养护人员的人身安全，公路养护人员进行养护作业时，应当穿着统一的安全标志服；利用车辆进行养护作业时，应当在公路作业车辆上设置明显的作业标志。

公路养护车辆进行作业时，在不影响过往车辆通行的前提下，其行驶路线和方向不受公路标志、标线限制；过往车辆对公路养护车辆和人员应当注意避让。

公路养护工程施工影响车辆、行人通行时，施工单位应当依照本法第三十二条的规定办理。

第四十条 因严重自然灾害致使国道、省道交通中断，公路管理机构应当及时修复；公路管理机构难以及时修复时，县级以上地方人民政府应当及时组织当地机关、团体、企业事业单位、城乡居民进行抢修，并可以请求当地驻军支援，尽快恢复交通。

第四十一条 公路用地范围内的山坡、荒地，由公路管理机构负责水土保持。

第四十二条 公路绿化工作，由公路管理机构按照公路工程技术标准组织实施。

公路用地上的树木，不得任意砍伐；需要更新砍伐的，应当经县级以上地方人民政府交通主管部门同意后，依照《中华人民共和国森林法》的规定办理审批手续，并完成更新补种任务。

第五章 路政管理

第四十三条 各级地方人民政府应当采取措施，加强对公路的保护。

县级以上地方人民政府交通主管部门应当认真履行职责，依法做好公路保护工作，并努力采用科学的管理方法和先进的技术手段，提高公路管理水平，逐步完善公路服务设施，保障公路的完好、安全和畅通。

第四十四条 任何单位和个人不得擅自占用、挖掘公路。

因修建铁路、机场、电站、通信设施、水利工程和进行其他建设工程需要占用、挖掘公路或者使公路改线的，建设单位应当事先征得有关交通主管部门的同意；影响交通安全的，还须征得有关公安机关的同意。占用、挖掘公路或者使公路改线的，建设单位应当按照不低于该段公路原有的技术标准予以修复、改建或者给予相应的经济补偿。

第四十五条 跨越、穿越公路修建桥梁、渡槽或者架设、埋设管线等设施的，以及在公路用地范围内架设、埋设管线、电缆等设施的，应当事先经有关交通主管部门同意，影响交通安全的，还须征得有关公安机关的同意；所修建、架设或者埋设的设施应当符合公路工程技术标准的要求。对公路造成损坏的，应当按照损坏程度给予补偿。

第四十六条 任何单位和个人不得在公路上及公路用地范围内摆摊设点、堆放物品、倾倒垃圾、设置障碍、挖沟引水、利用公路边沟排放污物或者进行其他损坏、污染公路和影响公路畅通的活动。

第四十七条 在大中型公路桥梁和渡口周围二百米、公路隧道上方和洞口外一百米范围内，以及在公路两侧一定距离内，不得挖砂、采石、取土、倾倒废弃物，不得进行爆破作业及其他危及公路、公路桥梁、公路隧道、公路渡口安全的活动。

在前款范围内因抢险、防汛需要修筑堤坝、压缩或者拓宽河床的，应当事先报经省、自治区、直辖市人民政府交通主管部门会同水行政主管部门批准，并采取有效的保护有关的公路、公路桥梁、公路隧道、公路渡口安全的措施。

第四十八条 除农业机械因当地田间作业需要在公路上短距离行驶外，铁轮车、履带车和其他可能损害公路路面的机具，不得在公路上行驶。确需行驶的，必须经县级以上地方人民政府交通主管部门同意，采取有效的防护措施，并按照公安机关指定的时间、路线行驶。对公路造成损坏的，应当按照损坏程度给予补偿。

第四十九条 在公路上行驶的车辆的轴载质量应当符合公路工程技术标准要求。

第五十条 超过公路、公路桥梁、公路隧道或者汽车渡船的限载、限高、限宽、限长标准的车辆，不得在有限定标准的公路、公路桥梁上或者公路隧道内行驶，不得使用汽车渡船。超过公路或者公路桥梁限载标准确需行驶的，必须经县级以上地方人民政府交通主管部门批准，并按要求采取有效的防护措施；运载不可解体的超限物品的，应当按照指定的时间、路线、时速行驶，并悬挂明显标志。

运输单位不能按照前款规定采取防护措施的，由交通主管部门帮助其采取防护措施，所需费用由运输单位承担。

第五十一条 机动车制造厂和其他单位不得将公路作为检验机动车制动性能的试车场地。

第五十二条 任何单位和个人不得损坏、擅自移动、涂改公路附属设施。

前款公路附属设施，是指为保护、养护公路和保障公路安全畅通所设置的公路防护、排水、养护、管理、服务、交通安全、渡运、监控、通信、收费等设施、设备以及专用建筑物、构筑物等。

第五十三条 造成公路损坏的，责任者应当及时报告公路管理机构，并接受公路管理机构的现场调查。

第五十四条 任何单位和个人未经县级以上地方人民政府交通主管部门批准，不得在公路用地范围内设置公路标志以外的其他标志。

第五十五条 在公路上增设平面交叉道口，必须按照国家有关规定经过批准，并按照国家规定的技术标准建设。

第五十六条 除公路防护、养护需要的以外，禁止在公路两侧的建筑控制区内修建建筑物和地面构筑物；需要在建筑控制区内埋设管线、电缆等设施的，应当事先经县级以上地方人民政府交通主管部门批准。

前款规定的建筑控制区的范围，由县级以上地方人民政府按照保障公路运行安全和节约用地的原则，依照国务院的规定划定。

建筑控制区范围经县级以上地方人民政府依照前款规定划定后，由县级以上地方人民政府交通主管部门设置标桩、界桩。任何单位和个人不得损坏、擅自挪动该标桩、界桩。

第五十七条 除本法第四十七条第二款的规定外，本章规定由交通主管部门行使的路政管理职责，可以依照本法第八条第四款的规定，由公路管理机构行使。

第六章 收费公路

第五十八条 国家允许依法设立收费公路，同时对收费公路的数量进行控制。

除本法第五十九条规定可以收取车辆通行费的公路外，禁止任何公路收取车辆通行费。

第五十九条 符合国务院交通主管部门规定的技术等级和规模的下列公路，可以依法收取车辆通行费：

（一）由县级以上地方人民政府交通主管部门利用贷款或者向企业、个人集资建成的公路；

（二）由国内外经济组织依法受让前项收费公路收费权的公路；

（三）由国内外经济组织依法投资建成的公路。

第六十条 县级以上地方人民政府交通主管部门利用贷款或者集资建成的收费公路的收费期限，按照收费偿还贷款、集资款的原则，由省、自治区、直辖市人民政府依照国务院交通主管部门的规定确定。

有偿转让公路收费权的公路，收费权转让后，由受让方收费经营。收费权的转让期限由出让、受让双方约定并报转让收费权的审批机关审查批准，但最长不得超过国务院规定的年限。

国内外经济组织投资建设公路，必须按照国家有关规定办理审批手续；公路建成后，由投资者收费经营。收费经营期限按照收回投资并有合理回报的原则，由有关交通主管部门与投资者约定并按照国家有关规定办理审批手续，但最长不得超过国务院规定的年限。

第六十一条 本法第五十九条第一款第一项规定的公路中的国道收费权的转让，必须经国务院交通主管部门批准；国道以外的其他公路收费权的转让，必须经省、自治区、直辖市人民政府批准，并报国务院交通主管部门备案。

前款规定的公路收费权出让的最低成交价，以国有资产评估机构评估的价值为依据确定。

第六十二条 受让公路收费权和投资建设公路的国内外经济组织应当依法成立开发、经营公路的企业（以下简称公路经营企业）。

第六十三条 收费公路车辆通行费的收费标准，由公路收费单位提出方案，报省、自治区、直辖市人民政府交通主管部门会同同级物价行政主管部门审查批准。

第六十四条 收费公路设置车辆通行费的收费站，应当报经省、自治区、直辖市人民政府审查批准。跨省、自治区、直辖市的收费公路设置车辆通行费的收费站，由有关省、自治区、直辖市人民政府协商确定；协商不成的，由国务院交通主管部门决定。同一收费公路由不同的交通主管部门组织建设或者由不同的公路经营企业经营的，应当按照"统一收费、按比例分成"的原则，统筹规划，合理设置收费站。

两个收费站之间的距离，不得小于国务院交通主管部门规定的标准。

第六十五条 有偿转让公路收费权的公路，转让收费权合同约定的期限届满，收费权由出让方收回。

由国内外经济组织依照本法规定投资建成并经营的收费公路，约定的经营期限届满，该公路由国家无偿收回，由有关交通主管部门管理。

第六十六条 依照本法第五十九条规定受让收费权或者由国内外经济组织投资建成经营的公路的养护工作，由各该公路经营企业负责。各该公路经营企业在经营期间应当按照国务院交通主管部门规定的技术规范和操作规程做好对公路的养护工作。在受让收费权的期限届满，或者经营期限届满时，公路应当处于良好的技术状态。

前款规定的公路的绿化和公路用地范围内的水土保持工作，由各该公路经营企业负责。

第一款规定的公路的路政管理，适用本法第五章的规定。该公路路政管理的职责由县级以上地方人民政府交通主管部门或者公路管理机构的派出机构、人员行使。

第六十七条 在收费公路上从事本法第四十四条第二款、第四十五条、第四十八条、第五十条所列活动的，除依照各该条的规定办理外，给公路经营企业造成损失的，应当给予相应的补偿。

第六十八条 收费公路的具体管理办法，由国务院依照本法制定。

第七章　监督检查

第六十九条 交通主管部门、公路管理机构依法对有关公路的法律、法规执行情况进行监督检查。

第七十条 交通主管部门、公路管理机构负有管理和保护公路的责任，有权检查、制止各种侵占、损坏公路、公路用地、公路附属设施及其他违反本法规定的行为。

第七十一条 公路监督检查人员依法在公路、建筑控制区、车辆停放场所、车辆所属单位等进行监督检查时，任何单位和个人不得阻挠。

公路经营者、使用者和其他有关单位、个人，应当接受公路监督检查人员依法实施的监督检查，并为其提供方便。

公路监督检查人员执行公务，应当佩戴标志，持证上岗。

第七十二条 交通主管部门、公路管理机构应当加强对所属公路监督检查人员的管理和教育，要求公路监督检查人员熟悉国家有关法律和规定，公正廉洁，热情服务，秉公执法，对公路监督检查人员的执法行为应当加强监督检查，对其违法行为应当及时纠正，依法处理。

第七十三条 用于公路监督检查的专用车辆，应当设置统一的标志和示警灯。

第八章　法律责任

第七十四条 违反法律或者国务院有关规定，擅自在公路上设卡、收费的，由交通主管部门责令停止违法行为，没收违法所得，可以处违法所得三倍以下的罚款，没有违法所得的，可以处二万元以下的罚款；对负有直接责任的主管人员和其他直接责任人员，依法给予行政处分。

第七十五条 违反本法第二十五条规定，未经有关交通主管部门批准擅自施工的，交通主管部门可以责令停止施工，并可以处五万元以下的罚款。

第七十六条 有下列违法行为之一的，由交通主管部门责令停止违法行为，可以处三万元以下的罚款：

（一）违反本法第四十四条第一款规定，擅自占用、挖掘公路的；

（二）违反本法第四十五条规定，未经同意或者未按照公路工程技术标准的要求修建桥梁、渡槽或者架设、埋设管线、电缆等设施的；

（三）违反本法第四十七条规定，从事危及公路安全的作业的；

（四）违反本法第四十八条规定，铁轮车、履带车和其他可能损害路面的机具擅自在公路上行驶的；

（五）违反本法第五十条规定，车辆超限使用汽车渡船或者在公路上擅自超限行驶的；

（六）违反本法第五十二条、第五十六条规定，损坏、移动、涂改公路附属设施或者损坏、挪动建筑控制区的标桩、界桩，可能危及公路安全的。

第七十七条 违反本法第四十六条的规定，造成公路路面损坏、污染或者影响公路畅通的，或者违反本法第五十一条规定，将公路作为试车场地的，由交通主管部门责令停止违法行为，可以处五千元以下的罚款。

第七十八条 违反本法第五十三条规定，造成公路损坏，未报告的，由交通主管部门处一千元以下的罚款。

第七十九条 违反本法第五十四条规定，在公路用地范围内设置公路标志以外的其他标志的，由交通主管部门责令限期拆除，可以处二万元以下的罚款；逾期不拆除的，由交通主管部门拆除，有关费用由设置者负担。

第八十条 违反本法第五十五条规定，未经批准在公路上增设平面交叉道口的，由交通主管部门责令恢复原状，处五万元以下的罚款。

第八十一条 违反本法第五十六条规定，在公路建筑控制区内修建建筑物、地面构筑物或者擅自埋设管线、电缆等设施的，由交通主管部门责令限期拆除，并可以处五万元以下的罚款。逾期不拆除的，由交通主管部门拆除，有关费用由建筑者、构筑者承担。

第八十二条 除本法第七十四条、第七十五条的规定外，本章规定由交通主管部门行使的行政处罚权和行政措施，可以依照本法第八条第四款的规定由公路管理机构行使。

第八十三条 阻碍公路建设或者公路抢修，致使公路建设或者抢修不能正常进行，尚未造成严重损失的，依照《中华人民共和国治安管理处罚法》的规定处罚。

损毁公路或者擅自移动公路标志，可能影响交通安全，尚不够刑事处罚的，适用《中华人民共和国道路交通安全法》第九十九条的处罚规定。

拒绝、阻碍公路监督检查人员依法执行职务未使用暴力、威胁方法的，依照《中华人民共和国治安管理处罚法》的规定处罚。

第八十四条 违反本法有关规定，构成犯罪的，依法追究刑事责任。

第八十五条 违反本法有关规定，对公路造成损害的，应当依法承担民事责任。

对公路造成较大损害的车辆，必须立即停车，保护现场，报告公路管理机构，接受公路管理机构的调查、处理后方得驶离。

第八十六条 交通主管部门、公路管理机构的工作人员玩忽职守、徇私舞弊、滥用职权，构成犯罪的，依法追究刑事责任；尚不构成犯罪的，依法给予行政处分。

第九章 附 则

第八十七条 本法自1998年1月1日起施行。

2. 公路安全保护条例

公路安全保护条例
中华人民共和国国务院令

第 593 号

《公路安全保护条例》已经2011年2月16日国务院第144次常务会议通过，现予公布，自2011年7月1日起施行。

总理　温家宝

二〇一一年三月七日

公路安全保护条例

第一章　总　　则

第一条　为了加强公路保护，保障公路完好、安全和畅通，根据《中华人民共和国公路法》，制定本条例。

第二条　各级人民政府应当加强对公路保护工作的领导，依法履行公路保护职责。

第三条　国务院交通运输主管部门主管全国公路保护工作。

县级以上地方人民政府交通运输主管部门主管本行政区域的公路保护工作；但是，县级以上地方人民政府交通运输主管部门对国道、省道的保护职责，由省、自治区、直辖市人民政府确定。

公路管理机构依照本条例的规定具体负责公路保护的监督管理工作。

第四条　县级以上各级人民政府发展改革、工业和信息化、公安、工商、质检等部门按照职责分工，依法开展公路保护的相关工作。

第五条　县级以上各级人民政府应当将政府及其有关部门从事公路管理、养护所需经费以及公路管理机构行使公路行政管理职能所需经费纳入本级人民政府财政预算。但是，专用公路的公路保护经费除外。

第六条　县级以上各级人民政府交通运输主管部门应当综合考虑国家有关车辆技术标准、公路使用状况等因素，逐步提高公路建设、管理和养护水平，努力满足国民经济和社会发展以及人民群众生产、生活需要。

第七条 县级以上各级人民政府交通运输主管部门应当依照《中华人民共和国突发事件应对法》的规定，制定地震、泥石流、雨雪冰冻灾害等损毁公路的突发事件（以下简称公路突发事件）应急预案，报本级人民政府批准后实施。

公路管理机构、公路经营企业应当根据交通运输主管部门制定的公路突发事件应急预案，组建应急队伍，并定期组织应急演练。

第八条 国家建立健全公路突发事件应急物资储备保障制度，完善应急物资储备、调配体系，确保发生公路突发事件时能够满足应急处置工作的需要。

第九条 任何单位和个人不得破坏、损坏、非法占用或者非法利用公路、公路用地和公路附属设施。

第二章 公路线路

第十条 公路管理机构应当建立健全公路管理档案，对公路、公路用地和公路附属设施调查核实、登记造册。

第十一条 县级以上地方人民政府应当根据保障公路运行安全和节约用地的原则以及公路发展的需要，组织交通运输、国土资源等部门划定公路建筑控制区的范围。

公路建筑控制区的范围，从公路用地外缘起向外的距离标准为：

（一）国道不少于20米；

（二）省道不少于15米；

（三）县道不少于10米；

（四）乡道不少于5米。

属于高速公路的，公路建筑控制区的范围从公路用地外缘起向外的距离标准不少于30米。

公路弯道内侧、互通立交以及平面交叉道口的建筑控制区范围根据安全视距等要求确定。

第十二条 新建、改建公路的建筑控制区的范围，应当自公路初步设计批准之日起30日内，由公路沿线县级以上地方人民政府依照本条例划定并公告。

公路建筑控制区与铁路线路安全保护区、航道保护范围、河道管理范围或者水工程管理和保护范围重叠的，经公路管理机构和铁路管理机构、航道管理机构、水行政主管部门或者流域管理机构协商后划定。

第十三条 在公路建筑控制区内，除公路保护需要外，禁止修建建筑物和地面构筑物；公路建筑控制区划定前已经合法修建的不得扩建，因公路建设或者保障公路运行安全等原因需要拆除的应当依法给予补偿。

在公路建筑控制区外修建的建筑物、地面构筑物以及其他设施不得遮挡公路标志，不得妨碍安全视距。

第十四条 新建村镇、开发区、学校和货物集散地、大型商业网点、农贸市场等公共场所，与公路建筑控制区边界外缘的距离应当符合下列标准，并尽可能在公路一侧建设：

（一）国道、省道不少于50米；

（二）县道、乡道不少于20米。

第十五条 新建、改建公路与既有城市道路、铁路、通信等线路交叉或者新建、改建城市道路、铁路、通信等线路与既有公路交叉的，建设费用由新建、改建单位承担；城市道路、铁路、通信等线路的管理部门、单位或者公路管理机构要求提高既有建设标准而增加的费用，由提出要求的部门或者单位承担。

需要改变既有公路与城市道路、铁路、通信等线路交叉方式的，按照公平合理的原则分担建设费用。

第十六条 禁止将公路作为检验车辆制动性能的试车场地。

禁止在公路、公路用地范围内摆摊设点、堆放物品、倾倒垃圾、设置障碍、挖沟引水、打场晒粮、种植作物、放养牲畜、采石、取土、采空作业、焚烧物品、利用公路边沟排放污物或者进行其他损坏、污染公路和影响公路畅通的行为。

第十七条 禁止在下列范围内从事采矿、采石、取土、爆破作业等危及公路、公路桥梁、公路隧道、公路渡口安全的活动：

（一）国道、省道、县道的公路用地外缘起向外 100 米，乡道的公路用地外缘起向外 50 米；

（二）公路渡口和中型以上公路桥梁周围 200 米；

（三）公路隧道上方和洞口外 100 米。

在前款规定的范围内，因抢险、防汛需要修筑堤坝、压缩或者拓宽河床的，应当经省、自治区、直辖市人民政府交通运输主管部门会同水行政主管部门或者流域管理机构批准，并采取安全防护措施方可进行。

第十八条 除按照国家有关规定设立的为车辆补充燃料的场所、设施外，禁止在下列范围内设立生产、储存、销售易燃、易爆、剧毒、放射性等危险物品的场所、设施：

（一）公路用地外缘起向外 100 米；

（二）公路渡口和中型以上公路桥梁周围 200 米；

（三）公路隧道上方和洞口外 100 米。

第十九条 禁止擅自在中型以上公路桥梁跨越的河道上下游各 1000 米范围内抽取地下水、架设浮桥以及修建其他危及公路桥梁安全的设施。

在前款规定的范围内，确需进行抽取地下水、架设浮桥等活动的，应当经水行政主管部门、流域管理机构等有关单位会同公路管理机构批准，并采取安全防护措施方可进行。

第二十条 禁止在公路桥梁跨越的河道上下游的下列范围内采砂：

（一）特大型公路桥梁跨越的河道上游 500 米，下游 3000 米；

（二）大型公路桥梁跨越的河道上游 500 米，下游 2000 米；

（三）中小型公路桥梁跨越的河道上游 500 米，下游 1000 米。

第二十一条 在公路桥梁跨越的河道上下游各 500 米范围内依法进行疏浚作业的，应当符合公路桥梁安全要求，经公路管理机构确认安全方可作业。

第二十二条 禁止利用公路桥梁进行牵拉、吊装等危及公路桥梁安全的施工作业。

禁止利用公路桥梁（含桥下空间）、公路隧道、涵洞堆放物品，搭建设施以及铺设高压电线和输送易燃、易爆或者其他有毒有害气体、液体的管道。

第二十三条 公路桥梁跨越航道的，建设单位应当按照国家有关规定设置桥梁航标、桥柱标、桥梁水尺标，并按照国家标准、行业标准设置桥区水上航标和桥墩防撞装置。桥区水上航标由航标管理机构负责维护。

通过公路桥梁的船舶应当符合公路桥梁通航净空要求，严格遵守航行规则，不得在公路桥梁下停泊或者系缆。

第二十四条 重要的公路桥梁和公路隧道按照《中华人民共和国人民武装警察法》和国务院、中央军委的有关规定由中国人民武装警察部队守护。

第二十五条　禁止损坏、擅自移动、涂改、遮挡公路附属设施或者利用公路附属设施架设管道、悬挂物品。

第二十六条　禁止破坏公路、公路用地范围内的绿化物。需要更新采伐护路林的，应当向公路管理机构提出申请，经批准方可更新采伐，并及时补种；不能及时补种的，应当交纳补种所需费用，由公路管理机构代为补种。

第二十七条　进行下列涉路施工活动，建设单位应当向公路管理机构提出申请：

（一）因修建铁路、机场、供电、水利、通信等建设工程需要占用、挖掘公路、公路用地或者使公路改线；

（二）跨越、穿越公路修建桥梁、渡槽或者架设、埋设管道、电缆等设施；

（三）在公路用地范围内架设、埋设管道、电缆等设施；

（四）利用公路桥梁、公路隧道、涵洞铺设电缆等设施；

（五）利用跨越公路的设施悬挂非公路标志；

（六）在公路上增设或者改造平面交叉道口；

（七）在公路建筑控制区内埋设管道、电缆等设施。

第二十八条　申请进行涉路施工活动的建设单位应当向公路管理机构提交下列材料：

（一）符合有关技术标准、规范要求的设计和施工方案；

（二）保障公路、公路附属设施质量和安全的技术评价报告；

（三）处置施工险情和意外事故的应急方案。

公路管理机构应当自受理申请之日起 20 日内作出许可或者不予许可的决定；影响交通安全的，应当征得公安机关交通管理部门的同意；涉及经营性公路的，应当征求公路经营企业的意见；不予许可的，公路管理机构应当书面通知申请人并说明理由。

第二十九条　建设单位应当按照许可的设计和施工方案进行施工作业，并落实保障公路、公路附属设施质量和安全的防护措施。

涉路施工完毕，公路管理机构应当对公路、公路附属设施是否达到规定的技术标准以及施工是否符合保障公路、公路附属设施质量和安全的要求进行验收；影响交通安全的，还应当经公安机关交通管理部门验收。

涉路工程设施的所有人、管理人应当加强维护和管理，确保工程设施不影响公路的完好、安全和畅通。

第三章　公路通行

第三十条　车辆的外廓尺寸、轴荷和总质量应当符合国家有关车辆外廓尺寸、轴荷、质量限值等机动车安全技术标准，不符合标准的不得生产、销售。

第三十一条　公安机关交通管理部门办理车辆登记，应当当场查验，对不符合机动车国家安全技术标准的车辆不予登记。

第三十二条　运输不可解体物品需要改装车辆的，应当由具有相应资质的车辆生产企业按照规定的车型和技术参数进行改装。

第三十三条　超过公路、公路桥梁、公路隧道限载、限高、限宽、限长标准的车辆，不得在公路、公路桥梁或者公路隧道行驶；超过汽车渡船限载、限高、限宽、限长标准的车辆，不得使用汽车渡船。

公路、公路桥梁、公路隧道限载、限高、限宽、限长标准调整的，公路管理机构、公路经营企业应当及时变更限载、限高、限宽、限长标志；需要绕行的，还应当标明绕行路线。

第三十四条　县级人民政府交通运输主管部门或者乡级人民政府可以根据保护乡道、村道的需要，在乡道、村道的出入口设置必要的限高、限宽设施，但是不得影响消防和卫生急救等应急通行需要，不得向通行车辆收费。

第三十五条　车辆载运不可解体物品，车货总体的外廓尺寸或者总质量超过公路、公路桥梁、公路隧道的限载、限高、限宽、限长标准，确需在公路、公路桥梁、公路隧道行驶的，从事运输的单位和个人应当向公路管理机构申请公路超限运输许可。

第三十六条　申请公路超限运输许可按照下列规定办理：

（一）跨省、自治区、直辖市进行超限运输的，向公路沿线各省、自治区、直辖市公路管理机构提出申请，由起运地省、自治区、直辖市公路管理机构统一受理，并协调公路沿线各省、自治区、直辖市公路管理机构对超限运输申请进行审批，必要时可以由国务院交通运输主管部门统一协调处理；

（二）在省、自治区范围内跨设区的市进行超限运输，或者在直辖市范围内跨区、县进行超限运输的，向省、自治区、直辖市公路管理机构提出申请，由省、自治区、直辖市公路管理机构受理并审批；

（三）在设区的市范围内跨区、县进行超限运输的，向设区的市公路管理机构提出申请，由设区的市公路管理机构受理并审批；

（四）在区、县范围内进行超限运输的，向区、县公路管理机构提出申请，由区、县公路管理机构受理并审批。

公路超限运输影响交通安全的，公路管理机构在审批超限运输申请时，应当征求公安机关交通管理部门意见。

第三十七条　公路管理机构审批超限运输申请，应当根据实际情况勘测通行路线，需要采取加固、改造措施的，可以与申请人签订有关协议，制定相应的加固、改造方案。

公路管理机构应当根据其制定的加固、改造方案，对通行的公路桥梁、涵洞等设施进行加固、改造；必要时应当对超限运输车辆进行监管。

第三十八条　公路管理机构批准超限运输申请的，应当为超限运输车辆配发国务院交通运输主管部门规定式样的超限运输车辆通行证。

经批准进行超限运输的车辆，应当随车携带超限运输车辆通行证，按照指定的时间、路线和速度行驶，并悬挂明显标志。

禁止租借、转让超限运输车辆通行证。禁止使用伪造、变造的超限运输车辆通行证。

第三十九条　经省、自治区、直辖市人民政府批准，有关交通运输主管部门可以设立固定超限检测站点，配备必要的设备和人员。

固定超限检测站点应当规范执法，并公布监督电话。公路管理机构应当加强对固定超限检测站点的管理。

第四十条　公路管理机构在监督检查中发现车辆超过公路、公路桥梁、公路隧道或者汽车渡船的限载、限高、限宽、限长标准的，应当就近引导至固定超限检测站点进行处理。

车辆应当按照超限检测指示标志或者公路管理机构监督检查人员的指挥接受超限检测，不得故意堵塞固定超限检测站点通行车道、强行通过固定超限检测站点或者以其他方式扰乱超限检测秩序，不得采取短途驳载等方式逃避超限检测。

禁止通过引路绕行等方式为不符合国家有关载运标准的车辆逃避超限检测提供便利。

第四十一条　煤炭、水泥等货物集散地以及货运站等场所的经营人、管理人应当采取有效措施，防止不符合国家有关载运标准的车辆出场（站）。

道路运输管理机构应当加强对煤炭、水泥等货物集散地以及货运站等场所的监督检查，制止不符合国家有关载运标准的车辆出场（站）。

任何单位和个人不得指使、强令车辆驾驶人超限运输货物，不得阻碍道路运输管理机构依法进行监督检查。

第四十二条 载运易燃、易爆、剧毒、放射性等危险物品的车辆，应当符合国家有关安全管理规定，并避免通过特大型公路桥梁或者特长公路隧道；确需通过特大型公路桥梁或者特长公路隧道的，负责审批易燃、易爆、剧毒、放射性等危险物品运输许可的机关应当提前将行驶时间、路线通知特大型公路桥梁或者特长公路隧道的管理单位，并对在特大型公路桥梁或者特长公路隧道行驶的车辆进行现场监管。

第四十三条 车辆应当规范装载，装载物不得触地拖行。车辆装载物易掉落、遗洒或者飘散的，应当采取厢式密闭等有效防护措施方可在公路上行驶。

公路上行驶车辆的装载物掉落、遗洒或者飘散的，车辆驾驶人、押运人员应当及时采取措施处理；无法处理的，应当在掉落、遗洒或者飘散物来车方向适当距离外设置警示标志，并迅速报告公路管理机构或者公安机关交通管理部门。其他人员发现公路上有影响交通安全的障碍物的，也应当及时报告公路管理机构或者公安机关交通管理部门。公安机关交通管理部门应当责令改正车辆装载物掉落、遗洒、飘散等违法行为；公路管理机构、公路经营企业应当及时清除掉落、遗洒、飘散在公路上的障碍物。

车辆装载物掉落、遗洒、飘散后，车辆驾驶人、押运人员未及时采取措施处理，造成他人人身、财产损害的，道路运输企业、车辆驾驶人应当依法承担赔偿责任。

第四章 公路养护

第四十四条 公路管理机构、公路经营企业应当加强公路养护，保证公路经常处于良好技术状态。

前款所称良好技术状态，是指公路自身的物理状态符合有关技术标准的要求，包括路面平整，路肩、边坡平顺，有关设施完好。

第四十五条 公路养护应当按照国务院交通运输主管部门规定的技术规范和操作规程实施作业。

第四十六条 从事公路养护作业的单位应当具备下列资质条件：

（一）有一定数量的符合要求的技术人员；

（二）有与公路养护作业相适应的技术设备；

（三）有与公路养护作业相适应的作业经历；

（四）国务院交通运输主管部门规定的其他条件。

公路养护作业单位资质管理办法由国务院交通运输主管部门另行制定。

第四十七条 公路管理机构、公路经营企业应当按照国务院交通运输主管部门的规定对公路进行巡查，并制作巡查记录；发现公路坍塌、坑槽、隆起等损毁的，应当及时设置警示标志，并采取措施修复。

公安机关交通管理部门发现公路坍塌、坑槽、隆起等损毁，危及交通安全的，应当及时采取措施，疏导交通，并通知公路管理机构或者公路经营企业。

其他人员发现公路坍塌、坑槽、隆起等损毁的，应当及时向公路管理机构、公安机关交通管理部门报告。

第四十八条 公路管理机构、公路经营企业应当定期对公路、公路桥梁、公路隧道进行检测和评定，保证其技术状态符合有关技术标准；对经检测发现不符合车辆通行安全要求的，应当进行维修，及时向社会公告，并通知公安机关交通管理部门。

第四十九条 公路管理机构、公路经营企业应当定期检查公路隧道的排水、通风、照明、监控、报警、消防、救助等设施，保持设施处于完好状态。

第五十条 公路管理机构应当统筹安排公路养护作业计划，避免集中进行公路养护作业造成交通堵塞。

在省、自治区、直辖市交界区域进行公路养护作业，可能造成交通堵塞的，有关公路管理机构、公安机关交通管理部门应当事先书面通报相邻的省、自治区、直辖市公路管理机构、公安机关交通管理部门，共同制定疏导预案，确定分流路线。

第五十一条 公路养护作业需要封闭公路的，或者占用半幅公路进行作业，作业路段长度在2公里以上，并且作业期限超过30日的，除紧急情况外，公路养护作业单位应当在作业开始之日前5日向社会公告，明确绕行路线，并在绕行处设置标志；不能绕行的，应当修建临时道路。

第五十二条 公路养护作业人员作业时，应当穿着统一的安全标志服。公路养护车辆、机械设备作业时，应当设置明显的作业标志，开启危险报警闪光灯。

第五十三条 发生公路突发事件影响通行的，公路管理机构、公路经营企业应当及时修复公路、恢复通行。设区的市级以上人民政府交通运输主管部门应当根据修复公路、恢复通行的需要，及时调集抢修力量，统筹安排有关作业计划，下达路网调度指令，配合有关部门组织绕行、分流。

设区的市级以上公路管理机构应当按照国务院交通运输主管部门的规定收集、汇总公路损毁、公路交通流量等信息，开展公路突发事件的监测、预报和预警工作，并利用多种方式及时向社会发布有关公路运行信息。

第五十四条 中国人民武装警察交通部队按照国家有关规定承担公路、公路桥梁、公路隧道等设施的抢修任务。

第五十五条 公路永久性停止使用的，应当按照国务院交通运输主管部门规定的程序核准后作报废处理，并向社会公告。

公路报废后的土地使用管理依照有关土地管理的法律、行政法规执行。

第五章 法律责任

第五十六条 违反本条例的规定，有下列情形之一的，由公路管理机构责令限期拆除，可以处5万元以下的罚款。逾期不拆除的，由公路管理机构拆除，有关费用由违法行为人承担：

（一）在公路建筑控制区内修建、扩建建筑物、地面构筑物或者未经许可埋设管道、电缆等设施的；

（二）在公路建筑控制区外修建的建筑物、地面构筑物以及其他设施遮挡公路标志或者妨碍安全视距的。

第五十七条 违反本条例第十八条、第十九条、第二十三条规定的，由安全生产监督管理部门、水行政主管部门、流域管理机构、海事管理机构等有关单位依法处理。

第五十八条 违反本条例第二十条规定的，由水行政主管部门或者流域管理机构责令改正，可以处3万元以下的罚款。

第五十九条 违反本条例第二十二条规定的，由公路管理机构责令改正，处2万元以上

10万元以下的罚款。

第六十条 违反本条例的规定，有下列行为之一的，由公路管理机构责令改正，可以处3万元以下的罚款：

（一）损坏、擅自移动、涂改、遮挡公路附属设施或者利用公路附属设施架设管道、悬挂物品，可能危及公路安全的；

（二）涉路工程设施影响公路完好、安全和畅通的。

第六十一条 违反本条例的规定，未经批准更新采伐护路林的，由公路管理机构责令补种，没收违法所得，并处采伐林木价值3倍以上5倍以下的罚款。

第六十二条 违反本条例的规定，未经许可进行本条例第二十七条第一项至第五项规定的涉路施工活动的，由公路管理机构责令改正，可以处3万元以下的罚款；未经许可进行本条例第二十七条第六项规定的涉路施工活动的，由公路管理机构责令改正，处5万元以下的罚款。

第六十三条 违反本条例的规定，非法生产、销售外廓尺寸、轴荷、总质量不符合国家有关车辆外廓尺寸、轴荷、质量限值等机动车安全技术标准的车辆的，依照《中华人民共和国道路交通安全法》的有关规定处罚。

具有国家规定资质的车辆生产企业未按照规定车型和技术参数改装车辆的，由原发证机关责令改正，处4万元以上20万元以下的罚款；拒不改正的，吊销其资质证书。

第六十四条 违反本条例的规定，在公路上行驶的车辆，车货总体的外廓尺寸、轴荷或者总质量超过公路、公路桥梁、公路隧道、汽车渡船限定标准的，由公路管理机构责令改正，可以处3万元以下的罚款。

第六十五条 违反本条例的规定，经批准进行超限运输的车辆，未按照指定时间、路线和速度行驶的，由公路管理机构或者公安机关交通管理部门责令改正；拒不改正的，公路管理机构或者公安机关交通管理部门可以扣留车辆。

未随车携带超限运输车辆通行证的，由公路管理机构扣留车辆，责令车辆驾驶人提供超限运输车辆通行证或者相应的证明。

租借、转让超限运输车辆通行证的，由公路管理机构没收超限运输车辆通行证，处1000元以上5000元以下的罚款。使用伪造、变造的超限运输车辆通行证的，由公路管理机构没收伪造、变造的超限运输车辆通行证，处3万元以下的罚款。

第六十六条 对1年内违法超限运输超过3次的货运车辆，由道路运输管理机构吊销其车辆营运证；对1年内违法超限运输超过3次的货运车辆驾驶人，由道路运输管理机构责令其停止从事营业性运输；道路运输企业1年内违法超限运输的货运车辆超过本单位货运车辆总数10%的，由道路运输管理机构责令道路运输企业停业整顿；情节严重的，吊销其道路运输经营许可证，并向社会公告。

第六十七条 违反本条例的规定，有下列行为之一的，由公路管理机构强制拖离或者扣留车辆，处3万元以下的罚款：

（一）采取故意堵塞固定超限检测站点通行车道、强行通过固定超限检测站点等方式扰乱超限检测秩序的；

（二）采取短途驳载等方式逃避超限检测的。

第六十八条 违反本条例的规定，指使、强令车辆驾驶人超限运输货物的，由道路运输管理机构责令改正，处3万元以下的罚款。

第六十九条 车辆装载物触地拖行、掉落、遗洒或者飘散，造成公路路面损坏、污染的，由公路管理机构责令改正，处5000元以下的罚款。

第七十条 违反本条例的规定，公路养护作业单位未按照国务院交通运输主管部门规定的技术规范和操作规程进行公路养护作业的，由公路管理机构责令改正，处1万元以上5万元以下的罚款；拒不改正的，吊销其资质证书。

第七十一条 造成公路、公路附属设施损坏的单位和个人应当立即报告公路管理机构，接受公路管理机构的现场调查处理；危及交通安全的，还应当设置警示标志或者采取其他安全防护措施，并迅速报告公安机关交通管理部门。

发生交通事故造成公路、公路附属设施损坏的，公安机关交通管理部门在处理交通事故时应当及时通知有关公路管理机构到场调查处理。

第七十二条 造成公路、公路附属设施损坏，拒不接受公路管理机构现场调查处理的，公路管理机构可以扣留车辆、工具。

公路管理机构扣留车辆、工具的，应当当场出具凭证，并告知当事人在规定期限内到公路管理机构接受处理。逾期不接受处理，并且经公告3个月仍不来接受处理的，对扣留的车辆、工具，由公路管理机构依法处理。

公路管理机构对被扣留的车辆、工具应当妥善保管，不得使用。

第七十三条 违反本条例的规定，公路管理机构工作人员有下列行为之一的，依法给予处分：

（一）违法实施行政许可的；
（二）违反规定拦截、检查正常行驶的车辆的；
（三）未及时采取措施处理公路坍塌、坑槽、隆起等损毁的；
（四）违法扣留车辆、工具或者使用依法扣留的车辆、工具的；
（五）有其他玩忽职守、徇私舞弊、滥用职权行为的。

公路管理机构有前款所列行为之一的，对负有直接责任的主管人员和其他直接责任人员依法给予处分。

第七十四条 违反本条例的规定，构成违反治安管理行为的，由公安机关依法给予治安管理处罚；构成犯罪的，依法追究刑事责任。

第六章 附 则

第七十五条 村道的管理和养护工作，由乡级人民政府参照本条例的规定执行。

专用公路的保护不适用本条例。

第七十六条 军事运输使用公路按照国务院、中央军事委员会的有关规定执行。

第七十七条 本条例自2011年7月1日起施行。1987年10月13日国务院发布的《中华人民共和国公路管理条例》同时废止。

3. 北京市公路路政管理条例

北京市公路路政管理条例

（一九八六年七月十一日北京市第八届人民代表大会常务委员会第二十九次会议通过）

第一条　为适应国民经济和社会发展的需要，加强公路及其附属设施的管理，保证公路运输安全畅通，根据国家有关规定，结合本市实际情况制定本条例。

第二条　凡本市行政区域内的国家干线公路、市级干线公路、县级公路的路政管理，均适用本条例。

乡级公路及专用公路的路政管理参照本条例执行。

第三条　北京市人民政府市政管理委员会是本市公路路政管理的主管机关。市公路管理处及各区、县公路管理所（以下简称公路管理部门）具体办理公路路政管理工作，组织教育群众保护公路，依法检查、制止、处理各种侵占、破坏公路的行为。

第四条　公路用地管理范围，按照《公路工程技术标准》的规定，以公路两侧边沟外一米为界，无边沟的，自路基坡脚起向外一米为界；不足一米危及公路安全的，由公路管理部门协同当地人民政府采取保护措施。

公路用地管理范围与铁路、水利工程等用地管理范围重叠交叉的，由双方协商解决，达不成协议的，按管辖权限报人民政府决定。

第五条　本市公路的路基、路面、桥梁、涵洞、隧道、排水设施、防护构筑物、交叉道口、标志、号志、通信设施、安全设施、交通工程设施、检测及监控设施、养护设施、服务设施、花草树木、苗圃、专用房屋、工程设备、材料及公路用地均属公路路政保护范围。

第六条　保护公路，人人有责。任何单位和个人，对损毁、破坏公路及其附属设施的行为，均有权劝阻或者报告有关部门处理。

各级人民政府和公路管理部门应当进行爱路护路的宣传教育，对保护公路有突出贡献的单位和个人，应当给予表扬和奖励。

第七条　禁止下列行为：

（一）在公路上打场晒粮、摆摊；

（二）在公路用地管理范围内堆物、倾倒垃圾渣土、积肥、制坯、挖沙、取土、搭棚、盖房、烧窑、烧荒、放牧牲畜；

（三）毁坏或擅自移动指路标志、路牌、测量标志和交通标志；

（四）在隧道两侧一百米范围内开山采石；

（五）从事危害公路安全的爆破、采矿及深挖沙土的作业。

第八条　非经公路管理部门批准，不得从事下列行为：

（一）在公路上设置路栏；

（二）利用公路边沟、涵洞引水灌溉；

（三）在距公路路基二十米以内蓄水养鱼。

第九条 干线公路、县级公路行道树（含灌木）的栽植、保护、林木权属和收益，按《北京市农村林木资源保护管理条例》执行。

采伐公路管理部门经营的行道树（含灌木），必须经公路管理部门审核，发放采伐许可证，并报林业部门备案。

第十条 任何单位和个人不得随意掘动公路。因特殊情况需要掘动公路的，须先经公路管理部门审查同意，后经公安交通管理部门批准。经批准掘动公路的单位，应当按规定向公路管理部门预交公路路面修复补偿费，并在限期内恢复路基和路容。公路路面修复补偿费标准由市人民政府制定。

第十一条 因特殊情况需要临时占用公路的，须先经公路管理部门审查同意，后经公安交通管理部门批准，并按规定标准向公路管理部门或公安交通管理部门交纳临时占用公路费。临时占用公路收费标准和办法由市人民政府制定。

第十二条 不经批准，不得在公路上开辟路口。因特殊情况需要开辟路口的，必须报经城市规划管理部门批准。城市规划管理部门审批前，应当征得公路管理部门和公安交通管理部门的同意。不属于建设工程的，由公路管理部门会同公安交通管理部门批准。

第十三条 履带式车辆在公路上行驶，须经公路管理部门同意，由公安交通管理部门批准，并采取保护性措施，按指定时间、路线行驶。造成公路路面损坏的，使用者应当向公路管理部门缴纳公路路面修复补偿费。

第十四条 超过桥梁限载重量标准的车辆不得过桥。因特殊情况需要过桥的，须经公路管理部门审查同意，由公安交通管理部门批准，采取安全措施，按批准的时间过桥。使用者应当向公路管理部门缴纳补偿费。

第十五条 新建、改建跨越公路的桥梁、渡槽、管线等设施，在公路用地管理范围内埋设管线、电杆及进行其他工程建设，在桥梁上附设管线和其他设施，都必须事先征得公路管理部门同意。

第十六条 因建设需要使公路改线的，城市规划管理部门批准改线前，应当征得公路管理部门和公安交通管理部门的同意。由建设单位按原公路工程技术标准承担改建的费用。

第十七条 对违反本条例的，视情节和后果，分别给予以下处理：

（一）在公路上搭棚、盖房、摆摊、堆物、毁坏或擅自移动指路标志、路牌、测量标志和交通标志的，公路管理部门应当依法制止和处理，属于违反《中华人民共和国治安管理处罚条例》的，移送公安机关依法处理；

（二）在公路上打场晒粮，在公路用地管理范围内倾倒垃圾渣土、积肥、制坯、挖沙、取土、烧窑、烧荒、放牧牲畜以及违反本条例第七条第四项、第五项和第八条规定的，由公路管理部门责令限期清除、恢复原状、排除妨碍、赔偿损失，对直接责任者处一百元以下罚款，并可对负有直接责任的单位负责人处一百元以下罚款；

（三）违反本条例第十条、第十一条、第十三条、第十四条规定的，公路管理部门应当制止，追缴占用公路费、补偿费，并移送公安机关依法处理；

（四）违反本条例第十二条规定的，由公路管理部门责令恢复原状、赔偿损失，并可对直接责任者处二百元以下罚款。属于违章建设的，由城市规划管理部门依照《北京市城市建设规划管理暂行办法》处理；

（五）违反本条例第十五条规定的，公路管理部门应当依法制止，并移送城市规划管理部门依照《北京市城市建设规划管理暂行办法》处理。

第十八条 被处罚单位或个人对区、县公路管理部门的罚款决定不服的，可以在收到通知书之日起十日内向市公路管理处申请复议，对复议决定不服的，可在接到复议决定通知书之日起十五日内向区、县人民法院起诉。当事人也可以不经上述程序直接向人民法院起诉。逾期不申请复议、不起诉又不履行的，由作出处罚决定的部门申请人民法院强制执行。

第十九条 公路管理人员必须忠于职守，严格执法。对于滥用职权、敲诈勒索、玩忽职守的，根据情节和后果，由主管部门给予行政处理或由司法机关依法追究刑事责任。

第二十条 以暴力、威胁、辱骂等方法阻碍公路管理人员依法执行公务的，由公安机关依照《中华人民共和国治安管理处罚条例》或由司法机关依照《中华人民共和国刑法》的有关规定处理。

第二十一条 本条例具体应用中的问题由北京市市政管理委员会负责解释。

第二十二条 本条例自一九八六年十月一日起施行。一九七九年九月二十二日北京市革命委员会颁发的《北京市远郊公路路政管理办法》和一九七九年七月一日颁发的《北京市远郊公路路树管理试行办法》同时废止。

4. 北京市公路条例

北京市公路条例

(北京市人大常委会 2007 年公告第 60 号 2007 年 7 月 27 日)

2007 年 7 月 27 日北京市第十二届人民代表大会常务委员会第三十七次会议通过；根据 2010 年 12 月 23 日北京市第十三届人民代表大会常务委员会第二十二次会议《关于修改部分地方性法规的决定》修正。

第一章 总 则

第一条 为加强本市公路的建设和管理，促进公路事业发展，根据《中华人民共和国公路法》、《收费公路管理条例》及有关法律、法规，结合本市实际情况，制定本条例。

第二条 本条例适用于本市行政区域内公路的规划、建设、养护、收费、使用以及其他相关管理活动。

本条例所称公路，包括公路桥梁、隧道和涵洞。按其在公路路网中的地位分为国道、市道、县道、乡道和村道。

第三条 本市公路的发展应当遵循全面规划、城乡统筹、节约资源、安全环保、科学管理和保障畅通的原则。

第四条 市交通行政管理部门主管本市公路工作。

市公路管理机构负责国道、市道、县道的管理工作。区、县人民政府负责本行政区域内乡道、村道的管理工作。市公路管理机构的派出机构按照规定负责监督、检查和指导管辖区域内乡道、村道的建设、养护工作。

乡镇人民政府负责本行政区域内乡道、村道的建设、养护工作。

发展改革、财政、国土资源、规划、建设、环境保护、公安交通等行政管理部门按照各自职责，依法负责公路的相关管理工作。

第五条 公路作为公益性基础设施受国家保护。任何单位和个人都有爱护公路、公路用地及公路附属设施的义务，有权检举损毁或者非法占用公路、公路用地及公路附属设施的行为。

第二章 公路规划与建设

第六条 本市公路规划是城乡规划体系的组成部分，应当依据本市城市总体规划、国民经济和社会发展规划、土地利用总体规划编制，并与国家公路网规划、区域公路网规划、本市城市道路网规划和综合交通运输发展规划相协调。公路规划与建设应当坚持节约用地、保护环境的原则。

第七条 市道、县道、乡道、村道规划由市交通行政管理部门会同市规划、发展改革等行政管理部门商相关区、县人民政府，按照城乡统一规划的原则组织编制，依法报市人民政府批准后实施。市道规划同时报国务院交通主管部门备案。

第八条 市道、县道、乡道的命名和编号，按照《中华人民共和国公路法》的规定执行。村道的命名和编号的确定办法，由市公路管理机构制定。

第九条 公路年度建设计划由市公路管理机构根据本市公路规划组织编制，报市交通行政管理部门批准后实施。公路年度建设计划应当在上一年度结束前编制完成。

公路建设项目应当按照国家和本市固定资产投资程序履行相关批准手续。

第十条 地下管线年度建设计划应当与公路年度建设计划衔接。

新建公路时，地下管线应当与公路同步规划、同步设计，并按照先地下、后地上的施工原则，与公路同步建设。

第十一条 公路建设项目实行代建制的，应当通过招标方式选择代建单位并依法签订合同。交通、发展改革、财政、审计等相关行政管理部门，应当依法加强对公路代建项目和代建单位的监管。

第十二条 公路建设项目应当按照国家和本市有关规定进行验收。未经验收或者验收不合格的，不得交付使用。

第十三条 新建公路时，公路附属设施、公路客运站点应当与公路同步规划、同步设计、同步建设。

前款公路附属设施，是指为保护、养护公路和保障公路安全畅通所设置的公路防护、排水、养护、管理、服务、交通安全、监控、检测、通信、收费等设施、设备以及专用建筑物、构筑物等。

交通标志、标线等公路交通安全设施，应当按照国家和本市有关标准设置，保持清晰、醒目、准确、完好、方便使用。

第十四条 市公路管理机构对失去使用功能的市道、县道，区、县人民政府对失去使用功能的乡道、村道，应当宣布废弃，及时向社会公告，并设立明显标志。废弃公路由相关部门按照国家和本市的有关规定及时进行处理。

第三章 公路养护

第十五条 公路养护计划由市公路管理机构按照公路等级、里程、路况、养护定额及养护规范评定标准组织编制，报市交通行政管理部门批准后实施。资金安排按照财政预算管理规定执行。

公路养护资金应当专项用于公路养护，不得挪作他用。

第十六条 公路养护大修工程、中修工程应当通过招标方式确定养护作业单位；小修保养可以引入竞争机制，逐步推行招标制度。

第十七条 公路养护作业单位应当按照国家和本市有关标准规范，建立公路养护巡查制度，定时进行养护巡查；建立公路养护维修信息档案，记录养护作业、巡查、检测以及其他相关信息；设立公示牌，公示单位名称、养护路段以及报修和投诉电话。

第十八条 公路养护作业单位应当按照批准的工期、时段进行养护大修、中修工程作业。

公路养护作业单位进行养护作业时，应当按照规定在养护作业现场和养护车辆设置安全警示标志和警示灯光信号，采取相应的安全防护措施。养护作业人员进行养护作业时，应当穿着统一的安全标志服。

市公路管理机构应当向社会公示公路养护大修、中修工程作业信息。对交通有较大影响的养护大修、中修工程作业，市公安交通管理部门应当依法加强交通安全监督检查。

第十九条 公路养护车辆进行养护作业时，在不影响过往车辆通行的前提下，其行驶路线和方向不受公路标志、标线限制。过往车辆和行人对公路养护车辆和人员应当注意避让。

第二十条 市公路管理机构应当制定公路养护技术规范和管理考核标准，加强对公路养护作业单位的指导，定期对公路养护作业单位进行检查。

第二十一条 附设于公路的地下管线的检查井及其井盖等设施，应当符合公路养护技术规范，产权单位应当加强巡查。对因井盖等设施缺损、移位、下沉等影响公路通行安全的，产权单位应当及时补缺或者修复。

第二十二条 机动车所有人应当按照规定缴纳公路养路费，未按照规定缴纳公路养路费的机动车不得上路行驶。

第二十三条 有下列情形之一的，公路养路费征稽机构可以采取措施暂停违法机动车的使用：

（一）伪造公路养路费票证和收据偷逃公路养路费的；

（二）以套用、伪造机动车牌照的方式偷逃公路养路费的；

（三）以办理停驶手续后在停驶期间行驶的方式偷逃公路养路费的；

（四）欠缴公路养路费6个月以上的。

公路养路费征稽机构暂停违法机动车的使用时，应当向当事人出具凭证，并作出责令其所有人缴纳公路养路费、滞纳金及行政处罚的处理决定。机动车所有人履行处理决定的，公路养路费征稽机构应当及时恢复机动车的使用。

第二十四条 公路养路费征稽机构应当与公安交通管理部门建立机动车登记信息共享机制。公安交通管理部门在机动车办理停驶、注销、过户、年检等环节时，发现有欠缴养路费行为的，应当及时移交公路养路费征稽机构查处；公路养路费征稽机构在征收养路费时，发现有套用、伪造机动车牌照及办理停驶手续后在停驶期间行驶行为的，应当及时移交公安交通管理部门查处。

第四章　路政管理

第二十五条 公路用地范围按照以下标准确定：

（一）公路两侧有边沟的，其用地范围为公路两侧边沟外缘起1米的区域；

（二）公路两侧无边沟的，其用地范围为公路路缘石外缘起5米的区域；

（三）封闭公路用地范围为公路两侧隔离栅起1米的区域。

本条例实施前公路的用地范围与上述规定不一致的，按照现状范围确定。

第二十六条 公路建筑控制区的范围从公路用地外缘起按照以下标准划定：

（一）国道20米，市道15米，县道10米，乡道5米；

（二）公路弯道内侧及平交道口，以行车视距或改作立体交叉的需要为准。

除公路防护、养护需要外，禁止在公路建筑控制区内建设建筑物和地面构筑物。公路建筑控制区内已有建筑物、构筑物和埋设的管线、电缆等设施，危及公路安全的，市公路管理机构及其派出机构应当协助其所有人采取必要的安全防护措施。

市公路管理机构和区、县人民政府应当按照各自职责，依照本市规定加强公路建筑控制区内的公路绿化建设和养护的管理工作。

第二十七条 有下列行为之一的，应当经过市公路管理机构许可：

（一）占用、挖掘公路或者使公路改线的；

（二）跨越、穿越公路修建桥梁、渡槽或者架设、埋设管线等设施，以及在公路用地范围内架设、埋设管线、电缆等设施的；

（三）在公路建筑控制区内埋设管线、电缆等设施的；

（四）铁轮车、履带车和其他可能损害公路路面的机具在公路上行驶的；

（五）在公路用地范围内设置非公路标志的；

（六）在公路上增设平面交叉道口的；

（七）超过公路限载、限高、限宽、限长标准的车辆确需在公路上行驶的。

从事前款第（一）、（二）项活动，影响交通安全的，还应当征得公安交通管理部门同意；运载不可解体的超限物品，影响交通安全的，应当按照公安交通管理部门指定的时间、路线、速度行驶，并悬挂明显标志。

第二十八条 申请从事本条例第二十七条规定的行为的，应当符合下列条件：

（一）有保障公路及其附属设施安全和通行安全的防护和监测措施；

（二）有降低对交通影响的交通组织和作业方案；

（三）有应急准备措施；

（四）法律、法规和规章规定的其他条件。

第二十九条 经许可跨越、穿越公路修建桥梁、渡槽或者架设、埋设管线等设施，以及在公路用地范围内架设、埋设管线、电缆等设施的，所修建的桥梁、渡槽或者架设、埋设的设施应当与路面保持规定的安全距离。

第三十条 经许可在公路用地范围内设置非公路标志的，非公路标志应当符合国家和本市有关标准和规定，其所有人或者维护管理人应当加强维护和管理。

第三十一条 经许可在公路上增设平面交叉道口的，被许可人应当委托该公路的养护作业单位修建。

增设平面交叉道口，应当符合国家规定的技术标准，并修建自公路路面边缘起不少于30米的沥青或者混凝土路面；影响公路排水畅通的，应当修建相应的排水设施。

被许可人关闭平面交叉道口的，应当向市公路管理机构备案。

第三十二条 在公路及公路用地范围内不得从事下列行为：

（一）破坏、损坏、污染公路及公路附属设施；

（二）擅自移动、涂改、遮挡公路附属设施；

（三）设置障碍、打场晒粮、堆放物品、倾倒垃圾、抛撒遗撒或焚烧物品、放养牲畜；

（四）挖沟引水或利用边沟排放污物；

（五）在公路上试刹车；

（六）从事修车、洗车、摆摊设点等服务；

（七）在市公路管理机构设定的场所以外从事加水降温等活动；

（八）法律、法规和规章禁止的其他行为。

第三十三条 市公安交通管理部门、市公路管理机构、市道路运输管理机构等部门对车辆进行超载超限检测时，被检测车辆应当予以配合；经检测超载超限且未经许可的，责令承运人自行卸载超限物品；拒不卸载的，强制卸载，所需费用由承运人承担。

第三十四条 造成公路及其附属设施损坏的，责任人应当保护现场，采取安全防护措施，报告市公路管理机构或者其派出机构并接受调查、处理后，方可离开。

因交通事故造成公路及其附属设施损坏的，公安交通管理部门应当及时通知市公路管理机构或者其派出机构；市公路管理机构应当及时组织建设、养护作业单位修复。

第三十五条　经许可挖掘公路的，挖掘单位应当在批准期限届满前委托该公路的养护作业单位及时修复完毕，并按照标准向养护作业单位交纳挖掘修复费。养护作业单位应当对修复质量负责。

第三十六条　造成公路、公路附属设施损坏依法应当补偿或赔偿的，责任人应当向市公路管理机构或者收费公路经营管理者交纳补偿或赔偿费。公路补偿费标准由市交通行政管理部门会同市发展改革、财政等行政管理部门根据公路工程造价定额标准制定和调整，并向社会公布。公路赔偿费参照公路补偿费标准执行。

第三十七条　公路监督检查人员进行监督检查时，应当遵守下列规定：

（一）佩戴标志；

（二）持证上岗；

（三）按照规定着装；

（四）严格执行法定程序。

公路监督检查的专用车辆，应当按照国家有关规定设置标志和示警灯。

第五章　收费公路的特别规定

第三十八条　收费公路的管理，适用本章规定；本章未作规定的，适用本条例其他有关规定。

第三十九条　本市收费公路的设立，应当符合本市公路规划，由市人民政府依据国家规定的技术等级、规模审查批准。

市公路管理机构应当依法加强对收费公路经营管理的监督检查，督促收费公路经营管理者履行公路养护和服务义务。

第四十条　政府还贷收费公路应当由依法设立的不以营利为目的的专门组织进行建设和管理。

经营性收费公路应当由依法成立的公路企业法人建设、经营和管理。经营性收费公路的投资、建设、运营和经营者确定方式等由市交通行政管理部门会同市发展改革等相关部门提出，报市人民政府批准。

第四十一条　收费公路的车辆通行费收费标准、收费期限和收费站设置应当按照国家规定的程序、标准进行审查批准。经批准设置的收费站确需进行调整的，应当重新办理审查批准手续。收费公路收费期满应当按照规定拆除收费设施停止收费，并由市人民政府向社会公告。

市交通行政管理部门对验收合格的收费站应当统一制发收费站标牌，制定公示规范和服务标准并加强监管。

第四十二条　收费公路经营管理者应当遵守下列规定：

（一）按照规定的收费标准和收费方式收取车辆通行费；

（二）按照规定开具收费票据；

（三）按照公示规范设置公示牌；

（四）及时提示路况、通行和预警信息；

（五）按照标准规范，加强服务区的建设和管理。

遇有交通流量过大影响车辆通行的情形时，收费公路经营管理者应当及时采取提高车辆通行效率的措施。

第四十三条　收费公路经营管理者应当提高科技服务水平，推行联网收费和不停车收费。新建收费公路应当同步建设不停车收费系统。

第四十四条　在收费公路上行驶的车辆，应当按照规定交纳车辆通行费。

收费公路经营管理者对依法应当交纳而拒交、逃交、少交车辆通行费的车辆，有权拒绝其通行，并要求其补交应当交纳的车辆通行费。收费公路经营管理者对不能提供通行卡或者通行卡毁损导致无法识别驶入站的车辆，对从不停车收费车道驶入的无电子标签的车辆，有权按照最远端的驶入站到本站的距离收取车辆通行费。

第四十五条　政府还贷收费公路的车辆通行费，除必要的管理、养护费用从财政部门批准的车辆通行费预算中列支外，应当全部用于偿还贷款，不得挪作他用。

经营性收费公路的通行费收入应当按照国家和本市规定的标准，保证收费公路的养护费用。

收费公路经营管理者应当按照规定及时向市公路管理机构提供收费、还贷、路况、交通流量、养护和管理等有关信息资料。信息资料涉及商业秘密的，市公路管理机构应当予以保密。

第四十六条　收费公路的年度养护计划由收费公路经营管理者按照相关标准规范编制，并报市公路管理机构备案。

第四十七条　市公路管理机构依法负责收费公路的路政管理。对申请占用、挖掘收费公路或者在收费公路进行管线施工等活动的，市公路管理机构在许可前应当征求收费公路经营管理者的意见。

收费公路经营管理者应当建立、健全公路保护的巡查制度，发现损坏收费公路路产路权的行为，应当及时制止并向市公路管理机构报告。

第六章　乡道、村道的特别规定

第四十八条　乡道、村道的管理，适用本章规定；本章未作规定的，适用本条例其他有关规定。

第四十九条　乡道、村道的建设按照国家和本市有关规定执行。

新建乡道、村道的技术等级不得低于国家规定的四级标准。已建成的乡道、村道达不到四级标准的，应当逐步提级改造。

第五十条　区、县人民政府负责编制、下达乡道、村道的年度养护计划，市公路管理机构的派出机构可以接受区、县人民政府委托具体组织编制；乡道、村道的年度养护计划应当报市公路管理机构备案。

第五十一条　乡道、村道建设资金应当按照本市有关规定列入政府的财政预算。

鼓励沿线受益单位捐助、企业和个人捐款用于乡道、村道建设；鼓励多渠道筹集社会资金投资乡道、村道建设。

第五十二条　市和区、县人民政府应当保证乡道、村道养护资金。乡道、村道养护资金应当专款专用、专项专用，并接受财政、审计、发展改革、交通等行政管理部门的监督。

第五十三条　乡道、村道的大修工程可以采取招标方式确定养护作业单位，小修保养可以招聘沿线村民组建养路队进行。

第七章　公路突发事件应急管理

第五十四条　本市公路突发事件应急管理纳入全市突发事件应急管理体系。市交通行政管理部门负责组织制定本市公路突发事件应急预案，经市人民政府批准后实施。

市公路管理机构及其派出机构负责公路突发事件应急处理的组织工作；市政府相关部门、区、县和乡镇人民政府按照各自职责负责公路突发事件的应急处理工作。

公路建设、养护和经营管理单位应当根据国家和本市有关应急预案的规定，制定公路先期应急处置方案，组织应急处置队伍。

第五十五条 市公路管理机构及其派出机构应当定期组织公路建设、养护和经营管理单位进行公路应急预案演练。

公路建设、养护和经营管理单位应当定期组织应急处置队伍进行先期应急处置方案演练。

发生公路突发事件时，市公路管理机构和政府有关部门以及公路建设、养护和经营管理单位应当按照规定启动应急预案。

第五十六条 因自然灾害致使公路交通中断，市公路管理机构应当组织养护作业单位及时修复，维护现场秩序，并依法向所在地区、县人民政府和公安交通管理部门通报。损坏严重难以及时修复的，所在地区、县人民政府应当及时组织抢修。

第五十七条 发生公路严重损毁、重大交通事故或者遇有恶劣气象等严重影响车辆安全通行的情形时，公安交通管理部门应当及时采取限速通行、关闭公路等交通管制措施，并向社会发布交通管制信息。公路建设、养护和经营管理单位应当积极配合，并采取相应的应急处置措施。

第八章　法律责任

第五十八条 市交通行政管理部门、市公路管理机构不依法或者不正当履行公路管理职责的，由其上级行政机关或者监察机关责令改正，对直接负责的主管人员和其他直接责任人员依法给予行政处分；构成犯罪的，依法追究刑事责任。

市交通行政管理部门、市公路管理机构的工作人员玩忽职守、徇私舞弊、滥用职权，尚不构成犯罪的，依法给予行政处分；构成犯罪的，依法追究刑事责任。

第五十九条 违反本条例第十七条、第十八条第一款规定，公路养护作业单位未按规定进行养护作业的，由市公路管理机构责令限期改正，予以警告；逾期不改的，处5000元以上2万元以下罚款。

第六十条 违反本条例第五十四条第三款、第五十五条第二款的规定，公路建设、养护和经营管理单位未按照规定制定公路先期应急处置方案或者进行先期应急处置方案演练的，由市公路管理机构责令限期改正，并可处2万元以上5万元以下罚款。

第六十一条 违反本条例规定的其他行为，按照相关法律、法规应当予以处理的，由有关部门依法处理。

第九章　附　　则

第六十二条 本条例自2007年10月1日起施行。

5. 天津市公路管理条例

天津市公路管理条例

（1997年1月28日天津市第十二届人民代表大会常务委员会第三十次会议通过，根据2005年9月7日天津市第十四届人民代表大会常务委员会第二十二次会议《关于修改〈天津市公路管理条例〉的决定》第一次修正，根据2010年9月25日天津市第十五届人民代表大会常务委员会第十九次会议《关于修改部分地方性法规的决定》第二次修正，2017年12月22日天津市第十六届人民代表大会常务委员会第四十次会议修订）

第一章 总 则

第一条 为了加强公路管理，保障公路完好畅通，促进公路事业发展，发挥公路在经济社会发展中的作用，根据《中华人民共和国公路法》等法律、行政法规，结合本市实际情况，制定本条例。

第二条 本条例适用于本市行政区域内公路的规划、建设、养护、经营、使用和管理。

公路按照其在公路路网中的地位分为国道、省道、县道、乡道；按照技术等级分为高速公路、一级公路、二级公路、三级公路和四级公路。

本条例对村道和专用公路有规定的，按照本条例的有关规定执行。

第三条 公路的发展应当遵循全面规划、合理布局、确保质量、保障畅通、保护环境、建设改造与养护并重的原则。

第四条 本市各级人民政府应当统筹规划，把公路建设与发展纳入国民经济和社会发展规划和计划。

第五条 市交通运输主管部门主管全市公路管理工作。

市交通运输主管部门和区公路管理部门（以下统称公路管理部门）按照职责分工，负责国道、省道、县道、乡道、村道的公路管理工作。

发展改革、规划、建设、市容园林、公安、财政、国土资源、环境保护、水务、林业、安全监管等部门应当在各自职责范围内，共同做好公路管理的相关工作。

公路管理部门可以决定由公路管理机构具体负责有关公路管理工作。

第六条 本市应当落实京津冀协同发展重大国家战略，与北京市、河北省以及周边地区建立区域公路规划、建设、管理协作机制，加强工作协同，促进京津冀交通一体化发展。

第七条 本市鼓励加强公路科学技术研究，积极开发和引进先进公路技术和设备，提高公路管理的科学技术水平。

第二章 公路规划建设

第八条 公路规划应当依据本市城市总体规划、国民经济和社会发展规划、土地利用总体规划编制，并与国家公路网规划、区域公路网规划、本市城市道路网规划和综合交通运输发展规划相协调。

公路规划编制应当坚持科学、规范的原则，组织有关部门、专家对规划的科学性、合规性、经济性等进行论证。

第九条 本市省道规划由市交通运输主管部门会同同级相关部门并商省道沿线区人民政府共同编制，报市人民政府审批，并报国务院交通主管部门备案。

县道规划由区公路管理部门会同同级相关部门编制，征求市交通运输主管部门的意见，经区人民政府审定后，报市人民政府审批，并报国务院交通主管部门备案。

乡道规划、村道规划由区公路管理部门会同相关部门、乡镇人民政府编制，报区人民政府审批，并报市交通运输主管部门备案。

公路规划的调整和修改，应当经原审批机关批准。

第十条 专用公路规划由专用公路主管单位编制，经其上级主管部门审定后，征求公路所在区人民政府的意见，并报市交通运输主管部门会同市规划、国土资源等相关部门审核。

专用公路需要与公路相连接的，应当依法办理相关手续。

第十一条 公路建设应当依据公路规划和计划，结合公路功能和地质情况，按照国家基本建设程序、质量标准和有关规定进行。

第十二条 公路建设应当节约使用土地。公路建设中的土地、房屋征收补偿安置工作，由公路沿线区人民政府负责组织实施。

第十三条 公路建设项目应当按照公路工程技术标准以及合同约定进行设计、施工。

新建、改建公路建设项目，其公路交通标志、标线、隔离栅、防眩设施、视线诱导设施等交通安全设施应当与主体工程同时设计、同时施工、同时投入使用。

设置公路交通标志、标线，应当符合国家规定的标准，指向清晰、易于识别。

新建、改建公路需要安装道路交通智能管理设施的，相关行政主管部门应当按照有关标准和规范，统筹规划并组织安装。

第十四条 任何单位和个人不得在公路上擅自设置、变更公路交通标志、标线。

第十五条 公路地下管线的年度建设计划应当与公路年度建设计划衔接。

新建、改建公路时，地下管线应当与公路同步规划、同步设计，并按照先地下、后地上的施工原则，与公路协调建设。

第十六条 公路建设项目完工后，建设单位应当组织交工验收，交工验收合格后方可投入试运营。

公路建设项目试运营两年后，符合竣工验收条件的，公路管理部门应当按照国家有关规定组织竣工验收。未经验收或者验收不合格的，不得交付使用。

竣工验收合格后，建设单位应当与公路管理部门办理设施移交接管手续。移交接管手续办理完毕前，由建设单位对公路进行养护管理。

第十七条 公路与城市道路分界的调整，应当结合公路网规划和城市道路网规划，由市交通运输主管部门、区人民政府确定。

按照城市道路网规划同时承担城市道路功能的公路路段，公路管理部门可以按照城市道路管理。

第十八条 根据城乡规划需要拆除、废弃公路的，承接单位应当到公路管理部门办理交接手续。公路管理部门应当及时将拆除、废弃的公路向社会公告，并设立明显标志。

第三章 公路养护

第十九条 公路管理部门应当按照公路等级、里程、养护定额、养护规范、路况及检测评定结果等组织编制公路养护计划。

收费公路养护计划由收费公路经营企业参照前款规定编制，并报市交通运输主管部门备案。

第二十条 公路管理机构、收费公路经营企业是公路养护责任单位。

公路养护责任单位应当按照国家有关技术规范和操作规程进行公路养护作业，保证公路经常处于良好技术状态。

公路养护应当推行养护管理和养护作业分离，选择具有养护资质的单位承担公路养护作业。

第二十一条 公路养护责任单位应当按照规定加强对公路的日常巡视和检查，发现问题及时处理，并制作巡查记录。

巡视检查与铁路、河道相互重叠或者交叉的公路，有关单位应当予以配合。

公路管理部门应当在公路明显位置公示养护责任单位名称、养护路段以及联系电话。

第二十二条 公路养护作业施工单位应当在施工路段设置明显的安全标志。需封闭公路中断交通时，除紧急情况外，公安交通管理部门和公路养护责任单位应当提前五日向社会公告，并设置车辆绕行标志。

第二十三条 公路养护作业人员作业时，应当穿着统一的安全标志服。公路养护车辆作业时，应当设置明显的作业标志，开启危险报警闪光灯，在不影响过往车辆通行的前提下，其行驶路线和方向不受公路交通标志、标线限制；过往车辆对公路养护人员和车辆应当注意避让。

第二十四条 因公路养护、施工需要确定料场和取土、取水处时，沿线区、乡镇人民政府应当给予协助。

第二十五条 发生公路突发事件影响通行的，公路养护责任单位应当及时修复公路、恢复通行。

因严重自然灾害致使公路交通中断的，公路养护责任单位应当及时修复；公路养护责任单位难以及时修复的，由沿线区人民政府组织当地机关、团体、企业事业单位、居民进行抢修，尽快恢复交通。

第二十六条 公路养护责任单位应当在公路养护范围内实施绿化工程，做好林木花草的抚育、更新、补植、病虫害防治等养护管理工作。

公路两侧以及中间隔离带种植的树木或者其他植物，应当符合有关规范，不得遮挡路灯、交通信号灯、交通标志，不得妨碍安全视距。

第二十七条 设在公路上的管线井及井盖等设施，应当符合相关技术规范。管线井产权单位应当加强管线井设施的日常巡查、维护和管理，发生井体塌陷、井盖缺损等情况，应当及时修复或者补缺。

公路管理部门发现管线井及井盖影响公路通行安全的，应当通知相关产权单位及时处理。

管线井无产权单位认领的，按照其功能由公路管理部门通知相关行政主管部门指定维护管理责任单位。相关行政主管部门应当按照通知要求，将指定结果反馈公路管理部门。

第四章　公路路政管理

第二十八条　公路管理部门负责管理和保护公路、公路用地和公路附属设施，依法检查、制止、处理各种非法利用、侵占、污染、损坏公路、公路用地和公路附属设施的行为。

公路路政管理车辆应当设置统一标志和标志灯。

第二十九条　在大中型公路桥梁和渡口周围二百米、公路隧道上方和洞口外一百米范围内，以及在公路建筑控制区内，不得挖砂、采石、取土、倾倒废弃物，不得进行爆破作业和其他危及公路、公路桥梁、公路隧道、公路渡口安全的活动。法律、法规另有规定的，从其规定。

第三十条　建设单位实施涉路施工活动，应当按照国家规定向公路管理部门提出申请。

公路管理部门应当自受理申请之日起十个工作日内作出许可或者不予许可的决定；影响交通安全的，应当征得公安交通管理部门的同意；涉及收费公路的，应当征求收费公路经营企业的意见；不予许可的，公路管理部门应当书面通知申请人并说明理由。

第三十一条　超过公路、公路桥梁、公路隧道限载、限高、限宽、限长标准的车辆，不得在公路、公路桥梁、公路隧道行驶。

载运不可解体物品的超限运输车辆确需在公路、公路桥梁、公路隧道行驶的，从事运输的单位和个人应当向公路管理部门提交下列材料，申请公路超限运输许可：

（一）行驶时间和路线；

（二）车辆和运载货物的相关技术资料；

（三）车辆的行驶证；

（四）公路及其附属设施的保护方案。

经许可进行超限运输的车辆，应当按照公路管理部门指定的时间、路线和速度行驶，并悬挂明显标志；需要加固、改造公路及其附属设施或者委托护送的，应当承担相关费用。

第三十二条　经市人民政府批准，公路管理部门可以在公路上设置超限检测站，对运输车辆进行检测，认定、查处和纠正违法超限运输行为。

公路管理部门可以在公路的重要路段，设置车辆检测等技术监控设备，依法查处违法超限运输行为。

公路管理部门和公安交通管理部门应当健全治理超限超载联合执法协作机制，开展联合执法。

第三十三条　超限运输对公路及其附属设施造成损坏的，应当按照损坏程度给予相应的经济补偿。

第三十四条　地下管线发生紧急故障确需掘路抢修的，管线产权单位应当通知公路管理部门，并在二十四小时内提出补办审批手续申请。

因占用、挖掘公路需要砍伐公路林木、占用绿地的，应当符合树木、绿地保护规定，并到公路管理部门办理相关手续。

第三十五条　经许可占用、挖掘公路的，建设单位应当按照不低于该段公路原有的技术标准予以修复或者给予相应的经济补偿。

第三十六条　车辆在公路上发生交通事故造成公路及其附属设施损坏的，公路管理部门应当及时勘验损失，相关管理部门应当给予协助。

公安交通管理部门在处理交通事故时，发现因交通事故造成公路及其附属设施损坏或者有安全隐患的，应当及时通知公路管理部门。

第五章 收费公路

第三十七条 经市人民政府批准，收费公路可以收取车辆通行费。

收费公路收费站的设置，应当符合国家有关规定，并经市人民政府批准。

收费公路车辆通行费的收费标准和收费期限及其调整，应当符合国家有关规定。

未经市人民政府批准，任何单位和个人不得在公路上设置收费站点。

第三十八条 新建收费公路应当同步配套建设全程监控、治超检测监控、路面桥梁安全检测、不停车收费系统等智能化管理系统。

在建或者已经投入运营的收费公路，应当按照统一标准，逐步配置相应的智能化管理系统。

第三十九条 开通运营的收费公路，应当保证二十四小时不间断开通运营，但实行交通管制的除外。

收费公路收费站应当根据车流量开通足够的收费道口，保障车辆正常通行，避免车辆拥挤、堵塞；收费设施发生故障的，应当及时提示并尽快修复。

未经市交通运输主管部门同意，收费公路经营企业不得停止收费公路收费站、服务区运营，不得封闭互通立交匝道。

第四十条 收费公路实行计算机联网收费。市交通运输主管部门应当建立收费公路联网收费结算和协调管理机制，实施联网收费监督管理。

收费公路经营企业的相关收费信息、安全管理信息应当与市交通运输主管部门联网。

第四十一条 收费公路服务区应当按照国家有关标准统筹规划、合理布局，与收费公路同步设计、同步建设、同步投入使用。

第四十二条 收费公路服务区应当设置停车、临时休息、饮用水供应、公共卫生间等免费使用的公益性服务设施，以及加油、充电、餐饮等经营性服务设施，提供二十四小时连续服务。

第四十三条 收费公路服务区应当符合国家及本市规定的经营管理标准和规范。收费公路经营企业对收费公路服务区内的安全、服务质量负责。

公路管理部门应当对收费公路服务区执行经营管理标准和规范的情况进行监督检查。收费公路服务区所在地的区人民政府公安、卫生、环境保护、价格、市场监管等部门应当依照各自职责，加强对收费公路服务区的监督管理。

第四十四条 车辆通行收费公路，不得有下列行为：

（一）无通行卡、倒卡、使用伪造通行卡；

（二）假冒法定减免通行费车辆；

（三）干扰联网收费系统正常运行；

（四）其他偷逃车辆通行费的行为。

违反前款规定，通行车辆应当按照车辆出站点距联网内入市最远端的最短路径距离交纳车辆通行费。

第六章 乡道、村道的特别规定

第四十五条 乡道、村道发展应当遵循建设好、管理好、养护好、运营好的要求，保障乡村公路可持续发展。

第四十六条 乡镇人民政府、街道办事处在区人民政府确定的职责范围内，负责乡道、村道的建设、养护。

村民委员会、居民委员会在乡镇人民政府、街道办事处的指导下，协助做好本村村道的建设、养护和管理相关工作。

第四十七条 市人民政府应当根据乡道、村道的建设、养护、管理等实际情况，给予财政补贴。

区人民政府应当将乡道、村道的建设、养护、管理所需经费纳入本级预算。

第四十八条 区公路管理部门负责制定乡道、村道的建设、养护年度计划，由乡镇人民政府、街道办事处组织实施。年度计划由区公路管理部门报市交通运输主管部门备案。

乡道、村道应当按照国家和本市有关技术规范和操作规程进行建设、养护。

第七章　区域公路管理协作

第四十九条 本市公路规划应当符合京津冀协同发展重大国家战略要求，与区域公路网统筹衔接、同图规划。

第五十条 本市省际公路建设项目应当统筹北京市、河北省的公路建设计划安排，协同组织实施。

第五十一条 在省际交界区域进行公路养护作业，应当统筹安排养护作业计划。可能造成交通堵塞的，有关公路管理部门、公安交通管理部门应当事先相互通报，共同制定疏导预案，确定分流路线。

第五十二条 在省际交界区域发生公路突发事件影响通行的，有关公路管理部门应当启动区域协同机制，下达路网调度统一指令，统筹安排作业计划、组织抢修，尽快恢复通行。

第五十三条 市交通运输主管部门应当加强与北京市、河北省等省市公路管理部门的沟通协作，建立公路治理超限联防联动工作机制，组织开展联合执法，依法查处违法超限运输行为。

第五十四条 本市与北京市、河北省建立公路协同发展数据共享机制，实现省际公路建设项目的立项、初步设计、施工图等阶段基本资料共享，实时共享省际交界区域公路养护作业、重大公路突发事件等信息。

第八章　法律责任

第五十五条 违反本条例第二十九条规定，从事危及公路、公路桥梁、公路隧道、公路渡口安全活动的，由公路管理部门责令停止违法行为、恢复原状、限期修复，可处三万元以下罚款；造成损失的，依法承担赔偿责任。

第五十六条 违反本条例第三十九条第二款规定，造成车辆严重堵塞的，由市交通运输主管部门责令改正，可处二千元以上一万元以下罚款。

违反本条例第三十九条第三款规定，收费公路经营企业擅自停止收费公路收费站、服务区运营或者封闭互通立交匝道的，由市交通运输主管部门责令改正，并处三万元以上十万元以下罚款。

第五十七条 违反本条例规定，法律、行政法规对行政强制、行政处罚已有规定的，依照其规定处理。

第五十八条 公路管理部门根据交通技术监控记录资料，可以对违反本条例的行为依法予以处罚。当事人对监控记录资料有争议的，可以申请复核。

第九章　附　则

第五十九条　本条例所称公路是指按照公路规划建设经公路管理部门验收认定，主要供机动车行驶的公共道路，包括公路的路基、路面、桥梁、涵洞、隧道。

公路用地是指公路两侧边沟（坡顶截水沟）和边沟（坡顶截水沟）以外不少于一米的区域，公路两侧无边沟（坡顶截水沟）的，为公路缘石外不少于五米的区域，有征地界线的，从其界线；已征收的公路建设用地；为修建、养护公路建于公路沿线的有关设施用地。

公路附属设施是指为保护、养护公路和保障公路畅通所设置的公路防护、排水、养护、管理、服务、交通安全、渡运、监控、通信、收费等设施、设备以及专用建筑物、构筑物等。

专用公路是指专供或者主要供厂矿、油田、农场、林区、旅游区、军事要地等内部联络的公路。

第六十条　本条例自 2018 年 2 月 1 日起施行。

6. 河北省公路路政管理规定

河北省公路路政管理规定

第一条 为加强公路路政管理，保护公路路产，保障公路完好畅通，根据《中华人民共和国公路法》及有关法规、规章的规定，制定本规定。

第二条 本规定适用于本省行政区域内的国道、省道、县道和乡道的路政管理。

专用公路和乡村道路的路政管理，参照本规定执行。

第三条 省人民政府交通行政主管部门主管全省的公路路政管理工作。设区的市和县（县级市、区）人民政府交通行政主管部门按照规定的职责，主管本行政区域内的公路路政管理工作。

第四条 县级以上人民政府交通行政主管部门按照分级管理的权限，在公路路政管理方面履行下列职责：

（一）组织实施有关公路路政管理的法律、法规和规章；

（二）负责管理保护公路、公路用地和分管范围内的公路附属设施；

（三）依法在公路、建筑控制区内进行路政监督检查；

（四）依法对在公路建筑控制区内进行的建设活动进行审查；

（五）审批公路的特殊占用、利用和超限运输；

（六）维护公路养护作业秩序；

（七）依法查处违反路政管理规定的行为；

（八）法律、法规、规章和同级人民政府规定的其他职责。

第五条 实施公路路政管理，应当遵循管养一体、综合治理、预防为主和依法治路的原则。

第六条 各级人民政府应当加强对公路路政管理工作的领导。各级公安、建设、土地管理和工商行政管理等有关部门应当按照规定的职责，协助同级交通行政主管部门实施公路路政管理工作。

第七条 公路用地已依法办理征地手续的，其地界以批准文件界定的区域为准；未办理征地手续或者土地权属未确定的，其地界按照从公路两侧边沟或者坡脚护坡道、坡顶截水沟外缘向外延伸不少于一米的规定，由县级以上人民政府确定，并依法办理用地手续。

第八条 建设行政主管部门和土地管理部门在审批公路两侧的建设项目和建设用地涉及公路建筑控制区时，应当征求交通行政主管部门的意见。

第九条 违反公路管理法律、法规有关公路两侧建筑控制的规定建设的建筑物、地面构筑物和设施，由交通行政主管部门依法处理。

第十条 因建设铁路、机场、电站和水库等工程需要挖掘、占用、利用公路、公路用地和公路附属设施时，建设单位应当征得交通行政主管部门同意。工程竣工后，建设单位应当按照公路原有的技术标准修复，并报交通行政主管部门验收；也可将修复公路所需的费用交给交通行政主管部门组织实施。

第十一条　因建设造成公路改线时，建设单位应当事先征得交通行政主管部门的同意，按照公路原有的技术标准建设新路，并报原批准部门验收合格后，方可占用原路。建设单位也可按照公路原有的技术标准支付建设费用，由交通行政主管部门组织建设新路。

第十二条　建设跨越、穿越公路的桥梁、渡槽和管线等设施，建设单位应当事先征得交通行政主管部门同意，并采取措施保证公路畅通。因建设造成公路损坏的，建设单位应当按照损坏程度给予补偿。

第十三条　在公路上增设交叉道口，必须报经交通行政主管部门批准，符合有关技术要求，并设置公路排水设施，保证公路排水畅通。

第十四条　规划和新建村镇、开发区、集贸市场应当避开公路。确需沿公路建设的，应当在公路的一侧进行。新建、扩建的集贸市场的边缘与公路边沟或者坡脚护坡道、坡顶截水沟外缘的间距，国道、省道不少于六十米，县道不少于四十米，乡道不少于十五米。

第十五条　除农业机械因当地田间作业需要在公路上短距离行驶外，履带车、铁轮车以及其他可能损坏公路路面的机具不得行驶公路。确需行驶的，必须征得交通行政主管部门的同意，并采取有效的防护措施，或者承担采取措施所需的费用。

第十六条　超过公路限载、限高、限宽和限长标准的车辆不得任意行驶公路。确需行驶的，必须报经交通行政主管部门和公安部门批准，并按照批准的路线、时间和时速行驶。

交通行政主管部门在批准超限车辆行驶公路后，应当采取公路技术保护措施，超限运输的单位和个人应当承担采取措施和修复公路所需的费用。

第十七条　载货车辆行驶公路时，其装载货物的重量必须符合国家和本省的有关规定，货物不得洒落滴漏。

第十八条　车辆行驶公路造成公路路产损失的，交通行政主管部门应当及时查验损失，并出具公路路产损失鉴定书。

第十九条　除进行公路建设、养护和设置公路标志外，禁止在公路、公路用地范围内从事下列行为：

（一）设置线杆、铁塔、变压器、沿公路埋设地下管线等永久性设施；

（二）进行集市贸易，设置棚屋、摊点等临时性设施；

（三）倾倒垃圾、化学物品、油料、污水等废弃物；

（四）堆放物料、打场、晒粮，或者碾压煤渣、铁皮、秸秆等物品；

（五）引水、排水、烧窑、制坯、沤肥、种植农、林作物；

（六）载货车辆的运件拖地行驶公路；

（七）涂改、移动或者损毁公路界碑、护栏等公路附属设施；

（八）利用公路附属设施和树木架设管线，悬挂牌匾，拉钢筋，拴牲畜；

（九）其他影响公路、公路用地正常使用的行为。

第二十条　在公路两侧建筑控制区内不得任意设置广告、牌匾等设施。确需设置的，应当征得交通行政主管部门同意。

第二十一条　严禁在公路桥梁下和隧道内铺设输送易燃、易爆和有毒物品的管道。

在公路桥梁、隧道的周围铺设前款规定的管道，不得危及桥梁、隧道的安全。

第二十二条　单位和个人违反本规定的，由县级以上人民政府交通行政主管部门依照《中华人民共和国公路法》及有关法规、规章的规定予以处罚。

第二十三条　车辆行驶公路对公路造成损失的，县级以上人民政府交通行政主管部门有权责令其立即停止行驶并接受处理。不能立即接受处理的，可以暂扣车辆；不能立即接受处理又不宜暂扣车辆的，可以暂时登记保存驾驶人员的驾驶证件，并出具有关行政执法部门统一印制的暂扣凭证。处理完毕后，应当立即放行车辆，归还驾驶证件。

因暂扣车辆或者保存驾驶证件造成的经济损失，由责任方承担。

第二十四条 收费公路的路政管理由省交通行政主管部门组织实施，管理经费从收取的车辆通行费中列支。

第二十五条 因进行建设和其他活动利用公路或者造成公路路产损失的，应当依法予以补偿或者赔偿。具体补偿、赔偿标准，由省交通行政主管部门会同有关部门制定，报省政府批准后执行。

第二十六条 本规定自发布之日起施行。

7. 河北省公路条例

河北省公路条例

第一章 总 则

第一条 为加强公路建设、养护、规费征稽和管理，促进经济发展，根据国家有关法律、法规的规定，结合本省实际，制定本条例。

第二条 本条例适用于本省行政区域内的公路、公路用地和公路附属设施。

第三条 公路按照行政等级分为国道、省道、县道和乡道。

第四条 各级人民政府应当加强对公路事业的领导，将公路事业纳入国民经济和社会发展规划，制定经济扶持措施，动员全社会力量，多渠道筹集资金，促进公路事业发展。

第五条 公路的建设、养护和管理，遵循全面规划、合理布局、确保质量、保障畅通、保护环境、建设与养护并重的原则。

第六条 公路建设、养护和管理，实行统一领导，分级负责。

国道、省道中的高速公路由省人民政府交通行政主管部门负责；其他国道、省道由省、市人民政府（地区行政公署）交通行政主管部门负责。

县道由县级人民政府交通行政主管部门负责。

乡道由乡级人民政府负责。

第七条 公路、公路用地和公路附属设施的所有权归国家，受法律保护，任何单位和个人不得非法占用或者破坏。

第八条 省人民政府交通行政主管部门主管全省的公路事业。

辖区市、县级人民政府交通行政主管部门按照法定职责主管本行政区域内的公路事业，依法行使公路行政管理职能，检查、制止和处理违反有关法律、法规的行为。

公安、城建、工商、土地、农机等部门应当按照法定职责，协助交通行政主管部门搞好公路管理工作。

第二章 公路规划

第九条 公路规划应当根据国民经济发展、人民生活和国防建设的需要编制，并与其他有关行业的发展规划相协调，与城市建设发展规划相衔接。

第十条 省道规划由省人民政府交通行政主管部门会同同级有关部门和省道沿线市人民政府（地区行政公署）编制，报省人民政府批准，并向国务院交通行政主管部门备案。

县道规划由市人民政府（地区行政公署）交通行政主管部门会同同级有关部门和县道沿线县级人民政府编制，报市人民政府（地区行政公署）批准，并向省人民政府交通行政主管部门备案。

乡道规划由县级人民政府交通行政主管部门会同同级有关部门和乡级人民政府编制，报县级人民政府批准，并向市人民政府（地区行政公署）交通行政主管部门备案。

第十一条 编制省道、县道、乡道规划，应当与上一行政等级的公路规划相衔接。

第十二条 编制省道规划，应当使公路规划线位避开城市市区。因特殊情况不能避开的，由省人民政府交通行政主管部门会同同级城市建设行政主管部门协商确定。协商不成的，由省人民政府确定。

公路与城市道路的划分，以近期城市发展规划区域或者城市市区扩大后公路形成街道为界线，由市人民政府（地区行政公署）交通行政主管部门与当地人民政府城市建设行政主管部门协商后，报省人民政府交通行政主管部门确定。公路确定为城市道路的，自确定之日起，移交当地人民政府城市建设行政主管部门养护、管理。

第十三条 公路规划需要修改的，由公路规划的编制部门征求同级有关部门意见后提出方案，报原批准机关审批。

第三章　公路建设

第十四条 公路建设应当遵守国家和本省规定的基本建设程序。

第十五条 大、中型公路建设项目的设计、施工和监理，实行招标投标。

第十六条 公路建设项目的设计、施工和监理单位，必须依照有关法律、法规、规章以及公路工程技术标准、规范和合同的规定，进行设计、施工和监理，并对工程的质量、进度和造价负责。

第十七条 公路建设用地的征用、划拨、出让以及拆迁和安置工作应当依法进行，由当地人民政府负责组织实施。

因进行公路建设和养护，需要占用未确定使用权的国有荒山、荒地时，按照规定程序报批后无偿划拨；需要在国有荒山、荒地、河滩和滩涂上挖沙、采石、取土时，经依法办理审批手续后，任何单位和个人不得非法阻挠或者收取费用。

公路建设用地依照国家和本省有关规定予以减免税。

第十八条 根据公路发展规划，需要新建、改建公路、公路附属设施的，当地人民政府应当纳入土地利用总体规划，预留土地。

第十九条 因修建公路影响铁路、水利、电力、邮电和其它设施正常使用时，建设单位应当事先征得有关部门同意，并签订协议，明确双方的责任。有关部门应当予以配合。

第二十条 因改建公路需要中断交通时，由县级以上人民政府交通行政主管部门与同级公安部门协商，共同采取维护交通畅通的措施后再行施工。施工单位应当在施工路段设置明显的施工标志、安全标志。需要车辆绕行的，应当在绕行路口设置标志，不能绕行的，应当修建临时道路，保证车辆和行人通行。

第二十一条 公路建设项目竣工后，按照国家和本省的有关规定进行验收。验收不合格的，不得交付使用。

第二十二条 农村的成年劳动力和拥有运输工具的单位和个人，应当依照国家规定履行公路建勤义务。建勤工日由县级人民政府确定。因故不能履行建勤义务时，经县级人民政府批准，允许缴纳相应款项以资代劳。

以资代劳所收款项，应当严格管理，专款专用。

第四章　公路养护

第二十三条　公路养护应当坚持预防为主、防治结合，保证公路经常处于良好的技术状态，提高公路的使用质量和抗御自然灾害的能力。

第二十四条　公路养护采取下列组织形式：

（一）国道、省道中的高速公路由高速公路的经营、管理单位负责养护，其他国道、省道由专业养护组织养护；

（二）县道由专业养路工人和建勤民工组成的养护组织养护；

（三）乡道由乡级人民政府组织公路沿线的单位和个人自行养护，并接受县级人民政府交通行政主管部门的业务技术指导。

第二十五条　因公路养护需要，在荒地、荒山、河滩、滩涂挖沙、采石、取土、取水，应当报经县级人民政府批准。

在县级人民政府批准的公路料场挖沙、采石、取土、取水时，任何单位和个人不得借故阻挠和索取价款。

第二十六条　公路养护作业人员进行养护作业时，应当穿着安全标志服。

公路养护组织利用车辆进行养护作业时，应当在作业路段和作业车辆上设置明显的作业标志。

第二十七条　公路养护组织应当按照公路养护技术规范的要求，利用公路用地种植花草树木，绿化、美化公路。

公路两侧的树木不得任意砍伐。因树木更新和其他需要必须砍伐的，应当依法办理审批手续，领取林木采伐许可证。

乡道绿化工作由乡级人民政府统一组织实施。谁造谁有，合造共有，收益分成。

第二十八条　因自然灾害致使公路交通中断，公路养护组织难以及时修复时，当地人民政府应当组织附近的驻军和机关、团体、企事业单位以及居民无偿抢修。

第五章　路政管理

第二十九条　在公路两侧建筑控制线范围内，禁止建设除公路附属设施外的其他永久性建筑物、构筑物和设施。

需要在公路两侧建筑控制线范围内修建临时性建筑设施的，应当事先征得县级以上人民政府交通行政主管部门同意。

公路两侧建筑控制线范围为公路边沟或者坡脚护坡道、坡顶截水沟外缘向外延伸，国道、省道中的高速公路不少于30米，其他国道包括复线和支线不少于20米，其他省道包括复线和支线不少于15米，县道不少于10米，乡道不少于5米。

公路弯道内侧以及平交道口附近的公路两侧建筑控制线范围，除按前款的规定确定外，还应当符合公路发展规划标准对行车视距和立体交叉的要求。

第三十条　在公路桥梁和渡口周围200米、公路隧道上方和洞口外100米范围内，不得挖沙、采石、取土、倾倒垃圾和其他废弃物，或者进行爆破作业。

在上述范围内修筑堤坝，压缩或者拓宽河床，必须报经省人民政府交通行政主管部门会同同级水利行政主管部门批准。

第三十一条 在前条规定的范围外以及公路两侧进行爆破、开山、采矿、伐木和建筑施工等项作业，可能危及公路、公路附属设施安全的，应当事先征得县级以上人民政府交通行政主管部门同意，并采取安全防护措施。

第三十二条 因进行建设需要挖掘、占用、利用公路、公路用地和公路附属设施的，建设单位应当报经县级以上人民政府交通行政主管部门同意。工程竣工后，建设单位应当按照公路原有的技术标准修复或者恢复原状，并报原批准部门验收。

因进行建设造成公路改线的，建设单位必须报经县级以上人民政府交通行政主管部门批准，按照公路原有的技术标准建设新路，并报原批准部门验收合格后，方可占用原路。

第三十三条 建设跨越公路的桥梁、渡槽和管线等设施，必须符合公路发展规划和公路工程技术标准的要求，不得影响公路畅通，并事先征得县级以上人民政府交通行政主管部门同意。因施工造成公路、公路用地和公路附属设施损坏的，必须予以修复或者赔偿。

第三十四条 有下列情形之一的，必须报经县级以上人民政府交通行政主管部门批准，并分别情况予以补偿或者承担修复、加固公路所支出的费用：

（一）埋设横穿公路的地下管线的；

（二）增设公路交叉道口的；

（三）从事车辆制造、改装、修理、检验而需要在划定的路段上试刹车的；

（四）履带车、铁轮车行驶公路的；

（五）超过公路限载、限高、限宽和限长标准的车辆行驶公路的；

（六）其他造成公路、公路用地和公路附属设施损坏的。

第三十五条 除进行公路建设、养护和设置交通安全设施外，禁止在公路、公路用地范围内从事下列行为：

（一）设置线杆、铁塔、变压器，沿公路埋设地下管线等永久性设施；

（二）进行集市贸易或者设置棚屋、摊点和其它临时性设施；

（三）倾倒垃圾、堆放物料、打场、晒粮；

（四）引水、排水、烧窑、制坯、沤肥、种植农、林作物；

（五）其他影响公路、公路用地正常使用的行为。

第三十六条 发生公路交通事故并给公路造成损失的，公安部门应当及时通知县级以上人民政府交通行政主管部门或者高速公路管理机构查验损失。公路交通事故的处理工作，应当在公路路产损失清偿工作结束后结案。

第三十七条 公路路政管理人员依法执行职务时，按照国家规定着装，并出示国家和本省颁发的执法证件。公路路政管理专用车辆应当装置示警灯和警报器。

公路路政管理人员依法执行职务时，违反前款规定的，被检查者有权拒绝接受检查。

第六章 收费公路和公路经营

第三十八条 经省人民政府批准，县级以上人民政府交通行政主管部门可以利用国家许可的方式筹集资金，建设收费公路，并按规定收取车辆通行费。

第三十九条 鼓励省内外包括台湾、香港、澳门和外国的政府、经济组织、其他组织或者个人，按照国家有关规定，在本省投资建设收费公路，从事公路经营。

第四十条 从事公路经营，应当依法成立公路开发经营公司。公路开发经营公司按国家

和本省有关规定办理审批和注册手续后,可以从事下列经营活动:

（一）发行债券或者采用国家许可的其他形式,筹集公路建设资金；

（二）投资新建、改建的公路符合国家规定的,可以按照规定收取车辆通行费；

（三）在经营公路的沿线和出入口周围开发经营房地产,建设、经营加油站、宾馆、饭店、停车场和汽车修理场等服务设施；

（四）经营客货运输业务；

（五）法律、法规许可的其他经营活动。

第四十一条　公路开发经营公司的经营期限依法确定或者在合同中约定。经营期满后,公路开发经营公司应当将公路、公路用地和公路附属设施无偿移交给当地县级以上人民政府交通行政主管部门。

公路开发经营公司在经营期限内必须加强对公路的养护、管理,保证公路处于良好的技术状态。

第四十二条　公路、公路用地和公路附属设施的经营权可以依法有偿转让。交通行政主管部门转让收费公路经营权所获取的转让费必须专项用于公路建设。

第四十三条　台湾、香港、澳门和外国的政府、经济组织、其他组织或者个人,在本省行政区域内开发经营收费公路的,依照国家和本省的有关规定予以优惠。

第四十四条　公路开发经营公司在投资回收期内依照国家和本省有关规定减免地方税。

第四十五条　除国家和本省另有规定外,在收费公路上行驶的机动车辆必须缴纳车辆通行费。

第七章　公路建设和养护资金

第四十六条　国道和省道的建设、养护资金,由省人民政府和国道、省道沿线市人民政府（地区行政公署）和县级人民政府共同筹集。

县道的建设、养护资金,由市人民政府（地区行政公署）和县道沿线县级和乡级人民政府共同筹集。

乡道的建设、养护资金,由县级人民政府和乡道沿线乡级人民政府共同筹集。

第四十七条　公路建设、养护资金采用下列方式和渠道筹集:

（一）由各级人民政府财政拨款；

（二）依法征收车辆购置附加费和公路养路费；

（三）经按规定程序批准后,征收重点公路建设资金；

（四）向国内外经济组织和外国政府贷款；

（五）依法发行公路建设债券；

（六）吸引国内外的经济组织或者个人投资、捐款；

（七）采用民办公助等国家和本省许可的其他方式。

第四十八条　拥有车辆以及机动车辆挂车的单位和个人,必须依法缴纳车辆购置附加费和公路养路费。

车辆购置附加费、公路养路费和车辆通行费缴讫凭证由交通行政主管部门统一制发,任何单位和个人不得伪造、涂改、倒卖。

第四十九条　除国家和本省另有规定外,任何单位和个人不得擅自减、免车辆购置附加费、公路养路费和收费公路的车辆通行费。

除县级以上人民政府交通行政主管部门外，任何单位和个人不得征收车辆购置附加费和公路养路费。

未经省人民政府批准，任何单位和个人不得征收车辆通行费。

第五十条 县级以上人民政府交通行政主管部门的车辆购置附加费和公路养路费征稽人员对客货集散地、车辆存放处等场所和公路上行驶的车辆，有权依照省人民政府有关规定进行稽查。

征稽人员及其专用车辆依法执行职务时，按照本条例第三十七条的规定办理。

第五十一条 县级以上人民政府公安部门应当协助同级交通行政主管部门实施车辆购置附加费和公路养路费的征收工作，向交通行政主管部门提供车辆统计资料，并在核发车辆牌证，办理车辆的年检、转籍和过户手续时，查验交通行政主管部门签发的车辆购置附加费和公路养路费缴讫凭证。对未持有以上凭证的，不予办理核发车辆牌证和车辆的年检、转籍、过户手续。

第五十二条 公路养路费必须专项用于公路的建设、养护和管理，任何单位和个人不得截留、平调或者挪用。

第八章　法律责任

第五十三条 违反本条例第十六条、第二十一条、第二十六条、第三十七条第一款、第五十条第二款规定的，由县级以上人民政府交通行政主管部门责令限期改正，拒不改正的，给予行政处分。

第五十四条 违反本条例第二十九条至第三十五条规定的，由县级以上人民政府交通行政主管部门分别情况，予以警告，责令改正，停止施工，停止行驶，补办审批手续，限期拆除、恢复原状、赔偿损失，没收非法所得，可以按照国家有关规定并处罚款。

第五十五条 违反本条例第四十八条、第四十九条规定的，由县级以上人民政府交通行政主管部门责令限期改正、按规定补缴车辆购置附加费、公路养路费和车辆通行费，没收非法所得以及伪造、涂改、倒卖的凭证，并按照国家和本省有关规定处以滞纳金、罚款；构成犯罪的，依法追究刑事责任。

对不能按时缴纳车辆购置附加费、公路养路费、滞纳金和罚款的，可以暂时扣留其道路运输证、驾驶证、行车执照或者车辆，待其补缴费款和接受处罚后，立即放行车辆，归还证件。因扣留其证件或者车辆造成的经济损失，由责任方承担。

第五十六条 损毁、破坏公路路产的，可以依照国家和本省的有关规定予以处罚，构成犯罪的，依法追究刑事责任。

第五十七条 没收非法所得和处以罚款，应当出具财政部门统一制发的票据。罚没款全额上缴同级财政部门。任何单位和个人不得截留或者分成。

第五十八条 拒绝、阻碍从事公路管理的国家工作人员依法执行职务的，由公安机关依照《中华人民共和国治安管理处罚条例》的规定处罚；构成犯罪的，依法追究刑事责任。

第五十九条 当事人对行政处罚决定不服的，在接到行政处罚决定书之日起十五日内，向作出行政处罚决定机关的上一级机关申请复议。复议机关应当在接到复议申请之日起六十日内作出复议决定。当事人对复议决定不服的，可以在接到复议决定书之日起十五日内向人民法院起诉。复议机关逾期不作出复议决定的，当事人可以在复议期满之日起十五日内向人民法院起诉。

当事人逾期不申请复议，也不向人民法院起诉，又不履行处罚决定的，由作出行政处罚决定或者复议决定的机关申请人民法院强制执行。

第六十条 从事公路管理的国家工作人员滥用职权、玩忽职守、贪污受贿、徇私舞弊，情节轻微的，由其所在单位或者上级主管机关给予行政处分；构成犯罪的，依法追究刑事责任。

第九章 附 则

第六十一条 工矿企业、军队等单位建设的专用公路的管理办法，由省人民政府交通行政主管部门会同有关部门另行制定。

第六十二条 本条例凡涉及公安交通安全管理法规规定的，应同时执行其有关规定。

第六十三条 省人民政府可以根据本条例制定实施办法。

第六十四条 本条例自公布之日起施行。1986年5月7日河北省第六届人民代表大会常务委员会第二十次会议通过的《河北省公路管理条例》同时废止。

8. 山西省公路条例

山西省公路条例

（2012年11月29日山西省第十一届人民代表大会常务委员会第三十二次会议通过）

第一章　总　　则

第一条　为了加强公路建设、养护和管理，保障公路完好、安全和畅通，促进经济社会发展，根据《中华人民共和国公路法》、《公路安全保护条例》和有关法律、行政法规的规定，结合本省实际，制定本条例。

第二条　本条例适用于本省行政区域内公路的规划、建设、养护、管理、经营和使用。

公路按其在公路路网中的地位分为国道、省道、县道、乡道和村道。

第三条　县级以上人民政府应当加强对公路工作的组织领导，将公路事业的发展纳入国民经济和社会发展规划，将公路（收费公路除外）的建设、养护和公路管理机构工作经费列入财政预算，并随着本级财政收入的增长逐步增加。

第四条　省人民政府交通运输主管部门负责全省公路工作。省公路管理机构负责国道、省道的建设、养护和管理工作，并对县道、乡道和村道工作进行指导。

设区的市、县（市、区）人民政府交通运输主管部门及其所属的公路管理机构按照其职责负责本行政区域内县道的建设、养护、管理和乡道的管理工作。

乡（镇）人民政府负责本行政区域内乡道的建设、养护和村道的组织建设、养护、管理工作；经县（市、区）人民政府批准，乡（镇）人民政府可以委托县（市、区）人民政府交通运输主管部门所属的公路管理机构行使村道的管理职责。

第五条　县级以上人民政府发展和改革、财政、公安、国土资源、住房和城乡建设（城乡规划）、水利、林业、环保、安监、工商、文物、物价等部门，在各自的职责范围内做好与公路相关的工作。

第二章　公路规划和建设

第六条　县级以上人民政府交通运输主管部门、乡（镇）人民政府应当依照《中华人民共和国公路法》规定的职权和程序，编制公路规划。

编制公路规划应当遵循科学合理、注重效益、适度超前、节约资源、保护生态环境的原则，并与国家公路规划和其他方式的交通运输发展规划及城乡规划、土地利用总体规划等专项规划相衔接。

公路规划批准后，除涉及国防的内容外，应当向社会公布。

第七条　公路规划需要调整的应当经公路规划原审批机关批准。

公路建设应当符合公路规划，未纳入规划的项目不得建设。

第八条　公路建设应当按照国家和省规定的基本建设程序、技术标准和建设工程有关规定执行。

第九条 公路建设实行项目法人负责制度、工程招标投标制度、工程监理制度、工程合同管理制度和工程质量责任追究制度。

承担公路建设项目的设计、施工和工程监理单位，应当建立质量和安全保证体系，对工程设计使用年限内的质量负责。

第十条 新建和改建公路的安全设施应当与主体工程同时设计、同时施工、同时投入使用，安全设施未经验收的公路不得投入使用。

第十一条 县级以上人民政府应当将公路建设质量和安全纳入绩效考评范围。

第十二条 省道、县道和乡道报废的，分别由省、设区的市、县（市、区）人民政府交通运输主管部门核准，并向社会公告；村道报废的，乡（镇）人民政府应当向所在地县（市、区）人民政府交通运输主管部门备案，并向村民公告。

公路报废后，原公路管理机构应当设置必要的标志和隔离设施。

报废公路的处置和利用按照国家和省有关规定执行。

第十三条 公路行政等级调整或者公路调整为城市道路的，应当按照国家和省有关规定办理审批手续。交接双方自批准之日起三十日内办理交接手续。

公路调整为城市道路的，接收的设区的市或者县（市、区）人民政府应当自办理交接手续之日起履行相关职责。

第十四条 任何单位和个人在公路用地范围内设置照明、通信、标志、管线、信号灯等设施的，应当依法经公路管理机构批准。经批准设置的，其所有权人或者管理人对所设置的设施负责维护和管理。

第三章　公路养护

第十五条 省公路管理机构所属的驻县（市、区）的公路管理机构负责国道、省道的养护；县（市、区）人民政府交通运输主管部门所属的公路管理机构负责县道的养护；收费公路的养护由公路经营者负责。

第十六条 省人民政府交通运输主管部门负责制定并适时调整全省公路养护维修工程费和小修保养费的定额标准。

公路管理机构按照公路等级、里程、路况、交通量、养护定额及养护规范组织编制公路养护计划，并报有管辖权的交通运输主管部门和投资主管部门批准后实施，财政部门应当按照批准的公路养护计划及时足额拨付公路养护资金。

第十七条 公路管理机构应当按照国家和省有关标准和规范实施公路养护管理，建立公路养护检查、巡查制度和养护档案。

公路管理机构负责对公路养护作业单位的指导和监督，督促其依法履行养护作业义务。公路养护作业单位应当按照有关技术规范进行养护巡查，并将巡查、检测、养护作业以及其他相关信息记录归档。

第十八条 除收费公路外，在公路用地范围内申请设置非公路标志的，公路管理机构可以通过招标、拍卖等方式实施许可。所得款项实行收支两条线管理，专项用于公路的养护和管理。

非公路标志的设置不得影响公路的安全和运行，设置单位负责对其进行维护和管理。

第十九条 公安机关交通管理部门发现已经投入使用的公路存在交通事故频发路段，或者配套设施存在交通安全隐患的，应当向当地人民政府提出防范交通事故、消除隐患的建议。公路管理机构接到人民政府的处理意见后，应当按照公路工程技术标准进行排查和处置。

第二十条　县级以上人民政府交通运输主管部门应当制定公路突发事件应急预案，报本级人民政府批准后实施。

公路管理机构、公路经营者应当根据国家和省有关规定制定应急预案，组建应急队伍，并定期组织应急演练。

第二十一条　发生公路突发事件时，当地人民政府及有关部门、公路管理机构和公路经营者应当按照规定启动公路突发事件应急预案。

第四章　路政管理

第二十二条　公路管理机构负责公路、公路用地和公路附属设施的调查核实，登记造册，建立公路管理档案，并逐级上报省人民政府交通运输主管部门备案。

第二十三条　未经公路管理机构许可，任何单位和个人不得在公路（村道除外）上增设平面交叉道口。

经许可在公路上增设平面交叉道口与公路搭接的路段，应当符合《公路养护技术规范》的有关规定，并按照公路工程技术标准设置交通标志。

第二十四条　禁止履带车、铁轮车或者其他可能损害公路路面的机具行驶公路，确需行驶公路的，应当采取保护措施并向有管辖权的公路管理机构办理审批手续。履带、铁轮式农业机械在当地田间作业需要在公路上短距离行驶并采取保护措施的除外。

第二十五条　经许可跨越、穿越公路修建桥梁、渡槽或者架设、埋设管线等设施的，应当符合公路工程技术标准。

在公路、公路用地范围内及公路建筑控制区内设置的非公路设施，其所有权人或者管理人应当巡查维护。

公路管理机构发现前款规定的设施有缺损、移位、变形等情形影响公路安全畅通的，应当设置警示标志，并责令其所有权人或者管理人限期整改；影响交通安全的，应当通知公安机关交通管理部门。

第二十六条　禁止在公路建筑控制区内设立为车辆补充燃料的场所、设施等建筑物和构筑物。

第二十七条　在公路及公路用地范围内，禁止任何单位和个人从事下列活动：

（一）设置路障、摆摊设点、堆放物品、打场晒粮、挖沟引水、种植作物、放养牲畜、经营性修车洗车及其他影响公路畅通的；

（二）倾倒垃圾杂物，向公路或者利用公路排水设施排污的；

（三）将公路作为检验机动车辆制动性能试验场的；

（四）擅自设置、损毁、移动、涂改、遮挡公路标志或者擅自损毁、移动公路其他附属设施的；

（五）堵塞公路排水系统，利用桥梁、涵洞或者公路排水设施设闸、筑坝蓄水的；

（六）擅自挖掘公路、修建桥梁、渡槽或者架设、埋设管线、电缆等设施的；

（七）法律、法规禁止的其他活动。

任何单位和个人不得损坏、擅自移动公路建筑控制区内由县级以上人民政府交通运输主管部门设置的标桩、界桩。

第二十八条　矿产采掘企业应当依法在批准的范围内实施采掘作业，不得在《公路安全保护条例》规定的范围内采矿。

第二十九条　公路管理机构在巡查中发现交通事故时，应当及时向公安机关交通管理部门通报。公安机关交通管理部门发现交通事故造成损坏公路及其附属设施或者污染公路时，应当及时向公路管理机构通报。

第三十条　任何单位和个人都有爱护公路及其附属设施的义务，发现违法占用公路和损害公路及其附属设施情形的，有权向公路管理机构举报。

造成公路损坏的责任人应当报告公路管理机构，并接受公路管理机构的调查处理。

第三十一条　专用公路用于社会公共运输的，经专用公路主管部门申请，省公路管理机构可以决定向该专用公路派驻公路管理人员，实施路政管理。

第三十二条　县级以上人民政府应当加强路政执法队伍建设，配备的路政执法人员应当与公路的技术等级、通车里程相适应。

第三十三条　公路管理机构应当在办公场所和相关网站，公开公路管理工作的执法主体、执法依据、办事程序、举报电话等，并接受社会公众的监督。

公路管理机构执法人员在执行公务时，应当统一着装，佩戴统一标志，出示合法有效的执法证件，不得擅自超越管辖区域、超越职权实施监督检查。

用于公路监督检查的专用车辆应当经省人民政府交通运输主管部门批准，并设置统一的标志和示警灯，公安机关交通管理部门应当为其办理登记手续。

省人民政府交通运输主管部门可以委托其所属的交通运输执法监督机构对交通运输执法活动实施监督检查。

第五章　超限运输管理

第三十四条　县级以上人民政府负责本行政区域内治理非法超限、超载工作，并将工作经费列入本级财政预算，其所属的治超机构按照其职责做好治理非法超限、超载的相关工作。

第三十五条　未经许可，超过公路、公路桥梁、公路隧道的限载、限高、限宽、限长标准的车辆，不得在公路、公路桥梁和公路隧道行驶。

禁止超过核定载质量运输危险化学品的车辆行驶公路。

第三十六条　车辆运载不可解体物品，车货总体外廓尺寸或者总质量超过公路、公路桥梁、公路隧道的限载、限高、限宽、限长标准，确需在公路、公路桥梁、公路隧道行驶的，承运人应当向公路管理机构申请公路超限运输许可，并提供下列材料：

（一）超限运输车辆行驶公路申请书；

（二）货物名称、重量、外廓尺寸以及必要的总体轮廓图；

（三）运输车辆的厂牌型号、自载质量、轴载质量、轴距、轮数、轮胎单位压力、载货时总的外廓尺寸等有关资料；

（四）货物运输的起讫点、拟经过的路线和运输时间；

（五）车辆行驶证原件及复印件。

公路管理机构在实施超限运输许可时，需要勘测、方案论证、加固、改造、护送及修复损坏部分的，其所需费用由承运人承担。

第三十七条　公路管理机构作出超限运输许可决定，需要进行勘测、方案论证的，应当将所需时间书面告知申请人，所需时间不计算在作出许可决定的时限内。

第三十八条　经许可进行超限运输的车辆，应当随车携带超限运输车辆通行证。超限运输车辆的型号及运输的物品应当与通行证记载的内容保持一致。

第三十九条 公路超限检测站的设置，由省人民政府交通运输主管部门提出方案，报省人民政府批准。

公路管理机构、公安机关交通管理部门应当在公路超限检测站内派驻路政管理、交通警察等执法人员，对超限运输车辆实施联合执法。

第四十条 公路管理机构经检测发现非法超限运输的，应当按照以下程序处理：

（一）出具公路超限检测站及其检测人员盖章、签字的检测文书；

（二）对运载可分载货物的，责令当事人采取卸载、分装等改正措施，消除违法状态；

（三）对运载不可解体物品的，责令当事人停止违法行为，并告知当事人到相关公路管理机构办理超限运输许可。

公路管理机构经检测发现非法超限运输易燃、易爆危险化学品的，应当通知当地公安、安监部门和道路运输管理机构处理。

第四十一条 超限车辆未经许可擅自在公路上行驶的，公路管理机构应当收取公路损害赔偿费，具体收取办法和标准由省人民政府交通运输主管部门提出意见，报物价、财政部门核定。

公路损害赔偿费专项用于受损公路的修复。

第四十二条 公路管理机构在查处非法超限行为时，应当将运输车辆、运输企业及从业人员等相关信息抄送同级人民政府所属的治超机构，治超机构应当督促有关部门依法做出处理。

第六章 收费公路

第四十三条 收费公路经营者应当建立健全公路经营管理制度，并遵守下列规定：

（一）按照国家和省规定的标准和方式收取车辆通行费，出具符合规定的票据；

（二）设置规范的公示牌；

（三）提示路况、通行和预警信息；

（四）设置、开通与交通量相适应的收费道口；

（五）履行公路的养护义务；

（六）接受行业管理，报送相关资料；

（七）法律、法规的其他规定。

收费公路经营者发现损坏公路的行为，应当及时制止并向公路管理机构报告；对影响公路运行安全的隐患应当及时处理。

第四十四条 收费公路经营者应当向省人民政府交通运输主管部门缴纳公路养护质量保证金，保证金及其利息属于收费公路经营者所有。收费公路经营期届满，省人民政府交通运输主管部门验收合格的，应当在二十日内全额退还公路养护质量保证金及其利息。

公路养护质量保证金缴纳标准、使用和管理办法由省人民政府制定。

第四十五条 公路管理机构应当定期对收费公路及其附属设施进行检查，对不达公路良好技术状态的，应当责成经营者限期整改；对逾期不整改或者经整改仍不达良好技术状态的，经省人民政府交通运输主管部门批准，可以使用公路养护质量保证金用于公路养护，不足部分由收费公路经营者承担。

第四十六条 收费公路经营者单独转让收费公路广告经营权、服务设施经营权的，应当按照国家和省有关规定执行。

第七章 乡道村道特别规定

第四十七条 各级人民政府应当建立政府投资为主、多渠道筹措为辅、鼓励社会各界共同参与的乡道、村道建设和养护资金筹措机制。

第四十八条 省、设区的市人民政府对列入乡道、村道建设、养护计划的项目实行定额补助。

县级以上人民政府应当逐步增加对乡道、村道建设的资金投入，并对贫困地区、偏远山区给予倾斜。

第四十九条 县（市、区）人民政府应当将乡道、村道的养护资金纳入本级财政预算，并随着财政收入的增长逐步增加。

乡（镇）人民政府应当安排相应的财政资金，用于乡道、村道的日常养护。

第五十条 村民委员会应当遵循村民自愿、量力而行的原则，采取筹资筹劳和政府奖补相结合的方式筹集村道的建设、养护资金。

第五十一条 鼓励单位和个人捐助资金，用于乡道、村道的建设和养护。鼓励利用冠名权、绿化经营权、广告经营权、路边资源开发经营权等方式筹集社会资金，用于乡道、村道的建设和养护。

第五十二条 乡道、村道的建设和养护资金，应当实行专户管理、专项核算、专款专用，任何单位和个人不得截留、挤占、挪用。

第五十三条 村道的建设可以根据当地实际情况和经济条件确定技术等级。

乡（镇）人民政府应当对村道建设质量进行监督，将村道设计单位、建设单位、施工单位、监理单位、通车时间等内容予以公示。

乡（镇）人民政府可以聘请技术人员和村民代表参与村道建设质量的监督。

第五十四条 乡（镇）人民政府应当根据本地实际，编制和实施乡道、村道的大中修养护工程计划，县（市、区）人民政府交通运输主管部门所属的公路管理机构应当给予技术指导。

乡（镇）人民政府可以采取建立群众性、专业性养护组织或者由个人分段承包等方式，对乡道、村道实施日常养护。

乡（镇）人民政府应当适时组织开展乡道、村道集中养护。

村民委员会协助乡（镇）人民政府做好村道的养护工作。

第五十五条 跨越、穿越村道修建设施的，应当符合相应的技术标准，并不得低于公路工程技术标准规定的最低值。

第五十六条 村道受国家保护，未经乡（镇）人民政府批准，禁止任何单位和个人从事下列活动：

（一）占用、挖掘村道；

（二）跨越、穿越村道修建桥梁、渡槽或者架设、埋设管线、电缆等设施；

（三）履带车、铁轮车或者其他可能损害路面的机具行驶村道，但是履带、铁轮式农业机械在当地田间作业需要在村道上短距离行驶并采取保护措施的除外；

（四）设置、移动村道附属设施和标志；

（五）超限运输车辆行驶村道；

（六）法律、法规禁止的其他活动。

乡（镇）人民政府可以确定养护组织或者养护人员协助做好村道及其附属设施的管理工作。

第八章 法律责任

第五十七条 违反本条例第九条第二款规定，造成公路工程质量安全事故的，对直接负责的主管人员和其他直接责任人员依法给予处分；构成犯罪的，依法追究刑事责任。

第五十八条 违反本条例第二十三条第一款规定的，由公路管理机构责令恢复原状，属于国道、省道的，处以一万元以上五万元以下罚款；属于县道、乡道的，处以两千元以上一万元以下罚款。

第五十九条 违反本条例第二十四条规定的，由公路管理机构责令停止违法行为；造成公路损害的，处以两千元以上一万元以下罚款。

第六十条 违反本条例规定，未按照公路工程技术标准的要求修建桥梁、渡槽或者架设、埋设管线等设施的，由公路管理机构责令停止违法行为，处以一万元以上三万元以下的罚款。

第六十一条 违反本条例第二十七条第一款第一项、第二项规定，造成公路污染或者影响公路畅通的，由公路管理机构责令停止违法行为，处以二百元以上一千元以下罚款；情节严重的，处以一千元以上五千元以下罚款。

违反本条例第二十七条第一款第三项规定的，由公路管理机构处以一千元以上五千元以下罚款。

违反本条例第二十七条第一款第四项、第五项、第六项规定或者第二款规定，可能危及公路安全的，由公路管理机构责令停止违法行为，处以五千元以上三万元以下罚款。

第六十二条 违反本条例第三十条第二款规定，造成公路损坏的责任人未履行报告义务的，由公路管理机构处以一百元以上五百元以下罚款；有逃逸或者拒绝接受公路管理机构调查处理等情形的，处以五百元以上一千元以下罚款。

第六十三条 违反本条例规定，在公路上擅自超限行驶的，由公路管理机构责令停止违法行为，车货总质量未超过限定标准百分之一，且能够及时纠正，没有造成危害后果的，不予处罚；每超过限定标准百分之一（含百分之一），处以二百元罚款；超过百分之百，加倍处罚，但最高不超过三万元。

违反本条例规定，超过核定载质量运输危险化学品的车辆行驶公路的，由公安机关依照《危险化学品安全管理条例》有关规定处理。

第六十四条 违反本条例规定，超限运输车辆的型号及运输的物品与超限运输车辆通行证记载的内容不一致的，由公路管理机构依据本条例第六十三条第一款的规定处理。

第六十五条 违反本条例第五十六条第一款规定的，由乡（镇）人民政府责令限期改正；逾期未改正的，处以二百元以上一千元以下罚款。

第六十六条 违反本条例规定，交通运输主管部门、公路管理机构工作人员以及其他行政机关工作人员玩忽职守、滥用职权、徇私舞弊的，依法给予处分；构成犯罪的，依法追究刑事责任。

第九章 附　则

第六十七条 高速公路的养护、使用和管理适用《山西省高速公路管理条例》。

第六十八条 本条例自 2013 年 1 月 1 日起施行。1994 年 9 月 29 日山西省第八届人民代表大会常务委员会第十一次会议通过，1997 年 12 月 4 日山西省第八届人民代表大会常务委员会第三十一次会议修正的《山西省公路管理条例》同时废止。

9. 内蒙古自治区公路条例

内蒙古自治区公路条例

第一章 总 则

第一条 为了加快自治区公路建设，促进自治区经济社会发展，根据《中华人民共和国公路法》和国家有关法律、法规，结合自治区实际，制定本条例。

第二条 自治区行政区域内公路的规划、建设、养护、经营、使用和管理适用本条例。

第三条 自治区人民政府交通行政主管部门主管全区公路工作。

国道、省道由自治区人民政府交通行政主管部门组织盟行政公署、设区的市人民政府交通行政主管部门建设和管理；县道由旗县级人民政府交通行政主管部门建设和管理；乡道、村道由苏木乡镇人民政府负责建设和管理。

发展改革、财政、国土资源、水利、林业、建设、环境保护、公安等行政主管部门按照各自职责，做好公路管理工作。

第四条 旗县级以上人民政府应当将公路建设纳入本地区国民经济和社会发展规划，积极采取措施扶持、促进公路建设，鼓励、引导国内外经济组织依法建设、经营公路。

第五条 旗县级以上人民政府对少数民族聚居区、贫困地区、边境偏远地区和老区的公路建设，应当在资金、物资等方面予以优先安排。

第二章 公路规划和建设

第六条 公路规划应当根据国民经济和社会发展规划、国防建设的需要和自治区实际编制，并与城乡建设发展规划以及铁路、水路、航空、管道运输等其他有关行业发展规划相协调。

第七条 规划和新建村镇、开发区、学校、厂矿、集市贸易场所等建筑群，应当避免在公路两侧对应进行，防止造成公路街道化，影响公路的运行安全与畅通。建筑群的边缘与公路边沟（截水沟、坡脚护坡道）外缘的最小间距为：国道、省道不少于100米；县道不少于60米；乡道、村道不少于30米。

第八条 公路与城市道路的划分，以城市发展规划区域或者城市市区扩大后的实际范围为界限，由公路管理机构或者城市道路行政主管部门提出申请，按照公路等级，报公路规划原审批部门确定。

第九条 自治区人民政府交通行政主管部门对失去使用功能的省道、县道，旗县级人民政府交通行政主管部门对失去使用功能的乡道、村道，在征得本级人民政府规划行政主管部门同意后应当及时向社会公告，并在废弃公路上设立明显标志。

第十条 公路建设资金除各级人民政府的财政拨款，包括依法征税筹集的公路建设专项资金转为的财政拨款外，可采取贷款、集资、收费权转让、专用单位投资等方式筹集。

第十一条 国家、自治区高速公路网公路建设资金除国家投资补贴外，由自治区人民政府交通行政主管部门负责筹集。

一般国省干线公路、重要县级公路建设资金除国家、自治区投资补贴外，由盟行政公署、设区的市人民政府负责筹集。

一般县道、乡道、村道公路建设资金除国家、自治区投资补贴外，由旗县级人民政府负责筹集。

专用公路建设资金由专用单位负责筹集。

自治区鼓励国内外经济组织投资建设国家和自治区高速公路网规划之外的一级以上公路。

第十二条 旗县级以上人民政府财政部门应当每年从本级财政收入中提取一定比例的资金用于本地区公路建设。农村牧区公路建设养护资金应当随着盟市、旗县本级地方财政收入的增长逐步增加。

第十三条 公路建设资金由旗县级以上人民政府交通行政主管部门根据公路建设投资计划和年度预算，综合平衡，统筹安排，专款专用。

第十四条 国家征收公路建设用地的，依照法定程序批准后，由旗县级以上人民政府予以公告并组织实施。

第十五条 旗县级以上人民政府交通行政主管部门应当切实履行公路工程质量监督管理职责。对经交工验收合格批准试运行的公路或者竣工验收合格批准运营的公路发生工程质量事故的，自治区交通行政主管部门应当及时调查处理。

第十六条 承担公路建设项目勘查设计、施工、工程监理和试验检测的单位，应当按照国家有关规定建立健全质量保证体系，实行公路工程质量责任制和保修制度。

保修期内发现公路有质量问题的，施工单位应当先行维修、返工；施工单位未在规定期限内维修、返工的，由建设单位组织维修、返工，所需费用由责任方承担。

第十七条 因新建、改建公路与铁路、水利、管道运输、电力、邮电、通讯设施和其他设施相交叉时，公路建设单位应当事先征得有关部门的同意。上述有关部门提出预留规划位置，其超出既有标准而增加的工程投资，由提出预留方承担。

因公路建设对有关设施造成损坏的，公路建设单位应当按照不低于该设施原有技术标准予以修复，或者给予相应的经济补偿。

第三章 公路养护

第十八条 公路管理机构应当按照国家规定的技术规范和操作规程对公路进行养护，保证公路经常处于良好的技术状态。

国道、省道、边防公路的养护由盟市公路管理机构负责；县道的养护由旗县（市、区）公路管理机构负责；乡道的养护由苏木乡镇人民政府负责；村道的养护由嘎查村民委员会负责。

经营性公路的养护由公路经营企业负责。

专用公路的养护由专用单位负责。

第十九条 旗县级人民政府可以引导沿线农牧民投工投劳养护县道、乡道、村道等农村牧区公路。

第二十条 公路管理机构应当按照国家和自治区有关标准规范，建立公路养护巡查制度，定期进行养护巡查；建立公路养护维修信息档案，记录养护作业、巡查、检测以及其他相关信息；设立公示牌，公示单位名称、养护路段以及报修和投诉电话。

第二十一条 公路及其他构造物发生毁坏，承载力不足或者出现险情导致交通中断，公路管理机构应当及时设置明显的指示标志，及时抢修，尽快恢复交通；临时不能通行的，由公路管理机构和公安机关交通管理部门联合发布通告。

在经营性公路上出现第一款所列情形时，由经营企业负责抢修。经营企业拒不抢修或者拖延抢修的，由公路管理机构进行抢修，所需费用由经营企业承担。

第四章　公路养路费征稽

第二十二条　公路养路费是国家向机动车所有人征收的用于公路建设、养护和管理的专项费用，纳入政府财政预算管理，专款专用。

机动车所有人是公路养路费的缴费义务人，未按照规定缴纳公路养路费的机动车不得上路行驶。

第二十三条　自治区交通行政主管部门主管全区公路养路费征收、稽查和管理工作。各级交通征费稽查机构具体负责公路养路费的征收、稽查和管理工作。

第二十四条　交通征费稽查工作人员在不影响安全、畅通的情况下，可以在公路（高速公路除外）和高速公路进出口、服务区、检测站以及其它机动车集中场所对机动车缴纳公路养路费情况进行检查。

第二十五条　交通征费稽查机构应当合理设置缴费服务网点，增加缴费窗口，改进缴费方式，方便缴费。交通征费稽查机构应当向社会公开公路养路费征收依据、征收标准和业务流程，公开咨询和投诉电话，自觉接受社会监督。

交通征费稽查机构应当通过信函、电话、短信息、电子邮件等多种方式提醒机动车所有人及时缴纳公路养路费。

第二十六条　缴费义务人不按照规定日期缴费的，交通征费稽查机构除补征养路费外，可以按照国家规定加收滞纳金。

滞纳金按照国家交通行政主管部门规定的计算方式征收，但最高额度不得超过公路养路费补征额。

公路养路费和滞纳金的减免按照国家和自治区的有关规定执行。

第二十七条　交通征费稽查机构应当与公安机关交通管理部门定期交换车辆数据信息。公安机关交通管理部门在机动车办理停驶、注销、过户、年检等手续时，发现有欠缴养路费行为的，应当及时告知交通征费稽查机构查处；交通征费稽查机构在征收养路费时，发现有套用、伪造机动车牌照行为的，应当及时告知公安机关交通管理部门查处。

第五章　路政管理

第二十八条　旗县级以上人民政府交通行政主管部门所属的公路管理机构负责路政管理，其主要职责包括：

（一）许可挖掘、占用、利用公路的申请事项，制止和查处破坏、损坏或者非法占用公路的行为；

（二）许可超限运输申请事项，制止和查处违法超限运输行为；

（三）设置和维护公路附属设施；

（四）管理公路两侧建筑控制区；

（五）管理公路施工秩序；

（六）参与公路工程中涉及路政管理事项的设计审查、竣工验收；

（七）实施公路路政巡查；

（八）法律、法规规定的其他职责。

第二十九条　公路用地范围按照以下标准确定：

（一）公路两侧有边沟（截水沟、坡脚护坡道）的，其用地范围为边沟（截水沟、坡脚护坡道）外侧不少于1米的区域；

（二）公路两侧无边沟（截水沟、坡脚护坡道）的，其用地范围为公路路缘石或者坡脚线外侧不少于5米的区域；

（三）实际征收土地超过上述规定的，其用地范围以实际征收土地范围为准。

本条例实施前公路的用地范围与上述规定不一致的，按照现状范围确定。

第三十条 公路建筑控制区的范围，自公路两侧边沟（截水沟、坡脚护坡道）外缘起，国道不少于20米，省道不少于15米，县道、乡道、专用公路不少于10米。

新建高速公路和一级公路两侧建筑控制区不少于50米，二级公路不少于20米。

第三十一条 任何单位和个人不得在公路上、公路两侧建筑控制区内和公路附属设施上实施下列行为：

（一）利用公路、公路边沟（截水沟、坡脚护坡道）进行灌溉或者排放污水（物）、填埋、堵塞、损坏公路排水设施，利用桥涵、边沟筑坝蓄水、设置闸门；

（二）打场晒粮、堆放物料、倾倒垃圾、废料、放养牲畜、积肥、制坯、种植作物、燃烧物品；

（三）摆摊设点、占道经营、乱停乱放车辆；

（四）载货机动车的运件拖地行驶；

（五）利用公路附属设施晾晒衣物、架设管线、悬挂牌匾、拉钢筋、拴牲畜等；

（六）损坏公路界碑、护栏等公路附属设施；

（七）其他违法利用、侵占以及危及公路安全畅通的行为。

第三十二条 未经旗县级以上人民政府交通行政主管部门所属的公路管理机构批准，任何单位和个人不得在公路上、公路两侧建筑控制区内和公路附属设施上实施下列行为：

（一）挖沟、挖沙、截水、取土、采石、采矿；

（二）设置电杆、铁塔、变压器等设施；

（三）涂改、移动公路界碑、护栏等公路附属设施；

（四）在公路桥梁、隧道内铺设易燃、易爆和有毒液体、气体管道。

第三十三条 在公路上行驶的机动车的车货总质量，轴载质量，车货总长度、总宽度和总高度，不得超过国家和自治区规定的最高限值。

对运输自治区经济社会发展需要的特殊设备的超限车辆，公路管理机构应当按照有关规定，保障其安全顺利通行。

第三十四条 公路管理机构可以根据需要，在公路上设置固定或者临时超限运输检测站（点），对机动车的车货总质量，轴载质量，车货总长度、总宽度和总高度进行检测。

公路管理机构工作人员在固定或者临时超限运输检测站（点）实施检测时，应当保障公路的安全、畅通，因检测造成公路堵塞的，应当及时采取提高机动车通行效率的措施。

经检测认定为超限且未经许可的，应当责令承运人自行卸载超限物品；拒不卸载的强制卸载，所需费用由承运人承担。

第三十五条 固定超限运输检测站（点）的设置应当经自治区人民政府批准，临时超限运输检测站（点）的设置应当经自治区人民政府治理超限运输工作的主管机构批准。

第三十六条 旗县级以上人民政府应当组织交通、公安、发展改革、工商、质量技术监督、安全生产监督、煤炭、监察等部门共同治理货运机动车非法超限运输行为。

第三十七条 在公路上增设平面交叉道口，应当符合国家规定的工程技术标准，并修建自公路路面边缘起不少于30米的沥青或者混凝土路面；影响公路排水畅通的应当修建相应的排水设施。

被许可人关闭平面交叉道口的，应当向公路管理机构备案。

第三十八条 任何单位和个人不得擅自在公路用地上或者利用公路交通安全设施、交通标志和行道树等公路附属设施设置标牌、广告牌、宣传标语、匾幌等非公路标志。在不影响交通安全的情况下，确需设置的，需经公路管理机构批准。

第三十九条 造成公路及其附属设施损坏依法应当补偿或者赔偿的，责任人应当向公路管理机构缴纳补偿或者赔偿费。公路补偿、赔偿费标准由自治区交通行政主管部门会同发展改革、财政等行政主管部门根据公路工程造价定额标准制定和调整，并向社会公布。

第四十条 公路经营管理者、使用者和其他有关单位、个人，应当接受公路监督检查人员依法实施的监督检查，并为其提供方便。

公路监督检查人员执行公务应当佩戴标志，持证上岗，严格执行法定程序。用于公路监督检查的专用机动车，应当设置统一的标志和示警灯。

第六章 收费公路

第四十一条 自治区人民政府交通行政主管部门应当根据国家和自治区公路发展规划，提出拟建收费公路项目方案，报自治区人民政府批准。

拟建收费公路项目方案包括收费公路的建设规模、技术等级、投资估算、经营性质、收费标准、收费期限、收费站点设置等内容。

第四十二条 收费公路收费站的设置除符合国家规定外，还应当符合下列规定：

（一）互联的高速公路应当实行计算机联网收费，统一结算，不得在互联处设置收费站。

（二）在同一条收费公路上延伸改（扩）建公路建设项目的收费，经自治区人民政府批准，可以纳入已设的收费站收费，并按照各投资方的投入进行收益分配。

（三）收费站的车道上不得设立停车验票站。

（四）新批准设立的收费站必须设超宽车道，以方便超宽或者特种机动车通过。

第四十三条 收费公路的收费期限届满，必须终止收费。政府还贷公路在批准的收费期限届满前已经还清贷款、还清集资款的，必须终止收费。

收费公路终止收费的，自治区人民政府应当向社会公告，明确终止收费的日期，接受社会监督。

第四十四条 收费公路终止收费后，收费公路经营管理者应当自终止之日起十五日内拆除收费设施。

第四十五条 自治区人民政府应当将本行政区域内收费公路及收费站名称、收费单位、收费标准、收费期限等信息向社会公布，接受社会监督。

第四十六条 收费公路经营管理者应当遵守下列规定：

（一）按照规定的收费标准和收费方式收取机动车通行费；

（二）按照规定开具收费票据；

（三）按照公示规范设置公示牌；

（四）及时提供路况、通行和预警信息；

（五）按照标准规范加强服务区的建设和管理。

遇到交通流量过大影响机动车通行的情形时，收费公路经营管理者应当及时采取提高机动车通行效率的措施。

第四十七条 在收费公路上行驶的机动车，应当按照规定交纳通行费。

收费公路经营管理者对依法应当交纳而拒交、逃交、少交通行费的机动车，有权拒绝其通行，并要求其补交应当交纳的通行费。收费公路经营管理者对不能提供通行卡或者通行卡毁损导致无法识别驶入站的机动车，对从不停车收费车道驶入的无电子标签的机动车，有权按照最远端的驶入站到本站的距离收取通行费。

第四十八条 政府还贷公路机动车通行费收入应当纳入自治区财政专户，严格实行收支两条线管理，除必要的收费公路管理、养护费用从财政部门批准的机动车通行费预算中列支外，全部用于偿还贷款和集资款本息，不得挪作他用。

第七章 法律责任

第四十九条 违反本条例规定，法律、行政法规已经规定处罚的，从其规定。

第五十条 违反本条例第三十一条规定的，由公路管理机构责令停止违法行为，并可处5000元以下罚款。

第五十一条 违反本条例第三十七条的规定，未按照工程技术标准修建平面交叉道口的，由公路管理机构责令限期拆除或者重建，逾期不拆除也不重建的，由公路管理机构拆除，所需费用由设置者承担。

第五十二条 在公路上行驶的机动车对公路造成较大损害的，责任人必须立即停车，保护现场，及时报告公路管理机构，接受公路管理机构的调查。公路管理机构在调查处理时，可以要求责任人将其机动车停放在指定地点；调查处理完毕后，方得驶离。

第五十三条 对欠缴公路养路费六个月以上并且拒绝补缴公路养路费和滞纳金的，交通征费稽查机构可以采取措施暂停违法机动车的使用。

交通征费稽查机构暂停违法机动车的使用时，应当向当事人出具凭证，并作出责令其所有人缴纳公路养路费、滞纳金及行政处罚的处理决定。机动车所有人履行处理决定的，交通征费稽查机构应当及时恢复机动车的使用。

第五十四条 旗县级以上人民政府交通行政主管部门、公路管理机构、交通征费稽查机构工作人员违反本条例有下列行为之一，尚不构成犯罪的，依法给予行政处分；构成犯罪的，依法追究刑事责任：

（一）违法实施行政许可的；
（二）违法实施行政处罚的；
（三）因监督不力，造成公路较大损害或者人身损害、财产损失的；
（四）未经批准，擅自设立固定或者临时超限运输检测站（点）的；
（五）违反规定征收或者减免公路养路费和滞纳金的；
（六）有其他玩忽职守、徇私舞弊、滥用职权行为的。

第八章 附 则

第五十五条 国防、边防公路的建设、养护和管理除按照本条例实施外，还应当按照国家其他有关规定执行。

第五十六条 自治区人民政府可以根据本条例制定实施细则。

第五十七条 本条例自2009年1月1日起施行。1994年3月4日内蒙古自治区第八届人民代表大会常务委员会第六次会议通过的《内蒙古自治区公路管理条例》同时废止。

10. 陕西省公路路政管理条例

陕西省公路路政管理条例
陕西省人民代表大会常务委员会公告
（第四十二号）

《陕西省公路路政管理条例》已于 2001 年 9 月 25 日经陕西省第九届人民代表大会常务委员会第二十五次会议通过，现予公布，自 2002 年 1 月 1 日起施行。

陕西省人民代表大会常务委员会
2001 年 9 月 25 日

陕西省公路路政管理条例

第一章 总 则

第一条 为加强公路路政管理，规范公路路政管理行为，保障公路完好、安全、畅通，促进国民经济和社会发展，根据《中华人民共和国公路法》和有关法律、行政法规，结合本省实际，制定本条例。

第二条 本省行政区域内的国道、省道、县道和纳入公路路网的乡道的路政管理，适用本条例。

第三条 本条例所称公路路政管理，是指县级以上人民政府交通行政主管部门及其所属的公路管理机构，依法对公路、公路用地、公路附属设施以及公路建筑控制区进行的行政管理活动。

第四条 公路路政实行统一管理、分级负责的原则。

县级以上交通行政主管部门是本行政区域内公路路政的主管部门，其所属的公路管理机构依照本条例规定具体负责公路路政管理工作。

有偿转让公路收费权的公路、国内外经济组织投资建成并经营的公路，其路政管理职责由公路管理机构的派出机构、人员行使。

第五条 各级人民政府在制定其他专业规划时，应当与公路规划相协调，并采取措施加强对公路路政管理工作的领导，保障公路完好、安全、畅通。

国土资源、建设、公安、水利、林业、工商行政管理等有关行政主管部门，依照各自职责，协助交通行政主管部门做好公路路政管理工作。

第二章 管理职责

第六条 公路管理机构的路政管理职责是：
（一）宣传、贯彻公路路政管理的法律、法规和规章；
（二）管理和保护公路路产，检查、督促公路养护单位及时修复受损公路，维护公路及其标志、标线的完好；
（三）进行公路巡查，依法制止和查处侵占、损坏公路路产的行为；
（四）依法管理公路建筑控制区；
（五）法律、法规、规章规定的其他事项。

第七条 公路路政监督检查人员执行公务，应当统一着装，佩戴标志，持证上岗。
用于公路路政监督检查的专用车辆，应当设置统一的车身标志、路政检查标牌和示警灯。

第八条 公路路政监督检查人员执行公务时，应当恪尽职守、公正廉洁、文明执法，不得有下列行为：
（一）违反规定收费、罚款；
（二）擅自提高路产的赔偿、补偿标准；
（三）要求过往车辆带货带人；
（四）刁难或者勒索行政管理相关人；
（五）其他违法行为。
交通行政主管部门及其所属的公路管理机构应当加强对公路路政监督检查人员的管理、培训和监督，提高其业务素质和执法水平。

第九条 公路路政监督检查人员依法在公路、公路用地、公路建筑控制区、车辆停放场所、车辆所属单位进行监督检查时，有关单位和个人应当予以配合，接受检查。

第三章 公路路产管理

第十条 公路、公路用地、公路附属设施属于公路路产，受法律保护，任何单位和个人不得破坏、损坏或者非法占用。

第十一条 公路两侧边沟（截水沟、坡脚护坡道，下同）外缘起不少于一米的土地为公路用地。公路用地按公路的技术等级确定，具体标准为：
（一）高速公路、一级公路不少于三米；
（二）二级公路不少于二米；
（三）三级及三级以下公路不少于一米。
新建、改建、扩建公路的公路用地，建设单位应当依法办理公路用地土地征用手续，由国土资源行政主管部门核发证书；已建成的公路未确定公路用地权属的，由县级以上人民政府组织有关部门调查核实，依法办理土地登记手续，确认公路用地权属。
公路用地确权后，国道、省道、县道由县级以上公路管理机构负责埋设界桩；乡道由乡（镇）人民政府负责埋设界桩；新建、改建、扩建公路由建设单位负责埋设界桩。

第十二条 公路用地与铁路、管线、河道、水利设施等用地重叠、交叉造成权属不清的，由双方协商解决；协商不成的，依法申请人民政府处理。对处理决定不服的，可以依法申请行政复议或者依法向人民法院起诉。

第十三条 公路经核准报废后,由公路所在地的国土资源行政主管部门依法办理土地变更登记手续;核准报废前,任何单位和个人不得占用、处置公路和公路用地。

第十四条 公路、公路用地范围内禁止下列行为:

(一) 打场晒粮、种植作物、积肥堆土、放养牲畜;

(二) 摆摊设点、堆放物品、修车洗车、排放污水、倾倒废弃物,设置电杆、变压器等设施;

(三) 堵塞、损坏、利用公路排水设施;

(四) 采石采矿、挖砂取土、挖沟引水、爆破、烧窑;

(五) 破坏、损坏、涂改和擅自移动公路标志、标线、标桩、护栏和其他公路附属设施;

(六) 运输车辆载物拖地行驶或者泄漏、抛撒物品损坏、污染公路及其附属设施;

(七) 在桥梁、隧道、涵洞内铺设输送易燃、易爆和有害气体、液体的管道;

(八) 将公路作为检验机动车制动性能的试车场地和驾驶培训、考试场地;

(九) 其他影响公路畅通和损坏公路的行为。

第十五条 在大中型公路桥梁周围二百米、小型公路桥梁周围、公路隧道上方及洞口外一百米范围内禁止下列行为:

(一) 采石采矿、挖砂取土、爆破、烧荒、倾倒废弃物;

(二) 停放装载危险物品的车辆;

(三) 危及公路桥梁、公路隧道安全的其他行为。

第十六条 在公路、公路用地范围内,进行下列活动,应当事先经公路管理机构批准,并采取相应的保护措施;影响交通安全的,还应当经同级公安机关批准:

(一) 设置非公路标志牌的;

(二) 除法律另有规定外,履带车、铁轮车以及其他可能损害公路路面的车辆、机具横穿公路或者行驶的;

(三) 跨越、穿越公路修建桥梁、渡槽或者埋设、架设管线、电缆的;

(四) 利用公路进行超限运输的;

(五) 铁路、机场、电站、水利和其他建设工程需要占用、挖掘公路或者使公路改线的;

(六) 设置公路平面交叉道口的。

前款规定事项涉及占用、利用公路路产的,当事人应当给予经济补偿。补偿的具体标准和管理办法,由省交通行政主管部门会同省财政、物价部门制定。

第十七条 经批准在公路、公路用地和公路附属设施范围内埋设、架设管线、电缆和设置非公路标志牌的,建设单位应当与公路管理机构签订协议,约定双方的权利义务。因管线、电缆、非公路标志牌需要重新埋设、架设和设置的,或者因公路改建、扩建需要迁移、拆除管线、电缆、非公路标志牌的,按照协议的约定执行。

第十八条 公路管理机构依照本条例第十六条规定审批有关事项,影响收费公路经营的,应当事先征求收费公路经营组织的意见。

第十九条 损坏公路、公路附属设施的,当事人应当恢复原状或者赔偿经济损失。赔偿费按照恢复原状所需费用计算。当事人对公路管理机构确定的赔偿事项有异议的,可以向人民法院起诉。

赔偿费应当用于受损公路及其附属设施的修复。

第二十条 对公路造成较大损害的车辆，应当立即停止行驶，接受公路管理机构调查处理。拒不接受调查处理的，公路管理机构可以留置车辆，不宜留置的车辆可以留置道路运输证，并出具留置证明。

被留置车辆或者道路运输证的当事人，应当在三十日内到指定地点接受处理。当事人接受处理或者提供担保的，公路管理机构应当立即放行车辆、发还证件。逾期不接受处理的，公路管理机构可以申请人民法依法拍卖被留置车辆，对留置的道路运输证建议有关部门处理。

公安机关在处理交通事故时，涉及损坏公路路产的，应当通知公路管理机构对路产损失赔偿部分进行处理。

第二十一条 公路改建、扩建和养护作业，应当按照公路施工、养护规范堆放物料，设置施工标志、安全标志或者绕道行驶标志，竣工后及时清理现场，保证车辆和行人安全通行。

第二十二条 各级人民政府应当按照统一规划、分级负责的原则，组织有关部门、单位和个人在公路两侧植树种草，并落实管护责任，推进公路绿化工作。

公路用地范围内的绿化工作，由公路管理机构按照规划和公路工程技术标准组织实施。

建设单位或者养护单位因公路改建、扩建或者树木更新确需砍伐公路用地范围内林木，属国道、省道、县道的，经省公路管理机构审查同意；属乡道的，经县级公路管理机构审查同意，在年采伐限额内，依法办理林木采伐许可证，并由采伐单位负责组织更新补种。

第四章 超限运输管理

第二十三条 在公路上行驶车辆的轴载质量和车货总高度、总长度、总宽度和总质量，应当符合所行驶公路的工程技术标准要求和国务院交通行政主管部门的规定。

公路管理机构应当在公路路口、桥梁、隧道、渡口设置限载、限宽、限高标志。

禁止超限运输车辆在四级公路、等外公路和技术状况低于三类的桥梁上行驶。

第二十四条 承运不可解体物资、设备的超限运输车辆，需要在公路上行驶的，承运人应当持有关资料向始发地公路管理机构提出书面申请，由公路管理机构按照下列规定，办理《超限运输车辆通行证》，实行一证通行：

（一）在县（市）行政区域内行驶的，由县（市）公路管理机构审核发证；

（二）跨县（市）行政区域行驶的，由市（地区）公路管理机构审核发证；

（三）跨市（地区）行政区域、跨省（自治区、直辖市）行驶的，由省公路管理机构审核发证。

公路管理机构应当自收到承运人申请之日起三日内予以书面答复。

第二十五条 经批准进行超限运输的车辆，由公路管理机构根据实际情况对指定路线进行勘测，制定通行与加固方案，必要时应当监护通行。公路管理机构勘测、护送和采取工程技术保护措施所需费用，由承运人承担。

承运人应当按照公路管理机构的要求和指定的时间、路线、时速行驶，并悬挂明显标志。

第二十六条 经省人民政府批准，省交通行政主管部门可以在重要公路入口处和重要公路路段，设置超限运输检测装置，对超限运输车辆进行检测。

公路路政监督检查人员检测超限运输车辆不得影响其他车辆通行。超限运输的承运人应当按照公路路政监督检查人员的停车示意，主动接受检测，不得强行通过。

第二十七条　经检测属于超限运输的车辆，承运人应当卸去超限部分的物品；属于不可解体的物资、设备的，按规定补办超限运输手续。

对超限运输卸载物品，公路管理机构应当为承运人提供场所或者联系分载车辆。承运人应当在卸载之日起七日内处置卸载物品，逾期不处置的，由公路管理机构按照有关规定处理。

第五章　公路建筑控制区管理

第二十八条　公路建筑控制区的范围由县级以上人民政府根据保障公路运行安全和节约用地的原则，自公路两侧边沟外缘起，按照下列规定划定：

（一）国道平川地区不少于二十米，山区不少于十五米，临砭、临江河路段一般不少于十米；

（二）省道平川地区不少于十五米，山区不少于十米，临砭、临江河路段一般不少于五米；

（三）县道平川地区不少于十米，山区不少于五米，临砭、临江河路段一般不少于三米；

（四）乡道平川地区不少于五米，山区不少于三米，临砭、临江河路段一般不少于二米。

公路建筑控制区范围划定后，由县级以上人民政府予以公告。公路建筑控制区范围内土地的权属不变。

第二十九条　公路建筑控制区内不得新建、改建、扩建建筑物、构筑物。

在公路建筑控制区内进行采石采矿、挖沙取土等活动的，应当采取必要的防护措施，不得危及公路安全。

第三十条　在公路建筑控制区内埋设、架设管线、电缆等设施或者设置非公路标志的，应当经公路管理机构批准。

第三十一条　国土资源、建设行政主管部门审批临近公路建筑控制区的建设项目和建设用地，应当按照本条例规定注明建筑物、构筑物与公路的控制距离。

第三十二条　规划和新建、扩建村镇、经济开发区、商业街等规模性建设，不得沿公路两侧对应进行。确需顺沿公路建设的，应当选择公路一侧进行，其建筑物边缘与公路边沟外缘的距离为：国道平川地区不少于八十米，山区不少于三十米；省道平川地区不少于五十米，山区不少于二十米；县道、乡道不少于二十米。

第三十三条　因城乡建设规划造成国道、省道改线的，当地人民政府应当提供相应的公路建设用地，并承担改线工程的建设费用。

第六章　法律责任

第三十四条　违反本条例第十三条规定，擅自占用、处置未经核准报废的公路、公路用地的，由公路管理机构责令恢复原状；有违法所得的，没收违法所得；对负有直接责任的主管人员和其他直接责任人员，依法给予行政处分。

第三十五条　违反本条例规定，有下列行为之一的，由公路管理机构责令停止违法行为，限期改正，并按照下列规定给予行政处罚，构成犯罪的，由司法机关依法追究刑事责任：

（一）违反第十四条规定行为之一，给予警告；造成公路路产损坏、污染或者影响公路畅通的。处以二百元以上二千以下罚款；情节严重的，处以二千元以上五千元以下罚款；

（二）违反第十五条规定行为之一，从事危及公路安全的作业的，处以一千元以上一万元以下罚款；情节严重的，处以一万元以上三万元以下罚款；

（三）未经批准，有第十六条第（一）项规定行为的，处以五千元以上二万元以下罚款；有第十六条第（二）、（三）、（四）、（五）项规定行为之一的，处以五千元以上三万元以下罚款；有第十六条第（六）项规定行为的，处以一万元以上五万元以下罚款。

第三十六条 违反本条例第二十九条、第三十条规定的，责令停止违法行为；属违章建筑的，责令限期拆除，并可处以二万元以上五万元以下罚款；逾期不拆除的，由公路管理机构拆除，有关费用由建筑者、构筑者承担。

第三十七条 当事人对公路管理机构作出的具体行政行为不服的，可以依法申请行政复议，对复议决定不服的，可以依法向人民法院起诉。当事人逾期不申请复议，又不履行处罚决定的，由作出具体行政行为的公路管理机构申请人民法院强制执行。

公路管理机构对个人作出五千元以上、对单位作出二万元以上罚款处罚决定的，应当告知当事人有要求举行听证的权利。

第三十八条 拒绝、阻碍公路路政监督检查人员依法执行公务未使用暴力、威胁方法的，由公安机关依照《中华人民共和国治安管理处罚条例》的规定处罚；构成犯罪的，由司法机关依法追究刑事责任。

第三十九条 公路路政监督检查人员和其他国家机关工作人员滥用职权、玩忽职守、徇私舞弊、索贿受贿的，依法给予行政处分；构成犯罪的，由司法机关依法追究刑事责任；给当事人造成经济损失的，依照《中华人民共和国国家赔偿法》有关规定承担赔偿责任。

第七章 附 则

第四十条 本条例自 2002 年 1 月 1 日起施行。

11. 陕西省公路条例

陕西省公路条例

《陕西省公路条例》已于 2014 年 3 月 27 日经陕西省第十二届人民代表大会常务委员会第八次会议通过，现予公布，自 2014 年 7 月 1 日起执行。

陕西省人民代表大会常务委员会
2014 年 3 月 27 日

陕西省公路条例

第一章 总 则

第一条 为了加强公路建设和管理，促进公路事业发展，适应经济社会发展需要，根据《中华人民共和国公路法》、国务院《公路安全保护条例》等有关法律、行政法规，结合本省实际，制定本条例。

第二条 本条例适用于本省行政区域内公路的规划、建设、养护、经营、使用和管理。

第三条 公路发展应当遵循全面规划、合理布局、确保质量、安全畅通、保护环境、规范经营、建设改造与养护并重的原则。

第四条 各级人民政府应当加强对公路建设和管理工作的领导，把公路发展纳入本地区国民经济和社会发展计划。

第五条 省人民政府交通运输主管部门主管全省公路工作。设区的市、县（市）交通运输主管部门主管本行政区域内的公路工作。

县级以上交通运输主管部门所属的公路管理机构按照其职责具体负责公路的监督管理工作。

高速公路的建设、养护和管理责任主体由省人民政府确定。

县级以上发展改革、公安、财政、国土资源、环境保护、规划建设、水利、林业、安全生产监督管理等部门，在各自的职责范围内共同做好公路的相关工作。

第六条 县级以上人民政府应当依法采用多种方式筹集公路建设资金，根据财政收入的增长逐步增加公路建设资金投入。

县级以上人民政府应当将非收费公路的管理和养护经费纳入本级财政预算。

第七条 单位和个人不得破坏、损坏、非法占用或者非法利用公路、公路用地及公路附属设施，并有权举报涉路违法行为。受理举报的部门应当及时调查处理。

第二章 规 划

第八条 县级以上人民政府交通运输主管部门、乡（镇）人民政府应当依照法律、法规规定的职权和程序，编制公路规划。

经批准的公路规划需要修改的，由原编制机关提出修改方案，报原批准机关审批。

第九条 本省公路规划应当符合国家公路总体规划要求，遵循合理布局、节约资源、保护生态环境、适度超前的原则，并与土地利用总体规划、城乡建设规划和其他方式的交通运输发展规划相协调。

编制公路规划应当经过专家论证。公路规划经批准后，除涉及国防的内容外，应当向社会公布。

编制公路规划时应当明确公路的命名和编号。

第十条 列入规划的公路建设项目，应当有计划地组织实施，未纳入公路规划的项目，不得开工建设。

第十一条 新建、改建公路，应当统筹规划客货运站（点）、服务区、养护道班、加油（气）站、超限检测站、交通流量观测站、交通标志标线、交通安全设施等公路附属设施，并与公路主体工程同步设计、同步建设；交通安全设施应当与公路主体工程同步投入使用。

第十二条 编制公路建设用地计划应当符合土地利用总体规划，保证公路用地需要，符合公路技术等级标准，切实保护耕地，节约用地，合理使用土地。对已经纳入土地利用总体规划的公路建设用地，依法进行用途管制。

第十三条 规划和新建村镇、开发区、学校、货物集散地、商业网点、农贸市场等，其外缘与公路建筑控制区边界外缘的距离，国道、省道不少于50米，县道、乡道不少于20米，并尽可能在公路一侧建设。

第十四条 规划铁路、水利、电力、通讯、油气管线等各类设施时，需要上跨、下穿、并行于既有或者规划公路的，应当征求交通运输主管部门的意见，保证既有公路的安全畅通和规划的相互协调。

第三章 建 设

第十五条 公路建设应当按照国家规定的基本建设程序、建设工程有关规定和技术规范组织实施。

公路建设项目应当依法实行项目法人负责制度、招标投标制度、工程监理制度、合同管理制度和工程质量责任追究制度。

第十六条 公路建设项目的设计单位、施工单位和工程监理单位等，应当遵循公开、公平、公正的原则，通过招标投标方式确定。

公路建设项目的招标投标活动不受地区或者部门的限制。单位和个人不得限制或者排斥本地区、本系统以外的法人或者其他组织参加投标，不得以任何方式干涉招标投标活动。

第十七条 公路建设资金可以采取下列方式筹集：

（一）财政拨款，包括依法征集的公路建设专项资金转为的财政拨款；

（二）国内外金融机构或者外国政府贷款、赠款；

（三）国内外企业或者其他组织、个人的投资、捐款；

（四）依法出让公路收费权的收入；

(五) 开发、经营公路的公司依法发行股票、公司债券;

(六) 法律、法规或者国家、省人民政府规定的其他方式。

第十八条　交通运输主管部门和公路建设项目法人单位应当加强公路建设资金的财务管理与会计核算工作，严格实施财会监督和内部审计监督。

审计、财政等部门依法对公路建设资金的使用进行监督检查，确保公路建设资金的安全、合理和有效使用。

第十九条　承担公路建设项目设计、施工、工程监理和试验检测的单位，应当依法对工程质量负责，并按照国家有关规定建立健全质量保证体系，落实公路工程质量和保修责任。

公路工程保修期和保修范围由合同约定，在保修期和保修范围内发生因施工原因造成的质量问题，施工单位应当履行保修义务，并对造成的损失依法承担赔偿责任。

第二十条　新建、改建的铁路、水利、电力、通讯、油气管线等设施与公路交叉时，交叉工程应当符合公路工程技术标准，并满足公路养护和发展的需要。

第二十一条　公路建设用地由县级以上人民政府依法提供。公路建设用地的土地补偿费、安置补助费、地上附着物和青苗补偿费等费用标准，按照国家和省有关规定执行。

第二十二条　公路建设项目完工后，公路建设单位应当按照有关规定组织设计、施工、监理等相关单位进行交工验收，并明确具体的管理和养护单位，交工验收合格后投入试运营。

公路建设项目试运营期满，并符合竣工验收条件的，交通运输主管部门应当按照有关规定组织公路建设项目的建设、设计、施工、监理、工程质量监督、接管养护等单位，进行竣工验收，未经验收或者验收不合格的不得交付使用。

第二十三条　新建、改建公路的，施工单位应当按照规定设置明显的施工标志、安全标志和相应的防护设施。

禁止非施工车辆和人员擅自进入施工现场以及施工完毕尚未投入试运营的路段。

第四章　养　护

第二十四条　公路管理机构应当按照国家和省有关标准和规范实施公路养护管理，建立公路养护检查、巡查制度和养护档案。

公路管理机构负责对公路养护作业单位的指导和监督，督促其依法履行养护作业义务。公路养护作业单位应当按照有关技术规范进行养护巡查，并将巡查、检测、养护作业以及其他相关信息记录归档。

第二十五条　公路养护应当按照技术规范和操作规程作业，保证公路路基稳定，路面平整，桥隧构造物和附属设施完好。

第二十六条　公路管理机构应当统筹安排公路养护作业计划，除涉及通行安全的紧急养护作业外，避免在法定节假日期间或者集中在同一区域进行养护作业，防止造成交通堵塞。

在省际交界区域进行公路施工作业，可能造成交通堵塞的，有关公路管理机构应当会同同级公安机关交通管理部门事先书面通报相邻的省、自治区、直辖市有关公路管理机构、公安机关交通管理部门，共同制定疏导预案，确定分流路线。

第二十七条　公路养护作业单位需要临时占用公路路面进行日常性养护作业的，应当保证通行和养护作业的安全。

公路养护作业人员应当遵守公路安全作业规程，穿着统一的安全标志服；公路养护车辆、机械设备作业时，应当设置明显的作业标志，开启危险报警闪光灯。

公路养护作业影响车辆正常通行的，公路养护作业单位应当配合公安机关交通管理部门维护道路交通秩序；通过养护作业路段的车辆驾驶人和行人应当按照养护作业路段交通标志行驶，遵守交通秩序，服从现场交通指挥。

第二十八条 公路管理机构、公路经营企业应当推行公路养护管理和养护作业分离，选择具有养护资质的单位承担公路养护作业，实行合同管理。

第二十九条 国道、省道调整为城市道路的，应当由所在地县级以上人民政府提出调整意见，报经省交通运输主管部门按照国家和省有关规定办理审批手续。

国道、省道经批准调整为城市道路的，公路管理机构应当及时向建设行政主管部门办理该路段的管理和养护移交手续。移交后，由建设行政主管部门负责管理和养护。

除前款规定外，公路的管理和养护责任发生转移的，按照国家和省有关规定执行。

第三十条 国家成品油价格和税费改革转移支付资金基数和增量中相当于养路费占原基数比例的部分，应当用于非收费公路的养护管理。依法收取的车辆通行费应当按照公路养护定额，安排足额资金用于收费公路养护。

第三十一条 公路交通标志、标线应当按照国家标准设置，清晰、准确、易于识别。

公路管理机构、公路经营企业应当做好与城市道路及相邻省、自治区、直辖市省际公路的交通标志设置的衔接，保证公路交通标志的连续、系统。

第五章 保　　护

第三十二条 公路管理机构应当建立健全公路管理档案，对公路、公路用地和公路附属设施调查核实、登记造册，并向社会公示。

第三十三条 新建、改建公路的建筑控制区的范围，应当自公路初步设计批准之日起三十日内，由公路沿线县级以上人民政府依法划定并向社会公告；自公告之日起，公路建筑控制区内不得再审批建筑物、构筑物的规划和建设。

第三十四条 在公路上增设或者改造平面交叉道口的，应当按照管理权限报经批准。属于收费公路的，应当征求收费公路经营企业的意见。

增设或者改造平面交叉道口，应当满足视距要求，按照公路工程技术标准和批准的设计图纸修建。平面交叉道口与公路搭接不少于100米长路段的路面应当采取硬化措施，并在距离平面交叉道口30米至50米处的公路两侧设置警告标志。

第三十五条 县级人民政府和有关主管部门对位于公路两侧的房屋，应当在公路用地边界处设置必要的隔离设施，并在两端设置出入道口。

任何单位和个人不得擅自移动或者破坏公路隔离设施。

第三十六条 因工程建设需要将公路特定路段作为施工通道使用的，建设单位应当与公路管理机构、公路经营企业签订养护和修复协议，保证施工期间车辆正常通行，工程结束后，按不低于原有公路技术标准及时修复。

第三十七条 车辆应当遵守国家公路限载、限高、限宽、限长规定。特定路段对车辆的总体外廓尺寸、总质量、轴载质量有特别限制的，车辆驾驶人应当遵守特别限制标准。

第三十八条 公路管理机构采用固定检测和流动检测相结合的方式，对车辆进行超限检测。在未设置超限检测站路段，公路管理机构可以使用检测设备进行流动检测。

公路管理机构在流动检测中发现的超限车辆，当事人对超限事实和超限的质量、外廓尺寸无异议的，可以作为处理依据；当事人有异议的，检查人员应当将超限车辆引导至邻近的超限检测站或者卸货场，按照静态检测磅秤复检结果进行处理。

第三十九条　车辆载运不可解体物品，车货总体的外廓尺寸或者总质量超过公路、公路桥梁、公路隧道的限载、限高、限宽、限长标准的，从事运输的单位和个人应当向公路管理机构申请公路超限运输许可，并提供以下材料：

（一）超限运输车辆行驶公路申请表；

（二）证明运输货物名称、质量、外廓尺寸的说明书或者铭牌以及总体轮廓图、运输装载示意图；

（三）必要的桥梁检测安全通行可行性报告、车辆装载后的预检数据和照片；

（四）其他需要提供的材料。

超限运输不可解体物品应当使用多轴多轮胎特种运输车辆，单轴轴载质量不超过10000千克，双联轴轴载质量不超过18000千克。

不可解体物品的生产企业、运输企业所提供的运输货物总重量、外廓尺寸等方面的数据和资料，应当真实有效。

第四十条　下列超限运输不可解体物品的车辆，应当在路政管理人员的引导下通行：

（一）车货总质量超过120000千克，在高速公路行驶的；

（二）车货总质量超过60000千克，在其他公路行驶的；

（三）载货后轮廓尺寸可能影响桥梁和隧道安全的。

第四十一条　公路管理机构、公路经营企业可以与保险公司签订保险合同，对桥梁、涵洞、公路附属设施等路产投保。

第四十二条　县级人民政府对属于国务院《公路安全保护条例》第二十条规定的范围，应当设置禁止采砂区域标志，禁止采砂取石。在禁止采砂区域外采砂取石的，应当避免影响公路桥梁基础的安全。

第四十三条　公安机关交通管理部门发现已经投入使用的公路存在交通事故频发路段，或者配套设施存在交通安全隐患，需要对公路限速标志进行增设或者变更的，由公安机关交通管理部门向当地人民政府提出书面意见，当地人民政府应当及时作出处理决定。公路管理机构接到人民政府的处理意见后，应当按照公路工程技术标准进行排查和处置。

第四十四条　重要公路桥梁和公路隧道按照《中华人民共和国人民武装警察法》和国务院、中央军委的有关规定由中国人民武装警察部队守护。

重要公路桥梁和公路隧道的名录由省人民政府确定。

第六章　应急服务

第四十五条　县级以上交通运输主管部门应当按照《中华人民共和国突发事件应对法》的规定，依法制定自然灾害以及重大交通事故等公路突发事件应急预案，报本级人民政府批准后实施。

公路突发事件应急预案应当明确应急管理工作的组织指挥体系与职责、处置程序、应急保障措施以及事后恢复与重建措施等内容。

第四十六条　公路管理机构、公路经营企业应当组建应急保障队伍，定期开展应急培训和演练。

公路管理机构、公路经营企业应当建立公路突发事件应急物资储备保障制度，储备必要的应急救援物资，满足应急处置需要。

第四十七条　公路突发事件的应急管理应当纳入县级以上人民政府突发事件应急管理体系，由县级以上人民政府统一领导，交通运输主管部门及其公路管理机构具体负责组织实施，其他相关部门按照各自职责负责公路突发事件的相关应急处置工作。

第四十八条　县级以上交通运输主管部门及其公路管理机构应当对可能引发公路突发事件的危险源、危险区域进行调查、登记和风险评估，定期进行检查、监控；发现安全隐患的，及时采取安全防范措施或者通知有关单位处理。

县级以上交通运输主管部门及其公路管理机构应当建立公路突发事件监测网点和信息系统，及时监测、收集、储存、分析和传输公路突发事件信息。

第四十九条　公路突发事件发生后，县级以上交通运输主管部门及其公路管理机构和有关部门应当按照规定启动应急预案。

公路突发事件造成公路损毁的，公路管理机构、公路经营企业应当及时组织修复，并依法向事件发生地人民政府报告。损毁特别严重的，事件发生地人民政府应当及时组织抢修。

公路突发事件发生后，公路管理机构、公路经营企业应当配合公安机关交通管理部门及时采取交通管制措施，维护现场秩序，并向社会发布交通管制信息。

第五十条　县级以上交通运输主管部门及其公路管理机构负责公路出行信息管理工作，及时发布公路出行信息。

第七章　收费公路的特别规定

第五十一条　依法设立的收费公路包括政府还贷公路和经营性公路。

建设和管理政府还贷公路，应当按照政事分开的原则，依法设立专门的不以营利为目的的法人组织。

经营性公路建设项目应当向社会公布，采用招标投标方式选择投资者。经营性公路由依法成立的公路企业法人建设、经营和管理。

收费公路的路政管理职责由公路管理机构的派出机构、人员行使。

第五十二条　收费公路车辆通行费的收费标准和收费期限依照国务院《收费公路管理条例》的规定确定，并向社会公布。

收费公路经营企业应当加强收费管理，提高工作效率，减少车辆缴费等待时间；其开启的收费道口和在岗的收费人员应当满足车辆快速安全通过的需要，不得造成车辆堵塞。

第五十三条　车辆通行收费公路应当交纳车辆通行费，不得拒交、逃交，不得故意堵塞收费道口或者强行通过。

车辆驾驶人不能提供有效通行交费凭证的，经收费公路经营企业核查后，能够确定实际通行里程的，按照实际通行里程交纳车辆通行费；经核查无法确定通行里程的，按照出口收费站到联网收费区域内最远端收费站的通行里程交纳车辆通行费。因收费公路经营企业的原因无法核查的，应当按照驾驶人提供的驶入站信息收取车辆通行费。

车辆驾驶人调换通行交费凭证的，应当按照从出口收费站到联网收费区域内最远端收费站的往返通行里程交纳车辆通行费。

第五十四条　收费公路因处置突发事件、抢险救援，确需快速疏导、分流车辆的，省交通运输主管部门可以决定暂时免费放行车辆。

收费公路道口发生拥堵的，应当及时采取措施疏导、分流车辆，确需免费放行的，具体实施办法由省交通运输主管部门另行制定。

第五十五条　收费公路服务区的设置应当遵循统筹规划、合理布局、功能完善、适度超前的原则。

收费公路服务区应当设置停车、临时休息、饮用水供应、公共厕所等免费使用的公益性服务设施，以及加油、购物、餐饮等经营性服务设施。

禁止单位和个人擅自在收费公路服务区兜售商品、揽客经营。

第五十六条 收费公路与其他公路或者城市道路的分界，由省交通运输主管部门会同有关部门划定并设置分界标志，明确管理和养护责任。

第五十七条 收费公路经营企业发现载运不可解体物品的超限运输车辆，无超限运输通行证或者实际状况与超限运输通行证上信息不一致的，应当及时报告公路管理机构处理。

第五十八条 车辆在高速公路上发生故障不能立即修复的，车辆驾驶人应当报告公安机关交通管理部门或者收费公路经营企业。

第八章 农村公路的特别规定

第五十九条 县级人民政府负责本行政区域内农村公路事业发展，组织协调有关部门做好农村公路的规划、建设、养护和管理等相关工作。

乡（镇）人民政府按照县级人民政府的规定，履行对农村公路的养护和管理职责。

第六十条 农村公路养护工程费应当全额用于农村公路养护工程，不得改变计划、截留、侵占和挪作他用。

第六十一条 农村公路应当按照有关技术规范和操作规程养护，做到路基、边坡稳定，路面、构筑物完好，排水畅通，保证正常使用。

新建、改建农村公路根据需要同步建设安全设施，已建成的农村公路应当按照安全、有效、经济、实用的原则，逐步完善安全设施。

第六十二条 农村公路的日常养护，可以采取建立养护组织或者由个人分段承包等方式实施。

鼓励采用公开招标等方式，择优选定具有相应资质或者从业经验的养护单位，逐步推行农村公路养护市场化。

县级公路管理机构或者乡（镇）人民政府应当与养护单位或者个人签订养护合同，明确双方的权利义务。

第六十三条 设区的市交通运输主管部门及其公路工程质量监督机构应当加强对农村公路养护工程质量的监督，确保农村公路养护工程质量。

农村公路养护工程符合招标投标条件的，应当实行招标投标管理。

第六十四条 乡道的超限运输认定标准需要作出特别规定的，县级交通运输主管部门或者乡（镇）人民政府应当按照乡道的设计标准在公路出入口公示。超过公示标准的车辆不得在乡道上行驶。

第九章 法律责任

第六十五条 违反本条例规定，车货总质量超过核定标准的（不含静态磅秤称量的误差），由县级以上公路管理机构责令改正，并按照下列标准予以处罚：

（一）超过核定标准500千克以下的，予以警告；

（二）超过核定标准500千克以上2000千克以下的，处一百元以上五百元以下罚款；

（三）超过核定标准2000千克以上5000千克以下的，处五百元以上一千元以下罚款；

（四）超过核定标准5000千克以上10000千克以下的，处三千元以上一万元以下罚款；

（五）超过核定标准10000千克以上的，处一万元以上三万元以下罚款。

违反本条例规定，车货总长、总宽、总高超过省交通运输主管部门规定标准的车辆，由县级以上公路管理机构责令改正，可以处五百元罚款。

第六十六条 违反本条例规定，申请人提供虚假材料或者信息申请超限运输许可车辆通行证的，由公路管理机构予以警告，并在一年内不予受理其超限运输车申请；申请人利用虚假材料或者信息取得超限运输车辆通行证的，由公路管理机构处一千元以上五千元以下罚款，并在三年内不再受理其超限运输申请。

第六十七条 违反本条例规定的其他行为，法律、法规有处罚规定的，从其规定。

第六十八条 交通运输主管部门、公路管理机构及其工作人员在公路管理工作中，滥用职权、玩忽职守、徇私舞弊的，由其所在单位或者上级主管部门依法给予行政处分；构成犯罪的，由司法机关依法追究刑事责任。

第十章 附 则

第六十九条 本条例中下列用语的含义：（一）公路，是指本省行政区域内的国道、省道、县道、乡道，包括公路桥梁，公路隧道和公路渡口，并按技术等级分为高速公路、一级公路、二级公路、三级公路和四级公路；

（二）收费公路，是指符合《中华人民共和国公路法》和《收费公路管理条例》规定，经批准依法收取车辆通行费的公路（含桥梁和隧道）；

（三）农村公路，是指县道、乡道。

第七十条 村道应当逐步改造为符合国家和省技术标准的公路。村道规划、建设、管理和养护的具体职责由县级人民政府确定。

第七十一条 企业或者其他单位建设、养护、管理专为或者主要为本企业或者本单位提供运输服务的专用公路，不适用本条例。

第七十二条 本条例自2014年7月1日起施行。

三、河道管理相关规定

1. 中华人民共和国河道管理条例

中华人民共和国河道管理条例

(1988年6月10日中华人民共和国国务院令第3号发布 根据2011年1月8日《国务院关于废止和修改部分行政法规的决定》第一次修正 根据2017年3月1日《国务院关于修改和废止部分行政法规的决定》第二次修正 根据2017年10月7日《国务院关于修改部分行政法规的决定》第三次修正 根据2018年3月19日《国务院关于修改和废止部分行政法规的决定》第四次修正)

第一章 总 则

第一条 为加强河道管理,保障防洪安全,发挥江河湖泊的综合效益,根据《中华人民共和国水法》,制定本条例。

第二条 本条例适用于中华人民共和国领域内的河道(包括湖泊、人工水道、行洪区、蓄洪区、滞洪区)。

河道内的航道,同时适用《中华人民共和国航道管理条例》。

第三条 开发利用江河湖泊水资源和防治水害,应当全面规划、统筹兼顾、综合利用、讲求效益,服从防洪的总体安排,促进各项事业的发展。

第四条 国务院水利行政主管部门是全国河道的主管机关。

各省、自治区、直辖市的水利行政主管部门是该行政区域的河道主管机关。

第五条 国家对河道实行按水系统一管理和分级管理相结合的原则。

长江、黄河、淮河、海河、珠江、松花江、辽河等大江大河的主要河段,跨省、自治区、直辖市的重要河段,省、自治区、直辖市之间的边界河道以及国境边界河道,由国家授权的江河流域管理机构实施管理,或者由上述江河所在省、自治区、直辖市的河道主管机关根据流域统一规划实施管理。其他河道由省、自治区、直辖市或者市、县的河道主管机关实施管理。

第六条 河道划分等级。河道等级标准由国务院水利行政主管部门制定。

第七条 河道防汛和清障工作实行地方人民政府行政首长负责制。

第八条 各级人民政府河道主管机关以及河道监理人员,必须按照国家法律、法规,加强河道管理，执行供水计划和防洪调度命令，维护水工程和人民生命财产安全。

第九条　一切单位和个人都有保护河道堤防安全和参加防汛抢险的义务。

第二章　河道整治与建设

第十条　河道的整治与建设，应当服从流域综合规划，符合国家规定的防洪标准、通航标准和其他有关技术要求，维护堤防安全，保持河势稳定和行洪、航运通畅。

第十一条　修建开发水利、防治水害、整治河道的各类工程和跨河、穿河、穿堤、临河的桥梁、码头、道路、渡口、管道、缆线等建筑物及设施，建设单位必须按照河道管理权限，将工程建设方案报送河道主管机关审查同意。未经河道主管机关审查同意的，建设单位不得开工建设。

建设项目经批准后，建设单位应当将施工安排告知河道主管机关。

第十二条　修建桥梁、码头和其他设施，必须按照国家规定的防洪标准所确定的河宽进行，不得缩窄行洪通道。

桥梁和栈桥的梁底必须高于设计洪水位，并按照防洪和航运的要求，留有一定的超高。设计洪水位由河道主管机关根据防洪规划确定。

跨越河道的管道、线路的净空高度必须符合防洪和航运的要求。

第十三条　交通部门进行航道整治，应当符合防洪安全要求，并事先征求河道主管机关对有关设计和计划的意见。

水利部门进行河道整治，涉及航道的，应当兼顾航运的需要，并事先征求交通部门对有关设计和计划的意见。

在国家规定可以流放竹木的河流和重要的渔业水域进行河道、航道整治，建设单位应当兼顾竹木水运和渔业发展的需要，并事先将有关设计和计划送同级林业、渔业主管部门征求意见。

第十四条　堤防上已修建的涵闸、泵站和埋设的穿堤管道、缆线等建筑物及设施，河道主管机关应当定期检查，对不符合工程安全要求的，限期改建。

在堤防上新建前款所指建筑物及设施，应当服从河道主管机关的安全管理。

第十五条　确需利用堤顶或者戗台兼做公路的，须经县级以上地方人民政府河道主管机关批准。堤身和堤顶公路的管理和维护办法，由河道主管机关商交通部门制定。

第十六条　城镇建设和发展不得占用河道滩地。城镇规划的临河界限，由河道主管机关会同城镇规划等有关部门确定。沿河城镇在编制和审查城镇规划时，应当事先征求河道主管机关的意见。

第十七条　河道岸线的利用和建设，应当服从河道整治规划和航道整治规划。计划部门在审批利用河道岸线的建设项目时，应当事先征求河道主管机关的意见。

河道岸线的界限，由河道主管机关会同交通等有关部门报县级以上地方人民政府划定。

第十八条　河道清淤和加固堤防取土以及按照防洪规划进行河道整治需要占用的土地，由当地人民政府调剂解决。

因修建水库、整治河道所增加的可利用土地，属于国家所有，可以由县级以上人民政府用于移民安置和河道整治工程。

第十九条　省、自治区、直辖市以河道为边界的，在河道两岸外侧各10公里之内，以及跨省、自治区、直辖市的河道，未经有关各方达成协议或者国务院水利行政主管部门批准，禁止单方面修建排水、阻水、引水、蓄水工程以及河道整治工程。

第三章　河道保护

第二十条　有堤防的河道,其管理范围为两岸堤防之间的水域、沙洲、滩地(包括可耕地)、行洪区,两岸堤防及护堤地。

无堤防的河道,其管理范围根据历史最高洪水位或者设计洪水位确定。

河道的具体管理范围,由县级以上地方人民政府负责划定。

第二十一条　在河道管理范围内,水域和土地的利用应当符合江河行洪、输水和航运的要求;滩地的利用,应当由河道主管机关会同土地管理等有关部门制定规划,报县级以上地方人民政府批准后实施。

第二十二条　禁止损毁堤防、护岸、闸坝等水工程建筑物和防汛设施、水文监测和测量设施、河岸地质监测设施以及通信照明等设施。

在防汛抢险期间,无关人员和车辆不得上堤。

因降雨雪等造成堤顶泥泞期间,禁止车辆通行,但防汛抢险车辆除外。

第二十三条　禁止非管理人员操作河道上的涵闸闸门,禁止任何组织和个人干扰河道管理单位的正常工作。

第二十四条　在河道管理范围内,禁止修建围堤、阻水渠道、阻水道路;种植高杆农作物、芦苇、杞柳、荻柴和树木(堤防防护林除外);设置拦河渔具;弃置矿渣、石渣、煤灰、泥土、垃圾等。

在堤防和护堤地,禁止建房、放牧、开渠、打井、挖窖、葬坟、晒粮、存放物料、开采地下资源、进行考古发掘以及开展集市贸易活动。

第二十五条　在河道管理范围内进行下列活动,必须报经河道主管机关批准;涉及其他部门的,由河道主管机关会同有关部门批准:

(一)采砂、取土、淘金、弃置砂石或者淤泥;

(二)爆破、钻探、挖筑鱼塘;

(三)在河道滩地存放物料、修建厂房或者其他建筑设施;

(四)在河道滩地开采地下资源及进行考古发掘。

第二十六条　根据堤防的重要程度、堤基土质条件等,河道主管机关报经县级以上人民政府批准,可以在河道管理范围的相连地域划定堤防安全保护区。在堤防安全保护区内,禁止进行打井、钻探、爆破、挖筑鱼塘、采石、取土等危害堤防安全的活动。

第二十七条　禁止围湖造田。已经围垦的,应当按照国家规定的防洪标准进行治理,逐步退田还湖。湖泊的开发利用规划必须经河道主管机关审查同意。

禁止围垦河流,确需围垦的,必须经过科学论证,并经省级以上人民政府批准。

第二十八条　加强河道滩地、堤防和河岸的水土保持工作,防止水土流失、河道淤积。

第二十九条　江河的故道、旧堤、原有工程设施等,不得擅自填堵、占用或者拆毁。

第三十条　护堤护岸林木,由河道管理单位组织营造和管理,其他任何单位和个人不得侵占、砍伐或者破坏。

河道管理单位对护堤护岸林木进行抚育和更新性质的采伐及用于防汛抢险的采伐,根据国家有关规定免交育林基金。

第三十一条　在为保证堤岸安全需要限制航速的河段,河道主管机关应当会同交通部门设立限制航速的标志,通行的船舶不得超速行驶。

在汛期,船舶的行驶和停靠必须遵守防汛指挥部的规定。

第三十二条　山区河道有山体滑坡、崩岸、泥石流等自然灾害的河段,河道主管机关应当会同地质、交通等部门加强监测。在上述河段，禁止从事开山采石、采矿、开荒等危及山体稳定的活动。

第三十三条 在河道中流放竹木，不得影响行洪、航运和水工程安全，并服从当地河道主管机关的安全管理。

在汛期，河道主管机关有权对河道上的竹木和其他漂流物进行紧急处置。

第三十四条 向河道、湖泊排污的排污口的设置和扩大，排污单位在向环境保护部门申报之前，应当征得河道主管机关的同意。

第三十五条 在河道管理范围内，禁止堆放、倾倒、掩埋、排放污染水体的物体。禁止在河道内清洗装贮过油类或者有毒污染物的车辆、容器。

河道主管机关应当开展河道水质监测工作，协同环境保护部门对水污染防治实施监督管理。

第四章 河道清障

第三十六条 对河道管理范围内的阻水障碍物，按照"谁设障，谁清除"的原则，由河道主管机关提出清障计划和实施方案，由防汛指挥部责令设障者在规定的期限内清除。逾期不清除的，由防汛指挥部组织强行清除，并由设障者负担全部清障费用。

第三十七条 对壅水、阻水严重的桥梁、引道、码头和其他跨河工程设施，根据国家规定的防洪标准，由河道主管机关提出意见并报经人民政府批准，责成原建设单位在规定的期限内改建或者拆除。汛期影响防洪安全的，必须服从防汛指挥部的紧急处理决定。

第五章 经　　费

第三十八条 河道堤防的防汛岁修费，按照分级管理的原则，分别由中央财政和地方财政负担，列入中央和地方年度财政预算。

第三十九条 受益范围明确的堤防、护岸、水闸、圩垸、海塘和排涝工程设施，河道主管机关可以向受益的工商企业等单位和农户收取河道工程修建维护管理费，其标准应当根据工程修建和维护管理费用确定。收费的具体标准和计收办法由省、自治区、直辖市人民政府制定。

第四十条 在河道管理范围内采砂、取土、淘金，必须按照经批准的范围和作业方式进行，并向河道主管机关缴纳管理费。收费的标准和计收办法由国务院水利行政主管部门会同国务院财政主管部门制定。

第四十一条 任何单位和个人，凡对堤防、护岸和其他水工程设施造成损坏或者造成河道淤积的，由责任者负责修复、清淤或者承担维修费用。

第四十二条 河道主管机关收取的各项费用，用于河道堤防工程的建设、管理、维修和设施的更新改造。结余资金可以连年结转使用，任何部门不得截取或者挪用。

第四十三条 河道两岸的城镇和农村，当地县级以上人民政府可以在汛期组织堤防保护区域内的单位和个人义务出工，对河道堤防工程进行维修和加固。

第六章 罚　　则

第四十四条 违反本条例规定，有下列行为之一的，县级以上地方人民政府河道主管机关除责令其纠正违法行为、采取补救措施外，可以并处警告、罚款、没收非法所得；对有关责任人员，由其所在单位或者上级主管机关给予行政处分；构成犯罪的，依法追究刑事责任：

（一）在河道管理范围内弃置、堆放阻碍行洪物体的；种植阻碍行洪的林木或者高杆植物的；修建围堤、阻水渠道、阻水道路的；

（二）在堤防、护堤地建房、放牧、开渠、打井、挖窖、葬坟、晒粮、存放物料、开采地下资源、进行考古发掘以及开展集市贸易活动的；

（三）未经批准或者不按照国家规定的防洪标准、工程安全标准整治河道或者修建水工程建筑物和其他设施的；

（四）未经批准或者不按照河道主管机关的规定在河道管理范围内采砂、取土、淘金、弃置砂石或者淤泥、爆破、钻探、挖筑鱼塘的；

（五）未经批准在河道滩地存放物料、修建厂房或者其他建筑设施，以及开采地下资源或者进行考古发掘的；

（六）违反本条例第二十七条的规定，围垦湖泊、河流的；

（七）擅自砍伐护堤护岸林木的；

（八）汛期违反防汛指挥部的规定或者指令的。

第四十五条 违反本条例规定，有下列行为之一的，县级以上地方人民政府河道主管机关除责令其纠正违法行为、赔偿损失、采取补救措施外，可以并处警告、罚款；应当给予治安管理处罚的，按照《中华人民共和国治安管理处罚法》的规定处罚；构成犯罪的，依法追究刑事责任：

（一）损毁堤防、护岸、闸坝、水工程建筑物，损毁防汛设施、水文监测和测量设施、河岸地质监测设施以及通信照明等设施的；

（二）在堤防安全保护区内进行打井、钻探、爆破、挖筑鱼塘、采石、取土等危害堤防安全的活动的；

（三）非管理人员操作河道上的涵闸闸门或者干扰河道管理单位正常工作的。

第四十六条 当事人对行政处罚决定不服的，可以在接到处罚通知之日起15日内，向作出处罚决定的机关的上一级机关申请复议，对复议决定不服的，可以在接到复议决定之日起15日内，向人民法院起诉。当事人也可以在接到处罚通知之日起15日内，直接向人民法院起诉。当事人逾期不申请复议或者不向人民法院起诉又不履行处罚决定的，由做出处罚决定的机关申请人民法院强制执行。对治安管理处罚不服的，按照《中华人民共和国治安管理处罚法》的规定办理。

第四十七条 对违反本条例规定，造成国家、集体、个人经济损失的，受害方可以请求县级以上河道主管机关处理。受害方也可以直接向人民法院起诉。

当事人对河道主管机关的处理决定不服的，可以在接到通知之日起，15日内向人民法院起诉。

第四十八条 河道主管机关的工作人员以及河道监理人员玩忽职守、滥用职权、徇私舞弊的，由其所在单位或者上级主管机关给予行政处分；对公共财产、国家和人民利益造成重大损失的，依法追究刑事责任。

第七章 附 则

第四十九条 各省、自治区、直辖市人民政府，可以根据本条例的规定，结合本地区的实际情况，制定实施办法。

第五十条 本条例由国务院水利行政主管部门负责解释。

第五十一条 本条例自发布之日起施行。

2. 中华人民共和国内河交通安全管理条例

中华人民共和国内河交通安全管理条例

（2002年6月28日中华人民共和国国务院令第355号公布，根据2011年1月8日《国务院关于废止和修改部分行政法规的决定》第一次修订，根据2017年3月1日《国务院关于修改和废止部分行政法规的决定》第二次修订）

第一章 总 则

第一条 为了加强内河交通安全管理，维护内河交通秩序，保障人民群众生命、财产安全，制定本条例。

第二条 在中华人民共和国内河通航水域从事航行、停泊和作业以及与内河交通安全有关的活动，必须遵守本条例。

第三条 内河交通安全管理遵循安全第一、预防为主、方便群众、依法管理的原则，保障内河交通安全、有序、畅通。

第四条 国务院交通主管部门主管全国内河交通安全管理工作。国家海事管理机构在国务院交通主管部门的领导下，负责全国内河交通安全监督管理工作。

国务院交通主管部门在中央管理水域设立的海事管理机构和省、自治区、直辖市人民政府在中央管理水域以外的其他水域设立的海事管理机构（以下统称海事管理机构）依据各自的职责权限，对所辖内河通航水域实施水上交通安全监督管理。

第五条 县级以上地方各级人民政府应当加强本行政区域内的内河交通安全管理工作，建立、健全内河交通安全管理责任制。

乡（镇）人民政府对本行政区域内的内河交通安全管理履行下列职责：

（一）建立、健全行政村和船主的船舶安全责任制；

（二）落实渡口船舶、船员、旅客定额的安全管理责任制；

（三）落实船舶水上交通安全管理的专门人员；

（四）督促船舶所有人、经营人和船员遵守有关内河交通安全的法律、法规和规章。

第二章 船舶、浮动设施和船员

第六条 船舶具备下列条件，方可航行：

（一）经海事管理机构认可的船舶检验机构依法检验并持有合格的船舶检验证书；

（二）经海事管理机构依法登记并持有船舶登记证书；

（三）配备符合国务院交通主管部门规定的船员；

（四）配备必要的航行资料。

第七条 浮动设施具备下列条件，方可从事有关活动：

（一）经海事管理机构认可的船舶检验机构依法检验并持有合格的检验证书；

（二）经海事管理机构依法登记并持有登记证书；

（三）配备符合国务院交通主管部门规定的掌握水上交通安全技能的船员。

第八条 船舶、浮动设施应当保持适于安全航行、停泊或者从事有关活动的状态。

船舶、浮动设施的配载和系固应当符合国家安全技术规范。

第九条 船员经水上交通安全专业培训，其中客船和载运危险货物船舶的船员还应当经相应的特殊培训，并经海事管理机构考试合格，取得相应的适任证书或者其他适任证件，方可担任船员职务。严禁未取得适任证书或者其他适任证件的船员上岗。

船员应当遵守职业道德，提高业务素质，严格依法履行职责。

第十条 船舶、浮动设施的所有人或者经营人，应当加强对船舶、浮动设施的安全管理，建立、健全相应的交通安全管理制度，并对船舶、浮动设施的交通安全负责；不得聘用无适任证书或者其他适任证件的人员担任船员；不得指使、强令船员违章操作。

第十一条 船舶、浮动设施的所有人或者经营人，应当根据船舶、浮动设施的技术性能、船员状况、水域和水文气象条件，合理调度船舶或者使用浮动设施。

第十二条 按照国家规定必须取得船舶污染损害责任、沉船打捞责任的保险文书或者财务保证书的船舶，其所有人或者经营人必须取得相应的保险文书或者财务担保证明，并随船携带其副本。

第十三条 禁止伪造、变造、买卖、租借、冒用船舶检验证书、船舶登记证书、船员适任证书或者其他适任证件。

第三章 航行、停泊和作业

第十四条 船舶在内河航行，应当悬挂国旗，标明船名、船籍港、载重线。

按照国家规定应当报废的船舶、浮动设施，不得航行或者作业。

第十五条 船舶在内河航行，应当保持瞭望，注意观察，并采用安全航速航行。船舶安全航速应当根据能见度、通航密度、船舶操纵性能和风、浪、水流、航路状况以及周围环境等主要因素决定。使用雷达的船舶，还应当考虑雷达设备的特性、效率和局限性。

船舶在限制航速的区域和汛期高水位期间，应当按照海事管理机构规定的航速航行。

第十六条 船舶在内河航行时，上行船舶应当沿缓流或者航路一侧航行，下行船舶应当沿主流或者航路中间航行；在潮流河段、湖泊、水库、平流区域，应当尽可能沿本船右舷一侧航路航行。

第十七条 船舶在内河航行时，应当谨慎驾驶，保障安全；对来船动态不明、声号不统一或者遇有紧迫情况时，应当减速、停车或者倒车，防止碰撞。

船舶相遇，各方应当注意避让。按照船舶航行规则应当让路的船舶，必须主动避让被让路船舶；被让路船舶应当注意让路船舶的行动，并适时采取措施，协助避让。

船舶避让时，各方避让意图经统一后，任何一方不得擅自改变避让行动。

船舶航行、避让和信号显示的具体规则，由国务院交通主管部门制定。

第十八条 船舶进出内河港口，应当向海事管理机构报告船舶的航次计划、适航状态、船员配备和载货载客等情况。

第十九条 下列船舶在内河航行，应当向引航机构申请引航：

（一）外国籍船舶；

（二）1000总吨以上的海上机动船舶，但船长驾驶同一类型的海上机动船舶在同一内河通航水域航行与上一航次间隔2个月以内的除外；

（三）通航条件受限制的船舶；
（四）国务院交通主管部门规定应当申请引航的客船、载运危险货物的船舶。

第二十条 船舶进出港口和通过交通管制区、通航密集区或者航行条件受限制的区域，应当遵守海事管理机构发布的有关通航规定。

任何船舶不得擅自进入或者穿越海事管理机构公布的禁航区。

第二十一条 从事货物或者旅客运输的船舶，必须符合船舶强度、稳性、吃水、消防和救生等安全技术要求和国务院交通主管部门规定的载货或者载客条件。

任何船舶不得超载运输货物或者旅客。

第二十二条 船舶在内河通航水域载运或者拖带超重、超长、超高、超宽、半潜的物体，必须在装船或者拖带前24小时报海事管理机构核定拟航行的航路、时间，并采取必要的安全措施，保障船舶载运或者拖带安全。船舶需要护航的，应当向海事管理机构申请护航。

第二十三条 遇有下列情形之一时，海事管理机构可以根据情况采取限时航行、单航、封航等临时性限制、疏导交通的措施，并予公告：

（一）恶劣天气；
（二）大范围水上施工作业；
（三）影响航行的水上交通事故；
（四）水上大型群众性活动或者体育比赛；
（五）对航行安全影响较大的其他情形。

第二十四条 船舶应当在码头、泊位或者依法公布的锚地、停泊区、作业区停泊；遇有紧急情况，需要在其他水域停泊的，应当向海事管理机构报告。

船舶停泊，应当按照规定显示信号，不得妨碍或者危及其他船舶航行、停泊或者作业的安全。

船舶停泊，应当留有足以保证船舶安全的船员值班。

第二十五条 在内河通航水域或者岸线上进行下列可能影响通航安全的作业或者活动的，应当在进行作业或者活动前报海事管理机构批准：

（一）勘探、采掘、爆破；
（二）构筑、设置、维修、拆除水上水下构筑物或者设施；
（三）架设桥梁、索道；
（四）铺设、检修、拆除水上水下电缆或者管道；
（五）设置系船浮筒、浮趸、缆桩等设施；
（六）航道建设，航道、码头前沿水域疏浚；
（七）举行大型群众性活动、体育比赛。

进行前款所列作业或者活动，需要进行可行性研究的，在进行可行性研究时应当征求海事管理机构的意见；依照法律、行政法规的规定，需经其他有关部门审批的，还应当依法办理有关审批手续。

第二十六条 海事管理机构审批本条例第二十五条规定的作业或者活动，应当自收到申请之日起30日内作出批准或者不批准的决定，并书面通知申请人。

遇有紧急情况，需要对航道进行修复或者对航道、码头前沿水域进行疏浚的，作业人可以边申请边施工。

第二十七条 航道内不得养殖、种植植物、水生物和设置永久性固定设施。

划定航道，涉及水产养殖区的，航道主管部门应当征求渔业行政主管部门的意见；设置水产养殖区，涉及航道的，渔业行政主管部门应当征求航道主管部门和海事管理机构的意见。

第二十八条 在内河通航水域进行下列可能影响通航安全的作业，应当在进行作业前向海事管理机构备案：

（一）气象观测、测量、地质调查；

（二）航道日常养护；

（三）大面积清除水面垃圾；

（四）可能影响内河通航水域交通安全的其他行为。

第二十九条 进行本条例第二十五条、第二十八条规定的作业或者活动时，应当在作业或者活动区域设置标志和显示信号，并按照海事管理机构的规定，采取相应的安全措施，保障通航安全。

前款作业或者活动完成后，不得遗留任何妨碍航行的物体。

第四章 危险货物监管

第三十条 从事危险货物装卸的码头、泊位，必须符合国家有关安全规范要求，并征求海事管理机构的意见，经验收合格后，方可投入使用。

禁止在内河运输法律、行政法规以及国务院交通主管部门规定禁止运输的危险货物。

第三十一条 载运危险货物的船舶，必须持有经海事管理机构认可的船舶检验机构依法检验并颁发的危险货物适装证书，并按照国家有关危险货物运输的规定和安全技术规范进行配载和运输。

第三十二条 船舶装卸、过驳危险货物或者载运危险货物进出港口，应当将危险货物的名称、特性、包装、装卸或者过驳的时间、地点以及进出港时间等事项，事先报告海事管理机构和港口管理机构，经其同意后，方可进行装卸、过驳作业或者进出港口；但是，定船、定线、定货的船舶可以定期报告。

第三十三条 载运危险货物的船舶，在航行、装卸或者停泊时，应当按照规定显示信号；其他船舶应当避让。

第三十四条 从事危险货物装卸的码头、泊位和载运危险货物的船舶，必须编制危险货物事故应急预案，并配备相应的应急救援设备和器材。

第五章 渡口管理

第三十五条 设置或者撤销渡口，应当经渡口所在地的县级人民政府审批；县级人民政府审批前，应当征求当地海事管理机构的意见。

第三十六条 渡口的设置应当具备下列条件：

（一）选址应当在水流平缓、水深足够、坡岸稳定、视野开阔、适宜船舶停靠的地点，并远离危险物品生产、堆放场所；

（二）具备货物装卸、旅客上下的安全设施；

（三）配备必要的救生设备和专门管理人员。

第三十七条 渡口经营者应当在渡口设置明显的标志，维护渡运秩序，保障渡运安全。

渡口所在地县级人民政府应当建立、健全渡口安全管理责任制，指定有关部门负责对渡口和渡运安全实施监督检查。

第三十八条　渡口工作人员应当经培训、考试合格，并取得渡口所在地县级人民政府指定的部门颁发的合格证书。

渡口船舶应当持有合格的船舶检验证书和船舶登记证书。

第三十九条　渡口载客船舶应当有符合国家规定的识别标志，并在明显位置标明载客定额、安全注意事项。

渡口船舶应当按照渡口所在地的县级人民政府核定的路线渡运，并不得超载；渡运时，应当注意避让过往船舶，不得抢航或者强行横越。

遇有洪水或者大风、大雾、大雪等恶劣天气，渡口应当停止渡运。

第六章　通航保障

第四十条　内河通航水域的航道、航标和其他标志的规划、建设、设置、维护，应当符合国家规定的通航安全要求。

第四十一条　内河航道发生变迁，水深、宽度发生变化，或者航标发生位移、损坏、灭失，影响通航安全的，航道、航标主管部门必须及时采取措施，使航道、航标保持正常状态。

第四十二条　内河通航水域内可能影响航行安全的沉没物、漂流物、搁浅物，其所有人和经营人，必须按照国家有关规定设置标志，向海事管理机构报告，并在海事管理机构限定的时间内打捞清除；没有所有人或者经营人的，由海事管理机构打捞清除或者采取其他相应措施，保障通航安全。

第四十三条　在内河通航水域中拖放竹、木等物体，应当在拖放前24小时报经海事管理机构同意，按照核定的时间、路线拖放，并采取必要的安全措施，保障拖放安全。

第四十四条　任何单位和个人发现下列情况，应当迅速向海事管理机构报告：

（一）航道变迁，航道水深、宽度发生变化；

（二）妨碍通航安全的物体；

（三）航标发生位移、损坏、灭失；

（四）妨碍通航安全的其他情况。

海事管理机构接到报告后，应当根据情况发布航行通告或者航行警告，并通知航道、航标主管部门。

第四十五条　海事管理机构划定或者调整禁航区、交通管制区、港区外锚地、停泊区和安全作业区，以及对进行本条例第二十五条、第二十八条规定的作业或者活动，需要发布航行通告、航行警告的，应当及时发布。

第七章　救　　助

第四十六条　船舶、浮动设施遇险，应当采取一切有效措施进行自救。

船舶、浮动设施发生碰撞等事故，任何一方应当在不危及自身安全的情况下，积极救助遇险的他方，不得逃逸。

船舶、浮动设施遇险，必须迅速将遇险的时间、地点、遇险状况、遇险原因、救助要求，向遇险地海事管理机构以及船舶、浮动设施所有人、经营人报告。

第四十七条　船员、浮动设施上的工作人员或者其他人员发现其他船舶、浮动设施遇险，或者收到求救信号后，必须尽力救助遇险人员，并将有关情况及时向遇险地海事管理机构报告。

第四十八条 海事管理机构收到船舶、浮动设施遇险求救信号或者报告后，必须立即组织力量救助遇险人员，同时向遇险地县级以上地方人民政府和上级海事管理机构报告。

遇险地县级以上地方人民政府收到海事管理机构的报告后，应当对救助工作进行领导和协调，动员各方力量积极参与救助。

第四十九条 船舶、浮动设施遇险时，有关部门和人员必须积极协助海事管理机构做好救助工作。

遇险现场和附近的船舶、人员，必须服从海事管理机构的统一调度和指挥。

第八章　事故调查处理

第五十条 船舶、浮动设施发生交通事故，其所有人或者经营人必须立即向交通事故发生地海事管理机构报告，并做好现场保护工作。

第五十一条 海事管理机构接到内河交通事故报告后，必须立即派员前往现场，进行调查和取证。

海事管理机构进行内河交通事故调查和取证，应当全面、客观、公正。

第五十二条 接受海事管理机构调查、取证的有关人员，应当如实提供有关情况和证据，不得谎报或者隐匿、毁灭证据。

第五十三条 海事管理机构应当在内河交通事故调查、取证结束后30日内，依据调查事实和证据作出调查结论，并书面告知内河交通事故当事人。

第五十四条 海事管理机构在调查处理内河交通事故过程中，应当采取有效措施，保证航路畅通，防止发生其他事故。

第五十五条 地方人民政府应当依照国家有关规定积极做好内河交通事故的善后工作。

第五十六条 特大内河交通事故的报告、调查和处理，按照国务院有关规定执行。

第九章　监督检查

第五十七条 在旅游、交通运输繁忙的湖泊、水库，在气候恶劣的季节，在法定或者传统节日、重大集会、集市、农忙、学生放学放假等交通高峰期间，县级以上地方各级人民政府应当加强对维护内河交通安全的组织、协调工作。

第五十八条 海事管理机构必须建立、健全内河交通安全监督检查制度，并组织落实。

第五十九条 海事管理机构必须依法履行职责，加强对船舶、浮动设施、船员和通航安全环境的监督检查。发现内河交通安全隐患时，应当责令有关单位和个人立即消除或者限期消除；有关单位和个人不立即消除或者逾期不消除的，海事管理机构必须采取责令其临时停航、停止作业，禁止进港、离港等强制性措施。

第六十条 对内河交通密集区域、多发事故水域以及货物装卸、乘客上下比较集中的港口，对客渡船、滚装客船、高速客轮、旅游船和载运危险货物的船舶，海事管理机构必须加强安全巡查。

第六十一条 海事管理机构依照本条例实施监督检查时，可以根据情况对违反本条例有关规定的船舶，采取责令临时停航、驶向指定地点、禁止进港、离港、强制卸载、拆除动力装置、暂扣船舶等保障通航安全的措施。

第六十二条 海事管理机构的工作人员依法在内河通航水域对船舶、浮动设施进行内河交通安全监督检查，任何单位和个人不得拒绝或者阻挠。

有关单位或者个人应当接受海事管理机构依法实施的安全监督检查，并为其提供方便。

海事管理机构的工作人员依照本条例实施监督检查时，应当出示执法证件，表明身份。

第十章 法律责任

第六十三条 违反本条例的规定，应当报废的船舶、浮动设施在内河航行或者作业的，由海事管理机构责令停航或者停止作业，并对船舶、浮动设施予以没收。

第六十四条 违反本条例的规定，船舶、浮动设施未持有合格的检验证书、登记证书或者船舶未持有必要的航行资料，擅自航行或者作业的，由海事管理机构责令停止航行或者作业；拒不停止的，暂扣船舶、浮动设施；情节严重的，予以没收。

第六十五条 违反本条例的规定，船舶未按照国务院交通主管部门的规定配备船员擅自航行，或者浮动设施未按照国务院交通主管部门的规定配备掌握水上交通安全技能的船员擅自作业的，由海事管理机构责令限期改正，对船舶、浮动设施所有人或者经营人处1万元以上10万元以下的罚款；逾期不改正的，责令停航或者停止作业。

第六十六条 违反本条例的规定，未经考试合格并取得适任证书或者其他适任证件的人员擅自从事船舶航行的，由海事管理机构责令其立即离岗，对直接责任人员处2000元以上2万元以下的罚款，并对聘用单位处1万元以上10万元以下的罚款。

第六十七条 违反本条例的规定，按照国家规定必须取得船舶污染损害责任、沉船打捞责任的保险文书或者财务保证书的船舶的所有人或者经营人，未取得船舶污染损害责任、沉船打捞责任保险文书或者财务担保证明的，由海事管理机构责令限期改正；逾期不改正的，责令停航，并处1万元以上10万元以下的罚款。

第六十八条 违反本条例的规定，船舶在内河航行时，有下列情形之一的，由海事管理机构责令改正，处5000元以上5万元以下的罚款；情节严重的，禁止船舶进出港口或者责令停航，并可以对责任船员给予暂扣适任证书或者其他适任证件3个月至6个月的处罚：

（一）未按照规定悬挂国旗、标明船名、船籍港、载重线的；

（二）未按照规定向海事管理机构报告船舶的航次计划、适航状态、船员配备和载货载客等情况的；

（三）未按照规定申请引航的；

（四）擅自进出内河港口，强行通过交通管制区、通航密集区、航行条件受限制区域或者禁航区的；

（五）载运或者拖带超重、超长、超高、超宽、半潜的物体，未申请或者未按照核定的航路、时间航行的。

第六十九条 违反本条例的规定，船舶未在码头、泊位或者依法公布的锚地、停泊区、作业区停泊的，由海事管理机构责令改正；拒不改正的，予以强行拖离，因拖离发生的费用由船舶所有人或者经营人承担。

第七十条 违反本条例的规定，在内河通航水域或者岸线上进行有关作业或者活动未经批准或者备案，或者未设置标志、显示信号的，由海事管理机构责令改正，处5000元以上5万元以下的罚款。

第七十一条 违反本条例的规定，从事危险货物作业，有下列情形之一的，由海事管理机构责令停止作业或者航行，对负有责任的主管人员或者其他直接责任人员处2万元以上10万元以下的罚款；属于船员的，并给予暂扣适任证书或者其他适任证件6个月以上直至吊销适任证书或者其他适任证件的处罚：

（一）从事危险货物运输的船舶，未编制危险货物事故应急预案或者未配备相应的应急救援设备和器材的；

（二）船舶装卸、过驳危险货物或者载运危险货物进出港口未经海事管理机构、港口管理机构同意的。

未持有危险货物适装证书擅自载运危险货物或者未按照安全技术规范进行配载和运输的，依照《危险化学品安全管理条例》的规定处罚。

第七十二条 违反本条例的规定，未经批准擅自设置或者撤销渡口的，由渡口所在地县级人民政府指定的部门责令限期改正；逾期不改正的，予以强制拆除或者恢复，因强制拆除或者恢复发生的费用分别由设置人、撤销人承担。

第七十三条 违反本条例的规定，渡口船舶未标明识别标志、载客定额、安全注意事项的，由渡口所在地县级人民政府指定的部门责令改正，处2000元以上1万元以下的罚款；逾期不改正的，责令停航。

第七十四条 违反本条例的规定，在内河通航水域的航道内养殖、种植植物、水生物或者设置永久性固定设施的，由海事管理机构责令限期改正；逾期不改正的，予以强制清除，因清除发生的费用由其所有人或者经营人承担。

第七十五条 违反本条例的规定，内河通航水域中的沉没物、漂流物、搁浅物的所有人或者经营人，未按照国家有关规定设置标志或者未在规定的时间内打捞清除的，由海事管理机构责令限期改正；逾期不改正的，海事管理机构强制设置标志或者组织打捞清除；需要立即组织打捞清除的，海事管理机构应当及时组织打捞清除。海事管理机构因设置标志或者打捞清除发生的费用，由沉没物、漂流物、搁浅物的所有人或者经营人承担。

第七十六条 违反本条例的规定，船舶、浮动设施遇险后未履行报告义务或者不积极施救的，由海事管理机构给予警告，并可以对责任船员给予暂扣适任证书或者其他适任证件3个月至6个月直至吊销适任证书或者其他适任证件的处罚。

第七十七条 违反本条例的规定，船舶、浮动设施发生内河交通事故的，除依法承担相应的法律责任外，由海事管理机构根据调查结论，对责任船员给予暂扣适任证书或者其他适任证件6个月以上直至吊销适任证书或者其他适任证件的处罚。

第七十八条 违反本条例的规定，遇险现场和附近的船舶、船员不服从海事管理机构的统一调度和指挥的，由海事管理机构给予警告，并可以对责任船员给予暂扣适任证书或者其他适任证件3个月至6个月直至吊销适任证书或者其他适任证件的处罚。

第七十九条 违反本条例的规定，伪造、变造、买卖、转借、冒用船舶检验证书、船舶登记证书、船员适任证书或者其他适任证件的，由海事管理机构没收有关的证书或者证件；有违法所得的，没收违法所得，并处违法所得2倍以上5倍以下的罚款；没有违法所得或者违法所得不足2万元的，处1万元以上5万元以下的罚款；触犯刑律的，依照刑法关于伪造、变造、买卖国家机关公文、证件罪或者其他罪的规定，依法追究刑事责任。

第八十条 违反本条例的规定，船舶、浮动设施的所有人或者经营人指使、强令船员违章操作的，由海事管理机构给予警告，处1万元以上5万元以下的罚款，并可以责令停航或者停止作业；造成重大伤亡事故或者严重后果的，依照刑法关于重大责任事故罪或者其他罪的规定，依法追究刑事责任。

第八十一条 违反本条例的规定，船舶在内河航行、停泊或者作业，不遵守航行、避让和信号显示规则的，由海事管理机构责令改正，处1000元以上1万元以下的罚款；情节严重的，对责任船员给予暂扣适任证书或者其他适任证件3个月至6个月直至吊销适任证书或者其他适任证件的处罚；造成重大内河交通事故的，依照刑法关于交通肇事罪或者其他罪的规定，依法追究刑事责任。

第八十二条 违反本条例的规定，船舶不具备安全技术条件从事货物、旅客运输，或者超载运输货物、旅客的，由海事管理机构责令改正，处 2 万元以上 10 万元以下的罚款，可以对责任船员给予暂扣适任证书或者其他适任证件 6 个月以上直至吊销适任证书或者其他适任证件的处罚，并对超载运输的船舶强制卸载，因卸载而发生的卸货费、存货费、旅客安置费和船舶监管费由船舶所有人或者经营人承担；发生重大伤亡事故或者造成其他严重后果的，依照刑法关于重大劳动安全事故罪或者其他罪的规定，依法追究刑事责任。

第八十三条 违反本条例的规定，船舶、浮动设施发生内河交通事故后逃逸的，由海事管理机构对责任船员给予吊销适任证书或者其他适任证件的处罚；证书或者证件吊销后，5 年内不得重新从业；触犯刑律的，依照刑法关于交通肇事罪或者其他罪的规定，依法追究刑事责任。

第八十四条 违反本条例的规定，阻碍、妨碍内河交通事故调查取证，或者谎报、隐匿、毁灭证据的，由海事管理机构给予警告，并对直接责任人员处 1000 元以上 1 万元以下的罚款；属于船员的，并给予暂扣适任证书或者其他适任证件 12 个月以上直至吊销适任证书或者其他适任证件的处罚；以暴力、威胁方法阻碍内河交通事故调查取证的，依照刑法关于妨害公务罪的规定，依法追究刑事责任。

第八十五条 违反本条例的规定，海事管理机构不依据法定的安全条件进行审批、许可的，对负有责任的主管人员和其他直接责任人员根据不同情节，给予降级或者撤职的行政处分；造成重大内河交通事故或者致使公共财产、国家和人民利益遭受重大损失的，依照刑法关于滥用职权罪、玩忽职守罪或者其他罪的规定，依法追究刑事责任。

第八十六条 违反本条例的规定，海事管理机构对审批、许可的安全事项不实施监督检查的，对负有责任的主管人员和其他直接责任人员根据不同情节，给予记大过、降级或者撤职的行政处分；造成重大内河交通事故或者致使公共财产、国家和人民利益遭受重大损失的，依照刑法关于滥用职权罪、玩忽职守罪或者其他罪的规定，依法追究刑事责任。

第八十七条 违反本条例的规定，海事管理机构发现船舶、浮动设施不再具备安全航行、停泊、作业条件而不及时撤销批准或者许可并予以处理的，对负有责任的主管人员和其他直接责任人员根据不同情节，给予记大过、降级或者撤职的行政处分；造成重大内河交通事故或者致使公共财产、国家和人民利益遭受重大损失的，依照刑法关于滥用职权罪、玩忽职守罪或者其他罪的规定，依法追究刑事责任。

第八十八条 违反本条例的规定，海事管理机构对未经审批、许可擅自从事旅客、危险货物运输的船舶不实施监督检查，或者发现内河交通安全隐患不及时依法处理，或者对违法行为不依法予以处罚的，对负有责任的主管人员和其他直接责任人员根据不同情节，给予降级或者撤职的行政处分；造成重大内河交通事故或者致使公共财产、国家和人民利益遭受重大损失的，依照刑法关于滥用职权罪、玩忽职守罪或者其他罪的规定，依法追究刑事责任。

第八十九条 违反本条例的规定，渡口所在地县级人民政府指定的部门，有下列情形之一的，根据不同情节，对负有责任的主管人员和其他直接责任人员，给予降级或者撤职的行政处分；造成重大内河交通事故或者致使公共财产、国家和人民利益遭受重大损失的，依照刑法关于滥用职权罪、玩忽职守罪或者其他罪的规定，依法追究刑事责任：

（一）对县级人民政府批准的渡口不依法实施监督检查的；

（二）对未经县级人民政府批准擅自设立的渡口不予以查处的；

（三）对渡船超载、人与大牲畜混载、人与爆炸品、压缩气体和液化气体、易燃液体、易燃固体、自燃物品和遇湿易燃物品、氧化剂和有机过氧化物、有毒品和腐蚀品等危险品混载以及其他危及安全的行为不及时纠正并依法处理的。

第九十条　违反本条例的规定，触犯《中华人民共和国治安管理处罚法》，构成违反治安管理行为的，由公安机关给予治安管理处罚。

第十一章　附　　则

第九十一条　本条例下列用语的含义：

（一）内河通航水域，是指由海事管理机构认定的可供船舶航行的江、河、湖泊、水库、运河等水域。

（二）船舶，是指各类排水或者非排水的船、艇、筏、水上飞行器、潜水器、移动式平台以及其他水上移动装置。

（三）浮动设施，是指采用缆绳或者锚链等非刚性固定方式系固并漂浮或者潜于水中的建筑、装置。

（四）交通事故，是指船舶、浮动设施在内河通航水域发生的碰撞、触碰、触礁、浪损、搁浅、火灾、爆炸、沉没等引起人身伤亡和财产损失的事件。

第九十二条　军事船舶在内河通航水域航行，应当遵守内河航行、避让和信号显示规则。军事船舶的检验、登记和船员的考试、发证等管理办法，按照国家有关规定执行。

第九十三条　渔船的检验、登记以及进出渔港签证，渔船船员的考试、发证，渔船之间交通事故的调查处理，以及渔港水域内渔船的交通安全管理办法，由国务院渔业行政主管部门依据本条例另行规定。

第九十四条　城市园林水域水上交通安全管理的具体办法，由省、自治区、直辖市人民政府制定；但是，有关船舶检验、登记和船员管理，依照国家有关规定执行。

第九十五条　本条例自 2002 年 8 月 1 日起施行。1986 年 12 月 16 日国务院发布的《中华人民共和国内河交通安全管理条例》同时废止。

3. 中华人民共和国内河海事行政处罚规定

中华人民共和国内河海事行政处罚规定

（2015年5月29日交通运输部发布 根据2017年5月23日交通运输部《关于修改〈中华人民共和国内河海事行政处罚规定〉的决定》第一次修正 根据2019年4月12日交通运输部《关于修改〈中华人民共和国内河海事行政处罚规定〉的决定》第二次修正）

第一章 总 则

第一条 为规范海事行政处罚行为，保护当事人的合法权益，保障和监督水上海事行政管理，维护水上交通秩序，防止船舶污染水域，根据《内河交通安全管理条例》《行政处罚法》及其他有关法律、行政法规，制定本规定。

第二条 对在中华人民共和国（简称中国）内河水域及相关陆域发生的违反海事行政管理秩序的行为实施海事行政处罚，适用本规定。

第三条 实施海事行政处罚，应当遵循合法、公开、公正，处罚与教育相结合的原则。

第四条 海事行政处罚，由海事管理机构依法实施。

第二章 内河海事违法行为和行政处罚

第一节 违反船舶、浮动设施所有人、经营人安全管理秩序

第五条 违反船舶所有人、经营人安全营运管理秩序，有下列行为之一的，对船舶所有人或者船舶经营人处以5000元以上3万元以下罚款：

（一）未按规定取得安全营运与防污染管理体系符合证明或者临时符合证明从事航行或者其他有关活动；

（二）隐瞒事实真相或者提供虚假材料或者以其他不正当手段骗取安全营运与防污染管理体系符合证明或者临时符合证明；

（三）伪造、变造安全营运与防污染管理体系审核的符合证明或者临时符合证明；

（四）转让、买卖、租借、冒用安全营运与防污染管理体系审核的符合证明或者临时符合证明。

第六条 违反船舶安全营运管理秩序，有下列行为之一的，对船舶所有人或者船舶经营人处以5000元以上3万元以下罚款；对船长处以2000元以上2万元以下的罚款；情节严重的，并给予扣留船员适任证书6个月至24个月直至吊销船员适任证书的处罚。

（一）未按规定取得船舶安全管理证书或者临时船舶安全管理证书从事航行或者其他有关活动；

（二）隐瞒事实真相或者提供虚假材料或以其他不正当手段骗取船舶安全管理证书或者临时船舶安全管理证书；

（三）伪造、变造船舶安全管理证书或者临时船舶安全管理证书；

（四）转让、买卖、租借、冒用船舶安全管理证书或者临时船舶安全管理证书。

第七条 违反安全营运管理秩序，有下列情形之一，造成严重后果的，按以欺骗手段取得安全营运与防污染管理体系符合证明或者临时符合证明，对船舶所有人或者船舶经营人取得的安全营运与防污染管理体系符合证明或者临时符合证明予以撤销：

（一）不掌控船舶安全配员；

（二）不掌握船舶动态；

（三）不掌握船舶装载情况；

（四）船舶管理人不实际履行安全管理义务；

（五）安全管理体系运行存在其他重大问题。

第二节　违反船舶、浮动设施检验和登记管理秩序

第八条 违反《内河交通安全管理条例》第六条第（一）项、第七条第（一）项的规定，船舶、浮动设施未持有合格的检验证书擅自航行或者作业的，依照《内河交通安全管理条例》第六十四条的规定，责令停止航行或者作业；拒不停止航行或者作业的，暂扣船舶、浮动设施；情节严重的，予以没收。

本条前款所称未持有合格的检验证书，包括下列情形：

（一）没有取得相应的检验证书；

（二）持有的检验证书属于伪造、变造、转让、买卖或者租借的；

（三）持失效的检验证书；

（四）检验证书损毁、遗失但不按照规定补办；

（五）其他不符合法律、行政法规和规章规定情形的检验证书。

第九条 船舶检验机构的检验人员违反《船舶和海上设施检验条例》的规定，滥用职权、徇私舞弊、玩忽职守、严重失职，有下列行为之一的，依照《船舶和海上设施检验条例》第二十八条的规定，按其情节给予警告、暂停检验资格或者注销验船人员注册证书的处罚：

（一）超越职权范围进行船舶、设施检验；

（二）擅自降低规范要求进行船舶、设施检验；

（三）未按照规定的检验项目进行船舶、设施检验；

（四）未按照规定的检验程序进行船舶、设施检验；

（五）所签发的船舶检验证书或者检验报告与船舶、设施的实际情况不符。

第三节　违反内河船员管理秩序

第十条 违反《内河交通安全管理条例》第九条的规定，未经考试合格并取得适任证书或者其他适任证件的人员擅自从事船舶航行或者操作的，依照《内河交通安全管理条例》第六十六条和《船员条例》第五十九条的规定，责令其立即离岗，对直接责任人员处以2000元以上2万元以下罚款，并对聘用单位处以3万元以上15万元以下罚款。

本条前款所称未经考试合格并取得适任证书或者其他适任证件，包括下列情形：

（一）未经水上交通安全培训并取得相应合格证明；

（二）未持有船员适任证书或者其他适任证件；

（三）持采取弄虚作假的方式取得的船员职务证书；

（四）持伪造、变造的船员职务证书；

（五）持转让、买卖或租借的船员职务证书；

（六）所服务的船舶的航区、种类和等级或者所任职务超越所持船员职务证书限定的范围；

（七）持已经超过有效期限的船员职务证书；

（八）未按照规定持有船员服务簿。

第十一条 违反《船员条例》第二十条的规定，船员有下列情形之一的，依照《船员条例》第五十六条的规定，处以1000元以上1万元以下罚款；情节严重的，并给予扣留船员服务簿、船员适任证书6个月至24个月直至吊销船员服务簿、船员适任证书的处罚：

（一）在船在岗期间饮酒，体内酒精含量超过规定标准；

（二）在船在岗期间，服用国家管制的麻醉药品或者精神药品。

第十二条 违反《船员条例》第十二条、第十九条、第二十七条的规定，船员用人单位、船舶所有人有下列未按照规定招用外国籍船员在中国籍船舶上任职情形的，依照《船员条例》第五十九条的规定，责令改正，处以3万元以上15万元以下罚款：

（一）未依照法律、行政法规和国家其他规定取得就业许可；

（二）未持有合格的且签发国与我国签订了船员证书认可协议的船员证书；

（三）雇佣外国籍船员的航运公司未承诺承担船员权益维护的责任。

第十三条 船员服务机构和船员用人单位未将其招用或者管理的船员的有关情况定期向海事管理机构备案的，按照《船员条例》第六十二条的规定，对责任单位处以5000元以上2万元以下罚款。

前款所称船员服务机构包括海员外派机构。

本条第一款所称船员服务机构和船员用人单位未定期向海事管理机构备案，包括下列情形：

（一）未按规定进行备案，或者备案内容不全面、不真实；

（二）未按照规定时间备案；

（三）未按照规定的形式备案。

第四节 违反航行、停泊和作业管理秩序

第十四条 船舶、浮动设施的所有人或者经营人违反《内河交通安全管理条例》第六条第（三）项、第七条第（三）项的规定，船舶未按照国务院交通运输主管部门的规定配备船员擅自航行的，或者浮动设施未按照国务院交通运输主管部门的规定配备掌握水上交通安全技能的船员擅自作业的，依照《内河交通安全管理条例》第六十五条的规定，责令限期改正，并处以1万元以上10万元以下罚款；逾期不改正的，责令停航或者停止作业。

本条前款所称船舶未按照国务院交通运输主管部门的规定配备船员擅自航行，包括下列情形：

（一）船舶所配船员的数量低于船舶最低安全配员证书规定的定额要求；

（二）船舶未持有有效的船舶最低安全配员证书。

第十五条 违反《内河交通安全管理条例》第十四条的规定，应当报废的船舶、浮动设施在内河航行或者作业的，依照《内河交通安全管理条例》第六十三条的规定，责令停航或者停止作业，并予以没收。

本条前款所称应当报废的船舶，是指达到国家强制报废年限或者以废钢船名义购买的船舶。

第十六条　违反《内河交通安全管理条例》第十四条、第十八条、第十九条、第二十条、第二十二条的规定，船舶在内河航行有下列行为之一的，依照《内河交通安全管理条例》第六十八条的规定，责令改正，处以5000元以上5万元以下罚款；情节严重的，禁止船舶进出港口或者责令停航，并可以对责任船员给予扣留船员适任证书或者其他适任证件3个月至6个月的处罚：

（一）未按照规定悬挂国旗；

（二）未按照规定标明船名、船籍港、载重线，或者遮挡船名、船籍港、载重线；

（三）国内航行船舶进出港口未按照规定向海事管理机构报告船舶的航次计划、适航状态、船员配备和载货载客等情况，国际航行船舶未按照规定办理进出口岸手续；

（四）未按照规定申请引航；

（五）船舶进出港口和通过交通管制区、通航密集区、航行条件受到限制区域，未遵守海事管理机构发布的特别规定；

（六）船舶无正当理由进入或者穿越禁航区；

（七）载运或者拖带超重、超长、超高、超宽、半潜的物体，未申请核定航路、航行时间或者未按照核定的航路、时间航行。

第十七条　违反《内河交通安全管理条例》的有关规定，船舶在内河航行、停泊或者作业，不遵守航行、避让和信号显示规则，依照《内河交通安全管理条例》第八十一条的规定，处以1000元以上1万元以下罚款；情节严重的，还应当对责任船员给予扣留船员适任证书或者其他适任证件3个月至6个月直至吊销船员适任证书或者其他适任证件的处罚。

本条前款所称不遵守航行、避让和信号显示规则，包括以下情形：

（一）未采用安全航速航行；

（二）未按照要求保持正规了望；

（三）未按照规定的航路或者航行规则航行；

（四）未按照规定倒车、调头、追越；

（五）未按照规定显示号灯、号型或者鸣放声号；

（六）未按照规定擅自夜航；

（七）在规定必须报告船位的地点，未报告船位；

（八）在禁止横穿航道的航段，穿越航道；

（九）在限制航速的区域和汛期高水位期间未按照海事管理机构规定的航速航行；

（十）不遵守海事管理机构发布的在能见度不良时的航行规定；

（十一）不遵守海事管理机构发布的有关航行、避让和信号规则规定；

（十二）不遵守海事管理机构发布的航行通告、航行警告规定；

（十三）船舶装卸、载运危险货物或者空舱内有可燃气体时，未按照规定悬挂或者显示信号；

（十四）不按照规定保持船舶自动识别系统处于正常工作状态，或者不按照规定在船舶自动识别设备中输入准确信息，或者船舶自动识别系统发生故障未及时向海事机构报告；

（十五）未在规定的甚高频通信频道上守听；

（十六）未按照规定进行无线电遇险设备测试；

（十七）船舶停泊未按照规定留足值班人员；

（十八）未按照规定采取保障人员上、下船舶、设施安全的措施；

（十九）不遵守航行、避让和信号显示规则的其他情形。

第十八条 违反《内河交通安全管理条例》第八条、第二十一条的规定，船舶不具备安全技术条件从事货物、旅客运输，或者超载运输货物、超定额运输旅客，依照《内河交通安全管理条例》第八十二条的规定，责令改正，处以 2 万元以上 10 万元以下罚款，并可以对责任船员给予扣留船员适任证书或者其他适任证件 6 个月以上直至吊销船员适任证书或者其他适任证件的处罚，并对超载运输的船舶强制卸载，因卸载而发生的卸货费、存货费、旅客安置费和船舶监管费由船舶所有人或者经营人承担。

本条前款所称船舶不具备安全技术条件从事货物、旅客运输，包括以下情形：
（一）不遵守船舶、设施的配载和系固安全技术规范；
（二）不按照规定载运易流态化货物，或者不按照规定向海事管理机构备案；
（三）遇有不符合安全开航条件的情况而冒险开航；
（四）超过核定航区航行；
（五）船舶违规使用低闪点燃油；
（六）未按照规定拖带或者非拖船从事拖带作业；
（七）未经核准从事大型设施或者移动式平台的水上拖带；
（八）未持有《乘客定额证书》；
（九）未按照规定配备救生设施；
（十）船舶不具备安全技术条件从事货物、旅客运输的其他情形。

本条第一款所称超载运输货物、超定额运输旅客，包括以下情形：
（一）超核定载重线载运货物；
（二）集装箱船装载超过核定箱数；
（三）集装箱载运货物超过集装箱装载限额；
（四）滚装船装载超出检验证书核定的车辆数量；
（五）未经核准乘客定额载客航行；
（六）超乘客定额载运旅客。

第十九条 违反《内河交通安全管理条例》第二十八条的规定，在内河通航水域进行有关作业，不按照规定备案的，依照《内河交通安全管理条例》第七十条的规定，责令改正，处以 5000 元以上 5 万元以下罚款。

本条前款所称有关作业，包括以下作业：
（一）气象观测、测量、地质调查；
（二）大面积清除水面垃圾；
（三）可能影响内河通航水域交通安全的其他行为。

本条第二款第（三）项所称可能影响内河通航水域交通安全的其他行为，包括下列行为：
（一）检修影响船舶适航性能设备；
（二）检修通信设备和消防、救生设备；
（三）船舶烧焊或者明火作业；
（四）在非锚地、非停泊区进行编、解队作业；
（五）船舶试航、试车；
（六）船舶悬挂彩灯；
（七）船舶放艇（筏）进行救生演习。

第二十条 违反《港口建设费征收使用管理办法》，不按规定缴纳或者少缴纳港口建设费的，依照《财政违法行为处罚处分条例》第十三条规定，责令改正，并处未缴纳或者少缴纳的港口建设费的10%以上30%以下的罚款；对直接负责的主管人员和其他责任人处以3000元以上5万元以下罚款。

对于未缴清港口建设费的国内外进出口货物，港口经营人、船舶代理公司或者货物承运人违规办理了装船或者提离港口手续的，禁止船舶离港、责令停航、改航、责令停止作业，并可对直接负责的主管人员和其他责任人处以3000元以上3万元以下罚款。

第五节 违反危险货物载运安全监督管理秩序

第二十一条 违反《内河交通安全管理条例》第三十条第二款和《危险化学品安全管理条例》第五十四条的规定，有下列情形之一的，依照《危险化学品安全管理条例》第八十七条规定，责令改正，对船舶所有人或者经营人处以10万元以上20万元以下的罚款，有违法所得的，没收违法所得；拒不改正的，责令停航整顿：

（一）通过内河封闭水域运输剧毒化学品以及国家规定禁止通过内河运输的其他危险化学品的；

（二）通过内河运输国家规定禁止通过内河运输的剧毒化学品以及其他危险化学品的。

第二十二条 违反《内河交通安全管理条例》第三十二条、第三十四条的规定，从事危险货物作业，有下列情形之一的，依照《内河交通安全管理条例》第七十一条的规定，责令停止作业或者航行，对负有责任的主管人员或者其他直接责任人员处以2万元以上10万元以下的罚款；属于船员的，并给予扣留船员适任证书或者其他适任证件6个月以上直至吊销船员适任证书或者其他适任证件的处罚：

（一）从事危险货物运输的船舶，未编制危险货物事故应急预案或者未配备相应的应急救援设备和器材的；

（二）船舶载运危险货物进出港或者在港口外装卸、过驳危险货物未经海事管理机构同意的。

第二十三条 违反《危险化学品安全管理条例》第四十四条的规定，有下列情形之一的，依照《危险化学品安全管理条例》第八十六条的规定，由海事管理机构责令改正，处以5万元以上10万元以下的罚款；拒不改正的，责令停航、停业整顿。

（一）从事危险化学品运输的船员未取得相应的船员适任证书和培训合格证明；

（二）危险化学品运输申报人员、集装箱装箱现场检查员未取得从业资格。

第二十四条 违反《内河交通安全管理条例》第三十一条、《危险化学品安全管理条例》第十八条的规定，运输危险化学品的船舶及其配载的容器未经检验合格而投入使用的，依照《危险化学品安全管理条例》第七十九条的规定，责令改正，对船舶所有人或者经营人处以10万元以上20万元以下的罚款，有违法所得的，没收违法所得；拒不改正的，责令停航整顿。

第二十五条 违反《内河交通安全管理条例》和《危险化学品安全管理条例》第四十五条的规定，船舶配载和运输危险货物不符合国家有关法律、法规、规章的规定和国家标准，或者未按照危险化学品的特性采取必要安全防护措施的，依照《危险化学品安全管理条例》第八十六条的规定，责令改正，对船舶所有人或者经营人处以5万元以上10万元以下的罚款；拒不改正的，责令停航整顿。

本条前款所称不符合国家有关法律、法规、规章的规定和国家标准，并按照危险化学品的特性采取必要安全防护措施的，包括下列情形：

（一）船舶未按照规定进行积载和隔离；
（二）船舶载运不符合规定的集装箱危险货物；
（三）装载危险货物的集装箱进出口或者中转未持有《集装箱装箱证明书》或者等效的证明文件；
（四）船舶装载危险货物违反限量、衬垫、紧固规定；
（五）船舶擅自装运未经评估核定危害性的新化学品；
（六）使用不符合要求的船舶装卸设备、机具装卸危险货物，或者违反安全操作规程进行作业，或者影响装卸作业安全的设备出现故障、存在缺陷，不及时纠正而继续进行装卸作业；
（七）船舶装卸危险货物时，未经批准，在装卸作业现场进行明火作业；
（八）船舶在装卸爆炸品、闪点23℃以下的易燃液体，或者散化、液化气体船在装卸易燃易爆货物过程中，检修或者使用雷达、无线电发射机和易产生火花的工（机）具拷铲，或者进行加油、允许他船并靠加水作业；
（九）装载易燃液体、挥发性易燃易爆散装化学品和液化气体的船舶在修理前不按照规定通风测爆；
（十）液货船未按照规定进行驱气或者洗舱作业；
（十一）液货船在装卸作业时不按照规定采取安全措施；
（十二）在液货船上随身携带易燃物品或者在甲板上放置、使用聚焦物品；
（十三）在禁止吸烟、明火的船舶处所吸烟或者使用明火；
（十四）在装卸、载运易燃易爆货物或者空舱内仍有可燃气体的船舶作业现场穿带钉的鞋靴或者穿着、更换化纤服装；
（十五）在海事管理机构公布的水域以外擅自从事过驳作业；
（十六）在进行液货船水上过驳作业时违反安全与防污染管理规定，或者违反安全操作规程；
（十七）船舶进行供油作业时，不按照规定填写《供受油作业安全检查表》，或者不按照《供受油作业安全检查表》采取安全和防污染措施；
（十八）船舶载运危险货物，向海事管理机构申报时隐瞒、谎报危险货物性质或者提交涂改、伪造、变造的危险货物单证；
（十九）在航行、装卸或者停泊时，未按照规定显示信号。

第二十六条 违反《危险化学品安全管理条例》第六十三条的规定，通过船舶载运危险化学品，托运人不向承运人说明所托运的危险化学品的种类、数量、危险特性以及发生危险情况的应急处置措施，或者未按照国家有关规定对所托运的危险化学品妥善包装并在外包装上设置相应标志的，依照《危险化学品安全管理条例》第八十六条的规定，由海事管理机构责令改正，对托运人处以5万元以上10万元以下的罚款；拒不改正的，责令停航整顿。

第二十七条 违反《危险化学品安全管理条例》第六十四条的规定，通过船舶载运危险化学品，在托运的普通货物中夹带危险化学品，或者将危险化学品谎报或者匿报为普通货物托运的，依照《危险化学品安全管理条例》第八十七条的规定，由海事管理机构责令改正，对托运人处以10万元以上20万元以下的罚款，有违法所得的，没收违法所得；拒不改正的，责令停航整顿。

第六节 违反通航安全保障管理秩序

第二十八条 违反《内河交通安全管理条例》第四十五条，有下列行为或者情形之一的，责令改正，并可以处以 2000 元以下的罚款；拒不改正的，责令施工作业单位、施工作业的船舶和设施停止作业：

（一）未按照有关规定申请发布航行警告、航行通告即行实施水上水下活动的；

（二）水上水下活动与航行警告、航行通告中公告的内容不符的。

第二十九条 违反《内河交通安全管理条例》第二十九条的规定，在内河通航水域进行可能影响通航安全的作业或者活动，未按照规定设置标志、显示信号的，依照《内河交通安全管理条例》第七十条的规定，处以 5000 元以上 5 万元以下罚款。

本条前款所称可能影响通航安全的作业或者活动，包括《内河交通安全管理条例》第二十五条、第二十八条规定的作业或者活动。

第七节 违反船舶、浮动设施遇险救助管理秩序

第三十条 违反《内河交通安全管理条例》第四十六条、第四十七条的规定，遇险后未履行报告义务，或者不积极施救的，依照《内河交通安全管理条例》第七十六条的规定，对船舶、浮动设施或者责任人员给予警告，并对责任船员给予扣留船员适任证书或者其他适任证件 3 个月至 6 个月直至吊销船员适任证书或者其他适任证件的处罚。

本条前款所称遇险后未履行报告义务，包括下列情形：

（一）船舶、浮动设施遇险后，未按照规定迅速向遇险地海事管理机构以及船舶、浮动设施所有人、经营人报告；

（二）船舶、浮动设施遇险后，未按照规定报告遇险的时间、地点、遇险状况、遇险原因、救助要求；

（三）发现其他船舶、浮动设施遇险，或者收到求救信号，船舶、浮动设施上的船员或者其他人员未将有关情况及时向遇险地海事管理机构报告。

本条第一款所称不积极施救，包括下列情形：

（一）船舶、浮动设施遇险后，不积极采取有效措施进行自救；

（二）船舶、浮动设施发生碰撞等事故后，在不严重危及自身安全的情况下，不积极救助遇险他方；

（三）附近船舶、浮动设施遇险，或者收到求救信号后，船舶、浮动设施上的船员或者其他人员未尽力救助遇险人员。

第三十一条 违反《内河交通安全管理条例》第四十九条第二款的规定，遇险现场和附近的船舶、船员不服从海事管理机构的统一调度和指挥的，依照《内河交通安全管理条例》第七十八条的规定，对船舶、浮动设施或者责任人员给予警告，并对责任船员给予扣留船员适任证书或者其他适任证件 3 个月至 6 个月直至吊销船员适任证书或者其他适任证件的处罚。

第八节 违反内河交通事故调查处理秩序

第三十二条 违反《内河交通安全管理条例》第五十条、第五十二条的规定，船舶、浮动设施发生水上交通事故，阻碍、妨碍内河交通事故调查取证，或者谎报、匿报、毁灭证据的，依照《内河交通安全管理条例》第八十四条的规定，给予警告，并对直接责任人员处以 1000 元以上 1 万元以下的罚款；属于船员的，并给予扣留船员适任证书或者其他适任证件 12 个月以上直至吊销船员适任证书或者其他适任证件的处罚。

本条前款所称阻碍、妨碍内河交通事故调查取证，包括下列情形：

（一）未按照规定立即报告事故；

（二）事故报告内容不真实，不符合规定要求；

（三）事故发生后，未做好现场保护，影响事故调查进行；

（四）在未出现危及船舶安全的情况下，未经海事管理机构的同意擅自驶离指定地点；

（五）未按照海事管理机构的要求驶往指定地点影响事故调查工作；

（六）拒绝接受事故调查或者阻碍、妨碍进行事故调查取证；

（七）因水上交通事故致使船舶、设施发生损害，未按照规定进行检验或者鉴定，或者不向海事管理机构提交检验或者鉴定报告副本，影响事故调查；

（八）其他阻碍、妨碍内河交通事故调查取证的情形。

本条第一款所称谎报、匿报、毁灭证据，包括下列情形：

（一）隐瞒事实或者提供虚假证明、证词；

（二）故意涂改航海日志等法定文书、文件；

（三）其他谎报、匿报、毁灭证据的情形。

第三十三条 违反《内河交通安全管理条例》的有关规定，船舶、浮动设施造成内河交通事故的，除依法承担相应的法律责任外，依照《内河交通安全管理条例》第七十七条的规定，对责任船员给予下列处罚：

（一）造成特别重大事故的，对负有全部责任、主要责任的船员吊销船员适任证书或者其他适任证件，对负有次要责任的船员扣留船员适任证书或者其他适任证件12个月直至吊销船员适任证书或者其他适任证件；责任相当的，对责任船员扣留船员适任证书或者其他适任证件24个月或者吊销船员适任证书或者其他适任证件。

（二）造成重大事故的，对负有全部责任、主要责任的船员吊销船员适任证书或者其他适任证件；对负有次要责任的船员扣留船员适任证书或者其他适任证件12个月至24个月；责任相当的，对责任船员扣留船员适任证书或者其他适任证件18个月或者吊销船员适任证书或者其他适任证件。

（三）造成较大事故的，对负有全部责任、主要责任的船员扣留船员适任证书或者其他适任证件12个月至24个月或者吊销船员适任证书或者其他适任证件，对负有次要责任的船员扣留船员适任证书或者其他适任证件6个月；责任相当的，对责任船员扣留船员适任证书或者其他适任证件12个月。

（四）造成一般事故的，对负有全部责任、主要责任的船员扣留船员适任证书9个月至12个月，对负有次要责任的船员扣留船员适任证书或者其他适任证件6个月至9个月；责任相当的，对责任船员扣留船员适任证书或者其他适任证件9个月。

第九节 违反防治船舶污染水域监督管理秩序

第三十四条 本节中所称水污染、污染物与《水污染防治法》中的同一用语的含义相同。

第三十五条 违反《水污染防治法》规定，有下列行为之一的，依照《水污染防治法》第八十条的规定，责令停止违法行为，处以5000元以上5万元以下的罚款：

（一）向水体倾倒船舶垃圾或者排放船舶的残油、废油的；

（二）未经作业地海事管理机构批准，船舶进行残油、含油污水、污染危害性货物残留物的接收作业，或者进行散装液体污染危害性货物的过驳作业的；

（三）进行装载油类、污染危害性货物船舱的清洗作业，未向海事管理机构报告的；

（四）进行船舶水上拆解，未事先向海事管理机构报告的；

（五）进行船舶水上拆解、打捞或者其他水上、水下船舶施工作业，未采取防污染措施的。

有前款第（一）项、第（二）项、第（三）项行为之一的，处以5000元以上5万元以下的罚款；有前款第（四）项、第（五）项行为之一的，处以1万元以上10万元以下的罚款。

违反《水污染防治法》的规定，船舶造成水污染事故的，依照《水污染防治法》第八十三条的规定，造成一般或者较大水污染事故的，处以直接损失的20%的罚款；造成重大或者特大水污染事故的，处以直接损失的30%的罚款。

第三十六条　违反《水污染防治法》第二十七条的规定，拒绝海事管理机构现场检查，或者弄虚作假的，依照《水污染防治法》第七十条的规定，责令改正，处以1万元以上10万元以下的罚款。

第三十七条　违反《环境噪声污染防治法》第三十四条的规定，船舶在城市市区的内河航道航行时，未按照规定使用声响装置的，依照《环境噪声污染防治法》第五十七条的规定，对其给予警告或者处以1万元以下的罚款。

第三十八条　拆船单位违反《防止拆船污染环境管理条例》的规定，有下列情形之一的，依照《防止拆船污染环境管理条例》第十七条的规定，除责令限期纠正外，还可以根据不同情节，处以1万元以上10万元以下的罚款：

（一）未持有经批准的环境影响报告书（表），擅自设置拆船厂进行拆船的；

（二）发生污染损害事故，不向监督拆船污染的海事管理机构报告，也不采取消除或者控制污染措施的；

（三）废油船未经洗舱、排污、清舱和测爆即进行拆解的；

（四）任意排放或者丢弃污染物造成严重污染的。

第三十九条　拆船单位违反《防止拆船污染环境管理条例》第七条、第十条、第十五条、第十六条的规定，有下列行为之一的，依照《防止拆船污染环境管理条例》第十八条的规定，除责令其限期纠正外，还可以根据不同情节，处以警告或者处以1万元以下的罚款：

（一）拒绝或者阻挠海事管理机构进行拆船现场检查或者在被检查时弄虚作假的；

（二）未按照规定要求配备和使用防污设施、设备和器材，造成水域污染的；

（三）发生污染事故，虽采取消除或者控制污染措施，但不向海事管理机构报告的；

（四）拆船单位关闭、搬迁后，原厂址的现场清理不合格的。

第三章　附　　则

第四十条　内河海事行政处罚程序适用《交通运输行政执法程序规定》。

第四十一条　海事管理机构办理海事行政处罚案件，应当使用交通运输部制订的统一格式的海事行政处罚文书。

第四十二条　本规定自2015年7月1日起施行。2004年12月7日以交通部令2004年第13号公布的《中华人民共和国内河海事行政处罚规定》同时废止。

4. 河道管理范围内建设项目管理的有关规定

河道管理范围内建设项目管理的有关规定

（1992年4月3日水利部、国家计委水政〔1992〕7号发布，根据2017年12月22日《水利部关于废止和修改部分规章的决定》修正）

  第一条 为加强在河道管理范围内进行建设的管理，确保江河防洪安全，保障人民生命财产安全和经济建设的顺利进行，根据《中华人民共和国水法》和《中华人民共和国河道管理条例》，制定本规定。

  第二条 本规定适用于在河道（包括河滩地、湖泊、水库、人工水道、行洪区、蓄洪区、滞洪区）管理范围内新建、扩建、改建的建设项目，包括开发水利（水电）、防治水害、整治河道的各类工程，跨河、穿河、穿堤、临河的桥梁、码头、道路、渡口、管道、缆线、取水口、排污口等建筑物，厂房、仓库、工业和民用建筑以及其它公共设施（以下简称建设项目）。

  第三条 河道管理范围内的建设项目，必须按照河道管理权限，经河道主管机关审查同意后，方可开工建设。

  以下河道管理范围内的建设项目由水利部所属的流域机构（以下简称流域机构）实施管理，或者由所在的省、自治区、直辖市的河道主管机关根据流域统一规划实施管理：

  （一）在长江、黄河、松花江、辽河、海河、淮河、珠江主要河段的河道管理范围内兴建的大中型建设项目，主要河段的具体范围由水利部划定；

  （二）在省际边界河道和国境边界的河道管理范围内兴建的建设项目；

  （三）在流域机构直接管理的河道、水库、水域管理范围内兴建的建设项目；

  （四）在太湖、洞庭湖、鄱阳湖、洪泽湖等大湖、湖滩地兴建的建设项目。

  其他河道范围内兴建的建设项目由地方各级河道主管机关实施分级管理。分级管理的权限由省、自治区、直辖市水行政主管部门会同计划主管部门规定。

  第四条 河道管理范围内建设项目必须符合国家规定的防洪标准和其它技术要求，维护堤防安全，保持河势稳定和行洪、航运通畅。

  蓄滞洪区、行洪区内建设项目还应符合《蓄滞洪区安全与建设指导纲要》的有关规定。

  第五条 建设单位编制立项文件时必须按照河道管理权限，向河道主管机关提出申请，申请时应提供以下文件：

  （1）申请书；

  （2）建设项目所依据的文件；

  （3）建设项目涉及河道与防洪部分的初步方案；

  （4）占用河道管理范围内土地情况及该建设项目防御洪涝的设防标准与措施；

  （5）说明建设项目对河势变化、堤防安全、河道行洪、河水水质的影响以及拟采取的补救措施。

对于重要的建设项目，建设单位还应编制更详尽的防洪评价报告。

第六条　河道主管机关接到申请后，应及时进行审查，审查主要内容为：

（1）是否符合江河流域综合规划和有关的国土及区域发展规划，对规划实施有何影响；

（2）是否符合防洪标准和有关技术要求；

（3）对河势稳定、水流形态、水质、冲淤变化有无不利影响；

（4）是否防碍行洪、降低河道泄洪能力；

（5）对堤防、护岸和其他水工程安全的影响；

（6）是否妨碍防汛抢险；

（7）建设项目防御洪涝的设防标准与措施是否适当；

（8）是否影响第三人合法的水事权益；

（9）是否符合其它有关规定和协议。

流域机构在对重大建设项目进行审查时，还应征求有关省、自治区、直辖市的意见。

第七条　河道主管机关应在法定期限内将审查意见书面通知申请单位，同意兴建的，应发给审查同意书，并抄知上级水行政主管部门和建设单位的上级主管部门。建设单位在取得河道主管机关的审查同意书后，方可开工建设。

审查同意书可以对建设项目设计、施工和管理提出有关要求。

第八条　河道主管机关对建设单位的申请进行审查后，作出不同意建设的决定，或者要求就有关问题进一步修改补充后再行审查的，应当在批复中说明理由和依据。建设单位对批复持有异议的，可依法提出行政复议申请。

第九条　计划主管部门在审批项目时，如对建设项目的性质、规模、地点较大变动时，应事先征得河道主管机关的同意。建设单位应重新办理审查同意书。

第十条　建设项目开工前，建设单位应当将施工安排送河道主管机关备案。施工安排应包括施工占用河道管理范围内土地的情况和施工期防汛措施。

第十一条　建设项目施工期间，河道主管机关应对其是否符合同意书要求进行检查，被检查单位应如实提供情况。如发现未按审查同意书或经审核的施工安排的要求进行施工的，或者出现涉及江河防洪与建设项目防汛安全方面的问题，应及时提出意见，建设单位必须执行；遇重大问题，应同时抄报上级水行政主管部门。

第十二条　河道管理范围内的建筑物和设施竣工后，应经河道主管机关检验合格后方可启用。建设单位应在竣工验收6个月内向河道主管机关报送有关竣工资料。

第十三条　河道主管机关应定期对河道管理范围内的建筑物和设施进行检查，凡不符合工程安全要求的，应提出限期改建的要求，有关单位和个人应当服从河道主管机关的安全管理。

第十四条　未按本规定的规定在河道管理范围内修建建设项目的，县级以上地方人民政府河道主管机关可根据《河道管理条例》责令其停止建设、限期拆除或采取其它补救措施，可并处1万元以下罚款。

第十五条　本规定由水利部负责解释。

5. 北京市市属河道管理和保护范围内建设项目管理规定

北京市水务局关于印发《北京市市属河道管理和保护范围内建设项目管理规定》的通知

各有关单位：

《北京市市属河道管理和保护范围内建设项目管理规定》已由京水务办〔2014〕14号文件印发，现将相关内容通过北京市水务局网站公开，请各单位参照执行。

特此通知。

附件：北京市市属河道管理和保护范围内建设项目管理规定

北京市水务局

2014 年 7 月 30 日

附件：

北京市市属河道管理和保护范围内建设项目管理规定

第一章 总 则

第一条 为进一步加强市属河道管理和保护范围内建设项目的审批、管理工作，保障河道防洪、供水安全，保护水环境，根据《中华人民共和国水法》、《中华人民共和国防洪法》、《中华人民共和国行政许可法》、《中华人民共和国河道管理条例》、《中华人民共和国防汛条例》、《北京市水利工程保护管理条例》、《北京市河湖保护管理条例》、《北京市密云水库、怀柔水库和京密引水渠水源保护管理条例》、《关于划定市区河道两侧隔离带的规定》、《关于划定郊区主要河道保护范围的规定》、《北京市市属水利工程管理范围、保护范围、清障范围》等有关规定，制定本规定。

第二条 本规定适用于市属河道管理和保护范围内新建、扩建、改建的建设项目，包括跨河、穿河、穿堤、临河的桥梁、码头、道路、渡口、泵站、管道、缆线、取水口、排水口等工程设施，在河道管理和保护范围内建设的市政基础设施、临时厂房、仓库、工业和民用建筑等设施（以下统称建设项目）。

市属各河道管理和保护范围参见《关于划定市区河道两侧隔离带的规定》、《关于划定郊区主要河道保护范围的规定》、《北京市市属水利工程管理范围、保护范围、清障范围》有关内容。

第二章 一般规定

第三条 建设项目应符合国家法律、法规及有关规定，符合河道规划和有关水利规程、规范和技术标准及有关设计报告审查意见和批复文件要求。

第四条 建设项目不得降低河道行洪能力，不得影响河势稳定、水工程及水环境安全，不得改变水域、滩地使用性质，不得影响第三人合法的水事权益。

第五条 建设项目的建设方案应包含水工程防治与补救措施（指建设项目涉及河道及附属水利工程的防治与补救措施），水工程防治与补救措施须与主体工程同步设计、同步实施、同步验收，所需建设费用纳入总体工程投资。

第六条 建设项目在申报施工行政许可之前，需编制防洪评价报告或水工程防治与补救方案并报市水务局审查批复。大中型建设项目或小型项目但影响较大的建设项目防洪评价报告和水工程防治与补救方案编制工作须由具备水利行业工程设计、工程咨询甲级资质的单位承担；小型建设项目的防洪评价报告和水工程防治与补救方案编制工作须由具备水利行业工程设计、工程咨询乙级（含）以上资质单位承担。

第七条 建设项目水工程防治与补救措施的施工、监理应根据河道、堤防、水利工程设施等级和重要性等由具有相应水利行业资质相关单位承担，重要工程同时应报质监部门进行质量监督。承担建设项目水工程防治与补救措施的施工单位应按照有关基本建设程序和规定确定，河道管理单位不得参与指定。

第八条 建设项目开工前应取得市水务局施工行政许可，需提供的材料为：

（一）建设单位书面申请。

（二）建设项目所依据的有关立项和规划批复文件。

（三）建设项目防洪评价报告或水工程防治与补救方案及专家审查意见和相关批复。

（四）建设项目设计、施工方案及承担相关工作的单位资质证明。

（五）建设项目可能影响第三人合法水事权益的，还应提供建设项目影响第三人合法水事权益的情况和相关协议书。

（六）1∶2000地形图及其他有关资料（环保、工商、交通、文物等部门的有关批复文件，根据项目所涉及情况确定）。

第九条 建设项目在取得市水务局施工行政许可后，建设单位应与对建设项目所涉河道具有管辖权的河道管理单位（管理处）就建设项目设计、施工及水工程防治与补救方案等进行对接，跨汛期施工的工程须编制工程度汛方案和相关应急预案，有关方案和预案应经河道管理单位审查认可后方可实施。开工前建设单位应与河道管理单位签订有关管理协议，明确保障水工程防治与补救措施、责任追究办法。

第十条 建设项目水工程防治与补救专项工程完工后应报市水务局验收，由市水务局委托河道管理单位组织专项工程验收，验收合格后方可投入使用。

第三章 有关技术规定

第十一条 跨河桥梁及其他采用全桥方式跨越河道的建设项目等应满足以下要求：

（一）桥梁选择桥位须满足以下要求：

1. 选择河道顺直、河床地质良好的河段，不宜选择在河汊、古河口、急弯、汇合口等河段。

2. 避开规划保留区。

3. 避开水工程设施、饮用水源取水口、河道险工险段、水文观测断面、防汛设施等。

（二）桥梁建设方案应满足以下要求：

1. 桥跨总体布置。在山区河道上修建的建设项目跨径应不小于 30 米，平原区河道建设项目跨径应适当加大。

2. 桥梁与河道夹角。原则上桥梁轴线应与河道中心线正交，如因客观原因确不能正交，夹角范围应在 75°~105°之间或一跨过河。

3. 梁底高程。桥梁梁底高程应高于已批准的设计防洪水位，并满足防洪超高要求，跨堤处梁底高程应高于现状或规划堤顶高程。有通航要求的河道，梁底高程还应满足通航要求。

4. 桥梁与堤防和巡河路相交形式。桥梁建设不得影响降低堤防高程，不得影响巡河路通畅，原则上跨越巡河路时应采取立交方式，桥梁与巡河路之间净空应满足 4.5 米堤防交通、防汛抢险、管理维修等方面要求。

确需平交的不应降低堤顶高程，不应削弱堤身设计断面并应

对两者连接处进行专题论证，且桥梁两端与堤顶道路衔接段应按不低于公路标准与堤防平顺连接，即桥梁两侧应至少设置 50 米水平连接段，通过纵向坡度不大于 5% 的坡道与堤防连接，并采取措施满足防汛抢险通道畅通的要求。

5. 桥墩布设。原则上在跨越规划河道上开口小于 25 米的河道时应一跨过河，不在河道断面内布设桥墩。在规划河道上开口大于 25 米的河道内修建桥梁时，应尽可能减少跨数，桥墩不宜布设在河道主槽内，且应避开堤身断面，当确需布设在堤身背水坡时，需进行专题论证，满足堤身抗滑和渗流稳定的要求。

同组桥墩中心线（非圆形支墩的桥墩轴线）应为顺水流方向布置。桥梁桩基承台（或系梁）顶高程应分别在河道主槽和滩地最大冲刷线 0.5 米以下。冲刷线计算结果选取以河道防洪标准下现状河床底高程与规划河床底高程数据低值者为准。

6. 同一河道桥梁间距。同一河道桥梁间距应不小于桥梁壅水长度的 1.5 倍。对于确需减小桥梁间距的，相邻桥梁应对孔布置且须经充分论证，采取有效的防治与补救措施。

（三）桥面集中排水应避开堤身（河道岸坡），以免雨水排放造成堤身（河道岸坡）冲刷，影响堤防安全。

（四）桥梁附属设施不得布置在河道内。

（五）跨河建设项目阻水比、壅水等控制参数应满足以下要求：

1. 桥墩阻水比。新建、改建、扩建桥梁时桥墩阻水比应不大于 5%。扩建桥梁的桥墩阻水比应不大于原桥墩阻水比。

2. 壅水高度及范围。壅水计算可采用规范推荐的经验公式进行计算；对于相邻跨河建筑物可能产生联合阻水的，需进行联合壅水分析计算；壅水高度和壅水范围对河段的防洪影响较大的需进行数学模型计算或物理模型试验。

跨越 1 级、2 级堤防的，最大壅水高度控制在 5 厘米以内；跨越 3 级堤防及以下堤防的，最大壅水高度控制在 7 厘米以内；无堤防河段控制在 10 厘米以内。壅水长度的确定以对建设项目附近水利工程的功能无影响为标准。

3. 流态和流速变化。建桥后洪水下泄时不能顶冲堤防，堤脚前沿流速增幅应不大于 5%。

（六）防治与补救措施应根据河道规划及防洪评价计算结果确定，主要包括行洪断面补偿、堤防加高加固、河道岸坡及堤防迎水坡护砌等内容，护砌长度原则上不应小于桥梁建设前后上下游河道水流流速发生变化的区域长度。

第十二条　下穿河道管线、涵洞、倒虹吸等应满足以下要求：

（一）穿河（穿堤）建设项目宜采用开挖方式施工并按河道设计标准恢复堤防及河道断面，同时对新老堤的结合部位进行专门设计。

穿堤建设项目不宜采用顶管和定向钻施工方式，确需采用顶管和定向钻法施工时，应选择土质坚实的堤段进行，沿管壁不得超挖，其接触面应进行充填灌浆处理并设置截渗环，严格控制灌浆和回填质量。

采用盾构穿越和顶管、定向钻施工方式的建设项目，须对工作竖井及施工降水竖井等各类临时采取封堵处理措施，并保证质量。

（二）穿河（穿堤）建设项目应选择水流流态平顺、岸坡稳定、不影响行洪安全的堤段。建设项目穿越河道应与水流方向垂直，尽量缩短穿越长度，确需调整角度的交角不宜小于 60 度。

（三）穿河（穿堤）建设项目埋深等控制参数应满足以下要求：

1. 埋设深度。下穿永定河时埋设深度应在规划河底 8 米以下，如现状河底低于规划河底，埋设深度应在现状河底 8 米以下，同时应满足冲刷要求；下穿其他市属河道时，埋设深度应在规划河底 2.5 米以下，同时应满足埋设深度大于 1.5 倍的管径（涵洞高），同时应满足冲刷要求；穿越堤防及堤身外管理范围段管顶埋深应在堤基线 6 米以下。

2. 工作井布置。原则上河道管理范围内不得布置任何永久性竖井，施工临时竖井确需在管理范围内布设时，有堤防河道距离规划堤脚线应不小于 15 米，无堤防河道距离规划河道上开口线应不小于 5 米，竖井顶高程应高于设计洪水位 0.5 米以上。

3. 出、入土点。建设项目采用水平定向钻施工方式的，定向钻出、入土点距离 1 级堤防外堤脚应不小于 120 米，距离 2 级、3 级堤防外堤脚应不小于 100 米，并采取必要的支护和防渗固流措施。

（四）建设项目需要穿越堤身的，须符合《堤防工程设计规范》（GB50286—98）、《堤防工程施工规范》（SL260—98）、《堤防工程管理设计规范》（SL171—96）等规程规范要求，不得危及堤防安全，并采取有效防护措施，确保建设项目自身安全。

第十三条　临河建设项目

1. 临河建设项目在与堤防交叉时，宜采用跨堤型方式布置，建筑物前沿线不能超越河道治导线，原则上河道管理范围内不宜建设地面设施。

2. 排水口入河处管顶高程不得低于河道设计洪水位。

3. 临河景观、生态修复类工程不得缩窄行洪断面，亲水平台等设施应高于河道设计洪水位，确需进行地形整理的，河道内高度控制应不大于 0.5 米，且须经过充分论证。

4. 行洪河道内原则上禁止种植阻碍行洪的林木和高杆作物。

第四章 罚 则

第十四条 建设单位未按照规定办理施工行政许可相关手续擅自施工的，由河道管理单位和水政监察机构按照管辖权限依法责令其立即停工，限期补办相关手续，逾期不补办或补办未被批准的，可责令限期拆除违法建筑物、构筑物，恢复河道原状；逾期不拆除、不恢复原状的，强制拆除，所需费用由建设单位负担，并依法处1万元以上10万元以下罚款。

建设单位未按照施工行政许可相关手续批准内容和要求实施建设的，由河道管理单位和水政监察机构按照管辖权限依法责令其立即停工，限期整改，落实行政许可等相关批准内容和要求；逾期未按要求整改的，可责令限期拆除违法建筑物、构筑物，恢复河道原状；逾期不拆除、不恢复原状的，强制拆除，所需费用由建设单位负担，并依法处1万元以上10万元以下罚款。

第十五条 每项涉河工程竣工验收后，河道管理单位要建立完整的档案资料，纳入河道档案库，统一管理。

第五章 附 则

第十六条 本规定自颁布之日起实施。

第十七条 本规定由北京市水务局负责解释。

6. 天津市河道管理条例

天津市河道管理条例

（1998年1月7日天津市第十二届人民代表大会常务委员会第三十九次会议通过，根据2005年3月24日天津市第十四届人民代表大会常务委员会第十九次会议《关于修改〈天津市河道管理条例〉的决定》第一次修正，2011年7月6日天津市第十五届人民代表大会常务委员会第二十五次会议修订根据2012年5月9日天津市第十五届人民代表大会常务委员会第三十二次会议《关于修改部分地方性法规的决定》第二次修正，根据2018年9月29日天津市第十七届人民代表大会常务委员会第五次会议《关于修改部分地方性法规的决定》第三次修正，根据2018年12月14日天津市第十七届人民代表大会常务委员会第七次会议《关于修改〈天津市植物保护条例〉等三十二部地方性法规的决定》第四次修正）

第一章 总 则

第一条 为了加强河道管理，保障防洪、排涝和供水安全，改善城乡水环境和生态，发挥河道的综合效益，根据国家有关法律、法规的规定，结合本市实际情况，制定本条例。

第二条 本条例适用于本市行政区域内河道（包括湖泊、水库、人工水道）的整治、保护、利用和其他相关管理活动。

河道内的航道，同时适用国家和本市有关航道管理的规定。

第三条 本市对河道实行统一规划、综合治理、积极保护、合理利用的原则。

第四条 市和区人民政府应当加强对河道管理工作的领导，并将其纳入国民经济和社会发展规划，所需资金纳入本级财政预算。

河道防汛和清障工作，严格执行各级人民政府行政首长负责制。

第五条 市水行政主管部门是本市河道行政主管部门，对本市河道实施统一监督管理，并负责行洪河道、城市供排水河道和有关水库（以下统称市管河道）的管理。

区水行政主管部门是区河道行政主管部门，在市水行政主管部门的业务指导下，负责本行政区域内市管河道以外河道的管理。

规划和自然资源、生态环境、城市管理、农业农村、文化和旅游、航道等有关管理部门按照各自职责做好相关工作。

第六条 河道的修建、维护、管理实行统一管理、分级负责。

河道的确定和分级管理，由市水行政主管部门提出方案，经市人民政府批准后向社会公布。

第七条 任何单位和个人都有保护河道安全、维护河道水环境和参加防汛抢险的义务；都有劝阻、制止和举报危害河道安全、破坏河道水环境行为的权利。

第二章　河道整治与建设

第八条　河道专业规划由市和区水行政主管部门会同有关部门组织编制，经本级人民政府批准后，纳入本级城乡规划。

其他各类专业规划涉及河道的，应当与河道专业规划相协调。

编制详细规划涉及河道的，应当事先征求水行政主管部门意见。

第九条　河道的整治与建设应当服从流域规划、区域规划和城乡规划，符合国家和本市规定的防洪、排涝、通航、供水标准以及其他有关技术要求。

河道的整治与建设应当满足河道基本功能的要求，实施水环境生态综合整治，以实现河道通畅、水清岸绿的目标。

河道整治与建设应当考虑生态的完整性，注重保护、恢复河道及周边的生态环境和历史人文景观。

河道整治与建设选用的材料应当符合国家标准。

第十条　河道的整治与建设，由水行政主管部门负责组织实施。

水行政主管部门应当根据河道专业规划和河道实际状况，制定河道整治与建设的年度计划；对影响防洪安全、水质和环境景观的河道应当列入当年年度计划，安排整治。

第十一条　水行政主管部门进行河道整治涉及航道的，应当兼顾航运需要，并事先征求航道行政管理部门的意见。

航道行政管理部门进行航道整治，应当符合防洪和供水安全要求，并事先征求水行政主管部门的意见。

第十二条　河道清淤和加固堤防取土等河道整治需要占用的土地，由市和区人民政府按照国家和本市的有关规定调剂解决。

因整治河道增加的土地，属于国家所有，任何单位和个人不得随意占用。

清淤等河道整治的弃土，由水行政主管部门负责管理、使用和处置，主要用于河道整治与建设，免交相关费用。

第三章　河道保护

第十三条　河道管理应当设定管理范围，并根据堤防的重要程度、堤基地质条件等实际情况设定保护范围。

河道管理范围为岸线之间的水域、沙洲、滩地（包括可耕地）、行洪区，堤防护岸、护堤地及河道入海口。

河道保护范围是与河道管理范围相连的堤防安全保护区。

第十四条　水库的管理范围和保护范围，由市和区人民政府另行规定。

第十五条　水库以外其他河道管理范围的护堤地，按照下列规定划定：

（一）海河、永定新河、独流减河、子牙新河、潮白新河为河堤外坡脚以外各三十米；

（二）州河、泃河（含引泃入潮）、还乡河（含故道和分洪道）、蓟运河、青龙湾减河（含引青入潮）、永定河、北运河、金钟河、子牙河、南运河（独流减河以上）、大清河、中亭河（左堤）为河堤外坡脚以外各二十五米；

（三）北京排污河、马厂减河（独流减河以上）、新开河为河堤外坡脚以外各二十米；

（四）市管河道以外的河道为河堤外坡脚以外各十米。

中心城区和滨海新区建成区内的行洪河道不宜设护堤地的，在河道两侧各设不小于十五米宽的防汛抢险通道，视为护堤地。外环河以公路侧、对岸外侧以上河口外缘为准向外延伸十五米，视为护堤地。

第十六条　河道入海口的划定，纵向由挡潮闸起，无挡潮闸的由河道入海口的海岸线起，向海侧延伸至拦门沙的外缘；横向由河道入海口的中心线起，向两侧各延伸一千五百米至四千米。

第十七条　在河道管理范围内禁止下列行为：

（一）损毁堤防、护岸、闸坝、截渗沟等水工程建筑物和防汛设施，损毁测量设施、警示标志、安全监控等附属设施；

（二）占用、封堵防汛抢险通道；

（三）在堤防和护堤地内采砂、采石、取土、挖筑池塘；

（四）设置阻水渔具或者其他障碍物；

（五）倾倒、弃置矿渣、石渣、煤灰、泥土、垃圾等废弃物；

（六）载重量三吨以上的非防汛抢险车辆在未铺设路面的堤顶通行；

（七）非水库管理船只在水库大坝坝前五百米范围内滞留；

（八）水闸、橡胶坝引排水期间，船只和人员在其管理范围内滞留；

（九）在河道内直接利用水体进行实验；

（十）法律、法规禁止的其他行为。

第十八条　在市管河道以外的区界河或者跨区河道管理范围内，修建排水、阻水、引水、蓄水工程以及河道整治工程，应当经有关各方达成一致。

第十九条　水库以外其他河道的保护范围按照下列规定划定：

（一）本条例第十五条第一款第一项规定的河道，为护堤地以外三十米；

（二）本条例第十五条第一款第二项规定的河道，为护堤地以外二十米；

（三）本条例第十五条第一款第三项规定的河道，为护堤地以外十五米。

市管河道以外的河道、中心城区和滨海新区建成区内的行洪河道、外环河不设保护范围。

第二十条　在河道保护范围内，禁止打井、钻探、爆破、挖筑池塘、采石、取土等危害堤防安全的活动。

第二十一条　山区河道易于发生山体滑坡、崩岸、泥石流等灾害的河段，水行政主管部门应当会同地质等管理部门加强监测。

禁止在前款规定河段从事开山、采石、采矿、开荒等危及山体稳定的活动。

第二十二条　禁止擅自填堵河道。

确因建设需要填堵河道的，建设单位应当委托具有相应资质的水利规划设计单位进行论证，并按照下列权限审批：

（一）市管河道经市水行政主管部门审核同意后，报市人民政府批准；

（二）市管河道以外的河道经所在区水行政主管部门审核同意后，报所在区人民政府批准。

填堵河道需要实施水系调整的，所需费用由建设单位承担。

第二十三条　涉河建设工程、河道整治、提升改造河道景观等建设项目，应当严格按照国家规定的标准设计和施工，不得降低堤防高度和防洪标准。

第二十四条　河道管理范围内已修建的涵闸、泵站、码头和埋设的管道、缆线等设施，设施管理单位应当定期检查和维护，并服从水行政主管部门的安全管理；不符合堤防安全要求的，设施管理单位应当改建或者采取补救措施。

第二十五条 单位和个人对河道的水体、堤防、护岸和其他水工程设施等造成损害或者造成河道淤积的，应当负责修复、清淤或者承担修复、清淤费用。

第二十六条 水行政主管部门应当加强河流的故道、旧堤、原有工程设施的管理。河流的故道、旧堤、原有工程设施，不得填堵、占用或者拆毁；确需填堵、占用、拆除的，应当报市水行政主管部门批准。

第二十七条 护堤护岸林木由河道管理单位组织营造和管理，其他任何单位和个人不得擅自营造和砍伐，不得破坏。

护堤护岸林木抚育和更新性质的采伐，由市水行政主管部门按照市林业行政管理部门的委托审核发放采伐许可证。

城市建成区内行洪河道护堤护岸林木的营造和管理，按照城市园林绿化管理的规定执行。

第二十八条 壅水、阻水严重的桥梁、引道、码头和其他跨河工程设施须依法改建或者拆除的，产权单位或者设施管理单位应当在规定的期限内改建或者拆除。

第二十九条 水行政主管部门应当严格控制在河道上新建、改建、扩建排水口门或者设置临时排水泵点的审批。

向河道排水应当服从防汛统一调度和水行政主管部门的监督管理。排水口门的产权单位或者管理单位应当加强对排水口门的管理，按照国家和本市有关规定排水，不得污染河道水体。

第四章 河道利用

第三十条 河道管理范围内新建、改建、扩建建设项目，建设单位应当按照河道管理权限，将工程建设方案报水行政主管部门审查同意后，按照规定程序履行其他审批手续。

建设项目涉及防洪安全的，报审时应附具洪水影响评价报告。

建设项目性质、规模、地点需要变更的，建设单位应当事先向原审查同意的水行政主管部门重新办理审查手续。

第三十一条 建设项目经批准后，建设单位应当将施工安排告知水行政主管部门，并与水行政主管部门签订确保河道功能正常发挥和保障防洪、供水安全的责任书。

建设单位安排施工时，应当按照规定的位置和界限进行。

建设项目施工期间，水行政主管部门应当派员到现场监督检查，建设单位应予配合。

第三十二条 工程施工影响堤防安全和河道行洪、排灌等功能正常发挥的，建设单位应当采取补救措施或者停止施工。

工程竣工后，建设单位应当将工程竣工报告、质检报告、竣工图报送水行政主管部门；工程施工现场应当按照责任书的要求进行清理，未按照责任书要求清理的，交纳清理费用。

第三十三条 城市、村镇建设和发展不得占用河道管理范围内土地。城市、村镇建设规划的临河界限为河道管理范围的外缘线。城市、村镇建设规划涉及河道管理范围的，应当事先征求水行政主管部门的意见。

本条例施行前占用河道堤防的建筑物，应当逐步迁出。

第三十四条 河道岸线的利用和建设，应当服从河道专业规划和航道整治规划。规划行政管理部门审批涉及河道岸线开发利用规划，立项审批行政管理部门审批利用河道岸线的建设项目，应当事先征求水行政主管部门的意见。

河道岸线的界限为：有河堤的，以河堤外坡脚为准；无河堤的，以护岸为准；既无河堤又无护岸的，以天然河岸为准。

第三十五条 在河道管理范围内进行下列活动，应当经水行政主管部门同意；依照法律、法规规定还需经其他行政管理部门审批的，应当依法办理有关手续：

（一）在滩地内钻探、开采地下资源、进行考古发掘；

（二）在河道内固定船只、修建水上设施。

从事前款规定的行为，应当按照准许的范围和作业方式进行，并接受水行政主管部门的检查监督。

第三十六条 在河道管理范围内兴建建设项目临时占用或者利用河道、堤防、滩地、闸桥的，应当与水行政主管部门协商一致，并给予适当补偿。

第五章　法律责任

第三十七条 有下列行为之一的，由水行政主管部门责令停止违法行为，采取补救措施，可以处一万元以上三万元以下罚款，有违法所得的，没收违法所得；情节严重的，处三万元以上五万元以下罚款：

（一）占用、封堵防汛抢险通道；

（二）载重量三吨以上的非防汛抢险车辆在未铺设路面的堤顶通行；

（三）在河道内直接利用水体进行实验。

第三十八条 有下列行为之一的，由水行政主管部门责令停止违法行为，采取补救措施，可以处五千元以上五万元以下罚款；造成损坏的，依法承担民事责任；应当给予治安管理处罚的，依照治安管理处罚法的规定处罚；构成犯罪的，依法追究刑事责任。

（一）损毁堤防、护岸、闸坝、截渗沟等水工程建筑物、水工程设施；

（二）在堤防和护堤地内采砂、采石、取土、挖筑池塘；

（三）损毁防汛设施、测量设施、警示标志、安全监控等附属设施；

（四）在河道保护范围内从事打井、钻探、爆破、挖筑池塘、采石、取土等危害堤防安全的活动。

第三十九条 在易于发生山体滑坡、崩岸、泥石流等灾害的山区河道从事开山、采石、采矿、开荒等危及山体稳定活动的，由水行政主管部门责令停止违法行为，没收违法所得，对个人处一千元以上一万元以下罚款，对单位处二万元以上二十万元以下罚款。

第四十条 在河道管理范围内有下列行为之一的，由水行政主管部门责令改正，给予警告，并对个人处二百元以上五百元以下罚款，对单位处一万元以上三万元以下罚款：

（一）设置阻水渔具或者其他障碍物；

（二）非水库管理船只在水库大坝坝前五百米范围内滞留；

（三）水闸、橡胶坝引排水期间，船只和有关人员在其管理范围内滞留。

第四十一条 有下列行为之一的，由水行政主管部门责令限期改正、采取补救措施外，可以并处警告、一万元以上五万元以下罚款、没收违法所得；对有关责任人员，由其所在单位或者上级主管机关给予行政处分；构成犯罪的，依法追究刑事责任：

（一）涉河建设工程、河道整治、提升改造河道景观等建设项目擅自降低堤防高度或者防洪标准；

（二）河道管理范围内已建的涵闸、泵站、码头和埋设的管道、缆线等设施不符合堤防安全要求，拒不改建或者拒不采取补救措施；

（三）未经批准填堵、占用、拆毁河流故道、旧堤、原有工程设施；

（四）未经批准在河道内固定船只、修建水上设施；

（五）未经批准或者未按照水行政主管部门的规定在滩地内钻探、开采地下资源、进行考古发掘。

第四十二条 壅水、阻水严重的桥梁、引道、码头和其他跨河工程设施的产权单位或者管理单位未在规定期限内改建或拆除的，由水行政主管部门责令限期改建或者拆除，逾期不拆除的强行拆除，所需费用由违法单位或者个人承担，并处一万元以上十万元以下罚款。

第四十三条 擅自营造、砍伐或者破坏护堤护岸林木的，由水行政主管部门责令停止违法行为、采取补救措施，可以并处警告、没收违法所得；处一千元以上五千元以下罚款；情节严重的，处五千元以上二万元以下罚款；对有关责任人员，由其所在单位或者上级主管机关给予行政处分；构成犯罪的，依法追究刑事责任。

第四十四条 建设项目性质、规模、地点变更，建设单位未重新办理手续的，由水行政主管部门责令停止违法行为，限期补办有关手续，处一万元以上十万元以下罚款。

建设项目经批准后，建设单位拒绝与水行政主管部门签订安全保障责任书或者未按照责任书要求清理施工现场的，或者工程竣工后，建设单位未将工程竣工报告、质检报告、竣工图报送水行政主管部门的，由水行政主管部门责令限期改正，处一万元以上三万元以下罚款。

第四十五条 未经批准在河道管理范围内修建围堤、阻水渠道、阻水道路的，由水行政主管部门责令停止违法行为、采取补救措施外，可以并处警告、没收非法所得；并处一万元以上三万元以下罚款；情节严重的，处三万元以上十万元以下罚款；对有关责任人员，由其所在单位或者上级主管机关给予行政处分；构成犯罪的，依法追究刑事责任。

第四十六条 在防汛抢险期间，除防汛抢险车辆以外的其他车辆在堤顶通行的，由水行政主管部门责令限期改正，处一千元以上一万元以下罚款；情节严重的，处一万元以上五万元以下罚款。

第四十七条 非管理人员操作河道上的涵闸闸门的，水行政主管部门除责令纠正违法行为、赔偿损失、采取补救措施外，可以并处警告、一千元以上一万元以下罚款；应当给予治安管理处罚的，依照治安管理处罚法的规定处罚；构成犯罪的，依法追究刑事责任。

第四十八条 有下列行为之一的，水行政主管部门除责令其纠正违法行为、采取补救措施外，可以并处警告、没收非法所得；并处一千元以上一万元以下罚款；情节严重的，处一万元以上五万元以下罚款；对有关责任人员，由其所在单位或者上级主管机关给予行政处分；构成犯罪的，依法追究刑事责任：

（一）在堤防、护堤地建房、放牧、开渠、打井、挖窖、葬坟、晒粮、存放物料、开采地下资源、进行考古发掘以及开展集市贸易活动的；

（二）汛期违反防汛指挥部防汛抢险指令的。

第四十九条 水行政主管部门的管理人员滥用职权、玩忽职守、徇私舞弊的，由其所在单位或者上级主管部门给予处分；构成犯罪的，依法追究刑事责任。

第六章 附 则

第五十条 法律、行政法规对海河流域管理另有规定的，从其规定。

第五十一条 本条例自 2011 年 10 月 1 日起施行。1998 年 1 月 7 日天津市第十二届人民代表大会常务委员会第三十次会议通过、2005 年 3 月 24 日天津市第十四届人民代表大会常务委员会第十九次会议修正的《天津市河道管理条例》同时废止。

7. 河北省河道管理范围内建设项目管理办法（暂行）

关于印发《河北省河道管理范围内建设项目管理办法（暂行）》的通知

冀水建管〔2016〕164号

各市（含定州、辛集市）水务（水利）局，各河系管理机构：

为加强河道管理范围内建设项目的管理，规范管理程序和建设行为，确保河道防洪安全，保障人民生命财产安全和经济社会和谐发展，根据有关法律法规和规章，结合本省实际，我厅制定了本办法，省政府法制办以冀法审〔2007〕84号文进行了合法性审查，现予公布，请认真贯彻执行（冀水建管〔2007〕115号）。

咨询电话：0311-85185919。

附件：河北省河道管理范围内建设项目管理办法（暂行）

河北省水利厅
2016年12月30日

附件

河北省河道管理范围内建设项目管理办法（暂行）

第一章 总 则

第一条 为加强河道管理范围内建设项目的管理，规范管理程序和建设行为，确保河道防洪安全，保障人民生命财产安全和经济社会和谐发展，根据《中华人民共和国水法》、《中华人民共和国防洪法》、《中华人民共和国河道管理条例》、《河北省水利工程管理条例》、水利部和国家计划委员会《河道管理范围内建设项目管理的有关规定》、水利部《关于海河流域河道管理范围内建设项目审查权限的通知》，结合本省实际，制定本办法。

第二条 本办法适用于河道（包括滩地、淀泊、水库、人工水道、行洪区、蓄滞洪区）管理范围内新建、扩建、改建的建设项目。包括非防洪水利工程建设及跨河、穿河、穿堤、临河的桥梁、码头、道路、管道、缆线、取水口、排污口等建筑物，厂房、仓库、工业和民用建筑以及其它公共设施，管理范围内水域、陆域的占用或者临时使用以及为上述项目实施的钻探等（以下简称建设项目）。

第三条　河道管理范围内建设项目必须符合国家法律、法规规定，符合国家规定的防洪标准、相关规范技术标准和流域防洪规划、岸线利用规划，保障工程安全运行，保持河势稳定和行洪、排涝畅通。从事生产经营活动，必须按照工程管理权限报经水行政主管部门批准，并签订有偿使用合同。

行洪区、蓄滞洪区内建设项目还应符合《蓄滞洪区安全与建设指导纲要》的有关规定。

第四条　河道管理范围内的建设项目，必须按照河道管理权限，经有管辖权的水行政主管部门审查同意后，方可按照基本建设程序履行审批手续。建设单位在报送项目立项文件时，必须附有水行政主管部门的批复意见，否则发展计划主管部门不予审批。

第五条　水行政主管部门按照河道管理权限、建设项目规模及对区域防洪的影响程度，对申请在河道管理范围内的建设项目，实行分级受理和审查（详见附表）：

（一）水利部审查批准的项目

由国家防汛抗旱总指挥部调度的小清河分洪区、永定河泛区、东淀、文安洼、贾口洼；

（二）海河水利委员会审查批准的项目

1. 我省境内的永定河、北运河、潮白河、泃河、蓟运河、赵王新河、大清河、新盖房分洪道、中亭河；

2. 海河水利委员会直接管理的河道及水域：浊漳河侯壁以下、清漳河匡门口以下、漳河、卫河、卫运河、漳卫新河、滦河潘家口水库与大黑汀水库之间河段；

3. 省（自治区、直辖市）际边界河流；

4. 跨省（自治区、直辖市）河流，其省（自治区、直辖市）界上下游各10公里河段。

在上述河道（河段）管理范围内、行洪区、蓄滞洪区内修建大中型建设项目，需报省水行政主管部门提出初审意见后转报海河水利委员会批准。

（三）省水行政主管部门或委托省河系管理机构审查批准的项目

1. 主要行洪河道以及滦河大黑汀水库以下至滦县铁路桥段、青龙河桃林口水库以下河段范围内的建设项目；

2. 省直属工程（岗南水库、黄壁庄水库、桃林口水库、石津灌区分干渠以上工程及省河系管理机构直接管理的水闸枢纽）管理范围内的建设项目；

3. 设区市边界河道、跨设区市行洪河道边界上下游各10公里范围内以及跨市排沥的清凉江、滏东排河、北排河管理范围内的建设项目；

4. 子牙河、滏阳河艾辛庄枢纽至献县枢纽段管理范围内的建设项目；

5. 大名泛区、大陆泽、宁晋泊、献县泛区、白洋淀、兰沟洼等6处重点蓄滞洪区内对蓄洪、滞洪、行洪有可能产生较大影响的大型基本建设项目以及白洋淀周边堤防和滏阳河中游洼地东、北围堤管理范围内建设项目；

6. 穿跨两个以上（含两个）设区市公路、铁路、管道、缆线建设项目（以下简称条线建设项目）；

7. 设区市城区河道生态治理。

（四）其它河道管理范围内的建设项目审批权限划分由设区市水行政主管部门视河道具体情况自行确定，报厅备案。

第六条　为弥补项目建设对水利工程安全、防洪排涝、防洪工程规划实施以及对第三人造成的不利影响，需要对水利工程实施的扩建、改建（以下简称防洪影响工程）和需要拆除或损坏原有水工程设施,建设单位应当负担防洪影响工程的扩建、改建费用和原有水工程设施的损失补偿。防洪影响工程和水工程设施恢复设计、施工、监理等应按照河道工程等级,由具有相应资质的水利设计、施工、监理单位承担。由河道工程管理单位组织实施。

第七条 水行政主管部门批复意见中的防洪影响工程及设施,必须与主体工程同时设计、同时施工、同时投产使用。

第二章 项目申请与受理

第八条 建设单位应在项目可行性研究报告或项目建议书审查前,直接向有管辖权的水行政主管部门提出申请,相关材料一式两份,同时抄送项目所在地的水行政主管部门。申请时应提供以下文件和资料:

(一)申请书(详见附文本格式);

(二)建设项目可行性研究报告及所依据的文件;

(三)《防洪(洪水影响)评价报告》(以下简称《防洪评价报告》)。

对于较小建设项目,经有管辖权的水行政主管部门同意,也可报送工程建设方案(包括平面布置图和结构图),并详细说明建设项目对河道防洪、河势变化、河道工程安全、河道水质、第三人的综合影响,以及计划采取的补救措施等。

(四)占用河道管理范围内土地情况及该建设项目防御洪涝的设防标准与措施;

(五)建设项目可能影响第三人合法水事权益的,还应提供建设项目影响第三人合法水事权益的情况和相关协议书。

第九条 审查单位收到建设单位提交的文件材料后,资料齐全并且符合规定的,应当予以受理;否则,审查单位应当当场或者在五日内一次性书面告知建设单位需补正的内容或不受理理由。

第十条 《防洪评价报告》必须由具有相应资质的水利设计咨询单位编制。不具备资质的单位编制的《防洪评价报告》审查单位不予受理;具备资质的单位随意转让资质或委托不具备相应资质的单位承担防洪评价的,审查单位有权拒绝受理。

《防洪评价报告》编制单位资质要求:穿跨、开发利用主要行洪河道的建设项目以及穿跨占用重点蓄滞洪区的建设项目,甲级水利设计咨询资质;穿跨、开发利用一般行洪河道的建设项目以及穿跨占用一般蓄滞洪区的建设项目,乙级以上水利设计咨询资质;在河道管理范围内的其它建设项目,丙以上级水利设计咨询资质。

第十一条 《防洪评价报告》应按照河北省水利厅颁布的《河北省河道管理范围内建设项目防洪评价报告编制技术大纲(试行)》编制。采用的评价手段和技术路线应能全面反映影响范围内的水位、流势、流速和淹没范围的变化。对防洪可能产生较大影响的建设项目,应进行专题研究(数学模型计算、物理模型试验或其它试验等)。

第十二条 《防洪评价报告》评审工作由建设单位组织,有管辖权的水行政主管部门主持。根据河道级别、建设项目对行洪排涝影响的程度,专家组应由有关规划、水文、管理、设计等方面的专家和河道管理单位的技术负责人组成。专家组人数一般为5~13人,其中高级职称人数比例不得小于2/3。

第三章 项目审查

第十三条 水行政主管部门对建设项目的申请,应当按照下列规定予以审查:

(一)是否符合国家有关法律、法规、规章规定;

（二）是否符合流域防洪规划和区域水利规划，防洪除涝、河道专业规划等；

（三）是否符合技术规范标准和水利规范性文件要求；

（四）对河势稳定、水流形态、水利工程安全、水环境、冲淤变化、防汛抢险等有无不利影响；

（五）是否妨碍行洪、降低行洪排涝能力；

（六）蓄滞洪区内建设项目是否符合安全与建设要求；

（七）建设项目防御洪涝的设防标准与措施是否适当；

（八）是否影响第三人合法的水事权益；

（九）为消除或减小上述不利影响采取的工程措施及规模是否满足要求；

（十）是否符合其它有关规定和协议。

第十四条　水行政主管部门对受理建设项目应及时组织现场查勘、论证和评审活动。项目审查中开展的查勘、技术论证、评审、专家咨询及检测等实际发生的费用，由建设单位承担并计入工程成本。

上级水行政主管部门对建设项目进行审查时，应征求当地水行政主管部门意见，下级水行政主管部门在对重大建设项目进行论证审查时，应报请上级水行政主管部门参加。

第十五条　有审批权的水行政主管部门在接到申请后，一般项目须在20个工作日内（不包括补正资料及建设单位依据专家评审意见修改、补充防洪评价报告的时间）予以批复。穿跨多条河流、对流域防洪将产生重大影响的建设项目，采取集中办理时，审查时间可视情况适当延长，但不得超过45个工作日。

批复意见应抄报上级水行政主管部门备案，并同时抄送建设项目涉及的下一级水行政主管部门。

第十六条　水行政主管部门对建设单位的申请进行审查后，做出不同意建设的决定，或者要求就有关问题进一步修改补充后再行审查的，应在批复中说明理由和依据。建设单位对批复持有异议的，可在接到通知书之日起30日内向做出决定机关的同级人民政府或上一级水行政主管部门提出行政复议申请，由被申请复议机关会同同级发展计划主管部门商处。

第十七条　发展计划主管部门在审批建设项目时，如对建设项目的性质、规模、地点作较大变动时，应事先征得水行政主管部门的同意。建设单位应重新办理审查同意手续。

第十八条　防洪影响工程和水工程设施恢复初步设计报告编制单位由建设单位委托，工程概算按水利部定额编制。初步设计报告编制完成后，应直接报送批复意见中明确的初步设计审核单位。在设计编制深度满足要求的前提下，审核单位应在10个工作日内提出初步设计审核意见。

第十九条　工程初步设计审核包括以下内容：

（一）设计内容及规模是否按照专家批复意见和《防洪评价报告》提出的工程措施进行了逐条落实；

（二）工程结构型式是否符合水利设计规范。

第四章　项目的实施和监督管理

第二十条　建设项目经批准后，建设单位必须向工程所在县（市、区）水行政主管部门提出施工申请，并提交以下资料：

（一）有管辖权的水行政主管部门对建设项目提出的批复意见；

（二）有管辖权的水行政主管部门明确的初步设计审核单位提出的初步设计审核意见；

（三）建设项目最终的设计和施工方案。施工方案应包括：施工图、施工组织设计、施工期防汛度汛方案、施工弃渣清除及恢复河道原貌方案等；

（四）施工占用水利工程及河道管理范围内水域、陆域情况；

（五）防洪影响工程和水工程恢复施工单位、监理单位的资质证书和监理人员的资格证书。

经批准的建设项目 3 年内未开工建设的，应当按照审批权限重新办理审批手续。

第二十一条 县（市、区）水行政主管部门对建设项目的施工申请，应当按照下列规定予以审核：

（一）建设项目防洪影响工程和水工程设施恢复施工单位、监理单位资质是否符合水利工程相应资质要求，监理人员是否具有相应资格；

（二）建设项目的规模、地点、建设期限、结构形式以及占用河道管理范围内水域、陆域的范围是否符合批复意见要求；

（三）施工方案是否满足防汛安全的要求；

（四）施工期间防汛、排水等应急措施是否得当，施工安排是否符合防汛期限的要求；

（五）是否影响堤防、护岸和其它水工程的安全；

（六）是否妨碍防汛抢险；

（七）提出的弃渣清除方案是否合理，方案能否保证恢复河道原貌；

（八）批复意见提出的其它要求是否落实等。

第二十二条 县（市、区）水行政主管部门在接到施工申请 5 个工作日内应对施工申请提出审核意见。审核同意的，由县（市、区）水行政主管部门依法办理开工手续。不同意施工的，应当在审核意见中说明理由，并告知建设单位依法享有的有关权利。

建设项目开工进行工程定线、测量、放样时，建设单位应当邀请县（市、区）水行政主管部门参加并接受监督管理。

第二十三条 对河道管理范围内建设项目的施工活动，县（市、区）水行政主管部门有权依法检查，被检查单位必须如实提供有关情况和资料。

县（市、区）水行政主管部门对建设项目区负有监督管理责任。如发现未按批复意见进行施工或出现影响河道防洪与建设项目防汛安全方面的问题，应及时提出整改意见或者责令其停止施工，施工单位必须执行。遇重大问题，报上级水行政主管部门。

第二十四条 由于施工原因对河道堤防等水工程设施造成损害或者造成河道淤积的，责任单位或者个人应当承担赔偿或者修复、清淤责任。

第二十五条 建设单位应根据施工方案中的弃渣清除方案，分期清除施工围堰（埝）、残柱、沉箱、废墩、废渣等施工遗留物。

第二十六条 竣工验收前，建设单位应组织相关水行政主管部门对涉水工程进行专项验收，验收发现的遗留问题须在工程竣工验收前处理完毕。

工程竣工验收时，建设单位应邀请水行政主管部门及河道工程管理单位参加验收，验收合格后方可启用。建设单位应在竣工验收后三个月内向当地水行政主管部门报送有关竣工资料，当地水行政主管部门应建立工程管理档案。

第二十七条 水行政主管部门应定期对河道管理范围内的建筑物和设施进行检查，凡不符合工程安全要求的，应提出限期整改要求，有关单位和个人应当服从水行政主管部门的安全管理。

第五章　法律责任

第二十八条 为消除或减小对水利工程或第三人造成的不利影响而修建的防护工程，其日常维修养护及管理应由工程使用管理单位负责。当地水行政主管部门有权进行督导。

第二十九条 违反本办法规定的,由有管辖权的水行政主管部门根据《中华人民共和国水法》、《中华人民共和国防洪法》、《中华人民共和国河道管理条例》等有关规定给予处罚。

第六章 附 则

第三十条 本办法自公布之日起施行。

附表

河北省河道管理范围内建设项目管理审批权限一览表

审批机关	河道名称	河 段	建设项目类型	备 注
水利部	国家防汛抗旱总指挥部调度的蓄滞洪区	小清河分洪区、永定河泛区、东淀、文安洼、贾口洼	大中型建设项目	
水利部海河水利委员会	漳河	岳城水库—徐万仓	各类建设项目	建设单位将有关资料报省水利厅初审后转报海河水利委员会
	清漳河	匡门口以下		
	浊漳河	侯壁以下		
	卫河	北善村—徐万仓		
	卫运河	徐万仓—四女寺		
	漳卫新河	埝高庄—入海口		
	滦河	潘家口水库—大黑汀水库		
	永定河	金门闸—团结村东		
	北运河	乔上—双街		
	潮白河	北杨庄—荣各庄		
	泃河	三河北务村—芮庄子		
	蓟运河	新安镇—江洼口		
	新盖房分洪道	溢流堰—陈家柳		
	大清河	新盖房节制闸以下		
	赵王新河	枣林庄枢纽—西码头闸		
	中亭河	全段		
	省际边界河道			
	跨省河道	省界上下游各10公里		

续表

审批机关	河道名称	河 段	建设项目类型	备 注
河北省水利厅	河北省防汛抗旱指挥部调度的蓄滞洪区	大名泛区、大陆泽、宁晋泊、献县泛区、白洋淀、兰沟洼	大型建设项目	建设单位将有关资料报省水利厅初审后转报海河水利委员会
	南运河	石德铁路桥—冀津界	各类建设项目	
	北澧河	环水村—小河口		
	滏阳河	艾辛庄枢纽—献县枢纽		
	滏阳新河	小河口—献县枢纽		
	滹沱河	岗南水库—献县枢纽		
	子牙河	献县枢纽—冀津界		
	子牙新河	献县枢纽—阎辛庄		
	潴龙河	全段		
	南拒马河	北河店—新盖房枢纽		
	白沟河	二龙坑—白沟大桥		
	青龙湾河	红庙—中营东		
	滦河	大黑汀水库—入海口		
	青龙河	桃林口水库以下		
	边界河道	设区市、省直管县（市）边界河道		
	跨域河道	跨设区市、省直管县（市）河道上下游各10公里		
	排沥河道	清凉江、滏东排河、南排河、北排河		
	直管工程	省直管工程及所属水域	生态治理	
	设区市、省直管县（市）城区河道	设区市、省直管县（市）城区河道		

注：表中所列审查项目以外的其它所有河道管理范围内的建设项目由设区市水行政主管部门视河道具体情况自行确定。

附文本格式：

河北省河道管理范围内建设项目申请书

项 目 名 称 _____

申 请 单 位 _____（公章）

法定代表人 _____（签名）

申 请 日 期 _____ 年 _____ 月 _____ 日

河北省水利厅制

一、工程建设单位情况				
单位名称				
单位性质		法人代表		
联系人		电话号码		
单位地址		邮政编码		
主管部门				
二、工程建设项目情况				
项目名称				
项目性质				
建设位置				
设计规模				
跨河工程	河道宽度（米）		左右堤安全超高（米）	
	建筑物孔数（孔）		墩径尺寸（米）	
	梁底高程（米）		轴线与主流交角（度）	
	设计洪水标准（%）		流量（立方米/秒）	
	墩台形式		河道缩窄比（%）	
	建成后抬高水位（米）		其它：	
临河工程	沿岸线长度（米）		建筑面积（平方米）	
	建设内容			
	其它事项			
穿河穿堤工程	建筑物类别		建筑物顶高程（米）	
	建筑物尺寸		穿堤部位	
	穿堤形式		穿河形式	
	左堤高程（米）		右堤高程（米）	
	河底高程（米）		其它	
取水口	取水流量	m³/s	水质要求	
	取水方式		取水口尺寸	
	取水口水位（米）	最高水位	最低水位	
	建筑物类型		取水口底高程	米
	其它			

续表

排水口	排水量（吨/日）		总量：	清水：		污水：
	主要污染物质					
	建筑物型式			建筑物尺寸		
	建筑物底高程			其它		
有关说明						

三、申请理由

四、附件名称

申请和填表说明

一、该表由申请单位填写。

二、建设位置应分别注明行政区划位置、堤防桩号位置。

三、申请理由应填写建设项目的主要依据和需申述的理由。

四、申请时建设单位应提供以下材料

（1）建设项目所依据的文件（或复印件）；

（2）建设项目涉及河道与防洪部分的初步方案（包括图纸及说明）；

（3）《防洪（洪水影响）评价报告》（以下简称《防洪评价报告》）。对于较小建设项目，经有管辖权的水行政主管部门同意，也可报送工程建设方案（包括平面布置图和结构图），并详细说明建设项目对河道工程的综合影响以及计划采取的补救措施等。

（4）占用河道管理范围内土地情况及该建设项目防御洪涝的设防标准与措施；

（5）建设项目可能影响第三人合法水事权益的，还应提供建设项目影响第三人合法水事权益的情况和相关协议书。

五、工程应注明高程基准、坐标系。

河北省水利厅办公室
2016年12月30日印发

8. 山西省河道管理条例

山西省河道管理条例

（1994年7月21日山西省第八届人民代表大会常务委员会第十次会议通过，1994年10月1日实施。）

第一章 总 则

第一条 为加强河道管理，促进河道整治，保障防洪安全，发挥河道的综合效益，根据《中华人民共和国水法》和《中华人民共和国河道管理条例》，结合本省实际情况，制定本条例。

第二条 本条例适用于本省境内的河道（包括湖泊、人工水道、行洪区、蓄洪区、滞洪区）。一切单位和个人均应遵守本条例。

对黄河的管理，依照国家有关规定执行。

第三条 省人民政府水行政主管部门是全省河道的主管机关，各地（市）、县（市、区）的水行政主管部门是该行政区域的河道主管机关（以下简称河道主管机关）。河道主管机关的职责是：

（一）宣传和组织实施有关河道管理的法律、法规；

（二）组织编制和实施河道整治、开发利用规划和建设计划；

（三）组织编制和实施河道清障和汛期调度运用计划；

（四）维护河道运行秩序，调处河道水事纠纷；

（五）维护管理河道工程；

（六）开展河道水质监测工作，协同环境保护部门对河道水污染防治实施监督管理。

在主要河流或重点河段，根据需要设置河道管理机构或配备管理人员。河道管理机构在当地人民政府的领导下，组建河道堤防群众管理组织。

第四条 河道管理实行统一管理与分级管理、专业管理与群众管理相结合的原则，并建立区段管理责任制。汾河、桑干河、滹沱河、漳河、沁河等省内大河或其主要河段，其他跨地（市）河流的重要河段，地（市）之间的边界河道，由省河道主管机关实施管理；跨县（市、区）河流的重要河段，县（市、区）之间的边界河道，由所在地（市）河道主管机关实施管理；其他河道由县（市、区）的河道主管机关实施管理。

第五条 一切单位和个人都有保护河道堤防安全和参加防汛抢险的义务。对在河道维护、整治和防汛抢险中做出显著成绩的单位和个人，由县级以上人民政府给予表彰奖励。

第二章 整治与建设

第六条 河道的整治与建设应当服从流域综合规划，坚持除害兴利的原则，兼顾上下游、左右岸和地区之间的利益，符合国家规定的防洪标准和其他有关技术要求，保证堤防安全、河势稳定和行洪通畅。

对无堤防的河道、河床高于两岸的悬河，应根据行洪实际，逐步筑堤、疏浚和整治。

城市规划区内河道的整治与建设，由河道主管部门会同城建部门确定，并与城市建设总体规划相协调。

第七条 在河道管理范围内新建、改建、扩建的所有建设项目，包括开发水利、防治水害、整治河道的各类工程和跨河、穿河、穿堤、临河的桥梁、道路、渡口、管道、缆线、取水口等建筑物及设施，建设单位必须将工程建设方案和有关文件，按照管理权限，报送县级以上河道主管机关审查同意后，方可按照基本建设程序履行审批手续。

建设项目批准后，建设单位应当将施工安排告知河道主管机关或河道管理机构，并接受其监督。

第八条 在河道管理范围内已建的渡口、管道、缆线、取水口等工程设施，河道主管机关应当定期检查，对不符合工程安全要求的，责成建设单位或使用单位在限期内改建。

在河道管理范围内已建的厂房、仓库、工业和民用建筑以及其它公共设施，由河道主管机关提出限期搬迁、拆除方案，报县级以上人民政府批准后实施。

第九条 城镇和村庄的建设与发展不得任意占用河道滩地。城镇和村庄规划的临河界限，由河道主管机关会同城镇规划等有关部门共同确定。

第三章　管理与保护

第十条 有堤防的河道，其管理范围为两岸堤防之间的水域、沙洲、滩地（包括可耕地）、行洪区、两岸堤防及护堤地；无堤防的河道，其管理范围根据历史最高洪水位或设计防洪水位确定。

河道的具体管理范围，由县级以上人民政府划定。

河道管理范围内的土地属国家所有，由河道主管机关统一管理。

第十一条 汾河、桑干河、滹沱河、漳河、沁河等省内大河的护堤地宽度为：背水坡脚向外水平延伸十米至二十米；其它河流的护堤地宽度为：背水坡脚向外水平延伸五米至十米。

第十二条 在河道管理范围内，禁止从事下列活动：

（一）修建厂房、仓库、工业和民用建筑以及其他公共设施；

（二）修建阻水的围堤、道路、渠道；

（三）种植高杆作物、芦苇和树木（堤防防护林除外）；

（四）弃置矿渣、石渣、煤灰、泥土、垃圾等阻碍行洪的物体。

在堤防和护堤地，禁止打井、挖窑、葬坟和存放物料。

第十三条 在河道管理范围内进行下列活动，必须报经河道主管机关批准，涉及其他管理部门的，依据有关法律、法规规定办理：

（一）采砂、采石、取土、淘金等；

（二）爆破、钻探、挖筑鱼塘；

（三）修建挑坝或者其他工程设施；

（四）开采地下资源及进行考古发掘；

（五）截水、阻水、排水。

第十四条 禁止损毁堤防、护岸、闸坝等水工程建筑物和防汛设施、水文监测和测量设施、河岸地质监测设施以及通信照明等设施。

第十五条 河道主管机关应做好管理工作，任何单位和个人不得干扰河道主管机关的正

第十六条　河道的故道、旧堤及原有工程设施，未经县级以上河道主管机关批准，不得填堵、占用、拆毁。

河道管理范围内滩地的开发利用，由县级以上河道主管机关会同土地管理部门共同制定规划，报同级地方人民政府批准后实施。

第十七条　河道管理范围内营造护堤护岸林木，由河道主管机关统一规划、组织实施和管理。

本条例施行前营造的护堤护岸林木，所有权不变。需更新间伐护堤护岸林木的，应征得河道主管机关的同意，并按《中华人民共和国森林法》的有关规定办理审批手续。

第十八条　禁止围湖造田；禁止围垦河流。湖泊、河流的开发利用规划必须经县级以上河道主管机关审查批准。

第十九条　禁止向河道排放污染水体的物质，禁止在河道内清洗装贮过油类或者有毒污染物的车辆、容器。污水经过处理达到国家规定标准的，方可向河道排放。排污口的设置和改建，排污单位向环境保护部门申报之前，必须征得河道主管机关的同意。

第四章　防汛与清障

第二十条　河道的防汛和清障工作，实行各级人民政府行政首长负责制。

第二十一条　河道管理范围内的阻水障碍物，按照"谁设障，谁清除"的原则，由河道主管机关提出清障计划和实施方案报同级防汛指挥部，由同级防汛指挥部责令设障者在规定的期限内清除。逾期不清除的，由防汛指挥部组织强行清除，并由设障者承担全部费用。

第二十二条　壅水、阻水严重的桥梁和其他跨河工程设施，根据国家规定的防洪标准，由河道主管机关提出处理意见并报经同级人民政府批准，责成建设单位在规定的期限内改建或拆除。影响汛期防洪安全的，必须服从防汛指挥部的紧急处理决定。

第五章　管理费用

第二十三条　河道堤防的防汛岁修费，按照分级管理的原则，由省财政列入年度财政预算；各地（市）、县（市、区）根据实际情况列入当地年度财政预算。

第二十四条　受河道工程和防洪排涝工程设施保护的生产经营性单位和个人，应按规定缴纳河道工程维护管理费，具体办法由省人民政府另行规定。

第二十五条　在河道管理范围内采砂、采石、取土、淘金等，必须持有许可证，并按《山西省河道采砂收费管理实施细则》的规定向河道主管机关缴纳管理费。

第二十六条　河道主管机关收取的各项费用，用于河道堤防工程的维护、管理和设施的更新改造，结余资金可以连年结转使用，任何部门不得截取和挪用。

第二十七条　县级以上地方人民政府可以在汛期组织河道两岸的城镇和村庄、堤防保护区域内的单位和个人义务出工，对河道堤防工程进行维护和加固。

第六章　罚　则

第二十八条　违反本条例第十二条、第十七条第二款和第十八条规定的，由县级以上河道主管机关责令其纠正违法行为和采取补救措施，可以并处警告、没收非法所得或者二千元以下罚款；对有关责任人员，由其所在单位或者上级主管机关给予行政处分；构成犯罪的，依法追究刑事责任。

第二十九条 违反本条例第十三条规定的,由县级以上河道主管机关责令其纠正违法行为和采取补救措施,可以并处警告、没收非法所得或者三千元以下罚款;对有关责任人员,由其所在单位或上级主管机关给予行政处分;构成犯罪的,依法追究刑事责任。

第三十条 违反本条例第十四条、第十五条规定的,由县级以上河道主管机关责令其纠正违法行为、采取补救措施和赔偿损失,可以并处警告或者五千元以下罚款;违反治安管理规定的,按照《中华人民共和国治安管理处罚条例》的规定处罚;构成犯罪的,依法追究刑事责任。

第三十一条 当事人对行政处罚决定不服的,可以在接到处罚通知之日起十五日内,向作出处罚决定的机关的上一级机关申请复议,对复议决定不服的,可以在接到复议决定之日起十五日内,向人民法院起诉。当事人也可以在接到处罚通知之日起十五日内,直接向人民法院起诉。当事人逾期不申请复议或者不向人民法院起诉又不履行处罚决定的,由作出处罚决定的机关申请人民法院强制执行。

对治安管理处罚不服的,按照《中华人民共和国治安管理处罚条例》的规定办理。

第三十二条 河道主管机关和管理机构的工作人员玩忽职守、滥用职权、徇私舞弊的,由其所在单位或上级主管部门给予行政处分;情节严重构成犯罪的,依法追究刑事责任。

第七章 附 则

第三十三条 本条例具体应用中的问题由山西省人民政府水行政主管部门负责解释。

第三十四条 本条例自 1994 年 10 月 1 日起施行。

9. 内蒙古自治区河道管理范围内建设项目工程建设方案审批办理服务指南

内蒙古自治区河道管理范围内建设项目工程建设方案审批办理服务指南

主办机构：内蒙古自治区水利厅建设与管理处

审批事项名称：河道管理范围内建设项目工程建设方案审批（包括位置和界限审批）

法律法规依据：

1. 《水法》第三十八条第一款：在河道管理范围内建设桥梁、码头和其他拦河、跨河、临河建筑物、构筑物，铺设跨河管道、电缆，应当符合国家规定的防洪标准和其他有关的技术要求，工程建设方案应当依照防洪法的有关规定报经有关水行政主管部门审查同意。

2. 《防洪法》第二十七条：建设跨河、穿河、穿堤、临河的桥梁、码头、道路、渡口、管道、缆线、取水、排水等工程设施，应当符合防洪标准、岸线规划、航运要求和其他技术要求，不得危害堤防安全，影响河势稳定、妨碍行洪畅通；其可行性研究报告按照国家规定的基本建设程序报请批准前，其中的工程建设方案应当经有关水行政主管部门根据前述防洪要求审查同意。

前款工程设施需要占用河道、湖泊管理范围内土地，跨越河道、湖泊空间或者穿越河床的，建设单位应当经有关水行政主管部门对该工程设施建设的位置和界限审查批准后，方可依法办理开工手续；安排施工时，应当按照水行政主管部门审查批准的位置和界限进行。

审批范围和条件：

1. 审批范围

依据1：水利部、国家计委《河道管理范围内建设项目管理的有关规定》（水政[1992]7号）第三条：河道管理范围内的建设项目，必须按照河道管理权限，经河道主管机关审查同意后，方可按照基本建设程序履行审批手续。以下河道管理范围内的建设项目由水利部所属的流域机构（以下简称流域机构）实施管理，或者由所在的省、自治区、直辖市的河道主管机关根据流域统一规划实施管理：（一）在长江、黄河、松花江、辽河、海河、淮河、珠江主要河段的河道管理范围内兴建的大中型建设项目，主要河段的具体范围由水利部划定；（二）在省际边界河道和国境边界的河道管理范围内兴建的建设项目。

依据2：内蒙古自治区实施《中华人民共和国防洪法》办法第十五条：河道管理按照水系统一管理和分级管理相结合的原则实施。黄河、辽河、嫩江内蒙古段干流，在上级有关部门的统一领导下，由自治区水行政主管部门依法实施管理；黄河、辽河、嫩江的重要一级支流由河流所在地的盟市水行政主管部门负责管理；其他河流由河流所在地的旗县级水行政主管部门负责管理。跨盟市河流的重要河段，由自治区水行政主管部门负责管理，跨旗县河流的重要河段，由所在盟市水行政主管部门负责管理。自治区水行政主管部门管理的江河、河段，可以授权盟市水行政主管部门管理。

申请人范围：申请河道管理范围内建设项目工程建设方案审批同意的工程建设业主。

在黄河、辽河、嫩江内蒙古段干流河道管理范围内兴建的大中型建设项目，省际边界河道和国境边界的河道管理范围内兴建的建设项目，需经自治区水利厅初审，报流域机构审批；在黄河、辽河、嫩江内蒙古段干流河道管理范围内兴建的其他建设项目，盟市边界河道管理范围内兴建的建设项目，由自治区水利厅审批；黄河、辽河、嫩江的重要一级支流河道管理范围内兴建的建设项目，旗县边界河道管理范围内兴建的建设项目，由河流所在地的盟市水行政主管部门审批；旗县级水行政主管部门审批权限由盟市水行政主管部门根据本地区实际情况决定。

2. 审批条件

依据：水利部、国家计委《河道管理范围内建设项目管理的有关规定》（水政［1992］7号）第六条：河道主管机关接到申请后，应及时进行审查，审查主要内容为：（1）是否符合江河流域综合规划和有关的国土及区域发展规划，对规划实施有何影响；（2）是否符合防洪标准和有关技术要求；（3）对河势稳定、水流形态、水质、冲淤变化有无不利影响；（4）是否防碍行洪、降低河道泄洪能力；（5）对堤防、护岸和其它水工程安全的影响；（6）是否妨碍防汛抢险；（7）建设项目防御洪涝的设防标准与措施是否适当；（8）是否影响第三人合法的水事权益；（9）是否符合其它有关规定和协议。

符合流域和区域综合规划及专业规划；符合防洪防凌标准、有关技术和管理要求；不妨碍防洪，不降低泄洪能力；对河势稳定、水流形态、冲淤变化无不利影响；不对堤防、护岸和其它水工程安全造成影响；不妨碍防汛抢险；不影响公共利益和第三人合法的水事权益；建设项目自身防御洪涝的设防标准与措施适当。

办事流程：

1. 申请及受理。申请人将申请材料送自治区水利厅办公室。自收到申请之日起5个工作日内对申请材料进行审查，并根据下列情况分别作出处理：（一）属于本机关受理范围，申请材料齐全、符合法定形式的，予以受理，并出具书面受理回执；（二）申请材料不齐全或者不符合法定形式的，一次告知申请人予以补正；（三）不属于本机关受理范围的，做出不予受理的决定，并告知申请人向有受理权限的机关提出申请。

2. 组织评审。建设与管理处组织对河道管理范围内建设项目防洪评价报告进行评审，必要时征求有关盟市水行政主管部门的意见。

3. 审批决定。建设与管理处在15个工作日内对审查意见和审定的防洪评价报告进行审核，按照公文处理程序作出准予或不准予的许可决定。

申报材料：

依据：水利部、国家计委《河道管理范围内建设项目管理的有关规定》（水政［1992］7号）第五条：建设单位编制立项文件时必须按照河道管理权限，向河道主管机关提出申请，申请时应提供以下文件：（1）申请书；（2）建设项目所依据的文件；（3）建设项目涉及河道与防洪部分的初步方案；（4）占用河道管理范围内土地情况及该建设项目防御洪涝的设防标准与措施；（5）说明建设项目对河势变化、堤防安全，河道行洪、河水水质的影响以及拟采取的补救措施。对于重要的建设项目，建设单位还应编制更详尽的防洪评价报告。

1. 河道管理范围内工程建设方案审批的申请文件（1份）；
2. 建设项目所依据的文件（1份）；
3. 具备相应水利（水电）工程勘测设计资质的单位编制的河道管理范围内建设项目防

洪评价报告（一式12份）；

4. 建设项目（预）可行性研究报告（项目申请报告、备案材料）（1份）。

办结时限：

自治区水利厅自受理申请之日起20个工作日内作出许可决定。20个工作日内不能作出决定的，经厅领导批准，可以延长10个工作日，并将延长期限的理由告知申请人。组织评审所需时间不计入法定办结时限。

收费项目收费标准：不收费

咨询电话：建设与管理处 0471-5259627

投诉电话：监察室 0471-5259683

受理地址：呼和浩特市呼伦南路119号自治区水利厅25楼2505房间

河道管理范围内建设项目工程建设方案审批（包括位置和界限审批）办理流程图

（法宝办结时限20个工作日，承诺办结时限20个工作日，现场查勘，专家评审所需时间不计入法定办结时限）

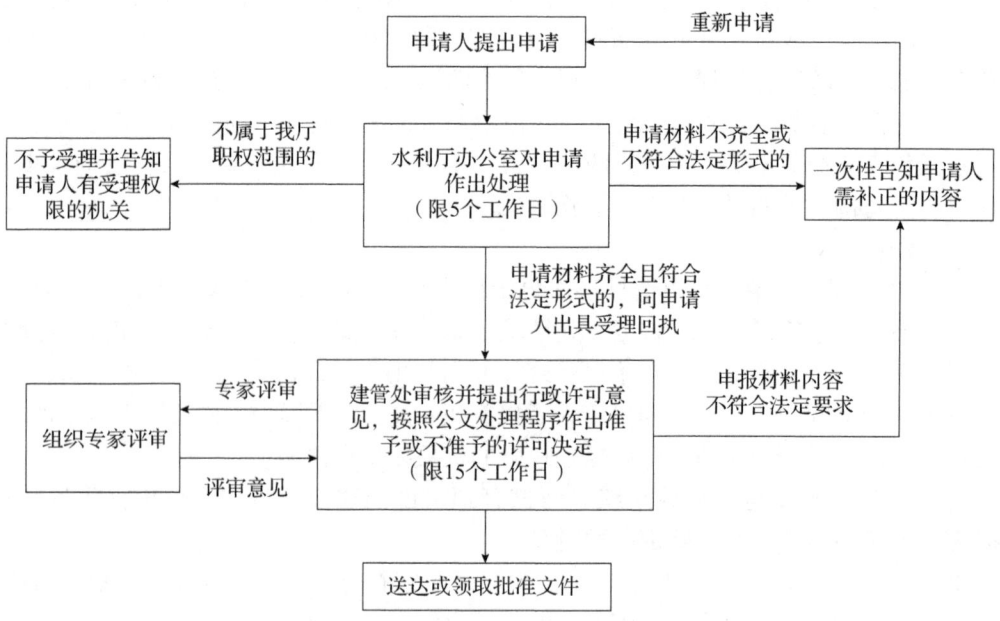

10. 陕西省河道管理条例

陕西省河道管理条例

陕西省第九届人民代表大会常务委员会公告（第二十八号）

第一章 总 则

第一条 为加强河道管理，确保河道行洪畅通和工程安全完整，发挥河道的综合效益，根据《中华人民共和国水法》《中华人民共和国河道管理条例》及有关法律、法规，结合本省实际，制定本条例。

第二条 本条例适用于本省行政区域内河道（包括湖泊、人工水道、蓄滞洪区）的整治、利用、保护及其相关的管理活动。河道内的航道，同时适用国家和本省有关航道管理的规定。

第三条 本条例所称河道管理范围是：有堤防的河道为两岸堤防之间的水域、沙洲、滩地（包括可耕地）、行洪区，两岸堤防及护堤地；无堤防的河道，根据历史最高洪水位或者设计洪水位确定。

河道的具体管理范围，由县级以上人民政府负责划定并公告，由同级水行政主管部门设立明示界桩。

第四条 省人民政府水行政主管部门是全省河道的主管机关。

市（地区）、县（市、区）人民政府水行政主管部门是该行政区域的河道主管机关。

省三门峡库区管理机构在三门峡库区范围内，行使省水行政主管部门的库区管理职责及国家流域管理机构赋予的管理职责。

第五条 河道管理实行统一管理和分级管理相结合的原则，各级水行政主管部门的具体管理范围由省人民政府另行规定。

第六条 任何单位和个人都有保护河道工程安全、保护水环境和依法参加防汛抢险的义务，并有权制止和检举违反河道管理规定的行为。

第七条 对在河道整治、保护、管理方面成绩显著的单位和个人，由县级以上人民政府或者水行政主管部门给予表彰奖励。

第二章 河道整治与建设

第八条 河道整治与建设应当服从江河流域综合规划和防洪规划，符合国家规定的防洪标准、通航标准和其他有关技术要求，维护河道工程安全，保持河势稳定和行洪、航运畅通。

第九条 城镇建设和发展不得占用河道管理范围内的滩地。城镇规划的临河界限，由水行政主管部门会同城市建设主管部门确定。编制和审查沿河城镇规划时，应当事先征求水行政主管部门的意见。

第十条　在河道管理范围内修建水工程和跨河、穿河、临河、穿堤的建设项目及设施，建设单位必须将工程建设方案报送有管理权的水行政主管部门审查同意后，方可按照基本建设程序履行审批手续，并征求建设项目所在地的县（市、区）水行政主管部门的意见。

第十一条　河道管理范围内建设项目审查权限，按照以下规定执行：

（一）在黄河和省际边界河道管理范围内修建各类建设项目或者因建设项目需要河流改道的，建设单位应当向市（地区）水行政主管部门提出申请。市（地区）水行政主管部门初审后，报省水行政主管部门审查；或者由省水行政主管部门签署意见后，按照有关规定报流域管理机构审查。

（二）在渭河、汉江、洛河、泾河、沣河、嘉陵江、丹江、石头河、千河、窟野河和红碱淖管理范围内修建各类大中型建设项目以及在市（地区）边界河道修建各类建设项目，建设单位应当向市（地区）水行政主管部门提出申请，报省水行政主管部门审查；除市（地区）边界河道外，在上述河道修建各类小型建设项目，建设单位应当向县（市、区）水行政主管部门申请，报市（地区）水行政主管部门审查。

（三）在本省三门峡库区范围内修建各类大中型建设项目，建设单位应当向省三门峡库区管理机构提出申请，由省三门峡库区管理机构征求建设项目所在市（地区）水行政主管部门意见后，按照管理权限报省水行政主管部门或者流域管理机构审查；修建各类小型建设项目，由省三门峡库区管理机构审查。

（四）在其他河道管理范围内修建大型水利工程建设项目，由省水行政主管部门审查；修建其他各类大中型建设项目和中型水工程，由市（地区）水行政主管部门审查，报省水行政主管部门备案；修建各类小型建设项目，由所在县（市、区）水行政主管部门审查。

（五）在水库管理范围内的河道修建各类建设项目，由水库管理单位提出初审意见，报水库主管部门审查。其中大型水库管理范围内大中型建设项目的审查意见，必须报省水行政主管部门备案。

各级水行政主管部门接到建设项目申请后，应当按照管理权限在六十日内审查完毕，并将审查结果通知建设单位，或者于十五日内签署初审意见，报上级水行政主管部门或者流域管理机构审查。

第十二条　经审查同意并批准立项的河道管理范围内的建设项目，建设单位必须在项目所在地的县（市、区）水行政主管部门或者省三门峡库区管理机构办理施工许可手续，并签订清障协议。

建设单位应当在建设项目竣工后六十日内，向审查同意该项目的水行政主管部门报送有关竣工资料。经其检验合格后，建设项目方可启用。

建设单位在施工期间损坏防洪工程、观测、管理等设施的，应当负责修复；由此造成损失的，应当给予赔偿。

第十三条　整治河道、修建水库新增的滩地属国家所有。按照河道管理权限，由县级以上人民政府用于河道整治、河道管理和该项工程的移民安置。

第十四条　鼓励企业事业单位、农村集体经济组织或者个人自筹资金修建河道工程，但必须经水行政主管部门批准、放线后方可施工。河道工程竣工后，由水行政主管部门依照管理权限验收管理。

企业事业单位、农村集体经济组织或者个人自筹资金修建河道工程新增的护堤地以外的滩地，经有批准权的人民政府批准后，投资者可以依法取得该滩地的全部或者部分使用权。

第十五条　受益范围明确的堤防、护岸、水闸、排水等工程设施，水行政主管部门可以向受益的工商企业等单位和农户收取河道工程修建维护管理费，用于河道工程的修建、维护、管理和通讯、交通等管理设施的更新改造。其收费标准和办法由省人民政府另行制定。

第三章　河道保护

第十六条　各级人民政府应当按照专业管理和群众管理相结合的原则，建立健全河道管理机构和群众管护组织。

专业管理机构的设置，由县级以上人民政府水行政主管部门提出方案，报同级人民政府批准。

群众管护组织，由县（市、区）水行政主管部门按沿河乡（镇）、村建立管理段、组，落实管护责任。

第十七条　河道堤防护堤地、护岸地由水行政主管部门统一管理，主要用于种植防护林、抢险取土、淤背加固堤防、堆放防洪抢险物料，任何单位和个人不得擅自侵占。

第十八条　河道堤防护堤地、护岸地的范围，按照以下规定确定：

（一）护堤地宽度：黄河禹门口至潼关段，临河、背河堤防两侧各宽一百米（从堤坡脚算起，下同）。渭河宝鸡峡大坝至咸阳铁路桥段，临河二十米，背河五十米；渭河三门峡库区咸阳、西安市段，临河二十米，背河五十米；渭河渭南市段，临河五十米，背河三十米。洛河状头水文站以下河段，临河、背河各宽二十米。三门峡库区南山支流段，临河、背河各宽十米。汉江平川段从勉县武侯镇至洋县小峡口，临河三十米，背河十米。

（二）护岸地宽度：黄河、渭河宝鸡峡大坝以下河段、汉江平川段勉县武侯镇至洋县小峡口、洛河状头水文站以下河段两边从河岸边沿向外各宽三十米；三门峡库区排水干沟两边从沟沿向外各宽十米，排水支沟两边从沟沿向外各宽五米。

（三）其他河道、河段堤防护堤地、护岸地宽度，由所在市（地区）、县（市、区）人民政府确定。

护堤地、护岸地由县（市、区）人民政府组织水行政主管部门和国土资源部门划定并公告。集体所有土地划为护堤地的，由县（市、区）人民政府从国有滩地中予以调整。

第十九条　县级以上人民政府可以在河道管理范围的相连地域划定堤防安全保护区。

黄河、渭河、汉江的堤防安全保护区，分别从临河、背河护堤地边沿向两边各划五十米。其他河道堤防安全保护区，由县级以上人民政府确定。

堤防安全保护区的土地权属不变，但使用方式应当符合河道堤防安全管理的要求。

第二十条　城镇河段必须留有护堤地和管护抢险通道。已经占用的城镇河段护堤地，应当逐步按照城镇河段规划退出。利用城镇河段护堤地，必须经有管理权的水行政主管部门审查同意。

第二十一条　在河道管理范围内禁止下列行为：

（一）修建违章丁坝、顺坝、围堤、生产堤、高路、高渠、房屋；

（二）存放物料，倾倒垃圾、矿渣、煤灰、废弃土石料和其他废弃物；

（三）围河造田、种植阻水林木和高秆作物。

禁止垦种堤防或者在堤防和护堤地内挖坑、开口、爆破、打井、挖沙、取土、淘金、挖池、挖塘、放牧、葬坟。

第二十二条　在河道管理范围内进行下列活动，必须按照河道管理权限报水行政主管部门审批：

（一）临时占用河道、湖泊管理范围内滩地、水面的；

（二）修建越堤路、过河便桥、码头的；

（三）打井、钻探，穿堤埋设管线的；

（四）在河道滩地开采矿产资源，进行考古发掘，开发旅游资源的；

（五）其他必须在河道管理范围内进行生产建设活动的。

第二十三条 在河道管理范围内采运砂、石、土料以及淘金等，必须报经水行政主管部门批准，按照指定范围和要求作业，并按规定向水行政主管部门缴纳管理费。

第二十四条 水行政主管部门应当在重要河道和重要河段设立固定观测断面，对河道断面、水位、冲淤、河势变化及堤防、护岸、护滩、险工等进行定期观测记载。

第二十五条 河道沿岸的县（市、区）、乡（镇）人民政府，可以依据国务院有关规定组织堤防保护区内的单位和个人义务投工、投劳，维修和加固河道工程。

第二十六条 禁止在易发生山体滑坡、崩岸、泥石流等地质灾害的河段和水库周边地带从事开山采石、采矿、开荒等危及山体稳定的活动。

第二十七条 禁止破坏河道测量标志、观测设备、通讯线路、照明报警器具、工程物料、界桩、里程桩、护堤护林标志、管护房等设施及抢险救生道路。不得擅自侵占或者拆毁旧堤、旧坝、老岸等工程。

第二十八条 禁止影响堤防安全的履带机动车在堤顶行驶；降雨泥泞期间，禁止车辆通行，但执行紧急任务的防汛抢险、军事、公安、救护车辆除外。

第二十九条 河道防护林由水行政主管部门按照临河造防浪林、背河造防汛抢险用材林、堤肩造行道林、堤坡植草皮的原则规划、营造和管理。鼓励单位和个人义务营造河道防护林。

水行政主管部门对河道防护林进行抚育和更新性质的采伐及用于防汛抢险的采伐，免征育林基金。

禁止损毁、盗伐河道防护林。

第四章 河道清障

第三十条 对河道管理范围内影响河道行洪安全的违章工程、阻水林木、碍洪堆积物等，按照"谁设障，谁清除"的原则，由防汛指挥机构或者水行政主管部门责令限期改建或者清除。逾期不改建又不清除的，由防汛指挥机构或者水行政主管部门组织强行清除，所需费用由设障者承担。

第三十一条 对已建成的壅水、阻水严重的桥梁、引道、管道、码头和不符合防洪安全要求的涵洞、水闸等建筑物，按照河道管理权限，由水行政主管部门根据国家规定的防洪标准提出处理意见，报同级人民政府批准，责成原建设单位限期改建或者拆除。

第三十二条 各级水行政主管部门汛期应当组织巡堤查险，观测雨情、水情和工程情况；发现险情，即时报告并组织抢护；汛后应当对河道防洪工程进行全面检查，及时修复水毁工程。

第三十三条 河道堤防的防汛岁修费，按照分级管理的原则，分别由各级财政负担，列入年度财政预算。

第五章 法律责任

第三十四条 违反本条例第九条、第十七条规定，擅自占用河道管理范围内滩地、护堤地、护岸地的，由水行政主管部门责令限期退还，没收违法所得，可以并处一万元以下罚款。

第三十五条 违反本条例第十条、第十二条第三款、第十四条第一款规定，建设项目未经水行政主管部门审查同意，或者建设项目竣工未经原审查同意的水行政主管部门检验投入使用的，由水行政主管部门责令停止违法行为，补办审查或者检验手续；对于不符合审查意见的建设项目，由水行政主管部门责令建设单位限期改建或者拆除，可以处一万元以上十万元以下罚款。

第三十六条 违反本条例第二十一条第一款规定，在河道管理范围内修建违章建筑、存放物料、堆积废弃物、围河造田等影响河道行洪安全的，由水行政主管部门责令限期清除，逾期不清除的，由水行政主管部门组织强行清除，所需费用由设障者承担，可以处三万元以下罚款；情节严重的，处三万元以上十万元以下罚款。

违反本条例第二十一条第二款规定，破坏堤防和在护堤地内从事危害堤防安全活动的，由水行政主管部门责令停止违法行为，限期修复堤防和护堤地，逾期不修复的，由水行政主管部门组织修复，所需费用由违法行为人承担，可以处二万元以下罚款；情节严重的，处二万元以上五万元以下罚款。

第三十七条 违反本条例第二十二条规定，未经批准在河道管理范围内擅自进行生产建设活动的，由水行政主管部门责令改正，补办有关手续；对于不符合防洪规划要求和其他技术要求的，责令限期拆除或者改建，可以处警告、五万元以下罚款或者没收违法所得。

第三十八条 违反本条例第二十三条规定，未经批准擅自在河道管理范围内采运砂、石、土料或者淘金的，由水行政主管部门责令停止违法行为，没收违法所得；对防洪工程造成损毁的责令限期采取补救措施，可以并处二万元以下罚款。

第三十九条 违反本条例第二十六条规定，在易发生地质灾害的河段和水库周边地带从事危及山体稳定活动的，由水行政主管部门责令停止违法行为，可以处五万元以下罚款。

第四十条 违反本条例第二十七条、第二十八条规定，破坏河道管理设施设备，擅自侵占或者拆毁旧堤、旧坝等工程，损毁河道堤防的，由水行政主管部门责令其停止违法行为，承担修复责任，可以处一万元以下罚款。

第四十一条 依据本条例对单位处以三万元以上、对个人处以三千元以上罚款的，当事人有权要求举行听证。

第四十二条 当事人对行政处罚决定不服的，可以依法申请行政复议或者提起行政诉讼。逾期不申请复议、也不起诉、又不履行处罚决定的，由作出处罚决定的行政机关申请人民法院强制执行。

第四十三条 违反本条例规定，应当给予治安管理处罚的，依照《中华人民共和国治安管理处罚条例》的规定处罚；构成犯罪的，由司法机关依法追究刑事责任。

第四十四条 违反本条例规定的其他行为，法律、法规有处罚规定的，从其规定。

第四十五条 水行政主管部门及其工作人员玩忽职守、滥用职权、徇私舞弊的，由其所在单位或者上级主管机关给予行政处分；构成犯罪的，由司法机关依法追究刑事责任。

第六章 附 则

第四十六条 本条例自公布之日起施行。一九八九年九月二十三日陕西省第七届人民代表大会常务委员会第九次会议修正公布的《陕西省河道堤防工程管理规定》同时废止。

11. 陕西省渭河流域管理条例

陕西省渭河流域管理条例

（2012年11月29日陕西省第十一届人民代表大会常务委员会第三十二次会议通过）

第一章 总 则

第一条 为了加强渭河流域水利管理，合理利用渭河及其支流水资源，防治渭河流域水污染，改善流域生态环境，保障人民生命财产安全，根据《中华人民共和国水法》、《中华人民共和国水污染防治法》等法律、行政法规，结合本省实际，制定本条例。

第二条 本条例适用于本省境内渭河及其支流水资源利用、水污染防治、防汛抗洪、河道管理、生态建设和保护等活动。本条例所称的渭河流域，是指本省境内渭河及其支流和渭河流域综合规划确定的范围。

第三条 渭河流域管理遵循统筹规划、综合治理、合理利用、科学管理的原则。渭河流域实行流域管理和行政区域管理相结合、统一管理和分级管理相结合的管理体制。

第四条 渭河流域县级以上人民政府应当建立科学、民主决策机制和区域协作机制，加强渭河流域管理综合协调工作，将水利、环境保护的基础设施建设纳入本级国民经济和社会发展规划，所需经费列入本级财政预算。省人民政府对渭河及其支流水资源利用、水污染防治、防汛抗洪、河道管理、生态建设和保护负总责。设区的市、县（市、区）人民政府对本行政区域内的渭河及其支流的水资源利用、水污染防治、防汛抗洪、河道管理、生态建设和保护负责，并列入目标责任考核的内容。

第五条 渭河流域县级以上人民政府水行政主管部门，负责渭河及其支流水资源利用、防汛抗洪、河道管理等工作。渭河流域县级以上人民政府环境保护行政主管部门，负责渭河流域水污染防治监督管理工作。林业、农业、国土资源、建设、工业和信息化等部门按照职责分工，做好渭河流域生态建设和保护及其他相关工作。

第六条 省渭河流域管理机构依照本条例规定和受黄河流域管理机构、省水行政主管部门委托，负责渭河全段的综合协调、管理监督和行政执法，对设区的市、县（市、区）的流域管理实施业务指导，根据需要设置河务管理派出机构。

第七条 鼓励支持企业事业单位、社会团体、基层自治组织、志愿者等社会力量，参与渭河流域治理、生态建设和保护。

第八条 县级以上人民政府对在渭河流域治理和保护工作中做出显著成绩的单位和个人，应当给予表彰奖励。

第二章 规划管理

第九条 本省渭河流域综合规划由省水行政主管部门会同省环境保护、发展和改革、国土资源、城乡规划、林业、农业等有关部门和渭河流域设区的市人民政府编制，经省人民政府审查，报国务院水行政主管部门审核。渭河及其支流水资源利用、水污染防治、防洪治涝、抗旱灌溉、河道疏浚采砂、生态建设和保护、岸线滩地开发利用、城市段景观等专业规划，应当符合渭河流域综合规划。

第十条 渭河岸线滩地开发利用规划、疏浚采砂规划，由省渭河流域管理机构组织相关设区的市水行政主管部门编制，经省水行政主管部门审查后，报省人民政府批准；渭河支流岸线滩地开发利用规划、疏浚采砂规划，由相关设区的市、县（市、区）水行政主管部门组织编制，报本级人民政府批准。岸线滩地开发利用规划应当与土地利用总体规划、城乡规划相衔接，疏浚采砂规划应当服从防洪的总体安排和河道管理的要求。

第十一条 渭河流域综合规划，由县级以上人民政府组织实施，专业规划由县级以上相关部门按照分工负责实施。

第十二条 在渭河及其支流河道管理范围内建设水工程，应当符合流域综合规划和相关专业规划，建设单位应当在工程可行性研究报告报请批准前，按照下列规定提出规划同意书申请：

（一）在渭河流域建设水工程，属黄河流域管理机构审查权限范围的，向省渭河流域管理机构提出规划同意书申请，经初审后，由省水行政主管部门报黄河流域管理机构审查；

（二）在渭河及其重要支流上建设其他水工程的，向省渭河流域管理机构提出规划同意书申请，经初审后，报省水行政主管部门审查并签署意见；

（三）在渭河其他支流上建设水工程的，向设区的市、县（市、区）水行政主管部门提出规划同意书申请，由受理申请的部门按照权限审查并签署意见，报省渭河流域管理机构备案。

第十三条 渭河流域综合规划和渭河防洪、河道疏浚采砂、岸线滩地开发利用专业规划的实施情况，由省渭河流域管理机构负责监督检查，并向省水行政主管部门报告。其他专业规划的实施情况，由省级有关行政主管部门负责监督检查。渭河支流的专业规划的实施情况，由审批机关负责监督检查。

第三章 水资源管理

第十四条 渭河水资源利用实行总量控制和定额管理相结合制度，统筹调剂水资源，优先满足城乡居民生活用水，合理安排工业、农业和服务业用水，保证渭河生态基流，维护生态功能。

第十五条 渭河流域水中长期供求规划，由省水行政主管部门会同省级有关部门制订，经省发展和改革行政主管部门审查批准后执行。

第十六条 本省境内渭河及泾河、洛河的水功能区划按照国家规定组织拟定，经省人民政府审查后，报国务院水行政主管部门。渭河其他跨省、跨设区的市支流水功能区划，由省水行政主管部门会同省环境保护行政主管部门和有关部门编制，报省人民政府批准，并报国务院水行政主管部门和环境保护行政主管部门备案。渭河跨县（市、区）支流水功能区划由设区的市水行政主管部门会同同级环境保护行政主管部门和有关部门编制，报本级人民政府批准，并报省水行政主管部门和环境保护行政主管部门备案。渭河其他支流水功能区划，由县（市、区）水行政主管部门会同同级环境保护行政主管部门和有关部门编制，报本级人民政府批准，并报设区的市水行政主管部门和环境保护行政主管部门备案。渭河流域设区的市、县（市、区）水行政主管部门，根据水功能区对水质的要求和水体的自然净化能力，核定水域的纳污能力，向同级环境保护行政主管部门提出该水域的限制排污总量意见，同时抄报本级人民政府和上一级水行政主管部门。

第十七条　渭河水量分配方案由省渭河流域管理机构提出初步意见，省水行政主管部门商相关设区的市人民政府确定，报省人民政府批准。

第十八条　渭河水量调度遵循总量控制、断面流量控制、分级管理负责的原则，实行年度水量调度计划、月旬水量调度方案和实时调度指令相结合的调度方式。渭河水量调度年度为当年7月1日至次年6月30日。重要控制水文断面、设区的市界水文断面的设定和流量控制指标，由省水行政主管部门商相关设区的市人民政府确定并公布，确定流量控制指标应当保证必要的生态基流；省界和黄河入口水文断面流量控制指标，按照黄河水量调度要求执行。渭河流域设区的市、县（市、区）水行政主管部门以及渭河及其支流主要蓄引提水工程管理单位，应当执行水量分配方案和省渭河流域管理机构的水量调度指令，合理安排用水计划，确保相应控制断面流量符合规定的控制指标。渭河水量调度的具体办法，由省人民政府制定。

第十九条　在渭河、泾河河道管理范围内取水的，由省渭河流域管理机构许可，并向省水行政主管部门备案；属黄河流域管理机构管理权限的，按照国家相关规定执行。在渭河其他支流河道管理范围内取水的，按照省人民政府相关规定执行。建设项目申请取水许可的，应当编制水资源论证报告书。对未依法完成水资源论证的建设项目，审批机关不予审批。

第二十条　在渭河流域新建、改建、扩建的耗水量大的工业项目和产业园区，应当配套建设节水设施和工业用水回收利用设施、中水回用管网设施，节水设施和回收设施与主体工程同时设计、同时施工、同时使用。不符合规定要求的，主体工程不得投产、使用。渭河流域已有工业项目应当采取循环用水、综合利用以及废水处理回用等措施，降低用水单耗，提高水的重复利用率。

第二十一条　水利、农业行政主管部门应当完善渭河流域农业节水社会化服务体系，加强农业节水技术的指导、示范和培训，因地制宜推行节水灌溉方式，对农业蓄水、输水工程采用防渗漏措施，健全灌溉配套设施，提高农业用水效率。

第二十二条　各级人民政府应当采取措施，加强中水回用管网设施建设，推行中水利用。园林绿化、环境卫生、建筑施工、工业生产、消防等应当优先使用中水。有条件使用中水的，不得使用饮用水。

第四章　水污染防治

第二十三条　渭河流域水污染防治应当优先保护饮用水水源，严格控制工业污染、城镇生活污染、农业面源污染，预防、控制和减少渭河水环境污染。排污单位不得超过水污染物排放标准和化学需氧量、氨氮等重点水污染物排放总量控制指标排放水污染物。渭河流域推行水污染物排污权有偿使用和交易制度。

第二十四条　渭河流域设区的市、县（市、区）人民政府应当合理规划工业和城乡建设布局，调整产业结构，推行清洁生产，确保污水达标排放。省发展和改革行政主管部门会同省工业与信息化行政主管部门制定渭河流域产业发展目录。产业发展目录中禁止类的建设项目，不得批准建设；限制类的建设项目须经省人民政府相关部门审核批准。渭河流域内的饮用水源保护区、自然保护区、风景名胜区、森林公园等重点区域内，禁止新建水泥、造纸、果汁、印染、淀粉、电镀等耗水量大、污染严重的建设项目。

第二十五条　省环境保护行政主管部门会同省水行政主管部门以及渭河流域各设区的市人民政府，根据国家对渭河省界水体环境质量要求和渭河各段水体的使用功能以及环境质量状况、经济技术条件，确定渭河跨行政区域交界监测断面位置和断面水质控制指标，报省人民政府批准后实施。渭河流域县级以上人民政府应当采取有效措施削减水污染物排放总量，保证监测断面水质达到规定的控制指标。监测断面水质超过控制指标的，相关设区的市人民政府应当缴纳污染补偿金；监测断面水质优于控制指标的，给予相关设区的市人民政府奖励。渭河流域水污染补偿奖励的具体规定，由省环境保护行政主管部门会同省财政部门制定。

第二十六条 渭河流域新建、改建、扩建建设项目，应当进行环境影响评价。环境保护行政主管部门审批建设项目环境影响评价文件时，不得突破本行政区域排污总量控制指标。建设项目的水污染防治设施应当与主体工程同时设计、同时施工、同时使用。水污染防治设施应当经环境保护行政主管部门验收，未经验收或者验收不合格的，主体工程不得投入生产、使用。

第二十七条 在渭河流域排放水污染物的单位，应当按照环境影响评价文件要求，建设水污染物处理设施并保证其正常使用。拆除或者闲置水污染物处理设施的，应当在拆除或者闲置水污染物处理设施二十日前报环境保护行政主管部门批准。排污单位应当记录水污染物处理设施运行状况，并保证其完整、真实。重点排污单位还应当安装污染物排放自动监控设备系统，与环境保护行政主管部门联网，并确保其正常运行。

第二十八条 直接或者间接向水体排放工业废水、医疗污水和国家规定的企业事业单位应当取得排污许可证。排污许可证应当载明排放污染物的种类、浓度、总量、去向等内容，具体管理办法由省环境保护行政主管部门制定。禁止违反排污许可证的规定排放污染物。

第二十九条 渭河流域设区的市、县（市、区）人民政府和各类开发区、工业园区应当规划建设污水处理厂，统筹安排污水集中处理设施和配套管网以及污泥处理设施建设，城镇和企业排入渭河及其支流的废水必须符合国家标准和地方标准。

第三十条 在渭河及其支流河道新建、改建、扩建排污口，应当控制数量、定点设置，符合渭河水功能区划、水资源保护规划、岸线利用规划、防洪规划和环境影响评价要求，除属黄河流域管理机构权限的，按照下列权限审批：

（一）在渭河、泾河、洛河河道内设置入河排污口的，由省渭河流域管理机构受理审查；

（二）在渭河其他重要支流河道内设置入河排污口的，由设区的市水行政主管部门受理和审查；

（三）在渭河其他支流河道内设置入河排污口的，由所在地县（市、区）水行政主管部门受理和审查。设区的市、县（市、区）水行政主管部门审查同意设置入河排污口的，审批机关应当在三十日内向省渭河流域管理机构备案。渭河流域设区的市、县（市、区）水行政主管部门、省渭河流域管理机构，对排污单位排污口设置以及排污情况进行监督检查，核查登记，建立排污口管理档案。

第三十一条 渭河流域县级以上环境保护行政主管部门、水行政主管部门和省渭河流域管理机构，应当加强渭河流域水质、水量的监测，建立信息共享和监督协查机制，发现重点水污染物排放总量超过控制指标或者超过水体功能容量的，及时报告县级以上人民政府。县级以上人民政府应当采取措施组织治理，并向社会公告治理情况。

第三十二条 省环境保护行政主管部门负责定期向社会公布水环境质量状况和重点排污单位的水环境信息。排污单位应当向社会公开本单位水环境信息。环境保护行政主管部门可以对渭河流域企业环境行为进行评价和现场检查，将排污单位遵守水污染防治法律、法规的情况纳入企业环境信用体系，及时公布企业环境行为评价结果。

第三十三条 渭河流域内禁止下列行为：

（一）向水体或者河道排放油类、酸液、碱液或者剧毒废液；

（二）在水体或者河道清洗装贮过油类或者有毒污染物的车辆和容器；

（三）向水体或者河道排放、倾倒工业废渣、城镇垃圾和其他废弃物，或者在最高水位线以下的滩地、岸坡堆放、存贮固体废弃物或者其他污染物；

（四）利用无防渗漏措施的沟渠、坑塘等输送或者存贮含有毒污染物的废水、含病原体的污水和其他废弃物；

（五）利用渗井、渗坑、裂隙和溶洞排放、倾倒含有毒污染物的废水、含病原体的污水和其他废弃物；

（六）将含有汞、镉、砷、铬、铅、氰化物、黄磷等的剧毒废渣向水体或者河道排放、倾倒或者直接埋入地下；

（七）向水体或者河道排放水温不符合环境质量标准的含热废水或者含病原体的污水；

（八）向水体或者河道排放、倾倒放射性固体废物或者含有不符合放射性污染防治规定和标准的放射性废水；

（九）法律、法规禁止的其他行为。

第三十四条 渭河流域内化工、印染、电镀、冶金、重金属废矿、危险废物堆放填埋场所等土地使用单位，转让或者改变土地用途时，应当对土壤环境调查评估，编制修复和处置方案，报环境保护行政主管部门批准后实施。土壤修复后经县级以上环境保护行政主管部门组织验收合格的，方可依照土地管理法律、法规规定转让或者改变土地用途。

第三十五条 渭河流域农业行政主管部门应当加强农药、化肥安全管理，推广安全、高效、低毒和低残留农药、化肥，防止和减少农药、化肥对渭河水体的污染。

第三十六条 渭河流域县级以上人民政府组织制定渭河流域水污染突发事件应急预案。发生水污染突发事件时，有关部门应当立即采取措施，防止危害扩大，并报告县级以上人民政府启动相应的应急预案。

第五章　防洪管理

第三十七条 省人民政府防汛指挥机构统一指挥、领导渭河流域防汛抗洪工作。渭河流域设区的市、县（市、区）防汛指挥机构，在本级政府及上级防汛指挥机构的领导下，负责本行政区域防汛抗洪工作。

第三十八条 省渭河流域管理机构在省人民政府防汛指挥机构的领导下，组织编制渭河防洪方案，为渭河流域防汛抗洪提供技术支持和技术指导，开展河道水文泥沙勘测及对策研究，负责渭河防洪工程的建设与运行管理、省级机动防汛抢险专业队伍建设。

第三十九条 渭河流域每年六月至十月为汛期。县级以上人民政府及其主管部门、防汛指挥机构、省渭河流域管理机构应当组织单位和个人做好防汛抗洪工作。第四十条〔蓄滞洪区设置补偿〕渭河流域的蓄滞洪区由省人民政府批准设置。为防御洪涝灾害启用蓄滞洪区的，县级以上人民政府应当对受到灾害的单位和个人予以补偿。

第四十一条 设区的市、县（市、区）防汛指挥机构应当制定河道清障计划和方案，向省防汛指挥机构和省渭河流域管理机构备案后组织实施。阻碍渭河及其支流河道行洪的障碍物，分别由设区的市和县（市、区）防汛指挥机构责令设障者限期清除；逾期不清除的，组织强行清除，所需费用由设障者承担。无法确定设障者或者自然形成的障碍物，由设区的市、县（市、区）防汛指挥机构组织清除。

第四十二条　渭河流域防洪工程应当符合防洪规划和标准的要求。省水行政主管部门负责渭河防洪工程建设与运行的监督管理，设区的市、县（市、区）水行政主管部门负责辖区内渭河支流防洪工程建设与运行的监督管理。

第四十三条　渭河流域河道堤防建设应当符合国家堤防工程技术规范和标准的要求，设置防汛抢险通道。设区的市、县（市、区）水行政主管部门和省渭河流域管理机构应当加强渭河流域河道堤防的巡查和监督管理。禁止占用防汛抢险通道，汛期内禁止非防汛抢险车辆通行；禁止履带式机动车辆、影响堤防安全的载重车辆等车辆沿堤顶通行。旅游观光、农业生产车辆沿堤顶通行应当服从水行政主管部门或者省渭河流域管理机构的监督管理。公安机关交通管理部门应当在允许车辆通行的河道堤防道路设置交通标志，实施交通安全管理。

第六章　河道管理

第四十四条　渭河河道管理范围，由省渭河流域管理机构提出划定方案报省水行政主管部门审核，由省人民政府批准。渭河流域重要支流和跨县（市、区）支流的河道管理范围，由设区的市水行政主管部门提出方案，报本级人民政府批准。其他支流的河道管理范围，由县（市、区）人民政府批准。河道管理范围由批准的人民政府予以公告，省渭河流域管理机构、设区的市、县（市、区）水行政主管部门设置标牌界桩。

第四十五条　在渭河流域河道管理范围内新建、改建、扩建各类工程建设项目的，建设单位或者个人应当向省渭河流域管理机构或者设区的市、县（市、区）水行政主管部门提出申请，其工程建设方案按照下列权限和程序审查同意后，方可按照基本建设程序履行审批手续：

（一）渭河、泾河、洛河和三门峡库区南山支流河道管理范围内建设项目，由省渭河流域管理机构受理审查同意，其中大中型建设项目报省水行政主管部门审查同意，属黄河流域管理机构审查权限范围的，报黄河流域管理机构审查；

（二）渭河其他支流河道管理范围内建设项目，由县（市、区）水行政主管部门受理审查同意，其中大中型建设项目，报设区的市水行政主管部门审查同意；

（三）其他跨行政区域的渭河支流河道管理范围内建设项目，由共同的上级人民政府水行政主管部门审查同意。渭河流域河道管理范围内其他生产建设活动，按照建设项目审查权限管理。

第四十六条　〔涉河项目监管〕项目建设单位或者个人按照审查决定书的要求施工，并与省渭河流域管理机构或者建设项目所在地县（市、区）水行政主管部门签订清障协议，接受监督检查。

第四十七条　〔采砂管理〕省渭河流域管理机构和设区的市、县（市、区）水行政主管部门应当严格管理采砂活动，根据渭河流域治理工作需要，确定渭河及其支流河道的禁采期、禁采区，并向社会公告。在渭河及支流河道管理范围内采砂应当按照下列规定取得采砂许可证，并按照许可证载明的区域和要求作业，接受省渭河流域管理机构或者水行政主管部门的监督管理：

（一）在渭河河道管理范围内采砂的，向省渭河流域管理机构申领采砂许可证；

（二）在渭河重要支流河道管理范围内采砂的，向设区的市水行政主管部门申领采砂许可证；

（三）在渭河其他支流河道管理范围内采砂的，向县（市、区）水行政主管部门申领采砂许可证。因居民生活需要少量采砂的，不受前款规定限制，但应当按照省渭河流域管理机构或者水行政主管部门指定的区域采砂。

第四十八条 在渭河及其支流河道管理范围内，禁止下列行为：

（一）破坏、损毁河道控导、堤防工程及其附属设施；

（二）移动、侵占、损毁测量标志、观测设备、标牌界桩等设施；

（三）围河造田、修池养殖、种植阻水林木；

（四）修建房屋、存放物料、倾倒垃圾、葬坟；

（五）其他影响河道行洪安全的行为。第七章生态建设和保护第四十九条〔林草植被〕渭河流域设区的市、县（市、区）人民政府应当采取封山育林、退耕还林、植树种草等措施，提高植被覆盖率，防止水土流失。

第五十条 渭河沿岸设区的市、县（市、区）人民政府负责组织本行政区域内的河岸生态建设，省人民政府应当给予资助。渭河流域县级以上水行政主管部门、省渭河流域管理机构应当组织做好管辖范围内的河道防护林、堤坡植被的管护工作。禁止盗伐、损毁河道林木植被。

第五十一条 渭河流域林业、水利、环境保护等部门应当加强野生动物及其栖息环境的保护。在渭河流域水生野生动物种质资源保护区内，禁止新建、扩建严重影响水生野生动物及其生息环境的建设项目。

第五十二条 省林业行政主管部门应当会同省水行政主管部门等有关部门，编制渭河流域湿地保护规划，并组织实施。设区的市、县（市、区）人民政府及其有关主管部门应当按照渭河流域湿地保护规划要求，采取措施，恢复和提高湿地生态功能。

第五十三条 渭河及其重要支流沿岸的城市人民政府建设河岸生态景观，应当保持河流及沿岸的自然风貌，保障河道行洪畅通，满足河道安全要求，为公众提供休闲游览场所。建设河岸生态景观，应当履行河道管理范围内建设项目审批手续。河岸生态景观管理机构，应当服从水行政主管部门的水资源调度和防汛指挥机构的防洪管理。

第五十四条 〔农村环保〕渭河及其支流沿岸的县（市、区）、乡（镇）人民政府、街道办事处应当制定高于其他农村环境综合整治的标准和目标，建立生态建设示范区，建设农村公共污水管网和污水集中处理设施，对垃圾进行无害化处理，组织村民委员会具体实施农村生态环境保护工作。在渭河堤岸线外侧规定范围内和重要支流堤岸线外侧规定范围内禁止设置垃圾堆放场、填埋场。

第五十五条 渭河流域县（市、区）人民政府应当合理规划沿河周边水产养殖和布局，划定畜禽养殖场禁止建设区域，推广生态养殖技术，减少水产养殖污染。

第八章 管理监督

第五十六条 渭河流域水行政主管部门、环境保护行政主管部门和省渭河流域管理机构，应当加强执法队伍建设，健全渭河流域监测信息网络，提高先进设施监测和装备水平，进行执法巡查和驻守督察，及时查处违法行为。

第五十七条 渭河流域县级以上人民政府、省渭河流域管理机构应当健全行政执法协调机制，组织有关部门对渭河流域的重大违法行为，开展联合执法和专项治理。

第五十八条 渭河流域县级以上人民政府及有关部门按照管理权限，对渭河及其支流水事纠纷进行协商和调处。

第五十九条 渭河流域水行政主管部门、环境保护行政主管部门和省渭河流域管理机构，应当公布举报电话以及其他举报途径，及时处理社会公众举报的违法行为，并公布处理结果。

第九章　法律责任

第六十条　违反本条例第十二条规定，擅自建设水工程，责令停止违法行为，限期补办手续；逾期不补办或者补办未被批准的，责令限期拆除。违反规划同意书的要求，严重影响行洪的，予以拆除，并按照管理权限，由县级以上水行政主管部门或者省渭河流域管理机构处五万元以上十万元以下罚款。

第六十一条　渭河及其支流蓄引提水工程管理单位违反第十八条第三款规定，不执行水量分配方案、水量调度指令的，由省渭河流域管理机构责令限期改正；逾期不改正的，处五万元以上五十万元以下罚款。

第六十二条　违反本条例第十九条规定，未经许可在渭河及其支流取水或者未按取水许可证规定取水的，由许可机关责令停止违法行为，补征相应的水资源费，处五万元以上十万元以下罚款；情节严重的，吊销取水许可证。

第六十三条　违反本条例第二十七条规定，有下列行为之一的，由环境保护行政主管部门责令限期改正；逾期不改正的，处五万元以上十万元以下罚款：

（一）未按规定对所排放的废水监测并保存原始监测记录的；

（二）未按规定安装水污染物排放自动监测设备或者联网的。

第六十四条　违反本条例第二十八条规定，未取得排污许可证、伪造排污许可证、持过期排污许可证或者排污许可证已被撤销、吊销、注销，排污单位排放污染物的，由环境保护行政主管部门责令停止排放污染物，处一万元以上十万元以下罚款。

第六十五条　违反本条例第三十条、第四十五条规定，未经审批设置排污口或者进行涉河工程建设的，由县级以上水行政主管部门或者省渭河流域管理机构责令停止违法行为，限期恢复原状，处五万元以上十万元以下罚款。

第六十六条　违反本条例第四十三条第二、三款规定，由公安机关交通管理部门责令改正，排除妨害并依法处罚；履带式机动车辆、影响堤防安全的载重车辆等车辆沿堤顶通行，由县级以上水行政主管部门或者省渭河流域管理机构予以制止，处五千元以上三万元以下罚款；损毁河道堤防的，由责任人承担民事赔偿责任。

第六十七条　违反本条例第四十六条规定，未按照审查决定书和清障协议要求建设的，由县级以上水行政主管部门或者省渭河流域管理机构依据职权，责令限期改正；逾期不改正的，处五万元以上十万元以下罚款。

第六十八条　违反本条例第四十七条规定，无证采砂或者在禁采期、禁采区采砂的，由县级以上水行政主管部门或者省渭河流域管理机构责令停止违法行为，没收违法所得和采砂作业设备、工具，处十万元以上五十万元以下罚款。未按许可证规定采砂作业的，由县级以上水行政主管部门或者省渭河流域管理机构责令停止违法行为，没收违法所得，处五万元以上二十万元以下罚款；情节严重的，没收采砂作业设备和工具，由许可机关吊销采砂许可证。违法采砂造成河道防洪工程损毁的，承担民事赔偿责任；构成犯罪的，由司法机关依法追究刑事责任。

第六十九条　违反本条例第四十八条规定的，由县级以上水行政主管部门或者省渭河流域管理机构责令停止违法行为，限期恢复原状，予以警告；情节严重的，处五千元以上五万元以下罚款；构成犯罪的，由司法机关依法追究刑事责任。

第七十条 依据本条例对单位作出十万元以上、对个人处以五万元以上罚款处罚决定的，当事人有权要求听证。

第七十一条 违反本条例规定，国家工作人员有下列行为之一的，由主管部门或者行政监察部门对直接负责的主管人员和其他直接责任人员给予行政处分；构成犯罪的，由司法机关依法追究刑事责任：

（一）不执行已批准的渭河流域相关规划的；

（二）不执行水量分配方案和调度指令的；

（三）违法实施行政许可、行政审批的；

（四）截留、挪用或变相私分国家用于渭河流域治理、建设、维护资金或者物资的；

（五）不依法履行监测、监督管理职责，造成严重后果的；

（六）其他滥用职权、玩忽职守、徇私舞弊的行为。第七十二条〔援引规定〕违反本条例规定的其他行为，法律、法规有处罚规定的，从其规定。

第十章 附 则

第七十三条 本条例所称渭河的重要支流，是指跨省的泾河、洛河、千河，跨设区的市的石川河、漆水河、沣河、零河，三门峡库区范围内的南山支流。三门峡库区范围内的河道管理除按地方性法规、省人民政府规章规定执行外，还应当接受黄河流域管理机构的管理。

第七十四条 本条例自2013年1月1日起施行。1998年8月22日陕西省第九届人民代表大会常务委员会第四次会议通过的《陕西省渭河流域水污染防治条例》同时废止。

四、林业管理有关规定

1. 林地使用及林木采伐办理流程

（一）林地使用办理流程

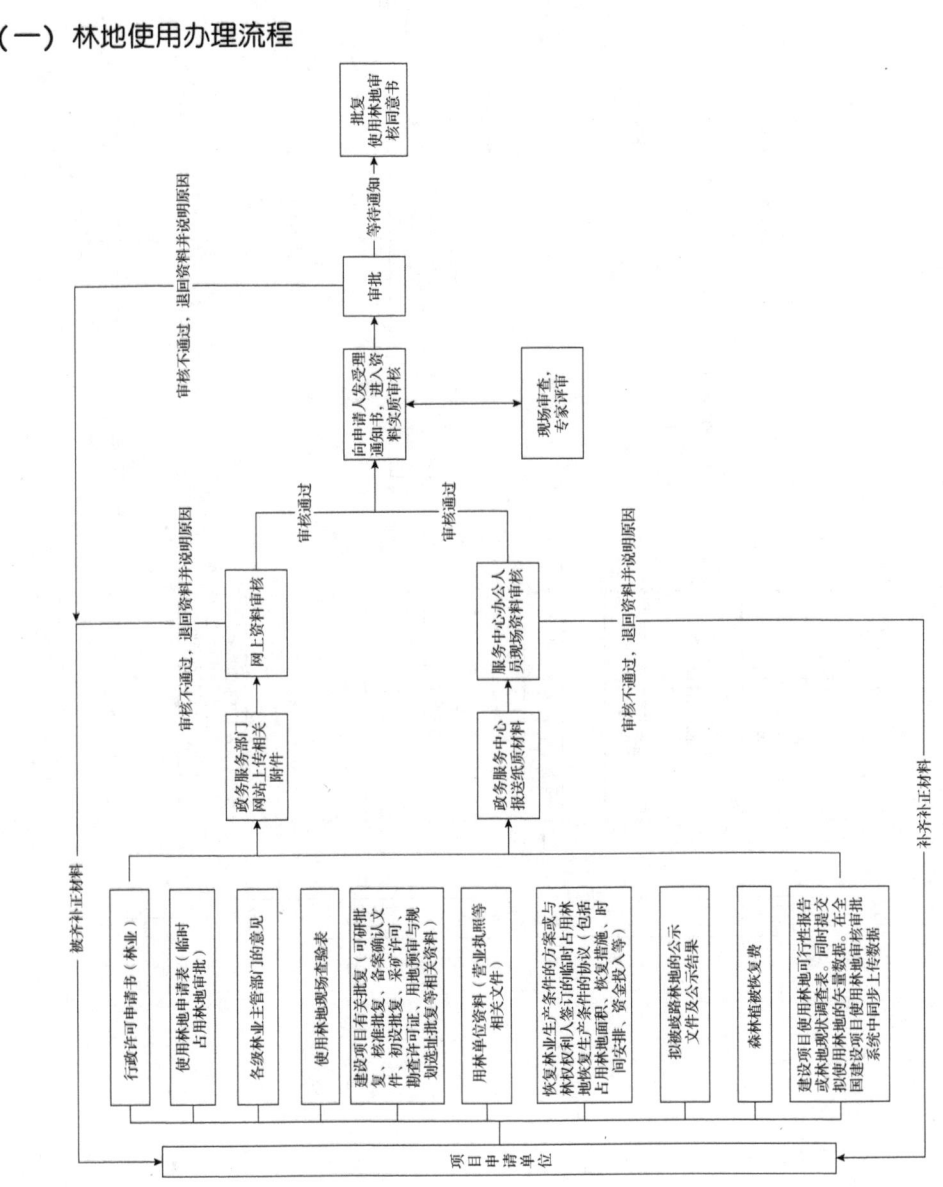

（二）林地使用办理流程

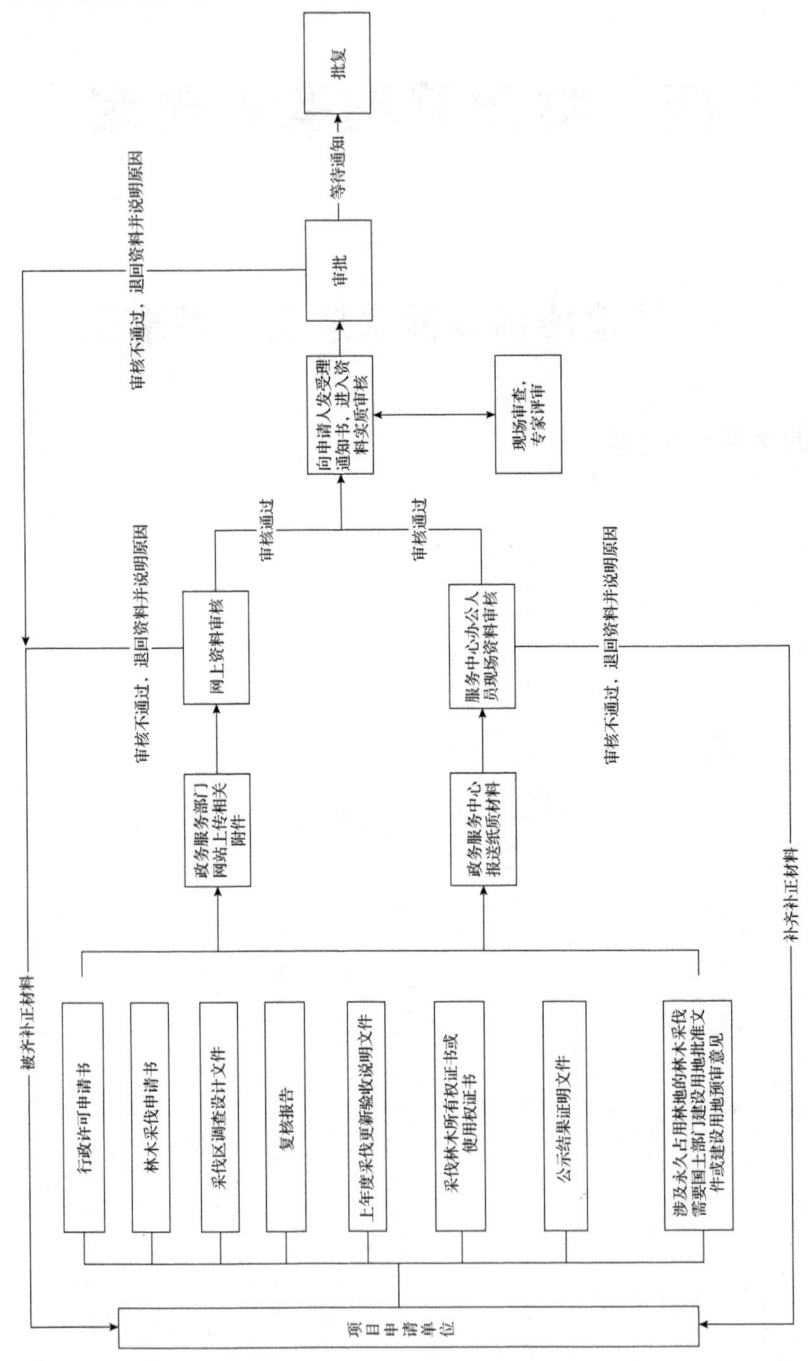

2. 中华人民共和国森林法

中华人民共和国森林法

（1984年9月20日第六届全国人民代表大会常务委员会第七次会议通过根据1998年4月29日第九届全国人民代表大会常务委员会第二次会议《关于修改〈中华人民共和国森林法〉的决定》第一次修正根据2009年8月27日第十一届全国人民代表大会常务委员会第十次会议《关于修改部分法律的决定》第二次修正2019年12月28日第十三届全国人民代表大会常务委员会第十五次会议修订）

第一章 总　　则

第一条　为了践行绿水青山就是金山银山理念，保护、培育和合理利用森林资源，加快国土绿化，保障森林生态安全，建设生态文明，实现人与自然和谐共生，制定本法。

第二条　在中华人民共和国领域内从事森林、林木的保护、培育、利用和森林、林木、林地的经营管理活动，适用本法。

第三条　保护、培育、利用森林资源应当尊重自然、顺应自然，坚持生态优先、保护优先、保育结合、可持续发展的原则。

第四条　国家实行森林资源保护发展目标责任制和考核评价制度。上级人民政府对下级人民政府完成森林资源保护发展目标和森林防火、重大林业有害生物防治工作的情况进行考核，并公开考核结果。

地方人民政府可以根据本行政区域森林资源保护发展的需要，建立林长制。

第五条　国家采取财政、税收、金融等方面的措施，支持森林资源保护发展。各级人民政府应当保障森林生态保护修复的投入，促进林业发展。

第六条　国家以培育稳定、健康、优质、高效的森林生态系统为目标，对公益林和商品林实行分类经营管理，突出主导功能，发挥多种功能，实现森林资源永续利用。

第七条　国家建立森林生态效益补偿制度，加大公益林保护支持力度，完善重点生态功能区转移支付政策，指导受益地区和森林生态保护地区人民政府通过协商等方式进行生态效益补偿。

第八条　国务院和省、自治区、直辖市人民政府可以依照国家对民族自治地方自治权的规定，对民族自治地方的森林保护和林业发展实行更加优惠的政策。

第九条　国务院林业主管部门主管全国林业工作。县级以上地方人民政府林业主管部门，主管本行政区域的林业工作。

乡镇人民政府可以确定相关机构或者设置专职、兼职人员承担林业相关工作。

第十条　植树造林、保护森林，是公民应尽的义务。各级人民政府应当组织开展全民义务植树活动。

每年三月十二日为植树节。

第十一条 国家采取措施，鼓励和支持林业科学研究，推广先进适用的林业技术，提高林业科学技术水平。

第十二条 各级人民政府应当加强森林资源保护的宣传教育和知识普及工作，鼓励和支持基层群众性自治组织、新闻媒体、林业企业事业单位、志愿者等开展森林资源保护宣传活动。

教育行政部门、学校应当对学生进行森林资源保护教育。

第十三条 对在造林绿化、森林保护、森林经营管理以及林业科学研究等方面成绩显著的组织或者个人，按照国家有关规定给予表彰、奖励。

第二章 森林权属

第十四条 森林资源属于国家所有，由法律规定属于集体所有的除外。

国家所有的森林资源的所有权由国务院代表国家行使。国务院可以授权国务院自然资源主管部门统一履行国有森林资源所有者职责。

第十五条 林地和林地上的森林、林木的所有权、使用权，由不动产登记机构统一登记造册，核发证书。国务院确定的国家重点林区（以下简称重点林区）的森林、林木和林地，由国务院自然资源主管部门负责登记。

森林、林木、林地的所有者和使用者的合法权益受法律保护，任何组织和个人不得侵犯。

森林、林木、林地的所有者和使用者应当依法保护和合理利用森林、林木、林地，不得非法改变林地用途和毁坏森林、林木、林地。

第十六条 国家所有的林地和林地上的森林、林木可以依法确定给林业经营者使用。林业经营者依法取得的国有林地和林地上的森林、林木的使用权，经批准可以转让、出租、作价出资等。具体办法由国务院制定。

林业经营者应当履行保护、培育森林资源的义务，保证国有森林资源稳定增长，提高森林生态功能。

第十七条 集体所有和国家所有依法由农民集体使用的林地（以下简称集体林地）实行承包经营的，承包方享有林地承包经营权和承包林地上的林木所有权，合同另有约定的从其约定。承包方可以依法采取出租（转包）、入股、转让等方式流转林地经营权、林木所有权和使用权。

第十八条 未实行承包经营的集体林地以及林地上的林木，由农村集体经济组织统一经营。经本集体经济组织成员的村民会议三分之二以上成员或者三分之二以上村民代表同意并公示，可以通过招标、拍卖、公开协商等方式依法流转林地经营权、林木所有权和使用权。

第十九条 集体林地经营权流转应当签订书面合同。林地经营权流转合同一般包括流转双方的权利义务、流转期限、流转价款及支付方式、流转期限届满林地上的林木和固定生产设施的处置、违约责任等内容。

受让方违反法律规定或者合同约定造成森林、林木、林地严重毁坏的，发包方或者承包方有权收回林地经营权。

第二十条 国有企业事业单位、机关、团体、部队营造的林木，由营造单位管护并按照国家规定支配林木收益。

农村居民在房前屋后、自留地、自留山种植的林木，归个人所有。城镇居民在自有房屋的庭院内种植的林木，归个人所有。

集体或者个人承包国家所有和集体所有的宜林荒山荒地荒滩营造的林木，归承包的集体或者个人所有；合同另有约定的从其约定。

其他组织或者个人营造的林木，依法由营造者所有并享有林木收益；合同另有约定的从其约定。

第二十一条 为了生态保护、基础设施建设等公共利益的需要，确需征收、征用林地、林木的，应当依照《中华人民共和国土地管理法》等法律、行政法规的规定办理审批手续，并给予公平、合理的补偿。

第二十二条 单位之间发生的林木、林地所有权和使用权争议，由县级以上人民政府依法处理。

个人之间、个人与单位之间发生的林木所有权和林地使用权争议，由乡镇人民政府或者县级以上人民政府依法处理。

当事人对有关人民政府的处理决定不服的，可以自接到处理决定通知之日起三十日内，向人民法院起诉。

在林木、林地权属争议解决前，除因森林防火、林业有害生物防治、国家重大基础设施建设等需要外，当事人任何一方不得砍伐有争议的林木或者改变林地现状。

第三章　发展规划

第二十三条 县级以上人民政府应当将森林资源保护和林业发展纳入国民经济和社会发展规划。

第二十四条 县级以上人民政府应当落实国土空间开发保护要求，合理规划森林资源保护利用结构和布局，制定森林资源保护发展目标，提高森林覆盖率、森林蓄积量，提升森林生态系统质量和稳定性。

第二十五条 县级以上人民政府林业主管部门应当根据森林资源保护发展目标，编制林业发展规划。下级林业发展规划依据上级林业发展规划编制。

第二十六条 县级以上人民政府林业主管部门可以结合本地实际，编制林地保护利用、造林绿化、森林经营、天然林保护等相关专项规划。

第二十七条 国家建立森林资源调查监测制度，对全国森林资源现状及变化情况进行调查、监测和评价，并定期公布。

第四章　森林保护

第二十八条 国家加强森林资源保护，发挥森林蓄水保土、调节气候、改善环境、维护生物多样性和提供林产品等多种功能。

第二十九条 中央和地方财政分别安排资金，用于公益林的营造、抚育、保护、管理和非国有公益林权利人的经济补偿等，实行专款专用。具体办法由国务院财政部门会同林业主管部门制定。

第三十条 国家支持重点林区的转型发展和森林资源保护修复，改善生产生活条件，促进所在地区经济社会发展。重点林区按照规定享受国家重点生态功能区转移支付等政策。

第三十一条 国家在不同自然地带的典型森林生态地区、珍贵动物和植物生长繁殖的林区、天然热带雨林区和具有特殊保护价值的其他天然林区，建立以国家公园为主体的自然保护地体系，加强保护管理。

国家支持生态脆弱地区森林资源的保护修复。

县级以上人民政府应当采取措施对具有特殊价值的野生植物资源予以保护。

第三十二条 国家实行天然林全面保护制度，严格限制天然林采伐，加强天然林管护能力建设，保护和修复天然林资源，逐步提高天然林生态功能。具体办法由国务院规定。

第三十三条 地方各级人民政府应当组织有关部门建立护林组织，负责护林工作；根据实际需要建设护林设施，加强森林资源保护；督促相关组织订立护林公约、组织群众护林、划定护林责任区、配备专职或者兼职护林员。

县级或者乡镇人民政府可以聘用护林员，其主要职责是巡护森林，发现火情、林业有害生物以及破坏森林资源的行为，应当及时处理并向当地林业等有关部门报告。

第三十四条 地方各级人民政府负责本行政区域的森林防火工作，发挥群防作用；县级以上人民政府组织领导应急管理、林业、公安等部门按照职责分工密切配合做好森林火灾的科学预防、扑救和处置工作：

（一）组织开展森林防火宣传活动，普及森林防火知识；

（二）划定森林防火区，规定森林防火期；

（三）设置防火设施，配备防灭火装备和物资；

（四）建立森林火灾监测预警体系，及时消除隐患；

（五）制定森林火灾应急预案，发生森林火灾，立即组织扑救；

（六）保障预防和扑救森林火灾所需费用。

国家综合性消防救援队伍承担国家规定的森林火灾扑救任务和预防相关工作。

第三十五条 县级以上人民政府林业主管部门负责本行政区域的林业有害生物的监测、检疫和防治。

省级以上人民政府林业主管部门负责确定林业植物及其产品的检疫性有害生物，划定疫区和保护区。

重大林业有害生物灾害防治实行地方人民政府负责制。发生暴发性、危险性等重大林业有害生物灾害时，当地人民政府应当及时组织除治。

林业经营者在政府支持引导下，对其经营管理范围内的林业有害生物进行防治。

第三十六条 国家保护林地，严格控制林地转为非林地，实行占用林地总量控制，确保林地保有量不减少。各类建设项目占用林地不得超过本行政区域的占用林地总量控制指标。

第三十七条 矿藏勘查、开采以及其他各类工程建设，应当不占或者少占林地；确需占用林地的，应当经县级以上人民政府林业主管部门审核同意，依法办理建设用地审批手续。

占用林地的单位应当缴纳森林植被恢复费。森林植被恢复费征收使用管理办法由国务院财政部门会同林业主管部门制定。

县级以上人民政府林业主管部门应当按照规定安排植树造林，恢复森林植被，植树造林面积不得少于因占用林地而减少的森林植被面积。上级林业主管部门应当定期督促下级林业主管部门组织植树造林、恢复森林植被，并进行检查。

第三十八条 需要临时使用林地的，应当经县级以上人民政府林业主管部门批准；临时使用林地的期限一般不超过二年，并不得在临时使用的林地上修建永久性建筑物。

临时使用林地期满后一年内，用地单位或者个人应当恢复植被和林业生产条件。

第三十九条 禁止毁林开垦、采石、采砂、采土以及其他毁坏林木和林地的行为。

禁止向林地排放重金属或者其他有毒有害物质含量超标的污水、污泥，以及可能造成林地污染的清淤底泥、尾矿、矿渣等。

禁止在幼林地砍柴、毁苗、放牧。

禁止擅自移动或者损坏森林保护标志。

第四十条 国家保护古树名木和珍贵树木。禁止破坏古树名木和珍贵树木及其生存的自然环境。

第四十一条 各级人民政府应当加强林业基础设施建设，应用先进适用的科技手段，提高森林防火、林业有害生物防治等森林管护能力。

各有关单位应当加强森林管护。国有林业企业事业单位应当加大投入，加强森林防火、林业有害生物防治，预防和制止破坏森林资源的行为。

第五章 造林绿化

第四十二条 国家统筹城乡造林绿化，开展大规模国土绿化行动，绿化美化城乡，推动森林城市建设，促进乡村振兴，建设美丽家园。

第四十三条 各级人民政府应当组织各行各业和城乡居民造林绿化。

宜林荒山荒地荒滩，属于国家所有的，由县级以上人民政府林业主管部门和其他有关主管部门组织开展造林绿化；属于集体所有的，由集体经济组织组织开展造林绿化。

城市规划区内、铁路公路两侧、江河两侧、湖泊水库周围，由各有关主管部门按照有关规定因地制宜组织开展造林绿化；工矿区、工业园区、机关、学校用地，部队营区以及农场、牧场、渔场经营地区，由各该单位负责造林绿化。组织开展城市造林绿化的具体办法由国务院制定。

国家所有和集体所有的宜林荒山荒地荒滩可以由单位或者个人承包造林绿化。

第四十四条 国家鼓励公民通过植树造林、抚育管护、认建认养等方式参与造林绿化。

第四十五条 各级人民政府组织造林绿化，应当科学规划、因地制宜，优化林种、树种结构，鼓励使用乡土树种和林木良种、营造混交林，提高造林绿化质量。

国家投资或者以国家投资为主的造林绿化项目，应当按照国家规定使用林木良种。

第四十六条 各级人民政府应当采取以自然恢复为主、自然恢复和人工修复相结合的措施，科学保护修复森林生态系统。新造幼林地和其他应当封山育林的地方，由当地人民政府组织封山育林。

各级人民政府应当对国务院确定的坡耕地、严重沙化耕地、严重石漠化耕地、严重污染耕地等需要生态修复的耕地，有计划地组织实施退耕还林还草。

各级人民政府应当对自然因素等导致的荒废和受损山体、退化林地以及宜林荒山荒地荒滩，因地制宜实施森林生态修复工程，恢复植被。

第六章 经营管理

第四十七条 国家根据生态保护的需要，将森林生态区位重要或者生态状况脆弱，以发挥生态效益为主要目的的林地和林地上的森林划定为公益林。未划定为公益林的林地和林地上的森林属于商品林。

第四十八条 公益林由国务院和省、自治区、直辖市人民政府划定并公布。

下列区域的林地和林地上的森林，应当划定为公益林：

（一）重要江河源头汇水区域；

（二）重要江河干流及支流两岸、饮用水水源地保护区；

（三）重要湿地和重要水库周围；

（四）森林和陆生野生动物类型的自然保护区；

（五）荒漠化和水土流失严重地区的防风固沙林基干林带；

（六）沿海防护林基干林带；

（七）未开发利用的原始林地区；

（八）需要划定的其他区域。

公益林划定涉及非国有林地的，应当与权利人签订书面协议，并给予合理补偿。

公益林进行调整的，应当经原划定机关同意，并予以公布。

国家级公益林划定和管理的办法由国务院制定；地方级公益林划定和管理的办法由省、自治区、直辖市人民政府制定。

第四十九条 国家对公益林实施严格保护。

县级以上人民政府林业主管部门应当有计划地组织公益林经营者对公益林中生态功能低下的疏林、残次林等低质低效林，采取林分改造、森林抚育等措施，提高公益林的质量和生态保护功能。

在符合公益林生态区位保护要求和不影响公益林生态功能的前提下，经科学论证，可以合理利用公益林林地资源和森林景观资源，适度开展林下经济、森林旅游等。利用公益林开展上述活动应当严格遵守国家有关规定。

第五十条 国家鼓励发展下列商品林：

（一）以生产木材为主要目的的森林；

（二）以生产果品、油料、饮料、调料、工业原料和药材等林产品为主要目的的森林；

（三）以生产燃料和其他生物质能源为主要目的的森林；

（四）其他以发挥经济效益为主要目的的森林。

在保障生态安全的前提下，国家鼓励建设速生丰产、珍贵树种和大径级用材林，增加林木储备，保障木材供给安全。

第五十一条 商品林由林业经营者依法自主经营。在不破坏生态的前提下，可以采取集约化经营措施，合理利用森林、林木、林地，提高商品林经济效益。

第五十二条 在林地上修筑下列直接为林业生产经营服务的工程设施，符合国家有关部门规定的标准的，由县级以上人民政府林业主管部门批准，不需要办理建设用地审批手续；超出标准需要占用林地的，应当依法办理建设用地审批手续：

（一）培育、生产种子、苗木的设施；

（二）贮存种子、苗木、木材的设施；

（三）集材道、运材道、防火巡护道、森林步道；

（四）林业科研、科普教育设施；

（五）野生动植物保护、护林、林业有害生物防治、森林防火、木材检疫的设施；

（六）供水、供电、供热、供气、通讯基础设施；

（七）其他直接为林业生产服务的工程设施。

第五十三条 国有林业企业事业单位应当编制森林经营方案，明确森林培育和管护的经营措施，报县级以上人民政府林业主管部门批准后实施。重点林区的森林经营方案由国务院林业主管部门批准后实施。

国家支持、引导其他林业经营者编制森林经营方案。

编制森林经营方案的具体办法由国务院林业主管部门制定。

第五十四条 国家严格控制森林年采伐量。省、自治区、直辖市人民政府林业主管部门根据消耗量低于生长量和森林分类经营管理的原则，编制本行政区域的年采伐限额，经征求国务院林业主管部门意见，报本级人民政府批准后公布实施，并报国务院备案。重点林区的年采伐限额，由国务院林业主管部门编制，报国务院批准后公布实施。

第五十五条 采伐森林、林木应当遵守下列规定：

（一）公益林只能进行抚育、更新和低质低效林改造性质的采伐。但是，因科研或者实验、防治林业有害生物、建设护林防火设施、营造生物防火隔离带、遭受自然灾害等需要采伐的除外。

（二）商品林应当根据不同情况，采取不同采伐方式，严格控制皆伐面积，伐育同步规划实施。

（三）自然保护区的林木，禁止采伐。但是，因防治林业有害生物、森林防火、维护主要保护对象生存环境、遭受自然灾害等特殊情况必须采伐的和实验区的竹林除外。

省级以上人民政府林业主管部门应当根据前款规定，按照森林分类经营管理、保护优先、注重效率和效益等原则，制定相应的林木采伐技术规程。

第五十六条 采伐林地上的林木应当申请采伐许可证，并按照采伐许可证的规定进行采伐；采伐自然保护区以外的竹林，不需要申请采伐许可证，但应当符合林木采伐技术规程。

农村居民采伐自留地和房前屋后个人所有的零星林木，不需要申请采伐许可证。

非林地上的农田防护林、防风固沙林、护路林、护岸护堤林和城镇林木等的更新采伐，由有关主管部门按照有关规定管理。

采挖移植林木按照采伐林木管理。具体办法由国务院林业主管部门制定。

禁止伪造、变造、买卖、租借采伐许可证。

第五十七条 采伐许可证由县级以上人民政府林业主管部门核发。

县级以上人民政府林业主管部门应当采取措施，方便申请人办理采伐许可证。

农村居民采伐自留山和个人承包集体林地上的林木，由县级人民政府林业主管部门或者其委托的乡镇人民政府核发采伐许可证。

第五十八条 申请采伐许可证，应当提交有关采伐的地点、林种、树种、面积、蓄积、方式、更新措施和林木权属等内容的材料。超过省级以上人民政府林业主管部门规定面积或者蓄积量的，还应当提交伐区调查设计材料。

第五十九条 符合林木采伐技术规程的，审核发放采伐许可证的部门应当及时核发采伐许可证。但是，审核发放采伐许可证的部门不得超过年采伐限额发放采伐许可证。

第六十条 有下列情形之一的，不得核发采伐许可证：

（一）采伐封山育林期、封山育林区内的林木；

（二）上年度采伐后未按照规定完成更新造林任务；

（三）上年度发生重大滥伐案件、森林火灾或者林业有害生物灾害，未采取预防和改进措施；

（四）法律法规和国务院林业主管部门规定的禁止采伐的其他情形。

第六十一条 采伐林木的组织和个人应当按照有关规定完成更新造林。更新造林的面积不得少于采伐的面积，更新造林应当达到相关技术规程规定的标准。

第六十二条 国家通过贴息、林权收储担保补助等措施，鼓励和引导金融机构开展涉林抵押贷款、林农信用贷款等符合林业特点的信贷业务，扶持林权收储机构进行市场化收储担保。

第六十三条 国家支持发展森林保险。县级以上人民政府依法对森林保险提供保险费补贴。

第六十四条 林业经营者可以自愿申请森林认证，促进森林经营水平提高和可持续经营。

第六十五条 木材经营加工企业应当建立原料和产品出入库台帐。任何单位和个人不得收购、加工、运输明知是盗伐、滥伐等非法来源的林木。

第七章 监督检查

第六十六条 县级以上人民政府林业主管部门依照本法规定，对森林资源的保护、修复、利用、更新等进行监督检查，依法查处破坏森林资源等违法行为。

第六十七条 县级以上人民政府林业主管部门履行森林资源保护监督检查职责，有权采取下列措施：

（一）进入生产经营场所进行现场检查；

（二）查阅、复制有关文件、资料，对可能被转移、销毁、隐匿或者篡改的文件、资料予以封存；

（三）查封、扣押有证据证明来源非法的林木以及从事破坏森林资源活动的工具、设备或者财物；

（四）查封与破坏森林资源活动有关的场所。

省级以上人民政府林业主管部门对森林资源保护发展工作不力、问题突出、群众反映强烈的地区，可以约谈所在地区县级以上地方人民政府及其有关部门主要负责人，要求其采取措施及时整改。约谈整改情况应当向社会公开。

第六十八条 破坏森林资源造成生态环境损害的，县级以上人民政府自然资源主管部门、林业主管部门可以依法向人民法院提起诉讼，对侵权人提出损害赔偿要求。

第六十九条 审计机关按照国家有关规定对国有森林资源资产进行审计监督。

第八章 法律责任

第七十条 县级以上人民政府林业主管部门或者其他有关国家机关未依照本法规定履行职责的，对直接负责的主管人员和其他直接责任人员依法给予处分。

依照本法规定应当作出行政处罚决定而未作出的，上级主管部门有权责令下级主管部门作出行政处罚决定或者直接给予行政处罚。

第七十一条 违反本法规定，侵害森林、林木、林地的所有者或者使用者的合法权益的，依法承担侵权责任。

第七十二条 违反本法规定，国有林业企业事业单位未履行保护培育森林资源义务、未编制森林经营方案或者未按照批准的森林经营方案开展森林经营活动的，由县级以上人民政府林业主管部门责令限期改正，对直接负责的主管人员和其他直接责任人员依法给予处分。

第七十三条 违反本法规定，未经县级以上人民政府林业主管部门审核同意，擅自改变林地用途的，由县级以上人民政府林业主管部门责令限期恢复植被和林业生产条件，可以处恢复植被和林业生产条件所需费用三倍以下的罚款。

虽经县级以上人民政府林业主管部门审核同意，但未办理建设用地审批手续擅自占用林地的，依照《中华人民共和国土地管理法》的有关规定处罚。

在临时使用的林地上修建永久性建筑物，或者临时使用林地期满后一年内未恢复植被或者林业生产条件的，依照本条第一款规定处罚。

第七十四条 违反本法规定，进行开垦、采石、采砂、采土或者其他活动，造成林木毁坏的，由县级以上人民政府林业主管部门责令停止违法行为，限期在原地或者异地补种毁坏株数一倍以上三倍以下的树木，可以处毁坏林木价值五倍以下的罚款；造成林地毁坏的，由县级以上人民政府林业主管部门责令停止违法行为，限期恢复植被和林业生产条件，可以处恢复植被和林业生产条件所需费用三倍以下的罚款。

违反本法规定，在幼林地砍柴、毁苗、放牧造成林木毁坏的，由县级以上人民政府林业主管部门责令停止违法行为，限期在原地或者异地补种毁坏株数一倍以上三倍以下的树木。

向林地排放重金属或者其他有毒有害物质含量超标的污水、污泥，以及可能造成林地污染的清淤底泥、尾矿、矿渣等的，依照《中华人民共和国土壤污染防治法》的有关规定处罚。

第七十五条　违反本法规定，擅自移动或者毁坏森林保护标志的，由县级以上人民政府林业主管部门恢复森林保护标志，所需费用由违法者承担。

第七十六条　盗伐林木的，由县级以上人民政府林业主管部门责令限期在原地或者异地补种盗伐株数一倍以上五倍以下的树木，并处盗伐林木价值五倍以上十倍以下的罚款。

滥伐林木的，由县级以上人民政府林业主管部门责令限期在原地或者异地补种滥伐株数一倍以上三倍以下的树木，可以处滥伐林木价值三倍以上五倍以下的罚款。

第七十七条　违反本法规定，伪造、变造、买卖、租借采伐许可证的，由县级以上人民政府林业主管部门没收证件和违法所得，并处违法所得一倍以上三倍以下的罚款；没有违法所得的，可以处二万元以下的罚款。

第七十八条　违反本法规定，收购、加工、运输明知是盗伐、滥伐等非法来源的林木的，由县级以上人民政府林业主管部门责令停止违法行为，没收违法收购、加工、运输的林木或者变卖所得，可以处违法收购、加工、运输林木价款三倍以下的罚款。

第七十九条　违反本法规定，未完成更新造林任务的，由县级以上人民政府林业主管部门责令限期完成；逾期未完成的，可以处未完成造林任务所需费用二倍以下的罚款；对直接负责的主管人员和其他直接责任人员，依法给予处分。

第八十条　违反本法规定，拒绝、阻碍县级以上人民政府林业主管部门依法实施监督检查的，可以处五万元以下的罚款，情节严重的，可以责令停产停业整顿。

第八十一条　违反本法规定，有下列情形之一的，由县级以上人民政府林业主管部门依法组织代为履行，代为履行所需费用由违法者承担：

（一）拒不恢复植被和林业生产条件，或者恢复植被和林业生产条件不符合国家有关规定；

（二）拒不补种树木，或者补种不符合国家有关规定。

恢复植被和林业生产条件、树木补种的标准，由省级以上人民政府林业主管部门制定。

第八十二条　公安机关按照国家有关规定，可以依法行使本法第七十四条第一款、第七十六条、第七十七条、第七十八条规定的行政处罚权。

违反本法规定，构成违反治安管理行为的，依法给予治安管理处罚；构成犯罪的，依法追究刑事责任。

第九章　附　　则

第八十三条　本法下列用语的含义是：

（一）森林，包括乔木林、竹林和国家特别规定的灌木林。按照用途可以分为防护林、特种用途林、用材林、经济林和能源林。

（二）林木，包括树木和竹子。

（三）林地，是指县级以上人民政府规划确定的用于发展林业的土地。包括郁闭度 0.2 以上的乔木林地以及竹林地、灌木林地、疏林地、采伐迹地、火烧迹地、未成林造林地、苗圃地等。

第八十四条 本法自 2020 年 7 月 1 日起施行。

3. 中华人民共和国森林法实施条例

中华人民共和国森林法实施条例

（2000年1月29日中华人民共和国国务院令第278号公布自公布之日起施行）

第一章 总 则

第一条 根据《中华人民共和国森林法》（以下简称森林法），制定本条例。

第二条 森林资源，包括森林、林木、林地以及依托森林、林木、林地生存的野生动物、植物和微生物。

森林，包括乔木林和竹林。

林木，包括树木和竹子。

林地，包括郁闭度0.2以上的乔木林地以及竹林地、灌木林地、疏林地、采伐迹地、火烧迹地、未成林造林地、苗圃地和县级以上人民政府规划的宜林地。

第三条 国家依法实行森林、林木和林地登记发证制度。依法登记的森林、林木和林地的所有权、使用权受法律保护，任何单位和个人不得侵犯。

森林、林木和林地的权属证书式样由国务院林业主管部门规定。

第四条 依法使用的国家所有的森林、林木和林地，按照下列规定登记：

（一）使用国务院确定的国家所有的重点林区（以下简称重点林区）的森林、林木和林地的单位，应当向国务院林业主管部门提出登记申请，由国务院林业主管部门登记造册，核发证书，确认森林、林木和林地使用权以及由使用者所有的林木所有权；

（二）使用国家所有的跨行政区域的森林、林木和林地的单位和个人，应当向共同的上一级人民政府林业主管部门提出登记申请，由该人民政府登记造册，核发证书，确认森林、林木和林地使用权以及由使用者所有的林木所有权；

（三）使用国家所有的其他森林、林木和林地的单位和个人，应当向县级以上地方人民政府林业主管部门提出登记申请，由县级以上地方人民政府登记造册，核发证书，确认森林、林木和林地使用权以及由使用者所有的林木所有权。

未确定使用权的国家所有的森林、林木和林地，由县级以上人民政府登记造册，负责保护管理。

第五条 集体所有的森林、林木和林地，由所有者向所在地的县级人民政府林业主管部门提出登记申请，由该县级人民政府登记造册，核发证书，确认所有权。

单位和个人所有的林木，由所有者向所在地的县级人民政府林业主管部门提出登记申请，由该县级人民政府登记造册，核发证书，确认林木所有权。

使用集体所有的森林、林木和林地的单位和个人，应当向所在地的县级人民政府林业主管部门提出登记申请，由该县级人民政府登记造册，核发证书，确认森林、林木和林地使用权。

第六条　改变森林、林木和林地所有权、使用权的，应当依法办理变更登记手续。

第七条　县级以上人民政府林业主管部门应当建立森林、林木和林地权属管理档案。

第八条　国家重点防护林和特种用途林，由国务院林业主管部门提出意见，报国务院批准公布；地方重点防护林和特种用途林，由省、自治区、直辖市人民政府林业主管部门提出意见，报本级人民政府批准公布；其他防护林、用材林、特种用途林以及经济林、薪炭林，由县级人民政府林业主管部门根据国家关于林种划分的规定和本级人民政府的部署组织划定，报本级人民政府批准公布。

省、自治区、直辖市行政区域内的重点防护林和特种用途林的面积，不得少于本行政区域森林总面积的百分之三十。

经批准公布的林种改变为其他林种的，应当报原批准公布机关批准。

第九条　依照森林法第八条第一款第（五）项规定提取的资金，必须专门用于营造坑木、造纸等用材林，不得挪作他用。审计机关和林业主管部门应当加强监督。

第十条　国务院林业主管部门向重点林区派驻的森林资源监督机构，应当加强对重点林区内森林资源保护管理的监督检查。

第二章　森林经营管理

第十一条　国务院林业主管部门应当定期监测全国森林资源消长和森林生态环境变化的情况。

重点林区森林资源调查、建立档案和编制森林经营方案等项工作，由国务院林业主管部门组织实施；其他森林资源调查、建立档案和编制森林经营方案等项工作，由县级以上地方人民政府林业主管部门组织实施。

第十二条　制定林业长远规划，应当遵循下列原则：

（一）保护生态环境和促进经济的可持续发展；

（二）以现有的森林资源为基础；

（三）与土地利用总体规划、水土保持规划、城市规划、村庄和集镇规划相协调。

第十三条　林业长远规划应当包括下列内容：

（一）林业发展目标；

（二）林种比例；

（三）林地保护利用规划；

（四）植树造林规划。

第十四条　全国林业长远规划由国务院林业主管部门会同其他有关部门编制，报国务院批准后施行。

地方各级林业长远规划由县级以上地方人民政府林业主管部门会同其他有关部门编制，报本级人民政府批准后施行。

下级林业长远规划应当根据上一级林业长远规划编制。

林业长远规划的调整、修改，应当报经原批准机关批准。

第十五条　国家依法保护森林、林木和林地经营者的合法权益。任何单位和个人不得侵占经营者依法所有的林木和使用的林地。

用材林、经济林和薪炭林的经营者，依法享有经营权、收益权和其他合法权益。

防护林和特种用途林的经营者，有获得森林生态效益补偿的权利。

第十六条　勘查、开采矿藏和修建道路、水利、电力、通讯等工程，需要占用或者征

收、征用林地的,必须遵守下列规定:

(一)用地单位应当向县级以上人民政府林业主管部门提出用地申请,经审核同意后,按照国家规定的标准预交森林植被恢复费,领取使用林地审核同意书。用地单位凭使用林地审核同意书依法办理建设用地审批手续。占用或者征收、征用林地未经林业主管部门审核同意的,土地行政主管部门不得受理建设用地申请。

(二)占用或者征收、征用防护林林地或者特种用途林林地面积10公顷以上的,用材林、经济林、薪炭林林地及其采伐迹地面积35公顷以上的,其他林地面积70公顷以上的,由国务院林业主管部门审核;占用或者征收、征用林地面积低于上述规定数量的,由省、自治区、直辖市人民政府林业主管部门审核。占用或者征收、征用重点林区的林地的,由国务院林业主管部门审核。

(三)用地单位需要采伐已经批准占用或者征收、征用的林地上的林木时,应当向林地所在地的县级以上地方人民政府林业主管部门或者国务院林业主管部门申请林木采伐许可证。

(四)占用或者征收、征用林地未被批准的,有关林业主管部门应当自接到不予批准通知之日起7日内将收取的森林植被恢复费如数退还。

第十七条 需要临时占用林地的,应当经县级以上人民政府林业主管部门批准。

临时占用林地的期限不得超过两年,并不得在临时占用的林地上修筑永久性建筑物;占用期满后,用地单位必须恢复林业生产条件。

第十八条 森林经营单位在所经营的林地范围内修筑直接为林业生产服务的工程设施,需要占用林地的,由县级以上人民政府林业主管部门批准;修筑其他工程设施,需要将林地转为非林业建设用地的,必须依法办理建设用地审批手续。

前款所称直接为林业生产服务的工程设施是指:

(一)培育、生产种子、苗木的设施;
(二)贮存种子、苗木、木材的设施;
(三)集材道、运材道;
(四)林业科研、试验、示范基地;
(五)野生动植物保护、护林、森林病虫害防治、森林防火、木材检疫的设施;
(六)供水、供电、供热、供气、通讯基础设施。

第三章 森林保护

第十九条 县级以上人民政府林业主管部门应当根据森林病虫害测报中心和测报点对测报对象的调查和监测情况,定期发布长期、中期、短期森林病虫害预报,并及时提出防治方案。

森林经营者应当选用良种,营造混交林,实行科学育林,提高防御森林病虫害的能力。

发生森林病虫害时,有关部门、森林经营者应当采取综合防治措施,及时进行除治。

发生严重森林病虫害时,当地人民政府应当采取紧急除治措施,防止蔓延,消除隐患。

第二十条 将《中华人民共和国森林法实施条例》第二十八条第一款中的"由国务院林业主管部门审核后,报国务院批准"修改为"由国务院林业主管部门报国务院批准"。

第二十一条 禁止毁林开垦、毁林采种和违反操作技术规程采脂、挖笋、掘根、剥树皮及过度修枝的毁林行为。

第二十二条 25度以上的坡地应当用于植树、种草。25度以上的坡耕地应当按照当地人民政府制定的规划，逐步退耕，植树和种草。

第二十三条　发生森林火灾时，当地人民政府必须立即组织军民扑救；有关部门应当积极做好扑救火灾物资的供应、运输和通讯、医疗等工作。

第四章　植树造林

第二十四条　森林法所称森林覆盖率，是指以行政区域为单位森林面积与土地面积的百分比。森林面积，包括郁闭度0.2以上的乔木林地面积和竹林地面积、国家特别规定的灌木林地面积、农田林网以及村旁、路旁、水旁、宅旁林木的覆盖面积。

县级以上地方人民政府应当按照国务院确定的森林覆盖率奋斗目标，确定本行政区域森林覆盖率的奋斗目标，并组织实施。

第二十五条　植树造林应当遵守造林技术规程，实行科学造林，提高林木的成活率。

县级人民政府对本行政区域内当年造林的情况应当组织检查验收，除国家特别规定的干旱、半干旱地区外，成活率不足百分之八十五的，不得计入年度造林完成面积。

第二十六条　国家对造林绿化实行部门和单位负责制。

铁路公路两旁、江河两岸、湖泊水库周围，各有关主管单位是造林绿化的责任单位。工矿区，机关、学校用地，部队营区以及农场、牧场、渔场经营地区，各该单位是造林绿化的责任单位。

责任单位的造林绿化任务，由所在地的县级人民政府下达责任通知书，予以确认。

第二十七条　国家保护承包造林者依法享有的林木所有权和其他合法权益。未经发包方和承包方协商一致，不得随意变更或者解除承包造林合同。

第五章　森林采伐

第二十八条　国家所有的森林和林木以国有林业企业事业单位、农场、厂矿为单位，集体所有的森林和林木、个人所有的林木以县为单位，制定年森林采伐限额，由省、自治区、直辖市人民政府林业主管部门汇总、平衡，经本级人民政府审核后，报国务院批准；其中，重点林区的年森林采伐限额，由国务院林业主管部门审核后，报国务院批准。

国务院批准的年森林采伐限额，每5年核定一次。

第二十九条　采伐森林、林木作为商品销售的，必须纳入国家年度木材生产计划；但是，农村居民采伐自留山上个人所有的薪炭林和自留地、房前屋后个人所有的零星林木除外。

第三十条　申请林木采伐许可证，除应当提交申请采伐林木的所有权证书或者使用权证书外，还应当按照下列规定提交其他有关证明文件：

（一）国有林业企业事业单位还应当提交采伐区调查设计文件和上年度采伐更新验收证明；

（二）其他单位还应当提交包括采伐林木的目的、地点、林种、林况、面积、蓄积量、方式和更新措施等内容的文件；

（三）个人还应当提交包括采伐林木的地点、面积、树种、株数、蓄积量、更新时间等内容的文件。

因扑救森林火灾、防洪抢险等紧急情况需要采伐林木的，组织抢险的单位或者部门应当自紧急情况结束之日起30日内，将采伐林木的情况报告当地县级以上人民政府林业主管部门。

第三十一条 有下列情形之一的，不得核发林木采伐许可证：

（一）防护林和特种用途林进行非抚育或者非更新性质的采伐的，或者采伐封山育林期、封山育林区内的林木的；

（二）上年度采伐后未完成更新造林任务的；

（三）上年度发生重大滥伐案件、森林火灾或者大面积严重森林病虫害，未采取预防和改进措施的。

林木采伐许可证的式样由国务院林业主管部门规定，由省、自治区、直辖市人民政府林业主管部门印制。

第三十二条 除森林法已有明确规定的外，林木采伐许可证按照下列规定权限核发：

（一）县属国有林场，由所在地的县级人民政府林业主管部门核发；

（二）省、自治区、直辖市和设区的市、自治州所属的国有林业企业事业单位、其他国有企业事业单位，由所在地的省、自治区、直辖市人民政府林业主管部门核发；

（三）重点林区的国有林业企业事业单位，由国务院林业主管部门核发。

第三十三条 利用外资营造的用材林达到一定规模需要采伐的，应当在国务院批准的年森林采伐限额内，由省、自治区、直辖市人民政府林业主管部门批准，实行采伐限额单列。

第三十四条 在林区经营（含加工）木材，必须经县级以上人民政府林业主管部门批准。

木材收购单位和个人不得收购没有林木采伐许可证或者其他合法来源证明的木材。

前款所称木材，是指原木、锯材、竹材、木片和省、自治区、直辖市规定的其他木材。

第三十五条 第二款中的"国务院林业主管部门"修改为"省、自治区、直辖市人民政府林业主管部门"[3]。

重点林区的木材运输证，由国务院林业主管部门核发；其他木材运输证，由县级以上地方人民政府林业主管部门核发。

木材运输证自木材起运点到终点全程有效，必须随货同行。没有木材运输证的，承运单位和个人不得承运。

木材运输证的式样由国务院林业主管部门规定。

第三十六条 申请木材运输证，应当提交下列证明文件：

（一）林木采伐许可证或者其他合法来源证明；

（二）检疫证明；

（三）省、自治区、直辖市人民政府林业主管部门规定的其他文件。

符合前款条件的，受理木材运输证申请的县级以上人民政府林业主管部门应当自接到申请之日起3日内发给木材运输证。

依法发放的木材运输证所准运的木材运输总量，不得超过当地年度木材生产计划规定可以运出销售的木材总量。

第三十七条 经省、自治区、直辖市人民政府批准在林区设立的木材检查站，负责检查木材运输；无证运输木材的，木材检查站应当予以制止，可以暂扣无证运输的木材，并立即报请县级以上人民政府林业主管部门依法处理。

第六章　法律责任

第三十八条 盗伐森林或者其他林木，以立木材积计算不足0.5立方米或者幼树不足20株的，由县级以上人民政府林业主管部门责令补种盗伐株数10倍的树木，没收盗伐的林木或者变卖所得，并处盗伐林木价值3倍至5倍的罚款。

盗伐森林或者其他林木，以立木材积计算0.5立方米以上或者幼树20株以上的，由县级以上人民政府林业主管部门责令补种盗伐株数10倍的树木，没收盗伐的林木或者变卖所得，并处盗伐林木价值5倍至10倍的罚款。

第三十九条　滥伐森林或者其他林木，以立木材积计算不足2立方米或者幼树不足50株的，由县级以上人民政府林业主管部门责令补种滥伐株数5倍的树木，并处滥伐林木价值2倍至3倍的罚款。

滥伐森林或者其他林木，以立木材积计算2立方米以上或者幼树50株以上的，由县级以上人民政府林业主管部门责令补种滥伐株数5倍的树木，并处滥伐林木价值3倍至5倍的罚款。

超过木材生产计划采伐森林或者其他林木的，依照前两款规定处罚。

第四十条　违反本条例规定，未经批准，擅自在林区经营（含加工）木材的，由县级以上人民政府林业主管部门没收非法经营的木材和违法所得，并处违法所得2倍以下的罚款。

第四十一条　违反本条例规定，毁林采种或者违反操作技术规程采脂、挖笋、掘根、剥树皮及过度修枝，致使森林、林木受到毁坏的，依法赔偿损失，由县级以上人民政府林业主管部门责令停止违法行为，补种毁坏株数1倍至3倍的树木，可以处毁坏林木价值1倍至5倍的罚款；拒不补种树木或者补种不符合国家有关规定的，由县级以上人民政府林业主管部门组织代为补种，所需费用由违法者支付。

违反森林法和本条例规定，擅自开垦林地，致使森林、林木受到毁坏的，依照森林法第四十四条的规定予以处罚；对森林、林木未造成毁坏或者被开垦的林地上没有森林、林木的，由县级以上人民政府林业主管部门责令停止违法行为，限期恢复原状，可以处非法开垦林地每平方米10元以下的罚款。

第四十二条　有下列情形之一的，由县级以上人民政府林业主管部门责令限期完成造林任务；逾期未完成的，可以处应完成而未完成造林任务所需费用2倍以下的罚款；对直接负责的主管人员和其他直接责任人员，依法给予行政处分：

（一）连续两年未完成更新造林任务的；

（二）当年更新造林面积未达到应更新造林面积50%的；

（三）除国家特别规定的干旱、半干旱地区外，更新造林当年成活率未达到85%的；

（四）植树造林责任单位未按照所在地县级人民政府的要求按时完成造林任务的。

第四十三条　未经县级以上人民政府林业主管部门审核同意，擅自改变林地用途的，由县级以上人民政府林业主管部门责令限期恢复原状，并处非法改变用途林地每平方米10元至30元的罚款。

临时占用林地，逾期不归还的，依照前款规定处罚。

第四十四条　无木材运输证运输木材的，由县级以上人民政府林业主管部门没收非法运输的木材，对货主可以并处非法运输木材价款30%以下的罚款。

运输的木材数量超出木材运输证所准运的运输数量的，由县级以上人民政府林业主管部门没收超出部分的木材；运输的木材树种、材种、规格与木材运输证规定不符又无正当理由的，没收其不相符部分的木材。

使用伪造、涂改的木材运输证运输木材的，由县级以上人民政府林业主管部门没收非法运输的木材，并处没收木材价款10%至50%的罚款。

承运无木材运输证的木材的,由县级以上人民政府林业主管部门没收运费,并处运费1倍至3倍的罚款。

第四十五条 擅自移动或者毁坏林业服务标志的,由县级以上人民政府林业主管部门责令限期恢复原状;逾期不恢复原状的,由县级以上人民政府林业主管部门代为恢复,所需费用由违法者支付。

第四十六条 违反本条例规定,未经批准,擅自将防护林和特种用途林改变为其他林种的,由县级以上人民政府林业主管部门收回经营者所获取的森林生态效益补偿,并处所获取森林生态效益补偿3倍以下的罚款。

第七章 附 则

第四十七条 本条例中县级以上地方人民政府林业主管部门职责权限的划分,由国务院林业主管部门具体规定。

第四十八条 本条例自发布之日起施行。1986年4月28日国务院批准、1986年5月10日林业部发布的《中华人民共和国森林法实施细则》同时废止。

4. 国家林业局关于石油天然气管道建设使用林地有关问题的通知

国家林业局关于石油天然气管道建设使用林地有关问题的通知

林资发〔2010〕105 号

各省、自治区、直辖市林业厅（局），内蒙古、吉林、龙江、大兴安岭森工（林业）集团公司，新疆生产建设兵团林业局：

按照 2009 年 8 月 12 日国务院法制办公室《研究石油天然气管道通过林地、饮用水水源保护区法律适用问题的会议纪要》要求，根据《森林法》、《森林法实施条例》、《石油天然气管道保护条例》等有关法律法规，就石油天然气管道工程管道中心线两侧各 5 米范围内办理临时占用林地审批手续问题，我局与中国石油天然气集团公司、中国石油化工集团公司协商一致，提出以下指导意见。

一、石油天然气管道工程"管道中心线两侧各 5 米范围内"（不包括线路站场、线路阀（室）、标志桩、固定墩、跨越的基础等永久性工程）使用的林地，依法办理临时使用林地手续，建设单位依法支付林地和林木补偿费，缴纳森林植被恢复费。

二、上述范围内临时占用林地补偿费标准，以项目所在地征收占用林地补偿标准（相应类型）为基数，按以下规定确定：

（一）国家级及省级自然保护区、国家级森林公园和东北内蒙古重点国有林区范围内的所有林地，依据我局与财政部联合下发的《国家级公益林区划界定办法》（林资发〔2009〕214号）界定的重要江河源头、江河两岸的防护林林地、特种用途林林地（包括采伐迹地、火烧迹地和未成林造林地，不包括灌木林地），为基数的 100%；

（二）防护林林地、特种用途林林地（包括采伐迹地、火烧迹地和未成林造林地，不包括灌木林地），为基数的 90%；

（三）用材林林地、经济林林地、薪炭林林地和国家特别规定的灌木林地（包括采伐迹地、火烧迹地和未成林造林地），为基数的 80%；

（四）疏林地、灌木林地，为基数的 55%；

（五）宜林地等其他林地，为基数的 40%。

三、按上述规定确定的林地补偿标准低于当地临时占用林地补偿标准的，执行当地临时占用林地补偿标准。

本通知自下发之日起执行。国家有关法律法规关于石油天然气管道中心线两侧限制林地使用范围发生变更的，以变更后的范围为准。

二〇一〇年四月十五日

5. 建设项目使用林地审核审批管理办法

建设项目使用林地审核审批管理办法

《建设项目使用林地审核审批管理办法》已经 2015 年 2 月 15 日国家林业局局务会议审议通过，现予公布，自 2015 年 5 月 1 日起施行。

国家林业局局长　赵树丛

2015 年 3 月 31 日

建设项目使用林地审核审批管理办法

第一条　为了规范建设项目使用林地审核和审批，严格保护和合理利用林地，促进生态林业和民生林业发展，根据《中华人民共和国森林法》、《中华人民共和国行政许可法》、《中华人民共和国森林法实施条例》，制定本办法。

第二条　本办法所称建设项目使用林地，是指在林地上建造永久性、临时性的建筑物、构筑物，以及其他改变林地用途的建设行为。包括：

（一）进行勘查、开采矿藏和各项建设工程占用林地。

（二）建设项目临时占用林地。

（三）森林经营单位在所经营的林地范围内修筑直接为林业生产服务的工程设施占用林地。

第三条　建设项目应当不占或者少占林地，必须使用林地的，应当符合林地保护利用规划，合理和节约集约利用林地。

建设项目使用林地实行总量控制和定额管理。

建设项目限制使用生态区位重要和生态脆弱地区的林地，限制使用天然林和单位面积蓄积量高的林地，限制经营性建设项目使用林地。

第四条　占用和临时占用林地的建设项目应当遵守林地分级管理的规定：

（一）各类建设项目不得使用Ⅰ级保护林地。

（二）国务院批准、同意的建设项目，国务院有关部门和省级人民政府及其有关部门批准的基础设施、公共事业、民生建设项目，可以使用Ⅱ级及其以下保护林地。

（三）国防、外交建设项目，可以使用Ⅱ级及其以下保护林地。

（四）县（市、区）和设区的市、自治州人民政府及其有关部门批准的基础设施、公共事业、民生建设项目，可以使用Ⅲ级及其以下保护林地。

（五）战略性新兴产业项目、勘查项目、大中型矿山、符合相关旅游规划的生态旅游开发项目，可以使用Ⅱ级及其以下保护林地。其他工矿、仓储建设项目和符合规划的经营性项目，可以使用Ⅲ级及其以下保护林地。

（六）符合城镇规划的建设项目和符合乡村规划的建设项目，可以使用Ⅱ级及其以下保护林地。

（七）符合自然保护区、森林公园、湿地公园、风景名胜区等规划的建设项目，可以使用自然保护区、森林公园、湿地公园、风景名胜区范围内Ⅱ级及其以下保护林地。

（八）公路、铁路、通讯、电力、油气管线等线性工程和水利水电、航道工程等建设项目配套的采石（沙）场、取土场使用林地按照主体建设项目使用林地范围执行，但不得使用Ⅱ级保护林地中的有林地。其中，在国务院确定的国家所有的重点林区（以下简称重点国有林区）内，不得使用Ⅲ级以上保护林地中的有林地。

（九）上述建设项目以外的其他建设项目可以使用Ⅳ级保护林地。

本条第一款第（二）、（三）、（七）项以外的建设项目使用林地，不得使用一级国家级公益林地。

国家林业局根据特殊情况对具体建设项目使用林地另有规定的，从其规定。

第五条 建设项目占用林地的审核权限，按照《中华人民共和国森林法实施条例》的有关规定执行。

建设项目占用林地，经林业主管部门审核同意后，建设单位和个人应当依照法律法规的规定办理建设用地审批手续。

第六条 建设项目临时占用林地和森林经营单位在所经营的林地范围内修筑直接为林业生产服务的工程设施占用林地的审批权限，由县级以上地方人民政府林业主管部门按照省、自治区、直辖市有关规定办理。其中，重点国有林区内的建设项目，由省级林业主管部门审批。

第七条 占用林地和临时占用林地的用地单位或者个人提出使用林地申请，应当填写《使用林地申请表》，同时提供下列材料：

（一）用地单位的资质证明或者个人的身份证明。

（二）建设项目有关批准文件。包括：可行性研究报告批复、核准批复、备案确认文件、勘查许可证、采矿许可证、项目初步设计等批准文件；属于批次用地项目，提供经有关人民政府同意的批次用地说明书并附规划图。

（三）拟使用林地的有关材料。包括：林地权属证书、林地权属证书明细表或者林地证明；属于临时占用林地的，提供用地单位与被使用林地的单位、农村集体经济组织或者个人签订的使用林地补偿协议或者其他补偿证明材料；涉及使用国有林场等国有林业企事业单位经营的国有林地，提供其所属主管部门的意见材料及用地单位与其签订的使用林地补偿协议；属于符合自然保护区、森林公园、湿地公园、风景名胜区等规划的建设项目，提供相关规划或者相关管理部门出具的符合规划的证明材料，其中，涉及自然保护区和森林公园的林地，提供其主管部门或者机构的意见材料。

（四）具有相应资质的单位作出的建设项目使用林地可行性报告或者林地现状调查表。

第八条 修筑直接为林业生产服务的工程设施的森林经营单位提出使用林地申请，应当填写《使用林地申请表》，提供相关批准文件或者修筑工程设施必要性的说明，并提供工程设施内容、使用林地面积等情况说明。

第九条 建设项目需要使用林地的，用地单位或者个人应当向林地所在地的县级人民政府林业主管部门提出申请；跨县级行政区域的，分别向林地所在地的县级人民政府林业主管部门提出申请。

第十条 县级人民政府林业主管部门对材料齐全、符合条件的使用林地申请，应当在收到申请之日起10个工作日内，指派2名以上工作人员进行用地现场查验，并填写《使用林地现场查验表》。

第十一条 县级人民政府林业主管部门对建设项目拟使用的林地，应当在林地所在地的村（组）或者林场范围内将拟使用林地用途、范围、面积等内容进行公示，公示期不少于5个工作日。但是，依照相关法律法规的规定不需要公示的除外。

第十二条 按照规定需要报上级人民政府林业主管部门审核和审批的建设项目，下级人民政府林业主管部门应当将初步审查意见和全部材料报上级人民政府林业主管部门。

审查意见中应当包括以下内容：项目基本情况，拟使用林地和采伐林木情况，符合林地保护利用规划情况，使用林地定额情况，以及现场查验、公示情况等。

第十三条 有审核审批权的林业主管部门对申请材料不全或者不符合法定形式的，应当一次性书面告知用地单位或者个人限期补正；逾期未补正的，退还申请材料。

第十四条 符合本办法第三条、第四条规定的条件，并且符合国家供地政策，对生态环境不会造成重大影响，有审核审批权的人民政府林业主管部门应当作出准予使用林地的行政许可决定，按照国家规定的标准预收森林植被恢复费后，向用地单位或者个人核发准予行政许可决定书。不符合上述条件的，有关人民政府林业主管部门应当作出不予使用林地的行政许可决定，向用地单位或者个人核发不予行政许可决定书，告知不予许可的理由。

有审核审批权的人民政府林业主管部门对用地单位和个人提出的使用林地申请，应当在《中华人民共和国行政许可法》规定的期限内作出行政许可决定。

第十五条 建设项目需要使用林地的，用地单位或者个人应当一次申请。严禁化整为零、规避林地使用审核审批。

建设项目批准文件中已经明确分期或者分段建设的项目，可以根据分期或者分段实施安排，按照规定权限分次申请办理使用林地手续。

采矿项目总体占地范围确定，采取滚动方式开发的，可以根据开发计划分阶段按照规定权限申请办理使用林地手续。

公路、铁路、水利水电等建设项目配套的移民安置和专项设施迁建工程，可以分别具体建设项目，按照规定权限申请办理使用林地手续。

需要国务院或者国务院有关部门批准的公路、铁路、油气管线、水利水电等建设项目中的桥梁、隧道、围堰、导流（渠）洞、进场道路和输电设施等控制性单体工程和配套工程，根据有关开展前期工作的批文，可以由省级林业主管部门办理控制性单体工程和配套工程先行使用林地审核手续。整体项目申请时，应当附具单体工程和配套工程先行使用林地的批文及其申请材料，按照规定权限一次申请办理使用林地手续。

第十六条 国家或者省级重点的公路、铁路跨多个市（县），已经完成报批材料并且具备动工条件的，可以地级市为单位，由具有整体项目审核权限的人民政府林业主管部门分段审核。

大中型水利水电工程可以分别坝址、淹没区，由具有整体项目审核权限的人民政府林业主管部门分别审核。

第十七条 公路、铁路、输电线路、油气管线和水利水电、航道建设项目临时占用林地的，可以根据施工进展情况，一次或者分批次由具有整体项目审批权限的人民政府林业主管部门审批临时占用林地。

第十八条 抢险救灾等急需使用林地的建设项目，依据土地管理法律法规的有关规定，可以先行使用林地。用地单位或者个人应当在灾情结束后 6 个月内补办使用林地审核手续。属于临时用地的，灾后应当恢复林业生产条件，依法补偿后交还原林地使用者，不再办理用地审批手续。

第十九条 建设项目因设计变更等原因需要增加使用林地面积的，依据规定权限办理用地核审批手续；需要改变使用林地位置或者减少使用林地面积的，向原审核审批机关申请办理变更手续。

第二十条 公路、铁路、水利水电、航道等建设项目临时占用的林地在批准期限届满后仍需继续使用的，应当在届满之日前 3 个月，由用地单位向原审批机关提出延续临时占用申请，并且提供本办法第七条第（三）项规定的有关补偿材料。原审批机关应当按照本办法规定的条件进行审查，作出延续行政许可决定。

第二十一条 国家依法保护林权权利人的合法权益。建设项目使用林地的，应当对涉及单位和个人的森林、林木、林地依法给予补偿。

第二十二条 建设项目临时占用林地期满后，用地单位应当在一年内恢复被使用林地的林业生产条件。

县级人民政府林业主管部门应当加强对用地单位使用林地情况的监管，督促用地单位恢复林业生产条件。

第二十三条 上级人民政府林业主管部门可以委托下级人民政府林业主管部门对建设项目使用林地实施行政许可。

第二十四条 经审核同意使用林地的建设项目，依照有关规定批准用地后，县级以上人民政府林业主管部门应当及时变更林地管理档案。

第二十五条 经审核同意使用林地的建设项目，准予行政许可决定书的有效期为两年。建设项目在有效期内未取得建设用地批准文件的，用地单位应当在有效期届满前 3 个月向原审核机关提出延期申请，原审核同意机关应当在准予行政许可决定书有效期届满前作出是否准予延期的决定。建设项目在有效期内未取得建设用地批准文件也未申请延期的，准予行政许可决定书失效。

第二十六条《使用林地申请表》、《使用林地现场查验表》式样，由国家林业局统一规定。

第二十七条 本办法所称Ⅰ、Ⅱ、Ⅲ、Ⅳ级保护林地，是指依据县级以上人民政府批准的林地保护利用规划确定的林地。

本办法所称国家级公益林林地，是指依据国家林业局、财政部的有关规定确定的公益林林地。

第二十八条 本办法所称"以上"均包含本数，"以下"均不包含本数。

第二十九条 本办法自 2015 年 5 月 1 日起施行。国家林业局于 2001 年 1 月 4 日发布、2011 年 1 月 25 日修改的《占用征收征用林地审核审批管理办法》同时废止。

6. 关于取消、停征和整合部分政府性基金项目等有关问题的通知

关于取消、停征和整合部分政府性基金项目等有关问题的通知

财税〔2016〕11号

发展改革委、国土资源部、农业部、教育部、商务部、水利部、三峡办、国家林业局，各省、自治区、直辖市、计划单列市财政厅（局）：

经国务院批准，现就取消、停征和整合有关政府性基金政策通知如下：

一、将新菜地开发建设基金征收标准降为零。该基金征收标准降为零后，各地要完善财政保障机制，加大土地出让收入对蔬菜生产的支持。

二、将育林基金征收标准降为零。该基金征收标准降为零后，通过增加中央财政均衡性转移支付、中央财政林业补助资金、地方财政加大预算保障力度等，确保地方森林资源培育、保护和管理工作正常开展。

三、停征价格调节基金。该基金停止通过向社会征收方式筹集，所需资金由各地根据实际情况，通过地方同级预算统筹安排，保障调控价格、稳定市场工作正常开展。

四、将散装水泥专项资金并入新型墙体材料专项基金。停止向水泥生产企业征收散装水泥专项资金。将预拌混凝土、预拌砂浆、水泥预制件列入新型墙体材料目录，纳入新型墙体材料专项基金支持范围，继续推动散装水泥生产使用。

五、将大中型水库移民后期扶持基金、跨省（区、市）大中型水库库区基金、三峡水库库区基金合并为中央水库移民扶持基金。将省级大中型水库库区基金、小型水库移民扶助基金合并为地方水库移民扶持基金。具体征收政策、收入划分、使用范围等仍按现行规定执行，今后根据水库移民扶持工作需要适时完善分配使用政策。

六、各地区、各有关部门要严格执行本通知规定，对公布取消或停征的政府性基金项目，不得以任何理由拖延或者拒绝执行，不得以其他名目变相继续收取。各省、自治区、直辖市、计划单列市财政部门要对本地区的政府性基金项目进行全面清理。凡违反政府性基金审批管理规定，越权出台的基金项目要一律取消。对按照法律法规和国家有关政策规定设立的政府性基金项目，要严格按照相关政策规定执行，不得擅自扩大征收范围、提高征收标准或另行加收任何费用。

七、各级财政部门要做好经费保障工作，妥善安排相关部门和单位预算，保障工作正常开展，积极支持相关事业发展。

八、本通知自2016年2月1日起执行。

五、草原管理有关规定

1. 中华人民共和国草原法

中华人民共和国草原法

(2002年12月28日第九届全国人民代表大会常务委员会第三十一次会议修订)

第一章 总 则

第一条 为了保护、建设和合理利用草原,改善生态环境,维护生物多样性,发展现代畜牧业,促进经济和社会的可持续发展,制定本法。

第二条 在中华人民共和国领域内从事草原规划、保护、建设、利用和管理活动,适用本法。

本法所称草原,是指天然草原和人工草地。

第三条 国家对草原实行科学规划、全面保护、重点建设、合理利用的方针,促进草原的可持续利用和生态、经济、社会的协调发展。

第四条 各级人民政府应当加强对草原保护、建设和利用的管理,将草原的保护、建设和利用纳入国民经济和社会发展计划。

各级人民政府应当加强保护、建设和合理利用草原的宣传教育。

第五条 任何单位和个人都有遵守草原法律法规、保护草原的义务,同时享有对违反草原法律法规、破坏草原的行为进行监督、检举和控告的权利。

第六条 国家鼓励与支持开展草原保护、建设、利用和监测方面的科学研究,推广先进技术和先进成果,培养科学技术人才。

第七条 国家对在草原管理、保护、建设、合理利用和科学研究等工作中做出显著成绩的单位和个人,给予奖励。

第八条 国务院草原行政主管部门主管全国草原监督管理工作。

县级以上地方人民政府草原行政主管部门主管本行政区域内草原监督管理工作。

乡(镇)人民政府应当加强对本行政区域内草原保护、建设和利用情况的监督检查,根据需要可以设专职或者兼职人员负责具体监督检查工作。

第二章　草原权属

第九条　草原属于国家所有，由法律规定属于集体所有的除外。国家所有的草原，由国务院代表国家行使所有权。

任何单位或者个人不得侵占、买卖或者以其他形式非法转让草原。

第十条　国家所有的草原，可以依法确定给全民所有制单位、集体经济组织等使用。

使用草原的单位，应当履行保护、建设和合理利用草原的义务。

第十一条　依法确定给全民所有制单位、集体经济组织等使用的国家所有的草原，由县级以上人民政府登记，核发使用权证，确认草原使用权。

未确定使用权的国家所有的草原，由县级以上人民政府登记造册，并负责保护管理。

集体所有的草原，由县级人民政府登记，核发所有权证，确认草原所有权。

依法改变草原权属的，应当办理草原权属变更登记手续。

第十二条　依法登记的草原所有权和使用权受法律保护，任何单位或者个人不得侵犯。

第十三条　集体所有的草原或者依法确定给集体经济组织使用的国家所有的草原，可以由本集体经济组织内的家庭或者联户承包经营。

在草原承包经营期内，不得对承包经营者使用的草原进行调整；个别确需适当调整的，必须经本集体经济组织成员的村（牧）民会议三分之二以上成员或者三分之二以上村（牧）民代表的同意，并报乡（镇）人民政府和县级人民政府草原行政主管部门批准。

集体所有的草原或者依法确定给集体经济组织使用的国家所有的草原由本集体经济组织以外的单位或者个人承包经营的，必须经本集体经济组织成员的村（牧）民会议三分之二以上成员或者三分之二以上村（牧）民代表的同意，并报乡（镇）人民政府批准。

第十四条　承包经营草原，发包方和承包方应当签订书面合同。草原承包合同的内容应当包括双方的权利和义务、承包草原四至界限、面积和等级、承包期和起止日期、承包草原用途和违约责任等。承包期届满，原承包经营者在同等条件下享有优先承包权。

承包经营草原的单位和个人，应当履行保护、建设和按照承包合同约定的用途合理利用草原的义务。

第十五条　草原承包经营权受法律保护，可以按照自愿、有偿的原则依法转让。

草原承包经营权转让的受让方必须具有从事畜牧业生产的能力，并应当履行保护、建设和按照承包合同约定的用途合理利用草原的义务。

草原承包经营权转让应当经发包方同意。承包方与受让方在转让合同中约定的转让期限，不得超过原承包合同剩余的期限。

第十六条　草原所有权、使用权的争议，由当事人协商解决；协商不成的，由有关人民政府处理。

单位之间的争议，由县级以上人民政府处理；个人之间、个人与单位之间的争议，由乡（镇）人民政府或者县级以上人民政府处理。

当事人对有关人民政府的处理决定不服的，可以依法向人民法院起诉。

在草原权属争议解决前，任何一方不得改变草原利用现状，不得破坏草原和草原上的设施。

第三章　规　　划

第十七条　国家对草原保护、建设、利用实行统一规划制度。国务院草原行政主管部门会同国务院有关部门编制全国草原保护、建设、利用规划，报国务院批准后实施。

县级以上地方人民政府草原行政主管部门会同同级有关部门依据上一级草原保护、建设、利用规划编制本行政区域的草原保护、建设、利用规划，报本级人民政府批准后实施。

经批准的草原保护、建设、利用规划确需调整或者修改时，须经原批准机关批准。

第十八条　编制草原保护、建设、利用规划，应当依据国民经济和社会发展规划并遵循下列原则：

（一）改善生态环境，维护生物多样性，促进草原的可持续利用；

（二）以现有草原为基础，因地制宜，统筹规划，分类指导；

（三）保护为主、加强建设、分批改良、合理利用；

（四）生态效益、经济效益、社会效益相结合。

第十九条　草原保护、建设、利用规划应当包括：草原保护、建设、利用的目标和措施，草原功能分区和各项建设的总体部署，各项专业规划等。

第二十条　草原保护、建设、利用规划应当与土地利用总体规划相衔接，与环境保护规划、水土保持规划、防沙治沙规划、水资源规划、林业长远规划、城市总体规划、村庄和集镇规划以及其他有关规划相协调。

第二十一条　草原保护、建设、利用规划一经批准，必须严格执行。

第二十二条　国家建立草原调查制度。

县级以上人民政府草原行政主管部门会同同级有关部门定期进行草原调查；草原所有者或者使用者应当支持、配合调查，并提供有关资料。

第二十三条　国务院草原行政主管部门会同国务院有关部门制定全国草原等级评定标准。

县级以上人民政府草原行政主管部门根据草原调查结果、草原的质量，依据草原等级评定标准，对草原进行评等定级。

第二十四条　国家建立草原统计制度。

县级以上人民政府草原行政主管部门和同级统计部门共同制定草原统计调查办法，依法对草原的面积、等级、产草量、载畜量等进行统计，定期发布草原统计资料。

草原统计资料是各级人民政府编制草原保护、建设、利用规划的依据。

第二十五条　国家建立草原生产、生态监测预警系统。

县级以上人民政府草原行政主管部门对草原的面积、等级、植被构成、生产能力、自然灾害、生物灾害等草原基本状况实行动态监测，及时为本级政府和有关部门提供动态监测和预警信息服务。

第四章　建　　设

第二十六条　县级以上人民政府应当增加草原建设的投入，支持草原建设。

国家鼓励单位和个人投资建设草原，按照谁投资、谁受益的原则保护草原投资建设者的合法权益。

第二十七条　国家鼓励与支持人工草地建设、天然草原改良和饲草饲料基地建设，稳定和提高草原生产能力。

第二十八条　县级以上人民政府应当支持、鼓励和引导农牧民开展草原围栏、饲草饲料储备、牲畜圈舍、牧民定居点等生产生活设施的建设。

县级以上地方人民政府应当支持草原水利设施建设，发展草原节水灌溉，改善人畜饮水条件。

第二十九条 县级以上人民政府应当按照草原保护、建设、利用规划加强草种基地建设，鼓励选育、引进、推广优良草品种。

新草品种必须经全国草品种审定委员会审定，由国务院草原行政主管部门公告后方可推广。从境外引进草种必须依法进行审批。

县级以上人民政府草原行政主管部门应当依法加强对草种生产、加工、检疫、检验的监督管理，保证草种质量。

第三十条 县级以上人民政府应当有计划地进行火情监测、防火物资储备、防火隔离带等草原防火设施的建设，确保防火需要。

第三十一条 对退化、沙化、盐碱化、石漠化和水土流失的草原，地方各级人民政府应当按照草原保护、建设、利用规划，划定治理区，组织专项治理。

大规模的草原综合治理，列入国家国土整治计划。

第三十二条 县级以上人民政府应当根据草原保护、建设、利用规划，在本级国民经济和社会发展计划中安排资金用于草原改良、人工种草和草种生产，任何单位或者个人不得截留、挪用；县级以上人民政府财政部门和审计部门应当加强监督管理。

第五章 利 用

第三十三条 草原承包经营者应当合理利用草原，不得超过草原行政主管部门核定的载畜量；草原承包经营者应当采取种植和储备饲草饲料、增加饲草饲料供应量、调剂处理牲畜、优化畜群结构、提高出栏率等措施，保持草畜平衡。

草原载畜量标准和草畜平衡管理办法由国务院草原行政主管部门规定。

第三十四条 牧区的草原承包经营者应当实行划区轮牧，合理配置畜群，均衡利用草原。

第三十五条 国家提倡在农区、半农半牧区和有条件的牧区实行牲畜圈养。草原承包经营者应当按照饲养牲畜的种类和数量，调剂、储备饲草饲料，采用青贮和饲草饲料加工等新技术，逐步改变依赖天然草地放牧的生产方式。

在草原禁牧、休牧、轮牧区，国家对实行舍饲圈养的给予粮食和资金补助，具体办法由国务院或者国务院授权的有关部门规定。

第三十六条 县级以上地方人民政府草原行政主管部门对割草场和野生草种基地应当规定合理的割草期、采种期以及留茬高度和采割强度，实行轮割轮采。

第三十七条 遇到自然灾害等特殊情况，需要临时调剂使用草原的，按照自愿互利的原则，由双方协商解决；需要跨县临时调剂使用草原的，由有关县级人民政府或者共同的上级人民政府组织协商解决。

第三十八条 进行矿藏开采和工程建设，应当不占或者少占草原；确需征用或者使用草原的，必须经省级以上人民政府草原行政主管部门审核同意后，依照有关土地管理的法律、行政法规办理建设用地审批手续。

第三十九条 因建设征用集体所有的草原的，应当依照《中华人民共和国土地管理法》的规定给予补偿；因建设使用国家所有的草原的，应当依照国务院有关规定对草原承包经营者给予补偿。

因建设征用或者使用草原的，应当交纳草原植被恢复费。草原植被恢复费专款专用，由草原行政主管部门按照规定用于恢复草原植被，任何单位和个人不得截留、挪用。草原植被恢复费的征收、使用和管理办法，由国务院价格主管部门和国务院财政部门会同国务院草原行政主管部门制定。

第四十条 需要临时占用草原的，应当经县级以上地方人民政府草原行政主管部门审核同意。

临时占用草原的期限不得超过二年，并不得在临时占用的草原上修建永久性建筑物、构筑物；占用期满，用地单位必须恢复草原植被并及时退还。

第四十一条 在草原上修建直接为草原保护和畜牧业生产服务的工程设施，需要使用草原的，由县级以上人民政府草原行政主管部门批准；修筑其他工程，需要将草原转为非畜牧业生产用地的，必须依法办理建设用地审批手续。

前款所称直接为草原保护和畜牧业生产服务的工程设施，是指：

（一）生产、贮存草种和饲草饲料的设施；
（二）牲畜圈舍、配种点、剪毛点、药浴池、人畜饮水设施；
（三）科研、试验、示范基地；
（四）草原防火和灌溉设施。

第六章　保　　护

第四十二条 国家实行基本草原保护制度。下列草原应当划为基本草原，实施严格管理：

（一）重要放牧场；
（二）割草地；
（三）用于畜牧业生产的人工草地、退耕还草地以及改良草地、草种基地；
（四）对调节气候、涵养水源、保持水土、防风固沙具有特殊作用的草原；
（五）作为国家重点保护野生动植物生存环境的草原；
（六）草原科研、教学试验基地；
（七）国务院规定应当划为基本草原的其他草原。

基本草原的保护管理办法，由国务院制定。

第四十三条 国务院草原行政主管部门或者省、自治区、直辖市人民政府可以按照自然保护区管理的有关规定在下列地区建立草原自然保护区：

（一）具有代表性的草原类型；
（二）珍稀濒危野生动植物分布区；
（三）具有重要生态功能和经济科研价值的草原。

第四十四条 县级以上人民政府应当依法加强对草原珍稀濒危野生植物和种质资源的保护、管理。

第四十五条 国家对草原实行以草定畜、草畜平衡制度。县级以上地方人民政府草原行政主管部门应当按照国务院草原行政主管部门制定的草原载畜量标准，结合当地实际情况，定期核定草原载畜量。各级人民政府应当采取有效措施，防止超载过牧。

第四十六条 禁止开垦草原。对水土流失严重、有沙化趋势、需要改善生态环境的已垦草原，应当有计划、有步骤地退耕还草；已造成沙化、盐碱化、石漠化的，应当限期治理。

第四十七条 对严重退化、沙化、盐碱化、石漠化的草原和生态脆弱区的草原，实行禁牧、休牧制度。

第四十八条 国家支持依法实行退耕还草和禁牧、休牧。具体办法由国务院或者省、自治区、直辖市人民政府制定。

对在国务院批准规划范围内实施退耕还草的农牧民，按照国家规定给予粮食、现金、草种费补助。退耕还草完成后，由县级以上人民政府草原行政主管部门核实登记，依法履行土地用途变更手续，发放草原权属证书。

第四十九条　禁止在荒漠、半荒漠和严重退化、沙化、盐碱化、石漠化、水土流失的草原以及生态脆弱区的草原上采挖植物和从事破坏草原植被的其他活动。

第五十条　在草原上从事采土、采砂、采石等作业活动，应当报县级人民政府草原行政主管部门批准；开采矿产资源的，并应当依法办理有关手续。

经批准在草原上从事本条第一款所列活动的，应当在规定的时间、区域内，按照准许的采挖方式作业，并采取保护草原植被的措施。

在他人使用的草原上从事本条第一款所列活动的，还应当事先征得草原使用者的同意。

第五十一条　在草原上种植牧草或者饲料作物，应当符合草原保护、建设、利用规划；县级以上地方人民政府草原行政主管部门应当加强监督管理，防止草原沙化和水土流失。

第五十二条　在草原上开展经营性旅游活动，应当符合有关草原保护、建设、利用规划，并事先征得县级以上地方人民政府草原行政主管部门的同意，方可办理有关手续。

在草原上开展经营性旅游活动，不得侵犯草原所有者、使用者和承包经营者的合法权益，不得破坏草原植被。

第五十三条　草原防火工作贯彻预防为主、防消结合的方针。

各级人民政府应当建立草原防火责任制，规定草原防火期，制定草原防火扑火预案，切实做好草原火灾的预防和扑救工作。

第五十四条　县级以上地方人民政府应当做好草原鼠害、病虫害和毒害草防治的组织管理工作。县级以上地方人民政府草原行政主管部门应当采取措施，加强草原鼠害、病虫害和毒害草监测预警、调查以及防治工作，组织研究和推广综合防治的办法。

禁止在草原上使用剧毒、高残留以及可能导致二次中毒的农药。

第五十五条　除抢险救灾和牧民搬迁的机动车辆外，禁止机动车辆离开道路在草原上行驶，破坏草原植被；因从事地质勘探、科学考察等活动确需离开道路在草原上行驶的，应当向县级人民政府草原行政主管部门提交行驶区域和行驶路线方案，经确认后执行。

第七章　监督检查

第五十六条　国务院草原行政主管部门和草原面积较大的省、自治区的县级以上地方人民政府草原行政主管部门设立草原监督管理机构，负责草原法律、法规执行情况的监督检查，对违反草原法律、法规的行为进行查处。

草原行政主管部门和草原监督管理机构应当加强执法队伍建设，提高草原监督检查人员的政治、业务素质。草原监督检查人员应当忠于职守、秉公执法。

第五十七条　草原监督检查人员履行监督检查职责时，有权采取下列措施：

（一）要求被检查单位或者个人提供有关草原权属的文件和资料，进行查阅或者复制；

（二）要求被检查单位或者个人对草原权属等问题作出说明；

（三）进入违法现场进行拍照、摄像和勘测；

（四）责令被检查单位或者个人停止违反草原法律、法规的行为，履行法定义务。

第五十八条　国务院草原行政主管部门和省、自治区、直辖市人民政府草原行政主管部门，应当加强对草原监督检查人员的培训和考核。

第五十九条　有关单位和个人对草原监督检查人员的监督检查工作应当给予支持、配合，不得拒绝或者阻碍草原监督检查人员依法执行职务。

草原监督检查人员在履行监督检查职责时，应当向被检查单位和个人出示执法证件。

第六十条　对违反草原法律、法规的行为，应当依法作出行政处理，有关草原行政主管部门不作出行政处理决定的，上级草原行政主管部门有权责令有关草原行政主管部门作出行政处理决定或者直接作出行政处理决定。

第八章　法律责任

第六十一条　草原行政主管部门工作人员及其他国家机关有关工作人员玩忽职守、滥用职权，不依法履行监督管理职责，或者发现违法行为不予查处，造成严重后果，构成犯罪的，依法追究刑事责任；尚不够刑事处罚的，依法给予行政处分。

第六十二条　截留、挪用草原改良、人工种草和草种生产资金或者草原植被恢复费，构成犯罪的，依法追究刑事责任；尚不够刑事处罚的，依法给予行政处分。

第六十三条　无权批准征用、使用草原的单位或者个人非法批准征用、使用草原的，超越批准权限非法批准征用、使用草原的，或者违反法律规定的程序批准征用、使用草原，构成犯罪的，依法追究刑事责任；尚不够刑事处罚的，依法给予行政处分。非法批准征用、使用草原的文件无效。非法批准征用、使用的草原应当收回，当事人拒不归还的，以非法使用草原论处。

非法批准征用、使用草原，给当事人造成损失的，依法承担赔偿责任。

第六十四条　买卖或者以其他形式非法转让草原，构成犯罪的，依法追究刑事责任；尚不够刑事处罚的，由县级以上人民政府草原行政主管部门依据职权责令限期改正，没收违法所得，并处违法所得一倍以上五倍以下的罚款。

第六十五条　未经批准或者采取欺骗手段骗取批准，非法使用草原，构成犯罪的，依法追究刑事责任；尚不够刑事处罚的，由县级以上人民政府草原行政主管部门依据职权责令退还非法使用的草原，对违反草原保护、建设、利用规划擅自将草原改为建设用地的，限期拆除在非法使用的草原上新建的建筑物和其他设施，恢复草原植被，并处草原被非法使用前三年平均产值六倍以上十二倍以下的罚款。

第六十六条　非法开垦草原，构成犯罪的，依法追究刑事责任；尚不够刑事处罚的，由县级以上人民政府草原行政主管部门依据职权责令停止违法行为，限期恢复植被，没收非法财物和违法所得，并处违法所得一倍以上五倍以下的罚款；没有违法所得的，并处五万元以下的罚款；给草原所有者或者使用者造成损失的，依法承担赔偿责任。

第六十七条　在荒漠、半荒漠和严重退化、沙化、盐碱化、石漠化、水土流失的草原，以及生态脆弱区的草原上采挖植物或者从事破坏草原植被的其他活动的，由县级以上地方人民政府草原行政主管部门依据职权责令停止违法行为，没收非法财物和违法所得，可以并处违法所得一倍以上五倍以下的罚款；没有违法所得的，可以并处五万元以下的罚款；给草原所有者或者使用者造成损失的，依法承担赔偿责任。

第六十八条　未经批准或者未按照规定的时间、区域和采挖方式在草原上进行采土、采砂、采石等活动的，由县级人民政府草原行政主管部门责令停止违法行为，限期恢复植被，没收非法财物和违法所得，可以并处违法所得一倍以上二倍以下的罚款；没有违法所得的，可以并处二万元以下的罚款；给草原所有者或者使用者造成损失的，依法承担赔偿责任。

第六十九条　违反本法第五十二条规定，擅自在草原上开展经营性旅游活动，破坏草原植被的,由县级以上地方人民政府草原行政主管部门依据职权责令停止违法行为,限期恢复植被,没收违法所得,可以并处违法所得一倍以上二倍以下的罚款;没有违法所得的,可以并处草原被破坏前三年平均产值六倍以上十二倍以下的罚款;给草原所有者或者使用者造成损失的,依法承担赔偿责任。

第七十条 非抢险救灾和牧民搬迁的机动车辆离开道路在草原上行驶或者从事地质勘探、科学考察等活动未按照确认的行驶区域和行驶路线在草原上行驶,破坏草原植被的,由县级人民政府草原行政主管部门责令停止违法行为,限期恢复植被,可以并处草原被破坏前三年平均产值三倍以上九倍以下的罚款;给草原所有者或者使用者造成损失的,依法承担赔偿责任。

第七十一条 在临时占用的草原上修建永久性建筑物、构筑物的,由县级以上地方人民政府草原行政主管部门依据职权责令限期拆除;逾期不拆除的,依法强制拆除,所需费用由违法者承担。

临时占用草原,占用期届满,用地单位不予恢复草原植被的,由县级以上地方人民政府草原行政主管部门依据职权责令限期恢复;逾期不恢复的,由县级以上地方人民政府草原行政主管部门代为恢复,所需费用由违法者承担。

第七十二条 未经批准,擅自改变草原保护、建设、利用规划的,由县级以上人民政府责令限期改正;对直接负责的主管人员和其他直接责任人员,依法给予行政处分。

第七十三条 对违反本法有关草畜平衡制度的规定,牲畜饲养量超过县级以上地方人民政府草原行政主管部门核定的草原载畜量标准的纠正或者处罚措施,由省、自治区、直辖市人民代表大会或者其常务委员会规定。

第九章 附 则

第七十四条 本法第二条第二款中所称的天然草原包括草地、草山和草坡,人工草地包括改良草地和退耕还草地,不包括城镇草地。

第七十五条 本法自 2003 年 3 月 1 日起施行。

2. 草原征占用审核审批管理办法

草原征占用审核审批管理办法

(2006年1月27日农业部令第58号公布，2014年4月25日农业部令2014年第3号修订)

第一条 为了加强草原征占用的监督管理，规范草原征占用的审核审批，保护草原资源和环境，维护农牧民的合法权益，根据《中华人民共和国草原法》的规定，制定本办法。

第二条 本办法适用于下列情形：

（一）矿藏开采和工程建设等需要征用、使用草原的审核；

（二）临时占用草原的审核；

（三）在草原上修建直接为草原保护和畜牧业生产服务的工程设施使用草原的审批。

第三条 县级以上人民政府草原行政主管部门负责草原征占用的审核审批工作。

县级以上人民政府草原行政主管部门的草原监督管理机构承担相关具体工作。

第四条 草原是重要的战略资源。国家保护草原资源，实行基本草原保护制度，严格控制草原转为其他用地。

第五条 矿藏开采、工程建设和修建工程设施应当不占或少占草原。除国家重点工程项目外，不得占用基本草原。

第六条 矿藏开采和工程建设确需征用或使用草原的，依照下列规定的权限办理：

（一）征用、使用草原超过七十公顷的，由农业部审核；

（二）征用、使用草原七十公顷及其以下的，由省级人民政府草原行政主管部门审核。

第七条 工程建设、勘查、旅游等确需临时占用草原的，由县级以上地方人民政府草原行政主管部门依据所在省、自治区、直辖市确定的权限分级审核。

临时占用草原的期限不得超过二年，并不得在临时占用的草原上修建永久性建筑物、构筑物；占用期满，使用草原的单位或个人应当恢复草原植被并及时退还。

第八条 在草原上修建直接为草原保护和畜牧业生产服务的工程设施确需使用草原的，依照下列规定的权限办理：

（一）使用草原超过七十公顷的，由省级人民政府草原行政主管部门审批；

（二）使用草原七十公顷及其以下的，由县级以上地方人民政府草原行政主管部门依据所在省、自治区、直辖市确定的审批权限审批。

修筑其他工程，需要将草原转为非畜牧业生产用地的，应当依照本办法第六条的规定办理。

第一款所称直接为草原保护和畜牧业生产服务的工程设施，是指：

（一）生产、贮存草种和饲草饲料的设施；

（二）牲畜圈舍、配种点、剪毛点、药浴池、人畜饮水设施；

（三）科研、试验、示范基地；

（四）草原防火和灌溉设施。

第九条　草原征占用应当符合下列条件：

（一）符合国家的产业政策，国家明令禁止的项目不得征占用草原；

（二）符合所在地县级草原保护建设利用规划，有明确的使用面积或临时占用期限；

（三）对所在地生态环境、畜牧业生产和农牧民生活不会产生重大不利影响；

（四）征占用草原应当征得草原所有者或使用者的同意；征占用已承包经营草原的，还应当与草原承包经营者达成补偿协议；

（五）临时占用草原的，应当具有恢复草原植被的方案；

（六）申请材料齐全、真实；

（七）法律、法规规定的其他条件。

第十条　草原征占用单位或个人应当向具有审核审批权限的草原行政主管部门提出草原征占用申请。

第十一条　矿藏开采和工程建设等确需征用、使用草原的单位或个人，应当填写《草原征占用申请表》，同时提供下列材料：

（一）项目批准文件；

（二）草原权属证明材料；

（三）有资质的设计单位做出的包含环境影响评价内容的项目使用草原可行性报告；

（四）与草原所有权者、使用者或承包经营者签订的草原补偿费和安置补助费等补偿协议。

临时占用草原的，应当提供前款（二）、（三）项规定的材料、草原植被恢复方案以及与草原所有者、使用者或承包经营者签订的草原补偿费等补偿协议。

修建直接为草原保护和畜牧业生产服务的工程设施使用草原的，应当提供第一款（一）、（二）、（四）项规定的材料。

第十二条　草原行政主管部门应当自受理申请之日起二十个工作日内完成审核或者审批工作。

二十个工作日内不能完成的，经本部门负责人批准，可延长十个工作日，并告知申请人延长的理由。

第十三条　草原行政主管部门应当组织对被申请征用、使用的草原进行现场查验，核查草原面积等情况，并填写《草原征用使用现场查验表》。

草原现场查验人员应当不少于三人，其中应当包括两名以上具有中级以上职称的相关专业技术人员。

被申请征用、使用草原的摄像或照片资料和地上建筑、基础设施建设的视听资料，可以作为《草原征用使用现场查验表》的附属材料。

第十四条　现场查验人员应当在《草原征占用申请表》上签署查验意见，并将《草原征用使用现场查验表》连同其他相关资料报送草原行政主管部门审查。

第十五条　矿藏开采和工程建设等确需征用、使用草原的申请，经审查同意的，草原行政主管部门应当向申请人发放《草原征用使用审核同意书》，并按照《中华人民共和国草原法》的规定，预收草原植被恢复费；经审查不同意的，应当在《草原征占用申请表》中说明不同意的理由，并书面告知申请人。

申请人凭《草原征用使用审核同意书》依法向土地管理部门申请办理建设用地审批手续。建设用地申请未获批准的，草原行政主管部门应当将预收的草原植被恢复费全部退还申请人。

第十六条 临时占用草原或修建直接为草原保护和畜牧业生产服务的工程设施需要使用草原的申请，经审核审批同意的，草原行政主管部门应当以文件形式通知申请人。

第十七条 草原征用、使用、临时占用单位或个人应当按照批准的面积征用、使用、临时占用，不得擅自扩大面积。确需扩大面积的，应当依照本办法的规定重新申请。

第十八条 违反本办法规定，有下列情形之一的，依照《中华人民共和国草原法》的有关规定查处，构成犯罪的，依法追究刑事责任：

（一）无权批准征用、使用草原的单位或者个人非法批准征用、使用草原的；

（二）超越批准权限非法批准征用、使用草原的；

（三）违反规定程序批准征用、使用草原的；

（四）未经批准或者采取欺骗手段骗取批准，非法使用草原的；

（五）在临时占用的草原上修建永久性建筑物、构筑物的；

（六）临时占用草原，占用期届满，用地单位不予恢复草原植被的；

（七）其他违反法律法规规定征占用草原的。

前款第（一）、（二）、（三）项所列情形，尚不够刑事处罚的，依法给予行政处分；给当事人造成损失的，依法承担赔偿责任。

第十九条 县级以上人民政府草原行政主管部门应当建立征占用草原审核审批管理档案。

第二十条 省、自治区、直辖市人民政府草原行政主管部门应当在每年的第一季度将上年度本省、自治区、直辖市征占用草原的情况汇总报告农业部。

第二十一条 《草原征占用申请表》和《草原征用使用现场查验表》式样由农业部统一规定，省级人民政府草原行政主管部门统一印制。《草原征用使用审核同意书》由农业部统一印制。

第二十二条 本办法自 2006 年 3 月 1 日起施行

3. 关于印发征占用草原审核审批程序的通知

关于印发征占用草原审核审批程序的通知

内农牧草发〔2009〕62号

各盟市农牧业局：

依据《中华人民共和国草原法》、《内蒙古自治区草原管理条例》、《内蒙古自治区草原管理条例实施细则》和农业部《草原征占用审核审批管理办法》的有关规定，结合自治区草原征占用管理工作的实际情况，研究制定了征占用草原审核审批程序。现印发给你们，请认真遵照执行。

附：1.《征用使用草原审核程序》
　　2.《临时占用草原审批程序》
　　3.《修建直接为草原保护和畜牧业生产服务的工程设施使用草原审批程序》

内蒙古自治区农牧业厅办公室
二〇〇九年三月十日

附件1：

征用使用草原审核程序

一、填写申请表

需要征用使用草原的，应当到旗县草原监督管理机构领取《草原征占用申请表》，并按要求填写相关内容。

二、申报材料

申请人应当提交以下申报材料：

（一）草原征占用申请表（70公顷以下报3份、70公顷以上报4份）；
（二）项目批准文件（具有项目批准权限的行政主管部门批准的文件）；

（三）被征用使用草原的权属证明材料；
（四）有资质的设计单位做出的项目使用草原可行性报告；
（五）草原补偿、安置补助协议；
（六）拟征用草原的坐标图。

三、初审

由旗县草原监督管理机构对申报的材料进行初审，并提出意见。

四、复审

由盟市草原监督管理机构对申报的材料进行复审，并提出意见。

五、复核和现场查验

自治区草原监督管理机构负责申报材料的复核，并组织有关人员，对征用使用的草原进行核查勘验，并填写《征用使用草原现场查验表》。

六、审核

征用使用草原70公顷以上的，由中华人民共和国农业部审核；征用使用草原70公顷及其以下的，由内蒙古自治区农牧业厅审核。

经审核同意的，向申请人发放《草原征用使用审核同意书》。

申请人应当依法预交草原植被恢复费。

七、办理期限

受理征用使用草原申请材料的审核部门，自受理之日起，应当在二十个工作日内完成审核工作。二十个工作日内不能完成的，经本部门负责人批准，可延长十个工作日，并告知申请人延长的理由。

附件2：

临时占用草原审批程序

一、填写申请表

需要临时占用草原的，应当到旗县草原监督管理机构领取《草原征占用申请表》，并按要求填写相关内容。

二、申报材料

申请人应当提交以下申报材料：

（一）草原征占用申请表（30亩以下报1份、30亩以上500亩以下报2份、500亩以上报3份）；
（二）被占用草原的权属证明材料；
（三）有资质的设计单位做出的项目使用草原可行性报告；
（四）草原植被恢复方案；

（五）相关补偿、补助协议；
（六）拟占用草原的坐标图。

三、审核批准

临时占用草原 30 亩以下的，由旗县草原监督管理机构对申报的材料进行审核，并组织现场勘验。由旗县级人民政府草原行政主管部门批准；

临时占用草原 30 亩以上 500 亩以下的，由盟市草原监督管理机构对申报的材料进行审核，并组织现场勘验。由盟市人民政府草原行政主管部门批准；

临时占用草原 500 亩以上的，由自治区草原监督管理机构对申报的材料进行审核，并组织现场勘验。由自治区农牧业厅批准。

四、经批准同意

经批准同意的，向申请人发放相关作业活动许可证（《临时作业许可证》《经营性旅游活动许可证》《采土、采砂、采石、开采矿产资源活动许可证》）。

申请人应当依法预交草原植被恢复费。

五、办理期限

受理临时占用草原申请材料的审批部门，自受理之日起，应当在二十个工作日内完成审批工作。二十个工作日内不能完成的，经本部门负责人批准，可延长十个工作日，并告知申请人延长的理由。

附件 3：

修建直接为草原保护和畜牧业生产服务的工程设施使用草原审批程序

一、填写申请表

需要使用草原的，应当到旗县草原监督管理机构领取《草原征占用申请表》，按要求填写相关内容。

二、申报材料

申请人应当提交以下申报材料：
（一）草原征占用申请表（10 亩以下报 1 份、10 亩以上 100 亩以下报 2 份、100 亩以上报 3 份、70 公顷以上报 4 份）；
（二）项目批准文件（具有项目批准权限的行政主管部门批准的文件）；
（三）被使用草原的权属证明材料；
（四）有关补偿、补助协议；
（五）拟使用草原的坐标图。

三、审核批准

使用草原 10 亩以下的，由旗县草原监督管理机构对申报的材料进行审核，并组织现场勘验。由旗县级人民政府草原行政主管部门批准；

使用草原 10 亩以上 100 亩以下的，由盟市草原监督管理机构对申报的材料进行审核，并组织现场勘验。由盟市人民政府草原行政主管部门批准；

使用草原 100 亩以上的，由自治区草原监督管理机构对申报的材料进行审核，并组织现场勘验。由自治区农牧业厅批准；

使用草原 70 公顷以上的，由中华人民共和国农业部审核批准。

四、办理期限

受理使用草原申请材料的审批部门，自受理之日起，应当在二十个工作日内完成审批工作。二十个工作日内不能完成的，经本部门负责人批准，可延长十个工作日，并告知申请人延长的理由。

4. 内蒙古自治区草原管理条例实施细则

内蒙古自治区草原管理条例实施细则

第一章 总 则

第一条 根据《中华人民共和国草原法》《内蒙古自治区草原管理条例》和有关法律法规，结合自治区实际，制定本细则。

第二条 在自治区行政区域内从事草原规划、保护、建设、利用和管理活动，适用本细则。

第三条 旗县级以上人民政府草原行政主管部门主管本行政区域内的草原监督管理工作。

旗县级以上人民政府草原行政主管部门的草原监督管理机构，依法负责草原监督管理具体工作。下级草原监督管理机构接受上级草原监督管理机构的工作监督和指导。

苏木乡级人民政府应当加强对本行政区域内草原保护、建设和利用情况的监督检查，根据需要可以设专职或者兼职人员负责具体监督检查工作。

第四条 公安、工商、环境保护、国土资源、林业、水利等相关部门按照各自职责，配合草原监督管理部门做好草原保护的相关工作。

第二章 承包经营

第五条 在草原承包经营期内，发包方不得收回承包的草原。

承包期内，承包方全家迁入小城镇落户的，应当按照承包方的意愿，保留其草原承包经营权，允许其依法进行草原承包经营权流转。

承包期内，承包方全家迁入设区的市，转为非农业户口的，应当将承包的草原交回发包方。承包方不交回的，发包方可以依法收回承包的草原。

承包期内，承包方交回承包草原或者发包方依法收回承包草原时，承包方在承包草原上投资、建设畜牧业生产设施、提高草原生产能力的，有权获得相应的补偿。

第六条 承包期内，发包方不得调整承包草原。因自然灾害严重毁损承包草原等特殊情形确需对个别农牧户承包的草原进行适当调整的，必须经本集体经济组织成员的嘎查村民会议三分之二以上成员或者三分之二以上嘎查村民代表的同意，并报苏木乡级人民政府和旗县级人民政府草原行政主管部门批准。承包合同中约定不得调整的，按照其约定。

下列草原可以用于调整：

（一）集体经济组织预留的机动草原；

（二）发包方依法收回的草原；

（三）承包方自愿交回的草原；

（四）通过治理增加或者自然变化形成，并依法办理变更手续的草原。

第七条 按规定已经预留的机动草原，应当用于：

（一）修建直接为草原保护和畜牧业生产服务的工程设施；

（二）救灾、扶贫；

（三）发展壮大集体经济；

（四）本细则第六条规定的调整承包草原；

（五）本集体经济组织公共利益的其他用途。

第八条 承包期内，发包方不得单方面解除承包合同，不得假借少数服从多数强迫承包方放弃或者变更草原承包经营权，不得将承包草原收回抵顶欠款。

第九条 承包期内，承包方可以自愿将承包草原交回发包方。承包方自愿交回承包草原的，应当提前半年以书面形式通知发包方。承包方在承包期内交回承包草原的，在承包期内不得再要求承包草原。

第十条 承包期内，妇女结婚，在新居住地未取得承包草原或者承包地的，发包方不得收回其原承包草原；妇女离婚或者丧偶，仍在原居住地生活或者不在原居住地生活但在新居住地未取得承包草原或者承包地的，发包方不得收回其原承包草原。

第十一条 非集体经济组织成员的单位和个人，未经法定程序，不得承包经营草原。

各级人民政府应当依法对非法承包经营的草原进行清退。

第三章 草原承包经营权流转

第十二条 草原承包经营权流转的方式包括转包、出租、互换、转让或者其他方式。

草原承包经营权流转的主体是承包方。承包方有权依法自主决定草原承包经营权是否流转和流转的方式。

不得以草原承包经营权作抵押或者抵顶债款。

第十三条 承包方将草原承包经营权转包或者出租给第三方，承包方与发包方的承包关系不变。

第十四条 承包方之间为了方便生产和生活，可以对属于同一集体经济组织内的草原承包经营权进行互换。

第十五条 承包方有稳定的非农牧职业或者有稳定的收入来源的，经发包方同意，可以将全部或者部分草原承包经营权转让给本集体经济组织内的其他成员，由该成员同发包方确立新的承包关系，原承包方与发包方的承包关系即行终止。

第十六条 承包方之间为发展畜牧业经济，可以自愿联合将草原承包经营权入股，从事畜牧业生产。

第十七条 草原承包经营权流转的转包费、租金、转让费等，应当由当事人双方协商确定。流转的收益归承包方所有，任何组织和个人不得擅自截留、扣缴。

第十八条 旗县级人民政府草原行政主管部门应当依据当地草原的生产能力和利用方式每年发布草原有偿流转的信息。

第十九条 承包方有下列情形之一的，提倡草原承包经营权流转：

（一）无牲畜或者牲畜较少的；

（二）已不从事畜牧业生产的；

（三）已不在当地经常居住的。

第二十条　草原承包经营权采取转包、出租、互换、转让或者其他方式流转，当事人双方应当签订书面流转合同。采取转让方式流转的，应当经发包方同意；采取转包、出租、互换或者其他方式流转的，当事人双方应当报发包方备案。

流转合同的内容应当包括：

（一）当事人双方的基本情况；

（二）草原的名称、面积、四至界限、等级；

（三）草原用途；

（四）附属生产设施；

（五）当事人双方的权利和义务；

（六）流转的形式、价款及其支付方式；

（七）流转的期限和起止日期；

（八）违约责任。

第二十一条　草原承包经营权依法进行流转的，发包方应当在流转合同签订后，到旗县级人民政府草原行政主管部门的草原监督管理机构备案。

第四章　草畜平衡

第二十二条　自治区实行草畜平衡制度。

旗县级人民政府草原行政主管部门依据国家、自治区的有关规定和标准，对草畜平衡核定每三年进行一次，向草原使用者和所有者公布。

自治区人民政府草原行政主管部门应当根据国家规定的草原载畜量标准制定并公布不同草原类型的具体载畜量标准。

第二十三条　草畜平衡应当核定下列事项：

（一）天然草原的类型、等级、面积、产草量；

（二）人工草地、饲草料地的面积、饲草料产量；

（三）有稳定来源的其他饲草饲料量；

（四）根据可食饲草饲料总量计算的适宜载畜量；

（五）实际饲养牲畜的种类和数量；

（六）天然草原保护、建设、利用情况和沙化、退化现状。

第二十四条　草原使用者、所有者或者承包经营者对核定的草原载畜量有异议的，可以自收到核定通知之日起 30 日内向旗县级人民政府草原行政主管部门申请复核一次，旗县级人民政府草原行政主管部门应当在 30 日内作出复核决定。

第二十五条　国有草原由旗县级以上人民政府草原行政主管部门组织草原使用者，依据核定的适宜载畜量，与草原承包经营者签订草畜平衡责任书。

集体所有草原由苏木乡级人民政府组织草原所有者，依据核定的适宜载畜量，与草原承包经营者签订草畜平衡责任书。

未承包经营的国有草原，由草原使用者与旗县级以上人民政府签订草畜平衡责任书。

未承包经营的集体所有草原，由草原所有者与苏木乡级人民政府签订草畜平衡责任书。

草原使用权和所有权单位应当将适宜载畜量的具体情况予以公示。

第二十六条　草畜平衡责任书应当载明以下事项：

（一）草原的四至界限、面积、类型、等级；

（二）可食饲草饲料总量及适宜载畜量；

（三）实有牲畜种类和数量；

（四）达到草畜平衡的措施；

（五）草原使用者或者草原承包经营者的责任；

（六）有效期限；

（七）其他有关事项。

草畜平衡责任书文本样式由自治区人民政府草原行政主管部门统一制定，报农业部备案。

第二十七条　旗县级人民政府草原行政主管部门的草原监督管理机构、苏木乡级人民政府应当建立草畜平衡管理档案。

第五章　规划建设

第二十八条　旗县级以上人民政府草原行政主管部门会同同级有关部门依据上一级草原保护、建设、利用规划编制本行政区域的草原保护、建设、利用规划，每五年修订一次，报本级人民政府批准后实施。

第二十九条　自治区人民政府草原行政主管部门应当引进、驯化、繁育、推广优良牧草品种，以草籽原种场、草种扩繁基地为骨干，形成自治区牧草种子繁育体系。

第三十条　旗县级以上人民政府草原行政主管部门在草原建设中应当开展人工草地建设、牧草良种培育、飞播牧草、免耕技术、鼠虫害防治等工作，提高草原建设的科技含量。

第六章　利　　用

第三十一条　进行矿藏开采和工程建设，应当不占或者少占草原；为了公共利益的需要，依照法律规定征收征用或者使用草原的，应当向自治区人民政府草原行政主管部门申请，并提供以下材料：

（一）项目批准文件；

（二）被征收征用或者使用草原的权属证明材料；

（三）有资质的设计单位做出的项目使用草原可行性报告；

（四）草原补偿、安置补助协议。

自治区人民政府草原行政主管部门对申请人提供的材料进行审核，属于自治区批准权限的，经审核同意后，依照有关土地管理的法律、行政法规办理建设用地审批手续。

自治区人民政府草原行政主管部门审核同意前，应当指派旗县级以上人民政府草原行政主管部门的草原监督管理机构进行实地查验。

第三十二条　《内蒙古自治区草原管理条例》第二十五条所称饲养牲畜价值，指该草原上饲养的牲畜按其品种、数量、用途等，依据当地物价部门提供的价格折算的总值。

《内蒙古自治区草原管理条例》第二十五条所称经济植物价值，指该草原上生长的具有食用、药用、种用以及其他利用价值的植物，依据当地物价部门提供的价格折算的总值。

第三十三条　《内蒙古自治区草原管理条例》第二十五条规定的草原补偿费、安置补助费由旗县级人民政府草原行政主管部门的草原监督管理机构，按照前五年饲养牲畜量、草原监测数据和当地物价部门提供的价格数据为依据进行测算。

第三十四条 在草原上开展经营性旅游活动的，应当向旗县级以上人民政府草原行政主管部门提出申请，提供开发利用草原开展旅游活动的资料，经旗县级以上人民政府草原行政主管部门审核同意，办理草原经营性旅游活动许可证后，有关行政管理部门方可办理其他手续。

在草原上开展经营性旅游活动的，不得侵犯草原使用者、所有者和承包经营者的合法权益，不得破坏草原植被。

第三十五条 在草原上从事采土、采砂、采石、开采矿产资源等作业活动的，应当向旗县级人民政府草原行政主管部门提出申请，提供相关作业活动的资料，经审核同意后，办理草原采土、采砂、采石、开采矿产资源作业活动许可证；开采矿产资源的，并应当依法办理有关手续。

在他人使用的草原上从事采土、采砂、采石、开采矿产资源等作业活动的，还应当事先征得使用者的同意，并给予合理的补偿。

第三十六条 在草原上进行勘探、钻井、修筑地上地下工程等需要临时占用草原的，应当向旗县级以上人民政府草原行政主管部门提出申请，并提供相关作业活动的资料，依法办理草原临时作业许可证。

第三十七条 在草原上开展经营性旅游活动，从事采土、采砂、采石、开采矿产资源等作业活动，在草原上进行勘探、钻井、修筑地上地下工程等临时占用草原需要办理的许可证文本，由自治区人民政府草原行政主管部门统一印制。

第三十八条 临时占用草原不足30亩的，由旗县级人民政府草原行政主管部门批准；临时占用草原30亩以上不足500亩的，由盟行政公署、设区的市人民政府草原行政主管部门批准；临时占用草原500亩以上的，由自治区人民政府草原行政主管部门批准。

第七章 保 护

第三十九条 旗县级以上人民政府草原行政主管部门应当加强对草原珍稀濒危野生植物和种质资源的保护与管理。

自治区人民政府草原行政主管部门应当组织草原珍稀濒危野生植物调查，建立草原珍稀濒危野生植物档案，制定草原珍稀濒危野生植物名录，并根据需要设立草原珍稀濒危野生植物保护区。

第四十条 自治区对严重退化、沙化、盐碱化、石漠化的草原和生态脆弱区的草原，实行禁牧、休牧制度。

禁牧、休牧的地区和时限由旗县级人民政府确定，并予以公告。

禁牧区草原的采集草籽、刈割等利用方式由旗县级人民政府规定。

第四十一条 苏木乡镇、国有农牧场所在地等居民聚集区周边未承包的草原，因滥牧等原因造成退化、沙化的，草原使用权和所有权单位应当加强管理，恢复草原植被。

第四十二条 禁止采集、加工、运输、收购和销售发菜。不得为采集、加工、经营发菜的活动提供场所。

旗县级以上人民政府应当组织草原监理、公安、环境保护、工商、交通、林业等部门，依据职权对采集、加工、运输、收购和销售发菜的活动进行检查，采取以下措施：

（一）制止采集发菜的违法活动；

（二）查堵采集发菜人员；

（三）取缔发菜交易；

（四）对经营、加工发菜及发菜食品的场所进行检查。

第四十三条 自治区对甘草、麻黄草、苁蓉、防风、黄芩、柴胡等草原野生植物的采集活动实行采集证管理制度。采集甘草、麻黄草、苁蓉、防风、黄芩、柴胡等草原野生植物的，必须经采集地的旗县级人民政府草原行政主管部门签署意见后，向自治区人民政府草原行政主管部门申请办理草原野生植物采集证。

第四十四条 禁止开垦草原。

实施草原建设项目，建设旱作人工草地以及草原承包经营者建设小面积人工草地需要改变草原原生植被的，应当符合草原保护、建设、利用规划。

建设小面积人工草地，应当具有灌溉条件，种植多年生牧草，防止草原风蚀沙化。

第四十五条 草原围栏建设中应当保持草原主要通行道路畅通，避免因阻断道路对草原造成碾压破坏。

第四十六条 旗县级以上人民政府应当建立草原防火责任制，规定草原防火期，制定草原防火扑火预案，切实做好草原火灾的预防和扑救工作。

旗县级以上人民政府草原行政主管部门应当加强草原防火基础设施建设，做好草原防火各项制度的落实工作。

第四十七条 在草原上从事建设活动的，应当进行环境影响评价，其环境保护措施、生态恢复工程应当与主体工程同时设计、同时施工、同时投入使用。

在草原上从事其他作业活动的，应当采取有效保护措施，不得污染和破坏草原。

旗县级以上人民政府环境保护行政主管部门应当对在草原上从事的建设活动和其他作业活动，在建设前进行环境状况调查，在建设中进行跟踪监测，在建设活动完成后进行环境评估。

第八章 法律责任

第四十八条 违反本细则规定，《中华人民共和国草原法》、《内蒙古自治区草原管理条例》等法律法规已经做出行政处罚的，从其规定。

第四十九条 违反本细则规定，有下列情形之一的，由旗县级以上人民政府草原行政主管部门的草原监督管理机构责令改正；给草原承包经营者造成损失的，依法承担民事责任。

（一）收回、调整承包草原；

（二）假借少数服从多数强迫承包方放弃或者变更草原承包经营权；

（三）将承包草原收回抵顶欠款；

（四）剥夺、侵害妇女依法享有的草原承包经营权；

（五）其他侵害草原承包经营权的行为。

第五十条 违反本细则第二十条、第二十一条规定的，由旗县级以上人民政府草原行政主管部门的草原监督管理机构责令改正。

第五十一条 违反本细则规定，为采集、加工、经营发菜活动提供场所的，由有关部门依据职权责令其停止违法行为，并依法进行处理；造成草原破坏的，依法承担赔偿责任。

第五十二条 违反本细则第四十五条规定的，由旗县级以上人民政府草原行政主管部门的草原监督管理机构责令改正，并处以100元至500元罚款。

第五十三条 国家机关工作人员和草原监督管理机构工作人员玩忽职守、滥用职权，不依法履行监督管理职责，或者发现违法行为不予查处，造成严重后果，构成犯罪的，依法追究刑事责任；尚不够刑事处罚的，依法给予行政处分。

第九章 附 则

第五十四条 《内蒙古自治区草原承包经营权流转办法》、《内蒙古自治区草畜平衡暂行规定》自本细则施行之日起废止。

第五十五条 本细则自2006年5月1日起施行。

5. 内蒙古自治区人民政府关于
进一步加强草原监督管理工作的通知

内蒙古自治区人民政府
关于进一步加强草原监督管理工作的通知

各盟行政公署、市人民政府，自治区各有关委、办、厅、局：

我区是国家畜牧业基地，拥有天然草原面积13.2亿亩，占自治区国土面积的3/4。近年来，我区有60%的草原不同程度地退化、沙化，乱采滥挖、乱开滥垦、违法违规占用草地等现象时有发生，造成草原生态环境持续恶化，可利用面积逐年缩小，荒漠化面积不断增加，严重制约着草原畜牧业发展和农牧民收入的增加，直接影响到我区经济的可持续发展和生态安全。为进一步加强草原监督管理工作，有效保护草场资源和生态环境，维护自治区生态安全，促进畜牧业健康稳定发展，实现我区经济社会和生态环境的协调发展，现就有关事宜通知如下：

一、强化对草原监理工作的组织领导

我区大部分属干旱、半干旱、荒漠化草原地区，自然条件恶劣，生态环境十分脆弱，加强草原保护、维护草原生态安全的任务十分艰巨。各级政府要从全局和长远的战略高度，充分认识加强草原监督管理工作的重要性和艰巨性，正确处理加强经济建设和保护草原的关系，切实履行依法保护、管理草原的职责，建立明确的领导任期目标责任制，把对草原生态的维护管理作为干部考核的重要内容之一，切实抓紧抓好。各盟行政公署、市人民政府要对草原监督管理工作负总责，实行旗县级政府目标责任制。坚决纠正各种以牺牲草原为代价换取暂时经济利益的做法。各有关部门要密切配合，做好草原保护与管理的各项工作。地方各级草原行政主管部门要做好具体组织实施工作，保证草原监督管理工作的顺利开展。

二、依法加强征占用草原的管理

随着我区经济的快速发展，各类建设项目对草原的征用、占用不断增加，同时也出现了一些随意改变草原用途的现象。各级政府要认真贯彻《中华人民共和国草原法》和《内蒙古自治区草原管理条例》，对各类工程建设确需征用、使用、占用草原的，要严格按照《〈内蒙古自治区草原管理条例〉实施细则》和农业部《草原征占用审核审批管理办法》的有关规定，依照法定程序办理草原征占用审核审批手续和相关许可证。未经草原行政主管部门审核同意征用、占用草原的，土地行政主管部门不得办理农用地转建设用地审批手续。严禁未经草原行政主管部门审核同意，先行施工后补办手续。

要进一步完善征占用草原审核审批程序，实行预审制度。项目建设单位开展前期工作时，涉及征占用草原的，要向草原行政主管部门提出项目使用草原预审申请。未经草原行政主管部门预审或预审未通过的，项目审批部门不得核准或批准项目建设。对征占用草原数量

较大的建设项目，草原行政主管部门在提出项目预审意见前，要组织专家论证评估，并根据论证结果提出预审意见。

各级草原监督管理部门要认真履行职责，跟踪检查用地过程，对不办理草原审核审批手续、未办手续先行施工以及未按照法定程序审核审批而征占用草原的，要按照有关法律法规的规定依法查处。

三、保障草原承包者的合法权益

各级政府要切实采取措施，加强监管，保证依法足额落实和及时支付草原补偿费和安置补助费，保障草原承包者的合法权益。征用草原要确保被征地农牧民的生活水平不降低。征占用草原依法报批前，各有关部门要将拟征占用草原的用途、位置、补偿标准等进行公示。各级草原行政主管部门要把草原承包者对拟征占用草原现状调查和补偿结果的确认意见作为审核审批的必备材料。要切实维护草原所有者、使用者和承包经营者的合法权益，确保征占用草原各项补偿费落实到位，任何单位和个人不得以任何理由减免、拖欠、截留和挪用补偿费用。

要切实加强对草原植被恢复费的征收和使用管理工作。项目建设单位要把征占用草原的植被恢复费、各项补偿费足额列入工程投资预算。各级草原行政主管部门要按照国家规定足额收缴草原植被恢复费。草原植被恢复费要专款专用，专项用于草原行政主管部门组织的草原建设、草原保护工作，严禁截留、挪用。各级财政、审计、草原行政主管部门要切实加强对草原植被恢复费征收和使用管理的监督检查。

四、大力开展基本草原划定工作

实行基本草原保护是《中华人民共和国草原法》规定的一项基本制度，关系着我区广大牧区经济可持续发展和草原生态环境安全的大局。《国务院关于加强草原保护与建设的若干意见》(国发〔2002〕19号) 明确，县级以上地方人民政府要切实履行职责，做好本行政区域内基本草原的划定、保护和监督管理工作。把人工草地、改良草地、重要放牧场、割草地及草地自然保护区等具有特殊生态作用的草原划为基本草原，严格依法保护，任何单位和个人不得擅自征用、占用基本草原或改变其用途。从2005年开始，我区在15个重点牧区旗县开展了基本草原划定试点工作。2007年，基本草原划定工作要在全区展开。各地区、各有关部门要高度重视此项工作，把基本草原的划定与保护工作作为近期一项重要工作来抓，积极协调农牧、土地、财政、环保、民政等有关部门，在人力、物力、财力等方面做好充分准备，确保基本草原划定工作按时、顺利开展。

五、依法规范草原承包和流转工作

上世纪80年代，我区依据《内蒙古自治区草原管理条例》全面进行了草原所有权和使用权改革工作。90年代末，草原全部承包到户。地方各级政府要把草原承包的后续管理作为一项重要工作来抓，积极引导和规范草原承包经营权依法、自愿有偿流转。各级草原行政主管部门要加强对承包草原的监督管理工作，严禁随意变更承包草原的权属和用途，对确需改变草原用途的，必须依法办理草原用途变更手续；对已经非法改变草原用途、造成草原植被破坏的，要依法责令其恢复草原植被。

六、坚决制止乱开滥垦和乱采滥挖行为

近年来，乱开滥垦草原、乱采滥挖草原野生植物行为又呈抬头之势。地方各级政府要采

取有效措施，坚决制止乱开滥垦草原、乱采滥挖草原野生植物的行为。滥采滥挖草原野生植物严重的地区，当地政府要在采挖季节及时组织草原监理、工商、公安、环保等有关部门进行集中整治，坚决遏制破坏草原生态的行为。

各级草原监督管理部门要加大草原执法力度，对乱开滥垦、乱采滥挖等破坏草原的行为进行认真查处。在草原上开展的各类农业建设项目和建设人工草地，要严格按照草原保护建设和利用规划，经草原行政主管部门审核。在实施过程中有关部门要加强监督管理，防止任意扩大面积、变更地点等违法行为发生。

七、积极稳妥地推进禁牧休牧与草畜平衡工作

推行禁牧休牧和维持草畜平衡是我区依法保护草原的两项基本措施。各级政府要将此项工作列入重要议事日程，长期坚持，抓好、抓实、抓出成效。在具体实施过程中要结合当地的实际情况，统筹规划、合理布局、分步实施。牧区以季节休牧为主，在草原严重退化沙化和生态建设项目区实行禁牧；农区和半农半牧区以禁牧为主，牲畜实行舍饲圈养。自治区草原行政主管部门要尽快制定各种草原类型的载畜标准。各地区饲养牲畜的总量都应当符合草畜平衡的要求。

八、加强草原监督管理队伍建设

各级政府要健全草原监督管理机构，完善草原监督管理手段。依照法律法规赋予的职责，对违反草原法律法规的行为依法查处。各级政府要安排草原执法专项经费，并纳入年度预算，为依法保护草原工作提供经费支持。

各地区、各有关部门要加大草原保护管理的执法力度，严肃查处各类破坏草原的案件。对随意侵占、乱开滥垦、乱采滥挖、擅自转让草原等违法行为要严肃查处，构成犯罪的要依法追究刑事责任。对造成草原植被破坏的，按照"谁批准、谁负责、谁破坏、谁恢复"的原则，尽快恢复草原植被。自治区草原主管部门要会同监察等部门，定期对各地区草原保护管理责任目标执行情况进行督查。

6. 内蒙古自治区草原植被恢复费征收使用管理办法

内蒙古自治区草原植被恢复费征收使用管理办法

第一条 根据《中华人民共和国草原法》、《内蒙古自治区草原管理条例》以及《财政部 国家发展改革委关于同意收取草原植被恢复费有关问题的通知》(财综〔2010〕29号)、《国家发展改革委财政部关于草原植被恢复费收费标准及有关问题的通知》(发改价格〔2010〕1235号)精神,结合我区实际,制定本办法。

第二条 凡在自治区行政区域内权属明确的草原上进行下列活动的单位和个人,按照本办法规定缴纳草原植被恢复费。

(一) 工程建设和矿藏开采征用或者使用草原的;

(二) 在草原上进行勘探、钻井、修筑地上地下工程、采土、采砂、采石、开采矿产资源、开展经营性旅游活动、车辆行驶、影视拍摄等临时占用草原占用期已满,且未按要求履行草原植被恢复义务的;

(三) 采集(收购)草原野生植物的。

第三条 在草原上修建直接为草原保护和畜牧业生产服务的工程设施,以及农牧民按规定标准建设住宅使用草原的,不缴纳草原植被恢复费。

第四条 草原植被恢复费由具有审核审批权限的旗县级以上人民政府草原行政主管部门的同级草原监督管理机构负责收取。

第五条 征用、使用草原的,用地单位和个人应当按照规定权限向国务院或自治区人民政府草原行政主管部门提出申请,经审核或者审批同意的,应当向具有审核审批权限的草原行政主管部门的同级草原监督管理机构缴纳草原植被恢复费。

对征用或者使用草原未获得建设用地批准的,应当在30个工作日内将收取的草原植被恢复费全部退还用地单位和个人。

第六条 临时占用草原的,用地单位和个人应当按照规定权限向旗县级以上人民政府草原行政主管部门提出申请,经审核或者审批同意的,应当向具有审核审批权限的草原行政主管部门的同级草原监督管理机构预交草原植被恢复费。

临时占用草原活动结束后,对依法履行恢复植被义务的单位和个人,应当在30个工作日内将预收的草原植被恢复费全部退还用地单位和个人。

第七条 将预收的草原植被恢复费退还用地单位和个人时,草原监督管理机构应当按照实际发生的退还金额,并附有关证明材料,向同级财政部门申请办理草原植被恢复费退库手续。

第八条 草原植被恢复费收入列"政府收支分类科目"第103类"非税收入"02款"专项收入"13项"草原植被恢复费收入"。

第九条 收取草原植被恢复费的草原监督管理机构应当到旗县级以上人民政府价格主管部门办理《收费许可证》,凭证收费。

收取草原植被恢复费时应当开具自治区财政厅统一印制的财政票据。

第十条　草原植被恢复费的使用按照"取之于草、用之于草、统筹使用"的原则，由自治区、盟市、旗县草原行政主管部门按比例用于草原保护和植被恢复。自治区统筹使用20%、盟市使用10%、旗县使用70%。

第十一条　草原植被恢复费由征收机构在征收时直接缴入同级财政非税收入专户，由同级财政按照自治区20%、盟市10%、旗县70%的比例缴入相应级次国库，纳入地方预算管理。

第十二条　草原植被恢复费专项用于草原行政主管部门组织的草原植被恢复、保护和管理。使用范围包括：草原植被恢复、退化沙化草原改良和治理、人工草地建设、草原调查规划、草原生态监测、草原病虫害防治、草原防火和管护等支出。

第十三条　各级草原行政主管部门按照规定编制草原植被恢复费收支预算，报同级财政部门审核批准。财政部门根据草原行政主管部门开展依法保护草原和恢复草原植被等工作需要，核定草原植被恢复费支出预算。草原植被恢复费支出列"政府收支分类科目"第213类"农林水事务"01款"农业"53项"草原植被恢复费支出"。草原植被恢复费的支付按照财政国库管理制度有关规定执行。

第十四条　各级草原行政主管部门按照规定编制草原植被恢复费年度收支决算，报同级财政部门审核。

第十五条　草原植被恢复费的征收、使用和管理，应当严格按照本办法规定执行，任何单位和个人不得以任何名义重收、多收、减收、缓收、停收或者侵占、截留、挪用，并自觉接受财政、价格、审计部门和上级草原行政主管部门的监督检查。

第十六条　本办法自公布之日起执行，《内蒙古自治区草原养护费征收管理办法》（内牧发〔1999〕15号）同时废止。

草原植被恢复费征收标准

类　别	征收内容	单　位	金　额	备　注
征用或者使用草原	基本草原	亩	2500元	
	其他草原	亩	1500元	
临时占用草原	勘测、钻井、修筑地上地下工程	平方米	4元	依规定在批准的时限内，一次性收取。
	采土、采砂、采石、开采矿产资源等	平方米	10元	
	经营性旅游活动区	平方米	0.1元	
	临时作业生活区、物资堆放场	平方米	2元	
	车辆临时行驶道路	平方米	0.6元	
	影视拍摄等	平方米	0.5元	
采集（收购）草原野生植物	采集（收购）者	市场价	15%	依前一年市场平均收购价格收取。

7. 内蒙古自治区征占用草原审核审批程序规定

内蒙古自治区征占用草原审核审批程序规定

第一条 为了规范草原征占用审核审批管理，根据《中华人民共和国土地管理法》、《中华人民共和国草原法》、《农业部草原征占用审核审批管理办法》等相关规定，结合我区征占用草原管理实际，制定本规定。

第二条 本规定适用于下列情形：

（一）矿藏开采和工程建设等需要征收征用或者使用草原的审核；

（二）临时占用草原的审批；

（三）在草原上修建直接为草原保护和畜牧业生产服务的工程设施使用草原的审批。

第三条 旗县级以上人民政府草原行政主管部门负责征占用草原的审核审批工作。旗县级以上人民政府草原行政主管部门的草原监督管理机构承担相关具体工作。

第四条 征收征用或者使用草原的，应当提供以下材料：

（一）草原征占用申请表（70公顷以上4份、70公顷及以下3份）；

（二）单位营业执照、法人证明或者个人身份证复印件；

（三）批准文件；

（四）可行性研究报告；

（五）环境影响评价相关批复；

（六）拟征收征用或者使用草原的权属证书及相关证明材料；

（七）草原补偿、安置补助协议；

（八）拟征收征用或者使用草原的区域坐标图；

（九）使用草原可行性报告；

（十）征收征用草原自然保护区草原的，提交有关部门同意的批文或意见；

（十一）其他需要补充的材料。

第五条 临时占用草原的，应当提供以下材料：

（一）草原征占用申请表；

（二）拟占用草原的权属证书及相关证明材料；

（三）相关补偿协议；

（四）拟占用草原的区域坐标图；

（五）草原植被恢复方案；

（六）其他需要补充的材料。

第六条 在草原上修建直接为草原保护和畜牧业生产服务的工程设施使用草原的，应当提供以下材料：

（一）草原征占用申请表（70公顷以上3份、70公顷及以下2份）；

（二）单位营业执照、法人证明或者个人身份证复印件；

（三）批准文件；

（四）可行性研究报告；
（五）环境影响评价相关批复；
（六）拟使用草原的权属证书及相关证明材料；
（七）使用草原用地协议；
（八）拟使用草原的区域坐标图；
（九）其他需要补充的材料。

修建直接为草原保护和畜牧业生产服务的工程设施使用草原的，涉及草原承包经营权流转的，并应当提供草原承包经营权流转协议。

牧民在个人承包经营的草原上修建直接为草原保护和畜牧业生产服务的工程设施的，可酌情免除（四）、（五）和（七）项材料。

第七条 材料要求：

（一）草原征占用申请表

征占用草原的单位或者个人应当逐项、规范、完整填写草原征占用申请表。有关内容填写较多的，可另附页。

（二）单位营业执照、法人证明或个人身份证复印件

工商管理部门注册的企业有效营业执照、法人有效证明或者个人有效身份证复印件。

（三）批准文件

旗县级以上人民政府或者相关部门的批准或者备案文件。

（四）可行性研究报告

立项时由有资质的单位做出的论证项目可行的报告；

（五）环境影响评价相关批复

由环境保护部门作出的关于项目环境影响评价相关内容的批复。

（六）草原权属证书及相关证明材料

（1）拟征占用草原的草原所有权证或者草原使用权证和草原承包经营权证的复印件或扫描件；

（2）证明材料内容包括拟征占用草原的草原所有权或者使用权及草原承包经营权情况、面积和是否基本草原等。

集体所有草原由嘎查村委会出具证明；国有草原由旗县级人民政府出具证明。

（七）征占用草原补偿、安置补助协议

（1）征收征用或者使用草原的，由有关人民政府或者相关管理部门与草原所有者或者草原使用者签订征收征用或者使用草原补偿、安置补助协议。补偿应当符合《内蒙古自治区人民政府办公厅关于公布实施自治区征地统一年产值标准和征地区片综合地价的通知》标准，法律另有规定的除外。

征收征用或者使用草原的，涉及到草原承包经营者的，提供相关草原补偿费用到位明细表。

（2）临时占用草原的，由临时占用草原的单位或者个人与草原所有者、使用者或者草原承包经营者签订，补偿应当符合相关法律法规规定标准。

（八）拟征占用草原的区域坐标图

有经纬度标注拐点坐标的示意图，拐点较多的附坐标列表。

（九）使用草原可行性报告

由有资质的设计单位编写，主要内容包括：

（1）项目概况及评价；
（2）拟征收征用或者使用草原区域自然、社会、经济概况；
（3）拟征收征用或者使用草原的基本情况（包括位置、草原类型、面积、权属状况、草原野生植物资源、利用状况）及用途；
（4）编制依据（包括有关法律法规和有关批复文件等）；
（5）草原补偿、安置补助情况（包括草原补偿、安置补助依据、标准及落实情况）；
（6）草原植被恢复费概算（包括草原植被恢复费征收依据、标准及概算）；
（7）对草原生态环境影响分析及拟采取的保障措施和有效性；
（8）对草原物种多样性的影响分析及拟采取的保障措施和有效性；
（9）对农牧民生产生活的影响及拟采取的保障措施和有效性；
（10）结论（根据上述项目背景情况及拟征收征用或者使用草原情况、可能产生的影响和综合评价等分析，明确提出可行性结论）。

（十）草原植被恢复方案

拟占用草原进行植被恢复拟采取的方式、方法、时限、责任主体、监管措施以及验收标准等。

（十一）使用草原用地协议

修建直接为草原保护和畜牧业生产服务的工程设施使用草原的，使用草原用地协议由经营者与苏木（乡、镇）政府和嘎查（村）签订，包括草原使用年限、草原用途、草原植被恢复要求及时限、草原交还和违约责任等。

涉及到草原承包经营权流转的，提供草原承包经营权流转协议。

第八条 材料审查程序

（一）初审

旗（县、市、区）草原行政主管部门对申请材料的完整性、真实性、有效性进行初步审查，提出初审意见。审查合格的，出具书面意见，上报盟（市）草原行政主管部门；审查不合格的，书面通知申请人并说明理由。

办理时限为10个工作日。

（二）复审

盟（市）草原行政主管部门对申请材料的完整性、真实性、有效性以及旗（县、市、区）草原行政主管部门的审查意见是否完整等进一步核实，提出复审意见。审查合格的，出具书面意见，上报自治区草原行政主管部门；审查不合格的，书面通知申请人并说明理由。

办理时限为10个工作日。

第九条 初审意见和复审意见的内容应当包括：拟征收征用或者使用草原项目来源及概况；拟征收征用或者使用草原的位置、类型、面积、权属、用途；拟征收征用或者使用草原补偿、安置补助协议签订等情况；申请材料审查情况；对拟征收征用或者使用草原的审查意见。

第十条 征收征用或者使用草原的现场查验工作，70公顷以上的，由农业部组织实施；70公顷及以下的，由自治区草原监督管理机构收到申请材料后，组织有关盟市草原监督管理机构实施。

第十一条 现场查验方法：

（一）召开由相关部门、用地企业和牧民代表等参加的座谈会；

（二）实地调查，拍摄现场影像；

（三）入户核查补偿、安置等措施落实情况；

（四）查阅当地档案资料；

（五）需要采取的其他方法。

第十二条 现场查验人员应当不少于三人，现场查验人员应如实、准确填写《草原征用使用现场查验表》，提交《现场查验报告》。

现场查验组应如实填写《草原征占用申请表》中的"现场查验意见"，对是否同意征占用草原申请应有明确意见，并由查验组组长签字确认。

第十三条 现场查验报告内容应当包括：现场查验工作组织及方法概况；拟征收征用或者使用草原项目概况；拟征收征用或者使用草原基本情况（包括具体位置、类型、面积、权属、用途等）；拟征收征用或者使用草原的权属状况（包括涉及草原所有者、使用者或草原承包经营者基本情况等）；拟征收征用或者使用草原补偿、安置补助协议签订和落实情况。

第十四条 自治区草原行政主管部门收到申请材料后，确认依法属于受理范围，申请材料完整、齐全、符合规定的，书面告知申请人予以受理；确认依法属于受理范围，但申请材料不齐全或者不符合规定的，书面一次告知申请人需要补正的全部内容；确认依法不属于职权范围的，书面告知申请人不予受理，并告知申请人向有关行政机关申请；确认依法不需要行政审批的，书面告知申请人不予受理。

第十五条 征占用草原申请材料齐全、完整后正式受理，自受理之日起，应当在20个工作日内完成审核工作。20个工作日内不能完成的，经本部门负责人批准，可延长10个工作日，并告知申请人延长的理由。

第十六条 征收征用或者使用草原70公顷以上的，由农业部审核；70公顷及以下的，由自治区草原行政主管部门审核。经审核同意的，收缴草原植被恢复费，发放《草原征用使用审核同意书》；经审核不同意的，应当说明理由，并书面告知申请人。

临时占用草原的，按照行政审批权限下放的有关规定，由旗县级草原行政主管部门审批。

修建直接为草原保护和畜牧业生产服务的工程设施使用草原的，按照行政审批权限下放的有关规定，70公顷以上的，由自治区草原行政主管部门审批；70公顷及以下的，由盟市及旗县草原行政主管部门根据权限审批。经审批同意的，以文件形式批复。

第十七条 征收征用或者使用草原的，自收到《缴纳草原植被恢复费通知》之日起3个月内，不缴纳草原植被恢复费的，取消审核或者审批同意资格，并不再予以审核或者审批。

第十八条 本规定由自治区农牧业厅负责解释，自发布之日起执行。

六、文物管理有关规定

1. 中华人民共和国文物保护法

中华人民共和国文物保护法

(2017年11月4日,第十二届全国人民代表大会常务委员会第三十次会议决定,通过对《中华人民共和国文物保护法》作出修改。)

第一章 总 则

第一条 为了加强对文物的保护,继承中华民族优秀的历史文化遗产,促进科学研究工作,进行爱国主义和革命传统教育,建设社会主义精神文明和物质文明,根据宪法,制定本法。

第二条 在中华人民共和国境内,下列文物受国家保护:

(一)具有历史、艺术、科学价值的古文化遗址、古墓葬、古建筑、石窟寺和石刻、壁画;

(二)与重大历史事件、革命运动或者著名人物有关的以及具有重要纪念意义、教育意义或者史料价值的近代现代重要史迹、实物、代表性建筑;

(三)历史上各时代珍贵的艺术品、工艺美术品;

(四)历史上各时代重要的文献资料以及具有历史、艺术、科学价值的手稿和图书资料等;

(五)反映历史上各时代、各民族社会制度、社会生产、社会生活的代表性实物。

文物认定的标准和办法由国务院文物行政部门制定,并报国务院批准。

具有科学价值的古脊椎动物化石和古人类化石同文物一样受国家保护。

第三条 古文化遗址、古墓葬、古建筑、石窟寺、石刻、壁画、近代现代重要史迹和代表性建筑等不可移动文物,根据它们的历史、艺术、科学价值,可以分别确定为全国重点文物保护单位,省级文物保护单位,市、县级文物保护单位。

历史上各时代重要实物、艺术品、文献、手稿、图书资料、代表性实物等可移动文物,分为珍贵文物和一般文物;珍贵文物分为一级文物、二级文物、三级文物。

第四条 文物工作贯彻保护为主、抢救第一、合理利用、加强管理的方针。

第五条 中华人民共和国境内地下、内水和领海中遗存的一切文物，属于国家所有。

古文化遗址、古墓葬、石窟寺属于国家所有。国家指定保护的纪念建筑物、古建筑、石刻、壁画、近代现代代表性建筑等不可移动文物，除国家另有规定的以外，属于国家所有。

国有不可移动文物的所有权不因其所依附的土地所有权或者使用权的改变而改变。

下列可移动文物，属于国家所有：

（一）中国境内出土的文物，国家另有规定的除外；

（二）国有文物收藏单位以及其他国家机关、部队和国有企业、事业组织等收藏、保管的文物；

（三）国家征集、购买的文物；

（四）公民、法人和其他组织捐赠给国家的文物；

（五）法律规定属于国家所有的其他文物。

属于国家所有的可移动文物的所有权不因其保管、收藏单位的终止或者变更而改变。

国有文物所有权受法律保护，不容侵犯。

第六条 属于集体所有和私人所有的纪念建筑物、古建筑和祖传文物以及依法取得的其他文物，其所有权受法律保护。文物的所有者必须遵守国家有关文物保护的法律、法规的规定。

第七条 一切机关、组织和个人都有依法保护文物的义务。

第八条 国务院文物行政部门主管全国文物保护工作。

地方各级人民政府负责本行政区域内的文物保护工作。县级以上地方人民政府承担文物保护工作的部门对本行政区域内的文物保护实施监督管理。

县级以上人民政府有关行政部门在各自的职责范围内，负责有关的文物保护工作。

第九条 各级人民政府应当重视文物保护，正确处理经济建设、社会发展与文物保护的关系，确保文物安全。

基本建设、旅游发展必须遵守文物保护工作的方针，其活动不得对文物造成损害。

公安机关、工商行政管理部门、海关、城乡建设规划部门和其他有关国家机关，应当依法认真履行所承担的保护文物的职责，维护文物管理秩序。

第十条 国家发展文物保护事业。县级以上人民政府应当将文物保护事业纳入本级国民经济和社会发展规划，所需经费列入本级财政预算。

国家用于文物保护的财政拨款随着财政收入增长而增加。

国有博物馆、纪念馆、文物保护单位等的事业性收入，专门用于文物保护，任何单位或者个人不得侵占、挪用。

国家鼓励通过捐赠等方式设立文物保护社会基金，专门用于文物保护，任何单位或者个人不得侵占、挪用。

第十一条 文物是不可再生的文化资源。国家加强文物保护的宣传教育，增强全民文物保护的意识，鼓励文物保护的科学研究，提高文物保护的科学技术水平。

第十二条 有下列事迹的单位或者个人，由国家给予精神鼓励或者物质奖励：

（一）认真执行文物保护法律、法规，保护文物成绩显著的；

（二）为保护文物与违法犯罪行为做坚决斗争的；

（三）将个人收藏的重要文物捐献给国家或者为文物保护事业作出捐赠的；

（四）发现文物及时上报或者上交，使文物得到保护的；

（五）在考古发掘工作中做出重大贡献的；

（六）在文物保护科学技术方面有重要发明创造或者其他重要贡献的；
（七）在文物面临破坏危险时，抢救文物有功的；
（八）长期从事文物工作，作出显著成绩的。

第二章 不可移动文物

第十三条 国务院文物行政部门在省级、市、县级文物保护单位中，选择具有重大历史、艺术、科学价值的确定为全国重点文物保护单位，或者直接确定为全国重点文物保护单位，报国务院核定公布。

省级文物保护单位，由省、自治区、直辖市人民政府核定公布，并报国务院备案。

市级和县级文物保护单位，分别由设区的市、自治州和县级人民政府核定公布，并报省、自治区、直辖市人民政府备案。

尚未核定公布为文物保护单位的不可移动文物，由县级人民政府文物行政部门予以登记并公布。

第十四条 保存文物特别丰富并且具有重大历史价值或者革命纪念意义的城市，由国务院核定公布为历史文化名城。

保存文物特别丰富并且具有重大历史价值或者革命纪念意义的城镇、街道、村庄，由省、自治区、直辖市人民政府核定公布为历史文化街区、村镇，并报国务院备案。

历史文化名城和历史文化街区、村镇所在地的县级以上地方人民政府应当组织编制专门的历史文化名城和历史文化街区、村镇保护规划，并纳入城市总体规划。

历史文化名城和历史文化街区、村镇的保护办法，由国务院制定。

第十五条 各级文物保护单位，分别由省、自治区、直辖市人民政府和市、县级人民政府划定必要的保护范围，作出标志说明，建立记录档案，并区别情况分别设置专门机构或者专人负责管理。全国重点文物保护单位的保护范围和记录档案，由省、自治区、直辖市人民政府文物行政部门报国务院文物行政部门备案。

县级以上地方人民政府文物行政部门应当根据不同文物的保护需要，制定文物保护单位和未核定为文物保护单位的不可移动文物的具体保护措施，并公告施行。

第十六条 各级人民政府制定城乡建设规划，应当根据文物保护的需要，事先由城乡建设规划部门会同文物行政部门商定对本行政区域内各级文物保护单位的保护措施，并纳入规划。

第十七条 文物保护单位的保护范围内不得进行其他建设工程或者爆破、钻探、挖掘等作业。但是，因特殊情况需要在文物保护单位的保护范围内进行其他建设工程或者爆破、钻探、挖掘等作业的，必须保证文物保护单位的安全，并经核定公布该文物保护单位的人民政府批准，在批准前应当征得上一级人民政府文物行政部门同意；在全国重点文物保护单位的保护范围内进行其他建设工程或者爆破、钻探、挖掘等作业的，必须经省、自治区、直辖市人民政府批准，在批准前应当征得国务院文物行政部门同意。

第十八条 根据保护文物的实际需要，经省、自治区、直辖市人民政府批准，可以在文物保护单位的周围划出一定的建设控制地带，并予以公布。

在文物保护单位的建设控制地带内进行建设工程，不得破坏文物保护单位的历史风貌；工程设计方案应当根据文物保护单位的级别，经相应的文物行政部门同意后，报城乡建设规划部门批准。

第十九条 在文物保护单位的保护范围和建设控制地带内，不得建设污染文物保护单及其环境的设施，不得进行可能影响文物保护单位安全及其环境的活动。对已有的污染文物保护单位及其环境的设施，应当限期治理。

第二十条 建设工程选址，应当尽可能避开不可移动文物；因特殊情况不能避开的，对文物保护单位应当尽可能实施原址保护。

实施原址保护的，建设单位应当事先确定保护措施，根据文物保护单位的级别报相应的文物行政部门批准；未经批准的，不得开工建设。

无法实施原址保护，必须迁移异地保护或者拆除的，应当报省、自治区、直辖市人民政府批准；迁移或者拆除省级文物保护单位的，批准前须征得国务院文物行政部门同意。全国重点文物保护单位不得拆除；需要迁移的，须由省、自治区、直辖市人民政府报国务院批准。

依照前款规定拆除的国有不可移动文物中具有收藏价值的壁画、雕塑、建筑构件等，由文物行政部门指定的文物收藏单位收藏。

本条规定的原址保护、迁移、拆除所需费用，由建设单位列入建设工程预算。

第二十一条 国有不可移动文物由使用人负责修缮、保养；非国有不可移动文物由所有人负责修缮、保养。非国有不可移动文物有损毁危险，所有人不具备修缮能力的，当地人民政府应当给予帮助；所有人具备修缮能力而拒不依法履行修缮义务的，县级以上人民政府可以给予抢救修缮，所需费用由所有人负担。

对文物保护单位进行修缮，应当根据文物保护单位的级别报相应的文物行政部门批准；对未核定为文物保护单位的不可移动文物进行修缮，应当报登记的县级人民政府文物行政部门批准。

文物保护单位的修缮、迁移、重建，由取得文物保护工程资质证书的单位承担。

对不可移动文物进行修缮、保养、迁移，必须遵守不改变文物原状的原则。

第二十二条 不可移动文物已经全部毁坏的，应当实施遗址保护，不得在原址重建。但是，因特殊情况需要在原址重建的，由省、自治区、直辖市人民政府文物行政部门报省、自治区、直辖市人民政府批准；全国重点文物保护单位需要在原址重建的，由省、自治区、直辖市人民政府报国务院批准。

第二十三条 核定为文物保护单位的属于国家所有的纪念建筑物或者古建筑，除可以建立博物馆、保管所或者辟为参观游览场所外，作其他用途的，市、县级文物保护单位应当经核定公布该文物保护单位的人民政府文物行政部门征得上一级文物行政部门同意后，报核定公布该文物保护单位的人民政府批准；省级文物保护单位应当经核定公布该文物保护单位的省级人民政府的文物行政部门审核同意后，报该省级人民政府批准；全国重点文物保护单位作其他用途的，应当由省、自治区、直辖市人民政府报国务院批准。国有未核定为文物保护单位的不可移动文物作其他用途的，应当报告县级人民政府文物行政部门。

第二十四条 国有不可移动文物不得转让、抵押。建立博物馆、保管所或者辟为参观游览场所的国有文物保护单位，不得作为企业资产经营。

第二十五条 非国有不可移动文物不得转让、抵押给外国人。

非国有不可移动文物转让、抵押或者改变用途的，应当根据其级别报相应的文物行政部门备案。

第二十六条 使用不可移动文物，必须遵守不改变文物原状的原则，负责保护建筑物及其附属文物的安全，不得损毁、改建、添建或者拆除不可移动文物。

对危害文物保护单位安全、破坏文物保护单位历史风貌的建筑物、构筑物，当地人民政府应当及时调查处理，必要时，对该建筑物、构筑物予以拆迁。

第三章　考古发掘

第二十七条　一切考古发掘工作，必须履行报批手续；从事考古发掘的单位，应当经国务院文物行政部门批准。

地下埋藏的文物，任何单位或者个人都不得私自发掘。

第二十八条　从事考古发掘的单位，为了科学研究进行考古发掘，应当提出发掘计划，报国务院文物行政部门批准；对全国重点文物保护单位的考古发掘计划，应当经国务院文物行政部门审核后报国务院批准。国务院文物行政部门在批准或者审核前，应当征求社会科学研究机构及其他科研机构和有关专家的意见。

第二十九条　进行大型基本建设工程，建设单位应当事先报请省、自治区、直辖市人民政府文物行政部门组织从事考古发掘的单位在工程范围内有可能埋藏文物的地方进行考古调查、勘探。

考古调查、勘探中发现文物的，由省、自治区、直辖市人民政府文物行政部门根据文物保护的要求会同建设单位共同商定保护措施；遇有重要发现的，由省、自治区、直辖市人民政府文物行政部门及时报国务院文物行政部门处理。

第三十条　需要配合建设工程进行的考古发掘工作，应当由省、自治区、直辖市文物行政部门在勘探工作的基础上提出发掘计划，报国务院文物行政部门批准。国务院文物行政部门在批准前，应当征求社会科学研究机构及其他科研机构和有关专家的意见。

确因建设工期紧迫或者有自然破坏危险，对古文化遗址、古墓葬急需进行抢救发掘的，由省、自治区、直辖市人民政府文物行政部门组织发掘，并同时补办审批手续。

第三十一条　凡因进行基本建设和生产建设需要的考古调查、勘探、发掘，所需费用由建设单位列入建设工程预算。

第三十二条　在进行建设工程或者在农业生产中，任何单位或者个人发现文物，应当保护现场，立即报告当地文物行政部门，文物行政部门接到报告后，如无特殊情况，应当在二十四小时内赶赴现场，并在七日内提出处理意见。文物行政部门可以报请当地人民政府通知公安机关协助保护现场；发现重要文物的，应当立即上报国务院文物行政部门，国务院文物行政部门应当在接到报告后十五日内提出处理意见。

依照前款规定发现的文物属于国家所有，任何单位或者个人不得哄抢、私分、藏匿。

第三十三条　非经国务院文物行政部门报国务院特别许可，任何外国人或者外国团体不得在中华人民共和国境内进行考古调查、勘探、发掘。

第三十四条　考古调查、勘探、发掘的结果，应当报告国务院文物行政部门和省、自治区、直辖市人民政府文物行政部门。

考古发掘的文物，应当登记造册，妥善保管，按照国家有关规定移交给由省、自治区、直辖市人民政府文物行政部门或者国务院文物行政部门指定的国有博物馆、图书馆或者其他国有收藏文物的单位收藏。经省、自治区、直辖市人民政府文物行政部门批准，从事考古发掘的单位可以保留少量出土文物作为科研标本。

考古发掘的文物，任何单位或者个人不得侵占。

第三十五条　根据保证文物安全、进行科学研究和充分发挥文物作用的需要，省、自治区、直辖市人民政府文物行政部门经本级人民政府批准，可以调用本行政区域内的出土文物；国务院文物行政部门经国务院批准，可以调用全国的重要出土文物。

第四章 馆藏文物

第三十六条 博物馆、图书馆和其他文物收藏单位对收藏的文物，必须区分文物等级，设置藏品档案，建立严格的管理制度，并报主管的文物行政部门备案。

县级以上地方人民政府文物行政部门应当分别建立本行政区域内的馆藏文物档案；国务院文物行政部门应当建立国家一级文物藏品档案和其主管的国有文物收藏单位馆藏文物档案。

第三十七条 文物收藏单位可以通过下列方式取得文物：

（一）购买；

（二）接受捐赠；

（三）依法交换；

（四）法律、行政法规规定的其他方式。

国有文物收藏单位还可以通过文物行政部门指定保管或者调拨方式取得文物。

第三十八条 文物收藏单位应当根据馆藏文物的保护需要，按照国家有关规定建立、健全管理制度，并报主管的文物行政部门备案。未经批准，任何单位或者个人不得调取馆藏文物。

文物收藏单位的法定代表人对馆藏文物的安全负责。国有文物收藏单位的法定代表人离任时，应当按照馆藏文物档案办理馆藏文物移交手续。

第三十九条 国务院文物行政部门可以调拨全国的国有馆藏文物。省、自治区、直辖市人民政府文物行政部门可以调拨本行政区域内其主管的国有文物收藏单位馆藏文物；调拨国有馆藏一级文物，应当报国务院文物行政部门备案。

国有文物收藏单位可以申请调拨国有馆藏文物。

第四十条 文物收藏单位应当充分发挥馆藏文物的作用，通过举办展览、科学研究等活动，加强对中华民族优秀的历史文化和革命传统的宣传教育。

国有文物收藏单位之间因举办展览、科学研究等需借用馆藏文物的，应当报主管的文物行政部门备案；借用馆藏一级文物的，应当同时报国务院文物行政部门备案。

非国有文物收藏单位和其他单位举办展览需借用国有馆藏文物的，应当报主管的文物行政部门批准；借用国有馆藏一级文物，应当经国务院文物行政部门批准。

文物收藏单位之间借用文物的最长期限不得超过三年。

第四十一条 已经建立馆藏文物档案的国有文物收藏单位，经省、自治区、直辖市人民政府文物行政部门批准，并报国务院文物行政部门备案，其馆藏文物可以在国有文物收藏单位之间交换。

第四十二条 未建立馆藏文物档案的国有文物收藏单位，不得依照本法第四十条、第四十一条的规定处置其馆藏文物。

第四十三条 依法调拨、交换、借用国有馆藏文物，取得文物的文物收藏单位可以对提供文物的文物收藏单位给予合理补偿，具体管理办法由国务院文物行政部门制定。

国有文物收藏单位调拨、交换、出借文物所得的补偿费用，必须用于改善文物的收藏条件和收集新的文物，不得挪作他用；任何单位或者个人不得侵占。

调拨、交换、借用的文物必须严格保管，不得丢失、损毁。

第四十四条 禁止国有文物收藏单位将馆藏文物赠与、出租或者出售给其他单位、个人。

第四十五条 国有文物收藏单位不再收藏的文物的处置办法，由国务院另行制定。

第四十六条 修复馆藏文物，不得改变馆藏文物的原状；复制、拍摄、拓印馆藏文物，不得对馆藏文物造成损害。具体管理办法由国务院制定。

不可移动文物的单体文物的修复、复制、拍摄、拓印，适用前款规定。

第四十七条 博物馆、图书馆和其他收藏文物的单位应当按照国家有关规定配备防火、防盗、防自然损坏的设施，确保馆藏文物的安全。

第四十八条 馆藏一级文物损毁的，应当报国务院文物行政部门核查处理。其他馆藏文物损毁的，应当报省、自治区、直辖市人民政府文物行政部门核查处理；省、自治区、直辖市人民政府文物行政部门应当将核查处理结果报国务院文物行政部门备案。

馆藏文物被盗、被抢或者丢失的，文物收藏单位应当立即向公安机关报案，并同时向主管的文物行政部门报告。

第四十九条 文物行政部门和国有文物收藏单位的工作人员不得借用国有文物，不得非法侵占国有文物。

第五章 民间收藏文物

第五十条 文物收藏单位以外的公民、法人和其他组织可以收藏通过下列方式取得的文物：

（一）依法继承或者接受赠与；

（二）从文物商店购买；

（三）从经营文物拍卖的拍卖企业购买；

（四）公民个人合法所有的文物相互交换或者依法转让；

（五）国家规定的其他合法方式。

文物收藏单位以外的公民、法人和其他组织收藏的前款文物可以依法流通。

第五十一条 公民、法人和其他组织不得买卖下列文物：

（一）国有文物，但是国家允许的除外；

（二）非国有馆藏珍贵文物；

（三）国有不可移动文物中的壁画、雕塑、建筑构件等，但是依法拆除的国有不可移动文物中的壁画、雕塑、建筑构件等不属于本法第二十条第四款规定的应由文物收藏单位收藏的除外；

（四）来源不符合本法第五十条规定的文物。

第五十二条 国家鼓励文物收藏单位以外的公民、法人和其他组织将其收藏的文物捐赠给国有文物收藏单位或者出借给文物收藏单位展览和研究。

国有文物收藏单位应当尊重并按照捐赠人的意愿，对捐赠的文物妥善收藏、保管和展示。

国家禁止出境的文物，不得转让、出租、质押给外国人。

第五十三条 文物商店应当由省、自治区、直辖市人民政府文物行政部门批准设立，依法进行管理。

文物商店不得从事文物拍卖经营活动，不得设立经营文物拍卖的拍卖企业。

第五十四条 依法设立的拍卖企业经营文物拍卖的，应当取得省、自治区、直辖市人民政府文物行政部门颁发的文物拍卖许可证。

经营文物拍卖的拍卖企业不得从事文物购销经营活动，不得设立文物商店。

第五十五条　文物行政部门的工作人员不得举办或者参与举办文物商店或者经营文物拍卖的拍卖企业。

文物收藏单位不得举办或者参与举办文物商店或者经营文物拍卖的拍卖企业。

禁止设立中外合资、中外合作和外商独资的文物商店或者经营文物拍卖的拍卖企业。

除经批准的文物商店、经营文物拍卖的拍卖企业外，其他单位或者个人不得从事文物的商业经营活动。

第五十六条　文物商店不得销售、拍卖企业不得拍卖本法第五十一条规定的文物。

拍卖企业拍卖的文物，在拍卖前应当经省、自治区、直辖市人民政府文物行政部门审核，并报国务院文物行政部门备案。

第五十七条　省、自治区、直辖市人民政府文物行政部门应当建立文物购销、拍卖信息与信用管理系统。文物商店购买、销售文物，拍卖企业拍卖文物，应当按照国家有关规定作出记录，并于销售、拍卖文物后三十日内报省、自治区、直辖市人民政府文物行政部门备案。

拍卖文物时，委托人、买受人要求对其身份保密的，文物行政部门应当为其保密；但是，法律、行政法规另有规定的除外。

第五十八条　文物行政部门在审核拟拍卖的文物时，可以指定国有文物收藏单位优先购买其中的珍贵文物。购买价格由文物收藏单位的代表与文物的委托人协商确定。

第五十九条　银行、冶炼厂、造纸厂以及废旧物资回收单位，应当与当地文物行政部门共同负责拣选掺杂在金银器和废旧物资中的文物。拣选文物除供银行研究所必需的历史货币可以由人民银行留用外，应当移交当地文物行政部门。移交拣选文物，应当给予合理补偿。

第六章　文物出境进境

第六十条　国有文物、非国有文物中的珍贵文物和国家规定禁止出境的其他文物，不得出境；但是依照本法规定出境展览或者因特殊需要经国务院批准出境的除外。

第六十一条　文物出境，应当经国务院文物行政部门指定的文物进出境审核机构审核。经审核允许出境的文物，由国务院文物行政部门发给文物出境许可证，从国务院文物行政部门指定的口岸出境。

任何单位或者个人运送、邮寄、携带文物出境，应当向海关申报；海关凭文物出境许可证放行。

第六十二条　文物出境展览，应当报国务院文物行政部门批准；一级文物超过国务院规定数量的，应当报国务院批准。

一级文物中的孤品和易损品，禁止出境展览。

出境展览的文物出境，由文物进出境审核机构审核、登记。海关凭国务院文物行政部门或者国务院的批准文件放行。出境展览的文物复进境，由原文物进出境审核机构审核查验。

第六十三条　文物临时进境，应当向海关申报，并报文物进出境审核机构审核、登记。

临时进境的文物复出境，必须经原审核、登记的文物进出境审核机构审核查验；经审核查验无误的，由国务院文物行政部门发给文物出境许可证，海关凭文物出境许可证放行。

第七章　法律责任

第六十四条　违反本法规定，有下列行为之一，构成犯罪的，依法追究刑事责任：

（一）盗掘古文化遗址、古墓葬的；

（二）故意或者过失损毁国家保护的珍贵文物的；
（三）擅自将国有馆藏文物出售或者私自送给非国有单位或者个人的；
（四）将国家禁止出境的珍贵文物私自出售或者送给外国人的；
（五）以牟利为目的倒卖国家禁止经营的文物的；
（六）走私文物的；
（七）盗窃、哄抢、私分或者非法侵占国有文物的；
（八）应当追究刑事责任的其他妨害文物管理行为。

第六十五条　违反本法规定，造成文物灭失、损毁的，依法承担民事责任。

违反本法规定，构成违反治安管理行为的，由公安机关依法给予治安管理处罚。

违反本法规定，构成走私行为，尚不构成犯罪的，由海关依照有关法律、行政法规的规定给予处罚。

第六十六条　有下列行为之一，尚不构成犯罪的，由县级以上人民政府文物主管部门责令改正，造成严重后果的，处五万元以上五十万元以下的罚款；情节严重的，由原发证机关吊销资质证书：

（一）擅自在文物保护单位的保护范围内进行建设工程或者爆破、钻探、挖掘等作业的；
（二）在文物保护单位的建设控制地带内进行建设工程，其工程设计方案未经文物行政部门同意、报城乡建设规划部门批准，对文物保护单位的历史风貌造成破坏的；
（三）擅自迁移、拆除不可移动文物的；
（四）擅自修缮不可移动文物，明显改变文物原状的；
（五）擅自在原址重建已全部毁坏的不可移动文物，造成文物破坏的；
（六）施工单位未取得文物保护工程资质证书，擅自从事文物修缮、迁移、重建的。

刻划、涂污或者损坏文物尚不严重的，或者损毁依照本法第十五条第一款规定设立的文物保护单位标志的，由公安机关或者文物所在单位给予警告，可以并处罚款。

第六十七条　在文物保护单位的保护范围内或者建设控制地带内建设污染文物保护单位及其环境的设施的，或者对已有的污染文物保护单位及其环境的设施未在规定的期限内完成治理的，由环境保护行政部门依照有关法律、法规的规定给予处罚。

第六十八条　有下列行为之一的，由县级以上人民政府文物主管部门责令改正，没收违法所得，违法所得一万元以上的，并处违法所得二倍以上五倍以下的罚款；违法所得不足一万元的，并处五千元以上二万元以下的罚款：

（一）转让或者抵押国有不可移动文物，或者将国有不可移动文物作为企业资产经营的；
（二）将非国有不可移动文物转让或者抵押给外国人的；
（三）擅自改变国有文物保护单位的用途的。

第六十九条　历史文化名城的布局、环境、历史风貌等遭到严重破坏的，由国务院撤销其历史文化名城称号；历史文化城镇、街道、村庄的布局、环境、历史风貌等遭到严重破坏的，由省、自治区、直辖市人民政府撤销其历史文化街区、村镇称号；对负有责任的主管人员和其他直接责任人员依法给予行政处分。

第七十条　有下列行为之一，尚不构成犯罪的，由县级以上人民政府文物主管部门责令改正，可以并处二万元以下的罚款，有违法所得的，没收违法所得：

（一）文物收藏单位未按照国家有关规定配备防火、防盗、防自然损坏的设施的；

（二）国有文物收藏单位法定代表人离任时未按照馆藏文物档案移交馆藏文物，或者所移交的馆藏文物与馆藏文物档案不符的；

（三）将国有馆藏文物赠与、出租或者出售给其他单位、个人的；

（四）违反本法第四十条、第四十一条、第四十五条规定处置国有馆藏文物的；

（五）违反本法第四十三条规定挪用或者侵占依法调拨、交换、出借文物所得补偿费用的。

第七十一条　买卖国家禁止买卖的文物或者将禁止出境的文物转让、出租、质押给外国人，尚不构成犯罪的，由县级以上人民政府文物主管部门责令改正，没收违法所得，违法经营额一万元以上的，并处违法经营额二倍以上五倍以下的罚款；违法经营额不足一万元的，并处五千元以上二万元以下的罚款。

文物商店、拍卖企业有前款规定的违法行为的，由县级以上人民政府文物主管部门没收违法所得、非法经营的文物，违法经营额五万元以上的，并处违法经营额一倍以上三倍以下的罚款；违法经营额不足五万元的，并处五千元以上五万元以下的罚款；情节严重的，由原发证机关吊销许可证书。

第七十二条　未经许可，擅自设立文物商店、经营文物拍卖的拍卖企业，或者擅自从事文物的商业经营活动，尚不构成犯罪的，由工商行政管理部门依法予以制止，没收违法所得、非法经营的文物，违法经营额五万元以上的，并处违法经营额二倍以上五倍以下的罚款；违法经营额不足五万元的，并处二万元以上十万元以下的罚款。

第七十三条　有下列情形之一的，由工商行政管理部门没收违法所得、非法经营的文物，违法经营额五万元以上的，并处违法经营额一倍以上三倍以下的罚款；违法经营额不足五万元的，并处五千元以上五万元以下的罚款；情节严重的，由原发证机关吊销许可证书：

（一）文物商店从事文物拍卖经营活动的；

（二）经营文物拍卖的拍卖企业从事文物购销经营活动的；

（三）拍卖企业拍卖的文物，未经审核的；

（四）文物收藏单位从事文物的商业经营活动的。

第七十四条　有下列行为之一，尚不构成犯罪的，由县级以上人民政府文物主管部门会同公安机关追缴文物；情节严重的，处五千元以上五万元以下的罚款：

（一）发现文物隐匿不报或者拒不上交的；

（二）未按照规定移交拣选文物的。

第七十五条　有下列行为之一的，由县级以上人民政府文物主管部门责令改正：

（一）改变国有未核定为文物保护单位的不可移动文物的用途，未依照本法规定报告的；

（二）转让、抵押非国有不可移动文物或者改变其用途，未依照本法规定备案的；

（三）国有不可移动文物的使用人拒不依法履行修缮义务的；

（四）考古发掘单位未经批准擅自进行考古发掘，或者不如实报告考古发掘结果的；

（五）文物收藏单位未按照国家有关规定建立馆藏文物档案、管理制度，或者未将馆藏文物档案、管理制度备案的；

（六）违反本法第三十八条规定，未经批准擅自调取馆藏文物的；

（七）馆藏文物损毁未报文物行政部门核查处理，或者馆藏文物被盗、被抢或者丢失，文物收藏单位未及时向公安机关或者文物行政部门报告的；

（八）文物商店销售文物或者拍卖企业拍卖文物，未按照国家有关规定作出记录或者未将所作记录报文物行政部门备案的。

第七十六条 文物行政部门、文物收藏单位、文物商店、经营文物拍卖的拍卖企业的工作人员，有下列行为之一的，依法给予行政处分，情节严重的，依法开除公职或者吊销其从业资格；构成犯罪的，依法追究刑事责任：

（一）文物行政部门的工作人员违反本法规定，滥用审批权限、不履行职责或者发现违法行为不予查处，造成严重后果的；

（二）文物行政部门和国有文物收藏单位的工作人员借用或者非法侵占国有文物的；

（三）文物行政部门的工作人员举办或者参与举办文物商店或者经营文物拍卖的拍卖企业的；

（四）因不负责任造成文物保护单位、珍贵文物损毁或者流失的；

（五）贪污、挪用文物保护经费的。

前款被开除公职或者被吊销从业资格的人员，自被开除公职或者被吊销从业资格之日起十年内不得担任文物管理人员或者从事文物经营活动。

第七十七条 有本法第六十六条、第六十八条、第七十条、第七十一条、第七十四条、第七十五条规定所列行为之一的，负有责任的主管人员和其他直接责任人员是国家工作人员的，依法给予行政处分。

第七十八条 公安机关、工商行政管理部门、海关、城乡建设规划部门和其他国家机关，违反本法规定滥用职权、玩忽职守、徇私舞弊，造成国家保护的珍贵文物损毁或者流失的，对负有责任的主管人员和其他直接责任人员依法给予行政处分；构成犯罪的，依法追究刑事责任。

第七十九条 人民法院、人民检察院、公安机关、海关和工商行政管理部门依法没收的文物应当登记造册，妥善保管，结案后无偿移交文物行政部门，由文物行政部门指定的国有文物收藏单位收藏。

第八章 附 则

第八十条 本法自公布之日起施行。

2. 中华人民共和国文物保护法实施条例

中华人民共和国文物保护法实施条例

中华人民共和国国务院令第 645 号

《国务院关于修改部分行政法规的决定》已经 2013 年 12 月 4 日国务院第 32 次常务会议通过，现予公布，自公布之日起施行。

总理　李克强
2013 年 12 月 7 日

中华人民共和国文物保护法实施条例

第一章　总　则

第一条　根据《中华人民共和国文物保护法》（以下简称文物保护法），制定本实施条例。

第二条　国家重点文物保护专项补助经费和地方文物保护专项经费，由县级以上人民政府文物行政主管部门、投资主管部门、财政部门按照国家有关规定共同实施管理。任何单位或者个人不得侵占、挪用。

第三条　国有的博物馆、纪念馆、文物保护单位等的事业性收入，应当用于下列用途：

（一）文物的保管、陈列、修复、征集；
（二）国有的博物馆、纪念馆、文物保护单位的修缮和建设；
（三）文物的安全防范；
（四）考古调查、勘探、发掘；
（五）文物保护的科学研究、宣传教育。

第四条　文物行政主管部门和教育、科技、新闻出版、广播电视行政主管部门，应当做好文物保护的宣传教育工作。

第五条　国务院文物行政主管部门和省、自治区、直辖市人民政府文物行政主管部门，应当制定文物保护的科学技术研究规划，采取有效措施，促进文物保护科技成果的推广和应用，提高文物保护的科学技术水平。

第六条　有文物保护法第十二条所列事迹之一的单位或者个人，由人民政府及其文物行政主管部门、有关部门给予精神鼓励或者物质奖励。

第二章　不可移动文物

第七条　历史文化名城，由国务院建设行政主管部门会同国务院文物行政主管部门报国务院核定公布。

历史文化街区、村镇，由省、自治区、直辖市人民政府城乡规划行政主管部门会同文物行政主管部门报本级人民政府核定公布。

县级以上地方人民政府组织编制的历史文化名城和历史文化街区、村镇的保护规划，应当符合文物保护的要求。

第八条　全国重点文物保护单位和省级文物保护单位自核定公布之日起1年内，由省、自治区、直辖市人民政府划定必要的保护范围，作出标志说明，建立记录档案，设置专门机构或者指定专人负责管理。

设区的市、自治州级和县级文物保护单位自核定公布之日起1年内，由核定公布该文物保护单位的人民政府划定保护范围，作出标志说明，建立记录档案，设置专门机构或者指定专人负责管理。

第九条　文物保护单位的保护范围，是指对文物保护单位本体及周围一定范围实施重点保护的区域。

文物保护单位的保护范围，应当根据文物保护单位的类别、规模、内容以及周围环境的历史和现实情况合理划定，并在文物保护单位本体之外保持一定的安全距离，确保文物保护单位的真实性和完整性。

第十条　文物保护单位的标志说明，应当包括文物保护单位的级别、名称、公布机关、公布日期、立标机关、立标日期等内容。民族自治地区的文物保护单位的标志说明，应当同时用规范汉字和当地通用的少数民族文字书写。

第十一条　文物保护单位的记录档案，应当包括文物保护单位本体记录等科学技术资料和有关文献记载、行政管理等内容。

文物保护单位的记录档案，应当充分利用文字、音像制品、图画、拓片、摹本、电子文本等形式，有效表现其所载内容。

第十二条　古文化遗址、古墓葬、石窟寺和属于国家所有的纪念建筑物、古建筑，被核定公布为文物保护单位的，由县级以上地方人民政府设置专门机构或者指定机构负责管理。其他文物保护单位，由县级以上地方人民政府设置专门机构或者指定机构、专人负责管理；指定专人负责管理的，可以采取聘请文物保护员的形式。

文物保护单位有使用单位的，使用单位应当设立群众性文物保护组织；没有使用单位的，文物保护单位所在地的村民委员会或者居民委员会可以设立群众性文物保护组织。文物行政主管部门应当对群众性文物保护组织的活动给予指导和支持。

负责管理文物保护单位的机构，应当建立健全规章制度，采取安全防范措施；其安全保卫人员，可以依法配备防卫器械。

第十三条　文物保护单位的建设控制地带，是指在文物保护单位的保护范围外，为保护文物保护单位的安全、环境、历史风貌对建设项目加以限制的区域。

文物保护单位的建设控制地带，应当根据文物保护单位的类别、规模、内容以及周围环境的历史和现实情况合理划定。

第十四条　全国重点文物保护单位的建设控制地带，经省、自治区、直辖市人民政府批准，由省、自治区、直辖市人民政府的文物行政主管部门会同城乡规划行政主管部门划定并公布。

省级、设区的市、自治州级和县级文物保护单位的建设控制地带，经省、自治区、直辖市人民政府批准，由核定公布该文物保护单位的人民政府的文物行政主管部门会同城乡规划行政主管部门划定并公布。

第十五条 承担文物保护单位的修缮、迁移、重建工程的单位，应当同时取得文物行政主管部门发给的相应等级的文物保护工程资质证书和建设行政主管部门发给的相应等级的资质证书。其中，不涉及建筑活动的文物保护单位的修缮、迁移、重建，应当由取得文物行政主管部门发给的相应等级的文物保护工程资质证书的单位承担。

第十六条 申领文物保护工程资质证书，应当具备下列条件：
（一）有取得文物博物专业技术职务的人员；
（二）有从事文物保护工程所需的技术设备；
（三）法律、行政法规规定的其他条件。

第十七条 申领文物保护工程资质证书，应当向省、自治区、直辖市人民政府文物行政主管部门或者国务院文物行政主管部门提出申请。省、自治区、直辖市人民政府文物行政主管部门或者国务院文物行政主管部门应当自收到申请之日起30个工作日内做出批准或者不批准的决定。决定批准的，发给相应等级的文物保护工程资质证书；决定不批准的，应当书面通知当事人并说明理由。文物保护工程资质等级的分级标准和审批办法，由国务院文物行政主管部门制定。

第十八条 文物行政主管部门在审批文物保护单位的修缮计划和工程设计方案前，应当征求上一级人民政府文物行政主管部门的意见。

第十九条 危害全国重点文物保护单位安全或者破坏其历史风貌的建筑物、构筑物，由省、自治区、直辖市人民政府负责调查处理。

危害省级、设区的市、自治州级、县级文物保护单位安全或者破坏其历史风貌的建筑物、构筑物，由核定公布该文物保护单位的人民政府负责调查处理。

危害尚未核定公布为文物保护单位的不可移动文物安全的建筑物、构筑物，由县级人民政府负责调查处理。[3]

第三章 考古发掘

第二十条 申请从事考古发掘的单位，取得考古发掘资质证书，应当具备下列条件：
（一）有4名以上取得考古发掘领队资格的人员；
（二）有取得文物博物专业技术职务的人员；
（三）有从事文物安全保卫的专业人员；
（四）有从事考古发掘所需的技术设备；
（五）有保障文物安全的设施和场所；
（六）法律、行政法规规定的其他条件。

第二十一条 申领考古发掘资质证书，应当向国务院文物行政主管部门提出申请。国务院文物行政主管部门应当自收到申请之日起30个工作日内作出批准或者不批准的决定。决定批准的，发给考古发掘资质证书；决定不批准的，应当书面通知当事人并说明理由。

第二十二条 考古发掘项目实行领队负责制度。担任领队的人员，应当取得国务院文物行政主管部门按照国家有关规定发给的考古发掘领队资格证书。

第二十三条　配合建设工程进行的考古调查、勘探、发掘，由省、自治区、直辖市人民政府文物行政主管部门组织实施。跨省、自治区、直辖市的建设工程范围内的考古调查、勘探、发掘，由建设工程所在地的有关省、自治区、直辖市人民政府文物行政主管部门联合组织实施；其中，特别重要的建设工程范围内的考古调查、勘探、发掘，由国务院文物行政主管部门组织实施。

建设单位对配合建设工程进行的考古调查、勘探、发掘，应当予以协助，不得妨碍考古调查、勘探、发掘。

第二十四条　国务院文物行政主管部门应当自收到文物保护法第三十条第一款规定的发掘计划之日起30个工作日内作出批准或者不批准决定。决定批准的，发给批准文件；决定不批准的，应当书面通知当事人并说明理由。

文物保护法第三十条第二款规定的抢救性发掘，省、自治区、直辖市人民政府文物行政主管部门应当自开工之日起10个工作日内向国务院文物行政主管部门补办审批手续。

第二十五条　考古调查、勘探、发掘所需经费的范围和标准，按照国家有关规定执行。

第二十六条　从事考古发掘的单位应当在考古发掘完成之日起30个工作日内向省、自治区、直辖市人民政府文物行政主管部门和国务院文物行政主管部门提交结项报告，并于提交结项报告之日起3年内向省、自治区、直辖市人民政府文物行政主管部门和国务院文物行政主管部门提交考古发掘报告。

第二十七条　从事考古发掘的单位提交考古发掘报告后，经省、自治区、直辖市人民政府文物行政主管部门批准，可以保留少量出土文物作为科研标本，并应当于提交发掘报告之日起6个月内将其他出土文物移交给由省、自治区、直辖市人民政府文物行政主管部门指定的国有的博物馆、图书馆或者其他国有文物收藏单位收藏。[3]

第四章　馆藏文物

第二十八条　文物收藏单位应当建立馆藏文物的接收、鉴定、登记、编目和档案制度，库房管理制度，出入库、注销和统计制度，保养、修复和复制制度。

第二十九条　县级人民政府文物行政主管部门应当将本行政区域内的馆藏文物档案，按照行政隶属关系报设区的市、自治州级人民政府文物行政主管部门或者省、自治区、直辖市人民政府文物行政主管部门备案；设区的市、自治州级人民政府文物行政主管部门应当将本行政区域内的馆藏文物档案，报省、自治区、直辖市人民政府文物行政主管部门备案；省、自治区、直辖市人民政府文物行政主管部门应当将本行政区域内的一级文物藏品档案，报国务院文物行政主管部门备案。

第三十条　文物收藏单位之间借用馆藏文物，借用人应当对借用的馆藏文物采取必要的保护措施，确保文物的安全。

借用的馆藏文物的灭失、损坏风险，除当事人另有约定外，由借用该馆藏文物的文物收藏单位承担。

第三十一条　国有文物收藏单位未依照文物保护法第三十六条的规定建立馆藏文物档案并将馆藏文物档案报主管的文物行政主管部门备案的，不得交换、借用馆藏文物。

第三十二条　修复、复制、拓印馆藏二级文物和馆藏三级文物的，应当报省、自治区、直辖市人民政府文物行政主管部门批准；修复、复制、拓印馆藏一级文物的，应当经省、自治区、直辖市人民政府文物行政主管部门审核后报国务院文物行政主管部门批准。

第三十三条　从事馆藏文物修复、复制、拓印的单位，应当具备下列条件：

（一）有取得中级以上文物博物专业技术职务的人员；
（二）有从事馆藏文物修复、复制、拓印所需的场所和技术设备；
（三）法律、行政法规规定的其他条件。

第三十四条　从事馆藏文物修复、复制、拓印，应当向省、自治区、直辖市人民政府文物行政主管部门提出申请。省、自治区、直辖市人民政府文物行政主管部门应当自收到申请之日起30个工作日内作出批准或者不批准的决定。决定批准的，发给相应等级的资质证书；决定不批准的，应当书面通知当事人并说明理由。

第三十五条　为制作出版物、音像制品等拍摄馆藏三级文物的，应当报设区的市级人民政府文物行政主管部门批准；拍摄馆藏一级文物和馆藏二级文物的，应当报省、自治区、直辖市人民政府文物行政主管部门批准。

第三十六条　馆藏文物被盗、被抢或者丢失的，文物收藏单位应当立即向公安机关报案，并同时向主管的文物行政主管部门报告；主管的文物行政主管部门应当在接到文物收藏单位的报告后24小时内，将有关情况报告国务院文物行政主管部门。

第三十七条　国家机关和国有的企业、事业组织等收藏、保管国有文物的，应当履行下列义务：
（一）建立文物藏品档案制度，并将文物藏品档案报所在地省、自治区、直辖市人民政府文物行政主管部门备案；
（二）建立、健全文物藏品的保养、修复等管理制度，确保文物安全；
（三）文物藏品被盗、被抢或者丢失的，应当立即向公安机关报案，并同时向所在地省、自治区、直辖市人民政府文物行政主管部门报告。

第五章　民间收藏文物

第三十八条　文物收藏单位以外的公民、法人和其他组织，可以依法收藏文物，其依法收藏的文物的所有权受法律保护。

公民、法人和其他组织依法收藏文物的，可以要求文物行政主管部门对其收藏的文物提供鉴定、修复、保管等方面的咨询。

第三十九条　设立文物商店，应当具备下列条件：
（一）有200万元人民币以上的注册资本；
（二）有5名以上取得中级以上文物博物专业技术职务的人员；
（三）有保管文物的场所、设施和技术条件；
（四）法律、行政法规规定的其他条件。

第四十条　设立文物商店，应当向省、自治区、直辖市人民政府文物行政主管部门提出申请。省、自治区、直辖市人民政府文物行政主管部门应当自收到申请之日起30个工作日内做出批准或者不批准的决定。决定批准的，发给批准文件；决定不批准的，应当书面通知当事人并说明理由。

第四十一条　依法设立的拍卖企业，从事文物拍卖经营活动的，应当有5名以上取得高级文物博物专业技术职务的文物拍卖专业人员，并取得省、自治区、直辖市人民政府文物行政主管部门发给的文物拍卖许可证。

第四十二条　依法设立的拍卖企业申领文物拍卖许可证，应当向省、自治区、直辖市人民政府文物行政主管部门提出申请。省、自治区、直辖市人民政府文物行政主管部门应当自收到申请之日起30个工作日内作出批准或者不批准的决定。决定批准的，发给文物拍卖许可证；决定不批准的，应当书面通知当事人并说明理由。

第四十三条 文物商店购买、销售文物，经营文物拍卖的拍卖企业拍卖文物，应当记录文物的名称、图录、来源、文物的出卖人、委托人和买受人的姓名或者名称、住所、有效身份证件号码或者有效证照号码以及成交价格，并报核准其销售、拍卖文物的文物行政主管部门备案。接受备案的文物行政主管部门应当依法为其保密，并将该记录保存75年。

文物行政主管部门应当加强对文物商店和经营文物拍卖的拍卖企业的监督检查。

第六章　文物出境进境

第四十四条 国务院文物行政主管部门指定的文物进出境审核机构，应当有5名以上专职文物进出境责任鉴定员。专职文物进出境责任鉴定员应当取得中级以上文物博物专业技术职务并经国务院文物行政主管部门考核合格。

第四十五条 运送、邮寄、携带文物出境，应当在文物出境前依法报文物进出境审核机构审核。文物进出境审核机构应当自收到申请之日起15个工作日内作出是否允许出境的决定。

文物进出境审核机构审核文物，应当有3名以上文物博物专业技术人员参加；其中，应当有2名以上文物进出境责任鉴定员。

文物出境审核意见，由文物进出境责任鉴定员共同签署；对经审核，文物进出境责任鉴定员一致同意允许出境的文物，文物进出境审核机构方可作出允许出境的决定。

文物出境审核标准，由国务院文物行政主管部门制定。

第四十六条 文物进出境审核机构应当对所审核进出境文物的名称、质地、尺寸、级别，当事人的姓名或者名称、住所、有效身份证件号码或者有效证照号码，以及进出境口岸、文物去向和审核日期等内容进行登记。

第四十七条 经审核允许出境的文物，由国务院文物行政主管部门发给文物出境许可证，并由文物进出境审核机构标明文物出境标识。经审核允许出境的文物，应当从国务院文物行政主管部门指定的口岸出境。海关查验文物出境标识后，凭文物出境许可证放行。

经审核不允许出境的文物，由文物进出境审核机构发还当事人。

第四十八条 文物出境展览的承办单位，应当在举办展览前6个月向国务院文物行政主管部门提出申请。国务院文物行政主管部门应当自收到申请之日起30个工作日内作出批准或者不批准的决定。决定批准的，发给批准文件；决定不批准的，应当书面通知当事人并说明理由。

一级文物展品超过120件（套）的，或者一级文物展品超过展品总数的20%的，应当报国务院批准。

第四十九条 一级文物中的孤品和易损品，禁止出境展览。禁止出境展览文物的目录，由国务院文物行政主管部门定期公布。

未曾在国内正式展出的文物，不得出境展览。

第五十条 文物出境展览的期限不得超过1年。因特殊需要，经原审批机关批准可以延期；但是，延期最长不得超过1年。

第五十一条 文物出境展览期间，出现可能危及展览文物安全情形的，原审批机关可以决定中止或者撤销展览。

第五十二条 临时进境的文物，经海关将文物加封后，交由当事人报文物进出境审核机构审核、登记。文物进出境审核机构查验海关封志完好无损后，对每件临时进境文物标明文物临时进境标识，并登记拍照。

临时进境文物复出境时，应当由原审核、登记的文物进出境审核机构核对入境登记拍照记录，查验文物临时进境标识无误后标明文物出境标识，并由国务院文物行政主管部门发给文物出境许可证。

未履行本条第一款规定的手续临时进境的文物复出境的，依照本章关于文物出境的规定办理。

第五十三条 任何单位或者个人不得擅自剥除、更换、挪用或者损毁文物出境标识、文物临时进境标识。

第七章 法律责任

第五十四条 公安机关、工商行政管理、文物、海关、城乡规划、建设等有关部门及其工作人员，违反本条例规定，滥用审批权限、不履行职责或者发现违法行为不予查处的，对负有责任的主管人员和其他直接责任人员依法给予行政处分；构成犯罪的，依法追究刑事责任。

第五十五条 违反本条例规定，未取得相应等级的文物保护工程资质证书，擅自承担文物保护单位的修缮、迁移、重建工程的，由文物行政主管部门责令限期改正；逾期不改正，或者造成严重后果的，处5万元以上50万元以下的罚款；构成犯罪的，依法追究刑事责任。

违反本条例规定，未取得建设行政主管部门发给的相应等级的资质证书，擅自承担含有建筑活动的文物保护单位的修缮、迁移、重建工程的，由建设行政主管部门依照有关法律、行政法规的规定予以处罚。

第五十六条 违反本条例规定，未取得资质证书，擅自从事馆藏文物的修复、复制、拓印活动的，由文物行政主管部门责令停止违法活动；没收违法所得和从事违法活动的专用工具、设备；造成严重后果的，并处1万元以上10万元以下的罚款；构成犯罪的，依法追究刑事责任。

第五十七条 文物保护法第六十六条第二款规定的罚款，数额为200元以下。

第五十八条 违反本条例规定，未经批准擅自修复、复制、拓印、拍摄馆藏珍贵文物的，由文物行政主管部门给予警告；造成严重后果的，处2000元以上2万元以下的罚款；对负有责任的主管人员和其他直接责任人员依法给予行政处分。

第五十九条 考古发掘单位违反本条例规定，未在规定期限内提交结项报告或者考古发掘报告的，由省、自治区、直辖市人民政府文物行政主管部门或者国务院文物行政主管部门责令限期改正；逾期不改正的，对负有责任的主管人员和其他直接责任人员依法给予行政处分。

第六十条 考古发掘单位违反本条例规定，未在规定期限内移交文物的，由省、自治区、直辖市人民政府文物行政主管部门或者国务院文物行政主管部门责令限期改正；逾期不改正，或者造成严重后果的，对负有责任的主管人员和其他直接责任人员依法给予行政处分。

第六十一条 违反本条例规定，文物出境展览超过展览期限的，由国务院文物行政主管部门责令限期改正；对负有责任的主管人员和其他直接责任人员依法给予行政处分。

第六十二条 依照文物保护法第六十六条、第七十三条的规定，单位被处以吊销许可证行政处罚的，应当依法到工商行政管理部门办理变更登记或者注销登记；逾期未办理的，由工商行政管理部门吊销营业执照。

第六十三条 违反本条例规定,改变国有的博物馆、纪念馆、文物保护单位等的事业性收入的用途的,对负有责任的主管人员和其他直接责任人员依法给予行政处分;构成犯罪的,依法追究刑事责任。

第八章 附 则

第六十四条 本条例自 2003 年 7 月 1 日起施行。

3. 北京市地下文物保护管理办法

北京市地下文物保护管理办法

第一条　为了加强地下文物的保护和管理，根据《中华人民共和国文物保护法》、《北京市实施〈中华人民共和国文物保护法〉办法》等有关法律、法规，结合本市实际情况，制定本办法。

第二条　地下文物属于国家所有，任何单位和个人都有保护地下文物的义务。

本市鼓励单位和个人参与地下文物保护工作。

第三条　市和区、县人民政府负责本行政区域内的地下文物保护工作。市和区、县人民政府文物行政管理部门对本行政区域内的地下文物保护实施监督管理。

发展改革、规划、国土、建设、水务、交通、财政、公安等有关行政管理部门，应当在各自的职责范围内依法做好地下文物保护工作。

第四条　新闻、出版、广播、电视、网络等媒体应当进行地下文物保护宣传，营造保护地下文物的良好氛围。

文物行政管理部门应当会同规划、建设等行政管理部门，开展对建设、施工、监理等单位及其相关人员的地下文物保护教育和宣传工作。

第五条　市和区、县文物行政管理部门应当对在地下文物保护中做出突出贡献的单位和个人给予表彰和奖励。

第六条　本市依法划定地下文物埋藏区。

市文物行政管理部门应当根据史料、普查资料等对地下文物埋藏区之外可能埋藏文物的地区划定重点监测区域。符合条件的，应当依法纳入地下文物埋藏区进行管理。

第七条　市文物行政管理部门应当根据文献研究结果，实际考古调查、勘探情况建立本市地下文物埋藏情况数据库，标明地下文物埋藏区、重点监测区域等内容，并对实际考古调查、勘探、发掘的结果进行记录。

市文物行政管理部门应当根据实际情况及时调整地下文物埋藏情况数据库，并与市规划行政管理部门实现共享。

第八条　市文物行政管理部门应当依法组织开展考古调查、勘探、发掘工作，积极探索有效方式，鼓励有资质的考古发掘单位参与本市配合基本建设的考古调查、勘探工作。具体办法由市文物行政管理部门制定。

对于已经做过考古调查、勘探的，进行建设工程时，不再重复进行考古调查、勘探。

第九条　符合下列条件之一的建设工程，应当进行考古调查、勘探：

（一）位于地下文物埋藏区；

（二）旧城之内建设项目总用地面积一万平方米以上；

（三）旧城之外建设项目总用地面积二万平方米以上；

（四）法律、法规和规章规定的其他情况。

第十条　本办法第九条规定之外的建设工程，建设单位可以在施工前报请市文物行政管理部门组织考古调查、勘探，市文物行政管理部门在接到建设单位的报请后，应当予以及时安排。

未做考古调查、勘探的，建设单位应当在施工前制定地下文物保护预案，位于重点监测区域内的建设工程的地下文物保护预案应当报文物行政管理部门备案。备案的具体办法由市文物行政管理部门制定。

第十一条　对于符合本办法第九条规定的土地储备开发项目，承担土地储备任务的单位（以下简称土储单位）应当按照本市规定报请市文物行政管理部门组织考古发掘单位进行考古调查、勘探。

考古调查、勘探工作完成后，考古发掘单位应当出具是否具备入市交易条件的意见，相关意见作为土地入市交易的依据之一。

第十二条　规划行政管理部门在向建设单位提出规划条件或者核发选址意见书时，应当书面提示建设单位在施工前按照本办法规定报请市文物行政管理部门组织考古调查、勘探，或者制定文物保护预案报文物行政管理部门备案，并告知文物行政管理部门。

规划行政管理部门应当将书面提示的情况同时告知建设行政管理部门或者交通、水利等专业建设工程的监管部门。

第十三条　对于符合本办法第九条规定的建设工程，建设行政管理部门或者交通、水利等专业建设工程的监管部门在建设工程施工前，应当书面提示建设单位报请市文物行政管理部门组织考古调查、勘探，并告知文物行政管理部门。

第十四条　对于符合本办法第九条规定的建设工程，建设单位应当在施工前报请市文物行政管理部门组织考古发掘单位进行考古调查、勘探，并督促施工单位在编制施工组织设计时，对考古调查、勘探事项进行安排，相关安排应当与施工部署、施工总进度计划相衔接。

第十五条　市文物行政管理部门接到土储单位或者建设单位申请后，在施工现场具备考古调查、勘探条件下，应当按照规定组织考古调查、勘探工作。考古调查、勘探工作结束后，考古发掘单位应当将相关意见书面通知土储单位和建设单位。

考古调查、勘探工作时限按照每一万平方米七个工作日计算，除雨雪、冰冻等特殊情况外，最长不得超过两个月。

第十六条　考古调查、勘探中发现文物的，由文物行政管理部门组织土储单位或者建设单位、施工单位、相关考古发掘单位确定文物保护方案，采取保护措施。

在考古发掘中，发现具有重大历史、艺术、科学价值的古遗址、古墓葬，需要实施原址保护的，应当实施原址保护。实施原址保护的，由市规划行政管理部门、市文物行政管理部门会同其他部门研究调整建设工程设计方案或者另行选址。

第十七条　公民、法人和其他组织依法采取地下文物保护措施或者配合政府进行地下文物保护的，政府对其损失予以合理补偿，具体办法由市文物行政管理部门会同市规划、市财政等行政管理部门制定。

第十八条　建设单位、施工单位在施工过程中发现地下文物的，应当立即采取有效保护措施并通知文物行政管理部门。

监理单位在监理过程中，发现施工单位未依法保护地下文物继续施工的，应当及时制止并通知文物行政管理部门。文物行政管理部门接到通知后，应当在二十四小时内组织考古发掘单位到达现场。

第十九条　文物行政管理部门可以对本行政区域内建设工程施工现场的地下文物保护工作进行监督检查，建设单位、施工单位应当配合文物行政管理部门的监督检查工作。

文物行政管理部门应当加强对地下文物埋藏区和重点监测区域的日常巡查，并对本办法第九条规定的建设工程及重点监测区域内的建设工程施工现场的地下文物保护工作进行监督管理。

第二十条 任何单位和个人在进行其他生产生活活动时发现地下文物的，应当立即对地下文物实施有效保护并通知文物行政管理部门。文物行政管理部门接到通知后，应当在二十四小时内到达现场进行处理。

第二十一条 村民委员会在组织实施本村的建设规划、兴修水利、道路等基础设施以及指导村民进行自建住宅、挖渠、掘井等活动时，应当注重对地下文物的保护；发现地下文物的，应当采取有效保护措施并及时通知文物行政管理部门。

第二十二条 任何单位和个人发现破坏地下文物的，应当立即向文物行政管理部门举报。文物行政管理部门接到举报后，应当及时处理，并将处理结果告知举报人。

市和区、县文物行政部门应当对举报属实，为查处破坏地下文物行为提供线索或者证据的举报人给予奖励。具体办法由市文物行政管理部门会同市财政行政管理部门制定。

第二十三条 违反本办法第十条第二款规定，建设单位未将位于重点监测区域内的建设工程的地下文物保护预案报文物行政管理部门备案的，由文物行政管理部门处一万元罚款。

第二十四条 违反本办法第十四条规定，建设单位未在施工前报请市文物行政管理部门组织考古发掘单位进行考古调查、勘探的，施工单位未按照规定在编制施工组织设计时安排考古调查、勘探事项的，由市文物行政管理部门责令限期改正，可以并处一万元以上三万元以下罚款；构成犯罪的，由司法机关依法追究刑事责任。

第二十五条 违反本办法第十八条第一款规定，建设单位、施工单位发现地下文物不采取保护措施，不通知文物行政管理部门的，由文物行政管理部门责令改正，并处一万元以上三万元以下罚款；构成犯罪的，由司法机关依法追究刑事责任。

违反本办法第十八条第二款规定，监理单位未通知文物行政管理部门的，由文物行政管理部门处一万元以上三万元以下罚款。

第二十六条 建设单位、施工单位和监理单位违反本办法受到行政处罚的信息，应当依法记入本市企业信用信息系统。

第二十七条 违反本办法规定，未进行考古调查、勘探，未采取保护措施，造成文物损毁的，依法承担民事责任。

第二十八条 负有地下文物保护职责的行政机关及其工作人员违反本办法规定，由其上级行政机关或者监察机关依法追究直接负责的主管人员和其他直接责任人员的行政责任；构成犯罪的，由司法机关依法追究刑事责任。

第二十九条 本办法自2014年3月1日起施行。

4. 天津市文物保护条例

天津市文物保护条例

（2007年11月15日天津市第十四届人民代表大会常务委员会第四十次会议通过）

第一条 为了加强对文物的保护，根据《中华人民共和国文物保护法》、《中华人民共和国文物保护法实施条例》等法律、法规规定，结合本市实际情况，制定本条例。

第二条 本市行政区域内文物的保护、利用和管理，适用本条例。

文物保护的范围按照《中华人民共和国文物保护法》第二条规定执行。

第三条 本市各级人民政府负责本行政区域内的文物保护工作。

市文物行政管理部门对全市行政区域内的文物保护实施监督管理。市文物行政管理部门可以根据工作需要，在其法定权限范围内，委托其直属的文物管理中心履行行政执法职责。

区、县文物行政管理部门对所辖行政区域内的文物保护实施监督管理。

市发展改革、建设、规划、国土房管、公安、工商、水利、园林、宗教、旅游等行政管理部门应当依法认真履行所承担的保护文物的职责，维护文物管理秩序。

第四条 市和区、县人民政府应当将文物保护事业纳入本级国民经济和社会发展规划，所需经费列入本级财政预算。本市用于文物保护的财政拨款随着财政收入增长而增加。

市和区、县人民政府根据实际工作需要，设立文物保护专项经费，用于文物保护。

第五条 市文物行政管理部门应当根据文物保护的实际需要，制定本市文物保护规划。

文物保护规划纳入城市总体规划。土地利用规划、城乡建设规划、生态建设规划应当与文物保护规划相衔接。

第六条 各级人民政府及其文物、教育等部门以及报刊、广播、电视、网络等媒体，应当加强文物保护法律、法规和优秀历史文化遗产保护的宣传教育工作，增强全社会的文物保护意识。

第七条 鼓励自然人、法人和其他组织通过捐赠等方式支持文物保护事业，设立文物保护社会基金，专门用于文物保护。

第八条 市和区、县人民政府应当建立文物普查制度，定期对不可移动文物开展普查工作。

区、县人民政府负责定期对所辖行政区域内的不可移动文物进行普查登记。普查登记结果向市文物行政管理部门备案。

第九条 市文物行政管理部门设立由专家组成的文物鉴定委员会，负责文物和文物级别的鉴定、评估。鉴定、评估结论作为对不可移动文物、馆藏文物和其他国有文物保护管理的依据。

文物鉴定委员会可以依法接受司法机关的委托，对涉案文物进行鉴定。

文物鉴定委员会的专家由市文物行政管理部门在具有相关专业知识的专家学者中聘请。

文物鉴定委员会鉴定文物应当客观、公正，尊重历史。

第十条　市文物行政管理部门应当在区、县级文物保护单位中，选择具有重大历史、艺术、科学价值的确定为市级文物保护单位，或者直接选择不可移动文物确定为市级文物保护单位，报市人民政府核定公布，并报国务院备案。

区、县文物行政管理部门应当选择所辖行政区域内具有历史、艺术、科学价值的不可移动文物，确定为区、县级文物保护单位，报本级人民政府核定公布，并报市人民政府备案。

第十一条　文物保护单位核定公布后，应当依法划定保护范围。

市文物行政管理部门会同市规划行政管理部门和文物所在区、县人民政府，根据文物保护的实际需要，提出文物保护单位的建设控制地带划定方案，经市人民政府批准后公布实施。

第十二条　在文物保护单位的保护范围内实施下列文物保护工程，应当制定文物保护工程方案，并履行报批手续：

（一）新建、改建、扩建文物保护设施；
（二）实施修缮、保养文物工程；
（三）铺设通讯、供电、供水、供气、排水等管线；
（四）设置防火、防雷、防盗设施和修建防洪工程；
（五）其他文物保护的建设工程。

全国重点文物保护单位的保护工程方案，经市文物行政管理部门审核后，报国务院文物行政管理部门审批；市级文物保护单位的保护工程方案，由市级文物行政管理部门征求国务院文物行政管理部门的意见后予以审批；区、县级文物保护单位的保护工程方案，由区、县文物行政管理部门征求市文物行政管理部门的意见后予以审批。

保护工程方案变更的，不可移动文物的管理人、使用人应当报原批准的文物行政管理部门重新批准。

第十三条　在文物保护单位的建设控制地带内进行建设工程，不得破坏文物保护单位的历史风貌，并应当与文物保护单位的建筑风格相协调。工程设计方案应当根据文物保护单位的级别，经相应的文物行政管理部门同意后，报规划行政管理部门批准。

第十四条　文物保护单位非经法定程序不得撤销。因自然或者意外原因损毁的，应当实行遗址保护。确需原址重建或者撤销的，应当由市文物行政管理部门组织专家论证后，依法按原审批程序报批。

第十五条　建设工程选址，应当尽可能避开不可移动文物。因特殊情况不能避开的，对文物保护单位应当尽可能实施原址保护；无法实施原址保护，必须迁移异地保护或者拆除的，建设单位应当报市文物行政管理部门，由市文物行政管理部门提出意见后，报市人民政府批准；迁移或者拆除市级文物保护单位的，批准前须征得国务院文物行政管理部门同意。迁移全国重点文物保护单位的，由市人民政府报国务院批准。

未核定为文物保护单位的不可移动文物迁移、拆除的，建设单位应当报区、县文物行政管理部门，由区、县人民政府批准。区、县人民政府批准前应当征得市文物行政管理部门同意。

第十六条　国有不可移动文物管理权、使用权的变更，应当报市文物行政管理部门备案，其中全国重点文物保护单位管理权、使用权的变更，按照国家有关规定执行。

第十七条　市文物行政管理部门应当根据不同文物的保护需要，制定具体的保护措施，并公告施行。

市文物行政管理部门应当向本市的全国重点文物保护单位、市级文物保护单位的所有者或者使用者发出通知书，明确保护义务。区、县文物行政管理部门应当向区、县级文物保护单位的所有者或者使用者发出通知书，明确保护义务。

对尚未核定公布为文物保护单位的不可移动文物，由所在地的区、县文物行政管理部门将其名称、类别、年代、位置、范围等事项予以登记和公布，并设立保护标志，向所有者或者使用者发出保护通知书，明确保护义务。

第十八条　不可移动文物的管理人、使用人应当按照规定加强火源、电源的管理，配备必要的灭火设备。在重点要害部位根据实际需要，安装自动报警、灭火、避雷等设施。安装、使用设施不得对文物建筑造成破坏。

遇有危及文物安全的重大险情，不可移动文物的管理人、使用人应当及时采取措施，并向文物所在地的区、县文物行政管理部门报告。

第十九条　不可移动文物的使用人、管理人应当保持文物原有的整体性，对其附属物不得随意进行彩绘、添建、改建、迁建、拆毁，不得改变文物的结构和原状。

修缮、保养、迁移、重建不可移动文物，应当遵守不改变文物原状的原则。

第二十条　核定为文物保护单位的国有纪念建筑物、古建筑向社会开放的，其管理人、使用人应当保证建筑物的正常开放。市或者区、县文物行政管理部门发现管理人、使用人的行为造成建筑物有碍开放的，可以责令管理人、使用人进行整治。

核定为文物保护单位的国有纪念建筑物、古建筑作其他用途的，应当经核定公布该文物保护单位的人民政府批准。国有未核定为文物保护单位的不可移动文物作其他用途的，应当报所在地的区、县人民政府批准。

第二十一条　市文物行政管理部门应当会同市城市规划行政管理部门，根据历史资料、考古资料等对本市行政区域内有可能集中埋藏文物的地区，划定地下文物埋藏区，报市人民政府核定并公布。

在地下文物埋藏区进行建设工程的，建设单位应当在取得建设项目选址意见书三十日内，向市文物行政管理部门申请考古调查、勘探。如需发掘的，市文物行政管理部门应当组织考古发掘单位进行发掘。未经考古调查、勘探或者发掘，不得进行建设工程。

第二十二条　博物馆、图书馆和其他文物收藏单位的文物藏品的级别，由文物鉴定委员会按照国家规定进行评定。

第二十三条　博物馆、图书馆和其他文物收藏单位应当充分发挥馆藏文物的作用，通过举办展览、科学研究等活动，加强对中华民族优秀的历史文化和革命传统的宣传教育。

第二十四条　市和区、县文物行政管理部门可以对博物馆、图书馆和其他文物收藏单位收藏的文物进行核查。

博物馆、图书馆和其他文物收藏单位，应当对馆藏文物定期进行检查。

第二十五条　不具备收藏珍贵文物条件的国有文物收藏单位，其收藏的珍贵文物，市文物行政管理部门可以指定具备收藏条件的其他国有文物收藏单位代为保管。文物收藏单位和代为保管单位的权利和义务由双方协商确定。

国有文物收藏单位与非国有文物收藏单位之间不得交换文物。

第二十六条　非国有文物收藏单位终止时，以其名义接受捐赠或者购买的珍贵文物，不得转让给文物收藏单位以外的公民、法人或者其他组织。

第二十七条　复制、拍摄、拓印馆藏文物，必须确保文物安全。

文物的复制品应当有明确的标识。

第二十八条　本市严格控制利用文物保护单位拍摄电影、电视以及举办展销和其他大型活动。确需利用文物保护单位拍摄电影、电视或者举办大型活动的，拍摄单位或者举办者应当征得文物管理人、使用人同意，并提出拍摄方案、活动计划和保护措施。拍摄电影、电视，利用全国重点文物保护单位的，报国务院文物行政管理部门审批；利用市级或者区、县级文物保护单位的，报市文物行政管理部门审批。举办展销和其他大型活动，利用全国重点文物保护单位或者市级文物保护单位的，报市文物行政管理部门审批；利用区、县级文物保护单位的，报区、县文物行政管理部门审批。更改拍摄方案或者活动计划的，应当报原批准的文物行政管理部门重新批准。

利用文物保护单位拍摄电影、电视以及举办展销和其他大型活动，文物保护单位所得收益应当用于文物保护。

第二十九条 文物市场的举办者或者管理者应当加强对市场内文物经营行为的管理、监督，设立管理机构，制定管理制度，聘用文物鉴定人员。

文物市场举办者或者管理者应当在明显处设置公告牌，明确告知运送、邮寄、携带文物出境时，应当依法办理文物出境许可手续。

第三十条 外省市文物商店或者文物拍卖企业到本市行政区域内销售、拍卖文物的，应当在销售、拍卖前持所在地文物行政管理部门批准其经营、拍卖文物的许可文件，到市文物行政管理部门备案。

第三十一条 违反本条例第十二条规定，文物保护工程方案未经批准或者擅自变更文物保护工程方案，明显改变文物原状尚不构成犯罪的，由市或者区、县文物行政管理部门责令改正，造成严重后果的，处五万元以上五十万元以下的罚款。

第三十二条 违反本条例第十四条规定，非经法定程序擅自撤销文物保护单位的，由市或者区、县文物行政管理部门责令改正，并对直接责任人给予行政处分。

第三十三条 违反本条例规定，有下列行为之一，尚不构成犯罪的，由市或者区、县文物行政管理部门责令改正，可以并处二万元以下罚款：

（一）违反本条例第十八条第一款规定，安装、使用自动报警、灭火、避雷等设施对文物建筑造成破坏的；

（二）违反本条例第十八条第二款规定，遇有危及文物安全的重大险情未及时采取措施或者未向文物行政管理部门报告的。

第三十四条 违反本条例第二十一条第二款的规定，未经考古调查、勘探或者发掘，建设单位擅自开工建设的，由市文物行政管理部门责令改正，情节严重的，处五万元以上五十万元以下罚款。

第三十五条 违反本条例第二十五条第二款规定，国有文物收藏单位与非国有文物收藏单位之间交换文物的，由市或者区、县文物行政管理部门责令改正，没收非法交换的文物，并处一万元以上五万元以下罚款。

第三十六条 违反本条例第二十七条第二款规定，文物的复制品没有明确标识的，由市或者区、县文物行政管理部门责令改正，并处一万元以上五万元以下罚款。

第三十七条 违反本条例第二十八条第一款规定，拍摄单位擅自拍摄或者更改拍摄计划，由市文物行政管理部门责令改正，收缴非法录制品，并处一万元以上五万元以下罚款。

违反本条例第二十八条第一款规定，举办者擅自举办活动或者更改活动计划，由原批准的文物行政管理部门责令改正，没收违法所得，并处一万元以上五万元以下罚款。

第三十八条 违反本条例第二十九条规定，文物市场的举办者或者管理者未设立管理机构、未制定管理制度、未聘用文物鉴定人员或者未在明显处设置公告牌的，由市或者区、县文物行政管理部门责令改正；情节严重的，处二千元以上二万元以下罚款。

第三十九条 市和区、县文物行政管理部门或者其他有关部门不履行文物保护职责的，由市或区、县人民政府责令改正；对直接负责的主管人员和其他直接责任人员，依法给予行政处分。

文物行政管理部门或者其他有关部门的工作人员玩忽职守、滥用职权、徇私舞弊的，由其所在单位或者上级主管机关给予处分；构成犯罪的，依法追究刑事责任。

第四十条 核定为文物保护单位的历史风貌建筑，其保护和修缮工作，应当遵守国家文物保护法律、法规和本市有关法规规定。

第四十一条 本条例自2008年3月1日起施行。

5. 河北省实施《中华人民共和国文物保护法》办法

河北省实施《中华人民共和国文物保护法》办法

(2007年7月19日河北省第十届人民代表大会常务委员会第二十九次会议通过)

第一章 总 则

第一条 为加强对文物的保护，根据《中华人民共和国文物保护法》和《中华人民共和国文物保护法实施条例》等有关法律、法规，结合本省实际，制定本办法。

第二条 本省行政区域内文物的保护、利用和管理，适用本办法。

具有科学价值的古脊椎动物化石、古人类化石同文物一样受国家保护。

第三条 县级以上人民政府应当将文物保护事业纳入本级国民经济和社会发展规划，所需经费列入本级财政预算，并随着财政收入增长而增加。

县级以上人民政府应当加强文物保护管理机构和专业队伍建设，支持文物保护科学技术的研究、推广和应用，提高文物保护的现代化管理水平。

县级以上人民政府及其文物行政主管部门和其他有关行政部门应当建立文物保护责任制；对不依法履行文物保护职责的应当追究法律责任；对在文物保护工作中有突出贡献的应当予以表彰、奖励。

第四条 各级人民政府负责本行政区域内的文物保护工作。

县级以上人民政府承担文物保护工作的部门（以下简称文物行政主管部门）对本行政区域内的文物保护实施监督管理。

县级以上人民政府发展和改革、规划、建设、国土资源、公安、工商行政管理、财政、旅游、民族宗教等部门在各自的职责范围内，负责有关的文物保护工作。

第五条 县级以上人民政府文物行政主管部门可以在法定权限内，委托其所属的符合《中华人民共和国行政处罚法》第十九条规定条件的事业组织实施行政处罚；对受委托的组织应当加强管理，对其实施行政处罚的行为负责监督，并对该行为的后果承担法律责任。

受委托组织在委托范围内，以文物行政主管部门的名义实施行政处罚，不得再委托其他任何组织或者个人实施行政处罚。

第六条 公民、法人和其他组织都有依法保护文物的义务，并有权检举、控告和制止盗窃、走私、破坏文物的行为。

各级人民政府应当对文物保护志愿者开展文物保护的活动给予支持；文物行政主管部门应当对文物保护志愿者进行培训、指导。

第七条 各级人民政府应当正确处理经济建设、社会发展与文物保护的关系，依法保护和合理利用本辖区内的文物资源。

基本建设、旅游开发、宗教活动等应当坚持文物保护工作的原则，不得对文物造成损害。

县级以上人民政府文物行政主管部门应当向社会提供必要的信息和服务，并对文物的利用进行指导和监督。

第八条 报刊、广播、电视、网络等新闻媒体应当经常进行文物保护宣传教育，适时发布文物保护公益广告，增强公民的文物保护意识。

各类学校应当采取多种形式加强对在校学生的文物保护教育。

第九条 鼓励公民、法人和其他组织通过捐赠等方式支持文物保护事业。捐赠的款物专门用于文物保护，任何单位或者个人不得侵占、挪用。

第十条 向社会开放的文物保护单位、博物馆和纪念馆，对未成年人、老年人、残疾人和现役军人，应当实行收费减免。

第二章 不可移动文物

第十一条 省人民政府文物行政主管部门可以在市级、县级文物保护单位中，选择具有重要历史、艺术、科学价值的确定为省级文物保护单位，由省人民政府核定公布，报国务院文物行政主管部门备案。

设区的市人民政府文物行政主管部门可以在县级文物保护单位中，选择具有重要历史、艺术、科学价值的确定为市级文物保护单位，由设区的市人民政府核定公布，报省人民政府文物行政主管部门备案。

第十二条 具有历史、艺术、科学价值的尚未核定公布为文物保护单位的不可移动文物，由所在地县级人民政府文物行政主管部门予以登记，建立档案，向社会公布，并向省、设区的市人民政府文物行政主管部门备案。

第十三条 省人民政府文物行政主管部门负责组织编制本辖区内的全国重点文物保护单位和省级文物保护单位的保护规划。全国重点文物保护单位的保护规划，经省人民政府同意后，报国务院文物行政主管部门批准；省级文物保护单位的保护规划，报省人民政府批准。

设区的市人民政府文物行政主管部门可以根据文物保护工作的需要，组织编制市级文物保护单位的保护规划，报设区的市人民政府批准。

县级人民政府文物行政主管部门负责组织制定县级文物保护单位和尚未核定公布为文物保护单位的不可移动文物的具体保护措施。

第十四条 依法核定公布的历史文化名城和历史文化街区、村镇，由县级以上人民政府负责组织编制保护规划。历史文化名城和历史文化街区、村镇的保护规划应当符合文物保护的要求。

在历史文化名城和历史文化街区、村镇内进行工程建设，应当符合历史文化名城和历史文化街区、村镇的保护规划，与历史文化名城和历史文化街区、村镇的历史风貌和自然环境相协调。

第十五条 在文物保护单位的建设控制地带内进行建设工程，工程设计方案应当根据文物保护单位的级别，经相应的文物行政主管部门同意后，报建设规划主管部门批准。

涉及文物保护事项的基本建设项目，项目审批主管部门应当在项目审批前书面征求人民政府文物行政主管部门的意见。

第十六条 需要在文物保护单位的保护范围和建设控制地带内建设建筑物、构筑物和其他设施的，应当履行审批程序，不得污染文物保护单位及其环境，不得进行可能影响文物保护单位安全及其环境的活动。所建设的建筑物、构筑物和其他设施的形式、高度、体量、色调等应当与文物保护单位的历史风貌、周边环境相协调。

第十七条 县级以上人民政府对危害文物保护单位安全、破坏文物保护单位历史风貌的建筑物、构筑物和其他设施，应当及时调查处理，必要时对该建筑物、构筑物和其他设施予以拆迁。需要拆迁的，拆迁费用由文物保护单位所在地县级以上人民政府协调解决。属于违法建设的，应当责令拆除，所需拆除费用和因拆除造成的经济损失由违法行为人承担。

第十八条 国有不可移动文物和非国有不可移动文物分别由管理人或者使用人、所有人负责修缮、保养，并承担相关费用。

国有濒危重要文物由管理人或者使用人负责抢救修缮。非国有濒危重要文物由所有人负责抢救修缮，所有人不具备抢救修缮能力的，县级以上人民政府应当予以资助。所有人有能力承担修缮义务而拒不承担的，所在地县级以上人民政府应当组织抢救修缮，所需费用由所有人负担。

第十九条 文物行政主管部门与使用国有文物保护单位的组织或者个人应当签订文物保护责任书，明确使用国有文物保护单位的组织或者个人对文物保护单位的保护和管理责任。

第二十条 县级以上人民政府根据文物保护的需要，经与非国有不可移动文物所有人协商一致，可以置换或者购买该不可移动文物。

第二十一条 不可移动文物的保养维护、抢险加固、修缮、保护性设施建设和迁移等工程，应当遵守不改变文物原状的原则，依法实行招标投标和工程监理。

文物保护工程应当按照文物行政主管部门批准的修缮计划和工程设计方案进行，不得擅自变更。需要变更的，应当报原审批部门批准。

第二十二条 核定公布为文物保护单位的纪念建筑物、古建筑或者代表性建筑，可以作为博物馆、纪念馆或者参观游览场所向社会开放的，其所有人或者管理人、使用人应当制定具体保护措施，并接受人民政府文物行政主管部门的指导和监督。

第二十三条 县级以上人民政府应当将具有重要纪念意义、教育意义和历史价值的革命遗址，依法核定公布为文物保护单位，并做好相关文物的征集、整理和展览工作。

县级以上人民政府应当利用革命遗址开展革命传统和爱国主义教育活动。

第二十四条 古建筑、石窟寺及其附属物具有文物标本价值或者主体结构存在安全隐患、可能危及人身和文物安全的，应当设置警示标志，禁止游人参观。

第二十五条 禁止在文物保护单位的古建筑的主要殿屋进行生产、生活用火。在古建筑的厢房、走廊、庭院等处需要设置生产用火的，应当有防火安全措施，并报请上级文物行政主管部门和当地公安机关批准。

禁止在文物保护单位的古建筑、纪念建筑、代表性建筑的保护范围内举办灯会、焰火晚会或者燃放烟花爆竹。

第二十六条 文物保护单位的所有人或者管理人、使用人应当加强火源、电源的管理，配备必要的灭火设备，在重点场所设置"禁止烟火"的警示标志。

根据文物保护的需要，在文物保护单位的重点部位应当安装自动报警、灭火、避雷等设施。安装、使用自动报警、灭火、避雷等设施不得对文物建筑造成破坏。

第二十七条 遇有危及文物保护单位安全的重大险情时，文物保护单位的所有人或者管理人、使用人应当及时采取保护措施，立即向所在地人民政府文物行政主管部门报告。

第二十八条 对田野不可移动文物，所在地县级人民政府文物行政主管部门可以聘请文物安全保护员，并对其支付适当报酬。

文物安全保护员协助做好田野不可移动文物安全保护工作。县级人民政府文物行政主管部门和乡、镇人民政府应当加强对文物安全保护员的培训和指导。

第三章　考古发掘

第二十九条　在建设工程施工或者生产活动中发现地下文物，建设单位或者生产单位应当立即停止施工、生产活动，保护现场，并向所在地人民政府文物行政主管部门报告。

文物行政主管部门接到报告后，应当按照法律规定的时限赶赴现场，提出处理意见；必要时可以报请当地人民政府通知公安机关协助保护现场，建设单位和其他有关单位应当予以配合。

文物行政主管部门提出考古发掘意见的，在考古发掘工作结束前，施工单位或者生产单位不得擅自在考古发掘区域内进行建设工程施工或者生产活动。

第三十条　地下文物面临破坏危险，需要进行抢救性发掘的，由省人民政府文物行政主管部门组织发掘，所在地人民政府有关部门应当予以配合，做好发掘保障工作。

第三十一条　因进行基本建设和生产建设需要进行考古调查、勘探、发掘的，所需费用由建设单位列入建设工程预算。

对在基本建设和生产建设过程中发现的地下文物进行保护所需费用，建设单位可以请求当地人民政府协调解决。

第三十二条　考古发掘出土的文物按照国家有关规定移交给由国务院文物行政主管部门或者省人民政府文物行政主管部门指定的国有文物收藏单位收藏，任何单位不得隐匿、侵占或者扣留。

第四章　博物馆和馆藏文物

第三十三条　县级以上人民政府应当根据本地区国民经济和社会发展水平、文物等资源条件和公众精神文化需求，设立收藏、保护、研究、展示人类活动和自然环境的见证物的博物馆。

鼓励公民、法人和其他组织投资设立博物馆。公民、法人和其他组织依照国家有关规定，可以向省人民政府文物行政主管部门申请设立博物馆。

公民、法人和其他组织设立博物馆的，应当接受人民政府文物行政主管部门的监督和业务指导。

第三十四条　国有博物馆、文物保管所及收藏文物的图书馆、档案馆等文物收藏单位应当依照国家有关规定，配备专门的库房、专职技术人员，并安装安全和消防设施。

第三十五条　省人民政府文物行政主管部门应当组织依法设立的文物鉴定机构对文物收藏单位收藏的文物进行鉴定。参与鉴定的专家应当具备相应资质，并不得少于三人。

第三十六条　文物收藏单位应当依照国家有关规定，建立健全文物保护管理制度，对收藏的文物登记造册，区分等级，建立藏品档案，并报所在地人民政府文物行政主管部门备案。

人民政府文物行政主管部门应当对文物收藏单位的文物保管状况进行定期检查、核实。馆藏文物等级区分不准确、文物藏品档案不完整的，文物行政主管部门应当责令其改正。

第三十七条　省人民政府文物行政主管部门应当建立全省珍贵文物藏品档案和省属文物收藏单位的馆藏文物档案。设区的市、县级人民政府文物行政主管部门应当建立本行政区域内的馆藏文物档案。

第三十八条　文物收藏单位应当具备文物安全保管条件。对不具备文物安全保管条件的文物收藏单位所收藏的珍贵文物，由上级文物行政主管部门指定具备文物安全保管条件的单位代为保管。对不具备文物安全保管条件的文物收藏单位所收藏的其他文物，应当存放在安全场所妥善保管，并采取必要的保护措施。

第三十九条 文物收藏单位应当通过开展展览、研究等活动，充分发挥文物的社会教育作用、历史借鉴作用和科学研究作用。

第四十条 国有文物收藏单位之间因开展展览、科学研究等活动需要借用国有馆藏一级文物的，应当经省人民政府文物行政主管部门审核后，报国务院文物行政主管部门批准；需要借用国有馆藏二级、三级文物的，应当报省人民政府文物行政主管部门备案；需要借用其他国有馆藏文物的，应当报主管的文物行政部门备案。

非国有文物收藏单位和其他单位因开展展览、科学研究等活动，需要借用国有馆藏一级文物的，应当经省人民政府文物行政主管部门审核后，报国务院文物行政主管部门批准；需要借用国有馆藏二级、三级文物的，应当报省人民政府文物行政主管部门批准；需要借用其他国有馆藏文物的，应当报主管的文物行政部门批准。

馆藏文物的借出单位和借用单位应当依法签订借用协议，明确文物现状、借用期限、用途以及双方的权利、义务等事项。

第五章　民间收藏文物与流通

第四十一条 文物收藏单位以外的公民、法人和其他组织可以收藏通过依法继承、赠与、购买、交换、转让以及其他合法方式取得的文物；可以要求文物行政主管部门对其收藏的文物提供鉴定、修复、保管等方面的咨询。

省和有条件的设区的市可以依法设立文物鉴定中介组织，为文物收藏单位以外的公民、法人和其他组织合法收藏的文物提供鉴定服务。

文物收藏单位以外的公民、法人和其他组织依法收藏的文物可以依法流通。

第四十二条 县级以上人民政府应当加强文物征集工作，对文物收藏单位以外的公民、法人和其他组织将其收藏的文物捐赠给国有文物收藏单位的，应当予以表彰、奖励。

鼓励文物收藏单位以外的公民、法人和其他组织将其收藏的文物出借给文物收藏单位展览、研究。文物收藏单位对借用的文物应当妥善保管，造成损失的，应当予以赔偿。

第四十三条 县级以上人民政府文物行政主管部门和工商行政管理部门应当加强对文物流通活动的监督管理。

文物的销售由依法批准设立的文物商店经营；文物的拍卖由依法取得文物拍卖许可证的拍卖企业经营。其他单位或者个人不得从事文物的销售和拍卖活动。

经营古玩、艺术品的店铺业主应当向工商行政管理部门办理注册登记，领取营业执照后方可从事经营活动。但不得经营法律法规禁止买卖的文物。

第四十四条 文物商店销售的文物，在销售前应当经省人民政府文物行政主管部门审核。省人民政府文物行政主管部门应当自收到文物商店申请之日起十日内完成审核工作，并以书面形式答复申请人。

拍卖企业拍卖的文物，在拍卖前应当经省人民政府文物行政主管部门审核，并报国务院文物行政主管部门备案。

文物商店购买、销售文物和拍卖企业拍卖文物，应当依照国家有关规定作出记录，并在三个月内将记录报原审核的文物行政主管部门备案。

第四十五条 任何单位或者个人不得涂改、伪造、变造或者转让文物销售专用标识。

第六章　法律责任

第四十六条　县级以上人民政府文物行政主管部门和其他有关行政部门不依法履行文物保护和监督管理职责，造成国家保护的珍贵文物损毁或者流失的，对负有责任的主管人员和其他直接责任人员依法给予行政处分；构成犯罪的，依法追究刑事责任。

第四十七条　文物行政主管部门的工作人员有下列行为之一的，对负有责任的主管人员和其他直接责任人员依法给予行政处分；构成犯罪的，依法追究刑事责任：

（一）违法实施行政许可或者行政处罚的；
（二）发现违法行为不予查处的；
（三）接到危及文物安全险情的报告不及时采取措施，造成后果的；
（四）非法借用、窃取、侵占文物的；
（五）其他滥用职权、玩忽职守、徇私舞弊行为的。

第四十八条　违反本办法第十九条的规定，使用国有文物保护单位的组织或者个人不依法履行对文物保护单位的保护管理责任的，由县级以上人民政府文物行政主管部门责令限期改正；逾期不改正的，处以五万元以上十万元以下的罚款；造成不可移动文物损毁的，处以十万元以上五十万元以下的罚款。

第四十九条　违反本办法第二十一条第二款的规定，文物保护工程施工单位不按照文物行政主管部门批准的修缮计划和工程设计方案进行施工或者擅自变更修缮计划和工程设计方案的，由县级以上人民政府文物行政主管部门责令限期改正；逾期不改正的，处以五万元以上二十万元以下的罚款；造成明显改变文物原状的，处以二十万元以上五十万元以下的罚款。

第五十条　违反本办法第二十七条的规定，文物保护单位的所有人或者管理人、使用人遇有危及文物保护单位安全的重大险情，未及时向文物行政主管部门报告的，由县级以上人民政府通报批评；未及时采取保护措施，造成文物保护单位损失的，处以五万元以上十五万元以下的罚款；造成严重后果的，处以十五万元以上五十万元以下的罚款。

第五十一条　违反本办法第二十九条第三款的规定，在考古发掘工作结束前，施工单位或者生产单位擅自在考古发掘区域内进行工程施工或者生产活动的，由县级以上人民政府文物行政主管部门责令停止施工或者生产活动；拒不停止施工或者生产活动的，处以五万元以上二十万元以下的罚款；造成严重后果的，处以二十万元以上五十万元以下的罚款。

第五十二条　违反本办法第四十五条的规定，涂改、伪造、变造或者转让文物销售专用标识的，由县级以上人民政府文物行政主管部门责令改正，没收违法所得，并处以五千元以上五万元以下的罚款。

第七章　附　　则

第五十三条　本办法自 2007 年 10 月 1 日起施行。《河北省文物保护管理条例》同时废止。

6. 山西省实施《中华人民共和国文物保护法》办法

山西省实施《中华人民共和国文物保护法》办法

第一章 总 则

第一条 根据《中华人民共和国文物保护法》和《中华人民共和国文物保护法实施条例》，结合本省实际，制定本办法。

第二条 本办法适用于本省行政区域内的文物以及具有科学价值的古脊椎动物化石、古人类化石的保护、利用和管理。

第三条 各级人民政府负责本行政区域内的文物保护工作，应当及时组织协调有关部门解决文物保护、利用、管理方面的重大问题，确保文物安全。

县级以上人民政府应当将文物保护事业纳入本级国民经济和社会发展规划。文物保护事业所需经费应当列入本级财政预算。根据文物保护事业发展的需要，县级以上人民政府用于文物保护的财政拨款应当随财政收入的增长而增加。

第四条 县级以上人民政府应当采取措施，保障依法设置的文物保护单位的专门管理机构或者依法指定的专人开展文物保护工作。

第五条 县级以上人民政府承担文物保护工作的部门（以下简称文物行政部门），负责本行政区域内文物保护的监督管理和文物资源合理利用的指导、监督，并向社会提供文物信息服务。

公安、工商行政管理、海关等部门应当在各自的职责范围内做好文物保护工作。

宗教、园林、教育、卫生、房产管理等部门，应当督促其主管的文物保护单位的使用人做好该文物保护单位的保护工作。

第六条 文物、教育、广播电视、新闻出版等部门，应当组织开展文物保护宣传教育活动，增强公民的文物保护意识。

大众传媒负有开展文物保护宣传的义务。

第七条 文物保护事业可以吸纳社会资金投入。具体办法由省人民政府规定。

社会组织或者个人向文物保护事业捐赠的，依照法律、行政法规的规定享受优惠。

第八条 向社会开放的国有的文物保护单位、博物馆、纪念馆等，应当对未成年人、老年人、残疾人和军人实行优惠或者免费开放。

第二章 不可移动文物

第九条 发现具有特别重要价值的地下文物遗存和古文化遗址后，该遗存或者遗址所在地县级以上人民政府应当实行就地保护，制定和落实相应的保护措施。

第十条 历史文化名城、名镇、名村和街区，根据具体情况，由所在地县级以上人民政府确定有关机构或者指定（聘请）专人负责管理。

禁止在历史文化名城、名镇、名村和街区保护范围内擅自进行拆建。

第十一条　未核定为文物保护单位的不可移动文物，由所在地县级人民政府文物行政部门登记公布，建立档案，制定并落实保护措施。

第十二条　不可移动文物因不可抗力、地下采掘引起地面塌陷等特殊原因必须迁移异地保护或者拆除的，所在地县级或者设区的市人民政府应当报省人民政府批准。必须迁移或者拆除省级文物保护单位的，批准前应当征得国务院文物行政部门同意。必须迁移全国重点文物保护单位的，由省人民政府报国务院批准。

第十三条　文物保护单位保护范围核定公布前已有的非文物建筑物和构筑物，危害文物保护单位安全的，应当拆迁；破坏或者影响文物保护单位历史风貌的，应当结合城市改造和旅游开发逐步拆迁或者改造。拆迁、改造费用由文物保护单位所在地县级以上人民政府解决，但非文物建筑物和构筑物属于违法建筑的，拆除费用由违法行为人承担。

第十四条　因保护文物的需要，县级以上人民政府与非国有不可移动文物的所有人经过协商并达成一致的，可以置换或者购买该不可移动文物；置换或者购买不可移动文物，应当办理相关法律手续。

第十五条　使用国有不可移动文物的单位，不能依法履行修缮、保养义务的，应当搬迁。搬迁费用由该不可移动文物的使用人承担。

第十六条　禁止在文物保护单位内擅自设立宗教活动场所。确需设立的，按照《中华人民共和国文物保护法》第二十三条和国家《宗教事务条例》的有关规定办理。

第十七条　文物保护工程中的修缮工程、保护性设施建设工程和迁移工程，应当依法实行招标投标和工程监理。

文物保护工程施工，应当按照相应的人民政府文物行政部门批准的工程设计方案和施工方案进行，不得随意变更。确需变更的，应当报原审批机关批准。

文物保护工程竣工后，工程设计方案的审批机关应当组织验收。

第十八条　文物保护单位内的塑像等附属文物局部残损的，不得擅自修复；塑像全部毁坏的，不得擅自重塑。确需修复、重塑的，按照国家有关规定办理。

第十九条　禁止开采文物保护单位保护范围和建设控制地带内的地下矿藏。

第三章　考古发掘

第二十条　县级人民政府应当组织文物、规划等有关部门，根据史料、普查资料等，将本行政区域内可能埋藏文物的地区划定并公布为地下文物保护区。

第二十一条　在地下文物保护区内进行工程建设，建设单位在取得项目选址意见书后，应当报请省人民政府文物行政部门组织进行文物考古调查、勘探。在地下文物保护区外进行占地1万平方米以上的大型工程建设的，建设单位在取得项目选址意见书后，应当报请省人民政府文物行政部门组织进行文物考古调查、勘探。

文物考古调查、勘探单位应当及时组织调查、勘探，并在调查、勘探工作完成之日起1个月内，向建设单位提供文物环境评估报告；规划、建设行政部门应当根据文物环境评估报告依法办理建设工程的相关手续。

第二十二条　在对城镇房屋进行拆迁、改造时发现文物的，施工单位应当立即停止施工，保护现场，并报告当地县级以上人民政府文物行政部门；文物行政部门接到报告后，除遇有不可抗力的情况外，应当在24小时内赶赴现场，并在7个工作日内提出处理意见。

第二十三条　地下文物面临破坏危险，确需进行抢救性发掘的，文物所在地县级以上人民政府应当做好该地下文物的安全和抢救性发掘的必要的保障工作，并配合省人民政府文物行政部门落实抢救性发掘经费。

第二十四条 文物勘探单位不得擅自向外公布获取的地下文物埋藏信息。

第四章 博物馆和馆藏文物

第二十五条 县级以上人民政府应当优先发展体现区域、行业特点的专题性博物馆。

鼓励公民、法人和其他组织以独资、合资、合作等形式设立博物馆。公民、法人或者其他组织设立博物馆的，文物行政部门应当给予指导并进行监督。

第二十六条 申请设立国有博物馆或者民办博物馆的，按照国家有关规定办理。

第二十七条 设区的市以上人民政府文物行政部门，对不具备收藏珍贵文物条件的国有文物收藏单位收藏的珍贵文物，应当指定具备条件的国有文物收藏单位代为保管。保管人与寄存人之间应当订立保管合同。

第二十八条 民办博物馆应当将文物收藏清单报所在地县级人民政府文物行政部门备案。民办博物馆内的珍贵文物发生变动的，应当自变动之日起1个月内将变动情况向原备案的文物行政部门报告，并向省人民政府文物行政部门备案。

第二十九条 博物馆应当建立、健全馆藏文物收藏、保护、研究、展示等方面的规章制度，并将规章制度报相应的人民政府文物行政部门备案。馆藏一级文物应当设有专柜，并由专人负责保管。

第五章 文物安全

第三十条 文物保护单位和文物收藏单位，应当制定和落实安全制度，制定处置突发事件的应急预案，实行安全岗位目标责任制，建立安全档案，强化内部安全管理。

第三十一条 博物馆及其他文物收藏单位的安全设施不符合国家有关规定的，不得展示文物。文物保护单位不具备国家规定的安全条件的，不得向社会开放。

第三十二条 禁止在文物保护单位的主要建筑物内用火、用电。文物保护单位的主要建筑物内确需用电，或者确需在文物保护单位的厢房、走廊、庭院等处设置生活用电的，应当采取安全措施，并报请与文物保护单位相应的人民政府文物行政部门和当地公安消防机构批准。

禁止在文物保护单位保护范围内举办灯会、焰火晚会和燃放烟花爆竹。

第三十三条 禁止在文物保护单位保护范围内设立高压输变电设施。

高压输变电线路不得擅自跨越文物保护单位。确需跨越的，建设单位应当征得与该文物保护单位相应的人民政府文物行政部门同意，并与该文物行政部门商定保护措施，保证文物保护单位的安全。

第三十四条 古建筑、石窟寺及其附属物具有文物标本价值或者存在严重安全隐患的，应当控制或者禁止游人参观。

第三十五条 尚未核定公布为文物保护单位的古文化遗址、古墓葬、石窟寺、石刻、古建筑及其附属物，近现代重要史迹、实物、代表性建筑，以及地下文物保护区的文物被盗、被损害、被破坏的，案件的处理机关应当委托专门的文物鉴定机构作出鉴定结论，依法追究行为人的法律责任。

第六章 文物流通与利用

第三十六条 县级以上人民政府文物行政部门应当加强文物市场的监督管理。工商行政管理部门应当会同文物、公安等部门，依法取缔经营文物的非法活动。

第三十七条 文物商店销售文物和拍卖企业拍卖文物前，应当向省人民政府文物行政部门提出申请，并提交有关资料。省人民政府文物行政部门应当自收到申请之日起20个工作日内审核完毕，并作出答复。

文物商店不得剥除、更换、挪用、损毁或者伪造省人民政府文物行政部门对允许销售的文物所作的标识。

第三十八条 文物商店购买、销售文物和拍卖企业拍卖文物，应当按照国家有关规定作出记录，并在6个月内将记录报省人民政府文物行政部门备案。

第三十九条 禁止在文物保护单位内擅自进行商业性影视拍摄或者举办展销、文体等活动。确需拍摄或者举办活动的，应当向相应的人民政府文物行政部门提出申请。文物行政部门应当自收到申请之日起10个工作日内作出批准或者不批准的决定。决定批准的，发给批准文件；决定不批准的，应当书面通知申请人并说明理由。属于全国重点文物保护单位的，省人民政府文物行政部门应当自收到申请之日起10个工作日内审核并报国务院文物行政部门审批。

在文物保护单位内进行商业性影视拍摄和举办展销、文体等活动的，拍摄单位和举办方应当制定文物保护预案，落实文物保护措施，并按规定向文物保护单位支付费用。

第四十条 大众传媒对考古发掘现场进行拍摄并作新闻报道的，应当征得省人民政府文物行政部门同意。

对考古发掘现场进行专题类拍摄或者电视直播的，应当向省人民政府文物行政部门提出申请。省人民政府文物行政部门应当自收到申请之日起10个工作日内审核并报国务院文物行政部门审批。

第七章 法律责任

第四十一条 违反本办法规定，设区的市、县（市、区）人民政府及其有关部门不履行文物保护和管理职责的，由上级或者本级人民政府责令改正，并对直接负责的主管人员和其他直接责任人员依法给予行政处分。

第四十二条 违反本办法规定，施工单位擅自变更经文物行政部门批准的文物保护工程设计方案或者施工方案进行施工的，由县级以上人民政府文物行政部门责令改正；情节严重的，处5万元以上30万元以下的罚款，并由原发证机关吊销资质证书。

第四十三条 违反本办法规定，擅自剥除、更换、挪用、损毁或者伪造省人民政府文物行政部门对允许销售的文物所作的标识的，由县级以上人民政府文物行政部门责令改正，并处5000元以上5万元以下的罚款。

第四十四条 违反本办法规定，有下列行为之一的，由县级以上人民政府文物行政部门或者有关部门责令改正；造成严重后果的，依法处罚，并对直接负责的主管人员和其他直接责任人员依法给予处分：

（一）在文物保护单位保护范围和建设控制地带内开采地下矿藏的；

（二）在文物保护单位保护范围内设立高压输变电设施的。

第四十五条 违反本办法第三十二条规定的，按照《山西省消防管理条例》的有关规定处罚。

第四十六条 违反本办法规定，有下列行为之一的，由县级以上人民政府文物行政部门责令改正；情节严重的，对直接负责的主管人员和其他直接责任人员依法给予处分：

（一）对文物修缮工程、保护性设施建设工程或者迁移工程未实行招标投标或者工程监理的；

（二）对文物保护单位内局部残损的附属文物擅自进行修复，或者对文物保护单位内全部毁坏的塑像擅自进行重塑的；

（三）民办博物馆未在馆内珍贵文物变动之日起1个月内向原备案的文物行政部门报告变动情况的；

（四）文物商店或者拍卖企业未在规定时间内将购买、销售文物的记录或者拍卖文物的记录报省人民政府文物行政部门备案的；

（五）未经与文物保护单位相应的人民政府文物行政部门批准，在该文物保护单位内进行商业性影视拍摄或者举办展销、文体等活动的。

第四十七条　违反本办法规定，县级以上人民政府文物行政部门的工作人员在文物保护工作中滥用职权、玩忽职守、徇私舞弊的，依法给予行政处分；构成犯罪的，依法追究刑事责任。

第八章　附　　则

第四十八条　本办法自2006年1月1日起施行。1987年1月11日山西省第六届人民代表大会常务委员会第二十二次会议通过、1993年11月23日山西省第八届人民代表大会常务委员会第六次会议修正的《山西省实施〈中华人民共和国文物保护法〉办法》同时废止。

7. 内蒙古自治区文物保护条例

内蒙古自治区文物保护条例

（1990年4月14日内蒙古自治区第七届人民代表大会常务委员会第十三次会议通过，根据1993年3月4日内蒙古自治区第七届人民代表大会常务委员会第三十一次会议《关于修改〈内蒙古自治区文物保护条例〉的决定》修正）

第一章 总 则

第一条 为加强对文物的保护和管理，根据《中华人民共和国文物保护法》（以下简称《文物保护法》）和《中华人民共和国民族区域自治法》的有关规定，结合自治区的实际，制定本条例。

第二条 在自治区境内，下列具有历史、艺术、科学价值的文物，属于本条例的保护范围：（一）具有历史、艺术、科学价值的古文化遗址、古墓葬、古建筑、石窟寺和石刻等；（二）与重大历史事件、革命运动和著名人物有关，具有重要纪念意义、教育意义和史料价值的建筑物、遗址、纪念物；（三）历史上各时代珍贵的艺术品、工艺美术品；（四）重要的革命文献资料以及具有历史、艺术、科学价值的手稿、古旧图书资料等；（五）反映少数民族历史、社会制度、社会生产、社会生活的代表性实物和场所；（六）具有科学价值的古生物化石、古人类化石和名木古树。

第三条 自治区境内地上、地下和水域中的一切文物，属于国家所有。

国家机关、部队、全民所有制企业、事业单位收藏的文物，属于国家所有。

第四条 属于集体所有和私人所有的古建筑、纪念建筑物、石刻和传世文物，其所有权受国家法律保护。文物的所有者必须遵守国家有关保护管理文物的规定。

第五条 各级人民政府负责保护本行政区域内的文物，加强对文物保护工作的领导，加强文物保护和文物知识的宣传教育，制止一切破坏文物的行为。

一切机关、组织和个人都有保护文物的义务。

第二章 文物保护管理机构、经费

第六条 各级文化行政管理部门主管本行政区域内的文物工作。

第七条 自治区、设区的市、盟行政公署和文物较多的旗县（市）的文化行政管理部门，设立文物保护管理机构，负责日常的文物保护管理工作；根据需要，并可设立文物保护管理委员会，在同级人民政府的领导下，协调解决文物保护管理工作中的重大问题。

第八条 文物特别丰富或者有重要文物遗存的苏木、乡镇，应设置基层文物保护组织或者专、兼职文物保护管理人员。

第九条 文物保护管理经费，分别列入自治区地方各级财政预算。

文物保护管理经费必须专款专用。

第三章 文物保护单位

第十条 自治区境内的革命遗址、纪念建筑物、古文化遗址、古墓葬、古建筑、石窟寺、石刻、古长城、岩画等文物，应当根据它们的历史、艺术、科学价值，分别确定为国家级、自治区级、市级、旗县级重点文物保护单位。核定公布和备案的程序，按《文物保护法》第七条规定办理。

尚未核定公布为文物保护单位而确有价值的文物，当地人民政府要及时采取保护措施，办理审核手续。

第十一条 各级文物保护单位，由同级人民政府划定保护范围，做出标志说明，建立记录档案，并区别情况设置专门机构或者专人负责管理，报上一级文化行政管理部门备案。

各级人民政府制定城乡建设规划时，事先要由城乡规划部门会同文化行政管理部门商定对本行政区域内各级文物保护单位的保护措施，纳入规划。

第十二条 在文物保护单位的保护范围内，严禁存放易燃、易爆和腐蚀性物品，严禁进行爆破、射击、砍伐名木古树、毁林开荒等危害文物安全的活动。对于因保护文物而影响农牧民生产、生活的问题，由当地人民政府负责解决。

第十三条 任何单位和个人不得损毁、改建、添建、拆除和侵占各级文物保护单位。

《文物保护法》颁布前被占用的文物保护单位，占用单位或者个人必须在当地文化行政管理部门的监督指导下保护文物；需要迁出的，由文化行政管理部门报请核定公布的人民政府决定，限期迁出。

对已核定为文物保护单位的建筑物，应按照《中华人民共和国消防条例》规定，做好防火工作。

第十四条 根据保护文物的实际需要，经自治区人民政府批准，可以在文物保护单位的周围划出一定的建设控制地带。在建设控制地带兴建建筑物，其设计方案，按文物保护单位的级别，在征得同级文化行政管理部门同意后，报城乡建设规划部门批准。

第十五条 文物保护单位的修缮、保养、迁移，必须遵守不改变文物原状的原则，经同级文化行政管理部门批准方可进行。

核定为文物保护单位的纪念建筑物或者古建筑，可以建立文物保管所、纪念馆、博物馆或者辟为参观游览场所。必须作其他用途的，应按照《文物保护法》第十五条的规定办理申报审批手续。

第十六条 文物保护单位由宗教、园林等部门管理的，当地文化行政管理部门应对其文物保护进行监督指导。

第四章 考古调查发掘

第十七条 各级文化行政管理部门应对本行政区域内的文物进行考古调查，并将调查结果通知有关部门。

第十八条 自治区地下埋藏的文物，任何单位和个人不得非法挖掘和私自占有。

凡在自治区境内进行考古发掘工作，必须由文物考古和科研部门向自治区文化行政管理部门提出申请，经自治区文化行政管理部门审查同意，报国家文化行政管理部门批准并颁发《中华人民共和国考古发掘证照》后，方可发掘。非经批准，任何单位或者个人不得擅自进行考古发掘。

第十九条 考古发掘单位，应向自治区文化行政管理部门提出发掘情况的报告，并组织编写考古学术报告。所有出土文物应列出清单。文物除需要交给科学研究部门研究的以外，由自治区文化行政管理部门指定的单位保管，任何单位和个人不得侵占。非经发掘单位同意，任何单位和个人不得发表尚未公开的文物资料。

第二十条 进行大型基本建设项目的时候，在工程范围内有可能埋藏文物的地方，建设单位要事先会同自治区文化行政管理部门进行文物的调查或者勘探工作。调查勘探中发现文物，应当共同商定处理办法。遇有重要发现，由自治区文化行政管理部门及时报国家文化行政管理部门处理。

第二十一条 在进行其他基本建设和生产建设时，任何单位或者个人发现文物，应负责保护好现场，并立即报告当地文化行政管理部门。当地文化行政管理部门应及时将情况报告上级直至自治区文化行政管理部门。

第二十二条 需要配合建设工程进行的考古发掘工作，由自治区文化行政管理部门在调查、勘探工作的基础上提出发掘计划，报国家文化行政管理部门批准。

确因建设工程紧迫或有自然破坏的危险，对古文化遗址、古墓葬等急需进行抢救的，由自治区文化行政管理部门组织力量进行清理发掘，并同时补办批准手续。清理发掘的范围，以坍塌、暴露或短期内有破坏危险的部分为限。超过范围的，按本条例第十八条的规定办理。

第二十三条 凡因进行基本建设和生产建设需要文物勘探、考古发掘的，所需经费和劳动力由建设单位列入投资计划和劳动计划，或者报上级计划部门解决。

第二十四条 考古发掘工作所占用的土地，按《中华人民共和国土地管理法》和《内蒙古自治区实施〈中华人民共和国土地管理法〉办法》的有关规定办理。

第二十五条 外国团体或者个人来我区进行考古调查、发掘，按《文物保护法》第二十一条规定办理；参观考古发掘现场，应经自治区文化行政管理部门同意，并报国家文化行政管理部门批准。

第五章 民族文物

第二十六条 在自治区境内具有民族特点、历史特点和研究价值的反映北方少数民族的社会制度、生产方式、生活方式、文化艺术、宗教信仰、节日活动等有代表性的实物或场所，与少数民族的重大历史事件、革命运动和重要历史人物有关的建筑物和纪念物，有重要价值的少数民族文献资料等，均属民族文物，应予保护。

第二十七条 对目前处于狩猎经济、游牧经济的各少数民族有代表性的实物，要加强搜集、整理和保护。

第二十八条 对于历史悠久，具有建筑特点、民俗特色的典型民族村、浩特、苏木、乡镇，可根据其文物保护价值，由自治区文化行政管理部门会同城乡建设环境保护部门报自治区人民政府核定，公布为民族历史文化保护区。

第六章 馆藏文物

第二十九条 各级文物、博物单位，要做好征集文物、丰富藏品的工作。加强民族文物的征集和收藏工作。

第三十条 全民所有制的文物收藏单位，对所收藏的文物，按文物等级分级管理，建立文物藏品管理制度，并向自治区文化行政管理部门登记。

非文物收藏单位所收藏的文物，应登记造册报当地文化行政管理部门。

第三十一条 对不具备保管条件的全民所有制文物收藏单位和非文物收藏单位所收藏的文物，文化行政管理部门指定具备条件的单位代为保管；原收藏单位具备保管条件后，经文化行政管理部门检查验收合格，再将文物交原收藏单位。

第三十二条 各级图书馆收藏的具有文物价值的图书资料，按本条例的规定保护管理。

第三十三条 馆藏文物禁止出售。藏品调拨、交换必须报自治区文化行政管理部门审批和备案。一级文物藏品调拨、交换须经国家文化行政管理部门批准。未经批准，任何单位或者个人不得调取文物。

第七章　流散文物

第三十四条 由私人收藏的传世文物，收藏者必须遵守国家文物保护管理法规和本条例的规定，严禁非法倒卖文物，禁止私自将文物馈赠或卖给外国人。

第三十五条 文物市场由当地文化行政管理部门会同工商行政管理部门统一管理。各设区的市、盟行政公署和文物较多的旗县（市），应设文物商店或文物收购站，文物收购单位收购文物，限在本行政区域内进行。其他任何单位或者个人均不得从事文物购销经营活动。

第三十六条 公安、海关、工商行政管理部门依法没收的文物，应移交给文化行政管理部门，由文物收藏单位保管。

银行、冶炼厂、造纸厂以及废旧物资回收部门收进的文物，除供银行研究所必需的历史货币可以由银行留用外，其余移交给文化行政管理部门处理，移交的文物须合理作价。

第八章　奖励与处罚

第三十七条 凡有《文物保护法》第二十九条规定的事迹之一的单位或者个人，由各级人民政府给予精神鼓励或者适当的物质奖励。

第三十八条 有下列行为之一的，给予行政处罚：

（一）刻划、涂污或者损坏国家保护的文物尚不严重的，或者损坏自治区境内各级文物保护单位标志的，由公安部门或者文物所在单位处以罚款或者责令赔偿损失；

（二）在自治区境内地下、水域及其他场所中发现文物隐匿不报，不上交国家的，由公安部门给予警告或者处以罚款，并追缴其非法所得的全部文物；

（三）违反《文物保护法》第十一条的规定，在自治区境内各级文物保护单位的保护范围内进行建设工程的，或者违反《文物保护法》第十二条的规定，在自治区境内各级文物保护单位周围的建设控制地带修建建筑物、构筑物的，由城乡建设规划部门或者由城乡建设规划部门根据文化行政管理部门的意见责令停工，责令拆除违法修建的建筑物、构筑物或者处以罚款；

（四）在文物保护单位的保护范围内存放易燃易爆、腐蚀性物品，或者在文物保护单位附近进行爆破、挖掘等活动，危及文物安全的，由公安部门或者由公安部门根据文化行政管理部门的意见予以制止，并可处以罚款；

（五）未经文化行政管理部门批准，从事文物购销活动的，由工商行政管理部门或者由工商行政管理部门根据文化行政管理部门的意见，没收其非法所得和非法经营的文物，可以并处罚款；

（六）文物经营单位经营未经文化行政管理部门许可经营的文物的，经工商行政管理部门会同文化行政管理部门检查认定，由工商行政管理部门没收其非法所得及非法经营的文物，并可处以罚款；

（七）将私人收藏的一般文物私自卖给外国人的，由工商行政管理部门或者由工商行政管理部门根据文化行政管理部门的意见没收其文物和非法所得，并可处以罚款；

（八）全民所有制博物馆、图书馆等单位将其藏品出售或者私自赠送给其他全民所有制博物馆、图书馆等单位的，由文化行政管理部门责令追回出售、赠送的文物，没收其非法所得或者处以罚款，对主管人员和直接责任人员，由所在单位或者上级机关给予行政处分。

以上八项中的罚款数额，按照《中华人民共和国文物保护法实施细则》第四十五条中的规定执行。

第三十九条 当事人对行政处罚决定不服的，可以在法定期限内依法申请复议或者向人民法院起诉。逾期不申请复议或者不提起诉讼、又不履行处罚决定的，由作出处罚决定的机关申请人民法院强制执行，或者依法强制执行。

第四十条 有下列行为之一的，依法追究刑事责任：

（一）贪污或者盗窃国家文物的；

（二）走私国家禁止出口的文物或者进行文物投机倒把活动情节严重的；

（三）故意破坏国家保护的珍贵文物或者名胜古迹的；

（四）盗掘古文化遗址、古墓葬的；

（五）国家工作人员玩忽职守，造成珍贵文物损毁或者流失的。

全民所有制博物馆、图书馆等单位将文物藏品出售或者私自赠送给非全民所有制单位或者个人的，对主管人员和直接责任人员比照刑法第一百八十七条的规定追究刑事责任。

国家工作人员滥用职权，非法占有国家保护的文物的，以贪污论处；造成珍贵文物损毁的，比照刑法第一百八十七条的规定追究刑事责任。

任何组织或者个人将收藏的国家禁止出口的珍贵文物私自出售或者私自赠送给外国人的，以走私论处。

文物工作人员对所管理的文物监守自盗的，依法从重处罚。

第九章 附 则

第四十一条 文物的复制、拓印、拍摄按国家文化行政管理部门的有关规定执行，自治区文化行政管理部门可根据实际情况制定具体管理办法。

第四十二条 本条例执行中的具体问题，由自治区文化行政管理部门负责解释。

第四十三条 本条例自公布之日起施行。自治区其他有关文物保护管理方面的规定，凡与本条例相抵触的，以本条例为准。

8. 陕西省文物保护条例

陕西省文物保护条例（2017年修正）

（1988年6月3日陕西省第七届人民代表大会第一次会议通过，1995年4月21日陕西省第八届人民代表大会常务委员会第十二次会议修正，2004年8月3日陕西省第十届人民代表大会常务委员会第十二次会议第二次修正，2006年8月4日陕西省第十届人民代表大会常务委员会第二十六次会议修订，2012年7月12日陕西省第十一届人民代表大会常务委员会第三十次会议修正，2017年7月27日陕西省第十二届人民代表大会常务委员会第三十六次会议第二次修正）

第一章 总 则

第一条 为了加强文物保护，继承历史文化遗产，发挥文物资源优势，促进经济、社会、文化协调发展，根据《中华人民共和国文物保护法》、《中华人民共和国文物保护法实施条例》和有关法律、行政法规，结合本省实际，制定本条例。

第二条 本条例适用于本省行政区域内的文物保护工作及其相关活动。

第三条 文物工作贯彻保护为主、抢救第一、合理利用、加强管理的方针。

第四条 县级以上人民政府应当加强对文物保护工作的领导，将文物保护事业纳入国民经济和社会发展规划，协调解决文物保护工作中的重大问题，正确处理文物保护与建设规划、旅游发展、群众生产生活的关系，确保文物安全。

第五条 县级以上人民政府文物行政主管部门对本行政区域内的文物保护实施监督管理。

省、设区的市文物行政主管部门根据需要，可以委托其直属管理的文物保护单位的管理机构履行行政执法职责。

公安、城乡建设规划、国土资源、工商行政管理、旅游、宗教、环境保护、海关等有关部门，在各自的职责范围内，做好有关的文物保护工作。

第六条 县级以上人民政府应当将文物保护事业所需经费列入本级财政预算，并可根据文物抢救、修缮、征集、购买和安全设施建设等需要设立专项经费。

国有博物馆、纪念馆、文物保护单位的门票收入和其他事业性收入，实行收支两条线管理，专门用于文物保护。

国有博物馆、纪念馆和国有不可移动文物不得转让、抵押，不得作为企业资产经营。

第七条 鼓励境内外组织和个人通过捐赠等方式依法设立文物保护社会基金，专门用于文物保护。公民、法人和其他组织对文物事业的捐赠，依法享受国家有关税收优惠。

文物保护事业可以吸纳社会资金投入，具体办法由省人民政府规定。

第八条 县级以上人民政府及其文物行政主管部门对捐赠文物、发现文物上报上交、与文物违法犯罪行为斗争、追缴文物等在文物保护中做出突出贡献的单位或者个人，应当给予表彰奖励。

第二章 不可移动文物

第一节 一般规定

第九条 县级以上文物行政主管部门应当对本行政区域内具有历史、艺术、科学价值的不可移动文物，提出确定文物保护单位等级的意见，经本级人民政府核定公布，分别确定为省级、设区的市级、县级文物保护单位，并报上一级人民政府备案。

全国重点文物保护单位由省人民政府报国务院核定公布。

新发现的具有重要价值的不可移动文物，可以先由县级人民政府公布为文物保护单位，并报设区的市和省文物行政主管部门备案。

第十条 全国重点文物保护单位和省级文物保护单位应当自核定公布之日起一年内，由省人民政府划定保护范围，并设置保护标志和界碑。

设区的市级和县级文物保护单位应当自核定公布之日起一年内，由核定公布该文物保护单位的人民政府划定保护范围，报省人民政府备案，并设置保护标志和界碑。

第十一条 全国重点文物保护单位和省级文物保护单位应当自核定公布之日起一年内，由省文物行政主管部门会同省建设行政主管部门、文物所在地市、县人民政府划定建设控制地带，报省人民政府批准后公布。

核定公布设区的市级和县级文物保护单位的人民政府，根据保护文物的实际需要，可以组织文物行政主管部门会同城乡建设规划部门划定建设控制地带，报省人民政府批准后公布。

文物保护单位的建设控制地带应当设置保护标志和界碑。

第十二条 全国重点文物保护单位和省级文物保护单位应当制定保护规划。全国重点文物保护单位的保护规划，经省人民政府同意后报国务院文物行政主管部门批准；省级文物保护单位的保护规划，由省人民政府批准公布。

设区的市和县级人民政府可以根据文物保护工作的需要，对其核定公布的文物保护单位制定保护规划，予以公布，并报省文物行政主管部门备案。

县级以上人民政府编制土地利用总体规划、城乡建设规划、环境保护规划和风景名胜区规划应当符合文物保护的要求，与文物保护规划相衔接。

第十三条 除法律、法规另有规定外，在文物保护单位保护范围内禁止下列行为：

（一）在文物和文物保护单位标志上刻画、涂画、张贴；

（二）排放污水、挖砂取土取石、修建坟墓、堆放垃圾和其他可能损害文物安全的行为；

（三）存储易燃、易爆等危险物品；

（四）设置户外广告设施，修建人造景点和其他与文物保护无关的工程。

第十四条 在文物保护单位的保护范围内实施下列文物保护工程，应当制定文物保护工程方案，并履行报批手续：

（一）新建、改建、扩建文物保护设施；

（二）实施修缮、保养文物工程；

（三）铺设通讯、供电、供水、排水等管线；

（四）设置防火、防雷、防盗设施和修建防洪工程；

（五）其他文物保护的建设工程。

全国重点文物保护单位的保护工程方案，经省文物行政主管部门审核后，报国务院文物行政主管部门审批；省级文物保护单位的保护工程方案，征求国务院文物行政主管部门的意见后，由省文物行政主管部门审批；设区的市级和县级文物保护单位的保护工程方案，征求省文物行政主管部门的意见后，分别由设区的市和县文物行政主管部门审批。

第十五条　在文物保护单位的建设控制地带内进行工程建设前，应当进行考古勘探和环境影响评价，并依法履行报批手续。建设工程的风格、色调和高度应当与文物保护单位的历史风貌和周边的自然环境相协调。

第二节　古遗址、古墓葬、古建筑、石窟寺

第十六条　公布为文物保护单位的古遗址、古墓葬、古建筑、石窟寺，县级以上人民政府应当设立管理机构或者指定机构、专人负责管理。

第十七条　县级以上人民政府应当对古都城遗址、帝王陵、古建筑和石窟寺实行重点保护，根据文物保护的需要，对文物保护单位范围内的集体土地可以依法征收为国有土地，实施征地保护。

第十八条　县级以上人民政府应当按照保护规划的要求，加强对古遗址、古墓葬、古建筑、石窟寺周边环境的治理，对不符合文物保护要求和有碍周围环境风貌的单位、村庄及其他建筑物、构筑物，应当进行改造或者拆除、搬迁，并按照国家有关规定给予补助或者安置补偿。

经依法批准，古遗址、古墓葬、古建筑、石窟寺可以建立博物馆、遗址公园或者辟为参观游览场所，展示历史和文物风貌。

第十九条　公布为文物保护单位的国有古建筑由使用人或者管理人负责修缮、保养并承担相关费用。

非国有古建筑由所有人或者使用人负责修缮、保养并承担相关费用；所有人或者使用人不具备修缮、保养能力的，县级以上人民政府应当给予指导和帮助；所有人转让非国有古建筑的，所在地人民政府有优先购买权。

修缮、保养、迁移、重建古建筑的，应当遵守不改变文物原状的原则，根据文物保护单位的级别报文物行政主管部门批准，由依法取得相应资质证书的单位承担。

第三节　革命遗址

第二十条　县级以上人民政府应当对具有重要革命纪念意义、教育意义和历史价值的遗迹和代表性建筑组织进行普查，依法确定为文物保护单位，建立革命遗址及其文物登记档案，根据需要设置专门机构或者配备人员负责管理。

第二十一条　县级以上人民政府应当做好革命遗址的保护工作，对革命遗址的建筑物、构筑物应当拨付专款修缮、保养，需要在原址上重建或者迁移、拆除的，应当按照文物保护单位级别依法履行报批手续。

有关单位和个人占用的革命遗址，需要向公众开放或者继续使用可能危及文物安全的，由县级以上人民政府组织迁出。

第二十二条　县级以上人民政府应当将革命遗址确定为革命传统和爱国主义教育基地，结合革命遗址保护做好相关文物的征集、整理和展示工作，免费向学生或者定期免费向公众开放。

第四节 历史文化名城、街区、村镇、古民居

第二十三条 国务院公布的历史文化名城和省人民政府公布的历史文化街区、村镇，由所在地的市或者县人民政府制定保护规划并组织实施。历史文化名城的保护规划，由省人民政府审批；历史文化街区、村镇的保护规划，由设区的市人民政府审批，报省建设行政主管部门备案。

历史文化名城和历史文化街区、村镇的保护规划应当纳入城市建设总体规划和村庄总体规划。

第二十四条 历史文化名城和历史文化街区、村镇保护范围内的建设项目，应当符合保护规划的要求，新建、改建、扩建的建筑物、构筑物和修缮具有代表性的古民居、店铺等传统建筑，其体量、造型和色彩应当体现传统建筑风格和特色。

第二十五条 历史文化名城和历史文化街区、村镇所在地的县级以上人民政府进行城乡建设、城市改造，应当按照保护规划的要求，对具有代表性的传统建筑采取保护措施，保持传统格局和历史风貌。

第三章 考古发掘

第二十六条 从事考古发掘工作的单位，应当取得国务院文物行政主管部门核发的考古发掘资质证书；担任考古发掘项目的负责人，应当接受过考古专业训练且主持过考古发掘项目。

省外考古发掘单位在本省行政区域内进行考古发掘的，应当持国务院文物行政主管部门批准的考古发掘文件和考古发掘资质证书，向省文物行政主管部门备案。

第二十七条 进行建设工程，建设单位应当事先报文物行政主管部门。文物行政主管部门应当组织从事考古发掘的单位在工程范围内进行考古调查、勘探。

省文物行政主管部门根据工程占地面积、文物分布情况以及文物保护单位级别，对省、设区的市、县级文物行政主管部门组织考古调查、勘探的具体分工做出规定。

第二十八条 规划成片开发的土地，县级以上人民政府应当组织考古调查、勘探，费用计入土地使用权出让成本。

建设工程施工过程中有重大文物发现，需要实施原址保护的，县级以上人民政府经与建设单位协商后，可以另行置换土地或者收回土地使用权、退还出让金；造成建设单位经济损失的，依法给予补偿。

第二十九条 建设工程施工和其他生产活动中发现文物的，应当立即采取相应的保护措施，并报告当地文物行政主管部门。需要进行考古发掘的，应当由省文物行政主管部门提出发掘计划，报国务院文物行政主管部门批准。确因建设工期紧迫或者有自然破坏危险急需进行抢救发掘的，由省文物行政主管部门组织发掘，并同时补办审批手续。

第三十条 考古发掘单位进行考古发掘，应当告知所在地的县级文物行政主管部门；文物行政主管部门应当核验考古发掘批准文件和考古发掘资质、资格证书以及省文物行政主管部门的相关文件。

县级文物行政主管部门应当协助和参与考古发掘工作，对出土文物登记情况进行核对，并向上级文物行政主管部门报告文物出土情况。

当地人民政府根据考古发掘工作的需要，提供安全保卫措施，协调解决考古发掘的有关事项。

第三十一条　考古发掘的出土文物，省文物行政主管部门可以指定当地有馆藏条件的国有文物收藏单位收藏；当地没有馆藏条件或者出土文物具有重要价值的，由省文物行政主管部门指定的国有文物收藏单位收藏。

未经省文物行政主管部门批准，出土文物在移交国有文物收藏单位前不得复制和对外展示。

第四章　馆藏文物

第三十二条　收藏、研究、保管和展示文物的国有博物馆、纪念馆为公益性事业单位。

县级以上人民政府应当将国有博物馆、纪念馆所需经费纳入本级财政预算。

鼓励、支持公民、法人和其他组织兴办非国有博物馆、纪念馆，发挥文物在社会教育、科学研究方面的作用。

第三十三条　设立收藏、研究、保管和展示文物的博物馆、纪念馆应当具备下列条件，并报省文物行政主管部门备案确认：

（一）有固定的馆址和相应的展室、库房；

（二）有办馆资金和经费来源；

（三）有一定数量的文物藏品；

（四）有相应的专业技术和管理人员；

（五）有符合国家规定的安全技术防范和消防设施；

（六）法律、法规规定的其他条件。

第三十四条　申请设立收藏、研究、保管和展示文物的博物馆、纪念馆，应当提交下列材料：

（一）申请书和设馆章程；

（二）文物藏品目录及陈列展览大纲；

（三）馆舍所有权或者使用权证明；

（四）经费来源证明或者验资报告；

（五）拟任法定代表人的身份证明；

（六）拟聘管理人员和研究人员的证明材料；

（七）法律、法规规定应当提交的其他材料。

省文物行政主管部门应当自接到申请之日起三十日内做出是否批准的决定；不予批准的，应当书面说明理由。

第三十五条　收藏、研究、保管和展示文物的博物馆、纪念馆，自批准设立之日起六个月内应当向公众开放，逾期未能开放的，原批准决定自行失效。

博物馆、纪念馆变更法定代表人、馆名、馆址、章程的，应当到省文物行政主管部门办理变更手续。

国有博物馆、纪念馆终止的，其文物藏品由省文物行政主管部门指定的国有文物收藏单位接收；非国有博物馆、纪念馆终止的，文物藏品由所有人依法处置。

第三十六条　国有文物收藏单位应当对未定级的馆藏文物提出鉴定申请，由文物行政主管部门组织文物鉴定委员会的专家进行鉴定，并出具鉴定结论。

非国有文物收藏单位需要对收藏的文物进行鉴定的，依照前款规定执行。

第三十七条　博物馆、纪念馆、图书馆、档案馆、文化馆等文物收藏单位，对其收藏的文物应当区分等级，登记造册，建立文物藏品档案和相应的管理制度，并将文物藏品档案副本报送主管的文物行政主管部门和省文物行政主管部门。

第三十八条 文物收藏单位修复馆藏文物应当具有文物修复资质，并建立修复记录档案。不具有文物修复资质的文物收藏单位需要修复馆藏文物的，由设区的市或者省文物行政主管部门指定的文物修复单位承担。

第三十九条 借用馆藏文物应当依法签订文物藏品借用协议。协议应当包括借用馆藏文物藏品的名称、等级、借用期限、无偿或者有偿方式、保护责任等内容，并按规定报文物行政主管部门备案或者批准。

第四十条 国有文物收藏单位之间交换馆藏文物的，应当报经省文物行政主管部门批准，报批申请书应当写明交换文物的名称、等级、交换原因及用途和补偿方式，并附交换协议书。

国有文物收藏单位不得与非国有文物收藏单位交换馆藏文物。

第四十一条 博物馆、纪念馆、图书馆、文化馆等文物收藏单位举办文物展览，应当按照国家有关规定采取安全保护措施，保证文物和参观者的安全。

第四十二条 从事馆藏文物复制、拓印的单位应当依法向省文物行政主管部门提出申请，并取得相应等级的资质证书。

按照文物的名称、型制、比例、色彩、纹饰、质地等制作的文物复制品，应当展现文物的原始形态，并标明复制年代、比例和"复制"字样。

第四十三条 文物收藏单位不得擅自拓印或者翻刻拓印珍贵石刻文物。需要拓印或者翻刻拓印的，应当依法办理审批手续。

第五章 民间收藏文物

第四十四条 民间收藏文物的所有权受法律保护。民间收藏文物可以依法流通，但法律、法规禁止的除外。

文物行政主管部门可以组织文物专家对民间收藏的文物，提供鉴定、修复、保管等方面的咨询服务。

第四十五条 拍卖企业从事文物拍卖活动，应当经省级文物行政主管部门许可；设立文物商店，应当经省文物行政主管部门批准。未经批准，任何组织、单位和个人不得从事文物经营活动。

第四十六条 文物商店、文物拍卖企业可以依法经营民间收藏文物，但下列文物不得作为销售、拍卖的标的：

（一）依法应当上交国家的出土文物；
（二）依法没收、追缴的涉案文物；
（三）银行、冶炼厂、造纸厂、废旧物资回收单位拣选的文物；
（四）国有文物收藏单位以及国家机关、部队、国有企业事业单位收藏、保管的文物；
（五）国有文物商店收存的珍贵文物；
（六）法律、行政法规和国务院文物行政主管部门规定的不得流通的其他文物。

第四十七条 文物拍卖企业和文物商店拍卖、销售文物，应当事先报经省文物行政主管部门审核。省文物行政主管部门对允许拍卖的文物应当出具批准文件，对允许销售和禁止出境的文物，应当分别做出标识。

禁止伪造、涂改文物拍卖批准文件或者销售标识。

第四十八条 省文物行政主管部门在审核文物商店拟销售或者拍卖企业拟拍卖的文物

时，可以指定国有文物收藏单位收购其中的珍贵文物。收购价格由买卖双方协商确定。

文物商店和文物拍卖企业，应当每半年将其经营活动依法向省文物行政主管部门备案。

第六章 监督与管理

第四十九条 县级以上人民政府应当建立文物安全责任制，组织有关部门检查重大文物安全事故防范措施落实情况，调查处理重大文物安全事故。

县级以上文物行政主管部门应当制定重大文物安全事故防范预案，检查落实文物保护机构、文物收藏单位的文物保护安全措施，并根据需要组织建立群众性文物保护组织。

文物保护机构、文物收藏单位应当加强和完善文物保护安全措施，并接受文物行政主管部门的监督和管理。

第五十条 县级以上人民政府在文物保护单位设立的文物保护机构，负责文物保护单位的日常管理工作，并受本级文物行政主管部门的领导。

村民委员会、居民委员会可以成立群众性的文物保护组织或者确定文物保护员，协助文物保护机构开展文物保护工作。县级以上人民政府对聘用的文物保护员，应当给予适当报酬。

第五十一条 省文物行政主管部门应当设立由专家组成的文物鉴定委员会，负责文物的等级鉴定，省文物行政主管部门对文物等级鉴定结论确认后予以公布，作为文物保护、管理的依据。

省文物鉴定委员会可以依法受司法机关的委托，对涉案文物进行鉴定。

第五十二条 人民法院、人民检察院和公安、海关、工商行政管理等部门对追回的涉案文物，应当进行登记和妥善保管，并在结案后的三十日内无偿交还失主或者移交给同级文物行政主管部门。

文物行政主管部门对移交的文物，应当交由省文物行政主管部门指定的文物收藏单位收藏。

第五十三条 机关、部队、企业事业单位、宗教活动场所等占用和使用的文物，应当按照文物类型，分别登记造册，建立档案，并与当地文物行政主管部门签订文物管护责任书，接受文物行政主管部门对文物保护工作的指导和监督。

第五十四条 利用文物保护单位拍摄电影、电视、广告和其他音像资料或者举办大型活动的，拍摄单位或者举办者应当征得文物保护单位管理部门同意，并签署协议，明确文物保护措施和责任。

文物保护单位管理部门应当自拍摄工作完成后十个工作日内，将拍摄情况向文物行政主管部门报告。文物行政主管部门应当对拍摄单位和举办者的活动进行监督。

第七章 法律责任

第五十五条 违反本条例第十三条第（一）项规定，在文物和文物保护单位标志上刻画、涂画、张贴的，由公安机关或者文物行政主管部门处五十元以上二百元以下罚款。

违反本条例第十三条第（二）项规定的，由县级以上文物行政主管部门责令限期改正或者恢复原状，可以并处二百元以上一千元以下罚款。

第五十六条 违反本条例第三十一条第二款规定，擅自复制和对外展示尚未移交的出土文物的，由县级以上文物行政主管部门责令改正，对负有责任的主管人员和其他直接责任人员依法给予行政处分。

第五十七条 违反本条例第四十条、第四十一条规定，交换、出馆展览馆藏文物的，由县级以上文物行政主管部门责令改正，没收违法所得，追回交换的文物，对负有责任的主管人员和其他直接责任人员依法给予行政处分。

第五十八条 违反本条例第四十七条第二款规定，伪造、涂改文物拍卖批准文件或者销售标识的，由县级以上文物行政主管部门处二千元以上一万元以下罚款；构成犯罪的，依法追究刑事责任。

第五十九条 违反本条例第四十九条规定，由省文物行政主管部门责令改正；造成重大文物安全事故的，对负有责任的主管人员和其他直接责任人员依法给予行政处分。

第六十条 违反本条例第五十二条规定，应当移交文物拒不移交的，由其上级主管部门对负有责任的主管人员和其他直接责任人员依法给予行政处分；造成文物损毁、丢失的，依法承担民事责任；构成犯罪的，依法追究刑事责任。

第六十一条 违反本条例第五十四条第二款规定，文物保护单位管理部门未在规定期限内将文物拍摄情况向文物行政主管部门报告的，由文物行政主管部门责令限期改正；逾期不改正的，对负有责任的主管人员和其他直接责任人员依法给予行政处分。

第六十二条 文物行政主管部门做出对个人处三千元以上罚款、对单位处十万元以上罚款处罚决定的，应当告知当事人有要求举行听证的权利。

第六十三条 违反本条例规定的其他行为，法律、法规有处罚规定的，从其规定。

第六十四条 文物行政主管部门及其工作人员在文物管理工作中滥用职权、玩忽职守、徇私舞弊的，依法给予行政处分；构成犯罪的，依法追究刑事责任。

第八章 附 则

第六十五条 本条例自 2006 年 10 月 1 日起施行。

七、军事设施管理相关规定

1. 中华人民共和国军事设施保护法

中华人民共和国军事设施保护法

（1990年2月23日第七届全国人民代表大会常务委员会第十二次会议通过，根据2009年8月27日第十一届全国人民代表大会常务委员会第十次会议《关于修改部分法律的决定》第一次修正，根据2014年6月27日第十二届全国人民代表大会常务委员会第九次会议《关于修改〈中华人民共和国军事设施保护法〉的决定》第二次修正）

第一章 总 则

第一条 为了保护军事设施的安全，保障军事设施的使用效能和军事活动的正常进行，加强国防现代化建设，巩固国防，抵御侵略，根据宪法，制定本法。

第二条 本法所称军事设施，是指国家直接用于军事目的的下列建筑、场地和设备：

（一）指挥机关，地面和地下的指挥工程、作战工程；
（二）军用机场、港口、码头；
（三）营区、训练场、试验场；
（四）军用洞库、仓库；
（五）军用通信、侦察、导航、观测台站，测量、导航、助航标志；
（六）军用公路、铁路专用线，军用通信、输电线路，军用输油、输水管道；
（七）边防、海防管控设施；
（八）国务院和中央军事委员会规定的其他军事设施。

前款规定的军事设施，包括军队为执行任务必需设置的临时设施。

第三条 各级人民政府和军事机关应当从国家安全利益出发，共同保护军事设施，维护国防利益。

中国人民解放军总参谋部在国务院和中央军事委员会的领导下，主管全国的军事设施保护工作。军区司令机关主管辖区内的军事设施保护工作。

设有军事设施的地方，有关军事机关和县级以上地方人民政府应当建立军地军事设施保护协调机制，相互配合，监督、检查军事设施的保护工作。

第四条 中华人民共和国的所有组织和公民都有保护军事设施的义务。

禁止任何组织或者个人破坏、危害军事设施。

任何组织或者个人对破坏、危害军事设施的行为，都有权检举、控告。

第五条 国家统筹兼顾经济建设、社会发展和军事设施保护，促进经济社会发展和军事设施保护相协调。

第六条 国家对军事设施实行分类保护、确保重点的方针。

第七条 国家对在军事设施保护工作中做出突出贡献的组织和公民，给予表彰、奖励。

第二章 军事禁区、军事管理区的划定

第八条 国家根据军事设施的性质、作用、安全保密的需要和使用效能的要求，划定军事禁区、军事管理区。

本法所称军事禁区，是指设有重要军事设施或者军事设施具有重大危险因素，需要国家采取特殊措施加以重点保护，依照法定程序和标准划定的军事区域。

本法所称军事管理区，是指设有较重要军事设施或者军事设施具有较大危险因素，需要国家采取特殊措施加以保护，依照法定程序和标准划定的军事区域。

第九条 军事禁区和军事管理区由国务院和中央军事委员会确定，或者由军区根据国务院和中央军事委员会的规定确定。

军事禁区、军事管理区应当按照规定设置标志牌。标志牌由县级以上地方人民政府负责设置。

第十条 陆地和水域的军事禁区、军事管理区的范围，由军区和省、自治区、直辖市人民政府共同划定，或者由军区和省、自治区、直辖市人民政府、国务院有关部门共同划定。

空中军事禁区和特别重要的陆地、水域军事禁区的范围，由国务院和中央军事委员会划定。

第十一条 军事禁区、军事管理区的撤销或者变更，依照本法第九条第一款规定的程序办理。

军事禁区、军事管理区的范围调整，依照本法第十条规定的程序办理。

第十二条 军事禁区、军事管理区范围的划定或者调整，应当在确保军事设施安全保密和使用效能的前提下，兼顾经济建设、自然环境保护和当地群众的生产、生活。

第十三条 军事禁区、军事管理区范围的划定或者扩大，需要征收、征用土地、林地、草原、水面、滩涂的，依照有关法律、法规的规定办理。

第三章 军事禁区的保护

第十四条 军事禁区管理单位应当根据具体条件，按照划定的范围，为陆地军事禁区修筑围墙、设置铁丝网等障碍物，为水域军事禁区设置障碍物或者界线标志。

第十五条 禁止陆地、水域军事禁区管理单位以外的人员、车辆、船舶进入军事禁区，禁止对军事禁区进行摄影、摄像、录音、勘察、测量、描绘和记述，禁止航空器在军事禁区上空进行低空飞行。但是，经军区级以上军事机关批准的除外。

禁止航空器进入空中军事禁区，但依照国家有关规定获得批准的除外。

使用军事禁区的摄影、摄像、录音、勘察、测量、描绘和记述资料，应当经军区级以上军事机关批准。

第十六条 在水域军事禁区内，禁止建造、设置非军事设施，禁止从事水产养殖、捕捞以及其他妨碍军用舰船行动、危害军事设施安全保密和使用效能的活动。

第十七条 在陆地军事禁区内采取的防护措施不足以保证军事设施安全保密和使用效能，或者陆地军事禁区内的军事设施具有重大危险因素的，军区和省、自治区、直辖市人民政府或者军区和省、自治区、直辖市人民政府、国务院有关部门在共同划定陆地军事禁区范围的同时，可以在禁区外围共同划定安全控制范围，并在其外沿设置安全警戒标志。安全警戒标志的设置地点由军事禁区管理单位和当地县级以上地方人民政府共同确定。

第十八条 在军事禁区外围安全控制范围内，当地群众可以照常生产、生活，但是不得进行爆破、射击以及其他危害军事设施安全和使用效能的活动。

第四章 军事管理区的保护

第十九条 军事管理区管理单位应当按照划定的范围，为军事管理区修筑围墙、设置铁丝网或者界线标志。

第二十条 军事管理区管理单位以外的人员、车辆、船舶进入军事管理区，或者对军事管理区进行摄影、摄像、录音、勘察、测量、描绘和记述，必须经过军事管理区管理单位批准。

第二十一条 在水域军事管理区内，禁止从事水产养殖；未经军区级以上军事机关批准，不得建造、设置非军事设施；从事捕捞或者其他活动，不得影响军用舰船的战备、训练、执勤等行动。

第二十二条 划为军事管理区的军民合用机场、港口、码头的管理办法，由国务院和中央军事委员会规定。

第五章 没有划入军事禁区、军事管理区的军事设施的保护

第二十三条 没有划入军事禁区、军事管理区的军事设施，军事设施管理单位应当采取措施予以保护；军队团级以上管理单位也可以委托当地人民政府予以保护。

第二十四条 在没有划入军事禁区、军事管理区的军事设施一定距离内进行采石、取土、爆破等活动，不得危害军事设施的安全和使用效能。

第二十五条 没有划入军事禁区、军事管理区的作战工程外围应当划定安全保护范围。作战工程的安全保护范围，应当根据作战工程性质、地形和当地经济建设、社会发展情况，由军级以上主管军事机关提出方案，报军区和省、自治区、直辖市人民政府共同划定，或者报军区和省、自治区、直辖市人民政府、国务院有关部门共同划定。

第二十六条 在军用机场净空保护区域内，禁止修建超出机场净空标准的建筑物、构筑物或者其他设施，不得从事影响飞行安全和机场助航设施使用效能的活动。

第二十七条 在军用无线电固定设施电磁环境保护范围内，禁止建造、设置影响军用无线电固定设施使用效能的设备和电磁障碍物体，不得从事影响军用无线电固定设施电磁环境的活动。

军用无线电固定设施电磁环境的保护措施，由军地无线电管理机构按照国家无线电管理相关规定和标准共同确定。

军事禁区、军事管理区内无线电固定设施电磁环境的保护，适用前两款规定。

第二十八条 未经国务院和中央军事委员会批准或者国务院和中央军事委员会授权的机关批准，不得拆除、移动边防、海防管控设施，不得在边防、海防管控设施上搭建、设置民用设施。在边防、海防管控设施周边安排建设项目，不得危害边防、海防管控设施安全和使用效能。

第六章　管理职责

第二十九条　县级以上地方人民政府编制国民经济和社会发展规划、土地利用总体规划、城乡规划和海洋功能区划，安排可能影响军事设施保护的建设项目，应当兼顾军事设施保护的需要，并征求有关军事机关的意见。安排建设项目或者开辟旅游景点，应当避开军事设施。确实不能避开，需要将军事设施拆除、迁建或者改作民用的，由省、自治区、直辖市人民政府或者国务院有关部门和军区级军事机关商定，并报国务院和中央军事委员会批准或者国务院和中央军事委员会授权的机关批准。

第三十条　军队编制军事设施建设规划、组织军事设施项目建设，应当考虑地方经济建设和社会发展的需要，符合城乡规划的总体要求，并进行安全环境评估和环境影响评价。涉及城乡规划的，应当征求地方人民政府的意见，尽量避开地方经济建设热点区域和民用设施密集区域。确实不能避开，需要将生产、生活设施拆除或者迁建的，应当依法进行。

第三十一条　军事禁区、军事管理区和没有划入军事禁区、军事管理区的军事设施，军事设施管理单位和县级以上地方人民政府应当制定具体保护措施，可以公告施行。

军事设施管理单位对军事设施的重要部位应当采取安全监控和技术防范措施。

第三十二条　各级军事机关应当严格履行保护军事设施的职责，教育军人爱护军事设施，保守军事设施秘密，建立健全保护军事设施的规章制度，监督、检查、解决军事设施保护工作中的问题。

第三十三条　军事设施管理单位应当认真执行有关保护军事设施的规章制度，建立军事设施档案，对军事设施进行检查、维护。

军事设施管理单位不得将军事设施用于非军事目的，但因执行抢险救灾等紧急任务的除外。

第三十四条　军事设施管理单位应当了解掌握军事设施周边建设项目等情况，发现可能危害军事设施安全和使用效能的，应当及时向军事设施保护主管机关和当地人民政府主管部门报告，并配合有关部门依法处理。

第三十五条　军事禁区、军事管理区的管理单位应当依照有关法律、法规的规定，保护军事禁区、军事管理区内的自然资源和文物。

第三十六条　军事设施管理单位必要时应当向县级以上地方人民政府提供军用地下、水下电缆、管道的位置资料。地方进行建设时，当地人民政府应当对军用地下、水下电缆、管道予以保护。

第三十七条　各级人民政府应当对公民加强国防和军事设施保护教育，增强国防观念，保护军事设施，保守军事设施秘密，制止破坏、危害军事设施的行为。

第三十八条　军事禁区、军事管理区需要公安机关协助维护治安管理秩序的，经国务院和中央军事委员会决定或者由有关军事机关提请省、自治区、直辖市公安部门批准，可以设立公安机构。

第三十九条　军用机场、港口、码头实行军民合用的，需经国务院和中央军事委员会批准或者国务院和中央军事委员会授权的机关批准。

第四十条　军事设施因军事任务调整、周边环境变化和自然损毁等原因，失去使用效能并无需恢复重建的，军事设施管理单位应当按照规定程序及时报国务院和中央军事委员会批准或者国务院和中央军事委员会授权的机关批准，予以拆除或者改作民用。

军队执行任务结束后，应当及时将设立的临时设施拆除。

第四十一条　违反本法规定，有下列情形之一的，军事设施管理单位的执勤人员应当予以制止：

（一）非法进入军事禁区、军事管理区的；

（二）对军事禁区、军事管理区非法进行摄影、摄像、录音、勘察、测量、描绘和记述的；

（三）进行破坏、危害军事设施的活动的。

第四十二条　有本法第四十一条所列情形之一，不听制止的，军事设施管理单位的执勤人员依照国家有关规定，可以采取下列措施：

（一）强制带离非法进入军事禁区、军事管理区的人员，对违法情节严重的人员予以扣留并立即移送公安机关或者国家安全机关；

（二）立即制止信息传输等行为，扣押用于实施违法行为的器材、工具或者其他物品，并移送公安机关或者国家安全机关；

（三）在紧急情况下，清除严重危害军事设施安全和使用效能的障碍物；

（四）在危及军事设施安全或者执勤人员生命安全等紧急情况下使用武器。

现役军人、军队文职人员和军队其他人员有本法第四十一条所列情形之一的，依照军队有关规定处理。

第七章　法律责任

第四十三条　有下列行为之一的，适用《中华人民共和国治安管理处罚法》第二十三条的处罚规定：

（一）非法进入军事禁区、军事管理区，不听制止的；

（二）在军事禁区外围安全控制范围内，或者在没有划入军事禁区、军事管理区的军事设施一定距离内，进行危害军事设施安全和使用效能的活动，不听制止的；

（三）在军用机场净空保护区域内，进行影响飞行安全和机场助航设施使用效能的活动，不听制止的；

（四）对军事禁区、军事管理区非法进行摄影、摄像、录音、勘察、测量、描绘和记述，不听制止的；

（五）其他扰乱军事禁区、军事管理区管理秩序和危害军事设施安全的行为，情节轻微，尚不够刑事处罚的。

第四十四条　违反国家规定，故意干扰军用无线电设施正常工作的，或者对军用无线电设施产生有害干扰，拒不按照有关主管部门的要求改正的，依照《中华人民共和国治安管理处罚法》第二十八条的规定处罚。

第四十五条　毁坏边防、海防管控设施以及军事禁区、军事管理区的围墙、铁丝网、界线标志或者其他军事设施的，依照《中华人民共和国治安管理处罚法》第三十三条的规定处罚。

第四十六条　有下列行为之一，构成犯罪的，依法追究刑事责任：

（一）破坏军事设施的；

（二）盗窃、抢夺、抢劫军事设施的装备、物资、器材的；

（三）泄露军事设施秘密的，或者为境外的机构、组织、人员窃取、刺探、收买、非法提供军事设施秘密的；

（四）破坏军用无线电固定设施电磁环境，干扰军用无线电通讯，情节严重的；

（五）其他扰乱军事禁区、军事管理区管理秩序和危害军事设施安全的行为，情节严重的。

第四十七条 现役军人、军队文职人员和军队其他人员有下列行为之一，构成犯罪的，依法追究刑事责任；情节轻微，尚不够刑事处罚的，按照军队有关规定给予处分：

（一）有本法第四十三条、第四十四条、第四十五条、第四十六条规定行为的；

（二）擅自将军事设施用于非军事目的，或者有其他滥用职权行为的；

（三）擅离职守或者玩忽职守的。

第四十八条 国家机关工作人员在军事设施保护工作中玩忽职守、滥用职权，构成犯罪的，依法追究刑事责任；尚不够刑事处罚的，给予处分。

第四十九条 违反本法规定，造成军事设施损失的，依法承担赔偿责任。

第八章 附 则

第五十条 中国人民武装警察部队所属军事设施的保护，适用本法。

第五十一条 国防科技工业重要武器装备的科研、生产、试验、存储等设施的保护，参照本法有关规定执行。具体办法和设施目录由国务院和中央军事委员会规定。

第五十二条 国务院和中央军事委员会根据本法制定实施办法。

第五十三条 本法自 1990 年 8 月 1 日起施行。

八、航道管理有关规定

1. 中华人民共和国航道法

中华人民共和国航道法

(2014年12月28日第十二届全国人民代表大会常务委员会第十二次会议通过)

第一章 总 则

第一条 为了规范和加强航道的规划、建设、养护、保护，保障航道畅通和通航安全，促进水路运输发展，制定本法。

第二条 本法所称航道，是指中华人民共和国领域内的江河、湖泊等内陆水域中可以供船舶通航的通道，以及内海、领海中经建设、养护可以供船舶通航的通道。航道包括通航建筑物、航道整治建筑物和航标等航道设施。

第三条 规划、建设、养护、保护航道，应当根据经济社会发展和国防建设的需要，遵循综合利用和保护水资源、保护生态环境的原则，服从综合交通运输体系建设和防洪总体安排，统筹兼顾供水、灌溉、发电、渔业等需求，发挥水资源的综合效益。

第四条 国务院和有关县级以上地方人民政府应当加强对航道工作的领导，组织、协调、督促有关部门采取措施，保持和改善航道通航条件，保护航道安全，维护航道网络完整和畅通。

国务院和有关县级以上地方人民政府应当根据经济社会发展水平和航道建设、养护的需要，在财政预算中合理安排航道建设和养护资金。

第五条 国务院交通运输主管部门主管全国航道管理工作，并按照国务院的规定直接管理跨省、自治区、直辖市的重要干线航道和国际、国境河流航道等重要航道。

县级以上地方人民政府交通运输主管部门按照省、自治区、直辖市人民政府的规定主管所辖航道的管理工作。

国务院交通运输主管部门按照国务院规定设置的负责航道管理的机构和县级以上地方人民政府负责航道管理的部门或者机构（以下统称负责航道管理的部门），承担本法规定的航道管理工作。

第二章　航道规划

第六条　航道规划分为全国航道规划、流域航道规划、区域航道规划和省、自治区、直辖市航道规划。

航道规划应当包括航道的功能定位、规划目标、发展规划技术等级、规划实施步骤以及保障措施等内容。

航道规划应当符合依法制定的流域、区域综合规划，符合水资源规划、防洪规划和海洋功能区划，并与涉及水资源综合利用的相关专业规划以及依法制定的城乡规划、环境保护规划等其他相关规划和军事设施保护区划相协调。

第七条　航道应当划分技术等级。航道技术等级包括现状技术等级和发展规划技术等级。航道发展规划技术等级根据相关自然条件以及防洪、供水、水资源保护、生态环境保护要求和航运发展需求等因素评定。

第八条　全国航道规划由国务院交通运输主管部门会同国务院发展改革部门、国务院水行政主管部门等部门编制，报国务院批准公布。流域航道规划、区域航道规划由国务院交通运输主管部门编制并公布。

省、自治区、直辖市航道规划由省、自治区、直辖市人民政府交通运输主管部门会同同级发展改革部门、水行政主管部门等部门编制，报省、自治区、直辖市人民政府会同国务院交通运输主管部门批准公布。

编制航道规划应当征求有关部门和有关军事机关的意见，并依法进行环境影响评价。涉及海域、重要渔业水域的，应当有同级海洋主管部门、渔业行政主管部门参加。编制全国航道规划和流域航道规划、区域航道规划应当征求相关省、自治区、直辖市人民政府的意见。

流域航道规划、区域航道规划和省、自治区、直辖市航道规划应当符合全国航道规划。

第九条　依法制定并公布的航道规划应当依照执行；航道规划确需修改的，依照规划编制程序办理。

第三章　航道建设

第十条　新建航道以及为改善航道通航条件而进行的航道工程建设，应当遵守法律、行政法规关于建设工程质量管理、安全管理和生态环境保护的规定，符合航道规划，执行有关的国家标准、行业标准和技术规范，依法办理相关手续。

第十一条　航道建设单位应当根据航道建设工程的技术要求，依法通过招标等方式选择具有相应资质的勘察、设计、施工和监理单位进行工程建设，对工程质量和安全进行监督检查，并对工程质量和安全负责。

从事航道工程建设的勘察、设计、施工和监理单位，应当依照法律、行政法规的规定取得相应的资质，并在其资质等级许可的范围内从事航道工程建设活动，依法对勘察、设计、施工、监理的质量和安全负责。

第十二条　有关县级以上人民政府交通运输主管部门应当加强对航道建设工程质量和安全的监督检查，保障航道建设工程的质量和安全。

第十三条　航道建设工程竣工后，应当按照国家有关规定组织竣工验收，经验收合格方可正式投入使用。

航道建设单位应当自航道建设工程竣工验收合格之日起六十日内，将竣工测量图报送负责航道管理的部门。沿海航道的竣工测量图还应当报送海军航海保证部门。

第十四条 进行航道工程建设应当维护河势稳定，符合防洪要求，不得危及依法建设的其他工程或者设施的安全。因航道工程建设损坏依法建设的其他工程或者设施的，航道建设单位应当予以修复或者依法赔偿。

第四章 航道养护

第十五条 国务院交通运输主管部门应当制定航道养护技术规范。

负责航道管理的部门应当按照航道养护技术规范进行航道养护，保证航道处于良好通航技术状态。

第十六条 负责航道管理的部门应当根据航道现状技术等级或者航道自然条件确定并公布航道维护尺度和内河航道图。

航道维护尺度是指航道在不同水位期应当保持的水深、宽度、弯曲半径等技术要求。

第十七条 负责航道管理的部门应当按照国务院交通运输主管部门的规定对航道进行巡查，发现航道实际尺度达不到航道维护尺度或者有其他不符合保证船舶通航安全要求的情形，应当进行维护，及时发布航道通告并通报海事管理机构。

第十八条 海事管理机构发现航道损毁等危及通航安全的情形，应当及时通报负责航道管理的部门，并采取必要的安全保障措施。

其他单位和人员发现航道损毁等危及通航安全的情形，应当及时报告负责航道管理的部门或者海事管理机构。

第十九条 负责航道管理的部门应当合理安排航道养护作业，避免限制通航的集中作业和在通航高峰期作业。

负责航道管理的部门进行航道疏浚、清障等影响通航的航道养护活动，或者确需限制通航的养护作业的，应当设置明显的作业标志，采取必要的安全措施，并提前通报海事管理机构，保证过往船舶通行以及依法建设的工程设施的安全。养护作业结束后，应当及时清除影响航道通航条件的作业标志及其他残留物，恢复正常通航。

第二十条 进行航道养护作业可能造成航道堵塞的，有关负责航道管理的部门应当会同海事管理机构事先通报相关区域负责航道管理的部门和海事管理机构，共同制定船舶疏导方案，并向社会公告。

第二十一条 因自然灾害、事故灾难等突发事件造成航道损坏、阻塞的，负责航道管理的部门应当按照突发事件应急预案尽快修复抢通；必要时由县级以上人民政府组织尽快修复抢通。

船舶、设施或者其他物体在航道水域中沉没，影响航道畅通和通航安全的，其所有人或者经营人应当立即报告负责航道管理的部门和海事管理机构，按照规定自行或者委托负责航道管理的部门或者海事管理机构代为设置标志，并应当在海事管理机构限定的时间内打捞清除。

第二十二条 航标的设置、养护、保护和管理，依照有关法律、行政法规和国家标准或者行业标准的规定执行。

第二十三条 部队执行任务、战备训练需要使用航道的，负责航道管理的部门应当给予必要的支持和协助。

第五章　航道保护

第二十四条 新建、改建、扩建（以下统称建设）跨越、穿越航道的桥梁、隧道、管道、缆线等建筑物、构筑物，应当符合该航道发展规划技术等级对通航净高、净宽、埋设深度等航道通航条件的要求。

第二十五条 在通航河流上建设永久性拦河闸坝，建设单位应当按照航道发展规划技术等级建设通航建筑物。通航建筑物应当与主体工程同步规划、同步设计、同步建设、同步验收、同步投入使用。

闸坝建设期间难以维持航道原有通航能力的，建设单位应当采取修建临时航道、安排翻坝转运等补救措施，所需费用由建设单位承担。

在不通航河流上建设闸坝后可以通航的，闸坝建设单位应当同步建设通航建筑物或者预留通航建筑物位置，通航建筑物建设费用除国家另有规定外，由交通运输主管部门承担。

通航建筑物的运行应当适应船舶通行需要，运行方案应当经负责航道管理的部门同意并公布。通航建筑物的建设单位或者管理单位应当按照规定维护保养通航建筑物，保持其正常运行。

第二十六条 在航道保护范围内建设临河、临湖、临海建筑物或者构筑物，应当符合该航道通航条件的要求。

航道保护范围由县级以上地方人民政府交通运输主管部门会同水行政主管部门或者流域管理机构、国土资源主管部门根据航道发展规划技术等级和航道保护实际需要划定，报本级人民政府批准公布。国务院交通运输主管部门直接管理的航道的航道保护范围，由国务院交通运输主管部门会同国务院水行政主管部门、国务院国土资源主管部门和有关省、自治区、直辖市人民政府划定公布。航道保护范围涉及海域、重要渔业水域的，还应当分别会同同级海洋主管部门、渔业行政主管部门划定。

第二十七条 建设本法第二十四条、第二十五条第一款、第二十六条第一款规定的工程（以下统称与航道有关的工程），除依照法律、行政法规或者国务院规定进行的防洪、供水等特殊工程外，不得因工程建设降低航道通航条件。

第二十八条 建设与航道有关的工程，建设单位应当在工程可行性研究阶段就建设项目对航道通航条件的影响作出评价，并报送有审核权的交通运输主管部门或者航道管理机构审核，但下列工程除外：

（一）临河、临湖的中小河流治理工程；

（二）不通航河流上建设的水工程；

（三）现有水工程的水毁修复、除险加固、不涉及通航建筑物和不改变航道原通航条件的更新改造等不影响航道通航条件的工程。

建设单位报送的航道通航条件影响评价材料不符合本法规定的，可以进行补充或者修改，重新报送审核部门审核。

未进行航道通航条件影响评价或者经审核部门审核认为建设项目不符合本法规定的，负责建设项目审批或者核准的部门不予批准、核准，建设单位不得建设。

第二十九条 国务院或者国务院有关部门批准、核准的建设项目，以及与国务院交通运输主管部门直接管理的航道有关的建设项目的航道通航条件影响评价，由国务院交通运输主管部门审核；其他建设项目的航道通航条件影响评价，按照省、自治区、直辖市人民政府的规定由县级以上地方人民政府交通运输主管部门或者航道管理机构审核。

第三十条　航道上相邻拦河闸坝之间的航道通航水位衔接，应当符合国家规定的通航标准和技术要求。位于航道及其上游支流上的水工程，应当在设计、施工和调度运行中统筹考虑下游航道设计最低通航水位所需的下泄流量，但水文条件超出实际标准的除外。

保障下游航道通航所需的最小下泄流量以及满足航道通航条件允许的水位变化的确定，应当征求负责航道管理的部门的意见。

水工程需大幅度减流或者大流量泄水的，应当提前通报负责航道管理的部门和海事管理机构，给船舶避让留出合理的时间。

第三十一条　与航道有关的工程施工影响航道正常功能的，负责航道管理的部门、海事管理机构应当根据需要对航标或者航道的位置、走向进行临时调整；影响消除后应当及时恢复。所需费用由建设单位承担，但因防洪抢险工程引起调整的除外。

第三十二条　与航道有关的工程竣工验收前，建设单位应当及时清除影响航道通航条件的临时设施及其残留物。

第三十三条　与航道有关的工程建设活动不得危及航道安全。

与航道有关的工程建设活动损坏航道的，建设单位应当予以修复或者依法赔偿。

第三十四条　在通航水域上建设桥梁等建筑物，建设单位应当按照国家有关规定和技术要求设置航标等设施，并承担相应费用。

桥区水上航标由负责航道管理的部门、海事管理机构负责管理维护。

第三十五条　禁止下列危害航道通航安全的行为：

（一）在航道内设置渔具或者水产养殖设施的；

（二）在航道和航道保护范围内倾倒砂石、泥土、垃圾以及其他废弃物的；

（三）在通航建筑物及其引航道和船舶调度区内从事货物装卸、水上加油、船舶维修、捕鱼等，影响通航建筑物正常运行的；

（四）危害航道设施安全的；

（五）其他危害航道通航安全的行为。

第三十六条　在河道内采砂，应当依照有关法律、行政法规的规定进行。禁止在河道内依法划定的砂石禁采区采砂、无证采砂、未按批准的范围和作业方式采砂等非法采砂行为。

在航道和航道保护范围内采砂，不得损害航道通航条件。

第三十七条　本法施行前建设的拦河闸坝造成通航河流断航，需要恢复通航且具备建设通航建筑物条件的，由发展改革部门会同水行政主管部门、交通运输主管部门提出恢复通航方案，报本级人民政府决定。

第六章　法律责任

第三十八条　航道建设、勘察、设计、施工、监理单位在航道建设活动中违反本法规定的，由县级以上人民政府交通运输主管部门依照有关招标投标和工程建设管理的法律、行政法规的规定处罚。

第三十九条　建设单位未依法报送航道通航条件影响评价材料而开工建设的，由有审核权的交通运输主管部门或者航道管理机构责令停止建设，限期补办手续，处三万元以下的罚款；逾期不补办手续继续建设的，由有审核权的交通运输主管部门或者航道管理机构责令恢复原状，处二十万元以上五十万元以下的罚款。

报送的航道通航条件影响评价材料未通过审核，建设单位开工建设的，由有审核权的交通运输主管部门或者航道管理机构责令停止建设、恢复原状，处二十万元以上五十万元以下的罚款。

违反航道通航条件影响评价的规定建成的项目导致航道通航条件严重下降的，由前两款规定的交通运输主管部门或者航道管理机构责令限期采取补救措施或者拆除；逾期未采取补救措施或者拆除的，由交通运输主管部门或者航道管理机构代为采取补救措施或者依法组织拆除，所需费用由建设单位承担。

第四十条 与航道有关的工程的建设单位违反本法规定，未及时清除影响航道通航条件的临时设施及其残留物的，由负责航道管理的部门责令限期清除，处二万元以下的罚款；逾期仍未清除的，处三万元以上二十万元以下的罚款，并由负责航道管理的部门依法组织清除，所需费用由建设单位承担。

第四十一条 在通航水域上建设桥梁等建筑物，建设单位未按照规定设置航标等设施的，由负责航道管理的部门或者海事管理机构责令改正，处五万元以下罚款。

第四十二条 违反本法规定，有下列行为之一的，由负责航道管理的部门责令改正，对单位处五万元以下罚款，对个人处二千元以下罚款；造成损失的，依法承担赔偿责任：

（一）在航道内设置渔具或者水产养殖设施的；

（二）在航道和航道保护范围内倾倒砂石、泥土、垃圾以及其他废弃物的；

（三）在通航建筑物及其引航道和船舶调度区内从事货物装卸、水上加油、船舶维修、捕鱼等，影响通航建筑物正常运行的；

（四）危害航道设施安全的；

（五）其他危害航道通航安全的行为。

第四十三条 在河道内依法划定的砂石禁采区采砂、无证采砂、未按批准的范围和作业方式采砂等非法采砂的，依照有关法律、行政法规的规定处罚。

违反本法规定，在航道和航道保护范围内采砂，损害航道通航条件的，由负责航道管理的部门责令停止违法行为，没收违法所得，可以扣押或者没收非法采砂船舶，并处五万元以上三十万元以下罚款；造成损失的，依法承担赔偿责任。

第四十四条 违反法律规定，污染环境、破坏生态或者有其他环境违法行为的，依照《中华人民共和国环境保护法》等法律的规定处罚。

第四十五条 交通运输主管部门以及其他有关部门不依法履行本法规定的职责的，对直接负责的主管人员和其他直接责任人员依法给予处分。

负责航道管理的机构不依法履行本法规定的职责的，由其上级主管部门责令改正，对直接负责的主管人员和其他直接责任人员依法给予处分。

第四十六条 违反本法规定，构成违反治安管理行为的，依法给予治安管理处罚；构成犯罪的，依法追究刑事责任。

第七章　附　　则

第四十七条 进出军事港口、渔业港口的专用航道不适用本法。专用航道由专用部门管理。

第四十八条 本法自 2015 年 3 月 1 日起施行。

2. 中华人民共和国航道管理条例实施细则

中华人民共和国航道管理条例实施细则

中华人民共和国交通运输部令

2009 年第 9 号

《关于修改〈中华人民共和国航道管理条例实施细则〉的决定》已于 2009 年 5 月 27 日经第 5 次部务会议通过，现予公布，自公布之日起施行。

部　长　李盛霖

二〇〇九年六月二十三日

中华人民共和国航道管理条例实施细则

（1991 年 8 月 29 日交通部发布　根据 2009 年 6 月 23 日《交通运输部关于修改〈中华人民共和国航道管理条例实施细则〉的决定》修正）

第一章　总　　则

第一条　根据《中华人民共和国航道管理条例》（以下简称《条例》）和国家有关法律、法规的规定，制定本实施细则（以下简称《细则》）。

第二条　中华人民共和国交通运输部（以下简称交通运输部）主管全国航道事业。各级交通运输主管部门设置的航道管理机构是对航道及航道设施实行统一管理的主管部门。

第三条　国家航道是指：

（一）构成国家航道网、可以通航五百吨级以上船舶的内河干线航道；

（二）跨省、自治区、直辖市，可以常年（不包括封冻期）通航三百吨级以上（含三百吨级）船舶的内河干线航道；

（三）可通航三千吨级以上（含三千吨级）海船的沿海干线航道；

（四）对外开放的海港航道；

（五）国家指定的重要航道。

第四条　地方航道是指：

（一）可以常年通航三百吨级以下（含不跨省可通航三百吨级）船舶的内河航道；

（二）可通航三千吨级以下的沿海航道及地方沿海中小港口间的短程航道；

（三）非对外开放的海港航道；

（四）其他属于地方航道主管部门管理的航道。

第五条 航道建设和管理，必须遵守国家的有关法律、法规和规章，符合国家和交通运输部发布的有关航道技术标准。

第六条 航道是重要的水运交通基础设施，各级人民政府有责任加强对航道建设、管理和养护工作的领导；制订国民经济发展计划时，应当统筹安排航道的建设发展，并认真组织实施。

第七条 《条例》和本《细则》所指"航道"是指中华人民共和国沿海、江河、湖泊、水库、渠道和运河内船舶、排筏在不同水位期可以通航的水域。

"航道设施"是指航道的助航、导航、绞滩和通信设施、整治建筑物、航运梯级、过船建筑物（指船闸、升船机、水坡、航运渡槽和隧洞）、航道水文监测设施、航道测量标志、航道段（站）房、航道工程船舶基地和其他航道工程设施；

"与通航有关的设施"是指对航道的通航条件有影响的闸坝、桥梁、渡槽、架空电线、水下电缆、管道、隧道、码头、驳岸、栈桥、护岸矶头、滑道、房屋、涵洞、抽（排）水站、固定渔具、贮木场等拦河、跨河、临河建筑物和其他工程设施。

第二章 航道管理机构及其职责

第八条 国家航道及其航道设施由交通运输部按海区和内河水系设置的航道管理机构或者交通运输部委托的省、自治区、直辖市交通运输主管部门设置的航道管理机构负责管理。

地方航道及其航道设施，由省、自治区、直辖市交通运输主管部门设置的航道管理机构负责管理；一般分省和地、市两级管理，也可由省级统一管理，水运发达地区，可增加县一级管理。管理机构及权限的确定，由省、自治区、直辖市交通运输主管部门根据本省情况报省、自治区、直辖市人民政府审批。

专用航道及其航道设施由专用部门管理。除军事专用航道外，其他专用航道应当接受当地航道管理机构的业务监督和指导。

第九条 各级交通运输主管部门对航道管理的主要职责是：

（一）组织宣传、贯彻《条例》和本《细则》以及国家其他有关航道建设、养护、管理的方针、政策、法律、法规和有关技术标准；

（二）组织编制所辖航道的发展规划和协同有关部门编制专用航道的发展规划；

（三）配合有关部门，进行与通航有关的河流流域综合规划或者区域的综合规划的编制工作；

（四）向交通运输部或者省级人民政府提出划分航道技术等级方案；

（五）协调与航道管理和航运有关的事宜；

（六）根据《条例》和本《细则》，对违反航道管理的行为进行处罚，或者授权航道管理机构进行处罚。

第十条 各级航道管理机构的主要职责是：

（一）根据《条例》和本《细则》以及国家其他有关规定和技术标准，对所辖航道及航道设施实施管理、养护和建设；

（二）审批与通航有关的拦河、跨河、临河建筑物的通航标准和技术要求；

（三）参加编制航道发展规划，拟订航道技术等级，组织航道建设计划的实施；

（四）配合有关部门开展与通航有关河流的综合开发与治理。负责处理水资源综合利用中与航道有关的事宜；

（五）组织开展航道科学研究、先进技术交流和对航道职工进行技术业务培训；

（六）负责对船舶过闸费等规费的征收和使用管理；

（七）负责发布内河航道通告；

（八）负责航道及航道设施的保护，制止偷盗、破坏航道设施、侵占和损坏航道的行为；

（九）接受交通运输主管部门委托，对违反《条例》和本《细则》的行为进行处罚。

第三章 航道的规划和建设

第十一条 凡可开发通航和已通航的天然河流、湖泊、人工运河、渠道和海港航道，都应当编制航道发展规划。

航道发展规划应当根据国民经济、国防建设和水运发展的需要，按照统筹兼顾、综合利用水资源的原则进行编制。内河航道规划应当与江河流域规划相协调，结合城市建设，以及铁路、公路发展规划制定；海港航道规划应当结合海港建设规划制定。

第十二条 航道发展规划的编制和审批的管理权限，按《条例》第八条规定执行。修改已经批准的航道发展规划，必须经原批准机关核准。年度计划应当与规划相衔接。

第十三条 交通运输、水利、水电主管部门应当按《条例》第九条规定编制各类规划和设计文件。规划和设计文件的主管部门应当向参加部门详尽提供有关资料，并在编制、审查的各个重要阶段，采纳有关部门的合理意见。各方意见不能协商一致时，应当报请同级人民政府协调或者仲裁。

违反《条例》第九条规定，未邀请有关主管部门参加编制的规划、设计文件，有关审批部门应当不予批准。

第十四条 航道的技术等级，是确定跨河桥梁、过船建筑物和航道建设标准的依据。内河航道技术等级的划分，应当根据国家规定的全国内河通航标准，经过技术经济论证，充分考虑航运远期发展需要后确定。一至四级航道由省、自治区、直辖市交通运输主管部门或者交通运输部派驻水系的管理机构提出方案，由交通运输部会同水利部及其他有关部门研究批准，报国务院备案。五至七级航道由省、自治区、直辖市航道主管部门提出方案，经省级交通运输主管部门同意，报省、自治区、直辖市人民政府批准，并报交通运输部备案；其中五至七级跨省、自治区、直辖市的航道技术等级由有关省、自治区、直辖市航道主管部门共同提出方案，经有关省级交通运输主管部门同意，报有关省、自治区、直辖市人民政府联合审批，并报交通运输部备案。七级以下的航道技术等级，按省、自治区、直辖市人民政府颁布的内河通航标准规定的审批权限办理。

已经批准的航道技术等级不得随意变更，如确需变更，必须报原批准机关核准。

第十五条 因建设航道及其设施，损坏或者需搬迁水利水电工程、跨河建筑物和其他设施的，建设单位应当按照国家的规定给予赔偿、修复或者搬迁，但原有工程设施是违章的除外。

在行洪河道上进行航道整治，必须符合行洪安全的要求，并事先征求河道主管机关对有关设计和计划的意见。如意见不能协商一致时，报请同级人民政府协调或者裁决。

第四章　航道的保护

第十六条　航道和航道设施受国家保护，任何单位和个人不得侵占、破坏。

航道主管部门负责管理和保护航道及航道设施，有权依法制止、处理各种侵占、破坏航道和航道设施的行为。

第十七条　航道管理机构应当加强航道管理和养护工作，维护规定的航道尺度，保持航道和航道设施处于良好技术状态，保障航道畅通。

航道管理机构应当定期发布内河航道变迁、航标移动、航道尺度和水情以及航道工程施工作业的航道通告。

航道管理机构为了保证航道畅通，在通航水道上进行正常的航道养护工程，包括勘测、疏浚、抛泥、吹填、清障、维修航道设施和设置航标等，任何单位或者个人不得非法阻挠、干涉或者索取费用。

第十八条　修建与通航有关的设施，或者治理河道、引水灌溉，必须符合国家规定的通航标准和有关的技术要求，以及交通运输部和各省、自治区、直辖市人民政府颁发的有关技术标准、规范的规定，不得影响航道尺度，恶化通航条件，不得危害航行安全。与通航有关设施的设计文件中有关航道的事项应当事先征得航道主管部门同意。

任何单位和个人有违反前款规定行为的，航道主管部门有权制止；如工程已经实施，造成断航或者恶化通航条件后果的，建设单位或者个人应当承担赔偿责任，并在航道主管部门规定的期限内拆除设施，恢复原有通航条件或者采取其他补救措施。

第十九条　在通航河流上建设永久性拦河闸坝，建设单位必须按设计和施工方案同时建设过船、过木、过鱼建筑物，并妥善解决施工期间的船舶、排筏安全通航问题，所需建设费用由建设单位承担。

工程施工确需断航的，应当修建临时过船设施或者驳运设施。断航前必须征得交通运输、林业主管部门同意，并赔偿断航期间对水路运输所造成的经济损失。

在不通航河流或者人工渠道上建设闸坝后可以通航的，建设单位应当同时建设适当规模的过船建筑物；不能同时建设的，应当预留建设过船建筑物的位置和条件。过船建筑物的建设费用，除国家另有规定者外，应当由交通运输部门承担。

过船建筑物的建设规模，应当依照经批准的航运规划和交通运输部颁发的《船闸设计规范》的规定执行；对过木、过鱼建筑物的建设规模，由建设单位的主管部门与林业、渔业主管部门商定。

过船、过木、过鱼建筑物的设计任务书、设计文件和施工方案，必须取得交通运输、林业、渔业主管部门的同意。工程竣工验收应当有各该主管部门参加，符合设计要求后方可交付使用。

第二十条　在原有通航河流上因建闸坝、桥梁和其他建筑物，造成断航、碍航、航道淤塞的，应当由航道主管部门根据通航需要，提出复航规划、计划、或者解决办法，按管辖权限报经相应级别人民政府批准，由地方人民政府本着"谁造成碍航谁恢复通航"的原则，责成有关部门限期补建过船、过木、过鱼建筑物，改建或者拆除碍航建筑物，清除淤积，恢复通航和原有通航条件。属于中央掌管的建设项目，由交通运输部与有关部协商责成办理。

第二十一条　在通航河段或者其上游兴建水利、水电工程，控制或者引走水源，建设单位应当保证航道和船闸所需通航流量，并应当事先与交通运输主管部门达成协议。在特殊情况下，由于控制水源或者大量引水将影响通航的，建设单位在动工前应当采取补救工程措施；同时应当由县以上地方人民政府组织水利、水电、农业、林业、交通运输等有关部门共同协商，统筹兼顾给水、灌溉、水运、发电、渔业等各方面需要，合理制定水量的分配办法。

第二十二条　水利水电工程设施管理部门制定调度运行方案，涉及通航流量、水位和航行安全的，必须事先与交通运输主管部门协商，达成协议，并切实按协议执行。协商不能取得一致意见时，由县级以上人民政府裁定。

遇到特殊情况，水利水电工程需要减流断流或者突然加大流量，必须事前及时与交通运输主管部门联系并采取有效措施，防止由于水量突然减少或者加大而造成事故。

第二十三条　因兴建水工程或者与通航有关的设施，对航道的水量有不利影响的，造成航道通航条件恶化的，危及或者损坏航道设施安全的，建设单位应当采取补救措施，或者予以补偿，或者修复。造成航道需要临时或者永久改道的，所需费用由建设单位承担。

第二十四条　在通航河道的管理范围内，水域和土地的利用应当符合航运的要求，岸线的利用和建设，应当服从河道整治规划和航道整治规划。

为确保航道畅通，航道管理机构有权制止在航道滩地、岸坡进行引起航道恶化，不利于航道维护及有碍安全航行的堆填、挖掘、种植、构筑建筑物等行为，并可责成清除构筑的设施和种植的植物。

第二十五条　在防洪、排涝、抗旱时，综合利用水利枢纽过船建筑物的运用，应当服从防汛抗旱指挥机构的统一安排，并应当符合《船闸管理办法》的有关规定和原设计的技术要求。

第二十六条　内河航道上无主的人行桥和农用桥的维修、改建或者拆除，应当由所在地方人民政府负责，如因航运发展需要而改建的，由交通运输主管部门负责。

第二十七条　沿海和通航河流上设置的助航标志，必须分别符合下列国家标准：

（一）沿海助航标志应当符合：

1. GB4696—84《中国海区水上助航标志》；

2. GB4697—84《中国海区水上助航标志的主要外形尺寸》。

（二）内河助航标志应当符合：

1. GB5863—86《内河助航标志》；

2. GB5864—86《内河助航标志的主要外形尺寸》。

非航标管理部门在沿海和通航河流上设置专用航标，必须经航标管理部门的同意，标志设置单位应当经常维护，使之保持良好技术状态。

第二十八条　助航、导航设施和测量标志是关系水运交通安全的公共设施，所在地人民政府对其设置占地，应当给予支持。

航标设施、附属设备及辅助设施的保护和管理，按国家有关规定执行。

第二十九条　在通航河流上新建和已建桥梁，必须根据航道主管部门的意见，建设桥涵标志或者桥梁河段航标，同时按港监部门的意见，增设航行安全设施，其建设和维护管理工作，由桥梁建设或者管理单位负责。

建设其他与通航有关的设施，涉及到航行安全和设施自身安全的，亦须设置航标予以标示，其设标和维护管理工作，亦由建设和管理单位负责。

对设置和管理上述航标，建设或者管理单位确有困难的，可以委托航道主管部门代设代管，有关设备和管理费用由委托单位负责。

第三十条　除疏浚、整治航道所必须的排泥、抛石外，禁止向河道倾倒泥沙、石块和废弃物。

在通航河道内挖取砂石泥土、开采砂金、堆放材料，必须报河道主管部门会同航道主管部门批准，涉及水上交通安全的，事先征得港监部门同意，并按照批准的水域范围和作业方式开采，不得恶化通航条件。

第三十一条 沉没在通航水域的船舶、设施或者有碍航行安全的物体，其所有人或者经营人应当立即报告港航监督部门和航道主管部门，按规定设置标志，或者委托航道管理部门代设代管，并应当在港航监督部门限定的时间内打捞清除。

在狭窄的内河航道，沉船、沉物造成断航或者严重危害航行安全的，应当立即进行清除，其费用由沉船、沉物所有人或者经营人承担。

船舶、排筏在内河浅险段航行，因违章、超载或者走偏航道，发生搁浅，造成航道堵塞，航道条件恶化，航道主管部门采取疏浚，改道等应急措施，其经费由船舶、排筏所有人或者经营人承担。

第三十二条 任何单位在通航水域进行工程建设，施工完毕必须按通航要求及时清除遗留物，如围埝、残桩、沉箱、废墩、锚具、沉船残体、海上平台等，并经航道主管部门验收认可。没有清除的，航道主管部门有权责成其限期清除，或者由航道主管部门强制清除，其清除费用由工程施工单位承担。

第五章 航道养护经费

第三十三条 除水利、能源部门在原通航河流建有水电站的船闸、升船机等按有关部或者地方人民政府规定免收费以外，船舶、排筏通过船闸、升船机等过船设施，应当按国家规定缴纳过闸费。

过闸费的征收和使用办法，由交通运输部、财政部、国家物价局共同制定，报国务院批准后实施。在重新制定的征收和使用办法未颁布实施前，仍按原有规定执行。

第三十四条 海港和内河港口港内航标的修理、增添必要的附属设备、航标管理、测绘的业务费等，按原交通部、财政部发布的《港务费收支管理规定》从安全监督局港务费中开支。港务费用于航标的比率应当有明确规定。外国籍船舶使用海区航标，应当缴纳船舶吨税。

第三十五条 海港和内河港口进港航道的维护性挖泥和改善航道条件的费用；航道、泊位、港池、锚地的测量、破冰以及本港挖泥船进行维护性挖泥的费用；船闸管理费用；护岸、导流堤、船闸的修理、加固以及结合修理进行改造和增添的附属设备设施所发生的费用，按交通部、财政部发布的《港务费收支管理规定》从港务局港务费中开支。

第三十六条 水利部、能源部在原通航河流上设有水电站的直属综合利用水利枢纽的过船、过木建筑物，不收船舶、排筏过船闸（升船机等）费，所需维修管理费用在水电成本中开支。各省、自治区、直辖市所属水电站的过船、过木建筑物的收费问题，按各省、自治区、直辖市人民政府的规定办理。

第六章 罚 则

第三十七条 各级航道管理机构及管理人员要加强对航道行政的管理监督、检查。检查时应当持有检查证，佩戴标志。有关部门应当接受航道主管部门的监督、检查。

第三十八条 对有违反《条例》和本《细则》规定行为的单位或者个人，县以上交通运输主管部门或者其受委托的航道管理机构除责令其纠正违法行为，限期采取补救措施，排除障碍，赔偿损失外，按下列规定予以处罚：

（一）违反《条例》第十三条，本《细则》第十六条，侵占、破坏航道或者航道设施的，处以不超过损失赔偿费40%的罚款。

（二）违反《条例》第二十一条，本《细则》第二十七条，未经交通运输主管部门同意，擅自设置专用航标，应当在主管部门规定的期限内补办手续，或者拆除标志，并处以1000元以上2000元以下罚款。

（三）违反《条例》第二十一条，本《细则》第二十九条规定，未按主管部门意见设置必要的航标，除责令其限期补设外，并处以500元以上2000元以下罚款。如因未设航标造成航行事故的，需承担法律责任。

（四）违反《条例》第二十二条，本《细则》第三十条第一款的，责令停止违法行为，限期清除碍航物体，所需费用由违法者承担，并处以相当于清除费用2倍的罚款。违反同条第二款的，责令立即停止作业，补办手续，限期清除碍航物体，并处以1000元以上2000元以下罚款。

第三十九条　违反本《细则》第三十一条，对沉船、沉物未及时报告或者未设标示的，由港航监督机构按章处罚，并责令将标志的设置和维护费用交航标管理部门；因此导致沉船事故的，还应当追究责任。对沉船、沉物未按期捞除的，除所有人丧失所有权，航道主管部门有权予以打捞清除外，其全部费用强制由沉船、沉物所有人或者经营人承担。

第四十条　违反本《细则》第三十三条，未按章交纳船舶过闸费的，按国家和省级人民政府对船舶过闸费征收和使用办法中有关规定予以处罚。

第四十一条　交通运输主管部门或者其受委托的航道管理机构，发现违反《条例》和本《细则》的行为，按照《交通行政处罚程序规定》予以处罚。

第四十二条　当事人对处罚机关处罚不服的，可以在接到处罚决定之日起六十日内向作出处罚决定机关的上一级机关申请复议，对复议决定不服的，可以在接到复议决定之日起十五日内，向人民法院提请诉讼。当事人也可以在接到处罚决定之日起三个月内，直接向人民法院起诉。当事人逾期不申请或者不向人民法院起诉，又不履行处罚决定的，由作出处罚决定的机关申请人民法院强制执行。

第四十三条　交通运输主管部门或者有关管理部门工作人员，玩忽职守，滥用职权，徇私舞弊的，由其所在单位或者上级主管部门给予行政处分或者经济处罚；使国家造成重大损失的，依法追究刑事责任。

第四十四条　违反《条例》和本《细则》的规定，应当受治安管理处罚的，由公安机关处理；构成犯罪的，由司法机关追究刑事责任。

第七章　附　则

第四十五条　国境河流航道的管理，按照两国有关协定执行。没有协定的，按《条例》和本《细则》执行。

第四十六条　本《细则》由交通运输部负责解释。

第四十七条　各省、自治区、直辖市交通运输主管部门可根据《条例》和本《细则》，结合本地区的实际情况，制订具体实施办法，报经省、自治区、直辖市人民政府批准后实施，并报交通运输部备案。

对于航道的管理范围，由各省、自治区、直辖市交通运输主管部门，根据各地实际情况，在制定具体实施办法时一并研究确定，报省、自治区、直辖市人民政府批准。

第四十八条　本《细则》自1991年10月1日起施行。

3. 航道通航条件影响评价审核管理办法

航道通航条件影响评价审核管理办法

《交通运输部关于修改〈航道通航条件影响评价审核管理办法〉的决定》已于2019年11月20日经第26次部务会议通过，现予公布，自公布之日起施行。

交通运输部部长　李小鹏
2019年11月28日

航道通航条件影响评价审核管理办法

第一章　总　则

第一条　为规范航道通航条件影响评价审核工作，依法保护航道，根据《中华人民共和国航道法》，制定本办法。

第二条　对与航道有关的工程进行航道通航条件影响评价审核及监督实施，适用本办法。

本办法所称航道通航条件影响评价审核，是指在新建、改建、扩建（以下统称建设）与航道有关的工程前，建设单位根据国家有关规定和技术标准规范，论证评价工程对航道通航条件的影响并提出减小或者消除影响的对策措施，由有审核权的交通运输主管部门或者航道管理机构进行审核。

第三条　除《中华人民共和国航道法》第二十八条第一款第（一）（二）（三）项规定的工程外，下列与航道有关的工程，应当进行航道通航条件影响评价审核：

（一）跨越、穿越航道的桥梁、隧道、管道、渡槽、缆线等建筑物、构筑物；

（二）通航河流上的永久性拦河闸坝；

（三）航道保护范围内的临河、临湖、临海建筑物、构筑物，包括码头、取（排）水口、栈桥、护岸、船台、滑道、船坞、圈围工程等。

第四条　交通运输部主管全国航道通航条件影响评价审核管理工作。

国务院或者国务院有关部门批准、核准的建设项目，以及与交通运输部按照国务院的规定直接管理的跨省、自治区、直辖市的重要干线航道和国际、国境河流航道等重要航道有关的建设项目，其航道通航条件影响评价，由交通运输部负责审核。其中，与长江干线航道有关的建设项目，除国务院或者国务院有关部门批准、核准的建设项目以及跨（穿）越长江干线的桥梁、隧道工程外，由长江航务管理局承担审核的具体工作。

其他建设项目的航道通航条件影响评价，按照省、自治区、直辖市人民政府的规定由县级以上地方人民政府交通运输主管部门或者航道管理机构负责审核。

本条第二款、第三款规定的负责审核的部门或者航道管理机构，以下统称审核部门。

第二章 航道通航条件影响评价报告编制

第五条 建设与航道有关的工程，建设单位应当在工程可行性研究阶段，按照交通运输部有关规定和技术标准要求编制航道通航条件影响评价报告（以下简称航评报告）。

第六条 航评报告应当包括下列内容：
（一）建设项目概况，包括项目名称、地点、规模、建设单位等；
（二）建设项目所在河段、湖区、海域的通航环境，包括自然条件、水上水下有关设施、航道及通航安全状况等；
（三）建设项目的选址评价；
（四）建设项目与通航有关的技术参数和技术要求的分析论证；
（五）建设项目对航道条件、通航安全、港口及航运发展的影响分析；
（六）减小或者消除对航道通航条件影响的措施；
（七）航道条件与通航安全的保障措施；
（八）征求各有关方面意见的情况及处理情况。

第七条 航评报告由建设单位自行编制，也可以委托具有相应经验、技术条件和能力，信誉良好的机构编制。审核部门不得以任何形式要求建设单位委托特定机构编制航评报告。

第八条 编制航评报告，应当开展现场踏勘、调研，做到搜集资料齐全、论证充分、评价全面、结论明确、客观公正，并如实反映各相关部门、单位的意见及处理情况。

建设单位和航评报告编制单位应当对资料的真实性、有效性，以及航评报告的内容与结论负责。

第九条 在航评报告编制过程中，建设单位应当就通航影响征求港航企业等利害相关方的意见。

在通航河流上建设永久性拦河闸坝的，建设单位应当书面征求上下游受影响省份的省级交通运输主管部门的意见。在长江水系四级及以上航道建设永久性拦河闸坝的，建设单位还应当征求长江航务管理局的意见；在珠江水系四级及以上航道建设永久性拦河闸坝和桥梁的，建设单位还应当征求珠江航务管理局的意见。

各相关交通运输主管部门及管理机构应当及时向征求意见的建设单位回复意见。

第三章 申请与审核

第十条 建设单位在工程可行性研究阶段完成航评报告后，应当向审核部门提出航道通航条件影响评价审核申请。

第十一条 建设单位申请航道通航条件影响评价审核时，应当提交以下材料：
（一）审核申请书；
（二）航评报告；
（三）项目的规划或者其他建设依据；
（四）涉及规划调整或者拆迁等措施的应当提供规划调整或者拆迁已取得同意或者已达

成一致的承诺函、协议等材料。

建设单位应当对所提交材料的真实性、合法性负责。

第十二条 审核部门收到建设单位提交的审核申请后，应当进行材料审查，审查内容主要包括申请事项是否属于受理范围、材料是否齐全、航评报告文本格式是否符合规定要求等。

不属于受理范围的，审核部门应当及时告知建设单位。申请材料不全或者不符合规定要求的，应当在五个工作日内一次性告知需要补正的全部内容。材料审查通过的，审核部门应当予以受理，并出具受理通知书。

第十三条 审核部门受理建设单位提交的审核申请后，应当及时组织审核。审核依据主要包括：

（一）有关法律、法规、规章；

（二）《内河通航标准》（GB50139）、《通航海轮桥梁通航标准》（JTJ311）、《运河通航标准》（JTS180—2）、《长江干线通航标准》（JTS180—4）等有关标准；

（三）航道、港口等相关规划；

（四）建设项目所在河段、湖区、海域航道建设养护、通航安全、航运发展的相关要求。

第十四条 审核部门应当围绕航评报告内容是否全面，程序是否合规，论证是否充分，结论是否客观，拟采取的措施是否得当等方面内容，针对下列事项进行审核：

（一）拦河闸坝的选址，总平面布置，运量预测，代表船型，通航建筑物设计通航标准及规模、设计通航水位及流量、上下游梯级通航水位衔接、回水变动区淤积及坝下清水冲刷影响，施工期通航方案，通航建筑物施工组织计划，航道与通航安全保障措施等；

（二）桥梁、缆线等跨越航道建设项目的选址，河床演变分析，设计通航水位，代表船型，通航净空尺度，桥跨布置方案，墩柱防撞标准，航道与通航安全保障措施等；

（三）隧道、管道等穿越航道建设项目的选址、河床演变、埋设深度、出入土点、冲刷深度、应急抛锚影响，航道与通航安全保障措施等；

（四）临河、临湖、临海建设项目的选址及工程布置对航道通航条件的影响，航道与通航安全保障措施等。

第十五条 审核部门在审核中认为必要的，可以采取专家咨询、委托第三方技术咨询机构开展技术咨询等方式。咨询费用由审核部门按照国家有关规定纳入部门预算管理。

委托第三方技术咨询机构的，应当选择具有港口河海工程咨询、水运行业设计、水运行业（航道工程）设计资质之一，并具备相关专业业务能力的技术服务机构承担技术咨询工作。第三方技术咨询机构的选择应当遵守政府采购法律、法规的有关要求，并及时公告有关信息。

委托的第三方技术咨询机构不得与可行性研究报告编制单位、航评报告编制单位为同一单位，不得与可行性研究报告编制单位、航评报告编制单位、建设单位存在控股、管理关系或者存在法人、负责人为同一人等重大关联关系。

第三方技术咨询机构应当充分了解委托事项与航道、通航有关的情况以及有关各方的意见，客观、公正、及时地完成技术咨询工作，并对技术咨询结论负责。技术咨询报告应当对审核的各项内容提出明确的意见；有重大分歧的，应当如实反映并提出建议。

第十六条 审核部门应当在受理审核申请后二十个工作日内完成审核并出具航道通航条件影响评价审核意见（以下简称审核意见）。技术咨询、专家评审、评价材料修改完善所需时间不计算在规定的审核期限内。

第十七条 审核意见应当根据本办法第十四条规定的审核内容，提出明确意见，并作出通过或者不予通过审核的意见。

审核未通过的，建设单位可以根据审核意见对工程选址或者建设方案等进行调整，重新编制航评报告，并报送审核部门审核。

审核部门应当在审核意见中明确负责组织监督检查的部门或者建设项目所在水域负责航道现场管理的机构，并将审核意见抄送该部门或者机构。

第十八条 审核部门出具审核意见后，建设单位、项目名称和涉及航道、通航的事项发生变化的，建设单位应当向原审核部门申请办理变更手续。

其中，建设项目涉及航道、通航的以下事项发生较大调整且对航道通航条件可能产生不利影响的，建设单位应当开展补充或者重新评价，并重新报送审核部门审核：

（一）工程选址；

（二）拦河闸坝总平面布置，通航建筑物型式、有效尺度及规模，设计通航水位等；

（三）跨越航道建设项目的通航净空尺度、通航孔布置、墩柱布置等；

（四）穿越航道建设项目的埋设深度、出入土点等；

（五）临河、临湖、临海建设项目的设计代表船型、工程布置、功能用途、结构形式等；

（六）其他可能对航道条件、通航安全、航运发展产生较大影响的事项。

第十九条 建设单位取得审核意见后，未在审核意见签发之日起三年内开工建设的，或者建设项目开工建设前因重大自然灾害、极端水文条件等引起航道通航条件发生重大变化的，建设单位应当重新申请办理审核手续。

第二十条 审核部门应当将开展航道通航条件影响评价审核的依据、条件、程序、期限以及需要提交的材料目录等依法予以公开，接受社会监督。

第四章 监督检查

第二十一条 审核部门应当组织对航道通航条件影响评价审核意见的执行情况进行监督检查。其中，交通运输部负责审核的建设项目，由省级交通运输主管部门负责组织进行监督检查；但与长江干线航道有关的建设项目，由长江航务管理局负责组织进行监督检查。

建设项目所在水域负责航道现场管理的机构承担现场监督检查工作。

第二十二条 建设单位应当严格执行审核意见，并接受监督检查。

开工建设前，建设单位应当向负责航道现场管理的机构报送建设项目施工图设计中涉及航道、通航内容的资料。与航道、通航有关的建设内容完工后，建设单位应当向负责航道现场管理的机构报送建设项目审核意见执行情况、施工临时设施及残留物的清除情况等资料。建设单位应当对所报资料的真实性负责。

第二十三条 负责航道现场管理的机构在日常巡查中应当加强对与航道有关的工程执行航道通航条件影响评价审核意见的现场检查；对建设单位报送的建设项目施工图设计中涉及航道、通航内容的资料，应当及时进行核查。发现工程建设与审核意见不符的，应当要求建设单位及时改正；建设单位拒不改正的，应当及时报告负责组织监督检查的部门。

与航道有关的建设内容完工后，负责航道现场管理的机构应当将监督检查情况、建设单位关于审核意见的执行情况等逐级报送审核部门。

第二十四条 负责组织监督检查的部门在参与建设项目初步设计、施工图设计审查过程中，应当对建设项目执行审核意见的情况进行复核。

在建设项目开工前，负责组织监督检查的部门应当根据审核意见和建设项目现场监督检查实际，向负责航道现场管理的机构明确现场监管要求。

第二十五条　交通运输部和省级交通运输主管部门应当建立随机抽取被检查对象、随机选派抽查人员的抽查机制，对建设项目执行审核意见的情况进行监督检查，并将检查结果及时向社会公开。

第二十六条　有下列情形之一的，审核部门可以撤销已出具的审核意见：

（一）建设单位以提供虚假材料等不正当手段取得审核意见的；

（二）超越审核权限出具审核意见的；

（三）违反规定程序出具审核意见的；

（四）依法可以撤销审核意见的其他情形。

第五章　法律责任

第二十七条　审核部门、负责组织监督检查的部门或者负责航道现场管理的机构不依法履行职责的，由其上级主管部门责令改正，对直接负责的主管人员和其他直接责任人员依法给予处分。审核部门、负责组织监督检查的部门或者负责航道现场管理的机构工作人员滥用职权、玩忽职守、徇私舞弊的，依法给予处分；构成犯罪的，依法移交司法机关追究刑事责任。

第二十八条　建设单位违反航道通航条件影响评价审核规定进行项目建设的，由有审核权的交通运输主管部门或者航道管理机构依据《中华人民共和国航道法》的规定，追究法律责任。

负责组织监督检查的部门或者负责航道现场管理的机构应当将监督检查中发现的建设单位的相关违法行为报告审核部门，并提出处理建议。

第二十九条　实施罚款时，应当综合考虑航道的等级及重要性、建设项目对航道条件与通航安全的影响程度、建设单位采取补救措施的及时性和有效性等因素，合理确定罚款额度。

对违反《中华人民共和国航道法》第二十八条规定，位于内河四级及以上航道或者通航5000吨级及以上海轮航道的建设项目，在《中华人民共和国航道法》第三十九条规定的罚款幅度内给予从重处罚。

对违反《中华人民共和国航道法》第二十八条规定，位于内河四级以下航道上且对航道条件与通航安全影响较小并及时消除隐患的建设项目，在《中华人民共和国航道法》第三十九条规定的罚款幅度内给予从轻处罚。

第三十条　交通运输部和省级交通运输主管部门应当加强对建设单位、航评报告编制单位、相关技术服务机构、评审专家的信用管理，依法将失信行为信息及时向社会公开。

第六章　附　　则

第三十一条　本办法自2017年3月1日起施行。交通部于1994年9月10日发布的《跨越国家航道的桥梁通航净空尺度和技术要求的审批办法》（交基发〔1994〕906号）和2006年7月26日发布的《关于进一步做好跨越航道的桥梁通航净空尺度和技术要求审批工作的通知》（交水发〔2006〕388号）同时废止。

4. 北京市水利工程保护管理条例

北京市水利工程保护管理条例

（1986年4月30日北京市第八届人民代表大会常务委员会第二十二次会议通过　根据1997年4月15日北京市第十届人民代表大会常务委员会第三十六次会议通过的《关于修改〈北京市水利工程保护管理条例〉的决定》修正　根据2010年12月23日北京市第十三届人民代表大会常务委员会第二十二次会议通过的《关于修改部分地方性法规的决定》修正　根据2016年11月25日北京市第十四届人民代表大会常务委员会第三十一次会议通过的《关于修改部分地方性法规的决定》修正　根据2018年3月30日北京市第十五届人民代表大会常务委员会第三次会议通过的《关于修改〈北京市大气污染防治条例〉等七部地方性法规的决定》修正）

第一章　总　　则

第一条　为加强水利工程的保护和管理，充分发挥工程效益，促进工农业生产发展，保障城乡人民生活用水，确保首都防洪安全，特制定本条例。

第二条　本市行政区域内的水利工程，包括河道、湖泊、防洪排涝工程，水库、蓄水、引水、提水工程，农田排灌、农村人畜饮水工程，水行政主管部门管理的水力发电工程以及附属于上述工程的土地、山场和设施，均按本条例管理。

第三条　市和区水行政主管部门是市和区人民政府管理水利工程的主管机关。

市水行政主管部门主管全市水利工程管理工作。区水行政主管部门主管本区管辖的水利工程管理工作。乡（镇）人民政府设水利助理员，负责本乡（镇）管辖的水利工程管理工作。

第四条　各级人民政府应制定水利建设、管理的规划和年度计划，用于水利工程建设和管理的资金，应占市和区、乡（镇）财政年度预算的适当比例。

实行计划供水，有偿供水。水费收入用于水利工程的保护管理、更新改造，不得挪作他用。

集体经济组织管理的小型农田水利工程维护、更新、兴建所需资金，由受益的集体经济组织自筹。经济困难的，市和区、乡（镇）人民政府可给予适当补助。

第五条　集体经济组织管理的水利工程应当加强统一管理，建立、完善管理责任制。未经区水行政主管部门批准不得擅自拆毁、变卖或分给个人。

第六条　一切单位和个人都有保护水利工程设施的责任和参加防洪抢险的义务，并有权制止和检举损害水利工程的行为。

第二章　工程保护与管理

第七条　市和区管理的水利工程和跨越区、乡（镇）的水利工程，分别由市和区水行政主管部门负责建立、健全管理机构。园林绿化、城市管理部门和国营农场（林场、牧场）负责建立和健全所属水利工程的管理组织。乡（镇）设水利管理服务站。村集体经济组织管理的蓄水、引水和机井、扬水站、排灌渠道等水利工程，必须建立、健全管理组织或确定管理人员。

水利工程管理机构、组织和管理人员的基本职责是：依照国家有关法律、法规和本条例，加强工程保护，预防和制止偷盗、损毁、哄抢等破坏水利工程设施的行为，并及时上报主管部门查处；维护、保养工程设施，确保工程完好；合理用水、节约用水，执行供水计划和防洪调度命令；建立各项管理制度，提高管理水平，充分发挥水利工程综合效益。

第八条　市和区管理的水库、引水渠和其他水利工程及附属的土地、山场属于各该工程的管理范围；两堤之间的河道及护堤地和无堤河道的设计行洪范围为河道的管理范围；排灌渠道及护渠地为渠道的管理范围。

市和区管理的河道、渠道管理范围，由市和区水行政主管部门提出方案，报同级人民政府批准。集体经济组织管理的水利工程，包括机井、扬水站、渠道等小型农田水利工程的管理范围，按管理权限，分别由乡（镇）人民政府和集体经济组织划定。跨乡工程由区水行政主管部门划定。

水利工程管理范围与公路等其他工程管理范围重叠交叉时，由双方协商解决，达不成协议的，按管辖权限报人民政府决定。

各类水利工程的管理范围，应标图立界，由水利工程管理单位管理。

第九条　在水利工程的管理范围内，禁止下列行为：

（一）毁损水利工程、水工水文观测设施及通讯、照明、交通等附属设备；

（二）擅自建筑房屋和在河道及引水、排水渠内筑坝，在库区内填库造地；

（三）倾倒垃圾、渣土、工矿废弃物，修造坟墓和其他构筑物，堆放物料，围河养殖，挤占河道、沟渠；

（四）擅自爆破、采石、取土、打井、采伐林木；

（五）在坝顶、水闸交通桥行驶履带车辆、超重车辆；

（六）非管理人员开关、启闭水利设备；

（七）在堤防上及大型渠道内垦植、放牧；

（八）在河道内修建套堤、高渠、高路。

第十条　在重要河道、引水渠、排灌渠道管理范围的周围，市和区水行政主管部门根据保护水利工程的需要，可以提出水利工程保护范围，报同级人民政府批准。在保护范围内，不得从事挖沙取土、修建鱼池、擅自建房和爆破等危害水利工程的活动。违反的，除批评制止外，责令恢复原状。

第十一条　确有必要在水利工程管理范围和保护范围内进行建设的，应当按照保护水利工程安全的要求提出设计，根据水利工程管理权限分别报经市和区水行政主管部门审核同意，依照《北京市城乡规划条例》的规定报批。

工程建设单位应按照批准的设计施工，按期竣工。不按设计施工或不能按期竣工，影响蓄水、供水、排水和行洪的，水利工程管理机构可以责令建设单位停止施工、拆除或者采取其他保护措施。

建设施工如确需阻断或损坏排灌沟渠、涵闸、管道、堤坝、桥梁等工程的，建设单位应当事先报水行政主管部门批准，采取临时措施，保证原水利工程的效能，并在限期内修复或修建相应的工程设施。

第十二条 在同一个排灌系统内，未经上下游双方协商和区水行政主管部门批准，不准阻断、扩大或缩小原有排灌沟渠。

第十三条 扩建、改建和新建水利工程，必须服从水利工程管理的统一规划，按管理权限报市和区水行政主管部门批准或经市和区水行政主管部门审核，依照国家有关规定报上级主管机关批准。

需要废除的水利工程，应当报原批准建设的机关核准，原有设备和物资必须妥善保管，可以由市和区水行政主管部门和乡（镇）人民政府有偿调剂使用。

第十四条 由水行政主管部门供水的用水户必须按规定缴纳水费。逾期不缴纳的，加收滞纳金。经催缴仍不缴纳的，由市和区水行政主管部门申请人民法院强制执行。

水费的核定、计收和管理办法，由市人民政府制定。

第三章 防洪与清障

第十五条 河道、水库按国家规定的防洪标准设防。

永定河、潮白河、北运河、温榆河按50年一遇行洪标准清除行洪障碍物，清障范围由市水行政主管部门提出，报市人民政府批准。永定河卢沟桥以上分洪道和其他中、小河道的行洪清障标准及范围，由市和区水行政主管部门提出，报同级人民政府批准。

凡应当清除的行洪障碍物，本着"谁设障，谁清除"的原则，由市和区水行政主管部门向设障单位发出清障通知书，限期清除。设障单位有异议时，应当在接到清障通知书10日内向市和区人民政府提出，由市和区人民政府决定。逾期不清除行洪障碍物的，由市和区水行政主管部门申请人民法院强制执行。清除费用由设障单位或个人负担。

第十六条 不符合防洪设防标准严重壅水的桥梁、引路和其他跨河工程设施，有关水行政主管部门可以报请区级以上人民政府按照管辖权限责令建设单位限期改建或者拆除。

第十七条 河道内不得种植树木，经市和区水行政主管部门批准在滩地种植树木除外。现有影响行洪和水文测验的树木，应当限期清除。

第十八条 大、中型河道堤顶，除防汛、公安、消防、救护等特许车辆外，禁止其他机动车、兽力车通行。市和区水行政主管部门和交通部门确定的堤路结合地段不在此限。

汛期交通应当服从市和区防汛抗旱指挥部的统一指挥。

第十九条 防洪工作应统一指挥、统一调度，分级、分段负责。任何单位和个人必须执行防洪调度命令。

永定河、北运河、温榆河、潮白河、城市河湖及大、中型水库防洪调度命令，根据国务院有关规定由市防汛抗旱指挥部下达，其他河道和水库的防洪调度命令由区防汛抗旱指挥部下达。

第四章 奖励与惩罚

第二十条 对认真贯彻执行本条例、积极参加防洪抢险，保护管理水利工程设施成绩显著的单位和个人，由各级人民政府或市和区水行政主管部门给予奖励。

第二十一条 有下列行为之一的单位或个人，给予处罚：

（一）违反本条例第九条第一项规定的，责令停止违法行为，采取补救措施，可以处5万元以下罚款；造成损坏的，依法承担民事责任。

（二）违反本条例第九条第二项、第三项、第八项规定的，责令排除阻碍或者采取其他补救措施，可以处5万元以下罚款。

（三）违反本条例第九条第四项规定的，责令停止违法行为，采取其他补救措施，处5万元以下罚款；擅自采伐林木的，按本市森林资源保护管理法规处理。

（四）违反本条例第九条第五项、第六项、第七项和第十九条规定的，除责令纠正违法行为、赔偿损失、采取补救措施外，并可以处警告、200元以下罚款。在堤坝及大型渠道垦植的，还应令其恢复地貌。

（五）毁坏、盗窃或以其他方法破坏水利工程设施及附属设备，情节显著轻微的，追回赃物或照价赔偿。违反治安管理的，依照《中华人民共和国治安管理处罚法》处理；构成犯罪的，依法追究刑事责任。

第二十二条　根据第二十一条处以罚款的，行政处罚决定按照水利工程管理权限，分别由市和区水行政、园林绿化、城市管理主管机关作出。当事人对罚款决定不服的，可以依法申请行政复议或者提起行政诉讼。逾期不申请复议、不起诉又不履行的，由作出决定的机关申请人民法院强制执行。

第二十三条　对拒不执行防洪调度命令，尚未造成后果的，应当追究责任人员的行政责任；构成犯罪的，依法追究刑事责任。

第二十四条　在水利工程管理工作中，滥用职权、徇私舞弊、玩忽职守的，视情节和后果，追究责任人员的行政责任或刑事责任。

第二十五条　拒绝、阻碍水利工程管理人员依法执行职务，未使用暴力、威胁方法的，依照《中华人民共和国治安管理处罚法》处理；构成犯罪的，依法追究刑事责任。

第五章　附　　则

第二十六条　本条例自1986年6月1日起施行。《北京市水利工程管理办法》和《北京市革命委员会关于保护水利工程的布告》同时废止。

5. 天津市水路运输管理暂行办法

天津市水路运输管理暂行办法

第一条 为加强水路运输管理，维护水路运输秩序，保护经营者、货物托运人和旅客的合法权益，根据《中华人民共和国水路运输管理条例》，结合本市实际情况，制定本办法。

第二条 本办法适用于在本市从事沿海、河流、湖泊及其他通航水域的水路运输和水路运输服务业务的单位（含中央和外省市在津单位、部队、在中国注册登记的外资企业、中外合资经营企业、中外合作经营企业）和个人（指个体户和联户）。

第三条 天津市交通局是管理本市水路运输行业的行政主管机关，下设天津市航运管理处。

市交通局负责全市水路运输的宏观管理和综合平衡，组织市规定的重点物资、紧急物资的运输，并督促执行。

各县交通局、各郊区、塘沽区、汉沽区、大港区交通（公路）运输管理所（以下连同市航运管理处统称航管部门），负责本地区的水路运输行政管理。

第四条 在本市设立水路运输企业应具备以下条件：

（一）具有与经营范围相适应的运输船舶，并持有船舶检验部门签发的有效船舶证书，其驾驶，轮机人员应持有航政部部门签发的有效职务证书。集体和个人的运输船舶的船员、船民需持有公安部门核发的有效证件；

（二）有较稳定的客源或货源；

（三）经营客运航线的，应当落实客船沿线停靠港（站）点，并具备相应的安全服务设施；

（四）有经营管理的组织机构、场所和负责人，并订有业务章程；

（五）有与运输业务相适应的自有流动资金。

第五条 设立水路运输服务企业，应具备第四条第四项规定的条件，并拥有与水路运输服务业务相适应的自有流动资金。

第六条 水路运输企业以外的单位和个人从事营业性运输的，应具备第四条第一、二、三、五项规定的条件，并有确定的负责人，个人的船舶还需持有保险证明。

第七条 凡申请经营营业性水路运输、水路运输服务业务的单位和个人，应按下列规定办理审批手续：

（一）单位经营的，需持上级业务主管部门的证明文件，个人经营的，需持所在地街办事处或乡（镇）人民政府出具的证明，向所在地航管部门提出申请（凡需要由交通部批准的个由市航管部门转报），经航管部门审核后，对核准的单位和个人发给水路运输许可证或水路运输服务许可证，同时根据其管理水平、运输能力、客货源情况，签注经营范围。

（二）取得水路运输许可证或水路运输服务许可证的单位和个人，凭许可证向所在地工商行政管理机关申请营业登记。

（三）持营业执照向原发许可证的航管部门，领取单船船舶营业运输证。

第八条 要求歇业的企业和船舶，应首先清理债权债务，经上级业务主管部门批准后三十日内，向所在地航管部门提出报告，缴销运输许可证。要求歇业的企业还应向所在地工商行政管理机关办理注销登记手续。要求船舶转户的，原户主按歇业手续办理，新户主按开业手续办理。船舶报废时，须向所在地航管部门申报备案。

第九条 水路运输企业和其他从事营业性运输的单位和个人，增加运力时，应逐船向所在地航管部门申领船舶营业运输证。

第十条 经营营业性水路客运的单位和个人，应按核定的航线、班次和停靠港（站）点从事运输。如需取消航线或减少班次和停靠港（站）点时，应向所在地航管部门提出申请，航管部门在十五日内给予答复，经批准的，由经营单位或个人公告周知，从批准之日起十五日后方可取消或变更。

第十一条 经综合平衡确定的运输计划以外的货源和客源，水路运输企业和其他从事营业性运输的单位和个人，可以在批准的经营范围内，自行组织承运。任何单位和个人，均不得实行地区或部门封锁、垄断客源、货源。

水路运输服务企业不得强行代办服务。

第十二条 经营营业性水路货物运输的单位和个人，应按照《中华人民共和国经济合同法》和《水路货物运输合同实施细则》的规定与托运人签定运输合同。

第十三条 水路运输企业和其他从事营业性运输的单位和个人，均须执行国家物价部门规定的运价和其他费率。

水路运输服务企业的服务收费标准，由市交通局提出方案，报市物价局审定。

第十四条 水路运输企业、水路运输服务企业和其他从事营业性运输的单位和个人，必须按照国家规定缴纳税金、规费和运输管理费。

第十五条 运输管理费在交通部会同国务院有关主管部门统一制定前，按水路运输、水路运输服务营业额的1%计征。

水路运输企业、水路运输服务企业和其他从事营业性运输的单位和个人，在市区的，由市航管部门直接计征；在塘沽区、汉沽区、大港区及各郊区、县的，由所在地航管部门计征（其中征收市属企业和中央及外省市在津单位的管理费，50%上缴市管部门）。

第十六条 运输管理费的使用应按交通部有关规定执行，不得挪作他用，年终结余除留一定周转金外，上缴同级财政。

第十七条 水路运输企业、水路运输服务企业和其他从事营业性运输的单位和个人，必须统一使用市交通局、市财政局共同制定的收费凭证和运输票据（包括货物运单、货票和客票）。各级银行和财会人员应严格监督执行。

第十八条 水路运输企业和其他从事营业性运输的单位和个人，必须按规定向所在地航管部门和统计部门报送运输统计报表。

石油、煤炭、冶金、商业（含粮食）、供销、外贸、林业、电力、化工、水产等部门从事非营业性运输的，也应向所在地航管部门和统计部门报送运输统计报表。

第十九条 海、河民用港口应当按照国家港口管理规定和计划安排，向运输船舶提供港埠设施和服务业务。

船舶进出港区必须遵守港口章程，服从港口部门管理。

第二十条 水路运输企业和其他从事营业性运输的单位和个人，必须按照国家规定办理船舶保险。经营客运的，应投保旅客意外伤害强制保险。经营货物运输的，应投保承运货物运输责任保险。

第二十一条 船舶在航行、停泊、修理中，必须遵守水资源管理及保护生态环境的规定。

第二十二条 航管人员在执行检查公务时，必须持市交通局颁发的检查证，佩戴统一标志。

被检查的单位和个人必须服从检查。

第二十三条 对在执行本办法中做出成绩的单位和个人应给予表彰或奖励。

第二十四条 有下列行为之一的，由航管部门分别给以警告、责令停业整顿、吊销许可证、没收非法所得，处营业额50%以内的罚款：

（一）未经批准擅自设立水路运输企业、水路运输服务企业及从事其他营业性运输的；

（二）伪造、涂改、转借船舶营业运输证的；

（三）擅自取消航线、减少班次和停靠港（站）点的；

（四）船舶歇业、转户、报废不按规定办理手续的；

（五）不按规定缴纳规费和运输管理费的；

（六）哄抬运价或超出规定的收费标准收取费用的；

（七）不使用规定的收费凭证和运输票据的；

（八）垄断货源、强行代办服务的；

（九）扰乱水路运输秩序，不服从管理的。

罚款和没收非法所得，统一使用财政局的专用缴款书，罚没所得上缴同级财政部门。

第二十五条 当事人对所在地航管部门的处罚不服的，按《中华人民共和国水路运输管理条例》第二十七条的规定执行。

第二十六条 违反本办法应当受治安管理处罚的，依据《中华人民共和国水路运输管理条例》第二十八条的规定处理。

第二十七条 航管人员违反本办法，依据《中华人民共和国水路运输管理条例》第二十九条的规定处理。

第二十八条 本办法下列用语的含义是：

营业性运输是指为社会服务，发生各种形式费用结算，取得营业收入的旅客运输（含旅游运输、渡船运输，但公园内的划船和非以盈利为目的的渡船、娱乐艇除外）和货物运输，包括使用常规运输票据结算和将运输费用计入货价内的运销结合、产运销结合、取送货制度以及承包工程单位的原材料自运等各种结算方式的运输业务在内。

非营业性运输是指为本单位或本身服务，不发生任何形式费用结算的运输。

水路运输企业，是指专门从事水路营业性运输，具有法人资格的企业。

水路运输服务企业，是指从事代办运输手续、代办旅客或货物中转、代办组织货源及船舶代理的具有法人资格的企业。

第二十九条 本办法不适用于国际航线水路运输。

第三十条 本办法公布前已开业的水路运输企业、水路运输服务企业和其他从事营业性运输的单位和个人，应在一九八八年六月三十日前向所在地航管部门申请补办审批手续。

第三十一条 本办法由天津市交通局负责解释。

第三十二条 本办法自公布之日起施行。

6. 河北省航道管理实施办法

河北省航道管理实施办法

（河北省人民政府批准 1994 年 4 月 1 日省交通厅发布，根据 1998 年 1 月 1 日河北省人民政府令第 212 号修正）

第一条　为加强航道管理，改善通航条件，充分发挥航道的作用，促进本省水上交通运输事业发展，根据《中华人民共和国航道管理条例》和《中华人民共和国航道管理条例实施细则》，结合本省实际，制定本办法。

第二条　本办法适用于本省沿海和内河的航道、航道设施以及与通航有关的设施。

第三条　本省航道实行统一领导、分级管理。

省、设区的市人民政府交通行政主管部门负责本行政区域内航道和航道设施的统一管理工作，其设置的航道管理机构负责本行政区域内航道和航道设施的具体管理工作。

专用航道和航道设施在航道管理机构的业务指导下，由专用部门管理。

第四条　航道的规划和建设，应当遵循统筹兼顾、综合利用水资源的原则，遵守有关法律、法规和规章，符合国家和本省发布的航道技术标准。

第五条　航道和航道设施受国家保护，任何单位、个人不（河北省人民政府批准 1994 年 4 月 1 日省交通厅发布根据 1998 年 1 月 1 日河北省人民政府令第 212 号修正）得侵占或者破坏。

第六条　水利、电力主管部门编制河流流域规划和与通航有关的水利、水电工程规划以及进行上述工程设计时，必须有同级航道管理机构参加；航道管理机构编制渠化河流和人工运河航道发展规划以及进行与水利、电力主管部门有关的工程设计时，必须有同级水利、电力主管部门参加。

第七条　修建航道和航道设施，应当通知有关部门，不得危及水利、水电工程以及跨航道的建筑物和其他设施的安全。

第八条　在航道上修建闸坝、渡口、码头、驳岸和滑道等与通航有关的设施，应当事先征求航道管理机构的意见。

第九条　修建跨航道的桥梁、渡槽和管线，其净跨、净高或者埋设深度，应当符合国家颁布的通航标准，并经航道管理机构核准。

第十条　修建与通航有关的设施，凡涉及船舶航行安全和设施自身安全的，必须按航道管理机构的意见设置标志。

在航道上设置专用标志，应当报经航道管理机构同意，并符合国家有关规定。

第十一条　航道管理机构依法进行航道养护施工、维护航道设施和设置标志时，任何单位和个人不得非法干预或者索取费用。

第十二条　在通航的航道上禁止设置渔网、渔簖、渡船过河缆等碍航设施。因设置前款规定的设施或者从事其他活动造成碍航的，责任者必须负责恢复通航。

第十三条　禁止向航道内倾倒垃圾、沙石、泥土和粪便等废弃物或者排放有沉积物的污水。

第十四条　在航道上从事挖沙、取土、疏浚、打捞和建筑施工等项活动，属于内河航道的必须报经水利主管部门会同同级航道管理机构批准，其他航道必须报经航道管理机构批准，并接受以上部门和机构的监督。

第十五条　船舶和其他有碍航行安全的物体在航道上沉没时，其所有人或者经营人必须立即向港航监督机构和航道管理机构报告，按规定设置标志，并在港航监督机构和航道管理机构规定的期限内打捞清除。逾期未打捞清除的，航道管理机构有权组织打捞清除，其费用由沉没的船舶和其他有碍航行安全的物体的所有人或者经营人承担。

第十六条　除用于渔业、农业生产和国家另有规定的船舶外，在本省负责管理的航道上航行的船舶的所有人或者经营人，必须依照国家和本省的规定缴纳航道养护费。航道养护费的征收管理办法，由省人民政府交通行政主管部门会同同级财政、物价部门制定，报省人民政府批准后施行。

第十七条　单位和个人违反本办法的，由省、设区的市人民政府交通行政主管部门或者其委托的航道管理机构按下列规定予以处罚：

（一）违反本办法第五条规定的，予以警告，责令纠正违法行为，限期采取补救措施，按实际损失支付赔偿费，并处以一千元以下的罚款。

（二）违反本办法第十条第一款规定的，予以警告，责令限期补设标志，按实际损失支付赔偿费，并处以一千元以下的罚款。

违反本办法第十条第二款规定的，予以警告，责令限期补办审批手续或者拆除专用标志，按实际损失支付赔偿费，并处以一千元以下的罚款。

（三）违反本办法第十二条第一款规定的，予以警告，责令限期清除碍航设施，按实际损失支付赔偿费，并处以五百元以上一千元以下的罚款。

（四）违反本办法第十三条规定的，予以警告，责令停止违法行为，限期清除碍航物体，按实际损失支付赔偿费，承担全部清除费用，并处以一千元以下的罚款。

（五）违反本办法第十四条规定的，予以警告，责令立即停止作业，补办审批手续，限期清除碍航物体，按实际损失支付赔偿费，并处以一千元以下的罚款。

交通行政主管部门或者其委托的航道管理机构收缴罚款时，应当开具财政部门统一制发的罚款收据。罚款收入一律上交国库。

第十八条　当事人对行政处罚决定不服的，可以依照有关法律、法规的规定，申请行政复议或者向人民法院起诉。逾期不申请复议、也不向人民法院起诉、又不履行处罚决定的，由作出处罚决定的机关申请人民法院强制执行。

第十九条　本办法下列用语的含义是：

航道：是指本省沿海、内河（包括河流、湖泊、水库、洼淀、渠道和运河）内船舶在不同水位期可以通航的水域。

航道设施：是指航道的助航、导航、绞滩和通信设施，整治建筑物，航运梯级过船建筑物（包括航闸、升船机、水坡、航运渡槽和隧洞），航道水文监测设施，航道测量标志，航道段（站）房，航道工程船舶基地和其他航道工程设施。

与通航有关的设施：是指对航道的通航条件有影响的闸坝、桥梁、渡槽、架空电线、水下电缆、管道、隧道、渡口、码头、驳岸、栈桥、护岸矶头、滑道、房屋、涵洞、抽（排）水站、固定渔具、贮木场等拦河、跨河、临时建筑物和其他设施。

第二十条　本办法由河北省交通厅负责解释。

第二十一条　本办法自发布之日起施行。

附件1：

水运工程试验检测机构资质评审细则

一、水运工程试验检测机构资质，实行专家评审制，评审专家为认定机关建立的水运工程试验检测管理专家库中的在册人员。

二、认定机关负责组织资质评审专家组（简称评审组），评审组组长和成员由认定机关从水运工程试验检测管理专家库中选定。评审组负责全部资质评审工作，向认定机关提交资质评审报告。认定机关可派员参加评审组的评审活动。

三、水运工程试验检测机构资质评审范围包括：水运工程试验检测机构资质等级考核，水运工程试验检测资质等级证书复核换证（每四年一次），水运工程试验检测资质等级证书审验（每二年一次）。以上资质评审工作均采用现场考核方式。

四、水运工程试验检测机构资质评审标准包括：

（一）《水运工程试验检测机构人员配备标准》（附表一）；

（二）《水运工程试验检测资质基本业务能力标准》（附表二）；

（三）《水运工程试验检测能力一览表》（附表三）；

（四）《水运工程试验检测机构现场评审考核标准》（附表四）；

（五）《水运工程试验检测机构现场评定表》（附表五）；

（六）《水运工程试验检测机构审验表》（附表六）。

五、水运工程试验检测项目评审标准包括：

（一）人员

1. 桩检测、地基基础工程检测项目检测工程师（员）人数不少于3人，其它项目不少于2人，允许兼项；

2. 技术负责人、各检测项目负责人必须具备检测工程师资质，允许兼项。

（二）仪器设备

配备《水运工程试验检测能力一览表》有关仪器设备并检定合格。

（三）执行标准

执行《水运工程试验检测能力一览表》有关国家现行标准。

（四）试验检测工作业绩

1. 从事结构专项各检测项目检测年限不少于2年，其他检测项目不少于1年；

2. 提供以下试验检测工作业绩资料：

桩高应变动力检测：具有5根桩承载力的动静对比资料，且实测总数50根以上；

桩低应变动力检测：具有10根桩身完整性的验证对比资料，且实测总数500根以上；

桩埋管超声波检测：具有5根桩身完整性的测试与开挖或取芯等对比资料，且实测总数30根以上；

桩钻孔取芯检测：具有5根桩身质量检测资料；

其他项目必须提供不少于2份检测报告。

（五）工作制度与管理制度

水运工程试验检测机构必须制订质量管理手册，质量管理手册中应包括：

1. 各级检测人员岗位责任制；
2. 仪器设备管理制度；
3. 建立检测质量保证体系；
4. 检测报告审核、签发制度；
5. 检测技术资料管理制度。

（六）试验室环境条件

满足有关国家现行标准对试验检测环境的要求。

六、水运工程试验检测机构资质等级认定，分材料初审、预访问（必要时）、现场评审三个阶段。

材料初审：确认申请人提供的申请材料是否达到水运工程试验检测机构资质标准。

预访问：材料初审中发现的疑问有必要澄清时，对申请人的申请材料作进一步核实，确认是否具备进行现场评审的条件。

现场评审：评审组对试验检测机构的公正性、质量管理体系、业务能力进行全面核查，作出客观、公正的评价，确认申请人可从事的试验检测业务范围。

七、评审组组长负责材料初审、预访问（必要时），并向认定机关提交初审、预访问意见。材料初审是现场评审的基础，要求申请材料应清晰地反映出申请机构人员、仪器设备、工作业绩、管理制度和环境条件等情况。申请材料达不到水运工程试验检测机构资质标准时，由评审组组长提出意见，申请材料退还申请人。

申请材料内容有疑问有必要澄清时，由评审组组长提出意见，经认定机关同意，评审组组长可在现场评审前对申请人进行预访问。预访问是对材料初审的补充。

认定机关依据初审、预访问意见决定是否组织现场评审。

八、现场评审前，评审组组长应当制定现场评审计划。现场评审计划包括：评审的范围、评审的依据、评审组成员的名单及分工、现场评审工作日程表。

九、评审组组长负责组织现场评审，现场评审考核内容包括现场评定、现场试验、现场提问和理论考试四部分，见《水运工程试验检测机构现场评审考核标准》（附表四）。

现场评定：根据《水运工程试验检测机构现场评定表》（附表五）的内容进行核查评定，得分80分以上（含80分）为合格。

现场试验：考核检验人员掌握仪器设备的正确使用，检验方法、操作程序、数据处理符合有关检验的标准规范，现场试验的考核情况记入《水运工程试验检测机构现场试验考核表》（附表七），综合评价分符合、基本符合但有缺陷、不符合三种情况。符合、基本符合但有缺陷为合格，不符合为不合格。

现场提问：通过提问和座谈的方式，对申请人检验的公正性、质量管理体系运行的有效性、业务能力进行考核，考核情况记入《水运工程试验检测机构现场提问考核表》（附表八），综合评价分符合、基本符合但有缺陷、不符合三种情况。符合、基本符合但有缺陷为合格，不符合为不合格。

理论考试：要求检验人员了解检验的基本概念，熟悉检验的基本原理，掌握检验方法，并能综合运用专业基础知识从事日常检验工作。考试成绩70分以上（含70分）为合格。

现场评定、现场试验、现场提问和理论考试四部分均合格，现场评审考核结果为合格。

十、水运工程试验检测机构资质等级考核评审报告包括：

1. 《水运工程试验检测机构资质等级考核意见》（附表九）；
2. 《水运工程试验检测机构现场评定表》；
3. 《水运工程试验检测机构现场试验考核表》；
4. 《水运工程试验检测机构现场提问考核表》；
5. 水运工程试验检测机构理论考试试卷。

十一、水运工程试验检测机构资质等级证书复核，分材料初审和现场评审二个阶段，各阶段的评审内容和评审标准同水运工程试验检测资质等级考核。

水运工程试验检测资质等级证书复核评审报告包括：
1. 《水运工程试验检测机构资质等级证书复核意见》（附表十）；
2. 《水运工程试验检测机构现场评定表》；
3. 《水运工程试验检测机构现场试验考核表》；
4. 《水运工程试验检测机构现场提问考核表》；
5. 水运工程试验检测机构理论考试试卷。

十二、水运工程试验检测资质等级证书审验，由评审组（一般不多于3人）负责评审，审验的现场评审时间一般为一天。

水运工程试验检测机构资质等级证书审验评审报告包括：
1. 《水运工程试验检测机构资质等级证书审验意见》（附表十一）；
2. 《水运工程试验检测机构审验表》。

十三、水运工程试验检测机构资质等级证书复核、审验的现场评审工作，重点是对水运工程试验检测机构取得资质等级证书后，水运工程试验检测机构的人员、仪器设备、检测项目、检测场所的变动情况，检测工作开展情况，质量管理手册的执行情况、违规与质量投诉等情况进行核查，提出评审意见。

不符合水运工程试验检测机构资质评审标准，水运工程试验检测机构资质等级证书复核、审验为不合格，按本办法第二十五条、第三十五条执行。

不符合水运工程试验检测项目评审标准，予以撤项处理。

7. 山西省水路交通管理条例

山西省水路交通管理条例

（2011年7月28日山西省第十一届人民代表大会常务委员会第二十四次会议通过）

第一章 总 则

第一条 为加强水路交通管理，维护水路交通秩序，保障水路运输安全，促进水路交通事业发展，根据有关法律、法规，结合本省实际，制定本条例。

第二条 本条例适用于本省行政区域内水路交通及其管理活动。

第三条 各级人民政府应当加强对水路交通管理工作的领导，建立健全水上交通安全管理制度，落实水上交通安全管理责任。

第四条 省、设区的市及有关县（市、区）人民政府应当将水路交通事业纳入国民经济和社会发展规划，将水路交通管理经费列入本级财政预算。

第五条 县级以上人民政府交通运输主管部门主管本行政区域内水路交通工作，其所属的航运管理机构具体负责港口、渡口、航道、水路运输管理工作；海事管理机构具体负责船舶、浮动设施的检验与水上交通安全监督管理工作。

县级以上人民政府其他有关部门应当按照各自职责，做好水路交通管理相关工作。

第二章 水路运输

第六条 水路运输经营实行行政许可制度。任何单位和个人未经许可不得从事水路运输经营活动。

第七条 单船载客十二人以下的客船运输经营，应当取得企业法人资格并具备下列条件：

（一）有与经营活动相适应的组织机构、生产经营管理制度、安全生产制度和应急救援预案；

（二）安全生产管理人员应当持有船员适任证书，并与企业签订一年以上全日制劳动合同；

（三）总运力达到二十四客位以上；

（四）办理旅客意外伤害强制险等国家规定的险种；

（五）有船舶停靠、乘客上下船所必需的安全设施；

（六）国家和省规定的其他条件。

单船载客超过十二人的客船运输经营，应当符合国家有关规定。

第八条 申请单船载客十二人以下水路运输经营许可的企业，应当向设区的市航运管理机构提交下列材料：

（一）申请书；

（二）可行性研究报告；
（三）企业法人、营业执照副本及其复印件；
（四）船舶检验证书、船舶所有权登记证书、船舶国籍证书；
（五）安全生产管理人员身份证、船员适任证书、劳动合同；
（六）组织机构设置、生产经营管理制度、安全生产制度和应急救援预案；
（七）旅客意外伤害强制险证明文件；
（八）船舶停靠、旅客上下船所必需的安全设施的证明文件。

设区的市航运管理机构应当自受理申请之日起二十日内进行审核，对符合本条例第七条规定条件的，作出许可决定并且颁发水路运输许可证、船舶营业运输证；不符合条件的，书面向申请人说明理由。

第九条 水路运输经营者应当按照经营资质条件开展经营活动，并保持经营资质条件。

船舶营运时，应当随船携带船舶营业运输证。

第十条 水路运输经营者要求停业或者歇业的，应当向许可机关提出申请，并办理相关手续。

第三章　船舶、浮动设施与船员

第十一条 船舶、浮动设施所有人应当持所有权的证明文件和技术资料，到设区的市海事管理机构依法进行登记，但长度小于五米的非机动船除外。

船舶、浮动设施登记事项发生变更时，其所有人应当持登记的有关证明文件和变更证明文件，到登记机构办理变更登记。

船舶、浮动设施灭失、失踪的，其所有人应当到登记机构办理注销登记。

第十二条 依法登记或者即将登记的船舶、浮动设施的当事人应当按照国家和省有关规定向海事管理机构申请检验。

第十三条 长度小于五米的机动船和电瓶船申请检验的，应当向海事管理机构提出申请，并提交下列材料：
（一）检验申请书；
（二）船舶出厂合格证或者质量证明书。

海事管理机构应当自受理申请之日起二十日内进行检验，检验合格的，向申请人颁发船舶检验证书；经检验不合格的，书面向申请人说明理由。

第十四条 长度小于五米的非机动船舶、水上摩托艇所有人应当持购船发票和合格证到经营地县（市、区）海事管理机构备案。

备案船舶发生转籍、注销、租赁和抵押的应当到备案机关重新办理备案手续。

第十五条 水上摩托艇应当在海事管理机构划定的专门水域进行活动。

第十六条 船员、水上摩托艇驾驶人员应当经有资质的培训机构进行安全和技能培训，依法取得有效证书，方可驾驶签注范围内的船舶或者水上摩托艇。

禁止未取得适任证书或者其他适任证件的船员上岗。

第四章　港口、渡口与航道

第十七条 港口、航道及其设施的建设应当依法办理有关审批手续。用于环境保护和安全生产的设施应当与主体工程同时设计、施工和投入使用。

第十八条 公益性渡口和经营性渡口的设置、撤销，分别由渡口所在地乡（镇）人民政府或者渡口经营者向县（市、区）人民政府交通运输主管部门提出申请，由渡口所在地县（市、区）人民政府审批。

禁止任何单位和个人擅自设置、撤销渡口。

第十九条 公益性渡口的建设、养护和管理由渡口所在地县（市、区）人民政府负责；经营性渡口的建设、养护和管理由经营者负责。

渡口的管理者或者经营者应当在渡口设置明显标志并保持标志完好。

禁止任何单位和个人擅自移动、损毁渡口安全设施及其标志。

第二十条 禁止在港口、渡口、航道水域内从事下列活动：

（一）养殖、种植；

（二）排放超过国家标准的有毒、有害物质；

（三）倾倒泥土、砂石、废弃物；

（四）法律法规禁止的其他活动。

第二十一条 未经批准，任何单位和个人不得擅自在通航水域内挖砂、取石、堆存材料、设置永久性固定设施。

第二十二条 航运管理机构应当加强航道及其设施的监测、养护，保障航道的安全、畅通。

航运管理机构组织实施勘测、疏浚、抛泥、吹填、清障以及维修航道和设置航标等施工作业，任何单位和个人不得非法阻挠、干涉或者索取费用。

第五章 应急与安全

第二十三条 省、设区的市、有关县（市、区）人民政府应当加强水上应急救援工作的领导，根据本地实际，建立应急救援体系，组织制定水上应急救援预案，保障应急救援经费。

第二十四条 省人民政府应当建立水上应急救援指挥机构。

重点水域所在地设区的市人民政府应当建立水上应急救援队伍，并配备相应的装备、器材，提高水上应急救援能力。

重点水域的范围由省人民政府确定。

第二十五条 水上应急救援预案应当包括下列内容：

（一）应急救援组织指挥机构与职责；

（二）预防与预警机制；

（三）应急救援响应；

（四）后期处置；

（五）应急救援保障。

水上应急救援预案应当抄送上一级人民政府交通运输主管部门、安全生产监督管理部门。

第二十六条 乡（镇）人民政府负责本辖区内农村生产、生活使用船舶及渡口的安全管理工作，明确水上交通安全管理人员，落实安全管理责任，接受县级以上海事管理机构的监督检查和业务指导。

乡（镇）人民政府与村民委员会、村民委员会与船舶所有人应当分别签订安全管理责任书，明确各自的安全责任。

第二十七条 在河流、湖泊、水库等通航水域从事水上旅游、经营性漂流、水上体育运动以及群众性活动，其组织者、经营者应当依法办理审批手续，落实安全责任。

第二十八条 船舶和浮动设施的所有人或者经营人对其水路运输或者其他经营活动承担安全生产责任，建立安全生产责任制和安全应急救援预案，保证必需的安全投入，配备必要的安全救护、救生设备，并对其所属的管理人员、船员、水手及其他从业人员进行安全培训。

第二十九条 有下列情形之一的，禁止船舶航行：

（一）超载运输旅客或者超载、超限运输货物的；

（二）跨航线作业的；

（三）遇洪水、冰雪或者大风、大雨、大雾等恶劣天气不适航的；

（四）乘客与大牲畜、危险货物混载以及装载不当影响安全的；

（五）酒后驾船的；

（六）船舶的救生设备不齐全的；

（七）法律法规禁止的其他情形。

第三十条 船舶、浮动设施遇险时，船员及其他工作人员应当采取有效措施实施自救，并及时报告当地人民政府及海事管理机构。

县级以上人民政府接到报告后，应当根据预案响应级别启动应急救援预案，并对救助工作进行领导和协调。海事管理机构接到报告后，应当立即组织实施救援。

遇险现场和附近的船舶、船员，应当服从当地人民政府以及海事管理机构的统一调度指挥。

第三十一条 海事管理机构调查处理水上交通事故，当事人应当积极配合，未经海事管理机构同意，肇事船舶不得驶离指定的停泊地点。

水上交通事故的报告、调查和处理，按照国家和省有关规定执行。

第三十二条 用于海事、航运监督管理的执法车辆、船舶应当使用统一的标志、标识，配备示警灯。

第六章 法律责任

第三十三条 违反本条例规定，未经许可擅自从事水路运输经营活动的，由航运管理机构没收其违法所得，并处违法所得一倍以上二倍以下罚款；没有违法所得的，处三万元罚款。

第三十四条 违反本条例规定，船舶、浮动设施未经登记、检验航行或者作业的，由海事管理机构责令停止航行或者作业，限期登记、检验；拒不停止航行或者作业的，暂扣船舶、浮动设施；情节严重的，处五百元以上二千元以下罚款。

第三十五条 违反本条例规定，船员未取得适任证书或者其他适任证件上岗的，由海事管理机构责令其立即离岗，对直接责任人员处二千元以上五千元以下罚款，并对聘用单位处一万元以上二万元以下罚款。

第三十六条 违反本条例规定，擅自移动、损毁渡口安全设施或者标志的，由海事管理机构责令改正，并处五百元以上二千元以下罚款。

第三十七条 违反本条例规定，未经批准擅自在通航水域内挖砂、取石、堆存材料、设置永久性固定设施的，由海事管理机构责令改正；逾期不改正的，可以申请人民法院强制执行。

第三十八条 违反本条例规定，乡（镇）人民政府不履行船舶及渡口管理职责，造成安全事故的，对直接负责的主管人员和其他直接责任人员依法给予行政处分；构成犯罪的，依法追究刑事责任。

第三十九条 违反本条例规定，未经海事管理机构同意，肇事船舶驶离指定停泊地点的，由海事管理机构责令改正；拒不改正的，海事管理机构可以暂扣船舶及其相关器具，并处二千元以上五千元以下罚款。

第四十条 违反本条例规定，交通运输主管部门、海事、航运管理机构工作人员以及其他行政机关工作人员玩忽职守、滥用职权、徇私舞弊的，依法给予行政处分；构成犯罪的，依法追究刑事责任。

第七章　附　　则

第四十一条 本条例自 2011 年 10 月 1 日起施行。

8. 内蒙古自治区水工程管理保护办法

内蒙古自治区水工程管理保护办法

第一条 为了加强水工程的管理保护，充分发挥其国民经济基础设施的作用，促进自治区经济和社会发展，根据《中华人民共和国水法》和有关法律、法规的规定，结合自治区实际，制定本办法。

第二条 本办法适用于自治区行政区域内国有水工程的管理保护。

第三条 本办法所称水工程是指水工建筑物及其附属设施。包括：水库、水利枢纽工程；防洪排涝工程；农田草牧场灌排工程；水力发电工程；供水工程；水土保持治沟骨干工程以及水工程附属的防汛设施、观测设施、水文监测设施、水文地质监测设施和导航、助航设施等。

第四条 各级人民政府应当加强对水工程管理保护工作的领导。

旗县级以上人民政府水行政主管部门负责水工程的管理保护工作。

土地、环保、城建、公安、农业、畜牧、林业等部门按照各自的职责分工做好水工程的管理保护工作。

第五条 任何单位和个人都有保护水工程的义务，对破坏水工程的行为，有权制止和举报。

对在水工程管理保护工作中做出突出贡献的单位和个人，由旗县级以上人民政府给予表彰和奖励。

第六条 水工程应当划定必要的管理范围和保护范围。

水工程管理范围系指根据水工程管理需要划定的，由水工程管理单位使用的水土资源范围。

水工程保护范围系指为保证水工程安全，在管理范围之外所划定的区域。

第七条 新建水工程的管理范围和保护范围，由建设单位按照批准的设计，提请旗县级以上人民政府依照国家或者自治区人民政府规定的标准划定。

已建水工程的管理范围和保护范围，已划定的，维持原划定范围；尚未划定的，按照水工程管理单位的隶属关系，由其行政主管部门会同土地管理等部门提出方案，报旗县级以上人民政府依照国家或者自治区人民政府规定的标准结合实际情况划定。

水工程管理范围、保护范围与国家其他生产、建设用地发生交叉时，由水工程主管部门会同有关部门依照有关法律、法规和本条例的规定协商并提出解决方案，报旗县级以上人民政府批准。

第八条 国有水工程管理范围内的土地属全民所有，使用权属水工程管理单位。

管理范围内的土地所有权或者使用权属于集体的或者使用权属于个人的，按照国家和自治区有关法律、法规的规定办理征地和权属变更手续。

对水工程管理范围内可利用的土地，在保证水工程安全运行的前提下，经旗县级以上水行政主管部门批准，可以种植农作物。

国有水工程保护范围内土地的所有权、使用权不变。

第九条 水工程管理范围内的土地权属确定后，由旗县级以上人民政府发给水工程管理单位土地使用证书，水工程管理单位应当制图划界，树立标志。

各级水行政主管部门应当将本行政区域内的水工程的公布及其管理范围、保护范围和有关情况通报同级土地、环保、公安、农业、畜牧、林业、交通、地矿、电力、城建及其他有关部门，并在水工程所在地公告。

第十条 水工程管理单位必须加强水工程的管理保护。

大中型水库、水利枢纽工程和需要加强保护的重点水工程的管理单位，经过公安部门批准可以配备经济民警负责水工程的保卫工作。

第十一条 禁止下列损害、毁坏水工程的行为：

（一）挖掘、拆卸、爆炸、撞击水工程；

（二）在堤防、土坝的顶、坡、戗台取土、晒场、开挖道口、挖窖；

（三）超重车辆、履带拖拉机不采取保护措施在水工程交通桥上行驶；

（四）在防汛和工程管理通讯线路上搭挂广播线、输电线；

（五）盗窃、毁坏、侵占工程设备、器材物资；

（六）盗窃、毁坏、堵塞、移动水文气象、测量、科学试验、观测试验等设施。

第十二条 在水工程管理范围内禁止下列行为：

（一）爆破、钻探、采矿、采石、采砂、挖掘、垦植、葬坟；

（二）在河滩、蓄滞洪区、水库库区内围垦，修筑堤坝，堆置废土、废渣、废物；

（三）在水库、河道、渠道、治沟骨干工程内设置阻水障碍物；

（四）侵占水工程管理范围内土地的其他行为。

第十三条 在水工程保护范围内爆破、采石、采砂、挖筑鱼塘、打井、考古挖掘、采矿、排污、兴建地下工程，须经旗县级以上水行政主管部门批准，并应当采取相应的净化和安全保护措施方可以进行。

第十四条 水行政主管部门的水政监察人员执行公务时，应当持证，佩戴标志。责令停止违法行为，应当填发《责令停止水事违法行为通知书》，责令赔偿应当填发《违反水法规赔偿通知书》，罚款应当填发《违反水法规行政处罚决定通知书》。

第十五条 违反本办法第十一条、第十二条、第十三条的，由旗县级以上水行政主管部门或者有关主管部门会同旗县级以上水行政主管部门责令其停止违法行为；造成损失的，应当承担赔偿责任；情节严重的，应当依照水利部发布的《违反水法规行政处罚暂行规定》处以罚款。

违反本办法第十二条第二项、第三项规定的，由水行政主管部门责令其限期清障；逾期不清障的，由防汛指挥部组织强行清障，并由设障者负担清障费用。

违反本办法，应当给予治安管理处罚的，由公安机关依照《中华人民共和国治安管理处罚法》的规定处罚；构成犯罪的，由司法机关依法追究刑事责任。

第十六条 当事人对行政处罚决定不服的，可以在接到处罚通知之日起十五日内，向作出行政处罚决定机关的上一级机关申请复议；对复议决定不服的，可以在接到复议决定之日起十五日内，向人民法院起诉。当事人也可以在接到处罚通知之日起十五日内直接向人民法院起诉。当事人逾期不申请复议，也不向人民法院起诉，又不履行行政处罚决定的，作出行政处罚决定的机关可以申请人民法院强制执行。

第十七条 水行政主管部门或水工程管理单位的工作人员要严格执行本办法的规定，对滥用职权,玩忽职守,徇私舞弊的,由其所在单位或上级主管部门给予行政处分;构成犯罪的,由司法机关依法追究刑事责任。

第十八条 集体和个人兴建的水工程的管理保护参照本办法执行。

第十九条 本办法应用中的具体问题由自治区水行政主管部门负责解释。

第二十条 本办法自 1995 年 6 月 1 日起施行。

9. 陕西省水路交通管理条例

陕西省水路交通管理条例

第一章 总 则

第一条 为了加强水路交通管理，维护水路交通秩序，保障水路交通运输的安全、畅通，促进水路交通事业的发展，根据有关法律、行政法规，结合本省实际，制定本条例。

第二条 本条例适用于本省行政区域内的水路交通活动。

本条例所称水路交通，包括航道和港口的规划建设与管理、港口经营、船舶检验、水路运输与运输服务、水上交通安全及其有关活动。

第三条 水路交通事业的发展应当遵循统筹规划、科学利用、协调发展、保护环境，实现经济效益、社会效益和生态效益相统一的原则。

第四条 县级以上人民政府应当将水路交通建设纳入国民经济和社会发展规划，鼓励、支持和引导水路交通事业的发展，并将水路交通监督管理经费纳入本级财政预算，予以保障。

第五条 县级以上人民政府交通行政主管部门负责本行政区域内水路交通的管理工作。

县级以上交通行政主管部门所属的航运管理机构具体负责本行政区域内的港口、航道、航运管理工作。

依法设立的海事管理机构具体负责本辖区船舶和水上交通安全的监督管理工作。

第六条 县级以上人民政府有关行政主管部门按照各自职责，做好水路交通相关的管理工作。

第七条 各级人民政府应当加强本行政区域内的水上交通安全管理工作，落实水上交通安全管理责任。

第二章 航道、港口管理

第八条 省交通行政主管部门负责编制本省航道发展规划和港口布局规划，经征求国务院交通运输主管部门意见后，报省人民政府批准。

本省航道发展规划和港口布局规划应当与水资源综合利用、防洪、渔业等规划相协调。

第九条 航道、港口及其设施的建设项目，应当依法进行环境影响评价。建设项目竣工后，建设单位应当按照国家规定组织竣工验收；未经验收或者验收不合格的，不得投入使用。

第十条 在通航河流上建设对通航有影响的闸坝、桥梁、码头、架空电线、水下电缆、管道等拦河、跨河、临河建筑物和其他工程设施，建设单位应当设置助航设施，并承担维护费用和管理责任。

第十一条 在通航河流上建设水利、电力工程等永久性建筑或者进行控制、引走水源等活动影响过船、过木、过鱼的，建设单位应当建设与通航要求相适应的过船、过木、过鱼设施，并保证设施的完好和正常运行。

船舶通过过船设施时，不缴纳费用。

第十二条 在通航河道内挖取砂石、泥土、淘金等，应当经河道行政主管部门会同航运管理机构等有关部门审批，并按批准的作业范围和方式进行，不得影响通航以及水上交通安全。

第十三条 在通航水域发生沉船和影响通航的沉物时，沉船、沉物的所有人或者经营人应当立即向事故发生地海事管理机构报告，按照规定设置标志，并在海事管理机构限定的时间内打捞清除。逾期不打捞清除的，由海事管理机构代为打捞清除，所需费用由沉船、沉物的所有人或者经营人承担。

第十四条 航运管理机构应当加强对航道及其设施的监测、养护，保障船舶安全通行。

航运管理机构为了保障航道畅通进行的勘测、疏浚、抛泥、吹填、清障以及维修航道和设置航标等施工作业，任何单位和个人不得阻挠、干涉或者索取费用。

航运管理机构进行前款规定的施工作业，应当事先征求河道行政主管部门的意见。

第十五条 海事管理机构应当根据水位变化、气象条件等情况及时发布航道通行信息，并可要求过往船舶减载或者停航。

第十六条 港口经营包括码头和港口设施的经营，港口旅客运输服务经营，在港区内从事货物的装卸、驳运、仓储的经营和港口拖轮经营等。

从事港口经营应当向港口所在地的县级以上航运管理机构提出书面申请，取得许可后依法办理工商登记。

航运管理机构应当自收到书面申请之日起三十日内依法作出许可或者不予许可的决定。

第十七条 取得港口经营许可，应当具备以下条件：

（一）固定的经营场所；

（二）与经营业务相适应的设施、设备、专业技术人员和管理人员；

（三）法律、法规规定的其他条件。

第十八条 在港区内进行水上水下施工作业以及设置非港航业务标志的，应当经县级航运管理机构批准，并设置标志和显示信号，采取相应的安全保护措施，保障通航安全。

第十九条 禁止在航道、港口水域内从事下列活动：

（一）养殖、种植；

（二）可能危及港口安全的采掘、爆破等；

（三）倾倒泥土、砂石、废弃物；

（四）超标排放有毒、有害物质。

因工程建设等确需在港口水域内进行采掘、爆破活动的，应当采取相应的安全保护措施，并经县级以上航运管理机构批准。

第三章　船舶管理

第二十条 船舶的新建、改建、维修的检验和船舶的年度技术检验，应当由海事管理机构认可的船舶检验机构进行。船舶检验机构应当对船舶修造企业资质和建造、维修图纸进行审查，并对建造和维修过程进行建造检验。检验合格后，船舶检验机构应当按照规定签发船舶检验证书。

特种船舶和200总吨或者147千瓦以上船舶的检验由省海事管理机构负责，200总吨或者147千瓦以下船舶的检验由设区的市海事管理机构负责。设区的市未设置海事管理机构的，由省海事管理机构或其指定的设区的市海事管理机构负责。

未取得船舶检验证书的船舶不得使用。

第二十一条 购置外省建造的船舶在本省登记的，应当持建造地法定船舶检验机构颁发的船舶检验证书以及船舶设计图纸和技术文件到登记地换发船舶检验证书。

第二十二条 船舶有下列情形之一的，应当申请船舶检验，经检验合格的方可继续使用：

（一）船舶发生影响航行安全的机务、海损事故的；

（二）更改用途或者航区的；

（三）改建船舶的；

（四）船舶检验机构签发的证书失效的。

第二十三条 船舶所有人应当持船舶所有权的证明文件和船舶技术资料，到船舶登记港所在地的海事管理机构进行船舶登记。船舶登记港为船籍港。

船舶登记项目发生变更时，船舶所有人应当持船舶登记的有关证明文件和变更证明文件，到船籍港所在地海事管理机构办理变更登记。

船舶所有权转移、船舶灭失、船舶失踪的，应当到船籍港所在地海事管理机构办理注销登记。

第二十四条 需要办理船舶转籍的，船舶所有人应当到原船籍港所在地海事管理机构办理船籍港变更登记，并持原船籍港所在地海事管理机构出具的转籍证明文件到新船舶登记港所在地海事管理机构办理转籍登记。

第二十五条 船舶和浮动设施到报废期限的，应当予以报废，其所有人应当办理营运注销手续。

禁止利用报废的船舶和浮动设施从事水路运输。

第四章 运输管理

第二十六条 从事营业性水路运输和水路运输服务的单位、个人，应当依法取得县级以上航运管理机构颁发的水路运输许可证或者水路运输服务许可证，并依法办理工商登记。

水路运输经营者应当持营业执照到原签发水路运输许可证的航运管理机构领取《中华人民共和国船舶营业运输证》。

第二十七条 水路运输经营者应当遵守下列规定：

（一）持经审验的有效证照，在核准的经营范围内从事经营活动；

（二）公平竞争，提供安全、优质、文明的服务；

（三）按照核准的班次、航线、停靠站点从事客货运输；

（四）按照国家和本省的规定缴纳航道养护费、港务费、船舶停泊费和运输管理费；

（五）使用国家和本省规定的票据。

第二十八条 水路运输经营者要求增加运力或者变更经营范围的，应当向原批准机构提交申请，航运管理机构应当在接到申请之日起二十日内予以办理。对审核批准的，核发或者更换船舶营业运输证；对不予批准的，给予答复。

第二十九条 水路运输经营者要求停业的，应当在停业三十日前向原批准机构提出办理注销手续。

第五章 安全管理

第三十条 水路运输经营者、水路运输服务经营者和港口经营单位，应当规范生产作业管理，建立健全安全生产责任制度，制定危险货物事故应急预案、旅客紧急疏散和救援预案以及预防自然灾害预案，并保障组织实施。

第三十一条　在内河通航水域或者岸线上进行下列作业或者活动的，应当报海事管理机构批准：

（一）勘探、采掘、爆破；
（二）构筑、设置、维修、拆除水上水下构筑物或者设施；
（三）架设桥梁、索道；
（四）铺设、检修、拆除水上水下电缆或者管道；
（五）设置系船浮筒、浮趸、缆桩等设施；
（六）进行航道建设，航道、码头前沿水域疏浚；
（七）举行大型群众活动、体育比赛。

进行前款所列作业或者活动，依照法律、行政法规的规定，需经其他有关部门审批的，还应当依法办理有关审批手续。

第三十二条　船舶航行应当具备以下条件：

（一）经海事管理机构依法检验并持有合格的船舶检验证书；
（二）经海事管理机构依法登记并持有登记证书；
（三）按规定配备有合格职务证书的相应船员；
（四）按照国家规定应当投保船舶险的船舶应当持有保险文书或者证明文件；
（五）配备必要的航行资料，并符合其他适航规定。

浮动设施具备前款第（一）、（二）、（三）项规定条件的，方可从事有关活动。

第三十三条　船舶航行、停泊、作业时应当遵守《中华人民共和国内河避碰规则》、水路交通管制区的特殊规定和海事管理机构发布的有关通告，正确使用声、光信号和其他信号。

第三十四条　船舶航行时不得有下列行为：

（一）超载运输货物或者旅客；
（二）跨航区、航线运输；
（三）在不适航条件下冒险航行或者夜航；
（四）在控制航段追越或者进行编队、解队作业；
（五）非客运船舶载客；
（六）不具备驾驶资格的人员驾驶船舶。

禁止无船名牌、无船籍港、无船舶证书的船舶航行、作业。

第三十五条　储存、装卸、运输危险货物，应当报所在地海事管理机构和航运管理机构同意，方可在指定时间内进出港、装卸作业和运输。

第三十六条　从事漂流经营活动，应当在海事管理机构划定的水域内进行，不得影响航行安全。海事管理机构应当综合考虑水深、落差、流速等因素，科学合理的划定漂流水域。

漂流经营者应当对其漂流经营活动的安全负责。漂流筏具应当经海事管理机构检验合格后方可使用。漂流工应当通过安全专业培训合格后方可上岗。

第三十七条　乡、镇人民政府负责本辖区内农村生产生活使用的船舶及渡口的安全管理工作，并接受海事管理机构的监督检查和业务指导。乡、镇人民政府与村民委员会、村民委员会与船主应当分别签订安全管理责任书。

第三十八条　湖泊、水库以及公园、风景区水域中的游览船舶安全，由船舶经营者负责,并接受海事管理机构的监督检查和业务指导。

第三十九条 船员应当经过海事管理机构安全技能培训,考试合格后持船员适任证书方可驾驶签注范围内的船舶。

三等级以上机动船舶船员的考试、发证由省海事管理机构负责;三等级以下机动船舶和非机动船舶船员的考试、发证由省海事管理机构指定的机构负责。

第四十条 渡口的设置、迁移或者撤销,应当报所在地县级人民政府审批,审批前应当征求当地海事管理机构的意见。

禁止擅自设置、迁移、撤销渡口。

第四十一条 渡口经营者应当在渡口设置明显的标志,维护渡口运输秩序,保障渡口运输安全。

第四十二条 发生水路交通事故,其船舶所有者或者经营者应当采取措施组织自救,并立即向发生地的海事管理机构报告,提供有关资料。海事管理机构接到报告后,应当立即组织救助和调查处理。

水路交通事故当事人应当配合海事管理机构进行事故调查处理。未经海事管理机构同意,肇事船舶不得驶离指定的停泊地点。

特大水路交通事故的报告、调查和处理,按照国务院有关规定执行。

第四十三条 交通行政主管部门和航运、海事管理机构依法进行水路交通监督检查时,被检查者应当接受监督检查,如实提供有关情况和资料。

水路交通经营者的合法权益受法律保护。除交通行政主管部门和航运、海事管理机构依法查处违章,海关缉私和公安机关依法查处违法犯罪行为外,任何单位和个人不得拦截检查正常航行的船舶。

第六章 法律责任

第四十四条 违反本条例第十八条的规定,未经批准擅自在港区内进行水上水下施工作业或者施工作业时未采取安全保护措施、设置标志和显示信号的,由县级以上航运管理机构责令停止作业或者改正,并处五千元以上一万元以下的罚款;未经批准擅自设立非港航业务标志的,由县级以上航运管理机构责令改正,并处一千元以上五千元以下的罚款。

第四十五条 违反本条例第十九条第一款第(一)项的规定,在航道水域内从事养殖、种植等活动的,由县级以上海事管理机构责令限期改正,逾期不改正的,予以强制清除,清除费用由责任人承担;在港口水域内从事养殖、种植等活动的,由县级以上海事管理机构责令限期改正,逾期不改正的,予以强制清除,清除费用由责任人承担,可以处一千元以上一万元以下的罚款。

第四十六条 违反本条例第十九条第一款第(二)项、第(三)项的规定,在港口水域内进行可能危及港口安全的采挖、爆破等活动或者向港口水域倾倒泥土、砂石、废弃物的,由县级以上航运管理机构责令停止违法行为,限期消除因此造成的安全隐患;逾期不消除的,予以强制清除,清除费用由责任人承担;并处五千元以上五万元以下的罚款。

违反本条例第十九条第一款第(三)项规定,向航道内倾倒泥土、砂石、废弃物的,由县级以上航运管理机构责令限期改正;逾期不改正的,予以强制清除,清除费用由责任人承担,可以处相当于清除费用二倍以下的罚款。

第四十七条 违反本条例第二十五条第二款的规定,利用报废的船舶和浮动设施从事水路运输的,由县级以上海事管理机构责令停止航行或者作业;拒不停止的,暂扣船舶、浮动设施；情节严重的，予以没收。

第四十八条 违反本条例第二十七条第（四）项的规定，未按照规定缴纳规费的，分别由县级以上海事管理机构或者航运管理机构责令限期缴纳；逾期不缴纳的，除责令补缴所欠费款外，处欠缴费款一倍以上三倍以下的罚款；情节严重的，可以暂扣许可证。

第四十九条 违反本条例第三十四条第一款第（三）、（四）项规定的，由县级以上海事管理机构对船舶所有人或者经营人处一千元以上一万元以下的罚款；情节严重的，对责任船员给予暂扣适任证书或者其他证件三个月至六个月，直至吊销适任证书或者其他证件。

第五十条 违反本条例第三十四条第一款第（五）项规定，非客运船舶载客的，由县级以上海事管理机构责令停止违法行为，没收违法所得，对船舶所有人或者经营人处违法所得一倍以上三倍以下的罚款；没有违法所得的，处二万元以上五万元以下的罚款。

第五十一条 违反本条例第三十四条第一款第（六）项规定，不具备驾驶资格的人员驾驶船舶的，由县级以上海事管理机构责令其立即离岗，对直接责任人员处二千元以上一万元以下的罚款，并对聘用单位处一万元以上五万元以下的罚款。

第五十二条 违反本条例第三十四条第二款的规定，使用无船名牌、无船籍港、无船舶证书的船舶进行航行、作业的，由县级以上海事管理机构责令停止航行或者作业，拒不停止的，暂扣船舶；情节严重的，予以没收。

第五十三条 违反本条例第三十六条的规定，在海事管理机构划定的漂流水域外从事漂流经营活动的，由县级以上海事管理机构责令停止违法行为，可以处五千元以上二万元以下的罚款。

第五十四条 违反本条例第三十七条规定，乡、镇人民政府不履行对本辖区内农村生产生活使用的船舶及渡口的安全管理责任，造成重大安全事故的，由县级人民政府对其直接负责的主管人员和其他直接责任人员依法给予行政处分。

第五十五条 违反本条例规定的其他行为，法律、法规已有处罚规定的，从其规定。

第五十六条 航运管理机构和海事管理机构依照本条例和水路交通管理有关法律、法规规定，对单位处以三万元以上罚款、对个人处以五千元以上罚款或者吊销许可证及资格证照的，应当告知当事人有要求听证的权利。

第五十七条 县级以上交通行政主管部门和航运管理机构、海事管理机构及其工作人员违反本条例规定，有下列行为之一的，由其主管部门或者监察机关对直接负责的主管人员和其他直接责任人员依法给予行政处分；发生重大安全事故构成犯罪的，依法追究刑事责任：

（一）不依据法定的条件审批的；

（二）不依法实施监督检查的；

（三）发现船舶、浮动设施不具备安全条件而不及时处理的；

（四）发现未经许可擅自从事旅客、危险货物运输不及时处理的；

（五）未及时发布航道通行信息造成严重后果的。

第五十八条 县级以上交通行政主管部门和航运管理机构、海事管理机构及其工作人员违反本条例规定，玩忽职守、滥用职权、徇私舞弊以及贪污、挪用水路交通规费的，由所在单位或者上级主管部门给予行政处分；构成犯罪的，依法追究刑事责任。

第七章 附 则

第五十九条 本条例自 2008 年 12 月 1 日起施行。

九、地下管线管理相关规定

1. 城市地下管线工程档案管理办法

城市地下管线工程档案管理办法

第一条 为了加强城市地下管线工程档案的管理,根据《中华人民共和国城市规划法》、《中华人民共和国档案法》、《建设工程质量管理条例》等有关法律、行政法规,制定本办法。

第二条 本办法适用于城市规划区内地下管线工程档案的管理。

本办法所称城市地下管线工程,是指城市新建、扩建、改建的各类地下管线(含城市供水、排水、燃气、热力、电力、电信、工业等的地下管线)及相关的人防、地铁等工程。

第三条 国务院建设主管部门对全国城市地下管线工程档案管理工作实施指导、监督。

省、自治区人民政府建设主管部门负责本行政区域内城市地下管线工程档案的管理工作,并接受国务院建设主管部门的指导、监督。县级以上城市人民政府建设主管部门或者规划主管部门负责本行政区域内城市地下管线工程档案的管理工作,并接受上一级建设主管部门的指导、监督。城市地下管线工程档案的收集、保管、利用等具体工作,由城建档案馆或者城建档案室(以下简称城建档案管理机构)负责。各级城建档案管理机构同时接受同级档案行政管理部门的业务指导、监督。

第四条 建设单位在申请领取建设工程规划许可证前,应当到城建档案管理机构查询施工地段的地下管线工程档案,取得该施工地段地下管线现状资料。

第五条 建设单位在申请领取建设工程规划许可证时,应当向规划主管部门报送地下管线现状资料。

第六条 在建设单位办理地下管线工程施工许可手续时,城建档案管理机构应当将工程竣工后需移交的工程档案内容和要求告知建设单位。

第七条 施工单位在地下管线工程施工前应当取得施工地段地下管线现状资料;施工中发现未建档的管线,应当及时通过建设单位向当地县级以上人民政府建设主管部门或者规划主管部门报告。

建设主管部门、规划主管部门接到报告后,应当查明未建档的管线性质、权属,责令地下管线产权单位测定其坐标、标高及走向,地下管线产权单位应当及时将测量的材料向城建档案管理机构报送。

第八条　地下管线工程覆土前，建设单位应当委托具有相应资质的工程测量单位，按照《城市地下管线探测技术规程》（CJJ61）进行竣工测量，形成准确的竣工测量数据文件和管线工程测量图。

第九条　地下管线工程竣工验收前，建设单位应当提请城建档案管理机构对地下管线工程档案进行专项预验收。

第十条　建设单位在地下管线工程竣工验收备案前，应当向城建档案管理机构移交下列档案资料：

（一）地下管线工程项目准备阶段文件、监理文件、施工文件、竣工验收文件和竣工图；

（二）地下管线竣工测量成果；

（三）其他应当归档的文件资料（电子文件、工程照片、录像等）。

城市供水、排水、燃气、热力、电力、电讯等地下管线专业管理单位（以下简称地下管线专业管理单位）应当及时向城建档案管理机构移交地下专业管线图。

第十一条　建设单位向城建档案管理机构移交的档案资料应当符合《建设工程文件归档整理规范》（GB/T50328）的要求。

第十二条　地下管线专业管理单位应当将更改、报废、漏测部分的地下管线工程档案，及时修改补充到本单位的地下管线专业图上，并将修改补充的地下管线专业图及有关资料向城建档案管理机构移交。

第十三条　工程测量单位应当及时向城建档案管理机构移交有关地下管线工程的1∶500城市地形图和控制成果。

对于工程测量单位移交的城市地形图和控制成果，城建档案管理机构不得出售、转让。

第十四条　城建档案管理机构应当绘制城市地下管线综合图，建立城市地下管线信息系统，并及时接收普查和补测、补绘所形成的地下管线成果。

城建档案管理机构应当依据地下管线专业图等有关的地下管线工程档案资料和工程测量单位移交的城市地形图和控制成果，及时修改城市地下管线综合图，并输入城市地下管线信息系统。

第十五条　城建档案管理机构应当建立、健全科学的管理制度，依法做好地下管线工程档案的接收、整理、鉴定、统计、保管、利用和保密工作。

第十六条　城建档案管理机构应当建立地下管线工程档案资料的使用制度，积极开发地下管线工程档案资源，为城市规划、建设和管理提供服务。

第十七条　建设单位违反本办法规定，未移交地下管线工程档案的，由建设主管部门责令改正，处1万元以上10万元以下的罚款；对单位直接负责的主管人员和其他直接责任人员，处单位罚款数额5%以上10%以下的罚款；因建设单位未移交地下管线工程档案，造成施工单位在施工中损坏地下管线的，建设单位依法承担相应的责任。

第十八条　地下管线专业管理单位违反本办法规定，未移交地下管线工程档案的，由建设主管部门责令改正，处1万元以下的罚款；因地下管线专业管理单位未移交地下管线工程档案，造成施工单位在施工中损坏地下管线的，地下管线专业管理单位依法承担相应的责任。

第十九条　建设单位和施工单位未按照规定查询和取得施工地段的地下管线资料而擅自组织施工，损坏地下管线给他人造成损失的，依法承担赔偿责任。

第二十条 工程测量单位未按照规定提供准确的地下管线测量成果，致使施工时损坏地下管线给他人造成损失的，依法承担赔偿责任。

第二十一条 城建档案管理机构因保管不善，致使档案丢失，或者因汇总管线信息资料错误致使在施工中造成损失的，依法承担赔偿责任；对有关责任人员，依法给予行政处分。

第二十二条 本办法自 2005 年 5 月 1 日起施行。

2. 关于加强城市地下管线规划管理的通知

关于加强城市地下管线规划管理的通知

一、各级城市规划行政主管部门要进一步提高对城市地下管线规划管理重要性的认识，理顺管理体制和工作关系，切实加强城市地下管线规划管理工作。

二、未开展城市地下管线普查的城市，应尽快对城市地下管线进行一次全面普查，弄清城市地下管线的现状。有条件的城市应采用地理信息系统技术建立城市地下管线数据库，以便更好地对地下管线实行动态管理。

三、各地城市人民政府及其城市规划行政主管部门在组织编制和审查城市总体规划、详细规划及其他各类城市规划时，要重视地下管线规划的编制。对不合理的现状管线布局要随着城市建设的发展逐步调整完善。编制城市详细规划时，应当按照《城市规划编制办法》的规定编制工程管线综合规划和竖向规划，并在指导工程设计中认真落实，其编制单位应持有相应资格的《城市规划设计证书》。

四、建设单位在城市规划区新建、扩建和改建地下管线，必须按照《城市规划法》和地方法规的有关规定向城市规划行政主管部门进行报建。凡未取得城市规划行政主管部门颁发的规划许可证件或违反规划许可的条件而进行建设的，应依法严肃查处。

城市规划行政主管部门在审查报建的城市地下管线工程或相关的建设项目、核发规划许可证件时，应依据城市规划提出明确的规划设计条件。

五、严格城市地下管线工程建设的定线和竣工测量制度，经城市规划行政主管部门批准的地下管线工程，必须在开工前进行定线，在覆土前进行竣工测量。定线和竣工测量须由城市规划行政主管部门组织进行。

六、城市规划区内地下管线工程建设单位，应当在竣工验收后六个月内，向当地城市规划行政主管部门报送有关竣工资料。

七、要强化对城市地下管线探查测量工作管理。城市地下管线探查和测量必须执行我部颁发的有关技术标准，必须使用城市统一的平面坐标系统和高程系统。要认真实行城市地下管线探查测量资格审查制度和成果验收制度，具体办法由各省、自治区、直辖市城市规划行政主管部门制定。

3. 关于进一步加强城市地下管线保护工作的通知

关于进一步加强城市地下管线保护工作的通知
建质〔2010〕126号

各省、自治区住房城乡建设厅，直辖市建委（建交委）及有关部门，新疆生产建设兵团建设局：

2010年7月28日，扬州鸿运建设配套工程有限公司在江苏省南京市栖霞区的原南京塑料四厂旧址，平整拆迁土地过程中，挖掘机挖穿地下丙烯管道，发生爆炸事故，造成了重大人员伤亡和财产损失。为认真吸取事故教训，加强城市地下管线保护工作，保障城市地下管线安全运行，现就有关事项通知如下：

一、要充分认识地下管线保护工作的重要意义

城市地下管线安全是城市正常稳定运行的保障，关系到广大人民群众的切身利益。各有关部门及单位要充分认识做好城市地下管线保护工作的重要意义，全面加强城市地下管线的保护工作，采取切实有效措施，确保城市地下管线安全。

二、要切实加强地下管线规划、建设和管理

（一）城市人民政府应根据城市发展的需要，在组织编制城市规划时必须同步编制地下管线综合规划。城市地下管线权属单位应当依据城市总体规划及各自行业发展规划，编制城市地下管线专业规划，并按规定进行审批。有条件的城市可成立地下管线开挖变更审批联席会议，统一审批道路管线的开挖和更改。

（二）各地住房城乡建设主管部门要按照《建筑工程施工许可管理办法》的规定，对涉及地下管线的工程项目进行认真审查。城市地下管线建设单位应按有关规定履行报建程序，在施工前应到城建档案管理机构查询施工区域地下管线档案，取得地下管线现状资料。在施工现场，要公开地下管线施工的负责人和管理人姓名与相关责任。

（三）城市地下管线权属单位要建立有效机制，定期对地下管线进行维护保养和运行状态评估。应当按照有关要求，对地下管线进行安全监测、检测，及时排除隐患，确保运行安全。

三、要严格落实工程建设各方主体相关责任

（一）工程项目建设、勘察、设计、施工、监理等单位，要严格遵守《中华人民共和国城乡规划法》、《中华人民共和国建筑法》、《建设工程安全生产管理条例》等法律法规，认真履行建筑施工过程中对城市地下管线保护的责任。

（二）工程项目建设单位应当向施工单位提供施工现场及毗邻区域内城市地下管线的现状资料，并保证资料的真实、准确、完整。工程项目竣工后，建设单位应及时向城建档案管理机构报送工程项目竣工资料。

（三）工程项目勘察单位在勘察作业时，应当严格执行操作规程，采取措施保证城市地

下管线安全。勘察、设计单位按要求出具的勘察、设计文件，应当对施工现场及毗邻区域内城市地下管线情况，进行详细说明。

（四）工程项目施工单位在编制施工组织设计时，应当充分考虑施工现场及毗邻区域内城市地下管线的情况，制定相应的保证地下管线安全的具体措施。

（五）工程项目施工单位要加强施工现场管理，明确和落实相关管理人员的责任。对施工过程中可能造成城市地下管线损害的，应当采取专项保护措施，避免盲目开工、冒险施工。

（六）工程项目施工单位在施工过程中，发现城市地下管线资料有未标注或标注与实际情况不符的，应当立即停止施工，及时向建设单位报告。待建设单位确认并补充相关资料后，方可继续施工。

（七）工程项目监理单位应当深入现场认真审查施工组织设计或专项施工方案中涉及城市地下管线保护的技术措施。在实施监理过程中，发现存在危及城市地下管线安全的隐患时，应当立即要求施工单位整改；情况严重的，应当及时报告建设单位和有关主管部门。

四、要提高地下管线安全应急救援能力

（一）城市地下管线权属单位应当建立地下管线安全应急指挥系统，加强地下管线事故的应急处理能力，制定应急救援预案，储备必要的应急救援器材、设备，定期组织开展应急演练。

（二）施工过程中出现损坏城市地下管线情况时，工程项目施工单位要立即采取应急处置措施，并及时向有关主管部门和地下管线权属单位报告。地下管线权属单位或应急救援队伍抢险维修时，工程项目的施工、建设等单位应当积极配合，协助做好抢险维修工作。

五、要加强监督检查和相关服务工作

（一）工程项目建设单位因建设需要，向城建档案管理部门和地下管线权属单位查询城市地下管线相关档案时，城建档案管理部门和地下管线权属单位应当按照有关规定及时提供。

（二）各地住房城乡建设主管部门要认真贯彻落实《城市地下管线工程档案管理办法》，建立和完善城市地下管线档案资料。城建档案管理机构要建立完善地下管线档案资料的查询使用及告之、移交、验收等制度，为工程项目建设做好服务工作。

（三）各地住房城乡建设主管部门在办理建设单位申请的工程项目施工许可证时，要将施工区域涉及的城市地下管线保护的技术措施作为是否具备施工条件的一项内容进行审查。对不符合规定要求的，不予发放工程项目施工许可证。

（四）各地住房城乡建设主管部门要加强对施工过程中城市地下管线保护工作的监督检查。对监督检查中发现的隐患，要督促有关责任单位立即进行整改。城市地下管线权属单位要积极配合相关主管部门，做好对沿地下管线工程建设项目的相关管理工作。

（五）各地住房城乡建设主管部门对不按照有关法律法规要求，在施工过程中违章指挥、违规作业造成城市地下管线损坏的相关责任单位和人员，要依法追究责任。

中华人民共和国住房和城乡建设部
2010 年 8 月 5 日

4. 国务院办公厅关于加强城市地下管线建设管理的指导意见

国务院办公厅关于加强城市地下管线建设管理的指导意见

国办发〔2014〕27号

各省、自治区、直辖市人民政府，国务院各部委、各直属机构：

城市地下管线是指城市范围内供水、排水、燃气、热力、电力、通信、广播电视、工业等管线及其附属设施，是保障城市运行的重要基础设施和"生命线"。近年来，随着城市快速发展，地下管线建设规模不足、管理水平不高等问题凸显，一些城市相继发生大雨内涝、管线泄漏爆炸、路面塌陷等事件，严重影响了人民群众生命财产安全和城市运行秩序。为切实加强城市地下管线建设管理，保障城市安全运行，提高城市综合承载能力和城镇化发展质量，经国务院同意，现提出以下意见：

一、总体工作要求

（一）指导思想。深入学习领会党的十八大和十八届二中、三中全会精神，认真贯彻落实党中央和国务院的各项决策部署，适应中国特色新型城镇化需要，把加强城市地下管线建设管理作为履行政府职能的重要内容，统筹地下管线规划建设、管理维护、应急防灾等全过程，综合运用各项政策措施，提高创新能力，全面加强城市地下管线建设管理。

（二）基本原则。规划引领，统筹建设。坚持先地下、后地上，先规划、后建设，科学编制城市地下管线等规划，合理安排建设时序，提高城市基础设施建设的整体性、系统性。

强化管理，消除隐患。加强城市地下管线维修、养护和改造，提高管理水平，及时发现、消除事故隐患，切实保障地下管线安全运行。

因地制宜，创新机制。按照国家统一要求，结合不同地区实际，科学确定城市地下管线的技术标准、发展模式。稳步推进地下综合管廊建设，加强科学技术和体制机制创新。

落实责任，加强领导。强化城市人民政府对地下管线建设管理的责任，明确有关部门和单位的职责，加强联动协调，形成高效有力的工作机制。

（三）目标任务。2015年年底前，完成城市地下管线普查，建立综合管理信息系统，编制完成地下管线综合规划。力争用5年时间，完成城市地下老旧管网改造，将管网漏失率控制在国家标准以内，显著降低管网事故率，避免重大事故发生。用10年左右时间，建成较为完善的城市地下管线体系，使地下管线建设管理水平能够适应经济社会发展需要，应急防灾能力大幅提升。

二、加强规划统筹，严格规划管理

（四）加强城市地下管线的规划统筹。开展地下空间资源调查与评估，制定城市地下空间开发利用规划，统筹地下各类设施、管线布局，原则上不允许在中心城区规划新建生产经营性危险化学品输送管线，其他地区新建的危险化学品输送管线，不得在穿越其他管线等地下设施时形成密闭空间，且距离应满足标准规范要求。各城市要依据城市总体规划组织编制地下管线综合规划，对各类专业管线进行综合，结合城市未来发展需要，统筹考虑军队管线建设需求，合理确定管线设施的空间位置、规模、走向等，包括驻军单位、中央直属企业在内的行业主管部门和管线单位都要积极配合。编制城市地下管线综合规划，应加强与地下空间、道路交通、人防建设、地铁建设等规划的衔接和协调，并作为控制性详细规划和地下管线建设规划的基本依据。

（五）严格实施城市地下管线规划管理。按照先规划、后建设的原则，依据经批准的城市地下管线综合规划和控制性详细规划，对城市地下管线实施统一的规划管理。地下管线工程开工建设前要依据城乡规划法等法律法规取得建设工程规划许可证。要严格执行地下管线工程的规划核实制度，未经核实或者经核实不符合规划要求的，不得组织竣工验收。要加强对规划实施情况的监督检查，对各类违反规划的行为及时查处，依法严肃处理。

三、统筹工程建设，提高建设水平

（六）统筹城市地下管线工程建设。按照先地下、后地上的原则，合理安排地下管线和道路的建设时序。各城市在制定道路年度建设计划时，应提前告知相关行业主管部门和管线单位。各行业主管部门应指导管线单位，根据城市道路年度建设计划和地下管线综合规划，制定各专业管线年度建设计划，并与城市道路年度建设计划同步实施。要统筹安排各专业管线工程建设，力争一次敷设到位，并适当预留管线位置。要建立施工掘路总量控制制度，严格控制道路挖掘，杜绝"马路拉链"现象。

（七）稳步推进城市地下综合管廊建设。在36个大中城市开展地下综合管廊试点工程，探索投融资、建设维护、定价收费、运营管理等模式，提高综合管廊建设管理水平。通过试点示范效应，带动具备条件的城市结合新区建设、旧城改造、道路新（改、扩）建，在重要地段和管线密集区建设综合管廊。城市地下综合管廊应统一规划、建设和管理，满足管线单位的使用和运行维护要求，同步配套消防、供电、照明、监控与报警、通风、排水、标识等设施。鼓励管线单位入股组成股份制公司，联合投资建设综合管廊，或在城市人民政府指导下组成地下综合管廊业主委员会，招标选择建设、运营管理单位。建成综合管廊的区域，凡已在管廊中预留管线位置的，不得再另行安排管廊以外的管线位置。要统筹考虑综合管廊建设运行费用、投资回报和管线单位的使用成本，合理确定管廊租售价格标准。有关部门要及时总结试点经验，加强对各地综合管廊建设的指导。

（八）严格规范建设行为。城市地下管线工程建设项目应履行基本建设程序，严格落实施工图设计文件审查、施工许可、工程质量安全监督与监理、竣工测量以及档案移交等制度。要落实施工安全管理制度，明确相关责任人，确保施工作业安全。对于可能损害地下管线的建设工程，管线单位要与建设单位签订保护协议，辨识危险因素，提出保护措施。对于可能涉及危险化学品管道的施工作业，建设单位施工前要召集有关单位，制定施工方案，明确安全责任，严格按照安全施工要求作业，严禁在情况不明时盲目进行地面开挖作业。对违规建设施工造成管线破坏的行为要依法追究责任。工程覆土前，建设单位应按照有关规定进行竣工测量，及时将测量成果报送城建档案管理部门，并对测量数据和测量图的真实、准确性负责。

四、加强改造维护，消除安全隐患

（九）加大老旧管线改造力度。改造使用年限超过 50 年、材质落后和漏损严重的供排水管网。推进雨污分流管网改造和建设，暂不具备改造条件的，要建设截流干管，适当加大截流倍数。对存在事故隐患的供热、燃气、电力、通信等地下管线进行维修、更换和升级改造。对存在塌陷、火灾、水淹等重大安全隐患的电力电缆通道进行专项治理改造，推进城市电网、通信网架空线入地改造工程。实施城市宽带通信网络和有线广播电视网络光纤入户改造，加快有线广播电视网络数字化改造。

（十）加强维修养护。各城市要督促行业主管部门和管线单位，建立地下管线巡护和隐患排查制度，严格执行安全技术规程，配备专门人员对管线进行日常巡护，定期进行检测维修，强化监控预警，发现危害管线安全的行为或隐患应及时处理。对地下管线安全风险较大的区段和场所要进行重点监控；对已建成的危险化学品输送管线，要按照相关法律法规和标准规范严格管理。开展地下管线作业时，要严格遵守相关规定，配备必要的设施设备，按照先检测后监护再进入的原则进行作业，严禁违规违章作业，确保人员安全。针对城市地下管线可能发生或造成的泄漏、燃爆、坍塌等突发事故，要根据输送介质的危险特性及管道情况，制定应急防灾综合预案和有针对性的专项应急预案、现场处置方案，并定期组织演练；要加强应急队伍建设，提高人员专业素质，配套完善安全检测及应急装备；维修养护时一旦发生意外，要对风险进行辨识和评估，杜绝盲目施救，造成次生事故；要根据事故现场情况及救援需要及时划定警戒区域，疏散周边人员，维持现场秩序，确保应急工作安全有序。切实提高事故防范、灾害防治和应急处置能力。

（十一）消除安全隐患。各城市要定期排查地下管线存在的隐患，制定工作计划，限期消除隐患。加大力度清理拆除占压地下管线的违法建（构）筑物。清查、登记废弃和"无主"管线，明确责任单位，对于存在安全隐患的废弃管线要及时处置，消灭危险源，其余废弃管线应在道路新（改、扩）建时予以拆除。加强城市窨井盖管理，落实维护和管理责任，采用防坠落、防位移、防盗窃等技术手段，避免窨井伤人等事故发生。要按照有关规定完善地下管线配套安全设施，做到与建设项目同步设计、施工、交付使用。

五、开展普查工作，完善信息系统

（十二）开展城市地下管线普查。城市地下管线普查实行属地负责制，由城市人民政府统一组织实施。各城市要明确责任部门，制定总体方案，建立工作机制和相关规范，组织好普查成果验收和归档移交工作。普查工作包括地下管线基础信息普查和隐患排查。基础信息普查应按照相关技术规程进行探测、补测，重点掌握地下管线的规模大小、位置关系、功能属性、产权归属、运行年限等基本情况；隐患排查应全面了解地下管线的运行状况，摸清地下管线存在的结构性隐患和危险源。驻军单位、中央直属企业要按照当地政府的统一部署，积极配合做好所属地下管线的普查工作。普查成果要按规定集中统一管理，其中军队管线普查成果按军事设施保护法有关规定和军队保密要求提供和管理，由军队有关业务主管部门另行明确配套办法。

（十三）建立和完善综合管理信息系统。各城市要在普查的基础上，建立地下管线综合管理信息系统，满足城市规划、建设、运行和应急等工作需要。包括驻军单位、中央直属企业在内的行业主管部门和管线单位要建立完善专业管线信息系统，满足日常运营维护管理需要，驻军单位按照军队有关业务主管部门统一要求组织实施。综合管理信息系统和专业管线信息系统应按照统一的数据标准，实现信息的即时交换、共建共享、动态更新。推进综合管理信息系统与数字化城市管理系统、智慧城市融合。充分利用信息资源，做好工程规划、施工建设、运营维护、应急防灾、公共服务等工作，建设工程规划和施工许可管理必须以综合管理信息系统为依据。涉及国家秘密的地下管线信息，要严格按照有关保密法律法规和标准进行管理。

六、完善法规标准，加大政策支持

（十四）完善法规标准。研究制订地下空间管理、地下管线综合管理等方面法规，健全地下管线规划建设、运行维护、应急防灾等方面的配套规章。开展各类地下管线标准规范的梳理和制（修）订工作，建立完善地下管线标准体系。根据城市发展实际需要，适当提高地下管线建设和抗震防灾等技术标准，重要地区要按相关标准规范的上限执行。按照国防和人防建设要求，研究促进城市地下管线军民融合发展的措施，优先为军队提供管线资源。

（十五）加大政策支持。中央继续通过现有渠道予以支持。地方政府和管线单位要落实资金，加快城市地下管网建设改造。要加快城市建设投融资体制改革，分清政府与企业边界，确需政府举债的，应通过发行政府一般债券或专项债券融资。开展城市基础设施和综合管廊建设等政府和社会资本合作机制（PPP）试点。以政府和社会资本合作方式参与城市基础设施和综合管廊建设的企业，可以探索通过发行企业债券、中期票据、项目收益债券等市场化方式融资。积极推进政府购买服务，完善特许经营制度，研究探索政府购买服务协议、特许经营权、收费权等作为银行质押品的政策，鼓励社会资本参与城市基础设施投资和运营。支持银行业金融机构在有效控制风险的基础上，加大信贷投放力度，支持城市基础设施建设。鼓励外资和民营资本发起设立以投资城市基础设施为主的产业投资基金。各级政府部门要优化地下管线建设改造相关行政许可手续办理流程，提高办理效率。

（十六）提高科技创新能力。加大城市地下管线科技研发和创新力度，鼓励在地下管线规划建设、运行维护及应急防灾等工作中，广泛应用精确测控、示踪标识、无损探测与修复、非开挖、物联网监测和隐患事故预警等先进技术。积极推广新工艺、新材料和新设备，推进新型建筑工业化，支持发展装配式建筑，推广应用管道预构件产品，提高预制装配化率。

七、落实地方责任，加强组织领导

（十七）落实地方责任。各地要牢固树立正确的政绩观，纠正"重地上轻地下""重建设轻管理""重使用轻维护"等错误观念，加强对城市地下管线建设管理工作的组织领导。省级人民政府要把城市地下空间和管线建设管理纳入重要议事日程，加大监督、指导和协调力度，督促各城市结合实际抓好相关工作。城市人民政府作为责任主体，要切实履行职责，统筹城市地上地下设施建设，做好地下空间和管线管理各项具体工作。住房城乡建设部要会同有关部门，加强对地下管线建设管理工作的指导和监督检查。对地下管线建设管理工作不力、造成重大事故的，要依法追究责任。

（十八）健全工作机制。各地要建立城市地下管线综合管理协调机制，明确牵头部门，组织有关部门和单位，加强联动协调，共同研究加强地下管线建设管理的政策措施，及时解决跨地区、跨部门及跨军队和地方的重大问题和突发事故。住房城乡建设部门会同有关部门负责城市地下管线综合管理，发展改革部门要将城市地下管线建设改造纳入经济社会发展规划、财政、通信、广播电视、安全监管、能源、保密等部门要各司其职、密切配合，形成分工明确、高效有力的工作机制。

（十九）积极引导社会参与。充分发挥行业组织的积极作用。各城市应设立统一的地下管线服务专线。充分运用多种媒体和宣传形式，加强城市地下管线安全和应急防灾知识的普及教育，开展"管线挖掘安全月"主题宣传活动，增强公众保护地下管线的意识。建立举报奖励制度，鼓励群众举报危害管线安全的行为。

国务院办公厅

2014年6月3日

5. 国务院办公厅关于推进城市地下综合管廊建设的指导意见

国务院办公厅关于推进城市地下综合管廊建设的指导意见
国办发〔2015〕61号

各省、自治区、直辖市人民政府，国务院各部委、各直属机构：

地下综合管廊是指在城市地下用于集中敷设电力、通信、广播电视、给水、排水、热力、燃气等市政管线的公共隧道。我国正处在城镇化快速发展时期，地下基础设施建设滞后。推进城市地下综合管廊建设，统筹各类市政管线规划、建设和管理，解决反复开挖路面、架空线网密集、管线事故频发等问题，有利于保障城市安全、完善城市功能、美化城市景观、促进城市集约高效和转型发展，有利于提高城市综合承载能力和城镇化发展质量，有利于增加公共产品有效投资、拉动社会资本投入、打造经济发展新动力。为切实做好城市地下综合管廊建设工作，经国务院同意，现提出以下意见：

一、总体要求

（一）指导思想。全面贯彻落实党的十八大和十八届二中、三中、四中全会精神，按照《国务院关于加强城市基础设施建设的意见》（国发〔2013〕36号）和《国务院办公厅关于加强城市地下管线建设管理的指导意见》（国办发〔2014〕27号）有关部署，适应新型城镇化和现代化城市建设的要求，把地下综合管廊建设作为履行政府职能、完善城市基础设施的重要内容，在继续做好试点工程的基础上，总结国内外先进经验和有效做法，逐步提高城市道路配建地下综合管廊的比例，全面推动地下综合管廊建设。

（二）工作目标。到2020年，建成一批具有国际先进水平的地下综合管廊并投入运营，反复开挖地面的"马路拉链"问题明显改善，管线安全水平和防灾抗灾能力明显提升，逐步消除主要街道蜘蛛网式架空线，城市地面景观明显好转。

（三）基本原则。
——坚持立足实际，加强顶层设计，积极有序推进，切实提高建设和管理水平。
——坚持规划先行，明确质量标准，完善技术规范，满足基本公共服务功能。
——坚持政府主导，加大政策支持，发挥市场作用，吸引社会资本广泛参与。

二、统筹规划

（四）编制专项规划。各城市人民政府要按照"先规划、后建设"的原则，在地下管线普查的基础上，统筹各类管线实际发展需要，组织编制地下综合管廊建设规划，规划期限原则上应与城市总体规划相一致。结合地下空间开发利用、各类地下管线、道路交通等专项建设规划，合理确定地下综合管廊建设布局、管线种类、断面形式、平面位置、竖向控制等，明确建设规模和时序，综合考虑城市发展远景，预留和控制有关地下空间。建立建设项目储备制度，明确五年项目滚动规划和年度建设计划，积极、稳妥、有序推进地下综合管廊建设。

（五）完善标准规范。根据城市发展需要抓紧制定和完善地下综合管廊建设和抗震防灾等方面的国家标准。地下综合管廊工程结构设计应考虑各类管线接入、引出支线的需求，满足抗震、人防和综合防灾等需要。地下综合管廊断面应满足所在区域所有管线入廊的需要，符合入廊管线敷设、增容、运行和维护检修的空间要求，并配建行车和行人检修通道，合理设置出入口，便于维修和更换管道。地下综合管廊应配套建设消防、供电、照明、通风、给排水、视频、标识、安全与报警、智能管理等附属设施，提高智能化监控管理水平，确保管廊安全运行。要满足各类管线独立运行维护和安全管理需要，避免产生相互干扰。

三、有序建设

（六）划定建设区域。从2015年起，城市新区、各类园区、成片开发区域的新建道路要根据功能需求，同步建设地下综合管廊；老城区要结合旧城更新、道路改造、河道治理、地下空间开发等，因地制宜、统筹安排地下综合管廊建设。在交通流量较大、地下管线密集的城市道路、轨道交通、地下综合体等地段，城市高强度开发区、重要公共空间、主要道路交叉口、道路与铁路或河流的交叉处，以及道路宽度难以单独敷设多种管线的路段，要优先建设地下综合管廊。加快既有地面城市电网、通信网络等架空线入地工程。

（七）明确实施主体。鼓励由企业投资建设和运营管理地下综合管廊。创新投融资模式，推广运用政府和社会资本合作（PPP）模式，通过特许经营、投资补贴、贷款贴息等形式，鼓励社会资本组建项目公司参与城市地下综合管廊建设和运营管理，优化合同管理，确保项目合理稳定回报。优先鼓励入廊管线单位共同组建或与社会资本合作组建股份制公司，或在城市人民政府指导下组成地下综合管廊业主委员会，公开招标选择建设和运营管理单位。积极培育大型专业化地下综合管廊建设和运营管理企业，支持企业跨地区开展业务，提供系统、规范的服务。

（八）确保质量安全。严格履行法定的项目建设程序，规范招投标行为，落实工程建设各方质量安全主体责任，切实把加强质量安全监管贯穿于规划、建设、运营全过程，建设单位要按规定及时报送工程档案。建立地下综合管廊工程质量终身责任永久性标牌制度，接受社会监督。根据地下综合管廊结构类型、受力条件、使用要求和所处环境等因素，考虑耐久性、可靠性和经济性，科学选择工程材料，主要材料宜采用高性能混凝土和高强钢筋。推进地下综合管廊主体结构构件标准化，积极推广应用预制拼装技术，提高工程质量和安全水平，同时有效带动工业构件生产、施工设备制造等相关产业发展。

四、严格管理

（九）明确入廊要求。城市规划区范围内的各类管线原则上应敷设于地下空间。已建地下综合管廊的区域，该区域内的所有管线必须入廊。在地下综合管廊以外的位置新建管线的，规划部门不予许可审批，建设部门不予施工许可审批，市政道路部门不予掘路许可审批。既有管线应根据实际情况逐步有序迁移至地下综合管廊。各行业主管部门和有关企业要积极配合城市人民政府做好各自管线入廊工作。

（十）实行有偿使用。入廊管线单位应向地下综合管廊建设运营单位交纳入廊费和日常维护费，具体收费标准要统筹考虑建设和运营、成本和收益的关系，由地下综合管廊建设运营单位与入廊管线单位根据市场化原则共同协商确定。入廊费主要根据地下综合管廊本体及附属设施建设成本,以及各入廊管线单独敷设和更新改造成本确定。日常维护费主要根据地下综合管廊本体及附属设施维修、更新等维护成本,以及管线占用地下综合管廊空间比例、对附属设施使用强度等因素合理确定。公益性文化企业的有线电视网入廊,有关收费标准可适当给予优惠。由发展改革委会同住房城乡建设部制定指导意见,引导规范供需双方协商确定地下综合管廊收费标准,形成合理的收费机制。在地下综合管廊运营初期不能通过收费弥补成本的,地方人民政府视情给予必要的财政补贴。

(十一)提高管理水平。城市人民政府要制定地下综合管廊具体管理办法,加强工作指导与监督。地下综合管廊运营单位要完善管理制度,与入廊管线单位签订协议,明确入廊管线种类、时间、费用和责权利等内容,确保地下综合管廊正常运行。地下综合管廊本体及附属设施管理由地下综合管廊建设运营单位负责,入廊管线的设施维护及日常管理由各管线单位负责。管廊建设运营单位与入廊管线单位要分工明确,各司其职,相互配合,做好突发事件处置和应急管理等工作。

五、支持政策

(十二)加大政府投入。中央财政要发挥"四两拨千斤"的作用,积极引导地下综合管廊建设,通过现有渠道统筹安排资金予以支持。地方各级人民政府要进一步加大地下综合管廊建设资金投入。省级人民政府要加强地下综合管廊建设资金的统筹,城市人民政府要在年度预算和建设计划中优先安排地下综合管廊项目,并纳入地方政府采购范围。有条件的城市人民政府可对地下综合管廊项目给予贷款贴息。

(十三)完善融资支持。将地下综合管廊建设作为国家重点支持的民生工程,充分发挥开发性金融作用,鼓励相关金融机构积极加大对地下综合管廊建设的信贷支持力度。鼓励银行业金融机构在风险可控、商业可持续的前提下,为地下综合管廊项目提供中长期信贷支持,积极开展特许经营权、收费权和购买服务协议预期收益等担保创新类贷款业务,加大对地下综合管廊项目的支持力度。将地下综合管廊建设列入专项金融债支持范围予以长期投资。支持符合条件的地下综合管廊建设运营企业发行企业债券和项目收益票据,专项用于地下综合管廊建设项目。

城市人民政府是地下综合管廊建设管理工作的责任主体,要加强组织领导,明确主管部门,建立协调机制,扎实推进具体工作;要将地下综合管廊建设纳入政府绩效考核体系,建立有效的督查制度,定期对地下综合管廊建设工作进行督促检查。住房城乡建设部要会同有关部门建立推进地下综合管廊建设工作协调机制,组织设立地下综合管廊专家委员会;抓好地下综合管廊试点工作,尽快形成一批可复制、可推广的示范项目,经验成熟后有效推开,并加强对全国地下综合管廊建设管理工作的指导和监督检查。各管线行业主管部门、管理单位等要各司其职,密切配合,共同有序推动地下综合管廊建设。中央企业、省属企业要配合城市人民政府做好所属管线入地入廊工作。

国务院办公厅
2015 年 8 月 3 日

6. 住房和城乡建设部、工业和信息化部、国家广播电视总局、国家能源局关于进一步加强城市地下管线建设管理有关工作的通知

住房和城乡建设部、工业和信息化部、国家广播电视总局、国家能源局关于进一步加强城市地下管线建设管理有关工作的通知

建城〔2019〕100号

各省、自治区住房和城乡建设厅、通信管理局、广播电视局，直辖市住房和城乡建设（管）委、通信管理局、广播电视局，北京市城市管理委、交通委、水务局，上海市交通委、水务局，天津市城市管理委、水务局，重庆市城市管理局、文化和旅游发展委，海南省水务厅，新疆生产建设兵团住房和城乡建设局、文化体育广电和旅游局；各省、自治区、直辖市及新疆生产建设兵团发展改革委（能源局）、经信委（工信委、工信厅），国家能源局各派出监管机构：

党的十八大以来，各地认真贯彻中央城市工作会议精神，深入落实党中央、国务院关于加强城市地下管线建设管理、推进地下综合管廊建设的决策部署，针对"马路拉链"、管线事故频发等问题，加大统筹治理力度，取得积极进展。但地下管线建设管理统筹协调机制不健全、管线信息共享不到位、管线建设与道路建设不同步等问题依然存在。为进一步加强城市地下管线建设管理，保障城市地下管线运营安全，改善城市人居环境，推进城市地下管线集约高效建设和使用，促进城市绿色发展，现将有关事项通知如下：

一、健全城市地下管线综合管理协调机制

（一）加强部门联动配合。各地有关部门要严格按照《中共中央 国务院关于进一步加强城市规划建设管理工作的若干意见》《国务院办公厅关于加强城市地下管线建设管理的指导意见》（国办发〔2014〕27号）和《国务院办公厅关于推进城市地下综合管廊建设的指导意见》（国办发〔2015〕61号）要求，共同研究建立健全以城市道路为核心、地上和地下统筹协调的城市地下管线综合管理协调机制。管线综合管理牵头部门要加强与有关部门和单位的联动协调，形成权责清晰、分工明确、高效有力的工作机制。结合实际情况研究制定地下管线综合管理办法，进一步强化城市基础设施建设的整体性、系统性，努力提高城市综合治理水平。中央直属企业、省属企业要按照当地政府的统一部署，积极配合做好所属管线的普查、入地入廊和安全维护等建设管理工作。

（二）统筹协调落实年度建设计划。城市道路是城市交通系统、通信设施系统、广播电视传输设施系统、能源供应系统、给排水系统、环境系统和防灾系统等城市基础设施的共同载体。凡依附城市道路建设的各类管线及附属建筑物、构筑物，应与城市道路同步规划、同步设计、同步建设、同步验收，鼓励有条件的地区以综合管廊方式建设。各地管线综合管理牵头部门要协调城市道路建设改造计划与各专业管线年度建设改造计划，统筹安排各专业管

线工程建设，力争一次敷设到位，并适当预留管线位置，路口应预留管线过路通道。城市道路建设单位要及时将道路年度建设计划告知相关管线单位，牵头组织开展道路方案设计、初步设计等阶段的管线综合相关工作。

二、推进城市地下管线普查

（三）加强城市地下管线普查。各地管线行业主管部门要落实国务院有关文件要求，制定工作方案，完善工作机制和相关规范，组织好地下管线普查，摸清底数，找准短板。管线单位是管线普查的责任主体，要加快实现城市地下管线普查的全覆盖、周期化、规范化，全面查清城市范围内地下管线现状，准确掌握地下管线的基础信息，并对所属管线信息的准确性、完整性和时效性负责。管线行业主管部门要督促、指导管线单位认真履行主体责任，积极做好所属管线普查摸底工作，全面深入摸排管线存在的安全隐患和危险源，对发现的安全隐患要及时采取措施予以消除，积极配合做好管线普查信息共享工作。

（四）建设管线综合管理信息系统。各地管线行业主管部门和管线单位要在管线普查基础上，建立完善专业管线信息系统。管线综合管理牵头部门要推进地下管线综合管理信息系统建设，在管线建设计划安排、管线运行维护、隐患排查、应急抢险及安全防范等方面全面应用地下管线信息集成数据，提高管线综合管理信息化、科学化水平。积极探索建立地下管线综合管理信息系统与专业管线信息系统共享数据同步更新机制，加强地下管线信息数据标准化建设，在各类管线信息数据共享、动态更新上取得新突破，确保科学有效地实现管线信息共享和利用。

三、规范城市地下管线建设和维护

（五）规范优化管线工程审批。各地有关部门要按照国务院"放管服"改革要求，进一步优化城市地下管线工程建设审批服务流程，将城市供水、排水、供热、燃气、电力、通信、广播电视等各类管线工程建设项目纳入工程建设项目审批管理系统，实施统一高效管理。推行城市道路占用挖掘联合审批，研究建立管线应急抢险快速审批机制，实施严格的施工掘路总量控制，从源头上减少挖掘城市道路行为。严格落实施工图设计文件审查、施工许可、工程质量安全监督、工程监理、竣工验收以及档案移交等规定。严肃查处未经审批挖掘城市道路和以管线应急抢修为由随意挖掘城市道路的行为，逐步将未经审批或未按规定补办批准手续的掘路行为纳入管线单位和施工单位信用档案，并对情节严重或社会影响较大的予以联合惩戒。加强执法联动和审后监管，完善信息共享、案件移送制度，提高执法效能。

（六）强化管线工程建设和维护。建设单位要严格执行城市地下管线建设、维护、管理信息化相关工程建设规范和标准，提升管线建设管理水平。按标准确定管线使用年限，结合运行环境要求科学合理选择管线材料，加强施工质量安全管理，实行质量安全追溯制度，确保投入使用的管线工程达到管线设计使用年限要求。加强管线建设、迁移、改造前的技术方案论证和评估，以及实施过程中的沟通协调。鼓励有利于缩短工期、减少开挖量、降低环境影响、提高管线安全的新技术和新材料在地下管线建设维护中的应用。加强地下管线工程覆土前质量管理，在管线铺设和窨井砌筑前，严格检查验收沟槽和基坑，对不符合要求的限期整改，整改合格后方可进行后续施工；在管线工程覆土前，对管线高程和管位是否符合规划和设计要求进行检查，并及时报送相关资料记录，更新管线信息。管线单位要加强对管线的日常巡查和维护，定期进行检测维修，对管线运行状况进行监控预警，使管线始终处于安全受控状态。

（七）推动管线建设管理方式创新。各地有关部门要把集约、共享、安全等理念贯穿于地下管线建设管理全过程，创新建设管理方式，推动地下管线高质量发展。加快推进老旧管网和架空线入地改造，消除管线事故隐患，提升服务效率和运行保障能力，推进地上地下集约建设。有序推进综合管廊系统建设，结合城市发展阶段和城市建设实际需要，科学编制综合管廊建设规划，合理布局干线、支线和缆线管廊有机衔接的管廊系统，因地制宜确定管廊断面类型、建设规模和建设时序，统筹各类管线敷设。中小城市和老城区要重点加强布局紧凑、经济合理的缆线管廊建设。鼓励应用物联网、云计算、5G网络、大数据等技术，积极推进地下管线系统智能化改造，为工程规划、建设施工、运营维护、应急防灾、公共服务提供基础支撑，构建安全可靠、智能高效的地下管线管理平台。

各地有关部门要系统总结近年来在城市地下管线综合管理和综合管廊建设方面的经验，从系统治理、源头治理、依法治理、科学治理等方面统筹发力，统筹运用各项政策措施加强地下管线建设管理，大力推进"马路拉链"治理，建立健全占道挖掘审批和计划管理、地下综合管廊有偿使用等相关配套政策，强化监督引导，确保各项政策措施落到实处。

中华人民共和国住房和城乡建设部
中华人民共和国工业和信息化部
国家广播电视总局
国家能源局
2019年11月25日

7. 北京市城市地下管线管理办法

北京市城市地下管线管理办法
京政办发〔2005〕9 号

第一条 为加强本市城市地下管线管理，保障地下管线正常运行和城市公共安全，制定本办法。

第二条 本办法所称地下管线，是指燃气、供热、供水、雨水、污水、中水、电力、输油、照明、通信信息、广播电视、公安交通等城市基础设施地下管线。

第三条 市市政行政管理部门负责本市城市基础设施地下管线综合协调管理工作，并组织实施本办法；综合协调地下管线专业规划和年度建设计划，经市政府批准后实施；监督地下管线权属单位编制地下管线年度建设项目、维修工程计划和抢修预案，并协调实施。

市规划行政管理部门负责本市地下管线规划、测绘及档案资料监督管理。

市建设行政管理部门负责本市建设工程施工现场地下管线安全监督管理。

市路政行政管理部门负责本市地下管线占道掘路施工作业监督管理。

市公安交通行政管理部门负责本市地下管线占道掘路施工作业交通安全监督管理。

市安全生产监督行政管理部门对地下管线生产经营单位的安全生产工作实施综合监督管理。

区（县）市政行政管理部门负责对辖区内自建的地下管线进行监督管理。

本市燃气、供热、供水、雨水、污水、中水、电力、输油、照明、通信信息、广播电视、公安交通等地下管线专业主管部门，按照各自职责实施监督管理。

城市管理综合执法部门依法对地下管线违法行为进行行政处罚。

第四条 地下管线权属单位应加强管线的维护管理，保障地下管线安全运行。

（一）地下管线运行维护必须严格执行安全技术规程。

（二）建立地下管线巡查记录，记录内容应有巡查时间、地点（范围）、发现问题与处理措施、上报记录等。

（三）编制实施地下管线年度维修计划，定期排查和消除地下管线安全隐患，上报各自专业行政管理部门和市市政行政管理部门并接受监督检查。

（四）加强日常维护，保持地下管线检查井井盖完好。发现丢失或损坏，应当立即补装、更换或维修。

第五条 地下管线权属单位应制定地下管线事故抢修预案，落实抢修机械、设备、物资、人员等。地下管线发生事故后，应按照本市地下管线抢修预案和专业抢修预案组织实施，并向专业主管部门和交通路政、公安交通等行政管理部门报告。相关单位、部门和个人应当积极配合抢修，不得阻碍、干扰。

第六条 新建、翻建或改扩建地下管线，必须按有关规定经规划行政管理部门批准。建设单位应在管线改建工程竣工验收后 6 个月内，向规划行政管理部门申报注销并及时拆除报废管线。

地下管线工程的规划、设计、施工、监理、验收必须严格执行国家技术标准、技术规范和操作规程。

城市道路行政管理部门应在每年年底前向地下管线权属单位公布下一年度道路建设计划。依附于城市道路的各种地下管线，必须与城市道路同步建设。

建设单位敷设和更新地下管线必须及时进行竣工测量。未按规定进行竣工测量的，有关主管部门不予办理工程竣工验收和备案手续。

地下管线工程竣工验收后，建设单位应及时汇总工程档案资料，并向城市建设档案馆移交。因移交工程档案资料不及时、不齐全、不准确而造成施工破坏地下管线，建设单位应依法承担相应责任。

第七条 建设单位在工程施工前，应向地下管线档案管理机构、地下管线权属单位取得施工现场地下管线资料。建设单位在申请领取施工许可证时，应当提供有关地下管线安全施工措施的资料。建设单位必须向施工单位提供施工现场地下管线资料，施工单位应当采取安全保护措施。施工作业损坏地下管线，施工单位须立即通知地下管线权属单位和有关部门进行处理，同时采取应急保护措施，承担相应责任。

未经竣工验收的地下管线，不得交付使用，由建设单位负责管理。

在地下管线施工中，发现地下管线资料未标注的管线，建设单位应及时报告市规划行政管理部门，查明管线性质、权属，由权属单位补建档案资料，并按有关规定向城市建设档案馆移交。

第八条 规划、建设、市政行政管理部门和地下管线权属单位应建立地下管线信息管理系统，及时将地下管线普查资料、竣工资料、补测补绘资料输入系统，并实行动态管理和信息共享。

地下管线权属单位和测绘成果的保管单位应依法向规划、建设、市政行政管理部门提供地下管线信息数据，并按国家及本市有关规定，向建设单位提供咨询服务。

第九条 推广应用地下管线先进技术和非开挖工艺，建设和使用地下管线综合管廊。

第十条 任何单位和个人不得擅自接装、改装、挪移、拆除地下管线设施。

为保护地下管线安全，在地下管线用地范围内，禁止下列行为：

（一）倾倒污水、排放腐蚀性液体、气体；

（二）堆放易燃易爆物；

（三）擅自移动、覆盖、涂改、拆除、损坏管线设施的安全警示标志；

（四）建设与管线设施无关的建筑物、构筑物或挖坑、取土、植树、埋杆、堆物、钻探、爆破、机械挖掘等占压行为；

（五）其它危及地下管线安全的行为。

第十一条 凡违反本办法，并受到行政机关行政处罚的企业，由做出行政处罚的行政机关将其不良记录归集到本市企业信用信息系统。

第十二条 任何单位和个人有义务保护地下管线，对损坏地下管线的行为应当劝阻和举报。

第十三条 本办法自2005年3月1日起施行。

8. 北京市建设委员会关于加强基础设施管线施工防护和拆除工程施工安全监督管理的若干规定

北京市建设委员会关于加强基础设施管线施工防护和
拆除工程施工安全监督管理的若干规定

第一章 总 则

第一条 为加强施工安全监督管理，防止施工损坏各类基础设施管线，强化拆除工程安全保障，根据《建筑法》、《建设工程安全生产管理条例》等法律法规，结合本市实际，制定本规定。

第二条 本市行政区域内基础设施管线施工防护和拆除工程安全监管，适用本规定。

本规定所称基础设施管线，是指供水、排水、供电、供气、供热、通信、广播电视等地下、地上管线。

第三条 建设单位、施工单位和工程监理单位在基础设施管线施工防护中应当各负其责，互相配合。

建设单位、施工单位应当加强拆除工程管理，保障拆除工程施工安全。

第二章 基础设施管线施工防护责任

第四条 建设单位应当向施工单位提供施工现场及毗邻区域内基础设施管线资料。基础设施管线资料应当真实、准确、完整。

第五条 建设单位可以通过如下方式取得基础设施管线资料：

（一）向城建档案机构查询；

（二）向供水、排水、供电、供气、供热、通信、广播电视等管线的档案管理机构、管线权属单位查询；

（三）委托勘察单位探测查明；

（四）其他管线资料获得方式。

第六条 建设单位未取得基础设施管线资料或者管线资料不齐全、不准确时要求施工单位动土施工的，建设单位承担管线损坏的主要责任。

第七条 施工单位对因建设工程施工可能造成损害的基础设施管线，应当采取专项防护措施。

施工单位编制管线防护措施时，可以邀请管线权属单位和有关部门参与。管线防护措施必须经建设单位驻工地代表、项目经理、技术负责人和总监理工程师共同签字认可。

第八条 施工单位在施工中如果发现管线资料有未标注或标注与实际不符的管线，应当立即停止施工，即时向建设单位和工程监理单位报告，并要求补充相关资料。

第九条 监理单位应当认真审查施工单位管线防护措施，在相关施工时进行重点检查，并作好检查记录。

监理单位在实施监理过程中，发现存在危及基础设施管线的事故隐患时，应当要求施工单位整改；情况严重的，应当要求施工单位暂时停止施工，并及时报告建设单位。施工单位拒不整改或者不停止施工的，监理单位应当及时向有关主管部门报告。

第三章 基础设施管线施工防护管理

第十条 市建委或者区县建委进行施工安全监督备案时，应当严格审查建设单位和施工单位关于施工现场及毗邻区域内基础设施管线资料的交接手续。交接手续应当盖有施工单位章并有项目经理签字。

施工单位未收到建设单位提供的管线资料但在交接手续上盖章签字的，管线损坏事故主要责任由施工单位承担。

第十一条 市建委或者区县建委在进行施工安全监督备案时，应当严格审查施工单位是否编制了基础设施管线防护措施。对没有编制管线防护措施的，不予备案。

第十二条 市建委或者区县建委在审核施工许可进行现场踏勘时，踏勘人员不得少于两人。踏勘人员应重点勘查基础设施管线是否已采取有效的安全防护措施。安全防护措施不符合有关规定的，不予发放施工许可证。

踏勘人员应填写书面记录，如实记录施工现场勘查情况，并由建设单位负责人当场签字确认踏勘结果。

第十三条 市建委负责组织有关区县建委对轨道交通、地铁和城市道路项目等跨区县工程进行施工安全监督，并加强基础设施管线防护措施执行情况的监督检查。

区县建委负责辖区内上述项目以外的建设工程施工安全监督管理工作，并应当将基础设施管线施工防护作为重要监督内容。

第四章 基础设施管线应急抢险

第十四条 因施工损坏相关管线后，施工单位必须立即向区县建委报告，同时立即通知相关管线权属单位和有关部门进行处理，并采取应急防护措施。

第十五条 区县建委应当在接到施工单位报告后立即启动应急抢险预案，组织抢险，并及时进行调查。按规定需报告市建委的，及时报告。

管线权属单位或抢修队抢修维修时，施工单位应当积极配合抢修，提供相应的物资设备以及人员，不得阻碍、干扰抢险维修工作。

第五章 拆除工程管理

第十六条 区县建委应当加强拆除工程施工安全监督管理，落实拆除工程安全措施备案制度，并将拆除工程纳入建设工程安全监督范围，加强拆除工程现场的监督检查和执法，查处违法违规行为，消除安全隐患。

第十七条 拆除工程的施工单位必须具备"爆破与拆除工程专业承包资质"，并取得《安全生产许可证》。

严禁建设单位将拆除工程发包给个人或不具备上述要求的施工单位。

严禁施工单位将拆除工程转包或违法分包。

第十八条 建设单位在拆除工程施工前，应当向施工单位提供拆除建筑的有关图纸和资料，以及拆除工程所涉及区域的地上、地下建筑及基础设施管线分布情况资料。

第十九条 施工单位应当根据建设单位提供的图纸和资料及拆除工程现场周边实际情况，编制施工组织设计或者安全生产、文明施工、环境防护等专项施工方案和基础设施管线防护措施。

第二十条 建设单位应当在拆除工程施工 15 日前，将下列资料报送工程所在地的区、县建委备案：

（一）施工单位资质证书和安全生产许可证；

（二）拟拆除建筑物、构筑物和可能危及毗邻建筑的说明及毗邻建筑安全防护措施；

（三）施工组织设计或者安全生产、文明施工、环境防护等专项施工方案和基础设施管线防护措施；

（四）堆放、清除废弃物的措施。

区、县建委应当将上述资料的主要内容抄送区、县安全生产监督管理部门。

区、县建委核发房屋拆迁许可证时，应当检查建设单位是否办理上述备案手续。

第二十一条 拆除工程项目负责人依法承担拆除工程安全生产、文明施工、环境防护等责任。拆除工程项目部应当按规定设专职安全生产管理人员。安全生产管理人员应当检查安全生产责任制和各项安全技术措施落实情况，及时制止各种违法违规行为，确保安全生产。

第二十二条 施工单位在进行拆除工程施工时，应当严格执行《建筑拆除工程安全技术规范》和有关强制性标准。

施工单位在进行施工暂设拆除时，应当严格执行本市《建设工程施工现场临建房屋技术规程》的有关规定。

第二十三条 拆除工程及施工暂设拆除前，施工单位必须对施工人员进行书面安全技术交底。施工单位在施工中应当严格执行施工组织设计或者专项施工方案规定的施工方法和措施。

遇四级以上大风天气时，禁止进行拆除作业。

第二十四条 施工暂设拆除时，严禁操作人员站在构件上采用晃动、撬动或用大锤砸钢架的方法进行拆卸。

拆卸的对拉螺栓、连接件及拆卸用工具必须妥善保管和放置，不得随意散放在操作平台上。

第二十五条 拆除工程施工现场应按规定设置不低于 1.8 米的硬质围挡，并在施工危险部位设置醒目的警示标志。当拆除工程与交通道路的距离不能满足安全要求时，必须采取相应的隔离措施，设置安全警示标志并派人监管。

第六章 法律责任

第二十六条 施工单位未按照上述要求对管线采取专项防护措施的，市或者区县建委根据《建设工程安全生产管理条例》责令其限期改正；逾期未改正的，处 5 万元以上 10 万元以下的罚款。造成重大安全事故，构成犯罪的，依法追究刑事责任。

第二十七条 监理单位未对施工组织设计中的安全技术措施或者专项施工方案进行审查、发现安全事故隐患未及时要求施工单位整改或者暂时停止施工、施工单位拒不整改、停止施工时未及时向有关主管部门报告的，市或者区县建委根据《建设工程安全生产条例》规定责令其限期改正；逾期未改正的，责令停业整顿，并处 10 万元以上 30 万元以下的罚款；情节严重的，降低资质等级，直至吊销资质证书。造成重大安全事故，构成犯罪的，对直接责任人员依法追究刑事责任。

第二十八条 区县建委及其建设工程安全监督机构应当加强对拆除工程监督管理，对不办理拆除工程备案或者无资质、无安全生产许可证从事拆除工程施工的单位依法严肃处理：

（一）建设单位未将拆除工程的有关资料报送区县建委备案的，区县建委应当按照《建设工程安全生产管理条例》的规定，责令限期改正，给予警告。

（二）建设单位将拆除工程发包给不具有相应资质等级的施工单位的，按照《建设工程安全生产管理条例》规定，责令限期改正，处20万元以上50万元以下罚款；造成重大安全事故，构成犯罪的，对直接责任人员，依照刑法有关规定追究刑事责任；造成损失的，依法承担赔偿责任。

（三）施工单位在拆除工程施工过程中违反安全生产管理规定和技术规范的，依法进行相应的行政处罚；造成重大安全事故，构成犯罪的，对直接责任人员，依照刑法有关规定追究刑事责任；造成损失的，依法承担赔偿责任。

第七章　附　　则

第二十九条 本规定自2006年5月1日起实施。

9. 北京市住房和城乡建设委关于进一步加强施工现场地下管线保护的通知

北京市住房和城乡建设委关于进一步加强施工现场地下管线保护的通知

各区住房城乡建设委，东城、西城区住房城市建设委，经济技术开发区建设局，各集团总公司，各有关单位：

为加强施工现场安全管理，有效防范破坏地下管线事故的发生，依据《北京市建设工程施工现场管理办法》和《北京市安全生产委员会关于进一步加强城市地下管线安全保护工作的意见》等规定要求，现将加强施工现场地下管线保护的有关要求通知如下：

一、充分认识施工现场地下管线保护的重要意义

地下管线是支撑城市生存发展的"生命线"，是城市正常稳定运行的重要保障，关系到广大人民群众的切身利益。各单位要牢固树立安全发展理念，切实增强抓好地下管线保护工作的责任感、紧迫感和使命感；要严格按照"党政同责、一岗双责、齐抓共管、失职追责"和"管行业必须管安全、管业务必须管安全、管生产经营必须管安全"的要求，认真落实参建各方在地下管线保护方面的主体责任；各区住房城乡建设委要严格按照属地管理的原则，切实加强对已办理施工许可证（或施工登记意见函）的现场进行监管，要用最严厉的监管手段，最大限度防范地下管线破坏事故发生。

二、切实履行参建各方地下管线保护的主体责任

（一）建设单位承担地下管线保护的主要责任

一是应加强与地下管线权属单位的联络对接，做好前期调查工作，确保所移交的施工现场及毗邻区域内地下管线资料真实、准确、完整。

二是负责办理管线改移、保护等前期手续，审定施工单位编制的地下管线防护措施，并承担相关费用。

三是牵头协调地下管线权属单位、施工单位，建立单位领导对接、管理部门对接、施工现场对接的"三级对接"配合机制。

四是工程竣工后，及时向市城建档案馆报送包括本工程地下管线改移资料在内的工程项目竣工资料。

（二）施工单位承担地下管线保护的直接责任

一是管线改移、保护作业前，必须会同地下管线权属单位制定管线防护措施，并报送建设单位和监理单位审查。

二是动土作业前，经监理单位条件验收合格后方可施工，紧临管线附近施工时应通知地下管线权属单位现场监护。

三是机械开挖前,必须进行人工探坑,并设置现场管线标识。在探坑范围内未找到管线资料标注的管线时,应立即停工报告建设单位,经地下管线权属单位和建设单位现场核实确认并补充相关资料或施工方案后,方可继续施工。

四是必须对相关机械操作人员和施工人员进行安全教育和安全技术交底,确保一线作业人员掌握和了解地下管线各项防护措施。

五是必须编制有针对性的应急预案。一旦发生破坏地下管线事故,应及时报告有关部门和地下管线权属单位,同时做好前期应急处置工作。在地下管线权属单位或应急救援队伍抢险抢修时,应做好配合协助工作。

(三)监理单位承担地下管线保护的监理责任

一是审查参与地下管线改移、保护的施工单位资质信息和相关人员的资格证书。

二是审查施工单位编制的地下管线防护措施,并对施工单位的动土作业进行审批和条件验收。

三是加强对施工现场检查,发现危及地下管线安全隐患时,及时要求施工单位进行整改或停工。情节严重的,应及时报告建设单位和有关部门,坚决避免出现监理缺位现象。

四是在影响地下管线运行安全的风险区域实施挖掘作业时,应安排专人现场监理。

三、不断强化施工现场地下管线的属地监管责任

一是各区住房城乡建设委要按照属地管理的原则,对已办理施工许可证(或施工登记意见函)工程的管线改移、保护作业的施工现场进行监管。

二是市区住房城乡建设委要加大对施工破坏地下管线行为的处罚处理力度。对管线施工存在安全事故隐患或未采取专项防护措施的,各区住房城乡建设主管部门应当按照《北京市建设工程施工现场管理办法》第三十一条、第三十三条等有关规定进行处罚,构成生产安全事故或造成其他严重后果的,应当提请市住房城乡建设主管部门依法暂扣相关单位安全生产许可证或者暂停有关单位在北京建筑市场投标资格。

特此通知。

北京市住房和城乡建设委

2018 年 8 月 9 日

10. 天津市地下管线安全管理暂行办法

天津市地下管线安全管理暂行办法
津安监管二〔2010〕101号

第一条 为加强地下管线管理，防止外力破坏造成管线事故，保障地下管线正常运行，依据《中华人民共和国安全生产法》、《中华人民共和国石油天然气管道保护法》、《中华人民共和国电力法》、《电力设施保护条例》、《天津市供热用热条例》、《天津市燃气管理条例》、《建设工程安全生产管理条例》、《天津市城市道路管理条例》、《天津市地下空间规划管理条例》等有关法律、法规规定，结合本市实际，制定本办法。

第二条 本办法所称地下管线，是指燃气、电力、输送石油、输送天然气、工业物料、热力等管线及其附属设施。

本办法所称石油包括原油和成品油，所称天然气包括天然气、煤层气和煤制天然气。

本办法适用于在本市行政区域内涉及地下管线的规划、设计、施工、监理、验收、运行维护、信息档案等安全管理活动。

第三条 本市地下管线安全管理实行属地监管、条块结合，以属地为主的原则。

第四条 市和区县安全生产委员会负责综合协调指导全市及所辖区域内的地下管线安全管理工作。

市和区县安全生产委员会办公室负责具体指导、监督有关单位履行地下管线安全保护义务，挂牌督办重大安全隐患消除工作。

第五条 市和区县负有地下管线安全监督管理职责的部门应履行以下职责：

（一）发展改革部门和市建设行政主管部门负责地下管线项目审批工作。

（二）经济信息部门指导电力企业开展电网地下电缆安全管理工作。负责对电力设施保护区内的施工进行许可审批，并责成相关单位到施工地供电公司备案。

（三）规划部门负责地下管线规划和备案管理；组织开展本市地下管线普查工作以及地下管线综合信息系统的建设、管理、维护工作。

（四）建设行政主管部门在法定职责范围内负责本市建设工程施工现场内地下管线安全监督管理。

（五）国土房管部门负责除农村宅基地以外各类房屋的修缮、改造、拆除和安全鉴定的管理工作。

（六）市容园林部门负责市容综合整治、市容环境大型基础设施建设、城市园林绿化建设项目施工现场地下管线安全监督管理。

（七）市政公路部门负责本市城市道路、公路（含高速公路）地下管线占道掘路施工作业监督管理；已接收管理的道桥、公路（含高速公路）范围内地下管线施工的协调管理。

（八）质量技术监督部门负责本市地下压力管道的安全监察工作。

（九）交通港口部门协助本市港口、国防交通建设工程相关行政主管部门做好施工现场地下管线安全监督管理。

（十）公安部门负责地下管线治安、交通、消防等监督管理工作，依法查处相应的刑事案件和重大责任事故。

第六条 地下管线权属单位或地下管线专业管理单位应加强管线的维护管理，保障地下管线安全运行。

（一）地下管线的敷设应当按照有关规定设置安全警示标志，运行维护必须严格执行安全技术规程。

（二）建立、健全地下管线巡护制度，配备专门人员对管线进行日常巡护。

（三）建立巡查记录，记录内容应有巡查时间、地点（范围）、发现问题与处理措施、上报记录等。

（四）定期排查和消除地下管线安全隐患，发现危害管线安全的情形或者隐患，应当及时处理。自身排除确有困难的，应当向其行政主管部门报告。

（五）定期对管线进行检测、维修，确保其处于良好状态；对管线安全风险较大的区段和场所应当进行重点监测，采取有效措施防止管线事故的发生。

（六）凡是涉及所属地下管线的施工项目，要对地下管线情况进行现场交底，并作出明确的标识，必要时在作业现场安排专人监护。

（七）制定地下管线事故抢修预案，落实抢修机械、设备、物资、人员等。地下管线发生事故后，应当按照地下管线抢修预案和专业抢修预案组织实施。

（八）实行地下管线信息动态管理。定期进行地下管线普查，随时掌握管线情况并做好预防。每年年初将普查数据及更新后的信息数据向市规划行政管理部门上报。

（九）建立地下管线安全档案制度。

第七条 建设单位严格执行工程建设相关审批管理程序及地下管线的安全保护制度。

（一）不得将施工项目发包给不具备安全生产许可证及无相应资质的单位。

（二）工程规划设计前，应向地下管线综合信息档案管理机构、地下管线权属单位查询取得施工现场地下管线现状信息资料。尚无地下管线现状信息资料的区域，应当委托相关单位对地下管线工程现状进行测绘。

（三）涉及国家安全、公共安全、资源环境、城市重要基础设施以及危险性较大的地下管线项目的规划设计方案，应当组织专家论证。

（四）申请领取施工许可证时，应当提供有关地下管线安全施工措施的资料。

（五）应当向施工单位提供施工现场地下管线现状信息资料，因提供施工现场地下管线信息资料不及时、不齐全、不准确而造成施工破坏地下管线，应依法承担相应责任。

（六）地下管线工程施工时，应委托测量单位在覆土前进行竣工测绘，同步编制竣工图，连同报废、漏测的地下管线信息及时向规划行政管理部门报送并办理建设工程规划验收合格证，确保地下管线工程信息准确。

（七）地下管线工程竣工后应组织竣工验收，未经竣工验收的，不得交付使用。

（八）委托监理单位对施工现场地下管线实施安全监理。

（九）在组织项目施工前，应与地下管线权属单位签订安全管理协议，明确各自职责。

（十）凡是涉及地下管线的施工项目，要召集管线权属单位、施工、监理等有关单位，召开安全施工协调会，对安全施工作业职责分工提出明确要求。

第八条 监理单位应当审查地下管线安全保护措施，并提出审查意见。对涉及地下管线的施工现场实行旁站式监理，并作好监理记录。监理单位在实施监理过程中，发现存在地下管线事故隐患时,应当要求施工单位整改;情况严重的,应当要求施工单位暂时停止施工,并及时报告建设单位。施工单位拒不整改或者不停止施工的,监理单位应当及时向有关主管部门报告。

第九条 施工单位对施工现场安全生产全面负责。

(一)在组织项目施工前,应查阅有关资料,全面摸清项目涉及区域地下管线的分布和走向,制定专项施工方案、应急预案和应急处置方案,与地下管线权属单位联合建立应急救援机制,配备应急抢险队伍和装备。

(二)现场造成地下管线破坏事故时,必须立即采取应急处置措施,立即报告地下管线权属单位、建设单位及有关单位,应积极配合抢险恢复。

(三)地下管线施工方案及防护措施,必须经建设单位项目负责人、总监理工程师和项目经理签字审批,报经地下管线权属单位同意后方可组织施工。

(四)地下管线施工存在事故隐患时,应向建设单位和监理单位报告,由建设单位组织有关单位及时消除隐患。

(五)严禁在不明情况下,进行地面开挖作业。因措施不全面、执行不力或无保护措施导致地下管线破坏的,应依法承担相应责任。

(六)不得将涉及地下管线的施工项目分包给不具备安全生产许可证及无相应资质的单位。

第十条 规划部门应当及时将地下管线普查资料、竣工资料、补测补绘资料输入系统,为政府决策、应急指挥提供信息,实现动态管理和信息共享。

应当建立地下管线信息查询制度,按国家及本市有关规定,向其他单位和个人提供信息查询服务。

第十一条 涉及地下管线的施工项目,建设单位应当在提供安全施工措施资料时,将下列资料一并报送建设行政主管部门备案:

(一)拟开挖基坑宽度、深度,周边管线类型及示意图;

(二)涉及地下管线的专项施工方案和防护措施;

(三)专项安全生产应急预案和现场处置方案;

(四)安全生产管理协议。

凡未经备案擅自进行施工的,由建设行政主管部门依法实施行政处罚,并责令立即停止施工;因擅自施工造成事故的,严肃追究其法律责任。

第十二条 市、区县人民政府应当至少每季度召开一次由对地下管线负有安全监督管理职责的有关部门及区域内地下管线权属单位参加的联席会议,专题研究、解决危及地下管线安全运行的安全隐患及相关问题,并明确落实隐患消除的时间、人员、资金、措施。

第十三条 市安全生产委员会办公室对涉及地下管线的重大隐患进行挂牌督办。各区县人民政府要严格落实属地安全监管责任,负责辖区内挂牌督办重大隐患的整改落实。

第十四条 对地下管线负有安全监督管理职责的部门依据各自职责,定期进行专项检查。同时,各级安监、建设、质监、公安等部门要组成联合检查组,按照各自职责对城市地面开挖施工作业现场进行执法检查,对危及地下管线安全的违法行为实施行政处罚;构成犯罪的,依法追究刑事责任。

第十五条 任何单位和个人不得擅自接装、改装、挪移、拆除地下管线设施。在地下管线及附属设施用地范围内,禁止下列行为:

(一)倾倒污水、排放腐蚀性液体、气体;

（二）堆放易燃易爆物；

（三）擅自移动、覆盖、涂改、拆除、损坏管线设施的安全警示标志；

（四）建设与管线设施无关的建筑物、构筑物或挖坑、取土、植树、埋杆、堆物、钻探、爆破、机械挖掘等行为；

（五）其它危及地下管线及附属设施安全的行为。

第十六条 任何单位和个人有义务保护地下管线，对损坏地下管线的行为应当劝阻和举报。地下管线应急抢修时各相关单位、部门和个人应当积极配合，不得阻碍、干扰。

各区县安全生产委员会应当设立、公布举报电话和举报信箱，负责受理群众举报。接到举报后，应责成有关单位进行现场处理。凡举报的地下管线安全隐患符合事实，且举报时间在有关行政管理机关监督检查发现之前，经核实后，由管线权属单位给予 50 元至 200 元的奖励。

第十七条 其他各类地上、地下管线安全保护参照本办法执行。

有关法律、行政法规对燃气、热力、电力、输油、输气、工业物料等地下管线安全保护另有规定的，适用其规定。

第十八条 本办法自颁布之日起施行。

11. 河北省城市地下管网条例

河北省城市地下管网条例

(2015年5月29日河北省第十二届人民代表大会常务委员会第十五次会议通过)

第一章 总 则

第一条 为了加强城市地下管网管理，合理利用地下空间资源，保障地下管网的有序建设和安全运行，根据有关法律、行政法规，结合本省实际，制定本条例。

第二条 本省城市规划区内地下管网的规划、建设、运行维护及其信息档案管理，适用本条例。

第三条 本条例所称城市地下管网，包括城市地下管线和综合管廊。

本条例所称地下管线是指城市地面以下用于供水、排水、燃气、热力、电力、通信、广播电视、交通信号、工业等用途的管线及其附属设施。

本条例所称综合管廊，是指实施统一规划、设计、施工和维护，建于城市地面以下用于容纳多种公共设施管线的地下通道及其附属设施。

第四条 城市地下管网规划、建设和管理，应当遵循科学规划、统筹建设、信息共享、动态监管、安全运行、落实责任的原则。

城市地下管网的建设应当严格执行有关法律、法规的规定，确保工程质量。

第五条 省人民政府住房城乡建设主管部门负责全省城市地下管网的规划、建设、运行维护及其信息档案管理等活动的指导监督工作。

设区的市、县（市）人民政府应当成立城市地下管网领导协调机构，确定城市地下管网综合管理部门，负责城市地下管网的统一管理工作。

供水、排水、燃气、热力、电力、通信、广播电视、交通信号、工业等城市地下管线行业主管部门，按照各自的职责做好城市地下管线的相关管理工作。

第六条 设区的市、县（市）人民政府应当统筹规划城市地面建设和地下空间开发，将城市地下管网建设改造纳入国民经济和社会发展规划。

设区的市、县（市）人民政府应当加强城市地下管网信息综合管理工作，安排必要的资金建设综合管理信息系统，并确保其有效运行。

第七条 城市地下管线产权单位和由政府投资建设的城市地下管线管理使用单位（以下统称城市地下管线权属单位），负责所属城市地下管线的日常管理和维护，确保管线安全运行。

第八条 设区的市、县（市）人民政府应当鼓励和支持城市地下管网的科学技术研究，推广新技术、新材料、新工艺和新设备，提高城市地下管网的规划、建设和管理水平。

第二章 规　　划

第九条　设区的市、县（市）人民政府城市地下管线行业主管部门应当会同同级人民政府城乡规划主管部门，根据本行业发展规划，组织编制城市地下管线专项规划。

设区的市、县（市）人民政府城乡规划主管部门根据城市总体规划，组织编制城市地下管网综合规划，提出地下管线、综合管廊控制要求。

城市地下管网综合规划和地下管线专项规划报设区的市、县（市）人民政府批准后实施。

第十条　编制城市地下管网综合规划，应当根据城市规划确定的人口规模、用地布局、产业布局、行业发展等需求设计相应容量的管线，并与地下空间开发利用、道路交通、人防等规划相衔接。

第十一条　各类城市地下管线的布局、敷设应当符合城市地下管网综合规划、地下管线专项规划和有关技术标准、规范的要求。

在中心城区不得规划新建生产经营性危险化学品输送管线；在其他地区规划新建的危险化学品输送管线，不得在穿越其他城市地下管线时形成密闭空间，且距离应当满足有关技术标准、规范要求。

第十二条　城市地下管线工程建设应当符合城市地下管网综合规划和地下管线专项规划，并履行规划审批手续。

建设单位新建、改建、扩建城市地下管线，应当向所在地人民政府城乡规划主管部门申请办理建设工程规划许可证。

与城市道路同步建设的城市地下管线工程，应当与道路建设工程一并办理建设工程规划许可证。城市地下管线工程占用尚未形成的城市道路或者城市道路以外用地的，应当依据城市地下管网综合规划，并征得土地权属单位同意后再办理建设工程规划许可证。

第十三条　建设单位在申请领取建设工程规划许可证前，应当查询施工地段的地下管线工程档案，取得该施工地段地下管线现状资料。

无城市地下管线现状资料或者不能确认城市地下管线准确位置的区域，建设单位应当委托具有相应资质的测绘单位探测查明地下管线分布情况，并将探测查明的地下管线资料报送所在地人民政府城乡规划主管部门。所在地人民政府城乡规划主管部门应当及时抄告城市地下管网综合管理部门和城建档案管理部门。

第十四条　城市地下管线工程开工前，建设单位应当委托具有相应资质的测绘单位进行放线，并接受所在地人民政府城乡规划主管部门的监督检查。

第十五条　城市地下管线工程覆土前，建设单位应当委托具有相应资质的测绘单位进行竣工测量，形成准确的竣工测量数据文件和工程测量图等资料，并向所在地人民政府城乡规划主管部门申请规划核实。

未经核实或者经核实未按规划建设的，建设单位不得组织竣工验收，设区的市、县（市）人民政府有关部门不得办理竣工验收备案手续。

第十六条　任何单位和个人不得擅自迁移、变更城市地下管线。确需迁移、变更的，应当经所在地人民政府城乡规划主管部门批准。

第三章　管线建设

第十七条　设区的市、县（市）人民政府城市地下管线行业主管部门应当根据城市地下管网综合规划和地下管线专项规划，提出城市地下管线年度建设计划，报所在地人民政府城市地下管网综合管理部门。

设区的市、县（市）人民政府城市地下管网综合管理部门遵循地下管线建设服从城市道路建设的原则，兼顾地下管线运行需求，编制城市道路和城市地下管线年度建设计划，报设区的市、县（市）人民政府批准。

第十八条 设区的市、县（市）人民政府城市地下管线行业主管部门应当根据批准的城市道路和城市地下管线年度建设计划组织建设。

城市地下管线建设改造应当与城市道路建设改造同步实施。城市道路范围外的地下管线分别纳入相关项目建设计划，配套建设。

第十九条 设区的市、县（市）人民政府应当建立施工掘路总量控制制度，严格控制道路挖掘。对不能与城市道路建设改造同步实施的城市地下管线建设改造工程，开展有计划的道路挖掘许可审批，控制道路挖掘规模和施工时间，减少对城市交通和居民生活的影响。

新建、改建、扩建的城市道路交付后五年内，大修的城市道路竣工后三年内，不得因敷设城市地下管线挖掘道路。因特殊情况需要挖掘的，应当报设区的市、县（市）人民政府批准并向社会公告。

超出前款规定年限，需要挖掘道路敷设城市地下管线的，建设单位应当制定道路挖掘计划，纳入城市地下管线年度建设计划。

第二十条 新建、改建、扩建城市道路，已规划的城市地下管线需要横穿道路但不具备建设条件的，所在地人民政府城乡规划主管部门应当通知城市地下管线权属单位按照规划要求为地下管线预埋横穿道路的管道。

随同城市道路建设的各类地下管线工程，应当按照城市规划要求，预留支管或者接口至城市道路规划红线一米范围以外。

第二十一条 城市地下管线工程施工，建设单位应当按规定向有关部门办理工程质量安全监督和施工许可手续；与道路同步建设的城市地下管线工程，可以委托道路建设单位与道路建设工程一并办理工程质量安全监督和施工许可手续。

城市地下管线工程涉及公路、铁路、轨道交通、河道、航道、绿地、文物、人民防空工程和军用设施等，或者有可能造成水土流失的，建设单位应当征求相关主管部门和单位的意见，采取必要的防护措施；涉及许可或者审批事项的，应当依法办理相关手续。

第二十二条 城市道路与地下管线同步建设时，道路建设单位应当履行下列职责：

（一）统筹协调道路工程和地下管线工程的施工，合理安排地下管线的建设工期；

（二）向城市道路建设的设计、施工单位提供完整的城市地下管线现状资料；

（三）事先通知相关城市地下管线权属单位做好施工过程中现场管线的监护工作；

（四）督促和检查城市地下管线建设单位在管线覆土前完成测量工作；

（五）负责本单位实施的城市地下管线工程竣工档案资料的收集和归档工作。

第二十三条 城市地下管线建设单位应当履行下列职责：

（一）向城市地下管线的设计、施工单位提供完整的城市地下管线设施现状资料；

（二）城市地下管线与城市道路同步施工时，服从道路建设单位安排的合理工期；

（三）城市地下管线单独施工时，事先通知相关城市地下管线权属单位做好施工现场城市地下管线设施的监护工作；

（四）委托并督促工程测量单位在城市地下管线覆土前完成测量工作；

（五）负责本单位实施的城市地下管线工程资料的收集和归档工作。

第二十四条 城市地下管线工程施工单位应当履行下列职责：

（一）核实建设单位提供的城市地下管线现状资料；

（二）按照经审查通过的施工图以及有关技术规范和操作规程进行施工，公示城市地下管线工程项目信息，设置城市地下管线警示标志；

（三）需要占用或者挖掘城市道路施工的，应当在规定时间内完工，减少对城市道路交通的影响，需要占用人行通道的，合理设置临时通道，保证行人安全通行；

（四）在施工中发现原有城市地下管线位置不准确或者不明管线时，及时向地下管线建设单位报告；

（五）在施工中对其他地下管线或者市政、绿化、人民防空、文物及其他建筑物、构筑物等可能造成影响的，及时通知有关单位，并采取相应的保护措施；

（六）因施工损坏有关设施的，施工单位应当立即停工，并及时通知有关单位抢修，不得擅自掩埋或者进行临时处理后回填，发生的费用由责任单位承担；

（七）负责本单位实施的城市地下管线工程竣工档案资料的收集和整理工作，并向地下管线建设单位提供。

第二十五条 城市地下管线应当按照有关技术标准、规范，在管线本体上附注相关标识。敷设非金属管线的地下管线工程应当同步布设管线示踪线及电子标签。

敷设燃气、热力、高压电缆等高危地下管线、以非开挖方式敷设地下管线或者位于道路用地红线范围及其建筑控制区内的地下管线，应当在地面设置相应安全警示标识，并采取防护措施。

第二十六条 城市地下管线工程施工过程中，因场地条件或者地下空间占用等原因，需要变动地下管线平面位置、标高和规格的，应当按照原审批程序办理变更手续后，方可组织施工。

第二十七条 城市地下管线工程竣工后，建设单位应当依法组织竣工验收。经竣工验收合格后，方可交付使用。

建设单位应当自城市地下管线工程验收合格后十五日内，依法向设区的市、县（市）人民政府施工许可部门办理竣工验收备案手续；六个月内向所在地人民政府城乡规划主管部门报送有关竣工验收材料。

第二十八条 因公共利益确需迁移、改建城市地下管线的，建设单位应当与城市地下管线权属单位协商实施方案，依法办理相关手续。涉及城市道路的，应当与道路的新建、改建、扩建工程同步施工。

第二十九条 城市地下管线权属单位需要废弃地下管线的，应当向所在地人民政府城市地下管网综合管理部门备案，并将废弃的城市地下管线予以拆除。无法拆除的，应当将管道及其井室封填。

对权属不明的废弃城市地下管线，由所在地人民政府城市地下管网综合管理部门予以公告，公告时间不少于十五日。公告期满后仍无法确定权属单位的，由所在地人民政府城市地下管网综合管理部门组织拆除或者封填。拆除或者封填费用由本级财政解决。

第四章　综合管廊建设

第三十条 县级以上人民政府应当将城市地下综合管廊建设规划纳入城市总体规划、地下空间利用规划，根据本地区经济发展水平，推进综合管廊建设。

设区的市、县（市）人民政府可以采用政府投资、政府和社会资本合作、特许经营、投资补助、政府购买服务以及企业投资等多种形式，鼓励引导企业、社会力量等投资建设、维护和经营综合管廊。

第三十一条 城市规划建设新区应当同步规划和建设综合管廊；城市成片改造旧区、重要地段和管线密集区以及新建、改建、扩建城市主干道路，应当同步规划和建设综合管廊。不具备条件的，应当为综合管廊预留规划通道。

城市成片改造旧区或者新建、改建、扩建城市主干道路配套的管线，进入综合管廊投入运行后，城市地下管线权属单位应当在三十日内拆除原有管线及其附属设施。

第三十二条 综合管廊规划区内的管线规划，应当与综合管廊建设规划相衔接。

综合管廊的规划设计应当充分考虑区域开发与改造时公用设施容量的需要，为管廊内管线的新建、改建、扩建预留足够空间容量，并兼顾人民防空的需要。

第三十三条 综合管廊的建成区域，凡已在综合管廊中预留管线位置的，不得在综合管廊以外另行安排管线位置。

综合管廊的建成区域，除有以下情况外，不得批准地下管线权属单位挖掘道路建设管线：

（一）因技术要求不符，无法纳入地下综合管廊的管线；

（二）综合管廊与外部用户的连接管线。

第三十四条 综合管廊的建设应当符合国家和省内有关技术标准、规范，确保各类市政公用管线安全、有序、高效、节能地建设和运行。

综合管廊实行有偿使用制度。进入综合管廊的城市地下管线权属单位，可以通过租赁或者购买等方式取得综合管廊使用权，合理分摊综合管廊的建设运营维护费用。

第三十五条 综合管廊应当集中管理、统一维护，建立安全管理制度和应急处置工作机制，确保进入综合管廊的地下管线安全运行。

综合管廊维护管理单位负责综合管廊内共用设施设备养护和维修，建立工程维修档案，保证设施设备正常运转，配合和协助城市地下管线权属单位的巡查、养护和维修。城市地下管线权属单位负责入廊各管线的设施维护。

第五章 运行和维护

第三十六条 县级以上人民政府应当加强城市地下管网安全监督管理，组织有关部门和单位编制城市地下管网安全应急处置综合预案。

设区的市、县（市）人民政府城市地下管线行业主管部门及其权属单位，应当制定本行业安全应急处置预案，并报本级人民政府备案。

第三十七条 设区的市、县（市）人民政府城市地下管线行业主管部门及其权属单位应当定期开展城市地下管线的隐患排查，对城市地下管线存在的重大安全隐患和危险源，采取必要的防护措施。

设区的市、县（市）人民政府城市地下管线行业主管部门及其权属单位设立统一的专线服务平台，接受单位和个人对城市地下管线或者附属设施损坏、缺失以及存在安全隐患的举报。

第三十八条 设区的市、县（市）人民政府城市地下管线行业主管部门及其权属单位，应当重点改造使用年限超过五十年、材质落后和漏损严重的供水、排水管线。对存在事故隐患的地下管线进行维修、更换和升级改造，推进城市电网、通信网架空线入地改造工程。

第三十九条 城市地下管线权属单位对所属城市地下管线的安全运行负责，具体履行下列职责：

（一）建立安全生产责任制，按照有关安全技术规程设置安全技术防范设施及警示标志，定期进行运行状态评估；

（二）建立日常巡查和维护制度，依法制止危害地下管线安全的违法行为，对城市地下管线或者附属设施损坏、缺失进行及时修复更新；

（三）对输送有毒有害、易燃易爆等物质以及可能存在其他安全隐患的地下管线进行重点监测，保证其安全运行；

（四）建立监督举报制度，及时核实和处理举报；

（五）定期开展应急演练；

（六）根据应急处置预案组织地下管线事故抢修；

（七）建立健全城市地下管线信息档案制度。

第四十条 城市地下管线出现故障、险情等突发事件时，所在地人民政府城市地下管线行业主管部门和权属单位，应当按照国家有关规定向本级人民政府报告。城市地下管线权属单位可以先行破路抢修，并同时通知市政公用工程主管部门、公安机关交通管理部门，在二十四小时内按照规定补办批准手续，相关单位应当予以配合。抢修完工后，城市地下管线权属单位应当在二十四小时内通知市政公用工程主管部门，由市政公用工程主管部门及时恢复道路原状，保障道路通行，所需费用由破路的城市地下管线权属单位承担。

第四十一条 城市地下管线安全保护范围内禁止下列行为：

（一）压占地下管线或者附属设施进行建设；

（二）损毁、占用或者擅自移动地下管线；

（三）擅自移动、覆盖、涂改、拆除、损毁地下管线的安全警示标志；

（四）堆放、排放、倾倒有毒有害、易燃易爆等物质；

（五）擅自接驳地下管线；

（六）其他危及地下管线安全、妨碍地下管线正常使用的行为。

第六章　信息档案管理

第四十二条 设区的市、县（市）人民政府确定的城市地下管网综合管理部门应当建立城市地下管网综合管理信息系统，负责信息的收集、储备和更新工作，及时将地下管线的普查资料、竣工资料、补测补绘资料录入系统，实现城市地下管网信息动态管理。

设区的市、县（市）人民政府应当定期组织城市地下管线行业主管部门进行城市地下管线专项普查，按照相关技术规程进行探测、补测，掌握城市地下管线规模大小、位置关系、功能属性、产权归属、运行年限等基本情况，并纳入城市地下管网综合管理信息系统。城市地下管线权属单位应当予以配合。

城市地下管线普查成果在验收合格之日起三个月内，纳入城市地下管网综合管理信息系统。

第四十三条 城市地下管网的信息管理应当坚持标准统一、互联互通、资源整合，遵守信息安全和保密的有关规定。

设区的市、县（市）人民政府应当按照建设智慧城市的目标和要求，规划、建设城市地下管网综合管理信息系统，整合地下管网信息采集、监控和数据应用服务等多种功能，实现对城市地下管网的数字化、智能化管理和服务。

省人民政府住房城乡建设主管部门应当会同有关部门制定城市地下管网信息数据的相关

技术标准和信息共享目录清单。

第四十四条 城市地下管线权属单位应当建立所属地下管线专业管理信息系统，并按照规定与城市地下管网综合管理信息系统实现对接，做到信息即时交换、共建共享、动态更新。

第四十五条 城市地下管线工程施工过程中发现不明或未建档城市地下管线的，建设单位应当及时向所在地人民政府城市地下管网综合管理部门报告。

所在地人民政府城市地下管网综合管理部门应当及时查明不明城市地下管线的性质、权属，责令权属单位按照有关技术标准和规范进行测量。城市地下管线权属单位应当及时向所在地人民政府城市地下管网综合管理部门和城建档案管理部门报送测量数据。

第四十六条 设区的市、县（市）人民政府城市地下管网综合管理部门应当加强城市地下管线档案监督管理。城建档案管理部门对接收的城市地下管线档案应当及时登记、整理，并采取有效措施，确保完好无损。

新建城市地下管线工程竣工验收合格后，建设单位应当在三个月内，分别向所在地人民政府城市地下管网综合管理部门和城建档案管理部门报送城市地下管线工程档案。

城市地下管线迁移、变更、废弃之日起三十日内，城市地下管线权属单位应当将地下管线工程档案修改、补充到本单位的地下管线设施专业图上，并将修改后的专业图及其有关档案分别报送所在地人民政府城市地下管网综合管理部门和城建档案管理部门。

第四十七条 城市地下管线建设单位和权属单位，移交的地下管线工程档案应当真实、准确、完整。

第七章 监督管理

第四十八条 县级以上人民政府应当将城市地下管网建设管理情况纳入重要议事日程，加强监督、指导和协调，督促有关部门和下级人民政府做好城市地下管网工作。对城市地下管网建设管理工作不力、造成重大事故的，依法追究责任。

第四十九条 县级以上人民政府及其有关部门应当建立城市地下管网监督检查制度，依法检查城市地下管网规划、建设、运行维护、保障措施及其信息管理情况。

县级以上人民政府城市地下管线行业主管部门应当加强对城市地下管线权属部门的管理，及时纠正和处理违法行为。

第五十条 县级以上人民政府应当向社会公布城市地下管网综合管理部门和行业主管部门的投诉、举报电话、电子邮箱和通信地址。

公民、法人和其他组织有权向县级以上人民政府及其有关部门投诉、举报城市地下管线权属单位不依法建设、维护地下管线等行为。

县级以上人民政府有关部门接到投诉、举报后，应当依法、及时处理，不得拖延或者推诿。对举报人的相关信息应当予以保密，维护举报人的合法权益。

第八章 法律责任

第五十一条 设区的市、县（市）人民政府有关部门有下列行为之一的，由上级行政机关或者监察机关责令限期改正，对直接负责的主管人员和其他直接责任人员依法给予处分；构成犯罪的，依法追究刑事责任：

（一）未及时编制城市地下管网综合规划、地下管线专项规划的；

（二）未按照规定办理相关许可、审批和竣工验收备案的；

（三）未按照批准的城市道路和城市地下管线年度建设计划组织建设的；

（四）未按照规定进行城市地下管线专项普查以及建立城市地下管线应急协调机制和隐患排查制度的；

（五）对未经规划条件核实或者经核实不符合要求的建设工程办理竣工验收备案手续的；

（六）发现违法行为或接到举报后不予调查处理的；

（七）有其他滥用职权、玩忽职守、徇私舞弊行为的。

第五十二条　违反本条例规定，有下列行为之一的，由县级以上人民政府城乡规划主管部门责令限期改正，并按照下列规定予以处罚：

（一）建设单位在城市地下管线工程覆土前未按照规定进行竣工测量的，处建设工程造价百分之二以上百分之五以下的罚款；

（二）城市地下管线权属单位擅自迁移、变更城市地下管线的，处五万元以上十万元以下的罚款；

（三）城市地下管线权属单位未按照规划要求为城市地下管线预埋横穿道路的管道、预留支管或者接口的，处预埋管道、预留支管或者接口工程造价四倍以上六倍以下的罚款。

第五十三条　违反本条例规定，有下列行为之一的，由有关行政主管部门责令限期改正，并按照下列规定予以处罚：

（一）施工单位未按照审查通过的施工图以及有关技术规范和操作规程进行施工的，处工程合同价款百分之二以上百分之四以下的罚款；

（二）施工单位在施工中发现原有地下管线埋设的位置不明或者不准确时，未及时报告的，处二万元以上五万元以下的罚款；

（三）施工单位在施工中可能对其他建筑和设施造成影响，未停止施工及时通知有关单位，并采取相应的保护措施的，处五万元以上十万元以下的罚款；

（四）城市地下管线权属单位未按照有关技术标准和规范敷设地下管线、设立警示标识的，处一万元以上三万元以下的罚款；

（五）城市地下管线权属单位在管线进入综合管廊运行后，未按规定拆除原有管线及其附属设施的，处五万元以上十万元以下的罚款；

（六）城市地下管线权属单位废弃地下管线未向城乡规划或者市政公用工程主管部门报告，或者未按照规定予以拆除封填的，处五万元以上十万元以下的罚款。

第五十四条　违反本条例规定，在城市地下管线安全保护范围内有下列行为之一的，由县级以上人民政府城市地下管线行业主管部门责令停止违法行为，限期恢复原状或者采取其他补救措施。拒不改正的，对单位处五万元以上十万元以下罚款，对个人处一万元以上二万元以下罚款；造成严重后果的，对单位处十万元以上三十万元以下罚款，对个人处五万元以上十万元以下罚款；造成损失的，依法承担赔偿责任：

（一）压占地下管线或者附属设施进行建设的；

（二）损毁、占用或者擅自移动地下管线的；

（三）堆放、排放、倾倒有毒有害、易燃易爆等物质的；

（四）擅自接驳地下管线的；

（五）其他严重危害城市地下管线安全、妨碍地下管线正常使用的行为。

第五十五条　违反本条例规定，擅自移动、覆盖、涂改、拆除、损毁地下管线的安全警示标志的，由县级以上人民政府城市地下管线行业主管部门责令限期改正，恢复原状。拒不改正的，处五千元以上一万元以下罚款；造成损失的，依法承担赔偿责任。

第五十六条 违反本条例规定，城市地下管线建设单位、权属单位未按照规定报送测量资料、移交有关档案，以及移交的城市地下管线工程档案不真实、不准确、不完整的，由所在地人民政府城市地下管网综合管理部门给予通报批评，责令限期改正。拒不改正的，处五万元以上十万元以下的罚款。

第五十七条 城市地下管线权属单位不履行维护职责，造成公共利益或者其他单位和个人合法权益损害的，依法承担民事责任；造成危害公共安全严重后果，构成犯罪的，依法追究刑事责任。

第九章　附　　则

第五十八条 县级人民政府所在地的镇、较大的镇规划区内地下管网的规划、建设、运行维护及其信息档案管理适用本条例。其他建制镇参照本条例的规定执行。

军用地下管线按照国家有关法律、法规的规定执行。

第五十九条 本条例自 2015 年 9 月 1 日起施行。

12. 山西省人民政府办公厅关于推进城市地下综合管廊建设的实施意见

山西省人民政府办公厅关于推进城市地下综合管廊建设的实施意见

晋政办发〔2015〕108号

各市、县人民政府，省人民政府各委、办、厅、局：

为贯彻落实《国务院办公厅关于推进城市地下综合管廊建设的指导意见》（国办发〔2015〕61号），进一步做好我省城市地下综合管廊建设工作，保障城市地下管线安全运行，提升城市综合承载能力，拉动投资和促进经济增长，经省人民政府同意，现提出如下实施意见。

一、充分认识城市地下综合管廊的重要意义

城市地下综合管廊是指在城市地下用于集中敷设电力、通信、广播电视、给水、排水、热力、燃气等市政管线的公共隧道。在城市化快速发展进程中推进综合管廊建设，是经济社会发展的必然产物，是提高新型城镇化水平、适应现代化城市发展的客观要求，是建立功能完善、运转高效的市政公用体系和改善城市人居环境的重要内容。建设城市地下综合管廊，不仅可以有效解决"马路拉链""空中蛛网"和管线事故频发等问题，而且对于保障城市安全、提升城市功能、改善城市面貌、促进经济增长具有十分重要的意义。各地、各有关部门一定要站在对历史和人民负责的高度，着眼于长远发展和科学谋划，把城市地下综合管廊建设作为当前和今后一段时期城市建设发展的重要任务，明确目标，狠抓落实，努力提高我省城市化发展水平。

二、总体要求

（一）指导思想

认真贯彻落实党的十八大和十八届二中、三中、四中、五中全会及习近平总书记系列重要讲话精神，按照《国务院关于加强城市基础设施建设的意见》（国发〔2013〕36号）及《国务院办公厅关于加强城市地下管线建设管理的指导意见》（国办发〔2014〕27号）、《山西省人民政府关于加强城市基础设施建设的实施意见》（晋政发〔2014〕23号）、《中共山西省委、山西省人民政府关于印发〈山西省改善城市人居环境规划纲要〉（2015—2017年）的通知》（晋发〔2015〕6号）、《山西省人民政府办公厅关于加强城市地下管线建设的实施意见》（晋政办发〔2015〕3号）等有关要求，把城市地下综合管廊建设作为履行政府职能的重要内容，抢抓发展机遇，充分运用相关政策措施，积极开展项目建设，借鉴国内外先进经验和做法，科学有序推进地下综合管廊建设。

（二）基本原则

因地制宜，统筹协调。充分结合当地特点和经济发展水平，选择适合技术路线，实现建

设与需求相结合。统筹处理好当前与长远、新区与旧区、地上与地下的关系，强化与城市规划、环境景观、地下空间等方面的协调。

统一规划，分步实施。充分发挥规划的控制和引领作用，注重与城市总体规划的衔接，结合地下空间开发利用规划、人民防空建设规划、各类地下管线、道路交通等专项建设规划，编制当地城市地下综合管廊建设规划。科学制订年度建设计划，严格执行行业技术标准，合理确定建设规模和地点，分重点、分区域、分步骤组织实施。

政府主导，社会参与。充分发挥政府建设城市地下综合管廊的主导作用，加大政策和资金扶持力度，满足基本公共服务功能。充分发挥市场机制，创新投融资和运营模式，广泛吸引社会资本参与城市地下综合管廊建设和管理，引入先进科技手段，不断提高城市基础设施服务水平。

（三）实施步骤及目标

2015年，启动城市地下综合管廊建设工作，统筹制订五年滚动规划和年度建设计划，完成一批城市地下综合管廊项目前期工作。

2016年开始，太原市、山西科技创新城要率先开工建设地下综合管廊项目，其他设市城市和成片开发区域也要重点推进，具备条件的县城积极开展。

到2020年，全省建成一批具有先进水平的地下综合管廊并投入运营，初步建立干线管廊、支线管廊和缆线管廊协调发展的格局。城市"马路拉链""空中蛛网"问题得到明显改善，主要街区地面景观明显好转，管线安全运营水平和防灾抗灾能力明显提升。

三、工作重点

（一）启动规划编制

各城市要依据城市总体规划、地下管线综合规划和各相关行业专项规划，坚持"因地制宜、远近兼顾、统一规划、分期实施"的原则，尽快启动城市地下综合管廊建设规划编制工作，并将规划编制经费列入财政预算。要注重城市地下空间的整体开发利用，以满足各类管线的容量需求和技术要求为前提，形成以干线管廊、支线管廊、缆线管廊等不同层次为主体的管廊综合体系，并提出规划层次的避让原则和预留控制原则。2016年3月底前，22个设市城市要完成地下综合管廊建设规划编制工作并组织实施，其他各县要结合实际，统筹启动此项工作。

（二）严格技术要求

各城市要严格执行国家《城市综合管廊工程技术规范》（GB50838—2015）及相关行业标准、规范，结合当地实际，制定出台本地区地下综合管廊工程技术要求。工程技术要求应包括总体设计、结构设计、管线设计、附属设施设计、安全设施设计、施工与验收、维护与管理等内容。地下综合管廊工程结构设计应考虑各类管线接入、引出支线等需求。地下综合管廊断面应满足所在区域所有管线入廊的需要，并符合入廊管线敷设、增容、运行和维护检修的空间要求，避免产生相互干扰，确保管线独立维护和安全运行，并配建行车和行人检修通道，合理设置出入口，便于维护和更换管道。地下综合管廊应配套建设消防、供电、照明、通风、给排水、视频、标识、安全与报警、智能管理等附属设施，提高智能化管理水平，降低运营成本。

（三）加快管廊建设

各城市要抓紧建立地下综合管廊项目储备库，统筹制订五年项目滚动规划和年度建设计划，合理划定建设区域，实现项目储备和年度建设计划有效对接。2015年起，城市新区、各类园区、成片开发区域的新建道路要根据实际功能需求，同步建设地下综合管廊；老城区要因地制宜，结合旧城改造、管网更新、河道治理、地下空间开发等，统筹安排地下综合管廊建设。在城市交通主干道、管线密集城市道路（交叉口）、城市重要商务商业区、铁路公路地铁重要交通枢纽，以及多种管线穿越铁路、河流、人防、城市隧道等区域（地段），要优先考虑建设地下综合管廊。对城市已建人防干道，要进行全面普查、评估，可以利用或者经改造加固后可以利用的，可考虑依托已建干道建设地下综合管廊。加快既有地面城市电网、通信网络等架空线入地工程。

（四）加强过程管理

地下综合管廊建设项目应遵循基本建设程序，严格落实建设工程规划许可、施工图设计文件审查、施工许可、工程质量安全监管、检验检测与监理、竣工验收以及档案移交等制度。设计单位要综合考虑各种因素，科学选择工程材料、技术方案，加强施工过程中的技术支撑，提升工程质量水平；施工单位要严格按图施工，严把建筑材料、构配件质量关，突出抓好重要环节、关键工序、重点部位等施工过程管理，确保施工质量和安全；监理单位要认真落实巡视、平行检验和旁站式监理，发现问题及时督促施工单位整改到位。工程竣工后，建设单位要按照有关规定，严格履行竣工验收手续，验收合格后方可使用，并按照有关规定向当地城建档案管理机构移交纸质、电子、声像等形式的地下综合管廊工程档案。

四、组织管理

（一）落实主体责任

城市人民政府是地下综合管廊建设管理工作的责任主体，要切实加强组织领导，明确主管部门，建立协调机制，制订工作计划，加强督促检查，统筹推进地下综合管廊各项具体工作。省住房城乡建设厅要会同有关部门加强对地下综合管廊建设管理工作的指导和监督检查。其他各相关部门要结合工作职责，密切配合，共同推进地下综合管廊建设管理工作。中央及省属企业要配合当地城市人民政府做好所属管线入廊工作。

（二）加大政府投入

省级财政通过现有渠道统筹安排资金予以支持，并通过试点示范有效推进。各城市人民政府要确保对城市地下综合管廊的资金投入，对列入建设计划的，要在年度预算中优先安排城市地下综合管廊项目，并纳入政府采购范围，加快建设步伐。有条件的城市可对地下综合管廊项目给予贷款贴息。

（三）创新发展模式

鼓励支持由企业投资建设和运营管理地下综合管廊。积极推广运用政府和社会资本合作（PPP）模式，通过特许经营、投资补助、贷款贴息等方式，鼓励社会资本组建项目公司参与城市地下综合管廊建设和运营管理。优先鼓励采取市场化方式，由地下管线权属单位共同组建或同社会资本合作组建股份制公司，建设和运营地下综合管廊，也可在城市人民政府指导下组成地下综合管廊业主委员会，公开招标选择建设和运营管理单位。鼓励和培育有实力、有信誉、规模化、专业化的市场主体积极参与，提升地下综合管廊建设水平。

（四）拓宽融资渠道

充分发挥开发性金融作用。各地人民政府及有关部门要与开发性金融机构建立协调机制，扎实做好前期工作，建立健全项目储备制度，用足用好国家政策性信贷资金。有关部门要积极争取国家专项金融债支持地下综合管廊建设，增强建设项目资金保障。支持符合条件的地下综合管廊建设运营企业发行企业债券和项目收益票据，专项用于地下综合管廊项目。

（五）明确入廊要求

已建设地下综合管廊的区域，该区域内所有管线必须入廊，燃气管线和其他输送易燃易爆介质管线应在符合专项技术要求下纳入综合管廊。在地下综合管廊以外的位置新建管线的，规划部门不予许可审批，建设部门不予施工许可审批，市政道路部门不予掘路许可审批。既有管线应根据实际情况确定入廊时间。各行业主管部门、各管线权属单位应在当地城市人民政府的统一领导和部署下，积极配合做好各自管线入廊工作。

（六）强化日常管护

各城市要制定地下综合管廊管理使用办法，明确综合管廊运营单位、入廊管线单位的权利和义务，加强工作的监督和指导。地下综合管廊运营单位要建立完善管理制度，与入廊管线单位签订协议，明确入廊管线种类、时间、费用和责权利等内容，加强综合管廊本体及附属设施的日常管理和维护，为入廊管线单位提供良好条件。入廊管线单位要严格履行合同内容，建立健全安全生产管理制度，强化自有管线及设施的巡查、管理和维护，确保管线安全运行。地下综合管廊运营单位和入廊管线单位要建立定期联系机制，及时解决存在的问题，强化应急管理协调配合，实现有序高效运转。

（七）实行有偿使用

各城市应结合实际，兼顾社会效益和经济效益，建立健全城市地下综合管廊财政投入与收费补偿相协调的机制，确保项目合理稳定回报。入廊管线单位应向综合管廊建设运营单位交纳入廊费和日常维护费，具体收费标准应统筹考虑建设和运营、成本和收益等因素，本着透明合理、遵循市场规律的原则，由地下综合管廊建设运营单位与入廊管线单位共同协商确定。入廊费标准主要根据地下综合管廊本体及附属设施建设成本，以及各入廊管线单独敷设和更新改造成本确定。无收益来源的城市公益性管线进入地下综合管廊的，有关收费标准可适当予以优惠。日常维护费用主要用于弥补地下综合管廊日常维护、管理费用，由入廊管线单位按照双方约定的计费周期向地下综合管廊运营单位逐期支付，收费标准主要根据地下综合管廊本体及附属设施维护、更新等维护成本，以及管线占用地下综合管廊空间比例、对附属设施使用强度等因素合理确定。为顺利推进地下综合管廊建设，在地下综合管廊运营初期不能通过收费弥补成本的，当地城市人民政府应视情况给予必要的财政补贴。

山西省人民政府办公厅
2015 年 11 月 6 日

13. 内蒙古自治区人民政府办公厅关于加快推进全区地下综合管廊建设的实施意见

**内蒙古自治区人民政府办公厅关于加快
推进全区地下综合管廊建设的实施意见**

内政办发〔2016〕12号

各盟行政公署、市人民政府，各旗县人民政府，自治区各委、办、厅、局，各大企业、事业单位：

为认真贯彻落实《国务院办公厅关于推进城市地下综合管廊建设的指导意见》（国办发〔2015〕61号）精神，加快推进我区城市地下综合管廊建设，有效解决反复开挖路面、架空线网密集、管线事故频发等问题，保障城市安全，完善城市功能，美化城市景观，促进城市集约高效和转型发展，提高城市综合承载能力和城镇化发展质量，增加公共产品有效投资，拉动社会资本投入，打造经济发展新动力，经自治区人民政府同意，现提出以下意见。

一、总体目标

以包头市列入国家综合管廊试点城市建设为示范引领，统筹推进各地区地下综合管廊建设进程。到2017年年底，全区盟市所在地城市和其他有条件的旗县（市、区）全面启动实施地下综合管廊建设；力争到2020年，全区建成200公里左右地下综合管廊并投入运营。

二、基本原则

坚持地下综合管廊与城市规划、轨道交通规划建设、环境景观、地下空间利用等方面的全面协调原则；坚持资源节约的原则；坚持安全第一的原则；坚持针对不同地区的特点，分类指导的原则。

三、重点工作

（一）科学编制规划。各盟行政公署、市人民政府，有条件的旗县（市、区）人民政府要按照"先规划、后建设"的原则，在地下管线普查的基础上，统筹各类管线实际发展需要，按照住房城乡建设部《城市地下综合管廊工程规划编制指引》（建城〔2015〕70号）要求，认真组织编制地下综合管廊建设规划。各地区要建立地下综合管廊建设项目储备制度，明确五年项目滚动规划和年度建设计划，及时填报"全国城市地下综合管廊建设项目信息系统"，使项目进入国家储备库。要结合地下空间开发利用、各类地下管线、道路交通等专项建设规划，明确建设规模和时序，综合考虑城市发展远景，为地下综合管廊的建设预留地下空间，积极、稳妥、有序推进地下综合管廊建设。

（二）合理划定建设区域。各盟行政公署、市人民政府，各旗县（市、区）人民政府要根据区域现状、管线需求信息，系统评估道路等级、道路维护频率、管线种类和数量、管线密度和可靠性要求、周边重大工程建设等内容，合理确定地下综合管廊建设区域。城市新区、各类园区、成片开发区域的新建道路，要根据功能需求，同步建设地下综合管廊；老城区要结合旧城更新、道路改造、棚户区改造、河道治理、地下空间开发等，因地制宜，统筹安排地下综合管廊建设。在交通流量较大、地下管线密集的城市道路、轨道交通、地下综合体等地段，城市高强度开发区、重要公共空间、主要道路交叉口、道路与铁路或河流的交叉处，以及道路宽度难以单独敷设多种管线的路段，要优先建设地下综合管廊。通过地下综合管廊的建设，加快既有地面城市电网、通信网络等架空线入地工程。

（三）优化设计方案。地下综合管廊工程设计方案应符合《城市综合管廊工程技术规范》（GB50838—2015）标准要求。地下综合管廊工程结构设计应考虑各类管线接入、引出支线、各类管线独立运行维护和安全管理需求，满足抗震、人防和综合防灾等需要。地下综合管廊断面应满足所在区域所有管线入廊的需要，符合入廊管线敷设、增容、运行和维护检修的空间要求，并配建行车和行人检修通道，合理设置出入口，便于维修和更换管道。地下综合管廊应配套建设消防、供电、照明、通风、给排水、视频、标识、安全与报警、智能管理等附属设施，提高智能化监控管理水平，确保管廊安全运行。

（四）明确实施主体。鼓励由企业投资建设和运营管理地下综合管廊。创新投融资模式，推广运用政府和社会资本合作（PPP）模式，通过特许经营、投资补贴、贷款贴息等形式，鼓励社会资本组建项目公司参与城市地下综合管廊建设和运营管理，优化合同管理，确保项目合理稳定回报。优先鼓励入廊管线单位共同组建或与社会资本合作组建股份制公司，或在城市人民政府指导下组成地下综合管廊业主委员会，公开招标选择建设和运营管理单位。积极培育大型专业化地下综合管廊建设和运营管理企业，支持企业跨地区开展业务，提供系统、规范的服务。

（五）确保工程质量安全。各地区要严格履行法定的基本建设程序，规范招投标行为，落实工程建设各方质量安全主体责任，切实把加强质量安全监管贯穿于规划、建设、运营全过程，建设单位要按规定及时报送工程档案。建立地下综合管廊工程质量终身责任制和永久性标牌制度，接受社会监督。根据地下综合管廊结构类型、受力条件、使用要求和所处环境等因素，考虑耐久性、可靠性和经济性，科学选择工程材料，主要材料宜采用高性能混凝土和高强钢筋。推进地下综合管廊主体结构构件标准化，积极推广应用预制拼装技术，提高工程质量和安全水平，同时有效带动工业构件生产、施工设备制造等相关产业发展。

（六）明确管线入廊要求。各地区要结合实际科学确定入廊管线，对已经建设地下综合管廊的区域，该区域内的所有管线必须入廊；在地下综合管廊以外的位置新建管线的，规划部门不予许可审批，建设部门不予施工许可审批，市政道路部门不予掘路许可审批；既有管线应根据实际需要，结合管线改造，逐步迁移至地下综合管廊。各行业主管部门、驻地中央和自治区直属企业应积极配合城市人民政府，做好各自管线入廊工作。

（七）实行有偿使用。地下综合管廊实行有偿使用，入廊管线单位应向地下综合管廊建设运营单位支付管廊有偿使用费用。地下综合管廊有偿使用费包括入廊费和日常维护费。有偿使用费定价及费用构成应按照国家发展改革委、住房城乡建设部《关于城市地下综合管廊实行有偿使用制度的指导意见》（发改价格〔2015〕2754号）相关要求执行。有偿使用费标准原则上应由管廊建设运营单位与入廊管线单位根据市场化原则共同协商确定，不能取得一致意见时，由所在城市人民政府组织价格、住房城乡建设主管部门等进行协调，通过开展成本调查、专家论证、委托第三方机构评估等形式，为供需双方协商确定有偿使用费标准提供参考依据；对暂不具备供需双方协商定价条件的城市地下综合管廊，有偿使用费标准可实行政府定价或政府指导价。公益性文化企业的有线电视网入廊，有关收费标准可适当给予优惠。在地下综合管廊运营初期不能通过收费弥补成本的，地方人民政府应视情给予必要的财政补贴。

（八）加强运营管理。各盟行政公署、市人民政府要制定地下综合管廊具体管理办法，加强工作指导与监督。地下综合管廊运营单位要完善管理制度，与入廊管线单位签订协议，明确入廊管线种类、时间、费用和责权利等内容，确保地下综合管廊正常运行。地下综合管廊运营单位负责地下综合管廊本体及附属设施设备的养护和维修，配合和协助地下管线权属单位的巡查、养护和维修工作。地下管线权属单位负责入廊各管线的设施维护和日常管理工作，严格执行相关作业安全技术规程，接受地下综合管廊运营单位的监督检查，确保入廊管线安全运行。管廊建设运营单位与入廊管线权属单位要分工明确，各司其职，相互配合，切实做好突发事件处置和应急管理等工作。

四、保障措施

（一）加强组织领导。各盟行政公署、市人民政府，各旗县（市、区）人民政府是推进城市地下综合管廊建设管理工作的责任主体，要把推进地下综合管廊建设作为履行政府职能的重要内容，纳入重要议事日程，加强组织领导，明确主管部门，建立工作协调机制，扎实推进具体工作；要将地下综合管廊建设纳入政府绩效考核体系，建立有效的督查制度，定期对地下综合管廊建设工作进行督促检查。各级城乡规划、建设、城管、发展改革、财政、经济和信息化、通信管理、新闻出版广电、交通运输等部门要各负其责，通力配合，确保建设项目顺利推进。各管线行业主管部门、管理单位等要各司其职，密切配合，共同推动地下综合管廊建设。

（二）加大政府投入力度。在积极争取中央财政对我区地下综合管廊建设资金支持的同时，自治区各级财政按照事权和支出责任相匹配的原则，根据财力状况支持地下管廊建设。

（三）完善融资支持政策。积极协调推动国家开发银行和农业发展银行落实好住房城乡建设部、国家开发银行《关于推进开发性金融支持城市地下综合管廊建设的通知》（建城〔2015〕165号）有关精神，加大对我区地下综合管廊建设的贷款支持力度，在资本金比例、贷款定价、贷款期限等方面对我区综合管廊建设的融资适当给予倾斜。鼓励相关金融机构积极加大对地下综合管廊建设的信贷支持力度。鼓励银行业金融机构在风险可控、商业可持续的前提下，为地下综合管廊项目提供中长期信贷支持，积极开展特许经营权、收费权和购买服务协议预期收益等担保创新类贷款业务，加大对地下综合管廊项目的支持力度。将地下综合管廊建设列入专项金融债支持范围予以长期投资。支持符合条件的地下综合管廊建设运营企业发行企业债券和项目收益票据，专项用于地下综合管廊建设项目。

14. 内蒙古自治区人民政府办公厅关于加强城市地下管线规划建设管理的实施意见

内蒙古自治区人民政府办公厅关于加强城市地下管线规划建设管理的实施意见

内政办发〔2015〕3号

各盟行政公署、市人民政府，自治区各有关委、办、厅、局，各大企业、事业单位：

为认真贯彻落实《国务院办公厅关于加强城市地下管线建设管理的指导意见》（国办发〔2014〕27号）和自治区党委、政府《关于推进新型城镇化的意见》（内党发〔2014〕20号）精神，切实加强城市地下管线规划建设管理工作，经自治区人民政府同意，现提出以下意见：

一、总体要求

切实改变自治区在城市快速发展过程中地下管线建设规模不足、质量不高、管理水平粗放的现状，系统解决当前地下管线权属各自为政、道路重复开挖、缺乏协调机制，安全隐患突出、应急防灾能力薄弱等问题，提高城市综合承载能力，提升城镇化发展质量，保障城市安全运行。

二、总体目标

2015年年底前，基本完成20个设市城市地下管线普查，建立综合管理信息系统，编制完成地下管线综合规划。力争到2020年年底完成城市地下老旧管网改造，将管网漏失率控制在国家标准以内，降低管网事故率，避免重大事故发生；力争到2025年年底建成较为完善的城市地下管线体系，使地下管线建设管理水平能够适应自治区经济社会发展需要，应急防灾能力大幅提升。

三、加强城市地下管线规划统筹，严格实施城市地下管线规划管理

（一）科学编制规划，严格审批备案程序

各地区城市人民政府在编制或修编城市总体规划时，要按照《城市规划编制办法》（建设部令第146号）有关规定，编制地下管线综合规划，统筹考虑各类地下管线总体布局、规模、走向。编制城市地下管线综合规划时，应加强与地下空间、道路交通、人防建设、地铁建设、电网、通信等规划的衔接和协调，并作为控制性详细规划和地下管线建设规划的基本依据。城市规划主管部门组织编制控制性详细规划时，应当根据城市总体规划和地下管线综合规划，对各类地下管线及其附属设施的具体位置、用地界线等做出综合确定。

地级市人民政府应适时开展地下空间开发利用规划的编制。编制城市总体规划、控制性详细规划、地下空间开发利用规划时，要按照《中华人民共和国城乡规划法》和《内蒙古自治区城乡规划条例》的有关规定，履行报批、备案程序。

（二）严格规划管理，加大监督力度

各地区城市人民政府城乡规划主管部门对城市地下管线实施统一的规划管理。地下管线权属单位在新建、改建、扩建地下管线工程前，要依法向当地城市人民政府城乡规划主管部门申请办理规划许可手续。自本实施意见发布之日起，地下管线工程竣工验收前，建设单位要向城乡规划主管部门申请规划核实，经核实符合规划要求的，城乡规划主管部门核发《内蒙古自治区建设工程竣工规划核实合格证》。建设单位在办理竣工验收备案时，应提交该工程的规划核实合格证。地下管线权属单位应当在竣工验收后六个月内向城乡规划主管部门报送有关竣工验收资料，并报送同级城镇建设档案机构存档。各级人民政府要加强对规划实施情况的监督检查，严格查处未按批准的规划进行建设和未办理规划许可手续而建设违法违规行为。

四、统筹地下管线工程建设，提高建设水平

（一）统筹城市地下管线工程建设

按照"先地下、后地上"的原则，合理安排地下管线的建设时序。各行业主管部门根据城市总体规划和地下管线综合规划及控制性详细规划，编制城市道路年度建设计划和各行业地下管线年度建设计划，并做好相互衔接工作。各城市应根据城市地下管线建设服从城市道路建设计划的原则，兼顾地下管线系统运行需求，统筹安排城市道路建设和城市地下管线建设。

新建、改建、扩建的道路交付后5年内，大修的道路竣工后3年内，不得开挖敷设管线；因特殊情况需要开挖的，须经城市人民政府批准，履行相关审批手续，并向社会公告。

（二）严格规范建设行为

城市地下管线工程建设项目应严格履行基本建设程序，落实施工图设计文件审查、施工许可、工程质量安全监督与监理、竣工测量以及档案移交等制度。要切实落实施工安全管理制度，明确相关责任人，确保施工作业安全。对于可能损害地下管线的建设工程，建设单位要与管线权属单位签订保护协议，辨识危险因素，提出保护措施；对于可能涉及危险化学品管道的施工作业，建设单位施工前要召集有关单位，制定施工方案，明确安全责任，严格按照安全施工要求作业，严禁在情况不明时盲目进行地面开挖作业。因施工损坏有关设施的，施工单位应当立即停工，并及时通知有关单位抢修，发生的费用由责任单位承担。对因违法违规建设施工造成管线破坏的行为，要依法追究责任。工程覆土前，建设单位应按照有关规定进行竣工测量，及时将测量成果报送城建档案管理部门存档，并对测量数据和测量图的真实、准确性负责。地下管线工程施工前，建设单位应当依法办理施工许可手续。

五、稳步推进城市地下综合管廊建设

呼和浩特市、包头市继续做好地下综合管廊试点工作，探索投融资、建设维护、定价收费、运营管理等模式，提高综合管廊建设管理水平。中小城市因地制宜建设一批综合管廊项目。

新建道路、城市新区和各类园区地下管网，符合技术安全标准、具备相关条件的，地下管线工程应按照综合管廊模式建设；改建、扩建城市主干道路，现阶段没有能力采用综合管廊模式的，应当为地下管线综合管廊预留规划通道。

城市旧城区改造，符合技术安全标准、具备相关条件的，地下管线工程应当采用地下管线综合管廊技术；尚不具备条件的，地下管线权属、管理单位应当将架空线路改造为地下

管线。

地下管线综合管廊的规划设计应当充分考虑区域开发与改造时公用设施容量的需要，按照综合管廊建设标准，为管廊内管线的新建、改建、扩建预留空间容量。

地下管线综合管廊的日常维护管理，由城市人民政府根据地区实际确定。城市人民政府应制定地下管线综合管廊的具体实施办法和使用管理制度。

六、加强地下管线改造维护，消除安全隐患

（一）加大老旧管线改造力度

改造使用年限超过 30 年、材质落后和漏损严重的给排水及供热管网。推进雨污分流管网改造和建设，暂不具备改造条件的，要建设截流干管，适当加大截流倍数。对存在事故隐患的供热、燃气、电力、通信等地下管线，要及时进行维修、更换和升级改造。对存在塌陷、火灾、水淹等重大安全隐患的电力电缆通道，要进行专项治理改造，推进城市电网、通信网架空线入地改造工程。实施城市宽带通信网络和有线广播电视网络光纤入户改造，加快有线广播电视网络数字化改造。

（二）加强维修养护

城市建设或者市政公用行政主管部门负责组织编制地下管线安全应急处置综合预案。各地下管线行业主管部门和地下管线权属、管理单位，应当制定相应的安全应急处置专项预案。

地下管线权属、管理单位对所属地下管线的安全运行负责。要按照有关规定和标准设置安全技术防范设施，定期进行运行状态评估，严格执行安全技术规程；建立地下管线巡护制度，开展日常巡查和定期维护，做好相关记录；对输送有毒有害、易燃易爆等物质，以及可能产生其他危险情形的地下管线所涉及的区段和场所，进行重点监测，保证管线及其附属设施完好、安全、正常运行；定期开展应急演练；发生地下管线事故后，按照应急预案组织实施抢修，并向有关行业主管部门报告。

（三）消除安全隐患

各城市要定期排查地下管线存在的隐患，制定工作计划，限期消除隐患。要加大清理拆除占压地下管线违法建（构）筑物工作力度。对废弃和"无主"管线进行清查、登记，明确责任单位，对于存在安全隐患的废弃管线要及时处置，消灭危险源；其余废弃管线应在道路新（改、扩）建时予以拆除。要加强城市窨井盖管理，落实维护和管理责任，采用防坠落、防位移、防盗窃等技术手段，避免窨井伤人等事故发生。要按照有关规定完善地下管线配套安全设施，做到与建设项目同步设计、同步施工、同步交付使用。

七、加强管线普查，建立完善地下管线档案信息管理

（一）做好地下管线普查工作

各城市人民政府要高度重视地下管线普查工作。2012 年已完成地下管线普查的城市，要做好近两年新增地下管线的补测工作；5 年内未进行普查的城市，要抓紧制定普查方案，落实资金，2015 年年底前基本完成地下管线普查工作。重点掌握地下管线基本情况、运行情况、存在的结构性隐患和危险源。驻军单位、中央直属企业要按照当地人民政府的统一部署，积极配合做好普查工作。军队普查成果按照相关规定管理。城市地下管线普查成果验收后，应按照《内蒙古自治区城乡规划条例》相关规定，移交所在城市城建档案机构归档。

（二）建立和完善信息系统

各城市人民政府城乡规划主管部门要进一步完善城市规划地理信息系统，满足城市规

划、建设、运行和应急等工作需要。包括驻军单位、中央直属企业在内的行业主管部门和管线单位要建立完善专业管线信息系统，满足日常运营维护管理需要。驻军单位按照军队有关业务主管部门统一要求组织实施。要实施系统的动态管理，将管线普查、补测结果及时进行整理并录入信息系统，同时要及时更新数据。各有关部门要加强系统的日常维护管理，及时沟通，促进信息共享。未建立城市规划地理信息系统的城市，2015年年底前完成信息系统的建立。地下管线工程的建设工程规划和施工许可管理应以综合管理信息系统为依据。涉及国家秘密的地下管线信息，要严格按照有关保密法律法规和标准进行管理。

八、落实地方责任，加强组织领导

（一）落实地方责任

自治区住房城乡建设厅要加大对全区城市地下空间和管线规划、建设和管理的监督、指导和协调工作力度。

城市人民政府作为责任主体，要切实履行职责，统筹城市地上地下设施建设的规划、建设和管理工作，合理安排地下管线、地下交通设施、地下公共服务设施等建设项目，并纳入国民经济和社会发展规划，提供资金保障。

城市人民政府要建立地下管线管理联席会议制度，统筹协调地下管线的规划、建设和管理工作，研究解决有关地下管线重大事项。

（二）健全工作机制

各地区要建立城市地下管线综合管理协调机制，明确牵头部门，组织有关部门和单位加强联动协调，共同研究加强地下管线建设管理的政策措施，及时解决跨地区、跨部门及跨军队和地方的重大问题和突发事故。城乡规划主管部门会同有关部门负责城市地下管线综合管理，发展改革部门要将城市地下管线建设改造纳入经济社会发展规划和相关投资规划，财政、通信、广播电视、安全监管、能源、保密等部门要各司其职，密切配合，形成分工明确、高效有力的工作机制。

九、加大政策支持

要加快城市建设投融资体制改革。开展城市基础设施和综合管廊建设等政府和社会资本合作机制（PPP）试点。以政府和社会资本合作方式参与城市基础设施和综合管廊建设的企业，可以探索通过发行企业债券、中期票据、项目收益债券等市场化方式融资。积极推进政府购买服务，完善特许经营制度，研究探索政府购买服务协议、特许经营权、收费权等作为银行质押品的政策，鼓励社会资本参与城市基础设施投资和运营。支持银行业金融机构在有效控制风险的基础上，加大信贷投放力度，支持城市基础设施建设。鼓励外资和民营资本发起设立以投资城市基础设施为主的产业投资基金。各级政府部门要优化地下管线建设改造相关行政许可手续办理流程，提高办理效率。

15. 陕西省城市地下管线管理条例

陕西省城市地下管线管理条例

（2013年5月29日陕西省第十二届人民代表大会常务委员会第三次会议通过）

第一章 总 则

第一条（立法目的）为了加强城市地下管线管理，保障地下管线的有序建设和安全运行，合理开发利用地下空间资源，根据本省实际，制定本条例。

第二条（适用范围）本省城市规划区内地下管线的规划、建设、维护及其档案信息管理，适用本条例。

第三条（概念界定）本条例所称城市地下管线，是指城市地面以下，用于供水、排水、燃气、热力、照明、电力、通信、广播电视、交通信号等管线（含附属设施）、地下管线综合管廊及其相关的地下空间设施。

本条例所称的地下管线综合管廊，是指城市地面以下用于容纳多种公用设施管线及其附属设施（包括延伸至地面的附属设施）的构筑物。

第四条（基本原则）城市地下管线遵循科学规划、统筹建设、协调管理、资源共享的原则。

第五条（部门职责）省人民政府建设行政主管部门负责全省城市地下管线规划、建设和管理的指导监督工作。

城市人民政府规划、建设、市政公用行政主管部门按照各自职责具体负责地下管线的规划、建设和管理工作。发展和改革、国土资源、水利、公安、人防、广播电视、通信等部门按照各自职责做好地下管线相关管理工作。

省城建档案管理机构负责组织实施全省城市地下管线档案信息管理工作。城市城建档案馆或者城建档案室（以下简称城市城建档案管理机构）具体负责城市地下管线工程档案的收集、保管、利用以及地下管线信息管理系统的建设、管理、更新、维护工作。

第六条（城市政府职责）城市人民政府统筹规划城市地面建设和地下空间开发，合理安排地下管线、地下交通设施、地下公共服务设施等建设项目，并纳入国民经济和社会发展规划，提供资金保障。

城市人民政府建立地下管线管理联席会议制度，统筹协调地下管线的规划、建设和管理工作，研究解决有关地下管线重大事项。

第七条（管线单位职责）地下管线产权单位和由政府投资建设的管线管理使用单位（以下简称地下管线产权、管理单位），负责所属地下管线及其附属设施的日常管理和维护工作，及时修复破损、老化、缺失的地下管线及其附属设施。

第八条（投诉举报）单位和个人不得损毁、侵占、破坏地下管线，并有权制止和举报损毁、侵占、破坏地下管线的行为。

第九条 （支持创新）政府鼓励支持地下管线科学技术研究和创新，推广新技术、新材料和新工艺，提高地下管线的规划、建设和管理水平。

第十条 （鼓励民资）城市人民政府应当鼓励引导企业等社会力量投资建设地下管线综合管廊等设施，可以采用成立特许经营公司的方式，投资、建设和经营地下管线。

第二章 地下管线规划

第十一条 （规划编制）城市规划主管部门根据城市总体规划，组织编制地下管线综合规划，报城市人民政府批准实施。

地下管线产权、管理单位应当根据地下管线综合规划和本行业发展规划，编制地下管线专业规划。

城市规划主管部门组织编制控制性详细规划时，应当根据城市总体规划和地下管线综合规划，对各类地下管线及其附属设施作出具体安排。

第十二条 （规划编制要求）地下管线规划编制应当具有前瞻性，根据城市规划确定的人口规模、用地布局、产业布局等需求设计相应容量的管线。

各类地下管线的走向、位置、埋深，应当符合地下管线综合规划的要求，并按照下列原则实施：

（一）地下管线的走向宜平行于规划道路中心线，并与地下隐蔽性工程相协调，避免交叉和互相干扰；

（二）同类管线合并建设；

（三）新建、改建、扩建道路，配套管线和原有架空线路应当同步入地；

（四）拟建管线避让已建成管线，临时管线避让正式管线，分支管线避让主干管线，小管径管线避让大管径管线，压力管线避让重力流管线，可弯曲管线避让不宜弯曲管线，技术要求低的管线避让技术要求高的管线，柔性结构管线避让刚性结构管线；

（五）地下管线埋设的深度和各类管线的水平间距、垂直间距以及与建筑物、构筑物、树木等的间距，按照国家有关技术标准、技术规范执行。

第十三条 （规划许可）新建、改建、扩建地下管线工程，建设单位向城市规划主管部门申请办理建设工程规划许可证；与道路同步建设的地下管线工程，可以委托道路建设单位与道路工程一并办理建设工程规划许可证。

第十四条 （现状资料）建设单位在申请领取建设工程规划许可证前，应当到城市城建档案管理机构查询施工地段的地下管线工程档案，取得该施工地段地下管线现状资料。

建设单位申请办理地下管线建设工程规划许可证时，应当向城市规划主管部门报送地下管线现状资料。

第十五条 （放线验线）地下管线工程开工前，建设单位应当委托具备相应资质的测绘单位进行放线，并办理规划验线手续，经城市规划主管部门确认无误后方可动工。

第十六条 （竣工测量）地下管线工程覆土前，建设单位应当委托具备相应资质的工程测量单位进行竣工测量，形成准确的竣工测量数据文件和管线工程测量图。

竣工测量所需费用纳入管线工程造价。

第十七条 （规划核实）地下管线工程覆土前，建设单位应当向城市规划主管部门提交竣工测量资料，申请规划核实。未经核实或者核实不符合规划条件的，建设单位不得组织竣工验收。

第三章 地下管线建设

第十八条 （道路管线建设计划）城市建设或者市政公用行政主管部门根据城市总体规划和地下管线综合规划，编制城市道路建设专项计划和城市地下管线建设计划，并互相衔接。

编制城市道路建设专项计划和城市地下管线建设计划时，应当组织专家论证、征求社会意见，并重点征求道路沿线单位的意见。

第十九条 （道路管线建设年度计划）城市建设或者市政公用行政主管部门根据城市道路建设专项计划和城市经济社会发展的需要，会同发展与改革、财政等部门，拟定年度城市道路建设计划，并通知各地下管线建设单位。

地下管线建设单位根据年度城市道路建设计划，制定本单位年度城市地下管线建设计划，并报城市建设或者市政公用行政主管部门。城市建设或者市政公用行政主管部门根据城市地下管线建设服从城市道路建设计划的原则，兼顾地下管线系统运行需求，统筹安排城市道路建设和城市地下管线建设，批准下达城市道路地下管线工程建设年度计划。

地下管线建设单位按照城市道路地下管线工程建设年度计划的安排进行建设。

城市道路范围外的地下管线分别纳入相关项目建设计划，配套建设。

第二十条 （挖掘禁止）新建、改建、扩建的道路交付后五年内，大修的道路竣工后三年内，不得开挖敷设管线；因特殊情况需要开挖的，须经城市人民政府批准，并向社会公告。

第二十一条 （预留管道）新建、改建、扩建城市道路时，道路建设单位应当按照规划要求为地下管线预埋横穿道路的管道。

各类地下管线应当按照城市规划要求预留支管或者接口，支管或者接口预留至城市道路规划红线一米范围以外。

第二十二条 （施工许可）地下管线工程施工前，建设单位应当向城市建设或者市政公用行政主管部门办理施工许可手续；与道路同步建设的地下管线工程，可以委托道路建设单位与道路工程一并办理施工许可手续。

第二十三条 （审批和要求）地下管线工程需要占用或者挖掘城市道路的，建设单位依照有关规定办理城市道路占用、挖掘审批手续；影响交通安全的，还应征得公安机关交通管理部门同意。

地下管线工程需要占用或者挖掘城市道路的，应当在技术条件允许的最短时间内完工，并合理安排施工时间，减少对城市道路交通的影响；需要占用人行通道的，应当合理设置临时通道，保证行人安全通行。

地下管线工程需要占用绿地、河道等施工的，建设单位应当向有关行政主管部门办理相应手续。

第二十四条 （道路建设单位职责）城市道路与地下管线同步建设的，道路建设单位应当统筹管理道路工程和地下管线工程，合理安排地下管线建设工期，并履行以下职责：

（一）向道路设计单位提供真实、准确、完整的地下管线现状资料；

（二）事先通知地下管线产权、管理单位做好施工过程中现场管线的监护工作；

（三）督促和检查地下管线建设单位在管线覆土前完成测量工作；

（四）负责本单位实施的城市地下管线工程竣工档案资料的收集和归档工作。

第二十五条 （管线建设单位职责）地下管线建设单位应当向设计、施工单位提供真实、准确、完整的地下管线现状资料，督促和检查测绘单位在地下管线覆土前完成测量工作，做好地下管线工程资料的收集和归档。

第二十六条（相关单位职责）地下管线工程的勘察、测绘、设计、施工和监理单位，应当具有相应的资质等级。

地下管线工程勘察、测绘、设计单位按照国家与地方的技术规范要求进行地下管线的勘察、测绘、设计。

地下管线工程施工单位按照经审查通过的施工图、规定时间以及有关技术规范和操作规程进行施工，设置地下管线警示标志，并提供完整的竣工资料。

地下管线工程监理单位对地下管线隐蔽工程进行监理，并做好管位的监理记录。

第二十七条（施工单位特别职责）地下管线工程施工单位应当核实建设单位提供的地下管线现状资料；在原有管线或者设施埋设的位置不明时，应当进行探测，掌握实际情况后方可施工；施工中对其他管线或者市政、绿化、人防工程、文物及其他建筑物、构筑物等可能造成影响的，应当采取相应的保护措施，并及时通知有关单位派员到场监督。

因施工损坏有关设施的，施工单位应当立即停工，并及时通知有关单位抢修。发生的费用由责任单位承担。

第二十八条（迁移改建管线规定）新建、改建、扩建和整治道路需迁移、改建地下管线的，道路建设单位应当通知有关地下管线产权、管理单位，告知迁移或者改建的设计要求，由地下管线产权、管理单位负责迁移或者改建，并与道路工程同步施工建设。迁移或者改建地下管线所需费用由道路建设单位给予补偿。

新建、改建、扩建道路施工过程中，因场地条件或者地下空间占用等原因，需变动地下管线平面位置、标高和规格的，按原审批程序办理变更手续后，方可组织施工。

第二十九条（竣工验收）建设单位组织地下管线工程设计、施工、监理和管理等相关单位进行地下管线工程竣工验收。地下管线工程经竣工验收合格后，方可交付使用。

第三十条（迁移变更管线）地下管线产权、管理单位不得擅自迁移、变更地下管线。确需迁移、变更的，须经城市规划主管部门批准。

第三十一条（废弃管线处理）地下管线产权、管理单位废弃地下管线的，应当向城市规划、建设或者市政公用行政主管部门备案，并将废弃的地下管线予以拆除。

对产权单位不明的废弃地下管线，由城市建设或者市政公用行政主管部门组织拆除。

不便拆除的城市地下管线，应当将管道及其检查井封填。

第四章　地下管线综合管廊

第三十二条（新区域建设）城市新区建设以及新建、改建、扩建城市主干道路时，符合技术安全标准和相关条件的，地下管线工程应当采用地下管线综合管廊技术；无法采用的，应当为地下管线综合管廊预留规划通道。

第三十三条（旧城区改造）城市旧城区改造，符合技术安全标准和相关条件的，地下管线工程应当采用地下管线综合管廊技术；尚不具备条件的，地下管线产权、管理单位应当将架空线路改造为地下管线，并在改造工程完工后三十日内拆除地上线路及其附属设施。

第三十四条（规划和设计）地下管线综合管廊的规划和建设应当符合城市总体规划，并与各项专业规划相协调。

地下管线综合管廊规划区内的管线规划，应当与综合管廊建设规划相衔接。已明确纳入综合管廊的管线，不再保留另外建设的管线位置。

地下管线综合管廊的规划设计应当充分考虑区域开发与改造时公用设施容量的需要，按照综合管廊建设标准，为管廊内管线的新建、改建、扩建预留足够空间容量。

第三十五条（建设和使用）各类地下管线在规划中采用地下管线综合管廊技术的，应当以综合管廊的形式与所依附的城市道路同步建设。城市建设或者市政公用行政主管部门不得另行审批已纳入综合管廊的管线建设工程。

纳入地下管线综合管廊的各类管线单位，以租赁或者购买的方式取得综合管廊的使用权。具体指导价格由城市建设或者市政公用行政主管部门会同物价部门制定。

第三十六条（维护管理）地下管线综合管廊的日常维护管理，由城市建设或者市政公用行政主管部门委托专业机构，或者通过招标方式择优选取维护管理单位进行。

第三十七条（制度制定）地下管线综合管廊的具体实施规范和使用管理制度，由城市人民政府另行制定。

第五章　地下管线维护

第三十八条（应急预案）城市建设或者市政公用行政主管部门负责组织编制地下管线安全应急处置综合预案。

各地下管线行业主管部门和地下管线产权、管理单位，应当制定各行业安全应急处置预案，并报城市建设或者市政公用行政主管部门备案。

第三十九条（运行维护职责）地下管线产权、管理单位对所属地下管线的安全运行负责，具体履行下列职责：

（一）按照有关规定和标准设置安全技术防范设施，定期进行运行状态评估，严格执行安全技术规程；

（二）建立地下管线巡护制度，开展日常巡护和定期维护，做好巡查和维护记录；

（三）对输送有毒有害、易燃易爆等物质以及可能产生其他危险情形的地下管线所涉及区段和场所，进行重点监测，保证管线及其附属设施安全运行；

（四）定期开展应急演练；

（五）发生地下管线事故后，按照预案组织实施抢修，并向有关行政主管部门和行业管理部门报告；

（六）建立地下管线信息档案制度，配合做好地下管线专项普查工作；

（七）法律、法规规定的其他职责。

第四十条（故障抢修）地下管线发生故障需要紧急抢修的，地下管线产权、管理单位可以先行破路抢修，并同时通知城市建设或者市政公用行政主管部门、公安机关交通管理部门，在二十四小时内按照规定补办批准手续。

第四十一条（禁止行为）地下管线安全保护范围内禁止下列行为：

（一）压占地下管线进行建设；

（二）损坏、占用、挪移地下管线及其附属设施；

（三）擅自移动、覆盖、涂改、拆除、损坏地下管线的安全警示标志；

（四）排放、倾倒腐蚀性液体、气体；

（五）堆放易燃、易爆、有腐蚀性的物质；

（六）擅自接驳地下管线；

（七）其他危及地下管线安全、妨碍地下管线正常使用的行为。

第六章　地下管线档案信息管理

第四十二条（原则和责任）城市地下管线档案信息管理坚持标准统一、互联互通、资源整合、综合利用的原则。

城市人民政府应当整合各部门、各专业系统的城市地下管线档案信息资源，为城市建设和管理提供服务。

第四十三条（管线信息系统）城市城建档案管理机构负责建立城市地下管线信息管理系统，及时将地下管线普查资料、竣工资料、补测补绘资料输入系统，实行动态管理。

第四十四条（管线信息标准）省建设行政主管部门应当会同有关部门制定地下管线信息数据的交互格式、标准及信息共享目录清单。

城市城建档案管理机构应当采用符合国家标准的基础地理数据，建设城市地下管线信息系统。

第四十五条（行业信息系统）地下管线产权、管理单位建立各自地下管线信息系统时，应当符合本省规定的信息标准和要求，纳入城市地下管线信息系统，并对信息的准确性、完整性、时效性负责。

第四十六条（建档手续）地下管线工程开工前，建设单位应当到城市城建档案管理机构办理地下管线工程建档手续。城市城建档案管理机构应当将工程竣工后需移交的工程档案内容和要求告知建设单位。

第四十七条（档案预验收）地下管线工程竣工验收前，建设单位应当提请城市城建档案管理机构对地下管线工程档案进行专项预验收，验收合格的，取得工程档案预验收意见书。

第四十八条（档案移交）地下管线工程竣工后，地下管线建设单位按照有关规定向城市城建档案管理机构移交地下管线工程竣工档案（含竣工测量成果）和包含测量数据的电子档案，符合规定的，取得工程档案接收和移交证明书。

地下管线工程勘察、设计、施工、监理单位应当配合建设单位收集、整理地下管线工程竣工档案。

第四十九条（档案信息纳入）城市城建档案管理机构在地下管线工程竣工档案归档之日起一个月内，应当将其纳入城市地下管线建设管理信息系统。

第五十条（竣工备案查验）建设行政主管部门在办理工程竣工验收备案手续时，应当查验建设单位的工程档案预验收意见书、工程档案接收和移交证明书。

第五十一条（档案补交）地下管线工程施工过程中发现未建档地下管线的，建设单位应当向当地县级以上规划或者建设行政主管部门报告。

县级以上规划或者建设行政主管部门接到报告后，应当查明未建档管线的性质、权属，责令地下管线产权单位测定其坐标、标高及走向。地下管线产权单位应当及时将测量的材料向城建档案管理机构报送。

第五十二条（变更档案移交）地下管线迁移、变更或者废弃的，地下管线产权、管理单位应当将迁移、变更、废弃部分的地下管线工程档案修改、补充到本单位的地下管线专业图上，并自地下管线迁移、变更、废弃之日起三十日内，将修改后的专业图及有关档案向城市城建档案管理机构移交。

第五十三条（档案移交要求）地下管线建设单位和产权、管理单位向城市城建档案管理机构移交的地下管线工程档案应当真实、准确、完整，不得涂改、伪造。

第五十四条（管线普查）城市人民政府组织相关部门制定本市地下管线普查实施方案，编制管线普查工作的技术规程、规范和标准，并组织相关部门及地下管线产权、管理单位开展地下管线普查和补测补绘工作。

城市规划主管部门会同相关部门每五年进行一次地下管线专项普查。地下管线产权、管理单位应当给予配合。

地下管线普查成果在验收合格之日起三个月内，纳入城市地下管线信息管理系统。

第五十五条（档案查阅）城市地下管线相关信息数据属于基础测绘成果或者属于国家投资完成的其他测绘成果，用于国家机关决策和社会公益性事业的，城市城建档案管理机构应当无偿提供。

地下管线建设单位和产权、管理单位查阅本单位移交的地下管线工程档案，城市城建档案管理机构不得收取查询费用。

公民、法人和其他组织查阅、利用城市地下管线信息系统，地下管线建设单位查阅、利用信息系统中非本专业管线信息的，应当遵守国家有关保密规定，并办理查阅手续。

第七章 法律责任

第五十六条（规划许可责任）违反本条例第十三条规定，地下管线建设单位未取得建设工程规划许可证进行建设的，由城市规划主管部门责令停止建设；尚可采取改正措施消除对规划实施影响的，限期改正，处建设工程造价百分之五以上百分之十以下的罚款；无法采取改正措施消除影响的，限期拆除，不能拆除的，没收实物或者违法收入，可以并处建设工程造价百分之十以下的罚款。

第五十七条（竣工测量责任）违反本条例第十六条规定，建设单位在地下管线工程覆土前未按规定进行竣工测量的，由城市规划主管部门责令限期改正，可以处建设工程造价百分之一以上百分之五以下的罚款。

第五十八条（建设计划责任）违反本条例第十九条第二款、第三款规定，地下管线建设单位未按规定报送年度城市地下管线建设计划或者未按城市道路地下管线工程建设年度计划的安排进行建设的，由城市建设或者市政公用行政主管部门责令改正，可以处一万元以上十万元以下的罚款。

第五十九条（施工许可责任）违反本条例第二十二条规定，地下管线建设单位未取得施工许可擅自施工的，由城市建设或者市政公用行政主管部门责令停止施工，限期改正，处工程合同价款百分之一以上百分之二以下的罚款。

第六十条（管线单位责任）违反本条例第二十五条、第二十六条规定，有下列行为之一的，由城市建设或者市政公用行政主管部门责令限期改正，可以处二万元以上十万元以下的罚款：

（一）建设单位未向设计、施工单位提供真实、准确、完整的地下管线现状资料的；

（二）施工单位未按照审查通过的施工图、批准的时间以及有关技术规范和操作规程进行地下管线工程施工的；

（三）监理单位未对地下管线隐蔽工程进行监理并做好管位监理记录的。

第六十一条（竣工验收责任）违反本条例第二十九条规定，地下管线工程未经竣工验收交付使用的，由城市建设或者市政公用行政主管部门责令改正，处工程合同价款百分之二以上百分之四以下的罚款；造成损失的，由地下管线建设单位依法承担赔偿责任。

第六十二条（迁移变更管线责任）违反本条例第三十条规定，地下管线产权、管理单位擅自迁移、变更地下管线的，由城市规划主管部门责令限期改正，可以处五万元以上十万元以下的罚款。

第六十三条（拆除责任）地下管线产权、管理单位违反本条例第三十一条、第三十三条规定，未按规定拆除废弃管线、封填管道及其检查井，或者架空线路改为地下管线后三十日内未拆除地上线路及其附属设施的，由城市建设或者市政公用行政主管部门责令限期改正，可以处五万元以上十万元以下的罚款。

第六十四条（档案移交责任）违反本条例第五十一条、第五十二条规定，地下管线产权、管理单位未按规定报送测量资料，或者移交有关档案的，由城市规划或者建设行政主管部门责令改正，处一万元以上十万元以下的罚款；因地下管线产权、管理单位未移交地下管线工程档案，造成施工单位在施工中损坏地下管线的，地下管线产权、管理单位依法承担相应的责任。

第六十五条（档案真实责任）违反本条例第五十三条规定，地下管线建设单位或者产权、管理单位向城市城建档案管理机构移交的地下管线工程档案不真实、不准确、不完整的，由城市规划或者建设行政主管部门责令限期改正，处一万元以上十万元以下的罚款。因地下管线建设单位或者产权、管理单位移交的地下管线工程档案不真实、不准确、不完整，造成施工单位在施工中损坏地下管线的，地下管线产权、管理单位依法承担相应的责任。

第六十六条（援引规定）违反本条例规定的其他行为，法律、法规有处罚规定的，从其规定。

第六十七条（听证规定）城市规划、建设、市政公用行政主管部门依据本条例的规定，作出五万元以上罚款处罚决定的，应当告知当事人有要求听证的权利。

第六十八条（公职人员责任）城市规划、建设、市政公用行政主管部门和其他有关部门及其工作人员，在地下管线管理工作中，滥用职权、玩忽职守、徇私舞弊的，由其所在单位或者上级主管部门对直接负责的主管人员和其他直接责任人员依法给予行政处分；构成犯罪的，由司法机关依法追究刑事责任。

第八章 附 则

第六十九条（参照和排除）镇地下管线的规划、建设和管理，参照本条例的规定执行。军事专用地下管线的建设和管理，不适用本条例。

第七十条（施行日期）本条例自2013年10月1日起施行。

16. 陕西省人民政府办公厅关于加快推进城市地下综合管廊建设的实施意见

陕西省人民政府办公厅关于加快推进城市地下综合管廊建设的实施意见

各设区市人民政府，省人民政府各工作部门、各直属机构：

为加快推进全省城市地下综合管廊建设，统筹各类市政管线规划、建设和管理，提高城市综合承载能力和城镇化发展质量，根据《国务院关于加强城市基础设施建设的意见》（国发〔2013〕36号）、《国务院办公厅关于推进城市地下综合管廊建设的指导意见》（国办发〔2015〕61号）、《陕西省城市地下管线管理条例》、《陕西省人民政府关于加强城市基础设施建设的实施意见》（陕政发〔2014〕4号）等文件法规，结合我省发展实际，经省政府同意，现提出如下实施意见：

一、基本原则和目标任务

全面贯彻落实党的十八大和十八届二中、三中、四中、五中全会精神，按照"政府推动、市场运作、规划先行、规范实施"的原则，在借鉴国内外先进经验、总结试点工程有效做法的基础上，建立健全建设运营管理体制机制，全面推进城市地下综合管廊建设，力争2020年全省建成并投入运营的地下综合管廊达到100公里，在建地下综合管廊超过500公里，反复开挖地面的"马路拉链"问题明显改善，管线安全水平和防灾抗灾能力明显提升。

二、主要工作和时间进度

（一）有序推进建设

1. 科学编制建设规划。各市（区）要按照"先规划、后建设"的原则，在开展地下管线和既有地面城市电网、通信网络等架空线普查的基础上，结合城市总体规划确定的人口规模、用地布局、产业布局等需求，统筹各类管线实际发展需要，在2016年9月底前编制完成本地区地下综合管廊专项建设规划。专项建设规划应结合地下空间开发利用、各类地下管线、道路交通、供电、供水、供热、城镇燃气等专项建设规划，合理确定地下综合管廊建设布局、管线种类、断面形式、平面位置、竖向控制等，明确建设规模和时序，综合考虑城市发展远景，预留和控制有关地下空间，规划期限原则上应与城市总体规划相一致。

2. 合理确定建设区域。各市（区）要根据本地区的区域现状、规划资料及管线需求信息，通过系统评估道路等级、道路维护频率、管线种类和数量、管线密度和可靠性要求、周边重大工程建设等内容，合理划定建设区域。从2016年起，城市新区、各类园区、成片开发区域的新建道路要根据功能需求，同步建设地下综合管廊；老城区要统筹考虑地下空间开发、旧城改造、棚户区改造、道路改造、河道治理、老工业区搬迁、轨道交通建设、人防和地下综合体建设，统筹建设地下综合管廊，并加快既有地面城市电网、通信网络等架空线入地工程。在交通流量较大或地下管线较多的城市道路、轨道交通、地下道路、地下综合体等地段，城市核心区、中央商务区、地下空间高强度成片联网集中开发区、重要公共空间、主要道路交叉口、道路与铁路或河流的交叉处，以及道路宽度难以单独敷设多种管线的路段，优先建设地下综合管廊。有条件的县城及重点示范镇、文化旅游名镇（街区）要因地制宜、适度超前规划建设地下综合管廊。

3. 加快推动项目建设。各市（区）要按照编制完成的地下综合管廊建设专项规划，尽快建立地下综合管廊建设项目储备库，明确5年项目滚动规划和年度建设计划。项目滚动规划要明确5年地下综合管廊建设项目及建设区域、规模、时序、投资等。年度建设计划要确定当年建设项目的建设期限、内容、长度、断面面积、舱室数量、入廊管线种类、投资计划、建设主体、融资方式等。项目滚动规划和年度建设计划信息要及时录入《住房和城乡建设部城市地下综合管廊建设项目信息系统》，提高信息化管理水平。对计划实施的项目要加快编制实施方案，履行项目审批手续，尽快开工建设。

4. 严格执行标准规范。各市（区）要根据城市发展需要，完善和提高地下综合管廊建设和抗震防灾等标准。严格执行《城市地下综合管廊工程技术规范》，编制综合管廊工程设计方案，包括总体设计、结构设计和附属工程设计。总体设计主要包括管廊走向选线、纳入管线种类及数量、管廊断面形式及尺寸等内容，为管廊内管线的新建、改建、扩建预留足够空间容量。结构设计应综合考虑工程现场的水文地质条件，确定结构形式、防水措施、施工方法及工程措施等内容。附属工程设计包括消防、供电、照明、通风、排水、标识、监控、安全与报警、智能管理等。

5. 加强质量安全管理。坚守质量至上、安全第一的原则，切实要把质量安全贯穿于地下综合管廊规划、建设、运营全过程。项目实施单位要严格履行项目基本建设程序，制定工程技术导则和招投标管理、工程质量监督等办法，建立地下综合管廊工程质量终身责任永久性标牌制度，落实工程建设各方质量安全主体责任。地下综合管廊工程应根据结构类型、受力条件、使用要求和所处环境等因素，并考虑耐久性、可靠性和经济性，主要材料应采用高性能混凝土和高强钢筋，加快推进主体结构构件标准化，提高工程质量和安全水平。建设单位要切实做好施工现场安全管理工作，落实安全生产各方主体责任，施工完成后按规定及时报送工程档案。

（二）创新融资模式

1. 加大政府投资力度。积极做好项目储备、筛选、申报工作，积极争取国家专项建设基金、中央财政资金对我省地下综合管廊项目支持。创新省级财政投资方式，鼓励市（区）设立地下综合管廊投资基金，直接投资符合条件的城市地下综合管廊项目。各市（区）要在中期财政规划和年度预算中优先安排地下综合管廊建设和运营资金，有条件的可对地下综合管廊项目给予贷款贴息。

2. 创新金融信贷支持。充分利用开发性金融支持，争取国家开发银行在资本金比例、贷款定价、贷款期限等方面对我省地下综合管廊项目给予适当倾斜。鼓励银行业金融机构为地下综合管廊项目提供中长期信贷支持，积极开展特许经营权、收费权和政府购买服务协议项下收益等应收账款进行质押担保的融资探索。支持符合条件的地下综合管廊建设运营企业发行企业债券和项目收益票据。

3. 积极鼓励社会投资。大力推广政府和社会资本合作（PPP）模式，通过特许经营、购买服务、股权合作等形式，积极吸引社会资本参与地下综合管廊项目建设和运营。各市（区）要加大地下综合管廊 PPP 项目谋划、推进力度，建立合理的回报机制，省上将通过安排 PPP 项目前期工作费、示范项目奖励等途径给予支持。鼓励入廊管线单位共同组建或与社会资本合作组建股份制公司，或在市（区）指导下组成地下综合管廊业主委员会，公开招标选择建设和运营管理单位。

（三）提升管理水平

1. 加强运行管理。各市（区）要制定地下综合管廊使用管理办法，对管廊建设运行管理进行指导和监督。地下综合管廊运营管理单位要建立完善管理制度，做好地下综合管廊本体及附属设施的日常维护，确保管廊正常运行。管线产权单位应与管廊管理单位签订入廊协议，明确入廊管线种类、时间、费用和责权利等内容，并负责入廊各管线的设施维护及日常管理。

2. 严格入廊管理。对已建设地下综合管廊的区域，区域内所有管线必须入廊，既有管线应根据实际需要结合管线改造逐步迁移至地下综合管廊，不得再另行安排管廊以外的管线位置。对已规划入廊的新建管线，规划部门不得再另行安排地下综合管廊以外的位置，建设部门不予施工许可审批，市政道路部门不予掘路许可审批。各行业主管部门、驻地中央和省属企业，应积极配合市（区）做好各自管线入廊和交纳入廊费用工作。

3. 发挥管廊效益。入廊管线单位应向地下综合管廊运营管理单位交纳入廊费和日常维护管理费，入廊费用主要参照各入廊管线在综合管廊全寿命周期内单独敷设以及更新改造成本（含建设工程费用、道路占用挖掘费用等）确定，日常维护管理费参照占用地下综合管廊空间比例、对附属设施使用强度等因素确定。具体收费水平要统筹考虑建设和运营、成本和收益的关系，由地下综合管廊建设运营单位与入廊管线单位根据市场化原则共同协商确定。公益性文化企业的有线电视网入廊，有关收费标准可适当给予优惠，供需双方合理协商确定收费水平。在地下综合管廊运营初期不能通过收费弥补成本的，各市（区）视情况给予必要的财政补贴。

三、保障措施

（一）落实目标责任

各设区市人民政府、韩城市人民政府、杨凌示范区、西咸新区管委会，是地下综合管廊建设管理工作的责任主体。要加强组织领导，明确牵头部门，根据全省"十三五"建设目标任务和分解下达指标，落实本地区年度建设任务和实施项目，编制年度滚动投资计划，确保项目有序实施和任务按期完成。省住房城乡建设厅要牵头统筹推动全省城市地下综合管廊建设工作，省发展改革委、省财政厅等部门要认真履行职责，加强协调配合，形成工作合力。各管线行业主管部门和管理单位要各司其职，密切配合，建立推进地下综合管廊建设工作协调机制，共同推动地下综合管廊建设。

（二）推进产业发展

按照"项目化建设、规范化管理、产业化发展"的思路，通过实施标准化设计、工厂化生产、装配化施工，全面推进全省地下综合管廊产业发展。加快推动建设地下综合管廊产业园区，引入规划设计机构、研发机构、工业构件生产商、设备生产商、建设管理等关联单位，形成对地下综合管廊的全方位产业支撑。积极培育大型专业化地下综合管廊建设和运营管理企业，带动扶持一批管廊预制拼装、纤维塑料筋、高性能混凝土、新型工业构件等新型企业。

（三）加大宣传力度

各市（区）及行业管理部门要利用各种手段、采取多种方式，及时报道工作进展情况，宣传好经验、好做法，使社会各界对城市地下综合管廊建设工作达成共识，营造全社会广泛关注并积极参与的良好氛围。对在地下综合管廊建设运营管理中涌现的先进单位和个人，按相关规定给予表彰奖励。

陕西省人民政府办公厅
2016 年 6 月 29 日

十、管道保护相关规定

1. 中华人民共和国石油天然气管道保护法

中华人民共和国石油天然气管道保护法

(2010年6月25日第十一届全国人民代表大会常务委员会第十五次会议通过)

第一章 总 则

第一条 为了保护石油、天然气管道，保障石油、天然气输送安全，维护国家能源安全和公共安全，制定本法。

第二条 中华人民共和国境内输送石油、天然气的管道的保护，适用本法。

城镇燃气管道和炼油、化工等企业厂区内管道的保护，不适用本法。

第三条 本法所称石油包括原油和成品油，所称天然气包括天然气、煤层气和煤制气。本法所称管道包括管道及管道附属设施。

第四条 国务院能源主管部门依照本法规定主管全国管道保护工作，负责组织编制并实施全国管道发展规划，统筹协调全国管道发展规划与其他专项规划的衔接，协调跨省、自治区、直辖市管道保护的重大问题。国务院其他有关部门依照有关法律、行政法规的规定，在各自职责范围内负责管道保护的相关工作。

第五条 省、自治区、直辖市人民政府能源主管部门和设区的市级、县级人民政府指定的部门，依照本法规定主管本行政区域的管道保护工作，协调处理本行政区域管道保护的重大问题，指导、监督有关单位履行管道保护义务，依法查处危害管道安全的违法行为。县级以上地方人民政府其他有关部门依照有关法律、行政法规的规定，在各自职责范围内负责管道保护的相关工作。

省、自治区、直辖市人民政府能源主管部门和设区的市级、县级人民政府指定的部门，统称县级以上地方人民政府主管管道保护工作的部门。

第六条 县级以上地方人民政府应当加强对本行政区域管道保护工作的领导，督促、检查有关部门依法履行管道保护职责，组织排除管道的重大外部安全隐患。

第七条 管道企业应当遵守本法和有关规划、建设、安全生产、质量监督、环境保护等法律、行政法规，执行国家技术规范的强制性要求，建立、健全本企业有关管道保护的规章制度和操作规程并组织实施，宣传管道安全与保护知识，履行管道保护义务，接受人民政府及其有关部门依法实施的监督，保障管道安全运行。

第八条 任何单位和个人不得实施危害管道安全的行为。

对危害管道安全的行为，任何单位和个人有权向县级以上地方人民政府主管管道保护工作的部门或者其他有关部门举报。接到举报的部门应当在职责范围内及时处理。

第九条 国家鼓励和促进管道保护新技术的研究开发和推广应用。

第二章 管道规划与建设

第十条 管道的规划、建设应当符合管道保护的要求，遵循安全、环保、节约用地和经济合理的原则。

第十一条 国务院能源主管部门根据国民经济和社会发展的需要组织编制全国管道发展规划。组织编制全国管道发展规划应当征求国务院有关部门以及有关省、自治区、直辖市人民政府的意见。

全国管道发展规划应当符合国家能源规划，并与土地利用总体规划、城乡规划以及矿产资源、环境保护、水利、铁路、公路、航道、港口、电信等规划相协调。

第十二条 管道企业应当根据全国管道发展规划编制管道建设规划，并将管道建设规划确定的管道建设选线方案报送拟建管道所在地县级以上地方人民政府城乡规划主管部门审核；经审核符合城乡规划的，应当依法纳入当地城乡规划。

纳入城乡规划的管道建设用地，不得擅自改变用途。

第十三条 管道建设的选线应当避开地震活动断层和容易发生洪灾、地质灾害的区域，与建筑物、构筑物、铁路、公路、航道、港口、市政设施、军事设施、电缆、光缆等保持本法和有关法律、行政法规以及国家技术规范的强制性要求规定的保护距离。

新建管道通过的区域受地理条件限制，不能满足前款规定的管道保护要求的，管道企业应当提出防护方案，经管道保护方面的专家评审论证，并经管道所在地县级以上地方人民政府主管管道保护工作的部门批准后，方可建设。

管道建设项目应当依法进行环境影响评价。

第十四条 管道建设使用土地，依照《中华人民共和国土地管理法》等法律、行政法规的规定执行。

依法建设的管道通过集体所有的土地或者他人取得使用权的国有土地，影响土地使用的，管道企业应当按照管道建设时土地的用途给予补偿。

第十五条 依照法律和国务院的规定，取得行政许可或者已报送备案并符合开工条件的管道项目的建设，任何单位和个人不得阻碍。

第十六条 管道建设应当遵守法律、行政法规有关建设工程质量管理的规定。

管道企业应当依照有关法律、行政法规的规定，选择具备相应资质的勘察、设计、施工、工程监理单位进行管道建设。

管道的安全保护设施应当与管道主体工程同时设计、同时施工、同时投入使用。

管道建设使用的管道产品及其附件的质量，应当符合国家技术规范的强制性要求。

第十七条 穿跨越水利工程、防洪设施、河道、航道、铁路、公路、港口、电力设施、通信设施、市政设施的管道的建设，应当遵守本法和有关法律、行政法规，执行国家技术规范的强制性要求。

第十八条 管道企业应当按照国家技术规范的强制性要求在管道沿线设置管道标志。管道标志毁损或者安全警示不清的，管道企业应当及时修复或者更新。

第十九条 管道建成后应当按照国家有关规定进行竣工验收。竣工验收应当审查管道是否符合本法规定的管道保护要求，经验收合格方可正式交付使用。

第二十条 管道企业应当自管道竣工验收合格之日起六十日内，将竣工测量图报管道所在地县级以上地方人民政府主管管道保护工作的部门备案；县级以上地方人民政府主管管道保护工作的部门应当将管道企业报送的管道竣工测量图分送本级人民政府规划、建设、国土资源、铁路、交通、水利、公安、安全生产监督管理等部门和有关军事机关。

第二十一条 地方各级人民政府编制、调整土地利用总体规划和城乡规划，需要管道改建、搬迁或者增加防护设施的，应当与管道企业协商确定补偿方案。

第三章 管道运行中的保护

第二十二条 管道企业应当建立、健全管道巡护制度，配备专门人员对管道线路进行日常巡护。管道巡护人员发现危害管道安全的情形或者隐患，应当按照规定及时处理和报告。

第二十三条 管道企业应当定期对管道进行检测、维修，确保其处于良好状态；对管道安全风险较大的区段和场所应当进行重点监测，采取有效措施防止管道事故的发生。

对不符合安全使用条件的管道，管道企业应当及时更新、改造或者停止使用。

第二十四条 管道企业应当配备管道保护所必需的人员和技术装备，研究开发和使用先进适用的管道保护技术，保证管道保护所必需的经费投入，并对在管道保护中做出突出贡献的单位和个人给予奖励。

第二十五条 管道企业发现管道存在安全隐患，应当及时排除。对管道存在的外部安全隐患，管道企业自身排除确有困难的，应当向县级以上地方人民政府主管管道保护工作的部门报告。接到报告的主管管道保护工作的部门应当及时协调排除或者报请人民政府及时组织排除安全隐患。

第二十六条 管道企业依法取得使用权的土地，任何单位和个人不得侵占。

为合理利用土地，在保障管道安全的条件下，管道企业可以与有关单位、个人约定，同意有关单位、个人种植浅根农作物。但是，因管道巡护、检测、维修造成的农作物损失，除另有约定外，管道企业不予赔偿。

第二十七条 管道企业对管道进行巡护、检测、维修等作业，管道沿线的有关单位、个人应当给予必要的便利。

因管道巡护、检测、维修等作业给土地使用权人或者其他单位、个人造成损失的，管道企业应当依法给予赔偿。

第二十八条 禁止下列危害管道安全的行为：

（一）擅自开启、关闭管道阀门；

（二）采用移动、切割、打孔、砸撬、拆卸等手段损坏管道；

（三）移动、毁损、涂改管道标志；

（四）在埋地管道上方巡查便道上行驶重型车辆；

（五）在地面管道线路、架空管道线路和管桥上行走或者放置重物。

第二十九条　禁止在本法第五十八条第一项所列管道附属设施的上方架设电力线路、通信线路或者在储气库构造区域范围内进行工程挖掘、工程钻探、采矿。

第三十条　在管道线路中心线两侧各五米地域范围内，禁止下列危害管道安全的行为：

（一）种植乔木、灌木、藤类、芦苇、竹子或者其他根系深达管道埋设部位可能损坏管道防腐层的深根植物；

（二）取土、采石、用火、堆放重物、排放腐蚀性物质、使用机械工具进行挖掘施工；

（三）挖塘、修渠、修晒场、修建水产养殖场、建温室、建家畜棚圈、建房以及修建其他建筑物、构筑物。

第三十一条　在管道线路中心线两侧和本法第五十八条第一项所列管道附属设施周边修建下列建筑物、构筑物的，建筑物、构筑物与管道线路和管道附属设施的距离应当符合国家技术规范的强制性要求：

（一）居民小区、学校、医院、娱乐场所、车站、商场等人口密集的建筑物；

（二）变电站、加油站、加气站、储油罐、储气罐等易燃易爆物品的生产、经营、存储场所。

前款规定的国家技术规范的强制性要求，应当按照保障管道及建筑物、构筑物安全和节约用地的原则确定。

第三十二条　在穿越河流的管道线路中心线两侧各五百米地域范围内，禁止抛锚、拖锚、挖砂、挖泥、采石、水下爆破。但是，在保障管道安全的条件下，为防洪和航道通畅而进行的养护疏浚作业除外。

第三十三条　在管道专用隧道中心线两侧各一千米地域范围内，除本条第二款规定的情形外，禁止采石、采矿、爆破。

在前款规定的地域范围内，因修建铁路、公路、水利工程等公共工程，确需实施采石、爆破作业的，应当经管道所在地县级人民政府主管管道保护工作的部门批准，并采取必要的安全防护措施，方可实施。

第三十四条　未经管道企业同意，其他单位不得使用管道专用伴行道路、管道水工防护设施、管道专用隧道等管道附属设施。

第三十五条　进行下列施工作业，施工单位应当向管道所在地县级人民政府主管管道保护工作的部门提出申请：

（一）穿跨越管道的施工作业；

（二）在管道线路中心线两侧各五米至五十米和本法第五十八条第一项所列管道附属设施周边一百米地域范围内，新建、改建、扩建铁路、公路、河渠，架设电力线路，埋设地下电缆、光缆，设置安全接地体、避雷接地体；

（三）在管道线路中心线两侧各二百米和本法第五十八条第一项所列管道附属设施周边五百米地域范围内，进行爆破、地震法勘探或者工程挖掘、工程钻探、采矿。

县级人民政府主管管道保护工作的部门接到申请后，应当组织施工单位与管道企业协商确定施工作业方案，并签订安全防护协议；协商不成的，主管管道保护工作的部门应当组织进行安全评审，作出是否批准作业的决定。

第三十六条　申请进行本法第三十三条第二款、第三十五条规定的施工作业，应当符合下列条件：

（一）具有符合管道安全和公共安全要求的施工作业方案；
（二）已制定事故应急预案；
（三）施工作业人员具备管道保护知识；
（四）具有保障安全施工作业的设备、设施。

第三十七条 进行本法第三十三条第二款、第三十五条规定的施工作业，应当在开工七日前书面通知管道企业。管道企业应当指派专门人员到现场进行管道保护安全指导。

第三十八条 管道企业在紧急情况下进行管道抢修作业，可以先行使用他人土地或者设施，但应当及时告知土地或者设施的所有权人或者使用权人。给土地或者设施的所有权人或者使用权人造成损失的，管道企业应当依法给予赔偿。

第三十九条 管道企业应当制定本企业管道事故应急预案，并报管道所在地县级人民政府主管管道保护工作的部门备案；配备抢险救援人员和设备，并定期进行管道事故应急救援演练。

发生管道事故，管道企业应当立即启动本企业管道事故应急预案，按照规定及时通报可能受到事故危害的单位和居民，采取有效措施消除或者减轻事故危害，并依照有关事故调查处理的法律、行政法规的规定，向事故发生地县级人民政府主管管道保护工作的部门、安全生产监督管理部门和其他有关部门报告。

接到报告的主管管道保护工作的部门应当按照规定及时上报事故情况，并根据管道事故的实际情况组织采取事故处置措施或者报请人民政府及时启动本行政区域管道事故应急预案，组织进行事故应急处置与救援。

第四十条 管道泄漏的石油和因管道抢修排放的石油造成环境污染的，管道企业应当及时治理。因第三人的行为致使管道泄漏造成环境污染的，管道企业有权向第三人追偿治理费用。

环境污染损害的赔偿责任，适用《中华人民共和国侵权责任法》和防治环境污染的法律的有关规定。

第四十一条 管道泄漏的石油和因管道抢修排放的石油，由管道企业回收、处理，任何单位和个人不得侵占、盗窃、哄抢。

第四十二条 管道停止运行、封存、报废的，管道企业应当采取必要的安全防护措施，并报县级以上地方人民政府主管管道保护工作的部门备案。

第四十三条 管道重点保护部位，需要由中国人民武装警察部队负责守卫的，依照《中华人民共和国人民武装警察法》和国务院、中央军事委员会的有关规定执行。

第四章 管道建设工程与其他建设工程相遇关系的处理

第四十四条 管道建设工程与其他建设工程的相遇关系，依照法律的规定处理；法律没有规定的，由建设工程双方按照下列原则协商处理，并为对方提供必要的便利：

（一）后开工的建设工程服从先开工或者已建成的建设工程；
（二）同时开工的建设工程，后批准的建设工程服从先批准的建设工程。

依照前款规定，后开工或者后批准的建设工程，应当符合先开工、已建成或者先批准的建设工程的安全防护要求；需要先开工、已建成或者先批准的建设工程改建、搬迁或者增加防护设施的，后开工或者后批准的建设工程一方应当承担由此增加的费用。

管道建设工程与其他建设工程相遇的，建设工程双方应当协商确定施工作业方案并签订安全防护协议，指派专门人员现场监督、指导对方施工。

第四十五条 经依法批准的管道建设工程，需要通过正在建设的其他建设工程的，其他工程建设单位应当按照管道建设工程的需要，预留管道通道或者预建管道通过设施，管道企业应当承担由此增加的费用。

经依法批准的其他建设工程，需要通过正在建设的管道建设工程的，管道建设单位应当按照其他建设工程的需要，预留通道或者预建相关设施，其他工程建设单位应当承担由此增加的费用。

第四十六条 管道建设工程通过矿产资源开采区域的，管道企业应当与矿产资源开采企业协商确定管道的安全防护方案，需要矿产资源开采企业按照管道安全防护要求预建防护设施或者采取其他防护措施的，管道企业应当承担由此增加的费用。

矿产资源开采企业未按照约定预建防护设施或者采取其他防护措施，造成地面塌陷、裂缝、沉降等地质灾害，致使管道需要改建、搬迁或者采取其他防护措施的，矿产资源开采企业应当承担由此增加的费用。

第四十七条 铁路、公路等建设工程修建防洪、分流等水工防护设施，可能影响管道保护的，应当事先通知管道企业并注意保护下游已建成的管道水工防护设施。

建设工程修建防洪、分流等水工防护设施，使下游已建成的管道水工防护设施的功能受到影响，需要新建、改建、扩建管道水工防护设施的，工程建设单位应当承担由此增加的费用。

第四十八条 县级以上地方人民政府水行政主管部门制定防洪、泄洪方案应当兼顾管道的保护。

需要在管道通过的区域泄洪的，县级以上地方人民政府水行政主管部门应当在泄洪方案确定后，及时将泄洪量和泄洪时间通知本级人民政府主管管道保护工作的部门和管道企业或者向社会公告。主管管道保护工作的部门和管道企业应当对管道采取防洪保护措施。

第四十九条 管道与航道相遇，确需在航道中修建管道防护设施的，应当进行通航标准技术论证，并经航道主管部门批准。管道防护设施完工后，应经航道主管部门验收。

进行前款规定的施工作业，应当在批准的施工区域内设置航标，航标的设置和维护费用由管道企业承担。

第五章 法律责任

第五十条 管道企业有下列行为之一的，由县级以上地方人民政府主管管道保护工作的部门责令限期改正；逾期不改正的，处二万元以上十万元以下的罚款；对直接负责的主管人员和其他直接责任人员给予处分：

（一）未依照本法规定对管道进行巡护、检测和维修的；

（二）对不符合安全使用条件的管道未及时更新、改造或者停止使用的；

（三）未依照本法规定设置、修复或者更新有关管道标志的；

（四）未依照本法规定将管道竣工测量图报人民政府主管管道保护工作的部门备案的；

（五）未制定本企业管道事故应急预案，或者未将本企业管道事故应急预案报人民政府主管管道保护工作的部门备案的；

（六）发生管道事故，未采取有效措施消除或者减轻事故危害的；

（七）未对停止运行、封存、报废的管道采取必要的安全防护措施的。

管道企业违反本法规定的行为同时违反建设工程质量管理、安全生产、消防等其他法律的，依照其他法律的规定处罚。

管道企业给他人合法权益造成损害的，依法承担民事责任。

第五十一条 采用移动、切割、打孔、砸撬、拆卸等手段损坏管道或者盗窃、哄抢管道输送、泄漏、排放的石油、天然气，尚不构成犯罪的，依法给予治安管理处罚。

第五十二条 违反本法第二十九条、第三十条、第三十二条或者第三十三条第一款的规定，实施危害管道安全行为的，由县级以上地方人民政府主管管道保护工作的部门责令停止违法行为；情节较重的，对单位处一万元以上十万元以下的罚款，对个人处二百元以上二千元以下的罚款；对违法修建的建筑物、构筑物或者其他设施限期拆除；逾期未拆除的，由县级以上地方人民政府主管管道保护工作的部门组织拆除，所需费用由违法行为人承担。

第五十三条 未经依法批准，进行本法第三十三条第二款或者第三十五条规定的施工作业的，由县级以上地方人民政府主管管道保护工作的部门责令停止违法行为；情节较重的，处一万元以上五万元以下的罚款；对违法修建的危害管道安全的建筑物、构筑物或者其他设施限期拆除；逾期未拆除的，由县级以上地方人民政府主管管道保护工作的部门组织拆除，所需费用由违法行为人承担。

第五十四条 违反本法规定，有下列行为之一的，由县级以上地方人民政府主管管道保护工作的部门责令改正；情节严重的，处二百元以上一千元以下的罚款：

（一）擅自开启、关闭管道阀门的；

（二）移动、毁损、涂改管道标志的；

（三）在埋地管道上方巡查便道上行驶重型车辆的；

（四）在地面管道线路、架空管道线路和管桥上行走或者放置重物的；

（五）阻碍依法进行的管道建设的。

第五十五条 违反本法规定，实施危害管道安全的行为，给管道企业造成损害的，依法承担民事责任。

第五十六条 县级以上地方人民政府及其主管管道保护工作的部门或者其他有关部门，违反本法规定，对应当组织排除的管道外部安全隐患不及时组织排除，发现危害管道安全的行为或者接到对危害管道安全行为的举报后不依法予以查处，或者有其他不依照本法规定履行职责的行为的，由其上级机关责令改正，对直接负责的主管人员和其他直接责任人员依法给予处分。

第五十七条 违反本法规定，构成犯罪的，依法追究刑事责任。

第六章 附 则

第五十八条 本法所称管道附属设施包括：

（一）管道的加压站、加热站、计量站、集油站、集气站、输油站、输气站、配气站、处理场、清管站、阀室、阀井、放空设施、油库、储气库、装卸栈桥、装卸场；

（二）管道的水工防护设施、防风设施、防雷设施、抗震设施、通信设施、安全监控设施、电力设施、管堤、管桥以及管道专用涵洞、隧道等穿跨越设施；

（三）管道的阴极保护站、阴极保护测试桩、阳极地床、杂散电流排流站等防腐设施；

（四）管道穿越铁路、公路的检漏装置；

（五）管道的其他附属设施。

第五十九条 本法施行前在管道保护距离内已建成的人口密集场所和易燃易爆物品的生产、经营、存储场所，应当由所在地人民政府根据当地的实际情况，有计划、分步骤地进行搬迁、清理或者采取必要的防护措施。需要已建成的管道改建、搬迁或者采取必要的防护措施的，应当与管道企业协商确定补偿方案。

第六十条 国务院可以根据海上石油、天然气管道的具体情况，制定海上石油、天然气管道保护的特别规定。

第六十一条 本法自 2010 年 10 月 1 日起施行。

十一、电力、电视设施管理有关规定

1. 国家能源局综合司关于《电力设施保护条例（征求意见稿）》公开征求意见的公告

国家能源局综合司关于《电力设施保护条例（征求意见稿）》公开征求意见的公告

  为更加科学指导电力设施保护，促进电力系统稳定运行，保障电力可靠供应，国家能源局组织开展了《电力设施保护条例（2011年版）》的修订，现形成了《电力设施保护条例（征求意见稿）》，向社会公开征求意见。征求意见时间为2019年12月13日至2020年1月13日，公众可登录国家能源局门户网站（网址：www.nea.gov.cn），进入首页"公告"专栏查询《电力设施保护条例（征求意见稿）》，意见和建议可通过电子邮件或传真等形式反馈至我局电力司。

  联系人及联系方式：孙鹤 010-68555070，010-68555073（传真），power68555073@163.com

  附件：电力设施保护条例（征求意见稿）

国家能源局综合司
2019年12月11日

电力设施保护条例（征求意见稿）

第一章 总 则

第一条 为保障电力生产和建设的顺利进行，维护公共安全，特制定本条例。

第二条 本条例适用于中华人民共和国境内已建或在建的电力设施（包括发电设施、变电设施、电力线路设施及其他电力设施，下同）。

第三条 电力设施的保护，实行电力管理部门、公安部门、电力企业和人民群众相结合的原则。

第四条 电力设施受国家法律保护，禁止任何单位或个人从事危害电力设施的行为。任何单位和个人都有保护电力设施的义务，对危害电力设施的行为，有权制止并向电力管理部门、公安部门报告。

电力企业应加强对电力设施的保护工作，对危害电力设施安全的行为，应采取适当措施，予以制止。

第五条 国务院电力管理部门对电力设施的保护负责监督、检查、指导和协调。

地方各级人民政府应成立电力设施保护工作领导小组，将电力设施保护工作纳入社会治安综合治理范围，建立和完善联合执法机制，设立专门办事机构，负责电力设施保护的日常工作，协调解决电力设施保护工作中的重大问题。

第六条 县以上（含县级，下同）地方各级电力管理部门保护电力设施的职责是：

（一）监督、检查本条例及根据本条例制定的规章的贯彻执行；

（二）开展保护电力设施的宣传教育工作；

（三）会同有关部门及沿电力线路各单位，建立群众护线组织并健全责任制；

（四）会同当地公安部门，负责所辖地区电力设施的安全保卫工作；

（五）负责电力设施保护工作奖励和行政处罚。

第七条 各级公安部门负责依法查处破坏电力设施或哄抢、盗窃电力设施器材的案件。

第二章 电力设施的保护范围和保护区

第八条 发电设施、变电设施的保护范围：

（一）发电厂、变电站、换流站（接地极址）、开关站等厂、站内的设施；

（二）发电厂、变电站外各种专用的管道（沟）、储灰场、水井、泵站、冷却水塔、油库、堤坝、铁路、道路、桥梁、码头、燃料装卸设施、避雷装置、通信设施、消防设施及其有关辅助设施；

（三）核电站核燃料生产、加工、贮存及后处理设施，放射性废物的处置设施，消防设施以及其它辅助设施；

（四）水力发电厂使用的水库、大坝、取水口、引水隧洞（含支洞口）、引水渠道、调压井（塔）、露天高压管道、厂房、尾水设施、厂房与大坝间的通信设施及其有关辅助设施；

（五）风能、太阳能、生物质能、地热能、海洋能等新能源发电设施及其有关辅助设施。

第九条 电力线路设施的保护范围：

（一）架空电力线路：杆塔、基础、拉线、接地装置、导线、避雷线、金具、绝缘子、登杆塔的爬梯和脚钉，导线跨越航道的保护设施，巡（保）线站、巡视检修专用道路、船舶和桥梁，标志牌及其有关辅助设施；

（二）电力电缆线路：架空、地下、水底电力电缆和电缆联结装置，综合管廊、电缆管道、电缆隧道、电缆沟、电缆桥，电缆穿越航道的保护设施，电缆井、盖板、人孔、标石、水线标志牌及其有关辅助设施；

（三）电力线路上的变压器、电容器、电抗器、断路器、隔离开关、避雷器、互感器、熔断器、计量仪表装置、配电室、箱式变电站及其有关辅助设施。

第十条　其他电力设施的保护范围：

（一）电力调度设施：电力调度场所、电力调度通信设施、电网调度自动化设施、电网运行控制设施；

（二）电动汽车充电设施：电动汽车充（换）电站、公共充电桩、计量器及其有关辅助设施；

（三）电力交易设施、电力生产计算机信息系统等其他保障电力经营、运行的有关辅助设施。

第十一条　电力线路保护区：

（一）架空电力线路保护区：导线边线向外侧延伸垂直地面所形成的两平行面内的区域，在一般地区各级电压导线的边线延伸距离如下：

1-20 千伏	5 米
35-110 千伏	10 米
154-330 千伏	15 米
400-500 千伏	20 米
660-750 千伏	25 米
800-1000 千伏	30 米
1100 千伏	40 米

在厂矿、城镇等人口密集地区，架空电力线路保护区的区域可略小于上述规定。但各级电压导线边线延伸的距离，不应小于导线边线在最大计算弧垂及最大计算风偏后的水平距离和风偏后距建筑物的安全距离之和。

（二）电力电缆线路保护区：地下电缆通道两侧各 0.75 米所形成的两平行线内的区域；海底电缆一般为线路两侧各 2 海里（港内为两侧各 100 米），江河电缆一般不小于线路两侧各 100 米（中、小河流一般不小于各 50 米）所形成的两平行线内的水域。

第三章　电力设施的保护

第十二条　县以上地方各级电力管理部门应采取以下措施，保护电力设施：

（一）在必要的架空电力线路保护区的区界上，应设立标志，并标明保护区的宽度和保护规定；

（二）在架空电力线路导线跨越重要公路和航道的区段，应按照国家有关标准规范设立标志，并标明导线距穿越物体之间的安全距离；

（三）地下电缆和水底电缆铺设后，应设立永久性标志，并将电缆所在位置书面通知有关部门。

第十三条　任何单位或个人在电力设施周围进行爆破作业，必须按照国家有关规定，确保电力设施的安全。

第十四条　任何单位或个人不得从事下列危害发电设施、变电设施的行为：

（一）闯入发电厂、变电站、换流站（接地极址）、风力及太阳能等新能源发电场所内扰乱生产和工作秩序，移动、损害标志物；

（二）在发电厂、变电站、换流站（接地极址）围墙外侧 3 米内修建可能危及电力设施安全的建筑物、构筑物，种植可能危及电力设施安全的植物；在围墙外侧 5 米内堆放可能危及电力设施安全的物品；

（三）在风力发电机组塔架基础周围 10 米内，水力发电水库大坝、引水渠道、露天高压管保护区倾倒酸、碱、盐及其他有害化学物品，修建可能危及电力设施安全的建筑物、构筑物，堆放可能危及电力设施安全的物品；

（四）危及输水、输油、供热、排灰等管道（沟）的安全运行；

（五）影响专用铁路、公路、桥梁、码头、通信设施的使用；

（六）未经批准在发电厂、变电站、换流站（接地极址）围墙内和核电站控制区内使用无人机；

（七）在用于水力发电的水库内，进入距水工建筑物 300 米区域内捕鱼、游泳、划船、采石、挖沙、网箱养殖及其他可能危及水工建筑物安全的行为；

（八）其他危害发电、变电设施的行为。

第十五条　任何单位或个人，不得从事下列危害电力线路设施的行为：

（一）向电力线路设施射击；

（二）向导线抛掷物体；

（三）在架空电力线路导线两侧各 300 米的区域内放风筝、气球和其他空中漂浮物体；

（四）擅自在导线上接用电器设备；

（五）擅自攀登杆塔或在杆塔上架设电力线、通信线、广播线、张贴广告；

（六）利用杆塔、拉线、箱变、开关柜等电力线路设施作起重牵引地锚；

（七）在杆塔、拉线上拴牲畜、悬挂物体、攀附农作物；

（八）在杆塔、拉线基础、箱变、开关柜等电力线路设施的规定范围内取土、打桩、钻探、开挖或倾倒酸、碱、盐及其他有害化学物品；

（九）在杆塔内（不含杆塔与杆塔之间）或杆塔与拉线之间修筑道路；

（十）拆卸杆塔或拉线上的器材，移动、损坏永久性标志或标志牌；

（十一）破坏电缆井盖、通道门禁、终端站围挡等防护设施；

（十二）其他危害电力线路设施的行为。

第十六条　任何单位或个人在架空电力线路保护区内，必须遵守下列规定：

（一）不得堆放谷物、草料、垃圾、矿渣、易燃物、易爆物及其他影响安全供电的物品；

（二）不得燃放烟花爆竹、焚烧秸秆，烧窑、烧荒；

（三）不得新建、改建、扩建房屋、大棚、苗圃等建筑物、构筑物；

（四）不得种植可能危及电力设施安全的植物；

（五）不得挖掘鱼塘、水池、垂钓；

（六）不得有导致导线对地距离减少的填埋、铺垫行为；

（七）不得未经审批和电力企业同意驾驶无人机等飞行物体。

第十七条　任何单位或个人在电力电缆线路保护区内，必须遵守下列规定：

（一）不得在地下电缆保护区内取土、开挖、钻探、打桩、堆放垃圾、矿渣、易燃物、易爆物，倾倒酸、碱、盐及其他有害化学物品，兴建建筑物、构筑物或种植树木、竹子；

（二）不得在海底、江河电缆保护区内抛锚、拖锚。紧急情况下，应与电力企业开展应急联动；

（三）不得在江河电缆保护区内炸鱼、挖沙；

（四）不得擅自在专用电缆沟道中施放各类缆线，在综合管廊内与电缆同舱敷设的管线应符合相关安全管理及技术标准规定。

第十八条 任何单位或个人必须经县以上地方电力管理部门批准和电力企业同意，并采取安全措施后，方可进行下列作业或活动：

（一）在架空电力线路保护区内进行基本建设工程及打桩、钻探、开挖等作业；

（二）起重机械的任何部位进入架空电力线路保护区进行施工；

（三）小于导线距穿越物体之间的安全距离，通过架空电力线路保护区；

（四）在电力电缆线路保护区内进行作业。开展航道疏浚养护，可直接与电力企业协商一致，提高作业效率。

第十九条 任何单位或个人不得从事下列危害电力设施建设的行为：

（一）非法侵占电力设施建设项目依法征收的土地；

（二）涂改、移动、损害、拔除电力设施建设的测量标桩和标记；

（三）破坏、封堵施工道路，截断施工水源或电源。

第二十条 未经有关部门依照国家规定批准，任何单位和个人不得收购电力设施器材。

第四章　对电力设施与其他设施互相妨碍的处理

第二十一条 电力设施的建设和保护应尽量避免或减少给国家、集体和个人造成的损失。

第二十二条 新建架空电力线路不得跨越储存易燃、易爆物品仓库的区域；一般不得跨越房屋，特殊情况需要跨越房屋时，电力建设企业应采取安全措施，并与有关单位或个人达成协议。

第二十三条 公用工程、城市绿化和其他工程在新建、改建或扩建中妨碍电力设施时，或电力设施在新建、改建或扩建中妨碍公用工程、城市绿化和其他工程时，双方有关单位必须按照本条例和国家有关规定协商，就迁移、防护措施和补偿等问题达成协议后方可施工。

第二十四条 电力建设企业应将电网、电源等基础设施空间布局规划及时报自然资源主管部门和电力管理部门，自然资源主管部门会商电力管理部门后，将电力设施空间布局规划纳入各级国土空间规划。电力管理部门划定项目保护区域。

第二十五条 新建、改建或扩建电力设施，需要损害农作物，砍伐树木、竹子，或拆迁建筑物及其他设施的，电力建设企业应按照地方有关规定给予一次性补偿。

在依法划定的电力设施保护区内种植的或自然生长的可能危及电力设施安全的树木、竹子，电力企业应及时书面通知植物所有人，植物所有人应当依法予以修剪或砍伐。逾期未处理的，电力企业可以采取修剪或砍伐等应急措施。

第五章　奖励与惩罚

第二十六条 任何单位或个人有下列行为之一，电力管理部门应给予表彰或一次性物质奖励：

（一）对破坏电力设施或哄抢、盗窃电力设施器材的行为检举、揭发有功；

（二）对破坏电力设施或哄抢、盗窃电力设施器材的行为进行斗争，有效地防止事故发生；

（三）为保护电力设施而同自然灾害作斗争，成绩突出；

（四）为维护电力设施安全，做出显著成绩。

第二十七条 违反本条例规定，危害电力设施运行和建设的，电力企业有权制止、要求其限期改正或恢复原状并赔偿损失。拒不配合的，应及时报告电力管理部门责令其整改，并依法予以1万元以下的处罚。

第二十八条 凡违反本条例规定而构成违反治安管理行为的单位或个人，由公安部门根据《中华人民共和国治安管理处罚法》予以处罚；构成犯罪的，由司法机关依法追究刑事责任。

第六章 附　　则

第二十九条 国务院电力管理部门可以会同国务院有关部门制定本条例的实施细则。

第三十条 本条例自发布之日起实施。

2. 广播电视管理条例

广播电视管理条例

(1997年8月1日国务院第61次常务会议通过，1997年8月11日国务院令第228号发布，自1997年9月1日起施行)

第一章　总　　则

第一条　为了加强广播电视管理，发展广播电视事业，促进社会主义精神文明和物质文明建设，制定本条例。

第二条　本条例适用于在中华人民共和国境内设立广播电台、电视台和采编、制作、播放、传输广播电视节目等活动。

第三条　广播电视事业应当坚持为人民服务、为社会主义服务的方向，坚持正确的舆论导向。

第四条　国家发展广播电视事业。县级以上人民政府应当将广播电视事业纳入国民经济和社会发展规划，并根据需要和财力逐步增加投入，提高广播电视覆盖率。

国家支持农村广播电视事业的发展。

国家扶持民族自治地方和边远贫困地区发展广播电视事业。

第五条　国务院广播电视行政部门负责全国的广播电视管理工作。

县级以上地方人民政府负责广播电视行政管理工作的部门或者机构（以下统称广播电视行政部门）负责本行政区域内的广播电视管理工作。

第六条　全国性广播电视行业的社会团体按照其章程，实行自律管理，并在国务院广播电视行政部门的指导下开展活动。

第七条　国家对为广播电视事业发展做出显著贡献的单位和个人，给予奖励。

第二章　广播电台和电视台

第八条　国务院广播电视行政部门负责制定全国广播电台、电视台的设立规划，确定广播电台、电视台的总量、布局和结构。

本条例所称广播电台、电视台是指采编、制作并通过有线或者无线的方式播放广播电视节目的机构。

第九条　设立广播电台、电视台，应当具备下列条件：

（一）有符合国家规定的广播电视专业人员；

（二）有符合国家规定的广播电视技术设备；

（三）有必要的基本建设资金和稳定的资金保障；

（四）有必要的场所。

审批设立广播电台、电视台，除依照前款所列条件外，还应当符合国家的广播电视建设规划和技术发展规划。

第十条 广播电台、电视台由县、不设区的市以上人民政府广播电视行政部门设立，其中教育电视台可以由设区的市、自治州以上人民政府教育行政部门设立。其他任何单位和个人不得设立广播电台、电视台。国家禁止设立外资经营、中外合资经营和中外合作经营的广播电台、电视台。

第十一条 中央的广播电台、电视台由国务院广播电视行政部门设立。地方设立广播电台、电视台的，由县、不设区的市以上地方人民政府广播电视行政部门提出申请，本级人民政府审查同意后，逐级上报，经国务院广播电视行政部门审查批准后，方可筹建。

中央的教育电视台由国务院教育行政部门设立，报国务院广播电视行政部门审查批准。地方设立教育电视台的，由设区的市、自治州以上地方人民政府教育行政部门提出申请，征得同级广播电视行政部门同意并经本级人民政府审查同意后，逐级上报，经国务院教育行政部门审核，由国务院广播电视行政部门审查批准后，方可筹建。

第十二条 经批准筹建的广播电台、电视台，应当按照国家规定的建设程序和广播电视技术标准进行工程建设。

建成的广播电台、电视台，经国务院广播电视行政部门审查符合条件的，发给广播电台、电视台许可证。广播电台、电视台应当按照许可证载明的台名、台标、节目设置范围和节目套数等事项制作、播放节目。

第十三条 广播电台、电视台变更台名、台标、节目设置范围或者节目套数的，应当经国务院广播电视行政部门批准。

广播电台、电视台不得出租、转让播出时段。

第十四条 广播电台、电视台终止，应当按照原审批程序申报，其许可证由国务院广播电视行政部门收回。

广播电台、电视台因特殊情况需要暂时停止播出的，应当经省级以上人民政府广播电视行政部门同意；未经批准，连续停止播出超过30日的，视为终止，应当依照前款规定办理有关手续。

第十五条 乡、镇设立广播电视站的，由所在地县级以上人民政府广播电视行政部门负责审核，并按照国务院广播电视行政部门的有关规定审批。

机关、部队、团体、企业事业单位设立有线广播电视站的，按照国务院有关规定审批。

第十六条 任何单位和个人不得冲击广播电台、电视台，不得损坏广播电台、电视台的设施，不得危害其安全播出。

第三章　广播电视传输覆盖网

第十七条 国务院广播电视行政部门应当对全国广播电视传输覆盖网按照国家的统一标准实行统一规划，并实行分级建设和开发。县级以上地方人民政府广播电视行政部门应当按照国家有关规定，组建和管理本行政区域内的广播电视传输覆盖网。

组建广播电视传输覆盖网，包括充分利用国家现有的公用通信等各种网络资源，应当确保广播电视节目传输质量和畅通。

本条例所称广播电视传输覆盖网，由广播电视发射台、转播台（包括差转台、收转台，下同）、广播电视卫星、卫星上行站、卫星收转站、微波站、监测台（站）及有线广播电视传输覆盖网等构成。

第十八条 国务院广播电视行政部门负责指配广播电视专用频段的频率，并核发频率专用指配证明。

第十九条　设立广播电视发射台、转播台、微波站、卫星上行站，应当按照国家有关规定，持国务院广播电视行政部门核发的频率专用指配证明，向国家的或者省、自治区、直辖市的无线电管理机构办理审批手续，领取无线电台执照。

第二十条　广播电视发射台、转播台应当按照国务院广播电视行政部门的有关规定发射、转播广播电视节目。

广播电视发射台、转播台经核准使用的频率、频段不得出租、转让，已经批准的各项技术参数不得擅自变更。

第二十一条　广播电视发射台、转播台不得擅自播放自办节目和插播广告。

第二十二条　广播电视传输覆盖网的工程选址、设计、施工、安装，应当按照国家有关规定办理，并由依法取得相应资格证书的单位承担。

广播电视传输覆盖网的工程建设和使用的广播电视技术设备，应当符合国家标准、行业标准。工程竣工后，由广播电视行政部门组织验收，验收合格的，方可投入使用。

第二十三条　区域性有线广播电视传输覆盖网，由县级以上地方人民政府广播电视行政部门设立和管理。

区域性有线广播电视传输覆盖网的规划、建设方案，由县级人民政府或者设区的市、自治州人民政府的广播电视行政部门报省、自治区、直辖市人民政府广播电视行政部门批准后实施，或者由省、自治区、直辖市人民政府广播电视行政部门报国务院广播电视行政部门批准后实施。

同一行政区域只能设立一个区域性有线广播电视传输覆盖网。有线电视站应当按照规划与区域性有线电视传输覆盖网联网。

第二十四条　未经批准，任何单位和个人不得擅自利用有线广播电视传输覆盖网播放节目。

第二十五条　传输广播电视节目的卫星空间段资源的管理和使用，应当符合国家有关规定。

广播电台、电视台利用卫星方式传输广播电视节目，应当符合国家规定的条件，并经国务院广播电视行政部门审核批准。

第二十六条　安装和使用卫星广播电视地面接收设施，应当按照国家有关规定向省、自治区、直辖市人民政府广播电视行政部门申领许可证。进口境外卫星广播电视节目解码器、解压器及其他卫星广播电视地面接收设施，应当经国务院广播电视行政部门审查同意。

第二十七条　禁止任何单位和个人侵占、哄抢或者以其他方式破坏广播电视传输覆盖网的设施。

第二十八条　任何单位和个人不得侵占、干扰广播电视专用频率，不得擅自截传、干扰、解扰广播电视信号。

第二十九条　县级以上人民政府广播电视行政部门应当采取卫星传送、无线转播、有线广播、有线电视等多种方式，提高农村广播电视覆盖率。

第四章　广播电视节目

第三十条　广播电台、电视台应当按照国务院广播电视行政部门批准的节目设置范围开办节目。

第三十一条　广播电视节目由广播电台、电视台和省级以上人民政府广播电视行政部门批准设立的广播电视节目制作经营单位制作。广播电台、电视台不得播放未取得广播电视节目制作经营许可的单位制作的广播电视节目。

第三十二条 广播电台、电视台应当提高广播电视节目质量，增加国产优秀节目数量，禁止制作、播放载有下列内容的节目：

（一）危害国家的统一、主权和领土完整的；

（二）危害国家的安全、荣誉和利益的；

（三）煽动民族分裂，破坏民族团结的；

（四）泄露国家秘密的；

（五）诽谤、侮辱他人的；

（六）宣扬淫秽、迷信或者渲染暴力的；

（七）法律、行政法规规定禁止的其他内容。

第三十三条 广播电台、电视台对其播放的广播电视节目内容，应当依照本条例第三十二条的规定进行播前审查，重播重审。

第三十四条 广播电视新闻应当真实、公正。

第三十五条 设立电视剧制作单位，应当经国务院广播电视行政部门批准，取得电视剧制作许可证后，方可制作电视剧。

电视剧的制作和播出管理办法，由国务院广播电视行政部门规定。

第三十六条 广播电台、电视台应当使用规范的语言文字。

广播电台、电视台应当推广全国通用的普通话。

第三十七条 地方广播电台、电视台或者广播电视站，应当按照国务院广播电视行政部门的有关规定转播广播电视节目。

乡、镇设立的广播电视站不得自办电视节目。

第三十八条 广播电台、电视台应当按照节目预告播放广播电视节目；确需更换、调整原预告节目的，应当提前向公众告示。

第三十九条 用于广播电台、电视台播放的境外电影、电视剧，必须经国务院广播电视行政部门审查批准。用于广播电台、电视台播放的境外其他广播电视节目，必须经国务院广播电视行政部门或者其授权的机构审查批准。

向境外提供的广播电视节目，应当按照国家有关规定向省级以上人民政府广播电视行政部门备案。

第四十条 广播电台、电视台播放境外广播电视节目的时间与广播电视节目总播放时间的比例，由国务院广播电视行政部门规定。

第四十一条 广播电台、电视台以卫星等传输方式进口、转播境外广播电视节目，必须经国务院广播电视行政部门批准。

第四十二条 广播电台、电视台播放广告，不得超过国务院广播电视行政部门规定的时间。

广播电台、电视台应当播放公益性广告。

第四十三条 国务院广播电视行政部门在特殊情况下，可以作出停止播出、更换特定节目或者指定转播特定节目的决定。

第四十四条 教育电视台应当按照国家有关规定播放各类教育教学节目，不得播放与教学内容无关的电影、电视片。

第四十五条 举办国际性、全国性的广播电视节目交流、交易活动，应当经国务院广播电视行政部门批准,并由指定的单位承办。举办区域性广播电视节目交流、交易活动,应当经举办地的省、自治区、直辖市人民政府广播电视行政部门批准,并由指定的单位承办。

未经批准,任何单位和个人不得举办广播电视节目的交流、交易活动。

第四十六条 对享有著作权的广播电视节目的播放和使用,依照《中华人民共和国著作权法》的规定办理。

第五章 罚 则

第四十七条 违反本条例规定,擅自设立广播电台、电视台、教育电视台、有线广播电视传输覆盖网、广播电视站的,由县级以上人民政府广播电视行政部门予以取缔,没收其从事违法活动的设备,并处投资总额1倍以上2倍以下的罚款。

擅自设立广播电视发射台、转播台、微波站、卫星上行站的,由县级以上人民政府广播电视行政部门予以取缔,没收其从事违法活动的设备,并处投资总额1倍以上2倍以下的罚款;或者由无线电管理机构依照国家无线电管理的有关规定予以处罚。

第四十八条 违反本条例规定,擅自设立广播电视节目制作经营单位或者擅自制作电视剧及其他广播电视节目的,由县级以上人民政府广播电视行政部门予以取缔,没收其从事违法活动的专用工具、设备和节目载体,并处1万元以上5万元以下的罚款。

第四十九条 违反本条例规定,制作、播放、向境外提供含有本条例第三十二条规定禁止内容的节目的,由县级以上人民政府广播电视行政部门责令停止制作、播放、向境外提供,收缴其节目载体,并处1万元以上5万元以下的罚款;情节严重的,由原批准机关吊销许可证;违反治安管理规定的,由公安机关依法给予治安管理处罚;构成犯罪的,依法追究刑事责任。

第五十条 违反本条例规定,有下列行为之一的,由县级以上人民政府广播电视行政部门责令停止违法活动,给予警告,没收违法所得,可以并处2万元以下的罚款;情节严重的,由原批准机关吊销许可证:

(一)未经批准,擅自变更台名、台标、节目设置范围或者节目套数的;

(二)出租、转让播出时段的;

(三)转播、播放广播电视节目违反规定的;

(四)播放境外广播电视节目或者广告的时间超出规定的;

(五)播放未取得广播电视节目制作经营许可的单位制作的广播电视节目或者未取得电视剧制作许可的单位制作的电视剧的;

(六)播放未经批准的境外电影、电视剧和其他广播电视节目的;

(七)教育电视台播放本条例第四十四条规定禁止播放的节目的;

(八)未经批准,擅自举办广播电视节目交流、交易活动的。

第五十一条 违反本条例规定,有下列行为之一的,由县级以上人民政府广播电视行政部门责令停止违法活动,给予警告,没收违法所得和从事违法活动的专用工具、设备,可以并处2万元以下的罚款;情节严重的,由原批准机关吊销许可证:

(一)出租、转让频率、频段,擅自变更广播电视发射台、转播台技术参数的;

(二)广播电视发射台、转播台擅自播放自办节目、插播广告的;

(三)未经批准,擅自利用卫星方式传输广播电视节目的;

(四)未经批准,擅自以卫星等传输方式进口、转播境外广播电视节目的;

(五)未经批准,擅自利用有线广播电视传输覆盖网播放节目的;

（六）未经批准，擅自进行广播电视传输覆盖网的工程选址、设计、施工、安装的；

（七）侵占、干扰广播电视专用频率，擅自截传、干扰、解扰广播电视信号的。

第五十二条 违反本条例规定，危害广播电台、电视台安全播出的，破坏广播电视设施的，由县级以上人民政府广播电视行政部门责令停止违法活动；情节严重的，处 2 万元以上 5 万元以下的罚款；造成损害的，侵害人应当依法赔偿损失；构成犯罪的，依法追究刑事责任。

第五十三条 广播电视行政部门及其工作人员在广播电视管理工作中滥用职权、玩忽职守、徇私舞弊，构成犯罪的，依法追究刑事责任；尚不构成犯罪的，依法给予行政处分。

第六章 附 则

第五十四条 本条例施行前已经设立的广播电台、电视台、教育电视台、广播电视发射台、转播台、广播电视节目制作经营单位，自本条例施行之日起 6 个月内，应当依照本条例的规定重新办理审核手续；不符合本条例规定的，予以撤销；已有的县级教育电视台可以与县级电视台合并，开办教育节目频道。

第五十五条 本条例自 1997 年 9 月 1 日起施行。

3. 中华人民共和国电力法

中华人民共和国电力法

（1995年12月28日第八届全国人民代表大会常务委员会第十七次会议通过　根据2009年8月27日第十一届全国人民代表大会常务委员会第十次会议《关于修改部分法律的决定》第一次修正　根据2015年4月24日第十二届全国人民代表大会常务委员会第十四次会议《关于修改〈中华人民共和国电力法〉等六部法律的决定》第二次修正　根据2018年12月29日第十三届全国人民代表大会常务委员会第七次会议《关于修改〈中华人民共和国电力法〉等四部法律的决定》第三次修正）

第一章　总　则

第一条　为了保障和促进电力事业的发展，维护电力投资者、经营者和使用者的合法权益，保障电力安全运行，制定本法。

第二条　本法适用于中华人民共和国境内的电力建设、生产、供应和使用活动。

第三条　电力事业应当适应国民经济和社会发展的需要，适当超前发展。国家鼓励、引导国内外的经济组织和个人依法投资开发电源，兴办电力生产企业。

电力事业投资，实行谁投资、谁收益的原则。

第四条　电力设施受国家保护。

禁止任何单位和个人危害电力设施安全或者非法侵占、使用电能。

第五条　电力建设、生产、供应和使用应当依法保护环境，采用新技术，减少有害物质排放，防治污染和其他公害。

国家鼓励和支持利用可再生能源和清洁能源发电。

第六条　国务院电力管理部门负责全国电力事业的监督管理。国务院有关部门在各自的职责范围内负责电力事业的监督管理。

县级以上地方人民政府经济综合主管部门是本行政区域内的电力管理部门，负责电力事业的监督管理。县级以上地方人民政府有关部门在各自的职责范围内负责电力事业的监督管理。

第七条　电力建设企业、电力生产企业、电网经营企业依法实行自主经营、自负盈亏，并接受电力管理部门的监督。

第八条　国家帮助和扶持少数民族地区、边远地区和贫困地区发展电力事业。

第九条　国家鼓励在电力建设、生产、供应和使用过程中，采用先进的科学技术和管理方法，对在研究、开发、采用先进的科学技术和管理方法等方面作出显著成绩的单位和个人给予奖励。

第二章 电力建设

第十条 电力发展规划应当根据国民经济和社会发展的需要制定，并纳入国民经济和社会发展计划。

电力发展规划，应当体现合理利用能源、电源与电网配套发展、提高经济效益和有利于环境保护的原则。

第十一条 城市电网的建设与改造规划，应当纳入城市总体规划。城市人民政府应当按照规划，安排变电设施用地、输电线路走廊和电缆通道。

任何单位和个人不得非法占用变电设施用地、输电线路走廊和电缆通道。

第十二条 国家通过制定有关政策，支持、促进电力建设。

地方人民政府应当根据电力发展规划，因地制宜，采取多种措施开发电源，发展电力建设。

第十三条 电力投资者对其投资形成的电力，享有法定权益。并网运行的，电力投资者有优先使用权；未并网的自备电厂，电力投资者自行支配使用。

第十四条 电力建设项目应当符合电力发展规划，符合国家电力产业政策。

电力建设项目不得使用国家明令淘汰的电力设备和技术。

第十五条 输变电工程、调度通信自动化工程等电网配套工程和环境保护工程，应当与发电工程项目同时设计、同时建设、同时验收、同时投入使用。

第十六条 电力建设项目使用土地，应当依照有关法律、行政法规的规定办理；依法征收土地的，应当依法支付土地补偿费和安置补偿费，做好迁移居民的安置工作。

电力建设应当贯彻切实保护耕地、节约利用土地的原则。

地方人民政府对电力事业依法使用土地和迁移居民，应当予以支持和协助。

第十七条 地方人民政府应当支持电力企业为发电工程建设勘探水源和依法取水、用水。电力企业应当节约用水。

第三章 电力生产与电网管理

第十八条 电力生产与电网运行应当遵循安全、优质、经济的原则。

电网运行应当连续、稳定，保证供电可靠性。

第十九条 电力企业应当加强安全生产管理，坚持安全第一、预防为主的方针，建立、健全安全生产责任制度。

电力企业应当对电力设施定期进行检修和维护，保证其正常运行。

第二十条 发电燃料供应企业、运输企业和电力生产企业应当依照国务院有关规定或者合同约定供应、运输和接卸燃料。

第二十一条 电网运行实行统一调度、分级管理。任何单位和个人不得非法干预电网调度。

第二十二条 国家提倡电力生产企业与电网、电网与电网并网运行。具有独立法人资格的电力生产企业要求将生产的电力并网运行的，电网经营企业应当接受。

并网运行必须符合国家标准或者电力行业标准。

并网双方应当按照统一调度、分级管理和平等互利、协商一致的原则，签订并网协议，确定双方的权利和义务；并网双方达不成协议的，由省级以上电力管理部门协调决定。

第二十三条 电网调度管理办法，由国务院依照本法的规定制定。

第四章　电力供应与使用

第二十四条　国家对电力供应和使用，实行安全用电、节约用电、计划用电的管理原则。

电力供应与使用办法由国务院依照本法的规定制定。

第二十五条　供电企业在批准的供电营业区内向用户供电。

供电营业区的划分，应当考虑电网的结构和供电合理性等因素。一个供电营业区内只设立一个供电营业机构。

供电营业区的设立、变更，由供电企业提出申请，电力管理部门依据职责和管理权限，会同同级有关部门审查批准后，发给《电力业务许可证》。供电营业区设立、变更的具体办法，由国务院电力管理部门制定。

第二十六条　供电营业区内的供电营业机构，对本营业区内的用户有按照国家规定供电的义务；不得违反国家规定对其营业区内申请用电的单位和个人拒绝供电。

申请新装用电、临时用电、增加用电容量、变更用电和终止用电，应当依照规定的程序办理手续。

供电企业应当在其营业场所公告用电的程序、制度和收费标准，并提供用户须知资料。

第二十七条　电力供应与使用双方应当根据平等自愿、协商一致的原则，按照国务院制定的电力供应与使用办法签订供用电合同，确定双方的权利和义务。

第二十八条　供电企业应当保证供给用户的供电质量符合国家标准。对公用供电设施引起的供电质量问题，应当及时处理。

用户对供电质量有特殊要求的，供电企业应当根据其必要性和电网的可能，提供相应的电力。

第二十九条　供电企业在发电、供电系统正常的情况下，应当连续向用户供电，不得中断。因供电设施检修、依法限电或者用户违法用电等原因，需要中断供电时，供电企业应当按照国家有关规定事先通知用户。

用户对供电企业中断供电有异议的，可以向电力管理部门投诉；受理投诉的电力管理部门应当依法处理。

第三十条　因抢险救灾需要紧急供电时，供电企业必须尽速安排供电，所需供电工程费用和应付电费依照国家有关规定执行。

第三十一条　用户应当安装用电计量装置。用户使用的电力电量，以计量检定机构依法认可的用电计量装置的记录为准。

用户受电装置的设计、施工安装和运行管理，应当符合国家标准或者电力行业标准。

第三十二条　用户用电不得危害供电、用电安全和扰乱供电、用电秩序。

对危害供电、用电安全和扰乱供电、用电秩序的，供电企业有权制止。

第三十三条　供电企业应当按照国家核准的电价和用电计量装置的记录，向用户计收电费。

供电企业查电人员和抄表收费人员进入用户，进行用电安全检查或者抄表收费时，应当出示有关证件。

用户应当按照国家核准的电价和用电计量装置的记录，按时交纳电费；对供电企业查电人员和抄表收费人员依法履行职责，应当提供方便。

第三十四条　供电企业和用户应当遵守国家有关规定，采取有效措施，做好安全用电、节约用电和计划用电工作。

第五章　电价与电费

第三十五条　本法所称电价，是指电力生产企业的上网电价、电网间的互供电价、电网销售电价。

电价实行统一政策，统一定价原则，分级管理。

第三十六条　制定电价，应当合理补偿成本，合理确定收益，依法计入税金，坚持公平负担，促进电力建设。

第三十七条　上网电价实行同网同质同价。具体办法和实施步骤由国务院规定。

电力生产企业有特殊情况需另行制定上网电价的，具体办法由国务院规定。

第三十八条　跨省、自治区、直辖市电网和省级电网内的上网电价，由电力生产企业和电网经营企业协商提出方案，报国务院物价行政主管部门核准。

独立电网内的上网电价，由电力生产企业和电网经营企业协商提出方案，报有管理权的物价行政主管部门核准。

地方投资的电力生产企业所生产的电力，属于在省内各地区形成独立电网的或者自发自用的，其电价可以由省、自治区、直辖市人民政府管理。

第三十九条　跨省、自治区、直辖市电网和独立电网之间、省级电网和独立电网之间的互供电价，由双方协商提出方案，报国务院物价行政主管部门或者其授权的部门核准。

独立电网与独立电网之间的互供电价，由双方协商提出方案，报有管理权的物价行政主管部门核准。

第四十条　跨省、自治区、直辖市电网和省级电网的销售电价，由电网经营企业提出方案，报国务院物价行政主管部门或者其授权的部门核准。

独立电网的销售电价，由电网经营企业提出方案，报有管理权的物价行政主管部门核准。

第四十一条　国家实行分类电价和分时电价。分类标准和分时办法由国务院确定。

对同一电网内的同一电压等级、同一用电类别的用户，执行相同的电价标准。

第四十二条　用户用电增容收费标准，由国务院物价行政主管部门会同国务院电力管理部门制定。

第四十三条　任何单位不得超越电价管理权限制定电价。供电企业不得擅自变更电价。

第四十四条　禁止任何单位和个人在电费中加收其他费用；但是，法律、行政法规另有规定的，按照规定执行。

地方集资办电在电费中加收费用的，由省、自治区、直辖市人民政府依照国务院有关规定制定办法。

禁止供电企业在收取电费时，代收其他费用。

第四十五条　电价的管理办法，由国务院依照本法的规定制定。

第六章　农村电力建设和农业用电

第四十六条　省、自治区、直辖市人民政府应当制定农村电气化发展规划，并将其纳入当地电力发展规划及国民经济和社会发展计划。

第四十七条　国家对农村电气化实行优惠政策，对少数民族地区、边远地区和贫困地区的农村电力建设给予重点扶持。

第四十八条 国家提倡农村开发水能资源，建设中、小型水电站，促进农村电气化。

国家鼓励和支持农村利用太阳能、风能、地热能、生物质能和其他能源进行农村电源建设，增加农村电力供应。

第四十九条 县级以上地方人民政府及其经济综合主管部门在安排用电指标时，应当保证农业和农村用电的适当比例，优先保证农村排涝、抗旱和农业季节性生产用电。

电力企业应当执行前款的用电安排，不得减少农业和农村用电指标。

第五十条 农业用电价格按照保本、微利的原则确定。

农民生活用电与当地城镇居民生活用电应当逐步实行相同的电价。

第五十一条 农业和农村用电管理办法，由国务院依照本法的规定制定。

第七章 电力设施保护

第五十二条 任何单位和个人不得危害发电设施、变电设施和电力线路设施及其有关辅助设施。

在电力设施周围进行爆破及其他可能危及电力设施安全的作业的，应当按照国务院有关电力设施保护的规定，经批准并采取确保电力设施安全的措施后，方可进行作业。

第五十三条 电力管理部门应当按照国务院有关电力设施保护的规定，对电力设施保护区设立标志。

任何单位和个人不得在依法划定的电力设施保护区内修建可能危及电力设施安全的建筑物、构筑物，不得种植可能危及电力设施安全的植物，不得堆放可能危及电力设施安全的物品。

在依法划定电力设施保护区前已经种植的植物妨碍电力设施安全的，应当修剪或者砍伐。

第五十四条 任何单位和个人需要在依法划定的电力设施保护区内进行可能危及电力设施安全的作业时，应当经电力管理部门批准并采取安全措施后，方可进行作业。

第五十五条 电力设施与公用工程、绿化工程和其他工程在新建、改建或者扩建中相互妨碍时，有关单位应当按照国家有关规定协商，达成协议后方可施工。

第八章 监督检查

第五十六条 电力管理部门依法对电力企业和用户执行电力法律、行政法规的情况进行监督检查。

第五十七条 电力管理部门根据工作需要，可以配备电力监督检查人员。

电力监督检查人员应当公正廉洁，秉公执法，熟悉电力法律、法规，掌握有关电力专业技术。

第五十八条 电力监督检查人员进行监督检查时，有权向电力企业或者用户了解有关执行电力法律、行政法规的情况，查阅有关资料，并有权进入现场进行检查。

电力企业和用户对执行监督检查任务的电力监督检查人员应当提供方便。

电力监督检查人员进行监督检查时，应当出示证件。

第九章 法律责任

第五十九条 电力企业或者用户违反供用电合同，给对方造成损失的，应当依法承担赔偿责任。

电力企业违反本法第二十八条、第二十九条第一款的规定，未保证供电质量或者未事先通知用户中断供电，给用户造成损失的，应当依法承担赔偿责任。

第六十条 因电力运行事故给用户或者第三人造成损害的，电力企业应当依法承担赔偿责任。

电力运行事故由下列原因之一造成的，电力企业不承担赔偿责任：

（一）不可抗力；

（二）用户自身的过错。

因用户或者第三人的过错给电力企业或者其他用户造成损害的，该用户或者第三人应当依法承担赔偿责任。

第六十一条 违反本法第十一条第二款的规定，非法占用变电设施用地、输电线路走廊或者电缆通道的，由县级以上地方人民政府责令限期改正；逾期不改正的，强制清除障碍。

第六十二条 违反本法第十四条规定，电力建设项目不符合电力发展规划、产业政策的，由电力管理部门责令停止建设。

违反本法第十四条规定，电力建设项目使用国家明令淘汰的电力设备和技术的，由电力管理部门责令停止使用，没收国家明令淘汰的电力设备，并处五万元以下的罚款。

第六十三条 违反本法第二十五条规定，未经许可，从事供电或者变更供电营业区的，由电力管理部门责令改正，没收违法所得，可以并处违法所得五倍以下的罚款。

第六十四条 违反本法第二十六条、第二十九条规定，拒绝供电或者中断供电的，由电力管理部门责令改正，给予警告；情节严重的，对有关主管人员和直接责任人员给予行政处分。

第六十五条 违反本法第三十二条规定，危害供电、用电安全或者扰乱供电、用电秩序的，由电力管理部门责令改正，给予警告；情节严重或者拒绝改正的，可以中止供电，可以并处五万元以下的罚款。

第六十六条 违反本法第三十三条、第四十三条、第四十四条规定，未按照国家核准的电价和用电计量装置的记录向用户计收电费、超越权限制定电价或者在电费中加收其他费用的，由物价行政主管部门给予警告，责令返还违法收取的费用，可以并处违法收取费用五倍以下的罚款；情节严重的，对有关主管人员和直接责任人员给予行政处分。

第六十七条 违反本法第四十九条第二款规定，减少农业和农村用电指标的，由电力管理部门责令改正；情节严重的，对有关主管人员和直接责任人员给予行政处分；造成损失的，责令赔偿损失。

第六十八条 违反本法第五十二条第二款和第五十四条规定，未经批准或者未采取安全措施在电力设施周围或者在依法划定的电力设施保护区内进行作业，危及电力设施安全的，由电力管理部门责令停止作业、恢复原状并赔偿损失。

第六十九条 违反本法第五十三条规定，在依法划定的电力设施保护区内修建建筑物、构筑物或者种植植物、堆放物品，危及电力设施安全的，由当地人民政府责令强制拆除、砍伐或者清除。

第七十条 有下列行为之一，应当给予治安管理处罚的，由公安机关依照治安管理处罚法的有关规定予以处罚；构成犯罪的，依法追究刑事责任：

（一）阻碍电力建设或者电力设施抢修，致使电力建设或者电力设施抢修不能正常进行的；

（二）扰乱电力生产企业、变电所、电力调度机构和供电企业的秩序，致使生产、工作和营业不能正常进行的；

（三）殴打、公然侮辱履行职务的查电人员或者抄表收费人员的；

（四）拒绝、阻碍电力监督检查人员依法执行职务的。

第七十一条 盗窃电能的，由电力管理部门责令停止违法行为，追缴电费并处应交电费五倍以下的罚款；构成犯罪的，依照刑法有关规定追究刑事责任。

第七十二条 盗窃电力设施或者以其他方法破坏电力设施，危害公共安全的，依照刑法有关规定追究刑事责任。

第七十三条 电力管理部门的工作人员滥用职权、玩忽职守、徇私舞弊，构成犯罪的，依法追究刑事责任；尚不构成犯罪的，依法给予行政处分。

第七十四条 电力企业职工违反规章制度、违章调度或者不服从调度指令，造成重大事故的，依照刑法有关规定追究刑事责任。

电力企业职工故意延误电力设施抢修或者抢险救灾供电，造成严重后果的，依照刑法有关规定追究刑事责任。

电力企业的管理人员和查电人员、抄表收费人员勒索用户、以电谋私，构成犯罪的，依法追究刑事责任；尚不构成犯罪的，依法给予行政处分。

第十章　附　　则

第七十五条 本法自1996年4月1日起施行。

4. 国务院办公厅关于加强电力设施保护工作的通知

国务院办公厅关于加强电力设施保护工作的通知

国办发〔2006〕10号

各省、自治区、直辖市人民政府，国务院各部委、各直属机构：

电力工业是国民经济的重要基础产业，电力设施是电能生产、输送、供应的载体，是重要的社会公用设施，电力设施安全保护是保障供用电安全和维护社会公共安全的重要内容。近年来，我国电力需求持续增长，电力设施满负荷运行，电力生产安全形势总体平稳。但是，盗窃、破坏电力设施的违法犯罪行为以及人为损坏电力设施的情况仍时有发生，严重危害电力系统的安全可靠运行，同时造成了重大经济损失。为加强电力设施保护工作，切实保障电力安全，经国务院同意，现就有关事项通知如下：

一、高度重视电力设施保护工作

保护电力设施安全是保证电力系统安全稳定运行和电力可靠供应的基础和关键环节，事关经济发展和社会稳定大局。各地区、各有关部门要进一步提高认识，高度重视电力设施保护工作。要将电力设施保护工作纳入社会治安综合治理范围，依法打击和防范盗窃、破坏电力设施等危害电力生产安全的违法犯罪行为，对可能影响电力设施安全的作业和施工实施严格的监督管理。电力企业要进一步提高电力设施保护意识，加强生产安全管理和电力设施的保养维护。要坚持"打防并举，以防为主"的方针，构建政府统一领导，企业依法保护，群众参与监督，全社会大力支持的电力设施保护工作格局，努力形成各地区、各有关部门和电力企业齐抓共管的合力，确保电力设施安全和电力可靠供应。

二、建立健全电力设施保护工作的长效机制

地方各级人民政府要切实负起责任，加强电力设施保护工作的组织领导，成立由政府分管领导任组长，发展改革、电力监管、公安、工商、林业、土地、建设等相关部门以及电力企业负责人参加的电力设施保护工作领导小组，落实职责分工，统筹研究保障措施，加强信息通报和交流，及时协调解决电力设施保护工作中的重大问题。要建立和完善省、市、县三级公安等部门和电力企业紧密合作的政企长效机制，依法有效打击和防范盗窃、破坏电力设施的违法犯罪活动。有关部门和地方各级人民政府要加强统筹协调和工作指导，建立和完善联合执法机制，提高行政执法水平和执法效率。要加大电力设施保护经费的投入，建立健全以技防、物防、人防和其他有效防范保护措施组成的内部安全防范网络，普及和推广应用电力设施安全防范的新技术和新成果，提高整体防控水平。

三、严厉打击破坏电力设施的违法犯罪行为

各地公安机关要严厉打击盗窃、破坏电力设施的违法犯罪行为。对辖区内发生的危害性大、影响恶劣的盗窃、破坏电力设施重点案件，要集中力量，加大侦办力度，尽快破获；对

已经抓获、定案的犯罪分子，要依法尽快处理。地方各级人民政府有关部门对违章施工、违法乱建等损坏电力设施、危及电网安全运行的行为要及时制止，依法实施处罚或依法采取强制措施。要进一步加强对废旧金属流通环节的监督管理，全面清理整顿物资回收、废品收购站点，打击收赃、销赃行为，堵塞销赃渠道。对非法收购电力专用器材和物资的要加大查处力度，依法实施行政处罚直至追究刑事责任。要调动各方积极性，实施群防群治，公布涉电违法犯罪的举报电话，建立健全维护电力设施安全的奖励制度，对破获涉电重大案件提供重要线索或举报有功、有立功表现的要给予一定的物质奖励。

四、加强电力设施日常管理和维护

电力企业要加大贯彻执行《中华人民共和国电力法》、《电力设施保护条例》和《企业事业单位内部治安保卫条例》等法律法规的力度，制订切实有效的管理措施，强化电力设施的日常运行维护和管理，落实专业巡线岗位责任制，提高专业巡线到位率和缺陷消除率。要进一步加强内部治安保卫工作，落实内部治安保卫责任制。电力系统治安保卫重点单位要设立专门机构，配备专职人员，强化治安保卫，严防危及电力设施安全的违法犯罪行为发生。要严格执行电力设施保护区内的施工许可制度，对需要爆破、开挖、取土的各类建设项目，要加强全过程的监督管理。地方各级人民政府要积极指导企业建立健全电力生产安全突发事件的应急处置预案并定期演练，完善预警机制。在破坏、盗窃电力设施违法犯罪行为发生后，要指导和协调电力企业尽快修复损毁设施和线路，确保电力安全和可靠供应。

五、进一步加大宣传和教育力度

各地区、各有关部门和电力企业要大力宣传保护电力设施安全的重要意义，教育和引导人民群众踊跃参与巡线护线活动，提高社会公众维护电力设施安全的自觉性和主动性。要进一步加强舆论引导，充分发挥新闻媒体和网络的作用，对盗窃、破坏电力设施等危害电力设施安全的典型案件进行曝光，震慑违法犯罪分子，遏制违法犯罪行为。要通过组织和开展形式多样的宣传教育活动，营造保护电力设施人人有责的良好氛围，进一步加强电力设施保护，切实保障电力安全和社会稳定。

国务院办公厅
二〇〇六年二月十七日

5. 北京市发展和改革委员会关于进一步加强电力设施保护工作的通知

北京市发展和改革委员会关于进一步加强电力设施保护工作的通知

京发改〔2004〕1989号

各区县电力主管部门、安全生产监督管理部门、市有关委办局、北京电力公司：

电力设施是电力输送的"大动脉"，保护电力设施对于保障首都的安全供电具有非常重要的意义。近一时期，外力破坏事故频繁发生，特别是施工机械设备碰线事故，造成了人员伤亡和经济损失，直接影响我市的经济建设，严重威胁着人民生命安全，现就进一步加强电力设施保护工作通知如下：

一、电力公司全面发挥责任主体作用，加大防范力度。

最新颁布的《电力安全生产监管办法》（国家电监会，2004.3.9）第三章第八条、第九条规定："电力企业是电力安全生产的责任主体，各电力企业对本单位的安全生产全面负责。"

电力公司作为电力安全的责任主体应全面落实国家电监会《电力安全生产监管办法》和国务院《电力设施保护条例》，加强内部管理和宣传，制定安全管理章程，完善人防、物防、技防的防范体系，及时消除电力设施重大隐患，同时向市电力设施保护办公室报告。

在必要的架空电力线保护区和导线跨越区内，电力公司应及时设立标志，并标明保护规定及安全距离。

二、林业、园林部门配合电力公司妥善解决"树线矛盾"，及时消除隐患。

三、建设主管部门加强对施工企业安全生产的监督检查，特别要做好开工前的安全教育，并对因违章施工造成停电事故的施工单位加大处罚力度。

四、对于违反《电力法》及有关法律法规，破坏和盗窃电力设施的犯罪行为，公安部门要加大打击力度，查处一批大案要案，切实威慑犯罪分子。

五、电力主管部门做好电力设施保护的宣传，对保护电力设施先进单位及个人给予表彰奖励。

六、各区县电力主管部门按照"守土有责"的原则，配合区县电力公司加强电力设施保护工作。

七、安全生产监督部门加强对电力设施安全的综合监督管理工作，督促有关单位整改。

6. 天津市电力设施保护条例

天津市电力设施保护条例

(2014年11月28日天津市第十六届人民代表大会常务委员会第十四次会议通过)

第一章 总　　则

第一条　为了加强电力设施保护，保障电力建设的顺利进行，保障电力生产、运行安全，维护公共安全和公共利益，根据《中华人民共和国电力法》、《电力设施保护条例》等法律法规，结合本市实际情况，制定本条例。

第二条　本条例适用于本市行政区域内已建和在建电力设施的保护。

本条例所称电力设施，是指对社会提供服务的发电设施、变电设施、电力线路设施及其有关辅助设施，包括风力、太阳能等新能源发电设施及其辅助设施，充电站、换电站、充电桩及其辅助设施。

第三条　电力设施的保护，应当坚持电力主管部门、公安部门、电力企业和人民群众相结合，教育、防范和依法惩处相结合。

第四条　本市各级人民政府应当加强对电力设施保护工作的领导，将电力设施保护工作纳入社会治安综合治理范围，及时协调、解决电力设施保护工作中的重大问题，支持有关部门和单位依法做好电力设施保护工作。

第五条　市工业和信息化行政部门和各区、县人民政府确定的电力管理部门是本辖区电力主管部门，负责本行政区域内电力设施保护的监督、检查、指导和协调工作。

公安机关负责查处破坏电力设施或者哄抢、盗窃电力设施器材的案件，并建立健全保护电力设施的工作机制。

发展改革、规划、建设、国土房管、交通、财政、水务、林业、市场监管等相关部门，应当按照各自职责，做好电力设施保护工作。

乡镇人民政府、街道办事处协助电力主管部门做好电力设施保护宣传教育工作，根据需要建立群众保护电力设施组织，设置群众护线员。

第六条　市电力主管部门会同市规划主管部门，依据天津市城市总体规划，根据电网建设和改造要求，组织编制全市电力空间布局规划，安排变电设施用地、输电线路走廊和电缆通道，经市人民政府批准后实施。

编制区、县总体规划、控制性详细规划时，应当与电力空间布局规划有效衔接，对规划电力设施和电力高压走廊用地进行控制和预留，相关规划调整涉及电力设施时，应当征求电力主管部门意见。

第七条　电力企业及其他电力设施所有人或者管理人应当建立健全内部安全管理和责任追究制度，落实各项人防、物防和技防措施，设立并维护电力设施安全警示标志，按照国家规范和技术标准对电力设施进行巡视、维护、检修，及时采取措施消除隐患，为社会提供安全可靠的电力供应。

第八条 在电力设施遭到外力破坏，发生电力安全事故时，电力企业应当按照规定立即向有关政府部门报告，及时启动应急预案，恢复电网运行和电力供应。

第九条 电力设施受国家保护，禁止任何单位或者个人从事危害电力设施的行为。

任何单位和个人都有保护电力设施的义务，对危害电力设施的行为，有权制止并向电力主管部门、公安机关以及电力企业举报。

第二章 电力设施的保护

第十条 电力线路保护区按照国家《电力设施保护条例》和《电力设施保护条例实施细则》等有关规定执行。

直流±800千伏、交流1000千伏电力线路保护区，为导线边线向外侧水平延伸三十米并垂直于地面所形成的两平行面内的区域。

第十一条 电力企业及其他电力设施所有人或者管理人，应当在架空电力线路穿越的人口密集地段、人员活动频繁地区、车辆和机械频繁穿越地段以及电力线路上的变压器平台、杆塔设立安全警示标志，其他地段的警示标志的设立按照有关规定执行。

第十二条 任何单位和个人不得擅自在电力设施周围水平距离五百米范围内进行爆破作业。

确需进行爆破作业的，应当按国家有关爆破作业的法律法规，采取可靠的安全防范措施，确保电力设施安全，并征得当地电力设施所有人或者管理人的书面同意，报经公安部门批准后实施。

第十三条 任何单位和个人不得从事下列危害发电设施、变电设施的行为：

（一）擅自进入发电厂、风力及太阳能等新能源发电场所、变电站内扰乱生产和工作秩序；

（二）擅自移动或者损害计量装置、充电站、换电站、充电桩及其附属设施；

（三）擅自在变电站围墙向外延伸三米的区域内，搭建建筑物、开挖坑渠和堆放易燃易爆物品；

（四）危及发电专用的输水、输油、供热、排灰等管道（沟）的安全运行；

（五）影响发电、变电专用的铁路、公路、桥梁、码头的使用；

（六）法律法规规定的其他危害发电、变电设施的行为。

第十四条 任何单位和个人不得从事下列危害电力线路设施的行为：

（一）向电力线路设施射击或者抛掷物体；

（二）在架空电力线路导线两侧各三百米的区域内施放风筝、气球等飞行物体或者空中漂浮物体；

（三）擅自攀登杆塔或者在杆塔上架设电力线、通讯线缆、广告牌等设施；

（四）利用杆塔、拉线拴系牲畜、悬挂物品、攀附农作物或者作起重牵引地锚；

（五）在杆塔、拉线基础的规定范围内取土、打桩、钻探、开挖或者倾倒有害化学物品；

（六）擅自拆卸杆塔、拉线上的器材；

（七）移动、损坏电力设施保护标志；

（八）法律法规规定的其他危害电力线路设施的行为。

第十五条 任何单位和个人不得在架空电力线路保护区内实施下列行为：

（一）兴建建筑物、构筑物；
（二）挖掘鱼塘、水池，垂钓；
（三）堆放垃圾、矿渣、易燃物、易爆物，倾倒有害化学物品或者其他影响安全供电的物品；
（四）导致导线对地距离减少的填埋、铺垫；
（五）燃放烟花爆竹、焚烧秸秆、烧荒；
（六）种植可能危及电力设施安全的植物；
（七）法律法规规定的其他危害架空电力线路保护区的行为。

第十六条 任何单位和个人在地下电力电缆线路保护区内，不得种植树木、竹子，堆放垃圾、矿渣、易燃物、易爆物，倾倒有害化学物品或者其他影响安全供电的物品，兴建建筑物、构筑物。

第十七条 任何单位和个人在电力线路保护区内进行下列作业或者活动的，应当经电力主管部门批准，并采取安全措施后，方可进行：
（一）在架空电力线路保护区内进行工程施工、打桩、钻探、开挖等作业；
（二）起重机械的任何部位进入架空电力线路保护区进行施工；
（三）高度超过四米的车辆或者机械通过架空电力线路；
（四）小于导线距穿越物体之间的安全距离，通过架空电力线路保护区；
（五）在电力电缆线路保护区内进行作业；
（六）其他可能危害电力线路保护区的作业或者活动。

第十八条 进行可能危及架空电力线路杆塔、拉线基础安全的取土、堆物、打桩、钻探、开挖等作业时，应当遵守下列规定：
（一）预留通往杆塔、拉线基础的道路，用于巡视和检修人员、车辆的通行；
（二）不得影响杆塔、拉线基础的稳定，可能导致基础不稳定的，有关单位和个人应当修筑符合技术标准或者安全要求的加固护坡；
（三）不得损坏电力设施接地装置或者改变其埋设深度。

第十九条 任何单位和个人不得从事下列行为：
（一）侵占电力设施建设项目依法征收的土地；
（二）涂改、移动、损坏、拔除电力设施建设的测量标桩和标记；
（三）破坏、封堵电力设施建设施工道路，截断施工水源或者电源；
（四）其他阻挠或者危害电力设施建设的行为。

第二十条 电力企业应当定期巡视、维护、检查电力设施及保护区域，及时抢修故障、处理事故。

任何单位和个人不得干扰、阻碍电力企业依法对电力设施进行巡视、维护、检修以及抢修故障和处理事故。

第二十一条 电力设施所有人、管理人对危害电力设施的行为，有权予以制止，要求恢复原状、排除妨害、赔偿损失，并向有关部门报告。

第三章 电力设施与其他设施相互妨碍的处理

第二十二条 新建、改建、扩建电力设施，应当与周围已建其他设施保持符合规定的安全距离。确需对其他设施予以迁移或者采取必要防护措施的，电力设施所有人、管理人应当与其他设施所有人协商，就迁移、防护措施及补偿等问题达成协议后方可施工，所需费用由电力设施所有人、管理人承担。

铁路、公路、水利、电信、航运、城市道路、桥梁、涵道、管线等设施后于电力设施建设的，不得危及电力设施安全。确需对电力设施予以迁移或者采取必要保护措施的，建设单位应当与电力设施所有人、管理人达成协议后方可施工，所需费用由建设单位承担，电力设施所有人、管理人应当派专业人员进行现场指导。

第二十三条　禁止在电力电缆沟内擅自埋设其他管道。

铺设其他管道应当尽量避免与电力电缆沟交叉通过；遇有交叉通过时，应当按照法律法规和建设工程技术规范的要求进行设计，经规划主管部门批准并采取相应的安全措施，确保电力设施运行安全后，方可施工。

第二十四条　架空电力线路一般不得跨越房屋。对架空电力线路通道内的原有房屋，架空电力线路建设单位应当与房屋产权人协商搬迁；特殊情况需要跨越房屋时，设计建设单位应当采取增加杆塔高度、缩短档距等安全措施，以保证被跨越房屋的安全。被跨越房屋不得再行增加高度。超越房屋的物体高度或者房屋周边延伸出的物体长度，必须符合安全距离的要求。

第二十五条　电力设施与农作物、林木相互妨碍时，按照下列规定处理：

（一）新建、改建或者扩建电力设施作业中，损害农作物或者林木的，电力设施建设单位应当与其所有人或者管理人达成协议，对需砍伐、迁移的树木由电力设施建设单位按规定办理手续，并按照国家和本市有关规定给予其所有人一次性补偿。

（二）在既有电力设施保护区内新种植或者自然生长的林木，可能危及电力设施安全的，电力设施所有人、管理人应当按照规定及时予以修剪或者砍伐，不予补偿。

（三）电力设施所有人、管理人发现林木危及电力设施安全的，应当及时通知林木所有人或者管理人进行修剪；因林木侵犯安全距离造成电力供应中断，需要采取紧急措施处理的，电力设施所有人、管理人可以对林木先行采取修剪、砍伐或者其他处理措施，事后应当在五日内到市容园林、林业等行政主管部门补办相关手续。

第四章　监督管理

第二十六条　市电力主管部门应当依法加强电力设施保护的监督管理工作，及时受理、查处破坏电力设施的违法行为。

区、县电力主管部门应当按照职责做好本行政区域内电力设施保护的监督管理工作。

电力企业应当建立电力设施保护的巡查队伍，发现破坏电力设施违法行为应当及时制止，并向电力主管部门和有关部门报告，配合电力主管部门对违法行为进行查处。

第二十七条　电力行政执法人员依法履行职责时，可以行使下列职权：

（一）进入电力设施遭受破坏现场进行调查；

（二）查阅、调取和复制有关资料；

（三）调查、询问当事人或者证人；

（四）采用录音、录像、拍照、笔录、检测等手段收集证据；

（五）对涉嫌破坏电力设施人使用的工具、装置和有关资料先行登记保存。

第二十八条　电力主管部门应当建立投诉、举报受理机制，公开投诉、举报电话和电子邮箱，受理相关的投诉和举报，并及时作出处理。

第五章　法律责任

第二十九条　违反本条例第十三条第一、二、三项，第十四条，第十五条第二、三、四、五项规定，尚未造成电力设施损坏的，由电力主管部门予以制止，责令其限期改正；拒不改正的，处以五百元以上三千元以下的罚款；拒不改正并造成电力设施损坏的，处以五千元以上一万元以下的罚款，并赔偿损失。

第三十条　违反本条例第十七条规定，未经电力主管部门批准或者未采取安全措施，在依法划定的电力线路保护区内进行作业的，由电力主管部门责令停止作业、恢复原状；拒不停止作业、恢复原状的，对个人处以五百元以上三千元以下的罚款，对单位处以五千元以上一万元以下罚款。

第三十一条　违反本条例规定，造成电力设施损坏的，应当依法赔偿直接经济损失；造成其他单位或者个人人身财产损失的，应当赔偿损失。

第三十二条　违反本条例规定，构成违反治安管理行为的，由公安机关依照《中华人民共和国治安管理处罚法》予以处罚；构成犯罪的，依法追究刑事责任。

第三十三条　违反本条例规定，电力企业及其他电力设施所有人或者管理人不履行电力设施保护职责的，由电力主管部门责令改正；因玩忽职守造成电力设施损坏，导致电力运行事故，给他人造成损害的，由有关部门按照规定追究相关责任人员的责任。

第三十四条　违反本条例规定，电力主管部门和其他有关行政主管部门及其工作人员玩忽职守、滥用职权、徇私舞弊或者有其他失职、渎职行为的，依法给予处分；构成犯罪的，依法追究刑事责任。

第六章　附　　则

第三十五条　本条例自 2015 年 1 月 1 日起施行。

7. 河北省电力条例

河北省电力条例

（2014年5月30日河北省第十二届人民代表大会常务委员会第八次会议通过）

第一章 总 则

第一条 为了维护供电、用电秩序以及社会公共安全和公共利益，保障电力用户和电力企业合法权益，促进经济社会发展，根据《中华人民共和国电力法》等有关法律、行政法规的规定，结合本省实际，制定本条例。

第二条 本省行政区域内的电力建设、电力设施保护和电能保护，适用本条例。

第三条 县级以上人民政府电力行政管理部门负责管理本行政区域内的电力建设、电力设施保护和电能保护工作。

县级以上人民政府电力行政管理部门可以委托符合法定条件的事业组织，依法对违反电力建设、电力设施保护和电能保护有关法律、法规的行为进行监督检查。

县级以上人民政府其他有关部门按照职责分工，做好电力建设、电力设施保护和电能保护的相关工作。

乡、镇人民政府和街道办事处应当协助有关部门做好本地的电力建设、电力设施保护和电能保护工作。

第四条 县级以上人民政府应当加强对电力建设、电力设施保护和电能保护工作的领导，将其纳入当地社会治安综合治理范围，建立健全工作协调机制，及时协调、解决电力建设、电力设施保护和电能保护工作中的问题。

第五条 电力企业和其他电力设施所有人、管理人应当加强电力建设、电力设施保护和电能保护工作，履行对所管理的电力设施进行巡视、维护、检修的义务，依法制止危害电力建设、安全运行及供电、用电秩序的违法行为。

第六条 任何单位和个人都有权制止并向县级以上人民政府电力行政管理部门、公安机关或者电力企业举报非法阻挠、破坏电力建设和危害、破坏电力设施及非法侵占、使用电能的行为。接到举报的部门和单位应当及时依法处理。

第二章 电力规划与建设

第七条 省人民政府电力行政管理部门应当根据国民经济和社会发展的需要组织编制本省行政区域内的电力发展规划，按程序报省人民政府批准。

电力发展规划应当注重保护环境，优化能源结构，构建安全的电力供应体系，引导清洁能源发电项目建设，鼓励和协调社会资本投资电力建设。

第八条 县级以上人民政府电力行政管理部门应当按照电力发展规划编制电力专项规划，进行环境影响评价，并纳入本行政区域城乡规划。电力专项规划中确定的电力建设项目用地、架空电力线路走廊和电力电缆通道应当纳入城市、镇的控制性详细规划。

新建、改建、扩建铁路、公路等大型基础设施建设项目，应当按照规划和国家有关规定的要求，预留电力线路通道。

第九条 架空电力线路走廊和电力电缆通道不改变其范围内土地的权属和使用性质，电力建设单位应当参照当地征地补偿标准对杆塔基础用地的土地使用权人、土地所有权人给予一次性经济补偿。

电力建设项目需要征收土地的，应当按照有关法律、法规的规定办理。

第十条 因国家重大建设项目确需占用依法取得的电力建设项目用地、依法划定的架空电力线路走廊或者电力电缆通道的，应当依法修改电力专项规划，并按照规定程序办理审批手续。

第十一条 电力建设项目取得建设工程规划许可后，当地县级人民政府电力行政管理部门应当根据建设工程规划许可证和国家有关电力设施保护范围、保护区的要求，对依法划定的电力设施保护范围、保护区进行公告。

在公告明示的电力设施保护范围、保护区内，任何单位和个人不得种植危及电力设施安全的植物，不得新建、改建、扩建危及电力设施安全的建筑物、构筑物，不得堆放可能危及电力设施安全的物品。公告前已有的植物需要修剪、砍伐或者建筑物、构筑物需要拆除的，电力建设单位应当按照当地人民政府的有关规定，对所有权人或者经营管理人给予一次性经济补偿，并依法办理相关手续。

第十二条 新建架空电力线路不得跨越储存易燃、易爆物品仓库的区域；一般不得跨越房屋。确需跨越房屋的，电力建设单位应当采取安全措施，并与有关单位或者个人达成协议。

第十三条 新建、改建、扩建架空电力线路走廊和电力电缆通道需要跨越、穿越或者占用水利工程及其附属设施、易发生水土流失区域的，电力建设单位应当依法向有管辖权的水行政主管部门办理相关手续。对影响水利设施功能的，应当采取有关技术措施消除影响。

第十四条 新建、改建、扩建架空电力线路跨越、穿越林地或者城市绿化林的，电力建设单位应当采取安全措施；需要砍伐林木的，依法办理林木采伐审批手续，并对林木权利人依法给予一次性经济补偿。

第十五条 新建、改建、扩建架空电力线路应当兼顾城市市容整洁，鼓励在城市中心城区逐步采取地下敷设方式建设电力线路，需要采用沟道、管道的，由城乡规划、市政建设行政主管部门组织统筹规划、建设。

第十六条 建设城镇住宅小区和农村居住区应当规划、预留配套的电力设施用地和架空电力线路走廊或者电力电缆通道，建设单位、施工单位不得擅自变更、占用依法确定的电力设施用地和架空电力线路走廊或者电力电缆通道的用途、位置。

第十七条 电力建设项目在新建、改建、扩建中妨碍其他建筑物、构筑物，或者其他建设项目在新建、改建、扩建中妨碍电力设施时，有关单位应当以依法审批的城乡规划为依据进行协商，就迁移、改造、采取必要的防护措施和补偿等问题达成协议后方可施工。法律、法规另有规定的除外。

未经协商一致，擅自施工造成损害的，由擅自施工的单位承担责任。

第十八条 电力建设应当遵守环境保护法律、法规的规定，电力建设项目在建设前应当依法进行环境影响评价。电力建设项目防治污染的设施应当与主体工程同时设计、同时施工、同时投入生产或者使用。防治污染的设施经原审批环境影响报告书的环境保护行政主管部门验收合格后，该建设项目方可投入生产或者使用。

电力建设项目环境影响评价文件的主要内容应当包括电力设施感应产生的工频电场、工频磁场等评价。

第十九条 任何单位和个人不得实施下列危害电力建设的行为：

（一）非法占用依法取得的电力建设项目用地或者依法划定的架空电力线路走廊、电力电缆通道；

（二）涂改、移动、损坏或者拔除电力建设的测量标桩或者标记；

（三）破坏、封堵电力建设单位的专用铁路、公路、桥梁和码头，截断施工水源、电源，或者阻碍电力建设单位的人员和车辆、机械、设备、器材等进入施工现场；

（四）破坏、哄抢、盗窃电力建设项目的施工车辆、机械、设备和器材，或者未经电力建设单位同意出入施工现场，扰乱电力建设单位的生产和工作秩序；

（五）其他危害电力建设的行为。

第三章 电力设施保护

第二十条 任何单位和个人不得实施下列危害电力设施安全的行为：

（一）在发电、变电设施基础用地范围内堆放谷物、草料、垃圾、木材、秸秆、矿渣、易燃物、易爆物等物品或者焚烧物品的；

（二）在架空电力线路保护区内垂钓、炸鱼、放风筝或者燃放烟花爆竹的；

（三）向电力线路设施、风光储发电设施、光伏板、风机叶片等射击、抛掷物体的；

（四）增加被架空电力线路跨越的建筑物、构筑物的高度，导致安全距离不符合有关规定的；

（五）以封堵、拆卸等方式破坏电力生产及其辅助设施的；

（六）擅自攀登电力设施或者擅自在电力设施上搭挂各类缆线、广告牌等物品的；

（七）在电力设施的地下及周围进行危及电力设施安全的开采作业的；

（八）擅自在地下电力电缆通道内布设其他管线的；

（九）移动、损坏电力设施保护标志、安全标志的；

（十）法律、法规禁止的其他危害电力设施安全的。

第二十一条 在电力设施附近实施爆破作业，应当征求当地人民政府电力行政管理部门或者电力设施产权所有人的书面意见，经公安机关批准后方可实施。

第二十二条 在电力线路保护区内进行打桩、钻探、开挖等可能危及电力线路设施安全的作业，或者起重、升降机械进入架空电力线路保护区内作业的，应当征得当地人民政府电力行政管理部门同意，并采取相应的安全措施后方可施工。

因违章施工作业，引发电力线路事故并造成损失的，由施工作业单位或者个人负责赔偿。

第二十三条 电力企业应当加强对电力线路的安全巡查，发现电力设施保护范围、保护区内的植物与架空电力线路导线之间的安全距离不符合有关规定的，应当通知所有权人或者经营管理人予以修剪；所有权人或者经营管理人在合理期限内未修剪的，电力企业可以修剪。

第二十四条 收购废旧电力设施器材的单位，应当向工商行政管理部门登记注册，并按照国家有关规定向当地人民政府公安机关、商务行政主管部门备案。

单位出售废旧电力设施器材的，经办人应当出示本人身份证件，并提交单位开具的证明；个人出售废旧电力设施器材的，应当出示本人身份证件。

收购废旧电力设施器材应当建立收购台帐，如实登记出售人的单位名称或者姓名、住址、身份证件号码以及废旧电力设施器材的来源、规格、数量和去向等内容；发现有公安机关通报寻查的赃物或者有赃物嫌疑的物品时，应当立即报告当地人民政府公安机关。收购台帐的保存期限应当在二年以上。

第二十五条 通信、广播电视等线路设施与电力线路设施之间一般不得交叉跨越、搭挂。因路径原因确需交叉跨越的，后建方应当征得先建方同意，采取安全措施，保证线路安全。

第二十六条 电力设施所有权人或者管理人应当按照规定设置并及时维护电力设施安全警示标志，并在易引发触电事故的电力设施周围采取有效的防护措施。

在电力设施保护范围、保护区及其周边区域从事生产经营活动可能造成电力设施危及他人人身安全的，生产经营者应当设置相应的警示标志并采取有效的防护措施。

第二十七条 电力设施弃用或者报废的，电力设施所有权人或者经营管理人应当及时拆除。未及时拆除的，由当地人民政府电力行政管理部门责令拆除。

第四章　电能保护

第二十八条 县级以上人民政府电力行政管理部门应当采取有效措施，优化电力资源配置，协调供电、用电关系，维护安全有序的供电、用电秩序。

第二十九条 县级以上人民政府电力行政管理部门应当按照国家和本省有关规定，对列入国家限制类、淘汰类的企业或者生产设备的用电，采取差别电价、限制用电或者终止供电。

第三十条 供电企业应当加大对电能保护的资金投入，采用先进技术和科学管理措施，降低电能损耗，优化供电方式，提高服务质量，引导电力用户安全、合理使用电能。

第三十一条 县级以上人民政府电力行政管理部门应当制定并公布有序用电方案，该方案应当优先保障居民用户和符合国家产业政策、节能标准、排放达标企业的正常用电需求。

电力企业和电力用户应当遵守有序用电的规定，保障电能质量和电网运行安全。

电力用户应当加强用电设备的维护管理，不得危及电网运行安全和公共用电安全。

第三十二条 电力用户不得损毁、改装或者擅自移动用电计量装置；发现用电计量装置发生故障、损毁，应当立即通知供电企业。供电企业应当及时处理。

第三十三条 禁止下列盗窃电能（以下简称窃电）的行为：

（一）擅自在供电企业或者其他电力用户的供电、用电设施上接线用电；

（二）绕越用电计量装置用电；

（三）伪造、开启法定或者授权的计量检定机构加封的用电计量装置封印用电；

（四）故意损毁用电计量装置或者破坏用电计量装置的准确度；

（五）安装、使用窃电装置；

（六）使用伪造、变造或者非法充值的电费卡充值用电；

（七）采用其他方式窃电的。

第三十四条　为了制止正在发生的窃电行为，供电企业按照下列要求，可以依法中断对有窃电行为电力用户的供电：

（一）通知当事人；

（二）报当地人民政府电力行政管理部门备案；

（三）不影响其他电力用户正常用电；

（四）不影响社会公共利益或者危害公共安全。

有窃电行为的电力用户在停止窃电、消除危害、交付所窃电量电费并承担相应责任后，供电企业应当对有窃电行为的居民用户在一日内恢复供电，对有窃电行为的非居民用户在三日内恢复供电。

第三十五条　影响电能质量和电网安全运行的电力用户，接到供电企业的整改通知后不改正，有下列情形之一的，供电企业可以中断供电，并报当地人民政府电力行政管理部门备案：

（一）电力用户的非线性阻抗特性的用电设备接入电网运行所注入电网的谐波电流或者引起公共连接点电压正弦波畸变率超过国家规定标准的；

（二）电力用户的冲击负荷、波动负荷、非对称负荷对供电质量产生影响或者对电网安全运行构成干扰、妨碍的；

（三）在电力设施保护范围、保护区内违法、违章实施作业的；

（四）其他危及电能质量和电网安全运行的。

第三十六条　供电企业的用电检查人员在用电检查中发现窃电行为时，有权予以制止，对现场进行录像、拍照，收集窃电证据。

供电企业发现电力用户有窃电行为，可能需要追究行政责任或者刑事责任的，应当向县级以上人民政府电力行政管理部门报告或者向当地公安机关报案。

第五章　电力用户权益保障

第三十七条　供电企业应当履行普遍服务义务，接受社会监督，提高供电服务水平，保障电力用户能够按照国家规定的质量和价格获得供电服务。

电力用户享有优质用电、明白消费的权利，履行安全用电、缴纳电费、维护用电秩序的义务。

第三十八条　供电企业不得实施下列损害电力用户合法权益的行为：

（一）无正当理由拒绝供电或者擅自中断供电的；

（二）非法增设供电条件或者变相增加用户负担的；

（三）为电力用户指定电力设计、施工和设备材料供应单位的；

（四）其他损害电力用户合法利益的。

第三十九条　供电企业应当在其营业场所公告用电的程序、制度和收费标准，并提供电力用户须知资料。

供电企业应当按照核准的电价标准和用电计量装置的记录计收电费,并提供相应票据;不得使用未经检定、超过检定周期或者检定不合格的用电计量装置;不得擅自设立收费项目或者提高收费标准。

供电企业、受委托转供电单位和其他代收电费单位在收取电费时,不得代收其他费用;物业服务企业不得以收取物业费、热费、水费等其他费用作为供电的前置条件。

第四十条 供电企业应当对供电、用电设施定期检查、检修,及时消除电力运行和电能质量隐患,保证连续稳定地向用户供电。

供电企业因计划检修需要中断供电的,应当提前七日通知电力用户或者在广播、电视、报纸等媒体进行公告;因供电设施临时检修需要中断供电的,应当提前二十四小时通知重要用户和在显著位置进行公告;因发电系统或者供电系统发生故障需要限电、停电的,应当按照当地人民政府确定的事故序位进行限电或者停电;因不可抗力或者紧急避险需要立即停电的,可以中断供电,但事后应当报当地人民政府电力行政管理部门备案,并向停电用户说明情况。

第四十一条 电力用户对供电企业中断供电有异议的,可以向县级以上人民政府电力行政管理部门投诉。县级以上人民政府电力行政管理部门应当在收到投诉之日起三日内作出是否恢复供电的决定。电力用户或者供电企业对县级以上人民政府电力行政管理部门的决定不服的,可以依法申请行政复议或者提起行政诉讼。

第四十二条 电力用户对供电需求、供电质量、计量装置的记录、电价执行、电费收取、用电检查等有异议的,有权向供电企业查询;供电企业应当自受理查询之日起七日内答复。

第四十三条 县级以上人民政府电力行政管理部门应当建立举报制度,向社会公开举报、投诉电话号码、通信地址或者电子邮件信箱,接受电力用户投诉,及时查处违反本条例的行为。

第六章 法律责任

第四十四条 县级以上人民政府电力行政管理部门及其工作人员违反本条例规定,有下列行为之一的,对负有责任的主管人员和其他直接责任人员依法给予处分;构成犯罪的,依法追究刑事责任:

(一) 对受理的举报、投诉案件未及时处理造成严重后果的;
(二) 在执法过程中徇私舞弊,发现违法行为不予查处的;
(三) 泄露电力企业、电力用户商业秘密的;
(四) 不依法履行电力保护职责的。

第四十五条 违反本条例第十九条规定的,由县级以上人民政府电力行政管理部门责令改正、恢复原状、赔偿损失。应当予以治安管理处罚的,由公安机关依法予以处罚;构成犯罪的,依法追究刑事责任。

第四十六条 违反本条例第二十条、第二十二条规定的,由县级以上人民政府电力行政管理部门责令改正,拒不改正的,处以一千元以上一万元以下罚款。

第四十七条 违反本条例第三十三条第(三)、(四)项规定的,由县级以上人民政府质量技术监督部门责令其停止违法行为、补交电费,并依照计量法律、法规的规定予以处罚。

违反本条例第三十三条其他规定的，由县级以上人民政府电力行政管理部门责令其停止违法行为、补交电费，并按照实际查明所窃电量的电费额处以二倍以上五倍以下罚款；构成犯罪的，依法追究刑事责任。

第四十八条 违反本条例第三十八条规定的，由县级以上人民政府电力行政管理部门责令限期改正；拒不改正的，处一万元以上三万元以下罚款；给用户造成损失的，应当依法给予赔偿。

第四十九条 违反本条例第三十九条第三款规定，物业服务企业以收取物业费、热费、水费等其他费用作为供电的前置条件的，由县级以上人民政府物业行政管理部门责令改正；拒不改正的，处以三千元以上五千元以下罚款。

第五十条 扰乱电力企业的建设、生产和经营秩序，阻碍电力行政管理部门的工作人员依法执行职务，应当予以治安管理处罚的，由公安机关依法予以处罚；构成犯罪的，依法追究刑事责任。

第七章 附　　则

第五十一条 本条例自 2014 年 8 月 1 日起施行。2001 年 12 月 31 日省人民政府公布的《河北省实施〈电力设施保护条例〉办法》同时废止。

8. 山西省电力设施保护条例

山西省电力设施保护条例

（2014年7月25日山西省第十二届人民代表大会常务委员会第十二次会议通过）

第一条 为了加强电力设施保护，保障电力安全有序运行，维护社会公共利益和公共安全，根据《中华人民共和国电力法》、《电力设施保护条例》等有关法律、行政法规的规定，结合本省实际，制定本条例。

第二条 本省行政区域内在建和已建的电力设施保护，适用本条例。

本条例所称电力设施是指火力、水力、风力、光伏等发电设施，变电设施，电力线路设施，电力交易设施和有关辅助设施。

第三条 县级以上人民政府应当加强本行政区域内电力设施保护工作的领导，协调解决电力设施保护的重大问题；组织编制本行政区域的电力发展规划，使其与土地利用总体规划和城乡规划相协调，并按照规划统筹安排电力设施用地、电力线路走廊和电缆通道。

第四条 县级以上人民政府经济和信息化行政主管部门（以下统称电力管理部门）负责本行政区域内电力设施保护的监督管理工作，具体履行以下职责：

（一）组织开展保护电力设施的宣传教育工作；

（二）会同有关部门及沿电力线路各单位，建立群众护线组织并健全责任制；

（三）会同当地公安部门，加强所辖地区电力设施的安全保卫工作；

（四）受理违反电力设施保护相关法律、法规行为的举报和投诉，查处破坏电力设施违法行为；

（五）法律、法规规定的其他职责。

电力管理部门可以委托符合法定条件的组织实施监督管理。

第五条 县级以上人民政府发展和改革、公安、国土资源、住房与城乡建设等行政主管部门和能源监管机构按照各自职责，做好电力设施保护的相关工作。

乡（镇）人民政府、街道办事处、村（居）民委员会应当协助县级以上人民政府有关部门做好电力设施保护工作。

第六条 电力设施所有权人应当建立健全安全管理和保卫制度，保证相关资金投入，落实技术、设备、人员等防范措施，按照有关规范对电力设施进行巡视、维护、检修，消除隐患，保障电力设施安全运行。

第七条 电力设施所有权人应当制定本单位电力设施突发事件应急预案，报所在地电力管理部门备案，并按照应急预案的要求，保障应急设施、设备、物资的储备和完好，定期开展应急演练。

第八条 任何单位和个人都有保护电力设施的义务，对危害电力设施的行为，有权制止并及时向电力管理部门或者公安机关报告。

第九条 风力发电设施的保护范围包括风力发电使用的发电机、变压器、升压站及其他有关附属设施。

光伏发电设施的保护范围包括太阳能光能发电使用的控制器、蓄电池、逆变器及其他有关附属设施，太阳能热能发电系统及其他有关附属设施。

电力交易设施的保护范围包括电力交易场所和计量、报价、信息发布等有关设施。

第十条 电力线路保护区包括下列区域：

（一）架空电力线路保护区：导线边线向外侧水平延伸并垂直于地面所形成的两平行面内的区域，在一般地区各级电压导线的边线延伸距离如下：

1-10 千伏 5 米

35-110 千伏 10 米

220 千伏 15 米

500 千伏 20 米

直流 660 千伏 25 米

直流 800 千伏 30 米

交流 1000 千伏 30 米

在厂矿、城镇等人口密集地区，架空电力线路保护区的区域可以略小于上述规定。但各级电压导线边线延伸的距离，不应小于导线边线在最大计算弧垂及最大计算风偏后的水平距离和风偏后距建筑物的安全距离之和。

（二）电力电缆线路保护区：地下电缆为电缆线路地面标桩两侧各 0.75 米所形成的两平行线内的区域。

（三）发电设施附属的输水、输油、输气、输灰、供热管线的保护区为管线边缘两侧各 0.75 米所形成的两平行线内的区域。

第十一条 电力管理部门应当按照有关规定设立统一的电力设施安全标志和电力线路保护区标志，并保持标志的完好有效，电力设施所有权人应当予以配合。

任何单位和个人不得擅自移动、损毁电力设施安全标志和电力线路保护区标志。

第十二条 电力设施建设项目规划前，电力设施建设单位应当提前向所在地人民政府国土资源管理部门了解拟建工程所在地区矿产资源分布和开采情况，电力设施建设应当尽量避让重要矿床及采空区域。

第十三条 电力设施建设项目规划确定后，电力设施建设单位应当及时通知电力管理部门，电力管理部门应当对依法确定的电力线路保护区进行公告。公告应当包括电力设施基本情况、电力线路保护区的宽度、导线距穿越物体之间的安全距离和保护措施等相关内容。

公告前依法拥有的房屋、易燃易爆物品仓库等建筑物、构筑物、植物以及其他设施，在电力设施建设时需要拆除、迁移、修剪、砍伐的，电力设施建设单位应当按照国家有关规定给予一次性补偿，并依法办理相关手续。

公告后，任何单位和个人不得在划定的电力线路保护区内，新建、改建、扩建危及电力设施安全的建筑物、构筑物或者种植危及电力设施安全的植物；需要依法拆除的建筑物、构筑物或者砍伐的植物，不予补偿。

第十四条 依法取得的电力设施用地和依法划定的电力线路走廊以及电缆通道，任何单位和个人不得擅自占用或者改变其用途。

因建设需要，调整已规划的电力设施用地、电力线路走廊和电缆通道的位置的，应当依法办理手续；因修改城乡规划给电力设施建设单位造成损失的，应当依法给予补偿。

电力线路保护区内的杆塔、拉线基础用地不实行征地，由电力设施建设单位按照国家有关标准给予一次性补偿。

第十五条　电力设施的建设应当符合国家行业标准和技术规范，与周围的建筑物、构筑物及其他设施保持安全距离，需要拆除、迁移或者采取防护措施的，电力设施建设单位应当与其他设施所有权人达成协议后方可施工，所需费用由电力设施建设单位承担。

第十六条　铁路、道路、桥梁、管线等设施和建筑物、构筑物的建设，不得危及电力设施安全；确实需要对电力设施予以迁移或者采取防护措施的，建设单位应当与电力设施所有权人达成协议后方可施工，所需费用由建设单位承担。

第十七条　通信、广播等线路设施需要交叉跨越电力线路设施的，通信、广播等线路设施建设单位应当征得电力线路设施所有权人同意，并采取安全措施，保证电力线路安全。

第十八条　发电厂、变电站、换流站等电力设施的建设需要压覆重要矿床的，建设单位应当依法办理压覆矿产资源申报登记手续；已办理压覆矿产资源申报登记手续的，开采企业不得开采压覆区内的矿产资源。

第十九条　开采电力线路保护区地下煤炭等矿产资源的，开采企业应当提前与电力设施所有权人商定保护措施，保障电力设施安全。

因开采矿产资源造成电力线路杆塔倾斜、基础不稳定，危及电力线路安全，确需迁移、改造、加固杆塔拉线等设施的，所需费用由开采企业承担；造成电力线路设施损毁的，开采企业应当赔偿损失。

第二十条　露天开采煤炭等矿产资源，确需对电力线路设施进行迁移的，开采企业应当提前与电力设施所有权人协商，迁移所需费用由开采企业承担。

第二十一条　在电力线路保护区内从事下列活动，施工单位应当采取相应的安全作业措施，保证电力设施安全，并提前三个工作日，书面通知电力设施所有权人：

（一）驾驶吊车、水泥泵车等大型施工机械进入保护区作业的；

（二）驾驶高度超过四米的车辆、机械通过保护区或者其他与架空电力导线的垂直距离小于安全距离的穿越行为；

（三）从事建筑、管线等施工作业可能危害电力设施安全的；

（四）其他可能影响电力设施安全的活动。

电力设施所有权人接到通知后，应当根据电力设施保护要求，在施工作业前提出书面建议，或者派员到现场实施安全监护。

第二十二条　电力线路保护区内树木的所有权人应当保证树木的高度与架空电力线路之间的距离符合安全要求。

电力设施所有权人发现树木与架空电力线路的间距小于安全距离的，应当及时通知树木所有权人；树木所有权人应当在接到通知后十日内予以修剪；逾期未修剪的，电力设施所有权人可以修剪，并不补偿相关损失。

第二十三条　有下列情形之一的，电力设施所有权人可以对树木先行采取修剪、砍伐或者其他处理措施，事后应当通知树木所有权人，并依法补办相关手续：

（一）生产作业、交通事故等外力因素致使林木倾斜或者倒伏，危及电力设施安全的；

（二）因不可抗力造成林木危及电力设施安全的；

（三）自然生长林木已造成放电、碰线、电力供应中断或森林火灾的；

（四）处置电力设施突发事件，需要采取相应应急措施的；

（五）其他严重危害电力设施安全的情形。

第二十四条　任何单位和个人不得有下列危害电力线路设施的行为：

（一）在杆塔上悬挂广告牌；
（二）擅自在杆塔上搭挂通信、广播等缆线；
（三）擅自攀爬变压器台架、杆塔或者拉线；
（四）擅自移动、破坏、损毁电力线路上的电气设备及电力通信设施；
（五）在架空电力线路导线两侧各三百米的区域内升放飞行器、风筝、气球；
（六）其他危害电力线路设施安全的行为。

第二十五条 在架空电力线路保护区，不得有下列影响电力设施安全的行为：
（一）堆放或者焚烧秸秆、草料、木材、油料、塑料地膜等物品；
（二）取土、开挖、采石、打桩、钻探、爆破、垂钓；
（三）倾倒垃圾，燃放烟花爆竹；
（四）损坏或者擅自封堵检修专用道路、在建电力设施施工道路，截断施工水源或者电源；
（五）涂改、移动、损坏、拔除电力设施建设的测量标桩或者标记；
（六）其他影响电力设施安全的行为。

第二十六条 在电力电缆保护区，不得有下列影响电力设施安全的行为：
（一）堆放杂物或倾倒垃圾；
（二）使用机械掘土、种植林木、兴建建筑物和构筑物；
（三）在封闭式电缆通道内布置热力管道、易燃气（液）管道；
（四）擅自在电缆通（管）道敷设其他缆线，堵塞电缆管沟、排管通道；
（五）其他影响电力设施安全的行为。

第二十七条 在电力线路保护区外进行可能危及架空电力线路、杆塔、拉线安全的取土、打桩、钻探、开挖等作业的，应当遵守下列规定：
（一）预留电力设施维护、检修和事故抢修人员、车辆通行道路；
（二）可能导致杆塔、拉线基础不稳定的，应当修筑符合技术标准或者安全要求的防护加固设施；
（三）不得损害电力设施接地装置或者改变其埋设深度。

第二十八条 未经批准，任何单位和个人不得有下列行为：
（一）改变用电类别；
（二）超过供用电合同约定的容量用电；
（三）使用已经在供电企业办理暂停手续的电力设备；
（四）迁移、更动、操作供电企业的用电计量装置、电力负荷控制装置、供电设施以及约定由供电企业调度的用户受电设备或者加装其他影响计量的装置；
（五）引入、供出电源或者并网自备电源。

第二十九条 任何单位和个人不得非法出售、收购电力设施器材设备。
从事收购电力设施器材设备的单位和个人，应当依法申领营业执照，并向公安机关备案。收购单位和个人应当如实登记出售者基本信息和电力设施器材设备的来源、规格、数量等情况，登记记录保存期限不得少于两年。
收购单位和个人发现有赃物嫌疑的，应当及时向所在地公安机关报告。

第三十条 违反本条例第十一条第二款规定，擅自移动、损毁电力设施安全标志和电力线路保护区标志的，由电力管理部门责令改正；拒不改正的，处二百元以上五百元以下罚款。

第三十一条 违反本条例第十三条第三款、第十四条第一款规定,由电力管理部门责令改正;拒不改正的,由电力管理部门依法申请拆除、砍伐或者清除障碍。

第三十二条 违反本条例第二十一条规定,未采取相应的安全作业措施,造成电力设施损坏的,由电力管理部门责令其停止作业并赔偿损失;造成人身损害和其他财产损失的,由施工作业单位承担赔偿责任。

第三十三条 违反本条例第二十四条、第二十五条、第二十六规定,有危害电力设施行为之一的,由电力管理部门责令改正;拒不改正的,对单位处五千元以上一万元以下罚款,或者对个人处二百元以上一千元以下罚款;造成损害的,依法承担民事责任。

第三十四条 违反本条例第二十八条规定,严重影响电力设施安全的,由电力管理部门责令改正;逾期不改正的,通知供电企业停止受理用电报装申请,或者按国家规定程序终止供电,直至危害行为消除。

第三十五条 违反本条例第二十九条规定,非法出售、收购电力设施器材设备的,由公安机关依法处置。

第三十六条 违反本条例规定,电力管理部门和其他有关行政主管部门的工作人员玩忽职守、滥用职权、徇私舞弊的,依法给予处分;构成犯罪的,依法追究刑事责任。

第三十七条 本条例自2014年9月1日起施行。

9. 内蒙古自治区电力设施保护条例

内蒙古自治区电力设施保护条例

（1994年7月17日内蒙古自治区第八届人民代表大会常务委员会第九次会议通过，根据1997年9月24日内蒙古自治区第八届人民代表大会常务委员会第二十八次会议关于修改《内蒙古自治区电力设施保护条例》的决定修正）

第一章 总　　则

第一条 为加强电力设施的保护，保障电力生产、供应和建设的顺利进行，维护公共安全，根据国家有关法律、法规的规定，结合自治区实际，制定本条例。

第二条 本条例适用于自治区行政区域内已建或者在建的公用电力设施。

第三条 旗县级以上人民政府电力主管部门履行法律、法规规定的保护电力设施的各项职责。各级公安部门、司法机关负责依法查处破坏电力设施或者哄抢、盗窃电力设施器材的案件。有关单位和个人对电力设施保护工作要给予配合。

第四条 各级人民政府根据需要可以成立电力设施保护领导组织，负责本行政区域内电力设施保护的领导和协调工作。办事机构设在同级电力主管部门。要组织电力线路设施沿线群众护线，群众护线员应当经过电力主管部门培训，考核合格后，由盟、设区的市电力主管部门发给电力部统一印制的护线证。

第五条 严禁危害、破坏电力设施和盗窃电力设备器材的行为。

任何单位和个人都有保护电力设施的义务，对危害、破坏电力设施和盗窃电力设备器材的行为，有权制止，并向电力、公安部门报告。

第六条 对在电力设施保护工作中做出显著成绩的单位和个人，由各级人民政府或者电力主管部门给予表彰和奖励。

第二章 电力设施的保护

第七条 发电厂（站）、变电所（站）设施的保护范围：

（一）发电厂（站）、变电所（站）内与发电、变电生产有关的设施；

（二）发电厂（站）、变电所（站）外各种专用管道（沟）、水井、泵站、冷却塔、油库、堤坝、铁路、桥梁、道路、燃料装卸设施、灰坝（场）、避雷针、标志牌、消防设施及其附属设施；

（三）风力发电站风机、铁塔、塔下电子箱、联网设施及其附属设施；

（四）水力发电厂使用的水库、大坝、取水口、引水隧洞（含支洞口）、引水渠道、调压井（塔）、露天高压管道、厂房、尾水渠、厂房与大坝间的通讯设施及其附属设施。

第八条　电力线路设施的保护范围：

（一）架空电力线路：杆塔、铁塔、拉线、基础、接地装置、导线、避雷线、金具、绝缘子、登杆塔的爬梯和脚钉，导线跨越河道的保护设施、巡（保）线站、巡线检修专用道路、桥梁、标志牌及其附属设施；

（二）电力电缆线路：架空、地下、水底电力电缆和电缆联结装置、电缆管道、电缆隧道、电缆桥、电缆沟、电缆井、井盖、盖板、入孔、标石、标志牌、水线标志牌及其附属设施；

（三）电力线路上的变压器、接地装置、电抗器、电容器、断路器、刀闸、避雷器、互感器、熔断器、计量仪表装置、负荷监视、控制装置、配电箱（室）、箱式变电站及其附属设施。

第九条　架空电力线路保护区，是指导线边线向外侧延伸所形成的两平行线内的区域。

在一般地区各级电压的边线延伸距离如下：

1-10 千伏	5.0 米
35-110 千伏	10 米
220 千伏	15 米
500 千伏	20 米

在厂矿、城镇等人口密集地区，各级电压导线边线在计算最大风偏情况下，距建筑物的水平安全距离如下：

1 千伏以下	1.0 米
1-10 千伏	1.5 米
35 千伏	3.0 米
66-110 千伏	4.0 米
220 千伏	5.0 米
500 千伏	8.5 米

第十条　电力电缆线路保护区：

（一）地下电缆保护区为线路两侧零点七五米所形成的两平行线内的区域；

（二）河道电缆保护区，在敷设于二级及以上航道时，为线路两侧各一百米所形成的两平行线内的区域；在敷设于三级及以下航道时，为线路两侧各五十米所形成的两平行线内的区域。

第十一条　发电厂（站）、变电所（站）专用的输水、输油、供热、冲灰管道的保护区为两侧各一点五米所形成的两平行线内的区域。

第十二条　电力主管部门应当在架空线路穿越人口密集、人员活动频繁的地区和车辆、机械穿越架空电力线路且易发生事故的地段，设置国务院电力、公安部门统一规定的标志牌。

地下电缆铺设和水底电缆敷设后，应当设立永久性标志，并将电缆所在的位置书面通知有关部门。

第十三条　任何单位和个人不得在距电力设施三百米范围内（指水平距离）进行爆破作业。若因工作需要必须进行爆破作业时，应当按照国家颁发的《爆破作业管理条例》、《爆破安全规程》和国务院电力主管部门颁发的《电业安全规程》的有关规定，制定安全措施，在征得当地电力主管部门的同意后，方可进行。在三百米以外进行的爆破作业也必须保证电力设施安全。

第十四条 电力主管部门专用通信线、通信电缆线路设施及其附属设施和微波塔、微波站、通信卫星地面站设施的保护，依照国家有关法规和国务院、中央军委关于保护通信线路的规定执行。

第十五条 任何单位或者个人，不得从事下列危害发电厂（站）、变电所（站）设施的行为：

（一）擅自进入发电厂（站）、变电所（站）内私接电源，移动、损害标志物；

（二）在通往发电厂（站）、变电所（站）的专用道路上设置障碍；

（三）利用发电厂（站）、变电所（站）的围墙兴建建筑物、构筑物；

（四）在输水、输油、供热、冲灰管道（沟）保护区内取土、开挖、钻探、倾倒腐蚀性物质、堆放垃圾和矿渣、放置易燃易爆物品、兴建建筑物、构筑物；

（五）未经发电厂许可，在灰坝（场）上种植树木和农作物或者挖沙、取土、兴建建筑物、构筑物。

第十六条 任何单位或者个人，不得从事下列危害电力线路设施的行为：

（一）向电力线路设施射击；

（二）向导线抛掷物体；

（三）在架空电力线路导线两侧各三百米的区域内放风筝；

（四）擅自在导线上接用电器设备；

（五）擅自攀登杆塔或者在杆塔上架设电力线、通信线、广播线、安装广播喇叭、悬挂广告条幅；

（六）利用杆塔、拉线作起重牵引地锚或者悬挂物体、拴牲畜、攀附农作物；

（七）拆卸杆塔或者拉线上的器材，移动、损坏永久性标志或者标志牌；

（八）在杆塔内（不含杆塔与杆塔之间）或者杆塔与拉线之间修筑道路。

第十七条 禁止在距架空电力线路杆塔、拉线基础外缘（35千伏及以下5米、66千伏及以上10米）范围内取土、打桩、钻探、开挖或者倾倒酸、碱、盐及其他腐蚀性化学物品。

在前款规定的范围外50米以内进行取土、打桩、钻探、开挖等活动时，必须遵守下列规定：

（一）要预留出通往杆塔、拉线基础供巡视、检修人员、车辆通行的道路；

（二）不得影响基础的稳定，可能引起基础周围土壤、砂石滑坡时，由进行上述活动的单位或者个人负责修筑护坡加固；

（三）不得破坏电力设施接地装置或者改变其埋设深度。

第十八条 在架空电力线路保护区内，单位或者个人必须遵守下列规定：

（一）不得堆放谷物、草料、垃圾、矿渣、易燃物、易爆物及其他影响安全供电的物品；

（二）不得烧窑、烧荒；

（三）不得兴建建筑物、构筑物；

（四）经当地电力主管部门同意，可以保留或者种植自然生长最终高度与导线之间符合安全距离的树木。

第十九条　在电力电缆线路保护区内，单位或者个人必须遵守下列规定：

（一）不得在地下电缆保护区内堆放垃圾、矿渣、易燃物、易爆物，倾倒酸、碱、盐及其他腐蚀性化学物品，兴建建筑物、构筑物或者种植树木；

（二）不得在河道电缆保护区内抛锚、拖锚、炸鱼、挖河。

第二十条　下列行为必须经旗县级以上电力主管部门批准，并采取相应的安全措施后，方可进行：

（一）在架空电力线路或者电力电缆线路保护区内进行农田基本建设及打桩、钻探、开挖等作业；

（二）起重机械的任何部位进入架空电力线路保护区进行施工；

（三）超过四米高度的车辆、机械（含车辆、机械上的人员）和物体或者其最高点与架空电力线路的距离小于相应电压等级的安全距离而通过架空电力线路。

第二十一条　任何单位或者个人不得从事下列危害电力设施建设的行为：

（一）非法侵占电力设施建设项目依法征用的土地；

（二）涂改、移动、损害、拔除电力设施建设的测算标桩和标志；

（三）破坏、封堵施工道路，截断施工水源或者电源，聚众干扰、阻挠电力设施建设的正常进行。

第二十二条　严禁非法出售、收购废旧电力设施器材设备。

出售废旧电力设施器材设备，经办人和出售人必须持有本人居民身份证和所在单位或者所在居民委员会、村民委员会出具的证明。证明必须注明废旧电力设施器材设备的来源、数量、规格等。

收购废旧电力设施器材设备的单位，必须取得公安部门核发的《特种行业许可证》和工商行政管理部门核发的《营业执照》，定点收购。收购单位必须登记经办人或者出售人的居民身份证号码并留存证明。个人不得收购废旧电力设施器材设备。

第三章　对电力设施与其他设施互相妨碍的处理

第二十三条　新建、改建、扩建电力设施应当符合城乡建设规划要求。电力主管部门应当将批准的电力设施新建、改建或者扩建的规划和计划通知城乡建设规划主管部门，并划定保护区域。

城乡建设规划主管部门应当将发电厂（站）、变电所（站）和电力线路设施及其附属设施的新建、改建或者扩建纳入城乡建设规划，并在已建架空电力线路设施（或者已经批准新建、改建、扩建、规划的架空电力线路设施）两侧规划审批建筑物时，应当会同当地电力主管部门审查后批准。

第二十四条　建设架空电力线路不得跨越储存易燃、易爆物品仓库的区域；跨越房屋，必须采取安全措施，并按照有关规定与有关主管部门达成协议后施工。

架空电力线路建设应当尽量避免穿过城市公园绿地，必须穿过时，应当经当地城市规划部门批准，并注意避开景观优美和游人集中的地区。

第二十五条　规划、林业、土地及有关部门在审批宅基地、建设用地、建设项目选址和植树造林时，应当避开已建的架空线路、电力电缆、输油管道、除灰管道等电力设施。

第二十六条　公用工程、城市绿化和其他设施与发电厂（站）、变电所（站）和电力线路设施及其附属设施，在新建、改建或者扩建中相互妨碍时，双方主管部门应当按照本条例和有关规定协商，达成协议后，方可施工。

对因新建、改建、扩建发电厂（站）、变电所（站）和电力线路设施及其附属设施而损害农作物、砍伐树木或者拆迁建筑物及其他设施的，应当按照国家有关规定给予一次性补偿。

第二十七条 架空电力线路和树木之间距离应当符合安全要求。

架空电力线路导线在最大弧垂或者最大风偏后与树木之间的安全距离为：

电压等级	最大风偏后的距离	最大垂直距离
1-10 千伏	1.5 米	2 米
35-100 千伏	3.5 米	4 米
220 千伏	4 米	4.5 米
500 千伏	7 米	7 米

当架空电力线路与树木之间发生妨碍时，应当对树木进行修剪，并保持今后树木自然生长最终高度和导线间的距离符合安全距离的要求。

在已建架空电力线路保护区内种植树木时，树木所有者或者管理者必须取得当地电力主管部门同意，可种植低矮树种，并由树木所有者或者管理者负责修剪，保持树木自然生长最终高度和导线之间的距离符合安全距离的要求。

第二十八条 架空电力线路穿过林区时，应当砍伐出通道。通道宽度为拟建架空电力线路两边线间的距离和林区主要树种自然生成最终高度两倍之和。通道内不得再种植树木。

线路建设单位砍伐树木，必须按照国家有关法律、法规的规定进行申报办理手续，并付给树木所有者补偿费后，方可进行。对不影响线路安全运行、不妨碍对线路巡视、检修的树木可以不砍伐，电力线路建设单位必须与树木所有者签订协议。确保树木自然生长最终高度与导线间的距离符合安全距离的要求。

第四章 法律责任

第二十九条 违反本条例第十五条、第十六条、第十七条、第十八条、第十九条规定的，电力主管部门有权制止，责令限期改正；并可处以 50 元至 5000 元或者造成直接经济损失 1 至 3 倍的罚款。造成损失的，由责任人负责赔偿。电力主管部门还可以建议责任人所在单位或者上级主管部门给予其行政处分。

违反本条例第十五条第五项、第十八条第四项、第十九条第一项规定的，除按照前款规定执行外，电力主管部门可以强行伐、剪树木，所需费用由树木所有者负担。

第三十条 违反本条例第二十一条第一项规定的，非法侵占电力设施建设依法征用的土地，按照国家有关规定处理。

第三十一条 在已建架空电力线路、电力电缆保护区内兴建建筑物、构筑物，由电力主管部门限期拆除，所需费用由建筑物、构筑物所有者负担。

第三十二条 违反本条例第二十二条规定的，由工商行政管理机关没收非法所得或者实物，并视情节轻重，责令其停止整顿，并可处以一万元以下罚款。

第三十三条 违反本条例规定构成违反治安管理行为的，依照《中华人民共和国治安管理处罚条例》予以处罚；构成犯罪的，依法追究刑事责任。

第三十四条 电力主管部门工作人员行使处罚权时，应当持电力部统一颁发的证件。

赔偿损失、罚款、责令期限改正应当由旗县级以上电力主管部门决定。责令限期改正填发《隐患通知书》，赔偿损失填发《赔偿通知书》，罚款填发《处罚通知书》。收到赔偿费和罚款后开具凭证。罚款一律上缴财政。

第三十五条 当事人对行政处罚决定不服的，可以在接到处罚通知之日起十五日内，向作出处罚决定的机关的上一级机关申请复议；对复议决定不服的，可以在接到复议决定之日起十五日内，向人民法院起诉。当事人也可以在接到处罚通知之日起十五日内，直接向人民法院起诉。当事人逾期不申请复议也不向人民法院起诉又不履行处罚决定的，可以由作出处罚决定的机关申请人民法院强制执行。

第三十六条 电力主管部门的工作人员违反本条例规定，玩忽职守，徇私枉法，由其所在单位或者上级主管部门给予行政处分；构成犯罪的，依法追究刑事责任。

第五章 附 则

第三十七条 本条例应用中的具体问题由自治区电力主管部门负责解释。

第三十八条 本条例自公布之日起施行。

10. 陕西省电力设施和电能保护条例

陕西省电力设施和电能保护条例

第一章 总 则

第一条 为了保护电力设施，预防和制止窃电行为，保障电力生产和运行安全及正常的供用电秩序，维护电力企业和用户的合法权益，根据《中华人民共和国电力法》和有关法律、行政法规，结合本省实际，制定本条例。

第二条 本省行政区域内的电力设施和电能的保护及相关活动适用本条例。

第三条 电力设施和电能的保护遵循预防为主、防治兼顾的方针，实行电力行政主管部门、公安部门、电力企业和群众相结合的原则。

第四条 县级以上人民政府应当加强电力设施和电能保护工作的组织领导，将电力设施和电能保护工作纳入社会治安综合治理目标责任制。

第五条 县级以上人民政府发展和改革行政部门是本行政区域内的电力行政主管部门，负责电力设施和电能保护工作的监督、检查、指导和协调，并委托电力设施和电能保护监察机构具体负责电力设施和电能保护的行政执法工作。

县级以上人民政府建设、规划、国土资源、林业、质量技术监督等部门，按照各自的职责，做好电力设施和电能的保护工作。

第六条 电力企业应当加强对电力设施和电能的保护工作，对危害电力设施安全和扰乱供用电秩序的行为，有权予以制止，保障群众生活和经济社会发展安全用电。

任何单位和个人都有保护电力设施和遵章使用电能的义务，对危害电力设施和违法使用电能的行为，有权向电力行政主管部门或者公安部门举报。

第七条 县级以上人民政府及有关部门应当组织开展电力设施和电能保护的宣传和教育活动，增强全社会的电力设施和电能保护意识。

第八条 对在电力设施和电能保护工作中做出显著成绩的单位和个人，县级以上人民政府及有关部门应当给予表彰和奖励。

第二章 电力设施保护

第九条 县级以上人民政府及有关部门应当按照有关规划，统筹安排电力建设用地，不得在输电线路走廊和电缆通道内批准其他妨碍电力设施安全的建设项目。

第十条 发电设施、变电设施、电力线路设施及其有关辅助设施和电力交易场所的设施受法律保护。

发电设施、变电设施、电力线路设施及其有关辅助设施的保护范围按照国务院《电力设施保护条例》的规定执行。

电力交易场所设施包括计量、报价、交易、结算、监视、复核、预警、信息发布等设施及其他有关辅助设施。

第十一条 电力线路保护区按照国务院《电力设施保护条例》的规定执行。

750千伏电力线路保护区为导线边线向外侧水平延伸25米并垂直于地面所形成的两平行面内的区域，杆塔及拉线基础周围15米内的区域。

第十二条 县级以上电力行政主管部门应当按照国务院《电力设施保护条例》的规定对电力设施保护范围和电力线路保护区设立标志。

任何单位和个人不得损毁、移动和破坏电力设施保护标志。

第十三条 任何单位和个人应当遵守国务院《电力设施保护条例》第十三条、第十四条、第十五条、第十六条和第十八条的规定，不得危害发电设施、变电设施、电力线路设施和危害电力设施建设。

任何单位和个人不得在架空电力线路保护区内燃放烟花爆竹或者悬挂气球、放风筝、垂钓；不得攀登变压器台架、杆塔和拉线。

第十四条 单位和个人从事下列活动时，应当制定安全措施并经县级以上电力行政主管部门批准：

（一）在架空电力线路保护区内进行农田水利基本建设工程及打桩、钻探、开挖等作业；

（二）起重机械的任何部位进入架空电力线路保护区内作业；

（三）小于导线距穿越物体之间的安全距离，通过架空电力线路保护区；

（四）在电力电缆线路保护区内进行作业。

电力行政主管部门审批前款规定的事项时，应当征求电力企业的意见；涉及到相关部门的，应当征求相关部门的意见。

电力行政主管部门认为前款的作业事项需要电力企业提供协助时，电力企业应当予以配合，产生的费用由作业单位承担。

第十五条 公用电力设施建成投产后，由电力企业统一维护管理。经电力行政主管部门批准后，电力企业可以使用、改造、扩建该供电设施。

共用电力设施的维护管理，由产权单位协商确定，产权单位可以自行维护管理，也可以委托电力企业维护管理。

用户专用的电力设施建成投产后，由用户维护管理或者委托电力企业维护管理。

第十六条 新建、改建、扩建电力设施，应当与周围已建设施保持符合规定的安全距离。需要迁移其他设施或者要求其他设施所有人和管理人采取相应技术措施的，电力企业应当与其协商，并按照国家和本省的有关规定给予一次性补偿。

铁路、公路、水利、电信、航运、城市道路、桥梁、涵洞、管线及其他公共工程设施后于电力设施建设的，不得危及电力设施的安全。确需迁移电力设施的，建设单位应当与电力企业协商并达成协议后方可施工。

第十七条 在架空电力线路保护区内不得种植可能危及电力线路安全的树木、竹子等高秆植物。在架空电力线路保护区内因绿化需要种植低矮树种的，应当事先征得电力行政主管部门同意，并负责保持树木的高度、宽度与导线之间的距离符合安全距离的要求。

新建架空电力线路，在电力线路保护区内有危及线路安全的树木、竹子等高秆植物的，建设单位应当按照国家有关电力设计的规程和林业法律、法规的规定予以砍伐，给予所有者一次性补偿。

外力因素导致树木倾斜，危及电力线路安全的，电力企业可以先行对危及线路安全的树木修剪或者砍伐，砍伐后应当通知树木管理者或者所有者，并在三十日内告知相关部门。

第十八条 电力企业发现在电力设施保护区内修建危及电力设施安全的建筑物、构筑物以及其他危及电力设施安全行为的，有权要求当事人停止作业、恢复原状、消除危险，并报电力行政主管部门依法处理。

第十九条 在遭遇自然灾害或者突发性事件等危及电力设施安全的紧急情况时，电力企业可以先行采取紧急措施，防止危害电力设施安全的事故发生或者最大程度减轻事故的危害，并立即报告电力行政主管部门。

电力企业实施紧急措施后，应当及时告知利害关系人。

第二十条 单位出售废旧电力设施器材的，经办人须持单位介绍信和本人的身份证明，介绍信应当注明废旧电力设施器材的来源、数量、规格等；个人出售废旧电力设施器材的，需持其本人身份证明。

收购单位不得回收来源不明的废旧电力设施器材。收购单位收购废旧电力设施器材时，应当存留出售单位的介绍信，记录出售人的身份证明和所收购废旧电力设施器材的来源、数量、规格等事项。

第三章 电能保护

第二十一条 用户应当和供电企业依法签订供用电合同，明确双方的权利和义务。

对于供电质量、时间或者方式等条件有特殊要求的，用户应当和供电企业在供用电合同中特别约定。

第二十二条 用户安装的用电计量装置，需经法定的或者授权的计量检定机构检定合格，并加贴检定标志。用户使用的电力、电量以计量装置的记录为准。

第二十三条 任何单位和个人不得以任何方式窃电。

禁止胁迫、指使、协助他人窃电或者向他人传授窃电方法。

禁止生产、销售专门用于窃电的装置。

第二十四条 本条例所称的窃电，是指以非法占用电能为目的，采用秘密手段实施下列不计或者少计电量的行为：

（一）在供电企业的供电设施或者其他用户的用电设施上擅自接线用电；

（二）绕越用电计量装置用电；

（三）伪造或者开启法定的或者授权的计量检定机构加封的用电计量装置封印用电；

（四）故意损坏用电计量装置用电；

（五）故意导致用电计量装置计量不准或者失效用电；

（六）使用窃电装置用电；

（七）使用非法充值的用电充值卡用电；

（八）采用其他方式窃电。

第二十五条 窃电量按照下列方法计算确定：

（一）以本条例第二十四条第（一）项所列方法窃电的，按照所接设备的额定容量乘以实际窃电时间计算。

（二）以本条例第二十四条第（二）项至第（八）项所列方法窃电的，可以根据情况，采用以下方法计算：

1. 按照同属性单位正常用电的单位产品耗电量或者同类产品平均用电的单位产品耗电量乘以窃电者的产品产量，加上其他辅助用电量，减去用电计量装置的抄见电量。

2. 按照窃电后用电计量装置的抄见电量与窃电前正常的月平均用电量的差额，并根据实际用电变化确定；窃电前正常用电超过 6 个月的，按 6 个月计算月平均用电量；窃电前正常用电不足 6 个月的，按实际正常用电时间计算月平均用电量。

3. 采用上述方法难以计算窃电量的，按照用电计量装置标定电流值（对装有限流器的，按限流器整定电流值）所指的容量，乘以实际窃电时间计算确定；通过互感器窃电的，计算窃电量时还应当乘以相应的互感器倍率。

（三）实际窃电时间无法查明时，按照 180 天计算。每日窃电时间：电力用户按 12 小时计算；照明用户按 6 小时计算。

第二十六条 窃电金额按照窃电量乘以窃电时的销售目录电价计算。

窃电后转售的，转售电价高于销售目录电价的，按照转售的价格计算；转售电价低于销售目录电价的，按照销售目录电价计算。

第二十七条 供电企业应当按照国家有关规定配备用电检查人员。用电检查人员按照国家规定对用户用电情况进行检查。

用电检查人员进行用电检查时，不得少于两人，并出示《用电检查证》，用户应当予以配合。

第二十八条 用电检查人员现场检查发现涉嫌窃电行为时，可以当场予以制止，并收集、提取有关窃电行为的证据，报电力行政主管部门处理。

第二十九条 电力企业为制止窃电行为，可以中断窃电用户的用电，但是应当符合下列条件：

（一）事先通知；

（二）采取了防范设备重大损失、人身伤害的措施；

（三）不影响社会公共利益或者危害社会公共安全；

（四）不影响其他用户正常用电。

用户对中断供电有异议的，可以向电力行政主管部门投诉。受理投诉的电力行政主管部门应当及时处理，在三日内作出是否恢复供电的决定。

第三十条 有下列情形之一的，供电企业应当在 24 小时内恢复供电：

（一）被中断供电的用户停止窃电行为，并已补交电费及按照合同约定支付了违约金；

（二）被中断供电的用户提供了担保；

（三）电力行政主管部门对供电企业中断供电作出了恢复供电的决定。

第四章 监督检查

第三十一条 县级以上电力行政主管部门应当加强对电力设施和电能保护执法工作的监督管理，规范电力设施和电能保护的执法活动，协调电力执法过程中与相关部门之间的关系。

第三十二条 县级以上电力行政主管部门委托的电力设施和电能保护监察机构的具体职责是：

（一）宣传、贯彻电力设施和电能保护方面的法律、法规；

（二）受理对违反电力设施和电能保护法律、法规行为的投诉和举报；

（三）查处危及电力设施安全的违法行为；

（四）查处窃电行为；

（五）法律、法规规定的其他职责。

电力设施和电能保护监察机构对投诉、举报应当在七日内决定是否立案，并告知投诉人或者举报人；对违法行为的查处，应当自立案之日起三十日内结案；情况复杂、确需延长的，经电力设施和电能保护监察机构负责人批准，可以适当延长，但延长期限不得超过三十日。

第三十三条 电力设施和电能保护监察人员应当具备下列条件：

（一）具有大专以上文化程度；

（二）熟悉电力法律、法规；

（三）熟悉电力业务知识，并具有两年以上工作经验；

（四）坚持原则、秉公办事。

电力设施和电能保护监察人员应当依法取得省人民政府制发的行政执法证件。

第三十四条 电力设施和电能保护监察人员依法履行职责时，可以行使下列职权：

（一）检查电力设施安全及用户用电情况；

（二）要求用电单位提供与用电相关的文件和资料；

（三）查阅、复制必要的资料，询问有关人员；

（四）采用笔录、录音、照相、录像、检测等方式取得证据；

（五）法律、法规规定的其他职权。

电力设施和电能保护监察人员应当忠于职守、文明执法，不得泄露检查中获知的被检查单位的商业秘密。

第五章　法律责任

第三十五条 违反本条例第十二条第二款规定的，由县级以上电力行政主管部门责令改正，可以处二百元以下罚款。

第三十六条 违反本条例第十三条第一款规定的，由县级以上电力行政主管部门依照国务院《电力设施保护条例》的规定予以处罚。

违反本条例第十三条第二款规定的，由县级以上电力行政主管部门责令改正；拒不改正的，对个人处一百元以上一千元以下罚款，对单位处一千元以上一万元以下罚款。

第三十七条 违反本条例第二十三条第一款规定窃电的，由县级以上电力行政主管部门责令停止违法行为，处应交电费一倍以上五倍以下罚款，并补交电费；因窃电造成电力设施损坏或者他人人身、财产损失的，窃电者应当依法承担赔偿责任；构成犯罪的，由司法机关依法追究刑事责任。

违反本条例第二十三条第二款规定胁迫、指使、协助他人窃电或者向他人传授窃电方法，尚不构成犯罪的，由县级以上电力行政主管部门责令停止违法行为，没收违法所得，并处二千元以上一万元以下罚款；构成犯罪的，由司法机关依法追究刑事责任。

违反本条例第二十三条第三款规定制造、销售专门用于窃电的装置的，由县级以上电力行政主管部门责令停止违法行为，没收专门用于窃电的装置及违法所得，并处五千元以上五万元以下的罚款。

第三十八条 供电企业违反本条例第二十九条第一款、第三十条规定的，由县级以上电力行政主管部门责令其改正，给予警告；拒不改正的，处二千元以上一万元以下的罚款。给用户造成损失的，应当依法承担赔偿责任。

第三十九条 违反《中华人民共和国治安管理处罚法》规定，破坏、损毁、盗窃电力设施以及收购废旧电力设施器材的，由公安部门予以处罚；构成犯罪的，由司法机关依法追究刑事责任。

第四十条 电力行政主管部门根据《中华人民共和国电力法》、国务院《电力设施保护条例》和本条例规定,对个人处以三千元以上,对单位处以三万元以上罚款的,应当告知当事人有要求举行听证的权利。

第四十一条 电力行政主管部门、电力设施和电能保护监察机构及其工作人员违反本条例规定,有下列行为之一的,对直接负责的主管人员和其他直接责任人员给予行政处分;构成犯罪的,由司法机关依法追究刑事责任:

(一)对于受理的举报、投诉案件,未予及时处理;

(二)在执法过程中徇私舞弊,发现违法行为不予查处;

(三)利用职权,侵犯他人合法权益;

(四)泄露电力用户的商业秘密或者举报人情况;

(五)收缴、罚没的财物据为己有;

(六)不依法履行电力设施和电能保护职责的其他行为。

第四十二条 违反本条例规定的其他行为,依照《中华人民共和国电力法》和有关法律、法规的规定执行。

第六章 附 则

第四十三条 本条例自 2007 年 7 月 1 日起施行。

十二、电信管理有关规定

1. 中华人民共和国电信条例

中华人民共和国电信条例
中华人民共和国国务院令
第 291 号

《中华人民共和国电信条例》已经 2000 年 9 月 20 日国务院第 31 次常务会议通过，现予公布施行。

总　理　朱镕基
二〇〇〇年九月二十五日

中华人民共和国电信条例

第一章　总　则

第一条　为了规范电信市场秩序，维护电信用户和电信业务经营者的合法权益，保障电信网络和信息的安全，促进电信业的健康发展，制定本条例。

第二条　在中华人民共和国境内从事电信活动或者与电信有关的活动，必须遵守本条例。

本条例所称电信，是指利用有线、无线的电磁系统或者光电系统，传送、发射或者接收语音、文字、数据、图像以及其他任何形式信息的活动。

第三条　国务院信息产业主管部门依照本条例的规定对全国电信业实施监督管理。

省、自治区、直辖市电信管理机构在国务院信息产业主管部门的领导下，依照本条例的规定对本行政区域内的电信业实施监督管理。

第四条 电信监督管理遵循政企分开、破除垄断、鼓励竞争、促进发展和公开、公平、公正的原则。

电信业务经营者应当依法经营，遵守商业道德，接受依法实施的监督检查。

第五条 电信业务经营者应当为电信用户提供迅速、准确、安全、方便和价格合理的电信服务。

第六条 电信网络和信息的安全受法律保护。任何组织或者个人不得利用电信网络从事危害国家安全、社会公共利益或者他人合法权益的活动。

第二章 电信市场

第一节 电信业务许可

第七条 国家对电信业务经营按照电信业务分类，实行许可制度。

经营电信业务，必须依照本条例的规定取得国务院信息产业主管部门或者省、自治区、直辖市电信管理机构颁发的电信业务经营许可证。

未取得电信业务经营许可证，任何组织或者个人不得从事电信业务经营活动。

第八条 电信业务分为基础电信业务和增值电信业务。

基础电信业务，是指提供公共网络基础设施、公共数据传送和基本话音通信服务的业务。增值电信业务，是指利用公共网络基础设施提供的电信与信息服务的业务。

电信业务分类的具体划分在本条例所附的《电信业务分类目录》中列出。国务院信息产业主管部门根据实际情况，可以对目录所列电信业务分类项目作局部调整，重新公布。

第九条 经营基础电信业务，须经国务院信息产业主管部门审查批准，取得《基础电信业务经营许可证》。

经营增值电信业务，业务覆盖范围在两个以上省、自治区、直辖市的，须经国务院信息产业主管部门审查批准，取得《跨地区增值电信业务经营许可证》；业务覆盖范围在一个省、自治区、直辖市行政区域内的，须经省、自治区、直辖市电信管理机构审查批准，取得《增值电信业务经营许可证》。

运用新技术试办《电信业务分类目录》未列出的新型电信业务的，应当向省、自治区、直辖市电信管理机构备案。

第十条 经营基础电信业务，应当具备下列条件：

（一）经营者为依法设立的专门从事基础电信业务的公司，且公司中国有股权或者股份不少于51%；

（二）有可行性研究报告和组网技术方案；

（三）有与从事经营活动相适应的资金和专业人员；

（四）有从事经营活动的场地及相应的资源；

（五）有为用户提供长期服务的信誉或者能力；

（六）国家规定的其他条件。

第十一条 申请经营基础电信业务，应当向国务院信息产业主管部门提出申请，并提交本条例第十条规定的相关文件。国务院信息产业主管部门应当自受理申请之日起180日内审查完毕，作出批准或者不予批准的决定。予以批准的，颁发《基础电信业务经营许可证》；不予批准的，应当书面通知申请人并说明理由。

第十二条　国务院信息产业主管部门审查经营基础电信业务的申请时，应当考虑国家安全、电信网络安全、电信资源可持续利用、环境保护和电信市场的竞争状况等因素。

颁发《基础电信业务经营许可证》，应当按照国家有关规定采用招标方式。

第十三条　经营增值电信业务，应当具备下列条件：

（一）经营者为依法设立的公司；
（二）有与开展经营活动相适应的资金和专业人员；
（三）有为用户提供长期服务的信誉或者能力；
（四）国家规定的其他条件。

第十四条　申请经营增值电信业务，应当根据本条例第九条第二款的规定，向国务院信息产业主管部门或者省、自治区、直辖市电信管理机构提出申请，并提交本条例第十三条规定的相关文件。申请经营的增值电信业务，按照国家有关规定须经有关主管部门审批的，还应当提交有关主管部门审核同意的文件。国务院信息产业主管部门或者省、自治区、直辖市电信管理机构应当自收到申请之日起60日内审查完毕，作出批准或者不予批准的决定。予以批准的，颁发《跨地区增值电信业务经营许可证》或者《增值电信业务经营许可证》；不予批准的，应当书面通知申请人并说明理由。

第十五条　电信业务经营者在经营过程中，变更经营主体、业务范围或者停止经营的，应当提前90日向原颁发许可证的机关提出申请，并办理相应手续；停止经营的，还应当按照国家有关规定做好善后工作。

第十六条　经批准经营电信业务的，应当持依法取得的电信业务经营许可证，向企业登记机关办理登记手续。

专用电信网运营单位在所在地区经营电信业务的，应当依照本条例规定的条件和程序提出申请，经批准，取得电信业务经营许可证，并依照前款规定办理登记手续。

第二节　电信网间互联

第十七条　电信网之间应当按照技术可行、经济合理、公平公正、相互配合的原则，实现互联互通。

主导的电信业务经营者不得拒绝其他电信业务经营者和专用网运营单位提出的互联互通要求。

前款所称主导的电信业务经营者，是指控制必要的基础电信设施并且在电信业务市场中占有较大份额，能够对其他电信业务经营者进入电信业务市场构成实质性影响的经营者。

主导的电信业务经营者由国务院信息产业主管部门确定。

第十八条　主导的电信业务经营者应当按照非歧视和透明化的原则，制定包括网间互联的程序、时限、非捆绑网络元素目录等内容的互联规程。互联规程应当报国务院信息产业主管部门审查同意。该互联规程对主导的电信业务经营者的互联互通活动具有约束力。

第十九条　公用电信网之间、公用电信网与专用电信网之间的网间互联，由网间互联双方按照国务院信息产业主管部门的网间互联管理规定进行互联协商，并订立网间互联协议。

网间互联协议应当向国务院信息产业主管部门备案。

第二十条　网间互联双方经协商未能达成网间互联协议的，自一方提出互联要求之日起

60日内，任何一方均可以按照网间互联覆盖范围向国务院信息产业主管部门或者省、自治区、直辖市电信管理机构申请协调；收到申请的机关应当依照本条例第十七条第一款规定的原则进行协调，促使网间互联双方达成协议；自网间互联一方或者双方申请协调之日起45日内经协调仍不能达成协议的，由协调机关随机邀请电信技术专家和其他有关方面专家进行公开论证并提出网间互联方案。协调机关应当根据专家论证结论和提出的网间互联方案作出决定，强制实现互联互通。

第二十一条　网间互联双方必须在协议约定或者决定规定的时限内实现互联互通。未经国务院信息产业主管部门批准，任何一方不得擅自中断互联互通。网间互联遇有通信技术障碍的，双方应当立即采取有效措施予以消除。网间互联双方在互联互通中发生争议的，依照本条例第二十条规定的程序和办法处理。

网间互联的通信质量应当符合国家有关标准。主导的电信业务经营者向其他电信业务经营者提供网间互联，服务质量不得低于本网内的同类业务及向其子公司或者分支机构提供的同类业务质量。

第二十二条　网间互联的费用结算与分摊应当执行国家有关规定，不得在规定标准之外加收费用。

网间互联的技术标准、费用结算办法和具体管理规定，由国务院信息产业主管部门制定。

第三节　电信资费

第二十三条　电信资费标准实行以成本为基础的定价原则，同时考虑国民经济与社会发展要求、电信业的发展和电信用户的承受能力等因素。

第二十四条　电信资费分为市场调节价、政府指导价和政府定价。

基础电信业务资费实行政府定价、政府指导价或者市场调节价；增值电信业务资费实行市场调节价或者政府指导价。

市场竞争充分的电信业务，电信资费实行市场调节价。

实行政府定价、政府指导价和市场调节价的电信资费分类管理目录，由国务院信息产业主管部门经征求国务院价格主管部门意见制定并公布施行。

第二十五条　政府定价的重要的电信业务资费标准，由国务院信息产业主管部门提出方案，经征求国务院价格主管部门意见，报国务院批准后公布施行。

政府指导价的电信业务资费标准幅度，由国务院信息产业主管部门经征求国务院价格主管部门意见，制定并公布施行。电信业务经营者在标准幅度内，自主确定资费标准，报省、自治区、直辖市电信管理机构备案。

第二十六条　制定政府定价和政府指导价的电信业务资费标准，应当采取举行听证会等形式，听取电信业务经营者、电信用户和其他有关方面的意见。

电信业务经营者应当根据国务院信息产业主管部门和省、自治区、直辖市电信管理机构的要求，提供准确、完备的业务成本数据及其他有关资料。

第四节　电信资源

第二十七条　国家对电信资源统一规划、集中管理、合理分配，实行有偿使用制度。

前款所称电信资源，是指无线电频率、卫星轨道位置、电信网码号等用于实现电信功能且有限的资源。

第二十八条 电信业务经营者占有、使用电信资源，应当缴纳电信资源费。具体收费办法由国务院信息产业主管部门会同国务院财政部门、价格主管部门制定，报国务院批准后公布施行。

第二十九条 电信资源的分配，应当考虑电信资源规划、用途和预期服务能力。

分配电信资源，可以采取指配的方式，也可以采用拍卖的方式。

取得电信资源使用权的，应当在规定的时限内启用所分配的资源，并达到规定的最低使用规模。未经国务院信息产业主管部门或者省、自治区、直辖市电信管理机构批准，不得擅自使用、转让、出租电信资源或者改变电信资源的用途。

第三十条 电信资源使用者依法取得电信网码号资源后，主导的电信业务经营者和其他有关单位有义务采取必要的技术措施，配合电信资源使用者实现其电信网码号资源的功能。

法律、行政法规对电信资源管理另有特别规定的，从其规定。

第三章 电信服务

第三十一条 电信业务经营者应当按照国家规定的电信服务标准向电信用户提供服务。电信业务经营者提供服务的种类、范围、资费标准和时限，应当向社会公布，并报省、自治区、直辖市电信管理机构备案。

电信用户有权自主选择使用依法开办的各类电信业务。

第三十二条 电信用户申请安装、移装电信终端设备的，电信业务经营者应当在其公布的时限内保证装机开通；由于电信业务经营者的原因逾期未能装机开通的，应当每日按照收取的安装费、移装费或者其他费用数额百分之一的比例，向电信用户支付违约金。

第三十三条 电信用户申告电信服务障碍的，电信业务经营者应当自接到申告之日起，城镇 48 小时、农村 72 小时内修复或者调通；不能按期修复或者调通的，应当及时通知电信用户，并免收障碍期间的月租费用。但是，属于电信终端设备的原因造成电信服务障碍的除外。

第三十四条 电信业务经营者应当为电信用户交费和查询提供方便。电信用户要求提供国内长途通信、国际通信、移动通信和信息服务等收费清单的，电信业务经营者应当免费提供。

电信用户出现异常的巨额电信费用时，电信业务经营者一经发现，应当尽可能迅速告知电信用户，并采取相应的措施。

前款所称巨额电信费用，是指突然出现超过电信用户此前三个月平均电信费用 5 倍以上的费用。

第三十五条 电信用户应当按照约定的时间和方式及时、足额地向电信业务经营者交纳电信费用；电信用户逾期不交纳电信费用的，电信业务经营者有权要求补交电信费用，并可以按照所欠费用每日加收 3‰ 的违约金。

对超过收费约定期限 30 日仍不交纳电信费用的电信用户，电信业务经营者可以暂停向其提供电信服务。电信用户在电信业务经营者暂停服务 60 日内仍未补交电信费用和违约金的，电信业务经营者可以终止提供服务，并可以依法追缴欠费和违约金。

经营移动电信业务的经营者可以与电信用户约定交纳电信费用的期限、方式，不受前款规定期限的限制。

电信业务经营者应当在迟延交纳电信费用的电信用户补足电信费用、违约金后的48小时内，恢复暂停的电信服务。

第三十六条 电信业务经营者因工程施工、网络建设等原因，影响或者可能影响正常电信服务的，必须按照规定的时限及时告知用户，并向省、自治区、直辖市电信管理机构报告。

因前款原因中断电信服务的，电信业务经营者应当相应减免用户在电信服务中断期间的相关费用。

出现本条第一款规定的情形，电信业务经营者未及时告知用户的，应当赔偿由此给用户造成的损失。

第三十七条 经营本地电话业务和移动电话业务的电信业务经营者，应当免费向用户提供火警、匪警、医疗急救、交通事故报警等公益性电信服务并保障通信线路畅通。

第三十八条 电信业务经营者应当及时为需要通过中继线接入其电信网的集团用户，提供平等、合理的接入服务。

未经批准，电信业务经营者不得擅自中断接入服务。

第三十九条 电信业务经营者应当建立健全内部服务质量管理制度，并可以制定并公布施行高于国家规定的电信服务标准的企业标准。

电信业务经营者应当采取各种形式广泛听取电信用户意见，接受社会监督，不断提高电信服务质量。

第四十条 电信业务经营者提供的电信服务达不到国家规定的电信服务标准或者其公布的企业标准的，或者电信用户对交纳电信费用持有异议的，电信用户有权要求电信业务经营者予以解决；电信业务经营者拒不解决或者电信用户对解决结果不满意的，电信用户有权向国务院信息产业主管部门或者省、自治区、直辖市电信管理机构或者其他有关部门申诉。收到申诉的机关必须对申诉及时处理，并自收到申诉之日起30日内向申诉者作出答复。

电信用户对交纳本地电话费用有异议的，电信业务经营者还应当应电信用户的要求免费提供本地电话收费依据，并有义务采取必要措施协助电信用户查找原因。

第四十一条 电信业务经营者在电信服务中，不得有下列行为：

（一）以任何方式限定电信用户使用其指定的业务；

（二）限定电信用户购买其指定的电信终端设备或者拒绝电信用户使用自备的已经取得入网许可的电信终端设备；

（三）违反国家规定，擅自改变或者变相改变资费标准，擅自增加或者变相增加收费项目；

（四）无正当理由拒绝、拖延或者中止对电信用户的电信服务；

（五）对电信用户不履行公开作出的承诺或者作容易引起误解的虚假宣传；

（六）以不正当手段刁难电信用户或者对投诉的电信用户打击报复。

第四十二条 电信业务经营者在电信业务经营活动中，不得有下列行为：

（一）以任何方式限制电信用户选择其他电信业务经营者依法开办的电信服务；

（二）对其经营的不同业务进行不合理的交叉补贴；

（三）以排挤竞争对手为目的，低于成本提供电信业务或者服务，进行不正当竞争。

第四十三条 国务院信息产业主管部门或者省、自治区、直辖市电信管理机构应当依据职权对电信业务经营者的电信服务质量和经营活动进行监督检查，并向社会公布监督抽查结果。

第四十四条 电信业务经营者必须按照国家有关规定履行相应的电信普遍服务义务。

国务院信息产业主管部门可以采取指定的或者招标的方式确定电信业务经营者具体承担电信普遍服务的义务。

电信普遍服务成本补偿管理办法，由国务院信息产业主管部门会同国务院财政部门、价格主管部门制定，报国务院批准后公布施行。

第四章 电信建设

第一节 电信设施建设

第四十五条 公用电信网、专用电信网、广播电视传输网的建设应当接受国务院信息产业主管部门的统筹规划和行业管理。

属于全国性信息网络工程或者国家规定限额以上建设项目的公用电信网、专用电信网、广播电视传输网建设，在按照国家基本建设项目审批程序报批前，应当征得国务院信息产业主管部门同意。

基础电信建设项目应当纳入地方各级人民政府城市建设总体规划和村镇、集镇建设总体规划。

第四十六条 城市建设和村镇、集镇建设应当配套设置电信设施。建筑物内的电信管线和配线设施以及建设项目用地范围内的电信管道，应当纳入建设项目的设计文件，并随建设项目同时施工与验收。所需经费应当纳入建设项目概算。

有关单位或者部门规划、建设道路、桥梁、隧道或者地下铁道等，应当事先通知省、自治区、直辖市电信管理机构和电信业务经营者，协商预留电信管线等事宜。

第四十七条 基础电信业务经营者可以在民用建筑物上附挂电信线路或者设置小型天线、移动通信基站等公用电信设施，但是应当事先通知建筑物产权人或者使用人，并按照省、自治区、直辖市人民政府规定的标准向该建筑物的产权人或者其他权利人支付使用费。

第四十八条 建设地下、水底等隐蔽电信设施和高空电信设施，应当按照国家有关规定设置标志。

基础电信业务经营者建设海底电信缆线，应当征得国务院信息产业主管部门同意，并征求有关部门意见后，依法办理有关手续。海底电信缆线由国务院有关部门在海图上标出。

第四十九条 任何单位或者个人不得擅自改动或者迁移他人的电信线路及其他电信设施；遇有特殊情况必须改动或者迁移的，应当征得该电信设施产权人同意，由提出改动或者迁移要求的单位或者个人承担改动或者迁移所需费用，并赔偿由此造成的经济损失。

第五十条 从事施工、生产、种植树木等活动，不得危及电信线路或者其他电信设施的安全或者妨碍线路畅通；可能危及电信安全时，应当事先通知有关电信业务经营者，并由从事该活动的单位或者个人负责采取必要的安全防护措施。

违反前款规定，损害电信线路或者其他电信设施或者妨碍线路畅通的，应当恢复原状或者予以修复，并赔偿由此造成的经济损失。

第五十一条 从事电信线路建设，应当与已建的电信线路保持必要的安全距离；难以避开或者必须穿越，或者需要使用已建电信管道的，应当与已建电信线路的产权人协商，并签订协议；经协商不能达成协议的，根据不同情况，由国务院信息产业主管部门或者省、自治区、直辖市电信管理机构协调解决。

第五十二条 任何组织或者个人不得阻止或者妨碍基础电信业务经营者依法从事电信设施建设和向电信用户提供公共电信服务；但是，国家规定禁止或者限制进入的区域除外。

第五十三条 执行特殊通信、应急通信和抢修、抢险任务的电信车辆，经公安交通管理机关批准，在保障交通安全畅通的前提下可以不受各种禁止机动车通行标志的限制。

第二节　电信设备进网

第五十四条 国家对电信终端设备、无线电通信设备和涉及网间互联的设备实行进网许可制度。

接入公用电信网的电信终端设备、无线电通信设备和涉及网间互联的设备，必须符合国家规定的标准并取得进网许可证。

实行进网许可制度的电信设备目录，由国务院信息产业主管部门会同国务院产品质量监督部门制定并公布施行。

第五十五条 办理电信设备进网许可证的，应当向国务院信息产业主管部门提出申请，并附送经国务院产品质量监督部门认可的电信设备检测机构出具的检测报告或者认证机构出具的产品质量认证证书。

国务院信息产业主管部门应当自收到电信设备进网许可申请之日起 60 日内，对申请及电信设备检测报告或者产品质量认证证书审查完毕。经审查合格的，颁发进网许可证；经审查不合格的，应当书面答复并说明理由。

第五十六条 电信设备生产企业必须保证获得进网许可的电信设备的质量稳定、可靠，不得降低产品质量和性能。

电信设备生产企业应当在其生产的获得进网许可的电信设备上粘贴进网许可标志。

国务院产品质量监督部门应当会同国务院信息产业主管部门对获得进网许可证的电信设备进行质量跟踪和监督抽查，公布抽查结果。

第五章　电信安全

第五十七条 任何组织或者个人不得利用电信网络制作、复制、发布、传播含有下列内容的信息：

（一）反对宪法所确定的基本原则的；
（二）危害国家安全，泄露国家秘密，颠覆国家政权，破坏国家统一的；
（三）损害国家荣誉和利益的；
（四）煽动民族仇恨、民族歧视，破坏民族团结的；
（五）破坏国家宗教政策，宣扬邪教和封建迷信的；
（六）散布谣言，扰乱社会秩序，破坏社会稳定的；
（七）散布淫秽、色情、赌博、暴力、凶杀、恐怖或者教唆犯罪的；
（八）侮辱或者诽谤他人，侵害他人合法权益的；
（九）含有法律、行政法规禁止的其他内容的。

第五十八条 任何组织或者个人不得有下列危害电信网络安全和信息安全的行为：

（一）对电信网的功能或者存储、处理、传输的数据和应用程序进行删除或者修改；

（二）利用电信网从事窃取或者破坏他人信息、损害他人合法权益的活动；

（三）故意制作、复制、传播计算机病毒或者以其他方式攻击他人电信网络等电信设施；

（四）危害电信网络安全和信息安全的其他行为。

第五十九条　任何组织或者个人不得有下列扰乱电信市场秩序的行为：

（一）采取租用电信国际专线、私设转接设备或者其他方法，擅自经营国际或者香港特别行政区、澳门特别行政区和台湾地区电信业务；

（二）盗接他人电信线路，复制他人电信码号，使用明知是盗接、复制的电信设施或者码号；

（三）伪造、变造电话卡及其他各种电信服务有价凭证；

（四）以虚假、冒用的身份证件办理入网手续并使用移动电话。

第六十条　电信业务经营者应当按照国家有关电信安全的规定，建立健全内部安全保障制度，实行安全保障责任制。

第六十一条　电信业务经营者在电信网络的设计、建设和运行中，应当做到与国家安全和电信网络安全的需求同步规划，同步建设，同步运行。

第六十二条　在公共信息服务中，电信业务经营者发现电信网络中传输的信息明显属于本条例第五十七条所列内容的，应当立即停止传输，保存有关记录，并向国家有关机关报告。

第六十三条　使用电信网络传输信息的内容及其后果由电信用户负责。

电信用户使用电信网络传输的信息属于国家秘密信息的，必须依照保守国家秘密法的规定采取保密措施。

第六十四条　在发生重大自然灾害等紧急情况下，经国务院批准，国务院信息产业主管部门可以调用各种电信设施，确保重要通信畅通。

第六十五条　在中华人民共和国境内从事国际通信业务，必须通过国务院信息产业主管部门批准设立的国际通信出入口局进行。

我国内地与香港特别行政区、澳门特别行政区和台湾地区之间的通信，参照前款规定办理。

第六十六条　电信用户依法使用电信的自由和通信秘密受法律保护。除因国家安全或者追查刑事犯罪的需要，由公安机关、国家安全机关或者人民检察院依照法律规定的程序对电信内容进行检查外，任何组织或者个人不得以任何理由对电信内容进行检查。

电信业务经营者及其工作人员不得擅自向他人提供电信用户使用电信网络所传输信息的内容。

第六章　罚　　则

第六十七条　违反本条例第五十七条、第五十八条的规定，构成犯罪的，依法追究刑事责任；尚不构成犯罪的，由公安机关、国家安全机关依照有关法律、行政法规的规定予以处罚。

第六十八条　有本条例第五十九条第（二）、（三）、（四）项所列行为之一，扰乱电信市场秩序，构成犯罪的，依法追究刑事责任；尚不构成犯罪的，由国务院信息产业主管部门或者省、自治区、直辖市电信管理机构依据职权责令改正，没收违法所得，处违法所得3倍以上5倍以下罚款；没有违法所得或者违法所得不足1万元的，处1万元以上10万元以下罚款。

第六十九条 违反本条例的规定，伪造、冒用、转让电信业务经营许可证、电信设备进网许可证或者编造在电信设备上标注的进网许可证编号的，由国务院信息产业主管部门或者省、自治区、直辖市电信管理机构依据职权没收违法所得，处违法所得3倍以上5倍以下罚款；没有违法所得或者违法所得不足1万元的，处1万元以上10万元以下罚款。

第七十条 违反本条例规定，有下列行为之一的，由国务院信息产业主管部门或者省、自治区、直辖市电信管理机构依据职权责令改正，没收违法所得，处违法所得3倍以上5倍以下罚款；没有违法所得或者违法所得不足5万元的，处10万元以上100万元以下罚款；情节严重的，责令停业整顿：

（一）违反本条例第七条第三款的规定或者有本条例第五十九条第（一）项所列行为，擅自经营电信业务的，或者超范围经营电信业务的；

（二）未通过国务院信息产业主管部门批准，设立国际通信出入口进行国际通信的；

（三）擅自使用、转让、出租电信资源或者改变电信资源用途的；

（四）擅自中断网间互联互通或者接入服务的；

（五）拒不履行普遍服务义务的。

第七十一条 违反本条例的规定，有下列行为之一的，由国务院信息产业主管部门或者省、自治区、直辖市电信管理机构依据职权责令改正，没收违法所得，处违法所得1倍以上3倍以下罚款；没有违法所得或者违法所得不足1万元的，处1万元以上10万元以下罚款；情节严重的，责令停业整顿：

（一）在电信网间互联中违反规定加收费用的；

（二）遇有网间通信技术障碍，不采取有效措施予以消除的；

（三）擅自向他人提供电信用户使用电信网络所传输信息的内容的；

（四）拒不按照规定缴纳电信资源使用费的。

第七十二条 违反本条例第四十二条的规定，在电信业务经营活动中进行不正当竞争的，由国务院信息产业主管部门或者省、自治区、直辖市电信管理机构依据职权责令改正，处10万元以上100万元以下罚款；情节严重的，责令停业整顿。

第七十三条 违反本条例的规定，有下列行为之一的，由国务院信息产业主管部门或者省、自治区、直辖市电信管理机构依据职权责令改正，处5万元以上50万元以下罚款；情节严重的，责令停业整顿：

（一）拒绝其他电信业务经营者提出的互联互通要求的；

（二）拒不执行国务院信息产业主管部门或者省、自治区、直辖市电信管理机构依法作出的互联互通决定的；

（三）向其他电信业务经营者提供网间互联的服务质量低于本网及其子公司或者分支机构的。

第七十四条 违反本条例第三十四条第一款、第四十条第二款的规定，电信业务经营者拒绝免费为电信用户提供国内长途通信、国际通信、移动通信和信息服务等收费清单，或者电信用户对交纳本地电话费用有异议并提出要求时，拒绝为电信用户免费提供本地电话收费依据的，由省、自治区、直辖市电信管理机构责令改正，并向电信用户赔礼道歉；拒不改正并赔礼道歉的，处以警告，并处5000元以上5万元以下的罚款。

第七十五条 违反本条例第四十一条的规定，由省、自治区、直辖市电信管理机构责令改正，并向电信用户赔礼道歉，赔偿电信用户损失；拒不改正并赔礼道歉、赔偿损失的，处以警告，并处1万元以上10万元以下的罚款；情节严重的，责令停业整顿。

第七十六条 违反本条例的规定，有下列行为之一的，由省、自治区、直辖市电信管理机构责令改正，处1万元以上10万元以下的罚款：

（一）销售未取得进网许可的电信终端设备的；

（二）非法阻止或者妨碍电信业务经营者向电信用户提供公共电信服务的；

（三）擅自改动或者迁移他人的电信线路及其他电信设施的。

第七十七条 违反本条例的规定，获得电信设备进网许可证后降低产品质量和性能的，由产品质量监督部门依照有关法律、行政法规的规定予以处罚。

第七十八条 有本条例第五十七条、第五十八条和第五十九条所列禁止行为之一，情节严重的，由原发证机关吊销电信业务经营许可证。

国务院信息产业主管部门或者省、自治区、直辖市电信管理机构吊销电信业务经营许可证后，应当通知企业登记机关。

第七十九条 国务院信息产业主管部门或者省、自治区、直辖市电信管理机构工作人员玩忽职守、滥用职权、徇私舞弊，构成犯罪的，依法追究刑事责任；尚不构成犯罪的，依法给予行政处分。

第七章　附　　则

第八十条 外国的组织或者个人在中华人民共和国境内投资与经营电信业务和香港特别行政区、澳门特别行政区与台湾地区的组织或者个人在内地投资与经营电信业务的具体办法，由国务院另行制定。

第八十一条 本条例自公布之日起施行。

附件：

电信业务分类目录

一、基础电信业务

（一）固定网络国内长途及本地电话业务；

（二）移动网络电话和数据业务；

（三）卫星通信及卫星移动通信业务；

（四）互联网及其它公共数据传送业务；

（五）带宽、波长、光纤、光缆、管道及其它网络元素出租、出售业务；

（六）网络承载、接入及网络外包等业务；

（七）国际通信基础设施、国际电信业务；

（八）无线寻呼业务；

（九）转售的基础电信业务。

第（八）、（九）项业务比照增值电信业务管理。

二、增值电信业务

（一）电子邮件；

（二）语音信箱；

（三）在线信息库存储和检索；

（四）电子数据交换；

（五）在线数据处理与交易处理；

（六）增值传真；

（七）互联网接入服务；

（八）互联网信息服务；

（九）可视电话会议服务。

2. 北京市保护通信线路设施安全若干规定

北京市保护通信线路设施安全若干规定

第一条 为维护通信线路设施的完好，保障通信畅通，根据国务院、中央军委《关于保护通信线路的规定》，结合本市具体情况，制定本规定。

第二条 凡在本市行政区域内的单位和个人，均须全面执行《关于保护通信线路的规定》和本规定。

第三条 本规定所称通信线路设施，是指由北京市电信管理局负责管理的下列通信线路及其附属设施：

一、架空线路设施，包括电杆、电线、电缆、线担、隔电子、拉线、交接箱及其附属设施。

二、埋设线路设施，包括地下或水底的直埋和管道电缆（含光缆）、人孔、标石、水线标志牌、无人值守载波增音站、电缆充气站及其附属设施。

三、无线线路设施，包括无人值守微波站、微波无源反射板、无线电收发信天线、微波和卫星通信地面站的天线、天线馈线及其附属设施。

第四条 市电信管理局负责监督本规定的实施。

公安、规划、公用、市政工程、园林、林业、水利等部门按照各自的职责分工，共同做好通信线路设施的保护工作。

第五条 区、县、乡、镇人民政府和区人民政府街道办事处，应加强对保护通信线路设施工作的领导和协调，并组织通信线路沿线单位和群众进行护线联防。

第六条 禁止下列危害通信线路设施安全的行为：

一、盗窃通信线路设施。

二、在危及通信线路设施安全的范围内进行爆破、堆放易燃易爆物品或设置易燃易爆品仓库。

三、在城镇地区埋设地下电缆的地面两侧 0.75 米以内或农村地区埋设地下电缆的地面两侧 2 米以内种植树木。

四、在埋设地下电缆的地面两侧 1 米以内乱搭乱建。

五、在埋设地下电缆的地面两侧 2 米以内进行钻探，或堆放重物、垃圾、渣土，或倾倒含有酸、碱、盐的液体。

六、在埋设地下电缆的地面两侧 3 米以内挖沙取土，或设置厕所、沼气池、粪池、牲畜圈等能引起地下电缆腐蚀的建筑。

七、在设有过河电缆标志的水域内抛锚、拖锚、挖沙、炸鱼以及其他危及过河电缆安全的作业。

八、移动或损坏架空线路设施或无线线路设施。

九、在危及架空线路设施安全的范围内取土或乱搭乱建。

十、非通信线路设施维修人员攀登架空线路设施。

十一、在架空线路设施上拴牲畜或搭挂电灯线、电力线、广播线、广播喇叭、电视天线。

十二、向架空线路设施或无线线路设施射击、抛掷杂物。

十三、其他危害通信线路设施安全的行为。

第七条 在通信线路沿线附近建设的工程项目，凡可能危及通信线路设施安全或影响通信的，建设单位应先征得市电信管理局同意，并采取技术防范措施后，方可向规划管理部门办理规划审批。

第八条 施工单位在危及通信线路设施安全的范围内施工，应与市电信管理局签订协议，明确保护通信线路设施安全的责任。施工中发生损坏通信线路设施事故的，应采取保护措施，并及时向市电信管理局报告。

第九条 市电信管理局应加强对通信线路设施的巡回检查和维护管理，及时抢修通信线路障碍。市电信管理局抢修通信线路障碍的车辆和工作人员经过路口、渡口、桥梁时，有关部门应凭抢修工作标志或证件优先放行。

第十条 物资回收部门应严格执行国家和本市有关废金属收购的规定，发现盗卖、变卖通信线路设施的，应及时向公安机关和市电信管理局报告。

第十一条 一切单位和个人都有保护通信线路设施安全的义务，发现盗窃、损坏通信线路设施的行为，应及时报告公安机关和市电信管理局处理。对保护通信线路设施做出显著成绩的单位和个人，由市电信管理局给予表彰和奖励。

第十二条 对违反本规定，由市电信管理局给予警告，并责令其改正，必要时，当地公安机关应予配合执行；对违反《中华人民共和国治安管理处罚条例》的行为，由公安机关依法处理；构成犯罪的，依法追究刑事责任。

违反本规定，造成通信线路设施损坏或阻断通信的，责任单位或责任人应按邮电部《关于损坏通信线路赔偿损失的规定》赔偿经济损失。

第十三条 铁路、军队等部门的通信线路设施的保护，可参照本规定执行。

第十四条 本规定具体执行中的问题，由市电信管理局解释。

第十五条 本规定自1990年9月20日起施行。

3. 天津市公共电信基础设施建设和保护条例

天津市公共电信基础设施建设和保护条例

(2017年11月28日天津市第十六届人民代表大会常务委员会第三十九次会议通过)

第一章 总　　则

第一条　为了加强公共电信基础设施建设和保护，保障电信网络和信息的畅通与安全，更好地服务社会公众，根据《中华人民共和国电信条例》和其他有关法律、行政法规，结合本市实际情况，制定本条例。

第二条　本条例适用于本市行政区域内公共电信基础设施的建设、保护和管理活动。

第三条　本条例所称公共电信基础设施，是指为保障电信网络和信息的畅通与安全，向社会公众提供电信服务的通信光缆电缆、机房、基站、铁塔、管道线路及其配套供电设施等。

第四条　市和区人民政府应当将公共电信基础设施的发展和建设纳入国民经济和社会发展规划，制定支持公共电信基础设施发展和建设的政策措施，协调解决建设、保护和管理中的重大问题。

第五条　市电信管理部门负责本市行政区域内公共电信基础设施建设与保护的组织协调和监督管理工作。

发展改革、工业和信息化、建设、规划、国土房管、公安等有关部门应当按照各自职责，依法做好公共电信基础设施建设和保护工作。

第六条　公共电信基础设施受法律保护。任何单位和个人不得阻碍依法进行的公共电信基础设施建设，不得危害公共电信基础设施安全。

第七条　公共电信基础设施的运营者应当加强对公共电信基础设施的保护和管理，建立健全建设、保护和管理的规章制度，保障公共电信基础设施建设工程质量和运行安全，履行公共电信基础设施保护义务。

第二章 规划建设

第八条　公共电信基础设施建设应当坚持统筹规划、合理布局、共建共享、保障安全的原则。

第九条　市电信管理部门会同市规划、工业和信息化、国土房管、建设等部门，依据本市城市总体规划、土地利用总体规划、通信行业发展规划和有关标准规范，组织编制全市公共电信基础设施专项规划，报市人民政府批准后组织实施。

第十条　市和区人民政府应当根据全市公共电信基础设施专项规划，将需要独立占地的公共电信基础设施纳入城乡规划和土地利用规划，合理安排建设用地。

附建的基站、铁塔等公共电信基础设施应当符合市容、环境、房屋安全、交通管理等标准和规定。

乡镇人民政府、村民委员会应当对农村公共电信基础设施零星分散用地给予支持。

第十一条 城市建设和村镇建设应当配套建设公共电信基础设施。

建筑物内的电信管线、机房、配线设施等电信设施以及建设项目用地范围内的电信管线、桥架等线缆通道，应当纳入建设项目的设计文件，并随建设项目主体工程同时施工与验收。所需经费应当纳入建设项目概算。

有关部门或者单位规划建设公路、铁路、桥梁、隧道、城市道路、城市轨道等，应当事先通知市电信管理部门，协商同步设计并预留通信管线走廊及配套设施位置等。

第十二条 商务楼宇的所有者或者管理者以及居民住宅小区的物业企业应当为公共电信基础设施的运营者使用商务楼宇和居民住宅小区内的电信管线等电信设施提供平等的接入和使用条件。

第十三条 根据公共电信基础设施有关规划建设的需要，机关、企事业单位和公共机构等所属公共设施，市政设施、公路、铁路、机场、地铁等公共设施应当向公共电信基础设施建设开放，并提供通行便利。

第十四条 公共电信基础设施的运营者在已建成的居民住宅小区建设电信线路或者设置小型天线、移动通信基站等公共电信基础设施，应当将下列事项事先以公示方式通知建筑物所有权人、使用人，并按照国家规定支付相关费用：

（一）符合市有关部门同意的公共电信基础设施建设计划；

（二）采用的设备及安全标准；

（三）符合建筑物安全要求的施工方案；

（四）施工时间、设备安装位置。

公共电信基础设施的运营者在居民住宅小区公示时间不得少于十天，并应当对居民提出的意见作出合理回复。

第十五条 建设公共电信基础设施应当采取美化措施，与所在区域城乡建设风貌相协调，不得影响市容市貌。

在文物保护单位的建设控制地带内建设公共电信基础设施的，应当按照有关法律法规规定执行。

第十六条 公共电信基础设施建设应当符合国家电磁辐射安全标准。公共电信基础设施的运营者应当使用符合国家认证标准的设备，对运行中基站的发射功率及其电磁辐射安全性进行监测，环境保护部门应当依法对基站的电磁环境水平进行监督检查，并向社会公开。

第十七条 新建、改建或者扩建公共电信基础设施，应当按照国家有关规定实现共建共享。

市电信管理部门根据电信发展和建设规划，组织协调公共电信基础设施共建共享工作。

第三章　保护措施

第十八条 公共电信基础设施的运营者应当对公共电信基础设施安全承担主体责任，履行下列运行维护和安全保护义务：

（一）按照有关安全技术规程设置安全技术防范设施和警示标志；

（二）建立公共电信基础设施日常巡护和重要部位保护制度；

（三）对公共电信基础设施运行安全状况进行考核与评估，及时消除事故隐患；

（四）编制应急通信保障预案，并按照规定开展应急演练；

（五）对危害公共电信基础设施的行为，及时予以制止，并向有关部门报告。

第十九条 公共电信基础设施管线需要与其他管线设施交叉穿越、平行建设时，应当遵守相关专业技术规范以及穿越、跨越工程的规定，保持国家规定的间隔距离。因客观环境限制不能达到间距要求的，后建单位应当与先建设施的产权单位及其主管部门协商，采取适当措施，制定保护方案，确保先建管线安全，并承担相关费用。

第二十条 因土地或者房屋征收、城乡建设、道路楼宇整修等原因，确需改动或者迁移电信管线、基站等公共电信基础设施，应当告知公共电信基础设施的运营者；运营者不明确的，应当告知市电信管理部门。

改动或者迁移公共电信基础设施应当坚持先建设后拆除的原则，不得影响正常通信畅通。提出改动或者迁移要求的单位或者个人应当与设施产权人、有关公共电信基础设施的运营者协商，就迁移设施选址、迁移补偿等事宜达成协议，并承担改动或者迁移所需费用。

因公共利益需要改动或者迁移公共电信基础设施的，按照国家和本市有关规定予以适当补偿，其他法律、法规另有规定的除外。

第二十一条 市电信管理部门会同有关部门和公共电信基础设施的运营者，依照国家有关规定和本市实际，划定重要公共电信基础设施的保护范围，并向社会公告。

对重要公共电信基础设施保护范围，公共电信基础设施的运营者及设施产权人应当设立保护标志，设置围墙或者栅栏等防护设施，公布联系电话；公共电信基础设施保护标志和防护设施损毁的，应当及时修复或者更新。

第二十二条 禁止下列危害公共电信基础设施安全的行为：

（一）在重要公共电信基础设施保护范围内挖沙、挖沟、取土、建造房屋、爆破、堆放易燃易爆物品等；

（二）在标明埋有地下管道、光缆电缆等标志的地面上倾倒含酸、碱、盐等腐蚀性的废液、废渣；

（三）擅自改动或者迁移电信管线、基站、铁塔等公共电信基础设施；

（四）擅自涂改、移动、拆除或者损毁公共电信基础设施保护标志；

（五）其他危害公共电信基础设施安全的行为。

第二十三条 任何单位和个人从事施工、生产、种植树木等活动，不得危及公共电信基础设施的安全。

从事施工活动可能危及公共电信基础设施安全或者影响通信畅通的，应当提前三个工作日书面告知市电信管理部门和相关公共电信基础设施的运营者，并采取必要的安全防护措施。

造成公共电信基础设施损坏的，有关单位或者个人应当承担公共电信基础设施修复费用。

第二十四条 公共电信基础设施发生故障时，公共电信基础设施的运营者应当及时抢修，任何单位和个人不得阻碍。

公共电信基础设施的运营者在紧急情况下进行公共电信基础设施抢修时，可以在城市道路、绿地、公路等公共设施上先行施工，同时向有关主管部门通报。依法需要办理审批手续的，应当在二十四小时内提出补办审批手续申请。

第四章 法律责任

第二十五条 违反本条例规定，公共电信基础设施的运营者未在重要公共电信基础设施上或者周围设置防护设施或者标志的，由市电信管理部门责令改正；拒不改正的，处以五千元以上一万元以下罚款。

第二十六条 违反本条例规定，有下列行为之一，造成公共电信基础设施损坏的，由市电信管理部门责令改正，拒不改正的，对个人处以二千元以上五千元以下罚款，对单位处以二万元以上十万元以下罚款；违反治安管理规定的，由公安机关依照《中华人民共和国治安管理处罚法》处理；构成犯罪的，依法追究刑事责任：

（一）在重要公共电信基础设施保护范围内挖沙、挖沟、取土、建造房屋、爆破、堆放易燃易爆物品的；

（二）在标明埋有地下管道、光缆电缆等标志的地面上倾倒含酸、碱、盐等腐蚀性的废液、废渣的；

（三）擅自改动或者迁移电信管线、基站、铁塔等公共电信基础设施的；

（四）擅自涂改、移动、拆除或者损毁公共电信基础设施保护标志的；

（五）其他危害公共电信基础设施安全的行为。

第二十七条 违反本条例规定，未采取必要的安全防护措施施工，造成公共电信基础设施损坏或者通信阻断的，由市电信管理部门责令改正；拒不改正的，处以一万元以上三万元以下罚款。

第二十八条 市电信管理部门及其工作人员玩忽职守、滥用职权、徇私舞弊的，依法给予处分；构成犯罪的，依法追究刑事责任。

第五章　附　则

第二十九条 本条例自 2018 年 1 月 1 日起施行。

4. 河北省电信设施建设和保护条例

河北省电信设施建设和保护条例

(2015年9月25日河北省第十二届人民代表大会常务委员会第十七次会议通过)

第一章 总 则

第一条 为了规范电信设施建设，保障电信设施安全和通信畅通，提供优质的电信服务，根据《中华人民共和国电信条例》等有关法律、行政法规的规定，结合本省实际，制定本条例。

第二条 本省行政区域内电信设施的规划建设、安全保护以及监督检查活动，适用本条例。

本条例所称电信设施，是指为社会公众提供电信服务并实现电信功能的通信设备、通信线路和配套设备。

第三条 县级以上人民政府应当将电信设施建设纳入国民经济和社会发展规划，制定支持电信设施建设和保护的政策措施，协调解决电信设施建设和保护中存在的重大问题。

乡（镇）人民政府、街道办事处应当配合做好电信设施建设和保护的相关工作。

第四条 省电信主管部门负责本省电信设施建设和保护的组织协调和监督管理工作。

县级以上人民政府发展和改革、工业和信息化、住房和城乡建设、交通运输、国土资源、环境保护、林业、公安等有关部门，按照各自职责做好电信设施建设和保护的相关工作。

第五条 电信设施属于战略性公共基础设施，受国家法律保护。任何单位和个人不得阻碍依法进行的电信设施建设，不得危害电信设施安全。

第六条 鼓励民间资本按照国家有关规定参与电信设施的建设和维护。

第七条 电信业务经营者应当按照国家规定的电信服务标准向电信用户提供服务，并采取各种形式广泛听取电信用户意见，接受社会监督，不断提高电信服务质量。

第二章 规划建设

第八条 电信设施建设应当遵循统筹规划、先进高端、市场运作、资源共享、安全可靠的原则，执行国家通信工程建设强制性标准，符合安全生产、环境保护、节能减排等要求，促进电信网、广播电视网、互联网业务融合。

第九条 县级以上人民政府应当将电信设施建设纳入城乡规划和土地利用总体规划，合理安排建设用地。

县级以上人民政府应当采取各种形式推进农村和欠发达地区的电信设施建设，在规划、建设、用地等方面给予扶持。

第十条 省电信主管部门应当根据电信行业发展规划和社会发展需要，会同有关部门编制电信设施建设专项规划。

第十一条　电信设施建设应当符合电信设施建设专项规划，电信设施建设项目应当依法进行环境影响评价，办理工程质量监督等相关手续。

新建、改建和扩建通信铁塔、基站、地下管道、光缆、杆路等电信设施，应当按照有关规定统一建设或者联合建设。已建通信铁塔、基站、地下管道、光缆、杆路等电信设施，具备条件的应当共享。

第十二条　国家对从事电信设施建设有资质规定的，从事电信设施建设的单位和个人，应当依法取得有关资质或者资格，并在相应等级范围内从事勘察、设计、施工、监理等电信设施建设活动；未取得相应等级资质或者资格的单位和个人，不得从事电信设施建设活动，所建电信设施不得投入使用。造成重大损失的，电信设施建设和相关设计、施工、监理、咨询、招投标代理等单位和个人应当承担相应法律责任。

第十三条　下列建设项目应当配套建设电信设施：

（一）城市道路、高速公路、轨道交通、铁路；

（二）机场、车站、港口、码头；

（三）学校、医院、文化体育场馆；

（四）公共机构办公场所、商务楼宇、城镇居民住宅小区、具备条件的农村居民住宅小区；

（五）旅游景区；

（六）其他大型建设项目。

前款所列建设项目内的电信设施建设应当纳入建设项目设计文件，统一施工和验收。所需经费纳入建设项目概算。

居民住宅小区应当按照国家标准设置光纤入户通信设施，未按照国家标准设置的，不予办理竣工验收备案。

第十四条　商务楼宇的所有者或者管理者以及城镇居民住宅小区、具备条件的农村居民住宅小区的管理者应当为电信业务经营者提供平等的电信设施接入和使用条件，不得收取进场费、接入费、使用费等性质类似的相关费用。

电信业务经营者不得通过与项目开发者、所有者和管理者以及用户签订排他性协议等方式，阻碍其他电信业务经营者进入区域提供服务，限制用户选择其他依法开办的电信接入业务。

第十五条　电信设施建设单位在民用建筑物上设置通信线路、配套设备等电信设施的，应当事先与民用建筑物产权人或者使用人协商支付使用费，并满足建筑物的荷载条件，维护建筑物的安全性，保证建筑物的正常使用。

公共机构办公场所或者政府投资为主的建设项目，应当为电信设施建设免费提供必要的场地。

通信铁塔、基站、地下管道、光缆、杆路等电信设施建设不改变其用地范围内土地的权属和使用性质，电信设施建设单位应当采用租赁等方式协商解决。需要征收土地的，依法办理相关手续。

第十六条　电信设施建设单位应当在工程竣工验收合格后十五日内，向省电信主管部门提交工程验收证书，并按照规定移交工程竣工档案。

第十七条　电信设施建设应当符合国家电磁辐射安全标准。电信业务经营者应当对通信基站的电磁辐射定期进行检测，并公布检测结果，确保符合国家安全标准。环境保护部门依法进行监督检查。

第三章 安全保护

第十八条 电信业务经营者应当对所属电信设施的运行维护负责，履行下列义务，保障电信设施安全运行：

（一）按照有关安全技术规程设置安全技术防范设施和警示标识；

（二）对电信设施运行状态进行评估；

（三）建立电信设施日常巡查、维护、检修制度，做好巡查、维护和检修记录；

（四）对通信机房、基站、重要传输线路进行重点监测，并保存监测记录；

（五）编制应急通信保障预案，并按照规定开展应急演练。

鼓励共建共享的电信设施实行集中管理，统一维护，确保电信设施有效使用、安全运行。

第十九条 禁止下列危害电信设施的行为：

（一）采用截断通信线路、损毁通信设备等手段蓄意破坏电信设施；

（二）擅自改动或者迁移他人的通信线路及其他电信设施；

（三）在电信设施安全范围内点火烧荒、爆破、挖沙、采石、取土、堆土、钻探、挖沟、堆放易燃易爆物品，设置粪池、牲畜圈、沼气池等；

（四）在有地下管道、光（电）缆等电信设施标识的地面上倾倒含酸、碱、盐等腐蚀性的废液、废渣；

（五）向电信设施射击、抛掷物体、攀爬杆塔；

（六）在电信设施上附挂物体、攀附农作物、拴系牲畜；

（七）涂改、损毁、擅自移动电信设施安全警示标识及安全保护设施；

（八）其他危害电信设施的行为。

第二十条 确需征收、拆迁电信设施的，建设单位应当与电信业务经营者协商，规划部门应当以不降低原有电信服务水平为标准，按照电信设施建设专项规划和城乡规划要求重新规划位置，先建设后拆除；所需费用由建设单位承担。

第二十一条 从事施工、生产、种植树木等活动，不得危及通信线路等电信设施的安全或者妨碍线路畅通。可能危及电信设施安全时，应当事先通知有关电信业务经营者，并由从事该活动的单位或者个人采取必要的安全防护措施。

电信线路与其他地下管线设施进行平行、交叉建设时，应当符合城市地下管线设施规划的有关要求，采取适当措施，确保先建设施的安全。

第二十二条 电信业务经营者需要进入设置电信设施的场所进行电信设施维护、管理和保护活动的，该场所的所有者或者管理者应当给予配合。

第二十三条 电信设施出现故障、险情等突发事件时，电信业务经营者应当启动应急预案，先进行抢修，并按照国家规定报告。

执行重要通信保障、应急通信保障和电信设施抢修的车辆登记为工程救险车，按规定喷涂车身颜色、安装警报器、标志灯具，在公路、城市道路优先通行。

任何单位和个人不得阻止重要通信保障、应急通信保障、电信设施抢修人员、车辆进入通信保障应急处置场所或者电信设施抢修、维护现场，不得收取费用。

第四章 监督检查

第二十四条 省电信主管部门应当建立健全电信设施建设和保护相关的监督检查制度，通过现场检查、专项检查和巡查等方式，对电信业务经营者的活动进行监督检查，强化市场监管，维护市场公平竞争秩序，依法对违法行为进行查处。

第二十五条 省电信主管部门进行监督检查时，可以进入设置电信设施的场所进行现场检查，询问当事人或者有关人员，并要求其作出说明、提供与被询问事项有关的资料，可以查阅、复制与被检查事项有关的文件和资料。

被检查单位和个人应当给予配合，如实反映情况，提供有关资料，不得拒绝、阻挠、拖延。

第二十六条 省电信主管部门工作人员在进行监督检查时，不得妨碍被检查单位正常的工作秩序，不得泄露被检查单位的商业秘密、技术秘密或者个人隐私。

第二十七条 鼓励单位和个人举报危害电信设施安全的行为。省电信主管部门应当公布举报电话、通信地址和电子邮箱等。接到举报后，应当依法查处。

第五章 法律责任

第二十八条 省电信主管部门及其工作人员违反本条例规定，有下列行为之一的，对负有责任的主管人员和其他直接责任人员依法给予处分：

（一）不依法履行电信设施监督检查职责的；

（二）在监督检查中或者接到举报后发现问题不依法查处的；

（三）泄露被检查单位商业秘密、技术秘密或者个人隐私的；

（四）有其他滥用职权、玩忽职守、徇私舞弊行为的。

第二十九条 违反本条例规定，有下列行为之一的，由省电信主管部门责令停止违法行为和限期改正；逾期不改正的，处以一万元以上三万元以下罚款。

（一）阻碍电信设施建设的；

（二）拒绝为电信业务经营者使用电信配套设施提供平等接入和使用条件或者收取进场费、接入费、使用费等性质类似的相关费用的；

（三）未采取必要的安全保护措施施工，造成电信设施损坏或者通信阻断的；

（四）违反电信设施共建共享有关规定的；

（五）电信业务经营者不按规定对通信基站的电磁辐射定期进行检测并公布检测结果的。

第三十条 违反本条例规定，不依法办理电信设施建设工程质量监督手续或者不向省电信主管部门提交工程验收证书并按照规定移交工程竣工档案的，由省电信主管部门责令改正；逾期不改正的，处二十万元以上五十万元以下的罚款。

第三十一条 违反本条例第十八条第一款规定，未按照有关安全技术规程设置安全技术防范设施和警示标识的，由省电信主管部门责令限期改正；逾期不改正的，处五千元以上一万元以下的罚款。

第三十二条 违反本条例第十九条规定的，由省电信主管部门按照下列规定予以处罚：

（一）违反第一项、第二项规定，造成电信设施损坏的，对个人处一万元以上三万元以下的罚款，对单位处五万元以上十万元以下的罚款；

（二）违反第三项、第四项规定，造成电信设施损坏的，责令限期改正，逾期不改正的，对个人可以处一千元以上三千元以下的罚款，对单位可以处五千元以上一万元以下的罚款；

（三）违反第五项、第六项、第七项规定的，予以警告，造成电信设施及其标识损坏或影响电信信号传输质量的，处五百元以上一千元以下的罚款。

第三十三条 违反本条例规定的行为，除按本条例规定处罚外，造成电信设施损失的依法承担民事责任，构成犯罪的，依法追究刑事责任。

第六章 附 则

第三十四条 本条例下列用语的含义：

（一）通信设备，是指通信铁塔、基站、中继站、微波站、直放站、室内分布系统、无线局域网（WLAN）系统、有线接入设备、公用电话终端等；

（二）通信线路，是指光（电）缆、电力电缆等，交接箱、分（配）线盒等，管道、槽道、人井（手孔）、电杆、拉线、吊线、挂钩等支撑加固和保护装置，标石、标志标牌、井盖等附属配套设施；

（三）配套设备，是指收发信天（馈）线，公用电话亭，用于维系通信设备正常运转的通信机房、空调、蓄电池、开关电源、不间断电源（UPS）、太阳能电池板、油机、变压器、接地铜排、消防设备、安防设备、动力环境设备等附属配套设施。

第三十五条 专用电信网、广播电视传输网等其他电信设施的建设和保护，依照有关规定执行。

第三十六条 本条例自 2015 年 12 月 1 日起施行。

5. 山西省通信设施建设与保护条例

山西省通信设施建设与保护条例

《山西省通信设施建设与保护条例》已由山西省第十二届人民代表大会常务委员会第二十九次会议于2016年9月30日通过，现予公布，自2016年12月1日起施行。

山西省人民代表大会常务委员会
2016年9月30日

山西省通信设施建设与保护条例

第一章 总 则

第一条 为了规范通信设施建设与保护，保障通信安全和畅通，提升通信服务水平，促进经济社会发展，根据《中华人民共和国电信条例》等有关法律、行政法规的规定，结合本省实际，制定本条例。

第二条 通信设施属于公共基础设施。

本条例所称通信设施，是指组成通信网络系统的所有设施，包括通信设备、通信线路和配套设备。

第三条 县级以上人民政府应当加强对通信设施建设与保护工作的领导，制定支持通信设施建设与保护的政策措施，将通信设施建设规划纳入国民经济和社会发展规划、城乡规划、土地利用总体规划，统筹协调解决通信设施建设与保护工作中的重大问题。

第四条 省通信管理部门负责全省通信设施建设与保护的组织协调、监督管理工作，促进资源共享，确保通信设施安全运行。

县级以上人民政府发展和改革、经济和信息化、公安、国家安全、国土资源、环境保护、住房和城乡建设、城乡规划、交通运输、林业、新闻出版广电、旅游、文物等相关部门应当根据各自职责，依法做好通信设施建设与保护的相关工作。

乡（镇）人民政府、街道办事处应当协助做好通信设施建设与保护工作。

第五条 电信业务经营者应当按照国家规定的电信服务标准，向用户提供迅速、准确、安全、方便、优质的电信服务，听取用户意见，不断提高电信服务质量。

电信业务经营者应当按照有关规定，加大对学校、农村及贫困、偏远地区的通信设施建设力度，完善电信普遍服务。

各级人民政府应当保障电信普遍服务，在建设、用地、补偿、供电等方面提供支持。

第六条 任何单位和个人不得阻碍依法进行的通信设施建设和维护活动，不得危害通信设施安全。

任何单位和个人对危害通信设施安全的行为，有权制止并向公安机关举报或者告知通信设施所有权人、管理人。

第七条 鼓励民间资本按照国家有关规定参与通信设施的建设和维护。

第二章 规划与建设

第八条 省通信管理部门应当根据国民经济和社会发展规划、城乡规划、土地利用总体规划以及全省通信行业发展规划，组织编制通信设施建设规划。

编制通信设施建设规划应当避免重复建设，遵循统筹规划、合理布局、远近结合、共建共享、保障安全的原则。

第九条 通信设施建设应当遵守有关法律、法规的规定，执行国家强制性标准。

通信设施建设应当与当地城乡建设风貌相协调，新建基站和天线应当小型化、美观化。在风景名胜区、森林公园、自然保护区、文物保护区和历史文化名城、名镇、名村、名街等区域新建、改建、扩建通信设施，应当采用景观化或者隐蔽化建设方式。

第十条 县级以上人民政府应当统一规划建设城市地下综合管廊（沟），为通信线路入地提供条件。

城市建成区内已有的架空通信线路应当逐步入地。城镇规划中确定入地路由的，通信设施建设单位不得在城市规划建设用地范围内建设架空通信线路。

第十一条 下列建设项目应当配套设置通信设施：

（一）开发区、园区；

（二）机场、车站；

（三）学校、医院、公园、文化体育场馆；

（四）公共机构办公场所、商住楼、商场、人防工程；

（五）旅游、度假景区；

（六）法律、法规规定的其他建设项目。

前款所列建设项目用地范围内的通信管道以及建筑物内的通信管线和配线设施，应当纳入主体建设项目的设计文件，并随主体建设项目同时施工与验收。所需经费应当纳入建设项目概算。

规划、建设城市道路、高速公路、轨道交通、铁路、桥梁、隧道等，应当事先与省通信管理部门和电信业务经营者协商配套通信设施的规划、设计、施工、验收等事宜。

第十二条 政府全额投资建设的公共场所、公共设施及公共机构的办公场所，所有权人或者管理人应当为公共通信设施建设免费提供必要的场地。

其他公共区域建设通信设施，所有权人或者管理人应当为公共通信设施建设提供场地、用电、平等接入等便利条件，相关费用由双方协商解决。

第十三条 县级以上城区新建住宅区和住宅建筑配套的通信设施应当采用光纤到户方式

建设,建设单位应当按照国家强制性标准将配套的通信设施纳入建设项目的施工图设计文件。施工图设计文件不符合光纤到户国家强制性标准的,住房和城乡建设主管部门不予核发施工许可证。建设单位应当对配套的通信设施进行验收,并在验收通过后十五日内将验收文件报省通信管理部门备案。

电信业务经营者不得将未经验收、验收不合格或者验收文件未经备案的通信设施接入公用电信网。

乡(镇)以及农村地区新建住宅区和住宅建筑配套的通信设施优先采用光纤到户方式建设。

第十四条 新建、改建、扩建通信管道、杆路、室内分布系统、铁塔等基站配套设施,应当实行统一建设或者联合建设。已有的通信设施满足条件的,应当共享。

鼓励交通道路、广播电视、电力等公共基础设施及其附属设施与通信设施建设共建共享。

省通信管理部门会同省发展与改革、经济和信息化、公安、住房和城乡建设、交通运输等有关部门和单位,根据经济社会发展规划,建立行业间公共基础设施共建共享机制,促进资源节约利用。

第十五条 通信线路通过或者跨越铁路、公路、河道、林地、桥梁、涵道、地下通道、城市道路、城市管网、电力管网、城市绿化等设施的,由建设单位与相关单位协商,依法办理相关手续,相关单位应当提供通行便利。

第十六条 通信设施施工单位应当按照国家有关标准和设计要求组织施工,不得擅自修改设计,不得降低工程质量标准。

通信设施施工单位在通信设施建设过程中,应当文明、规范施工,采取必要的安全防护措施,避免或者减少影响其他单位和个人的正常生产生活。施工结束后,应当将施工过程中损坏的建筑物、林地、绿地、道路等予以恢复;不能恢复的,根据损坏程度依法给予赔偿。

第十七条 电信用户有权自主选择电信业务经营者提供的服务。

商住楼、办公楼、住宅区等建筑的开发人、所有权人和管理人应当为电信业务经营者的通信设施提供平等接入和使用条件,除场地租赁费及保障通信设施正常运行的必要费用外,不得收取其他费用。

电信业务经营者不得与商住楼、办公楼、住宅区等建筑的开发人、所有权人或者管理人签订含有排他性条款的协议,不得阻碍其他电信业务经营者为用户提供服务。

第十八条 任何单位和个人不得从事下列阻挠或者危害通信设施建设的行为:

(一)擅自移动或者损坏杆路、设备、工具、器材、标识等;

(二)破坏或者封堵施工现场、道路,切断施工电源、水源;

(三)法律、法规禁止的其他行为。

第十九条 通信设施建设应当执行国家电磁辐射防护标准。

通信设施建设单位应当对移动通信基站的电磁辐射进行检测,向社会公布检测结果,并对检测结果的真实性负责。公民、法人或者其他组织对检测结果有异议的,可以向环境保护主管部门投诉。

环境保护主管部门应当依法对移动通信基站的电磁辐射环境影响进行监督管理,对电磁辐射投诉、举报案件，依法查处。

第三章 安全保护

第二十条 通信设施所有权人应当对通信设施采取必要的安全保护措施，消除安全隐患，落实安全保护责任，完善应急预案，提升通信设施安全运行保障能力。

通信设施所有权人应当定期检查、检修和维护通信设施，在通信设施或者围墙、栅栏等处设置警示标识，标明所有权人、警示内容等信息。

通信设施所有权人进入放置通信设施的场所进行正常维护和管理活动的，相关单位和个人应当予以配合。

第二十一条 通信设施周围应当设立安全保护区。通信设施安全保护区的范围按照下列规定确定：

（一）架空设施保护区：城镇区内、外架空通信光缆分别向两侧水平延伸0.75米、2米，并垂直于地面所形成的两平行面内的区域；

（二）地面设施保护区：室外通信设备及配套设备水平向外延伸1米，野外通信基站（机房、杆塔）水平向外延伸3米；

（三）埋设设施保护区：地下通信光缆两侧各3米。

第二十二条 在通信设施安全保护区内禁止下列行为：

（一）擅自新建、改建、扩建建筑物、构筑物；

（二）挖沙、取土、堆土、采石、钻探、打桩、挖沟、倾倒垃圾、矿渣或者腐蚀性化学物品，修建粪池、牲畜圈、沼气池等；

（三）点火烧荒、爆破、堆放易燃易爆物品；

（四）法律、法规禁止的其他行为。

第二十三条 禁止下列危害通信设施安全的行为：

（一）侵占、盗窃、损毁通信设施；

（二）干扰或者中断通信设施正常运行；

（三）擅自改动、迁移通信设施；

（四）在通信铁塔、杆路、基站等通信设施上张贴广告标语，悬挂广告牌，搭挂物品，拴系牲畜；

（五）攀爬通信铁塔、杆路、基站、拉线或者进入地下通信管道、通道；

（六）接入通信供电系统取电或者中断通信设施电力供应；

（七）移动、涂改、拆除或者损毁通信设施标识；

（八）向通信设施抛掷物体；

（九）法律、法规禁止的其他行为。

第二十四条 在通信设施安全保护区，经依法批准实施可能影响通信设施安全或者通信质量行为的，建设单位应当事先告知通信设施所有权人或者管理人，采取必要的安全防护措施，并承担通信设施安全防护等费用。

第二十五条 因城市建设、规划调整等需要改动、迁移通信设施的，建设单位应当与通信设施所有权人，就经济补偿、设施防护、选址重建等进行协商；协商不一致的，由县级以上人民政府组织协调。需要重新建设通信设施的，应当先建后拆，确保通信畅通，所需费用由建设单位承担。

水、电、气等管线需要与通信线路等通信设施交叉、跨越、平行建设时，应当保持规定的安全间隔距离。不能保持规定安全间隔距离的，后建单位应当与先建单位协商，采取措施，保障通信设施安全，并依法承担相关费用。

第二十六条 通信设施所有权人在应急情况下进行通信设施抢修时，可以在道路、绿地等公共区域或者设施上先行施工，并及时通知市政、园林、公安交通运输等部门；施工结束后，依法补办相关手续，造成损失的，依法给予赔偿。

执行特殊通信、应急通信和抢修、抢险任务的通信车辆，经县级以上公安交通管理机关批准，在保障交通安全畅通的前提下可以不受各种禁止机动车通行标志的限制。

第二十七条 通信设施报废后，向收购生产性废旧金属企业销售的，应当出具书面证明。废旧蓄电池应当按照国家有关规定，送交具有蓄电池处置资质的单位处置。

收购废旧通信设施的单位，应当遵守国家有关废旧金属收购、再生资源回收的规定，如实登记出售者基本信息和废旧通信设施的来源、规格、数量等情况。登记记录保存期限不得少于两年。对无合法来源证明的，应当立即向所在地公安机关报告。

第四章 法律责任

第二十八条 违反本条例规定，建设单位未将配套设置的通信设施随主体建设项目同时施工或者验收的，由县级以上人民政府住房和城乡建设主管部门依法责令改正，根据情节轻重，并处该项目中通信设施建设工程合同价款百分之二以上百分之四以下的罚款，造成损失的依法承担赔偿责任。

第二十九条 违反本条例规定，电信业务经营者有下列行为之一的，由省通信管理部门责令改正，根据情节轻重，并处十万元以上三十万元以下罚款：

（一）将未经验收或者验收不合格的通信设施接入公用电信网的；

（二）采用不正当竞争手段阻碍其他电信业务经营者提供公共电信服务的。

第三十条 违反本条例规定，建设单位未按国家强制性标准建设配套通信设施的，由省通信管理部门责令限期改正，逾期不改正的，根据情节轻重，处二十万元以上三十万元以下罚款。

第三十一条 违反本条例规定，商住楼、办公楼、住宅区等建筑的开发人、所有权人或者管理人拒绝为电信业务经营者提供平等接入和使用条件或者妨碍用户自主选择电信业务经营者的，由省通信管理部门责令停止违法行为，限期改正；逾期不改正的，根据情节轻重，处一万元以上五万元以下罚款。

第三十二条 违反本条例规定，损坏通信设施，危害通信设施安全，阻断通信，阻碍通信设施建设或者维护活动的，依法承担相应的赔偿责任。尚不构成犯罪的，由公安等行政管理部门依法处理；构成犯罪的，依法追究刑事责任。

第三十三条 违反本条例规定，省通信管理部门及其他有关行政管理部门的工作人员在通信设施建设与保护过程中，玩忽职守、滥用职权、徇私舞弊，尚不构成犯罪的，依法给予行政处分；构成犯罪的，依法追究刑事责任。

第五章 附 则

第三十四条 本条例下列用语的含义：

（一）通信设备，是指基站、中继站、微波站、地球站、直放站、室内分布系统、无线局域网（WLAN）系统、有线接入设备、公用电话终端等；

（二）通信线路，是指通信光（电）缆、供电电缆等，交接箱、分（配）线盒等，管道、槽道、人井（手孔），电杆、拉线、吊线、挂钩等支撑加固和保护装置，标石、标志标牌、井盖等附属配套设施；

（三）配套设备，是指通信铁塔、收发信天（馈）线，公用电话亭，用于维系通信设备正常运转的通信机房、空调、蓄电池、开关电源、不间断电源（UPS）、太阳能电池板、油机、变压器、接地铜排、消防设备、安防设备、动力环境设备等附属配套设施。

第三十五条 本条例自2016年12月1日起施行。

6. 内蒙古自治区电信设施建设和保护条例

内蒙古自治区电信设施建设和保护条例

（2017年7月22日内蒙古自治区第十二届人民代表大会常务委员会第三十四次会议通过）

第一章 总 则

第一条 为了加强电信设施的建设和保护，保障电信设施和信息安全，促进电信业健康发展，维护电信用户和电信业务经营者的合法权益，根据《中华人民共和国电信条例》和国家有关法律、法规，结合自治区实际，制定本条例。

第二条 自治区行政区域内电信设施的规划、建设和保护活动，适用本条例。

本条例所称电信设施，是指用于为社会公众提供电信服务并实现电信功能的通信交换设备、传输设备、数据存储设备及其配套设施，包括通信机房、基站、光（电）缆、管道、杆（塔）、分线箱（盒）、交接箱（间）、节点设备等。

第三条 电信设施建设和保护应当遵循统筹规划、合理布局、共建共享和资源合理利用的原则。

第四条 旗县级以上人民政府应当将电信设施的建设，纳入国民经济和社会发展规划以及城乡规划，合理规划建设用地，协调解决建设和保护的相关重大问题。

第五条 自治区电信管理机构负责本行政区域内电信设施建设和保护的组织协调、监督管理工作。

旗县级以上人民政府发展和改革、经济和信息化、住房和城乡建设、公安、国土资源、环境保护、农牧业、林业、交通运输等部门应当在各自职责范围内，依法做好电信设施建设和保护的相关工作。

第六条 电信管理机构、环境保护部门、电信设施建设单位和新闻媒体应当做好电信设施安全、电磁辐射等相关知识的宣传和普及工作，增强公众电信设施保护意识。

第七条 电信业务经营者应当按照国家规定的电信服务标准，向用户提供迅速、准确、安全、方便、优质的电信服务，听取用户意见，不断提高电信服务质量。

第八条 电信设施属于公共基础设施，任何单位和个人不得阻碍和破坏依法进行的电信设施建设和维护活动，不得危害电信设施安全。

对危害电信设施安全的行为，任何单位和个人有权向当地公安机关、电信管理机构进行检举、控告。

第二章 规划与建设

第九条 自治区电信管理机构应当编制自治区通信业发展规划，报自治区人民政府批准后实施。

自治区电信管理机构应当组织电信设施建设单位，按照自治区通信业发展规划编制电信设施建设规划。

有关部门编制、修订相关专项规划涉及电信设施时，应当征求电信管理机构的意见。

第十条 电信设施的建设应当依法开展环境影响评价，并符合国家电磁辐射防护标准。

第十一条 电信设施的建设应当与当地城乡建设风貌相协调。

在老旧小区新建、改建、扩建电信设施，应当采取隐蔽的建设方式或者与小区建筑风格相统一。

具备电信线路入地条件的，已有的架空电信线路应当入地。

第十二条 从事电信设施建设的单位，应当依法在相应资质等级范围内从事勘察、设计、施工、监理等电信设施建设活动。

第十三条 下列建设项目应当同步配套建设电信设施：

（一）开发区、产业园区；

（二）城市道路、高速公路、轨道交通、桥梁、隧道、铁路；

（三）机场、车站、口岸；

（四）公共机构办公场所、商用楼宇、居民住宅小区、旅游景区；

（五）学校、医院、文化体育场馆；

（六）其他大型建设项目。

前款建设项目中的电信设施，应当与建设项目同时设计、同时施工、同时验收。电信设施未经验收或者验收不合格的，不得接入公用电信网。

第十四条 自治区电信管理机构应当根据自治区通信业发展规划和电信设施建设规划，组织协调电信设施的共建共享工作。

新建、改建或者扩建电信设施，电信设施建设单位应当按照国家有关规定实行统一建设或者联合建设。已有的电信设施应当开放共享；不具备共享条件的，应当采取技术改造、扩建等方式实现共享。

第十五条 在国有土地上建设通信机房、基站、管道、杆（塔）等电信设施的，建设单位应当依法办理相关用地手续。

在集体土地上建设通信机房、基站、管道、杆（塔）等电信设施的，建设单位应当与土地所有权人或者土地承包权人协商解决，并依法办理相关用地手续。

第十六条 公共机构办公场所、政府投资建设项目的公共区域，其管理人应当无偿为电信设施建设提供必要的场地和接入的便利条件。

第十七条 民用建筑的产权人或者管理人，应当为电信业务经营者使用区域内的配套公用电信设施提供平等的接入和使用条件，不得与电信业务经营者签订排他性协议，不得限制电信用户自主选择电信业务经营者的权利。

第十八条 电信设施建设单位在民用建筑物上附挂电信线路或者设置小型天线、移动通信基站等公用电信设施的，应当优先设置在公共设施和公共机构所属建筑物上；需要在居住区设置的，应当优先设置在非居住建筑物上。

第十九条 电信设施建设单位确需在公共机构所属建筑物以外的民用建筑物上附挂电信线路或者设置小型天线、移动通信基站等公用电信设施的，应当事先通知民用建筑物产权人或者使用人，并满足建筑物的荷载要求，保证民用建筑物的安全和正常使用。

电信设施建设单位应当按照国家和自治区有关规定，向公共机构所属建筑物以外的民用建筑物产权人或者管理人支付使用费。使用费的具体标准由自治区人民政府制定。

第二十条 民用建筑物的产权人或者管理人应当支持和配合电信业务经营者实施光纤到户国家标准及其配套设施的建设，不得收取进场费、协调费、分摊费、抵押金、保证金等费用。

第二十一条 电信设施建设单位在施工结束后，应当将施工过程中损坏的建筑物、小区绿地、道路等恢复原状；不能恢复原状的，应当根据损失情况依法给予相应补偿。

第二十二条 建筑物内的信号盲区或者弱区，应当设置通信网络室内覆盖系统。建筑物的产权人或者管理人应当为电信业务经营者建设网络室内覆盖系统提供必要的条件。

第二十三条 供电企业应当为电信设施所需电力接入提供便利，并按照规定收取费用。供电企业依法以委托方式转供电力的，接受委托的转供人应当予以配合。

第二十四条 新建电信线路确需跨越或者下穿公路、铁路、城市轨道、桥梁、隧道、耕地、林地、草原时，应当事先征得相关管理人或者使用人的同意。

因新建、改建、扩建电信设施，造成相关权益人经济损失的，电信设施建设单位应当依法予以赔偿。

第三章 保护措施

第二十五条 电信设施建设单位应当在电信设施周围设置警示标志或者设置围墙、栅栏等保护设施。警示标志和保护设施应当标明电信设施的产权人或者管理人，以及联系方式。

电信设施建设单位应当定期对警示标志和保护设施进行维护。

第二十六条 电信设施的安全保护区按照下列规定划定：

（一）市区内、外架空电信光（电）缆分别向两侧水平延伸0.75米、2米，并垂直于地面所形成的两平行面内的区域；

（二）市区内、外地下电信设施分别向两侧水平延伸0.5米、3米；

（三）室外电信设备以及配套设施向四至水平延伸1米；

（四）野外电信设备以及配套设施向四至水平延伸3米。

第二十七条 在电信设施安全保护区内禁止下列行为：

（一）挖沙、挖沟、取土、钻探；

（二）爆破、烧荒、焚烧物品；

（三）搭建附属物，设置水池（窖）、粪池、牲畜圈、沼气池；

（四）倾倒或者堆放垃圾、易燃易爆物品、腐蚀性物品；

（五）法律、法规规定的其他可能对电信设施造成破坏的行为。

第二十八条 禁止下列危害电信设施的行为：

（一）侵占、哄抢、盗窃、损毁电信设施；

（二）擅自迁移或者拆除电信设施；

（三）接入通信系统取电；

（四）向电信设施射击、抛掷物体；

（五）在电信设施上附挂物体、攀附农作物、拴系牲畜、摇晃拉线、攀爬杆塔；

（六）涂改、移动、拆除或者损毁电信设施警示标志、保护设施；

（七）法律、法规规定的其他危及电信设施安全的行为。

第二十九条 任何单位和个人从事可能危及电信设施安全或者妨碍线路畅通的作业，应当事先通知电信设施的产权人或者管理人，并按照其要求采取相应的防护措施；造成损害的，应当依法赔偿相应的经济损失。

第三十条　因公路、铁路、城市道路、城市轨道交通、桥梁、隧道、农田水利工程等建设，确需搬迁电信设施的，应当事先征得电信设施产权人的同意。

提出搬迁的单位或者个人应当配合电信设施产权人进行搬迁，并签订书面搬迁补偿协议。

第三十一条　建设架空或者地下油、气、水、电等管线需要与电信管线交叉穿越、平行设置时，应当符合国家规定的安全距离；不符合的，后建设单位应当与先建设单位协商，采取适当措施，确保先建设的设施安全，并承担相关费用。

第三十二条　在电信设施周边种植植物时，应当与电信设施保持国家和自治区规定的安全距离。没有达到安全距离的，电信业务经营者应当书面告知其所有人或者管理人进行修剪、采伐或者砍伐，植物所有人或者管理人应当予以配合。确需采伐或者砍伐的，应当依法办理相关手续。

第三十三条　电信业务经营者需要进入放置电信设施的场所进行施工、维护和维修等活动的，该场所的产权人或者管理人应当给予配合、提供便利。

第三十四条　电信设施建设单位应当制定岗位责任制和维护工作制度，对电信设施巡回检查，与有关单位共同做好联防工作，协助公安机关侦破破坏电信设施的案件。

第三十五条　公安机关应当依法查处破坏、盗窃电信设施以及其他危害电信设施的违法行为。

公安机关根据查处电信设施案件的需要，可以委托自治区电信管理机构组织有关专家或者具有相应资质的单位，对电信设施破坏及其他损失等情况进行评估并出具书面评估意见。

第三十六条　收购、运输废旧电信设施应当按照国家和自治区有关规定执行。

收购、运输废旧电信设施的单位和个人，发现侵占、盗窃、破坏电信设施的可疑线索，应当报告所在地公安机关。

第四章　法律责任

第三十七条　违反本条例规定的行为，《中华人民共和国治安管理处罚法》《中华人民共和国电信条例》等国家有关法律、法规已经作出具体处罚规定的，从其规定。

第三十八条　违反本条例第十四条第二款规定，电信设施建设单位拒不执行电信设施共建共享规定的，由自治区电信管理机构责令限期改正；逾期未改正的，处以1万元以上5万元以下罚款。

第三十九条　违反本条例第十七条规定，未为电信业务经营者使用区域内的配套公用电信设施提供平等的接入和使用条件的，由自治区电信管理机构责令限期改正；逾期未改正的，处以5万元以上10万元以下罚款。

第四十条　违反本条例第二十七条第一、二、三项规定的，由自治区电信管理机构责令限期改正；逾期未改正的，对个人处以1000元以上5000元以下罚款，对单位处以1万元以上5万元以下罚款；构成犯罪的，依法追究刑事责任。

第四十一条　违反本条例第二十八条第二、三、四、五、六项规定的，由自治区电信管理机构责令限期改正；逾期未改正的，对个人处以2000元以上1万元以下罚款，对单位处以1万元以上5万元以下罚款；构成犯罪的，依法追究刑事责任。

第四十二条　违反本条例规定，自治区电信管理机构以及其他相关部门的工作人员在电信设施建设和保护工作中未履行法定职责，有下列行为之一的，对直接负责的主管人员和其他直接责任人员依法给予处分；构成犯罪的，依法追究刑事责任：

（一）未依法编制或者组织实施通信业发展规划的；
（二）未依法履行电信设施共建共享的组织协调职责的；
（三）未依法履行电信设施建设监督职责的；
（四）在监督检查中或者接到举报后，发现问题未依法处理的；
（五）其他玩忽职守、滥用职权、徇私舞弊的行为。

第五章 附 则

第四十三条 专用通信网中的电信设施建设和保护，参照本条例执行。

第四十四条 本条例自 2017 年 10 月 1 日起施行。

7. 陕西省电信设施建设和保护办法

陕西省电信设施建设和保护办法
陕西省人民政府令第 201 号

《陕西省电信设施建设和保护办法》已经省政府 2017 年第 7 次常务会议通过，现予公布，自 2017 年 7 月 1 日起施行。

省长：胡和平
2017 年 5 月 19 日

陕西省电信设施建设和保护办法

第一章 总 则

第一条 为了加强电信设施建设和保护，维护电信用户和电信业务经营者的合法权益，根据《中华人民共和国电信条例》和其他有关法律、法规，结合本省实际，制定本办法。

第二条 本办法所称电信设施，是指依法为社会公众提供电信服务并实现电信功能的交换设备、传输设备和配套设备，包括电信机房、基站、天线、光（电）缆、管道、杆（塔）、分线箱（盒）、交接箱（间）、节点设备、室内分布系统、发电油机、蓄电池和配套的市电引入线路等设备设施。

第三条 县级以上人民政府应当加强对电信设施建设与保护工作的领导，将电信设施建设纳入国民经济和社会发展规划，统筹协调电信设施建设和保护的相关重大问题。

乡（镇）人民政府、街道办事处应当协助做好电信设施建设和保护的相关工作。

第四条 省电信管理机构负责全省电信设施建设和保护的监督管理工作。

县级以上人民政府相关部门应当根据各自职责依法做好电信设施建设和保护的相关工作。

第五条 电信业务经营者应当保障电信设施建设工程质量和电信网络运行安全，依法履行电信设施建设和保护义务。

第六条 电信设施属于公共基础设施，任何组织或者个人不得从事危害电信设施建设与保护的活动。

第二章 规划与建设

第七条 省电信管理机构应当根据本省国民经济和社会发展规划编制电信行业发展规划和专项规划，经征求相关部门意见，报省人民政府批准后实施。

电信行业发展规划和专项规划应当符合土地利用总体规划和城乡规划的要求。

第八条 电信设施的所有者或者管理者应当共建共享电信基础设施；对于符合国家规定的共建共享要求的，电信设施的所有者或者管理者不得拒绝。

第九条 国家机关、事业单位等应当支持电信设施建设，有关的市政设施和公共设施应当按照国家有关规定，向电信设施建设开放。禁止收取进场费、分摊费等费用。

第十条 建筑物内的通信管线和配线设施以及建设项目用地范围内的通信管道、设备间、基站等配套设施建设，应当纳入建设项目的设计文件，并随建设项目同时施工和验收，所需经费应当纳入建设项目概算。

新建、改建、扩建的建设项目，其配套的电信设施未按照国家规定验收或者验收不合格的，不得接入公用电信网。

第十一条 规划和设计车站、机场、公路、铁路、城镇道路、桥梁、隧道、城市轨道交通、水利工程、人防工程以及旅游度假、文化、体育、教育等重要基础设施和公共服务设施时，有关部门或者单位应当统筹考虑电信基础设施建设需求，根据城乡规划和通信工程建设强制性标准，预留通信管线及其他电信基础设施建设空间。

前款规定的重要基础设施和公共服务设施的所有者或者管理者应当为电信设施建设提供便利，并保障电信业务经营者公平进入。

第十二条 电信用户有权自主选择电信业务经营者提供的服务。

电信业务经营者不得与商住楼、办公楼、住宅区等建筑物的开发人、所有权人或者管理人签订含有排他性条款的协议。

商住楼、办公楼、住宅区等建筑物的开发人、所有权人和管理人应当为电信业务经营者的电信设施提供平等接入和使用条件，不得阻碍电信业务经营者为用户提供服务。

第十三条 电信业务经营者在民用建筑物上附挂电信线路或者基站、天线等公用电信设施，应当事先通知建筑物产权人或者其他权利人，并按照省人民政府规定的标准向该建筑物的产权人或者其他权利人支付使用费。使用费标准由省电信管理机构提出，报省人民政府批准后执行。

第十四条 电信业务经营者使用他人电信设施应当征得电信设施的所有者或者管理者同意，不得擅自改动、迁移、使用或者拆除他人电信设施。

电信设施的所有者或者管理者发现擅自改动、迁移、使用或者拆除电信设施的，应当报告电信管理机构。在电信管理机构作出处理决定前，电信设施的所有者或者管理者不得擅自采取措施，阻断或者影响正常通信。

第十五条 地下综合管廊覆盖区域内，电信设施应当入廊。

第三章 电信设施保护

第十六条 电信业务经营者应当在电信设施设置或者通过的区域将国家规定的有关事项向社会公告，履行以下电信设施保护职责：

（一）制定电信设施保护和管理制度；

（二）进行日常巡回检查，定期检修和维护；

（三）设置警示标志，标明所有者、管理者及其联系方式；
（四）根据需要设置围墙、栅栏等保护设施；
（五）建立安全分级保护、风险评估制度；
（六）与有关部门和单位建立联防工作机制；
（七）开展电信设施保护宣传和技能培训。

电信业务经营者的正常维护和管理活动，不得影响所在场所正常生产、生活秩序。

第十七条 在国家规定的电信设施安全保护范围内，经依法批准实施下列可能影响电信设施安全或者通信质量行为的，应当事先书面告知电信业务经营者，并采取必要的安全防护措施：

（一）修建建筑物、构筑物；
（二）新建、改建、扩建车站、机场、公路、铁路、城镇道路、桥梁、隧道、城市轨道交通、水利工程、人防工程等；
（三）铺设电力线路、电气管道、燃气管道、自来水管道、下水道、广播电视传输线路、电信线路以及设置干扰性设备；
（四）实施开山、采矿、钻探等活动；
（五）建设生产、存放易燃、易爆物品及腐蚀性物质的工厂或者库房；
（六）其他可能影响电信设施安全或者通信质量的行为。

在国家规定的电信设施安全保护范围以外实施前款行为，可能威胁电信设施安全的，应当采取有效的安全防护措施。

第十八条 禁止实施下列危害电信设施安全的行为：

（一）侵占、破坏、损毁电信设施，擅自切断电源；
（二）在国家规定的电信设施安全保护范围内爆破、焚烧物品，打桩、顶管施工，堆放易燃、易爆物品等；
（三）在埋有地下管道、通信光（电）缆标志的地面上倾倒具有腐蚀性的废液、废渣；
（四）擅自涂改、移动、拆除或者损毁电信设施保护标志；
（五）向电信设施抛掷物体；
（六）其他危及电信设施安全的行为。

第十九条 种植树木等植物，应当与已建电信设施保持安全距离；危及电信设施安全或者妨碍其正常使用的，电信业务经营者应当告知植物所有者或者管理者及时予以修剪、移植或者砍伐。

第二十条 电力线路、电气管道、燃气管道、自来水管道、下水道、广播电视传输线路等管线需要与电信设施交叉、跨越、平行建设时，应当保持国家规定的安全间隔距离。不能保持规定安全间隔距离的，后建单位应当与先建单位协商，采取措施，保障电信设施安全，并依法承担相关费用。

第二十一条 由于建设施工造成电信设施损坏的，建设单位或者施工单位应当协助电信业务经营者进行及时抢修，并承担相应的赔偿责任。

第二十二条 电信业务经营者应当制定应急通信保障预案，建立应急队伍，储备应急物资，并定期进行应急演练。

第二十三条 从事废旧物资收购经营的单位和个人，收购废旧电信设施时，应当查验并留存出售单位开具的证明，如实登记出售单位的名称和经办人的姓名、身份证号码以及物品名称、数量、规格等信息。有关证明和登记信息应当至少保存 2 年。

禁止任何单位和个人收购无合法来源证明的废旧通信电缆、铜牌、铝牌、蓄电池等电信设施。

第二十四条 电信管理机构在查处电信违法行为过程中，发现违法事实涉嫌构成犯罪的，应当向公安机关及时移送。公安机关对发现的电信违法行为，经审查，认为不需要追究刑事责任但依法应当追究行政责任的，应当及时移送电信管理机构，电信管理机构应当依法作出处理。

第四章 法律责任

第二十五条 违反本办法规定，法律法规已有法律责任规定的，从其规定。

第二十六条 电信管理机构、电信业务经营者和其他有关部门、单位及其工作人员在电信设施建设和保护工作中玩忽职守、滥用职权、徇私舞弊的，由有权机关对其主要负责人和直接责任人员依法给予纪律处分；构成犯罪的，依法追究刑事责任。

第二十七条 违反本办法第八条规定，不依法执行电信设施共建共享规定的，由电信管理机构责令改正，并处5000元以上3万元以下罚款。

第二十八条 违反本办法第十条第二款规定，电信业务经营者将未经验收的电信设施接入公用电信网的，由电信管理机构责令改正，并处1万元以上5万元以下罚款。

第二十九条 违反本办法第十七条规定，实施可能危害电信设施安全行为，没有采取安全防护措施的，由电信管理机构责令限期改正；逾期未改正的，对个人处500元以上1000元以下罚款，对单位处5000元以上3万元以下罚款。

第三十条 违反本办法第十八条规定的，由电信管理机构按照下列规定予以处罚：

（一）违反第一项、第二项、第三项、第四项规定，实施危害电信设施安全行为的，责令限期改正；逾期未改正的，对个人处500元以上1000元以下罚款，对单位处5000元以上3万元以下罚款。

（二）违反第五项规定，处100元以上200元以下罚款。

第五章 附 则

第三十一条 专用电信网电信设施的建设和保护，参照本办法执行。

第三十二条 本办法自2017年7月1日起施行。

长输管道项目建设法律汇编（全六册）

（二）

——土地类相关法律法规

（2020年第一版）

孔博昌　编

北京理工大学出版社
BEIJING INSTITUTE OF TECHNOLOGY PRESS

版权专有　侵权必究

图书在版编目（CIP）数据

长输管道项目建设法律汇编：全六册／孔博昌编．— 北京：北京理工大学出版社，2021.3

ISBN 978-7-5682-9581-9

Ⅰ．①长… Ⅱ．①孔… Ⅲ．①长输管道-建筑法-汇编-中国 Ⅳ．①D922.297.9

中国版本图书馆 CIP 数据核字（2021）第 040286 号

出版发行／	北京理工大学出版社有限责任公司
社　　址／	北京市海淀区中关村南大街5号
邮　　编／	100081
电　　话／	（010）68914775（总编室）
	（010）82562903（教材售后服务热线）
	（010）68948351（其他图书服务热线）
网　　址／	http://www.bitpress.com.cn
经　　销／	全国各地新华书店
印　　刷／	北京虎彩文化传播有限公司
开　　本／	787毫米×1092毫米　1/16
印　　张／	147.75
字　　数／	3419千字
版　　次／	2021年3月第1版　2021年3月第1次印刷
定　　价／	668.00元（全六册）

责任编辑／陆世立
文案编辑／陆世立
责任校对／周瑞红
责任印制／边心超

图书出现印装质量问题，请拨打售后服务热线，本社负责调换

《长输管道项目建设法律汇编》
公共关系协调分卷编委会

主　　任：魏东吼

副 主 任：王凤田　么子云

委　　员：高　成　高雪原　霍军明　孔博昌　刘　刚
　　　　　李海军　李　鹏　梁书飞　瞿　华　汪　岩
　　　　　王达宗　张海军　张　彦

执行主编：孔博昌

编　　辑：高雪原　郝晓琳　李　宁　梁书飞

前　言

为加快建设社会主义法治国家,必须全面推进科学立法、严格执法、公正司法、全民守法,坚持依法治国、依法执政、依法行政共同推进,坚持法治国家、法治政府、法治社会一体建设,不断开创依法治国新局面。随着中国特色社会主义法律体系的基本构建,法律已经全面渗透到社会生活的各个领域。目前我国各行各业都进入了蓬勃发展阶段,在国企改革的大潮下,国家各行业的相关法律法规不断修订和更新,与之相配套的省、自治区、直辖市等地方政府也陆续修订颁布实施了一系列法规政策和规范性文件。

为合法合规推进项目核准、土地、专项评价、行业通过权等方面管道建设前期工作,通过各种渠道搜集、梳理和汇编了项目投资及核准、土地、专项评价、各行业通过权、服务费用5方面相关法律法规,将其中最常用的公共关系外协部分相关法律法规收录其中,满足长输管道项目建设人员对项目建设前期各方面日常学习、查找资料及工作实际的需要,现予以出版发行《长输管道项目建设法律汇编》丛书。

本法律汇编涵盖了国家管网集团北京管道有限公司建设的5387公里输气管道途经的3个省、2个直辖市和1个自治区(6个省级行政单位)公共关系外协通过权各类法律法规内容,这些文件对项目在当地的实际情况具有指导性和可操作性。囿于编者水平,本汇编可能存在种种不足,还望读者在使用过程中不吝赐教,提出您的宝贵意见。同时,随着有关法律法规的更新和调整,本汇编将继续修订完善。

编委会

目　录

一、土地管理相关规定 ·· 001
1. 中华人民共和国土地管理法 ·· 001
2. 中华人民共和国土地管理法实施条例 ·· 013
3. 北京市实施《中华人民共和国土地管理法》办法 ·· 020
4. 天津市土地管理条例 ··· 027
5. 河北省土地管理条例 ··· 039
6. 山西省人民代表大会常务委员会关于修改《山西省实施〈中华人民共和国土地管理法〉办法》的决定 ·· 047
7. 山西省实施《中华人民共和国土地管理法》办法 ······································· 048
8. 陕西省实施《中华人民共和国土地管理法》办法 ······································· 057
9. 内蒙古自治区实施《中华人民共和国土地管理法》办法 ······························ 064

二、耕地、基本农田相关规定 ·· 072
1. 自然资源部 农业农村部关于加强和改进基本农田保护工作的通知 ················ 072
2. 自然资源部关于做好占用永久基本农田重大建设项目用地预审的通知 ··········· 092
3. 中共中央办公厅 国务院办公厅印发《关于在国土空间规划中统筹划定落实三条控制线的指导意见》 ·· 100
4. 自然资源部办公厅关于在用地审查报批中按管理新方式落实耕地占补平衡的通知 ··· 103
5. 国务院办公厅关于印发跨省域补充耕地国家统筹管理办法和城乡建设用地增减挂钩节余指标跨省域调剂管理办法的通知 ··· 107
6. 中共中央 国务院关于加强耕地保护和改进占补平衡的意见 ························ 113
7. 国土资源部关于改进管理方式切实落实耕地占补平衡通知 ·························· 117
8. 基本农田保护条例 ·· 120
9. 自然资源部关于健全建设用地"增存挂钩"机制的通知 ································ 124

三、测绘法规 ··· 126
1. 国土资源部 国家测绘地理信息局关于加快使用2000国家大地坐标系的通知 ···· 126
2. 测绘工程产品价格 ·· 141

四、土地复垦 ··· 161
1. 土地复垦条例 ·· 161
2. 土地复垦条例实施办法 ·· 166

五、不动产登记 ... 173
不动产登记暂行条例 ... 174

六、土地预审 ... 179
1. 建设项目用地预审及选址意见流程 ... 179
2. 自然资源部关于以"多规合一"为基础推进规划用地"多审合一、多证合一"改革的通知 ... 181
3. 河北省自然资源厅关于推进规划用地"多审合一、多证合一"改革的实施意见 ... 185
4. 国土资源部关于改进和优化建设项目用地预审和用地审查的通知 ... 195
5. 山西省国土资源厅关于进一步优化建设项目用地预审和用地审查提高土地审批效率的通知 ... 221
6. 河北省建设项目用地预审办法 ... 243
7. 山西省建设项目用地预审管理实施办法 ... 246
8. 内蒙古自治区国土资源厅关于改进和优化建设项目用地预审和用地审查的通知 ... 249
9. 北京市建设项目用地预审管理办法（试行） ... 259

七、组卷报批 ... 262
1. 国土资源部关于修改〈建设用地审查报批管理办法〉的决定 ... 262
2. 国土资源部关于改进报国务院批准单独选址建设项目用地审查报批工作的通知 ... 268

八、临时用地 ... 272
1. 自然资源部关于规范临时用地管理的通知（征求意见稿） ... 272

九、其他 ... 275
1. 国土资源部令第9号《划拨用地目录》全文 ... 275
2. 节约集约利用土地规定 ... 280
3. 河北省国土资源厅关于印发《河北省土地转用征收报批办法》的通知（2010修改） ... 285
4. 陕西省建设项目统一征地办法（2011修订） ... 287
5. 北京市建设征地补偿安置办法 ... 291
6. 天津市规划和自然资源局关于印发《天津市征收土地工作程序》的通知 ... 297
7. 山西省六厅局关于加强对探矿权采矿权建设项目用地与各类保护区重叠情况进行联合核查的通知 ... 323
8. 北京市实施国土资源部《划拨用地目录》细则 ... 326
9. 关于发布和实施《工业项目建设用地控制指标》的通知 ... 332
10. 石油天然气工程项目用地控制指标 ... 356

一、土地管理相关规定

1. 中华人民共和国土地管理法

（2019年09月06日）

发布机构：全国人大常委会
效力级别：法律
发布时间：2019年9月6日
业务类型：土地管理
时效状态：现行有效

（1986年6月25日第六届全国人民代表大会常务委员会第十六次会议通过　根据1988年12月29日第七届全国人民代表大会常务委员会第五次会议《关于修改〈中华人民共和国土地管理法〉的决定》第一次修正　1998年8月29日第九届全国人民代表大会常务委员会第四次会议修订　根据2004年8月28日第十届全国人民代表大会常务委员会第十一次会议《关于修改〈中华人民共和国土地管理法〉的决定》第二次修正　根据2019年8月26日第十三届全国人民代表大会常务委员会第十二次会议《关于修改〈中华人民共和国土地管理法〉、〈中华人民共和国城市房地产管理法〉的决定》第三次修正）。

第一章　总　则

第一条　为了加强土地管理，维护土地的社会主义公有制，保护、开发土地资源，合理利用土地，切实保护耕地，促进社会经济的可持续发展，根据宪法，制定本法。

第二条　中华人民共和国实行土地的社会主义公有制，即全民所有制和劳动群众集体所有制。全民所有，即国家所有土地的所有权由国务院代表国家行使。任何单位和个人不得侵占、买卖或者以其他形式非法转让土地。土地使用权可以依法转让。国家为了公共利益的需要，可以依法对土地实行征收或者征用并给予补偿。国家依法实行国有土地有偿使用制度。但是，国家在法律规定的范围内划拨国有土地使用权的除外。

第三条　十分珍惜、合理利用土地和切实保护耕地是我国的基本国策。各级人民政府应当采取措施，全面规划，严格管理，保护、开发土地资源，制止非法占用土地的行为。

第四条　国家实行土地用途管制制度。国家编制土地利用总体规划，规定土地用途，将土地分为农用地、建设用地和未利用地。严格限制农用地转为建设用地，控制建设用地总量，对耕地实行特殊保护。

前款所称农用地是指直接用于农业生产的土地，包括耕地、林地、草地、农田水利用地、养殖水面等；建设用地是指建造建筑物、构筑物的土地，包括城乡住宅和公共设施用地、工矿用地、交通水利设施用地、旅游用地、军事设施用地等；未利用地是指农用地和建设用地以外的土地。使用土地的单位和个人必须严格按照土地利用总体规划确定的用途使用土地。

第五条 国务院自然资源主管部门统一负责全国土地的管理和监督工作。

县级以上地方人民政府自然资源主管部门的设置及其职责，由省、自治区、直辖市人民政府根据国务院有关规定确定。

第六条 国务院授权的机构对省、自治区、直辖市人民政府以及国务院确定的城市人民政府土地利用和土地管理情况进行督察。

第七条 任何单位和个人都有遵守土地管理法律、法规的义务，并有权对违反土地管理法律、法规的行为提出检举和控告。

第八条 在保护和开发土地资源、合理利用土地以及进行有关的科学研究等方面成绩显著的单位和个人，由人民政府给予奖励。

第二章 土地的所有权和使用权

第九条 城市市区的土地属于国家所有。

农村和城市郊区的土地，除由法律规定属于国家所有的以外，属于农民集体所有；宅基地和自留地、自留山，属于农民集体所有。

第十条 国有土地和农民集体所有的土地，可以依法确定给单位或者个人使用。使用土地的单位和个人，有保护、管理和合理利用土地的义务。

第十一条 农民集体所有的土地依法属于村农民集体所有的，由村集体经济组织或者村民委员会经营、管理；已经分别属于村内两个以上农村集体经济组织的农民集体所有的，由村内各该农村集体经济组织或者村民小组经营、管理；已经属于乡（镇）农民集体所有的，由乡（镇）农村集体经济组织经营、管理。

第十二条 土地的所有权和使用权的登记，依照有关不动产登记的法律、行政法规执行。

依法登记的土地的所有权和使用权受法律保护，任何单位和个人不得侵犯。

第十三条 农民集体所有和国家所有依法由农民集体使用的耕地、林地、草地，以及其他依法用于农业的土地，采取农村集体经济组织内部的家庭承包方式承包，不宜采取家庭承包方式的荒山、荒沟、荒丘、荒滩等，可以采取招标、拍卖、公开协商等方式承包，从事种植业、林业、畜牧业、渔业生产。家庭承包的耕地的承包期为三十年，草地的承包期为三十年至五十年，林地的承包期为三十年至七十年；耕地承包期届满后再延长三十年，草地、林地承包期届满后依法相应延长。

国家所有依法用于农业的土地可以由单位或者个人承包经营，从事种植业、林业、畜牧业、渔业生产。

发包方和承包方应当依法订立承包合同，约定双方的权利和义务。承包经营土地的单位和个人，有保护和按照承包合同约定的用途合理利用土地的义务。

第十四条 土地所有权和使用权争议，由当事人协商解决；协商不成的，由人民政府处理。

单位之间的争议，由县级以上人民政府处理；个人之间、个人与单位之间的争议，由乡级人民政府或者县级以上人民政府处理。

当事人对有关人民政府的处理决定不服的，可以自接到处理决定通知之日起三十日内，向人民法院起诉。

在土地所有权和使用权争议解决前，任何一方不得改变土地利用现状。

第三章　土地利用总体规划

第十五条　各级人民政府应当依据国民经济和社会发展规划、国土整治和资源环境保护的要求、土地供给能力以及各项建设对土地的需求，组织编制土地利用总体规划。

土地利用总体规划的规划期限由国务院规定。

第十六条　下级土地利用总体规划应当依据上一级土地利用总体规划编制。

地方各级人民政府编制的土地利用总体规划中的建设用地总量不得超过上一级土地利用总体规划确定的控制指标，耕地保有量不得低于上一级土地利用总体规划确定的控制指标。

省、自治区、直辖市人民政府编制的土地利用总体规划，应当确保本行政区域内耕地总量不减少。

第十七条　土地利用总体规划按照下列原则编制：

（一）落实国土空间开发保护要求，严格土地用途管制；

（二）严格保护永久基本农田，严格控制非农业建设占用农用地；

（三）提高土地节约集约利用水平；

（四）统筹安排城乡生产、生活、生态用地，满足乡村产业和基础设施用地合理需求，促进城乡融合发展；

（五）保护和改善生态环境，保障土地的可持续利用；

（六）占用耕地与开发复垦耕地数量平衡、质量相当。

第十八条　国家建立国土空间规划体系。编制国土空间规划应当坚持生态优先，绿色、可持续发展，科学有序统筹安排生态、农业、城镇等功能空间，优化国土空间结构和布局，提升国土空间开发、保护的质量和效率。

经依法批准的国土空间规划是各类开发、保护、建设活动的基本依据。已经编制国土空间规划的，不再编制土地利用总体规划和城乡规划。

第十九条　县级土地利用总体规划应当划分土地利用区，明确土地用途。

乡（镇）土地利用总体规划应当划分土地利用区，根据土地使用条件，确定每一块土地的用途，并予以公告。

第二十条　土地利用总体规划实行分级审批。

省、自治区、直辖市的土地利用总体规划，报国务院批准。

省、自治区人民政府所在地的市、人口在一百万以上的城市以及国务院指定的城市的土地利用总体规划，经省、自治区人民政府审查同意后，报国务院批准。

本条第二款、第三款规定以外的土地利用总体规划，逐级上报省、自治区、直辖市人民政府批准；其中，乡（镇）土地利用总体规划可以由省级人民政府授权的设区的市、自治州人民政府批准。

土地利用总体规划一经批准，必须严格执行。

第二十一条　城市建设用地规模应当符合国家规定的标准，充分利用现有建设用地，不占或者尽量少占农用地。

城市总体规划、村庄和集镇规划，应当与土地利用总体规划相衔接，城市总体规划、村庄和集镇规划中建设用地规模不得超过土地利用总体规划确定的城市和村庄、集镇建设用地规模。

在城市规划区内、村庄和集镇规划区内，城市和村庄、集镇建设用地应当符合城市规划、村庄和集镇规划。

第二十二条 江河、湖泊综合治理和开发利用规划，应当与土地利用总体规划相衔接。在江河、湖泊、水库的管理和保护范围以及蓄洪滞洪区内，土地利用应当符合江河、湖泊综合治理和开发利用规划，符合河道、湖泊行洪、蓄洪和输水的要求。

第二十三条 各级人民政府应当加强土地利用计划管理，实行建设用地总量控制。

土地利用年度计划，根据国民经济和社会发展计划、国家产业政策、土地利用总体规划以及建设用地和土地利用的实际状况编制。土地利用年度计划应当对本法第六十三条规定的集体经营性建设用地作出合理安排。土地利用年度计划的编制审批程序与土地利用总体规划的编制审批程序相同，一经审批下达，必须严格执行。

第二十四条 省、自治区、直辖市人民政府应当将土地利用年度计划的执行情况列为国民经济和社会发展计划执行情况的内容，向同级人民代表大会报告。

第二十五条 经批准的土地利用总体规划的修改，须经原批准机关批准；未经批准，不得改变土地利用总体规划确定的土地用途。

经国务院批准的大型能源、交通、水利等基础设施建设用地，需要改变土地利用总体规划的，根据国务院的批准文件修改土地利用总体规划。

经省、自治区、直辖市人民政府批准的能源、交通、水利等基础设施建设用地，需要改变土地利用总体规划的，属于省级人民政府土地利用总体规划批准权限内的，根据省级人民政府的批准文件修改土地利用总体规划。

第二十六条 国家建立土地调查制度。

县级以上人民政府自然资源主管部门会同同级有关部门进行土地调查。土地所有者或者使用者应当配合调查，并提供有关资料。

第二十七条 县级以上人民政府自然资源主管部门会同同级有关部门根据土地调查成果、规划土地用途和国家制定的统一标准，评定土地等级。

第二十八条 国家建立土地统计制度。

县级以上人民政府统计机构和自然资源主管部门依法进行土地统计调查，定期发布土地统计资料。土地所有者或者使用者应当提供有关资料，不得拒报、迟报，不得提供不真实、不完整的资料。

统计机构和自然资源主管部门共同发布的土地面积统计资料是各级人民政府编制土地利用总体规划的依据。

第二十九条 国家建立全国土地管理信息系统，对土地利用状况进行动态监测。

第四章 耕地保护

第三十条 国家保护耕地，严格控制耕地转为非耕地。

国家实行占用耕地补偿制度。非农业建设经批准占用耕地的，按照"占多少，垦多少"的原则，由占用耕地的单位负责开垦与所占用耕地的数量和质量相当的耕地；没有条件开垦或者开垦的耕地不符合要求的，应当按照省、自治区、直辖市的规定缴纳耕地开垦费，专款用于开垦新的耕地。

省、自治区、直辖市人民政府应当制定开垦耕地计划，监督占用耕地的单位按照计划开垦耕地或者按照计划组织开垦耕地，并进行验收。

第三十一条 县级以上地方人民政府可以要求占用耕地的单位将所占用耕地耕作层的土壤用于新开垦耕地、劣质地或者其他耕地的土壤改良。

第三十二条 省、自治区、直辖市人民政府应当严格执行土地利用总体规划和土地利用年度计划，采取措施，确保本行政区域内耕地总量不减少、质量不降低。耕地总量减少的，由国务院责令在规定期限内组织开垦与所减少耕地的数量与质量相当的耕地；耕地质量降低的，由国务院责令在规定期限内组织整治。新开垦和整治的耕地由国务院自然资源主管部门会同农业农村主管部门验收。

个别省、直辖市确因土地后备资源匮乏，新增建设用地后，新开垦耕地的数量不足以补偿所占用耕地的数量的，必须报经国务院批准减免本行政区域内开垦耕地的数量，易地开垦数量和质量相当的耕地。

第三十三条 国家实行永久基本农田保护制度。下列耕地应当根据土地利用总体规划划为永久基本农田，实行严格保护：

（一）经国务院农业农村主管部门或者县级以上地方人民政府批准确定的粮、棉、油、糖等重要农产品生产基地内的耕地；

（二）有良好的水利与水土保持设施的耕地，正在实施改造计划以及可以改造的中、低产田和已建成的高标准农田；

（三）蔬菜生产基地；

（四）农业科研、教学试验田；

（五）国务院规定应当划为永久基本农田的其他耕地。

各省、自治区、直辖市划定的永久基本农田一般应当占本行政区域内耕地的百分之八十以上，具体比例由国务院根据各省、自治区、直辖市耕地实际情况规定。

第三十四条 永久基本农田划定以乡（镇）为单位进行，由县级人民政府自然资源主管部门会同同级农业农村主管部门组织实施。永久基本农田应当落实到地块，纳入国家永久基本农田数据库严格管理。

乡（镇）人民政府应当将永久基本农田的位置、范围向社会公告，并设立保护标志。

第三十五条 永久基本农田经依法划定后，任何单位和个人不得擅自占用或者改变其用途。国家能源、交通、水利、军事设施等重点建设项目选址确实难以避让永久基本农田，涉及农用地转用或者土地征收的，必须经国务院批准。

禁止通过擅自调整县级土地利用总体规划、乡（镇）土地利用总体规划等方式规避永久基本农田农用地转用或者土地征收的审批。

第三十六条 各级人民政府应当采取措施，引导因地制宜轮作休耕，改良土壤，提高地力，维护排灌工程设施，防止土地荒漠化、盐渍化、水土流失和土壤污染。

第三十七条 非农业建设必须节约使用土地，可以利用荒地的，不得占用耕地；可以利用劣地的，不得占用好地。

禁止占用耕地建窑、建坟或者擅自在耕地上建房、挖砂、采石、采矿、取土等。

禁止占用永久基本农田发展林果业和挖塘养鱼。

第三十八条 禁止任何单位和个人闲置、荒芜耕地。已经办理审批手续的非农业建设占用耕地，一年内不用而又可以耕种并收获的，应当由原耕种该幅耕地的集体或者个人恢复耕种，也可以由用地单位组织耕种；一年以上未动工建设的，应当按照省、自治区、直辖市的规定缴纳闲置费；连续二年未使用的，经原批准机关批准，由县级以上人民政府无偿收回用地单位的土地使用权；该幅土地原为农民集体所有的，应当交由原农村集体经济组织恢复耕种。

在城市规划区范围内，以出让方式取得土地使用权进行房地产开发的闲置土地，依照《中华人民共和国城市房地产管理法》的有关规定办理。

第三十九条 国家鼓励单位和个人按照土地利用总体规划，在保护和改善生态环境、防止水土流失和土地荒漠化的前提下，开发未利用的土地；适宜开发为农用地的，应当优先开发成农用地。

国家依法保护开发者的合法权益。

第四十条 开垦未利用的土地，必须经过科学论证和评估，在土地利用总体规划划定的可开垦的区域内，经依法批准后进行。禁止毁坏森林、草原开垦耕地，禁止围湖造田和侵占江河滩地。

根据土地利用总体规划，对破坏生态环境开垦、围垦的土地，有计划有步骤地退耕还林、还牧、还湖。

第四十一条 开发未确定使用权的国有荒山、荒地、荒滩从事种植业、林业、畜牧业、渔业生产的，经县级以上人民政府依法批准，可以确定给开发单位或者个人长期使用。

第四十二条 国家鼓励土地整理。县、乡（镇）人民政府应当组织农村集体经济组织，按照土地利用总体规划，对田、水、路、林、村综合整治，提高耕地质量，增加有效耕地面积，改善农业生产条件和生态环境。

地方各级人民政府应当采取措施，改造中、低产田，整治闲散地和废弃地。

第四十三条 因挖损、塌陷、压占等造成土地破坏，用地单位和个人应当按照国家有关规定负责复垦；没有条件复垦或者复垦不符合要求的，应当缴纳土地复垦费，专项用于土地复垦。复垦的土地应当优先用于农业。

第五章 建设用地

第四十四条 建设占用土地，涉及农用地转为建设用地的，应当办理农用地转用审批手续。

永久基本农田转为建设用地的，由国务院批准。

在土地利用总体规划确定的城市和村庄、集镇建设用地规模范围内，为实施该规划而将永久基本农田以外的农用地转为建设用地的，按土地利用年度计划分批次按照国务院规定由原批准土地利用总体规划的机关或者其授权的机关批准。在已批准的农用地转用范围内，具体建设项目用地可以由市、县人民政府批准。

在土地利用总体规划确定的城市和村庄、集镇建设用地规模范围外，将永久基本农田以外的农用地转为建设用地的，由国务院或者国务院授权的省、自治区、直辖市人民政府批准。

第四十五条 为了公共利益的需要，有下列情形之一，确需征收农民集体所有的土地的，可以依法实施征收：

（一）军事和外交需要用地的；

（二）由政府组织实施的能源、交通、水利、通信、邮政等基础设施建设需要用地的；

（三）由政府组织实施的科技、教育、文化、卫生、体育、生态环境和资源保护、防灾减灾、文物保护、社区综合服务、社会福利、市政公用、优抚安置、英烈保护等公共事业需要用地的；

（四）由政府组织实施的扶贫搬迁、保障性安居工程建设需要用地的；

（五）在土地利用总体规划确定的城镇建设用地范围内，经省级以上人民政府批准由县级以上地方人民政府组织实施的成片开发建设需要用地的；

（六）法律规定为公共利益需要可以征收农民集体所有的土地的其他情形。

前款规定的建设活动，应当符合国民经济和社会发展规划、土地利用总体规划、城乡规划和专项规划；第（四）项、第（五）项规定的建设活动，还应当纳入国民经济和社会发展年度计划；第（五）项规定的成片开发并应当符合国务院自然资源主管部门规定的标准。

第四十六条 征收下列土地的，由国务院批准：

（一）永久基本农田；

（二）永久基本农田以外的耕地超过三十五公顷的；

（三）其他土地超过七十公顷的。

征收前款规定以外的土地的，由省、自治区、直辖市人民政府批准。

征收农用地的，应当依照本法第四十四条的规定先行办理农用地转用审批。其中，经国务院批准农用地转用的，同时办理征地审批手续，不再另行办理征地审批；经省、自治区、直辖市人民政府在征地批准权限内批准农用地转用的，同时办理征地审批手续，不再另行办理征地审批，超过征地批准权限的，应当依照本条第一款的规定另行办理征地审批。

第四十七条 国家征收土地的，依照法定程序批准后，由县级以上地方人民政府予以公告并组织实施。

县级以上地方人民政府拟申请征收土地的，应当开展拟征收土地现状调查和社会稳定风险评估，并将征收范围、土地现状、征收目的、补偿标准、安置方式和社会保障等在拟征收土地所在的乡（镇）和村、村民小组范围内公告至少三十日，听取被征地的农村集体经济组织及其成员、村民委员会和其他利害关系人的意见。

多数被征地的农村集体经济组织成员认为征地补偿安置方案不符合法律、法规规定的，县级以上地方人民政府应当组织召开听证会，并根据法律、法规的规定和听证会情况修改方案。

拟征收土地的所有权人、使用权人应当在公告规定期限内，持不动产权属证明材料办理补偿登记。县级以上地方人民政府应当组织有关部门测算并落实有关费用，保证足额到位，与拟征收土地的所有权人、使用权人就补偿、安置等签订协议；个别确实难以达成协议的，应当在申请征收土地时如实说明。

相关前期工作完成后，县级以上地方人民政府方可申请征收土地。

第四十八条 征收土地应当给予公平、合理的补偿，保障被征地农民原有生活水平不降低、长远生计有保障。

征收土地应当依法及时足额支付土地补偿费、安置补助费以及农村村民住宅、其他地上附着物和青苗等的补偿费用，并安排被征地农民的社会保障费用。

征收农用地的土地补偿费、安置补助费标准由省、自治区、直辖市通过制定公布区片综合地价确定。制定区片综合地价应当综合考虑土地原用途、土地资源条件、土地产值、土地区位、土地供求关系、人口以及经济社会发展水平等因素，并至少每三年调整或者重新公布一次。

征收农用地以外的其他土地、地上附着物和青苗等的补偿标准，由省、自治区、直辖市制定。对其中的农村村民住宅，应当按照先补偿后搬迁、居住条件有改善的原则，尊重农村村民意愿，采取重新安排宅基地建房、提供安置房或者货币补偿等方式给予公平、合理的补偿，并对因征收造成的搬迁、临时安置等费用予以补偿，保障农村村民居住的权利和合法的住房财产权益。

县级以上地方人民政府应当将被征地农民纳入相应的养老等社会保障体系。被征地农民的社会保障费用主要用于符合条件的被征地农民的养老保险等社会保险缴费补贴。被征地农民社会保障费用的筹集、管理和使用办法，由省、自治区、直辖市制定。

第四十九条 被征地的农村集体经济组织应当将征收土地的补偿费用的收支状况向本集体经济组织的成员公布，接受监督。

禁止侵占、挪用被征收土地单位的征地补偿费用和其他有关费用。

第五十条 地方各级人民政府应当支持被征地的农村集体经济组织和农民从事开发经营，兴办企业。

第五十一条 大中型水利、水电工程建设征收土地的补偿费标准和移民安置办法，由国务院另行规定。

第五十二条 建设项目可行性研究论证时，自然资源主管部门可以根据土地利用总体规划、土地利用年度计划和建设用地标准，对建设用地有关事项进行审查，并提出意见。

第五十三条 经批准的建设项目需要使用国有建设用地的，建设单位应当持法律、行政法规规定的有关文件，向有批准权的县级以上人民政府自然资源主管部门提出建设用地申请，经自然资源主管部门审查，报本级人民政府批准。

第五十四条 建设单位使用国有土地，应当以出让等有偿使用方式取得；但是，下列建设用地，经县级以上人民政府依法批准，可以以划拨方式取得：

（一）国家机关用地和军事用地；

（二）城市基础设施用地和公益事业用地；

（三）国家重点扶持的能源、交通、水利等基础设施用地；

（四）法律、行政法规规定的其他用地。

第五十五条 以出让等有偿使用方式取得国有土地使用权的建设单位，按照国务院规定的标准和办法，缴纳土地使用权出让金等土地有偿使用费和其他费用后，方可使用土地。

自本法施行之日起，新增建设用地的土地有偿使用费，百分之三十上缴中央财政，百分之七十留给有关地方人民政府。具体使用管理办法由国务院财政部门会同有关部门制定，并报国务院批准。

第五十六条 建设单位使用国有土地的，应当按照土地使用权出让等有偿使用合同的约定或者土地使用权划拨批准文件的规定使用土地；确需改变该幅土地建设用途的，应当经有关人民政府自然资源主管部门同意，报原批准用地的人民政府批准。其中，在城市规划区内改变土地用途的，在报批前，应当先经有关城市规划行政主管部门同意。

第五十七条 建设项目施工和地质勘查需要临时使用国有土地或者农民集体所有的土地的，由县级以上人民政府自然资源主管部门批准。其中，在城市规划区内的临时用地，在报批前，应当先经有关城市规划行政主管部门同意。土地使用者应当根据土地权属，与有关自然资源主管部门或者农村集体经济组织、村民委员会签订临时使用土地合同，并按照合同的约定支付临时使用土地补偿费。

临时使用土地的使用者应当按照临时使用土地合同约定的用途使用土地，并不得修建永久性建筑物。

临时使用土地期限一般不超过二年。

第五十八条 有下列情形之一的，由有关人民政府自然资源主管部门报经原批准用地的人民政府或者有批准权的人民政府批准，可以收回国有土地使用权：

（一）为实施城市规划进行旧城区改建以及其他公共利益需要，确需使用土地的；

（二）土地出让等有偿使用合同约定的使用期限届满，土地使用者未申请续期或者申请续期未获批准的；

（三）因单位撤销、迁移等原因，停止使用原划拨的国有土地的；

（四）公路、铁路、机场、矿场等经核准报废的。

依照前款第（一）项的规定收回国有土地使用权的，对土地使用权人应当给予适当补偿。

第五十九条 乡镇企业、乡（镇）村公共设施、公益事业、农村村民住宅等乡（镇）村建设，应当按照村庄和集镇规划，合理布局，综合开发，配套建设；建设用地，应当符合乡（镇）土地利用总体规划和土地利用年度计划，并依照本法第四十四条、第六十条、第六十一条、第六十二条的规定办理审批手续。

第六十条 农村集体经济组织使用乡（镇）土地利用总体规划确定的建设用地兴办企业或者与其他单位、个人以土地使用权入股、联营等形式共同举办企业的，应当持有关批准文件，向县级以上地方人民政府自然资源主管部门提出申请，按照省、自治区、直辖市规定的批准权限，由县级以上地方人民政府批准；其中，涉及占用农用地的，依照本法第四十四条的规定办理审批手续。

按照前款规定兴办企业的建设用地，必须严格控制。省、自治区、直辖市可以按照乡镇企业的不同行业和经营规模，分别规定用地标准。

第六十一条 乡（镇）村公共设施、公益事业建设，需要使用土地的，经乡（镇）人民政府审核，向县级以上地方人民政府自然资源主管部门提出申请，按照省、自治区、直辖市规定的批准权限，由县级以上地方人民政府批准；其中，涉及占用农用地的，依照本法第四十四条的规定办理审批手续。

第六十二条 农村村民一户只能拥有一处宅基地，其宅基地的面积不得超过省、自治区、直辖市规定的标准。

人均土地少、不能保障一户拥有一处宅基地的地区，县级人民政府在充分尊重农村村民意愿的基础上，可以采取措施，按照省、自治区、直辖市规定的标准保障农村村民实现户有所居。

农村村民建住宅，应当符合乡（镇）土地利用总体规划、村庄规划，不得占用永久基本农田，并尽量使用原有的宅基地和村内空闲地。编制乡（镇）土地利用总体规划、村庄规划应当统筹并合理安排宅基地用地，改善农村村民居住环境和条件。

农村村民住宅用地，由乡（镇）人民政府审核批准；其中，涉及占用农用地的，依照本法第四十四条的规定办理审批手续。

农村村民出卖、出租、赠与住宅后，再申请宅基地的，不予批准。

国家允许进城落户的农村村民依法自愿有偿退出宅基地，鼓励农村集体经济组织及其成员盘活利用闲置宅基地和闲置住宅。

国务院农业农村主管部门负责全国农村宅基地改革和管理有关工作。

第六十三条 土地利用总体规划、城乡规划确定为工业、商业等经营性用途，并经依法登记的集体经营性建设用地，土地所有权人可以通过出让、出租等方式交由单位或者个人使用，并应当签订书面合同，载明土地界址、面积、动工期限、使用期限、土地用途、规划条件和双方其他权利义务。

前款规定的集体经营性建设用地出让、出租等，应当经本集体经济组织成员的村民会议三分之二以上成员或者三分之二以上村民代表的同意。

通过出让等方式取得的集体经营性建设用地使用权可以转让、互换、出资、赠与或者抵押，但法律、行政法规另有规定或者土地所有权人、土地使用权人签订的书面合同另有约定的除外。

集体经营性建设用地的出租，集体建设用地使用权的出让及其最高年限、转让、互换、出资、赠与、抵押等，参照同类用途的国有建设用地执行。具体办法由国务院制定。

第六十四条 集体建设用地的使用者应当严格按照土地利用总体规划、城乡规划确定的用途使用土地。

第六十五条 在土地利用总体规划制定前已建的不符合土地利用总体规划确定的用途的建筑物、构筑物，不得重建、扩建。

第六十六条 有下列情形之一的，农村集体经济组织报经原批准用地的人民政府批准，可以收回土地使用权：

（一）为乡（镇）村公共设施和公益事业建设，需要使用土地的；

（二）不按照批准的用途使用土地的；

（三）因撤销、迁移等原因而停止使用土地的。

依照前款第（一）项规定收回农民集体所有的土地的，对土地使用权人应当给予适当补偿。

收回集体经营性建设用地使用权，依照双方签订的书面合同办理，法律、行政法规另有规定的除外。

第六章　监督检查

第六十七条 县级以上人民政府自然资源主管部门对违反土地管理法律、法规的行为进行监督检查。

县级以上人民政府农业农村主管部门对违反农村宅基地管理法律、法规的行为进行监督检查的，适用本法关于自然资源主管部门监督检查的规定。

土地管理监督检查人员应当熟悉土地管理法律、法规，忠于职守、秉公执法。

第六十八条 县级以上人民政府自然资源主管部门履行监督检查职责时，有权采取下列措施：

（一）要求被检查的单位或者个人提供有关土地权利的文件和资料，进行查阅或者予以复制；

（二）要求被检查的单位或者个人就有关土地权利的问题作出说明；

（三）进入被检查单位或者个人非法占用的土地现场进行勘测；

（四）责令非法占用土地的单位或者个人停止违反土地管理法律、法规的行为。

第六十九条 土地管理监督检查人员履行职责，需要进入现场进行勘测、要求有关单位或者个人提供文件、资料和作出说明的，应当出示土地管理监督检查证件。

第七十条 有关单位和个人对县级以上人民政府自然资源主管部门就土地违法行为进行的监督检查应当支持与配合，并提供工作方便，不得拒绝与阻碍土地管理监督检查人员依法执行职务。

第七十一条 县级以上人民政府自然资源主管部门在监督检查工作中发现国家工作人员的违法行为，依法应当给予处分的，应当依法予以处理；自己无权处理的，应当依法移送监察机关或者有关机关处理。

第七十二条 县级以上人民政府自然资源主管部门在监督检查工作中发现土地违法行为构成犯罪的，应当将案件移送有关机关，依法追究刑事责任；尚不构成犯罪的，应当依法给予行政处罚。

第七十三条 依照本法规定应当给予行政处罚，而有关自然资源主管部门不给予行政处罚的，上级人民政府自然资源主管部门有权责令有关自然资源主管部门作出行政处罚决定或者直接给予行政处罚，并给予有关自然资源主管部门的负责人处分。

第七章　法律责任

第七十四条 买卖或者以其他形式非法转让土地的，由县级以上人民政府自然资源主管部门没收违法所得；对违反土地利用总体规划擅自将农用地改为建设用地的，限期拆除在非法转让的土地上新建的建筑物和其他设施，恢复土地原状，对符合土地利用总体规划的，没收在非法转让的土地上新建的建筑物和其他设施；可以并处罚款；对直接负责的主管人员和其他直接责任人员，依法给予处分；构成犯罪的，依法追究刑事责任。

第七十五条 违反本法规定，占用耕地建窑、建坟或者擅自在耕地上建房、挖砂、采石、采矿、取土等，破坏种植条件的，或者因开发土地造成土地荒漠化、盐渍化的，由县级以上人民政府自然资源主管部门、农业农村主管部门等按照职责责令限期改正或者治理，可以并处罚款；构成犯罪的，依法追究刑事责任。

第七十六条 违反本法规定，拒不履行土地复垦义务的，由县级以上人民政府自然资源主管部门责令限期改正；逾期不改正的，责令缴纳复垦费，专项用于土地复垦，可以处以罚款。

第七十七条 未经批准或者采取欺骗手段骗取批准，非法占用土地的，由县级以上人民政府自然资源主管部门责令退还非法占用的土地，对违反土地利用总体规划擅自将农用地改为建设用地的，限期拆除在非法占用的土地上新建的建筑物和其他设施，恢复土地原状，对符合土地利用总体规划的，没收在非法占用的土地上新建的建筑物和其他设施，可以并处罚款；对非法占用土地单位的直接负责的主管人员和其他直接责任人员，依法给予处分；构成犯罪的，依法追究刑事责任。

超过批准的数量占用土地，多占的土地以非法占用土地论处。

第七十八条 农村村民未经批准或者采取欺骗手段骗取批准，非法占用土地建住宅的，由县级以上人民政府农业农村主管部门责令退还非法占用的土地，限期拆除在非法占用的土地上新建的房屋。

超过省、自治区、直辖市规定的标准，多占的土地以非法占用土地论处。

第七十九条 无权批准征收、使用土地的单位或者个人非法批准占用土地的，超越批准权限非法批准占用土地的，不按照土地利用总体规划确定的用途批准用地的，或者违反法律规定的程序批准占用、征收土地的，其批准文件无效，对非法批准征收、使用土地的直接负责的主管人员和其他直接责任人员，依法给予处分；构成犯罪的，依法追究刑事责任。非法批准、使用的土地应当收回，有关当事人拒不归还的，以非法占用土地论处。

非法批准征收、使用土地，对当事人造成损失的，依法应当承担赔偿责任。

第八十条 侵占、挪用被征收土地单位的征地补偿费用和其他有关费用，构成犯罪的，依法追究刑事责任；尚不构成犯罪的，依法给予处分。

第八十一条 依法收回国有土地使用权当事人拒不交出土地的，临时使用土地期满拒不归还的，或者不按照批准的用途使用国有土地的，由县级以上人民政府自然资源主管部门责令交还土地，处以罚款。

第八十二条 擅自将农民集体所有的土地通过出让、转让使用权或者出租等方式用于非农业建设，或者违反本法规定，将集体经营性建设用地通过出让、出租等方式交由单位或者个人使用的，由县级以上人民政府自然资源主管部门责令限期改正，没收违法所得，并处罚款。

第八十三条 依照本法规定，责令限期拆除在非法占用的土地上新建的建筑物和其他设施的，建设单位或者个人必须立即停止施工，自行拆除；对继续施工的，作出处罚决定的机关有权制止。建设单位或者个人对责令限期拆除的行政处罚决定不服的，可以在接到责令限期拆除决定之日起十五日内，向人民法院起诉；期满不起诉又不自行拆除的，由作出处罚决定的机关依法申请人民法院强制执行，费用由违法者承担。

第八十四条 自然资源主管部门、农业农村主管部门的工作人员玩忽职守、滥用职权、徇私舞弊，构成犯罪的，依法追究刑事责任；尚不构成犯罪的，依法给予处分。

第八章 附 则

第八十五条 外商投资企业使用土地的，适用本法；法律另有规定的，从其规定。

第八十六条 在根据本法第十八条的规定编制国土空间规划前，经依法批准的土地利用总体规划和城乡规划继续执行。

第八十七条 本法自 1999 年 1 月 1 日起施行。

2. 中华人民共和国土地管理法实施条例

（2014 年 7 月 29 日修正版）

《中华人民共和国土地管理法实施条例》是根据《中华人民共和国土地管理法》制定的条例。明确指出国家依法实行土地登记发证制度。依法登记的土地所有权和土地使用权受法律保护，任何单位和个人不得侵犯。

制定机构：国务院
效力级别：行政法规及国务院文件
发　　布：中华人民共和国国务院令第 256 号
施行日期：1999 年 1 月 1 日
通过日期：1998 年 12 月 24 日
通过会议：国务院第 12 次常务会议
2014 年 7 月 29 日修正版（最新版）
2014 年 07 月 29 日《国务院关于修改部分行政法规的决定》第二次修订
历史版本：
中华人民共和国土地管理法实施条例（2014 年 7 月 29 日修正版）
中华人民共和国土地管理法实施条例（2011 年 1 月 8 日修正版）
中华人民共和国土地管理法实施条例（于 1999 年 1 月 1 日生效）
中华人民共和国土地管理法实施条例（于 1991 年 2 月 1 日生效）

第一章　总　　则

第一条　根据《中华人民共和国土地管理法》（以下简称《土地管理法》），制定本条例。

第二章　土地的所有权和使用权

第二条　下列土地属于全民所有即国家所有：
（一）城市市区的土地；
（二）农村和城市郊区中已经依法没收、征收、征购为国有的土地；
（三）国家依法征收的土地；
（四）依法不属于集体所有的林地、草地、荒地、滩涂及其他土地；
（五）农村集体经济组织全部成员转为城镇居民的，原属于其成员集体所有的土地；
（六）因国家组织移民、自然灾害等原因，农民成建制地集体迁移后不再使用的原属于迁移农民集体所有的土地。

第三条　国家依法实行土地登记发证制度。依法登记的土地所有权和土地使用权受法律保护，任何单位和个人不得侵犯。

土地登记内容和土地权属证书式样由国务院土地行政主管部门统一规定。

土地登记资料可以公开查询。

确认林地、草原的所有权或者使用权，确认水面、滩涂的养殖使用权，分别依照《森林法》、《草原法》和《渔业法》的有关规定办理。

第四条 农民集体所有的土地，由土地所有者向土地所在地的县级人民政府土地行政主管部门提出土地登记申请，由县级人民政府登记造册，核发集体土地所有权证书，确认所有权。

农民集体所有的土地依法用于非农业建设的，由土地使用者向土地所在地的县级人民政府土地行政主管部门提出土地登记申请，由县级人民政府登记造册，核发集体土地使用权证书，确认建设用地使用权。

设区的市人民政府可以对市辖区内农民集体所有的土地实行统一登记。

第五条 单位和个人依法使用的国有土地，由土地使用者向土地所在地的县级以上人民政府土地行政主管部门提出土地登记申请，由县级以上人民政府登记造册，核发国有土地使用权证书，确认使用权。其中，中央国家机关使用的国有土地的登记发证，由国务院土地行政主管部门负责，具体登记发证办法由国务院土地行政主管部门会同国务院机关事务管理局等有关部门制定。

未确定使用权的国有土地，由县级以上人民政府登记造册，负责保护管理。

第六条 依法改变土地所有权、使用权的，因依法转让地上建筑物、构筑物等附着物导致土地使用权转移的，必须向土地所在地的县级以上人民政府土地行政主管部门提出土地变更登记申请，由原土地登记机关依法进行土地所有权、使用权变更登记。土地所有权、使用权的变更，自变更登记之日起生效。

依法改变土地用途的，必须持批准文件，向土地所在地的县级以上人民政府土地行政主管部门提出土地变更登记申请，由原土地登记机关依法进行变更登记。

第七条 依照《土地管理法》的有关规定，收回用地单位的土地使用权的，由原土地登记机关注销土地登记。

土地使用权有偿使用合同约定的使用期限届满，土地使用者未申请续期或者虽申请续期未获批准的，由原土地登记机关注销土地登记。

第三章 土地利用总体规划

第八条 全国土地利用总体规划，由国务院土地行政主管部门会同国务院有关部门编制，报国务院批准。

省、自治区、直辖市的土地利用总体规划，由省、自治区、直辖市人民政府组织本级土地行政主管部门和其他有关部门编制，报国务院批准。

省、自治区人民政府所在地的市、人口在100万以上的城市以及国务院指定的城市的土地利用总体规划，由各该市人民政府组织本级土地行政主管部门和其他有关部门编制，经省、自治区人民政府审查同意后，报国务院批准。

本条第一款、第二款、第三款规定以外的土地利用总体规划，由有关人民政府组织本级土地行政主管部门和其他有关部门编制，逐级上报省、自治区、直辖市人民政府批准；其中，乡（镇）土地利用总体规划，由乡（镇）人民政府编制，逐级上报省、自治区、直辖市人民政府或省、自治区、直辖市人民政府授权的设区的市、自治州人民政府批准。

第九条 土地利用总体规划的规划期限一般为15年。

第十条 依照《土地管理法》规定，土地利用总体规划应当将土地划分为农用地、建设用地和未利用地。

县级和乡（镇）土地利用总体规划应当根据需要，划定基本农田保护区、土地开垦区、建设用地区和禁止开垦区等；其中，乡（镇）土地利用总体规划还应当根据土地使用条件，确定每一块土地的用途。

土地分类和划定土地利用区的具体办法，由国务院土地行政主管部门会同国务院有关部门制定。

第十一条 乡（镇）土地利用总体规划经依法批准后，乡（镇）人民政府应当在本行政区域内予以公告。

公告应当包括下列内容：

（一）规划目标；

（二）规划期限；

（三）规划范围；

（四）地块用途；

（五）批准机关和批准日期。

第十二条 依照《土地管理法》第二十六条第二款、第三款规定修改土地利用总体规划的，由原编制机关根据国务院或者省、自治区、直辖市人民政府的批准文件修改。修改后的土地利用总体规划应当报原批准机关批准。

上一级土地利用总体规划修改后，涉及修改下一级土地利用总体规划的，由上一级人民政府通知下一级人民政府作出相应修改，并报原批准机关备案。

第十三条 各级人民政府应当加强土地利用年度计划管理，实行建设用地总量控制。土地利用年度计划一经批准下达，必须严格执行。

土地利用年度计划应当包括下列内容：

（一）农用地转用计划指标；

（二）耕地保有量计划指标；

（三）土地开发整理计划指标。

第十四条 县级以上人民政府土地行政主管部门应当会同同级有关部门进行土地调查。

土地调查应当包括下列内容：

（一）土地权属；

（二）土地利用现状；

（三）土地条件。

地方土地利用现状调查结果，经本级人民政府审核，报上一级人民政府批准后，应当向社会公布；全国土地利用现状调查结果，报国务院批准后，应当向社会公布。土地调查规程，由国务院土地行政主管部门会同国务院有关部门制定。

第十五条 国务院土地行政主管部门会同国务院有关部门制定土地等级评定标准。

县级以上人民政府土地行政主管部门应当会同同级有关部门根据土地等级评定标准，对土地等级进行评定。地方土地等级评定结果，经本级人民政府审核，报上一级人民政府土地行政主管部门批准后，应当向社会公布。

根据国民经济和社会发展状况，土地等级每6年调整1次。

第四章 耕地保护

第十六条 在土地利用总体规划确定的城市和村庄、集镇建设用地范围内，为实施城市规划和村庄、集镇规划占用耕地，以及在土地利用总体规划确定的城市建设用地范围外的能源、交通、水利、矿山、军事设施等建设项目占用耕地的，分别由市、县人民政府、农村集体经济组织和建设单位依照《土地管理法》第三十一条的规定负责开垦耕地；没有条件开垦或者开垦的耕地不符合要求的，应当按照省、自治区、直辖市的规定缴纳耕地开垦费。

第十七条　禁止单位和个人在土地利用总体规划确定的禁止开垦区内从事土地开发活动。

在土地利用总体规划确定的土地开垦区内，开发未确定土地使用权的国有荒山、荒地、荒滩从事种植业、林业、畜牧业、渔业生产的，应当向土地所在地的县级以上地方人民政府土地行政主管部门提出申请，按照省、自治区、直辖市规定的权限，由县级以上地方人民政府批准。

开发未确定土地使用权的国有荒山、荒地、荒滩从事种植业、林业、畜牧业或者渔业生产的，经县级以上地方人民政府依法批准，可以确定给开发单位或者个人长期使用，使用期限最长不得超过50年。

第十八条　县、乡（镇）人民政府应当按照土地利用总体规划，组织农村集体经济组织制定土地整理方案，并组织实施。

地方各级人民政府应当采取措施，按照土地利用总体规划推进土地整理。土地整理新增耕地面积的百分之六十可以用作折抵建设占用耕地的补偿指标。

土地整理所需费用，按照谁受益谁负担的原则，由农村集体经济组织和土地使用者共同承担。

第五章　建设用地

第十九条　建设占用土地，涉及农用地转为建设用地的，应当符合土地利用总体规划和土地利用年度计划中确定的农用地转用指标；城市和村庄、集镇建设占用土地，涉及农用地转用的，还应当符合城市规划和村庄、集镇规划。不符合规定的，不得批准农用地转为建设用地。

第二十条　在土地利用总体规划确定的城市建设用地范围内，为实施城市规划占用土地的，按照下列规定办理：

（一）市、县人民政府按照土地利用年度计划拟订农用地转用方案、补充耕地方案、征收土地方案，分批次逐级上报有批准权的人民政府。

（二）有批准权的人民政府土地行政主管部门对农用地转用方案、补充耕地方案、征收土地方案进行审查，提出审查意见，报有批准权的人民政府批准；其中，补充耕地方案由批准农用地转用方案的人民政府在批准农用地转用方案时一并批准。

（三）农用地转用方案、补充耕地方案、征收土地方案经批准后，由市、县人民政府组织实施，按具体建设项目分别供地。

在土地利用总体规划确定的村庄、集镇建设用地范围内，为实施村庄、集镇规划占用土地的，由市、县人民政府拟订农用地转用方案、补充耕地方案，依照前款规定的程序办理。

第二十一条　具体建设项目需要使用土地的，建设单位应当根据建设项目的总体设计一次申请，办理建设用地审批手续；分期建设的项目，可以根据可行性研究报告确定的方案分期申请建设用地，分期办理建设用地有关审批手续。

第二十二条　具体建设项目需要占用土地利用总体规划确定的城市建设用地范围内的国有建设用地的，按照下列规定办理：

（一）建设项目可行性研究论证时，由土地行政主管部门对建设项目用地有关事项进行审查，提出建设项目用地预审报告；可行性研究报告报批时，必须附具土地行政主管部门出具的建设项目用地预审报告。

（二）建设单位持建设项目的有关批准文件，向市、县人民政府土地行政主管部门提出建设用地申请，由市、县人民政府土地行政主管部门审查，拟订供地方案，报市、县人民政府批准；需要上级人民政府批准的，应当报上级人民政府批准。

（三）供地方案经批准后，由市、县人民政府向建设单位颁发建设用地批准书。有偿使用国有土地的，由市、县人民政府土地行政主管部门与土地使用者签订国有土地有偿使用合同；划拨使用国有土地的，由市、县人民政府土地行政主管部门向土地使用者核发国有土地划拨决定书。

（四）土地使用者应当依法申请土地登记。

通过招标、拍卖方式提供国有建设用地使用权的，由市、县人民政府土地行政主管部门会同有关部门拟订方案，报市、县人民政府批准后，由市、县人民政府土地行政主管部门组织实施，并与土地使用者签订土地有偿使用合同。土地使用者应当依法申请土地登记。

第二十三条 具体建设项目需要使用土地的，必须依法申请使用土地利用总体规划确定的城市建设用地范围内的国有建设用地。能源、交通、水利、矿山、军事设施等建设项目确需使用土地利用总体规划确定的城市建设用地范围外的土地，涉及农用地的，按照下列规定办理：

（一）建设项目可行性研究论证时，由土地行政主管部门对建设项目用地有关事项进行审查，提出建设项目用地预审报告；可行性研究报告报批时，必须附具土地行政主管部门出具的建设项目用地预审报告。

（二）建设单位持建设项目的有关批准文件，向市、县人民政府土地行政主管部门提出建设用地申请，由市、县人民政府土地行政主管部门审查，拟订农用地转用方案、补充耕地方案、征收土地方案和供地方案（涉及国有农用地的，不拟订征收土地方案），经市、县人民政府审核同意后，逐级上报有批准权的人民政府批准；其中，补充耕地方案由批准农用地转用方案的人民政府在批准农用地转用方案时一并批准；供地方案由批准征收土地的人民政府在批准征收土地方案时一并批准（涉及国有农用地的，供地方案由批准农用地转用的人民政府在批准农用地转用方案时一并批准）。

（三）农用地转用方案、补充耕地方案、征收土地方案和供地方案经批准后，由市、县人民政府组织实施，向建设单位颁发建设用地批准书。有偿使用国有土地的，由市、县人民政府土地行政主管部门与土地使用者签订国有土地有偿使用合同；划拨使用国有土地的，由市、县人民政府土地行政主管部门向土地使用者核发国有土地划拨决定书。

（四）土地使用者应当依法申请土地登记。

建设项目确需使用土地利用总体规划确定的城市建设用地范围外的土地，涉及农民集体所有的未利用地的，只报批征收土地方案和供地方案。

第二十四条 具体建设项目需要占用土地利用总体规划确定的国有未利用地的，按照省、自治区、直辖市的规定办理；但是，国家重点建设项目、军事设施和跨省、自治区、直辖市行政区域的建设项目以及国务院规定的其他建设项目用地，应当报国务院批准。

第二十五条 征收土地方案经依法批准后，由被征收土地所在地的市、县人民政府组织实施，并将批准征地机关、批准文号、征收土地的用途、范围、面积以及征地补偿标准、农业人员安置办法和办理征地补偿的期限等，在被征收土地所在地的乡（镇）、村予以公告。

被征收土地的所有权人、使用权人应当在公告规定的期限内，持土地权属证书到公告指定的人民政府土地行政主管部门办理征地补偿登记。

市、县人民政府土地行政主管部门根据经批准的征收土地方案，会同有关部门拟订征地补偿、安置方案，在被征收土地所在地的乡（镇）、村予以公告，听取被征收土地的农村集体经济组织和农民的意见。征地补偿、安置方案报市、县人民政府批准后，由市、县人民政府土地行政主管部门组织实施。对补偿标准有争议的，由县级以上地方人民政府协调；协调不成的，由批准征收土地的人民政府裁决。征地补偿、安置争议不影响征收土地方案的实施。

征收土地的各项费用应当自征地补偿、安置方案批准之日起3个月内全额支付。

第二十六条　土地补偿费归农村集体经济组织所有；地上附着物及青苗补偿费归地上附着物及青苗的所有者所有。

征收土地的安置补助费必须专款专用，不得挪作他用。需要安置的人员由农村集体经济组织安置的，安置补助费支付给农村集体经济组织，由农村集体经济组织管理和使用；由其他单位安置的，安置补助费支付给安置单位；不需要统一安置的，安置补助费发放给被安置人员个人或者征得被安置人员同意后用于支付被安置人员的保险费用。

市、县和乡（镇）人民政府应当加强对安置补助费使用情况的监督。

第二十七条　抢险救灾等急需使用土地的，可以先行使用土地。其中，属于临时用地的，灾后应当恢复原状并交还原土地使用者使用，不再办理用地审批手续；属于永久性建设用地，建设单位应当在灾情结束后6个月内申请补办建设用地审批手续。

第二十八条　建设项目施工和地质勘查需要临时占用耕地的，土地使用者应当自临时用地期满之日起1年内恢复种植条件。

第二十九条　国有土地有偿使用的方式包括：

（一）国有土地使用权出让；

（二）国有土地租赁；

（三）国有土地使用权作价出资或者入股。

第三十条　《土地管理法》第五十五条规定的新增建设用地的土地有偿使用费，是指国家在新增建设用地中应取得的平均土地纯收益。

第六章　监督检查

第三十一条　土地管理监督检查人员应当经过培训，经考核合格后，方可从事土地管理监督检查工作。

第三十二条　土地行政主管部门履行监督检查职责，除采取《土地管理法》第六十七条规定的措施外，还可以采取下列措施：

（一）询问违法案件的当事人、嫌疑人和证人；

（二）进入被检查单位或者个人非法占用的土地现场进行拍照、摄像；

（三）责令当事人停止正在进行的土地违法行为；

（四）对涉嫌土地违法的单位或者个人，停止办理有关土地审批、登记手续；

（五）责令违法嫌疑人在调查期间不得变卖、转移与案件有关的财物。

第三十三条　依照《土地管理法》第七十二条规定给予行政处分的，由责令作出行政处罚决定或者直接给予行政处罚决定的上级人民政府土地行政主管部门作出。对于警告、记过、记大过的行政处分决定，上级土地行政主管部门可以直接作出；对于降级、撤职、开除的行政处分决定，上级土地行政主管部门应当按照国家有关人事管理权限和处理程序的规定，向有关机关提出行政处分建议，由有关机关依法处理。

第七章　法律责任

第三十四条　违反本条例第十七条的规定，在土地利用总体规划确定的禁止开垦区内进行开垦的，由县级以上人民政府土地行政主管部门责令限期改正；逾期不改正的，依照《土地管理法》第七十六条的规定处罚。

第三十五条　在临时使用的土地上修建永久性建筑物、构筑物的，由县级以上人民政府土地行政主管部门责令限期拆除；逾期不拆除的，由作出处罚决定的机关依法申请人民法院强制执行。

第三十六条　对在土地利用总体规划制定前已建的不符合土地利用总体规划确定的用途的建筑物、构筑物重建、扩建的，由县级以上人民政府土地行政主管部门责令限期拆除；逾期不拆除的，由作出处罚决定的机关依法申请人民法院强制执行。

第三十七条　阻碍土地行政主管部门的工作人员依法执行职务的，依法给予治安管理处罚或者追究刑事责任。

第三十八条　依照《土地管理法》第七十三条的规定处以罚款的，罚款额为非法所得的百分之五十以下。

第三十九条　依照《土地管理法》第八十一条的规定处以罚款的，罚款额为非法所得的百分之五以上百分之二十以下。

第四十条　依照《土地管理法》第七十四条的规定处以罚款的，罚款额为耕地开垦费的2倍以下。

第四十一条　依照《土地管理法》第七十五条的规定处以罚款的，罚款额为土地复垦费的2倍以下。

第四十二条　依照《土地管理法》第七十六条的规定处以罚款的，罚款额为非法占用土地每平方米30元以下。

第四十三条　依照《土地管理法》第八十条的规定处以罚款的，罚款额为非法占用土地每平方米10元以上30元以下。

第四十四条　违反本条例第二十八条的规定，逾期不恢复种植条件的，由县级以上人民政府土地行政主管部门责令限期改正，可以处耕地复垦费2倍以下的罚款。

第四十五条　违反土地管理法律、法规规定，阻挠国家建设征收土地的，由县级以上人民政府土地行政主管部门责令交出土地；拒不交出土地的，申请人民法院强制执行。

第八章　附　　则

第四十六条　本条例自1999年1月1日起施行。1991年1月4日国务院发布的《中华人民共和国土地管理法实施条例》同时废止。

3. 北京市实施《中华人民共和国土地管理法》办法

为实施《中华人民共和国土地管理法》和《中华人民共和国土地管理法实施条例》，结合本市实际情况，制定本办法。

（1991年3月15日北京市第九届人民代表大会常务委员会 第二十六次会议通过）

第一章 总 则

第一条 为实施《中华人民共和国土地管理法》和《中华人民共和国土地管理法实施条例》，结合本市实际情况，制定本办法。

第二条 本市各级人民政府应当维护土地的社会主义公有制，贯彻执行十分珍惜和合理利用每寸土地、切实保护耕地的基本国策，加强管理，全面规划，保护和开发土地资源，制止乱占耕地和滥用土地的行为。

第三条 市土地管理局主管全市土地的统一管理工作，负责拟定政策和规章草案，管理土地资源，拟定土地利用规划、计划和土地后备资源开发规划，审核征用土地的范围、数量，实施土地监察等。市房地产管理局按照本市土地管理的统一规定和要求，对已经开发使用的城镇建设用地进行管理。

区、县土地管理局主管本区、县土地的统一管理工作，区、县房地产管理局对本区、县已经开发使用的城镇建设用地进行管理。

乡（镇）人民政府负责本行政区域内的土地管理工作，根据需要配备专职或者兼职土地管理人员。

第四条 对保护和开发土地资源、合理利用土地以及进行有关的科学研究成绩显著的单位和个人，由市、区、县人民政府给予表彰和奖励。

第二章 土地的所有权和使用权

第五条 土地所有权和使用权的确定，依照《中华人民共和国土地管理法》的规定执行。

土地的所有权和使用权受法律保护，任何单位和个人不得侵犯。

禁止侵占、买卖或者以其他形式非法转让土地。

第六条 国有土地和集体所有的土地的使用权可以依法转让，具体办法由市人民政府根据国务院有关规定制定。

国有土地依法实行有偿使用，具体办法由市人民政府根据国务院的有关规定制定。

第七条 国有土地依法确定给单位或者个人使用的，由市或者区、县人民政府登记造册，核发国有土地使用证，确认使用权。

集体所有的土地，由区、县人民政府登记造册，核发集体土地所有证，确认所有权。

乡（镇）村企业、公共设施、公益事业以及农民住宅等非农业建设，使用集体所有的土地，由区、县人民政府核发使用证书。

第八条 依法改变土地的所有权、使用权，或者因依法买卖、转让地上建筑物、附着物等而使土地使用权转移的，必须向本办法第三条规定的管理机关申请土地所有权、使用权变更登记，由区、县以上地方人民政府更换证书。

第九条 承包国有土地、集体所有土地从事农、林、牧、渔业生产的单位和个人，应当按照承包合同的规定合理利用和保护土地。

土地的承包经营权受法律保护。

第十条 土地的所有权和使用权争议，由当事人协商解决，协商不成的，由人民政府处理。

全民所有制单位之间、集体所有制单位之间、全民所有制单位和集体所有制单位之间的土地所有权或者使用权争议，由土地所在的区、县人民政府处理；跨区、县的，由市人民政府处理。

个人之间、个人与全民所有制单位和集体所有制单位之间的土地使用权争议，由土地所在的乡（镇）人民政府或者区、县人民政府处理；跨乡（镇）的，由区、县人民政府处理。

当事人对处理决定不服的，可以在接到处理决定通知之日起30日内向人民法院起诉。

在土地所有权和使用权争议解决之前，任何一方不得改变土地现状，不得破坏土地上的附着物。

第三章 土地的利用和保护

第十一条 根据国家土地调查制度，市土地管理局会同有关部门制定本市土地调查计划，报市人民政府批准后实施。

土地的调查、统计、监测、分等定级、登记和建立地籍档案等地籍管理工作，由市、区、县土地管理局负责；已经开发使用的城镇建设用地的地籍管理事项，由房地产管理局办理。

第十二条 市、区、县土地管理局应当会同有关部门按照《北京城市建设总体规划方案》编制土地利用总体规划，经同级计划主管部门综合平衡后，由同级人民政府审查同意，报上一级人民政府批准执行。

乡（镇）的土地利用总体规划，由乡（镇）人民政府编制，报区、县人民政府批准执行。

经批准的土地利用总体规划的修改，须经原批准关批准。

第十三条 各类非农业建设用地实行计划管理。市土地管理局应当按照国家计划编制本市计划控制指标，报市人民政府批准执行。计划控制指标不得突破。

第十四条 本市各级人民政府对菜地、粮食生产基地和名、特、优农产品生产基地予以重点保护。除因特殊情况经市人民政府批准外，不得占用。

第十五条 禁止向耕地倾倒垃圾、渣土等废弃物；禁止在耕地修建坟墓和擅自采矿、采石、挖砂、取土等破坏土地资源的行为。

第十六条 严格控制占用耕地、林地新建砖瓦窑厂。现有的砖瓦窑厂未经批准不得扩大原批准的用地范围。

烧窑、挖砂、采石、采矿等使用后能够复垦的土地，使用者必须负责复垦，恢复利用。

第十七条 严格控制占用耕地种果树、建鱼塘。确需占用耕地，不足20亩的，经区、县农业主管部门同意，报区、县土地管理局批准；20亩以上的，经市农业主管部门同意，报市土地管理局批准。

第十八条 使用国有土地，有下列情形之一的，由本办法第三条规定的管理机关报同级人民政府批准，收回土地使用权，注销土地使用证：

（一）用地单位已经撤销或者迁移的；

（二）未经原批准机关同意，连续二年未使用的；

（三）不按批准的用途使用的；

（四）公路、铁路、机场、矿场经核准报废的。

收回土地使用权的，应当通知城市规划管理机关。

非农业建设使用的集体所有的土地，不再使用或者连续二年未使用的，由农村集体经济组织收回。

第十九条 经批准征用的耕地和农村其他有收益的土地，建设单位征用后一年以上无正当理由仍未进行建设造成土地荒芜的，由区、县土地管理局按照同类土地年产值的5倍征收土地荒芜费。

第二十条 鼓励全民所有制单位、集体所有制单位开发荒山、荒地、荒滩，从事农、林、牧、渔、副业生产。开荒应当注意保护生态环境，防止水土流失。

开发国有荒山、荒地、荒滩，不足100亩的，报区、县土地管理局批准；100亩以上的，经市土地管理局审核，市人民政府批准。

农村集体或者个人开发集体所有的荒山、荒地、荒滩从事农、林、牧、渔业生产，由开发者与农村集体经济组织签订开发承包合同，并报区、县土地管理局备案。

第四章 国家建设用地

第二十一条 国家进行经济、文化、国防建设以及兴办社会公共事业，应当节约用地，合理用地。需要征用集体所有的土地或者使用国有土地，以及城市集体所有制单位进行建设需要使用土地的，按照本章规定办理。

第二十二条 国家建设需要征用集体所有的土地或者使用国有土地的，建设项目设计任务书报批时，必须附具土地管理局的意见。

第二十三条 国家建设征用集体所有的土地，按下列程序办理：

（一）建设单位持经批准的设计任务书或者初步设计、年度基本建设计划等有关文件和城市规划管理机关核发的建设用地规划许可证，按照审批权限向市或者区、县土地管理局申请建设用地；

（二）征用土地的申请依照法定批准权限，经市或者区、县人民政府批准，核发建设用地批准书，由土地管理局根据建设进度一次或者分期划拨建设用地；

（三）建设项目竣工，由城市规划管理机关会同土地管理局、房地产管理局核查实际用地后，依照本办法的规定，核定国有土地使用证。

第二十四条 国家建设征用集体所有的土地的审批权限：

（一）征用耕地1000亩以上，其他土地2000亩以上的，由市人民政府审核后报国务院批准；

（二）征用耕地不足1000亩、其他土地10亩以上不足2000亩的，由市人民政府批准；

（三）征用其他土地不足10亩的，由区、县人民政府批准，报市土地管理局备案。

第二十五条 工程项目施工，确需另行增加临时使用农村土地的，建设单位应当先向城市规划管理机关提出定点申请，经审查同意后，向土地管理局提出临时用地数量和期限的申请，经批准后，同农村集体经济组织签订临时用地协议，并按该土地前三年平均年产值逐年给予补偿。在临时使用的土地上不得修建永久性建筑物。使用期满，建设单位应当恢复土地的生产条件，及时归还。

架设地线路、铺设地下管线、建设其他地下工程、进行地质勘探等，需要临时使用土地的，按照前款规定办理。

第二十六条 征用集体所有的土地，用地单位应当按照下列规定向被征地单位支付土地补偿费：

（一）征用耕地、菜地、鱼塘、藕塘、果园、苗圃地，按该土地被征用前三年平均年产值6倍的标准补偿；

（二）征用苇塘、林地、砂石地等有收益的土地，按该土地被征用前三年平均年产值5倍的标准补偿；

（三）征用宅基地、积肥场、场院地，按相连有收益土地前三年平均年产值5倍的标准补偿。

被征用土地上的附着物和青苗的补偿标准，按照市人民政府的规定执行。

征用菜地和市人民政府划定的基本粮田的，应当按照本市有关规定缴纳新菜地或者基本粮田开发建设基金。

第二十七条 征用集体所有的土地，用地单位应当按照需要安置的农业人口数，向被征地单位支付安置补助费。每一个需要安置的农业人口的安置补助费标准，为被征用土地征用前三年平均每亩年产值的3倍。但每亩被征用土地的安置补助费，最高不得超过被征用前三年平均年产值的10倍。

第二十八条 依照本办法第二十六条、第二十七条规定支付的土地补偿费和安置补助费，尚不能使需要安置的农民保持原有生活水平的，经市人民政府批准，可以增加安置补助费。但土地补偿费和安置补助费的总和不得超过土地被征用前三年平均年产值的20倍。

第二十九条 因国家建设征用土地造成的多余劳动力，在市、区、县人民政府领导下，由同级土地管理局组织被征地单位、用地单位和有关单位，通过发展农副业生产和举办乡（镇）村企业等途径，加以安置；安置不完的，可以安排符合条件的人员到用地单位或者其他集体所有制单位、全民所有制单位就业，并将相应的安置补助费转拨给吸收劳动力的单位。

被征地单位的土地被全部征用的，经市人民政府审查批准，原有的农业户口可以转为非农业户口。原有的集体所有的财产和所得的补偿费、安置补助费由区、县人民政府与有关乡（镇）村商定处理，用于组织生产和不能就业人员的生活补助，不得私分。

公安、劳动、粮食、民政等有关部门，应当按照各自的职，做好转户和劳动力的就业安置工作。

第三十条 用地单位按照本办法规定向被征用土地单位支付的各项补偿费、补助费，经区、县土地管理局评定，报市土地管理局核准后，由银行监督拨款。

被征地单位不得在本办法规定的补偿费、补助费以外向用地单位提出其他附加条件。

第三十一条 国家建设使用国有荒山、荒地以及其他单位使用的国有土地的，向本办法第三条规定的管理机关提出申请，按照国家建设征用土地的程序和批准权限经批准后划拨。

第三十二条 全民所有制企业、城市集体所有制企业同农村集体经济组织共同投资兴办的联营企业，需要使用集体所有的土地的，按照本办法第二十三条、第二十四条的规定办理。经批准使用的土地，可以按照国家建设征用土地的规定征用，也可以由农村集体经济组织按照协议将土地的使用权作为联营条件。

第五章 乡（镇）村建设用地

第三十三条 乡（镇）村各项建设用地，应当执行经批准的乡（镇）村建设规划，取得城市规划管理机关核发的建设用地规划许可证后，按照本章规定办理。

第三十四条 乡（镇）村企业、公共设施、公益事业建设用地的办理程序：

（一）建设单位持区、县人民政府批准的设计任务书或者其他批准文件，向区、县土地管理局提出申请；

（二）区、县土地管理局按照审批权限报同级人民政府或者市人民政府批准，核发建设用地批准书后划拨土地；

（三）建设项目竣工，由城市规划管理机关会同土地管理局核查实际用地，办理土地登记手续。

第三十五条 乡（镇）村企业、公共设施、公益事业建设用地，占用耕地不足 2 亩，其他土地不足 10 亩的，由区、县人民政府批准，报市土地管理局备案，超过此限由市人民政府批准。

第三十六条 乡（镇）企业建设使用村农民集体所有土地的，应当按照被占用土地前三年平均年产值的 3 倍至 5 倍给予补偿。

乡（镇）公共设施、公益事业建设占用村农民集体所有土地的，可以按照被占用土地前三年平均年产值的 2 倍给予补偿。

占用菜地和基本粮田的，应当缴纳新菜地或者基本田开发建设基金。

第三十七条 乡（镇）村企业、公共设施、公益事业建设需要临时占用土地的，由建设单位持与被占用土地单位签订的补偿协议书，报区、县土地管理局批准。

在临时用地上不得修建永久性建筑物，使用期满应当恢复生产条件，及时归还。

第三十八条 农村专业户从事生产经营活动需要建设用地的，应当充分利用宅基地。生产规模较大确需使用集体土地的，由本人提出用地申请，经所在的村民代表会或者农村集体经济组织同意，按照本办法第三十四条、第三十五条、第三十六条的规定办理。

被批准使用土地的农村专业户，应当与农村集体经济组织或者村民委员会签订土地使用期限、土地补偿及地上附着物的处理等协议。

第三十九条 农村村民新建住宅，应当在原宅基地内安排，原宅基地无法安排的，应当充分利用村内空闲地或者其他土地，严格控制占用耕地。

农村村民的子女达到法定结婚年龄，无房分居，现有宅基地又无法扩建的，方可申请宅基地。

第四十条 农村村民宅基地的标准，近郊区以及远郊区人多地少的地区，每户不得超过 0.25 亩，其他地区每户不得超过 0.3 亩。具体标准由区、县人民政府规定。

原有宅基地超过规定标准的，超过部分按照乡（镇）村建设规划逐步调整。

第四十一条 农村村民建设住宅使用耕地的，必须经村民代表会或者村民大会讨论通过，由乡（镇）人民政府审核，区、县土地管理局复核，报区、县人民政府批准；使用其他土地的，由乡（镇）人民政府批准，并报所在区、县土地管理局备案。

出卖、出租住房后再申请宅基地的，不予批准。

第四十二条 禁止利用集体所有的土地进行土地和商品房屋的开发经营活动。

第六章 法律责任

第四十三条 占用耕地修建坟墓、倾倒废弃物或者擅自挖砂、取土、采石、采矿等破坏土地资源的，限期恢复地貌，并处以罚款。

第四十四条 未经批准占用耕地、林地新建砖瓦窑厂或者擅自扩大原批准的砖瓦窑厂用地范围的，责令停产，限期恢复非法占用土地的原貌，并处以罚款。

第四十五条 未经批准占用耕地种果树、建鱼塘的，限期恢复地貌，并可处以罚款。

第四十六条 全民所有制单位、城市集体所有制单位和乡（镇）村企业，未经批准或者采取欺骗手段骗取批准，非法占用土地的，责令退还非法占用的土地，限期拆除或者没收在非法占用的土地上新建的建筑物和其他设施，并处以罚款。对非法占地单位的主管人员由其所在单位或者上级机关给予行政处分。

超过批准的用地数量占用土地的，多占的土地按照非法占用土地处理。

第四十七条 农村村民、城镇居民未经批准或者采取欺骗手段骗取批准，非法占用土地建住宅的，责令退还非法占用的土地，限期拆除或者没收在非法占用的土地上新建的房屋。

国家工作人员利用职权非法占用土地建住宅的，除按前款处罚外，并由其所在单位或者上级机关给予行政处分。

第四十八条 未经批准或者采取欺骗手段骗取批准，非法占用土地从事其他建设的，限期拆除或者没收在非法占用的土地上新建的建筑物和其他设施，责令退还非法占用的土地。

第四十九条 无权审批或者越权审批占用土地的，批准文件无效。对非法批准占用土地的单位主管人员或者个人由其所在单位或者上级机关给予行政处分；收受贿赂构成犯罪的，依法追究刑事责任。非法批准占用的土地，按照非法占用土地处理。

第五十条 买卖或者以其他形式非法转让土地的，没收非法所得，限期拆除或者没收在买卖或者以其他形式非法转让的土地上新建的建筑物和其他设施，并可对当事人处以罚款。对主管人员由其所在单位或者上级机关给予行政处分。

第五十一条 上级机关或者其他单位非法占用被征地单位的补偿费和安置补助费的，责令退赔，并可处以罚款。对主管人员由其所在单位或者上级机关给予行政处分；个人非法占用的以贪污论处。

第五十二条 使用期满拒不交回临时用地的，由土地管理局责令交还土地，并处以罚款。

第五十三条 本章规定的罚款，数额由市人民政府规定。

第五十四条 本办法规定的行政处罚，由本办法第三条规定的管理机关决定。对农村村民非法占用土地建住宅的行政处罚，可以由乡（镇）人民政府决定。当事人对行政处罚决定不服的，可以在接到处罚决定通知书之日起15日内向作出决定机关的上一级机关申请复议。复议机关应当在收到复议申请书之日起两个月内作出复议决定。当事人对复议决定不服的，可以在接到复议决定书之日起15日内向人民法院起诉。当事人也可以直接向人民法院起诉。逾期不申请复议、不起诉又不履行的，由作出决定的机关申请人民法院强制执行。

依法受到限期拆除新建筑物和其他设施的处罚的单位和个人，在施工程，必须立即停止施工。对继续施工的，作出处罚决定的机关有权对继续施工的设备、建筑材料予以查封。

第五十五条 侵犯土地的所有权或者使用权的，由本办法第三条规定的管理机关责令停止侵犯，赔偿损失。当事人对处理决定不服的，可以在接到处理决定通知之日起30日内向人民法院起诉。被侵权人也可以直接向人民法院起诉；侵权人在法定期限内不起诉又不履行的，被侵权人可以申请人民法院强制执行。

第五十六条 在变更土地的所有权、使用权和解决土地所有权、使用权争议的过程中，行贿、受贿、敲诈勒索、贪污、盗窃国家和集体的财物，或者煽动群众闹事、阻挠国家建设的，给予行政处分或者依法给予行政处罚；构成犯罪的，依法追究刑事责任。

第五十七条 拒绝、阻碍土地管理工作人员依法执行职务的，依照《中华人民共和国治安管理处罚条例》处罚；构成犯罪的，依法追究刑事责任。

第七章 附　则

第五十八条 中外合资经营企业、中外合作经营企业、外资企业使用土地的管理办法，另行规定。

第五十九条 本办法具体应用中的问题，由市土地管理局负责解释。

第六十条 本办法自1991年6月1日起施行。1984年12月3日市八届人民代表大会常务委员会公布的《北京市农村建房用地管理暂行办法》同时废止。本市过去有关土地管理的规定，凡与本办法抵触的，均按照本办法执行。

4. 天津市土地管理条例

《天津市土地管理条例》经1992年9月9日天津市十一届人大常委会第37次会议通过，根据2012年5月9日天津市十五届人大常委会第32次会议通过的《天津市人民代表大会常务委员会关于修改部分地方性法规的决定》第3次修正。《条例》分总则、土地利用总体规划和年度计划、土地所有权和使用权、土地登记、耕地保护、城市建设用地、村镇建设用地、国有土地有偿使用、法律责任、附则10章90条，自2007年3月1日起施行。

修改依据：
天津市人民代表大会常务委员会关于修改部分地方性法规的决定
(2012年5月9日天津市第十五届人民代表大会常务委员会第32次会议通过)
天津市第十五届人民代表大会常务委员会第32次会议决定：
一、修改下列地方性法规有关行政强制措施的规定
《天津市土地管理条例》第八十四条
二、修改下列地方性法规有关行政强制执行的规定
《天津市土地管理条例》第六十条第一款、八十三条修改
本决定自公布之日起施行。相关地方性法规根据本决定修正后重新公布。

审核通过：
(1992年9月9日天津市第十一届人民代表大会常务委员会第37次会议通过；根据1997年7月30日天津市第十二届人民代表大会常务委员会第34次会议通过的《关于修改〈天津市土地管理条例〉的决定》修正；2000年9月14日天津市第十三届人民代表大会常务委员会第19次会议修订；2006年12月18日天津市第十四届人民代表大会常务委员会第34次会议第2次修订；根据2012年5月9日天津市第十五届人民代表大会常务委员会第32次会议通过的《天津市人民代表大会常务委员会关于修改部分地方性法规的决定》第3次修正）

修订的条例：
(1992年9月9日天津市第十一届人民代表大会常务委员会第三十七次会议通过

根据1997年7月30日天津市第十二届人民代表大会常务委员会第三十四次会议《关于修改〈天津市土地管理条例〉的决定》第一次修正

2000年9月14日天津市第十三届人民代表大会常务委员会第十九次会议第一次修订

2006年12月18日天津市第十四届人民代表大会常务委员会第三十四次会议第二次修订

根据2012年5月9日天津市第十五届人民代表大会常务委员会第三十二次会议《关于修改部分地方性法规的决定》第二次修正

根据2018年12月14日天津市第十七届人民代表大会常务委员会第七次会议《关于修改〈天津市植物保护条例〉等三十二部地方性法规的决定》第三次修正）

第一章 总　　则

第一条 为了加强土地管理，维护土地的社会主义公有制，保护和开发土地资源，合理利用土地，切实保护耕地，保障土地所有者和使用者的合法权益，促进经济和社会的持续、协调、健康发展，根据《中华人民共和国土地管理法》和国家有关规定，结合本市实际情况，制定本条例。

第二条 本条例适用于本市行政区域内土地的保护、开发、利用、经营和管理活动。

第三条 各级人民政府应当将土地管理工作纳入本地区国民经济和社会发展计划，对本行政区域内的耕地保有量和基本农田保护面积、土地利用总体规划和土地利用年度计划执行情况负总责。

第四条 市土地行政主管部门统一负责全市土地管理和监督工作。

区土地行政主管部门在市土地行政主管部门领导下，负责本辖区内土地管理工作。

市和区土地行政主管部门的派出机构，按照职责分工负责指定区域内土地具体管理工作。

第五条 本市加强土地的规划和调控，建立健全土地管理制度，严格耕地保护，科学用地、集约用地，切实保障农民权益，促进人与自然相和谐。

第六条 本市实行土地用途管制、耕地保护责任制、国有土地有偿使用、土地登记、土地开发整理项目管理和土地整理储备等制度。

第七条 各级土地行政主管部门应当切实加强土地执法监察队伍建设，提高执法监察人员素质，强化土地行政执法责任制，依法查处各类土地违法案件，及时有效地纠正和处理各种土地违法行为。

第八条 本市鼓励节约土地，开发利用地下空间。利用地下空间进行各类建设，应当符合城市规划。

第二章　土地利用总体规划和年度计划

第九条 土地利用总体规划的编制，应当坚持科学发展观，依据国民经济和社会发展规划、国土整治和资源保护的要求、土地供给能力和各项建设对土地的需求，保证土地的保护、开发、利用与人口、资源、环境相协调。

第十条 市土地利用总体规划由市人民政府组织编制，报国务院审批。

区土地利用总体规划由区人民政府组织编制，经市土地行政主管部门审核后，报市人民政府批准。

乡、镇土地利用总体规划由乡、镇人民政府组织编制，经区人民政府审查同意，市土地行政主管部门审核后，报市人民政府批准。

区域性土地利用总体规划由市土地行政主管部门组织编制，报市人民政府批准。

第十一条 市土地利用总体规划的调整，由市人民政府提出申请，经国务院同意后组织编制，并按照原批准程序审批。

区、乡、镇和区域性土地利用总体规划的调整，按照原批准程序提出申请，经市人民政府同意后组织编制，并按照原批准程序审批。

土地利用总体规划的调整，必须确保上级土地利用总体规划确定的各项用地控制指标不变。

第十二条　编制和调整土地利用总体规划，应当采取论证、公示或者听证等形式，听取各方面意见。

第十三条　编制和调整土地利用总体规划，在报上级人民政府审批前，应当向同级人民代表大会常务委员会报告。

第十四条　土地利用总体规划经批准后，组织编制的人民政府应当在六十日内向社会公布，接受社会监督，但涉及国家秘密的部分除外。

第十五条　城市总体规划、村庄和集镇规划以及各种与土地利用相关的规划，应当与土地利用总体规划确定的用地方向、布局和规模相衔接。

土地行政主管部门应当参与城市总体规划、村庄和集镇规划以及能源、交通、水利等基础设施规划的编制。

第十六条　市土地行政主管部门会同有关部门，根据国家下达的土地利用年度计划指标、本市国民经济和社会发展计划、国家产业政策、土地利用总体规划、城市总体规划以及建设用地和土地利用实际状况，编制和分解本市土地利用年度计划。

土地利用年度计划应当明确本市新增建设用地、耕地保有量和土地开发整理计划指标，经市人民政府批准后，由市土地行政主管部门组织实施。

第三章　土地所有权和使用权

第十七条　本市国有土地和城市发展控制区以内集体土地的所有权、使用权，由市人民政府依法确认。

城市发展控制区以外集体土地的所有权、使用权，由土地所在地的区人民政府依法确认。

第十八条　两个或者两个以上土地使用人共同使用一宗土地，对共用部分按照建筑面积分摊共用土地面积，分别确认土地使用权。

第十九条　土地所有或者使用的证明文件记载的面积与实地测量面积不一致，相邻用地无争议的，应当按照实地测量的面积确认土地所有权或者使用权。

第二十条　确认土地所有权和使用权应当进行界址认定。与土地权属界线相邻的土地所有人、使用人，应当按照土地行政主管部门下达的指界通知书要求的时间、地点，携带有关文件出席指界。对土地权属界线没有异议的，应当在界址表上签字盖章。

对指界有异议或者无正当理由不出席指界的，由土地行政主管部门根据国家和本市有关规定、土地所有或者使用的证明文件以及土地现状，划定土地权属界线，并将划定的土地权属界线认定书送达土地所有权人、使用权人和相邻人。

对土地权属界线认定书有异议的，可以自送达认定书之日起十五日内提出划界复核申请。划界复核的费用由申请人承担。

第二十一条　土地所有权和使用权争议由当事人协商解决。协商不成的，可以向土地所在地的土地行政主管部门或者乡、镇人民政府申请调解。调解达成协议的，由土地行政主管部门或者乡、镇人民政府制作调解书。当事人凭调解书申请土地登记。

经调解未达成协议的，属于集体所有土地的争议，由土地所在地的乡、镇人民政府处理；跨乡、镇的，由区人民政府处理。属于国有土地的争议，或者国有土地和集体土地之间的争议，由土地所在地的区人民政府处理；跨区的，由市人民政府处理。

市和区人民政府处理土地所有权和使用权争议，由同级土地行政主管部门提出处理意见,报市或者区人民政府做出处理决定。区人民政府作出处理决定涉及改变市人民政府确权决定的,应当报经市人民政府批准。

当事人对处理决定不服的,可以自接到处理决定通知之日起三十日内,向人民法院起诉。

在土地所有权和使用权争议解决前,任何一方不得改变土地利用现状。

第四章　土地登记

第二十二条　本市土地权属实行统一登记制度。国有土地使用权和他项权,集体土地所有权、使用权和他项权,应当依法进行登记。

土地登记以宗地为登记的基本单位。

第二十三条　市土地行政主管部门建立全市统一的土地登记簿。土地登记簿应当记载土地的权属性质、坐落,土地权利人的姓名或者名称,土地的面积、用途,土地使用权的类型、期限和土地他项权等事项。

土地登记簿记载的事项,非经法定程序任何人不得擅自更改。

土地权属证书与土地登记簿的记载应当保持一致。土地权属证书与土地登记簿的记载不一致的,以土地登记簿为准。

土地登记簿由市土地行政主管部门统一管理,永久保存,供社会公开查询。

第二十四条　国有土地使用权的登记,由使用国有土地的单位或者个人提出申请。

集体土地所有权的登记,由乡、镇集体经济组织或者村集体经济组织、村民委员会提出申请。

集体土地使用权的登记,由使用集体土地的单位或者个人提出申请。

转让国有土地、集体土地使用权的登记,由双方当事人共同提出申请。

按照城市地下空间规划在地下空间单独建造的建筑物,其土地使用权的登记,由建设单位提出申请。

土地他项权的登记,由他项权的权利人和义务人共同提出申请。

人民法院依法拍卖的土地使用权,由买受人依据人民法院裁判文书、协助执行通知书和竞买确认书提出土地登记申请。

第二十五条　申请土地所有权、使用权、他项权登记,应当提供下列资料:

(一) 申请书;

(二) 单位主体资格证明或者个人身份证明;

(三) 土地权属来源证明;

(四) 地籍测量资料;

(五) 其他需要提交的文件。

第二十六条　土地权属登记由土地所在地的区土地行政主管部门受理。

土地行政主管部门应当自受理土地登记申请之日起三十日内审核完毕。对符合登记条件的,按照本条例第十七条规定的权限,由土地行政主管部门将登记事项记载于土地登记簿,并通知权利人领取土地权属证书。

符合土地登记条件的,受理土地登记申请日为登记日。

土地权利的设立、变更和终止,自登记之日起生效。

第二十七条　有下列情形之一的,土地行政主管部门不予办理土地登记:

（一）国有土地使用权转让、出租、抵押期限超过土地使用权出让年限的；

（二）国有土地使用权转租、抵押期限超过土地租赁年限的；

（三）擅自改变土地用途、土地使用条件的；

（四）未依法缴纳土地税、费或者土地收益的；

（五）土地权属有争议尚未解决的；

（六）违法占用土地的；

（七）土地权利被依法限制的；

（八）其他依法不予登记的情形。

土地行政主管部门应当自受理申请之日起三十日内将不予登记的决定书面通知申请人。

第二十八条 有下列情形之一的，土地权利人应当申请土地变更登记：

（一）土地所有权人、使用权人或者他项权人变更，或者其名称、地址变更的；

（二）宗地界线、土地用途等发生变化的；

（三）土地使用权类型改变的；

（四）其他土地所有权、使用权和他项权变更的情形。

前款规定的变更事项需要经土地行政主管部门批准的，经批准后直接办理土地变更登记。

第二十九条 有下列情形之一的，土地行政主管部门直接办理土地权利注销登记，并予以公告：

（一）土地被依法征收或者收回的；

（二）国有土地使用权期限届满经告知未申请续期，或者申请续期未获批准的；

（三）因依法拆迁房屋、收购土地等使原国有土地使用权丧失的；

（四）隐瞒真实情况进行登记的；

（五）人民政府依法重新确认土地权属使原土地权利丧失的；

（六）人民法院依法判决、裁定使原土地权利丧失的；

（七）其他依法需要注销登记的情形。

第三十条 当事人对土地登记簿记载内容有异议的，可以向土地行政主管部门申请更正，并提供相关证明材料。土地行政主管部门经核实确实有误的，应当经公告后予以更正；经核实无误不予更正，应当书面通知申请人。

第三十一条 司法机关或者行政部门依法对已登记的土地权利采取限制转移、限制设定他项权等措施的，土地行政主管部门应当按照裁定书、决定书、协助执行通知书载明的查封范围、内容和期限，在土地登记簿上予以记载。

裁定书、决定书、协助执行通知书载明的范围、内容和期限不明确，或者与土地登记簿记载的不一致，土地行政主管部门应当告知有关司法机关或者行政部门。

第三十二条 建设项目竣工后，建设单位应当到土地行政主管部门申请建设项目用地验收，土地行政主管部门应当自接到申请之日起二十个工作日内组织验收。经验收不合格的，市土地行政主管部门不予办理土地登记。

第三十三条 土地行政主管部门在土地行政执法中可以查验土地权属证书，土地使用权人、所有权人和他项权人应当如实提供情况，予以配合。

第三十四条 土地上已建成房屋的，在申请房屋权属登记的同时办理土地权属登记，由市土地和房屋权属登记行政主管部门颁发房地权属证书和登记证明。

市土地和房屋权属登记行政主管部门应当建立房地权属登记簿，制作统一的房地权属证书和登记证明。

第三十五条　市土地行政主管部门可以根据本条例制定土地登记技术规范。

第五章　耕地保护

第三十六条　占用耕地进行建设的，应当按照"先开垦、后占用，占多少、垦多少"的原则，开垦补充符合质量的耕地。

第三十七条　土地行政主管部门应当进行耕地后备资源调查，建立补充耕地的土地开发整理项目库。占用耕地需要开垦新耕地的，应当在土地开发整理项目库中选择。

第三十八条　对耕地总量减少的区，市人民政府应当责令其在规定期限内组织开垦与所占用耕地数量和质量相当的耕地。

对因土地后备资源匮乏、新增建设用地后新开垦耕地的数量不足以补偿所占用耕地数量的区，经市人民政府批准，在本市其他区组织进行易地开垦。本市新开垦耕地的数量不足以补偿所占用耕地数量的，依照国家有关规定申请在本市以外其他地区进行易地开垦。

第三十九条　非农业建设经批准占用耕地的，应当在开垦新的耕地后占用，由占用耕地的单位负责开垦与其占用耕地的数量和质量相当的耕地。

没有条件开垦或者开垦的耕地不符合要求的，应当按照有关规定向市土地行政主管部门缴纳耕地开垦费。耕地开垦费应当专款用于开垦新的耕地，并按照市人民政府批准的耕地开垦计划，由市有关部门按照有关规定直接拨付给实施耕地开垦的单位。

第四十条　农业生产结构调整涉及农用地调整的，应当符合土地利用总体规划确定的土地利用方向、结构和布局。

建设永久性农业生产设施和配套设施占用耕地的，应当办理农用地转用审批手续，并保证耕地占用和补充平衡。

第四十一条　非农业建设经批准占用耕地后一年以上未动工建设的，由用地单位按照每平方米十元的标准，一次性向土地行政主管部门缴纳闲置费；连续二年未使用的，经市人民政府批准无偿收回用地单位的土地使用权。

第四十二条　土地的开垦、开发、整理和复垦应当实行项目管理，并按照有关规定做好项目的立项、规划设计、预算和竣工验收。

第四十三条　耕地开垦费、新增建设用地土地有偿使用费和市人民政府规定的用于耕地开垦的资金，应当专款用于耕地开垦和土地开发整理，由财政部门和土地行政主管部门共同组织实施。

第四十四条　禁止在耕地上取土。

在非耕地上取土经营的，应当符合下列条件：

（一）有土地所有权人、使用权人同意的证明，并签订取土协议；

（二）有取土方案和防护措施；

（三）有治理自然生态环境的措施；

（四）不得在湿地、林地等生态用地上取土。

法律、法规对在非耕地上取土另有规定的，从其规定。

第四十五条　因挖损、塌陷、压占等造成土地破坏的，用地单位和个人应当按照国家有关规定进行复垦；没有条件复垦或者复垦不符合要求的，按照每平方米二十元的标准，向土地行政主管部门缴纳土地复垦费，专款用于土地复垦。

第六章　城市建设用地

第四十六条　城市建设必须节约使用土地。禁止占用湿地，严格控制占用水面。可以利用荒地的，不得占用耕地；可以利用其他耕地的，不得占用基本农田。

供应建设用地，应当结合不同行业和经营规模按照国家和本市规定的用地定额确定，严格控制用地面积。

第四十七条　建设项目在审批、核准或者备案前，建设单位应当向土地行政主管部门提出建设项目用地预审申请。土地行政主管部门依照国家有关规定进行审查，对符合用地条件的，出具建设项目用地预审报告；对不符合用地条件的，应当书面通知申请人。

第四十八条　建设项目占用农用地或者集体土地的，由项目所在地的区土地行政主管部门组织土地勘测定界，拟订农用地转用方案、补充耕地方案、征收土地方案和供地方案，经市土地行政主管部门审查汇总后，报市人民政府批准或者经市人民政府审核后报国务院批准。

第四十九条　城市发展控制区以内建设项目使用国有土地，以招标、拍卖、挂牌等方式出让的，市土地行政主管部门会同有关部门依据土地供应计划拟订出让方案。出让方案报市人民政府批准后，由市土地行政主管部门组织实施，并与受让人签订国有土地使用权出让合同，颁发建设用地批准书。

第五十条　城市发展控制区以内建设项目使用国有土地，以协议方式出让或者以划拨方式供地的，由市土地行政主管部门拟订方案，经市人民政府批准后组织实施。以协议方式出让的，由市土地行政主管部门与土地使用人签订国有土地使用权出让合同，颁发建设用地批准书；以划拨方式供地的，由市土地行政主管部门核发国有土地划拨决定书，颁发建设用地批准书。

第五十一条　城市发展控制区以外城市或者村镇建设用地范围内的建设项目，以招标、拍卖、挂牌、协议等方式出让或者划拨方式供地的，由区土地行政主管部门拟订方案，经区人民政府批准，并向市土地行政主管部门备案。

前款规定中涉及农用地转用、土地征收的建设项目供地和重大建设项目供地，报市人民政府批准后办理。

第五十二条　征收土地的补偿费用，按照年产值倍数或者征地区片综合地价确定。具体办法由市人民政府根据法律、法规和本市实际情况规定。

第五十三条　征收土地方案批准后，由区土地行政主管部门会同有关部门组织实施。

征收土地按照下列程序办理：

（一）区土地行政主管部门自收到征收土地方案批准文件之日起十个工作日内，按照有关规定在被征地的乡、镇、村张贴公告。

（二）被征地的农村集体经济组织、村民委员会、村民或者其他权利人应当在公告之日起十个工作日内，持土地权属证件到指定地点办理征地补偿登记；逾期未办理登记的，以区土地行政主管部门的调查结果为准。

（三）区土地行政主管部门应当会同有关部门，在征收土地公告之日起四十五个工作日内，以乡、镇、村为单位，拟定征地补偿、安置方案，并在被征地的乡、镇、村张贴公告。

（四）被征地的农村集体经济组织、村民委员会、村民或者其他权利人对征地补偿、安置方案有不同意见或者要求听证的，应当在方案公告之日起十个工作日内向区土地行政主管部门提出。

（五）征地补偿、安置方案报区人民政府审批时，应当附具被征地的农村集体经济组织、村民委员会、村民或者其他权利人的意见；举行听证的，应当附具听证笔录。

（六）在征地补偿、安置方案批准之日起三十日内，区土地行政主管部门应当将征地补偿、安置费拨付给被征地的农村集体经济组织或者村民委员会。被征地的单位应当按照规定期限交付土地。

（七）农村集体经济组织或者村民委员会应当在六十日内，按照征地补偿、安置方案将征地补偿、安置费支付给村民，并将收支状况张贴公布；同时将征地补偿、安置费用分配和支付清单向区人民政府有关部门备案。

第五十四条 市土地行政主管部门按照征地数量和被征地单位征地前的上个半年度末的农业人口与耕地面积的比例，核定农业户口转为非农业户口人口数，并由市户籍管理部门依照有关规定办理户口手续。

第五十五条 建设项目用地的界外处理土地，由用地单位支付征地补偿费用或者拆迁补偿费用。

界外处理土地，由区土地行政主管部门负责管理，任何单位和个人不得侵占。

使用界外处理土地的，用地单位应当对原支付征地补偿费用的单位给予补偿。

第五十六条 利用原有土地新建、扩建和改建各类建筑物、构筑物，涉及改变原批准土地用途和使用条件的，规划行政主管部门在办理《建设工程规划许可证》前，应当征求土地行政主管部门的意见。

第五十七条 经批准依法收回国有土地使用权的，土地行政主管部门应当自收到批准文件之日起五个工作日内，向土地使用权人送达《收回国有土地使用权决定书》，并予以公告。

土地行政主管部门在送达《收回国有土地使用权决定书》后，应当注销土地登记，收回国有土地使用权证书。

第五十八条 依法收回国有土地使用权的，按照下列规定给予补偿：

（一）以出让方式取得国有土地使用权的，将合同剩余年限的土地出让金予以退还，并对土地开发投入给予适当补偿。

（二）以划拨方式取得国有土地使用权的，对土地使用权取得成本、土地开发投入给予适当补偿。

收回的国有土地，再次以划拨方式供地的，新的土地使用人应当支付补偿费用。

第五十九条 因建设项目施工和地质勘查需要临时使用国有土地或者集体土地的，经规划行政主管部门同意后，由土地行政主管部门审批。

在临时用地上不得兴建永久性建筑物。临时用地使用期满，土地使用人应当负责恢复土地原貌。临时占用耕地的，应当自临时用地期满之日起一年内恢复种植条件。

临时用地的土地使用人，应当根据土地权属与土地行政主管部门或者土地所有权人签订临时用地合同，按照合同的约定交纳临时用地补偿费和土地复垦保证金。

临时用地的期限一般不超过二年，特殊情况下需要延长使用期限的，经原批准机关批准可以适当延长，并续签临时用地合同，支付临时用地补偿费。超过期限的，由土地行政主管部门或者土地所有权人无条件收回。

第六十条　建设项目使用国有土地经依法认定为闲置土地的，用地单位应当按月缴纳土地闲置费，缴费标准按照所在区域土地级别基准地价的百分之二计算。未按期缴纳土地闲置费的，责令限期缴纳，逾期仍不缴纳的，可按日加收千分之三的滞纳金。连续二年未动工开发的，经市人民政府批准无偿收回用地单位的土地使用权。

已经按照规定实施临时绿化的，免缴土地闲置费。

第六十一条　建设项目用地在取得国有土地使用权前，土地行政主管部门应当进行地籍调查，核实用地权属界限。对已核实权属界限的，可以按照地籍调查成果确定界址。

第七章　村镇建设用地

第六十二条　村镇建设、村民自建住宅使用集体土地，必须符合土地利用总体规划、城市规划和村镇规划，并纳入土地利用年度计划。占用农用地或者未利用地的，由区土地行政主管部门报市土地行政主管部门审核后，报市人民政府批准。

第六十三条　村民一户只能拥有一处宅基地。因继承住宅等合法原因形成的一户有多宗宅基地，符合分户条件的，可以分别确定宅基地；不符合分户条件的，按照一户的用地面积标准确定宅基地。

第六十四条　符合下列条件之一的村民可以申请宅基地：

（一）确实需要分户建房，且原宅基地面积分户后低于一户宅基地标准的；

（二）因自然灾害或者实施村镇规划需要搬迁的；

（三）经县级以上人民政府批准回原籍落户，没有住宅需要新建住宅的；

（四）原有宅基地被依法征收的；

（五）区人民政府规定的其他情形。

第六十五条　村民自建住宅，应当根据用地计划指标，符合村镇规划，使用原有的宅基地或者村内空闲地。

村民申请宅基地，应当向村民委员会提出书面申请，经村民大会或者村民代表大会讨论通过，乡、镇人民政府审核后，报区人民政府批准，核发建设用地批准书，并依法办理土地登记。

禁止在集体所有的土地上开发建设商品房。

禁止村民将宅基地上建设的住宅向城镇居民出售；禁止城镇居民购买农村宅基地。

第六十六条　在城镇和城市发展控制区以内地区，应当按照城市居住区标准统一规划建设村民住宅，不再批准宅基地。

村民在城市发展控制区以外地区自建住宅用地，有条件的，应当统一规划建设；没有条件的，且本村人均耕地面积不足六百六十七平方米的，每户用地面积不得超过一百六十七平方米；本村人均耕地面积在六百六十七平方米以上的，每户用地面积不得超过二百平方米。

迁村并镇和村民迁入新建住宅的，原住房应当予以拆除，宅基地收回，进行土地整理。

第八章　国有土地有偿使用

第六十七条　出让国有土地使用权，由土地行政主管部门按照审批权限会同有关部门，根据土地供应计划编制每宗土地出让方案，报市或者区人民政府批准。

第六十八条　出让国有土地使用权，应当由有资质的土地评估机构进行土地价格评估，土地行政主管部门确认评估结果，并根据确认的评估结果和其他相关因素，拟订土地使用权出让底价，报市或者区人民政府批准。

国有土地使用权的出让金不得低于出让底价。

第六十九条　将以划拨方式取得的国有土地及其建筑物、其他附着物出租，或者其他涉及土地处置的，土地使用人应当到土地行政主管部门办理土地使用权有偿使用手续后，方可出租或者处置。

以租赁方式取得国有土地使用权的，土地使用人应当与土地行政主管部门签订土地租赁合同，按照约定向土地行政主管部门缴纳租金。

第七十条　因实施城市规划、改变企业经营性质等原因，确需改变以划拨方式取得国有土地使用权的土地用途的，经原批准机关批准后，土地使用权人应当到土地行政主管部门办理国有土地使用权有偿使用手续。其中用于经营性建设的土地，应当由市土地整理储备机构统一整理储备，进入土地有形市场公开交易。

第七十一条　以划拨方式取得国有土地使用权的无地上建筑物、其他附着物的土地，未经批准不得设定抵押。

第七十二条　以划拨方式取得国有土地使用权的土地上的住宅房屋发生转让的，受让人享有七十年的国有土地使用权。再次转让的，受让人的国有土地使用权的年限为剩余年限，并应当按照交易额的一定比例缴纳国有土地使用权出让金。具体办法由市人民政府规定。

第七十三条　出让国有土地使用权和租赁国有土地等交易活动，应当统一在市人民政府确定的土地交易有形市场内进行。市土地交易机构负责本市土地交易有形市场的管理，发布土地供求信息和交易信息，为出让、租赁等交易活动提供服务。

第七十四条　转让国有土地使用权的，交易双方在转让前应当经土地行政主管部门审核，符合法律、法规规定条件的，准予转让。

第七十五条　因企业兼并、收购、重组或者资产处置等情形，涉及国有土地使用权变更的，应当按照有关规定办理土地使用权转让手续。

使用划拨土地的企业，实施企业产权交易涉及土地使用权转让的，在同等条件下，人民政府对土地资产有优先购买权。

第七十六条　市土地行政主管部门应当对土地价格进行动态监测，会同有关部门对全市的土地进行等级划分、确定基准地价，经市人民政府批准后向社会公布。

第七十七条　市人民政府确定的土地整理储备机构，负责本市土地整理储备计划的组织实施，承担土地整理储备、集体土地征收和土地开发整理等具体工作。

依法收回的国有土地，其整理、储备由市土地整理储备机构按照有关规定办理。

第九章　法律责任

第七十八条　房地产开发企业未按照有关规定申请土地登记的，由土地行政主管部门责令限期办理；逾期不办理的，处以五万元以上二十万元以下罚款。

第七十九条　擅自印制或者伪造、涂改土地权属证书的，由土地行政主管部门没收违法证书和违法所得，并处以三万元以上十万元以下罚款。

第八十条　有下列情形之一的，由土地行政主管部门予以处罚：

（一）违反本条例第四十四条第二款规定的，责令停止违法行为、限期恢复原状；逾期不恢复的，按照非法取土每立方米处以一百元以上二百元以下罚款。法律、法规另有处罚规定的，从其规定。

（二）闲置荒芜耕地，占用耕地建窑、建坟或者在耕地上挖砂、采石、采矿、取土的，责令限期改正，并按照闲置、占用或者破坏耕地面积处每平方米二百元以上五百元以下罚款。

第八十一条 将村民宅基地或者宅基地上建设的住宅向城镇居民出售的，由土地行政主管部门责令限期改正；逾期不改正的，没收违法所得，并处违法所得百分之五十以下罚款。

第八十二条 违法转让以出让方式取得的国有土地使用权的，由土地行政主管部门责令限期补办手续；逾期不办理的，处以基准地价百分之三以上百分之十以下罚款。

违法转让或者出租以划拨方式取得国有土地使用权的，由土地行政主管部门没收违法所得，责令限期补办有偿使用手续；逾期不补办的，处以基准地价百分之五以上百分之二十以下罚款，经市或者区人民政府批准，收回其国有土地使用权。

第八十三条 依照《中华人民共和国土地管理法》第七十三条规定没收的建筑物和其他设施，由土地行政主管部门依法处理。

第八十四条 对违法占用土地进行建设的，由土地行政主管部门责令停止违法建设、恢复原状，继续施工的，土地行政主管部门有权制止，供电、供水企业不得向违法建设提供违法施工用电、用水。

第八十五条 在土地所有权、使用权争议尚未解决前，擅自改变土地利用现状的，由土地行政主管部门责令限期恢复原状。

第八十六条 当事人对具体行政行为不服的，可以依法申请行政复议或者向人民法院起诉。逾期不申请复议、不提起诉讼又不履行的，由土地行政主管部门申请人民法院强制执行。

第八十七条 国家机关及其工作人员有下列情形之一的，对直接责任人员给予行政处分；构成犯罪的，依法追究刑事责任：

（一）弄虚作假审批土地的；

（二）超越职权审批土地的；

（三）符合登记或批准条件而不予登记、批准或者拖延登记、批准的；

（四）违法进行检查或者采取强制措施的；

（五）对土地违法行为依法应当给予行政处罚而不给予行政处罚的；

（六）其他不依法履行职责的行为。

第十章　附　　则

第八十八条 本条例所称的城市发展控制区，是指中心城区和市人民政府确定的特定区域。

第八十九条 国家对滨海新区土地管理另有规定的，从其规定。

第九十条 本条例自2007年3月1日起施行。

修改的决定：

（2018年12月14日天津市第十七届人民代表大会常务委员会第七次会议通过）

根据"放管服"改革和行政审批制度改革工作要求，天津市第十七届人民代表大会常务委员会第七次会议决定，对《天津市植物保护条例》等三十二部地方性法规作如下修改：

二十三、关于《天津市土地管理条例》

1. 将第四十四条修改为："禁止在耕地上取土。

在非耕地上取土经营的，应当符合下列条件：

（一）有土地所有权人、使用权人同意的证明，并签订取土协议；

（二）有取土方案和防护措施；

（三）有治理自然生态环境的措施；

（四）不得在湿地、林地等生态用地上取土。

法律、法规对在非耕地上取土另有规定的，从其规定。"

2. 将第八十条第一项修改为："（一）违反本条例第四十四条第二款规定的，责令停止违法行为、限期恢复原状；逾期不恢复的，按照非法取土每立方米处以一百元以上二百元以下罚款。法律、法规另有处罚规定的，从其规定。"

5. 河北省土地管理条例

（2014 修正）

效力级别：省级地方性法规
时效性：现行有效
发布日期：2014-09-26
实施日期：1987-04-27
发布机关：河北省人大及其常委会

法律修订：
1987 年 4 月 27 日河北省第六届人民代表大会第五次会议通过
根据 1990 年 11 月 10 日河北省第七届人民代表大会常务委员会第十七次会议《关于修改〈河北省土地管理条例〉的决定》修正
根据 1997 年 12 月 22 日河北省第八届人民代表大会常务委员会第三十一次会议《关于修改〈河北省土地管理条例〉的决定》第二次修正
1999 年 9 月 24 日河北省第九届人民代表大会常务委员会第十一次会议修订
根据 2002 年 3 月 30 日河北省第九届人民代表大会常务委员会第二十六次会议《关于修改〈河北省土地管理条例〉的决定》第三次修正
根据 2005 年 5 月 27 日河北省第十届人民代表大会常务委员会第十五次会议《关于修改〈河北省土地管理条例〉的决定》第四次修正
根据 2014 年 9 月 26 日河北省第十二届人民代表大会常务委员会第十次会议通过的《河北省人民代表大会常务委员会关于修改部分法规的决定》第五次修正

第一章 总 则

第一条 为加强土地管理，合理利用土地，切实保护耕地，促进社会经济可持续发展，根据《中华人民共和国土地管理法》、《中华人民共和国土地管理法实施条例》，结合本省实际，制定本条例。

第二条 本条例适用于本省行政区域内土地的管理和使用。

第三条 本省依法实行土地的全民所有制和农民集体所有制，实行国有土地有偿使用制度、土地使用权流转制度和土地用途管制制度。禁止侵占、买卖或者以其他形式非法转让土地。

第四条 各级人民政府必须贯彻十分珍惜、合理利用土地和切实保护耕地的基本国策，加强土地资源与资产管理，全面规划，依法行政，保证本条例的贯彻实施。

第五条 县级以上人民政府土地行政主管部门统一负责本行政区域内的土地管理和监督工作。

第二章 土地权利的确认和变更

第六条 本省依法实行土地所有权、使用权及他项权利的登记发证制度。未按本条例登记发证的,其土地权利不受法律保护。土地他项权利是指在已经确定了所有权和使用权的土地上设定的其他利用土地的权利,包括抵押权、租赁权、空中权、地下权等。

第七条 农民集体所有土地的所有者、使用者,应当向市、县土地行政主管部门提出登记申请,经审核同意,由市、县人民政府进行登记,核发《集体土地所有证》、《集体土地使用证》。国有土地使用者应当向市、县土地行政主管部门提出登记申请,经审核同意,由市、县人民政府进行登记,核发《国有土地使用证》。确认农民集体所有的农用地承包经营权、林地和草原的所有权或者使用权、水面和滩涂的养殖使用权的,依照《中华人民共和国森林法》、《中华人民共和国草原法》、《中华人民共和国渔业法》等法律、法规办理。

第八条 需要设定土地他项权利的,当事人应当向原登记机关的土地行政主管部门提出登记申请,经审核同意由原登记机关进行登记,核发土地他项权利证书。

第九条 依法改变土地所有权、使用权、他项权利和土地用途的,应当在规定期限内向原登记机关的土地行政主管部门提出变更登记申请,经审核同意,由原登记机关办理变更登记手续。

第十条 依法收回农民集体土地使用权或者终止土地他项权利的,当事人应当持有关文件,向原登记机关的土地行政主管部门提出注销登记申请,经审核同意,由原登记机关注销土地使用权或者他项权利登记。依法收回国有土地使用权的,由原登记机关根据有关批准文件,注销土地使用权登记;依照合同的约定收回国有土地使用权的,由原登记机关根据合同,注销土地使用权登记。

第十一条 城市市区内未经征收的集体土地依法转为国有后,原土地使用权人拥有该土地的划拨国有土地使用权。为公共利益或者实施城市规划需要收回该土地使用权时,应当为原土地使用权人提供新的用地或者按照征收土地的补偿标准给予适当补偿。

第十二条 有下列情形之一,确需调整土地所有权的,必须经省人民政府批准,由县级以上人民政府组织实施:(一)因修建大型水利工程、保护生态环境和改善自然环境恶劣地区农民生活条件等原因,国家组织农民集体迁移的;(二)因交通、水利等工程项目改变位置的;(三)因实施土地利用总体规划必须调整土地的;(四)其他原因确需调整土地的。

第十三条 农民集体所有的土地,实行家庭承包经营为基础、统分结合的双层经营制度。农民承包经营本集体所有的农用地,承包经营期限为三十年。本集体经济组织以外的单位或者个人承包农民集体所有的农用地,承包期限由合同约定。土地承包权可以依法转让,在承包期内,承包人可以将土地使用权依法转包、互换、入股、联营。土地承包权和土地使用权流转,应当遵循平等协商、自愿有偿、经发包方同意和不改变承包合同规定的土地用途、不改变土地所有权等原则。

第十四条 发生土地权属争议,由当事人协商解决。协商不成的,应当依法报请人民政府处理。发生权属争议的土地跨行政区域的,由其共同的上级人民政府处理。人民政府处理土地权属争议,应当下达处理决定书。

第三章 土地利用总体规划

第十五条 县级以上的土地利用总体规划,由同级人民政府组织土地行政主管部门和有关部门共同编制,依照《中华人民共和国土地管理法》规定的审批权限报有批准权的人民政府批准。乡级土地利用总体规划由乡级人民政府组织编制，逐级报由省人民政府委托的设区的市人民政府批准，报省土地行政主管部门备案。

第十六条 土地利用总体规划应当符合上一级土地利用总体规划和本级国民经济和社会发展规划、国土规划，所依据的土地调查资料、土地统计资料和其他有关资料必须真实可靠。

第十七条 编制土地利用总体规划，应当对土地利用现状和土地资源潜力进行综合分析研究，明确规划期内的土地利用目标和基本方针，确定各类用地的控制指标，调整土地利用的结构和布局，提出实施规划的政策和措施。

第十八条 编制土地利用总体规划，应当结合当地土地资源实际状况拟订方案，与有关部门和上、下级人民政府充分协调，组织有关专家和部门科学论证，并广泛征求社会公众的意见。

第十九条 省土地利用总体规划应当确保全省耕地总量不减少，确定的基本农田面积应当占全省耕地总面积的百分之八十以上。

设区的市土地利用总体规划，应当划定城市市区的建设用地范围。

县（市）、乡（镇）土地利用总体规划应当根据实际情况，划分基本农田保护区、自然保护区、一般农田、林业用地区、牧业用地区、渔业用地区、城市建设用地区、村庄和集镇建设用地区、独立工业矿业用地区、土地开垦区、禁止开垦区等。

第二十条 土地利用年度计划建议由县级以上人民政府土地行政主管部门会同有关部门提出，经同级人民政府审核同意，报上一级人民政府土地行政主管部门汇总平衡。

县级以上人民政府土地行政主管部门应当将上级下达的农用地转用计划指标、耕地保有量计划指标和土地开发整理计划指标逐级分解，拟订实施方案，经同级人民政府批准后下达。

对没有农用地转用计划指标的，不得批准农用地转用。未实现耕地保有量计划指标和土地开发整理计划指标的，核减下一年度的农用地转用计划指标。节约的农用地转用计划指标，逐级报经省土地行政主管部门核准后，可以结转下一年度使用。

第二十一条 县（市）以上人民政府应当将土地利用年度计划的执行情况列入国民经济和社会发展计划执行情况的内容，向同级人民代表大会报告。

第二十二条 市、县土地行政主管部门应当根据土地等级、土地收益和土地市场交易价格，评定城市基准地价和标定地价，评定结果经同级人民政府批准后，向社会公布。

第二十三条 县级以上人民政府土地行政主管部门负责建立本行政区域内的土地管理信息系统，对土地利用状况进行动态监测。

第四章 耕地保护

第二十四条 县级和乡级人民政府应当依法划定基本农田保护区。除国家重点建设项目确需占用基本农田外，任何单位和个人不得占用基本农田进行建设。

第二十五条 为实施土地利用总体规划和保护生态环境的需要，进行退耕还林、还草的，由省人民政府下达指标，市、县人民政府组织实施。因退耕还林、还草减少的耕地，由省土地行政主管部门组织异地开垦与其面积和质量相当的耕地，并且按照规定拨付耕地开垦费。

第二十六条 因自然灾害损毁的耕地，由土地的所有者、使用者或者承包经营者负责恢复，人民政府可以给予适当补助；无法恢复的，由省土地行政主管部门委托市、县土地行政主管部门组织开垦与其面积和质量相当的耕地，并且按照规定拨付耕地开垦费。

第二十七条 禁止占用耕地建窑、建坟或者擅自在耕地上建房、挖砂、采石、采矿、取土等。

第二十八条 非农业建设占用耕地，没有条件开垦或者开垦的耕地经最终验收不合格的，占用耕地的单位应当按照省人民政府规定的标准，向县（市）以上土地行政主管部门缴纳耕地开垦费，由土地行政主管部门用于组织开垦与占用耕地的面积和质量相当的耕地。

第二十九条 经依法批准占用土地进行建设的，应当在批准的动工建设之日起一年内动工建设，不得造成土地闲置。

因闲置依法收回的国有土地所有权性质不变，可以安排其他建设项目使用，也可以安排原集体经济组织耕种。

第三十条 开发土地必须经过科学论证，不得在土地利用总体规划确定的禁止开垦区内从事开发活动，不得造成环境破坏和土地荒漠化、盐渍化。

第三十一条 在土地利用总体规划确定的土地开垦区内，开发未确定使用权的国有荒山、荒地、荒滩从事种植业、林业、畜牧业和渔业生产的，应当向市、县土地行政主管部门提出申请，按照规定权限由县级以上人民政府批准。

第三十二条 因挖损、塌陷、压占等造成土地破坏的，必须进行复垦；没有条件复垦或者复垦的土地经最终验收不合格的，造成土地破坏的单位或者个人应当根据破坏土地的面积和破坏程度，按照每平方米五元至二十元的标准，向市、县土地行政主管部门缴纳土地复垦费，由收取复垦费的土地行政主管部门统一组织复垦。

第三十三条 土地整理后增加的耕地面积，可以用作充抵建设和农业结构调整占用耕地的补偿指标。

第三十四条 县（市）以上人民政府应当建立耕地开垦专项资金，用于土地开垦、整理和复垦。

耕地开垦专项资金由新增建设用地的土地有偿使用费、耕地开垦费、土地复垦费、土地闲置费、新菜地开发建设基金、新型墙体材料开发费分成以及人民政府拨付的其他资金组成。具体管理使用办法，由省人民政府规定。

第五章　建设用地

第三十五条 对非农业建设用地，必须依法提供土地利用总体规划确定的城市、村庄和集镇建设用地范围内的土地。

进行能源、交通、水利、矿山和军事设施等项目建设，经依法批准，可以提供前款规定之外的土地。

第三十六条 农用地转为建设用地的，由市、县土地行政主管部门根据土地利用年度计划，制订农用地分批次转用方案，其中占用耕地的应当同时制订补充耕地方案，经同级人民政府审核同意，逐级报有批准权的人民政府审批。

第三十七条 征收农民集体所有土地的，由市、县土地行政主管部门拟订土地征收方案，经同级人民政府审核同意，逐级报有批准权的人民政府审批。

第三十八条 征收耕地的土地补偿费，为该耕地被征收前三年平均年产值的六倍至十倍。

征收耕地以外的其他农用地和建设用地的土地补偿费，为该土地所在乡（镇）耕地前三年平均年产值的五倍至八倍。

征收未利用地的土地补偿费，为该土地所在乡（镇）耕地前三年平均年产值的三倍至五倍。

第三十九条 征收耕地的安置补助费，为该耕地被征收前三年平均年产值的四倍至六倍。

征收耕地以外的其他农用地和建设用地的安置补助费，为该土地所在乡（镇）耕地前三年平均年产值的四倍至六倍。征收未利用地的，不支付安置补助费。

第四十条 依照本条例第三十八条和第三十九条规定支付土地补偿费和安置补助费后，尚不能使需要安置的农民保持原有生活水平的，经省人民政府批准，可以再增加安置补助费。但是，土地补偿费和安置补助费的总和不得超过下列限额：

（一）征收耕地的，不得超过该耕地被征收前三年平均年产值的三十倍；

（二）征收耕地以外的其他农用地和建设用地的，不得超过该土地所在乡（镇）耕地前三年平均年产值的二十五倍。

第四十一条 征收土地的青苗补偿费按当季作物的产值计算。地上附着物补偿费标准由设区的市人民政府制定，报省人民政府批准后执行。

第四十二条 在土地利用总体规划确定的城市建设用地范围外，建设项目使用国有未利用地的，除依法应当报国务院批准的外，其供地方案由省人民政府批准。

第四十三条 有偿提供国有土地使用权的，应当采取招标、拍卖的方式；没有条件采取招标、拍卖方式的，可以采取协议方式。

以协议方式有偿提供国有土地使用权或者以行政划拨方式提供国有土地使用权的，由建设单位向市、县土地行政主管部门提出建设用地申请，土地行政主管部门审查同意后，拟订供地方案，逐级报有批准权的人民政府批准。

第四十四条 新增建设用地的土地有偿使用费，专项用于耕地开发和土地整理，任何单位和个人不得挪用。各级上缴比例由省人民政府根据《中华人民共和国土地管理法》作出规定。

原有建设用地的土地有偿使用费，全部留给市、县人民政府，专项用于城市基础设施建设和土地储备。

第四十五条 为公共利益或者为实施城市规划进行旧城区改建，需要收回国有土地使用权的，由市、县土地行政主管部门拟订方案，报原批准机关或者有批准权的人民政府批准后实施。对原土地使用权人应当按照下列标准给予补偿：

（一）原以划拨方式取得国有土地使用权的，提供新的用地或者按照征收土地的补偿标准给予补偿；

（二）原以出让或者作价入股方式取得国有土地使用权的，按照剩余年限的土地使用权价格给予补偿；

（三）原以租赁方式取得国有土地使用权的，按照评估租金高出实际租金的数额与剩余年限折算的现值给予补偿。

因单位撤销、迁移等原因停止使用原划拨的国有土地，以及公路、铁路、机场、矿场等经核准报废，应当收回国有土地使用权的，由市、县土地行政主管部门拟订方案，报原批准机关或者有批准权的人民政府批准后，无偿收回。

国有土地有偿使用合同届满，土地使用者未申请续期或者申请续期未获批准的，由市、县土地行政主管部门依照合同，无偿收回国有土地使用权。

第四十六条 非农业建设使用国有农牧场农用地，乡（镇）村公共设施和公益事业建设使用农民集体所有的土地的,应当为原土地使用者提供新的用地或者予以安置,也可以按照征收土地安置补助费的标准给予补偿。

第四十七条　乡镇企业和乡(镇)村公共设施、公益事业建设需要使用农民集体所有土地,在村庄和集镇建设用地区内的,其供地方案由市、县人民政府批准;在村庄和集镇建设用地区外的,由省人民政府批准。

第四十八条　乡镇企业建设应当坚持合理用地、集约用地的原则,其用地标准由省土地行政主管部门会同有关部门制定,报省人民政府批准后施行。

第四十九条　符合土地利用总体规划并依法取得建设用地的企业,因破产、兼并、处分抵押房地产等原因,需要转让集体土地使用权的,报市、县人民政府批准。

第五十条　农村村民建住宅必须严格执行村镇规划,村内有空闲宅基地的,不得占用耕地建住宅。鼓励建设多层住宅。需要使用本村集体所有土地的,由村民提出用地申请,村民会议或者村民代表会议讨论同意,经乡级人民政府审核,报市、县人民政府批准。

第五十一条　农村村民新建住宅,宅基地的用地标准是:

(一)城市郊区,每处宅基地不得超过一百六十七平方米;

(二)平原地区和山区,人均耕地不足一千平方米的县(市),每处宅基地不得超过二百平方米,人均耕地一千平方米以上的县(市),每处宅基地不得超过二百三十三平方米;

(三)坝上地区,每处宅基地不得超过四百六十七平方米。

在前款规定的限额内,市、县人民政府可以根据当地实际,具体规定本行政区域内的农村宅基地标准。

第五十二条　符合下列条件之一的,可以申请宅基地:

(一)农村村民因子女结婚等原因确需分户,缺少宅基地的;

(二)外来人口落户本村,没有宅基地的;

(三)因自然灾害或者因实施村庄和集镇规划,需要搬迁的。

第五十三条　农村村民申请宅基地,有下列情形之一的,不予批准:

(一)年龄未满十八周岁的;

(二)原有宅基地能够解决分户需要的;

(三)出卖或者出租住房的。

第五十四条　农村村民一户一处之外的宅基地,由村集体经济组织或者村民委员会提出申请,经乡级人民政府审核,报市、县人民政府批准后,予以收回,统一安排使用。

原有宅基地超过规定标准的,超标部分可以实行有偿使用,具体办法由省人民政府制定。

多余宅基地上的房屋损坏不能利用的,必须退出其宅基地。

鼓励房屋所有者出卖多余宅基地上的房屋。农村村民由于买卖住房转移集体土地使用权的,买方必须符合申请宅基地的条件,并依照本条例第五十一条的规定办理宅基地审批手续。

第五十五条　临时使用土地的,应当按照有关规定报市、县土地行政主管部门批准。

临时使用土地的期限超过二年的,应当重新办理临时用地手续。

第五十六条　取土应当首先安排使用非耕地,确需使用耕地的,应当限定取土深度,保留耕作层的土壤,并依法进行复垦。

在国有土地上取土的,取土者应当向市、县土地行政主管部门提出申请,与市、县土地行政主管部门签订取土补偿合同，报同级人民政府批准。在集体土地上取土的，取土者应当与村集体经济组织和村民委员会签订取土补偿合同，向市、县土地行政主管部门提出申请，报同级人民政府批准。

农村村民因生产和建设需要在本集体所有的土地上取土的，应当在本集体经济组织或者村民委员会依法指定的非耕地上取土；确需在耕地上取土的，应当经本集体经济组织或者村民委员会同意，向市、县土地行政主管部门提出申请，报市、县人民政府批准。

第六章　监督检查

第五十七条　土地监督检查坚持依法、及时、准确的原则，实行土地行政执法责任制度、土地巡回检查制度、土地重大违法案件备案制度。

第五十八条　对于依法受到责令限期拆除在非法占用的土地上新建的建筑物和其他设施的处罚拒不执行并继续施工的，土地行政主管部门可以查封、扣押其实施违法行为的设备和建筑材料。

第五十九条　土地行政主管部门查处违反土地管理法律、法规的案件，需要有关部门协助时，同级或者上级人民政府的行政监察、公安、审计等部门应当按照各自的职责予以协助。

第六十条　对违反土地管理法律、法规的行为，上级人民政府土地行政主管部门可以对下级人民政府土地行政主管部门下达查处令，也可以直接查处。

上级人民政府土地行政主管部门对下级人民政府土地行政主管部门违法作出的行政处罚决定有权予以撤销，并有权责令重新作出行政处罚决定或者直接作出行政处罚决定。

第七章　法律责任

第六十一条　依照《中华人民共和国土地管理法》第七十三条的规定处以罚款的，罚款额为非法所得的百分之五以上百分之五十以下。

第六十二条　依照《中华人民共和国土地管理法》第七十四条的规定处以罚款的，罚款额为耕地开垦费的一倍以上二倍以下。

第六十三条　经依法批准占用耕地进行建设，自批准的动工建设之日起满一年未动工建设的，由县级以上人民政府土地行政主管部门按照每平方米五元至十元的标准，向用地单位征收土地闲置费；连续二年未使用的，经原批准机关批准，由县级以上人民政府土地行政主管部门无偿收回土地使用权。

在城市规划区范围内，以出让方式取得土地使用权进行房地产开发，超过出让合同约定的动工开发日期满一年未动工开发的，可以由县级以上人民政府土地行政主管部门向用地单位征收相当于土地使用权出让金百分之五以上百分之二十以下的土地闲置费；满二年未动工开发的，可以由县级以上人民政府土地行政主管部门无偿收回土地使用权。

第六十四条　违反本条例规定，拒不履行土地复垦义务的，由县级以上人民政府土地行政主管部门责令限期改正；逾期不改正的，责令缴纳土地复垦费，并处以土地复垦费一倍以上二倍以下的罚款。

第六十五条　依照《中华人民共和国土地管理法》第七十六条的规定处以罚款的，罚款额为非法占用土地每平方米十元以上三十元以下。

第六十六条　农村村民未经批准或者骗取批准，非法占用土地建住宅或者超过市、县人民政府依法批准的面积多占土地建住宅的，由县级以上人民政府土地行政主管部门责令退还非法占用的土地，限期拆除在非法占用的土地上新建的建筑物。

第六十七条 当事人对行政处罚决定不服的，可以依法申请复议或者提起诉讼。逾期不申请复议或者不起诉又不履行的，由作出处罚决定的机关申请人民法院强制执行。

第六十八条 违反本条例规定，非法挪用耕地开垦费、土地复垦费、新增建设用地土地有偿使用费的，由县级以上人民政府土地、财政、审计等部门责令其限期改正；情节严重的，对主要责任人员依法给予行政处分；构成犯罪的，依法追究刑事责任。

第六十九条 土地行政主管部门及其工作人员以化整为零、谎报地类等手段弄虚作假报批土地，不按照本条例的规定发放土地证书，对收取的有关土地费用违法使用或者使用不当，不及时查处土地违法行为，对依法应予处罚的违法行为不予处罚，玩忽职守、滥用职权、徇私舞弊，情节轻微的，对主要负责人员或者直接责任人员依法给予行政处分；构成犯罪的，依法追究刑事责任。

第八章 附 则

第七十条 本条例所称市、县，是指设区的市、县和县级市。

第七十一条 本条例自公布之日起施行。《河北省经济技术开发区土地管理规定》同时废止。

6. 山西省人民代表大会常务委员会关于修改《山西省实施〈中华人民共和国土地管理法〉办法》的决定

附：修正本

（2008年5月16日山西省第十一届人民代表大会常务委员会第二次会议通过 2008年5月16日山西省人民代表大会常务委员会公告公布 自公布之日起施行）

颁布日期：20080516

实施日期：20080516

颁布单位：山西省人大常委会

山西省第十一届人民代表大会常务委员会第二次会议决定对《山西省实施〈中华人民共和国土地管理法〉办法》作如下修改：

一、第二条第三款修改为："国家为了公共利益的需要，可以依法对土地实行征收或者征用并给予补偿。"

二、将第二十六条、第二十七条、第二十八条、第二十九条、第三十条、第三十一条第一款、第四十八条第一、三款中的"征用"修改为"征收"。

三、删除第五条、第十三条、第十九条、第二十四条、第三十七条中的"地区行政公署"、"地区"。

四、第十八条修改为："已经批准的非农业建设占用耕地，自批准之日起一年以上两年以内未动工建设的，按照出让或划拨土地价款的20%向该土地所在地的市、县人民政府缴纳土地闲置费；连续两年未使用的，由原批准用地的人民政府依法无偿收回用地单位的土地使用权；该幅土地原为农民集体所有的，应当交由原农村集体经济组织恢复耕种。"

五、增加第三十条第二款："县级以上人民政府应当将因征地而导致失去土地的农民，纳入城乡就业体系，并建立社会保障制度；对不具备生产生活条件的，可以采取异地移民等方式安置。"

增加第三款："被征地农民就业培训和社会保障的具体办法由省人民政府制定。"

六、删除第五十九条。

本决定自公布之日起施行。

《山西省实施〈中华人民共和国土地管理法〉办法》根据本决定作相应修改后，重新公布。

7. 山西省实施《中华人民共和国土地管理法》办法

（修正）

（1999年9月26日山西省第九届人民代表大会常务委员会第十二次会议通过 根据2008年5月16日山西省第十一届人民代表大会常务委员会第二次会议通过的关于修改《山西省实施〈中华人民共和国土地管理法〉办法》的决定修正）

第一章 总 则

第一条 为实施《中华人民共和国土地管理法》（以下简称《土地管理法》），结合本省实际，制定本办法。

第二条 全省的土地依法划分为国有土地和农民集体所有的土地。

任何单位和个人不得侵占、买卖或者以其他形式非法转让土地。土地使用权可以依法转让。

国家为了公共利益的需要，可以依法对土地实行征收或者征用并给予补偿。

国有土地依法实行有偿使用制度，但国家在法律规定范围内划拨的除外。

第三条 全省必须贯彻十分珍惜、合理利用土地和切实保护耕地的基本国策。

各级人民政府必须严格执行土地管理法律、法规，加强土地资源、资产管理，坚决制止非法占用土地的行为。

第四条 严格实行土地用途管制制度。用地单位和个人必须按照土地利用总体规划确定的用途使用土地。

第五条 省人民政府土地行政主管部门负责全省土地的统一管理和监督工作。设区的市、县级人民政府土地行政主管部门负责本行政区域内的土地的统一管理和监督工作。

第六条 对保护和开发土地资源、合理利用土地、进行有关的科学研究等方面成绩显著以及检举揭发土地违法行为有功的单位和个人，由县级以上人民政府或者土地行政主管部门给予奖励。

第二章 土地的所有权和使用权

第七条 农民集体所有的土地依法承包经营或者依法用于非农业建设的，土地承包者、使用者应当向土地所在地的县级人民政府土地行政主管部门提出土地登记申请，由县级人民政府登记造册，核发《集体土地使用证》，确认使用权。

单位和个人依法使用国有土地的，应当向土地所在地的县级以上人民政府土地行政主管部门提出土地登记申请，由县级以上人民政府登记造册，核发《国有土地使用证》，确认使用权。其中，国家和省直属的机关、事业单位使用的国有土地的登记、发证，由省人民政府土地行政主管部门负责。

第八条 依法改变土地所有权、使用权的，依法转让地上建筑物、构筑物等附着物权属导致土地使用权转移的，依法改变土地用途的，必须自改变之日起三十日内向土地所在地的县级以上人民政府土地行政主管部门提出申请，由原土地登记机关依法进行土地变更登记，更换土地证书。土地权属的变更，自变更登记之日起生效。

第九条 有下列情形之一的，由原土地登记机关注销土地登记：

（一）依照《土地管理法》有关规定，收回土地使用权的；

（二）因自然灾害造成土地灭失的；

（三）登记申请人在申请登记时，采取欺骗手段骗取登记的。

第十条 依照国家规定实行土地权属证书检验制度。

城市、建制镇及独立工矿区的国有土地使用权人应当按照县级以上人民政府土地行政主管部门公告的期限和要求到原土地权属登记机关申请土地使用证书检验，由原土地权属登记机关依照规定进行检验。

第三章 土地利用总体规划

第十一条 省人民政府编制的土地利用总体规划，应当确保本省行政区域内耕地总量不减少。

各级人民政府编制的土地利用总体规划中的建设用地总量，不得超过上一级土地利用总体规划确定的控制指标，耕地保有量不得低于上一级土地利用总体规划确定的控制指标。

第十二条 县、乡级土地利用总体规划应当根据土地用途划分土地利用区。

土地利用区分为基本农田保护区、一般农田区、林业用地区、牧业用地区、城市建设用地区、村庄和集镇建设用地区、独立工矿用地区、自然与人文景观保护区、土地开垦区、禁止开垦区、土地整理区等。

乡（镇）土地利用总体规划确定的每一块土地的用途，由乡（镇）人民政府在该地块所在的乡（镇）、村予以公告。

第十三条 土地利用总体规划实行分级审批制度。

省土地利用总体规划，由省人民政府组织本级土地行政主管部门和其他有关部门编制，按照规定报国务院审批。

太原市、大同市的土地利用总体规划，由太原市、大同市人民政府组织编制，经省人民政府审查同意后，按照规定报国务院审批；其他设区的市的土地利用总体规划，由该市人民政府组织编制，报省人民政府审批。

县级土地利用总体规划，由该级人民政府组织编制，经设区的市人民政府审查同意后，报省人民政府审批。

乡级土地利用总体规划，由县级人民政府土地行政主管部门会同乡级人民政府编制，经县级人民政府审查同意后，报设区的市人民政府审批，并报省人民政府土地行政主管部门备案。

第十四条 各级人民政府应当加强土地利用计划管理，实行建设用地总量控制。

土地利用年度计划包括农用地转用计划指标、耕地保有量计划指标和土地开发整理计划指标等。

土地利用年度计划一经批准下达，必须严格执行。没有农用地转用计划指标或者超过农用地转用计划指标的，不得批准新增建设用地。

未严格执行建设占用耕地补偿制度或者没有完成土地开发整理计划指标的，核减下一年度的农用地转用计划指标。

节约的农用地转用计划指标，经核准后，可结转下一年度继续使用。

第十五条 各级人民政府每年应当将上年度耕地被占用和新开垦耕地等土地利用年度计

划执行情况列为国民经济和社会发展计划执行情况的内容,向同级人民代表大会报告。

第四章　耕地保护

第十六条　各级人民政府应当严格控制非农业建设项目占用耕地。建设项目选址、设计时应当尽可能利用荒地,不占或者少占耕地。确需占用耕地的,必须依据批准的补充耕地方案,按下列规定开垦与所占耕地数量和质量相当的耕地:

(一)在土地利用总体规划确定的城市建设用地规模范围内,为实施城市规划占用耕地的,由市、县人民政府负责开垦耕地;

(二)在土地利用总体规划确定的村庄、集镇建设用地规模范围内,为实施村庄、集镇规划占用耕地的,由乡(镇)人民政府组织用地的农村集体经济组织或者村民委员会负责开垦耕地;

(三)除第(一)、(二)项以外的能源、交通、水利、矿山、军事设施等建设项目占用耕地的,由建设单位负责开垦耕地。

新开垦的耕地由省人民政府土地行政主管部门会同省农业行政主管部门组织验收。

没有条件开垦耕地或者开垦的耕地经验收不符合要求的,必须按照该耕地被占用前三年平均年产值的八至十二倍向被占用土地所在地的市、县人民政府缴纳耕地开垦费,由市、县人民政府组织开垦。

第十七条　各级人民政府应当建立基本农田保护制度,根据上级下达的基本农田保护指标,划定本行政区域内的基本农田保护区。

各级人民政府应当对基本农田保护实行目标管理,建立领导任期目标责任制,并由上级人民政府定期进行检查。

第十八条　已经批准的非农业建设占用耕地,自批准之日起一年以上两年以内未动工建设的,按照出让或划拨土地价款的20%向该土地所在地的市、县人民政府缴纳土地闲置费;连续两年未使用的,由原批准用地的人民政府依法无偿收回用地单位的土地使用权;该幅土地原为农民集体所有的,应当交由原农村集体经济组织恢复耕种。

第十九条　单位和个人依法一次性开发未确定土地使用权的国有荒山、荒地、荒滩六百公顷以下一百公顷以上的报省人民政府批准;一百公顷以下二十公顷以上的报设区的市人民政府批准;二十公顷以下的报县级人民政府批准。

任何单位和个人不得私自与农村集体经济组织签订用地协议开发土地。

第二十条　因挖损、塌陷、压占等造成土地破坏的,用地单位和个人应当按照下列规定负责复垦:

(一)编制复垦规划、拟定复垦方案,并报县级以上人民政府土地行政主管部门批准;

(二)按照批准的复垦方案进行复垦。

复垦完工后,须报经批准复垦设计方案的土地行政主管部门验收。

第二十一条　有复垦义务的单位和个人,没有条件复垦或者复垦不符合要求的,应当按照每平方米十元以上二十元以下的标准向县级以上人民政府土地行政主管部门缴纳土地复垦费,专项用于土地复垦。复垦的土地应当优先用于农业。

第二十二条　任何单位或者个人对土地造成破坏的,除负责土地复垦外,还应当向遭受损失的单位或者个人支付土地损失补偿费和地面附着物损失补偿费。土地损失补偿费标准,参照本办法征地补偿费的规定办理,地面附着物损失补偿费由双方商定。

第五章　建设用地

第二十三条　城市和村庄、集镇建设，确需占用农用地的，应当符合土地利用总体规划和土地利用年度计划中确定的农用地转用指标及城市规划和村庄、集镇规划。

单独选址的建设项目确需占用农用地的，除具备前款规定的条件外，还必须符合下列条件：

（一）单独选址的建设项目必须是国务院批准的能源、交通、水利、矿山等项目和省人民政府批准的道路、管线工程和大型基础设施项目；

（二）项目选址确实无法避开农用地的。

第二十四条　建设占用土地，涉及农用地转为建设用地的，应当办理农用地转用审批手续。

省人民政府批准的道路、管线工程和大型基础设施建设项目、国务院批准的建设项目占用土地，涉及农用地转为建设用地的，按照规定报国务院审批。

城市（含建制镇）建设，在土地利用总体规划确定的用地规模范围内，为实施该规划而将农用地转为建设用地的，除太原市、大同市按照土地利用年度计划分批次报国务院审批外，其他城市均由省人民政府审批。

村庄、集镇建设，在土地利用总体规划确定的用地规模范围内，为实施该规划而将农用地转为建设用地的，由设区的市人民政府按照土地利用年度计划分批次审批。

第二十五条　建设项目使用城镇建设用地区内的国有现有建设用地和土地利用总体规划确定的国有未利用土地，应当按照下列权限办理审批手续：

（一）建设项目占用土地五公顷以上的，由省人民政府批准；

（二）建设项目占用土地一公顷以上五公顷以下的，由设区的市人民政府或者地区行政公署批准，报省人民政府备案；

（三）建设项目占用土地一公顷以下的，由县级人民政府批准，报省人民政府备案。

第二十六条　征收土地按下列程序办理：

（一）市、县人民政府土地行政主管部门根据土地利用总体规划、土地利用年度计划、国民经济和社会发展计划、国务院批准的重点建设项目用地需求，拟定土地征收方案，经本级人民政府同意后，逐级上报有批准权的人民政府批准；

（二）征收土地方案经依法批准后，由被征收土地所在地的市、县人民政府组织实施，并将批准征地的机关、批准文号、征收土地的用途、范围、面积以及征地补偿标准、农业人员安置办法和办理征地补偿期限等在被征收土地所在地的乡（镇）、村予以公告。被征收土地的权利人应当在公告规定的期限内，持土地证书到公告指定的人民政府土地行政主管部门办理征地补偿登记；

（三）市、县人民政府土地行政主管部门根据经批准的征收土地方案，会同有关部门拟订具体征地补偿、安置方案，并在被征收土地所在地的乡（镇）、村予以公告，听取被征收土地的农村集体经济组织和农民的意见。征地补偿、安置补助方案，报市、县人民政府批准后，由市、县人民政府土地行政主管部门组织实施。对补偿标准有争议的，由县级以上地方人民政府协调；协调不成的，由批准征收土地的人民政府裁决。征地补偿、安置争议不影响征地方案的实施；

（四）用地单位自征地补偿、安置方案批准之日起三个月内全额支付征收土地的各项费用。

第二十七条 征收土地，用地单位按照下列标准支付土地补偿费：

（一）征收基本农田（园地、鱼塘、藕塘视同基本农田）的，按照该耕地被征收前三年平均年产值的八至十倍补偿；

（二）征收基本农田以外的耕地的，按照该耕地被征收前三年平均年产值的六至九倍补偿；

（三）征收牧场、草地的，按照该土地被征收前三年平均年产值的七倍补偿；

（四）征收林地的，按照有关规定补偿；

（五）征收宅基地的，按照邻近耕地的补偿标准补偿；

（六）征收空闲地、荒山、荒地、荒滩的，按照该土地被征收前三年全村耕地平均年产值的三至六倍补偿；

（七）征收集体打谷场、晒场等生产用地，按照原土地类别补偿标准补偿。

第二十八条 征收土地，用地单位按下列标准支付安置补助费：

（一）征收基本农田（园地、鱼塘、藕塘视同基本农田）的，按照该耕地被征收前三年平均年产值的五至六倍补助；

（二）征收基本农田以外的耕地的，按照该耕地被征收前三年平均年产值的四至五倍补助；

（三）征收牧场、草地的，可按该土地被征收前三年平均年产值的五倍补助；

（四）征收林地的，按有关规定补助。

前款规定的被征收耕地的安置补助费，每公顷最高不得超过被征收前三年平均年产值的十五倍。

征收宅基地、空闲地、荒山、荒地、荒滩、打谷场的，不给安置补助费。

第二十九条 耕地被征收前三年平均年产值，按照下列办法计算：

（一）被征地者向村民委员会申报该耕地前三年种植情况；

（二）被征地所在地的乡（镇）人民政府、村民委员会对被征地者申报的种植情况在被征地村进行公布，听取农民群众的意见；

（三）乡（镇）人民政府、村民委员会根据农民群众的意见对申报情况进行核实；

（四）被征地所在地的县级以上人民政府土地行政主管部门根据核实的种植情况、同级统计部门的同期统计报表和同期作物价格计算该耕地被征收前三年的产量、产值和前三年的平均年产值。

其他土地被征收前三年平均年产值的计算办法参照前款规定办理。

第三十条 依照本办法第二十七条、第二条的规定，支付土地补偿费和安置补助费，尚不能使需要安置的农民保持原有生活水平的，经省人民政府批准，可以增加安置补助费。但是，土地补偿费和安置补助费的总和不得超过土地被征收前三年平均年产值的三十倍。

县级以上人民政府应当将因征地而导致失去土地的农民，纳入城乡就业体系，并建立社会保障制度；对不具备生产生活条件的，可以采取异地移民等方式安置。

被征地农民就业培训和社会保障的具体办法由省人民政府制定。

第三十一条 征收土地，用地单位按照下列标准支付被征收土地上的附着物和青苗等的补偿费：

（一）建筑物、构筑物等附着物，可按照有关规定给予折价补偿，也可给予同等数量和质量的附着物；

（二）青苗按照不超过一季作物的产值计算；

（三）对有条件移栽的树木，付给移栽的人工费和树苗损失费。不能移栽的，按照有关规定作价补偿；

（四）鱼、藕和牧草等，按照有关规定作价补偿。

征地补偿方案公告后，突击栽种的树木和突击抢建的附着物不予补偿。

非法占用的土地上的建筑物和其他设施，不予补偿。

第三十二条 县级以上人民政府应当加强地产市场的管理，建立土地收购、储备制度，调控土地供应总量，以土地供给引导用地需求。

第三十三条 国有土地使用权的出让，应当通过招标、拍卖的方式。但是，国务院和省人民政府规定可以以协议方式出让的除外。

第三十四条 以划拨方式取得土地使用权的，转让房地产时，应当向县级以上人民政府土地行政主管部门提出申请，按本办法第二十五条规定的权限，报经批准。准予转让的，受让方应当办理土地使用权出让手续，缴纳出让金，有批准权的人民政府按照国务院规定可以不办理土地使用权出让手续的，转让方应当将转让房地产所获收益中的土地收益上缴国家。

以划拨方式取得土地使用权的，房地产需要抵押时，必须由有资格认证的土地评估机构进行评估，确认地价。抵押人与抵押权人签订合同后，按规定办理抵押登记。抵押权人实现抵押权时，应当从拍卖抵押的房地产所得的价款中缴纳相当于应缴纳土地使用权出让金的款额后，方可优先受偿。

以划拨方式取得的土地使用权的单位，确需改变批准的土地用途从事生产经营的，应当向县级以上人民政府土地行政主管部门提出申请，报有批准权的人民政府批准。准予改变的，应当按照规定依法办理土地使用权出让手续，缴纳土地使用权出让金，进行土地使用权变更登记。

第三十五条 已购公有住房和经济适用住房入市涉及土地使用权交易的，必须将其中的土地收益依法缴予县级以上人民政府土地行政主管部门，由土地行政主管部门上缴国家财政。

第三十六条 国有土地使用权作价出资或者作价入股的管理办法和企业改制中国有土地资产处置办法，由省人民政府制定。

第三十七条 乡（镇）村公共设施、公益事业建设，需要使用农民集体所有土地的，应当经乡（镇）人民政府审核，向县级人民政府土地行政主管部门提出申请，经县级人民政府同意，报设区的市人民政府批准。

农村集体经济组织使用乡（镇）土地利用总体规划确定的建设地兴办企业或者与其他单位、个人以土地使用权入股、联营等形式共同举办企业的，必须符合土地利用总体规划，严格限制在土地利用总体规划确定的城市、村庄和集镇建设用地范围内；使用本集体经济组织农民集体所有的土地，必须有土地利用年度计划指标，持有关批准文件，向县级人民政府土地行政主管部门提出申请，经县级人民政府同意，报设区的市人民政府批准。

农村村民建住宅，使用本集体经济组织农民集体所有的土地，经乡（镇）人民政府审核，由县级以上人民政府批准。

城镇规划区内的集体建设用地，应当符合土地利用总体规划和城市规划。

以上各类用地涉及占用农用地的，应当依照本办法规定办理农用地转用审批手续。

第三十八条 符合下列条件之一的，可以申请使用宅基地：

（一）具有农村户口的村民无宅基地的；

（二）具有农村户口的村民确已分户，现有宅基地低于分户标准的；

（三）集体经济组织招聘的技术人员在本村落户的；

（四）回原籍经批准落户需要建住宅而无宅基地的；

（五）因公共利益需要，原宅基地收回后无宅基地的。

农村村民出卖、出租住房后，再申请宅基地的，不予批准。

第三十九条 农村村民宅基地以户为单位计算，一户只能拥有一处宅基地。超过一处的，应当退出。

农村村民宅基地的面积标准如下：

（一）平原地区人均耕地在 0.067 公顷以下的，每户住宅用地不得超过 133 平方米；

（二）人均耕地在 0.067 公顷以上，在平川地上建住宅的，每户用地不得超过 200 平方米；在山坡薄地上建住宅的，可适当放宽，但最多不得超过 266 平方米。

第四十条 国务院批准的能源、交通、水利、矿山等建设项目和省人民政府批准的道路、管线工程、大型基础设施建设项目，应当使用土地利用总体规划确定的城市、村庄和集镇建设用地规模范围内的土地，确需使用土地利用总体规划确定的城市、村庄和集镇建设用地规模范围以外的土地的，必须严格控制。

被批准的重点建设项目取得土地使用权后，用地单位应当提高土地利用率，不得闲置土地。

第四十一条 从事农、林、牧、渔业生产经营活动的单位和个人需要占用土地建设永久性建筑物、构筑物的，应当依法办理建设用地审批手续。

第六章 监督检查

第四十二条 土地行政主管部门对违反土地管理法律、法规的行为，进行监督检查，依法查处土地违法案件。

第四十三条 土地行政主管部门应当加强和完善土地监督检查机构，配备合格的专（兼）职人员和必要的办案设备。

土地管理监督检查人员必须熟悉土地管理法律、法规，忠于职守，秉公执法。

第四十四条 土地行政主管部门对拒不停止正在进行的土地违法行为的，可以申请人民法院强行制止。

第四十五条 土地行政主管部门对土地违法行为进行监督检查时，公安、法院、监察、计划、银行、工商、审计、税务等有关部门应当予以协助。

有关单位和个人对土地行政主管部门依法进行的监督检查应当支持与配合，并提供工作方便，不得拒绝与阻碍土地管理监督检查人员依法执行职务。

第七章 法律责任

第四十六条 违反本办法有关规定，有下列情形之一的，由县级以上人民政府土地行政主管部门依照《土地管理法》第七十三条规定予以处罚；处以罚款的，罚款额为非法所得的百分之五以上百分之五十以下：

（一）未办理土地使用权出让手续和未缴纳土地使用权出让金，擅自转让划拨的国有土地使用权的；

（二）地上建筑物、其他附着物作为，不动产买卖、转让时，其占用范围内划拨的国有土地，未依法办理土地使用权出让手续（国务院决定可以不办理的除外）和未缴纳土地使用权出让金的；

（三）擅自以划拨的国有土地使用权易房、易物、作价入股或者作为合作、联营条件与其他单位、个人联合建设或者从事经营活动的；

（四）违反法定条件，擅自转让以出让方式取得的土地使用权的；

（五）法律、法规规定的其他非法转让土地的行为。

第四十七条 违反本办法有关规定，有下列情形之一的，由县级以上人民政府土地行政主管部门依照《土地管理法》第七十六条、第七十七条规定予以处罚；处以罚款的，非法占用基本农田的，罚款额为每平方米十元以上三十元以下；非法占用基本农田以外的土地的，罚款额为每平方米五元以上三十元以下：

（一）未经批准，擅自占用土地的；

（二）超过批准用地的数量，多占土地的；

（三）擅自改变批准用地位置或者四至范围使用土地的；

（四）超过本办法规定的宅基地面积标准，多占土地的；

（五）采取隐瞒原有建设用地面积、虚报户籍人口数量等各种欺骗手段骗取批准而非法占用土地的；

（六）法律、法规规定的其他非法占用土地的行为。

第四十八条 违反本办法有关规定，有下列情形之一的，其批准文件无效，对非法批准征收、使用土地的直接负责的主管人员和其他直接责任人员，依法给予行政处分；构成犯罪的，依法追究刑事责任：

（一）无权批准征收、使用土地的单位或者个人非法批准占用土地的；

（二）超越批准权限非法批准占用土地的；

（三）不按照土地利用总体规划确定的用途批准用地的；

（四）违反法定程序批准占用、征收土地的；

（五）与用地单位串通，隐瞒真实情况批准用地的；

（六）法律、法规规定的其他非法批准用地的行为。

对非法批准、使用的土地应当收回，有关当事人拒不归还的，以非法占用土地论处。

非法批准征收、使用土地，对当事人造成损失的，依法应当承担赔偿责任。

第四十九条 擅自划拨应当有偿使用的国有土地的，其批准划拨的文件无效，对非法批准用地的直接负责的主管人员和其他直接责任人员，依法给予行政处分；构成犯罪的，依法追究刑事责任。

第五十条 连续两年未完成基本农田保护目标管理责任指标和耕地保有量计划指标的人民政府，由上级主管机关或者行政监察机关对其主要负责人给予行政处分。

第五十一条 违反本办法有关规定，擅自改变原批准建设用地用途从事生产经营的，由县级以上人民政府土地行政主管部门责令限期办理土地使用权出让手续，缴纳土地使用权出让金；逾期不办理的，责令限期交还土地，可以并处每平方米十元以上三十元以下的罚款。

第五十二条 违反本办法有关规定，已购公有住房和经济适用住房入市涉及土地使用权交易，未将土地收益缴予县级以上人民政府土地行政主管部门的，由土地行政主管部门责令限期缴纳。

第五十三条 依照《土地管理法》第七十四条规定处以罚款的，罚款额为耕地开垦费的一倍以上二倍以下。

第五十四条 违反本办法有关规定，拒不履行土地复垦义务的，由县级以上人民政府土地行政主管部门责令限期改正；逾期不改正的，责令缴纳复垦费，专项用于土地复垦，可以处以土地复垦费一倍以上二倍以下的罚款。

第五十五条 本办法规定的应缴纳的土地有偿使用费或者其他费用，必须在规定的期限内缴纳，逾期不缴纳的，从滞纳之日起，每日加收欠缴额千分之一至千分之三的滞纳金。拒不缴纳的，由土地行政主管部门申请人民法院强制执行。

第五十六条 违反本办法有关规定，不按时申请土地权属证书检验的，由县级以上人民政府土地行政主管部门责令限期申请检验；检验不合格的，由县级以上人民政府土地行政主管部门责令限期改正，逾期不改正的，报经原颁发证书的人民政府批准，公告其证书无效。

第五十七条 违反本办法有关规定，拒绝和阻碍土地管理监督检查人员执行职务的，由公安机关依照治安管理处罚条例的有关规定予以处罚；构成犯罪的，依法追究刑事责任。

第五十八条 土地行政主管部门工作人员玩忽职守、滥用职权、徇私舞弊，构成犯罪的，依法追究刑事责任；尚不构成犯罪的，依法给予行政处分。

第八章 附　则

第五十九条 本办法自公布之日起施行。

1987年1月11日山西省第六届人民代表大会常务委员会第二十二次会议通过的《山西省土地管理实施办法》同时废止。

8. 陕西省实施《中华人民共和国土地管理法》办法

（2010年；修正本）

（1999年11月30日陕西省第九届人民代表大会常务委员会第十二次会议通过 1999年11月30日陕西省第九届人民代表大会常务委员会公告第17号公布 根据2010年3月26日陕西省第十一届人民代表大会常务委员会第十三次会议通过 2010年3月26日陕西省第十一届人民代表大会常务委员会公告第26号公布 自公布之日起施行的《陕西省人民代表大会常务委员会关于修改部分地方性法规的决定》修正）

第一章 总　则

第一条　为实施《中华人民共和国土地管理法》，结合本省实际，制定本办法。

第二条　在本省行政区域内保护、开发、利用和管理土地的单位和个人，必须遵守本办法。

第三条　省土地行政主管部门统一负责全省的土地管理和监督工作；设区的市（地区）、县（市）土地行政主管部门负责本行政区域内的土地管理和监督工作。

土地行政主管部门的派出机构，受派出机关委托，履行土地管理和监督职责。

经国务院、省人民政府批准设立的示范区、开发区，其管理委员会根据派出它的人民政府的授权，负责示范区、开发区内的土地管理工作。

第二章　土地的所有权和使用权登记

第四条　农民集体所有的土地，由土地所有者向土地所在地的设区的市、县（市）土地行政主管部门或者其派出机构提出土地登记申请，由设区的市、县（市）人民政府登记造册，核发《集体土地所有证》，确认所有权。

农民集体所有的土地依法用于非农业建设的，由土地使用者向土地所在地的设区的市、县（市）土地行政主管部门或者其派出机构提出土地登记申请，由设区的市、县（市）人民政府登记造册，核发《集体土地使用证》，确认建设用地使用权。

第五条　单位和个人依法使用的国有土地，由土地使用者向土地所在地的设区的市、县（市）土地行政主管部门或者其派出机构提出土地登记申请，由设区的市、县（市）人民政府登记造册，核发《国有土地使用证》，确认使用权。其中，省级国家机关使用的国有土地的具体登记办法，由省人民政府规定。

第六条　依法改变土地的所有权、使用权或者土地用途的，应当自批准之日起三十日内向原土地登记机关申请办理变更登记。

依法抵押土地使用权的，抵押人和抵押权人应当持抵押合同，向原土地登记机关申请办理土地使用权抵押登记。

土地的所有者、使用者变更名称、住址的，应当自变更之日起三十日内向原土地登记机关申请办理变更登记。

第七条　依照本办法开垦的耕地，原土地所有权不变，土地使用权按照耕地开垦合同的约定取得。改变土地使用权或者土地用途的，应当依法办理变更登记。

第八条 土地的所有权、使用权争议，由当事人协商解决；协商达不成协议的，由当事人向有土地登记权的人民政府申请处理；农村宅基地使用权争议，当事人可以向村民委员会申请调解，也可以向土地所在地的乡（镇）人民政府申请处理。

跨行政区域的土地的所有权、使用权争议，由土地所在地的共同上一级人民政府处理。

土地权属争议解决前，任何一方不得改变土地利用现状，不得破坏地上附着物。

第九条 当事人对人民政府的土地权属争议处理决定不服的，可以自接到处理决定通知之日起三十日内向人民法院起诉。

当事人认为行政机关的具体行政行为侵犯其已经依法取得的土地所有权或者土地使用权的，应当先向作出该具体行政行为机关的上一级行政机关申请复议；对行政复议决定不服的，可以依法向人民法院起诉。

第十条 林地、草原的所有权、使用权，水面、滩涂的养殖使用权，农民的土地承包经营权，分别依照《中华人民共和国森林法》、《中华人民共和国草原法》、《中华人民共和国渔业法》和《陕西省农村集体经济承包合同管理条例》的有关规定办理。

第三章 土地利用总体规划

第十一条 各级人民政府应当依据国民经济和社会发展规划，国土整治、退耕还林还草和资源环境保护的要求，土地供给能力以及各项建设对土地的需求，编制土地利用总体规划。

第十二条 城市总体规划、村庄和集镇规划，应当与土地利用总体规划相衔接，超过土地利用总体规划确定的用地规模的，应当进行修订。

第十三条 土地利用总体规划实行分级审批制度。

西安市土地利用总体规划，经省人民政府审查同意后，报国务院批准；其他设区的市（地区）土地利用总体规划，报省人民政府批准。

县（市）土地利用总体规划，经设区的市（地区）人民政府审查同意后，报省人民政府批准。

乡（镇）土地利用总体规划逐级报经设区的市（地区）人民政府批准，并向省土地行政主管部门备案。

各级人民政府编制的土地利用总体规划经批准后，应当予以公告。

第十四条 土地利用总体规划是本行政区域土地利用和管理的依据。制定土地利用年度计划，审核城市和村庄、集镇建设用地规模，预审建设项目用地，审批农用地转用和建设项目用地，划定基本农田保护区，编制土地开发整理和退耕还林还草专项规划，必须符合土地利用总体规划。

第十五条 土地利用总体规划中确定的建设用地总量和农用地转用指标、耕地保有量指标以及土地开发整理指标，实行年度计划控制。

土地利用年度计划由各级人民政府组织编制，按照本办法第十三条规定，逐级报有批准权的人民政府批准后实施。

第十六条 各级土地行政主管部门应当建立土地管理信息系统，对土地利用状况进行动态监测。

无密级的土地资料应当作为公共信息，向社会提供查询服务。

第四章 耕地保护

第十七条 各级土地利用总体规划和土地利用年度计划确定的耕地保有量，应当列入本级人民政府行政首长任期目标，并由上一级人民政府监督考核。

第十八条 各级人民政府应当按照土地利用总体规划和国家有关规定划定基本农田保护区。列入退耕还林还草规划的耕地，不得划入基本农田保护区，已经划入的，应当进行调整。

按照土地利用年度计划，退耕还林还草减少的耕地面积，不计入本级人民政府当年耕地保有量指标，已经退耕还林还草的，不再征收农业税。

第十九条 非农业建设经依法批准占用耕地的，必须按照占多少、垦多少的原则，由占用者按照土地利用总体规划的要求，开垦与所占耕地数量和质量相当的耕地；没有条件开垦或者开垦的耕地不符合要求的，应当向占用耕地所在地的设区的市、县（市）土地行政主管部门缴纳耕地开垦费，由收缴耕地开垦费的土地行政主管部门负责组织开垦数量和质量相当的耕地。耕地开垦后备资源匮乏的设区的市、县（市），由上级土地行政主管部门收缴耕地开垦费，并组织开垦。

耕地开垦费应当专户储存，用于开垦新的耕地，不得减免或者挪作他用。

耕地开垦管理办法及耕地开垦费收缴标准由省人民政府规定。

第二十条 鼓励单位和个人在土地利用总体规划确定的开垦区内开垦未利用地，用于农业生产。依法取得的未利用地的使用权受法律保护，在合同约定的使用期限内，可以依法转让、出租和继承，但不得改变原土地用途。

第二十一条 县（市）、乡（镇）人民政府应当组织农村集体经济组织制订土地整理方案，对田、水、路、林、村综合整治，增加耕地面积，提高耕地质量。

土地整理所增加的耕地，按照谁整理、谁受益的原则，依照土地整理合同约定取得土地使用权。

第二十二条 利用新开垦的耕地和土地整理新增加的耕地，从事农业生产的，按照国家有关规定，从有收入之年起免征农业税三年。

土地整理新增加的耕地经县级以上土地行政主管部门会同农业行政主管部门验收合格后，其面积的百分之六十可以用作折抵土地整理单位建设占用耕地的补偿指标，也可以将补偿指标有偿转让给其他需要履行占补平衡义务的单位。

第二十三条 禁止任何单位和个人闲置、荒芜耕地。建设占用的耕地自批准之日起，一年内不用又可以耕种的，建设单位应当组织耕种；一年以上未动工建设的，由县级以上土地行政主管部门按照每平方米十元至二十元的标准收取土地闲置费用于耕地开垦；连续二年未使用的，经原批准机关批准，由县级以上人民政府无偿收回用地单位的土地使用权。该幅土地为国有土地的，作为本级人民政府的土地储备，在未确定为新的建设项目用地前，应当组织耕种；该幅土地为农民集体所有的，不予确认建设用地使用权，交由原农村集体经济组织恢复耕种。

以出让方式取得国有土地使用权的闲置土地，依照《陕西省国有土地使用权出让和转让办法》的规定办理。

第二十四条 在土地利用总体规划确定的开垦区内，一次性开发未确定土地使用权的国有荒山、荒地、荒滩从事种植业、林业、畜牧业、渔业生产的，按照下列权限审批：

（一）五十公顷（七百五十亩）以下的，由县（市）人民政府批准，报设区的市（地区）土地行政主管部门备案；

（二）五十公顷以上二百公顷（三千亩）以下的，由设区的市（地区）人民政府批准，报省土地行政主管部门备案；

（三）二百公顷以上六百公顷（九千亩）以下的，报省人民政府批准；

（四）六百公顷以上的，由省人民政府报国务院批准。

第二十五条 因挖损、塌陷、压占等造成土地破坏的，用地单位或者个人应当按照国家规定复垦；没有条件复垦或者复垦不符合要求的，按照每平方米五元至二十元的标准向设区的市、县（市）土地行政主管部门缴纳土地复垦费，专项用于土地复垦。

单位或者个人造成土地破坏使他人受到损失的，应当承担赔偿责任。

第五章 建设用地

第二十六条 建设项目进行可行性研究或者编制项目建议书时，建设单位应当向建设项目批准机关的同级土地行政主管部门提出建设用地预申请。土地行政主管部门应当依据土地利用总体规划、土地利用年度计划指标和国家土地供应政策，对建设用地的有关事项进行审查，向建设用地单位出具建设项目用地预审报告。

第二十七条 建设项目的可行性研究报告或者项目建议书批准后，建设单位持有关部门的批准文件向土地所在地的设区的市、县（市）土地行政主管部门提出用地申请，受理申请的土地行政主管部门应当依照法定程序和权限审查报批。

土地行政主管部门应当公告建设用地的审批程序、标准、依据和审批结果。

第二十八条 设区的市、县（市）土地行政主管部门报批建设用地应当编制建设用地项目呈报说明书，并按照下列规定拟订方案：

（一）使用国有建设用地或者国有未利用地的，拟订供地方案；

（二）使用国有农用地的，拟订农用地转用方案、补充耕地方案、供地方案；

（三）征收农民集体所有的建设用地或者未利用地的，拟订征收土地方案、供地方案；

（四）征收农民集体所有的农用地的，拟订农用地转用方案、补充耕地方案、征收土地方案、供地方案；

（五）兴办乡镇企业、农村村民住宅建设使用本集体经济组织农民集体所有的土地，或者乡（镇）村公共设施和公益事业建设使用农民集体所有的土地的，拟订供地方案，其中占用农用地的还应当拟订农用地转用方案、补充耕地方案。

跨设区的设区的市的铁路、公路、水利和其他国家重点建设项目，由省人民政府组织统一征地。

第二十九条 征收耕地的土地补偿费、安置补助费，按照《中华人民共和国土地管理法》第四十七条规定的标准补偿。征收其他土地的土地补偿费、安置补助费和征收土地上附着物、青苗补偿费，按下列标准补偿：

（一）农用地土地补偿费为被征收土地所在县（市、区）中等耕地前三年平均年产值的四至六倍，其他土地的土地补偿费为被征收土地所在县（市、区）中等耕地前三年平均年产值的一至四倍；

（二）已利用的其他土地的安置补助费按照所在县（市、区）中等耕地安置补助费的百分之三十至百分之六十计付；

（三）青苗补偿费按被毁青苗的耕地前三年平均年产值的百分之四十至百分之九十补偿，房屋和其他地上附着物，根据用途、结构、使用年限等因素确定类别、等级和补偿单价，由设区的市（地区）人民政府规定具体计价标准。

依照前款规定支付土地补偿费和安置补助费，尚不能使需要安置的农村村民保持原有生活水平的，经省人民政府批准，可以增加安置补助费，但土地补偿费和安置补助费的总和不得超过土地被征收前三年平均年产值的三十倍。

第三十条 在土地利用总体规划确定的城市和村庄、集镇建设用地范围内，建设项目需要使用国有未利用地的，应当依据总体设计一次申请办理，并按照下列权限审批：

（一）县（市）人民政府审批一公顷（十五亩）以下；

（二）西安市人民政府审批十二公顷（一百八十亩）以下，其他设区的市（地区）人民政府审批八公顷（一百二十亩）以下；

（三）超过设区的市（地区）审批权限的，由省人民政府审批。

在土地利用总体规划确定的城市和村庄、集镇规划建设用地范围外，建设项目需要使用国有未利用地的，应当先由原编制机关修改土地利用总体规划，报原批准机关审批。

法律、行政法规另有规定的，从其规定。

第三十一条 乡镇企业使用本集体经济组织农民集体所有的土地或者乡（镇）村公共设施和公益事业建设使用农民集体所有的土地的，须经村民会议同意，乡（镇）人民政府审核，向设区的市土地行政主管部门派出机构、县（市）土地行政主管部门申请，按照本办法第三十一条规定的权限审批；涉及农用地转用的，应当先依法办理转用审批手续。

乡镇企业的不同行业和经营规模用地标准、乡（镇）村公共设施和公益事业用地标准，由省土地行政主管部门会同有关部门制定。

第三十二条 农村村民每户只能有一处宅基地，城市郊区每户不超过一百三十三平方米（二分），川地、塬地每户不超过二百平方米（三分）；山地、丘陵地每户不超过二百六十七平方米（四分）。

农村村民住宅建设使用本集体经济组织农民集体所有的土地，按下列规定办理：

（一）在土地利用总体规划确定的村庄和集镇建设用地范围内申请用地的，宅基地使用方案须经村民会议同意，乡（镇）人民政府审核，报设区的市、县（市）人民政府审批，涉及农用地转用的，应当先依法办理转用审批手续；

（二）宅基地使用方案经设区的市、县（市）人民政府批准后，由设区的市、县（市）土地行政主管部门或者其派出机构向该村村民公布并监督实施；

（三）经批准使用宅基地的农村村民应当依法申请办理集体土地建设用地使用权登记；

（四）农村村民住宅易地建新拆旧的，新住宅建成后，必须在设区的市、县（市）人民政府规定的期限内拆除原住宅，将原宅基地交还土地所有者。

第三十三条 已建成的不符合土地利用总体规划确定的土地用途的建筑物、构筑物，禁止批准重建、扩建。

第三十四条 建设项目施工和地质勘查需要临时使用土地的，由使用者持有关部门批准文件，向设区的市、县（市）土地行政主管部门或者其派出机构申请，土地行政主管部门按下列权限审批：

（一）使用土地利用总体规划确定的城市和村庄、集镇建设用地范围以外耕地的，由省土地行政主管部门审批；

（二）使用土地利用总体规划确定的城市和村庄、集镇建设用地范围以内耕地的，由设区的市（地区）土地行政主管部门审批；

（三）使用其他土地的，由设区的市、县（市）土地行政主管部门审批。

第三十五条 有下列情形之一的，设区的市、县（市）土地行政主管部门应当报经有批准权的人民政府批准，无偿收回国有土地使用权：

（一）土地有偿使用合同约定的使用期限届满，土地使用者未申请续期或者申请续期未获批准的；

（二）因单位撤销、迁移停止使用原划拨土地的；

（三）公路、铁路、机场、矿场经核准报废停止使用原划拨土地的；

（四）依法取得国有土地使用权后，闲置、荒芜国有土地超过法定期限的；

（五）土地使用权人死亡且无合法继承人的。

因公共利益或者实施城市规划进行旧城改造收回国有土地使用权，应当给予补偿：

（一）原土地使用权以划拨方式取得的，可以调换土地使用权或者作价补偿；

（二）原土地使用权以有偿方式取得的，依照土地有偿使用合同的约定补偿。

农村集体经济组织收回集体土地使用权的，依照《中华人民共和国土地管理法》第六十五条规定办理。

第六章 监督检查

第三十六条 县级以上人民政府应当向本级人民代表大会常务委员会、乡（镇）人民政府应当向本级人民代表大会报告下列事项：

（一）土地利用总体规划和年度计划执行情况；

（二）基本农田和其他耕地保护情况；

（三）退耕还林还草规划执行情况；

（四）耕地开垦、土地复垦情况和耕地开垦费、土地复垦费收缴使用情况。

第三十七条 县级以上土地行政主管部门对违法占用土地进行建设的，应当发出停工通知，责令停止施工；对继续违法建设的，可以就地封存建筑材料，予以制止。

第三十八条 土地行政主管部门应当依法收回而不收回的国有土地使用权，上级土地行政主管部门应当责令限期纠正；逾期不纠正的，报经同级人民政府批准，可以直接收回，作为本级人民政府的土地储备。

土地行政主管部门应当依法收缴而不收缴的耕地开垦费或者自耕地开垦费收缴之日起超过六个月未组织耕地开垦的，上级土地行政主管部门应当直接收缴或者上收耕地开垦费，并组织开垦。

第三十九条 县级以上土地行政主管部门设立土地监察机构，配备土地监察人员，对本行政区域内遵守和执行土地管理法律、法规的情况进行监督检查。

土地执法人员应当持证上岗。省土地行政主管部门对全省土地执法人员统一考核。

土地行政主管部门及其土地监察机构应当建立举报制度，设立举报点，公布举报电话，受理对违反土地管理法律、法规行为的检举和控告，并将处理结果告知举报人。

第四十条 土地行政主管部门及其监察机构在履行监督检查职责时，有关单位和个人应当予以协助。

第七章 法律责任

第四十一条 违反本办法规定，不办理土地登记的，由县级以上土地行政主管部门责令限期办理；逾期不办理的，对个人每幅地处以一百元以上一千元以下罚款，对单位每幅地处以三千元以上三万元以下罚款。

第四十二条 违反本办法规定，拒不交纳耕地开垦费、土地闲置费、土地复垦费的，由县级以上土地行政主管部门责令限期缴纳；逾期不缴纳的，申请人民法院强制执行。

第四十三条 违反本办法规定，挪用耕地开垦费、土地闲置费、土地复垦费的，由上级土地行政主管部门责令限期改正，对直接负责的主管人员和其他直接责任人员依法给予行政处分；构成犯罪的，依法追究刑事责任。

第四十四条 违反本办法规定，建成新住宅后在规定期限内拒不拆除旧房交还原宅基地的，由设区的市土地行政主管部门或者其派出机构、县（市）土地行政主管部门责令拆除旧房，限期交还原宅基地。

第四十五条 违反本办法规定，批准重建、扩建已建成的不符合土地利用总体规划确定的土地用途的建筑物、构筑物的，其批准文件无效；对当事人造成损失的，批准单位应当依法承担赔偿责任。

第四十六条 违反本办法规定的其他行为，土地管理法律、行政法规已有行政处罚规定的，从其规定。

第四十七条 依照本办法实施的行政处罚，按照《中华人民共和国行政处罚法》规定的程序执行。

依照本办法第四十二条规定对单位罚款二万元以上、对个人罚款六百元以上的，当事人有权要求听证。

对拒不执行土地行政主管部门依法作出的行政决定的，土地行政主管部门可以强制执行或者申请人民法院强制执行。

第四十八条 国家机关及其工作人员在土地管理工作中，索贿受贿、玩忽职守、滥用职权、徇私舞弊的，依法给予行政处分；构成犯罪的，依法追究刑事责任。

第八章 附 则

第四十九条 本办法自 2000 年 1 月 1 日起施行。1987 年 9 月 29 日陕西省第六届人民代表大会常务委员会第二十六次会议通过的《陕西省土地管理实施办法》同时废止。

9. 内蒙古自治区实施《中华人民共和国土地管理法》办法

（2012年；修正本）

（2000年10月15日内蒙古自治区第九届人民代表大会常务委员会第十九次会议通过 根据2010年9月17日内蒙古自治区第十一届人民代表大会常务委员会第十七次会议《关于修改部分地方性法规的决定（二）》第一次修正 根据2012年3月31日内蒙古自治区第十一届人民代表大会常务委员会第二十八次会议《关于修改部分地方性法规的决定（五）》第二次修正）

第一章 总 则

第一条 为了加强土地管理，保护、开发和合理利用土地资源，切实保护耕地、草原、林地，实行土地资源与资产并重管理，促进社会经济的可持续发展，根据《中华人民共和国土地管理法》（以下简称土地管理法）和有关法律、法规，结合自治区实际，制定本办法。

第二条 自治区内土地的规划、管理、保护和利用，必须遵守本办法。

第三条 自治区依法实行土地用途管制制度。用地单位和个人必须按照土地利用总体规划确定的用途使用土地。

第四条 对土地资源要坚持开发与保护相协调的原则，实行严格的土地资源保护措施，把生态环境建设与保护放在首位，提高土地资源综合利用水平。

自治区依法实行土地有偿使用制度，但是国家在法律规定范围内划拨的国有土地使用权的除外。

自治区按照社会主义市场经济要求，实行在政府调控下市场配置土地资源的原则，依法规范土地资源和资产的流转，促进土地资源市场的形成和发展。

第五条 自治区人民政府土地行政主管部门统一负责全区土地的管理和监督工作。

盟、设区的市、旗县级土地行政主管部门统一负责本行政区域内土地的管理和监督工作。

第二章 土地的所有权和使用权

第六条 自治区依法实行土地登记发证制度。

集体土地所有者、集体土地建设用地使用者和国有土地使用者，应当向旗县级以上人民政府土地行政主管部门或者其土地登记机构提出土地登记申请。

集体土地由旗县人民政府登记造册，核发《集体土地所有证》，确认所有权。集体土地的建设用地，由旗县人民政府登记造册，核发《集体土地使用证》，确认使用权。

单位和个人依法使用国有土地的，由旗县级以上人民政府登记造册，核发《国有土地使用证》、确认使用权。其中，自治区所属单位使用的国有土地的具体登记发证机关，由自治区人民政府确定。盟市所属单位使用的国有土地的具体登记发证机关，由盟行政公署、设区的市人民政府确定。

未利用的国有土地和依法收回的国有土地，由旗县级以上人民政府登记造册。

旗县级以上人民政府根据土地利用总体规划，确认草原、林地的所有权和使用权，分别依照《中华人民共和国草原法》、《中华人民共和国森林法》的有关规定办理。对同一地块不得同时发放草原所有权证、草原使用证和林权证。

第七条 依法改变土地所有权、使用权或者因依法买卖、转让地上建筑物、构筑物等附着物导致土地使用权转移的，必须在改变或者合同签订之日起三十日内向旗县以上土地行政主管部门提出申请，报原土地登记机关依法进行土地所有权、使用权变更登记。

依法改变土地用途的，必须自改变之日起三十日内持批准文件，向旗县以上土地行政主管部门提出申请，报原土地登记机关依法进行变更登记。

第八条 依法登记的土地所有权、使用权受法律保护，任何单位和个人不得侵犯。

第九条 有下列情形之一的，由原登记机关注销土地登记：

（一）依法收回土地使用权的；

（二）土地使用权出让、租赁合同约定的期限届满，土地使用者未申请续期或者申请续期未获批准的；

（三）申请人在申请登记时隐瞒事实，伪造证明文件或者采取其他非法手段骗取登记的；

（四）因自然灾害等造成土地权利灭失所进行的土地所有权或者使用权的登记。

第三章　土地利用总体规划

第十条 各级人民政府负责组织编制本行政区域的土地利用总体规划。下级土地利用总体规划应当依据上一级土地利用总体规划编制。

各级土地利用总体规划中的建设用地总量，不得超过上一级土地利用总体规划确定的控制指标；耕地、草原和林地保有量不得低于上一级土地利用总体规划确定的控制指标。

第十一条 土地利用总体规划应当包括下列内容：

（一）规划目标和任务；

（二）土地利用结构和布局；

（三）土地利用分区；

（四）各类土地利用指标；

（五）城市、村镇建设用地控制规模；

（六）土地整理、开发、复垦和保护耕地、草原和林地的目标与任务；

（七）土地用途管制措施；

（八）实施规划的措施；

（九）其他事项。

第十二条 旗县、苏木乡镇土地利用总体规划应当划分土地利用区，明确土地用途和使用条件。

土地利用区分为基本农田保护区、基本草牧场保护区、天然林保护区、一般农田区、林业用地区、畜牧业用地区、城市建设用地区、村庄和集镇建设用地区、独立工矿用地区、水域、自然与人文景观保护区、土地开垦区、禁止开垦区、土地整理区和退耕区等。

第十三条 土地利用总体规划实行分级审批制度。

自治区土地利用总体规划报国务院批准。

呼和浩特市、包头市以及国务院指定的城市的土地利用总体规划，经自治区人民政府审查同意后，报国务院批准；盟和设区的市及旗县级土地利用总体规划，逐级报自治区人民政府批准。

旗县人民政府所在地的镇的土地利用总体规划，经盟行政公署或者设区的市人民政府审查同意后，报自治区人民政府批准。

前款规定以外的苏木乡镇土地利用总体规划，经旗县级人民政府审查同意后，报盟行政公署或者设区的市人民政府批准。

第十四条 城市总体规划、村庄和集镇规划，应当与土地利用总体规划相衔接。

在城市、村庄和集镇规划区内，城市和村庄、集镇建设用地应当符合城市和村庄、集镇规划。

第十五条 旗县级以上人民政府应当加强土地利用计划管理，编制土地利用年度计划，实行建设用地总量控制。

第十六条 土地利用年度计划的内容应当包括农用地转用计划指标、耕地保有量计划指标、土地开发整理计划指标和其他用地计划指标。

国家和自治区重点建设项目使用土地，实行年度用地计划指标单列，由自治区人民政府统一安排。

第十七条 旗县级以上人民政府应当将上级人民政府下达的农用地转用计划指标、耕地保有量计划指标和土地开发整理计划指标逐级分解，制定实施方案。没有农用地转用计划指标或者超过农用地转用计划指标的，不得批准农用地转为建设用地。

第十八条 土地利用总体规划的编制机关根据国民经济和社会发展需要，提出对土地利用总体规划进行修改，应当向原批准机关提交修改报告书，根据批准修改的文件，进行修改。土地管理法律、行政法规另有规定的除外。

上一级土地利用总体规划修改后，下一级土地利用总体规划应当予以修改的，由上一级人民政府通知下一级人民政府修改，并报原批准机关备案。

第十九条 自治区实行土地利用年度计划执行情况报告制度。

各级土地行政主管部门每半年应当将土地利用年度计划执行情况向同级人民政府作出书面报告，并同时抄报上一级土地行政主管部门。

自治区人民政府每年应当将土地利用年度计划的执行情况列为国民经济和社会发展计划执行情况的内容，向自治区人民代表大会报告。

第四章　耕地、草原、林地保护

第二十条 各级人民政府必须严格执行土地利用总体规划，严格控制耕地、草原和林地转为非农业建设用地。

非农业建设经批准占用耕地的，按照"占多少，垦多少"的原则，由占用耕地的单位负责开垦与所占耕地的数量和质量相当的耕地。没有条件开垦或者开垦的耕地不符合要求的，按照自治区人民政府规定的办法和标准缴纳耕地开垦费。

耕地开垦费由批准农用地转为建设用地的人民政府的土地行政主管部门按照国家和自治区的有关规定征收。依法应当报国务院批准的，由自治区土地行政主管部门组织征收。耕地开垦费实行专项资金管理，专项用于新耕地开垦。

第二十一条 自治区依法实行基本农田保护制度。根据土地利用总体规划，划定基本农田保护区，严格管理。

基本农田保护区以苏木乡镇为单位进行划区定界，由旗县级土地行政主管部门会同农业行政主管部门组织实施。

第二十二条 自治区依法保护基本草牧场，公益林林地、天然林林地。根据土地利用总体规划，划定基本草牧场保护区，公益林林地、天然林林地保护区，严格管理。

基本草牧场保护区以苏木乡镇为单位进行划区定界，由旗县级土地行政主管部门会同畜牧业行政主管部门组织实施。公益林林地、天然林林地保护区以旗县为单位进行划区定界，由旗县级土地行政主管部门会同林业行政主管部门组织实施。

第二十三条 禁止任何单位和个人闲置、荒芜耕地。已经办理审批手续的非农业建设占用耕地，一年内不用而又可以耕种并收获的，应当由原耕种该幅耕地的集体或者个人恢复耕种，也可以由用地单位组织耕种；一年以上未动工建设的，按照自治区人民政府规定的办法和标准缴纳土地闲置费，并限期动工建设。连续二年未使用的，经原批准机关批准，由旗县级以上人民政府无偿收回用地单位的土地使用权；该幅土地原为农民集体所有的，应当交由原农村集体经济组织恢复耕种。

第二十四条 在土地利用总体规划确定的土地开垦区内，开发未确定土地使用权的国有荒山、荒地、荒滩从事种植业、林业、畜牧业、渔业生产的，应当向土地所在地的旗县以上土地行政主管部门提出申请，经审查后，报有批准权的人民政府批准。

一次性开发未确定使用权的国有荒山、荒地、荒滩20公顷（不含20公顷）以下的，由旗县人民政府批准；20公顷（含20公顷）以上100公顷（不含100公顷）以下的，由盟行政公署或者设区的市人民政府批准；100公顷（含100公顷）以上600公顷（不含600公顷）以下的，报自治区人民政府批准；开发超过600公顷的，由自治区人民政府报国务院批准。

农民集体所有的荒山、荒地、荒滩等未利用土地，由本集体以外的单位和个人开发从事种植业、林业、畜牧业、渔业生产的，必须经嘎查村民会议半数以上成员或者三分之二以上嘎查村民代表的同意，经苏木乡镇人民政府审核，报旗县以上人民政府批准。

第二十五条 在土地利用总体规划划定的土地开垦区内，开垦未利用的土地，必须经过科学论证和评估，经依法批准后进行。

依法保护森林、草原、湿地，禁止毁坏森林、草原开垦耕地。禁止围湖（河）造田和侵占河滩地。

根据土地利用总体规划，对已开垦的20°以上坡地和破坏生态环境开垦、围垦的土地，以及严重沙化的耕地，有计划有步骤地退耕还林、还草、还湖（河）、还湿地。

农牧业生产结构调整涉及农用地结构调整的，应当符合土地利用总体规划确定的土地利用方向、结构和布局，并遵守国家有关规定。

第二十六条 因挖损、塌陷、压占等造成土地破坏的，用地单位和个人应当按照国家和自治区有关规定负责复垦。没有条件复垦或者复垦不符合要求的，缴纳土地复垦费，专项用于土地复垦。土地复垦费的征收办法和标准由自治区人民政府规定。

第五章 建设用地

第二十七条 建设占用土地的，应当符合土地利用总体规划和土地利用年度计划。为实施城市规划占用土地的，由旗县级以上人民政府统一征用土地，统一按项目供地，统一办理农用地转用报批手续。

禁止任何单位和个人占用城市公共绿地搞建设项目。

农用地转用和征地报批时，由土地所在地旗县以上土地行政主管部门拟订农用地转用方案、补充耕地方案和征用土地方案，经同级人民政府和上一级土地行政主管部门审核后，分批报有批准权的人民政府批准。

第二十八条 具体建设项目用地的申请程序：

（一）土地使用者应当在建设项目可行性论证时，向旗县以上土地行政主管部门提出建设用地申请。

（二）土地使用者向项目管理部门和规划管理部门申请办理立项审批和规划许可手续时，必须附具旗县以上土地行政主管部门出具的建设项目用地预审报告。

（三）建设项目批准后，土地使用者持建设项目用地预审报告、《建设用地规划许可证》立项批准文件等材料，由土地行政主管部门按照规定程序依法办理用地报批手续。

有批准权的人民政府批准用地后，由土地所在地旗县以上土地行政主管部门组织供地方案的实施。

第二十九条 旗县级以上人民政府审批建设用地，应当按照下列规定办理：

（一）具体建设项目需要占用土地利用总体规划确定的国有未利用地的，除国务院批准立项的重点建设项目、军事设施、跨省、自治区行政区域的建设项目及国务院规定的有关建设项目用地报国务院批准外，其他建设项目用地，由土地所在地旗县级以上人民政府逐级报自治区人民政府批准。

（二）具体建设项目使用以批准农用地转用、土地征用范围内的土地的，由土地所在地旗县级以上人民政府批准，并报自治区人民政府土地行政主管部门备案。

（三）农村牧区嘎查村民委员会使用本集体所有的未利用地进行非农业建设的，按照以下的审批权限办理：1公顷（不含1公顷）以下的用地，由旗县级人民政府批准；超过1公顷（含1公顷），不足3公顷的用地，由盟行政公署、设区的市人民政府批准；3公顷（含3公顷）以上的用地，逐级报自治区人民政府批准。

（四）建设占用土地涉及农用地转为建设用地的，按照土地管理法规定的权限，报自治区人民政府或者国务院批准。其中为实施苏木乡镇土地利用总体规划而将该规划确定的村庄、集镇建设用地规模范围内的农用地转为建设用地的，可由自治区人民政府授权的盟行政公署、设区的市人民政府批准。

（五）建设用地涉及征用土地的，按照土地管理法规定的权限，报自治区人民政府或者国务院批准。

建设用地经有批准权的人民政府批准后，由同级土地行政主管部门对审批结果予以公告；经国务院批准的，由自治区土地行政主管部门予以公告。

第三十条 征用基本农田的，土地补偿费为该耕地被征用前三年平均年产值的8至10倍；征用其他耕地的，土地补偿费为该耕地被征用前三年平均年产值的6至8倍。

被征耕地的青苗补偿，为当季农作物的产值。被征土地上的住宅按照有关部门规定的标准补偿；水井、管道、电缆、棚圈、围栏及其他设施，按照实际损失合理补偿。征地方案公告后抢种的作物和抢建的附着物不予补偿。

第三十一条 征用耕地的，每一个需要安置的农业人口的安置补助费，为该耕地前三年平均年产值的4至6倍，但是每公顷被征用耕地的安置补助费，最高不得超过被征用前三年平均年产值的15倍。

第三十二条 征用耕地以外其他土地的土地补偿费和安置补助费标准，由自治区人民政府参照耕地土地补偿费和安置补助费标准另行规定。

第三十三条　支付的土地补偿费和安置补助费，尚不能使需要安置的农牧民保持原有生活水平的，经自治区人民政府批准，可以增加安置补助费。但是土地补偿费和安置补助费的总和不得超过土地被征用前三年平均年产值的 30 倍。

征地补偿的各项费用应当自征地补偿、安置方案批准之日起 3 个月内全额支付给被征地的单位和个人，被征地的单位和个人应当按规定期限交付土地；征地补偿安置费用未按规定支付的，被征地的单位和个人有权拒绝交付土地。

第三十四条　为公共利益或者为实施城市规划需要收回国有土地使用权的，应当根据土地实际投入对土地使用权人给予适当补偿，具体补偿标准由自治区人民政府另行规定。

收回国有土地不补偿安置补助费和其他费用。

第三十五条　农村牧区嘎查村民委员会使用本集体所有土地兴办企业，或者与其他单位、个人以土地使用权入股、联营等形式共同举办企业、苏木乡镇、嘎查村公共设施、公益事业建设使用集体土地的，由农村集体经济组织或者建设单位向土地所在地旗县以上土地行政主管部门提出用地申请，经审核后，符合土地利用总体规划的，报有批准权的人民政府批准。

前款规定的建设用地，涉及占用农用地的，应当依法办理农用地转用审批手续。

乡镇企业不同行业的用地标准，由自治区人民政府制定。

第三十六条　农牧民建住宅使用土地的，应当向户口所在地的嘎查村民委员会以书面形式提出申请，经嘎查村民委员会讨论通过，苏木乡镇人民政府审查，报土地所在地旗县以上人民政府批准。涉及占用农用地的，依法办理农用地转用审批手续。

第三十七条　农牧民有下列情况之一的，宅基地申请不予批准：

（一）结婚后单独立户男女一方已有宅基地的；

（二）出租、出卖或者以其他形式转让宅基地及地上建筑物，再申请宅基地的；

（三）无当地户口的。

第三十八条　农牧民一户只能拥有一处宅基地，其宅基地面积的标准由自治区人民政府另行规定。

第三十九条　建设项目施工和地质勘查需要临时使用国有或者农民集体所有土地的，由土地所在地旗县以上土地行政主管部门批准。使用国有土地的，应当与有关土地行政主管部门签订临时使用土地合同；使用农民集体所有土地的，应当与土地所属的农村集体经济组织或者村民委员会签订临时使用土地合同。合同的内容一般包括：临时使用土地期限、临时使用土地补偿费、双方的权利与义务、违约责任等事项。

临时使用农用地的，补偿费可以按照该地前三年平均年产值与临时使用年限的乘积数计算；使用建设用地的，可以按照土地所在地国有土地年租金与临时使用年限的乘积数计算。

第六章　国有土地有偿使用

第四十条　除土地管理法第五十四条所列项目外，其他各类建设项目用土，应当采取出让、租赁、作价出资或者入股等有偿使用方式提供国有土地使用权。

土地使用权的出让由旗县级以上人民政府统一组织，土地行政主管部门负责实施，采用拍卖、招标、协议等方式出让。但城市规划区域范围内的经营性建设项目用地应当按照国家有关规定采用公开招标、拍卖方式出让。

第四十一条　以出让、租赁、作价出资或者入股等有偿使用方式使用国有土地的，按照下列规定办理：

（一）土地使用者提出申请，选择土地有偿使用方式；

（二）进行土地价格评估；

（三）旗县以上土地行政主管部门与土地使用者签订土地有偿使用合同；

（四）旗县级以上人民政府审批；

（五）土地使用者依法申请土地登记，土地登记机关发土地证书。

划拨土地使用权依法以转让、出租、抵押等形式交易的，按照前款规定办理土地有偿使用手续。

第四十二条　以出让等有偿使用方式取得国有土地使用权的建设单位，按照国务院和自治区规定的标准和办法，缴纳土地使用权出让金等土地有偿使用费和其他费用后，方可使用土地。

新增建设用地的土地有偿使用费的收缴、使用和管理依照国家有关规定上缴财政，列入预算，实行专项基金管理，用于耕地、草原、林地和城市基础设施等建设。有偿使用费的具体使用和管理办法，由自治区土地行政主管部门会同财政部门另行规定。

第四十三条　国有土地使用权交易有下列情形之一的，必须经旗县以上土地行政主管部门审核同意；依法应当报旗县级以上人民政府批准的，由土地行政主管部门审核后报有批准权的人民政府批准：

（一）以有偿方式取得国有土地使用权进行转让或者其他处置的；

（二）划拨土地使用权转让、出租、抵押的；

（三）改变土地用途的；

（四）土地使用权分割转让的；

（五）法律、法规规定应当报经批准同意的其他情形。

第四十四条　下列国有土地使用权不得交易：

（一）以出让方式取得的国有土地使用权，未按照出让合同约定进行投资开发的；

（二）以划拨方式取得的国有土地使用权未办理有偿使用手续的；

（三）司法机关和行政机关依法决定、查封或者以其他形式限制土地权利的；

（四）土地权属有争议的；

（五）未依法领取土地证书的；

（六）旗县以上人民政府依法决定收回土地使用权的；

（七）共有土地使用权未经共有人书面同意的；

（八）法律、法规禁止交易的其他情形；

第四十五条　旗县级以上人民政府应当建立土地收购和储备制度，实行土地供应总量宏观调控。

第四十六条　自治区实行国有土地使用权转让价格申报制度。

国有土地使用权转让的，转让方应当向土地所在地的旗县以上土地行政主管部门如实申报转让价，申报的转让价低于协议出让土地最低价标准的，旗县以上土地行政主管部门经同级人民政府批准，可以按照申报价行使优先购买权；土地使用权转让的市场价不合理上涨时，旗县级以上人民政府可以采取必要的措施。

第四十七条　旗县级以上人民政府应当依据国家有关规定建立基准地价、标定地价体系，实行土地价格评估与确认制度。

基准地价应当依照国家有关规定定期确定并公布。

第四十八条　对原划拨的国有土地，用作经营性或改变为经营性用途的，实行有偿使用。

第七章　监督检查

第四十九条　土地管理监督检查人员依法履行监督职责时，必须出示行政执法证件。

第五十条　土地行政主管部门在履行监督检查职责时，公安、监察、审计、税务等部门应当予以配合。

第五十一条　根据土地管理执法工作需要，自治区土地行政主管部门可以建立特邀土地监察专员制度。

第五十二条　旗县级以上人民政府，应当定期向同级人民代表大会或者其常务委员会报告耕地、草原、林地保护、土地利用总体规划、土地利用年度计划，耕地开垦费、土地补偿费、安置补助费、土地有偿使用费使用，土地审批和查处土地违法行为等情况。

第八章　法律责任

第五十三条　违反本办法规定，需要罚款处罚的，依照土地管理法和《中华人民共和国土地管理法实施条例》的有关规定处罚。

第五十四条　违反本办法第二十四条规定，未经批准在土地利用总体规划确定的土地开垦区内，开发未确定土地使用权的国有荒山、荒地、荒滩等从事种植业、林业、畜牧业、渔业生产的，由土地行政主管部门责令其限期办理批准手续；逾期不办理批准手续的，责令其停止开发和使用，或采取扣押生产设备、材料等措施及时予以制止。

第五十五条　违反本办法规定批准减免耕地开垦费、土地复垦费、土地使用权出让金等土地有偿使用费和其他费用，或者低于依法评估确认的地价出让国有土地使用权的，其批准文件和合同无效，由上一级土地行政主管部门追缴国家应得的土地收益。对直接负责的主管人员和其他直接责任人员，给予行政处分；构成犯罪的，依法追究刑事责任。

非法批准占用土地的，或者擅自办理用地手续或者确权发证的，批准行为无效，对直接负责的主管人员和其他直接责任人员，给予行政处分；构成犯罪的，依法追究刑事责任。

第五十六条　土地行政主管部门的工作人员玩忽职守、滥用职权、徇私舞弊、索贿受贿，构成犯罪的，依法追究刑事责任；尚不构成犯罪的，依法给予行政处分。

第五十七条　当事人对行政处罚决定不服的，可以依法申请行政复议或者提起行政诉讼；当事人逾期不申请复议，也不起诉，又不履行行政处罚决定的，由作出处罚决定的机关申请人民法院强制执行。

第九章　附　　则

第五十八条　本办法自公布之日起施行。1989年7月31日自治区人民代表大会常务委员会通过的《内蒙古自治区实施〈中华人民共和国土地管理法〉办法》同时废止。

二、耕地、基本农田相关规定

1. 自然资源部 农业农村部关于加强和改进基本农田保护工作的通知

（自然资源部 农业农村部〔2019〕1号）

索 引 号：000019174/2020-00015	主　　题：土地管理
发文字号：自然资规〔2019〕1号	发布机构：部委联合发文
生成日期：2019年01月05日	体　　裁：通知
实施日期：	废止日期：2024年01月03日

自然资源部 农业农村部关于加强和改进永久基本农田保护工作的通知

各省、自治区、直辖市及计划单列市自然资源、农业农村主管部门，新疆生产建设兵团自然资源、农业农村主管部门，中央军委后勤保障部军事设施建设局，国家林业和草原局，中国地质调查局及部其他直属单位，各派出机构，部机关各司局：

按照党中央、国务院关于全面划定永久基本农田并实行特殊保护的决策部署，自然资源部、农业农村部（以下简称"两部"）精心组织，各省（区、市）党委政府扎实推进，完成了永久基本农田划定工作，并纳入各级土地利用总体规划，实现了上图入库、落到实地，取得积极成效。当前，我国经济转向高质量发展阶段，新型工业化、城镇化建设深入推进，农业供给侧结构性改革逐步深入，对守住耕地红线和永久基本农田控制线提出了更高要求。为巩固划定成果，有效解决划定不实、非法占用等问题，完善保护措施，提高监管水平，现就有关事项通知如下：

一、总体要求

（一）指导思想。以习近平新时代中国特色社会主义思想为指导，深入贯彻党的十九大和十九届二中、三中全会精神，牢固树立新发展理念，实施乡村振兴战略，坚持最严格的耕地保护制度和最严格的节约用地制度，落实"藏粮于地、藏粮于技"战略，以确保国家粮食安全和农产品质量安全为目标,加强耕地数量、质量、生态"三位一体"保护,构建保护有力、集约高效、监管严格的永久基本农田特殊保护新格局,牢牢守住耕地红线。

(二)基本原则。

坚持从严保护。坚守十分珍惜、合理利用土地和切实保护耕地的基本国策,牢固树立山水林田湖草是一个生命共同体理念,强化永久基本农田特殊保护意识,将永久基本农田作为国土空间规划的核心要素,摆在突出位置,强化永久基本农田对各类建设布局的约束,严格控制非农建设占用,保护利用好永久基本农田。

坚持底线思维。坚守土地公有制性质不改变、耕地红线不突破、粮食生产能力不降低、农民利益不受损四条底线,永久基本农田一经划定,要纳入国土空间规划,任何单位和个人不得擅自占用或改变用途,充分尊重农民自主经营意愿和保护农民土地承包经营权,鼓励农民发展粮食和重要农产品生产。

坚持问题导向。凡是存在划定不实、补划不足、非法占用、查处不力等问题的,查明情况、分析原因,提出分类处置措施,落实整改、严肃问责,确保永久基本农田数量不减、质量提升、布局稳定。

坚持权责一致。充分发挥市场配置资源的决定性作用,更好发挥政府作用,完善监督考核制度,地方各级政府主要负责人要承担起耕地保护第一责任人的责任,健全管控、建设和激励多措并举的保护机制。

二、巩固永久基本农田划定成果

(三)全面开展划定成果核实工作。各省(区、市)自然资源主管部门会同农业农村主管部门要充分运用卫星遥感和信息化技术手段,以2017年度土地变更调查、地理国情监测、耕地质量调查监测与评价等成果为基础,结合第三次全国国土调查、自然资源督察、土地资源全天候遥感监测、永久基本农田划定成果专项检查、粮食生产功能区和重要农产品生产保护区(以下简称"两区")划定等工作中发现的问题,组织对本省(区、市)永久基本农田划定成果进行全面核实,找准划定不实、违法占用等问题,梳理问题清单,提出分类处置意见,以县级行政区划为单元编制整改补划方案(具体要求详见附件1)。

(四)全面清理划定不实问题。根据《土地管理法》、《基本农田保护条例》等法律法规要求,对下列不符合要求的耕地或其他土地错划入永久基本农田的,按照"总体稳定、局部微调、量质并重"的原则,进行整改补划,并相应对"两区"进行调整,按法定程序修改相应的土地利用总体规划。

1. 将不符合《基本农田划定技术规程》要求的建设用地、林地、草地、园地、湿地、水域及水利设施用地等划入永久基本农田的;
2. 河道两岸堤防之间范围内不适宜稳定利用的耕地;
3. 受自然灾害严重损毁且无法复垦的耕地;
4. 因采矿造成耕作层损毁、地面塌陷无法耕种且无法复垦的耕地;
5. 依据《土壤污染防治法》列入严格管控类且无法恢复治理的耕地;
6. 公路铁路沿线、主干渠道、城市规划区周围建设绿色通道或绿化隔离的林带和公园绿化占用永久基本农田的用地;
7. 永久基本农田划定前已批准建设项目占用的土地或已办理设施农用地备案手续的土地;
8. 法律法规确定的其他禁止或不适宜划入永久基本农田保护的土地。

（五）依法处置违法违规建设占用问题。对各类未经批准或不符合规定要求的建设项目、临时用地、农村基础设施、设施农用地，以及人工湿地、景观绿化工程等占用永久基本农田的，县级以上自然资源主管部门应依法依规严肃处理，责令限期恢复原种植条件。经县级自然资源主管部门会同农业农村主管部门组织核实，市级自然资源主管部门会同农业农村主管部门论证审核确实不能恢复的，按有关要求整改补划永久基本农田和修改相应的土地利用总体规划。对违法违规占用永久基本农田建窑、建房、建坟、挖沙、采石、采矿、取土、堆放固体废弃物或者从事其他活动破坏永久基本农田，毁坏种植条件的，按《土地管理法》、《基本农田保护条例》等法律法规进行查处，构成犯罪的，依法移送司法机关追究刑事责任。

（六）严格规范永久基本农田上农业生产活动。按照"尊重历史、因地制宜、农民受益、社会稳定、生态改善"的原则，在确保谷物基本自给和口粮绝对安全、确保粮食种植规模基本稳定、确保耕地耕作层不破坏的前提下，对永久基本农田上农业生产活动有序规范引导，在永久基本农田数据库、国土调查中标注实际利用情况和管理信息，强化动态监督管理。

永久基本农田不得种植杨树、桉树、构树等林木，不得种植草坪、草皮等用于绿化装饰的植物，不得种植其他破坏耕作层的植物。本通知印发前，已经种植的，由县级自然资源主管部门和农业农村主管部门根据农业生产现状和对耕作层的影响程度组织认定，能恢复粮食作物生产的，5年内恢复；确实不能恢复的，在核实整改工作中调出永久基本农田，并按要求补划。

三、严控建设占用永久基本农田

（七）严格占用和补划审查论证。一般建设项目不得占用永久基本农田；重大建设项目选址确实难以避让永久基本农田的，在可行性研究阶段，省级自然资源主管部门负责组织对占用的必要性、合理性和补划方案的可行性进行严格论证，报自然资源部用地预审；农用地转用和土地征收依法报批。深度贫困地区、集中连片特困地区、国家扶贫开发工作重点县省级以下基础设施、易地扶贫搬迁、民生发展等建设项目，确实难以避让永久基本农田的，可以纳入重大建设项目范围，由省级自然资源主管部门办理用地预审，并按照规定办理农用地转用和土地征收。严禁通过擅自调整县乡土地利用总体规划，规避占用永久基本农田的审批。

重大建设项目占用永久基本农田的，按照"数量不减、质量不降、布局稳定"的要求进行补划，并按照法定程序修改相应的土地利用总体规划。补划的永久基本农田必须是坡度小于25度的耕地，原则上与现有永久基本农田集中连片。占用城市周边永久基本农田的，原则上在城市周边范围内补划，经实地踏勘论证确实难以在城市周边补划的，按照空间由近及远、质量由高到低的要求进行补划。重大建设项目用地预审和审查中要严格把关，切实落实最严格的节约集约用地制度，尽量不占或少占永久基本农田；重大建设项目在用地预审时不占永久基本农田、用地审批时占用的，按有关要求报自然资源部用地预审。线性重大建设项目占用永久基本农田用地预审通过后，选址发生局部调整、占用永久基本农田规模和区位发生变化的，由省级自然资源主管部门论证审核后完善补划方案，在用地审查报批时详细说明调整和补划情况。非线性重大建设项目占用永久基本农田用地预审通过后，所占规模和区位原则上不予调整。

临时用地一般不得占用永久基本农田，建设项目施工和地质勘查需要临时用地、选址确实难以避让永久基本农田的，在不修建永久性建（构）筑物、经复垦能恢复原种植条件的前提下，土地使用者按法定程序申请临时用地并编制土地复垦方案，经县级自然资源主管部门批准可临时占用，并在市级自然资源主管部门备案，一般不超过两年，同时，通过耕地耕作层土壤剥离再利用等工程技术措施，减少对耕作层的破坏。临时用地到期后土地使用者应及时复垦恢复原种植条件，县级自然资源主管部门会同农业农村等相关主管部门开展土地复垦验收，验收合格的，继续按照永久基本农田保护和管理；验收不合格的，责令土地使用者进行整改，经整改仍不合格的，按照《土地复垦条例》规定由县级自然资源主管部门使用缴纳的土地复垦费代为组织复垦，并由县级自然资源主管部门会同农业农村等相关主管部门开展土地复垦验收。县级自然资源主管部门要切实履行职责，对在临时用地上修建永久性建（构）筑物或其他造成无法恢复原种植条件的行为依法进行处理；市级自然资源主管部门负责临时用地使用情况的监督管理，通过日常检查、年度卫片执法检查等，及时发现并纠正临时用地中存在的问题。

（八）处理好涉及永久基本农田的矿业权设置。全国矿产资源规划确定的战略性矿产，区分油气和非油气矿产、探矿和采矿阶段、露天和井下开采等情况，在保护永久基本农田的同时，做好矿产资源勘查和开发利用。非战略性矿产，申请新设矿业权，应避让永久基本农田，其中地热、矿泉水勘查开采，不造成永久基本农田损毁、塌陷破坏的，可申请新设矿业权。

矿业权申请人依法申请战略性矿产探矿权，开展地质勘查需临时用地的，应依法办理临时用地审批手续。石油、天然气、页岩气、煤层气等油气战略性矿产的地质勘查，经批准可临时占用永久基本农田布设探井。在试采和取得采矿权后转为开采井的，可直接依法办理农用地转用和土地征收审批手续，按规定补划永久基本农田。

煤炭等非油气战略性矿产，矿业权人申请采矿权涉及永久基本农田的，根据露天、井下开采方式实行差别化管理。对于露天方式开采，开采项目应符合占用永久基本农田重大建设项目用地要求；对于井下方式开采，矿产资源开发利用与生态保护修复方案应落实保护性开发措施。井下开采方式所配套建设的地面工业广场等设施，要符合占用永久基本农田重大建设项目用地要求。

已设矿业权与永久基本农田空间重叠的，各级地方自然资源主管部门要加强永久基本农田保护、土地复垦等日常监管，允许在原矿业权范围内办理延续变更等登记手续。已取得探矿权申请划定矿区范围或探矿权转采矿权的按上述煤炭等非油气战略性矿产管理规定执行。矿业权人申请扩大勘查区块范围或扩大矿区范围、申请将勘查或开采矿种由战略性矿产变更为非战略性矿产，涉及与永久基本农田空间重叠的，按新设矿业权处理。矿业权人不依法履行土地复垦义务的，不得批准新设矿业权，不得批准新的建设用地。

四、统筹生态建设和永久基本农田保护

（九）协调安排生态建设项目。党中央、国务院确定建设的重大生态建设项目，确实难以避让永久基本农田的，按有关要求调整补划永久基本农田和修改相应的土地利用总体规划。省级人民政府为落实党中央、国务院决策部署，提出具有国家重大意义的生态建设项目，经国务院同意，确实难以避让永久基本农田的，按照有关要求调整补划。其他景观公园、湖泊湿地、植树造林、建设绿色通道和城市绿化隔离带等人造工程，严禁占用永久基本农田。

（十）妥善处理好生态退耕。对位于国家级自然保护地范围内禁止人为活动区域的永久

基本农田，经自然资源部和农业农村部论证确定后应逐步退出，原则上在所在县域范围内补划，确实无法补划的，在所在市域范围内补划；非禁止人为活动的保护区域，结合国土空间规划统筹调整生态保护红线和永久基本农田控制线。不得擅自将永久基本农田和已实施坡改梯耕地纳入退耕范围。对不能实现水土保持的25度以上的陡坡耕地、重要水源地15-25度的坡耕地、严重沙漠化和石漠化耕地、严重污染耕地、移民搬迁后确实无法耕种的耕地等，综合考虑粮食生产实际种植情况，经国务院同意，结合生态退耕有序退出永久基本农田。根据生态退耕检查验收和土地变更调查结果，以实际退耕面积核减有关省份的耕地保有量和永久基本农田保护面积，在国土空间规划编制时予以调整。

五、加强永久基本农田建设

（十一）开展永久基本农田质量建设。根据全国土地利用总体规划纲要、全国高标准农田建设规划和全国土地整治规划安排，优先在永久基本农田上开展高标准农田建设，提高永久基本农田质量。开展农村土地综合整治涉及永久基本农田调整的，在确保耕地数量有增加、质量有提升、生态有改善的前提下，制定所在项目区范围内永久基本农田调整方案，由省级自然资源主管部门会同农业农村主管部门负责审核，按法定程序修改相应的土地利用总体规划，"两部"负责事中事后监管。项目完成并通过验收后，更新完善永久基本农田数据库。

（十二）建立健全耕地质量调查监测与评价制度。定期对全国耕地和永久基本农田质量水平进行全面评价并发布评价结果。完善耕地和永久基本农田质量监测网络，开展耕地质量年度调查监测成果更新。加强耕地质量保护与提升，采取工程、化学、生物、农艺等措施，开展农田整治、土壤培肥改良、退化耕地综合治理、污染耕地阻控修复等，有效提高耕地特别是永久基本农田综合生产能力。

（十三）建立永久基本农田储备区。为提高重大建设项目用地审查报批效率，做到保质保量补划落地，在永久基本农田之外其他质量较好的耕地中，划定永久基本农田储备区。省级自然资源主管部门会同农业农村主管部门根据未来一定时期内重大建设项目占用、生态建设等补划永久基本农田需要，确定市县永久基本农田储备区划定目标任务，负责组织验收永久基本农田储备区划定方案和成果数据库（具体要求详见附件2）并汇交到"两部"。重大建设项目占用或整改补划永久基本农田的，直接在储备区中补划。储备区内耕地补划前按一般耕地管理和使用，并根据补划和土地综合整治、农田整治、高标准农田建设和土地复垦等新增加耕地情况，结合年度土地变更调查对永久基本农田储备区进行补充更新。

六、健全永久基本农田保护监管机制

（十四）构建动态监管体系。修订《基本农田划定技术规程》，统一永久基本农田划定、建设、补划、管理和数据库建设标准。完善动态监测监管系统，统一国土空间基础信息平台，建立数据库更新和共享机制。省级自然资源主管部门和农业农村主管部门分别负责组织将本地区永久基本农田保护和"两区"信息变化情况，通过监测监管系统汇交到自然资源部和农业农村部，实时更新和共享永久基本农田占用、补划信息及永久基本农田储备区信息。结合自然资源调查、年度变更调查、耕地质量调查监测与评价、自然资源督察等，对永久基本农田数量、质量变化情况进行全程跟踪，实现动态管理。

（十五）严格监督检查。县级以上自然资源主管部门要强化日常监管，及时发现、制止和严肃查处违法违规占用耕地特别是永久基本农田的行为。经查实属于主观故意、谋利为主、非程序性、非政策性等严重违法行为的，依照法律法规严肃查处并适时公开曝光。各派

驻地方的国家自然资源督察局要加强监督检查,对督察发现的违法侵占永久基本农田问题,及时向地方政府提出整改意见并督促整改,整改不力的,按规定移送有权机关追责问责。

(十六)强化考核机制。按照《省级政府耕地保护责任目标考核办法》要求,将永久基本农田保护情况列入省级政府耕地保护责任目标考核、粮食安全省长责任制考核、领导干部自然资源资产离任审计的重要内容,与安排年度土地利用计划、高标准农田建设资金和耕地质量提升资金等相挂钩。对检查考核中发现突出问题的省份,及时公开通报,限期进行整改。

(十七)完善激励补偿机制。省级自然资源主管部门和农业农村主管部门要会同相关部门,认真总结地方经验,按照"谁保护、谁受益"的原则,探索实行耕地保护激励性补偿和跨区域资源性补偿。鼓励有条件的地区建立耕地保护基金,与整合有关涉农补贴政策、完善粮食主产区利益补偿机制相衔接,与生态补偿机制相联动,依据永久基本农田保护任务和"两区"划定与建设任务落实情况、实际粮食生产情况,对农村集体经济组织和农户给予奖补。

七、保障措施

(十八)落实工作责任。各省(区、市)自然资源主管部门和农业农村主管部门要根据通知要求,结合地方实际情况,研究制定加强和改进永久基本农田保护的具体操作办法,明确措施、落实责任;以县级行政区划为单元,组织开展好已划定成果核实整改、严格规范永久基本农田上农业生产活动和建立永久基本农田储备区等各项工作。

县级自然资源主管部门会同农业农村主管部门负责根据永久基本农田现状核实情况,按照问题清单,提出分类处置建议,编制整改补划方案和永久基本农田储备区划定方案,并同步开展永久基本农田数据库更新完善和土地利用总体规划修改报批工作;市级自然资源主管部门会同农业农村主管部门负责对县级提交的工作成果进行论证审核,省级自然资源主管部门会同农业农村主管部门负责验收,并以县级行政区划为单元汇交"两部"。2019年12月31日前,与第三次全国国土调查工作同步完成全国永久基本农田储备区建设和核实整改工作。

(十九)严肃工作纪律。各级地方自然资源主管部门和农业农村主管部门要站在讲政治、顾大局的高度,履职尽责、求真务实、敢于碰硬,已经划定的永久基本农田不得随意调整,确保永久基本农田成果的稳定性与信息的真实性。各派驻地方的国家自然资源督察局对加强和改进永久基本农田保护工作跟踪监督,对督察发现的主观故意或明知问题不报告、不查处的,对不按政策要求核实整改补划的,对弄虚作假、敷衍了事的,要督促有关地方人民政府全面整改、严肃问责。自然资源部会同农业农村部将按一定比例以随机抽查方式进行实地核查,发现问题的,督促地方举一反三落实整改。

(二十)营造良好氛围。各地要结合整改补划工作,补充更新永久基本农田保护标志牌和界桩、保护档案等,规范标识内容,保障群众知情权,接受社会监督;要充分依靠中央和地方主流媒体,用好部门媒体,通过多种形式及时做好永久基本农田划定和特殊保护政策解读与宣传工作;要及时回应社会关切,凝聚起全社会保护耕地共识,营造良好的舆论氛围。

本通知自印发之日起施行,有效期5年。原国土资源部印发的《关于全面实行永久基本农田特殊保护的通知》中有关开展永久基本农田整备区建设、临时用地占用永久基本农田等政策按本通知要求执行。

自然资源部
农业农村部
2019年1月3日

附件 1

永久基本农田整改补划方案编制要点

一、永久基本农田划定有关情况

详细说明县级永久基本农田划定总体情况，包括城市周边永久基本农田划定情况、各地类情况、坡度情况、质量情况等，并填写《永久基本农田划定有关情况表》（详见附表1）。

二、永久基本农田核实整改情况

〔永久基本农田核实整改总体情况〕详细说明核实工作总体情况，采取整改补划的工作措施、技术方法和技术手段等情况。

〔永久基本农田核实整改分类情况〕按照分类处置的要求，对涉及永久基本农田的主要类型、具体位置、质量等基本情况进行详细说明，并按填表说明逐图斑填写对应附表。涉及城市周边永久基本农田的，详细说明城市周边具体规模、图斑数量、平均质量等情况，并附需整改永久基本农田分布示意图（包含城市周边范围线）。填写《永久基本农田核实整改情况汇总表》（详见附表2）。

1. 永久基本农田划定过程中，将不符合《基本农田划定技术规程》要求的建设用地、林地、草地、园地、湿地、水域及水利设施用地等划入永久基本农田的；河道两岸堤防之间范围内不适宜稳定利用的耕地；受自然灾害严重损毁且无法复垦的耕地；因采矿造成耕作层损毁、地面塌陷无法耕种且无法复垦的耕地；依据《土壤污染防治法》列入严格管控类且无法恢复治理的耕地；公路铁路沿线、主干渠道、城市规划区周围建设绿色通道或绿化隔离的林带和公园绿化占用永久基本农田的用地；永久基本农田划定前已批准建设项目占用的土地或已办理设施农用地备案手续的土地；法律法规确定的其他禁止或不适宜划入永久基本农田保护的土地。填写《永久基本农田各类划定不实情况表》（详见附表3）。

2. 永久基本农田划定后，各类未经批准或不符合规定要求的建设项目、临时用地、农村基础设施、设施农用地，以及人工湿地、景观绿化工程等占用永久基本农田，填写《违法违规建设占用永久基本农田情况表》（详见附表4）。违法违规占用永久基本农田建窑、建房、建坟、挖沙、采石、采矿、取土、堆放固体废弃物或者从事其他活动破坏永久基本农田的，毁坏种植条件的，填写《违法违规占用破坏永久基本农田情况表》（详见附表5）。

3. 永久基本农田上种植杨树、桉树、构树等林木，种植草坪、草皮等用于绿化装饰的植物或种植其他破坏耕作层的植物确实不能恢复粮食作物生产的，填写《种植植物影响永久基本农田情况表》（详见附表6）。

三、拟整改补划永久基本农田原因分析

按照上述类别，详细说明拟整改补划永久基本农田的整改原因、整改依据，在相应表格中填写原因代码，并提供证明材料。违法违规占用确实无法恢复原状的，提供县级自然资源主管部门会同农业农村主管部门出具的核实意见。

四、违法违规占用永久基本农田查处情况

〔违法违规建设占用永久基本农田〕按照未经批准或不符合规定要求的建设项目、临时

用地、农村基础设施、设施农用地、人工湿地、景观绿化工程等类别详细说明对违法违规占用永久基本农田的查处情况和整改恢复情况。其中，查处情况包括各类情况涉及的项目数、查处的案件数、罚没款金额、拆除或没收违法建筑面积、追责问责情况等，填写《违法违规建设占用永久基本农田情况表》（详见附表4）。

〔违法违规占用破坏永久基本农田〕详细说明对违法违规占用破坏永久基本农田的处罚情况和限期整改恢复情况。其中，查处情况包括各类情况涉及查处的案件数、罚没款金额、拆除或没收违法建筑面积、追责问责情况等，填写《违法违规占用破坏永久基本农田情况表》（详见附表5）。

五、永久基本农田补划情况

按照永久基本农田划定要求，上述两种类别情况，每种情况为一个单元，详细说明补划永久基本农田规模（含水田面积）、平均质量、空间位置等情况。补划城市周边永久基本农田的，详细说明城市周边补划永久基本农田规模（含水田面积）、平均质量、空间位置等情况，填写《永久基本农田补划情况表》（详见附表7），并附补划永久基本农田分布示意图（包含城市周边范围线），同时提交补划永久基本农田拐点坐标表（电子版本）。

六、其他需要说明的情况

说明补划永久基本农田后是否影响县级行政区划永久基本农田保护任务完成等情况。

附表：
1. 永久基本农田划定有关情况表
2. 永久基本农田核实整改情况汇总表
3. 永久基本农田各类划定不实情况表
4. 违法违规建设占用永久基本农田情况表
5. 违法违规占用破坏永久基本农田情况表
6. 种植植物影响永久基本农田情况表
7. 永久基本农田补划情况表

附表 1

永久基本农田划定有关情况表

填表单位：　　　　　　　　　　　　　　　　　　　　　　　　　　　　面积单位：公顷（0.0000）

县(市、区、旗)名称	永久基本农田划定面积	城市周边永久基本农田面积	永久基本农田中耕地情况														其中其他地类		
			地类情况			坡度情况			耕地质量等别情况				耕地质量等级情况				可调整地类	名优特新农产品生产基地	非可调整非名优特新生产基地
			水田	水浇地	旱地	小于15度	15~25度	25度以上	1~4等	5~8等	9~12等	13~15等	一至三等	四至六等	七至十等				
栏1	栏2	栏3	栏4	栏5	栏6	栏7	栏8	栏9	栏10	栏11	栏12	栏13	栏14	栏15	栏16	栏17	栏18	栏19	栏20	栏21

注：1. 本表以Excel电子表格方式填写。
　　2. 栏4填写永久基本农田中耕地面积；栏18=栏19+栏20+栏21。

审核人：　　　　　　　　审核日期：　　年　月　日　　　　填表人：　　　　　　　　填表日期：　　年　月　日

附表 2

永久基本农田核实整改情况汇总表

填表单位：　　　　　　　　　　　　　　　　　　　　　　　　　　　　　　　　　面积单位：公顷（0.0000）

县(市、区、旗)名称	城市周边										城市周边以外区域									
	各类划定不实		违法违规建设占用		违法违规占用破坏		种植植物影响		质量等级（别）		各类划定不实		违法违规建设占用		违法违规占用破坏		种植植物影响		质量等级（别）	质量等级（别）
	图斑个数	图斑面积	图斑个数	图斑面积	图斑个数	图斑面积	图斑个数	图斑面积			图斑个数	图斑面积	图斑个数	图斑面积	图斑个数	图斑面积	图斑个数	图斑面积		
栏 1	栏 2	栏 3	栏 4	栏 5	栏 6	栏 7	栏 8	栏 9	栏 10		栏 11	栏 12	栏 13	栏 14	栏 15	栏 16	栏 17	栏 18	栏 19	栏 20
合计																				

注：1. 本表以 Excel 电子表格方式填写。
　　2. "城市周边"指涉及的永久基本农田图斑为城市周边永久基本农田。
　　3. 栏 10、栏 19 和栏 20 "质量等级（别）"为最新年度耕地质量等级（别）数据，非耕地的不填写质量等级（别）；其中，合计（平均质量等级、等别）为质量等级（别）加权平均数，保留两位小数。

审核人：　　　　　　　　　　审核日期：　年　月　日　　　　填表人：　　　　　　　　填表日期：　年　月　日

附表 3

永久基本农用各类划定不实情况表

填表单位：
面积单位：公顷（0.0000）

序号	图斑编号	标识码	具体原因	整改依据	涉及永久基本农田						质量等级（别）	备注
					共计	城市周边		城市周边以外区域				
						面积	质量等级（别）	面积	质量等级（别）			
栏 1	栏 2	栏 3	栏 4	栏 5	栏 6	栏 7	栏 8	栏 9	栏 10		栏 11	栏 12
1												
2												
…												
合计（平均质量）	—	—	—	—								

注：
1. 本表以 Excel 电子表格方式填写，按涉及图斑，具体原因逐项填写。
2. 栏 2 "图斑编号"、栏 3 "标识码" 为县级永久基本农田划定数据库中基本农田划定图斑图层属性结构字段数值，不另行编号。
3. 栏 4 根据划定不实的具体原因填写对应字母：A "将不符合《基本农田划定技术规程》要求的建设用地、林地、草地、园地、湿地、水域及水利设施用地等划入永久基本农田的" B "河道两岸堤防之间范围内不适宜稳定利用的耕地" C "受自然灾害严重损毁且无法复垦复耕的耕地" D "因采矿造成耕作层损毁、地面塌陷无法耕种且无法复垦的耕地" E "依据《土壤污染防治法》列入严格管控类且无法恢复治理的耕地" F "公路铁路沿线、主干渠道、城市规划区周围建设绿色通道或绿化隔离带和公园绿化占用永久基本农田的用地" G "永久基本农田划定前已批准建设项目占用的土地或已办理设施农用地备案手续的土地" H "法律法规明确规定的其他禁止或不适宜划入永久基本农田保护的土地"，其中，H 类应在备注中注明实际情况。
4. "城市周边" 指涉及永久基本农田图斑为城市周边的。
5. 栏 8、栏 10 和栏 11 "质量等级（别）" 为最新年度耕地质量等级（别）数据，非耕地的不填写质量等级（别）；其中，合计（平均质量等级、等别）为质量等级（别）加权平均数，保留两位小数。

填表人：　　　　　审核人：　　　　　填表日期：　年　月　日　　　审核日期：　年　月　日

附表4

违法违规建设占用永久基本农田情况表

填表单位：　　　　　　　　　　　　　　　　　　　　　　　　　　　　　　　　　　面积单位：公顷（0.0000）

序号	图斑编号	标识码	共计	占用永久基本农田						城市周边以外区域				质量等级（别）	占用原因	是否处理到位	是否恢复原状	是否整改补划	备注
				城市周边															
				小计	耕地面积		其他	质量等级（别）	小计	耕地面积		其他	质量等级（别）						
					水田					水田									
栏1	栏2	栏3	栏4	栏5	栏6	栏7	栏8	栏9	栏10	栏11	栏12	栏13	栏14	栏15	栏16	栏17	栏18	栏19	栏20
1																			
2																			
…																			
合计（平均质量）	—	—													—	—	—	—	

注：1. 本表以Excel电子表格方式填写，按涉及图斑、占用原因逐项填写。
2. 栏4＝栏5+栏10；栏5＝栏6+栏8；栏6≥栏7；栏10＝栏11+栏13；栏11≥栏12。
3. 栏2"图斑编号"，栏3"标识码"为县级永久基本农田划定数据库中基本农田图斑图层属性结构字段数值，不另行编号。
4. 栏9、栏14和栏15"质量等级（别）"为最新年度耕地质量等级（别）数据，非耕地的不填写质量等级（别）；其中，合计（平均质量等级、等别）为质量等级（别）加权平均数，保留两位小数。
5. "城市周边"指涉及图斑为城市周边永久基本农田。
6. "其他"为继续保留原有基本农田的可调整地类。
7. 栏16根据项目占用原因填写对应字母：A"各类未经批准或不符合规定要求的建设项目" B"临时用地" C"农村基础设施" D"设施农用地" E"人工湿地" F"景观绿化工程" G"其他"，其中，G类应在备注中注明实际情况。
8. 栏17根据查处处理到位情况填写"是"或"否"。栏18根据恢复原状情况填写"是"或"否"，经核实确实无法恢复原状的，填写栏19。

审核人：　　　　　　　　审核日期：　　年　月　日　　　　填表人：　　　　　　　　填表日期：　　年　月　日

附表 5

违法违规占用破坏永久基本农田情况表

填表单位：　　　　　　　　　　　　　　　　　　　　　　　　　　　面积单位：公顷（0.0000）

序号	图斑编号	标识码	共计	占用永久基本农田							城市周边以外区域					占用原因	是否处理到位	是否恢复原状	是否整改补划	备注
				城市周边							耕地面积			质量等级（别）					
				小计	耕地面积			质量等级（别）	小计		水田	其他						
					水田	其他													
栏1	栏2	栏3	栏4	栏5	栏6	栏7	栏8	栏9	栏10		栏11	栏12	栏13	栏14	栏15	栏16	栏17	栏18	栏19	栏20
1																				
2																				
…																				
合计（平均质量）	—	—														—	—	—	—	

注：1. 本表以 Excel 电子表格方式填写，按涉及图斑、占用原因逐项填写。
2. 栏 4＝栏 5＋栏 10；栏 5＝栏 6＋栏 8；栏 6≥栏 7；栏 10＝栏 11＋栏 13；栏 11≥栏 12。
3. 栏 2 "图斑编号"、栏 3 "标识码" 为县级永久基本农田划定数据库中基本农田图斑图层属性结构字段数值，不另行编号。
4. 栏 9、栏 14 和栏 15 "质量等别（级）" 为最新年度耕地质量等级（别）数据，非耕地的不填写质量等级（别）；其中，合计（平均质量等级、等别）为质量等级（别）加权平均数，保留两位小数。
5. "城市周边" 指涉及永久基本农田图斑属于城市周边的可调整地类。
6. "其他" 为继续保留的原有基本农田原貌的其他农用地等。
7. 栏 16 根据项目占用原因填写对应字母：A "建设" B "建房" C "建设" D "挖沙" E "采矿" F "采石" G "取土" H "堆放固体废弃物" I "其他原因"，其中，I 类应在备注中注明实际情况。
8. 栏 17 根据查处到位情况填写 "是" 或 "否"。栏 18 根据恢复原状情况填写 "是" 或 "否"，经核实确实无法恢复原状的，填写栏 19。

审核人：　　　　　　　　　审核日期：　　年　　月　　日　　填表人：　　　　　　　填表日期：　　年　　月　　日

附表6

种植植物影响永久基本农田情况表

填表单位：　　　　　　　　　　　　　　　　　　　　　　　　　　　　　　　　　面积单位：公顷（0.0000）

序号	图斑编号	标识码	占用永久基本农田							城市周边以外区域					占用原因	能否恢复	是否整改补划	恢复时间	备注
			共计	城市周边				质量等级（别）		耕地面积			其他	质量等级（别）					
				小计	耕地面积			其他			小计	水田							
					小计	水田	其他												
栏1	栏2	栏3	栏4	栏5	栏6	栏7	栏8	栏9	栏10	栏11	栏12	栏13	栏14	栏15	栏16	栏17	栏18	栏19	栏20
1																			
2																			
…																			
合计（平均质量）		—													—	—	—	—	

注：1. 本表以Excel电子表格方式填写，按涉及图斑、占用原因逐项填写。
2. 栏4＝栏5＋栏10；栏5＝栏6+栏8；栏6≥栏7；栏10＝栏11＋栏13；栏11≥栏12。
3. 栏2 "图斑编号"，栏3 "标识码"为县级永久基本农田图斑划定数据库中基本农田图层图斑图层属性结构字段数值，不另行编号。
4. 栏14和栏15 "质量等级（级）"为最新年度耕地质量等级（别）数据，非耕地的不填写质量等级（别）；其中，合计（平均质量等级、等别）为质量等级（别）加权平均数，保留两位小数。
5. "城市周边"指涉及保留的原有基本农田图斑为城市周边永久基本农田。
6. "其他"为继续保留的原有基本农田的可调整地类。
7. 栏16根据项目占用原因填写对应字母：A "种植杨树、桉树、构树等林木" B "种植草坪、草皮等用于绿化装饰的植物" C "种植其他破坏耕作层的植物"，其中，C类应在备注中注明实际种植的情况。
8. 栏17根据实际位情况填写"是"或"否"。栏18根据恢复原状情况填写"是"或"否"，经核实确实无法恢复原状的，填写栏19。

审核人：　　　　　　　填表人：

审核日期：　　年　月　日　　　　填表日期：　　年　月　日

附表 7

永久基本农田补划情况表

填表单位：　　　　　　　　　　　　　　　　　　　　　　　　　　　　　　　　面积单位：公顷（0.0000）

所在县（市、区、旗）名称	图斑编号	标识码	补划永久基本农田							
			共计	城市周边			城市周边以外区域			
				耕地面积		质量等级（别）	耕地面积		质量等级（别）	质量等级（别）
					水田			水田		
			栏 4	栏 5	栏 6	栏 7	栏 8	栏 9	栏 10	栏 11
	栏 2	栏 3								
1										
2										
…										
合计（平均质量等别）	—	—								

注：
1. 本表以 Excel 电子表格方式填写。
2. 栏 4 = 栏 5 + 栏 8；栏 5 ≥ 栏 6；栏 8 ≥ 栏 9。
3. 栏 2 "图斑编号"、栏 3 "标识码" 为土地利用数据库地类图斑图层中属性结构字段数值，不另行编号。
4. 栏 7、栏 10 和栏 11 "质量等级（别）" 为最新年度耕地质量等级（别）数据，非耕地的不填写质量等级（别）；其中，合计（平均质量等级、等别）为质量等级（别）加权平均数，保留两位小数。
5. 栏 5 "城市周边" 为城市周边范围线内补充为永久基本农田的耕地图斑情况。

审核人：　　　　　　　　　审核日期：　　年　月　日　　　　填表人：　　　　　　　　　填表日期：　　年　月　日

附件2

永久基本农田储备区划定工作要求

为提高重大建设项目用地审查报批效率,做到快速保质保量补划落地,在永久基本农田之外其他质量较好的耕地中,划定永久基本农田储备区。

一、划定依据与工作基础

永久基本农田储备区划定工作应在已划定永久基本农田控制线的基础上,根据《土地管理法》《农业法》《基本农田保护条例》等法律法规,依据2017年度土地变更调查、第三次全国国土调查、地理国情监测、土地利用总体规划和土地整治规划、全国耕地质量调查监测与评价、土地综合整治、高标准农田建设、建设项目用地审批和矿业权审批登记等成果,结合当地实际,按照永久基本农田划定、质量调查监测与评价、保护与监管、数据库建设等工作要求和技术标准,依法依规有序开展。

二、划定要求

(一)合理确定划定规模。各省(区、市)自然资源主管部门会同农业农村主管部门根据划定工作要求,结合重大建设项目、生态建设、灾毁等占用需求或减少永久基本农田情况,合理确定各市、县储备区划定目标任务。

(二)严格确定划定标准。在已划定永久基本农田以外的耕地上,按照"质量不降、布局稳定"的要求,严格确定永久基本农田储备区划定标准。

1. 优先划为永久基本农田储备区的耕地。已建成的高标准农田,经土地综合整治新增加的耕地,正在实施整治的中低产田;与已划定的永久基本农田集中连片,质量高于本地区平均水平且坡度小于15度的耕地;城镇周边和交通沿线,依据《土壤污染防治法》列入优先保护类、安全利用类的耕地;已经划入"两区"的优质耕地;集中连片、规模较大,有良好的水利与水土保持设施的耕地等。

2. 严禁划为永久基本农田储备区的耕地。位于生态保护红线范围内的耕地;依据《土壤污染防治法》列入严格管控类耕地;因自然灾害和生产建设活动严重损毁且无法复垦的耕地;纳入生态退耕还林还草范围的耕地;25度以上的坡耕地;可调整地类等。

三、工作方法与程序

各省(区、市)应按照划定要求,制定具体工作方案,明确目标任务、工作步骤、时间安排和保障措施等,规范有序开展划定工作,确保完成永久基本农田储备区划定任务。

(一)调查摸底。各省(区、市)自然资源主管部门会同农业农村主管部门以2017年度土地变更调查数据为底图,套合叠加永久基本农田划定、已建成高标准农田、全国耕地质量评价、建设项目用地审批等成果数据,分析整合形成永久基本农田储备区后备资源潜力成果,结合实际情况,明确各市、县永久基本农田储备区划定目标,并逐级将目标分解落实到县(市、区、旗)。

(二)实地核实。各级自然资源主管部门和农业农村主管部门要密切配合,充分运用最新的卫星遥感影像图、年度土地变更调查、地理国情监测、耕地质量调查监测与评价等成果,结合高标准农田建设、自然保护区设立等成果,组织开展实地核实,形成与实地相符的永久基本农田储备区。

（三）编制方案。根据上级下达的划定任务，县级自然资源主管部门会同农业农村主管部门编制本级永久基本农田储备区划定方案，划定方案应包括以下主要内容：永久基本农田储备区划定潜力图斑及核实情况、划定依据、全域永久基本农田储备区划定情况、城市周边范围内永久基本农田储备区划定情况（应包括数量、质量、坡度、布局、地类、落实到图斑等）、分布图（包含城市周边范围线）等。

（四）建立数据库。根据储备区划定情况，按照永久基本农田储备区数据库数据结构（详见附表1），完善相关数据信息，以县级行政区划为单元，建立永久基本农田储备区数据库。依据永久基本农田数据库质检标准和程序，逐级对数据库进行质检。

1. 空间定位基础。平面坐标系采用"2000国家大地坐标系"，高程基准采用"1985国家高程基准"，地图投影采用"高斯—克吕格投影"（1∶1万比例尺图采用标准3度分带，1∶5万以小比例尺图采用标准6度分带）。

2. 数据库格式：Personal Geodatabase（.MDB）格式，命名为（县级行政区划代码6位）××省××市××县永久基本农田储备区划定成果数据库.MDB。

（五）论证审核。县级自然资源主管部门会同农业农村主管部门按照划定工作要求组织开展储备区划定工作，并按照县级自验、市级论证、省级验收自下而上的程序，逐级对储备区划定情况进行审核。

（六）成果汇交。永久基本农田储备区划定成果以县级行政区划为单元，于2019年12月31日前及时汇交"两部"。汇交成果包括：划定方案、划定成果数据库、划定情况表（详见附表2）、划定成果图件。

附表：
1. 永久基本农田储备区图斑属性数据表
2. ××省（区、市）××市××县（市、区、旗）永久基本农田储备区划定情况表

附表1

永久基本农田储备区图斑属性数据表
（属性表名：**YJJBNTCBQTB**）

序号	字段名称	字段代码	字段类型	字段长度	小数位数	值域	约束条件	备注
1	标识码	BSM	Int	10		>0		
2	永久基本农田储备区图斑编号	YJJBNTCBQTBBH	Char	20			非空	见表注2
3	图斑编号	TBBH	Char	8			非空	见表注3
4	地类编码	DLBM	Char	4			非空	
5	地类名称	DLMC	Char	60			非空	
6	权属性质	QSXZ	Char	2				见表注4

续表

序号	字段名称	字段代码	字段类型	字段长度	小数位数	值域	约束条件	备注
7	权属单位代码	QSDWDM	Char	19			非空	
8	权属单位名称	QSDWMC	Char	60			非空	
9	座落单位代码	ZLDWDM	Char	19				见表注5
10	座落单位名称	ZLDWMC	Char	60			非空	
11	耕地类型	GDLX	Char	4				见表注6
12	是否为高标准农田	GBZNT	Char	1				见表注7
13	储备区分布	CBQFB	Char	1				见表注8
14	质量等级（别）代码	ZLDJDM	Char	8				见表注9
15	坡度级别	PDJB	Char	2				见表注10
16	扣除类型	KCLX	Char	2				见表注11
17	扣除地类编码	KCDLBM	Char	4			非空	
18	扣除地类系数	KCDLXS	Float	5	2	>0		
19	线状地物面积	XZDWMJ	Float	15	2	≥0		见表注12
20	零星地物面积	LXDWMJ	Float	15	2	≥0		
21	扣除地类面积	KCDLMJ	Float	15	2	≥0		见表注3
22	储备区图斑面积	CBQTBMJ	Float	15	2	>0		见表注14
23	储备区地类面积	CBQDLMJ	Float	15	2	≥0		见表注15
24	地类备注	DLBZ	Char	2			非空	见表注16

注：1. 序号4-11字段属性值从土地利用数据库中地类图斑层提取；若地类图斑线与永久基本农田储备区界线重合，序号14-21字段属性由计算机根据空间位置关系从土地利用数据库中地类图斑层直接提取；若永久基本农田储备区界线分割地类图斑，被分割的图斑序号14-21字段属性值通过分割处理，按照《土地调查数据库更新技术规范》规定的方法重新计算后生成。

2. "永久基本农田储备区图斑编号"由"C+行政区代码（县级）+永久基本农田储备区图斑（4位数字顺序码）"组成，以永久基本农田储备区为单位，按从上到下，从左到右顺序编号，下同。

3. "图斑编号"为土地利用数据库中地类图斑层中的图斑编号，不另行编号。

4. 当权属性质为国有土地所有权时，权属性质填写"10"；为国有土地使用权时，填写"20"；为集体土地所有权时，填写"30"；为村民小组时，填写"31"；为村集体经济组织时，填写"32"；为乡集体经济组织时，填写"33"；为其他农民集体经济组织时，填写"34"；为集体土地使用权时，填写"40"。

5. "座落单位代码"是指该永久基本农田储备区图斑实际座落单位的代码，当该永久基本农田储备区图斑为飞入地时，实际座落单位的代码不同于权属单位的代码。

6. 当地类为梯田耕地时，耕地类型填写"TT"，为坡地时，填写"PD"。

7. 当耕地范围内开展过高标准农田建设时，填写"1"；没有开展过则填写"0"。

8. 当永久基本农田储备区位于城市周边范围内时，填写"1"；为城市周边范围外时，填写"0"。

9. 当质量等级（等别）为一等时，质量等级（等别）代码填写"01"；为二等时，填写"02"；为三等时，填写"03"；为四等时，填写"04"；为五等时，填写"05"；为六等时，填写

"06"；为七等时，填写"07"；为八等时，填写"08"；为九等时，填写"09"；为十等时，填写"10"；为十一等时，填写"11"；为十二等时，填写"12"；为十三等时，填写"13"；为十四等时，填写"14"。

10. 当坡度级别为≤2°时，坡度级别填写"1"；为（2°～6°）时，填写"2"；为（6°～15°）时，填写"3"；（15°～25°）时，填写"4"；为≥25°时，填写"5"。
11. "扣除类型"指按田坎系数（TK）、按比例扣除的散列式其他非耕地系数（FG）或耕地系数（GD）。
12. "线状地物面积"指该永久基本农田储备区图斑内所有线状地物的面积总和。
13. "扣除地类面积"：当扣除类型为"TK"时，扣除地类面积表示扣除的田坎面积；当扣除类型不为"TK"时，扣除地类面积表示按比例扣除的散列式其他地类面积。扣除地类面积=（永久基本农田储备区图斑面积-线状地物面积-零地物面积）*扣除系数。
14. "储备区图斑面积"指用经过核定的储备区图斑多边形边界内部所有地类的面积（如永久基本农田储备区图斑含岛、孔，则扣除岛、孔的面积）。
15. 储备区地类面积=储备区图斑面积-扣除地类面积-线状地物面积-零星地物面积。
16. 从土地利用数据库中地类图斑层"地类备注"字段提取属性值。

附表2

××省（区、市）××市××县（市、区、旗）永久基本农田储备区划定情况表

填表单位：　　　　　　　　　　　　　　　　　　　　　　　　　　　　　　　　　　　　　面积单位：公顷（0.0000）

序号	行政区	行政区代码	合计	其中：高于本地区平均质量面积	其中：高标准农田面积	地类情况				坡度情况					基中城市周边范围内												备注
															合计	其中：高于本地区平均质量面积	其中：高标准农田面积	地类情况				坡度情况					
						小计	水田	水浇地	旱地	小计	≤2度	2度~6度	6度~15度	15度~25度				小计	水田	水浇地	旱地	小计	≤2度	2度~6度	6度~15度	15度~25度	
栏1	栏2	栏3	栏4	栏5	栏6	栏7	栏8	栏9	栏10	栏11	栏12	栏13	栏14	栏15	栏16	栏17	栏18	栏19	栏20	栏21	栏22	栏23	栏24	栏25	栏26	栏27	栏28
...																											
县级行政区合计																											

注：1. 本表以Excel电子表格方式填写。
2. 栏4≥栏5，栏4≥栏6，栏4=栏7=栏11=栏8+栏9+栏10=栏12+栏13+栏14+栏15，栏16≥栏17，栏16≥栏18，栏16=栏19=栏23=栏20+栏21+栏22=栏24+栏25+栏26+栏27。

审核人：　　　　　　　　审核日期：　　年　月　日　　　　填表人：　　　　　　　　填表日期：　　年　月　日

2. 自然资源部关于做好占用永久基本农田重大建设项目用地预审的通知

自然资规〔2018〕3号

各省、自治区、直辖市自然资源主管部门，新疆生产建设兵团自然资源主管部门，中央军委后勤保障部军事设施建设局，各派驻地方的国家土地督察局：

为了贯彻落实《中共中央 国务院关于加强耕地保护和改进占补平衡的意见》，在建设项目用地预审中将永久基本农田保护措施落到实处，现就有关事项通知如下：

一、严格限定重大建设项目范围

现阶段允许将以下占用永久基本农田的重大建设项目纳入用地预审受理范围。

（一）党中央、国务院明确支持的重大建设项目（包括党中央、国务院发布文件或批准规划中明确具体名称的项目和国务院批准的项目）。

（二）军事国防类。中央军委及其有关部门批准的军事国防项目。

（三）交通类。

1. 机场项目。国家级规划（指国务院及其有关部门颁布，下同）明确的民用运输机场项目。

2. 铁路项目。国家级规划明确的铁路项目，《推进运输结构调整行动计划（2018—2020年）》明确的铁路专用线项目，国务院投资主管部门批准的城际铁路建设规划明确的城际铁路项目，国务院投资主管部门批准的城市轨道交通建设规划明确的城市轨道交通项目。

3. 公路项目。国家级规划明确的公路项目，包括《国家公路网规划（2013—2030年）》明确的国家高速公路和国道项目，国家级规划明确的国防公路项目。

此外，为解决当前地方存在的突出问题，将省级公路网规划的部分公路项目纳入受理范围：

（1）省级高速公路。

（2）连接深度贫困地区直接为该地区服务的省级公路。

（四）能源类。国家级规划明确的能源项目。电网项目，包括500千伏及以上直流电网项目和500千伏、750千伏、1000千伏交流电网项目，以及国家级规划明确的其他电网项目。其他能源项目，包括国家级规划明确的且符合国家产业政策的能源开采、油气管线、水电、核电项目。

（五）水利类。国家级规划明确的水利项目。

（六）为贯彻落实党中央、国务院重大决策部署，国务院投资主管部门或国务院投资主管部门会同有关部门支持和认可的交通、能源、水利基础设施项目。

二、严格占用和补划永久基本农田论证

充分发挥用地预审源头把关作用，全面落实永久基本农田特殊保护的要求。重大建设项目必须首先依据规划优化选址，避让永久基本农田；确实难以避让的，建设单位在可行性研究阶段，必须对占用永久基本农田的必要性和占用规模的合理性进行充分论证。市县级自然

资源主管部门要按照法定程序，依据规划修改和永久基本农田补划的要求，认真组织编制规划修改方案暨永久基本农田补划方案，确保永久基本农田补足补优；省级自然资源主管部门负责组织对占用永久基本农田的必要性、合理性和补划方案的可行性进行踏勘论证，并在用地预审初审中进行实质性审查，对占用和补划永久基本农田的真实性、准确性和合理性负责。

对省级高速公路、连接深度贫困地区直接为该地区服务的省级公路，必须先行落实永久基本农田补划入库要求，方可受理其用地预审。

三、严格用地预审事后监管

重大建设项目用地批准后，市县级自然资源主管部门要按照规划管理和补划方案的要求，量质并重做好永久基本农田补划、上图入库工作，并纳入国土空间规划监管平台进行严格监管；省级自然资源主管部门要依据规划对补划永久基本农田的数量、质量进行动态监管。对占用永久基本农田的重大建设项目实行清单式管理，列为监管的重点内容，通过实地核查、遥感监测、卫片执法检查等方式，对永久基本农田占用、补划实行全链条管理，对永久基本农田数量和质量变化情况进行全程跟踪，发现问题依法依规严肃处理。

本文件自下发之日起执行，有效期5年。

附件：
1. 涉及占用永久基本农田的重大建设项目用地预审材料目录
2. 涉及占用永久基本农田的重大建设项目省级自然资源主管部门用地预审初审报告格式
3. 涉及占用永久基本农田的重大项目土地利用总体规划修改方案暨永久基本农田补划方案格式

自然资源部
2018 年 7 月 30 日

附件1

涉及占用永久基本农田的重大建设项目用地预审材料目录

序号	材料名称	电子化格式	需纸质材料
1	建设项目用地预审申请表	数据库表；PDF 文档	是
2	建设项目用地预审申请报告	PDF 文档	是
3	省级自然资源主管部门初审意见	PDF 文档	是
4	项目建设依据（项目列入相关规划文件、项目建议书批复文件等）	PDF 文档	是

续表

序号	材料名称	电子化格式	需纸质材料
5	标注项目用地范围的土地利用总体规划图、土地利用现状图、占用永久基本农田示意图（包含城市周边范围线）及其他相关图件	—	是
6	土地利用总体规划修改方案暨永久基本农田补划方案	PDF 文档	是
7	项目用地边界拐点坐标表、占用永久基本农田拐点坐标表、补划永久基本农田拐点坐标表（2000 国家大地坐标系）	数据库表	否

附件 2

涉及占用永久基本农田的重大建设项目省级自然资源主管部门用地预审初审报告格式

关于＊＊项目建设用地预审初审意见的报告

自然资源部：

根据《建设项目用地预审管理办法》（国土资源部令第 68 号）和《自然资源部关于做好占用永久基本农田重大建设项目用地预审的通知》（自然资规〔2018〕3 号）的规定，我厅（局、委）受理了＊＊项目的建设用地预审申请，并对该项目用地进行了初审审查，现将初步审查意见报告如下：

一、项目基本情况

〔项目建设依据〕该项目已列入＊＊规划（文号）（如《国家公路网规划（2013 年—2030 年）》、《中长期铁路网规划》等）/……，项目应由＊＊部门审批（核准），符合受理占用永久基本农田的重大建设项目用地预审范围。〔项目建设意义〕项目建设对＊＊具有重要意义。项目建设符合国家产业政策和国家土地供应政策。〔项目建设地点〕项目用地涉及＊＊省（区、市）＊＊市（盟）＊＊县（市、区、旗）和＊＊市（盟）＊＊县（市、区、旗）。（跨省项目，增加表述：该项目为跨省项目，涉及＊＊、＊＊、＊＊共＊＊个省份。）

二、项目符合规划情况

〔项目用地现状分类〕该项目用地总面积＊＊公顷，土地利用现状情况为农用地＊＊公顷（耕地＊＊公顷，含永久基本农田＊＊公顷），建设用地＊＊公顷，未利用地＊＊公顷，围填海＊＊公顷（或项目不涉及围填海）。跨省项目需再按省分别表述用地现状。改扩建项目表述为：该项目申请用地总面积＊＊公顷，项目原有建设用地总面积＊＊公顷，改扩建后新增用地面积＊＊公顷，农用地＊＊公顷（耕地＊＊公顷，含永久基本农田＊＊公顷），建设用地＊＊公顷，未利用地＊＊公顷，围填海＊＊公顷（或项目不涉及围填海）。

〔符合规划的部分用地情况〕该项目在＊＊省（区、市）＊＊市（盟）＊＊县（市、区、旗）用地符合当地土地利用总体规划/已列入当地土地利用总体规划重点建设项目清单,不占用永久基本农田。

〔不符合规划的部分用地情况〕该项目在＊＊省(区、市)＊＊市(盟)＊＊县(市、区、旗)用地不符合土地利用总体规划/已列入＊＊省(区、市)＊＊市(盟)＊＊县(市、区、旗)土地利用总体规划,但涉及占用＊＊市(盟)＊＊县(市、区、旗)境内永久基本农田＊＊公顷,相关县(市、区、旗)已按规定编制土地利用总体规划修改方案暨永久基本农田补划方案,材料齐备;相关县(市、区、旗)将在用地报批前完成规划修改听证、对规划实施影响评估和专家论证等工作。

三、占用和补划永久基本农田论证情况

见《涉及占用永久基本农田的重大建设项目土地利用总体规划修改方案暨永久基本农田补划方案》。

四、项目符合土地使用标准情况

〔项目用地功能分区〕该项目总用地规模为＊＊公顷,其中各功能分区用地面积分别为＊＊(各功能分区面积情况以及与土地使用标准对比情况)。如该项目为工业项目,须按照《国土资源部关于发布和实施〈工业项目建设用地控制指标〉的通知》(国土资发〔2008〕24号)的要求,说明是否符合投资强度、容积率、行政办公及生活服务设施用地、建筑系数、绿地率等五项控制指标情况。

〔项目用地规模符合土地使用标准情况〕该项目申请用地总面积和各功能分区用地面积均符合《＊＊项目建设用地指标》的规定。该项目用地规模超过《＊＊项目建设用地指标》的规定(或该类型项目未颁布土地使用标准),已由＊＊省(区、市)自然资源主管部门开展项目节地评价并组织专家评审。评审论证认为,该项目各用地功能分区和总规模用地合理,采用的工程技术比较先进可行,符合节约集约用地的要求,并按要求出具评审论证意见,同意该项目申请用地预审。

五、落实用地相关费用情况

建设项目已按规定将补充耕地、征地补偿、土地复垦等相关费用足额纳入项目工程概算,占用永久基本农田的缴费标准按照当地耕地开垦费最高标准的两倍执行。我厅(局、委)将督促建设单位和地方政府,在正式用地报批前按规定做好征地补偿安置、耕地占补平衡以及土地复垦有关工作。

六、关于其他问题的说明

对该项目是否属于重新预审等问题进行说明。

七、小结

综上所述,我厅(局、委)拟同意该项目用地。根据相关规定,现将我厅(局、委)的初步审查意见报上,请予审查。

联系人及电话:(姓名)　　　　　　(电话)

(公章)

年　月　日

附件 3

涉及占用永久基本农田的重大建设项目土地利用总体规划修改方案暨永久基本农田补划方案格式

一、项目概况

〔项目建设依据〕该项目已列入＊＊规划（文号），项目应由＊＊部门审批（核准），符合受理占用永久基本农田的重大建设项目用地预审范围。

〔项目建设意义〕项目建设的重要意义，是否符合国家产业政策和国家土地供应政策。

〔项目建设地点〕项目用地涉及＊＊省（区、市）＊＊市（盟）＊＊县（市、区、旗）和＊＊市（盟）＊＊县（市、区、旗）。（跨省项目，增加表述：该项目为跨省项目，涉及＊＊、＊＊、＊＊共＊＊个省份。）

〔项目用地情况〕项目申请用地总面积＊＊公顷，其中农用地＊＊公顷（耕地＊＊公顷，永久基本农田＊＊公顷），建设用地＊＊公顷，未利用地＊＊公顷。

〔规划修改的原因〕根据《土地管理法》/《土地利用总体规划管理办法》等法律法规和部门规章，该项目符合＊＊情形，可以修改土地利用总体规划。

二、规划修改的原则和依据

〔规划修改原则〕规划修改应遵循严格保护耕地、节约集约用地等原则。

〔规划修改依据〕相关法律法规及部门规章、规范性文件、标准规范及技术规程、相关规划及其他文件材料。

三、规划修改方案

〔规划修改总体情况及指标调整情况〕规划修改情况综述，并重点说明规划修改前后，耕地保有量、永久基本农田、建设用地总规模、新增建设用地等规划控制指标调整情况。

〔土地用途区调整情况〕规划修改前后，基本农田保护区、一般农田区等用途区调整情况。

〔占用永久基本农田的必要性〕详细说明该项目不同选址选线方案占用永久基本农田比选情况、占用永久基本农田实地踏勘论证情况，充分说明占用永久基本农田的必要性。

〔占用永久基本农田的合理性〕说明重大建设项目选址选线拟占用永久基本农田具体数量（包括水田面积）、平均质量等别、空间位置等情况，详细说明通过综合考虑建设成本、工程施工难易度、占用永久基本农田不同情况，选择项目选址选线拟占用永久基本农田的具体方案，明确经实地踏勘，该项目建设方案是否符合供地政策和节约集约用地要求，是否采取工程、技术等措施，减少占用永久基本农田，充分说明用地选址和占用永久基本农田的合理性。

〔永久基本农田占用情况〕将实地踏勘论证后拟占用永久基本农田的用地范围与永久基本农田划定数据库套合进行分析，以县级行政区为单元，详细说明占用永久基本农田具体规模（含水田面积）、图斑数量、平均质量等别、空间位置等基本情况。涉及占用城市周边永久基本农田的，以县级行政区为单元，详细说明城市周边具体规模（含水田面积）、图斑数量、平均质量等别等情况（详见附件 1），并附占用永久基本农田分布示意图（包含城市周边范围线)。

〔踏勘论证后认为符合要求的情形〕通过踏勘论证,认为项目建设方案符合供地政策和保护耕地、节约集约用地的要求,用地选址和用地规模比较合理,占用永久基本农田必要、合理,规划修改方案暨永久基本农田补划方案切实可行。/〔踏勘论证后对用地方案进行调整的情形〕通过踏勘论证,认为＊＊比较合理,但存在＊＊等问题,建议对用地方案进行适当调整。按照踏勘论证意见,建设单位对＊＊问题进行了处理,调整后的方案为＊＊,符合＊＊的要求。

〔永久基本农田补划情况〕按照永久基本农田划定要求,以县级行政区为单元,详细说明补划永久基本农田规模(含水田面积)、平均质量等别、空间位置等情况。补划城市周边永久基本农田的,以县级行政区为单元,详细说明城市周边补划永久基本农田规模(含水田面积)、平均质量等别、空间位置等情况(详见附件2,并附补划永久基本农田分布示意图(包含城市周边范围线),同时提交补划永久基本农田拐点坐标表(电子版本)。若城市周边确实没有补划空间,需充分说明理由。

四、结论

明确提出重大建设项目规划修改、占用永久基本农田是否必要、是否合理,补划的永久基本农田是否通过省级自然资源主管部门论证审核,永久基本农田补划方案是否可行;说明对规划实施的影响程度,说明补划永久基本农田后是否影响相关县级行政区永久基本农田保护任务完成。补划后的永久基本农田纳入土地利用总体规划并上图入库,纳入法定保护任务。

附件:
1. ＊＊项目占用永久基本农田情况表
2. ＊＊项目占用永久基本农田补划情况表

附件1

**项目占用永久基本农田情况表

填表单位：　　　　　　　　　　　　　　　　　　　　　　　　　　　　　面积单位：公顷（0.0000）

占用图斑	所在县（市、区、旗）名称	标识码	共计	占用永久基本农田										质量等别
				城市周边				小计	城市周边以外区域					
				耕地面积		其他	质量等别		耕地面积		其他	质量等别		
				小计	水田				小计	水田				
栏1	栏2	栏3	栏4	栏5	栏6	栏7	栏8	栏9	栏10	栏11	栏12	栏13	栏14	栏15
1														
2														
…														
县域小计（平均质量等别）		—												
合计（平均质量等别）		—												

注：1. 栏4＝栏5＋栏10；栏5＝栏6＋栏8；栏6≥栏7；栏10＝栏11＋栏13；栏11≥栏12。

2. 栏3"标识码"为县级永久基本农田图斑划定数据库中基本农田图斑属性结构层数据库中的国家土地利用等，不另行编号。

3. 栏9、栏14和栏15"质量等别"为最新年度耕地质量等别数据库中耕地质量等别加权平均等；其中，县域小计（平均质量等别）、合计（平均质量等别）为质量等别加权平均数，保留一位小数。

4. "城市周边"为县级永久基本农田数据库中城市周边永久基本农田占用情况。

5. "其他"为继续保留的原有基本农田的可调整地类，确定为名优特新农产品生产基地的其他农用地等。

审核人：　　　　　　　　　　　　　填表人：

审核日期：　　年　月　日　　　　　填表日期：　　年　月　日

附件 2

＊＊项目占用永久基本农田补划情况表

填表单位：
面积单位：公顷（0.0000）

补划图斑	所在县(市、区、旗)名称	标识码	共计	补划永久基本农田						质量等别
				城市周边			城市周边以外区域			
				耕地面积		质量等别	耕地面积		质量等别	
					水田			水田		
栏1	栏2	栏3	栏4	栏5	栏6	栏7	栏8	栏9	栏10	栏11
1										
2										
…										
县域小计(平均质量等别)	—	—								
…										
合计(平均质量等别)	—	—								

注：
1. 栏4＝栏5+栏8；栏5≥栏6；栏8≥栏9。
2. 栏3 "标识码" 为土地利用数据库地类图斑层中属性结构字段数值，不另行编号。
3. 栏7、栏10和栏11 "质量等别" 为最新年度耕地质量等别数据库中的国家土地利用等，等别在1～15等之间；其中，县域小计（平均质量等别）、合计（平均质量等别）为质量等别加权平均数，保留一位小数。
4. 栏5 "城市周边" 为城市周边范围线内补充为永久基本农田的耕地图斑情况。

审核人：　　　　　审核日期：　年　月　日　　　　　填表人：　　　　　填表日期：　年　月　日

3. 中共中央办公厅 国务院办公厅印发《关于在国土空间规划中统筹划定落实三条控制线的指导意见》

（国务院公报 2019 年第 32 号）

2019 年 11 月 1 日，中共中央办公厅、国务院办公厅印发了《关于在国土空间规划中统筹划定落实三条控制线的指导意见》，并发出通知，要求各地区各部门结合实际认真贯彻落实。

《关于在国土空间规划中统筹划定落实三条控制线的指导意见》全文如下。

为统筹划定落实生态保护红线、永久基本农田、城镇开发边界三条控制线（以下简称三条控制线），现提出如下意见。

一、总体要求

（一）指导思想。以习近平新时代中国特色社会主义思想为指导，全面贯彻党的十九大精神，深入贯彻习近平生态文明思想，按照党中央、国务院决策部署，落实最严格的生态环境保护制度、耕地保护制度和节约用地制度，将三条控制线作为调整经济结构、规划产业发展、推进城镇化不可逾越的红线，夯实中华民族永续发展基础。

（二）基本原则

——底线思维，保护优先。以资源环境承载能力和国土空间开发适宜性评价为基础，科学有序统筹布局生态、农业、城镇等功能空间，强化底线约束，优先保障生态安全、粮食安全、国土安全。

——多规合一，协调落实。按照统一底图、统一标准、统一规划、统一平台要求，科学划定落实三条控制线，做到不交叉不重叠不冲突。

——统筹推进，分类管控。坚持陆海统筹、上下联动、区域协调，根据各地不同的自然资源禀赋和经济社会发展实际，针对三条控制线不同功能，建立健全分类管控机制。

（三）工作目标。到 2020 年年底，结合国土空间规划编制，完成三条控制线划定和落地，协调解决矛盾冲突，纳入全国统一、多规合一的国土空间基础信息平台，形成一张底图，实现部门信息共享，实行严格管控。到 2035 年，通过加强国土空间规划实施管理，严守三条控制线，引导形成科学适度有序的国土空间布局体系。

二、科学有序划定

（四）按照生态功能划定生态保护红线。生态保护红线是指在生态空间范围内具有特殊重要生态功能、必须强制性严格保护的区域。优先将具有重要水源涵养、生物多样性维护、水土保持、防风固沙、海岸防护等功能的生态功能极重要区域，以及生态极敏感脆弱的水土流失、沙漠化、石漠化、海岸侵蚀等区域划入生态保护红线。其他经评估目前虽然不能确定但具有潜在重要生态价值的区域也划入生态保护红线。对自然保护地进行调整优化，评估调整后的自然保护地应划入生态保护红线；自然保护地发生调整的，生态保护红线相应调整。生态保护红线内，自然保护地核心保护区原则上禁止人为活动，其他区域严格禁止开发性、生产性建设活动，在符合现行法律法规前提下，除国家重大战略项目外，仅允许对生态功能不造成破坏的有限人为活动，主要包括：零星的原住民在不扩大现有建设用地和耕地规模前提下，修缮生产生活设施，保留生活必需的少量种植、放牧、捕捞、养殖；因国家重大能源资源安全需要开展的战略性能源资源勘查，公益性自然资源调查和地质勘查；自然资源、生态环境监测和执法包括水文水资源监测及涉水违法事件的查处等，灾害防治和应急抢险活动；经依法批准进行的非破坏性科学研究观测、标本采集；经依法批准的考古调查发掘和文物保护活动；不破坏生态功能的适度参观旅游和相关的必要公共设施建设；必须且无法避让、符合县级以上国土空间规划的线性基础设施建设、防洪和供水设施建设与运行维护；重要生态修复工程。

（五）按照保质保量要求划定永久基本农田。永久基本农田是为保障国家粮食安全和重要农产品供给，实施永久特殊保护的耕地。依据耕地现状分布，根据耕地质量、粮食作物种植情况、土壤污染状况，在严守耕地红线基础上，按照一定比例，将达到质量要求的耕地依法划入。已经划定的永久基本农田中存在划定不实、违法占用、严重污染等问题的要全面梳理整改，确保永久基本农田面积不减、质量提升、布局稳定。

（六）按照集约适度、绿色发展要求划定城镇开发边界。城镇开发边界是在一定时期内因城镇发展需要，可以集中进行城镇开发建设、以城镇功能为主的区域边界，涉及城市、建制镇以及各类开发区等。城镇开发边界划定以城镇开发建设现状为基础，综合考虑资源承载能力、人口分布、经济布局、城乡统筹、城镇发展阶段和发展潜力，框定总量，限定容量，防止城镇无序蔓延。科学预留一定比例的留白区，为未来发展留有开发空间。城镇建设和发展不得违法违规侵占河道、湖面、滩地。

三、协调解决冲突

（七）统一数据基础。以目前客观的土地、海域及海岛调查数据为基础，形成统一的工作底数底图。已形成第三次国土调查成果并经认定的，可直接作为工作底数底图。相关调查数据存在冲突的，以过去5年真实情况为基础，根据功能合理性进行统一核定。

（八）自上而下、上下结合实现三条控制线落地。国家明确三条控制线划定和管控原则及相关技术方法；省（自治区、直辖市）确定本行政区域内三条控制线总体格局和重点区域，提出下一级划定任务；市、县组织统一划定三条控制线和乡村建设等各类空间实体边界。跨区域划定冲突由上一级政府有关部门协调解决。

（九）协调边界矛盾。三条控制线出现矛盾时，生态保护红线要保证生态功能的系统性和完整性，确保生态功能不降低、面积不减少、性质不改变；永久基本农田要保证适度合理的规模和稳定性，确保数量不减少、质量不降低；城镇开发边界要避让重要生态功能，不占或少占永久基本农田。目前已划入自然保护地核心保护区的永久基本农田、镇村、矿业权逐步有序退出；已划入自然保护地一般控制区的，根据对生态功能造成的影响确定是否退出，其中，造成明显影响的逐步有序退出，不造成明显影响的可采取依法依规相应调整一般控制区范围等措施妥善处理。协调过程中退出的永久基本农田在县级行政区域内同步补划，确实无法补划的在市级行政区域内补划。

四、强化保障措施

（十）加强组织保障。自然资源部会同生态环境部、国家发展改革委、住房城乡建设部、交通运输部、水利部、农业农村部等有关部门建立协调机制，加强对地方督促指导。地方各级党委和政府对本行政区域内三条控制线划定和管理工作负总责，结合国土空间规划编制工作有序推进落地。

（十一）严格实施管理。建立健全统一的国土空间基础信息平台，实现部门信息共享，严格三条控制线监测监管。三条控制线是国土空间用途管制的基本依据，涉及生态保护红线、永久基本农田占用的，报国务院审批；对于生态保护红线内允许的对生态功能不造成破坏的有限人为活动，由省级政府制定具体监管办法；城镇开发边界调整报国土空间规划原审批机关审批。

（十二）严格监督考核。将三条控制线划定和管控情况作为地方党政领导班子和领导干部政绩考核内容。国家自然资源督察机构、生态环境部要按照职责，会同有关部门开展督察和监管，并将结果移交相关部门，作为领导干部自然资源资产离任审计、绩效考核、奖惩任免、责任追究的重要依据。

4. 自然资源部办公厅关于在用地审查报批中按管理新方式落实耕地占补平衡的通知

自然资办发〔2018〕8号

各省、自治区、直辖市自然资源主管部门，新疆生产建设兵团自然资源主管部门：

按照《国土资源部关于改进管理方式切实落实耕地占补平衡的通知》（国土资规〔2017〕13号）要求，耕地占补平衡不再采取建设用地项目与补充耕地项目逐一挂钩的做法。实行耕地数量、水田规模和粮食产能三类指标核销制。为在建设用地审查报批工作中落实好上述要求，部修改了建设用地呈报材料"一书四方案"中的《补充耕地方案》（见附件1）和《报国务院批准单独选址建设项目用地省级自然资源主管部门审查报告文本格式》中"补充耕地情况"部分表述（见附件2），同时相应修改了"建设用地远程报批系统"有关内容。

各地要按要求抓紧完成报部储备耕地的清理工作，在此基础上，不得晚于2018年7月1日按新的耕地占补平衡管理方式报批用地。省级政府批准建设用地（含省级政府审核同意城市用地实施方案及授权设区市政府批准的建设用地）参照执行。

附件：
1. 补充耕地方案
2. 省级审查报告文本格式"补充耕地情况"部分

自然资源部办公厅
2018年5月3日

附件 1

补充耕地方案

计量单位：公顷、公斤、万元

占用耕地面积				
含 25 度以上坡耕地		其他情况需补充耕地面积		
补充耕地义务单位				
补充耕地责任单位				
补充耕地费用情况	义务单位缴纳耕地开垦费总额		平均缴费标准	
	实际补充耕地总费用		平均费用标准	
补充耕地确认信息编号				
补充耕地情况				
		需补充情况	已补充情况	
补充耕地数量				
补充水田规模				
补充标准粮食产能				
承诺补充耕地情况				
承诺补充耕地面积	挂钩的土地整治项目备案号	挂钩补充耕地数量	所在县（市、区）	完成时限
承诺补充水田规模	挂钩的土地整治项目备案号	挂钩水田规模	所在县（市、区）	完成时限
承诺补充标准粮食产能	挂钩的土地整治项目备案号	挂钩标准粮食产能	所在县（市、区）	完成时限

"补充耕地方案"填报说明

1. "25度以上坡耕地"栏仅适合大中型水利水电建设项目填写。
2. "其他情况需补充耕地面积"栏填写按规定需落实补充耕地的其他情况,包括:(1)占用纳入耕地保护任务的可调整园地等;(2)占用兴建前为耕地的设施农用地。
3. "补充耕地义务单位"栏,单独选址建设项目填写建设单位;城市、村庄和集镇建设用地填写地方人民政府。
4. "补充耕地责任单位"栏,建设单位自行补充耕地的填写建设单位;其他情况填写所在地方人民政府或部门。
5. "义务单位缴纳耕地开垦费总额"栏填写补充耕地义务单位向政府缴纳耕地开垦费(或补充耕地费用)总额。如不涉及,可不填;"平均缴费标准"栏填写耕地开垦费(或补充耕地费用)总额平均到单位补充耕地数量上的费用标准。
6. "实际补充耕地总费用"栏填写落实补充耕地过程中实际所涉及的总费用;如跨区域调剂,填写涉及的调剂总费用;"平均费用标准"栏填写实际补充耕地总费用平均到单位补充耕地数量上的费用标准。
7. "补充耕地确认信息编号"栏填写在部耕地占补平衡动态监管系统中核销补充耕地指标或挂钩补充耕地项目时,由系统生成的信息编号。

附件2

省级审查报告文本格式"补充耕地情况"部分

报国务院批准农用地转用和土地征收情形的:

〔占用耕地情况〕该项目占用耕地＊＊公顷需补充(如为大中型水利水电建设项目,表述为:该项目占用耕地＊＊公顷,其中含25度以上陡坡耕地＊＊公顷,实际需补充耕地＊＊公顷),其中水田＊＊公顷,需补充标准粮食产能＊公斤。(用地中如涉及占用纳入耕地保护任务的可调整园地等、占用兴建前为耕地的设施农用地的,应作出说明。)

〔补充耕地方式为委托补充〕建设单位按＊＊省规定标准,已足额缴纳耕地开垦费(或补充耕地费用)＊＊万元,委托我厅/委/局或＊＊国土资源局补充耕地＊＊公顷。(涉及占用永久基本农田的,要说明耕地开垦费缴纳标准为当地最高标准两倍或缴纳补充耕地费用不低于当地耕地开垦费最高标准两倍。)

〔补充耕地方式为自行补充〕建设单位已自行补充耕地＊＊公顷,实际补充耕地总费用＊＊万元。

〔已补充同等数量、质量的耕地〕该项目补充耕地任务已完成,已在部耕地占补平衡动态监管系统中核销,确认信息编号为＊＊。补充耕地面积＊＊公顷、补充水田＊＊公顷、补充标准粮食产能＊＊公斤,做到了耕地占补平衡数量质量双到位。

〔以承诺方式落实补充耕地〕(如项目为稳增长重点建设项目,请作出说明。)该项目已补充耕地面积＊＊公顷、补充水田＊＊公顷、补充标准粮食产能＊＊公斤,并在部耕地占补平衡动态监管系统中核销；承诺补充耕地面积＊＊公顷、补充水田＊＊公顷、补充标准粮食产能＊公斤，补充耕地位于＊＊县、＊＊县、＊＊县等。挂钩的土地整治项目符合以承诺方式落实耕地占补平衡的规定要求，已在部农村土地整治监测监管系统中备案，并在部耕地占补平衡动态监管系统中挂钩确认，确认信息编号为＊＊。承担补充耕地任务的＊市（县）、＊＊市（县）政府承诺在＊＊年＊＊月前完成补充数量、质量相当的耕地，做到耕地占补平衡。我厅（局、委）同意有关市（县）政府承诺补充耕地意见，并将加强监管，督促市（县）政府落实到位。

报国务院批准土地征收情形的：

〔已补充同等数量、质量的耕地〕该项目占用耕地＊＊公顷需补充（如为大中型水利水电建设项目，表述为：该项目占用耕地＊＊公顷，其中含25度以上陡坡耕地＊＊公顷，实际需补充耕地＊＊公顷），其中水田＊＊公顷，需补充标准粮食产能＊＊公斤。（用地中如涉及占用纳入耕地保护任务的可调整园地等、占用兴建前为耕地的设施农用地的，应作出说明。）已补充与所占用耕地的数量、质量相当耕地，落实了耕地占补平衡，并在部耕地占补平衡动态监管系统中核销，确认信息编号为＊＊。（或已补充同等数量的耕地并在部耕地占补平衡动态监管系统中核销，采取承诺方式补充质量相当的耕地并已在部耕地占补平衡动态监管系统中挂钩确认，确认信息编号为＊＊。我厅（局、委）将加强督促落实）。

5. 国务院办公厅关于印发跨省域补充耕地国家统筹管理办法和城乡建设用地增减挂钩节余指标跨省域调剂管理办法的通知

各省、自治区、直辖市人民政府，国务院各部委、各直属机构：

《跨省域补充耕地国家统筹管理办法》和《城乡建设用地增减挂钩节余指标跨省域调剂管理办法》已经国务院同意，现印发给你们，请认真贯彻执行。

国务院办公厅
2018 年 3 月 10 日

（此件公开发布）

跨省域补充耕地国家统筹管理办法

第一章 总 则

第一条 为规范有序实施跨省域补充耕地国家统筹，严守耕地红线，根据《中华人民共和国土地管理法》和《中共中央 国务院关于加强耕地保护和改进占补平衡的意见》、《中共中央 国务院关于实施乡村振兴战略的意见》有关规定，制定本办法。

第二条 本办法所称跨省域补充耕地国家统筹，是指耕地后备资源严重匮乏的直辖市，占用耕地、新开垦耕地不足以补充所占耕地，或者资源环境条件严重约束、补充耕地能力严重不足的省，由于实施重大建设项目造成补充耕地缺口，经国务院批准，在耕地后备资源丰富省份落实补充耕地任务的行为。

第三条 跨省域补充耕地国家统筹应遵循以下原则：

（一）保护优先，严控占用。坚持耕地保护优先，强化土地利用规划计划管控，严格土地用途管制，从严控制建设占用耕地，促进土地节约集约利用。

（二）明确范围，确定规模。坚持耕地占补平衡县域自行平衡为主、省内调剂为辅、国家适度统筹为补充，明确补充耕地国家统筹实施范围，合理控制补充耕地国家统筹实施规模。

（三）补足补优，严守红线。坚持耕地数量、质量、生态"三位一体"保护，以土地利用总体规划及相关规划为依据，以土地整治和高标准农田建设新增耕地为主要来源，先建成再调剂，确保统筹补充耕地数量不减少、质量不降低。

（四）加强统筹，调节收益。运用经济手段约束耕地占用，发挥经济发达地区和资源丰富地区资金资源互补优势，建立收益调节分配机制，助推脱贫攻坚和乡村振兴。

第四条 国土资源部负责跨省域补充耕地国家统筹管理，会同财政部、国家发展改革委、农业部等相关部门制定具体实施办法，进行监督考核；财政部会同国土资源部等相关部门负责制定资金使用管理办法；有关省级人民政府负责具体实施，筹措补充耕地资金或落实补充耕地任务。

第二章　申请补充耕地国家统筹

第五条　根据各地资源环境承载状况、耕地后备资源条件、土地整治和高标准农田建设新增耕地潜力等，分类实施补充耕地国家统筹。

（一）耕地后备资源严重匮乏的直辖市，由于城市发展和基础设施建设等占用耕地、新开垦耕地不足以补充所占耕地的，可申请国家统筹补充。

（二）资源环境条件严重约束、补充耕地能力严重不足的省，由于实施重大建设项目造成补充耕地缺口的，可申请国家统筹补充。重大建设项目原则上限于交通、能源、水利、军事国防等领域。

第六条　补充耕地国家统筹申请、批准按以下程序办理：

（一）由省、直辖市人民政府向国务院提出补充耕地国家统筹申请。其中，有关省根据实施重大建设项目需要和补充耕地能力，提出需国家统筹补充的耕地数量、水田规模和粮食产能，原则上每年申请一次，如有特殊需要可分次申请；直辖市根据建设占用耕地需要和补充耕地能力，提出需国家统筹补充的耕地数量、水田规模和粮食产能，每年申请一次。

（二）国土资源部组织对补充耕地国家统筹申请的评估论证，汇总有关情况并提出意见，会同财政部按程序报国务院批准。国土资源部、财政部在国务院批准之日起30个工作日内函复有关省、直辖市人民政府，明确国务院批准的国家统筹规模以及相应的跨省域补充耕地资金总额。

第七条　有关省、直辖市人民政府收到复函后，即可在国务院批准的国家统筹规模范围内，依照法定权限组织相应的建设用地报批。

建设用地报批时，用地单位应按规定标准足额缴纳耕地开垦费，补充耕地方案应说明耕地开垦费缴纳和使用国家统筹规模情况。

建设用地属于省级人民政府及以下审批权限的，使用国家统筹规模情况须随建设用地审批结果一并报国土资源部备案。

第八条　经国务院批准补充耕地由国家统筹的省、直辖市，应缴纳跨省域补充耕地资金。以占用的耕地类型确定基准价，以损失的耕地粮食产能确定产能价，以基准价和产能价之和乘以省份调节系数确定跨省域补充耕地资金收取标准。对国家重大公益性建设项目，可按规定适当降低收取标准。

（一）基准价每亩10万元，其中水田每亩20万元。

（二）产能价根据农用地分等定级成果对应的标准粮食产能确定，每亩每百公斤2万元。

（三）根据区域经济发展水平，将省份调节系数分为五档。

一档地区：北京、上海，调节系数为2；

二档地区：天津、江苏、浙江、广东，调节系数为1.5；

三档地区：辽宁、福建、山东，调节系数为1；

四档地区：河北、山西、吉林、黑龙江、安徽、江西、河南、湖北、湖南、海南，调节系数为0.8；

五档地区：重庆、四川、贵州、云南、陕西、甘肃、青海，调节系数为0.5。

第九条　跨省域补充耕地资金总额纳入省级财政向中央财政的一般公共预算转移性支出，在中央财政和地方财政年终结算时上解中央财政。

第十条　跨省域补充耕地资金，全部用于巩固脱贫攻坚成果和支持实施乡村振兴战略。其中，一部分安排给承担国家统筹补充耕地任务的省份，优先用于高标准农田建设等补充耕地任务；其余部分由中央财政统一安排使用。

第三章　落实国家统筹补充耕地

第十一条　根据国务院批准的补充耕地国家统筹规模，在耕地后备资源丰富的省份，按照耕地数量、水田规模相等和粮食产能相当的原则落实补充耕地。

第十二条　在耕地保护责任目标考核期内，不申请补充耕地国家统筹的省份，可由省级人民政府向国务院申请承担国家统筹补充耕地任务。申请承担补充耕地任务的新增耕地，应为已验收并在全国农村土地整治监测监管系统中上图入库的土地整治和高标准农田建设项目新增耕地。

第十三条　国土资源部根据全国农村土地整治监测监管系统信息，对申请承担国家统筹补充耕地任务的新增耕地进行复核，如有必要，会同相关部门进行实地检查。国土资源部会同财政部等相关部门按照自然资源条件相对较好，优先考虑革命老区、民族地区、边疆地区、贫困地区和耕地保护成效突出地区的原则确定省份，认定可用于国家统筹补充耕地的新增耕地数量、水田规模和粮食产能。开展土地整治工程技术创新新增耕地，可作为专项支持，安排承担国家统筹补充耕地任务。

国土资源部会同财政部等相关部门确定承担国家统筹补充耕地任务省份和认定结果，按程序报国务院同意后，由国土资源部函告有关省份。经认定为承担国家统筹补充耕地任务的新增耕地，不得用于所在省份耕地占补平衡。

第十四条　根据认定的承担国家统筹补充耕地规模和相关经费标准，中央财政将国家统筹补充耕地经费预算下达承担国家统筹补充耕地任务的省份。有关省份收到国家统筹补充耕地经费后，按规定用途安排使用。

第十五条　国家统筹补充耕地经费标准根据补充耕地类型和粮食产能确定。补充耕地每亩5万元（其中水田每亩10万元），补充耕地标准粮食产能每亩每百公斤1万元，两项合计确定国家统筹补充耕地经费标准。

第四章　监管考核

第十六条　国土资源部建立跨省域补充耕地国家统筹信息管理平台，将补充耕地国家统筹规模申请与批准、建设项目占用、补充耕地落实等情况纳入平台管理。

第十七条　有关省级人民政府负责检查核实承担国家统筹补充耕地任务的新增耕地，确保数量真实、质量可靠；监督国家统筹补充耕地经费安排使用情况，严格新增耕地后期管护，发现存在问题要及时予以纠正。

国土资源部利用国土资源遥感监测"一张图"和综合监管平台等手段对国家统筹新增耕地进行监管。

第十八条　补充耕地国家统筹情况纳入有关省级人民政府耕地保护责任目标考核内容，按程序报国务院。

国土资源部做好国家统筹涉及省份耕地变化情况台账管理，在新一轮土地利用总体规划编制或实施期内适时按程序调整有关省份规划耕地保有量。

第十九条　国家土地督察机构在监督检查省级人民政府落实耕地保护主体责任情况时，结合督察工作将有关省份的国家统筹补充耕地实施情况纳入督察内容。

第五章 附　　则

第二十条　财政部会同国土资源部根据补充耕地国家统筹实施情况适时调整跨省域补充耕地资金收取标准和国家统筹补充耕地经费标准。

第二十一条　本办法由国土资源部、财政部负责解释。

第二十二条　本办法自印发之日起施行，有效期至2022年12月31日。

城乡建设用地增减挂钩节余指标跨省域调剂管理办法

第一章　总　　则

第一条　为规范开展深度贫困地区城乡建设用地增减挂钩节余指标跨省域调剂，根据《中华人民共和国土地管理法》和《中共中央　国务院关于实施乡村振兴战略的意见》、《中共中央办公厅　国务院办公厅印发〈关于支持深度贫困地区脱贫攻坚的实施意见〉的通知》有关规定，制定本办法。

第二条　本办法所称城乡建设用地增减挂钩节余指标跨省域调剂，是指"三区三州"及其他深度贫困县城乡建设用地增减挂钩节余指标（以下简称节余指标）由国家统筹跨省域调剂使用。

第三条　节余指标跨省域调剂应遵循以下原则：

（一）区域统筹，精准扶贫。聚焦深度贫困地区脱贫攻坚任务，调动各方力量提供资金支持，实现合作共赢。国家下达调剂任务，确定调剂价格标准，统一资金收取和支出；各有关省（区、市）统筹组织本地区跨省域调剂有关工作，并做好与省域内城乡建设用地增减挂钩工作的协调。

（二）生态优先，绿色发展。落实最严格的耕地保护制度、节约用地制度和生态环境保护制度，严格执行耕地占补平衡制度，加强土地利用总体规划和年度计划统筹管控，实施建设用地总量、强度双控，优化配置区域城乡土地资源，维护土地市场秩序，保持土地产权关系稳定。

（三）尽力而为，量力而行。帮扶地区要把决胜全面小康、实现共同富裕摆在更加突出的位置，落实好帮扶责任。深度贫困地区要把握地域差异，注重保护历史文化和自然风貌，因地制宜实施复垦；充分尊重农民意愿，切实保障农民土地合法权益和农村建设用地需求，防止盲目推进。

第四条　国土资源部会同财政部、国家发展改革委、农业部等相关部门制定节余指标跨省域调剂实施办法，确定调剂规模、激励措施和监管要求。财政部会同国土资源部等相关部门制定资金使用管理办法，统一资金收取和支出。有关省级人民政府负责节余指标跨省域调剂的组织实施；省级国土资源、财政主管部门分别制定实施细则，平衡调剂节余指标和资金。市、县级人民政府为节余指标跨省域调剂责任主体；市、县级国土资源主管部门负责具体实施。

第二章　调剂计划安排

第五条　国土资源部根据有关省（区、市）土地利用和贫困人口等情况，经综合测算后报国务院确定跨省域调剂节余指标任务。主要帮扶省份应当全额落实调入节余指标任务，鼓励多买多用。鼓励其他有条件的省份根据自身实际提供帮扶。

经国务院同意，国土资源部将跨省域调剂节余指标任务下达有关省（区、市）。有关省（区、市）可结合本地区情况，将跨省域调入、调出节余指标任务明确到市、县。

第六条 按照增减挂钩政策规定，深度贫困地区所在地省级国土资源主管部门组织编制和审批拆旧复垦安置方案，帮扶省份省级国土资源主管部门组织编制和审批建新方案，通过城乡建设用地增减挂钩在线监管系统报国土资源部备案。

省级人民政府将需要调剂的节余指标和资金总额函告国土资源部，原则上每年不超过两次。国土资源部根据备案情况核销跨省域调剂节余指标任务，核定复垦和占用农用地面积、耕地面积和耕地质量，以及规划耕地保有量和建设用地规模调整数量，并将核销结果抄送财政部。

第七条 帮扶省份要严格控制城镇建设用地扩张，人均城镇建设用地水平较低、规划建设用地规模确有不足的，可以使用跨省域调剂节余指标少量增加规划建设用地规模，并在新一轮土地利用总体规划编制时予以调整。增加的规划建设用地规模原则上不得用于特大城市和超大城市的中心城区。

国土资源部在核销各省（区、市）跨省域调剂节余指标任务时，对涉及的有关省份规划耕地保有量、建设用地规模调整以及耕地质量变化情况实行台账管理；列入台账的，在省级人民政府耕地保护责任目标考核等监督检查中予以认定，在新一轮土地利用总体规划编制时统筹解决。

第三章 资金收取和支出

第八条 财政部根据国土资源部核定的调剂资金总额，收取有关省（区、市）调剂资金；省级财政主管部门根据省级国土资源主管部门核定的调剂资金额度，收取有关市、县调剂资金。收取的帮扶省份跨省域调入节余指标资金，纳入省级财政向中央财政的一般公共预算转移性支出，在中央财政和地方财政年终结算时上解中央财政。

第九条 财政部根据国土资源部核定的调剂资金总额，向深度贫困地区所在省份下达70%调剂资金指标，由省级财政主管部门根据省级国土资源主管部门确认的调剂资金金额向深度贫困地区拨付。待完成拆旧复垦安置，经省级国土资源主管部门验收并经国土资源部确认后，财政部向深度贫困地区所在省份下达剩余30%调剂资金指标，由省级财政主管部门向深度贫困地区拨付。

调剂资金支出列入中央财政对地方财政一般性转移支付，全部用于巩固脱贫攻坚成果和支持实施乡村振兴战略，优先和重点保障产生节余指标深度贫困地区的安置补偿、拆旧复垦、基础设施和公共服务设施建设、生态修复、耕地保护、高标准农田建设、农业农村发展建设以及购买易地扶贫搬迁服务等。

第十条 国家统一制定跨省域调剂节余指标价格标准。节余指标调出价格根据复垦土地的类型和质量确定，复垦为一般耕地或其他农用地的每亩30万元，复垦为高标准农田的每亩40万元。节余指标调入价格根据地区差异相应确定，北京、上海每亩70万元，天津、江苏、浙江、广东每亩50万元，福建、山东等其他省份每亩30万元；附加规划建设用地规模的，每亩再增加50万元。

根据跨省域调剂节余指标实施情况，按程序适时调整上述标准。

第四章　节余指标调剂实施

第十一条　深度贫困地区根据国家核定的调剂节余指标，按照增减挂钩政策规定，以不破坏生态环境和历史文化风貌为前提，按照宜耕则耕、宜林则林、宜草则草的原则复垦，切实做好搬迁群众安置。

第十二条　帮扶省份根据国家核定的调剂节余指标，按照经批准的建新方案使用跨省域调剂节余指标进行建设。

第十三条　深度贫困地区实际拆旧复垦耕地面积和质量低于国家核定要求的，以及帮扶地区实际建新占用耕地面积和质量超出国家核定要求的，应通过补改结合、提质改造等措施满足国家核定要求。

第五章　监督管理

第十四条　国土资源部和省级国土资源主管部门分别建立节余指标调剂监管平台。拆旧复垦安置方案、建新方案应实时备案，确保拆旧复垦安置和建新精准落地，做到上图入库、数量真实、质量可靠。监管平台自动生成电子监管码，对节余指标调剂进行动态监管。省级国土资源主管部门审批的拆旧复垦安置方案、建新方案，需标注使用跨省域调剂节余指标。

第十五条　省级国土资源主管部门充分利用国土资源遥感监测"一张图"和综合监管平台等手段，对拆旧复垦农用地和耕地等进行核查。国土资源部和省级国土资源主管部门通过监管平台和实地抽查，对跨省域调剂节余指标工作开展日常监测监管。国家土地督察机构对跨省域调剂节余指标实施情况进行监督检查，检查报告抄送财政部。发现弄虚作假、违背群众意愿强行实施的，国土资源部会同财政部停止拨付并扣减调剂资金。

第六章　附则

第十六条　本办法由国土资源部、财政部负责解释。

第十七条　本办法自印发之日起施行，有效期至 2020 年 12 月 31 日。

6. 中共中央 国务院关于加强耕地保护和改进占补平衡的意见

(2017年1月9日)

耕地是我国最为宝贵的资源，关系十几亿人吃饭大事，必须保护好，绝不能有闪失。近年来，按照党中央、国务院决策部署，各地区各有关部门积极采取措施，强化主体责任，严格落实占补平衡制度，严守耕地红线，耕地保护工作取得显著成效。当前，我国经济发展进入新常态，新型工业化、城镇化建设深入推进，耕地后备资源不断减少，实现耕地占补平衡、占优补优的难度日趋加大，激励约束机制尚不健全，耕地保护面临多重压力。为进一步加强耕地保护和改进占补平衡工作，现提出如下意见。

一、总体要求

（一）指导思想。全面贯彻党的十八大和十八届三中、四中、五中、六中全会精神，深入贯彻习近平总书记系列重要讲话精神和治国理政新理念新思想新战略，紧紧围绕统筹推进"五位一体"总体布局和协调推进"四个全面"战略布局，牢固树立新发展理念，按照党中央、国务院决策部署，坚守土地公有制性质不改变、耕地红线不突破、农民利益不受损三条底线，坚持最严格的耕地保护制度和最严格的节约用地制度，像保护大熊猫一样保护耕地，着力加强耕地数量、质量、生态"三位一体"保护，着力加强耕地管控、建设、激励多措并举保护，采取更加有力措施，依法加强耕地占补平衡规范管理，落实藏粮于地、藏粮于技战略，提高粮食综合生产能力，保障国家粮食安全，为实现"两个一百年"奋斗目标、实现中华民族伟大复兴中国梦构筑坚实的资源基础。

（二）基本原则

——坚持严保严管。强化耕地保护意识，强化土地用途管制，强化耕地质量保护与提升，坚决防止耕地占补平衡中补充耕地数量不到位、补充耕地质量不到位的问题，坚决防止占多补少、占优补劣、占水田补旱地的现象。已经确定的耕地红线绝不能突破，已经划定的城市周边永久基本农田绝不能随便占用。

——坚持节约优先。统筹利用存量和新增建设用地，严控增量、盘活存量、优化结构、提高效率，实行建设用地总量和强度双控，提高土地节约集约利用水平，以更少的土地投入支撑经济社会可持续发展。

——坚持统筹协调。充分发挥市场配置资源的决定性作用和更好发挥政府作用，强化耕地保护主体责任，健全利益调节机制，激励约束并举，完善监管考核制度，实现耕地保护与经济社会发展、生态文明建设相统筹，耕地保护责权利相统一。

——坚持改革创新。适应经济发展新常态和供给侧结构性改革要求，突出问题导向，完善永久基本农田管控体系，改进耕地占补平衡管理方式，实行占补平衡差别化管理政策，拓宽补充耕地途径和资金渠道，不断完善耕地保护和占补平衡制度，把握好经济发展与耕地保护的关系。

（三）总体目标。牢牢守住耕地红线，确保实有耕地数量基本稳定、质量有提升。到2020年，全国耕地保有量不少于18.65亿亩，永久基本农田保护面积不少于15.46亿亩，确保建成 8 亿亩、力争建成 10 亿亩高标准农田，稳步提高粮食综合生产能力，为确保谷物基本自给、口粮绝对安全提供资源保障。耕地保护制度和占补平衡政策体系不断完善，促进形成保护更加有力、执行更加顺畅、管理更加高效的耕地保护新格局。

二、严格控制建设占用耕地

（四）加强土地规划管控和用途管制。充分发挥土地利用总体规划的整体管控作用，从严核定新增建设用地规模，优化建设用地布局，从严控制建设占用耕地特别是优质耕地。实行新增建设用地计划安排与土地节约集约利用水平、补充耕地能力挂钩，对建设用地存量规模较大、利用粗放、补充耕地能力不足的区域，适当调减新增建设用地计划。探索建立土地用途转用许可制，强化非农建设占用耕地的转用管控。

（五）严格永久基本农田划定和保护。全面完成永久基本农田划定，将永久基本农田划定作为土地利用总体规划的规定内容，在规划批准前先行核定并上图入库、落地到户，并与农村土地承包经营权确权登记相结合，将永久基本农田记载到农村土地承包经营权证书上。粮食生产功能区和重要农产品生产保护区范围内的耕地要优先划入永久基本农田，实行重点保护。永久基本农田一经划定，任何单位和个人不得擅自占用或改变用途。强化永久基本农田对各类建设布局的约束，各地区各有关部门在编制城乡建设、基础设施、生态建设等相关规划，推进多规合一过程中，应当与永久基本农田布局充分衔接，原则上不得突破永久基本农田边界。一般建设项目不得占用永久基本农田，重大建设项目选址确实难以避让永久基本农田的，在可行性研究阶段，必须对占用的必要性、合理性和补划方案的可行性进行严格论证，通过国土资源部用地预审；农用地转用和土地征收依法依规报国务院批准。严禁通过擅自调整县乡土地利用总体规划，规避占用永久基本农田的审批。

（六）以节约集约用地缓解建设占用耕地压力。实施建设用地总量和强度双控行动，逐级落实"十三五"时期建设用地总量和单位国内生产总值占用建设用地面积下降的目标任务。盘活利用存量建设用地，推进建设用地二级市场改革试点，促进城镇低效用地再开发，引导产能过剩行业和"僵尸企业"用地退出、转产和兼并重组。完善土地使用标准体系，规范建设项目节地评价，推广应用节地技术和节地模式，强化节约集约用地目标考核和约束，推动有条件的地区实现建设用地减量化或零增长，促进新增建设不占或尽量少占耕地。

三、改进耕地占补平衡管理

（七）严格落实耕地占补平衡责任。完善耕地占补平衡责任落实机制。非农建设占用耕地的，建设单位必须依法履行补充耕地义务，无法自行补充数量、质量相当耕地的，应当按规定足额缴纳耕地开垦费。地方各级政府负责组织实施土地整治，通过土地整理、复垦、开发等推进高标准农田建设，增加耕地数量、提升耕地质量，以县域自行平衡为主、省域内调剂为辅、国家适度统筹为补充，落实补充耕地任务。各省（自治区、直辖市）政府要依据土地整治新增耕地平均成本和占用耕地质量状况等，制定差别化的耕地开垦费标准。对经依法批准占用永久基本农田的，缴费标准按照当地耕地开垦费最高标准的两倍执行。

（八）大力实施土地整治，落实补充耕地任务。各省（自治区、直辖市）政府负责统筹落实本地区年度补充耕地任务，确保省域内建设占用耕地及时保质保量补充到位。拓展补充耕地途径，统筹实施土地整治、高标准农田建设、城乡建设用地增减挂钩、历史遗留工矿废弃地复垦等，新增耕地经核定后可用于落实补充耕地任务。在严格保护生态前提下，科学划定宜耕土地后备资源范围，禁止开垦严重沙化土地，禁止在 25 度以上陡坡开垦耕地，禁止违规毁林开垦耕地。鼓励地方统筹使用相关资金实施土地整治和高标准农田建设。充分发挥财政资金作用，鼓励采取政府和社会资本合作（PPP）模式、以奖代补等方式，引导农村集体经济组织、农民和新型农业经营主体等，根据土地整治规划投资或参与土地整治项目，多渠道落实补充耕地任务。

（九）规范省域内补充耕地指标调剂管理。县（市、区）政府无法在本行政辖区内实现耕地占补平衡的，可在市域内相邻的县（市、区）调剂补充，仍无法实现耕地占补平衡的，可在省域内资源条件相似的地区调剂补充。各省（自治区、直辖市）要规范补充耕地指标调剂管理，完善价格形成机制，综合考虑补充耕地成本、资源保护补偿和管护费用等因素，制定调剂指导价格。

（十）探索补充耕地国家统筹。根据各地资源环境承载状况、耕地后备资源条件、土地整治新增耕地潜力等，分类实施补充耕地国家统筹。耕地后备资源严重匮乏的直辖市，新增建设占用耕地后，新开垦耕地数量不足以补充所占耕地数量的，可向国务院申请国家统筹；资源环境条件严重约束、补充耕地能力严重不足的省份，对由于实施国家重大建设项目造成的补充耕地缺口，可向国务院申请国家统筹。经国务院批准后，有关省份按规定标准向中央财政缴纳跨省补充耕地资金，中央财政统筹安排落实国家统筹补充耕地任务所需经费，在耕地后备资源丰富省份落实补充耕地任务。跨省补充耕地资金收取标准综合考虑补充耕地成本、资源保护补偿、管护费用及区域差异等因素确定，具体办法由财政部会同国土资源部另行制定。

（十一）严格补充耕地检查验收。市县政府要加强对土地整治和高标准农田建设项目的全程管理，规范项目规划设计，强化项目日常监管和施工监理。做好项目竣工验收，严格新增耕地数量认定，依据相关技术规程评定新增耕地质量。经验收合格的新增耕地，应当及时在年度土地利用变更调查中进行地类变更。省级政府要做好对市县补充耕地的检查复核，确保数量质量到位。

四、推进耕地质量提升和保护

（十二）大规模建设高标准农田。各省（自治区、直辖市）要根据全国高标准农田建设总体规划和全国土地整治规划的安排，逐级分解高标准农田建设任务，统一建设标准、统一上图入库、统一监管考核。建立政府主导、社会参与的工作机制，以财政资金引导社会资本参与高标准农田建设，充分调动各方积极性。加强高标准农田后期管护，按照谁使用、谁管护和谁受益、谁负责的原则，落实高标准农田基础设施管护责任。高标准农田建设情况要统一纳入国土资源遥感监测"一张图"和综合监管平台，实行在线监管，统一评估考核。

（十三）实施耕地质量保护与提升行动。全面推进建设占用耕地耕作层剥离再利用，市县政府要切实督促建设单位落实责任，将相关费用列入建设项目投资预算，提高补充耕地质量。将中低质量的耕地纳入高标准农田建设范围，实施提质改造，在确保补充耕地数量的同时，提高耕地质量，严格落实占补平衡、占优补优。加强新增耕地后期培肥改良，综合采取工程、生物、农艺等措施，开展退化耕地综合治理、污染耕地阻控修复等，加速土壤熟化提质，实施测土配方施肥，强化土壤肥力保护，有效提高耕地产能。

（十四）统筹推进耕地休养生息。对25度以上坡耕地、严重沙化耕地、重要水源地15~25度坡耕地、严重污染耕地等有序开展退耕还林还草，不得将确需退耕还林还草的耕地划为永久基本农田，不得将已退耕还林还草的土地纳入土地整治项目，不得擅自将永久基本农田、土地整治新增耕地和坡改梯耕地纳入退耕范围。积极稳妥推进耕地轮作休耕试点，加强轮作休耕耕地管理，不得减少或破坏耕地，不得改变耕地地类，不得削弱农业综合生产能力；加大轮作休耕耕地保护和改造力度，优先纳入高标准农田建设范围。因地制宜实行免耕少耕、深松浅翻、深施肥料、粮豆轮作套作的保护性耕作制度，提高土壤有机质含量，平衡土壤养分，实现用地与养地结合，多措并举保护提升耕地产能。

（十五）加强耕地质量调查评价与监测。建立健全耕地质量和耕地产能评价制度，完善评价指标体系和评价方法，定期对全国耕地质量和耕地产能水平进行全面评价并发布评价结果。完善土地调查监测体系和耕地质量监测网络，开展耕地质量年度监测成果更新。

五、健全耕地保护补偿机制

（十六）加强对耕地保护责任主体的补偿激励。积极推进中央和地方各级涉农资金整合，综合考虑耕地保护面积、耕地质量状况、粮食播种面积、粮食产量和粮食商品率，以及耕地保护任务量等因素，统筹安排资金，按照谁保护、谁受益的原则，加大耕地保护补偿力度。鼓励地方统筹安排财政资金，对承担耕地保护任务的农村集体经济组织和农户给予奖补。奖补资金发放要与耕地保护责任落实情况挂钩，主要用于农田基础设施后期管护与修缮、地力培育、耕地保护管理等。

（十七）实行跨地区补充耕地的利益调节。在生态条件允许的前提下，支持耕地后备资源丰富的国家重点扶贫地区有序推进土地整治增加耕地，补充耕地指标可对口向省域内经济发达地区调剂，补充耕地指标调剂收益由县级政府通过预算安排用于耕地保护、农业生产和农村经济社会发展。省（自治区、直辖市）政府统筹耕地保护和区域协调发展，支持占用耕地地区在支付补充耕地指标调剂费用基础上，通过实施产业转移、支持基础设施建设等多种方式，对口扶持补充耕地地区，调动补充耕地地区保护耕地的积极性。

六、强化保障措施和监管考核

（十八）加强组织领导。各地区各有关部门要按照本意见精神，抓紧研究制定贯彻落实具体方案，强化耕地保护工作责任和保障措施。建立党委领导、政府负责、部门协同、公众参与、上下联动的共同责任机制，地方各级党委和政府要树立保护耕地的强烈意识，切实担负起主体责任，采取积极有效措施，严格源头控制，强化过程监管，确保本行政区域内耕地保护责任目标全面落实；地方各级政府主要负责人要承担起耕地保护第一责任人的责任，组织相关部门按照职责分工履职尽责，充分调动农村集体经济组织、农民和新型农业经营主体保护耕地的积极性，形成保护耕地合力。

（十九）严格监督检查。完善国土资源遥感监测"一张图"和综合监管平台，扩大全天候遥感监测范围，对永久基本农田实行动态监测，加强对土地整治过程中的生态环境保护，强化耕地保护全流程监管。加强耕地保护信息化建设，建立耕地保护数据与信息部门共享机制。健全土地执法联动协作机制，严肃查处土地违法违规行为。国家土地督察机构要加强对省级政府实施土地利用总体规划、履行耕地保护目标责任、健全耕地保护制度等情况的监督检查。

（二十）完善责任目标考核制度。完善省级政府耕地保护责任目标考核办法，全面检查和考核耕地与永久基本农田保护情况、高标准农田建设任务完成情况、补充耕地任务完成情况、耕地占补平衡落实情况等。经国务院批准，国土资源部会同农业部、国家统计局等有关部门下达省级政府耕地保护责任目标，作为考核依据。各省级政府要层层分解耕地保护任务，落实耕地保护责任目标，完善考核制度和奖惩机制。耕地保护责任目标考核结果作为领导干部实绩考核、生态文明建设目标评价考核的重要内容。探索编制土地资源资产负债表，完善耕地保护责任考核体系。实行耕地保护党政同责，对履职不力、监管不严、失职渎职的，依纪依规追究党政领导责任。

7. 国土资源部关于改进管理方式切实落实耕地占补平衡通知

各省、自治区、直辖市国土资源主管部门，新疆生产建设兵团国土资源局，各派驻地方的国家土地督察局：

为贯彻落实《中共中央国务院关于加强耕地保护和改进占补平衡的意见》（中发〔2017〕4号，以下简称《意见》）精神，改进耕地占补平衡管理，建立以数量为基础、产能为核心的占补新机制，通过"算大账"的方式，落实占一补一、占优补优、占水田补水田，促进耕地数量、质量和生态三位一体保护，现通知如下：

一、坚持绿色发展理念，转变补充耕地方式

各省（区、市）国土资源主管部门要按照中央加强生态文明建设的要求，在耕地占补平衡管理中更加注重生态保护。坚持绿色发展理念，转变补充耕地方式，着力通过土地整治建设高标准农田补充耕地，严格控制成片未利用地开发，切实保护生态环境。各地要依据国土规划、土地利用总体规划、土地整治规划和其他相关规划，因地制宜、合理布局；要以高标准农田建设为重点，以补充耕地数量和提高耕地质量为主要任务，有条件的地区还要注重改造水田，确定土地整治重点区域。要合理确定新增耕地来源，对于历史形成的未纳入耕地保护范围的园地、残次林地等适宜开发的农用地，经县级人民政府组织可行性评估论证、省级国土资源主管部门组织复核认定后可统筹纳入土地整治范围，新增耕地用于占补平衡。地方各级国土资源主管部门要在当地政府的组织领导下，主动与有关部门沟通协调，引导相关部门在建设高标准农田过程中，按要求注重补充耕地，在"十三五"时期全国合力建成4亿亩、力争建成6亿亩高标准农田，共同完成补充耕地任务。

二、扩大补充耕地途径，严格上图入库管理

各地要认真贯彻落实《意见》提出各类途径新增耕地经核定后可用于落实补充耕地任务的要求，系统梳理补充耕地渠道来源。对于耕地开垦费、各级政府财政投入以及社会资本、金融资本等各类资金投入所补充和改造的耕地，国土资源主管部门组织实施的土地整治、高标准农田建设和其他部门组织实施的高标准农田建设所补充和改造的耕地，以及经省级国土资源主管部门组织认定的城乡建设用地增减挂钩和历史遗留工矿废弃地复垦形成的新增耕地节余部分，均可纳入补充耕地管理，用于耕地占补平衡。部将适应拓宽渠道需要，完善全国农村土地整治监测监管系统，积极为各类项目上图入库创造条件。对于其他部门组织实施的高标准农田建设项目，地方各级国土资源主管部门要主动与同级发改、农发、水利、农业等相关部门对接，按照上图入库要求，明确项目建设范围、资金投入、新增和改造耕地面积及质量、类型、验收单位等主要内容，做好项目信息报部备案工作。

三、建立补充耕地储备库，实行指标分类管理

为落实耕地占一补一、占优补优、占水田补水田要求，以纳入农村土地整治监测监管系统的各类项目为基础，根据项目验收确认的新增耕地数量、新增水田和新增粮食产能，以县（市、区）为单位建立3类指标储备库，实行分类管理、分别使用。地方各级国土资源主管

部门要根据项目管理规定和农用地分等定级相关技术规程等，实事求是地认定新增耕地数量和类型，科学评定耕地质量等别，核算新增粮食产能。新增水田包括直接垦造的水田和由旱地、水浇地改造的水田。新增耕地的粮食产能，根据新增耕地面积和评定的质量等别计算，纳入产能储备库；提质改造耕地的新增粮食产能，根据整治的耕地面积和提升的质量等别计算，纳入产能储备库。

四、采取指标核销方式，落实耕地占补平衡

改进建设用地项目与补充耕地项目逐一挂钩的做法，按照补改结合的原则，实行耕地数量、粮食产能和水田面积3类指标核销制落实占补平衡。市、县申报单独选址建设项目用地与城市、村庄和集镇建设用地时，应明确建设拟占用耕地的数量、粮食产能和水田面积，按照占补平衡的要求，应用部耕地占补平衡动态监管系统分类分别从本县、市储备库指标中予以核销，核销信息随同用地一并报批。对于按规定允许以承诺方式补充耕地的，根据承诺内容，在申报用地时须按规定落实具体的补充耕地项目或提质改造项目并报部备案，项目验收后相关指标纳入储备库；承诺到期时，部将及时核销储备库补充耕地指标。

五、完善管理机制，规范省域内指标调剂

耕地占补平衡坚持以县域平衡为主，因省域内经济发展水平和耕地后备资源分布不均衡，确实难以在本县域内补充耕地的，以县级人民政府为主体跨县域调剂补充耕地指标。省级国土资源主管部门应建立补充耕地指标调剂平台，因地制宜统筹指标调剂。可区分情况明确调剂政策，对于重点建设项目限定指标调剂价格、优先予以保障，其他建设项目采取竞价方式调剂补充耕地指标；也可采取统一限价交易或市场交易方式，进行补充耕地指标调剂。省级国土资源主管部门应综合考虑新增耕地平均成本、资源保护补偿和管护费用，加强对指标调剂价格的管控与指导，保证调剂有序开展。对于贫困地区有资源条件产生补充耕地指标的，优先纳入调剂平台，支持获得经济收益、加快脱贫致富。

六、拓宽资金渠道，加大补充耕地投入

各省（区、市）国土资源主管部门要依据省域内土地整治新增耕地平均成本，区分耕地类型、质量状况等，会同有关部门合理制定差别化的耕地开垦费标准，提高占用优质耕地的成本。在新增建设用地土地有偿使用费转列一般公共预算后，地方各级国土资源主管部门要积极协调同级财政部门，提出预算建议，在地方政府一般公共预算中安排专项资金用于土地整治，确保土地整治工作的财政资金投入。各地要统筹使用好各部门资金，充分发挥引导和杠杆作用，积极创新实施方式，吸引社会资本、金融资本等参与土地整治和高标准农田建设，鼓励农村集体经济组织和农户投工投劳，加大补充耕地资金和人力投入，获取合理的土地收益。

七、强化监测监管，改进耕地占补平衡考核

各省（区、市）国土资源主管部门要按照有关规定，加强新增和改造耕地监管工作，确保备案的补充耕地数量、质量和水田真实可靠。对承诺补充耕地的，要建立有效的监管机制，跟踪监督、督促落实，确保承诺项目按期完成。按照占补平衡"算大账"的要求，部改进耕地占补平衡考核方式，在严格补充耕地储备指标核销管理的基础上，强化土地整治项目日常监测监管，充分利用国土资源遥感监测"一张图"和综合监管平台等信息化技术对补充和改造的耕地进行核实，必要时进行实地抽查；年终以省（区、市）为单位汇总建设

占用和补充耕地相关情况,形成考核结果,纳入省级耕地保护责任目标检查考核内容。对于监管和考核中发现存在补充和改造耕地弄虚作假、以次充好等问题的,将责令限期整改,情形严重的予以通报批评,并暂停该地区农用地转用申请受理。

八、实事求是分类处理,妥善做好政策衔接

《意见》出台前已实施的土地整治项目,区分情况分类处理,确保政策合理衔接。对于2017年1月1日前使用新增建设用地土地有偿使用费实施的土地整治项目和除耕地开垦费以外各类资金实施的高标准农田建设项目所补充的耕地,不得用于耕地占补平衡。为确保新的占补平衡管理方式顺利实施,各省(区、市)国土资源主管部门要组织地方抓紧做好已报部备案补充耕地项目的核实工作,补充耕地可用于占补平衡的,要按要求补充完善项目信息,补备耕地质量、新增水田面积等内容。自2018年4月1日起,部和省级国土资源主管部门不再受理按原管理方式落实耕地占补平衡的建设用地申请。

改进管理方式、落实耕地占补平衡是适应耕地保护形势发展需要、落实《意见》要求的一项重要改革举措。各省(区、市)国土资源主管部门要高度重视、深刻领会,掌握要求、精心部署,更加科学、务实、高效地做好补充耕地工作,确保耕地占补平衡落实到位,严守耕地红线,保障国家粮食安全。

本文件有效期5年。

2017年12月11日

8. 基本农田保护条例

(1998年12月27日国务院令第257号发布)

第一章 总 则

第一条 为了对基本农田实行特殊保护，促进农业生产和社会经济的可持续发展，根据《中华人民共和国农业法》和《中华人民共和国土地管理法》，制定本条例。

第二条 国家实行基本农田保护制度。

本条例所称基本农田，是指按照一定时期人口和社会经济发展对农产品的需求，依据土地利用总体规划确定的不得占用的耕地。

本条例所称基本农田保护区，是指为对基本农田实行特殊保护而依据土地利用总体规划和依照法定程序确定的特定保护区域。

第三条 基本农田保护实行全面规划、合理利用、用养结合、严格保护的方针。

第四条 县级以上地方各级人民政府应当将基本农田保护工作纳入国民经济和社会发展计划，作为政府领导任期目标责任制的一项内容，并由上一级人民政府监督实施。

第五条 任何单位和个人都有保护基本农田的义务，并有权检举、控告侵占、破坏基本农田和其他违反本条例的行为。

第六条 国务院土地行政主管部门和农业行政主管部门按照国务院规定的职责分工，依照本条例负责全国的基本农田保护管理工作。

县级以上地方各级人民政府土地行政主管部门和农业行政主管部门按照本级人民政府规定的职责分工，依照本条例负责本行政区域内的基本农田保护管理工作。

乡（镇）人民政府负责本行政区域内的基本农田保护管理工作。

第七条 国家对在基本农田保护工作中取得显著成绩的单位和个人，给予奖励。

第二章 划 定

第八条 各级人民政府在编制土地利用总体规划时，应当将基本农田保护作为规划的一项内容，明确基本农田保护的布局安排、数量指标和质量要求。

县级和乡（镇）土地利用总体规划应当确定基本农田保护区。

第九条 省、自治区、直辖市划定的基本农田应当占本行政区域内耕地总面积的百分之八十以上，具体数量指标根据全国土地利用总体规划逐级分解下达。

第十条 下列耕地应当划入基本农田保护区，严格管理：

（一）经国务院有关主管部门或者县级以上地方人民政府批准确定的粮、棉、油生产基地内的耕地；

（二）有良好的水利与水土保持设施的耕地，正在实施改造计划以及可以改造的中、低产田；

（三）蔬菜生产基地；

（四）农业科研、教学试验田。

根据土地利用总体规划，铁路、公路等交通沿线，城市和村庄、集镇建设用地区周边的耕地，应当优先划入基本农田保护区；需要退耕还林、还牧、还湖的耕地，不应当划入基本农田保护区。

第十一条 基本农田保护区以乡（镇）为单位划区定界，由县级人民政府土地行政主管部门会同同级农业行政主管部门组织实施。

划定的基本农田保护区，由县级人民政府设立保护标志，予以公告，由县级人民政府土地行政主管部门建立档案，并抄送同级农业行政主管部门。任何单位和个人不得破坏或者擅自改变基本农田保护区的保护标志。

基本农田划区定界后，由省、自治区、直辖市人民政府组织土地行政主管部门和农业行政主管部门验收确认，或者由省、自治区人民政府授权设区的市、自治州人民政府组织土地行政主管部门和农业行政主管部门验收确认。

第十二条 划定基本农田保护区时，不得改变土地承包者的承包经营权。

第十三条 划定基本农田保护区的技术规程，由国务院土地行政主管部门会同国务院农业行政主管部门制定。

第三章　保　　护

第十四条 地方各级人民政府应当采取措施，确保土地利用总体规划确定的本行政区域内基本农田的数量不减少。

第十五条 基本农田保护区经依法划定后，任何单位和个人不得改变或者占用。国家能源、交通、水利、军事设施等重点建设项目选址确实无法避开基本农田保护区，需要占用基本农田，涉及农用地转用或者征用土地的，必须经国务院批准。

第十六条 经国务院批准占用基本农田的，当地人民政府应当按照国务院的批准文件修改土地利用总体规划，并补充划入数量和质量相当的基本农田。占用单位应当按照占多少、垦多少的原则，负责开垦与所占基本农田的数量与质量相当的耕地；没有条件开垦或者开垦的耕地不符合要求的，应当按照省、自治区、直辖市的规定缴纳耕地开垦费，专款用于开垦新的耕地。

占用基本农田的单位应当按照县级以上地方人民政府的要求，将所占用基本农田耕作层的土壤用于新开垦耕地、劣质地或者其他耕地的土壤改良。

第十七条 禁止任何单位和个人在基本农田保护区内建窑、建房、建坟、挖砂、采石、采矿、取土、堆放固体废弃物或者进行其他破坏基本农田的活动。

禁止任何单位和个人占用基本农田发展林果业和挖塘养鱼。

第十八条 禁止任何单位和个人闲置、荒芜基本农田。经国务院批准的重点建设项目占用基本农田的，满1年不使用而又可以耕种并收获的，应当由原耕种该幅基本农田的集体或者个人恢复耕种，也可以由用地单位组织耕种；1年以上未动工建设的，应当按照省、自治区、直辖市的规定缴纳闲置费；连续2年未使用的，经国务院批准，由县级以上人民政府无偿收回用地单位的土地使用权；该幅土地原为农民集体所有的，应当交由原农村集体经济组织恢复耕种，重新划入基本农田保护区。

承包经营基本农田的单位或者个人连续2年弃耕抛荒的，原发包单位应当终止承包合同，收回发包的基本农田。

第十九条 国家提倡和鼓励农业生产者对其经营的基本农田施用有机肥料，合理施用化肥和农药。利用基本农田从事农业生产的单位和个人应当保持和培肥地力。

第二十条 县级人民政府应当根据当地实际情况制定基本农田地力分等定级办法，由农业行政主管部门会同土地行政主管部门组织实施，对基本农田地力分等定级，并建立档案。

第二十一条 农村集体经济组织或者村民委员会应当定期评定基本农田地力等级。

第二十二条 县级以上地方各级人民政府农业行政主管部门应当逐步建立基本农田地力与施肥效益长期定位监测网点，定期向本级人民政府提出基本农田地力变化状况报告以及相应的地力保护措施，并为农业生产者提供施肥指导服务。

第二十三条 县级以上人民政府农业行政主管部门应当会同同级环境保护行政主管部门对基本农田环境污染进行监测和评价，并定期向本级人民政府提出环境质量与发展趋势的报告。

第二十四条 经国务院批准占用基本农田兴建国家重点建设项目的，必须遵守国家有关建设项目环境保护管理的规定。在建设项目环境影响报告书中，应当有基本农田环境保护方案。

第二十五条 向基本农田保护区提供肥料和作为肥料的城市垃圾、污泥的，应当符合国家有关标准。

第二十六条 因发生事故或者其他突然性事件，造成或者可能造成基本农田环境污染事故的，当事人必须立即采取措施处理，并向当地环境保护行政主管部门和农业行政主管部门报告，接受调查处理。

第四章 监督管理

第二十七条 在建立基本农田保护区的地方，县级以上地方人民政府应当与下一级人民政府签订基本农田保护责任书；乡（镇）人民政府应当根据与县级人民政府签订的基本农田保护责任书的要求，与农村集体经济组织或者村民委员会签订基本农田保护责任书。

基本农田保护责任书应当包括下列内容：

（一）基本农田的范围、面积、地块；
（二）基本农田的地力等级；
（三）保护措施；
（四）当事人的权利与义务；
（五）奖励与处罚。

第二十八条 县级以上地方人民政府应当建立基本农田保护监督检查制度，定期组织土地行政主管部门、农业行政主管部门以及其他有关部门对基本农田保护情况进行检查，将检查情况书面报告上一级人民政府。被检查的单位和个人应当如实提供有关情况和资料，不得拒绝。

第二十九条 县级以上地方人民政府土地行政主管部门、农业行政主管部门对本行政区域内发生的破坏基本农田的行为，有权责令纠正。

第五章 法律责任

第三十条 违反本条例规定，有下列行为之一的，依照《中华人民共和国土地管理法》和《中华人民共和国土地管理法实施条例》的有关规定，从重给予处罚：

（一）未经批准或者采取欺骗手段骗取批准，非法占用基本农田的；
（二）超过批准数量，非法占用基本农田的；
（三）非法批准占用基本农田的；

（四）买卖或者以其他形式非法转让基本农田的。

第三十一条 违反本条例规定，应当将耕地划入基本农田保护区而不划入的，由上一级人民政府责令限期改正；拒不改正的，对直接负责的主管人员和其他直接责任人员依法给予行政处分或者纪律处分。

第三十二条 违反本条例规定，破坏或者擅自改变基本农田保护区标志的，由县级以上地方人民政府土地行政主管部门或者农业行政主管部门责令恢复原状，可以处1000元以下罚款。

第三十三条 违反本条例规定，占用基本农田建窑、建房、建坟、挖砂、采石、采矿、取土、堆放固体废弃物或者从事其他活动破坏基本农田，毁坏种植条件的，由县级以上人民政府土地行政主管部门责令改正或者治理，恢复原种植条件，处占用基本农田的耕地开垦费1倍以上2倍以下的罚款；构成犯罪的，依法追究刑事责任。

第三十四条 侵占、挪用基本农田的耕地开垦费，构成犯罪的，依法追究刑事责任；尚不构成犯罪的，依法给予行政处分或者纪律处分。

第六章 附 则

第三十五条 省、自治区、直辖市人民政府可以根据当地实际情况，将其他农业生产用地划为保护区。保护区内的其他农业生产用地的保护和管理，可以参照本条例执行。

第三十六条 本条例自1999年1月1日起施行。1994年8月18日国务院发布的《基本农田保护条例》同时废止。

9. 自然资源部关于健全建设用地"增存挂钩"机制的通知

名　　称：自然资源部关于健全建设用地"增存挂钩"机制的通知
索　引　号：000019174/2018-00411　　主　　题：部门规范性文件
发文字号：自然资规〔2018〕1号　　　　发布机构：自然资源部
生成日期：2018年06月25日　　　　　　体　　裁：通知
实施日期：2018年06月25日　　　　　　废止日期：

各省、自治区、直辖市自然资源主管部门，新疆生产建设兵团自然资源主管部门，各派驻地方的国家土地督察局：

为积极促进节约集约用地，以土地利用方式转变推动形成绿色发展方式和生活方式，实现高质量发展，现就消化批而未供土地和盘活利用闲置土地的有关事项通知如下：

一、大力推进土地利用计划"增存挂钩"。各级自然资源主管部门分解下达新增建设用地计划，要把批而未供和闲置土地数量作为重要测算指标，逐年减少批而未供、闲置土地多和处置不力地区的新增建设用地计划安排。要明确各地区处置批而未供和闲置土地具体任务和奖惩要求，对两项任务均完成的省份，国家安排下一年度计划时，将在因素法测算结果基础上，再奖励10%新增建设用地计划指标；任一项任务未完成的，核减20%新增建设用地计划指标。

二、规范认定无效用地批准文件。各省（区、市）要适时组织市、县对已经合法批准的用地进行清查，清理无效用地批准文件。农用地转用或土地征收经依法批准后，两年内未用地或未实施征地补偿安置方案的，有关批准文件自动失效；对已实施征地补偿安置方案，因相关规划、政策调整、不具备供地条件的土地，经市、县人民政府组织核实现场地类与批准前一致的，在处理好有关征地补偿事宜后，可由市、县人民政府逐级报原批准机关申请撤回用地批准文件。

三、有效处置闲置土地。对于企业原因造成的闲置土地，市、县自然资源主管部门应及时调查认定，依法依规收缴土地闲置费或收回。对于非企业原因造成的闲置土地，应在本级政府领导下，分清责任，按规定处置。闲置工业用地，除按法律规定、合同约定应收回的情形外，鼓励通过依法转让、合作开发等方式盘活利用。其中，用于发展新产业新业态的，可以依照《产业用地政策实施工作指引》和相关产业用地政策，适用过渡期政策；依据规划改变用途的，报市、县级人民政府批准后，按照新用途或者新规划条件重新办理相关用地手续。

四、做好批而未供和闲置土地调查确认。对于失效的或撤回的用地批准文件，由市、县人民政府逐级汇总上报，省级自然资源主管部门组织实地核实后，适时汇总报部。部在相关信息系统中予以标注，用地不再纳入批而未供土地统计，相关土地由县级自然资源主管部门在年度变更调查中按原地类认定，相应的土地利用计划、耕地占补平衡指标、相关税费等仍然有效，由市、县人民政府具体核算。对于闲置土地，地方各级自然资源主管部门要按照实际情况和有关要求，对土地市场动态监测监管系统中的数据进行确认，并在本地政府组织领导下尽早明确处置原则、适用类型和盘活利用方式等。

五、加强"增存挂钩"机制运行的监测监管。地方各级自然资源主管部门要充分依托部综合信息监管平台，加强建设用地"增存挂钩"机制运行情况的监测监管。国家土地督察机构要将批而未供和闲置土地及处置情况纳入督察工作重点。对于批而未供和闲置土地面积较大、处置工作推进不力或者弄虚作假的地区，依照有关规定发出督察意见，责令限期整改。

本文件自下发之日起执行，有效期五年。

自然资源部
2018年6月25日

三、测绘法规

1. 国土资源部 国家测绘地理信息局关于加快使用 2000 国家大地坐标系的通知

国土资发〔2017〕30 号

各省、自治区、直辖市国土资源主管部门、测绘地理信息行政主管部门，新疆生产建设兵团国土资源局，中国地质调查局及部其他直属单位，各派驻地方的国家土地督察局：

按照国务院关于推广使用 2000 国家大地坐标系的有关要求，国土资源部确定，2018 年 6 月底前完成全系统各类国土资源空间数据向 2000 国家大地坐标系转换，2018 年 7 月 1 日起全面使用 2000 国家大地坐标系。现将有关事项通知如下：

一、充分认识使用 2000 国家大地坐标系的重要性和紧迫性

2000 国家大地坐标系是我国自主建立、适应现代空间技术发展趋势的地心坐标系。经国务院批准，我国自 2008 年 7 月 1 日起启用 2000 国家大地坐标系，到 2018 年全面完成 2000 国家大地坐标系转换工作。届时，国家测绘地理信息局将停止提供非 2000 国家大地坐标系下的测绘成果。

国土资源数据以空间数据为主，支撑着各级国土资源日常管理和监管工作，并为国民经济和社会发展、社会公众提供了广泛的信息服务。随着生态文明建设的深化、国土规划和多规合一的全面实施，以及自然资源统一确权登记和用途管制工作的推进，国土资源数据在跨部门共享中的本底作用日益突出。为推进国土资源数据应用与共享，提高国土资源数据服务水平，需要在国土资源系统全面开展 2000 国家大地坐标系的转换和使用工作。

各级国土资源主管部门要充分认识 2000 国家大地坐标系转换和推广使用工作的重要性、紧迫性，做好工作部署，采取切实有效措施，按时完成 2000 国家大地坐标系转换工作。各级测绘地理信息行政主管部门和技术单位要全力配合，做好技术支持工作。

二、明确使用 2000 国家大地坐标系的目标任务和总体要求

（一）目标任务。2018 年 7 月 1 日起，国土资源系统全面采用 2000 国家大地坐标系。具体任务如下：

1. 完成存量数据转换。各级国土资源主管部门按照《国土资源数据 2000 国家大地坐标系转换技术要求》（见附件，以下简称《技术要求》），根据实际需要，分出轻重缓急，组织完成支撑国土资源日常管理工作的各类存量空间数据向 2000 国家大地坐标系转换工作。

2. 推广使用2000国家大地坐标系。在各类国土资源调查评价和地质调查工作中，采用2000国家大地坐标系。各级国土资源主管部门受理各类报件申请时，应只接收使用2000国家大地坐标系的数据材料。根据工作需要仍采用相对独立的平面坐标系的地方，要建立与2000国家大地坐标系的有效联系。

3. 开展过渡期实时数据转换。在本级已完成2000国家大地坐标系转换工作而下级单位尚未完成的过渡期内，使用嵌入坐标系转换插件的方法，开展对上报数据2000国家大地坐标系的实时转换工作。

（二）职责分工。按照"统一组织、分级实施、立足实际、全面推进"的原则，各级国土资源主管部门负责组织推进本辖区坐标转换工作，在部署和推进相关业务工作时做好衔接。各国土资源数据采集、管理和使用单位对本单位的坐标转换工作负总责。

1. 国土资源部统一组织和部署全国国土资源数据2000国家大地坐标系转换工作，制订坐标转换技术要求，组织中国地质调查局及部其他直属单位完成部本级数据转换以及与地方上报数据的衔接。

2. 省级国土资源主管部门统筹推进本辖区国土资源数据的2000国家大地坐标系转换工作，在组织完成省本级数据转换工作的同时，指导和督促市、县完成相关工作，并在国土资源空间数据采集和上报工作中向2000国家大地坐标系平稳过渡。

3. 市、县级国土资源主管部门按照部的统一部署和省级国土资源主管部门的具体要求，根据本地实际，组织有关单位完成本级国土资源存量数据的转换工作，在空间数据采集工作中采用2000国家大地坐标系。部分工作仍需采用相对独立的平面坐标系的，要建立与2000国家大地坐标系的有效联系。

4. 国家测绘地理信息局协助国土资源部制订技术要求，对部本级数据转换工作提供技术支持，组织各级测绘地理信息行政主管部门和技术单位对国土资源系统2000国家大地坐标系转换和使用工作提供技术支持和服务。

（三）进度要求。2018年6月底前，全面完成国土资源空间数据2000国家大地坐标系转换工作，具体进度安排如下：

1. 2017年底前，部本级完成各类存量国土资源数据和地质调查数据的转换工作，开发数据在线转换工具软件，实现对上报的非2000国家大地坐标系数据进行实时转换。

2. 2018年6月底前，省级和市、县级分别完成本级存量数据转换工作，数据的上传和下发过渡到全面采用2000国家大地坐标系。

3. 2018年7月1日以后，在全国国土资源数据采集、管理、应用和服务等各环节，全面采用2000国家大地坐标系。对于2018年7月1日以前已经开展的涉及空间数据采集工作的项目，可仍采用原先设定的坐标系，待项目完成后，再对数据进行统一的2000国家大地坐标系转换。

三、采取有效措施，保障各项工作按时完成

（一）加强组织领导。国土资源数据2000国家大地坐标系转换工作时间紧、任务重。各级国土资源主管部门要精心组织、周密部署，做好无缝衔接和平稳过渡。省级国土资源主管部门要成立相应的组织协调机构，加强本辖区2000国家大地坐标系使用工作的组织实施和督促检查。各级测绘地理信息行政主管部门要组织技术单位，做好坐标转换工作的技术支持与指导。负责坐标转换工作的各相关单位要在人、财、物上予以充分保障，确保坐标系转换工作的顺利实施。

（二）严格质量管理。为保证转换后数据的准确性和完整性，在 2000 国家大地坐标系的转换工作中，各部门、各单位应严格遵循《技术要求》和相关技术标准、规定，严格质量控制，在测绘地理信息技术单位的协助下完成坐标转换成果的评定和验收。

（三）抓好数据安全。负责坐标转换工作的部门和单位在 2000 国家大地坐标系转换工作中，要高度重视数据安全，严格遵守相关法律、法规，健全数据安全管理制度，切实保障数据转换处理各个环节的数据安全。

（四）做好培训宣传。各级国土资源主管部门要在测绘地理信息行政主管部门的支持下，开展多种形式的技术培训与交流。同时，通过报刊、网站等媒体向社会发布公告，做好宣传与引导，使社会的单位、企业、个人对国土资源系统使用 2000 国家大地坐标系予以支持和配合。

附件：国土资源数据 2000 国家大地坐标系转换技术要求

附件

国土资源数据 2000 国家大地坐标系转换技术要求

国土资源部
国家测绘地理信息局
2017 年 2 月

目　录

一、坐标转换的数据内容
二、坐标转换基本要求
三、矢量数据的转换
　（一）转换工作流程
　（二）转换方法
　　1. 管理单元（以县或者单图幅）转换方法
　　2. 空间数据库转换方法
四、栅格数据转换
　（一）分幅转换流程
　（二）分景数据转换流程
　（三）转换方法
　　1. 文件形式栅格数据转换方法
　　2. 标准分幅栅格数据转换方法

五、相对独立的平面坐标系与2000国家大地坐标系建立联系的方法
　　（一）相对独立的平面坐标系统控制点建立联系的方法
　　（二）相对独立的平面坐标系统下空间图形转换
附录A：点位坐标转换方法
附录B：坐标转换改正量计算
附录C：双线性内插方法
附录D：常用坐标转换模型
附录E：高斯投影正反算公式
附录F：子午线弧长和底点纬度计算公式

本技术要求规定了国土资源数据内容、转换基本要求、国土资源存量数据及增量数据由1980西安坐标系到2000国家大地坐标系的技术流程、转换方法及转换步骤，相对独立的平面坐标系与2000国家大地坐标系建立的联系方法等内容。

一、坐标转换的数据内容

全面梳理、合理评估国土资源各项调查、勘界、评价、资源管理等空间数据，根据实际需要，按照"应转尽转"的原则，转换为2000国家大地坐标系。国土资源数据应涵盖实际应用需要的各级各类国土资源空间数据，主要包括遥感影像、土地利用现状、土地利用总体规划、矿产资源总体规划、土地整治规划、农用地分等、基本农田、土地资源批、供、用、补、矿产资源勘查、开发、基础地质、区域地质、地球物理、地球化学等各级各类相关数据。

二、坐标转换基本要求

坐标转换应遵循以下基本要求：

1. 1∶5万及以小比例尺数据库转换可利用国家测绘地理信息局提供的1∶5万1980西安坐标系到2000国家大地坐标系图幅改正量，点位坐标按双线性内插方法（见附录C）进行逐点转换，点位数据及矢量数据也可利用两个坐标系下的重合点作为控制点计算转换参数，使用此参数实现数据转换（见附录A）。栅格数据按本要求中第四部分介绍的方法实施转换。

2. 1∶1万比例尺空间数据的转换采用国家测绘地理信息局提供的1∶1万比例尺1980西安坐标系到2000国家大地坐标系图幅改正量通过双线性内插的方法逐点计算改正量。也可采用按（2°×3°）进行分区，逐区计算转换参数，按点位转换方法进行转换。计算模型见附录A。

3. 1∶1万以大比例尺下点位数据按点位坐标的转换方法逐点进行坐标转换和转换精度评定，见附录A精度评定（不包括建立相对独立的平面坐标系的各类数据对应的比例尺）。

4. 原1980西安坐标系下建立的相对独立的平面坐标系按与1980西安坐标系建立联系的方法建立与2000国家大地坐标系的联系，模型和方法见第五部分。

5. 1954北京坐标系下的数据，先转换为1980西安坐标系，再转换为2000国家大地坐标系。1954北京坐标系转换为1980西安坐标系的方法参照测绘部门发布的技术方法。

三、矢量数据的转换

矢量数据的转换，以 1∶1 万比例尺数据为例。

（一）转换工作流程

根据 1980 西安坐标系向 2000 国家大地坐标系转换相应比例尺地形图坐标转换改正量，采用逐要素逐点转换法进行坐标转换或平移方法进行坐标转换，见图 1。

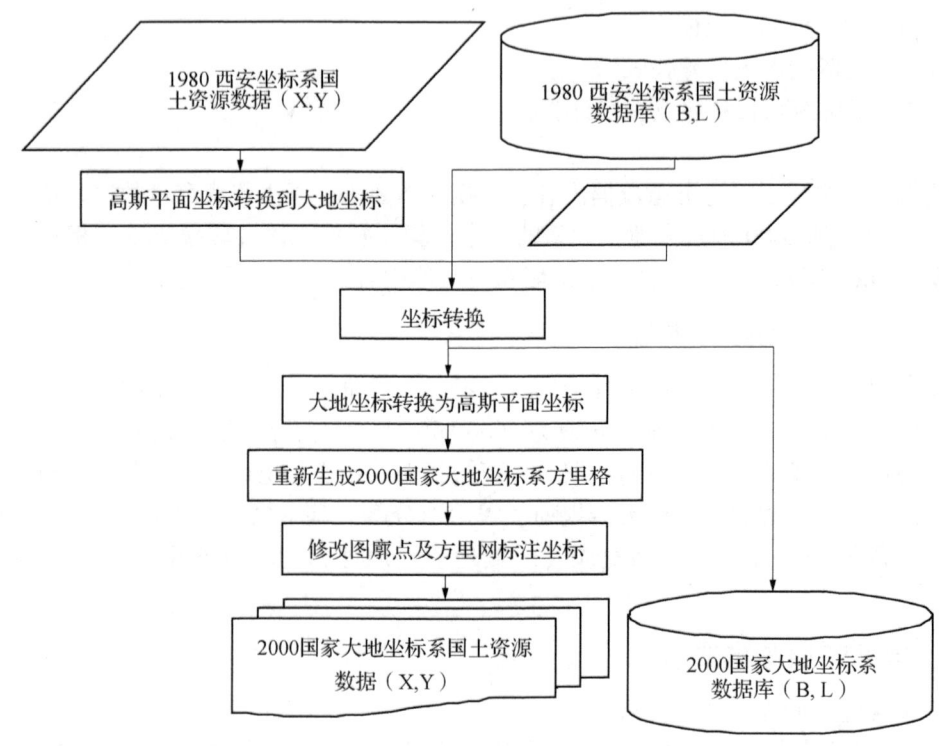

图 1　矢量数据转换技术流程图

（二）转换方法

国土资源数据以空间数据库或管理单元（以县或者单图幅）存放。其存储方式不同，转换到 2000 国家大地坐标系下方法有所不同。

1. 管理单元（以县或者单图幅）转换方法

（1）获取 1980 西安坐标系各要素的坐标，计算其 2000 国家大地坐标系下各要素的坐标；

（2）将 2000 国家大地坐标系下各要素的坐标写回原要素；

（3）添加 2000 国家大地坐标系下新的方里格网层及标注，删除原方里格网数据层及方里网标注坐标、图廓标注。

该数据成果为 2000 国家大地坐标系，其有效图范围为原 1980 西安坐标系范围。

计算 2000 国家大地坐标系坐标流程图见图 2，其中 1980 西安坐标系高斯平面直角坐标转换流程见图（a），1980 西安坐标系大地坐标转换流程见图（b）。

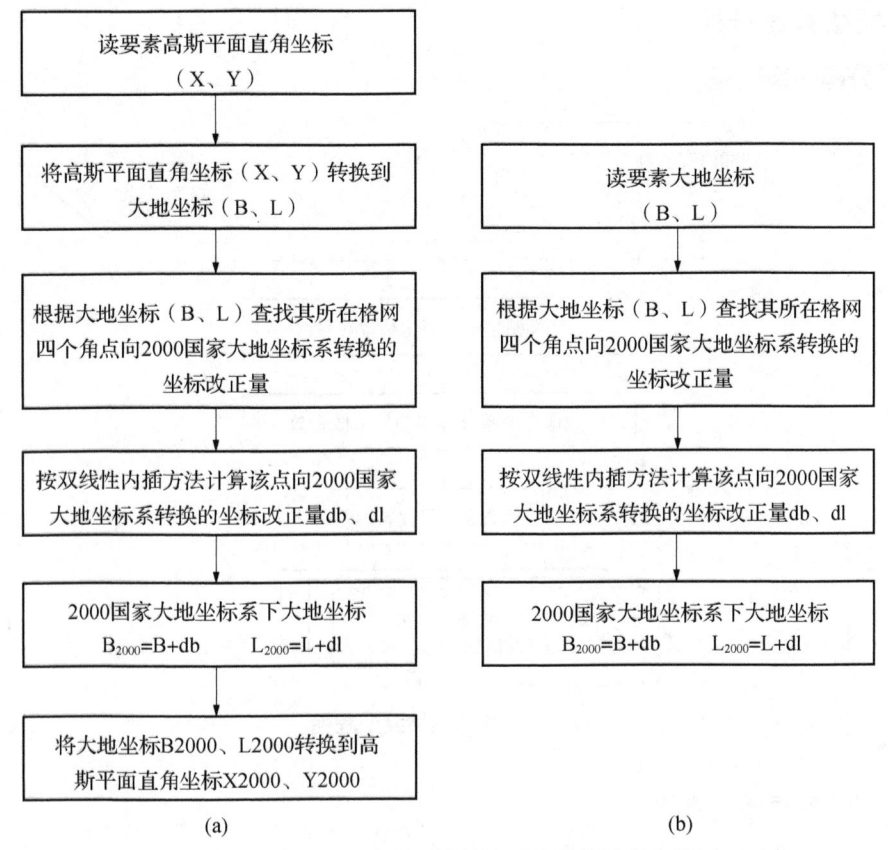

图 2　矢量数据转换流程图
（a）高斯平面坐标图；（b）大地坐标图

2. 空间数据库转换方法

连接后台数据库，加载空间数据库中每个要素类，读取各要素1980西安坐标系坐标，逐点计算2000国家大地坐标系下各要素坐标，将2000国家大地坐标系下的要素存储到空间数据库中新建的要素类，具体方法如下：

（1）新建一个与原要素类结构相同的新要素类；

（2）获取各要素1980西安坐标系坐标，逐点计算2000国家大地坐标系下各要素的坐标；

（3）将2000国家大地坐标系下要素写入新建要素类；

（4）添加2000国家大地坐标系下新的方里格网层，删除原方里格网数据层；

（5）更新相关字段属性值。

四、栅格数据转换

（一）分幅转换流程

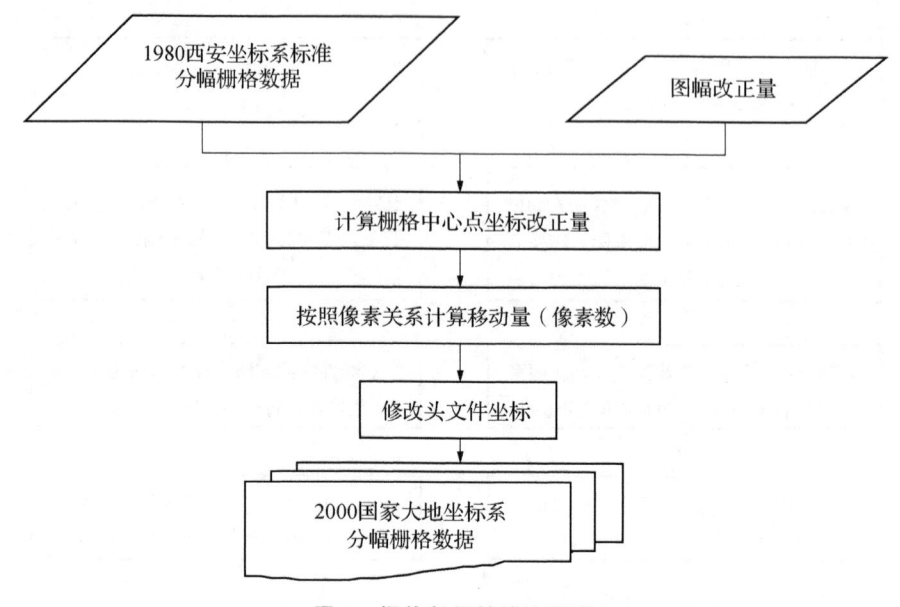

图 3　栅格数据转换流程图

（二）分景数据转换流程

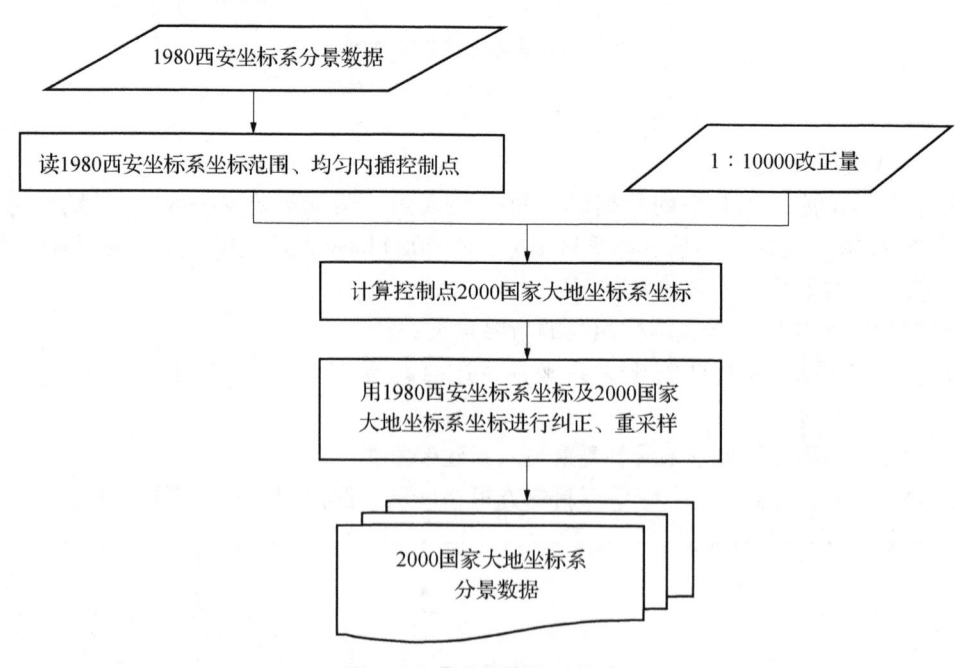

图 4　分景数据转换流程图

（三）转换方法

栅格数据以文件形式和数据库形式存放，其存储方式不同，转换到 2000 国家大地坐标系下方法有所不同。

1. 文件形式栅格数据转换方法

（1）获取 1980 西安坐标系栅格数据坐标范围，可依据区域大小、区域形状、精度要求高低等技术参数均匀内插部分控制点（5公里），计算其 2000 国家大地坐标系下的坐标；

（2）用 1980 西安坐标系坐标及 2000 国家大地坐标系下坐标，通过工具软件进行配准，完成数据的坐标转换；

（3）更改数据头文件中定位坐标。

2. 标准分幅栅格数据转换方法

对标准分幅栅格数据读取 1980 西安坐标系坐标头文件中定位坐标，计算数据中心点坐标"改正量"，按照像素关系计算移动量（像素数），避免图幅之间接边数据重新采样；

（1）读取 1980 西安坐标系坐标头文件中定位坐标，计算数据中心点坐标"改正量"；

（2）更改数据头文件中定位坐标。

五、相对独立的平面坐标系与 2000 国家大地坐标系建立联系的方法

（一）相对独立的平面坐标系统控制点建立联系的方法

利用坐标转换方法将相对独立的平面坐标系统下控制点成果转换到 2000 国家大地坐标系下。

（1）相对独立的平面坐标系与 2000 国家大地坐标系转换技术流程如图 5。

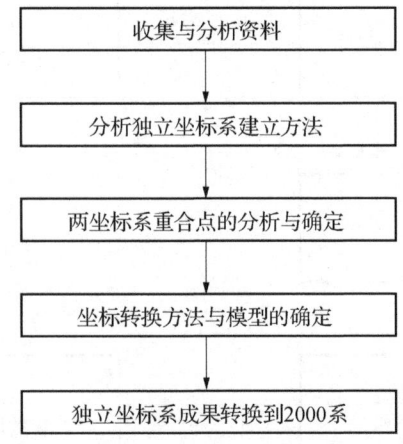

图 5　相对独立的平面坐标系转换技术流程

（2）重合点选取原则

择优选取地方控制网的起算点及高精度控制点、周围国家高精度的控制点，大中城市至少选取 5 个重合点（城外 4 个，市内中心 1 个）；小城市在城市外围至少选取 4 个重合点，重合点要分布均匀，包围城市区域，并在城市内部选定至少 6 个均匀分布的重合点对坐标转换精度进行检核。

（3）转换模型确定

建立相对独立的平面坐标系统与 2000 国家大地坐标系联系时，坐标转换模型要同时适用于地方控制点转换和城市数字地图的转换。一般采用平面四参数转换模型，重合点较多时可采用多元逐步回归模型。当相对独立的平面坐标系统控制点和数字地图均为三维地心坐标时，采用 Bursa 七参数转换模型。坐标转换中误差应小于 0.05 米。

（二）相对独立的平面坐标系统下空间图形转换

采用点对点转换法完成相对独立的平面坐标系统下空间数据数字地形图到 2000 国家大地坐标系的转换，转换后相邻图幅不存在接边问题。具体步骤如下：

- 利用控制点的转换模型和参数，对相对独立的平面坐标系统下数字地形图进行转换，形成 2000 国家大地坐标系地形图。
- 根据转换后的图幅四个图廓点在 2000 国家大地坐标系下的坐标，重新划分公里格网线，原公里格网线删除。
- 根据 2000 国家大地坐标系下的图廓坐标，对每幅图进行裁剪和补充。

附录 A：点位坐标转换方法

1. 坐标转换流程

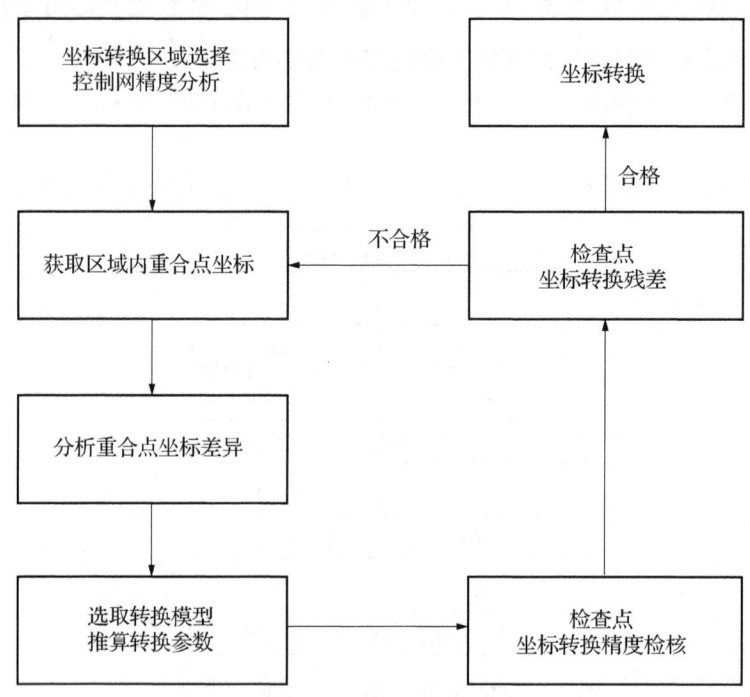

图 6　点位坐标转换流程

2. 坐标转换步骤

（1）重合点选取

坐标重合点可采用在两个坐标系下均有坐标成果的点。但最终重合点还需根据所确定的转换参数，计算重合点坐标残差，根据其残差值的大小来确定，若残差大于 3 倍中误差则剔除，重新计算坐标转换参数，直到满足精度要求为止；用于计算转换参数的重合点数量与转换区域的大小有关，但不得少于 5 个。

（2）模型选择

全国及省级范围的坐标转换选择二维七参数转换模型；省级以下的坐标转换可选择平面四参数模型。对于相对独立的平面坐标系统与 2000 国家大地坐标系的联系可采用平面四参数模型或多项式回归模型。模型选取可参照下表 1。

表1　点位坐标转换法模型选取表

重合点		转换模型	适用区域范围
所属坐标系	坐标类型		
1980西安坐标系 1954年北京坐标系	大地坐标	三维七参数	全国和省级范围 椭球面经纬差≥3°区域
		二维七参数	
		椭球面多项式拟合	
	空间直角坐标	布尔莎模型	全国及省级范围
		莫洛金斯基模型	省级以下范围
		三维四参数	<2°×2°局部区域
	平面坐标	二维四参数	局部小区域
相对独立的平面坐标系	平面坐标	二维四参数	局部小区域
		平面多项式拟合	局部小区域

（3）模型参数计算

用所确定的重合点坐标，根据坐标转换模型利用最小二乘法计算模型参数。

（4）精度检核

选择部分重合点作为外部检核点，不参与转换参数计算，用转换参数计算这些点的转换坐标与已知坐标进行比较进行外部检核。应选定至少6个均匀分布的重合点对坐标转换精度进行检核。

3. 精度评定和评估方法

分区转换及数据库转换点位的平均精度应小于图上的0.1mm。具体：

1：5万空间数据库坐标转换精度≤5.0m；

1：1万空间数据库坐标转换精度≤1.0m；

1：2000空间数据库坐标转换精度≤0.2m。

依据计算坐标转换模型参数的重合点的残差中误差评估坐标转换精度。对于n个点，坐标转换精度估计公式如下：

①V（残差）＝重合点转换坐标−重合点已知坐标

②空间直角坐标X残差中误差 $M_X = \pm\sqrt{\dfrac{[vv]_X}{n-1}}$

③空间直角坐标Y残差中误差 $M_Y = \pm\sqrt{\dfrac{[vv]_Y}{n-1}}$

④空间直角坐标Z残差中误差 $M_Z = \pm\sqrt{\dfrac{[vv]_Z}{n-1}}$

点位中误差 $M_p = \sqrt{M_X^2 + M_Y^2 + M_Z^2}$

⑤平面坐标x残差中误差 $M_x = \pm\sqrt{\dfrac{[vv]_x}{n-1}}$

⑥平面坐标y残差中误差 $M_y = \pm\sqrt{\dfrac{[vv]_y}{n-1}}$

⑦ 大地高 H 残差中误差 $M_H = \pm \sqrt{\dfrac{[vv]_H}{n-1}}$

平面点位中误差为 $M_p = \sqrt{M_x^2 + M_y^2}$

附录 B：坐标转换改正量计算

1∶1 万格网点坐标转换改正量计算时一般按（2°×3°）进行分区，并对每个分区向外扩充约 20′，分别解算出各分区的转换参数后，利用确定的转换方法与转换模型分别计算全国 1∶1 万格网点的 2000 国家大地坐标系坐标 B_{2000}，L_{2000}，进而求出各点的 1980 西安坐标系与 2000 国家大地坐标系的差值 DB_{802000}，DL_{802000}（$B_{2000}-B_{80}$，$L_{2000}-L_{80}$），形成全国 1∶1 万格网点的 1980 西安坐标系与 2000 国家大地坐标系的转换改正量 DB_{802000}，DL_{802000}。

大地坐标改正量计算公式：

$$dB = -\dfrac{\Delta x}{M}\sin B\cos L - \dfrac{\Delta y}{M}\sin B\sin L + \dfrac{\Delta z}{M}\cos B + \dfrac{1}{M}\left[\dfrac{e^2}{W}\Delta a + \dfrac{N}{2W^2}(2-e^2\sin^2 B)\Delta e^2\right]\sin B\cos B$$

$$dL = -\dfrac{1}{N\cos B}(\Delta x\sin L - \Delta y\cos L)$$

式中：Δa，Δe^2 分别为 IAG-75 椭球与 2000 国家大地坐标系椭球长半径、第一偏心率平方之差。即 $\Delta a = a_{2000} - a_{80}$，$\Delta e^2 = e_{2000}^2 - e_{80}^2$。

则各个点在 2000 国家大地坐标系中的大地坐标为：

$B_{2000} = B_{80} + dB$　　$L_{2000} = L_{80} + dL$

- 根据转换的 B_{2000}，L_{2000}，采用高斯投影正算公式计算相应的高斯平面坐标 X_{2000}，Y_{2000}。
- 求取全国 1∶1 万以大比例尺格网点的转换改正量

$DX_1 = X_{2000} - X_{80}$

$DY_1 = Y_{2000} - Y_{80}$

全国 1954 年北京坐标系向 2000 国家大地坐标系转换改正量计算采用两步法：首先计算 1954 年北京坐标系向 1980 西安坐标系转换改正量，其次计算 1980 西安坐标系向 2000 国家大地坐标系转换改正量，最后将两改正量叠加形成 1954 年北京坐标系向 2000 国家大地坐标系转换改正量。

附录 C：双线性内插方法

以图所示标记说明方法，已知待插点 (x, y) 周围 4 个邻点的 Z 值，设待插值 $Z(x, y)$ 与它们在 x、y 两个方向上均线性相关，则在 x 方向（或 y 方向）内插两次，得到如图中插值 $Z(m, y)$ 和 $Z(x, n)$，再在 y 方向（或 x 方向）内插一次，得到 (x, y) 点的改正值 $Z(x, y)$。该方法称为双线性内插。

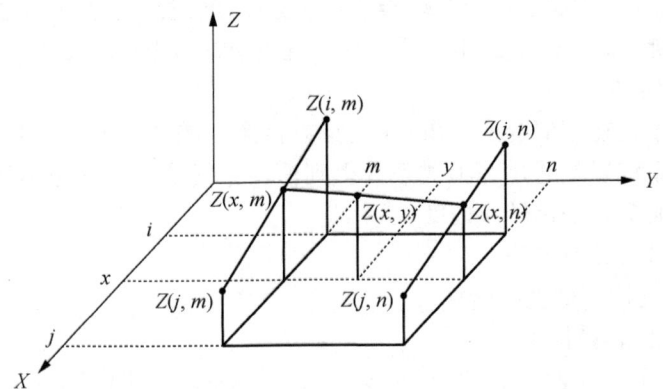

图 7　双线性内插示意图

结合图，双线性内插公式：

$Z(x, m) = Z(i, m) + [Z(j, m) - Z(i, m)] \times [(j-x) \div (j-i)]$

$Z(x, n) = Z(i, n) + [Z(j, n) - Z(i, n)] \times [(j-x) \div (j-i)]$

$Z(x, y) = Z(x, n) + [Z(x, n) - Z(x, m)] \times [(n-y) \div (n-m)]$

附录 D：常用坐标转换模型

1. 二维七参数转换模型

$$\begin{bmatrix} \Delta L \\ \Delta B \end{bmatrix} = \begin{bmatrix} -\dfrac{\sin L}{N\cos B}\rho'' & \dfrac{\cos L}{N\cos B}\rho'' & 0 \\ -\dfrac{\sin B\cos L}{M}\rho'' & -\dfrac{\sin B\sin L}{M}\rho'' & \dfrac{\cos B}{M}\rho'' \end{bmatrix} \begin{bmatrix} \Delta X \\ \Delta Y \\ \Delta Z \end{bmatrix} +$$

$$\begin{bmatrix} \text{tg}B\cos L & \text{tg}B\sin L & -1 \\ -\sin L & \cos L & 0 \end{bmatrix} \begin{bmatrix} \varepsilon_x \\ \varepsilon_y \\ \varepsilon_z \end{bmatrix} \begin{bmatrix} 0 \\ -\dfrac{N}{M}e^2\sin B\cos B\rho'' \end{bmatrix} m$$

$$+ \begin{bmatrix} 0 & 0 \\ \dfrac{N}{Ma}e^2\sin B\cos B\rho'' & \dfrac{(2-e^2\sin^2 B)}{1-f}\sin B\cos B\rho'' \end{bmatrix} \begin{bmatrix} \Delta a \\ \Delta f \end{bmatrix}$$

其中：ΔB，ΔL 同一点位在两个坐标系下的纬度差、经度差，单位为弧度，

　　　Δa，Δf 椭球长半轴差（单位米）、扁率差（无量纲），

　　　ΔX，ΔY，ΔZ 平移参数，单位为米，

　　　ε_x，ε_y，ε_z 旋转参数，单位为弧度，

　　　m 尺度参数（无量纲）。

2. 平面四参数转换模型

属于两维坐标转换，对于三维坐标，需将坐标通过高斯投影变换得到平面坐标再计算转换参数。

平面直角坐标转换模型：

$$\begin{bmatrix} x_2 \\ y_2 \end{bmatrix} = \begin{bmatrix} x_0 \\ y_0 \end{bmatrix} + (1+m)\begin{bmatrix} \cos\alpha & -\sin\alpha \\ \sin\alpha & \cos\alpha \end{bmatrix}\begin{bmatrix} x_1 \\ y_1 \end{bmatrix}$$

其中，x_0，y_0 为平移参数，α 为旋转参数，m 为尺度参数。x_2，y_2 为 2000 国家大地坐标系下的平面直角坐标，x_1，y_1 为原坐标系下平面直角坐标。坐标单位为米。

3. 综合法坐标转换

所谓综合法即就是在相似变换（Bursa 七参数转换）的基础上，再对空间直角坐标残差进行多项式拟合，系统误差通过多项式系数得到消弱，使统一后的坐标系框架点坐标具有较好的一致性，从而提高坐标转换精度。

综合法转换模型及转换方法：

- 利用重合点先用相似变换转换

Bursa 七参数坐标转换模型

$$\begin{bmatrix} X_T \\ Y_T \\ Z_T \end{bmatrix} = \begin{bmatrix} \Delta X \\ \Delta Y \\ \Delta Z \end{bmatrix} + \begin{bmatrix} 0 & -Z_S & Y_S \\ Z_S & 0 & -X_S \\ -Y_S & X_S & 0 \end{bmatrix} \begin{bmatrix} \varepsilon_X \\ \varepsilon_Y \\ \varepsilon_Z \end{bmatrix} + m \begin{bmatrix} X_S \\ Y_S \\ Z_S \end{bmatrix} + \begin{bmatrix} X_S \\ Y_S \\ Z_S \end{bmatrix}$$

式中，3 个平移参数 $[\Delta X \quad \Delta Y \quad \Delta Z]^T$，3 个旋转参数 $[\varepsilon_X \quad \varepsilon_Y \quad \varepsilon_Z]^T$ 和 1 个尺度参数 m。

- 对相似变换后的重合点残差 V_X，V_Y，V_Z 采用多项式拟合

- V_X 或 V_Y 或 $V_Z = \sum_{i=0}^{K} \sum_{j=0}^{i} a_{ij} B_S^{i-j} L_S^j$

式中：B，L 单位：弧度；K 为拟合阶数；a_{ij} 为系数，通过最小二乘求解。

附录 E：高斯投影正反算公式

1. 高斯投影正算公式

$$x = X + Nt\cos^2 B \frac{l^2}{\rho^2} \left[0.5 + \frac{1}{24}(5 - t^2 + 9\eta^2 + 4\eta^4)\cos^2 B \frac{l^2}{\rho^2} + \frac{1}{720}(61 - 58t^2 + t^2)\cos^4 B \frac{l^4}{\rho^4} \right]$$

$$y = N\cos B \frac{l}{\rho} \left[1 + \frac{1}{6}(1 - t^2 + \eta^2)\cos^2 B \frac{l^2}{\rho^2} + \frac{1}{120}(5 - 18t^2 + t^4 + 14\eta^2 - 58\eta^2 t^2)N\cos^4 B \frac{l^4}{\rho^4} \right]$$

公式中子午线弧长 X 及公式中相关变量的计算见附录 F。

2. 高斯投影反算公式

$$B = B_f - \frac{\rho t_f}{2M_f} y \left(\frac{y}{N_f} \right) \left[1 - \frac{1}{12}(5 + 3t_f^2 + \eta_f^2 - 9\eta_f^2 t_f^2)\left(\frac{y}{N_f}\right)^2 + \frac{1}{360}(61 + 90t_f^2 + 45t_f^4)\left(\frac{y}{N_f}\right)^4 \right]$$

$$l = \frac{\rho}{\cos B_f}\left(\frac{y}{N_f}\right)\left[1 - \frac{1}{6}(1 + 2t_f^2 + \eta_f^2)\left(\frac{y}{N_f}\right)^2 + \frac{1}{120}(5 + 28t_f^2 + 24t_f^4 + 6\eta_f^2 + 8\eta_f^2 t_f^2)\left(\frac{y}{N_f}\right)^4 \right]$$

式中：η_f、t_f 分别为按 B_f 值计算的相应量，B_f 及公式中相关变量的计算见附件 F。

附录 F：子午线弧长和底点纬度计算公式

1. 常用量定义

a 为椭球长半轴，1980 西安坐标系为 6378140m

b 为椭球短半轴

f 为椭球扁率，1980 西安坐标系为 1/298.257

$$f = \frac{a - b}{a}$$

$$b = a\sqrt{1-e^2}$$

e——第一偏心率

$$e = \frac{\sqrt{a^2 - b^2}}{a}$$

$$e^2 = 2f - f^2$$

e'——第二偏心率

$$e' = \frac{\sqrt{a^2 - b^2}}{b}$$

$$\eta^2 = e'^2\cos^2 B$$

$$t = \mathrm{tg}B$$

$$V = \sqrt{1 + e'^2\cos^2 B} \quad V^2 = 1 + \eta^2$$

$$W = \sqrt{1 - e^2\sin^2 B}$$

B——纬度，单位弧度

$$c = \frac{a^2}{b}$$

M——子午圈曲率半径 $M = \dfrac{a(1-e^2)}{W^3} = \dfrac{c}{V^3}$

N——卯酉圈曲率半径 $N = \dfrac{a}{W} = \dfrac{c}{V}$

2. 子午线弧长 X

设有子午线上两点 p1 和 p2，p1 在赤道上 p2 的纬度为 B，p1、p2 间的子午线弧长 X 计算公式

$$X = a(1-e^2)(A'\mathrm{arc}B - B'\sin 2B + C'\sin 4B - D'\sin 6B$$
$$+ E'\sin 8B - F'\sin 10B + G'\sin 12B)$$

式中

$$A' = 1 + \frac{3}{4}e^2 + \frac{45}{64}e^4 + \frac{175}{256}e^6 + \frac{11025}{16384}e^8 + \frac{43659}{65536}e^{10} + \frac{693693}{1048576}e^{12}$$

$$B' = \frac{3}{8}e^2 + \frac{15}{32}e^4 + \frac{525}{1024}e^6 + \frac{2205}{4096}e^8 + \frac{72765}{131072}e^{10} + \frac{297297}{524288}e^{12}$$

$$C' = \frac{15}{256}e^4 + \frac{105}{1024}e^6 + \frac{2205}{16384}e^8 + \frac{10395}{65536}e^{10} + \frac{1486485}{8388608}e^{12}$$

$$D' = \frac{35}{3072}e^6 + \frac{105}{4096}e^8 + \frac{10395}{262144}e^{10} + \frac{55055}{1048576}e^{12}$$

$$E' = \frac{315}{131072}e^8 + \frac{3465}{524288}e^{10} + \frac{99099}{8388608}e^{12}$$

$$F' = \frac{693}{1310720}e^{10} + \frac{9009}{5242880}e^{12}$$

$$G' = \frac{1001}{8388608}e^{12}$$

3. 底点纬度 B_f 迭代公式

$$B_0 = \frac{X}{a(1-e^2)A}, \quad B_{i+1} = B_i + \frac{X - F(B_i)}{F'(B_i)}$$

直到 $B_{i-1} - B_i$ 小于某一个指定数值，即可停止迭代。

式中

$$F(B) = a(1-e^2)[A'\mathrm{arc}B - B'\sin2B + C'\sin4B - D'\sin6B \\ + E'\sin8B - F'\sin10B + G'\sin12B]$$

$$F'(B) = a(1-e^2)[A' - 2B'\cos2B + 4C'\cos4B - 6D'\cos6B \\ + 8E'\cos8B - 10F'\cos10B + 12G'\cos12B]$$

2. 测绘工程产品价格

国家测绘局文件
国测财字〔2002〕3号

关于印发《测绘工程产品价格》和《测绘工程产品困难类别细则》的通知

各省、自治区、直辖市测绘主管部门，计划单列市测绘主管部门，局所属各单位，国务院各有关部门：

为规范测绘工程产品价格行为，保护测绘工程产品生产单位和用户的合法权益，根据《国家计委 财政部关于将部分行政事业性收费转为经营服务性收费的通知》（财政〔2001〕94号）的精神，我局制定了《测绘工程产品价格》、《测绘工程产品困难类别细则》。现印发给你们，自颁布之日起执行。对于执行中发现的问题，请及时向我们反映。

附件：
一、测绘工程产品价格
二、测绘工程产品困难类别细则

二〇〇二年一月二十八日

测绘工程产品价格

项目：大地测量

单位：元

产品名称	计量单位	价格 I	价格 II	价格 III	主要工作内容	说明
一、大地测量						
（一）三角、导线测量						
1. 标石选埋					1. 选点：选定点位，检查通视，竖旗或立高杆，确定标石类型，绘点位略图，计算图形强度，填写选点手簿及点之记，测区内迁站。 2. 造埋：标石预制，把材料、沙石运到点上，清理现场，定坑位，挖坑架标，投影埋石，量砚标和标志的高差，修饰，检查通视，填写点之记和办理委托保管，测区内迁站。 3. 观测：仪器检验，砚标检查加固，投影，测天顶距和水平角，测定归心元素，量标高，手簿检查，整理，拼图形，编制记簿，测区内迁站。	1. 本表所列为一、二等选埋价格，三、四等选埋价格减15%。 2. 中型标每增加2米，高型标每增加4米，价格依次递增10%。
低型标	点/座	12051.69	13957.93	15686.71		
中型标	4米/座	20491.08	22749.76	24429.46		
高型标	19米/座	42915.08	46193.68	48974.29		
2. 观测						
（1）三角一、二等	点	32863.44	42417.15	53599.36		
三、四等	点	7371.55	9204.19	11446.12		
（2）导线一、二等	点	1940.78	2456.48	2961.27		
三、四等	点	4672.01	6472.75	8692.82		
	点	1114.63	1362.33	1640.21		
（二）电磁波测距					仪器的野外检验，砚标检查，测距，记录气象元素，手簿检查和外业计算，成果概算，测区内迁站。	测边网按相应等级导线边价减40%。
三角起始边一、二等	条	19067.25	25931.44	31341.17		
导线边一、二等	条	11567.72	17119.38	21452.53		
三、四等	条	4818.26	6629.16	8303.85		

续表

产品名称	计量单位	价格 I	价格 II	价格 III	主要工作内容	说明
(三) 重力测量						
1. 标石选埋					选定点位，埋设标石，绘点之记，拍摄点位照片，办理委托保管。测前准备，根据实测方法确定坐标和高程，编制略图，手簿检查，外业计算，成果整理，测区内迁站	1. 当测线边多于点数时，每条多余点的测线边，一等增加30%的费用，基本点增加24%的费用。 2. 对无人烟区、沙漠腹地等特困作业地区，另行核定价格。 3. 基本点选埋价格增加50%。
选点、埋设标志	点	3462.31	4442.01	8963.93		
选点、埋设标石	点	10219.41	13247.59	3692.38		
2. 重力点测定						
基本点	点	47504.92	54037.00			
一等	点	12910.06	15297.17			
二等、一等引点	点	6191.69	7806.56			
重力加密点	点	1735.36	2720.18			
水准点上重力测定	合次		533.76			
长基线上格值测定	合次		14468.10			
短基线上格值测定	合次		2253.66			
重力点坐标高程测定	点		4156.04			
(四) 水准测量						
1. 标石选埋					1. 选埋：选线选点（基本点上），调查旧点资料，水文和验潮站资料，选定联测路线，备材料，预制标石，挖坑，埋设标石或标志，量标志间高差，设指示桩或示盘，外部修饰，办理委托保管，填写点之记，绘线路图，测区内迁站 2. 观测：仪器和标志的野外检查，找点，挖点，观测，手簿检查计算，编制高差表，测区内迁站	1. 单线闭合环线减30%。 2. 渡河水准按河宽划分困难类别：I类河宽＜500米，II类河宽 500～2000米，III类河宽＞2000米。河宽超过3000米时，每增加1000米，价格在III类价格基础上增加20%。 3. 计量单位以实际测量单程公里数计算。4. 跨峡谷、沟堑水准测量参照渡河水准执行。
基本标石	点	7098.00	8325.83	9270.67		
普通标石	点	4833.36	6071.18	6899.87		
墙角标志	点		1839.19			
基岩标石（深度≤5米）	点		30270.36			
2. 水准观测						
一等	公里	1363.76	1630.29	1891.63		
二等	公里	1149.31	1365.60	1577.43		
三等	公里	567.52	734.62	899.43		
四等	公里	502.36	645.80	787.28		
渡河水准	处	38188.80	54244.32	67736.65		

续表

产品名称	计量单位	价格 I	价格 II	价格 III	主要工作内容	说明
（五）全球定位系统（GPS）测量						
1. 标石选埋					选埋：图上选点，实地标定，绘点之记，环视图，标石制作，挖埋浇灌，标石外部整饰，委托保管。	辅助点、方位点选埋按普通标石价格50%计。
基岩标石	点	26619.36	29844.45	33069.55		
基本标石	点	11779.06	14163.47	16547.89		
普通标石	点	5919.08	7587.57	8943.17		
2. 外业观测					观测：计划、准备、观测，量天线高，填写手簿、外业成果整理、检查、搬迁。	
A 级	点	24432.55	27232.09	31270.03		
B 级	点	12438.00	14467.05	17115.29		
C 级	点	4338.43	5957.02	7885.21		
D 级	点	2855.33	3829.51	5422.89		
E 级	点	1903.56	2553.00	3512.06		
（六）数据处理					检查分析外业资料、选择平差计算方案、数据准备、上机解算、精度估算、分析处理、成果调制、技术总结、整理上交。	
1. 三角、导线点平差						
一、二等	点	390.99	468.55	526.71		
三、四等	点	217.01	255.78	313.95		
2. 水准网平差						
一、二等	公里	26.20	33.95	41.70		
三、四等	公里	17.40	21.28			
3. GPS 测量计算						
A、B 级	点	1300.16	1494.04			
C、D 级	点	654.81	848.70			
4. 重力测量计算						
基本网	点		5034.27			
加密点	点		167.81			
5. 其他计算	工日		209.76			

续表

产品名称	计量单位	价格			主要工作内容	说明
		I	II	III		
(七) 大地数据库					资料分析、整理、数据库、库体建立、编写数据字典、修改。	
1. 三角测量数据库	百点		1665.75			
2. 水准测量数据库	百点		1021.66			
3. 重力测量数据库	百点		44.42			
4. GPS测量数据库	百点		12526.43			

测绘工程产品价格

项目：摄影测量与遥感　　　　　　　　　　　　　　　　　　　　　　单位：元

产品名称	计量单位	价格			主要工作内容	说明
		I	II	III		
二、摄影测量与遥感						
(一) 布设对空对标志					选点、清理场地、标志制作、安置。	
1:25000	点	3401.84	4182.83	4706.28		
1:10000—1:5000	点	2387.75	2906.75	3426.27		
1:2000—1:500	点	2073.38	2470.00	2731.99		

续表

产品名称	计量单位	价格 I	价格 II	价格 III	主要工作内容	说明
（二）测图控制						
1. 高级地形控制点测量						
解析点	点	3599.01	4966.54	5786.79	选点，埋石立杆，量标石高，外业观测，成果计算，检查，测区内搬迁。	
电磁波测距导线	点	2584.23	3957.00	4781.37		
等外水准测量	公里	211.89	287.86	392.02		
2. 像片连测						1. 1:50000—1:5000 为区域网布点价格，全野外布点时，增加50%。2. 1:2000—1:500 为全野外布点价格，区域网布点时，减30%。
1:50000	幅	7724.10	10335.22	12946.35	技术设计，像片选点，野外判读刺点，打桩立旗，外业观测，成果计算，整饰，绘点位略图和点位说明，手簿及成果检查整理，填写图历表，测区内搬迁。	
1:25000	幅	5324.68	7383.82	9032.59		
1:10000	幅	3533.99	5040.62	6685.24		
1:5000	幅	2528.57	3758.10	4850.21		
1:2000	幅	2796.30	3758.10	4582.49		
1:1000	幅	2131.70	2956.08	3646.60		
1:500	幅	1467.30	2282.87	2830.71		
（三）像片调绘						1. 室内外综合判定减20%。2. 全野外测定碎部点高程时，另加像片调绘价格的30%。
1:50000	幅	27331.96	37657.66	49002.96	绘制调绘范围线，地物、地貌的调绘，补测新增地物，编写地名和境界，量注比高，调查地区（少数民族地区）、着墨整饰，抄接边，检查修改，填写图历表，测区内搬迁。	
1:25000	幅	13535.91	17509.13	21343.83		
1:10000	幅	8120.97	10999.81	13196.40		
1:5000	幅	4043.27	6511.73	8289.65		
1:2000	幅	2472.72	3430.95	4255.33		
1:1000	幅	1402.28	1807.99	2083.97		
1:500	幅	729.42	1148.09	1424.62		

续表

产品名称	计量单位	价格 I	价格 II	价格 III	主要工作内容	说明
(四) 像片图测图					扩展高程控制网，测绘地貌和新增地物，调查地物和境界，绘制高程透写图，整饰，资料整理，测区内搬正。	
1:10000	幅	32601.22	44680.95	56198.06		
1:5000	幅	21157.21	28576.04	35157.56		
1:2000	幅	8500.01	12101.06	15263.98		
1:1000	幅	6394.19	9260.66	11871.77		
1:500	幅	4384.30	6839.79	8903.07		
(五) 模拟摄影测量线划地图					晒印像片，空三加密，立体测图，编（刻）绘图，检查修改。	
1:50000	幅	8025.79	11462.85	14183.87		
1:25000	幅	6161.50	8704.74	10852.90		
1:10000	幅	5474.99	8196.02	10344.18		
1:5000	幅	4445.57	6438.87	8443.83		
1:2000	幅	3843.28	5705.03	7709.99		
1:1000	幅	3023.55	4455.66	6317.41		
1:500	幅	2625.88	3914.78	5490.11		
(六) 解析摄影测量					晒印象片，空中三角测量，数据采集，图形与属性编辑，建拓扑关系，接边，回放检查，修改，原数据制作，刻盘。	若为CAD产品，价格减23%。
1:50000	幅	11252.42	18492.08	26737.25		
1:25000	幅	10311.69	14735.92	19160.16		
1:10000	幅	9741.31	13780.83	17820.35		
1:5000	幅	8280.12	11713.71	15147.29		
1:2000	幅	6175.73	8609.92	12058.37		
1:1000	幅	4283.33	6717.53	9760.28		
1:500	幅	3938.00	5771.33	8408.37		

续表

产品名称	计量单位	价格 I	价格 II	价格 III	主要工作内容	说明
(七) 数字摄影测量						1. 1:50000成图航摄比例尺为1:35000, 32个像对; 1:10000成图航摄比例尺为1:35000时, 2个像对; 1:10000成图航摄比例尺为1:20000时, 6个像对。 3. 1:50000 和 1:10000 成图, 像对为数每增（减）10%, 价格增（减）5%。 4. DEM的困难类别按其精度划分: I 类为三级精度; II 类为二级精度; III 类为一级精度。 5. DLG 若为 CAD 产品, 价格减少 20%。 6. DLG 成图, 若需房檐改正, 价格增加 20%。 7. 1:500-1:2000DLG 为建筑工业区价格, 若为一般地区价格减 30%。
1. 数字线划地图 (DLG)					DLG: 资料准备, 扫描, 空中三角测量, 影像匹配, 平控三维分要素数据采集, 图形与属性编辑, 建拓扑关系, 元数据制作, 回放检查, 刻盘。	
1:50000	幅	11461.97	18626.70	26814.94		
1:10000	幅	9842.94	13748.96	17654.99		
1:5000	幅	8326.83	11616.12	14905.40		
1:2000	幅	6133.27	8404.27	11707.54		
1:1000	幅	4182.46	6453.46	9343.82		
1:500	幅	3784.00	5478.06	7955.50		
2. 数字高程模型 (DEM)					立体纠正 DEM, 空中三角测量, 影像匹配, 生成 DEM 单模型, 数字微分纠正计算, 图面整饰, 回放数据制作, 元数据检查, 刻盘记录。 DOM 单模型, 影像拼接增强, 刻盘记录。 单片纠正 DOM: 资料准备, 扫描, 空中微三角测量, 内定向, 后方交会, 单片微分纠正, 影像数字镶嵌, 图面整饰, 放检查, 元数据制作, 刻盘。 卫片 DOM: 资料准备, 图廓裁切, 多光谱数据融合, 精校正, 图面整饰, 回放检查, 元数据制作, 刻盘。	
1:50000	幅	4499.83	6950.58	9401.32		
1:10000	幅	2027.09	3052.67	4078.24		
1:5000	幅	1818.00	2532.10	3252.15		
1:2000	幅	1329.05	1820.30	2544.00		
1:1000	幅	770.34	1279.15	2040.03		
1:500	幅	534.01	1043.62	1702.43		

续表

产品名称	计量单位	价格			主要工作内容	说明
		I	II	III		
3. 数字正射影像图（DOM）						
1∶50000						
彩色航片	幅		10080.54			
立体纠正	幅		8307.38			
单片纠正						
黑白航片	幅		5040.27			
立体纠正	幅		4153.69			
单片纠正						
卫星图像纠正						
多光谱数据	幅		1594.18			
全色或单波段数据	幅		956.51			
1∶10000						
彩色航片						
立体纠正	幅		6340.83			
单片纠正	幅		5442.57			
黑白航片						
立体纠正	幅		2113.61			
单片纠正	幅		1814.19			
1∶5000						
彩色航片	幅		3184.65			
黑白航片	幅		1061.55			
1∶2000~1∶500						
彩色航片	幅		2729.67			
黑白航片	幅		909.89			

测绘工程产品价格

项目：野外地形数据采集及成图

单位：元

产品名称	计量单位	价格 I	价格 II	价格 III	主要工作内容	说明
三、野外地形数据采集及成图						
（一）数字线划地图（DLG）					图根控制，野外采集数据，属性调查，绘示意图，室内编辑，接边，回放检查，整理资料。	
1：2000	幅	27306.54	45459.97	72521.73		
1：1000	幅	15842.20	27639.66	39437.13		
1：500	幅	9353.67	13456.15	19340.32		
（二）数字高程模型（DEM）					图根控制，采集高程数据，编辑处理，接边，内插DEM，检查，资料整理。	
1：10000	幅	11448.31	15638.23	21906.77		
1：5000	幅	9092.84	11637.76	16261.28		
1：2000	幅	6649.09	9092.00	12722.67		

测绘工程产品价格

项目：地图编制

单位：元

产品名称	计量单位	价格 I	价格 II	价格 III	主要工作内容	说明
四、地图编制						
（一）地形图					熟悉编辑指示，制订编图计划，编写图幅编绘说明，基本资料加工，增补现势资料，展绘图廓，坐标网，控制点，当图拼帖，编制图例及各要素指标图，编绘各要素，书写注记，抄接边，图廓外整饰，填写图历簿，检查，修改。	
1. 编绘						
1：1000000	幅	12680.88	20713.67	26847.81		
1：500000	幅	9764.55	15898.73	21010.50		
1：250000	幅	9326.48	15022.43	19403.96		
1：100000	幅	6118.08	9185.12	11667.97		
1：50000	幅	5533.86	7578.55	9696.28		
1：25000	幅	4803.56	6630.64	8308.84		
1：10000	幅	4073.38	5825.98	7213.46		
1：5000	幅	3050.97	4803.62	6264.12		
1：2000	幅	1845.28	4073.59	5546.99		
1：1000	幅	1559.66	2946.87	4160.87		

续表

产品名称	计量单位	价格 I	价格 II	价格 III	主要工作内容	说明
2. 清绘（刻绘）					熟悉编辑指示，准备工作，编注记表，分版或一版清（刻）绘各要素，剪贴注记，抄接边，作分色样图，填写图历簿，检查，修改。	
1:1000000	幅	7948.08	14374.31	18609.81		
1:500000	幅	6522.65	11634.39	15139.61		
1:250000	幅	6227.14	10246.91	13094.93		
1:100000	幅	3928.79	6194.45	7894.35		
1:50000	幅	3490.59	5316.25	6849.80		
1:25000	幅	2906.38	4732.04	6119.54		
1:10000	幅	2614.28	4220.89	5535.32		
1:5000	幅	2176.13	3271.54	4513.00		
1:2000	幅	1733.44	2860.18	3986.89		
1:1000	幅	1213.40	2080.13	2946.87		
1:500	幅	866.73	1300.06	1906.78		
3. 连编带绘（刻）					熟悉编辑指示，制订编图计划，编幅技术说明，增补现势资料，展绘图廓、坐标网、控制点，兰图拚贴，编制图例及各要素指标图，做各要素草图，连编带绘（刻）各要素，编注记表，剪贴注记，抄接边，做分色样图，填写图历簿（或做做撕膜版），检查，修改。	
1:1000000	幅	14141.40	23488.63	30572.08		
1:500000	幅	10786.93	18016.47	23858.52		
1:250000	幅	10490.09	16921.11	22032.88		
1:100000	幅	7286.47	11521.93	14954.13		
1:50000	幅	6264.05	9185.11	12106.14		
1:25000	幅	5533.86	7872.28	10061.46		
1:10000	幅	5095.66	6848.33	8673.96		

续表

产品名称	计量单位	价格 I	价格 II	价格 III	主要工作内容	说明
(二) 普通地理图					编制：熟悉编辑指示，收集，整理，分析，增补制图资料，基本资料加工，展绘图廓、坐标网、拼贴兰图，编绘地图各要素，书写注记，绘制图例，整饰，填写图历簿，检查，修改。 清绘：与地形图清绘（刻绘）相同。	1. 计量单位为图上面积； 2. 图集图册编绘增加15%； 3. 连编带绘（刻）按编绘价格的120%计。
1. 全国图、世界图						
编绘	平方分米	433.54	866.72	1343.45		
清绘	平方分米	234.03	468.07	728.08		
2. 省、市、自治区图						
编绘	平方分米	303.29	585.00	906.43		
清绘	平方分米	173.35	337.97	546.03		
3. 地、县、乡图						
编绘	平方分米	242.76	390.12	528.75		
清绘	平方分米	156.04	246.89	337.97		
(三) 数字制图					原稿准备（不含原稿编算），扫描，图形处理，分层矢量化，符号化，编辑整理，回放校对，检查修改，输出印刷胶片。	
1. 普通地理图						
2. 地形图	平方分米	363.31	462.14	659.77		
1:5000	幅	2327.34	4452.92	6578.50		
1:2000	幅	1660.14	3592.49	5524.84		
1:1000	幅	1156.93	2123.11	3089.28		

测绘工程产品价格

项目：地图数字化

单位：元

产品名称	计量单位	价格 I	价格 II	价格 III	主要工作内容	说明
五、地图数字化						
（一）数字线划地图（DLG）						1. 系全要素采集。 2. DLG 若为 CAD 产品，价格减少 20%。
1:1000000	幅	11686.98	25798.35	39909.74	资料准备，预处理，扫描，手扶数字化，图形编辑，绘审校草图，建拓扑关系，属性数据录入，建符号库，存储，刻盘，绘图。	
1:250000	幅	11245.46	24975.46	38896.14		
1:50000 彩图	幅	9603.45	18824.12	27660.60		
分要素二底图						
1:10000	幅	8004.80	14728.20	21451.62		
1:5000	幅	5806.60	8688.06	11569.51		
1:2000	幅	4997.04	7504.32	10011.62		
1:1000	幅	3423.57	5352.25	7280.93		
1:500	幅	2505.77	3855.85	5591.67		
	幅	1617.01	2774.21	4124.29		
（二）数字高程模型（DEM）						
1:1000000	幅	5611.96	10786.70	16153.09	资料准备，地貌及相关水涯线扫描，细化，矢量化，赋高程值，采集离散高程点，坐标转换，TIN 内插，DEM 生成，检查修改，刻盘，绘图。	
1:250000	幅	5185.45	10360.21	15726.60		
1:50000 彩图	幅	3216.55	6295.40	9181.81		
分要素二底图						
1:10000	幅	2520.32	4829.45	7138.58		
1:5000	幅	1799.70	2954.26	3916.39		
	幅	1355.87	2318.01	3280.15		
（三）数字栅格地图（DRG）						
1:1000000–1:250000 彩图	幅		1660.43		资料准备，坐标系转换，扫描，影像预处理，色彩归化，几何纠正，裁切拼接，图例处理，图廓注记叠合，元数据生成，绘图，检查，数据压缩存贮，刻盘。	
分要素二底图	幅		996.26			
1:100000–1:10000 彩图	幅		1217.65			
分要素二底图	幅		664.17			
1:2000–1:500	幅		461.12			

项目：数字化数据入库

测绘工程产品价格

单位：元

产品名称	计量单位	价格			主要工作内容	说明
		Ⅰ	Ⅱ	Ⅲ		
六、数字化数据入库						
（一）地形数据库					入库数据检查，数据整理，投影转换，数据库体建立，检查，编写数据字典。	
1:1000000	幅		2988.92			
1:250000	幅		2717.20			
1:50000	幅		1902.05			
1:10000	幅		1086.89			
1:2000	幅		626.76			
1:1000	幅		470.07			
1:500	幅		313.38			
（二）高程模型数据库					入库数据检查，数据整理，投影转换，数据库体建立，检查，编写数据字典。	
1:1000000	幅		1130.89			
1:250000	幅		904.72			
1:50000	幅		581.46			
1:10000	幅		232.58			
（三）地名数据库					入库数据检查，部分数据项自动生成，数据整理，数据库体建立，编写数据字典。	
1:1000000	幅		662.80			
1:250000	幅		662.80			
1:50000	幅		460.52			
1:1000	幅		230.25			
（四）正射影像数据库					入库数据检查，影像拼接，数据整理，数据库体建立，编写数据字典。	
1:250000	幅		710.40			
1:50000	幅		473.60			
1:10000	幅		204.76			
1:2000	幅		77.72			

项目：界线测绘

测绘工程产品价格

单位：元

产品名称	计量单位	价格 I	价格 II	价格 III	主要工作内容	说明
七、界线测绘						
（一）地籍测绘					控制测量，界址点测量，地籍要素数据采集编辑，面积量算，地籍图（含宗地）绘制，检查修改，成果整理。	不含地籍调查费用。
1:2000	平方公里	182037.48	227142.79	292223.77		
1:1000	平方公里	204733.62	255367.63	328166.44		
1:500	平方公里	227527.11	284264.50	372196.76		
（二）房产测绘					控制测量，界址点测量，地籍调绘，面积量算，分幅平面图测绘，分丘平面图绘制，检查修改，资料整理（1:1000、1:500房产测绘不含房产调查和分户图绘制费用）。分层分户平面图测绘，房产调查，分户面积、共有面积、分摊面积测算，检查修改，资料整理。	I类：住宅用户；II类：多功能综合楼用房；III类：商业楼用户。
1:1000	平方公里	245516.16	306441.15	384605.44		
1:500	平方公里	272773.37	339706.14	425793.69		
分户图	平方米	1.36	2.04	2.72		
（三）境界测绘					收集资料，界桩登记表，界点摄影，界点测定，连界地物地貌修测，连界线标绘，绘边界协议书附图，编写边界线说明，检查修改，资料整理。	
省、市、县界	公里	3320.49	4032.12	4743.76		

测绘工程产品价格

项目：工程测量

单位：元

产品名称	计量单位	价格 I	价格 II	价格 III	主要工作内容	说明
八、工程测量						
（一）控制测量						
二等三角	点	7705.15	11719.69	17352.87	准备工作，选点，埋石，观测，测定气象元素，绘点之记，计算。	适用于市政工程控制测量。水准测量以实际测量的单程公里数计算。B级以上按大地测量中GPS测量价格计算。
三等三角	点	5290.13	7924.18	11135.76		
四等三角	点	2828.10	4160.91	5475.72		
一、二级小三角	点	1216.26	1872.99	2442.14		
一、二、三级导线	公里	2976.40	6378.30	9567.35		
二等电磁波测距导线	点	3941.63	6359.10	9081.75		
四等电磁波测距导线	点	2262.10	3661.72	5061.33		
二、三、四等水准选埋	点	1016.88	1509.51	2061.63		
二等水准测量	公里	837.61	1164.93	1728.54		
三、四等水准测量	公里	522.10	675.85	842.70		
等外水准测量	公里	250.74	378.98	486.05		
GPS测量						
C级	点	6221.23	8488.39	10755.53		
D级	点	5269.61	7212.01	9154.40		
E级	点	4683.79	6360.78	7983.47		

续表

产品名称	计量单位	价格 I	价格 II	价格 III	主要工作内容	说明
(二) 平板仪测图					图根点控制测量，碎部测量，着铅，检查修改，成果整理。	
一般地区						
1:2000	平方公里	12326.65	19845.22	29154.30		
1:1000	平方公里	27964.89	46750.20	66181.92		
1:500	平方公里	77267.44	127901.81	179387.50		
建筑、工业区						
1:2000	平方公里	23489.01	40030.52	57801.46		
1:1000	平方公里	58817.80	92916.14	131792.30		
1:500	平方公里	159890.53	226992.29	301456.34		
1:200	幅	1456.48	1893.43	2621.67		
(三) 管线测量					布设图根导线，引测水准，测管线起点、折点、交点、终点、分支点、变坡点和变径点的座标和高程，计算，整理资料，绘略图，写说明，展点，清绘，探测、绘图，检查修改。	计量系按管线长度累计计算（不足0.5公里时以0.5公里计）。
竣工测量	公里	4206.88	5757.97	7896.38		
管线探测	公里	8119.00	12683.23	17247.47		
(四) 滩涂测量					准备、控制、测深、验潮、修测岸线、绘图、测障碍物、检查修改、整理成果。	
1:10000	平方公里	19376.11	25534.12	31692.14		
1:5000	平方公里	32059.13	40823.32	50000.30		
1:2000	平方公里	41345.20	54286.74	67228.28		
1:1000	平方公里	63469.27	88175.71	112882.16		
1:500	平方公里	199045.18	239820.09	284167.35		

续表

产品名称	计量单位	价格 I	价格 II	价格 III	主要工作内容	说明
（五）水下地形测量						
1. 浅海（水深 5–30 米）测量					资料准备，定位，测深，验潮，导航，坐标改正，数据录入，处理，潮汐改正，编辑，注记整饰，绘图，检查修改，整理成果。	
1:10000	平方公里		23364.24			
1:5000	平方公里		41205.48			
1:2000	平方公里		58622.19			
1:500	平方公里		389352.71			
扫海	平方公里		471458.64			
2. 河湖测量					检校仪器，展点，确定测站位置，高程点，测绘水连线及水下地形，接边，整饰，外业资料检查整理，测量断面点的位置和平面图，编制成果表，着墨整饰，制断面图和平面图，检查修改，绘图及修改，测区内迁站。	
1:10000	平方公里	11303.10	16494.19	21685.28		
1:5000	平方公里	21195.51	35682.75	45959.85		
1:2000	平方公里	37214.26	58229.02	79243.78		
1:1000	平方公里	65553.07	103796.67	142040.27		
1:500	平方公里	170817.60	269298.08	3667778.56		
3. 河道断面测量					准备工作，整理计算，检校仪器，整理计算，编制资料说明，测量横断面，纵横断面测量，资料整理，编制成果表，绘制纵横断面图及检校，测区内迁移。	计量按断面宽度累计计算。
（1）纵断面						
1:10000	公里	2404.49	2749.04	3287.26		
（2）横断面						
平均宽度 200 米以内						
1:10000	公里	5688.61	7106.87	8776.22		
1:2000	公里	6751.07	8974.66	11198.23		
平均宽度 200–500 米						
1:10000	公里	5461.49	6218.51	8152.62		
1:2000	公里	5954.49	8158.78	10027.84		

续表

产品名称	计量单位	价格			主要工作内容	说明
		Ⅰ	Ⅱ	Ⅲ		
平均宽度 500-1000 米						
1:10000	公里	4384.98	5774.34	7411.47		
1:2000	公里	4864.16	6527.02	8022.27		
平均宽度 1000-20000 米						
1:10000	公里	3913.13	5551.15	6278.98		
1:2000	公里	4480.35	5969.21	7122.85		
平均宽度 2000 米以上						
1:10000	公里	3196.63	4625.96	6086.03		
1:2000	公里	3816.36	5116.47	6955.47		
(3) 淤积断面						
1:2000	公里	7534.12	9788.76	12043.42		
4. 渠、堤测量						
(1) 纵断面						
1:10000	公里	1747.93	2272.29	3495.81		
(2) 横断面						
平均宽度 200 米以内						
1:10000	公里	1346.52	1923.60	3318.21		
1:2000	公里	1827.42	2596.86	4376.19		
平均宽度 200-500 米						
1:10000	公里	1885.13	2693.04	4645.50		
1:2000	公里	2558.39	3635.60	6126.66		
平均宽度 500-800 米						
1:10000	公里	2289.08	3270.12	5640.96		
1:2000	公里	3106.61	4414.66	7439.52		

续表

产品名称	计量单位	价格 I	价格 II	价格 III	主要工作内容	说明
（六）市政工程测量						
1. 工程线路测量	公里	4897.12	6804.20	12452.97	踏勘，选线，定线测（不含纵横断面施测），交点，方向点，测曲线，测定起点、终点、折点，座标，计算数据，绘中线示意图，编制成果表，资料整理，编写施测报告，检查修改。	不足0.5公里以0.5公里计。
2. 规划道路定线	公里	3627.49	4586.28	5545.06	踏勘，准备资料，补充控制点，拨地钉桩，钉方向桩，计算座标、计算导线、计算垂距、解算交点坐标，检收、整理资料，抄录成果通知单。	
（七）变形测量	组工日			4265	踏勘，技术设计，埋石（沉降观测点），观测（含定期观测），内业计算，绘制形变曲线图，编写说明，检查修改，资料整理。	1. 班组定员5人。 2. III类系指从基础层开始测量。
（八）其它						
1. 建筑用地拨地定桩	件	2030.75	2594.32		仪器检验，踏勘，选点，测角，测距，测细部点座标，内业计算，绘制平面位置图，提交图纸资料。	1. 人防工事宽度按10m考虑，宽度小于10m时，价格增加30%。 2. 长度不足0.5公里时以0.5公里计。
2. 建筑物放线	件		2594.32			
3. 人防洞室（含天然洞穴）测量	公里	2964.66		3898.58		
4. 极坐标细部点测量	点	60.00				

四、土地复垦

1. 土地复垦条例

基本信息：
发文字号：国务院令第592号　　效力级别：行政法规
时 效 性：现行有效　　　　　　发布机关：国务院
发布日期：2011-03-05　　　　　实施日期：2011-03-05

第一章 总 则

第一条 为了落实十分珍惜、合理利用土地和切实保护耕地的基本国策，规范土地复垦活动，加强土地复垦管理，提高土地利用的社会效益、经济效益和生态效益，根据《中华人民共和国土地管理法》，制定本条例。

第二条 本条例所称土地复垦，是指对生产建设活动和自然灾害损毁的土地，采取整治措施，使其达到可供利用状态的活动。

第三条 生产建设活动损毁的土地，按照"谁损毁，谁复垦"的原则，由生产建设单位或者个人（以下称土地复垦义务人）负责复垦。但是，由于历史原因无法确定土地复垦义务人的生产建设活动损毁的土地（以下称历史遗留损毁土地），由县级以上人民政府负责组织复垦。自然灾害损毁的土地，由县级以上人民政府负责组织复垦。

第四条 生产建设活动应当节约集约利用土地，不占或者少占耕地；对依法占用的土地应当采取有效措施，减少土地损毁面积，降低土地损毁程度。土地复垦应当坚持科学规划、因地制宜、综合治理、经济可行、合理利用的原则。复垦的土地应当优先用于农业。

第五条 国务院国土资源主管部门负责全国土地复垦的监督管理工作。县级以上地方人民政府国土资源主管部门负责本行政区域土地复垦的监督管理工作。县级以上人民政府其他有关部门依照本条例的规定和各自的职责做好土地复垦有关工作。

第六条 编制土地复垦方案、实施土地复垦工程、进行土地复垦验收等活动，应当遵守土地复垦国家标准；没有国家标准的，应当遵守土地复垦行业标准。制定土地复垦国家标准和行业标准，应当根据土地损毁的类型、程度、自然地理条件和复垦的可行性等因素，分类确定不同类型损毁土地的复垦方式、目标和要求等。

第七条 县级以上地方人民政府国土资源主管部门应当建立土地复垦监测制度，及时掌握本行政区域土地资源损毁和土地复垦效果等情况。国务院国土资源主管部门和省、自治区、直辖市人民政府国土资源主管部门应当建立健全土地复垦信息管理系统，收集、汇总和发布土地复垦数据信息。

第八条 县级以上人民政府国土资源主管部门应当依据职责加强对土地复垦情况的监督检查。被检查的单位或者个人应当如实反映情况，提供必要的资料。任何单位和个人不得扰乱、阻挠土地复垦工作，破坏土地复垦工程、设施和设备。

第九条 国家鼓励和支持土地复垦科学研究和技术创新，推广先进的土地复垦技术。对在土地复垦工作中作出突出贡献的单位和个人，由县级以上人民政府给予表彰。

第二章 生产建设活动损毁土地的复垦

第十条 下列损毁土地由土地复垦义务人负责复垦：（一）露天采矿、烧制砖瓦、挖沙取土等地表挖掘所损毁的土地；（二）地下采矿等造成地表塌陷的土地；（三）堆放采矿剥离物、废石、矿渣、粉煤灰等固体废弃物压占的土地；（四）能源、交通、水利等基础设施建设和其他生产建设活动临时占用所损毁的土地。

第十一条 土地复垦义务人应当按照土地复垦标准和国务院国土资源主管部门的规定编制土地复垦方案。

第十二条 土地复垦方案应当包括下列内容：（一）项目概况和项目区土地利用状况；（二）损毁土地的分析预测和土地复垦的可行性评价； （三）土地复垦的目标任务；（四）土地复垦应当达到的质量要求和采取的措施；（五）土地复垦工程和投资估（概）算；（六）土地复垦费用的安排；（七）土地复垦工作计划与进度安排；（八）国务院国土资源主管部门规定的其他内容。

第十三条 土地复垦义务人应当在办理建设用地申请或者采矿权申请手续时，随有关报批材料报送土地复垦方案。土地复垦义务人未编制土地复垦方案或者土地复垦方案不符合要求的，有批准权的人民政府不得批准建设用地，有批准权的国土资源主管部门不得颁发采矿许可证。本条例施行前已经办理建设用地手续或者领取采矿许可证，本条例施行后继续从事生产建设活动造成土地损毁的，土地复垦义务人应当按照国务院国土资源主管部门的规定补充编制土地复垦方案。

第十四条 土地复垦义务人应当按照土地复垦方案开展土地复垦工作。矿山企业还应当对土地损毁情况进行动态监测和评价。生产建设周期长、需要分阶段实施复垦的，土地复垦义务人应当对土地复垦工作与生产建设活动统一规划、统筹实施，根据生产建设进度确定各阶段土地复垦的目标任务、工程规划设计、费用安排、工程实施进度和完成期限等。

第十五条 土地复垦义务人应当将土地复垦费用列入生产成本或者建设项目总投资。

第十六条 土地复垦义务人应当建立土地复垦质量控制制度，遵守土地复垦标准和环境保护标准，保护土壤质量与生态环境，避免污染土壤和地下水。土地复垦义务人应当首先对拟损毁的耕地、林地、牧草地进行表土剥离，剥离的表土用于被损毁土地的复垦。禁止将重金属污染物或者其他有毒有害物质用作回填或者充填材料。受重金属污染物或者其他有毒有害物质污染的土地复垦后，达不到国家有关标准的，不得用于种植食用农作物。

第十七条 土地复垦义务人应当于每年 12 月 31 日前向县级以上地方人民政府国土资源主管部门报告当年的土地损毁情况、土地复垦费用使用情况以及土地复垦工程实施情况。县级以上地方人民政府国土资源主管部门应当加强对土地复垦义务人使用土地复垦费用和实施土地复垦工程的监督。

第十八条 土地复垦义务人不复垦，或者复垦验收中经整改仍不合格的，应当缴纳土地复垦费，由有关国土资源主管部门代为组织复垦。确定土地复垦费的数额，应当综合考虑损毁前的土地类型、实际损毁面积、损毁程度、复垦标准、复垦用途和完成复垦任务所需的工程量等因素。土地复垦费的具体征收使用管理办法，由国务院财政、价格主管部门商国务院有关部门制定。土地复垦义务人缴纳的土地复垦费专项用于土地复垦。任何单位和个人不得截留、挤占、挪用。

第十九条　土地复垦义务人对在生产建设活动中损毁的由其他单位或者个人使用的国有土地或者农民集体所有的土地，除负责复垦外，还应当向遭受损失的单位或者个人支付损失补偿费。损失补偿费由土地复垦义务人与遭受损失的单位或者个人按照造成的实际损失协商确定；协商不成的，可以向土地所在地人民政府国土资源主管部门申请调解或者依法向人民法院提起民事诉讼。

第二十条　土地复垦义务人不依法履行土地复垦义务的，在申请新的建设用地时，有批准权的人民政府不得批准；在申请新的采矿许可证或者申请采矿许可证延续、变更、注销时，有批准权的国土资源主管部门不得批准。

第三章　历史遗留损毁土地和自然灾害损毁土地的复垦

第二十一条　县级以上人民政府国土资源主管部门应当对历史遗留损毁土地和自然灾害损毁土地进行调查评价。

第二十二条　县级以上人民政府国土资源主管部门应当在调查评价的基础上，根据土地利用总体规划编制土地复垦专项规划，确定复垦的重点区域以及复垦的目标任务和要求，报本级人民政府批准后组织实施。

第二十三条　对历史遗留损毁土地和自然灾害损毁土地，县级以上人民政府应当投入资金进行复垦，或者按照"谁投资，谁受益"的原则，吸引社会投资进行复垦。土地权利人明确的，可以采取扶持、优惠措施，鼓励土地权利人自行复垦。

第二十四条　国家对历史遗留损毁土地和自然灾害损毁土地的复垦按项目实施管理。县级以上人民政府国土资源主管部门应当根据土地复垦专项规划和年度土地复垦资金安排情况确定年度复垦项目。

第二十五条　政府投资进行复垦的，负责组织实施土地复垦项目的国土资源主管部门应当组织编制土地复垦项目设计书，明确复垦项目的位置、面积、目标任务、工程规划设计、实施进度及完成期限等。土地权利人自行复垦或者社会投资进行复垦的，土地权利人或者投资单位、个人应当组织编制土地复垦项目设计书，并报负责组织实施土地复垦项目的国土资源主管部门审查同意后实施。

第二十六条　政府投资进行复垦的，有关国土资源主管部门应当依照招标投标法律法规的规定，通过公开招标的方式确定土地复垦项目的施工单位。土地权利人自行复垦或者社会投资进行复垦的，土地复垦项目的施工单位由土地权利人或者投资单位、个人依法自行确定。

第二十七条　土地复垦项目的施工单位应当按照土地复垦项目设计书进行复垦。负责组织实施土地复垦项目的国土资源主管部门应当健全项目管理制度，加强项目实施中的指导、管理和监督。

第四章　土地复垦验收

第二十八条　土地复垦义务人按照土地复垦方案的要求完成土地复垦任务后，应当按照国务院国土资源主管部门的规定向所在地县级以上地方人民政府国土资源主管部门申请验收，接到申请的国土资源主管部门应当会同同级农业、林业、环境保护等有关部门进行验收。进行土地复垦验收，应当邀请有关专家进行现场踏勘，查验复垦后的土地是否符合土地复垦标准以及土地复垦方案的要求，核实复垦后的土地类型、面积和质量等情况，并将初步验收结果公告，听取相关权利人的意见。相关权利人对土地复垦完成情况提出异议的，国土资源主管部门应当会同有关部门进一步核查，并将核查情况向相关权利人反馈；情况属实的，应当向土地复垦义务人提出整改意见。

第二十九条　负责组织验收的国土资源主管部门应当会同有关部门在接到土地复垦验收申请之日起60个工作日内完成验收，经验收合格的，向土地复垦义务人出具验收合格确认书；经验收不合格的，向土地复垦义务人出具书面整改意见，列明需要整改的事项，由土地复垦义务人整改完成后重新申请验收。

第三十条　政府投资的土地复垦项目竣工后，负责组织实施土地复垦项目的国土资源主管部门应当依照本条例第二十八条第二款的规定进行初步验收。初步验收完成后，负责组织实施土地复垦项目的国土资源主管部门应当按照国务院国土资源主管部门的规定向上级人民政府国土资源主管部门申请最终验收。上级人民政府国土资源主管部门应当会同有关部门及时组织验收。土地权利人自行复垦或者社会投资进行复垦的土地复垦项目竣工后，由负责组织实施土地复垦项目的国土资源主管部门会同有关部门进行验收。

第三十一条　复垦为农用地的，负责组织验收的国土资源主管部门应当会同有关部门在验收合格后的5年内对土地复垦效果进行跟踪评价，并提出改善土地质量的建议和措施。

第五章　土地复垦激励措施

第三十二条　土地复垦义务人在规定的期限内将生产建设活动损毁的耕地、林地、牧草地等农用地复垦恢复原状的，依照国家有关税收法律法规的规定退还已经缴纳的耕地占用税。

第三十三条　社会投资复垦的历史遗留损毁土地或者自然灾害损毁土地，属于无使用权人的国有土地的，经县级以上人民政府依法批准，可以确定给投资单位或者个人长期从事种植业、林业、畜牧业或者渔业生产。社会投资复垦的历史遗留损毁土地或者自然灾害损毁土地，属于农民集体所有土地或者有使用权人的国有土地的，有关国土资源主管部门应当组织投资单位或者个人与土地权利人签订土地复垦协议，明确复垦的目标任务以及复垦后的土地使用和收益分配。

第三十四条　历史遗留损毁和自然灾害损毁的国有土地的使用权人，以及历史遗留损毁和自然灾害损毁的农民集体所有土地的所有权人、使用权人，自行将损毁土地复垦为耕地的，由县级以上地方人民政府给予补贴。

第三十五条　县级以上地方人民政府将历史遗留损毁和自然灾害损毁的建设用地复垦为耕地的，按照国家有关规定可以作为本省、自治区、直辖市内进行非农建设占用耕地时的补充耕地指标。

第六章　法律责任

第三十六条　负有土地复垦监督管理职责的部门及其工作人员有下列行为之一的，对直接负责的主管人员和其他直接责任人员，依法给予处分；直接负责的主管人员和其他直接责任人员构成犯罪的，依法追究刑事责任：

（一）违反本条例规定批准建设用地或者批准采矿许可证及采矿许可证的延续、变更、注销的；

（二）截留、挤占、挪用土地复垦费的；

（三）在土地复垦验收中弄虚作假的；

（四）不依法履行监督管理职责或者对发现的违反本条例的行为不依法查处的；

（五）在审查土地复垦方案、实施土地复垦项目、组织土地复垦验收以及实施监督检查过程中，索取、收受他人财物或者谋取其他利益的；

（六）其他徇私舞弊、滥用职权、玩忽职守行为。

第三十七条 本条例施行前已经办理建设用地手续或者领取采矿许可证，本条例施行后继续从事生产建设活动造成土地损毁的土地复垦义务人未按照规定补充编制土地复垦方案的，由县级以上地方人民政府国土资源主管部门责令限期改正；逾期不改正的，处10万元以上20万元以下的罚款。

第三十八条 土地复垦义务人未按照规定将土地复垦费用列入生产成本或者建设项目总投资的，由县级以上地方人民政府国土资源主管部门责令限期改正；逾期不改正的，处10万元以上50万元以下的罚款。

第三十九条 土地复垦义务人未按照规定对拟损毁的耕地、林地、牧草地进行表土剥离的，由县级以上地方人民政府国土资源主管部门责令限期改正；逾期不改正的，按照应当进行表土剥离的土地面积处每公顷1万元的罚款。

第四十条 土地复垦义务人将重金属污染物或者其他有毒有害物质用作回填或者充填材料的，由县级以上地方人民政府环境保护主管部门责令停止违法行为，限期采取治理措施，消除污染，处10万元以上50万元以下的罚款；逾期不采取治理措施的，环境保护主管部门可以指定有治理能力的单位代为治理，所需费用由违法者承担。

第四十一条 土地复垦义务人未按照规定报告土地损毁情况、土地复垦费用使用情况或者土地复垦工程实施情况的，由县级以上地方人民政府国土资源主管部门责令限期改正；逾期不改正的，处2万元以上5万元以下的罚款。

第四十二条 土地复垦义务人依照本条例规定应当缴纳土地复垦费而不缴纳的，由县级以上地方人民政府国土资源主管部门责令限期缴纳；逾期不缴纳的，处应缴纳土地复垦费1倍以上2倍以下的罚款，土地复垦义务人为矿山企业的，由颁发采矿许可证的机关吊销采矿许可证。

第四十三条 土地复垦义务人拒绝、阻碍国土资源主管部门监督检查，或者在接受监督检查时弄虚作假的，由国土资源主管部门责令改正，处2万元以上5万元以下的罚款；有关责任人员构成违反治安管理行为的，由公安机关依法予以治安管理处罚；有关责任人员构成犯罪的，依法追究刑事责任。破坏土地复垦工程、设施和设备，构成违反治安管理行为的，由公安机关依法予以治安管理处罚；构成犯罪的，依法追究刑事责任。

第七章 附 则

第四十四条 本条例自公布之日起施行。1988年11月8日国务院发布的《土地复垦规定》同时废止。

2. 土地复垦条例实施办法

（2019 修正）

基本信息：
发文字号：中华人民共和国自然资源部令第 5 号
效力级别：部门规章
时 效 性：现行有效
发布日期：2019-07-24
实施日期：2019-07-24
发布机关：自然资源部
法律修订：
2012 年 12 月 27 日国土资源部第 56 号令公布；
根据 2019 年 7 月 16 日自然资源部第 2 次部务会议《自然资源部关于第一批废止和修改的部门规章的决定》修正。

第一章 总 则

第一条 为保证土地复垦的有效实施，根据《土地复垦条例》（以下简称条例），制定本办法。

第二条 土地复垦应当综合考虑复垦后土地利用的社会效益、经济效益和生态效益。生产建设活动造成耕地损毁的，能够复垦为耕地的，应当优先复垦为耕地。

第三条 县级以上自然资源主管部门应当明确专门机构并配备专职人员负责土地复垦监督管理工作。

县级以上自然资源主管部门应当加强与发展改革、财政、铁路、交通、水利、环保、农业、林业等部门的协同配合和行业指导监督。

上级自然资源主管部门应当加强对下级自然资源主管部门土地复垦工作的监督和指导。

第四条 除条例第六条规定外，开展土地复垦调查评价、编制土地复垦规划设计、确定土地复垦工程建设和造价、实施土地复垦工程质量控制、进行土地复垦评价等活动，也应当遵守有关国家标准和土地管理行业标准。

省级自然资源主管部门可以结合本地实际情况，补充制定本行政区域内土地复垦工程建设和造价等标准。

第五条 县级以上自然资源主管部门应当建立土地复垦信息管理系统，利用国土资源综合监管平台，对土地复垦情况进行动态监测，及时收集、汇总、分析和发布本行政区域内土地损毁、土地复垦等数据信息。

第二章 生产建设活动损毁土地的复垦

第六条 属于条例第十条规定的生产建设项目，土地复垦义务人应当在办理建设用地申请或者采矿权申请手续时，依据自然资源部《土地复垦方案编制规程》的要求，组织编制土地复垦方案，随有关报批材料报送有关自然资源主管部门审查。

具体承担相应建设用地审查和采矿权审批的自然资源主管部门负责对土地复垦义务人报送的土地复垦方案进行审查。

第七条 条例施行前已经办理建设用地手续或者领取采矿许可证，条例施行后继续从事生产建设活动造成土地损毁的，土地复垦义务人应当在本办法实施之日起一年内完成土地复垦方案的补充编制工作，报有关自然资源主管部门审查。

第八条 土地复垦方案分为土地复垦方案报告书和土地复垦方案报告表。

依法由省级以上人民政府审批建设用地的建设项目，以及由省级以上自然资源主管部门审批登记的采矿项目，应当编制土地复垦方案报告书。其他项目可以编制土地复垦方案报告表。

第九条 生产建设周期长、需要分阶段实施土地复垦的生产建设项目，土地复垦方案应当包含阶段土地复垦计划和年度实施计划。

跨县（市、区）域的生产建设项目，应当在土地复垦方案中附具以县（市、区）为单位的土地复垦实施方案。

阶段土地复垦计划和以县（市、区）为单位的土地复垦实施方案应当明确土地复垦的目标、任务、位置、主要措施、投资概算、工程规划设计等。

第十条 有关自然资源主管部门受理土地复垦方案审查申请后，应当组织专家进行论证。

根据论证所需专业知识结构，从土地复垦专家库中选取专家。专家与土地复垦方案申请人或者申请项目有利害关系的，应当主动要求回避。

土地复垦方案申请人也可以向有关自然资源主管部门申请专家回避。土地复垦方案申请人或者相关利害关系人可以按照《政府信息公开条例》的规定，向有关自然资源主管部门申请查询专家意见。有关自然资源主管部门应当依法提供查询结果。

第十一条 土地复垦方案经专家论证通过后，由有关自然资源主管部门进行最终审查。符合下列条件的，方可通过审查：

（一）土地利用现状明确；
（二）损毁土地的分析预测科学；
（三）土地复垦目标、任务和利用方向合理，措施可行；
（四）土地复垦费用测算合理，预存与使用计划清晰并符合本办法规定要求；
（五）土地复垦计划安排科学、保障措施可行；
（六）土地复垦方案已经征求意见并采纳合理建议。

第十二条 土地复垦方案通过审查的，有关自然资源主管部门应当向土地复垦义务人出具土地复垦方案审查意见书。土地复垦方案审查意见书应当包含本办法第十一条规定的有关内容。

土地复垦方案未通过审查的，有关自然资源主管部门应当书面告知土地复垦义务人补正。逾期不补正的，不予办理建设用地或者采矿审批相关手续。

第十三条 土地复垦义务人因生产建设项目的用地位置、规模等发生变化，或者采矿项目发生扩大变更矿区范围等重大内容变化的，应当在三个月内对原土地复垦方案进行修改，报原审查的自然资源主管部门审查。

第十四条 土地复垦义务人不按照本办法第七条、第十三条规定补充编制或者修改土地复垦方案的，依照条例第二十条规定处理。

第十五条 土地复垦义务人在实施土地复垦工程前，应当依据审查通过的土地复垦方案进行土地复垦规划设计，将土地复垦方案和土地复垦规划设计一并报所在地县级自然资源主管部门备案。

第十六条 土地复垦义务人应当按照条例第十五条规定的要求，与损毁土地所在地县级自然资源主管部门在双方约定的银行建立土地复垦费用专门账户，按照土地复垦方案确定的资金数额，在土地复垦费用专门账户中足额预存土地复垦费用。

预存的土地复垦费用遵循"土地复垦义务人所有，自然资源主管部门监管，专户储存专款使用"的原则。

第十七条 土地复垦义务人应当与损毁土地所在地县级自然资源主管部门、银行共同签订土地复垦费用使用监管协议，按照本办法规定的原则明确土地复垦费用预存和使用的时间、数额、程序、条件和违约责任等。

土地复垦费用使用监管协议对当事人具有法律效力。

第十八条 土地复垦义务人应当在项目动工前一个月内预存土地复垦费用。

土地复垦义务人按照本办法第七条规定补充编制土地复垦方案的，应当在土地复垦方案通过审查后一个月内预存土地复垦费用。

土地复垦义务人按照本办法第十三条规定修改土地复垦方案后，已经预存的土地复垦费用不足的，应当在土地复垦方案通过审查后一个月内补齐差额费用。

第十九条 土地复垦费用预存实行一次性预存和分期预存两种方式。

生产建设周期在三年以下的项目，应当一次性全额预存土地复垦费用。

生产建设周期在三年以上的项目，可以分期预存土地复垦费用，但第一次预存的数额不得少于土地复垦费用总金额的百分之二十。余额按照土地复垦方案确定的土地复垦费用预存计划预存，在生产建设活动结束前一年预存完毕。

第二十条 采矿生产项目的土地复垦费用预存，统一纳入矿山地质环境治理恢复基金进行管理。

条例实施前，采矿生产项目按照有关规定向自然资源主管部门缴存的矿山地质环境治理恢复保证金中已经包含了土地复垦费用的，土地复垦义务人可以向所在地自然资源主管部门提出申请，经审核属实的，可以不再预存相应数额的土地复垦费用。

第二十一条 土地复垦义务人应当按照土地复垦方案确定的工作计划和土地复垦费用使用计划，向损毁土地所在地县级自然资源主管部门申请出具土地复垦费用支取通知书。县级自然资源主管部门应当在七日内出具土地复垦费用支取通知书。

土地复垦义务人凭土地复垦费用支取通知书，从土地复垦费用专门账户中支取土地复垦费用，专项用于土地复垦。

第二十二条 土地复垦义务人应当按照条例第十七条规定于每年12月31日前向所在地县级自然资源主管部门报告当年土地复垦义务履行情况，包括下列内容：

（一）年度土地损毁情况，包括土地损毁方式、地类、位置、权属、面积、程度等；

（二）年度土地复垦费用预存、使用和管理等情况；

（三）年度土地复垦实施情况，包括复垦地类、位置、面积、权属、主要复垦措施、工程量等；

（四）自然资源主管部门规定的其他年度报告内容。

县级自然资源主管部门应当加强对土地复垦义务人报告事项履行情况的监督核实，并可以根据情况将土地复垦义务履行情况年度报告在门户网站上公开。

第二十三条　县级自然资源主管部门应当加强对土地复垦义务人使用土地复垦费用的监督管理，发现有不按照规定使用土地复垦费用的，可以按照土地复垦费用使用监管协议的约定依法追究土地复垦义务人的违约责任。

第二十四条　土地复垦义务人在生产建设活动中应当遵循"保护、预防和控制为主，生产建设与复垦相结合"的原则，采取下列预防控制措施：

（一）对可能被损毁的耕地、林地、草地等，应当进行表土剥离，分层存放，分层回填，优先用于复垦土地的土壤改良。表土剥离厚度应当依据相关技术标准，根据实际情况确定。表土剥离应当在生产工艺和施工建设前进行或者同步进行；

（二）露天采矿、烧制砖瓦、挖沙取土、采石、修建铁路、公路、水利工程等，应当合理确定取土的位置、范围、深度和堆放的位置、高度等；

（三）地下采矿或者疏干抽排地下水等施工，对易造成地面塌陷或者地面沉降等特殊地段应当采取充填、设置保护支柱等工程技术方法以及限制、禁止开采地下水等措施；

（四）禁止不按照规定排放废气、废水、废渣、粉灰、废油等。

第二十五条　土地复垦义务人应当对生产建设活动损毁土地的规模、程度和复垦过程中土地复垦工程质量、土地复垦效果等实施全程控制，并对验收合格后的复垦土地采取管护措施，保证土地复垦效果。

第二十六条　土地复垦义务人依法转让采矿权或者土地使用权的，土地复垦义务同时转移。但原土地复垦义务人应当完成的土地复垦义务未履行完成的除外。

原土地复垦义务人已经预存的土地复垦费用以及未履行完成的土地复垦义务，由原土地复垦义务人与新的土地复垦义务人在转让合同中约定。

新的土地复垦义务人应当重新与损毁土地所在地自然资源主管部门、银行签订土地复垦费用使用监管协议。

第三章　历史遗留损毁土地和自然灾害损毁土地的复垦

第二十七条　历史遗留损毁土地和自然灾害损毁土地调查评价，应当包括下列内容：

（一）损毁土地现状调查，包括地类、位置、面积、权属、损毁类型、损毁特征、损毁原因、损毁时间、污染情况、自然条件、社会经济条件等；

（二）损毁土地复垦适宜性评价，包括损毁程度、复垦潜力、利用方向及生态环境影响等；

（三）土地复垦效益分析，包括社会、经济、生态等效益。

第二十八条　符合下列条件的土地，所在地的县级自然资源主管部门应当认定为历史遗留损毁土地：

（一）土地复垦义务人灭失的生产建设活动损毁的土地；

（二）《土地复垦规定》实施以前生产建设活动损毁的土地。

第二十九条　县级自然资源主管部门应当将历史遗留损毁土地认定结果予以公告，公告期间不少于三十日。土地复垦义务人对认定结果有异议的，可以向县级自然资源主管部门申请复核。

县级自然资源主管部门应当自收到复核申请之日起三十日内做出答复。土地复垦义务人不服的，可以向上一级自然资源主管部门申请裁定。

上一级自然资源主管部门发现县级自然资源主管部门做出的认定结果不符合规定的，可以责令县级自然资源主管部门重新认定。

第三十条　土地复垦专项规划应当包括下列内容：

（一）土地复垦潜力分析；

（二）土地复垦的原则、目标、任务和计划安排；

（三）土地复垦重点区域和复垦土地利用方向；

（四）土地复垦项目的划定，复垦土地的利用布局和工程布局；

（五）土地复垦资金的测算，资金筹措方式和资金安排；

（六）预期经济、社会和生态等效益；

（七）土地复垦的实施保障措施。

土地复垦专项规划可以根据实际情况纳入土地整治规划。

土地复垦专项规划的修改应当按照条例第二十二条的规定报本级人民政府批准。

第三十一条　县级以上地方自然资源主管部门应当依据土地复垦专项规划制定土地复垦年度计划，分年度、有步骤地组织开展土地复垦工作。

第三十二条　条例第二十三条规定的历史遗留损毁土地和自然灾害损毁土地的复垦资金来源包括下列资金：

（一）土地复垦费；

（二）耕地开垦费；

（三）新增建设用地土地有偿使用费；

（四）用于农业开发的土地出让收入；

（五）可以用于土地复垦的耕地占用税地方留成部分；

（六）其他可以用于土地复垦的资金。

第四章　土地复垦验收

第三十三条　土地复垦义务人完成土地复垦任务后，应当组织自查，向项目所在地县级自然资源主管部门提出验收书面申请，并提供下列材料：

（一）验收调查报告及相关图件；

（二）规划设计执行报告；

（三）质量评估报告；

（四）检测等其他报告。

第三十四条　生产建设周期五年以上的项目，土地复垦义务人可以分阶段提出验收申请，负责组织验收的自然资源主管部门实行分级验收。

阶段验收由项目所在地县级自然资源主管部门负责组织，总体验收由审查通过土地复垦方案的自然资源主管部门负责组织或者委托有关自然资源主管部门组织。

第三十五条　负责组织验收的自然资源主管部门应当会同同级农业、林业、环境保护等有关部门，组织邀请有关专家和农村集体经济组织代表，依据土地复垦方案、阶段土地复垦计划，对下列内容进行验收：

（一）土地复垦计划目标与任务完成情况；

（二）规划设计执行情况；

（三）复垦工程质量和耕地质量等级；

（四）土地权属管理、档案资料管理情况；

（五）工程管护措施。

第三十六条 土地复垦阶段验收和总体验收形成初步验收结果后,负责组织验收的自然资源主管部门应当在项目所在地公告,听取相关权利人的意见。公告时间不少于三十日。

相关土地权利人对验收结果有异议的,可以在公告期内向负责组织验收的自然资源主管部门书面提出。

自然资源主管部门应当在接到书面异议之日起十五日内,会同同级农业、林业、环境保护等有关部门核查,形成核查结论反馈相关土地权利人。异议情况属实的,还应当向土地复垦义务人提出整改意见,限期整改。

第三十七条 土地复垦工程经阶段验收或者总体验收合格的,负责验收的自然资源主管部门应当依照条例第二十九条规定出具阶段或者总体验收合格确认书。验收合格确认书应当载明下列事项:

（一）土地复垦工程概况;
（二）损毁土地情况;
（三）土地复垦完成情况;
（四）土地复垦中存在的问题和整改建议、处理意见;
（五）验收结论。

第三十八条 土地复垦义务人在申请新的建设用地、申请新的采矿许可证或者申请采矿许可证延续、变更、注销时,应当一并提供按照本办法规定到期完工土地复垦项目的验收合格确认书或者土地复垦费缴费凭据。未提供相关材料的,按照条例第二十条规定,有关自然资源主管部门不得通过审查和办理相关手续。

第三十九条 政府投资的土地复垦项目竣工后,由负责组织实施土地复垦项目的自然资源主管部门进行初步验收,验收程序和要求除依照本办法规定外,按照资金来源渠道及相应的项目管理办法执行。

初步验收完成后,依照条例第三十条规定进行最终验收,并依照本办法第三十七条规定出具验收合格确认书。

自然资源主管部门代复垦的项目竣工后,依照本条规定进行验收。

第四十条 土地权利人自行复垦或者社会投资进行复垦的土地复垦项目竣工后,由项目所在地县级自然资源主管部门进行验收,验收程序和要求依照本办法规定执行。

第五章 土地复垦激励措施

第四十一条 土地复垦义务人将生产建设活动损毁的耕地、林地、牧草地等农用地复垦恢复为原用途的,可以依照条例第三十二条规定,凭验收合格确认书向所在地县级自然资源主管部门提出出具退还耕地占用税意见的申请。

经审核属实的,县级自然资源主管部门应当在十五日内向土地复垦义务人出具意见。土地复垦义务人凭自然资源主管部门出具的意见向有关部门申请办理退还耕地占用税手续。

第四十二条 由社会投资将历史遗留损毁和自然灾害损毁土地复垦为耕地的,除依照条例第三十三条规定办理外,对属于将非耕地复垦为耕地的,经验收合格并报省级自然资源主管部门复核同意后,可以作为本省、自治区、直辖市的补充耕地指标,市、县政府可以出资购买指标。

第四十三条 由县级以上地方人民政府投资将历史遗留损毁和自然灾害损毁的建设用地复垦为耕地的,经验收合格并报省级自然资源主管部门复核同意后,依照条例第三十五条规定可以作为本省、自治区、直辖市的补充耕地指标。但使用新增建设用地有偿使用费复垦的耕地除外。属于农民集体所有的土地，复垦后应当交给农民集体使用。

第六章 土地复垦监督管理

第四十四条 县级以上自然资源主管部门应当采取年度检查、专项核查、例行稽查、在线监管等形式，对本行政区域内的土地复垦活动进行监督检查，并可以采取下列措施：

（一）要求被检查当事人如实反映情况和提供相关的文件、资料和电子数据；

（二）要求被检查当事人就土地复垦有关问题做出说明；

（三）进入土地复垦现场进行勘查；

（四）责令被检查当事人停止违反条例的行为。

第四十五条 县级以上自然资源主管部门应当在门户网站上及时向社会公开本行政区域内的土地复垦管理规定、技术标准、土地复垦规划、土地复垦项目安排计划以及土地复垦方案审查结果、土地复垦工程验收结果等重大事项。

第四十六条 县级以上地方自然资源主管部门应当通过国土资源主干网等按年度将本行政区域内的土地损毁情况、土地复垦工作开展情况等逐级上报。

上级自然资源主管部门对下级自然资源主管部门落实土地复垦法律法规情况、土地复垦义务履行情况、土地复垦效果等进行绩效评价。

第四十七条 县级以上自然资源主管部门应当对土地复垦档案实行专门管理，将土地复垦方案、土地复垦资金使用监管协议、土地复垦验收有关材料和土地复垦项目计划书、土地复垦实施情况报告等资料和电子数据进行档案存储与管理。

第四十八条 复垦后的土地权属和用途发生变更的，应当依法办理土地登记相关手续。

第七章 法律责任

第四十九条 条例第三十六条第六项规定的其他徇私舞弊、滥用职权、玩忽职守行为，包括下列行为：

（一）违反本办法第二十一条规定，对不符合规定条件的土地复垦义务人出具土地复垦费用支取通知书，或者对符合规定条件的土地复垦义务人无正当理由未在规定期限内出具土地复垦费用支取通知书的；

（二）违反本办法第四十一条规定，对不符合规定条件的申请人出具退还耕地占用税的意见，或者对符合规定条件的申请人无正当理由未在规定期限内出具退还耕地占用税的意见的；

（三）其他违反条例和本办法规定的行为。

第五十条 土地复垦义务人未按照本办法第十五条规定将土地复垦方案、土地复垦规划设计报所在地县级自然资源主管部门备案的，由县级以上地方自然资源主管部门责令限期改正；逾期不改正的，依照条例第四十一条规定处罚。

第五十一条 土地复垦义务人未按照本办法第十六条、第十七条、第十八条、第十九条规定预存土地复垦费用的，由县级以上自然资源主管部门责令限期改正；逾期不改正的，依照条例第三十八条规定处罚。

第五十二条 土地复垦义务人未按照本办法第二十五条规定开展土地复垦质量控制和采取管护措施的，由县级以上地方自然资源主管部门责令限期改正；逾期不改正的，依照条例第四十一条规定处罚。

第五十三条 铀矿等放射性采矿项目的土地复垦具体办法，由自然资源部另行制定。

第五十四条 本办法自2013年3月1日起施行。

五、不动产登记

标　　题：不动产登记暂行条例
索　引　号：000014349/2014-00154　　　主题分类：国土资源、能源、其他
发文机关：国务院　　　　　　　　　　　成文日期：2014 年 11 月 24 日
发文字号：国令第 656 号　　　　　　　　发布日期：2014 年 12 月 22 日

中华人民共和国国务院令

第 656 号

现公布《不动产登记暂行条例》，自 2015 年 3 月 1 日起施行。

总理　李克强
2014 年 11 月 24 日

不动产登记暂行条例

第一章 总 则

第一条 为整合不动产登记职责，规范登记行为，方便群众申请登记，保护权利人合法权益，根据《中华人民共和国物权法》等法律，制定本条例。

第二条 本条例所称不动产登记，是指不动产登记机构依法将不动产权利归属和其他法定事项记载于不动产登记簿的行为。

本条例所称不动产，是指土地、海域以及房屋、林木等定着物。

第三条 不动产首次登记、变更登记、转移登记、注销登记、更正登记、异议登记、预告登记、查封登记等，适用本条例。

第四条 国家实行不动产统一登记制度。

不动产登记遵循严格管理、稳定连续、方便群众的原则。

不动产权利人已经依法享有的不动产权利，不因登记机构和登记程序的改变而受到影响。

第五条 下列不动产权利，依照本条例的规定办理登记：

（一）集体土地所有权；

（二）房屋等建筑物、构筑物所有权；

（三）森林、林木所有权；

（四）耕地、林地、草地等土地承包经营权；

（五）建设用地使用权；

（六）宅基地使用权；

（七）海域使用权；

（八）地役权；

（九）抵押权；

（十）法律规定需要登记的其他不动产权利。

第六条 国务院国土资源主管部门负责指导、监督全国不动产登记工作。

县级以上地方人民政府应当确定一个部门为本行政区域的不动产登记机构，负责不动产登记工作，并接受上级人民政府不动产登记主管部门的指导、监督。

第七条 不动产登记由不动产所在地的县级人民政府不动产登记机构办理；直辖市、设区的市人民政府可以确定本级不动产登记机构统一办理所属各区的不动产登记。

跨县级行政区域的不动产登记，由所跨县级行政区域的不动产登记机构分别办理。不能分别办理的，由所跨县级行政区域的不动产登记机构协商办理；协商不成的，由共同的上一级人民政府不动产登记主管部门指定办理。

国务院确定的重点国有林区的森林、林木和林地，国务院批准项目用海、用岛，中央国家机关使用的国有土地等不动产登记，由国务院国土资源主管部门会同有关部门规定。

第二章　不动产登记簿

第八条　不动产以不动产单元为基本单位进行登记。不动产单元具有唯一编码。
不动产登记机构应当按照国务院国土资源主管部门的规定设立统一的不动产登记簿。
不动产登记簿应当记载以下事项：
（一）不动产的坐落、界址、空间界限、面积、用途等自然状况；
（二）不动产权利的主体、类型、内容、来源、期限、权利变化等权属状况；
（三）涉及不动产权利限制、提示的事项；
（四）其他相关事项。

第九条　不动产登记簿应当采用电子介质，暂不具备条件的，可以采用纸质介质。不动产登记机构应当明确不动产登记簿唯一、合法的介质形式。
不动产登记簿采用电子介质的，应当定期进行异地备份，并具有唯一、确定的纸质转化形式。

第十条　不动产登记机构应当依法将各类登记事项准确、完整、清晰地记载于不动产登记簿。任何人不得损毁不动产登记簿，除依法予以更正外不得修改登记事项。

第十一条　不动产登记工作人员应当具备与不动产登记工作相适应的专业知识和业务能力。
不动产登记机构应当加强对不动产登记工作人员的管理和专业技术培训。

第十二条　不动产登记机构应当指定专人负责不动产登记簿的保管，并建立健全相应的安全责任制度。
采用纸质介质不动产登记簿的，应当配备必要的防盗、防火、防渍、防有害生物等安全保护设施。
采用电子介质不动产登记簿的，应当配备专门的存储设施，并采取信息网络安全防护措施。

第十三条　不动产登记簿由不动产登记机构永久保存。不动产登记簿损毁、灭失的，不动产登记机构应当依据原有登记资料予以重建。
行政区域变更或者不动产登记机构职能调整的，应当及时将不动产登记簿移交相应的不动产登记机构。

第三章　登记程序

第十四条　因买卖、设定抵押权等申请不动产登记的，应当由当事人双方共同申请。
属于下列情形之一的，可以由当事人单方申请：
（一）尚未登记的不动产首次申请登记的；
（二）继承、接受遗赠取得不动产权利的；
（三）人民法院、仲裁委员会生效的法律文书或者人民政府生效的决定等设立、变更、转让、消灭不动产权利的；
（四）权利人姓名、名称或者自然状况发生变化，申请变更登记的；
（五）不动产灭失或者权利人放弃不动产权利，申请注销登记的；
（六）申请更正登记或者异议登记的；
（七）法律、行政法规规定可以由当事人单方申请的其他情形。

第十五条　当事人或者其代理人应当到不动产登记机构办公场所申请不动产登记。

不动产登记机构将申请登记事项记载于不动产登记簿前，申请人可以撤回登记申请。

第十六条 申请人应当提交下列材料，并对申请材料的真实性负责：

（一）登记申请书；

（二）申请人、代理人身份证明材料、授权委托书；

（三）相关的不动产权属来源证明材料、登记原因证明文件、不动产权属证书；

（四）不动产界址、空间界限、面积等材料；

（五）与他人利害关系的说明材料；

（六）法律、行政法规以及本条例实施细则规定的其他材料。

不动产登记机构应当在办公场所和门户网站公开申请登记所需材料目录和示范文本等信息。

第十七条 不动产登记机构收到不动产登记申请材料，应当分别按照下列情况办理：

（一）属于登记职责范围，申请材料齐全、符合法定形式，或者申请人按照要求提交全部补正申请材料的，应当受理并书面告知申请人；

（二）申请材料存在可以当场更正的错误的，应当告知申请人当场更正，申请人当场更正后，应当受理并书面告知申请人；

（三）申请材料不齐全或者不符合法定形式的，应当当场书面告知申请人不予受理并一次性告知需要补正的全部内容；

（四）申请登记的不动产不属于本机构登记范围的，应当当场书面告知申请人不予受理并告知申请人向有登记权的机构申请。

不动产登记机构未当场书面告知申请人不予受理的，视为受理。

第十八条 不动产登记机构受理不动产登记申请的，应当按照下列要求进行查验：

（一）不动产界址、空间界限、面积等材料与申请登记的不动产状况是否一致；

（二）有关证明材料、文件与申请登记的内容是否一致；

（三）登记申请是否违反法律、行政法规规定。

第十九条 属于下列情形之一的，不动产登记机构可以对申请登记的不动产进行实地查看：

（一）房屋等建筑物、构筑物所有权首次登记；

（二）在建建筑物抵押权登记；

（三）因不动产灭失导致的注销登记；

（四）不动产登记机构认为需要实地查看的其他情形。

对可能存在权属争议，或者可能涉及他人利害关系的登记申请，不动产登记机构可以向申请人、利害关系人或者有关单位进行调查。

不动产登记机构进行实地查看或者调查时，申请人、被调查人应当予以配合。

第二十条 不动产登记机构应当自受理登记申请之日起 30 个工作日内办结不动产登记手续，法律另有规定的除外。

第二十一条 登记事项自记载于不动产登记簿时完成登记。

不动产登记机构完成登记，应当依法向申请人核发不动产权属证书或者登记证明。

第二十二条 登记申请有下列情形之一的，不动产登记机构应当不予登记，并书面告知申请人：

（一）违反法律、行政法规规定的；

（二）存在尚未解决的权属争议的；

（三）申请登记的不动产权利超过规定期限的；
（四）法律、行政法规规定不予登记的其他情形。

第四章 登记信息共享与保护

第二十三条 国务院国土资源主管部门应当会同有关部门建立统一的不动产登记信息管理基础平台。

各级不动产登记机构登记的信息应当纳入统一的不动产登记信息管理基础平台，确保国家、省、市、县四级登记信息的实时共享。

第二十四条 不动产登记有关信息与住房城乡建设、农业、林业、海洋等部门审批信息、交易信息等应当实时互通共享。

不动产登记机构能够通过实时互通共享取得的信息，不得要求不动产登记申请人重复提交。

第二十五条 国土资源、公安、民政、财政、税务、工商、金融、审计、统计等部门应当加强不动产登记有关信息互通共享。

第二十六条 不动产登记机构、不动产登记信息共享单位及其工作人员应当对不动产登记信息保密；涉及国家秘密的不动产登记信息，应当依法采取必要的安全保密措施。

第二十七条 权利人、利害关系人可以依法查询、复制不动产登记资料，不动产登记机构应当提供。

有关国家机关可以依照法律、行政法规的规定查询、复制与调查处理事项有关的不动产登记资料。

第二十八条 查询不动产登记资料的单位、个人应当向不动产登记机构说明查询目的，不得将查询获得的不动产登记资料用于其他目的；未经权利人同意，不得泄露查询获得的不动产登记资料。

第五章 法律责任

第二十九条 不动产登记机构登记错误给他人造成损害，或者当事人提供虚假材料申请登记给他人造成损害的，依照《中华人民共和国物权法》的规定承担赔偿责任。

第三十条 不动产登记机构工作人员进行虚假登记，损毁、伪造不动产登记簿，擅自修改登记事项，或者有其他滥用职权、玩忽职守行为的，依法给予处分；给他人造成损害的，依法承担赔偿责任；构成犯罪的，依法追究刑事责任。

第三十一条 伪造、变造不动产权属证书、不动产登记证明，或者买卖、使用伪造、变造的不动产权属证书、不动产登记证明的，由不动产登记机构或者公安机关依法予以收缴；有违法所得的，没收违法所得；给他人造成损害的，依法承担赔偿责任；构成违反治安管理行为的，依法给予治安管理处罚；构成犯罪的，依法追究刑事责任。

第三十二条 不动产登记机构、不动产登记信息共享单位及其工作人员，查询不动产登记资料的单位或者个人违反国家规定，泄露不动产登记资料、登记信息，或者利用不动产登记资料、登记信息进行不正当活动，给他人造成损害的，依法承担赔偿责任；对有关责任人员依法给予处分；有关责任人员构成犯罪的，依法追究刑事责任。

第六章 附 则

第三十三条 本条例施行前依法颁发的各类不动产权属证书和制作的不动产登记簿继续

有效。

不动产统一登记过渡期内，农村土地承包经营权的登记按照国家有关规定执行。

第三十四条 本条例实施细则由国务院国土资源主管部门会同有关部门制定。

第三十五条 本条例自 2015 年 3 月 1 日起施行。本条例施行前公布的行政法规有关不动产登记的规定与本条例规定不一致的，以本条例规定为准。

六、土地预审

1. 建设项目用地预审及选址意见流程

(一) 建设项目用地预审及选址意见流程

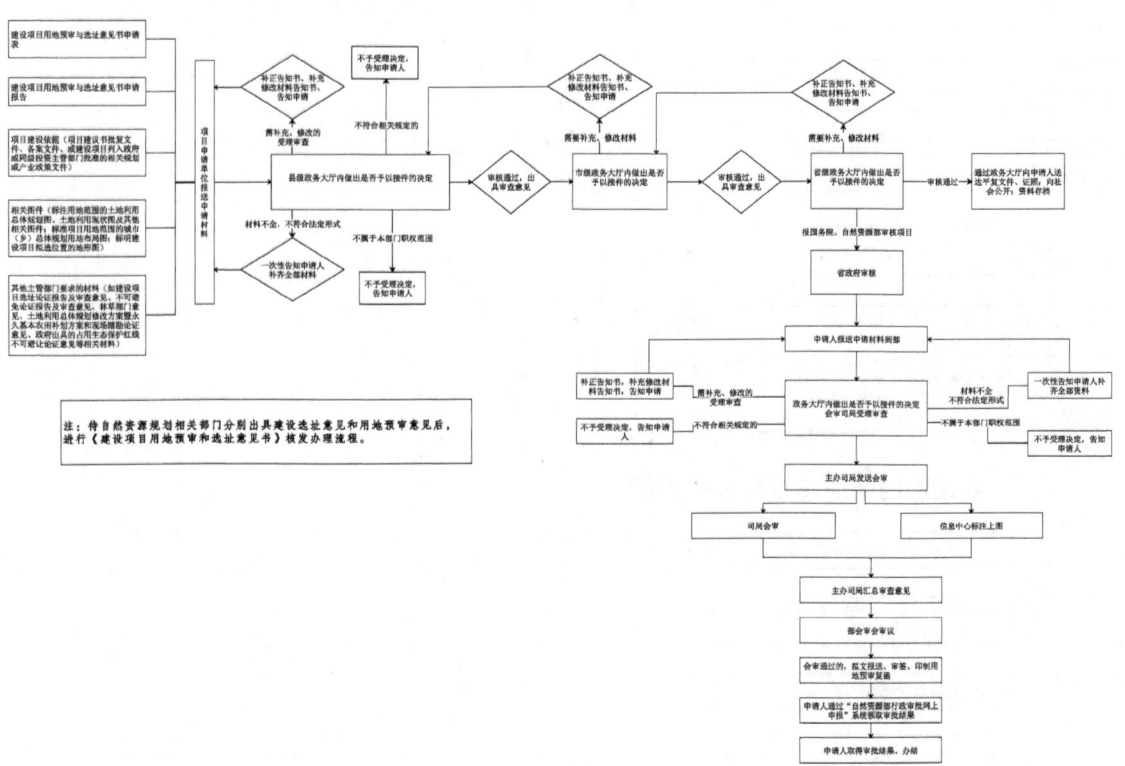

（二）建设项目用地预审流程

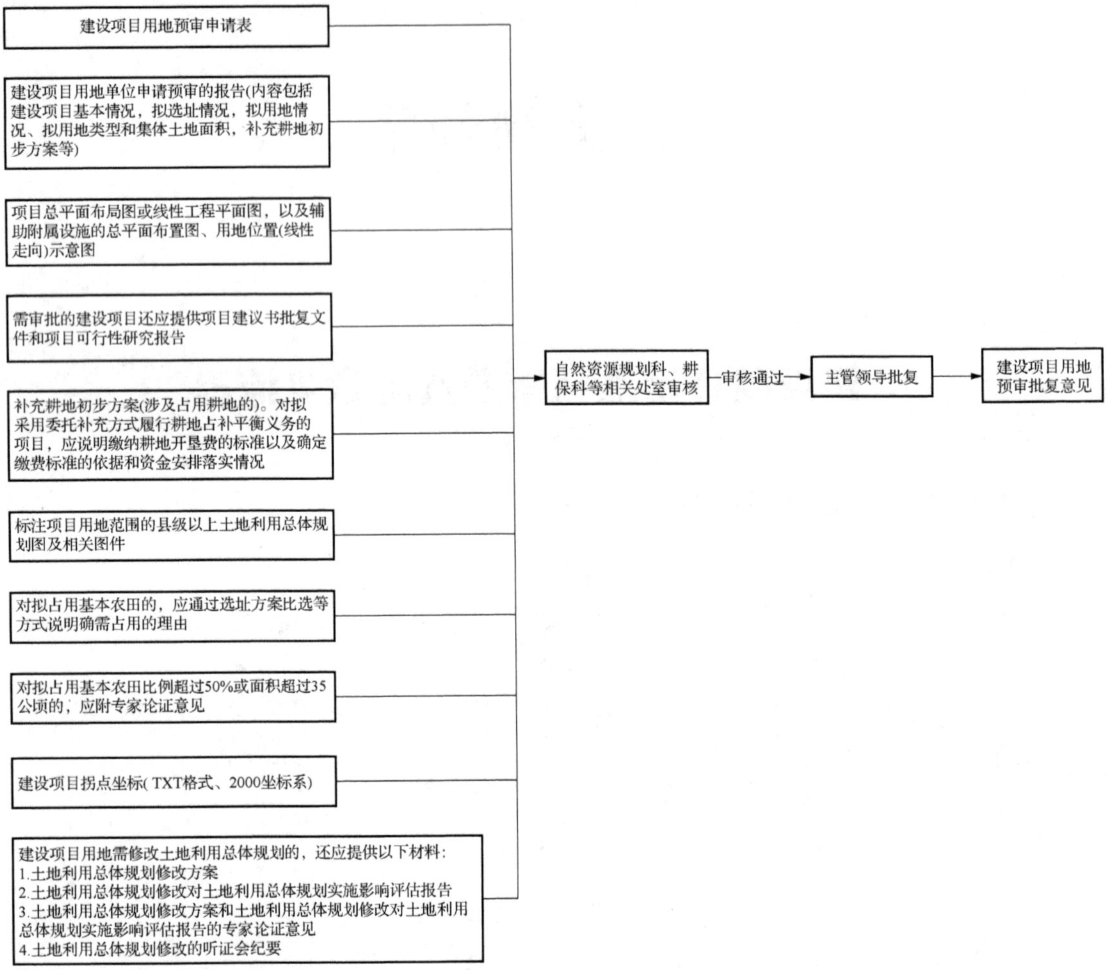

建设项目用地预审申请表
建设项目用地单位申请预审的报告(内容包括建设项目基本情况，拟选址情况，拟用地情况、拟用地类型和集体土地面积，补充耕地初步方案等)
项目总平面布局图或线性工程平面图，以及辅助附属设施的总平面布置图、用地位置(线性走向)示意图
需审批的建设项目还应提供项目建议书批复文件和项目可行性研究报告
补充耕地初步方案(涉及占用耕地的)。对拟采用委托补充方式履行耕地占补平衡义务的项目，应说明缴纳耕地开垦费的标准以及确定缴费标准的依据和资金安排落实情况
标注项目用地范围的县级以上土地利用总体规划图及相关图件
对拟占用基本农田的，应通过选址方案比选等方式说明确需占用的理由
对拟占用基本农田比例超过50%或面积超过35公顷的，应附专家论证意见
建设项目拐点坐标(TXT格式、2000坐标系)
建设项目用地需修改土地利用总体规划的，还应提供以下材料:
1.土地利用总体规划修改方案
2.土地利用总体规划修改对土地利用总体规划实施影响评估报告
3.土地利用总体规划修改方案和土地利用总体规划修改对土地利用总体规划实施影响评估报告的专家论证意见
4.土地利用总体规划修改的听证会纪要
自然资源规划科、耕保科等相关处室审核
审核通过
主管领导批复
建设项目用地预审批复意见

（三）建设项目用地选址意见书流程

建设项目选址意见书申请表
申请单位的工商营业执照或组织机构法人代码证(复印件)
村镇建设规划建设部门审查意见
项目总平面布局图或线性工程平面图，以及辅助附属设施的总平面布置图、用地位置(线性走向)示意图
环保、应急管理等相关部门对建设项目的初审意见
可行性研究报告或项目建议书
自然资源规划相关处室审核
审核通过
相关领导批复

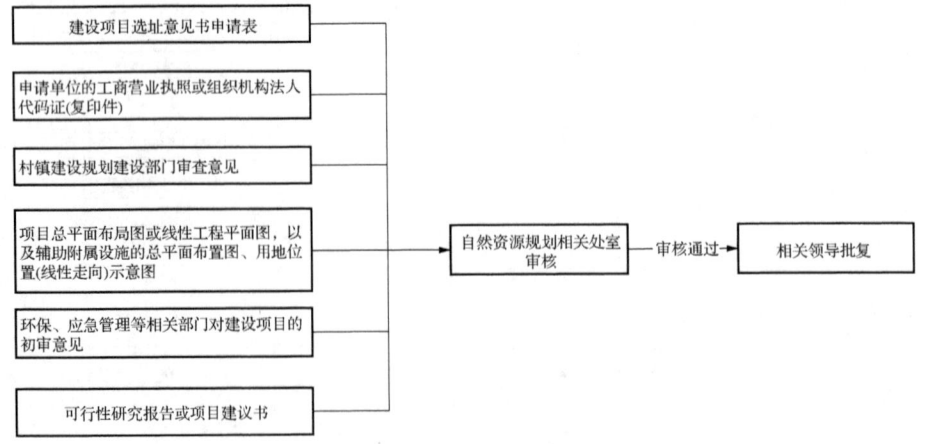

2. 自然资源部关于以"多规合一"为基础推进规划用地"多审合一、多证合一"改革的通知

(自然资规〔2019〕2号)

各省、自治区、直辖市及计划单列市自然资源主管部门、新疆生产建设兵团自然资源主管部门，中央军委后勤保障部军事设施建设局，国家林业和草原局，中国地质调查局及部其他直属单位，各派出机构，部机关各司局：

为落实党中央、国务院推进政府职能转变、深化"放管服"改革和优化营商环境的要求，现就以"多规合一"为基础推进规划用地"多审合一、多证合一"改革的有关事项通知如下：

一、合并规划选址和用地预审

将建设项目选址意见书、建设项目用地预审意见合并，自然资源主管部门统一核发建设项目用地预审与选址意见书（见附件1），不再单独核发建设项目选址意见书、建设项目用地预审意见。

涉及新增建设用地，用地预审权限在自然资源部的，建设单位向地方自然资源主管部门提出用地预审与选址申请，由地方自然资源主管部门受理；经省级自然资源主管部门报自然资源部通过用地预审后，地方自然资源主管部门向建设单位核发建设项目用地预审与选址意见书。用地预审权限在省级以下自然资源主管部门的，由省级自然资源主管部门确定建设项目用地预审与选址意见书办理的层级和权限。

使用已经依法批准的建设用地进行建设的项目，不再办理用地预审；需要办理规划选址的，由地方自然资源主管部门对规划选址情况进行审查，核发建设项目用地预审与选址意见书。

建设项目用地预审与选址意见书有效期为三年，自批准之日起计算。

二、合并建设用地规划许可和用地批准

将建设用地规划许可证、建设用地批准书合并，自然资源主管部门统一核发新的建设用地规划许可证（见附件2），不再单独核发建设用地批准书。

以划拨方式取得国有土地使用权的，建设单位向所在地的市、县自然资源主管部门提出建设用地规划许可申请，经有建设用地批准权的人民政府批准后，市、县自然资源主管部门向建设单位同步核发建设用地规划许可证、国有土地划拨决定书。

以出让方式取得国有土地使用权的，市、县自然资源主管部门依据规划条件编制土地出让方案，经依法批准后组织土地供应，将规划条件纳入国有建设用地使用权出让合同。建设单位在签订国有建设用地使用权出让合同后，市、县自然资源主管部门向建设单位核发建设用地规划许可证。

三、推进多测整合、多验合一

以统一规范标准、强化成果共享为重点，将建设用地审批、城乡规划许可、规划核实、

竣工验收和不动产登记等多项测绘业务整合，归口成果管理，推进"多测合并、联合测绘、成果共享"。不得重复审核和要求建设单位或者个人多次提交对同一标的物的测绘成果；确有需要的，可以进行核实更新和补充测绘。在建设项目竣工验收阶段，将自然资源主管部门负责的规划核实、土地核验、不动产测绘等合并为一个验收事项。

四、简化报件审批材料

各地要依据"多审合一、多证合一"改革要求，核发新版证书。对现有建设用地审批和城乡规划许可的办事指南、申请表单和申报材料清单进行清理，进一步简化和规范申报材料。除法定的批准文件和证书以外，地方自行设立的各类通知书、审查意见等一律取消。加快信息化建设，可以通过政府内部信息共享获得的有关文件、证书等材料，不得要求行政相对人提交；对行政相对人前期已提供且无变化的材料，不得要求重复提交。支持各地探索以互联网、手机 APP 等方式，为行政相对人提供在线办理、进度查询和文书下载打印等服务。

本通知自发布之日起执行，有效期 5 年。各地可结合实际，制订实施细则。

自然资源部
2019 年 9 月 17 日

附件：
1. 附件 1-1 建设项目用地预审与选址意见书封面
2. 附件 1-2 建设项目用地预审与选址意见书内页
3. 附件 2-1 建设用地规划许可证封面
4. 附件 2-2 建设用地规划许可证内页
5. 附件 3 编号规则

附件 1-1　建设项目用地预审与选址意见书封面

附件 1-2　建设项目用地预审与选址意见书内页

附件 2-1　建设用地规划许可证封面

附件 2-2　建设用地规划许可证内页

附件 3 编号规则

编号规则

证书实行全国统一编号。编号数字共 15 位，前 6 位数号码按照《中华人民共和国行政区划代码》（详见民政部网站 www.mca.gov.cn）执行，7-10 位数号码代表证书发放年份，11-15 位数号码代表证书发放序号。

3. 河北省自然资源厅关于推进规划用地"多审合一、多证合一"改革的实施意见

(冀自然资规〔2020〕4号)

各市(含定州、辛集市)、县(市)自然资源和规划局,雄安新区管委会自然资源主管部门:

为贯彻落实自然资源部《关于以"多规合一"为基础推进规划用地"多审合一、多证合一"改革的通知》(自然资规〔2019〕2号)要求,推进我省规划用地"多审合一、多证合一"改革,提出如下实施意见。

一、合并规划选址和用地预审

将建设项目选址意见书、建设项目用地预审意见合并,自然资源主管部门统一核发建设项目用地预审与选址意见书,不再单独核发建设项目选址意见书、建设项目用地预审意见。

(一)办理层级和权限

建设项目用地预审与选址意见书核发按照建设项目审批权限实行分级管理,与建设项目批准、核准、备案权限相对应。省级以上政府及投资主管部门批准、核准、备案的建设项目,由省自然资源厅核发建设项目用地预审与选址意见书。市县投资主管部门或行政审批部门批准、核准、备案的项目,由同级自然资源主管部门核发建设项目用地预审与选址意见书。

1. 预审权限在自然资源部的项目。建设项目涉及新增建设用地,用地预审权限在自然资源部、规划选址权限在省自然资源厅的,建设单位向省自然资源厅提出用地预审与选址申请,由省自然资源厅受理并经初审通过后报自然资源部,待自然资源部通过用地预审后,由省自然资源厅向建设单位核发建设项目用地预审与选址意见书。

自然资源部授权省级自然资源主管部门预审的建设项目,建设单位向省自然资源厅提出用地预审与选址申请,项目涉及的设区市自然资源主管部门出具初审意见,由省自然资源厅审查通过后核发建设项目用地预审与选址意见书。

2. 预审权限在省自然资源厅的项目。建设项目涉及新增建设用地,用地预审、规划选址权限在省自然资源厅的,建设单位向省自然资源厅提出用地预审与选址申请,项目涉及的设区市自然资源主管部门出具初审意见,由省自然资源厅审查通过后向建设单位核发建设项目用地预审与选址意见书。

建设项目涉及新增建设用地,用地预审权限在省自然资源厅,规划选址权限在市县自然资源主管部门的,建设单位向市县自然资源主管部门提出用地预审与选址申请,由市县自然资源主管部门受理并逐级报省自然资源厅通过用地预审后,由市县自然资源主管部门向建设单位核发建设项目用地预审与选址意见书。

3. 预审权限在市县自然资源主管部门的项目。建设项目涉及新增建设用地,用地预审、规划选址权限在市县自然资源主管部门的,建设单位向市县自然资源主管部门提出用地预审与选址申请,由市县自然资源主管部门审查通过后向建设单位核发建设项目用地预审与选址意见书。

（二）核发范围和阶段

1. 需要办理用地预审和规划选址的项目。建设项目涉及新增建设用地，且采取划拨方式取得国有土地使用权的批准、核准类项目，按照办理层级和权限由相应自然资源主管部门对建设用地预审、规划选址情况进行审查，核发建设项目用地预审与选址意见书。

2. 不需办理用地预审的项目。使用已经依法批准的建设用地进行建设的项目，不再办理用地预审；需办理规划选址的，按照办理层级和权限由相应自然资源主管部门对规划选址情况进行审查，核发建设项目用地预审与选址意见书。

3. 不需办理规划选址的项目。采取出让方式取得国有土地使用权或备案类项目，不需办理规划选址；需要办理用地预审的，按照办理层级和权限由相应自然资源主管部门对用地预审情况进行审查，核发建设项目用地预审与选址意见书。

4. 不需重新办理用地预审和规划选址的项目。改建、扩建建设项目在已经取得国有土地使用权范围内，不涉及新增建设用地、规划用地性质调整的，不需重新申请核发建设项目用地预审与选址意见书。

5. 办理阶段。需批准的建设项目在可行性研究阶段，由建设单位提出用地预审与选址意见书办理申请；需核准的建设项目在项目申请报告核准前，由建设单位提出用地预审与选址意见书办理申请；需备案的建设项目在办理备案手续后，由建设单位提出用地预审与选址意见书办理申请。

（三）申请材料和证书有效期限

1. 申请材料。办理建设项目用地预审与选址意见书，实行一张表单申请，根据建设项目的类型提交有关申请材料（详见附件1、2、3）。涉及占用永久基本农田的，由省自然资源厅负责组织对占用永久基本农田的必要性、合理性和补划方案的可行性进行踏勘论证。

已取得预审意见或规划选址意见书的建设项目，建设单位申请办理建设项目用地预审与选址意见书的，在原预审意见或规划选址意见书规定有效期内，建设单位只需提交规划选址或用地预审相关材料及原预审意见或规划选址意见书，自然资源主管部门审核通过后收回原预审意见或规划选址意见书，核发建设项目用地预审与选址意见书。

2. 证书有效期限。2020年4月30日前办结的项目，可按原办理程序分别出具预审意见、规划选址意见书；2020年5月1日以后办结的项目，统一核发建设项目用地预审与选址意见书。《建设项目用地预审与选址意见书》有效期为三年，自批准之日起计算。超过三年有效期的，需按要求重新申请办理。已核发建设项目用地预审与选址意见书的项目，如需对土地用途、建设项目选址进行重大调整的，应当重新申请办理建设项目用地预审与选址意见书。

二、合并建设用地规划许可和用地批准

将建设用地规划许可证、建设用地批准书合并，自然资源主管部门统一核发新的建设用地规划许可证，不再单独核发建设用地批准书。

（一）划拨方式供地

在城市、镇规划区内以划拨方式提供国有土地使用权的建设项目，经有关部门批准、核准、备案后，建设单位向市县自然资源主管部门提出建设用地申请。市县自然资源主管部门受理申请后，应当组织现场踏勘，依据控制性详细规划核定建设用地位置、面积、允许建设的范围，提出规划条件，依据用地政策、用地标准和规划条件编制供地方案，经有建设用地批准权的人民政府批准后，向建设单位同步核发建设用地规划许可证、国有土地划拨决定书。

（二）出让方式供地

在城市、镇规划区内以出让方式提供国有土地使用权的建设项目，在国有土地使用权出让前，市县自然资源主管部门应当依据控制性详细规划，提出出让地块的位置、使用性质、开发强度等规划条件，作为国有土地使用权出让合同的组成部分。在签订国有土地使用权出让合同后，市县自然资源主管部门核发建设用地规划许可证。

三、推进"多测整合、多验合一"

积极推进"联合测绘"，创新"多测合一"的审批模式，将建设用地审批、城乡规划许可、规划核实和不动产登记等多项测绘业务整合，统一测绘数据标准，归口成果管理，实行"一次委托、统一测绘、成果共享"。不得重复审核和要求建设单位或者个人多次提交同一标的物的测绘成果；确有需要的，可以进行核实更新和补充测绘。在建设项目竣工验收阶段，将自然资源主管部门负责的规划核实、土地核验、不动产测绘等合并为一个验收事项，统一出具验收意见。

四、严格证书管理

（一）证书编号规则

各地要依据"多审合一、多证合一"要求，自2020年5月1日起核发新版建设项目用地预审与选址意见书、建设用地规划许可证。证书实行全国统一编号，编号数字共15位，前6位数号码按照《中华人民共和国国行政区划代码》（详见民政部网站www.mca.gov.cn）执行，7-10位数号码代表证书发放年份，11-15位数号码代表证书发放序号。新版证书由市县自然资源主管部门按照《证书技术参数》（附件4）自行组织印制。

（二）其他工作要求

市县自然资源主管部门核发建设项目用地预审与选址意见书、建设用地规划许可证及附件、附图，应加盖本行政机关公章，证书一正三副，正本和一个副本由建设单位留存，项目立项单位、许可单位各留存一个副本，正本和副本具有同等效力。

五、简化程序提高效率

市县自然资源主管部门要依据"多审合一、多证合一"改革要求，对现有规划用地许可的办事指南、申报材料清单和申请表单进行清理完善，制定"多审合一"的审批流程，进一步简化申报材料、精简审批环节、压缩审批时限、提高审批效率。要做好技术保障服务工作，提供技术支撑，实现建设用地审批和规划用地许可事项的信息共享，可以通过政府内部信息共享获得的有关文件、证书等材料，不得要求行政管理相对人提交；对行政管理相对人前期已提供且无变化的材料，不得要求重复提交。除法定的批准文件和证书外，各地自行设立的各类通知书、审查意见一律取消。市县自然资源主管部门要根据机构设置情况，明确部门内设机构职责分工，把改革责任落实到位。

本实施意见自发布之日起执行，有效期5年。各地可结合实际，制订实施细则。

附件：
1. 建设项目用地预审与选址意见书申报材料清单
2. 建设项目用地预审与选址意见书申请表
3. 关于申请办理××建设项目用地预审与选址意见书的报告
4. 证书技术参数

附件 1

建设项目用地预审与选址意见书申报材料清单

序号	材料名称	电子化格式	是否需要纸质	具体要求	备注
1	建设项目用地预审与选址意见书申请表	pdf 文档	是	加盖项目建设单位公章。	
2	设区市自然资源主管部门初审意见	pdf 文档	是	正式文件。	报省自然资源厅核发用地预审与选址意见书，需要提供。
3	建设项目用地预审与选址意见书申请报告	pdf 文档	是	正式文件。	格式见附件 3。
4	项目建设依据	pdf 文档	是	项目建议书批复文件、核准类项目拟报批的项目申请报告及核准部门支持性文件、备案信息、建设项目列入相关规划或者产业政策的文件。	
5	项目用地边界拐点坐标表（2000 国家大地坐标系）	txt 文档	否		涉及用地预审的建设项目需提供。
6	土地权属地类面积汇总表	pdf 文档	是	加盖市、县自然资源主管部门公章。	涉及用地预审的建设项目需提供。
7	相关图件	pdf 文档	是	1. 标注项目用地范围的土地利用总体规划图、土地利用现状图及其他相关图件。 2. 标注项目用地范围的城市（乡）总体规划用地布局图（或相关专项规划）。 3. 标明建设项目拟选位置的地形图（2000 国家大地坐标系）。	涉及用地预审内容的建设项目需提供 1 相关图件；涉及选址内容的建设项目需提供 2、3 相关图件。

续表

序号	材料名称	电子化格式	是否需要纸质	具体要求	备注
8	划定矿区的批复文号及范围	pdf 文档	是		涉及矿山项目需要提供。
9	土地利用总体规划修改方案暨永久基本农田补划方案和现场踏勘论证意见	pdf 文档	是	土地利用总体规划修改方案暨永久基本农田补划方案要依照自然资源部《关于做好占用永久基本农田重大建设项目用地预审的通知》（自然资规〔2018〕3号）附件3格式编制。	符合占用永久基本农田条件且涉及占用永久基本农田的建设项目需要提供。
10	节地评价报告及评审论证意见	pdf 文档	是	国家和地方尚未颁布土地使用标准和建设标准的建设项目，以及确需突破土地使用标准确定的规模和功能分区的建设项目，应按要求组织开展建设项目节地评价。	涉及用地预审的建设项目需要提供。
11	选址论证报告	pdf 文档	是	选址论证报告由建设单位或委托的规划设计单位进行编制。	使用拟选址用地对城市安全、周边环境等可能产生不利影响的建设项目（如500kV及以上输变电工程，跨区域的输油、输气管线工程等）需要提供。
12	省政府出具的占用生态保护红线不可避让论证意见	pdf 文档	是		涉及占用国务院公布的生态保护红线的建设项目需要提供。
13	其他需提供的材料	pdf 文档	是		涉及占用自然保护区的，由林业草原主管部门出具意见。

附件 2

建设项目用地预审与选址意见书申请表

项目名称					行业分类		
项目审批类型					项目审批机关		
项目建设依据					项目投资（万元）		
统一项目代码							
项目选址位置				块状工程说明四至边界，线性工程说明起点和终点。			
用地总规模（公顷）	总面积	农用地	耕地	永久基本农田	建设用地	未利用地	围填海
项目功能分区用地情况							
工程性质（打"√"选择）	□居住用地 □公用设施用地（行政办公、商业金融、文化娱乐、体育、医疗卫生、教育科研设计、文化古迹、其它） □工业用地 □仓储用地 □对外交通用地（道路、公路、港口、机场） □道路广场用地（道路、广场、社会停车场库）□市政公用设施用地 □绿地 □特殊用地 □水域和其它用地						
交通	[ ] 公路　　[ ] 桥梁 [ ] 铁路（场站） [ ] 其它（　　）		长度	KM	[ ] 宽度 [ ] 其它		m
市政管线	[ ] 电力　　[ ] 电讯 [ ] 燃气　　[ ] 供热 [ ] 给水　　[ ] 排水 [ ] 其它（　　）		长度	KM	[ ] 管径 [ ] 其它		m
建设单位				建设单位（盖章） 年　月　日			
联系人及电话							
通讯地址							

附件3

关于申请办理××建设项目用地预审与选址意见书的报告

河北省自然资源厅/××市（县）自然资源和规划局：

　　根据《中华人民共和国城乡规划法》和《建设项目用地预审管理办法》的要求，现将申请办理××建设项目用地预审与选址意见书的报告报上，请予以审查。

一、项目建设背景

　　〔项目建设目的〕该项目（项目代码：××）建设是为了解决××问题/应对××需求等。〔项目建设依据〕项目已列入××规划（文号）/经××发展改革委（或××人民政府其他部门）以××（文号）批复项目建议书或同意立项/经××发展改革委（或××人民政府其他部门）以××（文号）同意开展前期工作。

　　〔项目建设意义〕项目建设对××具有重要意义，项目建设符合国家产业政策和国家土地供应政策。按照××规定，该项目应由××部门审批/核准/已经××部门同意备案，按照《河北省自然资源厅关于推进规划用地"多审合一、多证合一"改革的实施意见》要求，向河北省自然资源厅/××市（县）自然资源和规划局申请办理用地预审与选址意见书。

二、项目概况

　　〔项目建设地点〕该项目建设地点涉及××市××县（市、区）××乡（镇）。项目选址过程中，依据《××项目建设用地指标》（文号），坚持节约集约用地原则，符合当地土地利用总体规划，通过多个方案的比选，最终确定选择本方案。

　　〔项目建设内容〕项目主要建设内容为××（举例：条状工程如新建公路项目，表述为××线路起自××市××县（市、区）××乡（镇），终于××市××县（市、区）××乡（镇），沿线途径××市××县（市、区）××乡（镇）。项目线路全长××公里，其中路基长度××公里，桥梁长度××公里，隧道长度××公里，交叉工程××公里；全线设置桥梁××座、交叉工程××座、沿线设施××座。公路主要技术标准为××；块状工程需说明该项目的拟选位置、用地范围、用地规模和建设规模。）

　　〔项目投资总额〕该项目总投资约为××万元。

三、项目申请用地和符合规划情况

　　〔项目用地现状分类〕该项目用地总规模××公顷，土地利用现状情况为农用地××公顷（耕地××公顷，含永久基本农田××公顷），建设用地××公顷，未利用地××公顷，围填海××公顷（或项目不涉及围填海）（涉及跨行政区项目，需分别列出各行政区域内用地面积及现状分类用地情况）。（涉及用地预审项目需表述）

　　〔项目用地合规性情况〕该项目用地符合《××国土空间总体规划》/《××土地利用总体规划》/已列入《××土地利用总体规划》重点项目建设清单，不占用永久基本农田；项目用地不符合《××土地利用总体规划》（涉及占用永久基本农田××公顷），××县（市、区）已按规定编制了土地利用总体规划修改方案暨永久基本农田补划方案。（涉及用地预审

项目需表述）

〔项目符合国土空间规划（城乡规划）情况〕该项目选址符合国土空间规划或法定城乡规划（城镇体系规划、城市（镇）总体规划以及经相关部门审批的专项规划）；该项目使用拟选址用地可能对城市安全、周边环境产生不利影响，建设单位/建设单位委托××单位编制了选址论证报告，并通过专家论证。（涉及规划选址项目需表述）

〔项目踏勘论证、节地评价情况〕（占用永久基本农田或占用其他耕地规模较大的建设项目，包括线性工程占用耕地 100 公顷以上、块状工程 70 公顷以上或占用耕地达到用地总面积 50% 以上，不包括水库类用地项目）该项目占用耕地××公顷，按照有关要求，已请××组织开展踏勘论证。（涉及用地预审项目需表述）

〔项目用地功能分区〕该项目总用地面积××公顷，各功能分区用地面积为××（对于国家和省有相关土地使用标准和建设标准的，按照相关土地使用标准、建设标准分别列出各功能分区用地面积以及与土地使用标准对比情况，如工业类项目，需按照《国土资源部关于发布和实施〈工业项目建设用地控制指标〉的通知》（国土资发〔2008〕24 号）要求，说明项目投资强度、容积率、行政办公及生活服务设施用地、建筑系数、绿地率等有关控制指标情况。（涉及用地预审项目需表述）

〔项目用地规模合理性情况〕该项目申请总用地面积和各功能分区用地面积均符合《××项目建设用地控制指标》（文号）的规定。（项目用地规模超过《××项目建设用地控制指标》（文号）或未颁布相关土地使用标准和建设标准的，需说明编制节地评价报告和专家论证情况。（涉及用地预审项目需表述）

四、其他情况

我单位已按规定将补充耕地、征地补偿、土地复垦、耕作层土壤剥离利用等有关费用足额纳入项目工程概算。（涉及用地预审项目需表述）

五、小结

综上，根据《中华人民共和国城乡规划法》和《建设项目用地预审管理办法》规定，为确保项目按期推进，特向贵单位申请办理××建设项目用地预审与选址意见书手续，请给予审查批复。

联系人及电话：

××建设单位（章）

年　月　日

附件 4

证书技术参数

一、证书成品尺寸

展开后 370mm×260mm，折合后 185mm×260mm。

二、证书封皮材料

230 克高级烟卡纸。

三、证书制作工艺

封面四色印刷，内芯单色印刷，封面覆亮膜，裁切成品后证书中间压痕。

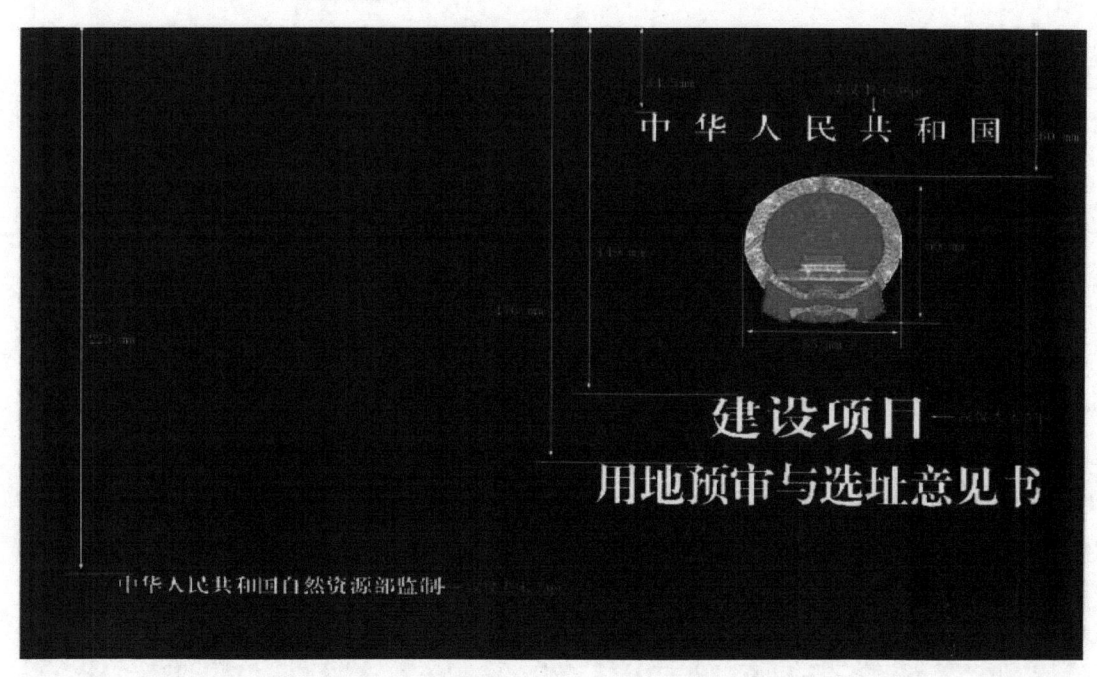

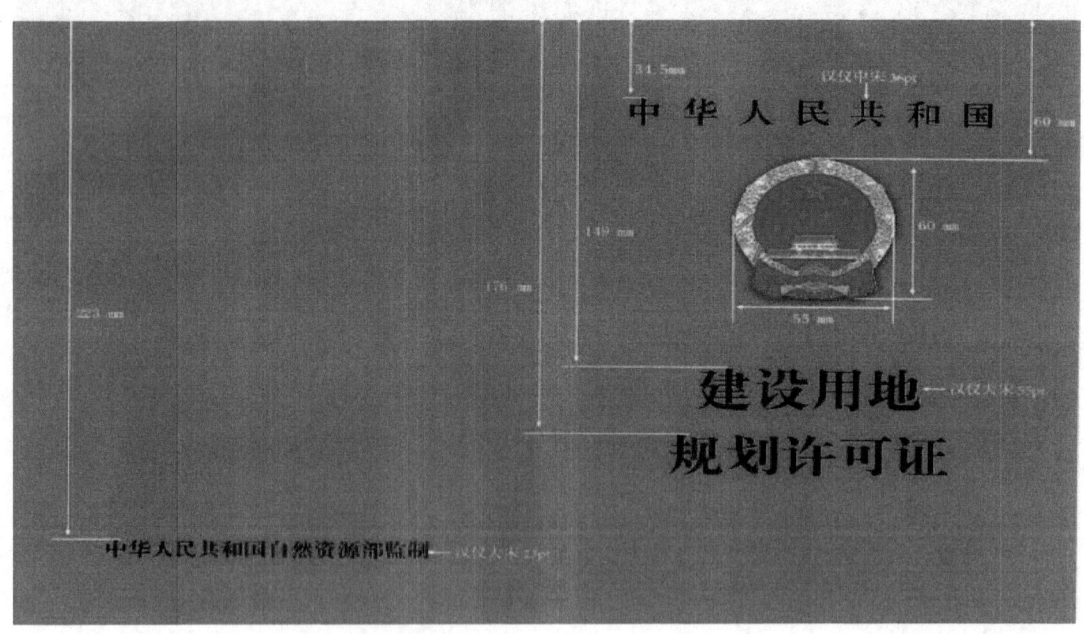

4. 国土资源部关于改进和优化建设项目用地预审和用地审查的通知

国土资规〔2016〕16号

各省、自治区、直辖市及计划单列市国土资源主管部门，新疆生产建设兵团国土资源局，解放军土地管理局，各派驻地方的国家土地督察局，部机关各司局：

为贯彻落实"简政放权、放管结合、优化服务"改革要求，进一步改进和优化建设项目用地预审和用地审查报批工作，现就有关事项通知如下：

一、认真贯彻党中央、国务院决策部署，高度重视改进和优化建设用地审批工作

（一）切实增强改进和优化建设用地审批工作的责任感和紧迫感。以用途管制为核心，以用地预审和用地审查为主要内容的现行建设用地审批制度，在严守耕地红线、保障发展需求、维护群众权益等方面发挥了长期重要的作用，但也存在着审查内容重复、时序结构不尽合理、报件准备周期长、标准化程度不够等问题。改进和优化建设用地审批制度，是贯彻落实党中央、国务院决策部署，适应把握引领经济发展新常态，积极推进供给侧结构性改革的内在要求；是深入落实"简政放权、放管结合、优化服务"的具体体现；是优化发展环境，激发市场活力，降低制度性交易成本，增强发展动能的务实举措；是回应社会关切，进一步提升国土资源服务效能的迫切需要。各级国土资源主管部门要充分认识改进和优化建设用地审批制度的重要意义，以思想的统一促行动上的自觉，以敬民之心，行简政之道，扎实抓好改进优化工作。

（二）准确把握改进和优化建设用地审批制度的总体要求。按照"明确定位、突出重点，系统梳理、减少重复，统筹衔接、强化协同，放管结合、优化服务"的原则，以依法依规、方便行政相对人为导向，部修正了《建设项目用地预审管理办法》和《建设用地审查报批管理办法》，通过去枝强干、调整时序、简化内容、优化流程等，实现建设用地审批"材料简化、时间缩短、难度降低"的目标。各级国土资源主管部门要准确把握改进和优化建设用地审批制度的方向目标和总体要求，全面理解掌握修正后部门规章的各项规定，尽快调整适应和改进用地报批审查工作，切实提高用地保障的服务能力水平。

二、简化改进审查内容，切实提高建设用地审批效率

（三）简化对符合土地利用总体规划和土地使用标准的审查。严格土地利用总体规划管理，强化建设项目用地规划审查，建设项目必须依据规划布局确定选址，不得随意修改规划。属于《土地管理法》第二十六条规定情形（包括占用基本农田情形），确需修改土地利用总体规划的，必须对修改规划的必要性和可行性进行论证说明，在用地预审阶段编制规划修改方案（包括基本农田补划内容），并在建设项目用地报批前完成规划修改听证、规划实施影响评估和专家论证等工作。已通过用地预审的建设项目，在用地报批阶段原则上不再重复审查是否符合土地利用总体规划、是否符合土地使用标准等情况，但项目用地位置、规模、功能分区发生变化的，应依据土地利用总体规划和土地使用标准进行复核。在用地预审

通过后、可行性研究报告批准或核准前,建设项目选址发生局部调整,不符合土地利用总体规划或者用地总规模超过土地使用标准的,应重新申请用地预审。

(四)简化对补充耕地和征地补偿等的审查。用地预审阶段,不再对补充耕地和征地补偿费用、矿山项目土地复垦资金安排情况进行审查,相应审查在用地报批阶段进行。但地方人民政府应切实履行保护耕地的法定职责、维护权利人的合法权益,建设单位必须承诺将补充耕地、征地补偿、土地复垦等相关费用纳入工程概算,省级国土资源主管部门承诺督促落实。对于地方有关部门批准立项、地方人民政府审批农用地转用,但土地征收需报国务院批准的建设项目,部在用地审查时不再审核农用地转用方案与补充耕地方案,只审查土地征收方案与土地供应方案。

(五)改进地质灾害危险性评估的审查。用地预审阶段,不再对单独选址的审批类建设项目是否开展地质灾害危险性评估进行审查。在用地报批阶段,部对地质灾害危险性评估情况进行形式性审查,地方国土资源主管部门应核实建设项目是否位于地质灾害易发区,位于地质灾害易发区的,应进一步核实建设单位是否按规定进行了地质灾害危险性评估;省级国土资源主管部门在提交建设项目用地审查报告时,应对是否进行地质灾害危险性评估进行说明。未按规定开展地质灾害危险性评估的,不得批准建设用地。

(六)改进压覆重要矿产资源的审查。用地预审阶段,不再对单独选址的审批类建设项目是否压覆重要矿产资源进行审查。在用地报批阶段,建设项目涉及压覆重要矿产资源的,在建设单位说明已与矿业权人就压矿补偿问题进行协商、有关市县人民政府承诺做好压矿补偿协调工作的前提下,可办理用地审批手续;同时,省级国土资源主管部门应督促建设单位与矿业权人签订补偿协议,按规定办理压覆矿产资源审批和登记手续。对未签订补偿协议、未办理压覆矿产资源审批登记手续的,省级人民政府不得转发用地批复、市(县)人民政府不得供地。

(七)组织开展项目用地踏勘论证和节地评价。国家重点项目、线性工程等应避让基本农田,尽量不占或少占。确需占用基本农田或占用其他耕地规模较大(线性工程占用耕地100公顷以上、块状工程70公顷以上或占用耕地达到用地总面积50%以上,不包括水库类项目)的建设项目,省级国土资源主管部门应组织踏勘论证。对国家和地方尚未颁布土地使用标准和建设标准的建设项目,以及确需突破土地使用标准确定的规模和功能分区的建设项目,应按要求组织开展建设项目节地评价。同时需要开展踏勘论证和建设项目节地评价的建设项目,可将两项工作合并开展,出具踏勘论证和节地评价报告。

(八)改进城市建设用地的审查报批。报国务院批准用地的106个城市,按照"国家批规模、控结构,地方管项目、落用地"的原则,组织用地申报。报国务院审批农用地转用和土地征收时,不再报送标注用地位置的土地利用总体规划图,具体用地是否符合土地利用总体规划由省级审核农用地转用和土地征收实施方案时把关,不符合土地利用总体规划的实施方案,不得审核同意。

(九)适当缩小用地预审范围。不涉及新增建设用地,在土地利用总体规划确定的城镇建设用地范围内使用已批准建设用地进行建设的项目,可不进行建设项目用地预审。

三、加强事中事后监管,进一步提升服务保障水平

(十)强化实质性审查责任。地方国土资源主管部门对部只进行形式性审查的事项,要积极履行职责,加强实质性审查,做到权责一致,保证审查意见的真实、准确。

(十一)提高规范化水平。项目建设单位和省级国土资源主管部门应按照部统一规范的

建设项目用地预审和用地报批申报材料格式（见附件），做好组卷工作，提高报件质量。部将更新后的用地预审和用地报批电子报盘软件下发后（国土资源部门户网站下载），省级以下国土资源主管部门要按照新要求组卷报批；不符合新要求的，部政务大厅不予接收报件。部适时开展用地预审和用地审查集中培训，省级国土资源主管部门要加强业务指导，及时开展培训，确保各地全面掌握政策要求，提高业务能力水平。

（十二）加强实施监管。实行报件质量统计制度，对报部用地预审和用地审查项目报件质量差、补正多、不据实上报等情况，建立统计台账，并采取提醒、通报、约谈等方式，督促省级国土资源主管部门严格把关，确保报件质量。按照"谁审批、谁监管"的原则，严格落实监管责任，创新监管方式，提升监管能力，采取批后抽查、实地督察、部门联动等多种方式，对各地审查把关是否到位、是否存在未批先用、承诺事项是否落实等情况进行监督，发现问题及时提出整改意见，切实加强监督管理。加快完善用地审批业务系统与规划、供地、利用、卫片执法检查等系统的互联互通，完善综合监管体系，运用"大数据"分析技术，加强建设用地审批事中事后监管。

（十三）提升服务能力。大力推进用地预审和用地报批网上申报、受理、查询、批复等信息化建设，加快实现建设用地远程报批。积极做好政策解读宣传，回应社会关切，帮助行政相对人及时了解掌握相关政策和办事流程，方便行政相对人。做好政策过渡期间的有效衔接，实现制度、流程、系统的顺利过渡。与相关部门加强沟通联动，提前介入了解情况，积极履职，主动服务，及时协调解决重点建设项目用地中存在的问题。

本通知自2017年1月1日起执行，有效期5年。各地可依据《建设项目用地预审管理办法》《建设项目用地审查报批管理办法》和本通知要求，结合当地实际，制订相应的实施细则。

附件：
1. 报国土资源部建设项目用地预审材料目录
2. 建设项目用地预审申请表格式
3. 报国土资源部建设项目用地预审建设单位申请文本格式
4. 报国土资源部建设项目用地预审省级国土资源主管部门初审报告文本格式
5. 报国务院批准农用地转用和土地征收的单独选址建设项目用地报批材料目录
6. 报国务院批准土地征收的单独选址建设项目用地报批材料目录
7. 报国务院批准单独选址建设项目用地省级国土资源主管部门审查报告文本格式
8. 建设用地项目呈报材料"一书四方案"
9. 报国务院批准城市建设用地报批材料目录
10. 报国务院批准城市建设用地省级国土资源主管部门审查报告文本格式
11. 国务院批准建设用地城市农用地转用土地征收补充耕地方案申报汇总表

国土资源部

2016年11月30日

附件 1

报国土资源部建设项目用地预审材料目录

序号	材料名称	电子化格式	需纸质材料
1	建设项目用地预审申请表	数据库表及 PDF 文档	是
2	建设项目用地预审申请报告	PDF 文档	是
3	省级国土资源主管部门初审意见	PDF 文档	是
4	项目建设依据（项目建议书批复文件、项目列入相关规划文件或者相关产业政策文件）	PDF 文档	是
5	标注项目用地范围的土地利用总体规划图、土地利用现状图及其他相关图件	—	是
6	建设项目用地需要修改土地利用总体规划的，应提供土地利用总体规划修改方案	PDF 文档	是
7	项目用地边界拐点坐标表（1980 国家大地坐标系）	数据库表	否

附件 2

建设项目用地预审申请表格式

项目名称				行业分类		
项目批准类型（审批、核准、备案）				项目批准机关		
项目拟建地点				项目投资（亿元）		
统一项目代码				涉及省份		
项目建设依据						
用地规模（公顷）	总规模	农用地		建设用地	未利用地	围填海
			耕地（基本农田）			
申请单位信息	联系单位					
	通讯地址					
	联系人		手机		邮政编码	
备注				项目建设单位（公章） 年　月　日		

附件 3

报国土资源部建设项目用地预审
建设单位申请文本格式

国土资源部：

根据《建设项目用地预审管理办法》（国土资源部令第 68 号）的要求，现将申请办理＊＊项目用地预审的报告报上，请予审查。

一、项目建设背景

〔项目建设目的〕该项目建设是为了解决＊＊问题/应对＊＊需求等。〔项目建设依据〕项目已列入＊＊规划（文号）（如《国家公路网规划（2013 年—2030 年）》、《国家中长期铁路网规划》等）/经国家发展改革委（或国务院其他部门）批复项目建议书（文号）/同意立项（文号）/同意开展前期工作（文号）。〔项目建设意义〕项目建设对＊＊具有重要意义，项目建设符合国家产业政策和国家土地供应政策。按照＊＊规定，该项目应由＊＊部门审批/核准（或已经＊＊部门同意备案），按照"同级审查"的原则，向国土资源部申请办理用地预审。

二、项目基本情况

〔项目建设地点〕该项目建设地点涉及＊＊省（区、市）＊＊市（盟）＊＊县（市、区、旗）（如涉及跨省，增加表述为：和＊＊省（区、市）＊＊市（盟）＊＊县（市、区、旗））。项目在选址过程中，依据《＊＊项目建设用地指标》（文号），坚持节约集约用地原则，尽量与当地土地利用总体规划和城市规划相衔接，通过多个方案的比选，最终确定选择本方案。

〔项目建设内容〕项目主要建设内容为＊＊（举例如新建铁路项目，表述为＊＊线路起自＊＊省（区、市）＊＊市（盟）＊＊县（市、区、旗），终至＊＊省（区、市）＊＊市（盟）＊＊县（市、区、旗），沿线途经＊＊省（区、市）＊＊市（盟）＊＊县（市、区、旗）。正线线路全长＊＊公里，其中桥梁长度为＊＊公里，路基长度为＊＊公里，隧道长度为＊＊公里；全线设置车站＊＊座。铁路主要技术标准为：＊＊）。〔项目投资总额〕该项目总投资约为＊＊亿元。

三、项目申请用地情况

〔项目用地现状分类〕该项目用地总规模＊＊公顷，土地利用现状情况为农用地＊＊公顷（耕地＊＊公顷，含基本农田＊＊公顷），建设用地＊＊公顷，未利用地＊＊公顷，围填海＊＊公顷（或项目不涉及围填海）。（涉及跨省项目，增加表述为：其中，＊＊省（区、市）境内总用地面积＊＊公顷，农用地＊＊公顷（耕地＊＊公顷，含基本农田＊＊公顷），建设用地＊＊公顷，未利用地＊＊公顷，围填海＊＊公顷/或项目不涉及围填海；＊＊省（区、市）境内总用地面积＊＊公顷，农用地＊＊公顷（耕地＊＊公顷，含基本农田＊＊公顷），建设用地＊＊公顷，未利用地＊＊公顷，围填海＊＊公顷/或项目不涉及围填海。……）

〔项目用地符合规划情形〕该项目用地符合＊＊省（区、市）＊＊市（盟）＊＊县（市、区、旗）土地利用总体规划/已列入＊＊省（区、市）＊＊市（盟）＊＊县（市、区、旗）土地利用总体规划重点建设项目清单，不占用基本农田。

〔项目用地不符合规划情形〕该项目用地不符合＊＊省（区、市）＊＊市（盟）＊＊县（市、区、旗）土地利用总体规划/或已列入＊＊省（区、市）＊＊市（盟）＊＊县（市、区、旗）土地利用总体规划，但涉及占用＊＊市（盟）＊＊县（市、区、旗）境内基本农田＊＊公顷，相关县（市、区、旗）已按规定编制土地利用总体规划修改方案。

〔项目需要踏勘论证情形〕（占用基本农田或占用其他耕地规模较大的建设项目，包括线性工程占用耕地100公顷以上、块状工程70公顷以上或占用耕地达到用地总面积50%以上，不包括水库类用地项目）该项目占用耕地＊＊公顷，按照有关要求，已请＊＊省（区、市）国土资源主管部门组织开展踏勘论证。

〔项目用地功能分区〕该项目总用地规模为＊＊公顷，其中各功能分区用地面积分别为＊＊（各功能分区面积情况，以及与土地使用标准对比情况）。如该项目为工业项目，须按照《国土资源部关于发布和实施〈工业项目建设用地控制指标〉的通知》（国土资发〔2008〕24号）的要求，说明是否符合投资强度、容积率、行政办公及生活服务设施用地、建筑系数、绿地率等五项控制指标情况。

〔项目用地规模符合土地使用标准情况〕该项目申请用地总面积和各功能分区用地面积均符合《＊＊项目建设用地控制指标》的规定。或：该项目用地规模超过《＊＊项目建设用地控制指标》的规定（或该类型项目未颁布土地使用标准），说明超标准及用地规模确定的依据。

四、其他情况

我单位已按规定将补充耕地、征地补偿、土地复垦等相关费用足额纳入项目工程概算。

五、小结

综上，根据《建设项目用地预审管理办法》（国土资源部令第＊＊号）规定，为确保项目按期推进，特向贵部申请办理＊＊项目用地预审手续，请给予审查批复。

联系人及电话：（姓名）　　　　　（电话）

（公章）

年　月　日

附件4

报国土资源部建设项目用地预审省级国土资源主管部门初审报告文本格式

国土资源部：

根据《建设项目用地预审管理办法》（国土资源部令第68号）的规定，我厅（局、委）受理了＊＊项目的建设用地预审申请，并对该项目用地进行了初审审查，现将初步审查意见报告如下：

一、项目基本情况

〔项目建设依据〕该项目已列入＊＊规划（文号）（如《国家公路网规划（2013年—2030年）》、《国家中长期铁路网规划》等）/经国家发展改革委（或国务院其他部门）批复项目建议书（文号）/同意立项（文号）/同意开展前期工作（文号）。〔项目建设意义〕项目建设对＊＊具有重要意义。项目建设符合国家产业政策和国家土地供应政策。〔项目建设地点〕项目用地涉及＊＊省（区、市）＊＊市（盟）＊＊县（市、区、旗）和＊＊市（盟）＊＊县（市、区、旗）。（跨省项目，增加表述：该项目为跨省项目，涉及＊＊、＊＊、＊＊共＊＊个省份。）

二、项目符合规划情况

〔项目用地现状分类〕该项目用地总规模＊＊公顷，土地利用现状情况为农用地＊＊公顷（耕地＊＊公顷，含基本农田＊＊公顷），建设用地＊＊公顷，未利用地＊＊公顷，围填海＊＊公顷（或项目不涉及围填海）。

〔符合规划情形〕该项目用地符合＊＊省（区、市）＊＊市（盟）＊＊县（市、区、旗）土地利用总体规划/已列入＊＊省（区、市）＊＊市（盟）＊＊县（市、区、旗）土地利用总体规划重点建设项目清单，不占用基本农田。

〔不符合规划情形〕该项目用地不符合＊＊省（区、市）＊＊市（盟）＊＊县（市、区、旗）土地利用总体规划/或已列入＊＊省（区、市）＊＊市（盟）＊＊县（市、区、旗）土地利用总体规划，但涉及占用＊＊市（盟）＊＊县（市、区、旗）境内基本农田＊＊公顷，相关县（市、区、旗）已按规定编制土地利用总体规划修改方案，材料齐备；相关县（市、区、旗）将在用地报批前完成规划修改听证、对规划实施影响评估和专家论证等工作。

〔项目踏勘论证情况〕（占用基本农田或占用其他耕地规模较大的建设项目，包括线性工程占用耕地100公顷以上、块状工程70公顷以上或占用耕地达到用地总面积50%以上，不包括水库类用地项目）该项目占用耕地＊＊公顷，按照有关要求，＊＊省（区、市）国土资源主管部门组织开展了踏勘论证。

〔踏勘论证后认为符合要求的情形〕通过踏勘论证，认为项目建设方案符合供地政策和保护耕地、节约集约用地的要求，用地选址和用地规模比较合理，规划修改方案和基本农田补划方案切实可行。

〔踏勘论证后对用地方案进行调整的情形〕经过踏勘论证,认为＊＊比较合理,但存在＊＊等问题,建议对用地方案进行适当调整。按照踏勘论证意见,建设单位对＊＊问题进行了处理,调整后的方案为＊＊,符合＊＊的要求。

三、项目符合土地使用标准情况

〔项目用地功能分区〕该项目总用地规模为＊＊公顷,其中各功能分区用地面积分别为＊＊(各功能分区面积情况以及与土地使用标准对比情况)。如该项目为工业项目,须按照《国土资源部关于发布和实施〈工业项目建设用地控制指标〉的通知》(国土资发〔2008〕24号)的要求,说明是否符合投资强度、容积率、行政办公及生活服务设施用地、建筑系数、绿地率等五项控制指标情况。

〔项目用地规模符合土地使用标准情形〕该项目申请用地总面积和各功能分区用地面积均符合《＊＊项目建设用地指标》的规定。该项目用地规模超过《＊＊项目建设用地指标》的规定(或该类型项目未颁布土地使用标准),已由＊＊省(区、市)国土资源主管部门开展项目节地评价并组织专家评审。评审论证认为,该项目各用地功能分区和总规模用地合理,采用的工程技术比较先进可行,符合节约集约用地的要求,并按要求出具评审论证意见,同意该项目申请用地预审。

四、落实用地相关费用情况

建设项目已按规定将补充耕地、征地补偿、土地复垦等相关费用足额纳入项目工程概算,我厅(局、委)将督促建设单位和地方政府,在正式用地报批前按规定做好征地补偿安置、耕地占补平衡以及土地复垦有关工作。

五、关于其他问题的说明

对该项目是否属于重新预审等问题进行说明。

六、小结

综上所述,我厅(局、委)拟同意该项目用地。根据《建设项目用地预审管理办法》(国土资源部令第68号)规定,现将我厅(局、委)的初步审查意见报上,请予审查。

联系人及电话:(姓名)　　　　(电话)

(公章)

年　月　日

附件 5

报国务院批准农用地转用和土地征收的单独选址建设项目用地报批材料目录

序号	报批材料名称	电子化格式	需纸质材料
1	省级人民政府用地请示文件（附省级国土资源主管部门的审查报告）	PDF 文档	是
2	"一书四方案"（即建设项目呈报说明书、农用地转用方案、补充耕地方案、征收土地方案、供地方案）	数据库表及 PDF 文档	是
3	建设项目用地预审批复文件	PDF 文档	是
4	建设项目批准、核准或备案文件	PDF 文档	是
5	建设项目初步设计批准或审核文件	PDF 文档	是
6	建设项目用地土地分类面积汇总表	数据库表	否
7	建设项目用地勘测定界界址点坐标成果表（1980 国家大地坐标系）	数据库表	否
8	补划基本农田地块边界拐点坐标表（1980 国家大地坐标系）	数据库表	否

附件 6

报国务院批准土地征收的单独选址建设项目用地报批材料目录

序号	报批材料名称	电子化格式	需纸质材料
1	省级人民政府用地请示文件（附省级国土资源主管部门的审查报告）	PDF 文档	是
2	建设项目农用地转用批复	PDF 文档	是
3	"一书两方案"（即建设项目呈报说明书、征收土地方案、供地方案）	数据库表及 PDF 文档	是
4	建设项目用地预审批复文件	PDF 文档	是
5	建设项目批准、核准或备案文件	PDF 文档	是
6	建设项目初步设计批准或审核文件	PDF 文档	是
7	建设项目用地土地分类面积汇总表	数据库表	否
8	建设项目用地勘测定界界址点坐标成果表（1980 国家大地坐标系）	数据库表	否

附件7

报国务院批准单独选址建设项目用地省级国土资源主管部门审查报告文本格式

国土资源部：

依据土地管理法律法规，＊＊建设项目用地应呈报国务院审批。我厅/委/局按照规定要求对该建设项目用地进行了审查并提出审查意见。现报告如下：

一、建设项目基本情况

〔项目概况〕该项目＊＊年＊＊月通过＊＊（国土资源主管部门）用地预审（文号）。＊＊年＊＊月，＊＊（国家发改委或地方发改部门等）批复（或核准、备案）可行性研究报告（或项目申请报告，文号）；＊＊年＊＊月，＊＊（行业主管部门或设计审核单位）批复（或审核通过）工程初步设计（文号）。工程按＊＊（建设标准或规模）建设，总投资＊＊亿元。项目用地位于土地利用总体规划确定的城镇建设用地范围外，属单独选址建设用地项目（项目用地部分位于土地利用总体规划确定的城镇建设用地范围外，部分位于城镇建设用地范围内，按单独选址建设项目用地报批）。

〔有关审核许可手续〕工程建设单位已于＊＊年＊＊月取得＊＊（国家林业局或省级林业主管部门）使用林地审核同意书（证号）；已于＊＊年＊＊月取得＊＊（国土资源主管部门）核发的＊＊矿的（矿种）采矿许可证（证号）。

〔动工用地情况〕经我厅/委/局核查，该项目未动工用地（或已动工用地，但未超出＊＊年＊＊月经部同意先行用地范围，或已于＊＊年＊＊月违法动工用地）。

二、申请用地现状

〔勘测定界〕依据《土地勘测定界规程》（TD/T1008—2007）、《土地利用现状分类》（GB/T21010-2007）等规定，＊＊（测量单位）对项目拟用地情况进行了实地勘测，形成的成果资料符合规定要求。

〔权属、地类和面积〕项目用地涉及＊＊县、……和＊＊县等＊＊个县（市、区）的＊＊个乡镇＊＊个村和＊＊个国有单位，共＊＊宗地（含集体土地所有权、集体土地使用权、国有土地使用权），其中：＊＊宗地已登记发证，＊＊宗地未登记发证（说明原因），土地产权明晰，界址清楚，没有争议。

申请用地总面积＊＊公顷，其中：农用地＊＊公顷（耕地＊＊公顷，含基本农田＊＊公顷）、建设用地＊＊公顷、未利用地＊＊公顷。按权属和地类分：农民集体所有土地＊＊公顷，其中：农用地＊＊公顷（耕地＊＊公顷，含基本农田＊＊公顷）、建设用地＊＊公顷、未利用地＊＊公顷；国有土地＊＊公顷，其中：农用地＊＊公顷（耕地＊＊公顷，含基本农田＊＊公顷）、建设用地＊＊公顷、未利用地＊＊公顷，地类和面积准确。

三、农用地转用情况（包括用地规划计划、基本农田补划与落实预审意见情况）

报国务院批准农用地转用和土地征收情形的：

〔用地规划计划〕该项目用地符合现行土地利用总体规划。（用地涉及调整土地利用总体规划的，表述为：该项目用地未列入现行土地利用总体规划，涉及的土地利用总体规划调整，已按规定履行规划调整的论证和听证工作，编制的土地利用总体规划调整方案符合要求，建设项目对规划实施影响评估报告、规划修改各部门和专家论证意见及听证会纪要等材料齐备。）用地中＊＊公顷农用地需转为建设用地，根据项目立项级别，按规定申请使用预留国家计划（或按规定已安排使用＊＊年度国家下达我省/区/市的用地计划指标）。

〔基本农田补划〕项目申请占用基本农田＊＊公顷并说明占用理由，用地涉及的＊＊县、＊＊县国土资源主管部门，已补划基本农田＊＊公顷，耕地质量符合要求，做到了基本农田数量不减少、质量不降低。

〔落实预审意见〕该项目用地由＊＊级国土资源主管部门通过预审，与批准项目立项政府部门层级一致，符合有关规定（如立项与预审层级不一致，应说明不一致的理由）。项目用地预审控制规模＊＊公顷，其中农用地＊＊公顷（耕地＊＊公顷，含基本农田＊＊公顷），申报用地与预审控制用地规模一致（或基本一致；或因＊＊等原因，申报用地超出预审控制规模＊＊公顷，其中农用地＊＊公顷，含耕地＊＊公顷，包括基本农田＊＊公顷）；预审提出的＊＊等意见，已按＊＊等规定分别得到落实。

报国务院批准土地征收情形的：

〔用地规划计划〕该项目用地符合现行土地利用总体规划（用地涉及调整土地利用总体规划的，表述为：该项目用地未列入现行土地利用总体规划，已按规定调整土地利用总体规划），我省/区/市政府已批准该项目用地中＊＊公顷新增建设用地，并安排使用＊＊年度国家下达我省/区/市的用地计划指标。

四、补充耕地情况

报国务院批准农用地转用和土地征收情形的：

〔占用耕地情况〕该项目占用耕地＊＊公顷需补充（如为大中型水利水电建设项目，表述为：该项目占用耕地＊＊公顷，其中含25度以上陡坡耕地＊＊公顷，实际需补充耕地＊＊公顷），其中水田＊＊公顷；平均质量等别为＊＊等，其中＊＊等＊＊公顷、＊＊等＊＊公顷（采用国家土地利用等别标准）。（用地中如涉及占用按规定应纳入补充耕地范围的可调整地类，应作出说明）

〔补充耕地方式〕建设单位按＊＊省规定标准，足额缴纳耕地开垦费＊＊万元，委托我厅/委/局或＊＊国土资源局补充耕地＊＊公顷（或已安排耕地开垦费＊＊万元，自行补充耕地＊＊公顷）。

〔已补充同等数量、质量的耕地〕该项目补充耕地任务已完成，补充耕地位于＊＊县、＊＊县、＊＊县，挂钩的土地整治项目已在部农村土地整治监测监管系统中备案，经＊＊国土资源主管部门验收合格，并在部耕地占补平衡动态监管系统中挂钩确认，确认信息编号为＊＊。补充耕地面积＊＊公顷，其中水田＊＊公顷；平均质量等别为＊＊公顷，其中＊＊等

＊＊公顷、＊＊等＊＊公顷、＊＊等＊＊公顷，做到了耕地占补平衡数量质量双到位。

〔承诺补充同等数量、质量的耕地〕该项目为稳增长重点建设项目，以承诺方式落实补充耕地，补充耕地位于＊＊县、＊＊县、＊＊县，挂钩的土地整治项目已在部农村土地整治监测监管系统中备案，并在部耕地占补平衡动态监管系统中挂钩确认，确认信息编号为＊＊。承担补充耕地任务的＊＊市（县）、＊＊市（县）政府承诺在＊＊年＊＊月前完成补充数量、质量相当的耕地，做到耕地占补平衡。我厅/委/局同意有关市（县）政府承诺补充耕地意见，并将加强监管，督促市（县）政府落实到位。

〔已补充同等数量的耕地、承诺直接提升耕地质量〕该项目已补充同等数量的耕地，补充耕地位于＊＊县、＊＊县、＊＊县，挂钩的土地整治项目已在部农村土地整治监测监管系统中备案，经＊＊国土资源主管部门验收合格，并在部耕地占补平衡动态监管系统中挂钩确认，确认信息编号为＊＊。补充耕地面积＊＊公顷，其中水田＊＊公顷；平均质量等别为＊＊公顷，其中＊＊等＊＊公顷、＊＊等＊＊公顷、＊＊等＊＊公顷，补充耕地质量未达到占用耕地质量。承担补充耕地任务的＊＊市（县）、＊＊市（县）政府承诺在＊＊年＊＊月前投入资金＊＊万元，提高补充耕地质量，落实耕地占优补优、占水田补水田，做到耕地占补平衡。我厅/委/局同意有关市（县）政府承诺补充耕地意见，并将加强监管，督促市（县）政府落实到位。

〔已补充同等数量的耕地、承诺补改结合提升耕地质量〕该项目已补充同等数量的耕地，补充耕地位于＊＊县、＊＊县、＊＊县，挂钩的土地整治项目已在部农村土地整治监测监管系统中备案，经＊＊国土资源主管部门验收合格，并在部耕地占补平衡动态监管系统中挂钩确认，确认信息编号为＊＊。补充耕地面积＊＊公顷，其中水田＊＊公顷；平均质量等别为＊＊公顷，其中＊＊等＊＊公顷、＊＊等＊＊公顷、＊＊等＊＊公顷，补充耕地质量未达到占用耕地质量。承担补充耕地任务的＊＊市（县）、＊＊市（县）政府承诺在＊＊年＊＊月前投入资金＊＊万元，结合实施现有耕地提质改造，落实耕地占优补优、占水田补水田，做到耕地占补平衡，提质改造项目已在部农村土地整治监测监管系统中备案并挂钩确认。我厅/委/局同意有关市（县）政府承诺补充耕地意见，并将加强监管，督促市（县）政府落实到位。

报国务院批准土地征收情形的：

该项目占用耕地＊＊公顷需补充（如为大中型水利水电建设项目，表述为：该项目占用耕地＊＊公顷，其中含25度以上陡坡耕地＊＊公顷，实际需补充耕地＊＊公顷）（用地中如涉及占用按规定应纳入补充耕地范围的可调整地类，应作出说明）。建设单位按＊＊省规定标准，已足额缴纳耕地开垦费＊＊万元，委托我厅（局、委）或＊＊国土资源局已补充＊＊公顷耕地（或建设单位已安排耕地开垦费＊＊万元，自行补充＊＊公顷耕地），补充耕地质量与占用耕地质量相当，落实了耕地占补平衡（或补充耕地质量未达到占用耕地质量，采取承诺提高方式落实耕地占补平衡，我厅（局、委）将加强督促落实）。补充耕地项目已在部耕地占补平衡动态监管系统中挂钩确认，确认信息编号为＊＊。

五、征地补偿安置情况

〔征地补偿标准〕该项目征收土地＊＊公顷，征地补偿标准执行＊＊省（区、市）人民政府＊＊年批准公布的现行征地补补偿费用标准。共涉及＊＊个征地区片综合地价片区，每亩补偿＊＊万元~＊＊万元；涉及＊＊个征地统一年产值标准区域，标准为每亩＊＊元~＊＊元，补偿倍数为＊＊倍~＊＊倍。加上青苗和地上附着物等补偿，项目征地总费用＊＊万元。（涉及违法用地的，要说明征地补偿费用已足额支付到位，迄今为止被征地农村集体经济组织和农民无异议）

〔征地安置〕征收土地需安置农业人口＊＊人（其中劳动力＊＊人），征地前村人均耕地＊＊亩~＊＊亩，征地后人均耕地＊＊亩~＊＊亩，征地后＊＊个村人均耕地低于0.5亩。当地政府（村组）计划通过调整土地农业安置＊＊人、发展第三产业安置＊＊人、留地安置＊＊人、留物业安置＊＊人、……（其他安置途径与人员），可以妥善安排被征地农民的生产和生活。（对于征地后人均耕地很少尤其是无地的，要区分农转非城镇安置和保留农民身份两种情况，结合被征地农民征前生产生活情况详细说明安置情况，确保做到被征地农民生产生活水平不降低、长远生计有保障）。

〔社会保障〕征地涉及有关市县已经出台被征地农民社会保障具体实施办法（或项目所在省份已出台被征地农民社会保障具体实施办法），已落实资金＊＊万元，其中＊＊万元已缴入当地社保资金专户。用地批准后，由当地政府（或劳动保障部门）按有关规定要求将符合条件的被征地农民纳入社会保障体系，可以做到被征地农民原有生活水平不降低，长远生计有保障。

〔征地程序〕征收土地涉及市县国土资源主管部门按规定履行了征地报批前告知、确认和听证程序，被征地村组和农户对拟征土地的补偿标准、安置途径无异议，没有提出听证申请。

（被征地村组和农民提出听证申请并组织了听证会的，表述为：征收土地涉及市县国土资源主管部门按规定履行了征地报批前告知、确认和听证程序，被征地村组和农民提出听证申请。按照《国土资源听证规定》要求，＊＊县、……和＊＊县国土资源局组织听证会。被征地村组和农民提出的合理要求，当地政府已采取措施予以妥善解决。）

申请用地均为国有土地情形的，需对收回国有农用地补偿情况进行说明。

六、土地利用与供应情况

〔供地政策〕依据国家产业政策目录和《限制用地目录》、《禁止用地目录》等规定，项目符合国家产业政策和供地政策（不符合的，说明申报用地的理由）；拟采取＊＊（划拨或出让）方式供地，符合《划拨用地目录》（符合＊＊＊法规或文件）的规定。

〔用地标准〕项目建设标准为＊＊（交通项目应同时说明项目等级标准）；建设内容为＊＊、……＊＊（同类设施的，还应说明该类设施的设置数量）。建设标准和建设内容（包括同类设施的设置数量）符合项目初步设计批复的要求（不符合、超出初步设计批准规模或者设施数量的，应说明理由）。

项目各功能分区用地面积分别为＊＊（各功能分区面积情况）。申请用地总面积和各功能分区用地均符合《＊＊项目建设用地指标》的规定（对均不符合、部分不符合或者某一设施、某类设施用地不符合建设用地指标规定的，应说明理由及开展节地评价情况；未颁布行业用地指标的，表述为：已经组织开展节地评价，符合节约集约用地的要求）。申请用地中有拆迁安置用地的，还要说明拆迁建设用地的规模、申请安置用地的规模及确定的依据。

〔缴纳新增建设用地土地有偿使用费〕项目建设涉及城市（含建制镇）建设用地范围外有偿使用新增建设用地＊＊公顷，其中：＊＊等别＊＊公顷、……＊＊等别＊＊公顷；项目用地中＊＊公顷位于土地利用总体规划确定的城市（含建制镇）建设用地范围内，涉及新增建设用地＊＊公顷，其中：＊＊等别＊＊公顷、……＊＊等别＊＊公顷，共需缴纳新增建设用地土地有偿使用费＊＊万元。项目所在地＊＊市（县、区）人民政府承诺在批准用地后按有关规定及时足额缴纳（或当地市县人民政府已按有关规定预缴）。

（不涉及缴纳新增建设用地土地有偿使用费的，表述为：项目以划拨方式供地，不涉及城市（含建制镇）建设用地范围内新增建设用地，按规定不需缴纳新增建设用地土地有偿使用费。）

七、土地复垦、地质灾害和压矿审批情况

〔土地复垦方案评审〕项目通过＊＊（部或省级国土资源主管部门）土地复垦方案评审（审查号）。土地复垦资金从＊＊列支，平均每亩土地复垦资金＊＊元，涉及复垦面积＊＊公顷，复垦率为＊＊%。（尚未编制土地复垦方案的，表述为：项目尚未编制土地复垦方案，建设单位已向我省/区/市国土资源厅/委/局出具承诺书，在＊＊年＊＊月前按照有关规定要求完成土地复垦方案评审工作，我厅（局）将督促建设单位按规定落实土地复垦任务）。

〔地质灾害危险性评估〕该项目未处于地质灾害易发区（或该项目位于地质灾害易发区，已按规定进行了地质灾害危险性评估）。

〔压覆重要矿产资源审批〕该项目涉及压覆＊＊等重要矿产资源，建设单位已与矿业权人就压矿补偿问题进行协商，有关市、县政府承诺将做好压矿补偿协调工作，我厅/委/局原则同意先办理用地审批手续，同时督促建设单位与矿业权人签订补偿协议，按规定办理压覆矿产资源审批登记手续。对未签订补偿协议、未按规定办理压覆审批登记手续的，我省/区/市将不转发用地批复，有关市、县政府将不予供地。（未压覆重要矿产的，表述为：经审查，项目不压覆重要矿产资源。）

八、信访与违法用地处理情况

〔信访处理〕＊＊年＊＊月，＊＊县＊＊乡＊＊村村民＊＊来信（访）反映该项目＊＊（信访具体内容）。＊＊（国土资源主管部门）进行了认真调查处理，＊＊（处理具体措施）。目前，信访群众反映的问题已得到妥善解决，信访人表示不再上访。

〔违法用地处理〕本项目不存在违法用地问题。（本项目存在违法用地问题，＊＊国土资源局已依法查处。＊＊年＊＊月，下达处罚决定（或者处理决定）：＊＊（决定的具体内容）。＊＊年＊＊月，已结案。涉及应当追究行政纪律责任的＊＊（具体人员名称和职务）已依法依规移送＊＊（监察或者任免机关名称）处理（如无责任人可不表述）。）

综上所述，＊＊建设项目申请用地情况真实，符合土地管理法律法规和有关规定，请予审查。

联系人：（姓名）　　　　　　（电话）

（公章）

年　月　日

附件 8

建设用地项目呈报材料
"一书四方案"

编制机关（公章）：

主要负责人（签字）：

编 制 时 间：　　　　　年　　月　　日

中华人民共和国国土资源部监制

一、建设用地项目呈报说明书

计量单位：公顷

建设用地项目名称						
申请用地总面积				新增建设用地		
土地利用现状	权属 地类		合计	使用国有土地	征收集体土地	使用集体土地
	总计					
	（一）农用地					
	其中	耕地				
		含基本农田				
		林地				
		园地				
		草地				
	（二）建设用地					
	（三）未利用地					
土地用途	功能分区名称			用地面积		

续表

县（市）人民政府 审核意见	 （公章） 主管领导（签字）：　　　　　　　　　　　年　月　日
市（地、州）人民政府 国土资源主管部门 审查意见	 （公章） 主管领导（签字）：　　　　　　　　　　　年　月　日
市（地、州）人民政府 审核意见	 （公章） 主管领导（签字）：　　　　　　　　　　　年　月　日

二、农用地转用方案

计量单位：公顷

地类	转用面积	其中	
		国有土地	集体土地
农用地			
其中：耕地			
含基本农田			

耕地质量情况	质量等别		面积	
	质量等别		面积	
	质量等别		面积	
	质量等别		面积	
	质量等别		面积	
	平均质量等别		合计	

土地利用总体规划				
符合规划		规划级别		
需调整规划		规划级别		
涉及占用基本农田		补划基本农田		

农用地转用计划					
申请使用国家计划			已安排使用省级计划		
年度	农用地	其中：耕地	年度	农用地	其中：耕地

未使用当年计划指标的，应予以说明：

三、补充耕地方案

计量单位：公顷、万元

占用耕地面积							
含25度以上坡耕地				可调整地类			
需补充耕地面积				其中：水田			
补充耕地责任单位							
补充耕地承担单位							
挂钩确认信息编号							
补充耕地方式							
委托补充				自行补充			
补充面积	耕地开垦费缴纳标准		缴纳金额	补充面积	补充耕地费用标准		补充耕地总费用
已补充耕地情况							
挂钩的土地整治项目备案号	挂钩面积		所在县（市、区）		验收单位及文号		质量等别
合　计			平均质量等别			补充水田	
承诺补充耕地情况							
挂钩的土地整治项目备案号	挂钩面积		所在县（市、区）		完成时限		质量等别
合　计			平均质量等别			补充水田	
补改结合补充耕地情况							
挂钩的提质改造项目备案号	挂钩面积		所在县（市、区）		完成时限		提升质量等别
合　计			平均提升质量等别			补充水田	

四、征收土地方案

计量单位：公顷、万元、人

征收土地面积				其中：耕地		
被征收土地涉及的权属单位						
乡（镇）				村		
权属状况						
征地补偿情况		地类	面积	征地补偿费用标准	产值标准	倍数
		耕地				
		其中：基本农田				
		其他农用地				
		建设用地				
		未利用地				
		青苗补偿费				
		地上附着物补偿费				
		征地总费用				
征地安置情况		需安置农业人口数		需安置劳动力人数		
	安置途径	发放安置补助费				
		农业安置				
		社会保障安置				
		留地留物业安置				
		用地单位安置				
		征地款入股安置				
其他需要说明的情况						

五、供地方案

计量单位：公顷、公里、个

<table>
<tr><td rowspan="13">申请供地情况</td><td colspan="3">功能分区　　　　供地方式　　　　供地面积</td></tr>
<tr><td>功能分区</td><td>供地方式</td><td>供地面积</td></tr>
<tr><td></td><td></td><td></td></tr>
<tr><td></td><td></td><td></td></tr>
<tr><td></td><td></td><td></td></tr>
<tr><td></td><td></td><td></td></tr>
<tr><td></td><td></td><td></td></tr>
<tr><td></td><td></td><td></td></tr>
<tr><td></td><td></td><td></td></tr>
<tr><td></td><td></td><td></td></tr>
<tr><td></td><td></td><td></td></tr>
<tr><td></td><td></td><td></td></tr>
<tr><td colspan="3">合　计</td></tr>
</table>

<table>
<thead>
<tr><th rowspan="10">指标适用情况</th><th>功能分区</th><th>数量</th><th>申请用地</th><th>原有用地
（改扩建项目）</th><th>指标控制面积</th><th>指标对应条件</th></tr>
</thead>
<tr><td></td><td></td><td></td><td></td><td></td><td></td></tr>
<tr><td></td><td></td><td></td><td></td><td></td><td></td></tr>
<tr><td></td><td></td><td></td><td></td><td></td><td></td></tr>
<tr><td></td><td></td><td></td><td></td><td></td><td></td></tr>
<tr><td></td><td></td><td></td><td></td><td></td><td></td></tr>
<tr><td></td><td></td><td></td><td></td><td></td><td></td></tr>
<tr><td></td><td></td><td></td><td></td><td></td><td></td></tr>
<tr><td></td><td></td><td></td><td></td><td></td><td></td></tr>
<tr><td colspan="6">说明开展节地评价论证情况：</td></tr>
</table>

"一书四方案"填报说明

"一书四方案"由市、县人民政府国土资源主管部门应用部电子报盘软件填报，并打印签字盖章；所有面积、资金有关数字须保留四位小数。

一、建设用地项目呈报说明书

1. "建设用地项目名称"栏填写建设用地项目名称。
2. "新增建设用地面积"栏填写申请用地中需转为建设用地的农用地和未利用地的面积之和。
3. "使用集体土地"栏填写申请用地中不涉及征收的农村集体土地面积。
4. 县（市）和市（地、州）人民政府及国土资源主管部门审核、审查意见栏须填写意见并签字盖章。

二、农用地转用方案

1. "质量等别"采用国家土地利用等别；"平均质量等别"填写占用的耕地各质量等别与面积加权平均值，保留整数位。
2. "符合规划"栏填写符合规划或不符合规划，"需调整规划"栏填写需要调整或不需要调整，"规划级别"栏填写国家、省、市、县、乡级，可填写一级或多级。
3. 建设用地项目应先使用申报用地当年的农用地转用计划指标，对于未使用当年用地计划指标的，应予以说明。

三、补充耕地方案

1. "25度以上坡耕地"栏仅适合大中型水利水电建设项目填写。
2. "可调整地类"栏填写占用的此前因农业结构调整由耕地改为非耕农地并记入耕地保护任务的面积。
3. "挂钩确认信息编号"栏填写在部耕地占补平衡动态监管系统中挂钩确认的信息编号。
4. "平均质量等别"栏填写挂钩的补充耕地各质量等别与面积加权平均值，保留整数位。
5. "补充水田"栏填写挂钩的补充耕地中水田面积。

四、征收土地方案

1. 被征收土地涉及的权属单位，"乡（镇）"、"村"栏填写征地涉及的乡（镇）和村名称。
2. 征地补偿情况中，"征地补偿费用标准"指单位面积土地的土地补偿费和安置补助费之和。实施征地区片综合地价的，填写征地区片价；实施征地统一年产值标准的，还须填写产值标准和倍数。
3. 征地安置情况中，"安置途径"栏各项安置方式填写人数。

五、供地方案

1. "功能分区"栏应严格按照建设用地指标规定的名称和内容填写。

2. 申请供地情况中，根据各功能分区相应填写供地方式和面积；适用相同建设用地指标值的同类功能分区、采取同一供地方式的，可以合并填写，"供地面积"栏填写供地面积之和。

3. 指标适用情况中，"数量"栏填写功能分区的个数，公路路基等线状工程填写各有关工程段长度之和。

4. 改扩建项目如原有项目用地不在申请用地范围内，应在"原有用地"栏填写原有各功能分区的用地面积。

5. "指标控制面积"栏填写按建设用地指标值计算的用地面积；"指标对应条件"栏填写选用该建设用地指标所依据的条件。

6. "说明开展节地评价论证情况"指申请用地超过土地使用标准的建设项目或尚未出台土地使用标准的有关行业建设项目，须填写开展节地评价论证情况。

附件9

报国务院批准城市建设用地报批材料目录

序号	报批材料名称	电子化格式	需纸质材料
1	省级人民政府用地请示文件（附省级国土资源主管部门的审查报告）	PDF文档	是
2	省级汇总有关城市的农用地转用土地征收补充耕地方案	数据库表	是

附件10

报国务院批准城市建设用地省级国土资源主管部门审查报告文本格式

国土资源部：

依据土地管理法律法规，＊＊市等＊＊个城市建设用地应呈报国务院审批。我厅（局、委）按照规定要求对城市建设用地进行了审查并提出审查意见。现报告如下：

＊＊市审查意见（以城市为单位分别说明审查情况）

一、申报用地规模审查情况

（一）城市申请用地情况

〔土地利用总体规划确定的城市用地规模〕该市土地利用总体规划已经国务院批准，土地利用总体规划确定的规划期内（2006—2020年）城市建设新增用地年均量为＊＊公顷。

〔城市申请的年度用地规模〕该市按照第二次全国土地调查土地利用现状，申请用地＊＊公顷，其中新增建设用地＊＊公顷（农用地＊＊公顷，耕地＊＊公顷）；申请用地中涉及农民集体所有土地＊＊公顷。申请新增建设用地量是否控制在规划期剩余新增建设用地年均量以内（超过的应说明原因）。

（二）已批准用地开发利用情况

〔超过的应说明原因〕截至城市申请用地时，该市前三年的实施率〔以部实施方案备案系统数据为准分别列出〕，前三年平均实施率是否达到60%（未达到的，应说明原因并提出措施）。

〔城市完成供地情况〕截至城市申请用地时，该市前三年的供地率（以部土地市场监测与监管系统数据为准分别列出，分母以国务院批准的规模为准），前三年的平均供地率是否达到50%（未达到的，应说明原因，并提出解决措施）。

（三）省级核定的申报用地规模

〔未核减申请用地规模〕按照有关规定，我厅对该市申请的用地进行了审查。该市＊＊年度申请的新增建设用地规模控制在规划期剩余年均量以内，已批准用地的实施率和供地率符合规定要求，同意按城市申请的用地规模上报。（申请的新增建设用地规模超过规划期剩余年均量的，或实施率和供地率未达到规定要求的，又未核减的，应说明理由。）

〔核减申请用地规模〕按照有关规定，我厅对该市申请的用地进行了审查。经审查，该市申请的新增建设用地规模超过了规划期内剩余年均量，或已批准用地的实施率和供地率未达到规定要求，按规定核减申请用地＊＊公顷，其中新增建设用地＊＊公顷（农用地＊＊公顷，耕地＊＊公顷）。核减后申报用地＊＊公顷，其中新增建设用地＊＊公顷（农用地＊＊公顷，耕地＊＊公顷）。

二、申报用地规划计划审查情况

〔申报用地符合土地利用总体规划〕经审查，核定的申报用地符合经国务院批准的＊＊市土地利用总体规划（2006—2020年）。

〔纳入年度土地利用计划〕我省（区）上一年度下达＊＊市土地利用计划为：新增建设用地＊＊公顷，其中农用地＊＊公顷（耕地＊＊公顷）；本年度预下达（或已下达）＊＊市土地利用计划为：新增建设用地＊＊公顷，其中农用地＊＊公顷（耕地＊＊公顷）。已做好申报用地与年度计划的衔接，根据预下达（或已下达）的土地利用计划，安排了城市申报用地计划指标。

三、申报用地规划用途审查情况

〔申报用地规划用途〕核定的申报用地规模＊＊公顷，按规划用途划分：交通运输用地＊＊公顷、公共管理与公共服务用地＊＊公顷、商服用地＊＊公顷、工矿仓储用地＊＊公顷、住宅用地＊＊公顷，其他用地（含特殊用地）＊＊公顷，分别占核定申报用地规模的＊＊%、……＊＊%和＊＊%。

〔保障性安居工程用地〕在住宅用地中，保障性安居工程用地＊＊公顷，实行应保尽保。

四、征地补偿安置与补充耕地情况

〔征地补偿安置〕核定的申报用地中，需征收农民集体所有土地＊＊公顷，征地补偿标准按照（批准公布实施的征地统一年产值标准或区片综合地价文件名称及文号）及有关规定执行，征地补偿安置费用概算为＊＊万元（不含青苗和地上附着物等补偿费用）。城市政府拟通过＊＊、＊＊等途径，妥善解决好被征地农民的生产和生活，保证被征地农民原有生活水平不降低，长远生计有保障。

该市出台了被征地农民社会保障具体实施办法（文件名称及文号），政府补贴社会保障费用概算为＊＊万元。在实施征地时城市政府按规定将符合条件的被征地农民纳入社会保障体系，安排被征地农民的社会保障费用。

〔补充耕地〕核定的申报用地中涉及占用耕地＊＊公顷，城市政府拟安排补充耕地资金＊＊万元（平均每亩＊＊元）。采取自行补充方式（或委托补充方式），在分次向省级政府呈报农用地转用和土地征收实施方案前按规定补充数量相等、质量相当的耕地，做到先补后占，并落实建设占用耕地耕作层土壤剥离利用。

五、其他有关情况

对其他需要说明的情况作补充说明。

综上所述，经我厅（局、委）审查，＊＊等＊＊市＊＊年度城市建设用地报批材料齐全，申报内容真实，符合土地管理法律法规和有关规定，请予审查。

联系人及电话：（姓名）　　　　　（电话）

　　　　　　　　　　　　　　　　　　　　　　（公章）
　　　　　　　　　　　　　　　　　　　　　　年　月　日

附件 11

_____年度_____省（区、市）_____年度国务院批准建设用地城市农用地转用土地征收补充耕地方案申报汇总表

填表单位：（盖章）_____省（区、市）国土资源厅（局、委）

单位：公顷、万元、万元/公顷

城市	土地利用计划			申请用地面积					征地补偿安置					补充耕地			规划用途						
	新增建设用地	农用地	耕地	合计	国有	集体	新增建设用地	农用地	耕地	征收补偿标准	征地补偿面积	征地补偿费用	社保费用	政府补贴费用	补贴面积	耕地开垦费标准	耕地开垦费概算	交通运输用地	公共管理与公共服务用地	商服用地	工矿仓储用地	住宅用地	保障性安居工程用地	其他用地	特殊用地
(1)	(2)	(3)	(4)	(5)	(6)	(7)	(8)	(9)	(10)	(11)	(12)	(13)	(14)	(15)	(16)	(17)	(18)	(19)	(20)	(21)	(22)	(23)	(24)	(25)	(26)
合计											—					—									

审核人：　　　　　　　　　填表人：　　　　　　　　　填表时间：

5. 山西省国土资源厅关于进一步优化建设项目用地预审和用地审查提高土地审批效率的通知

晋国土资发〔2017〕10号

各市国土资源局：

为了切实贯彻落实国土资源部《关于修改〈建设用地预审管理办法〉的决定》（国土资源部令68号）和《关于修改〈建设用地审查报批管理办法〉的决定》（国土资源部令69号），根据《国土资源部关于改进和优化建设项目用地预审和用地审查的通知》（国土资规〔2016〕16号）要求，结合我省实际，现对优化我省建设项目用地预审及用地审查工作有关事项通知如下：

一、高度重视优化建设用地审批工作

修订《建设用地预审管理办法》和《建设用地审查报批管理办法》，对具体工作流程及要求进行规范，是国土资源部把握引领经济发展新常态，积极推进供给侧结构性改革，切实落实"简政放权、放管结合、优化服务"的新举措。各地要充分认识优化建设用地审批工作的重要意义，准确把握优化建设用地审批工作的总体要求，尽快调整适应和改进建设用地审批工作，切实提高用地保障能力。

二、优化审查内容，切实提高建设用地审批效率

（一）简化对符合土地利用总体规划和土地使用标准的审查。严格土地利用总体规划管理，强化建设项目用地规划审查建设项目必须依据规划布局确定选址，不得随意修改规划。属于《土地管理法》第二十六条规定情形（包括占用基本农田情形），确需修改土地利用总体规划的，必须根据国务院、省人民政府或其投资主管部门的批准文件（含列入重点建设项目清单或出具的支持性文件），对修改规划的必要性和可行性进行论证说明，在用地预审阶段编制规划修改方案（包括基本农田补划内容），并在建设项目用地报批前完成规划修改听证、规划实施影响评估和专家论证等工作。已通过用地预审的建设项目，在用地报批阶段原则上不再重复审查是否符合土地利用、总体规划、是否符合土地使用标准等情况，但项目用地位置、规模、功能分区发生变化的，应依据土地利用总体规划和土地使用标准进行复核。在用地预审通过后、可行性研究报告批准或核准前，建设项目选址发生局部调整，不符合土地利用总体规划或者用地总规模超过土地使用标准的，应重新申请用地预审。

（二）调整对补充耕地和征地补偿等的审查。用地预审阶段，不再对补充耕地和征地补偿费用、矿山项目土地复垦资金安排情况进行审查，相应审查在用地报批阶段进行。但当地人民政府应切实履行保护耕地的法定职责、维护权利人的合法利益，建设单位必须承诺将补充耕地、征地补偿、土地复垦等相关费用纳入工程概算，市、县国土资源主管部门负责督促落实。

（三）改进地质灾害危险性评估的审查。用地预审阶段，不再对单独选址的建设项目是否开展地质灾害危险性评估情况进行审查。在用地报批阶段，各市需核实是否位于地质灾害易发区、建设单位是否按规定进行了地质灾害危险性评估。市级国土资源主管部门要对地质

灾害危险性评估结果进行审查。未按规定开展地质灾害危险性评估的，将不予批准建设用地。

（四）改进压覆重要矿产资源的审查。用地预审阶段，不再对单独选址的建设项目是否压覆重要矿产资源进行审查。在用地报批阶段，建设项目涉及压覆重要矿产资源的，建设单位需说明已与矿业权人就压矿补偿问题进行协商，有关县级人民政府承诺做好压矿补偿协调工作，可办理用地审批手续；同时，县级人民政府应督促建设单位与矿业权人签订补偿协议，按规定办理压覆矿产资源审批和登记手续。对未签订补偿协议、未办理压覆矿产资源审批登记手续的，市级人民政府不得转发用地批复、市（县）人民政府不得供地。

（五）组织项目用地踏勘论证和节地评价。国家、省重点项目、线性工程等应避让基本农田，尽量不占或少占。国家项目踏勘论证按照国土资源部规定执行；省级项目确需占用基本农田5亩以上或占用其他耕地规模较大（线性工程占用耕地100公顷以上，块状工程70公顷以上或占用耕地达到用地总面积50%以上且超过30亩，不包括水库类项目）的建设项目，由省厅组织踏勘论证，其余项目由各设区市国土资源局组织踏勘论证；市级以下项目的踏勘论证由各市安排。对国家和地方尚未颁布土地使用标准和建设标准的项目，以及确需突破土地使用标准确定的规模和功能分区的建设项目，应按要求组织开展建设项目节地评价。需要同时开展踏勘论证和建设项目节地评价的建设项目，可将两项工作合并开展，出具踏勘论证和节地评价报告。

（六）改进城市建设用地的审查报批。需报国务院批准用地的太原、大同2个城市，按照"国家批规模、控结构，地方管项目、落用地"的原则申报用地。上报审批农用地转用和土地征收时，不再报送标注用地位置的土地利用总体规划图，具体用地是否符合土地利用总体规划，在审查农用地转用和土地征收实施方案时一并进行。

（七）适当缩小用地预审范围。在土地利用总体规划确定的城镇建设用地范围内，不涉及新增建设用地，使用已批准建设用地进行建设的项目，不再进行项目用地预审；涉及新增用地，应由省厅进行用地预审的项目，由各设区市国土资源局进行用地预审；以批次方式审批建设用地的项目，应由省厅进行用地预审的，由设区市国土资源局进行用地预审。省内输电线路工程塔基不再办理项目用地预审。

三、加强事中事后监管，进一步提升服务保障水平

（一）强化实质性审查责任。省厅对各类建设用地报批材料进行形式性审查，各市、县国土资源主管部门要积极履行职责，加强实质性审查，做到权责一致，保证审查意见真实、准确。

（二）提高规范化水平。各市人民政府及国土资源主管部门、项目建设单位和要按照统一规范的建设项目用地预审和用地报批申报材料格式（见附件），做好组卷上报工作，提高报件质量。各地要使用最新版的用地预审和用地报批电子报盘软件，按照新要求组卷报批；不符合新要求的，政务大厅不予接收报件。

（三）加强实施监管。省厅将不定期对建设用地预审和用地审查项目报件质量差、不据实上报等情况进行统计，采取通报、约谈等方式，督促各地严格审查，确保报件质量。按照"谁审批、谁监管"的原则，严格落实监管责任、创新监管方式、提升监管能力，采取批后抽查、实地督查等多种方式，对各地批后实施、承诺事项是否落实等情况进行监督，发现问题及时提出整改意见，切实加强监督管理。加快完善建设用地综合监管平台的建立，运用"大数据"分析技术，加强建设用地审批事中事后监管。

（四）提升服务能力。各地要大力推进用地预审和用地报批网上申报、受理、查询、批复等信息化建设，加快实现建设用地远程报批。积极做好政策解读宣传，回应社会关切，帮助行政相对人及时了解掌握相关政策和办事流程，方便行政相对人。做好政策的有效衔接，实现制度、流程、系统的顺利过渡。与相关部门加强沟通联动，提前介入了解情况，积极履职，主动服务，及时协调解决重点建设项目用地中存在的问题。

本通知自下发之日起执行，《山西省国土资源厅办公室关于下发建设用地报批格式的通知》（晋国土资办发〔2015〕39号）同时废止。省国土资源厅以往文件规定与本通知不一致的，以本通知为准。报批资料与文本格式使用过渡期为三个月，2017年4月1日起，全部采用新的报批资料及文本格式。

扩权强县（市）、综改试验县（市）申报程序按照我省的有关规定执行。

附件：1. 建设项目用地预审材料目录
2. 建设用地预审申请表
3. 申请办理项目用地预审的报告
4. 建设用地预审初审意见的报告
5. 单独选址建设项目用地报批材料目录
6. 单独选址建设项目用地请示及审查报告文本格式
7. 单独选址建设项目用地审查报告文本格式
8. 建设用地项目呈报材料"一书四方案"
9. 分批次用地报批材料目录
10. 分批次用地请示及审查报告文本格式
11. 分批次用地审查报告文本格式
12. 城乡建设用地增减挂钩项目用地报批材料目录
13. 城乡建设用地增减挂钩项目用地请示文本格式
14. 城乡建设用地增减挂钩项目用地审查报告文本格式
15. 工矿废弃地复垦利用项目报批材料目录
16. 矿业存量土地整合利用项目报批材料目录
17. 其他建设用地相关文本格式要求

2017年1月18日

附件 5

单独选址建设项目用地报批材料目录

序号	报批材料名称	电子化格式	需纸质材料
1	市人民政府请示文件	PDF 文档	是
2	市级国土资源主管部门的审查报告	PDF 文档	是
3	征收土地权属、地类、面积情况汇总表	PDF 文档、数据库表	是
4	土地分类面积汇总表	PDF 文档、数据库表	是
5	建设用地"一书四方案"	PDF 文档、数据库表	是
6	耕地占补平衡挂钩信息确认单	PDF 文档	是
7	建设项目用地预审批复文件	PDF 文档	是
8	建设项目批准、核准或备案文件	PDF 文档	是
9	建设项目初步设计批准或审核文件	PDF 文档	是
10	地质灾害危险性评估报告	PDF 文档	是
11	是否压覆重要矿产资源的证明材料	PDF 文档	是
12	缴纳被征地农民社会保障资金票据或人力资源和社会保障部门审核意见	PDF 文档	是
13	建设用地勘测定界资料	PDF 文档、数据库表	否
14	补划基本农田地块边界拐点坐标表	数据库表	否
15	征地告知听证确认材料	PDF 文档	是

注：涉及占用林地的，附林业主管部门《占用林地审核同意书》。

附件6

单独选址项目建设用地请示文本格式

××市人民政府
关于××工程建设用地的请示

省人民政府：

  ×××项目是经×发改委批（核）准的建设项目，总投资×万元（亿元）。申请使用××县（市、区）土地××公顷，其中：农用地××公顷（含耕地××公顷）、建设用地××公顷、未利用地××公顷。

  上述用地申请农用地转为建设用地××公顷（含耕地××公顷）；申请征收集体土地××公顷，其中：农用地××公顷（含耕地××公顷）、建设用地××公顷、未利用地××公顷。以上申请使用××县（市、区）××镇等×个乡镇×个村和×个国有单位土地共计××公顷，拟以划拨（出让）方式供地，进行×××工程项目建设。

  该项目用地符合××（市、县或乡）土地利用总体规划，已安排使用××年度下达我市的用地计划指标（或按规定申请使用国家/省预留计划指标），符合国家产业政策，符合工程项目建设用地规模控制指标（或已组织开展节地评价，符合节约集约用地要求）。已按规定履行征地前的告知、确认、听证程序，征地补偿合法，被征地群众已按规定纳入社保，社保资金已落实到位，已落实耕地占补平衡，新增建设用地土地有偿使用费已足额备齐（如不需缴纳可不写），符合《土地管理法》的有关规定，请求批准如数使用土地。

  妥否，请批复。

  （联系人：××× 联系电话：××× 手机：××××）

（公章）
××年××月××日

（备注：扩权强县、综改试验县用地报批参照此格式）

附件 7

单独选址建设项目用地审查报告文本格式

＊＊市国土资源局
关于＊＊＊建设项目用地的审查报告

省国土资源厅：

依据土地管理法律法规，＊＊＊建设项目用地应呈报省政府（国务院）审批。我局按照规定要求对该建设项目用地进行了审查并提出审查意见。现报告如下：

一、建设项目基本情况

〔项目概况〕该项目＊＊年＊＊月通过＊＊＊（国土资源主管部门）用地预审（文号）。＊＊年＊＊月，＊＊＊（国家发改委或地方发改部门等）批复（或核准、备案）可行性研究报告（或项目申请报告，文号）；＊＊年＊＊月，＊＊＊（行业主管部门或设计审核单位）批复（或审核通过）工程初步设计（文号）。工程按＊＊＊（建设标准或规模）建设，总投资＊＊亿元。项目用地位于土地利用总体规划确定的城镇建设用地范围外，属单独选址建设用地项目（项目用地部分位于土地利用总体规划确定的城镇建设用地范围外，部分位于城镇建设用地范围内，按单独选址建设项目用地报批）。

〔有关审核许可手续〕工程建设单位已于＊＊年＊＊月取得＊＊（国家林业局或省级林业主管部门）使用林地审核同意书（证号）；已于＊＊年＊＊月取得＊＊＊（国土资源主管部门）核发的＊＊矿的（矿种）采矿许可证（证号），有效期＊年。

〔动工用地情况〕经我局核查，该项目未动工用地（或已动工用地，但未超出＊＊年＊＊月经部同意先行用地范围，或已于＊＊年＊＊月违法动工用地）。

二、申请用地现状

〔勘测定界〕依据《土地勘测定界规程》（TD/T1008—2007）、《土地利用现状分类》（GB/T21010—2007）等规定，＊＊＊（测量单位）对项目拟用地情况进行了实地勘测，形成的成果资料符合规定要求。

〔权属、地类和面积〕项目用地涉及＊＊县、……和＊＊县等＊＊个县（市、区）的＊＊个乡（镇）＊＊个村和＊＊个国有单位，共＊＊宗地（含集体土地所有权、集体土地使用权、国有土地使用权），其中：＊＊宗地已登记发证，＊＊宗地未登记发证（说明原因），土地产权明晰，界址清楚，没有争议。

申请用地总面积＊＊公顷，其中：农用地＊＊公顷（耕地＊＊公顷，含基本农田＊＊公顷）、建设用地＊＊公顷、未利用地＊＊公顷。按权属和地类分：农民集体所有土地＊＊公顷，其中：农用地＊＊公顷（耕地＊＊公顷，含基本农田＊＊公顷）、建设用地＊＊公顷、未利用地＊＊公顷；国有土地＊＊公顷，其中：农用地＊＊公顷（耕地＊＊公顷，含基本农田＊＊公顷）、建设用地＊＊公顷、未利用地＊＊公顷，地类和面积准确。

三、农用地转用情况

〔用地规划计划〕项目用地符合现行土地利用总体规划（用地涉及调整土地利用总体规

划的，表述为：该项目用地未列入现行土地利用总体规划，涉及的土地利用总体规划调整，已按规定履行规划调整的论证和听证工作，编制的土地利用总体规划调整方案符合要求，建设项目对规划实施影响评估报告、规划修改各部门和专家论证意见及听证会纪要等材料齐备。），用地中**公顷农用地需转为建设用地，根据项目立项级别，按规定已安排使用**年度下达我市（或县）的用地计划指标（或按规定申请使用预留国家/省计划）。

〔基本农田补划〕项目申请占用基本农田**公顷（说明理由），用地涉及的**县、**县国土资源主管部门，已补划基本农田**公顷，耕地质量符合要求，做到了基本农田数量不减少、质量不降低。

〔落实预审意见〕该项目用地由**级国土资源主管部门通过预审，与批准项目立项政府部门层级一致，符合有关规定（如立项与预审层级不一致，应说明不一致的理由）。项目用地预审控制规模**公顷，其中农用地**公顷（耕地**公顷，含基本农田**公顷），申报用地与预审控制用地规模一致（或基本一致；或因***等原因，申报用地超出预审控制规模**公顷，其中农用地**公顷，含耕地**公顷，包括基本农田**公顷）；预审提出的**等意见，已按***等规定分别得到落实。

四、补充耕地情况

〔占用耕地情况〕该项目占用耕地**公顷需补充（如大中型水利水电建设项目，表述为：该项目占用耕地**公顷，其中含25度以上陡坡耕地**公顷，实际需补充耕地**公顷），其中水田**公顷；平均质量等级**等，其中**等**公顷、**等**公顷（采用国家土地利用等别标准）。（用地中如涉及占用按规定纳入补充耕地范围的可调整地类，应作出说明）

〔补充耕地方式〕建设单位按我省规定标准，足额缴纳耕地开垦费**万元，委托**国土资源局补充耕地**公顷（或已安排耕地开垦费林**万元，自行补充耕地**公顷）。

〔已补充同等数量、质量的耕地〕该项目补充耕地任务已完成，补充耕地位于**县、……**县，挂钩的土地整治项目已在部农村土地整治监测监管系统中备案，经**国土资源主管部门验收合格，并在部耕地占补平衡动态监管系统中挂钩确认，确认信息编号为**。补充耕地面积为**公顷，其中水田**公顷；平均质量等别为**等，其中**等**公顷、**等**公顷、**等**公顷，做到了耕地占补平衡数量质量双到位。

〔通过补改结合补充耕地〕该项目已补充同等数量的耕地，补充耕地位于**县、**县、**县，挂钩的土地整治项目已在部农村土地整治监测监管系统中备案，经**国土资源主管部门验收合格，并在部耕地占补平衡动态监管系统中挂钩确认，确认信息编号为**。补充耕地面积**公顷，其中水田**公顷；平均质量等别为**公顷，其中**等**公顷、**等**公顷、**等**公顷，补充耕地质量未达到占用耕地质量。承担补充耕地任务的**市（县）、**市（县）政府已结合实施现有耕地提质改造，落实耕地占优补优、占水田补水田，做到了耕地占补平衡，提质改造项目已在部农村土地整治监测监管系统中备案，经**国土资源主管部门验收合格，并在部耕地占补平衡动态监管系统中挂钩确认。

五、征地补偿安置情况

〔征地补偿标准〕该项目征收土地**公顷，征地补偿标准执行我省人民政府**年批准公布的现行征地补偿费用标准。共涉及**个征地统一年产值标准区域，标准为每亩**

元~＊＊元，补偿倍数为＊＊倍~＊＊倍。加上青苗和地上附着物等补偿，项目征地总费用＊＊万元。（涉及违法用地的，要说明征地补偿费用已足额支付到位，迄今为止被征地农村集体经济组织和农民无异议）

〔征地安置〕征收土地需安置农业人口＊＊人（其中劳动力＊＊人），征地前村人均耕地＊＊亩~＊＊亩，征地后人均耕地＊＊亩~＊＊亩，征地后＊＊个村人均耕地低于0.5亩。当地政府（村组）计划通过调整土地农业安置＊＊人、发展第三产业安置＊＊人、留地安置＊＊人、留物业安置＊＊……（其他安置途径与人员），可以妥善安排被征地农民的生产和生活。（对于征地后人均耕地很少尤其是无地的，要区分农转非城镇安置和保留农民身份两种情况，结合被征地农民征前生产生活情况详细说明安置情况，确保做到被征地农民生产生活水平不降低、长远生计有保障）。

〔社会保障〕征地涉及有关市县已经出台被征地农民社会保障具体实施办法（或我省已出台被征地农民社会保障具体实施办法），已落实资金＊＊万元，其中＊＊万元已缴入当地社保资金专户。用地批准后，由当地政府（或劳动保障部门）按有关规定要求将符合条件的被征地农民纳入社会保障体系，可以做到被征地农民原有生活水平不降低，长远生计有保障。

〔征地程序〕征收土地涉及市县国土资源主管部门按规定履行了征地报批前告知、确认和听证程序，被征地村组和农民对拟征土地的补偿标准、安置途径等无异议，没有提出听证申请。

（被征地村组和农民提出听证申请并组织了听证会的，表述为：征收土地涉及市县国土资源主管部门按规定履行了征地报批前告知、确认和听证程序，被征地村组和农民提出听证申请。按照《国土资源听证规定》要求，＊＊县、……和＊＊县国土资源局组织听证会。被征地村组和农民提出的合理要求，当地政府已采取措施予以妥善解决。）

申请用地中涉及国有土地的，需对收回国有土地及补偿情况进行说明。

六、土地利用与供应情况

〔供地政策〕依据国家产业政策目录和《限制用地目录》、《禁止用地目录》等规定，项目符合国家产业政策和供地政策（不符合的，说明申报用地的理由）；拟采取＊＊（划拨或出让）方式供地，符合《划拨用地目录》（符合＊＊＊法规或文件）的规定。

〔用地标准〕项目建设标准为＊＊＊（交通项目应同时说明项目等级标准）；建设内容为＊＊、……＊＊（同类设施的，还应说明该类设施的设置数量）。建设标准和建设内容（包括同类设施的设置数量）符合项目初步设计批复的要求（不符合、超出初步设计批准规模或者设施数量的，应说明理由）。

项目各功能分区用地面积分别为＊＊＊（各功能分区面积情况）。申请用地总面积和各功能分区用地均符合《＊＊项目建设用地指标》的规定（对均不符合、部分不符合或者某一设施、某类设施用地不符合建设用地指标规定的，应说明理由及开展节地评价情况；未颁布行业用地指标的，表述为：已经组织开展节地评价，符合节约集约用地的要求）。（申请用地中有拆迁安置用地的，还要说明拆迁建设用地的规模、安置用地的规模及确定的依据）

〔缴纳新增建设用地土地有偿使用费〕项目建设涉及城市（含建制镇）建设用地范围外有偿使用新增建设用地＊＊公顷，其中：＊＊等别＊＊公顷、……＊＊等别＊＊公顷；项目用地中＊＊公顷位于土地利用总体规划确定的城市（含建制镇）建设用地范围内，涉及新增建设用地＊＊公顷，其中：＊＊等别＊＊公顷、……＊＊等别＊＊公顷，共需缴纳新增建设用地土地有偿使用费＊＊万元。项目所在地＊＊市（县、区）人民政府承诺在批准用地后按有关规定及时足额缴纳（或当地市县人民政府已按有关规定预缴）。

（不涉及缴纳新增建设用地土地有偿使用费的，表述为：项目以划拨方式供地，不涉及城市（含建制镇）建设用地范围内新增用地，按规定不需缴纳新增建设用地土地有偿使用费。）

七、土地复垦、地质灾害和压矿审批情况

〔土地复垦方案评审〕项目通过＊＊＊（部或省级国土资源主管部门）土地复垦方案评审（审查号）。土地复垦资金从＊＊＊列支，平均每亩土地复垦资金＊＊元，涉及复垦面积＊＊公顷，复垦率为＊＊%。（尚未编制土地复垦方案，表述为：项目尚未编制土地复垦方案，建设单位已向我局出具承诺书，在＊＊年＊＊月前按照有关规定要求完成土地复垦方案评审工作，我局将督促建设单位按规定落实土地复垦任务）。

〔地质灾害危险性评估〕项目位于地质灾害易发区，＊级地质灾害危险性评估单位＊＊＊对项目进行了地质灾害危险性评估，评估级别为＊级，评估报告已经＊＊＊（单位）组织有关专家评审通过，评审结论为＊＊＊。（或该项目未处于地质灾害易发区）

〔压覆重要矿产资源审批〕该项目涉及压覆＊＊等重要矿产资源，建设单位已与矿业权人就压矿补偿问题进行协商，＊＊县（市、区）承诺将做好压矿补偿协调工作，我局原则同意先办理用地审批手续，同时督促建设单位与矿业权人签订补偿协议，按规定办理压覆矿产资源审批手续。对未签订补偿协议、未按规定办理压覆审批登记手续的，我局将不转发用地批复，有关市、县政府将不予供地。（已办理压矿手续的，表述为：项目已取得＊＊＊（部或省级国土资源主管部门）同意压覆＊等重要矿产资源的批复（复函，文号），履行了压覆矿产资源登记手续，并已妥善处理相关矿业权人权益关系。未压覆重要矿产的，表述为：经审查，项目不压覆重要矿产资源。）

八、信访与违法用地处理情况

〔信访处理〕＊＊年＊＊月，＊＊县＊＊乡＊＊村村民＊＊来信（访）反映该项目＊＊＊（信访具体内容）。＊＊＊（国土资源主管部门）进行了认真调查处理，＊＊＊（处理具体措施）。目前，信访群众反映的问题已得到妥善解决，信访人表示不再上访。

〔违法用地处理〕本项目不存在违法用地问题。（本项目存在违法用地问题，＊＊国土资源局已依法查处。＊＊年＊＊月，下达处罚决定（或者处理决定）：＊＊（决定内容）。＊＊年＊＊月，已结案。涉及应当追究行政纪律责任的＊＊（具体人员名称和职务）已依法依规移送＊＊（监察或者任免机关名称）处理（如无责任人可不表述）。）

综上所述，＊＊＊建设项目申请用地情况真实，符合土地管理法律法规和有关规定，请予审查。

联系人：（姓名）　　　　　　（电话）

（公章）

年　月　日

（扩权强县、综改试验县用地报批参照此格式）

附件 8

建设用地项目呈报材料
"一书四方案"

编制机关（公章）：

主要负责人（签字）：

编 制 时 间：　　　　年　月　日

中华人民共和国国土资源部监制

一、建设用地项目呈报说明书

计量单位：公顷

建设用地项目名称					
申请用地总面积			新增建设用地		
土地利用现状	权属 / 地类		合计	使用国有土地	征收集体土地	使用集体土地
	总计					
	（一）农用地					
	其中	耕地				
		含基本农田				
		林地				
		园地				
		草地				
	（二）建设用地					
	（三）未利用地					
土地用途	功能分区名称（单选）/拟开发地块名称（批次）			用地面积		

续表

县（市）人民政府审核意见	（公章） 主管领导（签字）：　　　　　　　　　　年　月　日
市（地、州）人民政府国土资源主管部门审查意见	（公章） 主管领导（签字）：　　　　　　　　　　年　月　日
市（地、州）人民政府审核意见	（公章） 主管领导（签字）：　　　　　　　　　　年　月　日

二、农用地转用方案

计量单位：公顷

地类	转用面积	其中	
		国有土地	集体土地
农用地			
其中：耕地			
含基本农田			
耕地质量情况	质量等别		面积	
	质量等别		面积	
	质量等别		面积	
	质量等别		面积	
	质量等别		面积	
	平均质量等别		合计	
土地利用总体规划				
符合规划		规划级别		
需调整规划		规划级别		
涉及占用基本农田		补划基本农田		
农用地转用计划				
申请使用国家计划			已安排使用省级计划		
年度	农用地	其中：耕地	年度	农用地	其中：耕地
未使用当年计划指标的，应予以说明：					

三、补充耕地方案

计量单位：公顷、万元

占用耕地面积					
含 25 度以上坡耕地			可调整地类		
需补充耕地面积			其中：水田		
补充耕地责任单位					
补充耕地承担单位					
挂钩确认信息编号					
补充耕地方式					
委托补充			自行补充		
补充面积	耕地开垦费缴纳标准	缴纳金额	补充面积	补充耕地费用标准	补充耕地总费用
已补充耕地情况					
挂钩的土地整治项目备案号	挂钩面积	所在县（市、区）	验收单位及文号		质量等别
合 计		平均质量等别		补充水田	
承诺补充耕地情况					
挂钩的土地整治项目备案号	挂钩面积	所在县（市、区）	完成时限		质量等别
合 计		平均质量等别		补充水田	
补改结合补充耕地情况					
挂钩的提质改造项目备案号	挂钩面积	所在县（市、区）	完成时限		提升质量等别
合 计		平均提升质量等别		补充水田	

四、征收土地方案

计量单位：公顷、万元、人

征收土地面积				其中：耕地		
被征收土地涉及的权属单位						
乡（镇）				村		
权属状况						
征地补偿情况		地类	面积	征地补偿费用标准	产值标准	倍数
		耕地				
		其中：基本农田				
		其他农用地				
		建设用地				
		未利用地				
		青苗补偿费				
		地上附着物补偿费				
		征地总费用				
征地安置情况		需安置农业人口数		需安置劳动力人数		
	安置途径	发放安置补助费				
		农业安置				
		社会保障安置				
		留地留物业安置				
		用地单位安置				
		征地款入股安置				
其他需要说明的情况						

五、供地方案

计量单位：公顷、公里、个

	功能分区	供地方式	供地面积
申请供地情况			
	合　计		

	功能分区	数量	申请用地	原有用地（改扩建项目）	指标控制面积	指标对应条件
指标适用情况						
	说明开展节地评价论证情况：					

"一书四方案"填报说明

"一书四方案"由市、县人民政府国土资源主管部门应用部电子报盘软件填报，并打印签字盖章；所有面积、资金有关数字须保留四位小数。

一、建设用地项目呈报说明书

1. "建设用地项目名称"栏填写建设用地项目名称。
2. "新增建设用地面积"栏填写申请用地中需转为建设用地的农用地和未利用地的面积之和。
3. "使用集体土地"栏填写申请用地中不涉及征收的农村集体土地面积。
4. 县（市）和市（地、州）人民政府及国土资源主管部门审核、审查意见栏须填写意见并签字盖章。

二、农用地转用方案

1. "质量等别"采用国家土地利用等别；"平均质量等别"填写占用的耕地各质量等别与面积加权平均值，保留整数位。
2. "符合规划"栏填写符合规划或不符合规划，"需调整规划"栏填写需要调整或不需要调整，"规划级别"栏填写国家、省、市、县、乡级，可填写一级或多级。
3. 建设用地项目应先使用申报用地当年的农用地转用计划指标，对于未使用当年用地计划指标的，应予以说明。

三、补充耕地方案

1. "25度以上坡耕地"栏仅适合大中型水利水电建设项目填写。
2. "可调整地类"栏填写占用的此前因农业结构调整由耕地改为非耕农地并记入耕地保护任务的面积。
3. "挂钩确认信息编号"栏填写在部耕地占补平衡动态监管系统中挂钩确认的信息编号。
4. "平均质量等别"栏填写挂钩的补充耕地各质量等别与面积加权平均值，保留整数位。
5. "补充水田"栏填写挂钩的补充耕地中水田面积。

四、征收土地方案

1. 被征收土地涉及的权属单位，"乡（镇）"、"村"栏填写征地涉及的乡（镇）和村名称。
2. 征地补偿情况中，"征地补偿费用标准"指单位面积土地的土地补偿费和安置补助费之和。实施征地区片综合地价的，填写征地区片价；实施征地统一年产值标准的，还须填写产值标准和倍数。
3. 征地安置情况中，"安置途径"栏各项安置方式填写人数。

五、供地方案

1. "功能分区"栏应严格按照建设用地指标规定的名称和内容填写。

2. 申请供地情况中,根据各功能分区相应填写供地方式和面积;适用相同建设用地指标值的同类功能分区、采取同一供地方式的,可以合并填写,"供地面积"栏填写供地面积之和。

3. 指标适用情况中,"数量"栏填写功能分区的个数,公路路基等线状工程填写各有关工程段长度之和。

4. 改扩建项目如原有项目用地不在申请用地范围内,应在"原有用地"栏填写原有各功能分区的用地面积。

附件9

分批次用地(城市用地实施方案)报批材料目录

序号	报批材料名称	电子化格式	需纸质材料
1	市人民政府请示文件	PDF文档	是
2	市级国土资源主管部门的审查报告	PDF文档	是
3	征收土地权属、地类、面积情况汇总表	PDF文档、数据库表	是
4	土地分类面积汇总表	PDF文档、数据库表	是
5	建设用地"一书三方案"	PDF文档、数据库表	是
6	耕地占补平衡挂钩信息确认单	PDF文档	是
7	缴纳被征地农民社会保障资金票据或人力资源和社会保障部门审核意见	PDF文档	是
8	建设用地勘测定界资料	PDF文档、数据库表	否
9	征地告知听证确认材料	PDF文档	是

附件10

分批次建设用地请示文本格式

××市人民政府
关于××县（市、区）×年第×批次
建设用地的请示

省人民政府：

根据××县（市、区）土地利用总体规划和省厅下达的年度计划，申请使用××县（市、区）土地××公顷，其中：农用地××公顷（含耕地××公顷）、建设用地××公顷、未利用地××公顷。

上述用地申请农用地转为建设用地××公顷（含耕地××公顷）；申请征收集体土地××公顷，其中：农用地××公顷（含耕地××公顷）、建设用地××公顷、未利用地××公顷。以上申请××县（市、区）××镇等×个乡镇×个村和×个国有单位土地共计××公顷，作为××县（市、区）××年第×批次建设用地。

经审查，该批次用地符合××（市、县或乡）土地利用总体规划，已安排使用××年度下达我市的用地计划指标。已按规定履行告知、确认、听证程序，征地补偿合法，被征地群众已按规定纳入社保，社保资金已落实到位，已落实耕地占补平衡，新增建设用地土地有偿使用费已足额备齐（如不需缴纳可不写），符合《土地管理法》的有关规定，请求批准如数使用土地。

妥否，请批复。

（联系人：×××　　联系电话：×××　　手机：××××）

（公章）
××××年××月××日

（备注：扩权强县、综改试验县用地报批参照此格式）

附件 11

分批次建设用地审查报告文本格式

＊＊市国土资源局
关于＊＊县（市、区）＊年第＊批次
建设用地的审查报告

省国土资源厅：

依据土地管理法律法规，＊＊县（市、区）＊年第＊批次建设用地应呈报省政府审批。我局按照规定要求对该批次用地进行了审查并提出审查意见。现报告如下：

一、申报用地现状

〔勘测定界〕依据《土地勘测定界规程》（TD/T 1008—2007）、《土地利用现状分类》（GB/T 21010—2007）等规定，＊＊＊（测量单位）对项目拟用地情况进行了实地勘测，形成的成果资料符合规定要求。

〔权属、地类和面积〕项目用地涉及＊＊县＊＊乡（镇）、……和＊＊乡（镇）等＊＊个乡（镇）＊＊个村和＊＊个国有单位，共＊＊宗地（含集体土地所有权、集体土地使用权、国有土地使用权），其中：＊＊宗地已登记发证，＊＊宗地未登记发证（说明原因），土地产权明晰，界址清楚，没有争议。

申请用地总面积＊＊公顷，其中：农用地＊＊公顷（含耕地＊＊公顷）、建设用地＊＊公顷、未利用地＊＊公顷。按权属和地类分：农民集体所有土地＊＊公顷，其中：农用地＊＊公顷（含耕地＊＊公顷）、建设用地＊＊公顷、未利用地＊＊公顷；国有土地＊＊公顷，其中：农用地＊＊公顷（含耕地＊＊公顷）、建设用地＊＊公顷、未利用地＊＊公顷，地类和面积准确。

二、用地规划计划情况（分批次建设用地适用）

〔用地规划计划〕项目用地符合现行土地利用总体规划，按规定申请省预留计划指标（或按规定安排使用＊＊年度省下达我市的用地计划指标）。

三、用地规划及实施情况（城市用地实施方案适用）

〔用地规划〕项目用地符合现行土地利用总体规划。

〔实施情况〕＊＊年国务院共批复我市城市用地＊＊公顷，其中：农用地＊＊公顷（含耕地＊＊公顷）、建设用地＊＊公顷、未利用地＊＊公顷；目前已实施＊＊公顷，其中：农用地＊＊公顷（含耕地＊＊公顷）、建设用地＊＊公顷、未利用地＊＊公顷；本次上报＊＊公顷，其中：农用地＊＊公顷（含耕地＊＊公顷）、建设用地＊＊公顷、未利用地＊＊公顷；剩余＊＊公顷，其中：农用地＊＊公顷（含耕地＊＊公顷）、建设用地＊＊公顷、未利用地＊＊公顷。

四、申报用地规划用途情况

〔申报用地规划用途〕核定的申报用地规模＊＊公顷，按规划用途划分：交通运输用地

＊＊公顷、公共管理与公共服务用地＊＊公顷、商服用地＊＊公顷、工矿仓储用地＊＊公顷、住宅用地＊＊公顷，其他用地（含特殊用地）＊＊公顷，分别占核定申报用地规模的＊＊%、……＊＊%和＊＊%。

五、补充耕地情况

〔耕地先补后占〕项目占用耕地＊＊公顷，其中水田＊＊公顷；平均质量等级＊＊等，其中＊＊等＊＊公顷、＊＊等＊＊公顷（采用国家土地利用等别标准）。在市县申报用地前，已落实补充耕地。补充耕地位于＊＊县、……＊＊县，挂钩的土地整治项目已在部农村土地整治监测监管系统中备案，经＊＊国土资源主管部门验收合格，并在部耕地占补平衡动态监管系统中挂钩确认，确认信息编号为＊＊。补充耕地面积为＊＊公顷，其中水田＊＊公顷；平均质量等级＊＊等，其中等＊＊公顷、＊＊等＊＊公顷，做到了耕地占补平衡数量质量双到位。

六、征地补偿安置情况

〔征地补偿标准〕项目征地补偿标准执行我省人民政府＊＊年批准公布的现行征地统一年产值标准。共涉及＊＊个征地统一年产值标准区域，标准为每亩＊＊元~＊＊元，补偿倍数为林＊＊倍~＊＊倍。加上青苗和地上附着物等补偿，项目征地总费用＊＊万元。

〔征地安置〕征收土地需安置农业人口＊＊人（其中劳动力＊＊人），征地前村人均耕地＊＊亩~＊＊亩，征地后人均耕地＊＊亩~＊＊亩，征地后＊＊个村人均耕地低于0.5亩。当地政府（村组）计划通过调整土地农业安置＊＊人、发展第三产业安置＊＊人、……（其他安置途径与人员），可以妥善安排被征地农民的生产和生活。（对于征地后人均耕地很少尤其是无地的，要区分农转非城镇安置和保留农民身份两种情况，结合被征地农民征前生产生活情况详细说明安置情况，确保做到被征地农民生产生活水平不降低、长远生计有保障。）

〔社会保障〕根据我省被征地农民社会保障具体实施办法（或我市\＊＊县被征地农民社会保障具体实施办法），已落实社保资金＊＊万元，其中＊＊万元已缴入当地社保资金专户。用地批准后，由我市\＊＊县人民政府（或劳动保障部门）按有关规定要求将符合条件的被征地农民纳入社会保障体系，可以做到被征地农民原有生活水平不降低，长远生计有保障。

〔征地程序〕征收土地涉及市县国土资源主管部门按规定履行了征地报批前告知、确认和听证程序，被征地村组和农民对征地方案中的征地位置、土地权属、地类和面积以及补偿标准、安置途径等无异议，没有提出听证申请。（被征地村组和农民提出听证申请并组织了听证会的，表述为：征收土地涉及市县国土资源主管部门按规定履行了征地报批前告知、确认和听证程序，被征地村组和农民提出听证申请。按照《国土资源听证规定》要求，＊＊局组织听证会。被征地村组和农民提出的合理要求，当地政府已采取措施予以妥善解决。）

七、其他有关情况

〔违法用地处理〕经审查，核定的申报用地中，已经＊＊国土资源局依法处理的违法用地＊＊公顷，其中农用地＊＊公顷，含耕地＊＊公顷，未利用地＊＊公顷。我局同意将已依法处理的违法用地纳入该批次用地申报范围，该地块已按原地类上报。（由县级国土资源主管部门查处的，表述为：我局同意＊＊国土资源局对此违法用地问题的调查、认定和处理，同意将已依法处理的违法用地纳入该项目用地申报范围，该地块已按原地类上报。）

〔其他需要说明的情况〕

综上所述，**县（市、区）*年第*批次建设用地报批材料齐全，申报内容真实，符合土地管理法律法规和有关规定，请予审查。

联系人：（姓名）　　　　　（电话）

（公章）
年　月　日

（备注：扩权强县、综改试验县用地报批参照此格式）

6. 河北省建设项目用地预审办法

各市（含定州、辛集市）国土资源局：

《河北省建设项目用地预审办法》已经厅长办公会议审议通过，现予以印发，请遵照执行。

附：《河北省建设项目用地预审办法》

2017 年 5 月 12 日

公开方式：主动公开

河北省建设项目用地预审办法

第一条　为保证土地利用总体规划的实施，充分发挥土地供应的宏观调控作用，控制建设用地总量，根据《中华人民共和国土地管理法》、《中华人民共和国土地管理法实施条例》、《中共中央国务院关于加强耕地保护和改进占补平衡的意见》、《国务院关于深化改革严格土地管理的决定》和《建设项目用地预审管理办法》，制定本办法。

第二条　本办法所称建设项目用地预审，是指国土资源主管部门在建设项目审批、核准、备案阶段，依法对建设项目涉及的土地利用事项进行的审查。

第三条　预审应当遵循下列原则：

（一）符合土地利用总体规划；
（二）保护耕地，特别是基本农田；
（三）合理和集约节约利用土地；
（四）符合国家供地政策。

第四条　建设项目用地实行分级预审。

需人民政府或有批准权的人民政府发展和改革等部门审批的建设项目，由该人民政府的国土资源主管部门预审。

需核准和备案的建设项目，由与核准、备案机关同级的国土资源主管部门预审。

重大建设项目选址确实难以避让永久基本农田的，报国土资源部预审。

第五条　需审批的建设项目在可行性研究阶段，由建设用地单位提出预审申请。

需核准的建设项目在项目申请报告核准前，由建设单位提出用地预审申请。

需备案的建设项目在办理备案手续后，由建设单位提出用地预审申请。

第六条　依照本办法第四条规定应当由省国土资源厅预审的建设项目，由项目所在地的市级（含定州、辛集市）或扩权县（市）国土资源主管部门受理后，提出初审意见，转报省国土资源厅。报国土资源部用地预审的建设项目，由省国土资源厅受理后，提出初审意见，转报国土资源部；但建设项目占用规划确定的城市建设用地范围内土地的，由市级国土资源主管部门受理后，提出初审意见，直接报国土资源部。

应当由国土资源部负责预审的输电线塔基、钻探井位、通讯基站等小面积零星分散建设项目用地，由省国土资源厅预审，并报国土资源部备案。

涉密军事项目和国务院、省政府批准的特殊建设项目用地按国土资源部有关要求和保密有关规定办理用地预审。

第七条 申请用地预审的项目建设单位，应当提交下列材料：

（一）建设项目用地预审申请表；

（二）建设项目用地预审申请报告，内容包括拟建项目的基本情况、拟选址占地情况、拟用地是否符合土地利用总体规划、拟用地面积是否符合土地使用标准、拟用地是否符合供地政策等；

（三）审批项目建议书的建设项目提供项目建议书批复文件，直接审批可行性研究报告或者需核准的建设项目提供建设项目列入相关规划或者产业政策的文件；

（四）按本办法第九条规定需组织踏勘论证的，提交踏勘论证申请报告及专家论证意见；

（五）按本办法第九条规定需进行节地评价的，提交节地评价报告及专家论证意见。

前款规定的用地预审申请表样式由国土资源部制定。

第八条 建设单位应当对单独选址建设项目是否位于地质灾害易发区、是否压覆重要矿产资源进行查询核实；位于地质灾害易发区或者压覆重要矿产资源的，应当依据相关法律法规的规定，在办理用地预审手续后，完成地质灾害危险性评估、压覆矿产资源登记等。

第九条 确需占用基本农田或占用其他耕地规模较大（线性工程占用耕地100公顷以上、块状工程70公顷以上或占用耕地达到用地总面积50%以上，不包括水库类项目）的建设项目，应组织踏勘论证。属于国土资源部预审的建设项目由省国土资源厅组织踏勘论证；其他项目由市（含定州、辛集市）、扩权县（市）国土资源主管部门组织踏勘论证（跨县的由市级国土资源主管部门组织）。

国家和地方尚未颁布土地使用标准和建设标准的建设项目，以及确需突破土地使用标准确定的规模和功能分区的建设项目，应按要求组织开展建设项目节地评价。

同时需要开展踏勘论证和节地评价的建设项目，可将两项工作合并开展。

第十条 负责初审的国土资源主管部门在转报用地预审申请时，应当提供下列材料：

（一）依据本办法第十二条有关规定，对申报材料作出的初步审查意见；

（二）标注项目用地范围的土地利用总体规划图、土地利用现状图及其他相关图件、坐标材料；

（三）属于《土地管理法》第二十六条规定情形，建设项目用地需修改土地利用总体规划的，应当出具规划修改方案。

第十一条 符合本办法第七条规定的预审申请和第十条规定的初审转报件，国土资源主管部门应当受理和接收。不符合的，应当场或在五日内书面通知申请人和转报人，逾期不通知的，视为受理和接收。

受委托负责初审的国土资源主管部门应当自受理之日起二十日内完成初审和转报工作。

第十二条 预审应当审查以下内容：

（一）建设项目用地是否符合国家供地政策和土地管理法律、法规规定的条件；

（二）建设项目选址是否符合土地利用总体规划，属《土地管理法》第二十六条规定情形，建设项目用地需修改土地利用总体规划的，规划修改方案是否符合法律、法规的规定；

（三）建设项目用地规模是否符合有关土地使用标准的规定；对按规定需进行节地评价的，是否已组织并通过建设项目节地评价；

（四）按本办法第九条规定应当进行实地踏勘的建设项目，是否已经组织并通过踏勘论证。

第十三条 国土资源主管部门应当自受理预审申请和转报材料之日起二十日内，完成审查工作，并出具预审意见。二十日内不能出具预审意见的，经负责预审的国土资源主管部门负责人批准，可以延长十日。

第十四条 预审意见应当包括对本办法第十二条规定内容的结论性意见和对建设用地单位的具体要求。

第十五条 预审意见是有关部门审批项目可行性研究报告、核准项目申请报告的必备文件。

各级国土资源主管部门要切实加强建设项目用地预审审查把关，严格审批和实施监管。建设项目用地预审批准后，要及时通过网络在线备案系统登记备案。

第十六条 建设项目用地预审文件有效期为三年，自批准之日起计算。已经预审的项目，超出预审批复文件有效期未完成项目审批或核准的，以及需对土地用途、建设项目选址等进行重大调整的，应当重新申请预审。

未经预审或者预审未通过的，不得批复可行性研究报告、核准项目申请报告；不得批准农用地转用、土地征收，不得办理供地手续。预审审查的相关内容在建设用地报批时，未发生重大变化的，不再重复审查。

第十七条 本办法自印发之日起施行，有效期为五年。

7. 山西省建设项目用地预审管理实施办法

第一条 为贯彻落实科学发展观，充分发挥土地供应的宏观调控作用，加强土地用途管制，控制建设用地总量，保证山西省各级土地利用总体规划的实施，根据国土资源部《建设项目用地预审管理办法》（42号令）和有关法律法规规定，制定本实施办法。

第二条 本实施办法所称建设项目用地预审，是指国土资源管理部门在建设项目审批、核准、备案阶段，依法对建设项目涉及的土地利用事项进行的审查。

第三条 建设项目用地预审应当遵循的原则：

（一）符合土地利用总体规划；

（二）保护耕地，特别是基本农田；

（三）合理和集约节约利用土地；

（四）符合国家供地政策。

第四条 建设项目用地实行分级预审。

需人民政府或有批准权的人民政府发展和改革等部门审批的建设项目，由该人民政府的国土资源管理部门预审。

需核准和备案的建设项目，由与核准、备案机关同级的国土资源管理部门预审。

建设项目拟用地在土地利用总体规划确定的城镇建设用地规模范围内（圈内）的，应由国土资源部预审的建设项目，委托市级国土资源管理部门受理，受理后，提出初审意见，转报送国土资源部，应由省国土资源厅预审的项目，委托市国土资源管理部门负责预审。

应当由国土资源部负责预审的输电线塔基、钻探井位、通讯基站等小面积零星分散建设项目用地，由省级国土资源管理部门预审，并报国土资源部备案。

第五条 建设项目用地预审的环节。

需审批的建设项目，在可行性研究阶段，由建设用地单位提出预审申请。

需核准的建设项目在项目申请报告核准前，由建设单位提出用地预审申请。

需备案的建设项目在办理备案手续后，由建设单位提出用地预审申请。

第六条 建设项目用地预审申报程序。

建设单位提交预审申请报告，主送单位为负责预审的国土资源管理部门，但应抄送负责初审的国土资源管理部门。

依法应由国土资源部和省国土资源厅预审的建设项目，市、县国土资源管理部门负责进行初审，并分别在预审申请表上填写对建设项目的初步审查意见，如项目位于开发区四至范围内，预审申请表上的初审意见由开发区土地分局填写。市县及开发区土地分局国土资源管理部门在预审申请表上填写初审意见时，要按照预审查的5项内容填写审查意见，不得简单填写"同意上报"字样。

涉密军事项目和国务院批准的特殊建设项目用地，建设用地单位可直接向国土资源部提出预审申请。

第七条 申请建设项目用地预审应当提交的材料：

（一）建设单位出具的建设项目用地预审申请报告（正式文件），主送单位为负责预审的国土资源管理部门，内容包括拟建项目的基本情况（项目的依据和必要性、审批核准备案机关、建设规模、总投资等）、拟选址占地情况（总用地规模、拟用地类型、各功能分区等）、拟用地面积确定的依据和适用建设用地指标情况、补充耕地初步方案、征地补偿费用和矿山项目土地复垦资金的拟安排情况等；

（二）建设项目用地预审申请表（国土资源厅统一格式）；

（三）需审批的建设项目，应提供项目可行性研究报告；

（四）项目建议书批复文件或项目备案批准文件；

（五）项目纳入国家或省有关规划、计划的清单的复印件（需加盖建设用地单位公章），未纳入的要提供国家或省有关部门同意开展前期工作的支持性文件；

（六）单独选址建设项目拟选址位于地质灾害防治规划确定的地质灾害易发区内的，提交地质灾害危险性评估报告和备案证明；

（七）省级以上国土资源部门出具的是否压覆重要矿产资源的证明材料；

（八）申请矿山建设用地预审，需提供国土资源管理部门依法划定矿区范围的批复文件或颁发的采矿许可证。

（九）标注项目用地范围的乡级以上土地利用总体规划图（局部图并加盖县级国土资源管理部门公章）及相关图件，报国土资源部预审的建设项目附县级以上土地利用总体规划图；

（十）由建设单位出具的征地补偿费用和矿山项目土地复垦资金安排情况的承诺；

（十一）建设项目占用耕地的，提供补充耕地方案和所需资金的落实情况、委托补充耕地的委托协议等；

直接审批可行性研究报告的审批类建设项目与需核准的建设项目，申请用地预审的不提交前款第（四）、（六）、（七）项材料。

第八条 属于《土地管理法》第二十六条规定情形，可依法修改土地利用总体规划的单独选址项目用地，申报材料中要包括规划修改方案（占用基本农田的要包括基本农田补划方案和基本农田补划位置图）、规划修改听证会纪要、规划实施影响评估报告及论证意见。其中规划修改听证工作，由项目所在地县级国土资源管理部门按照《国土资源听证规定》的要求组织完成；规划修改方案和实施影响评估报告的论证工作，由市级国土资源管理部门组织有关部门和专家完成。

第九条 直接审批可行性研究报告的审批类建设项目与需核准的建设项目，项目单位应当在用地预审完成后，申请用地审批前，依据预审意见，办理地质灾害危险性评估与矿产资源压覆情况证明等手续。

第十条 建设项目占用耕地面积大或占用基本农田较多（公路、铁路、管道等线性工程占用基本农田100公顷以上、200公顷以下；能源、矿山、水利设施等面（块）状工程占用基本农田35公顷以上，70公顷以下），建设单位应编制土地保护专题报告，随预审申报材料报省国土资源厅，在预审批复前，由国土资源部委托省国土资源厅组织相关专家进行实地踏勘和论证。

第十一条 预审应当审查的主要内容：

（一）建设项目选址是否符合土地利用总体规划，是否符合国家供地政策和土地管理法律、法规规定的条件；

（二）建设项目用地规模是否符合有关建设用地指标的规定；

（三）建设项目占用耕地的，补充耕地初步方案是否可行；

（四）征地补偿费用和矿山项目土地复垦资金的拟安排情况；

（五）属《土地管理法》第二十六条规定情形，建设项目用地需修改土地利用总体规划的，规划的修改方案、规划修改对规划实施影响评估报告等是否符合法律、法规的规定。

第十二条 预审时限

（一）自受理预审申请之日起二十日内，完成审查工作，并出具预审意见。二十日内不能出具预审意见的，经负责预审的国土资源管理部门负责人批准，可以延长十日；

（二）负责初审的国土资源管理部门，应当自受理之日起二十日内完成初审工作，并转报上一级国土资源管理部门。

第十三条 预审意见应当包括对本办法第十一条规定内容的结论性意见和对建设用地单位的具体要求。

第十四条 预审意见是有关部门审批项目可行性研究报告、核准项目申请报告的必备文件。

第十五条 已经预审的项目，如需对土地用途、建设项目选址等进行重大调整的，应当重新申请预审。

第十六条 工业用地及经营性用地项目，根据《国土资源部监察部关于落实工业用地招标拍卖挂牌出让制度有关问题的通知》（国土资发〔2007〕78号）要求，与竞得人签订《成交确认书》或向中标人发放《中标通知书》后，由依法进行建设项目用地预审的国土资源管理部门向竞得人、中标人核发预审批准文件。

第十七条 未经预审或者预审未通过的，不得批复可行性研究报告、核准项目申请报告；不得批准农用地转用、土地征收，不得办理供地手续。预审审查的相关内容在建设用地报批时，未发生重大变化的，不再重复审查。

第十八条 建设项目用地预审申报材料由建设单位直接报送国土资源管理部门的政务大厅，大厅接收时，要开据收文回执，并要告知建设单位办结时限。

第十九条 建设项目用地预审实行集体会审和厅内网上会审制度。

第二十条 建设项目用地预审文件有效期为两年，自批准之日起计算；到期后确需延期的，应向原申报机关提出申请，延期期限为一年。

第二十一条 本办法自2011年3月29日起施行。

8. 内蒙古自治区国土资源厅关于改进和优化建设项目用地预审和用地审查的通知

内国土资规〔2017〕1号

各盟市国土资源局，厅机关各处室（局）：

为贯彻落实"简政放权、放管结合、优化服务"的改革要求，根据《国土资源部关于修改〈建设项目用地预审管理办法〉的决定》（国土资源部第68号令）、《国土资源部关于修改〈建设用地审查报批管理办法〉的决定》（国土资源部第69号令）和《国土资源部关于改进和优化建设项目用地预审和用地审查的通知》（国土资规〔2016〕16号）要求，结合我区工作实际，现就有关建设项目用地预审和用地审批有关事项通知如下：

一、改进和优化审查审批的指导思想

改进建设项目用地预审和用地审查，是基于以用途管制为核心，以用地预审和用地审查为主要内容的现行建设用地审批制度基础上，重新梳理审查流程，坚持去重复审查、去捆绑审查、减少技术审查、后置耗时长难度大的要件审查，加强项目用地预审、用地审批、供地环节的相互衔接等原则，实现缩减项目用地预审和用地审查组卷报批工作周期，简化报批材料，突出审查重点，适当向盟市、旗县（市、区）国土资源主管部门下移审查重心和审查责任的目标。

二、改进建设项目用地预审

（一）重点审查符合土地利用总体规划、供地政策和土地使用标准情况。严格土地利用总体规划管理，强化建设项目用地规划审查，建设项目必须依据规划布局确定选址，不得随意修改规划。用地预审阶段，在不占用基本农田的前提下，列入各级土地利用总体规划重点项目表的，或者项目选址位于当地土地利用总体规划确定的建设用地范围内，且经电子政务图形审查系统质检通过的，视为符合土地利用总体规划。属于《土地管理法》第二十六条规定情形，以及符合国家（包括占用基本农田情形）和自治区相关规定的，确需修改土地利用总体规划的，必须对修改规划的必要性和可行性进行论证说明，在用地预审阶段编制规划修改方案（包括基本农田补划内容），并在建设用地报批前完成规划修改听证、规划实施影响评估和专家论证或批复等工作。报部预审的，规划实施影响评估报告的论证由自治区国土资源主管部门组织实施。报厅预审的，规划实施影响评估报告的论证原则上由盟市国土资源主管部门组织实施。涉及跨盟市的，由自治区国土资源主管部门组织实施论证。

建设项目用地预审阶段，加强对土地使用标准的审查，各盟市在用地预审初审意见或由盟市国土资源主管部门批复的用地预审批复文件中，必须明确项目用地是否符合国家和自治区供地政策、是否符合有关土地使用标准，以及各功能分区建设情况。

（二）简化对补充耕地和征地补偿等的审查。用地预审阶段，不再对补充耕地和征地补偿费用、矿山项目土地复垦资金安排情况进行审查，相应审查在用地报批阶段进行。但建设单位在用地预审申请报告中应承诺将补充耕地、征地补偿、土地复垦、耕作层土壤剥离利用等相关费用纳入工程概算。

(三）改进地质灾害危险性评估和压覆重要矿产资源的审查。用地预审阶段，不再对单独选址的建设项目是否开展地质灾害危险性评估进行审查，不再对是否压覆重要矿产资源进行审查，相应审查在用地报批阶段和供地时进行。但国土资源主管部门必须在用地预审批复文件中明确要求，建设单位应当对项目是否位于地质灾害易发区、是否压覆重要矿产资源进行查询核实；位于地质灾害易发区或者压覆重要矿产资源的，应当依据相关法律法规的规定，完成地质灾害危险性评估、压覆矿产资源登记等。

（四）关于组织开展项目用地踏勘论证和节地评价。符合条件确需占用基本农田、或线性工程占用耕地100公顷以上、块状工程占用耕地70公顷以上、或占用耕地达到用地总面积50%以上的项目（不包括水库类项目），由自治区国土资源主管部门组织踏勘论证。对国家和地方尚未颁布土地使用标准和建设标准的建设项目，以及确需突破土地使用标准确定的规模和功能分区的建设项目，应按照《转发国土资源部办公厅关于规范开展建设项目节地评价工作的通知》（内国土资字〔2015〕369号）精神，组织开展建设项目节地评价。

同时需要开展踏勘论证和建设项目节地评价的建设项目，可将两项工作合并开展，并出具踏勘论证和节地评价报告。

（五）适当缩少用地预审范围。不涉及新增建设用地，在土地利用总体规划确定的城镇建设用地范围内使用已批准建设用地进行建设的项目，可不进行建设项目用地预审。

已形成违法用地尚未核准的项目，原则上履行建设项目用地预审程序。已经通过用地预审、可行性研究报告批准或核准前，建设项目选址发生局部调整，不符合土地利用总体规划或用地总规模超过土地使用标准的，应重新申请用地预审。已经通过用地预审，且可行性研究报告已批准或核准，如需对土地用途、建设项目选址等进行调整的，不再重新预审（自治区投资主管部门有明确规定的除外）。建设项目涉及多个旗县的，盟市级国土资源主管部门应汇总项目所在地涉及旗县（含扩权强县）审查意见后，出具初审意见。

三、改进和优化报国务院批准用地的审查

（一）关于报国务院批准城市用地申报要求。报国务院批准的呼和浩特市、包头市中心城市用地，按照"国家批准规模、控结构，地方管项目、落用地"的原则，组织用地申报。报国务院审批农用地转用和土地征收时，不再报送标准用地位置的土地利用总体规划图，具体用地是否符合土地利用总体规划，并纳入计划由自治区审核农用地转用和土地征收实施方案时把关，不符合土地利用总体规划的实施方案，不予审核同意。如需调整土地利用总体规划的，不能将规划调整方案在用地报批环节同时上报，按规定程序报批后再申报实施方案。严格控制新增建设用地规模，申报用地规模以规划期内剩余新增建设用地年均量为基本控制标准，并依据已批用地实施利用情况确定。超过规划期剩余年均量的，盟市国土资源主管部门应在审查报告中说明原因。根据部信息系统提供的城市用地的实施率和供地率，截至申报用地时，前三年平均实施率和供地率未分别达到60%和50%的，应核减用地规模。呼和浩特市、包头市中心城市用地由自治区汇总后打捆上报，一年申报一次。本年度不申报新增建设用地的城市，盟市国土资源主管部门应在报告中予以说明或专门行文说明。申报用地汇总表中的原"三类住房用地"指标，改为"保障性安居工程用地"，不再细分三类。根据实际情况合理确定城市保障性安居工程用地，并承诺应保尽保。

（二）关于报国务院批准单独选址建设项目报批要求。组卷报批要求按照国土资规〔2016〕16号文件执行，但"一书四方案"的填写要按照经调整后的格式填写（详见附件8）。

（三）国家重点建设项目中的控制工期的单体工程和因工程紧或者受季节影响急需动工建设的其他工程，可报自治区国土资源主管部门审查向国土资源部申请先行用地。

四、进一步优化报自治区批准用地的审查报批

（一）调整"一书四方案"格式，按照经调整后的格式填写（详见附件8）。

（二）改进对占补平衡内容审查。对建设占用耕地补充耕地内容只审核补充耕地方案和占补平衡挂钩单，不再要求提供建设单位缴纳耕地开垦费的非税发票凭据，由各盟市、旗县（市、区）人民政府和国土资源主管部门按照相关规定，履行好管理职责。

（三）规范盟市国土资源主管部门的审查意见报告中有关耕地占补平衡的表述，各盟市国土资源主管部门应根据补充耕地方案填写情况（已补充耕地情况、补改结合补充耕地情况）进行审核并出具相应的审查意见。

（四）优化单独选址项目地质灾害危险性评估和压覆重要矿产资源审查。在用地报批阶段，盟市国土资源主管部门在提交建设项目用地审查报告时，应对是否进行地质灾害危险性评估进行说明；建设项目涉及压覆重要矿产资源和矿业权的，建设单位应按有关规定与矿业权人签订压覆补偿协议，并按规定办理压覆矿产资源审批和登记手续，作为办理压覆矿产资源审批的依据。对于建设单位与矿业权人在短期内难以签订补偿协议的，在建设单位说明已与矿业权人就压矿补偿问题进行协商、盟市、旗县（市、区）人民政府承诺做好压矿补偿协调工作的前提下，可先行办理用地审批手续；同时，盟市国土资源主管部门应督促建设单位与矿业权人签订补偿协议，按规定办理压覆矿产资源审批和登记手续。对未签订补偿协议、未办理压覆矿产资源审批手续的，自治区将不予转发用地批复、盟市（旗县）人民政府不得供地。

（五）依据自治区人力资源和社会保障厅答复意见："不涉及被征地农牧民纳入社会保障范围的报件，不需要出具审核意见"的要求，由目前审批中把社保部门审查意见作为是否落实社保政策的基本依据，简化为对涉及被征地农牧民纳入社会保障范围的报件，提供盟市社保部门出具的审核意见；对不涉及被征地农牧民纳入社会保障范围的报件，在地方人民政府用地请示和国土资源主管部门审查报告中明确该批次（项目）用地不涉及社保安置人员，不再要求社保部门单独出具审核意见，但需严格按照审查报告模板规定的内容规范表述，表述不规范的不予审核通过。

五、其他相关要求

（一）强化各级审查责任。改进和优化建设项目用地预审和用地审批后，项目用地部分审查内容需在建设项目用地预审、用地审批、供地环节相互关联审查，各级国土资源主管部门要积极履行责任，按照"县级国土资源主管部门负责对用地报批进行真实性、规范性审查，盟市国土资源主管部门负责对用地报批进行实质性、合法性审查，自治区国土资源主管部门负责对用地报批进行复核性、形式性审查"的要求，加强审查，做到责权一致，保证审查意见真实、准确。

（二）加强信息化建设。各级国土资源主管部门要及更新用地预审和用地报批电子报盘软件（自治区国土资源厅门户网站下载）。自治区国土资源主管部门实施建设用地报批"三级联审"时使用更新后的用地报批电子报盘系统，在2017年4月1日之后、建设用地报批"三级联审"实施前，建设用地报批使用更新后的用地报批电子报盘软件制作电子报盘实行远程报批。

（三）做好用地报批的衔接。各级国土资源主管部门要作好计划，统筹安排，确保建设项目用地预审和用地审批及时报批。报自治区国土资源主管部门审批的建设项目用地预审自2017年4月1日起按照改进和优化后的审查内容和审查要件进行报批；用地审批自2017年4月1日起按照改进和优化后审查内容和要件报批（含退件后重报用地）。

本通知自印发之日起执行，有效期五年。原有其他文件规定涉及与本通知改进和优化后的用地预审和用地审批内容及要件不一致的，以本通知为准。

附：
1. 报自治区国土资源厅建设项目用地预审材料清单
2. 报厅建设项目用地预审申请表格式
3. 关于申请办理＊＊项目用地预审的报告
4. ＊＊市国土资源主管部门关于＊＊项目建设用地预审初审意见的报告
5. ＊＊国土资源主管部门关于＊＊项目建设用地预审的批复
6. 报厅建设项目用地预审盟市国土资源主管部门延期请示文本格式
7. 报厅建设项目用地预审延期建设单位申请文本格式
8. 建设用地项目呈报材料"一书四方案"
9. 单独选址盟市国土资源主管部门审查报告格式
10. 城市分批次盟市国土资源主管部门审查报告格式
11. 单独选址盟市人民政府请示格式
12. 城市分批次盟市人民政府请示格式
13. 建设用地审批材料清单

单独选址建设项目用地报批

适用范围：对法定适用单位独选址建设项目报自治区政府审批的占用国有或者集体所有未利用地的审核。

办事依据：《土地管理法实施条例》第二十四条；

要件材料：
1. 盟市人民政府用地请示文件（附合法性说明）（报厅）；
2. 盟市自然资源局用地审查意见（报厅）；
3. 建设用地呈报"一书四方案"（报厅）；

征（使）用土地情况调查表（盟市留存）；
4. 建设项目用地申请表及建设单位有关资质证明（盟市留存）；
5. 建设项目用地批准（核准、备案）文件原件或采矿许可证（复印件）（报厅）；
6. 初步设计批复文件（盟市留存）；
7. 建设用地预审文件（盟市留存）
8. 盟市、旗县劳动和社会保障部门对被征地农牧民社会保障落实情况的说明（若征地不涉及社保安置农业人口，只需在政府请示和自然资源局审查报告中说明）（盟市留存）；
9. 对被征地农牧民社会保障措施落实情况的审核表（涉及社保安置的）（盟市留存）；
10. 国家或省级自然资源管理部门关于是否同意压覆矿产资源的文件（盟市留存）；
11. 耕地占补平衡挂钩单（占用耕地需附）（盟市留存）；

12. 征地告知书（报厅）；
听证告知书、听证送达回证、听证会纪要（盟市留存）
13. 拟征土地现状调查的确认书（报厅）
土地所有权或使用权证、权属界址点指认书（盟市留存）
14. 建设项目用地现场查看记录表（盟市留存）
15. 公路、铁路建设项目用地审查表（盟市留存）
16. 省级自然资源管理部门对土地复垦方案的审核文件（盟市留存）
17. 林地、草地审核同意书（占用林地、草地需附）（盟市留存）
18. 建设项目对规划实施影响专家论证意见及规划调整方案表或有批准权人民政府批准的规划调整文件（涉及规划修改项目需附）（盟市留存）
19. 盟市自然资源部门关于是否位于地质灾害易发区的有关材料（盟市留存）

申请地点：呼和浩特市赛罕区南二环11号内蒙古自治区自然资源厅政务大厅

办理条件：
1. 供地方案可行；
2. 符合土地利用总体规划；
3. 地类面积准确，权属无争议；
4. 符合产业政策，符合供地标准，供地方式和土地价格符合规定；
5. 经地质灾害危险性评估，适宜或者基本适宜建设用地；
6. 不压覆重要矿床；
7. 不存在违法用地问题，或者存在的违法用地问题已依法查处；
8. 不存在行政复议、行政诉讼问题，或者有关问题已经解决。

主办处室：国土空间用途管制处
会审处室：自然资源开发利用处、办公室、自然资源调查监测处、自然资源确权登记局、自然资源所有者权益处、国土空间规划局、地质勘查管理处、耕地保护监督处、国土空间用途管制处、执法局、财务与资金运用处、法规处、矿产资源保护监督处。

收费依据及标准：无收费
工作时限：30日
办理时间：工作日 上午9：00-12：00　　下午14：00-17：30

建设项目用地预审申请表

项　　目 名　　称						项目拟建 地　　点		
项目审批核准 备案的机关						项目拟投资 规模（亿元）		
项目依据的国家 规划、行业规划、 区域规划、省级 有关规划等								
项目拟用地 总规模 （公顷）	用地 总面积	农用地			建设 用地	未利用地		
		合计	耕地	基本农田				
项目各组成部分 （功能分区） 用地情况								
补充耕地资金 标准和总额、 补充耕地拟采取 方式及措施								
联系方式	联系单位							
	通讯地址							
联系人及电话						邮政编码		
备　　注						建设单位（盖章） 年　月　日		

具体建设项目用地申请表

建设用地申请单位（盖章）					
建设项目名称					
建设用地预审报告	预审机关			预审报告文号	
地质灾害危险性评估报告	评估机关			评估报告文号	
可行性研究报告	批准机关	批准时间	批准文号		建设规模
工程初步设计	批准机关	批准时间	批准文号		建设规模
建设资金组成					
工程建设工期					
申请用地面积			其中：耕地面积		
功能分区	序号	名称	用地面积		容积率
	1				
	2				
	3				
	4				
备注					

中华人民共和国国土资源部监制

建设用地项目呈报说明书

计量单位：公顷、万元

申请用地单位					
申请用地项目名称					
申请用地总面积			新增建设用地		

		权属 地类	合计	其中	
				国有土地	集体土地
土地利用现状		总计			
		（一）农用地			
	其中	耕地			
		其中：基本农田			
		林地			
		牧草地			
		（二）建设用地			
		（三）未利用地			
分批次城市村镇建设用地	拟开发地块名称或编号		用地面积	开发用途	

续表

单独选址建设项目用地	建设项目用地预审文件	预审机关	
		批复文号	
	项目批准文件	批准机关	
		批准文号	
		建设规模	
	工程设计批准文件	批准机关	
		批准文号	
		建设规模	
	功能分区名称		用地面积
			公顷
			公顷
			公顷
			公顷
			公顷

续表

县（市） 人民政府 审核意见	（公章） 主管领导（签字）　　　　　　　年　月　日
市（地、州） 人民政府土地 行政主管部门 审查意见	（公章） 主管领导（签字）　　　　　　　年　月　日
市（地、州） 人民政府 审核意见	（公章） 主管领导（签字）　　　　　　　年　月　日
备注	

9. 北京市建设项目用地预审管理办法（试行）

（市国土局　二〇〇六年二月）

第一条　为保证本市土地利用总体规划的实施，充分发挥土地供应的宏观调控作用，节约和集约用地，根据国家有关法律法规及《国务院关于深化改革严格土地管理的决定》（国发〔2004〕28号）、《建设项目用地预审管理办法》（国土资源部令第27号）、《北京市人民政府关于改革本市固定资产投资项目办理程序的通知》（京政发〔2005〕15号）等文件的有关规定，结合本市实际情况，制定本办法。

第二条　本办法所称建设项目用地预审，是指本市国土资源行政主管部门按照管理权限和工作分工，在建设项目审批、核准和备案阶段，依法对建设项目涉及的土地利用事项进行的审查。

第三条　本办法适用于本市行政区域内利用国有土地、征收和占用集体土地等进行建设的项目，但不改变农用地用途的农田排灌沟渠等建设项目除外。

第四条　市国土局负责本市行政区域内建设项目用地预审的组织、管理和实施工作，并具体负责国土资源部预审建设项目的初审和中央国家机关及其直属企事业单位、驻京部队建设项目、跨区县行政区域建设项目的预审；市国土局区县分局负责行政区域内其他建设项目的预审，并将预审结果报市国土局备案。

第五条　建设用地单位按下列程序向国土资源行政主管部门提出用地预审申请：

（一）政府投资审批类项目中项目建议书和可行性研究报告分开审批的建设项目，按照以下程序办理：1. 发展改革行政主管部门受理并审查建设单位申报的项目建议书；2. 发展改革行政主管部门书面征求规划行政主管部门的规划意见，规划行政主管部门回复发展改革行政主管部门规划意见；3. 发展改革行政主管部门批复项目建议书，其中应明确规划行政主管部门确定的建设项目用地有关性质、规模和布局等意见；4. 建设单位持项目建议书批复等材料向国土资源行政主管部门提出用地预审申请。

（二）政府投资审批类项目中项目建议书和可行性研究报告合并审批，以及非政府投资核准类的建设项目，按照以下程序办理：1. 发展改革行政主管部门受理并审查建设单位申报的项目建议书（代可行性研究报告）或核准材料；2. 发展改革行政主管部门书面征求规划行政主管部门的规划意见，规划行政主管部门回复发展改革行政主管部门规划意见；3. 发展改革行政主管部门向建设单位核发项目办理用地预审告知单，其中应明确规划行政主管部门确定的建设项目用地有关性质、规模和布局等意见；4. 建设单位持项目告知单等材料向国土资源行政主管部门提出用地预审申请。

（三）非政府投资备案类的建设项目，按照以下程序办理：1. 发展改革行政主管部门受理并对建设项目进行备案，核发项目备案表；2. 建设单位持项目备案表向规划行政主管部门申请规划意见书；3. 规划行政主管部门核发规划意见书；4. 建设单位持项目备案表和规划意见书等材料向国土资源行政主管部门提出用地预审申请。

第六条　建设用地单位申请用地预审，应当提交下列材料：

（一）建设项目用地预审申请表；

（二）建设项目用地预审申请报告；

（三）需审批的建设项目，项目建议书和可行性研究报告分开审批的，提供项目建议书批复和可行性研究报告；项目建议书和可行性研究报告合并审批的，提供发展改革行政主管部门核发的项目办理用地预审告知单和项目建议书（代可行性研究报告）；

（四）需核准的建设项目，提供发展改革行政主管部门核发的项目办理用地预审告知单；

（五）需备案的建设项目，提供发展改革行政主管部门核发的项目备案表和规划行政主管部门核发的规划意见书。

建设项目用地预审申请表，由市国土局统一印制。

第七条 预审申请报告应包括拟建设项目基本情况、拟选址情况、拟用地总规模和类型、补充耕地初步方案等。

（一）拟建设项目基本情况。包括项目建设的必要性、用地位置、项目投资总额和资金来源情况等。

（二）拟选址情况。包括建设项目性质、规模和布局等。

（三）拟用地总规模和类型。包括建设项目总用地面积、总建筑规模、分类用地面积和建筑规模。

（四）补充耕地初步方案。涉及占用耕地的项目，应明确补充耕地方式、标准和资金落实情况。

第八条 用地预审的办理程序：

（一）申请和受理。项目建设单位持符合本办法第六条规定的预审申请材料，按照本办法第四条规定向国土资源行政主管部门提出申请。国土资源行政主管部门应在受理当场或5个工作日内，对申请材料齐全、符合法定形式的申请予以受理，并出具《行政许可申请受理决定书》；对不予受理的出具《行政许可申请不予受理决定书》；对申请材料不齐全或不符合法定形式的，出具《行政许可申请补正材料告知书》。逾期未告知的，自收到申请材料之日起即为受理。

（二）审查和决定。国土资源行政主管部门对用地单位的申请依法进行审查。由本市国土资源行政主管部门负责预审的，应在法定期限内作出书面行政许可决定；准予行政许可的，核发建设项目用地预审意见；需报国土资源部预审的，出具建设项目用地初审意见。

（三）期限。国土资源行政主管部门应自受理预审申请之日起20个工作日内完成审查工作。在20个工作日内不能完成的，经国土资源行政主管部门行政负责人批准，可以延长10个工作日，并应将延长期限理由告知申请人。

第九条 用地预审的主要内容：

（一）建设项目用地选址是否符合土地管理法律法规规定的条件，是否符合土地利用总体规划；

（二）建设项目是否符合国家供地政策；

（三）建设项目用地标准和总规模是否符合有关规定；

（四）占用耕地的建设项目，补充耕地初步方案是否可行，资金是否有保障。

第十条 国土资源行政主管部门核发的建设项目用地预审意见，应包括对本办法第九条规定内容的结论性意见和对建设用地单位的具体要求。

建设项目占用耕地的，项目建设单位应按照有关规定落实补充耕地资金；位于地质灾害易发区的，用地单位应做好地质灾害危险性评估工作。

第十一条 经市政府批准的能源、交通、水利等基础设施建设用地，需要改变土地利用总体规划的，属于市政府土地利用总体规划批准权限内的，可先进行预审工作，并同步做好土地利用总体规划调整工作。

第十二条 建设项目用地预审意见是建设项目审批和核准的必备文件。对于预审意见提出的具体要求，项目建设单位应在设计阶段充分考虑、认真落实，并在依法申请使用土地时出具落实预审意见的书面材料。

第十三条 通过用地预审的项目，在土地征收、农用地转用和土地供应阶段，应纳入土地利用年度计划和年度土地供应计划。

第十四条 建设项目用地预审文件有效期为两年，自批准之日起计算。

已通过用地预审的项目，如需对土地用途、建设项目选址等进行重大调整，应重新申请预审。

第十五条 除基础设施项目按照市有关部门关于加快基础设施项目前期工作有关规定执行外，其他建设项目在审批或核准前，应依照本办法规定完成预审，未经预审或未通过预审的，不得批准或核准建设项目，不得办理农用地转用、土地征收、供地等手续。

第十六条 本办法自 2006 年 5 月 1 日起施行。

七、组卷报批

1. 国土资源部关于修改〈建设用地审查报批管理办法〉的决定

中华人民共和国国土资源部令
第 69 号

《国土资源部关于修改〈建设用地审查报批管理办法〉的决定》，已经 2016 年 11 月 25 日国土资源部第 4 次部务会议审议通过，现予发布，自 2017 年 1 月 1 日起施行。

部长　姜大明
2016 年 11 月 29 日

国土资源部关于修改《建设用地审查报批管理办法》的决定

为进一步简化建设用地审批程序，减少审批要件，提高审批效率，决定对《建设用地审查报批管理办法》（国土资源部令第 3 号）作出如下修改：

一、将第四条修改为："在建设项目审批、核准、备案阶段，建设单位应当向建设项目批准机关的同级国土资源主管部门提出建设项目用地预审申请。

"受理预审申请的国土资源主管部门应当依据土地利用总体规划、土地使用标准和国家土地供应政策，对建设项目的有关事项进行预审，出具建设项目用地预审意见。"

二、将第五条第二款修改为："建设单位提出用地申请时，应当填写《建设用地申请表》，并附具下列材料：

（一）建设项目用地预审意见；

（二）建设项目批准、核准或者备案文件；

（三）建设项目初步设计批准或者审核文件。"

增加一款，作为第三款："建设项目拟占用耕地的，还应当提出补充耕地方案；建设项目位于地质灾害易发区的，还应当提供地质灾害危险性评估报告。"

三、增加一条，作为第六条："国家重点建设项目中的控制工期的单体工程和因工期紧或者受季节影响急需动工建设的其他工程，可以由省、自治区、直辖市国土资源主管部门向国土资源部申请先行用地。

申请先行用地，应当提交下列材料：

（一）省、自治区、直辖市国土资源主管部门先行用地申请；

（二）建设项目用地预审意见；

（三）建设项目批准、核准或者备案文件；

（四）建设项目初步设计批准文件、审核文件或者有关部门确认工程建设的文件；

（五）国土资源部规定的其他材料。

经批准先行用地的，应当在规定期限内完成用地报批手续。"

四、将第七条改为第八条，增加一款，作为第三款："报国务院批准的城市建设用地，农用地转用方案、补充耕地方案和征收土地方案可以合并编制，一年申报一次；国务院批准城市建设用地后，由省、自治区、直辖市人民政府对设区的市人民政府分期分批申报的农用地转用和征收土地实施方案进行审核并回复。"

五、将第九条改为第十条，删除第（四）项，将第（五）项改为第（四）项。

六、将第十条改为第十一条，修改为："农用地转用方案，应当包括占用农用地的种类、面积、质量等，以及符合规划计划、基本农田占用补划等情况。

"补充耕地方案，应当包括补充耕地的位置、面积、质量，补充的期限，资金落实情况等，以及补充耕地项目备案信息。

"征收土地方案，应当包括征收土地的范围、种类、面积、权属，土地补偿费和安置补助费标准，需要安置人员的安置途径等。

"供地方案，应当包括供地方式、面积、用途等。"

七、将第十五条改为第十六条，删除第（三）项、第（四）项，将第（五）项改为第（三）项。

八、将第十六条改为第十七条，将第二款修改为："未按规定缴纳新增建设用地土地有偿使用费的，不予批复建设用地。其中，报国务院批准的城市建设用地，省、自治区、直辖市人民政府在设区的市人民政府按照有关规定缴纳新增建设用地土地有偿使用费后办理回复文件。"

九、将第十九条改为第二十条，将第一款和第二款合并，修改为："征收土地公告和征地补偿、安置方案公告，按照《征收土地公告办法》的有关规定执行。"

将第三款改为第二款。

十、将第三条、第六条、第八条、第十一条、第十二条、第十三条、第十四条、第十八条、第十九条、第二十条、第二十一条、第二十二条中的"土地行政主管部门"修改为"国土资源主管部门"。

本决定自 2017 年 1 月 1 日起施行。

《建设用地审查报批管理办法》根据本决定作相应修改后，重新发布。

建设用地审查报批管理办法

（1999年3月2日中华人民共和国国土资源部令第3号发布　2010年11月30日第一次修正　根据2016年11月25日《国土资源部关于修改〈建设用地审查报批管理办法〉的决定》第二次修正）

第一条　为加强土地管理，规范建设用地审查报批工作，根据《中华人民共和国土地管理法》（以下简称《土地管理法》）、《中华人民共和国土地管理法实施条例》（以下简称《土地管理法实施条例》），制定本办法。

第二条　依法应当报国务院和省、自治区、直辖市人民政府批准的建设用地的申请、审查、报批和实施，适用本办法。

第三条　县级以上国土资源主管部门负责建设用地的申请受理、审查、报批工作。

第四条　在建设项目审批、核准、备案阶段，建设单位应当向建设项目批准机关的同级国土资源主管部门提出建设项目用地预审申请。

受理预审申请的国土资源主管部门应当依据土地利用总体规划、土地使用标准和国家土地供应政策，对建设项目的有关事项进行预审，出具建设项目用地预审意见。

第五条　在土地利用总体规划确定的城市建设用地范围外单独选址的建设项目使用土地的，建设单位应当向土地所在地的市、县国土资源主管部门提出用地申请。

建设单位提出用地申请时，应当填写《建设用地申请表》，并附具下列材料：

（一）建设项目用地预审意见；

（二）建设项目批准、核准或者备案文件；

（三）建设项目初步设计批准或者审核文件。

建设项目拟占用耕地的，还应当提出补充耕地方案；建设项目位于地质灾害易发区的，还应当提供地质灾害危险性评估报告。

第六条　国家重点建设项目中的控制工期的单体工程和因工期紧或者受季节影响急需动工建设的其他工程，可以由省、自治区、直辖市国土资源主管部门向国土资源部申请先行用地。

申请先行用地，应当提交下列材料：

（一）省、自治区、直辖市国土资源主管部门先行用地申请；

（二）建设项目用地预审意见；

（三）建设项目批准、核准或者备案文件；

（四）建设项目初步设计批准文件、审核文件或者有关部门确认工程建设的文件；

（五）国土资源部规定的其他材料。

经批准先行用地的，应当在规定期限内完成用地报批手续。

第七条　市、县国土资源主管部门对材料齐全、符合条件的建设用地申请，应当受理，并在收到申请之日起30日内拟订农用地转用方案、补充耕地方案、征收土地方案和供地方案，编制建设项目用地呈报说明书，经同级人民政府审核同意后，报上一级国土资源主管部门审查。

第八条　在土地利用总体规划确定的城市建设用地范围内，为实施城市规划占用土地的，由市、县国土资源主管部门拟订农用地转用方案、补充耕地方案和征收土地方案，编制建设项目用地呈报说明书，经同级人民政府审核同意后，报上一级国土资源主管部门审查。

在土地利用总体规划确定的村庄和集镇建设用地范围内，为实施村庄和集镇规划占用土地的，由市、县国土资源主管部门拟订农用地转用方案、补充耕地方案，编制建设项目用地呈报说明书，经同级人民政府审核同意后，报上一级国土资源主管部门审查。

报国务院批准的城市建设用地，农用地转用方案、补充耕地方案和征收土地方案可以合并编制，一年申报一次；国务院批准城市建设用地后，由省、自治区、直辖市人民政府对设区的市人民政府分期分批申报的农用地转用和征收土地实施方案进行审核并回复。

第九条 建设只占用国有农用地的，市、县国土资源主管部门只需拟订农用地转用方案、补充耕地方案和供地方案。

建设只占用农民集体所有建设用地的，市、县国土资源主管部门只需拟订征收土地方案和供地方案。

建设只占用国有未利用地，按照《土地管理法实施条例》第二十四条规定应由国务院批准的，市、县国土资源主管部门只需拟订供地方案；其他建设项目使用国有未利用地的，按照省、自治区、直辖市的规定办理。

第十条 建设项目用地呈报说明书应当包括用地安排情况、拟使用土地情况等，并应附具下列材料：

（一）经批准的市、县土地利用总体规划图和分幅土地利用现状图，占用基本农田的，同时提供乡级土地利用总体规划图；

（二）有资格的单位出具的勘测定界图及勘测定界技术报告书；

（三）地籍资料或者其他土地权属证明材料；

（四）为实施城市规划和村庄、集镇规划占用土地的，提供城市规划图和村庄、集镇规划图。

第十一条 农用地转用方案，应当包括占用农用地的种类、面积、质量等，以及符合规划计划、基本农田占用补划等情况。

补充耕地方案，应当包括补充耕地的位置、面积、质量，补充的期限，资金落实情况等，以及补充耕地项目备案信息。

征收土地方案，应当包括征收土地的范围、种类、面积、权属，土地补偿费和安置补助费标准，需要安置人员的安置途径等。

供地方案，应当包括供地方式、面积、用途等。

第十二条 有关国土资源主管部门收到上报的建设项目用地呈报说明书和有关方案后，对材料齐全、符合条件的，应当在5日内报经同级人民政府审核。同级人民政府审核同意后，逐级上报有批准权的人民政府，并将审查所需的材料及时送该级国土资源主管部门审查。

对依法应由国务院批准的建设项目用地呈报说明书和有关方案，省、自治区、直辖市人民政府必须提出明确的审查意见，并对报送材料的真实性、合法性负责。

省、自治区、直辖市人民政府批准农用地转用、国务院批准征收土地的，省、自治区、直辖市人民政府批准农用地转用方案后，应当将批准文件和下级国土资源主管部门上报的材料一并上报。

第十三条 有批准权的国土资源主管部门应当自收到上报的农用地转用方案、补充耕地方案、征收土地方案和供地方案并按规定征求有关方面意见后30日内审查完毕。

建设用地审查应当实行国土资源主管部门内部会审制度。

第十四条　农用地转用方案和补充耕地方案符合下列条件的，国土资源主管部门方可报人民政府批准：

（一）符合土地利用总体规划；

（二）确属必需占用农用地且符合土地利用年度计划确定的控制指标；

（三）占用耕地的，补充耕地方案符合土地整理开发专项规划且面积、质量符合规定要求；

（四）单独办理农用地转用的，必须符合单独选址条件。

第十五条　征收土地方案符合下列条件的，国土资源主管部门方可报人民政府批准：

（一）被征收土地界址、地类、面积清楚，权属无争议的；

（二）被征收土地的补偿标准符合法律、法规规定的；

（三）被征收土地上需要安置人员的安置途径切实可行。

建设项目施工和地质勘查需要临时使用农民集体所有的土地的，依法签订临时使用土地合同并支付临时使用土地补偿费，不得办理土地征收。

第十六条　供地方案符合下列条件的，国土资源主管部门方可报人民政府批准：

（一）符合国家的土地供应政策；

（二）申请用地面积符合建设用地标准和集约用地的要求；

（三）只占用国有未利用地的，符合规划、界址清楚、面积准确。

第十七条　农用地转用方案、补充耕地方案、征收土地方案和供地方案经有批准权的人民政府批准后，同级国土资源主管部门应当在收到批件后5日内将批复发出。

未按规定缴纳新增建设用地土地有偿使用费的，不予批复建设用地。其中，报国务院批准的城市建设用地，省、自治区、直辖市人民政府在设区的市人民政府按照有关规定缴纳新增建设用地土地有偿使用费后办理回复文件。

第十八条　经批准的农用地转用方案、补充耕地方案、征收土地方案和供地方案，由土地所在地的市、县人民政府组织实施。

第十九条　建设项目补充耕地方案经批准下达后，在土地利用总体规划确定的城市建设用地范围外单独选址的建设项目，由市、县国土资源主管部门负责监督落实；在土地利用总体规划确定的城市和村庄、集镇建设用地范围内，为实施城市规划和村庄、集镇规划占用土地的，由省、自治区、直辖市国土资源主管部门负责监督落实。

第二十条　征收土地公告和征地补偿、安置方案公告，按照《征收土地公告办法》的有关规定执行。

征地补偿、安置方案确定后，市、县国土资源主管部门应当依照征地补偿、安置方案向被征收土地的农村集体经济组织和农民支付土地补偿费、地上附着物和青苗补偿费，并落实需要安置农业人口的安置途径。

第二十一条　在土地利用总体规划确定的城市建设用地范围内，为实施城市规划占用土地的，经依法批准后，市、县国土资源主管部门应当公布规划要求，设定使用条件，确定使用方式，并组织实施。

第二十二条　以有偿使用方式提供国有土地使用权的，由市、县国土资源主管部门与土地使用者签订土地有偿使用合同，并向建设单位颁发《建设用地批准书》。土地使用者缴纳土地有偿使用费后，依照规定办理土地登记。

以划拨方式提供国有土地使用权的，由市、县国土资源主管部门向建设单位颁发《国有土地划拨决定书》和《建设用地批准书》，依照规定办理土地登记。《国有土地划拨决定书》应当包括划拨土地面积、土地用途、土地使用条件等内容。

建设项目施工期间,建设单位应当将《建设用地批准书》公示于施工现场。

市、县国土资源主管部门应当将提供国有土地的情况定期予以公布。

第二十三条 各级国土资源主管部门应当对建设用地进行跟踪检查。

对违反本办法批准建设用地或者未经批准非法占用土地的,应当依法予以处罚。

第二十四条 本办法自发布之日起施行。

2. 国土资源部关于改进报国务院批准单独选址建设项目用地审查报批工作的通知

(国土资发〔2009〕8号)

各省、自治区、直辖市国土资源厅（国土环境资源厅、国土资源局、国土资源和房屋管理局、规划和国土资源管理局），解放军土地管理局，新疆生产建设兵团国土资源局，各派驻地方的国家土地督察局：

自贯彻落实《国务院关于加强土地调控有关问题的通知》（国发〔2006〕31号）要求、调整报国务院批准的城市建设用地审批方式以来，各级国土资源管理部门认真履行职责，服务城市建设和发展，提高了城市建设用地审查报批工作效率，但单独选址建设项目用地还存在报批周期长、报批材料复杂等问题。为进一步增强土地调控能力，依法及时保障各项建设用地，适应经济平稳较快发展需要，根据国发〔2006〕31号文件有关精神，经研究决定，改进报国务院批准单独选址建设项目用地审查报批工作。现就有关问题通知如下：

一、加快建设项目用地报批前期工作

报国务院批准用地的建设项目批准（核准）后的初步设计阶段，市、县国土资源管理部门要提前介入，主动了解项目涉及用地有关情况，落实建设项目用地预审意见，开展用地报批的准备工作。受理建设单位用地申请后，应及时开展建设项目用地勘测定界、土地权属调查等工作；拟订建设用地报批"一书四方案"；组织提供完备的用地报批有关材料。

在建设用地报批前，市、县国土资源管理部门就征地位置、地类和面积以及补偿标准、安置途径等拟订征收土地方案，按规定履行征地报批前告知、确认和听证程序，充分听取被征地村组和农户对征收土地方案的意见，确认方案有关内容。征收土地方案依法批准后，市、县国土资源管理部门具体组织公告、登记等征地批后实施工作。

二、及时呈报建设项目用地

市、县国土资源管理部门对具备申请用地条件、完成用地报批前期工作的项目，应及时按规定申报用地。地（市）和省级国土资源管理部门要抓紧审查，逐级呈报用地。公路、铁路等线性工程，用地涉及省（区、市）行政区域内多个市、县的，原则上以省（区、市）为单位一次性报批用地；先行完成用地组件报批工作的，也可以地（市）为单位分段呈报国务院批准用地。

通过部用地预审的能源、交通、水利水电、军事国防等建设项目，在经发展改革委等部门批准（核准）、有关部门批准初步设计后，桥梁、隧道、特殊地基处理等控制工期的单体工程，可以在用地正式报批前由省级国土资源管理部门向部提出先行用地申请。为扩大内需新上项目确需先行用地的，按《国土资源部关于为拉动内需促进经济平稳较快发展做好服务和监管工作的通知》（国土资发〔2008〕237号）规定执行。部批准先行用地的建设项目，应在半年内正式报批用地。逾期未报批的，暂停受理该省（区、市）其他项目先行用地申请。

三、认真开展建设项目用地论证

省级国土资源管理部门要对报国务院批准的用地严格审查把关，按照有关规定，切实做好实地踏勘和专家论证工作。依法须由国务院批准的地方批准（核准）建设项目用地，公路、铁路、管道等线性工程申请占用基本农田超过 100 公顷、面（块）状工程申请占用基本农田超过 70 公顷的，部将根据项目性质、用地预审等具体情况组织专家进行实地踏勘论证。在项目初步设计论证阶段，省级国土资源管理部门可向部提出申请，提前开展用地论证工作。

通过部用地预审需报国务院批准用地的建设项目，因设计方案调整等原因，用地报批规模超出预审控制规模较多的，部将视具体情况组织专家对用地进行实地踏勘论证。

四、简化建设项目用地报批材料

在优化审查报批程序的基础上，简化报国务院批准的单独选址建设项目用地报部审查材料，由现行的 35 件减少到 10 件，部分报件不需要再报纸质材料（附件 1）；规范建设项目申请控制工期的单体工程先行用地报部审查材料（附件 2）。

简化报国务院批准单独选址建设项目用地报部审查材料后，省级国土资源管理部门根据审查责任和本地实际，对地方各级国土资源管理部门受理的用地报批材料作出规定。要利用统一的建设用地报盘软件，通过国土资源主干网由省（区、市）向部报送电子材料。省级国土资源管理部门向部报送用地报批材料时，同时将电子材料抄送派驻地方的有关国家土地督察局。

五、明确建设项目用地审查责任

地方各级国土资源管理部门要按照权责一致的原则，认真履行用地审查职责，既严格把关、规范管理，又要缩短周期、提高效率，保障各项建设依法及时用地。

市、县国土资源管理部门受理建设用地申请和按要求组织报件，负责审查申请用地条件，核实申请用地的权属、地类和面积，编报建设项目用地"一书四方案"，履行征地报批前告知、确认和听证程序等；向上级国土资源管理部门报告上述内容的审查情况；对申报材料内容的真实性负责。

省级国土资源管理部门负责审查用地是否落实预审意见、符合土地利用总体规划、纳入土地利用计划，涉及规划调整是否符合有关规定；审查用地是否确权登记、地类和面积是否准确；审查用地是否符合国家供地政策、用地总面积符合土地使用标准和节约集约要求；审查是否落实征地补偿安置和被征地农民社会保障措施，是否落实耕地占补平衡和补划基本农田；审查是否按规定办理压覆矿产资源审批、地质灾害危险性评估备案和土地复垦方案评审；对存在未批先用等违法用地行为的，审查是否已进行依法查处，是否追究有关责任人的行政或法律责任等。省级国土资源管理部门就上述内容形成报部的审查报告，说明审查依据，提出审查意见，对审查内容和意见的真实性、合法合规性负责。

国土资源部对省级国土资源管理部门的审查内容和意见进行复核性审查，对用地是否符合法律法规和有关规定提出结论性意见，必要时依据有关规定进行实地核实。对符合要求的项目用地，部在一个月内完成用地审查。

自 2009 年 3 月 1 日起，市、县国土资源管理部门新受理申报的建设项目用地按本通知规定执行。省级国土资源管理部门结合本地实际情况，提出贯彻落实的具体措施，制定具体操作办法，明确省级和市、县用地审查呈报的有关要求和时限。同时研究改进报省级人民政府批准的单独选址建设项目用地审查报批工作。

附件：
1. 报国务院批准单独选址建设项目用地报批材料目录
2. 建设项目控制工期的单体工程先行用地报批材料目录

中华人民共和国国土资源部
二〇〇九年一月二十四日

附件 1

报国务院批准单独选址建设项目用地报批材料目录

序号	报批材料名称	电子化格式	需纸质材料
1	省级国土资源管理部门的审查报告	PDF 文档	是
2	建设项目用地呈报"一书四方案"	数据库表	是
3	建设项目用地申请表	数据库表	是
4	建设项目用地预审批复文件	PDF 文档	是
5	建设项目批准、核准或备案文件	PDF 文档	是
6	建设项目初步设计批准或审核文件	PDF 文档	是
7	建设项目用地土地分类面积汇总表	数据库表	否
8	建设项目用地勘测定界界址点坐标成果表	数据库表	否
9	补充耕地地块边界拐点坐标表	数据库表	否
10	补划基本农田地块边界拐点坐标表	数据库表	否

附件 2

建设项目控制工期的单体工程先行用地报批材料目录

1. 省级国土资源管理部门请示文件（含单体工程名称、位置、用地规模和耕地面积，省级项目单体工程是否占用基本农田等情况）；
2. 建设项目用地预审批复文件；
3. 建设项目批准（核准）文件；
4. 建设项目初步设计批准文件或国家有关部门确认工程建设的文件；
5. 市、县国土资源管理部门对申请先行用地的征地补偿标准和安置途径有关情况说明（附建设单位拨付征地补偿费用的凭证、被征地村组和群众对征地补偿标准和安置途径的意见、动工前将征地补偿费发放到被征地村组和群众的承诺）；
6. 申请先行用地的工程位置示意图（附电子版）。

八、临时用地

1. 自然资源部关于规范临时用地管理的通知（征求意见稿）

《自然资源部关于规范临时用地管理的通知（征求意见稿）》公开征求意见的说明

为进一步规范临时用地管理工作，自然资源部研究起草了《自然资源部关于规范临时用地管理的通知（征求意见稿）》。现公开征求社会各界意见，有关单位和社会各界人士可以通过以下两种方式提出意见：

一是通过信函方式将意见邮寄至：北京市西城区阜内大街88号周金瑾收（邮编100034），并在信封上注明"规范性文件征求意见"字样。

二是通过电子邮件方式将意见发送至：landchina218@163.com。

征求意见截止时间为2019年8月17日。

自然资源部
2019年8月2日

自然资源部关于规范临时用地管理的通知（征求意见稿）

各省、自治区、直辖市及计划单列市自然资源主管部门、新疆生产建设兵团自然资源局，中国地质调查局及部其他直属事业单位，各派出机构，部机关各司局：

临时用地管理制度是土地管理法规定的重要制度之一。近年来，各地结合地方实际加强临时用地管理，取得一定成效，但也存在用地范围不明确、重审批轻监管、重使用轻恢复等问题，影响土地管理的正常秩序。为进一步规范临时用地管理工作，现就有关事项通知如下：

一、界定临时用地使用范围

临时用地是指建设项目施工、地质勘查等临时使用且不修建永久性建（构）筑物、使用后恢复原状并交还土地所有权人或使用权人，经自然资源主管部门依法批准使用的土地。使用后难以恢复原状的用地，不得使用临时用地。临时用地的范围包括：

（一）建设项目施工过程中建设的直接服务于施工人员的办公和生活用房，包括临时办公用房、生活用房、临时工棚等使用的土地；直接服务于工程施工的辅助工程，包括农用地表土剥离堆放场、材料堆场、搅拌站、钢筋加工厂、施工及运输便道、地下管线施工、地上线路架设等使用的土地。

（二）建设项目选址实施的工程地质勘查、水文地质勘查，以及矿产资源勘查等，在勘查期间临时生活用房、临时工棚、地质勘查作业及其辅助工程、运输便道等使用的土地；

（三）符合《土地管理法实施条例》第二十七条规定的抢险救灾等使用的土地。

（四）符合法律、法规规定的其他需要临时使用的土地。

省级自然资源主管部门可以依据上述规定明确使用临时用地的细化范围。

二、明确临时用地使用期限

临时用地使用期限不超过两年。建设周期较长的交通、水利、能源、管线等基础设施施工使用的临时用地，经批准可以重新办理一次，期限不超过两年。除上述可以重新办理使用的情况外，不得通过多次审批等方式延长临时用地期限。对油气资源勘查涉及的钻井及配套设施临时用地和部批准的露天采矿用地方式改革试点范围内的临时用地管理另有规定的，从其规定。城市、镇规划区内临时建设用地规划许可、临时建设工程规划许可的期限应当与临时用地期限保持一致。符合重新办理临时用地情形，其临时使用的土地面积不扩大、位置不调整、用途不改变、土地复垦要求无变化的，可以简化审批要件和程序。

三、规范临时用地审批

临时用地使用人应当根据土地权属，与有关自然资源主管部门或者农村集体经济组织、村民委员会签订临时使用土地合同，约定临时用地的地类和面积、临时使用土地用途、恢复标准、补偿费用及支付方式、违约责任等。临时用地由县级自然资源主管部门负责审批，其审批流程、申请要件、办理时限、联系方式等向社会公开。根据《土地复垦条例》的规定，使用临时用地需要编制复垦方案的，有关自然资源主管部门向土地复垦义务人出具的审查意见书应作为临时用地审批的要件材料之一。批准临时用地涉及占用永久基本农田的，应当向上一级自然资源主管部门备案。在城乡规划确定的城市、镇规划区内使用临时用地的，临时用地审批与临时建设用地规划许可可同步申请办理，同时出具临时用地批文和临时建设用地规划许可证；具备条件的项目，可以同时办理临时建设工程规划许可，一并出具临时建设工程规划许可证。抢险救灾等使用的临时用地，在灾后恢复原状并交还原土地使用者使用，不再办理审批手续。

四、落实临时用地恢复责任

临时用地使用人应当自临时用地期满之日起1年内完成土地复垦，按照因地制宜的原则，恢复达到可供利用的条件。其中，使用耕地或其他农用地的，应当恢复原种植条件或植被条件；使用未利用地的，恢复原地形地貌，鼓励结合土地复垦提升生态系统功能。临时用地使用城市、镇规划区内土地的，使用人应当在批准期限内自行拆除临时建（构）筑物。

县级自然资源主管部门依法监督临时用地使用人履行复垦义务情况，对违反土地复垦规定的行为，责令限期改正，逾期不改正的，依照规定进行处罚。复垦的土地经验收不合格的，依照《土地复垦条例》的规定，县级自然资源主管部门使用缴纳的土地复垦费代为组织复垦。省级自然资源主管部门可以将临时用地使用人不履行土地复垦义务的行为，纳入本地区政府建立的企业失信行为联合惩戒机制处理。

五、严格临时用地监管

地方各级自然资源主管部门要加强批后监管，切实保障临时用地依法管理、有序使用、及时恢复。县级自然资源主管部门应当在临时用地监管系统及时填报临时用地的批准文件、合同、复垦、还地以及四至坐标信息等，形成年度临时用地管理情况报告报市级自然资源主管部门。市级自然资源主管部门定期抽查填报情况，发现不符合批准条件、不符合填报要求等问题的，责令县级自然资源主管部门予以纠正整改。省级自然资源主管部门要加强对本地区临时用地管理工作的监督和指导，及时纠正市、县临时用地管理工作中的问题。在土地变更调查中，各级自然资源主管部门要依托临时用地监管系统，严格审核临时用地信息，对超出规定范围批准、超出批准有效期的临时用地，不得按临时用地进行变更。县级自然资源主管部门要及时制止、查处违法使用临时用地和未按照批准内容进行临时建设的行为，按照土地管理法等法律法规规章进行查处，构成犯罪的依法追究刑事责任。

本文件自下发之日起执行，有效期三年。

2019 年　月　日

九、其他

1. 国土资源部令第 9 号《划拨用地目录》全文

划拨用地目录

(2001 年 10 月 22 日国土资源部令第 9 号)

一、根据《中华人民共和国土地管理法》和《中华人民共和国城市房地产管理法》的规定,制定本目录。

二、符合本目录的建设用地项目,由建设单位提出申请,经有批准权的人民政府批准,方可以划拨方式提供土地使用权。

三、对国家重点扶持的能源、交通、水利等基础设施用地项目,可以以划拨方式提供土地使用权。对以营利为目的,非国家重点扶持的能源、交通、水利等基础设施用地项目,应当以有偿方式提供土地使用权。

四、以划拨方式取得的土地使用权,因企业改制、土地使用权转让或者改变土地用途等不再符合本目录的,应当实行有偿使用。

五、本目录施行后,法律、行政法规和国务院的有关政策另有规定的,按有关规定执行。

六、本目录自发布之日起施行。原国家土地管理局颁布的《划拨用地项目目录》同时废止。

国家机关用地和军事用地
(一) 党政机关和人民团体用地
1. 办公用地。
2. 安全、保密、通讯等特殊专用设施。
(二) 军事用地
1. 指挥机关、地面和地下的指挥工程、作战工程。
2. 营区、训练场、试验场。
3. 军用公路、铁路专用线、机场、港口、码头。
4. 军用洞库、仓库、输电、输油、输气管线。
5. 军用通信、通讯线路、侦察、观测台站和测量、导航标志。
6. 国防军品科研、试验设施。

7. 其他军事设施。

城市基础设施用地和公益事业用地

（三）城市基础设施用地

1. 供水设施：包括水源地、取水工程、净水厂、输配水工程、水质检测中心、调度中心、控制中心。

2. 燃气供应设施：包括人工煤气生产设施、液化石油气气化站、液化石油气储配站、天然气输配气设施。

3. 供热设施：包括热电厂、热力网设施。

4. 公共交通设施：包括城市轻轨、地下铁路线路、公共交通车辆停车场、首末站（总站）、调度中心、整流站、车辆保养场。

5. 环境卫生设施：包括雨水处理设施、污水处理厂、垃圾（粪便）处理设施、其它环卫设施。

6. 道路广场：包括市政道路、市政广场。

7. 绿地：包括公共绿地（住宅小区、工程建设项目的配套绿地除外）、防护绿地。

（四）非营利性邮政设施用地

1. 邮件处理中心、邮政支局（所）。

2. 邮政运输、物流配送中心。

3. 邮件转运站。

4. 国际邮件互换局、交换站。

5. 集装容器（邮袋、报皮）维护调配处理场。

（五）非营利性教育设施用地

1. 学校教学、办公、实验、科研及校内文化体育设施。

2. 高等、中等、职业学校的学生宿舍、食堂、教学实习及训练基地。

3. 托儿所、幼儿园的教学、办公、园内活动场地。

4. 特殊教育学校（盲校、聋哑学校、弱智学校）康复、技能训练设施。

（六）公益性科研机构用地

1. 科学研究、调查、观测、实验、试验（站、场、基地）设施。

2. 科研机构办公设施。

（七）非营利性体育设施用地

1. 各类体育运动项目专业比赛和专业训练场（馆）、配套设施（高尔夫球场除外）。

2. 体育信息、科研、兴奋剂检测设施。

3. 全民健身运动设施（住宅小区、企业单位内配套的除外）。

（八）非营利性公共文化设施用地

1. 图书馆。

2. 博物馆。

3. 文化馆。

4. 青少年宫、青少年科技馆、青少年（儿童）活动中心。

（九）非营利性医疗卫生设施用地

1. 医院、门诊部（所）、急救中心（站）、城乡卫生院。

2. 各级政府所属的卫生防疫站（疾病控制中心）、健康教育所、专科疾病防治所（站）。

3. 各级政府所属的妇幼保健所（院、站）、母婴保健机构、儿童保健机构、血站（血液中心、中心血站）。

（十）非营利性社会福利设施用地

1. 福利性住宅。
2. 综合性社会福利设施。
3. 老年人社会福利设施。
4. 儿童社会福利设施。
5. 残疾人社会福利设施。
6. 收容遣送设施。
7. 殡葬设施。

国家重点扶持的能源、交通、水利等基础设施用地

（十一）石油天然气设施用地

1. 油（气、水）井场及作业配套设施。
2. 油（气、汽、水）计量站、转接站、增压站、热采站、处理厂（站）、联合站、注水（气、汽、化学助剂）站、配气（水）站、原油（气）库、海上油气陆上终端。
3. 防腐、防砂、钻井泥浆、三次采油制剂厂（站）、材料配制站（厂、车间）、预制厂（车间）。
4. 油（气）田机械、设备、仪器、管材加工和维修设施。
5. 油、气（汽）、水集输和长输管道、专用交通运输设施。
6. 油（气）田物资仓库（站）、露天货场、废旧料场、成品油（气）库（站）、液化气站。
7. 供排水设施、供配电设施、通讯设施。
8. 环境保护检测、污染治理、废旧料（物）综合处理设施。
9. 消防、安全、保卫设施。

（十二）煤炭设施用地

1. 矿井、露天矿、煤炭加工设施，共伴生矿物开采与加工场地。
2. 矿井通风、抽放瓦斯、煤层气开采、防火灌浆、井下热害防治设施。
3. 采掘场与疏干设施（含控制站）。
4. 自备发电厂、热电站、输变电设施。
5. 矿区内煤炭机电设备、仪器仪表、配件、器材供应与维修设施。
6. 矿区生产供水、供电、燃气、供气、通讯设施。
7. 矿山救护、消防防护设施。
8. 中心试验站。
9. 专用交通、运输设施。

（十三）电力设施用地

1. 发（变）电主厂房设施及配套库房设施。

2. 发（变）电厂（站）的专用交通设施。

3. 配套环保、安全防护设施。

4. 火力发电工程配电装置、网控楼、通信楼、微波塔。

5. 火力发电工程循环水管（沟）、冷却塔（池）、阀门井水工设施。

6. 火力发电工程燃料供应、供热设施，化学楼、输煤综合楼，启动锅炉房、空压机房。

7. 火力发电工程乙炔站、制氢（氧）站，化学水处理设施。

8. 核能发电工程应急给水储存室、循环水泵房、安全用水泵房、循环水进排水口及管沟、加氯间、配电装置。

9. 核能发电工程燃油储运及油处理设施。

10. 核能发电工程制氢站及相应设施。

11. 核能发电工程淡水水源设施、净水设施，污水、废水处理装置。

12. 新能源发电工程电机、厢变、输电（含专用送出工程）、变电站设施，资源观测设施。

13. 输配电线路塔（杆），巡线站、线路工区，线路维护、检修道路。

14. 变（配）电装置，直流输电换流站及接地极。

15. 输变电、配电工程给排水、水处理等水工设施。

16. 输变电工区、高压工区。

（十四）水利设施用地

1. 水利工程用地：包括挡水、泄水建筑物、引水系统、尾水系统、分洪道及其附属建筑物，附属道路、交通设施，供电、供水、供风、供热及制冷设施。

2. 水库淹没区。

3. 堤防工程。

4. 河道治理工程。

5. 水闸、泵站、涵洞、桥梁、道路工程及其管护设施。

6. 蓄滞洪区、防护林带、滩区安全建设工程。

7. 取水系统：包括水闸、堰、进水口、泵站、机电井及其管护设施。

8. 输（排）水设施（含明渠、暗渠、隧道、管道、桥、渡槽、倒虹、调蓄水库、水池渠系建筑物）、加压（抽、排）泵站、水厂。

9. 防汛抗旱通信设施，水文、气象测报设施。

10. 水土保持管理站、科研技术推广所（站）、试验地设施。

（十五）铁路交通设施用地

1. 铁路线路、车站及站场设施。

2. 铁路运输生产及维修、养护设施。

3. 铁路防洪、防冻、防雪、防风沙设施（含苗圃及植被保护带）、生产防疫、环保、水保设施。

4. 铁路给排水、供电、供暖、制冷、节能、专用通信、信号、信息系统设施。

5. 铁路轮渡、码头及相应的防风、防浪堤、护岸、栈桥、渡船整备设施。

6. 铁路专用物资仓储库（场）。

7. 铁路安全守备、消防、战备设施。

（十六）公路交通设施用地

1. 公路线路、桥梁、交叉工程、隧道和渡口。
2. 公路通信、监控、安全设施。
3. 高速公路服务区（区内经营性用地除外）。
4. 公路养护道班（工区）。
5. 公路线路用地界外设置的公路防护、排水、防洪、防雪、防波、防风沙设施及公路环境保护、监测设施。

（十七）水路交通设施用地

1. 码头、栈桥、防波堤、防沙导流堤、引堤、护岸、围堰水工工程。
2. 人工开挖的航道、港池、锚地及停泊区工程。
3. 港口生产作业区。
4. 港口机械设备停放场地及维修设施。
5. 港口专用铁路、公路、管道设施。
6. 港口给排水、供电、供暖、节能、防洪设施。
7. 水上安全监督（包括沿海和内河）、救助打捞、港航消防设施。
8. 通讯导航设施、环境保护设施。
9. 内河航运管理设施、内河航运枢纽工程、通航建筑物及管理维修区。

（十八）民用机场设施用地

1. 机场飞行区。
2. 公共航空运输客、货业务设施：包括航站楼、机场场区内的货运库（站）、特殊货物（危险品）业务仓库。
3. 空中交通管理系统。
4. 航材供应、航空器维修、适航检查及校验设施。
5. 机场地面专用设备、特种车辆保障设施。
6. 油料运输、中转、储油及加油设施。
7. 消防、应急救援、安全检查、机场公用设施。
8. 环境保护设施：包括污水处理、航空垃圾处理、环保监测、防噪声设施。
9. 训练机场、通用航空机场、公共航运机场中的通用航空业务配套设施。

法律、行政法规规定的其他用地

（十九）特殊用地

1. 监狱。
2. 劳教所。
3. 戒毒所、看守所、治安拘留所、收容教育所。

2. 节约集约利用土地规定

中华人民共和国国土资源部令

第 61 号

《节约集约利用土地规定》已经 2014 年 3 月 27 日国土资源部第 1 次部务会议审议通过，现予以发布，自 2014 年 9 月 1 日起施行。

部长　姜大明

2014 年 5 月 22 日

节约集约利用土地规定

（2014 年 5 月 22 日国土资源部令第 61 号公布　根据 2019 年 7 月 16 日自然资源部第 2 次部务会议《自然资源部关于第一批废止和修改的部门规章的决定》修正）

第一章　总　　则

第一条　为贯彻十分珍惜、合理利用土地和切实保护耕地的基本国策，落实最严格的耕地保护制度和最严格的节约集约用地制度，提升土地资源对经济社会发展的承载能力，促进生态文明建设，根据《中华人民共和国土地管理法》和《国务院关于促进节约集约用地的通知》，制定本规定。

第二条　本规定所称节约集约利用土地，是指通过规模引导、布局优化、标准控制、市场配置、盘活利用等手段，达到节约土地、减量用地、提升用地强度、促进低效废弃地再利用、优化土地利用结构和布局、提高土地利用效率的各项行为与活动。

第三条　土地管理和利用应当遵循下列原则：

（一）坚持节约优先的原则，各项建设少占地、不占或者少占耕地，珍惜和合理利用每一寸土地；

（二）坚持合理使用的原则，严控总量、盘活存量、优化结构、提高效率；

（三）坚持市场配置的原则，妥善处理好政府与市场的关系，充分发挥市场在土地资源配置中的决定性作用；

（四）坚持改革创新的原则，探索土地管理新机制，创新节约集约用地新模式。

第四条　县级以上地方自然资源主管部门应当加强与发展改革、财政、环境保护等部门的沟通协调，将土地节约集约利用的目标和政策措施纳入地方经济社会发展总体框架、相关规划和考核评价体系。

第五条　自然资源主管部门应当建立节约集约用地制度，开展节约集约用地活动，组织制定节地标准体系和相关标准规范，探索节约集约用地新机制，鼓励采用节约集约用地新技术和新模式，促进土地利用效率的提高。

第六条 在节约集约用地方面成效显著的市、县人民政府，由自然资源部按照有关规定给予表彰和奖励。

第二章 规模引导

第七条 国家通过土地利用总体规划，确定建设用地的规模、布局、结构和时序安排，对建设用地实行总量控制。

土地利用总体规划确定的约束性指标和分区管制规定不得突破。

下级土地利用总体规划不得突破上级土地利用总体规划确定的约束性指标。

第八条 土地利用总体规划对各区域、各行业发展用地规模和布局具有统筹作用。

产业发展、城乡建设、基础设施布局、生态环境建设等相关规划，应当与土地利用总体规划相衔接，所确定的建设用地规模和布局必须符合土地利用总体规划的安排。

相关规划超出土地利用总体规划确定的建设用地规模的，应当及时调整或者修改，核减用地规模，调整用地布局。

第九条 自然资源主管部门应当通过规划、计划、用地标准、市场引导等手段，有效控制特大城市新增建设用地规模，适度增加集约用地程度高、发展潜力大的地区和中小城市、县城建设用地供给，合理保障民生用地需求。

第三章 布局优化

第十条 城乡土地利用应当体现布局优化的原则。引导工业向开发区集中、人口向城镇集中、住宅向社区集中，推动农村人口向中心村、中心镇集聚，产业向功能区集中，耕地向适度规模经营集中。

禁止在土地利用总体规划和城乡规划确定的城镇建设用地范围之外设立各类城市新区、开发区和工业园区。

鼓励线性基础设施并线规划和建设，促进集约布局和节约用地。

第十一条 自然资源主管部门应当在土地利用总体规划中划定城市开发边界和禁止建设的边界，实行建设用地空间管制。

城市建设用地应当因地制宜采取组团式、串联式、卫星城式布局，避免占用优质耕地特别是永久基本农田。

第十二条 市、县自然资源主管部门应当促进现有城镇用地内部结构调整优化，控制生产用地，保障生活用地，提高生态用地的比例，加大城镇建设使用存量用地的比例，促进城镇用地效率的提高。

第十三条 鼓励建设项目用地优化设计、分层布局，鼓励充分利用地上、地下空间。

建设用地使用权在地上、地下分层设立的，其取得方式和使用年期参照在地表设立的建设用地使用权的相关规定。

出让分层设立的建设用地使用权，应当根据当地基准地价和不动产实际交易情况，评估确定分层出让的建设用地最低价标准。

第十四条 县级以上自然资源主管部门统筹制定土地综合开发用地政策，鼓励大型基础设施等建设项目综合开发利用土地，促进功能适度混合、整体设计、合理布局。

不同用途高度关联、需要整体规划建设、确实难以分割供应的综合用途建设项目，市、县自然资源主管部门可以确定主用途并按照一宗土地实行整体出让供应，综合确定出让底价；需要通过招标拍卖挂牌的方式出让的，整宗土地应当采用招标拍卖挂牌的方式出让。

第四章 标准控制

第十五条 国家实行建设项目用地标准控制制度。

自然资源部会同有关部门制定工程建设项目用地控制指标、工业项目建设用地控制指标、房地产开发用地宗地规模和容积率等建设项目用地控制标准。

地方自然资源主管部门可以根据本地实际，制定和实施更加节约集约的地方性建设项目用地控制标准。

第十六条 建设项目应当严格按照建设项目用地控制标准进行测算、设计和施工。

市、县自然资源主管部门应当加强对用地者和勘察设计单位落实建设项目用地控制标准的督促和指导。

第十七条 建设项目用地审查、供应和使用，应当符合建设项目用地控制标准和供地政策。

对违反建设项目用地控制标准和供地政策使用土地的，县级以上自然资源主管部门应当责令纠正，并依法予以处理。

第十八条 国家和地方尚未出台建设项目用地控制标准的建设项目，或者因安全生产、特殊工艺、地形地貌等原因，确实需要超标准建设的项目，县级以上自然资源主管部门应当组织开展建设项目用地评价，并将其作为建设用地供应的依据。

第十九条 自然资源部会同有关部门根据国家经济社会发展状况、宏观产业政策和土壤污染风险防控需求等，制定《禁止用地项目目录》和《限制用地项目目录》，促进土地节约集约利用。

自然资源主管部门为限制用地的建设项目办理建设用地供应手续必须符合规定的条件；不得为禁止用地的建设项目办理建设用地供应手续。

第五章 市场配置

第二十条 各类有偿使用的土地供应应当充分贯彻市场配置的原则，通过运用土地租金和价格杠杆，促进土地节约集约利用。

第二十一条 国家扩大国有土地有偿使用范围，减少非公益性用地划拨。

除军事、保障性住房和涉及国家安全和公共秩序的特殊用地可以以划拨方式供应外，国家机关办公和交通、能源、水利等基础设施（产业）、城市基础设施以及各类社会事业用地中的经营性用地，实行有偿使用。

国家根据需要，可以一定年期的国有土地使用权作价后授权给经国务院批准设立的国家控股公司、作为国家授权投资机构的国有独资公司和集团公司经营管理。

第二十二条 经营性用地应当以招标拍卖挂牌的方式确定土地使用者和土地价格。

各类有偿使用的土地供应不得低于国家规定的用地最低价标准。

禁止以土地换项目、先征后返、补贴、奖励等形式变相减免土地出让价款。

第二十三条 市、县自然资源主管部门可以采取先出租后出让、在法定最高年期内实行缩短出让年期等方式出让土地。

采取先出租后出让方式供应工业用地的，应当符合自然资源部规定的行业目录。

第二十四条 鼓励土地使用者在符合规划的前提下，通过厂房加层、厂区改造、内部用地整理等途径提高土地利用率。

在符合规划、不改变用途的前提下，现有工业用地提高土地利用率和增加容积率的，不再增收土地价款。

第二十五条 符合节约集约用地要求、属于国家鼓励产业的用地，可以实行差别化的地价政策和建设用地管理政策。

分期建设的大中型工业项目，可以预留规划范围，根据建设进度，实行分期供地。

具体办法由自然资源部另行规定。

第二十六条 市、县自然资源主管部门供应工业用地，应当将投资强度、容积率、建筑系数、绿地率、非生产设施占地比例等控制性指标以及自然资源开发利用水平和生态保护要求纳入出让合同。

第二十七条 市、县自然资源主管部门在有偿供应各类建设用地时，应当在建设用地使用权出让、出租合同中明确节约集约用地的规定。

在供应住宅用地时，应当将最低容积率限制、单位土地面积的住房建设套数和住宅建设套型等规划条件写入建设用地使用权出让合同。

第六章 盘活利用

第二十八条 县级以上自然资源主管部门在分解下达新增建设用地计划时，应当与批而未供和闲置土地处置数量相挂钩，对批而未供、闲置土地数量较多和处置不力的地区，减少其新增建设用地计划安排。

自然资源部和省级自然资源主管部门负责城镇低效用地再开发的政策制定。对于纳入低效用地再开发范围的项目，可以制定专项用地政策。

第二十九条 县级以上地方自然资源主管部门应当会同有关部门，依据相关规划，开展全域国土综合整治，对农用地、农村建设用地、工矿用地、灾害损毁土地等进行整理复垦，优化土地空间布局，提高土地利用效率和效益，促进土地节约集约利用。

第三十条 农用地整治应当促进耕地集中连片，增加有效耕地面积，提升耕地质量，改善生产条件和生态环境，优化用地结构和布局。

宜农未利用地开发，应当根据环境和资源承载能力，坚持有利于保护和改善生态环境的原则，因地制宜适度开展。

第三十一条 县级以上地方自然资源主管部门可以依据国家有关规定，统筹开展农村建设用地整治、历史遗留工矿废弃地和自然灾害毁损土地的整治，提高建设用地利用效率和效益，改善人民群众生产生活条件和生态环境。

第三十二条 县级以上地方自然资源主管部门在本级人民政府的领导下，会同有关部门建立城镇低效用地再开发、废弃地再利用的激励机制，对布局散乱、利用粗放、用途不合理、闲置浪费等低效用地进行再开发，对因采矿损毁、交通改线、居民点搬迁、产业调整形成的废弃地实行复垦再利用，促进土地优化利用。

鼓励社会资金参与城镇低效用地、废弃地再开发和利用。鼓励土地使用者自行开发或者合作开发。

第七章 监督考评

第三十三条 县级以上自然资源主管部门应当加强土地市场动态监测与监管，对建设用地批准和供应后的开发情况实行全程监管，定期在门户网站上公布土地供应、合同履行、欠缴土地价款等情况，接受社会监督。

第三十四条 省级自然资源主管部门应当对本行政区域内的节约集约用地情况进行监督，在用地审批、土地供应和土地使用等环节加强用地准入条件、功能分区、用地规模、用地标准、投入产出强度等方面的检查，依据法律法规对浪费土地的行为和责任主体予以处理并公开通报。

第三十五条 县级以上自然资源主管部门应当组织开展本行政区域内的建设用地利用情况普查，全面掌握建设用地开发利用和投入产出情况、集约利用程度、潜力规模与空间分布等情况，并将其作为土地管理和节约集约用地评价的基础。

第三十六条 县级以上自然资源主管部门应当根据建设用地利用情况普查，组织开展区域、城市和开发区节约集约用地评价，并将评价结果向社会公开。

第八章 法律责任

第三十七条 县级以上自然资源主管部门及其工作人员违反本规定，有下列情形之一的，对有关责任人员依法给予处分；构成犯罪的，依法追究刑事责任：

（一）违反本规定第十七条规定，为不符合建设项目用地标准和供地政策的建设项目供地的；

（二）违反本规定第十九条规定，为禁止或者不符合限制用地条件的建设项目办理建设用地供应手续的；

（三）违反本规定第二十二条规定，低于国家规定的工业用地最低价标准供应工业用地的；

（四）其他徇私舞弊、滥用职权和玩忽职守的行为。

第九章 附　　则

第三十八条 本规定自 2014 年 9 月 1 日起实施。

3. 河北省国土资源厅关于印发《河北省土地转用征收报批办法》的通知（2010修改）

基本信息：
发文字号：冀国土资发〔2010〕51号
效力级别：地方规范性文件
时 效 性：现行有效
发布日期：2010-12-25
实施日期：2011-01-01
发布机关：河北省国土资源厅

第一章 总 则

第一条 为规范土地转用征收审查报批工作，提高审查报批工作质量和效率，根据《国务院关于深化改革严格土地管理的决定》（国发〔2004〕28号）、《河北省人民政府关于实行征地区片价的通知》（冀政〔2008〕132号）和《国土资源部关于进一步做好征地管理工作的通知》（国土资发〔2010〕96号），制定本办法。

第二条 报国务院和省政府审批的土地转用和土地征收的审查报批，适用本办法。本办法所称土地转用，是指依据土地利用总体规划和土地利用年度计划，按照法律规定的批准权限和程序报经批准后，将农用地和未利用地转变为建设用地的行为。本办法所称土地征收，是指国家为了社会公共利益的需要，按照法律规定的批准权限和程序报经批准，并依法给予农村集体经济组织及农民补偿后，将集体所有土地转变为国有土地的行为。

第三条 本省实行土地转用征收的分批次和按项目报批方式。在土地利用总体规划确定的城镇村建设用地区和独立建设用地区内土地的转用征收，采取分批次报批方式。能源、交通、水利、矿山、军事设施等建设项目确需使用的土地利用总体规划确定的城镇建设用地区外土地的转用征收，采取按项目报批方式。

第二章 前期工作

第四条 土地转用报批前，对涉及占用耕地的，市、县国土资源局要先行组织实施土地整治项目，由设区市国土资源局验收合格，经省国土资源厅实地核实，通过耕地占补平衡动态监管系统取得国土资源部占补挂钩确认单。

第五条 市、县国土资源局应当根据拟征土地所在区片核定征地区片价，拟定被征地农民安置途径，落实被征地农民社会保障费用。

第六条 市、县国土资源局应当在被征收土地所在村的村务公开栏内张贴《征地告知书》，告知被征地村及有关农户征地用途、地块位置、补偿标准、安置途径等情况，并告知对土地权属、补偿标准、安置途径享有申请听证的权利。《征地告知书》不得泄露国家秘密。

第七条 征地告知后，市、县国土资源局应当组织勘测定界，组织被征地村集体经济组织负责人和土地使用权人、地上附着物与青苗所有权人共同调查核实拟征土地、地上附着物与青苗情况，填写《土地调查结果确认表》，并经被征地的农村集体经济组织盖章，土地使用权人、地上附着物与青苗所有权人签字确认。土地补偿登记和土地调查结果确认同时进行。

第八条 被征地的农村集体经济组织和农户对土地权属、补偿标准、安置途径申请听证的，市、县国土资源局应当组织听证，根据《听证笔录》制作《听证会纪要》。被征地农村集体经济组织和农户自愿放弃听证的，应当填写《听证送达回执》，由被征地集体经济组织负责人签字并加盖集体经济组织印章。

第九条 按项目报批的，市、县国土资源局应当督促和指导建设单位提前开展土地预审、土地复垦方案编制、压覆重要矿产资源评审和地质灾害评估工作，取得有关审批、核准、备案或者评审文件。

第三章 分批次报批

第十条 分批次报批且审批权限在省政府的，市、县国土资源局应当组织下列材料经同级政府审核同意后逐级报省国土资源厅政务大厅，扩权县（市）国土资源局组织以下报批材料经同级政府审核同意后直接报省国土资源厅政务大厅：（一）组卷说明书；（二）呈报说明书；（三）土地转用方案；（四）补充耕地方案；（五）土地征收方案；（六）征地告知书；（七）土地调查结果确认表；（八）听证会纪要或听证送达回执；（九）设区市或扩权县（市）人力资源和社会保障部门关于被征地农民社会保障措施和费用落实情况认定表；（十）占补挂钩确认单、补充耕地验收文件和标注补充耕地位置的土地利用现状图；（十一）标注申请地块位置、用地总规模、分地类面积的 1∶10000 标准分幅土地利用总体规划图；（十二）标注申请用地位置的土地利用现状图；（十三）勘测定界图和勘测定界技术报告；（十四）勘测定界界址点坐标成果表；（十五）土地权属情况汇总表和土地权属来源材料；（十六）涉及违法用地行为的行政处罚决定书，处以罚款的罚款票据，处以没收地上建筑物的违法当事人同意处罚决定的书面意见或法院执行终结裁定书，涉嫌犯罪移送的公安机关受理证明材料或刑事判决书，追究党政纪处分的处分决定书。

4. 陕西省建设项目统一征地办法（2011修订）

基本信息：
发文字号：陕西省人民政府令第148号
效力级别：地方政府规章
时 效 性：现行有效
发布日期：2011-02-25
实施日期：2002-03-01
发布机关：陕西省人民政府

法律修订：
2002年1月8日陕西省人民政府发布，根据2011年2月25日陕西省人民政府《关于修改部分省政府规章的决定》修订

正文

第一条 为了规范统一征地工作，保护、开发和合理利用土地资源，保障建设用地环境和耕地占补平衡，根据《中华人民共和国土地管理法》、《陕西省实施〈中华人民共和国土地管理法〉办法》的有关规定，制定本办法。

第二条 在本省行政区域内实施统一征地，适用本办法。

本办法所称统一征地是指根据建设项目需要，经国务院或者省人民政府批准后，由县级以上人民政府统一组织实施，将农民集体所有土地征为国有的行为。

第三条 统一征地应当坚持依法公开、合理补偿、妥善安置的原则。

第四条 省、市、县（市、区）国土资源行政主管部门分别主管本行政区域内的建设项目统一征地工作。

第五条 建设项目统一征地工作实行统一组织管理，分级负责实施的制度：

（一）省国土资源行政主管部门负责实施跨设区市的能源、交通、水利和省政府确定的其他国家、省重点建设项目的统一征地工作；

（二）设区市国土资源行政主管部门负责本行政区域内和本行政区内跨县（市、区）建设项目的统一征地工作；

（三）县（市、区）国土资源行政主管部门负责本行政区域内建设项目统一征地工作。

第六条 建设用地单位不得与被征地单位或农村村民协商征地事项。

第七条 依法通过行政划拨方式供地的其他建设项目用地可以按项目实施统一征地。

在土地利用总体规划确定的城市建设用地范围内，实施城市规划的建设项目用地由城市人民政府国土资源行政部门按批次实施统一征地。

第八条 按项目统一征地依照下列程序实施：

（一）建设项目可行性研究报告经依法批准后，由有权实施统一征地的国土资源行政主管部门根据建设项目初步设计对拟征收土地进行调查，编制征地补偿费等征地费用概算，并将拟征地的用途、位置、补偿标准、安置途径等告知被征地农村村民；对拟征地土地现状的

调查结果须经被征地农村集体经济组织和农村村民确认；被征地农村村民知情、确认的有关材料作为征地报批的必备材料。

（二）建设用地单位具备申请用地法定条件后，应当与有权实施统一征地的国土资源行政主管部门签订《统一征地（拆迁）实施协议书》（以下简称《统征协议书》）。协议内容包括：统一征地工作的组织形式、双方职责、征地范围和土地数量、质量、征地拆迁补偿标准和安置办法，征地费用的计算和付款方式、付款时限、供地方式及交地时限，违约责任，争议解决方式，因设计变更、地类变化发生增补费用的补偿标准等。

（三）县级以上人民政府自收到批准征地文件之日起 10 日内，在被征收土地所在地的乡（镇）、村发布公告。公告内容包括：批准征地机关、批准文号、批准时间，批准征收土地的用途、范围、面积以及被征收土地的所有权人、征地补偿标准、农业人口安置办法和办理征地补偿登记的机关、地址、联系办法和办理征地补偿登记的时限等。

（四）被征收土地的所有权人、使用权人应当在公告规定的期限内，持土地权属证书到公告指定的国土资源行政主管部门办理征地补偿登记；逾期不登记的，其补偿内容以国土资源行政主管部门的调查结果为准。

（五）实施统一征地的国土资源行政主管部门组织有关单位核实补偿登记事项，拟订补偿、安置方案，在被征收土地所在地的乡（镇）、村予以公告，听取被征地单位和农村村民的意见。国土资源行政主管部门将征地补偿安置方案报同级人民政府审批时，应当附具被征地农村集体经济组织、农村村民或者其他权利人的意见及采纳情况。补偿、安置方案内容包括：土地补偿费、安置补助费、青苗及地上附着物补偿费标准和支付对象，征地拆迁安置办法。

（六）征地补偿、安置方案经同级人民政府批准后，由国土资源行政主管部门组织实施。

（七）在建设用地单位依法缴纳有关税费后，国土资源行政主管部门按《统征协议书》约定提供土地。建设用地单位应当依法办理土地登记手续，并按照土地使用权出让等有偿使用合同约定或者土地使用权划转批准文件规定的用途使用土地。

国家、省重点建设项目实施统一征地前，由省国土资源行政主管部门与发布征地公告、组织实施统一征地的市、县（市、区）人民政府签订《重点建设项目统一征地（拆迁）责任书》，内容包括：双方职责、征地费用和付款方式，建设用地环境保障，交地时限，奖惩办法等。

第九条 分批次统一征地依照本办法 第八条第一款第（三）项至第（六）项程序实施，除法律、行政法规规定以划拨方式供地的建设项目外，建设用地单位必须通过招标、拍卖等有偿方式取得土地使用权。

第十条 县级以上人民政府发布征地公告后，被征收土地的所有权人、使用权人应当在 30 日内申请土地登记机关注销被征收土地的农民集体土地所有权、使用权证书；逾期不申请的，由土地登记机关直接注销其土地权属证书。

第十一条 征地补偿费包括土地补偿费、安置补助费、地上附着物及青苗补偿费。

征收土地按下列标准补偿：

（一）征收土地的补偿费、安置补助费和青苗补偿费，按照《中华人民共和国土地管理法》第四十七条和《陕西省实施〈中华人民共和国土地管理法〉办法》第二十九条规定的标准补偿；

（二）征收林地按《陕西省征用占用林地及补偿费征收管理办法》规定的标准补偿；

（三）被征收土地上零星树木参照《陕西省征用占用林地及补偿费征收管理办法》规定的标准补偿；

（四）被征收农用地上用于农业生产的附着物按重置价扣除折旧适当补偿；被征收建设用地上的建筑物、构筑物根据用途、结构、使用年限等因素划分类别、等级，确定补偿单价；

（五）被征收土地上的坟墓，按新旧程度不同给予80-300元迁移费，限期迁移；逾期按无主坟处理。

增加安置补助费的，必须符合《中华人民共和国土地管理法》第四十七条第六款的规定。

第十二条 建设项目选址应当避开基本农田保护区，国家能源、交通、水利、军事设施等重点建设项目选址确实无法避开基本农田保护区，需要征收基本农田的，经国务院批准后，征地补偿依照国家规定按最高标准执行。

第十三条 管线工程，除站点设施用地按征地补偿标准补偿外，依法取得地下管线用地等土地他项权利的，按造成的实际损失适当补偿。

第十四条 被征收土地上的违法建筑物、构筑物和征地公告发布后抢建的建筑物、构筑物，抢种的农作物、树木等，不予补偿。

第十五条 征收土地补偿费支付给被征收土地的农村集体经济组织，用于发展生产，地上附着物及青苗补偿费支付给地上附着物及青苗所有者；需要统一安置人员的，安置补助费支付给安置单位；不需要统一安置的，安置补助费发放给被安置人员个人。征地补偿费可以分期支付。

有计划地推广征收土地补偿费由一次性补偿向分次补偿过渡的试点。

禁止任何单位和个人侵占、挪用征地补偿费。

征地补偿费收取、管理、使用情况，由财政、审计行政主管部门会同上级国土资源行政主管部门依法监督检查。

第十六条 征收土地造成管、线、路等迁建改建的，由组织实施统一征地的人民政府协调，建设用地单位支付费用。

第十七条 在统一征地补偿过程中出现征地补偿费用概算以外的不可预见费用，由实施统一征地的国土资源行政主管部门与建设用地单位另行结算。

第十八条 征地补偿费由实施统一征地的国土资源行政主管部门向建设用地单位收取，实行专户管理，专项用于征地补偿。

第十九条 征用耕地用于建设的，必须按照"占多少、垦多少"的原则实行占补平衡，由占用耕地单位负责开垦与所占耕地的数量和质量相当的耕地；没有条件开垦或开垦的耕地不符合要求的，应当按照省政府确定的耕地开垦费缴纳标准缴纳耕地开垦费。

第二十条 按本办法征收土地的，用地单位应当按国务院价格、财政行政主管部门规定的标准向国土资源行政部门缴纳征地管理费。

第二十一条 在统一征地工作中成绩显著的单位和个人，由组织实施统一征地的人民政府给予奖励。

第二十二条 违反本办法第六条由县级以上人民政府国土资源行政主管部门对双方当事人给予警告；对负直接责任的国家工作人员，由有关部门依法给予行政处分。

第二十三条 国土资源行政主管部门在统一征地中违反本办法规定收费的，由县级以上人民政府价格行政主管部门责令改正；情节严重的，对负直接责任的主管人员和其他直接责任人员，由有关部门依法给予行政处分。

第二十四条 违反本办法第十五条第二款规定，单位侵占、挪用征地补偿费的，由上级行政主管机关责令限期改正；违反财政、审计法律法规的，由有关行政主管部门依法给予行政处罚；情节严重的，对直接负责的主管人员或者其他直接责任人员依法给予行政处分；个人侵占、挪用征地补偿费的，依法给予行政处分；构成犯罪的，移送司法机关依法追究刑事责任。

第二十五条 违反土地管理法律、法规和本办法规定，拒绝、阻挠统一征地的，由县级以上人民政府国土资源行政主管部门责令改正；对拒不交出土地的，由实施统一征地的国土资源行政主管部门申请人民法院强制执行。

第二十六条 当事人对国土资源行政主管部门作出的具体行政行为不服的，可依法申请行政复议或者向人民法院提起行政诉讼。

第二十七条 本办法自2002年3月1日起施行。

5. 北京市建设征地补偿安置办法

［主题分类］城乡建设、环境保护/城乡建设（含住房）
［发文机构］北京市人民政府
［实施日期］2004-07-01
［成文日期］2004-05-21
［发文字号］政府令〔2004〕148号
［废止日期］——
［发布日期］2004-05-21
［有 效 性］有效

北京市建设征地补偿安置办法
北京市人民政府令第148号

《北京市建设征地补偿安置办法》已经2004年4月29日市人民政府第24次常务会议通过，现予公布，自2004年7月1日起施行。

市长 王岐山
二〇〇四年五月二十一日

北京市建设征地补偿安置办法

第一章 总 则

第一条 为了保护被征地农村村民、农村集体经济组织和征地单位合法权益，促进首都经济发展，维护社会稳定，根据《中华人民共和国土地管理法》、《中华人民共和国劳动法》等有关规定，结合本市实际情况，制定本办法。

第二条 本市行政区域内依法征用农民集体所有土地的，依照本办法进行补偿安置。

第三条 市土地行政主管部门负责征地补偿管理工作；市劳动保障行政主管部门负责转非劳动力就业和社会保险管理工作；市民政部门负责超转人员管理工作。区、县土地、劳动保障、民政部门按照分工负责本行政区域内征地补偿安置具体管理工作。

公安、农村工作等部门应当按照各自的职责对征地补偿安置工作实施管理。

区、县人民政府应当对本行政区域内的征地补偿安置工作实施监督管理。乡镇人民政府应当协助做好征地补偿安置工作。

第四条 本市征地补偿安置工作坚持公开的原则，征地补偿费由征地双方依法协商确定。

第五条 经批准征用农民集体所有土地的单位（以下简称征地单位）应当支付征地补偿费。征地补偿费应当按时、足额支付到位。

本市征地补偿费实行最低保护标准制度。

第六条 任何单位和个人不得侵占、挪用征地补偿费用和其他有关费用。

第七条 农村集体经济组织和村民委员会应当按照本办法规定做好征地补偿安置中相应工作。

第二章 征地补偿

第八条 征地单位支付的征地补偿费包括土地补偿费和安置补助费。涉及青苗和其他土地附着物的，还应当向所有权人支付青苗补偿费和其他土地附着物补偿费。

青苗是指尚未收获的农作物。其他土地附着物包括房屋、水井、道路、管线、水渠等建筑物、构筑物以及林木和其他经济作物等。

第九条 征地补偿费最低保护标准由市土地行政主管部门以乡镇为单位结合被征地农村村民的生活水平、农业产值、土地区位以及本办法规定的人员安置费用等综合因素确定，报市人民政府批准后公布执行。

征地补偿费最低保护标准应当根据社会、经济发展水平适时调整。

第十条 征地单位与被征地农村集体经济组织或者村民委员会应当在不低于本市征地补偿费最低保护标准的基础上，协商签订书面征地补偿安置协议。协议应当包括补偿方式、补偿款金额及支付方式、安置人员数量及安置方式、青苗及土地附着物补偿、违约责任和纠纷处理方式等内容。

签订协议前，被征地农村集体经济组织或者村民委员会应当就协议主要内容经村民大会或者村民代表大会等民主程序形成书面决议。决议应当妥善保存。签订协议后，农村集体经济组织或者村民委员会应当向农村村民公示征地补偿安置协议。

第十一条 土地行政主管部门应当对农村集体经济组织或者村民委员会在签订征地补偿安置协议前是否履行民主程序、征地双方达成协议的内容是否符合法律规定进行监督，并可就监督内容听取农村村民意见。

土地行政主管部门在向批准征地机关报送征用土地方案时，应当附具征地双方签订的征地补偿安置协议。

第十二条 区、县人民政府应当自收到征用土地批准文件之日起10日内在被征地的乡镇、村进行征地公告。征地公告的内容应当包括批准机关、批准时间、批准文件名称和文号，被征地范围、地类、土地面积，征地单位、项目名称、征后用途，双方协议的征地补偿款金额和人员安置方式等内容。

第十三条 征地单位应当将征地补偿费专户存储，接受土地行政主管部门的监管，依法支付。

征地补偿费监管的具体办法，由市土地行政主管部门规定并公布。

第十四条 征地补偿费用于人员安置后，其余部分作为土地补偿费支付给被征地的农村集体经济组织或者村民委员会，用于农村村民生产生活。

农村集体经济组织或者村民委员会应当依法公开土地补偿费和安置补助费的使用情况，接受监督。

第十五条 征地双方经协商可以实行非货币补偿。在符合规划的前提下，征地单位可以在征用范围内留出部分土地由农村集体经济组织或者村民委员会使用，作为征地补偿。

第十六条 青苗补偿按照1季产值计算，但多年生的农作物青苗按照1年产值计算。

林木的补偿按照本市有关规定执行。

其他经济作物的补偿，由征地双方根据经济作物生长情况协商确定；协商不成的，可以委托评估机构参照届时市场价格评估确定。

第十七条 拆迁住宅房屋的，按照《北京市集体土地房屋拆迁管理办法》执行。

拆迁非住宅房屋和其他建筑物、构筑物的，按照重置成新价格予以补偿；公益公共设施确需迁建的，应当迁建。拆迁经营性用房造成停产停业经济损失的，应当按照规定给予一次性停产停业补助费。

拆迁未超过批准期限的临时建筑，按照重置成新价格予以适当补偿；超过批准期限的临时建筑和违法建设，不予补偿。

第十八条 违法建设、违法占用土地的，涉及的土地附着物不予补偿。征地公告发布后，在征地范围内新种植的青苗、经济作物、林木等，不予补偿。

第三章　人员安置

第十九条 征用农民集体所有土地的，相应的农村村民应当同时转为非农业户口。应当转为非农业户口的农村村民数量，按照被征用的土地数量除以征地前被征地农村集体经济组织或者该村人均土地数量计算。应当转为非农业户口的农村村民人口年龄结构应当与该农村集体经济组织的人口年龄结构一致。

第二十条 农村集体经济组织或者村民委员会应当自征地公告之日起60日内确定应当转为非农业户口人员、转非劳动力、超转人员名单，向农村村民公示，并分别报区、县公安、劳动保障和民政部门。各有关部门应当依照职责办理相关手续。

超转人员安置办法依照市人民政府有关规定执行。

第二十一条 不满16周岁的未成年人及16周岁以上正在接受义务教育和学历教育的学生，只办理转为非农业户口的手续，不享受本办法规定的转非劳动力安置补偿待遇。

第二十二条 依照本办法第十五条规定实行非货币补偿的，农村集体经济组织或者村民委员会应当保证转非劳动力和超转人员安置补偿所需费用。

第四章　就业促进

第二十三条 转非劳动力的就业应当坚持征地单位优先招用、劳动者自主择业、政府促进就业的方针。

第二十四条 征地单位招用人员时，应当优先招用转非劳动力。乡镇企业、农村集体经济组织有条件的，可以吸纳转非劳动力就业。

鼓励用人单位招用转非劳动力。

第二十五条 公共就业服务机构应当为转非劳动力提供职业指导、职业介绍、职业技能培训等促进就业服务。

第二十六条 转非劳动力在征地时被单位招用的，征地单位应当从征地补偿款中支付招用单位一次性就业补助费；转非劳动力自谋职业的，一次性就业补助费支付给本人。

第二十七条 一次性就业补助费不低于下列标准：

（一）转非劳动力年满30周岁、不满40周岁的，为征地时本市月最低工资标准的60倍；

（二）转非劳动力男年满55周岁、女年满45周岁的，为征地时本市月最低工资标准的48倍，年龄每增加1岁递减六分之一，至达到国家规定的退休年龄时止；

（三）其他转非劳动力为征地时本市月最低工资标准的48倍。

第二十八条　依照本办法第二十六条规定招用转非劳动力的单位，应当按照劳动管理法律、法规、规章的规定，对转非劳动力实行同工同酬、进行岗前职业技能培训等，并遵守下列规定：

（一）与转非劳动力签订劳动合同，并到土地所在区、县劳动保障部门办理招聘备案手续。转非劳动力要求签订无固定期限合同的，应当与其签订无固定期限劳动合同，并不得约定试用期。

（二）与转非劳动力履行劳动合同未满5年且转非劳动力未达到国家规定退休年龄的，解除或终止劳动合同时，每少履行1年，一次性就业补助费按照五分之一的比例返还给转非劳动力，不足1年的，按1年计算。

第二十九条　转非劳动力自谋职业的，应当与乡镇人民政府、农村集体经济组织或者村民委员会签订自谋职业协议并经公证机关公证。

按照前款规定签订自谋职业协议后，转非劳动力应当办理就业登记手续，将档案转到市或者区、县职业介绍服务中心，并按照国家和本市规定缴纳各项社会保险费。

第三十条　转非劳动力失业的，可以将本人档案转到户籍所在地的区、县失业保险经办机构，并办理失业登记、申领失业保险金手续。有关部门应当按照规定为其发放《北京市再就业优惠证》。

失业的转非劳动力和招用失业转非劳动力的单位，享受本市促进就业的各项优惠政策。

第三十一条　正在服有期徒刑或者被劳动教养的转非劳动力，其一次性就业补助费可以支付给其委托的人，也可以先由农村集体经济组织或者村民委员会代为保管，待其刑满释放或者解除劳动教养后一次性全额支付给本人。

第三十二条　转非劳动力的档案由农村集体经济组织或者村民委员会负责建立。档案中应当有转非劳动力登记表及相关材料，自谋职业的还应当有经公证的自谋职业协议书。

第五章　社会保险

第三十三条　自批准征地之月起，转非劳动力应当按照国家和本市规定参加各项社会保险，并按规定缴纳社会保险费。

农村集体经济组织或者村民委员会应当在转非劳动力办理转为非农业户口手续后30日内，到所在区、县社会保险经办机构为其办理参加社会保险手续，补缴社会保险费。

转非劳动力补缴的社会保险费，由征地单位从征地补偿费中直接拨付到其所在区、县社会保险经办机构。

第三十四条　转非劳动力达到国家规定的退休年龄时，累计缴纳基本养老保险费满15年及其以上的，享受按月领取基本养老金待遇。基本养老金由基础养老金和个人账户养老金两部分组成。基础养老金按照本人退休时上一年本市职工月平均工资的20%计发；个人账户养老金按照个人账户累计储存额的一百二十分之一计发。转非劳动力按月领取的基本养老金低于本市基本养老金最低标准的，按照最低标准发放，并执行基本养老金调整的统一规定。

转非劳动力达到国家规定的退休年龄时，累计缴纳基本养老保险费不满15年的，不享受按月领取基本养老金待遇，其个人账户储存额一次性支付给本人，并终止养老保险关系。

第三十五条　依法批准征地时，转非劳动力男年满41周岁、女年满31周岁的补缴1年基本养老保险费；年龄每增加 1 岁增补 1 年基本养老保险费，最多补缴 15 年。

补缴基本养老保险费以依法批准征地时上一年本市职工平均工资的 60% 为基数，按照 28% 的比例一次性补缴。补缴后，由社会保险经办机构按照 11% 的比例一次性为其建立基本养老保险个人账户。

第三十六条　转非劳动力达到国家规定的退休年龄时，基本医疗保险累计缴费年限男满 25 年、女满 20 年且符合按月领取基本养老金条件的，办理退休手续后按规定享受退休人员基本医疗保险待遇；不符合上述条件的不享受退休人员基本医疗保险待遇，个人账户余额一次性支付给本人。

第三十七条　依法批准征地时，转非劳动力男年满 31 周岁的补缴 1 年基本医疗保险费，至年满 51 周岁前每增加 1 岁增补 1 年，最多补缴 10 年；年满 51 周岁的补缴 11 年基本医疗保险费，至退休前每增加 1 岁增补 1 年，最多补缴 15 年。

依法批准征地时，转非劳动力女年满 26 周岁的补缴 1 年基本医疗保险费，至年满 41 周岁前每增加 1 岁增补 1 年，最多补缴 5 年；年满 41 周岁补缴 6 年基本医疗保险费，至退休前每增加 1 岁增补 1 年，最多补缴 10 年。

补缴基本医疗保险费以依法批准征地时上一年本市职工平均工资的 60% 为基数，按照 12% 的比例一次性补缴。补缴后，由社会保险经办机构将其中 9% 划入统筹基金、1% 划入大额医疗互助资金、2% 划入个人账户。

第三十八条　转非劳动力按本办法第三十五条规定一次性补缴基本养老保险费的，其补缴基本养老保险费年限视同基本医疗保险缴费年限，但最多视同 10 年缴费年限。

第三十九条　转非劳动力按照本办法第三十七条规定补缴基本医疗保险费后，在达到国家规定的退休年龄前继续缴纳基本医疗保险费的，享受当期基本医疗保险待遇；不继续缴纳基本医疗保险费的，不享受当期基本医疗保险待遇。

第四十条　依法批准征地时，转非劳动力年满 16 周岁的补缴 1 年失业保险费，至达到国家规定的退休年龄前，每增加 1 岁增补 1 年，最多补缴 20 年。补缴失业保险费以依法批准征地时上一年本市职工平均工资的 60% 为基数，按照 2% 的比例一次性补缴。

转非劳动力失业后，按照规定享受失业保险待遇。但其在领取失业保险金期间自谋职业的，不执行一次性领取失业保险金的规定。未领取失业保险金的期限予以保留，与再次失业后应当领取失业保险金的期限合并计算。

第四十一条　转非劳动力中的复员退伍军人，其在军队工作的年限视同社会保险费缴费年限。

参加了城镇企业农民工社会保险的转非劳动力，其参加农民工社会保险的时间计算为缴费年限。但已一次性领取养老保险费、一次性生活补助费的，不计算养老保险和失业保险的缴费年限。

第四十二条　正在服有期徒刑或者被劳动教养的转非劳动力，其补偿安置适用本章有关规定。

第六章　法律责任

第四十三条　侵占、挪用征地补偿费用和其他有关费用的，由上级机关或者监察部门依法给予行政处分；构成犯罪的，依法追究刑事责任。

第四十四条　土地、劳动保障、民政、公安等有关管理部门不依法履行职责的，由其上级主管部门责令限期改正，逾期不改正的，依法追究主管责任人员和其他直接责任人员的行政责任。

第七章 附　则

第四十五条　本办法所称下列名词的含义是：

转非劳动力是指征地转为非农业户口且在法定劳动年龄范围内具有劳动能力的人员，不包括 16 周岁以上正在接受义务教育和学历教育的学生。

超转人员是指征地转为非农业户口且男年满 60 周岁、女年满 50 周岁及其以上的人员和经认定完全丧失劳动能力的人员。

以上年龄计算以依法批准征地之日为准。

第四十六条　农村村民转为非农业户口后，不丧失对农村集体经济组织积累应当享有的财产权利。

第四十七条　国家对大中型水利、水电工程建设征地补偿另有规定的，从其规定。

第四十八条　本办法自 2004 年 7 月 1 日起实施，1993 年 10 月 6 日市人民政府发布的《北京市建设征地农转工人员安置办法》同时废止。

6. 天津市规划和自然资源局关于印发《天津市征收土地工作程序》的通知

市规划和自然资源局关于印发《天津市征收土地工作程序》的通知

津规自发〔2019〕1号

各区规划和自然资源分局，有关单位：

为规范征收土地审查报批工作，完善征收土地工作程序，切实保护被征地农民利益，根据国家和我市有关法律法规，我们制定了《天津市征收土地工作程序》，现印发你们，请遵照执行。

本通知自印发之日起施行，有效期5年。

2019年1月24日

天津市征收土地工作程序

根据《中华人民共和国土地管理法》、《中华人民共和国土地管理法实施条例》、《征收土地公告办法》、《建设用地审查报批管理办法》和《国务院关于深化改革严格土地管理的决定》（国发〔2004〕28号）、《天津市人民政府办公厅关于进一步加强征地管理工作的通知》（津政办发〔2017〕33号）等有关规定，制定征收土地工作程序如下：

一、申请征收土地

建设用地项目（包括单独选址项目、成批次用地中的具体建设项目和政府整理储备用地）使用国有土地需征收集体土地的，由用地单位或整理储备机构持有关材料向项目所在地的区规划和自然资源分局提出用地申请，并填写《建设项目征收土地申请表》。具体分为三类：

（一）单独选址项目，由用地单位提出申请并提交以下材料：

1. 建设项目批准、核准、备案文件或者其他立项批准文件；
2. 建设项目用地预审意见；
3. 需进行初步设计的项目，附建设项目初步设计批准文件或者其他相关文件；
4. 是否压覆重要矿产的证明材料、压覆重要矿床评估报告或者登记证明；
5. 是否属于地质灾害易发区的证明材料或地质灾害危险性评估报告；
6. 地籍资料或者其他土地权属证明材料；
7. 有资格的单位出具的土地勘测定界技术报告书及勘测定界图；
8. 标注用地范围、位置的经批准的区土地利用总体规划图或规划调整方案；
9. 涉及占用林地的，需提供使用林地审核同意书。

（二）成批次用地中的具体建设项目，由用地单位提出申请并提交以下资料：

1. 建设项目批准、核准、备案文件或者其他立项批准文件；
2. 建设项目用地预审报告；
3. 地籍资料或者其他土地权属证明材料；
4. 有资格的单位出具的土地勘测定界技术报告书及勘测定界图；
5. 建设项目选址意见书；
6. 标注用地范围、位置的经批准的区土地利用总体规划图；
7. 涉及占用林地的，需提供使用林地审核同意书。

（三）政府整理储备用地，由整理储备机构提出申请并提交以下资料：

1. 经批准的城市规划图或村庄、集镇规划图；
2. 经批准的土地整理储备计划；
3. 地籍资料或者其他土地权属证明材料；
4. 有资格的单位出具的土地勘测定界技术报告书及勘测定界图；
5. 标注用地范围、位置的经批准的区土地利用总体规划图。

二、审核和受理

区规划和自然资源分局接到用地单位申请后，应当在3个工作日内完成对申请材料的审查，申请材料齐全并符合条件的，应当受理，并出具受理通知书；申请材料不齐全的，应当一次性告知应当补正的材料；申请不符合条件的，应当出具不予受理通知书，并将申请材料退回。

区规划和自然资源分局应当对申请材料的以下内容进行审查：确认申请材料是否有误；拟建项目用地是否符合土地利用总体规划（或者已编制土地利用总体规划调整方案）、城市规划或村庄、集镇规划；是否纳入土地利用年度计划；权属地类情况是否清晰；用地规模是否符合建设用地控制标准；是否压占自然保护区（湿地保护区）、永久性保护生态区域和生态保护红线，是否在双城间绿色生态屏障范围内，是否在污染地块名录及其开发利用负面清单范围内等。

三、拟订征地补偿标准、安置方案

（一）区规划和自然资源分局对被征地单位的基本情况和拟征地的基本情况进行调查，填写征地情况调查表；

（二）区规划和自然资源分局依照有关规定，按照征地区片综合地价标准并结合地上附着物和青苗调查情况，依法测算征地补偿标准；

（三）区规划和自然资源分局测算、核定需要安置的农业人口和劳动力的数量，会同所在地的乡（镇）政府及被征地单位拟定安置途径；

（四）根据调查资料，依照有关规定，区规划和自然资源分局测算被征地单位的征地补偿费，通知申请用地单位办理征地补偿费预存手续；并将拟征收土地面积、位置、所在乡（镇）村、需安置农业人口数量、征地补偿费等情况提供给区人力资源和社会保障行政主管部门，办理被征地农民社保手续。

四、征收土地告知

区规划和自然资源分局将拟征地的用途、位置、补偿标准、安置途径、被征地农民保障对象、项目、标准以及费用筹集办法等以书面形式告知被征地农村集体经济组织和农户。告知文件应在被征地乡（镇）人民政府所在地、村民委员会办公地点显著位置张贴，同时在区规划和自然资源分局政务网发布，并留存张贴公告的影像证据及告知回执。告知书中应明确被征地农村集体经济组织或农户对拟征地的补偿标准和安置途径有申请听证的权利。

五、征收土地确认

区规划和自然资源分局在送达征收土地告知书后 3 个工作日内，会同有关部门对拟征土地的权属、地类、面积以及地上附着物和青苗的权属、种类、数量等现状调查结果与被征地农村集体经济组织、农户和地上附着物产权人共同确认，并在《征收土地情况确认表》上签字、盖章，被征地农村集体经济组织、农户和地上附着物产权人拒绝确认的，不予申报用地。对于在发布公告后抢建抢栽抢种的不予确认。

六、依申请听证

被征地农村集体经济组织或农户申请听证的，应当在《征收告知书》送达后 5 个工作日内，向区规划和自然资源分局提出书面申请。区规划和自然资源分局收到听证书后，应当按照《国土资源听证规定》规定的程序和要求组织听证。逾期未申请的，视为放弃听证，区规划和自然资源分局做出书面记录。

七、组卷上报

区规划和自然资源分局在组织听证会或被征地农村集体经济组织和农户放弃听证后 3 个工作日内拟定建设用地项目呈报材料"一书四方案"，填写《建设拟征（占）地土地权属情况汇总表》、《建设拟征（占）土地地类权属情况汇总表》等材料，按规定组卷报区人民政府审核，区人民政府审核同意后，出具申报用地申请文件。

八、审查报批

区人民政府将建设用地申报材料送市规划和自然资源局审查。市规划和自然资源局应当在 1 个工作日内按报批要求查验申报材料，对于不符合上报条件的，予以退回并说明理由，一次性提出完善申报材料的意见；对于符合上报条件的，应当在收到申报材料之日起 30 日内审查完毕。

属于市人民政府审批权限的，报市政府审批；需要上报国务院审批的，经市人民政府审查同意后，报国务院审批。

九、用地批复

市规划和自然资源局审查通过后，通知相关单位和部门按规定标准和时限缴纳新增建设用地土地有偿使用费。在收到市政府或者自然资源部批件后，市规划和自然资源局凭缴费证明，5 日内办理用地批复手续。

十、批后公告

区规划和自然资源分局自收到用地批准文件之日起 10 个工作日内，在被征地乡（镇）、村内显著位置将规定的内容以书面形式张贴征收土地方案公告，同时在区规划和自然资源分局政务网公告，并将公告文件送达被征地农村集体经济组织，留存张贴公告的影像证据和送达回执。

被征地农村集体经济组织、农户或者其他权利人应当在公告之日起 10 个工作日内持土地、房屋等权属证明到指定地点办理征地补偿登记手续，逾期未办理登记手续的，其补偿内容以区规划和自然资源分局的调查结果为准。

区规划和自然资源分局也可以在征地报批前的征收土地确认阶段组织被征地农村集体经

济组织、农户或者其他权利人进行补偿登记工作。

十一、拟定和报批征地补偿、安置方案

区规划和自然资源分局会同有关部门根据经批准的征收土地方案，在征收土地公告之日起45日内以被征地的所有权人为单位拟订征地补偿、安置方案；征地报批前已履行告知、确认和听证程序并完成土地权属、地类、面积、地上附着物和青苗等确认以及补偿登记的，可在征地报批的同时会同有关部门拟订征地补偿、安置方案。

区规划和自然资源分局将拟定的征地补偿、安置方案在乡（镇）人民政府所在地、村民委员会办公地点或显著位置张贴公告，同时在区规划和自然资源分局政务网公告，并将公告文件送达被征地农村集体经济组织，留存张贴公告的影像证据和送达回执。

公告期间，当事人对征地补偿、安置方案有不同意见、要求举行听证会的，应当在征地补偿、安置方案公告之日起10个工作日内向区规划和自然资源分局提出申请。区规划和自然资源分局要按照《国土资源听证规定》规定的程序和要求组织听证。确需修改征地补偿、安置方案的，应当依照有关法律、法规和批准的征收土地方案进行修改。在征地报批时，已拟订征地补偿、安置方案的，征地批准后，征地补偿、安置方案公告可在批后公告阶段与征收土地公告同步进行。

区规划和自然资源分局将征地补偿、安置方案，报区人民政府审批并附具被征地农村集体经济组织、农户或其它权利人的意见和采纳情况，举行听证会的，还应当附具听证笔录。

十二、实施征地补偿、安置方案

区规划和自然资源分局在征地补偿、安置方案经区人民政府批准之日起30日内，将征地补偿费拨付给被征地的农村集体经济组织或者村民委员会。

被征地集体经济组织或村委会应当在60日内，按照征地补偿、安置方案将征地补偿费支付给农户，并将收支状况张贴公布。

附件：

1. 建设项目征收土地申请表
2. 补正材料告知书
3. 受理通知书
4. 不予受理通知书
5. 征收土地情况调查表
6. 关于××项目拟征收土地情况的函
7. 征收土地告知书
8. 征收土地告知书送达回执
9. 征收土地情况确认表
10. 建设用地项目呈报材料"一书四方案"
11. 建设拟征（占）土地权属情况汇总表
12. 建设拟征（占）土地地类权属情况汇总表
13. 关于申报＊＊区＊＊＊＊年第＊＊批农用地转用土地征收的函
14. 征收土地方案公告
15. 征收土地补偿登记表
16. 征收土地补偿、安置方案公告。

附件 1

建设项目征收土地申请表

建设用地申请单位					
建设项目名称					
项目前期手续办理情况	建设用地预审报告	预审机关		预审报告文号	
	地质灾害危险性评估报告	审核机关		审核意见文号	
	压覆矿产资源审核意见	审核机关		审核意见文号	
	可行性研究报告	批准机关	批准时间	批准文号	建设规模
	工程初步设计	批准机关	批准时间	批准文号	建设规模
	地籍调查成果	出具成果机关		成果报告编号	
申请用地概况	用地面积	总面积	其中农用地	建设用地	未利用地
	地块四至范围	东至		南至	
		西至		北至	
	地块涉及权属单位	其中集体			
		国有			
	规划情况	土地利用总体规划用途			
		城镇规划用途			
	地块申请用途				
工业项目用地控制指标情况	行业类别			容积率	
	投资强度（万元/公顷）			建筑系数	
	企业内部行政办公及生活服务设施用地所占比重			绿地率	
申请用地要件：					

续表

单独选址项目：	成批次用地（具体项目）：	成批次用地（政府整理储备用地）：
1. 建设项目批准、核准、备案文件或者其他立项批准文件； 2. 建设项目用地预审意见； 3. 需进行初步设计的项目，附建设项目初步设计批准文件或者其他相关文件； 4. 是否压覆重要矿产的证明材料、压覆重要矿床评估报告或者登记证明； 5. 是否属于地质灾害易发区的证明材料或地质灾害危险性评估报告； 6. 地籍资料或者其他土地权属证明材料； 7. 有资格的单位出具的土地勘测定界技术报告书及勘测定界图； 8. 标注用地范围、位置的经批准的区土地利用总体规划图或规划调整方案； 9. 涉及占用林地的，需提供使用林地审核同意书。	1. 建设项目批准、核准、备案文件或者其他立项批准文件； 2. 建设项目用地预审报告； 3. 地籍资料或者其他土地权属证明材料； 4. 有资格的单位出具的土地勘测定界技术报告书及勘测定界图； 5. 建设项目选址意见书； 6. 标注用地范围、位置的经批准的区土地利用总体规划图； 7. 涉及占用林地的，需提供使用林地审核同意书。	1. 经批准的城市规划图或村庄、集镇规划图； 2. 经批准的年度土地整理储备计划； 3. 地籍资料或者其他土地权属证明材料； 4. 有资格的单位出具的土地勘测定界技术报告书及勘测定界图； 5. 标注用地范围、位置的经批准的区土地利用总体规划图。

附件2

补正材料告知书

××××（申请用地单位）：

你单位于××××年××月××日上报的×××项目用地申请，经审查，意见如下：

申请要件缺少××××、××××等材料，根据有关规定，请补充相关材料后重新申请。

特此通知

联 系 人：×××　　　　　联系电话：××××××

××区规划和自然资源分局
××××年××月××日

附件 3

受理通知书

××××（申请用地单位）：

　　我局于××××年××月××日收到你单位上报的×××项目用地申请，经审查，申请材料齐全，符合法定申报条件，予以受理。

　　特此通知。

　　联 系 人：×××　　　　联系电话：××××××

××区规划和自然资源分局
××××年××月××日

附件 4

不予受理通知书

××××（申请用地单位）：

　　你单位于××××年××月××日上报的×××项目用地申请，经审查，存在××××、××××、××××等问题，不符合法定申报条件，不予受理。请按下列意见修改：

　　××××、××××、××××

　　特此通知

××区规划和自然资源分局
××××年××月××日

附件 5

征收土地情况调查表

建设项目名称					
被征收土地村（组）					
被征收土地村（组）的基本情况	土地总面积				公顷
	耕地				公顷
	基本农田				公顷
	农业人口				人
	劳动力				人
征收土地总面积		公顷	其中	耕地	公顷
				基本农田	公顷
征收耕地	名称	面积（公顷）		征地区片综合地价标准（万元/公顷）	
	灌溉水田				
	望天田				
	水浇地				
	旱地				
	菜地				
	合计				
征收其他土地	名称	面积（公顷）		征地区片综合地价标准（万元/公顷）	
	园地				
	林地				
	牧草地				
	其他农用地				
	建设用地				
	未利用地				
征收土地涉及	农业承包户				户
	安置农业人口				人
	安置劳动力				人
	房屋				平方米
	树木				棵
备注					

填表责任人：　　　　　审核责任人（单位盖章）：

附件 6

关于××项目拟征收土地情况的函

××区人力资源和社会保障局：

　　为切实保障被征地农民的长远利益，根据《关于转发劳动和社会保障部、国土资源部〈关于切实做好被征地农民社会保障工作有关问题的通知〉的通知》（津劳社局发〔2008〕212号）相关规定，现将××项目拟征收土地基本情况提供如下：

　　一、拟征收土地位置：××××；

　　二、拟征收土地权属单位：××××村，××××村；

　　三、拟征收集体土地面积：共××公顷，其中××村××公顷（含耕地××公顷），××村××公顷（含耕地××公顷）；

　　四、涉及安置农业人口数量：共××人，其中××村××人，××村××人；

　　请按规定办理社保手续。

××区规划和自然资源分局
××××年××月××日

附件 7

征收土地告知书

（××××）区征告字〔××〕××号

××区××乡（镇）××村民委员会及被征收土地农户：

　　根据社会经济发展的需要，依据土地利用总体规划、城市规划和村镇规划，拟征收××乡（镇）××村集体土地。经××区人民政府同意，现将有关情况告知如下：

　　一、拟征收土地用途：××用地。

　　二、拟征收土地位于××路×侧，具体位置见附图。

　　三、被征收集体土地面积：××公顷（合××亩），其中耕地××公顷（合××亩）。被征收土地地类如下：

　　四、征收土地补偿标准

　　（一）土地补偿费和安置补助费标准

　　根据《天津市征地区片综合地价标准》规定，土地补偿费和安置补助费标准按照××万元/公顷补偿。

　　（二）地上附着物补偿和青苗补偿标准

　　根据本市有关规定执行。

　　五、被征收土地所涉及的农业人口计划采取方式××（安置方式）方式予以安置；实际安置办法以市政府依法批准为准。

六、被征收土地所涉及的安置农业人口按照我市被征地农民社会保障相关规定，享受征地养老、一次性补助等不同社保安置方式。所需社保费用，由申请用地单位预存。

七、在本告知书送达后，凡被征地农村集体经济组织和农户在拟征土地上抢建、抢栽、抢种的地上附着物和青苗，征收土地时一律不予补偿。

八、自本告知书张贴之日起5个工作日内（自××××年××月××日到××××年××月××日止），××乡（镇）××村集体经济组织和农户对上述告知的拟征收土地的用途、位置、补偿标准和（人员）安置途径有不同意见的，可以向××区规划和自然资源分局提出书面意见。在此期限内可以就征收土地补偿标准和（人员）安置方案提出听证申请；申请听证的，被征地集体经济组织应当在《征收告知书》送达后5个工作日（在此期限内）内将意见进行收集上报，向听证机构提出书面申请；逾期未提出意见或听证申请的，视为放弃权利，被征地农村集体经济组织和农户应按规定办理征收土地情况确认手续。

特此告知
（地址、邮编、联系人、联系电话）

××区规划和自然资源分局
××××年××月××日

附件8

征收土地告知书送达回执

受送达人	天津市××区××镇××村委会			
送达事项	××土地征收补偿标准和安置方案			
送达地点	天津市××区××镇××村			
送达文件	送达人	送达日期	受送达人签名及盖章	送达方式
征收土地告知书				
备注				

附件9

征收土地情况确认表

建设用地项目名称				
集体土地所有权人				
被征收土地情况				相关农户确认情况
地类	权属	面积		
		公顷	亩	
合计				
被征收土地单位确认				
被征收土地单位（盖章） 年　月　日				负责人签名： 年　月　日
区规划和自然资源分局确认				
××区规划和自然资源分局（盖章） 年　月　日				负责人签名： 年　月　日

续表

	序号	产权人	附着物名称	数量	产权人确认	备注
被征收土地地上附着物情况		××村				
		张××				

区规划和自然资源分局确认	
××区规划和自然资源分局确认 （盖章） 年　月　日	负责人签名： 年　月　日

备注	

续表

	序号	产权人	附着物名称	数量	产权人确认	备注
被征收土地青苗情况		××村				
		张××				

区规划和自然资源分局确认	
××区规划和自然资源分局确认 （盖章） 年　月　日	负责人签名： 年　月　日

备注	

附件 10

建设用地项目呈报材料
"一书四方案"

编制机关（公章）：

主要负责人（签字）：

编制时间：　　　　年　月　日

中华人民共和国国土资源部监制

一、建设用地项目呈报说明书

计量单位:公顷

		权属	合计	使用国有土地	征收集体土地	使用集体土地
土地利用现状	地类					
	总计					
	(一)农用地					
	其中	耕地				
		含基本农田				
		林地				
		园地				
		草地				
	(二)建设用地					
	(三)未利用地					

	功能分区名称	用地面积
土地用途		

续表

县（市）人民政府 审核意见	（公章） 主管领导（签字）：　　　　　　　　年　月　日
市（地、州）人民政府 国土资源主管部门 审查意见	（公章） 主管领导（签字）：　　　　　　　　年　月　日
市（地、州）人民政府 审核意见	（公章） 主管领导（签字）：　　　　　　　　年　月　日

二、农用地转用方案

计量单位：公顷

地类	转用面积	其中	
		国有土地	集体土地
农用地			
其中：耕地			
含基本农田			
耕地质量情况	质量等别		面积	
	质量等别		面积	
	质量等别		面积	
	质量等别		面积	
	质量等别		面积	
	平均质量等别		合计	
土地利用总体规划				
符合规划		规划级别		
需调整规划		规划级别		
涉及占用基本农田		补划基本农田		
农用地转用计划				
申请使用国家计划			已安排使用省级计划		
年度	农用地	其中：耕地	年度	农用地	其中：耕地

未使用当年计划指标的，应予以说明：

三、补充耕地方案

计量单位：公顷、公斤、万元

占用耕地面积				
含 25 度以上坡耕地		其他情况需补充耕地面积		
补充耕地义务单位				
补充耕地责任单位				
补充耕地费用情况	义务单位缴纳耕地开垦费总额		平均缴费标准	
	实际补充耕地总费用		平均费用标准	
需补充耕地面积		其中：水田		
补充耕地确认信息编号				
补充耕地情况				
	需补充情况		已补充情况	
补充耕地数量				
补充水田规模				
补充标准粮食产能				
承诺补充耕地情况				
承诺补充耕地面积	挂钩的土地整治项目备案号	挂钩补充耕地数量	所在县（市、区）	完成时限
承诺补充水田规模	挂钩的土地整治项目备案号	挂钩水田规模	所在县（市、区）	完成时限
承诺补充标准粮食产能	挂钩的土地整治项目备案号	挂钩标准粮食产能	所在县（市、区）	完成时限

四、征收土地方案

计量单位：公顷、万元、人

征收土地面积				其中：耕地		
被征收土地涉及的权属单位						
乡（镇）				村		
权属状况						
征地补偿情况		地类	面积	征地补偿费用标准	产值标准	倍数
		耕地				
		其中：基本农田				
		其他农用地				
		建设用地				
		未利用地				
	青苗补偿费					
	地上附着物补偿费					
	征地总费用					
征地安置情况		需安置农业人口数		需安置劳动力人数		
	安置途径	发放安置补助费				
		农业安置				
		社会保障安置				
		留地留物业安置				
		用地单位安置				
		征地款入股安置				
其他需要说明的情况						

五、供地方案

计量单位:公顷、公里、个

	功能分区	供地方式	供地面积
申请供地情况			
	合 计		

	功能分区	数量	申请用地	原有用地(改扩建项目)	指标控制面积	指标对应条件
指标适用情况						
	说明开展节地评价论证情况:					

附件 11

建设拟征（占）土地权属情况汇总表

项目名称：　　　　　　土地所在地：　　　　　区（县）　　计量单位：　公顷

序号	土地权利人	权属性质	拟征（占）地		
			土地面积	其中：耕地	其他土地

填表时间：　　　　　　填表单位：　　　　　　　　（公章）

附件 12

建设拟征（占）土地地类权属情况汇总表

计量单位：公顷

权属单位	权属性质	农用地										建设用地								未利用地		合计
		小计	耕地					园地	林地	牧草地	其他农用地	小计	商服用地	工矿仓储用地	公用设施用地	公共建筑用地	住宅用地	交通运输用地	水利设施用地	特殊用地	未利用土地	其他土地	
			小计	灌溉水田	望天田	水浇地	旱地	菜地																
合计																							

填表时间：　　　　　　　　　　　　　　　　　　　　　　填表单位：（公章）

附件 13

关于申报××区××××年第××批农用地转用土地征收的函

天津市规划和自然资源局：

　　为实施《天津市××区土地利用总体规划（2015—2020 年）》，依据《中华人民共和国土地管理法》等法律法规，现申报我区城市（集镇/村庄）建设用地范围内××××年第××批农用地转用土地征收（农用地转用或土地征收）。具体情况如下：

　　一、本批申请用地总面积××公顷，涉及××幅地块，用于××项目建设，坐落在××镇××村。

　　二、本批申请用地符合《××区土地利用总体规划（2015—2020 年）》和××城市（村镇）规划；不涉及我市自然（湿地）保护区、永久性保护生态区域和生态保护红线，不在双城间绿色生态屏障范围内；不在污染地块名录及其开发利用负面清单范围内；申报项目符合国家产业政策，不属于国家产业政策确定的限制类、禁止类项目，用地规模符合××建设用地定额指标；涉及占用林地××公顷，工程建设单位已取得××（林业主管部门）使用林地审核同意书（证号）（或不涉及占用林地）。

　　三、本批申请用地涉及集体土地××公顷，其中农用地××公顷（含耕地××公顷）、建设用地××公顷、未利用地××公顷，为××村集体所有；涉及国有土地××公顷，其中农用地××公顷（含耕地××公顷）、建设用地××公顷、未利用地××公顷，原使用者为××。

　　四、本批申请用地涉及农用地转用××公顷（含耕地××公顷），未利用地转用××公顷，已纳入××区××××年土地利用计划，属于保障性安居工程（安置进城落户人口、农村产业融合、农民建房、京津冀协同发展、经济发达镇等）单列计划（或不属于单列计划）。

　　五、本批申请用地涉及新增建设用地××公顷，缴费标准为××元/平方米，应缴费××万元，我区已备妥。

　　六、本批申请用地补充耕地任务已完成，补充耕地面积××公顷，补充水田××公顷（如不涉及水田不写），补充标准粮食产能××公斤，做到了耕地占补平衡数量质量双到位。

　　七、本批申请用地需征收集体土地××公顷，拟征收土地的有关征地补偿和劳动力安置事宜由区人民政府统一组织实施。已按照征地程序要求组织征地告知、确认和听证事宜，××村放弃听证（或并根据××村要求组织听证，具体情况见听证笔录）。征收土地补偿总费用为××万元，其中土地补偿费和安置补助费两项之和为××万元，地上附着物补偿费为××万元，青苗补偿费为××万元。（或征收土地补偿总费用为××万元，全部为土地补偿费和安置补助费，地上附着物和青苗按照我市相关规定另行补偿/不涉及地上附着物和青苗补偿）涉及安置农业人口××人，其中劳动力××人，采取××方式进行安置。（需安排农业户口人口××人转为非农业户口。）被征地农民社会保障情况说明表业经市人力社保局审核，被征地农民社会保障费用已经落实。

　　八、本批申请用地未动工建设，不涉及违法用地问题。（或本批申请用地已动工建设，存在违法用地问题，××区规划和自然资源分局已依法查处，违法用地单位已缴纳罚款。

　　本批申请用地符合国家及我市有关法律、法规要求，申报材料及内容的真实准确，请予审查我区本批农用地（未利用地）转用土地征收。

（政府章）

××××年××月××日

附件 14

征收土地方案公告

××××年××月××日，天津市人民政府根据《中华人民共和国土地管理法》、《中华人民共和国土地管理法实施条例》、《天津市土地管理条例》及《天津市人民政府关于调整天津市征地区片综合地价标准的通知》（津政发〔2014〕20号）的有关规定，以××××号批准征收土地_____公顷，现将经天津市人民政府批准的《征收土地方案》内容和有关事项公告如下：

一、建设单位及建设项目名称、土地用途

1. 建设单位：_____；
2. 建设项目：_____；
3. 土地用途：_____；

二、拟征收土地位置（见附图）

东：_____；南：_____；
西：_____；北：_____；

三、征用土地权属、地类、面积

征收土地_____乡（镇）_____村集体土地_____公顷（_____亩），具体情况如下：

地类名称	征收土地面积（公顷）
耕地	
园地	
林地	
牧草地	
其他农用地	
建设用地	
未利用地	
合计	

四、征收土地补偿标准及补偿、安置方案

本次征收土地补偿费和安置补助费标准按照《天津市征地区片综合地价标准》执行，为××万元/公顷，计××万元。

土地补偿费和安置补助费采取货币补偿，支付给被征地的农村集体经济组织，支付方式为转账。（土地补偿费和安置补助费采取非货币补偿（社保、还建、合作分成等形式），具体非货币补偿形式为××××）。

五、征收土地安置人员数量及安置方式

依照天津市规定，本次征收土地安置农业人口××人，其中劳动力××人。采取××××（安置方式）进行安置。

六、青苗和地上附着物依照我市有关规定补偿。

七、被征收土地四至范围内的农民和其他权利人在10个工作日内，持土地权属证书或其他有关证明材料，到指定的地点办理征收土地补偿登记。

八、其他内容

特此公告

××区规划和自然资源分局
××××年××月××日

附件 15

征收土地补偿登记表

一、土地补偿登记表

××乡（镇）××村（组）（盖章） 　　　　　　　　填表时间：××××年××月××日

地类		征收土地数量（公顷）		征地区片综合地价标准（万元/公顷）		备注
		登记	复核	登记	复核	
一	农用地					
	耕地					
	园地					
	林地					
	牧草地					
	其他农用地					
二	建设用地					
三	未利用地					
	合计					

土地所有权代表： 　　　　登记责任人： 　　　　复核责任人：

二、地上附着物调查确认表

××乡（镇）××村（组）（盖章） 　　　　　　　　填表时间：××××年××月××日

序号	产权人	附着物名称	单位	规格	数量	复核	产权代表人签字	备注

登记责任人： 　　　　复核责任人：

三、青苗补偿调查确认表

××乡（镇）××村（组）（盖章）　　　　　　　　　　　填表时间：××××年××月××日

编号	姓名	农作物种类	位置	面积	生长期	平均产值	复核	签名	备注

登记责任人：　　　　　　　复核责任人：

附件 16

征收土地补偿、安置方案公告

经××区规划和自然资源分局与××乡××镇××村协商，于××××年××月××日签订征收土地补偿、安置协议，征收××乡（镇）××村集体土地××公顷，现就征收土地补偿、安置协议主要内容及征收土地补偿、安置情况公示如下：

一、拟征收土地位置（见附图）

东：＿＿＿＿＿＿＿＿＿＿＿＿＿＿＿＿＿；南：＿＿＿＿＿＿＿＿＿＿＿＿＿＿＿＿＿；

西：＿＿＿＿＿＿＿＿＿＿＿＿＿＿＿＿＿；北：＿＿＿＿＿＿＿＿＿＿＿＿＿＿＿＿＿；

地类名称	征收土地面积（公顷）	征收土地面积（亩）
耕地		
园地		
林地		
牧草地		
其他农用地		
建设用地		
未利用地		
合计		

二、土地补偿费和安置补助费的标准数额、支付方式和对象

本次征收土地补偿费和安置补助费标准按照《天津市征地区片综合地价标准》执行，为××万元/公顷，计××万元。

土地补偿费和安置补助费采取货币补偿，支付给被征地的农村集体经济组织，支付方式为转账。（土地补偿费和安置补助费采取非货币补偿（社保、还建、合作分成等形式），具体非货币补偿形式为××-××。

三、地上物和青苗补偿费的标准数额、支付方式和对象

地上物和青苗补偿费按《＿＿＿＿＿＿＿＿》有关规定执行，计××万元。地上物和青苗补偿费支付给所有者，支付方式为转账。

四、农业人员的具体安置途径

依照天津市规定，本次征收土地安置农业人口××人，其中劳动力××人。采取××××（安置方式）进行安置。

五、其他内容

自本公告张贴之日起 10 个工作日内（到××××年××月××日为止），被征地农村集体经济组织、农户或者其他权利人对上述公告有不同意见的，可以向××区规划和自然资源分局（地址、邮编、联系人、联系电话）提出具体意见。在此期限内可以就征收土地补偿标准和安置方案提出听证申请；逾期未提出意见或听证申请的，视为放弃权利。

六、本方案在征求意见后，报××区人民政府批准组织实施。根据《中华人民共和国土地管理法实施条例》第 25 条的规定，对批准后的《征收土地补偿、安置方案》有争议，不影响方案的组织实施。

特此公告

××区规划和自然资源分局
××××年××月××日

7. 山西省六厅局关于加强对探矿权采矿权建设项目用地与各类保护区重叠情况进行联合核查的通知

山西省国土资源厅　山西省环境保护厅
山西省林业厅　山西省水利厅
山西省住房和城乡建设厅　山西省文物局
关于加强对探矿权采矿权建设项目用地
与各类保护区重叠情况进行联合核查的通知
晋国土资发〔2017〕268号

各市国土资源局、环境保护局、林业局、水利（水务）局、住房和城乡建设局（太原市城乡管理委员会、大同市园林局、晋中市规划和城市管理局）、文物局：

为全面贯彻落实党中央、国务院关于加快推进生态文明建设的意见等重大决策部署，加快中央环保督察反馈意见的整改落实，有效防止新设、续发的探矿权、采矿权进入各类保护区，严格审批管理进入保护区的建设项目用地，进一步提高国土资源行政审批效率，经研究，现对探矿权、采矿权以及建设项目用地与各类保护区重叠情况进行联合核查提出如下意见，请各市遵照执行。

一、联合核查的项目范围

国土资源部、省国土资源厅领发勘查许可证的探矿权新立、转让、变更、延续（含保留）项目，国土资源部、省国土资源厅颁发采矿许可证的新立、转让、变更、延续（包括顺延）、划界及划界延续项目，国务院、省政府审批用地的建设项目以及由国土资源部和省国土资源厅用地预审的建设项目。

二、联合核查的程序

1. 各市国土资源局受理核查项目后，要及时将项目基本情况及范围坐标按职责函询市环保、林业、水利、住建、文物等部门。

2. 各部门在收到市国土资源局函询意见后，要及时安排相关职能部门认真核实，必要时可委托县级部门或技术人员到现场实地核查，确保核查结果的真实性和准确性。

3. 市有关部门应在10日内将核查意见及时反馈市国土资源局。

4. 市国土资源局应将市有关部门意见汇总后纳入报省国土资源厅的审查意见中，同时将各部门意见作为附件上报。

三、各部门的核查内容

国土部门应按服《地质遗迹保护管理规定》，负责探矿权、采矿权、建设项目用地范围与地质遗迹保护范围重叠情况的核查；环保部门应按照《中华人民共和国水污染防治法》等法律法规规定，负责探矿权、采矿权、建设项目用地范围与饮用水水源保护区范围重叠情况的核查；林业部门由按照《中华人民共和国自然保护区条例》、《山西省森林公园条例》《山西省永久性生态公益林保护条例》《湿地保护管理规定》等法律法规规定，负责探矿权、采矿权、建设项目用地范围与自然保护区、森林公园、湿地公园范、国家一级公益林、山西省永久性生态公益林、Ⅰ级保护林地范围重叠情况的核查；水利部门应按照《山西省泉城水资源保护条例》、山西省人民代表大会常务委员会《关于加强汾河、沁河、桑干河源区保护的决定》及山西省人民政府办公厅《关于印发汾河流域生态环境治理修复与保护工程方案的通知》（晋政办发〔2008〕59号）等相关规定，负责探矿权、采矿权建设项目用地范围与泉域重点保护区、以及汾河、沁河、桑干河保护区范围重叠情况的核查；住建部门应按照国务院《风景名胜区条例》和《山西省风景名胜区条例》等有关法规和规定，负责探矿权、采矿权、建设项目用地范围与风景名胜区规划范围重叠情况的核查；文物部门应按照《中华人民共和国文物保护法》等法律法规规定，负责探矿权、采矿权、建设项目用地范围与不可移动文物保护范围重叠情况的核查。

四、各部门的核查意见

各市有关部门按照本通知的要求，负责对探矿权、采矿权、建设项目用地与各类保护区重叠情况的核查，其核查意见作为颁发勘查许可证、采矿许可证以及建设项目用地预审批复及用地审批的重要依据，因此，各市有关部门的核查要有明确的核查结论：一是明确重叠不重叠；二是如果重叠，应其体到各功能分区及重叠面积；三是对探矿权、采矿权核查，全部重叠的应明确禁止勘查、开采的意见，对部分重叠的，应明确扣除重叠区域还是留设保安煤柱（矿柱）意见；四是对建设项目用地的核查，要根据项目建设形态，核查与各类自然保护区重叠的情况，提出具体意见；五是探矿权、采矿权以及其他建设项目用地核查后部分重叠的，应附不小于1：5万比例尺的重叠区域对照图（各部门应根据项目类型，按规定预留一定距离的缓冲带）及拐点坐标（纸质及电子版）。作为国土部门扣除禁止勘查、开采、建设的依据。

五、保障措施

（一）加强领导，高度重视

各有关部门要加强领导，落实责任，主动作为，勇于担当。要牢固树立生态保护优先的理念，协调处理好矿产资源开发利用与生态建设、环境保护之间的关系，确保在保护生态环境的前提下，进行矿产资源的开发和建设项目的落地，不能以牺牲环境为代价。

（二）部门联动，并联审查

充分利用本次中央环保督察形成的部门联动机制，集中精力摸清各类保护区范围内的矿业权重叠情况，发挥各部门职能作用，建立协同工作机制，制定完善配套措施.确保核查工作有序开展，清理退出依法依规。

为了提高审批效率，原则上一矿一年内只联合审查一次。若反馈意见后一年内保护区范围发生变化的，市级保护区主管部门应及时函告市国土资源局。

（三）舆论引导，公开透明

倡导"绿水青山就是金山银山"理念，进一步加大宣传力度，利用各种媒体，让所有探矿权、采矿权人、建设项目用地单位了解国家生态环境保护的大政方针，对与各类保护区重叠的项目，主动退出保护区重叠区域。各有关部门，要按照"一矿一策，分类处置"的原则，对与各类保护区重叠的探矿权、采矿权、建设项目用地，提出分期分类处置意见，并向社会公示，确保公开透明。

各市、县颁发采矿许可证、土地预审的项目，可参照本通知执行。

8. 北京市实施国土资源部《划拨用地目录》细则

北京市实施国土资源部《划拨用地目录》细则（全文）

京政办发〔2002〕54号

北京市人民政府办公厅转发

市国土房管局关于北京市实施国土资源部《划拨用地目录》细则的通知

各区、县人民政府，市政府各委、办、局，各市属机构：

市国土房管局制订的《北京市实施国土资源部〈划拨用地目录〉细则》已经市政府同意，现转发给你们，请认真贯彻执行，并就有关事项通知如下：

一、市有关行政主管部门要指导和监督建设单位按土地划拨批准文件中规定的用途使用土地，如确需改变土地建设用途且符合城市规划要求的，应按国家有关法律、法规规定，经有关行政主管部门同意后，报市政府批准。

二、对以划拨方式取得国有土地使用权的单位因撤销、迁移、合并等原因停止使用的原划拨国有土地，或经核准报废的公路、铁路、机场、矿场等用地，由土地行政主管部门报经原批准用地的人民政府或有批准权的人民政府批准，可以收回国有土地使用权。

三、凡以划拨方式取得的土地使用权，不得转让、出租、抵押。确需对划拨土地使用权进行转让、出租、抵押的，应按规定补办土地有偿使用手续。经批准可以不办理土地有偿使用手续的，转让方应将土地收益上缴国家。

四、本细则未涉及的建设项目，其用地应根据国家有关法律、法规规定以出让等有偿方式提供土地使用权。

五、本细则自 2002 年 12 月 10 日起施行。施行中的具体问题由市国土房管局负责协调解决。

二〇〇二年十二月四日

北京市实施国土资源部《划拨用地目录》细则

（市国土房管局　二〇〇二年十一月五日）

为加强划拨用地管理，严格划拨用地项目供地范围，保障国家和本市重点扶持建设项目用地的需要，根据《中华人民共和国土地管理法》、《中华人民共和国城市房地产管理法》和国土资源部《划拨用地目录》的规定，结合本市实际情况，制定本细则。

凡属于下列范围的建设项目，由建设单位提出申请，按有关规定审批后，其用地可按划拨方式提供土地使用权。

一、国家机关用地和军事用地

（一）各级财政拨款建设的国家机关办公用地（应严格控制建设规模标准）。

1. 各级党的机关、人大机关、政府机关、政协机关、审判机关、检察机关办公用地；

2. 工会、共青团、妇联等人民团体和民主党派机关办公用地。

（二）各级财政拨款建设的国家机关安全、保密、通信设施用地。

1. 党政专用通信设施；

2. 党政应急通信设施（含机房、线路、站点等）；

3. 保密、安全等特殊专用设施用地。

（三）军事用地。

1. 军事指挥机关、地面和地下指挥工程、作战工程；

2. 营区、军事训练场、试验场；

3. 军用机场、军用公路、铁路专用线；

4. 军用仓储库，军用输电、输油、输气管线；

5. 军用通信、通讯线路；

6. 国防军品科研、试验设施；

7. 其他军事设施。

二、城市基础设施用地和公益事业用地

（四）非营利性城市基础设施用地。

1. 公共取水、供水、治水、排水及其管理设施；

2. 公共燃气生产、供应、安全防护及其管理设施；

3. 公共热力生产、供应、安全防护及其管理设施；

4. 公共交通设施（含地铁、城市轨道交通线路及其车站、车辆段、运营调度设施、停车场，公交车站，公交停车场、维修车间、保养厂房、燃料供应设施，公交车辆调度、管理设施等）；

5. 公共环境卫生及其管理设施（含生活垃圾、医疗垃圾、特种垃圾的转运、处理、处置、粪便消纳设施等）；

6. 污水、中水处理厂、管线、泵站、水质监测及其管理设施；

7. 城市防灾、减灾及其管理设施；

8. 市政道路、广场；

9. 公共绿地（含公园、街头绿地等）及防护绿地（含绿化隔离带用地）。

（五）非营利性邮政设施用地。

1. 邮区中心局、邮件处理中心、邮件国际互换局、邮政支局（所）；

2. 邮政运输、物流配送中心；

3. 邮件转运站；

4. 邮运地道；

5. 报刊发行局；

6. 邮政配套设施（含邮车库、邮车停车场、邮政仓储用地、邮件装卸用地、集装容器维护调配处理场等）。

（六）非营利性科研机构设施用地。

1. 科研楼、实（试）验楼、资料馆；

2. 实（试）验站（场、基地）；

3. 科学研究、调查、观测设施。

（七）非营利性教育设施用地（含非营利性大专院校、中等专业学校、干校、党校、中学、小学、幼儿园、托儿所、业余进修学校、工读学校、特教学校用地）。

1. 教学、办公、实验设施，教学实习基地、训练场地；
2. 校（园）内非营利性文化体育设施（含会堂、体育馆、运动场、游泳池、学生及教工活动中心等）；
3. 校（园）内生活设施（含学生宿舍、学生及教工食堂、校内单身教工宿舍等）；
4. 特殊教育学校（盲校、聋哑学校、智障学校）的康复训练、技能训练设施；
5. 校外教育设施（含电化教育馆、教育电视台、远程教育、网络教育、学生军训基地等）。

（八）非营利性公共文化设施用地。

1. 图书馆、博物馆、纪念馆、文化馆、展览馆；
2. 剧场、排演场（馆）、音乐厅；
3. 社区文化站；
4. 少年宫、少年之家、青少年活动中心、青少年科技馆、青少年业余学校中的非营利性项目。

（九）非营利性医疗卫生设施用地。

1. 医院、（专科）门诊部（所）、急救中心、城乡卫生院、卫生服务中心、护理院、临床检验机构；
2. 各级政府所属妇幼保健所（院、站）、母婴保健机构、儿童保健机构、血站；
3. 各级政府所属卫生防疫站、疾病预防和控制中心、健康教育所、专科疾病防治所（站）、卫生执法监督设施。

（十）非营利性体育设施用地。

1. 各类体育运动项目比赛和专业训练场（馆、池、房）；
2. 各类体育运动项目比赛和专业训练场（馆、池、房）的非营利性配套设施（含体育场馆的停车场、道路、绿地，运动员宿舍、食堂、浴室、文化学习、健身、医疗、医务监督和身体恢复等专用设施，体育比赛和训练专用物品仓库及其管理设施等）；
3. 用于全民健身的大众性体育活动场馆及设施。

（十一）非营利性住宅配套服务设施用地。

1. 居委会用房、社区服务中心；
2. 老年人活动站、卫生站、牛奶站、热力交换站、锅炉房、密闭式清洁站、公共卫生间。

（十二）满足群众基本生活需要的农贸设施用地。

1. 经营农副产品比重达到70%（其中经营蔬菜的比重不低于50%）的新建市场；
2. 住宅楼或临街建筑首层或半地下室安排集贸市场应分摊的部分。

（十三）居住用地。

1. 经济适用住房项目；
2. 实行政府限价的康居（安居）住房及廉租住房；
3. 大学生公寓；
4. 经批准的住宅合作社集资建设的住宅项目；
5. 列入本市"十五"计划的危旧房改造地区内按照国家优惠政策用于安置居民的住宅；
6. 利用各级财政拨款、上级主管部门拨款、单位自有（筹）资金，在原自用土地上建成并执行房改政策的普通住宅（含单身职工集体宿舍）；

7. 联建、合建项目中原用地方分成的且执行房改政策的住宅；

8. 绿化隔离地区项目中建设的农民自住房屋部分住宅。

（十四）非营利性社会福利设施用地。

1. 综合性社会福利设施，老年人、儿童、残疾人社会福利设施；

2. 收容遣送站、流浪儿童救助保护中心；

3. 殡葬设施。

三、政府重点扶持的能源、交通、水利等基础设施用地

（十五）石油天然气设施用地。

1. 油（气）生产、管理设施及周边安全防护设施；

2. 油（气）生产附属配套设施；

3. 油（气）储藏、输送、运输设施。

（十六）煤炭设施用地。

1. 煤炭生产、加工场地及其管理设施；

2. 煤炭生产、加工附属配套设施；

3. 煤炭及为矿区服务的物资储存、转运、供应、运输设施。

（十七）水利设施用地。

1. 水利枢纽工程（含挡水、泄水设施，引水（尾水）系统，分洪道，水库淹没区及附属配套、管理设施等）；

2. 江河治理与滞洪区安全建设工程（含堤防、河道治理、水闸、泵站、涵洞、桥梁工程和管护设施，滞洪区、防护林带、滩区安全建设工程等）；

3. 灌溉、排涝系统设施（含取水系统、输排水、泵站、水厂设施等）；

4. 防汛抗旱设施；

5. 水文气象及水资源、水环境测报设施；

6. 水土保持管理设施（含管理站、苗圃、实验地、科研技术推广所等）；

7. 城市河湖等水环境监测、整治及其管理设施。

（十八）电力设施用地。

1. 发（变）电厂房及生产、管理设施；

2. 电力生产附属配套设施；

3. 输变电、配电设施；

4. 发（变）电厂厂区周围山体护坡、防护林及防排洪设施。

（十九）铁路交通设施用地。

1. 铁路线路（含专用线）、车站及站场中非营利性设备、设施；

2. 铁路运输生产及维修、养护设施；

3. 铁路专用设备、器材、材料生产设施；

4. 铁路安全守备、消防、战备设施；

5. 铁路专用物资仓储库（场）、废旧料场；

6. 铁路附属配套设施（含环境保护设施，专用通信设施，专用供电、排水、供暖、制冷、节能设施等）。

（二十）公路交通设施用地

1. 公路线路、桥梁、交叉工程、隧道；
2. 公路管理、通信、监控、安全设施；
3. 高速公路服务区（区内经营性用地除外）；
4. 公路养护道班（工区）及绿化苗圃；
5. 公路主枢纽，长途汽车客、货运站（场）中非营利性设施；
6. 公路线路用地界外设置的公路防护、排水、防洪、防雪、防波、防风沙设施，公路环境保护、监测设施。

（二十一）民用机场设施用地。
1. 机场飞行区（含跑道、滑行道系统、升降带、各类机坪、机场围界、巡场路等）；
2. 公共航空运输客、货业务设施（含航站楼、货运库站、危险品等特殊货物业务仓库等）；
3. 空中交通管理系统设施（含通信、导航、雷达、气象设施，航行情报、航务管理、空中交通管制设施等）；
4. 航材供应、航空器维修、适航检查和校验设施；
5. 供油系统设施（含运输、中转、储油、加油设施等）；
6. 民用航空配套设施（含消防、应急救援、安全检查设施，机场公用设施，环境保护设施，训练机场等）。

四、法律、法规规定的其他用地

（二十二）特殊用地。
1. 外事用地（指外国政府及国际组织驻华使领馆、办事处等）；
2. 宗教用地（指专门用于宗教活动的庙宇、寺院、道观、教堂等）；
3. 监狱；
4. 劳教所；
5. 看守所、治安拘留所、收容教育所、戒毒所；
6. 公检法部门建设的侦察、审判楼（庭）。

（二十三）国有企业改革中涉及的有关用地。
1. 继续作为城市基础设施、公益事业和政府重点扶持的能源、交通、水利等项目的（国有企业改造或改组为有限责任公司、股份有限公司的除外）；
2. 国有企业兼并国有企业或非国有企业，以及国有企业合并，兼并或合并后的企业是国有工业生产企业的；
3. 在国有企业兼并、合并中，被兼并的国有企业或国有企业合并中的一方属于濒临破产企业的；
4. 国有企业改造或改组为国有独资公司的，或国有大中型骨干企业改制为非上市的股份有限公司、有限责任公司或企业集团，且国有股权占50%以上，其使用的划拨土地使用权未作价入股且未改变土地使用性质的；
5. 国有企业分立后，土地使用性质不发生改变的；
6. 国有企业为安排下岗人员再就业，占用原厂房在企业内部兴办第三产业的（原厂房出租、转让的除外）；
7. 国有企业的职工住宅、学校、幼儿园、托儿所、医院等福利性设施；
8. 国有企业改制中涉及的国有土地，未实现城市总体规划且不宜办理土地使用权出让或出租的；

9. 本条第 2 至 6 款保留划拨用地方式的期限不超过 5 年。

（二十四）非营利性工业建设项目用地。

1. 国有企业、事业单位不改变原自用划拨土地用途，自筹资金建设的自用非营利性建设项目（主要包括厂房、车间、仓库、锅炉房、实验室、配电室、车库、内部食堂、幼儿园、托儿所、环保、消防设施等）；

2. 依照本市实施污染扰民企业搬迁政策规定和工业布局调整规划安排，中央、市（区）属企业迁离原厂址，利用污染扰民搬迁建设费在其他自有用地或新增土地上重新建厂的（应严格控制建设规模）。

（二十五）市人民政府批准的其他用地。

主题词：城乡建设　土地　细则　通知

抄　送：市委各部门，市人大常委会办公厅，市政协办公厅，市高级人民法院，市人民检察院，北京卫戍区。

各民主党派北京市委和北京市工商联。

北京市人民政府办公厅　2002 年 12 月 5 日印发

9. 关于发布和实施《工业项目建设用地控制指标》的通知

国土资发〔2008〕24号

各省、自治区、直辖市国土资源厅（国土环境资源厅、国土资源局、国土资源和房屋管理局、房屋土地资源管理局），解放军土地管理局，新疆生产建设兵团国土资源局：

为全面贯彻落实《国务院关于深化改革严格土地管理的决定》（国发〔2004〕28号）、《国务院关于加强土地调控有关问题的通知》（国发〔2006〕31号）和《国务院关于促进节约集约用地的通知》（国发〔2008〕3号），加强工业项目建设用地管理，促进节约集约用地，国土资源部对2004年发布的《工业项目建设用地控制指标（试行）》进行了修订。现将修订后的《工业项目建设用地控制指标》（以下简称《控制指标》）发布，请认真贯彻实施。

一、各级国土资源管理部门要严格执行《控制指标》与相关工程项目建设用地指标。不符合《控制指标》要求的工业项目，不予供地或对项目用地面积予以核减。对因生产安全等有特殊要求确需突破《控制指标》的，应当根据有关规定，结合项目实际进行充分论证，确属合理的，方可批准供地，并将项目用地的批准文件、土地使用合同等相关法律文书报省（区、市）国土资源管理部门备案。

二、编制工业项目供地文件和签订用地合同时，必须明确约定投资强度、容积率、建筑系数、行政办公及生活服务设施用地所占比重、绿地率等土地利用控制性指标要求及相关违约责任。

三、省（区、市）国土资源管理部门要切实加强对《控制指标》实施情况的监督管理。要根据本地区实际，在符合《控制指标》要求的前提下，制定或调整本地区的工业项目建设用地控制指标，并报部备案。要加强对工业用地利用状况的评价与分析，总结典型经验，加大宣传推广的工作力度，大力推进工业用地节约集约利用。

四、部将根据社会经济发展、技术进步、节约集约用地要求和《控制指标》实施情况，适时修订《控制指标》。

本《控制指标》发布实施后，《工业项目建设用地控制指标（试行）》（国土资发〔2004〕232号）停止执行。

二〇〇八年一月三十一日

工业项目建设用地控制指标

一、为认真贯彻落实节约资源的基本国策，促进建设用地的集约利用和优化配置，提高工业项目建设用地的管理水平，制定本工业项目建设用地控制指标（以下简称"控制指标"）。

二、本控制指标是对一个工业项目（或单项工程）及其配套工程在土地利用上进行控制的标准。

本控制指标适用于新建工业项目，改建、扩建工业项目可参照执行。

三、本控制指标是核定工业项目用地规模的重要标准，是编制工业项目用地有关法律文书、工业项目初步设计文件和可行性研究报告等的重要依据，是对工业项目建设情况进行检查验收和违约责任追究的重要尺度。

工业项目所属行业已有国家颁布的有关工程项目建设用地指标的，应同时满足本控制指标和有关工程项目建设用地指标的要求。

四、本控制指标由投资强度、容积率、建筑系数、行政办公及生活服务设施用地所占比重、绿地率五项指标构成。工业项目建设用地必须同时符合以下五项指标：

（一）工业项目投资强度控制指标应符合表1的规定；

（二）容积率控制指标应符合表2的规定；

（三）工业项目的建筑系数应不低于30%；

（四）工业项目所需行政办公及生活服务设施用地面积不得超过工业项目总用地面积的7%。严禁在工业项目用地范围内建造成套住宅、专家楼、宾馆、招待所和培训中心等非生产性配套设施；

（五）工业企业内部一般不得安排绿地。但因生产工艺等特殊要求需要安排一定比例绿地的，绿地率不得超过20%。

五、工业项目建设应采用先进的生产工艺、生产设备，缩短工艺流程，节约使用土地。对适合多层标准厂房生产的工业项目，应建设或进入多层标准厂房。

六、建设项目竣工验收时，没有达到本控制指标要求的，应依照合同约定及有关规定追究违约责任。

七、本控制指标由正文、控制指标应用说明（附件1）、土地等别划分（附件2）、《国民经济行业分类》（附件3）共四部分组成。土地等别划分、《国民经济行业分类》发生调整的，按调整后的执行。

附件：
1. 控制指标应用说明
2. 土地等别划分
3. 《国民经济行业分类》

附件 1

控制指标应用说明

一、指标应用

投资强度按地区、行业确定，在具体应用本控制指标时，首先根据附件 2 确定项目所在城市的土地等别，再根据表 1 确定各行业分类和工业用地的投资强度控制指标。

土地等别按照《财政部 国土资源部关于调整新增建设用地土地有偿使用费政策等问题的通知》（财综〔2006〕48 号）有关新增建设用地土地有偿使用费征收等别划分的规定执行（详见附件 2）；工业行业分类按《国民经济行业分类》（GB/T 4754—2002）执行（详见附件 3）。

二、指标解释

1. 投资强度：项目用地范围内单位面积固定资产投资额。计算公式：

投资强度＝项目固定资产总投资÷项目总用地面积

其中：项目固定资产总投资包括厂房、设备和地价款。

2. 容积率：项目用地范围内总建筑面积与项目总用地面积的比值。计算公式：

容积率＝总建筑面积÷总用地面积

建筑物层高超过 8 米的，在计算容积率时该层建筑面积加倍计算。

3. 行政办公及生活服务设施用地所占比重：项目用地范围内行政办公、生活服务设施占用土地面积（或分摊土地面积）占总用地面积的比例。计算公式：

行政办公及生活服务设施用地所占比重＝行政办公、生活服务设施占用土地面积÷项目总用地面积×100%

当无法单独计算行政办公和生活服务设施占用土地面积时，可以采用行政办公和生活服务设施建筑面积占总建筑面积的比重计算得出的分摊土地面积代替。

4. 建筑系数：项目用地范围内各种建筑物、用于生产和直接为生产服务的构筑物占地面积总和占总用地面积的比例。计算公式：

建筑系数＝（建筑物占地面积＋构筑物占地面积＋堆场用地面积）÷项目总用地面积×100%

5. 绿地率：绿地率是指规划建设用地范围内的绿地面积与规划建设用地面积之比。计算公式：

绿地率＝规划建设用地范围内的绿地面积÷项目总用地面积×100%

绿地率所指绿地面积包括厂区内公共绿地、建（构）筑物周边绿地等。

附件2

土地等别划分

一等：

上海：长宁区　虹口区　黄浦区　静安区　卢湾区　普陀区　徐汇区　杨浦区　闸北区

二等：

北京：朝阳区　崇文区　东城区　丰台区　海淀区　石景山区　西城区　宣武区

上海：浦东新区

三等：

广东：广州市（白云区　海珠区　荔湾区　萝岗区　天河区　越秀区）　深圳市（福田区　罗湖区　南山区　盐田区）

四等：

天津：和平区　河东区　河西区　河北区　红桥区　南开区

重庆：大渡口区　江北区　九龙坡区　南岸区　沙坪坝区　渝中区

河北：石家庄市（长安区　桥东区　桥西区　新华区　裕华区）

辽宁：大连市（甘井子区　沙河口区　西岗区　中山区）　沈阳市（大东区　东陵区　和平区　皇姑区　沈河区　铁西区　于洪区）

江苏：常州市（天宁区　新北区　钟楼区）南京市（白下区　鼓楼区　建邺区　秦淮区　下关区　玄武区　雨花台区）苏州市（沧浪区　虎丘区　金阊区　平江区）无锡市（北塘区　滨湖区　崇安区　南长区）

浙江：杭州市（滨江区　拱墅区　江干区　上城区　西湖区　下城区）　宁波市（海曙区　江东区　江北区）

福建：福州市（仓山区　鼓楼区　晋安区　台江区）　厦门市（海沧区　湖里区　思明区　集美区）

山东：济南市（市中区　历下区　槐荫区　天桥区）　青岛市（市南区　市北区　四方区　崂山区　李沧区）

湖北：武汉市（东西湖区　汉阳区　洪山区　江岸区　江汉区　硚口区　青山区　武昌区）

湖南：长沙市（芙蓉区　开福区　天心区　雨花区　岳麓区）

广东：汕头市（金平区　龙湖区）　珠海市（金湾区　香洲区）　深圳市宝安区

四川：成都市（成华区　锦江区　金牛区　青羊区　武侯区）

五等：

北京：通州区

天津：塘沽区

河北：唐山市（路北区　路南区　开平区）

山西：太原市（万柏林区　杏花岭区　迎泽区）

辽宁：鞍山市（立山区　千山区　铁东区　铁西区）

吉林：长春市（朝阳区　二道区　宽城区　绿园区　南关区）

黑龙江：哈尔滨市（道里区　道外区　南岗区　香坊区）

江苏：徐州市（鼓楼区　云龙区）

安徽：合肥市（包河区　庐阳区　蜀山区　瑶海区）

江西：南昌市（东湖区　西湖区　青山湖区　青云谱区）

河南：郑州市（二七区　管城回族区　惠济区　金水区　中原区）

广东：东莞市　佛山市禅城区　惠州市惠城区　中山市　深圳市龙岗区　广州市黄埔区

广西：南宁市（江南区　良庆区　青秀区　西乡塘区　兴宁区）

海南：海口市秀英区

云南：昆明市（官渡区　盘龙区　五华区）

陕西：西安市（灞桥区　碑林区　莲湖区　未央区　新城区　雁塔区）

新疆：乌鲁木齐市（东山区　沙依巴克区　水磨沟区　头屯河区　天山区　新市区）

六等：

北京：大兴区　昌平区　顺义区

天津：津南区　西青区

河北：保定市（北市区　南市区　新市区）　邯郸市（丛台区　邯山区　复兴区）

内蒙古：包头市（昆都仑区　东河区　青山区　九原区）

辽宁：本溪市（平山区　溪湖区　明山区）　抚顺市（东洲区　顺城区　新抚区　望花区）　盘锦市（兴隆台区　双台子区）　大连市（金州区　旅顺口区）

吉林：吉林市（船营区　龙潭区　昌邑区　丰满区）

黑龙江：大庆市萨尔图区

上海：嘉定区　宝山区　闵行区

江苏：南通市（崇川区　港闸区）　扬州市（维扬区　广陵区）　镇江市（京口区　润州区）　南京市栖霞区　常州市戚墅堰区　苏州市（吴中区　相城区）

浙江：温州市（龙湾区　鹿城区　瓯海区）

安徽：马鞍山市（花山区　金家庄区　雨山区）　芜湖市（镜湖区　鸠江区　弋江区）

福建：福州市马尾区

山东：潍坊市（潍城区　奎文区）　烟台市芝罘区　淄博市（博山区　临淄区　张店区　周村区　淄川区）　济南市历城区

河南：洛阳市（瀍河回族区　涧西区　老城区　洛龙区　西工区）

湖北：黄石市（黄石港区　西塞山区）　襄樊市（襄城区　樊城区）

湖南：衡阳市（石鼓区　雁峰区　蒸湘区　珠晖区）　湘潭市（岳塘区　雨湖区）　株洲市（荷塘区　芦淞区　石峰区　天元区）

广东：佛山市（南海区　顺德区）　广州市（番禺区　南沙区）　江门市（江海区　蓬江区）　汕头市濠江区　湛江市（赤坎区　霞山区　麻章区）

广西：柳州市（城中区　柳北区　柳南区　鱼峰区）

重庆：渝北区

云南：昆明市西山区

贵州：贵阳市（南明区　小河区　云岩区）

甘肃：兰州市（安宁区　城关区　七里河区　西固区）

七等：

北京：门头沟区　房山区

天津：东丽区　大港区　北辰区　汉沽区

河北：秦皇岛市（海港区　山海关区　北戴河区）

山西：长治市（城区　郊区）　大同市（城区　南郊区）　阳泉市（城区　郊区）　太原市（晋源区　小店区　尖草坪区）

内蒙古：呼和浩特市（回民区　赛罕区　新城区　玉泉区）

辽宁：丹东市（元宝区　振安区　振兴区）　葫芦岛市（连山区　龙港区）　锦州市（古塔区　凌河区　太和）　辽阳市（白塔区　太子河区　文圣区）　营口市（老边区　西市区　站前区）　沈阳市（沈北新区　苏家屯区）

吉林：长春市双阳区

黑龙江：牡丹江市（爱民区　东安区　西安区　阳明区）

上海：南汇区　松江区　金山区

江苏：江阴市　昆山市　连云港市（海州区　新浦区）　启东市　泰州市（海陵区　高港区）　张家港市　南京市（六合区　浦口区　江宁区）　无锡市（锡山区　惠山区）

浙江：嘉兴市（南湖区　秀洲区）　绍兴市越城区　台州市（黄岩区　椒江区　路桥区）　杭州市萧山区　宁波市（北仑区　镇海区）

安徽：淮南市（大通区　田家庵区）　淮北市（相山区　烈山区）

福建：泉州市（鲤城区　丰泽区）　漳州市芗城区　厦门市（同安区　翔安区）

江西：九江市浔阳区　南昌市湾里区

山东：泰安市（岱岳区　泰山区）　威海市环翠区

河南：安阳市（北关区　龙安区　文峰区　殷都区）　平顶山市（新华区　卫东区　湛河区）　新乡市（红旗区　牧野区　卫滨区）

湖北：荆州市（沙市区　荆州区）　宜昌市（西陵区　伍家岗区　点军区　猇亭区）

湖南：岳阳市岳阳楼区

广东：潮州市湘桥区　茂名市（茂南区　茂港区）　佛山市三水区　韶关市（武江区　浈江区）　阳江市江城区　肇庆市端州区　广州市花都区　湛江市坡头区

广西：桂林市（叠彩区　七星区　象山区　秀峰区）

青海：西宁市（城北区　城东区　城西区　城中区）

宁夏：银川市（金凤区　西夏区　兴庆区）

八等：

北京：怀柔区

天津：武清区

河北：沧州市（新华区　运河区）　承德市（双桥区　双滦区）　衡水市桃城区　廊坊市（安次区　广阳区）　邢台市（桥东区　桥西区）　张家口市（桥东区　桥西区）

唐山市丰润区

辽宁：朝阳市（龙城区　双塔区）　阜新市（海州区　太平区　细河区）　铁岭市银州区　辽阳市宏伟区

吉林：四平市（铁东区　铁西区）　通化市（东昌区　二道江区）　延吉市

黑龙江：哈尔滨市（平房区　松北区）　鹤岗市（东山区　工农区　南山区　向阳区　兴安区　兴山区）　鸡西市鸡冠区　佳木斯市（东风区　郊区　前进区　向阳区）　齐齐哈尔市（建华区　龙沙区　铁锋区）

上海：奉贤区　青浦区

江苏：常熟市　淮安市（清河区　清浦区）　吴江市　宜兴市　常州市武进区

浙江：湖州市（南浔区　吴兴区）　金华市（金东区　婺城区）　义乌市　杭州市余杭区　宁波市鄞州区

安徽：安庆市（大观区　宜秀区　迎江区）　蚌埠市（蚌山区　淮上区　龙子湖区　禹会区）　铜陵市（郊区　狮子山区　铜官山区）　芜湖市三山区

福建：福清市　晋江市　石狮市　泉州市洛江区　漳州市龙文区

江西：赣州市章贡区

山东：济宁市（任城区　市中区）　临沂市兰山区　枣庄市市中区　青岛市（黄岛区　城阳区）　烟台市莱山区

河南：焦作市（解放区　山阳区）　开封市（鼓楼区　金明区　龙亭区　顺河回族区　禹王台区）

湖北：十堰市（茅箭区　张湾区）

湖南：常德市（鼎城区　武陵区）　郴州市（北湖区　苏仙区）

广东：汕头市（潮南区　潮阳区　澄海区）　河源市源城区　惠州市惠阳区　揭阳市榕城区　开平市　梅州市梅江区　清远市清城区　汕尾市城区　台山市　增城市　普宁市　肇庆市鼎湖区　珠海市斗门区　江门市新会区

海南：三亚市　海口市（龙华区　美兰区　琼山区）

重庆：巴南区

贵州：遵义市（红花岗区　汇川区）　贵阳市白云区

云南：玉溪市红塔区

宁夏：石嘴山市大武口区

新疆：克拉玛依市克拉玛依区

九等：

北京：密云县　平谷区　延庆县

天津：宝坻区　蓟县　静海县

河北：鹿泉市　唐山市（古冶区　丰南区）　张家口市宣化区

山西：临汾市尧都区　晋中市榆次区　大同市新荣区

辽宁：海城市　瓦房店市　营口市鲅鱼圈区

吉林：辽源市（龙山区　西安区）　松原市宁江区

上海：崇明县

江苏：丹阳市　海门市　靖江市　溧阳市　如皋市　太仓市　泰兴市　通州市　盐城市

亭湖区　扬中市　徐州市泉山区　连云港市连云区

浙江：慈溪市　上虞市　绍兴县　余姚市　舟山市（定海区　普陀区）　诸暨市

福建：龙岩市新罗区　莆田市（城厢区　涵江区　荔城区）　三明市（梅列区　三元区）

江西：吉安市（吉州区　青原区）　景德镇市（昌江区　珠山区）　萍乡市安源区　新余市渝水区　宜春市袁州区　九江市庐山区

山东：滨州市滨城区　德州市德城区　菏泽市牡丹区　莱芜市莱城区　莱州市　聊城市东昌府区　龙口市　日照市（东港区　岚山区）　荣成市　文登市　东营市东营区　烟台市（福山区　牟平区）　潍坊市（坊子区　寒亭区）

河南：漯河市源汇区　南阳市（宛城区　卧龙区）

湖北：鄂州市鄂城区　荆门市（东宝区　掇刀区）　潜江市　仙桃市　武汉市江夏区

湖南：娄底市娄星区　邵阳市（北塔区　大祥区　双清区）　益阳市（赫山区　资阳区）　永州市（冷水滩区　零陵区）　岳阳市云溪区　衡阳市南岳区

广东：从化市　恩平市　佛山市高明区　高要市　鹤山市　惠东县　廉江市　罗定市　云浮市云城区

广西：北海市（海城区　银海区）　防城港市港口区　贵港市（港北区　港南区　覃塘区）　梧州市（万秀区　蝶山区　长洲区）桂林市雁山区

重庆：北碚区

四川：德阳市旌阳区　绵阳市（涪城区　游仙区）

云南：安宁市

贵州：贵阳市（花溪区　乌当区）

陕西：宝鸡市（金台区　渭滨区）　汉中市汉台区　铜川市（王益区　印台区）

新疆：石河子市

十等：

天津：宁河县

河北：藁城市　迁安市　三河市　辛集市　正定县　涿州市　石家庄市井陉矿区

山西：侯马市　晋城市城区　运城市盐湖区　阳泉市矿区

内蒙古：赤峰市（红山区　松山区　元宝山区）　通辽市科尔沁区　乌海市（海勃湾区　海南区　乌达区）

辽宁：大石桥市　盖州市　普兰店市　庄河市　本溪市南芬区　铁岭市清河区

吉林：白城市洮北区　白山市八道江区　敦化市　公主岭市　梅河口市　图们市

黑龙江：哈尔滨市（阿城区　呼兰区）　黑河市爱辉区　尚志市　双城市　双鸭山市（宝山区　尖山区　岭东区　四方台区）　绥芬河市　绥化市北林区　伊春市伊春区　肇东市　大庆市（红岗区　龙凤区　让胡路区）

江苏：东台市　江都市　姜堰市　金坛市　仪征市　徐州市（贾汪区　九里区）　镇江市丹徒区　淮安市楚州区　扬州市邗江区

浙江：东阳市　富阳市　海宁市　乐清市　丽水市莲都区　临海市　衢州市柯城区　瑞安市　温岭市　永康市

安徽：亳州市谯城区　滁州市（南谯区　琅琊区）　繁昌县　肥东县　肥西县　阜阳

市（颍东区　颍泉区　颍州区）　宁国市　芜湖县　宣城市宣州区

福建：长乐市　龙海市　南安市　南平市延平区　永安市　泉州市泉港区

江西：丰城市　贵溪市　上饶市信州区　鹰潭市月湖区

山东：即墨市　胶州市　寿光市　招远市　邹城市　莱芜市钢城区　临沂市（河东区　罗庄区）

河南：鹤壁市（鹤山区　淇滨区　山城区）　濮阳市华龙区　三门峡市湖滨区　许昌市魏都区

湖北：黄冈市黄州区　随州市曾都区　天门市　孝感市孝南区　沙洋县　江陵县　武汉市蔡甸区　黄石市（铁山区　下陆区）鄂州市华容区

湖南：长沙县　怀化市鹤城区　浏阳市　张家界市永定区　岳阳市君山区

广东：博罗县　潮安县　电白县　佛冈县　高州市　海丰县　化州市　揭东县　乐昌市　雷州市　连州市　陆丰市　南澳县　南雄市　韶关市曲江区　四会市　吴川市　信宜市　阳春市　英德市

广西：钦州市（钦北区　钦南区）　武鸣县　南宁市邕宁区　玉林市玉州区　来宾市兴宾区　防城港市防城区　北海市铁山港区

海南：儋州市　琼海市

重庆：双桥区　万盛区

四川：成都市龙泉驿区　乐山市（沙湾区　市中区）　泸州市江阳区　内江市市中区　攀枝花市（东区　仁和区）　宜宾市翠屏区　自贡市（大安区　自流井区）

贵州：六盘水市钟山区

云南：昆明市东川区　曲靖市麒麟区

西藏：拉萨市城关区

陕西：渭南市临渭区　咸阳市（秦都区　渭城区）　西安市（长安区　临潼区　阎良区）

甘肃：白银市白银区　嘉峪关市　金昌市金川区　天水市秦州区　兰州市红古区

新疆：阿克苏市　喀什市　库尔勒市　伊宁市

十一等：

河北：霸州市　定州市　高碑店市　邯郸县　黄骅市　任丘市　武安市　新乐市　遵化市　邯郸市峰峰矿区　张家口市下花园区

山西：介休市　朔州市朔城区　孝义市　忻州市忻府区　原平市　大同市矿区

内蒙古：呼伦贝尔市海拉尔区　乌兰察布市集宁区　满洲里市　乌兰浩特市

辽宁：北票市　灯塔市　东港市　凤城市　开原市　凌海市　凌源市　调兵山市　新民市　兴城市　本溪满族自治县　阜新市（清河门区　新邱区）　辽阳市弓长岭区　葫芦岛市南票区

吉林：和龙市　桦甸市　珲春市　集安市　蛟河市　九台市　临江市　龙井市　磐石市　舒兰市　榆树市

黑龙江：海林市　海伦市　密山市　七台河市（茄子河区　桃山区　新兴区）　庆安县　五常　鸡西市滴道区

江苏：宝应县　大丰市　高淳县　高邮市　海安县　句容市　溧水县　邳州市　如东县

宿迁市宿城区　新沂市　兴化市

浙江：嘉善县　兰溪市　临安市　桐乡市　玉环县

安徽：长丰县　巢湖市居巢区　黄山市（徽州区　屯溪区）　六安市（金安区　裕安区）　宿州市埇桥区　淮北市杜集区

福建：惠安县　连江县　闽侯县　宁德市蕉城区　莆田市秀屿区

江西：抚州市临川区　井冈山市　乐平市　萍乡市湘东区

山东：安丘市　昌邑市　肥城市　胶南市　莱西市　莱阳市　蓬莱市　平度市　青州市　曲阜市　乳山市　滕州市　新泰市　兖州市　章丘市　诸城市　枣庄市（薛城区　峄城区）

河南：济源市　商丘市（梁园区　睢阳区）　太康县　信阳市（平桥区　浉河区）　驻马店市驿城区　郑州市上街区　洛阳市吉利区　焦作市（马村区　中站区）　新乡市凤泉区

湖北：赤壁市　大冶市　丹江口市　洪湖市　老河口市　麻城市　石首市　松滋市　武穴市　咸宁市咸安区　宜城市　应城市　襄樊市襄阳区　枣阳市　钟祥市　武汉市（汉南区　黄陂区　新洲区）　鄂州市梁子湖区

湖南：吉首市　耒阳市　醴陵市　临湘市　汨罗市　湘乡市　沅江市　张家界市武陵源区

广东：德庆县　封开县　怀集县　惠来县　揭西县　连平县　龙门县　梅县　清新县　饶平县　遂溪县　新丰县　新兴县　兴宁市　徐闻县　阳东县　阳西县　云安县

广西：百色市右江区　北流市

海南：澄迈县　东方市　万宁市　文昌市

重庆：涪陵区　万州区　江津市

四川：达州市通川区　都江堰市　峨眉山市　广元市市中区　江油市　南充市（高坪区　嘉陵区　顺庆区）　彭州市　双流县　遂宁市船山区　西昌市　成都市青白江区　内江市东兴区

贵州：安顺市西秀区

云南：楚雄市　河口瑶族自治县

陕西：安康市汉滨区　韩城市　延安市宝塔区　咸阳市杨陵区

甘肃：白银市平川区　天水市麦积区

新疆：昌吉市　哈密市　吐鲁番市　乌鲁木齐县　乌鲁木齐市达坂城区

十二等：

河北：安国市　泊头市　沧县　大厂回族自治县　抚宁县　高邑县　河间市　冀州市　定兴县　晋州市　井陉县　乐亭县　蠡县　卢龙县　栾城县　滦南县　滦县　迁西县　青县　清河县　沙河市　深州市　唐海县　香河县　徐水县　永年县　玉田县　承德市鹰手营子矿区

山西：长治县　汾阳市　高平市　古交市　河津市　怀仁县　霍州市　吕梁市离石区　灵石县　潞城市　平定县　清徐县　永济市　左云县　朔州市平鲁区

内蒙古：巴彦淖尔市临河区　鄂尔多斯市东胜区　锡林浩特市　牙克石市　扎兰屯市

辽宁：北镇市　朝阳县　大洼县　抚顺县　阜新蒙古族自治县　辽阳县　辽中县　盘山县　绥中县　铁岭县　长海县

吉林：安图县　白山市江源区　长白朝鲜族自治县　大安市　德惠市　东丰县　东辽县　抚松县　辉南县　梨树县　柳河县　农安县　前郭尔罗斯蒙古族自治县　双辽市　洮南市　通化县　汪清县　永吉县

黑龙江：安达市　北安市　富锦市　虎林市　宁安市　铁力市　五大连池市　大庆市大同区　齐齐哈尔市（昂昂溪区　富拉尔基区　梅里斯达斡尔族区）　鸡西市（城子河区　恒山区　梨树区　麻山区）　伊春市（南岔区　汤旺河区　西林区）

江苏：东海县　赣榆县　洪泽县　建湖县　金湖县　沛县　射阳县　泗洪县　泗阳县　铜山县　盐城市盐都区　淮安市淮阴区

浙江：德清县　奉化市　海盐县　建德市　江山市　平湖市　嵊州市　桐庐县　新昌县

安徽：池州市贵池区　当涂县　含山县　绩溪县　泾县　舒城县　桐城市　铜陵县　淮南市（八公山区　潘集区　谢家集区）

福建：福安市　福鼎市　建瓯市　罗源县　闽清县　南靖县　沙县　邵武市　武夷山市　云霄县　漳平市　漳浦县　诏安县

江西：安福县　德兴市　高安市　吉安县　进贤县　芦溪县　南昌县　南康市　瑞昌市　瑞金市　泰和县　峡江县　新干县　樟树市

山东：长岛县　高密市　海阳市　临清市　栖霞市　枣庄市（山亭区　台儿庄区）　东营市河口区

河南：安阳县　长葛市　登封市　邓州市　巩义市　辉县市　林州市　灵宝市　孟州市　沁阳市　荥阳市　汝州市　卫辉市　舞钢市　项城市　新密市　新乡县　新郑市　许昌县　偃师市　漯河市（郾城区　召陵区）　义马市　永城市　禹州市　中牟县　周口市川汇区　平顶山市石龙区

湖北：安陆市　当阳市　恩施市　广水市　汉川市　宜都市　枝江市　宜昌市夷陵区

湖南：安仁县　安乡县　常宁市　道县　桂阳县　汉寿县　衡东县　衡南县　衡山县　衡阳县　华容县　津市市　冷水江市　澧县　涟源市　临澧县　临武县　南县　宁乡县　祁东县　祁阳县　韶山市　邵东县　邵阳县　石门县　双峰县　桃江县　桃源县　望城县　武冈市　湘潭县　湘阴县　新邵县　攸县　岳阳县　株洲县　资兴市

广东：大埔县　东源县　丰顺县　广宁县　和平县　蕉岭县　连南瑶族自治县　连山壮族瑶族自治县　龙川县　陆河县　平远县　仁化县　始兴县　翁源县　五华县　阳山县　郁南县　紫金县　乳源瑶族自治县

广西：岑溪市　东兴市　桂平市　合浦县　合山市　河池市金城江区　贺州市八步区　临桂县　柳城县　柳江县　容县　田东县　昭平县　钟山县

海南：昌江黎族自治县　定安县　临高县　五指山市　陵水黎族自治县

重庆：合川市　永川市

四川：崇州市　广安市广安区　广汉市　绵竹市　邛崃市　什邡市　成都市（新都区　温江区）　攀枝花市西区　自贡市（贡井区　沿滩区）　泸州市（龙马潭区　纳溪区）　乐山市（金口河区　五通桥区）

贵州：都匀市　凯里市　清镇市　铜仁市　兴义市

云南：大理市　个旧市　石林彝族自治县　瑞丽市

西藏：日喀则市

陕西：华县　华阴市　黄陵县　洛川县　潼关县　兴平市　榆林市榆阳区　铜川市耀

州区

甘肃：成县　敦煌市　酒泉市肃州区　临夏市　永登县　玉门市　武威市凉州区　陇南市武都区

宁夏：灵武市　青铜峡市　吴忠市利通区　中卫市沙坡头区

新疆：阿勒泰市　阿图什市　博乐市　阜康市　奎屯市　米泉市　塔城市　乌苏市　克拉玛依市（白碱滩区　独山子区　乌尔禾区）

十三等：

河北：安平县　柏乡县　昌黎县　磁县　大城县　东光县　高阳县　固安县　故城县　怀来县　景县　临城县　灵寿县　满城县　南宫市　宁晋县　清苑县　容城县　深泽县　肃宁县　唐县　望都县　文安县　吴桥县　献县　兴隆县　邢台县　雄县　宣化县　阳原县　易县　元氏县　枣强县　赵县

山西：长子县　大同县　代县　定襄县　繁峙县　河曲县　洪洞县　壶关县　稷山县　绛县　交城县　黎城县　临猗县　陵川县　柳林县　宁武县　平陆县　平顺县　平遥县　蒲县　祁县　沁水县　曲沃县　芮城县　山阴县　寿阳县　太谷县　文水县　闻喜县　五台县　乡宁县　襄汾县　襄垣县　新绛县　阳城县　翼城县　应县　盂县　垣曲县　泽州县　中阳县

内蒙古：额尔古纳市　根河市

辽宁：昌图县　法库县　黑山县　桓仁满族自治县　建昌县　建平县　喀喇沁左翼蒙古族自治县　康平县　宽甸满族自治县　清原满族自治县　台安县　西丰县　新宾满族自治县　岫岩满族自治县　义县　彰武县

吉林：靖宇县　伊通满族自治县

黑龙江：巴彦县　勃利县　方正县　鸡东县　林口县　穆棱市　讷河市　通河县　同江市　望奎县　延寿县　肇源县　肇州县　齐齐哈尔市碾子山区　伊春市（翠峦区　带岭区　红星区　金山屯区　美溪区　上甘岭区　新青区　五营区　乌马河区　乌伊岭区　友好区）

江苏：滨海县　丰县　阜宁县　灌南县　灌云县　涟水县　沭阳县　宿迁市宿豫区　睢宁县　响水县　盱眙县

浙江：安吉县　苍南县　长兴县　龙泉市　龙游县　宁海县　平阳县　象山县　永嘉县　嵊泗县　衢州市衢江区

安徽：砀山县　东至县　凤台县　广德县　和县　霍邱县　霍山县　界首市　金寨县　庐江县　明光市　南陵县　祁门县　青阳县　石台县　寿县　濉溪县　天长市　涡阳县　无为县　歙县　萧县　黄山市黄山区

福建：安溪县　长泰县　东山县　古田县　建阳市　将乐县　平潭县　上杭县　顺昌县　霞浦县　仙游县　永春县　永定县　永泰县　尤溪县

江西：大余县　分宜县　广丰县　吉水县　九江县　宁都县　上栗县　上饶县　万安县　万年县　新建县　永丰县　永修县　余江县

山东：博兴县　曹县　昌乐县　济南市长清区　定陶县　东阿县　东明县　费县　高青县　高唐县　桓台县　惠民县　济阳县　嘉祥县　金乡县　莒南县　莒县　乐陵市　梁山县　临朐县　临邑县　陵县　宁阳县　平邑县　平阴县　平原县　齐河县　商河县　泗水县　郯城县　微山县　汶上县　阳谷县　沂源县　鱼台县　禹城市　郓城县　邹平县

河南：宝丰县 博爱县 长垣县 方城县 淮阳县 潢川县 临颍县 鹿邑县 孟津县 内乡县 濮阳县 淇县 清丰县 汝南县 陕县 遂平县 汤阴县 唐河县 通许县 尉氏县 西平县 新安县 新野县 修武县 鄢陵县 延津县 镇平县

湖北：保康县 长阳土家族自治县 崇阳县 大悟县 公安县 谷城县 红安县 黄梅县 嘉鱼县 监利县 京山县 利川市 南漳县 蕲春县 团风县 浠水县 孝昌县 远安县 云梦县 郧县 秭归县

湖南：安化县 茶陵县 辰溪县 慈利县 东安县 洞口县 洪江市 会同县 嘉禾县 靖州苗族侗族自治县 蓝山县 隆回县 麻阳苗族自治县 宁远县 平江县 绥宁县 新化县 新宁县 新田县 溆浦县 炎陵县 宜章县 永兴县 芷江侗族自治县 中方县

广西：博白县 苍梧县 富川瑶族自治县 荔浦县 灵川县 陆川县 南丹县 平果县 平乐县 平南县 全州县 上思县 藤县 田阳县 兴安县 阳朔县 宜州市

海南：白沙黎族自治县 保亭黎族苗族自治县 乐东黎族自治县 琼中黎族苗族自治县 屯昌县

重庆：南川市

四川：安县 宝兴县 苍溪县 长宁县 达县 大邑县 大竹县 富顺县 高县 珙县 简阳市 江安县 金堂县 筠连县 阆中市 泸县 米易县 南溪县 彭山县 郫县 仁寿县 荣县 三台县 射洪县 石棉县 万源市 新津县 宜宾县 荥经县 资阳市雁江区 眉山市东坡区 雅安市雨城区 巴中市巴州区 广元市（朝天区 元坝区） 遂宁市安居区

贵州：毕节市 赤水市 贵定县 开阳县 龙里县 仁怀市 息烽县 修文县 遵义县

云南：保山市隆阳区 呈贡县 澄江县 峨山彝族自治县 江川县 晋宁县 景洪市 开远市 丽江市古城区 潞西市 屏边苗族自治县 石屏县 水富县 思茅市翠云区 通海县 宜良县 昭通市昭阳区

陕西：安塞县 白水县 城固县 大荔县 府谷县 富平县 富县 甘泉县 高陵县 横山县 户县 黄龙县 佳县 靖边县 米脂县 清涧县 三原县 子长县 子洲县 神木县 绥德县 吴堡县 吴起县 延长县 宜川县 志丹县 商洛市商州区

甘肃：阿克塞哈萨克族自治县 定西市安定区 皋兰县 合水县 合作市 徽县 两当县 宁县 平凉市崆峒区 庆城县 文县 庆阳市西峰区 榆中县 张掖市甘州区

宁夏：贺兰县 石嘴山市惠农区 平罗县 永宁县 中宁县

新疆：和田市 呼图壁县 霍城县 精河县 库车县 轮台县 玛纳斯县 沙湾县 莎车县 鄯善县 托克逊县 新源县 焉耆回族自治县 泽普县 五家渠市

十四等：

河北：安新县 博野县 成安县 承德县 赤城县 大名县 肥乡县 丰宁满族自治县 阜城县 阜平县 馆陶县 广平县 广宗县 海兴县 怀安县 鸡泽县 巨鹿县 宽城满族自治县 涞水县 涞源县 临西县 临漳县 隆化县 隆尧县 滦平县 孟村回族自治县 内丘县 南和县 南皮县 平泉县 平山县 平乡县 青龙满族自治县 邱县 曲阳县 曲周县 饶阳县 任县 涉县 顺平县 万全县 威县 围场满族蒙古族自治县 蔚县 魏县 无极县 武强县 武邑县 新河县 行唐县 盐山县 永清县 赞皇县 涿鹿县

山西：安泽县 保德县 大宁县 方山县 汾西县 浮山县 古县 广灵县 和顺县

九、其他

浑源县　吉县　交口县　静乐县　岢岚县　岚县　临县　灵丘县　娄烦县　偏关县　沁县　沁源县　神池县　石楼县　天镇县　屯留县　万荣县　五寨县　武乡县　昔阳县　隰县　夏县　兴县　阳高县　阳曲县　永和县　右玉县　榆社县　左权县

内蒙古：阿尔山市　阿荣旗　敖汉旗　巴林左旗　达拉特旗　鄂伦春自治旗　鄂温克族自治旗　二连浩特市　丰镇市　杭锦后旗　霍林郭勒市　科尔沁左翼后旗　林西县　莫力达瓦达斡尔族自治旗　宁城县　土默特右旗　土默特左旗　翁牛特旗　乌拉特前旗　五原县　包头市（白云矿区　石拐区）

吉林：长岭县　扶余县　乾安县

黑龙江：宝清县　抚远县　富裕县　集贤县　克东县　克山县　兰西县　萝北县　明水县　木兰县　嫩江县　绥滨县　塔河县　汤原县　友谊县　大兴安岭加格达奇

浙江：常山县　淳安县　岱山县　洞头县　缙云县　景宁畲族自治县　开化县　磐安县　浦江县　青田县　庆元县　三门县　松阳县　遂昌县　泰顺县　天台县　文成县　武义县　仙居县　云和县

安徽：枞阳县　定远县　凤阳县　阜南县　固镇县　怀宁县　怀远县　旌德县　来安县　郎溪县　利辛县　临泉县　灵璧县　蒙城县　潜山县　全椒县　泗县　宿松县　太和县　太湖县　望江县　五河县　休宁县　黟县　颖上县

福建：大田县　德化县　华安县　连城县　平和县　浦城县　泰宁县

江西：安义县　安远县　鄱阳县　崇仁县　德安县　定南县　东乡县　浮梁县　赣县　横峰县　会昌县　金溪县　靖安县　莲花县　龙南县　南城县　铅山县　上高县　上犹县　石城县　遂川县　万载县　武宁县　婺源县　信丰县　兴国县　修水县　寻乌县　弋阳县　永新县　于都县　玉山县　资溪县

山东：单县　广饶县　垦利县　利津县　蒙阴县　武城县　沂南县　沂水县

河南：范县　封丘县　扶沟县　固始县　光山县　滑县　淮滨县　获嘉县　浚县　开封县　兰考县　鲁山县　栾川县　罗山县　泌阳县　民权县　南乐县　南召县　杞县　确山县　商城县　上蔡县　社旗县　沈丘县　渑池县　桐柏县　温县　武陟县　舞阳县　西华县　西峡县　淅川县　襄城县　叶县　伊川县　原阳县　正阳县

湖北：巴东县　房县　建始县　来凤县　罗田县　通城县　五峰土家族自治县　兴山县　阳新县　英山县　竹山县

湖南：保靖县　城步苗族自治县　凤凰县　古丈县　桂东县　花垣县　江华瑶族自治县　江永县　龙山县　泸溪县　汝城县　桑植县　双牌县　通道侗族自治县　新晃侗族自治县　永顺县　沅陵县

广西：宾阳县　崇左市江州区　大化瑶族自治县　扶绥县　横县　金秀瑶族自治县　乐业县　灵山县　凌云县　隆林各族自治县　鹿寨县　蒙山县　浦北县　田林县　西林县　兴业县

重庆：璧山县　长寿区　大足县　垫江县　丰都县　奉节县　开县　梁平县　綦江县　荣昌县　铜梁县　潼南县　巫山县　武隆县　云阳县　忠县

四川：安岳县　巴塘县　北川羌族自治县　布拖县　大英县　丹棱县　德昌县　甘洛县　古蔺县　汉源县　合江县　洪雅县　华蓥市　会理县　夹江县　犍为县　剑阁县　井研县　九寨沟县　开江县　康定县　乐至县　邻水县　隆昌县　芦山县　泸定县　罗江县　马边彝族自治县　马尔康县　茂县　冕宁县　名山县　沐川县　南部县　南江县　蓬安县　蓬溪县

平昌县 平武县 屏山县 蒲江县 青川县 青神县 渠县 天全县 通江县 旺苍县 威远县 汶川县 武胜县 西充县 兴文县 叙永县 宣汉县 盐边县 盐亭县 仪陇县 营山县 岳池县 中江县 资中县 梓潼县

贵州：独山县 福泉市 金沙县 荔波县 平坝县 施秉县 桐梓县 玉屏侗族自治县 镇远县

云南：宾川县 大姚县 洱源县 富民县 富源县 华宁县 会泽县 建水县 景东彝族自治县 兰坪白族普米族自治县 临沧市临翔区 陆良县 禄丰县 禄劝彝族苗族自治县 绿春县 罗平县 马龙县 勐海县 勐腊县 弥渡县 弥勒县 牟定县 南华县 普洱哈尼族彝族自治县 师宗县 双柏县 嵩明县 绥江县 腾冲县 文山县 武定县 祥云县 新平彝族傣族自治县 宣威市 寻甸回族彝族自治县 姚安县 易门县 永仁县 元江哈尼族彝族傣族自治县 元谋县 沾益县 玉龙纳西族自治县

陕西：澄城县 定边县 凤县 凤翔县 扶风县 汉阴县 合阳县 泾阳县 蓝田县 礼泉县 略阳县 眉县 勉县 南郑县 平利县 岐山县 商南县 石泉县 太白县 武功县 西乡县 旬阳县 延川县 镇安县 周至县 柞水县 宝鸡市陈仓区

甘肃：瓜州县 崇信县 宕昌县 迭部县 甘谷县 广河县 华池县 华亭县 环县 会宁县 金塔县 泾川县 景泰县 靖远县 康乐县 康县 礼县 临洮县 灵台县 碌曲县 玛曲县 民勤县 山丹县 肃北蒙古族自治县 天祝藏族自治县 武山县 西和县 夏河县 永昌县 永靖县 镇原县 正宁县 卓尼县

青海：大通回族土族自治县 德令哈市 格尔木市 互助土族自治县 湟中县 乐都县 民和回族土族自治县 平安县

宁夏：固原市原州区

新疆：阿瓦提县 巴楚县 博湖县 察布查尔锡伯自治县 额敏县 富蕴县 伽师县 和静县 和硕县 吉木萨尔县 麦盖提县 沙雅县 疏附县 疏勒县 尉犁县 温宿县 叶城县 伊宁县 英吉沙县 岳普湖县 阿拉尔市 图木舒克市

十五等：

河北：崇礼县 沽源县 康保县 尚义县 张北县 内蒙古：阿巴嘎旗 阿拉善右旗 阿拉善左旗 阿鲁科尔沁旗 巴林右旗 察哈尔右翼后旗 察哈尔右翼前旗 察哈尔右翼中旗 陈巴尔虎旗 达尔罕茂明安联合旗 磴口县 东乌珠穆沁旗 多伦县 额济纳旗 鄂托克旗 鄂托克前旗 固阳县 杭锦旗 和林格尔县 化德县 喀喇沁旗 开鲁县 科尔沁右翼前旗 科尔沁右翼中旗 科尔沁左翼中旗 克什克腾旗 库伦旗 凉城县 奈曼旗 清水河县 商都县 四子王旗 苏尼特右旗 苏尼特左旗 太仆寺旗 突泉县 托克托县 乌拉特后旗 乌拉特中旗 乌审旗 武川县 西乌珠穆沁旗 镶黄旗 新巴尔虎右旗 新巴尔虎左旗 兴和县 伊金霍洛旗 扎赉特旗 扎鲁特旗 正蓝旗 正镶白旗 准格尔旗 卓资县

吉林：通榆县 镇赉县

黑龙江：拜泉县 宾县 东宁县 杜尔伯特蒙古族自治县 甘南县 呼玛县 桦川县 桦南县 嘉荫县 林甸县 龙江县 漠河县 青冈县 饶河县 绥棱县 孙吴县 泰来县 逊克县 依安县 依兰县

安徽：岳西县

福建：长汀县 光泽县 建宁县 明溪县 宁化县 屏南县 清流县 寿宁县 松溪县

武平县　柘荣县　政和县　周宁县

江西：崇义县　都昌县　奉新县　广昌县　湖口县　乐安县　黎川县　南丰县　彭泽县　全南县　铜鼓县　星子县　宜丰县　宜黄县　余干县

山东：苍山县　成武县　茌平县　东平县　冠县　巨野县　鄄城县　临沭县　宁津县　庆云县　无棣县　五莲县　夏津县　莘县　阳信县　沾化县

河南：郸城县　郏县　卢氏县　洛宁县　内黄县　宁陵县　平舆县　汝阳县　商水县　嵩县　睢县　台前县　息县　夏邑县　新蔡县　新县　宜阳县　虞城县　柘城县

湖北：鹤峰县　神农架林区　通山县　咸丰县　宣恩县　郧西县　竹溪县

广西：巴马瑶族自治县　大新县　德保县　东兰县　都安瑶族自治县　凤山县　恭城瑶族自治县　灌阳县　环江毛南族自治县　靖西县　龙胜各族自治县　龙州县　隆安县　罗城仫佬族自治县　马山县　那坡县　宁明县　凭祥市　融安县　融水苗族自治县　三江侗族自治县　上林县　天等县　天峨县　武宣县　象州县　忻城县　永福县　资源县

重庆：城口县　彭水苗族土家族自治县　石柱土家族自治县　巫溪县　秀山土家族苗族自治县　酉阳土家族苗族自治县　黔江区

四川：阿坝县　白玉县　丹巴县　道孚县　稻城县　得荣县　德格县　峨边彝族自治县　甘孜县　黑水县　红原县　会东县　金川县　金阳县　九龙县　雷波县　理塘县　理县　炉霍县　美姑县　木里藏族自治县　宁南县　普格县　壤塘县　若尔盖县　色达县　石渠县　松潘县　喜德县　乡城县　小金县　新龙县　雅江县　盐源县　越西县　昭觉县

贵州：安龙县　册亨县　岑巩县　长顺县　从江县　大方县　丹寨县　道真仡佬族苗族自治县　德江县　凤冈县　关岭布依族苗族自治县　赫章县　黄平县　惠水县　剑河县　江口县　锦屏县　雷山县　黎平县　六枝特区　罗甸县　麻江县　湄潭县　纳雍县　盘县　平塘县　普安县　普定县　黔西县　晴隆县　榕江县　三都水族自治县　三穗县　石阡县　水城县　思南县　松桃苗族自治县　绥阳县　台江县　天柱县　万山特区　望谟县　威宁彝族回族苗族自治县　瓮安县　务川仡佬族苗族自治县　习水县　兴仁县　沿河土家族自治县　印江土家族苗族自治县　余庆县　贞丰县　镇宁布依族苗族自治县　正安县　织金县　紫云苗族布依族自治县

云南：沧源佤族自治县　昌宁县　大关县　德钦县　凤庆县　福贡县　富宁县　耿马傣族佤族自治县　贡山独龙族怒族自治县　广南县　鹤庆县　红河县　华坪县　剑川县　江城哈尼族彝族自治县　金平苗族瑶族傣族自治县　景谷傣族彝族自治县　澜沧拉祜族自治县　梁河县　龙陵县　陇川县　泸水县　泸西县　鲁甸县　麻栗坡县　马关县　蒙自县　孟连傣族拉祜族佤族自治县　墨江哈尼族自治县　南涧彝族自治县　宁蒗彝族自治县　巧家县　丘北县　施甸县　双江拉祜族佤族布朗族傣族自治县　威信县　巍山彝族回族自治县　维西傈僳族自治县　西畴县　西盟佤族自治县　盐津县　砚山县　漾濞彝族自治县　彝良县　盈江县　永德县　永平县　永善县　永胜县　元阳县　云龙县　云县　镇康县　镇雄县　镇沅彝族哈尼族拉祜族自治县　香格里拉县

西藏：安多县　昂仁县　八宿县　巴青县　白朗县　班戈县　比如县　边坝县　波密县　察雅县　察隅县　昌都县　措美县　措勤县　错那县　达孜县　当雄县　丁青县　定结县　定日县　堆龙德庆县　噶尔县　改则县　岗巴县　革吉县　工布江达县　贡嘎县　贡觉县　吉隆县　加查县　嘉黎县　江达县　江孜县　康马县　拉孜县　朗县　浪卡子县　类乌齐县　林芝县　林周县　隆子县　洛隆县　洛扎县　芒康县　米林县　墨脱县　墨竹工卡县　那曲

县　乃东县　南木林县　尼玛县　尼木县　聂拉木县　聂荣县　普兰县　琼结县　曲水县　曲松县　仁布县　日土县　萨嘎县　萨迦县　桑日县　申扎县　索县　谢通门县　亚东县　札达县　扎囊县　仲巴县　左贡县

陕西：白河县　彬县　长武县　淳化县　丹凤县　佛坪县　岚皋县　麟游县　留坝县　陇县　洛南县　宁强县　宁陕县　蒲城县　千阳县　乾县　山阳县　旬邑县　洋县　宜君县　永寿县　镇巴县　镇坪县　紫阳县

甘肃：东乡族自治县　高台县　古浪县　和政县　积石山保安族东乡族撒拉族自治县　静宁县　临潭县　临夏县　临泽县　陇西县　民乐县　岷县　秦安县　肃南裕固族自治县　通渭县　渭源县　张家川回族自治县　漳县　清水县　舟曲县　庄浪县

青海：班玛县　称多县　达日县　都兰县　甘德县　刚察县　共和县　贵德县　贵南县　海晏县　河南蒙古族自治县　化隆回族自治县　湟源县　尖扎县　久治县　玛多县　玛沁县　门源回族自治县　祁连县　曲麻莱县　天峻县　同德县　同仁县　乌兰县　囊谦县　兴海县　循化撒拉族自治县　玉树县　杂多县　泽库县　治多县

宁夏：海原县　泾源县　隆德县　彭阳县　同心县　西吉县　盐池县

新疆：阿合奇县　阿克陶县　巴里坤哈萨克自治县　拜城县　昭苏县　布尔津县　策勒县　福海县　巩留县　哈巴河县　和布克赛尔蒙古自治县　和田县　吉木乃县　柯坪县　洛浦县　民丰县　墨玉县　木垒哈萨克自治县　尼勒克县　皮山县　奇台县　且末县　青河县　若羌县　塔什库尔干塔吉克自治县　特克斯县　托里县　温泉县　乌恰县　乌什县　新和县　伊吾县　于田县　裕民县

附件3

《国民经济行业分类》

本控制指标仅列出了《国民经济行业分类》（GB/T 4754—2002）中制造业部分的分类目录，详细内容参见《国民经济行业分类》（GB/T 4754—2002）。

本门类包括13-43大类。指经物理变化或化学变化后成为了新的产品，不论是动力机械制造，还是手工制作；也不论产品是批发销售，还是零售，均视为制造。

建筑物中的各种制成品零部件的生产应视为制造。但在建筑预制品工地，把主要部件组装成桥梁、仓库设备、铁路与高架公路、升降机与电梯、管道设备、喷水设备、暖气设备、通风设备与空调设备，照明与安装电线等组装活动，以及建筑物的装置，均列为建筑活动。

在主要从事产品制造的企业（单位）中，为产品销售而进行的机械与设备的组装与安装活动，应按其主要活动归类。

13 农副食品加工业

131　1310 谷物磨制　　132　1320 饲料加工　　133 植物油加工　　1331 食用植物油加工　　1332 非食用植物油加工　　134　1340 制糖　　135 屠宰及肉类加工　　1351 畜禽屠宰　　1352 肉制品及副产品加工指主要以各种畜、禽肉为原料加了成熟肉制品，以及畜、禽副产品的加工活动。　136 水产品加工　　1361 水产品冷冻加工　　1362 鱼糜制品及

水产品干腌制加工　　　1363 水产饲料制造　　　1364 鱼油提取及制品的制造　　　1369 其他水产品加工　　　137　　1370 蔬菜、水果和坚果加工　　　139 其他农副食品加工　　　1391 淀粉及淀粉制品的制造　　　1392 豆制品制造　　　1393 蛋品加工　　　1399 其他未列明的农副食品加工

14 食品制造业

　　　141 焙烤食品制造　　　1411 糕点、面包制造　　　1419 饼干及其他焙烤食品制造　　　142 糖果、巧克力及蜜饯制造　　　1421 糖果、巧克力制造　　　1422 蜜饯制作　　　143 方便食品制造　　　1431 米、面制品制造　　　1432 速冻食品制造　　　1439 方便面及其他方便食品制造　　　144　　1440 液体乳及乳制品制造　　　145 罐头制造　　　1451 肉、禽类罐头制造　　　1452 水产品罐头制造　　　1453 蔬菜、水果罐头制造　　　1459 其他罐头食品制造　　　146 调味品、发酵制品制造　　　1461 味精制造　　　1462 酱油、食醋及类似品的制造　　　1469 其他调味品、发酵制品制造　　　149 其他食品制造　　　1491 营养、保健食品制造　　　1492 冷冻饮品及食用冰制造　　　1493 盐加工　　　1494 食品及饲料添加剂制造　　　1499 其他未列明的食品制造

15 饮料制造业

　　　151　　1510 酒精制造　　　152 酒的制造　　　1521 白酒制造　　　1522 啤酒制造　　　1523 黄酒制造　　　1524 葡萄酒制造　　　1529 其他酒制造　　　153 软饮料制造　　　1531 碳酸饮料制造　　　1532 瓶（罐）装饮用水制造　　　1533 果菜汁及果菜汁饮料制造　　　1534 含乳饮料和植物蛋白饮料制造　　　1535 固体饮料制造　　　1539 茶饮料及其他软饮料制造　　　154　　1540 精制茶加工

16 烟草制品业

　　　161　　1610 烟叶复烤　　　162　　1620 卷烟制造　　　169　　1690 其他烟草制品加工

17 纺织业

　　　171 棉、化纤纺织及印染精加工　　　1711 棉、化纤纺织加工　　　1712 棉、化纤印染精加工　　　172 毛纺织和染整精加工　　　1721 毛条加工　　　1722 毛纺织　　　1723 毛染整精加工　　　173　　1730 麻纺织　　　174 丝绢纺织及精加工　　　1741 缫丝加工　　　1742 绢纺和丝织加工　　　1743 丝印染精加工　　　175 纺织制成品制造　　　1751 棉及化纤制品制造　　　1752 毛制品制造　　　1753 麻制品制造　　　1754 丝制品制造　　　1755 绳、索、缆的制造　　　1756 纺织带和帘子布制造　　　1757 无纺布制造　　　1759 其他纺织制成品制造　　　176 针织品、编织品及其制品制造　　　1761 棉、化纤针织品及编织品制造　　　1762 毛针织品及编织品制造　　　1763 丝针织品及编织品制造　　　1769 其他针织品及编织品制造

18 纺织服装、鞋、帽制造业

　　　181　　1810 纺织服装制造　　　182　　1820 纺织面料鞋的制造　　183　　1830 制帽

19 皮革、毛皮、羽毛（绒）及其制品业

　　　191　　1910 皮革鞣制加工　　　192 皮革制品制造　　　1921 皮鞋制造　　　1922 皮革服装制造　　　1923 皮箱、包（袋）制造　　　1924 皮手套及皮装饰制品制造　　　1929 其他皮革制品

制造　　193 毛皮鞣制及制品加工　　1931 毛皮鞣制加工　　1932 毛皮服装加工　　1939 其他毛皮制品加工　　194 羽毛（绒）加工及制品制造　　1941 羽毛（绒）加工　　1942 羽毛（绒）制品加工

20 木材加工及木、竹、藤、棕、草制品业

201 锯材、木片加工　　2011 锯材加工　　2012 木片加工　　202 人造板制造　　2021 胶合板制造　　2022 纤维板制造　　2023 刨花板制造　　2029 其他人造板、材制造　　203 木制品制造　　2031 建筑用木料及木材组件加工　　2032 木容器制造　　2039 软木制品及其他木制品制造　　204　2040 竹、藤、棕、草制品制造

21 家具制造业

211　2110 木质家具制造　　212　2120 竹、藤家具制造　　213　2130 金属家具制造　　214　2140 塑料家具制造　　219　2190 其他家具制造

22 造纸及纸制品业

221　2210 纸浆制造　　222 造纸　　2221 机制纸及纸板制造　　2222 手工纸制造　　2223 加工纸制造　　223 纸制品制造　　2231 纸和纸板容器的制造　　2239 其他纸制品制造

23 印刷业和记录媒介的复制

231 印刷　　2311 书、报、刊印刷　　2312 本册印制　　2319 包装装潢及其他印刷　　232　2320 装订及其他印刷服务活动　　233　2330 记录媒介的复制

24 文教体育用品制造业

241 文化用品制造　　2411 文具制造　　2412 笔的制造　　2413 教学用模型及教具制造　　2414 墨水、墨汁制造　　2419 其他文化用品制造　　242 体育用品制造　　2421 球类制造　　2422 体育器材及配件制造　　2423 训练健身器材制造　　2424 运动防护用具制造　　2429 其他体育用品制造　　243 乐器制造　　2431 中乐器制造　　2432 西乐器制造　　2433 电子乐器制造　　2439 其他乐器及零件制造　　244　2440 玩具制造　　245 游艺器材及娱乐用品制造　　2451 露天游乐场所游乐设备制造　　2452 游艺用品及室内游艺器材制造

25 石油加工、炼焦及核燃料加工业

251 精炼石油产品的制造　　2511 原油加工及石油制品制造　　2512 人造原油生产　　252　2520 炼焦　　253　2530 核燃料加工

26 化学原料及化学制品制造业

261 基础化学原料制造　　2611 无机酸制造　　2612 无机碱制造　　2613 无机盐制造　　2614 有机化学原料制造　　2619 其他基础化学原料制　　262 肥料制造　　2621 氮肥制造　　2622 磷肥制造　　2623 钾肥制造　　2624 复混肥料制造　　2625 有机肥料及微生物肥料制造　　2629 其他肥料制造　　263 农药制造　　2631 化学农药制造　　2632 生物化学农药及微生物农药制造　　264 涂料、油墨、颜料及类似产品制造　　2641 涂料制造

2642 油墨及类似产品制造　　2643 颜料制造　　2644 染料制造　　2645 密封用填料及类似品制造　　265 合成材料制造　　2651 初级形态的塑料及合成树脂制造　　2652 合成橡胶制造　　2653 合成纤维单（聚合）体的制造　　2659 其他合成材料制造　　266 专用化学产品制造　　2661 化学试剂和助剂制造　　2662 专项化学用品制造　　2663 林产化学产品制造　　2664 炸药及火工产品制造　　2665 信息化学品制造　　2666 环境污染处理专用药剂材料制造　　2667 动物胶制造　　2669 其他专用化学产品制造　　267 日用化学产品制造　　2671 肥皂及合成洗涤剂制造　　2672 化妆品制造　　2673 口腔清洁用品制造　　2674 香料、香精制造　　2679 其他日用化学产品制造

27 医药制造业

271　2710 化学药品原药制造　　272　2720 化学药品制剂制造　　273　2730 中药饮片加工　　274　2740 中成药制造　　275　2750 兽用药品制造　　276　2760 生物、生化制品的制造　　277　2770 卫生材料及医药用品制造

28 化学纤维制造业

281 纤维素纤维原料及纤维制造　　2811 化纤浆粕制造　　2812 人造纤维（纤维素纤维）制造　　282 合成纤维制造　　2821 锦纶纤维制造　　2822 涤纶纤维制造　　2823 腈纶纤维制造　　2824 维纶纤维制造　　2829 其他合成纤维制造

29 橡胶制品业

291 轮胎制造　　2911 车辆、飞机及工程机械轮胎制造　　2912 力车胎制造　　2913 轮胎翻新加工　　292　2920 橡胶板、管、带的制造　　293　2930 橡胶零件制造　　294　2940 再生橡胶制造　　295　2950 日用及医用橡胶制品制造　　296　2960 橡胶靴鞋制造　　299　2990 其他橡胶制品制造

30 塑料制品业

301　3010 塑料薄膜制造　　302　3020 塑料板、管、型材的制造　　303　3030 塑料丝、绳及编织品的制造　　304　3040 泡沫塑料制造　　305　3050 塑料人造革、合成革制造　　306　3060 塑料包装箱及容器制造　　307　3070 塑料零件制造　　308 日用塑料制造　　3081 塑料鞋制造　　3082 日用塑料杂品制造　　309　3090 其他塑料制品制造

31 非金属矿物制品业

311 水泥、石灰和石膏的制造　　3111 水泥制造　　3112 石灰和石膏制造　　312 水泥及石膏制品制造　　3121 水泥制品制造　　3122 砼结构构件制造　　3123 石棉水泥制品制造　　3124 轻质建筑材料制造　　3129 其他水泥制品制造　　313 砖瓦、石材及其他建筑材料制造　　3131 粘土砖瓦及建筑砌块制造　　3132 建筑陶瓷制品制造　　3133 建筑用石加工　　3134 防水建筑材料制造　　3135 隔热和隔音材料制造　　3139 其他建筑材料制造　　314 玻璃及玻璃制品制造　　3141 平板玻璃制造　　3142 技术玻璃制品制造　　3143 光学玻璃制造　　3144 玻璃仪器制造　　3145 日用玻璃制品及玻璃包装容器制造　　3146 玻璃保温容器制造　　3147 玻璃纤维及制品制造　　3148 玻璃纤维增强塑料制品制造　　3149 其他玻璃制品制造　　315 陶瓷制品制造　　3151 卫生陶瓷制造　　3152 特种陶瓷制品制造　　3153 日用陶瓷制品制造　　3159 园林、陈设艺术及其他陶瓷制品制造

316 耐火材料制品制造　　3161 石棉制品制造　　3162 云母制品制造　　3169 耐火陶瓷制品及其他耐火材料制造　　319 石墨及其他非金属矿物制品制造　　3191 石墨及碳素制品制造　　3199 其他非金用矿物制品制造

32 黑色金属冶炼及压延加工业

321　　3210 炼铁 322　　3220 炼钢 323　　3230 钢压延加工 324　　3240 铁合金冶炼

33 有色金属冶炼及压延加工业

331 常用有色金属冶炼　　3311 铜冶炼　　3312 铅锌冶炼　　3313 镍铬冶炼 3314 锡冶炼　　3315 锑冶炼　　3316 铝冶炼　　3317 镁冶炼　　3319 其他常用有色金属冶炼　　332 贵金属冶炼　　3321 金冶炼　　3322 银冶炼　　3329 其他贵金属冶炼 333 稀有稀土金属冶炼　　3331 钨钢冶炼　　3332 稀土金属冶炼　　3339 其他稀有稀土冶炼　　334　　3340 有色金属合金制造　　335 有色金属压延加工　　3351 常用有色金属压延加工　　3352 贵金属压延加工　　3353 稀有稀土金属压延加工

34 金属制品业

341 结构性金属制品制造　　3411 金属结构制造　　3412 金属门窗制造　　342 金属工具制造　　3421 切削工具制造　　3422 手工具制造　　3423 农用及园林用金属工具制造　　3424 刀剪及类似日用金属工具制造　　3429 其他金属工具制造　　343 集装箱及金属包装容器制造　　3431 集装箱制造　　3432 金属压力容器制造　　3433 金属包装容器制造 344　　3440 金属丝绳及其制品的制造　　345 建筑、安全用金属制品制造　　3451 建筑、家具用金属配件制造　　3452 建筑装饰及水暖管道零件制造　　3453 安全、消防用金属制品制造　　3459 其他建筑、安全用金属制品制造　　3460 金属表面处理及热处理加工 347 搪瓷制品制造　　3471 工业生产配套用搪瓷制品制造　　3472 搪瓷卫生洁具制造 3479 搪瓷日用品及其他搪瓷制品制造　　348 不锈钢及类似日用金属制品制造　　3481 金属制厨房调理及卫生器具制造　　3482 金属制厨用器皿及餐具制造　　3489 其他日用金属制品制造　　349 他金属制品制造　　3491 铸币及贵金属制实验室用品制造　　3499 其他未列明的金属制品制造

35 通用设备制造业

351 锅炉及原动机制造　　3511 锅炉及辅助设备制造　　3512 内燃机及配件制造 3513 汽轮机及辅机制造　　3514 水轮机及辅机制造　　3519 其他原动机制造　　352 金属加工机械制造　　3521 金属切削机床制造　　3522 金属成形机床制造　　3523 铸造机械制造　　3524 金属切割及焊接设备制造　　3525 机床附件制造　　3529 其他金属加工机械制造　　353　　3530 起重运输设备制造　　354 泵、阀门、压缩机及类似机械的制造 3541 泵及真空设备制造　　3542 气体压缩机械制造　　3543 阀门和旋塞的制造　　3544 液压和气压动力机械及元件制造　　355 轴承、齿轮、传动和驱动部件的制造　　3551 轴承制造　　3552 齿轮、传动和驱动部件制造　　356　　3560 烘炉、熔炉及电炉制造　　357 风机、衡器、包装设备等通用设备制造　　3571 风机、风扇制造　　3572 气体、液体分离及纯净设备制造　　3573 制冷、空调设备制造　　3574 风动和电动工具制造　　3575 喷枪及类似器具制造　　3576 包装专用设备制造　　3577 衡器制造　　3579 其他通用设备制造

358 通用零部件制造及机械修理　　3581 金属密封件制造　　3582 紧固件、弹簧制造　　3583 机械零部件加工及设备修理　　3589 其他通用零部件制造　　359 金属铸、锻加工　　3591 钢铁铸件制造　　3592 锻件及粉末冶金制品制造

36 专用设备制造业

361 矿山、冶金、建筑专用设备制造　　3611 采矿、采石设备制造　　3612 石油钻采专用设备制造　　3613 建筑工程用机械制造　　3614 建筑材料生产专用机械制造　　3615 冶金专用设备制造　　362 化工、木材、非金属加工专用设备制造　　3621 炼油、化工生产专用设备制造　　3622 橡胶加工专用设备制造　　3623 塑料加工专用设备制造　　3624 木材加工机械制造　　3625 模具制造　　3629 其他非金属加工专用设备制造　　363 食品、饮料、烟草及饲料生产专用设备制造　　3631 食品、饮料、烟草工业专用设备制造　　3632 农副食品加工专用设备制造　　3633 饲料生产专用设备制造　　364 印刷、制药、日化生产专用设备制造　　3641 制浆和造纸专用设备制造　　3642 印刷专用设备制造　　3643 日用化工专用设备制造　　3644 制药专用设备制造　　3645 照明器具生产专用设备制造　　3646 玻璃、陶瓷和搪瓷制品生产专用设备制造　　3649 其他日用品生产专用设备制造　　365 纺织、服装和皮革工业专用设备制造　　3651 纺织专用设备制造　　3652 皮革、毛皮及其制品加工专用设备制造　　3653 缝纫机械制造　　3659 其他服装加工专用设备制造　　366 电子和电工机械专用设备制造　　3661 电工机械专用设备制造　　3662 电子工业专用设备制造　　3663 武器弹药制造　　3669 航空、航天及其他专用设备制造　　367 农、林、牧、渔专用机械制造　　3671 拖拉机制造　　3672 机械化农业及园艺机具制造　　3673 营林及木竹采伐机械制造　　3674 畜牧机械制造　　3675 渔业机械制造　　3676 农林牧渔机械配件制造　　3679 其他农林牧渔业机械制造及机械修理　　368 医疗仪器设备及器械制造　　3681 医疗诊断、监护及治疗设备制造　　3682 口腔科用设备及器具制造　　3683 实验室及医用消毒设备和器具的制造　　3684 医疗、外科及兽医用器械制造　　3685 机械治疗及病房护理设备制造　　3686 假肢、人工器官及植（介）入器械制造　　3689 其他医疗设备及器械制造　　369 环保、社会公共安全及其他专用设备制造　　3691 环境污染防治专用设备制造　　3692 地质勘查专用设备制造　　3693 邮政专用机械及器材制造　　3694 商业、饮食、服务业专用设备制造　　3695 社会公共安全设备及器材制造　　3696 交通安全及管制专用设备制造　　3697 水资源专用机械制造　　3699 其他专用设备制造

37 交通运输设备制造业

371 铁路运输设备制造　　3711 铁路机车车辆及动车组制造　　3712 工矿有轨专用车辆制造　　3713 铁路机车车辆配件制造　　3714 铁路专用设备及器材、配件制造　　3719 其他铁路设备制造及设备修理　　372 汽车制造　　3721 汽车整车制造　　3722 改装汽车制造　　3723 电车制造　　3725 汽车零部件及配件制造　　3726 汽车修理　　373 摩托车制造　　3731 摩托车整车制造　　3732 摩托车零部件及配件制造　　374 自行车制造　　3741 脚踏自行车及残疾人座车制造　　3742 助动自行车制造　　375 船舶及浮动装置制造　　3751 金属船舶制造　　3752 非金属船舶制造　　3753 娱乐船和运动船的建造和修理　　3754 船用配套设备制造　　3755 船舶修理及拆船　　3759 航标器材及其他浮动装置的制造　　376 航空航天器制造　　3761 飞机制造及修理　　3762 航天器制造　　3769 其他飞

行器制造　　379 交通器材及其他交通运输设备制造　　3791 潜水及水下救捞装备制造　　3792 交通管理用金属标志及设施制造　　3799 其他交通运输设备制造

39 电气机械及器材制造业

391 电机制造　　3911 发电机及发电机组制造　　3912 电动机制造　　3919 微电机及其他电机制造　　392 输配电及控制设备制造　　3921 变压器、整流器和电感器制造　　3922 电容器及其配套设备制造　　3923 配电开关控制设备制造　　3924 电力电子元器件制造　　3929 其他输配电及控制设备制造　　393 电线、电缆、光缆及电工器材制造　　3931 电线电缆制造　　3932 光纤、光缆制造　　3933 绝缘制品制造　　3939 其他电工器材制造　　394　3940 电池制造　　395 家用电力器具制造　　3951 家用制冷电器具制造　　3952 家用空气调节器制造　　3953 家用通风电器具制造　　3954 家用厨房电器具制造　　3955 家用清洁卫生电器具制造　　3956 家用美容、保健电器具制造　　3957 家用电力器具专用配件制造　　3959 其他家用电力器具制造　　396 非家用器具制造　　3961 燃气、太阳能及类似能源的器具制造　　3969 其他非电力家用器具制造　　397 照明器具制造　　3971 电光源制造　　3972 照明灯具制造　　3979 灯用电器附件及其他照明器具制造　　399 其他电气机械及器材制造　　3991 车辆专用照明及电气信号设备装置制造　　3999 其他未列明的电气机械制造

40 通信设备、计算机及其他电子设备制造业

401 通信设备制造　　4011 通信传输设备制造　　4012 通信交换设备制造　　4013 通信终端设备制造　　4014 移动通信及终端设备制造　　4019 其他通信设备制造　　402　4020 雷达及配套设备制造　　403 广播电视设备制造　　4031 广播电视节目制作及发射设备制造　　4032 广播电视接收设备及器材制造　　4039 应用电视设备及其他广播电视设备制造　　404 电子计算机制造　　4041 电子计算机整机制造　　4042 计算机网络设备制造　　4043 电子计算机外部设备制造　　405 电子器件制造　　4051 电子真空器件制造　　4052 半导体分立器件制造　　4053 集成电路制造　　4059 光电子器件及其他电子器件制造　　406 电子元件制造　　4061 电子元件及组件制造　　4062 印制电路板制造　　407 家用视听设备制造　　4071 家用影视设备制造　　4072 家用音响设备制造　　409　4090 其他电子设备制造

41 仪器仪表及文化、办公用机械制造业

411 通用仪器仪表制造　　4111 工业自动控制系统装置制造　　4112 电工仪器仪表制造　　4113 绘图、计算及测量仪器制造　　4114 实验分析仪器制造　　4115 试验机制造　　4119 供应用仪表及其他通用仪器制造　　412 专用仪器仪表制造　　4121 环境监测专用仪器仪表制造　　4122 汽车及其他用计数仪表制造　　4123 导航、气象及海洋专用仪器制造　　4124 农林牧渔专用仪器仪表制造　　4125 地质勘探和地震专用仪器制造　　4126 教学专用仪器制造　　4127 核子及核辐射测量仪器制造　　4128 电子测量仪器制造　　4129 其他专用仪器制造　　413　4130 钟表与计时仪器制造　　414 光学仪器及眼镜制造　　4141 光学仪器制造　　4142 眼镜制造　　415 文化、办公用机械制造　　4151 电影机械制造　　4152 幻灯及投影设备制造　　4153 照相机及器材制造　　4154 复印和胶印设备制造　　4155 计算器及货币专用设备制造　　4159 其他文化、办公用机械制造　　419　4190

其他仪器仪表的制造及修理

42 工艺品及其他制造业

421 工艺美术品制造　　4211 雕塑工艺品制造　　4212 金属工艺品制造　　4213 漆器工艺品制造　　4214 花画工艺品制造　　4215 天然植物纤维编织工艺品制造　　4216 抽纱刺绣工艺品制造　　4217 地毯、挂毯制造　　4218 珠宝首饰及有关物品的制造　　4219 其他工艺美术品制造　　422 日用杂品制造　　4221 制镜及类似品加工　　4222 鬃毛加工、制刷及清扫工具的制造　　4229 其他日用杂品制造　　423　4230 煤制品制造　　424　4240 核辐射加工　　429　4290 其他未列明的制造业

43 废弃资源和废旧材料回收加工业

431　4310 金属废料和碎屑的加工处理　　432　4320 非金属废料和碎屑的加工处理

10. 石油天然气工程项目用地控制指标

目　次

1　基本规定
2　油田工程用地控制指标
　2.1　进井场道路
　2.2　井场
　2.3　计量站（集油间）和配水（注配）间
　2.4　接转站
　2.5　转油放水站
　2.6　脱水站
　2.7　注水站
　2.8　配注站
　2.9　采出水处理站
　2.10　油田集气增压站
　2.11　油田气处理厂和原油稳定站
　2.12　汽车装卸油装置
　2.13　集中处理站
3　气田工程用地控制指标
　3.1　进井场道路
　3.2　井场
　3.3　集气站
　3.4　增压站
　3.5　脱水（硫）站
　3.6　单位工程用地指标
　3.7　天然气净化（处理）厂
　3.8　凝析气集中处理站
　3.9　凝析油铁路装车站
4　长距离输油气管道工程用地控制指标
　4.1　原油管道站场
　4.2　成品油管道站场
　4.3　天然气管道站场
5　用地控制指标计算范围
　5.1　站场用地指标
　5.2　联合站场用地指标
附录　术语
附加说明　编制单位和主要起草人员名单
附件　石油天然气工程项目用地控制指标条文说明

石油天然气工程项目用地控制指标

为落实建设项目用地标准控制制度，促进土地节约集约利用，依据《中华人民共和国土地管理法》、《国务院关于促进节约集约用地的通知》（国发〔2008〕3号）、《节约集约利用土地规定》（国土资源部令第61号）等法律、法规、技术规范，编制《石油天然气工程项目用地控制指标》（以下简称"本指标"）。

1 基本规定

1.1 本指标适用于陆上油气田及长输管道新建站场工程项目。改建和扩建工程项目应参照执行。

1.2 石油天然气、页岩气、煤层气等（以下简称石油天然气）工程项目用地方案的确定，应按照节约集约用地原则，进行多方案技术经济比选，采用先进工艺和设备，简化工艺流程，优化总平面布置、管道布置，提高土地使用效率。

1.3 站场内的建筑物、构筑物应按照生产工艺流程，充分利用地形、地势合理布置。对生产联系密切、性质相近的设施，在满足生产要求、符合安全环保前提下，宜合并建设，减少占地，体现科学、合理和节约集约用地的原则。

1.4 在确保各种管道安全运行的条件下，石油天然气工程站场的架空管道宜集中共架布置，埋地管道宜共沟布置。

1.5 本指标是石油天然气工程项目可行性研究、初步设计、用地审批、土地供应、供后监管、竣工验收等环节确定用地规模的基本依据和尺度。

1.6 编制石油天然气工程项目可行性研究报告，应当按照本指标确定各站场用地面积。并在报告中对用地面积核定情况进行专篇说明。

1.7 审批石油天然气工程项目用地，应当按照本指标核定各站场用地面积。

1.8 核发石油天然气工程项目土地划拨决定书和签订出让合同，应明确规定或约定建设项目各站场用地规模。

1.9 石油天然气工程项目建设应当执行国家土地管理法律、法规规定，严格执行本指标规定的站场用地规模。因安全生产、地貌条件、工艺技术等有特殊要求，确需超出本指标的，应开展节地评价论证。

1.10 石油天然气工程建设宜采用联合站场、丛式井组井场、护坡、挡墙等节地措施，减少站场用地。

1.11 石油天然气工程项目建设除执行本指标外，未涉及到的其他行业工程用地（供电、供水、区域道路、长输管道伴行道路等），应符合国家相关政策和用地规定。

2 油田工程用地控制指标

2.1 进井场道路

2.1.1 进井场道路用地指保证建井及生产期内通往井场的各型车辆安全通行，并能满足抢险车辆通行的新建或扩建道路所占用的土地。

进井场道路用地按道路宽度乘以道路长度进行计算。进井场道路路基用地宽度指标不应大于4.5m，边沟、护坡、防洪坝、挡土墙、错车道等用地按实际情况计算。

2.2 井场

2.2.1 采油井场用地指保证建井和生产期内钻井作业、井下作业和摆放各种采油设施所占用的土地。

当地貌条件需要采用钻井作业井场作为采油井场用地时,采油井场用地指标不应大于表2.2.1的规定。

表 2.2.1 采油井场用地指标

序号	井深级别	用地面积（m²）
1	井深≤1000m	3900
2	1000m<井深≤3000m	9000
3	3000m<井深≤5000m	10000
4	井深>5000m	12000

注：同一井场每增加一口井,增加用地面积在单井井场用地面积基础上不超过20%。

2.2.2 当地貌条件需要采用井下作业井场作为采油井场用地时,采油井场用地指标不应大于表2.2.2的规定。

表 2.2.2 采油井场用地指标

序号	井深级别	用地面积（m²）
1	井深≤1000m	1000
2	1000m<井深≤3000m	1500
3	3000m<井深≤5000m	2400
4	井深>5000m	4900

注：同一井场每增加一口井,增加用地面积在单井井场用地面积基础上不超过50%。

2.2.3 井场外边沟、护坡、防洪坝、挡土墙以及其它安全设施用地按实际情况计算。

2.3 计量站（集油间）和配水（注配）间

2.3.1 计量站用地包括生产设施（油气分离器、阀组）及辅助设施（值班室、工具间、维修间、防火砂池、厕所）的用地。其用地指标不应大于表2.3.1的规定。

表 2.3.1 计量站用地指标

序 号	规 模	用地面积（m²）
1	≤10井式	440
2	11~16井式	500
3	17~20井式	550
4	21~26井式	610
5	27~32井式	710

注：①规模超过32井式时,在27~32井式的基础上,每增加1口井（或1套阀组）,应增加用地10m²。

②如果计量站与值班室分别独立设置,则用地在表2.3.1中数值基础上再增加300m²。

2.3.2 集油间用地包括集油（掺水）阀组及辅助设施（值班室、工具间、维修间、防火砂池、厕所）的用地。其用地指标不应大于表2.3.2的规定。

表 2.3.2 集油间用地指标

序号	规 模	用地面积（m²）
1	≤6 环式	450
2	7~10 环式	520

注：①集油间管辖集油环数高于 10 环式时，在 7~10 环式基础上，每增加 1 个集油环，应增加用地 10m²。
②不以集油环数为计数的阀组间按照阀组数量参照执行。
③如果集油间与值班室分别独立设置，则用地在表 2.3.2 中数值基础上再增加 300m²。

2.3.3 配水间用地包括配水阀组、工具间、维修间的用地。其用地指标不应大于表 2.3.3 的规定。

表 2.3.3 配水间用地指标

序号	规 模	用地面积（m²）
1	2~5 井式	200
2	6~10 井式	250
3	11~15 井式	300
4	16~20 井式	350

注：单井式配水间一般与注水井场在一起，用地面积不重复计算。配水间井数大于 20 口时，在 20 口的基础上，每增加 1 口井，增加用地 10m²。

2.3.4 注配间用地包括配水阀组、注水泵房及辅助设施（配电值班室、维修间、工具间、厕所）的用地。其用地指标不应大于表 2.3.4 的规定。

表 2.3.4 注配间用地指标

序号	规 模	用地面积（m²）
1	≤5 井式	380
2	6~10 井式	480
3	11~16 井式	580

2.4 接转站

2.4.1 接转站用地包括生产设施（油气水分离、缓冲设备、加热设备、油水泵房、阀组、加（化、储）药间、天然气除油器）及辅助设施（仪表控制（值班）室、配电间、机柜间、维修间、工具间、资料室、更衣室、阴极保护间、卫生间）的用地。

2.4.2 接转站用地指标不应大于表 2.4.2 的规定。

表 2.4.2 接转站用地指标

序号	规模（m³/d）	用地面积（m²）
1	处理液量≤1000	4500
2	1000<处理液量≤3000	6500
3	3000<处理液量≤8000	7500
4	8000<处理液量≤20000	10000
5	20000≤处理液量	11000

注：①以上用地不包括事故罐罐区用地。
②当设有环保型事故排污池时，用地指标应加上事故排污池用地面积，事故排污池用地不应大于 600m²。

2.4.3 稠油计量接转站用地指标不应大于表 2.4.3 的规定。

表 2.4.3 稠油计量接转站用地指标

序号	规模（m³/d）	用地面积（m²）
1	转输液量≤350	2100
2	350<转输液量≤800	4700
3	800<转输液量≤1200	5000
4	1200<转输液量≤2400	5500
5	2400<转输液量≤6000	6500

2.4.4 接转站增加事故罐时，用地指标调整应符合表 2.4.4 的规定。

表 2.4.4 接转站事故罐增加用地指标调整

序号	事故罐单罐罐容（m³）	用地面积调整值（m²）
1	单罐罐容≤500	700
2	500<单罐罐容≤700	1200
3	700<单罐罐容≤1000	1500

注：①当事故罐数量多于 1 座时，每增加 1 座事故罐，用地按表 23.4.4 规定的 50% 递增调整值。
②当事故罐单罐罐容超过 1000m³ 时，参照表 2.5.2 执行。

2.5 转油放水站

2.5.1 转油放水站用地包括生产设施（三相分离器、加热设备、油水泵房、阀组间、加（化、储）药间、天然气除油器、沉降罐）及辅助设施（仪表控制（值班）室、消防设施、配电间、机柜间、维修间、工具间、资料室、更衣室、化验室、空氮站（空压机房）、工具间、阴极保护间、污水提升站、卫生间）的用地。其用地指标不应大于表 2.5.1 的规定。

表 2.5.1 转油放水站用地指标

序号	规模（m³/d）	指标面积（m²）
1	处理液量≤20000	20000
2	20000<处理液量≤30000	25000

注：①以上用地不包括事故罐罐区用地。
②当设有环保型事故排污池时，用地指标应加上事故排污池占地，事故排污池用地不应大于 600m²。

2.5.2 转油放水站增加事故罐时，用地指标调整应符合表 2.5.2 的规定。

表 2.5.2 转油放水站增加事故罐用地指标调整

序号	事故罐单罐罐容（m³）	用地面积调整值（m²）
1	1000<单罐罐容≤3000	8000
2	3000<单罐罐容≤7000	10000

注：当事故罐数量多于 1 座时，每增加 1 座事故罐，用地按表 2.5.2 规定的 50% 递增调整值。

2.6 脱水站

2.6.1 原油脱水站用地包括生产设施（原油脱水设备、加热设备、外输设备、原油储存设施、阀组、加（化、储）药间、天然气除油器、沉降罐、事故罐及其他生产配套设施）及辅助设施（仪表控制（值班）室、消防设施、配电间、机柜间、维修间、工具间、资料室、更衣室、化验室、空氮站（空压机房）、阴极保护间、污水提升站、卫生间）的用地。其用地指标不应大于表2.6.1的规定。

表 2.6.1 原油脱水站用地指标

序号	原油处理规模（m³/d）	用地面积（m²）
1	处理油量≤500	8500
2	500<处理油量≤1000	15000
3	1000<处理油量≤3000	20000
4	3000<处理油量≤5000	25000
5	5000<处理油量≤10000	30000

注：①以上用地指标内设1座事故罐和1座污水沉降罐用地，如果超过1座，则每增加1座事故罐参照"转油放水站增加事故罐增加用地指标调整表2.5.2"执行。
②当设有环保型事故排污池时，用地指标应加上事故排污池占地，事故排污池用地不应大于600m²。

2.6.2 稠油脱水站用地包括生产设施（原油脱水、加热、储存、外输、锅炉房、消防）及辅助设施（变配电间、中控室、消防阀组间、值班室与办公室、门卫室、汽车衡及控制室、供水泵房、水井房、生活污水处理设施、空压机房、监控塔、分析化验间）的用地。其用地指标不应大于表2.6.2的规定。

表 2.6.2 稠油脱水站用地指标

序号	规模（m³/d）	用地面积（m²）
1	处理油量≤1000	45000
2	1000<处理油量≤1600	65000
3	1600<处理油量≤3200	80000

2.7 注水站

2.7.1 注水站用地包括生产设施（注水泵房、储水罐、冷却水罐、冷却塔）及辅助设施（配电室、值班室、油桶间、维修间、库房、更衣室、化验室、卫生间）的用地。其用地指标不应大于表2.7.1的规定。

表 2.7.1 注水站用地指标

序号	规模（m³/d）	用地面积（m²）
1	注水量≤5000	3700
2	5000<注水量≤10000	5100
3	10000<注水量≤20000	5600
4	20000<注水量≤34000	8000

注：①注水站同时注两种或两种以上水质时，其用地面积不应超过各水质单独建设的面积之和；
②当注水站有曝氧设施时，其用地面积按同时注两种水质的注水站执行。

2.7.2 稠油热采热注站用地包括生产设施（注气锅炉间、储水罐、油罐）及公共配套设施（变配电间、值班室与办公室、供水泵房、水井房、生活污水处理设施、分析化验间、卸油台）用地。其用地指标不应大于表2.7.2的规定。

表2.7.2 热采热注站用地指标

序号	注气锅炉规模（台×t/h）	用地面积（m^2）
1	1×23	3600
2	2×23	5400
3	3×23	7900

2.8 配注站

2.8.1 注入站用地包括生产设施（注入泵房、母液储罐、排污池）及辅助设施（配电室、值班室、资料室、更衣室、化验室、库房、维修间、卫生间）的用地。其用地指标不应大于表2.8.1的规定。

表2.8.1 注入站用地指标

序号	规　模	用地面积（m^2）
1	≤19井式	2200
2	20~30井式	3300
3	31~40井式	4200
4	41~50井式	4600
5	51~60井式	5000

注：注入站辖井超过60口时，在60口井的基础上，每增加1口井，其用地面积增加$40m^2$。

2.8.2 聚合物配制站用地包括生产设施（聚合物配制间、料库、外输泵房、聚合物熟化储罐、平台、储水罐）及辅助设施（配电室、值班室、资料室、更衣室、化验室、库房、浴室、工具间、维修间、卫生间）的用地。其用地指标不应大于表2.8.2的规定。

表2.8.2 配制站用地指标

序号	规模（干粉10^4t/a）	用地面积（m^2）
1	配制量≤0.70	9400
2	0.70<配制量≤1.05	10500
3	1.05<配制量≤1.50	16000
4	1.50<配制量≤2.5	24100

注：配制站同时配制两种或两种以上分子量的聚合物时，其用地面积不应超过单独建设的面积之和。

2.8.3 调配站用地包括生产设施（干粉碱配制间、料库、碱液罐表活剂罐、表活剂罐平台、碱液泵房、表活剂泵房、储水罐、调配罐及平台、排污池）及辅助设施（配电室、值班室、资料室、更衣室、化验室、库房、浴室、工具间、维修间、卫生间）的用地。其用地指标不应大于表2.8.3的规定。

表 2.8.3 调配站用地指标

序号	规模（m³/d）	用地面积（m²）
1	调配量≤5000	14000
2	5000<调配量≤10000	16000
3	10000<调配量≤15000	20000
4	15000<调配量≤20000	24000

2.8.4 二氧化碳注入站用地包括生产设施（注入泵房、注气阀组间、储罐区、汽车衡、卸车场）及辅助设施（仪表控制间、配电间、办公室、维修间、工具间、车库、卫生间）的用地。其用地指标不应大于表2.8.4的规定。

表 2.8.4 二氧化碳注入站用地指标

序号	规模（m³/d）	用地面积（m²）
1	注气量≤1000	8500
2	1000<注气量≤1500	9500
3	1500<注气量≤2000	10500
4	2000<注气量≤6000	19000

2.8.5 二氧化碳液化站用地包括生产设施（液化装置区、储罐区、装车泵房、装车场、放空区、排污区）及辅助设施（仪表控制间、配电间、值班室、办公室、维修间、工具间、空压机房、水处理间、供热间、车库、卫生间）的用地。其用地指标不应大于表2.8.5的规定。

表 2.8.5 二氧化碳液化站用地指标

序号	规模（10⁴t/a）	用地面积（m²）	
		不含二氧化碳提纯工艺	含二氧化碳提纯工艺
1	液化量≤6	7500	12000
2	6<液化量≤9	8000	13000
3	9<液化量 12	8500	14000

2.9 采出水处理站

2.9.1 水驱采出水处理站用地包括生产设施（泵房、沉降罐、滤罐、缓冲罐、回收罐（池）及回收水泵房、反冲洗罐、净化水罐、污油罐、污泥存储（浓缩）设施、干化场、加热炉、采暖泵房、药库、加药间）及辅助设施（配电室、值班室、更衣室、化验室、库房、工具间、维修间、卫生间）的用地。其用地指标不应大于表2.9.1的规定。

表 2.9.1 水驱采出水处理站用地指标

序号	规模（m³/d）	用地面积（m²）
1	处理量≤5000	10000
2	5000<处理量≤10000	18000
3	10000<处理量≤20000	25000
4	20000<处理量≤30000	29000
5	30000<处理量≤40000	33000

注：地下水处理站用地面积参照本表执行。

2.9.2 聚驱采出水处理站用地包括生产设施（泵房、沉降罐、滤罐、缓冲罐、回收罐（池）及回收水泵房、反冲洗罐、净化水罐、污油罐、污泥存储（浓缩）设施、干化场、加热炉、采暖泵房、药库、加药间）及辅助设施（操配电室、值班室、更衣室、化验室、库房、工具间、维修间、卫生间）的用地。其用地指标不应大于表 2.9.2 的规定。

表 2.9.2 聚驱采出水处理站用地指标

序号	规模（m³/d）	用地面积（m²）
1	处理量≤20000	19000
2	20000<处理量≤30000	33000
3	30000<处理量≤40000	39000

2.9.3 三元污水处理站用地包括生产设施（泵房、沉降罐、滤罐、缓冲罐、回收罐（池）及回收水泵房、反冲洗罐、净化水罐、污油罐、污泥存储（浓缩）设施、干化场、加热炉、采暖泵房罗茨风机间、空压机间、药库、加药间）及辅助设施（配电室、值班室、更衣室、化验室、库房、工具间、维修间、卫生间）的用地。其用地指标不应大于表 2.9.3 的规定。

表 2.9.3 三元污水处理站用地指标

序号	规模（m³/d）	用地面积（m²）
1	处理量≤20000	35000
2	20000<处理量≤30000	45000

2.9.4 含油污水深度处理站用地包括生产设施（泵房、滤罐、缓冲罐、回收罐（池）及回收水泵房、反冲洗罐、净化水罐、加热炉、采暖泵房、药库、加药间）及辅助设施（配电室、值班室、更衣室、化验室、库房、工具间、维修间、卫生间）的用地。其用地指标不应大于表 2.9.4 的规定。

表 2.9.4 含油污水深度处理站用地指标

序号	规模（m³/d）	用地面积（m²）
1	处理采出水≤10000	7000
2	10000<处理采出水≤20000	12000
3	20000<处理采出水≤30000	15000
4	30000<处理采出水≤40000	22000

2.9.5 稠油污水处理站用地包括生产设施（污水泵房、加药间、过滤操作间、沉降罐、除油罐、缓冲罐、调节水罐、斜板除油池、综合水池、除硅沉淀池、酸碱计量间、浮选机、污泥脱水间、污泥浓缩设施）及辅助设施（配电间、值班间）的用地。其用地指标不应大于表2.9.5的规定。

表2.9.5 稠油污水处理站用地指标

序号	规模（m³/d）	用地面积（m²）
1	处理量≤5000	12000
2	5000<处理量≤10000	20000
3	10000<处理量≤15000	27000
4	15000<处理量≤20000	37000

2.9.6 外排污水处理站用地包括生产设施（沉降罐、气浮间、厌氧池、好氧池、二沉池、储水池及泵房、鼓风机间、加热炉、采暖泵房、药库、加药间）及辅助设施（配电室、值班室、更衣室、化验室、库房、工具间、维修间、卫生间）的用地，站场采用生化—厌氧、好氧处理工艺。其用地指标不应大于表2.9.6的规定。

表2.9.6 外排污水处理站用地指标

序号	规模（m³/d）	用地面积（m²）
1	处理量≤5000	4400
2	5000<处理量≤10000	6000

2.10 油田集气增压站

2.10.1 油田集气增压站用地包括生产设施（分离区、增压区）及辅助设施（仪表控制间、配电间、空压机房、维修间、工具间、卫生间）的用地。其用地指标不应大于表2.10.1的规定。

表2.10.1 油田集气增压站用地指标

序号	规模（10⁴m³/d）	用地面积（m²）
1	集气增压量≤15	4500
2	15<集气增压量≤30	6500
3	30<集气增压量≤40	7000

注：①本表未包括厂外火炬及管廊带用地；
②本表轻烃储存设施按1天储存量计算，并且不包括装车设施。

2.11 油田气处理厂和原油稳定站

2.11.1 油田气处理厂用地包括天然气压缩、脱水、凝液回收、凝液储存外输、导热油设施、中控室、公用工程及辅助设施用地。其用地指标不应大于表2.11.1的规定。

表 2.11.1　油田气处理厂用地指标

序号	规模（$10^4 m^3/d$）	用地面积（m^2）
1	处理油田气≤100	47000

注：①本表未包括厂外火炬及管廊带用地；
　　②本表轻烃储存设施按1天储存量计算，并且不包括装车设施。

2.11.2　原油稳定（分馏工艺）站用地包括生产设施（原油泵房、轻烃泵房、设备区、加热装置区、储罐区）及辅助设施（仪表控制间、配电间、空压机房、维修间、工具间、更衣室、资料室、卫生间）的用地。其用地指标不应大于表 2.11.2 的规定。

表 2.11.2　原油稳定站用地指标

序号	规模（$10^4 t/a$）	用地面积（m^2）	备注
1	处理原油量≤150	7500	不含储运及装车设施
2	150<处理原油量≤300	9500	

注：本表未包括厂外火炬及管廊带用地。

2.12　汽车装卸油装置

2.12.1　四车位汽车装卸油装置用地包括零位油罐或高架油罐、泵房、汽车衡、装卸油场地及回转车道等的用地。采油井场、接转站、集中处理站等若需新建四车位装卸油装置，其用地指标不应大于表 2.12.1 的规定。

表 2.12.1　汽车装卸油装置用地指标

序号	名　称	用地面积（m^2）
1	四车位汽车装卸油装置	4000

注：卸油点或装车场每增减一个车位，用地面积相应增减 $500m^2$。

2.13　集中处理站

2.13.1　集中处理站是指油田内部主要对原油、天然气、采出水进行集中处理的站，也称联合站。其用地指标不应超过各组成单元站场面积的叠加。

3　气田工程用地控制指标

3.1　进井场道路

3.1.1　进井场道路用地指保证建井及生产期内通往井场的各型车辆安全通行，并能满足抢险车辆通行的新建或扩建道路所占用的土地。

进井场道路用地按道路宽度乘以道路长度进行计算。进井场道路路基用地宽度指标不应大于 4.5m，边沟、护坡、防洪坝、挡土墙、错车道等用地按实际情况计算。

3.2　井　场

3.2.1　采气井场用地指保证建井和生产期内钻井作业、井下作业和摆放各种采气设施所占用的土地。

当地貌条件需要采用钻井作业井场作为采气井场用地时，采气井场用地指标不应大于表 3.2.1 的规定。

表 3.2.1 采气井场用地指标

序号	井深级别	用地面积（m²）
1	井深≤1000m	3900
2	1000m<井深≤3000m	9000
3	3000m<井深≤5000m	10000
4	井深>5000m	12000

注：同一井场每增加一口井，增加用地面积在单井井场用地面积基础上不超过20%。

3.2.2 当地貌条件需要采用井下作业井场作为采气井场用地时，采气井场用地指标不应大于表3.2.2的规定。

表 3.2.2 采气井场用地指标

序号	井深级别	用地面积（m²）
1	井深≤1000m	1000
2	1000m<井深≤3000m	1500
3	3000m<井深≤5000m	2400
4	井深>5000m	4900

注：同一井场每增加一口井，增加用地面积在单井井场用地面积基础上不超过50%。

3.2.3 井场外边沟、护坡、防洪坝、挡土墙以及其他安全设施用地按实际情况计算。页岩气、高含硫化氢的气井井场用地按实际情况处理。对于高含硫化氢气体、高压、高危险气井在安全范围内需要拆迁的用地按相关规定处理。

3.3 集气站

3.3.1 常温分离集气站用地包括生产设施（进出站阀组、集气分离设施、加热设施、加注设施）及辅助设施（仪表控制间、变配电间）的用地。

常温分离集气站用地指标根据站场功能、处理量及集气支线数等综合确定，其用地指标不应大于表3.3.1的规定。

表 3.3.1 常温分离集气站用地指标

序号	规模（10⁴m³/d）（功能：汇管+分离1套；集气支线2条）	用地面积（m²）	工艺功能			集气支线每增减1条用地指标增减值（m²）
			分离设备每增加1套，用地指标增加值（m²）	加热设备每增加1套，用地指标增加值（m²）	加注设备每增加1套，用地指标增加值（m²）	
1	处理量≤20	3800	100	150	100	50
2	20<处理量≤50	4000	110	160	110	60
3	50<处理量≤100	4400	120	180	120	80
4	100<处理量≤200	5600	150	220	150	100

注：①本表用地未包括井场用地。
②本表用地未包括放空火炬用地，其用地应符合第3.6.6条的规定。
③当设置有3.6节单项工程设施时，增加用地应符合第3.6节相关条款的规定。

3.3.2 低温分离集气站用地包括生产设施（进出站阀组、预冷（换热）设施、低温分离、注醇泵房、醇储存设施）及辅助设施（仪表控制间、变配电间、消防器材间）的用地。其用地指标不应大于表3.3.2的规定。

表3.3.2 低温分离集气站用地指标

序号	规模（$10^4 m^3/d$）（分离设备2套；集气支线2条）	用地面积（m^2）	分离设备每增加1套用地指标增加值（m^2）	集气支线每增减1条用地指标增减值（m^2）
1	处理量≤50	4200	110	60
2	50<处理量≤100	4800	120	80
3	100<处理量≤200	6800	150	100

注：①本表用地未包含井场用地。
②本表用地未包括放空火炬用地，其用地应符合第3.6.6条的规定。
③当设置有3.6节单项工程设施时，增加用地应符合第3.6节相关条款的规定。

3.4 增压站

3.4.1 功率为400~700kW橇装燃气发动机压缩机组的增压站，其用地包括生产设施（压缩机区、空冷器区、工艺设备区）及辅助设施（空压站、仪表控制间、变配电间、综合值班室）的用地。其用地指标不应大于表3.4.1的规定。

表3.4.1 增压站用地指标

序号	规模（$10^4 m^3/d$）	用地面积（m^2）	压缩机每增减1台用地指标增减值（m^2）
1	≤50（2台机组）	6600	1000
2	50<规模≤100（2台机组）	8000	1200
3	100<规模≤150（2台机组）	11500	1500

注：①本表用地未包括放空火炬用地，其用地应符合第3.6.6条的规定。
②当设置有3.6节单项工程设施时，增加用地应符合第3.6节相关条款的规定。

3.5 脱水（硫）站

3.5.1 天然气脱水站用地包括生产设施（脱水装置、污水池）及辅助设施（仪表控制间、变配电间、综合值班室）的用地。其用地指标不应大于表3.5.1的规定。

表3.5.1 天然气脱水站用地指标

序号	规模（$10^4 m^3/d$）	用地面积（m^2）
1	处理量≤100	6300
2	100<处理量≤200	6800
3	200<处理量≤400	11000

注：①本表用地未包括放空火炬用地，其用地应符合第3.6.6条的规定。
②当设置有3.6节单项工程设施时，增加用地应符合第3.6节相关条款的规定。

3.5.2 天然气脱硫站用地包括脱硫装置及辅助设施（仪表控制间、变配电间、综合值班室）的用地。其用地指标不应大于表3.5.2的规定。

表3.5.2 天然气脱硫站用地指标

序号	规模（$10^4 m^3/d$）	用地面积（m^2）
1	处理量≤5	3600
2	5<处理量≤10	4000
3	10<处理量≤20	6000

注：①本表用地未包括放空火炬用地，其用地应符合第3.6.6条的规定。
②当设置有3.6节单项工程设施时，增加用地应符合第3.6节相关条款的规定。

3.6 单位工程用地指标

3.6.1 当集气站、增压站、脱水（硫）站内设置自备电源、供热设施、清管设施、放空及火炬系统和凝析油、化学试剂储存、生产消防供水、气田水装置、事故应急池等设施时，应按本节规定的单位工程用地指标增加用地面积。

3.6.2 当生产和辅助生产建筑物需要采暖时，所增加的供暖设施用地指标不应大于$300m^2$。

3.6.3 根据站场功能，当需要设置清管器接收或发送设施时，每设置其中一项增加用地指标不应大于$150m^2$。

3.6.4 一般站场自备电源用地指标不应大于$500m^2$。

3.6.5 一般站场消防储水及供水设施用地不应大于表3.6.5的规定。

表3.6.5 消防储水及供水设施用地指标

序号	类别	用地指标（m^2）
1	常温分离集气站	800
2	低温分离集气站	800
3	增压站	800
4	脱水（硫）站	1000

注：①当表内站场需组合联合建设时，消防储水及供水设施用地指标按其中最大一类的用地指标执行。
②当表内站场需设循环水系统时，用地指标增加50%。

3.6.6 放空、火炬区及其架空管廊用地指标不应大于表3.6.6的规定。

表3.6.6 放空、火炬区用地指标

序号	类别	用地指标	备注
1	放空区	$400m^2$	
2	火炬区	$2500m^2$	
3	站场放空（火炬）架空管廊	5m/15m	用地宽度
4	天然气厂火炬架空管廊	25m	用地宽度，含检维修道路

注：①本表中火炬区包括分液罐和泵房。表中指标为单座放空、火炬用地指标。
②站场放空火炬架空管廊用地指标栏，分子为不设检维修道路，分母为设检维修道路。

3.6.7 气田水装置处理量在 50~500m³/d 条件下,当采用管道外输时,用地不应大于表 3.6.7 的规定;当采用汽车罐车外运时,增加装车场用地不应大于 200m²。

表 3.6.7 气田水装置区用地指标

序号	处理量（m³/d）	用地面积（m²）
1	100	800
2	200	900
3	300	1000
4	500	1200

注：①本表用地为常规气田水处理工艺用地指标,当有汽提、蒸发、浓缩等工艺时,应增加 30%。
②当处理量超出表内规定范围时,可按规模比例增大。

3.6.8 事故应急池容量为 300m³~1500m³,用地（含提升泵）指标不应大于表 3.6.8 的规定值;当采用汽车罐车外运时,增加装车场用地不应大于 200m²。

表 3.6.8 事故应急池用地指标

序号	池容（m³）	用地面积（m²）
1	300<池容≤500	500
2	500<池容≤800	600
3	800<池容≤1200	800
4	1200<池容≤1500	1000

注：当事故污水容积超过表内规定值时,应按相应容积按比例增大。

3.6.9 凝析油储罐区用地指标不应大于表 3.6.9 的规定值;当采用汽车罐车外运时,增加装车场用地不应大于 200m²。

表 3.6.9 凝析油罐区用地指标

序号	罐容（m³）	用地面积（m²）
1	2×10	500
2	2×20	600
3	2×50	850
4	3×50	1800
5	2×100	2000

注：当罐容量为 1×20m³,其用地指标不应大于罐容 2×10m³ 的指标。

3.6.10 气田集输站场化学试剂（缓蚀剂、防冻剂等）储罐容量为 5m³~10m³ 条件下,储罐区用地不应大于表 3.6.10 的规定。

表 3.6.10 化学试剂储罐用地指标

序号	罐容（m³）	用地面积（m²）
1	5	200
2	10	300

3.7 天然气净化（处理）厂

3.7.1 天然气净化厂按原料气中硫化氢含量和二氧化碳量不同分为三类。

一类：原料气中硫化氢含量大于等于4%且小于8%，或二氧化碳量大于等于8%且小于15%；

二类：原料气中硫化氢含量大于等于1%且小于4%，或二氧化碳量大于等于2%且小于8%；

三类：原料气中硫化氢含量小于1%，或二氧化碳量小于2%。

根据分类和生产规模的不同，厂内设施主要包括：脱硫装置、脱水装置、硫黄回收装置、液硫罐区、硫黄成型装置、硫黄包装车间、硫黄仓库、硫黄堆场、变配电站、空氮站、循环水场、消防给水站、污水处理场、锅炉房、维修车间、分析化验室及厂部办公楼（含控制中心），其用地指标不应大于表3.7.1的规定。

表3.7.1-1 一类天然气净化厂用地指标

序号	规模（$10^4 m^3/d×$套）	用地面积（m^2）	规模每增减1套，用地增减值（m^2）
1	100×2	100000（115000）	25000
2	200×2	120000（137000）	28000
3	300×2	138000（158000）	33000
4	400×2	155000（178000）	40000

注：本表用地未包括厂外火炬及其管廊带用地；当厂内设天然气增压设施时，取括号内指标。

表3.7.1-2 二类天然气净化厂用地指标

序号	规模（$10^4 m^3/d×$套）	用地面积（m^2）	规模每增减1套，用地增减值（m^2）
1	100×2	95000（110000）	23000
2	200×2	115000（132000）	25000
3	300×2	134000（154000）	28000
4	400×2	142000（165000）	33000

注：本表用地未包括厂外火炬及其管廊带用地；当厂内设天然气增压设施时，取括号内指标。

表3.7.1-3 三类天然气净化厂用地指标

序号	规模（$10^4 m^3/d×$套）	用地面积（m^2）	规模每增减1套，用地增减值（m^2）
1	100×2	86000（101000）	22000
2	200×2	100000（117000）	24000
3	300×2	110000（130000）	25000
4	400×2	118000（141000）	28000
5	500×2	126000（151000）	33000

注：本表用地未包括厂外火炬及其管廊带用地；当厂内设天然气增压设施时，取括号内指标。

3.7.2 天然气处理厂用地包括生产设施（天然气脱水、凝液回收储存）及辅助设施（变配电站、空氮站、循环水场、消防给水站、污水处理场、锅炉房、维修车间、厂部办公楼（含控制中心）及分析化验室）的用地。其用地指标不应大于表3.7.2的规定。

表 3.7.2 天然气处理厂用地指标

序号	规模（$10^4m^3/d$）×套	用地面积（m^2）	规模每增减1套，用地增减值（m^2）
1	300×2	69000（89000）	16400
2	500×2	105000（130000）	23400

注：本表用地未包括厂外火炬及其管廊带用地；当厂内设天然气增压设施时，取括号内指标。

3.8 凝析气集中处理站

3.8.1 凝析气集中处理站用地包括生产设施（天然气脱水、轻烃回收、加热、外输）及辅助设施（变配电间、中控室、锅炉房、消防给水、值班室与办公室、门卫室、汽车衡及控制室、生活污水处理设施、供水泵房、水井房、空压机房、监控塔、分析化验间）的用地。其用地指标不应大于表3.8.1的规定。

表 3.8.1 凝析气集中处理站用地指标

序号	规模（$10^4m^3/d$）	用地面积（m^2）
1	处理量≤320	53000

注：本表用地未包括厂外火炬及其管廊带用地，其用地不应大于表3.6.6的规定。

3.9 凝析油铁路装车站

3.9.1 凝析油铁路装车站用地包括生产设施（凝析油罐区、液化石油气罐区、汽车装卸区、火车装车区、加热、外输、储运）及辅助设施（变配电间、中控室、锅炉房、消防给水、值班室与办公室、门卫室、汽车衡及控制室、生活污水处理设施、供水泵房、水井房、空压机房、监控塔、分析化验间）的用地。其用地指标不应大于表3.9.1的规定。

表 3.9.1 凝析油铁路装车站用地指标

序号	规模（$10^4t/a$）	用地面积（m^2）
1	周转量≤50	80000

注：本表用地未包括厂外火炬及其管廊带用地，其用地不应大于表3.6.6的规定。

4 长距离输油气管道工程用地控制指标

4.1 原油管道站场

4.1.1 首站用地包括生产设施（罐区、阀组区、输油泵区、加热炉区、燃油泵房、清管及阀组区、计量标定区、紧急排空池、储油罐区、燃油罐、压缩空气罐）及辅助设施（变配电间、阴极保护间、消防泵房、消防水池、锅炉房、库房、综合办公室）的用地。其用地指标不应大于表4.1.1的规定。

表 4.1.1 首站用地指标

序号	规模	用地面积（m^2）	罐容量每增减$1×10^4m^3$用地增减值（m^2）
1	DN<300 罐区总容量 $4×10^4m^3$	62000	4500

续表

序号	规 模	用地面积（m²）	罐容量每增减 1×10⁴m³ 用地增减值（m²）
2	300≤DN<500 罐区总容量 6×10⁴m³	74000	3330
3	500≤DN<800 罐区总容量 24×10⁴m³	140000	2000
4	DN≥800 罐区总容量 30×10⁴m³	160000	1500

注：罐型均采用浮顶油罐。DN<300 为 1×10⁴m³4 座；300≤DN<500 为 1×10⁴m³6 座；500≤DN<800 为 2×10⁴m³2 座、5×10⁴m³4 座；DN≥800 为 1×10⁴m³2 座、2×10⁴m³4 座、5×10⁴m³4 座。

4.1.2 中间泵站、热泵站用地包括生产设施（清管及阀组区、输油主泵区、泄压罐、加热炉区、燃油泵房、燃油罐、压缩空气罐）及辅助设施（变配电间、阴极保护间、消防泵房、消防水池、锅炉房、库房、综合值班室）的用地。其用地指标不应大于表 4.1.2 的规定。

表 4.1.2 中间泵站、热泵站用地指标

序号	规 模	用地面积（m²）
1	DN<300	11000
2	300≤DN<500	17500
3	500≤DN<800	23000
4	DN≥800	27500

4.1.3 中间分输站、加热站用地包括生产设施（清管及阀组区、计量标定区、泄压罐、加热炉区、燃油泵房、燃油罐、压缩空气罐）及辅助设施（变配电间、阴极保护间、消防泵房、消防水池、锅炉房、库房、综合值班室）的用地。其用地指标不应大于表 4.1.3 的规定。

表 4.1.3 中间分输站、加热站用地指标

序号	规 模	用地面积（m²）
1	DN<300	4500
2	300≤DN<500	5500
3	500≤DN<800	7500
4	DN≥800	10000

4.1.4 清管站用地包括生产设施（清管、阀组区）及辅助设施（变配电间、阴极保护间、库房）的用地。其用地指标不应大于表 4.1.4 的规定。

表 4.1.4 清管站用地指标

序号	规 模	用地面积（m²）
1	DN<300	4000
2	300≤DN<500	4500
3	500≤DN<800	5300
4	DN≥800	7500

4.1.5 阀室用地指标不应大于表4.1.5的规定。

表4.1.5 阀室用地指标

序号	规 模	用地面积（m²）	采用太阳能等非外电设施用地增加值（m²）
1	DN<300	500	200
2	300≤DN<500	600	200
3	500≤DN<800	800	200
4	DN≥800	1000	300

4.1.6 末站用地包括生产设施（清管及阀组区、转油及反输泵区、计量标定区、换热器区、储油罐区、外运设施（装船、装火车、管输供用户）及辅助设施（变配电间、阴极保护间、消防泵房、消防水池、锅炉房、库房、综合办公室）的用地。其用地指标不应大于表4.1.6的规定。

表4.1.6 末站用地指标

序号	规 模		用地面积（m²）	罐容量每增减$1×10^4m^3$用地增减值（m²）
1	DN<300	管输供用户型 罐区总容量$5×10^4m^3$	60000	4500
2	300≤DN<500	装船型 罐区总容量$10×10^4m^3$	90000	3300
		装火车型 罐区总容量$8×10^4m^3$	98000	3300
		管输供用户型 罐区总容量$6×10^4m^3$	74000	3300
3	500≤DN<800	装船型 罐区总容量$48×10^4m^3$	210000	2000
		装火车、管输供用户型 罐区总容量$38×10^4m^3$	189000	2000
		装船、装火车、管输供用户型 罐区总容量$48×10^4m^3$	228000	2000
4	DN≥800	装船、管输供用户型 罐区总容量$100×10^4m^3$	282000	2000

注：罐型均采用浮顶油罐，装船型未包括码头用地，DN<300：$5×10^4m^3$容量设$1×10^4m^3$ 3座、$2×10^4m^3$ 1座。300≤DN<500：$10×10^4m^3$容量设$1×10^4m^3$ 2座、$2×10^4m^3$ 4座；$8×10^4m^3$容量设$1×10^4m^3$ 4座、$2×10^4m^3$ 2座；$6×10^4m^3$容量设$1×10^4m^3$ 6座。500≤DN<800：$48×10^4m^3$容量设$2×10^4m^3$ 4座、$5×10^4m^3$ 8座；$38×10^4m^3$容量设$2×10^4m^3$ 4座、$5×10^4m^3$ 6座。DN≥800：$100×10^4m^3$容量设$10×10^4m^3$ 10座。

4.1.7 维抢修队用地包括综合办公楼、车库、维修间、库房、料棚、演练场、洗车区及变配电间、锅炉房的用地。其用地指标不应大于表4.1.7的规定。

表 4.1.7 维抢修队用地指标

序号	规 模	用地面积（m²）
1	DN<300	7000
2	300≤DN<500	8000
3	500≤DN<800	10000
4	DN≥800	12000

注：以上指标仅指维抢修队，不包括维抢修中心。维修队用地指标在此基础之上折减20%。

4.2 成品油管道站场

4.2.1 首站用地包括生产设施（输油泵区、出站阀组区、计量标定区、进出站ESD阀组区、储油罐区、罐区阀组区）及辅助设施（变配电间、阴极保护间、消防泵房、消防水池、锅炉房、库房、综合办公室）的用地。其用地指标不应大于表4.2.1的规定。

表 4.2.1 首站用地指标

序号	规 模	用地面积（m²）	罐容量每增减 $1×10^4m^3$ 用地增减值（m²）
1	DN<300 罐区总容量 $4×10^4m^3$	55000	5000
2	300≤DN<500 罐区总容量 $16×10^4m^3$	99000	3500
3	500≤DN<800 罐区总容量 $20×10^4m^3$	115000	2500
4	DN≥800 罐区总容量 $24×10^4m^3$	130000	2000

注：罐型均采用浮顶油罐，DN<300 为 $1×10^4m^3$ 4座；300≤DN<500 为 $1×10^4m^3$ 12座、$2×10^4m^3$ 2座；500≤DN<800 为 $2×10^4m^3$ 4座、$1×10^4m^3$ 12座；DN≥800 为 $1×10^4m^3$ 12座、$2×10^4m^3$ 6座。

4.2.2 中间泵站、分输泵站用地包括生产设施（清管区、阀组区、输油泵区、泄压罐区、进出站ESD阀组区、分输计量区）及辅助设施（变配电间、阴极保护间、消防泵房、消防水池、锅炉房、库房、综合值班室）的用地。其用地指标不应大于表4.2.2的规定。

表 4.2.2 中间泵站、分输泵站用地指标

序号	规 模	用地面积（m²）	每增减1路分输需增减的用地面积（m²）
1	DN<300	10000	1000
2	300≤DN<500	11300	1200
3	500≤DN<800	12800	1500
4	DN≥800	14500	2000

4.2.3 分输站用地包括生产设施（清管区、分输计量区、阀组区、越站旁通区）及辅助设施（变配电间、阴极保护间、消防泵房、消防水池、锅炉房、库房、综合值班室）的用地。其用地指标不应大于表4.2.3的规定。

表 4.2.3 分输站用地指标

序号	规 模	用地面积（m²）	每增减1路分输需增减的用地面积（m²）
1	DN<300	5500	1000
2	300≤DN<500	6500	1200
3	500≤DN<800	8500	1500
4	DN≥800	10000	2000

4.2.4 清管站用地包括生产设施（清管、阀组区）及辅助设施（变配电间、阴极保护间、库房）的用地。其用地指标不应大于表4.2.4的规定。

表 4.2.4 清管站用地指标

序号	规 模	用地面积（m²）
1	DN<300	1000
2	300≤DN<500	1500
3	500≤DN<800	2500
4	DN≥800	3500

4.2.5 阀室用地指标不应大于表4.2.5的规定。

表 4.2.5 阀室用地指标

序号	规 模	用地面积（m²）	采用太阳能等非外电设施用地增加值（m²）
1	DN<300	500	200
2	300≤DN<500	600	200
3	500≤DN<800	800	200
4	DN≥800	1000	300

4.2.6 末站用地包括生产设施（清管区、进站阀组区、进站ESD阀组区、计量标定区、泄压罐区、储油罐区、罐区阀组区、外运设施（装汽车、管输供用户）及辅助设施（变配电间、阴极保护间、消防泵房、消防水池、锅炉房、库房、综合办公室）的用地。其用地指标不应大于表4.2.6的规定。

表 4.2.6 末站用地指标

序号	规 模	用地面积（m²）	罐容量每增减$1\times10^3 m^3$用地增减值（m²）
1	DN<300 罐区总容量$4\times10^4 m^3$	48000	950
2	300≤DN<500 罐区总容量$9\times10^4 m^3$	65000	650

续表

序号	规 模	用地面积（m²）	罐容量每增减 1×10³m³ 用地增减值（m²）
3	500≤DN<800 罐区总容量 15×10⁴m³	103000	500
4	DN≥800 罐区总容量 19×10⁴m³	120000	400

注：罐型均采用浮顶油罐，DN<300 为 5×10³m³6 座、2×10³m³4 座、1×10³m³2 座；300≤DN<500 为 1×10⁴m³8 座、2×10³m³4 座、1×10³m³2 座；500≤DN<800 为 2×10⁴m³2 座、1×10⁴m³10 座、2×10³m³4 座、1×10³m³2 座；DN≥800 为 2×10⁴m³6 座、1×10⁴m³6 座、2×10³m³4 座、1×10³m³2 座。

4.2.7 维抢修队用地包括综合办公楼、车库、维修间、库房、料棚、演练场、洗车区及变配电间、锅炉房的用地。其用地指标不应大于表 4.2.7 的规定。

表 4.2.7 维抢修队用地指标

序号	规 模	用地面积（m²）
1	DN<300	6500
2	300≤DN<500	8000
3	500≤DN<800	10000
4	DN≥800	11500

注：以上指标仅指维抢修队，不包括维抢修中心。维修队用地指标在此基础之上折减 20%。

4.3 天然气管道站场

4.3.1 不加压首站用地包括生产设施（进出站 ESD 阀组区、清管区、过滤分离区、调压区、计量区、排污区）及辅助设施（变配电间、阴极保护间、锅炉房、库房、综合值班室）的用地。其用地指标不应大于表 4.3.1 的规定。

表 4.3.1 不加压首站用地指标

序号	规 模	用地面积（m²）
1	DN<300	6000
2	300≤DN<500	8000
3	500≤DN<800	12000
4	800≤DN<1000	16000
5	1000≤DN<1300	21000
6	1300≤DN<1500	30000
7	放空区（或火炬）	400

注：管道输送压力≤12MPa，年输量≤300×10⁸m³。不加压首站用地指标不包括放空管用地。

4.3.2 加压首站、中间压气站（功率为 15～30MW 两台压缩机）用地包括生产设施（进出站 ESD 阀组区、清管区、二级分离系统、压缩机区、调压区、计量区、排污区）及辅助设施（变配电间、阴极保护间、消防泵房、消防水池、锅炉房、库房、综合值班室）的用地。其用地指标不应大于表 4.3.2 的规定。

表 4.3.2 加压首站、中间压气站用地指标

序号	规模	用地面积（m²）	每增减 1 台压缩机用地增减值（m²）
1	DN<300	18000	2000
2	300≤DN<500	20000	2000
3	500≤DN<800	22000	2500
4	800≤DN<1000	31000	2500
5	1000≤DN<1300	59000	5000
6	1300≤DN<1500	75000	8000
7	放空区（或火炬）	400	—

注：管道输送压力≤12MPa，年输量≤300×10⁸m³。加压输气首站和中间压气站只考虑 2 台机组（占地尺寸按进口机组考虑），功率为 15~30MW；每增减 1 台机组，站场用地增减相应的面积。用地指标不包括放空管用地。

4.3.3 末站、分输站用地包括生产设施（进出站 ESD 阀组区、清管区、分离系统、计量区、调压区、排污区）及辅助设施（变配电间、阴极保护间、锅炉房、库房、综合值班室）的用地。其用地指标不应大于表 4.3.3 的规定。

表 4.3.3 末站、分输站用地指标

序号	规模	用地面积（m²）	每增减 1 路分输用地增减值（m²）	设置加热设施用地增加值（m²）
1	DN<300	5000	1000	800
2	300≤DN<500	6000	1000	800
3	500≤DN<800	8000	1500	1200
4	800≤DN<1000	10000	1500	1200
5	1000≤DN<1300	13000	2000	1500
6	1300≤DN<1500	15000	2500	2000
7	放空区（或火炬）	400	—	—

注：管道输送压力≤12MPa，年输量≤300×10⁸m³。末站、分输站用地指标仅指 2 路分输，每增减 1 路分输，站场用地增减相应面积。末站、分输站用地指标不包括放空管用地。

4.3.4 清管站用地包括生产设施（进出站 ESD 阀组区、清管区、一级分离系统、排污区）及辅助设施（变配电间、阴极保护间、库房）的用地。其用地指标不应大于表 4.3.4 的规定。

表 4.3.4 清管站用地指标

序号	规 模	用地面积（m²）
1	DN<300	3800
2	300≤DN<500	4300
3	500≤DN<800	4800
4	800≤DN<1000	7500
5	1000≤DN<1300	8000
6	1300≤DN<1500	8500
7	放空区（或火炬）	400

注：管道输送压力≤12MPa，年输量≤300×10⁸m³。清管站用地指标不包括放空管用地。

4.3.5 阀室用地指标不应大于表 4.3.5 的规定。

表 4.3.5 阀室用地指标

序号	规 模	用地面积（m²）	采用太阳能等非外电设施用地增加值（m²）
1	DN<300	600	200
2	300≤DN<500	800	200
3	500≤DN<800	1000	300
4	800≤DN<1000	1500	400
5	1000≤DN<1300	2100	600
6	1300≤DN<1500	2500	800
7	放空区（或火炬）	400	—

注：管道输送压力≤12MPa，年输量≤300×10⁸m³。阀室用地指标不包括放空管用地。

4.3.6 维抢修队用地包括综合办公楼、车库、维修间、库房、料棚、演练场、洗车区及变配电间、锅炉房的用地。其用地指标不应大于表 4.3.6 的规定。

表 4.3.6 维抢修队用地指标

序号	规 模	用地面积（m²）
1	DN<300	8000
2	300≤DN<500	9000
3	500≤DN<800	10000
4	800≤DN<1000	11500
5	1000≤DN<1300	13000
6	1300≤DN<1500	15000

注：管道输送压力≤12MPa，年输量≤300×10⁸m³。以上指标仅指维抢修队，不包括维抢修中心。维修队用地指标在此基础之上折减 20%。

5 用地控制指标计算范围

5.1 站场用地指标
5.1.1 站场用地指标系指站场围墙（围栏）外围线以内的用地面积。站场围墙（围栏）以外护坡、挡土墙、截水沟以及边角地等的面积根据工程具体情况确定。

5.2 联合站场用地指标
5.2.1 多个站场组成的联合站场，其用地指标不应大于相关组成站场用地指标之和。

附录

术　语

1　站场　station
各类油气井、站、库、厂、场的统称。

2　接转站　pumping station
在油田油气收集系统中，以液体增压为主的站。日常生产管理中也称转油站或接收站。

3　注水站　water injection station
向注水井供给注入水和洗井水的站。

4　注入站　polymer or ASP injection station
向注入井提供聚合物溶液、三元液或其他化学剂及洗井水的站。

5　配制站　polymer dispersion station
将聚合物干粉配制成聚合物母液（一般为5000mg/l）并供给注入站的站场。

6　调配站　ASP mixing station
将高压水与碱液、（表活剂）混合成高压一（二）元液，同时将表活剂（碱）与低压水混合成一（二）元液或与聚合物母液混合成低压二（三）元液的站。或者将高（低）压水与其它化学助剂混配为复合液的站。

7　配注站　injection station
指注入站、配制站、调配站的总称。

8　采出水处理站　produced water treatment station
为使油气田采出水符合注水水质标准或排放标准，对其进行回收和处理的站。

9　稠油　viscous crude
温度在50℃时，动力黏度大于400mPs，且温度为20℃时，密度大于0.9161g/cm^{3}的原油。稠油又可按黏度大小分为普通稠油、特稠油、超稠油。

10　放水站　free water knockout station
将含水较高的原油放掉大部分游离水，然后将低含水原油和含油污水分别输往原油脱水站和含油污水处理站，担负上述生产任务的站称为放水站。与接转站合建的放水站，称为转油放水站。

11　集中处理站　central treating plant
油气田内部主要对原油、天然气、采出水集中进行处理的站。也称联合站。

12 集气站　gas gathering station
对气井井产物进行收集、调压、分离、计量等作业的站。

13 天然气脱水站　natural gas dehydration station
在油气田分散设置对天然气进行脱水的站场。

14 天然气脱硫站　natural gas sulphur removal station
在油气田分散设置对天然气进行脱硫的站场。

15 天然气净化厂　natural gas conditioning plant
对天然气进行脱硫（碳）、脱水并对酸气进行处理的工厂。

16 天然气处理厂　natural gas treating plant
对天然气进行脱硫（脱碳）、脱水、凝液回收、硫磺回收、尾气处理或其中一部分的工厂。

17 二氧化碳注入站　carbon dioxide injection station
利用注入泵向井下注入二氧化碳的站。

18 二氧化碳液化站　carbon dioxide liquefaction station
对二氧化碳气体进行脱水、液化、提纯及尾气处理的站。

19 输油站　oil transport station
输油管道工程中各类工艺站场的统称。

20 输油首站　initial station
输油管道的起点站。

21 输油末站　terminal
输油管道的终点站。

22 中间站　intermediate station
在输油首站、末站之间设有各类站场的统称。

23 中间热泵站　intermediate heating and pumping station
在输油首站、末站之间设有加热、加压设施的输油站。

24 中间泵站　intermediate pumping station
在输油首站、末站之间只设有加压设施的输油站。

25 加热站　intermediate heating station
在输油首站、末站之间只设有加热设施的输油站。

26 分输站　off-take station
在输油管道沿线为分输油品至用户而设置的站。

27 输气站　gas transmission station
输气管道工程中各类工艺站场的总称。

28 输气首站　gas transmission initial station
输气管道的起点站。一般具有分离、调压、计量、清管等功能。

29 输气末站　gas transmission terminal station
输气管道的终点站。一般具有分离、调压、计量、清管、配气等功能。

30 气体分输站　gas distributing station
在输气管道沿线为分输气体至用户而设置的站。一般具有分离、调压、计量、清管等功能。

31 压气站　compressor station
在输气管道沿线用压缩机对管输气体增压而设置的站。

附加说明

编制单位和主要起草人员名单

主 编 部 门： 国土资源部土地利用管理司
主要编制单位： 国土资源部土地整治中心
中国石油天然气股份有限公司
中国石油规划总院
中国石油勘探开发研究院廊坊分院
大庆油田工程有限公司
中国石油集团工程设计有限责任工作西南分公司
中国石油天然气管道工程有限公司
中油辽河工程有限公司

主要起草人：（按照姓氏笔画顺序排列）

毛玉玺	王春宇	王宗科	王志勇	王晓潞
田文彪	田 静	布尔古德	刘杨龙	刘 海
刘中庆	刘 棋	刘 录	刘 霏	刘宝辉
司利旋	司 光	李 娥	李 丽	李红岩
纪成旺	曲 伟	陈毓云	吴 浩	吴 迪
宋 伟	宋成文	杨 红	杨成贵	杨 静
张雪琴	张 炯	张 斌	郑凌志	范树印
罗 明	周 霆	金雁飞	金 君	胡宝顺
郭 正	赵雪峰	崔羽锋	黄 清	黄伟和
粘兴旺	董光喜	韩景宽	蒋 新	游凤英
雷爱先	雷逢春	甄建超	裴 军	谭建辉

附件

石油天然气工程项目用地控制指标条文说明

1 基本规定

1.1 本条说明了本用地指标的适用范围。主要适用于新建陆上油气田及长输管道站场工程项目。

改建、扩建项目应充分利用既有场地和设施，技术改造升级工程应在满足生产要求和安全环保的前提下，宜在原有场地内进行，尽量不新增用地。当需新增用地时，其用地指标应控制在本指标中相同建设规模工程用地指标范围内。

1.2 本条说明了石油天然气、页岩气、煤层气等（以下称石油天然气）工程建设应遵循的原则。节约集约用地是我国的基本国策，土地是有限的自然资源，是各类建设项目进行建设的重要物质基础和人类赖以生存的基本条件。节约集约用地是技术经济比较中一项重要内容，通过平面布置的多方面比选，在技术经济合理的条件下采用先进的生产工艺和装备，简化流程，优化管道布置，应尽量利用未利用地，不占或少占农用地，提高工程用地的使用效率。

1.3 石油天然气工程项目建设在综合考虑资源条件、生产工艺流程、地形环境等建设条件的同时，在满足生产，符合安全、卫生条件下，对生产联系密切、性质相近的单体建筑，宜合并建设联合厂房和多层厂房，使土地资源科学利用和有效优化配置。

1.4 石油天然气工程站场外的区域管道布置，在确保各种管道安全运行的条件下，宜综合形成管道走廊带，埋地管道尽量同沟敷设，以减少占地。站内的架空管道宜集中共架布置，埋地管道宜共沟布置。

1.5 本条说明了本用地指标的作用。在可行性研究（初步设计）阶段，本用地指标可作为确定建设项目用地初步规模和申请项目用地预审的依据，作为核定和审批建设项目的尺度。

本用地指标既是建设单位可行性研究报告、规划设计以及初步设计文件过程中确定项目用地规模的重要标准，又是国土资源主管部门用地审批、土地供应、供后监管、竣工验收的依据。是核定和审批石油天然气工程项目用地规模的尺度。

本用地指标不能作为确认土地使用权的依据。

1.6 本条说明了本指标在可行性研究、初步设计阶段的运用。可行性研究报告、初步设计阶段是落实建设项目的外部条件，并根据其相关条件提出项目建设的总平面布置的设想。在可行性研究、初步设计阶段要参照本指标所确定的用地规模范围内进行核定布局。可行性研究报告中对于建设项目用地规模确定与本指标的对应情况，应在可行性研究报告中单独成章，进行详细说明。

1.7 本条说明了本指标在用地审核阶段的作用。用地指标作为建设项目土地供应规模确定的依据，在项目用地审核阶段应严格按照本指标的内容核定石油天然气工程项目用地规模。

1.8 本条说明了本用地指标在土地供应阶段的作用。国土资源主管部门在国有用地划拨决定书和出让合同中，要明确土地使用标准的相关内容。在核发划拨决定书、签订出让合同时，要明确规定或约定建设项目用地总面积、各功能分区面积及土地用途、容积率控制要求、违规违约责任等。

国土资源主管部门要重点加强对土地使用标准适用情况的审核，并对适用标准的真实性负责。

1.9 本条对超标准建设项目用地提出要求。《国土资源部关于严格执行土地使用标准大力促进节约集约用地的通知》（国土资发〔2012〕132号）文件要求：对因安全生产、地形地貌、工艺技术等有特殊要求的建设项目确需突破土地使用标准的，用地单位应报请当地国土资源主管部门同意。国土资源主管部门应组织有关专家论证评估，集体决策，合理确定项目用地规模，出具审查意见，报同级人民政府批准后，方可办理相关用地审批、供应手续。

对于石油天然气工程项目来说，因安全生产、地形地貌、工艺技术等有特殊要求，确需突破本指标确定的用地规模和功能分区的建设项目，需要开展节地评价，评审论证。

1.10 本条对建设项目节地技术和节地措施提出要求。在石油天然气工程项目建设中，宜采用联合站场、丛式井组井场、护坡、挡墙等节地技术和节地措施，以减少站场的用地，提高节约集约用地水平。

1.11 本用地指标的确定是在遵循国家有关法律、法规，贯彻合理和节约用地方针，根据石油天然气工程项目建设特点，结合施工组织设计、总结已建、在建工程的建设经验，参考统计数据、运行管理模式、所处地域，并考虑工艺技术水平提高对节约集约用地可能性的基础上编制的，未涉及到的其他行业工程用地（供电、供水、区域道路、长输管道伴行道路等），应符合国家相关政策和用地规定。

本用地指标是在一定条件下确定的石油天然气工程项目用地规模的上限控制指标。项目实际用地面积应根据工程设计方案经计算确定，除特殊规定外，项目用地不应超过本用地指标规定的控制指标。

2 油田工程用地控制指标

2.1 进井场道路

2.1.1 石油钻井采油进井场道路为石油专用车道，经常行走重载车，载荷按行驶40t平板挂车计算，设备搬迁时车辆运输多为超长、超宽、超高的"三超"车。因此，采用四级公路单车道国家标准，确定路面宽度为3.5m，两边路肩分别为0.5m，合计路基宽度4.5m。边沟、护坡、防洪坝、挡土墙、错车道等用地根据现场地貌条件，按实际情况计算。

用地面积根据进井场道路实际长度和宽度确定。

2.2 井 场

2.2.1 综合分析我国陆上各油气田所在地区的地貌条件、资源特点和石油钻井采油工程作业情况，井场用地将地貌分为以下6类。

（1）平原：指宽广平坦或略有起伏的地区，地面自然坡度一般在3°以下的地貌，包括地面坡度在20°以下、相对高差在100m以下的微丘地貌。

（2）沼泽：指地表经常过湿或有薄层积水、生长着湿生植物或沼泽植物、土壤严重潜育化或有泥炭形成与积累的土地，是由土地和水汇接而成，也称湿地。有的沼泽常年被水覆盖和浸泡，有的一年中有数星期或数月部分或全部干涸。

（3）滩涂：分为海滩、河滩、湖滩、库滩。海滩指沿海大潮高潮位与低潮位之间的潮浸地带，河滩指河流常水位至洪水位间的滩地，湖滩指湖泊常水位至洪水位间的滩地，库滩指水库、坑塘的正常蓄水位与最大洪水位间的面积。

（4）沙漠：指地势平坦且辽阔，基本无地表水体，植被稀疏，气候极端干燥，降水极少，日照强烈，日夜温差很大，风力很强而且持久，一般动物难以生存，形成荒无人烟的不毛之地，包括沙漠（沙质荒漠）、戈壁（砾质荒漠）、岩漠、泥漠、盐漠等。

（5）黄土山坡：指黄土高原的山坡地。

（6）山岭重丘：山岭指地貌变化复杂，地面坡度大部分在20°以上的地貌；重丘指连绵起伏的丘陵岗地，具有深谷和较高的分水岭，地面自然坡度一般在20°以上的地貌。

在沼泽、滩涂、沙漠、黄土山坡、山岭重丘等地貌条件下，实施钻井作业后，井场地貌通常难以恢复原样，生产期内需要采用钻井作业井场作为采油井场用地。井场用地面积确定方法如下。

根据中华人民共和国石油天然气行业标准SY 5974-2014《钻井井场、设备、作业安全技术规程》关于井场安全要求：3.2.4 井场的有效使用面积宜满足表1的要求（不包括活动住房、其他建筑电力线、通信线、井场外管线等井场附属设施的占地面积）。

表1 井场有效使用面积

钻机级别	面积（m²）	长度（m）	宽度（m）
ZJ10	3600	60	60
ZJ20	3900	65	60
ZJ30	4900	70	70
ZJ40	9000	100	90
ZJ50	10000	100	100
ZJ70	12000	120	100
ZJ70以上钻机	>12000	>120	>120

井深≤1000m时选用ZJ20钻机井场有效面积3900m²，1000m<井深≤3000m时选用ZJ40钻机井场有效面积9000m²，3000m<井深≤5000m时选用ZJ50钻机井场有效面积10000m²，井深>5000m时选用ZJ70钻机井场有效面积12000m²。

对于丛式井井场，同一井场每增加一口井，增加面积按井间距离10m乘以井场长度测算，参见表2。因此，用地面积在单井井场用地面积基础上增加不超过20%。

表2 丛式井井场增加面积测算

序号	井深级别	单井面积（m²）	长度（m）	宽度（m）	增加面积（m²）	增加比例
1	井深≤1000m	3900	65	60	650	17%
2	1000m<井深≤3000m	9000	100	90	1000	11%
3	3000m<井深≤5000m	10000	100	100	1000	10%
4	井深>5000m	12000	120	100	1200	10%

因此，当地貌条件需要采用钻井作业井场作为采油井场用地时，采油井场用地指标不应大于表2.2.1的规定。

表2.2.1 采油井场用地指标

序号	井深级别	用地面积（m²）
1	井深≤1000m	3900
2	1000m<井深≤3000m	9000
3	3000m<井深≤5000m	10000
4	井深>5000m	12000

注：同一井场每增加一口井，增加用地面积在单井井场用地面积基础上不超过20%。

2.2.2 在平原地貌条件下，实施钻井作业后，井场地貌通常可以基本恢复原样，生产期内需要采用井下作业井场作为采油井场用地。井场用地面积确定方法如下。

根据中华人民共和国石油天然气行业标准SY 5727-2014《井下作业安全规程》关于安全间距要求：3.1.3 值班房、工具房、发电房距井口及储油罐不应小于30m，防喷器远程控制台应面对修井机侧前方25m以外摆放；3.1.4 排液用储液罐应放置距井口25m以外。

根据上述关于安全距离要求，结合油田实际生产组织，按不同井深级别分别确定采油井场长度、宽度和使用面积。井深≤1000m 时确定为 50m×20m＝1000m²，1000m＜井深≤3000m 时确定为 50m×30m＝1500m²，3000m＜井深≤5000m 时确定为 60m×40m＝2400m²，井深＞5000m 时确定为 70m×70m＝4900m²。

对于丛式井井场，同一井场每增加一口井，增加面积按井间距离 10m 乘以井场长度测算，参见表3。因此，用地面积在单井井场用地面积基础上增加不超过 50%。

表3 丛式井井场增加面积测算

序号	井深级别	单井面积（m²）	长度（m）	宽度（m）	增加面积（m²）	增加比例
1	井深≤1000m	1000	50	20	500	50%
2	1000m＜井深≤3000m	1500	50	30	500	33%
3	3000m＜井深≤5000m	2400	60	40	600	25%
4	井深＞5000m	4900	70	70	700	14%

因此，当地貌条件需要采用井下作业井场作为采油井场用地时，采油井场用地指标不应大于表2.2.2的规定。

表2.2.2 采油井场用地指标

序号	井深级别	用地面积（m²）
1	井深≤1000m	1000
2	1000m＜井深≤3000m	1500
3	3000m＜井深≤5000m	2400
4	井深＞5000m	4900

注：同一井场每增加一口井，增加用地面积在单井井场用地面积基础上不超过 50%。

2.2.3 井场外边沟、护坡、防洪坝、挡土墙以及其它安全设施用地，根据当地实际，因地制宜，其用地面积按实际情况计算。

2.3 计量站（集油间）和配水（注配）间

2.3.1 计量站的用地面积主要取决于进站阀组的数量。按管辖井数规定其用地面积。2009年开始部分油田计量站为标准化设计，根据站场用地统计结果，用地面积取定值为有效最大值。站场用地测算见附表1。

附表1 计量站用地指标测算

序号	设计规模	长×宽（m）	用地面积（m²）		备注
1	大庆油田12井式计量站	25×11.5	一般地区	287.5	砖混
		28.5×16.5	低洼地区	470.25	砖混
2	大庆油田16井式计量站	26.8×11.5	一般地区	308.20	砖混
		30.3×16.5	低洼地区	499.95	砖混

续表

序号	设计规模	长×宽（m）	用地面积（m²）		备注
3	大庆油田20井式计量站	28×11.5	一般地区	322.00	砖混
		31.5×16.5	低洼地区	519.75	砖混
4	大庆油田24井式计量站	29.5×11.5	一般地区	339.25	砖混
		33×16.5	低洼地区	544.50	砖混
5	大庆油田28井式计量站	37.6×16.5	一般地区	432.40	砖混
		41.1×16.5	低洼地区	678.15	砖混
6	大庆油田32井式计量站	39.1×16.5	一般地区	449.65	砖混
		42.6×16.5	低洼地区	702.90	砖混
7	新疆英买力潜山计量站-计量撬-8	17.4×12.8	一般地区	222.72	

2.3.2 集油间的用地指标，与管辖的集油环数有关，因此按集油环数，划分档次，分别规定其用地面积。2009年开始部分油田阀组间基本为标准化设计。根据站场用地统计结果，用地面积取定值为有效最大值。站场用地测算见附表2。

附表2 集油间用地指标测算

序号	设计规模	长×宽（m）	用地面积（m²）		备注
1	大庆油田5环集油间	23.8×11.2	一般地区	266.56	砖混（值班室与阀组间合建）
		27.3×16.2	低洼地区	442.26	
2	大庆油田7环集油间	25.6×11.2	一般地区	286.72	砖混（值班室与阀组间合建）
		29.1×16.2	低洼地区	471.42	
		43.2×16.2	低洼地区	699.84	
3	大庆油田10环集油间	28.3×11.2	一般地区	316.96	砖混（值班室与阀组间合建）
		31.8×16.2	低洼地区	515.16	

2.3.3 配水间的用地与配水器的长度有关，管辖的水井数量决定着配水器的长度。其用地面积按管辖的水井数量而不同。用地面积取定值为统计结果的有效最大值。本次配水间根据标准化配水间占地面积对指标进行了修订。站场用地测算见附表3。

附表3 配水间用地指标测算

序号	规模	长×宽（m）	用地面积（m²）	备注
1	大庆油田5井式配水间	11.5×17.5	201	电暖、固定洗井、含工具间
2	大庆油田8井式配水间	11.5×19.9	229	电暖、固定洗井、含工具间
3	大庆油田11井式配水间	11.5×22.3	256	电暖、固定洗井、含工具间
4	大庆油田15井式配水间	11.5×25.6	294	电暖、固定洗井、含工具间
5	大庆油田20井式配水间	11.5×29.5	339	电暖、固定洗井、含工具间

续表

序号	规模	长×宽（m）	用地面积（m²）	备注
6	大庆油田 5 井式配水间	10.9×16.9	190	电暖、活动洗井、含工具间
7	大庆油田 8 井式配水间	10.9×19.3	210	电暖、活动洗井、含工具间
8	大庆油田 11 井式配水间	10.9×21.7	237	电暖、活动洗井、含工具间
9	大庆油田 15 井式配水间	10.9×25	273	电暖、活动洗井、含工具间
10	大庆油田 20 井式配水间	10.9×28.9	315	电暖、活动洗井、含工具间

2.3.4 注配间的用地根据辖井数的不同而不同，本次注配间在原基础上增加了辖井数量。站场用地测算见附表 4。

附表 4 注配间用地指标测算

序号	站 名	设计时间（年）	设计规模（井式）	长×宽（m）	用地面积（m²）	备注
1	大庆乌东 5 号注配间	2009	5 井式	35.1×17.5	614.25	含配水间、巡检间
2	大庆乌东 7 号注配间	2009	5 井式	35.1×17.5	614.25	含配水间、巡检间
3	大庆乌东 3 号注配间	2009	8 井式	25.33×14.3	362.219	
4	大庆茂 801-3 注配间	2015	8 井式	25.1×13.2	331.32	
5	大庆古龙油田 57 注配间	2011	8 井式	28.3×13.6	384.88	
6	大庆古龙油田 463-5 注配间	2011	8 井式	21.4×13.6	291.04	
7	大庆龙南 36-1 注配间	2011	8 井式	24.4×13.6	331.84	
8	大庆龙南 32-3 注配间	2011	8 井式	24.4×13.6	331.84	
9	大庆古龙油田 2 号注配间	2011	9 井式	22.6×14.5	327.7	
10	大庆古龙油田 571 注配间	2011	9 井式	28.3×13.6	384.88	
11	大庆古 463-5-1 注配间	2011	10 井式	26.5×14.5	384.25	
12	大庆古龙油田 1 号注配间	2011	12 井式	28.3×14.5	410.35	
13	大庆乌东 6 号注配间	2009	13 井式	36.1×14.8	534.28	
14	大庆茂 801-4 注配间	2015	15 井式	30.8×14.1	434.28	
15	大庆头台 2-10 号注配间	2008	16 井式	35.1×16	561.6	

2.4 接转站

2.4.2 接转站的用地随着转输液量的增大而增加。经统计分析，接转站按转输液量划分档次，用地面积取定值为统计结果的有效最大值。站场用地测算见附表 5。

附表5 接转站用地指标测算

序号	站名	设计时间（年）	设计规模	用地面积（m²）	建（构）筑物用地面积（m²）	建筑系数（%）	道路及广场用地面积（m²）	管线（廊）用地面积（m²）	土地利用系数（%）	备注
1	大庆贝中二转油站	2010	1000m³/d	4256	927.942	21.80	908.77	400.4	52.56	
2	大庆徐6转油站	2008	1500m³/d	5070	1338.76	26.41	950	288	50.82	
3	大庆茂一转油站	2012	1500t/d	4923.6	1268.68	25.77	980.4	234.7	50.45	
4	大庆敖106转油站	2014	2200t/d	4440.94	1450.528	32.66	703	238.2	53.86	
5	大庆塔1-9转油站	2011	2500t/d	6407.66	1815.77	28.34	1175.25	304.52	51.43	
6	大庆古三转油站	2011	2500t/d	3080.5	740.76	24.05	821	105.75	54.13	
7	大庆葡南2号转油站	2010	3000t/d	5133	1684.17	32.81	1121	182.038	58.20	
8	大庆卫二转油站	2010	3000t/d	4373.25	1592.1	36.41	1028	164.6	63.68	
9	大庆肇35转油站	2009	4000t/d	3724	1557.2	41.82	486	380.8	65.09	
10	大庆徐30转油站	2014	4000t/d	4712.4	1618.06	34.34	1110.3	156	61.21	
11	大庆朝21转油站	2009	5000t/d	5374	1710.25	31.82	489.5	316	46.81	
12	大庆新中104转油站	2010	6000t/d	6086.25	1897.988	31.18	876	810.4	58.89	
13	大庆中514接转站	2008	7000t/d	5396.75	1838.76	34.07	913	367.7	57.80	
14	大庆杏北三元-2转油站	2008	7500t/d	6154	2156.14	35.04	1024	354.8	57.44	
15	大庆新中210转油站	2010	8000t/d	6601.68	2355.326	35.68	1140.44	455.6	59.85	
16	大庆中508转油站	2011	8000t/d	6769.84	2462.722	36.38	1133	412.12	59.20	
17	大庆304转油站	2008	10000t/d	6051.5	2058.17	34.01	1157	378.56	59.39	
18	大庆聚杏七转油站	2011	10000t/d	5291	1936.31	36.60	939	196.9	58.06	
19	大庆南4-5转油站	2014	12000t/d	7000	2550.46	36.44	1111	433.45	58.50	
20	大庆新中308转油站	2010	12000t/d	5241.2	2009.25	38.34	979	340.4	63.51	立体化
21	大庆聚南5-4转油站	2014	14000t/d	9447	3509.92	37.15	1452	443.3	57.22	
22	大庆新中409转油站	2009	15000t/d	6804	2319.04	34.08	1005	434.36	55.24	
23	大庆聚新中407转油工程	2012	水驱：6000t/d 聚驱：8500t/d	8590.5	3448.325	40.14	1155	655.75	61.22	

续表

序号	站名	设计时间（年）	设计规模	用地面积（m²）	建（构）筑物用地面积（m²）	建筑系数（%）	道路及广场用地面积（m²）	管线（廊）用地面积（m²）	土地利用系数（%）	备注
24	大庆南3-8转油站	2008	水驱：10000t/d 聚驱：7500t/d	7765	2713.16	34.94	1017	669.15	56.66	
25	大庆新中108接转站	2009	水驱：5000t/d 聚驱：12000t/d	9524.41	3687.91	38.72	1390	770.1	61.40	
26	大庆新中605转油站	2009	16000t/d	5716.25	2010	35.16	1208	408.5	63.44	立体化
27	大庆三元南8-9转油站	2009	16000t/d	5418.7	2149.08	39.66	1039.5	230.5	63.10	立体化
28	大庆三元南7-3转油站	2010	17000t/d	7488	2672.25	35.69	1057	972.7	62.79	
29	大庆杏北三元-3转油站	2009	17000t/d	7651.75	2745.12	35.88	1211	552.85	58.93	
30	大庆聚新中610转油站	2012	水驱：20000t/d 聚驱：6000t/d	10994.97	4449.78	40.47	1385	708.24	59.51	
31	大庆喇451转油站	2010	水驱：12000t/d 聚驱：10500t/d	9252	3525.6	38.11	1357	578.45	59.03	
32	新疆哈拉哈塘新垦转油站	2015	1100m³/d	1400						
33	新疆英买2转油站	2011	2600m³/d	6070						
34	新疆哈601转油站	2014	3400t/d	7160						
35	新疆哈15转油站	2014	4000t/d	5720						
36	长庆胡6增压点	2008	240m³/d	1400	178.5	12.75	260.875	/	31.32	
37	长庆靖9增压点	2009	240m³/d	1522.5	193.5	12.70	200	/	25.85	
38	长庆西13增压点	2010	240m³/d	1522.5	232.29	15.26	196	/	28.13	
39	长庆王25增压点	2011	120m³/d	1606.5	232.29	14.46	196	/	26.66	

续表

序号	站名	设计时间（年）	设计规模	用地面积（m²）	建（构）筑物用地面积（m²）	建筑系数（%）	道路及广场用地面积（m²）	管线（廊）用地面积（m²）	土地利用系数（%）	备注
40	长庆化16增压点	2013	360m³/d	1886.00	232.29	12.32	196	/	22.71	
41	长庆化17增压点	2014	120m³/d	1886.00	232.29	12.32	196	/	22.71	
42	长庆黄18增压点	2015	360m³/d	2115.00	232.29	10.98	196	/	20.25	
43	长庆化5接转站	2008	600m³/d	5545.75	525.96	9.48	1233	/	31.72	
44	长庆姬13接转站	2009	600m³/d	3804	377	9.91	1036	/	37.15	
45	长庆庆4接转站	2012	800m³/d	4455	974.95	21.88	1120	/	47.02	
46	长庆镇6接转站	2012	1000m³/d	2203	212.3	9.64	505	/	32.56	
47	长庆庆8接转站	2015	600m³/d	2670.8	225.6	8.45	1132	/	50.83	

2.4.3 稠油接转站同普通接转站相比流程复杂，工艺设施相应增加，占地面积也随之增加，主要增加沉降罐和加热系统。而新增加的沉降罐、加热炉与其它建构筑物和设施之间的安全距离较大，其用地面积较普通接转站增大。经统计分析，按转输液量划分五个档次，用地面积取定值为统计结果的有效最大值。站场用地测算见附表6。

附表6 稠油接转站用地指标测算

序号	站场名称	转输液量（m³/d）	站场用地面积（m²）	建、构筑物用地面积（m²）	道路广场用地面积（m²）	管线及管廊用地面积（m²）	建筑系数（%）	土地利用系数（%）
1	冷西10#、11#平台计量接转站	160	1960	158	421	225	8.1	41.0
2	冷家油田2002年新井地面集油工程洼60块14#平台	240	2278	139	558	244	6.1	41.3
3	冷家油田地面建设工程洼60集油平台	750	5904	323	1591	566	5.5	42.0
4	曙采新建1-87#计量接转站	800	3542	1200		870	33.9	58.4
5	冷家油田原油集输系统工程作业一区转油站	1500	5464	1607	624	734	29.4	54.3
6	冷41区块原油集输系统工程6区转油站	1520	4198	1323	1023	337	31.5	63.9
7	冷家油田作业一、二、三、四区原油集输系统工程转油站	1750	5284	2092	895	400	39.6	64.1

续表

序号	站场名称	转输液量（m³/d）	站场用地面积（m²）	建、构筑物用地面积（m²）	道路广场用地面积（m²）	管线及管廊用地面积（m²）	建筑系数（%）	土地利用系数（%）
8	冷家油田原油集输系统工程作业六区转油站	3700	4653	1732	471	433	37.2	56.6
9	曙采3-1#站改造	1000	3177	591	150	290	18.6	32.4
10	2007年曙一区超稠油SAGD产能建设地面工程SAGD-1#计量接转换热站	6000	4720	650	200	430	13.8	27.1
11	2007年曙一区超稠油SAGD产能建设地面工程SAGD-2#计量接转换热站	5600	3878	550	200	350	14.2	15.5
12	2007年曙一区超稠油SAGD产能建设地面工程SAGD-4#计量接转换热站	2000	1953	300	150	180	15.3	63.0
13	2007年曙一区超稠油SAGD产能建设地面工程SAGD-5#计量接转换热站	4800	4079	610	200	370	15.0	29.0
14	2007年曙一区超稠油SAGD产能建设地面工程SAGD-6#计量接转换热站	3200	3998	585	200	360	14.6	28.6
15	洼60原油集输工程转油站（含2座1000油罐）	2380	10670	2380	2252	960	22.3	52.4
16	高三块先导试验注、采系统建设高17转改造	240	2430	450	150	220	18.5	33.7
17	SAGD一期工程18个井组油气集输系统SAGD-5#计量接转站	4200	2451	670	150	221	27.3	42.5
18	新海27块二次开发地面建设工程 海10转油站	200	2770	660	150	250	23.8	38.8
19	新海27块二次开发地面建设工程 海12转油站	200	2210	690	150	200	31.2	47.0
20	新海27块二次开发地面建设工程 海27转油站	200	1572	450	100	145	28.6	44.2
21	新海27块二次开发地面建设工程 海13转油站	200	1739	300	100	160	17.2	32.2
22	新海27块二次开发地面建设工程 海19转油站	200	1896	300	100	160	15.8	29.5

续表

序号	站场名称	转输液量 (m³/d)	站场用地面积 (m²)	建、构筑物用地面积 (m²)	道路广场用地面积 (m²)	管线及管廊用地面积 (m²)	建筑系数 (%)	土地利用系数 (%)
23	新海27块二次开发地面建设工程 海26转油站	200	1375	210	100	125	15.2	31.6
24	新海27块二次开发地面建设工程 海24转油站	200	1827	430	150	165	23.5	40.8
25	新海27块二次开发地面建设工程 海23转油站	200	1515	390	120	140	25.7	42.9
26	齐40块计量接转站改造 齐2#站	1300	2825	690	150	160	24.4	35.4
27	齐40块计量接转站改造 齐11#站	1200	2620	690	150	160	26.3	38.2

2.4.4 接转站一般不设事故油罐，如生产确实需要时，可设事故油罐。其容积可按该站4~24h设计液量计算。其用地指标按本条规定进行调整。

2.5 转油放水站

2.5.1 大庆油田转油放水站在老区油田较为常见，尤其随着三元复合驱工业推广，新建转油放水站数量增多。在2009年版油田工程建设用地指标中，只有接转站和脱水站两种站场，如果按照接转站用地指标控制，转油放水站有污水沉降罐和事故罐及配套工艺和设备，而转油站没有；如果按照脱水站用地指标控制，一方面脱水站规模是净化油规模，而转油放水站规模为处理液量，不匹配，另一方面工艺流程、设备也不同，无可比性。因此本次修订指标增加该项内容。站场用地测算见附表7。

附表7 转油放水站用地指标测算

序号	站名	设计时间(年)	设计规模(t/d)	用地面积(m²)	建（构）筑物用地面积(m²)	建筑系数(%)	道路及广场用地面积(m²)	管线（廊）用地面积(m²)	土地利用系数	备注
1	大庆聚南3-10转油放水站	2012	6500t/d	10743.75	3050.7	28.40	1477	826.6	49.84	
2	大庆北Ⅲ-6三元转油放水站	2014	10800t/d	18786	6329	33.69	3363	1394.3	59.01	
3	大庆喇270转油放水站	2010	13000t/d	10276	3626	35.29	1266	636.5	53.80	立体化设计
4	大庆聚喇800转油放水站	2015	13000t/d	14985	7745	51.69	2336	862	73.03	

续表

序号	站名	设计时间（年）	设计规模（t/d）	用地面积（m²）	建（构）筑物用地面积（m²）	建筑系数（%）	道路及广场用地面积（m²）	管线（廊）用地面积（m²）	土地利用系数	备注
5	大庆杏北三元-6转油放水站	2014	13800t/d	13540	4834	35.70	2286	906.35	59.28	
6	大庆三元新中202转油放水站	2014	14000t/d	31678.14	14036.2	44.31	5816	2086	69.25	有事故罐4000m³
7	大庆聚南3-9转油放水站	2008	16000t/d	10074	3743.01	37.16	1237	669.05	56.08	
8	大庆聚喇170转油放水站	2014	18000t/d	10660.9	3602	33.79	2020	817.6	60.40	
9	大庆聚中115转油放水站	2015	19000t/d	18825	8085.16	42.95	2822	1374.6	65.24	有事故罐2000m³
10	大庆杏北三元-7转油放水站	2015	18000t/d	27552	11679	42.39	5262	1614	67.35	有事故罐3000m³
11	大庆萨北Ⅲ-4转油放水站	2009	20000t/d	14175	5934.64	41.87	1552	803.3	58.48	
12	大庆三元南4-9联合站	2015	20000t/d	22435	8526	38.00	4385	1056.35	62.26	有事故罐2000m³
13	大庆北Ⅲ-7转油放水站	2015	20000t/d	22929	7672.585	33.46	4310	1217.5	57.57	有事故罐2000m³
14	大庆新聚北一转油放水站	2008	20250t/d	15261.5	3305.6	21.66	1132.5	2945.5	48.38	
15	大庆杏北三元-5转油放水站	2013	20700t/d	19040	6300.98	33.09	3074	1017.2	54.58	
16	大庆北Ⅱ-6三元转油放水站	2014	20700t/d	18786	6366	33.89	3190	1122	56.84	
17	大庆聚南2-2转油放水站	2009	21000t/d	12072	2616	21.67	1655	707.6	41.24	立体化设计
18	大庆北Ⅱ-5三元转油放水站	2013	21000t/d	20406	6288.93	30.82	3430	1336.5	54.18	
19	大庆三元南4-8转油放水站	2013	23400t/d	16739	6533.26	39.03	2681	1392.35	63.36	
20	大庆杏十三-Ⅱ转油放水站	2012	25000t/d	15413	6085	39.48	1920	1216.3	59.83	
21	大庆杏四聚转油放水站	2014	26000t/d	12670	3759.58	29.67	1950	1294	55.28	

续表

序号	站名	设计时间(年)	设计规模(t/d)	用地面积(m²)	建(构)筑物用地面积(m²)	建筑系数(%)	道路及广场用地面积(m²)	管线(廊)用地面积(m²)	土地利用系数	备注
22	大庆杏北三元-4转油放水站	2009	27000t/d	10660	4061.5	38.10	1122.8	848.6	56.59	立体化设计
23	大庆中418三元转油放水站	2014	三元：12000t/d 水驱：26000t/d	28052.44	13909.94	49.59	3920	1396.3	68.54	有事故罐5000m³
24	大庆中515三元转油放水站	2014	三元：36000t/d 水驱：16000t/d	30170.2	17683.4	58.61	4900	2887.95	84.43	有事故罐7000m³

2.6 脱水站

2.6.1 原油脱水主要采用卧式容器热化学沉降脱水、电脱水或不同方式的组合。一般设事故罐1座，净化油罐1座，污水沉降罐1座。当需要增加储罐时，用地面积适当加大。

根据大庆、长庆、塔里木、克拉玛依等各油田脱水站的调查结果，经综合分析，用地指标按原油处理规模划分档次，用地面积指标取统计结果的平均值。站场用地测算见附表8。

附表8 原油脱水站、联合站用地指标测算

序号	站名	设计时间(年)	设计规模(t/d)	用地面积(m²)	建(构)筑物用地面积(m²)	建筑系数(%)	道路及广场用地面积(m²)	管线(廊)用地面积(m²)	土地利用系数(%)	备注
1	大庆三元中105转油脱水站	2011	处理液量：14000 处理油量：1600	20549.3	9651.23	46.97	3264	791.4	66.70	三元事故罐3000m³ 污水沉降罐3000m³
2	大庆南7-1脱水站	2009	5000	34790	18833.5	54.13	3376	863.075	66.32	
3	大庆北Ⅱ-2脱水站	2012	3000	30523	15342.4	50.27	4649	655.25	67.64	
4	大庆新南3-1脱水站	2014	聚驱：3800 三元驱：2400	29961.6	17266.56	57.63	5134	563.5	76.64	

续表

序号	站名	设计时间（年）	设计规模（t/d）	用地面积（m²）	建（构）筑物用地面积（m²）	建筑系数（%）	道路及广场用地面积（m²）	管线（廊）用地面积（m²）	土地利用系数（%）	备注
5	新疆哈得一联合站	2006	100×10⁴/a	34865	5182.78					
6	新疆哈6联合站	2013	100×10⁴/a	65606	9720					
7	长庆樊一联合站	2009	100×10⁴t/a	32920.9	8827.69	26.81	10028.14	/	63.1	
8	长庆吴堡联合站	2010	50×10⁴t/a	20920	8831	42.21	4998	/	70	
9	长庆姬九联合站	2011	30×10⁴t/a	19773.6	7429	37.86	6366	/	65	
10	长庆环三联合站	2013	30×10⁴t/a	18524.6	8450	45.62	5828.69	/	62	
11	长庆姬十联合站	2013	30×10⁴t/a	19952.5	12035.3	60.32	7857.9	/	84.7	
12	长庆庄三联合站	2014	30×10⁴t/a	14058	7700	54.77	5657	/	80	
13	长庆庆四联合站	2015	20×10⁴t/a	15010	6900	45.97	3840	/	83	

2.6.2 稠油具有黏度高、密度大、闪点高的特点。因此，稠油处理同常规原油处理相比，具有脱水时间长，操作温度高，罐区沉降罐数量多的特点，加热系统占地面积大，总用地面积也相应增加。

根据站场用地统计结果，经综合分析，用地指标按处理油量规模划分为三个档次，用地面积指标取统计结果的平均值。站场用地测算见附表9。

附表9 稠油脱水站用地指标测算

序号	站场名称	设计规模（10⁴m³/a）	站场用地面积（m²）	建（构）筑物用地面积（m²）	道路广场用地面积（m²）	管线及管廊用地面积（m²）	建筑系数（%）	土地利用系数（%）
1	轮西油田地面建设工程（一期工程）集中处理站单元	30	45207	14547	8010	5306	32.2	61.6
2	曙一区杜32块地面建设工程集中处理站	50	65544	29723	16100	5790	45.3	78.7
3	冷一原油集中处理站工程	100	50178	22842	9180	6150	45.5	76.0

2.7 注水站

2.7.1 注水站用地指标修订，是根据大庆、克拉玛依、长庆、吉林、辽河油田、华北、青海、大港、冀东油田调查的注水站用地数据确定的。

经统计分析，注水站对单一水质升压时，占地面积满足占地指标要求，当注水站内同时有多种水质的水时，占地面积不能满足占地指标要求；另外近年来，大庆油田部分注水站内有曝氧设施，占地面积也不能满足指标要求。本次修订时，在原指标的基础上，增加了两条注解，满足注水站双水质或有曝氧设施时的占地要求。站场用地测算见附表10。

附表10 注水站用地指标测算

序号	站场名称	设计时间（年）	工艺流程	规模（m³/d）	占地面积（m²）	建（构）筑物面积（m²）	场地道路面积（m²）	管廊面积（m²）	建筑系数（%）	土地利用系数（%）	备注
1	大庆南二十七联注水站	2009	来水缓冲-离心泵升压	34000	7500	2765	1689	438	36.87	65.23	
2	大庆杏八注水站扩改建	2013	来水缓冲-离心泵升压	26000	7063	2666	1259	757	37.75	66.29	
3	大庆聚南3-10注水站	2012	来水缓冲-离心泵升压	21200	7811	2298	2235	441	29.42	63.68	
4	大庆北十注水站扩建	2010	来水缓冲-离心泵升压	14400	4481	1248	1005	451	27.85	60.34	
5	大庆北六联注水站扩建	2011	来水缓冲-离心泵升压	14400	3285	1324	625	511	40.3	74.86	
6	新疆轮一联污水处理及注水站	2008	缓冲沉降-压力除油-两级过滤-净化水罐-离心泵升压	5000	13890	3426	1675	1174	24.66	45.18	
7	新疆轮一联回灌注水站	2012	来水缓冲-离心泵升压	5000	2072	889	217	324	42.9	69.00	
8	新疆轮一联老污水站改造	2012	缓冲沉降-压力除油-两级过滤	5000	8770	2915	900	990	33.2	54.80	
9	长庆姬26接转注水站	2011	转输液量3×10⁴t/a		5703	465.6	1531	/	8.16	35.01	
10	长庆南13接转注水站	2012	转输液量5×10⁴t/a		5461	536.2	1736	/	9.82	41.61	
11	长庆胡19接转注水站	2013	转输液量15×10⁴t/a		6125	594	2435	/	9.70	49.45	
12	长庆胡22接转注水站	2014	转输液量8×10⁴t/a		7859	578.4	2645.2	/	7.36	41.01	
13	长庆梁3接转注水站	2015	转输液量25×10⁴t/a		9678	748	1859	/	7.73	26.94	

2.7.2 稠油热采热注站内注汽锅炉间的占地面积较大，通常1×23t/h锅炉间占地面积400m²。根据《石油天然气工程设计防火规范》GB 50183的要求，其与油罐和卸油槽之间的安全距离为20m，与油泵房之间的安全距离为15m，安全距离兼做设备维修场地。热采热注

站（2×23t/h）平均用地面积为4300m²。

目前，辽河油田现有注汽站规模主要有2台和3台注气锅炉，3台注气锅炉需要布置在两座锅炉间内，且中间设置18m宽的检修通道，再加上锅炉间宽度及其与围墙之间的安全通道，需新增3700m²占地面积。站场用地测算见附表11。

附表11 稠油热采热注站用地指标测算

序号	站场名称	站场用地面积（m²）	建（构）筑物用地面积（m²）	道路广场用地面积（m²）	管线及管廊用地面积（m²）	建筑系数（%）	土地利用系数（%）
1	特油公司2005年产能建设工程14#2×23t/h热注站	4510	924	432	537	20.0	40.9
2	特油公司2005年产能建设工程15#1×23t/h热注站	3588	847	205	410	23.6	40.7
3	特油公司2003年产能建设工程12#2×23t/h热注站	4576	924	432	537	20.0	40.9
4	齐40块蒸汽驱地面建设工程22# 3×23t/h热注站	8234	2655	903	987	32.2	55.2
5	2007年曙一区超稠油SAGD产能建设地面工程SAGD-2#注汽站（10×23t/h）（油）	17702	6720	2096	1600	38	58.8
6	2007年曙一区超稠油SAGD产能建设地面工程SAGD-3#注汽站（6×50t/h）（油）	22310	6650	4170	2010	29.8	57.5
7	冷家油田锦11#注汽站拆迁工程1×23t/h燃气注汽站（气）	1967	628	150	180	31.9	48.8
8	特油公司SAGD工程大18#2×23t/h热注站（油）	4770	1360	150	430	28.5	40.7
9	齐40块蒸汽驱地面建设工程（一期）20#热注站扩建（2×23t/h）（油）	5260	1400	150	450	26.6	38.0
10	齐40块蒸汽驱地面建设工程（一期）23#热注站扩建（2×23t/h）（油）	5150	1590	150	450	30.9	42.5
11	齐40块蒸汽驱地面建设工程（一期）24#热注站扩建（2×23t/h）（油）	5000	1590	150	450	31.8	43.8
12	齐40块蒸汽驱地面建设工程（一期）19#注汽站（3×23t/h）（油）	7746	2310	450	700	29.8	44.7
13	2007年齐40块蒸汽驱地面工程建设26#注汽站（2×23t/h）（油）	5000	1310	150	450	26.2	38.2
14	2007年齐40块蒸汽驱地面工程建设27#注汽站（2×23t/h）（油）	4750	1300	150	450	27.3	40.0

续表

序号	站场名称	站场用地面积（m²）	建（构）筑物用地面积（m²）	道路广场用地面积（m²）	管线及管廊用地面积（m²）	建筑系数（%）	土地利用系数（%）
15	2007年齐40块蒸汽驱地面工程建设40#注汽站（2×23t/h）（油）	4320	1100	150	430	25.4	38.9
16	2007年齐40块蒸汽驱地面工程建设29#注汽站（3×23t/h）（油）	4750	1300	150	450	27.3	40.0
17	欢127块41#热注站工程（1×23t/h）燃油注汽站	5000	1100	150	430	22.0	33.6
18	欢127块45#热注站（试验站）	5360	1980	200	490	36.9	49.8
19	新海27块二次开发地面建设工程1#注汽站（2×23t/h）（油）	5300	1600	150	430	30.1	41.1
20	锦45块蒸汽驱实验地面配套工程 注汽站（2×23t/h）（油）	3760	1041	150	410	27.7	42.6
21	华油11.2t/h热采注汽站曙光155#、156平台1×11.2t/h注汽站（气）	1460	340	80	131	23.2	37.7
22	渤海装备辽河热采红1#注汽站 1×23t/h 燃油（气）注汽站	2240	840	80	190	37.5	49.5
23	高三块先导试验注、采系统建设 高升3#注汽站改扩建工程	8952	3150	300	810	35.1	47.6

2.8 配注站

2.8.1 注入站主要依据大庆油田近8年来站场用地调查情况，在原有的工艺基础上，将母液储罐置于室内和采用"一泵多井"和"单泵单井"模式的新建站场用地数据进行统计分析。由于管辖井数的变化不但影响建筑物长度，同时也影响宽度。用地指标主要与注聚井数有关。因此，用地指标按流程分两种在一定井数下，用地面积取定值为统计结果的有效最大值，超过一定井数后，占地面积均按规律递增。站场用地测算见附表12。

附表12 注入站用地指标测算

序号	站场名称	设计时间（年）	流程	规模（井式）	占地面积（m²）	备注
1	大庆杏十二区高浓度聚驱3号注入站	2012	一泵多井	86	5634	
2	大庆杏北聚2-10注入站二期	2011	一泵多井	76	4560	
3	大庆南东5号三元注入站	2014	一泵多井	69	2996	
4	大庆中十四三元注入站	2014	一泵多井	69	3300	
5	大庆杏十二区高浓聚驱4号注入站	2013	一泵多井	68	3093	
6	大庆杏十二区高浓聚驱4号注入站	2013	一泵多井	68	3289	
7	大庆北Ⅱ-7-1三元注入站	2014	一泵多井	65	5640	

续表

序号	站场名称	设计时间（年）	流程	规模（井式）	占地面积（m²）	备注
8	大庆喇4-6注入站扩建工程	2009	一泵多井	63	3636	
9	大庆杏八区丁块1号注入站	2014	一泵多井	63	2400	
10	大庆杏九区丁块2号注入站	2015	一泵多井	57	3145	
11	大庆杏九区丁块1号注入站	2015	一泵多井	57	2775	
12	大庆杏八区丁块2号注入站	2014	一泵多井	57	2755	
13	大庆中4聚驱注入站二期	2012	一泵多井	52	4440	
14	大庆南东2号三元注入站	2015	一泵多井	49	2771	
15	大庆新东区3号注入站	2013	一泵多井	46	3762	
16	大庆聚杏4-4注入站一期	2011	一泵多井	43	2730	
17	大庆聚杏4-4注入站二期	2013	一泵多井	43	—	
18	大庆聚杏4-6注入站一期	2011	一泵多井	42	2760	
19	大庆聚杏4-6注入站二期	2013	一泵多井	42	—	
20	大庆14-7注入站	2013	一泵多井	41	2348	
21	大庆南东4号三元注入站	2014	一泵多井	40	3030	
22	大庆聚杏4-7注入站一期	2011	一泵多井	39	3122	
23	大庆喇3-5注入站工程	2011	一泵多井	38	1474	
24	大庆聚杏4-5注入站一期	2013	一泵多井	36	3180	
25	大庆南东3号三元注入站	2014	一泵多井	36	3000	
26	大庆新东区4号注入站二期	2013	一泵多井	36	3722	
27	大庆聚杏4-3注入站	2011	一泵多井	33	2580	
28	大庆北Ⅲ-5-9注入站	2011	一泵多井	27	5566	
29	大庆萨北1801-2号注入站	2013	一泵多井	25	2939	
30	大庆萨北1801-2号注入站		一泵多井	25	—	
31	大庆南五西3号注入站	2014	单泵单井	66	4940	
32	大庆三元南四东1号注入站	2013	单泵单井	64	4500	
33	大庆杏北3-8三元注入站	2013	单泵单井	60		
34	大庆杏北3-6三元注入站	2013	单泵单井	60	5735	
35	大庆三元南四东4号注入站	2013	单泵单井	54	4957	
36	大庆三元南四东5号注入站	2013	单泵单井	54	4680	
37	大庆喇1-8注入站	2012	单泵单井	52	5175	
38	大庆北Ⅲ-5-1号注入站	2010	单泵单井	48	4598	
39	大庆喇4-14注入站扩建二期	2013	单泵单井	40	3834	

续表

序号	站场名称	设计时间（年）	流程	规模（井式）	占地面积（m²）	备注
40	大庆中区东部1号注入站	2013	单泵单井	41	5330	4500
41	大庆南2-11注入站二期工程	2012	单泵单井	39	6455	
42	大庆杏北3-9三元注入站	2015	单泵单井	38	4825	
43	大庆南五东3号注入站	2014	单泵单井	30	3292	

2.8.2 聚合物配制站用地指标修订，主要根据大庆油田2009年后已建配制站的调查结果。根据目前实际生产和规划需要，按配制量划分为四个档次。经统计分析，面积指标取统计结果的有效最大值，对原指标进行了修订。站场用地测算见附表13。

附表13 配制站用地指标测算

序号	站场名称	设计时间（年）	规模（t/a）	占地面积（m²）	建（构）筑物面积（m²）	场地道路面积（m²）	管廊面积（m²）	建筑系数（%）	土地利用系数（%）
1	大庆北III-5配制站	2009	43200	25261	12267	4910	702	48.56	70.78
2	大庆萨中II配制站	2014	36000	38380	12022	6919	2221	31.32	55.14
3	大庆聚北一配制站	2011	24300	17167	7227	3066	1325	42.10	67.68
4	大庆聚中一配制站	2013	21600	24070	9518	1458	1023	39.54	49.85
5	大庆聚南一配制站	2015	12600	15450	8030	1187	1093	51.97	66.73
6	大庆杏北2号配制站扩建部分	2011	10000	9584	3416	2710	548	35.64	69.64
7	大庆杏十三-II配制站	2010	9540	14790	5481	1219	628	37.06	49.55
8	大庆喇1号配制站扩建部分	2010	7000	12330	4316	2732	720	35.00	63.00
9	大庆杏四聚配制站	2014	6480	12279	5419	4541	753	44.13	87.25

2.8.3 调配站用地指标，主要根据大庆油田2010年后已建的调配站的调查结果。因调配站因所使用的碱类型（强碱和弱碱）、原料进站方式、调配的低压液不同（低压一元和低压二元）的不同，占地面积有较大的出入。本指标修订时按照大庆油田目前常采用的"高压二元、低压一元"的流程，弱碱液由本站配制，强碱车载进站，在此条件下，经统计分析，面积指标取统计后的有效最大值。站场用地测算见附表14。

附表 14　调配站用地指标测算

序号	站场名称	设计时间（年）	规模（m³/d）	占地面积（m²）	建（构）筑物面积（m²）	场地道路面积（m²）	管廊面积（m²）	建筑系数（%）	土地利用系数（%）	备注
1	大庆北Ⅱ-7二元调配站	2014	高压二元 17564 低压一元：8265	17779	7736	2963	1697	43.5	69.72	
2	大庆聚中二二元调配站	2014	高压二元 14822 低压一元 8337	25100（20000）	9079	6186	1753	36.2	67.80	中心化验室及采暖炉共占地 3234；场地富裕 2000
3	大庆杏北3-5三元配注站	2013	高压二元 12255 低压一元	20400（16700）	7193	3842	1392	35.2	60.91	注入泵房 2000；调配罐 1700
4	大庆新东区2号二元调配、注入站	2014	高压二元 12114 低压一元 6957 注入井 40 口	17580（14940）	4155	3493	1098	23.6	49.74	注入站占地 2640
5	大庆南四东二元站	2013	高压二元 8880 低压一元 4120	14250	3003	5115	922	21.1	63.43	
6	大庆三元新中 202 二元调配站	2014	高压二元 8680 低压一元 5320	15217	7420	3281	871	48.7	76	
7	大庆北十三联二元调配站	2014	高压二元 6960 低压一元 3350	14256	4416	3254	1092	31	61.46	
8	大庆杏北3-7三元配注站	2015	高压二元 4424 低压二元 4128 注入井：53 口	21737（15244）	7516	4020	1513	34.5	60	
9	大庆北Ⅲ-6三元配注站	2012	高压二元 3848 低压三元 2391 注入站 96	12957（10957）	5434	2574	2862	42	84	

2.8.4　自 2008 年以来，大庆油田和海拉尔油田二氧化碳驱先导性试验相继建设了芳 48、树 101 和贝 14 3 座二氧化碳注入站，因此本次修订指标增加该项内容。二氧化碳注入站用地指标主要根据大庆油田及海拉尔油田 3 座二氧化碳注入站的调查结果，经统计分析，按注气量规模划分为三个档次，综合取值确定其用地指标。站场用地测算见附表 15。

附表15　二氧化碳注入站用地指标测算表

序号	站名	设计时间（年）	设计规模（m³/d）	用地面积（m²）	建（构）筑物用地面积（m²）	建筑系数（%）	道路及广场用地面积（m²）	管线（廊）用地面积（m²）	土地利用系数（%）	备注
1	大庆芳48注入站	2008	864	8542	1816.4	21.3	4090.6	120.5	70.1	包括装车场、罐区及车库
2	大庆树101注入站	2014	1018	8884	1752	19.7	2948.3	122.6	54.3	包括装车场及罐区，不含车库
3	大庆贝14注入站	2014	1720	10195.9	2301.7	22.6	5042.1	75.5	72.8	包括装车场及罐区，不含车库

2.8.5　自2010年以来，大庆油田和海拉尔油田二氧化碳驱先导性试验相继建设了芳48、树101和苏6等3座二氧化碳液化站，因此本次修订指标增加该项内容。CO2液化站用地指标主要根据大庆油田及海拉尔油田已经建设的3座二氧化碳液化站及即将建设的苏6扩建液化站的调查结果，经统计分析，按液化装置是否包含二氧化碳提纯工艺及液化规模划分为6个档次，综合取值确定其用地指标。

用地测算表中，芳48液化站及树101液化站是和注入站合建的，共用1座辅助生产厂房、装车场及罐区。用地指标是按液化站独立建站给定的，用地面积包括辅助生产厂房、装车场和罐区。（$6×10^4$t/a、$9×10^4$t/a这两个规模含二氧化碳提纯工艺的用地指标是根据$12×10^4$t/a含二氧化碳提纯工艺的用地指标并结合模拟设计得到的）。站场用地测算见附表16。

附表16　二氧化碳液化站用地指标测算表

序号	站名	设计时间（年）	设计规模（t/a）	用地面积（m²）	建（构）筑物用地面积（m²）	建筑系数（%）	道路及广场用地面积（m²）	管线（廊）用地面积（m²）	土地利用系数（%）	备注
1	大庆芳48液化站	2010	$6×10^4$	6955.1	2188	31.5	1039.1	175.7	48.9	生产装置未包含二氧化碳脱水单元，与芳48注入站合建，共用1座装车场及罐区。
2	大庆树101液化站	2012	$9×10^4$	4662	1250	17.2	977.6	155.5	51.1	生产装置未包含提纯工艺，与树101注入站合建，共用1座辅助生产厂房、装车场及罐区。

续表

序号	站名	设计时间（年）	设计规模（t/a）	用地面积（m²）	建（构）筑物用地面积（m²）	建筑系数（%）	道路及广场用地面积（m²）	管线（廊）用地面积（m²）	土地利用系数（%）	备注
3	大庆苏6液化站	2014	12×10⁴	10545.7	1556.3	14.8	4030	113.1	54.2	生产装置包含提纯工艺，但提纯工艺未包含尾气处理部分。包含装车场及罐区。
4	大庆苏6扩建液化站	2015	10×10⁴	12587	3833.4	30.5	3522.7	132.5	59.5	生产装置包含提纯工艺，与苏6液化站合建，共用1座装车场。

2.9 采出水处理站

2.9.1～2.9.3 根据对大庆、长庆、塔里木、克拉玛依油田近年来新建污水处理站的调查，由于油田近几年来采出水水质特性发生变化，因大庆油田含聚污水聚合物含量增加、三元污水的出现，处理难度加大，处理工艺也有了变化，用地均发生了变化。

根据对普通、含聚及深度污水处理站用地数据的统计分析，现有部分指标不能满足需求。水驱含油污水处理站划分为四个档次；含聚污水处理站划分为三个档次，对原指标进行了修订；本次增加的三元污水处理站分为两个档次，分别对其用地面积进行控制。

根据调查结果，经统计分析，面积指标取统计结果的有效最大值。站场用地测算见附表17。

2.9.4 根据对大庆油田含油污水深度处理站的统计，原有指标中的规模不满足要求，本次修订在原基础上增加一档规模。

根据调查结果，经统计分析，面积指标取统计结果的有效最大值。站场用地测算见附表17。

附表17　含油污水处理站用地指标测算

序号	站场名称	设计时间（年）	工艺流程	规模（m³/d）	占地面积（m²）	建（构）筑物面积（m²）	场地道路面积（m²）	管廊面积（m²）	建筑系数（%）	土地利用系数（%）	备注
1	大庆南十六联含油污水深度处理站	2011	两级压力过滤	40000	17584	6606	6592	776	37.56	79.46	
2	大庆中416深度污水处理站	2013	两级压力过滤	40000	21750	4576	3780	1077	21.03	43.37	
3	大庆中十四含油污水深度处理站	2014	两级压力过滤	33000	14100	4648	1841	1592	32.96	57.31	
4	大庆三元中511含油污水深度处理站	2008	两级压力过滤	30000	13802	6969	1763	1295	50.49	72.64	

续表

序号	站场名称	设计时间(年)	工艺流程	规模(m³/d)	占地面积(m²)	建(构)筑物面积(m²)	场地道路面积(m²)	管廊面积(m²)	建筑系数(%)	土地利用系数(%)	备注
5	大庆中306含油污水深度处理站	2006	两级压力过滤	30000	15528	4684	2370	765	30.16	50.35	
6	大庆北Ⅲ-1含油污水深度处理站	2011	两级压力过滤	30000	21960	5532	2221	4106	25.19	54.00	
7	大庆新中一含油污水及深度处理站	2013	两级压力过滤	25000	28060	10490	2204	2653	37.38	54.69	
8	大庆北十三联新含油污水深度处理站	2013	两级压力过滤	25000	13889				0	0	
9	大庆喇Ⅰ-1含油污水深度处理站	2014	两级压力过滤	20000	13378	3711	2050	823	27.73	49.21	
10	大庆北Ⅱ-7深度污水站	2014	两级压力过滤	20000	13800				0	0	
11	大庆聚南25含油污水深度处理站	2005	两级压力过滤	5000	8235	2335	899	914	28.35	50.37	
12	大庆萨西含油污水深度处理站	2008	两级压力过滤	4500	6790	1672	1179	800	24.62	53.77	
13	大庆南7-1联三元污水处理站	2009		30000	43143	12363	3044	1740	28.65	39.74	
14	大庆北Ⅱ-7三元含油污水站	2014	连续流处理或序批式沉降、二级压滤	30000	45073	13871	6246	3811	30.77	53.08	
15	大庆聚中312三元污水处理站	2013	一级序批沉降-石英砂过滤	27000	45000(42600)	10687	3208	3573	23.74	38.81	
16	大庆中417三元污水站	2013	序批式沉降→连续自动砂滤器	27000	54780(51580)	17252	5397	6430	31.49	53.08	
17	大庆中514三元污水处理站	2015	序批式沉降→连续自动砂滤器	26000	43060	8648	3876	3135	20.08	36.36	
18	大庆杏北三元-6污水站	2013	序批式沉降,二级过滤	22000	40545(37255)	12892	2584	2046	31.79	43.22	
19	大庆聚北一三元污水处理站	2009	一级曝气沉降,二级过滤	20000	32750	13415	1758	7374	40.96	68.84	
20	大庆三元新中202污水站	2014	序批式沉降→连续自动砂滤器	19000	35123(32523)	9739	5060	2793	27.72	50.08	

续表

序号	站场名称	设计时间（年）	工艺流程	规模（m³/d）	占地面积（m²）	建（构）筑物面积（m²）	场地道路面积（m²）	管廊面积（m²）	建筑系数（%）	土地利用系数（%）	备注
21	大庆聚南1-2高浓度含聚污水处理站	2011	一级气浮沉降-二级混凝沉降-双滤料过滤	35000	39000（35550）	11819	4900	2727	30.3	50.00	
22	大庆南7-2高浓度聚合物污水处理站	2011	高含聚污水站	30000	32679（28600）	13487	10335	4128	41.27	85.52	
23	大庆聚北一三元污水处理站	2009	一级曝气沉沉降-二级过滤	20000	32750	18589	3182	3721	56.76	77.83	
24	大庆中113高浓度聚合物驱污水站	2014	一级气浮沉降-二级混凝沉降-砂率器	15000	18824（17824）	6428	4821	1398	34.14	67.18	
25	大庆杏十三-1含聚污水深度处理站	2008	微生物处理	15000	16550	6110	3058	1170	36.91	62.46	
26	大庆聚喇170转油放水、含聚污水处理站	2014	高含聚污水站	13000	16472	7327	2836	1746	44.48	72.29	
27	大庆聚杏十二含聚污水处理站	2012	二级沉降、一级压滤	12000	17878（16678）	7303	2789	2573	40.84	70.84	
28	大庆喇600高浓度聚合物驱污水站二期	2012		10000	17940（16840）	6325	3024	2417	35.25	65.58	
29	新疆轮一联老污水站改造	2012	缓冲沉降-压力除油-两级过滤	5000	8770	2915	900	990	33.2	54.80	
30	新疆哈得4污水站	2006	缓冲沉降-压力除油-两级过滤	5000	7394	2005	462	934	27.11	46.00	
31	长庆白二联采出水处理站	2007	除油+气浮+过滤	1500	4300	851	230	129	19.8	28.10	
32	大庆含油污水达标排放站	2006		30000	37000	10066	10500	4250	27	67.00	

2.9.5 稠油含油污水处理同常规污水处理相比，处理工艺复杂，处理站内除个别设施有安全距离要求外，大部分为火灾危险性类别相同的设施或建筑物，它们之间的距离主要是满足设备检修和工艺管道敷设的需要。

稠油含油污水处理站与同规模普通污水处理站相比，用地面积增加。站场用地测算见附表18。

附表18 稠油污水处理站用地指标测算

序号	站场名称	设计规模（m³/d）	站场用地面积（m²）	建（构）筑物用地面积（m²）	道路广场用地面积（m²）	管线及管廊用地面积（m²）	建筑系数（%）	土地利用系数（%）
1	欢四联稠油污水深度处理工程	12000	27578	5737	4228	4146	20.8	51.2
2	冷家油田稠油污水深度处理站工程	15000	26097	5941	5468	4175	22.8	59.7
3	欢三联污水深度处理工程	20000	46607	10120	7820	6388	21.7	52.2
4	欢喜岭油田锦16块兴隆台油层二元驱地面工程 锦16块西部（锦采）污水处理站单元	6800	14780	3971	1880	1350	26.9	48.7
5	欢喜岭油田锦16块兴隆台油层二元驱地面工程 锦16块西部（欢采）污水站	4500	11934	3300	1350	950	27.6	46.9
6	曙四联污水深度处理扩建工程	20000	11830	4780	920	1180	40.4	58.2

2.9.6 根据对各油田外排污水站的统计，除大庆油田的1座站规模为30000m3/d外，其它油田处理站的规模均在5000m3/d以下，且同等处理规模的站占地面积差异太大，数据无法使用，本次不对该类站场占地修订。站场用地测算见附表19。

附表19 外排污水处理站用地指标测算

序号	站场名称	设计规模（m³/d）	站场用地面积（m²）
1	大港油田南一外排污水处理站	3000	3000
2	冀东油田高尚堡联合站外排污水处理部分	4000	4500
3	羊三木污水处理站外排污水处理部分	5000	5850
4	冀东油田高尚堡联合站外排污水处理部分扩建工程	14000	7000

2.10 油田集气增压站

2.10.1 根据吉林油田增压集气站现状，增加了新的设计规模及用地。站场用地测算见附表20。

附表20　集气（增压）站用地指标测算

序号	站名	设计时间（年）	设计规模（$10^4 m^3/d$）	面积（m^2）	建（构）筑物面积（m^2）	建筑系数（%）	道路及广场用地面积（m^2）	管(线)廊面积（m^2）	土地利用系数（%）	备注
1	大庆五-1集气站	1999	2	219	101.25	46.2		20.7	55.7	
2	大庆三-2集气站	1998	2	551	127.3	23.1	58	50	42.7	含加热设施
3	大庆三-1集气站	1996	5	4948	317.5	14.9	1482	350	51.9	广场面积大
4	大庆南十增压集气站	1997	5	2160	225	22.1	430	361	58.7	含加热设施
5	大庆新一集气站	1998	10	2986	596	20	416	338	45.2	有甘醇脱水设施
6	大庆北I-1增压站	1999	15	2318	602.7	26	359.2	80	45.0	
7	大庆杏I-1增压集气站	1995	15	3618.5	727.3	20.1	598	303	45.0	
8	新疆五3东增压脱水站	2001	15	8268	1745	21.1	1430	591	45.5	有脱水设施
9	吉林五家子集输站	1996	20	3168	630.3	19.9	240	180	33.2	
10	长庆苏里格气田上古中压集气站神-2集气站	2014	200	6234.3	276	4.4	1769	3214	84.36	不含停车场放空区
11	长庆苏里格气田上古中压集气站苏东41-1集气站	2010	100	4672.75	271	5.8	863	1897	64.87	不含停车场放空区
12	长庆苏里格气田上古中压集气站苏东41-3集气站	2011	50	3784.5	271	7.2	721	1361	62.17	不含停车场放空区
13	长庆靖边气田下古高压集气站南49集气站	2014	100	5522	282	5.1	1589	2638	81.66	不含停车场放空区

2.11 油田气处理厂和原油稳定站

2.11.1 多数油田气处理厂是在集中处理站投产后，为进行油气深度处理而后增加的装置，一般是独立设厂。本用地指标是按独立设厂而取定的，如与集中处理站联合布置，其用地面积可适当减少，减少的内容主要是道路及辅助设施的用地。油田气处理厂内如设有脱硫及脱氮设施，其用地应适当增加。站场用地测算见附表21。

附表21　油田气处理厂用地指标测算

序号	站场名称	设计时间（年）	设计规模（10^4t/a）	站场用地面积（m^2）	建（构）筑物用地面积（m^2）	道路及广场用地面积（m^2）	管线及管廊用地面积（m^2）	建筑系数（%）	土地利用系数（%）
1	大庆北Ⅰ-2天然气处理厂及系统配套工程	2010	90	46443	17802	8698m^2（处理厂）；1635m^2（综合值班室）	1680	38	71.3%
2	大庆南八天然气处理厂及系统配套工程	2011	90	46613.3m^2	3546.2	7400m^2（处理厂）；1050m^2（停车场）	494	7.6	74.6%
3	大庆北Ⅱ-2天然气处理厂及系统配套工程	2012	140	39117	4383.37	道路：1709m^2；场地铺装：9800m^2	521	11.2	75.0%

2.11.2　原油稳定站（分馏法）用地指标，是根据大庆油田站场用地数据取定的，主要包括工艺装置区、储罐区、火炬及公用和辅助设施的占地，按原油处理量的规模划分为2个档次。站场用地测算见附表22。

附表22　原油稳定站用地指标测算

序号	站场名称	设计时间（年）	设计规模（10^4t/a）	站场用地面积（m^2）	建（构）筑物用地面积（m^2）	道路及广场用地面积（m^2）	管线及管廊用地面积（m^2）	建筑系数（%）	土地利用系数（%）
1	大庆萨北地区原稳装置调整改造工程	2011	320	20588	2778.5	4200	420	17.5	40
2	大庆萨南原稳装置调整改造工程	2013	350	7640	1572	2000	360	25.8	55.9

2.12　汽车装卸油装置

2.12.1　根据实地调研，目前，油田部分采油井场、接转站及集中处理站为了适应油田滚动开发，需要建设汽车装卸油场地，一般设四车位。

3　气田工程用地控制指标

3.1　进井场道路

3.1.1　气田进井场道路用地同油田进井场道路用地一样，因此，其用地指标的确定方法同油田进井场道路用地指标。

3.2　井场

3.2.1，3.2.2　采气井场用地同采油井场用地一样，根据地貌条件分别考虑钻井作业井场和井下作业井场两种情况，因此其用地指标的确定方法同采油井场用地指标。

3.2.3　井场外边沟、护坡、防洪坝、挡土墙以及其他安全设施用地，根据当地实际，因地制宜，其用地面积按实际情况计算。考虑到页岩气、高含硫化氢的气井井场用地特殊性，并且实际气井数量还很少，没有规律性，按实际情况处理。

对于高含硫化氢气体、高压、高危险气井在安全范围内需要拆迁的用地按相关规定处理。

3.3 集气站

3.3.1 常温分离是指天然气在水合物形成温度以上进行气液分离的工艺过程。本指标统计按集气站独立建站考虑。

本次修订，统计发现常温分离集气站实际用地面积变化较大，如西南油气田公司川中气矿 $50\times10^4m^3/d$ 的集气站实际用地面积大都集中在 $5000m^2 \sim 6000m^2$，与原 2009 版集气站（$50\times10^4m^3/d$）用地指标基数 $2500m^2$ 相差较大，需进行相应修订。同时还发现集气站用地面积与工艺功能、处理量及集气支线数有较为密切的联系，故按工艺功能、处理规模及集气支线数确定用地指标。

常温分离集气站用地指标的取值以龙岗 26 井集气站（$50\times10^4m^3/d$）、合川 109 井集气站（$100\times10^4m^3/d$）用地面积为基准，给出了常温分离集气站的基本模式（汇管+分离 1 套；集气支线 2 条）的基础指标（$4000m^2$、$4400m^2$），当分离设备、集气支线数量变化，或增设加热设备、缓蚀剂等加注设备时，再分别考虑用地指标的调整值，最终确定用地指标。如某常温分离集气站规模为 $50\times10^4m^3/d$，站内设有：卧式气液分离器 3 套，水套炉加热 1 套，防冻剂、缓蚀剂加注橇各 2 套，集气支线 5 条。则其用地指标=基础指标（4000）+分离设备增加指标 $[110\times(3-1)]$+加热设备增加指标（160×1）+加注设备增加指标（110×4）+集气支线增减指标 $[60\times(5-2)]$ =4000+220+160+440+180=$5000m^2$。

本指标未考虑凝析油罐区等单位工程设施的用地，若站内设有 3.6 所列的单位工程时，应按 3.6 中指标增加相应用地。

高含硫化氢天然气集气站与一般常温分离集气站的主要差别为：站外安全卫生防护距离大、去放空火炬的管道通常架空敷设等，其站内主要设施之间的防火距离等与一般集气站差别不大，故本常温分离集气站用地指标也适用于高含硫化氢天然气集气站的站内用地。

站场用地测算见附表 23。

附表 23 常温分离集气站用地指标测算

序号	站（厂）名称	用地面积（m^2）	建（构）筑物用地面积（m^2）	道路广场用地面积（m^2）	管线及管廊用地面积（m^2）	处理规模（$10^4m^3/d$）	井口数量（座）	备注
1	黄草峡草7、30井集气站	4200	700	900	150	8	2	
2	合川001-7井	4827	1230	950	70	20	3	DN150 卧式清管发球阀 1 台。
3	潼南102井集气站	3938	1250	870	55	20	1	DN600 卧式气液分离器 1 台，$20m^3$ 凝析油罐 1 台，$50m^3$ 玻璃钢罐 2 台，
4	潼南6井集气站	6636.7	2200	2200	140	20	1	DN600 卧式气液分离器 2 台 DN1400 放空分液罐 1 台

续表

序号	站（厂）名称	用地面积（m²）	建（构）筑物用地面积（m²）	道路广场用地面积（m²）	管线及管廊用地面积（m²）	处理规模（10⁴m³/d）	井口数量（座）	备注
5	川东北芭蕉001-H1	5892	2100	1000	120	20	1	流程具备采气、保温、分离、计量、清管等功能；主要工艺设备：分离器、高孔计量装置、清管阀、污水罐、机泵等。
6	英买23集气站	4352	1400	2500	90	6	1	加热炉2台，DN1000分离器1台，
7	苏-20井区苏-34集气站	3780				50		上报材料
8	榆-21集气站	3034				37		上报材料
9	龙岗26井集气站	6651	2251	1020	145	50	1	井口水套炉加热1套、井口防冻剂、缓蚀剂加注橇各2套，设卧式气液分离器3套，净化燃料气计量橇1套，设清管收球装置2套、发送装置1套，设汇管、放空分离器
10	广安114井集气站	5294	2090	1140	115	50	1	DN800卧式气液分离器1台，DN600卧式气液分离器1台，DN1400放空分液罐1台，20m³凝析油罐1台，50m³气田水罐2台
11	广安126井集气站	6269	2310	1402	180	50	1	DN800卧式气液分离器1台 DN1400放空分液罐1台，SSL20/70水套加热炉1台 20m³凝析油罐1台，50m³气田水罐1台，DN600卧式气液分离器1台
12	合川109井集气站	5455	2200	1400	55	100	1	DN800卧式气液分离器1台；DN600卧式气液分离器1台 DN1400放空分液罐1台；DN200清管发球筒1台；20m³凝析油罐2台；50m³气田水罐1台
13	塔中6集气站	3800	1100	500	42	100	1	H_2S：2100~2400mg/m³
14	龙岗28井集气站	4828	2145	612	89	110	1	井口水套炉加热1套、井口防冻剂、缓蚀剂加注橇各2套，设卧式气液分离器2套，净化燃料气计量橇1套，设清管收、发送装置各1套，设汇管、放空分离器

续表

序号	站（厂）名称	用地面积（m²）	建（构）筑物用地面积（m²）	道路广场用地面积（m²）	管线及管廊用地面积（m²）	处理规模（$10^4 m^3/d$）	井口数量（座）	备注
15	天东9井站	6589	1058	1050	26	150	4	分离、计量、脱水 另有脱水及消防用地 6600+800=7400
16	大北试采集气站	6896	3400	900	56	150	1	设井口安全系统、井口真空炉加热1套、出站防冻剂、缓蚀剂加注橇各1套，设卧式生产气液分离器1套，卧式轮换计量分离器1套，燃料气计量橇1套，设清管发送装置1套，设闪蒸罐1台、油水罐2台、放空分液罐1台。（另有井场约4000）
17	西集气站（无分离）	2525	813	345	25	200	1	CO_2含量 0.108~1.190%，平均0.662%

3.3.2 低温分离是指通过在天然气中注醇，使水合物形成温度降低，并通过低温分离，将天然气中的水或液烃分离出来的工艺过程。统计发现近5-10年无新建低温分离集气站，本次修订沿用2009版指标的基础上，参照常温集气站的用地指标表，增加集气分离功能模块调增指标值。

对四川气田中坝、卧龙河低温分离集气站（七、八十年代建成）、新疆马庄低温分离集气站（九十年代初建成）以及苏里格集气站（2002初建成）进行统计分析，较早建设的中坝、卧龙河集气站依托井场建设，凝析油储罐规模较大但均远离集气站（约200m）外单独选址建设凝析油储罐区；近年来建设的马庄和苏里格集气站均独立于井场单独选址建设，且凝析油储罐规模不大，未设置凝析油稳定装置。

本低温分离集气站主要以马庄和苏里格集气站为参照——即独立于井场单独选址建设、工艺装置区统一设置（未设置独立的高压分离区、凝析油稳定区）、凝析油储罐规模不大（小于等于50m³）。站场用地指标的取值以苏里格1号集气站为基准，该站内设置有工艺装置区（46m×18m），甲醇罐区、注醇泵房、发配电及仪表控制室、深井泵房、消防器材间、门卫、厕所等设施。低温分离集气站的用地基础指标（表中第3列"用地面积"）包括2套分离设备、2条集气支线及其换热、加注基本设备，当分离设备、集气支线数量变化，再分别考虑用地指标的调整值，最终确定用地指标。如某低温分离集气站规模为$30×10^4m^3/d$，站内设有：气液分离器3套，换热设备1套，注醇设备1套，集气支线5条。则其用地指标=基础指标（4200）+分离设备增加指标［110×（3-2）］+集气支线增减指标［60×（5-2）］=4200+220+180=4800m²。

本指标未考虑凝析油罐区等单位工程设施的用地，若站内设有3.6所列的单位工程时，应按3.6中指标增加相应用地。若低温分离集气站与井场合建，或设置独立的高压分离区、凝析油稳定区时，应根据实际情况增加用地。

站场用地测算见附表24。

附表 24　低温分离集气站用地指标测算

序号	站（厂）名称	用地面积（m²）	建（构）筑物用地面积（m²）	道路广场用地面积（m²）	管线及管廊用地面积（m²）	处理规模（$10^4 m^3/d$）	井口数量（座）
1	马庄气田Ⅰ号集气站	4838	1628	900	58	60	
2	马庄气田Ⅱ号集气站	4288	1488	800	55	60	
3	苏里格 1#集气站	6128	1109	845	36	110	12
4	苏里格 2#集气站	6702	1403	868	39	110	10

3.4　增压站

3.4.1　气田天然气增压站的特点是被压缩的天然气量和压力的变化范围较大。为了适应这一特点，气田内部集输系统的增压站内，多采用小功率的变功况橇装燃气压缩机组。本指标统计按增压站独立建站考虑。

本次修订，统计近几年新建的增压站的实际用地，发现处理量≤$50×10^4 m^3/d$ 的增压站原用地指标 5500m² 明显不足。

塔里木油田牙哈 7 低压集气站，$30×10^4 m^3/d$，4 井口，6 台压缩机。含集气站功能[集气站用地约 4320=4200+60×（4-2）]，增压站实际用地 11065=15385-4320，原指标值偏低 1565=11065-[5500+1000×（6-2）]；

池 39 井增压站，在已建井站基础上扩建，生产规模为 $21×10^4 m^3/d$，2 台压缩机组（440kW），原指标值略偏高 465=5500-5035；

池 11 井增压站，在已建井站基础上扩建，生产规模为 $21×10^4 m^3/d$，2 台压缩机组（440kW），原指标值偏低 2395=7895-5500；

9 号站增压工程，安装增压机组 3 台，功率 1410kW，增压站实际用地 7370，原指标值偏低 870=7370-[5500+（3-2）×1000]；

五灵山增压站，增压机（3 台）、分离器、高孔计量装置、收发球筒、污水罐等，增压站实际用地 8320，原指标值偏低 1820=8320-[5500+（3-2）×1000]；

温泉 11 井增压站，增压机（2 台）、分离器、高孔计量装置、发球筒、污水罐等，增压站实际用地 6235，原指标值偏低 735=（6235-5500）；

温泉 4 井增压站，增压机（1 台）、脱水装置、分离器、高孔计量装置、清管阀、脱硫塔等，增压站实际用地 5200，原指标值偏低 700=5200-[5500-（2-1）×1000]。

因此本次修订将处理量≤$50×10^4 m^3/d$ 的增压站原用地指标 5500m² 调增 1100=（1565-465+2395+870+1820+735+700）/7，新指标取 6600m²。

根据苏-10 井区增压站，生产规模为 $120×10^4 m^3/d$，增压站实际用地 11765，因此 $100×10^4 m^3/d$ 生产规模≤$150×10^4 m^3/d$ 的新指标取 11500m²。

本次修订增加了压缩机组变化的指标变化值，指标套用更加灵活、适用。

本增压站用地指标也适用于高含硫化氢天然气增压站的站内用地。

具体工程中，若站内设有 3.6 所列的单位工程时，应按 3.6 中指标增加相应用地。

站场用地测算见附表 25。

附表 25 气田增压站用地指标测算

序号	站（厂）名称	用地面积（m^2）	建（构）筑物用地面积（m^2）	道路广场用地面积（m^2）	管线及管廊用地面积（m^2）	处理规模（$10^4 m^3/d$）	备注
1	池 39 井增压站	5035	1339	930	168	21	在已建井站基础上扩建，生产规模为 $21×10^4 m^3/d$，2 台压缩机组（440kW），丘陵地区
2	草 5、31 井集气总站	6045	2262	1550	265	20	含增压集气站，生产规模为 $20×10^4 m^3/d$，3 台压缩机组（440kW），丘陵地区，站内设置有台阶和护坡，无值班休息室
3	池 11 井增压站	7895	2669	1658	268	49	在已建井站基础上扩建，生产规模为 $49×10^4 m^3/d$，2 台压缩机组（440kW），丘陵地区
4	苏-14 增压站	3880	1540	710	56	48	$48×10^4 m^3/d$
5	9 号站增压工程	7370	3520	1860	121	42	安装增压机组 3 台，功率 1410kW；过滤分离器 DN800mm^2 台
6	五灵山增压站	8320	3300	2100	152	15	流程具备集输、分离、计量、增压功能；主要工艺设备：增压机（3 台）、分离器、高孔计量装置、收发球筒、污水罐等
7	温泉 11 井增压站	6235	2520	1900	110	20	流程具备集输、分离、计量、增压、集输功能；主要工艺设备：增压机（2 台）、分离器、高孔计量装置、发球筒、污水罐等
8	温泉 4 井增压站	5200	2450	1100	98	27	流程具备集输、分离、计量、增压功能；主要工艺设备：增压机（1 台）、脱水装置、分离器、高孔计量装置、清管阀、脱硫塔等
9	牙哈 7 低压集气站	11285	4560	2200	240	30	$30×10^4 m^3/d$，4 井口，6 台压缩机。含集气站功能 另有集气站用地约 4100 = 4000 + 50×（4-2）
10	平落坝增压站	8548	3396	1835	281	60	生产规模为 $60×10^4 m^3/d$，4 台压缩机组（630、470kW 各 2 台），丘陵地区，站内设置台阶。含污水罐区、消防水池、给水池（共约 1500m^2）等

续表

序号	站（厂）名称	用地面积（m²）	建（构）筑物用地面积（m²）	道路广场用地面积（m²）	管线及管廊用地面积（m²）	处理规模（10⁴m³/d）	备注
11	道佐（平落19井）增压站	9500	3700	2154	301	64	安装低压气增压机组2台，气举气增压机组2台，气液分离器和过滤分离器各2台
12	广安增压站	8479	3560	1520	220	70	安装增压机组3台，功率1000kW；过滤分离器DN800mm²台
13	五百梯气田增压工程	11213	4770	3012	410	84	84×10⁴m³/d，4台630kW整体式燃气往复式压缩机
14	苏-10井区增压站	11765	5240	3273	534	120	生产规模为120×10⁴m³/d，不包括隔油池（520m²）、蒸发池（14550m²）、火炬等，另有集气装置区（1500m²）

3.5 脱水（硫）站

3.5.1 根据《石油天然气工程设计防火规范》GB50183-2004，天然气脱水站——在油气田分散设置对天然气进行脱水的站场；天然气脱硫站——在油气田分散设置对天然气进行脱硫的站场。本指标统计按脱水站独立建站考虑。统计发现，脱水站处理规模均>100×10⁴m³/d，2009版处理量50×10⁴m³/d的用地指标依据的建站资料太久远，且指标明显偏小，故本次修订取消该档指标。

站场用地指标中，处理量≤100×10⁴m³/d的取值以高峰场凉风脱水站，100×10⁴m³/d<处理量≤200×10⁴m³/d的取值以磨溪气田嘉二脱水站、天东9井（脱水）站为基准；200×10⁴m³/d<处理量≤400×10⁴m³/d以威远202井区页岩气脱水站为基准。

本脱水站用地指标也适用于高含硫化氢天然气脱水站的站内用地。

具体工程中，若站内设有3.6所列的单位工程时，应按3.6中指标增加相应用地。

站场用地测算见附表26。

附表26 天然气脱水站用地指标测算

序号	站（厂）名称	用地面积（m²）	建（构）筑物用地面积（m²）	道路广场用地面积（m²）	管线及管廊用地面积（m²）	处理规模（10⁴m³/d）	备注
1	高峰场凉风脱水站	6308	1698	940	15	100	
2	平落坝脱水站	4389	1201	654	21	100	
3	城深2站	9600	2780	2100	89	30	三甘醇脱水，含职工宿舍
4	磨溪气田嘉二脱水站	6800	2625	2100	15	200	
5	天东9井站	6500	1728	1050	26	150	

续表

序号	站（厂）名称	用地面积（m²）	建（构）筑物用地面积（m²）	道路广场用地面积（m²）	管线及管廊用地面积（m²）	处理规模（10⁴m³/d）	备注
6	巫溪脱水站	16133	4780	4495	100	200	不具代表性：仅方案阶段，站内返排液收集池很大（约4000m²），绿化650m²
7	威远202井区页岩气脱水站	11020	3294	1781	530	100+280	页岩气，站外另有值班休息室1123
8	罗家2井集气站	10600	2040	3500	21	380	高含硫，含脱水
9	川东北B集气站	30704	14343	5340	2800	300×3	不具代表性：6口井井场占地很大，3套联合布置

3.5.2 小型天然气脱硫站在气田内部分散设置，用于简单净化处理，一般与集气站或气田集输末站合建（本指标仅统计脱硫站部分），近年来该类站场建成数量不多，可查阅工程资料有限。

此类脱硫站通常硫处理量不大，多采用干法脱硫撬而没有硫黄副产品，故本指标按不设置硫黄储运场地来确定。

本次修订增加了一档（处理量 $10\times10^4m^3/d$－$20\times10^4m^3/d$），取值依据龙004-X1井试采地面集输工程，该工程为MDEA脱硫，规模为 $20\times10^4m^3/d$，总用地 $11573m^2$（扣除井场、集气站、火炬（含放空分离罐）等后，脱硫站净用地 $5850m^2$），故取定指标值 $6000m^2$。

具体工程中，若站内设有3.6所列的单位工程时，应按3.6中指标增加相应用地。

站场用地测算见附表27。

附表27 天然气脱硫站用地指标测算

序号	站（厂）名称	用地面积（m²）	建（构）筑物用地面积（m²）	道路广场用地面积（m²）	管线及管廊用地面积（m²）	处理规模（10⁴m³/d）	备注
1	塘河干法脱硫站	3600	1268	1120	50	5	气质含 $H_2S 1.5g/m^3$
2	龙004-X1井试采地面集输工程	5850	2082	1107	45	20	H_2S：0.88%，CO_2：0.47% 另有集气站（2248）、站外道路改造及火炬（含放空分离罐）3525

3.6 单位工程用地指标

当气田集气站、增压站、脱水（硫）站内，需设置自备电源、供热设施、放空及火炬系统和凝析油、化学试剂储罐、生产消防供水、气田水装置、事故应急池等设施时，应按本节规定的单位工程用地指标增加用地面积。

站场用地测算见附表28、附表29。

附表28 天然气放空火炬站外架空管廊用地指标测算

序号	站场名称	站外架空管廊长（m）	站外架空管廊宽（m）	占地面积（m²）	备注
1	川东北气田A井场	110	4.5	495	
2	川东北气田B集气站	96	5	480	
3	川东北气田C井场	65	4	260	
4	川东北气田F井场	55	4	220	
5	川东北气田G1集气站	105	5	525	
6	川东北气田G2井场	96	4	384	
7	川东北气田李家沟阀室	110	4.5	495	
8	迪那处理厂	161	35	5536	火炬1，含维修道路
9	迪那处理厂	102	25	2550	火炬2，含维修道路
10	长北处理厂	190	25	4750	含维修道路

注：川东北气田天然气厂，火炬、火炬管廊带与厂区合建，长约200m，总用地21723m²。

附表29 污水蒸发池用地指标测算

序号	蒸发净表面积（m²）	池底长（m）	池底宽（m）	围栏长（m）	池底宽（m）	蒸发占地面积（m²）
1	2000	45	45	73	77	5621
2	5000	71.5	70	99.5	102	10149
3	10000	100	100	128	132	16896
4	20000	143	140	171	172	29412
5	50000	225	223	253	255	64515

注：①蒸发池多修建于沙漠荒漠地区，池壁放坡比1：2-1：3；
②单侧加宽（池壁内放坡 $h=2m-2.5m$，池顶宽，池顶外放坡 $h=0.5m$，顶顶至围栏宽度）：6m+2m+2m+4m=14m，即长宽得加宽28m；短边再加4m车行道（清淤）——综上，围栏占地：围栏长×围栏宽=（池底长+28）×（池底宽+28+4）。

3.7 天然气净化（处理）厂

3.7.1 根据《石油天然气工程设计防火规范》GB50183-2004对天然气净化厂的定义，此类工厂一般生产工艺复杂，生产装置较多，规模较大。天然气净化厂项目的组成见表3.7.1-1。

表 3.7.1-1　天然气净化厂项目的组成一览表

序号	功能分区	项目组成内容	备注
1	工艺装置区	脱硫、脱水、硫黄回收、尾气处理装置	
2	公用系统	供热、供电、供水、氮气、排污	
3	辅助设施	硫黄成型、储存和装卸，维修	
4	其它设施	道路、管廊、消防车库、生产管理、卫生急救、环境保护、通信设施	包括厂前区、消防站

天然气净化厂用地的多少，主要取决于生产规模和原料天然气气质条件（硫化氢和二氧化碳含量的高低）。相同生产规模的净化厂，因原料天然气气质条件（硫化氢、二氧化碳含量）不同，工艺方法、公用系统能力等均不相同，因而工厂用地有较大的差异。本用地指标参照我国常见天然气中硫化氢、二氧化碳含量的变化范围，按原料天然气中含硫化氢和脱二氧化碳的多少将天然气净化厂分为三类，并据此编制净化厂用地指标。

一类：原料气中硫化氢含量大于等于 4% 且小于 8%，或脱二氧化碳量大于等于 8% 且小于 15%；

二类：原料气中硫化氢含量大于等于 1% 且小于 4%，或脱二氧化碳量大于等于 2% 且小于 8%；

三类：原料气中硫化氢含量小于 1%，或脱二氧化碳量小于 2%。

推荐的天然气净化厂用地指标见表 3.7.1-2。

表 3.7.1-1　推荐的天然气净化厂用地指标

规模（$10^4 m^3/d×$套）	一类天然气净化厂用地指标	
	用地面积（m^2/座）	规模每增减 1 套，用地增减值（m^2）
100×2	100000（95000）	25000
200×2	120000	28000
300×2	138000（135767）	33000
400×2	155000（155100）	40000

注：①表中黑体部分为有实例测算的指标，其余暂无实例，为推算指标。

②括号内数据为已建厂统计、计算数据：

100×2 是参照大竹厂（100×1）用地 70000m^2，加上一套用地约 25000m^2 得 95000m^2；

300×2 是参照罗家寨厂（300×3）用地 168747m^2，减去一套用地约 33000m^2 得 135767m^2；

400×2 是参照卧龙河总厂（400×1）用地 115100m^2，加上一套用地约 40000m^2 得 155100m^2。

③增减 1 套，用地增减值是根据厂内单套脱水装置、脱硫装置、硫黄回收装置、尾气处理装置等主体装置用地，该套装置与相邻装置之间的安全距离，以及硫黄成型、硫黄仓库、用水、用电等公用配套设施用地综合确定的。如大竹厂，其厂内单套脱水装置、脱硫装置、硫黄回收装置、尾气处理装置等主体装置用地，该套装置与相邻装置之间的安全距离占地约 19700m^2，再考虑硫黄成型、硫黄仓库、用水、用电等公用配套设施用地，经综合分析确定为 25000m^2。以下类同。

表 3.7.1-2　推荐的天然气净化厂用地指标（续表）

规模（$10^4 m^3/d×$套）	二类天然气净化厂用地指标	
	用地面积（m^2/座）	规模每增减 1 套，用地增减值（m^2）
100×2	95000（91750）	23000
200×2	115000	25000
300×2	134000（131219）	28000
400×2	142000（141870）	33000

注：①表中黑体部分为有实例测算的指标，其余暂无实例，为推算指标。

②括号内数据为已建厂统计、计算数据：

100×2 是参照磨溪厂（80×1）用地 62500m^2，本身规模不到 100W，考虑 1.1 的系数再加上一套用地（62500×1.1-23000=91750m^2）；该厂投产时间早（八十年代），由于规范的升版，安全距离要求增大，故本推荐值适当放大。

300×2 是参照磨溪二厂（300×4，橇装）用地 187219m^2，再减去 2 套用地（187219-28000×2=131219m^2）。

400×2 是长庆净化二总厂（400×2）用地 141870m^2。

表 3.7.1-3　推荐的天然气净化厂用地指标（续表）

规模（$10^4 m^3/d×$套）	三类天然气净化厂用地指标	
	用地面积（m^2/座）	规模每增减 1 套，用地增减值（m^2）
100×2	86000	22000
200×2	100000（99300）	24000
300×2	110000（72460）	25000
400×2	118000（97500）	28000
500×2	126000（126198）	33000

注：①表中黑体部分为有实例测算的指标，其余暂无实例，为推算指标。

②括号内数据为已建厂统计、计算数据：

200×2 是参照长庆第一净化厂（200×5）用地 171300m^2，减去 3 套的用地（171300-24000×3=99300m^2）。

300×2 是参照忠县厂（300×2）用地 72460m^2。该厂建设程序上，先征地后具体设计，造成用地十分紧张，挡土墙工程量大，管线布置很困难，所以本推荐值适当放大（同时应大于同类型的 200×2（100000m^2））。

400×2 是参照长寿厂（400×1）用地 69500m^2，加上一套用地约 28000m^2 得 97500m^2。该厂投产时间早（九十年代初），所以本推荐值适当放大（同时应大于同类型的 300×2（110000m^2））。

500×2 是参照和田河厂（500×1）用地 118198m^2，加上一套用地约 33000m^2 得 151198m^2。发现与前面的指标（118000）相差太大。经仔细分析，发现是该厂与其他净化厂主要的区别是：前者有增压（用地约 25000m^2），后者无（151198-25000=126198m^2）。

原料气中硫化氢含量大于等于 8% 的高含硫天然气净化厂，目前国内建成仅中国石化普光净化厂、中国石油川东北净化厂 2 座，根据安全、环保要求，不仅厂区用地面积较大，而且需在厂外设置数百米的隔离带，故总用地规模很大。因建成实例有限，且开发运营模式具特殊性，本指标暂未规定此类净化厂的用地指标。具体工程中，可根据工程实际情况，经节地评价合理确定工程用地。

因天然气净化厂增压设施用地较大，本次修订将其作为主要可选项，进一步完善了天然气净化厂的用地指标体系。

500×2 栏主指标增加 25000m^2；

400×2 栏主指标增加 23000m^2；

300×2 栏主指标增加 20000m^2；

200×2 栏主指标增加 17000m^2；

100×2 栏主指标增加 15000m^2。

站场用地测算见附表 30、附表 31、附表 32。

附表 30　天然气净化厂用地指标测算（一）

序号	站（厂）名称	站（厂）用地面积（m^2）	建（构）筑物用地面积（m^2）	道路广场用地面积（m^2）	管线及管廊用地面积（m^2）	类别	备注
1	大竹净化厂	68969	17253	18040	10100	一类	$1×200×10^4 m^3/d$
2	万州净化厂	64561	15044	14087	98201	一类	$1×200×10^4 m^3/d$
3	罗家寨净化厂	168747	51389	41152	22720	高酸性	$3×300×10^4 m^3/d$，施工暂停
4	卧龙河总厂	115100	24170	23920	10260	一类	$400×10^4 m^3/d$

注：未包括火炬区用地。

附表 31　天然气净化厂用地指标测算（二）

序号	站（厂）名称	站（厂）用地面积（m^2）	建（构）筑物用地面积（m^2）	道路广场用地面积（m^2）	管线及管廊用地面积（m^2）	类别	备注
1	磨溪净化厂	62500	14130	16650	9070	二类	$80×10^4 m^3/d$
2	磨溪净化二厂	187219	91000	88000	2700	二类	$4×300×10^4 m^3/d$（撬装化）$3×600×10^4 m^3/d$
3	长庆第二净化厂	141870	37025	33700	15274	二类	$2×400×10^4 m^3/d$

附表 32　天然气净化厂用地指标测算（三）

序号	站（厂）名称	站（厂）用地面积（m^2）	建（构）筑物用地面积（m^2）	道路广场用地面积（m^2）	管线及管廊用地面积（m^2）	类别	备注
1	长庆第一净化厂	171300	53600	38480	19300	三类	$5×200×10^4 m^3/d$

续表

序号	站（厂）名称	站（厂）用地面积（m²）	建（构）筑物用地面积（m²）	道路广场用地面积（m²）	管线及管廊用地面积（m²）	类别	备注
2	忠县净化厂	72460	24820	10880	8500	三类	2×300×10⁴m³/d；用地很紧张，挡土墙工程量大，管线布置很困难
3	长寿净化厂	69500	20800	12000	9600	三类	400×10⁴m³/d
4	和田河天然气处理厂	118198	37410	35240	5751	三类	500×10⁴m³/d

3.7.2 随着近几年天然气勘探开发的快速发展，在新疆和陕北获得气质条件较好（不含或少含硫）的天然气，根据《石油天然气工程设计防火规范》GB50183-2004的定义，对天然气进行脱水、凝液回收和产品分馏的工厂称为天然气处理厂。

目前天然气处理厂主要有克拉2气田中央处理厂、苏里格天然气处理厂、榆林天然气处理厂、子洲天然气处理厂和长北气田中央处理厂、和田河天然气处理厂等。

表3.7.2 推荐的天然气处理厂用地指标

序号	规模（10⁴m³/d×套）	用地面积（m²）	规模每增减1套，用地增减值（m²）
1	300×2	69000（68952）	16400（16390）
2	500×2	100000（99675）	23400（23409.25）

注：①表中黑体部分为有实例测算的指标，其余暂无实例，为推算指标。
②括号内数据为已建厂统计、计算数据：
300×2是参照榆林厂（300×2）用地63350m²和子洲厂（225×2）用地74554m²，二者平均值为68952m²。
单套增加值：榆林厂与克拉美丽、苏里格厂的差值的平均值16390m²。
500单套增加值：长北厂与大北的单套差值33475m²（123075-89600）、长北厂与克拉2厂的单套差值13343.5m²［142974-89600）/4］的平均值23409.25m²。
500×2是参照大北厂（500×3）用地123075-23400×（3-1）=99675m²。

因天然气处理厂增压设施用地较大，本次修订将其作为主要可选项，进一步完善了天然气处理厂的用地指标体系。

500×2栏主指标增加25000m²；

300×2栏主指标增加20000m²；

采标的几座天然气处理厂（如长北、大北、克拉2等）均未设置液化石油气球罐区，如具体工程中设置有液化石油气球罐，鉴于该罐区的安全距离较大（尤其是单罐容积>1000m³的），应根据实际情况增加用地。

站场用地测算见附表33。

附表33　天然气处理厂用地指标测算

序号	站（厂）名称	站（厂）用地面积（m²）	建（构）筑物用地面积（m²）	道路广场用地面积（m²）	管线及管廊用地面积（m²）	备注
1	安岳油气处理厂	43338	18142	10822	1468	$150\times10^4 m^3/d$
2	子洲天然气处理厂	74554	12562	14001	1604	$2\times225\times10^4 m^3/d$
3	克拉美丽天然气处理站	51200	13011	10089	1500	$300\times10^4 m^3/d$
4	榆林天然气处理厂	63350	11161	11982	1870	$2\times300\times10^4 m^3/d$
5	苏里格天然气处理厂	83980	49783	50027	1405	$3\times300\times10^4 m^3/d$
6	长北气田中央处理厂	89600	21706	19380	15401	$2\times500\times10^4 m^3/d$
7	大北天然气处理厂	123075	28147	25966	6841	$3\times500\times10^4 m^3/d$
8	克拉2气田中央处理厂	142974	36992.12	29981	20071	$6\times500\times10^4 m^3/d$
9	克深天然气处理厂	130974	29908	29895	8881	$4\times1000\times10^4 m^3/d$

3.8　凝析气集中处理站

3.8.1　凝析气集中处理站的天然气脱水区域属于易燃、易爆危险品生产场所，轻烃回收装置中回收的液化石油气的火灾危险性类别属于甲A类，由于其比空气重的特点，其与周围设施的安全距离要求较大。

此类站场已建数量较少，仅收集统计了三座站场的用地数据，其用地指标按处理量设一个档次。站场用地测算见附表34。

3.9　凝析油铁路装车站

3.9.1　凝析油铁路装车站的功能主要是将站内储存的凝析油、液化石油气，通过火车装车外运。火车装车栈桥及其周围的环行消防道路，占地面积较大。

此类站场已建数量较少，仅收集统计了1座站场的用地数据，其用地指标按周转量设一个档次。站场用地测算见附表34。

附表34　凝析气田集中处理站、铁路装车站用地指标测算

序号	站场名称	设计规模（$10^4 m^3/d$）	站场用地面积（m²）	建（构）筑物用地面积（m²）	道路广场用地面积（m²）	管线及管廊用地面积（m²）	铁路用地面积（m²）	建筑系数（%）	土地利用系数（%）
1	牙哈凝析气田地面建设工程集中处理站	320	49325	17834	8163	7240		36.2	67.4
2	丘东天然气处理厂	300	59415	16642	8318	2290		28.0	45.9
3	吉拉克凝析气田地面建设工程集中处理站	210	49563	19543	9274	7373		39.4	73.0
4	牙哈凝析气田地面建设工程铁路装车站		79507	16323	16259	10048	4639	20.5	59.4

4 长距离输油气管道工程用地控制指标

4.1 原油管道站场

4.1.1 输油首站统计了阿独线、库鄯线、漠大线等三条管线的站场用地。用地指标采用试设计法进行测算并与实际站场用地相结合，经对比分析后取定。站场用地测算见附表35。

4.1.2 中间泵站、热泵站统计了库鄯线、阿独线、漠大线等三条管线的站场用地。用地指标采用试设计法进行测算并与实际站场用地数据相结合，进行对比分析后取定。站场用地测算见附表35。

4.1.3 中间分输站、加热站统计了库鄯线、阿独线两条管线的站场用地。用地指标采用试设计法进行测算并与实际站场用地数据相结合，进行对比分析后取定。站场用地测算见附表35。

附表35 原油管道站场用地指标测算

序号	站 名	用地面积（m²）	建（构）筑物占地（m²）	道路广场占地（m²）	管线管廊占地（m²）	建筑系数（%）	土地利用系数（%）
一	原油管道首站						
1	阿拉山口泵站（10×10⁴m³，阿独线 Φ813）	70847	18305	11775	6000	26	51
2	库尔勒首站（含倒班公寓及塔指管道公司，30×10⁴m³，库鄯线 Φ620）	240862	74982	59900	19270	31	64
3	漠河首站（60×10⁴m³、管径 Φ813、压力 8MPa）	219263	64059	33750	26311	7.3	56.6
二	原油管道中间站						
1	托托中间站（阿独线 Φ813）	20100	4940	3736	2800	25	57
2	马兰中间泵站（库鄯线 Φ620）	18804	6160	3120	2000	33	60
3	觉罗塔格减压站（库鄯线 Φ620）	7810	1930	800	800	25	45
4	加格达奇泵站（漠大线管径 Φ813）	17415	6265	2710	1700	27.8	61.3
5	讷河泵站（漠大线管径 Φ813）	23905	7126	6700	2300	27.7	67.5
6	塔河泵站（漠大线管径 Φ813）	27485	8337	7501	2700	23.6	67.4
三	原油管道末站						
1	独山子末站（阿独线 Φ813）	11892	3304	2900	2200	28	71
2	鄯善末站（铁路外运，40×10⁴m³，库鄯线 Φ620）	259704	78700	61500	20800	30	62
四	阀室						
1	8#监控阀室（漠大线管径 Φ813）	1008	245	—	50	23.8	29.2
2	11#监控阀室（漠大线管径 Φ813）	1013	275	—	50	26.7	32
3	13#单向阀室（漠大线管径 Φ813）	830	222	—	40	26.5	31.6
4	XZ1#单向阀室（漠大线管径 Φ813）	350	100	—	18	28.6	33.7
5	XZ2#监控阀室（漠大线管径 Φ813）	682	156	—	35	22.9	28

续表

序号	站 名	用地面积（m²）	建（构）筑物占地（m²）	道路广场占地（m²）	管线管廊占地（m²）	建筑系数（%）	土地利用系数（%）
6	XZ3#单向阀室（漠大线管径Φ813）	350	100	—	18	28.6	33.7
7	XZ4#单向阀室（漠大线管径Φ813）	350	100	—	18	28.6	33.7
8	XZ5#监控阀室（漠大线管径Φ813）	682	156	—	35	22.9	28

4.1.4、4.1.5、4.1.7 清管站、阀室及维抢修队用地指标，采用试设计法进行测算并与实际站场用地数据相结合，同时也参考了成品油实际站场用地数据，进行对比分析后取定，同时对没有外电依托的阀室给出了调整值。同时负责两条或多条管道的维抢修队的用地指标，可适当加大。

维抢修中心一般为区域性的维抢修机构，规模与其服务半径范围内所有长输管道的管径、压力、介质、里程数、站场数量等因素有关，用地面积应根据其具备的功能、机具及设备配置等因素综合确定。

4.1.6 输油末站按管径划分为四大类。每一类考虑供用户的不同方式：装船、装火车和管输三种方式。

实际统计了阿独线、库鄯线两条管线的站场用地。用地指标采用试设计法进行测算并与实际站场用地相结合，经对比分析后取定。站场用地测算见附表35。

4.2 成品油管道站场

4.2.1 输油首站统计了兰成渝、兰郑长两条管线的站场用地。用地指标采用试设计法进行测算并与实际站场用地相结合，经对比分析后取定。站场用地测算见附表36。

附表36　成品油管道首站用地指标测算

序号	站 名	用地面积（m²）	建（构）筑物占地（m²）	道路广场占地（m²）	管线管廊占地（m²）	建筑系数（%）	土地利用系数（%）
1	兰州首站（16×10⁴m³，兰成渝Φ508、Φ457、Φ323.9）	98790	15331	12162	11800	16	40
2	兰州首站（不含原有辅助设施，18×10⁴m³，兰郑长Φ508、Φ457、Φ406）	55831	15000	2000	6000	27	41

4.2.2 中间泵站、分输泵站统计了兰成渝、兰郑长两条管线的站场用地。根据统计结果，用地指标取定值为经对比分析后取定，同时对分输路数的增减给出了调整值。站场用地测算见附表37。

附表37　成品油管道中间泵站、分输泵站用地指标测算

序号	站 名	用地面积（m²）	建（构）筑物面积（m²）	道路及广场用地面积（m²）	管（线）廊面积（m²）	建筑系数（%）	土地利用系数（%）
1	临洮分输泵站（兰成渝Φ508、Φ457、Φ323.9）	19217	2836	3245	2100	15	43

续表

序号	站 名	用地面积（m²）	建（构）筑物面积（m²）	道路及广场用地面积（m²）	管（线）廊面积（m²）	建筑系数（%）	土地利用系数（%）
2	内江分输泵站（兰成渝Φ508、Φ457、Φ323.9）	11280	2680	1600	1200	25	49
3	风陵渡分输泵站（兰郑长Φ508、Φ457、Φ406）	13080	3550	1700	1440	27	51
4	长塘分输泵站（兰郑长Φ508、Φ457、Φ406）	7526	2050	1300	540	27	52

4.2.3 分输站统计了兰成渝、兰郑长两条管线的站场用地。根据统计结果，用地面积取定值为经对比分析后取定，同时对分输路数的增减给出了调整值。站场用地测算见附表38。

附表38　成品油管道分输站用地指标测算

序号	站 名	用地面积（m²）	建（构）筑物面积（m²）	道路及广场用地面积（m²）	管（线）廊面积（m²）	建筑系数（%）	土地利用系数（%）
1	广元分输站（兰成渝Φ508、Φ457、Φ323.9）	6950	1539	1426	700	22	53
2	德阳分输站（兰成渝Φ508、Φ457、Φ323.9）	6300	903	1550	650	14	49
3	彭州分输站（兰成渝Φ508、Φ457、Φ323.9）	6059	896	1500	620	15	50
4	简阳分输站（兰成渝Φ508、Φ457、Φ323.9）	6820	879	1662	700	13	48
5	资阳分输站（兰成渝Φ508、Φ457、Φ323.9）	6059	879	1521	650	15	50
6	隆昌分输站（兰成渝Φ508、Φ457、Φ323.9）	4485	875	1252	450	20	57
7	永川分输站（兰成渝Φ508、Φ457、Φ323.9）	5274	875	760	550	17	41
8	凤翔分输站（兰郑长Φ508、Φ457、Φ406）	7526	2050	1300	540	27	52
9	渭南分输站（兰郑长Φ508、Φ457、Φ406）	7526	2050	1300	540	27	52
10	三门峡分输站（兰郑长Φ508、Φ457、Φ406）	7526	2050	1300	540	27	52

4.2.4 清管站统计了兰成渝管线的站场用地。根据统计结果，用地面积取定值为经对比分析后取定。站场用地测算见附表39。

附表39　成品油管道清管站用地指标测算

序号	站 名	用地面积（m²）	建（构）筑物面积（m²）	道路及广场用地面积（m²）	管（线）廊面积（m²）	建筑系数（%）	土地利用系数（%）
1	固城清管站（兰成渝Φ508、Φ457、Φ323.9）	1280	400	300	130	31	65
2	阳坝清管站（兰成渝Φ508、Φ457、Φ323.9）	1280	400	300	130	31	65
3	江油清管站（兰成渝Φ508、Φ457、Φ323.9）	1960	500	550	200	26	64

4.2.5 阀室统计了兰成渝管线的站场用地。根据统计结果，用地面积取定值为经对比分析后取定，同时对没有外电依托的阀室给出了调整值。站场用地测算见附表40。

附表40　成品油管道阀室用地指标测算

序号	站　名	用地面积（m²）	建（构）筑物面积（m²）	道路及广场用地面积（m²）	管（线）廊面积（m²）	建筑系数（%）	土地利用系数（%）
1	何家湾阀室（兰成俞 Φ508、Φ457、Φ323.9）	760	200	120	50	26	49
2	营盘梁阀室（兰成俞 Φ508、Φ457、Φ323.9）	410	140	60	50	34	49
3	三宫殿阀室（兰成俞 Φ508、Φ457、Φ323.9）	560	160	60	50	29	48
4	安乐河阀室（兰成俞 Φ508、Φ457、Φ323.9）	450	190	50	50	42	64
5	广坪阀室（兰成俞 Φ508、Φ457、Φ323.9）	420	190	50	50	45	69

4.2.6　末站统计了兰成渝、兰郑长两条管线的站场用地。用地指标采用试设计法进行测算并与实际站场用地相结合，经对比分析后取定。站场用地测算见附表41。

附表41　成品油管道末站用地指标测算

序号	站　名	用地面积（m²）	建（构）筑物面积（m²）	道路及广场用地面积（m²）	管（线）廊面积（m²）	建筑系数（%）	土地利用系数（%）
1	重庆末站（9×10⁴m³，兰成渝 Φ508、Φ457、Φ323.9）	62178	12500	8800	6500	20	45
2	长沙末站（11×10⁴m³，兰郑长 Φ508、Φ457、Φ406）	85800	18600	17300	7200	22	50

4.2.7　维抢修队统计了兰成渝管线的站场用地。根据统计结果，用地面积取定值为经对比分析后取定。

同时负责两条或多条管道的维抢修队用地指标，可适当加大。站场用地测算见附表42。

附表42　成品油管道维抢修队用地指标测算

序号	站　名	用地面积（m²）	建（构）筑物面积（m²）	道路及广场用地面积（m²）	管（线）廊面积（m²）	建筑系数（%）	土地利用系数（%）
1	成县维抢修队（兰成俞 Φ508、Φ457、Φ323.9）	9170	1500	3100		16	50
2	成都维抢修队（兰成俞 Φ508、Φ457、Φ323.9）	7000	1350	2840		19	60

维抢修中心一般为区域性的维抢修机构，规模与其服务半径范围内所有长输管道的管径、压力、介质、里程数、站场数量等因素有关，用地面积应根据其具备的功能、机具及设备配置等因素综合确定。

4.3　天然气管道站场

4.3.1　不加压输气首站用地指标的取定主要以已建工程为依据，由于不加压首站的典型案例较少，只统计了忠武线、福建LNG管线的站场用地，实际站场土地利用系数均达到较高水平。用地指标根据管径大小划分为六个档次。站场用地测算见附表43。

附表 43 输气管道首站用地指标测算

序号	站名	围墙轴线内用地面积（m²）	建（构）筑物面积（m²）	道路及广场用地面积（m²）	管（线）廊面积（m²）	建筑系数（%）	土地利用系数（%）
1	忠县首站（忠武线 Φ711）	11560	4400	2800	1100	38	72
2	秀屿首站（福建LNGΦ813、Φ610、Φ508、Φ355.6）	15550	3490	6946	900	22	73

4.3.2 加压输气首站和中间压气站采用同一指标。实际统计了西气东输、中缅、西二线、西三线各站场用地，各压气站功能不同、所处地理位置的地形条件不同，其占地面积均有变化。实际站场土地利用系数均达到了较高水平。

用地指标根据管径大小划分为六个档次。根据统计结果，用地面积取定值为根据统计结果作为参考合理确定。站场用地测算见附表 44。

附表 44 输气管道加压首站、中间压气站用地指标测算

序号	站名	围墙轴线内用地面积（m²）	建（构）筑物面积（m²）	道路及广场用地面积（m²）	管（线）廊面积（m²）	建筑系数（%）	土地利用系数（%）
1	轮南首站（含集输末站、加压，西气东输 Φ1016）	30598	9642	6155	3672	32	64
2	四道班压气站（西气东输 Φ1016）	26770	10030	3800	3210	37	64
3	柳园压气站（西气东输 Φ1016）	23292	9300	4300	2800	40	70
4	酒泉压气站（西气东输 Φ1016）	23480	9325	4360	2820	40	70
5	金昌压气站（西气东输 Φ1016）	22443	9082	4493	2694	40	72
6	古浪压气站（西气东输 Φ1016）	21400	9880	3576	2568	46	75
7	盐池压气站（西气东输 Φ1016）	22426	9358	4165	2691	42	72
8	霍尔果斯首站（西二线 Φ1219、3+1燃驱）	53610	20040	10965	5361	37	68
9	精河分输压气站（西二线 Φ1219、2+1燃驱）	60544	20530	11845	6054	34	63
10	玛纳斯分输压气站（西二线 Φ1219、2+1燃驱）	57582	16903	8371	5758	29	54
11	乌鲁木齐分输压气站（西二线 Φ1219、3+1电驱）	68209	22103	8388	6821	32	55
12	红柳联络压气站（西二线 Φ1219、2+1燃驱）	60441	17308	13000	6044	29	60
13	潼关压气站（西二线 Φ1219、2+1电驱）	55215	20000	7200	7500	36	63
14	鲁山分输压气站（西二线 Φ1219、2+1电驱）	54017	21500	6200	7500	40	65

续表

序号	站　名	围墙轴线内用地面积（m²）	建（构）筑物面积（m²）	道路及广场用地面积（m²）	管（线）廊面积（m²）	建筑系数（%）	土地利用系数（%）
15	乌苏压气站（西三线 Φ1219、2+1 电驱、公用设施依托）	42545	30073	26608	9000	35	76
16	连木沁压气站（西三线 Φ1219、1+1 燃驱、公用设施依托）	27738	31865	24650	10000	33	68
17	了墩压气站（西三线 Φ1219、1+1 燃驱、公用设施依托）	37786	44659	26260	11000	41	74
18	烟墩压气站（西三线 Φ1219、1+1 燃驱、公用设施依托）	40920	36111	21074	10500	34	65
19	瓜州压气站（西三线 Φ1219、2+1 电驱、公用设施依托）	43587	23390	39806	10500	23	71
20	嘉峪关压气站（西三线 Φ1219、2+1 电驱、公用设施依托）	40098	17700	42486	10000	19	74
21	张掖压气站（西三线 Φ1219、2+1 电驱、公用设施依托）	36195	22790	39659	10000	23	73
22	永昌压气站（西三线 Φ1219、2+1 电驱、公用设施依托）	45635	23290	42320	11000	22	71
23	古浪压气站（西三线 Φ1219、2+1 电驱、公用设施依托）	45084	24328	36915	9500	26	75

4.3.3　输气末站和分输站采用同一指标，主要以已建工程为依据，共统计了西气东输、冀宁线、陕京二线、福建 LNG、中缅、西二线各站场用地，实际站场土地利用系数较高。

用地指标根据管径大小划分为六个档次。根据统计结果，用地面积取定值为根据统计结果作为参考合理确定，同时对分输路数的增减给出了调整值。站场用地测算见附表 45。

附表 45　输气管道末站、分输站用地指标测算

序号	站　名	围墙轴线内用地面积（m²）	建（构）筑物面积（m²）	道路及广场用地面积（m²）	管（线）廊面积（m²）	建筑系数（%）	土地利用系数（%）
1	薛店分输站（西气东输 Φ1016）	4172	1732	1044	500	42	79
2	无锡分输站（西气东输 Φ1016）	6343	2198	1100	300	35	57
3	甪直分输站（西气东输 Φ1016）	4704	2208	350	565	47	66
4	扬州分输站（冀宁联络线 Φ1016、Φ711）	5120	1968	1120	600	38	72
5	邳州分输站（冀宁联络线 Φ1016、Φ711）	7209	2600	1900	850	36	74
6	滕州分输站（冀宁联络线 Φ1016、Φ711）	7521	2460	1530	850	33	64
7	衡水分输站（冀宁联络线 Φ1016、Φ711）	7560	2080	1460	1000	28	60

续表

序号	站 名	围墙轴线内用地面积（m²）	建(构)筑物面积（m²）	道路及广场用地面积（m²）	管(线)廊面积（m²）	建筑系数（%）	土地利用系数（%）
8	岚县分输站（陕京二线 Φ1016）	7500	2000	1400	800	27	56
9	正定分输站（陕京二线 Φ1016）	6400	1900	1300	700	30	61
10	福州末站（福建LNGΦ813、Φ610、Φ508、Φ355.6）	9105	3037	1764	850	33	62
11	漳州末站（福建LNGΦ813、Φ610、Φ508、Φ355.6）	8204	2479	1606	600	30	57
12	晋江电厂末站（福建LNGΦ813、Φ610、Φ508、Φ355.6）	7056	2224	1289	600	32	58
13	厦门电厂末站（福建LNGΦ813、Φ610、Φ508、Φ355.6）	7160	2286	1305	600	32	59
14	宏路分输站（福建LNGΦ813、Φ610、Φ508、Φ355.6）	7395	2020	1506	700	27	57
15	莆田分输站（福建LNGΦ813、Φ610、Φ508、Φ355.6）	6720	2350	1274	600	35	63
16	惠安分输站（福建LNGΦ813、Φ610、Φ508、Φ355.6）	7886	2482	1592	700	31	63
17	泉州分输站（福建LNGΦ813、Φ610、Φ508、Φ355.6）	7539	1980	1444	690	26	55
18	翔安分输站（福建LNGΦ813、Φ610、Φ508、Φ355.6）	7396	2423	1653	600	33	63
19	奎屯分输站（西二线 Φ1219、1路分输）	7395	2000	1400	740	27	56
20	吐鲁番分输站（西二线 Φ1219、1路分输）	7884	2312	2200	788	29	67
21	哈密分输站（西二线 Φ1219、1路分输）	7396	2000	1500	740	27	57
22	华阴分输站（西二线 Φ1219、2路分输）	8684	2500	1600	868	29	57
23	三门峡分输站（西二线 Φ1219、2路分输）	8886	2700	2100	889	30	64
24	洛阳分输站（西二线 Φ1219、3路分输）	12320	4400	2600	1232	36	67
25	平顶山分输站（西二线 Φ1219、3路分输）	12840	4950	1900	1284	39	63
26	南阳分输站（西二线 Φ1219、4路分输）	15146	5000	2750	1515	33	61
27	随州分输站（西二线 Φ1219、2路分输）	9056	2800	1800	906	31	61
28	孝感分输站（西二线 Φ1219、3路分输）	10454	3500	2100	1045	33	64
29	黄冈分输站（西二线 Φ1219、2路分输）	8089	2800	1400	809	35	62

续表

序号	站　名	围墙轴线内用地面积（m²）	建（构）筑物面积（m²）	道路及广场用地面积（m²）	管（线）廊面积（m²）	建筑系数（%）	土地利用系数（%）
30	九江分输站（西二线 Φ1219、2路分输）	8719	2700	1900	872	31	63
31	吉安分输清管站（西二线 Φ1219、2路分输+清管）	15184	5100	2500	1518	34	60
32	赣州分输清管站（西二线 Φ1219、2路分输+清管）	15330	5000	2700	1533	33	60
33	韶关分输清管站（西二线 Φ1219、3路分输+清管）	16660	5100	2700	1666	31	57

4.3.4 清管站用地指标的取定主要以已建工程为依据，由于单独建设的清管站典型案例较少，只统计了西气东输、忠武线、陕京二线管线的站场用地，实际站场土地利用系数均较高。

用地指标根据管径大小划分为六个档次。根据统计结果，用地面积取定值为根据统计结果作为参考合理确定。站场用地测算见附表46。

附表46　输气管道清管站用地指标测算

序号	站　名	围墙轴线内用地面积（m²）	建（构）筑物面积（m²）	道路及广场用地面积（m²）	管（线）廊面积（m²）	建筑系数（%）	土地利用系数（%）
1	阳城清管站（西气东输 Φ1016）	3905	1970	465	150	50	66
2	兴县清管站（陕京二线 Φ1016）	5070	2200	700	500	43	67
3	恩施清管站（忠武线 Φ711）	7367	2400	2600	720	32	78
4	榔坪清管站（忠武线 Φ711）	3964	1200	540	350	30	53
5	荆州计量站（忠武线 Φ711）	4425	1561	1199	410	35	72
6	鄂州计量站（忠武线 Φ711）	4158	2445	980	400	59	92

4.3.5 阀室用地指标的取定主要以已建工程为依据，共统计了西气东输、忠武线、冀宁线、中缅、西二线各阀室用地。

用地指标根据管径大小划分为六个档次。根据统计结果，用地面积取定值为根据统计结果作为参考合理确定，同时对没有外电依托的阀室给出了调整值。站场用地测算见附表47。

附表47　输气管道阀室用地指标测算

序号	站　名	围墙轴线内用地面积（m²）	建（构）筑物面积（m²）	道路及广场用地面积（m²）	管（线）廊面积（m²）	建筑系数（%）	土地利用系数（%）
1	阀室（西气东输 Φ1016）	800	200	200	50	25	56
2	阀室（忠武线 Φ711）	700	170	200	50	24	60
3	阀室（冀宁联络线 Φ1016、Φ711）	700	170	200	50	24	60

续表

序号	站 名	围墙轴线内用地面积（m²）	建（构）筑物面积（m²）	道路及广场用地面积（m²）	管(线)廊面积（m²）	建筑系数（%）	土地利用系数（%）
4	2号监控阀室（西二线 Φ1219）	1654	420	440	165	25	62
5	3号监控阀室（西二线 Φ1219）	2055	420	554	300	20	62
6	8号监控阀室（西二线 Φ1219）	1612	450	405	161	28	63
7	28号监控阀室（西二线 Φ1219）	1302	330	295	130	25	58
8	37号监控阀室（西二线 Φ1219）	1302	330	295	130	25	58
9	53号监控阀室（西二线 Φ1219）	1302	386	180	130	30	53
10	58号监控阀室（西二线 Φ1219）	1512	300	426	151	20	58
11	1号监视阀室（西二线 Φ1219）	572	140	146	57	24	60
12	4号监视阀室（西二线 Φ1219）	621	208	84	62	33	57
13	5号监视阀室（西二线 Φ1219）	624	196	85	62	31	55

4.3.6 维抢修队用地指标的取定主要以已建工程为依据，共统计了西气东输、忠武线、陕京二线、冀宁线、中缅各维抢修机构用地，实际站场土地利用系数均较高。

用地指标根据管径大小划分为六个档次。根据统计结果，用地面积取定值为根据统计结果作为参考合理确定。

同时负责两条或多条管道的维抢修队用地指标，可适当加大。站场用地测算见附表48。

附表48 输气管道维抢修队用地指标测算

序号	站 名	围墙轴线内用地面积（m²）	建（构）筑物面积（m²）	道路及广场用地面积（m²）	管(线)廊面积（m²）	建筑系数（%）	土地利用系数（%）
1	玉门维抢修队（西气东输 Φ1016）	9070	2000	3900		22	65
2	山丹维抢修队（西气东输 Φ1016）	8300	2000	3000		24	60
3	中卫维抢修队（西气东输 Φ1016）	9700	2600	3300		27	61
4	郑州维抢修队（西气东输 Φ1016）	11800	3500	4600		30	69
5	神木抢修点（陕京二线 Φ1016）	11130	3830	4200		34	72
6	淮安维抢修队（冀宁联络线 Φ1016、Φ711）	6800	2600	2480		38	75
7	恩施维抢修队（忠武线 Φ711）	9330	2500	3200		27	61
8	武汉维抢修中心（忠武线 Φ711）	9430	3300	3000		35	67

维抢修中心一般为区域性的维抢修机构，规模与其服务半径范围内所有长输管道的管径、压力、介质、里程数、站场数量等因素有关，用地面积应根据其具备的功能、机具及设备配置等因素综合确定。

5 用地控制指标计算范围

5.1 站场用地指标

5.1.1 本条明确规定了站场用地指标值系指站场围墙（围栏）外围线以内的用地

面积。

　　站场围墙（围栏）以外护坡、挡土墙、截水沟以及边角地等的设置是根据建设场地自然条件及周围环境确定的，建设条件不同，占地面积相差较大。为了准确规定站场围墙（围栏）以外站场用地，本次修订取消了地形地貌调整系数，规定站场围墙（围栏）以外护坡、挡土墙、截水沟以及边角地等的面积根据工程具体情况确定。

5.2　联合站场用地指标

　　5.2.1　为节约站场用地和方便管理，石油天然气站场可采用多个站场组成联合站场建设。本指标规定联合站场用地指标不应大于相关组成站场单项用地指标之和。

长输管道项目建设法律汇编（全六册）

（三）

——专项评价类相关法律法规（上册）

（2020年第一版）

孔博昌 编

北京理工大学出版社
BEIJING INSTITUTE OF TECHNOLOGY PRESS

版权专有　侵权必究

图书在版编目(CIP)数据

长输管道项目建设法律汇编：全六册／孔博昌编. — 北京：北京理工大学出版社，2021.3
　ISBN 978-7-5682-9581-9

　Ⅰ.①长… Ⅱ.①孔… Ⅲ.①长输管道-建筑法-汇编-中国 Ⅳ.①D922.297.9

中国版本图书馆 CIP 数据核字(2021)第 040286 号

出版发行 ／ 北京理工大学出版社有限责任公司
社　　址 ／ 北京市海淀区中关村南大街 5 号
邮　　编 ／ 100081
电　　话 ／ (010)68914775(总编室)
　　　　　　(010)82562903(教材售后服务热线)
　　　　　　(010)68948351(其他图书服务热线)
网　　址 ／ http://www.bitpress.com.cn
经　　销 ／ 全国各地新华书店
印　　刷 ／ 北京虎彩文化传播有限公司
开　　本 ／ 787 毫米×1092 毫米　1/16
印　　张 ／ 147.75　　　　　　　　　　　　　　　　责任编辑 ／ 陆世立
字　　数 ／ 3419 千字　　　　　　　　　　　　　　　文案编辑 ／ 陆世立
版　　次 ／ 2021 年 3 月第 1 版　2021 年 3 月第 1 次印刷　责任校对 ／ 周瑞红
定　　价 ／ 668.00 元(全六册)　　　　　　　　　　　　责任印制 ／ 边心超

图书出现印装质量问题，请拨打售后服务热线，本社负责调换

《长输管道项目建设法律汇编》
公共关系协调分卷编委会

主　　任：魏东吼

副 主 任：王凤田　么子云

委　　员：高　成　高雪原　霍军明　孔博昌　刘　刚
　　　　　李海军　李　鹏　梁书飞　瞿　华　汪　岩
　　　　　王达宗　张海军　张　彦

执行主编：孔博昌

编　　辑：高雪原　郝晓琳　李　宁　梁书飞

前　言

　　为加快建设社会主义法治国家，必须全面推进科学立法、严格执法、公正司法、全民守法，坚持依法治国、依法执政、依法行政共同推进，坚持法治国家、法治政府、法治社会一体建设，不断开创依法治国新局面。随着中国特色社会主义法律体系的基本构建，法律已经全面渗透到社会生活的各个领域。目前我国各行各业都进入了蓬勃发展阶段，在国企改革的大潮下，国家各行业的相关法律法规不断修订和更新，与之相配套的省、自治区、直辖市等地方政府也陆续修订颁布实施了一系列法规政策和规范性文件。

　　为合法合规推进项目核准、土地、专项评价、行业通过权等方面管道建设前期工作，通过各种渠道搜集、梳理和汇编了项目投资及核准、土地、专项评价、各行业通过权、服务费用5方面相关法律法规，将其中最常用的公共关系外协部分相关法律法规收录其中，满足长输管道项目建设人员对项目建设前期各方面日常学习、查找资料及工作实际的需要，现予以出版发行《长输管道项目建设法律汇编》丛书。

　　本法律汇编涵盖了国家管网集团北京管道有限公司建设的5387公里输气管道途经的3个省、2个直辖市和1个自治区（6个省级行政单位）公共关系外协通过权各类法律法规内容，这些文件对项目在当地的实际情况具有指导性和可操作性。囿于编者水平，本汇编可能存在种种不足，还望读者在使用过程中不吝赐教，提出您的宝贵意见。同时，随着有关法律法规的更新和调整，本汇编将继续修订完善。

编委会

目　录

一、环境影响评价相关管理规定 ··· 001
1. 建设项目环境保护管理条例 ··· 001
2. 中华人民共和国环境影响评价法 ····································· 005
3. 河北省建设项目环境保护管理条例 ··································· 011
4. 内蒙古自治区环境保护条例 ··· 015
5. 内蒙古自治区实施《中华人民共和国环境影响评价法》办法 ············· 020
6. 山西省加强建设项目环境管理暂行规定 ······························· 025
7. 陕西省实施《中华人民共和国环境影响评价法》办法 ··················· 029
8. 天津市建设项目环境保护管理办法 ··································· 036
9. 陕西省环境保护厅关于重新修订并印发《陕西省建设项目环境影响评价文件分级审批办法》的通知 ··· 041

二、安全预评价相关管理规定 ··· 043
1. 安全生产许可证条例 ··· 043
2. 北京市安全生产条例（2011年修正） ································· 047
3. 河北省安全生产条例 ··· 060
4. 河北省非煤矿山建设项目安全设施"三同时"监督管理办法 ············· 075
5. 建设项目安全设施"三同时"监督管理暂行办法 ······················· 081
6. 内蒙古自治区安全生产条例 ··· 087
7. 内蒙古自治区非煤矿山建设项目安全设施"三同时"监督管理办法 ······· 098
8. 山西省安全生产条例（2016年修正） ································· 114
9. 陕西省安全生产条例（2017年版） ··································· 124
10. 天津市安全生产条例 ·· 133
11. 天津市建设项目安全设施"三同时"监督管理暂行办法 ················ 142
12. 危险化学品安全管理条例 ·· 144
13. 中华人民共和国安全生产法 ·· 162

三、职业卫生评价相关管理规定 ······································· 177
1. 作业场所职业健康监督管理暂行规定 ································· 177
2. 北京市安全生产监督管理局关于贯彻落实《建设项目职业病防护设施"三同时"监督管理办法》的通知 ··· 184
3. 河北省安全生产监督管理局关于印发《河北省建设项目职业卫生"三同时"监管实施细则》的通知 ··· 204

4. 关于进一步加强建设项目职业卫生"三同时"监管工作的通知 227
5. 天津市关于做好建设项目职业卫生"三同时"监督管理工作的通知 228
6. 建设项目职业病防护设施"三同时"监督管理办法 233
7. 建设项目职业病危害评价规范 242
8. 中华人民共和国职业病防治法（2018年修正） 250
9. 作业场所职业健康监督管理暂行规定 262

四、水土保持方案相关管理规定 269

1. 北京市水土保持条例 269
2. 河北省实施《中华人民共和国水土保持法》办法 275
3. 内蒙古自治区水土保持条例 281
4. 山西省实施《中华人民共和国水土保持法》办法 288
5. 陕西省水土保持条例 294
6. 天津市实施《中华人民共和国水土保持法》办法 301
7. 国务院关于第一批清理规范89项国务院部门行政审批中介服务事项的决定 305
8. 关于印发《生产建设项目水土保持方案编制资质管理办法》的通知 329
9. 中华人民共和国水土保持法 334
10. 中华人民共和国水土保持法实施条例（2011年修订） 341

五、地质灾害危险性评估相关管理规定 345

1. 北京市人民政府印发北京市关于进一步加强地质灾害防治工作意见的通知 345
2. 河北省地质灾害防治管理办法 348
3. 山西省地质灾害防治条例 351
4. 陕西省地质灾害防治条例 356
5. 天津市地质灾害防治管理办法 363
6. 地质灾害防治条例 366
7. 地质灾害危险性评估规范 375
8. 关于取消地质灾害危险性评估备案制度的公告 387
9. 国土资源部关于加强地质灾害危险性评估工作的通知 388

一、环境影响评价相关管理规定

1. 建设项目环境保护管理条例

国务院令第 253 号

1998年11月29日中华人民共和国国务院令第253号发布根据2017年7月16日《国务院关于修改〈建设项目环境保护管理条例〉的决定》修订

第一章 总 则

第一条 为了防止建设项目产生新的污染、破坏生态环境，制定本条例。

第二条 在中华人民共和国领域和中华人民共和国管辖的其他海域内建设对环境有影响的建设项目，适用本条例。

第三条 建设产生污染的建设项目，必须遵守污染物排放的国家标准和地方标准；在实施重点污染物排放总量控制的区域内，还必须符合重点污染物排放总量控制的要求。

第四条 工业建设项目应当采用能耗物耗小、污染物产生量少的清洁生产工艺，合理利用自然资源，防止环境污染和生态破坏。

第五条 改建、扩建项目和技术改造项目必须采取措施，治理与该项目有关的原有环境污染和生态破坏。

第二章 环境影响评价

第六条 国家实行建设项目环境影响评价制度。

第七条 国家根据建设项目对环境的影响程度，按照下列规定对建设项目的环境保护实行分类管理：

（一）建设项目对环境可能造成重大影响的，应当编制环境影响报告书，对建设项目产生的污染和对环境的影响进行全面、详细的评价；

（二）建设项目对环境可能造成轻度影响的，应当编制环境影响报告表，对建设项目产生的污染和对环境的影响进行分析或者专项评价；

（三）建设项目对环境影响很小，不需要进行环境影响评价的，应当填报环境影响登记表。

建设项目环境影响评价分类管理名录，由国务院环境保护行政主管部门在组织专家进行论证和征求有关部门、行业协会、企事业单位、公众等意见的基础上制定并公布。

第八条 建设项目环境影响报告书，应当包括下列内容：

（一）建设项目概况；

（二）建设项目周围环境现状；

（三）建设项目对环境可能造成影响的分析和预测；
（四）环境保护措施及其经济、技术论证；
（五）环境影响经济损益分析；
（六）对建设项目实施环境监测的建议；
（七）环境影响评价结论。

建设项目环境影响报告表、环境影响登记表的内容和格式，由国务院环境保护行政主管部门规定。

第九条 依法应当编制环境影响报告书、环境影响报告表的建设项目，建设单位应当在开工建设前将环境影响报告书、环境影响报告表报有审批权的环境保护行政主管部门审批；建设项目的环境影响评价文件未依法经审批部门审查或者审查后未予批准的，建设单位不得开工建设。

环境保护行政主管部门审批环境影响报告书、环境影响报告表，应当重点审查建设项目的环境可行性、环境影响分析预测评估的可靠性、环境保护措施的有效性、环境影响评价结论的科学性等，并分别自收到环境影响报告书之日起 60 日内、收到环境影响报告表之日起 30 日内，作出审批决定并书面通知建设单位。

环境保护行政主管部门可以组织技术机构对建设项目环境影响报告书、环境影响报告表进行技术评估，并承担相应费用；技术机构应当对其提出的技术评估意见负责，不得向建设单位、从事环境影响评价工作的单位收取任何费用。

依法应当填报环境影响登记表的建设项目，建设单位应当按照国务院环境保护行政主管部门的规定将环境影响登记表报建设项目所在地县级环境保护行政主管部门备案。

环境保护行政主管部门应当开展环境影响评价文件网上审批、备案和信息公开。

第十条 国务院环境保护行政主管部门负责审批下列建设项目环境影响报告书、环境影响报告表：
（一）核设施、绝密工程等特殊性质的建设项目；
（二）跨省、自治区、直辖市行政区域的建设项目；
（三）国务院审批的或者国务院授权有关部门审批的建设项目。

前款规定以外的建设项目环境影响报告书、环境影响报告表的审批权限，由省、自治区、直辖市人民政府规定。

建设项目造成跨行政区域环境影响，有关环境保护行政主管部门对环境影响评价结论有争议的，其环境影响报告书或者环境影响报告表由共同上一级环境保护行政主管部门审批。

第十一条 建设项目有下列情形之一的，环境保护行政主管部门应当对环境影响报告书、环境影响报告表作出不予批准的决定：
（一）建设项目类型及其选址、布局、规模等不符合环境保护法律法规和相关法定规划；
（二）所在区域环境质量未达到国家或者地方环境质量标准，且建设项目拟采取的措施不能满足区域环境质量改善目标管理要求；
（三）建设项目采取的污染防治措施无法确保污染物排放达到国家和地方排放标准，或者未采取必要措施预防和控制生态破坏；
（四）改建、扩建和技术改造项目，未针对项目原有环境污染和生态破坏提出有效防治措施；
（五）建设项目的环境影响报告书、环境影响报告表的基础资料数据明显不实，内容存在重大缺陷、遗漏，或者环境影响评价结论不明确、不合理。

第十二条 建设项目环境影响报告书、环境影响报告表经批准后，建设项目的性质、规模、地点、采用的生产工艺或者防治污染、防止生态破坏的措施发生重大变动的，建设单位应当重新报批建设项目环境影响报告书、环境影响报告表。

建设项目环境影响报告书、环境影响报告表自批准之日起满5年，建设项目方开工建设的，其环境影响报告书、环境影响报告表应当报原审批部门重新审核。原审批部门应当自收到建设项目环境影响报告书、环境影响报告表之日起10日内，将审核意见书面通知建设单位；逾期未通知的，视为审核同意。

审核、审批建设项目环境影响报告书、环境影响报告表及备案环境影响登记表，不得收取任何费用。

第十三条 建设单位可以采取公开招标的方式，选择从事环境影响评价工作的单位，对建设项目进行环境影响评价。

任何行政机关不得为建设单位指定从事环境影响评价工作的单位，进行环境影响评价。

第十四条 建设单位编制环境影响报告书，应当依照有关法律规定，征求建设项目所在地有关单位和居民的意见。

第三章 环境保护设施建设

第十五条 建设项目需要配套建设的环境保护设施，必须与主体工程同时设计、同时施工、同时投产使用。

第十六条 建设项目的初步设计，应当按照环境保护设计规范的要求，编制环境保护篇章，落实防治环境污染和生态破坏的措施以及环境保护设施投资概算。

建设单位应当将环境保护设施建设纳入施工合同，保证环境保护设施建设进度和资金，并在项目建设过程中同时组织实施环境影响报告书、环境影响报告表及其审批部门审批决定中提出的环境保护对策措施。

第十七条 编制环境影响报告书、环境影响报告表的建设项目竣工后，建设单位应当按照国务院环境保护行政主管部门规定的标准和程序，对配套建设的环境保护设施进行验收，编制验收报告。

建设单位在环境保护设施验收过程中，应当如实查验、监测、记载建设项目环境保护设施的建设和调试情况，不得弄虚作假。

除按照国家规定需要保密的情形外，建设单位应当依法向社会公开验收报告。

第十八条 分期建设、分期投入生产或者使用的建设项目，其相应的环境保护设施应当分期验收。

第十九条 编制环境影响报告书、环境影响报告表的建设项目，其配套建设的环境保护设施经验收合格，方可投入生产或者使用；未经验收或者验收不合格的，不得投入生产或者使用。

前款规定的建设项目投入生产或者使用后，应当按照国务院环境保护行政主管部门的规定开展环境影响后评价。

第二十条 环境保护行政主管部门应当对建设项目环境保护设施设计、施工、验收、投入生产或者使用情况，以及有关环境影响评价文件确定的其他环境保护措施的落实情况，进行监督检查。

环境保护行政主管部门应当将建设项目有关环境违法信息记入社会诚信档案，及时向社会公开违法者名单。

第四章　法律责任

第二十一条　建设单位有下列行为之一的，依照《中华人民共和国环境影响评价法》的规定处罚：

（一）建设项目环境影响报告书、环境影响报告表未依法报批或者报请重新审核，擅自开工建设；

（二）建设项目环境影响报告书、环境影响报告表未经批准或者重新审核同意，擅自开工建设；

（三）建设项目环境影响登记表未依法备案。

第二十二条　违反本条例规定，建设单位编制建设项目初步设计未落实防治环境污染和生态破坏的措施以及环境保护设施投资概算，未将环境保护设施建设纳入施工合同，或者未依法开展环境影响后评价的，由建设项目所在地县级以上环境保护行政主管部门责令限期改正，处5万元以上20万元以下的罚款；逾期不改正的，处20万元以上100万元以下的罚款。

违反本条例规定，建设单位在项目建设过程中未同时组织实施环境影响报告书、环境影响报告表及其审批部门审批决定中提出的环境保护对策措施的，由建设项目所在地县级以上环境保护行政主管部门责令限期改正，处20万元以上100万元以下的罚款；逾期不改正的，责令停止建设。

第二十三条　违反本条例规定，需要配套建设的环境保护设施未建成、未经验收或者验收不合格，建设项目即投入生产或者使用，或者在环境保护设施验收中弄虚作假的，由县级以上环境保护行政主管部门责令限期改正，处20万元以上100万元以下的罚款；逾期不改正的，处100万元以上200万元以下的罚款；对直接负责的主管人员和其他责任人员，处5万元以上20万元以下的罚款；造成重大环境污染或者生态破坏的，责令停止生产或者使用，或者报经有批准权的人民政府批准，责令关闭。

违反本条例规定，建设单位未依法向社会公开环境保护设施验收报告的，由县级以上环境保护行政主管部门责令公开，处5万元以上20万元以下的罚款，并予以公告。

第二十四条　违反本条例规定，技术机构向建设单位、从事环境影响评价工作的单位收取费用的，由县级以上环境保护行政主管部门责令退还所收费用，处所收费用1倍以上3倍以下的罚款。

第二十五条　从事建设项目环境影响评价工作的单位，在环境影响评价工作中弄虚作假的，由县级以上环境保护行政主管部门处所收费用1倍以上3倍以下的罚款。

第二十六条　环境保护行政主管部门的工作人员徇私舞弊、滥用职权、玩忽职守，构成犯罪的，依法追究刑事责任；尚不构成犯罪的，依法给予行政处分。

第五章　附　　则

第二十七条　流域开发、开发区建设、城市新区建设和旧区改建等区域性开发，编制建设规划时，应当进行环境影响评价。具体办法由国务院环境保护行政主管部门会同国务院有关部门另行规定。

第二十八条　海洋工程建设项目的环境保护管理，按照国务院关于海洋工程环境保护管理的规定执行。

第二十九条　军事设施建设项目的环境保护管理，按照中央军事委员会的有关规定执行。

第三十条　本条例自发布之日起施行。

2. 中华人民共和国环境影响评价法

《中华人民共和国环境影响评价法》是为了实施可持续发展战略，预防因规划和建设项目实施后对环境造成不良影响，促进经济、社会和环境的协调发展，制定的法律。

由第九届全国人民代表大会常务委员会第三十次会议于 2002 年 10 月 28 日修订通过，自 2003 年 9 月 1 日起施行。

现行版本为 2018 年 12 月 29 日，第十三届全国人民代表大会常务委员会第七次会议第二次修正。

2002 年 10 月 28 日第九届全国人民代表大会常务委员会第三十次会议通过

根据 2016 年 7 月 2 日第十二届全国人民代表大会常务委员会第二十一次会议《关于修改〈中华人民共和国节约能源法〉等六部法律的决定》第一次修正 [2]

根据 2018 年 12 月 29 日第十三届全国人民代表大会常务委员会第七次会议《关于修改〈中华人民共和国劳动法〉等七部法律的决定》第二次修正。

第一章　总　则

第一条　为了实施可持续发展战略，预防因规划和建设项目实施后对环境造成不良影响，促进经济、社会和环境的协调发展，制定本法。

第二条　本法所称环境影响评价，是指对规划和建设项目实施后可能造成的环境影响进行分析、预测和评估，提出预防或者减轻不良环境影响的对策和措施，进行跟踪监测的方法与制度。

第三条　编制本法第九条所规定的范围内的规划，在中华人民共和国领域和中华人民共和国管辖的其他海域内建设对环境有影响的项目，应当依照本法进行环境影响评价。

第四条　环境影响评价必须客观、公开、公正，综合考虑规划或者建设项目实施后对各种环境因素及其所构成的生态系统可能造成的影响，为决策提供科学依据。

第五条　国家鼓励有关单位、专家和公众以适当方式参与环境影响评价。

第六条　国家加强环境影响评价的基础数据库和评价指标体系建设，鼓励和支持对环境影响评价的方法、技术规范进行科学研究，建立必要的环境影响评价信息共享制度，提高环境影响评价的科学性。

国务院生态环境主管部门应当会同国务院有关部门，组织建立和完善环境影响评价的基础数据库和评价指标体系。

第二章　规划的环境影响评价

第七条　国务院有关部门、设区的市级以上地方人民政府及其有关部门，对其组织编制的土地利用的有关规划，区域、流域、海域的建设、开发利用规划，应当在规划编制过程中组织进行环境影响评价，编写该规划有关环境影响的篇章或者说明。

规划有关环境影响的篇章或者说明，应当对规划实施后可能造成的环境影响作出分析、预测和评估，提出预防或者减轻不良环境影响的对策和措施，作为规划草案的组成部分一并报送规划审批机关。

未编写有关环境影响的篇章或者说明的规划草案，审批机关不予审批。

第八条 国务院有关部门、设区的市级以上地方人民政府及其有关部门，对其组织编制的工业、农业、畜牧业、林业、能源、水利、交通、城市建设、旅游、自然资源开发的有关专项规划（以下简称专项规划），应当在该专项规划草案上报审批前，组织进行环境影响评价，并向审批该专项规划的机关提出环境影响报告书。

前款所列专项规划中的指导性规划，按照本法第七条的规定进行环境影响评价。

第九条 依照本法第七条、第八条的规定进行环境影响评价的规划的具体范围，由国务院生态环境主管部门会同国务院有关部门规定，报国务院批准。

第十条 专项规划的环境影响报告书应当包括下列内容：

（一）实施该规划对环境可能造成影响的分析、预测和评估；

（二）预防或者减轻不良环境影响的对策和措施；

（三）环境影响评价的结论。

第十一条 专项规划的编制机关对可能造成不良环境影响并直接涉及公众环境权益的规划，应当在该规划草案报送审批前，举行论证会、听证会，或者采取其他形式，征求有关单位、专家和公众对环境影响报告书草案的意见。但是，国家规定需要保密的情形除外。

编制机关应当认真考虑有关单位、专家和公众对环境影响报告书草案的意见，并应当在报送审查的环境影响报告书中附具对意见采纳或者不采纳的说明。

第十二条 专项规划的编制机关在报批规划草案时，应当将环境影响报告书一并附送审批机关审查；未附送环境影响报告书的，审批机关不予审批。

第十三条 设区的市级以上人民政府在审批专项规划草案，作出决策前，应当先由人民政府指定的生态环境主管部门或者其他部门召集有关部门代表和专家组成审查小组，对环境影响报告书进行审查。审查小组应当提出书面审查意见。

参加前款规定的审查小组的专家，应当从按照国务院生态环境主管部门的规定设立的专家库内的相关专业的专家名单中，以随机抽取的方式确定。

由省级以上人民政府有关部门负责审批的专项规划，其环境影响报告书的审查办法，由国务院生态环境主管部门会同国务院有关部门制定。

第十四条 审查小组提出修改意见的，专项规划的编制机关应当根据环境影响报告书结论和审查意见对规划草案进行修改完善，并对环境影响报告书结论和审查意见的采纳情况作出说明；不采纳的，应当说明理由。

设区的市级以上人民政府或者省级以上人民政府有关部门在审批专项规划草案时，应当将环境影响报告书结论以及审查意见作为决策的重要依据。

在审批中未采纳环境影响报告书结论以及审查意见的，应当作出说明，并存档备查。

第十五条 对环境有重大影响的规划实施后，编制机关应当及时组织环境影响的跟踪评价，并将评价结果报告审批机关；发现有明显不良环境影响的，应当及时提出改进措施。

第三章 建设项目的环境影响评价

第十六条 国家根据建设项目对环境的影响程度，对建设项目的环境影响评价实行分类管理。

建设单位应当按照下列规定组织编制环境影响报告书、环境影响报告表或者填报环境影响登记表（以下统称环境影响评价文件）：

（一）可能造成重大环境影响的，应当编制环境影响报告书，对产生的环境影响进行全面评价；

（二）可能造成轻度环境影响的，应当编制环境影响报告表，对产生的环境影响进行分析或者专项评价；

（三）对环境影响很小、不需要进行环境影响评价的，应当填报环境影响登记表。

建设项目的环境影响评价分类管理名录，由国务院生态环境主管部门制定并公布。

第十七条 建设项目的环境影响报告书应当包括下列内容：

（一）建设项目概况；

（二）建设项目周围环境现状；

（三）建设项目对环境可能造成影响的分析、预测和评估；

（四）建设项目环境保护措施及其技术、经济论证；

（五）建设项目对环境影响的经济损益分析；

（六）对建设项目实施环境监测的建议；

（七）环境影响评价的结论。

环境影响报告表和环境影响登记表的内容和格式，由国务院生态环境主管部门制定。

第十八条 建设项目的环境影响评价，应当避免与规划的环境影响评价相重复。

作为一项整体建设项目的规划，按照建设项目进行环境影响评价，不进行规划的环境影响评价。

已经进行了环境影响评价的规划包含具体建设项目的，规划的环境影响评价结论应当作为建设项目环境影响评价的重要依据，建设项目环境影响评价的内容应当根据规划的环境影响评价审查意见予以简化。

第十九条 建设单位可以委托技术单位对其建设项目开展环境影响评价，编制建设项目环境影响报告书、环境影响报告表；建设单位具备环境影响评价技术能力的，可以自行对其建设项目开展环境影响评价，编制建设项目环境影响报告书、环境影响报告表。

编制建设项目环境影响报告书、环境影响报告表应当遵守国家有关环境影响评价标准、技术规范等规定。

国务院生态环境主管部门应当制定建设项目环境影响报告书、环境影响报告表编制的能力建设指南和监管办法。

接受委托为建设单位编制建设项目环境影响报告书、环境影响报告表的技术单位，不得与负责审批建设项目环境影响报告书、环境影响报告表的生态环境主管部门或者其他有关审批部门存在任何利益关系。

第二十条 建设单位应当对建设项目环境影响报告书、环境影响报告表的内容和结论负责，接受委托编制建设项目环境影响报告书、环境影响报告表的技术单位对其编制的建设项目环境影响报告书、环境影响报告表承担相应责任。

设区的市级以上人民政府生态环境主管部门应当加强对建设项目环境影响报告书、环境影响报告表编制单位的监督管理和质量考核。

负责审批建设项目环境影响报告书、环境影响报告表的生态环境主管部门应当将编制单位、编制主持人和主要编制人员的相关违法信息记入社会诚信档案，并纳入全国信用信息共享平台和国家企业信用信息公示系统向社会公布。

任何单位和个人不得为建设单位指定编制建设项目环境影响报告书、环境影响报告表的技术单位。

第二十一条 除国家规定需要保密的情形外，对环境可能造成重大影响、应当编制环影响报告书的建设项目，建设单位应当在报批建设项目环境影响报告书前，举行论证会、听证会，或者采取其他形式，征求有关单位、专家和公众的意见。

建设单位报批的环境影响报告书应当附具对有关单位、专家和公众的意见采纳或者不采纳的说明。

第二十二条 建设项目的环境影响报告书、报告表，由建设单位按照国务院的规定报有审批权的生态环境主管部门审批。

海洋工程建设项目的海洋环境影响报告书的审批，依照《中华人民共和国海洋环境保护法》的规定办理。

审批部门应当自收到环境影响报告书之日起六十日内，收到环境影响报告表之日起三十日内，分别作出审批决定并书面通知建设单位。

国家对环境影响登记表实行备案管理。

审核、审批建设项目环境影响报告书、报告表以及备案环境影响登记表，不得收取任何费用。

第二十三条 国务院生态环境主管部门负责审批下列建设项目的环境影响评价文件：

（一）核设施、绝密工程等特殊性质的建设项目；

（二）跨省、自治区、直辖市行政区域的建设项目；

（三）由国务院审批的或者由国务院授权有关部门审批的建设项目。

前款规定以外的建设项目的环境影响评价文件的审批权限，由省、自治区、直辖市人民政府规定。

建设项目可能造成跨行政区域的不良环境影响，有关生态环境主管部门对该项目的环境影响评价结论有争议的，其环境影响评价文件由共同的上一级生态环境主管部门审批。

第二十四条 建设项目的环境影响评价文件经批准后，建设项目的性质、规模、地点、采用的生产工艺或者防治污染、防止生态破坏的措施发生重大变动的，建设单位应当重新报批建设项目的环境影响评价文件。

建设项目的环境影响评价文件自批准之日起超过五年，方决定该项目开工建设的，其环境影响评价文件应当报原审批部门重新审核；原审批部门应当自收到建设项目环境影响评价文件之日起十日内，将审核意见书面通知建设单位。

第二十五条 建设项目的环境影响评价文件未依法经审批部门审查或者审查后未予批准的，建设单位不得开工建设。

第二十六条 建设项目建设过程中，建设单位应当同时实施环境影响报告书、环境影响报告表以及环境影响评价文件审批部门审批意见中提出的环境保护对策措施。

第二十七条 在项目建设、运行过程中产生不符合经审批的环境影响评价文件的情形的，建设单位应当组织环境影响的后评价，采取改进措施，并报原环境影响评价文件审批部门和建设项目审批部门备案；原环境影响评价文件审批部门也可以责成建设单位进行环境影响的后评价，采取改进措施。

第二十八条 生态环境主管部门应当对建设项目投入生产或者使用后所产生的环境影响进行跟踪检查，对造成严重环境污染或者生态破坏的，应当查清原因、查明责任。对属于建设项目环境影响报告书、环境影响报告表存在基础资料明显不实，内容存在重大缺陷、遗漏或者虚假，环境影响评价结论不正确或者不合理等严重质量问题的，依照本法第三十二条的规定追究建设单位及其相关责任人员和接受委托编制建设项目环境影响报告书、环境影响报告表的技术单位及其相关人员的法律责任；属于审批部门工作人员失职、渎职，对依法不应批准的建设项目环境影响报告书、环境影响报告表予以批准的，依照本法第三十四条的规定追究其法律责任。

第四章 法律责任

第二十九条 规划编制机关违反本法规定，未组织环境影响评价，或者组织环境影响评价时弄虚作假或者有失职行为，造成环境影响评价严重失实的，对直接负责的主管人员和其他直接责任人员，由上级机关或者监察机关依法给予行政处分。

第三十条 规划审批机关对依法应当编写有关环境影响的篇章或者说明而未编写的规划草案，依法应当附送环境影响报告书而未附送的专项规划草案，违法予以批准的，对直接负责的主管人员和其他直接责任人员，由上级机关或者监察机关依法给予行政处分。

第三十一条 建设单位未依法报批建设项目环境影响报告书、报告表，或者未依照本法第二十四条的规定重新报批或者报请重新审核环境影响报告书、报告表，擅自开工建设的，由县级以上生态环境主管部门责令停止建设，根据违法情节和危害后果，处建设项目总投资额百分之一以上百分之五以下的罚款，并可以责令恢复原状；对建设单位直接负责的主管人员和其他直接责任人员，依法给予行政处分。

建设项目环境影响报告书、报告表未经批准或者未经原审批部门重新审核同意，建设单位擅自开工建设的，依照前款的规定处罚、处分。

建设单位未依法备案建设项目环境影响登记表的，由县级以上生态环境主管部门责令备案，处五万元以下的罚款。

海洋工程建设项目的建设单位有本条所列违法行为的，依照《中华人民共和国海洋环境保护法》的规定处罚。

第三十二条 建设项目环境影响报告书、环境影响报告表存在基础资料明显不实，内容存在重大缺陷、遗漏或者虚假，环境影响评价结论不正确或者不合理等严重质量问题的，由设区的市级以上人民政府生态环境主管部门对建设单位处五十万元以上二百万元以下的罚款，并对建设单位的法定代表人、主要负责人、直接负责的主管人员和其他直接责任人员，处五万元以上二十万元以下的罚款。

接受委托编制建设项目环境影响报告书、环境影响报告表的技术单位违反国家有关环境影响评价标准和技术规范等规定，致使其编制的建设项目环境影响报告书、环境影响报告表存在基础资料明显不实，内容存在重大缺陷、遗漏或者虚假，环境影响评价结论不正确或者不合理等严重质量问题的，由设区的市级以上人民政府生态环境主管部门对技术单位处所收费用三倍以上五倍以下的罚款；情节严重的，禁止从事环境影响报告书、环境影响报告表编制工作；有违法所得的，没收违法所得。

编制单位有本条第一款、第二款规定的违法行为的，编制主持人和主要编制人员五年内禁止从事环境影响报告书、环境影响报告表编制工作；构成犯罪的，依法追究刑事责任，并终身禁止从事环境影响报告书、环境影响报告表编制工作。

第三十三条 负责审核、审批、备案建设项目环境影响评价文件的部门在审批、备案中收取费用的，由其上级机关或者监察机关责令退还；情节严重的，对直接负责的主管人员和其他直接责任人员依法给予行政处分。

第三十四条 生态环境主管部门或者其他部门的工作人员徇私舞弊，滥用职权，玩忽职守，违法批准建设项目环境影响评价文件的，依法给予行政处分；构成犯罪的，依法追究刑事责任。

第五章　附　则

第三十五条　省、自治区、直辖市人民政府可以根据本地的实际情况，要求对本辖区的县级人民政府编制的规划进行环境影响评价。具体办法由省、自治区、直辖市参照本法第二章的规定制定。

第三十六条　军事设施建设项目的环境影响评价办法，由中央军事委员会依照本法的原则制定。

第三十七条　本法自2003年9月1日起施行。

3. 河北省建设项目环境保护管理条例

1996年12月17日河北省第八届人民代表大会常务委员会第二十四次会议通过，2004年7月22日河北省第十届人民代表大会常务委员会第十次会议修改，2005年1月9日河北省第十届人民代表大会常务委员会第十三次会议修改，2016年9月22日废止。

目 录

第一章　总则
第二章　管理职责
第三章　项目设立阶段环境保护管理
第四章　项目建设阶段环境保护管理
第五章　法律责任
第六章　附则

第一章　总　　则

第一条　为加强本省建设项目的环境保护管理，防止建设项目对环境污染和生态破坏，根据《中华人民共和国环境保护法》等法律、法规，结合本省实际，制定本条例。

第二条　本条例适用于本省行政区域内的基本建设、技术改造、区域开发项目和其他建设项目（以下统称建设项目）。

第三条　建设项目必须严格依照有关法律法规的规定进行环境影响评价。建设项目防治污染设施必须与主体工程同时设计、同时施工、同时投产使用（以下简称"三同时"）。

第四条　建设项目应当全面考虑建设地区的自然环境和社会环境，采用能耗物耗较小、污染物产生量少的清洁生产工艺，采取综合利用等防治污染的措施，保护环境。

排放污染物必须符合国家、地方规定的污染物排放标准和污染物排放总量控制的要求。

第五条　禁止新建国家和本省明令禁止的污染环境的建设项目。

第二章　管理职责

第六条　各级人民政府环境保护行政主管部门对本行政区域内建设项目的环境保护工作实施统一监督管理，按照规定的管理权限，在建设项目环境保护的管理工作中履行下列职责：

（一）参与制定或者制定建设项目环境保护的法规、规章和规范性文件；
（二）负责核发和审验建设项目环境影响评价资格证书；
（三）审批建设项目环境影响报告；
（四）参与审查或者审查建设项目的可行性研究报告和设计文件中有产环境保护的篇章；
（五）监督、检查建设项目防治污染设施的施工情况；
（六）组织建设项目防治污染设施的竣工验收；

（七）法律、法规规定的其他职责。

第七条 计划、经贸、建设、规划和工商行政管理等部门应当依照法律、法规的规定，并根据各自的职责，协助环境保护行政主管部门实施建设项目的环境保护工作。

第八条 行业主管部门负责本行业建设项目环境影响报告预审，监督、检查防治污染设施的施工、运转和使用情况，参加防治污染设施的竣工验收。

第三章 项目设立阶段环境保护管理

第九条 建设项目立项前，建设单位应当编制环境影响说明，并向环境保护行政主管部门申报登记。经环境保护行政主管部门确认，对环境可能造成影响的建设项目，应当按照本章的有关规定办理环境影响报告审批手续。

第十条 建设单位申请建设项目立项时，应当向有关部门报送经环境保护行政主管部门审核同意的环境影响说明。计划、经贸等有关部门批准立项的文件，按照有关规定抄送环境保护行政主管部门。

第十一条 建设项目立项后，建设单位应当在建设项目的可行性研究阶段编制环境影响报告。不需进行可行性研究的，应当在建设项目设计前编制环境影响报告。

环境影响报告的形式为环境影响报告书或者环境影响报告表。

第十二条 大、中型基本建设项目和国家限额以上的技术改造项目应当编制环境影响报告书，小型基本建设项目和国家限额以下的技术改造项目应当填写环境影响报告表。特殊情况由负责审批的环境保护行政主管部门按建设项目的污染程度确定编制环境影响报告书或者填写环境影响报告表。

区域开发项目应当在总体规划建设编制环境影响报告书。

第十三条 建设项目环境影响报告书必须由具有环境影响评价资格的单位编制。建设单位应当通过公开招标或者委托的方式，择优选择环境影响评价单位。

建设项目环境影响报告表由具有环境影响评价资格的单位或者省环境保护行政主管部门认可的单位填写。

第十四条 环境影响评价单位应当按照核定的资质等级和业务范围承担任务，遵守国家规定的技术标准和规范，并对评价报告的质量负责。

对利用国际金融组织贷款的建设项目进行环境影响评价，应当同时遵守我国认可的国际金融组织的有关规定。

第十五条 建设项目的环境影响报告书应当对建设项目可能产生的污染及对生态环境可能造成的影响作出评价，并规定防治污染措施。

第十六条 对环境和当地生产及居民生活影响较大的建设项目，建设单位应当征询建设项目所在地的单位和居民的意见，并将具体意见编入建设项目环境影响报告书。

第十七条 建设项目环境影响报告，经建设单位的行业主管部门预审后，应当报环境保护行政主管部门审批。

属于企业自主立项、外商投资的建设项目及无行业主管部门的建设单位的建设项目，其环境影响报告可以直接报环境保护行政主管部门审批。

区域开发管理机构编制的区域开发环境影响报告书，必须报批准区域开发建设的人民政府环境保护行政主管部门审批，未经批准的，不得在该区域内设立建设项目。

第十八条 环境保护行政主管部门自接到环境影响报告书、环境影响报告表之日起，应分别在三十日、十五日内，对环境影响报告的结论进行审查，决定批准或者签署意见。

第十九条　建设项目环境影响报告审批后，需要改变建设项目的地点、规模、生产工艺和排污状况的，建设单位应当按规定的程序重新编报环境影响报告。

第二十条　建设单位向建设、规划、土地、银行、水利、电力和工商行政管理等部门办理建设项目的审批手续时，应当报送环境影响报告的批准文件或者登记证明。否则，有关部门不得办理审批手续。

第四章　项目建设阶段环境保护管理

第二十一条　从事建设项目防治污染设施的设计单位，必须持有相应的资质证书。

建设项目的设计文件必须有环境保护篇章。

建设项目的初步设计审查，应当征求环境保护行政主管部门的意见。

第二十二条　建设项目开工前，建设单位必须到环境保护行政主管部门办理"三同时"预审单。

第二十三条　建设单位必须将防治污染设施纳入施工计划，并与主体工程同时施工、同时投入生产或者使用。

建设单位不得擅自改变防治污染设施的设计文件。特殊情况确需改变的，应当征得负责审批的环境保护行政主管部门的同意。

第二十四条　施工单位必须按照防治污染设施的设计文件进行施工，对施工中产生的污水、废气、粉尘、固体废物、噪声、振动等污染，以及因施工对自然、生态环境造成的破坏，应当采取相应的防治措施，并在环境保护行政主管部门规定的期限内进行防治或者恢复。

第二十五条　建设项目试生产或者试运转前，建设单位必须向负责审批的环境保护行政主管部门提交申请试生产或者试运转报告，经环境保护行政主管部门检查同意，并确定试生产或者试运转期限后，方可进行试生产或者试运转。

防治污染设施必须与主体工程同时试运行。经试运行达不到环境保护要求的，应当及时向环境保护行政主管部门报告并改进。

建设项目在试生产或者试运转期间排放的污染物超过排放标准或者总量指标，造成严重污染的；以及防治污染设施未建成或者建成后未经环境保护行政主管部门检查同意，建设项目即投入试生产或者试运转的，必须停止试生产或者试运转。

第二十六条　建设项目试生产或者试运转期满前三十日内，建设单位必须向环境保护行政主管部门提交防治污染设施竣工验收申请。经验收合格并领取排放污染物许可证后，该建设项目方可投入生产或者使用。

第二十七条　对环境有影响的建设项目，建设单位应当自建设项目投入试生产或者试运转之日起，按照国家有关规定缴纳排污费。

第五章　法律责任

第二十八条　建设单位违反本条例规定，有下列行为之一的，由负责审批的环境保护行政主管部门责令停止施工、生产或者使用，并视情节轻重给予以下处罚：

（一）擅自新建禁止建设的项目的，处以二万元以上二十万元以下的罚款；

（二）未按规定编报环境影响报告和办理"三同时"预审单擅自施工的，处以五千元以上五万元以下的罚款；

（三）擅自改变防治污染设施设计文件而施工的，给予警告，可并处一千元以上五千元以下的罚款；

（四）逾期未提交防治污染设施竣工验收申请或者经验收不合格，该建设项目即投入生产或者使用，处以二千元以上二万元以下的罚款。

第二十九条 环境影响评价单位违反本条例造成评价结论严重错误的，由环境保护行政主管部门视情节轻重，责令中止评价或者吊销评价证书，收缴其评价所得费用。

第三十条 区域开发管理机构未按规定编报区域环境影响报告书的，由环境保护行政主管部门给予警告，暂停其开发建设，限期补报。

第三十一条 施工单位在施工中造成环境污染事故或者破坏后果的，由环境保护行政主管部门责令停止施工、排除危害，可并处一万元以上十万元以下的罚款。

第三十二条 当事人被处罚后，并不免除其应当承担的治理污染、排除危害和赔偿损失的责任。

第三十三条 当事人对行政处罚决定不服的，可依法申请复议或者提起诉讼，逾期不申请复议、不起诉，又不履行处罚决定的，由作出处罚决定的机关申请人民法院强制执行。

第三十四条 各级人民政府环境保护行政主管部门及其他有关部门的工作人员，滥用职权、玩忽职守、徇私舞弊情节轻微的，由其所在单位或者上级主管部门给予行政处分；构成犯罪的，依法追究刑事责任。

第六章 附 则

第三十五条 本条例具体应用中的问题，由省人民政府环境保护行政主管部门解释。

第三十六条 本条例自公布之日起施行。

地方性法规（类别）

4. 内蒙古自治区环境保护条例

　　《内蒙古自治区环境保护条例》根据《中华人民共和国环境保护法》和有关法律、法规，结合自治区实际而制定，本条例的制定是为了保护和改善生活环境与生态环境，防治污染和其他公害，保障人民健康，促进自治区经济建设的发展。

内蒙古自治区环境保护条例

　　（1991年3月23日内蒙古自治区第七届人民代表大会常务委员会第十九次会议通过

　　根据1997年9月24日内蒙古自治区第八届人民代表大会常务委员会第二十八次会议《关于修改〈内蒙古自治区环境保护条例〉的决定》第一次修正

　　根据2002年3月21日内蒙古自治区第九届人民代表大会常务委员会第二十九次会议《关于修改〈内蒙古自治区环境保护条例〉的决定》第二次修正

　　根据2010年9月17日内蒙古自治区第十一届人民代表大会常务委员会第十七次会议《关于修改部分地方性法规的决定（二）》第三次修正

　　根据2012年3月31日内蒙古自治区第十一届人民代表大会常务委员会第二十八次会议《关于修改部分地方性法规的决定（五）》第四次修正

　　根据2018年12月6日内蒙古自治区第十三届人民代表大会常务委员会第十次会议《关于修改〈内蒙古自治区湿地保护条例〉等5件地方性法规的决定》第五次修正

目　　录

　　第一章　总则
　　第二章　环境监督管理
　　第三章　保护和改善环境
　　第四章　防治环境污染和其他公害
　　第五章　法律责任
　　第六章　附则

第一章　总　　则

　　第一条　为保护和改善生活环境与生态环境，防治污染和其他公害，保障人体健康，促进自治区经济建设的发展，根据《中华人民共和国环境保护法》和有关法律、法规，结合自治区实际，制定本条例。

　　第二条　各级人民政府必须将环境保护规划纳入经济、社会发展计划和城乡建设总体规划，确定环境保护目标、任务和措施，使环境保护工作同经济建设和社会发展相协调。

　　第三条　自治区人民政府生态环境行政主管部门，对全区环境保护工作实施统一监督管理。旗县级以上人民政府生态环境行政主管部门，对本辖区的环境保护工作实施统一监督管理。

各级人民政府的土地、矿产、林业草原、农业、牧业、水行政主管部门，依照有关法律、法规的规定，对资源的保护实施监督管理。

各级公安、交通、铁道、民航管理部门和港务监督、渔政渔港监督、军队环境保护部门，依照有关法律、法规的规定，对环境污染防治实施监督管理。

第四条 自治区人民政府鼓励环境保护科学教育事业的发展，加强环境保护科学技术研究，引进、推广环境保护先进技术，培养环境保护人才，普及环境保护科学知识。优先发展环境保护事业，对资源综合利用和污染防治的基本建设和技术改造项目实行优惠政策。

第五条 一切单位和个人都有保护环境的义务，并有权对污染和破坏环境的单位和个人进行检举和控告。

在保护和改善环境、防治污染和其他公害、资源综合利用、环境监督管理、环境保护科研、环境监测、环境保护宣传教育等方面有显著成绩的单位和个人，由各级人民政府给予奖励。

第二章 环境监督管理

第六条 各级人民政府生态环境行政主管部门，要会同有关部门对管辖范围内的环境状况进行调查和评价，拟定环境保护规划，报同级人民政府批准实施。

第七条 自治区人民政府对国家环境质量标准以及国家污染物排放标准中未作规定的项目，可以制定自治区环境质量标准和自治区污染物排放标准，报国务院生态环境行政主管部门备案。

第八条 自治区、设区的市人民政府及盟行政公署生态环境行政主管部门，根据国家监测制度和监测规范，会同有关部门组织监测网络，负责编报管辖区域环境质量报告书，定期发布环境状况公报。

第九条 各级人民政府生态环境行政主管部门和其他依法行使环境监督管理权的部门，有权对管辖范围内产生环境污染和其他公害的单位进行现场检查。被检查的单位必须如实反映情况，提供必要的资料。检查人员要为被检查的单位保守技术秘密和业务秘密。

第十条 跨行政区域的环境污染和环境破坏的防治管理工作，应当由产生环境污染和其他公害单位所在地的生态环境行政主管部门负责。对污染损害的赔偿或者环境破坏的恢复有争议时，由争议双方协商解决，协商不成由上一级人民政府协调解决，作出决定。

第三章 保护和改善环境

第十一条 环境保护实行目标管理。各级人民政府应当对本辖区的环境质量负责。

第十二条 开发利用自然资源，要全面规划，科学管理，合理利用，切实保护自然环境、防治污染，谁利用谁补偿，谁破坏谁恢复。

第十三条 开发利用土地、矿产、森林、草原、水以及野生动植物等自然资源，要按照国家和自治区的有关法律、法规的规定执行，未经批准不得擅自开发利用。已经批准开发利用的必须采取措施防治环境污染和破坏，维护生态平衡。

第十四条 加强对农牧业生态环境的保护，实行科学灌溉，合理使用农药、鼠药、化肥，综合防治植物病、虫、鼠害，回收废地膜，保护植被，防治水土流失、土地沙化、盐渍化、贫瘠化和草原沙化、退化，防止农牧产品污染。

第十五条 各级人民政府应当在具有代表性的各种类型的自然生态系统区域，珍稀、濒危的野生动植物自然分布区域，重要的水源涵养区域，具有重大科学文化价值的地质构造和化石、火山、温泉等分布区域，建立自然保护区。对人文遗迹、古树、名木采取其他措施加以保护，严禁破坏。

第十六条 禁止在自然保护区、风景名胜区、文物保护区和其他需要特别保护的区域建设污染环境的工业生产设施；经批准建设的其他设施，其污染物排放不得超过规定排放标准。已经建成的设施，其污染物排放超过规定排放标准的，要限期治理。

第四章 防治环境污染和其他公害

第十七条 防治污染和其他公害，以防为主，防治结合，集中控制，综合整治。

第十八条 凡新建、扩建、改建项目和技术改造项目，以及可能对环境造成污染的项目，要实行环境影响报告书（表）审批制度和环境影响登记表备案管理制度，污染防治设施与主体工程必须同时设计，同时施工，同时投产使用。

第十九条 各级人民政府有关行业主管部门，在安排新工艺、新技术、新产品、新材料的科研、试制任务时，要同时采取防治污染和其他公害措施。

第二十条 产生环境污染和其他公害的单位，要按下列要求做好环境污染防治工作：

（一）对污染源作出整治规划，并组织实施；

（二）建立环境保护责任制度，制定污染防治考核指标；

（三）搞好设备的维修、保养，提高完好率，防止污染物扩散；

（四）已经投入使用的防治污染和其他公害的设施，未经当地人民政府生态环境行政主管部门批准，不得停止使用或者拆除。

第二十一条 排放污染物的单位，要依照国务院生态环境行政主管部门的规定，向当地生态环境行政主管部门申报登记。

第二十二条 因发生事故或者其他突发事件造成或者可能造成污染的单位，必须立即采取措施处理，及时通报可能受到污染危害的单位和居民，并向当地生态环境行政主管部门和有关部门作出报告。

生态环境行政主管部门要立即会同有关部门采取控制、防范措施，当环境严重污染、威胁到居民生命财产安全时，要立即向当地人民政府报告，由人民政府采取有效措施，减轻或者消除污染。事故查清后，事故发生单位要向当地生态环境行政主管部门和有关部门作出事故处理结果的报告。

第二十三条 引进技术和设备，要遵守国家和自治区环境保护的规定。禁止任何单位将污染严重的生产项目和有毒、有害产品委托或者移交给没有污染防治能力的企业生产和经营。

第二十四条 排放有毒、有害气体和烟尘、粉尘的单位，要采取除尘、净化、回收措施。排放装置要符合国家规定。

禁止在人口集中地区焚烧沥青、油毡、橡胶、塑料、皮革以及其他产生有毒有害烟尘和恶臭气体的物质。

运输、装卸、贮存过程中可能散发有毒、有害气体或者粉尘物质的，要采取密封或者其他防护措施。

第二十五条 工业排水应清污水分流，分别处理，循环使用。

利用沟渠、坑塘输送或者贮存含有毒污染物的废水、含病原体的污水和其他废弃物，要采取防渗漏措施。

含有国家规定的第一类污染物之一的废水，应采取闭路循环和回收措施，禁止稀释排放。

第二十六条　对暂时不能利用的一般废渣，要按指定地点堆放。有毒、有害的废渣，要进行无害化处理，未经无害化处理的，要设置有防水、防渗、防风措施的专用场地分类堆放，防止有毒、有害的物质扩散。

第二十七条　产生放射性污染的单位，要有严格的管理和防治措施。排放浓度或者剂量不得超过国家规定标准。长期储存放射性废弃物的，要经过固化处理。废物库要远离城镇。运输放射性物质，必须使用有防护设施的专用车辆，按指定路线行驶。

第二十八条　在城市范围内进行产生强烈偶发性噪声活动的单位，必须事先向当地公安机关提出申请，经批准后方可进行。当地公安机关应当向社会公告。

在城市市区范围内向周围生活环境排放建筑施工噪声的，应当符合国家规定的标准；在城市市区噪声敏感建筑物集中区域内，禁止夜间进行产生环境噪声污染的建筑施工作业，但抢修、抢险作业和因生产工艺上要求或者特殊需要必须连续作业的除外。

因特殊需要必须连续作业的，必须有旗县级以上人民政府或者其有关主管部门的证明。

前款规定的夜间作业，必须公告附近居民。

第五章　法律责任

第二十九条　违反有关法律、法规造成资源破坏的，由各级人民政府土地、矿产、林业草原、农业、牧业、水行政主管部门依照有关法律、法规的规定处理。

由于污染事故造成资源破坏的，由生态环境行政主管部门依照有关法律、法规的规定处理。

第三十条　建设项目违反环境保护管理规定的，由审批该项目环境影响报告书（表）的生态环境行政主管部门按照有关规定处理。

第三十一条　违反本条例规定，有下列行为之一的，生态环境行政主管部门或者其他依照法律规定行使环境监督管理权的部门可以根据不同情节，给予警告或者处以罚款：

（一）在人口集中地区焚烧沥青、油毡、橡胶、塑料、皮革以及其他产生有毒有害烟尘和恶臭气体物质的；

（二）稀释排放含有第一类污染物之一的废水的；

（三）不按规定输送污水、废水或者贮存、堆放、运输、弃置、倾倒废弃物的；

（四）拒绝现场检查，拒绝执行污染物申报登记制度，在被检查和申报中弄虚作假的；

（五）引进不符合我国环境保护规定要求的设备或者技术的；

（六）转移污染严重的生产项目、有毒有害产品的。

第三十二条　擅自拆除或者闲置防治污染设施，污染物排放超过规定排放标准的，由生态环境行政主管部门责令重新安装使用，可以并处罚款。

第三十三条　建设项目的防治污染设施没有建成或者没有达到国家规定的要求，投入生产或者使用的，由审批该建设项目环境影响报告书（表）的生态环境行政主管部门责令停止生产或者使用，可以并处罚款。

第三十四条　对造成环境污染事故的，由生态环境行政主管部门或者其他依法行使环境监督管理权的部门，根据所造成的危害后果处以罚款；情节较重的，对有关责任人员，由其所在单位或者上级主管机关给予行政处分；构成犯罪的，由司法部门依法追究刑事责任。

第三十五条　当事人对行政处罚决定不服的，可以在接到处罚通知之日起六十日内，向该部门的本级人民政府申请行政复议，或者向该部门的上一级行政主管部门申请行政复议。

第三十六条 对阻碍生态环境行政主管部门或者依法行使环境监督管理权的部门的检查人员依法执行公务，辱骂、殴打检查人员的，由公安机关依照《中华人民共和国治安管理处罚法》的规定予以处罚。构成犯罪的，由司法部门依法追究刑事责任。

第三十七条 环境监督管理人员滥用职权、玩忽职守、徇私舞弊的，由其所在单位或者上级主管机关给予行政处分。构成犯罪的，由司法部门依法追究刑事责任。

第六章　附　　则

第三十八条 本条例自公布之日起施行。

5. 内蒙古自治区实施《中华人民共和国环境影响评价法》办法

（2012 年 5 月 30 日内蒙古自治区第十一届人民代表大会常务委员会第二十九次会议通过
根据 2018 年 12 月 6 日内蒙古自治区第十三届人民代表大会常务委员会第十次会议《关于修改〈内蒙古自治区湿地保护条例〉等 5 件地方性法规的决定》修正）

目　录

第一章　总则
第二章　规划的环境影响评价
第三章　建设项目的环境影响评价
第四章　法律责任
第五章　附则

第一章　总　则

第一条　根据《中华人民共和国环境影响评价法》和国家有关法律、法规，结合自治区实际，制定本办法。

第二条　本办法适用于自治区行政区域内规划和建设项目的环境影响评价及其相关管理活动。

第三条　旗县级以上人民政府应当保障公众的环境信息知情权，采取措施鼓励公众以适当方式参与环境影响评价活动。

第四条　旗县级以上人民政府生态环境行政主管部门负责本行政区域内环境影响评价活动的监督管理。

第五条　旗县级以上人民政府生态环境行政主管部门应当会同有关部门，建立和完善环境影响评价专家库、环境影响评价基础数据库、环境影响评价信息共享制度。

第二章　规划的环境影响评价

第六条　自治区人民政府、盟行政公署、设区的市人民政府及其有关部门编制下列规划时，应当组织环境影响评价，编制环境影响篇章或者说明：

（一）土地利用总体规划；
（二）流域水资源保护规划；
（三）城市总体规划、城镇体系规划；
（四）各类专项规划中的指导性规划以及国家规定的其他需要编制环境影响篇章或者说明的规划。

第七条 自治区人民政府、盟行政公署、设区的市人民政府及其有关部门编制下列专项规划时，应当组织环境影响评价，编制环境影响报告书：

（一）能源、化工、冶金、装备制造、农畜产品加工业等行业发展规划；

（二）种植业、渔业、畜牧业发展规划和草原保护建设利用规划；

（三）涉及江河、湖泊的水资源建设、开发利用规划，跨流域调水规划、地下水资源开发利用规划和供水等专项规划；

（四）地方公路、铁路建设规划；

（五）土地开发整治规划；

（六）矿产资源开发利用规划；

（七）旅游区总体规划；

（八）国家规定其他需要编制环境影响报告书的规划。

第八条 旗县级人民政府编制属于本办法第六条、第七条规定范围内的规划，应当进行环境影响评价，编制环境影响篇章或者说明、环境影响报告书，但是所在盟行政公署、设区的市人民政府已有相应规划并且已经完成环境影响评价的除外。

第九条 开发区管理机构编制区域开发规划时，应当组织环境影响评价，编制环境影响报告书。

前款所称的开发区，是指高新技术开发区、经济技术开发区、保税区、工业园区等集中发展工业的区域、物流园区和农业示范区。

第十条 专项规划环境影响报告书由专项规划审批机关同级的生态环境行政主管部门组织审查。

第十一条 规划编制机关对规划的功能定位、规模、适用期限以及规划范围等作调整的，应当对环境影响篇章或者说明、环境影响报告书补充或者修正。

对环境影响报告书进行补充或者修正的，应当由生态环境行政主管部门按照本办法第十条的规定重新组织审查。

第十二条 生态环境行政主管部门应当自受理环境影响报告书之日起三十日内，召集有关部门代表和专家组成审查小组，对环境影响报告书进行审查。审查小组应当提出书面审查意见。

第十三条 审查小组的专家应当依法从环境影响评价专家库中随机抽取，专家人数不得少于审查小组总人数的二分之一；少于二分之一的，审查小组的审查意见无效。

参与编制环境影响报告书的专家不得作为该审查小组的成员。

第十四条 审查小组的专家应当客观、公正、独立地对环境影响报告书提出书面审查意见，并对审查结论负责。

第十五条 专项规划编制机关对可能造成不良环境影响并直接涉及公众环境权益的规划，应当在该规划报送审批前，举行论证会、听证会或者采取其他方式，公开征求有关单位、公众和专家对环境影响报告书的意见，但是依法需要保密的除外。

第十六条 规划编制机关在报批本办法第七条、第九条规定的规划草案时，应当包含下列文件：

（一）环境影响报告书；

（二）规划采纳环境影响报告书的情况说明；

（三）对可能造成不良环境影响并直接涉及公众环境权益的专项规划，还应当附具对有关单位、专家和公众的意见采纳或者不采纳的说明。

第十七条 规划审批机关在审批规划草案时，应当将环境影响篇章或者说明、环境影响报告书结论以及生态环境行政主管部门审查意见作为审批的重要依据。

第十八条 规划编制机关未提交环境影响篇章或者说明、环境影响报告书结论以及生态环境行政主管部门审查意见的，规划审批机关不予审批。

第十九条 规划实施过程中，规划实施部门应当同步实施配套的环境保护措施。

第二十条 对环境有重大影响的规划实施后，规划编制机关应当及时组织规划环境影响的跟踪评价，将评价结果报告规划审批机关，并通报生态环境等有关部门。

规划环境影响的跟踪评价应当包括下列内容：

（一）规划实施后实际产生的环境影响与环境影响评价文件预测可能产生的环境影响之间的比较分析和评估；

（二）规划实施中所采取的预防或者减轻不良环境影响的对策和措施有效性的分析和评估；

（三）公众对规划实施所产生的环境影响的意见；

（四）跟踪评价的结论。

第二十一条 对完成规划环境影响评价，符合规划环境影响评价要求的建设项目，其环境影响评价审批的形式和内容可以简化。简化的形式和内容，应当在环境影响报告书审查意见中予以明确。

第三章 建设项目的环境影响评价

第二十二条 根据国家建设项目环境影响评价分类管理名录，自治区对建设项目的环境影响评价实行分类管理：

（一）可能造成重大环境影响的，编制环境影响报告书，对产生的环境影响进行全面评价；

（二）可能造成轻度环境影响的，编制环境影响报告表，对产生的环境影响进行分析或者专项评价；

（三）对环境影响很小，不需要进行环境影响评价的，填写环境影响登记表。

第二十三条 建设单位应当根据建设项目环境影响评价分类管理名录，组织编制建设项目环境影响报告书、环境影响报告表或者填写环境影响登记表（以下统称建设项目环境影响评价文件）。

建设项目环境影响评价分类管理名录未做规定的建设项目，其环境影响评价类别由自治区人民政府生态环境行政主管部门提出建议，报国务院生态环境行政主管部门认定后执行。

第二十四条 环境影响报告书、环境影响报告表应当由有资质的环境影响评价技术服务机构编写，环境影响登记表可以由建设单位自行填写。

第二十五条 环境影响评价技术服务机构应当按照有关环境影响评价技术规范编制建设项目环境影响评价文件，并对环境影响评价文件结论负责。

第二十六条 建设项目环境影响评价文件由旗县级以上人民政府生态环境行政主管部门按权限分级审批。

自治区人民政府生态环境行政主管部门对建设项目环境影响评价文件的审批权限，由自治区人民政府生态环境行政主管部门提出方案，报自治区人民政府批准后执行。

盟行政公署、设区的市人民政府生态环境行政主管部门与旗县级人民政府生态环境行政主管部门对建设项目环境影响评价文件的分级审批权限，由盟行政公署、设区的市人民政府生态环境行政主管部门提出方案，报盟行政公署、设区的市人民政府批准后执行。

各级、各类开发区管理机构及其环境保护机构不得审批建设项目环境影响评价文件。

第二十七条 生态环境行政主管部门受理建设项目环境影响评价文件时，应当根据建设项目对环境影响的程度决定是否需要进行技术审查。

第二十八条 除国家规定需要保密的情形外，建设单位在报批对环境可能造成重大影响的建设项目环境影响评价文件前，应当举行论证会、听证会或者采取其他方式，公开征求有关单位、公众和专家的意见。

建设单位报批的建设项目环境影响评价文件，应当附具对有关单位、专家和公众的意见采纳或者不采纳的说明。

第二十九条 生态环境行政主管部门在审批涉及国家利益、公共利益的建设项目环境影响评价文件时，认为有必要征求有关单位、公众和专家意见的，应当举行听证会、论证会或者采取其他方式，公开征求公众意见，并作为审批该建设项目环境影响评价文件的依据，但是依法需要保密的除外。

第三十条 建设项目环境影响评价文件未经有审批权的生态环境行政主管部门批准，该建设项目的审批部门不得批准其建设，建设单位不得开工建设。

第三十一条 建设项目的环境影响评价文件经批准后，建设项目的性质、规模、地点、采用的生产工艺或者防治污染、防止生态破坏的措施发生重大变动，且可能导致不利环境影响加重的，建设单位应当重新报批建设项目的环境影响评价文件。

建设项目的环境影响评价文件自批准之日起超过五年，方决定该项目开工建设的，其环境影响评价文件应当报原审批部门重新审核；原审批部门应当自收到建设项目环境影响评价文件之日起十日内，将审核意见书面通知建设单位。

第三十二条 建设项目配套的环境保护设施，应当与主体工程同时设计、同时施工、同时投产使用。

在建设项目建设过程中，建设单位应当实施建设项目环境影响评价文件以及环境保护行政主管部门在建设项目环境影响评价文件审批决定中提出的环境保护措施。

第三十三条 编制环境影响报告书、环境影响报告表的建设项目竣工后，建设单位应当按照国务院生态环境行政主管部门有关规定，对配套建设的环境保护设施进行验收。环境保护设施经验收合格，方可投入生产或者使用；未经验收或者验收不合格的，不得投入生产或者使用。

第三十四条 有下列情形之一的，建设单位应当按照生态环境行政主管部门规定的时间组织环境影响后评价：

（一）在项目建设、运行过程中产生不符合经批准的建设项目环境影响评价文件情形的；

（二）建设项目环境影响评价文件审批决定中规定应当进行环境影响后评价的。

建设单位开展环境影响后评价，发现有不良环境影响的，应当采取相应的污染防治措施，并将环境影响后评价情况以及采取的污染防治措施向审批该建设项目环境影响评价文件的生态环境行政主管部门和建设项目审批部门备案。

第四章　法律责任

第三十五条 违反本办法规定的行为，《中华人民共和国环境影响评价法》和国家有关法律、法规已经作出具体处罚规定的，从其规定。

第三十六条　环境影响评价技术服务机构在编制环境影响评价文件过程中不负责任或者弄虚作假，造成环境影响评价文件失实的，由自治区人民政府生态环境行政主管部门将其违法行为向社会公布，并依照法定程序处理。

审查小组的专家在环境影响报告书审查中弄虚作假或者有失职行为，造成环境影响评价严重失实的，由设立专家库的生态环境行政主管部门取消其入选专家库的资格并予以公告；造成严重后果的，依法追究相应责任。

第三十七条　生态环境行政主管部门或者其他有关部门的工作人员违反本办法规定，有下列情形之一的，由其所在单位或者上级主管部门对直接负责的主管人员和其他直接责任人员，依法给予行政处分；构成犯罪的，依法追究刑事责任：

（一）未依法组织环境影响评价，造成环境影响评价严重失实的；

（二）规划实施过程中未同步实施配套的环境保护措施的；

（三）无权批准、超越批准权限批准或者违反法定程序批准规划草案和建设项目环境影响评价文件的；

（四）建设项目环境影响评价文件未经批准擅自批准该项目建设的；

（五）有其他玩忽职守、滥用职权、徇私舞弊行为的。

第五章　附　　则

第三十八条　本办法自 2012 年 8 月 1 日起施行。

6. 山西省加强建设项目环境管理暂行规定

晋环函〔2011〕2121号

目 录

第一章 总则
第二章 管理职责
第三章 项目设立阶段环境保护管理
第四章 项目建设阶段环境保护管理
第五章 法律责任
第六章 附则

第一章 总 则

第一条 为加强本省建设项目的环境保护管理，防止建设项目对环境污染和生态破坏，根据《中华人民共和国环境保护法》等法律、法规，结合本省实际，制定本条例。

第二条 本条例适用于本省行政区域内的基本建设、技术改造、区域开发项目和其他建设项目（以下统称建设项目）。

第三条 建设项目必须严格依照有关法律法规的规定进行环境影响评价。建设项目防治污染设施必须与主体工程同时设计、同时施工、同时投产使用（以下简称"三同时"）。

第四条 建设项目应当全面考虑建设地区的自然环境和社会环境，采用能耗物耗较小、污染物产生量少的清洁生产工艺，采取综合利用等防治污染的措施，保护环境。

排放污染物必须符合国家、地方规定的污染物排放标准和污染物排放总量控制的要求。

第五条 禁止新建国家和本省明令禁止的污染环境的建设项目。

第二章 管理职责

第六条 各级人民政府环境保护行政主管部门对本行政区域内建设项目的环境保护工作实施统一监督管理，按照规定的管理权限，在建设项目环境保护的管理工作中履行下列职责：

（一）参与制定或者制定建设项目环境保护的法规、规章和规范性文件；
（二）负责核发和审验建设项目环境影响评价资格证书；
（三）审批建设项目环境影响报告；
（四）参与审查或者审查建设项目的可行性研究报告和设计文件中有产环境保护的篇章；
（五）监督、检查建设项目防治污染设施的施工情况；
（六）组织建设项目防治污染设施的竣工验收；
（七）法律、法规规定的其他职责。

第七条 计划、经贸、建设、规划和工商行政管理等部门应当依照法律、法规的规定，并根据各自的职责，协助环境保护行政主管部门实施建设项目的环境保护工作。

第八条 行业主管部门负责本行业建设项目环境影响报告预审，监督、检查防治污染设施的施工、运转和使用情况，参加防治污染设施的竣工验收。

第三章 项目设立阶段环境保护管理

第九条 建设项目立项前，建设单位应当编制环境影响说明，并向环境保护行政主管部门申报登记。经环境保护行政主管部门确认，对环境可能造成影响的建设项目，应当按照本章的有关规定办理环境影响报告审批手续。

第十条 建设单位申请建设项目立项时，应当向有关部门报送经环境保护行政主管部门审核同意的环境影响说明。计划、经贸等有关部门批准立项的文件，按照有关规定抄送环境保护行政主管部门。

第十一条 建设项目立项后，建设单位应当在建设项目的可行性研究阶段编制环境影响报告。不需进行可行性研究的，应当在建设项目设计前编制环境影响报告。

环境影响报告的形式为环境影响报告书或者环境影响报告表。

第十二条 大、中型基本建设项目和国家限额以上的技术改造项目应当编制环境影响报告书，小型基本建设项目和国家限额以下的技术改造项目应当填写环境影响报告表。特殊情况由负责审批的环境保护行政主管部门按建设项目的污染程度确定编制环境影响报告书或者填写环境影响报告表。

区域开发项目应当在总体规划建设编制环境影响报告书。

第十三条 建设项目环境影响报告书必须由具有环境影响评价资格的单位编制。建设单位应当通过公开招标或者委托的方式，择优选择环境影响评价单位。

建设项目环境影响报告表由具有环境影响评价资格的单位或者省环境保护行政主管部门认可的单位填写。

第十四条 环境影响评价单位应当按照核定的资质等级和业务范围承担任务，遵守国家规定的技术标准和规范，并对评价报告的质量负责。

对利用国际金融组织贷款的建设项目进行环境影响评价，应当同时遵守我国认可的国际金融组织的有关规定。

第十五条 建设项目的环境影响报告书应当对建设项目可能产生的污染及对生态环境可能造成的影响作出评价，并规定防治污染措施。

第十六条 对环境和当地生产及居民生活影响较大的建设项目，建设单位应当征询建设项目所在地的单位和居民的意见，并将具体意见编入建设项目环境影响报告书。

第十七条 建设项目环境影响报告，经建设单位的行业主管部门预审后，应当报环境保护行政主管部门审批。

属于企业自主立项、外商投资的建设项目及无行业主管部门的建设单位的建设项目，其环境影响报告可以直接报环境保护行政主管部门审批。

区域开发管理机构编制的区域开发环境影响报告书，必须报批准区域开发建设的人民政府环境保护行政主管部门审批，未经批准的，不得在该区域内设立建设项目。

第十八条 环境保护行政主管部门自接到环境影响报告书、环境影响报告表之日起，应分别在三十日、十五日内，对环境影响报告的结论进行审查，决定批准或者签署意见。

第十九条 建设项目环境影响报告审批后，需要改变建设项目的地点、规模、生产工艺和排污状况的，建设单位应当按规定的程序重新编报环境影响报告。

第二十条 建设单位向建设、规划、土地、银行、水利、电力和工商行政管理等部门办理建设项目的审批手续时，应当报送环境影响报告的批准文件或者登记证明。否则，有关部门不得办理审批手续。

第四章 项目建设阶段环境保护管理

第二十一条 从事建设项目防治污染设施的设计单位，必须持有相应的资质证书。

建设项目的设计文件必须有环境保护篇章。

建设项目的初步设计审查，应当征求环境保护行政主管部门的意见。

第二十二条 建设项目开工前，建设单位必须到环境保护行政主管部门办理"三同时"预审单。

第二十三条 建设单位必须将防治污染设施纳入施工计划，并与主体工程同时施工、同时投入生产或者使用。

建设单位不得擅自改变防治污染设施的设计文件。特殊情况确需改变的，应当征得负责审批的环境保护行政主管部门的同意。

第二十四条 施工单位必须按照防治污染设施的设计文件进行施工，对施工中产生的污水、废气、粉尘、固体废物、噪声、振动等污染，以及因施工对自然、生态环境造成的破坏，应当采取相应的防治措施，并在环境保护行政主管部门规定的期限内进行防治或者恢复。

第二十五条 建设项目试生产或者试运转前，建设单位必须向负责审批的环境保护行政主管部门提交申请试生产或者试运转报告，经环境保护行政主管部门检查同意，并确定试生产或者试运转期限后，方可进行试生产或者试运转。

防治污染设施必须与主体工程同时试运行。经试运行达不到环境保护要求的，应当及时向环境保护行政主管部门报告并改进。

建设项目在试生产或者试运转期间排放的污染物超过排放标准或者总量指标，造成严重污染的；以及防治污染设施未建成或者建成后未经环境保护行政主管部门检查同意，建设项目即投入试生产或者试运转的，必须停止试生产或者试运转。

第二十六条 建设项目试生产或者试运转期满前三十日内，建设单位必须向环境保护行政主管部门提交防治污染设施竣工验收申请。经验收合格并领取排放污染物许可证后，该建设项目方可投入生产或者使用。

第二十七条 对环境有影响的建设项目，建设单位应当自建设项目投入试生产或者试运转之日起，按照国家有关规定缴纳排污费。

第五章 法律责任

第二十八条 建设单位违反本条例规定，有下列行为之一的，由负责审批的环境保护行政主管部门责令停止施工、生产或者使用，并视情节轻重给予以下处罚：

（一）擅自新建禁止建设的项目的，处以二万元以上二十万元以下的罚款；

（二）未按规定编报环境影响报告和办理"三同时"预审单擅自施工的，处以五千元以上五万元以下的罚款；

（三）擅自改变防治污染设施设计文件而施工的，给予警告，可并处一千元以上五千元以下的罚款；

（四）逾期未提交防治污染设施竣工验收申请或者经验收不合格，该建设项目即投入生产或者使用，处以二千元以上二万元以下的罚款。

第二十九条　环境影响评价单位违反本条例造成评价结论严重错误的，由环境保护行政主管部门视情节轻重，责令中止评价或者吊销评价证书，收缴其评价所得费用。

第三十条　区域开发管理机构未按规定编报区域环境影响报告书的，由环境保护行政主管部门给予警告，暂停其开发建设，限期补报。

第三十一条　施工单位在施工中造成环境污染事故或者破坏后果的，由环境保护行政主管部门责令停止施工、排除危害，可并处一万元以上十万元以下的罚款。

第三十二条　当事人被处罚后，并不免除其应当承担的治理污染、排除危害和赔偿损失的责任。

第三十三条　当事人对行政处罚决定不服的，可依法申请复议或者提起诉讼，逾期不申请复议、不起诉，又不履行处罚决定的，由作出处罚决定的机关申请人民法院强制执行。

第三十四条　各级人民政府环境保护行政主管部门及其他有关部门的工作人员，滥用职权、玩忽职守、徇私舞弊情节轻微的，由其所在单位或者上级主管部门给予行政处分；构成犯罪的，依法追究刑事责任。

第六章　附　　则

第三十五条　本条例具体应用中的问题，由省人民政府环境保护行政主管部门解释。

第三十六条　本条例自公布之日起施行。

地方性法规（类别）

7. 陕西省实施《中华人民共和国环境影响评价法》办法

　　陕西省实施《中华人民共和国环境影响评价法》办法在 2006.12.03 由陕西省人大常委会颁布。
　　陕西省人民代表大会常务委员会关于修改《陕西省实施〈中华人民共和国环境影响评价法〉办法》等十一部地方性法规的决定
　　（2018 年 5 月 31 日陕西省第十三届人民代表大会常务委员会第三次会议通过）

陕西省人民代表大会常务委员会公告
[十三届] 第 3 号

　　陕西省人民代表大会常务委员会关于修改《陕西省实施〈中华人民共和国环境影响评价法〉办法》等十一部地方性法规的决定，已于 2018 年 5 月 31 日经陕西省第十三届人民代表大会常务委员会第三次会议通过，现予公布，自公布之日起施行。

陕西省人民代表大会常务委员会
2018 年 5 月 31 日

目　录

第一章　总则
第二章　规划的环境影响评价
第三章　建设项目的环境影响评价
第四章　公众参与
第五章　法律责任
第六章　附则
修改的决定

第一章　总　则

　　第一条　为了实施《中华人民共和国环境影响评价法》，结合本省实际，制定本办法。
　　第二条　在本省行政区域内编制（修编）本办法第六条、第七条、第八条、第九条所规定范围内的规划和建设对环境有影响的项目及其相关管理活动，应当遵守本办法。
　　第三条　环境影响评价遵循客观、公开、公正的原则，综合考虑规划或者建设项目实施后对各种环境因素及其所构成的生态环境可能造成的影响，提出预防或者减轻不良环境影响的对策和措施，为决策提供科学依据。

第四条 环境影响评价应当听取公众意见，保证公众参与。公众参与实行公开、平等、广泛和便利的原则。

第五条 县级以上人民政府应当加强对环境影响评价工作的领导，组织环境保护行政主管部门和其他有关部门做好规划和建设项目的环境影响评价工作。

省、设区的市环境保护行政主管部门应当会同有关部门，组织建立和完善环境影响评价专家库、环境影响基础数据库、地方环境标准和环境影响评价信息共享制度。

第二章 规划的环境影响评价

第六条 省、设区的市人民政府及其有关部门编制（修编）规划时，应当组织环境影响评价，编制环境影响篇章或者说明。编制环境影响篇章或者说明的规划范围如下：

（一）土地利用总体规划；
（二）防洪、治涝、灌溉规划和全省水资源总体规划；
（三）农业发展规划；
（四）商品林造林规划和森林公园开发建设规划；
（五）能源重点专项规划、电力发展规划、煤炭发展规划和石油、天然气发展规划；
（六）城市总体规划、城镇体系规划和风景名胜区总体规划；
（七）矿产资源勘查规划；
（八）国家规定的其他需要编制环境影响篇章或者说明的规划。

第七条 省、设区的市人民政府及其有关部门编制（修编）专项规划时，应当组织环境影响评价，编制环境影响报告书。编制环境影响报告书的专项规划范围如下：

（一）工业各行业规划；
（二）种植业发展规划、渔业发展规划、乡镇企业发展规划、畜牧业发展规划、草原建设利用规划；
（三）煤炭、石油、天然气开发规划、流域水电规划；
（四）流域、区域涉及江河、湖泊开发利用的水资源开发利用综合规划和供水等专项规划、跨流域调水规划、地下水资源开发利用规划；
（五）省级内河航运规划、省道网及市级交通规划、城际铁路网建设规划、集装箱中心站布点规划、地方铁路建设规划；
（六）城市建设专项规划；
（七）旅游区的发展总体规划；
（八）矿产资源、气候资源开发利用规划、土地开发整理规划；
（九）国家规定的其他需要编制环境影响报告书的规划。

第八条 县（市、区）人民政府编制（修编）属于本办法第六条、第七条规定范围内的规划，应当进行环境影响评价，编写环境影响篇章、说明或者提出环境影响报告书；所在设区的市已有相应规划并且已经完成了环境影响评价的除外。

第九条 开发区的管理机构应当对其区域开发规划进行环境影响评价，编制环境影响报告书。

前款所称的开发区，是指国务院和省人民政府批准设立的高新技术开发区、经济技术开发区、保税区和农业示范区。

第十条 规划有关环境影响的篇章或者说明，应当对规划实施后可能造成的环境影响作出分析、预测和评估，提出预防或者减轻不良环境影响的对策和措施，作为规划草案的组成部分一并报送规划审批机关。

规划审批机关在审批之前，应当征求审批规划的人民政府所属的环境保护行政主管部门或者审批规划的行政主管部门的同级环境保护行政主管部门的审查意见。

未编写环境影响篇章或者说明的规划草案，审批机关不得审批。

第十一条 专项规划编制部门应当按照国家规划环境影响评价技术导则和本省有关环境影响评价技术规范的要求编制专项规划环境影响报告书。

专项规划环境影响技术规范，由省环境保护行政主管部门制定。

第十二条 省、设区的市人民政府审批的专项规划草案，其环境影响报告书，应当由其所属的环境保护行政主管部门审查；省、设区的市人民政府有关部门审批的专项规划草案，其环境影响报告书，由同级环境保护行政主管部门会同专项规划的审批机关审查；开发区区域开发规划的环境影响报告书由省环境保护行政主管部门审查。

环境影响报告书未经环境保护行政主管部门审查，规划审批机关不得审批。

第十三条 环境影响报告书审查部门自收到专项规划和开发区区域开发规划环境影响报告书之日起三十日内，应当召集有关部门和专家组成审查小组，对环境影响报告书进行审查，提出书面审查意见。书面审查意见包括下列内容：

（一）实施该专项规划和开发区区域开发规划对环境可能造成影响的分析、预测的合理性和准确性；

（二）预防或者减轻不良环境影响的对策和措施的可行性、有效性及调整建议；

（三）对环境影响报告书和评价结论的基本评价；

（四）从经济、社会和环境可持续发展的角度对专项规划和开发区区域开发规划的合理性、可行性作出的总体评价及改进建议。

审查意见应当如实、客观地记录审查小组成员意见，并由审查小组成员签字。

第十四条 参加审查小组的专家，应当从省、设区的市环境保护行政主管部门设立的环境影响评价审查专家库内的相关专业、行业专家名单中，以随机抽取的方式确定，专家人数不少于审查小组总人数的二分之一。

第十五条 省、设区的市环境保护行政主管部门审查规划的环境影响篇章、说明和环境影响报告书所需费用列入本级财政预算，不得向规划编制部门收取费用。

第十六条 环境影响报告书审查部门应当在审查小组提出书面审查意见之日起十日内将审查意见提交规划审批机关。

第十七条 规划审批机关在审批规划草案时，应当将环境影响报告书结论及审查意见作为审批的重要依据。

在审批中未采纳环境影响报告书结论以及审查意见的，应当作出说明，并存档备查。

第十八条 规划实施过程中，规划实施单位应当同步落实环境保护措施。

对环境有重大影响的规划实施后，编制机关应当及时组织环境影响的跟踪评价，并将评价结果报告审批机关；发现规划实施过程中有不良环境影响的，应当及时提出改进措施。

第三章 建设项目的环境影响评价

第十九条 根据建设项目对环境的影响程度，建设项目的环境影响评价按照以下规定实行分类管理：

（一）可能造成重大环境影响的，编制环境影响报告书，对产生的环境影响进行全面评价；

（二）可能造成轻度环境影响的，编制一环境影响报告表、对产生的环境影响进行分析或者专项评价；

（三）对环境影响很小，不需要进行环境影响评价的，填报环境影响登记表。

建设单位应当按照国务院环境保护行政主管部门和省环境保护行政主管部门制定的建设项目环境影响评价分类管理名录，组织编制环境影响报告书、环境影响报告表或者填写环境影响登记表（以下统称环境影响评价文件）。

第二十条　已经进行了环境影响评价的专项规划和开发区区域开发规划所包含的建设项目，其性质、规模、地点或者采用的生产工艺符合区域功能和规划要求的，经有审批权的环境保护行政主管部门同意后，环境影响评价内容可以适当简化。

第二十一条　建设项目的环境影响报告书、环境影响报告表，由具有环境影响评价资质的机构按照国家规定的技术规范编制。环境影响评价机构应当对环境影响评价结论负责。

建设项目环境影响评价文件应当对建设单位开展清洁生产、减少污染物排放、建立环境管理体系提出具体要求。

第二十二条　环境保护行政主管部门在审批建设项目环境影响报告书、环境影响报告表之前，应当召集有关部门和专家组成审查小组，对环境影响报告书、环境影响报告表进行审查，并提出书面审查意见。

审查小组专家的组成，按照本办法第十四条规定确定。

第二十三条　建设项目环境影响评价文件实行分级审批。

建设项目环境影响评价文件除依法由国务院环境保护行政主管部门审批的以外，其他建设项目的环境影响评价文件分级审批办法由省环境保护行政主管部门制定，报省人民政府批准。

建设项目的环境影响评价文件分级审批办法及名录应当向社会公布。

第二十四条　环境保护行政主管部门应当自受理建设项目环境影响报告书之日起六十日内，受理建设项目环境影响报告表之日起三十日内，受理建设项目环境影响登记表之日起十五日内，分别作出审批决定。

第二十五条　建设项目环境影响评价文件符合下列规定条件的，环境保护行政主管部门方可批准：

（一）符合国民经济和社会发展规划、生态建设规划、城市总体规划和其他有关规划；

（二）符合产业政策；

（三）符合污染物排放总量控制和区域环境功能区划要求；

（四）建设对生态环境有影响的建设项目，应当有生态保护、生态恢复与补偿措施；

（五）符合环境影响评价文件编制技术规范要求；

（六）符合环境保护法律、法规、规章的规定。

第二十六条　建设项目环境影响评价文件未经批准，项目审批部门不得批准该项目建设，国土资源部门不得办理采矿许可证和建设用地审批手续，城市规划行政主管部门不得核发建设用地规划许可证。

需要办理营业执照的建设项目，建设单位应当在办理营业执照前报批环境影响评价文件。

第二十七条　建设项目未进行环境影响评价或者建设项目环境影响评价文件未经批准的，建设单位不得开工建设。

第二十八条 在项目建设过程中，建设单位应当按照建设项目环境影响评价文件以及环境保护行政主管部门的审批意见，实施环境污染防治和生态环境保护的措施。

建设项目需要配套建设的环境保护设施，应当与主体工程同时设计、同时施工、同时投产使用。

第二十九条 在项目建设、运行过程中产生不符合已经审批的环境影响评价文件的情形，建设单位应当进行环境影响后评价，采取改进措施，并报原环境影响评价文件审批部门和建设项目审批部门备案。

第三十条 已经批准环境影响评价的建设项目，在进入建设阶段后，项目所在地环境保护行政主管部门应当对项目建设过程中实施环境影响评价文件以及审批意见提出的环境保护措施的落实情况进行监督检查。

第三十一条 已经批准的施工周期长、生态环境影响大的水利、交通、电力、化工、矿产资源开发等建设项目，在其建设过程中应当进行环境监理。

设计单位应当按照环境影响报告书及其审批文件中的污染防治和生态保护措施要求进行设计；建设单位应当根据设计文件中的环境保护要求，在施工招标文件、施工合同和工程监理招标文件、监理合同中明确施工单位和工程监理单位的环境保护责任。

环境监理具体办法由省人民政府制定。

第三十二条 建设项目建成使用后，对自然生态环境造成新的破坏的，建设单位应当及时采取补救措施，并进行生态补偿。生态补偿的具体办法由省人民政府制定。

第四章 公众参与

第三十三条 下列规划和建设项目在环境影响评价中应当征求公众意见，但国家规定需要保密的除外：

（一）对可能造成不良环境影响并直接涉及公众环境权益的专项规划；

（二）应当编制环境影响报告书的建设项目；

（三）应当重新报批或者重新审核环境影响报告书的建设项目；

（四）可能产生恶臭、异味、油烟、噪声或者其他污染，严重影响项目所在地居民身心健康和生活环境质量的建设项目。

第三十四条 规划编制部门、建设单位或者其委托的环境影响评价机构在环境影响评价过程中，应当征求公众意见。

规划编制部门、建设单位或者其委托的环境影响评价机构征求公众意见的期限不得少于十日，并采用便利公众知悉的方式公布环境影响报告书、环境影响报告表等相关信息。

第三十五条 征求公众意见可采取发放调查表、召开座谈会、举办听证会、论证会等形式。

征求公众意见，应当综合考虑地域、职业、专业、受影响程度等因素，合理选择被征求意见的公民、法人或者其他组织。

被征求意见的公众中应当包括受建设项目影响的公民、法人或者其他组织的代表。

第三十六条 规划编制部门和建设单位报审的环境影响报告书、环境影响报告表，应当附具对所征求公众意见采纳或者未采纳的说明。

应当征求公众意见的建设项目，建设单位在编制的环境影响报告书、环境影响报告表中没有公众参与篇章的，环境保护行政主管部门不得受理。

第三十七条 环境保护行政主管部门应当在受理环境影响报告书、环境影响报告表后，在其政府网站和采用其他便利公众知悉的方式，公告环境影响报告书、环境影响报告表受理的有关信息。

公民、法人或者其他组织认为规划编制部门、建设单位或者其委托的环境影响评价机构对其提出的意见未采纳且未附具说明的，或者认为说明的理由不成立的，可以向负责审查的环境保护行政主管部门提出意见。负责审查的环境保护行政主管部门认为必要时，可以再次公开征求公众意见。

第五章　法律责任

第三十八条　国家工作人员违反本办法规定，有下列行为之一的，由上级机关或者监察机关对直接负责的主管人员和其他直接责任人员，依法给予行政处分；构成犯罪的，依法追究刑事责任：

（一）规划编制机关组织环境影响评价时弄虚作假或者有失职行为，造成环境影响评价严重失实的；

（二）规划审批机关对未依法进行环境影响评价的规划予以批准的；

（三）有审批权的环境保护行政主管部门对依法不应批准的建设项目环境影响评价文件予以批准的；

（四）环境保护行政主管部门未按规定的权限审批规划和建设项目环境影响评价文件的；

（五）环境影响评价文件未经批准，擅自办理采矿许可证、建设用地审批手续、核发建设用地规划许可证和营业执照的。

第三十九条　违反本办法第二十八条第一款规定的，由审批该建设项目环境影响评价文件的环境保护行政主管部门责令限期改正，处二万元以上十万元以下的罚款，逾期不改正的，责令停止建设；造成生态环境破坏的，应当予以补偿。

第四十条　违反本办法的其他规定，法律、行政法规已有处罚规定的，从其规定。

第四十一条　县级以上环境保护行政主管部门依照《中华人民共和国环境影响评价法》和本办法的规定，作出五万元以上罚款或者责令停止建设处罚决定的，应当告知当事人有要求听证的权利。

第六章　附　　则

第四十二条　本办法自2007年4月1日起施行。

修改的决定

陕西省第十三届人民代表大会常务委员会第三次会议决定：

一、对《陕西省实施〈中华人民共和国环境影响评价法〉办法》作出修改

（一）删去第十七条最后一款，并增加第一款："审查小组提出修改意见的，专项规划的编制机关应当根据环境影响报告书结论和审查意见对规划草案进行修改完善，并对环境影响报告书结论和审查意见的采纳情况作出说明；不采纳的，应当说明理由。"

（二）将第二十条修改为："已经进行了环境影响评价的专项规划和开发区区域开发规划所包含的建设项目，其性质、规模、地点或者采用的生产工艺符合区域功能和规划要求的，规划的环境影响评价结论应当作为建设项目环境影响评价的重要依据，建设项目环境影响评价内容应当根据规划的环境影响评价审查意见予以简化。"

（三）删去第二十四条中"受理建设项目环境影响登记表之日起十五日内"的内容，并将末句修改为"分别作出审批决定并通知建设单位"。

增加第二款、第三款"属于国家《建设项目环境影响评价分类管理名录》应当填报环境影响登记表的建设项目，应当向所在地县级环境保护行政主管部门备案。

"审核、审批建设项目环境影响报告书、报告表以及备案环境影响登记表，不得收取任何费用。"

（四）删去第二十六条。

（五）删去第三十八条第（五）项。

（六）将第三十九条修改为"违反本办法第二十七条第一款规定的，建设单位在项目建设过程中未同时组织实施环境影响报告书、环境影响报告表及其审批部门审批决定中提出的环境污染防治和生态环境保护措施的，由建设项目所在地县级以上环境保护行政主管部门责令限期改正，处二十万元以上一百万元以下的罚款；逾期不改正的，责令停止建设；造成生态环境破坏的，应当予以补偿。"

8. 天津市建设项目环境保护管理办法

关于修改《〈天津市建设项目环境保护管理办法〉的决定》已于 2004 年 6 月 21 日经市人民政府第 30 次常务会议通过，本办法自 2004 年 7 月 1 日起施行。
2015 年 6 月 9 日修订

（2000 年 7 月 21 日天津市人民政府公布，2004 年 6 月 30 日天津市人民政府令第 58 号公布，自 2004 年 7 月 1 日起施行，2015 年 6 月 9 日天津市人民政府令第 20 号修改公布，自 2015 年 6 月 9 日起施行）

目 录

第一章　总则
第二章　环境影响评价
第三章　环境保护设施建设和管理
第四章　法律责任
第五章　附则

第一章　总　　则

第一条　为加强本市建设项目环境保护管理，防止建设项目产生新的污染、破坏生态环境，根据有关法律、法规，结合本市实际情况，制定本办法。

第二条　本办法适用于在本市行政区域内建设的对环境有影响的建设项目。

本办法所称建设项目，是指新建、扩建、改建、迁建、技术改造等工业建设项目和房地产开发、餐饮、娱乐、旅游等非工业建设项目以及各类区域性开发建设项目。

在本市行政区域内从事建设项目的单位和个人，均应遵守本办法。

第三条　建设产生污染的建设项目，必须遵守污染物排放的国家标准和本市地方标准；在实施重点污染物排放总量控制的区域内，新增污染物排放量必须符合重点污染物排放总量控制的要求。

第四条　建设项目应当符合国家产业政策和本市总体规划，采用资源利用率高、能耗物耗低、污染物产生量少的设备与清洁生产工艺，防止环境污染和生态破坏。

改建、扩建和技术改造项目必须采取措施，治理与该项目有关的原有环境污染和生态破坏，污染物排放总量必须符合规定的控制目标限值。

建设项目从境外引进技术、设备以及从境外购买物品，必须符合无污染或少污染的原则。

第五条　建设项目选址，必须符合城市总体规划要求。不符合城市总体规划的现有排放污染物的单位，不得扩大生产规模和增加污染物排放总量，并应结合产业和产品结构调整、技术改造等有计划地改产、搬迁。

在建设项目选址报告中应当有环境保护内容，环境保护行政主管部门应当参与初步选址。

第六条 市和区、县环境保护行政主管部门对所辖区域内建设项目的环境保护实施统一监督管理。

计划、经济、建设、规划、土地、水利、农业、工商等行政管理部门按照各自职责，配合环境保护行政主管部门做好建设项目的环境保护工作。

第二章 环境影响评价

第七条 本市对建设项目实行环境影响评价制度。

建设项目的环境影响评价工作由持有国务院环境保护行政主管部门颁发的建设项目环境影响评价资格证书的单位承担，在本市承担环境影响评价工作的单位应向市环境保护行政主管部门备案。

第八条 根据建设项目对环境的影响程度，按照下列规定对建设项目的环境保护实行分类管理：

（一）建设项目对环境可能造成重大影响的，应当编制环境影响报告书，对建设项目产生的污染和对环境的影响进行全面、详细的评价，并提出防治措施；对清洁生产、生态保护、主要污染物排放总量等设置专章（节）进行分析评价。

（二）建设项目对环境可能造成轻度影响的，应当编制环境影响报告表，对建设项目产生的污染和对环境的影响进行分析或专项评价，提出防治措施，并对主要污染物排放总量进行分析。

（三）建设项目对环境影响很小，不需要进行环境影响评价的，应当填报环境影响登记表。

第九条 建设单位应当在建设项目可行性研究阶段报批建设项目环境影响报告书、环境影响报告表或者环境影响登记表。

按照国家有关规定，不需要进行可行性研究的建设项目，建设单位应当在建设项目开工前报批建设项目环境影响报告书、环境影响报告表或者环境影响登记表。其中，需要办理营业执照的，建设单位应当在办理营业执照前报批建设项目环境影响报告书、环境影响报告表或者环境影响登记表。

第十条 建设单位应当根据建设项目环境保护分类管理名录，确定建设项目环境影响评价类别。

第十一条 建设项目环境影响报告书、环境影响报告表或者环境影响登记表，由建设单位报有审批权的环境保护行政主管部门审批；建设项目有行业主管部门的，其环境影响报告书或者环境影响报告表经行业主管部门预审后，报有审批权的环境保护行政主管部门审批。

对符合本办法第三条、第四条、第五条规定的，环境保护行政主管部门应当自收到建设项目环境影响报告书之日起45日内、收到环境影响报告表之日起20日内、收到环境影响登记表之日起10日内，分别作出审批决定并书面通知建设单位。

预审、审核、审批建设项目环境影响报告书、环境影响报告表或者环境影响登记表，任何行政机关不得收取任何费用。

第十二条 需编制环境影响报告书或者环境影响报告表的建设项目，建设单位应当选择有环境影响评价资格证书的单位进行环境影响评价、环境影响分析或者专项评价。

任何行政机关不得为建设单位指定从事环境影响评价工作的单位进行环境影响评价。

建设单位编制环境影响报告书应设立公众参与专章，并应当依照有关法律规定征求建设项目所在地有关单位和居民的意见。

第十三条　市环境保护行政主管部门可以接受国务院环境保护行政主管部门的委托，对本市行政区域内各级环境影响评价单位进行日常检查。

本市行政区域内的环境影响评价单位，每年必须按规定填写环境影响评价单位工作业绩记录表，报国务院环境保护行政主管部门并抄报市环境保护行政主管部门。

第十四条　市环境保护行政主管部门负责审批下列建设项目：

（一）国务院环境保护行政主管部门依法下放省级环境保护行政主管部门审批的建设项目；

（二）跨区、县行政区域的建设项目；

（三）其他依据国家有关规定由省级环境保护行政主管部门审批的建设项目。

第十五条　区、县环境保护行政主管部门负责审批除市环境保护行政主管部门审批项目以外的下列建设项目：

（一）市环境保护行政主管部门委托审批的建设项目；

（二）区、县人民政府审批立项的或区、县人民政府授权有关部门审批立项的建设项目。

第十六条　市环境保护行政主管部门对区、县以及天津经济技术开发区、天津港保税区、天津新技术产业园区环境保护行政主管部门的建设项目环境保护管理工作进行业务指导，对审批不当的可以责令重新审查，或者改变、撤销原审批意见。

区、县以及天津经济技术开发区、天津港保税区、天津新技术产业园区环境保护行政主管部门应当向市环境保护行政主管部门对其审批的建设项目进行备案，并参与所辖区内市环境保护行政主管部门审批的建设项目的审查、验收和监督管理。

第十七条　建设项目环境影响报告书、环境影响报告表或者环境影响登记表经批准后，建设项目的性质、规模、地点或采用的生产工艺有重大变化的，建设单位应当按照本办法规定的审批程序重新报批建设项目环境影响报告书、环境影响报告表或者环境影响登记表。

建设项目环境影响报告书、环境影响报告表或者环境影响登记表自批准之日起满5年，建设项目方开工建设的，由建设单位持经批准的环境影响报告书、环境影响报告表或者环境影响登记表及原批准文件报原审批机关重新审核。对符合本办法第三条、第四条、第五条规定的，原审批机关应当自收到建设项目环境影响报告书、环境影响报告表或者环境影响登记表及原批准文件之日起10日内，将审核意见书面通知建设单位；逾期未通知的，视为审核同意。

第三章　环境保护设施建设和管理

第十八条　建设项目需要配套建设的防治污染和预防生态破坏的环境保护设施，必须与主体工程同时设计、同时施工、同时投产使用。

第十九条　从事环境保护设施设计的单位必须具有相应的环境保护工程设计资质。建设项目的初步设计，应当按照环境保护设计规范的要求，编制环境保护篇章并依据批准的建设项目环境影响报告书、环境影响报告表或环境影响登记表，在环境保护篇章中落实防治环境污染和生态破坏的措施以及环境保护设施投资概算。

环境保护篇章由建设单位行业主管部门负责技术审查，环境保护行政主管部门参加审查；无行业主管部门的，由建设单位负责技术审查，环境保护行政主管部门参加审查。

第二十条　环境保护设施竣工验收，应当与主体工程竣工验收同时进行。需要进行试生产的建设项目，建设单位在试生产期间应当对环境保护设施运行情况和建设项目对环境的影响进行监测，并于建设项目投入试生产之日起 3 个月内，向审批该建设项目环境影响报告书、环境影响报告表或者环境影响登记表的环境保护行政主管部门申请验收，同时提交环境保护验收专项报告以及由有资质的环境保护监测单位出具的建设项目环境保护设施竣工验收监测报告或竣工验收监测表。

环境保护行政主管部门应当在收到环境保护设施竣工验收申请之日起 30 日内完成验收。

第二十一条　环境保护设施验收合格后，建设项目方可正式投入生产或使用，并在竣工验收合格后 30 日内按有关规定办理排污申报登记手续。

第四章　法律责任

第二十二条　有下列行为之一，且擅自开工建设的，由负责审批建设项目环境影响报告书、环境影响报告表或者环境影响登记表的环境保护行政主管部门责令停止建设，限期补办手续；逾期不补办的，可处以 10 万元以下的罚款：

（一）未报批建设项目环境影响报告书、环境影响报告表或者环境影响登记表的；

（二）建设项目性质、规模、地点或者采用的生产工艺有重大变化，而未重新报批建设项目环境影响报告书、环境影响报告表或者环境影响登记表的；

（三）建设项目环境影响报告书、环境影响报告表或者环境影响登记表自批准之日起满 5 年，建设项目方开工建设，其环境影响报告书、环境影响报告表或者环境影响登记表未报原审批机关重新审核的。

第二十三条　有下列行为之一，未报批建设项目环境影响报告书、环境影响报告表或环境影响登记表，擅自投入生产或使用的，除按下列规定处理外，并可处 10 万元以下罚款：

（一）选址适当且环境保护措施落实的，责令其限期补办环境保护设施竣工验收手续；

（二）选址适当但环境保护措施不落实的，责令其落实环保措施；

（三）选址不当的，责令其停止生产或使用；

（四）所采用的工艺和设备被列入国家明令淘汰名录的，应强制淘汰；

（五）属于在水源保护区、自然保护区和其他要求特殊保护的区域内禁止建设的项目，责令停业或关闭。

责令停止生产或使用以及罚款的，由负责审批该建设项目的环境影响报告书、环境影响报告表或环境影响登记表的环境保护行政主管部门决定。责令停业、关闭的，由同级人民政府决定。

第二十四条　环境保护行政主管部门尚未对环境影响报告书、环境影响报告表或者环境影响登记表作出审批决定或者未经原审批机关重新审核批准的建设项目或已作出不同意建设的审批决定，擅自开工建设的，由负责审批建设项目环境影响报告书、环境影响报告表或者环境影响登记表的环境保护行政主管部门责令其停止建设、恢复原状，可处以 10 万元以下的罚款。

第二十五条　建设单位未按本办法规定办理建设项目环境保护措施审批手续的，由环境保护行政主管部门责令其限期补办手续，逾期仍不办理的可处以 1 万元以下罚款。

第二十六条　试生产建设项目配套建设的环境保护设施未与主体工程同时投入试运行的，或者建设项目投入试生产超过 3 个月，建设单位未申请环境保护设施竣工验收的，由审批建设项目环境影响报告书、环境影响报告表或者环境影响登记表的环境保护行政主管部门责令其限期改正或办理环境保护设施竣工验收手续；逾期不改正或未办理竣工验收手续的，责令其停止试生产，可处以5万元以下的罚款。

第二十七条　建设项目需要配套建设的环境保护设施未建成或未经验收，主体工程正式投入生产或使用的，或者上述环境保护设施经验收不合格的，在限期整改后仍不能达到验收要求，主体工程正式投入生产或使用的，由审批该建设项目环境影响报告书、环境影响报告表或者环境影响登记表的环境保护行政主管部门责令其停止生产或者使用，并可处10万元以下的罚款。

第二十八条　从事建设项目环境影响评价工作的单位，在环境影响评价工作中违反有关规定的，由市环境保护行政主管部门向国务院环境保护行政主管部门提出处罚建议。

第二十九条　环境保护行政主管部门的工作人员徇私舞弊、滥用职权、玩忽职守，构成犯罪的，依法追究刑事责任；尚不构成犯罪的，依法给予行政处分。

第三十条　当事人对行政处罚决定不服的，可申请行政复议，也可向人民法院起诉。当事人逾期既不申请复议，也不向人民法院起诉，又不履行行政处罚决定的，由作出行政处罚决定的机关申请人民法院强制执行。

第五章　附　　则

第三十一条　本办法自2004年7月1日起施行。

9. 陕西省环境保护厅关于重新修订并印发《陕西省建设项目环境影响评价文件分级审批办法》的通知

陕环发〔2014〕61号

各设区市环境保护局、杨凌示范区环境保护局，西咸新区建设环保局，韩城市环境保护局：

为加快职能转变、简政放权，进一步规范建设项目环评文件分级审批工作，提高审批效率，更好地指导省内各级环保部门开展环境管理工作，我厅对《陕西省建设项目环境影响评价文件分级审批办法》（以下简称《办法》）进行了重新修订。经省政府同意，现印发给你们，请认真学习，遵照执行。

西安市环境保护局和杨凌示范区环境保护局享有省级环评审批权限，可以审批其辖区内除《办法》第五条第（一）、（二）、（六）、（七）项以外项目的环境影响评价文件。

陕西省环境保护厅
2014年12月15日

陕西省建设项目环境影响评价文件分级审批办法

第一条 为加快职能转变，进一步简政放权，提高行政审批效率，根据《建设项目环境影响评价文件分级审批规定》（环境保护部令第5号）和《陕西省实施〈中华人民共和国环境影响评价法〉办法》等有关法规，结合我省实际，制定本办法。

第二条 本办法所指环境影响评价文件是对环境影响报告书、环境影响报告表和环境影响登记表的统称。

第三条 我省行政区域内建设对环境有影响的项目，不论投资主体、资金来源、项目性质和投资规模，都应当编制环境影响评价文件，并向有审批权的环境保护主管部门报批。

第四条 实行备案制的建设项目，项目单位在向发展改革等备案管理部门办理备案手续后，向环境保护主管部门申请办理环评审批手续；实行核准制的建设项目，项目单位在向发展改革等项目核准部门报送项目申请报告前，完成环评审批手续；实行审批制的建设项目，项目单位在取得项目建议书批复文件后、报送可行性研究报告之前，向环境保护主管部门申请办理环评审批手续。

第五条 建设项目环境影响评价文件原则上按照建设项目的审批、核准和备案权限实行同级审批，兼顾建设项目对环境的影响性质和程度。

省环境保护厅负责下列建设项目环境影响评价文件的审批：

（一）环境保护部审批之外的由国务院及国务院有关部门审批、核准或备案的建设项目；

（二）环境保护部委托或下放省级环境保护主管部门审批环境影响评价文件的建设项目；

（三）环境保护部审批之外的省级及以下各级政府及其有关部门审批、核准或备案的可能对环境造成重大影响的下列建设项目。

1. 有色金属冶炼及矿山开发、黑色金属冶炼、电石、焦炭、铁合金项目；
2. 印染、味精、柠檬酸、皮革鞣制、制浆及废纸造纸项目；
3. 危险废物、医疗废物处置项目，垃圾焚烧发电项目；
4. 排放重点防控重金属污染物的项目。

（四）环境保护部审批之外的由省政府投资主管部门审批、核准或备案的，或由省政府投资主管部门核报省政府核准或审批的，并且需要编制环境影响报告书或环境影响报告表的下列项目：

1. 政府投资项目：使用中央预算内投资、中央专项建设基金、中央统还国外贷款、统借自还国外贷款的项目，使用省级预算内投资、省级专项建设基金的项目；
2. 化工医药：基本化学原料、化学药品原药、农药原药及其中间体、苯胺类及酚类有机中间体、还原染料、氯丁橡胶、石油制品、兰炭项目；
3. 冶金机电：金属压延加工项目；
4. 能源电力：年产 100 万吨以下油田开发项目；年产 20 亿立方米以下气田开发项目；液化天然气接收、存储设施项目；总装机容量 1 万千瓦及以上风力发电站项目；总装机容量 1 万千瓦及以上的水力发电项目；
5. 农林水利：大中型水库、跨市调水项目。

二、安全预评价相关管理规定

1. 安全生产许可证条例

《安全生产许可证条例》是为了严格规范安全生产条件，进一步加强安全生产监督管理，防止和减少生产安全事故，根据《中华人民共和国安全生产法》的有关规定制定的条例。由中华人民共和国国务院于2004年1月7日首次发布，自2004年1月13日起正式施行。根据2014年7月29日《国务院关于修改部分行政法规的决定》进行修订，共计24条。中华人民共和国国务院令是中华人民共和国国务院总理签发的行政法令、授权有关部门发布的国务院行政命令或下发的行政操作性文件。

颁布命令：中华人民共和国国务院令第397号
首次发布：2004年1月7日
修正时间：2014年7月29日
修正命令：中华人民共和国国务院令第653号

中华人民共和国国务院令第397号

《安全生产许可证条例》已经2004年1月7日国务院第34次常务会议通过，现予公布，自公布之日起施行。

总理 温家宝
二〇〇四年一月十三日

中华人民共和国国务院令第653号

《国务院关于修改部分行政法规的决定》已经2014年7月29日国务院第54次常务会议通过，现予公布，自公布之日起施行。

总理 李克强
2014年7月29日

第二条第一款、第十一条、第十二条中的"民用爆破器材"修改为"民用爆炸物品"。

第五条修改为："省、自治区、直辖市人民政府民用爆炸物品行业主管部门负责民用爆炸物品生产企业安全生产许可证的颁发和管理，并接受国务院民用爆炸物品行业主管部门的指导和监督。"

安全生产许可证条例

（2004年1月13日中华人民共和国国务院令第397号公布　根据2014年7月29日《国务院关于修改部分行政法规的决定》修订）

第一条　为了严格规范安全生产条件，进一步加强安全生产监督管理，防止和减少生产安全事故，根据《中华人民共和国安全生产法》的有关规定，制定本条例。

第二条　国家对矿山企业、建筑施工企业和危险化学品、烟花爆竹、民用爆炸物品生产企业（以下统称企业）实行安全生产许可制度。

企业未取得安全生产许可证的，不得从事生产活动。

第三条　国务院安全生产监督管理部门负责中央管理的非煤矿矿山企业和危险化学品、烟花爆竹生产企业安全生产许可证的颁发和管理。

省、自治区、直辖市人民政府安全生产监督管理部门负责前款规定以外的非煤矿矿山企业和危险化学品、烟花爆竹生产企业安全生产许可证的颁发和管理，并接受国务院安全生产监督管理部门的指导和监督。

国家煤矿安全监察机构负责中央管理的煤矿企业安全生产许可证的颁发和管理。

在省、自治区、直辖市设立的煤矿安全监察机构负责前款规定以外的其他煤矿企业安全生产许可证的颁发和管理，并接受国家煤矿安全监察机构的指导和监督。

第四条　省、自治区、直辖市人民政府建设主管部门负责建筑施工企业安全生产许可证的颁发和管理，并接受国务院建设主管部门的指导和监督。

第五条　省、自治区、直辖市人民政府民用爆炸物品行业主管部门负责民用爆炸物品生产企业安全生产许可证的颁发和管理，并接受国务院民用爆炸物品行业主管部门的指导和监督。

第六条　企业取得安全生产许可证，应当具备下列安全生产条件：

（一）建立、健全安全生产责任制，制定完备的安全生产规章制度和操作规程；

（二）安全投入符合安全生产要求；

（三）设置安全生产管理机构，配备专职安全生产管理人员；

（四）主要负责人和安全生产管理人员经考核合格；

（五）特种作业人员经有关业务主管部门考核合格，取得特种作业操作资格证书；

（六）从业人员经安全生产教育和培训合格；

（七）依法参加工伤保险，为从业人员缴纳保险费；

（八）厂房、作业场所和安全设施、设备、工艺符合有关安全生产法律、法规、标准和规程的要求；

（九）有职业危害防治措施，并为从业人员配备符合国家标准或者行业标准的劳动防护用品；

（十）依法进行安全评价；

（十一）有重大危险源检测、评估、监控措施和应急预案；

（十二）有生产安全事故应急救援预案、应急救援组织或者应急救援人员，配备必要的应急救援器材、设备；

（十三）法律、法规规定的其他条件。

第七条　企业进行生产前，应当依照本条例的规定向安全生产许可证颁发管理机关申请领取安全生产许可证，并提供本条例第六条规定的相关文件、资料。安全生产许可证颁发管理机关应当自收到申请之日起45日内审查完毕，经审查符合本条例规定的安全生产条件的，颁发安全生产许可证；不符合本条例规定的安全生产条件的，不予颁发安全生产许可证，书面通知企业并说明理由。

煤矿企业应当以矿（井）为单位，依照本条例的规定取得安全生产许可证。

第八条 安全生产许可证由国务院安全生产监督管理部门规定统一的式样。

第九条 安全生产许可证的有效期为3年。安全生产许可证有效期满需要延期的，企业应当于期满前3个月向原安全生产许可证颁发管理机关办理延期手续。

企业在安全生产许可证有效期内，严格遵守有关安全生产的法律法规，未发生死亡事故的，安全生产许可证有效期届满时，经原安全生产许可证颁发管理机关同意，不再审查，安全生产许可证有效期延期3年。

第十条 安全生产许可证颁发管理机关应当建立、健全安全生产许可证档案管理制度，并定期向社会公布企业取得安全生产许可证的情况。

第十一条 煤矿企业安全生产许可证颁发管理机关、建筑施工企业安全生产许可证颁发管理机关、民用爆炸物品生产企业安全生产许可证颁发管理机关，应当每年向同级安全生产监督管理部门通报其安全生产许可证颁发和管理情况。

第十二条 国务院安全生产监督管理部门和省、自治区、直辖市人民政府安全生产监督管理部门对建筑施工企业、民用爆炸物品生产企业、煤矿企业取得安全生产许可证的情况进行监督。

第十三条 企业不得转让、冒用安全生产许可证或者使用伪造的安全生产许可证。

第十四条 企业取得安全生产许可证后，不得降低安全生产条件，并应当加强日常安全生产管理，接受安全生产许可证颁发管理机关的监督检查。

安全生产许可证颁发管理机关应当加强对取得安全生产许可证的企业的监督检查，发现其不再具备本条例规定的安全生产条件的，应当暂扣或者吊销安全生产许可证。

第十五条 安全生产许可证颁发管理机关工作人员在安全生产许可证颁发、管理和监督检查工作中，不得索取或者接受企业的财物，不得谋取其他利益。

第十六条 监察机关依照《中华人民共和国行政监察法》的规定，对安全生产许可证颁发管理机关及其工作人员履行本条例规定的职责实施监察。

第十七条 任何单位或者个人对违反本条例规定的行为，有权向安全生产许可证颁发管理机关或者监察机关等有关部门举报。

第十八条 安全生产许可证颁发管理机关工作人员有下列行为之一的，给予降级或者撤职的行政处分；构成犯罪的，依法追究刑事责任：

（一）向不符合本条例规定的安全生产条件的企业颁发安全生产许可证的；

（二）发现企业未依法取得安全生产许可证擅自从事生产活动，不依法处理的；

（三）发现取得安全生产许可证的企业不再具备本条例规定的安全生产条件，不依法处理的；

（四）接到对违反本条例规定行为的举报后，不及时处理的；

（五）在安全生产许可证颁发、管理和监督检查工作中，索取或者接受企业的财物，或者谋取其他利益的。

第十九条 违反本条例规定，未取得安全生产许可证擅自进行生产的，责令停止生产，没收违法所得，并处10万元以上50万元以下的罚款；造成重大事故或者其他严重后果，构成犯罪的，依法追究刑事责任。

第二十条 违反本条例规定，安全生产许可证有效期满未办理延期手续，继续进行生产的，责令停止生产，限期补办延期手续，没收违法所得，并处 5 万元以上 10 万元以下的罚款；逾期仍不办理延期手续，继续进行生产的，依照本条例第十九条的规定处罚。

第二十一条 违反本条例规定，转让安全生产许可证的，没收违法所得，处 10 万元以上 50 万元以下的罚款，并吊销其安全生产许可证；构成犯罪的，依法追究刑事责任；接受转让的，依照本条例第十九条的规定处罚。

冒用安全生产许可证或者使用伪造的安全生产许可证的，依照本条例第十九条的规定处罚。

第二十二条 本条例施行前已经进行生产的企业，应当自本条例施行之日起 1 年内，依照本条例的规定向安全生产许可证颁发管理机关申请办理安全生产许可证；逾期不办理安全生产许可证，或者经审查不符合本条例规定的安全生产条件，未取得安全生产许可证，继续进行生产的，依照本条例第十九条的规定处罚。

第二十三条 本条例规定的行政处罚，由安全生产许可证颁发管理机关决定。

第二十四条 本条例自公布之日起施行。

2. 北京市安全生产条例（2011年修正）

（2004年7月29日北京市第十二届人民代表大会常务委员会第13次会议通过　2011年5月27日北京市第十三届人民代表大会常务委员会第25次会议修订　2011年5月27日北京市人民代表大会常务委员会公告第16号公布　自2011年9月1日起施行）

备注：本条例生效时间为：2011.09.01，截至2019年仍然有效
最近更新：2018.10.22

第一章　总　　则

第一条　为了加强安全生产监督管理，防止生产安全事故，保障人民群众生命和财产安全，促进经济和社会协调发展，根据《中华人民共和国安全生产法》，结合本市实际情况，制定本条例。

第二条　在本市行政区域内从事生产经营活动的单位（以下统称生产经营单位）应当遵守《中华人民共和国安全生产法》和本条例。

有关法律、法规对消防安全和道路交通安全、铁路交通安全、水上交通安全、民用航空安全另有规定的，适用其规定。

第三条　本市安全生产管理应当以人为本，坚持安全第一、预防为主的方针，建立健全以生命安全为核心的安全生产责任体系和物质技术保障体系，保障城市安全运行，促进首都安全发展。

第四条　生产经营单位应当根据本单位生产经营活动的特点，加强安全生产管理，建立健全安全生产责任制度，完善安全生产条件，确保安全生产，保障从业人员和社会公众的安全健康。

第五条　生产经营单位的主要负责人对本单位的安全生产工作全面负责。

第六条　工会依法组织职工参加本单位安全生产工作的民主管理和民主监督，维护职工在安全生产方面的合法权益，对单位执行安全生产法律、法规的情况进行监督。

第七条　各级人民政府应当加强对安全生产工作的领导，将安全生产工作纳入国民经济和社会发展计划，合理调整产业结构，加大安全生产投入，将安全生产专项工作所需经费列入本级政府预算，支持、督促各有关部门依法履行安全生产监督管理职责，及时协调、解决安全生产监督管理中的重大问题。

第八条　各级人民政府的主要领导人和政府有关部门的正职负责人对本行政区域和本部门的安全生产工作负全面领导责任；各级人民政府的其他领导人和政府有关部门的其他负责人对分管范围内的安全生产工作负领导责任。

第九条　市和区、县安全生产监督管理部门对本行政区域内安全生产工作实施综合监督管理，指导、协调和监督政府有关部门履行安全生产监督和管理职责，依法对生产经营单位的安全生产工作实施监督检查。

公安、住房和城乡建设、质量技术监督、国土资源、煤炭、电力、国防科技工业等负有安全生产监督管理职责的政府有关部门，按照有关法律、法规的规定，分别对消防、道路交

通、建筑施工、特种设备、矿山、电力、民用爆破器材生产等方面的安全生产工作实施监督管理。

商务、文化、教育、卫生、旅游、交通、市政市容、农业、民防等政府有关部门，按照法律、法规、规章的规定和市人民政府确定的职责，负责有关行业或者领域的安全生产管理工作。

第十条 各级人民政府及其有关部门应当采取多种形式，加强对有关安全生产的法律、法规和安全生产知识的宣传，组织开展安全生产教育和培训，推进安全文化建设，增强全社会的安全生产意识和安全防范能力。

第十一条 各级人民政府及其有关部门应当鼓励安全生产科学技术研究，支持安全生产先进适用技术、装备、工艺的推广应用，提高安全生产信息化水平，推进安全生产产业发展。

第十二条 本市推进安全生产社会化服务体系建设，支持、指导、规范有关社会服务机构依法开展评价、认证、检测、检验、咨询、宣传和技术培训等安全生产服务活动。

有关社会服务机构应当按照法律、法规规定和合同约定从事安全生产服务活动，保障所提供的报告、信息真实准确，并对其作出的安全评价、认证、检测、检验的结果负责。

第十三条 安全生产协会和其他相关行业协会应当加强行业自律，对生产经营单位的安全生产工作进行指导，提供安全生产管理和技术咨询等服务。

本市鼓励安全生产协会和其他相关行业协会参与安全生产标准的制定。

第十四条 市和区、县人民政府对在改善安全生产条件、推进安全文化建设、防止生产安全事故、参加抢险救护、安全生产科学技术研究和推广应用、安全生产监督管理等方面取得显著成绩的单位和个人，给予表彰和奖励。

第二章 生产经营单位的安全生产保障

第十五条 生产经营单位应当具备下列安全生产条件：

（一）生产经营场所和设备、设施符合有关安全生产法律、法规的规定和国家标准或者行业标准的要求。

（二）矿山、建筑施工单位和危险化学品、烟花爆竹、民用爆破器材生产单位依法取得安全生产许可证。

（三）建立健全安全生产责任制，制定安全生产规章制度和相关操作规程。

（四）依法设置安全生产管理机构或者配备安全生产管理人员。

（五）从业人员配备符合国家标准或者行业标准的劳动防护用品。

（六）主要负责人和安全生产管理人员具备与生产经营活动相适应的安全生产知识和管理能力。危险物品的生产、经营、储存单位及矿山、建筑施工单位的主要负责人和安全生产管理人员，依法经安全生产知识和管理能力考核合格。

（七）从业人员经安全生产教育和培训合格。特种作业人员按照国家和本市的有关规定，经专门的安全作业培训并考核合格，取得特种作业操作资格证书。

（八）法律、法规和国家标准或者行业标准、地方标准规定的其他安全生产条件。

不具备安全生产条件的单位不得从事生产经营活动。

第十六条 生产经营单位的主要负责人对本单位安全生产工作负有下列职责：

（一）建立健全并督促落实安全生产责任制；

（二）组织制定并督促落实安全生产规章制度和操作规程；

（三）保证安全生产投入；

（四）定期研究安全生产问题；

（五）督促、检查安全生产工作，及时消除生产安全事故隐患；

（六）组织实施本单位从业人员的职业健康工作；

（七）组织制定并实施生产安全事故应急救援预案；

（八）及时、如实报告生产安全事故。

生产经营单位的主要负责人应当每年向职工代表大会或者职工大会报告本单位的安全生产情况。

第十七条 生产经营单位的安全生产责任制应当明确各岗位的责任人员、责任内容和考核要求，形成包括全体人员和全部生产经营活动的责任体系。

第十八条 生产经营单位应当制定下列安全生产规章制度：

（一）安全生产教育和培训制度；

（二）安全生产检查制度；

（三）生产安全事故隐患排查治理制度；

（四）具有较大危险因素的生产经营场所、设备和设施的安全管理制度；

（五）危险作业管理制度；

（六）特种作业人员管理制度；

（七）劳动防护用品配备和管理制度；

（八）安全生产奖励和惩罚制度；

（九）生产安全事故报告和调查处理制度；

（十）其他保障安全生产的规章制度。

第十九条 生产经营单位应当具备的安全生产条件所必需的资金投入，由生产经营单位的决策机构、主要负责人或者个人经营的投资人予以保证，并对由于安全生产所必需的资金投入不足导致的后果承担责任。

矿山、建筑施工单位和危险化学品、烟花爆竹、民用爆破器材生产单位实行提取安全费用制度。具体办法由市人民政府制定。

第二十条 生产经营单位的安全生产资金投入或者安全费用，应当专项用于下列安全生产事项：

（一）安全技术措施工程建设；

（二）安全设备、设施的更新和维护；

（三）安全生产宣传、教育和培训；

（四）劳动防护用品配备；

（五）重大危险源监控；

（六）生产安全事故应急救援演练；

（七）应急救援队伍建设或者救援服务；

（八）其他保障安全生产的事项。

第二十一条 生产经营单位应当对从业人员进行安全生产教育和培训，并建立考核制度。未经安全生产教育和培训合格的人员不得上岗作业。生产经营单位应当对安全生产教育、培训和考核情况进行记录，并按照规定的期限保存。

第二十二条 生产经营单位的主要负责人和安全生产管理人员应当接受相应的安全生产知识和管理能力的培训，具体培训和考核办法按照国家有关规定执行。

危险物品的生产、经营、储存单位从事危险作业的人员应当按照国家有关规定参加专门的安全作业培训，经培训合格方可上岗。

第二十三条　以劳务派遣形式用工的，劳务派遣单位应当对劳务派遣人员进行必要的安全生产教育和培训；用工单位应当对劳务派遣人员进行岗位安全操作规程和安全操作技能的教育和培训。

用工单位与劳务派遣单位应当在劳务派遣协议中明确各自承担的教育和培训的职责和具体内容。

第二十四条　安全生产的教育和培训主要包括下列内容：

（一）安全生产法律、法规和规章；

（二）安全生产规章制度和操作规程；

（三）岗位安全操作技能；

（四）安全设备、设施、工具、劳动防护用品的使用、维护和保管知识；

（五）生产安全事故的防范意识和应急措施、自救互救知识；

（六）生产安全事故案例。

第二十五条　生产经营单位主要负责人、安全生产管理人员和从业人员每年接受的在岗安全生产教育和培训时间不得少于 8 学时。

新招用的从业人员上岗前接受安全生产教育和培训的时间不得少于 24 学时；换岗的，离岗 6 个月以上的，以及生产经营单位采用新工艺、新技术、新材料或者使用新设备的，均不得少于 4 学时。

法律、法规对安全生产教育和培训的时间另有规定的，从其规定。

第二十六条　矿山、建筑施工单位，城市轨道交通运营单位，危险物品的生产、经营、储存单位及从业人员超过 300 人的其他生产经营单位，应当设置安全生产管理机构或者配备专职安全生产管理人员。专职安全生产管理人员的配备按照国家或者本市有关规定执行。

前款规定以外的生产经营单位，应当配备专职或者兼职的安全生产管理人员，或者委托具有国家规定的相关专业技术资格的工程技术人员提供安全生产管理服务。

第二十七条　安全生产管理机构和安全生产管理人员履行下列职责：

（一）提出安全生产工作计划并组织实施；

（二）组织开展安全生产检查，督促消除生产安全事故隐患；

（三）组织实施生产安全事故应急演练；

（四）督促本单位各部门履行安全生产职责，组织安全生产考核，提出奖惩意见；

（五）依法组织本单位生产安全事故调查处理。

第二十八条　生产经营单位新建、改建、扩建工程项目（以下统称建设项目）的安全设施，应当与主体工程同时设计、同时施工、同时投入生产和使用。

建设项目投入生产或者使用前，建设单位应当根据有关规定对建设项目的安全设施组织验收，验收合格后方可投入生产使用，并将验收报告向安全生产监督管理部门备案。

本市逐步在工业建设项目、城市基础设施建设项目、城市公共交通建设项目等领域推行安全评价制度，具体办法由市人民政府另行规定。

第二十九条　矿山建设项目和用于生产、储存危险物品的建设项目的安全设施设计应当按照国家有关规定报政府有关部门审查。

生产经营单位申请安全设施设计审查，应当提交下列文件：

（一）设计审查申请表；

(二) 建设项目可行性研究报告安全专篇；
(三) 安全评价报告；
(四) 有关安全设施的设计文件及设计单位资质证明。
经审查批准的安全设施设计需要变更的，应当经原审查部门审查同意。

第三十条　矿山建设项目和用于生产、储存危险物品的建设项目竣工投入生产或者使用前，应当按照法律、行政法规的规定对安全设施进行验收；验收合格后方可投入生产和使用。

生产经营单位申请安全设施验收，应当提交下列文件：
(一) 安全设施验收申请表；
(二) 建设项目安全设施的综合报告；
(三) 安全生产规章制度和操作规程。

第三十一条　生产经营单位安全设备的设计、制造、安装、使用、检测、维修、改造和报废，应当符合国家标准、行业标准。

生产经营单位应当对安全设备进行经常性维护、保养，并定期检测，保证正常运转。维护、保养、检测应当作好记录，并由有关人员签字。维护、保养、检测记录应当包括安全设备的名称和维护、保养、检测的时间、人员等内容。

第三十二条　生产经营单位应当在有较大危险因素的生产经营场所和有关设备、设施上，设置符合国家标准或者行业标准的安全警示标志。

安全警示标志应当明显、保持完好、便于从业人员和社会公众识别。

第三十三条　生产经营单位对重大危险源应当登记建档，进行定期检测、评估、监控，制定应急预案，告知从业人员和相关人员在紧急情况下应当采取的应急措施。

登记建档应当包括重大危险源的名称、地点、性质和可能造成的危害等内容。

第三十四条　生产经营单位应当按照国家有关规定将本单位重大危险源及有关安全措施、应急措施报安全生产监督管理部门和政府其他有关部门备案。

第三十五条　生产经营单位的生产区域、生活区域、储存区域之间应当保持规定的安全距离。

生产、经营、储存、使用危险物品的车间、商店和仓库周边的安全防护应当符合国家有关规定，不得与员工宿舍在同一座建筑物内，并与员工宿舍保持规定的安全距离。

生产经营场所和员工宿舍应当设有符合紧急疏散要求、标志明显、保持畅通的出口。任何单位或者个人不得以任何理由和任何方式封闭生产经营场所或者堵塞员工宿舍的出口。

第三十六条　生产经营单位应当按照国家有关规定，明确本单位各岗位从业人员配备劳动防护用品的种类和型号，为从业人员无偿提供符合国家标准或者行业标准的劳动防护用品，不得以货币形式或者其他物品替代。购买和发放劳动防护用品的情况应当记录在案。

第三十七条　生产经营单位应当根据本单位生产经营活动的特点，对安全生产状况进行经常性检查。检查情况应当记录在案，并按照规定的期限保存。

生产经营单位对本单位存在的生产安全事故隐患的治理负全部责任，发现事故隐患的，应当立即采取措施，予以消除；对非本单位原因造成的事故隐患，不能及时消除或者难以消除的，应当采取必要的安全措施，并及时向所在地的安全生产监督管理部门或者政府其他有关部门报告。

第三十八条　生产经营单位设置户外广告、牌匾，应当遵守有关户外设施的安全技术标准和管理规范，并进行经常性检查和维护，确保安全、牢固；发现生产安全事故隐患的，应当及时予以消除。

第三十九条　生产经营单位进行爆破、吊装、悬吊、挖掘、建设工程拆除等危险作业，临近高压输电线路作业，以及在有限空间内作业，应当执行本单位的危险作业管理制度，安排负责现场安全管理的专门人员，落实下列现场安全管理措施：

（一）确认现场作业条件符合安全作业要求；

（二）确认作业人员的上岗资质、身体状况及配备的劳动防护用品符合安全作业要求；

（三）就危险因素、作业安全要求和应急措施向作业人员详细说明；

（四）发现直接危及人身安全的紧急情况时，采取应急措施，停止作业或者撤出作业人员。

根据危险作业生产安全事故发生情况，市安全生产监督管理部门可以制定专项管理措施，生产经营单位应当执行。

第四十条　生产经营单位不得将生产经营项目、场所、设备，发包、出租给不具备国家规定的安全生产条件或者相应资质的单位和个人从事生产经营活动。

生产经营单位将生产经营项目、场所、设备发包或者出租的，应当与承包单位、承租单位签订专门的安全生产管理协议，或者在承包、租赁合同中约定各自的安全生产管理职责。

同一建筑物内的多个生产经营单位共同委托物业服务企业或者其他管理人进行管理的，由物业服务企业或者其他管理人依照委托协议承担其管理范围内的安全生产管理职责。

第四十一条　危险化学品生产单位不得向未取得危险化学品经营许可证的经营单位或者个人销售危险化学品。

危险化学品经营单位不得从未取得危险化学品生产许可证或者危险化学品经营许可证的单位采购危险化学品。

危险化学品应当储存在专用仓库、专用场地或者专用储存室内，储存方式、方法和数量应当符合国家标准、地方标准，并由专人管理。

第四十二条　供水、排水、污水处理、供电、供气、供热、环卫等市政基础设施管理单位和轨道交通运营单位、传输管线施工和运营单位，应当加强设备、设施日常维护和施工现场安全管理，定期开展运行安全评价，及时排除生产安全事故隐患，保障基础设施的安全运行。

第四十三条　歌舞厅、影剧院、体育场（馆）、宾馆、饭店、商（市）场、旅游区（点）、网吧等公众聚集的经营场所，其生产经营单位应当遵守下列规定：

（一）不得改变经营场所建筑的主体和承重结构；

（二）在经营场所设置标志明显的安全出口和符合疏散要求的疏散通道并确保畅通；

（三）按照有关规定在经营场所配备应急广播和指挥系统、应急照明设施、消防器材，安装必要的安全监控系统，并确保完好、有效；

（四）制定可靠的安全措施和生产安全事故应急救援预案，配备应急救援人员；

（五）有关负责人能够熟练使用应急广播和指挥系统，掌握应急救援预案的全部内容；

（六）从业人员能够熟练使用消防器材，了解安全出口和疏散通道的位置及本岗位的应急救援职责；

（七）经营场所实际容纳的人员不超过规定的容纳人数。

前款规定的场所设在同一建筑物内的，生产经营单位应当按照国家标准、地方标准和有关技术规范设置安全出口和疏散通道并保持畅通。

第四十四条　生产经营单位承办大型群众性活动的，应当制定符合规定要求的活动方案和突发事件的应急预案，并按照国家和本市有关规定履行审批手续。

活动举办期间，承办单位应当落实各项安全措施，保证活动场所的设备、设施安全运转，配备足够的工作人员维持现场秩序，必要时可以申请公安机关协助。在人员相对聚集时，承办单位应当采取控制和疏散措施，确保参加活动的人数在安全条件允许的范围内。

第三章 从业人员的权利和义务

第四十五条 生产经营单位的从业人员享有《中华人民共和国安全生产法》规定的权利，履行相应义务。

第四十六条 生产经营单位与从业人员订立的劳动合同中应当载明有关保障从业人员劳动安全、防止职业危害，以及为从业人员办理工伤保险和其他依法应当办理的安全生产强制性保险等事项。

生产经营单位不得以任何形式与从业人员订立协议，免除或者减轻其对从业人员因生产安全事故伤亡依法应当承担的责任。

第四十七条 从业人员有权向生产经营单位了解下列事项：

（一）作业场所和工作岗位存在的危险因素；

（二）已采取的防范生产安全事故和职业危害的技术措施和管理措施；

（三）发生直接危及人身安全的紧急情况时的应急措施。

生产经营单位应当通过作业场所公示、书面告知、答复、教育培训等方式，将前款所列事项告知从业人员，保障从业人员的知情权。

第四十八条 从业人员有权对本单位安全生产工作和有关职业安全健康问题提出批评、检举、控告；有权拒绝违章指挥和强令冒险作业。

生产经营单位不得因从业人员对本单位安全生产工作提出批评、检举、控告或者拒绝违章指挥、强令冒险作业而降低其工资、福利等待遇或者解除与其订立的劳动合同。

第四十九条 从业人员有权要求生产经营单位依法参加工伤保险和其他安全生产保险。

生产经营单位未依法参加前款规定的保险，从业人员因生产安全事故受到损害的，生产经营单位应当按照相关保险规定的待遇项目和标准支付费用，从业人员依照有关民事法律尚有获得赔偿权利的，有权提出赔偿要求。

第五十条 从业人员应当履行下列义务：

（一）遵守本单位安全生产规章制度和岗位操作规程、施工作业规程；

（二）接受安全生产教育和培训，参加应急演练；

（三）报告生产安全事故隐患或者不安全因素；

（四）发生生产安全事故紧急撤离时，服从现场统一指挥；

（五）配合事故调查，如实提供有关情况；

（六）从事特种作业的，经过专门培训并取得特种作业资格。

第四章 安全生产的监督管理

第五十一条 安全生产监督管理实行属地原则，由生产经营活动所在地的政府及其有关部门实施。

第五十二条 市和区、县人民政府应当建立安全生产控制指标体系，对安全生产工作实行目标管理；每季度至少召开一次会议，专题研究本地区安全生产工作，组织、协调重大生产安全事故隐患治理。

乡镇人民政府和街道办事处根据本地区安全生产工作的需要，设立或者明确负责安全生产工作的机构，配备或者聘请人员，监督、检查本地区安全生产工作，发现安全生产违法行为或者生产安全事故隐患的，应当责令生产经营单位改正或者排除，并及时向安全生产监督管理部门和政府其他有关部门报告。

第五十三条　安全生产监督管理部门履行下列职责：

（一）综合分析本地区安全生产形势，定期向本级人民政府报告安全生产工作，提出安全生产工作的意见和建议，发布安全生产信息；

（二）指导协调、监督检查本级人民政府有关部门和下级人民政府履行安全生产监督管理职责，提出意见和建议；

（三）负责组织对本级人民政府有关部门和下级人民政府的安全生产工作进行综合考核；

（四）法律、法规、规章和市人民政府规定的其他职责。

第五十四条　市人民政府对所属有关部门和区、县人民政府安全生产工作进行综合考核；区、县人民政府对所属有关部门和乡镇人民政府、街道办事处安全生产工作进行综合考核。考核结果纳入绩效考核内容。

第五十五条　市和区、县人民政府应当加强安全生产基础研究、应用研究和安全生产先进技术的推广；完善安全生产技术支撑体系，支持生产经营单位安全技术改造；保障安全生产基础设施建设资金的投入；推进安全生产重点领域、重点单位的物联网建设；监督管理国家安排的安全生产专项资金，确保专款专用，并安排配套资金予以保障。

第五十六条　市人民政府有关部门应当加强对有关行业或者领域安全生产工作的指导，定期统计生产安全事故、从业人员伤亡和职业危害情况，组织制定有关行业或者领域的安全生产标准、管理规范并督促落实。

市质量技术监督部门应当加强规划，组织、指导有关安全生产地方标准的制定，及时协调和处理标准化工作中的问题。

第五十七条　在本市举办重要会议或者重大活动期间，市安全生产监督管理部门可以根据市人民政府的要求，制定专项安全生产管理措施，生产经营单位应当执行。

第五十八条　安全生产监督管理部门和政府其他有关部门应当建立健全重大危险源备案工作制度，加强对重大危险源的监督管理工作。

第五十九条　生产经营单位销售重点监管的化学品，应当如实记录购买者和所购买化学品的相关信息，并将相关证明材料存档备查。重点监管的化学品目录由市安全生产监督管理部门会同公安机关制定并向社会公布。

第六十条　在重大危险源、高压输电线路和输油、输气管道等场所和设施的安全距离范围内，城乡规划主管部门不得批准建设建筑物、构筑物。

对不符合规定安全距离要求的建筑物、构筑物，应当依法予以拆除或者采取其他保障安全的措施。

第六十一条　安全生产监督管理部门根据工作需要，配备安全生产监督检查人员。

安全生产监督检查人员执行监督检查任务时，应当出示有效的监督执法证件，并将检查的时间、地点、内容、发现的问题及其处理情况，作出书面记录，由检查人员和被检查单位的负责人签字。

第六十二条　安全生产监督管理部门应当制定安全生产监督检查计划，有关部门应当按照计划对生产经营单位的安全生产状况进行联合检查；需要分别检查的，应当相互协调，避免重复检查。

负有安全生产监督管理职责的部门在检查中发现安全问题应当及时处理；应当由其他部门处理的，及时移送有关部门并形成记录备查，接受移送的部门应当及时处理。

第六十三条 任何单位或者个人对生产安全事故隐患或者安全生产违法行为，均有权向安全生产监督管理部门和政府其他有关部门报告或者举报。查证属实的，由有关部门按照规定给予奖励。

安全生产监督管理部门和政府其他有关部门应当公开举报电话、通信地址或者电子邮件地址，受理有关安全生产的举报；受理的举报事项经调查核实后，应当形成书面材料；需要落实整改措施的，报经有关负责人签字并督促落实。

第六十四条 居民委员会、村民委员会发现所在区域的生产经营单位存在生产安全事故隐患或者安全生产违法行为的，应当向所在地人民政府或者安全生产监督管理部门、其他有关部门报告。

第六十五条 区、县安全生产监督管理部门或者政府其他有关部门接到生产安全事故隐患报告的，应当及时调查、了解有关情况，组织协调消除事故隐患；属于重大生产安全事故隐患的，应当及时报请区、县人民政府采取治理措施；对于超出本级人民政府管理权限的，有关区、县人民政府应当及时报告市人民政府。

区、县人民政府应当将治理重大生产安全事故隐患的有关情况，向市安全生产监督管理部门通报。

第六十六条 安全生产监督管理部门和政府其他有关部门在检查过程中发现生产安全事故隐患的，应当责令生产经营单位采取措施立即消除；不能立即消除的，应当责令限期消除，并督促落实。在限期消除期间，安全生产监督管理部门或者政府其他有关部门可以在生产经营场所的明显位置设置事故隐患提示标志。

重大生产安全事故隐患消除前或者消除过程中无法保证安全的，安全生产监督管理部门和政府其他有关部门可以责令生产经营单位全部或者部分停产停业，或者采取其他限制措施；隐患消除后，经审查同意，方可恢复生产经营活动。

第六十七条 安全生产监督管理部门在监督检查过程中有根据认为生产经营单位的设备、设施和器材不符合保障安全生产国家标准或者行业标准的，可以予以查封或者扣押，但应当在 15 日内依法作出处理决定。

第六十八条 市和区、县人民政府有关部门应当对生产经营单位承办的大型群众性活动安全措施的落实、活动场所设备设施的安全运转及维护现场秩序工作人员的配备等情况进行检查，督促承办单位落实相关安全措施和应急预案。

第六十九条 生产经营单位发生一次死亡 3 人以上责任事故或者年度内发生两起死亡责任事故的，政府有关部门可以依法降低其相应的生产经营资质，限制其一年内参加政府投资、政府融资建设项目和政府采购项目的投标及该年度政府奖项的评奖，并将有关情况记入本市企业信用信息系统。

前款规定的生产经营单位应当委托具有相应资质的安全生产评价机构进行安全评价，并落实有关安全措施。

第七十条 矿山、道路交通运输、建筑施工、危险化学品、烟花爆竹等领域的生产经营单位按照国家有关规定实行安全生产风险抵押金制度。生产经营单位发生生产安全事故时，安全生产风险抵押金转作事故抢险救灾和善后处理资金。

本市建立安全生产责任保险制度，并在各行业或者领域逐步实施。前款规定的生产经营单位参加安全生产责任保险的，不再存缴安全生产风险抵押金。

第七十一条 市安全生产监督管理部门应当定期向社会公布全市安全生产状况和生产安全事故情况,并及时公开严重安全生产违法行为的情况和重大、特大生产安全事故的有关信息。

市安全生产监督管理部门应当建立安全生产违法行为记录系统,记载生产经营单位及其主要负责人、个人经营的投资人、有关中介机构等安全生产活动当事人的违法行为、责任事故及处理结果。任何单位和个人有权查询相关记录。

第七十二条 本市建立安全生产信息网络平台,及时提供安全生产法律、法规、标准、政策、措施等信息服务。

政府有关部门应当建立健全安全生产信息沟通制度,互相通报有关安全生产的政策和执法监督信息。

区、县人民政府及其有关部门应当采取多种形式,及时将有关安全生产的政策和措施告知生产经营单位,并提供相关信息服务。

行业协会应当配合政府有关部门做好有关安全生产信息的宣传工作。

第七十三条 新闻、出版、广播、电视等单位应当对违反安全生产法律、法规的行为进行舆论监督,通过开设公益性专题栏目等形式,对社会公众进行安全意识教育和自救互救知识宣传。

第五章 生产安全事故的应急救援与调查处理

第七十四条 市和区、县人民政府应当组织有关部门制定本地区特大生产安全事故应急救援预案,建立应急救援体系。

第七十五条 特大生产安全事故应急救援预案主要包括下列内容:

(一)应急救援的指挥和协调机构;

(二)有关部门在应急救援中的职责和分工;

(三)危险目标的确定和潜在危险性评估;

(四)应急救援组织及其人员、装备;

(五)紧急处置、人员疏散、工程抢险、医疗急救等措施方案;

(六)社会支持救助方案;

(七)应急救援组织的训练和演习;

(八)应急救援物资储备;

(九)经费保障。

第七十六条 生产经营单位应当根据本单位生产经营的特点,制定生产安全事故应急救援预案,对生产经营活动中容易发生生产安全事故的领域和环节进行监控,建立应急救援组织或者配备应急救援人员,储备必要的应急救援设备、器材,按照国家有关规定在作业区域设置救生舱等紧急避险救生设施。

规模较小的生产经营单位可以委托专业应急救援机构提供救援服务。规模较大的生产经营单位可以组建专业应急救援队伍,受市和区、县人民政府委托执行应急救援任务,市和区、县人民政府应当给予必要的支持。

第七十七条 生产经营单位制定的生产安全事故应急救援预案主要包括下列内容:

(一)应急救援组织及其职责;

(二)危险目标的确定和潜在危险性评估;

(三)应急救援预案启动程序;

(四)紧急处置措施方案;

（五）应急救援组织的训练和演习；

（六）应急救援设备器材的储备；

（七）经费保障。

生产经营单位应当定期演练生产安全事故应急救援预案，每年不得少于一次。

第七十八条 生产经营单位发生生产安全事故的，事故现场有关人员应当立即报告本单位负责人。

单位负责人接到事故报告应当迅速启动应急救援预案，采取有效措施组织抢救，防止事故扩大，减少人员伤亡和财产损失，并按照国家有关规定及时、如实报告安全生产监督管理部门或者政府其他有关部门。单位负责人对事故情况不得隐瞒不报、谎报或者拖延报告。

生产经营单位应当保护事故现场；需要移动现场物品时，应当作出标记和书面记录，妥善保管有关证物。生产经营单位不得故意破坏事故现场、毁灭有关证据。

第七十九条 发生生产安全事故造成人员伤害需要抢救的，发生事故的生产经营单位应当及时将受伤人员送到医疗机构，并垫付医疗费用。

第八十条 事故调查处理应当按照实事求是、尊重科学的原则，及时、准确地查清事故原因，查明事故性质和责任，总结事故教训、提出整改措施，并对事故责任者提出处理意见。

事故调查和处理的具体办法，按照国家和本市有关规定执行。

第八十一条 任何单位和个人不得阻挠和干涉对事故的依法调查、对事故责任的认定及对事故责任人员的处理。

第八十二条 市和区、县人民政府有关部门应当定期统计分析本系统生产安全事故情况，并将有关情况报告同级安全生产监督管理部门。

第六章　法律责任

第八十三条 法律、法规对违反本条例行为的法律责任有规定的，适用其规定；法律、法规没有规定的，适用本条例的规定。

第八十四条 各级人民政府、安全生产监督管理部门或者政府其他有关部门的工作人员，有下列情形之一的，依法给予行政处分；构成犯罪的，依法追究刑事责任：

（一）未按照规定的权限、条件和程序作出行政许可决定或者因其他失职、渎职行为，造成重大生产安全事故隐患的；

（二）未按照规定履行安全生产监督管理责任的；

（三）发生生产安全事故，未按照规定组织救援或者玩忽职守致使人员伤亡或者财产损失扩大的；

（四）对生产安全事故隐瞒不报、谎报或者拖延报告的；

（五）阻挠、干涉生产安全事故调查处理或者生产安全事故责任追究的。

特大生产安全事故行政责任的追究，依照国家有关规定执行。

第八十五条 生产经营单位的主要负责人未履行本条例规定的安全生产管理职责的，责令限期改正；逾期未改正的，责令生产经营单位停产停业整顿。

生产经营单位的主要负责人未履行本条例规定的安全生产管理职责，导致发生生产安全事故，构成犯罪的，依法追究刑事责任；尚不够刑事处罚的，给予撤职处分或者处 2 万元以上 20 万元以下罚款。

生产经营单位的主要负责人依照前款规定受刑事处罚或者撤职处分的，自刑罚执行完毕或者受处分之日起，5 年内不得担任任何生产经营单位的主要负责人。

第八十六条 生产经营单位有下列行为之一的,责令限期改正;逾期未改正的,责令停产停业整顿,可以并处 2 万元以下罚款:

(一)违反第十五条第七项,特种作业人员未按照规定经专门的安全作业培训并取得特种作业操作资格证书上岗作业的;

(二)未按照本条例第二十一条、第二十二条和第二十五条规定对从业人员进行安全生产教育和培训的;

(三)未按照本条例第二十六条第一款规定设置安全生产管理机构或者配备专职安全生产管理人员的;

(四)未按照本条例第五十九条规定如实记录相关信息的。

第八十七条 生产经营单位违反本条例第二十八条规定,有下列行为之一的,责令限期改正;逾期未改正的,责令停止建设或者停产停业整顿:

(一)建设项目没有安全设施设计的;

(二)建设项目安全设施未与主体工程同时设计、同时施工、同时投入生产和使用的。

第八十八条 生产经营单位违反本条例第三十六条规定,未提供劳动防护用品的,或者未提供符合规定要求的劳动防护用品的,或者以货币形式、其他物品替代的,责令限期改正;逾期未改正的,责令停产停业整顿,可以并处 5 万元以下罚款。

第八十九条 生产经营单位违反本条例第三十九条规定,未安排专门人员,落实现场安全管理措施的,责令改正;拒不改正的,责令停产停业整顿,可以并处 2 万元以上 10 万元以下罚款。

第九十条 生产经营单位违反本条例第四十条第一款规定,将生产经营项目、场所、设备发包或者出租给不具备安全生产条件或者相应资质的单位或者个人的,责令限期改正,没收违法所得;违法所得 5 万元以上的,并处违法所得 1 倍以上 5 倍以下的罚款;没有违法所得或者违法所得不足 5 万元的,单处或者并处 1 万元以上 5 万元以下的罚款;导致发生生产安全事故给他人造成损害的,与承包方、承租方承担连带赔偿责任。

第九十一条 生产经营单位违反本条例第四十一条规定,有下列行为之一的,处 2 万元以上 20 万元以下罚款:

(一)向未取得危险化学品经营许可证的经营单位销售危险化学品的;

(二)从未取得危险化学品生产许可证或者危险化学品经营许可证的单位采购危险化学品的。

第九十二条 生产经营单位违反本条例第四十七条规定,不履行对从业人员告知义务的,责令限期改正;逾期未改正的,依法追究生产经营单位主要负责人的责任。

第九十三条 生产经营单位违反本条例第五十七条规定,在本市举办重要会议或者重大活动期间,未执行专项安全生产管理措施的,责令限期改正;拒绝执行的,责令停止生产经营活动。

第九十四条 矿山、道路交通运输、建筑施工、危险化学品、烟花爆竹等领域的生产经营单位违反本条例第七十条规定,未存缴安全生产风险抵押金或者未参加安全生产责任保险的,责令限期改正,可以并处 1 万元以上 10 万元以下罚款。

第九十五条 生产经营单位不具备本条例规定的安全生产条件,经停产停业整顿仍不具备条件的,予以关闭;有关部门应当依法吊销其有关证照。

歌舞厅、影剧院、体育场(馆)、宾馆、饭店、商(市)场、旅游区(点)、网吧等公众聚集经营场所的生产经营单位不具备本条例规定的安全生产条件的,责令限期改正;逾期未改正的,依照前款规定处理。

第九十六条 生产经营单位违反规定,对生产安全事故情况隐瞒不报、谎报或者拖延报告,导致对发生事故的过错无法查明的,生产安全事故认定为生产经营单位的责任事故。

第九十七条 本条例规定的行政处罚,由安全生产监督管理部门决定;予以关闭的行政处罚由安全生产监督管理部门报请市或者区、县人民政府按照国务院规定的权限决定。有关法律、法规对行政处罚的决定机关另有规定的,适用其规定。

第七章 附 则

第九十八条 本条例自 2011 年 9 月 1 日起施行。

延伸阅读:
北京市人口与计划生育条例全文
北京市住房公积管理条例全文
北京市劳动保护监察条例全文
北京市食品安全条例全文

3. 河北省安全生产条例

发布：2017-01-12 实施：2017-03-01 现行有效
法律修订：
2017年1月12日河北省第十二届人民代表大会第五次会议通过

第一章　总　则

第一条　为了加强安全生产工作，防止和减少生产安全事故，保障人民群众生命和财产安全，促进经济社会持续健康发展，根据《中华人民共和国安全生产法》等有关法律、行政法规的规定，结合本省实际，制定本条例。

第二条　在本省行政区域内从事生产经营活动的单位（以下统称生产经营单位）和重点行业的安全生产及其监督管理，适用本条例。

有关法律、行政法规对消防安全、道路交通安全、铁路交通安全、水上交通安全、民用航空安全以及核与辐射安全、特种设备安全另有规定的，适用其规定。

第三条　安全生产工作应当以人为本，坚持安全发展，坚持安全第一、预防为主、综合治理的方针；坚持分级负责、属地管理，遵循管行业、管业务、管生产经营必须管安全和谁主管谁负责的原则；建立生产经营单位负责、职工参与、政府监管、行业自律和社会监督的机制。

第四条　县级以上人民政府应当将安全生产纳入本地区国民经济和社会发展规划，制定实施安全生产规划。安全生产规划应当与城乡规划相衔接。

县级以上人民政府应当将安全生产监督管理经费列入同级财政预算，确保安全生产监督管理工作的正常开展；健全安全投入保障制度，加大安全生产基础设施建设资金的投入；对国家安排的安全生产专项资金严格监督管理，保证专款专用。

第五条　生产经营单位是安全生产的责任主体，对本单位安全生产工作全面负责。生产经营单位应当保障安全生产投入，改善安全生产条件，推进安全生产标准化建设，加强风险因素辨识管控和隐患排查，强化安全生产基础建设，落实安全生产措施，提高安全生产水平，确保安全生产。

生产经营单位的主要负责人是本单位安全生产第一责任人；分管安全生产工作的负责人承担安全生产综合管理领导责任；其他负责人对其分管工作范围内的安全生产承担直接领导责任。

第六条　各级人民政府应当加强对安全生产工作的领导，明确责任范围，支持、督促各有关部门依法履行安全生产监督管理职责。

各级人民政府应当成立安全生产委员会，负责统筹协调本行政区域内安全生产重大事项。县级以上人民政府安全生产委员会办公室设在本级人民政府安全生产监督管理部门，承担安全生产委员会日常工作。

县级以上人民政府安全生产监督管理部门依法对本行政区域内的安全生产工作实施综合监督管理，指导协调、监督检查、巡查考核本级人民政府有关部门和下级人民政府履行安全生产监督管理职责。

负有安全生产监督管理职责的部门，依照有关法律、法规的规定，制定相关行业规范和地方标准，并在各自的职责范围内对有关的安全生产工作实施监督管理。

其他行业领域主管部门应当履行安全生产管理职责，将安全生产纳入行业领域管理内容，指导督促生产经营单位加强安全生产管理。

第七条 工会依法对安全生产工作进行监督。

生产经营单位的工会依法组织职工参加本单位安全生产工作的民主管理和民主监督，监督各项安全生产制度的落实，督促改善安全生产条件，参与安全生产检查、事故调查处理，维护职工的合法权益。生产经营单位制定或者修改有关安全生产的规章制度，应当听取工会意见。

第八条 各级人民政府及其有关部门应当鼓励和扶持安全生产科学技术研究与创新，促进安全生产信息化建设与应用，加强专业技术和技能人才的培养与引进，加快成果转化，支持先进适用安全技术、装备、工艺的推广应用，提高安全生产科学技术保障能力和水平。

第九条 各级人民政府及其有关部门和新闻、出版、广播、电影、电视、互联网等单位应当开展安全生产公益宣传教育，推进安全文化建设，加强舆论监督，提高全社会的安全意识。县级以上人民政府及其有关部门应当对在改善安全生产条件、防止生产安全事故、参加抢险救援、报告重大事故隐患、举报生产安全非法违法行为、研究安全生产理论和创新科学技术应用等方面作出突出贡献以及在安全生产考核中成绩优秀的单位和个人，给予表彰奖励。

第二章　生产经营单位安全生产规定

第十条 生产经营单位应当具备法律、法规和国家标准、行业标准或者地方标准规定的安全生产条件；不具备安全生产条件的，不得从事生产经营活动。

生产经营单位应当严格遵守前款规定的各项标准以及本单位安全生产规章制度和安全操作规程，不得违章指挥、违章操作、违反劳动纪律和强令职工冒险作业。

第十一条 生产经营单位应当建立健全全员安全生产责任制度，明确各岗位的责任人员、责任范围、考核要求等内容。完善监督考核机制，强化部门安全生产职责，形成包括主要负责人、其他负责人、中层部门及其负责人、班组和班组长、具体岗位及其从业人员以及各类专项工作负责部门及其从业人员的安全生产责任体系。

第十二条 生产经营单位的主要负责人对本单位安全生产工作负有下列职责：

（一）建立、健全本单位安全生产责任制；

（二）组织制定本单位安全生产规章制度和操作规程；

（三）保证本单位安全生产投入的有效实施；

（四）督促、检查本单位的安全生产工作，及时消除生产安全事故隐患；

（五）组织制定并实施本单位的生产安全事故应急救援预案；

（六）及时、如实报告生产安全事故；

（七）组织制定并实施本单位安全生产教育和培训计划。

第十三条 生产经营单位的主要负责人除履行法律、行政法规规定的安全生产职责外，应当落实下列安全生产事项：（一）定期主持召开安全生产例会，听取工作汇报，协调解决重大问题，形成会议纪要；（二）每季度至少组织一次安全生产全面检查，研究分析安全生产存在的问题；（三）每年至少组织并参与一次生产安全事故应急救援演练；（四）发生生产安全事故时迅速组织抢救，做好善后处理工作，配合调查处理；（五）每年向职工大会或者职工代表大会报告安全生产工作和个人履行安全生产管理职责的情况。

生产经营单位下属部门、单位的主要负责人应当履行落实前款规定的有关职责和事项。

第十四条　生产经营单位的决策机构、主要负责人或者个人经营的投资人应当保证安全生产条件所必需的资金投入，并对由于安全生产所必需的资金投入不足导致的后果承担责任。安全生产资金投入应当专项用于下列事项：

（一）安全技术措施工程建设以及安全设备、设施、器具的更新、改造、维护、检验检测和校验；

（二）安全生产宣传、教育、培训以及技术研究、成果推广和应用；

（三）安全生产风险因素辨识管控和事故隐患排查治理；

（四）劳动防护用品配备、更换和安全生产津贴、奖金发放；

（五）重大危险源监测监控；

（六）安全生产应急管理、事故救援演练以及救援队伍建设；

（七）安全生产评价、评估和标准化建设；

（八）其他保障安全生产的事项。

矿山、金属冶炼、建筑施工、道路运输、机械制造单位和危险物品生产、储存等单位应当根据国家或者本省确定的标准自行提取和使用安全生产费用，专户储存，专项用于安全生产。安全生产费用在成本中据实列支。县级以上人民政府财政部门会同安全生产监督管理部门对生产经营单位安全生产费用提取管理使用制度执行情况进行监督。

第十五条　生产经营单位应当开展安全生产标准化建设，实现安全管理、操作行为、设备设施、作业环境的标准化，提高安全生产水平和事故防范能力，并落实下列要求：

（一）制定标准化建设规划，明确标准化建设管理部门，将标准化工作情况列入考核内容；

（二）组织创建标准化完成后应当安排不少于六个月的试运行；

（三）每年向职工大会或者职工代表大会报告标准化建设及其运行情况；

（四）将标准化建设内容纳入班组、车间、厂级定期教育培训内容；

（五）建立标准化运行质量与效果年度自评估制度，并将评估结果经内部公示后通报相应评审组织单位。

微小企业的操作岗位和安全生产事故隐患排查治理方面的安全生产标准化内容，由省人民政府制定。

第十六条　生产经营单位应当制定和实施下列安全生产规章制度：

（一）安全生产责任制及其监督考核机制，安全生产标准化、管理台账、档案制度以及会议机制；

（二）安全生产检查、风险因素辨识管控、隐患排查治理和重大危险源管理制度；

（三）安全生产资金投入保障制度；

（四）设备、设施检查维修制度；

（五）安全生产教育培训考核管理制度；

（六）具有较大危险、危害因素的生产经营场所、设备和设施的安全管理制度、危险作业管理制度；

（七）职业健康保障制度和劳动防护用品配备、使用管理制度；

（八）生产安全事故应急救援预案、重大危险源应急预案制定、修订与演练制度、事故报告以及调查处理制度；

（九）建设项目安全管理和外来进场施工队伍管理制度；

（十）安全生产规章制度、管理机制执行效果评估以及修订制度；

（十一）其他有关安全生产制度。

第十七条 生产经营单位应当加强班组建设，强化以岗位为核心的安全生产管理：

（一）建立班组和岗位人员交接班安全交底、班前会提示讲解、班后会评点分析等安全管理制度；

（二）设立班组不脱产安全员，并明确其职责；

（三）支持班组安全文化建设；

（四）当次生产活动结束后，班组各岗位人员应当对负责的设备、作业场地、安全防护设施、物品存放等进行安全检查。

在矿山、金属冶炼、建筑施工单位，危险物品生产、经营、储存、运输、装卸单位等高危行业以及其他行业的危险岗位，建立并实施班组内部安全互联互保、班组岗位描述、岗位风险辨识、管理人员对班组风险审核、岗位操作前手指口述、作业现场操作前风险确认等制度。

第十八条 生产经营单位的从业人员应当在每次上岗前进行岗位安全检查，确认安全后方可进行操作。岗位安全检查包括下列事项：

（一）设备设施、安全防护装置的状态；

（二）岗位安全措施、规章制度的落实情况；

（三）作业场地以及物品堆放符合安全规范；

（四）个体防护用品、用具齐全、完好，并正确佩戴和使用；

（五）正确使用设备、设施，熟练掌握操作要领、操作规程。

第十九条 生产经营单位应当建立风险因素辨识管控和事故隐患排查治理制度，针对高危工艺、设备、物品、场所和岗位实施分级管控，制定落实安全操作规程，分别建立台账，如实记录辨识的风险因素、排查出的问题、事故隐患和整改信息，并及时以适当的方式向从业人员公示或者通报。

第二十条 生产经营单位应当对发现的风险因素和事故隐患及时管控、整改。隐患整改应当制定方案，落实责任、措施、资金、时限和预案；对因限于物质、技术等条件不能及时整改的事故隐患，应当采取必要的安全防范措施。

生产经营单位对重大隐患治理情况应当向负有安全生产监督管理职责的部门和职工代表大会报告。

微小企业应当每日进行岗位检查和安全排查，查找作业岗位的危险因素，及时消除发现的问题和事故隐患；不能消除的，应当立即停止生产经营活动。

第二十一条 矿山、金属冶炼、建筑施工、道路运输单位和危险物品的生产、经营、储存单位，应当按照国家法律法规规定，设置安全生产管理机构，配备专职安全生产管理人员。

前款规定以外的其他生产经营单位的安全生产管理机构、安全生产管理人员设置、配备标准，由省人民政府制定。

第二十二条 生产经营单位不得因安全生产管理人员依法履行职责而降低其工资、福利等待遇或者解除与其订立的劳动合同。专职安全生产管理人员的待遇不得低于同级同职其他岗位管理人员，并享受国家和本省规定的有关待遇。

生产经营单位可以对在安全生产工作中做出突出贡献的单位和个人给予奖励。

第二十三条 生产经营单位的主要负责人和安全生产管理人员应当接受有关安全生产的教育和培训,具备相应的安全生产知识和管理能力。

矿山、金属冶炼、建筑施工、道路运输和危险物品的生产、经营、储存、装卸单位,其主要负责人和安全生产管理人员,自任职之日起六个月内,应当由主管的负有安全生产监督管理职责的部门对其安全生产知识和管理能力考核合格。考核不得收费。

第二十四条 生产经营单位安全生产教育培训应当遵守下列规定:

(一) 安排特种作业人员按照国家有关规定进行培训,取得相应资格,并持证上岗;

(二) 对新进人员、实习人员进行厂、车间、班组三级教育培训;

(三) 对采用新工艺、新技术、新材料或者使用新设备的人员进行专门教育培训;

(四) 对调岗或离岗六个月以上人员进行车间、班组两级教育培训,对临时转岗、换岗人员进行新岗位教育培训;

(五) 协同外来施工单位对外来施工人员进行专门教育培训;

(六) 与劳务派遣单位分别对劳务派遣人员进行岗位安全操作规程和技能教育培训;

(七) 每年至少进行一次全员教育培训。

生产经营单位应当按照一人一档的要求建立安全生产教育培训档案,如实记录教育培训时间、内容、考核结果等。培训考核结果应当由生产经营单位负责考核的人员和从业人员本人签名。安全生产教育培训考核不合格的,不得上岗作业。

第二十五条 生产经营单位新建、改建、扩建工程项目的,安全设施应当与主体工程同时设计、同时施工、同时投入生产和使用,安全设施投资应当纳入建设项目概算,并达到下列要求:

(一) 建设项目设计单位在编制项目设计文件时,应当同时编制安全设施设计文件或者在设计文件中包含安全设施设计内容。需要报经主管部门批准的建设项目,安全设施设计文件应当随项目设计文件一并审批;

(二) 建设项目施工单位应当严格按照经审查批准的安全设施施工图纸和设计要求施工,不得擅自改变安全设施设计;

(三) 在生产设备调试阶段,应当同时对安全设施进行调试,对其效果作出评价,形成报告。

第二十六条 生产经营单位依法将生产经营项目、场所和设备发包或者出租给其他单位或者个人的,应当对承包、承租单位有关安全生产条件和资质进行核验,对不具备安全生产条件或者相应资质的,不得发包、出租。

生产经营单位应当对承包、承租单位或者个人的安全生产工作进行统一协调、管理,定期进行安全检查,并在专门安全生产管理协议或者承包、租赁合同中,依法对各自的安全生产管理职责以及生产安全事故报告、调查处理、应急救援、经济赔偿、事故风险金等安全生产事项作出明确约定。

第二十七条 本省推行安全生产责任保险制度。在矿山、金属冶炼、建筑施工、交通运输、危险化学品、烟花爆竹、民用爆炸物品、渔业生产等高危行业领域强制实施投保安全生产责任险;鼓励和推动其他生产经营单位投保安全生产责任险。

承保安全生产责任险的保险公司应当参与生产经营单位的风险评估管控,为投保安全生产责任险的生产经营单位提供生产安全事故预防、安全生产宣传教育培训等服务,并向省人民政府安全生产监督管理部门通报情况。

生产经营单位应当依法参加工伤保险，为从业人员缴纳保险费。从工伤保险费中提取的工伤预防费按照国家有关规定执行。

第三章　重点行业安全生产特别规定

第二十八条　生产经营单位应当落实重大危险源监测监控管理责任，并对重大危险源采取下列措施：

（一）登记、建档、申报；

（二）建立重大危险源的监测监控系统并进行经常性维护，保持正常运行；

（三）定期对设施、设备进行检验、检测；

（四）制定重大危险源应急预案，每半年至少组织一次演练；

（五）定期进行安全评估。

生产经营单位应当将重大危险源存在的危险因素和应急措施及时如实告知从业人员和相关人员，在醒目位置设置警示标志，并按照有关规定将重大危险源及其有关安全措施、应急预案报安全生产监督管理部门和有关部门备案。

第二十九条　生产经营单位应当在易燃烧、易爆炸、中毒、腐蚀、窒息、灼伤、高温、噪声、粉尘、泄漏、触电、倾覆、撞击、坠落、坠物、碾轧、滑坡、坍塌等有较大危险、危害因素的生产经营场所进出口以及关键部位和有关设施、设备上，设置明显的安全警示标志。

生产经营单位应当加强特种设备和其他危险性较大的设备的安全管理，编制设备目录，强化操作人员的安全培训考核。

第三十条　矿山、建筑施工单位以及危险化学品、烟花爆竹、民用爆炸物品生产单位应当依法向有关部门申请办理安全生产许可证。未依法取得安全生产许可证或者其他安全生产行政许可的生产经营单位，不得从事该项生产经营活动。

任何单位和个人不得为未取得安全生产许可证或者其他安全生产行政许可而非法从事该项生产经营活动的生产经营单位提供原辅材料、生产经营场所、运输、保管、仓储等条件。

第三十一条　矿山、金属冶炼和用于生产、储存、装卸危险物品的建设项目，应当依照国家有关规定进行安全评价。

矿山、金属冶炼和用于生产、储存、装卸危险物品的建设项目的安全设施设计应当报经有关部门审查，审查部门及其负责审查的人员对审查结果负责。

第三十二条　矿山、金属冶炼建设项目和用于生产、储存、装卸危险物品的建设项目竣工后，其试运行时间应当不少于三十日，但不超过一百八十日。国家另有规定的从其规定。

项目试运行完成后，建设单位必须依照有关法律、法规规定组织对安全设施进行验收，并对验收结果负责；验收合格后，方可投入生产或者使用。建设项目可能产生职业病危害的，其职业病防护设施应当与安全设施合并进行评价、审查和验收。建设单位组织验收应当接受安全生产监督管理部门的监督。

第三十三条　矿山、金属冶炼、建筑施工单位，危险物品的生产、经营、储存、使用、运输、装卸单位和建材、机械加工、电力、供热单位以及其他规模以上的生产经营单位，在结束停产、停业、停工、停止建设，恢复生产经营前，应当制定复工复产工作方案并组织论证，根据工作方案中安全生产的要求对从业人员进行专项培训，进行安全生产检查，检查合格后方可恢复生产。

第三十四条　矿山、金属冶炼单位以及危险物品的生产、储存单位，应当按照一定比例配备注册安全工程师从事安全生产管理工作；鼓励其他生产经营单位聘用注册安全工程师从事安全生产管理工作。

第三十五条 生产经营单位从事下列活动，应当严格执行有关安全技术标准和管理规范，制定作业方案和应急处置预案，设置作业现场的安全区域，落实安全防范措施，签订专门安全生产管理协议或者在承包合同中明确安全生产事项，发现事故隐患的应当及时予以消除：

（一）设置户外广告、牌匾、电子屏等；

（二）进行建筑物室外墙体、玻璃幕墙美容清洗、贴砖、粉刷、空调安装等高空作业；

（三）进行污水池（井）、化粪池、下水道、盲井等地下受限空间作业；

（四）进行易燃易爆场所动火作业；

（五）进行爆破、吊装、临近高压输电线路作业、建筑物和构筑物拆除、道路清障救援、大型检修等作业。

第三十六条 储存和堆放危险物品的港口、码头、仓库或者物流中心等场所的设计、建设应当符合国家设计规范和安全防护距离。已有建筑物不符合设计规范和安全防护距离的，不得用于储存和堆放危险物品。

储存和堆放危险物品的港口、码头、仓库或者物流中心等场所应当设置安全警示标志，载明危险物品的名称、种类、数量以及安全须知、消防要求等注意事项，并按批次将名称、种类、数量变化情况报告有关部门。进行危险物品运输、装卸作业时，应当在批准的区域范围内作业并严格遵守安全操作规程。

第三十七条 涉及易燃易爆、有毒有害的粉尘、气体或者其他物态作业场所的生产经营单位，应当按照国家规定设置监测报警装置和远程监控系统，按照国家相关防爆标准设置建筑物、构筑物、电气设备、静电释放和通风系统等设施，并按照规定落实下列措施：

（一）保持安全出口和应急疏散通道畅通；

（二）控制作业场所爆炸危险物质的储存数量；

（三）定期对危险场所电气设备和通风除尘、防静电等安全设施进行检测和维护保养；

（四）定期清理可燃爆粉尘。

涉氨涉氯等有毒有害作业场所的生产经营单位除应当符合前款规定外，还应当定期检验储存装置，在储存、使用区域设置泄露收集处理装置和事故排水系统，在操作岗位设置洗眼器、淋洗器，配备空气呼吸器、防毒面具以及相关急救药品。

第三十八条 车站、地铁站、码头、机场、歌舞厅、影剧院、体育场（馆）、宾馆、饭店、商（市）场、旅游景区、动物园、公园、游乐场所、网吧、酒吧等公众聚集的经营场所应当符合下列要求：

（一）不得擅自改变场所建筑的主体和承重结构；

（二）实际容纳的人员不得超过规定的容纳人数，设置标志明显的安全出口和符合疏散要求的疏散通道；

（三）按照规定配备应急广播和指挥系统、应急照明设施、消防器材，安装安全监控系统，并确保完好、有效；

（四）制定生产安全事故应急救援预案，配备应急救援人员，组织应急救援演练；

（五）按照国家规定定期对电梯、锅炉、客运索道、大型游乐设施、配电等重要设施设备进行检测、检验；

（六）同一经营场所或者其他建筑物由两个以上单位管理和使用的，应当明确各方的安全责任。在上述场所举行大型集会或者活动,应当依法履行相关审批手续,制定安全工作方案,落实各项安全措施。

第三十九条 地下经营场所应当配备应急广播以及通风、防火设施和器材,设置安全出口和应急疏散通道,标示疏散位置和疏散方向,并定期检查、维修,保证正常运行和使用。地下经营场所内禁止下列行为:

(一)生产、经营、存放、携带危险化学品、烟花爆竹等有毒有害、易燃易爆物品;

(二)挤占、堵塞疏散通道、通风口、消防通道;

(三)采用液化石油气和汽油、煤油、甲醇、乙醇等易燃液体作为燃料;

(四)违规安装、使用电器产品和敷设用电线路;

(五)拆除、损毁各类安全设施和器材。

第四十条 学校、幼儿园、科研院所、医疗机构、养老机构应当加强对消防、用电、民用燃气、实(试)验药品、实(试)验室、制氧站、宿舍、病房、办公用房、建筑(装修)施工、交通工具,以及室外教学、集体活动等方面的安全管理,定期开展安全检查,排除事故隐患,制定和完善应急救援预案,并每年至少组织两次应急演练。

学校、幼儿园、科研院所、医疗机构、养老机构不得出租房屋、场地用于危险物品的生产、经营、储存、装卸活动。

学校、科研院所、医疗机构等自办工厂、公司、商场(店)、宾馆、饭店和出租或者发包场地、临街门店、食堂、超市、建设工程项目以及进行其他生产经营活动的,按照生产经营单位进行监督管理。

第四十一条 物业服务企业应当在经营范围内对服务区域的人流干道、消防通道、地下车库、窨井、化粪池、电梯等重点部位以及水暖、燃气、供电等重要设施进行日常检查,对检查中发现的事故隐患,应当立即处理,并发出警示。对存在重大事故隐患的,还应当及时报告当地街道办事处或者乡(镇)人民政府和负有安全生产监督管理职责的部门。

物业服务企业应当在经营范围内对服务区域的服务对象进行安全宣传、组织应急演练。

第四章 从业人员安全生产权利义务

第四十二条 生产经营单位的从业人员享有下列权利:

(一)了解作业场所和工作岗位存在的危险因素、防范措施以及事故应急措施;

(二)对安全生产工作提出建议,对存在的问题提出批评、检举、控告;

(三)拒绝违章指挥和强令冒险作业;

(四)发现直接危及人身安全的紧急情况时,有权停止作业或者在采取可能的应急措施后撤离作业场所;

(五)获得并使用符合国家标准或者行业标准的劳动防护用品;

(六)因生产安全事故受到损害,除依法享有工伤保险外,依照有关民事法律尚有获得赔偿的权利的,有权向本单位提出赔偿要求。

生产经营单位不得因从业人员有前款第二项、第三项、第四项的行为而降低其工资、福利等待遇或者解除与其订立的劳动合同。

第四十三条 生产经营单位应当为从业人员提供符合国家标准或者行业标准的劳动防护用品,并监督、教育从业人员按照规定佩戴、使用。不得以货币或者其他物品代替劳动防护用品。

第四十四条 生产经营单位与从业人员订立的劳动合同,应当载明有关保障从业人员劳动安全、防止职业危害以及依法为从业人员办理工伤保险的事项。

生产经营单位不得以任何形式与从业人员订立减轻或者免除其对从业人员因生产安全事故伤亡依法应承担责任的协议。

第四十五条 生产经营单位的从业人员应当履行下列义务：

（一）遵守本单位的安全生产规章制度和操作规程，服从管理；

（二）正确佩戴和使用劳动防护用品，上岗前进行岗位安全检查；

（三）接受安全生产教育和培训，掌握本职工作所需的安全生产知识，提高安全生产技能，增强事故预防和应急处理能力；

（四）发现事故隐患或者其他不安全因素时，立即向安全生产管理人员或者本单位负责人报告；

（五）发生生产安全事故紧急撤离时，服从现场统一指挥；

（六）生产安全事故发生后，配合事故调查，如实提供有关情况。

第四十六条 工会有权对建设项目的安全设施与主体工程同时设计、同时施工、同时投入生产和使用的情况进行监督，并提出意见。

工会对生产经营单位违反安全生产法律、法规，侵犯从业人员合法权益的行为，有权要求纠正；发现生产经营单位违章指挥、强令冒险作业或者发现事故隐患时，有权提出解决问题的建议，生产经营单位应当及时研究答复；发现危及从业人员生命安全的情况时，有权向生产经营单位建议组织从业人员撤离危险场所，生产经营单位应当立即处理。

工会有权依法参加事故调查，向有关部门提出处理意见，并要求追究有关人员的责任。

第五章 安全生产监督管理

第四十七条 县级以上人民政府应当每年向本级人民代表大会或者其常务委员会报告安全生产情况，依法接受监督，并向社会公开。

县级以上人民代表大会常务委员会应当采取执法检查、质询、询问、代表视察等方式，加强对安全生产工作的监督。

第四十八条 本省建立覆盖省、市、县、乡、村五级的安全生产责任体系，按照职责分工加强安全生产监督管理规范化建设，实行安全生产网格化管理。

乡（镇）人民政府、街道办事处应当明确负责安全生产监督管理的机构，各类开发（园）区应当设立专门负责安全生产监督管理的机构，配备满足工作需要的监管监察人员，提供工作必需的设施、装备和经费保障。

村（居）民委员会应当引导生产经营单位成立安全生产互查自律组织，明确安全生产信息员，对发现的重大安全隐患、非法生产经营行为等线索，应当向当地人民政府或者有关部门报告，配合各级人民政府及其部门开展工作。

第四十九条 各级人民政府应当建立健全安全生产领导责任制、安全生产巡查、生产安全事故责任追究和警示约谈等制度，科学设定安全生产考核指标，加强对本级人民政府有关部门和下级人民政府的安全生产工作的考核，实行过程考核与结果考核相结合，增加其在政府综合考核和有关部门考核中的权重。

各级人民政府及其有关部门的主要负责人对本行政区域或者本部门监督管理行业领域的安全生产工作负全面领导责任；分管负责人负综合监管领导责任；其他负责人对分管工作范围内的安全生产负直接领导责任。

县级以上人民政府主要负责人应当与有关部门和下级人民政府主要负责人签订安全生产

责任书。

第五十条 各级人民政府应当每个季度至少召开一次防范重大、特大生产安全事故工作会议，研究本行政区域内安全生产工作，通报安全生产工作情况，协调、解决安全生产工作中的重大问题。

县级以上人民政府安全生产监督管理部门发现应当由其他负有安全生产监督管理职责的部门处理的事故隐患和不安全事项时，应当向其提出改正或者处理意见。其他负有安全生产监督管理职责的部门应当及时改正或者作出处理，并向安全生产监督管理部门反馈。

第五十一条 县级以上人民政府及其负有安全生产监督管理职责的部门应当建立健全重大事故隐患治理督办制度，明确督办内容、流程、时限，对整改和督办不力的纳入政府核查问责范围，情节严重的依法依规追究相关人员责任，并通过网站和其他媒体公示，接受社会监督。

第五十二条 县级以上人民政府应当制定安全生产监管监察能力建设规划，提高监督管理执法制度化、标准化、信息化水平。

县级以上人民政府应当强化安全生产执法保障，改善调查取证等执法装备，保障基层监督检查和应急救援车辆满足工作需要。监督检查用车难以保障时，可以依据国家和本省规定通过社会化、市场化的方式解决。

安全生产监督检查人员进入生产经营单位危险场所进行检查时，个体防护装备和检查、取证等设备应当符合安全要求。不符合安全要求的，不得进入危险场所进行检查。

第五十三条 县级以上人民政府及其负有安全生产监督管理职责的部门应当推动生产经营单位安全生产标准化达标创建工作，加强生产经营单位安全标准化分级考核评价，对标准化运行的质量和效果进行评估、监督。

第五十四条 县级以上人民政府负有安全生产监督管理职责的部门应当制定对生产经营单位的安全生产监督检查计划，并根据安全生产实际情况及时进行调整和完善，报同级人民政府批准后实施。

安全生产监督检查人员在进入生产经营单位进行安全生产监督检查时，应当明确记录检查的时间、场所、部位等。

对检查中发现的安全生产违法行为和事故隐患应当依法予以处置。

被检查单位应当予以配合，不得拒绝、阻挠检查，不得拒不接收、拒不执行监管监察指令。

第五十五条 县级以上人民政府教育主管部门应当将安全知识普及纳入国民教育，建立完善中小学安全教育和高危行业职业安全教育体系，在幼儿园、中小学、职业院校、高等院校课堂教学和社会实践等活动中严格落实安全教育内容，推动各类学校每学期至少开展一次安全专题讲座。鼓励高等院校将安全教育纳入选修课程。

县级以上人民政府应当逐步设立安全教育实践基地，创新安全教育形式。

有关部门和单位应当将安全教育的内容纳入国家公职人员教育培训计划。

第五十六条 县级以上人民政府应当建立完善安全风险评估与论证机制，科学合理确定生产经营单位选址和基础设施建设、居民生活区空间布局，构建重大危险源信息管理体系，对重点行业、重点区域、重点企业实行风险预警控制。对位置相邻、行业相近、业态相似的区域和行业，建立完善重大安全风险联防联控机制。

县级以上人民政府城乡规划主管部门和其他有关部门不得在城镇人口密集区批准新建、改建、扩建生产和储存危险物品的工厂、仓库；不得在不符合安全距离要求的区域范围内批准建立渣土堆场、尾矿库等；对已建成的不符合安全要求的上述项目，应当采取管控措施，消除事故隐患。

在重大危险源、铁路、公路、高压输电线路和危险物品输送管道等安全距离范围内，不得批准建设建筑物、构筑物；已建成的不符合安全距离要求的建筑物、构筑物，应当依法拆除或者采取其他安全保障措施。

第五十七条 县级以上人民政府项目投资管理部门和负有安全生产监督管理职责的部门应当加强项目审批、许可等方面的管理，对高危行业建设项目的审批应当把安全生产作为前置条件。建立安全监管联合机制，定期对重大建设项目、矿山、金属冶炼和用于生产、储存、装卸危险物品等高危行业建设项目以及工业建设项目集中的开发（园）区进行联合监督检查，依法查处项目和建设施工中存在的违法或者非法行为。

第五十八条 县级以上人民政府应当将安全生产专业技术服务纳入现代服务业发展规划，建立政府购买安全生产服务制度，支持发展安全生产专业化行业组织。

有关安全生产协会组织和中介服务机构应当加强行业自律和内部管理，依照法律、法规和章程，为生产经营单位提供安全生产服务，并接受有关部门的指导和监督。

生产经营单位委托前款规定的机构提供安全生产技术、管理服务的，保证安全生产的责任仍由本单位负责。

承担安全评价、认证、检测、检验的机构应当具备国家规定的资质条件。有关机构应当对其作出的安全评价、评估、认证、检测、检验等结果负责。

第五十九条 负有安全生产监督管理职责的部门依法对存在重大事故隐患的生产经营单位作出停产停业、停止施工、停止使用相关设施或者设备的决定，生产经营单位应当依法执行，及时消除事故隐患。

生产经营单位拒不执行，有发生生产安全事故的现实危险的，在保证安全的前提下，经负有安全生产监督管理职责的部门主要负责人批准，可以采取书面通知有关单位对生产经营单位有关的场所、设备、设施、独立单元、工地停止供电、停止供应民用爆炸物品等措施，强制生产经营单位履行决定。除有危及生产安全的紧急情形外，停止供电措施提前二十四小时通知生产经营单位。

生产经营单位依法履行行政决定、采取相应措施消除事故隐患的，负有安全生产监督管理职责的部门应当及时解除前款规定的措施。

第六十条 县级以上人民政府应当建立行政执法和刑事司法衔接制度。负有安全生产监督管理职责的部门应当加强与人民法院、人民检察院、公安机关的协调配合，通报安全生产有关情况，研究安全生产领域责任的有关问题。

第六十一条 县级以上人民政府应当把生产经营单位安全生产诚信体系建设纳入社会信用体系，对生产经营单位安全生产诚信实行分级管理。对违法行为情节严重的生产经营单位及其负责人，应当降低其诚信等级或者列入失信名单并向社会公告，并通报行业主管部门、投资主管部门、国土资源主管部门、证券监督管理机构以及有关金融机构等，对列入失信名单的单位和个人从事生产经营等活动依法予以限制或者禁止。

生产经营单位及其负责人对诚信等级或者被列入失信名单有异议的，可以向县级以上人民政府申请复核。履行相关义务或者改正违法行为的，经县级以上人民政府确认，应当将其从失信名单中删除并重新评定诚信等级。

第六十二条 县级以上人民政府负有安全生产监督管理职责的部门应当公布举报电话、电子邮箱等，建立安全生产专线与社会公共管理平台统一接报、分类处置的举报机制，方便公民、法人和其他组织举报。

接到举报的部门应当及时处理，并应当对举报人的相关信息予以保密，维护举报人的合法权益。

第六章　生产安全事故应急救援与调查处理

第六十三条　县级以上人民政府应当建立完善安全生产应急救援管理工作机制，建设联动互通的应急救援指挥平台，依托公安消防、大型企业、工业园区等应急救援力量，加强应急救援基地和队伍建设。鼓励和支持生产经营单位和其他社会力量建立应急救援队伍，提高应急救援的专业化水平，实现区域应急救援资源共享。

县级以上人民政府应当组织有关部门制定本行政区域内生产安全事故应急救援预案，建立生产安全预警机制，健全应急救援体系，并定期组织演练。生产安全事故应急救援预案经本级人民政府主要负责人签署后，报上一级人民政府备案。

第六十四条　生产经营单位应当查找本单位危险危害因素、危险源（点），制定生产安全事故应急救援预案。生产安全事故应急救援预案和重大危险源应急预案应当与所在地县级以上人民政府组织制定的生产安全事故应急救援预案相衔接，并针对应急救援预案确定的不同致灾因素定期组织演练。

第六十五条　矿山、金属冶炼、建筑施工、城市轨道交通、客运索道运营等单位和危险物品的生产、经营、储存单位应当建立应急救援组织，配备相应的应急救援器材、设备和物资，并定期进行演练；规模较小的单位，应当配备应急救援人员，并与邻近的应急救援组织签订应急救援协议。

设区的市和县（市、区）人民政府可以组织有关生产经营单位的应急救援组织以及人员定期演练，统一调配使用，并给予必要的资金支持。化工园区应当组织建立专职应急救援队伍，承担园区应急救援任务。

第六十六条　生产经营单位发生生产安全事故后，事故现场的有关人员应当立即如实报告本单位负责人。单位负责人应当及时启动应急预案，迅速采取措施组织抢救，保护事故现场，防止事故扩大，并按照国家有关规定及时如实报告当地安全生产监督管理部门和其他有关部门。不得隐瞒不报、谎报或者迟报，不得故意破坏事故现场、毁灭有关证据。

第六十七条　接到生产安全事故报告后，有关人民政府、负有安全生产监督管理职责的部门应当依法履行以下职责：

（一）按照国家有关规定及时上报事故情况，不得隐瞒不报、谎报或者迟报；

（二）生产安全事故发生地人民政府和负有安全生产监督管理职责的部门负责人应当按照生产安全事故应急救援预案要求立即赶赴事故现场，组织抢救；

（三）当地公安机关应当依法采取有效措施，保护事故现场并防止有关责任人员逃逸或者转移、隐匿财产以及毁灭相关证据；

（四）根据需要采取警戒、疏散等措施，防止事故扩大和次生灾害的发生；

（五）采取必要措施，避免或者减少对环境造成的危害。

第六十八条　县级以上人民政府应当建立事故暴露问题整改督办制度，在事故结案后一年内组织开展评估，评估结果及时向社会公开，对履职不力、整改措施不落实的，依法追究有关单位和人员责任。

生产经营单位应当建立生产安全事故评估制度。发生生产安全事故后，生产经营单位应当立即结合事故调查自行或者委托组织安全生产状况评估。发生一般生产安全事故的，应当对发生事故的单元进行安全生产状况评估；发生较大以上生产安全事故的，应当对本单位进行安全生产状况评估。

生产经营单位应当根据评估结果采取相应的防范、整改措施，并将评估结果以及采取的防范、整改措施书面报告主管的负有安全生产监督管理职责的部门。

第六十九条 县级以上人民政府应当完善生产安全事故调查处理机制，建立生产安全事故调查组组长负责制，对典型生产安全事故可以提级调查、跨地区协同调查和工作督导。

任何单位和个人不得阻挠和干涉对生产安全事故的依法调查处理。

事故发生单位应当及时全面落实整改措施，接受负有安全生产监督管理职责的部门依法作出的行政处罚，并对事故受害人及其家属承担相应的民事赔偿责任。

第七十条 县级以上人民政府负有安全生产监督管理职责的部门应当定期向社会公布安全生产信息和生产安全事故情况。

负有安全生产监督管理职责的部门应当及时公开安全生产严重违法行为和重大、特大生产安全事故信息。

第七章 法律责任

第七十一条 生产经营单位的主要负责人违反本条例规定，未履行安全生产管理职责的，责令限期改正；逾期未改正的，处二万元以上五万元以下的罚款，责令生产经营单位停产停业整顿。

生产经营单位的主要负责人有前款违法行为，导致发生生产安全事故的，给予撤职处分；构成犯罪的，依照刑法有关规定追究刑事责任。

生产经营单位的主要负责人依照前款规定受刑事处罚或者撤职处分的，自刑罚执行完毕或者受处分之日起，五年内不得担任任何生产经营单位的主要负责人；对重大、特别重大生产安全事故负有责任的，终身不得担任本行业生产经营单位的主要负责人。

第七十二条 生产经营单位的决策机构、主要负责人、个人经营的投资人未按照本条例规定保证安全生产所必需的资金投入，致使生产经营单位不具备安全生产条件的，责令限期改正，提供必需的资金；逾期未改正的，责令生产经营单位停产停业整顿。

有前款违法行为，导致发生生产安全事故的，对生产经营单位的主要负责人给予撤职处分；对个人经营的投资人处二万元以上五万元以下的罚款；情节较重的，处五万元以上十万元以下的罚款；情节严重的，处十万元以上二十万元以下的罚款；构成犯罪的，依照刑法有关规定追究刑事责任。

第七十三条 违反本条例规定，生产经营单位未按照规定进行安全检查、风险因素辨识管控、事故隐患排查的，或者对发现的事故隐患和问题未制定整改方案计划的，责令限期改正，处二万元以上五万元以下的罚款。

生产经营单位未采取措施消除事故隐患的，责令立即消除或者限期消除；生产经营单位拒不执行的，责令停产停业整顿，并处十万元以上三十万元以下的罚款；情节严重的，处三十万元以上五十万元以下的罚款。对其直接负责的主管人员和其他直接责任人员处二万元以上五万元以下的罚款。

微小企业未查找或者未消除作业岗位危险因素的，予以警告，责令改正，并处五百元以上一千元以下的罚款。

第七十四条 生产经营单位的从业人员不服从管理，违反安全生产规章制度、操作规程或者冒险作业的，由生产经营单位给予批评教育，依照有关规章制度给予处分；构成犯罪的，依照刑法有关规定追究刑事责任。

第七十五条 违反本条例规定，生产经营单位未按照规定设置安全生产管理机构或者配备安全生产管理人员的，责令限期改正，可以处五万元以下的罚款；逾期未改正的，责令停产停业整顿，并处五万元以上十万元以下的罚款，对其直接负责的主管人员和其他直接责任人员处一万元以上二万元以下的罚款。

违反本条例规定，生产经营单位开展安全生产教育培训或者教育培训档案不符合要求的，责令限期改正，可以处三万元以下的罚款；未开展安全生产教育培训或者未设立教育培训档案的，责令限期改正，可以处三万元以上五万元以下的罚款。逾期未改正的，责令停产停业整顿，并处五万元以上十万元以下的罚款，对其直接负责的主管人员和其他直接责任人员处一万元以上二万元以下的罚款。

第七十六条 违反本条例规定，矿山、金属冶炼或者用于生产、储存、装卸危险物品的建设项目竣工后，未按要求安排试运行，或者试运行到期后未进行竣工验收仍然进行生产经营活动的，责令停产停业整顿，并处五万元以上十万元以下的罚款。建设单位组织验收未按规定接受监督的，责令改正，可以处三万元以下的罚款。

第七十七条 违反本条例规定，生产经营单位有下列行为之一的，责令立即停止作业，限期改正，并可以处五万元以下的罚款，对其直接负责的主管人员和其他直接责任人员可以处一万元以下的罚款：

（一）未按照安全技术标准和管理规范要求，进行高空作业、地下受限空间作业或者易燃易爆场所动火作业的；

（二）未按照安全技术标准和管理规范要求，进行爆破、吊装、临近高压输电线路作业、建筑物和构筑物拆除、道路清障救援、大型检修作业的；

（三）发包、承包受限空间、高空作业项目，未与承包、发包单位签订专门安全生产管理协议或者未在承包合同中明确各自安全生产管理职责的。

第七十八条 违反本条例规定，生产经营单位与从业人员订立减轻或者免除其对从业人员因生产安全事故伤亡依法应承担责任协议的，该协议无效，并对生产经营单位的主要负责人、个人经营的投资人按照下列规定处以罚款：

（一）在协议中减轻其对从业人员因生产安全事故伤亡依法应承担责任的，处二万元以上五万元以下的罚款；

（二）在协议中免除其对从业人员因生产安全事故伤亡依法应承担责任的，处五万元以上十万元以下的罚款。

第七十九条 违反本条例规定，生产经营单位有下列行为之一的，责令限期改正，并处一万元以上三万元以下的罚款；对其直接负责的主管人员和其他直接责任人员可以处一万元以下的罚款：

（一）违反各项安全生产标准以及本单位规章制度和安全操作规程的；

（二）违章指挥、违章操作、违反劳动纪律和强令职工冒险作业的；

（三）未建立和落实班组安全管理制度的；

（四）发生生产安全事故未按要求组织安全生产状况评估的；

（五）以货币或者其他物品代替防护用品的；

（六）矿山、金属冶炼、建筑施工单位，危险物品的生产、经营、储存、使用、运输、装卸单位和建材、机械加工、电力、供热单位以及其他规模以上的生产经营单位未制定复工复产方案或者未组织复工复产培训和安全检查的。

第八十条 违反本条例规定，生产经营单位拒绝、阻挠负有安全生产监督管理职责的部门依法实施监督检查的，责令改正；拒不改正的，处二万元以上五万元以下的罚款；情节较重的，处五万元以上十万元以下的罚款；情节严重的，处十万元以上二十万元以下的罚款。对其直接负责的主管人员和其他直接责任人员处一万元以上二万元以下的罚款；构成犯罪的，依照刑法有关规定追究刑事责任。

第八十一条 各级人民政府和负有安全生产监督管理职责的部门的工作人员，有下列行为之一的，给予降级或者撤职的处分；构成犯罪的，依照刑法有关规定追究刑事责任：

（一）对不符合法定安全生产条件的涉及安全生产的事项予以批准或者验收通过的；

（二）发现未依法取得批准、验收的单位擅自从事有关活动或者接到举报后不予取缔或者不依法予以处理的；

（三）对已经依法取得批准的单位不履行监督管理职责，发现其不再具备安全生产条件而不撤销原批准或者发现安全生产违法行为不予查处的；

（四）在监督检查中发现重大事故隐患，不依法及时处理的；

（五）发生生产安全事故后隐瞒不报、谎报或者迟报的。

有前款规定以外的滥用职权、玩忽职守、徇私舞弊行为的，依法给予处分；构成犯罪的，依照刑法有关规定追究刑事责任。

第八十二条 本条例规定的行政处罚，由安全生产监督管理部门和其他负有安全生产监督管理职责的部门按照职责分工决定。

第八章 附 则

第八十三条 本条例下列用语的含义是：

（一）生产经营单位的主要负责人，是指有限责任公司、股份有限公司的董事长和总经理，其他生产经营单位的厂长、经理、矿长，以及对生产经营活动有决策权的实际控制人。

（二）微小企业，是指从业人员不超过十人且营业面积不超过三百平方米的非高危行业生产经营单位。

（三）负有安全生产监督管理职责的部门，是指安全生产监督管理部门和对有关行业、领域的安全生产工作实施监督管理的部门。

第八十四条 本条例自2017年3月1日起施行。2005年3月25日河北省第十届人民代表大会常务委员会第十四次会议通过的《河北省安全生产条例》同时废止。

4. 河北省非煤矿山建设项目安全设施"三同时"监督管理办法

各市（含定州、辛集市）安全生产监督管理局、安全生产许可部门、有关省属以上企业：

为了进一步加强和规范全省非煤矿山建设项目安全监督管理工作，省安全监管局制定了《河北省非煤矿山建设项目安全设施"三同时"监督管理办法》，现印发你们，请遵照执行。原省安全监管局印发的《河北省非煤矿山建设项目安全评价、安全设施设计审查与竣工验收实施办法》（冀安监管一〔2005〕55号）、《关于进一步规范非煤矿山建设项目安全评价、安全设施"三同时"监督管理的通知》（冀安监管一〔2011〕86号）同时废止。

河北省安全生产监督管理局
2017年8月7日

目　录

第一章　总则
第二章　安全预评价
第三章　安全设施设计审查
第四章　安全设施的施工与竣工验收
第五章　附则

第一章　总　则

第一条　为了进一步加强全省非煤矿山建设项目安全监督管理工作，保障矿山安全生产，根据《安全生产法》《建设项目安全设施"三同时"监督管理办法》（国家安全监管总局令第36号）、《尾矿库安全监督管理规定》（国家安全监管总局令第38号）、《非煤矿山外包工程安全管理暂行办法》（国家安全监管总局令第62号）、《金属非金属矿山建设项目安全设施目录（试行）》（国家安全监管总局令第75号）、《金属非金属矿山建设项目安全设施设计重大变更范围》（安监总管一〔2016〕18号）、《金属非金属矿山建设项目安全评价报告编写提纲》（安监总管一〔2016〕49号）、《金属非金属矿山建设项目安全设施设计编写提纲》（安监总管一〔2015〕68号）、《陆上石油天然气建设项目安全设施设计专篇编写指导书》（安监总管一〔2008〕7号）和《规范金属非金属矿山建设项目安全设施竣工验收工作的通知》（安监总管一〔2016〕14号）等规定，结合我省实际，制定本办法。

第二条　我省行政区域内金属非金属矿山、尾矿库、陆上石油天然气开采等非煤矿山企业的新建、改建、扩建项目（含尾矿库的回采、闭库建设工程，以下统称建设项目）的安全预评价、安全设施设计及审查、施工和竣工验收及其监督管理工作，适用本办法。

危险性较小的砖瓦用粘土、砂、地热、温泉、矿泉水、卤水资源开采建设项目不适用本办法。

第三条 各级安全生产监督管理局和非煤矿山安全生产许可部门根据各自职责负责本行政区域非煤矿山建设项目安全设施"三同时"监督管理。

第四条 各级非煤矿山安全生产许可部门负责非煤矿山建设项目安全设施设计审查工作。

非煤矿山建设项目安全设施设计审查，实行分级审查。省、市、县（市、区）非煤矿山安全生产许可部门分别承担本级政府及其有关主管部门审批、核准或者备案的非煤矿山建设项目安全设施设计审查。为生产接续单独建设的排土场，不需要审批、核准或者备案的非煤矿山整改建设项目安全设施设计审查按照安全生产许可证颁证权限分级负责。

上级安全生产许可部门根据工作需要可以委托下级安全生产许可部门承担应由本部门负责的矿山建设项目安全设施设计审查。

第五条 非煤矿山建设项目安全设施必须与主体工程同时设计、同时施工、同时投入生产和使用（以下简称"三同时"）。非煤矿山建设项目施工前，其安全设施设计须报非煤矿山安全生产许可部门审查同意。矿山建设项目竣工投入生产或者使用前，应当由矿山企业或采矿权人（以下统称为建设单位）负责组织对安全设施进行验收，验收合格并取得安全生产许可证后，方可正式投入生产和使用。

第六条 建设单位是非煤矿山建设项目安全设施"三同时"制度落实的责任主体，并对项目建设过程中的安全生产负责。

第二章 安全预评价

第七条 非煤矿山建设项目在可行性研究阶段，建设单位应当委托具有相应资质的安全评价机构进行安全预评价，编制安全预评价报告。

第八条 安全评价机构应当按照相关法律法规、规章标准及技术规范进行安全预评价，并对其出具的安全预评价报告负责。建设项目安全预评价报告应当符合国家标准或者行业标准的规定。

第三章 安全设施设计审查

第九条 建设单位应当在建设项目初步设计时，委托具备相应资质的设计单位编制非煤矿山建设项目安全设施设计。

非煤矿山建设项目安全设施设计应根据国家安全监管总局印发的《金属非金属矿山建设项目安全设施设计编写提纲》等有关规定编制，并明确建设项目的建设期。

设计单位及相关人员应当对其编制的安全设施设计负责，设计批准人（或设计单位技术负责人）、项目负责人、审核人员、设计人员应在文本上签名。

第十条 建设单位提出非煤矿山建设项目安全设施设计审查申请时，提交下列资料：

（一）安全设施设计审查申请表（见附件1、2）；

（二）新建、扩建非煤矿山，应提供政府及其有关部门对建设项目立项审批、核准或备案的文件复印件；

（三）设计单位的设计资质证明文件；

（四）安全预评价报告；

（五）非煤矿山建设项目安全设施设计；

（六）法律、行政法规、规章规定的其它文件资料。

第十一条 非煤矿山安全生产许可部门对非煤矿山建设项目安全设施设计（包括重大设计变更）的内容进行审查时，可采取自行审查和组织专家组审查两种方式。

对建设项目比较简单的，可自行进行审查。自行审查应由非煤矿山安全生产许可部门2名以上（含2名，下同）工作人员完成，并形成《非煤矿山建设项目安全设施设计审查书》，审查人员均应在审查书审查意见栏上签名。

对建设项目比较复杂的，由负责审查的非煤矿山安全生产许可部门组织专家组进行审查，安全设施设计单位、建设单位、安全预评价机构等参加，组织审查的非煤矿山安全生产许可部门应指定本单位工作人员担任审查负责人。审查后形成"专家组意见"，"专家组意见"主要从技术角度阐述安全设施设计是否符合安全生产要求和技术审查的结论意见，"专家组意见"由专家组长签名。审查组负责人根据"专家组意见"和其它与会人员意见，汇总形成审查结论意见，填写《非煤矿山建设项目安全设施设计审查书》。非煤矿山安全生产许可部门应将审查结果函告同级安全生产监督管理局。

第十二条 法律、法规、规章规定实施行政许可应当听证的事项，或者非煤矿山安全生产许可部门认为需要听证的其他涉及公共利益的重大行政许可事项，非煤矿山安全生产许可部门应当向社会公告，并举行听证。

第十三条 建设单位提交的矿山建设项目安全设施设计审查资料，有下列情形之一的，不予受理：

（一）新建、扩建非煤矿山建设项目没有项目立项审批、核准或备案文件的；

（二）安全预评价报告由不具备相应资质的安全评价机构出具的；

（三）安全设施设计由不具备相应资质的设计单位编制的。

（四）法律、法规、规章规定的其他不予受理的情形。

第十四条 审查中发现以下问题，可要求建设单位委托设计单位对安全设施设计进行修改，修改后仍不符合以下要求的，不予批准：

（一）针对主要危险有害因素采取的安全对策措施不符合国家法律、法规、规章、标准规定的；

（二）不符合工程建设强制性标准和行业技术规范的；

（三）所确定的设施、设备、器材不符合国家标准或行业安全标准的；

（四）未采纳安全预评价报告中的安全对策和建议，且理由不充分的；

（五）法律、法规、规章、标准规定的其他不予批准的情形。

第十五条 自受理之日起20个工作日内，负责受理的非煤矿山安全生产许可部门应作出是否批准的决定，并书面告知申请人，其中，未批准同意的，应当说明理由。20个工作日内不能作出决定的，经本单位负责人批准，可以延长10个工作日，并应当将延长期限的原因书面告知申请人。

安全设施设计经审查后申请资料需要修改的，所用时间不计算在上款规定的期限内。

第十六条 建设单位在建设期间，对已批准的非煤矿山建设项目安全设施设计做出一般变更，建设单位可根据设计单位出具的设计变更通知单施工；如属重大变更，建设单位应委托原设计单位编制安全设施变更设计，并向原安全设施设计审查部门提出变更申请（见附件5），经审查同意后实施，非煤矿山行政许可部门应将审查情况函告同级安全生产监督管理局。

第十七条 建设单位应在批准的安全设施设计确定的建设期内完成安全设施建设。无法按时完工的，由建设单位书面提出申请，经当地安全生产监管部门核实，情况属实的，向原审查许可机关申请延长建设期。建设单位提出延长建设期申请，应提供以下材料：

（一）未按期完成安全设施建设的原因及今后建设计划；

（二）设计单位出具的建设情况说明（说明原设计是否符合现行法律法规、规程规范等要求，说明尚未完成的建设工程和需要继续建设的时间）；

（三）安全预评价机构出具的建设情况说明（说明已建工程项目是否符合设计要求，是否存在边生产边建设的现象）；

（四）由属地安全生产监督管理局出具企业有关情况的核实意见；矿山企业有违法行为的，还应对处罚情况进行说明。

第四章 安全设施的施工与竣工验收

第十八条 非煤矿山建设项目应由符合国家规定资质的单位施工。

非煤矿山建设项目安全设施施工承包单位应具有安全生产许可证和相应等级的施工资质证书，并在其资质范围内承包工程。其中，矿山采掘施工承包单位资质应符合《非煤矿山外包工程安全管理暂行办法》的有关规定；尾矿库建设工程施工单位资质还应符合《尾矿库安全监督管理规定》的有关规定。

第十九条 非煤矿山建设项目施工单位应当严格按照安全设施设计和相关施工技术标准进行施工。施工单位应组织相关专业技术人员、安全管理人员编制施工组织设计或专项施工方案，施工组织设计或专项施工方案应包括安全技术措施。

第二十条 竣工验收前确需试生产（运行）的，建设单位应制定试生产（运行）方案及应急预案，报告属地安全生产监督管理局。试生产（运行）期限原则上不少于30日，最长不得超过180日，需要延长试生产（运行）期限的，要向属地安全生产监督管理局说明情况，延长期不能超过3个月。尾矿库试生产（运行）除满足上述期限要求外，尾砂堆积高度不应超出初期坝。

第二十一条 建设项目安全设施竣工验收前，建设单位应委托相应资质的安全评价机构对矿山建设项目进行安全验收评价。安全验收评价报告应对非煤矿山建设项目安全设施是否符合竣工验收条件和安全生产要求作出明确结论。

第二十二条 建设单位负责组织对本企业的建设项目安全设施进行竣工验收，并对验收结果负责；非煤矿山企业实行多级管理的，如果建设单位不具备法人资格，应由具备法人资格的上级单位（或公司总部）负责组织验收。组织验收前，应告知颁发安全生产许可证的非煤矿山安全生产许可部门和属地安全生产监督管理局。

第二十三条 建设单位按照批准的安全设施设计（含设计变更）完成所有建设内容，且安全设施验收评价结论为具备竣工验收条件的，方可组织对建设项目安全设施进行竣工验收；对建设项目安全设施进行竣工验收前，应当编制竣工验收工作方案，明确验收组人员组成及验收时间、程序等。

建设单位应当向参加验收人员提供下列文件、资料，并组织进行现场检查：

（一）建设项目安全设施施工情况报告；

（二）建设项目安全验收评价报告；

（三）建设项目外包施工的，提供施工单位安全生产许可证、资质证书；

（四）主要负责人、安全生产管理人员安全生产知识和管理能力考核合格的证书以及特种作业人员名单；

（五）从业人员安全教育、培训合格的证明材料；

（六）劳动防护用品配备情况说明；

（七）安全生产责任制文件，安全生产规章制度清单、岗位操作安全规程清单；

（八）设置安全生产管理机构和配备专职安全生产管理人员的文件；

（九）为从业人员缴纳工伤保险费的证明材料。

第二十四条 建设项目安全设施竣工验收组由建设单位有关人员组成，可以聘请有关方面专家参加。专家原则上应当为建设项目安全设施设计审查组的专家，不能参加的，也可从国家、省、市级安全生产专家库中进行补充。验收组成员专业应当涵盖建设项目安全设施涉及的主要专业，其中：地下矿山应当由采矿、地质、通风、矿机、电力、岩土、安全等相关专业构成，人数不少于5人；露天矿山应当由采矿、地质、矿机、电力、岩土和安全等相关专业构成，人数不少于3人；尾矿库应当由尾矿（水工）、地质和安全等相关专业构成，人数不少于3人；陆上石油天然气应当由油气集输、石油储运、采油（如钻井还应包括油田地质）、仪表与自控、注水、消防、电力等相关专业构成，人数不少于5人。验收组对建设项目安全设施现场验收时，应当填写相应的建设项目安全设施竣工验收表（见《国家安全监管总局关于规范金属非金属矿山建设项目安全设施竣工验收工作的通知》安监总管一〔2016〕14号中的附件1、附件2、附件3。石油天然气开采企业建设项目安全设施竣工验收表见附件6）；现场验收结束时，应当集体研究并形成验收意见。

第二十五条 验收意见分为"通过验收"和"不通过验收"两种情形，验收意见为"通过验收"时，建设单位应当对验收组提出的问题进行整改，整改完成后应当编写整改情况说明，并形成安全设施竣工验收报告备查。验收意见为"不通过验收"时，建设单位应当对验收组提出的问题进行整改，整改完成后重新组织验收。建设项目安全设施通过验收后，建设单位应当及时向相关非煤矿山安全许可部门申请办理安全生产许可证（建设项目属于已取得安全生产许可证的石油天然气开采企业除外），取得安全生产许可证后方可正式投入生产。

第二十六条 竣工验收完成后，建设单位应根据验收情况编制建设项目安全设施竣工验收报告，并归档备查。验收报告应包括以下内容：

（一）竣工验收基本情况（包括验收时间、地点、方法、验收小组成员等基本情况）；

（二）验收小组现场验收意见（包括验收过程、验收发现的问题及验收的结论意见，验收意见应由验收负责人签字），并附现场验收小组成员签名表、相关的矿山建设项目安全设施和安全条件竣工验收表及《安全验收评价报告》；

（三）验收发现问题的整改完成情况；

（四）建设单位验收意见。

第二十七条 属地安全生产监督管理局应当依照下列规定对建设项目安全设施竣工验收过程和验收结果进行监督核查。

（一）对于新建、扩建非煤矿山建设项目安全设施竣工验收情况应进行现场监督核查。

（二）对改建非煤矿山建设项目安全设施竣工验收报告按照不少于总数10%的比例进行随机抽查。抽查和审查以书面方式为主。对竣工验收报告的实质内容存在疑问，需要到现场核查的，应组织有关人员到现场核查。

到现场监督核查时，安全生产监督管理局应当指派2名以上工作人员对有关内容进行现场核查。工作人员应当提出现场核查意见，并如实填写《非煤矿山建设项目安全设施竣工验收监督核查表》（附件7），同时要将监督核查情况函告非煤矿山安全生产许可部门。

非煤矿山安全生产许可部门在实施有关安全许可时，应对建设项目安全设施竣工验收报告进行审查,对竣工验收报告的实质内容存在疑问,需要到现场核查的,应当指派两名以上工作人员对有关内容进行现场核查。工作人员应当提出现场核查意见,并如实记录在案。

第五章 附 则

第二十八条 本办法所称的建设项目安全设施,是指《金属非金属矿山建设项目安全设施目录(试行)》(国家安全监管总局令第75号)所列举的内容。

第二十九条 本办法中的新建项目,是指新设立的非煤矿山建设项目、整合矿山重新进行设计的非煤矿山和露天转地下或地下转露天的建设项目;陆上油气田开发项目的新建项目包括,按照整体开发方案或可行性研究报告,单独进行初步设计,有新投入使用或新开发的油气井,以及新建地面油气处理设施的建设项目。扩建项目,是指矿山因扩大生产规模、《采矿许可证》许可采矿范围发生变化,需要在原生产系统的基础上进行建设的项目;尾矿库的加高扩容;已经投入生产的油气田在已有油气站场的基础上为满足工艺要求新增加油气处理设备或扩大产能的建设项目。改建项目,是指生产的金属非金属矿山《采矿许可证》许可采矿范围虽然没有变化,但安全设施发生重大改变的生产矿山建设项目;运行尾矿库安全设施发生重大改变的建设项目;原油站场、天然气站场,或者地面油气处理工艺、装置进行重大改造的建设项目。安全设施重大改变的情形比照国家安全监管总局印发的《金属非金属矿山建设项目安全设施设计重大变更范围》(安监总管一〔2016〕18号)规定的变化范围执行。石油天然气开采企业改建项目安全设施是否属于重大改变的情形由安全评价机构在安全预评价时确定。

第三十条 已投入生产的金属非金属矿山在《采矿许可证》许可采矿范围内,进行深部或周边生产探矿的,可由地质勘探单位或矿山企业编制《探矿施工方案》,按照《方案》组织实施,不需要按照本办法规定进行建设项目安全设施设计审查。

第三十一条 本办法自印发之日起施行。

5. 建设项目安全设施"三同时"监督管理暂行办法

建设项目安全设施"三同时"监督管理办法，是二〇一〇年十二月十四日发布的，办法实施时间为 2011 年 2 月 1 日。

（2010 年 12 月 14 日国家安全监管总局令第 36 号公布，根据 2015 年 4 月 2 日国家安全监管总局令第 77 号修正）

《建设项目安全设施"三同时"监督管理暂行办法》已经 2010 年 11 月 3 日国家安全生产监督管理总局局长办公会议审议通过，现予公布，自 2011 年 2 月 1 日起施行。

局长　骆琳
二〇一〇年十二月十四日

建设项目安全设施"三同时"监督管理暂行办法
安监总局令第 77 号修订

目　录

第一章　总则
第二章　建设项目安全预评价
第三章　建设项目安全设施设计审查
第四章　建设项目安全设施施工和竣工验收
第五章　法律责任
第六章　附则

第一章　总　则

第一条　为加强建设项目安全管理，预防和减少生产安全事故，保障从业人员生命和财产安全，根据《中华人民共和国安全生产法》和《国务院关于进一步加强企业安全生产工作的通知》等法律、行政法规和规定，制定本办法。

第二条　经县级以上人民政府及其有关主管部门依法审批、核准或者备案的生产经营单位新建、改建、扩建工程项目（以下统称建设项目）安全设施的建设及其监督管理，适用本办法。

法律、行政法规及国务院对建设项目安全设施建设及其监督管理另有规定的，依照其规定。

第三条　本办法所称的建设项目安全设施，是指生产经营单位在生产经营活动中用于预防生产安全事故的设备、设施、装置、构（建）筑物和其他技术措施的总称。

第四条 生产经营单位是建设项目安全设施建设的责任主体。建设项目安全设施必须与主体工程同时设计、同时施工、同时投入生产和使用（以下简称"三同时"）。安全设施投资应当纳入建设项目概算。

第五条 国家安全生产监督管理总局对全国建设项目安全设施"三同时"实施综合监督管理，并在国务院规定的职责范围内承担有关建设项目安全设施"三同时"的监督管理。

县级以上地方各级安全生产监督管理部门对本行政区域内的建设项目安全设施"三同时"实施综合监督管理，并在本级人民政府规定的职责范围内承担本级人民政府及其有关主管部门审批、核准或者备案的建设项目安全设施"三同时"的监督管理。

跨两个及两个以上行政区域的建设项目安全设施"三同时"由其共同的上一级人民政府安全生产监督管理部门实施监督管理。

上一级人民政府安全生产监督管理部门根据工作需要，可以将其负责监督管理的建设项目安全设施"三同时"工作委托下一级人民政府安全生产监督管理部门实施监督管理。

第六条 安全生产监督管理部门应当加强建设项目安全设施建设的日常安全监管，落实有关行政许可及其监管责任，督促生产经营单位落实安全设施建设责任。

第二章　建设项目安全预评价

第七条 下列建设项目在进行可行性研究时，生产经营单位应当按照国家规定，进行安全预评价：

（一）非煤矿矿山建设项目；

（二）生产、储存危险化学品（包括使用长输管道输送危险化学品，下同）的建设项目；

（三）生产、储存烟花爆竹的建设项目；

（四）金属冶炼建设项目；

（五）使用危险化学品从事生产并且使用量达到规定数量的化工建设项目（属于危险化学品生产的除外，下同）；

（六）法律、行政法规和国务院规定的其他建设项目。

第八条 生产经营单位应当委托具有相应资质的安全评价机构，对其建设项目进行安全预评价，并编制安全预评价报告。

建设项目安全预评价报告应当符合国家标准或者行业标准的规定。

生产、储存危险化学品的建设项目和化工建设项目安全预评价报告除符合本条第二款的规定外，还应当符合有关危险化学品建设项目的规定。

第九条 本办法第七条规定以外的其他建设项目，生产经营单位应当对其安全生产条件和设施进行综合分析，形成书面报告备查。

第三章　建设项目安全设施设计审查

第十条 生产经营单位在建设项目初步设计时，应当委托有相应资质的设计单位对建设项目安全设施同时进行设计，编制安全设施设计。

安全设施设计必须符合有关法律、法规、规章和国家标准或者行业标准、技术规范的规定，并尽可能采用先进适用的工艺、技术和可靠的设备、设施。本办法第七条规定的建设项目安全设施设计还应当充分考虑建设项目安全预评价报告提出的安全对策措施。

安全设施设计单位、设计人应当对其编制的设计文件负责。

第十一条 建设项目安全设施设计应当包括下列内容：

（一）设计依据；

（二）建设项目概述；

（三）建设项目潜在的危险、有害因素和危险、有害程度及周边环境安全分析；

（四）建筑及场地布置；

（五）重大危险源分析及检测监控；

（六）安全设施设计采取的防范措施；

（七）安全生产管理机构设置或者安全生产管理人员配备要求；

（八）从业人员安全生产教育和培训要求；

（九）工艺、技术和设备、设施的先进性和可靠性分析；

（十）安全设施专项投资概算；

（十一）安全预评价报告中的安全对策及建议采纳情况；

（十二）预期效果以及存在的问题与建议；

（十三）可能出现的事故预防及应急救援措施；

（十四）法律、法规、规章、标准规定需要说明的其他事项。

第十二条 本办法第七条第（一）项、第（二）项、第（三）项、第（四）项规定的建设项目安全设施设计完成后，生产经营单位应当按照本办法第五条的规定向安全生产监督管理部门提出审查申请，并提交下列文件资料：

（一）建设项目审批、核准或者备案的文件；

（二）建设项目安全设施设计审查申请；

（三）设计单位的设计资质证明文件；

（四）建设项目安全设施设计；

（五）建设项目安全预评价报告及相关文件资料；

（六）法律、行政法规、规章规定的其他文件资料。

安全生产监督管理部门收到申请后，对属于本部门职责范围内的，应当及时进行审查，并在收到申请后 5 个工作日内作出受理或者不予受理的决定，书面告知申请人；对不属于本部门职责范围内的，应当将有关文件资料转送有审查权的安全生产监督管理部门，并书面告知申请人。

第十三条 对已经受理的建设项目安全设施设计审查申请，安全生产监督管理部门应当自受理之日起 20 个工作日内作出是否批准的决定，并书面告知申请人。20 个工作日内不能作出决定的，经本部门负责人批准，可以延长 10 个工作日，并应当将延长期限的理由书面告知申请人。

第十四条 建设项目安全设施设计有下列情形之一的，不予批准，并不得开工建设：

（一）无建设项目审批、核准或者备案文件的；

（二）未委托具有相应资质的设计单位进行设计的；

（三）安全预评价报告由未取得相应资质的安全评价机构编制的；

（四）设计内容不符合有关安全生产的法律、法规、规章和国家标准或者行业标准、技术规范的规定的；

（五）未采纳安全预评价报告中的安全对策和建议，且未作充分论证说明的；

（六）不符合法律、行政法规规定的其他条件的。

建设项目安全设施设计审查未予批准的，生产经营单位经过整改后可以向原审查部门申请再审。

第十五条 已经批准的建设项目及其安全设施设计有下列情形之一的，生产经营单位应当报原批准部门审查同意；未经审查同意的，不得开工建设：

（一）建设项目的规模、生产工艺、原料、设备发生重大变更的；

（二）改变安全设施设计且可能降低安全性能的；

（三）在施工期间重新设计的。

第十六条 本办法第七条第（一）项、第（二）项、第（三）项和第（四）项规定以外的建设项目安全设施设计，由生产经营单位组织审查，形成书面报告备查。

第四章 建设项目安全设施施工和竣工验收

第十七条 建设项目安全设施的施工应当由取得相应资质的施工单位进行，并与建设项目主体工程同时施工。

施工单位应当在施工组织设计中编制安全技术措施和施工现场临时用电方案，同时对危险性较大的分部分项工程依法编制专项施工方案，并附具安全验算结果，经施工单位技术负责人、总监理工程师签字后实施。

施工单位应当严格按照安全设施设计和相关施工技术标准、规范施工，并对安全设施的工程质量负责。

第十八条 施工单位发现安全设施设计文件有错漏的，应当及时向生产经营单位、设计单位提出。生产经营单位、设计单位应当及时处理。

施工单位发现安全设施存在重大事故隐患时，应当立即停止施工并报告生产经营单位进行整改。整改合格后，方可恢复施工。

第十九条 工程监理单位应当审查施工组织设计中的安全技术措施或者专项施工方案是否符合工程建设强制性标准。

工程监理单位在实施监理过程中，发现存在事故隐患的，应当要求施工单位整改；情况严重的，应当要求施工单位暂时停止施工，并及时报告生产经营单位。施工单位拒不整改或者不停止施工的，工程监理单位应当及时向有关主管部门报告。

工程监理单位、监理人员应当按照法律、法规和工程建设强制性标准实施监理，并对安全设施工程的工程质量承担监理责任。

第二十条 建设项目安全设施建成后，生产经营单位应当对安全设施进行检查，对发现的问题及时整改。

第二十一条 本办法第七条规定的建设项目竣工后，根据规定建设项目需要试运行（包括生产、使用，下同）的，应当在正式投入生产或者使用前进行试运行。

试运行时间应当不少于30日，最长不得超过180日，国家有关部门有规定或者特殊要求的行业除外。

生产、储存危险化学品的建设项目和化工建设项目，应当在建设项目试运行前将试运行方案报负责建设项目安全许可的安全生产监督管理部门备案。

第二十二条 本办法第七条规定的建设项目安全设施竣工或者试运行完成后，生产经营单位应当委托具有相应资质的安全评价机构对安全设施进行验收评价，并编制建设项目安全验收评价报告。

建设项目安全验收评价报告应当符合国家标准或者行业标准的规定。

生产、储存危险化学品的建设项目和化工建设项目安全验收评价报告除符合本条第二款的规定外，还应当符合有关危险化学品建设项目的规定。

第二十三条　建设项目竣工投入生产或者使用前，生产经营单位应当组织对安全设施进行竣工验收，并形成书面报告备查。安全设施竣工验收合格后，方可投入生产和使用。

安全监管部门应当按照下列方式之一对本办法第七条第（一）项、第（二）项、第（三）项和第（四）项规定建设项目的竣工验收活动和验收结果的监督核查：

（一）对安全设施竣工验收报告按照不少于总数10%的比例进行随机抽查；

（二）在实施有关安全许可时，对建设项目安全设施竣工验收报告进行审查。

抽查和审查以书面方式为主。对竣工验收报告的实质内容存在疑问，需要到现场核查的，安全监管部门应当指派两名以上工作人员对有关内容进行现场核查。工作人员应当提出现场核查意见，并如实记录在案。

第二十四条　建设项目的安全设施有下列情形之一的，建设单位不得通过竣工验收，并不得投入生产或者使用：

（一）未选择具有相应资质的施工单位施工的；

（二）未按照建设项目安全设施设计文件施工或者施工质量未达到建设项目安全设施设计文件要求的；

（三）建设项目安全设施的施工不符合国家有关施工技术标准的；

（四）未选择具有相应资质的安全评价机构进行安全验收评价或者安全验收评价不合格的；

（五）安全设施和安全生产条件不符合有关安全生产法律、法规、规章和国家标准或者行业标准、技术规范规定的；

（六）发现建设项目试运行期间存在事故隐患未整改的；

（七）未依法设置安全生产管理机构或者配备安全生产管理人员的；

（八）从业人员未经过安全生产教育和培训或者不具备相应资格的；

（九）不符合法律、行政法规规定的其他条件的。

第二十五条　生产经营单位应当按照档案管理的规定，建立建设项目安全设施"三同时"文件资料档案，并妥善保存。

第二十六条　建设项目安全设施未与主体工程同时设计、同时施工或者同时投入使用的，安全生产监督管理部门对与此有关的行政许可一律不予审批，同时责令生产经营单位立即停止施工、限期改正违法行为，对有关生产经营单位和人员依法给予行政处罚。

第五章　法律责任

第二十七条　建设项目安全设施"三同时"违反本办法的规定，安全生产监督管理部门及其工作人员给予审批通过或者颁发有关许可证的，依法给予行政处分。

第二十八条　生产经营单位对本办法第七条第（一）项、第（二）项、第（三）项和第（四）项规定的建设项目有下列情形之一的，责令停止建设或者停产停业整顿，限期改正；逾期未改正的，处50万元以上100万元以下的罚款，对其直接负责的主管人员和其他直接责任人员处2万元以上5万元以下的罚款；构成犯罪的，依照刑法有关规定追究刑事责任：

（一）未按照本办法规定对建设项目进行安全评价的；

（二）没有安全设施设计或者安全设施设计未按照规定报经安全生产监督管理部门审查

同意，擅自开工的；

（三）施工单位未按照批准的安全设施设计施工的；

（四）投入生产或者使用前，安全设施未经验收合格的。

第二十九条 已经批准的建设项目安全设施设计发生重大变更，生产经营单位未报原批准部门审查同意擅自开工建设的，责令限期改正，可以并处 1 万元以上 3 万元以下的罚款。

第三十条 本办法第七条第（一）项、第（二）项、第（三）项和第（四）项规定以外的建设项目有下列情形之一的，对有关生产经营单位责令限期改正，可以并处 5000 元以上 3 万元以下的罚款：

（一）没有安全设施设计的；

（二）安全设施设计未组织审查，并形成书面审查报告的；

（三）施工单位未按照安全设施设计施工的；

（四）投入生产或者使用前，安全设施未经竣工验收合格，并形成书面报告的。

第三十一条 承担建设项目安全评价的机构弄虚作假、出具虚假报告，尚未构成犯罪的，没收违法所得，违法所得在 10 万元以上的，并处违法所得二倍以上五倍以下的罚款；没有违法所得或者违法所得不足 10 万元的，单处或者并处 10 万元以上 20 万元以下的罚款，对其直接负责的主管人员和其他直接责任人员处 2 万元以上 5 万元以下的罚款；给他人造成损害的，与生产经营单位承担连带赔偿责任。

对有前款违法行为的机构，吊销其相应资质。

第三十二条 本办法规定的行政处罚由安全生产监督管理部门决定。法律、行政法规对行政处罚的种类、幅度和决定机关另有规定的，依照其规定。

安全生产监督管理部门对应当由其他有关部门进行处理的"三同时"问题，应当及时移送有关部门并形成记录备查。

第六章 附 则

第三十三条 本办法自 2011 年 2 月 1 日起施行。

6. 内蒙古自治区安全生产条例

《内蒙古自治区安全生产条例》于2005年5月27日内蒙古自治区第十届人民代表大会常务委员会第十六次会议通过并公布，自2005年7月1日起施行。

修订后《条例》共六章七十三条，自2017年7月1日起施行。

通知信息：
2005年5月27日

内蒙古自治区安全生产条例

（2005年5月27日内蒙古自治区第十届人民代表大会常务委员会第十六次会议通过）
修订的条例：
（2005年5月27日内蒙古自治区第十届人民代表大会常务委员会第十六次会议通过 2017年5月26日内蒙古自治区第十二届人民代表大会常务委员会第三十三次会议修订）

第一章 总 则

第一条 为了加强安全生产工作，防止和减少生产安全事故，保障人民群众生命和财产安全，促进经济社会持续健康发展，根据《中华人民共和国安全生产法》等国家有关法律、法规，结合自治区实际，制定本条例。

第二条 在自治区行政区域内从事生产经营活动的单位（以下统称生产经营单位）的安全生产及其监督管理活动，适用本条例。有关法律、法规对消防安全和道路交通安全、铁路交通安全、水上交通安全、民用航空安全以及核与辐射安全、特种设备安全另有规定的，适用其规定。

第三条 安全生产工作应当以人为本，坚持安全发展，坚持安全第一、预防为主、综合治理的方针；实行分级负责、属地管理，坚持管行业、管业务、管生产经营必须同时管安全和谁主管谁负责的原则。

第四条 生产经营单位是安全生产的责任主体。

生产经营单位的主要负责人是本单位安全生产第一责任人，对安全生产工作负全面领导责任；分管安全生产的负责人对安全生产工作负综合管理领导责任；其他负责人对分管范围内的安全生产工作负直接领导责任。

第五条 旗县级以上人民政府应当加强对安全生产工作的领导，将安全生产工作纳入国民经济和社会发展规划，制定实施安全生产专项规划，及时协调、解决本行政区域内安全生产工作的重大问题，支持、督促有关部门依法履行安全生产监督管理职责。

苏木乡镇人民政府以及街道办事处、开发区管理机构等人民政府的派出机关应当按照职责，加强对本行政区域内生产经营单位安全生产状况的监督检查，协助上级人民政府有关部门依法履行安全生产监督管理职责；生产经营单位集中、安全生产监督管理任务较重的，应当明确承担安全生产监督管理职责的机构，合理配备人员。

居民委员会、嘎查村民委员会应当协助开展安全生产宣传教育活动，及时向所在地人民政府或者有关部门报告事故隐患、安全生产违法行为和生产安全事故。

第六条 各级人民政府主要负责人对本行政区域内安全生产工作负全面领导责任；其他负责人对分管范围内的安全生产工作负相关领导责任。

各级人民政府有关部门的主要负责人对本部门安全生产工作负全面领导责任；其他负责人对分管范围内的安全生产工作负相关领导责任。

第七条 旗县级以上人民政府应当设立安全生产专项资金，用于安全生产信息化建设、安全教育培训、隐患排查治理体系建设、应急救援体系建设、重大危险源监控、重大隐患治理等。安全生产专项资金列入同级财政预算。

第八条 旗县级以上人民政府安全生产监督管理部门对本行政区域内安全生产工作实施综合监督管理，指导、协调、监督、检查同级人民政府有关部门和下级人民政府履行安全生产监督管理职责。

旗县级以上人民政府有关部门应当在各自的职责范围内对有关行业、领域的安全生产工作实施监督管理。

安全生产监督管理部门和对有关行业、领域的安全生产工作实施监督管理的部门，统称负有安全生产监督管理职责的部门。

第九条 各级人民政府及有关部门、单位应当采取多种形式，加强安全生产法律、法规和安全生产知识的宣传教育，增强全社会的安全生产意识。

教育行政主管部门应当督促学校将安全教育纳入教学计划，培养学生的安全意识、知识和技能。

人力资源和社会保障行政主管部门应当将安全生产知识纳入职业教育和就业技能培训内容，提高培训人员的安全意识和技能。

广播、电视、报刊、互联网等媒体应当加强对安全生产工作的舆论监督，开展安全生产公益性宣传教育。

第十条 工会依法对安全生产工作进行监督，参与生产安全事故调查处理，提出保障安全生产的建议，督促纠正违法行为、整改事故隐患，维护从业人员的合法权益。

生产经营单位的工会依法组织职工参加本单位安全生产工作的民主管理和民主监督，维护职工在安全生产方面的合法权益。生产经营单位制定或者修改安全生产管理制度、作出有关安全生产的决定，应当听取工会的意见。

第二章 生产经营单位的安全生产保障

第一节 一般规定

第十一条 生产经营单位应当具备有关法律、法规和国家标准、行业标准、地方标准规定的安全生产条件，建立健全并实施生产经营活动全过程安全生产和职业健康管理制度：

（一）全员安全生产责任制及其考核与奖惩制度；

（二）安全生产资金投入和安全生产费用提取、使用制度；

（三）全员安全生产教育培训考核管理制度；

（四）岗位标准化管理制度；

（五）安全设施、设备的安装、使用、检测、维修、改造、验收、报废等制度；

（六）新建、改建、扩建建设项目主体工程与安全设施、职业卫生防护设施同时设计、同时施工、同时投入生产和使用的制度；

（七）危险作业管理制度和特种作业人员管理制度；

（八）重大危险源辨识、监控、管理制度；

（九）安全生产检查制度和生产安全事故隐患排查治理以及报告制度；

（十）安全风险警示和预防应急公告制度；

（十一）生产安全事故报告、应急救援、调查处理制度；

（十二）相关方以及外用工管理制度；

（十三）安全生产职业卫生保障和劳动防护用品管理制度；

（十四）安全生产档案管理制度；

（十五）法律、法规规定的其他安全生产管理制度。

第十二条 生产经营单位负责人及相关管理人员应当履行有关法律、法规规定的安全生产职责，不得有下列行为：

（一）指挥、强令或者放任从业人员违章、冒险作业；

（二）超过核定的生产能力、生产强度或者生产定员组织生产；

（三）违反操作规程、生产工艺、技术标准、专项安全方案或者安全管理规定组织作业；

（四）对非本单位原因造成的重大事故隐患，未向负有安全生产监督管理职责的部门报告。

第十三条 危险物品的生产、经营、储存单位以及矿山、金属冶炼、建筑施工、道路运输单位的主要负责人和安全生产管理人员，应当自任职之日起六个月内，由主管的负有安全生产监督管理职责的部门对其安全生产知识和管理能力考核合格。考核不得收费。

第十四条 生产经营单位应当对新招录、离岗六个月以上复岗或者换岗的从业人员进行安全生产教育和培训。

第十五条 矿山、金属冶炼、建筑施工、道路运输单位和危险物品的生产、经营、储存单位，应当按照下列规定设置安全生产管理机构或者配备专职安全生产管理人员：

（一）从业人员不足一百人的，配备一名以上专职安全生产管理人员；

（二）从业人员一百人以上的，设置安全生产管理机构，并按照不低于从业人员百分之一的比例配备专职安全生产管理人员。

前款规定以外的其他生产经营单位，从业人员超过一百人的，应当设置安全生产管理机构或者配备专职安全生产管理人员；从业人员一百人以下的，应当配备专职或者兼职的安全生产管理人员。

第十六条 生产经营单位应当开展安全生产标准化建设，并进行动态管理。

第十七条 生产经营单位新建、改建、扩建工程项目（以下统称建设项目）的安全设施和职业卫生防护设施的投资应当纳入建设项目概算。

第十八条 建设项目施工单位应当按照国家和自治区有关施工技术标准进行施工，并对安全设施的工程质量负责。工程监理单位应当按照法律、法规的规定和工程建设标准实施监理，并对安全设施工程质量承担监理责任。

第十九条 生产经营单位的生产区域、生活区域、储存区域之间的安全距离以及周边防护安全距离，应当符合国家标准或者行业标准。

生产经营场所和员工宿舍，应当设有符合紧急疏散要求、标志明显、保持畅通的安全出口。

对容易引发事故、具有较大危险因素的工作场所及其设施、设备应当划分危险等级，设置明显的安全警示标志，配备必要的应急救援器材，并告知从业人员和相关人员在紧急情况下应当采取的应急措施。

第二十条 生产经营单位应当加强班组建设，建立并实施班组长随班工作、班组和岗位人员交接班、班前会提示讲解、班后会评点分析等安全管理制度。

第二十一条 生产经营单位的从业人员应当在上岗作业前进行本岗位安全检查，确认安全后方可进行作业。

从业人员发现事故隐患应当停止操作，采取措施解决，对无法自行解决的，应当向主管人员或者安全生产管理机构报告，主管人员或者安全生产管理机构应当及时解决。

在当天生产活动结束后，从业人员应当对本岗位负责的设备、设施、电器、电路、作业场地、物品存放等进行安全检查，防止非生产时间发生事故。

安全检查应当做好记录，并签字存档。

第二十二条 生产经营单位应当建立健全安全生产管理信息系统，将安全生产标准化、安全教育培训、事故隐患排查治理、重大危险源管理、监测检验、应急救援、事故责任追究等内容纳入安全生产综合信息系统。

矿山、金属冶炼、建筑施工、道路运输、机械制造单位和危险物品的生产、经营、储存单位应当建立重大危险源和重大生产安全事故隐患点实时监控系统，定期向所在地负有安全生产监督管理职责的部门报送安全生产数据信息。

生产经营单位应当加强视频监控资料的档案管理，确保所录制的监控图像真实、连续、可溯。

第二十三条 生产经营单位应当保证安全生产资金投入。

矿山、金属冶炼、建筑施工、道路运输、机械制造单位和危险物品的生产、经营、储存单位应当按照国家和自治区有关规定足额提取安全生产费用，专门用于与本单位安全生产直接相关的支出，其他单位不得采取收取、代管等形式对其进行集中管理和使用。

第二十四条 矿山、金属冶炼、建筑施工、交通运输、机械制造、危险化学品、烟花爆竹、民用爆炸物品、渔业生产等高危行业的生产经营单位应当投保安全生产责任险。

生产经营单位应当依法参加工伤保险，为从业人员缴纳保险费。

第二十五条 矿山、金属冶炼、建筑施工、道路运输、民爆器材、电力、城市地下轨道经营单位和危险物品的生产、经营、储存单位应当以机械化生产替换人工作业、以自动化和智能化控制减少人为操作。

第二十六条 生产经营单位应当定期组织开展事故隐患排查治理，并对排查出的事故隐患进行风险评估和登记，实行分级管理。

生产经营单位对事故隐患，应当立即采取技术、管理措施，组织排除；对不能立即排除的，应当制定治理方案，落实整改措施、责任、时限和应急预案，消除事故隐患；对非本单位原因造成的事故隐患，应当及时向所在地负有安全生产监督管理职责的部门报告。

生产经营单位治理事故隐患，应当采取安全防范措施。事故隐患排除前或者排除过程中无法保证安全的，应当从危险区域撤出作业人员，疏散周边可能危及的其他人员，设置警戒标志，暂时停产停业或者停止使用相关设施、设备，防止事故发生。

第二十七条 有下列情形之一的，生产经营单位应当按照有关法律、法规和标准，及时进行专项生产安全事故隐患排查：

（一）发生重大自然灾害或者极端天气的；

（二）本单位发生生产安全事故的；

（三）本单位组织机构进行调整、相关方进驻或者撤出本单位致使安全生产条件发生变化的；

（四）本单位作业条件、设施设备、工艺技术发生改变的；

（五）重大危险源风险等级发生改变的；

（六）法律、法规规定的其他情形。

第二十八条 矿山、金属冶炼、建筑施工、道路运输、机械制造单位和危险物品的生产、经营、储存单位在试运行、生产操作、工程建设、维护保养等作业前或者在工艺技术、设施设备、经营管理等情况发生变更前，应当进行风险分析，制定风险预防控制方案，并组织实施。

第二十九条 石油天然气输送管道的规划、建设应当符合相关法律、法规和有关标准规定，避开城市地下管网、地下轨道交通等各类地下空间和设施以及人员密集区域，并与城乡规划、土地利用总体规划和其他规划相协调。

第三十条 石油天然气输送管道运营单位应当建立实施管道日常巡护制度，及时发现并处理管道沿线的异常情况。发现直接占压、不符合管道保护安全距离的建筑物、构筑物等事故隐患，无法自行排除的，应当向所在地石油天然气输送管道监督管理部门报告。

石油天然气输送管道监督管理部门接到报告后，应当依法查处危害管道安全的违法行为，及时协调排除或者报请所在地旗县级以上人民政府组织排除。

第三十一条 存在粉尘爆炸危险的作业场所，应当符合下列规定：

（一）作业场所应当符合标准要求，禁止将作业场所设置在居民区、不符合规定的多层房、安全距离不符合规定的厂房内；

（二）按照标准设计、安装、使用和维护通风除尘系统，按照规定检测和清理粉尘，在除尘系统停运期间或者粉尘超标时，应当立即停止作业并撤出作业人员；

（三）按照标准使用防爆电气设备，落实防雷、防静电等措施，禁止在作业场所使用各类明火和违规使用作业工具；

（四）执行安全操作规程和劳动防护制度。

存在铝、镁等金属粉尘的作业场所，应当配备铝、镁等金属粉尘生产、收集、贮存的防水防潮设施，防止粉尘遇湿自燃。

第三十二条 生产经营单位进行危险作业时，应当安排专门人员进行现场安全管理，并采取下列安全管理措施：

（一）作业前完成作业现场危险危害因素辨识分析以及相关内部审签手续；

（二）设置作业现场安全区域，落实安全防范措施；

（三）确认现场作业条件符合安全作业要求；

（四）确认作业人员的上岗资格、身体状况以及配备的劳动防护用品符合安全作业要求；

（五）向作业人员说明危险因素、作业安全要求和应急措施，并由双方签字确认；

（六）发现直接危及人身安全的紧急情况时，采取应急措施，立即停止作业并撤出作业人员。

生产经营单位委托其他单位进行前款规定的危险作业时，应当在作业前与受委托方签订安全生产管理协议，明确各自的安全生产管理责任。

第三十三条 生产经营单位应当配置符合标准的职业病防护设施设备，按照有关规定定期对工作场所进行职业病危害因素检测、评价。检测、评价结果应当存入生产经营单位职业卫生档案，并向从业人员公布。

对从事接触职业病危害因素作业的劳动者，生产经营单位应当按照有关规定组织上岗前、在岗期间、离岗时的职业健康检查，并将检查结果书面如实告知劳动者；对确诊患有职业病的，应当按照有关规定予以治疗和妥善安置。

第三十四条 生产经营单位应当为从业人员无偿提供符合国家标准或者行业标准的劳动防护用品，并指导、监督从业人员按照使用规则佩戴、使用。

生产经营单位应当将购买和发放劳动防护用品的情况建立台账，并存档。

第三十五条 人员密集场所应当符合下列规定：

（一）重点安全防范部位设置明显的安全警示标志，配置安全设施、设备，并保障正常使用；

（二）配备检测报警装置以及应急广播、指挥系统和应急照明、消防等设施、设备，并保障正常使用；

（三）按照标准设置备用电源，选用、安装电气设备、设施，规范敷设电气线路；

（四）辨识危险有害因素，规范危险物品使用和管理；

（五）容纳人数符合核定数量；

（六）法律、法规规定的其他情形。

第三十六条 人员密集场所禁止下列行为：

（一）擅自拆除、停用安全设施、设备；

（二）不按照标准设置备用电源；

（三）占用、堵塞、封闭疏散通道或者安全出口以及其他妨碍安全疏散的行为；

（四）埋压、圈占、遮挡消火栓或者占用防火间距；

（五）占用、堵塞、封闭消防车通道，妨碍消防车通行；

（六）在门窗上设置影响逃生和灭火救援的障碍物；

（七）在同一建筑物内设置生产、储存、经营易燃易爆危险物品的场所；

（八）法律、法规规定的其他禁止行为。

大型群众性活动的承办单位，应当依法取得公安机关的安全许可，并对承办活动的安全负责，制定符合安全要求的活动方案和事故应急救援预案，落实各项安全措施。

第二节 化工及危险化学品单位特别规定

第三十七条 新设立的危险化学品生产、储存单位应当建在旗县级以上人民政府规划的化工园区内。

化工园区应当至少每三年开展一次园区整体性安全风险评价，科学评估园区安全风险，提出消除或者控制安全风险的措施。

劳动力密集型的非化工生产经营单位不得与化工及危险化学品生产、储存单位混建在同一化工园区内。

第三十八条 化工及危险化学品生产、经营、储存单位分管安全生产负责人以及安全生产管理人员，应当具备相关法律、法规规定的专业学历或者技术职称。

化工及危险化学品生产、经营、储存单位应当配备危险物品安全类注册安全工程师从事安全生产管理工作，并按照不少于专职安全生产管理人员百分之十五的比例配备；专职安全生产管理人员在七人以下的，至少配备一名危险物品安全类注册安全工程师。

第三十九条 化工及危险化学品生产、经营、储存单位应当建立完善重点危险化工工艺、重点监管危险化学品、重大危险源安全管理制度和安全操作规程。

第四十条 化工及危险化学品生产、经营、储存单位应当建立特殊作业审批制度，未履行审批手续，不得实施动火、动土、进入受限空间、高处、吊装、临时用电、检维修、盲板抽堵等作业。

特殊作业时，管理人员应当加强现场监督检查，现场监护人员不得擅离现场。

第四十一条 化工及危险化学品生产装置和储存装置应当装配自动化控制系统，高度危险和大型生产装置应当装配紧急停车系统，并按照标准设置、使用和定期检测校验，不得擅自摘除。

涉及易燃易爆、有毒有害气体的生产装置和储存装置应当装配易燃易爆、有毒有害气体泄漏报警系统，并按照标准设置、使用和定期检测校验，不得擅自摘除。

第四十二条 化工及危险化学品建设项目单位应当组织建设项目的设计、施工、监理等有关单位和专家制定试生产方案；在试生产前按照有关规定组织专家对建设项目安全设施进行检验、检测，保证建设项目安全设施处于正常使用状态。试生产时，建设单位应当组织对试生产条件进行确认，对试生产过程进行技术指导。

第四十三条 利用油气储罐的危险化学品生产经营单位应当按照有关标准和设计要求，划定油气罐区并设置明显的标识和必要的围挡，对进入罐区的车辆和人员进行检查和登记管理。

油气储罐变更设计存储物质的，危险化学品生产经营单位应当组织进行安全论证并形成报告。油气储罐运行中的温度、压力、液位、接地电阻以及管道法兰之间的跨接电阻、防雷设施等应当符合设计控制指标，并确保安全切断装置和报警系统正常使用。油气罐区使用的照明、电气设施、设备、器材应当符合防爆要求。

第三章 安全生产的监督管理

第四十四条 旗县级以上人民政府应当建立健全安全生产监督管理工作协调联动机制，明确安全生产监督管理部门和有关部门的安全生产监督管理职责。

旗县级以上人民政府应当将安全生产工作情况纳入年度综合目标责任制考核体系，并将考核结果作为旗县级以上人民政府及其负责人考核评价的重要依据之一。

第四十五条 旗县级以上人民政府应当将安全生产专业技术服务纳入现代服务业发展规划，建立政府购买安全生产服务制度。

负有安全生产监督管理职责的部门在履行安全生产监督管理职责中，对涉及的专业技术问题，可以向社会专业组织等第三方购买专业技术服务。

第四十六条 旗县级以上人民政府应当建立健全包括生产安全事故隐患排查、重大危险源监控、应急救援、行政执法、社会诚信等内容的监督管理信息系统，逐步建成资源共享的安全生产信息体系。

第四十七条 苏木乡镇人民政府和街道办事处、开发区管理机构等人民政府的派出机关可以进入生产经营单位进行检查，对发现的安全生产违法行为、生产安全事故隐患，应当及时向负有安全生产监督管理职责的部门报告。

第四十八条 旗县级以上人民政府安全生产监督管理部门，依法履行下列安全生产综合监督管理职责：

（一）综合分析本地区安全生产形势，定期向本级人民政府报告安全生产工作，提出安全生产工作的意见和建议，发布安全生产信息；

（二）编制安全生产规划；

（三）组织实施本级人民政府对本级人民政府有关部门和下级人民政府的安全生产工作综合考核；

（四）组织实施本行政区域内安全生产综合督查和专项检查；

（五）依法开展应急救援管理、生产安全事故调查处理；

（六）法律、法规和规章规定的其他职责。

第四十九条　旗县级以上人民政府负有安全生产监督管理职责的部门，依法履行下列安全生产监督管理职责：

（一）建立安全生产监督管理和行政执法责任制度；

（二）对生产经营单位执行国家标准、行业标准、地方标准的情况，落实安全生产管理机构以及人员和按照规定提取和使用安全生产费用的情况进行重点检查；

（三）依法对涉及安全生产的事项实施审查批准、行政处罚；

（四）依法查处本行业、本领域的安全生产违法行为，对监督检查中发现的生产安全事故隐患，责令立即排除；

（五）法律、法规和规章规定的其他职责。

安全生产监督管理部门按照职责分工对非煤矿山、危险化学品、烟花爆竹等行业实施安全生产监督管理时，应当履行前款规定的有关职责。

第五十条　旗县级以上人民政府负有安全生产监督管理职责的部门应当加强与人民法院、人民检察院、公安机关的协调配合，建立健全安全生产违法线索通报和协查机制。

第五十一条　旗县级以上人民政府负有安全生产监督管理职责的部门应当建立举报制度，公开举报电话、信箱或者电子邮件地址，受理有关安全生产的举报，接受社会监督。

第五十二条　旗县级以上人民政府应当建立安全生产约谈制度，对具有下列情形的下级人民政府、负有安全生产监督管理职责的部门和生产经营单位主要负责人进行约谈：

（一）未履行或者未依法履行安全生产监督管理职责的；

（二）未及时排查治理重大事故隐患的；

（三）发生较大、重大、特别重大生产安全事故的；

（四）安全生产责任制考核不合格的；

（五）法律、法规规定的其他情形。

第五十三条　生产经营单位有下列情形之一的，列入安全生产不良记录信用信息系统：

（一）由于安全生产违法违规问题一年内被处以二次以上重大行政处罚的；

（二）发生较大、重大、特别重大生产安全事故或者发生生产安全事故虽无人员死亡但造成恶劣社会影响的；

（三）对检查中发现的问题，在规定时限内未完成整改或者拒不执行监管监察指令的；

（四）法律、法规规定的其他情形。

生产经营单位被列入安全生产不良记录信用信息系统管理期间，由负有安全生产监督管理职责的部门向社会公告，并按照国家和自治区有关规定执行。

第四章　生产安全事故的应急救援与调查处理

第五十四条　旗县级以上人民政府应当建立健全安全生产应急救援体系。

自治区人民政府和盟行政公署、设区的市人民政府的应急救援指挥中心应当组织、协调、督促有关部门和下级人民政府，开展生产安全事故应急救援工作。

第五十五条　旗县级以上人民政府应当制定本行政区域内生产安全事故应急救援预案，并报上一级人民政府备案。

旗县级以上人民政府负有安全生产监督管理职责的部门应当制定本行业、本领域生产安全事故应急救援预案，报本级人民政府备案。

第五十六条　生产经营单位应当根据所在地旗县级人民政府制定的生产安全事故应急救援预案和存在的危险源、风险等因素，制定并及时修订本单位生产安全事故应急救援预案。

第五十七条　旗县级以上人民政府及其负有安全生产监督管理职责的部门，应当定期与生产经营单位共同开展应急演练。

生产经营单位应当根据本单位的事故风险特点，每年至少组织一次综合应急预案演练或者专项应急预案演练，每半年至少组织一次现场处置方案演练。

人员密集场所的经营者或者管理者应当至少每半年组织一次应急演练。

第五十八条　旗县级以上人民政府负有安全生产监督管理职责的部门应当与气象、水利、农牧业、国土资源、地震等部门建立预警联动工作机制，及时掌握相关自然灾害的预警信息，分析可能引发的生产安全事故，并按照有关规定发出相应级别的生产安全事故预警信息。

旗县级以上人民政府负有安全生产监督管理职责的部门、生产经营单位接到生产安全事故预警信息后，应当及时采取应对措施，避免或者减轻可能造成的危害。

第五十九条　生产经营单位发生生产安全事故后，事故现场有关人员应当及时采取自救、互救措施，并立即报告本单位负责人。

生产经营单位负责人接到事故报告后，应当迅速组织启动应急救援预案，在确保安全的前提下，组织施救遇险人员，控制危险源、封锁危险场所，组织人员及时、有序撤离，防止事故扩大或者发生次生事故，并按照国家有关规定逐级向事故发生地旗县级以上人民政府负有安全生产监督管理职责的部门如实报告，必要时可以越级上报。

事故单位应当保护事故现场，需要移动现场物品时，应当作出标记和书面记录，妥善保管有关物证。

任何单位和个人不得迟报、漏报、谎报或者瞒报事故。

第六十条　事故发生地旗县级以上人民政府负有安全生产监督管理职责的部门接到生产安全事故报告后，应当按照国家有关规定向上级人民政府以及负有安全生产监督管理职责的部门同时报告。

事故发生地旗县级人民政府以及负有安全生产监督管理职责的部门的负责人接到生产安全事故报告后，应当按照生产安全事故应急救援预案的要求，立即赶到事故现场，组织事故抢救。

事故发生地有关单位、安全生产应急救援队伍接到旗县级以上人民政府及其有关部门的应急救援指令或者有关生产经营单位的救援请求后，应当及时出动参加事故抢险救援。

第六十一条　旗县级以上人民政府应当完善生产安全事故调查处理机制，实行生产安全事故调查组组长负责制。

生产安全事故发生后，旗县级以上人民政府应当按照国家关于事故等级和管辖权限的有关规定开展事故调查。

负责事故调查的人民政府可以直接组织事故调查组进行调查，也可以授权或者委托本级人民政府安全生产监督管理部门或者其他监管部门组织事故调查组进行调查。未造成人员伤亡的一般事故，也可以委托事故发生单位组织事故调查组进行调查。

在法定期限内，因事故伤亡人数或者直接经济损失变化导致事故等级发生变化的，应当按照变化后的事故等级组织事故调查组进行调查。

上级人民政府认为有必要的，可以调查下级人民政府负责调查的事故。

第六十二条 旗县级以上人民政府应当建立事故暴露问题整改督办制度，在事故结案后一年内组织开展评估，评估结果及时向社会公开，对履职不力、整改措施不落实的，依法追究有关单位和人员责任。

第五章　法律责任

第六十三条 违反本条例规定的行为，《中华人民共和国安全生产法》等国家法律、法规已经作出具体处罚规定的，从其规定。

第六十四条 生产经营单位负责人及相关管理人员违反本条例第十二条规定的，责令限期改正；逾期未改正的，处2万元以上5万元以下的罚款，责令生产经营单位停产停业整顿。

生产经营单位的主要负责人未履行法定安全生产管理职责，导致发生生产安全事故的，给予撤职处分；构成犯罪的，依法追究刑事责任。

生产经营单位的主要负责人依照前款规定受到刑事处罚或者撤职处分的，自刑罚执行完毕或者受撤职处分之日起，五年内不得担任任何生产经营单位的主要负责人；对重大、特别重大生产安全事故负有责任的，终身不得担任本行业生产经营单位的主要负责人。

第六十五条 生产经营单位违反本条例规定，有下列情形之一的，责令限期改正，可以处5万元以下的罚款；逾期未改正的，责令停产停业整顿，并处5万元以上10万元以下的罚款，对其直接负责的主管人员和其他直接责任人员处1万元以上2万元以下的罚款：

（一）未建立实施安全生产和职业健康管理制度的；

（二）未开展安全生产标准化建设的；

（三）生产区域、生活区域、储存区域之间的安全距离以及与周边防护安全距离不符合国家标准或者行业标准的；

（四）未开展生产安全事故隐患排查治理的；

（五）未进行风险分析与防控的。

第六十六条 生产经营单位违反本条例第三十一条、第三十二条规定的，责令限期改正，可以处10万元以下的罚款；逾期未改正的，责令停产停业整顿，并处10万元以上20万元以下的罚款，对其直接负责的主管人员和其他直接责任人员处2万元以上5万元以下的罚款；构成犯罪的，依法追究刑事责任。

第六十七条 人员密集场所违反本条例第三十五条规定的，责令限期改正，可以处5万元以下的罚款，对其直接负责的主管人员和其他直接责任人员可以处1万元以下的罚款；逾期未改正的，责令停产停业整顿；构成犯罪的，依法追究刑事责任。

第六十八条 化工及危险化学品生产、经营、储存单位违反本条例第四十一条规定的，责令限期改正；逾期未改正的，责令停产停业整顿，并处2万元以上10万元以下的罚款。

第六十九条 旗县级以上人民政府有下列情形之一的，由上一级人民政府责令改正；拒不改正的，给予通报批评，并对直接负责的主管人员和其他直接责任人员依法给予行政处分；构成犯罪的，依法追究刑事责任：

（一）未建立健全安全生产监督管理工作协调联动机制的；

（二）未将安全生产工作情况纳入年度综合目标责任制考核体系的；

（三）未及时协调、解决本行政区域内安全生产工作重大问题的；

（四）迟报、漏报、谎报或者瞒报事故，阻挠、干涉事故调查处理或者事故责任追究的；

（五）其他玩忽职守、滥用职权、徇私舞弊的行为。

第七十条 旗县级以上人民政府负有安全生产监督管理职责的部门及其工作人员有下列情形之一的，由本级人民政府责令改正；拒不改正的，给予通报批评，并对直接负责的主管人员和其他直接责任人员依法给予行政处分；构成犯罪的，依法追究刑事责任：

（一）未履行安全生产监督管理职责的；

（二）未按照规定的权限、条件和程序作出行政许可决定或者因其他失职、渎职行为，造成重大事故隐患的；

（三）在监督检查工作中违法泄露生产经营单位商业秘密的；

（四）迟报、漏报、谎报或者瞒报事故的；

（五）发生事故，未按照规定组织救援或者玩忽职守致使人员伤亡或者财产损失扩大的；

（六）其他玩忽职守、滥用职权、徇私舞弊的行为。

第七十一条 本条例规定的行政处罚，由负有安全生产监督管理职责的部门按照职责分工决定。

第六章 附 则

第七十二条 本条例下列用语的含义：

生产经营单位的主要负责人，是指有限责任公司、股份有限公司的董事长和总经理，其他生产经营单位的厂长、经理、矿长，以及对生产经营活动有决策权的实际控制人。

开发区，是指高新技术开发区、经济技术开发区、保税区、工业园区等集中发展工业的区域、物流园区和农业示范区。

化工园区，是指化工企业聚集的集中区或者工业区等专门发展化工产业的园区。

第七十三条 本条例自 2017 年 7 月 1 日起施行。

7. 内蒙古自治区非煤矿山建设项目安全设施"三同时"监督管理办法

目 录

第一章 总则
第二章 安全设施设计审查
第三章 安全设施施工
第四章 安全设施竣工验收
第五章 附则

第一章 总 则

第一条 为全面规范非煤矿山建设项目安全监督管理，有效保障非煤矿山安全生产，根据《中华人民共和国安全生产法》、国家安全监管总局《建设项目安全设施"三同时"监督管理办法》（安全监管总局令第36号）等规定，结合自治区实际，制定本办法。

第二条 内蒙古自治区行政区域内非煤矿山新建、改建、扩建工程项目（以下统称建设项目）安全设施的建设及其监督管理，适用本办法。

第三条 本办法所称的建设项目安全设施，是指非煤矿山企业在生产建设中用于预防生产安全事故而设置的设备、设施、装置、构（建）筑物和其他技术措施的总称，其中金属非金属矿山和尾矿库按照《金属非金属矿山建设项目安全设施目录（试行）》（国家安全监管总局令第75号）执行。

第四条 建设单位是建设项目安全设施建设的责任主体。建设项目安全设施必须与主体工程同时设计、同时施工、同时投入生产和使用（以下简称"三同时"）。安全设施投资应当纳入建设项目概算。

第五条 建设项目安全设施实行"分级审查，谁审查、谁负责"的原则。除国家安全生产监督管理总局负责安全设施设计审查和竣工验收监督核查的建设项目外，自治区安全生产监督管理局（以下简称自治区安全监管局）承担自治区人民政府及其有关主管部门审批、核准或者备案的建设项目安全设施设计审查和竣工验收监督核查工作；盟市、旗县人民政府及其有关主管部门审批、核准或者备案的建设项目安全设施设计审查和竣工验收监督核查工作，由盟市安全生产监督管理局（以下简称盟市安全监管局）结合本地区实际作出规定，并报自治区安监局备案。

跨行政区域的非煤矿山建设项目安全设施设计的审查和竣工验收监督核查工作，由其共同的上一级安全监管部门负责。

上一级安全监管部门根据工作需要，可以将其负责的建设项目安全设施设计审查和竣工验收监督核查工作委托下一级安全监管部门办理，接受委托的安全监管部门不得再行委托。

第六条 各级安全监管部门负责本行政区域非煤矿山建设项目安全设施"三同时"的监督管理。按照属地监管的原则，各旗县安全监管部门负责本行政区域非煤矿山建设项目安全设施"三同时"工作的日常监管。

第二章 安全设施设计审查

第七条 建设项目在进行可行性研究时，建设单位应当委托有相应资质的安全评价机构对建设项目的安全生产条件进行安全预评价，并编制安全预评价报告。

第八条 建设项目安全预评价报告应当符合国家标准或者行业标准等规定，评价结论应对建设项目存在的危险、有害因素及可能导致的后果和程度，提出合理可行的安全对策措施。

安全评价机构应当向社会公开出具的安全预评价报告，对安全预评价报告及评价结果承担全部法律责任。

第九条 建设项目初步设计阶段，建设单位应当委托有相应资质的设计单位对建设项目安全设施同时进行设计，编制安全设施设计。初步设计与安全设施设计应由同一单位编制。尾矿库建设项目勘察单位应具有相应资质。

第十条 建设项目安全设施设计必须符合有关法律、法规、规章、标准、规范和国家安全监管总局有关规定，应当充分考虑建设项目安全预评价报告提出的安全对策措施，优先选用先进适用技术、工艺和设备、设施，注重规范化、标准化、机械化、信息化、科学化等科技创新成果和行业新技术的运用。

不具备开展初步设计条件的建设项目，设计单位不得承担其安全设施设计任务。

设计人员、设计单位对其编制的安全设施设计负责。

第十一条 建设项目安全设施设计完成后，建设单位应按照本办法第五条规定向相应安全监管部门提出审查申请，提交以下文件资料，并对其真实性负责。

（一）建设单位关于建设项目安全设施设计审查申请书；

（二）非煤矿山建设项目安全设施设计审查申请表（见附件1）；

（三）建设项目审批、核准或者备案文件复印件；

（四）采矿许可证副本复印件；

（五）营业执照副本复印件；

（六）设计单位的设计资质证书影印件；

（七）建设项目安全预评价报告及相关文件资料；

（八）建设项目初步设计、安全设施设计文本及相应图纸；

（九）法律、法规、规章规定的其他资料。

尾矿库建设项目不需要提交第（四）项规定的材料；尾矿库回采、闭库不需要提交第（三）、（四）项材料；第（三）、（四）、（五）、（六）、（七）项材料由建设单位具体承办人员签字确认并加盖公章。

第十二条 建设项目安全设施设计由下一级安全监管部门对本办法第十一条所列文件资料合规性、完整性初审合格后，报负责审查的安全监管部门进行审查。安全监管部门收到安全设施设计审查申请后，对属于本部门职责范围内的，应在收到申请后 5 个工作日内作出受理或者不予受理的决定，并书面或口头告知申请人。

第十三条 负责审查的安全监管部门对建设单位提交的文件资料合规性、完整性进行审查审核。审查人、审核人对审查审核结果负责。对建设单位提交的文件资料审查审核合格后，根据建设项目的生产规模、开采方式和生产工艺等情况，从本级专家库中抽取 3-7 名具有相关专业技术资格能力的人员组成专家组，主要采取会审、必要时辅以现场核查的方式，对其安全设施设计进行审查。负责审查的安全监管部门应指定审查人或审核人担任组织审查负责人。建设单位主要（或分管）负责人及安全管理人员、设计单位有关负责人及主要设计人员、下级安全监管部门有关人员应参加审查会。专家组应严格按照安全生产法律、法规、规章、标准、规范及国家安全监管总局有关规定对安全设施设计进行技术审查，形成《非煤矿山建设项目安全设施设计审查专家组意见》（见附件 2）；需要设计单位补充修改完善的，设计单位按要求补充修改完善后交专家组组长复审，形成《非煤矿山建设项目安全设施设计审查专家组组长复审意见》（见附件 3）。专家组对技术审查结果负责，专家组组长负主要审查责任，专家组成员按专业和工作分工负相应审查责任。

第十四条 经审查合格的建设项目安全设施设计，专家组长应在设计文本封面及图纸标题栏予以签字确认；根据专家组意见需补充修改完善的，经设计单位补充修改完善后交专家组组长复审，合格的专家组长应在设计文本封面及图纸标题栏予以签字确认。审查不合格的，经设计单位重新设计后，可重新提出审查申请。

经审查合格的建设项目安全设施设计，除涉及国家秘密、商业秘密外，在正式批复前应由负责审查的安全监管部门在相关网站信息平台上向社会公布。

安全监管部门自受理之日起 20 个工作日内（不含设计单位补充修改完善时间）以书面形式批复申请人。20 个工作日内不能批复的，经本部门负责人批准，可以延长 10 个工作日，并应将延长期限的理由以书面或口头的方式告知申请人。

经专家组长签字确认并经安全监管部门审查批准的安全设施设计文本应分别交审查部门、负责日常监管的安全监管部门、设计单位各 1 份存档备查，2 份交建设单位指导建设生产。

第十五条 安全设施设计批复的建设期与初步设计和安全设施设计文本确定的建设期一致，因资金、市场等原因导致建设项目停建的，建设单位要及时向负责审查的安全监管部门和负责日常监管的安全监管部门书面告知，停建时间不计入项目建设期。

第十六条 已批准的建设项目及其安全设施设计有下列情形之一的，建设单位应报原批准部门审查同意，未经审查同意的不得开工建设：

（一）建设项目的规模、生产工艺、设备等发生重大变更的；

（二）改变安全设施设计且可能降低安全性能的；

（三）在施工期间重新设计的。

第（一）、（二）项由原设计单位编制安全设施设计变更文本，第（三）项由设计单位重新编制安全设施设计，由建设单位向原批准部门提出审查申请，原批准部门按照本办法第十二条、十三条、十四条规定程序进行审查。

第十七条 建设单位提出安全设施设计变更审查申请时，应提交下列文件资料，并对其真实性负责。

（一）建设单位关于建设项目安全设施设计变更申请；

（二）非煤矿山建设项目安全设施设计变更审查申请表（见附件4）；

（三）采矿许可证副本复印件；

（四）营业执照副本复印件；

（五）原设计单位的设计资质证书影印件；

（六）原初步设计、安全设施设计文本及相应图纸；

（七）原安全设施设计的批准文件复印件；

（八）建设项目初步设计变更及安全设施设计变更文本及相应图纸；

（九）法律、法规、规章规定的其他资料。

尾矿库建设、回采、闭库项目不需要提交第（三）项材料；第（三）、（四）、（五）项由建设单位具体承办人员签字确认并加盖公章。

第十八条 建设项目施工期间，已批准的安全设施设计发生本办法第十六条以外变化的，由原设计单位出具安全设施设计变更单后，方可施工。

第三章　安全设施施工

第十九条 建设项目安全设施施工单位应当具有矿山工程施工相应资质并取得非煤矿山采掘施工安全生产许可证，工程监理单位应当具有矿山工程监理相应资质。

第二十条 建设、勘察、施工、工程监理单位必须严格遵守安全生产法律、法规、规章和国家有关规定，依法承担建设项目安全生产相应责任。

第二十一条 建设、施工单位应当严格按照初步设计和安全设施设计确定的建设期组织施工，在建设期内不能完成建设的，建设单位应在建设期满30日前向负责安全设施设计审查批准的安全监管部门书面延期申请。申请主要包括未按期完成工程建设的原因、已完成设计建设工程量、未完成的建设工程量、需要延长施工的工期和完成建设工程的保障措施等内容。建设项目建设期经批准延期后，方可继续施工。

负责审查的安全监管部门接到延期申请后，组织有关专业监管人员或聘请有关专家对施工现场进行核查，也可视情况委托下一级安全监管部门组织进行现场核查，形成《非煤矿山建设项目安全设施施工现场核查意见》（见附件5）。按批准的安全设施设计施工的，予以办理延期手续，延期时间不得超过批准安全设施设计确定的建设期。发现有违法违规建设行为的，经依法处理后再办理延期手续。

第二十二条 盟市、旗县安全监管部门要对本行政区域内的建设项目逐一建档，定期对建设项目安全设施施工情况进行监督检查，督促建设、施工、监理等单位切实落实安全责任，强化现场安全管理，监督企业严格在建设期内组织施工。

第四章　安全设施竣工验收

第二十三条 建设项目竣工后，根据规定安全设施需要试运行的，应当在正式投入生产或者使用前进行。试运行时间应当不少于1个月，最长不超过6个月。尾矿库建设项目安全设施试运行应当向负责安全设施设计审查的安全监管部门和负责日常监管的安全监管部门书面报告。

第二十四条 建设项目安全设施竣工或试运行完成后,建设单位应当委托有相应资质的安全评价机构对安全设施进行验收评价,编制建设项目安全验收评价报告。建设项目的安全预评价报告和安全验收评价报告不得由同一评价机构编制。

安全评价机构应当向社会公开出具的安全验收评价报告,对评价报告及评价结果承担全部法律责任。

第二十五条 建设单位负责组织对本企业的建设项目安全设施竣工验收。企业实行多级管理的,也可由其上级具有独立法人资格的单位(或公司总部)负责组织验收。

第二十六条 建设单位组织竣工验收前,应编制竣工验收方案(编写提纲见附件6),成立竣工验收组,并聘请有关专业技术人员成立专家组,竣工验收方案在竣工验收前10日分别向批准安全设施设计的安全监管部门及负责日常监管的安全监管部门报告。

第二十七条 验收工作应严格按照国家有关法律、法规、规章、标准及经批准的安全设施设计逐项检查验收。金属非金属地下、露天矿山及尾矿库应如实填写竣工验收表(安监总管一〔2016〕14号文件附件)。竣工验收结束后,应形成专家组书面意见。

第二十八条 专家组验收意见为"通过验收"或"整改后通过验收"的,专家组成员签字确认。验收组长综合专家组及验收组有关单位代表意见,提出竣工验收意见(见附件7)。

需要"整改后通过验收"的,建设单位应当对专家组提出的问题进行整改,整改完成后应当编写整改情况说明,由参加验收的专家组长或委派专家组有关成员现场复验,整改合格的由专家组长或委派的专家组有关成员和验收组长签字确认(见附件8)。

专家组验收意见为"不通过验收"的,建设单位应当对专家组提出的问题进行整改,整改完成后重新组织验收。

建设单位、验收专家组对验收结果负责。

第二十九条 建设项目的安全设施有下列情形之一的,建设单位不得通过竣工验收,不得投入生产或者使用。违反相关规定的,由安全监管部门依据有关法律、法规、规章严肃处理。

(一)未选择具有相应资质的施工单位施工的;

(二)未按照建设项目安全设施设计或安全设施设计变更文件施工或者施工质量未达到建设项目安全设施设计或安全设施设计变更文件要求的;

(三)安全设施设计重大变更未报原批准建设项目安全设施设计部门审查同意的;

(四)建设项目安全设施的施工不符合国家有关施工技术标准的;

(五)未选择具有相应资质的安全评价机构进行安全验收评价或者安全验收评价不合格的;

(六)安全设施和安全生产条件不符合有关安全生产法律、法规、规章、标准、规范规定的;

(七)发现建设项目试运行期间存在重大事故隐患未整改的;

(八)未依法设置安全生产管理机构或者配备专职安全生产管理人员的;

(九)从业人员未经过安全生产教育和培训或者不具备相应资格的;

(十)不符合法律、法规、规章规定的其他条件的。

第三十条 建设单位竣工验收通过后,应形成安全设施竣工验收报告(编写提纲见附件9），建设单位对竣工验收报告的真实性负责。除涉及国家秘密、商业秘密外，竣工验收报告应由建设单位报负责安全设施设计审查的安全监管部门在相关网站信息平台向社会公布。

第三十一条 负责审查安全设施设计的安全监管部门责成专人对安全设施竣工验收报告进行书面审查，形成竣工验收报告审查意见（见附件10）。对竣工验收报告实质内容存在疑问，需要到现场核查的，应指派2名以上工作人员现场核查，并当场提出核查意见，记录在案；重要项目可以直接或委托下一级安全监管部门派2名以上工作人员赴竣工验收现场对建设单位验收工作进行监督核查，形成现场监督核查意见（见附件11）。

第三十二条 建设项目安全设施竣工验收通过后，建设单位应及时向相应发证许可机关申办安全生产许可证，取得安全生产许可证后方可正式投入生产。

第五章 附 则

第三十三条 金属非金属矿山选矿厂建设项目安全设施设计由建设单位按照《建设项目安全设施"三同时"监督管理办法》（国家安全监管总局令第36号）有关规定组织审查，形成书面报告备查。

第三十四条 与煤共（伴）生的金属非金属矿山建设项目，由煤矿设计单位和煤矿安全评价单位按照煤矿开采的相关法规、标准和有关规定进行安全设施设计和安全评价，按照煤矿建设开采的相关法规、标准和有关规定进行安全监管。

第三十五条 本办法与安全生产法律、法规、规章及国家安全监管总局有关规定有抵触的，从其规定。自治区、盟市、旗县安全监管部门有关建设项目安全设施"三同时"规定与本办法规定有抵触的，以本办法为准。

第三十六条 本办法由自治区安全监管局负责解释，自发布之日起实施。

附件：

1. 非煤矿山建设项目安全设施设计审查申请表
2. 非煤矿山建设项目安全设施设计审查专家组意见
3. 非煤矿山建设项目安全设施设计审查专家组组长复审意见
4. 非煤矿山建设项目安全设施设计变更审查申请表
5. 非煤矿山建设项目安全设施施工现场核查意见
6. 非煤矿山建设项目安全设施竣工验收方案编写提纲
7. 非煤矿山建设项目安全设施竣工验收意见
8. 非煤矿山建设项目安全设施竣工复验意见
9. 非煤矿山建设项目安全设施竣工验收报告编写提纲
10. 非煤矿山建设项目安全设施竣工验收报告审查意见
11. 非煤矿山建设项目安全设施竣工验收现场监督核查意见

附件1　非煤矿山建设项目安全设施设计审查申请表

项目名称			
建设单位			
建设单位联系人		联系方式	
建设项目设计单位		设计单位资质证书编号	
安全预评价单位		评价单位资质证书编号	
建设项目简介：（可另附）			
项目重大危险源，主要危险、危害因素：（可另附）			
安全预评价结论及意见采纳情况：（可另附）			
建设单位意见： 年　月　日			
安全监管部门初审意见： 年　月　日			

注：1. 建设单位意见栏由主要负责人签属"申报材料真实、合规，申请审查"，签字并加盖公章。
　　2. 安全监管部门初审意见由审查人员签属"申报材料齐全、合规，初审合格"，负责人签字并加盖公章。

附件2 非煤矿山建设项目安全设施设计审查专家组意见

项目名称	
设计单位	

专家组组长签字：

专家组成员签字：

组织审查负责人签字：

年　　月　　日

说明：此表可双面打印。

附件3 非煤矿山建设项目安全设施设计审查专家组组长复审意见

项目名称	
设计单位	

专家组组长签字：

组织审查负责人签字：

年　　月　　日

说明：此表可双面打印。

附件4 非煤矿山建设项目安全设施设计变更审查申请表

项目名称			
建设单位（公章）			
建设单位联系人		联系方式	
设计单位		设计批复文号	
原设计简要介绍，本次变更的主要内容和理由：（可另附）			
建设单位意见： 年　　月　　日			
安全监管部门初审意见： 年　　月　　日			

注：1. 建设单位意见栏由主要负责人签属"申报材料真实、合规，申请审查"，签字并加盖公章。
　　2. 安全监管部门初审意见由审查人员签属"申报材料齐全、合规，初审合格"，负责人签字并加盖公章。

附件5 非煤矿山建设项目安全设施施工现场核查意见

项目名称	
建设单位	

核查内容	核查结果
是否按批准的安全设施设计施工	
已完成的安全设施设计工程量	
尚未完成的安全设施设计工程量	

组织核查负责人（专家组组长）签字：

现场核查人员（专家组成员）签字：

年　　月　　日

附件6 非煤矿山建设项目安全设施竣工验收方案编写提纲

一、拟验收时间。

二、建设项目基本情况。包括建设项目概况,建设项目施工、监理资质等情况。

三、建设单位有关证照情况。包括采矿许可证、营业执照、安全设施设计批复(包括变更批复)复印件等。

四、成立竣工验收组情况。验收组成员由建设、施工、监理、评价等单位代表组成。验收组长由建设单位主要负责人担任。验收组聘请有关专业技术人员组成专家组,专家原则上应为该项目安全设施设计审查组成员,根据需要应该补充的,应从有关专家库中补充,专业应涵盖建设项目安全设施设计涉及的主要专业。

根据生产规模、开采方式和生产工艺等情况,专家组应由3-7名专家组成。地下开采项目应由采矿、地质、通风与安全、矿山机电、岩土等专业技术人员构成;露天开采项目应由采矿、地质、矿山机电、岩土等专业技术人员构成;尾矿库建设项目应由尾矿(水工)、地质和安全等专业技术人员构成;油气开采项目应由石油工程、油气储运、地面工程等专业技术人员构成。

五、竣工验收具体程序。(一)召开竣工验收准备会议;(二)查阅图纸及相关资料;(三)现场安全条件检查;(四)形成验收组(包括专家组)书面验收结论;(五)召开竣工验收工作通报会议。

六、工作要求及安全措施。明确竣工验收工作具体要求,制定相应安全措施,强化竣工验收组织协调,确保竣工验收工作安全有序进行。

附件7 非煤矿山建设项目安全设施竣工验收意见

项目名称			
施工单位		资质证书编号	
监理单位		资质证书编号	
验收评价单位		资质证书编号	
项目类型	新建□ 改建□ 扩建□	生产能力	
验收评价单位意见: (盖章) 年 月 日			

续表

专家组意见：		
专家组长：（签字）		年　　月　　日
验收组（建设单位）意见：		
	（盖章）	年　　月　　日
专家组姓名	单位及职称	签　字
参加竣工验收单位代表姓名	单位及职务	签　字

说明：此表双面打印。

附件8 非煤矿山建设项目安全设施竣工复验意见

项目名称			
施工单位		资质证书编号	
监理单位		资质证书编号	
验收评价单位		资质证书编号	
项目类型	新建□ 改建□ 扩建□	生产能力	

专家组复验意见：

专家组长或委派专家组有关成员：（签字）

验收组长：（签字）

年　　月　　日

附件9 非煤矿山建设项目安全设施竣工验收报告编写提纲

一、竣工验收及复验时间。

二、建设项目基本情况。包括建设项目概况，建设项目施工、监理资质等情况。

三、建设单位有关证照情况。包括采矿许可证、营业执照、安全设施设计批复（包括变更批复）复印件等。

四、参加验收单位及人员情况、专家组情况。

五、具体验收程序。

六、验收结论（要求必须严格按照《安全生产法》、《建设项目安全设施"三同时"监督管理办法》（国家安全监管总局令第36号）和本办法有关规定组织验收，验收结论应明确：是否存在本办法第二十九条规定的情形，安全设施竣工是否验收合格，是否通过竣工验收）。

附件：

1. 建设项目安全设施竣工验收意见（包括竣工复验意见）
2. 建设项目安全设施验收评价报告

附件10 非煤矿山建设项目安全设施竣工验收报告审查意见

建设单位	
建设项目	
竣工验收时间	

审查内容	审查结果
验收专家是否符合要求	
验收程序是否规范	
施工、监理、验收评价单位资质是否符合要求	
验收评价报告结论	
验收结论	

审查人员签字：

年　月　日

附件 11　非煤矿山建设项目安全设施竣工验收现场监督核查意见

建设单位	
建设项目	
竣工验收时间	

监督核查内容	核查结果
验收专家是否符合要求	
验收程序是否规范	
施工、监理、验收评价单位资质是否符合要求	
验收评价报告结论	
验收结论	

组织监督核查负责人签字：

参加监督核查人员签字：

年　　月　　日

8. 山西省安全生产条例（2016年修正）

发布：2016-01-22
实施：2008-01-01 现行有效

法律修订：
2007年12月20日山西省第十届人民代表大会常务委员会第三十四次会议通过　根据2016年1月20日山西省第十二届人民代表大会常务委员会第二十四次会议《关于修改〈山西省安全生产条例〉和〈山西省煤炭管理条例〉的决定》修正

第一章　总　则

第一条　为了加强安全生产监督管理，防止和减少生产安全事故，保障人民群众生命和财产安全，根据《中华人民共和国安全生产法》等有关法律、行政法规，结合本省实际，制定本条例。

第二条　本省行政区域内从事生产经营活动的单位（以下统称生产经营单位）的安全生产，适用本条例；有关法律、法规对消防安全和道路交通安全、铁路交通安全、水上交通安全、民用航空安全另有规定的，适用其规定。

第三条　安全生产管理，坚持安全第一、预防为主、综合治理的方针。

第四条　生产经营单位应当遵守有关安全生产的法律、法规，加强安全生产管理，建立、健全安全生产责任制度，完善安全生产条件，确保安全生产。

第五条　生产经营单位的主要负责人对本单位的安全生产工作全面负责。

第六条　生产经营单位的从业人员依照《中华人民共和国安全生产法》和有关法律、法规，享有安全生产保障的权利并应当履行安全生产方面的义务。

第七条　工会依法组织职工参加本单位安全生产工作的民主管理和民主监督，维护职工在安全生产方面的合法权益。

第八条　县级以上人民政府应当加强对本行政区域内安全生产工作的领导，将安全生产工作纳入国民经济和社会发展计划，制定安全生产的发展规划和政策措施，支持、督促安全生产监督管理部门和有关部门依法履行安全生产监督管理职责。

第九条　县级以上人民政府安全生产委员会根据本级人民政府关于安全生产的发展规划和政策措施，研究部署本行政区域内的安全生产工作，提出解决安全生产工作中重大问题的措施，指导、协调本行政区域内重大生产安全事故的应急救援工作，并督促本级人民政府有关部门和下级人民政府做好安全生产监督管理工作。

安全生产委员会办公室设在安全生产监督管理部门，承办安全生产委员会的日常工作。

第十条　县级以上人民政府安全生产监督管理部门依法对本行政区域内的安全生产工作实施综合监督管理。

县级以上人民政府其他有关部门和铁路、民航等部门，依法在各自职责范围内对有关的安全生产工作实施监督管理，并接受安全生产监督管理部门的指导、协调和监督。

第十一条 广播、电视、报刊、网络等大众传播媒体应当开展安全生产的宣传教育,对安全生产违法行为进行舆论监督,客观报道生产安全事故。

第十二条 鼓励安全生产科学技术研究,支持安全生产科学技术支撑体系建设。鼓励生产经营单位采用安全生产先进技术和装备,提高安全生产水平。

第十三条 县级以上人民政府应当对在改善安全生产条件、防止生产安全事故、参加抢险救护等方面取得显著成绩的单位和个人,给予表彰和奖励。

第二章 生产经营单位的安全生产保障

第十四条 生产经营单位应当具备下列安全生产条件;不具备安全生产条件的,不得从事生产经营活动:

(一)具有保障安全生产的规章制度和操作规程;

(二)生产经营场所和设备、设施符合安全生产法律、法规的规定和国家标准或者行业标准;

(三)依法设置安全生产管理机构或者配备安全生产管理人员;

(四)主要负责人和安全生产管理人员具备与本单位所从事的生产经营活动相适应的安全生产知识和管理能力;

(五)从业人员经安全生产教育和培训合格,特种作业人员按有关规定取得特种作业操作资格证书;

(六)为从业人员配备符合国家标准或者行业标准的劳动防护用品;

(七)法律、法规和国家标准或者行业标准规定的其他安全生产条件。

矿山、建筑施工单位和危险化学品、烟花爆竹、民用爆破器材生产经营单位除具备前款规定的安全生产条件外,还应当取得安全生产许可证。

本条第一款第一项规定的保障安全生产的规章制度,主要包括安全生产责任制度,安全生产教育和培训制度,职业危害防治制度,安全生产事故隐患排查、治理、报告制度,重大危险源管理责任制度,生产安全事故的应急救援和报告、处理制度。

第十五条 生产经营单位的主要负责人对本单位安全生产工作负有下列职责:

(一)建立、健全并落实安全生产责任制度;

(二)组织制定并督促落实安全生产规章制度和安全操作规程;

(三)保证安全生产投入的有效实施;

(四)督促、检查安全生产工作,及时消除安全生产事故隐患;

(五)组织制定、实施生产安全事故应急救援预案并定期组织演练;

(六)及时、如实报告生产安全事故;

(七)法律、法规规定的其他责任。

第十六条 生产经营单位的决策机构、主要负责人或者个人经营的投资人应当保证安全生产所必需的资金投入,并对由于安全生产所必需的资金投入不足导致的后果承担责任。

安全生产资金投入主要用于安全设施的建设和维修,安全设备的检测、维护和保养,劳动防护用品的配备,安全生产教育和培训,安全生产新技术推广、应用等。

第十七条 生产经营单位应当对从业人员进行安全生产教育和培训。安全生产教育和培训情况,应当记入从业人员安全生产教育和培训档案。

安全生产教育和培训主要包括下列内容:

(一)安全生产法律、法规和国家标准或者行业标准;

（二）安全生产规章制度和操作规程；

（三）岗位安全生产技术和安全操作技能；

（四）安全设备、设施和劳动防护用品的使用、维护、保管；

（五）作业场所和工作岗位存在的危险因素、防范措施及事故应急措施。

从业人员应当接受安全生产教育和培训，并经安全生产知识和操作技能考核合格，方可上岗作业。

鼓励各类职业技术教育机构为生产经营单位提供从业人员的安全生产教育和培训服务。

第十八条 生产经营单位新建、改建、扩建工程项目的安全设施，应当与主体工程同时设计、同时施工、同时投入生产和使用。

安全设施投资应当纳入建设项目概算。

第十九条 生产经营单位应当建立、健全重大危险源管理责任制度，明确责任人并采取下列安全保障措施：

（一）对重大危险源登记建档；

（二）定期检查、评估、监控重大危险源的安全状态，检测相关的设施、设备，并记录在案；

（三）制定专门的应急预案，并对从业人员和安全生产管理人员进行应急技能培训；

（四）告知本生产经营单位以外可能受到损害的其他人员在紧急情况下应当采取的应急措施。

生产经营单位应当将重大危险源及监控措施、应急措施，报当地安全生产监督管理部门和有关部门备案。

第二十条 生产经营单位应当对安全生产状况进行经常性检查；对检查中发现的安全生产事故隐患，应当立即采取措施予以消除；不能立即消除的，应当采取有效安全防范措施，并制定治理方案。在安全生产事故隐患排除前或者排除过程中不能保证安全生产的，应当暂时停止使用相关的设施设备或者停产停业，并从危险区域撤出从业人员。安全生产检查和处理情况应当记录在案。

第二十一条 生产经营单位应当采取下列措施，保障从业人员依法享有安全生产权利：

（一）在集体合同、劳动合同中载明保障从业人员劳动安全、防止职业危害等事项；

（二）依法参加工伤社会保险，按时足额为从业人员缴纳工伤社会保险费；

（三）在危险作业场所和危险设备上设置安全防护装置和明显的警示标志，并告知从业人员作业场所、设备和工作岗位存在的危险因素，以及应当采取的防范、应急措施；

（四）为从业人员提供符合国家职业安全卫生标准的工作环境和劳动条件，对从事有职业危害的从业人员每年至少进行一次职业健康检查；

（五）发现直接危及从业人员人身安全的紧急情况时，立即组织从业人员撤离作业场所；

（六）不得因从业人员在发生紧急情况时自行撤离或者拒绝违章指挥、强令冒险作业，降低其工资、福利待遇或者解除与其订立的劳动合同；

（七）对因生产安全事故受到损害的从业人员依法给予赔偿；

（八）认真听取工会、职工（代表）大会、职工代表或者从业人员对本单位安全生产工作提出的建议、批评和意见，并及时研究答复或者处理。

第二十二条 生产经营单位应当教育和督促从业人员严格遵守本单位的安全生产规章制度和操作规程，正确使用劳动防护用品，接受安全生产教育和培训，掌握本职工作所需的安全生产知识，提高安全生产技能。

第二十三条 煤矿生产经营单位必须依法取得法律、行政法规规定的各种证照后，方可从事生产经营活动。无证或者证照不全的，不得从事生产经营活动。

第二十四条 煤矿生产经营单位必须在采矿许可证批准的范围内开采。严禁越层、越界开采。

第二十五条 煤矿生产经营单位应当加强煤矿安全生产管理，制定并严格执行符合国家标准或者行业标准的作业规程、操作规程，防止人员伤亡和其他生产安全事故的发生。

第二十六条 煤矿矿井必须具备《中华人民共和国矿山安全法实施条例》、《山西省实施〈中华人民共和国矿山安全法〉办法》和本条例规定的安全生产条件。

第二十七条 煤矿生产经营单位应当加大煤矿安全生产投入，并按照不低于国家规定的标准提取煤炭生产安全费用。

煤炭生产安全费用由煤矿生产经营单位按照国家有关规定自行安排使用，并专户储存、专款专用。有关部门应当对煤炭生产安全费用的使用情况进行监督。

第二十八条 煤矿的发包、承包应当符合法律、行政法规的规定。煤矿依法整体承包后，应当重新办理煤矿安全生产许可证；未重新办理的，不得从事生产。

禁止承包方将煤矿进行转包。禁止将井下采掘工作面和井巷维修作业进行劳务承包。

第二十九条 非煤矿山生产经营单位必须依法取得法律、行政法规规定的各种证照后，方可从事生产经营活动。无证或者证照不全的，不得从事生产经营活动。

第三十条 非煤矿山生产经营单位应当具有保障安全生产、预防事故和职业危害的安全设施，并符合矿山安全法律、法规和本条例规定的安全生产要求。

第三十一条 非煤矿山生产经营单位应当执行开采不同矿种的矿山安全规程和行业技术规范。非煤矿山地下开采应当实行机械通风；露天开采推广中深孔爆破等安全生产新技术。

第三十二条 非煤矿山生产经营单位应当加强尾矿库、采空区、边坡等的监测、监控，及时消除事故隐患，确保安全生产。

第三十三条 天然气（煤层气）勘探、开采、输送生产经营单位，应当加强勘探、开采、输送的安全生产管理，其重要设施和危险场所应当有安全防范措施和警示标志，并配备防雷、防爆、防静电装置。

第三十四条 从事危险物品的生产、经营、运输、储存、使用和处置废弃危险物品的生产经营单位，必须依法取得审查批准。未依法取得审查批准的，不得从事生产经营活动。

第三十五条 从事危险物品的生产、经营、运输、储存、使用和处置废弃危险物品的生产经营单位，应当严格执行有关法律、法规和国家标准或者行业标准，建立专门的安全管理制度，采取可靠的安全措施，确保安全生产。

第三十六条 危险物品的生产、经营、储存场所，应当与人口密集区域、公共设施、工业设施保持符合国家标准或者国家有关规定的安全防护距离。

第三十七条 从事道路运输的生产经营单位及其车辆和人员，必须依法取得相应的资质、资格后，方可从事生产经营活动。未取得相应资质、资格的，不得从事生产经营活动。

第三十八条 从事道路运输的生产经营单位，应当加强对驾驶人员的安全教育和培训，杜绝超载、超限、超速、人货混载、酒后驾驶和疲劳驾驶等违章行为，并对车辆安全性能进行日常检查，确保运营安全。

严禁使用非法改装的车辆或者报废车辆从事道路运输。

第三十九条 从事危险物品道路运输的生产经营单位，应当加强对驾驶人员、押运人员、装卸人员和车辆的安全管理，为车辆配备符合国家安全标准的运输装置、设置明显的警示标志，按照安全操作规程装卸危险物品，采取防止危险物品燃烧、爆炸、辐射、泄露的措施。

运输爆炸物品、易燃易爆化学品以及剧毒、放射性等危险物品的，应当经公安机关批准后，按照指定的时间、路线、速度行驶。

运输危险物品的车辆中途停车时，应当停放在空旷、安全的场所，并采取看管、隔离等措施。

第四十条 从事长途客运、高速客运或者危险物品道路运输的生产经营单位，应当为车辆安装车辆行驶记录仪和卫星定位装置，加强对车辆行驶的全程监控。

第四十一条 矿山建设项目和用于生产、储存危险物品的建设项目以及国家规定的其他建设项目，应当依照法律、法规和国家其他有关规定办理下列事项：

（一）进行安全条件论证和安全评价；

（二）安全设施设计报有关部门审查；

（三）建设项目竣工投入生产和使用前，安全设施报经有关部门验收。建设项目安全设施的设计人、设计单位应当对安全设施设计负责。安全设施设计的审查部门及其审查人员对审查结果负责。建设项目的施工单位必须按照批准的安全设施设计施工，并对安全设施的工程质量负责。建设项目安全设施的验收部门及其验收人员对验收结果负责。

第四十二条 劳动防护用品生产经营单位应当向设区的市以上人民政府安全生产监督管理部门备案。

第四十三条 旅游景区（点）、影剧院、会（礼）堂、博物馆、展览馆、体育场（馆）、游乐场所、歌舞厅、网吧、宾馆（饭店）、商（市）场、车站等生产经营单位，应当遵守下列安全规定：

（一）在经营场所设置明显的安全疏散标志，并确保安全出口和疏散通道的畅通；

（二）在经营场所配备能够正常使用的应急广播、指挥系统和应急照明设施、消防器材；

（三）制定安全措施和生产安全事故应急救援预案，配备应急救援人员；

（四）有关负责人能够熟练使用应急广播和指挥系统，掌握应急救援预案的全部内容；

（五）从业人员能够熟练使用消防器材，熟知安全出口和疏散通道的位置以及本岗位的应急救援职责；

（六）经营场所实际容纳的人员不超过规定的容纳人数；

（七）法律、法规的其他安全规定。

第四十四条 生产经营单位举办大型经营活动，应当制定安全保障方案和突发事件应急预案，并按照国家和本省的有关规定履行审批手续。

活动期间，举办单位应当落实各项安全保障措施，保证活动场所的安全设施正常运转，配备足够的工作人员维持现场秩序。出现人员聚集的情况时，举办单位应当采取控制和疏散措施，确保参加活动人员的人身、财产安全，必要时申请公安机关予以协助。

第三章 安全生产的监督管理

第四十五条 县级以上人民政府应当履行下列安全生产监督管理职责：

（一）建立、健全安全生产监督管理组织体系、责任体系、控制指标体系、考核奖惩体系和应急救援体系；

（二）每季度至少召开一次安全生产工作专题会议，研究解决安全生产中存在的重大问题；

（三）组织实施生产安全事故应急救援工作；

（四）组织有关部门取缔非法生产经营活动，维护安全生产秩序；

（五）加强公共安全设施建设，治理公共安全隐患；

（六）依法批复生产安全事故调查报告，作出事故处理和行政责任追究决定；

（七）法律、法规规定的其他职责。

第四十六条 县级以上人民政府应当加大安全生产监督管理的投入，确保专款专用。安全生产资金主要用于下列安全生产监督管理工作：

（一）公共安全监管体系和公共安全重大危险源监控体系建设，以及公共安全隐患治理；

（二）生产安全事故应急救援物资、装备的储备和应急救援队伍建设；

（三）安全生产宣传教育、培训和奖励；

（四）安全生产科学技术研究开发和先进技术的推广、应用；

（五）安全生产执法装备的配备和安全生产网络监管系统的建设；

（六）法律、法规规定的其他事项。

第四十七条 县级以上人民政府应当建立、健全安全生产监督管理机构，加强安全生产监督管理执法队伍建设，保证安全生产监督管理工作正常开展。

第四十八条 县级以上人民政府安全生产监督管理部门应当履行下列安全生产监督管理职责：

（一）宣传和贯彻执行有关安全生产的法律、法规，依法对本行政区域内的生产经营单位执行安全生产法律、法规和国家标准或者行业标准的情况进行监督检查；

（二）拟订本行政区域的安全生产发展规划，依法对本行政区域内的安全生产工作实施指导、协调和监督；

（三）依法对本行政区域内生产经营单位新建、改建、扩建工程项目的安全设施与主体工程同时设计、同时施工、同时投产使用的情况进行监督检查；

（四）依法对本行政区域内生产经营单位安全生产资金的投入和使用情况进行监督检查；

（五）负责对本行政区域内生产经营单位重大危险源的监控情况、重大事故隐患排查治理情况、作业场所的职业卫生情况，以及劳动防护用品的生产、检验、经营和使用情况进行监督检查；

（六）依法对涉及安全生产的事项进行审查批准；

（七）依法对本行政区域内生产经营单位取得安全生产许可证的情况和其主要负责人、安全管理人员、特种作业人员取得安全资格证的情况，以及承担安全评价、认证、检测、检验的机构取得资质的情况进行监督检查；

（八）依法组织、指导、协调本行政区域内生产安全事故的应急救援工作；

（九）法律、法规规定的其他职责。

第四十九条 乡（镇）人民政府、街道办事处应当指定机构和人员，履行安全生产监督管理职责。

居民委员会、村民委员会发现其所在区域的生产经营单位存在事故隐患或者安全生产违法行为，应当及时向当地人民政府、安全生产监督管理部门或者有关部门报告。

第五十条 县级以上人民政府安全生产监督管理部门和有关部门，应当将涉及安全生产的行政许可的事项、依据、条件、数量、程序、期限以及需要提交的全部材料目录和申请书示范文本等在办公场所公示，并按照法定的条件、程序和期限审查。对符合法定条件、标准的，有关部门应当依法作出准予行政许可的书面决定；对不符合法定条件、标准的，应当依法作出不予行政许可的书面决定，向申请人说明理由，并告知其享有依法申请行政复议或者行政诉讼的权利。

有关部门在办理涉及安全生产的行政许可事项时，不得拖延办理，不得索取财物或者谋取其他利益。

第五十一条 县级以上人民政府安全生产委员会应当统筹安排本行政区域内的大型安全生产检查，并将检查情况报本级人民政府和上一级人民政府安全生产委员会。

第五十二条 县级以上人民政府安全生产监督管理部门和有关部门对生产经营单位进行安全生产监督检查时，应当互相配合，实行联合检查；确需分别进行检查的，应当互通情况。

对生产经营单位的安全生产监督检查，不得影响其正常的生产经营活动。

第五十三条 县级以上人民政府安全生产监督管理部门和有关部门，在检查中发现生产经营单位的安全生产违法行为应当由其他有关部门处理的，应当在3日内制作违法行为处理建议书并送达其他有关部门。其他有关部门收到违法行为处理建议书后，应当依法及时核实、处理。

第五十四条 县级以上人民政府安全生产监督管理部门和有关部门在安全生产监督检查过程中，发现相关主管部门涉及安全生产的行政许可不符合有关法律、法规、规章和国家标准或者行业标准的，应当在3日内书面告知其他有关部门。其他有关部门收到告知书后，应当依法及时核实、处理。

第五十五条 县级以上人民政府安全生产监督管理部门和有关部门对生产经营单位依法做出责令停产停业、吊销有关证照等行政处罚决定的，应当同时书面通知其他有关部门。其他有关部门接到书面通知后，应当依法及时采取相应的措施，杜绝被处罚的生产经营单位违法生产。

第五十六条 县级以上人民政府及其有关部门应当依法维护生产经营单位的合法权益，不得因本行政区域内个别生产经营单位发生生产安全事故而影响其他合法生产经营单位的正常生产经营活动。

第五十七条 安全生产监督检查人员应当忠于职守，坚持原则，秉公执法。

安全生产监督检查人员在进行安全生产监督检查时，应当将检查的时间、地点、内容、发现的问题及其处理情况，作出书面记录，并由检查人员和被检查单位的负责人签字；被检查单位的负责人拒绝签字的，检查人员应当将情况记录在案，并向安全生产监督管理部门或者有关部门报告。

第五十八条 任何单位或者个人对生产安全事故、事故隐患或者安全生产违法行为，均有权向县级以上人民政府安全生产监督管理部门和有关部门报告或者举报。

县级以上人民政府安全生产监督管理部门和有关部门应当公开单位的专用电话、通信地址或者电子信箱，受理有关安全生产的报告或者举报，并依法及时调查、处理。

第五十九条 县级以上人民政府安全生产监督管理部门和有关部门应当建立安全生产专家库，加强安全生产信息化建设，并通过各种媒体公开有关安全生产的法律、法规、政策，以及安全生产政务、安全生产职业技能培训机构、安全生产专家库等信息，向生产经营单位提供信息服务。

第四章 生产安全事故应急救援与调查处理

第六十条 县级以上人民政府应当建立、健全应急救援体系，加强应急救援物资、装备的储备，根据当地实际建立相应的应急救援队伍，整合当地应急救援资源，完善应急救援机制。

省人民政府应当合理规划和建设区域性应急救援基地，建立装备先进、反应快速、具有专业救援能力的应急救援队伍。

第六十一条 县级以上人民政府应当组织有关部门制定本行政区域重大生产安全事故的应急救援预案。

重大生产安全事故应急救援预案应当包括下列内容：

（一）应急救援的指挥和协调机构；

（二）有关部门在应急救援中的分工和职责；

（三）危险目标的确定和潜在危险性评估；

（四）应急救援组织及其人员、装备；

（五）紧急处置、人员疏散、工程抢险和医疗急救等措施方案；

（六）社会支持救助方案；

（七）应急救援组织的训练和演习；

（八）应急救援物资储备；

（九）经费保障；

（十）其他有关事项。

第六十二条 生产经营单位应当制定生产安全事故应急救援预案。生产安全事故应急救援预案应当包括下列内容：

（一）应急救援组织及其职责；

（二）危险目标的确定和潜在危险性评估；

（三）应急救援预案启动程序；

（四）紧急处置、人员疏散、工程抢险和医疗急救等措施方案；

（五）应急救援组织的训练和演习；

（六）应急救援装备和器材的储备；

（七）经费保障；

（八）其他有关事项。

第六十三条 危险物品的生产、经营、储存以及矿山、建筑施工等生产经营单位应当建立应急救援组织；生产经营规模较小，可以不建立应急救援组织的，应当指定兼职的应急救援人员，并与专业应急救援机构签订应急救援服务协议。

第六十四条 发生生产安全事故后，事故现场有关人员、生产经营单位负责人、县级以上人民政府安全生产监督管理部门和有关部门应当按照法定的期限、程序、内容报告，不得迟报、漏报、谎报或者瞒报。

第六十五条 重大事故、较大事故、一般事故，分别由省、设区的市、县（市、区）人民政府授权安全生产监督管理部门组织同级有关部门调查处理。法律、行政法规另有规定的，从其规定。

生产安全事故的调查和处理，依照国务院《生产安全事故报告和调查处理条例》的有关规定执行。

第六十六条 县级以上人民政府安全生产监督管理部门应当定期统计、分析本行政区域内发生生产安全事故的情况，并定期向社会公布。

县级以上人民政府其他有关部门，应当每月对本系统发生生产安全事故的情况进行统计、分析，并于每月5日（遇法定节假日顺延）前将上月的生产安全事故统计报表报送同级安全生产监督管理部门。

第五章　法律责任

第六十七条 违反本条例规定的行为，法律、法规已有处罚规定的，从其规定。

第六十八条 生产经营单位不具备本条例第十四条规定的安全生产条件的，由县级以上人民政府安全生产监督管理部门依法责令限期改正；逾期未改正的，责令停产停业整顿；经停产停业整顿仍不具备安全生产条件的，由安全生产监督管理部门依法报请县级以上人民政府按照国务院规定的权限决定关闭；有关部门应当依法吊销其有关证照。

生产经营单位违反本条例第十四条规定，有下列行为之一的，除依照前款规定处罚外，可以并处2000元以上2万元以下罚款：

（一）未按照规定设立安全生产管理机构或者配备安全生产管理人员的；

（二）未按照规定对从业人员进行安全教育和培训的；

（三）特种作业人员未按照规定取得特种作业操作资格证书，上岗作业的。生产经营单位违反本条例第十四条规定，未为从业人员提供符合国家标准或者行业标准的劳动防护用品的，除依照本条第一款规定处罚外，可以并处5万元以下罚款。

第六十九条 生产经营单位的主要负责人未履行本条例第十五条规定的安全生产管理职责的，由县级以上人民政府安全生产监督管理部门责令限期改正；逾期未改正的，责令生产经营单位停产停业整顿。

生产经营单位的主要负责人未依法履行安全生产管理职责，导致发生生产安全事故的，依法给予撤职处分或者由县级以上人民政府安全生产监督管理部门处以2万元以上20万元以下罚款；构成犯罪的，依法追究刑事责任。

生产经营单位的主要负责人依照前款规定受刑事处罚或者受撤职处分的，自刑罚执行完毕或者受处分之日起，5年内不得担任任何生产经营单位的主要负责人。其受到刑事处罚和处分的情况应当记录在案。

第七十条 生产经营单位的决策机构、主要负责人、个体经营的投资人未依照本条例第十六条规定保证安全生产所必需的资金投入的，由县级以上人民政府安全生产监督管理部门责令限期改正；逾期未改正的，责令生产经营单位停产停业整顿。

有前款违法行为，导致发生生产安全事故的，依法对生产经营单位的主要负责人给予撤职处分，对个人经营的投资人处以2万元以上20万元以下罚款；构成犯罪的，依法追究刑事责任。

第七十一条 生产经营单位违反本条例第四十一条规定，有下列行为之一的，由县级以上人民政府安全生产监督管理部门责令限期改正；逾期未改正的，责令停止建设或者停产停业整顿，可以并处5000元以上5万元以下罚款：

（一）矿山建设项目或者用于生产、储存危险物品的建设项目以及国家规定的其他建设项目，没有安全设施设计或者安全设施设计未按照规定报经审查同意的；

（二）矿山建设项目和用于生产、储存危险物品的建设项目以及国家规定的其他建设项目，未按照批准的安全设施设计施工的；

（三）矿山建设项目和用于生产、储存危险物品的建设项目以及国家规定的其他建设项目竣工投入生产或者使用前，安全设施未经验收合格的。

第七十二条 无证或者证照不全从事煤矿生产经营活动，越层、越界开采煤炭资源，转包煤矿或者将煤矿井下采掘工作面、井巷维修作业进行劳务承包的，依照法律、法规和省人民政府的有关规定处理。

第七十三条 道路运输生产经营单位违反本条例规定，发生生产安全事故并对事故发生负有责任的，由县级以上人民政府安全生产监督管理部门依照国务院《生产安全事故报告和调查处理条例》的有关规定处以罚款、责令停产停业整顿，并由有关部门依法暂扣或者吊销生产经营单位及其有关肇事车辆、驾驶人员的有关证照。

第七十四条 县级以上人民政府安全生产监督管理部门可以委托符合《中华人民共和国行政处罚法》第十九条规定的组织行使行政处罚权。

第七十五条 县级以上人民政府安全生产监督管理部门和有关部门的工作人员有下列行为之一的，依法给予行政处分；构成犯罪的，依法追究刑事责任：

（一）对不符合法定安全生产条件的涉及安全生产的事项予以批准或者验收通过的；

（二）办理涉及安全生产的行政许可事项时，拖延办理、索取财物或者谋取其他利益的；

（三）发现未依法取得批准、验收的单位擅自从事有关活动，或者接到举报后不予取缔或者不依法予以处理的；

（四）对已经依法取得批准的单位不履行监督管理职责，发现其不再具备安全生产条件而不撤销原批准或者发现安全生产违法行为不予查处的；

（五）接到生产安全事故报告后，不立即组织事故抢救的；

（六）迟报、漏报、瞒报、谎报生产安全事故的；

（七）阻碍、干涉生产安全事故调查工作或者责任追究的；

（八）在生产安全事故调查中作伪证或者指使他人作伪证的；

（九）其他滥用职权、玩忽职守、徇私舞弊的。

第六章 附 则

第七十六条 本条例自 2008 年 1 月 1 日起施行。

9. 陕西省安全生产条例（2017年版）

《陕西省安全生产条例》于2017年9月29日经陕西省第十二届人民代表大会常务委员会第三十七次会议修订通过，自2018年1月1日起施行。

条例制定：
2005年9月29日陕西省第十届人民代表大会常务委员会第二十一次会议通过
2012年1月6日陕西省第十一届人民代表大会常务委员会第二十七次会议修正
2017年9月29日陕西省第十二届人民代表大会常务委员会第三十七次会议修订

第一章 总 则

第一条 为了加强安全生产工作，防止和减少生产安全事故，保障人民群众生命和财产安全，促进经济社会持续健康发展，根据《中华人民共和国安全生产法》和有关法律、行政法规，结合本省实际，制定本条例。

第二条 本省行政区域内从事生产经营活动单位（以下统称生产经营单位）的安全生产及其相关监督管理，适用本条例。

有关法律、法规对消防安全和道路交通安全、铁路交通安全、水上交通安全、民用航空安全以及核与辐射安全、特种设备安全另有规定的，适用其规定。

第三条 安全生产工作应当遵循以人为本、安全发展的原则，坚持安全第一、预防为主、综合治理的方针，落实生产经营单位的主体责任，强化分级负责属地管理、谁主管谁负责的监管责任，建立生产经营单位负责、职工参与、政府监管、行业自律和社会监督的机制。

第四条 生产经营单位是安全生产的责任主体，应当遵守有关安全生产法律、法规，建立健全安全生产责任制和安全生产规章制度，加强安全生产管理，改善安全生产条件，推进安全生产科技化、标准化、信息化建设，提高安全生产水平，确保安全生产。

生产经营单位的安全设施，应当与建设项目同时设计、同时施工、同时投入使用。

生产经营单位的法定代表人和实际控制人、主要负责人同为本单位安全生产责任人，对本单位安全生产全面负责；分管安全生产的负责人承担安全生产综合管理领导责任；其他负责人对其分管工作范围内的安全生产承担直接领导责任；生产经营单位的从业人员应当遵守企业的安全生产规章制度，承担安全生产岗位责任。

第五条 县级以上人民政府应当加强对安全生产工作的领导，将安全生产工作纳入国民经济和社会发展规划，制定实施安全生产专项规划，建立健全安全生产投入保障制度，将安全生产监督管理工作纳入政府和部门绩效考评指标体系，支持、督促有关部门和下级政府履行安全生产监督管理职责，及时协调、解决安全生产监督管理中的重大问题。

县级以上人民政府实行领导干部安全生产责任制。

乡（镇）人民政府以及街道办事处、开发区管理机构等地方人民政府的派出机构应当按照职责，加强对本区域内生产经营单位安全生产的监督检查，协助上级人民政府有关部门依法履行安全生产监督管理职责。

第六条 县级以上人民政府有关部门应当按照管行业、管业务必须管安全的原则，履行安全生产监督管理责任。

县级以上安全生产监督管理部门负责本行政区域内安全生产的执法监督、事故调查处理、应急救援管理、统计分析、宣传教育培训等综合性工作，对安全生产工作实施综合监督管理。

负有安全生产监督管理专项职责的有关部门依法履行相关行业领域安全生产监管职责，制定相关行业规范和地方标准，加强安全生产的监管和执法。

其他部门应当从行业规划、产业政策、标准规范、行政许可等方面加强行业安全生产工作，指导督促生产经营单位加强安全管理。

第七条 工会依法对安全生产工作进行监督，参与生产安全事故调查，并提出处理意见。

生产经营单位的工会依法组织职工参加本单位安全生产工作的民主管理和民主监督，维护职工在安全生产方面的合法权益。生产经营单位制定或者修改安全生产规章制度、作出有关安全生产的决定，应当听取工会的意见。

第八条 县级以上人民政府负有安全生产监督管理职责的部门以及生产经营单位应当建立健全安全生产风险分级管控和隐患排查治理机制。

生产经营单位应当采取技术、管理措施，及时辨识风险因素，排查事故隐患。对风险管控情况和事故隐患排查治理情况应当如实记录，并向从业人员通报。

县级以上人民政府负有安全生产监督管理职责的部门应当建立健全重大事故隐患治理督办制度，组织排查治理隐患，督促生产经营单位消除重大事故隐患。

第九条 县级以上人民政府及其有关部门应当采取多种形式，加强安全生产法律、法规和安全生产知识的宣传教育，推进安全文化建设，增强全社会的安全生产意识，提高安全防范能力和自救互救能力。

新闻、出版、广播、电影、电视等单位有进行安全生产宣传教育的责任和义务。

各级各类学校应当向学生普及安全知识，培养安全意识。

第十条 县级以上人民政府应当设立安全生产专项资金，用于应急救援体系建设、安全技术项目推广应用、重特大事故应急救援、公共隐患治理以及安全生产工作奖励等方面。

第二章　生产经营单位安全生产保障

第十一条 生产经营单位应当具备法律、法规和有关国家标准、行业标准、地方标准规定的安全生产条件，不得使用国家和本省公布的应当淘汰的危及生产安全的工艺、设备、材料、技术。

矿山、建筑施工、危险化学品、烟花爆竹和民用爆炸物品生产经营单位应当依法取得相应的安全生产许可证或者经营许可证。

第十二条 生产经营单位发生合并、分立、解散、破产、产权转移等情形时，应当明确安全生产责任，落实危险源监控和隐患治理责任。

第十三条 生产经营单位应当具备安全生产条件所必需的资金投入，由生产经营单位的决策机构、主要负责人或者个人经营的投资人予以保证。

生产经营单位应当按照国家有关规定，提取并使用安全生产费用，专门用于保障和改善安全生产条件，安全生产费用在成本中列支。

第十四条 生产经营单位应当建立健全全员全岗位的安全生产责任制和安全生产全过程责任追溯制度，明确安全生产责任范围、考核标准及责任追溯等内容，并与安全生产责任人签订安全生产责任书。

第十五条 矿山、金属冶炼、建筑施工、道路运输单位和危险物品的生产、经营、储存单位，应当按照下列规定设置安全生产管理机构或者配备专职安全生产管理人员：

（一）从业人员不足50人的，配备1名以上专职安全生产管理人员；

（二）从业人员50人以上不足300人的，设置专门的安全生产管理机构，并配备2名以上专职安全生产管理人员；

（三）从业人员300人以上的，设置专门的安全生产管理机构，并配备不少于3人的专职安全生产管理人员。

前款规定以外的其他生产经营单位，从业人员100人以上的，应当设置安全生产管理机构或者配备专职安全生产管理人员；从业人员不足100人的，应当配备专职或者兼职的安全生产管理人员。

法律、法规对安全生产管理机构及其管理人员另有规定的，从其规定。

生产经营单位的安全生产管理机构及其管理人员应当履行《中华人民共和国安全生产法》和其他法律、法规规定的职责，实施安全风险评估和管控，排查治理安全隐患。

第十六条 生产经营单位的主要负责人和安全生产管理人员，应当具备与本单位所从事的生产经营活动相应的安全生产知识和管理能力。

矿山、金属冶炼、建筑施工、道路运输单位，危险物品的生产、经营、储存单位的主要负责人和安全生产管理人员，应当由主管的负有安全生产监督管理职责的部门对其安全生产知识和管理能力进行考核。

生产经营单位应当对从业人员进行安全生产教育和培训，未经安全生产教育和培训合格的，不得上岗作业。生产经营单位的特种作业人员，应当按照国家有关规定经专门的安全作业培训，取得相应资格，方可上岗作业。

第十七条 生产经营单位应当为从业人员提供符合国家标准或者行业标准的劳动防护用品，并教育、督促从业人员正确佩戴、使用，不得以现金或者其他物品替代劳动防护用品的提供。

第十八条 生产经营单位应当根据本单位的生产经营特点，对生产工序、设备进行风险辨识并确定风险等级，进行日常安全生产巡查，定期进行专项安全生产排查，每月至少进行一次综合安全生产检查。

安全生产管理人员对检查中发现的事故隐患应当及时上报并提出处理意见，跟踪事故隐患治理情况并记录在案。

第十九条 生产经营单位的生产、生活、储存、经营区域之间的安全距离以及周边防护安全距离，应当符合法律、法规和国家标准或者行业标准的规定。

在居民区（楼）、学校、医院、集贸市场等人员密集场所的安全距离内，不得建设危险化学品、放射性物品、烟花爆竹、民用爆炸物品等危险物品的生产、经营和储存场所。

在危险化学品、放射性物品、烟花爆竹、民用爆炸物品等危险物品的生产区域、储存区域的安全距离内和矿山、尾矿库危及区域内，不得建设居民点、学校、医院、集贸市场及其他人员密集场所；确需建设的，应当依法先行拆除或撤出原有危险区域内的危险物品和危及区域内的矿山、尾矿库。

高压输电线、油气输送管道、重大危险源的安全距离内，不得新建、改建、扩建建筑物和构筑物。法律、行政法规另有规定的,从其规定。

第二十条 高层建筑、大型综合体、隧道桥梁、管线管廊、轨道交通、燃气、电力设施及电梯、游乐设施等生产经营单位,应当按照有关规定定期进行安全现状评估,并向社会公布评估结果。[1]

宾馆、饭店、体育场(馆)、商场、旅游景区、集贸市场、客运车站候车室、客运码头候船厅、民用机场航站楼、会堂、公共娱乐场所、寺庙等公众聚集场所,不得超过规定或设计的容纳人数,应当设置符合紧急疏散要求、标识明显、保持畅通的安全出口,配备应急广播、照明和安全监控系统。

第二十一条 矿山、危险化学品、烟花爆竹、交通运输、建筑施工、民用爆炸物品、金属冶炼、渔业生产等高危行业领域、尘肺病等职业病易发企业强制实施安全生产责任保险。

鼓励其他行业领域的生产经营单位实施安全生产责任保险。

第二十二条 物业服务企业应当对其服务区域的疏散通道、消防设施及通道、地下车库、电梯、供排水、化粪池、窨井等重点部位定期进行安全检查。发现安全隐患的,立即发出警示并进行应急处理。

同一建筑物内的多个生产经营单位共同委托物业服务企业或者其他管理人进行管理的,由物业服务企业或者其他管理人依照委托协议履行其管理范围内的安全生产管理职责。

物业服务企业应当对服务对象进行安全宣传、组织应急演练。

第二十三条 生产经营单位进行爆破、吊装、危险装置设备试生产、重大危险源作业和动火、有毒有害、受限空间、高处作业以及临近高压输电线路、临近输油(气)管线作业、建筑物和构筑物拆除等危险作业的,应当符合下列条件:

(一)根据危害风险制定作业方案、安全防范措施和应急处置方案,履行相关内部审签手续,查验作业人员相关职业资格证件;

(二)确认现场作业条件符合安全作业要求;

(三)配备相应的安全设施,采取安全防范措施,设置作业现场的安全区域,确定专人现场统一指挥和监督;

(四)危险作业前,向作业人员说明危险因素、作业安全要求和应急措施,并经双方签字确认;

(五)发现直接危及人身安全的紧急情况时,采取应急措施,停止作业,撤出人员;

(六)危险作业管理的其他规定。

生产经营单位委托其他有专业资质的单位进行危险作业的,在作业前与受托方签订安全生产管理协议,并对受托方安全生产工作统一协调管理。安全生产管理协议应当明确各自的安全生产职责。

第二十四条 生产经营单位储存、使用或者产生可燃爆的粉尘、气体、液体等爆炸性危险物质的,应当采取下列措施:

(一)执行爆炸性危险作业场所安全管理制度;

(二)按照国家标准、行业标准定期对电气设备和通风除尘、防静电、防爆等安全设施进行检测和维护保养;

(三)按照规定控制作业场所爆炸性危险物质的存放数量;

(四)按照国家标准、行业标准定期清理可燃爆粉尘。

第二十五条 危险化学品生产、经营、储存、运输和使用单位,应当严格遵守相关法律、法规和标准。

危险化学品生产、经营、储存、运输和使用单位，应当装配安全检测、监控和报警系统，进行实时监管。

危险化学品生产、经营、储存、运输和使用单位的工艺技术、设备设施变更的，应当先进行风险分析，制定风险控制方案。

第二十六条 煤矿企业应当遵守煤矿安全生产法律、法规、规章、规程、标准和技术规范，开展煤矿安全生产标准化工作，建立和完善灾害综合治理体系。

高瓦斯和煤与瓦斯突出矿井应当执行先抽后采、监测监控、以风定产和应抽尽抽、可保尽保的瓦斯治理方针；按规定健全足够能力的瓦斯抽采系统；开采煤与瓦斯突出煤层时，应当优先开采保护层。

水害矿井应当加强水害预报工作，按照"预测预报、有疑必探、先探后掘、先治后采"的原则，应当采取"防、堵、疏、排、截"的综合治理措施。

第二十七条 矿山、金属冶炼建设项目和用于生产、储存、装卸危险物品的建设项目，应当按照国家有关规定进行安全评价。

矿山、金属冶炼建设项目和用于生产、储存、装卸危险物品的建设项目的安全设施设计按照国家有关规定报经有关部门审查，审查部门及其负责审查的人员对审查结果负责。

建设项目安全设施的设计单位、设计人对安全设施设计负责。施工单位按照批准的安全设施设计施工，并对安全设施的工程质量负责。

矿山、金属冶炼建设项目和用于生产、储存危险物品的建设项目竣工投入生产或者使用前，由建设单位负责组织对安全设施进行验收；验收合格后，方可投入生产和使用。安全生产监督管理部门和有关部门应当加强对建设单位验收活动和验收结果的监督核查。

第二十八条 生产经营单位应当按照国家有关规定办理重大危险源备案，并对重大危险源采取下列措施：

（一）建立运行管理档案，对运行情况进行全程监控；

（二）定期对设施、设备进行检测、检验；

（三）定期进行辨识和安全评估；

（四）定期检查安全状态；

（五）制定应急救援预案，定期组织应急救援演练；

（六）在明显位置设置安全警示标志，载明重大危险源、危险物质、数量、危险危害特性、应急措施等内容。

生产经营单位应当定期向负有安全生产监督管理职责的部门报告重大危险源的监控措施实施情况；发生紧急情况时，立即报告负有安全生产监督管理职责的部门。

第二十九条 生产经营单位的尾矿库应当建立安全生产责任制，健全安全生产规章制度和安全技术操作规程，制定应急预案，对尾矿库实施有效的安全管理。

鼓励新建尾矿库采用一次性筑坝、干式堆存等安全生产水平较高的筑坝方式。

南水北调中线工程、引汉济渭工程等水源涵养地区域内生产运行的尾矿库应当建立在线监测系统。

尾矿库闭库工作及闭库后的安全管理由原生产经营单位负责。无主尾矿库由安全生产监督管理部门提请县级以上人民政府指定管理单位。

第三十条 生产经营单位承担本单位的生产安全事故隐患治理责任，对发现的事故隐患，应当立即采取措施予以消除；对非本单位原因造成的事故隐患，应当采取必要的安全措施，并立即向负有安全生产监督管理职责的部门报告。接到报告的部门，应当及时进行处理。

第三章　从业人员安全生产权利和义务

第三十一条　生产经营单位的从业人员享有下列权利：

（一）在劳动合同中，载明劳动安全保障、职业危害防护和工伤保险办理等事项；

（二）了解其作业场所、工作岗位存在的危险因素及防范、应急措施；

（三）对本单位安全生产工作中存在的问题提出建议、批评、检举和控告；

（四）拒绝违章指挥、强令冒险作业；

（五）发现直接危及人身安全的紧急情况时，停止作业或者在采取可能的应急措施后撤离作业场所；

（六）因生产安全事故受到损害后的赔偿；

（七）因职业危害造成健康损害后的赔偿；

（八）获得生产经营单位提供的符合国家和行业标准的劳动条件和劳动防护用品；

（九）接受职业健康体检；

（十）法律、法规规定的其他权利。

第三十二条　生产经营单位的从业人员履行下列义务：

（一）遵守本单位的安全生产规章制度和操作、作业规程；

（二）正确使用劳动防护用品；

（三）接受安全生产教育和培训；

（四）及时报告事故隐患和不安全因素；

（五）上岗前进行岗位安全检查，确认安全后开始操作；

（六）法律、法规规定的其他义务。

第三十三条　生产经营单位使用劳务派遣人员的，应当将其纳入本单位对从业人员安全生产的统一管理，履行安全生产保障责任。生产经营单位不得将安全生产保障责任转移给劳务派遣单位。

劳务派遣人员有依法向用工的生产经营单位主张安全生产的权利。

第四章　安全生产监督管理

第三十四条　安全生产监督管理部门和其他负有安全生产监督管理职责的部门根据安全生产权力清单和责任清单，依法开展行政执法工作，对生产经营单位执行有关安全生产法律、法规和国家标准、行业标准或者地方标准的情况进行监督检查，履行下列职责：

（一）建立安全生产监督管理和行政执法责任制；

（二）建立安全生产和职业健康一体化监督管理和执法机制；

（三）对生产经营单位有关安全生产责任制、事故隐患排查治理以及重大危险源辨识、评估、监控等制度的建立落实情况进行指导和监督检查；

（四）对生产经营单位的安全生产情况组织检查，并根据检查情况分析安全生产形势，制定并落实有针对性的监督管理措施；

（五）建立健全重大事故隐患挂牌督办制度，督促生产经营单位及时消除重大事故隐患；

（六）按照规定报告事故情况，依法组织或者参与由本级人民政府负责的事故调查处理，指导、协调有关应急救援工作，协助做好事故善后工作，督促落实事故处理的有关决定；

（七）对矿山、金属冶炼和用于生产、储存危险物品的建设单位组织的安全设施竣工验收活动和验收结果实施监督核查；

（八）法律、法规规定的其他安全生产监督管理职责。

安全生产监督管理部门还应当依法指导协调、监督检查、巡查考核本级人民政府有关部门和下级人民政府的安全生产工作，监督事故查处和责任追究落实情况。

第三十五条　县级安全生产监督管理部门可以委托乡（镇）人民政府、街道办事处负责安全生产的日常监督管理工作。接受委托的单位，应当在委托的权限范围内，依法开展监督管理工作。

村民委员会、居民委员会开展安全生产宣传、教育活动，发现所在区域内存在安全生产违法行为或者事故隐患的，及时采取适当措施，并向有关部门报告。

第三十六条　负有安全生产监督管理职责的部门应当建立安全生产违法行为信息库，如实记录生产经营单位的安全生产违法行为信息；对违法行为情节严重的生产经营单位，应当向行业主管部门、投资主管部门、国土资源主管部门、证券监督管理机构以及有关金融机构通报，并向社会公示。

生产经营单位的下列不良信息，纳入本省公共信用信息系统：

（一）发生较大以上生产安全责任事故的；

（二）因安全生产违法行为，受到较大数额罚款或者责令停产停业行政处罚的；

（三）重大事故隐患在责令整改的期限内未完成整改的；

（四）拒不接受安全生产监督检查的；

（五）其他安全生产不良信息。

第三十七条　城乡规划主管部门在核发建设项目选址意见书、建设用地规划许可证、建设工程规划许可证、乡村建设规划许可证时，应当确保新建、改建、扩建项目与已有生产、经营、储存有毒、有害、危险品的场所的安全距离符合法律、法规的规定。

第三十八条　承担安全评价、认证、检测、检验的中介服务机构应当具备国家规定的资质条件，并对作出的安全评价、认证、检测、检验的结果负责，不得出具虚假证明。

安全生产中介服务机构应当加强自律管理，开展诚信服务，建立完善从业人员管理制度，加强对从业人员的监督，不得与负有安全生产监督管理职责的部门存在利益关联。

第五章　生产安全事故的应急救援和调查处理

第三十九条　县级以上人民政府应当建立安全生产应急救援体系，健全应急救援工作机制，制定本行政区域内生产安全事故和急性职业病危害事故应急救援预案，建立应急救援队伍，储备应急救援物资装备。负有安全生产监督管理职责的部门应当按照各自职责，负责本行业、本领域安全生产应急救援管理工作。

第四十条　生产经营单位根据有关法律、法规和国家相关规定，编制生产安全事故应急救援预案，并与所在地县级以上人民政府的应急救援预案相衔接。

针对重要生产设施、重大危险源、重大活动等内容，生产经营单位应当制定专项应急预案。风险因素单一的小微型生产经营单位可以只编写应急处置措施或现场处置方案。

第四十一条　生产经营单位应当组织应急预案演练，每年至少进行一次综合应急演练或者专项应急演练，每半年至少进行一次现场处置方案演练。

危险物品的生产、经营、储存单位以及矿山、金属冶炼、城市轨道交通运营、建筑施工单位应当建立适应本单位需要的应急救援队伍，配备相应的应急救援器材及装备，安排应急值守人员。规模较小的生产经营单位可以与邻近建有专业救援队伍的企业或者单位签订救援协议，或者联合建立应急救援队伍。

第四十二条　生产安全事故发生后，事故现场有关人员应当立即向本单位负责人报告；单位负责人接到报告后，应当立即启动企业应急预案，采取措施，组织救援，并在接报后1小时内报告事故发生地县级安全生产监督管理部门和负有安全生产监督管理职责的有关部门。

情况紧急时，事故现场有关人员可以直接报告事故发生地县级安全生产监督管理部门和负有安全生产监督管理职责的有关部门。

第四十三条　县级以上人民政府和负有安全生产监督管理职责部门的负责人接到事故报告后，应当立即响应，启动应急预案，赶赴事故现场，成立现场应急救援指挥机构，迅速采取管制、警戒、告知、疏导等有效的应急救援措施。

第四十四条　发生重大以上生产安全事故的，应当由事故发生地设区的市人民政府统一组织指挥现场处置；发生较大以下生产安全事故的，应当由事故发生地县级人民政府统一组织指挥现场处置。必要时，上级人民政府可以直接组织指挥事故现场处置。

第四十五条　事故应急救援过程中，单位和个人应当予以配合。因抢险救援对其他单位和个人造成损失的，事故单位应当给予合理补偿。

事故造成人员受伤和急性中毒的，医疗机构应当立即组织救治，医疗费用由事故单位支付。

第四十六条　生产安全事故调查处理权限按照下列规定进行：

（一）发生一般事故，由事故发生地县级人民政府组织调查。

（二）发生较大事故，由事故发生地设区的市人民政府组织调查。

（三）发生重大事故，由省人民政府组织调查。

（四）发生特别重大事故，按照国务院有关规定执行，事故发生地人民政府应当协助配合。

上级人民政府可以提级调查由下级人民政府负责调查的事故。

第四十七条　依法成立的事故调查组实行组长负责制，负责对生产安全事故进行调查，按照科学严谨、依法依规、实事求是、注重实效的原则，及时、准确地查清事故原因，查明事故性质和责任，总结事故教训，提出整改措施，并对事故责任者提出处理意见，形成事故调查报告，并报同级人民政府批复。

事故调查报告应当设立技术和管理专篇，详细分析原因并全文发布。

第四十八条　事故发生单位应当自接到事故调查报告批复之日起两个月内，将有关单位和人员的处理情况、事故防范和整改措施的落实情况，书面报送所在地县级以上安全生产监督管理部门和负有安全生产监督管理职责的有关部门。

事故调查报告批复之日起一年内，负责调查事故的县级以上人民政府应当进行事故调查处理结果评估，评估结果向社会公开。

第六章　法律责任

第四十九条　违反本条例第十三条规定，未提供安全生产所必需的资金投入，致使生产经营单位不具备安全生产条件的，由县级以上安全生产监督管理部门责令限期改正；逾期未投入必需的资金，仍不具备安全生产条件的，责令生产经营单位停产停业整顿。

有前款违法行为，导致发生生产安全事故的，对生产经营单位的主要负责人给予撤职处分，对个人经营的投资人处十万元以上二十万元以下的罚款；构成犯罪的，依法追究刑事责任。

第五十条 生产经营单位违反本条例第十五条规定，由县级以上安全生产监督管理部门责令限期改正，可以处五万元以下罚款；逾期未改正的，责令停产停业，并处五万元以上十万元以下罚款，对直接负责的主管人员和其他直接责任人员处一万元以上二万元以下罚款。

第五十一条 生产经营单位的安全生产管理人员未履行本条例规定的安全生产管理职责，由县级以上安全生产监督管理部门责令限期改正；导致发生生产安全事故的，暂扣或者吊销其与安全生产有关的资格证书；构成犯罪的，依法追究刑事责任。

第五十二条 生产经营单位违反本条例第二十三条第一款第三项规定，由县级以上安全生产监督管理部门责令限期改正，可以处二万元以上十万元以下罚款；逾期未改正的，责令停产停业整顿，并处十万元以上二十万元以下罚款，对直接负责的主管人员和其他直接责任人员处二万元以上五万元以下罚款。

第五十三条 县级以上城乡规划主管部门违反本条例第三十七条规定，对不符合条件的申请人核发选址意见书、建设用地规划许可证、建设工程规划许可证、乡村建设规划许可证的，由本级人民政府、上级人民政府城乡规划主管部门或者监察机关依据职权责令改正，通报批评；对直接负责的主管人员和其他直接责任人员依法给予处分。

第五十四条 承担安全评价、认证、检测、检验的中介服务机构违反本条例第三十八条第一款规定，出具虚假证明的，吊销机构相应资质，没收违法所得；违法所得在十万元以上的，并处违法所得二倍以上五倍以下的罚款；违法所得不足十万元的，并处十万元以上二十万元以下的罚款；没有违法所得的，处十万元以上二十万元以下的罚款；对其直接负责的主管人员和其他直接责任人员处二万元以上五万元以下的罚款；给他人造成损失的，与生产经营单位承担连带赔偿责任；构成犯罪的，依法追究刑事责任。

第五十五条 生产经营单位经停产停业整顿仍不具备法律、法规和有关国家标准、行业标准、地方标准规定的安全生产条件的，由负有安全生产监督管理职责的部门报请县级以上人民政府按照国家规定的权限决定予以关闭；相关部门应当依法吊销其有关证照。

第五十六条 各级人民政府、安全生产监督管理部门和其他负有安全生产监督管理职责的部门及其工作人员，有下列行为之一的，对其直接负责的主管人员和其他直接责任人员依法给予处分：

（一）未依法制止或者处理已发现的安全生产违法行为的；

（二）接到生产安全事故报告后，未按照规定组织救援的；

（三）阻挠、干涉生产安全事故调查处理或者责任追究的；

（四）报送或者批复的事故调查报告包庇、袒护负有事故责任的人员的；

（五）不履行本条例第三十四条规定的安全生产监管职责的；

（六）有其他滥用职权、玩忽职守、徇私舞弊行为的。

违反前款规定行为，情节严重、构成犯罪的，依法追究刑事责任。

第五十七条 违反本条例规定的其他行为，法律、法规已有处罚规定的，从其规定。

第五十八条 依照本条例规定，作出责令停产停业、吊销资质以及对单位处十万元以上罚款，对个人处三万元以上罚款处罚决定的，应当告知当事人有要求举行听证的权利。

第七章 附 则

第五十九条 〔施行日期〕本条例自 2018 年 1 月 1 日起施行。

10. 天津市安全生产条例

　　为加强安全生产监督管理，防止和减少生产安全事故，保障人民群众的生命和财产安全，根据《中华人民共和国安全生产法》等有关法律法规，结合实际，制定《天津市安全生产条例》。该《条例》经 2010 年 7 月 22 日天津市十五届人大常委会第 18 次会议通过，2010 年 7 月 22 日天津市人民代表大会常务委员会公告第 20 号予公布。《条例》分总则、生产经营单位的安全生产保障、监督管理、应急救援与事故调查处理、法律责任、附则 6 章 77 条，自 2010 年 9 月 1 日起施行。2004 年 3 月 25 日天津市十四届人大常委会第 10 次会议通过的《天津市安全生产管理规定》予以废止。

　　2016 年 11 月 18 日天津市第十六届人民代表大会常务委员会第三十一次会议修订。

（2010 年 7 月 22 日天津市第十五届人民代表大会常务委员会第十八次会议通过
2016 年 11 月 18 日天津市第十六届人民代表大会常务委员会第三十一次会议修订）

第一章　总　　则

　　第一条　为了加强安全生产工作，防止和减少生产安全事故，保障人民群众生命和财产安全，促进经济社会持续健康发展，根据《中华人民共和国安全生产法》等有关法律、法规，结合本市实际情况，制定本条例。

　　第二条　本条例适用于本市行政区域内从事生产经营活动的单位（以下简称生产经营单位）的安全生产及其监督管理。

　　有关法律、法规对消防安全、道路交通安全、铁路交通安全、水上交通安全、民用航空安全、核与辐射安全以及特种设备安全等另有规定的，适用其规定。

　　第三条　安全生产工作应当以人为本，坚持安全发展，坚持安全第一、预防为主、综合治理的方针，坚持属地管理、分级负责和管行业必须管安全、管业务必须管安全、管生产经营必须管安全的原则，建立生产经营单位负责、职工参与、政府监管、行业自律和社会监督的机制。

　　第四条　生产经营单位对安全生产负主体责任。

　　生产经营单位的主要负责人是安全生产第一责任人，对本单位安全生产工作全面负责。

　　生产经营单位应当设置分管安全生产的负责人，协助主要负责人履行安全生产管理职责；其他负责人对各自职责范围内的安全生产工作负直接管理责任。

　　第五条　市和区人民政府应当加强对安全生产工作的领导，将安全生产专项规划纳入国民经济和社会发展规划及年度计划，支持、督促各有关部门依法履行安全生产监督管理职责，建立健全安全生产工作协调机制，及时协调、解决安全生产监督管理中存在的重大问题。

　　市和区人民政府应当保障安全生产监督管理所需经费，并纳入本级预算，对于涉及公共安全的重大生产安全事故隐患治理、生产安全事故应急救援和调查处理所需经费应当予以保障。

第六条　市和区人民政府安全生产委员会负责研究部署、统筹协调本行政区域内安全生产工作中的重大事项，根据有关法律、法规和规章的规定，编制成员单位安全生产工作职责，报经本级人民政府批准后执行。

市和区安全生产监督管理部门承担安全生产委员会的日常工作。

第七条　各级人民政府及其有关部门的主要负责人对安全生产工作负全面领导责任，分管安全生产监督管理的负责人对安全生产综合监督管理工作负领导责任，分管专项工作的负责人对分管工作中的安全生产负领导责任。

各级人民政府及其有关部门应当按照国家和本市有关规定，建立健全和落实安全生产监督管理责任制。

第八条　乡镇人民政府、街道办事处应当明确安全生产监督管理机构和人员，加强对本行政区域内的生产经营单位安全生产状况的监督检查，协助上级人民政府有关部门依法履行安全生产监督管理职责。

各级经济功能区管理机构应当按照有关人民政府确定的权限履行安全生产监督管理职责。

第九条　工会依法加强对安全生产工作的监督，参加生产安全事故调查，提出保障安全生产的意见和建议，维护从业人员在安全生产方面的合法权益。

第十条　有关行业协会应当加强行业自律，依照法律、法规和章程，为生产经营单位提供安全生产信息咨询、技术交流、教育培训等服务，指导生产经营单位加强安全生产管理，参与相关安全生产检查，参与制定安全生产相关标准。

第十一条　各级行政机关、团体、生产经营单位应当采取多种形式，加强安全生产法律、法规和安全生产知识的宣传教育，提高生产经营单位及其从业人员事故防范能力。

市和区人民政府应当逐步设立安全教育实践基地，创新安全生产教育形式。

新闻、出版、广播、电视、报刊、网络等单位应当开展安全生产公益性宣传教育，加强对安全生产工作的舆论监督。

第十二条　各级人民政府及其有关部门应当对在改善安全生产条件、防止或者减少生产安全事故、参加抢险救护、研究和推广安全生产科学技术、安全生产监督管理等方面取得显著成绩的单位和个人，按照国家和本市规定给予奖励。

第二章　生产经营单位的安全生产保障

第十三条　生产经营单位及其负责人应当树立安全生产主体责任意识，对建设项目、设施设备、工艺技术、原料成品、作业流程、人员使用等生产经营全过程，承担安全生产的主体责任。

第十四条　生产经营单位应当建立健全全部工作岗位及从业人员的安全生产责任制，逐级、逐岗位签订安全生产责任书。安全生产责任制应当包括下列内容：

（一）主要负责人、分管安全负责人及其他分管负责人的安全生产责任范围及考核标准；

（二）各部门、各岗位负责人的安全生产责任范围及考核标准；

（三）各岗位作业人员的安全生产责任范围及考核标准；

（四）奖惩措施。

生产经营单位应当建立健全本单位安全生产责任制考核机制，定期对安全生产责任制落实情况进行监督考核。

第十五条 生产经营单位应当遵守安全生产相关法律、法规、国家标准和行业标准，制定安全生产管理制度、安全操作规程，保证安全生产投入，完善安全生产条件，健全安全生产管理档案。

生产经营单位不具备安全生产条件的，不得从事生产经营活动。

第十六条 生产经营单位应当根据本单位生产经营特点，定期对本单位安全生产工作进行自查，形成自查报告并存档备查。

第十七条 生产经营单位的主要负责人应当履行法律、法规规定的安全生产职责，定期组织研究安全生产问题，每年至少一次向职工代表大会、职工大会、股东大会报告安全生产情况，接受有关部门的监督检查，接受工会、职工的监督。

第十八条 矿山、金属冶炼、建筑施工、道路运输、城市轨道交通运营单位和危险物品的生产、经营、储存单位等高危生产经营单位，应当按照下列规定设置安全生产管理机构、配备专职安全生产管理人员：

（一）从业人员不足三十人的，应当配备专职安全生产管理人员；

（二）从业人员三十人以上不足一百人的，应当设置专门的安全生产管理机构，配备二名以上专职安全生产管理人员；

（三）从业人员一百人以上不足一千人的，应当设置专门的安全生产管理机构，配备四名以上专职安全生产管理人员；

（四）从业人员一千人以上的，应当设置专门的安全生产管理机构，并按不低于从业人员千分之五的比例配备专职安全生产管理人员。

第十九条 高危生产经营单位以外的其他生产经营单位，从业人员一百人以上的，应当设置专门的安全生产管理机构，并配备二名以上专职安全生产管理人员；从业人员不足一百人的，应当配备专职或者兼职的安全生产管理人员。

第二十条 生产经营单位的安全生产管理机构以及安全生产管理人员应当履行法律、法规规定的安全生产职责，对不听制止或者不予纠正的违章指挥、强令冒险作业、违反操作规程等行为，应当及时向生产经营单位负责人报告，并记录在案。

第二十一条 生产经营单位应当按照下列规定对从业人员进行安全生产教育和培训，并记入培训档案：

（一）对安全生产管理人员进行定期培训；

（二）对新录用的人员进行岗前培训；

（三）对调换工种或者采用新工艺、新技术、新材料以及使用新设备的人员进行专门培训；

（四）对歇工半年以上重新复工的人员进行复工培训；

（五）每年至少进行一次全员安全生产教育。

未经安全生产教育和培训合格的从业人员，不得上岗作业。

第二十二条 在生产经营活动中，从业人员享有下列权利：

（一）保障安全生产、防止职业危害和工伤保险等待遇；

（二）了解工作岗位、作业场所存在的危险、职业危害因素及防范、应急措施；

（三）获得并使用符合国家标准或者行业标准的劳动防护用品；

（四）参加相关安全生产知识与技能培训；

（五）按照有关规定获得职业健康体检；

（六）对本单位安全生产工作提出建议、批评和意见，检举控告安全生产违法行为；

（七）拒绝违章冒险作业的指挥命令；

（八）遇直接危及人身安全时，采取可能的应急措施，停止作业或者撤离作业场所；

（九）对因生产安全事故受到的损害依法获得赔偿；

（十）法律、法规规定的其他权利。

第二十三条 在生产经营活动中，从业人员应当履行下列义务：

（一）树立安全意识，遵守本单位的安全生产规章制度和操作规程，服从管理，正确使用劳动防护用品；

（二）接受安全生产教育和培训，掌握本职工作所需要的安全生产知识和技能；

（三）及时发现、报告事故隐患和不安全因素；

（四）法律、法规规定的其他义务。

第二十四条 生产经营单位的决策机构、主要负责人或者投资人应当保证安全生产条件所必需的资金投入，将安全生产资金纳入年度财务计划。

有关生产经营单位应当按照国家规定提取和使用安全生产费用，专门用于改善安全生产条件。安全生产费用在成本中据实列支。

第二十五条 本市鼓励生产经营单位投保安全生产责任保险。

生产经营单位必须依法参加工伤保险，为从业人员缴纳保险费。

第二十六条 从事矿山、道路运输、建筑施工、危险化学品、烟花爆竹、城市轨道交通以及金属冶炼、大型商贸等生产经营活动的单位，应当每三年对自身安全生产条件进行一次安全评价，国家另有规定的除外。

第二十七条 生产经营单位进行爆破、动火、吊装、建筑物拆除、高空悬挂、土方开挖、管线疏浚、有限空间作业以及国家规定的其他危险作业，应当遵守下列规定：

（一）实行危险作业企业内部审批制度，确认现场作业条件、作业人员的上岗资格及配备的劳动防护用品符合安全作业要求；

（二）配备相应的安全设施，采取安全防范措施，确定专人现场统一指挥和监督；

（三）进行危害风险评估，制定控制措施、作业方案、安全操作规程；

（四）制定应急救援预案，发现直接危及人身安全的紧急情况时，采取应急措施；

（五）法律、法规或者国家、本市和相关行业对危险作业的其他规定。

生产经营单位委托其他有专业资质的单位进行前款规定的危险作业的，应当在作业前与受委托方签订安全生产管理协议，明确各自的安全生产职责。

第二十八条 易燃易爆作业场所应当安装符合国家标准、行业标准的通风系统和超限报警、防爆泄压、保险控制以及防静电等安全监控装置，使用防爆型电气设备。

第二十九条 生产经营单位应当对重大危险源采取下列措施：

（一）建立健全重大危险源管理制度，并建立重大危险源管理档案；

（二）对运行情况进行全程动态监测监控，及时消除隐患；

（三）对安全设施、设备进行定期检测；

（四）按照国家有关规定进行安全评估；

（五）配备应急救援器材、设备、物资，制定重大危险源应急预案并定期组织演练；

（六）按规定向所在地安全生产监督管理部门和有关部门报告重大危险源监测监控及有关安全措施、应急管理措施的落实情况。

第三十条 生产经营单位应当建立健全事故隐患排查治理制度，对事故隐患的排查、登记、报告、监控、治理、验收和资金保障等事项作出具体规定。

生产经营单位应当对事故隐患采取技术措施、管理措施，及时消除，并对事故隐患排查治理情况进行分析、如实记录。

第三十一条 物业服务企业应当对其服务区域的人流通道、消防设施及通道、地下车库、化粪池、窨井、电梯、水暖等重点部位进行经常性巡查。发现安全隐患的，应当立即处理；无法处理的，应当及时告知相关专业部门，并发出警示，同时报告所在地街道办事处、乡镇人民政府或者负有安全生产监督管理职责的部门。

同一建筑物内的多个生产经营单位共同委托物业服务企业或者其他管理人进行管理的，由物业服务企业或者其他管理人依照委托协议履行其管理范围内的安全生产管理职责。

第三十二条 生产经营单位不得将生产经营项目、场所、设备发包或者出租给不具备安全生产条件或者相应资质的单位或者个人。

生产经营项目、场所发包或者出租给其他单位的，生产经营单位应当与承包单位、承租单位签订专门的安全生产管理协议，或者在承包合同、租赁合同中约定各自的安全生产管理职责。

第三十三条 生产经营单位对出租的生产经营场所应当履行下列安全生产管理职责：

（一）向承租方书面告知出租场所的基本情况和安全生产要求；

（二）统一协调、管理同一生产经营场所的多个承租方的安全生产工作；

（三）定期检查承租方的安全生产状况，发现安全生产问题及时督促整改，并报告所在地的负有安全生产监督管理职责的部门。

第三十四条 承担安全评价、认证、检测、检验的机构不得有下列行为：

（一）变造、伪造、转让或者租借资质证书；

（二）超出资质证书业务范围从事技术服务活动；

（三）转让、转包技术服务项目；

（四）对本机构设计的建设项目进行安全评价；

（五）擅自更改、简化技术服务程序和相关内容；

（六）出具虚假或者失实报告；

（七）法律、法规规定的其他违法行为。

第三十五条 禁止餐饮服务经营者、单位食堂使用五十公斤以上的罐装液化石油气作为烹饪热源；使用两个以上不足五十公斤罐装液化石油气的，应当分散使用，并采取安全防护措施。

禁止生产经营单位向餐饮服务经营者、单位食堂供应五十公斤以上的罐装液化石油气。

第三章 危险化学品安全管理

第三十六条 新建、改建、扩建危险化学品建设项目应当符合本市危险化学品生产、储存的行业规划和布局。

除运输工具的加油站、加气站外，不得在本市外环线以内以及各区的城区范围内新建危险化学品的生产、储存项目。已经建成的，市和区人民政府应当采取措施，督促限期搬迁或者转产。

第三十七条 新建、改建、扩建危险化学品生产、储存建设项目，与周边项目的安全距离应当执行相应类别的国家规定和标准。

在已有危险化学品建设项目周边新建、改建、扩建项目的，应当符合国家有关安全距离的规定和标准。

第三十八条 从事危险化学品生产、储存、经营的生产经营单位以及使用危险化学品从事生产并且使用量达到规定数量的化工企业，实际生产经营地应当与登记注册地保持一致。

第三十九条 危险化学品应当按规定储存在专用仓库、专用场地或者专用储存室内，实行分类、分区储存，并由专人负责管理。

危险化学品的储存场所应当设置明显标志，载明危险化学品的名称、种类和安全须知、灭火方法等注意事项。

禁止超范围、超量储存危险化学品。禁止互忌危险化学品混存。

第四十条 危险化学品的生产、储存单位应当随时完整记录危险化学品储存的种类、数量、位置等数据，并将数据异地备份。

第四十一条 从事危险化学品生产、储存的生产经营单位以及使用危险化学品从事生产的化工企业，工艺技术、设备设施变更的，应当先进行风险分析，制定风险控制方案。

第四十二条 从事危险化学品生产、储存、运输的企业以及使用危险化学品从事生产的重点化工企业，应当装配安全监测、监控系统和报警系统，实时进行监控，并与负有安全生产监督管理职责的部门的监控系统联网。

第四十三条 对危险化学品生产、储存项目相对集中的化工园区或者工业园区内的化工集中区，园区管理机构应当每三年开展一次整体性安全评价，科学评估区域安全风险，提出消除、降低或者控制安全风险的措施。

第四十四条 根据危险化学品运输安全的特殊需要，公安交通管理部门在具备条件的区域划设危险化学品运输专用车道。

危险化学品专用车辆应当在划设的危险化学品运输专用车道内通行。

第四章　安全生产监督管理

第四十五条 安全生产的监督管理实行区人民政府属地管理为主的原则。中央在津企业、市属企业的安全生产监督管理由市级负有安全生产监督管理职责的部门和区人民政府共同负责。

第四十六条 市和区安全生产监督管理部门依法对本行政区域内的安全生产工作履行下列综合监督管理职责：

（一）拟定安全生产规划、政策和标准，分析预测本行政区域内的安全生产形势，发布安全生产信息；

（二）指导协调、监督检查同级人民政府有关部门和下级人民政府安全生产工作；

（三）对同级人民政府有关部门和下级人民政府落实安全生产监督管理责任制情况实施监督检查；

（四）负责组织本行政区域内安全生产集中检查和专项督查；

（五）组织指挥和协调安全生产相关应急救援工作，依法组织生产安全事故调查处理工作，监督事故查处和责任追究情况；

（六）负责生产安全事故的综合统计分析工作；

（七）安全生产法律、法规规定的其他职责。

第四十七条 安全生产监管、发展改革、工业和信息化、公安、建设、交通运输、市场监管、国土房管、农业等负有安全生产监督管理职责的部门，按照市人民政府规定的部门职责分工，分别对有关安全生产工作实施专项监督管理。

商务、教育、卫生、旅游、水务、国有资产监督管理等政府主管部门和机构，按照市人民政府规定的部门职责分工，在管行业的同时，负责本行业相关安全生产管理督促检查工作。

第四十八条 负有安全生产监督管理职责的部门依法履行下列职责：

（一）指导、监督、检查生产经营单位建立健全和落实安全生产责任制和安全生产规章制度。

（二）监督、检查生产经营单位执行国家标准和行业标准、配置安全生产管理机构及人员、安全生产培训教育等情况。

（三）依法对涉及安全生产的事项实施审查批准、行政处罚。

（四）组织开展行业或者领域安全专项整治，指导、督促有关单位开展隐患排查治理。对监督检查中发现的事故隐患，应当责令立即整改。

（五）指导、督促本行业、本领域有关单位制定应急救援预案，组织本行业、本领域安全生产应急处置和救援，组织、参与或配合做好事故调查处理工作。

（六）法律、法规规定的其他安全生产监督管理职责。

第四十九条 负有安全生产监督管理职责的部门应当建立并落实隐患排查治理制度，对重大事故隐患实行挂牌督办。

第五十条 负有安全生产监督管理职责的部门在履行安全生产监督管理职责中，对涉及的专业技术问题，可以向社会专业组织等第三方购买专业技术服务。

第五十一条 市和区人民政府应当设立安全生产专项资金，用于安全生产信息化建设、安全培训教育、隐患排查治理体系建设、应急救援体系建设、重大危险源监控、重大隐患治理、公共安全基础设施以及执法装备配备等。安全生产专项资金列入同级预算。

第五十二条 市和区人民政府应当将安全生产监督管理责任制考核纳入政府部门绩效考评指标体系，并将考评结果作为各级人民政府、政府部门及其负责人考核评价、奖励惩戒的重要依据。

市和区安全生产监督管理部门会同监察部门对不履行安全生产责任制、存在重大事故隐患不积极整改和在责任制考核中不合格的人民政府及政府有关部门、生产经营单位的主要负责人进行约谈，督促整改，并形成约谈记录。

第五十三条 鼓励单位或者个人对生产安全事故隐患和谎报瞒报事故等安全生产违法行为，向负有安全生产监督管理职责的部门投诉举报，对查证属实的有功人员给予奖励。

第五章 应急救援与事故调查处理

第五十四条 市和区人民政府应当建立健全安全生产应急救援体系和应急指挥机制，制定生产安全事故应急救援预案，确定应急救援队伍，建立应急物资储备库，组织、协调和督促本级人民政府有关部门与下级人民政府做好安全生产应急救援工作。

第五十五条 生产经营单位应当制定本单位生产安全事故应急救援预案，并与所在区人民政府组织制定的生产安全事故应急救援预案相衔接，每年至少组织一次综合应急预案演练或者专项应急预案演练，每半年至少组织一次现场处置方案演练。

生产经营单位应当建立应急救援队伍，配备相应的应急救援器材及装备，安排应急值守人员。规模较小的生产经营单位可以与邻近建有专业救援队伍的企业或者单位签订救援协议，或者联合建立应急救援队伍。

第五十六条 生产经营单位发生生产安全事故后，事故现场有关人员应当立即报告本单位负责人。

单位负责人接到事故报告后，应当立即启动应急预案，并同时报告事故发生地安全生产监督管理部门和其他负有安全生产监督管理职责的有关部门。事故涉及到两个以上单位的，涉及单位均应报告。

安全生产监督管理部门和其他负有安全生产监督管理职责的有关部门接到事故报告后，应当立即按照国家有关规定上报事故情况。

第五十七条　生产安全事故调查按照下列规定分级负责：

（一）重大事故由市人民政府组织事故调查组进行调查。

（二）较大事故由市安全生产监督管理部门组织有关部门进行调查。

（三）一般事故由事故发生地的区安全生产监督管理部门组织有关部门进行调查；其中未造成人员重伤、死亡或者直接经济损失一百万元以下的，由事故发生单位负责调查，并将调查处理结果报告事故发生地的区安全生产监督管理部门。法律、法规另有规定的，从其规定。

市安全生产监督管理部门认为必要时，可以对应当由区安全生产监督管理部门组织调查的事故直接组织调查。

第五十八条　负责事故调查的单位应当组织事故调查组，按照国家有关规定对事故进行调查，形成事故调查报告，由负责事故调查的单位向本级人民政府或者其授权的有关部门提交。

事故调查组成员对事故原因、责任认定、责任者处理建议等有不同意见的，事故调查组组长有权提出结论性意见，但对事故调查组成员的不同意见，应当如实反映。

市和区人民政府或者其授权的有关部门应当在规定的时限内，对事故调查报告予以批复。

第五十九条　事故发生单位及有关部门应当按照市和区人民政府或者其授权的有关部门批复的事故调查报告处理意见，对责任单位和责任人员依法进行处理，落实整改措施。

事故发生单位在接到批复后三十日内，应当将落实情况报送组织事故调查的人民政府或者安全生产监督管理部门。

第六十条　因事故发生单位对事故谎报、瞒报或者破坏事故现场，导致事故经过、原因和责任无法查明的，可以认定为该单位的生产安全责任事故。

第六章　法律责任

第六十一条　生产经营单位未定期对本单位安全生产工作进行自查，或者未实行全员安全生产责任制并定期考核的，责令限期改正，可以处五千元以上三万元以下的罚款；逾期未改正的，处三万元以上十万元以下的罚款。

第六十二条　生产经营单位未按照本条例的规定，设置安全生产管理机构或者配备安全生产管理人员的，责令限期改正，可以处五万元以下的罚款；逾期未改正的，责令停产停业整顿，并处五万元以上十万元以下的罚款，对其直接负责的主管人员和其他直接责任人员处一万元以上二万元以下的罚款。

第六十三条　生产经营单位进行爆破、动火、吊装、建筑物拆除、高空悬挂、土方开挖、管线疏浚、有限空间作业以及国家规定的其他危险作业，违反本条例规定的，责令限期改正，可以处十万元以下的罚款；逾期未改正的，责令停产停业整顿，并处十万元以上二十万元以下的罚款，对其直接负责的主管人员和其他直接责任人员处二万元以上五万元以下的罚款。

第六十四条 生产经营单位未建立事故隐患排查治理制度的,责令限期改正,可以处十万元以下的罚款;逾期未改正的,责令停产停业整顿,并处十万元以上二十万元以下的罚款,对其直接负责的主管人员和其他直接责任人员处二万元以上五万元以下的罚款;构成犯罪的,依法追究刑事责任。

生产经营单位未采取措施消除事故隐患的,责令立即消除或者限期消除;拒不执行的,责令停产停业整顿,并处十万元以上五十万元以下的罚款,对其直接负责的主管人员和其他直接责任人员处二万元以上五万元以下的罚款。

生产经营单位未将事故隐患排查治理情况如实记录的,责令限期改正,可以处五万元以下的罚款;逾期未改正的,责令停产停业整顿,并处五万元以上十万元以下的罚款,对其直接负责的主管人员和其他直接责任人员处一万元以上二万元以下的罚款。

第六十五条 生产经营单位将生产经营项目、场所、设备发包或者出租给不具备安全生产条件或者相应资质的单位或者个人的,责令限期改正,没收违法所得;违法所得十万元以上的,并处违法所得二倍以上五倍以下的罚款;没有违法所得或者违法所得不足十万元的,单处或者并处十万元以上二十万元以下的罚款;对其直接负责的主管人员和其他直接责任人员处一万元以上二万元以下的罚款;导致发生生产安全事故给他人造成损害的,与承包方、承租方承担连带赔偿责任。

生产经营单位未与承包单位、承租单位签订专门的安全生产管理协议或者未在承包合同、租赁合同中明确各自的安全生产管理职责,或者未对承租单位的安全生产统一协调、管理的,责令限期改正,可以处五万元以下的罚款,对其直接负责的主管人员和其他直接责任人员可以处一万元以下的罚款;逾期未改正的,责令停产停业整顿。

第六十六条 生产经营单位违反本条例的规定供应或者使用五十公斤以上的罐装液化石油气的,由燃气管理部门责令限期改正;逾期未改正的,处二千元以上二万元以下的罚款。

第六十七条 危险化学品专用车辆违反本条例规定,未在划设的危险化学品运输专用车道内通行的,由公安交通管理部门对车辆驾驶人处警告或者二十元以上二百元以下的罚款。

第六十八条 发生未造成人员重伤、死亡或者直接经济损失一百万元以下的一般事故,事故发生单位未按照本条例规定报送事故调查报告的,责令限期改正;逾期未改正的,处二万元以上五万元以下的罚款。

第六十九条 生产经营单位不具备法律、法规、规章和标准规定的安全生产条件,经停产停业整顿仍不具备安全生产条件的,由负有安全生产监督管理职责的部门提请本级人民政府依法予以关闭,有关部门应当依法吊销其有关证照。

第七章 附 则

第七十条 本条例自 2017 年 1 月 1 日起施行。

11. 天津市建设项目安全设施"三同时"监督管理暂行办法

第一条 为切实加强我市建设项目安全管理，预防和减少生产安全事故，保证从业人员生命和财产安全，根据《中华人民共和国安全生产法》、《天津市安全生产条例》、《建设项目安全设施"三同时"监督管理办法》（国家安全生产监督管理总局令第 36 号）等法律法规和规章的规定，制定本办法。

第二条 本市行政管辖区域内市和区人民政府及其有关主管部门依法审批、核准或者备案的生产经营单位新建、改建、扩建工程项目（以下统称建设项目）安全设施的建设及其监督管理，适用本办法。

非煤矿山、危险化学品、烟花爆竹、金属冶炼以及其他法律、法规、规章有明确规定的建设项目安全设施建设及其监督管理，依照国家及本市的有关规定执行。

第三条 本办法所称的建设项目安全设施，是指生产经营单位在生产经营活动中用于预防、控制、减少生产安全事故与消除事故影响所采用的设备、设施、装置、构（建）筑物和其他技术措施的总称。

第四条 生产经营单位是建设项目安全设施建设的责任主体。建设项目安全设施必须与主体工程同时设计、同时施工、同时投入生产和使用（以下简称"三同时"）。安全设施投资应当纳入建设项目概算。

第五条 市和区安全生产监督管理部门对本行政管辖区域内建设项目安全设施"三同时"监督管理工作实施综合监督管理，并负责职责范围内新建、改建、扩建工程项目的安全设施"三同时"监督管理工作。

第六条 上一级安全生产监督管理部门根据工作需要，可以将其负责监督管理的建设项目安全设施"三同时"工作，委托下一级安全生产监督管理部门实施。

第七条 建设项目有下列情形之一的，生产经营单位应当委托具有相应资质的安全评价机构，对其建设项目进行安全预评价，并编制安全预评价报告。

（一）列入市和区县重点建设项目安排的建设项目；

（二）构成重大危险源的建设项目；

（三）法律、法规、规章规定的其他建设项目。

第八条 生产经营单位在建设项目安全设施初步设计时，应当委托有相应资质的设计单位对建设项目安全设施进行设计，编制安全设施设计。

安全设施设计必须符合有关法律、法规、规章和国家标准或者行业标准、技术规范的规定，并尽可能采用先进适用的工艺、技术和可靠的设备、设施。

安全设施设计单位、设计人员应当对其编制的设计文件负责。

第九条 生产经营单位完成建设项目安全设施设计编写后，应当自行组织审查，并形成的书面报告，报所在地安全生产监督管理部门。

第十条 建设项目安全设施的施工应由取得相应工程施工资质的施工单位进行，并与建设项目主体工程同时施工。

施工单位应当严格依照建设项目安全设施设计和相关施工技术标准、规范进行施工，并对建设项目安全设施的工程质量负责。

第十一条 施工单位发现安全设施设计不合理或者存在重大安全隐患时，应当立即停止施工并及时向生产经营单位、设计单位提出。生产经营单位、设计单位应当及时处理。处置完毕后，方可恢复施工。

确需修改设计的，生产经营单位与设计单位应对其进行论证，设计单位应当及时进行修改。

第十二条 工程监理单位应当按照法律、法规和工程建设强制性标准实施监理，并对安全设施的工程质量承担监理责任。

第十三条 建设项目安全设施建成后需要进行试运行的，生产经营单位应当组织有关专家按照有关安全生产的法律、法规、规章和标准的要求，编制周密可行的试运行方案。

生产经营单位在建设项目采取有效安全防护措施后，方可进行试运行。并严格按照试运行方案组织建设项目试运行。

试运行时间应当不少于30日，最长不得超过180日，国家有关部门有规定或者特殊要求的建设项目除外。

第十四条 本办法第七条规定的建设项目，安全设施竣工或者试运行完成后，生产经营单位应委托具有相应资质的安全评价机构对建设项目进行安全验收评价并编制评价报告。建设项目安全验收评价报告应当符合有关法律、法规、规章和国家标准或者行业标准的规定。

第十五条 建设项目竣工投入生产（使用）前，生产经营单位应当自行组织对安全设施进行竣工验收，并形成书面报告备查。安全设施竣工验收合格后，方可投入生产和使用。

第十六条 建设项目构成重大危险源的，生产经营单位应当依据国家和我市关于重大危险源管理的相关规定，到所在地安全生产监督管理部门对重大危险源进行备案。

第十七条 生产经营单位应当按照档案管理的规定，建立健全建设项目安全设施"三同时"文件资料档案管理。

第十八条 安全生产监督管理部门应当加强建设项目安全设施建设的日常安全监管，落实有关监督管理责任，督促生产经营单位落实安全设施建设责任。

第十九条 建设项目安全设施未与主体工程同时设计、同时施工或者同时投入生产和使用的，安全生产监督管理部门应责令生产经营单位立即停止施工、限期改正，对有关生产经营单位和人员依法给予行政处罚。

第二十条 违反本办法规定的，依照国家和本市的相关规定追究其法律责任并进行处罚。

第二十一条 本办法自2017年1月1日起施行。原《天津市建设项目安全设施"三同时"监督管理暂行办法》（津安监管法〔2013〕64号）废止。

12. 危险化学品安全管理条例

《危险化学品安全管理条例》是为加强危险化学品的安全管理，预防和减少危险化学品事故，保障人民群众生命财产安全，保护环境制定的国家法规。由中华人民共和国国务院于2002年1月26日发布，自2002年3月15日起施行。

2011年2月16日修订。根据2013年12月4日国务院第32次常务会议通过，2013年12月7日中华人民共和国国务院令第645号公布，自2013年12月7日起施行的《国务院关于修改部分行政法规的决定》修正。

发布文号：国务院令第344号
发布日期：2002年1月26日
施行日期：2002年3月15日
发布机构：中华人民共和国国务院
修订日期：2011年2月16日
修订文号：中华人民共和国国务院令第591号
修正日期：2013年12月7日
修正文号：中华人民共和国国务院令第645号

目 录

第一章　总则
第二章　生产、储存安全
第三章　使用安全
第四章　经营安全
第五章　运输安全
第六章　危险化学品登记与事故应急救援
第七章　法律责任
第八章　附则

4 内容解读

中华人民共和国国务院令第344号

《危险化学品安全管理条例》已经2002年1月9日国务院第52次常务会议通过，现予公布，自2002年3月15日起施行。

总理　朱镕基
二〇〇二年一月二十六日

信息一

中华人民共和国国务院令 第 591 号

《危险化学品安全管理条例》已经 2011 年 2 月 16 日国务院第 144 次常务会议修订通过，现将修订后的《危险化学品安全管理条例》公布，自 2011 年 12 月 1 日起施行。

总理 温家宝

二〇一一年三月二日

信息二

中华人民共和国国务院令第 645 号

《国务院关于修改部分行政法规的决定》已经 2013 年 12 月 4 日国务院第 32 次常务会议通过，现予公布，自公布之日起施行。

总理 李克强

二〇一三年十二月七日

国务院关于修改部分行政法规的决定

十六、将《危险化学品安全管理条例》第六条第五项中的"铁路主管部门负责危险化学品铁路运输的安全管理，负责危险化学品铁路运输承运人、托运人的资质审批及其运输工具的安全管理"修改为"铁路监管部门负责危险化学品铁路运输及其运输工具的安全管理"。

本决定自公布之日起施行。

第一章 总 则

第一条 为了加强危险化学品的安全管理，预防和减少危险化学品事故，保障人民群众生命财产安全，保护环境，制定本条例。

第二条 危险化学品生产、储存、使用、经营和运输的安全管理，适用本条例。

废弃危险化学品的处置，依照有关环境保护的法律、行政法规和国家有关规定执行。

第三条 本条例所称危险化学品，是指具有毒害、腐蚀、爆炸、燃烧、助燃等性质，对人体、设施、环境具有危害的剧毒化学品和其他化学品。

危险化学品目录，由国务院安全生产监督管理部门会同国务院工业和信息化、公安、环境保护、卫生、质量监督检验检疫、交通运输、铁路、民用航空、农业主管部门，根据化学品危险特性的鉴别和分类标准确定、公布，并适时调整。

第四条 危险化学品安全管理，应当坚持安全第一、预防为主、综合治理的方针，强化和落实企业的主体责任。

生产、储存、使用、经营、运输危险化学品的单位（以下统称危险化学品单位）的主要负责人对本单位的危险化学品安全管理工作全面负责。

危险化学品单位应当具备法律、行政法规规定和国家标准、行业标准要求的安全条件，建立、健全安全管理规章制度和岗位安全责任制度，对从业人员进行安全教育、法制教育和岗位技术培训。从业人员应当接受教育和培训，考核合格后上岗作业；对有资格要求的岗位，应当配备依法取得相应资格的人员。

第五条 任何单位和个人不得生产、经营、使用国家禁止生产、经营、使用的危险化学品。

国家对危险化学品的使用有限制性规定的，任何单位和个人不得违反限制性规定使用危险化学品。

第六条　对危险化学品的生产、储存、使用、经营、运输实施安全监督管理的有关部门（以下统称负有危险化学品安全监督管理职责的部门），依照下列规定履行职责：

（一）安监部门负责危险化学品安全监督管理综合工作，组织确定、公布、调整危险化学品目录，对新建、改建、扩建生产、储存危险化学品（包括使用长输管道输送危险化学品，下同）的建设项目进行安全条件审查，核发危险化学品安全生产许可证、危险化学品安全使用许可证和危险化学品经营许可证，并负责危险化学品登记工作。

（二）公安机关负责危险化学品的公共安全管理，核发剧毒化学品购买许可证、剧毒化学品道路运输通行证，并负责危险化学品运输车辆的道路交通安全管理。

（三）质检部门负责核发危险化学品及其包装物、容器（不包括储存危险化学品的固定式大型储罐，下同）生产企业的工业产品生产许可证，并依法对其产品质量实施监督，负责对进出口危险化学品及其包装实施检验。

（四）环保部门负责废弃危险化学品处置的监督管理，组织危险化学品的环境危害性鉴定和环境风险程度评估，确定实施重点环境管理的危险化学品，负责危险化学品环境管理登记和新化学物质环境管理登记；依照职责分工调查相关危险化学品环境污染事故和生态破坏事件，负责危险化学品事故现场的应急环境监测。

（五）交通部门负责危险化学品道路运输、水路运输的许可以及运输工具的安全管理，对危险化学品水路运输安全实施监督，负责危险化学品道路运输企业、水路运输企业驾驶人员、船员、装卸管理人员、押运人员、申报人员、集装箱装箱现场检查员的资格认定。铁路监管部门负责危险化学品铁路运输及其运输工具的安全管理。民航部门负责危险化学品航空运输以及航空运输企业及其运输工具的安全管理。

（六）卫生部门负责危险化学品毒性鉴定的管理，负责组织、协调危险化学品事故受伤人员的医疗卫生救援工作。

（七）工商行政部门依据有关部门的许可证件，核发危险化学品生产、储存、经营、运输企业营业执照，查处危险化学品经营企业违法采购危险化学品的行为。

（八）邮政部门负责依法查处寄递危险化学品的行为。

第七条　负有危险化学品安全监督管理职责的部门依法进行监督检查，可以采取下列措施：

（一）进入危险化学品作业场所实施现场检查，向有关单位和人员了解情况，查阅、复制有关文件、资料；

（二）发现危险化学品事故隐患，责令立即消除或者限期消除；

（三）对不符合法律、行政法规、规章规定或者国家标准、行业标准要求的设施、设备、装置、器材、运输工具，责令立即停止使用；

（四）经本部门主要负责人批准，查封违法生产、储存、使用、经营危险化学品的场所，扣押违法生产、储存、使用、经营、运输的危险化学品以及用于违法生产、使用、运输危险化学品的原材料、设备、运输工具；

（五）发现影响危险化学品安全的违法行为，当场予以纠正或者责令限期改正。

负有危险化学品安全监督管理职责的部门依法进行监督检查，监督检查人员不得少于2人，并应当出示执法证件；有关单位和个人对依法进行的监督检查应当予以配合，不得拒绝、阻碍。

第八条　县级以上人民政府应当建立危险化学品安全监督管理工作协调机制，支持、督促负有危险化学品安全监督管理职责的部门依法履行职责，协调、解决危险化学品安全监督管理工作中的重大问题。

负有危险化学品安全监督管理职责的部门应当相互配合、密切协作，依法加强对危险化学品的安全监督管理。

第九条 任何单位和个人对违反本条例规定的行为，有权向负有危险化学品安全监督管理职责的部门举报。负有危险化学品安全监督管理职责的部门接到举报，应当及时依法处理；对不属于本部门职责的，应当及时移送有关部门处理。

第十条 国家鼓励危险化学品生产企业和使用危险化学品从事生产的企业采用有利于提高安全保障水平的先进技术、工艺、设备以及自动控制系统，鼓励对危险化学品实行专门储存、统一配送、集中销售。

第二章 生产、储存安全

第十一条 国家对危险化学品的生产、储存实行统筹规划、合理布局。

国务院工信部门以及国务院其他有关部门依据各自职责，负责危险化学品生产、储存的行业规划和布局。

地方人民政府组织编制城乡规划，应当根据本地区的实际情况，按照确保安全的原则，规划适当区域专门用于危险化学品的生产、储存。

第十二条 新建、改建、扩建生产、储存危险化学品的建设项目（以下简称建设项目），应当由安监部门进行安全条件审查。

建设单位应当对建设项目进行安全条件论证，委托具备国家规定的资质条件的机构对建设项目进行安全评价，并将安全条件论证和安全评价的情况报告报建设项目所在地设区的市级以上人民政府安监部门；安监部门应当自收到报告之日起45日内作出审查决定，并书面通知建设单位。具体办法由国务院安监部门制定。

新建、改建、扩建储存、装卸危险化学品的港口建设项目，由港口部门按照国务院交通部门的规定进行安全条件审查。

第十三条 生产、储存危险化学品的单位，应当对其铺设的危险化学品管道设置明显标志，并对危险化学品管道定期检查、检测。

进行可能危及危险化学品管道安全的施工作业，施工单位应当在开工的7日前书面通知管道所属单位，并与管道所属单位共同制定应急预案，采取相应的安全防护措施。管道所属单位应当指派专门人员到现场进行管道安全保护指导。

第十四条 危险化学品生产企业进行生产前，应当依照《安全生产许可证条例》的规定，取得危险化学品安全生产许可证。

生产列入国家实行生产许可证制度的工业产品目录的危险化学品的企业，应当依照《工业产品生产许可证管理条例》的规定，取得工业产品生产许可证。

负责颁发危险化学品安全生产许可证、工业产品生产许可证的部门，应当将其颁发许可证的情况及时向同级工信部门、环保部门和公安机关通报。

第十五条 危险化学品生产企业应当提供与其生产的危险化学品相符的化学品安全技术说明书，并在危险化学品包装（包括外包装件）上粘贴或者拴挂与包装内危险化学品相符的化学品安全标签。化学品安全技术说明书和化学品安全标签所载明的内容应当符合国家标准的要求。

危险化学品生产企业发现其生产的危险化学品有新的危险特性的，应当立即公告，并及时修订其化学品安全技术说明书和化学品安全标签。

第十六条 生产实施重点环境管理的危险化学品的企业，应当按照国务院环保部门的规定，将该危险化学品向环境中释放等相关信息向环保部门报告。环保部门可以根据情况采取相应的环境风险控制措施。

第十七条 危险化学品的包装应当符合法律、行政法规、规章的规定以及国家标准、行业标准的要求。

危险化学品包装物、容器的材质以及危险化学品包装的型式、规格、方法和单件质量（重量），应当与所包装的危险化学品的性质和用途相适应。

第十八条 生产列入国家实行生产许可证制度的工业产品目录的危险化学品包装物、容器的企业，应当依照《工业产品生产许可证管理条例》的规定，取得工业产品生产许可证；其生产的危险化学品包装物、容器经国务院质检部门认定的检验机构检验合格，方可出厂销售。

运输危险化学品的船舶及其配载的容器，应当按照国家船舶检验规范进行生产，并经海事机构认定的船舶检验机构检验合格，方可投入使用。

对重复使用的危险化学品包装物、容器，使用单位在重复使用前应当进行检查；发现存在安全隐患的，应当维修或者更换。使用单位应当对检查情况作出记录，记录的保存期限不得少于 2 年。

第十九条 危险化学品生产装置或者储存数量构成重大危险源的危险化学品储存设施（运输工具加油站、加气站除外），与下列场所、设施、区域的距离应当符合国家有关规定：

（一）居住区以及商业中心、公园等人员密集场所；

（二）学校、医院、影剧院、体育场（馆）等公共设施；

（三）饮用水源、水厂以及水源保护区；

（四）车站、码头（依法经许可从事危险化学品装卸作业的除外）、机场以及通信干线、通信枢纽、铁路线路、道路交通干线、水路交通干线、地铁风亭以及地铁站出入口；

（五）基本农田保护区、基本草原、畜禽遗传资源保护区、畜禽规模化养殖场（养殖小区）、渔业水域以及种子、种畜禽、水产苗种生产基地；

（六）河流、湖泊、风景名胜区、自然保护区；

（七）军事禁区、军事管理区；

（八）法律、行政法规规定的其他场所、设施、区域。

已建的危险化学品生产装置或者储存数量构成重大危险源的危险化学品储存设施不符合前款规定的，由所在地设区的市级人民政府安监部门会同有关部门监督其所属单位在规定期限内进行整改；需要转产、停产、搬迁、关闭的，由本级人民政府决定并组织实施。

储存数量构成重大危险源的危险化学品储存设施的选址，应当避开地震活动断层和容易发生洪灾、地质灾害的区域。

本条例所称重大危险源，是指生产、储存、使用或者搬运危险化学品，且危险化学品的数量等于或者超过临界量的单元（包括场所和设施）。

第二十条 生产、储存危险化学品的单位，应当根据其生产、储存的危险化学品的种类和危险特性，在作业场所设置相应的监测、监控、通风、防晒、调温、防火、灭火、防爆、泄压、防毒、中和、防潮、防雷、防静电、防腐、防泄漏以及防护围堤或者隔离操作等安全设施、设备，并按照国家标准、行业标准或者国家有关规定对安全设施、设备进行经常性维护、保养，保证安全设施、设备的正常使用。

生产、储存危险化学品的单位，应当在其作业场所和安全设施、设备上设置明显的安全警示标志。

第二十一条 生产、储存危险化学品的单位，应当在其作业场所设置通信、报警装置，并保证处于适用状态。

第二十二条 生产、储存危险化学品的企业，应当委托具备国家规定的资质条件的机构，对本企业的安全生产条件每3年进行一次安全评价，提出安全评价报告。安全评价报告的内容应当包括对安全生产条件存在的问题进行整改的方案。

生产、储存危险化学品的企业，应当将安全评价报告以及整改方案的落实情况报所在地县级安监部门备案。在港区内储存危险化学品的企业，应当将安全评价报告以及整改方案的落实情况报港口部门备案。

第二十三条 生产、储存剧毒化学品或者国务院公安部门规定的可用于制造爆炸物品的危险化学品（以下简称易制爆危险化学品）的单位，应当如实记录其生产、储存的剧毒化学品、易制爆危险化学品的数量、流向，并采取必要的安全防范措施，防止剧毒化学品、易制爆危险化学品丢失或者被盗；发现剧毒化学品、易制爆危险化学品丢失或者被盗的，应当立即向当地公安机关报告。

生产、储存剧毒化学品、易制爆危险化学品的单位，应当设置治安保卫机构，配备专职治安保卫人员。

第二十四条 危险化学品应当储存在专用仓库、专用场地或者专用储存室（以下统称专用仓库）内，并由专人负责管理；剧毒化学品以及储存数量构成重大危险源的其他危险化学品，应当在专用仓库内单独存放，并实行双人收发、双人保管制度。

危险化学品的储存方式、方法以及储存数量应当符合国家标准或者国家有关规定。

第二十五条 储存危险化学品的单位应当建立危险化学品出入库核查、登记制度。

对剧毒化学品以及储存数量构成重大危险源的其他危险化学品，储存单位应当将其储存数量、储存地点以及管理人员的情况，报所在地县级安监部门（在港区内储存的，报港口部门）和公安机关备案。

第二十六条 危险化学品专用仓库应当符合国家标准、行业标准的要求，并设置明显的标志。储存剧毒化学品、易制爆危险化学品的专用仓库，应当按照国家有关规定设置相应的技术防范设施。

储存危险化学品的单位应当对其危险化学品专用仓库的安全设施、设备定期进行检测、检验。

第二十七条 生产、储存危险化学品的单位转产、停产、停业或者解散的，应当采取有效措施，及时、妥善处置其危险化学品生产装置、储存设施以及库存的危险化学品，不得丢弃危险化学品；处置方案应当报所在地县级安监部门、工信部门、环保部门和公安机关备案。安监部门应当会同环保部门和公安机关对处置情况进行监督检查，发现未依照规定处置的，应当责令其立即处置。

第三章 使用安全

第二十八条 使用危险化学品的单位，其使用条件（包括工艺）应当符合法律、行政法规的规定和国家标准、行业标准的要求，并根据所使用的危险化学品的种类、危险特性以及使用量和使用方式，建立、健全使用危险化学品的安全管理规章制度和安全操作规程，保证危险化学品的安全使用。

第二十九条 使用危险化学品从事生产并且使用量达到规定数量的化工企业（属于危险化学品生产企业的除外，下同），应当依照本条例的规定取得危险化学品安全使用许可证。

前款规定的危险化学品使用量的数量标准，由国务院安监部门会同国务院公安部门、农业部门确定并公布。

第三十条 申请危险化学品安全使用许可证的化工企业，除应当符合本条例第二十八条的规定外，还应当具备下列条件：

（一）有与所使用的危险化学品相适应的专业技术人员；

（二）有安全管理机构和专职安全管理人员；

（三）有符合国家规定的危险化学品事故应急预案和必要的应急救援器材、设备；

（四）依法进行了安全评价。

第三十一条 申请危险化学品安全使用许可证的化工企业，应当向所在地设区的市级人民政府安监部门提出申请，并提交其符合本条例第三十条规定条件的证明材料。设区的市级人民政府安监部门应当依法进行审查，自收到证明材料之日起45日内作出批准或者不予批准的决定。予以批准的，颁发危险化学品安全使用许可证；不予批准的，书面通知申请人并说明理由。

安监部门应当将其颁发危险化学品安全使用许可证的情况及时向同级环保部门和公安机关通报。

第三十二条 本条例第十六条关于生产实施重点环境管理的危险化学品的企业的规定，适用于使用实施重点环境管理的危险化学品从事生产的企业；第二十条、第二十一条、第二十三条第一款、第二十七条关于生产、储存危险化学品的单位的规定，适用于使用危险化学品的单位；第二十二条关于生产、储存危险化学品的企业的规定，适用于使用危险化学品从事生产的企业。

第四章 经营安全

第三十三条 国家对危险化学品经营（包括仓储经营，下同）实行许可制度。未经许可，任何单位和个人不得经营危险化学品。

依法设立的危险化学品生产企业在其厂区范围内销售本企业生产的危险化学品，不需要取得危险化学品经营许可。

依照《港口法》的规定取得港口经营许可证的港口经营人，在港区内从事危险化学品仓储经营，不需要取得危险化学品经营许可。

第三十四条 从事危险化学品经营的企业应当具备下列条件：

（一）有符合国家标准、行业标准的经营场所，储存危险化学品的，还应当有符合国家标准、行业标准的储存设施；

（二）从业人员经过专业技术培训并经考核合格；

（三）有健全的安全管理规章制度；

（四）有专职安全管理人员；

（五）有符合国家规定的危险化学品事故应急预案和必要的应急救援器材、设备；

（六）法律、法规规定的其他条件。

第三十五条 从事剧毒化学品、易制爆危险化学品经营的企业，应当向所在地设区的市级人民政府安监部门提出申请，从事其他危险化学品经营的企业，应当向所在地县级安监部门提出申请（有储存设施的，应当向所在地设区的市级人民政府安监部门提出申请）。申请人应当提交其符合本条例第三十四条规定条件的证明材料。设区的市级人民政府安监部门或者县级安监部门应当依法进行审查，并对申请人的经营场所、储存设施进行现场核查，自收到证明材料之日起 30 日内作出批准或者不予批准的决定。予以批准的，颁发危险化学品经营许可证；不予批准的，书面通知申请人并说明理由。

设区的市级人民政府安监部门和县级安监部门应当将其颁发危险化学品经营许可证的情况及时向同级环保部门和公安机关通报。

申请人持危险化学品经营许可证向工商行政部门办理登记手续后，方可从事危险化学品经营活动。法律、行政法规或者国务院规定经营危险化学品还需要经其他有关部门许可的，申请人向工商行政部门办理登记手续时还应当持相应的许可证件。

第三十六条 危险化学品经营企业储存危险化学品的，应当遵守本条例第二章关于储存危险化学品的规定。危险化学品商店内只能存放民用小包装的危险化学品。

第三十七条 危险化学品经营企业不得向未经许可从事危险化学品生产、经营活动的企业采购危险化学品，不得经营没有化学品安全技术说明书或者化学品安全标签的危险化学品。

第三十八条 依法取得危险化学品安全生产许可证、危险化学品安全使用许可证、危险化学品经营许可证的企业，凭相应的许可证件购买剧毒化学品、易制爆危险化学品。民用爆炸物品生产企业凭民用爆炸物品生产许可证购买易制爆危险化学品。

前款规定以外的单位购买剧毒化学品的，应当向所在地县级公安机关申请取得剧毒化学品购买许可证；购买易制爆危险化学品的，应当持本单位出具的合法用途说明。

个人不得购买剧毒化学品（属于剧毒化学品的农药除外）和易制爆危险化学品。

第三十九条 申请取得剧毒化学品购买许可证，申请人应当向所在地县级公安机关提交下列材料：

（一）营业执照或者法人证书（登记证书）的复印件；

（二）拟购买的剧毒化学品品种、数量的说明；

（三）购买剧毒化学品用途的说明；

（四）经办人的身份证明。

县级公安机关应当自收到前款规定的材料之日起 3 日内，作出批准或者不予批准的决定。予以批准的，颁发剧毒化学品购买许可证；不予批准的，书面通知申请人并说明理由。

剧毒化学品购买许可证管理办法由国务院公安部门制定。

第四十条 危险化学品生产企业、经营企业销售剧毒化学品、易制爆危险化学品，应当查验本条例第三十八条第一款、第二款规定的相关许可证件或者证明文件，不得向不具有相关许可证件或者证明文件的单位销售剧毒化学品、易制爆危险化学品。对持剧毒化学品购买许可证购买剧毒化学品的，应当按照许可证载明的品种、数量销售。

禁止向个人销售剧毒化学品（属于剧毒化学品的农药除外）和易制爆危险化学品。

第四十一条 危险化学品生产企业、经营企业销售剧毒化学品、易制爆危险化学品，应当如实记录购买单位的名称、地址、经办人的姓名、身份证号码以及所购买的剧毒化学品、易制爆危险化学品的品种、数量、用途。销售记录以及经办人的身份证明复印件、相关许可证件复印件或者证明文件的保存期限不得少于 1 年。

剧毒化学品、易制爆危险化学品的销售企业、购买单位应当在销售、购买后 5 日内，将所销售、购买的剧毒化学品、易制爆危险化学品的品种、数量以及流向信息报所在地县级公安机关备案，并输入计算机系统。

第四十二条 使用剧毒化学品、易制爆危险化学品的单位不得出借、转让其购买的剧毒化学品、易制爆危险化学品；因转产、停产、搬迁、关闭等确需转让的，应当向具有本条例第三十八条第一款、第二款规定的相关许可证件或者证明文件的单位转让，并在转让后将有关情况及时向所在地县级公安机关报告。

第五章 运输安全

第四十三条 从事危险化学品道路运输、水路运输的，应当分别依照有关道路运输、水路运输的法律、行政法规的规定，取得危险货物道路运输许可、危险货物水路运输许可，并向工商行政部门办理登记手续。

危险化学品道路运输企业、水路运输企业应当配备专职安全管理人员。

第四十四条 危险化学品道路运输企业、水路运输企业的驾驶人员、船员、装卸管理人员、押运人员、申报人员、集装箱装箱现场检查员应当经交通部门考核合格，取得从业资格。具体办法由国务院交通部门制定。

危险化学品的装卸作业应当遵守安全作业标准、规程和制度，并在装卸管理人员的现场指挥或者监控下进行。水路运输危险化学品的集装箱装箱作业应当在集装箱装箱现场检查员的指挥或者监控下进行，并符合积载、隔离的规范和要求；装箱作业完毕后，集装箱装箱现场检查员应当签署装箱证明书。

第四十五条 运输危险化学品，应当根据危险化学品的危险特性采取相应的安全防护措施，并配备必要的防护用品和应急救援器材。

用于运输危险化学品的槽罐以及其他容器应当封口严密，能够防止危险化学品在运输过程中因温度、湿度或者压力的变化发生渗漏、洒漏；槽罐以及其他容器的溢流和泄压装置应当设置准确、起闭灵活。

运输危险化学品的驾驶人员、船员、装卸管理人员、押运人员、申报人员、集装箱装箱现场检查员，应当了解所运输的危险化学品的危险特性及其包装物、容器的使用要求和出现危险情况时的应急处置方法。

第四十六条 通过道路运输危险化学品的，托运人应当委托依法取得危险货物道路运输许可的企业承运。

第四十七条 通过道路运输危险化学品的，应当按照运输车辆的核定载质量装载危险化学品，不得超载。

危险化学品运输车辆应当符合国家标准要求的安全技术条件，并按照国家有关规定定期进行安全技术检验。

危险化学品运输车辆应当悬挂或者喷涂符合国家标准要求的警示标志。

第四十八条 通过道路运输危险化学品的，应当配备押运人员，并保证所运输的危险化学品处于押运人员的监控之下。

运输危险化学品途中因住宿或者发生影响正常运输的情况，需要较长时间停车的，驾驶人员、押运人员应当采取相应的安全防范措施；运输剧毒化学品或者易制爆危险化学品的，还应当向当地公安机关报告。

第四十九条 未经公安机关批准，运输危险化学品的车辆不得进入危险化学品运输车辆限制通行的区域。危险化学品运输车辆限制通行的区域由县级公安机关划定，并设置明显的标志。

第五十条 通过道路运输剧毒化学品的，托运人应当向运输始发地或者目的地县级公安机关申请剧毒化学品道路运输通行证。

申请剧毒化学品道路运输通行证，托运人应当向县级公安机关提交下列材料：

（一）拟运输的剧毒化学品品种、数量的说明；

（二）运输始发地、目的地、运输时间和运输路线的说明；

（三）承运人取得危险货物道路运输许可、运输车辆取得营运证以及驾驶人员、押运人员取得上岗资格的证明文件；

（四）本条例第三十八条第一款、第二款规定的购买剧毒化学品的相关许可证件，或者海关出具的进出口证明文件。

县级公安机关应当自收到前款规定的材料之日起 7 日内，作出批准或者不予批准的决定。予以批准的，颁发剧毒化学品道路运输通行证；不予批准的，书面通知申请人并说明理由。

剧毒化学品道路运输通行证管理办法由国务院公安部门制定。

第五十一条 剧毒化学品、易制爆危险化学品在道路运输途中丢失、被盗、被抢或者出现流散、泄漏等情况的，驾驶人员、押运人员应当立即采取相应的警示措施和安全措施，并向当地公安机关报告。公安机关接到报告后，应当根据实际情况立即向安监部门、环保部门、卫生部门通报。有关部门应当采取必要的应急处置措施。

第五十二条 通过水路运输危险化学品的，应当遵守法律、行政法规以及国务院交通部门关于危险货物水路运输安全的规定。

第五十三条 海事机构应当根据危险化学品的种类和危险特性，确定船舶运输危险化学品的相关安全运输条件。

拟交付船舶运输的化学品的相关安全运输条件不明确的，货物所有人或者代理人应当委托相关技术机构进行评估，明确相关安全运输条件并经海事机构确认后，方可交付船舶运输。

第五十四条 禁止通过内河封闭水域运输剧毒化学品以及国家规定禁止通过内河运输的其他危险化学品。

前款规定以外的内河水域，禁止运输国家规定禁止通过内河运输的剧毒化学品以及其他危险化学品。

禁止通过内河运输的剧毒化学品以及其他危险化学品的范围，由国务院交通部门会同国务院环保部门、工信部门、安监部门，根据危险化学品的危险特性、危险化学品对人体和水环境的危害程度以及消除危害后果的难易程度等因素规定并公布。

第五十五条 国务院交通部门应当根据危险化学品的危险特性，对通过内河运输本条例第五十四条规定以外的危险化学品（以下简称通过内河运输危险化学品）实行分类管理，对各类危险化学品的运输方式、包装规范和安全防护措施等分别作出规定并监督实施。

第五十六条 通过内河运输危险化学品，应当由依法取得危险货物水路运输许可的水路运输企业承运，其他单位和个人不得承运。托运人应当委托依法取得危险货物水路运输许可的水路运输企业承运，不得委托其他单位和个人承运。

第五十七条 通过内河运输危险化学品，应当使用依法取得危险货物适装证书的运输船舶。水路运输企业应当针对所运输的危险化学品的危险特性，制定运输船舶危险化学品事故应急救援预案，并为运输船舶配备充足、有效的应急救援器材和设备。

通过内河运输危险化学品的船舶，其所有人或者经营人应当取得船舶污染损害责任保险证书或者财务担保证明。船舶污染损害责任保险证书或者财务担保证明的副本应当随船携带。

第五十八条 通过内河运输危险化学品，危险化学品包装物的材质、型式、强度以及包装方法应当符合水路运输危险化学品包装规范的要求。国务院交通部门对单船运输的危险化学品数量有限制性规定的，承运人应当按照规定安排运输数量。

第五十九条 用于危险化学品运输作业的内河码头、泊位应当符合国家有关安全规范，与饮用水取水口保持国家规定的距离。有关管理单位应当制定码头、泊位危险化学品事故应急预案，并为码头、泊位配备充足、有效的应急救援器材和设备。

用于危险化学品运输作业的内河码头、泊位，经交通部门按照国家有关规定验收合格后方可投入使用。

第六十条 船舶载运危险化学品进出内河港口，应当将危险化学品的名称、危险特性、包装以及进出港时间等事项，事先报告海事机构。海事机构接到报告后，应当在国务院交通部门规定的时间内作出是否同意的决定，通知报告人，同时通报港口部门。定船舶、定航线、定货种的船舶可以定期报告。

在内河港口内进行危险化学品的装卸、过驳作业，应当将危险化学品的名称、危险特性、包装和作业的时间、地点等事项报告港口部门。港口部门接到报告后，应当在国务院交通部门规定的时间内作出是否同意的决定，通知报告人，同时通报海事机构。

载运危险化学品的船舶在内河航行，通过过船建筑物的，应当提前向交通部门申报，并接受交通部门的管理。

第六十一条 载运危险化学品的船舶在内河航行、装卸或者停泊，应当悬挂专用的警示标志，按照规定显示专用信号。

载运危险化学品的船舶在内河航行，按照国务院交通部门的规定需要引航的，应当申请引航。

第六十二条 载运危险化学品的船舶在内河航行，应当遵守法律、行政法规和国家其他有关饮用水水源保护的规定。内河航道发展规划应当与依法经批准的饮用水水源保护区划定方案相协调。

第六十三条 托运危险化学品的，托运人应当向承运人说明所托运的危险化学品的种类、数量、危险特性以及发生危险情况的应急处置措施，并按照国家有关规定对所托运的危险化学品妥善包装，在外包装上设置相应的标志。

运输危险化学品需要添加抑制剂或者稳定剂的，托运人应当添加，并将有关情况告知承运人。

第六十四条 托运人不得在托运的普通货物中夹带危险化学品，不得将危险化学品匿报或者谎报为普通货物托运。

任何单位和个人不得交寄危险化学品或者在邮件、快件内夹带危险化学品，不得将危险化学品匿报或者谎报为普通物品交寄。邮政企业、快递企业不得收寄危险化学品。

对涉嫌违反本条第一款、第二款规定的，交通部门、邮政部门可以依法开拆查验。

第六十五条 通过铁路、航空运输危险化学品的安全管理，依照有关铁路、航空运输的法律、行政法规、规章的规定执行。

第六章 危险化学品登记与事故应急救援

第六十六条 国家实行危险化学品登记制度，为危险化学品安全管理以及危险化学品事故预防和应急救援提供技术、信息支持。

第六十七条 危险化学品生产企业、进口企业，应当向国务院安监部门负责危险化学品登记的机构（以下简称危险化学品登记机构）办理危险化学品登记。

危险化学品登记包括下列内容：

（一）分类和标签信息；

（二）物理、化学性质；

（三）主要用途；

（四）危险特性；

（五）储存、使用、运输的安全要求；

（六）出现危险情况的应急处置措施。

对同一企业生产、进口的同一品种的危险化学品，不进行重复登记。危险化学品生产企业、进口企业发现其生产、进口的危险化学品有新的危险特性的，应当及时向危险化学品登记机构办理登记内容变更手续。

危险化学品登记的具体办法由国务院安监部门制定。

第六十八条 危险化学品登记机构应当定期向工信、环保、公安、卫生、交通、铁路、质检等部门提供危险化学品登记的有关信息和资料。

第六十九条 县级以上地方人民政府安监部门应当会同工信、环保、公安、卫生、交通、铁路、质检等部门，根据本地区实际情况，制定危险化学品事故应急预案，报本级人民政府批准。

第七十条 危险化学品单位应当制定本单位危险化学品事故应急预案，配备应急救援人员和必要的应急救援器材、设备，并定期组织应急救援演练。

危险化学品单位应当将其危险化学品事故应急预案报所在地设区的市级人民政府安监部门备案。

第七十一条 发生危险化学品事故，事故单位主要负责人应当立即按照本单位危险化学品应急预案组织救援，并向当地安监部门和环保、公安、卫生部门报告；道路运输、水路运输过程中发生危险化学品事故的，驾驶人员、船员或者押运人员还应当向事故发生地交通部门报告。

第七十二条 发生危险化学品事故，有关地方人民政府应当立即组织安全生产监督管理、环保、公安、卫生、交通等有关部门，按照本地区危险化学品事故应急预案组织实施救援，不得拖延、推诿。

有关地方人民政府及其有关部门应当按照下列规定，采取必要的应急处置措施，减少事故损失，防止事故蔓延、扩大：

（一）立即组织营救和救治受害人员，疏散、撤离或者采取其他措施保护危害区域内的其他人员；

（二）迅速控制危害源，测定危险化学品的性质、事故的危害区域及危害程度；

（三）针对事故对人体、动植物、土壤、水源、大气造成的现实危害和可能产生的危害，迅速采取封闭、隔离、洗消等措施；

（四）对危险化学品事故造成的环境污染和生态破坏状况进行监测、评估，并采取相应的环境污染治理和生态修复措施。

第七十三条 有关危险化学品单位应当为危险化学品事故应急救援提供技术指导和必要的协助。

第七十四条 危险化学品事故造成环境污染的，由设区的市级以上人民政府环保部门统一发布有关信息。

第七章 法律责任

第七十五条 生产、经营、使用国家禁止生产、经营、使用的危险化学品的，由安监部门责令停止生产、经营、使用活动，处 20 万元以上 50 万元以下的罚款，有违法所得的，没收违法所得；构成犯罪的，依法追究刑事责任。

有前款规定行为的，安监部门还应当责令其对所生产、经营、使用的危险化学品进行无害化处理。

违反国家关于危险化学品使用的限制性规定使用危险化学品的，依照本条第一款的规定处理。

第七十六条 未经安全条件审查，新建、改建、扩建生产、储存危险化学品的建设项目的，由安监部门责令停止建设，限期改正；逾期不改正的，处 50 万元以上 100 万元以下的罚款；构成犯罪的，依法追究刑事责任。

未经安全条件审查，新建、改建、扩建储存、装卸危险化学品的港口建设项目的，由港口部门依照前款规定予以处罚。

第七十七条 未依法取得危险化学品安全生产许可证从事危险化学品生产，或者未依法取得工业产品生产许可证从事危险化学品及其包装物、容器生产的，分别依照《安全生产许可证条例》、《工业产品生产许可证管理条例》的规定处罚。

违反本条例规定，化工企业未取得危险化学品安全使用许可证，使用危险化学品从事生产的，由安监部门责令限期改正，处 10 万元以上 20 万元以下的罚款；逾期不改正的，责令停产整顿。

违反本条例规定，未取得危险化学品经营许可证从事危险化学品经营的，由安监部门责令停止经营活动，没收违法经营的危险化学品以及违法所得，并处 10 万元以上 20 万元以下的罚款；构成犯罪的，依法追究刑事责任。

第七十八条 有下列情形之一的，由安监部门责令改正，可以处 5 万元以下的罚款；拒不改正的，处 5 万元以上 10 万元以下的罚款；情节严重的，责令停产停业整顿：

（一）生产、储存危险化学品的单位未对其铺设的危险化学品管道设置明显的标志，或者未对危险化学品管道定期检查、检测的；

（二）进行可能危及危险化学品管道安全的施工作业，施工单位未按照规定书面通知管道所属单位，或者未与管道所属单位共同制定应急预案、采取相应的安全防护措施，或者管道所属单位未指派专门人员到现场进行管道安全保护指导的；

（三）危险化学品生产企业未提供化学品安全技术说明书，或者未在包装（包括外包装件）上粘贴、拴挂化学品安全标签的；

（四）危险化学品生产企业提供的化学品安全技术说明书与其生产的危险化学品不相符，或者在包装（包括外包装件）粘贴、拴挂的化学品安全标签与包装内危险化学品不相符，或者化学品安全技术说明书、化学品安全标签所载明的内容不符合国家标准要求的；

（五）危险化学品生产企业发现其生产的危险化学品有新的危险特性不立即公告，或者不及时修订其化学品安全技术说明书和化学品安全标签的；

（六）危险化学品经营企业经营没有化学品安全技术说明书和化学品安全标签的危险化学品的；

（七）危险化学品包装物、容器的材质以及包装的型式、规格、方法和单件质量（重量）与所包装的危险化学品的性质和用途不相适应的；

（八）生产、储存危险化学品的单位未在作业场所和安全设施、设备上设置明显的安全警示标志，或者未在作业场所设置通信、报警装置的；

（九）危险化学品专用仓库未设专人负责管理，或者对储存的剧毒化学品以及储存数量构成重大危险源的其他危险化学品未实行双人收发、双人保管制度的；

（十）储存危险化学品的单位未建立危险化学品出入库核查、登记制度的；

（十一）危险化学品专用仓库未设置明显标志的；

（十二）危险化学品生产企业、进口企业不办理危险化学品登记，或者发现其生产、进口的危险化学品有新的危险特性不办理危险化学品登记内容变更手续的。

从事危险化学品仓储经营的港口经营人有前款规定情形的，由港口部门依照前款规定予以处罚。储存剧毒化学品、易制爆危险化学品的专用仓库未按照国家有关规定设置相应的技术防范设施的，由公安机关依照前款规定予以处罚。

生产、储存剧毒化学品、易制爆危险化学品的单位未设置治安保卫机构、配备专职治安保卫人员的，依照《企业事业单位内部治安保卫条例》的规定处罚。

第七十九条 危险化学品包装物、容器生产企业销售未经检验或者经检验不合格的危险化学品包装物、容器的，由质检部门责令改正，处10万元以上20万元以下的罚款，有违法所得的，没收违法所得；拒不改正的，责令停产停业整顿；构成犯罪的，依法追究刑事责任。

将未经检验合格的运输危险化学品的船舶及其配载的容器投入使用的，由海事机构依照前款规定予以处罚。

第八十条 生产、储存、使用危险化学品的单位有下列情形之一的，由安监部门责令改正，处5万元以上10万元以下的罚款；拒不改正的，责令停产停业整顿直至由原发证机关吊销其相关许可证件，并由工商行政部门责令其办理经营范围变更登记或者吊销其营业执照；有关责任人员构成犯罪的，依法追究刑事责任：

（一）对重复使用的危险化学品包装物、容器，在重复使用前不进行检查的；

（二）未根据其生产、储存的危险化学品的种类和危险特性，在作业场所设置相关安全设施、设备，或者未按照国家标准、行业标准或者国家有关规定对安全设施、设备进行经常性维护、保养的；

（三）未依照本条例规定对其安全生产条件定期进行安全评价的；

（四）未将危险化学品储存在专用仓库内，或者未将剧毒化学品以及储存数量构成重大危险源的其他危险化学品在专用仓库内单独存放的；

（五）危险化学品的储存方式、方法或者储存数量不符合国家标准或者国家有关规定的；

（六）危险化学品专用仓库不符合国家标准、行业标准的要求的；

（七）未对危险化学品专用仓库的安全设施、设备定期进行检测、检验的。

从事危险化学品仓储经营的港口经营人有前款规定情形的，由港口部门依照前款规定予以处罚。

第八十一条 有下列情形之一的，由公安机关责令改正，可以处1万元以下的罚款；拒不改正的，处1万元以上5万元以下的罚款：

（一）生产、储存、使用剧毒化学品、易制爆危险化学品的单位不如实记录生产、储存、使用的剧毒化学品、易制爆危险化学品的数量、流向的；

（二）生产、储存、使用剧毒化学品、易制爆危险化学品的单位发现剧毒化学品、易制爆危险化学品丢失或者被盗，不立即向公安机关报告的；

（三）储存剧毒化学品的单位未将剧毒化学品的储存数量、储存地点以及管理人员的情况报所在地县级公安机关备案的；

（四）危险化学品生产企业、经营企业不如实记录剧毒化学品、易制爆危险化学品购买单位的名称、地址、经办人的姓名、身份证号码以及所购买的剧毒化学品、易制爆危险化学品的品种、数量、用途，或者保存销售记录和相关材料的时间少于1年的；

（五）剧毒化学品、易制爆危险化学品的销售企业、购买单位未在规定的时限内将所销售、购买的剧毒化学品、易制爆危险化学品的品种、数量以及流向信息报所在地县级公安机关备案的；

（六）使用剧毒化学品、易制爆危险化学品的单位依照本条例规定转让其购买的剧毒化学品、易制爆危险化学品，未将有关情况向所在地县级公安机关报告的。

生产、储存危险化学品的企业或者使用危险化学品从事生产的企业未按照本条例规定将安全评价报告以及整改方案的落实情况报安监部门或者港口部门备案，或者储存危险化学品的单位未将其剧毒化学品以及储存数量构成重大危险源的其他危险化学品的储存数量、储存地点以及管理人员的情况报安监部门或者港口部门备案的，分别由安监部门或者港口部门依照前款规定予以处罚。

生产实施重点环境管理的危险化学品的企业或者使用实施重点环境管理的危险化学品从事生产的企业未按照规定将相关信息向环保部门报告的，由环保部门依照本条第一款的规定予以处罚。

第八十二条　生产、储存、使用危险化学品的单位转产、停产、停业或者解散，未采取有效措施及时、妥善处置其危险化学品生产装置、储存设施以及库存的危险化学品，或者丢弃危险化学品的，由安监部门责令改正，处5万元以上10万元以下的罚款；构成犯罪的，依法追究刑事责任。

生产、储存、使用危险化学品的单位转产、停产、停业或者解散，未依照本条例规定将其危险化学品生产装置、储存设施以及库存危险化学品的处置方案报有关部门备案的，分别由有关部门责令改正，可以处1万元以下的罚款；拒不改正的，处1万元以上5万元以下的罚款。

第八十三条　危险化学品经营企业向未经许可违法从事危险化学品生产、经营活动的企业采购危险化学品的，由工商行政部门责令改正，处10万元以上20万元以下的罚款；拒不改正，责令停业整顿直至由原发证机关吊销其危险化学品经营许可证，并由工商行政部门责令其办理经营范围变更登记或者吊销其营业执照。

第八十四条　危险化学品生产企业、经营企业有下列情形之一的，由安监部门责令改正，没收违法所得，并处10万元以上20万元以下的罚款；拒不改正的，责令停产停业整顿直至吊销其危险化学品安全生产许可证、危险化学品经营许可证，并由工商行政部门责令其办理经营范围变更登记或者吊销其营业执照：

（一）向不具有本条例第三十八条第一款、第二款规定的相关许可证件或者证明文件的单位销售剧毒化学品、易制爆危险化学品的；

（二）不按照剧毒化学品购买许可证载明的品种、数量销售剧毒化学品的；

（三）向个人销售剧毒化学品（属于剧毒化学品的农药除外）、易制爆危险化学品的。

不具有本条例第三十八条第一款、第二款规定的相关许可证件或者证明文件的单位购买剧毒化学品、易制爆危险化学品，或者个人购买剧毒化学品（属于剧毒化学品的农药除外）、易制爆危险化学品的，由公安机关没收所购买的剧毒化学品、易制爆危险化学品，可以并处5000元以下的罚款。

使用剧毒化学品、易制爆危险化学品的单位出借或者向不具有本条例第三十八条第一款、第二款规定的相关许可证件的单位转让其购买的剧毒化学品、易制爆危险化学品，或者向个人转让其购买的剧毒化学品（属于剧毒化学品的农药除外）、易制爆危险化学品的，由公安机关责令改正，处10万元以上20万元以下的罚款；拒不改正的，责令停产停业整顿。

第八十五条　未依法取得危险货物道路运输许可、危险货物水路运输许可，从事危险化学品道路运输、水路运输的，分别依照有关道路运输、水路运输的法律、行政法规的规定处罚。

第八十六条　有下列情形之一的，由交通部门责令改正，处5万元以上10万元以下的罚款；拒不改正的，责令停产停业整顿；构成犯罪的，依法追究刑事责任：

（一）危险化学品道路运输企业、水路运输企业的驾驶人员、船员、装卸管理人员、押运人员、申报人员、集装箱装箱现场检查员未取得从业资格上岗作业的；

（二）运输危险化学品，未根据危险化学品的危险特性采取相应的安全防护措施，或者未配备必要的防护用品和应急救援器材的；

（三）使用未依法取得危险货物适装证书的船舶，通过内河运输危险化学品的；

（四）通过内河运输危险化学品的承运人违反国务院交通部门对单船运输的危险化学品数量的限制性规定运输危险化学品的；

（五）用于危险化学品运输作业的内河码头、泊位不符合国家有关安全规范，或者未与饮用水取水口保持国家规定的安全距离，或者未经交通部门验收合格投入使用的；

（六）托运人不向承运人说明所托运的危险化学品的种类、数量、危险特性以及发生危险情况的应急处置措施，或者未按照国家有关规定对所托运的危险化学品妥善包装并在外包装上设置相应标志的；

（七）运输危险化学品需要添加抑制剂或者稳定剂，托运人未添加或者未将有关情况告知承运人的。

第八十七条　有下列情形之一的，由交通部门责令改正，处10万元以上20万元以下的罚款，有违法所得的，没收违法所得；拒不改正的，责令停产停业整顿；构成犯罪的，依法追究刑事责任：

（一）委托未依法取得危险货物道路运输许可、危险货物水路运输许可的企业承运危险化学品的；

（二）通过内河封闭水域运输剧毒化学品以及国家规定禁止通过内河运输的其他危险化学品的；

（三）通过内河运输国家规定禁止通过内河运输的剧毒化学品以及其他危险化学品的；

（四）在托运的普通货物中夹带危险化学品，或者将危险化学品谎报或者匿报为普通货物托运的。

在邮件、快件内夹带危险化学品，或者将危险化学品谎报为普通物品交寄的，依法给予治安管理处罚；构成犯罪的，依法追究刑事责任。

邮政企业、快递企业收寄危险化学品的，依照《邮政法》的规定处罚。

第八十八条　有下列情形之一的，由公安机关责令改正，处5万元以上10万元以下的罚款；构成违反治安管理行为的，依法给予治安管理处罚；构成犯罪的，依法追究刑事责任：

（一）超过运输车辆的核定载质量装载危险化学品的；

（二）使用安全技术条件不符合国家标准要求的车辆运输危险化学品的；

（三）运输危险化学品的车辆未经公安机关批准进入危险化学品运输车辆限制通行的区域的；

（四）未取得剧毒化学品道路运输通行证，通过道路运输剧毒化学品的。

第八十九条　有下列情形之一的，由公安机关责令改正，处1万元以上5万元以下的罚款；构成违反治安管理行为的，依法给予治安管理处罚：

（一）危险化学品运输车辆未悬挂或者喷涂警示标志，或者悬挂或者喷涂的警示标志不符合国家标准要求的；

（二）通过道路运输危险化学品，不配备押运人员的；

（三）运输剧毒化学品或者易制爆危险化学品途中需要较长时间停车，驾驶人员、押运人员不向当地公安机关报告的；

（四）剧毒化学品、易制爆危险化学品在道路运输途中丢失、被盗、被抢或者发生流散、泄露等情况，驾驶人员、押运人员不采取必要的警示措施和安全措施，或者不向当地公安机关报告的。

第九十条　对发生交通事故负有全部责任或者主要责任的危险化学品道路运输企业，由公安机关责令消除安全隐患，未消除安全隐患的危险化学品运输车辆，禁止上道路行驶。

第九十一条　有下列情形之一的，由交通部门责令改正，可以处1万元以下的罚款；拒不改正的，处1万元以上5万元以下的罚款：

（一）危险化学品道路运输企业、水路运输企业未配备专职安全管理人员的；

（二）用于危险化学品运输作业的内河码头、泊位的管理单位未制定码头、泊位危险化学品事故应急救援预案，或者未为码头、泊位配备充足、有效的应急救援器材和设备的。

第九十二条　有下列情形之一的，依照《内河交通安全管理条例》的规定处罚：

（一）通过内河运输危险化学品的水路运输企业未制定运输船舶危险化学品事故应急救援预案，或者未为运输船舶配备充足、有效的应急救援器材和设备的；

（二）通过内河运输危险化学品的船舶的所有人或者经营人未取得船舶污染损害责任保险证书或者财务担保证明的；

（三）船舶载运危险化学品进出内河港口，未将有关事项事先报告海事机构并经其同意的；

（四）载运危险化学品的船舶在内河航行、装卸或者停泊，未悬挂专用的警示标志，或者未按照规定显示专用信号，或者未按照规定申请引航的。

未向港口部门报告并经其同意，在港口内进行危险化学品的装卸、过驳作业的，依照《港口法》的规定处罚。

第九十三条　伪造、变造或者出租、出借、转让危险化学品安全生产许可证、工业产品生产许可证，或者使用伪造、变造的危险化学品安全生产许可证、工业产品生产许可证的，分别依照《安全生产许可证条例》、《工业产品生产许可证管理条例》的规定处罚。

伪造、变造或者出租、出借、转让本条例规定的其他许可证，或者使用伪造、变造的本条例规定的其他许可证的，分别由相关许可证的颁发管理机关处10万元以上20万元以下的罚款，有违法所得的，没收违法所得；构成违反治安管理行为的，依法给予治安管理处罚；

构成犯罪的，依法追究刑事责任。

第九十四条 危险化学品单位发生危险化学品事故，其主要负责人不立即组织救援或者不立即向有关部门报告的，依照《生产安全事故报告和调查处理条例》的规定处罚。

危险化学品单位发生危险化学品事故，造成他人人身伤害或者财产损失的，依法承担赔偿责任。

第九十五条 发生危险化学品事故，有关地方人民政府及其有关部门不立即组织实施救援，或者不采取必要的应急处置措施减少事故损失，防止事故蔓延、扩大的，对直接负责的主管人员和其他直接责任人员依法给予处分；构成犯罪的，依法追究刑事责任。

第九十六条 负有危险化学品安全监督管理职责的部门的工作人员，在危险化学品安全监督管理工作中滥用职权、玩忽职守、徇私舞弊，构成犯罪的，依法追究刑事责任；尚不构成犯罪的，依法给予处分。

第八章 附 则

（见其他网络信息）

第一百零二条 本条例自 2011 年 12 月 1 日起施行。

13. 中华人民共和国安全生产法

《中华人民共和国安全生产法》是为了加强安全生产工作，防止和减少生产安全事故，保障人民群众生命和财产安全，促进经济社会持续健康发展，制定本法。

由中华人民共和国第九届全国人民代表大会常务委员会第二十八次会议于 2002 年 6 月 29 日通过公布，自 2002 年 11 月 1 日起施行。

2014 年 8 月 31 日第十二届全国人民代表大会常务委员会第十次会议通过全国人民代表大会常务委员会关于修改《中华人民共和国安全生产法》的决定，自 2014 年 12 月 1 日起施行。

公布日期：2002 年 6 月 29 日

实施日期：2002 年 11 月 1 日

修改日期：2014 年 8 月 31 日

施行日期：2014 年 12 月 1 日

目 录

第一章　总则

第二章　生产经营单位的安全生产保障

第三章　从业人员的安全生产权利义务

第四章　安全生产的监督管理

第五章　生产安全事故的应急救援与调查处理

第六章　法律责任

第七章　附则

中华人民共和国主席令　第十三号

《全国人民代表大会常务委员会关于修改〈中华人民共和国安全生产法〉的决定》已由中华人民共和国第十二届全国人民代表大会常务委员会第十次会议于 2014 年 8 月 31 日通过，现予公布，自 2014 年 12 月 1 日起施行。

中华人民共和国主席习近平

2014 年 8 月 31 日

法律简介

本法变迁史：

1. 中华人民共和国安全生产法（2002 年 6 月 29 日发布、2002 年 11 月 1 日实施）

2. 本法规已被《全国人民代表大会常务委员会关于修改部分法律的决定》（2009 年 8 月 27 日发布、2009 年 8 月 27 日实施）修改

3. 本法规已被《全国人民代表大会常务委员会关于修改〈中华人民共和国安全生产法〉的决定》（2014 年 8 月 31 日发布、2014 年 12 月 1 日实施）修改

第一章 总 则

第一条 为了加强安全生产工作，防止和减少生产安全事故，保障人民群众生命和财产安全，促进经济社会持续健康发展，制定本法。

第二条 在中华人民共和国领域内从事生产经营活动的单位（以下统称生产经营单位）的安全生产，适用本法；有关法律、行政法规对消防安全和道路交通安全、铁路交通安全、水上交通安全、民用航空安全以及核与辐射安全、特种设备安全另有规定的，适用其规定。

第三条 安全生产工作应当以人为本，坚持安全发展，坚持安全第一、预防为主、综合治理的方针，强化和落实生产经营单位的主体责任，建立生产经营单位负责、职工参与、政府监管、行业自律和社会监督的机制。

第四条 生产经营单位必须遵守本法和其他有关安全生产的法律、法规，加强安全生产管理，建立、健全安全生产责任制和安全生产规章制度，改善安全生产条件，推进安全生产标准化建设，提高安全生产水平，确保安全生产。

第五条 生产经营单位的主要负责人对本单位的安全生产工作全面负责。

第六条 生产经营单位的从业人员有依法获得安全生产保障的权利，并应当依法履行安全生产方面的义务。

第七条 工会依法对安全生产工作进行监督。

生产经营单位的工会依法组织职工参加本单位安全生产工作的民主管理和民主监督，维护职工在安全生产方面的合法权益。生产经营单位制定或者修改有关安全生产的规章制度，应当听取工会的意见。

第八条 国务院和县级以上地方各级人民政府应当根据国民经济和社会发展规划制定安全生产规划，并组织实施。安全生产规划应当与城乡规划相衔接。

国务院和县级以上地方各级人民政府应当加强对安全生产工作的领导，支持、督促各有关部门依法履行安全生产监督管理职责，建立健全安全生产工作协调机制，及时协调、解决安全生产监督管理中存在的重大问题。

乡、镇人民政府以及街道办事处、开发区管理机构等地方人民政府的派出机关应当按照职责，加强对本行政区域内生产经营单位安全生产状况的监督检查，协助上级人民政府有关部门依法履行安全生产监督管理职责。

第九条 国务院安全生产监督管理部门依照本法，对全国安全生产工作实施综合监督管理；县级以上地方各级人民政府安全生产监督管理部门依照本法，对本行政区域内安全生产工作实施综合监督管理。

国务院有关部门依照本法和其他有关法律、行政法规的规定，在各自的职责范围内对有关行业、领域的安全生产工作实施监督管理；县级以上地方各级人民政府有关部门依照本法和其他有关法律、法规的规定，在各自的职责范围内对有关行业、领域的安全生产工作实施监督管理。

安全生产监督管理部门和对有关行业、领域的安全生产工作实施监督管理的部门，统称负有安全生产监督管理职责的部门。

第十条 国务院有关部门应当按照保障安全生产的要求，依法及时制定有关的国家标准或者行业标准，并根据科技进步和经济发展适时修订。

生产经营单位必须执行依法制定的保障安全生产的国家标准或者行业标准。

第十一条 各级人民政府及其有关部门应当采取多种形式,加强对有关安全生产的法律、法规和安全生产知识的宣传,增强全社会的安全生产意识。

第十二条 有关协会组织依照法律、行政法规和章程,为生产经营单位提供安全生产方面的信息、培训等服务,发挥自律作用,促进生产经营单位加强安全生产管理。

第十三条 依法设立的为安全生产提供技术、管理服务的机构,依照法律、行政法规和执业准则,接受生产经营单位的委托为其安全生产工作提供技术、管理服务。

生产经营单位委托前款规定的机构提供安全生产技术、管理服务的,保证安全生产的责任仍由本单位负责。

第十四条 国家实行生产安全事故责任追究制度,依照本法和有关法律、法规的规定,追究生产安全事故责任人员的法律责任。

第十五条 国家鼓励和支持安全生产科学技术研究和安全生产先进技术的推广应用,提高安全生产水平。

第十六条 国家对在改善安全生产条件、防止生产安全事故、参加抢险救护等方面取得显著成绩的单位和个人,给予奖励。

第二章 生产经营单位的安全生产保障

第十七条 生产经营单位应当具备本法和有关法律、行政法规和国家标准或者行业标准规定的安全生产条件;不具备安全生产条件的,不得从事生产经营活动。

第十八条 生产经营单位的主要负责人对本单位安全生产工作负有下列职责:

(一)建立、健全本单位安全生产责任制;

(二)组织制定本单位安全生产规章制度和操作规程;

(三)组织制定并实施本单位安全生产教育和培训计划;

(四)保证本单位安全生产投入的有效实施;

(五)督促、检查本单位的安全生产工作,及时消除生产安全事故隐患;

(六)组织制定并实施本单位的生产安全事故应急救援预案;

(七)及时、如实报告生产安全事故。

第十九条 生产经营单位的安全生产责任制应当明确各岗位的责任人员、责任范围和考核标准等内容。

生产经营单位应当建立相应的机制,加强对安全生产责任制落实情况的监督考核,保证安全生产责任制的落实。

第二十条 生产经营单位应当具备的安全生产条件所必需的资金投入,由生产经营单位的决策机构、主要负责人或者个人经营的投资人予以保证,并对由于安全生产所必需的资金投入不足导致的后果承担责任。

有关生产经营单位应当按照规定提取和使用安全生产费用,专门用于改善安全生产条件。安全生产费用在成本中据实列支。安全生产费用提取、使用和监督管理的具体办法由国务院财政部门会同国务院安全生产监督管理部门征求国务院有关部门意见后制定。

第二十一条 矿山、金属冶炼、建筑施工、道路运输单位和危险物品的生产、经营、储存单位,应当设置安全生产管理机构或者配备专职安全生产管理人员。

前款规定以外的其他生产经营单位,从业人员超过一百人的,应当设置安全生产管理机构或者配备专职安全生产管理人员;从业人员在一百人以下的,应当配备专职或者兼职的安全生产管理人员。

第二十二条 生产经营单位的安全生产管理机构以及安全生产管理人员履行下列职责：

（一）组织或者参与拟订本单位安全生产规章制度、操作规程和生产安全事故应急救援预案；

（二）组织或者参与本单位安全生产教育和培训，如实记录安全生产教育和培训情况；

（三）督促落实本单位重大危险源的安全管理措施；

（四）组织或者参与本单位应急救援演练；

（五）检查本单位的安全生产状况，及时排查生产安全事故隐患，提出改进安全生产管理的建议；

（六）制止和纠正违章指挥、强令冒险作业、违反操作规程的行为；

（七）督促落实本单位安全生产整改措施。

第二十三条 生产经营单位的安全生产管理机构以及安全生产管理人员应当恪尽职守，依法履行职责。

生产经营单位作出涉及安全生产的经营决策，应当听取安全生产管理机构以及安全生产管理人员的意见。

生产经营单位不得因安全生产管理人员依法履行职责而降低其工资、福利等待遇或者解除与其订立的劳动合同。

危险物品的生产、储存单位以及矿山、金属冶炼单位的安全生产管理人员的任免，应当告知主管的负有安全生产监督管理职责的部门。

第二十四条 生产经营单位的主要负责人和安全生产管理人员必须具备与本单位所从事的生产经营活动相应的安全生产知识和管理能力。

危险物品的生产、经营、储存单位以及矿山、金属冶炼、建筑施工、道路运输单位的主要负责人和安全生产管理人员，应当由主管的负有安全生产监督管理职责的部门对其安全生产知识和管理能力考核合格。考核不得收费。

危险物品的生产、储存单位以及矿山、金属冶炼单位应当有注册安全工程师从事安全生产管理工作。鼓励其他生产经营单位聘用注册安全工程师从事安全生产管理工作。注册安全工程师按专业分类管理，具体办法由国务院人力资源和社会保障部门、国务院安全生产监督管理部门会同国务院有关部门制定。

第二十五条 生产经营单位应当对从业人员进行安全生产教育和培训，保证从业人员具备必要的安全生产知识，熟悉有关的安全生产规章制度和安全操作规程，掌握本岗位的安全操作技能，了解事故应急处理措施，知悉自身在安全生产方面的权利和义务。未经安全生产教育和培训合格的从业人员，不得上岗作业。

生产经营单位使用被派遣劳动者的，应当将被派遣劳动者纳入本单位从业人员统一管理，对被派遣劳动者进行岗位安全操作规程和安全操作技能的教育和培训。劳务派遣单位应当对被派遣劳动者进行必要的安全生产教育和培训。

生产经营单位接收中等职业学校、高等学校学生实习的，应当对实习学生进行相应的安全生产教育和培训，提供必要的劳动防护用品。学校应当协助生产经营单位对实习学生进行安全生产教育和培训。

生产经营单位应当建立安全生产教育和培训档案，如实记录安全生产教育和培训的时间、内容、参加人员以及考核结果等情况。

第二十六条 生产经营单位采用新工艺、新技术、新材料或者使用新设备，必须了解、掌握其安全技术特性，采取有效的安全防护措施，并对从业人员进行专门的安全生产教育和培训。

第二十七条　生产经营单位的特种作业人员必须按照国家有关规定经专门的安全作业培训，取得相应资格，方可上岗作业。

特种作业人员的范围由国务院安全生产监督管理部门会同国务院有关部门确定。

第二十八条　生产经营单位新建、改建、扩建工程项目（以下统称建设项目）的安全设施，必须与主体工程同时设计、同时施工、同时投入生产和使用。安全设施投资应当纳入建设项目概算。

第二十九条　矿山、金属冶炼建设项目和用于生产、储存、装卸危险物品的建设项目，应当按照国家有关规定进行安全评价。

第三十条　建设项目安全设施的设计人、设计单位应当对安全设施设计负责。

矿山、金属冶炼建设项目和用于生产、储存、装卸危险物品的建设项目的安全设施设计应当按照国家有关规定报经有关部门审查，审查部门及其负责审查的人员对审查结果负责。

第三十一条　矿山、金属冶炼建设项目和用于生产、储存、装卸危险物品的建设项目的施工单位必须按照批准的安全设施设计施工，并对安全设施的工程质量负责。

矿山、金属冶炼建设项目和用于生产、储存危险物品的建设项目竣工投入生产或者使用前，应当由建设单位负责组织对安全设施进行验收；验收合格后，方可投入生产和使用。安全生产监督管理部门应当加强对建设单位验收活动和验收结果的监督核查。

第三十二条　生产经营单位应当在有较大危险因素的生产经营场所和有关设施、设备上，设置明显的安全警示标志。

第三十三条　安全设备的设计、制造、安装、使用、检测、维修、改造和报废，应当符合国家标准或者行业标准。

生产经营单位必须对安全设备进行经常性维护、保养，并定期检测，保证正常运转。维护、保养、检测应当作好记录，并由有关人员签字。

第三十四条　生产经营单位使用的危险物品的容器、运输工具，以及涉及人身安全、危险性较大的海洋石油开采特种设备和矿山井下特种设备，必须按照国家有关规定，由专业生产单位生产，并经具有专业资质的检测、检验机构检测、检验合格，取得安全使用证或者安全标志，方可投入使用。检测、检验机构对检测、检验结果负责。

第三十五条　国家对严重危及生产安全的工艺、设备实行淘汰制度，具体目录由国务院安全生产监督管理部门会同国务院有关部门制定并公布。法律、行政法规对目录的制定另有规定的，适用其规定。

省、自治区、直辖市人民政府可以根据本地区实际情况制定并公布具体目录，对前款规定以外的危及生产安全的工艺、设备予以淘汰。

生产经营单位不得使用应当淘汰的危及生产安全的工艺、设备。

第三十六条　生产、经营、运输、储存、使用危险物品或者处置废弃危险物品的，由有关主管部门依照有关法律、法规的规定和国家标准或者行业标准审批并实施监督管理。

生产经营单位生产、经营、运输、储存、使用危险物品或者处置废弃危险物品，必须执行有关法律、法规和国家标准或者行业标准，建立专门的安全管理制度，采取可靠的安全措施，接受有关主管部门依法实施的监督管理。

第三十七条　生产经营单位对重大危险源应当登记建档，进行定期检测、评估、监控，并制定应急预案，告知从业人员和相关人员在紧急情况下应当采取的应急措施。

生产经营单位应当按照国家有关规定将本单位重大危险源及有关安全措施、应急措施报有关地方人民政府安全生产监督管理部门和有关部门备案。

第三十八条 生产经营单位应当建立健全生产安全事故隐患排查治理制度，采取技术、管理措施，及时发现并消除事故隐患。事故隐患排查治理情况应当如实记录，并向从业人员通报。

县级以上地方各级人民政府负有安全生产监督管理职责的部门应当建立健全重大事故隐患治理督办制度，督促生产经营单位消除重大事故隐患。

第三十九条 生产、经营、储存、使用危险物品的车间、商店、仓库不得与员工宿舍在同一座建筑物内，并应当与员工宿舍保持安全距离。

生产经营场所和员工宿舍应当设有符合紧急疏散要求、标志明显、保持畅通的出口。禁止锁闭、封堵生产经营场所或者员工宿舍的出口。

第四十条 生产经营单位进行爆破、吊装以及国务院安全生产监督管理部门会同国务院有关部门规定的其他危险作业，应当安排专门人员进行现场安全管理，确保操作规程的遵守和安全措施的落实。

第四十一条 生产经营单位应当教育和督促从业人员严格执行本单位的安全生产规章制度和安全操作规程；并向从业人员如实告知作业场所和工作岗位存在的危险因素、防范措施以及事故应急措施。

第四十二条 生产经营单位必须为从业人员提供符合国家标准或者行业标准的劳动防护用品，并监督、教育从业人员按照使用规则佩戴、使用。

第四十三条 生产经营单位的安全生产管理人员应当根据本单位的生产经营特点，对安全生产状况进行经常性检查；对检查中发现的安全问题，应当立即处理；不能处理的，应当及时报告本单位有关负责人，有关负责人应当及时处理。检查及处理情况应当如实记录在案。

生产经营单位的安全生产管理人员在检查中发现重大事故隐患，依照前款规定向本单位有关负责人报告，有关负责人不及时处理的，安全生产管理人员可以向主管的负有安全生产监督管理职责的部门报告，接到报告的部门应当依法及时处理。

第四十四条 生产经营单位应当安排用于配备劳动防护用品、进行安全生产培训的经费。

第四十五条 两个以上生产经营单位在同一作业区域内进行生产经营活动，可能危及对方生产安全的，应当签订安全生产管理协议，明确各自的安全生产管理职责和应当采取的安全措施，并指定专职安全生产管理人员进行安全检查与协调。

第四十六条 生产经营单位不得将生产经营项目、场所、设备发包或者出租给不具备安全生产条件或者相应资质的单位或者个人。

生产经营项目、场所发包或者出租给其他单位的，生产经营单位应当与承包单位、承租单位签订专门的安全生产管理协议，或者在承包合同、租赁合同中约定各自的安全生产管理职责；生产经营单位对承包单位、承租单位的安全生产工作统一协调、管理，定期进行安全检查，发现安全问题的，应当及时督促整改。

第四十七条 生产经营单位发生生产安全事故时，单位的主要负责人应当立即组织抢救，并不得在事故调查处理期间擅离职守。

第四十八条 生产经营单位必须依法参加工伤保险，为从业人员缴纳保险费。

国家鼓励生产经营单位投保安全生产责任保险。

第三章　从业人员的安全生产权利义务

第四十九条　生产经营单位与从业人员订立的劳动合同，应当载明有关保障从业人员劳动安全、防止职业危害的事项，以及依法为从业人员办理工伤保险的事项。

生产经营单位不得以任何形式与从业人员订立协议，免除或者减轻其对从业人员因生产安全事故伤亡依法应承担的责任。

第五十条　生产经营单位的从业人员有权了解其作业场所和工作岗位存在的危险因素、防范措施及事故应急措施，有权对本单位的安全生产工作提出建议。

第五十一条　从业人员有权对本单位安全生产工作中存在的问题提出批评、检举、控告；有权拒绝违章指挥和强令冒险作业。

生产经营单位不得因从业人员对本单位安全生产工作提出批评、检举、控告或者拒绝违章指挥、强令冒险作业而降低其工资、福利等待遇或者解除与其订立的劳动合同。

第五十二条　从业人员发现直接危及人身安全的紧急情况时，有权停止作业或者在采取可能的应急措施后撤离作业场所。

生产经营单位不得因从业人员在前款紧急情况下停止作业或者采取紧急撤离措施而降低其工资、福利等待遇或者解除与其订立的劳动合同。

第五十三条　因生产安全事故受到损害的从业人员，除依法享有工伤保险外，依照有关民事法律尚有获得赔偿的权利的，有权向本单位提出赔偿要求。

第五十四条　从业人员在作业过程中，应当严格遵守本单位的安全生产规章制度和操作规程，服从管理，正确佩戴和使用劳动防护用品。

第五十五条　从业人员应当接受安全生产教育和培训，掌握本职工作所需的安全生产知识，提高安全生产技能，增强事故预防和应急处理能力。

第五十六条　从业人员发现事故隐患或者其他不安全因素，应当立即向现场安全生产管理人员或者本单位负责人报告；接到报告的人员应当及时予以处理。

第五十七条　工会有权对建设项目的安全设施与主体工程同时设计、同时施工、同时投入生产和使用进行监督，提出意见。

工会对生产经营单位违反安全生产法律、法规，侵犯从业人员合法权益的行为，有权要求纠正；发现生产经营单位违章指挥、强令冒险作业或者发现事故隐患时，有权提出解决的建议，生产经营单位应当及时研究答复；发现危及从业人员生命安全的情况时，有权向生产经营单位建议组织从业人员撤离危险场所，生产经营单位必须立即作出处理。

工会有权依法参加事故调查，向有关部门提出处理意见，并要求追究有关人员的责任。

第五十八条　生产经营单位使用被派遣劳动者的，被派遣劳动者享有本法规定的从业人员的权利，并应当履行本法规定的从业人员的义务。

第四章　安全生产的监督管理

第五十九条　县级以上地方各级人民政府应当根据本行政区域内的安全生产状况，组织有关部门按照职责分工，对本行政区域内容易发生重大生产安全事故的生产经营单位进行严格检查。

安全生产监督管理部门应当按照分类分级监督管理的要求，制定安全生产年度监督检查计划，并按照年度监督检查计划进行监督检查，发现事故隐患，应当及时处理。

第六十条　负有安全生产监督管理职责的部门依照有关法律、法规的规定，对涉及安全生产的事项需要审查批准（包括批准、核准、许可、注册、认证、颁发证照等，下同）或者验收的，必须严格依照有关法律、法规和国家标准或者行业标准规定的安全生产条件和程序进行审查；不符合有关法律、法规和国家标准或者行业标准规定的安全生产条件的，不得批准或者验收通过。对未依法取得批准或者验收合格的单位擅自从事有关活动的，负责行政审批的部门发现或者接到举报后应当立即予以取缔，并依法予以处理。对已经依法取得批准的单位，负责行政审批的部门发现其不再具备安全生产条件的，应当撤销原批准。

第六十一条　负有安全生产监督管理职责的部门对涉及安全生产的事项进行审查、验收，不得收取费用；不得要求接受审查、验收的单位购买其指定品牌或者指定生产、销售单位的安全设备、器材或者其他产品。

第六十二条　安全生产监督管理部门和其他负有安全生产监督管理职责的部门依法开展安全生产行政执法工作，对生产经营单位执行有关安全生产的法律、法规和国家标准或者行业标准的情况进行监督检查，行使以下职权：

（一）进入生产经营单位进行检查，调阅有关资料，向有关单位和人员了解情况；

（二）对检查中发现的安全生产违法行为，当场予以纠正或者要求限期改正；对依法应当给予行政处罚的行为，依照本法和其他有关法律、行政法规的规定作出行政处罚决定；

（三）对检查中发现的事故隐患，应当责令立即排除；重大事故隐患排除前或者排除过程中无法保证安全的，应当责令从危险区域内撤出作业人员，责令暂时停产停业或者停止使用相关设施、设备；重大事故隐患排除后，经审查同意，方可恢复生产经营和使用；

（四）对有根据认为不符合保障安全生产的国家标准或者行业标准的设施、设备、器材以及违法生产、储存、使用、经营、运输的危险物品予以查封或者扣押，对违法生产、储存、使用、经营危险物品的作业场所予以查封，并依法作出处理决定。

监督检查不得影响被检查单位的正常生产经营活动。

第六十三条　生产经营单位对负有安全生产监督管理职责的部门的监督检查人员（以下统称安全生产监督检查人员）依法履行监督检查职责，应当予以配合，不得拒绝、阻挠。

第六十四条　安全生产监督检查人员应当忠于职守，坚持原则，秉公执法。

安全生产监督检查人员执行监督检查任务时，必须出示有效的监督执法证件；对涉及被检查单位的技术秘密和业务秘密，应当为其保密。

第六十五条　安全生产监督检查人员应当将检查的时间、地点、内容、发现的问题及其处理情况，作出书面记录，并由检查人员和被检查单位的负责人签字；被检查单位的负责人拒绝签字的，检查人员应当将情况记录在案，并向负有安全生产监督管理职责的部门报告。

第六十六条　负有安全生产监督管理职责的部门在监督检查中，应当互相配合，实行联合检查；确需分别进行检查的，应当互通情况，发现存在的安全问题应当由其他有关部门进行处理的，应当及时移送其他有关部门并形成记录备查，接受移送的部门应当及时进行处理。

第六十七条　负有安全生产监督管理职责的部门依法对存在重大事故隐患的生产经营单位作出停产停业、停止施工、停止使用相关设施或者设备的决定，生产经营单位应当依法执行，及时消除事故隐患。生产经营单位拒不执行，有发生生产安全事故的现实危险的，在保证安全的前提下，经本部门主要负责人批准，负有安全生产监督管理职责的部门可以采取通知有关单位停止供电、停止供应民用爆炸物品等措施，强制生产经营单位履行决定。通知应当采用书面形式，有关单位应当予以配合。

负有安全生产监督管理职责的部门依照前款规定采取停止供电措施，除有危及生产安全的紧急情形外，应当提前二十四小时通知生产经营单位。生产经营单位依法履行行政决定、采取相应措施消除事故隐患的，负有安全生产监督管理职责的部门应当及时解除前款规定的措施。

第六十八条　监察机关依照行政监察法的规定，对负有安全生产监督管理职责的部门及其工作人员履行安全生产监督管理职责实施监察。

第六十九条　承担安全评价、认证、检测、检验的机构应当具备国家规定的资质条件，并对其作出的安全评价、认证、检测、检验的结果负责。

第七十条　负有安全生产监督管理职责的部门应当建立举报制度，公开举报电话、信箱或者电子邮件地址，受理有关安全生产的举报；受理的举报事项经调查核实后，应当形成书面材料；需要落实整改措施的，报经有关负责人签字并督促落实。

第七十一条　任何单位或者个人对事故隐患或者安全生产违法行为，均有权向负有安全生产监督管理职责的部门报告或者举报。

第七十二条　居民委员会、村民委员会发现其所在区域内的生产经营单位存在事故隐患或者安全生产违法行为时，应当向当地人民政府或者有关部门报告。

第七十三条　县级以上各级人民政府及其有关部门对报告重大事故隐患或者举报安全生产违法行为的有功人员，给予奖励。具体奖励办法由国务院安全生产监督管理部门会同国务院财政部门制定。

第七十四条　新闻、出版、广播、电影、电视等单位有进行安全生产公益宣传教育的义务，有对违反安全生产法律、法规的行为进行舆论监督的权利。

第七十五条　负有安全生产监督管理职责的部门应当建立安全生产违法行为信息库，如实记录生产经营单位的安全生产违法行为信息；对违法行为情节严重的生产经营单位，应当向社会公告，并通报行业主管部门、投资主管部门、国土资源主管部门、证券监督管理机构以及有关金融机构。

第五章　生产安全事故的应急救援与调查处理

第七十六条　国家加强生产安全事故应急能力建设，在重点行业、领域建立应急救援基地和应急救援队伍，鼓励生产经营单位和其他社会力量建立应急救援队伍，配备相应的应急救援装备和物资，提高应急救援的专业化水平。

国务院安全生产监督管理部门建立全国统一的生产安全事故应急救援信息系统，国务院有关部门建立健全相关行业、领域的生产安全事故应急救援信息系统。

第七十七条　县级以上地方各级人民政府应当组织有关部门制定本行政区域内生产安全事故应急救援预案，建立应急救援体系。

第七十八条　生产经营单位应当制定本单位生产安全事故应急救援预案，与所在地县级以上地方人民政府组织制定的生产安全事故应急救援预案相衔接，并定期组织演练。

第七十九条　危险物品的生产、经营、储存单位以及矿山、金属冶炼、城市轨道交通运营、建筑施工单位应当建立应急救援组织；生产经营规模较小的，可以不建立应急救援组织，但应当指定兼职的应急救援人员。

危险物品的生产、经营、储存、运输单位以及矿山、金属冶炼、城市轨道交通运营、建筑施工单位应当配备必要的应急救援器材、设备和物资，并进行经常性维护、保养，保证正常运转。

第八十条　生产经营单位发生生产安全事故后，事故现场有关人员应当立即报告本单位负责人。

单位负责人接到事故报告后,应当迅速采取有效措施,组织抢救,防止事故扩大,减少人员伤亡和财产损失,并按照国家有关规定立即如实报告当地负有安全生产监督管理职责的部门,不得隐瞒不报、谎报或者迟报,不得故意破坏事故现场、毁灭有关证据。

第八十一条　负有安全生产监督管理职责的部门接到事故报告后,应当立即按照国家有关规定上报事故情况。负有安全生产监督管理职责的部门和有关地方人民政府对事故情况不得隐瞒不报、谎报或者迟报。

第八十二条　有关地方人民政府和负有安全生产监督管理职责的部门的负责人接到生产安全事故报告后,应当按照生产安全事故应急救援预案的要求立即赶到事故现场,组织事故抢救。

参与事故抢救的部门和单位应当服从统一指挥,加强协同联动,采取有效的应急救援措施,并根据事故救援的需要采取警戒、疏散等措施,防止事故扩大和次生灾害的发生,减少人员伤亡和财产损失。

事故抢救过程中应当采取必要措施,避免或者减少对环境造成的危害。

任何单位和个人都应当支持、配合事故抢救,并提供一切便利条件。

第八十三条　事故调查处理应当按照科学严谨、依法依规、实事求是、注重实效的原则,及时、准确地查清事故原因,查明事故性质和责任,总结事故教训,提出整改措施,并对事故责任者提出处理意见。事故调查报告应当依法及时向社会公布。事故调查和处理的具体办法由国务院制定。

事故发生单位应当及时全面落实整改措施,负有安全生产监督管理职责的部门应当加强监督检查。

第八十四条　生产经营单位发生生产安全事故,经调查确定为责任事故的,除了应当查明事故单位的责任并依法予以追究外,还应当查明对安全生产的有关事项负有审查批准和监督职责的行政部门的责任,对有失职、渎职行为的,依照本法第八十七条的规定追究法律责任。

第八十五条　任何单位和个人不得阻挠和干涉对事故的依法调查处理。

第八十六条　县级以上地方各级人民政府安全生产监督管理部门应当定期统计分析本行政区域内发生生产安全事故的情况,并定期向社会公布。

第六章　法律责任

第八十七条　负有安全生产监督管理职责的部门的工作人员,有下列行为之一的,给予降级或者撤职的处分;构成犯罪的,依照刑法有关规定追究刑事责任:

(一)对不符合法定安全生产条件的涉及安全生产的事项予以批准或者验收通过的;

(二)发现未依法取得批准、验收的单位擅自从事有关活动或者接到举报后不予取缔或者不依法予以处理的;

(三)对已经依法取得批准的单位不履行监督管理职责,发现其不再具备安全生产条件而不撤销原批准或者发现安全生产违法行为不予查处的;

(四)在监督检查中发现重大事故隐患,不依法及时处理的。

负有安全生产监督管理职责的部门的工作人员有前款规定以外的滥用职权、玩忽职守、徇私舞弊行为的,依法给予处分;构成犯罪的,依照刑法有关规定追究刑事责任。

第八十八条　负有安全生产监督管理职责的部门,要求被审查、验收的单位购买其指定的安全设备、器材或者其他产品的,在对安全生产事项的审查、验收中收取费用的,由其上级机关或者监察机关责令改正，责令退还收取的费用；情节严重的，对直接负责的主管人员和其他直接责任人员依法给予处分。

第八十九条　承担安全评价、认证、检测、检验工作的机构，出具虚假证明的，没收违法所得；违法所得在十万元以上的，并处违法所得二倍以上五倍以下的罚款；没有违法所得或者违法所得不足十万元的，单处或者并处十万元以上二十万元以下的罚款；对其直接负责的主管人员和其他直接责任人员处二万元以上五万元以下的罚款；给他人造成损害的，与生产经营单位承担连带赔偿责任；构成犯罪的，依照刑法有关规定追究刑事责任。

对有前款违法行为的机构，吊销其相应资质。

第九十条　生产经营单位的决策机构、主要负责人或者个人经营的投资人不依照本法规定保证安全生产所必需的资金投入，致使生产经营单位不具备安全生产条件的，责令限期改正，提供必需的资金；逾期未改正的，责令生产经营单位停产停业整顿。

有前款违法行为，导致发生生产安全事故的，对生产经营单位的主要负责人给予撤职处分，对个人经营的投资人处二万元以上二十万元以下的罚款；构成犯罪的，依照刑法有关规定追究刑事责任。

第九十一条　生产经营单位的主要负责人未履行本法规定的安全生产管理职责的，责令限期改正；逾期未改正的，处二万元以上五万元以下的罚款，责令生产经营单位停产停业整顿。

生产经营单位的主要负责人有前款违法行为，导致发生生产安全事故的，给予撤职处分；构成犯罪的，依照刑法有关规定追究刑事责任。

生产经营单位的主要负责人依照前款规定受刑事处罚或者撤职处分的，自刑罚执行完毕或者受处分之日起，五年内不得担任任何生产经营单位的主要负责人；对重大、特别重大生产安全事故负有责任的，终身不得担任本行业生产经营单位的主要负责人。

第九十二条　生产经营单位的主要负责人未履行本法规定的安全生产管理职责，导致发生生产安全事故的，由安全生产监督管理部门依照下列规定处以罚款：

（一）发生一般事故的，处上一年年收入百分之三十的罚款；

（二）发生较大事故的，处上一年年收入百分之四十的罚款；

（三）发生重大事故的，处上一年年收入百分之六十的罚款；

（四）发生特别重大事故的，处上一年年收入百分之八十的罚款。

第九十三条　生产经营单位的安全生产管理人员未履行本法规定的安全生产管理职责的，责令限期改正；导致发生生产安全事故的，暂停或者撤销其与安全生产有关的资格；构成犯罪的，依照刑法有关规定追究刑事责任。

第九十四条　生产经营单位有下列行为之一的，责令限期改正，可以处五万元以下的罚款；逾期未改正的，责令停产停业整顿，并处五万元以上十万元以下的罚款，对其直接负责的主管人员和其他直接责任人员处一万元以上二万元以下的罚款：

（一）未按照规定设置安全生产管理机构或者配备安全生产管理人员的；

（二）危险物品的生产、经营、储存单位以及矿山、金属冶炼、建筑施工、道路运输单位的主要负责人和安全生产管理人员未按照规定经考核合格的；

（三）未按照规定对从业人员、被派遣劳动者、实习学生进行安全生产教育和培训，或者未按照规定如实告知有关的安全生产事项的；

（四）未如实记录安全生产教育和培训情况的；

（五）未将事故隐患排查治理情况如实记录或者未向从业人员通报的；

（六）未按照规定制定生产安全事故应急救援预案或者未定期组织演练的；

（七）特种作业人员未按照规定经专门的安全作业培训并取得相应资格，上岗作业的。

第九十五条 生产经营单位有下列行为之一的，责令停止建设或者停产停业整顿，限期改正；逾期未改正的，处五十万元以上一百万元以下的罚款，对其直接负责的主管人员和其他直接责任人员处二万元以上五万元以下的罚款；构成犯罪的，依照刑法有关规定追究刑事责任：

（一）未按照规定对矿山、金属冶炼建设项目或者用于生产、储存、装卸危险物品的建设项目进行安全评价的；

（二）矿山、金属冶炼建设项目或者用于生产、储存、装卸危险物品的建设项目没有安全设施设计或者安全设施设计未按照规定报经有关部门审查同意的；

（三）矿山、金属冶炼建设项目或者用于生产、储存、装卸危险物品的建设项目的施工单位未按照批准的安全设施设计施工的；

（四）矿山、金属冶炼建设项目或者用于生产、储存危险物品的建设项目竣工投入生产或者使用前，安全设施未经验收合格的。

第九十六条 生产经营单位有下列行为之一的，责令限期改正，可以处五万元以下的罚款；逾期未改正的，处五万元以上二十万元以下的罚款，对其直接负责的主管人员和其他直接责任人员处一万元以上二万元以下的罚款；情节严重的，责令停产停业整顿；构成犯罪的，依照刑法有关规定追究刑事责任：

（一）未在有较大危险因素的生产经营场所和有关设施、设备上设置明显的安全警示标志的；

（二）安全设备的安装、使用、检测、改造和报废不符合国家标准或者行业标准的；

（三）未对安全设备进行经常性维护、保养和定期检测的；

（四）未为从业人员提供符合国家标准或者行业标准的劳动防护用品的；

（五）危险物品的容器、运输工具，以及涉及人身安全、危险性较大的海洋石油开采特种设备和矿山井下特种设备未经具有专业资质的机构检测、检验合格，取得安全使用证或者安全标志，投入使用的；

（六）使用应当淘汰的危及生产安全的工艺、设备的。

第九十七条 未经依法批准，擅自生产、经营、运输、储存、使用危险物品或者处置废弃危险物品的，依照有关危险物品安全管理的法律、行政法规的规定予以处罚；构成犯罪的，依照刑法有关规定追究刑事责任。

第九十八条 生产经营单位有下列行为之一的，责令限期改正，可以处十万元以下的罚款；逾期未改正的，责令停产停业整顿，并处十万元以上二十万元以下的罚款，对其直接负责的主管人员和其他直接责任人员处二万元以上五万元以下的罚款；构成犯罪的，依照刑法有关规定追究刑事责任：

（一）生产、经营、运输、储存、使用危险物品或者处置废弃危险物品，未建立专门安全管理制度、未采取可靠的安全措施的；

（二）对重大危险源未登记建档，或者未进行评估、监控，或者未制定应急预案的；

（三）进行爆破、吊装以及国务院安全生产监督管理部门会同国务院有关部门规定的其他危险作业，未安排专门人员进行现场安全管理的；

（四）未建立事故隐患排查治理制度的。

第九十九条 生产经营单位未采取措施消除事故隐患的，责令立即消除或者限期消除；生产经营单位拒不执行的，责令停产停业整顿，并处十万元以上五十万元以下的罚款，对其直接负责的主管人员和其他直接责任人员处二万元以上五万元以下的罚款。

第一百条 生产经营单位将生产经营项目、场所、设备发包或者出租给不具备安全生产条件或者相应资质的单位或者个人的，责令限期改正，没收违法所得；违法所得十万元以上的，并处违法所得二倍以上五倍以下的罚款；没有违法所得或者违法所得不足十万元的，单处或者并处十万元以上二十万元以下的罚款；对其直接负责的主管人员和其他直接责任人员处一万元以上二万元以下的罚款；导致发生生产安全事故给他人造成损害的，与承包方、承租方承担连带赔偿责任。

生产经营单位未与承包单位、承租单位签订专门的安全生产管理协议或者未在承包合同、租赁合同中明确各自的安全生产管理职责，或者未对承包单位、承租单位的安全生产统一协调、管理的，责令限期改正，可以处五万元以下的罚款，对其直接负责的主管人员和其他直接责任人员可以处一万元以下的罚款；逾期未改正的，责令停产停业整顿。

第一百零一条 两个以上生产经营单位在同一作业区域内进行可能危及对方安全生产的生产经营活动，未签订安全生产管理协议或者未指定专职安全生产管理人员进行安全检查与协调的，责令限期改正，可以处五万元以下的罚款，对其直接负责的主管人员和其他直接责任人员可以处一万元以下的罚款；逾期未改正的，责令停产停业。

第一百零二条 生产经营单位有下列行为之一的，责令限期改正，可以处五万元以下的罚款，对其直接负责的主管人员和其他直接责任人员可以处一万元以下的罚款；逾期未改正的，责令停产停业整顿；构成犯罪的，依照刑法有关规定追究刑事责任：

（一）生产、经营、储存、使用危险物品的车间、商店、仓库与员工宿舍在同一座建筑内，或者与员工宿舍的距离不符合安全要求的；

（二）生产经营场所和员工宿舍未设有符合紧急疏散需要、标志明显、保持畅通的出口，或者锁闭、封堵生产经营场所或者员工宿舍出口的。

第一百零三条 生产经营单位与从业人员订立协议，免除或者减轻其对从业人员因生产安全事故伤亡依法应承担的责任的，该协议无效；对生产经营单位的主要负责人、个人经营的投资人处二万元以上十万元以下的罚款。

第一百零四条 生产经营单位的从业人员不服从管理，违反安全生产规章制度或者操作规程的，由生产经营单位给予批评教育，依照有关规章制度给予处分；构成犯罪的，依照刑法有关规定追究刑事责任。

第一百零五条 违反本法规定，生产经营单位拒绝、阻碍负有安全生产监督管理职责的部门依法实施监督检查的，责令改正；拒不改正的，处二万元以上二十万元以下的罚款；对其直接负责的主管人员和其他直接责任人员处一万元以上二万元以下的罚款；构成犯罪的，依照刑法有关规定追究刑事责任。

第一百零六条 生产经营单位的主要负责人在本单位发生生产安全事故时，不立即组织抢救或者在事故调查处理期间擅离职守或者逃匿的，给予降级、撤职的处分，并由安全生产监督管理部门处上一年年收入百分之六十至百分之一百的罚款；对逃匿的处十五日以下拘留；构成犯罪的，依照刑法有关规定追究刑事责任。

生产经营单位的主要负责人对生产安全事故隐瞒不报、谎报或者迟报的，依照前款规定处罚。

第一百零七条 有关地方人民政府、负有安全生产监督管理职责的部门，对生产安全事故隐瞒不报、谎报或者迟报的，对直接负责的主管人员和其他直接责任人员依法给予处分；构成犯罪的，依照刑法有关规定追究刑事责任。

第一百零八条 生产经营单位不具备本法和其他有关法律、行政法规和国家标准或者行业标准规定的安全生产条件，经停产停业整顿仍不具备安全生产条件的，予以关闭；有关部门应当依法吊销其有关证照。

第一百零九条 发生生产安全事故，对负有责任的生产经营单位除要求其依法承担相应的赔偿等责任外，由安全生产监督管理部门依照下列规定处以罚款：

（一）发生一般事故的，处二十万元以上五十万元以下的罚款；

（二）发生较大事故的，处五十万元以上一百万元以下的罚款；

（三）发生重大事故的，处一百万元以上五百万元以下的罚款；

（四）发生特别重大事故的，处五百万元以上一千万元以下的罚款；情节特别严重的，处一千万元以上二千万元以下的罚款。

第一百一十条 本法规定的行政处罚，由安全生产监督管理部门和其他负有安全生产监督管理职责的部门按照职责分工决定。予以关闭的行政处罚由负有安全生产监督管理职责的部门报请县级以上人民政府按照国务院规定的权限决定；给予拘留的行政处罚由公安机关依照治安管理处罚法的规定决定。

第一百一十一条 生产经营单位发生生产安全事故造成人员伤亡、他人财产损失的，应当依法承担赔偿责任；拒不承担或者其负责人逃匿的，由人民法院依法强制执行。

生产安全事故的责任人未依法承担赔偿责任，经人民法院依法采取执行措施后，仍不能对受害人给予足额赔偿的，应当继续履行赔偿义务；受害人发现责任人有其他财产的，可以随时请求人民法院执行。

第七章 附 则

第一百一十二条 本法下列用语的含义：

危险物品，是指易燃易爆物品、危险化学品、放射性物品等能够危及人身安全和财产安全的物品。

重大危险源，是指长期地或者临时地生产、搬运、使用或者储存危险物品，且危险物品的数量等于或者超过临界量的单元（包括场所和设施）。

第一百一十三条 本法规定的生产安全一般事故、较大事故、重大事故、特别重大事故的划分标准由国务院规定。

国务院安全生产监督管理部门和其他负有安全生产监督管理职责的部门应当根据各自的职责分工，制定相关行业、领域重大事故隐患的判定标准。

第一百一十四条 本法自2002年11月1日起施行。

新《安全生产法》的10大重点内容

1. 以人为本，坚持安全发展。新法明确提出安全生产工作应当以人为本，将坚持安全发展写入了总则，对于坚守红线意识、进一步加强安全生产工作、实现安全生产形势根本性好转的奋斗目标具有重要意义。（第三条）

2. 建立完善安全生产方针和工作机制。将安全生产工作方针完善为"安全第一、预防为主、综合治理"，进一步明确了安全生产的重要地位、主体任务和实现安全生产的根本途径。新法提出要建立生产经营单位负责、职工参与、政府监管、行业自律、社会监督的工作机制，进一步明确了各方安全职责。（第三条）

3. 落实"三个必须"，确立安全生产监管执法部门地位。按照安全生产管行业必须管安全、管业务必须管安全、管生产经营必须管安全的要求，新法一是规定国务院和县级以上地方人民政府应当建立健全安全生产工作协调机制，及时协调、解决安全生产监督管理中的重大问题。二是明确各级政府安全生产监督管理部门实施综合监督管理,有关部门在各自职责范围内对有关"行业、领域"的安全生产工作实施监督管理。三是明确各级安全生产监督管理部门和其他负有安全生产监督管理职责的部门作为行政执法部门,依法开展安全生产行政执法工作,对生产经营单位执行法律、法规、国家标准或者行业标准的情况进行监督检查。(第八条、第九条、第六十二条)

4. 强化乡镇人民政府以及街道办事处、开发区管理机构安全生产职责。乡镇街道是安全生产工作的重要基础,有必要在立法层面明确其安全生产职责,同时针对各地经济技术开发区、工业园区的安全监管体制不顺、监管人员配备不足、事故隐患集中、事故多发等突出问题,新法明确乡镇人民政府以及街道办事处、开发区管理机构等地方人民政府的派出机关应当按照职责,加强对本行政区域内生产经营单位安全生产状况的监督检查,协助上级人民政府有关部门依法履行安全生产监督管理职责。(第八条)

5. 明确生产经营单位安全生产管理机构、人员的设置、配备标准和工作职责。新法一是明确矿山、金属冶炼、建筑施工、道路运输单位和危险物品的生产、经营、储存单位,应当设置安全生产管理机构或者配备专职安全生产管理人员,将其他生产经营单位设置专门机构或者配备专职人员的从业人员下限由300人调整为100人。二是规定了安全生产管理机构以及管理人员的7项职责,主要包括拟定本单位安全生产规章制度、操作规程、应急救援预案,组织宣传贯彻安全生产法律、法规;组织安全生产教育和培训,制止和纠正违章指挥、强令冒险作业、违反操作规程的行为,督促落实本单位安全生产整改措施等。三是明确生产经营单位作出涉及安全生产的经营决策,应当听取安全生产管理机构以及安全生产管理人员的意见。(第二十一条至第二十三条)

6. 明确了劳务派遣单位和用工单位的职责和劳动者的权利义务。一是规定生产经营单位应当将被派遣劳动者纳入本单位从业人员统一管理,对被派遣劳动者进行岗位安全操作规程和安全操作技能的教育和培训。劳务派遣单位应当对被派遣劳动者进行必要的安全生产教育和培训。二是明确被派遣劳动者享有本法规定的从业人员的权利,并应当履行本法规定的从业人员的义务。(第二十五条、第五十八条)

7. 建立事故隐患排查治理制度。新法把加强事前预防、强化隐患排查治理作为一项重要内容:一是生产经营单位必须建立事故隐患排查治理制度,采取技术、管理措施消除事故隐患。二是政府有关部门要建立健全重大事故隐患治理督办制度,督促生产经营单位消除重大事故隐患。三是对未建立隐患排查治理制度、未采取有效措施消除事故隐患的行为,设定了严格的行政处罚。(第三十八条、第九十八条、第九十九条)

8. 推进安全生产标准化建设。结合多年来的实践经验,新法在总则部分明确生产经营单位应当推进安全生产标准化工作,提高本质安全生产水平。(第四条)

9. 推行注册安全工程师制度。新法确立了注册安全工程师制度,并从两个方面加以推进:一是危险物品的生产、储存单位以及矿山、金属冶炼单位应当有注册安全工程师从事安全生产管理工作,鼓励其他单位聘用注册安全工程师。二是建立注册安全工程师按专业分类管理制度,授权国务院人力资源和社会保障部门、安全生产监督管理等部门制定具体实施办法。(第二十四条)

10. 推进安全生产责任保险。根据2006年以来在河南省、湖北省、山西省、北京市、重庆市等省(市)的试点经验,重点是为了增加事故应急救援和事故单位从业人员以外的事故受害人的赔偿补偿资金来源,新法规定:国家鼓励生产经营单位投保安全生产责任保险。(第四十八条)

三、职业卫生评价相关管理规定

1. 作业场所职业健康监督管理暂行规定

经 2009 年 6 月 15 日国家安全生产监督管理总局局长办公会议审议通过,国家安全生产监督管理总局第 23 号令公布,自 2009 年 9 月 1 日起施行。《工作场所职业卫生监督管理规定》已经 2012 年 3 月 6 日国家安全生产监督管理总局局长办公会议审议通过,现予公布,自 2012 年 6 月 1 日起施行,国家安全生产监督管理总局 2009 年 7 月 1 日公布的《作业场所职业健康监督管理暂行规定》同时废止。

公布日期:2009 年 7 月 1 日
实施日期:2009 年 9 月 1 日
有效性:废止

国家安全生产监督管理总局令
第 23 号

《工作场所职业卫生监督管理规定》已经 2012 年 3 月 6 日国家安全生产监督管理总局局长办公会议审议通过,现予公布,自 2009 年 9 月 1 日起施行。

国家安全生产监督管理总局骆琳
二〇〇九年七月一日

总 则

第一条 为了加强工矿商贸生产经营单位作业场所职业健康的监督管理,强化生产经营单位职业危害防治的主体责任,预防、控制和消除职业危害,保障从业人员生命安全和健康,根据《职业病防治法》、《安全生产法》等法律、行政法规和国务院有关职业健康监督检查职责调整的规定,制定本规定。

第二条 除煤矿企业以外的工矿商贸生产经营单位(以下简称生产经营单位)作业场所的职业危害防治和安全生产监督管理部门对其实施监督管理工作,适用本规定。

煤矿企业作业场所的职业危害防治和煤矿安全监察机构对其实施监察工作,另行规定。

第三条 生产经营单位应当加强作业场所的职业危害防治工作,为从业人员提供符合法律、法规、规章和国家标准、行业标准的工作环境和条件，采取有效措施，保障从业人员的职业健康。

第四条 生产经营单位是职业危害防治的责任主体。

生产经营单位的主要负责人对本单位作业场所的职业危害防治工作全面负责。

第五条 国家安全生产监督管理总局负责全国生产经营单位作业场所职业健康的监督管理工作。

县级以上地方人民政府安全生产监督管理部门负责本行政区域内生产经营单位作业场所职业健康的监督管理工作。

第六条 为作业场所职业危害防治提供技术服务的职业健康技术服务机构，应当依照法律、法规、规章和执业准则，为生产经营单位提供技术服务。

第七条 任何单位和个人均有权向安全生产监督管理部门举报生产经营单位违反本规定的行为和职业危害事故。

第八条 存在职业危害的生产经营单位应当设置或者指定职业健康管理机构，配备专职或者兼职的职业健康管理人员，负责本单位的职业危害防治工作。

第九条 生产经营单位的主要负责人和职业健康管理人员应当具备与本单位所从事的生产经营活动相适应的职业健康知识和管理能力，并接受安全生产监督管理部门组织的职业健康培训。

第十条 生产经营单位应当对从业人员进行上岗前的职业健康培训和在岗期间的定期职业健康培训，普及职业健康知识，督促从业人员遵守职业危害防治的法律、法规、规章、国家标准、行业标准和操作规程。

第十一条 存在职业危害的生产经营单位应当建立、健全下列职业危害防治制度和操作规程：

（一）职业危害防治责任制度；

（二）职业危害告知制度；

（三）职业危害申报制度；

（四）职业健康宣传教育培训制度；

（五）职业危害防护设施维护检修制度；

（六）从业人员防护用品管理制度；

（七）职业危害日常监测管理制度；

（八）从业人员职业健康监护档案管理制度；

（九）岗位职业健康操作规程；

（十）法律、法规、规章规定的其他职业危害防治制度。

第十二条 存在职业危害的生产经营单位的作业场所应当符合下列要求：

（一）生产布局合理，有害作业与无害作业分开；

（二）作业场所与生活场所分开，作业场所不得住人；

（三）有与职业危害防治工作相适应的有效防护设施；

（四）职业危害因素的强度或者浓度符合国家标准、行业标准；

（五）法律、法规、规章和国家标准、行业标准的其他规定。

第十三条 存在职业危害的生产经营单位，应当按照有关规定及时、如实将本单位的职业危害因素向安全生产监督管理部门申报，并接受安全生产监督管理部门的监督检查。

第十四条 新建、改建、扩建的工程建设项目和技术改造、技术引进项目（以下统称建设项目）可能产生职业危害的，建设单位应当按照有关规定，在可行性论证阶段委托具有相应资质的职业健康技术服务机构进行预评价。职业危害预评价报告应当报送建设项目所在地安全生产监督管理部门备案。

第十五条 产生职业危害的建设项目应当在初步设计阶段编制职业危害防治专篇。职业危害防治专篇应当报送建设项目所在地安全生产监督管理部门备案。

第十六条 建设项目的职业危害防护设施应当与主体工程同时设计、同时施工、同时投入生产和使用（以下简称"三同时"）。职业危害防护设施所需费用应当纳入建设项目工程预算。

第十七条 建设项目在竣工验收前，建设单位应当按照有关规定委托具有相应资质的职业健康技术服务机构进行职业危害控制效果评价。建设项目竣工验收时，其职业危害防护设施依法经验收合格，取得职业危害防护设施验收批复文件后，方可投入生产和使用。

职业危害控制效果评价报告、职业危害防护设施验收批复文件应当报送建设项目所在地安全生产监督管理部门备案。

第十八条 存在职业危害的生产经营单位，应当在醒目位置设置公告栏，公布有关职业危害防治的规章制度、操作规程和作业场所职业危害因素监测结果。

对产生严重职业危害的作业岗位，应当在醒目位置设置警示标识和中文警示说明。警示说明应当载明产生职业危害的种类、后果、预防和应急处置措施等内容。

第十九条 生产经营单位必须为从业人员提供符合国家标准、行业标准的职业危害防护用品，并督促、教育、指导从业人员按照使用规则正确佩戴、使用，不得发放钱物替代发放职业危害防护用品。

生产经营单位应当对职业危害防护用品进行经常性的维护、保养，确保防护用品有效。不得使用不符合国家标准、行业标准或者已经失效的职业危害防护用品。

第二十条 生产经营单位对职业危害防护设施应当进行经常性的维护、检修和保养，定期检测其性能和效果，确保其处于正常状态。不得擅自拆除或者停止使用职业危害防护设施。

第二十一条 存在职业危害的生产经营单位应当设有专人负责作业场所职业危害因素日常监测，保证监测系统处于正常工作状态。监测的结果应当及时向从业人员公布。

第二十二条 存在职业危害的生产经营单位应当委托具有相应资质的中介技术服务机构，每年至少进行一次职业危害因素检测，每三年至少进行一次职业危害现状评价。定期检测、评价结果应当存入本单位的职业危害防治档案，向从业人员公布，并向所在地安全生产监督管理部门报告。

第二十三条 生产经营单位在日常的职业危害监测或者定期检测、评价过程中，发现作业场所职业危害因素的强度或者浓度不符合国家标准、行业标准的，应当立即采取措施进行整改和治理，确保其符合职业健康环境和条件的要求。

第二十四条 向生产经营单位提供可能产生职业危害的设备的，应当提供中文说明书，并在设备的醒目位置设置警示标识和中文警示说明。警示说明应当载明设备性能、可能产生的职业危害、安全操作和维护注意事项、职业危害防护措施等内容。

第二十五条 向生产经营单位提供可能产生职业危害的化学品等材料的，应当提供中文说明书。说明书应当载明产品特性、主要成份、存在的有害因素、可能产生的危害后果、安全使用注意事项、职业危害防护和应急处置措施等内容。产品包装应当有醒目的警示标识和中文警示说明。贮存场所应当设置危险物品标识。

第二十六条 任何生产经营单位不得使用国家明令禁止使用的可能产生职业危害的设备或者材料。

第二十七条 任何单位和个人不得将产生职业危害的作业转移给不具备职业危害防护条件的单位和个人。不具备职业危害防护条件的单位和个人不得接受产生职业危害的作业。

第二十八条 生产经营单位应当优先采用有利于防治职业危害和保护从业人员健康的新技术、新工艺、新材料、新设备，逐步替代产生职业危害的技术、工艺、材料、设备。

第二十九条 生产经营单位对采用的技术、工艺、材料、设备，应当知悉其可能产生的职业危害，并采取相应的防护措施。对可能产生职业危害的技术、工艺、材料、设备故意隐瞒其危害而采用的，生产经营单位主要负责人对其所造成的职业危害后果承担责任。

第三十条 生产经营单位与从业人员订立劳动合同（含聘用合同，下同）时，应当将工作过程中可能产生的职业危害及其后果、职业危害防护措施和待遇等如实告知从业人员，并在劳动合同中写明，不得隐瞒或者欺骗。生产经营单位应当依法为从业人员办理工伤保险，缴纳保险费。

从业人员在履行劳动合同期间因工作岗位或者工作内容变更，从事与所订立劳动合同中未告知的存在职业危害的作业的，生产经营单位应当依照前款规定，向从业人员履行如实告知的义务，并协商变更原劳动合同相关条款。

生产经营单位违反本条第一款、第二款规定的，从业人员有权拒绝作业。生产经营单位不得因从业人员拒绝作业而解除或者终止与从业人员所订立的劳动合同。

第三十一条 对接触职业危害的从业人员，生产经营单位应当按照国家有关规定组织上岗前、在岗期间和离岗时的职业健康检查，并将检查结果如实告知从业人员。职业健康检查费用由生产经营单位承担。

生产经营单位不得安排未经上岗前职业健康检查的从业人员从事接触职业危害的作业；不得安排有职业禁忌的从业人员从事其所禁忌的作业；对在职业健康检查中发现有与所从事职业相关的健康损害的从业人员，应当调离原工作岗位，并妥善安置；对未进行离岗前职业健康检查的从业人员，不得解除或者终止与其订立的劳动合同。

第三十二条 生产经营单位应当为从业人员建立职业健康监护档案，并按照规定的期限妥善保存。

从业人员离开生产经营单位时，有权索取本人职业健康监护档案复印件，生产经营单位应当如实、无偿提供，并在所提供的复印件上签章。

第三十三条 生产经营单位不得安排未成年工从事接触职业危害的作业；不得安排孕期、哺乳期的女职工从事对本人和胎儿、婴儿有危害的作业。

第三十四条 生产经营单位发生职业危害事故，应当及时向所在地安全生产监督管理部门和有关部门报告，并采取有效措施，减少或者消除职业危害因素，防止事故扩大。对遭受职业危害的从业人员，及时组织救治，并承担所需费用。

生产经营单位及其从业人员不得迟报、漏报、谎报或者瞒报职业危害事故。

第三十五条 作业场所使用有毒物品的生产经营单位，应当按照有关规定向安全生产监督管理部门申请办理职业卫生安全许可证。

第三十六条 生产经营单位在安全生产监督管理部门行政执法人员依法履行监督检查职责时，应当予以配合，不得拒绝、阻挠。

监督管理

第三十七条 安全生产监督管理部门依法对生产经营单位执行有关职业危害防治的法律、法规、规章和国家标准、行业标准的下列情况进行监督检查：

（一）职业健康管理机构设置、人员配备情况；

（二）职业危害防治制度和规程的建立、落实及公布情况；

（三）主要负责人、职业健康管理人员、从业人员的职业健康教育培训情况；

（四）作业场所职业危害因素申报情况；

（五）作业场所职业危害因素监测、检测及结果公布情况；

（六）职业危害防护设施的设置、维护、保养情况，以及个体防护用品的发放、管理及从业人员佩戴使用情况；

（七）职业危害因素及危害后果告知情况；

（八）职业危害事故报告情况；

（九）依法应当监督检查的其他情况。

第三十八条 安全生产监督管理部门应当建立健全职业危害的监督检查制度，加强行政执法人员职业健康知识的培训，提高行政执法人员的业务素质。

第三十九条 安全生产监督管理部门应当建立健全职业危害防护设施"三同时"的备案管理制度，加强职业危害相关资料的档案管理。

第四十条 安全生产监督管理部门对从事职业危害防治工作的职业健康技术服务机构实行登记备案管理制度。依法取得相应资质的职业健康技术服务机构，应当向安全生产监督管理部门登记备案。

从事作业场所职业危害检测、评价等工作的中介技术服务机构应当客观、真实、准确地开展检测、评价工作，并对其检测、评价的结果负责。

第四十一条 安全生产监督管理部门应当加强对职业健康技术服务机构的监督检查，发现存在违法违规行为的，及时向有关部门通报。

第四十二条 安全生产监督管理部门行政执法人员依法履行监督检查职责时，应当出示有效的执法证件。

行政执法人员应当忠于职守，秉公执法，严格遵守执法规范；对涉及被检查单位的技术秘密和业务秘密的，应当为其保密。

第四十三条 安全生产监督管理部门履行监督检查职责时，有权采取下列措施：

（一）进入被检查单位及作业场所，进行职业危害检测，了解有关情况，调查取证；

（二）查阅、复制被检查单位有关职业危害防治的文件、资料，采集有关样品；

（三）对有根据认为不符合职业危害防治的国家标准、行业标准的设施、设备、器材予以查封或者扣押，并应当在15日内依法作出处理决定。

第四十四条 发生职业危害事故的，安全生产监督管理部门应当并依照国家有关规定报告事故和组织事故的调查处理。

罚　则

第四十五条 生产经营单位有下列情形之一的，给予警告，责令限期改正；逾期未改正的，处2万元以下的罚款：

（一）未按照规定设置或者指定职业健康管理机构，或者未配备专职或者兼职的职业健康管理人员的；

（二）未按照规定建立职业危害防治制度和操作规程的；

（三）未按照规定公布有关职业危害防治的规章制度和操作规程的；

（四）生产经营单位主要负责人、职业健康管理人员未按照规定接受职业健康培训的；

（五）生产经营单位未按照规定组织从业人员进行职业健康培训的；

（六）作业场所职业危害因素监测、检测和评价结果未按照规定存档、报告和公布的。

第四十六条　生产经营单位有下列情形之一的，责令限期改正，给予警告，可以并处2万元以上5万元以下的罚款：

（一）未按照规定及时、如实申报职业危害因素的；

（二）未按照规定设有专人负责作业场所职业危害因素日常监测，或者监测系统不能正常监测的；

（三）订立或者变更劳动合同时，未告知从业人员职业危害真实情况的；

（四）未按照规定组织从业人员进行职业健康检查、建立职业健康监护档案，或者未将检查结果如实告知从业人员的。

第四十七条　生产经营单位有下列情形之一，给予警告，责令限期改正；逾期未改正的，处5万元以上20万元以下的罚款；情节严重的，责令停止产生职业危害的作业，或者提请有关人民政府按照国务院规定的权限责令关闭：

（一）作业场所职业危害因素的强度或者浓度超过国家标准、行业标准的；

（二）未提供职业危害防护设施和从业人员使用的职业危害防护用品，或者提供的职业危害防护设施和从业人员使用的职业危害防护用品不符合国家标准、行业标准的；

（三）未按照规定对职业危害防护设施和从业人员职业危害防护用品进行维护、检修、检测，并保持正常运行、使用状态的；

（四）未按照规定对作业场所职业危害因素进行检测、评价的；

（五）作业场所职业危害因素经治理仍然达不到国家标准、行业标准的；

（六）发生职业危害事故，未采取有效措施，或者未按照规定及时报告的；

（七）未按照规定在产生职业危害的作业岗位醒目位置公布操作规程、设置警示标识和中文警示说明的；

（八）拒绝安全生产监督管理部门依法履行监督检查职责的。

第四十八条　生产经营单位有下列情形之一的，责令限期改正，并处5万元以上30万元以下的罚款；情节严重的，责令停止产生职业危害的作业，或提请有关人民政府按照国务院规定的权限责令关闭：

（一）隐瞒技术、工艺、材料所产生的职业危害而采用的；

（二）使用国家明令禁止使用的可能产生职业危害的设备或者材料的；

（三）将产生职业危害的作业转移给没有职业危害防护条件的单位和个人，或者没有职业危害防护条件的单位和个人接受产生职业危害作业的；

（四）擅自拆除、停止使用职业危害防护设施的；

（五）安排未经职业健康检查的从业人员、有职业禁忌的从业人员、未成年工或者孕期、哺乳期女职工从事接触产生职业危害作业或者禁忌作业的。

第四十九条　生产经营单位违反有关职业危害防治法律、法规、规章和国家标准、行业标准的规定，已经对从业人员生命健康造成严重损害的，责令其停止产生职业危害的作业，或者提请有关人民政府按照国务院规定的权限责令关闭，并处10万元以上30万元以下的罚款。

第五十条 建设项目职业危害预评价报告、职业危害防治专篇、职业危害控制效果评价报告和职业危害防护设施验收批复文件未按照本规定要求备案的,给予警告、并处 3 万元以下的罚款。

第五十一条 向生产经营单位提供可能产生职业危害的设备或者材料,未按照规定提供中文说明书或者设置警示标识和中文警示说明的,责令限期改正,给予警告,并处 5 万元以上 20 万元以下的罚款。

第五十二条 安全生产监督管理部门及其行政执法人员未按照规定报告职业危害事故的,依照有关规定给予处理;构成犯罪的,依法追究刑事责任。

第五十三条 本规定所规定的对作业场所职业健康违法行为的处罚,由县级以上安全生产监督管理部门决定。法律、行政法规和国务院有关规定对行政处罚决定机关另有规定的,依照其规定。

附　　则

第五十四条 本规定下列用语的含义:

作业场所,是指从业人员进行职业活动的所有地点,包括建设单位施工场所。

职业危害,是指从业人员在从事职业活动中,由于接触粉尘、毒物等有害因素而对身体健康所造成的各种损害。

职业禁忌,是指从业人员从事特定职业或者接触特定职业危害因素时,比一般职业人群更易于遭受职业危害损伤和罹患职业病,或者可能导致原有自身疾病病情加重,或者在从事作业过程中诱发可能导致对他人生命健康构成危险的疾病的个人特殊生理或者病理状态。

第五十五条 本规定未规定的职业危害防治的其他有关事项,依照《职业病防治法》和其他有关法律、行政法规的规定执行。

第五十六条 本规定自 2009 年 9 月 1 日起施行。

2. 北京市安全生产监督管理局关于贯彻落实《建设项目职业病防护设施"三同时"监督管理办法》的通知

京安监发〔2017〕29号

各区、北京经济技术开发区安全监管局，有关单位：

为贯彻落实《建设项目职业病防护设施"三同时"监督管理办法》（国家安全监管总局令第90号，以下简称《办法》），按照《国家安全监管总局办公厅关于贯彻落实〈建设项目职业病防护设施"三同时"监督管理办法〉的通知》（安监总厅安健〔2017〕37号，以下简称《通知》）的要求，进一步加强建设项目（煤矿、军工、医疗机构放射除外）职业病防护设施"三同时"工作，结合本市实际，现就有关工作通知如下：

一、充分认识加强建设项目职业病防护设施"三同时"工作的重要意义

建设项目职业病防护设施"三同时"工作是从源头上预防、控制和消除职业病危害的重要措施。此次国家安全监管总局颁布的《办法》，取消了安全生产监督管理部门的审批职责，重点明确了建设单位主体责任和安全生产监督管理部门监督检查责任，进一步细化规范了建设项目职业病危害预评价、职业病防护设施设计、职业病危害控制效果评价的评审及职业病防护设施验收工作。为贯彻落实《办法》，国家安全监管总局已将建设项目职业病防护设施"三同时"监管工作纳入2017年省级政府安全生产考核评分内容。各区要深刻认识《办法》修订实施的重要意义，加快行政职能转变，强化工作措施，依法加强建设项目职业病防护设施"三同时"事中事后监管，督促建设单位落实主体责任，确保建设项目职业病防护设施"三同时"工作制度得到有效落实。

二、进一步明确建设项目职业病防护设施"三同时"分级监管职责分工

本市建设项目职业病防护设施"三同时"实行分级监管，按照市、区职责分工，对建设项目职业病防护设施"三同时"实行分级管理。

（一）市安全监管局对全市建设项目职业卫生"三同时"实施监督管理，负责国务院及其有关主管部门审批、核准或者备案的建设项目；市政府及其有关主管部门审批、核准或者备案的建设项目；跨行政区域的建设项目；国家安全监管总局委托的建设项目。

（二）区安全监管局对本行政区域内的建设项目职业卫生"三同时"实施监督管理，负责区政府及其有关主管部门审批、核准或者备案的建设项目；市安全监管局委托的建设项目。

三、建设单位严格落实职业病防护设施"三同时"主体责任

近几年，市、区两级安全监管局和建设单位加强了职业病防护设施"三同时"监管工作，但仍存在部分建设单位对职业病防护设施"三同时"工作不重视，不执行相关制度，致使一些工作场所不符合职业卫生要求的建设项目投入生产，"带病"运行，给职业健康带来隐患。各建设单位要严格落实《办法》和《通知》各项要求，强化前期预防，从源头上控制职业病危害。

（一）严格落实工作流程和程序。建设单位要严格按照《建设项目职业病防护设施"三同时"工作流程图》（见附件1）的规定，开展职业病防护设施"三同时"管理工作，

建立健全工作制度和档案。在可行性论证阶段、设计阶段、验收阶段，按照《建设项目职业病防护设施"三同时"评审（验收）工作程序》（见附件2），组织建设项目职业病防护设施"三同时"的预评价、职业病防护设施设计、职业病危害控制效果评价的评审和职业病防护设施验收工作。

（二）实施分类管理。《办法》将建设项目职业病危害风险分为严重、较重、一般3个类别，建设单位应按照《国家安全监管总局关于公布建设项目职业病危害风险分类管理目录（2012年版）的通知》（安监总安健〔2012〕73号）的要求，对建设项目按照一般、较重和严重进行分类管理。

1. 职业病危害一般和较重的建设项目。建设单位主要负责人应当组织职业卫生专业技术人员参与预评价、职业病防护设施设计、职业病危害控制效果评价的评审，以及职业病防护设施验收工作，分别形成《建设项目职业病危害预评价工作过程报告》（见附件4）、《建设项目职业病防护设施设计工作过程报告》（见附件5）、《建设项目职业病危害控制效果评价和职业病防护设施验收工作过程报告》（见附件6），存档备查。

2. 职业病危害严重的建设项目。建设单位主要负责人应当组织外单位职业卫生专业技术人员参与预评价、职业病防护设施设计、职业病危害控制效果评价的评审，以及职业病防护设施验收工作，形成书面报告（见附件4、附件5、附件6），存档备查。

（三）严格执行《验收方案》和《过程报告》的报送工作。建设单位应在职业病防护设施验收前20日，将《建设项目职业病防护设施验收方案》（见附件3），向管辖该建设项目的安全监管局进行书面报告。职业病危害严重的建设项目应当在验收完成之日起20日内，向管辖该建设项目的安全监管局提交《职业病危害控制效果评价和职业病防护设施验收工作过程报告》（见附件6）。

（四）做好信息公示工作。除国家保密的建设项目外，建设单位应填写《建设项目职业病防护设施"三同时"工作公示信息表》（见附件7），通过公告栏、网站等方式，及时公布建设项目职业病危害预评价、职业病防护设施设计、职业病危害控制效果评价的承担单位、评价结论、评审时间及评审意见，以及职业病防护设施验收时间、验收方案和验收意见等信息，供本单位劳动者和安全监管局查询。

四、市、区安全监管部门严格落实监督核查和监督执法职责

在依法取消有关建设项目职业卫生"三同时"行政审批后，市、区两级安全监管局应强化事中事后的监管力度，加强"三同时"全过程监督管理，确保"三同时"行政审批取消后，监督检查力度不减，建设单位落实主体责任的自觉性和主动性不减。

（一）建立完善信息共享机制。市、区两级安全监管局应加强与发展改革委、经济信息化委等各级投资主管部门的协调配合，建立完善建设项目立项信息共享机制，及时关注发展改革委、经济信息化委和环保局公告的建设项目名单情况，建立本辖区建设项目职业病防护设施"三同时"项目监管清单。

（二）实施分类监管。根据建设项目职业病危害风险等级，实施分类监管，要将职业病危害严重行业领域的建设单位作为重点监管对象，以职业病防护设施的验收活动和验收结果为重点监督核查环节。对职业病危害严重建设项目的职业病防护设施的验收方案和验收工作报告，全部进行监督核查。对职业病危害一般和较重的建设项目，按照国家安全监管总局规定的"双随机"方式进行抽查。

（三）认真督促建设单位进行整改。对于建设单位存在的问题，严格按照国家安全监管总局职安司印发的《关于〈建设项目职业病防护设施"三同时"监督管理办法〉有关问题

的说明》要求进行整改。一是 2017 年 5 月 1 日《办法》实施以后，尚未竣工验收且未依法履行建设项目职业病防护设施"三同时"制度的建设项目，检查发现后应当督促其依法全面履行职业病防护设施"三同时"法律规定各项要求，即：未按要求进行职业病危害预评价的要责令限期补做预评价，未按要求进行职业病防护设施设计的要责令限期补做设计，未按要求进行职业病危害控制效果评价的要责令限期补做控制效果评价，未按要求进行职业病防护设施验收的要按规定责令限期补做验收。不能仅以职业病危害现状评价或职业病危害控制效果评价来替代建设项目职业病防护设施"三同时"制度的全面落实；二是在 2017 年 5 月 1 日《办法》实施之前，已经正式投产运行且未依法履行建设项目职业病防护设施"三同时"制度的建设项目，检查发现后应当责令其限期完成工作场所职业病危害因素检测、评价，职业病危害严重的建设项目应做职业病现状评价工作。

（四）加大对违法违规的建设单位处罚力度。市、区两级安全监管局要将建设项目职业病防护设施"三同时"工作纳入安全生产年度监督检查计划，并按照监督检查计划与安全设施"三同时"实施一体化监督检查。加大对违法违规的建设单位行政处罚力度，对执法检查中发现的各类违法违规行为，依法给予警告、罚款、责令停止产生职业病危害的作业等行政处罚；问题严重的，要依法提请地方政府予以关闭。对查出的问题，督促建设单位按照要求、按照时限进行整改，确保各项整改要求全部落实到位。各区于每年 11 月 20 日前，将本辖区《建设项目职业病防护设施"三同时"监督检查情况汇总表》（见附件 8）和监督检查工作总结，报送至市安全监管局职卫监督处。

五、积极开展职业病防护设施"三同时"宣传教育和培训工作

国家安全监管总局修订出台的《办法》和《通知》，为建设项目职业病防护设施"三同时"监管提供了依据，各区安全监管局和建设单位要组织相关人员认真学习研究，正确领会和把握《办法》和《通知》的主要内容，并将《办法》纳入安全生产和职业健康宣传培训工作总体部署。结合《职业病防治法》宣传周、"安全生产月"等活动，广泛利用报纸、电视、网络、微信等宣传阵地，多渠道、多形式开展宣传普及活动，深化全社会对职业病危害源头预防工作的认识，切实保护劳动者的职业健康。

附件：
1. 建设项目职业病防护设施"三同时"工作流程图
2. 建设项目职业病防护设施"三同时"评审（验收）工作程序
3. 建设项目职业病防护设施验收方案
4. 建设项目职业病危害预评价工作过程报告
5. 建设项目职业病防护设施设计工作过程报告
6. 建设项目职业病危害控制效果评价和职业病防护设施验收工作过程报告
7. 建设项目职业病防护设施"三同时"工作公示信息表
8. 建设项目职业病防护设施"三同时"监督检查情况汇总表

北京市安全生产监督管理局
2017 年 8 月 31 日

（联系人：靳大力；联系电话：88011464）

附件 1

建设项目职业病防护设施"三同时"工作流程图

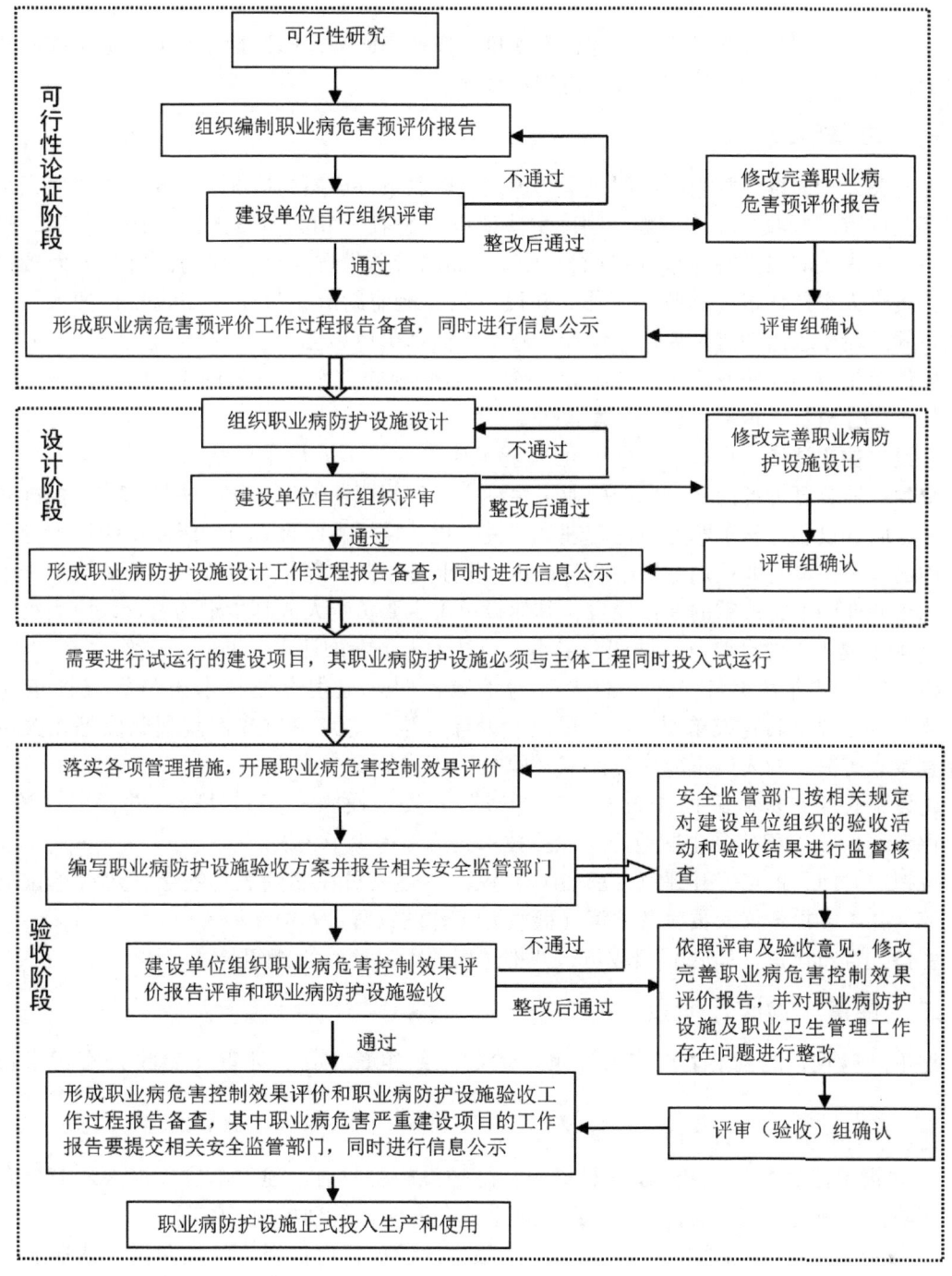

附件 2

建设项目职业病防护设施"三同时"
评审（验收）工作程序

建设单位组织建设项目职业病危害预评价、职业病防护设施设计、职业病危害控制效果评价的评审和职业病防护设施验收，适用本程序。

一、准备阶段

在有关评价、设计已完成或职业病防护设施验收条件成熟的情况下，建设单位应当组织制定相关评审（验收）工作方案，明确主持评审（验收）相关负责人以及任务分工。建设单位主要负责人应当主持评审（验收）工作，如因特殊情况无法参加的，由其书面授权指定有关负责人主持评审（验收）工作。建设单位应提前邀请参与评审（验收）的人员，并根据不同阶段要求通知有关评价、设计、施工和监理单位参会。

建设单位应当在职业病防护设施验收前 20 日将验收方案（见附件 3）向管辖该建设项目的安全生产监督管理部门进行书面报告。

建设单位邀请参与评审（验收）的职业卫生专业技术人员主要是指以下三类人员：各级安全生产监督管理部门专家库的职业卫生专家；熟悉职业卫生法律、法规、技术标准和相关工艺、防护设施，从事职业卫生管理、有关工程、技术工作且具有中级及中级以上专业技术职称的人员；具有职业病危害检测与评价、职业健康监护等相关专业经验的注册安全工程师。属于职业病危害严重的建设项目，其建设单位主要负责人或其指定的负责人应当组织外单位（即不属于本建设单位）的职业卫生专业技术人员参加评审（验收）工作。

建设单位应当由 3 名以上（总人数为单数）职业卫生专业技术人员组成评审（验收）组。与建设项目建设单位、评价单位、设计单位、施工单位或者监理单位等相关单位存在直接利害关系的人员不能作为评审（验收）组成员。

建设单位组织职业病防护设施"三同时"与安全设施"三同时"一并评审（验收）时，评审（验收）组成员中职业卫生专业技术人员不得少于 3 人。

按拟定时间、地点召开评审（验收）会议，参会人员在签到表上签字，建设单位负责人致辞，介绍参加会议人员以及评审（验收）工作的议程；

主持人宣布评审（验收）组成员，并推选出评审（验收）组组长。

二、评审（验收）阶段

评审（验收）的技术工作交由评审（验收）组组长主持，评审（验收）实行组长负责制。

建设、评价及设计等单位介绍有关情况：

1. 建设单位负责人介绍建设项目概况；防护设施验收时，建设单位负责人还应当介绍职业病防护设施建设及试运行、落实各项职业病危害防治管理措施等情况。

2. 报告编制单位或设计单位有关人员汇报本建设项目评价报告的编制情况或职业病防护设施设计情况及主要内容。

3. 评审（验收）组成员应当根据《建设项目职业病防护设施"三同时"监督管理办法》（国家安全监管总局令第 90 号，以下简称《办法》）及相关标准要求对评价报告或设计进行逐项评审；验收时，组织评审（验收）组成员查看现场、审阅防护设施验收资料，并逐项核查。

4. 评审（验收）组成员根据《办法》及相关标准要求、查阅相关资料或者现场查看等情况进行质询，有关单位人员针对质询内容进行说明。

5. 评审（验收）组进行充分讨论，组长综合统筹各成员的个人意见和结论最终形成评审组评审（验收）意见。

三、总结阶段

再次召集全体会议，由评审（验收）组组长宣布评审（验收）意见和结论。

建设项目相关各方对评审（验收）意见和结论进行确认。

建设单位负责人对下一步整改工作进行部署。

依照评审意见和验收意见，建设单位组织开展建设项目评价报告、设计的修改完善以及职业病防护设施整改，并请评审（验收）组成员进行复核和签字确认。

建设单位应当将职业病危害评价、设计和职业病防护设施验收工作过程形成书面报告（见附件4-6）备查，其中职业病危害严重的建设项目应当在验收完成之日起20日内向管辖该建设项目的安全生产监督管理部门提交书面报告。

四、信息公示

除国家保密的建设项目外，产生职业病危害的建设单位应当通过公告栏、网站等方式及时公布建设项目职业病危害预评价、职业病防护设施设计、职业病危害控制效果评价的承担单位、评价结论、评审时间及评审意见，以及职业病防护设施验收时间、验收方案和验收意见等信息（见附件7），供本单位劳动者和安全生产监督管理部门查询。

附件3

建设项目职业病防护设施验收方案

(式样)

项目名称：_____

建设单位：_____

联 系 人：_____

联系电话：_____

编制日期：_____

国家安全生产监督管理总局制样

填 写 说 明

一、本验收方案可以用钢笔、签字笔填写，字迹要清晰、工整；也可以用打印机打印四号字文本，但"主要负责人签字"必须由本人用钢笔、签字笔签署姓名。

二、本验收方案"项目名称"栏，填写建设项目名称。

三、本验收方案"建设单位"是指建设项目投资、管理的单位。

四、本验收方案中"建设项目职业病危害风险分类"根据职业病危害控制效果评价报告结论填写。

五、本验收方案设置的栏目尺寸，不能满足填写内容的需要时，可自行设置栏目尺寸，但不能改变表格外边距的尺寸；本验收方案设置的栏目中的表格数量不能满足填写内容的需要时，可自行设置续表，格式和内容要求应与本验收方案的表格一致。

建设项目地址				
建设项目性质	新建□ 改建□ 扩建□ 技术改造□ 技术引进□			
建设单位法人			项目负责人	
总投资情况	总投资　　万元，其中职业病防护设施实际投资　　万元。			
职业病危害预评价执行情况	报告编制单位		联系人及联系电话	
	评审时间			
职业病防护设施设计执行情况	设计单位		联系人及联系电话	
	评审时间			
职业病危害控制效果评价报告情况				
职业病危害控制效果评价报告编制单位			联系人及联系电话	
建设项目职业病危害风险分类	一般□　　较重□　　严重□			
建设项目概况（包括建设内容、主要原材料与工艺、工作制度、劳动定员、试运行情况，以及控制效果评价报告描述的产生职业病危害因素种类、接触人数、检测超标等情况。）	1. 建设内容： 2. 主要原辅材料： 3. 主要工艺： 4. 工作制度与劳动定员： 5. 试运行情况简介： 6. 产生的职业病危害因素种类以及接触人数： 7. 职业病危害因素检测超标情况：			
职业病防护设施验收安排				

续表

验收具体时间			验收地点		
拟定参加职业病防护设施验收人员与职责分工					
类别	姓名	单位	职务/职称	工作内容、责任	
评审、验收组成员				负责评价报告评审和职业病防护设施验收；审核职业病危害控制效果评价报告，审阅相关资料，现场检查职业病防护设施和措施落实情况，并形成评审和验收意见。	
建设单位人员				由建设单位主要负责人或指定的负责人组织评审与验收总体工作；介绍建设项目基本情况及试生产情况；资料档案的准备；职业病防护设施现场核查的陪同；并负责按评审和验收意见组织落实整改。	
设计单位人员				负责建设项目职业病防护设施设计情况的汇报和答疑。并按评审意见对设计进行修改。	
施工单位人员				负责建设项目职业病防护设施施工情况的汇报和答疑。	
监理单位人员				负责建设项目职业病防护设施施工监理过程的汇报和答疑。	
评价单位人员				负责职业病危害控制效果评价报告的汇报、答疑，并按评审意见进行报告修改。	

建设单位意见：

　　同意本验收方案向安全生产监督管理部门上报。

建设单位主要负责人（签名）：　　（单位公章）

年　　月　　日

附件 4

建设项目职业病危害预评价工作过程报告

(式样)

项目名称：＿＿＿＿＿＿＿＿＿＿＿＿＿＿＿＿

建设单位：＿＿＿＿＿＿＿＿＿＿＿＿＿＿＿＿

联 系 人：＿＿＿＿＿＿＿＿＿＿＿＿＿＿＿＿
联系电话：＿＿＿＿＿＿＿＿＿＿＿＿＿＿＿＿
日　　期：＿＿＿＿＿＿＿＿＿＿＿＿＿＿＿＿

国家安全生产监督管理总局制样

填写说明

一、本工作报告可以用钢笔、签字笔填写，字迹要清晰、工整；也可以用打印机打印四号字文本，但"主要负责人签字"必须由本人用钢笔、签字笔签署姓名。

二、本工作报告"项目名称"栏，填写建设项目名称。

三、本工作报告"建设单位"是指建设项目投资、管理的单位。

四、本工作报告中"建设项目职业病危害风险分类"栏根据职业病危害预评价报告评价结论填写。

五、本工作报告设置的栏目尺寸，不能满足填写内容的需要时，可自行设置栏目尺寸，但不能改变表格外边距的尺寸；本工作报告设置的栏目中的表格数量不能满足填写内容的需要时，可自行设置续表，格式和内容要求应与本工作报告的表格一致。

建设项目地址				
建设项目性质	新建□　改建□　扩建□　技术改造□　技术引进□			
建设单位法人		项目负责人		
职业病危害预评价报告	编制单位			
	评审时间		联系人及联系电话	
建设项目职业病危害风险分类	一般□　　较重□　　严重□			
建设项目职业病危害预评价主要内容				
车间	岗位	主要职业病危害因素种类	预期接触人数	预期接触水平范围以及是否超标	拟采取的工程控制措施

续表

建设单位承诺

  我单位对本建设项目职业病危害预评报告的真实性、客观性和合规性负责，并承担相应的法律责任。我单位已按照相关法规要求对职业病危害预评价报告进行评审，并按评审意见对预评价报告进行修改、完善，确保建设项目投入生产后能满足职业病防治方面法律、法规、标准的要求。按要求对职业病危害预评价信息进行了公示。

     建设单位主要负责人：（签字）   （加盖公章处）

                        年 月 日

报告编制人：　　　　　　编制时间：　　　　　　联系电话：
（★注：建设单位可按实际情况增加相关内容，另需要附上职业病危害预评价报告评审参加人员签名表、预评价报告评审意见、评审意见修改说明）

附件5

建设项目职业病防护设施设计
工作过程报告

(式样)

项目名称：_____

建设单位：_____

联 系 人：_____

联系电话：_____

日　　期：_____

国家安全生产监督管理总局制样

填写说明

一、本工作报告可以用钢笔、签字笔填写,字迹要清晰、工整;也可以用打印机打印四号字文本,但"主要负责人签字"必须由本人用钢笔、签字笔签署姓名。

二、本工作报告"项目名称"栏,填写建设项目名称。

三、本工作报告"建设单位"是指建设项目投资、管理的单位。

四、本工作报告设置的栏目尺寸,不能满足填写内容的需要时,可自行设置栏目尺寸,但不能改变表格外边距的尺寸;本工作报告设置的栏目中的表格数量不能满足填写内容的需要时,可自行设置续表,格式和内容要求应与本工作报告的表格一致。

建设项目地址					
建设项目性质	新建□ 改建□ 扩建□ 技术改造□ 技术引进□				
建设单位法人			项目负责人		
投资情况	总投资 万元,其中职业病防护设施投资预算 万元。				
职业病防护设施设计	设计单位				
	评审时间		联系人及联系电话		
职业病防护设施设计情况一览表					
车间	设施名称	设施型号	设计参数	数量	安装位置

续表

<table>
<tr><td>

建设单位承诺

　　我单位对本建设项目职业病防护设施设计的真实性、客观性和合规性负责,并承担相应的法律责任。我单位已按照相关法规要求对职业病防护设施设计进行评审,并按评审意见对设计进行修改、完善。我单位将严格按照评审通过的设计和有关规定组织职业病防护设施的采购和施工,确保投产后能满足职业病防治相关法律、法规、标准的要求。按要求对职业病防护设施设计信息进行了公示。

　　　　　　建设单位主要负责人:(签字)　　　　　　　　　(加盖公章处)

　　　　　　　　　　　　　　　　　　　　　　　　　　　　　年　　月　　日

</td></tr>
</table>

报告编制人:　　　　　　编制时间:　　　　　　联系电话:

（★注:建设单位可按实际情况增加相关内容,另需要附上职业病防护设施设计评审参加人员签名表、职业病防护设施设计评审意见、评审意见修改说明）

附件6

建设项目职业病危害控制效果评价和
职业病防护设施验收工作过程报告

(式样)

项目名称：_____

建设单位：_____

联 系 人：_____

联系电话：_____

日　　期：_____

国家安全生产监督管理总局制样

填写说明

一、本工作报告可以用钢笔、签字笔填写,字迹要清晰、工整;也可以用打印机打印四号字文本,但"主要负责人签字"必须由本人用钢笔、签字笔签署姓名。

二、本工作报告"项目名称"栏,填写建设项目名称。

三、本工作报告"建设单位"是指建设项目投资、管理的单位。

四、本工作报告中"职业病危害风险分类"栏根据建设项目职业病危害控制效果评价报告结论填写。

五、本工作报告设置的栏目尺寸,不能满足填写内容的需要时,可自行设置栏目尺寸,但不能改变表格外边距的尺寸;本工作报告设置的栏目中的表格数量不能满足填写内容的需要时,可自行设置续表,格式和内容要求应与本工作报告的表格一致。

建设项目地址					
建设项目性质		新建□ 改建□ 扩建□ 技术改造□ 技术引进□			
建设单位法人			项目负责人		
投资情况		实际总投资　　万元,其中职业病防护设施投资　　万元。			
职业病危害控制效果评价报告	编制单位				
	评审时间		联系人及联系电话		
职业病防护设施验收	验收时间				
建设项目职业病危害风险分类		一般□　　较重□　　严重□			
12项管理措施落实情况	已落实项		未落实项		
建设项目接触职业病危害人数		上岗前职业健康检查人数		发现职业禁忌人数	
职业病危害因素检测超标情况					
序号	岗位名称	职业病危害因素名称		检测结果	限值标准
职业病防护设施设置情况					

续表

序号	设施名称	设施型号	性能参数	数量	设置位置

建设单位承诺

我单位组织了本项目职业病危害控制效果评价报告的评审和职业病防护设施的验收,结果真实有效,符合相关法律、法规和标准的要求。并按要求对职业病危害控制效果评价和职业病防护设施验收信息进行了公示。

同时,我单位已按评审、验收意见整改完毕,并承诺确保职业病防护设施、职业卫生管理措施的有效性,确保本项目职业病危害防治工作符合相关法律、法规和标准的要求。

建设单位主要负责人:(签字)　　　　　　　　(加盖公章处)

年　　月　　日

报告编制人:　　　　　　编制时间:　　　　　　联系电话:

(注:建设单位可按实际情况增加相关内容,另需附上控制效果评价报告评审及职业病防护设施竣工验收人员签名表影印件、职业病危害控制效果评价报告评审意见影印件、职业病防护设施竣工验收意见影印件、评审和验收意见整改情况说明影印件)

附件 7

建设项目职业病防护设施"三同时"工作公示信息表

项目名称	
项目地址	
项目性质	新建□　改建□　扩建□　技术改造□　技术引进□
项目负责人	联系电话
公示信息类别	职业病危害预评价□ 职业病防护设施设计□ 控制效果评价与职业病防护设施验收□
评价报告编制单位或职业病防护设施设计单位	联系人及 　　　　　　　　　联系电话
评审（验收）情况（包括评审验收时间、主持人、评审验收人员、评价结论、评审及验收意见等）：	
评审（验收）意见的整改落实情况：	

制表人：　　　　　　制表日期：　　　　　　联系电话：

附件 8

建设项目职业病防护设施"三同时"监督检查情况汇总表

填报单位：　　　　　　联系人及电话：　　　　　　填报日期：　　年　月　日

单位	验收方案上报数（份）	职业病危害严重建设项目控制效果评价和防护设施验收工作过程报告数（份）	监督检查建设单位数（家）	下达执法文书数量（份）	给予警告责令限期整改单位数（家）	责令停止产生职业病危害作业单位数（家）	依法提请有关人民政府责令停建或关闭单位数（家）	经济处罚情况	
								建设单位数（家）	金额（万元）
（）区安全监管局									

本地区建设项目职业病防护设施"三同时"监督检查典型案件信息：建设单位名称、主要违法行为、执法单位名称、处罚措施、以及列入黑名单等情况，请附上详细文字说明。

汇总范围：上年 12 月 1 日至本年度 11 月 20 日，各区安全监管局进行建设项目职业病防护设施"三同时"监督检查情况。

3. 河北省安全生产监督管理局关于印发《河北省建设项目职业卫生"三同时"监管实施细则》的通知

冀安监管〔2012〕4号

各设区市安全监管局：

现将《河北省建设项目职业卫生"三同时"监管实施细则》印发给你们，请认真遵照执行。

二〇一二年七月十六日

河北省建设项目职业卫生"三同时"监管实施细则

第一章 总 则

第一条 为预防、控制和消除建设项目可能产生的职业病危害，加强和规范建设项目职业卫生"三同时"监督管理工作，根据《中华人民共和国行政许可法》、《中华人民共和国职业病防治法》和《建设项目职业卫生"三同时"监督管理暂行办法》（国家安监总局第51号令），制定本细则。

第二条 本省行政区内用人单位（煤矿除外）可能产生职业病危害的新建、改建、扩建和技术改造、技术引进建设项目（以下统称建设项目）职业病防护设施建设及其监管活动适用本细则。

第三条 建设项目职业卫生"三同时"工作实行"分级审批、属地监管、高效便民"的原则。

第四条 省安全生产监督管理局（以下简称省安监局）负责指导、监督全省建设项目职业卫生"三同时"工作，负责实施国家安监总局负责以外的以下建设项目职业卫生"三同时"的监督管理：省政府投资的；《河北省政府核准的投资项目目录（2004年本修订版）》中由应由省政府投资主管部门核准的；总投资概算在5亿元人民币（含）以上的；中央驻冀用人单位和省属用人单位总投资概算在5000万元人民币（含）以上的；跨设区市的；总局委托的。

设区市安监局负责指导、监督辖区内建设项目的职业卫生"三同时"工作。负责实施总局和省局负责以外的以下建设项目职业卫生"三同时"的监督管理：市政府投资的；《河北省政府核准的投资项目目录（2004年本修订版）》中应由设区市投资主管部门核准的；辖区内总投资概算在5000万元人民币（含）以上5亿元人民币以下的；中央驻冀用人单位和省属用人单位总投资概算在5000万元人民币以下的；市属用人单位的；跨县（市、区）的；省局委托的。

县（市、区）安监局负责指导、监督辖区内建设项目的职业卫生"三同时"工作。负责实施除国家安监总局、省安监局和设区市安监局负责之外的和设区市安监局委托的职业卫生"三同时"的监督管理。

上一级安全生产监督管理部门根据工作需要，可以将其负责的建设项目职业卫生"三同时"监督管理工作委托下一级安全生产监督管理部门实施。接受委托的部门不得将其接受的建设项目职业卫生"三同时"监督管理工作再委托其他单位。

第五条 根据可能产生职业病危害的风险程度，建设项目实行分类监督管理：

（一）职业病危害一般的建设项目，其职业病危害预评价报告应当向安全生产监督管理部门备案，职业病防护设施由建设单位自行组织竣工验收，并将验收情况报安全生产监督管理部门备案；

（二）职业病危害较重的建设项目，其职业病危害预评价报告应当报安全生产监督管理部门审核；职业病防护设施竣工后，由安全生产监督管理部门组织验收；

（三）职业病危害严重的建设项目，其职业病危害预评价报告应当报安全生产监督管理部门审核，职业病防护设施设计应当报安全生产监督管理部门审查，职业病防护设施竣工后，由安全生产监督管理部门组织验收。

省安监局可根据本省实际，对国家安监总局发布的建设项目职业病危害分类管理目录作出补充规定。

第六条 各级安全生产监督管理部门应当建立职业卫生专家库（以下简称专家库），聘请专家库专家参与建设项目职业卫生"三同时"合法性审核、审查，包括职业病危害预评价报告、职业病防护设施设计专篇、职业病危害控制效果评价报告评审和竣工验收现场核查等技术审查工作。每项工作从专家库随机抽取的专家不得少于3人，专家库不能满足建设项目技术评审需要的，可以聘请相关行业技术专家参与。

第七条 对可能产生职业病危害的建设项目，建设单位应委托具有相应资质的职业卫生技术服务机构、设计单位按照国家安监总局第51号令和相关导则、规范的要求，编制职业卫生评价报告和职业病防护设施设计专篇；建设单位应按本实施细则第四条、第五条的规定向安全生产监督管理部门申请建设项目职业卫生"三同时"的备案、审核、审查和竣工验收。

第八条 各级安全生产监督管理部门应按照国家安监总局第51号令所规定的程序、时限和本实施细则的要求，严格把关，做好建设项目职业卫生"三同时"的受理和审批工作。

第二章 职业病危害预评价

第九条 对可能产生职业病危害的建设项目，建设单位应当在建设项目可行性论证阶段委托具有相应资质的职业卫生技术服务机构进行职业病危害预评价。职业病危害预评价报告编制完成后，建设单位应当组织职业卫生专家对职业病危害预评价报告进行内审，建设单位职业卫生相关技术力量较强的，可以组织本单位负责技术、职业卫生、环保、安全管理的有关人员，对职业病危害预评价报告进行内审，协助评价机构对报告进行完善，并形成建设单位内审意见。

第十条 为了对建设项目职业病危害风险程度准确分类，明确后续的审批程序，建设单位应将经过内审的预评价报告送安全生产监督管理部门，由安全生产监督管理部门组织职业卫生专家进行评审，按评审确定的职业病危害类别履行预评价报告备案或审核程序。

建设单位向安全生产监督管理部门申请职业病危害预评价备案或者审核，应提交下列文件、资料并会同评价机构对其真实性、合法合规性负责：

（一）建设项目职业病危害预评价备案或者审核申请书；

（二）职业病危害预评价机构的资质证明（影印件）；
（三）建设项目职业病危害预评价报告；
（四）建设单位对职业病危害预评价报告的内审意见；
（五）职业卫生专家对预评价报告的评审意见（含专家复核意见）；
（六）营业执照或企业名称预先核准通知书。

第十一条 建设项目职业病危害预评价报告经安全生产监督管理部门备案或者审核同意后，建设项目的选址、生产规模、工艺或者职业病危害因素的种类、职业病防护设施等发生重大变更的，建设单位应当对变更内容重新进行职业病危害预评价，办理相应的备案或者审核手续。

第十二条 各级政府有关部门应当严格执行《职业病防治法》的规定，建设项目职业病危害预评价报告未经安全生产监督管理部门备案、审核同意的，不得批准该建设项目。

第三章 职业病防护设施设计

第十三条 存在职业病危害的建设项目，建设单位应当委托具有相应资质的设计单位编制职业病防护设施设计专篇。职业病防护设施设计专篇编制完成后，建设单位应当组织内审，协助设计单位对职业病防护设施设计专篇进行完善，并形成建设单位内审意见。

职业病危害一般和职业病危害较重建设项目，建设单位应当组织职业卫生专家和本单位相关人员进行内审，安全生产监督管理部门可以协助、指导建设单位从专家库中抽取职业卫生专家，必要时可指派工作人员监督。完成职业病防护设施设计专篇内审后，建设单位按照有关规定组织职业病防护设施的施工。

职业病危害严重的建设项目，建设单位职业卫生相关技术力量较强的，可以组织本单位负责技术、职业卫生、环保、安全管理的有关人员，对职业病危害防护设施设计专篇进行内审，并按照本办法第四条、第五条的规定向安全生产监督管理部门提出建设项目职业病防护设施设计审查的申请，提交下列文件、资料并会同设计单位对防护设施设计及申请材料其真实性、合法合规性和实用性负责：

（一）建设项目职业病防护设施设计审查申请书；
（二）建设项目职业病危害预评价报告审核的批复文件（复印件）；
（三）建设项目立项审批文件（复印件）；
（四）建设项目职业病防护设施设计单位的资质证明（影印件）；
（五）建设项目职业病防护设施设计专篇；
（六）建设单位对职业病防护设施设计专篇的内审意见；
（七）法律、行政法规、规章规定的其他文件、资料。

第十四条 建设项目职业病防护设施设计经审查同意后，建设项目的生产规模、工艺或者职业病危害因素的种类等发生重大变更的，建设单位应当根据变更的内容，重新进行职业病防护设施设计，并在变更之日起30日内按规定办理相应的审查手续。

第十五条 职业病危害严重的建设项目，其职业病防护设施设计未经审查同意的，建设单位不得进行施工。

第四章 职业病危害控制效果评价与防护设施竣工验收

第十六条 建设项目完工后，需要进行试运行的，其职业病防护设施必须与主体工程同时投入试运行，试运行时间一般不少于30日，最长不得超过180日。

第十七条　建设项目试运行期间，建设单位应当对职业病防护设施运行的情况和工作场所的职业病危害因素进行监测，并委托具有相应资质的职业卫生技术服务机构进行职业病危害因素检测和职业病危害控制效果评价。

建设项目不需要试运行的，应当在其完工后委托具有相应资质的职业卫生技术服务机构进行职业病危害因素检测和职业病危害控制效果评价。

第十八条　职业病危害控制效果评价报告编制完成后，建设单位应当组织职业卫生专家对职业病危害控制效果评价报告进行内审，建设单位职业卫生相关技术力量较强的，可以组织本单位负责技术、职业卫生、环保、安全管理的有关人员，对职业病危害控制效果评价报告进行内审，协助评价机构对报告进行完善，并形成建设单位内审意见。

第十九条　职业病危害一般的建设项目竣工验收时，由建设单位自行组织职业病防护设施的竣工验收，对不符合事项进行整改，形成验收情况报告，自验收完成之日起30日内按照本实施细则第四条、第五条的规定向安全生产监督管理部门申请职业病防护设施竣工备案，提交下列文件、资料并会同检测、评价单位对其申请材料真实性、合法合规性负责：

（一）建设项目职业病防护设施竣工验收备案申请书；
（二）建设项目职业病危害预评价报告备案意见书（复印件）；
（三）建设项目立项审批文件（复印件）；
（四）建设项目职业病防护设施设计专篇及建设单位内审意见；
（五）建设项目职业病危害控制效果评价机构的资质证明（影印件）；
（六）建设项目职业病危害控制效果评价报告；
（七）建设单位对职业病危害控制效果评价报告的内审意见；
（八）建设项目职业病防护设施竣工自行验收情况报告；
（九）法律、行政法规、规章规定的其他文件、资料。

第二十条　职业病危害较重的建设项目竣工验收时，建设单位应当按照本实施细则第四条、第五条的规定向安全生产监督管理部门申请建设项目职业病防护设施竣工验收，提交下列文件、资料并会同检测、评价单位对其真实性、合法合规性负责：

（一）建设项目职业病防护设施竣工验收申请书；
（二）建设项目职业病危害预评价报告审核批复文件（复印件）；
（三）建设项目立项审批文件（复印件）；
（四）建设项目职业病防护设施设计专篇及建设单位内审意见；
（五）建设项目职业病危害控制效果评价机构资质证明（影印件）；
（六）建设项目职业病危害控制效果评价报告；
（七）建设单位对职业病危害控制效果评价报告的内审意见；
（八）建设项目职业病防护设施施工单位和监理单位资质证明（影印件）；
（九）法律、行政法规、规章规定的其他文件、资料。

第二十一条　职业病危害严重的建设项目竣工验收时，建设单位应当按照本实施细则第四条、第五条的规定向安全生产监督管理部门申请建设项目职业病防护设施竣工验收，提交下列文件、资料并会同检测、评价单位对其真实性、合法合规性负责：

（一）建设项目职业病防护设施竣工验收申请书；
（二）建设项目职业病危害预评价报告审核批复文件（复印件）；
（三）建设项目立项审批文件（复印件）；
（四）建设项目职业病防护设施设计审查批复文件（复印件）；

（五）建设项目职业病危害控制效果评价机构资质证明（影印件）；
（六）建设项目职业病危害控制效果评价报告；
（七）建设单位对职业病危害控制效果评价报告的内审意见；
（八）建设项目职业病防护设施施工单位和监理单位资质证明（影印件）；
（九）法律、行政法规、规章规定的其他文件、资料。

第二十二条 分期建设、分期投入生产或者使用的建设项目，其配套的职业病防护设施应当分期与建设项目同步进行验收。

第二十三条 建设项目职业病防护设施竣工后未经安全生产监督管理部门备案同意或者验收合格的，不得投入生产或者使用。

第五章 受理、审查与决定

第二十四条 安全生产监督管理部门在收到建设项目职业卫生"三同时"申请后，应当对申请文件、资料是否齐全进行核对，并自收到申请之日起5个工作日内作出是否受理的决定或者出具补正通知书。

申请材料齐全、符合法定形式，或者建设单位按照安全生产监督管理部门的要求提交全部补正申请材料的，应当受理行政许可申请。

第二十五条 对已经受理的职业病危害预评价报告备案或审核申请，安全生产监督管理部门应当自受理之日起20个工作日内分别对申请材料进行形式审查或合法性审查，符合要求的，出具备案意见书或予以批复；不符合要求的，不予备案或批复，书面通知建设单位说明理由。

对已经受理的职业病防护设施竣工验收备案申请，安全生产监督管理部门应当自受理之日起20个工作日内对申请材料进行合法性审查。符合要求的，予以备案，出具备案意见书；不符合要求的，不予备案，书面通知建设单位说明理由。

对已经受理的职业病防护设施设计审查和竣工验收申请，安全生产监督管理部门应当对申请材料进行合法性审查，对建设项目职业病防护设施进行现场验收，并自受理之日起20个工作日内作出是否通过审查的决定。通过审查的，予以批复；未通过审查的，书面告知建设单位并说明理由。因情况复杂，20个工作日不能作出批复的，经本部门负责人批准，可以延长10个工作日，并将延长期限的理由书面告知申请人。

安全生产监督管理部门作出准予行政许可的决定，应当自作出决定之日起10个工作日内向申请人颁发、送达建设项目职业卫生"三同时"批复文件。

控制效果评价报告的评审一般要与职业病防护设施现场验收一并进行。

专家评审和建设单位整改所需时间不计算在规定的期限内。

第二十六条 对申请材料的实质内容进行核查，应当指派两名以上工作人员参加。

第二十七条 变更审查与新申请审查程序和要求一致。建设单位应就变更内容提交专题报告进行说明。变更后职业病危害类别发生变化的，应按变更后职业病危害类别申请审查。

第六章 附 则

第二十八条 为落实属地监管责任，上级安全生产监督管理部门可抽调具有监管职责的下级安全生产监督管理部门参加审查，必要时下级安全生产监督管理部门也可以邀请上一级安全生产监督管理部门参加审查。

第二十九条 建设项目涉及国家秘密的，建设单位、设计单位、评价机构、安全生产监督管理部门、专家和有关人员都有保守国家秘密的义务。建设单位要按规定做好保密工作，采取保密措施，并对参加人员进行保密教育，提出具体保密要求，委托设计、评价等业务，应当与接受委托单位签订保密协议，提出保密要求，采取保密措施。

涉及商业秘密和个人隐私的，有关人员要做好保密工作。

第三十条 为保证建设项目职业卫生"三同时"监督管理的连贯性和资料的完整性，在本细则下发前已经由某一级安全生产监督管理部门进行建设项目预评价报告或设计批复的，由原批复机关继续实施后续的审查验收工作。

第三十一条 本细则自公布之日起施行，有效期5年。

附件列表：
1. 建设项目职业病危害预评价报告审核（备案）申请书
2. 建设项目职业病防护设施设计审查申请书
3. 建设项目职业病防护设施竣工验收（备案）申请书
4. 建设单位内审意见表
5. 职业病危害预评价报告专家评审意见表
6. 职业病防护设施设计专篇专家评审意见表
7. 职业病危害控制效果评价报告专家评审意见表
8. 现场核查意见表
9. 建设项目职业卫生"三同时"审查书
10. 建设项目职业病危害预评价报告备案意见书
11. 建设项目职业病危害预评价报告审核意见书
12. 建设项目职业病防护设施设计审查意见书
13. 建设项目职业病防护设施竣工验收备案意见书
14. 建设项目职业病防护设施竣工验收许可意见书

附件1

建设项目职业病危害预评价报告审核（备案）申请书

建 设 项 目 名 称 _____

建 设 单 位（公章） _____

申 请 日 期 _____

填写说明

一、申请书由申请新建、改建、扩建建设项目和技术改造、技术引进项目（以下统称建设项目）职业病危害预评价报告审核（备案）的建设单位填写。

二、申请书用钢笔、签字笔填写或者用打印机打印文本，字迹要清晰、工整。

三、申请书中"职业病危害类别"栏根据建设项目职业病危害预评价报告结论填写，职业病危害类别一般的建设项目在"申请类别"栏选择"备案"，其他危害类别的建设项目选择"审核"。

四、申请书中"申报材料"栏的"申请建设项目职业病危害预评价报告审核（备案）的公函"由建设单位提供，内容应包括建设单位和项目概况以及申请依据等，一般应为红头文件并加盖公章。

建设单位及项目名称	
项目地址	
项目性质	新建□　改建□　扩建□　技术改造□　技术引进□
建设单位地址	邮政编码
隶属关系	中直□　省直□　市直□　其他□
法定代表人	项目负责人
联系人	联系电话
总投资概算（万元）	职业卫生投资概算（万元）
可行性论证单位	
预评价单位	
职业病危害类别	一般□　较重□　严重□
申请类别	备案□　审核□

申报材料：
□1. 申请建设项目职业病危害预评价报告审核（备案）的公函（1份）
□2. 建设项目职业病危害预评价报告审核（备案）申请书（1份）
□3. 职业病危害预评价机构的资质证明（影印件）（1份）
□4. 建设项目职业病危害预评价报告（1份）
□5. 建设单位对职业病危害预评价报告的内审意见（1份）
□6. 职业卫生专家对预评价报告的评审意见（含专家复核意见）（1份）
□7. 营业执照或企业名称预先核准通知书（复印件）等其他相关资料（1份）

建设单位意见：

主要负责人（签名）：　　　　　　　　　　　　　　　　　　（单位公章）

　　　　　　　　　　　　　　　　　　　　　　　　　年　　月　　日

附件2

建设项目职业病防护设施设计审查申请书

建 设 项 目 名 称 _____

建 设 单 位（公章）_____

申 请 日 期 _____

填 写 说 明

一、申请书由申请新建、改建、扩建建设项目和技术改造、技术引进项目（以下统称建设项目）职业病防护设施设计审查的建设单位填写。

二、申请书用钢笔、签字笔填写或者用打印机打印文本，字迹要清晰、工整。

三、申请书中"申报材料"栏的"申请建设项目职业病防护设施设计审查的公函"由建设单位提供，内容应包括建设单位和项目概况以及申请依据、职业卫生"三同时"进展情况等，一般应为红头文件并加盖公章。

建设单位及项目名称				
项目地址				
项目性质	新建□　改建□　扩建□　技术改造□　技术引进□			
法定代表人		项目负责人		
联系人		联系电话		
总投资概算（万元）		职业卫生投资概算（万元）		
建设单位地址		邮政编码		
设计单位				
职业病危害预评价报告审核情况	报告编制单位		审核机关	
	审核时间		审核批准文号	
申报材料： □1. 申请建设项目职业病防护设施设计审查的公函（1份） □2. 建设项目职业病防护设施设计审查申请书（1份） □3. 建设项目职业病危害预评价报告的批复（复印件）（1份） □4. 建设项目立项审批文件（复印件）（1份） □5. 建设项目职业病防护设施设计单位的资质证明（影印件）（1份） □6. 建设项目职业病防护设施设计专篇（1份） □7. 建设单位对职业病防护设施设计专篇的内审意见（1份） □8. 其他相关材料（1份）				
建设单位意见： 主要负责人（签名）：　　　　　　　　　　　　　　　　　（单位公章） 　　　　　　　　　　　　　　　　　　　　　　　　　　年　　月　　日				

附件 3

建设项目职业病防护设施竣工验收（备案）申请书

建 设 项 目 名 称 _____

建设单位（公章） _____

申 请 日 期 _____

填写说明

一、申请书由申请新建、改建、扩建建设项目和技术改造、技术引进项目（以下统称建设项目）职业病防护设施竣工验收（备案）的建设单位填写。

二、申请书用钢笔、签字笔填写或者用打印机打印文本，字迹要清晰、工整。

三、申请书中"职业病危害类别"栏根据经审核或备案的职业病危害预评价报告结论选择填写，职业病危害类别一般的建设项目在"申请类别"栏选择"备案"，其他危害类别的建设项目选择"审核"。

四、申请书中"申报材料"栏的"申请防护设施竣工验收（备案）的公函"由建设单位单位提供，内容应包括建设单位和项目概况、项目试运行情况、申请依据、以及职业卫生"三同时"进展情况等，一般应为红头文件并加盖公章。

建设单位及项目名称					
项目地址					
项目性质	新建□ 改建□ 扩建□ 技术改造□ 技术引进□				
法定代表人			项目负责人		
联系人			联系电话		
总投资概算（万元）		其中：职业卫生投资 万元			
实际总投资（万元）		其中：职业卫生实际投资 万元			
建设单位地址			邮政编码		
职业病危害预评价报告审核或备案情况	报告编制单位		审核或备案机关		
	审核或备案时间		审核批准或备案文号		
职业病危害类别	一般□ 较重□ 严重□				
严重职业病危害建设项目职业病防护设施设计审查情况	设计单位		审查机关		
	审查时间		审查批准文号		
职业病危害控制效果评价单位					
申请类别	备案□ 验收□				
职业健康检查		职工总人数		男	女
	接触职业病危害人数				
	上岗前体检人数				
	体检合格人数				
	职业禁忌症人数				

续表

职业卫生培训	受培训负责人		培训单位	
	应培训人数		实际培训人数	
职业卫生管理措施	职业病防治计划和实施方案		有□	无□
	设置或指定的职业卫生管理机构		有□	无□
	职业卫生管理制度和操作规程		有□	无□
	职业卫生档案和健康监护档案		有□	无□
	职业病危害事故应急救援预案		有□	无□

申报材料：
□1. 申请建设项目职业病防护设施竣工验收（备案）的公函（1份）
□2. 建设项目职业病防护设施竣工验收（备案）申请书（1份）
□3. 职业病危害预评价报告备案意见书/审核批复文件（复印件）（1份）
□4. 建设项目立项审批文件（复印件）（1份）
□5. 职业病危害一般或较重项目提交a项，职业病危害严重项目提交b项（1份）
a. 职业病防护设施设计专篇及建设单位内审意见（含专家复核确认意见）
b. 职业病防护设施设计审查批复文件（复印件）
□6. 职业病危害控制效果评价机构资质证明（影印件）（1份）
□7. 职业病危害控制效果评价报告（1份）
□8. 建设单位对职业病危害控制效果评价报告的内审意见（1份）
□9. 职业病危害一般项目提交a项，职业病危害较重或严重项目提交b项（1份）
a. 建设单位对职业病防护设施竣工自行验收情况报告
b. 建设项目职业病防护设施施工单位和监理单位资质证明（影印件）
□10. 其他相关材料（1份）

建设单位意见：

主要负责人（签名）： （单位公章）

年　　月　　日

附件4

建设单位内审意见表

建设单位	
项目名称	
评审内容	□预评价报告　□设计专篇　□控制效果评价报告
评价/设计单位	

　　内审应由建设单位主要负责人或分管负责人组织相关部门人员进行,本表内审意见应包括建设单位概况、职业卫生管理情况、项目工艺描述、职业危害辨识分析、防护措施分析等是否与项目情况相符,是否符合本行业特点,是否认可评价机构或设计单位的调查过程、评价报告评价分析内容或设计专篇设计内容及结论等。(可另附页)

　　职业病危害一般或较重建设项目的职业病防护设施设计专篇内审意见和有职业卫生专家参加的职业病危害预评价报告或控制效果评价报告的内审意见除填报本表外,还应填报相应的职业卫生专家评审意见表(含专家复核确认意见)。

(建设单位盖章)
年　月　日

内审成员签字			
部门或单位	职务/职称	从事专业	签字

附件 5

职业病危害预评价报告专家评审意见表

<table>
<tr><td rowspan="7">专家组成员</td><td colspan="2">评价机构</td><td></td><td></td><td></td></tr>
<tr><td>姓名</td><td>单位</td><td colspan="2">职称/职务</td><td>签字</td></tr>
<tr><td></td><td></td><td colspan="2"></td><td></td></tr>
<tr><td></td><td></td><td colspan="2"></td><td></td></tr>
<tr><td></td><td></td><td colspan="2"></td><td></td></tr>
<tr><td></td><td></td><td colspan="2"></td><td></td></tr>
<tr><td></td><td></td><td colspan="2"></td><td></td></tr>
<tr><td>专家组评审意见</td><td colspan="4">

专家组组长：（签名）

　　　　　　　　　　　　　　年　　月　　日</td></tr>
</table>

附件6

职业病防护设施设计专篇专家评审意见表

设计单位			
专家组成员	姓名	单位	职称/职务	签字
专家组评审意见				

专家组组长：（签名）

年　　月　　日

附件 7

职业病危害控制效果评价报告专家评审意见表

评价机构				
专家组成员	姓名	单位	职称/职务	签字
专家组评审意见				

专家组组长：（签名）

年　　月　　日

附件 8

现场核查意见表

	姓名	单位	职称/职务	签字
专家成员				

专家组核查意见	

专家组组长：（签名）

年　月　日

附件 9

建设项目职业卫生"三同时"审查书

项目名称：_____

审查事项：_____

受理编号：_____

受理日期：_____

受 理 人：_____

河北省安全生产监督管理局制样

审查意见

<table>
<tr><td rowspan="8">实施部门审查意见</td><td rowspan="3">审查人员</td><td>签　字</td><td>职务/职称</td><td>单　位</td></tr>
<tr><td></td><td></td><td></td></tr>
<tr><td></td><td></td><td></td></tr>
<tr><td rowspan="3">承办机构意见</td><td colspan="3">审查人员（签字）：

　　　　　　　　　　　　　　　　　　年　　月　　日</td></tr>
<tr><td colspan="3">

负责人（签字）：
　　　　　　　　　　　　　　　（承办机构盖章）
　　　　　　　　　　　　　　　　　年　　月　　日</td></tr>
<tr><td rowspan="2">部门意见</td><td colspan="3">

负责人（签字）：
　　　　　　　　　　　　　　　（实施部门盖章）
　　　　　　　　　　　　　　　　　年　　月　　日</td></tr>
</table>

拟出具的建设项目职业卫生审查批复意见书编号：

附件 10

建设项目职业病危害预评价报告备案意见书

( )职项目备字〔   〕   号

（单位名称）：

  你单位×××建设项目职业病危害预评价报告备案申请及相关材料已收悉。该项目为职业病危害一般的建设项目，同意《×××建设项目职业病危害预评价报告书》备案。

  请你单位严格按照报告中提出的建议措施组织落实，将《×××建设项目职业病危害预评价报告》作为该项目职业病防护设施的设计依据之一。并在项目建成试运行 180 日内向我局申请职业病防护设施竣工验收备案。

年 月 日

（本文书一式两份，一份交建设单位，一份实施机关留存）

附件 11

建设项目职业病危害预评价报告审核意见书

( )职项目审字〔   〕   号

（单位名称）：

  根据《职业病防治法》的规定，你单位提出的《×××建设项目职业病危害预评价报告》审核申请受理后，经组织专家对你单位提交的申请文件、资料内容等审查，我局同意你单位×××建设项目职业病危害预评价报告。

  该项目属于职业病危害较重的建设项目。请你单位严格按照报告中提出的建议措施组织落实，并将《×××建设项目职业病危害预评价报告》作为该项目职业病防护设施的设计依据之一。并在项目建成试运行 180 日内向我局申请职业病防护设施竣工验收。

年 月 日

（本文书一式两份，一份交建设单位，一份实施机关留存）

建设项目职业病危害预评价报告审核意见书

（　）职项目审字〔　　〕　　号

（单位名称）：

根据《职业病防治法》的规定，你单位提出的《×××建设项目职业病危害预评价报告》审核申请受理后，经组织专家对你单位提交的申请文件、资料内容等审查，我局同意你单位×××建设项目职业病危害预评价报告。

该项目属于职业病危害严重的建设项目。请你单位严格按照报告中提出的建议措施组织落实，将《×××建设项目职业病危害预评价报告》作为该项目职业病防护设施的设计依据之一，并向我局申请职业病防护设施设计审查，未经审查批准，不得开工建设。

年　月　日

（本文书一式两份，一份交建设单位，一份实施机关留存）

附件 12

建设项目职业病防护设施设计审查意见书

（　）职项目审字〔　　〕　　号

（单位名称）：

根据《职业病防治法》的规定，你单位提出的《×××建设项目职业病防护设施设计专篇》审查申请受理后，经组织专家对你单位提交的申请文件、资料内容等审查，我局同意你单位×××建设项目职业病防护设施设计。

你单位要严格按照×××建设项目职业病防护设施设计施工，并在项目建成试运行 180 日内向我局申请职业病防护设施竣工验收。

年　月　日

（本文书一式两份，一份交建设单位，一份实施机关留存）

附件 13

建设项目职业病防护设施竣工验收备案意见书

（　　）职项目备字〔　　　〕　　号

（单位名称）：

你单位×××建设项目职业病防护设施竣工验收备案申请及相关材料已收悉。该项目为职业病危害一般的建设项目，经审查，同意对你单位×××建设项目职业病防护设施竣工验收备案，项目可以正式投入生产（使用）。项目运行后，你单位要严格落实职业卫生各项法律法规和标准规范要求，加强职业卫生管理，切实保障从业人员职业健康。

年　　月　　日

（本文书一式两份，一份交建设单位，一份实施机关留存）

附件 14

建设项目职业病防护设施竣工验收许可意见书

（　　）职项目审字〔　　　〕　　号

（单位名称）：

根据《职业病防治法》的规定，你单位提出的×××建设项目职业病危害防护设施竣工验收申请受理后，经组织专家对你单位提交的申请文件、资料内容审查和现场核查，该项目符合职业卫生验收条件，同意你单位×××建设项目职业病防护设施投入生产（使用）。项目运行后，你单位要严格落实职业卫生各项法律法规和标准规范要求，加强职业卫生管理，切实保障从业人员职业健康。

年　　月　　日

（本文书一式两份，一份交建设单位，一份实施机关留存）

4. 关于进一步加强建设项目职业卫生"三同时"监管工作的通知

各盟市安全生产监督管理局：

根据中华人民共和国主席令第 48 号，新修订的《职业病防治法》自 2016 年 7 月 2 日起施行，明确取消安全生产监督管理部门实施的建设项目职业病危害预评价报告审核、职业病危害严重的建设项目防护设施设计审查及建设项目职业病防护设施竣工验收的行政审批事项，并修改相关法律责任。结合国家安全监管总局职业健康司下发的《关于进一步加强建设项目职业卫生"三同时"监管工作的通知》要求，提出以下几点要求，请一并贯彻落实。

一、自 2016 年 7 月 2 日起，全区各级安全监管部门停止受理建设项目职业病危害预评价报告审核、职业病危害严重的建设项目职业病防护设施设计审查和建设项目职业病防护设施竣工验收的申请。7 月 2 日前已经受理的建设项目职业卫生"三同时"申请，要抓紧时间尽快完成相关审批程序。7 月 2 日后仍违法受理审批事项的，要依法追究相关单位及人员的责任。自治区安监局将视情进行抽查检查。

二、《职业病防治法》修订后不是取消建设项目职业卫生"三同时"工作，而是取消安全生产监督管理部门的审批事项。建设单位要按照新修订的《职业病防治法》的有关规定，认真开展建设项目职业卫生"三同时"工作，自行组织开展职业病危害预评价、职业病防护设施设计和职业病危害控制效果评价，并对职业病防护设施依法组织验收，验收合格后，方可投入生产和使用，切实履行建设项目职业卫生"三同时"主体责任。

三、各级安监部门要加强对建设项目职业卫生"三同时"的事中事后监管力度。要进一步做好新修订《职业病防治法》实施过程中相关配套规定、工作程序、执法检查等工作的衔接，及时修订部门权力清单和责任清单，确保权力取消到位。要加强对建设单位组织验收过程和验收结果的监督核查，要加强专项监督检查，对违反《职业病防治法》等法律法规、不履行职业卫生"三同时"法定义务的，要依法予以查处。

四、请各盟市将 2016 年以来建设项目职业卫生"三同时"行政审批工作开展情况书面总结和汇总表于 8 月 15 日前报送至自治区安监局职业安全健康监督管理处。

联系人：王冬华
邮箱：454487969@qq.com
联系电话：0471-4825155（带传真）

内蒙古自治区安全生产监督管理局
2016 年 8 月 1 日

5. 天津市关于做好建设项目职业卫生"三同时"监督管理工作的通知

津安监管职〔2014〕18号

各区县安全生产监督管理局、集团总公司及有关单位：

为贯彻落实《中华人民共和国职业病防治法》、《建设项目职业卫生"三同时"监督管理暂行办法》（安监总局令第51号），做好我市新建、改建、扩建建设项目和技术改造、技术引进项目（以下统称建设项目）的职业卫生"三同时"工作（即建设项目的职业病防护设施与主体工程同时设计，同时施工，同时投入生产和使用），现就有关事项通知如下：

一、加快建设项目职业卫生"三同时"职能调整工作

建设项目职业卫生"三同时"工作是从源头上预防、控制和消除建设项目可能产生的职业病危害的根本措施，也是贯彻落实"预防为主、防治结合"方针、保障从业人员健康权益的有效手段。各级安全监管部门要高度重视建设项目职业卫生"三同时"工作，要按照市安全监管局、市卫生局《关于明确两部门职业卫生监管职责分工的通知》要求，切实做好建设项目职业卫生"三同时"的交接工作，保证交接期间工作的有序开展。

二、严格落实职业病危害建设项目分类管理

国家安全监管总局《建设项目职业病危害风险分类管理目录（2012年版）》将建设项目按照职业病危害的风险程度分为职业病危害一般、职业病危害较重和职业病危害严重三类，对不同风险类别建设项目实行分类管理。

职业卫生技术服务机构要按照国家安全监管总局相关要求，在建设项目预评价阶段，根据《建设项目职业病危害风险分类管理目录（2012年版）》，结合职业病危害因素分析和评价结果，确定建设项目职业病危害的风险类别，并在预评价报告中进行明确说明。

建设单位要根据建设项目职业病危害风险类别，严格按照国家安全监管总局《建设项目职业卫生"三同时"监督管理暂行办法》向安全监管部门申请职业卫生"三同时"的备案、审核、审查和竣工验收：

（一）职业病危害一般的建设项目，其职业病危害预评价报告应当向安全生产监督管理部门备案，职业病防护设施由建设单位自行组织竣工验收，并将验收情况报安全生产监督管理部门备案；

（二）职业病危害较重的建设项目，其职业病危害预评价报告应当报安全生产监督管理部门审核；职业病防护设施竣工后，由安全生产监督管理部门组织验收；

（三）职业病危害严重的建设项目，其职业病危害预评价报告应当报安全生产监督管理部门审核，职业病防护设施设计应当报安全生产监督管理部门审查，职业病防护设施竣工后，由安全生产监督管理部门组织验收。

各级安全监管部门要切实按照职业卫生"三同时"分类管理的相关要求，督促指导建设单位做好职业卫生"三同时"工作。工作中发现确定的建设项目风险类别与实际不符时，应对建设项目职业病危害风险分类结果进行技术复核。

三、做好建设项目职业卫生"三同时"分级管理工作

各级安全监管部门要按照以下要求分级负责做好建设项目职业卫生"三同时"的备案、审核、审查和竣工验收工作：

（一）市安全监管局负责对全市建设项目职业卫生"三同时"实施综合监督管理，并承担下列建设项目职业卫生"三同时"备案、审核、审查和竣工验收工作：

1. 国家安全监管总局委托或下放的建设项目；
2. 市安全监管局承担安全审查的危险化学品和非煤矿山建设项目（国家安全监管总局承担职业卫生"三同时"审查的项目除外）；
3. 跨区县的建设项目；
4. 市政府及其有关主管部门审批、核准的其他建设项目（滨海新区建设项目除外）；
5. 法律、法规规定的其他建设项目。

（二）区县安全监管部门对本行政区域内建设项目职业卫生"三同时"工作进行监督管理，承担总局和市局负责以外的建设项目职业卫生"三同时"备案、审核、审查和竣工验收工作。

（三）上一级人民政府安全监管部门根据工作需要，可以将其负责监督管理的建设项目职业卫生"三同时"的备案、审核、审查和竣工验收工作委托下一级人民政府安全监管部门负责实施，受委托的部门不得再另行委托。

四、扎实推进建设项目职业卫生"三同时"工作

（一）职业病危害预评价

建设单位应在建设项目可行性论证阶段委托具有相应资质的职业卫生技术服务机构进行职业病危害预评价。职业卫生技术服务机构应按照国家有关标准规定编制职业病危害预评价报告，并向建设单位出具职业病危害预评价报告法律责任承诺书。建设单位应组织专家对预评价报告进行评审，出具评审意见。

预评价报告通过评审后，建设单位应根据预评价报告中确定的本项目职业病危害的风险类别，按照《建设项目职业卫生"三同时"监督管理暂行办法》职业病危害预评价管理的相关规定，向安全监管部门申请职业病危害预评价报告备案或审核。申请备案或审核需填报《建设项目职业病危害预评价报告审核（备案）申请书》，并提交申请书中要求的相关申报材料。

安全生产监督管理部门对受理的建设项目职业病危害预评价报告备案申请，应当对申请文件、资料进行形式审查，符合要求的，在规定期限内予以备案，出具建设项目职业病危害预评价报告备案通知书；不符合要求的，不予备案，书面告知并说明理由。对受理的建设项目职业病危害预评价报告审核申请，应组织专家对申请文件、资料的合法性进行审核，审核同意的，在规定期限内予以批复；审核不同意的，书面告知建设单位并说明理由。

建设项目职业病危害预评价报告经安全生产监督管理部门备案或者审核同意后，如建设项目的选址、生产规模、工艺或者职业病危害因素的种类、职业病防护设施等发生重大变更，建设单位应及时对变更内容重新进行职业病危害预评价，办理相应的备案或者审核手续。

建设项目职业病危害预评价报告未经安全生产监督管理部门备案、审核同意的，有关部门不得批准该建设项目。

（二）职业病防护设施设计

对于存在职业病危害的建设项目，在初步设计阶段，建设单位应委托具有相应资质的设计单位对建设项目职业病防护设施进行设计。设计单位应根据国家相关标准规范编制职业病防护设施设计专篇，并向建设单位出具职业病防护设施设计专篇法律责任承诺书。建设单位应组织专家对职业病防护设施设计专篇进行评审，会同设计单位对职业病防护设施设计专篇进行完善，并出具评审意见。

通过评审后，职业病危害一般和职业病危害较重的建设项目，由建设单位按照有关规定组织职业病防护设施的施工；职业病危害严重的建设项目，由建设单位按照《建设项目职业卫生"三同时"监督管理暂行办法》相关规定填写《建设项目职业病防护设施设计审查申请书》，连同其他应该提交的材料向安全监管部门申请职业病防护设施设计审查。

安全监管部门对受理的职业病防护设施设计审查，应组织专家对申请文件、资料的合法性进行审查。审查同意的，在规定期限内予以批复；审查不同意的，书面通知建设单位并说明理由。

职业病危害严重的建设项目，其职业病防护设施设计未经审查同意的，建设单位不得进行施工。建设项目职业病防护设施设计经审查同意后，建设项目的生产规模、工艺或者职业病危害因素的种类等发生重大变更的，应重新进行职业病防护设施设计，并办理审查手续。

（三）职业病危害控制效果评价与防护设施竣工验收

建设项目职业病防护设施应由取得相应资质的施工单位负责施工，与建设项目主体工程同时进行。施工单位应对职业病防护设施的工程质量负责，并向建设单位出具职业病防护设施施工过程法律责任承诺书。工程监理单位、监理人员应对职业病防护设施施工工程实施监理，对工程质量承担监理责任，并向建设单位出具职业病防护设施工程监理过程法律责任承诺书。

建设项目竣工后需要试运行的，其配套建设的职业病防护设施必须与主体工程同时投入试运行。试运行时间应当不少于30日，最长不得超过180日。建设项目职业病防护设施竣工或者试运行完成后，建设单位应委托具有相应资质的职业卫生技术服务机构进行职业病危害控制效果评价。职业卫生技术服务机构应按照国家有关标准规范编制职业病危害控制效果评价报告，并向建设单位出具职业病危害控制效果评价报告法律责任承诺书。建设单位应组织专家对职业病危害控制效果评价报告进行评审，出具评审意见。

通过评审后，建设单位应按照《建设项目职业卫生"三同时"监督管理暂行办法》相关规定，向安全监管部门申请职业病防护设施竣工备案或验收：

职业病危害一般的建设项目，建设单位应组织专家和有关人员对职业病防护设施进行自验收，出具自验收情况报告和职业病危害防治法律责任承诺书，填写《建设项目职业病防护设施竣工验收（备案）申请书》，连同其他应该提交的材料向安全生产监督管理部门申请职业病防护设施竣工备案。

职业病危害较重、严重的建设项目应填写《建设项目职业病防护设施竣工验收（备案）申请书》，出具职业病危害防治法律责任承诺书，连同其他应该提交的材料向安全生产监督管理部门申请建设项目职业病防护设施竣工验收。

对受理的备案申请，安全监管部门应对申请文件、资料的合法性进行审查，符合要求的，在规定期限内予以备案，出具备案通知书；不符合要求的，不予备案，应书面告知并说明理由。

对受理的竣工验收申请，安全监管部门应组织专家对建设项目职业病危害控制效果评价报告等申请文件、资料进行合法性审查，对建设项目职业病防护设施进行现场验收。通过验收的，在规定期限内予以批复；未通过验收的，书面告知建设单位并说明理由。

建设项目职业病防护设施竣工后未经安全生产监督管理部门备案同意或者验收合格的，不得投入生产或者使用。

五、切实加强建设项目职业卫生"三同时"监管工作

各级安全监管部门要认真履行作业场所职业卫生监管职责，严格按照国家有关规定加强监督管理，督促指导建设单位特别是职业病危害严重的中小企业严格落实建设项目职业卫生"三同时"的各项制度要求，强化前期预防，从源头上控制职业病危害。要切实加强建设项目职业卫生"三同时"工作的监督检查。发现未依法执行职业卫生"三同时"制度的建设项目，应视建设项目所处阶段，责令建设单位采取相应措施限期改正，逾期不改正的依法予以处罚。

（一）对处于初步设计阶段的建设项目未做职业病危害预评价的，责令建设单位补做职业病危害预评价并按规定申请备案或审核。

（二）对于已在施工的存在职业病危害的建设项目，未进行职业病危害预评价、编制职业病防护设施设计专篇的，责令建设单位补做职业病危害预评价和职业病防护设施设计专篇。预评价报告确定为职业病危害严重的建设项目须按照有关规定申请职业病防护设施设计审查。

（三）对于未进行职业病危害预评价和职业病防护设施设计审查就投入试运行的建设项目，责令建设单位进行职业病危害控制效果评价。职业病危害一般及较重的建设项目，须按评价报告中提出的意见和建议进行整改，并按有关规定申请竣工备案或验收。职业病危害严重的建设项目须补做职业病防护设施设计专篇，健全完善职业病防护设施，并按有关规定申请竣工验收。

（四）对未经职业病危害预评价、职业病防护设施设计审查和竣工验收就投入生产运行的，责令用人单位进行职业病危害现状评价，并按现状评价报告中提出的意见和建议进行整改，将整改情况书面报告安全监管部门。

六、充分发挥职业卫生技术服务机构和专家的作用

（一）各级安全监管部门要充分发挥职业卫生技术服务机构在建设项目职业卫生"三同时"工作中的作用，指导具有相应资质的职业卫生技术服务机构依照有关规定开展职业病危害预评价和职业病危害控制效果评价。

职业卫生技术服务机构应严格遵守《职业病防治法》及相关法律、法规和标准要求，依法开展职业卫生技术服务。要加强自身管理，保证技术服务过程的规范性、技术服务行为的合法性，确保技术结论科学、客观、真实，对出具的职业卫生技术报告承担法律责任。

（二）各级安全监管部门在组织职业病危害预评价报告审核、职业病防护设施设计审查和竣工验收工作中，应根据工作需要邀请有关专家参与审核、审查和验收。专家根据项目实际情况从市安全监管局专家库名单中随机抽取，每项工作从专家库抽取专家不得少于3人。专家库不能满足建设项目技术评审需要的，可以聘请相关行业技术专家参与。

受邀专家应当具有与建设项目所属行业相关的专业知识，并实行回避制度，参加评价报告编制的人员不得作为审核、审查和验收的专家。专家应当遵循科学、客观、公正的原则，坚持廉洁从业，恪守职业道德，承担保密义务，并对审查意见负责。

附件：
1. 建设项目职业病危害预评价报告审核（备案）申请书
2. 建设项目职业病防护设施设计审查申请书
3. 建设项目职业病防护设施竣工验收（备案）申请书
4. 职业病危害预评价报告法律责任承诺书
5. 职业病危害控制效果评价报告法律责任承诺书
6. 职业病防护设施设计专篇法律责任承诺书
7. 职业病防护设施施工过程法律责任承诺书
8. 职业病防护设施工程监理过程法律责任承诺书
9. 职业病危害防治法律责任承诺书
10. 职业病危害预评价报告专家评审意见表
11. 职业病防护设施设计专篇专家评审意见表
12. 职业病危害控制效果评价报告专家评审意见表
13. 建设单位评审意见
14. 建设项目职业病防护设施竣工验收现场检查表
15. 建设项目职业病危害预评价报告备案通知书
16. 建设项目职业病危害预评价报告审核意见书
17. 建设项目职业病防护设施设计审查意见书
18. 建设项目职业病防护设施竣工备案通知书
19. 建设项目职业病防护设施竣工验收意见书
20. 建设项目职业卫生"三同时"审查书

6. 建设项目职业病防护设施"三同时"监督管理办法

《建设项目职业病防护设施"三同时"监督管理办法》经 2017 年 1 月 10 日国家安监总局第 1 次局长办公会议审议通过,现予公布,自 2017 年 5 月 1 日起施行。

第 90 号

《建设项目职业病防护设施"三同时"监督管理办法》已经 2017 年 1 月 10 日国家安全生产监督管理总局第 1 次局长办公会议审议通过,现予公布,自 2017 年 5 月 1 日起施行。

目 录

第一章 总则
第二章 职业病危害预评价
第三章 职业病防护设施设计
第四章 职业病危害控制效果评价与防护设施验收
第五章 监督检查
第六章 法律责任
第七章 附则

第一章 总 则

第一条 为了预防、控制和消除建设项目可能产生的职业病危害,加强和规范建设项目职业病防护设施建设的监督管理,根据《中华人民共和国职业病防治法》,制定本办法。

第二条 安全生产监督管理部门职责范围内、可能产生职业病危害的新建、改建、扩建和技术改造、技术引进建设项目(以下统称建设项目)职业病防护设施建设及其监督管理,适用本办法。

本办法所称的可能产生职业病危害的建设项目,是指存在或者产生职业病危害因素分类目录所列职业病危害因素的建设项目。

本办法所称的职业病防护设施,是指消除或者降低工作场所的职业病危害因素的浓度或者强度,预防和减少职业病危害因素对劳动者健康的损害或者影响,保护劳动者健康的设备、设施、装置、构(建)筑物等的总称。

第三条 负责本办法第二条规定建设项目投资、管理的单位(以下简称建设单位)是建设项目职业病防护设施建设的责任主体。

建设项目职业病防护设施必须与主体工程同时设计、同时施工、同时投入生产和使用(以下统称建设项目职业病防护设施"三同时")。建设单位应当优先采用有利于保护劳动者健康的新技术、新工艺、新设备和新材料,职业病防护设施所需费用应当纳入建设项目工程预算。

第四条 建设单位对可能产生职业病危害的建设项目,应当依照本办法进行职业病危害预评价、职业病防护设施设计、职业病危害控制效果评价及相应的评审,组织职业病防护设施验收，建立健全建设项目职业卫生管理制度与档案。

建设项目职业病防护设施"三同时"工作可以与安全设施"三同时"工作一并进行。建设单位可以将建设项目职业病危害预评价和安全预评价、职业病防护设施设计和安全设施设计、职业病危害控制效果评价和安全验收评价合并出具报告或者设计，并对职业病防护设施与安全设施一并组织验收。

第五条 国家安全生产监督管理总局在国务院规定的职责范围内对全国建设项目职业病防护设施"三同时"实施监督管理。

县级以上地方各级人民政府安全生产监督管理部门依法在本级人民政府规定的职责范围内对本行政区域内的建设项目职业病防护设施"三同时"实施分类分级监督管理，具体办法由省级安全生产监督管理部门制定，并报国家安全生产监督管理总局备案。

跨两个及两个以上行政区域的建设项目职业病防护设施"三同时"由其共同的上一级人民政府安全生产监督管理部门实施监督管理。

上一级人民政府安全生产监督管理部门根据工作需要，可以将其负责的建设项目职业病防护设施"三同时"监督管理工作委托下一级人民政府安全生产监督管理部门实施；接受委托的安全生产监督管理部门不得再委托。

第六条 国家根据建设项目可能产生职业病危害的风险程度，将建设项目分为职业病危害一般、较重和严重3个类别，并对职业病危害严重建设项目实施重点监督检查。

建设项目职业病危害分类管理目录由国家安全生产监督管理总局制定并公布。省级安全生产监督管理部门可以根据本地区实际情况，对建设项目职业病危害分类管理目录作出补充规定，但不得低于国家安全生产监督管理总局规定的管理层级。

第七条 安全生产监督管理部门应当建立职业卫生专家库（以下简称专家库），并根据需要聘请专家库专家参与建设项目职业病防护设施"三同时"的监督检查工作。

专家库专家应当熟悉职业病危害防治有关法律、法规、规章、标准，具有较高的专业技术水平、实践经验和有关业务背景及良好的职业道德，按照客观、公正的原则，对所参与的工作提出技术意见，并对该意见负责。

专家库专家实行回避制度，参加监督检查的专家库专家不得参与该建设项目职业病防护设施"三同时"的评审及验收等相应工作，不得与该建设项目建设单位、评价单位、设计单位、施工单位或者监理单位等相关单位存在直接利害关系。

第八条 除国家保密的建设项目外，产生职业病危害的建设单位应当通过公告栏、网站等方式及时公布建设项目职业病危害预评价、职业病防护设施设计、职业病危害控制效果评价的承担单位、评价结论、评审时间及评审意见，以及职业病防护设施验收时间、验收方案和验收意见等信息，供本单位劳动者和安全生产监督管理部门查询。

第二章 职业病危害预评价

第九条 对可能产生职业病危害的建设项目，建设单位应当在建设项目可行性论证阶段进行职业病危害预评价，编制预评价报告。

第十条 建设项目职业病危害预评价报告应当符合职业病防治有关法律、法规、规章和标准的要求，并包括下列主要内容：

（一）建设项目概况，主要包括项目名称、建设地点、建设内容、工作制度、岗位设置及人员数量等；

（二）建设项目可能产生的职业病危害因素及其对工作场所、劳动者健康影响与危害程度的分析与评价；

（三）对建设项目拟采取的职业病防护设施和防护措施进行分析、评价，并提出对策与建议；

（四）评价结论，明确建设项目的职业病危害风险类别及拟采取的职业病防护设施和防护措施是否符合职业病防治有关法律、法规、规章和标准的要求。

第十一条 建设单位进行职业病危害预评价时，对建设项目可能产生的职业病危害因素及其对工作场所、劳动者健康影响与危害程度的分析与评价，可以运用工程分析、类比调查等方法。其中，类比调查数据应当采用获得资质认可的职业卫生技术服务机构出具的、与建设项目规模和工艺类似的用人单位职业病危害因素检测结果。

第十二条 职业病危害预评价报告编制完成后，属于职业病危害一般或者较重的建设项目，其建设单位主要负责人或其指定的负责人应当组织具有职业卫生相关专业背景的中级及中级以上专业技术职称人员或者具有职业卫生相关专业背景的注册安全工程师（以下统称职业卫生专业技术人员）对职业病危害预评价报告进行评审，并形成是否符合职业病防治有关法律、法规、规章和标准要求的评审意见；属于职业病危害严重的建设项目，其建设单位主要负责人或其指定的负责人应当组织外单位职业卫生专业技术人员参加评审工作，并形成评审意见。

建设单位应当按照评审意见对职业病危害预评价报告进行修改完善，并对最终的职业病危害预评价报告的真实性、客观性和合规性负责。职业病危害预评价工作过程应当形成书面报告备查。书面报告的具体格式由国家安全生产监督管理总局另行制定。

第十三条 建设项目职业病危害预评价报告有下列情形之一的，建设单位不得通过评审：

（一）对建设项目可能产生的职业病危害因素识别不全，未对工作场所职业病危害对劳动者健康影响与危害程度进行分析与评价的，或者评价不符合要求的；

（二）未对建设项目拟采取的职业病防护设施和防护措施进行分析、评价，对存在的问题未提出对策措施的；

（三）建设项目职业病危害风险分析与评价不正确的；

（四）评价结论和对策措施不正确的；

（五）不符合职业病防治有关法律、法规、规章和标准规定的其他情形的。

第十四条 建设项目职业病危害预评价报告通过评审后，建设项目的生产规模、工艺等发生变更导致职业病危害风险发生重大变化的，建设单位应当对变更内容重新进行职业病危害预评价和评审。

第三章 职业病防护设施设计

第十五条 存在职业病危害的建设项目，建设单位应当在施工前按照职业病防治有关法律、法规、规章和标准的要求，进行职业病防护设施设计。

第十六条 建设项目职业病防护设施设计应当包括下列内容：

（一）设计依据；

（二）建设项目概况及工程分析；

（三）职业病危害因素分析及危害程度预测；

（四）拟采取的职业病防护设施和应急救援设施的名称、规格、型号、数量、分布，并对防控性能进行分析；

（五）辅助用室及卫生设施的设置情况；

（六）对预评价报告中拟采取的职业病防护设施、防护措施及对策措施采纳情况的说明；

（七）职业病防护设施和应急救援设施投资预算明细表；

（八）职业病防护设施和应急救援设施可以达到的预期效果及评价。

第十七条 职业病防护设施设计完成后，属于职业病危害一般或者较重的建设项目，其建设单位主要负责人或其指定的负责人应当组织职业卫生专业技术人员对职业病防护设施设计进行评审，并形成是否符合职业病防治有关法律、法规、规章和标准要求的评审意见；属于职业病危害严重的建设项目，其建设单位主要负责人或其指定的负责人应当组织外单位职业卫生专业技术人员参加评审工作，并形成评审意见。

建设单位应当按照评审意见对职业病防护设施设计进行修改完善，并对最终的职业病防护设施设计的真实性、客观性和合规性负责。职业病防护设施设计工作过程应当形成书面报告备查。书面报告的具体格式由国家安全生产监督管理总局另行制定。

第十八条 建设项目职业病防护设施设计有下列情形之一的，建设单位不得通过评审和开工建设：

（一）未对建设项目主要职业病危害进行防护设施设计或者设计内容不全的；

（二）职业病防护设施设计未按照评审意见进行修改完善的；

（三）未采纳职业病危害预评价报告中的对策措施，且未作充分论证说明的；

（四）未对职业病防护设施和应急救援设施的预期效果进行评价的；

（五）不符合职业病防治有关法律、法规、规章和标准规定的其他情形的。

第十九条 建设单位应当按照评审通过的设计和有关规定组织职业病防护设施的采购和施工。

第二十条 建设项目职业病防护设施设计在完成评审后，建设项目的生产规模、工艺等发生变更导致职业病危害风险发生重大变化的，建设单位应当对变更的内容重新进行职业病防护设施设计和评审。

第四章　职业病危害控制效果评价与防护设施验收

第二十一条 建设项目职业病防护设施建设期间，建设单位应当对其进行经常性的检查，对发现的问题及时进行整改。

第二十二条 建设项目投入生产或者使用前，建设单位应当依照职业病防治有关法律、法规、规章和标准要求，采取下列职业病危害防治管理措施：

（一）设置或者指定职业卫生管理机构，配备专职或者兼职的职业卫生管理人员；

（二）制定职业病防治计划和实施方案；

（三）建立、健全职业卫生管理制度和操作规程；

（四）建立、健全职业卫生档案和劳动者健康监护档案；

（五）实施由专人负责的职业病危害因素日常监测，并确保监测系统处于正常运行状态；

（六）对工作场所进行职业病危害因素检测、评价；

（七）建设单位的主要负责人和职业卫生管理人员应当接受职业卫生培训，并组织劳动者进行上岗前的职业卫生培训；

（八）按照规定组织从事接触职业病危害作业的劳动者进行上岗前职业健康检查，并将检查结果书面告知劳动者；

（九）在醒目位置设置公告栏，公布有关职业病危害防治的规章制度、操作规程、职业病危害事故应急救援措施和工作场所职业病危害因素检测结果。对产生严重职业病危害的作业岗位，应当在其醒目位置，设置警示标识和中文警示说明；

（十）为劳动者个人提供符合要求的职业病防护用品；

（十一）建立、健全职业病危害事故应急救援预案；

（十二）职业病防治有关法律、法规、规章和标准要求的其他管理措施。

第二十三条　建设项目完工后，需要进行试运行的，其配套建设的职业病防护设施必须与主体工程同时投入试运行。

试运行时间应当不少于30日，最长不得超过180日，国家有关部门另有规定或者特殊要求的行业除外。

第二十四条　建设项目在竣工验收前或者试运行期间，建设单位应当进行职业病危害控制效果评价，编制评价报告。建设项目职业病危害控制效果评价报告应当符合职业病防治有关法律、法规、规章和标准的要求，包括下列主要内容：

（一）建设项目概况；

（二）职业病防护设施设计执行情况分析、评价；

（三）职业病防护设施检测和运行情况分析、评价；

（四）工作场所职业病危害因素检测分析、评价；

（五）工作场所职业病危害因素日常监测情况分析、评价；

（六）职业病危害因素对劳动者健康危害程度分析、评价；

（七）职业病危害防治管理措施分析、评价；

（八）职业健康监护状况分析、评价；

（九）职业病危害事故应急救援和控制措施分析、评价；

（十）正常生产后建设项目职业病防治效果预期分析、评价；

（十一）职业病危害防护补充措施及建议；

（十二）评价结论，明确建设项目的职业病危害风险类别，以及采取控制效果评价报告所提对策建议后，职业病防护设施和防护措施是否符合职业病防治有关法律、法规、规章和标准的要求。

第二十五条　建设单位在职业病防护设施验收前，应当编制验收方案。验收方案应当包括下列内容：

（一）建设项目概况和风险类别，以及职业病危害预评价、职业病防护设施设计执行情况；

（二）参与验收的人员及其工作内容、责任；

（三）验收工作时间安排、程序等。

建设单位应当在职业病防护设施验收前20日将验收方案向管辖该建设项目的安全生产监督管理部门进行书面报告。

第二十六条　属于职业病危害一般或者较重的建设项目，其建设单位主要负责人或其指定的负责人应当组织职业卫生专业技术人员对职业病危害控制效果评价报告进行评审以及对职业病防护设施进行验收，并形成是否符合职业病防治有关法律、法规、规章和标准要求的评审意见和验收意见。属于职业病危害严重的建设项目，其建设单位主要负责人或其指定的负责人应当组织外单位职业卫生专业技术人员参加评审和验收工作，并形成评审和验收意见。

建设单位应当按照评审与验收意见对职业病危害控制效果评价报告和职业病防护设施进行整改完善，并对最终的职业病危害控制效果评价报告和职业病防护设施验收结果的真实性、合规性和有效性负责。

建设单位应当将职业病危害控制效果评价和职业病防护设施验收工作过程形成书面报告备查，其中职业病危害严重的建设项目应当在验收完成之日起 20 日内向管辖该建设项目的安全生产监督管理部门提交书面报告。书面报告的具体格式由国家安全生产监督管理总局另行制定。

第二十七条 有下列情形之一的，建设项目职业病危害控制效果评价报告不得通过评审、职业病防护设施不得通过验收：

（一）评价报告内容不符合本办法第二十四条要求的；
（二）评价报告未按照评审意见整改的；
（三）未按照建设项目职业病防护设施设计组织施工，且未充分论证说明的；
（四）职业病危害防治管理措施不符合本办法第二十二条要求的；
（五）职业病防护设施未按照验收意见整改的；
（六）不符合职业病防治有关法律、法规、规章和标准规定的其他情形的。

第二十八条 分期建设、分期投入生产或者使用的建设项目，其配套的职业病防护设施应当分期与建设项目同步进行验收。

第二十九条 建设项目职业病防护设施未按照规定验收合格的，不得投入生产或者使用。

第五章　监督检查

第三十条 安全生产监督管理部门应当在职责范围内按照分类分级监管的原则，将建设单位开展建设项目职业病防护设施"三同时"情况的监督检查纳入安全生产年度监督检查计划，并按照监督检查计划与安全设施"三同时"实施一体化监督检查，对发现的违法行为应当依法予以处理；对违法行为情节严重的，应当按照规定纳入安全生产不良记录"黑名单"管理。

第三十一条 安全生产监督管理部门应当依法对建设单位开展建设项目职业病危害预评价情况进行监督检查，重点监督检查下列事项：

（一）是否进行建设项目职业病危害预评价；
（二）是否对建设项目可能产生的职业病危害因素及其对工作场所、劳动者健康影响与危害程度进行分析、评价；
（三）是否对建设项目拟采取的职业病防护设施和防护措施进行评价，是否提出对策与建议；
（四）是否明确建设项目职业病危害风险类别；
（五）主要负责人或其指定的负责人是否组织职业卫生专业技术人员对职业病危害预评价报告进行评审，职业病危害预评价报告是否按照评审意见进行修改完善；
（六）职业病危害预评价工作过程是否形成书面报告备查；
（七）是否按照本办法规定公布建设项目职业病危害预评价情况；
（八）依法应当监督检查的其他事项。

第三十二条 安全生产监督管理部门应当依法对建设单位开展建设项目职业病防护设施

设计情况进行监督检查，重点监督检查下列事项：

（一）是否进行职业病防护设施设计；

（二）是否采纳职业病危害预评价报告中的对策与建议，如未采纳是否进行充分论证说明；

（三）是否明确职业病防护设施和应急救援设施的名称、规格、型号、数量、分布，并对防控性能进行分析；

（四）是否明确辅助用室及卫生设施的设置情况；

（五）是否明确职业病防护设施和应急救援设施投资预算；

（六）主要负责人或其指定的负责人是否组织职业卫生专业技术人员对职业病防护设施设计进行评审，职业病防护设施设计是否按照评审意见进行修改完善；

（七）职业病防护设施设计工作过程是否形成书面报告备查；

（八）是否按照本办法规定公布建设项目职业病防护设施设计情况；

（九）依法应当监督检查的其他事项。

第三十三条　安全生产监督管理部门应当依法对建设单位开展建设项目职业病危害控制效果评价及职业病防护设施验收情况进行监督检查，重点监督检查下列事项：

（一）是否进行职业病危害控制效果评价及职业病防护设施验收；

（二）职业病危害防治管理措施是否齐全；

（三）主要负责人或其指定的负责人是否组织职业卫生专业技术人员对建设项目职业病危害控制效果评价报告进行评审和对职业病防护设施进行验收，是否按照评审意见和验收意见对职业病危害控制效果评价报告和职业病防护设施进行整改完善；

（四）建设项目职业病危害控制效果评价及职业病防护设施验收工作过程是否形成书面报告备查；

（五）建设项目职业病防护设施验收方案、职业病危害严重建设项目职业病危害控制效果评价与职业病防护设施验收工作报告是否按照规定向安全生产监督管理部门进行报告；

（六）是否按照本办法规定公布建设项目职业病危害控制效果评价和职业病防护设施验收情况；

（七）依法应当监督检查的其他事项。

第三十四条　安全生产监督管理部门应当按照下列规定对建设单位组织的验收活动和验收结果进行监督核查，并纳入安全生产年度监督检查计划：

（一）对职业病危害严重建设项目的职业病防护设施的验收方案和验收工作报告，全部进行监督核查；

（二）对职业病危害较重和一般的建设项目职业病防护设施的验收方案和验收工作报告，按照国家安全生产监督管理总局规定的"双随机"方式实施抽查。

第三十五条　安全生产监督管理部门应当加强监督检查人员建设项目职业病防护设施"三同时"知识的培训，提高业务素质。

第三十六条　安全生产监督管理部门及其工作人员不得有下列行为：

（一）强制要求建设单位接受指定的机构、职业卫生专业技术人员开展建设项目职业病防护设施"三同时"有关工作；

（二）以任何理由或者方式向建设单位和有关机构收取或者变相收取费用；

（三）向建设单位摊派财物、推销产品；

（四）在建设单位和有关机构报销任何费用。

第三十七条　任何单位或者个人发现建设单位、安全生产监督管理部门及其工作人员、有关机构和人员违反职业病防治有关法律、法规、标准和本办法规定的行为，均有权向安全生产监督管理部门或者有关部门举报。

受理举报的安全生产监督管理部门应当为举报人保密，并依法对举报内容进行核查和处理。

第三十八条　上级安全生产监督管理部门应当加强对下级安全生产监督管理部门建设项目职业病防护设施"三同时"监督执法工作的检查、指导。

地方各级安全生产监督管理部门应当定期汇总分析有关监督执法情况，并按照要求逐级上报。

第六章　法律责任

第三十九条　建设单位有下列行为之一的，由安全生产监督管理部门给予警告，责令限期改正；逾期不改正的，处10万元以上50万元以下的罚款；情节严重的，责令停止产生职业病危害的作业，或者提请有关人民政府按照国务院规定的权限责令停建、关闭：

（一）未按照本办法规定进行职业病危害预评价的；

（二）建设项目的职业病防护设施未按照规定与主体工程同时设计、同时施工、同时投入生产和使用的；

（三）建设项目的职业病防护设施设计不符合国家职业卫生标准和卫生要求的；

（四）未按照本办法规定对职业病防护设施进行职业病危害控制效果评价的；

（五）建设项目竣工投入生产和使用前，职业病防护设施未按照本办法规定验收合格的。

第四十条　建设单位有下列行为之一的，由安全生产监督管理部门给予警告，责令限期改正；逾期不改正的，处5000元以上3万元以下的罚款：

（一）未按照本办法规定，对职业病危害预评价报告、职业病防护设施设计、职业病危害控制效果评价报告进行评审或者组织职业病防护设施验收的；

（二）职业病危害预评价、职业病防护设施设计、职业病危害控制效果评价或者职业病防护设施验收工作过程未形成书面报告备查的；

（三）建设项目的生产规模、工艺等发生变更导致职业病危害风险发生重大变化的，建设单位对变更内容未重新进行职业病危害预评价和评审，或者未重新进行职业病防护设施设计和评审的；

（四）需要试运行的职业病防护设施未与主体工程同时试运行的；

（五）建设单位未按照本办法第八条规定公布有关信息的。

第四十一条　建设单位在职业病危害预评价报告、职业病防护设施设计、职业病危害控制效果评价报告编制、评审以及职业病防护设施验收等过程中弄虚作假的，由安全生产监督管理部门责令限期改正，给予警告，可以并处5000元以上3万元以下的罚款。

第四十二条　建设单位未按照规定及时、如实报告建设项目职业病防护设施验收方案，或者职业病危害严重建设项目未提交职业病危害控制效果评价与职业病防护设施验收的书面报告的，由安全生产监督管理部门责令限期改正，给予警告，可以并处5000元以上3万元以下的罚款。

第四十三条　参与建设项目职业病防护设施"三同时"监督检查工作的专家库专家违反职业道德或者行为规范，降低标准、弄虚作假、牟取私利，作出显失公正或者虚假意见的，由安全生产监督管理部门将其从专家库除名，终身不得再担任专家库专家。职业卫生专业技术人员在建设项目职业病防护设施"三同时"评审、验收等活动中涉嫌犯罪的，移送司法机关依法追究刑事责任。

第四十四条 违反本办法规定的其他行为，依照《中华人民共和国职业病防治法》有关规定给予处理。

第七章 附 则

第四十五条 煤矿建设项目职业病防护设施"三同时"的监督检查工作按照新修订发布的《煤矿和煤层气地面开采建设项目安全设施监察规定》执行，煤矿安全监察机构按照规定履行国家监察职责。

第四十六条 本办法自 2017 年 5 月 1 日起施行。国家安全安全生产监督管理总局 2012 年 4 月 27 日公布的《建设项目职业卫生"三同时"监督管理暂行办法》同时废止。

7. 建设项目职业病危害评价规范

发布时间：2002年3月11日
发布部门：卫生局

1 总则

1.1 为了规范建设项目职业病危害评价工作，根据《中华人民共和国职业病防治法》制定本规范。

1.2 本规范适用于新建、扩建、改建建设项目和技术改造、技术引进等项目（以下简称建设项目）的职业病危害预评价、控制效果评价。

1.3 职业病危害预评价、控制效果评价应当由依法取得资质认证的职业卫生技术服务机构承担；评价的方法和要求应当符合职业病防治法及本规范的规定。

2 职业病危害预评价

2.1 进行职业病危害预评价时，建设单位应当向承担评价任务的机构（以下简称评价机构）提供以下资料：

a. 建设项目的审批文件；
b. 可行性研究资料（含职业卫生专篇）；
c. 其它有关资料。

2.2 评价机构按照准备、评价、报告编制三个阶段进行职业病危害预评价。职业病危害预评价程序见附件1。

2.3 准备

准备阶段完成以下工作：

a. 对建设单位的总平面布置、工艺流程、设备布局、卫生防护措施、组织管理等，进行初步工程分析；
b. 筛选重点评价因子，确定评价单元；
c. 编制预评价方案。预评价方案包括以下内容：
a) 建设项目概况；
b) 预评价目的、依据、类别、标准等；
c) 建设项目工程及职业病危害因素分析内容和方法；
d) 预评价工作的组织、经费、计划安排。

2.4 评价

评价阶段完成以下工作：

a. 工程分析；
b. 职业卫生调查；
c. 职业危害因素定性、定量分析和评价。

2.4.1 工程分析

工程分析主要包括以下内容：

a. 建设项目基本，包括建设地点、性质、规模、总投资、设计能力、劳动定员等；
b. 总平面布置、生产工艺、技术路线等；
c. 生产过程拟使用的原料、辅料、中间品、产品名称、用量或产量，主要生产工艺流程，主要生产设备，可能产生的职业病危害因素种类、部位、存在形态，生产设备机械化或自动化程度、密闭化程度；
d. 拟采取的职业病防护设备及应急救援设施；
e. 拟配置的个人使用的职业病防护用品；
f. 拟设置的卫生设施；
g. 拟采取的职业病防治管理措施。

2.4.2 职业卫生调查

当建设项目可行性研究等技术资料不能满足评价需求时，应当进一步收集有关资料，进行类比调查。

2.4.2.1 收集资料

对扩建、改建和技术改造建设项目．应收集扩建、改建和技术改造前运行期间的职业病危害监测、健康监护、职业病危害评价等资料。

2.4.2.2 类比调查

对新建建设项目，应选择同类生产企业进行类比调查，内容如下：

a. 选址

同类建设单位自投入使用以来、其选址与国家现行卫生法律、法规的协调情况。

b. 总平面布置

同类建设单位工作区、生活区，居住区、废弃物处理、辅助用地的分布，尤其是存在职业病危害因素的场所布置、运行、相互之间的影响情况。

c. 职业病危害现状

同类建设单位职业病危害因素种类、性质，近年来工作场所化学因素、物理因素、生物因素平均浓度（强度）。

d. 职业病防护设备

同类建设单位防毒、防尘、防高温、防寒、防湿、防噪声、防振动、防电离和非电离辐射等各类防护设施配置和运行效果。

护耳用品、防护口罩、防护服、急救箱等个人使用的职业病防护用品的配置和使用情况。

休息室、卫生间、洗眼器、喷淋装置等卫生设施的配置、使用情况。

e. 职业病发病情况

同类建设单位劳动者职业健康监护和职业病发生的情况，急性职业中毒事故的案例（包括原因、过程、抢救、整改措施）。

f. 组织管理

同类建设单位职业卫生管理机构或组织、人员设置。

g. 专项经费

同类建设单位职业病防护设备建设和运行经费投入情况。

2.4.3 分析和评价

2.4.3.1 评价依据

依据国家法律、法规、标准等进行建设项目职业病危害评价。主要评价标准见附件2。

采用评价标准时应注意引用标准的最新版本。

2.4.3.2 评价方法

根据建设项目职业病危害特点，采用检查表法、类比法与定量分级法相结合原则进行定性和定量评价。

a. 检查表法

依据评价标准、规范，编制检查表，逐项检查建设项目职业卫生有关内容与国家标准、规范符合情况。

b. 类比法

利用同类和相似工作场所监测、统计数据，类推拟评价的建设项目工作场所职业病危害因素浓度（强度）、职业危害后果和应采取的职业病防护措施。

c. 定量分级法

对建设项目工作场所职业病危害因素浓度（强度）、职业病危害因素的固有危害性、劳动者接触时间进行综合考虑，计算危害指数，确定劳动者作业危害程度等级。

依据有关标准，新建建设项目根据建设项目工程分析和同类企业类比调查、扩建、改建和技术改造建设项目根据已有测定资料，分别取得劳动者接触粉尘、化学毒物、噪声等职业病危害因素时间以及工作场所职业病危害因素浓度（强度）等数据，计算劳动者作业危害等级指数。计算方法按国家职业卫生标准执行。

对目前尚无分级标准的或无类比调查数据的职业病危害因素，可依据国家、行业、地方等职业卫生标准、规范等，结合职业卫生防护设施配置方案，预测作业场所职业病危害因素浓度（强度）是否符合有关卫生标准。

2.4.3.3 评价内容和指标

2.4.3.3.1 职业病危害因素识别与评价

根据工程分析和类比调查资料，确定建设项目各评价单元存在的职业病危害因素，描述其理化特性、毒性、对人体危害、工作场所最高容许浓度、接触人数、接触方式，评价劳动者作业危害等级。

2.4.3.3.2 选址、总平面布置按国家有关职业卫生标准。

2.4.3.3.3 生产工艺及设备布局

a. 采用无毒、低毒或避免劳动者直接接触职业病危害因素的生产工艺；

b. 在生产许可的条件下，隔离含有害作业的区域，使其避免对无害区域或相互之间的污染和干扰；

c. 有害物质的发生源，布置在工作地点机械或自然通风的下侧；

d. 放散大量热量的厂房，热作业应设在建筑物的最上层；热源应尽可能设置在夏季主导风向的下风侧或有天窗下方。

2.4.3.3.4 建筑物卫生学要求

a. 建筑物容积应保证劳动者有足够的新鲜空气量，设计要求参照《工业企业设计卫生标准》；

b. 建筑物的构造应使产生粉尘、毒物的车间结构表面不易积尘沾毒，并易于清除；热发散车间应利于通风散热；高湿车间应设置防湿排水设施，防止顶棚滴水和地面积水；

c. 建筑物采光、照明符合现行《工业企业采光设计标准》《工业企业照明设计标准》等。

2.4.3.3.5 职业病防护设施评价主要包括：

a. 除尘设施；
b. 排毒净化设施；
c. 通风换气设施；
d. 事故应急设施；
e. 噪声控制设施；
f. 防暑设施；
g. 防寒设施；
h. 防湿设施；
i. 振动控制设施；
j. 非电离辐射防护设施；
k. 电离辐射防护设施。

2.4.3.3.6　应急救援设施
2.4.3.3.7　个人使用的职业病防护用品
2.4.3.3.8　卫生设施
2.4.3.3.9　职业卫生管理
2.4.3.3.10　职业卫生经费概算

2.5　预评价报告编制

预评价报告编制阶段完成以下工作：
a. 汇总、分析各类资料、数据；
b. 做出评价结论，完成预评价报告。

2.6　建设项目职业危害预评价报告按规定格式编写（格式见附件3），其主要内容包括：

a. 职业病危害预评价目的、依据、范围、内容和方法；
b. 建设项目概况，包括建设地点、性质、规模、总投资、设计能力、劳动定员等；
c. 对建设项目选址和可能产生的职业病危害因素及其对作业场所、劳动者健康的影响进行分析和评价，主要包括职业病危害因素名称、主要产生环节、对人体的主要职业危害、可能产生的浓度（强度）及其职业危害程度预测等；
d. 对拟采取职业病危害防护措施进行技术分析及评价，主要包括总平面布置、生产工艺及设备布局、建筑物卫生学要求。职业病防护设备、应急救援设施、个人使用的职业病防护用品、卫生设施、职业卫生管理等方面进行分析和评价；
e. 对存在的职业卫生问题提出有效的防护对策；
f. 评价结论：对评价内容进行归纳，指出存在的问题以及改进措施的建议，确定职业病危害类别，建设项目是否可行。

3　建设项目职业病危害控制效果评价

3.1　建设单位在建设项目竣工验收前委托评价机构进行建设项目职业病危害控制效果评价。

3.2　评价方案编制

评价单位依据建设项目可行性论证预评价报告内容和工程建设及试运行情况编制竣工验收前职业病危害控制效果评价方案。

评价方案主要包括以下内容：

a. 评价目的、依据和范围；

b. 工程

建设概况，各项职业病防护设施建设及真诚运行情况；

c. 现场调查与监测的内容与方法，质量保证措施；

d. 组织实施计划与进度、经费安排。

3.3 现场调查

评价单位在接受评价委托后进行职业卫生学调查，职业卫生学调查主要包括以下方面。

3.3.1 生产过程的卫生学调查：了解生产工艺的全过程和确定生产中存在的职业病危害因素。

a. 化学因素（有毒物质、生产性粉尘）原料、半成品、中间产物、产品和废弃物的名称、生产和使用数量、理化特性、劳动者接触方式和接触时间；

b. 物理因素：噪声、高温、低温、振动、电离和非电离辐射等；

c. 生物因素：生产过程中存在的致病病原体。

3.3.2 作业环境卫生学调查：总平面布置、生产工艺及设备布局、建筑学卫生要求、职业病防护设备、应急救援设施、个人使用的职业病防护用品、卫生设施等方面的卫生防护措施的落实情况。

3.3.3 调查建设项目是否严格按现行《工业企业设计卫生标准》规定进行施工、是否落实各阶段设计审查时提出的职业卫生审查意见。

3.3.4 职业卫生管理调查

a. 职业卫生管理机构设置情况；

b. 职业卫生规章制度、操作规程的完善情况；

c. 职业健康教育、职业病危害因素测定、健康监护情况；

d. 职业卫生资料归档情况。

3.4 现场监测：测定工作场所职业病危害因素浓度（强度）。

3.4.1 测试方法：按照国家有关职业工生标准执行。

3.4.2 测试条件：按设计满负荷生产状况。

3.4.3 测试频次：根据生产工艺、职业危害因素的种类、性质、变化情况以及危害程度分类，一般连续采样测定三天，每日上、下午各一次。

每次同一点不同时间内测定，采取样品不行少于三个，测试结果取其均值（放射、噪声等物理因素测试结果除外）。

特殊情况按相应国家职业卫生标准执行。

3.4.4 化学因素、物理因素测试点的设置原则见附件4。

3.5 职业性健康检查

对可能接触职业病危害的劳动者，应当进行职业健康检查，根据职业危害因素确定职业性健康检查项目，依据职业健康检查的结果评价职业危害控制效果。

3.6 评价结果

a. 评价选址、总平面布置是否符合国家规定要求；

b. 工程防护设施及其效果；

c. 计算职业病危害因素每个测试点浓度（或强度）的均值，其中粉尘浓度的测试数据计算几何平均数，毒物浓度计算算术平均数或几何平均数（其测试数据如为正态分布计算算术平均数，如为偏态分布则计算几何平均数），噪声测试数据不计算均值；每个测试点职业病危害因素浓度（或强度）未超过标准的为合格，超过标准的为不合格；

d. 依据上述计算结果，评价各项职业卫生工程防护设施的控制效果；评价因生产工艺或设备技术水平限制，对一些职业病危害因素超标的岗位所采取职业卫生防护补救措施效果；

e. 评价个人卫生防护用品、应急救援设施、警示标识配置情况；

f. 评价建设项目职业卫生管理机构、人员、规章制度执行落实情况。

3.7 控制效果评价报告

建设项目控制效果评价报告应当包括以下主要内容：

a. 评价目的、依据、范围和内容；

b. 建设项目及其试运行概况；

c. 建设项目生产过程中存在的职业病危害因素种类、分布及其浓度或强度，职业病危害程度；

d. 职业病防护措施的实施情况，包括总平面布置、生产工艺及设备布局、建筑物卫生学要求、卫生工程防护设施、应急、救援措施、个人防护设施、辅助卫生用室、职业卫生管理措施的落实情况；

e. 职业病危害防护设施效果评价；

f. 评价结论及建议。

3.8 建设项目职业病危害控制效果评价报告按规定格式编写，格式见附件5。

主要评价标准

1. 工业企业设计卫生标准
2. 工作场所职业病危害因素职业接触限值
3. 工业企业总平面设计规范 GB50187-93
4. 生产设备安全卫生设计总则 GB5083-85
5. 生产过程安全卫生要求总则 GB12801-91
6. 小型工业企业建厂劳动卫生基本技术条件 GB16910-1997
7. 有毒作业分级 GB12331-90
8. 生产性粉尘作业危害程度分级 GB5817-86
9. 高温作业分级 GBT/T4200-1997
10. 低温作业分级 GB/T14440-93
11. 冷水作业分级 GB/T14439-93
12. 噪声作业分级 LD80-1995
13. 工业企业噪声控制设计规范 GBJ87-87
14. 工业企业卫生防护距离标准 GB11654-89-GB11666-89 GB18053-2000-GB18083-2000
15. 采暖通风与空气调节设计规范 GBJ19-87
16. 放射卫生防护基本标准 GB4792-84
17. 电磁辐射防护规定 GB8702-88
18. 作业场所局部振动卫生标准 GB10434-89
19. 作业场所微波辐射卫生标准 GB10436-89
20. 作业场所超高频辐射卫生标准 GB10437-89
21. 其它与职业卫生相关的国家、行业、地方标准、规程和规范等

附件3
建设项目职业病危害预评价报告书格式
1. 封页
××××建设项目职业病危害预评价报告书
评价机构（加盖公章）
年月日
2. 封二
评价机构开展建设项目职业病危害预评价资质证书影印件
3. 封三
项目名称：××××建设项目职业病危害预评价报告书
承担单位：评价机构
法人代表：
项目负责人：
报告编写人：
报告审核人：
4. 封四
目录：按照评价目的、依据范围、内容、方法、标准、建设项目概况、工程分析、职业危害因素识别与评价、职业卫生防护措施分析与评价、评价结论、存在问题和建议等内容的顺序排列。
5. 正文
按照目录内容编写，纸型规格 A4 纸，字体为国标仿宋体，标准 4 号，30 行/页，30 字/行。
6. 附件

附件4
建设项目职业病危害控制效果评价测试点设置原则
1 化学因素的测试点设置原则
1.1 工作场所有毒物质测试点的选择原则
1.1.1 测试点应设在有代表性的劳动者接毒地点，尽可能靠近劳动者，但不影响劳动者的正常操作，且应避免生产过程中待测物质直接飞溅入收集器内。
1.1.2 选择的测试点必须包括空气中有毒物质浓度最高、劳动者接触时间最长的作业点，并引作为重点测试点。
1.1.3 在测试点上设置的收集器应在劳动者的呼吸带，距地面 1.5 米。
1.2 工作场所测尘点选择原则
1.2.1 测尘点应设在有代表性的劳动者接尘地点。
1.2.2 测尘位置应选择在劳动者经常活动的范围内，且粉尘分布较均匀处的呼吸带，有气流影响时，一般应选择在作业地点的下风侧或回风侧，移动式产尘点的采样位置，应位于生产活动中有代表性的地点，或将采样器架设于移动设备上。
2 物理因素的测试点设置原则
2.1 车间内噪声测试点选择原则
2.1.1 若车间内各处 A 声级差别不大（小于 3 分贝），则只需在车间内选择 1-3 个测点。

2.1.2 若车间内各处声级波动较大（大于 3 分贝），则需按声级大小，将车间分成若干区域，任意两个区域的声级差应大于或等于 3 分贝，每个区域内的声级波动必须小于 3 分贝，每个区域取 11 个测点。这些区域必须包括所有劳动者为观察或管理生产过程而经常工作、活动的地点和范围。

2.1.3 测量时，应将传声器放置在操作人员的耳朵位置（人离开）。

2.2 微波辐射测试点的选择原则

2.2.1 为测得有代表性的劳动者所受辐射强度，必须在各操作岗位分别予以测定，应以头和胸部为代表。

2.2.2 当操作中某些部位可能受更强辐射时，应予以加测。如需眼观察波导口或天线向下腹部辐射时，应分别加测眼部或下腹部。

2.2.3 当需要探索其主要辐射源，了解设备泄漏情况时，可紧靠设备测试。其所测值仅供防护时参考。

2.3 超高频辐射测试点的选择原则

2.3.1 工作场所场强测量时，区分别测量操作点的头、胸、腹各部位。

2.3.2 对设备泄漏场强测量时，可将仪器天线探头置于距设备 50mm 处测量，其所测数值仅供防护时参考。

2.4 其它职业病危害因素测试点的设置原则按相关标准规定执行。

附件 5

建设项目职业病危害控制效果评价报告书格式

1. 封页

××××建设项目职业病危害控制效果评价报告书

评价机构（加盖公章）

年月日

2. 封二

评价机构开展建设项目竣工验收前职业病危害控制效果评价资质证书影印件

3. 封三

项目名称：××××建设项目职业病危害控制效果评价报告书

承担单位：评价机构

法人代表：

项目负责人：

报告编写人：

报告审核人：

4. 封四

目录，按照评价目的、依据范围、内容、方法、标准、建设项目概况、职业危害因素和职业卫生防护设施控制效果分析与评价、评价结论、存在问题和建议等内容的顺序排列。

5. 正文

按照目录内容编写，纸型规格 A4 纸，字体为国标仿宋体，标准 4 号，30 行/页，30 字/行。

6. 附件

8. 中华人民共和国职业病防治法（2018年修正）

发布：2018-12-29　实施：2018-12-29　　现行有效

法律修订

2001年10月27日第九届全国人民代表大会常务委员会第二十四次会议通过

根据2011年12月31日第十一届全国人民代表大会常务委员会第二十四次会议《关于修改〈中华人民共和国职业病防治法〉的决定》第一次修正

根据2016年7月2日第十二届全国人民代表大会常务委员会第二十一次会议《关于修改〈中华人民共和国节约能源法〉等六部法律的决定》第二次修正

根据2017年11月4日第十二届全国人民代表大会常务委员会第三十次会议《关于修改〈中华人民共和国会计法〉等十一部法律的决定》第三次修正

根据2018年12月29日第十三届全国人民代表大会常务委员会第七次会议《关于修改〈中华人民共和国劳动法〉等七部法律的决定》第四次修正

第一章　总　　则

第一条　为了预防、控制和消除职业病危害，防治职业病，保护劳动者健康及其相关权益，促进经济社会发展，根据宪法，制定本法。

第二条　本法适用于中华人民共和国领域内的职业病防治活动。

本法所称职业病，是指企业、事业单位和个体经济组织等用人单位的劳动者在职业活动中，因接触粉尘、放射性物质和其他有毒、有害因素而引起的疾病。

职业病的分类和目录由国务院卫生行政部门会同国务院劳动保障行政部门制定、调整并公布。

第三条　职业病防治工作坚持预防为主、防治结合的方针，建立用人单位负责、行政机关监管、行业自律、职工参与和社会监督的机制，实行分类管理、综合治理。

第四条　劳动者依法享有职业卫生保护的权利。

用人单位应当为劳动者创造符合国家职业卫生标准和卫生要求的工作环境和条件，并采取措施保障劳动者获得职业卫生保护。

工会组织依法对职业病防治工作进行监督，维护劳动者的合法权益。用人单位制定或者修改有关职业病防治的规章制度，应当听取工会组织的意见。

第五条　用人单位应当建立、健全职业病防治责任制，加强对职业病防治的管理，提高职业病防治水平，对本单位产生的职业病危害承担责任。

第六条　用人单位的主要负责人对本单位的职业病防治工作全面负责。

第七条　用人单位必须依法参加工伤保险。

国务院和县级以上地方人民政府劳动保障行政部门应当加强对工伤保险的监督管理，确保劳动者依法享受工伤保险待遇。

第八条　国家鼓励和支持研制、开发、推广、应用有利于职业病防治和保护劳动者健康的新技术、新工艺、新设备、新材料，加强对职业病的机理和发生规律的基础研究，提高职业病防治科学技术水平；积极采用有效的职业病防治技术、工艺、设备、材料；限制使用或者淘汰职业病危害严重的技术、工艺、设备、材料。

国家鼓励和支持职业病医疗康复机构的建设。

第九条 国家实行职业卫生监督制度。

国务院卫生行政部门、劳动保障行政部门依照本法和国务院确定的职责，负责全国职业病防治的监督管理工作。国务院有关部门在各自的职责范围内负责职业病防治的有关监督管理工作。

县级以上地方人民政府卫生行政部门、劳动保障行政部门依据各自职责，负责本行政区域内职业病防治的监督管理工作。县级以上地方人民政府有关部门在各自的职责范围内负责职业病防治的有关监督管理工作。

县级以上人民政府卫生行政部门、劳动保障行政部门（以下统称职业卫生监督管理部门）应当加强沟通，密切配合，按照各自职责分工，依法行使职权，承担责任。

第十条 国务院和县级以上地方人民政府应当制定职业病防治规划，将其纳入国民经济和社会发展计划，并组织实施。

县级以上地方人民政府统一负责、领导、组织、协调本行政区域的职业病防治工作，建立健全职业病防治工作体制、机制，统一领导、指挥职业卫生突发事件应对工作；加强职业病防治能力建设和服务体系建设，完善、落实职业病防治工作责任制。

乡、民族乡、镇的人民政府应当认真执行本法，支持职业卫生监督管理部门依法履行职责。

第十一条 县级以上人民政府职业卫生监督管理部门应当加强对职业病防治的宣传教育，普及职业病防治的知识，增强用人单位的职业病防治观念，提高劳动者的职业健康意识、自我保护意识和行使职业卫生保护权利的能力。

第十二条 有关防治职业病的国家职业卫生标准，由国务院卫生行政部门组织制定并公布。

国务院卫生行政部门应当组织开展重点职业病监测和专项调查，对职业健康风险进行评估，为制定职业卫生标准和职业病防治政策提供科学依据。

县级以上地方人民政府卫生行政部门应当定期对本行政区域的职业病防治情况进行统计和调查分析。

第十三条 任何单位和个人有权对违反本法的行为进行检举和控告。有关部门收到相关的检举和控告后，应当及时处理。

对防治职业病成绩显著的单位和个人，给予奖励。

第二章　前期预防

第十四条 用人单位应当依照法律、法规要求，严格遵守国家职业卫生标准，落实职业病预防措施，从源头上控制和消除职业病危害。

第十五条 产生职业病危害的用人单位的设立除应当符合法律、行政法规规定的设立条件外，其工作场所还应当符合下列职业卫生要求：

（一）职业病危害因素的强度或者浓度符合国家职业卫生标准；

（二）有与职业病危害防护相适应的设施；

（三）生产布局合理，符合有害与无害作业分开的原则；

（四）有配套的更衣间、洗浴间、孕妇休息间等卫生设施；

（五）设备、工具、用具等设施符合保护劳动者生理、心理健康的要求；

（六）法律、行政法规和国务院卫生行政部门关于保护劳动者健康的其他要求。

第十六条 国家建立职业病危害项目申报制度。

用人单位工作场所存在职业病目录所列职业病的危害因素的，应当及时、如实向所在地卫生行政部门申报危害项目，接受监督。

职业病危害因素分类目录由国务院卫生行政部门制定、调整并公布。职业病危害项目申报的具体办法由国务院卫生行政部门制定。

第十七条 新建、扩建、改建建设项目和技术改造、技术引进项目（以下统称建设项目）可能产生职业病危害的，建设单位在可行性论证阶段应当进行职业病危害预评价。

医疗机构建设项目可能产生放射性职业病危害的，建设单位应当向卫生行政部门提交放射性职业病危害预评价报告。卫生行政部门应当自收到预评价报告之日起三十日内，作出审核决定并书面通知建设单位。未提交预评价报告或者预评价报告未经卫生行政部门审核同意的，不得开工建设。

职业病危害预评价报告应当对建设项目可能产生的职业病危害因素及其对工作场所和劳动者健康的影响作出评价，确定危害类别和职业病防护措施。

建设项目职业病危害分类管理办法由国务院卫生行政部门制定。

第十八条 建设项目的职业病防护设施所需费用应当纳入建设项目工程预算，并与主体工程同时设计，同时施工，同时投入生产和使用。

建设项目的职业病防护设施设计应当符合国家职业卫生标准和卫生要求；其中，医疗机构放射性职业病危害严重的建设项目的防护设施设计，应当经卫生行政部门审查同意后，方可施工。

建设项目在竣工验收前，建设单位应当进行职业病危害控制效果评价。

医疗机构可能产生放射性职业病危害的建设项目竣工验收时，其放射性职业病防护设施经卫生行政部门验收合格后，方可投入使用；其他建设项目的职业病防护设施应当由建设单位负责依法组织验收，验收合格后，方可投入生产和使用。卫生行政部门应当加强对建设单位组织的验收活动和验收结果的监督核查。

第十九条 国家对从事放射性、高毒、高危粉尘等作业实行特殊管理。具体管理办法由国务院制定。

第三章　劳动过程中的防护与管理

第二十条 用人单位应当采取下列职业病防治管理措施：

（一）设置或者指定职业卫生管理机构或者组织，配备专职或者兼职的职业卫生管理人员，负责本单位的职业病防治工作；

（二）制定职业病防治计划和实施方案；

（三）建立、健全职业卫生管理制度和操作规程；

（四）建立、健全职业卫生档案和劳动者健康监护档案；

（五）建立、健全工作场所职业病危害因素监测及评价制度；

（六）建立、健全职业病危害事故应急救援预案。

第二十一条 用人单位应当保障职业病防治所需的资金投入，不得挤占、挪用，并对因资金投入不足导致的后果承担责任。

第二十二条 用人单位必须采用有效的职业病防护设施，并为劳动者提供个人使用的职业病防护用品。

用人单位为劳动者个人提供的职业病防护用品必须符合防治职业病的要求；不符合要求的，不得使用。

第二十三条 用人单位应当优先采用有利于防治职业病和保护劳动者健康的新技术、新工艺、新设备、新材料，逐步替代职业病危害严重的技术、工艺、设备、材料。

第二十四条 产生职业病危害的用人单位，应当在醒目位置设置公告栏，公布有关职业病防治的规章制度、操作规程、职业病危害事故应急救援措施和工作场所职业病危害因素检测结果。

对产生严重职业病危害的作业岗位，应当在其醒目位置，设置警示标识和中文警示说明。警示说明应当载明产生职业病危害的种类、后果、预防以及应急救治措施等内容。

第二十五条 对可能发生急性职业损伤的有毒、有害工作场所，用人单位应当设置报警装置，配置现场急救用品、冲洗设备、应急撤离通道和必要的泄险区。

对放射工作场所和放射性同位素的运输、贮存，用人单位必须配置防护设备和报警装置，保证接触放射线的工作人员佩戴个人剂量计。

对职业病防护设备、应急救援设施和个人使用的职业病防护用品，用人单位应当进行经常性的维护、检修，定期检测其性能和效果，确保其处于正常状态，不得擅自拆除或者停止使用。

第二十六条 用人单位应当实施由专人负责的职业病危害因素日常监测，并确保监测系统处于正常运行状态。

用人单位应当按照国务院卫生行政部门的规定，定期对工作场所进行职业病危害因素检测、评价。检测、评价结果存入用人单位职业卫生档案，定期向所在地卫生行政部门报告并向劳动者公布。

职业病危害因素检测、评价由依法设立的取得国务院卫生行政部门或者设区的市级以上地方人民政府卫生行政部门按照职责分工给予资质认可的职业卫生技术服务机构进行。职业卫生技术服务机构所作检测、评价应当客观、真实。

发现工作场所职业病危害因素不符合国家职业卫生标准和卫生要求时，用人单位应当立即采取相应治理措施，仍然达不到国家职业卫生标准和卫生要求的，必须停止存在职业病危害因素的作业；职业病危害因素经治理后，符合国家职业卫生标准和卫生要求的，方可重新作业。

第二十七条 职业卫生技术服务机构依法从事职业病危害因素检测、评价工作，接受卫生行政部门的监督检查。卫生行政部门应当依法履行监督职责。

第二十八条 向用人单位提供可能产生职业病危害的设备的，应当提供中文说明书，并在设备的醒目位置设置警示标识和中文警示说明。警示说明应当载明设备性能、可能产生的职业病危害、安全操作和维护注意事项、职业病防护以及应急救治措施等内容。

第二十九条 向用人单位提供可能产生职业病危害的化学品、放射性同位素和含有放射性物质的材料的，应当提供中文说明书。说明书应当载明产品特性、主要成份、存在的有害因素、可能产生的危害后果、安全使用注意事项、职业病防护以及应急救治措施等内容。产品包装应当有醒目的警示标识和中文警示说明。贮存上述材料的场所应当在规定的部位设置危险物品标识或者放射性警示标识。

国内首次使用或者首次进口与职业病危害有关的化学材料，使用单位或者进口单位按照国家规定经国务院有关部门批准后，应当向国务院卫生行政部门报送该化学材料的毒性鉴定以及经有关部门登记注册或者批准进口的文件等资料。

进口放射性同位素、射线装置和含有放射性物质的物品的，按照国家有关规定办理。

第三十条 任何单位和个人不得生产、经营、进口和使用国家明令禁止使用的可能产生职业病危害的设备或者材料。

第三十一条 任何单位和个人不得将产生职业病危害的作业转移给不具备职业病防护条件的单位和个人。不具备职业病防护条件的单位和个人不得接受产生职业病危害的作业。

第三十二条 用人单位对采用的技术、工艺、设备、材料，应当知悉其产生的职业病危害，对有职业病危害的技术、工艺、设备、材料隐瞒其危害而采用的，对所造成的职业病危害后果承担责任。

第三十三条 用人单位与劳动者订立劳动合同（含聘用合同，下同）时，应当将工作过程中可能产生的职业病危害及其后果、职业病防护措施和待遇等如实告知劳动者，并在劳动合同中写明，不得隐瞒或者欺骗。

劳动者在已订立劳动合同期间因工作岗位或者工作内容变更，从事与所订立劳动合同中未告知的存在职业病危害的作业时，用人单位应当依照前款规定，向劳动者履行如实告知的义务，并协商变更原劳动合同相关条款。

用人单位违反前两款规定的，劳动者有权拒绝从事存在职业病危害的作业，用人单位不得因此解除与劳动者所订立的劳动合同。

第三十四条 用人单位的主要负责人和职业卫生管理人员应当接受职业卫生培训，遵守职业病防治法律、法规，依法组织本单位的职业病防治工作。

用人单位应当对劳动者进行上岗前的职业卫生培训和在岗期间的定期职业卫生培训，普及职业卫生知识，督促劳动者遵守职业病防治法律、法规、规章和操作规程，指导劳动者正确使用职业病防护设备和个人使用的职业病防护用品。

劳动者应当学习和掌握相关的职业卫生知识，增强职业病防范意识，遵守职业病防治法律、法规、规章和操作规程，正确使用、维护职业病防护设备和个人使用的职业病防护用品，发现职业病危害事故隐患应当及时报告。

劳动者不履行前款规定义务的，用人单位应当对其进行教育。

第三十五条 对从事接触职业病危害的作业的劳动者，用人单位应当按照国务院卫生行政部门的规定组织上岗前、在岗期间和离岗时的职业健康检查，并将检查结果书面告知劳动者。职业健康检查费用由用人单位承担。

用人单位不得安排未经上岗前职业健康检查的劳动者从事接触职业病危害的作业；不得安排有职业禁忌的劳动者从事其所禁忌的作业；对在职业健康检查中发现有与所从事的职业相关的健康损害的劳动者，应当调离原工作岗位，并妥善安置；对未进行离岗前职业健康检查的劳动者不得解除或者终止与其订立的劳动合同。

职业健康检查应当由取得《医疗机构执业许可证》的医疗卫生机构承担。卫生行政部门应当加强对职业健康检查工作的规范管理，具体管理办法由国务院卫生行政部门制定。

第三十六条 用人单位应当为劳动者建立职业健康监护档案，并按照规定的期限妥善保存。

职业健康监护档案应当包括劳动者的职业史、职业病危害接触史、职业健康检查结果和职业病诊疗等有关个人健康资料。

劳动者离开用人单位时，有权索取本人职业健康监护档案复印件，用人单位应当如实、无偿提供，并在所提供的复印件上签章。

第三十七条　发生或者可能发生急性职业病危害事故时，用人单位应当立即采取应急救援和控制措施，并及时报告所在地卫生行政部门和有关部门。卫生行政部门接到报告后，应当及时会同有关部门组织调查处理；必要时，可以采取临时控制措施。卫生行政部门应当组织做好医疗救治工作。

对遭受或者可能遭受急性职业病危害的劳动者，用人单位应当及时组织救治、进行健康检查和医学观察，所需费用由用人单位承担。

第三十八条　用人单位不得安排未成年工从事接触职业病危害的作业；不得安排孕期、哺乳期的女职工从事对本人和胎儿、婴儿有危害的作业。

第三十九条　劳动者享有下列职业卫生保护权利：

（一）获得职业卫生教育、培训；

（二）获得职业健康检查、职业病诊疗、康复等职业病防治服务；

（三）了解工作场所产生或者可能产生的职业病危害因素、危害后果和应当采取的职业病防护措施；

（四）要求用人单位提供符合防治职业病要求的职业病防护设施和个人使用的职业病防护用品，改善工作条件；

（五）对违反职业病防治法律、法规以及危及生命健康的行为提出批评、检举和控告；

（六）拒绝违章指挥和强令进行没有职业病防护措施的作业；

（七）参与用人单位职业卫生工作的民主管理，对职业病防治工作提出意见和建议。

用人单位应当保障劳动者行使前款所列权利。因劳动者依法行使正当权利而降低其工资、福利等待遇或者解除、终止与其订立的劳动合同的，其行为无效。

第四十条　工会组织应当督促并协助用人单位开展职业卫生宣传教育和培训，有权对用人单位的职业病防治工作提出意见和建议，依法代表劳动者与用人单位签订劳动安全卫生专项集体合同，与用人单位就劳动者反映的有关职业病防治的问题进行协调并督促解决。

工会组织对用人单位违反职业病防治法律、法规，侵犯劳动者合法权益的行为，有权要求纠正；产生严重职业病危害时，有权要求采取防护措施，或者向政府有关部门建议采取强制性措施；发生职业病危害事故时，有权参与事故调查处理；发现危及劳动者生命健康的情形时，有权向用人单位建议组织劳动者撤离危险现场，用人单位应当立即作出处理。

第四十一条　用人单位按照职业病防治要求，用于预防和治理职业病危害、工作场所卫生检测、健康监护和职业卫生培训等费用，按照国家有关规定，在生产成本中据实列支。

第四十二条　职业卫生监督管理部门应当按照职责分工，加强对用人单位落实职业病防护管理措施情况的监督检查，依法行使职权，承担责任。

第四章　职业病诊断与职业病病人保障

第四十三条　职业病诊断应当由取得《医疗机构执业许可证》的医疗卫生机构承担。卫生行政部门应当加强对职业病诊断工作的规范管理，具体管理办法由国务院卫生行政部门制定。承担职业病诊断的医疗卫生机构还应当具备下列条件：

（一）具有与开展职业病诊断相适应的医疗卫生技术人员；

（二）具有与开展职业病诊断相适应的仪器、设备；

（三）具有健全的职业病诊断质量管理制度。承担职业病诊断的医疗卫生机构不得拒绝劳动者进行职业病诊断的要求。

第四十四条　劳动者可以在用人单位所在地、本人户籍所在地或者经常居住地依法承担职业病诊断的医疗卫生机构进行职业病诊断。

第四十五条 职业病诊断标准和职业病诊断、鉴定办法由国务院卫生行政部门制定。职业病伤残等级的鉴定办法由国务院劳动保障行政部门会同国务院卫生行政部门制定。

第四十六条 职业病诊断，应当综合分析下列因素：

（一）病人的职业史；

（二）职业病危害接触史和工作场所职业病危害因素情况；

（三）临床表现以及辅助检查结果等。没有证据否定职业病危害因素与病人临床表现之间的必然联系的，应当诊断为职业病。职业病诊断证明书应当由参与诊断的取得职业病诊断资格的执业医师签署，并经承担职业病诊断的医疗卫生机构审核盖章。

第四十七条 用人单位应当如实提供职业病诊断、鉴定所需的劳动者职业史和职业病危害接触史、工作场所职业病危害因素检测结果等资料；卫生行政部门应当监督检查和督促用人单位提供上述资料；劳动者和有关机构也应当提供与职业病诊断、鉴定有关的资料。

职业病诊断、鉴定机构需要了解工作场所职业病危害因素情况时，可以对工作场所进行现场调查，也可以向卫生行政部门提出，卫生行政部门应当在十日内组织现场调查。用人单位不得拒绝、阻挠。

第四十八条 职业病诊断、鉴定过程中，用人单位不提供工作场所职业病危害因素检测结果等资料的，诊断、鉴定机构应当结合劳动者的临床表现、辅助检查结果和劳动者的职业史、职业病危害接触史，并参考劳动者的自述、卫生行政部门提供的日常监督检查信息等，作出职业病诊断、鉴定结论。

劳动者对用人单位提供的工作场所职业病危害因素检测结果等资料有异议，或者因劳动者的用人单位解散、破产，无用人单位提供上述资料的，诊断、鉴定机构应当提请卫生行政部门进行调查，卫生行政部门应当自接到申请之日起三十日内对存在异议的资料或者工作场所职业病危害因素情况作出判定；有关部门应当配合。

第四十九条 职业病诊断、鉴定过程中，在确认劳动者职业史、职业病危害接触史时，当事人对劳动关系、工种、工作岗位或者在岗时间有争议的，可以向当地的劳动人事争议仲裁委员会申请仲裁；接到申请的劳动人事争议仲裁委员会应当受理，并在三十日内作出裁决。

当事人在仲裁过程中对自己提出的主张，有责任提供证据。劳动者无法提供由用人单位掌握管理的与仲裁主张有关的证据的，仲裁庭应当要求用人单位在指定期限内提供；用人单位在指定期限内不提供的，应当承担不利后果。

劳动者对仲裁裁决不服的，可以依法向人民法院提起诉讼。用人单位对仲裁裁决不服的，可以在职业病诊断、鉴定程序结束之日起十五日内依法向人民法院提起诉讼；诉讼期间，劳动者的治疗费用按照职业病待遇规定的途径支付。

第五十条 用人单位和医疗卫生机构发现职业病病人或者疑似职业病病人时，应当及时向所在地卫生行政部门报告。确诊为职业病的，用人单位还应当向所在地劳动保障行政部门报告。接到报告的部门应当依法作出处理。

第五十一条 县级以上地方人民政府卫生行政部门负责本行政区域内的职业病统计报告的管理工作，并按照规定上报。

第五十二条 当事人对职业病诊断有异议的，可以向作出诊断的医疗卫生机构所在地地方人民政府卫生行政部门申请鉴定。

职业病诊断争议由设区的市级以上地方人民政府卫生行政部门根据当事人的申请，组织职业病诊断鉴定委员会进行鉴定。

　　当事人对设区的市级职业病诊断鉴定委员会的鉴定结论不服的，可以向省、自治区、直辖市人民政府卫生行政部门申请再鉴定。

　　第五十三条　职业病诊断鉴定委员会由相关专业的专家组成。

　　省、自治区、直辖市人民政府卫生行政部门应当设立相关的专家库，需要对职业病争议作出诊断鉴定时，由当事人或者当事人委托有关卫生行政部门从专家库中以随机抽取的方式确定参加诊断鉴定委员会的专家。

　　职业病诊断鉴定委员会应当按照国务院卫生行政部门颁布的职业病诊断标准和职业病诊断、鉴定办法进行职业病诊断鉴定，向当事人出具职业病诊断鉴定书。职业病诊断、鉴定费用由用人单位承担。

　　第五十四条　职业病诊断鉴定委员会组成人员应当遵守职业道德，客观、公正地进行诊断鉴定，并承担相应的责任。职业病诊断鉴定委员会组成人员不得私下接触当事人，不得收受当事人的财物或者其他好处，与当事人有利害关系的，应当回避。

　　人民法院受理有关案件需要进行职业病鉴定时，应当从省、自治区、直辖市人民政府卫生行政部门依法设立的相关的专家库中选取参加鉴定的专家。

　　第五十五条　医疗卫生机构发现疑似职业病病人时，应当告知劳动者本人并及时通知用人单位。

　　用人单位应当及时安排对疑似职业病病人进行诊断；在疑似职业病病人诊断或者医学观察期间，不得解除或者终止与其订立的劳动合同。

　　疑似职业病病人在诊断、医学观察期间的费用，由用人单位承担。

　　第五十六条　用人单位应当保障职业病病人依法享受国家规定的职业病待遇。

　　用人单位应当按照国家有关规定，安排职业病病人进行治疗、康复和定期检查。

　　用人单位对不适宜继续从事原工作的职业病病人，应当调离原岗位，并妥善安置。

　　用人单位对从事接触职业病危害的作业的劳动者，应当给予适当岗位津贴。

　　第五十七条　职业病病人的诊疗、康复费用，伤残以及丧失劳动能力的职业病病人的社会保障，按照国家有关工伤保险的规定执行。

　　第五十八条　职业病病人除依法享有工伤保险外，依照有关民事法律，尚有获得赔偿的权利的，有权向用人单位提出赔偿要求。

　　第五十九条　劳动者被诊断患有职业病，但用人单位没有依法参加工伤保险的，其医疗和生活保障由该用人单位承担。

　　第六十条　职业病病人变动工作单位，其依法享有的待遇不变。

　　用人单位在发生分立、合并、解散、破产等情形时，应当对从事接触职业病危害的作业的劳动者进行健康检查，并按照国家有关规定妥善安置职业病病人。

　　第六十一条　用人单位已经不存在或者无法确认劳动关系的职业病病人，可以向地方人民政府医疗保障、民政部门申请医疗救助和生活等方面的救助。

　　地方各级人民政府应当根据本地区的实际情况，采取其他措施，使前款规定的职业病病人获得医疗救治。

第五章　监督检查

　　第六十二条　县级以上人民政府职业卫生监督管理部门依照职业病防治法律、法规、国家职业卫生标准和卫生要求，依据职责划分，对职业病防治工作进行监督检查。

第六十三条　卫生行政部门履行监督检查职责时，有权采取下列措施：

（一）进入被检查单位和职业病危害现场，了解情况，调查取证；

（二）查阅或者复制与违反职业病防治法律、法规的行为有关的资料和采集样品；

（三）责令违反职业病防治法律、法规的单位和个人停止违法行为。

第六十四条　发生职业病危害事故或者有证据证明危害状态可能导致职业病危害事故发生时，卫生行政部门可以采取下列临时控制措施：

（一）责令暂停导致职业病危害事故的作业；

（二）封存造成职业病危害事故或者可能导致职业病危害事故发生的材料和设备；

（三）组织控制职业病危害事故现场。

在职业病危害事故或者危害状态得到有效控制后，卫生行政部门应当及时解除控制措施。

第六十五条　职业卫生监督执法人员依法执行职务时，应当出示监督执法证件。

职业卫生监督执法人员应当忠于职守，秉公执法，严格遵守执法规范；涉及用人单位的秘密的，应当为其保密。

第六十六条　职业卫生监督执法人员依法执行职务时，被检查单位应当接受检查并予以支持配合，不得拒绝和阻碍。

第六十七条　卫生行政部门及其职业卫生监督执法人员履行职责时，不得有下列行为：

（一）对不符合法定条件的，发给建设项目有关证明文件、资质证明文件或者予以批准；

（二）对已经取得有关证明文件的，不履行监督检查职责；

（三）发现用人单位存在职业病危害的，可能造成职业病危害事故，不及时依法采取控制措施；

（四）其他违反本法的行为。

第六十八条　职业卫生监督执法人员应当依法经过资格认定。

职业卫生监督管理部门应当加强队伍建设，提高职业卫生监督执法人员的政治、业务素质，依照本法和其他有关法律、法规的规定，建立、健全内部监督制度，对其工作人员执行法律、法规和遵守纪律的情况，进行监督检查。

第六章　法律责任

第六十九条　建设单位违反本法规定，有下列行为之一的，由卫生行政部门给予警告，责令限期改正；逾期不改正的，处十万元以上五十万元以下的罚款；情节严重的，责令停止产生职业病危害的作业，或者提请有关人民政府按照国务院规定的权限责令停建、关闭：

（一）未按照规定进行职业病危害预评价的；

（二）医疗机构可能产生放射性职业病危害的建设项目未按照规定提交放射性职业病危害预评价报告，或者放射性职业病危害预评价报告未经卫生行政部门审核同意，开工建设的；

（三）建设项目的职业病防护设施未按照规定与主体工程同时设计、同时施工、同时投入生产和使用的；

（四）建设项目的职业病防护设施设计不符合国家职业卫生标准和卫生要求，或者医疗机构放射性职业病危害严重的建设项目的防护设施设计未经卫生行政部门审查同意擅自施工的；

（五）未按照规定对职业病防护设施进行职业病危害控制效果评价的；

（六）建设项目竣工投入生产和使用前，职业病防护设施未按照规定验收合格的。

第七十条 违反本法规定，有下列行为之一的，由卫生行政部门给予警告，责令限期改正；逾期不改正的，处十万元以下的罚款：

（一）工作场所职业病危害因素检测、评价结果没有存档、上报、公布的；

（二）未采取本法第二十条规定的职业病防治管理措施的；

（三）未按照规定公布有关职业病防治的规章制度、操作规程、职业病危害事故应急救援措施的；

（四）未按照规定组织劳动者进行职业卫生培训，或者未对劳动者个人职业病防护采取指导、督促措施的；

（五）国内首次使用或者首次进口与职业病危害有关的化学材料，未按照规定报送毒性鉴定资料以及经有关部门登记注册或者批准进口的文件的。

第七十一条 用人单位违反本法规定，有下列行为之一的，由卫生行政部门责令限期改正，给予警告，可以并处五万元以上十万元以下的罚款：

（一）未按照规定及时、如实向卫生行政部门申报产生职业病危害的项目的；

（二）未实施由专人负责的职业病危害因素日常监测，或者监测系统不能正常监测的；

（三）订立或者变更劳动合同时，未告知劳动者职业病危害真实情况的；

（四）未按照规定组织职业健康检查、建立职业健康监护档案或者未将检查结果书面告知劳动者的；

（五）未依照本法规定在劳动者离开用人单位时提供职业健康监护档案复印件的。

第七十二条 用人单位违反本法规定，有下列行为之一的，由卫生行政部门给予警告，责令限期改正，逾期不改正的，处五万元以上二十万元以下的罚款；情节严重的，责令停止产生职业病危害的作业，或者提请有关人民政府按照国务院规定的权限责令关闭：

（一）工作场所职业病危害因素的强度或者浓度超过国家职业卫生标准的；

（二）未提供职业病防护设施和个人使用的职业病防护用品，或者提供的职业病防护设施和个人使用的职业病防护用品不符合国家职业卫生标准和卫生要求的；

（三）对职业病防护设备、应急救援设施和个人使用的职业病防护用品未按照规定进行维护、检修、检测，或者不能保持正常运行、使用状态的；

（四）未按照规定对工作场所职业病危害因素进行检测、评价的；

（五）工作场所职业病危害因素经治理仍然达不到国家职业卫生标准和卫生要求时，未停止存在职业病危害因素的作业的；

（六）未按照规定安排职业病病人、疑似职业病病人进行诊治的；

（七）发生或者可能发生急性职业病危害事故时，未立即采取应急救援和控制措施或者未按照规定及时报告的；

（八）未按照规定在产生严重职业病危害的作业岗位醒目位置设置警示标识和中文警示说明的；

（九）拒绝职业卫生监督管理部门监督检查的；

（十）隐瞒、伪造、篡改、毁损职业健康监护档案、工作场所职业病危害因素检测评价结果等相关资料，或者拒不提供职业病诊断、鉴定所需资料的；

（十一）未按照规定承担职业病诊断、鉴定费用和职业病病人的医疗、生活保障费用的。

第七十三条　向用人单位提供可能产生职业病危害的设备、材料，未按照规定提供中文说明书或者设置警示标识和中文警示说明的，由卫生行政部门责令限期改正，给予警告，并处五万元以上二十万元以下的罚款。

第七十四条　用人单位和医疗卫生机构未按照规定报告职业病、疑似职业病的，由有关主管部门依据职责分工责令限期改正，给予警告，可以并处一万元以下的罚款；弄虚作假的，并处二万元以上五万元以下的罚款；对直接负责的主管人员和其他直接责任人员，可以依法给予降级或者撤职的处分。

第七十五条　违反本法规定，有下列情形之一的，由卫生行政部门责令限期治理，并处五万元以上三十万元以下的罚款；情节严重的，责令停止产生职业病危害的作业，或者提请有关人民政府按照国务院规定的权限责令关闭：

（一）隐瞒技术、工艺、设备、材料所产生的职业病危害而采用的；

（二）隐瞒本单位职业卫生真实情况的；

（三）可能发生急性职业损伤的有毒、有害工作场所、放射工作场所或者放射性同位素的运输、贮存不符合本法第二十五条规定的；

（四）使用国家明令禁止使用的可能产生职业病危害的设备或者材料的；

（五）将产生职业病危害的作业转移给没有职业病防护条件的单位和个人，或者没有职业病防护条件的单位和个人接受产生职业病危害的作业的；

（六）擅自拆除、停止使用职业病防护设备或者应急救援设施的；

（七）安排未经职业健康检查的劳动者、有职业禁忌的劳动者、未成年工或者孕期、哺乳期女职工从事接触职业病危害的作业或者禁忌作业的；

（八）违章指挥和强令劳动者进行没有职业病防护措施的作业的。

第七十六条　生产、经营或者进口国家明令禁止使用的可能产生职业病危害的设备或者材料的，依照有关法律、行政法规的规定给予处罚。

第七十七条　用人单位违反本法规定，已经对劳动者生命健康造成严重损害的，由卫生行政部门责令停止产生职业病危害的作业，或者提请有关人民政府按照国务院规定的权限责令关闭，并处十万元以上五十万元以下的罚款。

第七十八条　用人单位违反本法规定，造成重大职业病危害事故或者其他严重后果，构成犯罪的，对直接负责的主管人员和其他直接责任人员，依法追究刑事责任。

第七十九条　未取得职业卫生技术服务资质认可擅自从事职业卫生技术服务的，由卫生行政部门责令立即停止违法行为，没收违法所得；违法所得五千元以上的，并处违法所得二倍以上十倍以下的罚款；没有违法所得或者违法所得不足五千元的，并处五千元以上五万元以下的罚款；情节严重的，对直接负责的主管人员和其他直接责任人员，依法给予降级、撤职或者开除的处分。

第八十条　从事职业卫生技术服务的机构和承担职业病诊断的医疗卫生机构违反本法规定，有下列行为之一的，由卫生行政部门责令立即停止违法行为，给予警告，没收违法所得；违法所得五千元以上的，并处违法所得二倍以上五倍以下的罚款；没有违法所得或者违法所得不足五千元的，并处五千元以上二万元以下的罚款；情节严重的，由原认可或者登记机关取消其相应的资格；对直接负责的主管人员和其他直接责任人员，依法给予降级、撤职或者开除的处分；构成犯罪的，依法追究刑事责任：

（一）超出资质认可或者诊疗项目登记范围从事职业卫生技术服务或者职业病诊断的；

（二）不按照本法规定履行法定职责的；

（三）出具虚假证明文件的。

第八十一条 职业病诊断鉴定委员会组成人员收受职业病诊断争议当事人的财物或者其他好处的，给予警告，没收收受的财物，可以并处三千元以上五万元以下的罚款，取消其担任职业病诊断鉴定委员会组成人员的资格，并从省、自治区、直辖市人民政府卫生行政部门设立的专家库中予以除名。

第八十二条 卫生行政部门不按照规定报告职业病和职业病危害事故的，由上一级行政部门责令改正，通报批评，给予警告；虚报、瞒报的，对单位负责人、直接负责的主管人员和其他直接责任人员依法给予降级、撤职或者开除的处分。

第八十三条 县级以上地方人民政府在职业病防治工作中未依照本法履行职责，本行政区域出现重大职业病危害事故、造成严重社会影响的，依法对直接负责的主管人员和其他直接责任人员给予记大过直至开除的处分。

县级以上人民政府职业卫生监督管理部门不履行本法规定的职责，滥用职权、玩忽职守、徇私舞弊，依法对直接负责的主管人员和其他直接责任人员给予记大过或者降级的处分；造成职业病危害事故或者其他严重后果的，依法给予撤职或者开除的处分。

第八十四条 违反本法规定，构成犯罪的，依法追究刑事责任。

第七章 附　则

第八十五条 本法下列用语的含义：

职业病危害，是指对从事职业活动的劳动者可能导致职业病的各种危害。职业病危害因素包括：职业活动中存在的各种有害的化学、物理、生物因素以及在作业过程中产生的其他职业有害因素。

职业禁忌，是指劳动者从事特定职业或者接触特定职业病危害因素时，比一般职业人群更易于遭受职业病危害和罹患职业病或者可能导致原有自身疾病病情加重，或者在从事作业过程中诱发可能导致对他人生命健康构成危险的疾病的个人特殊生理或者病理状态。

第八十六条 本法第二条规定的用人单位以外的单位，产生职业病危害的，其职业病防治活动可以参照本法执行。

劳务派遣用工单位应当履行本法规定的用人单位的义务。

中国人民解放军参照执行本法的办法，由国务院、中央军事委员会制定。

第八十七条 对医疗机构放射性职业病危害控制的监督管理，由卫生行政部门依照本法的规定实施。

第八十八条 本法自 2002 年 5 月 1 日起施行。

9. 作业场所职业健康监督管理暂行规定

经 2009 年 6 月 15 日国家安全生产监督管理总局局长办公会议审议通过，国家安全生产监督管理总局第 23 号令公布，自 2009 年 9 月 1 日起施行。《工作场所职业卫生监督管理规定》已经 2012 年 3 月 6 日国家安全生产监督管理总局局长办公会议审议通过，现予公布，自 2012 年 6 月 1 日起施行，国家安全生产监督管理总局 2009 年 7 月 1 日公布的《作业场所职业健康监督管理暂行规定》同时废止。

公布日期：2009 年 7 月 1 日
实施日期：2009 年 9 月 1 日
有效性：废止

目　　录

1　颁布
2　总则
3　职责
4　监督管理
5　罚则
6　附则

国家安全生产监督管理总局令
第 23 号

《工作场所职业卫生监督管理规定》已经 2012 年 3 月 6 日国家安全生产监督管理总局局长办公会议审议通过，现予公布，自 2009 年 9 月 1 日起施行。

国家安全生产监督管理总局　骆琳
二〇〇九年七月一日

总　　则

第一条　为了加强工矿商贸生产经营单位作业场所职业健康的监督管理，强化生产经营单位职业危害防治的主体责任，预防、控制和消除职业危害，保障从业人员生命安全和健康，根据《职业病防治法》、《安全生产法》等法律、行政法规和国务院有关职业健康监督检查职责调整的规定，制定本规定。

第二条　除煤矿企业以外的工矿商贸生产经营单位（以下简称生产经营单位）作业场所的职业危害防治和安全生产监督管理部门对其实施监督管理工作，适用本规定。

煤矿企业作业场所的职业危害防治和煤矿安全监察机构对其实施监察工作，另行规定。

第三条　生产经营单位应当加强作业场所的职业危害防治工作，为从业人员提供符合法律、法规、规章和国家标准、行业标准的工作环境和条件，采取有效措施，保障从业人员的职业健康。

第四条 生产经营单位是职业危害防治的责任主体。

生产经营单位的主要负责人对本单位作业场所的职业危害防治工作全面负责。

第五条 国家安全生产监督管理总局负责全国生产经营单位作业场所职业健康的监督管理工作。

县级以上地方人民政府安全生产监督管理部门负责本行政区域内生产经营单位作业场所职业健康的监督管理工作。

第六条 为作业场所职业危害防治提供技术服务的职业健康技术服务机构，应当依照法律、法规、规章和执业准则，为生产经营单位提供技术服务。

第七条 任何单位和个人均有权向安全生产监督管理部门举报生产经营单位违反本规定的行为和职业危害事故。

第八条 存在职业危害的生产经营单位应当设置或者指定职业健康管理机构，配备专职或者兼职的职业健康管理人员，负责本单位的职业危害防治工作。

第九条 生产经营单位的主要负责人和职业健康管理人员应当具备与本单位所从事的生产经营活动相适应的职业健康知识和管理能力，并接受安全生产监督管理部门组织的职业健康培训。

第十条 生产经营单位应当对从业人员进行上岗前的职业健康培训和在岗期间的定期职业健康培训，普及职业健康知识，督促从业人员遵守职业危害防治的法律、法规、规章、国家标准、行业标准和操作规程。

第十一条 存在职业危害的生产经营单位应当建立、健全下列职业危害防治制度和操作规程：

（一）职业危害防治责任制度；

（二）职业危害告知制度；

（三）职业危害申报制度；

（四）职业健康宣传教育培训制度；

（五）职业危害防护设施维护检修制度；

（六）从业人员防护用品管理制度；

（七）职业危害日常监测管理制度；

（八）从业人员职业健康监护档案管理制度；

（九）岗位职业健康操作规程；

（十）法律、法规、规章规定的其他职业危害防治制度。

第十二条 存在职业危害的生产经营单位的作业场所应当符合下列要求：

（一）生产布局合理，有害作业与无害作业分开；

（二）作业场所与生活场所分开，作业场所不得住人；

（三）有与职业危害防治工作相适应的有效防护设施；

（四）职业危害因素的强度或者浓度符合国家标准、行业标准；

（五）法律、法规、规章和国家标准、行业标准的其他规定。

第十三条 存在职业危害的生产经营单位，应当按照有关规定及时、如实将本单位的职业危害因素向安全生产监督管理部门申报，并接受安全生产监督管理部门的监督检查。

第十四条 新建、改建、扩建的工程建设项目和技术改造、技术引进项目（以下统称建设项目）可能产生职业危害的，建设单位应当按照有关规定，在可行性论证阶段委托具有相应资质的职业健康技术服务机构进行预评价。职业危害预评价报告应当报送建设项目所在地安全生产监督管理部门备案。

第十五条 产生职业危害的建设项目应当在初步设计阶段编制职业危害防治专篇。职业危害防治专篇应当报送建设项目所在地安全生产监督管理部门备案。

第十六条 建设项目的职业危害防护设施应当与主体工程同时设计、同时施工、同时投入生产和使用（以下简称"三同时"）。职业危害防护设施所需费用应当纳入建设项目工程预算。

第十七条 建设项目在竣工验收前，建设单位应当按照有关规定委托具有相应资质的职业健康技术服务机构进行职业危害控制效果评价。建设项目竣工验收时，其职业危害防护设施依法经验收合格，取得职业危害防护设施验收批复文件后，方可投入生产和使用。

职业危害控制效果评价报告、职业危害防护设施验收批复文件应当报送建设项目所在地安全生产监督管理部门备案。

第十八条 存在职业危害的生产经营单位，应当在醒目位置设置公告栏，公布有关职业危害防治的规章制度、操作规程和作业场所职业危害因素监测结果。

对产生严重职业危害的作业岗位，应当在醒目位置设置警示标识和中文警示说明。警示说明应当载明产生职业危害的种类、后果、预防和应急处置措施等内容。

第十九条 生产经营单位必须为从业人员提供符合国家标准、行业标准的职业危害防护用品，并督促、教育、指导从业人员按照使用规则正确佩戴、使用，不得发放钱物替代发放职业危害防护用品。

生产经营单位应当对职业危害防护用品进行经常性的维护、保养，确保防护用品有效。不得使用不符合国家标准、行业标准或者已经失效的职业危害防护用品。

第二十条 生产经营单位对职业危害防护设施应当进行经常性的维护、检修和保养，定期检测其性能和效果，确保其处于正常状态。不得擅自拆除或者停止使用职业危害防护设施。

第二十一条 存在职业危害的生产经营单位应当设有专人负责作业场所职业危害因素日常监测，保证监测系统处于正常工作状态。监测的结果应当及时向从业人员公布。

第二十二条 存在职业危害的生产经营单位应当委托具有相应资质的中介技术服务机构，每年至少进行一次职业危害因素检测，每三年至少进行一次职业危害现状评价。定期检测、评价结果应当存入本单位的职业危害防治档案，向从业人员公布，并向所在地安全生产监督管理部门报告。

第二十三条 生产经营单位在日常的职业危害监测或者定期检测、评价过程中，发现作业场所职业危害因素的强度或者浓度不符合国家标准、行业标准的，应当立即采取措施进行整改和治理，确保其符合职业健康环境和条件的要求。

第二十四条 向生产经营单位提供可能产生职业危害的设备的，应当提供中文说明书，并在设备的醒目位置设置警示标识和中文警示说明。警示说明应当载明设备性能、可能产生的职业危害、安全操作和维护注意事项、职业危害防护措施等内容。

第二十五条 向生产经营单位提供可能产生职业危害的化学品等材料的，应当提供中文说明书。说明书应当载明产品特性、主要成份、存在的有害因素、可能产生的危害后果、安全使用注意事项、职业危害防护和应急处置措施等内容。产品包装应当有醒目的警示标识和中文警示说明。贮存场所应当设置危险物品标识。

第二十六条 任何生产经营单位不得使用国家明令禁止使用的可能产生职业危害的设备

或者材料。

第二十七条 任何单位和个人不得将产生职业危害的作业转移给不具备职业危害防护条件的单位和个人。不具备职业危害防护条件的单位和个人不得接受产生职业危害的作业。

第二十八条 生产经营单位应当优先采用有利于防治职业危害和保护从业人员健康的新技术、新工艺、新材料、新设备，逐步替代产生职业危害的技术、工艺、材料、设备。

第二十九条 生产经营单位对采用的技术、工艺、材料、设备，应当知悉其可能产生的职业危害，并采取相应的防护措施。对可能产生职业危害的技术、工艺、材料、设备故意隐瞒其危害而采用的，生产经营单位主要负责人对其所造成的职业危害后果承担责任。

第三十条 生产经营单位与从业人员订立劳动合同（含聘用合同，下同）时，应当将工作过程中可能产生的职业危害及其后果、职业危害防护措施和待遇等如实告知从业人员，并在劳动合同中写明，不得隐瞒或者欺骗。生产经营单位应当依法为从业人员办理工伤保险，缴纳保险费。

从业人员在履行劳动合同期间因工作岗位或者工作内容变更，从事与所订立劳动合同中未告知的存在职业危害的作业的，生产经营单位应当依照前款规定，向从业人员履行如实告知的义务，并协商变更原劳动合同相关条款。

生产经营单位违反本条第一款、第二款规定的，从业人员有权拒绝作业。生产经营单位不得因从业人员拒绝作业而解除或者终止与从业人员所订立的劳动合同。

第三十一条 对接触职业危害的从业人员，生产经营单位应当按照国家有关规定组织上岗前、在岗期间和离岗时的职业健康检查，并将检查结果如实告知从业人员。职业健康检查费用由生产经营单位承担。

生产经营单位不得安排未经上岗前职业健康检查的从业人员从事接触职业危害的作业；不得安排有职业禁忌的从业人员从事其所禁忌的作业；对在职业健康检查中发现有与所从事职业相关的健康损害的从业人员，应当调离原工作岗位，并妥善安置；对未进行离岗前职业健康检查的从业人员，不得解除或者终止与其订立的劳动合同。

第三十二条 生产经营单位应当为从业人员建立职业健康监护档案，并按照规定的期限妥善保存。

从业人员离开生产经营单位时，有权索取本人职业健康监护档案复印件，生产经营单位应当如实、无偿提供，并在所提供的复印件上签章。

第三十三条 生产经营单位不得安排未成年工从事接触职业危害的作业；不得安排孕期、哺乳期的女职工从事对本人和胎儿、婴儿有危害的作业。

第三十四条 生产经营单位发生职业危害事故，应当及时向所在地安全生产监督管理部门和有关部门报告，并采取有效措施，减少或者消除职业危害因素，防止事故扩大。对遭受职业危害的从业人员，及时组织救治，并承担所需费用。

生产经营单位及其从业人员不得迟报、漏报、谎报或者瞒报职业危害事故。

第三十五条 作业场所使用有毒物品的生产经营单位，应当按照有关规定向安全生产监督管理部门申请办理职业卫生安全许可证。

第三十六条 生产经营单位在安全生产监督管理部门行政执法人员依法履行监督检查职责时，应当予以配合，不得拒绝、阻挠。

监督管理

第三十七条 安全生产监督管理部门依法对生产经营单位执行有关职业危害防治的法

律、法规、规章和国家标准、行业标准的下列情况进行监督检查：

（一）职业健康管理机构设置、人员配备情况；

（二）职业危害防治制度和规程的建立、落实及公布情况；

（三）主要负责人、职业健康管理人员、从业人员的职业健康教育培训情况；

（四）作业场所职业危害因素申报情况；

（五）作业场所职业危害因素监测、检测及结果公布情况；

（六）职业危害防护设施的设置、维护、保养情况，以及个体防护用品的发放、管理及从业人员佩戴使用情况；

（七）职业危害因素及危害后果告知情况；

（八）职业危害事故报告情况；

（九）依法应当监督检查的其他情况。

第三十八条　安全生产监督管理部门应当建立健全职业危害的监督检查制度，加强行政执法人员职业健康知识的培训，提高行政执法人员的业务素质。

第三十九条　安全生产监督管理部门应当建立健全职业危害防护设施"三同时"的备案管理制度，加强职业危害相关资料的档案管理。

第四十条　安全生产监督管理部门对从事职业危害防治工作的职业健康技术服务机构实行登记备案管理制度。依法取得相应资质的职业健康技术服务机构，应当向安全生产监督管理部门登记备案。

从事作业场所职业危害检测、评价等工作的中介技术服务机构应当客观、真实、准确地开展检测、评价工作，并对其检测、评价的结果负责。

第四十一条　安全生产监督管理部门应当加强对职业健康技术服务机构的监督检查，发现存在违法违规行为的，及时向有关部门通报。

第四十二条　安全生产监督管理部门行政执法人员依法履行监督检查职责时，应当出示有效的执法证件。

行政执法人员应当忠于职守，秉公执法，严格遵守执法规范；对涉及被检查单位的技术秘密和业务秘密的，应当为其保密。

第四十三条　安全生产监督管理部门履行监督检查职责时，有权采取下列措施：

（一）进入被检查单位及作业场所，进行职业危害检测，了解有关情况，调查取证；

（二）查阅、复制被检查单位有关职业危害防治的文件、资料，采集有关样品；

（三）对有根据认为不符合职业危害防治的国家标准、行业标准的设施、设备、器材予以查封或者扣押，并应当在 15 日内依法作出处理决定。

第四十四条　发生职业危害事故的，安全生产监督管理部门应当并依照国家有关规定报告事故和组织事故的调查处理。

罚　　则

第四十五条　生产经营单位有下列情形之一的，给予警告，责令限期改正；逾期未改正的，处 2 万元以下的罚款：

（一）未按照规定设置或者指定职业健康管理机构，或者未配备专职或者兼职的职业健康管理人员的；

（二）未按照规定建立职业危害防治制度和操作规程的；

（三）未按照规定公布有关职业危害防治的规章制度和操作规程的；

（四）生产经营单位主要负责人、职业健康管理人员未按照规定接受职业健康培训的；

（五）生产经营单位未按照规定组织从业人员进行职业健康培训的；

（六）作业场所职业危害因素监测、检测和评价结果未按照规定存档、报告和公布的。

第四十六条 生产经营单位有下列情形之一的，责令限期改正，给予警告，可以并处 2 万元以上 5 万元以下的罚款：

（一）未按照规定及时、如实申报职业危害因素的；

（二）未按照规定设有专人负责作业场所职业危害因素日常监测，或者监测系统不能正常监测的；

（三）订立或者变更劳动合同时，未告知从业人员职业危害真实情况的；

（四）未按照规定组织从业人员进行职业健康检查、建立职业健康监护档案，或者未将检查结果如实告知从业人员的。

第四十七条 生产经营单位有下列情形之一，给予警告，责令限期改正；逾期未改正的，处 5 万元以上 20 万元以下的罚款；情节严重的，责令停止产生职业危害的作业，或者提请有关人民政府按照国务院规定的权限责令关闭：

（一）作业场所职业危害因素的强度或者浓度超过国家标准、行业标准的；

（二）未提供职业危害防护设施和从业人员使用的职业危害防护用品，或者提供的职业危害防护设施和从业人员使用的职业危害防护用品不符合国家标准、行业标准的；

（三）未按照规定对职业危害防护设施和从业人员职业危害防护用品进行维护、检修、检测，并保持正常运行、使用状态的；

（四）未按照规定对作业场所职业危害因素进行检测、评价的；

（五）作业场所职业危害因素经治理仍然达不到国家标准、行业标准的；

（六）发生职业危害事故，未采取有效措施，或者未按照规定及时报告的；

（七）未按照规定在产生职业危害的作业岗位醒目位置公布操作规程、设置警示标识和中文警示说明的；

（八）拒绝安全生产监督管理部门依法履行监督检查职责的。

第四十八条 生产经营单位有下列情形之一的，责令限期改正，并处 5 万元以上 30 万元以下的罚款；情节严重的，责令停止产生职业危害的作业，或提请有关人民政府按照国务院规定的权限责令关闭：

（一）隐瞒技术、工艺、材料所产生的职业危害而采用的；

（二）使用国家明令禁止使用的可能产生职业危害的设备或者材料的；

（三）将产生职业危害的作业转移给没有职业危害防护条件的单位和个人，或者没有职业危害防护条件的单位和个人接受产生职业危害作业的；

（四）擅自拆除、停止使用职业危害防护设施的；

（五）安排未经职业健康检查的从业人员、有职业禁忌的从业人员、未成年工或者孕期、哺乳期女职工从事接触产生职业危害作业或者禁忌作业的。

第四十九条 生产经营单位违反有关职业危害防治法律、法规、规章和国家标准、行业标准的规定，已经对从业人员生命健康造成严重损害的，责令其停止产生职业危害的作业，或者提请有关人民政府按照国务院规定的权限责令关闭，并处 10 万元以上 30 万元以下的罚款。

第五十条 建设项目职业危害预评价报告、职业危害防治专篇、职业危害控制效果评价报告和职业危害防护设施验收批复文件未按照本规定要求备案的，给予警告、并处 3 万元以下的罚款。

第五十一条 向生产经营单位提供可能产生职业危害的设备或者材料，未按照规定提供中文说明书或者设置警示标识和中文警示说明的，责令限期改正，给予警告，并处 5 万元以上 20 万元以下的罚款。

第五十二条 安全生产监督管理部门及其行政执法人员未按照规定报告职业危害事故的，依照有关规定给予处理；构成犯罪的，依法追究刑事责任。

第五十三条 本规定所规定的对作业场所职业健康违法行为的处罚，由县级以上安全生产监督管理部门决定。法律、行政法规和国务院有关规定对行政处罚决定机关另有规定的，依照其规定。

附　　则

第五十四条 本规定下列用语的含义：

作业场所，是指从业人员进行职业活动的所有地点，包括建设单位施工场所。

职业危害，是指从业人员在从事职业活动中，由于接触粉尘、毒物等有害因素而对身体健康所造成的各种损害。

职业禁忌，是指从业人员从事特定职业或者接触特定职业危害因素时，比一般职业人群更易于遭受职业危害损伤和罹患职业病，或者可能导致原有自身疾病病情加重，或者在从事作业过程中诱发可能导致对他人生命健康构成危险的疾病的个人特殊生理或者病理状态。

第五十五条 本规定未规定的职业危害防治的其他有关事项，依照《职业病防治法》和其他有关法律、行政法规的规定执行。

第五十六条 本规定自 2009 年 9 月 1 日起施行。

四、水土保持方案相关管理规定

1. 北京市水土保持条例

（2015年5月29日北京市第十四届人民代表大会常务委员会第19次会议通过）

《北京市水土保持条例》经2015年5月29日北京市十四届人大常务委员会第19次会议通过，2015年5月29日北京市人民代表大会常务委员会公告第12号公布。该《条例》共41条，自2016年1月1日起施行。1992年6月19日北京市九届人大常委会第34次会议通过、1997年4月15日北京市十届人大常委会第36次会议《关于修改〈北京市实施中华人民共和国水土保持法办法〉的决定》第1次修正，2010年12月23日北京市十三届人大常委会第22次会议《关于修改部分地方性法规的决定》第2次修正的《北京市实施〈中华人民共和国水土保持法〉办法》予以废止。

《北京市水土保持条例》将2016年[1]年1月1日起正式施行。条例依法确定了最严格的水土资源保护方式，在水土资源保护方式、地下水保护、表土和渣土管理、责任制和考核奖惩制度等方面有明确规定。

第一条 为了预防和治理水土流失，严格保护和合理利用水土资源，改善首都生态环境，建设和谐宜居城市，根据《中华人民共和国水土保持法》，结合本市实际情况，制定本条例。

第二条 本条例适用于本市行政区域内的水土保持活动。

第三条 水土保持工作坚持预防为主、保护优先、全面规划、综合治理、公众参与、损害担责的原则，采取经济、技术、管理等政策和措施，保障首都生态安全。

第四条 市和区、县人民政府加强对水土保持工作的统一领导，完善水土保持管理体制，实行严格的水土资源保护制度，将水土保持工作纳入本级国民经济和社会发展规划及年度计划，组织实施水土保持规划确定的任务。

本市实行水土保持目标责任制和考核奖惩制度。市和区、县人民政府将水土保持任务完成情况纳入考核内容，考核结果作为考核奖惩的重要依据。

乡、镇人民政府和街道办事处应当协助水行政部门做好本地区水土保持工作。

第五条 市水行政部门负责全市水土保持工作。区、县水行政部门按照管理权限负责本行政区域内的水土保持工作。

发展改革、规划、国土资源、农业、园林绿化、市政市容、环境保护、住房和城乡建设、质量技术监督和财政等有关部门，按照各自职责做好有关的水土流失预防和治理工作。

第六条 企业、事业单位和其他生产经营者应当防止和减少水土流失，对造成的水土流失结果依法承担责任。

任何单位和个人应当依法履行保护水土资源、预防和治理水土流失的义务，有权向水行政部门举报破坏水土资源、造成水土流失的行为。对举报并查证属实、为查处水土保持重大违法案件提供关键线索或者证据的，由水行政部门予以奖励。

第七条 本市各级人民政府应当组织开展保护水土资源、预防和治理水土流失的宣传教育活动，普及相关科学知识，提高公民的水土保持意识。

学校应当将水土保持知识纳入教育内容，增强学生的水土保持意识。

新闻媒体应当加强水土保持法律、法规的宣传，普及水土保持知识；对违反水土保持法律、法规的行为进行监督；市属新闻媒体应当刊播水土保持公益宣传内容。

第八条 市人民政府建立健全与相关省市的水土保持工作协作机制，推进水土保持规划、水土保持政策措施和技术标准、重点工程、监督防控的协调一致，逐步实现防治进展和监测信息共享，共同预防和治理水土流失。

第九条 市水行政部门会同有关部门制定生产建设项目水土流失预防和治理、生态清洁小流域建设和水土保持监测等水土保持技术标准。涉及质量、安全、卫生、环境保护要求的，可以制定强制性条款。

第十条 市水行政部门应当每五年组织全市水土流失调查并公告调查结果；因重大自然灾害造成严重水土流失的，应当及时开展相关区域的水土流失调查。

市水行政部门会同有关部门根据水土流失调查结果，编制全市水土保持规划；区、县水行政部门会同有关部门根据全市水土保持规划，编制本行政区域水土保持规划。水土保持规划报经本级人民政府批准后向社会公布，并由水行政部门组织实施。

水土保持规划应当划定水土保持功能区，确定水土资源保护目标和措施布局、水土保持控制性和约束性指标，明确水土保持监督管理、监测和生态清洁小流域建设目标及任务。

第十一条 城乡规划、土地利用总体规划、主体功能区规划、水资源规划和环境保护规划等综合性规划，组织编制部门在编制规划时，应当对水土流失的预防和治理进行专项论证。

有关基础设施建设、矿产资源开发、城镇建设、公共服务设施建设、旅游开发建设等方面的规划，组织编制部门应当在规划中编制水土保持篇章，根据国家和本市水土保持技术标准和用地竖向控制的要求，提出预防和治理水土流失的对策和措施，并在规划报请审批时附具水行政部门的意见。

第十二条 市和区、县人民政府应当根据水土流失防治需要，将河湖、湿地、生态公益林、绿化隔离带、公共绿地、郊野公园、滨河森林公园、绿道和崩塌滑坡危险区、泥石流易发区、蓄滞洪区等区域纳入城乡规划确定的禁止建设地区、限制建设地区进行管理，并将具体范围向社会公告。

第十三条 禁止在二十五度以上陡坡地开垦、放牧和种植农作物。

在二十五度以上陡坡地种植经济林的，应当科学选择树种，合理确定规模，采取林下植被保护、修建梯田和树盘、蓄水保墒、节水灌溉、控制化肥和农药施用等水土保持措施，防止造成水土流失。

在五度以上二十五度以下坡地种植农作物的，应当采取免耕、等高耕作、轮耕轮作、控制化肥和农药施用等水土保持措施，防止造成水土流失。

对在二十五度以上陡坡地种植经济林和在五度以上二十五度以下坡地种植农作物的，区、县人民政府应当采取措施鼓励退出种植，对坡地实施生态修复，并对退出种植的主体给予补助。具体范围由区、县人民政府划定并公告。

第十四条 市和区、县人民政府应当以小流域为单元，以控制土壤侵蚀、保护水源、预防和治理水土流失为重点，按照生态清洁小流域建设标准，综合治理山、水、林、田、路，使流域范围内水土资源得到有效保护和合理利用，沟道基本保持自然生态状态。

市和区、县人民政府应当制定生态清洁小流域建设中长期规划，建立健全有关部门和属地政府参与的统筹协调机制，整合河湖水系治理、湿地建设、园林绿化、市政基础设施建设、农业面源污染防治、沟域经济发展等方面的政策和措施，推进生态清洁小流域建设，并将建设和管护费用纳入财政预算。

第十五条 山区生态清洁小流域建设应当明确实施生态修复、生态治理和生态保护的范围，采取植物措施、工程措施和保护性耕作等措施，对污水、垃圾、厕所、沟道和面源污染进行同步治理。

平原生态清洁小流域建设应当以调控地表径流、涵养地下水为重点，采取集蓄利用、径流排导、水系沟通等措施，控制泥沙和面源污染物进入河道和管网。

水行政部门应当统筹本行政区域内生态清洁小流域建设，并会同有关部门因地制宜制定生态清洁小流域建设方案。

第十六条 编制生态清洁小流域建设方案应当听取流域所在地相关单位和个人的意见，并根据意见对方案进行修改。生态清洁小流域建设方案确定后应当予以公布。

流域所在地单位和个人应当为生态清洁小流域建设提供便利。

第十七条 在集体土地上建设生态清洁小流域的，应当与村民委员会和农村村民协商一致；村民委员会和农村村民可以按照规定承接工程建设和水土保持设施管护工作。

村民委员会和农村村民应当做好生态清洁小流域建设和管护工作。

第十八条 生态清洁小流域建设项目竣工后，项目建设单位应当及时组织验收。经验收合格的，项目建设单位应当列明生态清洁小流域工程和设施清单，并与管护主体签订管护协议，明确管护的权利和义务。项目建设单位应当将清单和管护协议报市水行政部门备案。具体办法由市水行政部门制定。

第十九条 生态清洁小流域范围内的污水和生活垃圾处理等公共设施的运行、管护和监督，由区、县或者乡、镇人民政府负责；其他水土保持工程和设施的管护，由管护协议确定的主体负责。

水行政部门应当加强对生态清洁小流域管护工作的指导和监督，建立健全管护工作考核奖励制度，对参与生态清洁小流域管护的村民委员会和农村村民进行技术指导和培训。

第二十条 在生态清洁小流域范围内禁止从事下列行为：

（一）在沟道内私搭乱建、堆放物品；

（二）随意取土、挖砂、倾倒垃圾、排放污水；

（三）破坏水土保持设施或者干扰其正常运行；

（四）其他影响水土保持设施正常功能的行为。

生态清洁小流域范围由市水行政部门组织划定并向社会公布。

第二十一条 本市建立水土保持生态效益补偿制度，加强对饮用水水源保护区和水源涵养区水土流失的预防和治理工作，公平分担水土流失预防和治理责任。具体办法由市水行政部门会同有关部门制定，报市人民政府批准后执行。

第二十二条 涉及土石方挖填的生产建设项目或者其他生产建设活动，包括土地储备和一级开发项目，生产建设单位应当减少地表扰动范围和地表裸露面积、降低地表径流外排量、限制施工降水，有效控制泥沙进入水体、河道和排水管网，防止施工扬尘，避免产生新的危害。

生产建设单位应当根据实际情况选用再生建筑材料，减少砂、石、土的使用量和排弃量。

第二十三条 生产建设单位应当按照国家和本市有关规定编制水土保持方案，报水行政部门批准，并按照经批准的水土保持方案，采取水土流失预防和治理措施。

水行政部门应当按照简化行政审批程序的要求，合并水土保持方案、洪水影响评价和水资源论证等行政审批程序。

第二十四条 经批准的水土保持方案应当由水行政部门通过互联网进行公示，相关批准文件应当由生产建设单位在施工场所显著位置进行公示。

水土保持方案应当执行国家和本市有关技术标准，明确表土利用率、土石方利用率、雨水利用率、施工降水利用率、硬化地面控制率、林草覆盖率等水土流失防治目标。

第二十五条 依法应当编制水土保持方案的生产建设项目，项目建设单位和工程设计编制单位应当按照水土保持法律、法规、技术标准和批准的水土保持方案进行设计，并将水土保持设施纳入项目主体工程设计。

生产建设项目竣工验收时，应当对水土保持设施进行专项验收，列明水土保持设施清单。未经验收或者验收不合格的，生产建设项目不得投入使用。

水土保持设施的管护单位应当建立健全日常管护制度，保障设施正常运行，并保存水土保持设施清单和管护记录。

第二十六条 涉及土石方挖填的生产建设项目所产生的地表土和废弃的砂、石、土等，应当采取现场堆放、适度调配、集中存放、临时防护等措施，对土石方进行分类处理和综合利用，减少土石方转运。地表土应当分层剥离，优先用于农业种植和园林绿化等生产建设活动。

生产建设单位承担土石方堆放、转运和综合利用等责任，应当采取有效措施加强土石方管理，避免造成水土流失。

本市建立生产建设项目土石方信息服务平台，为土石方堆放、转运和综合利用提供信息服务。生产建设单位应当如实报送相关信息。

第二十七条 生产建设单位应当采取帷幕隔水等技术方法，隔断地下水进入施工区域。因技术等原因无法实施的，可以采用管井、井点等方法进行施工降水。施工降水应当综合利用，并在水土保持方案中予以明确。

第二十八条 依法应当编制水土保持方案的生产建设项目，生产建设单位应当自行或者委托水土保持监测机构按照国家有关规定实施监测，并定期向水行政部门报送监测情况。

生产建设单位或者其委托的水土保持监测机构应当自土石方挖填工程施工之日起，按月向水行政部门报送土石方堆放、转运和综合利用等监测情况。

第二十九条 水行政部门应当建立健全水土保持方案跟踪检查制度，对水土保持措施设计的实施或者重大变更、施工单位水土流失预防和治理情况、水土保持监理和水土流失监测等情况进行检查。发现未落实水土保持方案、造成严重水土流失的，应当依法处理。

第三十条 本市加强雨水控制与利用工作，充分利用雨水资源，改善生态环境。鼓励在已建成的居住小区、公园、绿地、道路、下凹式立交桥及其他人口密集、地势低洼场所等区域建设雨水控制与利用工程。

新建、改建和扩建生产建设项目，生产建设单位应当按照本市有关规定建设集雨式绿地、透水铺装、雨水集蓄利用等设施，对公共停车场、人行道、步行街和休闲广场、室外庭院等场所进行透水铺装，有效控制地表径流，充分利用雨水资源。雨水控制与利用工程应当纳入水土保持方案，与主体工程同时设计、同时施工、同时投入使用。

第三十一条 开办生产建设项目或者从事其他生产建设活动，损坏水土保持设施、地貌植被，降低或者丧失原有水土保持功能的，生产建设单位应当按照国家规定缴纳水土保持补偿费。水土保持补偿费应当专项用于水土流失预防和治理等工作。

第三十二条 水行政部门应当完善水土保持监测网络，合理设置监测站点，对水土流失状况进行动态监测。市水行政部门应当每年向社会公告水土流失重要指标监测情况和预防、治理情况。

第三十三条 水政监督检查人员开展水土保持监督执法，应当统一着装、佩戴统一标志，出示行政执法证件。

第三十四条 水行政部门应当建立生产建设项目水土保持违法行为信息记录制度，将生产建设单位和水土保持设计单位、施工单位、监测单位、监理单位的违法行为信息纳入本市企业信用信息系统；对情节严重的，可以向社会公布。

第三十五条 水行政部门或者有关部门及其工作人员违反本条例规定，不履行、违法履行或者不当履行行政职责，有下列行为之一的，由监察机关责令改正，按照国家和本市有关规定对直接负责的主管人员和其他直接责任人员给予行政问责和行政处分；构成犯罪的，依法追究刑事责任：

（一）违法作出水土保持方案行政审批决定的；

（二）违反跟踪检查制度、对水土保持方案实施情况不履行监督检查责任的；

（三）对水土保持违法行为不予查处的；

（四）不按规定公开水土流失调查、监测等信息的；

（五）滥用职权、玩忽职守等其他违法行为。

第三十六条 违反本条例第二十条规定，有禁止行为之一的，由水行政部门责令改正，对个人可处 500 元以上 5000 元以下罚款；对单位可处 1 万元以上 10 万元以下罚款。

第三十七条 违反本条例第二十五条第一款规定，未将水土保持设施纳入项目主体工程设计的，由水行政部门责令改正，处 5 万元以上 50 万元以下罚款。

违反本条例第二十五条第三款规定，水土保持设施管护单位未保存水土保持设施清单和管护记录的，由水行政部门责令改正，可处 5000 元罚款。

第三十八条 违反本条例第二十六条规定，生产建设单位造成水土流失的，由水行政部门责令改正，处 5 万元以上 50 万元以下罚款。

第三十九条 违反本条例第二十八条规定，未按时报送监测情况的，由水行政部门责令限期改正，处 5000 元以上 2 万元以下罚款。

第四十条 违反本条例第三十条第二款规定，未建设集雨式绿地、透水铺装、雨水集蓄利用等设施的，由水行政部门责令改正，处 5 万元以上 50 万元以下罚款。

第四十一条 本条例自 2016 年 1 月 1 日起施行。1992 年 6 月 19 日北京市第九届人民代表大会常务委员会第三十四次会议通过，1997年4月15日北京市第十届人民代表大会常务委员会第三十六次会议《关于修改〈北京市实施中华人民共和国水土保持法办法〉的决定》第一次修正，2010年12月23日北京市第十三届人民代表大会常务委员会第二十二次会议《关于修改部分地方性法规的决定》第二次修正的《北京市实施〈中华人民共和国水土保持法〉办法》同时废止。

2. 河北省实施《中华人民共和国水土保持法》办法

2014年5月30日河北省第十二届人民代表大会常务委员会第八次会议修订通过。

修订信息

河北省实施《中华人民共和国水土保持法》办法

（1993年2月27日河北省第七届人民代表大会常务委员会第三十二次会议通过 2014年5月30日河北省第十二届人民代表大会常务委员会第八次会议修订 根据2018年5月31日河北省第十三届人民代表大会常务委员会第三次会议《关于修改部分法规的决定》修正）

目　录

第一章　总则
第二章　规划
第三章　预防
第四章　治理
第五章　监测与监督
第六章　法律责任
第七章　附则

第一章　总　则

第一条　为了预防和治理水土流失，保护和合理利用水土资源，减轻水、旱、风沙灾害，改善生态环境，维护生态安全，促进人与自然和谐相处，保障经济社会可持续发展，根据《中华人民共和国水土保持法》及有关法律、行政法规，结合本省实际，制定本办法。

第二条　在本省行政区域内从事与水土保持有关的活动，应当遵守本办法。

第三条　县级以上人民政府水行政主管部门主管本行政区域内的水土保持工作。

省人民政府批准设置的河系管理机构，在所管辖范围内依法承担水土保持监督管理职责。

县级以上人民政府林业、农业、国土资源等有关部门按照各自职责，做好相关的水土保持工作。

乡、镇人民政府应当加强本行政区域的水土保持工作。

国有农场、林场、牧场应当按照水土保持规划组织实施水土流失预防和治理工作。

第四条　水土保持工作实行预防为主、保护优先、全面规划、综合治理、因地制宜、突出重点、科学管理、注重效益的方针，坚持谁开发利用谁保护、谁受益谁补偿、谁造成水土流失谁治理的原则。

第五条　县级以上人民政府应当加强对水土保持工作的统一领导，建立健全水土保持协调机制，将水土保持工作纳入本级国民经济和社会发展规划，对水土保持规划确定的任务，安排专项资金，并组织实施。

鼓励和支持社会力量参与水土保持工作，多渠道筹集资金用于水土保持工程建设。

第六条 县级以上人民政府及其有关部门应当采取多种形式，加强水土保持宣传教育，将水土保持纳入公益性宣传范围和国民素质教育体系，普及水土保持科学知识，增强公众的水土保持意识。

各级人民政府应当加强水土保持科学技术研究开发和成果推广工作，建立健全水土保持试验研究和技术推广体系，提高水土保持科学技术水平，培养水土保持科学技术人才。

第七条 任何单位和个人都有保护水土资源、预防和治理水土流失的义务，并有权对破坏水土资源、造成水土流失的行为进行举报。县级以上人民政府水行政主管部门接到举报后，应当及时调查处理。

第二章 规 划

第八条 省人民政府水行政主管部门应当每五年组织一次全省水土流失调查并公告调查结果。根据需要可以适时开展水土流失调查。

第九条 县级以上人民政府水行政主管部门应当会同有关部门，依据水土流失调查结果以及上级水土流失重点预防区和重点治理区划定结果，提出本行政区域水土流失重点预防区和重点治理区的划定方案，报本级人民政府批准后予以公告。

水土流失重点预防区主要包括河流源头区、水源涵养区和饮用水水源保护区等水土流失潜在危险较大的生态脆弱或者敏感地区。水土流失重点治理区主要包括水旱风沙灾害严重、崩塌、滑坡危险区和泥石流易发区等水土流失严重、生态环境恶化的区域。

第十条 在水土流失重点预防区和重点治理区，实行各级人民政府水土保持目标责任制和考核奖惩制度，上级人民政府每年对下级人民政府水土保持责任目标落实情况进行考核奖惩。

水土流失重点预防区和重点治理区的县级以上人民政府应当每年将本地水土流失防治情况列入向同级人民代表大会常务委员会及上一级人民政府水行政主管部门报告的重要内容。

第十一条 县级以上人民政府水行政主管部门会同同级人民政府有关部门编制本行政区域水土保持规划，报本级人民政府或者其授权的部门批准后，由水行政主管部门具体实施。水土保持规划应当同时报送上一级人民政府水行政主管部门以及所在流域省河系管理机构。

水土保持规划的范围主要包括山区、丘陵区、风沙区和平原水土流失易发区。水土保持规划应当与土地利用总体规划、水资源规划、城乡规划和环境保护规划等相协调。

第十二条 有关基础设施建设、城镇建设、公共服务设施建设、产业园区建设及矿产资源开发、旅游开发、土地开发、农林开发等方面的规划，在实施过程中可能造成水土流失的，规划的组织编制机关应当在规划中提出预防、治理水土流失的对策和措施。

前款规定的规划在报请审批前，应当征求本级人民政府水行政主管部门的意见。规划范围涉及跨界河道的，有关设区的市、县（市、区）人民政府水行政主管部门应当征求河道所在流域省河系管理机构的意见。

第三章 预 防

第十三条 县级以上人民政府应当因地制宜地确定本行政区域内河道的两岸、水库和湖泊的周边、侵蚀沟的沟坡和沟岸植物保护带范围，落实植物保护带的营造主体和管护主体，设立标志。禁止开垦、开发植物保护带。

第十四条 县级人民政府应当加强对取土、挖砂、采石等活动的管理，统筹规划本行政区域内的取土、挖砂、采石范围。取土、挖砂、采石范围的划定应当符合相关法律、法规的规定，并予以公告。

禁止在崩塌、滑坡危险区和泥石流易发区从事取土、挖砂、采石等可能造成水土流失的活动。崩塌、滑坡危险区和泥石流易发区的范围，由县级人民政府划定、公告，并设置警示标志。

禁止毁林、毁草开垦和采集发菜。禁止在水土流失重点预防区和重点治理区铲草皮、挖树兜或者滥挖虫草、甘草、麻黄等。

第十五条 禁止在二十五度以上的陡坡地和大中型水库周边汇水区域二十度以上的陡坡地开垦种植农作物。禁止开垦的陡坡地的范围由所在地县级人民政府划定并公告。

在前款规定的禁止开垦种植农作物的陡坡地上种植经济林的，应当科学选择树种，合理确定种植规模和密度，采取修建隔坡梯田、水平阶、水平沟、大型果树坑等整地措施和保护地表植被的抚育措施，防止造成水土流失。成片种植经济林面积在五万平方米以上的，应当编制水土保持方案，并报县级人民政府水行政主管部门备案，由县级人民政府水行政主管部门监督实施。

第十六条 开垦禁止开垦的坡度以下、五度以上的荒坡地，应当减少扰动坡面植被，因地制宜地采取修建截水沟、排水沟、梯田、水平阶、水平沟、蓄水池、水窖、植物护坡等水土保持措施，防止水土流失。禁止全坡面开垦。禁止顺坡耕种农作物。

开垦禁止开垦的坡度以下、五度以上的荒坡地面积在十万平方米以上的，应当按照水土保持技术规范编制水土保持方案，并报县级人民政府水行政主管部门备案，由县级人民政府水行政主管部门监督实施。

第十七条 林木采伐应当有采伐方案，采取合理方式，严格控制皆伐；对水源涵养林、水土保持林、防风固沙林等防护林只能进行抚育和更新性质的采伐；对采伐区和集材道应当采取防止水土流失的措施，并在采伐后及时更新造林。

在林区采伐林木的，采伐方案中应当有水土保持措施。采伐方案经林业主管部门批准后，应当抄送水行政主管部门。采伐方案中的水土保持措施由林业主管部门和水行政主管部门共同监督实施。

第十八条 在山区、丘陵区、风沙区以及水土保持规划确定的容易发生水土流失的其他区域开办可能造成水土流失的生产建设项目，生产建设单位和个人应当编制水土保持方案，报经与项目审批、核准、备案机关同级的人民政府水行政主管部门审批，并按照经批准的水土保持方案采取水土流失预防和治理措施。

县级以上人民政府发展改革、环境保护和国土资源等部门应当按照职责协同管理，确保水土保持方案的落实。

第十九条 依法应当编制水土保持方案的生产建设项目，水土保持方案经批准后，生产建设项目地点、规模和建设内容等发生重大变化的，生产建设单位应当补充、修改水土保持方案，并报原审批机关批准。

水土保持方案实施过程中，水土保持措施发生重大变更的，生产建设单位应当将设计变更文件报原审批机关批准。

第二十条 依法应当编制而未编制水土保持方案的生产建设项目或者水土保持方案未经水行政主管部门批准的，生产建设单位不得开工建设项目主体工程、附属配套工程和前期工程。

第二十一条　依法应当编制水土保持方案的生产建设项目，应当遵守以下规定：

（一）在主体工程初步设计和施工设计阶段，生产建设单位应当按照批准的水土保持方案和有关技术标准，同时完成水土保持设施设计；

（二）在生产建设项目建设阶段，生产建设单位应当制定建设计划，将水土保持设施与主体工程同时实施，防治建设过程中的水土流失；

（三）生产建设项目建成后，生产建设单位应当申请水土保持方案审批部门验收水土保持设施。分期建设、分期投产使用的，其水土保持设施应当同步验收；

（四）水土保持设施建成后，生产建设单位应当落实工程管护主体，加强对水土保持设施的管理和维护，保障其功能正常发挥。

生产建设项目中的水土保持设施未经验收或者验收不合格的，该项目不得通过验收、投产使用。

第二十二条　依法应当编制水土保持方案的生产建设项目，其生产建设活动中排弃的砂、石、土、矸石、尾矿、废渣等应当综合利用；不能综合利用确需废弃的，应当堆放在水土保持方案确定的专门存放地，不得向河道、湖泊、水库等区域倾倒。

县级以上人民政府应当建立责任追究制度，加强对废弃砂、石、土、矸石、尾矿、废渣的管理，制定综合利用规划和管理办法，统筹规划本行政区域内的堆放点。生产建设单位应当加强对弃土弃渣流向的跟踪管理，并采取措施保证不产生新的危害。

第二十三条　县级以上人民政府水行政主管部门、省人民政府批准设置的河系管理机构负责对水土保持方案实施情况进行跟踪检查，发现问题及时处理。检查内容包括：

（一）水土保持设计及变更情况；

（二）水土保持监理和监测工作开展情况；

（三）水土保持措施落实情况及防治效果；

（四）水土保持补偿费缴纳情况；

（五）与生产建设项目水土保持工作相关的其他事项。

第四章　治　　理

第二十四条　县级以上人民政府应当加强水土流失重点预防区和重点治理区的坡耕地治理工程、沟道治理工程、小型蓄水工程建设，加大封育和保护力度。

第二十五条　本省根据国家有关规定实施水土保持生态效益补偿制度，每年从煤炭、石油、矿山开采、电力开发以及大中型供水工程收益中，安排一定比例的资金，专项用于河流源头区、水源涵养区和饮用水水源保护区等区域水土流失的预防和治理。

第二十六条　开办生产建设项目或者从事其他生产建设活动造成水土流失的，应当限期进行治理，修复生态环境。

在山区、丘陵区、风沙区以及水土保持规划确定的容易发生水土流失的其他区域开办可能造成水土流失的生产建设项目或者从事其他生产建设活动，损坏、占压水土保持设施、地貌植被，不能恢复原有水土保持功能的，应当依法缴纳水土保持补偿费，专项用于水土流失预防和治理。

负责征收水土保持补偿费的单位应当复核水土保持补偿费征收数额，并向缴纳义务人送达水土保持补偿费缴纳通知单。缴纳通知单应当载明征收标准、缴纳金额、缴纳时间及地点等事项。

第二十七条 在燕山山地丘陵区、太行山山地丘陵区、冀西北间山盆地区，应当采取封禁造林、退耕还林、坡耕地改造、坡林地治理、沟道或者小河道整治、集雨节灌、矿山植被恢复等措施，对水土流失进行综合治理。

在坝上高原地区，应当合理开采地下水，有计划地发展沙地经济，采取轮封轮牧、舍饲圈养、植树种草、设置人工沙障、营造网格防护林带和防护片林、退耕、保护性耕作等措施，建立防风固沙防护体系。

第二十八条 在滨海地区、古河道、蓄滞洪区、河道两岸及湖泊周边风蚀沙化区域，应当保护地表植被，有计划地开垦沙荒地，合理开采地下水，配套建设节水灌溉设施，结合路、渠、堤、村镇绿化营造农田防护林带和沿海防护林带，改善生态环境，提高土地利用率。

在河道、湖泊、水库等区域，应当加强岸坡、堤防保护，采取护岸护坡、绿化美化、营造植物过滤带等措施，减轻水网淤积和水体污染。

在矿产资源开采区，应当建设矿区防护林带、防护片林，综合整治土地和灌溉排水系统，加强水资源的节约和利用。

第二十九条 在城镇旧城改造与新区建设、产业园区建设中，应当加强土砂料等裸露面的临时防护，设置下凹式绿地、水池、水窖、渗井、渗水地面等降水蓄渗设施，减少水土流失，减轻内涝灾害。

第三十条 县级以上人民政府应当制定优惠政策，鼓励和支持民间资本治理开发荒山、荒沟、荒丘、荒滩、废弃矿山、开采迹地等，防治水土流失，改善生态环境，促进土地资源的合理利用，并保护当事人的合法权益。

第三十一条 县级以上人民政府有关部门应当鼓励单位和个人按照水土保持规划，以资金、实物、劳力和技术等方式参与水土流失治理开发和水土保持科研、示范、教育基地建设，并且给予资金补助和技术指导。

第三十二条 县、乡级人民政府应当建立和完善水土保持工程运行管护制度，明确水土保持林草的封育期限和禁牧范围，设立管护标志。

政府投资或者其他利用公共资金投资的水土保持工程项目，应当进行项目公示，强化资金使用监管，建立技术档案。工程建成后应当明晰产权，及时办理移交手续，其所有权人、使用权人应当加强管理和维护，确保工程正常发挥效益。

第五章 监测与监督

第三十三条 县级以上人民政府应当加强水土保持监测工作，建立健全监测机构，将监测工作经费列入同级财政预算，保障监测工作正常开展。

县级以上人民政府水行政主管部门应当完善监测网络、开展动态监测，发挥监测工作在生态环境建设和经济社会可持续发展中的作用。

全省水土保持监测网络由省、设区的市、县（市、区）监测机构及水土流失监测点组成。

第三十四条 省人民政府水行政主管部门应当根据全省水土保持监测情况，每年发布一次水土保持监测公告。

水土流失重点预防区、重点治理区和重点生产建设项目的水土保持监测情况应当及时公布。

第三十五条 对可能造成严重水土流失的大中型生产建设项目，生产建设单位应当自行或者委托具备相应水土保持监测资质的机构，对生产建设活动造成的水土流失进行监测。

项目建设期间，生产建设单位应当在每季度的第一个月，向批准水土保持方案的水行政主管部门报送上季度的监测季度报告。监测任务完成后，生产建设单位应当在三个月内，向批准水土保持方案的水行政主管部门报送监测总结报告。

第三十六条　县级以上人民政府应当加强水土保持监测与水文气象监测、地质灾害监测、土地利用监测、风蚀沙化监测的技术合作和资源共享，提高水土保持监测预报水平和重大水土流失事件应急监测能力。

县级以上人民政府水行政主管部门应当加强水土保持管理信息系统建设，提高水土保持监测基本数据收集、传输、处理和应用服务能力。

第三十七条　县级以上人民政府水行政主管部门应当加强水行政专职执法队伍建设，提高水土保持监督管理能力。

第三十八条　县级以上人民政府水行政主管部门应当定期公布生产建设项目水土保持监督检查情况，对未按照水土保持方案落实水土保持措施的单位和个人，县级以上人民政府水行政主管部门应当暂缓批准其新建项目的水土保持方案。

第六章　法律责任

第三十九条　水行政主管部门或者其他依照本办法规定行使监督管理权的部门、机构及其工作人员，有下列行为之一的，对直接负责的主管人员和其他直接责任人员依法给予处分；构成犯罪的，依法追究刑事责任：

（一）不依法作出行政许可决定或者办理批准文件的；

（二）发现违法行为或者接到对违法行为的举报不予查处的；

（三）其他弄虚作假、滥用职权、徇私舞弊的行为。

第四十条　违反本办法规定，在崩塌、滑坡危险区或者泥石流易发区从事取土、挖砂、采石等可能造成水土流失的活动的，由县级以上人民政府水行政主管部门责令停止违法行为，没收违法所得，对个人处一千元以上三千元以下的罚款，对单位处五万元以上十万元以下的罚款；造成严重后果的，对个人处三千元以上一万元以下的罚款，对单位处十万元以上二十万元以下的罚款。

第四十一条　违反本办法规定，在禁止开垦种植农作物的陡坡地上种植经济林或者开垦禁止开垦的坡度以下、五度以上荒坡地未采取水土保持措施的，由所在地县级人民政府水行政主管部门责令限期改正，采取补救措施。

第四十二条　违反本办法第十四条第三款、第十五条、第十七条、第十九条、第二十条、第二十一条、第二十二条、第二十六条规定的，依照《中华人民共和国水土保持法》的有关规定进行处罚。

第七章　附　则

第四十三条　本办法自2014年9月1日起施行。

3. 内蒙古自治区水土保持条例

为了预防和治理水土流失，保护和合理利用水土资源，改善生态环境，促进生态文明建设，保障经济社会可持续发展，根据《中华人民共和国水土保持法》和国家有关法律、法规，结合自治区实际，制定本条例。

（2015年7月26日内蒙古自治区第十二届人民代表大会常务委员会第十七次会议通过 根据2018年7月26日内蒙古自治区第十三届人民代表大会常务委员会第六次会议《关于修改〈内蒙古自治区农牧业机械化促进条例〉等7件地方性法规的决定》修正）

目　录

第一章　总则
第二章　规划
第三章　预防
第四章　治理
第五章　监测和监督
第六章　法律责任
第七章　附则

第一章　总　则

第一条　为了预防和治理水土流失，保护和合理利用水土资源，改善生态环境，促进生态文明建设，保障经济社会可持续发展，根据《中华人民共和国水土保持法》和国家有关法律、法规，结合自治区实际，制定本条例。

第二条　在自治区行政区域内从事水土保持及其相关活动，应当遵守本条例。

第三条　水土保持工作实行预防为主、保护优先，全面规划、综合治理，因地制宜、突出重点，科学管理、注重效益的方针；坚持谁利用谁保护，谁造成水土流失谁治理的原则。

第四条　旗县级以上人民政府应当加强对水土保持工作的统一领导，将水土保持工作纳入本级国民经济和社会发展规划，组织实施水土保持规划确定的任务，保障水土保持专项资金和工作经费。

旗县级以上人民政府应当建立和完善水土流失防治目标责任制，上级人民政府应当每年对下一级人民政府落实水土保持责任制情况进行考核。

第五条　旗县级以上人民政府水行政主管部门主管本行政区域的水土保持工作。

旗县级以上人民政府发展和改革、经济和信息化、财政、国土资源、环境保护、住房与城乡建设、交通运输、农牧业、林业等部门，按照各自职责做好水土保持相关工作。

苏木乡镇人民政府应当组织做好本行政区域的水土保持工作。

嘎查村民委员会应当督促村民履行保护水土资源、防治水土流失的义务。

第六条　旗县级以上人民政府应当鼓励、支持社会力量和民间资本参与水土流失预防和治理，并在资金、技术等方面予以扶持。

第七条 旗县级以上人民政府应当鼓励、支持水土保持科学技术研究，推广新技术、新工艺、新材料，培养水土保持科学技术人才。

第八条 各级人民政府及其有关部门应当加强水土保持教育和宣传工作，普及水土保持科学知识，增强公众的水土保持和生态环境保护意识。

中、小学校应当将水土保持基本知识纳入教育内容。

新闻媒体应当做好水土保持的公益宣传。

第九条 任何单位和个人都有保护水土资源和水土保持设施、预防和治理水土流失的义务，并有权对破坏水土资源和水土保持设施以及造成水土流失的行为进行举报。

第二章 规 划

第十条 自治区人民政府水行政主管部门应当根据国家统一部署和自治区发展需要组织开展全区水土流失调查，水土流失调查结果报国务院水行政主管部门备案后向社会公告。

水土流失调查内容包括水土流失的分布、类型、强度、面积、成因、危害以及变化趋势、预防治理情况及其效果等。

有关单位和个人应当积极支持和配合水土流失调查工作。

第十一条 旗县级以上人民政府应当依据水土流失调查结果划定并公告本行政区域水土流失重点预防区和重点治理区，同时报上一级人民政府水行政主管部门备案。

下列区域应当划定为水土流失重点预防区：

（一）潜在退化的草原地区；

（二）江河源头区、饮用水水源保护区、水源涵养区；

（三）水库库区、湖泊、重要湿地；

（四）自然保护区、风景名胜区、森林公园、地质公园；

（五）水土流失潜在危险较大的其他区域。

下列区域应当划定为水土流失重点治理区：

（一）水土流失严重的荒山、荒沟、荒丘、荒滩；

（二）侵蚀沟道密集、植被严重退化、土地沙化、水旱风沙灾害严重的区域；

（三）矿产资源开发等人为活动造成水土流失严重的区域；

（四）对河流湖库淤积影响较大，严重威胁土地资源的区域；

（五）水土流失严重的其他区域。

第十二条 旗县级以上人民政府水行政主管部门应当会同同级人民政府有关部门，在水土流失调查结果以及水土流失重点预防区和重点治理区划定的基础上，编制本行政区域水土保持规划，报本级人民政府或者其授权的部门批准后组织实施。

第十三条 水行政主管部门在编制水土保持规划时，应当组织有关单位和专家进行论证，并将规划草案向社会公告，征求公众意见，公告时间不得少于三十日。

第十四条 有关基础设施建设、矿产资源开发、城乡建设、公共服务设施建设、开发区建设、旅游景区开发、土地整理等方面的规划，在实施过程中可能造成水土流失的，规划组织编制机关应当在规划中提出水土流失预防和治理的对策和措施，并在规划报请审批前征求本级人民政府水行政主管部门的意见。

第三章 预 防

第十五条 各级人民政府应当按照水土保持规划,采取禁牧休牧轮牧、舍饲圈养、封育保护、自然修复等措施,组织单位和个人植树种草,扩大林草覆盖面积,涵养水源,预防和减轻水土流失。

第十六条 禁止在崩塌、滑坡危险区和泥石流易发区从事取土、挖砂、采石等可能造成水土流失的活动。

抢险救灾等紧急情况下确需在上述区域抢修铁路、公路、水工程等应急项目,进行取土、挖砂、采石的,建设单位事后应当及时采取水土保持措施,并将处理结果告知当地水行政主管部门。

崩塌、滑坡危险区和泥石流易发区的范围,由旗县级以上人民政府划定并公告。崩塌、滑坡危险区和泥石流易发区的划定应当与地质灾害防治规划确定的地质灾害易发区、重点防治区相衔接。

第十七条 水土保持设施的所有权人或者使用权人应当加强对水土保持设施的管理与维护,建立和完善运行管理制度,落实管护责任,保障其功能正常发挥。

任何单位和个人不得破坏、侵占水土保持设施或者擅自改变水土保持设施的用途。

单位和个人因生产建设活动确需占用、拆除水土保持设施的,应当按照同等功能予以重建或者补偿。

第十八条 禁止在十五度以上陡坡地开垦种植农作物,禁止开垦的范围由旗县级人民政府划定并公告。已经开垦种植农作物的,应当按照国家有关规定逐步退耕还林还草;耕地短缺或者已经签订农村土地承包合同、退耕确有困难的,应当根据实际采取相应的水土保持措施。

在十五度以上陡坡地种植经济林的,应当科学选择树种,采取水土保持措施。

在十五度以下坡耕地开垦种植农作物的,应当根据不同情况采取坡改梯、等高耕作、带状间作、免耕、保护性耕作等措施。

第十九条 禁止毁林、毁草开垦和采集发菜。禁止在水土流失重点预防区和重点治理区铲草皮、挖树兜或者滥挖苁蓉、锁阳、甘草、麻黄等植物。

在林区进行林下种植的,应当采取保护枯枝落叶层和土壤、植被的措施。

在草原牧区生产建设的,应当不占或者少占草原,不得随意开辟道路碾压草原,不得破坏草原植被。

在戈壁、沙漠、沙地、黄土丘陵沟壑区、东北黑土区等水土流失严重、生态脆弱的地区,应当限制或者禁止可能造成水土流失的生产建设活动,严格保护植物、沙壳、结皮、地衣等。

第二十条 生产建设单位应当加强对建设施工和生产过程的管理,严格控制施工生产活动扰动土地的范围,合理安排施工工序,减少土石方重复倒运和地表裸露时间,保护地貌植被。

矿产资源开发、生产建设项目施工等生产活动占压的林草植被,能够移植、移栽的,生产建设单位应当进行移植、移栽。

第二十一条 依法在水土流失重点预防区和重点治理区内开办下列生产建设项目,生产建设单位应当编制水土保持方案,报水行政主管部门审批:

(一) 矿产和石油天然气开采以及冶炼、电力、化工、建材、输油输气管道等能源、工业项目；

（二）公路、铁路、机场、市政、水利水电枢纽等基础设施项目；

（三）其他可能造成水土流失的生产建设项目。

分期建设以及改建、扩建的生产建设项目，水土保持方案应当分期编制。

第二十二条 依法应当编制水土保持方案的生产建设项目，按照下列规定完成水土保持方案审批程序：

（一）审批制项目应当在报送项目可行性研究报告前完成；

（二）核准制项目应当在提交项目申请报告前完成；

（三）备案制项目应当在办理备案手续后、项目开工前完成；

（四）其他生产建设项目应当在项目开工前完成。

第二十三条 依法应当编制水土保持方案的生产建设项目，生产建设单位未编制水土保持方案或者水土保持方案未经水行政主管部门批准的，生产建设项目不得开工建设。

第二十四条 水土保持方案经批准后，生产建设项目发生以下重大变化的，应当补充或者修改水土保持方案并报原审批部门批准：

（一）建设地点、规模发生变化的；

（二）实际征占地面积增加超过百分之二十的；

（三）取弃土（石、渣）场位置变化以及设置数量超过百分之二十，土石方量超过百分之四十的；

（四）法律、法规规定的其他重大变化的情形。

第二十五条 在生产建设项目投产使用前，生产建设单位应当依据经批复的水土保持方案及批复意见，组织第三方机构编制水土保持设施验收报告，向社会公开并向水土保持方案审批机关备案。

第二十六条 旗县级以上人民政府水行政主管部门应当对生产建设项目水土保持方案的实施情况进行跟踪检查，发现问题及时处理。对未及时落实水土保持方案的生产建设单位或者个人，可以采取约谈、限期整改等措施，并进行诚信记录。

第四章 治　　理

第二十七条 旗县级以上人民政府应当加强江河源头区、饮用水水源保护区和水源涵养区水土流失的预防和治理工作，多渠道筹集资金，将水土保持生态效益补偿纳入国家和自治区生态效益补偿制度。

第二十八条 开办生产建设项目或者从事其他生产建设活动造成水土流失的，应当及时进行治理。

依法在水土流失重点预防区和重点治理区内开办生产建设项目或者从事其他生产建设活动，扰动、占压、损坏水土保持设施和地貌植被，不能恢复原有水土保持功能的，应当缴纳水土保持补偿费，专项用于水土流失预防和治理。水土保持补偿费的征收标准和使用管理按照国家和自治区有关规定执行。

第二十九条 旗县级以上人民政府应当制定资金补助、项目扶持等方面的优惠政策，加强水土保持技术推广，鼓励单位和个人采取投资入股、承包、租赁等方式，治理荒山、荒沟、荒丘、荒滩的水土流失。

第三十条 各级人民政府及其有关部门应当组织单位和个人，根据水土流失类型以及特点，开展水土流失综合治理。

在水力侵蚀地区，以小流域为单元，采取工程措施、植物措施和保护性耕作等措施，建立水土流失综合防护体系。

在风力侵蚀地区，采取禁牧休牧轮牧、植树种草、设置人工沙障和网格林带等措施，建立防风固沙防护体系。

在重力侵蚀地区，结合地质灾害防治，采取封山育林、植物护坡、径流排导、削坡减载、支挡固坡、修建拦挡工程等措施，建立监测、预报、预警体系。

第三十一条 对生产建设活动所占用的土地，生产建设单位应当对其地表土进行分层剥离、保存和利用。

生产建设项目设计中应当采取措施，减少取弃土（石、渣）场设置和土石方数量。

生产建设项目施工中，建设单位对施工生产场地应当采取拦挡、苫盖、砾石压盖、洒水降尘、排水、沉沙等临时措施，防止水土流失。

生产建设活动结束后，建设单位应当及时采取植树种草、恢复植被、复垦等治理措施。

第三十二条 生产建设项目停工、停产期间，建设单位应当对已经形成的路堤、堑坡、施工场地、材料堆场、堆土弃渣、施工道路等采取防治水土流失的措施。

第三十三条 财政资金扶持建设的水土保持工程竣工后，水行政主管部门应当按照国家和自治区有关技术规范组织验收，并设立标志，建立档案，明确管理主体。

第五章 监测和监督

第三十四条 旗县级以上人民政府应当保障水土保持监测工作经费。

旗县级以上人民政府水行政主管部门应当合理布局监测站点，健全完善本行政区域水土保持监测网络，并充分利用气象、国土资源、环境保护、农牧业和林业等部门的监测成果，对水土流失进行动态监测。

第三十五条 自治区人民政府水行政主管部门应当根据水土保持监测情况，对下列事项每两年进行一次公告：

（一）水土流失类型、面积、强度、分布状况和变化趋势；

（二）水土流失造成的危害；

（三）水土流失预防和治理情况。

旗县级以上人民政府水行政主管部门应当根据水土流失动态，及时向社会发布本行政区域水土保持监测公告。

第三十六条 对依法应当编制水土保持方案的大中型生产建设项目，建设单位应当自行或者委托具备资质的水土保持监测机构对生产建设活动造成的水土流失进行监测，并每季度向所在地水行政主管部门书面报告一次监测情况。

第三十七条 从事水土保持监测工作的单位应当定期向所在地水行政主管部门上报监测数据。任何单位和个人不得拒报、瞒报和伪造水土保持监测数据。

第三十八条 旗县级以上人民政府水行政主管部门负责对水土保持情况进行监督检查。

旗县级以上人民政府水行政主管部门应当建立水土保持工作信息平台，向社会公开并接受群众监督；制定和完善举报、投诉受理制度，公开举报电话、网上举报平台，依法及时处理举报、投诉。

第六章 法律责任

第三十九条 违反本条例规定的行为，《中华人民共和国水土保持法》等国家有关法律、法规已经作出具体处罚规定的，从其规定。

第四十条　违反本条例第十六条第一款规定，在禁止区域从事取土、挖砂、采石等可能造成水土流失活动的，由旗县级以上人民政府水行政主管部门责令停止违法行为，没收违法所得，并处以罚款：

（一）对个人取土、挖砂、采石等不足一百立方米的，处以1000元以上5000元以下罚款；一百立方米以上的，处以5000元以上1万元以下罚款；

（二）对单位取土、挖砂、采石等不足一百立方米的，处以2万元以上5万元以下罚款；一百立方米以上不足五百立方米的，处以5万元以上10万元以下罚款；五百立方米以上不足一千立方米的，处以10万元以上15万元以下罚款；一千立方米以上的，处以15万元以上20万元以下罚款。

第四十一条　违反本条例第十八条第一款规定，在十五度以上陡坡地开垦种植农作物，由旗县级以上人民政府水行政主管部门责令停止违法行为，采取退耕、恢复植被等补救措施，并按照开垦面积，对个人处以每平方米2元以下罚款；对单位处以每平方米10元以下罚款。

第四十二条　违反本条例第十九条第一款规定，采集发菜，在水土流失重点预防区和重点治理区铲草皮、挖树兜和滥挖苁蓉、锁阳、甘草、麻黄等植物的，由旗县级以上人民政府水行政主管部门责令停止违法行为，采取补救措施，没收违法所得，并处以罚款：

（一）破坏地表和植被面积不足五十平方米的，处以违法所得一倍以上三倍以下罚款；没有违法所得，可以处3万元以下罚款；

（二）破坏地表植被面积五十平方米以上的，处以违法所得三倍以上五倍以下罚款；没有违法所得，可以处5万元以下罚款。

第四十三条　生产建设单位违反本条例第二十三条、第二十四条规定，未编制水土保持方案或者水土保持方案未经水行政主管部门批准而开工建设的；生产建设项目发生重大变化未补充修改水土保持方案或者补充修改未报原审批部门批准的，由旗县级以上人民政府水行政主管部门责令停止违法行为，限期补办手续；逾期不补办手续的，按照生产建设项目占地面积处以罚款：

（一）占地面积不足五公顷的，处以5万元以上10万元以下罚款；

（二）占地面积在五公顷以上不足十公顷的，处以10万元以上20万元以下罚款；

（三）占地面积在十公顷以上不足二十公顷的，处以20万元以上30万元以下罚款；

（四）占地面积在二十公顷以上不足三十公顷的，处以30万元以上40万元以下罚款；

（五）占地面积在三十公顷以上的，处以40万元以上50万元以下罚款。

有本条第一款所列情形的，对生产建设单位直接负责的主管人员和其他直接责任人员依法给予处分。

第四十四条　水行政主管部门及其工作人员有下列行为之一的，对直接负责的主管人员和其他直接责任人员依法给予行政处分；构成犯罪的，依法追究刑事责任：

（一）未按照规定发布水土流失调查结果、水土保持监测公告的；

（二）未按照规定划定、公告水土流失重点预防区和重点治理区的；

（三）未依法审批水土保持方案或者办理批准文件的；

（四）未依法履行监督管理职责或者发现违法行为不予查处的；

（五）其他玩忽职守、滥用职权、徇私舞弊的行为。

第七章 附 则

第四十五条 本条例下列用语的含义：

水土保持，是指对自然因素和人为活动造成水土流失采取的预防和治理措施。

水土流失，是指在水力、风力、重力和冻融等自然营力和不合理的人为活动作用下，水土资源和土地生产力的破坏和损失，包括土地表层侵蚀和水的损失。

水土保持设施，是指具有防治水土流失功能的各类人工建筑物、自然和人工植被以及自然地物的总称。

地貌植被，是指原地貌、人工植被和天然植被。

第四十六条 旗县级以上人民政府根据当地实际情况确定的负责水土保持工作的机构，行使《中华人民共和国水土保持法》和本条例规定的水行政主管部门水土保持工作的职责。

第四十七条 本条例自 2015 年 10 月 1 日起施行。1993 年 10 月 30 日内蒙古自治区第八届人民代表大会常务委员会第四次会议通过、根据 1997 年 9 月 24 日内蒙古自治区第八届人民代表大会常务委员会第二十八次会议关于修改《内蒙古自治区实施〈中华人民共和国水土保持法〉办法》的决定第一次修正、根据 2010 年 3 月 25 日内蒙古自治区第十一届人民代表大会常务委员会第十三次会议《关于修改部分地方性法规的决定（一）》第二次修正、根据 2012 年 3 月 31 日内蒙古自治区第十一届人民代表大会常务委员会第二十八次会议《关于修改部分地方性法规的决定（五）》第三次修正的《内蒙古自治区实施〈中华人民共和国水土保持法〉办法》同时废止。

4. 山西省实施《中华人民共和国水土保持法》办法

修订的实施办法
(1994 年 7 月 21 日山西省第八届人民代表大会常务委员会第十次会议通过
根据 1997 年 12 月 4 日山西省第八届人民代表大会常务委员会第三十一次会议通过的关于修改《山西省实施〈中华人民共和国水土保持法〉办法》的决定修正
2015 年 7 月日山西省第十二届人民代表大会常务委员会第二十一次会议修订)

目 录

第一章 总则
第二章 规划
第三章 预防
第四章 治理
第五章 监测和监督
第六章 法律责任
第七章 附则

第一章 总 则

第一条 为了预防和治理水土流失,保护和合理利用水土资源,减轻水、旱、风沙等灾害,改善生态环境,促进生态文明建设,保障经济社会可持续发展,根据《中华人民共和国水土保持法》及有关法律、行政法规,结合本省实际,制定本办法。

第二条 在本省行政区域内开展水土保持工作以及从事可能造成水土流失的自然资源开发利用、生产建设等活动,应当遵守本办法。

第三条 水土保持工作坚持保护优先、预防为主、综合治理、损害担责的原则,实行谁开发利用谁负责保护恢复、谁造成水土流失谁负责治理补偿。

第四条 县级以上人民政府应当加强对水土保持工作的统一领导,将水土保持工作纳入本级国民经济和社会发展规划,建立健全统筹协调机制,对水土保持规划确定的任务,安排专项资金,并组织实施。

各级人民政府应当建立水土保持目标责任制,每年由上一级人民政府对下一级人民政府水土保持责任制落实情况进行考核奖惩。

第五条 县级以上人民政府水行政主管部门主管本行政区域内的水土保持工作。

县级以上人民政府水行政主管部门所属的水土保持监督管理机构,承担水土保持监督管理的具体职责。

县级以上人民政府发展和改革、经济和信息化、财政、国土资源、环境保护、农业、林业、煤炭、交通运输、住房和城乡建设等有关部门,按照各自职责做好相关水土保持工作。

第六条 县级以上人民政府应当坚持水土保持基本政策，制定奖励和优惠办法，鼓励和支持公民、法人和其他社会组织参与预防和治理水土流失，并依法保护当事人的合法权益。

第七条 县级以上人民政府鼓励和支持水土保持科学技术研究，培养水土保持科技人才，开展水土保持试验示范和技术推广、培训、指导等工作。

第八条 县级以上人民政府及其有关部门应当加强水土保持公益宣传和基本知识教育，将水土保持纳入科普规划和中小学教育内容，普及水土保持科学知识，增强公众的水土保持意识。

第二章 规　　划

第九条 河流源头区、水源涵养区、饮用水水源区以及水土流失潜在危险较大，对防洪安全、水资源安全和生态安全有重大影响的区域，应当划定为水土流失重点预防区。

自然条件恶劣，人为活动较为频繁，生态环境恶化，水旱风沙灾害严重，崩塌、滑坡危险区和泥石流易发区等水土流失严重的区域，应当划定为水土流失重点治理区。

生产建设项目选址、选线应当避让水土流失重点预防区和重点治理区；无法避让的，应当提高防治标准，优化施工工艺，减少地表扰动和植被损坏范围，有效控制可能造成的水土流失。

第十条 省人民政府水行政主管部门每五年开展一次全省水土流失调查，并公告调查结果。

县级以上人民政府应当依据水土流失调查结果和上级水土流失重点预防区与重点治理区划定情况，划定本级水土流失重点预防区和重点治理区，并进行公告。

第十一条 县级以上人民政府水行政主管部门会同同级人民政府有关部门编制本行政区域水土保持规划。水土保持规划应当与土地利用总体规划、水资源规划、城乡规划、环境保护规划、农业生产发展规划和地质灾害防治规划等相协调。

水土保持规划的内容应当包括水土流失状况，水土流失类型区划分，水土流失防治目标、任务、措施、投资估算和效益分析等。

编制水土保持规划时，应当邀请有关专家进行论证，规划草案形成后，应当向社会公开征求意见。

第十二条 水土保持规划报本级人民政府或者其授权的部门批准后，由水行政主管部门组织实施。

经批准的水土保持规划确需调整或者变更的，应当按照规划编制程序报原批准机关批准。

第十三条 有关矿产资源开发、基础设施建设、城镇建设、公共服务设施建设等方面的规划，在实施过程中可能造成水土流失的，规划的组织编制机关应当在规划中编制水土保持专篇，提出水土流失预防和治理的目标、措施以及投资估算，并在报批前征求本级人民政府水行政主管部门的意见。

第三章 预　　防

第十四条 各级人民政府应当按照水土保持规划，采取封育保护、自然修复、造林种草等措施，保护和增加植被，涵养水源，预防和减轻水土流失。

乡（镇）人民政府应当鼓励和指导村民委员会制定村规民约，保护水土保持设施，加强生态环境建设。

第十五条　县级人民政府应当根据有关规划，确定本行政区域内的取土、挖砂、采石范围，并予以公告。

禁止在下列区域取土、挖砂、采石：

（一）崩塌、滑坡危险区和泥石流易发区；

（二）水库、淤地坝等水工程管理和保护范围；

（三）法律、法规规定的其他禁止取土、挖砂、采石区域。

第十六条　崩塌、滑坡危险区和泥石流易发区由县级以上人民政府划定后公告，并设立警示标志。

崩塌、滑坡危险区和泥石流易发区的划定，应当与地质灾害防治规划确定的地质灾害易发区、重点防治区相衔接。

第十七条　禁止在二十五度以上陡坡地开垦种植农作物。已经在二十五度以上陡坡地开垦种植农作物的，应当按照国家有关规定逐步退耕还林还草。

县级人民政府负责划定并公告禁止开垦的陡坡地范围。

在二十五度以下、五度以上的坡地种植农作物和中草药的，应当采取修建水平梯田或者蓄水保土耕作等措施，有效预防水土流失。

第十八条　在坡地植树造林的，应当科学选择树种，采取修建水平沟、水平阶、鱼鳞坑等措施，提高成活率，减少水土流失。

第十九条　在山区、塬区、丘陵区、风沙区、河谷川道区以及水土保持规划确定的容易发生水土流失的区域开办生产建设项目或者从事其他生产建设活动，扰动地表、损坏地貌植被的，生产建设单位应当编制水土保持方案，报项目立项的本级人民政府水行政主管部门审批。

实行审批制的项目，在报送初步设计报告前完成水土保持方案报批手续；实行核准制的项目，在提交项目申请报告前完成水土保持方案报批手续；实行备案制的项目，在办理备案手续后、项目开工前完成水土保持方案报批手续。经批准的水土保持方案应当作为后续设计的依据。

未编制水土保持方案或者水土保持方案未经水行政主管部门批准的，生产建设项目不得开工建设。

第二十条　依法应当编制水土保持方案的生产建设项目中的水土保持设施，应当与主体工程同时设计、同时施工、同时投产使用；生产建设项目竣工验收前应当由水土保持方案审批部门验收水土保持设施；水土保持设施未经验收或者验收不合格的，生产建设项目不得投产使用。

第四章　治　理

第二十一条　县级以上人民政府应当根据水土保持规划，创新水土流失治理机制，统筹整合涉及水土保持的各类项目，以小流域为单元，实行山、水、林、田、路全面规划，工程措施、植物措施、保护性耕作措施综合治理，开发利用水土资源和保护生态环境相结合，充分发挥水土保持项目的生态效益、社会效益和经济效益。

第二十二条　县级以上人民政府水行政主管部门应当根据水土保持规划，制定年度水土流失治理计划，并组织实施。

第二十三条　公路、铁路、风力发电工程建设，矿产资源开采以及开办其他生产建设项目或者从事其他生产建设活动造成水土流失的，应当明确治理任务，不进行治理或者治理不符合要求的，由县级以上人民政府水行政主管部门责令限期治理；逾期仍不治理的，县级以上人民政府水行政主管部门可以指定有治理能力的单位代为治理，所需费用由生产建设单位承担。

在山区、塬区、丘陵区、风沙区、河谷川道区以及水土保持规划确定的容易发生水土流失的区域，开办生产建设项目或者从事其他生产建设活动，扰动地表，损坏水土保持设施、地貌植被，不能恢复原有水土保持功能的，应当按照规定缴纳水土保持补偿费。

生产建设项目在建设过程中发生的水土保持费用，从基本建设投资中列支；在生产过程中发生的水土保持费用，从企业成本费用中列支。

第二十四条　水土保持补偿费专项用于水土流失预防和治理，主要用于水土流失综合治理以及被损坏的水土保持设施和地貌植被恢复工程，并可用于水土保持规划、监督管理、技术推广、科学研究、宣传培训以及水土保持工程管护等工作。

第二十五条　县级以上人民政府水行政主管部门应当加强对水土保持重点工程的建设管理，明确管护主体和管护责任。

水土保持设施的所有权人和使用权人应当加强对水土保持设施的管理和维护，保证水土保持设施安全运行和正常发挥功能。

第二十六条　公路、铁路、风力发电工程建设，矿产资源开采以及其他生产建设项目在建设和生产过程中废弃的砂、石、土、矸石、尾矿、废渣等应当综合利用；无法综合利用，确需废弃的，应当堆放在水土保持方案确定的或者其他部门批准的专门存放地，并采取拦挡、坡面防护、防洪排导等措施，避免和减少水土流失。

第二十七条　县级以上人民政府应当加大投入，采取人工增雨、集雨措施，适时采取飞播或者人工方式种树种草，恢复植被，保护生态。

第五章　监测和监督

第二十八条　县级以上人民政府水行政主管部门应当加强水土保持监测工作，发挥水土保持监测在政府决策、经济社会发展和社会公共服务中的作用。县级以上人民政府应当保障水土保持监测工作经费。

省人民政府水行政主管部门应当建立和完善全省水土保持监测网络，对全省水土流失情况进行动态监测。

第二十九条　对可能造成严重水土流失的大中型生产建设项目，生产建设单位应当对水土流失状况进行监测，并将监测结果按照有关规定报送当地水行政主管部门。不具备监测条件和能力的，应当委托具有相应水土保持监测资质的机构进行监测。

从事水土保持监测活动，应当执行国家有关技术标准、规范和规程，保证监测质量。

第三十条　省人民政府水行政主管部门应当根据水土保持监测情况，每五年对下列事项进行公告：

（一）水土流失类型、面积、强度、分布状况和变化趋势；

（二）水土流失造成的危害；

（三）水土流失预防和治理情况。

第三十一条　水土保持监督检查人员对生产建设项目水土保持方案实施情况跟踪检查的内容包括：

（一）水土保持方案报批及其后续设计情况；

（二）水土保持工作管理制度的建立以及落实情况；

（三）水土保持工程实施进度、质量以及防治效果；
（四）水土保持监测、监理工作情况；
（五）水土保持方案变更及其手续办理情况；
（六）水土保持补偿费缴纳情况；
（七）水土保持设施验收工作情况。

水土保持监督检查情况，应当向被检查单位或者个人反馈。

第三十二条 水土保持监督检查人员在监督检查中发现单位或者个人有违反水土保持法律、法规行为的，应当责令停止违法行为；对拒不停止违法行为，造成严重水土流失的，报经水行政主管部门批准，可以查封、扣押实施违法行为的工具以及施工机械、设备等，并将违法信息记入社会诚信档案。

第三十三条 县级以上人民政府财政、审计部门应当依法对水土保持补偿费征收管理使用和水土保持工程建设专项资金、水土保持监测工作经费管理使用情况进行监督。

第六章 法律责任

第三十四条 违反本办法规定，法律、行政法规已经规定法律责任的，从其规定。

第三十五条 违反本办法规定，在崩塌、滑坡危险区和泥石流易发区取土、挖砂、采石的，由县级以上人民政府水行政主管部门责令停止违法行为，没收违法所得，并按照下列标准处以罚款：

（一）个人取土、挖砂、采石十立方米以下的处一千元的罚款，十立方米以上五十立方米以下的处一千元以上五千元以下的罚款，五十立方米以上的处五千元以上一万元以下的罚款；

（二）单位取土、挖砂、采石十立方米以下的处二万元的罚款，十立方米以上五十立方米以下的处二万元以上十万元以下的罚款，五十立方米以上的处十万元以上二十万元以下的罚款。

第三十六条 违反本办法规定，有下列行为之一的，由县级以上人民政府水行政主管部门责令停止生产或者使用，直至验收合格，并按照下列标准处以罚款：

（一）水土保持设施未经验收，生产建设项目投产使用的，处十万元以上五十万元以下的罚款；

（二）水土保持设施验收不合格，生产建设项目投产使用的，处五万元以上三十万元以下的罚款。

第三十七条 违反本办法规定，生产建设单位未按照规定开展水土保持监测工作的，由县级以上人民政府水行政主管部门责令限期整改；逾期不改的，处三万元以上五万元以下的罚款，水土保持设施不予验收。

第三十八条 违反本办法规定，县级以上人民政府水行政主管部门或者其他有关部门有下列行为之一的，对直接负责的主管人员和其他直接责任人员依法给予处分：

（一）不依法作出行政许可决定或者办理批准文件的；
（二）发现违法行为或者接到对违法行为的举报不予查处的；
（三）其他未按照本办法规定履行职责的。

第七章 附 则

第三十九条 本办法下列用语的含义是：

水土保持，是指对自然因素和人为活动造成水土流失所采取的预防和治理措施。

水土流失，是指在水力、风力、重力以及冻融等自然营力和人类活动作用下，水土资源和土地生产能力的破坏和损失，包括土地表层侵蚀以及水的损失。

第四十条 本办法自 2015 年 10 月 1 日起施行。

5. 陕西省水土保持条例

发布：2013-07-26 实施：2013-10-01 现行有效

目 录

第一章　总则
第二章　规划
第三章　预防
第四章　治理
第五章　监测和监督
第六章　法律责任
第七章　附则

第一章　总　则

第一条　为了预防和治理水土流失，保护和合理利用水土资源，减轻水、旱、风沙灾害，改善生态环境，促进生态文明建设，保障经济社会可持续发展，根据《中华人民共和国水土保持法》及有关法律、行政法规，结合本省实际，制定本条例。

第二条　本省行政区域内从事水土保持活动或者从事可能造成水土流失的自然资源开发利用、生产建设等活动的单位和个人，应当遵守本条例。

第三条　水土保持工作实行预防为主、保护优先、全面规划、综合治理、因地制宜、突出重点、科学管理、注重效益的方针，坚持谁开发利用资源谁负责保护、谁造成水土流失谁负责治理和补偿的原则。

第四条　县级以上人民政府应当建立健全水土保持工作协调机制，研究解决水土保持工作的重大问题，将水土保持工作纳入本级国民经济和社会发展规划，保证水土保持专项资金和工作经费，组织实施水土保持规划确定的任务。

县级以上人民政府建立和完善水土流失防治目标责任制，将水土保持工作纳入目标责任考核体系，对所属部门、下一级人民政府水土保持责任制落实情况进行考核奖惩。

第五条　县级以上人民政府水行政主管部门主管本行政区域的水土保持工作。

县级以上人民政府发展和改革、国土资源、环境保护、住房和城乡建设、交通运输、农业、林业、扶贫等部门按照各自职责，做好有关的水土流失预防和治理工作。

第六条　县级以上人民政府鼓励和支持水土保持工作机构、高等院校、科研单位、群众性科技组织，开展水土保持科学研究、试验示范和技术推广、培训、指导、服务工作。

第七条　县级以上人民政府鼓励和支持社会力量、民间资本参与水土流失预防和治理，在资金、技术、税收等方面予以扶持，保障水土流失预防和治理参与人的合法权益。

第八条　各级人民政府及其有关部门应当加强水土保持宣传和教育工作，普及水土保持科学知识，增强公众的水土保持意识。

新闻媒体应当做好水土保持的公益性宣传，中、小学校应当将水土保持基本知识纳入教育内容。

第九条 单位和个人有保护水土资源、维护水土保持设施的义务，有权举报破坏水土资源和水土保持设施的行为。

水行政主管部门收到举报后，应当及时查处，并将查处情况向举报人反馈。

第十条 县级以上人民政府对水土保持工作中成绩显著的单位和个人，给予表彰和奖励。

第二章 规 划

第十一条 省水行政主管部门负责组织本省水土流失调查。水土流失调查包括水土流失的分布、类型、面积、成因、危害及变化趋势、防治情况及其效益等内容，调查结果报国务院水行政主管部门备案后向社会公告。

第十二条 县级以上人民政府依据水土流失调查结果划定并公告本行政区域的水土流失重点预防区和重点治理区。

林草覆盖率百分之四十以上、土壤侵蚀轻度以下以及江河源头区、水源涵养区、饮用水水源区、基本农田保护区等水土流失潜在危险较大的区域，划定为水土流失重点预防区。

林草覆盖率百分之四十以下、土壤侵蚀中度以上以及人口密度较大，自然条件恶劣，生态环境脆弱，水旱风沙灾害严重，崩塌、滑坡危险区和泥石流易发区等水土流失严重的区域，划定为水土流失重点治理区。

第十三条 县级以上水行政主管部门会同有关部门编制水土保持规划，跨区域或者流域的水土保持规划由其共同的上一级水行政主管部门会同有关部门、流域管理机构编制，报本级人民政府或者其授权的部门批准后，由水行政主管部门组织实施。

小流域综合治理、淤地坝建设、沟道造地应当编制水土保持专项规划，由县级以上水行政主管部门会同有关部门编制，按照审批权限报批后组织实施。水土保持专项规划应当符合水土保持规划。

编制水土保持规划和专项水土保持规划，应当征求专家和公众的意见。

第十四条 有关基础设施建设、矿产资源开发、城镇建设、公共服务设施建设以及土地开发整理、工业园区、水电梯级开发、旅游景区等方面的规划，在实施过程中可能造成水土流失的，编制单位应当提出水土流失预防和治理的对策和措施，并在规划报请审批前征得同级水行政主管部门的同意。

第三章 预 防

第十五条 各级人民政府依照水土保持规划和专项规划，采取封育保护、自然修复、退耕还林（草）等措施，严格保护植物、沙壳、结皮、地衣等，加强对取土、挖砂、采石等活动的监督管理，预防和减轻水土流失。

禁止在崩塌、滑坡危险区和泥石流易发区从事取土、挖砂、开矿、采石等扰动地表、诱发地质灾害的活动。

第十六条 禁止在二十五度以上的陡坡地开垦种植农作物。人均耕地五亩或者基本农田二亩以上的地区，禁止在二十度以上的陡坡地开垦种植农作物。

已在禁垦的陡坡地范围内开垦种植农作物的，县级以上人民政府应当制定退耕还林（草）计划，逐年退耕，还林还草，恢复植被。

禁垦范围由县级人民政府划定并公告。

第十七条　县级以上人民政府应当依据《陕西省封山禁牧条例》的规定，将已经退耕还林（草）的区域划入封山禁牧区的范围，向社会公布，并采取措施，加强管护。

在封山禁牧区域禁止损毁、擅自移动封山禁牧的标志、设施。

第十八条　在二十五度以上陡坡地种植经济林的，应当在县级以上农业、林业、水利等行政主管部门指导下，科学选择树种，配套布设生态林，合理确定规模，采取修建截水沟、蓄水池、排水沟、等高植物带、边坡种草、水平阶或者垄沟种植法等水土保持措施，防止造成水土流失。

第十九条　在禁垦坡度以下、五度以上的荒坡地开垦种植农作物，应当采取修建水平梯田、坡面水系整治、蓄水保土耕作等水土保持措施；在禁垦坡度以下、五度以上的坡地上植树造林、抚育幼林、种植中药材，应当采取修建水平梯田、水平阶、鱼鳞坑、竹节水平沟、营造等高植物带等水土保持措施。

第二十条　生产建设项目选址、选线应当避让水土流失重点预防区和重点治理区；无法避让的，应当提高防治标准，优化施工方案和工艺，减少地表扰动和植被损坏范围，缩短施工周期和地表裸露时间，有效控制水土流失。

第二十一条　涉及土石方挖填、扰动地表等可能造成水土流失的生产建设项目，生产建设单位负责编制或者委托具有相应资质的单位编制水土保持方案，经建设项目审批机关的同级水行政主管部门审批。

其他规模较大的取土、挖砂、采石等扰动地表的可能造成水土流失的生产建设活动，作业单位和个人应当编制水土保持方案，报县级水行政主管部门审批。其中煤炭、石油、天然气、有色金属等矿产资源勘探的水土保持方案，报省水行政主管部门审批。

生产建设单位或者个人按照水土保持方案确定的预算，在基本建设投资或者生产费用中专项列支水土保持经费，用于水土流失预防和治理。

第二十二条　占地面积在三公顷以上或者挖填土石方总量在三万立方米以上的生产建设活动，应当编制水土保持方案报告书。前款规定规模以下的生产建设活动，应当填报水土保持方案报告表。

第二十三条　依法应当编制水土保持方案实行审批制的生产建设项目，在可行性研究报告报批前完成水土保持方案报批手续；实行核准制的生产建设项目，在项目核准申请报告提交前完成水土保持方案报批手续；实行备案制的生产建设项目，在办理备案手续后、项目开工前完成水土保持方案报批手续。

其他生产建设活动，在开工前完成水土保持方案报批手续。

第二十四条　依法应当编制水土保持方案的生产建设项目，生产建设单位未编制水土保持方案或者未经水行政主管部门批准的，项目审批机关不予审批，生产建设单位或者个人不得开工建设。

第二十五条　水土保持方案经批准后，生产建设项目地点、位置、规模以及水土保持措施发生重大变化的，应当补充、修改水土保持方案，编制水土保持方案变更报告，报原审批部门批准。

第二十六条　生产建设项目中的水土保持设施，应当与主体工程同时设计、同时施工、同时投产使用。

生产建设单位依据批准的水土保持方案编制水土保持初步设计，并报水土保持方案批准部门备案。

生产建设单位在施工过程中应当采取水土保持临时防护措施，在汛期施工的，制定水土保持度汛方案。

生产建设单位每年向水土保持方案审批部门报告水土保持方案实施情况。

第二十七条 对生产建设活动所占用土地的地表土应当进行分层剥离、保存和利用，做到土石方挖填平衡，减少地表扰动范围。生产建设活动中废弃的砂、石、土、矸石、尾矿、废渣等应当先采取拦挡、坡面防护、防洪排导等措施后，在水土保持方案确定的专门存放地堆放，不得随意排弃或者擅自堆放。生产建设活动结束后，应当及时在取土场、开挖面和存放地的裸露土地上植树种草、恢复植被，对闭库的尾矿库进行复垦。

在水土流失严重、生态脆弱的地区，严格限制采取大规模剥离土层方式开采矿产资源、沟道造地或者从事其他可能造成水土流失的生产建设活动，确需从事相关活动的，须经省水行政主管部门同意后，报省人民政府批准；在干旱缺水地区从事生产建设活动，应当采取防止风力侵蚀措施，设置降水蓄渗设施，充分利用降水资源。

第二十八条 生产建设项目建成后在试生产运行六个月内，建设单位须向水土保持方案审批部门申请水土保持设施验收。未经验收或者验收不合格的，不得投产使用。

分期建设、分期投入生产或者使用的生产建设项目，分期验收相应的水土保持设施。

省水行政主管部门负责验收的大、中型生产建设项目的水土保持设施，先进行技术评估，再进行水土保持设施验收。

第二十九条 单位或者个人不得破坏和擅自占用、填堵、拆除水土保持设施。

水土保持设施及保护范围主要包括：

（一）梯田、埝地、坝地、流失区水地、河滩造地、沟道造地、引洪漫地、地边埂、截水沟、蓄水沟、沟边埂、排水渠（沟）、沉砂池、水窖、沟头防护等农田水土保持工程及附属设施；

（二）淤地坝、拦渣坝、拦沙坝、尾矿坝、谷坊、闸山沟、池塘、涝池、护岸（坡）、拦（挡）渣墙等沟道水土保持工程及安全保护范围；

（三）水土保持林草和苗圃、植物埂、水平沟、反坡梯田、鱼鳞坑等育林整地配套设施；

（四）水土保持监测网点和科研试验、示范场地、设施及安全保护范围；

（五）其他水土保持设施。

第三十条 水土保持设施所有权依其附着的土地权属确定。水土保持设施属于国家所有的，在单位、集体经济组织或者个人使用土地范围内，由使用权人承担管护责任；水土保持设施属于集体所有，在土地承包或者租赁范围内的，由土地承包人或者承租人承担管护责任，没有承包人或者承租人的，由集体经济组织与受益人签订管护协议，明确管护责任。

第三十一条 城镇水土保持以生态措施为主，并采取必要的工程措施。城镇建设、改造项目，可能造成水土流失的，应当编制水土保持方案，采取措施，有效控制水土流失。

第三十二条 县级以上水行政主管部门应当对生产建设项目水土保持方案的实施情况进行跟踪检查，发现问题及时处理。对未落实水土保持方案的生产建设单位、个人，县级以上水行政主管部门可以对其采取约谈、限期整改等措施，并记入单位和个人信用信息系统。

第四章 治 理

第三十三条 水土流失治理应当坚持自然修复与人工治理相结合，植物措施、工程措施与水土保持耕作措施相结合，治理与农民增收致富相结合的原则，兼顾生态效益、经济效益和社会效益。

第三十四条 各级人民政府及其有关部门按照水土保持规划的要求，组织单位和个人以小流域为单元，建立水土流失综合防治体系，有效减少水土流失。

在水力侵蚀地区，以天然沟壑及其两侧山坡地形成的小流域为单元，采取工程措施、植物措施和保护性耕作等措施，进行坡耕地和沟道水土流失综合治理。

在风力侵蚀地区，结合防沙治沙，封育禁牧、植树种草、设置人工沙障和网格林带等措施，建立防风固沙防护体系。

在重力侵蚀地区，结合地质灾害防治，采取径流排导、削坡减载、支挡固坡、修建拦挡工程等措施，加强监测、预报、预警体系建设。

第三十五条 县级以上人民政府按照水土保持规划要求，落实配套资金，保证水土保持投入，实施坡耕地改梯田、淤地坝、小流域综合治理等水土保持重点工程建设，加大生态修复力度。

第三十六条 淤地坝工程项目、沟道造地工程项目建设应当符合水土保持专项规划。建设单位应当编制工程项目设计文件，经县级以上水行政主管部门审核后，按照审批权限报投资主管部门审批。

淤地坝工程项目、沟道造地工程项目建设应当符合工程质量标准和技术规范，经县级以上水行政主管部门组织验收合格后交付使用。

第三十七条 水土保持重点工程或者依法应当编制水土保持方案报告书的生产建设项目的水土保持设施，建设单位应当委托相应资质的监理单位进行施工监理。

监理单位发现工程质量问题、安全事故隐患的，应当要求施工单位限期整改，必要时可以要求施工单位停止施工。施工单位拒不整改或者不停止施工的，监理单位应当告知建设单位和所在地县级水行政主管部门。

第三十八条 生产建设类项目或者其他生产建设活动，在建设期间按占用、扰动、损坏原地貌、植被或者水土保持设施面积缴纳水土保持补偿费；煤炭、石油、天然气（煤层气）、有色金属等矿产资源开采类项目，在生产期间按开采量或者销售价格的一定比例缴纳水土保持补偿费。

水土保持补偿费征收管理办法，由省人民政府财政、物价部门会同水行政主管部门制定。

第三十九条 本省实施水土保持生态效益补偿制度。省人民政府可以从用水受益地区收取一定比例资金，作为水土保持生态效益补偿金，用于江河源头区、水源保护区和水源涵养区水土流失预防和治理，扶持绿色农业和产业发展。对因退耕还林（草）、封山禁牧、减施或者不施化肥农药而减少收入的农户给予适当补偿。

水土保持生态效益补偿金征收管理办法，由省人民政府制定。

第五章 监测和监督

第四十条 水土保持生态环境监测工作实行统一管理、分级负责的原则。

省水土保持监测机构负责管理全省水土保持生态环境监测工作，编制水土保持生态环境监测规划，组织开展水土流失动态监测，建立水土保持生态环境监测信息系统，汇总和管理监测数据，编制水土保持生态环境监测报告。

第四十一条 省水行政主管部门应当定期发布全省水土保持生态环境监测公报，公报内容包括下列事项：

（一）水土流失类型、面积、强度、分布状况和变化趋势；
（二）水土流失造成的危害；
（三）水土流失预防和治理情况。

对重点区域、重大生产建设项目水土流失动态，适时发布监测公告。

第四十二条 水土保持重点工程和可能造成严重水土流失的大中型生产建设项目，生产建设单位应当自行或者委托相应资质的单位开展水土保持监测工作，并将监测情况定期报水行政主管部门。

第四十三条 省水土保持监测机构建立水土保持监测评价体系，组织对本行政区域内监测成果质量进行评价认定。

第四十四条 从事水土保持的方案编制、工程监理、监测和评估的技术服务单位，应当执行国家有关技术规范和要求，不得弄虚作假、伪造、虚报、瞒报有关数据。

第四十五条 县级以上水行政主管部门所属的水土保持监督管理机构负责本行政区域内水土保持监督管理和行政执法工作。

第四十六条 水政监督检查人员履行监督检查职责时，不得少于两人，并应当出示执法证件。被检查单位或者个人对水土保持监督检查工作应当予以配合。

第四十七条 水政监督检查人员履行监督检查职责时，有权采取下列措施：
（一）要求被检查单位或者个人提供有关文件、证照、资料；
（二）要求被检查单位或者个人就预防和治理水土流失的有关情况作出说明；
（三）进入现场进行调查、取证。

水政监督检查人员发现单位或者个人有违反水土保持法律法规行为的，应当责令立即停止违法行为。拒不停止违法行为，造成严重水土流失的或者有其他严重违法情节的，报经县级以上水行政主管部门批准，水政监督检查人员可以查封、扣押实施违法行为的工具及施工机械、设备等。

查封、扣押的期限不得超过三十日；情况复杂确需延长的，经水行政主管部门主要负责人批准，可以延长，但是延长期限不得超过三十日。

第四十八条 单位之间、个人之间、单位和个人之间发生水土流失纠纷的，应当协商解决；协商不成的，可以申请县级以上水行政主管部门协调处理或者向人民法院提起诉讼。不同行政区域之间发生的水土流失纠纷协商不成的，由共同的上一级人民政府裁决。

第六章 法律责任

第四十九条 水行政主管部门或者其他依照本条例规定行使监督管理权的部门，不依法作出行政许可决定或者办理批准文件及其不履行监督管理职责，发现违法行为或者接到对违法行为的举报不予查处的，或者有其他未依照本条例规定履行职责行为的，对直接负责的主管人员和其他直接责任人员依法给予行政处分。

第五十条 违反本条例第二十六条、第三十七条、第四十二条规定，有下列行为之一的，由县级以上水行政主管部门责令限期改正，逾期不改正的，处以三万元以上三十万元以下罚款：
（一）未按规定编制、报备水土保持初步设计、制定度汛方案或者在施工过程中未采取水土保持临时防护措施的；
（二）未按规定实施监理、监测或者委托不具备相应资质的单位实施监理、监测的；
（三）未按规定报告水土保持方案实施情况或者水土保持监测工作情况的。

第五十一条 违反本条例第二十七条规定，在专门存放地未采取防护措施倾倒砂、石、土、矸石、尾矿、废渣等的，由县级以上水行政主管部门责令停止违法行为，采取补救措施，造成水土流失的，按照倾倒数量处每立方米五元以上十元以下的罚款。

第五十二条 违反本条例第二十九条规定，破坏或者擅自占用、填堵、拆除水土保持设施的，由县级以上水行政主管部门责令限期改正，逾期不改正的，处水土保持设施造价一至二倍的罚款。

第五十三条 违反本条例第四十四条规定，技术服务单位弄虚作假，伪造、虚报、瞒报有关数据的，由县级以上水行政主管部门责令改正，情节严重的，降级或者吊销资格证书。

第五十四条 对个人处以五万元以上罚款，对单位处以二十万元以上罚款，实施处罚的机关应当告知当事人有要求举行听证的权利。

第五十五条 违反本条例规定，造成水土流失危害的，依法承担民事责任；构成违反治安管理行为的，由公安机关依法给予治安管理处罚；构成犯罪的，依法追究刑事责任。

第五十六条 违反本条例规定的其他行为，《中华人民共和国水土保持法》和其他法律、法规已有处罚规定的，从其规定。

第七章 附 则

第五十七条 省水土保持工作机构履行省水行政主管部门的水土保持工作职责。

设区的市、县（市、区）人民政府确定的水土保持工作机构、水土保持监督管理机构履行水行政主管部门的水土保持工作职责。

水土保持监督检查人员行使本条例规定的水政监督检查人员的职责。

第五十八条 本条例自2013年10月1日起施行。1994年1月10日陕西省第八届人民代表大会常务委员会第四次会议通过，2004年8月3日陕西省第十届人民代表大会常务委员会第十二次会议修正，2007年7月28日陕西省第十届人民代表大会常务委员会第三十二次会议修正的《陕西省实施〈中华人民共和国水土保持法〉办法》同时废止。

6. 天津市实施《中华人民共和国水土保持法》办法

1995年1月18日天津市第十二届人民代表大会常务委员会第十三次会议通过，根据2004年9月14日天津市第十四届人民代表大会常务委员会第十四次会议关于修改《天津市实施办法》的决定修正，2013年12月17日天津市第十六届人民代表大会常务委员会第六次会议修订通过。

（1995年1月18日天津市第十二届人民代表大会常务委员会第十三次会议通过 根据2004年9月14日天津市第十四届人民代表大会常务委员会第十四次会议关于修改《天津市实施办法》的决定修正 2013年12月17日天津市第十六届人民代表大会常务委员会第六次会议修订通过）

《天津市实施〈中华人民共和国水土保持法〉办法》已由天津市第十六届人民代表大会常务委员会第六次会议于2013年12月17日修订通过，现予公布，自2014年3月1日起施行。

天津市人民代表大会常务委员会
2013年12月17日

第一条 为了预防和治理水土流失，保护和合理利用水土资源，减轻水、旱、风沙灾害，改善生态环境，建设宜居城市，保障经济社会可持续发展，根据《中华人民共和国水土保持法》和其他有关法律、法规，结合本市实际情况，制定本办法。

第二条 在本市行政区域内从事水土保持活动，应当遵守本办法。

本办法所称水土保持，是指对自然因素和人为活动造成水土流失所采取的预防和治理措施。

本办法所称水土流失，是指因为自然因素和人为活动造成的水土资源和土地生产能力的破坏和损失，包括土地表层侵蚀及水的损失。

第三条 水土保持工作实行预防为主、保护优先、全面规划、综合治理、因地制宜、突出重点、科学管理、注重效益的方针。

生产建设活动可能造成水土流失的，实行谁建设谁保护、谁造成水土流失谁治理的原则。

第四条 市和区县人民政府应当加强对水土保持工作的统一领导，将水土保持工作纳入本级国民经济和社会发展规划和计划，安排专项资金保障水土保持规划确定的预防、治理、监督、监测等任务的完成。

第五条 市和区县人民政府应当鼓励和支持水土保持科技研究，推广先进的水土保持技术，对在水土保持工作中做出显著成绩的单位和个人给予奖励。

第六条 市水行政主管部门负责全市水土保持工作。

中心城区的水土保持工作，由市水行政主管部门负责。其他区县水行政主管部门按照规定的职责，负责本行政区域内的水土保持工作。

发展改革、财政、国土、规划、农业、环保、建设等部门按照各自职责，做好有关的水土流失预防和治理工作。

第七条 市水行政主管部门应当每五年开展一次全市水土流失调查并依法公告调查结果。水土流失调查的内容，包括水土流失面积、侵蚀类型、流失程度、分布状况、流失成因及其趋势等。

国家或者本市对水土流失调查有特殊需要时，市水行政主管部门应当按照要求开展调查。

第八条 市水行政主管部门根据水土流失调查结果，拟定水土流失重点预防区和水土流失重点治理区，报市人民政府批准后向社会公布。

市人民政府在水土流失重点预防区和水土流失重点治理区，对区县人民政府实行水土保持目标责任制和考核奖惩制度。

第九条 对防洪安全、水资源安全和生态安全有重大影响的水土流失潜在危险较大区域，应当划定为水土流失重点预防区；生态环境恶化，水旱灾害严重，崩塌、滑坡危险区和泥石流易发区等水土流失严重区域，应当划定为水土流失重点治理区。

第十条 市水行政主管部门应当会同市有关部门编制全市的水土保持规划，报市人民政府批准后向社会公布并组织实施。

区县水行政主管部门应当会同同级有关部门，根据全市水土保持规划编制本区县水土保持规划，报本级人民政府批准后组织实施，并报市水行政主管部门备案。

第十一条 水土保持规划应当与土地利用总体规划、水资源规划、城乡规划和环境保护规划等相协调。

规划组织编制部门，在编制有关基础设施建设、矿产资源开发、城镇建设、公共服务设施建设等方面的规划时，涉及水土流失重点预防区和水土流失重点治理区以及水土保持规划确定的容易发生水土流失的区域时，应当分析论证规划实施对水土资源和生态环境的影响，在规划中提出预防和治理水土流失的对策和措施，并征求同级水行政主管部门意见后报请审批。

第十二条 各级人民政府应当加强农村新能源建设，控制破坏地貌植被的生产建设活动，预防和减轻水土流失。

本市鼓励和支持山地丘陵区以及容易发生水土流失的其他区域的农业生产者，采取保土耕作方法和其他有利于水土保持的措施。

第十三条 水土保持设施的所有权人或者使用权人，应当加强对水土保持设施的管理与维护，落实管护责任，保障其功能正常。禁止任何单位和个人破坏水土保持设施。

乡、镇人民政府应当指导村民委员会制定村规民约，保护水土保持设施，加强生态环境建设。

第十四条 禁止在封山育林区和幼林地放牧。在二十五度以上陡坡地种植果树等经济林的，应当兼顾生态防护效益，根据造林地实际，科学选择树种，合理确定种植规模，采取修建截水沟、水平阶、鱼鳞坑等水土保持措施，防止造成水土流失。

在二十五度以下、五度以上的荒坡地开垦种植农作物，应当提出修建梯田、水平阶等水土保持措施，报经区县水行政主管部门批准，方可办理土地开垦手续。

第十五条 采伐林木应当采取防止水土流失措施。

在水土流失重点预防区和水土流失重点治理区采伐林木的，采伐方案中应当有水土保持措施，并在采伐后及时更新造林；批准采伐的部门应当将采伐方案抄送同级水行政主管部门。

采伐方案由水行政主管部门和批准采伐的部门共同监督实施。

第十六条 生产建设项目选址、选线应当避让水土流失重点预防区和水土流失重点治理区；无法避让的，生产建设单位应当编制水土保持方案，并在水土保持方案中提高防治标准，优化施工工艺，减少地表扰动和植被损坏范围，有效控制可能造成的水土流失。

水土流失重点预防区和水土流失重点治理区以外，在水土保持规划确定的容易发生水土流失的区域内开办占地面积一公顷或者开挖、填筑土石方总量在一万立方米以上的生产建设项目，生产建设单位应当编制水土保持方案。

第十七条 水土保持方案应当按照基本建设程序报水行政主管部门审批。

中心城区和跨区县行政区域、市级立项或者按规定应当由市水行政主管部门审批的项目，生产建设单位应当将水土保持方案报市水行政主管部门审批。

生产建设单位未编制水土保持方案或者水土保持方案未经水行政主管部门批准的，生产建设项目不得开工建设。

第十八条 生产建设项目中的水土保持设施，应当与主体工程同时设计、同时施工、同时投产使用。

生产建设单位应当按照批准的水土保持方案和有关技术标准，组织开展初步设计或者施工图设计，落实水土流失防治措施和投资概算。水土保持设施的初步设计或者施工图设计，生产建设单位应当向水行政主管部门备案。

生产建设项目竣工验收，应当由水行政主管部门组织进行水土保持设施验收；水土保持设施未经验收或者验收不合格的，生产建设项目不得投产使用。

第十九条 本市对水土流失采取分类治理的措施。

在山地丘陵区，以饮用水水源保护区保护为重点，采取预防保护、自然修复和综合治理措施，配套建设植物过滤带，积极推广沼气，加强清洁小流域建设，依法严格控制化肥和农药的使用，防止和减少水土流失引起的面源污染。

在平原区，以生态措施为主，采取植树、种草、固坡等措施，建设完善蓄排工程，恢复和提高城镇生态系统功能。

第二十条 从事生产建设活动的单位和个人，应当对分层剥离的地表土专门存放，留作恢复表土层、种植植被和复耕时利用；对砂、石、土、废渣等存放地，应当采取拦挡、坡面防护、防洪排导等措施，避免造成水土流失；生产建设活动结束后，应当及时在取土场、开挖面和存放地的裸露土地上植树种草、恢复植被或者复垦。

第二十一条 开办生产建设项目或者从事其他生产建设活动造成水土流失的，应当进行治理。

在水土流失重点预防区和水土流失重点治理区以及水土保持规划确定的容易发生水土流失的区域内开办生产建设项目或者从事其他生产建设活动，损坏水土保持设施、地貌植被，不能恢复原有水土保持功能的，应当缴纳水土保持补偿费，专项用于水土流失预防和治理。

水土保持补偿费征收标准和使用管理按照国家和本市有关规定执行。

第二十二条 生产建设项目在建设过程中发生的水土保持费用，从基本建设投资中列支；在生产过程中发生的水土保持费用，从企业成本费用中列支。

第二十三条 市水行政主管部门应当合理设置水土保持监测站点，建立健全监测信息网络，发挥水土保持监测工作在政府决策、经济社会发展和社会公众服务中的作用。

区县水行政主管部门应当做好本区县水土保持监测工作。

第二十四条 生产建设单位依法应当对生产建设活动造成的水土流失进行监测，并将监测情况定期报当地水行政主管部门。不具备监测条件和能力的，应当按照国家规定委托具备相应水土保持监测资质的机构进行监测。

生产建设单位和承担监测任务的水土保持监测机构，进行水土保持监测活动，应当遵守国家有关技术标准、规范和规程，保证监测质量，其项目负责人和技术负责人应当在监测文件上签字，对监测成果的真实性负责。

第二十五条 在二十五度以下、五度以上的荒坡地开垦种植农作物，水土保持措施未经批准或者未按照批准的水土保持措施开垦的，由水行政主管部门责令限期改正，并处每平方米二元以上十元以下的罚款。

第二十六条 违反本办法规定，在水土流失重点预防区和水土流失重点治理区采伐林木不采取水土保持措施的，由批准采伐的部门、水行政主管部门责令限期改正，采取补救措施；造成水土流失的，由水行政主管部门按照造成水土流失面积处每平方米二元以上十元以下罚款。

第二十七条 违反本办法规定，依法应当编制水土保持方案的生产建设项目，未编制水土保持方案或者水土保持方案未经批准而开工建设的，由水行政主管部门责令限期补办手续；逾期不补办手续的，处五万元以上五十万元以下的罚款；对生产建设单位直接负责的主管人员和其他直接责任人员依法给予处分。

第二十八条 本办法自 2014 年 3 月 1 日起施行。

地方性法规（类别）

（2018 年 12 月 14 日天津市第十七届人民代表大会常务委员会第七次会议通过）

根据"放管服"改革和行政审批制度改革工作要求，天津市第十七届人民代表大会常务委员会第七次会议决定，对《天津市植物保护条例》等三十二部地方性法规作如下修改：

六、关于《天津市实施〈中华人民共和国水土保持法〉办法》

1. 将第六条第三款修改为："发展改革、财政、规划和自然资源、生态环境、住房建设、农业农村等部门按照各自职责，做好水土流失预防和治理相关工作。"

2. 将第十四条第二款修改为："在二十五度以下、五度以上的荒坡地开垦种植农作物，应当采取修建梯田、水平阶等水土保持措施。"

3. 将第二十五条修改为："在二十五度以下、五度以上的荒坡地开垦种植农作物，未采取水土保持措施的，由水行政主管部门责令限期改正，并处每平方米二元以上十元以下的罚款。"

7. 国务院关于第一批清理规范 89 项国务院部门行政审批中介服务事项的决定

国发〔2015〕58 号

国务院各部委、各直属机构：

根据推进政府职能转变和深化行政审批制度改革的部署和要求，国务院决定第一批清理规范 89 项国务院部门行政审批中介服务事项，不再作为行政审批的受理条件。

各有关部门要加强组织领导，认真做好清理规范行政审批中介服务事项的落实工作，加快配套改革和相关制度建设，加强事中事后监管，保障行政审批质量和效率。要制定完善中介服务的规范和标准，指导监督本行业中介服务机构建立相关制度，规范中介服务机构及从业人员执业行为，细化服务项目、优化服务流程、提高服务质量，营造公平竞争、破除垄断、优胜劣汰的市场环境，促进中介服务市场健康发展，不断提高政府管理科学化、规范化水平。

附件：国务院决定第一批清理规范的国务院部门行政审批中介服务事项目录（共计 89 项）

国务院
2015 年 10 月 11 日

（此件公开发布）

附件

国务院决定第一批清理规范的国务院部门行政审批中介服务事项目录

（共计 89 项）

序号	中介服务事项名称	涉及的审批事项项目名称	审批部门	中介服务设定依据	中介服务实施机构	处理决定
1	企业、事业单位、社会团体等投资建设的固定资产投资项目申请报告编制	企业、事业单位、社会团体等投资建设的固定资产投资项目核准	国家发展改革委	《国务院关于投资体制改革的决定》（国发〔2004〕20 号）《政府核准投资项目管理办法》（国家发展改革委令 2014 年第 11 号）	甲级工程咨询机构	申请人可按要求自行编制项目申请报告，也可委托有关机构编制，审批部门不得以任何形式要求申请人必须委托特定中介机构提供服务；保留审批部门现有的项目申请报告技术评估、评审

续表

序号	中介服务事项名称	涉及的审批事项项目名称	审批部门	中介服务设定依据	中介服务实施机构	处理决定
2	设立民办本科学校资产审计	实施本科及以上教育的高等学校（含独立学院、民办高校）的设立、分立、合并、变更和终止审批	教育部	《中华人民共和国民办教育促进法》注：审批工作中要求申请人提供审计机构出具的资产审计报告	会计师事务所或者审计事务所及其他具有相关资格的审计机构	不再要求申请人提供资产审计报告
3	提交农药生产审批所需的项目环境影响评价报告	生产尚未制定国家标准、行业标准但已有企业标准的农药审批	工业和信息化部	《农药生产管理办法》（国家发展改革委令 2004 年第 23 号）注：审批工作中要求申请人提供有关机构编制的项目环境影响评价报告	具有相应资质的设计单位	不再要求申请人提供项目环境影响评价报告；环境影响评价审批依法由环保部门开展
4	提交开办农药生产企业审批所需的项目环境影响评价报告	开办农药生产企业审批	工业和信息化部	《农药生产管理办法》（国家发展改革委令 2004 年第 23 号）	具有相应资质的设计单位	不再要求申请人提供项目环境影响评价报告；环境影响评价审批依法由环保部门开展
5	农药产品质量检测	生产尚未制定国家标准、行业标准但已有企业标准的农药审批	工业和信息化部	《农药生产管理办法》（国家发展改革委令 2004 年第 23 号）	具有相应资质的检测单位	不再要求申请人提供农药产品质量检测报告，改由审批部门委托有关机构开展农药产品质量检测
6	开办农药生产企业项目可行性研究报告编制	开办农药生产企业审批	工业和信息化部	《农药生产管理办法》（国家发展改革委令 2004 年第 23 号）	具有相应资质的设计单位	申请人可按要求自行编制项目可行性研究报告，也可委托有关机构编制，审批部门不得以任何形式要求申请人必须委托特定中介机构提供服务；保留审批部门现有的项目可行性研究报告技术评估、评审

续表

序号	中介服务事项名称	涉及的审批事项项目名称	审批部门	中介服务设定依据	中介服务实施机构	处理决定
7	新增原药生产装置所需的建设项目可行性研究报告编制	生产尚未制定国家标准、行业标准但已有企业标准的农药审批	工业和信息化部	《农药生产管理办法》（国家发展改革委令2004年第23号）	具有相应资质的设计单位	申请人可按要求自行编制项目可行性研究报告，也可委托有关机构编制，审批部门不得以任何形式要求申请人必须委托特定中介机构提供服务；保留审批部门现有的项目可行性研究报告技术评估、评审
8	计算机信息系统安全专用产品检测	计算机信息系统安全专用产品销售许可	公安部	《中华人民共和国计算机信息系统安全保护条例》（国务院令第147号）《计算机信息系统安全专用产品检测和销售许可证管理办法》（公安部令第32号）	公安部计算机信息系统安全产品质量监督检验中心、公安部计算机病毒防治产品检验中心等单位	不再要求申请人提供计算机信息系统安全专用产品检测报告，改由审批部门委托有关机构开展计算机信息系统安全专用产品检测
9	矿业权转让鉴证和公示	勘查矿产资源审批	国土资源部	《国土资源部关于建立健全矿业权有形市场的通知》（国土资发〔2010〕145号）《矿业权交易规则（试行）》（国土资发〔2011〕242号）《国土资源部办公厅关于做好矿业权有形市场出让转让信息公示公开有关工作的通知》（国土资厅发〔2011〕19号）	省级矿业权交易机构	不再要求申请人委托矿业权交易机构进行鉴证和公示，改由省级国土资源部门负责发布矿业权转让公示信息并出具公示无异议的意见

续表

序号	中介服务事项名称	涉及的审批事项项目名称	审批部门	中介服务设定依据	中介服务实施机构	处理决定
10	采矿权申请范围核查	开采矿产资源审批	国土资源部	《国土资源部关于调整探矿权、采矿权申请资料有关问题的公告》（国土资源部公告2009年第17号）《国土资源部办公厅关于做好探矿权采矿权登记与矿业权实地核查工作衔接有关问题的通知》（国土资厅发〔2009〕54号）	具有资质的测量单位	不再要求申请人委托具有资质的测量单位出具采矿权申请范围核查意见，改由地方国土资源部门委托有关机构进行核查
11	矿产资源勘查实施方案编制	勘查矿产资源审批	国土资源部	《国土资源部关于进一步规范探矿权管理有关问题的通知》（国土资发〔2009〕200号）《国土资源部办公厅关于规范矿产资源勘查实施方案管理工作的通知》（国土资厅发〔2010〕29号）	具有相应地质勘查资质的勘查单位	申请人可按要求自行编制勘查实施方案，也可委托有关机构编制，审批部门不得以任何形式要求申请人必须委托特定中介机构提供服务；保留审批部门现有的勘查实施方案技术评估、评审
12	开采矿产资源土地复垦方案报告书编制	开采矿产资源审批	国土资源部	《国土资源部关于组织土地复垦方案编报和审查有关问题的通知》（国土资发〔2007〕81号）注：审批工作中要求申请人委托有关机构编制土地复垦方案报告书	具有水土保持、生态环境工程等规划设计资质或具有从事土地复垦规划设计业绩的单位	申请人可按要求自行编制土地复垦方案报告书，也可委托有关机构编制，审批部门不得以任何形式要求申请人必须委托特定中介机构提供服务；保留审批部门现有的土地复垦方案报告书技术评估、评审

续表

序号	中介服务事项名称	涉及的审批事项项目名称	审批部门	中介服务设定依据	中介服务实施机构	处理决定
13	矿产资源开发利用方案编制	开采矿产资源审批	国土资源部	《国土资源部关于矿产资源勘查登记、开采登记有关规定的通知》（国土资发〔1998〕7号）《国土资源部关于探矿权、采矿权申请资料实行电子文档申报的公告》（国土资源部公告2007年第12号）	具有设计资质的单位	申请人可按要求自行编制矿产资源开发利用方案，也可委托有关机构编制，审批部门不得以任何形式要求申请人必须委托特定中介机构提供服务；保留审批部门现有的矿产资源开发利用方案技术评估、评审
14	矿产资源储量核实	开采矿产资源审批	国土资源部	《固体矿产资源储量核实报告编写规定》（国土资发〔2007〕26号）	具有相应地质勘查资质的单位	申请人可按要求自行编制矿产资源储量核实报告，也可委托有关机构编制，审批部门不得以任何形式要求申请人必须委托特定中介机构提供服务；保留审批部门现有的矿产资源储量核实报告技术评估、评审
15	矿山储量年报编制	开采矿产资源审批	国土资源部	《矿产资源监督管理暂行办法》（国务院1987年发布）《矿产资源开采登记管理办法》（国务院令第241号）《矿山储量动态管理要求》（国土资发〔2008〕163号）	具有资质的地质测量机构	申请人可按要求自行编制矿山储量年报，也可委托有关机构编制，审批部门不得以任何形式要求申请人必须委托特定中介机构提供服务；保留审批部门现有的矿山储量年报技术评估、评审

续表

序号	中介服务事项名称	涉及的审批事项项目名称	审批部门	中介服务设定依据	中介服务实施机构	处理决定
16	矿山地质环境保护与治理恢复方案编制	开采矿产资源审批	国土资源部	《矿山地质环境保护规定》（国土资源部令第44号）	具有地质灾害危险性评估资质或者地质灾害治理工程勘查、设计资质和相关工作业绩的单位	申请人可按要求自行编制矿山地质环境保护与治理恢复方案，也可委托有关机构编制，审批部门不得以任何形式要求申请人必须委托特定中介机构提供服务；保留审批部门现有的矿山地质环境保护与治理恢复方案技术评估、评审
17	建设项目压覆重要矿产资源评估报告编制	建设项目用地预审及建设项目压覆重要矿床审批	国土资源部	《国土资源部关于进一步做好建设项目压覆重要矿产资源审批管理工作的通知》（国土资发〔2010〕137号）	具有相应地质勘查资质的单位	申请人可按要求自行编制建设项目压覆重要矿产资源评估报告，也可委托有关机构编制，审批部门不得以任何形式要求申请人必须委托特定中介机构提供服务；保留审批部门现有的建设项目压覆重要矿产资源评估报告技术评估、评审
18	建设项目竣工环境保护验收监测或调查	由环境保护部负责的建设项目竣工环境保护验收	环境保护部	《建设项目环境保护管理条例》（国务院令第253号）《建设项目竣工环境保护验收管理办法》（环保总局令第13号）《环境保护部建设项目"三同时"监督检查和竣工环保验收管理规程（试行）》（环发〔2009〕150号）	具有相应资质的环境监测机构、环境放射性监测机构、环境影响评价机构等有关技术单位	不再要求申请人提供建设项目竣工环境保护验收监测报告（表）或调查报告（表），改由审批部门委托有关机构进行环境保护验收监测或调查

续表

序号	中介服务事项名称	涉及的审批事项项目名称	审批部门	中介服务设定依据	中介服务实施机构	处理决定
19	建筑业企业、勘察企业、设计企业、工程监理企业资质申请人财务报表审计	建筑业企业、勘察企业、设计企业、工程监理企业资质认定	住房城乡建设部	《建筑业企业资质管理规定和资质标准实施意见》（建市〔2015〕20号）	会计师事务所或者审计事务所及其他具有相关资格的审计机构	不再要求申请人提供经审计的财务报表
20	甲级工程建设项目招标代理机构资格申请人财务报告审计	甲级工程建设项目招标代理机构资格认定	住房城乡建设部	《工程建设项目招标代理机构资格认定办法》（建设部令第154号）	会计师事务所或者审计事务所及其他具有相关资格的审计机构	不再要求申请人提供经审计的财务报告
21	勘察设计注册工程师执业资格申请人继续教育培训	勘察设计注册工程师执业资格认定	住房城乡建设部	《勘察设计注册工程师管理规定》（建设部令第137号）注：审批工作中要求申请人参加继续教育培训机构组织的培训	地方确定的继续教育培训机构	申请人按照继续教育的标准和要求可参加用人企业组织的培训，也可参加有关机构组织的培训，审批部门不得以任何形式要求申请人必须参加特定中介机构组织的培训
22	注册监理工程师执业资格申请人继续教育培训	监理工程师执业资格认定	住房城乡建设部	《注册监理工程师管理规定》（建设部令第147号）注：审批工作中要求申请人参加继续教育培训机构组织的培训	由中国建设监理协会组织开展，分为面授和网络教学方式进行，集中面授由中国建设监理协会公布的培训机构实施，网络教学由中国建设监理协会会同专业监理协会和地方监理协会共同组织实施	申请人按照继续教育的标准和要求可参加用人企业组织的培训，也可参加有关机构组织的培训，审批部门不得以任何形式要求申请人必须参加特定中介机构组织的培训

续表

序号	中介服务事项名称	涉及的审批事项项目名称	审批部门	中介服务设定依据	中介服务实施机构	处理决定
23	注册建造师执业资格申请人继续教育培训	一级注册建造师执业资格认定	住房城乡建设部	《注册建造师管理规定》（建设部令第153号）注：审批工作中要求申请人参加继续教育培训机构组织的培训	行业牵头部门（如交通、水利部门）推荐，住房城乡建设部公布的继续教育培训机构	申请人按照继续教育的标准和要求可参加用人企业组织的培训，也可参加有关机构组织的培训，审批部门不得以任何形式要求申请人必须参加特定中介机构组织的培训
24	注册造价工程师执业资格申请人继续教育培训	造价工程师执业资格认定	住房城乡建设部	《注册造价工程师管理办法》（建设部令第150号）注：审批工作中要求申请人参加继续教育培训机构组织的培训	中国建设工程造价管理协会	申请人按照继续教育的标准和要求可参加用人企业组织的培训，也可参加有关机构组织的培训，审批部门不得以任何形式要求申请人必须参加特定中介机构组织的培训
25	国家重点公路建设项目初步设计文件技术审查咨询	国家重点公路建设项目设计审批	交通运输部	《建设工程质量管理条例》（国务院令第279号）《公路建设市场管理办法》（交通部令2004年第14号，2011年11月30日交通运输部予以修改）《公路建设监督管理办法》（交通部令2006年第6号）	中交第一、第二公路勘察设计研究院有限公司、中交公路规划设计院有限公司等8家咨询单位	不再要求申请人提供初步设计文件技术审查咨询报告，改由审批部门委托有关机构进行初步设计文件技术审查咨询
26	国家重点水运建设项目初步设计技术审查咨询	国家重点水运建设项目设计文件审查	交通运输部	《港口建设管理规定》（交通部令2007年第5号）《航道建设管理规定》（交通部令2007年第3号）注：审批工作中要求申请人委托有关机构编制初步设计技术审查咨询报告	中交水运规划设计院有限公司，中交第一、第二、第三、第四航务工程勘察设计院有限公司	不再要求申请人提供初步设计技术审查咨询报告，改由审批部门委托有关机构进行初步设计技术审查咨询

续表

序号	中介服务事项名称	涉及的审批事项项目名称	审批部门	中介服务设定依据	中介服务实施机构	处理决定
27	生产建设项目水土保持设施验收技术评估	生产建设项目水土保持设施验收审批	水利部	《开发建设项目水土保持设施验收管理办法》（水利部令第16号，2005年7月8日予以修改）注：审批工作中要求申请人委托有关机构编制水土保持设施验收技术评估报告	具有生产建设项目水土保持设施验收技术评估工作相应能力和水平且具有独立法人资格的企事业单位	不再要求申请人提供水土保持设施验收技术评估报告，改由审批部门委托有关机构进行技术评估
28	生产建设项目水土保持监测	生产建设项目水土保持设施验收审批	水利部	《中华人民共和国水土保持法》注：审批工作中要求申请人委托有关机构编制水土保持监测报告	具有从事生产建设项目水土保持监测工作相应能力和水平且具有独立法人资格的企事业单位	申请人可按要求自行编制水土保持监测报告，也可委托有关机构编制，审批部门不得以任何形式要求申请人必须委托特定中介机构提供服务；审批部门完善标准，按要求开展现场核查
29	生产建设项目水土保持方案编制	生产建设项目水土保持方案审批	水利部	《中华人民共和国水土保持法》注：审批工作中要求申请人委托有关机构编制水土保持方案	具有从事生产建设项目水土保持方案编制工作相应能力和水平且具有独立法人资格的企事业单位	申请人可按要求自行编制水土保持方案，也可委托有关机构编制，审批部门不得以任何形式要求申请人必须委托特定中介机构提供服务；保留审批部门现有的水土保持方案技术评估、评审

续表

序号	中介服务事项名称	涉及的审批事项项目名称	审批部门	中介服务设定依据	中介服务实施机构	处理决定
30	水工程是否符合流域治理、开发、保护要求或者防洪要求专题论证	水工程建设规划同意书审核	水利部	《水工程建设规划同意书制度管理办法（试行）》（水利部令第31号）	具有相应工程咨询资质的单位或者防洪规划的编制单位	申请人可按要求自行编制专题论证报告，也可委托有关机构编制，审批部门不得以任何形式要求申请人必须委托特定中介机构提供服务；保留审批部门现有的专题论证报告技术评估、评审
31	建设项目水资源论证	建设项目水资源论证报告书审批	水利部	《取水许可和水资源费征收管理条例》（国务院令第460号）《建设项目水资源论证管理办法》（水利部、国家计委令第15号）	具有建设项目水资源论证报告书编制能力且具有独立法人资格的企事业单位	申请人可按要求自行编制建设项目水资源论证报告书，也可委托有关机构编制，审批部门不得以任何形式要求申请人必须委托特定中介机构提供服务；保留审批部门现有的水资源论证报告书技术评估、评审
32	入河排污口设置论证	江河、湖泊新建、改建或者扩大排污口审核	水利部	《入河排污口监督管理办法》（水利部令第22号）注：审批工作中要求申请人委托有关机构编制入河排污口设置论证报告	具有建设项目水资源论证、水文水资源调查评价工作相应能力或环境保护部批准的具有建设项目环境影响评价资质的单位	申请人可按要求自行编制入河排污口设置论证报告，也可委托有关机构编制，审批部门不得以任何形式要求申请人必须委托特定中介机构提供服务；保留审批部门现有的排污口设置论证报告技术评估、评审

续表

序号	中介服务事项名称	涉及的审批事项项目名称	审批部门	中介服务设定依据	中介服务实施机构	处理决定
33	非防洪建设项目洪水影响评价	非防洪建设项目洪水影响评价报告审批	水利部	《中华人民共和国防洪法》《水利部关于加强洪水影响评价管理工作的通知》（水汛〔2013〕404号）	具有相应水利（水电）工程勘测设计资质的企事业单位	申请人可按要求自行编制洪水影响评价报告，也可委托有关机构编制，审批部门不得以任何形式要求申请人必须委托特定中介机构提供服务；保留审批部门现有的洪水影响评价报告技术评估、评审
34	河道管理范围内建设项目防洪评价	河道管理范围内建设项目工程建设方案审批	水利部	《河道管理范围内建设项目管理的有关规定》（水政〔1992〕7号）注：审批工作中实际由申请人委托有关机构编制防洪评价报告	具有编制河道管理范围内建设项目防洪评价报告能力且具有独立法人资格的企事业单位	申请人可按要求自行编制防洪评价报告，也可委托有关机构编制，审批部门不得以任何形式要求申请人必须委托特定中介机构提供服务；保留审批部门现有的防洪评价报告技术评估、评审
35	种子生产许可申请人注册资本证明	转基因农作物种子生产许可证核发	农业部	《农作物种子生产经营许可管理办法》（农业部令2011年第3号）	会计师事务所或者审计事务所及其他具有相关资格的机构	不再要求申请人提供注册资本证明
36	种子经营许可申请人注册资本证明	农作物种子、草种、食用菌菌种经营许可证核发	农业部	《农作物种子生产经营许可管理办法》（农业部令2011年第3号）	会计师事务所或者审计事务所及其他具有相关资格的机构	不再要求申请人提供注册资本证明

续表

序号	中介服务事项名称	涉及的审批事项项目名称	审批部门	中介服务设定依据	中介服务实施机构	处理决定
37	种子经营许可申请人固定资产证明	农作物种子、草种、食用菌菌种经营许可证核发	农业部	《农作物种子生产经营许可管理办法》（农业部令2011年第3号）	会计师事务所或者审计事务所及其他具有相关资格的机构	不再要求申请人提供固定资产证明
38	提供种子经营涉及计量的检验、包装设备检定材料	农作物种子、草种、食用菌菌种经营许可证核发	农业部	《农作物种子生产经营许可管理办法》（农业部令2011年第3号）	具有资质的计量检定机构	不再要求申请人提供检验、包装设备检定材料，检验、包装设备的检定依法由质监部门开展
39	提供种子生产涉及计量的检验设备检定材料	转基因农作物种子生产许可证核发	农业部	《农作物种子生产经营许可管理办法》（农业部令2011年第3号）《转基因棉花种子生产经营许可规定》（农业部公告2011年第1643号，2015年4月29日予以修改）	具有资质的计量检定机构	不再要求申请人提供检验设备检定材料，检验设备的检定依法由质监部门开展
40	矿藏开采和工程建设征收、征用或者使用草原项目包含环境影响评价内容在内的可行性报告编制	矿藏开采、工程建设征收、征用或者使用七十公顷以上草原审批	农业部	《草原征占用审核审批管理办法》（农业部令2006年第58号）	具有相应资质的设计单位	不再要求申请人提供包含环境影响评价内容的项目使用草原可行性报告；环境影响评价审批依法由环保部门开展
41	远洋渔业项目申请人银行资信证明	远洋渔业审批	农业部	《远洋渔业管理规定》（农业部令2003年第27号，2004年7月1日予以修改）	银行	不再要求申请人提供银行资信证明

续表

序号	中介服务事项名称	涉及的审批事项项目名称	审批部门	中介服务设定依据	中介服务实施机构	处理决定
42	远洋渔船船体结构无损探伤	远洋渔业船舶检验和渔业船舶船用产品认可	农业部	《中华人民共和国渔业船舶检验条例》（国务院令第383号）注：审批工作中要求申请人委托有关机构编制船体结构无损探伤报告	具有无损探伤资质的机构	不再要求申请人提供船体结构无损探伤报告；审批部门依照标准进行技术检测，实施现场核查
43	远洋渔船船体测厚	远洋渔业船舶检验和渔业船舶船用产品认可	农业部	《中华人民共和国渔业船舶检验条例》（国务院令第383号）注：审批工作中要求申请人委托有关机构编制船体测厚报告	具有测厚资质的机构	不再要求申请人提供船体测厚报告；审批部门依照标准进行技术检测，实施现场核查
44	远洋渔船氮氧化物排放报告编制	远洋渔业船舶检验和渔业船舶船用产品认可	农业部	《中华人民共和国渔业船舶检验条例》（国务院令第383号）注：审批工作中要求申请人委托有关机构编制氮氧化物排放报告	柴油机制造厂	不再要求申请人提供氮氧化物排放报告；审批部门依照标准进行技术检测，实施现场核查
45	肥料质量复核性检测	肥料登记（农药和肥料登记的子项）	农业部	《肥料登记管理办法》（农业部令2000年第32号，2004年7月1日予以修改）注：审批工作中要求申请人委托有关机构开展肥料质量复核性检测	省级以上经计量认证的具备肥料承检能力的检验机构	不再要求申请人进行肥料质量复核性检测；保留审批部门现有的肥料产品检验技术评估、评审

续表

序号	中介服务事项名称	涉及的审批事项项目名称	审批部门	中介服务设定依据	中介服务实施机构	处理决定
46	肥料残留试验	肥料登记（农药和肥料登记的子项）	农业部	《肥料登记资料要求》（农业部公告2001年第161号）注：审批工作中要求申请人委托有关机构开展肥料残留试验	农业部指定单位	不再要求申请人进行肥料残留试验，肥料残留试验有关内容在肥料田间试验中开展
47	肥料田间示范试验	肥料登记（农药和肥料登记的子项）	农业部	《肥料登记管理办法》（农业部令2000年第32号，2004年7月1日予以修改）	具有相应条件的农业技术推广、科研、教学等试验单位	不再要求申请人进行肥料田间示范试验，肥料田间示范试验有关内容在肥料田间试验中开展
48	肥料田间试验	肥料登记（农药和肥料登记的子项）	农业部	《肥料登记管理办法》（农业部令2000年第32号，2004年7月1日予以修改）注：审批工作中要求申请人委托有关机构开展肥料田间试验	具有相应条件的农业技术推广、科研、教学等试验单位	申请人可按要求自行开展肥料田间试验，也可委托有关机构开展，审批部门不得以任何形式要求申请人必须委托特定中介机构提供服务；保留审批部门现有的肥料田间试验技术评估、评审
49	国外及港澳台地区申请肥料产品代办登记	肥料登记（农药和肥料登记的子项）	农业部	《肥料登记资料要求》（农业部公告2001年第161号）	国外及港澳台地区肥料生产者在中国内地设立的办事处或委托的代理机构	申请人可按要求自行办理，也可委托有关机构办理，审批部门不得以任何形式要求申请人必须委托特定中介机构提供服务
50	成品油经营资格申请人注册资本证明或验资	石油成品油批发经营资格审批（石油成品油批发、仓储经营资格审批的子项）	商务部	注：审批工作中要求申请人提供验资机构出具的注册资本证明或验资报告	相关法定验资机构	不再要求申请人提供注册资本证明或验资报告

续表

序号	中介服务事项名称	涉及的审批事项项目名称	审批部门	中介服务设定依据	中介服务实施机构	处理决定
51	设立中外合资经营、中外合作经营的演出经纪机构资金证明	中外合资经营、中外合作经营的演出经纪机构设立审批	文化部	《营业性演出管理条例实施细则》（文化部令第47号）	银行、会计师事务所等有资质的机构	不再要求申请人提供资金证明
52	设立中外合资经营、中外合作经营的演出经纪机构资信证明	中外合资经营、中外合作经营的演出经纪机构设立审批	文化部	《营业性演出管理条例实施细则》（文化部令第47号）	银行、会计师事务所等有资质的机构	不再要求申请人提供资信证明
53	设立中外合资经营、中外合作经营的演出经纪机构资产评估	中外合资经营、中外合作经营的演出经纪机构设立审批	文化部	《营业性演出管理条例实施细则》（文化部令第47号）	会计师事务所等有资质的机构	不再要求申请人提供资产评估报告
54	设立中外合资经营、中外合作经营的演出场所经营单位资信证明	中外合资经营、中外合作经营的演出场所经营单位设立审批	文化部	《营业性演出管理条例实施细则》（文化部令第47号）	银行、会计师事务所等有资质的机构	不再要求申请人提供资信证明
55	设立中外合资经营、中外合作经营的演出场所经营单位资产评估	中外合资经营、中外合作经营的演出场所经营单位设立审批	文化部	《营业性演出管理条例实施细则》（文化部令第47号）	会计师事务所等有资质的机构	不再要求申请人提供资产评估报告
56	食品添加剂新品种相关材料中文译文公证	食品添加剂新品种审批	国家卫生计生委	《食品添加剂新品种申报与受理规定》（卫监督发〔2010〕49号）	中国公证机关	不再要求申请人提供相关材料中文译文公证

续表

序号	中介服务事项名称	涉及的审批事项项目名称	审批部门	中介服务设定依据	中介服务实施机构	处理决定
57	食品相关产品新品种相关材料中文译文公证	食品相关产品新品种审批	国家卫生计生委	《食品相关产品新品种申报与受理规定》（卫监督发〔2011〕49号）	中国公证机关	不再要求申请人提供相关材料中文译文公证
58	食品添加剂新品种验证试验	食品添加剂新品种审批	国家卫生计生委	《食品添加剂新品种管理办法》（卫生部令第73号）注：审批工作中要求申请人委托有关机构开展验证试验	取得资质认定的检验机构	不再要求申请人提供验证试验报告，改由审批部门委托有关机构进行验证试验
59	食品相关产品新品种验证试验	食品相关产品新品种审批	国家卫生计生委	《食品相关产品新品种行政许可管理规定》（卫监督发〔2011〕25号）《食品相关产品新品种申报与受理规定》（卫监督发〔2011〕49号）注：审批工作中要求申请人委托有关机构开展验证试验	取得资质认定的检验机构	不再要求申请人提供验证试验报告，改由审批部门委托有关机构进行验证检验
60	提供往来香港、澳门进行货物运输的小型船舶检验材料	小型船舶往来香港、澳门进行货物运输备案	海关总署	《中华人民共和国海关关于来往香港、澳门小型船舶及所载货物、物品管理办法》（海关总署令第112号）	中国船级社	不再要求申请人提供船舶检验材料，船舶检验依法由船舶检验部门开展
61	广播电视专用频段频率使用审批所需的技术评估报告编制	广播电视专用频段频率使用许可证（甲类）核发	新闻出版广电总局	《广播电视无线传输覆盖网管理办法》（广电总局令第45号）注：审批工作中要求申请人委托有关机构编制技术评估报告	新闻出版广电总局广播电视计量检测中心	申请人可按要求自行编制技术评估报告，也可委托有关机构编制，审批部门不得以任何形式要求申请人必须委托特定中介机构提供服务；保留审批部门现有的评估报告技术评估、评审

续表

序号	中介服务事项名称	涉及的审批事项项目名称	审批部门	中介服务设定依据	中介服务实施机构	处理决定
62	广播电视设施迁建审批所需的技术评估报告编制	广播电视设施迁建审批	新闻出版广电总局	《广播电视无线传输覆盖网管理办法》（广电总局令第45号）注：审批工作中要求申请人委托有关机构编制技术评估报告	新闻出版广电总局广播电视计量检测中心	申请人可按要求自行编制技术评估报告，也可委托有关机构编制，审批部门不得以任何形式要求申请人必须委托特定中介机构提供服务；保留审批部门现有的评估报告技术评估、评审
63	建设项目（煤矿）职业病防护设施设计专篇编制	职业病危害严重的建设项目（不含医疗机构）的防护设施设计审查、建设项目职业病防护设施竣工验收	国家煤矿安监局	《中华人民共和国职业病防治法》、《建设项目职业卫生"三同时"监督管理暂行办法》（安全监管总局令第51号）	具有相应资质的设计单位	申请人可按要求自行编制职业病防护设施设计专篇，也可委托有关机构编制，审批部门不得以任何形式要求申请人必须委托特定中介机构提供服务；保留审批部门现有的职业病防护设施设计专篇技术评估、评审
64	建设项目（除煤矿外）职业病防护设施设计专篇编制	职业病危害严重的建设项目（不含医疗机构）的防护设施设计审查、建设项目职业病防护设施竣工验收	安全监管总局	《中华人民共和国职业病防治法》《建设项目职业卫生"三同时"监督管理暂行办法》（安全监管总局令第51号）	具有相应资质的设计单位	申请人可按要求自行编制职业病防护设施设计专篇，也可委托有关机构编制，审批部门不得以任何形式要求申请人必须委托特定中介机构提供服务；保留审批部门现有的职业病防护设施设计专篇技术评估、评审

续表

序号	中介服务事项名称	涉及的审批事项项目名称	审批部门	中介服务设定依据	中介服务实施机构	处理决定
65	中央国家机关人防工程施工图设计文件审查	中央国家机关人防工程使用审批	国管局	《建设工程质量管理条例》（国务院令第279号）《关于进一步加强中央国家机关人防工程建设管理工作的通知》（国机人防〔2012〕24号）注：审批工作中要求申请人委托有关机构开展设计文件审查	北京中冶京诚工程设计咨询有限公司、北京国机中元国际工程设计咨询有限公司、中国人民解放军总后勤部建筑工程规划设计研究院审图中心	不再要求申请人提供施工图设计文件审查报告，改由审批部门委托有关机构进行施工图设计文件审查
66	建设工程场地地震安全性评价	建设工程地震安全性评价结果的审定及抗震设防要求的确定	中国地震局	《中华人民共和国防震减灾法》《地震安全性评价管理条例》（国务院令第323号）《建设工程抗震设防要求管理规定》（中国地震局令第7号）	具有地震安全性评价资质的单位	不再要求申请人提供地震安全性评价报告，改由审批部门委托有关机构进行地震安全性评价
67	绘制新建、扩建、改建建筑工程与气象探测设施或观测场布局图	新建、扩建、改建建设工程避免危害气象探测环境审批	中国气象局	《中国气象局办公室关于做好新建扩建改建建设工程避免危害国家基准气候站基本气象站气象探测环境审批下放后续工作的通知》（气办函〔2014〕344号）注：审批工作中要求申请人委托有关机构绘制建筑工程与气象探测设施或观测场布局图	规划、测绘、设计机构	不再要求申请人提供建筑工程与气象探测设施或观测场布局图；审批部门完善标准，组织开展现场测量或现场核查

续表

序号	中介服务事项名称	涉及的审批事项项目名称	审批部门	中介服务设定依据	中介服务实施机构	处理决定
68	建设项目雷电灾害风险评估	防雷装置设计审核和竣工验收	中国气象局	《防雷装置设计审核和竣工验收规定》（中国气象局令第21号）注：审批工作中要求申请人委托有关机构编制雷电灾害风险评估报告	具备能力的防雷技术服务机构或地方性法规明确的机构	不再要求申请人提供雷电灾害风险评估报告；审批部门完善标准，组织开展区域性雷电灾害风险评估
69	防雷产品测试	防雷装置设计审核和竣工验收	中国气象局	《防雷装置设计审核和竣工验收规定》（中国气象局令第21号）《防雷减灾管理办法》（中国气象局令第24号）注：审批工作中要求申请人委托有关机构开展防雷产品测试	国务院气象主管机构授权的检测机构	不再要求申请人提供防雷产品测试报告；审批部门完善标准，按要求开展防雷产品质量检查
70	防雷装置设计技术评价	防雷装置设计审核和竣工验收	中国气象局	《防雷装置设计审核和竣工验收规定》（中国气象局令第21号）	具备能力的防雷技术服务机构或地方性法规明确的机构	不再要求申请人提供防雷装置设计技术评价报告，改由审批部门委托有关机构开展防雷装置设计技术评价
71	承装（修、试）电力设施经营场所、专业试验室（场、厅）、净资产、工程收入以及主要设备及机具审查	承装（修、试）电力设施许可证核发	国家能源局	《关于承装（修、试）电力设施许可证申请材料中有关财务审核事项的通知》（资质办〔2005〕6号）	会计师事务所	不再要求申请人提供承装（修、试）电力设施经营场所、专业试验室（场、厅）、净资产、工程收入以及主要设备及机具的会计师事务所审查报告

续表

序号	中介服务事项名称	涉及的审批事项项目名称	审批部门	中介服务设定依据	中介服务实施机构	处理决定
72	国家规划矿区内新增年生产能力120万吨及以上煤炭开发项目申请报告编制	企业、事业单位、社会团体等投资建设的固定资产投资项目核准	国家能源局	《国务院关于投资体制改革的决定》（国发〔2004〕20号）《政府核准投资项目管理办法》（国家发展改革委令2014年第11号）	甲级工程咨询机构	申请人可按要求自行编制项目申请报告，也可委托有关机构编制，审批部门不得以任何形式要求申请人必须委托特定中介机构提供服务；保留审批部门现有的项目申请报告技术评估、评审
73	国防科技工业固定资产投资信息化建设项目可行性研究阶段技术方案评价	国防科技工业固定资产投资项目审批	国家国防科工局	《关于信息化建设内容可行性研究阶段开展技术方案评价的通知》（局计〔2012〕81号）	国防科工局信息中心	不再要求申请人提供技术方案评价报告，改由审批部门委托有关机构开展技术方案评价
74	国防科技工业固定资产投资项目建议书编制	国防科技工业固定资产投资项目审批	国家国防科工局	《国务院关于投资体制改革的决定》（国发〔2004〕20号）《国防科技工业固定资产投资项目管理规定》（科工计〔2013〕1017号）注：审批工作中要求申请人委托有关机构编制项目建议书	具有相关工程咨询资质的设计单位	申请人可按要求自行编制项目建议书，也可委托有关机构编制，审批部门不得以任何形式要求申请人必须委托特定中介机构提供服务；保留审批部门现有的项目建议书技术评估、评审
75	国防科技工业固定资产投资项目可行性研究报告编制	国防科技工业固定资产投资项目审批	国家国防科工局	《国务院关于投资体制改革的决定》（国发〔2004〕20号）《国防科技工业固定资产投资项目管理规定》（科工计〔2013〕1017号）	具有相关工程咨询资质的设计单位	申请人可按要求自行编制项目可行性研究报告，也可委托有关机构编制，审批部门不得以任何形式要求申请人必须委托特定中介机构提供服务；保留审批部门现有的项目可行性研究报告技术评估、评审

续表

序号	中介服务事项名称	涉及的审批事项项目名称	审批部门	中介服务设定依据	中介服务实施机构	处理决定
76	国防科技工业固定资产投资项目初步设计编制	国防科技工业固定资产投资项目审批	国家国防科工局	《国务院关于投资体制改革的决定》（国发〔2004〕20号）《国防科技工业固定资产投资项目管理规定》（科工计〔2013〕1017号）	具有相关工程咨询资质的设计单位	申请人可按要求自行编制项目初步设计，也可委托有关机构编制，审批部门不得以任何形式要求申请人必须委托特定中介机构提供服务；保留审批部门现有的项目初步设计技术评估、评审
77	国防科技工业社会投资项目申请报告编制	国防科技工业社会投资项目核准管理	国家国防科工局	《国务院关于投资体制改革的决定》（国发〔2004〕20号）《国防科技工业社会投资项目核准和备案管理暂行办法》（科工计〔2009〕1516号）	具有相关工程咨询资质的设计单位	申请人可按要求自行编制项目申请报告，也可委托有关机构编制，审批部门不得以任何形式要求申请人必须委托特定中介机构提供服务；保留审批部门现有的项目申请报告技术评估、评审
78	无居民海岛开发利用具体方案编制	无居民海岛开发利用申请的审核与使用权登记核准和证书核发	国家海洋局	《中华人民共和国海岛保护法》注：审批工作中实际由申请人委托有关机构编制开发利用具体方案	具有相应能力的机构	申请人可按要求自行编制无居民海岛开发利用具体方案，也可委托有关机构编制，审批部门不得以任何形式要求申请人必须委托特定中介机构提供服务；保留审批部门现有的开发利用方案技术评估、评审

续表

序号	中介服务事项名称	涉及的审批事项项目名称	审批部门	中介服务设定依据	中介服务实施机构	处理决定
79	无居民海岛使用项目论证	无居民海岛开发利用申请的审核与使用权登记核准和证书核发	国家海洋局	《中华人民共和国海岛保护法》 注：审批工作中实际由申请人委托有关机构编制项目论证报告	具有相应能力的机构	申请人可按要求自行编制无居民海岛使用项目论证报告，也可委托有关机构编制，审批部门不得以任何形式要求申请人必须委托特定中介机构提供服务；保留审批部门现有的无居民海岛使用项目论证报告技术评估、评审
80	海洋工程建设项目环境保护设施竣工验收监测报告编制	海洋工程建设项目环境保护设施竣工验收	国家海洋局	注：审批工作中要求申请人委托有关机构编制环境保护设施竣工验收监测报告	具有向社会公开出具海洋环境监测数据资质的机构	申请人可按要求自行编制环境保护设施竣工验收监测报告，也可委托有关机构编制，审批部门不得以任何形式要求申请人必须委托特定中介机构提供服务；保留审批部门现有的环境保护设施竣工验收监测报告技术评估、评审
81	甲级测绘资质申请人ISO9000质量管理体系认证	从事测绘活动的单位甲级测绘资质审批	国家测绘地信局	《中华人民共和国测绘法》 注：审批工作中要求申请人提供ISO9000质量管理体系认证材料	国务院认证认可监督管理部门批准设立的认证机构	不再要求申请人提供ISO9000质量管理体系认证材料；审批部门完善标准，按要求开展现场核查
82	甲级测绘资质申请人测绘工程项目质量检验合格证明	从事测绘活动的单位甲级测绘资质审批	国家测绘地信局	《中华人民共和国测绘法》	省级以上测绘地理信息行政主管部门认可的质量检验机构	不再要求申请人提供测绘工程项目质量检验合格证明；审批部门完善标准，按要求开展质量监督工作

续表

序号	中介服务事项名称	涉及的审批事项项目名称	审批部门	中介服务设定依据	中介服务实施机构	处理决定
83	甲级测绘资质申请人使用的测绘计量器具检定	从事测绘活动的单位甲级测绘资质审批	国家测绘地信局	《测绘计量管理暂行办法》（国家测绘局1996年发布）	省级以上测绘地理信息行政主管部门认可的测绘仪器检定单位	不再要求申请人提供测绘计量器具检定证书，测绘计量器具检定依法由质监部门开展
84	民用机场选址电磁环境测试	民用机场场址及总体规划审批	中国民航局	《民用机场选址报告编制内容及深度要求》（AP-129-CA-02）注：审批工作中要求申请人委托有关机构编制电磁环境测试报告	具有电磁环境测试资质的单位	不再要求申请人提供电磁环境测试报告，改由审批部门委托有关机构进行电磁环境测试
85	新建、改建和扩建民用机场电磁环境测试	规定权限内对新建、改建和扩建民用机场的审批和审核	中国民航局	《民用机场选址报告编制内容及深度要求》（AP-129-CA-02）注：审批工作中要求申请人委托有关机构编制电磁环境测试报告	具有电磁环境测试资质的单位	不再要求申请人提供电磁环境测试报告，改由审批部门委托有关机构进行电磁环境测试
86	新建、改建和扩建民用机场项目建议书编制	规定权限内对新建、改建和扩建民用机场的审批和审核	中国民航局	《国务院关于投资体制改革的决定》（国发〔2004〕20号）注：审批工作中要求申请人委托有关机构编制项目建议书	中国民航机场建设集团公司等6家企业	申请人可按要求自行编制项目建议书，也可委托有关机构编制，审批部门不得以任何形式要求申请人必须委托特定中介机构提供服务；保留审批部门现有的项目建议书技术评估、评审

续表

序号	中介服务事项名称	涉及的审批事项项目名称	审批部门	中介服务设定依据	中介服务实施机构	处理决定
87	新建、改建和扩建民用机场可行性研究报告编制	规定权限内对新建、改建和扩建民用机场的审批和审核	中国民航局	《国务院关于投资体制改革的决定》（国发〔2004〕20号）注：审批工作中要求申请人委托有关机构编制项目可行性研究报告	中国民航机场建设集团公司等6家企业	申请人可按要求自行编制项目可行性研究报告，也可委托有关机构编制，审批部门不得以任何形式要求申请人必须委托特定中介机构提供服务；保留审批部门现有的项目可行性研究报告技术评估、评审
88	经营快递业务申请人验资	快递业务经营许可	国家邮政局	《快递业务经营许可管理办法》（交通运输部令2013年第4号）	会计师事务所	不再要求申请人提供验资报告
89	快递业务员职业技能确认	快递业务经营许可	国家邮政局	注：审批工作中要求申请人提供员工的快递业务员国家职业资格证书	国家邮政局职业技能鉴定指导中心和省级鉴定机构	不再要求申请人提供员工的快递业务员国家职业资格证书，审批部门通过考试或抽测从业人员等方式对企业服务能力进行评价

8. 关于印发《生产建设项目水土保持方案编制资质管理办法》的通知

中国水土保持学会文件

中水会字〔2013〕第 008 号

关于印发《生产建设项目水土保持方案编制资质管理办法》的通知

各省、自治区、直辖市水土保持学会，各流域机构，各省、自治区、直辖市水利（水务）厅（局），新疆生产建设兵团水利局，各生产建设项目水土保持方案编制单位：

  根据水利部《关于将水土保持方案编制资质移交中国水土保持学会管理的通知》（水保〔2008〕329 号）。中国水土保持学会于 2008 年制定了《水土保持方案编制资质管理办法（试行）》（（2008）中水会字第 024 号）。该试行办法自 2008 年 10 月 20 日执行以来，对规范方案编制管理、保障方案编制质量起到了重要作用。为适应我国水土保持事业和资质管理形势发展的需要，中国水土保持学会于 2011 年 7 月启动了试行办法的修订工作，广泛征求意见，调查研究和座谈研讨，经反复修改，不断完善，修订完成了《生产建设项目水土保持方案编制资质管理办法》，现印发给你们，请遵照执行。并请有关单位转发辖区内的甲、乙、丙级生产建设项目水土保持方案编制单位遵照执行。

  附件：《生产建设项目水土保持方案编制资质管理办法》

中国水土保持学会
2013 年 3 月 11 日

附件

生产建设项目水土保持方案编制资质管理办法

  第一条 为加强生产建设项目水土保持方案（以下简称"方案"）编制资质管理，保障方案质量，推进水土保持事业发展和生态文明建设，根据《中华人民共和国水土保持法》和水利部《关于将水土保持方案编制资质移交中国水土保持学会管理的通知》（水保〔2008〕329 号），制定本办法。

  第二条 从事方案编制的单位，应是中国水土保持学会团体会员单位；按照本办法取得《生产建设项目水土保持方案编制资格证书》（以下简称"资格证书"），应在资格证书等级规定的范围内从事方案编制工作。

第三条 方案编制人员应当具有中专以上学历，经培训合格后方可从事编制工作，并且每三年至少参加一次知识更新培训。

第四条 资格证书分为甲、乙、丙三个等级。

取得甲级资格证书的单位，可以承担各级人民政府水行政主管部门审批的方案的编制工作。取得乙级资格证书的单位，可以承担所在省（自治区、直辖市）省级以下（含省级）人民政府水行政主管部门审批的方案的编制工作。取得丙级资格证书的单位，可以承担所在省（自治区、直辖市）市级以下（含市级）人民政府水行政主管部门审批的方案的编制工作。

第五条 中国水土保持学会负责资格证书的管理工作。中国水土保持学会预防监督专业委员会（以下简称"专委会"）具体承担资格证书的申请、延续、变更等管理工作。

省级水土保持学会受中国水土保持学会委托，承担所在省（自治区、直辖市）甲级资格证书申请、延续、变更的初审，乙、丙级资格证书申请、延续、变更的审查等管理工作。尚未成立省级水土保持学会的省（自治区、直辖市），其资格证书的具体管理工作由专委会承担。

资格证书的颁发、延续和取消等证书管理文件经专委会审查、秘书长审核后，由理事长签发。

第六条 资格证书实行总量控制、合理布局、集中受理、动态管理。集中受理时间提前3个月公告。

第七条 资格证书的颁发、延续和取消等应当征求有关水行政主管部门的意见。

第八条 申请甲级资格证书的单位，应当具备下列条件：

（一）在中华人民共和国境内登记的独立法人，有健全的组织机构、完善的组织章程或者管理制度，有完善的仪器设备和固定的工作场所，有健全的质量管理体系，注册资本不少于500万元（或者开办资金不少于200万元，或者固定资产不少于1000万元）。

（二）具有水土保持及相关专业的技术人员不少于20人，其中中级以上技术职称人员不少于15人（高级专业技术职称人员不少于6人）；注册水利水电工程水土保持工程师（以下简称"注册水保工程师"）不少于3人；技术负责人应当具有水土保持相关专业高级技术职称，并主持编制至少2个省级以上人民政府水行政主管部门审批的方案。

（三）专职技术人员中，所学专业为水土保持的不少于3人，水利工程类或者其它土木工程类的不少于4人，资源环境类的不少于2人，概（预）算或者持有造价证书的不少于1人。

（四）持有乙级资格证书2年以上，近2年内独立完成省级人民政府水行政主管部门审批的方案不少于6个。

第九条 申请乙级资格证书的单位，应当具备下列条件：

（一）在中华人民共和国境内登记的独立法人，有健全的组织机构、完善的组织章程或者管理制度，有必要的仪器设备和固定的工作场所，有健全的质量管理体系，注册资本不少于100万元（或者开办资金不少于50万元，或者固定资产不少于200万元）。

（二）具有水土保持及相关专业的技术人员不少于12人，其中中级以上技术职称人员不少于6人（高级专业技术职称人员不少于2人）；注册水保工程师不少于2人；技术负责人应当具有水土保持相关专业高级技术职称，并有水土保持相关工作经历。

（三）专职技术人员中，所学专业为水土保持的不少于2人，水利工程类或者其它土木工程类的不少于2人，资源环境类的不少于1人。

第十条 申请丙级资格证书的单位，应当具备下列条件：

（一）在中华人民共和国境内登记的独立法人，有健全的组织机构、完善的组织章程或管理制度，有必要的仪器设备和固定的工作场所。

（二）具有水土保持及相关专业的技术人员不少于 6 人，其中注册水保工程师不少于 1 人；技术负责人应当具有水土保持相关专业中级以上技术职称，并有水土保持相关工作经历。

（三）专职技术人员中，所学专业为水土保持、水利工程类或者其它土木工程类的不少于 2 人。

第十一条 申请资格证书的单位，应当在公告确定的受理时间内提出申请，并提交以下材料：

（一）方案编制资格证书申请表；

（二）法人资格证明；

（三）管理制度（包括机构章程和质量认证体系证明）；

（四）工作场所证明；

（五）注册资本、开办资金或者固定资产证明；

（六）法定代表人和技术负责人的简历、技术职称、身份和相应的业绩证明；

（七）专职技术人员名单及其专业、职称证书，身份、劳动关系证明；

（八）注册水保工程师证明；

（九）仪器设备及权属证明；

（十）资质管理单位要求提供的其他证明。

申请甲级资格证书的单位，还需提交近 2 年内的业绩证明。

第十二条 申请资格证书的单位应当如实提交有关材料，并对申请材料的真实性负责。

第十三条 申请甲级资格证书的单位，应当将申请材料报所在地省级水土保持学会初审，省级水土保持学会在 1 个月内将初审意见和申请材料转报专委会。水利部所属单位申请甲级资格证书的，可以直接向专委会报送申请材料。

申请乙、丙级资格证书的单位，应当将申请材料报所在地省级水土保持学会审查，省级水土保持学会在 2 个月内提出审查意见并上报中国水土保持学会。

尚未成立省级水土保持学会的，申请单位的申请材料报专委会审查。

资格证书延续、变更参照执行。

第十四条 中国水土保持学会自收到甲级资格证书申请初审意见之日起 3 个月内，收到乙、丙级资格证书申请审查意见之日起 2 个月内，进行审核。对通过审核的单位，在中国水土保持生态环境建设网站和中国水土保持学会网站公示，公示时间不少于 7 日。

公示结束后 1 个月内颁发资格证书。

第十五条 持证单位应当在每年 2 月底前报送上一年度的工作总结和《生产建设项目水土保持方案编制资格证书持证单位年度业绩报告表》（以下简称"业绩报告表"）。其中，甲级单位报专委会，乙、丙级单位报所在地省级水土保持学会（没有省级水土保持学会的，直接报专委会）。

省级水土保持学会应当于每年 3 月底前将本省（自治区、直辖市）乙、丙级持证单位年度业绩汇总表报中国水土保持学会。

第十六条 中国水土保持学会和省级水土保持学会应当加强对持证单位的监督检查。

中国水土保持学会组织对甲级持证单位进行抽查。抽查采取专家评估的方式，每年数量不少于持证单位总数的10%，主要内容包括：

（一）水土保持相关法律法规和技术标准执行情况；

（二）专业技术人员培训；

（三）方案编制与管理；

（四）方案编制质量；

（五）资格证书条件；

（六）违法违规行为。

省级水土保持学会组织对乙、丙级持证单位进行抽查，并将抽查结果报中国水土保持学会。

第十七条 资格证书有效期为3年。

甲级资格证书持证单位在有效期内应当独立完成至少2个水利部审批的方案；乙级资格证书持证单位在有效期内应当独立完成至少3个省级人民政府水行政主管部门审批的方案；丙级资格证书持证单位在有效期内应当独立完成至少3个经审批的方案。

第十八条 有效期届满需要延续的，持证单位应当在有效期届满前3个月提出申请，并提交本办法第十一条规定的材料以及有效期内的业绩证明。

第十九条 中国水土保持学会在资格证书有效期届满前作出是否延续的决定。

第二十条 在资格证书有效期内，持证单位的名称、法定代表人发生变更的，应当在变更后2个月内提出变更申请，办理变更手续。

持证单位改制或者股权变更（包括合并和分立）后，需要变更证书的，

中国水土保持学会根据持证单位变更申请材料，按照资格证书条件重新核定。

第二十一条 在监督检查中，发现持证单位有下列行为之一的，予以警告：

（一）方案质量较差，有1次没有通过技术审查的；

（二）技术人员未经培训合格从事方案编制工作的；

（三）方案编制费用明显不符合有关规定或者不满足工作需要的；

（四）有1次未按规定报送年度总结报告和业绩报告表的；

（五）有1次不接受检查的，或者在检查中隐瞒有关情况、提供虚假材料的；

（六）不接受资质管理单位管理的；

（七）不满足本级资格证书条件的；

（八）未按规定办理资格证书变更的；

（九）越级或者在业务范围外承担方案编制任务的。

第二十二条 在监督检查中，发现持证单位有下列行为之一的，取消其资格证书：

（一）以欺骗等不正当手段取得资格证书的；

（二）涂改、出借或者以其他形式非法转让资格证书的；

（三）因方案编制错误或者不当，造成水土流失灾害或者严重经济损失的。

第二十三条 持证单位有下列情况之一的，不予延续其资格证书：

（一）不满足本级资格证书条件的；

（二）不满足本办法第十七条规定的业绩要求；

（三）有效期内被警告2次及以上的。

不予延续的持证单位如符合下一级资格证书条件，可取得下一级资格证书。

第二十四条 资质管理工作人员，有下列行为之一的，由中国水土保持学会责令改正；情节严重的，建议有关部门给予处分；构成犯罪的，依法追究刑事责任：

（一）对不符合条件的申请颁发资格证书的；
（二）利用职务上的便利，索取或者收受他人财物或者谋取其他利益的；
（三）不履行监督检查职责或者监督不力，造成严重后果的。

第二十五条 具有本办法第二十二条第三款规定行为的，除取消持证单位资格证书外，依法追究持证单位的经济责任，对持证单位负责人和直接责任人追究法律责任。

第二十六条 资格证书有效期内持证单位依法终止的，资格证书有效期满后未申请延续的，其资格证书自动失效。

第二十七条 持证单位在领取新的资格证书时，应当将原资格证书交回中国水土保持学会。

持证单位遗失资格证书，应当在中国水土保持学会指定的媒体声明作废后申请补发。

附　则

第二十八条 《生产建设项目水土保持方案编制资格证书》正本和副本，以及《生产建设项目水土保持方案编制人员培训合格证书》由中国水土保持学会统一印制。

第二十九条 注册水保工程师实行注册执业管理制度前，甲级持证单位的注册水保工程师可用水土保持相关专业的教授级高级工程师代替，乙级持证单位的注册水保工程师可用水土保持相关专业的高级工程师代替，丙级持证单位的注册水保工程师可用水土保持相关专业的工程师代替。

第三十条 本办法自发布之日起执行，由中国水土保持学会负责解释。《水土保持方案编制资质管理办法（试行）》（（2008）中水会字第024号）同时废止。

9. 中华人民共和国水土保持法

《中华人民共和国水土保持法》是为预防和治理水土流失，保护和合理利用水土资源，减轻水、旱、风沙灾害，改善生态环境，保障经济社会可持续发展制定。由全国人民代表大会常务委员会于 1991 年 6 月 29 日发布并施行。

发布信息
中华人民共和国主席令（七届第 49 号）

《中华人民共和国水土保持法》已由中华人民共和国第七届全国人民代表大会常务委员会第二十次会议于 1991 年 6 月 29 日通过，现予公布，自公布之日起施行。

中华人民共和国主席　杨尚昆
1991 年 6 月 29 日

修订信息
中华人民共和国主席令　　第三十九号
《中华人民共和国水土保持法》已由中华人民共和国第十一届全国人民代表大会常务委员会第十八次会议于 2010 年 12 月 25 日修订通过，现将修订后的《中华人民共和国水土保持法》公布，自 2011 年 3 月 1 日起施行。

中华人民共和国主席　胡锦涛
2010 年 12 月 25 日

目　录

第一章　总则
第二章　规划
第三章　预防
第四章　治理
第五章　监测和监督
第六章　法律责任
第七章　附则

第一章　总　则

第一条　为了预防和治理水土流失，保护和合理利用水土资源，减轻水、旱、风沙灾害，改善生态环境，保障经济社会可持续发展，制定本法。

第二条　在中华人民共和国境内从事水土保持活动，应当遵守本法。

本法所称水土保持，是指对自然因素和人为活动造成水土流失所采取的预防和治理措施。

第三条 水土保持工作实行预防为主、保护优先、全面规划、综合治理、因地制宜、突出重点、科学管理、注重效益的方针。

第四条 县级以上人民政府应当加强对水土保持工作的统一领导，将水土保持工作纳入本级国民经济和社会发展规划，对水土保持规划确定的任务，安排专项资金，并组织实施。

国家在水土流失重点预防区和重点治理区，实行地方各级人民政府水土保持目标责任制和考核奖惩制度。

第五条 国务院水行政主管部门主管全国的水土保持工作。

国务院水行政主管部门在国家确定的重要江河、湖泊设立的流域管理机构（以下简称流域管理机构），在所管辖范围内依法承担水土保持监督管理职责。

县级以上地方人民政府水行政主管部门主管本行政区域的水土保持工作。

县级以上人民政府林业、农业、国土资源等有关部门按照各自职责，做好有关的水土流失预防和治理工作。

第六条 各级人民政府及其有关部门应当加强水土保持宣传和教育工作，普及水土保持科学知识，增强公众的水土保持意识。

第七条 国家鼓励和支持水土保持科学技术研究，提高水土保持科学技术水平，推广先进的水土保持技术，培养水土保持科学技术人才。

第八条 任何单位和个人都有保护水土资源、预防和治理水土流失的义务，并有权对破坏水土资源、造成水土流失的行为进行举报。

第九条 国家鼓励和支持社会力量参与水土保持工作。

对水土保持工作中成绩显著的单位和个人，由县级以上人民政府给予表彰和奖励。

第二章 规 划

第十条 水土保持规划应当在水土流失调查结果及水土流失重点预防区和重点治理区划定的基础上，遵循统筹协调、分类指导的原则编制。

第十一条 国务院水行政主管部门应当定期组织全国水土流失调查并公告调查结果。

省、自治区、直辖市人民政府水行政主管部门负责本行政区域的水土流失调查并公告调查结果，公告前应当将调查结果报国务院水行政主管部门备案。

第十二条 县级以上人民政府应当依据水土流失调查结果划定并公告水土流失重点预防区和重点治理区。

对水土流失潜在危险较大的区域，应当划定为水土流失重点预防区；对水土流失严重的区域，应当划定为水土流失重点治理区。

第十三条 水土保持规划的内容应当包括水土流失状况、水土流失类型区划分、水土流失防治目标、任务和措施等。

水土保持规划包括对流域或者区域预防和治理水土流失、保护和合理利用水土资源作出的整体部署，以及根据整体部署对水土保持专项工作或者特定区域预防和治理水土流失作出的专项部署。

水土保持规划应当与土地利用总体规划、水资源规划、城乡规划和环境保护规划等相协调。

编制水土保持规划，应当征求专家和公众的意见。

第十四条 县级以上人民政府水行政主管部门会同同级人民政府有关部门编制水土保持规划，报本级人民政府或者其授权的部门批准后，由水行政主管部门组织实施。

水土保持规划一经批准，应当严格执行；经批准的规划根据实际情况需要修改的，应当按照规划编制程序报原批准机关批准。

第十五条 有关基础设施建设、矿产资源开发、城镇建设、公共服务设施建设等方面的规划，在实施过程中可能造成水土流失的，规划的组织编制机关应当在规划中提出水土流失预防和治理的对策和措施，并在规划报请审批前征求本级人民政府水行政主管部门的意见。

第三章 预　　防

第十六条 地方各级人民政府应当按照水土保持规划，采取封育保护、自然修复等措施，组织单位和个人植树种草，扩大林草覆盖面积，涵养水源，预防和减轻水土流失。

第十七条 地方各级人民政府应当加强对取土、挖砂、采石等活动的管理，预防和减轻水土流失。

禁止在崩塌、滑坡危险区和泥石流易发区从事取土、挖砂、采石等可能造成水土流失的活动。崩塌、滑坡危险区和泥石流易发区的范围，由县级以上地方人民政府划定并公告。崩塌、滑坡危险区和泥石流易发区的划定，应当与地质灾害防治规划确定的地质灾害易发区、重点防治区相衔接。

第十八条 水土流失严重、生态脆弱的地区，应当限制或者禁止可能造成水土流失的生产建设活动，严格保护植物、沙壳、结皮、地衣等。

在侵蚀沟的沟坡和沟岸、河流的两岸以及湖泊和水库的周边，土地所有权人、使用权人或者有关管理单位应当营造植物保护带。禁止开垦、开发植物保护带。

第十九条 水土保持设施的所有权人或者使用权人应当加强对水土保持设施的管理与维护，落实管护责任，保障其功能正常发挥。

第二十条 禁止在二十五度以上陡坡地开垦种植农作物。在二十五度以上陡坡地种植经济林的，应当科学选择树种，合理确定规模，采取水土保持措施，防止造成水土流失。

省、自治区、直辖市根据本行政区域的实际情况，可以规定小于二十五度的禁止开垦坡度。禁止开垦的陡坡地的范围由当地县级人民政府划定并公告。

第二十一条 禁止毁林、毁草开垦和采集发菜。禁止在水土流失重点预防区和重点治理区铲草皮、挖树兜或者滥挖虫草、甘草、麻黄等。

第二十二条 林木采伐应当采用合理方式，严格控制皆伐；对水源涵养林、水土保持林、防风固沙林等防护林只能进行抚育和更新性质的采伐；对采伐区和集材道应当采取防止水土流失的措施，并在采伐后及时更新造林。

在林区采伐林木的，采伐方案中应当有水土保持措施。采伐方案经林业主管部门批准后，由林业主管部门和水行政主管部门监督实施。

第二十三条 在五度以上坡地植树造林、抚育幼林、种植中药材等，应当采取水土保持措施。

在禁止开垦坡度以下、五度以上的荒坡地开垦种植农作物，应当采取水土保持措施。具体办法由省、自治区、直辖市根据本行政区域的实际情况规定。

第二十四条 生产建设项目选址、选线应当避让水土流失重点预防区和重点治理区；无法避让的，应当提高防治标准，优化施工工艺，减少地表扰动和植被损坏范围，有效控制可能造成的水土流失。

第二十五条 在山区、丘陵区、风沙区以及水土保持规划确定的容易发生水土流失的其他区域开办可能造成水土流失的生产建设项目，生产建设单位应当编制水土保持方案，报县级以上人民政府水行政主管部门审批，并按照经批准的水土保持方案，采取水土流失预防和治理措施。没有能力编制水土保持方案的，应当委托具备相应技术条件的机构编制。

水土保持方案应当包括水土流失预防和治理的范围、目标、措施和投资等内容。

水土保持方案经批准后，生产建设项目的地点、规模发生重大变化的，应当补充或者修改水土保持方案并报原审批机关批准。水土保持方案实施过程中，水土保持措施需要作出重大变更的，应当经原审批机关批准。

生产建设项目水土保持方案的编制和审批办法，由国务院水行政主管部门制定。

第二十六条 依法应当编制水土保持方案的生产建设项目，生产建设单位未编制水土保持方案或者水土保持方案未经水行政主管部门批准的，生产建设项目不得开工建设。

第二十七条 依法应当编制水土保持方案的生产建设项目中的水土保持设施，应当与主体工程同时设计、同时施工、同时投产使用；生产建设项目竣工验收，应当验收水土保持设施；水土保持设施未经验收或者验收不合格的，生产建设项目不得投产使用。

第二十八条 依法应当编制水土保持方案的生产建设项目，其生产建设活动中排弃的砂、石、土、矸石、尾矿、废渣等应当综合利用；不能综合利用，确需废弃的，应当堆放在水土保持方案确定的专门存放地，并采取措施保证不产生新的危害。

第二十九条 县级以上人民政府水行政主管部门、流域管理机构，应当对生产建设项目水土保持方案的实施情况进行跟踪检查，发现问题及时处理。

第四章 治 理

第三十条 国家加强水土流失重点预防区和重点治理区的坡耕地改梯田、淤地坝等水土保持重点工程建设，加大生态修复力度。

县级以上人民政府水行政主管部门应当加强对水土保持重点工程的建设管理，建立和完善运行管护制度。

第三十一条 国家加强江河源头区、饮用水水源保护区和水源涵养区水土流失的预防和治理工作，多渠道筹集资金，将水土保持生态效益补偿纳入国家建立的生态效益补偿制度。

第三十二条 开办生产建设项目或者从事其他生产建设活动造成水土流失的，应当进行治理。

在山区、丘陵区、风沙区以及水土保持规划确定的容易发生水土流失的其他区域开办生产建设项目或者从事其他生产建设活动，损坏水土保持设施、地貌植被，不能恢复原有水土保持功能的，应当缴纳水土保持补偿费，专项用于水土流失预防和治理。专项水土流失预防和治理由水行政主管部门负责组织实施。水土保持补偿费的收取使用管理办法由国务院财政部门、国务院价格主管部门会同国务院水行政主管部门制定。

生产建设项目在建设过程中和生产过程中发生的水土保持费用，按照国家统一的财务会计制度处理。

第三十三条 国家鼓励单位和个人按照水土保持规划参与水土流失治理，并在资金、技术、税收等方面予以扶持。

第三十四条 国家鼓励和支持承包治理荒山、荒沟、荒丘、荒滩，防治水土流失，保护和改善生态环境，促进土地资源的合理开发和可持续利用，并依法保护土地承包合同当事人的合法权益。

承包治理荒山、荒沟、荒丘、荒滩和承包水土流失严重地区农村土地的，在依法签订的土地承包合同中应当包括预防和治理水土流失责任的内容。

第三十五条 在水力侵蚀地区,地方各级人民政府及其有关部门应当组织单位和个人,以天然沟壑及其两侧山坡地形成的小流域为单元,因地制宜地采取工程措施、植物措施和保护性耕作等措施,进行坡耕地和沟道水土流失综合治理。

在风力侵蚀地区,地方各级人民政府及其有关部门应当组织单位和个人,因地制宜地采取轮封轮牧、植树种草、设置人工沙障和网格林带等措施,建立防风固沙防护体系。

在重力侵蚀地区,地方各级人民政府及其有关部门应当组织单位和个人,采取监测、径流排导、削坡减载、支挡固坡、修建拦挡工程等措施,建立监测、预报、预警体系。

第三十六条 在饮用水水源保护区,地方各级人民政府及其有关部门应当组织单位和个人,采取预防保护、自然修复和综合治理措施,配套建设植物过滤带,积极推广沼气,开展清洁小流域建设,严格控制化肥和农药的使用,减少水土流失引起的面源污染,保护饮用水水源。

第三十七条 已在禁止开垦的陡坡地上开垦种植农作物的,应当按照国家有关规定退耕,植树种草;耕地短缺、退耕确有困难的,应当修建梯田或者采取其他水土保持措施。

在禁止开垦坡度以下的坡耕地上开垦种植农作物的,应当根据不同情况,采取修建梯田、坡面水系整治、蓄水保土耕作或者退耕等措施。

第三十八条 对生产建设活动所占用土地的地表土应当进行分层剥离、保存和利用,做到土石方挖填平衡,减少地表扰动范围;对废弃的砂、石、土、矸石、尾矿、废渣等存放地,应当采取拦挡、坡面防护、防洪排导等措施。生产建设活动结束后,应当及时在取土场、开挖面和存放地的裸露土地上植树种草、恢复植被,对闭库的尾矿库进行复垦。

在干旱缺水地区从事生产建设活动,应当采取防止风力侵蚀措施,设置降水蓄渗设施,充分利用降水资源。

第三十九条 国家鼓励和支持在山区、丘陵区、风沙区以及容易发生水土流失的其他区域,采取下列有利于水土保持的措施:

(一)免耕、等高耕作、轮耕轮作、草田轮作、间作套种等;
(二)封禁抚育、轮封轮牧、舍饲圈养;
(三)发展沼气、节柴灶,利用太阳能、风能和水能,以煤、电、气代替薪柴等;
(四)从生态脆弱地区向外移民;
(五)其他有利于水土保持的措施。

第五章 监测和监督

第四十条 县级以上人民政府水行政主管部门应当加强水土保持监测工作,发挥水土保持监测工作在政府决策、经济社会发展和社会公众服务中的作用。县级以上人民政府应当保障水土保持监测工作经费。

国务院水行政主管部门应当完善全国水土保持监测网络,对全国水土流失进行动态监测。

第四十一条 对可能造成严重水土流失的大中型生产建设项目,生产建设单位应当自行或者委托具备水土保持监测资质的机构,对生产建设活动造成的水土流失进行监测,并将监测情况定期上报当地水行政主管部门。

从事水土保持监测活动应当遵守国家有关技术标准、规范和规程,保证监测质量。

第四十二条 国务院水行政主管部门和省、自治区、直辖市人民政府水行政主管部门应当根据水土保持监测情况,定期对下列事项进行公告:

（一）水土流失类型、面积、强度、分布状况和变化趋势；
（二）水土流失造成的危害；
（三）水土流失预防和治理情况。

第四十三条 县级以上人民政府水行政主管部门负责对水土保持情况进行监督检查。流域管理机构在其管辖范围内可以行使国务院水行政主管部门的监督检查职权。

第四十四条 水政监督检查人员依法履行监督检查职责时，有权采取下列措施：
（一）要求被检查单位或者个人提供有关文件、证照、资料；
（二）要求被检查单位或者个人就预防和治理水土流失的有关情况作出说明；
（三）进入现场进行调查、取证。

被检查单位或者个人拒不停止违法行为，造成严重水土流失的，报经水行政主管部门批准，可以查封、扣押实施违法行为的工具及施工机械、设备等。

第四十五条 水政监督检查人员依法履行监督检查职责时，应当出示执法证件。被检查单位或者个人对水土保持监督检查工作应当给予配合，如实报告情况，提供有关文件、证照、资料；不得拒绝或者阻碍水政监督检查人员依法执行公务。

第四十六条 不同行政区域之间发生水土流失纠纷应当协商解决；协商不成的，由共同的上一级人民政府裁决。

第六章　法律责任

第四十七条 水行政主管部门或者其他依照本法规定行使监督管理权的部门，不依法作出行政许可决定或者办理批准文件的，发现违法行为或者接到对违法行为的举报不予查处的，或者有其他未依照本法规定履行职责的行为的，对直接负责的主管人员和其他直接责任人员依法给予处分。

第四十八条 违反本法规定，在崩塌、滑坡危险区或者泥石流易发区从事取土、挖砂、采石等可能造成水土流失的活动的，由县级以上地方人民政府水行政主管部门责令停止违法行为，没收违法所得，对个人处一千元以上一万元以下的罚款，对单位处二万元以上二十万元以下的罚款。

第四十九条 违反本法规定，在禁止开垦坡度以上陡坡地开垦种植农作物，或者在禁止开垦、开发的植物保护带内开垦、开发的，由县级以上地方人民政府水行政主管部门责令停止违法行为，采取退耕、恢复植被等补救措施；按照开垦或者开发面积，可以对个人处每平方米二元以下的罚款、对单位处每平方米十元以下的罚款。

第五十条 违反本法规定，毁林、毁草开垦的，依照《中华人民共和国森林法》《中华人民共和国草原法》的有关规定处罚。

第五十一条 违反本法规定，采集发菜，或者在水土流失重点预防区和重点治理区铲草皮、挖树兜、滥挖虫草、甘草、麻黄等的，由县级以上地方人民政府水行政主管部门责令停止违法行为，采取补救措施，没收违法所得，并处违法所得一倍以上五倍以下的罚款；没有违法所得的，可以处五万元以下的罚款。

在草原地区有前款规定违法行为的，依照《中华人民共和国草原法》的有关规定处罚。

第五十二条 在林区采伐林木不依法采取防止水土流失措施的，由县级以上地方人民政府林业主管部门、水行政主管部门责令限期改正，采取补救措施；造成水土流失的，由水行政主管部门按照造成水土流失的面积处每平方米二元以上十元以下的罚款。

第五十三条 违反本法规定，有下列行为之一的，由县级以上人民政府水行政主管部门责令停止违法行为，限期补办手续；逾期不补办手续的，处五万元以上五十万元以下的罚款；对生产建设单位直接负责的主管人员和其他直接责任人员依法给予处分：

（一）依法应当编制水土保持方案的生产建设项目，未编制水土保持方案或者编制的水土保持方案未经批准而开工建设的；

（二）生产建设项目的地点、规模发生重大变化，未补充、修改水土保持方案或者补充、修改的水土保持方案未经原审批机关批准的；

（三）水土保持方案实施过程中，未经原审批机关批准，对水土保持措施作出重大变更的。

第五十四条　违反本法规定，水土保持设施未经验收或者验收不合格将生产建设项目投产使用的，由县级以上人民政府水行政主管部门责令停止生产或者使用，直至验收合格，并处五万元以上五十万元以下的罚款。

第五十五条　违反本法规定，在水土保持方案确定的专门存放地以外的区域倾倒砂、石、土、矸石、尾矿、废渣等的，由县级以上地方人民政府水行政主管部门责令停止违法行为，限期清理，按照倾倒数量处每立方米十元以上二十元以下的罚款；逾期仍不清理的，县级以上地方人民政府水行政主管部门可以指定有清理能力的单位代为清理，所需费用由违法行为人承担。

第五十六条　违反本法规定，开办生产建设项目或者从事其他生产建设活动造成水土流失，不进行治理的，由县级以上人民政府水行政主管部门责令限期治理；逾期仍不治理的，县级以上人民政府水行政主管部门可以指定有治理能力的单位代为治理，所需费用由违法行为人承担。

第五十七条　违反本法规定，拒不缴纳水土保持补偿费的，由县级以上人民政府水行政主管部门责令限期缴纳；逾期不缴纳的，自滞纳之日起按日加收滞纳部分万分之五的滞纳金，可以处应缴水土保持补偿费三倍以下的罚款。

第五十八条　违反本法规定，造成水土流失危害的，依法承担民事责任；构成违反治安管理行为的，由公安机关依法给予治安管理处罚；构成犯罪的，依法追究刑事责任。

第七章　附　　则

第五十九条　县级以上地方人民政府根据当地实际情况确定的负责水土保持工作的机构，行使本法规定的水行政主管部门水土保持工作的职责。

第六十条　本法自 2011 年 3 月 1 日起施行。

10. 中华人民共和国水土保持法实施条例（2011年修订）

发布：2011-01-08　实施：1993-08-01　现行有效
法律修订
1993年8月1日中华人民共和国国务院令第120号发布
根据2011年1月8日《国务院关于废止和修改部分行政法规的决定》修订

第一章 总 则

第一条 根据《中华人民共和国水土保持法》（以下简称《水土保持法》）的规定，制定本条例。

第二条 一切单位和个人都有权对有下列破坏水土资源、造成水土流失的行为之一的单位和个人，向县级以上人民政府水行政主管部门或者其他有关部门进行检举：

（一）违法毁林或者毁草场开荒，破坏植被的；
（二）违法开垦荒坡地的；
（三）向江河、湖泊、水库和专门存放地以外的沟渠倾倒废弃砂、石、土或者尾矿废渣的；
（四）破坏水土保持设施的；
（五）有破坏水土资源、造成水土流失的其他行为的。

第三条 水土流失防治区的地方人民政府应当实行水土流失防治目标责任制。

第四条 地方人民政府根据当地实际情况设立的水土保持机构，可以行使《水土保持法》和本条例规定的水行政主管部门对水土保持工作的职权。

第五条 县级以上人民政府应当将批准的水土保持规划确定的任务，纳入国民经济和社会发展计划，安排专项资金，组织实施，并可以按照有关规定，安排水土流失地区的部分扶贫资金、以工代赈资金和农业发展基金等资金，用于水土保持。

第六条 水土流失重点防治区按国家、省、县三级划分，具体范围由县级以上人民政府水行政主管部门提出，报同级人民政府批准并公告。

水土流失重点防治区可以分为重点预防保护区、重点监督区和重点治理区。

第七条 水土流失严重的省、自治区、直辖市，可以根据需要，设置水土保持中等专业学校或者在有关院校开设水土保持专业。中小学的有关课程，应当包含水土保持方面的内容。

第二章 预 防

第八条 山区、丘陵区、风沙区的地方人民政府，对从事挖药材、养柞蚕、烧木炭、烧砖瓦等副业生产的单位和个人，必须根据水土保持的要求，加强管理，采取水土保持措施，防止水土流失和生态环境恶化。

第九条 在水土流失严重、草场少的地区，地方人民政府及其有关主管部门应当采取措施，推行舍饲，改变野外放牧习惯。

第十条　地方人民政府及其有关主管部门应当因地制宜，组织营造薪炭林，发展小水电、风力发电，发展沼气，利用太阳能，推广节能灶。

第十一条　《水土保持法》施行前已在禁止开垦的陡坡地上开垦种植农作物的，应当在平地或者缓坡地建设基本农田，提高单位面积产量，将已开垦的陡坡耕地逐步退耕，植树种草；退耕确有困难的，由县级人民政府限期修成梯田，或者采取其他水土保持措施。

第十二条　依法申请开垦荒坡地的，必须同时提出防止水土流失的措施，报县级人民政府水行政主管部门或者其所属的水土保持监督管理机构批准。

第十三条　在林区采伐林木的，采伐方案中必须有采伐区水土保持措施。林业行政主管部门批准采伐方案后，应当将采伐方案抄送水行政主管部门，共同监督实施采伐区水土保持措施。

第十四条　在山区、丘陵区、风沙区修建铁路、公路、水工程，开办矿山企业、电力企业和其他大中型工业企业，其环境影响报告书中的水土保持方案，必须先经水行政主管部门审查同意。

在山区、丘陵区、风沙区依法开办乡镇集体矿山企业和个体申请采矿，必须填写"水土保持方案报告表"，经县级以上地方人民政府水行政主管部门批准后，方可申请办理采矿批准手续。

建设工程中的水土保持设施竣工验收，应当有水行政主管部门参加并签署意见。水土保持设施经验收不合格的，建设工程不得投产使用。

水土保持方案的具体报批办法，由国务院水行政主管部门会同国务院有关主管部门制定。

第十五条　《水土保持法》施行前已建或者在建并造成水土流失的生产建设项目，生产建设单位必须向县级以上地方人民政府水行政主管部门提出水土流失防治措施。

第三章　治　　理

第十六条　县级以上地方人民政府应当组织国有农场、林场、牧场和农业集体经济组织及农民，在禁止开垦坡度以下的坡耕地，按照水土保持规划，修筑水平梯田和蓄水保土工程，整治排水系统，治理水土流失。

第十七条　水土流失地区的集体所有的土地承包给个人使用的，应当将治理水土流失的责任列入承包合同。当地乡、民族乡、镇的人民政府和农业集体经济组织应当监督承包合同的履行。

第十八条　荒山、荒沟、荒丘、荒滩的水土流失，可以由农民个人、联户或者专业队承包治理，也可以由企业事业单位或者个人投资投劳入股治理。

实行承包治理的，发包方和承包方应当签订承包治理合同。在承包期内，承包方经发包方同意，可以将承包治理合同转让给第三者。

第十九条　企业事业单位在建设和生产过程中造成水土流失的，应当负责治理。因技术等原因无力自行治理的，可以交纳防治费，由水行政主管部门组织治理。防治费的收取标准和使用管理办法由省级以上人民政府财政部门、主管物价的部门会同水行政主管部门制定。

第二十条　对水行政主管部门投资营造的水土保持林、水源涵养林和防风固沙林进行抚育和更新性质的采伐时，所提取的育林基金应当用于营造水土保持林、水源涵养林和防风固沙林。

第二十一条 建成的水土保持设施和种植的林草,应当按照国家技术标准进行检查验收;验收合格的,应当建立档案,设立标志,落实管护责任制。

任何单位和个人不得破坏或者侵占水土保持设施。企业事业单位在建设和生产过程中损坏水土保持设施的,应当给予补偿。

第四章 监 督

第二十二条 《水土保持法》第二十九条所称水土保持监测网络,是指全国水土保持监测中心,大江大河流域水土保持中心站,省、自治区、直辖市水土保持监测站以及省、自治区、直辖市重点防治区水土保持监测分站。

水土保持监测网络的具体管理办法,由国务院水行政主管部门制定。

第二十三条 国务院水行政主管部门和省、自治区、直辖市人民政府水行政主管部门应当定期分别公告水土保持监测情况。公告应当包括下列事项:

(一)水土流失的面积、分布状况和流失程度;

(二)水土流失造成的危害及其发展趋势;

(三)水土流失防治情况及其效益。

第二十四条 有水土流失防治任务的企业事业单位,应当定期向县级以上地方人民政府水行政主管部门通报本单位水土流失防治工作的情况。

第二十五条 县级以上地方人民政府水行政主管部门及其所属的水土保持监督管理机构,应当对《水土保持法》和本条例的执行情况实施监督检查。水土保持监督人员依法执行公务时,应当持有县级以上人民政府颁发的水土保持监督检查证件。

第五章 法律责任

第二十六条 依照《水土保持法》第三十二条的规定处以罚款的,罚款幅度为非法开垦的陡坡地每平方米1元至2元。

第二十七条 依照《水土保持法》第三十三条的规定处以罚款的,罚款幅度为擅自开垦的荒坡地每平方米0.5元至1元。

第二十八条 依照《水土保持法》第三十四条的规定处以罚款的,罚款幅度为500元以上、5000元以下。

第二十九条 依照《水土保持法》第三十五条的规定处以罚款的,罚款幅度为造成的水土流失面积每平方米2元至5元。

第三十条 依照《水土保持法》第三十六条的规定处以罚款的,罚款幅度为1000元以上、1万元以下。

第三十一条 破坏水土保持设施,尚不够刑事处罚的,由公安机关依照《中华人民共和国治安管理处罚法》的有关规定予以处罚。

第三十二条 依照《水土保持法》第三十九条第二款的规定,请求水行政主管部门处理赔偿责任和赔偿金额纠纷的,应当提出申请报告。申请报告应当包括下列事项:

(一)当事人的基本情况;

(二)受到水土流失危害的时间、地点、范围;

(三)损失清单;

(四)证据。

第三十三条 由于发生不可抗拒的自然灾害而造成水土流失时,有关单位和个人应当向水行政主管部门报告不可抗拒的自然灾害的种类、程度、时间和已采取的措施等情况，经水行政主管部门查实并作出"不能避免造成水土流失危害"认定的，免予承担责任。

第六章 附 则

第三十四条 本条例由国务院水行政主管部门负责解释。

第三十五条 本条例自发布之日起施行。

五、地质灾害危险性评估相关管理规定

1. 北京市人民政府印发北京市关于进一步加强地质灾害防治工作意见的通知

各区、县人民政府，市政府各委、办、局，各市属机构：

现将《北京市关于进一步加强地质灾害防治工作的意见》印发给你们，请结合实际，认真贯彻落实。

二〇一二年六月二十六日

北京市关于进一步加强地质灾害防治工作的意见

为贯彻落实《国务院关于加强地质灾害防治工作的决定》（国发〔2011〕20号）（以下简称《决定》）精神，不断提高本市地质灾害防治水平，努力构建与首都相适应的地质安全体系，现就进一步加强地质灾害防治工作提出如下意见：

一、充分认识地质灾害防治工作的重要性

近50年来，受地形地质条件复杂、降水时空分布不均等自然因素影响，本市地质灾害比较频繁，发生了多起泥石流、崩塌和滑坡等地质灾害，给人民群众生命财产造成极大损失。因此，切实加强地质灾害防治是减少灾害风险、减轻灾害损失的重要前提，是促进首都经济社会可持续发展、保护人民群众生命财产安全的重要举措，是各级人民政府的重要职责。

二、全面开展地质灾害调查和动态巡查

（一）加强调查评价和重点勘查。在全市范围内开展1∶5万区域山洪、地质灾害调查评价，重点提高门头沟、房山、昌平、平谷、怀柔、密云、延庆等7个突发性地质灾害易发区县的调查水平，对重点地区进行灾害详细勘查，查明灾害成因，评估危害程度，掌握发展变化规律，制定防治措施。开展全市地质灾害隐患点应急避险场地选址调查评价工作。

（二）加强汛期检查巡查工作。门头沟、房山、昌平、平谷、怀柔、密云、延庆等7个区县政府要严格落实《北京市突发地质灾害应急预案》并制定工作方案，对主要地质灾害点每年开展汛前排查、汛中检查和汛后核查，及时向社会公布防灾责任单位和排查结果。市国土局、市水务局等部门要督促指导各区县政府对辖区地质灾害隐患进行排查。

三、加强监测预警预报

（三）建立健全地质灾害监测系统。加快构建国土、气象、水务等部门联合的监测预警信息共享平台，完善预报会商和预警联动机制；在门头沟、房山、昌平、平谷、怀柔、密云、延庆等7个区县的重点隐患区（点）加密部署气象、水文、地质灾害等专业监测设备，加强监测预报工作；建立平原区活动断裂监测系统；完善地面沉降监测预警预报工作。

（四）加强预警信息发布系统建设。将突发地质灾害预警信息纳入到北京市突发事件预警信息发布范围，充分利用广播、电视、互联网、手机短信等各种媒介，及时发布地质灾害预警信息；着重加强门头沟、房山、昌平、平谷、怀柔、密云、延庆等7个区县重点隐患点应急预警信息发布系统建设，因地制宜，利用有线广播、高音喇叭、鸣锣吹哨、手摇警报器、逐户通知等方式，将灾害预警信息及时传递给受威胁群众。

（五）提高群测群防水平。有关区县及乡镇政府要切实加强组织领导，完善群测群防网络；加强群测群防员防灾知识技能培训，配备简便实用的监测预警设备，并给予群测群防员适当经费补贴。

四、强化地质灾害防治体系

（六）严格地质灾害危险性评估。在地质灾害易发区内进行工程建设的，要严格按规定开展地质灾害危险性评估，杜绝因人为因素诱发的地质灾害。在各类规划编制过程中，要加强对规划区地质灾害危险性评估，合理确定项目选址、布局，切实避开危险区域。

（七）快速有序组织临灾避险。对出现灾害前兆、可能造成人员伤亡和重大财产损失的区域和地段，区县政府要及时划定地质灾害危险区，向社会公告并设立明显的警示标志；要组织制定防灾避险方案，明确防灾责任人、预警信号、疏散路线及临时安置场所等。遇台风、强降雨等恶劣天气及地震灾害发生时，要组织力量严密监测隐患发展变化，如遇紧急情况，当地政府、基层群测群防组织要迅速启动防灾避险方案，及时有序地组织群众安全转移，并在原址设立警示标志，避免误入造成伤亡。在安排临时转移群众返回原址居住前，要对灾害隐患进行安全评估，落实监测预警等防范措施。

（八）加快实施搬迁避让。各区县政府要把地质灾害防治工作与扶贫开发、新农村建设、小城镇建设、土地整治、山区产业调整等有机结合起来，统筹安排资金，有计划、有步骤地加快地质灾害危险区内群众搬迁避让，优先搬迁危险程度高、治理难度大的地质灾害隐患点周边群众。搬迁安置点必须进行选址评估，确保新址不受地质灾害威胁。

（九）加强重要设施周边地质灾害防治。有关部门要协调产权及运营单位对重要道路、桥梁、轨道交通、输供电及输油（气）管线、综合交通枢纽等重要设施周边的地质灾害隐患点，组织开展灾害调查评估，及时采取防范措施，确保安全。

（十）科学开展工程治理。市国土局、市交通委、市水务局和市旅游委等部门，要对交通道路、水利设施、旅游景区及重点地质灾害隐患点和一时难以实施搬迁避让的地质灾害隐患点，及时开展工程治理，确保安全。

（十一）积极开展综合防治工作。各区县政府及有关部门要统筹各方资源，抓好地质灾害防治、矿山地质环境治理恢复、水土保持、山洪灾害防治、中小河流治理和病险水库除险加固、尾矿库隐患治理、易灾地区生态环境治理等各项工作，切实提高地质灾害综合治理水平。

五、加强应急救援工作

（十二）提高地质灾害应急能力。各区县政府在《北京市突发地质灾害应急预案》基础上，进一步编制完善区县级地质灾害防灾预案，构建完整的市、区县两级防灾预案体系；定期组织应急避险演练，提高有关各方协调联动和应急处置能力。

（十三）做好突发性地质灾害的抢险救援。各区县政府要切实提高突发地质灾害抢险救援工作水平，加强综合协调，快速高效做好人员搜救、灾情调查、险情分析、次生灾害防范等应急处置工作。要妥善安排受灾群众生活、医疗和心理救助，全力维护灾区社会稳定。

六、保障措施

（十四）完善制度建设。切实贯彻执行《地质灾害防治条例》（国务院令第394号）和《决定》，建立行之有效的地质灾害防治监督管理机制，完善地质灾害防治单位资质管理制度。

（十五）切实保证资金投入。要根据地质灾害防治工作的需要，每年在财政预算中安排资金，用于开展地质灾害调查评价，实施重要隐患点的监测预警、工程治理、搬迁避让、科普宣传培训和应急处置工作；各区县政府要将群测群防员补助资金纳入到财政保障范围。

（十六）积极推进地质灾害防治科技创新。结合本市地质灾害调查、监测、预报等工作，充分发挥首都科研单位与高等院校技术力量雄厚的优势，积极开展科技创新活动，逐步将地质灾害调查、预报、监测以及防治的新理论、新方法、新技术、新设备应用到实际工作中去，提高地质灾害综合防治能力。

（十七）深入开展培训教育和科普宣传。各区县政府和各有关部门要将地质灾害防治知识纳入宣传教育计划，全面开展防灾减灾宣传教育活动，不定期组织群众和中小学校学生开展应急避险演练，提高识灾防灾能力；地质灾害易发区各级政府要结合本辖区实际需求，定期组织机关干部、基层组织负责人和群测群防员参加地质灾害防治知识培训，主要负责人要全面掌握本地区地质灾害情况，切实增强灾害防治及抢险救援指挥能力。

（十八）建立健全地质灾害防治工作责任制。各区县政府要把地质灾害防治工作列入重要议事日程，并作为领导班子和领导干部综合考核评价的重要依据。各区县政府主要负责人要对本地区地质灾害防治工作负总责，建立完善逐级负责制，确保防治责任和措施落到实处。

（十九）加强沟通协调。各有关部门要各负其责、密切配合，加强与北京卫戍区、武警北京总队的沟通联络和信息共享，共同做好地质灾害防治工作。市国土局要加强对地质灾害防治工作的组织协调和指导监督；各区县政府和市发展改革委、市教委、市经济信息化委、市民政局、市规划委、市住房城乡建设委、市交通委、市水务局、市旅游委、市安全监管局、市气象局等部门要按照职责分工，做好相关领域地质灾害防治工作的组织实施。

2. 河北省地质灾害防治管理办法

第一章 总 则

第一条 为防治地质灾害，保护和改善地质环境，保障人民生命财产安全，制定本办法。

第二条 本办法适用于本省行政区域内地质灾害防治管理工作。

地震灾害防治管理工作不适用本办法。

第三条 本办法所称的地质灾害，是指因自然作用或人的行为造成地质环境变化，给人民生命财产安全造成危害的地质事件。包括山体崩塌、滑坡、泥石流、地面沉降和塌陷、地面裂缝等。

第四条 进行地质灾害防治，应当坚持预防为主，防治结合，综合治理的原则。

第五条 地质灾害防治的重点区域是：城市、农村和其他人口集中居住区、大中型工矿企业所在地、重点工程设施、主要河流、交通干线、重点经济技术开发区、风景名胜区和自然保护区等。

第六条 各级人民政府应当加强对地质灾害防治管理工作的领导，将地质灾害防治管理纳入国民经济和社会发展规划，并组织有关部门制定地质灾害防治计划。

第七条 县以上地质矿产行政主管部门统一负责本行政区域内地质灾害防治的监督管理工作。

县以上经贸、农业、林业、水利、交通、煤炭以及城乡规划和建设等部门，按照各自的职责，负责本部门管辖范围内地质灾害防治管理工作。

第八条 任何单位和个人不得阻碍或影响地质灾害防治管理工作。

禁止侵占、破坏地质灾害防治工程的设备、设施和场地。

第九条 一切单位和个人都有保护地质环境的义务，并有权对破坏地质环境、造成地质灾害的单位和个人进行检举、控告。

第十条 在地质灾害防治管理工作中做出显著成绩的单位和个人，由县级以上人民政府给予表彰、奖励。

第二章 地质环境和地质灾害勘查评价

第十一条 制定重点区域开发规划和进行大型基本建设项目论证，必须做出地质环境质量评价和预测，并制定合理利用、保护地质环境和防治地质灾害的方案。

第十二条 区域性地质环境勘查评价项目由省人民政府统一规划。

实施大型基本建设项目所做的地质环境勘查评价应当纳入其前期工作。

第十三条 承担地质环境和地质灾害勘查评价的单位必须持有相应的资质证书。

进行地质环境和地质灾害勘查，必须按国家和本省规定办理有关手续。

第十四条 地质环境勘查评价报告必须经地质矿产行政主管部门或有关部门会同地质矿产行政主管部门审批后，方可作为制定各类开发区开发规划和进行基本建设的依据。

第十五条 地质环境和地质灾害勘查评价成果应按国家和本省的规定汇交。

第三章　地质灾害的预防

第十六条　地质灾害隐患区域的范围，由省辖市（地区）地质矿产行政主管部门会同有关部门划定，报同级人民政府批准。

在地质灾害隐患区域，不得进行可能造成地质灾害的活动。

第十七条　经贸、农业、林业、水利、交通、城市规划建设等有关部门应当根据地质灾害隐患区域内可能发生的地质灾害的性质、规模和可能造成危害的程度，制定本部门的预防措施。

第十八条　地质矿产行政主管部门应当加强对地质灾害多发区域和重点区域地质环境的监测。

第十九条　区域性地质灾害趋势预报经省人民政府批准后，由省地质矿产行政主管部门向有关部门发布。可能发生的突发性地质灾害预报，由省辖市（地区）地质矿产行政主管部门或经贸、农业、林业、水利、交通、煤炭、城乡规划建设等部门在地质灾害可能危及的区域发布。

除前款规定外，任何单位和个人不得擅自发布或者扩散区域性地质灾害趋势和可能发生的突发性地质灾害预报。

第二十条　省地质矿产行政主管部门设置的地质环境监测机构，负责全省的地质灾害监测资料分析和趋势预测，有关部门应当向其提供监测数据和资料。

第二十一条　在地面沉降区域和岩溶地面塌陷区域内，水利及城市规划建设等有关部门应当根据国家规定制定地下水开采方案，防止地质环境恶化和地质灾害的发生。

第四章　地质灾害的治理

第二十二条　人的行为造成的地质灾害，由其所在单位或者个人负责治理。

自然作用造成的地质灾害，由当地人民政府组织有关部门治理。

第二十三条　投资五十万元及其以上的地质灾害治理项目，由省地质矿产行政主管部门会同省计划等部门提出立项申请，报省人民政府批准后实施。项目竣工后，由省地质矿产行政主管部门会同省计划等部门进行验收。

投资不足五十万元的地质灾害治理项目，由省辖市（地区）地质矿产行政主管部门会同同级计划等部门提出立项申请，报省辖市人民政府（地区行政公署）批准后实施。项目竣工后，由省辖市（地区）地质矿产行政主管部门会同同级计划等部门进行验收。

第二十四条　区域性地质灾害生物治理项目计划由其主管部门会同同级计划、地质矿产、环境保护等有关部门负责制定，并组织实施。

第二十五条　地质灾害发生后，有关部门应及时向当地人民政府和地质矿产行政主管部门报告。当地人民政府和地质矿产行政主管部门接到报告后，应迅速赶赴现场，组织有关部门进行地质灾害治理工作。

第五章　罚　则

第二十六条　违反本办法第八条第二款规定的，由县以上地质矿产行政主管部门或有关部门责令其限期改正，并可处以一万元至五万元的罚款。

第二十七条　违反本办法第十一条规定的，由县以上地质矿产行政主管部门会同有关部门责令其限期改正。

第二十八条　违反本办法第十六条第二款规定的，由县以上地质矿产行政主管部门或有关部门责令其限期治理恢复原状，并可处以五万元以下的罚款。

第二十九条　违反本办法第十九条第二款规定的，由县以上地质矿产行政主管部门给予警告。并可处以五千元以下的罚款。

第三十条　当事人缴纳罚款时，收缴部门应当出具财政部门统一印制的罚款票据。

罚款一律缴同级财政部门。

第三十一条　违反本办法规定，情节严重，构成犯罪的，由司法机关依法追究刑事责任。

第六章　附　　则

第三十二条　省辖市人民政府（地区行政公署）可以根据本办法，制定实施细则。

第三十三条　本办法由省地质矿产厅负责解释。

第三十四条　本办法自发布之日起施行。

1995 年 7 月 24 日

3. 山西省地质灾害防治条例

《山西省地质灾害防治条例》是于 2000 年 9 月 27 日通过的关于山西省地质灾害防治方面的条例。该《条例》分总则、地质灾害防治规划、地质灾害预防、地质灾害应急、地质灾害治理、法律责任、附则 8 章 34 条，自 2012 年 3 月 1 日起施行。

通过会议
山西省九届人大常委会第 18 次会议
施行时间
2012 年 3 月 1 日
施行区域
山西省

条例颁布：
2000 年 9 月 27 日山西省第九届人民代表大会常务委员会第 18 次会议通过；根据 2007 年 6 月 1 日山西省第十届人民代表大会常务委员会第 30 次会议关于修改《山西省地质灾害防治条例》的决定修正；2011 年 12 月 1 日山西省第十一届人民代表大会常务委员会第 26 次会议修订。

条例内容：

第一章　总　则

第一条　根据《中华人民共和国突发事件应对法》、《地质灾害防治条例》等有关法律、行政法规，结合本省实际，制定本条例。

第二条　本省行政区域内地质灾害的防治规划、预防、应急、治理和避让搬迁等活动适用本条例。

第三条　县级以上人民政府应当加强对地质灾害防治工作的领导，将地质灾害防治工作纳入国民经济和社会发展计划，建立健全防治工作责任制，组织有关部门开展地质灾害防治宣传教育，做好地质灾害防治工作。

乡（镇）人民政府、街道办事处应当按照相应职责做好本辖区内地质灾害防治工作。

第四条　县级以上人民政府国土资源主管部门负责本行政区域内地质灾害防治的组织协调和指导监督工作。

发展和改革、经济和信息化、住房和城乡建设（含规划，下同）、交通运输、教育、民政、环保、水利、林业、农业、卫生、煤炭、安全监管、旅游、文物、气象、电力监管、铁路等部门应当按照职责分工，做好相关领域地质灾害防治的组织实施工作。

第五条　因自然因素造成的地质灾害，由县级以上人民政府或者有关部门组织防治，其经费列入本级财政预算。

因采矿、工程建设等人为活动引发的地质灾害，由责任单位负责治理，承担治理费用；

给他人造成损失的，依法予以赔偿。

第二章　地质灾害防治规划

第六条　本省实行地质灾害调查制度。

县级以上人民政府国土资源主管部门应当会同有关部门开展本行政区域内地质灾害调查，确定地质灾害隐患点，划定地质灾害易发区和地质灾害危险区，提出分类处置和分级管理的意见。

第七条　县级以上人民政府国土资源主管部门应当会同有关部门根据地质环境状况、区域地质灾害调查、地质灾害隐患点排查巡查结果，每五年组织编制一次地质灾害防治规划，向社会公示，经专家论证后报本级人民政府批准公布实施，并报上一级国土资源主管部门备案。

第八条　县级以上人民政府应当将城镇、人口集中居住区、自然保护区、风景名胜区、文物保护区、地质公园、大中型工矿企业所在地、交通干线、重点水利电力工程、输电输油（气）设施等作为地质灾害防护重点。

第九条　编制地质灾害易发区的城市和镇总体规划、乡规划、村庄规划，应当对规划区进行地质灾害危险性评估。

第三章　地质灾害预防

第十条　县级以上人民政府应当建立地质灾害监测预警体系，配备必要的技术装备，加强地质灾害监测、巡查、预警预报工作。

县级以上人民政府有关部门应当在各自领域开展地质灾害隐患排查巡查和地质灾害险情动态监测，实现信息共享。

第十一条　县级以上人民政府应当建设应急救援队伍，储备抢险救灾物资和装备，确定或者建设避灾安置场所，并定期检查和维护。

第十二条　县级人民政府应当建立县、乡（镇）、村地质灾害群测群防体系，明确地质灾害防治责任人和监测人，组织开展地质灾害隐患排查巡查和应急演练。

地质灾害易发区的乡（镇）人民政府、街道办事处应当制作、发放防灾工作明白卡和防灾避险明白卡。

地质灾害防护重点单位应当加强地质灾害监测，发现险情及时处理、报告。

第十三条　县级以上人民政府国土资源主管部门应当会同气象部门及时发布地质灾害气象预警预报。

其他单位或者个人不得擅自向社会发布地质灾害气象预警预报。

第十四条　在地质灾害易发区内进行工程建设，应当在可行性研究阶段进行地质灾害危险性评估，并将评估结果作为可行性研究报告的组成部分。可行性研究报告未包含地质灾害危险性评估结果，或者经评估认为不宜进行工程建设的，有关部门不得批准该工程建设的可行性研究报告。

对地质灾害易发区内已有的建（构）筑物，应当采取预防和保护措施。

第十五条　矿山企业或者建设单位应当根据地质灾害危险性评估结果，配套建设地质灾害治理工程。

配套建设的地质灾害治理工程，应当与主体工程同时设计、同时施工、同时验收。配套建设的地质灾害治理工程未经验收或者经验收不合格的，主体工程不得投入生产或者使用。

第十六条 除建设地质灾害防治工程外，在地质灾害危险区内禁止下列行为：
（一）新建居民点；
（二）新建、改建、扩建建设项目和矿山企业；
（三）爆破、削坡以及其他可能引发或者加重地质灾害的活动。

第四章 地质灾害应急

第十七条 县级以上人民政府以及地质灾害易发区的乡（镇）人民政府、街道办事处，应当按照国家规定组织编制突发性地质灾害应急预案，并向社会公布。

县级以上人民政府有关部门和地质灾害防护重点单位，应当编制专项突发性地质灾害应急预案。

第十八条 发生特大型、大型地质灾害险情或者灾情时，由省人民政府启动应急预案；发生中型地质灾害险情或者灾情时，由设区的市人民政府启动应急预案；发生小型地质灾害险情或者灾情时，由县级人民政府启动应急预案。

第十九条 发生地质灾害险情或者灾情后，当地人民政府、基层群众自治组织应当及时组织受到地质灾害威胁的居民以及其他人员开展自救、互救，转移到安全地带。情况紧急时，可以强行组织避灾疏散。

第二十条 县级以上人民政府应当根据地质灾害应急处置的需要，紧急调集人员，调用物资、交通工具和相关设施、设备，并妥善安排灾民生活。必要时，可以在抢险救灾区域范围内采取交通管制等措施。

第二十一条 地质灾害险情、灾情得到控制或者消除后，县级以上人民政府应当及时组织有关部门和专家分析地质灾害发生的原因，评估地质灾害的处置情况，提出地质灾害治理和灾后重建措施，并向社会公布。

第五章 地质灾害治理

第二十二条 实施露天开采的，矿山企业应当及时清除废弃矿渣，治理崩塌、滑坡等隐患，恢复植被、土地使用功能和生态环境。

实施地下开采的，矿山企业应当采取回填等措施，对采空区进行治理；造成地面塌陷的，应当平整、复垦土地，改良土壤，保护耕地。

第二十三条 采矿权人应当缴存矿山地质灾害防治保证金。

矿山地质灾害防治保证金是为促使采矿权人履行地质灾害防治义务缴存的担保性资金。

矿山地质灾害防治保证金的缴存、返还与使用，应当遵循企业所有、政府监管、专户储存、专款专用的原则。缴存标准、返还期限与使用的具体办法由省人民政府制定。

第二十四条 地质灾害治理工程应当按照国家规定实行项目法人制、招标投标制和工程监理制。因抢险救灾紧急实施的工程，可以由地质灾害发生地的县级以上人民政府有关部门报本级人民政府批准后，委托具有地质灾害治理工程资质的单位施工。

第六章 地质灾害避让搬迁

第二十五条 发生地质灾害险情或者灾情，不宜采取工程治理措施的，当地人民政府应当组织受地质灾害威胁的村（居）民避让搬迁。

因采矿造成地质灾害，需要实施避让搬迁的，其费用由该采矿企业承担。

第二十六条 组织村（居）民实施避让搬迁时，县级人民政府应当征求村（居）民的意见，编制搬迁安置方案，明确搬迁范围、安置地点、扶持政策、补助标准等事项，并向社会公布，接受社会监督。

第二十七条 县级人民政府或者其委托的乡（镇）人民政府、街道办事处应当事先与避让搬迁的村（居）民签订搬迁安置协议，就搬迁安置补助金额、安置用房面积、搬迁过渡方式和过渡期限、村民原有宅基地的处置、解决争议的方法等作出明确约定。

第二十八条 县级以上人民政府应当对搬迁安置用地予以保障。

搬迁安置用地应当符合地质灾害防治要求，节约集约用地。

第七章 法律责任

第二十九条 违反本条例规定的行为，法律、法规已有法律责任规定的，从其规定。

第三十条 违反本条例规定，除建设地质灾害防治工程外，在地质灾害危险区内新建居民点，新建、改建、扩建建设项目和矿山企业，从事爆破、削坡以及其他可能引发或者加重地质灾害活动的，由县级以上人民政府国土资源主管部门责令停止违法行为，对单位处五万元以上二十万元以下的罚款，对个人处一万元以上五万元以下的罚款；构成犯罪的，依法追究刑事责任；给他人造成损失的，依法承担赔偿责任。

第三十一条 违反本条例规定，采矿权人不缴存矿山地质灾害防治保证金的，由县级以上人民政府国土资源主管部门责令其限期缴存；逾期不缴存的，不予办理采矿权转让、变更登记、延续登记等有关手续。

第三十二条 违反本条例规定，采矿企业不支付避让搬迁费用的，由县级人民政府责令其限期支付。

第三十三条 违反本条例规定，从事地质灾害防治工作的国家工作人员滥用职权、徇私舞弊、玩忽职守的，依法给予处分；构成犯罪的，依法追究刑事责任。

第八章 附 则

第三十四条 本条例自 2012 年 3 月 1 日起施行。

审议意见的报告：

主任、各位副主任、秘书长、各位委员：

为了有效的预防和治理地质灾害，避免和减轻地质灾害造成的损失，维护人民群众生命财产安全，促进经济社会可持续发展，省政府组织全面修订了《山西省地质灾害防治条例》。根据《山西省地方立法条例》的规定，我委提前介入了条例的修订工作，听取了省国土资源厅关于条例修订情况的汇报，并赴朔州和阳泉两市进行了调研，召开了市县政府及有关部门和单位负责人参加的座谈会，实地察看了地质灾害避让搬迁的实施情况。在此基础上我委召开会议进行了认真审议，认为该条例修订草案基本成熟，同意提请省十一届人大常委会第二十五次会议审议。现将审议意见报告如下：

一、修订条例的必要性

我省地处黄土高原，黄土沉积覆盖地域广，断陷盆地较多，地质构造复杂，地质环境脆弱，时常因自然因素引发地质灾害。而且，由于多年来高强度开采煤炭等矿产资源，使我省的地质环境受到严重破坏，地质灾害事故频发。为了加强地质灾害防治工作，省人大常委会于 2000 年 9 月制定了《山西省地质灾害防治条例》。该条例的颁布实施，对于加强和规范我省的地质灾害防治工作，发挥了重要作用。但是近年来，随着我省地质灾害防治工作中新情况和新问题的不断出现，该条例一些条款与现实需求不相适应。2003年11月，国务院出台了《地质灾害防治条例》，我省条例与国家条例的一些规定不一致，甚至存在相抵触的情形，给地质灾害防治执法工作带来困难。因此，有必要结合我省实际，对《山西省地质灾害防治条例》进行全面修订。

二、对条例修订草案的修改意见

（一）关于地质灾害隐患点分等定级管理及防治。消除地质灾害隐患点或降低隐患等级是防治地质灾害的一项重要举措。条例修订草案对地质灾害隐患点的防治缺少相应的规定。目前，我省有地质灾害隐患点一万多处，一旦发生地质灾害将会造成不同程度的损失。建议在条例修订草案中增加相关内容，即在编制地质灾害防治规划时，应当确定地质灾害隐患点，并根据其发展趋势及危害程度，实行分等定级管理和按轻重缓急分期治理。同时，还应根据地质灾害隐患点的动态变化，定期对地质灾害防治规划作相应修改和调整。

（二）关于明确地质灾害治理责任主体。条例修订草案第二十七条第一款规定，因自然因素引发的地质灾害，由当地人民政府或者有关部门组织治理。第二款规定，因采矿和工程建设等人为活动引发的地质灾害，由责任单位负责治理。责任单位灭失的，由当地人民政府负责治理。两款中"当地人民政府"的概念模糊，不便操作，建议明确应由哪一级政府负责治理，落实地质灾害治理责任。

（三）关于发生地质灾害险情实施紧急避让搬迁。条例修订草案第三十四条规定，对不宜采取工程治理措施的地质灾害，县级人民政府应当组织受地质灾害威胁的村（居）民实施避让搬迁。我委认为，在实施避让搬迁时应根据先解危再解困的原则，对结构已严重损坏或承重构件已属危险构件，随时有可能丧失结构稳定和承载能力，不能保证居住和使用安全的危险房屋，应当实行紧急避让搬迁。紧急避让搬迁暂时有困难的，应当采取有效的安全措施，以避免人民群众生命财产遭受损失。建议在条例修订草案中增加相关内容。同时，建议在法律责任部分，相应增加对接到地质灾害险情报告后，未立即组织避让搬迁，也未采取安全措施，造成人员伤亡或者重大财产损失的，给予相关单位责任人相应处罚的规定。

以上意见，请予审议。

4. 陕西省地质灾害防治条例

(2017年9月29日陕西省第十二届人民代表大会常务委员会第三十七次会议通过)

第一章 总 则

第一条 为了有效防治地质灾害，避免和减轻地质灾害造成的损失，保护人民生命财产安全，促进生态文明建设，根据《中华人民共和国突发事件应对法》和国务院《地质灾害防治条例》等法律、行政法规，结合本省实际，制定本条例。

第二条 本条例适用于本省行政区域内地质灾害的防治规划、预防、应急、治理和避灾搬迁及其相关活动。

本条例所称地质灾害，是指自然因素或者人为活动引发的危害人民生命和财产安全的山体崩塌、滑坡、泥石流、地面塌陷、地裂缝、地面沉降等与地质作用有关的灾害。

地质灾害的险情、灾情等级分为小型、中型、大型、特大型，具体划分标准按照国家有关规定执行。

对煤炭等矿产资源勘查开采等活动造成矿区地质灾害的防治，按照国家和本省有关规定执行。

第三条 地质灾害防治工作，应当坚持以人为本、预防为主，属地管理、分级负责，统筹规划、综合防治，公众参与、损害担责的原则。

第四条 县级以上人民政府应当加强地质灾害防治工作的领导，将地质灾害防治工作纳入本级国民经济和社会发展规划，组织开展调查评价、监测预警、综合治理、应急防治体系建设，并将地质灾害防治工作作为有关部门和下一级人民政府目标责任考核的内容。

乡（镇）人民政府、街道办事处应当按照本条例规定和各自职责，做好本辖区的地质灾害防治工作。

第五条 县级以上人民政府国土资源主管部门负责本行政区域内地质灾害防治的组织、协调、指导和监督工作。

县级以上人民政府住房和城乡建设、水利、交通运输、发展改革、教育、民政、财政、旅游、安全生产监督管理、应急管理、气象、地震、测绘等行政主管部门，按照各自职责负责有关的地质灾害防治工作。

第六条 县级以上人民政府应当将地质灾害防治工作经费纳入本级财政年度预算，予以保障。

第七条 县级以上人民政府应当鼓励、支持地质灾害防治的科学技术研究，推广地质灾害监测、预报预警、治理等防治先进技术，加强地质灾害防治装备建设，运用现代科技成果和网络信息技术，提高地质灾害防治科技化水平。

第八条 县级以上人民政府及其有关部门、乡（镇）人民政府、街道办事处应当组织开展地质灾害防治知识宣传教育和应急演练，提高地质灾害应急处置能力。

地质灾害易发区内的学校、企业事业单位和村（居）民委员会等应当加强对师生、员工、村（居）民地质灾害预防救助知识的宣传普及和教育培训，增强公众地质灾害防治意识，提高防灾避险、自救互救能力。

新闻媒体应当适时开展地质灾害防治公益性宣传。

第九条 任何单位和个人有保护地质环境、地质灾害防治工程设施设备的义务，对地质灾害防治工作中的违法行为有权检举和控告。

地质灾害易发区内的单位和个人有义务协助配合做好地质灾害监测、治理、避灾搬迁等地质灾害防治工作。

第二章 防治规划

第十条 县级以上国土资源主管部门应当会同同级住房和城乡建设、水利、交通运输、教育、旅游、安全生产监督管理、气象、地震、测绘等部门，定期组织开展本行政区域的地质灾害调查，并根据地质环境变化情况，适时组织开展重点区域地质灾害补充调查。

地质灾害调查成果应当作为编制地质灾害防治规划的重要依据。

第十一条 县级以上国土资源主管部门应当会同同级有关行政主管部门，根据地质灾害调查成果和上一级地质灾害防治规划，编制本行政区域地质灾害防治规划，经组织专家论证后，由本级人民政府批准公布，报上一级国土资源主管部门备案。

地质灾害防治规划每五年组织编制一次，可以根据地质灾害补充调查成果适时修订。规划修订应当按照前款规定程序批准公布和备案。

第十二条 地质灾害防治规划在报批前，可以根据实际情况征求有关单位和社会公众的意见。对地质灾害防治规划内容存在重大分歧意见的，县级以上国土资源主管部门应当组织听证。

第十三条 地质灾害防治规划包括下列内容：

（一）地质灾害现状和发展趋势预测；

（二）地质灾害的防治原则和目标；

（三）地质灾害易发区、重点防治区；

（四）地质灾害防治工作部署；

（五）规划实施保障措施等。

县级地质灾害防治规划应当附具地质灾害易发程度分区图、防治区划图、工作部署图及相关附表。

地质灾害重点防治区应当将城镇、学校、医院和其他人口集中居住区，风景名胜区、文物保护单位、地质公园，大中型工矿企业所在地和蓄水引水调水、交通干线、输电输油输气、网络通信等基础设施及其施工现场的作业区、办公区、生活区作为防护重点。

第十四条 编制和实施土地利用总体规划、矿产资源规划、移民搬迁规划以及水利、交通、能源等重大建设工程项目规划，应当充分考虑地质灾害防治要求，避免和减轻地质灾害造成的损失。

编制城市总体规划、镇总体规划、乡规划和村庄规划，应当将地质灾害防治规划作为其组成部分。

第三章 预 防

第十五条 县级以上国土资源主管部门应当依据地质灾害防治规划，编制年度地质灾害防治方案，报本级人民政府批准后公布，并组织实施。

年度地质灾害防治方案主要包括下列内容：

（一）地质灾害现状及上年度地质灾害防治概况；
（二）地质灾害趋势预测；
（三）重点防范区段和防范期；
（四）地质灾害防治任务；
（五）地质灾害防治措施。

乡（镇）人民政府、街道办事处依据县级年度地质灾害防治方案编制年度地质灾害防治实施方案，实施方案应当包括地质灾害隐患点、重点防范区分布情况和重点防范期要求，监测预警、日常巡查、宣传教育等防范措施，以及组织保障和防治责任等内容。

第十六条 县级以上人民政府应当加强地质灾害专业监测能力建设，建立地质灾害监测网络和预警信息系统，构建国土资源、水利、气象、地震、测绘等部门监测信息共享平台，实现监测数据互联互通、信息共享。

县级以上国土资源主管部门应当会同安全生产监督管理、住房和城乡建设、水利、交通运输等部门开展地质灾害险情的动态监测。

对于可能引发地质灾害的建设工程，建设单位应当按照有关技术规范要求做好地质灾害监测。

县级以上人民政府应当在重点防范期组织有关部门加强对地质灾害防护重点单位和水库、淤地坝、尾矿库的联合巡查、隐患排查。

第十七条 县级国土资源主管部门应当根据地质灾害调查认定结果，对确定的地质灾害隐患点登记造册并依法予以公布。经实施工程治理、避灾搬迁措施后不再作为地质灾害隐患点的，应当及时予以核销。

地质灾害隐患点调查认定与核销办法，由省国土资源主管部门制定。

第十八条 地质灾害易发区的县（市、区）、乡（镇）人民政府应当建立健全基层群测群防组织，明确责任人、监测人，设置警示标识，组织开展群测群防人员防灾知识技能培训，增强识灾报灾、监测预警和防灾避险应急能力；并按照国家和本省规定，为群测群防监测人员发放监测补助，配置实用监测预警设备，办理人身意外伤害保险。

地质灾害隐患点所在地的乡（镇）人民政府、街道办事处应当向受地质灾害威胁的单位和个人发放防灾、避险明白卡。

警示标识和防灾、避险明白卡应当载明可能发生地质灾害的位置、类型、范围，以及预警信号、撤离和转移路线、避灾安置场所、应急联系方式等内容。

第十九条 鼓励单位或者个人向当地人民政府及有关部门提供地质灾害前兆信息。对于及时提供前兆信息而成功预报地质灾害，避免或者减少人员伤亡和财产损失的单位或者个人，应当予以奖励。

第二十条 县级以上国土资源主管部门应当与应急管理、水利、气象、地震、测绘等部门建立地质灾害预报会商和预警联动机制，及时发布地质灾害预报预警信息。

任何单位或者个人不得擅自向社会发布地质灾害预报预警信息。

第二十一条 对出现地质灾害前兆、可能造成人员伤亡或者重大财产损失的区域和地段，由县级人民政府组织有关部门、单位会商后，应当及时划定为地质灾害危险区，予以公告，并在地质灾害危险区的边界设置明显警示标识。

地质灾害危险区划定后，县级人民政府应当立即组织制订防灾避险方案，明确防灾责任、预警信号、疏散路线及临时安置场所等。

地质灾害险情已经消除或者得到有效控制的，县级人民政府应当及时撤销原划定的地质灾害危险区，予以公告。

第二十二条 在划定的地质灾害危险区内，除实施地质灾害防治工程外，禁止爆破、削坡、进行工程建设和下列可能引发、加剧地质灾害的行为：

（一）在崩塌、滑坡前缘坡脚采石、取土、挖沙或者在后缘堆放渣土；

（二）在泥石流沟谷采伐林木、堆放渣土；

（三）从事其他可能引发、加剧地质灾害的活动。

第二十三条 地质灾害的监测设施设备、警示标识受法律保护，任何单位和个人不得侵占、损毁、损坏或者擅自移动。

地质灾害警示标识包括地质灾害警示标志、地质灾害避险路线标志、地质灾害避险场所标志、地质灾害群测群防警示牌等。

第二十四条 在地质灾害易发区内进行工程建设应当在可行性研究阶段进行地质灾害危险性评估，并将评估结果作为可行性研究报告的组成部分；可行性研究报告未包含地质灾害危险性评估结果的，不得批准其可行性研究报告。

编制地质灾害易发区内的城市总体规划、镇总体规划、乡规划和村庄规划及基础设施专项规划时，应当对规划区进行地质灾害危险性评估，合理确定项目选址、布局。

地质灾害易发区内农村村民零散建房，依法办理宅基地审批手续时，由乡（镇）人民政府会同县级国土资源主管部门组织进行建房选址地质灾害危险性评估，提出建房选址适宜性建议和地质灾害防治措施，评估所需费用纳入县级财政，予以保障。

第二十五条 从事地质灾害危险性评估的单位应当按照国家有关规定和技术规范开展评估工作，并对评估结果负责。

第二十六条 经评估认为可能引发、加剧地质灾害或者可能遭受地质灾害威胁的建设工程，建设单位应当按照地质灾害危险性评估结果要求，配套建设地质灾害治理工程、配置地质灾害监测设备或者采取其他相应的防治措施，并加强日常巡查和维护。

配套建设的地质灾害治理工程，应当与主体工程同时设计、同时施工、同时验收。配套建设的地质灾害治理工程未经验收或者经验收不合格的，主体工程不得投入生产或者使用。

工程建设活动引发地质灾害防治的具体办法，由省人民政府另行制定。

第四章 应　　急

第二十七条 县级以上国土资源主管部门会同同级应急管理、公安、民政、住房和城乡建设、交通运输、水利、安全生产监督管理、卫生、教育、测绘等部门编制本行政区域突发性地质灾害应急预案，报本级人民政府批准后公布，纳入本级人民政府突发事件应急预案体系和自然灾害救助体系。

地质灾害易发区内的乡（镇）人民政府、街道办事处，应当依据县级突发性地质灾害应急预案编制本辖区突发性地质灾害应急预案，报县级国土资源主管部门备案，并予以公布。

地质灾害重点防治区内的防护重点单位，应当编制本单位突发性地质灾害应急预案。

突发性地质灾害应急预案编制后，各级人民政府、防护重点单位应当定期组织演练、评估和适时修订。每年汛期前，县（市、区）、乡（镇）人民政府和防护重点单位应当至少组织一次应急演练。

第二十八条 突发性地质灾害应急预案包括下列内容：

（一）应急机构和有关部门的职责分工；

（二）抢险救援人员的组织和应急、救助装备、资金、物资的准备；

（三）地质灾害的等级与影响分析准备；

（四）地质灾害调查、报告和处理程序；

（五）发生地质灾害时的预警信号、应急通信保障；

（六）人员财产撤离转移路线、医疗救治、疾病控制等应急行动方案。

第二十九条 发现地质灾害险情或者灾情的单位和个人，应当立即向当地人民政府或者国土资源主管部门报告。其他部门或者村（居）民委员会接到报告的，应当立即转报当地人民政府或者国土资源主管部门。

当地人民政府、村（居）民委员会、重点防护单位接到报告后，应当根据实际情况，及时组织受到地质灾害威胁的人员转移到安全地带；情况紧急时，可以强行组织避灾疏散。

第三十条 发现地质灾害险情或者发生地质灾害灾情，县级以上人民政府应当立即派人赶赴现场，对险情或者灾情及发展趋势进行调查研判，采取有效措施，防止灾害发生或者灾情扩大，并按照有关规定向上级人民政府和国土资源、民政部门报告，启动相应等级的应急预案。

发生小型以上地质灾害险情或者灾情时，由县（市、区）、乡（镇）人民政府启动应急预案；发生中型以上地质灾害险情或者灾情时，由设区的市人民政府启动应急预案；发生特大型、大型地质灾害险情或者灾情时，由省人民政府启动应急预案。

第三十一条 发生地质灾害或者重大地质灾害险情时，县级以上人民政府应当紧急调集应急救援队伍，做好人员搜救、灾情调查、险情分析、次生灾害防范、信息发布等应急处置工作。根据需要，调用抢险救援物资、设备；必要时，可以在抢险救灾区域采取临时管制措施。

因抢险救灾需要，可以依法征用单位和个人的物资、设施、设备或者临时占用其房屋、土地，事后应当及时归还；造成毁损、灭失的，应当给予补偿。

专业救援组织应当按照有关人民政府统一安排，有序参与地质灾害抢险救援活动。

第三十二条 县级以上人民政府应当及时、准确、客观、全面向社会公布地质灾害灾情和抢险救援信息。

禁止隐瞒、谎报或者授意他人隐瞒、谎报地质灾害信息。

第三十三条 各级人民政府应当妥善安置受灾群众，做好社会稳定工作。

县级以上人民政府应当根据地质灾害灾情、险情和地质灾害防治需要，统筹规划、安排受灾地区的重建工作。

第五章 治 理

第三十四条 因自然因素造成的地质灾害，确需治理的，由县级以上国土资源主管部门组织实施，所需治理经费，由县级以上人民政府按照国家有关规定列入财政预算。

因工程建设等人为活动引发的地质灾害，由责任单位承担治理责任，并负担地质灾害治理工程所需的勘查、设计、施工、监理、维护等费用。

第三十五条 地质灾害成因由地质灾害发生地的县级以上国土资源主管部门组织专家分析论证后认定。属于工程建设等人为活动引发的地质灾害，应当对责任单位进行责任认定；责任单位为两个以上的，应当划分责任。

责任单位对地质灾害成因与责任认定结果有异议的，可以依法申请行政复议或者提起行政诉讼。

地质灾害成因与责任认定办法，由省人民政府另行制定。

第三十六条 地质灾害治理工程的勘查、设计、施工、监理应当符合国家有关标准和技术规范。

地质灾害治理工程的质量监督管理，依照国家和本省有关建设工程质量管理规定执行。

政府投资的地质灾害治理工程，除抢险救灾应急治理工程外，应当依法通过招标投标确定勘查、设计、施工、监理单位。

抢险救灾应急治理工程，可以在充分调查的基础上直接制定应急治理方案并予以实施。

第三十七条 地质灾害治理工程的勘查、设计、施工和监理单位应当符合国家法律法规的规定，取得相应资质。

县级以上国土资源主管部门应当按国家有关规定加强对勘查、设计、施工和监理单位资质的监督管理。

第三十八条 政府投资的地质灾害治理工程竣工后，由县级以上国土资源主管部门组织竣工验收，并在竣工验收合格后指定有关单位管理和维护。

责任单位承担的地质灾害治理工程竣工后，由责任单位组织竣工验收，并负责管理和维护；竣工验收时，应当有国土资源主管部门参加。

第六章 避灾搬迁

第三十九条 发生地质灾害险情或者灾情，不宜采取工程治理措施的，县级以上人民政府应当及时组织避灾搬迁。

第四十条 县级以上人民政府应当统筹整合地质灾害防治、易地扶贫搬迁、生态移民、土地整治等专项资金，有计划、有步骤地组织实施避灾搬迁工作。

地质灾害避灾搬迁应当优先纳入移民搬迁规划，优先搬迁危害程度高的地质灾害隐患点上受威胁的学校、村（居）民。

县级人民政府应当组织有关部门编制避灾搬迁安置方案并组织实施。

第四十一条 县级以上人民政府或者其委托的乡（镇）人民政府、街道办事处应当按照避灾搬迁安置方案的要求，事先与需要搬迁的村（居）民签订搬迁安置协议，就搬迁安置补助金额、安置用房面积、搬迁过渡方式和期限、原有宅基地及房屋处置办法、争议解决方式等事项依法作出明确约定。

第四十二条 县级以上人民政府应当对搬迁安置用地依法予以保障。移民安置点选址应当由县级国土资源主管部门组织开展地质灾害危险性评估，确保新址不受地质灾害威胁。

第四十三条 因工程建设等人为活动引发或者可能引发地质灾害，需要实施避灾搬迁的，由县级以上人民政府组织搬迁，搬迁费用由责任单位承担。

第四十四条 村（居）民已经得到妥善安置的，县级人民政府应当按照搬迁安置协议约定组织拆除房屋、依法收回原有宅基地，并实施环境恢复治理。

第七章 法律责任

第四十五条 违反本条例规定，有关县级以上人民政府、国土资源主管部门和其他有关部门有下列行为之一的，对直接负责的主管人员和其他直接责任人员，依法给予降级或者撤职的行政处分；造成地质灾害导致人员伤亡和重大财产损失的，依法给予开除的行政处分；构成犯罪的，依法追究刑事责任：

（一）未按照规定编制地质灾害防治规划、防治方案、应急预案，或者未按照地质灾害防治规划、防治方案、应急预案要求落实防治措施、履行相关责任的；

（二）批准未包含地质灾害危险性评估结果的可行性研究报告，或者批准未经地质灾害危险性评估的有关规划、办理土地等有关审批手续的；

（三）未及时认定地质灾害隐患，划定、公告地质灾害危险区，并设置警示标识的；

（四）隐瞒、谎报或者授意他人隐瞒、谎报地质灾害信息的；

（五）在地质灾害防治工作中有其他渎职行为的。

第四十六条 违反本条例第二十二条规定，在地质灾害危险区内，爆破、削坡、进行工程建设和实施可能引发、加剧地质灾害行为的，由县级以上国土资源主管部门责令停止违法行为，对单位处五万元以上二十万元以下的罚款，对个人处一万元以上五万元以下的罚款；给他人造成损失的，依法承担赔偿责任；构成犯罪的，依法追究刑事责任。

第四十七条 违反本条例第二十三条规定，侵占、损毁、损坏或者擅自移动地质灾害监测设施设备、警示标识的，由县级以上国土资源主管部门责令停止违法行为，限期恢复原状、赔偿损失或者采取补救措施，可以处五万元以下的罚款；构成犯罪的，依法追究刑事责任。

第四十八条 违反本条例规定的其他行为，法律、法规已有法律责任规定的，从其规定。

第八章 附 则

第四十九条 地震灾害的预报预防、应急救援、安置重建和监督管理，依照防震减灾的法律、法规的规定执行。

防洪法律、法规对洪水引发的崩塌、滑坡、泥石流的防治有规定的，从其规定。

法律、法规对尾矿库管理另有规定的，从其规定。

第五十条 本条例自 2018 年 1 月 1 日起施行。

5. 天津市地质灾害防治管理办法

《天津市地质灾害防治管理办法》在 1997.01.01 由天津市人民政府颁布。

第一章 总 则

第一条 为保护地质环境，防治地质灾害，保障国家和人民生命财产安全，根据国家有关规定，结合本市实际情况，制定本办法。

第二条 本办法所称地质灾害是指因自然或人为因素影响，造成地质环境变化，给人民生命和财产安全造成危害的地质事件，包括滑坡、泥石流、山体崩塌、地面沉降及地面塌陷、地面裂缝、土壤沙化、土壤污染、建筑基坑变形等。

第三条 本办法适用于本市行政区域内地质灾害防治管理工作。

地震灾害防治管理工作不适用本办法。

第四条 本市地质灾害防治工作实行以防为主、防治结合的原则和统一管理与分级、分部门管理相结合的管理体制。

市地质矿产局是全市地质灾害防治工作的监督管理部门，其职责是：

（一）贯彻执行国家和本市地质灾害防治工作的法律、法规、规章及标准；

（二）组织协调本市地质灾害的防治工作，负责编制全市重要地质灾害勘查和防治规划；

（三）负责地质环境的勘查评价和监测管理；

（四）划定全市重要地质灾害易发区和危险区，发布全市地质灾害预报；

（五）负责重要地质灾害工程治理的立项管理、防治工程设计的审批和工程质量的验收；

（六）负责全市地质灾害工程勘查、设计、监理单位的资质管理；

（七）监督检查本市各单位对地质灾害防治工作的执行情况。

区、县地质矿产行政主管部门（含区、县人民政府确定的负责地质矿产工作的部门，下同）是本区、县行政区域内地质灾害防治的监督管理部门，其职责是：

（一）负责划定本区、县范围内地质灾害易发区、危险区，编制防治规划；

（二）负责本区、县范围内地质灾害防治工程的立项管理、防治工程设计的审批和工程质量的验收；

（三）协助有关部门进行跨区、县范围地质灾害的治理工作；

（四）负责本区域内的地质环境和地质灾害监测工作。

林业、地震、水利、交通、城建等部门分别负责本部门管辖范围内地质灾害的防治工作，并协助地质矿产行政主管部门做好地质灾害监督管理工作。

第五条 地质灾害防治工作实行全面规划、合理布局、预防为主、防治结合和谁诱发、谁治理的原则。

第六条 各级人民政府应加强对地质灾害防治工作的领导，督促、协调有关单位和个人做好地质灾害防治工作。对在保护地质环境、防治地质灾害工作中做出显著成绩的单位和个人，给予表彰和奖励。

所有单位和个人都有保护地质环境、防治地质灾害的义务。

第二章 地质灾害的预防

第七条 市和区、县地质矿产行政主管部门应会同有关部门对本行政区域内的地质环境状况进行调查，编制地质灾害防治规划，经本级人民政府批准后组织实施。

第八条 地质灾害易发区和地质灾害危险区由市地质矿产行政主管部门确定，报市人民政府批准公布。地质矿产行政主管部门应在地质灾害危险区周围设立明显标志。

第九条 在地质灾害易发区内，从事生产或建设的单位和个人，均应采取措施，防止诱发地质灾害。

在地质灾害危险区内，禁止采矿、削坡、炸石、破坏植被、堆放渣石、抽取地下水以及其他容易诱发地质灾害的活动。

各级地质矿产行政主管部门有权对破坏地质环境，可能诱发地质灾害的行为进行检查。

第十条 地质矿产行政主管部门要在地质灾害危险区建立监测网络。有关单位和个人应协助做好监测预报工作，保护监测设施。

第十一条 林业、交通、水利、城建等部门应当根据地质灾害危险区域内可能发生的地质灾害的性质、规模、危害后果，制定本部门的预防措施。

第十二条 区域性地质灾害趋势预报，由市地质矿产行政主管部门会同有关部门制订，报市人民政府批准后发布。

对可能发生的突发性地质灾害预报，由市地质矿产行政主管部门或林业、水利、交通、城建等部门在地质灾害可能危及的区域内发布。

除前款规定外，任何单位和个人不得擅自发布或者散布区域性地质灾害趋势和可能发生突发性地质灾害的预报。

第三章 地质环境和地质灾害的勘查评价

第十三条 制定重点区域开发规划和进行重大基本建设项目，必须首先进行地质环境评价和预测，并制定合理利用保护地质环境和防治地质灾害的方案。

第十四条 区域性地质环境勘查评价由市地质矿产主管部门统一规划。

重点工程和大型基建、城建项目的可行性研究报告中，应附地质环境影响评价报告书，并征询地质矿产行政主管部门的审查意见后方可按建设程序报批。

第十五条 承担地质环境和地质灾害勘查评价的单位必须持有相应的资格证书。资格证书的认定工作依照国家有关部门的规定办理。

进行地质环境和地质灾害勘查，必须按照有关规定办理登记手续，并按有关规定向市地质资料主管部门汇交地质资料。

第四章 地质灾害治理

第十六条 地质灾害发生后，有关部门应及时向当地人民政府和地质矿产行政主管部门报告或通报有关情况。

第十七条 人为造成的地质灾害，由行为人负责治理。

自然作用造成的地质灾害，由当地人民政府组织有关部门和单位治理。

第十八条 区域性地质灾害治理项目计划由其主管部门会同计划、地质矿产、环保等有关部门负责制定，并组织实施。

第十九条 重大地质灾害治理项目，由市地质矿产行政主管部门向市计划主管部门提出立项申请，市计划主管部门再报国家计划主管部门立项，经费列入国家地质灾害防治计划，地方配套资金纳入财政预算。

项目竣工后，由市计划主管部门和市地质矿产行政主管部门组织验收。

第五章 法律责任

第二十条 违反本办法第九条第二款规定的，由市或区、县地质矿产行政主管部门责令其限期改正，对逾期不改正的，可处以 1 万元以下罚款。

第二十一条 违反本办法第十二条第三款规定的，由市地质矿产行政主管部门给予警告，责令其消除影响，并可处以 1000 元以下的罚款。

第二十二条 违反本办法第十四条第二款规定的，由市或区、县地质矿产行政主管部门责令其改正，对不改正的，可处以 1000 元以下的罚款。

第二十三条 对拒绝、阻碍地质矿产行政主管部门的工作人员依法执行公务、损坏地质灾害检测设施，违反《中华人民共和国治安管理处罚条例》的，由公安机关予以处罚。

第二十四条 当事人对地质矿产行政主管部门的行政处罚决定不服，申请行政复议或者提起行政诉讼的，行政处罚不停止执行，法律另有规定的除外。

第六章 附则

第二十五条 本办法自发布之日起施行。

6. 地质灾害防治条例

《地质灾害防治条例》是为了防治地质灾害，避免和减轻地质灾害造成的损失，维护人民生命和财产安全，促进经济和社会的可持续发展而制定的法规。2003年11月19日，《地质灾害防治条例》由国务院第29次常务会议通过，2003年11月24日国务院令第394号公布，自2004年3月1日起施行。

中华人民共和国国务院令
第 394 号

《地质灾害防治条例》已经2003年11月19日国务院第29次常务会议通过，现予公布，自2004年3月1日起施行。

总理　温家宝

2003年11月24日

第一章　总　　则

第一条　为了防治地质灾害，避免和减轻地质灾害造成的损失，维护人民生命和财产安全，促进经济和社会的可持续发展，制定本条例。

第二条　本条例所称地质灾害，包括自然因素或者人为活动引发的危害人民生命和财产安全的山体崩塌、滑坡、泥石流、地面塌陷、地裂缝、地面沉降等与地质作用有关的灾害。

第三条　地质灾害防治工作，应当坚持预防为主、避让与治理相结合和全面规划、突出重点的原则。

第四条　地质灾害按照人员伤亡、经济损失的大小，分为四个等级：

（一）特大型：因灾死亡30人以上或者直接经济损失1000万元以上的；

（二）大型：因灾死亡10人以上30人以下或者直接经济损失500万元以上1000万元以下的；

（三）中型：因灾死亡3人以上10人以下或者直接经济损失100万元以上500万元以下的；

（四）小型：因灾死亡3人以下或者直接经济损失100万元以下的。

第五条　地质灾害防治工作，应当纳入国民经济和社会发展计划。

因自然因素造成的地质灾害的防治经费，在划分中央和地方事权和财权的基础上，分别列入中央和地方有关人民政府的财政预算。具体办法由国务院财政部门会同国务院国土资源主管部门制定。

因工程建设等人为活动引发的地质灾害的治理费用，按照谁引发、谁治理的原则由责任单位承担。

第六条　县级以上人民政府应当加强对地质灾害防治工作的领导，组织有关部门采取措施，做好地质灾害防治工作。

县级以上人民政府应当组织有关部门开展地质灾害防治知识的宣传教育，增强公众的地质灾害防治意识和自救、互救能力。

第七条 国务院国土资源主管部门负责全国地质灾害防治的组织、协调、指导和监督工作。国务院其他有关部门按照各自的职责负责有关的地质灾害防治工作。

县级以上地方人民政府国土资源主管部门负责本行政区域内地质灾害防治的组织、协调、指导和监督工作。县级以上地方人民政府其他有关部门按照各自的职责负责有关的地质灾害防治工作。

第八条 国家鼓励和支持地质灾害防治科学技术研究，推广先进的地质灾害防治技术，普及地质灾害防治的科学知识。

第九条 任何单位和个人对地质灾害防治工作中的违法行为都有权检举和控告。

在地质灾害防治工作中做出突出贡献的单位和个人，由人民政府给予奖励。

第二章 地质灾害防治规划

第十条 国家实行地质灾害调查制度。

国务院国土资源主管部门会同国务院建设、水利、铁路、交通等部门结合地质环境状况组织开展全国的地质灾害调查。

县级以上地方人民政府国土资源主管部门会同同级建设、水利、交通等部门结合地质环境状况组织开展本行政区域的地质灾害调查。

第十一条 国务院国土资源主管部门会同国务院建设、水利、铁路、交通等部门，依据全国地质灾害调查结果，编制全国地质灾害防治规划，经专家论证后报国务院批准公布。

县级以上地方人民政府国土资源主管部门会同同级建设、水利、交通等部门，依据本行政区域的地质灾害调查结果和上一级地质灾害防治规划，编制本行政区域的地质灾害防治规划，经专家论证后报本级人民政府批准公布，并报上一级人民政府国土资源主管部门备案。

修改地质灾害防治规划，应当报经原批准机关批准。

第十二条 地质灾害防治规划包括以下内容：

（一）地质灾害现状和发展趋势预测；

（二）地质灾害的防治原则和目标；

（三）地质灾害易发区、重点防治区；

（四）地质灾害防治项目；

（五）地质灾害防治措施等。

县级以上人民政府应当将城镇、人口集中居住区、风景名胜区、大中型工矿企业所在地和交通干线、重点水利电力工程等基础设施作为地质灾害重点防治区中的防护重点。

第十三条 编制和实施土地利用总体规划、矿产资源规划以及水利、铁路、交通、能源等重大建设工程项目规划，应当充分考虑地质灾害防治要求，避免和减轻地质灾害造成的损失。

编制城市总体规划、村庄和集镇规划，应当将地质灾害防治规划作为其组成部分。

第三章 地质灾害预防

第十四条 国家建立地质灾害监测网络和预警信息系统。

县级以上人民政府国土资源主管部门应当会同建设、水利、交通等部门加强对地质灾害险情的动态监测。

因工程建设可能引发地质灾害的，建设单位应当加强地质灾害监测。

第十五条 地质灾害易发区的县、乡、村应当加强地质灾害的群测群防工作。在地质灾害重点防范期内，乡镇人民政府、基层群众自治组织应当加强地质灾害险情的巡回检查，发现险情及时处理和报告。

国家鼓励单位和个人提供地质灾害前兆信息。

第十六条 国家保护地质灾害监测设施。任何单位和个人不得侵占、损毁、损坏地质灾害监测设施。

第十七条 国家实行地质灾害预报制度。预报内容主要包括地质灾害可能发生的时间、地点、成灾范围和影响程度等。

地质灾害预报由县级以上人民政府国土资源主管部门会同气象主管机构发布。

任何单位和个人不得擅自向社会发布地质灾害预报。

第十八条 县级以上地方人民政府国土资源主管部门会同同级建设、水利、交通等部门依据地质灾害防治规划，拟订年度地质灾害防治方案，报本级人民政府批准后公布。

年度地质灾害防治方案包括下列内容：

（一）主要灾害点的分布；

（二）地质灾害的威胁对象、范围；

（三）重点防范期；

（四）地质灾害防治措施；

（五）地质灾害的监测、预防责任人。

第十九条 对出现地质灾害前兆、可能造成人员伤亡或者重大财产损失的区域和地段，县级人民政府应当及时划定为地质灾害危险区，予以公告，并在地质灾害危险区的边界设置明显警示标志。

在地质灾害危险区内，禁止爆破、削坡、进行工程建设以及从事其他可能引发地质灾害的活动。

县级以上人民政府应当组织有关部门及时采取工程治理或者搬迁避让措施，保证地质灾害危险区内居民的生命和财产安全。

第二十条 地质灾害险情已经消除或者得到有效控制的，县级人民政府应当及时撤销原划定的地质灾害危险区，并予以公告。

第二十一条 在地质灾害易发区内进行工程建设应当在可行性研究阶段进行地质灾害危险性评估，并将评估结果作为可行性研究报告的组成部分；可行性研究报告未包含地质灾害危险性评估结果的，不得批准其可行性研究报告。

编制地质灾害易发区内的城市总体规划、村庄和集镇规划时，应当对规划区进行地质灾害危险性评估。

第二十二条 国家对从事地质灾害危险性评估的单位实行资质管理制度。地质灾害危险性评估单位应当具备下列条件，经省级以上人民政府国土资源主管部门资质审查合格，取得国土资源主管部门颁发的相应等级的资质证书后，方可在资质等级许可的范围内从事地质灾害危险性评估业务：

（一）有独立的法人资格；

（二）有一定数量的工程地质、环境地质和岩土工程等相应专业的技术人员；

（三）有相应的技术装备。

地质灾害危险性评估单位进行评估时，应当对建设工程遭受地质灾害危害的可能性和该工程建设中、建成后引发地质灾害的可能性做出评价，提出具体的预防治理措施，并对评估结果负责。

第二十三条 禁止地质灾害危险性评估单位超越其资质等级许可的范围或者以其他地质灾害危险性评估单位的名义承揽地质灾害危险性评估业务。

禁止地质灾害危险性评估单位允许其他单位以本单位的名义承揽地质灾害危险性评估业务。

禁止任何单位和个人伪造、变造、买卖地质灾害危险性评估资质证书。

第二十四条 对经评估认为可能引发地质灾害或者可能遭受地质灾害危害的建设工程，应当配套建设地质灾害治理工程。地质灾害治理工程的设计、施工和验收应当与主体工程的设计、施工、验收同时进行。

配套的地质灾害治理工程未经验收或者经验收不合格的，主体工程不得投入生产或者使用。

第四章 地质灾害应急

第二十五条 国务院国土资源主管部门会同国务院建设、水利、铁路、交通等部门拟订全国突发性地质灾害应急预案，报国务院批准后公布。

县级以上地方人民政府国土资源主管部门会同同级建设、水利、交通等部门拟订本行政区域的突发性地质灾害应急预案，报本级人民政府批准后公布。

第二十六条 突发性地质灾害应急预案包括下列内容：

（一）应急机构和有关部门的职责分工；

（二）抢险救援人员的组织和应急、救助装备、资金、物资的准备；

（三）地质灾害的等级与影响分析准备；

（四）地质灾害调查、报告和处理程序；

（五）发生地质灾害时的预警信号、应急通信保障；

（六）人员财产撤离、转移路线、医疗救治、疾病控制等应急行动方案。

第二十七条 发生特大型或者大型地质灾害时，有关省、自治区、直辖市人民政府应当成立地质灾害抢险救灾指挥机构。必要时，国务院可以成立地质灾害抢险救灾指挥机构。

发生其他地质灾害或者出现地质灾害险情时，有关市、县人民政府可以根据地质灾害抢险救灾工作的需要，成立地质灾害抢险救灾指挥机构。

地质灾害抢险救灾指挥机构由政府领导负责、有关部门组成，在本级人民政府的领导下，统一指挥和组织地质灾害的抢险救灾工作。

第二十八条 发现地质灾害险情或者灾情的单位和个人，应当立即向当地人民政府或者国土资源主管部门报告。其他部门或者基层群众自治组织接到报告的，应当立即转报当地人民政府。

当地人民政府或者县级人民政府国土资源主管部门接到报告后，应当立即派人赶赴现场，进行现场调查，采取有效措施，防止灾害发生或者灾情扩大，并按照国务院国土资源主管部门关于地质灾害灾情分级报告的规定，向上级人民政府和国土资源主管部门报告。

第二十九条 接到地质灾害险情报告的当地人民政府、基层群众自治组织应当根据实际情况，及时动员受到地质灾害威胁的居民以及其他人员转移到安全地带；情况紧急时，可以强行组织避灾疏散。

第三十条 地质灾害发生后，县级以上人民政府应当启动并组织实施相应的突发性地质灾害应急预案。有关地方人民政府应当及时将灾情及其发展趋势等信息报告上级人民政府。

禁止隐瞒、谎报或者授意他人隐瞒、谎报地质灾害灾情。

第三十一条 县级以上人民政府有关部门应当按照突发性地质灾害应急预案的分工，做好相应的应急工作。

国土资源主管部门应当会同同级建设、水利、交通等部门尽快查明地质灾害发生原因、影响范围等情况，提出应急治理措施，减轻和控制地质灾害灾情。

民政、卫生、食品药品监督管理、商务、公安部门，应当及时设置避难场所和救济物资供应点，妥善安排灾民生活，做好医疗救护、卫生防疫、药品供应、社会治安工作；气象主管机构应当做好气象服务保障工作；通信、航空、铁路、交通部门应当保证地质灾害应急的通信畅通和救灾物资、设备、药物、食品的运送。

第三十二条 根据地质灾害应急处理的需要，县级以上人民政府应当紧急调集人员，调用物资、交通工具和相关的设施、设备；必要时，可以根据需要在抢险救灾区域范围内采取交通管制等措施。

因救灾需要，临时调用单位和个人的物资、设施、设备或者占用其房屋、土地的，事后应当及时归还；无法归还或者造成损失的，应当给予相应的补偿。

第三十三条 县级以上地方人民政府应当根据地质灾害灾情和地质灾害防治需要，统筹规划、安排受灾地区的重建工作。

第五章 地质灾害治理

第三十四条 因自然因素造成的特大型地质灾害，确需治理的，由国务院国土资源主管部门会同灾害发生地的省、自治区、直辖市人民政府组织治理。

因自然因素造成的其他地质灾害，确需治理的，在县级以上地方人民政府的领导下，由本级人民政府国土资源主管部门组织治理。

因自然因素造成的跨行政区域的地质灾害，确需治理的，由所跨行政区域的地方人民政府国土资源主管部门共同组织治理。

第三十五条 因工程建设等人为活动引发的地质灾害，由责任单位承担治理责任。

责任单位由地质灾害发生地的县级以上人民政府国土资源主管部门负责组织专家对地质灾害的成因进行分析论证后认定。

对地质灾害的治理责任认定结果有异议的，可以依法申请行政复议或者提起行政诉讼。

第三十六条 地质灾害治理工程的确定，应当与地质灾害形成的原因、规模以及对人民生命和财产安全的危害程度相适应。

承担专项地质灾害治理工程勘查、设计、施工和监理的单位，应当具备下列条件，经省级以上人民政府国土资源主管部门资质审查合格，取得国土资源主管部门颁发的相应等级的资质证书后，方可在资质等级许可的范围内从事地质灾害治理工程的勘查、设计、施工和监理活动，并承担相应的责任：

（一）有独立的法人资格；

（二）有一定数量的水文地质、环境地质、工程地质等相应专业的技术人员；

（三）有相应的技术装备；

（四）有完善的工程质量管理制度。

地质灾害治理工程的勘查、设计、施工和监理应当符合国家有关标准和技术规范。

第三十七条 禁止地质灾害治理工程勘查、设计、施工和监理单位超越其资质等级许可的范围或者以其他地质灾害治理工程勘查、设计、施工和监理单位的名义承揽地质灾害治理工程勘查、设计、施工和监理业务。

禁止地质灾害治理工程勘查、设计、施工和监理单位允许其他单位以本单位的名义承揽地质灾害治理工程勘查、设计、施工和监理业务。

禁止任何单位和个人伪造、变造、买卖地质灾害治理工程勘查、设计、施工和监理资质证书。

第三十八条 政府投资的地质灾害治理工程竣工后,由县级以上人民政府国土资源主管部门组织竣工验收。其他地质灾害治理工程竣工后,由责任单位组织竣工验收;竣工验收时,应当有国土资源主管部门参加。

第三十九条 政府投资的地质灾害治理工程经竣工验收合格后,由县级以上人民政府国土资源主管部门指定的单位负责管理和维护;其他地质灾害治理工程经竣工验收合格后,由负责治理的责任单位负责管理和维护。

任何单位和个人不得侵占、损毁、损坏地质灾害治理工程设施。

第六章 法律责任

第四十条 违反本条例规定,有关县级以上地方人民政府、国土资源主管部门和其他有关部门有下列行为之一的,对直接负责的主管人员和其他直接责任人员,依法给予降级或者撤职的行政处分;造成地质灾害导致人员伤亡和重大财产损失的,依法给予开除的行政处分;构成犯罪的,依法追究刑事责任:

(一) 未按照规定编制突发性地质灾害应急预案,或者未按照突发性地质灾害应急预案的要求采取有关措施、履行有关义务的;

(二) 在编制地质灾害易发区内的城市总体规划、村庄和集镇规划时,未按照规定对规划区进行地质灾害危险性评估的;

(三) 批准未包含地质灾害危险性评估结果的可行性研究报告的;

(四) 隐瞒、谎报或者授意他人隐瞒、谎报地质灾害灾情,或者擅自发布地质灾害预报的;

(五) 给不符合条件的单位颁发地质灾害危险性评估资质证书或者地质灾害治理工程勘查、设计、施工、监理资质证书的;

(六) 在地质灾害防治工作中有其他渎职行为的。

第四十一条 违反本条例规定,建设单位有下列行为之一的,由县级以上地方人民政府国土资源主管部门责令限期改正;逾期不改正的,责令停止生产、施工或者使用,处10万元以上50万元以下的罚款;构成犯罪的,依法追究刑事责任:

(一) 未按照规定对地质灾害易发区内的建设工程进行地质灾害危险性评估的;

(二) 配套的地质灾害治理工程未经验收或者经验收不合格,主体工程即投入生产或者使用的。

第四十二条 违反本条例规定,对工程建设等人为活动引发的地质灾害不予治理的,由县级以上人民政府国土资源主管部门责令限期治理;逾期不治理或者治理不符合要求的,由责令限期治理的国土资源主管部门组织治理,所需费用由责任单位承担,处10万元以上50万元以下的罚款;给他人造成损失的,依法承担赔偿责任。

第四十三条 违反本条例规定,在地质灾害危险区内爆破、削坡、进行工程建设以及从事其他可能引发地质灾害活动的,由县级以上地方人民政府国土资源主管部门责令停止违法行为，对单位处 5 万元以上 20 万元以下的罚款，对个人处 1 万元以上 5 万元以下的罚款；构成犯罪的，依法追究刑事责任；给他人造成损失的，依法承担赔偿责任。

第四十四条 违反本条例规定，有下列行为之一的，由县级以上人民政府国土资源主管部门或者其他部门依据职责责令停止违法行为，对地质灾害危险性评估单位、地质灾害治理工程勘查、设计或者监理单位处合同约定的评估费、勘查费、设计费或者监理酬金 1 倍以上 2 倍以下的罚款，对地质灾害治理工程施工单位处工程价款 2% 以上 4% 以下的罚款，并可以责令停业整顿，降低资质等级；有违法所得的，没收违法所得；情节严重的，吊销其资质证书；构成犯罪的，依法追究刑事责任；给他人造成损失的，依法承担赔偿责任：

（一）在地质灾害危险性评估中弄虚作假或者故意隐瞒地质灾害真实情况的；

（二）在地质灾害治理工程勘查、设计、施工以及监理活动中弄虚作假、降低工程质量的；

（三）无资质证书或者超越其资质等级许可的范围承揽地质灾害危险性评估、地质灾害治理工程勘查、设计、施工及监理业务的；

（四）以其他单位的名义或者允许其他单位以本单位的名义承揽地质灾害危险性评估、地质灾害治理工程勘查、设计、施工和监理业务的。

第四十五条 违反本条例规定，伪造、变造、买卖地质灾害危险性评估资质证书、地质灾害治理工程勘查、设计、施工和监理资质证书的，由省级以上人民政府国土资源主管部门收缴或者吊销其资质证书，没收违法所得，并处 5 万元以上 10 万元以下的罚款；构成犯罪的，依法追究刑事责任。

第四十六条 违反本条例规定，侵占、损毁、损坏地质灾害监测设施或者地质灾害治理工程设施的，由县级以上地方人民政府国土资源主管部门责令停止违法行为，限期恢复原状或者采取补救措施，可以处 5 万元以下的罚款；构成犯罪的，依法追究刑事责任。

第七章　附　　则

第四十七条 在地质灾害防治工作中形成的地质资料，应当按照《地质资料管理条例》的规定汇交。

第四十八条 地震灾害的防御和减轻依照防震减灾的法律、行政法规的规定执行。

防洪法律、行政法规对洪水引发的崩塌、滑坡、泥石流的防治有规定的，从其规定。

第四十九条 本条例自 2004 年 3 月 1 日起施行。

《地质灾害防治条例》内容解读

主要确立了如下三项原则：

一是"预防为主、避让与治理相结合，全面规划、突出重点"的原则；二是"自然因素造成的地质灾害，由各级人民政府负责治理；人为因素引发的地质灾害，谁引发、谁治理"的原则；

三是地质灾害防治的"统一管理，分工协作"的原则；国务院国土资源主管部门负责全国地质灾害防治的组织、协调、指导和监管工作。国务院其他有关部门按照各自的职责负责有关的地质灾害防治工作。

法律制度

《地质灾害防治条例》规定了以下五项主要的法律制度：

一是地质灾害调查制度。由国务院国土资源主管部门会同国务院建设、水利、铁路、交通等部门结合地质环境状况组织开展全国的地质灾害调查。县级以上地方人民政府国土资源主管部门会同同级建设、水利、铁路、交通等部门结合地质环境状况组织开展本主管区域的地质灾害调查，在调查的基础上编制相应的地质灾害防治规划。

二是地质灾害预报制度。预报内容主要包括地质灾害可能发生的时间、地点、成灾范围和影响程度等。地质灾害预报由县级以上人民政府国土资源主管部门会同气象主管机构发布。任何单位和个人不得擅自向社会发布地质灾害预报。

三是地质灾害易发区工程建设地质灾害危险性评估制度。在地质灾害易发区内进行工程建设应当在建设项目可行性研究阶段进行地质灾害危险性评估，并将评估结果作为可行性研究报告的组成部分；可行性研究报告未包含地质灾害危险性评估结果的，不得批准其可行性研究报告。

四是对从事地质灾害危险性评估的单位实行资质管理制度。从事地质灾害危险性评估的单位，必须经省级以上人民政府国土资源主管部门对其资质条件进行审查合格，并取得相应等级的资质证书后，方可在资质等级许可的范围内从事地质灾害危险性评估业务。

五是与建设工程配套实施的地质灾害治理工程的"三同时"制度。即经评估认为可能引发地质灾害或者可能遭受地质灾害危害的建设工程，应当配套建设地质灾害治理工程。地质灾害治理工程的设计、施工和验收应当与主体工程的设计、施工、验收同时进行。配套的地质灾害治理工程未经验收或者经验收不合格的，主体工程不得投入生产或者使用。

防灾措施

《地质灾害防治条例》还就地质灾害防治管理规定了各级人民政府必须采取的五项防灾措施：

一是，国家建立地质灾害监测网络和预警信息系统。

二是，县级以上地方人民政府要制定年度地质灾害防治方案并公布实施。

三是，县级以上人民政府要制定和公布突发性地质灾害的应急预案。

四是，县级以上人民政府可以根据地质灾害抢险救灾工作的需要成立地质灾害抢险救灾指挥机构，在本级人民政府的领导下，统一指挥和组织地质灾害的抢险救灾工作。

五是，地质灾害易发区的县、乡、村应当加强地质灾害的群测群防工作。

责任追究

此外，条例还明确了违法责任的追究。对违反本条例的行为，主要规定了刑事责任、民事责任和行政责任：

（一）刑事责任。

条例第四十条、第四十一条、第四十三条、第四十四条、第四十五条、第四十六条所列的有关县级以上地方人民政府、国土资源主管部门和其他有关部门的违法行为，建设单位的违法行为，地质灾害危险性评估单位、地质灾害治理工程勘查、设计、施工、监理单位的违法行为以及其他有关单位和个人的违法行为，可能分别触犯刑法第三百八十五条、第三百九十七条、第一百一十四条、第一百三十七条、第二百八十条、第二百七十五条的规定，构成受贿罪、玩忽职守罪、滥用职权罪、以其他危险方法危害公共安全罪、重大安全事故罪和伪造、变造、买卖国家机关公文、证件、印章罪以及故意毁坏财物罪。对此，草案明确，构成犯罪的，要依法追究刑事责任。

（二）民事责任。

条例第四十二条、第四十三条、第四十四条规定，建设单位、地质灾害危险性评估单位、地质灾害治理工程勘查、设计、施工、监理单位和个人的违法行为,给他人造成损失的,应当依法承担赔偿责任;条例第四十六条规定,对侵占、损毁、损坏地质灾害监测设施或者地质灾害治理工程设施的,应当限期恢复原状或者采取其他补救措施。

(三)行政责任。

条例第四十条对国家机关工作人员在地质灾害防治工作中的违法行为,根据情节轻重规定了三种行政处分,分别是降级、撤职、开除;条例第四十一条、第四十二条、第四十三条、第四十四条、第四十五条、第四十六条对有关单位和个人在地质灾害防治工作中的违法行为,规定了责令限期改正、罚款、责令限期治理、责令停业整顿、降低资质等级、吊销资质证书、没收违法所得的行政处罚。

《地质灾害防治条例》的颁布实施,必将使我国的各项地质灾害防治活动更加规范,必将有利于保障我国社会经济的可持续发展,必将有助于我国地质灾害防治水平的进一步提高,必将更好地保护广大人民群众的生命财产安全。

7. 地质灾害危险性评估规范

本标准规定了地质灾害危险性评估工作的技术规则。

本标准适用于规划区、建设用地和矿山的地质灾害危险性评估。

2 规范性引用文件

下列文件中的条款通过标准的引用而成为本标准的条款。凡是注日期的引用文件，其随后所有的修改单（不包括勘误的内容）或修订版均不适用于本标准，然而，鼓励根据本标准达成协议的各方研究是否使用这些文件的最新版本。凡是不注日期的引用文件，其最新版本适用于本标准。

GB18306-2001 中国地震动参数区划图

GB50021-2001 岩土工程勘察规范

GB50330-2002 建筑边坡工程技术规范

DZ/T0218-2006 滑坡防治工程勘察规范

DZ/T0220-2006 泥石流灾害防治工程勘察规范

建筑物、水体、铁路及主要井巷煤柱留设与压煤开采规程（国家煤炭工业局 2000）

3 术语、定义和符号

下列术语、定义和符号适用于本标准：

3.1 术语和定义

3.1.1 地质灾害 geological hazard

自然因素或者人为活动引发的危害人民生命和财产安全的崩塌\滑坡\泥石流\地面塌陷\地裂缝\地面沉降等与地质作用有关的灾害。

3.1.2 致灾地质作用 geological process probably resulting in hazard

可能导致灾害发生的地质作用。

3.1.3 致灾地质体 geological body probably resulting in hazard

可能导致灾害发生的地质体。

3.1.4 地质灾害危险性评估 assessment of geological hazard

地质灾害发生的可能性和可能造成的损失的综合估量。

3.1.7 滑坡 landslide

斜坡（含边坡）上的土体和岩体沿某个面发生剪切破坏向坡下运动的现象。

3.1.8 危岩 dangerous rock

陡坡或悬崖上被裂隙分割可能失稳的岩体。

3.1.9 崩塌 rock fall

岩（土）体离开母体崩落的现象。

3.1.10 泥石流 debris flow

大量泥沙、石块和水的混合体流动的现象。

3.1.12 地面塌陷 ground collapse

土体或岩体向下陷落并在地面形成坑、洞的现象。由岩溶造成的地面塌陷称为岩溶塌陷；由开采造成的地面塌陷称为开采塌陷。

3.1.13 地面沉降 land subsidence

区域性的地面下沉现象。

3.1.14 地裂缝 ground crevice

区域性的地面开裂现象。

3.1.16 采矿影响范围 the range of mining effects

采矿地表移动涉及的范围。

3.1.17 地质环境 geological environment

与水圈、大气圈、生物圈相互作用并与人的活动有关的岩石圈的表层空间。

3.2 符号

B——采矿影响程度的模糊综合评判集；

D——地质环境复杂程度指数；

i——采矿地表移动变形斜率；

K——采矿影响因素的权重矩阵；

k——采矿地表移动变形曲率；

k_i——第 i 个采矿影响因素的权重；

R——降水量指数，采矿影响因素的隶属度矩阵；

r_{ij}——第 i 个采矿影响因素对第 j 个采矿影响程度的隶属度；

Y——地质灾害易发程度指数；

ε——采矿地表移动水平变形。

4 总则

4.1 一般规定

4.1.1 建设场地与新建矿山地质灾害危险性评估应在项目可行性研究阶段进行；规划区地质灾害危险评估宜在控制性详细规划阶段进行。

4.1.2 地质灾害危险性评估中的地质灾害种类应包括崩塌、滑坡、泥石流、地面塌陷（含岩溶塌陷和开采塌陷）、地裂缝、地面沉降。

4.1.3 评估范围不应小于规划区、建设用地范围和矿山的矿区范围，应视规划、建设和矿山项目的特点及影响范围、地质环境条件和地质灾害种类按下列原则确定：

——可能受崩塌、滑坡及塌岸影响的评估项目，其评估范围应包含崩塌、滑坡所涉及的范围；

——可能受泥石流影响的评估项目，其评估范围宜包含完整的泥石流流域面积；

——可能受地面塌陷影响的评估项目，其评估范围应包含初步推测的可能塌陷范围；

——可能受地裂缝影响的评估项目，当根据已有资料不能对地裂缝作出恰当评价时，其评估范围应包含地裂缝可能延展的范围；

——可能受地面沉降影响的评估项目，当根据已有资料不能对地裂缝作出恰当评价时，其评估范围应包含引发该区地面沉降主控因素所在的范围。

——可能受建设工程或采矿活动影响的区域也应包括在评估范围内。

调查范围不应小于评估范围,以能合理划定评估范围为原则。

4.1.4 规划区、建设用地和矿山地质灾害危险性评估应分别具有下列与项目相关的资料:

——规划区范围、规划功能和布局;

——建设项目用地范围、拟建物平面布置、功能、规模、整平高程和项目投资。

——矿山项目的矿界范围、开采上采上下界高程、采矿方法、开采矿层(体)、储量、生产规模、服务年限投资、保护对象情况、改扩建矿井的开采历史及已采范围。

4.2 评估级别

4.2.1 地质灾害危险性评估级别应符合下列规定:

——城市总体规划区、村庄和集镇规划区地质灾害危险性评估级别应为一级。

——建设场地和矿山地质灾害危险性评估级别应根据地质环境复杂程度与建设项目和矿山开采项目重要性按表1划分。

当拟建线状工程长度小于30km大于等于10km或非线状工程丘陵山区用地面积小于 $0.5km^2$ 大于等于 $0.1km^2$ 时、平原区用地面积小于 $1km^2$ 大于等于 $0.5km^2$ 时,按表1划分的评估级别如为二、三级则应提高一级;当拟建线状工程长度大于等于30km或非线状工程丘陵山区用地面积大于等于 $0.5km^2$ 时、平原区用地面积大于等于 $1km^2$ 时,评估级别应定为一级。

矿区面积大于等于 $5km^2$ 时,评估级别应定为一级;矿区面积小于 $5km^2$ 大于等于 $1km^2$ 时,按表1划分的评估级别如为二、三级应提高一级。

表1 地质灾害危险性评估分级表

项目重要性	地质环境复杂程度		
	复杂	较复杂	简单
重要	一级	一级	二级
较重要	一级	二级	三级
一般	二级	三级	三级

4.2.2 建设和矿山开采项目重要性划分应符合下列规定:

——规划和建设项目重要性按附录A划分,附录A未列出的其他项目的重要性应根据相应行业建设工程设计规模划分表确定,大型为重要,中型为较重要,小型为一般;未列入相应行业建设工程设计规模划分表的建设工程的重要性宜根据其破坏后果的严重性确定,严重为重要,较严重为较重要,不严重为一般。

——矿山项目重要性由矿山规模和地面保护对象重要性确定,取两者中的较高者,矿山规模大小按附录B确定,大型为重要,中型为较重要,小型为一般。佑护对象重要性按受威胁人数、建(构)筑物的重要性划分,取两者中的较高者。受威胁人数大于500为重要,100~500人为较重要,小于100人为一般;建(构)筑物的重要性按本条第1款划分。

表2 丘陵山区地质环境复杂程度划分

判定因素			地质环境复杂程度[a]		
			复杂	较复杂	简单
地形条件	地形坡角/°		>30	30~15	<15
	自然陡坡高度/m	岩坡	>30	30~15	<15
		土坡	>15	15~8	<8
岩土性质	土层厚度/m		>10	10~5	<5
	岩层厚度		薄层状	中厚~厚层状	巨厚层状
	岩层或土层组合		多元组合	二元组合	岩性单一
岩体结构与地质构造	裂隙发育程度		有断裂带或裂隙超过4组,间距<0.3m	裂隙3~4组,间距0.3~1.0m	裂隙少于3组,间距>1.0m
	贯通性结构面与斜(边)坡关系[e]		外倾临空且倾角>20°	外倾临空且倾角2°~10°、切向临空且倾角≥20°、顺向不临空且倾角≥15°	外倾临空时倾角<10°、切向临空时倾角<20°、顺向不临空时倾角<20°
	地震基本烈度[b]		≥Ⅷ	Ⅶ~Ⅵ	≤Ⅴ
水文及水文地质	地表水对岩土体的影响		大	中等	小
	地下水对岩土体的影响		大	中等	小

注1:自然陡坡系指坡角≥35°的自然土坡或坡角≥60°的自然岩坡。
注2:洞顶围岩厚度不包括强风化层厚度。
注3:贯通性结构面指岩层层面、岩土界面、断层面及贯通性裂隙。
注4:用地面积对规划项目是指规划区面积,对建设项目是指建设用地面积,对矿山项目是指采矿影响范围面积。
注5:表中采空区占用地面积比例中的采空区系指深厚比小于200者。

a. 地质环境复杂程度应由复杂向简单推定。除自然陡坡高度、贯通性结构面与斜(边)坡关系、不良地质现象占用地面积比例和破坏地质环境的人类活动等4大项外,其余项中有5小项首先满足某较高等级时,地质环境复杂程度即为该等级。自然陡坡高度、贯通性结构面与斜(边)坡关系、不良地质现象占用地面积比例、破坏地质环境的人类活动4大项中,有任1小项首先满足某较高等级时,地质环境复杂程度即为该等级。
b. 地震基本烈度应按《中国地震动参数区划图》(GB18306-2001)确定。
c. 不良地质现象面积含其影响范围面积,影响范围可结合工程类比法确定。对稳定的致灾地质体或已得到有效治理的致灾地质体,在考虑其地质环境复杂程度归属时宜降低一个档次。
d. 破坏地质环境的人类活动4小项中,有任1小项首先满足某较高等级时,破坏地质环境的人类活动即为该等级。
e. 用自然陡坡高度、边坡高度、洞顶围岩厚度或贯通性结构面与斜(边)坡关系决定复杂程度时,当所影响的面积小于用地面积10%时,宜降一个档次。已支护的边坡和洞室按表列高度确定复杂程度时,也宜降一个档次,但小于10%同时已支护的边坡和洞室只降一档。
f. 矿山地质环境复杂程度划分不考虑洞顶围岩厚度与洞跨之比。

4.3 评估要求

各级评估应符合下列要求：

——地质环境调查中，图上每 0.01m² 内地质调查点对一级评估不应少于 3 个，二级评估不应少于 2 个，三级评估不应少于 1 个，重点地段应适当加密。

——不良地质现象分布区域应有勘探点，仅根据地面地质调查和资料搜集难以对地质灾害危险性和用地或开采适宜性作出正确判断时，各级评估均应进行勘探测试工作。

——各级评估对致灾地质体的稳定性均应进行定性评价；一级评估尚应进行定量评价；二级评估宜进行定量评价。但对建设工程所涉及的确已稳定或已得到治理的致灾地质体，各级评估均应根据工程开挖与加裁情况进行定量评价。

4.4 地质环境调查

4.4.1 地质灾害危险性评估应进行地质环境调查。调查应包括地形地貌、地层岩性、地质构造、水文地质、不良地质现象、破坏地质环境的人类活动等内容。

4.4.2 地质环境调查前应搜集区内的气象、水文、地震及各种地质资料尤其是地质灾害及破坏地质环境的人类活动资料。

4.4.3 地质环境调查所用图件，应是能准确反映区内地形地物的地形地质图或地形图，对建设用地该图还应反映拟建工程布置及整平高程，对矿山尚应反映矿山开采边界、采空区范围，图件比例尺应视地质环境复杂程度及致灾地质体的规模而定，以能清晰反映区内地质环境特征尤其各致灾地质体的基本特征并便于阅读使用为原则，平面图一般宜为 1：500～1：5000，面积大、线路长时可减小至 1：10000，但对其中的重要地段应采用较大比例尺地形地质图或地形图，剖面测图比例尺宜大于平面图比例尺。

地质环境调查中，图上每 0.01m² 内地质调查点对一级评估不应少于 4 个，二级评估不应少于 3 个，三级评估不应少于 2 个，重点地段应适当加密。

4.4.4 不同构造部位均应有裂隙统计点，裂隙统计点的范围应不小于 100m²。

4.4.5 剖面线布置应考虑总体地形坡向、岩层倾向，矿山还应考虑主要井巷及深切冲沟；每条剖面图上均应有不少于 3 个控制性地质点或勘探点。重点地段均应测制或修测代表性纵横剖面图。

4.4.6 特殊性岩土调查可参照《岩土工程勘察规范》（GB50021-2001）及其他相关规范的规定。

4.5 致灾地质体调查分析

4.5.1 对滑坡应调查滑坡要素及变形特征，分析滑坡的规模、类型、主要引发因素及滑坡影响范围，评价其现状和不利工况下的稳定性，调查分析方法宜符合《滑坡防治工程勘察规范》（DZ/T0218-2006）及相关规范的要求。

4.5.2 对危岩崩塌应调查陡崖的形态、岩性组合、岩体结构、结构面性状、危岩体被裂隙切割的程度、基座变形情况，分析危岩的形态、类型、规模及崩塌影响范围，评价其现状和不利工况下的稳定性，调查分析方法宜符合《滑坡防治工程勘察规范》（DZ/T0218-2006）及相关规范的要求。

4.5.3 对泥石流应调查泥石流形成的物质条件、地形地貌条件、水文条件、植被发育情况、人类活动的影响，分析泥石流的形成条件、规模、类型、活动特征、侵蚀方式、破坏方式及泥石流影响范围，预测泥石流的发展趋势，调查分析方法宜符合《泥石流灾害防治工程勘察规范》（DZ/T0220-2006）的要求。

5 规划区地质灾害危险性评估

5.1 一般规定

5.1.1 本章有生地城市总体规划区、村庄和集镇规划区的地质灾害危险性评估。

5.1.2 规划区地质灾害危险性评估，应根据地质灾害发生可能性及可能造成的危害，对危险性分级并提出建议。

5.1.3 地质灾害危险性应分为大、中等、小三个等级。

5.1.4 当规划区内地质环境差异明显时，应分区进行地质灾害发生可能性及地质灾害危险性分级。分区应符合下列规定：

——在不利工况下未达到稳定要求并具有一定规模的致灾地质体及其影响范围应单独分区。

——地质灾害危险性相同、位置相邻的各区可归并为一个区。

——地质灾害危险性相同、位置不相邻的各区和地质灾害危险性相同但灾种不同的各区应视为同一个区的亚区。

5.2 地质灾害发生可能性分级

5.2.1 地质灾害发生可能性应根据相应灾种的影响因素进行综合判定，当能判断致灾地质体的稳定性时，地质灾害发生可能性应根据致灾地质体在不利工况下的稳定性按表3判断。

表3 地质灾害发生可能性按致灾地质体稳定性判定

致灾地质体在不利工况下的稳定性	地质灾害发生可能性
不稳定、欠稳定	可能性大
基本稳定	可能性中等
稳定	可能性小

对不能用稳定性判断地质灾害发生可能性的灾种，其发生可能性应根据地质灾害形成条件的充分程度按表4判断。

表4 地质灾害发生可能性按形成条件的充分程度判定

地质灾害形成条件的充分程度	地质灾害发生可能性
充分	可能性大
较充分	可能性中等
不充分	可能性小

5.2.2 当致灾地质体的稳定性或形成条件充分程度难于判定时，地质灾害发生可能性可根据地区经验确定，无地区时应根据地质环境各因素的异同进行初步分区，相应各区的地质灾害发生可能性宜按下列规定划分：

——当地质环境复杂程度按表2划分时，地质环境复杂的区域应划为地质灾害发生可能性大区，地质环境较复杂的区域应划为地质灾害发生可能性中等区，地质环境简单的区域应划为地质灾害发生可能性小区。

——当地质环境复杂程度按表2划分时，各区地质灾害发生可能性可根据地质灾害发生可能性指数按表5确定。

表 5 地质灾害发生可能性按地质灾害发生可能性指数分级

地质灾害发生可能性指数 Y	地质灾害发生可能性
Y≥0.80	可能性大
0.80>Y≥0.60	可能性中等
Y<0.60	可能性小

地质灾害性质可能性指数应按附录 C 计算

5.2.3 当按第 5.2.1 条至第 5.2.2 条划分的地质灾害发生可能性不一致时，地质灾害发生可能性应按其中的较高者确定。

5.3 规划区地质灾害危险性分级

规划区地质灾害危险性分级，应根据地质灾害发生可能性大小及地质灾害发生后可能危害范围与规划区面积的比例，按表 6 确定。

表 6 规划区地质灾害危险性分级

地质灾害发生可能性[a]	地质灾害可能危害范围占规划区面积的比例[b]		
	大于 30%	30%~10%	小于 10%
可能性大	危险性大	危险性中等	危险性小
可能性中等	危险性中等	危险性小	危险性小
可能性小	危险性小		

[a] 地质灾害发生可能性按第 5.2 节确定。
[b] 分区评估时，取危害范围与分区面积比例。

5.4 规划区地质灾害危险性评估及规划建议

5.4.1 区内各区地质灾害危险性现状评估应符合下列要求：
——阐明存在的主要环境地质问题。
——分析影响致灾地质体稳定性或形成条件充分程度的地质环境因素。
——分析各地质环境因素及其相互作用的特点，明确主导因素。
——判定不同工况下致灾地质的稳定性或发生地质灾害的可能性。
——划分地质灾害危险性等级。

5.4.2 规划区地质灾害危险性预测评估，应根据致灾地质体对未来人类活动的敏感程度及地质灾害发生可能性圈定地质灾害危害范围，划分地质灾害危险性等级。

5.4.3 规划区地质灾害危险性综合评估，应根据各区现状评估、预测评估得出的地质灾害危险性，结合规划功能和布局，综合评价基尔特地的地质灾害危险性，有针对性地提出规划建议，并遵循下列原则：
——地质灾害危险性在的区域一般不宜规划建设项目，确需规划建议项目时，应同时进行地质灾害防治规划或规划具有地质灾害防治的建设项目。
——在地质灾害危险性中等的区域进行规划时，建（构）筑物的而已应减轻引发因素对地质灾害发生可能性的影响并兼顾地质灾害防治。
——在地质灾害危险性小的区域进行规划时，建（构）筑物的而已应避免引发地质灾害。

6 建设场地地质灾害危险性评估

6.1 一般规定

6.1.1 本章适用于各类拟建工程建设场地地质灾害危险性评估。

6.1.2 建设场地地质灾害危险性评估应依次进行现状评估、预测评估和综合评估,作出场地建设适宜性结论并提出地质灾害防治措施建议。

6.1.3 当地质灾害危险性差异明显时,尚应分区段进行地质灾害危险性评估。对线状工程一般就春段进行评估,弃渣工程应分坝区、填埋区、进出场路区和截排水区分别进行评估,水利水电工程应分坝区、库区、引水区和厂区分别进行评估。

6.2 现状评估

6.2.1 现状评估应对评估区内已有各致灾地质体或致灾地质作用(如滑坡复活、危岩崩塌、泥石流形成、地面塌陷、地裂缝、地面沉降、斜坡及边坡失稳引发的滑坡和崩塌)的分布、类型、规模、特征、引发因素、形成机制及稳定性进行分析,并对其给拟建工程造成灾害的可能性、可能造成的损失大小和危险性进行评估。

6.2.2 地质灾害可能造成的损失大小应按表7分级。

表7 地质灾害可能造成的损失大小分级

损失大小[a]	可能造成的直接经济损失[b]/万元	可能造成的直接经济损失占项目总投资的比例[b]/%	受威胁人数[b]/人
损失大	>5000	>30	>500
损失中等	5000~1000	30~10	500~100
损失小	<1000	<10	<100

[a] 损失大小判定的三因素中,有一个因素达到某较高等级的标准时,损失大小级别即为该等级。
[b] 地质灾害发生后可能造成的经济损失和受威胁人数,应是地质灾害涉及范围内可能造成的经济损失和受威胁人数;当有正式的地质灾害防治方案或明确具有地质灾害防治功能的建设工程方案时,可只考虑防治方案实施前地质灾害可能造成的损失。

6.2.3 建设场地地质灾害危险性应根据地质灾害发生可能性和可能造成的损失大小按表8进行判定。

表8 地质灾害危险性分级表

地质灾害发生可能性[a]	地质灾害可能造成的损失大小[b]		
	损失大	损失中等	损失小
可能性大	危险性大	危险性大	危险性中等
可能性中等	危险性大	危险性中等	危险性小
可能性小	危险性小		

[a] 地质灾害发生可能性按第5.2节确定。
[b] 当地质灾害发生的可能性小时,不考虑损失大小。

6.3 预测评估

6.3.1 预测评估应对评估区内工程建设形成或引发的各致灾地质体或致灾质作用（如改造或加载后造成的滑坡复活、危岩崩塌、泥石流形成、地面塌陷、地裂缝、地面沉降、斜坡及边坡失稳）的分布、类型、规模、特征及稳定性进行分析，并对其给拟建工程和相邻建、构筑物造成灾害的可能性、可能造成的损失大小和危险性进行评估。

6.3.2 地质灾害可能造成的损失大小和危险性大小应按第6.2.2条和第6.2.3条确定。

6.4 综合评估

6.4.1 综合评估应根据地质灾害危险性现状评估、预测评估结果，对建设场地地质灾害发生可能性、可能造成的损失和危险性进行评估。

6.4.2 建设场地或场地内各区段地质灾害发生可能性应根据相应范围内各致灾地质体发生地质灾害的可能性进行综合判定。

6.4.3 地质灾害性大小应按第6.2.3条确定。

6.5 地质灾害防治措施建议和建设场地适宜性

6.5.1 对场地范围内未达到稳定要求的已有致灾地质体或建设中和建成后新形成的致灾地质体应提出地质灾害防治措施建议。

6.5.2 建设场地或场地内各区段的适宜性应根据地质灾害危险性及地质灾害防治难度按表9确定。

表9 建设场地适宜性划分

地质灾害危险性	地质灾害防治难度		
	难度大	难度中等	难度小
危险性大	适宜性差	适宜性差	适宜性差
危险性中等	适宜性差	基本适宜	适宜
危险性小	基本适宜	适宜	适宜

8 地质灾害危险性评估成果

8.1 一般规定

8.1.1 规划区、建设用地和矿山地质灾害危险性评估成果应以评估报告方式提交。报告时应附地质灾害危险性评估平面图、剖面图，必要时尚应附与地质灾害危险性评估有关的专项图件。

8.1.2 地质灾害危险性评估平面图应以地形地质图为背景，反映致灾地质体的分布。对规划区地质灾害危险性评估尚应反映规划方案，对建设场地地质灾害危险性评估尚应反映拟建工程概况，对矿山地质灾害危险性评估尚应反映矿山设计（开采）概况及地面保护对象。

8.1.3 当需分区段评估时，应编制综合分区分段评估图和特征说明表。

8.1.4 致灾地质体应有专门的平面图、剖面图、照片或素描图，剖面图纵横比例尺应一致。当有勘探测试资料时应附勘探测试成果图表。

8.1.5 当有正式的地质灾害防治方案或具有地质灾害防治功能的工程建设方案与矿山开采设计方案时应附相应方案。

8.1.6 评估报告的文字、术语、代号、符号、数字和计量单位应符合国家有关标准的规定。

8.2 规划区地质灾害危险性评估报告

8.2.1 规划区地质灾害危险性评估报告应包括以下主要内容：

——前言（目的、任务、调查范围、执行的技术标准、评估工作概况）；

——规划项目基本情况；

——自然地理概况；

——地质环境；

——致灾地质体特征及地质灾害发生可能性分析；

——地质灾害危险性分区分级；

——地质灾害危险性分区评估；

——规划建议；

——结论与建议。

8.2.2 地质灾害性分区图应主要反映规划区内地质灾害形成的地质环境、致灾地质体分布及危险性分区等内容。平面图应配置挖根生剖面图和危险性分区说明表，说明表应反映分区存在的主要环境地质问题、致灾因素、规划建议等。

8.2.3 地质灾害危险性分区平面图及剖面图中地质灾害危险性分区代号应符合表10的要求，亚区代号应以分区代号加阿拉伯数字下标表示。地质灾害危险性分区平面图中不同危险性等级的区域宜采用不同的颜色。

表 10 地质灾害性分区代号

地质灾害易危险性分区	分区代号
危险性小	A
危险性中等	B
危险性大	C

8.3 建设场地地质灾害危险性评估报告

8.3.1 建设用地地质灾害危险性评估报告应包括以下内容：

——前言（目的、任务、评估范围、调查范围、执行的技术标准、评估级别、评估工作概况）；

——拟建项目基本情况；

——自然地理概况；

——地质环境；

——地质灾害危险性现状评估；

——地质灾害危险性预测评估；

——地质灾害危险性综合评估；

——地质灾害防治措施建议；

——建设场地适宜性；

——结论与建议。

8.3.2 建设场地地质灾害危险性评估报告应附地质灾害危险性评估平面图和剖面图。分区段进行评估的建设用地地质灾害危险性评估报告应附反映地质灾害危险性的分区段评估图和反映各区段地质环境特征的典型纵、横剖面图。

8.3.3 建设场地地质灾害危险性评估平面图及剖面图中地质灾害危险性分区代号应符合表16的要求，亚区代号应以分区代号加阿拉伯数字下标表示。建设场地地质灾害危险性评估平面图中不同危险性等级的区域宜采用不同的颜色。

附录 A
（规范性附录）
建议项目重要性分类

一般三级或四级公路；

总长小于等于30m且单孔跨径小于20m的公路桥，多孔跨径总长小于30m且单孔跨径小于30m的市政桥梁；主体工程中高度小于8m的土质边坡工程或高度小于15m的岩质边坡工程；

库容小于 $0.1×10^8 m^3$ 的水库，单机容量小于30MW的火力发电厂，装机容量小于50MW的水电厂，110kV的变电站或送电工程，日供水量小于 $5×10^4 m^3$ 的给水工程，日处理能力小于 $4×10^4 m^3$ 的排水工程。

附录 C
（规范性附录）
地质灾害发生可能性指数计算

地质灾害发生可能性指数应根据地质环境复杂程度指数和降水量指数按下式计算：

$$Y=0.62D+0.38R \quad (C1)$$

式中：Y——地质灾害发生可能性指数；

D——地质环境复杂程度指数，取值由基本分值和附加分值两部分构成。基本分值在地质环境复杂时取0.75，在地质环境较复杂时取0.50，在地质环境简单时取0.25；地质环境复杂程度按表3划分，附加分值由表C1确定；

R——降水量指数，根据多年平均日最大降水量和多年年平均降水量按表C2确定。

表 C1 地质环境复杂程度指数附加分值表

地质环境复杂时各个达到复杂标准因素的附加分值[a]	地质环境较复杂时各个达到复杂或较复杂标准因素的附加分值[a]		地质环境简单时各个达到复杂或较复杂标准因素的附加分值[a]	
	达到复杂标准的因素	达到较复杂标准的因素	达到复杂标准的因素	达到较复杂标准的因素
0.006~0.016	0.006~0.026	0.006~0.016	0.016~0.026	0.006~0.016

注：表中地质环境复杂程度判定因素系指表3中的各判定因素。
[a] 地质环境复杂程度指数附加分值应是表内相应复杂程度栏中各因素附加分值的总和。

表 C2 降水量指数表

多年平均日最大降水量[a]/mm	多年年平均降水量[b]/mm			
	≥1500	1000	700	≤400
≥120	1.00	0.90	0.85	0.80
95	0.90	0.85	0.80	0.70
70	0.85	0.80	0.70	0.60
≤45	0.80	0.70	0.60	0.50

a 多年平均日最大降水量超过 120mm 时按 120mm 计，低于 45mm 时按 45mm 计；
b 多年年平均防水量超过 1500mm 时按 1500mm 计，低于 400mm 时按 400mm 计。

本标准用词说明

为便于执行本标准条文，对条文中所用助动词说明如下：

"应"和"不应"用于表示要准确地符合标准而应严格遵守的要求。"应"等效于"有必要"、"要求"、"要"和"只有……才允许"，"不应"等效于"不允许"、"不准许"、"不许可"和"不要"。

"宜"和"不宜"用于表示在几种可能性中推荐特别适合的一种，不提及也不排除其他可能性，或表示某个行动步骤是首选但未必是所要求的，或（以否定形式）表示不赞成但也不禁止某种可能性或行动步骤。"宜"等效于"推荐"和"建议"，"不宜"等效于"推荐不"、"推荐……不"、"建议不"和"建议……不"。

"可"和"不必"用于表示在标准的界限内所允许的行动步骤。"可"等效于"允许"、"许可"和"准许"，"不必"等效于"不需要"和"不要求"。

8. 关于取消地质灾害危险性评估备案制度的公告

中华人民共和国国土资源部　2014年第29号

按照国务院行政审批改革有关精神要求，为进一步简化行政审批，现就有关地质灾害危险性评估事项公告如下：

取消地质灾害危险性评估备案制度，一级评估报告不再报送省级国土资源主管部门备案，二级评估报告不再报送市（地）级国土资源主管部门备案，三级评估报告不再报送县级国土资源主管部门备案；各级评估报告不再报上级国土资源主管部门备查。

涉及国务院法规和部门规章的管理制度按相关程序办理。

特此公告。

9. 国土资源部关于加强地质灾害危险性评估工作的通知

国土资发〔2004〕69号

各省、自治区、直辖市国土资源厅（国土环境资源厅、国土资源和房屋管理局、房屋土地资源管理局、规划和国土资源局），部有关直属单位：

为认真贯彻《地质灾害防治条例》（国务院令第394号）和《中华人民共和国行政许可法》的相关规定，减少因不合理工程活动引发的地质灾害给人民生命财产造成的损失，简化有关审批环节，现对地质灾害危险性评估工作要求如下，请严格遵照执行。

一、《地质灾害防治条例》第二十一条规定："在地质灾害易发区进行工程建设应当在可行性研究阶段进行地质灾害危险性评估，……。编制地质灾害易发区内的城市总体规划、村庄和集镇规划时，应当对规划区进行地质灾害危险性评估。"为加大监督力度，切实做好此项规定的落实工作，在用地审批和规划审查中应加强对地质灾害危险性评估工作的监督管理。

二、地质灾害危险性评估工作分级进行。评估工作级别按建设项目的重要性和地质环境条件的复杂程度分为三级。具体分级标准和评估技术要求见《地质灾害危险性评估技术要求（试行）》（附件1）。

三、对承担地质灾害危险性评估工作的单位实行资质管理制度。严禁不具备相应资质条件的单位从事地质灾害危险性评估工作。在《地质灾害危险性评估单位资质管理办法》正式颁布之前，一级评估暂由获得国土资源行政主管部门颁发的地质灾害防治工程勘查甲级资质证书的单位进行；二级评估暂由获得国土资源行政主管部门颁发的地质灾害防治工程勘查甲、乙级资质证书的单位进行；三级评估暂由获得国土资源行政主管部门颁发的地质灾害防治工程勘查甲、乙、丙级资质证书的单位进行。

四、评估单位应自行组织具有资格的地质灾害防治专家对拟提交的地质灾害危险性评估报告进行技术审查，并由专家组提出书面审查意见。

审查专家应具有水文、工程、环境地质专业高级技术职称；从事相关工作10年以上，同时主持过中型以上地质灾害勘查报告的编制工作或参与过大型地质灾害勘查报告的审查。

一级评估报告一般聘请5~7名专家、二级评估报告3~5名专家、三级评估报告2~3名专家。

评估报告的质量，作为评估单位资质升降级的重要依据。

五、对地质灾害危险性评估成果实行备案制度。地质灾害危险性评估报告通过专家组审查后，评估单位应在一个月内到国土资源行政主管部门备案。备案材料包括《××……地质灾害危险性评估报告》、《××……地质灾害危险性评估报告专家组审查意见》和《××……地质灾害危险性评估报告备案登记表》（附件2）的文字报告（报表）和电子文档各一式两份。

一级评估报告报省（自治区、直辖市）国土资源厅（局）备案；省（自治区、直辖市）国土资源厅（局）应在收到备案材料后5个工作日内将备案登记表一式一份转报国土资源部备查。

二级评估报告报市（地）级国土资源行政主管部门备案，备案登记表抄报省（自治区、直辖市）国土资源厅（局）备查。

三级评估报告报县级国土资源行政主管部门备案，备案登记表抄报省（自治区、直辖市）、市（地）级国土资源行政主管部门备查。

备案情况，作为评估单位资质考核的重要内容。

六、各级国土资源行政主管部门要加强对建设项目和城镇规划开展地质灾害危险性评估的管理，可以根据当地实际进行定期检查和不定期抽查。

七、本通知自下发之日起施行。《关于实行建设用地地质灾害危险性评估的通知》（国土资发〔1999〕392号文）同时废止。

附件：
1. 《地质灾害危险性评估技术要求（试行）》
2. 《地质灾害危险性评估报告备案登记表》

二○○四年三月二十五日

附件1

地质灾害危险性评估技术要求（试行）

1 范围

1.1 本技术要求规定了地质灾害危险性评估的原则、不同阶段地质灾害危险性评估的内容、要求、方法和程序。

1.2 本技术要求适用于在全国地质灾害易发区内进行各类建设工程时的地质灾害危险性评估以及在全国地质灾害易发区内进行城市总体规划、村庄和集镇规划时的地质灾害危险性评估。

2 定义

本技术要求采用下列定义：

2.1 地质灾害：是指包括自然因素或者人为活动引发的危害人民生命和财产安全的山体崩塌、滑坡、泥石流、地面塌陷、地裂缝、地面沉降等与地质作用有关的灾害。

2.2 地质灾害易发区：是指容易产生地质灾害的区域。

2.3 地质灾害危险区：是指明显可能发生地质灾害且将可能造成较多人员伤亡和严重经济损失的地区。

2.4 地质灾害危害程度：是指地质灾害造成的人员伤亡、经济损失与生态环境破坏的程度。

3 总则

3.1 为贯彻落实《地质灾害防治条例》（国务院令第394号）和《国务院办公厅转发国土资源部、建设部关于加强地质灾害防治工作意见的通知》（国办发〔2001〕35号）的精神，规范全国建设工程和规划区地质灾害危险性评估工作，特制定《地质灾害危险性评估技术要求》。

3.2 在地质灾害易发区内进行工程建设，必须在可行性研究阶段进行地质灾害危险性评估；在地质灾害易发区内进行城市总体规划、村庄和集镇规划时，必须对规划区进行地质灾害危险性评估。

3.3 地质灾害危险性评估,必须对建设工程遭受地质灾害的可能性和该工程建设中、建成后引发地质灾害的可能性做出评价,提出具体的预防治理措施。

3.4 地质灾害危险性评估的灾种主要包括:崩塌、滑坡、泥石流、地面塌陷(含岩溶塌陷和矿山采空塌陷)、地裂缝和地面沉降等。

3.5 地质灾害危险性评估的主要内容是:阐明工程建设区和规划区的地质环境条件基本特征;分析论证工程建设区和规划区各种地质灾害的危险性,进行现状评估、预测评估和综合评估;提出防治地质灾害措施与建议,并作出建设场地适宜性评价结论。

3.6 地质灾害危险性评估工作,必须在充分收集利用已有的遥感影像、区域地质、矿产地质、水文地质、工程地质、环境地质和气象水文等资料基础上,进行地面调查,必要时可适当进行物探、坑槽探与取样测试。

3.7 地质灾害危险性评估成果,应按照国土资源行政主管部门的有关规定组织专家审查、备案后,方可提交立项、用地审批使用。

3.8 本技术要求规定的地质灾害危险性评估不替代建设工程和规划各阶段的工程地质勘察或有关的评价工作。

4 工作程序

工作程序见下面的框图:

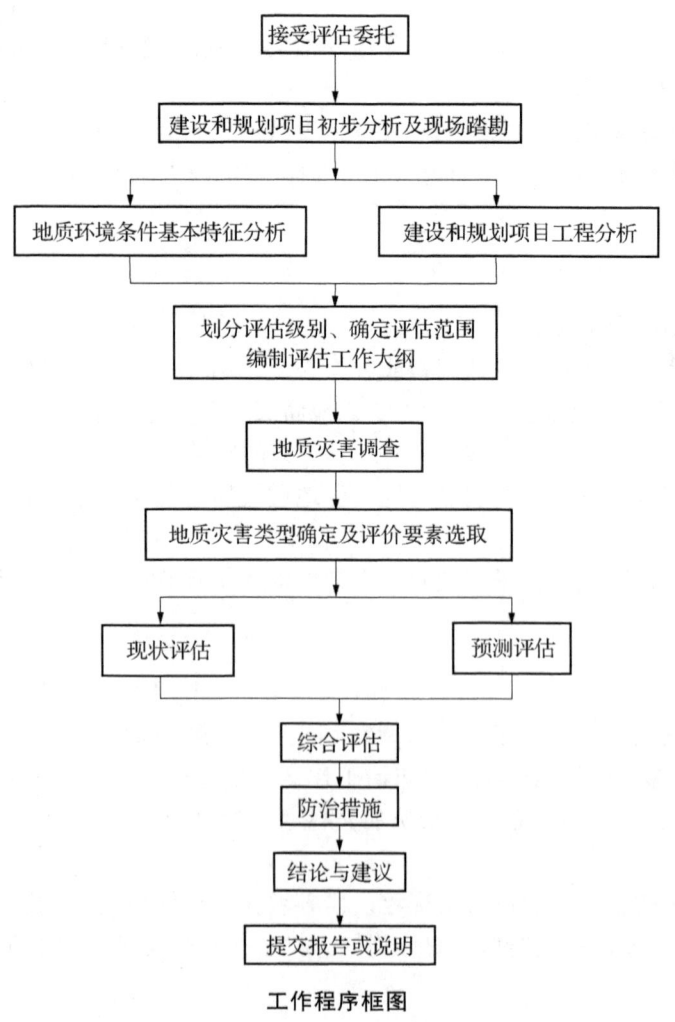

工作程序框图

5 评估范围与级别

5.1 地质灾害危险性评估范围，不能局限于建设用地和规划用地面积内，应视建设和规划项目的特点、地质环境条件和地质灾害种类予以确定。

5.2 若危险性仅限于用地面积内，则按用地范围进行评估。

5.3 崩塌、滑坡其评估范围应以第一斜坡带为限；泥石流必须以完整的沟道流域面积为评估范围；地面塌陷和地面沉降的评估范围应与初步推测的可能范围一致；地裂缝应与初步推测可能延展、影响范围一致。

5.4 建设工程和规划区位于强震区，工程场地内分布有可能产生明显位错或构造性地裂的全新活动断裂或发震断裂，评估范围应尽可能把邻近地区活动断裂的一些特殊构造部位（不同方向的活动断裂的交汇部位、活动断裂的拐弯段、强烈活动部位、端点及断面上不平滑处等）包括其中。

5.5 重要的线路工程建设项目，评估范围一般应以相对线路两侧扩展 500～1000m 为限。

5.6 在已进行地质灾害危险性评估的城市规划区范围内进行工程建设，建设工程处于已划定为危险性大—中等的区段，还应按建设工程项目的重要性与工程特点进行建设工程地质灾害危险性评估。

5.7 区域性工程项目的评估范围，应根据区域地质环境条件及工程类型确定。

5.8 地质灾害危险性评估分级进行，根据地质环境条件复杂程度与建设项目重要性划分为三级。见表5-1

表5-1　地质灾害危险性评估分级表

	复杂	中等	简单
重要建设项目	一级	一级	一级
较重要建设项目	一级	二级	三级
一般建设项目	二级	三级	三级

5.8.1 地质环境条件复杂程度分类见表5-2。

表5-2　地质环境条件复杂程度分类表

复　杂	中　等	简　单
1. 地质灾害发育强烈	1. 地质灾害发育中等	1. 地质灾害一般不发育
2. 地形与地貌类型复杂	2. 地形较简单，地貌类型单一	2. 地形简单，地貌类型单一
3. 地质构造复杂，岩性岩相变化大，岩土体工程地质性质不良	3. 地质构造较复杂，岩性岩相不稳定，岩土体工程地质性质较差	3. 地质、构造简单，岩性单一，岩土体工程地质性质良好
4. 工程地质、水文地质条件不良	4. 工程地质、水文地质条件较差	4. 工程地质、水文地质条件良好
5. 破坏地质环境的人类工程活动强烈	5. 破坏地质环境的人类工程活动较强烈	5. 破坏地质环境的人类工程活动一般

注：每类5项条件中，有一条符合复杂条件者即划为复杂类型。

5.8.2 建设项目重要性分类见表 5-3。

表 5-3 建设项目重要性分类表

项目类型	项目类别
重要建设项目	开发区建设、城镇新区建设、放射性设施、军事设施、核电、二级（含）以上公路、铁路、机场、大型水利工程、电力工程、港口码头、矿山、集中供水水源地、工业建筑、民用建筑、垃圾处理场、水处理厂等。
较重要建设项目	新建村庄、三级（含）以下公路、中型水利工程、电力工程、港口码头、矿山、集中供水水源地、工业建筑、民用建筑、垃圾处理场、水处理厂等。
一般建设项目	小型水利工程、电力工程、港口码头、矿山、集中供水水源地、工业建筑、民用建筑、垃圾处理场、水处理厂等。

5.9 在充分收集分析已有资料基础上，编制评估工作大纲，明确任务，确定评估范围与级别，设计地质灾害调查内容及重点，工作部署与工作量，提出质量监控措施和成果等。

6 技术要求

6.1 一级评估应有充足的基础资料，进行充分论证。

一、必须对评估区内分布的各类地质灾害体的危险性和危害程度逐一进行现状评估；

二、对建设场地和规划区范围内，工程建设可能引发或加剧的和本身可能遭受的各类地质灾害的可能性和危害程度分别进行预测评估；

三、依据现状评估和预测评估结果，综合评估建设场地和规划区地质灾害危险性程度，分区段划分出危险性等级，说明各区段主要地质灾害种类和危害程度，对建设场地适宜性作出评估，并提出有效防治地质灾害的措施与建议。

6.2 二级评估应有足够的基础资料，进行综合分析。

一、必须对评估区内分布的各类地质灾害的危险性和危害程度逐一进行初步现状评估；

二、对建设场地范围和规划区内，工程建设可能引发或加剧的和本身可能遭受的各类地质灾害的可能性和危害程度分别进行初步预测评估；

三、在上述评估的基础上，综合评估其建设场地和规划区地质灾害危险性程度，分区段划分出危险性等级，说明各区段主要地质灾害种类和危害程度，对建设场地适宜性作出评估，并提出可行的防治地质灾害措施与建议。

6.3 三级评估应有必要的基础资料进行分析，参照一级评估要求的内容，作出概略评估。

7 地质灾害调查与地质环境条件分析

7.1 地质灾害调查的重点应是评估区内不同类型灾种的易发区段。

7.1.1 在相同地质环境条件下，存在适宜的斜坡坡度、坡高、坡型、岩体破碎、土体松散、构造发育，工程设计挖方切坡路堑工段，将是崩塌、滑坡的易发区段，应为调查的重点。

7.1.2 经初步分析判断，凡符合泥石流形成基本条件的冲沟，应为调查的重点。

7.1.3 依据区域岩溶发育程度、松散盖层厚度、地下水动力条件及动力因素的初步分析判断，圈定可能诱发岩溶塌陷的范围，应做为调查的重点。

7.1.4 在前人资料的基础上，圈出各类特殊性岩土分布范围，可做为调查的重点。

7.1.5 对线状及区域性的工程项目,必须将地质灾害的易发区段和危险区段及危害严重的地质灾害点作为调查的重点。

7.2 地质灾害调查内容与要求

7.2.1 崩塌调查

一、崩塌区的地形地貌及崩塌类型、规模、范围,崩塌体的大小和崩落方向。

二、崩塌区岩体的岩性特征、风化程度和水的活动情况。

三、崩塌区的地质构造,岩体结构类型、结构面的产状、组合关系、闭合程度、力学属性、延展及贯穿情况及编绘崩塌区的地质构造图。

四、气象(重点是大气降水)、水文和地震情况。

五、崩塌前的迹象和崩塌原因,地貌、岩性、构造、地震、采矿、爆破、温差变化、水的活动等。

六、当地防治崩塌的经验。

7.2.2 滑坡调查

一、搜集当地滑坡史、易滑地层分布、水文气象、工程地质图和地质构造图等资料,并调查分析山体地质构造。

二、调查微地貌形态及其演变过程;圈定滑坡周界、滑坡壁、滑坡平台、滑坡舌、滑坡裂缝、滑坡鼓丘等要素;并查明滑动带部位、滑痕指向、倾角,滑带的组成和岩土状态,裂缝的位置、方向、深度、宽度、产生时间、切割关系和力学属性;分析滑坡的主滑方向、滑坡的主滑段、抗滑段及其变化,分析滑动面的层数、深度和埋藏条件及其向上、下发展的可能性。

三、调查滑带水和地下水的情况,泉水出露地点及流量,地表水体、湿地分布及变迁情况。

四、调查滑坡带内外建筑物、树木等的变形、位移及其破坏的时间和过程。

五、对滑坡的重点部位宜摄影或录像。

六、调查当地整治滑坡的经验。

7.2.3 泥石流调查

调查范围应包括沟谷至分水岭的全部地段和可能受泥石流影响的地段。并应调查下列内容:

一、冰雪融化和暴雨强度、前期降雨量、一次最大降雨量、平均及最大流量,地下水活动情况。

二、地层岩性,地质构造,不良地质现象,松散堆积物的物质组成,分布和储量。

三、沟谷的地形地貌特征,包括沟谷的发育程度、切割情况、坡度、弯曲、粗糙程度,并划分泥石流的形成区、流通区和堆积区及圈绘整个沟谷的汇水面积。

四、形成区的水源类型、水量、汇水条件、山坡坡度,岩层性质及风化程度。查明断裂、滑坡、崩塌、岩堆等不良地质现象的发育情况及可能形成泥石流固体物质的分布范围、储量。

五、流通区的沟床纵横坡度、跌水、急湾等特征。查明沟床两侧山坡坡度、稳定程度,沟床的冲淤变化和泥石流的痕迹。

六、堆积区的堆积扇分布范围,表面形态、纵坡、植被、沟道变迁和冲淤情况;查明堆积物的性质、层次、厚度,一般粒径及最大粒径以及分布规律。判定堆积区的形成历史、堆积速度,估算一次最大堆积量。

七、泥石流沟谷的历史，历次泥石流的发生时间、频数、规模、形成过程、暴发前的降雨情况和暴发后产生的灾害情况，并区分正常沟谷或低频率泥石流沟谷。

八、开矿弃渣、修路切坡、砍伐森林、陡坡开荒及过度放牧等人类活动情况。

九、当地防治泥石流的措施和经验。

7.2.4 地面塌陷调查

地面塌陷包括岩溶塌陷和采空塌陷。宜以搜集资料、调查访问为主，分别查明下列内容：

岩溶塌陷：

一、调查过程中首先要依据已有资料进行综合分析，掌握区内岩溶发育、分布规律及岩溶水环境条件。

二、查明岩溶塌陷的成因、形态、规模、分布密度、土层厚度与下伏基岩岩溶特征。

三、地表、地下水活动动态及其与自然和人为因素的关系。

四、划分出变形类型及土洞发育程度区段。

五、调查岩溶塌陷对已有建筑物的破坏损失情况，圈定可能发生岩溶塌陷的区段。

采空塌陷：

一、矿层的分布、层数、厚度、深度、埋藏特征和开采层的岩性、结构等。

二、矿层开采的深度、厚度、时间、方法、顶板支撑及采空区的塌落、密实程度、空隙和积水等。

三、地表变形特征和分布规律，包括地表陷坑、台阶、裂缝位置、形状、大小、深度、延伸方向及其与采空区、地质构造、开采边界、工作面推进方向等的关系。

四、地表移动盆地的特征，划分中间区、内边缘和外边缘区，确定地表移动和变形的特征值。

五、采空区附近的抽、排水情况及对采空区稳定的影响。

六、搜集建筑物变形及其处理措施的资料等。

7.2.5 地裂缝调查

主要调查以下内容：

一、单缝发育规模和特征以及群缝分布特征和分布范围。

二、形成的地质环境条件（地形地貌、地层岩性、构造断裂等）。

三、地裂缝成因类型和诱发因素（地下水开采等）。

四、发展趋势预测。

五、现有防治措施和效果。

7.2.6 地面沉降调查

主要调查由于常年抽汲地下水引起水位或水压下降而造成的地面沉降，不包括由于其它原因所造成的地面下降。主要通过搜集资料、调查访问来查明地面沉降原因、现状和危害情况。着重查明下列问题：

一、综合分析已有资料查明第四纪沉积类型、地貌单元特征，特别要注意冲积、湖积和海相沉积的平原或盆地及古河道、洼地、河间地块等微地貌分布。第四系岩性、厚度和埋藏条件，特别要查明压缩层的分布。

二、查明第四系含水层水文地质特征、埋藏条件及水力联系；搜集历年地下水动态、开采量、开采层位和区域地下水位等值线图等资料。

三、根据已有地面测量资料和建筑物实测资料，同时结合水文地质资料进行综合分析，初步圈定地面沉降范围和判定累计沉降量，并对地面沉降范围内已有建筑物损坏情况进行调查。

7.2.7 潜在不稳定斜坡调查

主要调查建设场地范围内可能发生滑坡、崩塌等潜在隐患的陡坡地段。调查的内容包括：

一、地层岩性、产状、断裂、节理、裂隙发育特征、软弱夹层岩性、产状、风化残坡积层岩性、厚度。

二、斜坡坡度、坡向、地层倾向与斜坡坡向的组合关系。

三、调查斜坡周围，特别是斜坡上部暴雨、地表水渗入或地下水对斜坡的影响，人为工程活动对斜坡的破坏情况等。

四、对可能构成崩塌、滑坡的结构面的边界条件、坡体异常情况等进行调查分析，以此判断斜坡发生崩塌、滑坡、泥石流等地质灾害的危险性及可能的影响范围。

有下列情况之一者，应视为可能失稳的斜坡：

一、各种类型的崩滑体；

二、斜坡岩体中有倾向坡外、倾角小于坡角的结构面存在；

三、斜坡被两组或两组以上结构面切割，形成不稳定棱体，其底棱线倾向坡外，且倾角小于斜坡坡角；

四、斜坡后缘已产生拉裂缝；

五、顺坡向卸荷裂隙发育的高陡斜坡；

六、岸边裂隙发育、表层岩体已发生蠕动或变形的斜坡；

七、坡足或坡基存在缓倾的软弱层；

八、位于库岸或河岸水位变动带，渠道沿线或地下水溢出带附近，工程建成后可能经常处于浸湿状态的软质岩石或第四系沉积物组成的斜坡；

九、其它根据地貌、地质特征分析或用图解法初步判定为可能失稳的斜坡。

7.2.8 其他灾种

根据现场实际，可增加调查灾种，并参照国家有关技术要求进行。

7.3 地质环境条件分析

7.3.1 一切致灾地质作用都受地质环境因素综合作用的控制。地质环境条件分析是地质灾害危险性评估的基础。

7.3.1.1 分析地质环境因素的特征与变化规律。地质环境因素主要包括：

一、岩土体物性：岩土体类型、组份、结构、工程地质特征；

二、地质构造：构造形态、分布、特征、组合形式和地壳稳定性；

三、地形地貌：地貌形态、分布及地形特征；

四、地下水特征：类型、含水岩组分布、补径排条件、动态变化规律和水质水量；

五、地表水活动：径流规律、河床沟谷形态、纵坡、径流速与流量等；

六、地表植被：种类、覆盖率、退化状况等；

七、气象：气温变化特征、降水时空分布规律与特征、蒸发与风暴等；

八、人类工程—经济活动形式与规模。

7.3.1.2 分析各地质环境因素对评估区主要致灾地质作用形成、发育所起的作用和性质，从而划分出主导地质环境因素、从属地质环境因素和激发因素，为预测评估提供依据。

7.3.1.3 分析各地质环境因素各自的和相互作用的特点以及主导因素的作用，以各种致灾地质作用分布实际资料为依据，划出各种致灾地质作用的易发区段，为确定评估重点区段提供依据。

7.3.2 综合地质环境条件各因素的复杂程度，对评估区地质环境条件的复杂程度作出总体和分区段划分。

7.3.3 各种致灾地质作用受控于所有地质环境因素不等量的作用。主导地质环境因素是致灾地质作用形成的关键；从属地质环境因素总是以主导地质环境因素的作用为前提或是通过主导地质环境因素发挥作用；激发因素是在致灾地质作用孕育成熟的条件下，因其作用而导致灾害发生。因此，在预测评估过程中，应首先分析某些地质环境因素可能发生的变化而出现不稳定状态，评价地质灾害发展趋势。

7.3.4 有关区域地壳稳定性、高坝和高层建筑地基稳定性、隧道开挖过程中的工程地质问题和地下开挖过程中各种灾害（岩爆、突水、瓦斯突出等）问题，不作为地质灾害危险性评估的内容，可在地质环境条件中进行论述。

8 地质灾害危险性评估

8.1 地质灾害危险性评估是在查明各种致灾地质作用的性质、规模、和承灾对象社会经济属性（承灾对象的价值，可移动性等）的基础上，从致灾体稳定性和致灾体与承灾对象遭遇的概率上分析入手，对其潜在的危险性进行客观评估。

8.2 地质灾害危险性分级见表8-1。

表8-1 地质灾害危险性分级表

	地质灾害发育程度	地质灾害危害程度
危险性大	强发育	危害大
危险性中等	中等发育	危害中等
危险性小	弱发育	危害小

8.3 地质灾害危险性评估包括：地质灾害危险性现状评估、地质灾害危险性预测评估和地质灾害危险性综合评估。

8.3.1 地质灾害危险性现状评估：基本查明评估区已发生的崩塌、滑坡、泥石流、地面塌陷（含岩溶塌陷和矿山采空塌陷）、地裂缝和地面沉降等灾害形成的地质环境条件、分布、类型、规模、变形活动特征，主要诱发因素与形成机制，对其稳定性进行初步评价，在此基础上对其危险性和对工程危害的范围与程度做出评估。

8.3.2 地质灾害危险性预测评估：是对工程建设场地及可能危及工程建设安全的邻近地区可能引发或加剧的和工程本身可能遭受的地质灾害的危险性做出评估。

地质灾害的发生，是各种地质环境因素相互影响，不等量共同作用的结果。预测评估必须在对地质环境因素系统分析的基础上，判断降水或人类活动因素等激发下，某一个或一个以上的可调节的地质环境因素的变化，导致致灾体处于不稳定状态，预测评估地质灾害的范围、危险性和危害程度。

地质灾害危险性预测评估内容包括：

一、对工程建设中、建成后可能引发或加剧崩塌、滑坡、泥石流、地面塌陷、地裂缝和不稳定的高陡边坡变形等的可能性、危险性和危害程度做出预测评估。

二、对建设工程自身可能遭受已存在的崩塌、滑坡、泥石流、地面塌陷、地裂缝、地面沉降等危害隐患和潜在不稳定斜坡变形的可能性、危险性和危害程度做出预测评估。

三、对各种地质灾害危险性预测评估可采用工程地质比拟法，成因历史分析法，层次分析法，数字统计法等定性、半定量的评估方法进行。

8.3.3 地质灾害危险性综合评估：依据地质灾害危险性现状评估和预测评估结果，充分考虑评估区的地质环境条件的差异和潜在的地质灾害隐患点的分布、危险程度，确定判别区段危险性的量化指标，根据"区内相似，区际相异"的原则，采用定性、半定量分析法，进行工程建设区和规划区地质灾害危险性等级分区（段）。并依据地质灾害危险性、防治难度和防治效益，对建设场地的适宜性作出评估，提出防治地质灾害的措施和建议。

一、地质灾害危险性综合评估，危险性划分为大、中等、小三级；

二、地质灾害危险性小，基本不设计防治工程的，土地适宜性为适宜；地质灾害危险性中等，防治工程简单的，土地适宜性为基本适宜；地质灾害危险性大，防治工程复杂的，土地适宜性为适宜性差。见表 8-2

表 8-2 建设用地适宜性分级表

级 别	分级说明
适 宜	地质环境复杂程度简单，工程建设遭受地质灾害危害的可能性小，引发、加剧地质灾害的可能性小，危险性小，易于处理。
基本适宜	不良地质现象较发育，地质构造、地层岩性变化较大，工程建设遭受地质灾害危害的可能性中等，引发、加剧地质灾害的可能性中等，危险性中等，但可采取措施予以处理。
适宜性差	地质灾害发育强烈，地质构造复杂，软弱结构成发育区，工程建设遭受地质灾害的可能性大，引发、加剧地质灾害的可能性大，危险性大，防治难度大。

三、地质灾害危险性综合评估应根据各区（段）存在的和可能引发的灾种多少、规模、稳定性和承灾对象社会经济属性等，综合判定建设工程和规划区地质灾害危险性的等级区（段）。

四、分区（段）评估结果，应列表说明各区（段）的工程地质条件、存在和可能诱发的地质灾害种类、规模、稳定状态、对建设项目危害情况并提出防治要求。

9 成果提交

9.1 地质灾害危险性一、二级评估，提交地质灾害危险性评估报告书；三级评估，提交地质灾害危险性评估说明书。

9.2 地质灾害危险性评估成果包括：地质灾害危险性评估报告书或说明书，并附评估区地质灾害分布图、地质灾害危险性综合分区评估图和有关的照片、地质地貌剖面图等。

9.3 地质灾害危险性评估报告是评估工作最终成果，应在综合分析全部资料的基础上进行编写。报告书要力求简明扼要、相互联贯、重点突出、论据充分、结论明确；附图规范、时空信息量大、实用易懂、图面布置合理、美观清晰、便于使用单位阅读。

9.4 地质灾害性评估报告书参考提纲如下：

前言

说明评估任务由来，评估工作的依据，主要任务和要求。

第一章 评估工作概述

一、工程和规划概况与征地范围

二、以往工作程度

三、工作方法及完成的工作量

四、评估范围与级别的确定

第二章　地质环境条件

一、气象、水文

二、地形地貌

三、地层岩性

四、地质构造与区域地壳稳定性

五、工程地质条件

六、水文地质条件

七、人类工程活动对地质环境的影响

第三章　地质灾害危险性现状评估

一、地质灾害类型及特征：阐述已发生的灾种、数量、分布、规模、形成机制、危害对象、稳定性等。

二、地质灾害危险性现状评估：按灾种分别进行评估。

第四章　地质灾害危险性预测评估

一、工程建设引发或加剧地质灾害危险性的预测

二、工程建设可能遭受地质灾害危险性的预测

（在山地丘陵区进行工程建设，一般工程设计挖方切坡工程，对潜在不稳定边坡，必须进行危险性预测评估，可列专节论述）

第五章　地质灾害危险性综合分区评估及防治措施

一、地质灾害危险性综合评估原则与量化指标的确定

二、地质灾害危险性综合分区评估

三、建设场地适宜性分区评估

四、防治措施

结论与建议

9.5　成果图件的基本内容

9.5.1 评估区地质灾害分布图

比例尺：按委托单位的要求并考虑便于阅读可自行规定。

该图是以评估区内地质灾害形成发育的地质环境条件为背景，主要反映地质灾害类型、特征和分布规律。

一、平面图内容

（一）按规定的素色表示简化的地理、行政区划要素；

（二）按 GB12328-90 规定的色标，以面状普染色表示岩土体工程地质类型；

（三）采用不同颜色的点、线符号表示地质构造、地震、水文地质和水文气象要素；

（四）采用不同颜色的点状或面状符号表示各类地质灾害点的位置、类型、成因、规模、稳定性、危险性等。

二、镶图与剖面图

对于有特殊意义的影响因素，可在平面图上附全区或局部地区的专门性镶图。如降水等值线图、全新活动断裂与地震震中分布图等。同时应附区域控制性地质地貌剖面图。

三、大型、典型地质灾害说明表

用表的形式辅助说明平面图的有关内容。表的内容包括：地质灾害点编号、地理位置、类型、规模、形成条件与成因、危险性与危害程度、发展趋势等。

9.5.2 地质灾害危险性综合分区评估图

比例尺：按委托单位要求并考虑便于阅读可自行规定。

该图主要反映地质灾害危险性综合分区评估结果和防治措施。

一、平面图内容

（一）按规定的素色表示简化地理要素和行政区划要素；

（二）采用不同颜色的点状、线状符号分门别类的表示建设项目工程部署和已建的重要工程；

（三）采用面状普染颜色表示地质灾害危险性三级综合分区；

（四）以代号表示地质灾害点（段）防治分级，一般可划分为：重点防治点（段）、次重点防治点（段）、一般防治点（段）；

（五）采用点状符号表示地质灾害点（段）防治措施，一般可分为：避让措施、生物措施、工程措施、监测预警措施；

二、综合分区（段）说明表

表的内容主要包括：危险性级别、区（段）编号、工程地质条件、地质灾害类型与特征、发育强度与危害程度、防治措施建议等。

9.5.3 应附大型、典型地质灾害点的照片和潜在不稳定斜坡、边坡的工程地质剖面图等。

附件2

地质灾害危险性评估报告备案登记表

编号：

建设项目或规划区名称				
评估级别				
用地范围及面积				
地理位置	东经		北纬	
建设或规划单位	名称		法人代表	
	地址		联系人	
	项目名称		电话	
	用地性质		传真	
评估单位	名称		法人代表	
	地址		联系人	
	评估资质	等级：	电话	
		编号：	传真	

续表

评估报告	报告名称				
	报告主编			电话	
	专家组	审查时间			
		专家组长			

评估单位对评估结论负责的承诺	
	（单位签章） 　　年　月　日

建设或规划单位按评估结论做好地质灾害防治工作的承诺	
	（单位签章） 　　年　月　日

对建设项目或规划区地质灾害危险性评估工作是否符合有关规定的意见	
	（备案的国土资源行政主管部门盖章） 　　年　月　日

主题词：国土资源　地质灾害　评估　通知

国土资源部办公厅　　　　　　　　　　　2004年3月26日印制